U0899707

中国审判案例要览

（1995 年综合本）

中国高级法官培训中心
中国人民大学法学院　编

编审委员会主任　祝铭山
编审委员会副主任　曾宪义
单长宗
梁宝俭

中国人民大学出版社
一九九六年·北京

图书在版编目（CIP）数据

中国审判案例要览：1995 年综合本/中国高级法官培训
　中心，中国人民大学法学院编
北京：中国人民大学出版社，1996

ISBN 7-300-02273-1/D・289
Ⅰ. 中…
Ⅱ. ①中…②中…
Ⅲ. 审理-判决-案例-中国
Ⅳ. D926.2

中国版本图书馆 CIP 数据核字（96）第 10305 号

中国审判案例要览（1995 年综合本）
中国高级法官培训中心
中国人民大学法学院　编

出版 发行：中国人民大学出版社
（北京海淀路 175 号 邮码 100872）
经　　销：新华书店
印　　刷：北京市丰台区丰华印刷厂

开本：787×1092 毫米 1/16　　印张：102.5　　插页 4
1996 年 11 月第 1 版　1996 年 11 月第 1 次印刷
字数：2 484 000

定价：198.00 元

祝賀中國审判案例要覽出版

健全法制案例可鉴

一九九三年五月

任建新

前言

十多年来，随着中国改革开放的深入发展，社会主义民主和法制建设有了长足的进步，与此同时，人民法院的审判工作也有很大的进展。除了刑事审判和民事审判外，又逐步开展了经济审判、行政审判、交通运输审判。全国法院每年审结各类一审案件已达300万件左右。审判程序日趋完善，审判工作质量不断提高。我们认为，有必要系统地选编法院审判案例，向海内外介绍中国审判实践的情况，展示中国法制建设的成就；同时，也为中国司法工作者、立法工作者和教学、科研人员提供一些有价值的参考资料。为此，中国高级法官培训中心和中国人民大学法学院共同合作，从1992年起逐年选编一部审判案例综合本，分别收入前一年审结的案例。每部分为刑事审判案例卷、民事审判案例卷、经济审判案例卷、行政审判案例卷，共四卷。由于交通运输审判案例数量少，不足以独立成卷，故按案例性质分别编入经济和刑事卷。书名定为《中国审判案例要览》。

在本书编写过程中，对案件事实、审判过程、裁判理由、处理结果等，都完全尊重办案实际，具有客观性、真实性。为了便于读者了解具体的审判过程，收入了各审级的审判组织、诉讼参与人、审结时间、诉辩双方的主张、认定的案件事实、采信的证据和适用的法律条文。为了使读者易于理解适用法律的理由和涉及的法学理论观点，由编者写了解说，并对裁判的不足之处，加以评点，有的版本还以附录形式加了少量必要的法律名词解释。

我们奉献给读者的这部案例要览，希望能够对读者有所帮助，得到读者的喜爱。这是我们的初次尝试，疏漏不足之处在所难免，诚恳地欢迎各界人士提供宝贵的意见，帮助我们改进编写工作，以使今后出版的案例要览日臻完善。

我们在编写工作中，得到了各级人民法院的领导与工作人员、中国人民大学法学院师生和有关方面的关心和帮助，美国福特基金会及其驻中国办事处也给予了很大的支持。在此谨致谢意。

《中国审判案例要览》编审委员会

1992年12月

《中国审判案例要览》编审委员会

赵秉志　中国人民大学法律系副主任、教授
祝铭山　中华人民共和国最高人民法院副院长、中国高级法官培训中心委员会副主任兼教授
梁书文　中华人民共和国最高人民法院民事审判庭庭长、兼任中国高级法官培训中心教授
梁宝俭　中国高级法官培训中心委员会委员兼办公室主任、高级经济师
徐有毅　中国高级法官培训中心副教授
奚晓明　中华人民共和国最高人民法院经济审判庭副庭长、中国高级法官培训中心教授
高铭暄　中国人民大学法学院教授、中国法学会刑法学研究会总干事
黄　杰　中华人民共和国最高人民法院行政审判庭庭长、兼任中国人民大学法学院教授
郭寿康　中国人民大学法学院教授、中国国际经济法研究会副会长
傅旭梅　中国高级法官培训中心兼职教授
曾宪义　中国人民大学法学院院长、教授
程晓霞　中国人民大学法学院教授
解士明　中国高级法官培训中心副教授、中国老年法律工作者协会理事

《中国审判案例要览》编辑部

主　编　曾宪义　中国人民大学法学院院长、教授

单长宗　中国高级法官培训中心委员会委员兼教授、中国法学会刑法学研究会副总干事

副主编　梁宝俭　中国高级法官培训中心委员会委员兼办公室主任、高级经济师

赵秉志　中国人民大学法律系副主任、教授

王利明　中国人民大学法律系副主任、教授

孙际泉　中国高级法官培训中心教研室主任

姜　伟　中国人民大学法学院教授

主编助理　王　立　中国高级法官培训中心教师

编辑部工作人员　（以姓氏笔画为序）　杨崇英　赵秀玲　韩　松　谭文辉

《中国审判案例要览》各卷正副主编

（一）刑事审判案例卷

主　编　高铭暄　中国人民大学法学院教授、中国法学会刑法学研究会总干事

　　　　　单长宗　中国高级法官培训中心委员会委员兼教授、中国法学会刑法学研究会副总干事

副主编　王作富　中国人民大学法学院教授、北京市法学会刑法学研究会副会长

　　　　　程荣斌　中国人民大学法学院诉讼法教研室主任、教授

　　　　　解士明　中国高级法官培训中心副教授、中国老年法律工作者协会理事

编　辑　黄京平（常务）　孙　勤　王光峰　李文广　张桂勇

　　　　　单长宗　党剑军　解士明　韩耀元　赫兴旺　颜茂昆

责任校对　孙　勤　李文广　韩　伟

（二）民事审判案例卷

主　编　赵中孚　中国人民大学法学院教授、中国法学会民法学经济法学研究会副总干事

　　　　　梁书文　中华人民共和国最高人民法院民事审判庭庭长、兼任中国高级法官培训中心教授

副主编　江　伟　中国人民大学法学院教授、中国法学会诉讼法学研究会副总干事

　　　　　杨大文　中国人民大学法学院教授、中国法学会婚姻法学研究会副总干事

　　　　　陈文浩　中国高级法官培训中心副教授

编　辑　姚　辉（常务）　王自豪　叶　林

责任校对　赵　伶

（三）经济审判案例卷

主　编　王益英　中国人民大学法学院教授、中国法学会理事

梁宝俭　中国高级法官培训中心委员会委员兼办公室主任、高级经济师

副主编　潘静成　中国人民大学法学院教授、中国经济法研究会常务理事

刘文华　中国人民大学法学院经济法教研室主任、教授

奚晓明　中华人民共和国最高人民法院经济审判庭副庭长、中国高级法官培训中心教授

姜联润　中华人民共和国最高人民法院审判员、《最高人民法院公报》副总编

编　辑　李艳芳(常务)　王宗玉　吴胜春　孟雁北　梁临霞　殷少平

责任校对　孟雁北　马晓伟

(四)行政审判案例卷

主　编　许崇德　中国人民大学法学院教授、中国法学会宪法学研究会副总干事

黄　杰　中华人民共和国最高人民法院行政审判庭庭长、兼任中国人民大学法学院教授

副主编　皮纯协　中国人民大学法学院教授、中国法学会行政法学研究会副总干事

张正钊　中国人民大学法学院宪法行政法研究室主任、教授

徐有毅　中国高级法官培训中心副教授

编　辑　胡锦光(常务)　赵大光　胡仕浩　席小俐　高　嵩

责任校对　王丛虎　黄文军

《中国审判案例要览》通讯编辑

（以姓氏笔画为序）

丁寿兴　上海市第二中级人民法院
王双全　西藏自治区高级人民法院
王华山　上海市第二中级人民法院
王前生　海南省海口市中级人民法院
王康寒　海南省高级人民法院
王敬飞　陕西省高级人民法院
王殿全　广东省高级人民法院
卯时耀　云南省高级人民法院
田晓薇　宁夏回族自治区高级人民法院
冯耀习　甘肃省高级人民法院
冯彦彬　吉林省高级人民法院
孙忠志　海南省海南中级人民法院
刘才光　福建省高级人民法院
刘天兴　江苏省高级人民法院
刘志远　湖南省高级人民法院
刘希星　福建省高级人民法院
刘洪霄　黑龙江省高级人民法院
刘福海　上海市高级人民法院
江金贵　河南省郑州市中级人民法院
关学培　陕西省渭南地区中级人民法院
闫万春　河北省石家庄市中级人民法院
任雅芳　山西省太原市中级人民法院
宋晓明　中华人民共和国最高人民法院
肖　声　辽宁省高级人民法院
李　凡　中华人民共和国最高人民法院
李　莹　中华人民共和国最高人民法院
李凤鸣　四川省成都市中级人民法院

李黔民　　贵州省高级人民法院
冀怀民　　山东省高级人民法院
吴宏泽　　上海市高级人民法院
沈德咏　　江西省高级人民法院
苏　和　　内蒙古自治区呼和浩特市中级人民法院
陈全国　　上海市高级人民法院
陈春和　　新疆维吾尔自治区高级人民法院
陈蔚林　　广东省广州市中级人民法院
张　军　　中华人民共和国最高人民法院
张兴苗　　浙江省绍兴市中级人民法院
张宏伟　　浙江省宁波市中级人民法院
张建魁　　四川省高级人民法院
张桂云　　广东省惠州市中级人民法院
张贵堂　　河南省高级人民法院
杨桂芳　　湖北省高级人民法院
周　溯　　安徽省高级人民法院
林　辉　　广西壮族自治区南宁市中级人民法院
罗书平　　四川省高级人民法院
罗明举　　湖北省武汉市中级人民法院
范春明　　天津市高级人民法院
赵大光　　中华人民共和国最高人民法院
胡仕浩　　中华人民共和国最高人民法院
胡兆满　　湖北省宜昌市中级人民法院
贺　禔　　中华人民共和国最高人民法院
贺伦麒　　海南省高级人民法院
侯建英　　贵州省贵阳市中级人民法院
袁正宽　　四川省高级人民法院
高若敏　　天津市高级人民法院
高洪宾　　浙江省金华市中级人民法院
黄太银　　青海省高级人民法院
黄昭能　　广西壮族自治区高级人民法院
麻胜利　　河北省高级人民法院
傅　强　　黑龙江省哈尔滨市中级人民法院
傅放临　　四川省重庆市中级人民法院
蔡绍祥　　上海市第一中级人民法院

董　华　　北京市宣武区人民法院
谢文练　　广东省高级人民法院
熊继前　　江西省九江市中级人民法院
魏东哲　　山东省济南市中级人民法院

目 录

刑事审判案例卷

民事审判案例卷

经济审判案例卷

行政审判案例卷

刑事审判案例卷

第一篇　刑法总则案例

1. 梅直方等诈骗、伪造公文、印章案
（外国人犯罪、牵连犯、数罪并罚）

（一）首部

1. 裁判书字号

一审判决书：河北省衡水地区中级人民法院（1994）衡地刑初字第13号。

二审裁定书：河北省高级人民法院（1994）冀刑终字第23号。

2. 案由：梅直方等诈骗、伪造公文、印章案。

3. 诉讼双方

公诉机关：河北省人民检察院衡水分院，检察员朱克愚、杨金才、陈连义，代理检察员刘景平、胡宾、赵春风、温新通、赵之峰。

被告人（上诉人）：梅直方（FRANCISCO HUNG MOY），男，45岁（1949年11月15日生），美国籍，原系美国纽约市亚联（集团）有限公司〔UNITED ASIA (GROUP) CORPORATION OF NEW YORK CITY, THE UNITED STATES OF AMERICA〕董事长，住美国纽约市214街38—39号〔NO. 38—39, 214th STREET, NEW YORK CITY, USA〕。1993年6月16日因本案被逮捕。

一、二审辩护人：冯季平，河北省石家庄市蓝天律师事务所律师。

张金龙，河北省石家庄市蓝天律师事务所律师。

被告人（上诉人）：李卓明（RAYMOND CLEE），男，44岁（1950年5月18日生），美国籍，原系美国纽约市亚联（集团）有限公司秘书兼财务主管，住美国纽约州高麦区当理路8号（NO. 8, CHARDONNAY ROAD, COMMARK, NEW YORK STATE, USA）。1993年6月16日因本案被逮捕。

一、二审辩护人：张景和，河北省石家庄市新华律师事务所律师。

吕占锁，河北省石家庄市正大律师事务所律师。

被告人（上诉人）：常景山，男，55岁（1939年5月29日生），汉族，原系海南中水长城国际投资集团副总经理兼贸易部业务经理。1993年6月2日因本案被监视居住，1994年7月27日因本案被逮捕。

一审辩护人：张继新，河北省石家庄市蓝天律师事务所律师。

韩书兵，河北省石家庄市蓝天律师事务所律师。

二审辩护人：常林，河北省石家庄市中广广播录音机厂工人，系常景山之子。

被告人：于芝来，男，50岁(1944年4月5日生)，汉族，原系海南华丰贸易公司驻天津办事处负责人。1993年7月27日因本案被逮捕。

一审辩护人：王双起，河北省衡水地区第一律师事务所律师。

白加宁，河北省衡水地区第一律师事务所律师。

4.审级：二审。

5.审判机关和审判组织

一审法院：河北省衡水地区中级人民法院。

合议庭组成人员：审判长：陈秉占；审判员：赵海琴、赵振王；人民陪审员：高丽娟、李建平。

二审法院：河北省高级人民法院。

合议庭组成人员：审判长：倪其武；审判员：刘庆生、宋玉祥；代理审判员：魏健、刘云霄。

6.审结时间

一审审结时间：1994年4月25日。

二审审结时间：1994年5月12日。

(二)一审诉辩主张

1.河北省人民检察院衡水分院指控称

被告人梅直方、李卓明于1993年3月31日，向中国农业银行衡水中心支行(以下简称衡水农行)行长赵金荣、副行长徐志国谎称，利用3039备用信用证在国外进行融资的方法可为衡水引进巨额资金，骗使赵金荣、徐志国于1993年4月5日从衡水农行开出200份总金额为100亿美元的备用信用证。并由李卓明将全部备用信用证寄给莎物得投资(巴哈马)有限公司〔SHERWOOD INVESTMENTS (BAHAMAS) LTD.〕(以下简称“莎物得”)财务主管麦西华(R. CIVOR加拿大人)。同年3月至4月间，梅直方、李卓明与被告人常景山合谋私刻了“中国农业银行河北省分行”等单位的公章，并与被告人于芝来一起，先后两次以中国农业银行河北省分行的名义为加拿大人罗伯特·帕姆(R. PALM)伪造了备用信用证的保兑函，由梅直方发往国外。河北省人民检察院衡水分院认为：被告人梅直方、李卓明的行为触犯了《中华人民共和国刑法》第一百五十二条、第一百六十七条之规定，构成诈骗罪、伪造公文、印章罪；被告人常景山触犯了《中华人民共和国刑法》第一百六十七条之规定，构成伪造公文、印章罪；被告人于芝来触犯了《中华人民共和国刑法》第一百六十七条之规定，构成伪造公文罪。请求法院依法判处。

2.被告人的答辩及其辩护人的辩护意见

被告人梅直方辩称，其主要是在引资中有错误，并不是故意诈骗；被告人梅直方的辩护人对公诉机关指控的事实不表异议，但认为梅直方的行为是受国外罗伯特·帕姆的指使，而且备用信用证金额未兑现。被告人李卓明的辩护人提出，李卓明是受梅直方指使，备用信用证未兑现，而且李卓明悔罪态度好，应从轻判处。被告人常景山的辩护人提出，常景山因诈骗被逮捕后，主动交代伪造公文、印章的犯罪事实，应视其行为为自首，在量刑时从轻处罚。被告人于芝来的辩护人提出，于芝来仅伪造了公文，未伪造印章，应从轻处罚。

（三）一审事实和证据

河北省衡水地区中级人民法院经公开审理查明：

被告人梅直方、李卓明经人介绍，于1993年3月底来河北省衡水市，以引资为名，先后向中国农业银行衡水中心支行（以下简称衡水农行）行长赵金荣、副行长徐志国提交了虚假的引资承诺书及编造的美国纽约市亚联（集团）有限公司（以下简称"亚联"）简介等材料，谎称"亚联"有雄厚的经济实力，可在国际市场上为衡水农行引入巨额资金，衡水农行只须开具备用信用证作为引资的必要手续，而不须承担任何经济和法律责任，引入的资金不还本、不付息等，骗取赵金荣、徐志国的信任。为了掩盖其诈骗真相，李卓明将备用信用证英文本译成中文本提供给赵国荣、徐志国审查时，故意把英文中"证明开具的汇票金额代表与给予亚联（集团）公司贷款融资相关的债务"一段内容不译，致使赵金荣、徐志国于1993年4月5日开出了以"亚联"为申请人、衡水农行为开证行、莎物得投资（巴哈马）有限公司为受益人、一年期不可撤销、可转让的200份总金额为100亿美元的备用信用证。1993年4月6日，李卓明按梅直方提供的地点，将上述备用信用证寄给"莎物得"的财务主管麦西华。之后，梅直方将上述备用信用证作为向"莎物得"贷款的抵押品。此后，国外有两家企业向衡水农行查询其所开备用信用证的真实性。梅直方、李卓明向赵金荣、徐志国谎称衡水农行不会承担风险并且资金可很快引入，诱使衡水农行对所开备用信用证作了无条件确认。4月18日，赵金荣按梅直方、李卓明作过的承诺，索要"亚联"对衡水农行所开备用信用证的反担保。梅直方、李卓明假造了一份"联合国家共和银行"的100亿美元备用信用证交给赵金荣，继续进行欺骗。1993年6月，麦西华在英国、瑞士出售衡水农行的备用信用证，因我国有关部门采取相应措施，备用信用证在有效期限内未出现资金支付情况。

1993年3月，被告人梅直方在广州为加拿大人罗伯特·帕姆保兑伪造的中国农业银行三亚分行0014、0015号总金额16.8亿美元的备用信用证时，经被告人常景山提议，梅直方和李卓明同意，由常景山找人私刻了中国农业银行河北省分行等单位的印章。随后，梅直方、李卓明、常景山及被告人于芝来共同伪造了中国农业银行河北省分行对0014、0015号备用信用证的保函。1993年4月，梅直方、李卓明、常景山、于芝来又在衡水市再次伪造了中国农业银行河北省分行对0015号金额为16亿美元备用信用证的保函。两次伪造的保函均由梅直方寄给了罗伯特·帕姆。

上述事实有下列证据证明：

1.查获的"亚联"简介、合作引进外方投资开发协议书、开证委托书、承诺书、从国外追回的衡水农行开具的备用信用证原件，梅直方以"联合国家共和银行"名义开具的100亿美元备用信用证，"莎物得"和"亚联"的贷款协议、投资协议书等书证；

2.公安机关对梅直方、李卓明等人伪造的保函的刑事科学技术鉴定；

3.证人赵金荣、徐志国、赵永强的证言；

4.被告人梅直方、李卓明、常景山、于芝来对犯罪事实的供述。

（四）一审判案理由

河北省衡水地区中级人民法院认为：被告人梅直方、李卓明为达到非法占有目的，以引资为名，采用虚构事实和隐瞒真相的方法，骗取中国农业银行的200份总额为100亿美元的备用信用证并在国外出售，严重侵害了中国农业银行的财产利益和信誉，严重扰乱了中国的金融管理秩序，其行为构成《中华人民共和国刑法》第一百五十二条规定的诈骗罪。在诈骗活动中，梅直方组织策划，李卓明积极参与、具体实施。上述二被告人犯罪情节均特别严重，依法应予严惩。李卓明在案发后能坦白交待犯罪事实，揭发同案犯部分罪行，真诚悔罪，可以酌情从轻处罚。被告人梅直方、李卓明、常景山共同伪造中国农业银行河北省分行等单位的印章和对有关信用证的保函，其行为构成《中华人民共和国刑法》第一百六十七条规定的伪造公文、印章罪。被告人于芝来参与伪造中国农业银行对有关信用证的保函，构成伪造公文罪。梅直方、李卓明一人犯数罪，依照《中华人民共和国刑法》第六十四条第一款的规定，应当实行数罪并罚。

（五）一审定案结论

河北省衡水地区中级人民法院根据《中华人民共和国刑法》第一百五十二条、第一百六十七条、第六十四条、第五十二条、第三十条、第六十条，作出如下判决：

1. 梅直方犯诈骗罪，判处有期徒刑十五年，附加驱逐出境，没收美金 2000 元，金项链一条；犯伪造公文、印章罪，判处有期徒刑七年；决定执行有期徒刑二十年，驱逐出境，没收美金 2000 元，金项链一条。

2. 李卓明犯诈骗罪，判处有期徒刑十年，附加驱逐出境；犯伪造公文、印章罪，判处有期徒刑六年；决定执行有期徒刑十四年，驱逐出境。

3. 常景山犯伪造公文、印章罪，判处有期徒刑七年，剥夺政治权利二年。

4. 于芝来犯伪造公文罪，判处有期徒刑二年。

5. 没收被告人梅直方、李卓明微机、英文打字机各 1 台，“亚联”集团钢印、手章等作案工具。

（六）二审情况

1. 二审诉辩主张

一审法院判决后，被告人梅直方、李卓明、常景山不服，提出上诉。上诉人梅直方上诉称其所诈骗的 100 亿美元备用信用证虽发往国外但未兑现，参与伪造公文、印章犯罪作用亦不重要，原判量刑偏重。上诉人李卓明上诉称其在诈骗活动中未起主要作用，要求从轻判处。常景山上诉称其能主动交待伪造公文、印章的犯罪情况，要求从轻判处。

2. 二审事实和证据

河北省高级人民法院经审理查明：原判决认定上诉人梅直方、李卓明犯诈骗罪，梅直方、李卓明、常景山犯伪造公文、印章罪，原审被告人于芝来犯伪造公文罪，他们的犯罪事实清楚，证据确实、充分，足以认定。

3. 二审判案理由

河北省高级人民法院认为：上诉人梅直方策划诈骗衡水农行，已造成严重的危害后果，原判量刑时已考虑到经我国有关部门及时采取有效措施后，备用信用证在有效期限内未出现资金支付的实际状况，并未对其处以该罪的法定最高刑无期徒刑；梅直方在伪造公文、印章的犯罪活动中起着决定性的作用，其上诉称量刑过重的理由不能成立。上诉人李卓明积极参与实施诈骗行为，在犯罪中起了重要作用，其上诉理由不能成立。上诉人常景山在公安机关已经掌握其伪造公文的基本证据情况下交待其犯罪事实，并无主动交待其犯罪情况的表现，其上诉理由亦不能成立。一审判决认定各被告人的犯罪事实清楚，证据确实、充分，定罪准确，量刑适当，审判程序合法。

4. 二审定案结论

河北省高级人民法院根据《中华人民共和国刑事诉讼法》第一百三十六条第(一)项，作出如下裁定：

驳回上诉，维持原判。

(七)解说

《中华人民共和国刑法》第三条第一款规定："凡在中华人民共和国领域内犯罪的，除法律有特别规定的以外，都适用本法。"第八条规定："享有外交特权和豁免权的外国人的刑事责任问题，通过外交途径解决。"梅直方、李卓明作为不享有外交特权和豁免权的作为美国公民，在我国进行诈骗和伪造公文印章犯罪活动，当然应当依照我国法律的规定受到刑事追究。司法机关对梅直方的追诉和审判，维护了我国的司法管辖权，体现了我国司法制度的平等、公正。

《中华人民共和国刑法》第三十条规定："对于犯罪的外国人，可以独立适用或者附加适用驱逐出境。"驱逐出境是强迫犯罪的外国人离开中国国(边)境的刑罚方法。单独判处驱逐出境的，从判决确定之日起执行；附加判处驱逐出境的，从主刑执行完毕之日起执行。对梅直方、李卓明适用驱逐出境的附加刑，是完全适当的。

本案是一起特大涉外金融诈骗案，诈骗数额达100亿美元，在国内尚属首例，在国际上亦属罕见。对梅直方、李卓明的量刑，既考虑到了他们的犯罪情节和所造成的严重后果，又考虑到了金融诈骗与传统诈骗犯罪形式的区别和本案的具体情节，对梅直方、李卓明的量刑是适当的。

本案的处理涉及到对牵连犯的处罚原则问题。

首先，本案行为人梅直方、李卓明的行为符合牵连犯的特征。牵连犯是指实施一个犯罪，其犯罪的方法行为或结果行为又触犯了其他罪名的犯罪形态。从本案来看，梅直方、李卓明出于非法占有公共财产的目的而实施诈骗行为，而为便于其诈骗活动的顺利进行，二人又伙同他人伪造了中国农业银行河北省分行等单位的印章并两次伪造了中国农业银行衡水分行对备用信用证的保函，其行为独立构成伪造公文、印章罪。李卓明、梅直方实施的诈骗行为与伪造公文、印章行为存在着牵连关系，即存在着手段行为与目的行为的内在联系。因而，二人的行为符合牵连犯的特征。

对牵连犯的处断，我国刑法学界及司法实践中传统上普遍采取"从一重处断"的原则，即对牵连犯所触犯的数个罪名不实行数罪并罚，只是按数罪中最重的一个罪定罪，并在其法定刑幅度内酌情从重处罚。这种处断原则的理由是：第一，牵连犯不是一般数罪，其数个犯罪行为间具有牵连关系，所以被看作是形成统一整体的犯罪形态；第二，牵连犯由于数个犯罪行为形成统一整体，表现为对社会整体的一次性侵害，故而其社会危害性较之于表现为对社会的二次性或多次性侵害的数个完全独立的犯罪，危害程度要轻一些；第三，我国刑法分则性规范中有不少对牵连犯从一重处断原则的规定，例如《刑法》第一百三十六条。

近年来，刑法学界及司法实践中在牵连犯的处断原则上产生了一些分歧。其中最突出的表现是，有学者主张对牵连犯应实行数罪并罚。这种处断原则的理由是：第一，牵连犯在形式上和实质上都为数罪，这是对牵连犯实行并罚的基础。第二，牵连犯中的数个犯罪之间的牵连关系只能从犯罪形态的角度表明数个犯罪之间的联系形式，而不能决定其社会危害性程度。也就是说，牵连犯罪的社会危害性程度不是取决于数个犯罪之间的牵连关系，而是从根本上取决于其所构成的犯罪的性质、个数和情节等。因而牵连犯的社会危害性当然重于单纯的一罪，并与完全独立的数罪没有本质和程度上的差别，根据罪刑相适应的原则，应对其实行数罪并罚。第三，近年来的刑事立法中也体现出对牵连犯实行数罪并罚的精神，例如《关于惩治走私罪的补充规定》第十条第二款的规定、《关于惩治贪污罪贿赂罪的补充规定》第三条第三款的规定。在本案中，一、二审法院对梅直方、李卓明的具有牵连关系的两个犯罪行为实行数罪并罚，就是在实践上体现了对牵连犯实行数罪并罚的处断原则。

目前，我国刑事立法中对牵连犯采取从一从重处断和予以并罚的原则均有所体现，在司法实践中，也并存着这两种处断原则和处断结果。这种不统一、不一致的现象，有待于刑法理论的深入研究并在全面修改刑法时予以解决。

（刘庆生　魏健）

2. 陈发龙生产伪劣商品、蔡琳销售伪劣商品、孙晓星被控投机倒把宣告无罪案（溯及力）

（一）首部

1. 判决书字号：贵州省贵阳市中级人民法院(1994)筑刑初字第19号。

2. 案由：陈发龙等投机倒把案。

3. 诉讼双方

公诉机关：贵州省贵阳市人民检察院，检察员吴杰。

被告人：陈发龙，又名陈龙，男，39岁，汉族，贵州省仁怀县人，农民。1992年5月11日因本案被逮捕。

被告人陈发龙未委托辩护人，自己行使辩护权。

被告人：蔡琳，女，38岁，汉族，山东省肥城县人，系贵阳新天工贸公司经理。1992年5月11日因本案被逮捕。

辩护人：申马季，贵州省贵阳市第三律师事务所律师。

何彦桥，贵州省政法管理干部学院法律咨询公司人员。

被告人：孙晓星，男，39岁，汉族，河南省鹤壁市人，系贵州省侨务办公室干部(停薪留职)。1992年5月11日因本案被逮捕。

辩护人：温信美，贵州省贵阳市经济律师事务所律师。

4. 审级：一审。

5. 审判机关和审判组织

审判机关：贵州省贵阳市中级人民法院。

合议庭组成人员：审判长：刘源江；审判员：陈汝炎；代理审判员：弋玮。

6. 审结时间：1994年6月8日。

（二）诉辩主张

1. 贵州省贵阳市人民检察院指控称

1991年6月29日，被告人蔡琳通过被告人孙晓星介绍，在被告人陈发龙处购买100件假“五星”牌贵州茅台酒。7月6日，贵阳新天工贸公司将这批酒销售给武汉客运段供应公司后，被当地查扣。被告人陈发龙获利48000元，被告人蔡琳实获利润30200元，被告人孙晓星向蔡琳索要中介费11000元。8月2日，被告人蔡琳再次利用被告人陈发龙组织生产假“五星”牌贵州茅台酒，欲销售给武汉客运段供应公司时，被贵阳市工商局查扣232件。8月20日，被告人陈发龙提供100件假冒“五星”牌贵州茅台酒，由被告人蔡琳所在贵阳新天工贸公司销售给桐梓县糖酒公司后，被当地查扣。10月5日，被告人蔡琳付给被告人陈发龙75000元人民币后，被告人陈发龙组织他人制作假冒“五星”牌贵州茅台酒，欲销售给河南省台前县副食品公司，在贵阳东站库房被贵阳市工商局查扣320件。上述被查扣的贵州茅台酒，经鉴定均系假冒的贵州茅台酒。此外，被告人陈发龙在遵义市伙同他人制作假冒“五星”牌贵州茅台酒17件，牟利13000元，共同分赃。上述事实，有被告人供述、证人证言、书证等证据证明。贵阳市人民检察院认为：被告人蔡琳作为集体单位的负责人，明知是假茅台酒仍进行销售非法获利，数额巨大；被告人陈发龙为了谋取利润多次制造并为被告人蔡琳提供假茅台酒共同进行投机倒把活动，数额巨大；被告人孙晓星帮助被告人陈发龙租房屋制造假茅台酒共同进行投机倒把活动。被告人蔡琳、陈发龙的行为已触犯《中华人民共和国刑法》第一百一十八条，被告人孙晓星的行为已触犯第一百一十七条，三被告人均已构成投机倒把罪，特提起公诉，请法院依法予以惩处。

2. 被告人的答辩及其辩护人的辩护意见

被告人陈发龙辩称：自己只制作假冒“五星”牌贵州茅台酒529件，实牟利38900元，起诉指控的数额过高。

被告人蔡琳辩称：首批销售给武汉的“五星”牌贵州茅台酒不知是假酒，无犯罪故意，不构成犯罪；第二批销售给武汉的“五星”牌贵州茅台酒，在核实系假冒伪劣酒后，主动阻止其流入市场，销售给桐梓县糖酒公司的酒也未流入市场，未给消费者带来更大的损失；案发后积极退清全部货款，未损害购货方利益；实施的系帮助行为，是本案的从犯，并积极协助公安机关抓获同案被告人，有真诚认罪、悔罪的表现。被告人蔡琳之辩护人也持相同辩护理由，请求对被告人依法从轻、减轻处罚。

被告人孙晓星及其辩护人认为：被告人孙晓星并非明知被告人陈发龙提供的是假茅台酒，同时亦未向被告人陈发龙介绍制作伪劣酒的场所，系本案从犯，情节显著轻微，请求依法免除处罚。

（三）事实和证据

贵州省贵阳市中级人民法院经公开审理查明：

1991年6月中旬，被告人蔡琳经被告人孙晓星介绍，认识自称系贵州茅台酒厂劳动服务公司人员的陈发龙，陈称有“五星”牌贵州茅台酒100件（每件12瓶，下同）出售。6月24日，被告人孙晓星代表被告人陈发龙以贵州省仁怀县茅台镇名义与贵阳新天工贸公司企业法人代表蔡琳签订由被告人陈发龙供应100件“五星”牌贵州茅台酒，由被告人蔡琳支付2万元人民币作保证金的协议。被告人蔡琳实际支付29000元保证金。被告人陈发龙得此款后即组织本乡农民用瓶装“茅春”酒伪造成“五星”牌贵州茅台酒100件，以每瓶55元的单价出售给贵阳新天工贸公司。

1991年7月6日，被告人蔡琳代表贵阳新天工贸公司将该批100件假冒“五星”牌贵州茅台酒以每瓶96元的单价销售给武汉客运段供应公司，获货款152000元。被告人陈发龙违法所得38400元，贵阳新天工贸公司获得37200元，被告人孙晓星以要中介费名义向被告人蔡琳索要11000元。该酒于8月23日被武汉市酒类专卖管理局武昌管理处查扣，经鉴定，属伪造"五星"牌贵州茅台酒。

1991年8月2日，被告人蔡琳代表贵阳新天工贸公司再次与武汉客运段供应公司签订供应"五星"牌贵州茅台酒388件的协议，获预付定金1540000元。被告人蔡琳要求被告人陈发龙继续提供"五星"牌贵州茅台酒，陈发龙即组织本村农民，通过被告人孙晓星租用本市大庆路231号彭××家房屋，以"珍酒"、"珍窖"等瓶装酒伪造成"五星"牌贵州茅台酒。该批酒于9月19日在贵阳东站库房，被贵阳市工商行政管理局查扣232件。经鉴定，该酒系伪造的"五星"牌贵州茅台酒。

1991年8月中旬，贵州省桐梓县糖酒公司酒类专卖员邹后昌(另案处理)找到被告人陈发龙，要求其提供用"珍酒"改制成的"五星"牌贵州茅台酒100件。因陈发龙无帐户进帐，便找到被告人蔡琳，说明要假冒茅台酒，并要求以贵阳新天工贸公司的名义与桐梓县糖酒公司签订合同，新天工贸公司可得利2万元。合同签订后桐梓县糖酒公司汇款132000元到贵阳新天工贸公司帐户后，被告人陈发龙将瓶装"珍酒"伪造成的"五星"牌贵州茅台酒100件销售给桐梓县糖酒公司。被告人陈发龙、邹后昌违法所得4.6万元，被告人蔡琳所在贵阳新天工贸公司违法所得为2万元。该批酒被桐梓县工商局查扣，经鉴定系伪造的"五星"牌贵州茅台酒。

1991年10月5日，被告人蔡琳代表贵阳新天工贸公司与河南省台前县副食品公司签订320件"五星"牌贵州茅台酒供货合同，获货款42.24万元后，被告人蔡琳于10月17日支付7.5万元作为制作假冒"五星"牌贵州茅台酒的资金。被告人陈发龙用此款购置瓶装"茅春"酒，组织同乡农民伪造成"五星"牌贵州茅台酒312件。10月23日在贵阳东站库房准备发运时，被贵阳市工商行政管理局查扣，经鉴定，该酒系伪造的"五星"牌贵州茅台酒。

此外，被告人陈发龙于1987年5月至7月期间，伙同他人以瓶装"怀竹"窖酒伪造成"五星"牌贵州茅台酒17件，以每件500元售出，获利1.3万元，被告人陈发龙违法所得1500元。

综上，被告人陈发龙组织、参与他人用各种瓶装酒伪造"五星"牌贵州茅台酒760件，违法所得为62900元，被告人蔡琳所在贵阳新天工贸公司共获人民币57200元，其中违法所得2万元，被告人孙晓星获人民币1.1万元，全部货款及违法所得均于案发前后退清。

上述事实有下列证据证明：

1. 贵阳新天工贸公司与武汉客运段供应公司、贵州省桐梓县糖酒公司、河南省台前县副食品公司签订的供销合同，与被告人陈发龙、孙晓星签订的供销协议；瓶装酒入库单；汇款凭证；被告人陈发龙、孙晓星收款、借款凭据；各购货方收到退款之凭证。

2. 证人方泽荣、彭国忠证言证实：孙晓星介绍陈发龙租用房屋制作假酒，陈发龙组织他人用瓶装"珍酒"、"珍窖"伪造成假冒"五星"牌贵州茅台酒。

3. 证人陈杰、李卫东证言证实：陈发龙组织他人用各种瓶装酒改制成假冒"五星"牌贵州茅台酒。

4. 证人杜龙明证实：邹后昌、杜××向陈发龙提出用瓶装"珍酒"伪造"五星"牌贵州茅台酒，卖给贵阳新天工贸公司，再由蔡琳单位卖给邹后昌，由桐梓县糖酒公司支付手续费给贵阳新天工贸公司。

5. 贵州茅台酒厂质量鉴定书证明：各地被查扣的“五星”牌贵州茅台酒计744件，系假冒“五星”牌贵州茅台酒。

(四)判案理由

贵州省贵阳市中级人民法院认为：被告人陈发龙组织、参与以假充真，伪造中国名酒“五星”牌贵州茅台酒的活动，违法所得为62900元，其行为已构成生产伪劣商品罪，应依法惩处，其系共同犯罪中之主犯，应依法从重处罚。被告人蔡琳明知他人提供的系伪劣商品而仍代表贵阳新天工贸公司进行销售，违法所得达2万元，情节恶劣，其行为已构成销售伪劣商品罪，系共同犯罪中之从犯，应比照主犯依法从轻处罚，但其能积极退款、退赃，协助抓获同案被告人，认罪态度好，可酌情减轻或免除处罚。其于1991年7月6日销售给武汉客运段供应公司100件“五星”牌贵州茅台酒时，并不知是假冒伪劣商品，其行为不构成犯罪。被告人孙晓星介绍他人销售伪劣商品，但其事先并不明知经销的系伪劣商品，主观上无犯罪故意，其行为不构成犯罪，不应追究其刑事责任。公诉机关指控被告人陈发龙、蔡琳、孙晓星犯投机倒把罪不当，应予纠正。

(五)定案结论

贵州省贵阳市中级人民法院根据《中华人民共和国刑法》第十条、第三十二条、第二十二条第一款、第二十三条、第二十四条以及全国人大常委会《关于惩治生产、销售伪劣商品犯罪的决定》第一条、第九条第二款，作出如下判决：

1. 陈发龙犯生产伪劣商品罪，判处有期徒刑二年。

2. 蔡琳犯销售伪劣商品罪，免予刑事处分。

3. 对被告人孙晓星宣告无罪。

4. 随案移送的伪劣贵州茅台酒4瓶予以没收、销毁。

(六)解说

全国人大常委会《关于惩治生产、销售伪劣商品犯罪的决定》于1993年9月1日开始施行。根据最高人民法院《关于执行〈全国人民代表大会常务委员会关于惩治生产、销售伪劣商品犯罪的决定〉的通知》第二条的规定，上述决定施行前发生，施行后人民法院审理的生产、销售伪劣商品的犯罪的案件，依照《刑法》第九条规定的从旧兼从轻的溯及力原则办理。

本案发生于1987年至1991年间，即上述决定实施之前，而公诉机关是于1994年1月即在上述决定施行之后将该案移送起诉至人民法院的；同时，根据全国人大常委会《关于严惩严重破坏经济的罪犯的决定》(1982年4月1日施行)第一条第一款的规定，投机倒把罪的法定最高刑为死刑，显然重于全国人大常委会《关于惩治生产、销售伪劣商品的犯罪的决定》第一条所规定的生产、销售伪劣商品罪的法定最高刑——无期徒刑。依照从旧兼从轻的溯及力原则，遵照最高人民法院上述通知精神，对本案的定罪量刑应适用全国人大常委会《关于惩治生产、销售伪劣商品犯罪的决定》。故对陈发龙、蔡琳应定罪名分别为生产伪劣商品罪和销售伪劣商品罪，而非公诉机关所指控的投机倒把罪。

(罗晓珊)

3. 杨正良被控敲诈勒索宣告无罪案
（罪与非罪界限）

（一）首部

1. 裁判书字号

一审判决书：云南省江川县人民法院（1994）江法刑初字第7号。

二审裁定书：云南省玉溪地区中级人民法院（1994）玉刑再终字第9号。

2. 案由：杨正良敲诈勒索案。

3. 诉讼双方

公诉机关：云南省江川县人民检察院，检察长艾建明。

被告人：杨正良，男，30岁，云南省江川县人，系云南省江川县律师事务所律师。1993年12月11日因本案被逮捕。

一审辩护人：杨树林，云南省昆明涉外律师事务所律师。

李立，云南省玉溪市律师事务所律师。

4. 审级：二审。

5. 审判机关和审判组织

一审法院：云南省江川县人民法院。

合议庭组成人员：审判长：施正义；审判员：王彦东、曹萍。

二审法院：云南省玉溪地区中级人民法院。

合议庭组成人员：审判长：苏其云；审判员：路民；代理审判员：潘慧仙。

6. 审结时间

一审审结时间：1994年1月19日。

二审审结时间：1994年3月30日。

（二）一审诉辩主张

1. 云南省江川县人民检察院指控称

1994年12月3日上午11时许，被告人杨正良叫其妻龚某打电话约县烟草公司的潘××到其住处。潘接完电话后赶到杨的住处。杨正良当即叫潘跪在其客厅里。随后，杨追问了潘自1988年以来与其妻几次发生不正当两性关系的事，并让潘写成文字。其间，杨正良用脚、手及匕首打了潘××，并威胁潘："你（该）相信我剁掉你一个指头，把你的耳朵割掉点。"最后，杨正良限令潘于当天下午5点拿5000元人民币交给杨，作为杨与其妻离婚后给其妻的生活费，并威胁：如不准时交出人民币，就要收拾潘，迫使潘于当天下午5时到杨家交出了5000元现金。被告人杨正良以威胁、恐吓的手段，强行索取他人财物，其行为构成敲诈勒索罪。请求法院依法判处。

2. 被告人的答辩及其辩护人的辩护意见

被告人杨正良及其辩护人认为，杨正良的行为不构成敲诈勒索罪。因为潘某与杨妻龚某之间长期发生非法的两性行为，是引起杨正良行为发生的前因。被告人采取私下解决民间隐私纠纷的办法本身并不违法，只是在追问潘与龚非法性关系过程中，对潘实施打骂是违法行为，被告人是在龚某、潘某三人同在的情况下，要求潘某给龚某5000元，作为离婚后龚某的生活费的，龚某是这5000元的享有者。杨正良主观上既没有非法占有他人5000元的故意，客观上也没有占有这5000元的行为，因而不构成敲诈勒索罪。起诉书认定杨威胁潘“如不准时交出人民币就要收拾潘”，但没有证据证实杨讲过这话。辩护人要求法院宣告被告人杨正良无罪。

（三）一审事实和证据

云南省江川县人民法院经公开审理查明：

1993年12月3日上午10时许，被告人杨正良叫其妻打电话约烟草公司的潘某到其住处，潘接完电话后即来到杨正良住处。杨正良叫潘跪在其客厅里，要潘讲清楚他与其妻发生不正当两性关系的事，并让潘写成文字。追问中，杨用脚、手及匕首打了潘，并对潘进行了辱骂。后杨正良叫潘于当天下午5时拿5000元人民币，给其妻作离婚后的生活费。潘于当天下午5时，将5000元人民币交到了杨家。

上述事实有下列证据证明：

1.被告人杨正良的供述同被害人潘某的陈述能吻合，且同其妻龚某的证言相印证。

2.证人龚某的证言，与被告人杨正良的供述相吻合，同潘某的陈述相印证。

3.证人业江华证实杨正良没有接钱，叫其妻数也没数。

4.被害人潘××的陈述，与证人龚××的证言相吻合，同被告人杨正良的供述相一致。

5.从杨正良家中茶几上提取的5000元人民币及提取笔录证实：潘放在茶几上的钱，杨和龚均未动过。

（四）一审判案理由

云南省江川县人民法院认为：被告人杨正良在得知潘与其妻有不正当两性关系的事后，叫其妻约潘到其住处追问此事，并对潘进行了打骂，后叫潘拿5000元人民币给其妻作离婚后的生活费，其主观上没有非法占有此财产的故意，客观上也并未将此款占为已有，其行为属一般违法行为，不符合《中华人民共和国刑法》第一百五十四条规定的敲诈勒索罪的构成要件，其行为不构成敲诈勒索罪。

（五）一审定案结论

云南省江川县人民法院根据《中华人民共和国刑法》第十条和《中华人民共和国刑事诉讼法》第十一条第（一）项，作出如下判决：

1.宣告被告人杨正良无罪。

2.随案移送的人民币5000元，发还潘××，匕首一把没收。

（六）二审情况

1.二审诉辩主张

（1）二审抗诉主张和理由：一审判决发生法律效力后，原公诉机关曾提起抗诉，被说服撤回。1994年2月28日，云南省人民检察院玉溪分院提出抗诉。抗诉的主要理由是：第一，被告人杨正良主观上不仅有明确的非法占有5000元人民币的故意，客观上还采用暴力威胁手段，不属一般违法；第二，杨系国家法律工作者，其行为造成极坏的社会影响，敲诈勒索钱财数额巨大，已构成犯罪；第三，原判适用法律不当，宣告无罪不妥。

（2）被告人杨正良辩解：第一，其主观上没有非法占有5000元人民币的故意；第二，客观上也并未将5000元占为已有；第三，其在处理婚姻家庭关系中，以不冷静的违法行为处理，应吸取教训，但其行为并不符合《刑法》第一百五十四条规定的敲诈勒索罪的构成要件，人民法院应依据主客观相一致的原则办案，以体现《刑法》第十条规定的精神。

2.二审事实和证据

云南省玉溪地区中级人民法院经审理查明：被告人杨正良于1993年12月2日晚得知其妻与县烟草公司潘××长期关系暧昧，有不正当的两性关系。次日上午10时许，叫其妻打电话约潘来其家中，潘即到杨家里，问有什么事。被告人杨正良叫潘跪下，把与杨妻发生不正当性行为的事说清楚。在潘述说过程中，杨出于义愤，用手、脚和带壳的匕首打踢了潘几下，并让潘将不轨行为的全过程写出来。杨让潘下午5时，拿5000元钱给杨妻作为离婚后的生活费，次日来把杨妻领走。当天下午5时，潘某拿5000元人民币到杨家放于茶几上。

证明上述事实的证据与原审法院认定的证据相同。

3.二审判案理由

云南省玉溪地区中级人民法院认为：被告人杨正良在问明其妻与潘××数次发生不正当性关系的事后，对潘破坏其婚姻家庭的不道德行为出于气愤，殴打了潘数下。同时，在处理潘的不道德行为中提出让潘拿5000元人民币给其妻作离婚后的生活费。其主观上没有非法占有他人财产的故意，客观上也没有拿走5000元钱。在义愤的情况下，其行为虽有一定的违法性，鉴于情节显著轻微，原判决以其行为不构成敲诈勒索罪，对被告人杨正良宣告无罪是正确的。抗诉机关提出的抗诉理由不能成立，不予支持。

4.二审定案结论

云南省玉溪地区中级人民法院根据《中华人民共和国刑事诉讼法》第一百五十条，第一百三十六条第(一)项，作出如下裁定：

驳回抗诉，维持原判。

(七)解说

本案中，一审法院宣告杨正良无罪和二审法院裁定驳回抗诉，维持原判的结论是正确的。判断本案性质的关键在于如何正确、客观地判定行为人的行为是属于违法，还是构成犯罪。就本案而言，又表现为如何正确地理解《刑法》总则中关于犯罪的规定，客观地分析认定被告人是否具备《刑法》分则中敲诈勒索罪的构成要件。

首先，要客观地认定行为人的行为是违法行为还是犯罪行为。这就要坚持以事实为根据，以法律为准绳的办案原则。要看行为人的行为的社会危害性，是否达到了一定的程度而触犯刑律。杨正良在处理其妻和潘××的不正当两性行为中，以不冷静的非法的手段打了潘，后让潘拿5000元人民币给其妻作离婚后的生活费，其行为属违法行为，对社会有一定的危害，但其危害没有达到应受刑罚惩罚的程度，还未构成犯罪。

其次，在认定行为人的行为是否构成犯罪时，还要看其行为是否符合此罪的犯罪构成要件。本案不同看法的焦点，是被告人是否敲诈勒索了他人5000元钱。杨正良出于气愤，打了潘，并要潘拿5000元人民币给其妻作离婚后的生活费，潘已将5000元人民币交到了杨家。而杨和其妻均未动过这钱，既未接钱，也未数钱，潘把钱放在杨家茶几上，就一直放着。从这一具体过程看，杨的手段和行为是非法的，但其主观上没有非法占有他人钱财的故意，客观上也并未占有此财物。因此，杨的行为，缺乏敲诈勒索罪的主、客观方面的构成要件，没有构成敲诈勒索罪。

（王彦东）

4. 屈孝寿过失杀人案
（疏忽大意的过失）

（一）首部

1. 判决书字号：湖北省兴山县人民法院（1994）兴刑初字第 67 号。

2. 案由：屈孝寿过失杀人案。

3. 诉讼双方

公诉机关：湖北省兴山县人民检察院，检察员郑权。

被告人：屈孝寿，男，39 岁，汉族，湖北省兴山县人，农民。1994 年 7 月 27 日因本案被逮捕。

辩护人：蒋红，湖北省兴山县律师事务所律师。

4. 审级：一审。

5. 审判机关和审判组织

审判机关：湖北省兴山县人民法院。

合议庭组成人员：审判长：吴邦洪；审判员：蒋新、高春兰。

6. 审结时间：1994 年 9 月 26 日。

（二）诉辩主张

1. 湖北省兴山县人民检察院指控称

1994 年 4 月 21 日上午约 7 时许，天降大雨，被告人屈孝寿送女儿屈敏敏及女儿同学彭家艳上学，途经纸坊河，河水渐涨，被告人屈孝寿将彭家艳背放在距河对岸两米远水中的一个大石头上。屈独自一人过河，去找拐杖，以防过河滑倒。这时河水猛涨，屈先向副业工易忠勇借木梯接彭过河，但易无梯子；屈又找来一块竹跳板，因跳板太短，没有施救成功。屈便去找村民李发平借梯子，此时，河水已上涨淹到彭站的大石头的顶面。这时，当地村民及副业工与屈先后找来钢筋、安全绳、木梯进行施救，终因水流湍急，将彭冲走。屈见状沿河岸下追 60 米扑进河中，抓住彭的衣服后又被水冲散，彭被洪水溺死。为此，对屈孝寿以犯过失杀人罪，提起公诉。

2. 被告人的答辩及其辩护人的辩护意见

被告人屈孝寿辩称：我女儿屈敏敏与彭家艳是同学关系，平时关系比较好。1994 年 4 月 21 日早晨，未吃早饭就送屈敏敏、彭家艳过河上学，我背着彭家艳过河，我怕把彭的衣服淋湿了，就把彭放在河中一块大石头上站着，我空着手过河去了，准备找一根木棒拄着背彭过河。当时还在下大雨，河水涨起来了，我也不能转去接彭过河，就请当地副业工帮忙救，先后找来木梯、钢筋、绳子救彭，都没有成功。这时，水已涨到彭站的石头上一尺多深了，彭被洪水冲走，我即顺河追去，追到 60 米处，见到彭即扑到河里将彭抓住，但因河水大，彭又被水冲走了。

辩护人提出辩护意见:对被告人屈孝寿犯过失杀人罪的事实、定性与公诉机关指控无异议,但就本案的实际情况看,被告人的过失犯罪行为较轻,他没有料到河水上涨会冲走彭家艳,他采取了积极措施抢救,事后他主动地支付了死者的安葬费等费用1700元,他平时表现较好,可以从轻处罚,并可适用缓刑。

(三)事实和证据

经湖北省兴山县人民法院公开审理查明:1994年4月21日上午7时许,被告人屈孝寿送女儿屈敏敏及其同学彭家艳(12岁)上学,途经纸坊河时,因天下大雨,河水上涨,被告人屈孝寿遂背彭家艳过河。当背至距河对岸仅两米处时,因河水渐深,被告恐其滑倒,便将彭放在此处河中一块大石头上,独自一人过去找木棒做拐杖。后因河水暴涨,被告无法返回河中去接彭家艳过河,即喊当地副业工易忠勇及村民李发平等人帮助救彭,并先后找来竹跳板、钢筋、绳索、木梯等工具,终因措施不力,彭家艳被暴涨的洪水冲走。虽被告及时追去扑向河中,抓住了彭的衣服,但彭仍被洪水冲走,溺水死亡。案发后,被告人及时支付了安葬费等费用1700元。

上述事实有下列证据证实:

1.死者彭家艳家属控告材料:被告采取不负责任的态度,将女儿彭家艳送入河中,让洪水冲走溺死。

2.现场勘查笔录及照片:中心现场(过河处)全宽18.5米,正常水位宽度7米,河中距河西岸2米处有一最大的跳石,高1米,此石上下两侧水位落差约30公分。

3.现场目击者易忠勇、向秀新、屈敏敏、李发平等人的证词证实:河里水涨了,见到一个30多岁的男的和两个十一二岁的姑娘站在河边,当时一个男的背起一个姑娘背过河,另一姑娘站在河边,这个男的背那个女的过了约三分之二的河时,把这个姑娘放在河中一块大石头上,一个人过来了。同时均证实了对该女施救的情况。

4.被告人屈孝寿历次供述:对该女孩被洪水冲走的事实经过的供述,与证人证实的事实相一致。

(四)判案理由

湖北省兴山县人民法院认为:被告人屈孝寿应当预见自已将彭家艳放在暴涨的河水中的大石头上,可能会发生被水冲走导致死亡的结果而未预见,结果发生了彭家艳被河水冲走而死亡的事实,其行为已构成过失杀人罪。

但被告人屈孝寿在案发后采取了一系列的抢救措施和经济赔偿等补救措施,且被告人系偶尔犯罪,罪行较轻,有悔罪表现,平时表现也较好,有从轻处罚的酌定情节,也可适用缓刑。

(五)定案结论

湖北省兴山县人民法院根据《中华人民共和国刑法》第一百三十三条、第六十七条、第六十八条,作出如下判决:

屈孝寿犯过失杀人罪,判处有期徒刑三年,宣告缓刑四年。

(六)解说

在现实生活中,这种过失杀人的犯罪是比较少见的。

从表面上看,像是一种意外情况,为什么要追究屈孝寿的刑事责任?因为在客观行为上,屈孝寿承诺了送彭家艳过河上学的义务,而且将彭放在河中大石头上的行为又加重了屈应将彭安全送过河的责任，屈虽采取了一些抢救措施，但未能奏效，最后，彭家艳还是被河水冲走溺死，这样屈在法律上就应承担责任。

在主观方面，屈有疏忽大意的过失。他将彭家艳放在正暴涨的河水中的大石头上，应当预见到可能发生河水冲走彭家艳而导致死亡的结果。但是，他错误估计了河水的涨势，而没有预见到可能发生的严重后果，因而他对此结果应承担法律责任。如果是完全不能预见的原因引起的后果，则属于意外事件，就不能追究刑事责任。但是，被告人在本案中系过失犯罪，无主观恶性，平时表现较好，有悔罪表现，不致再危害社会，可以适用缓刑，放在社会上改造，这也符合我国当前适当多判处一些缓刑的刑事政策。

（吴邦洪）

5. 冯彬冒充国家工作人员招摇撞骗、妨害邮电通讯案（未成年人犯罪、数罪并罚）

（一）首部

1. 判决书字号：上海市闵行区人民法院（1994）闵刑初字第 215 号。

2. 案由：冯彬冒充国家工作人员招摇撞骗、妨害邮电通讯案。

3. 诉讼双方

公诉人：上海市闵行区人民检察院，代理检察员黄兴福、金剑荣。

被告人：冯彬，男，19 岁，汉族，江苏省无锡市人，系上海市邮政局闵行邮电支局投递员。1994 年 2 月 16 日因本案被逮捕。

辩护人：徐霞，上海市新闵律师事务所律师。

4. 审级：一审。

5. 审判机关和审判组织

审判机关：上海市闵行区人民法院。

合议庭组成人员：审判长：韩伟清；人民陪审员：郦耀南、严兴旺。

6. 审结时间：1994 年 5 月 24 日。

（二）诉辩主张

1. 上海市闵行区人民检察院指控称

1993 年 9 月 27 日和同年的 10 月 3 日，被告人冯彬用捡得的"上海市公安局闵行分局徐忠工作证"，单独或伙同他人，在本市闵行区的江川东路、碧江路和瑞丽路三处，冒充公安人员，没收无证烟贩周京义、黎明、赵阿渭的各种香烟 160 余包，价值人民币 990 余元。被告人将其中的 80 余包销赃后得款 220 元。上述事实，有受害人的陈述、证人证言、追缴的工作证和香烟等证据证实。

此外，被告人冯彬在担任上海市邮电局闵行邮电支局投递员期间，于 1993 年 7 月上旬至 8 月 11 日，为贪图省事而先后 30 余次共将 435 件邮件毁弃。上述事实，有邮电部门的检举、证人证言、找回的邮件等证据证实。

上海市闵行区人民检察院确认，被告人冯彬多次冒充公安人员没收他人香烟，其行为触犯了《中华人民共和国刑法》第一百六十六条之规定，构成冒充国家工作人员招摇撞骗罪，且情节严重；被告人冯彬利用担任邮电投递员职务便利，毁弃他人邮件，其行为又触犯了《中华人民共和国刑法》第一百九十一条第一款之规定，构成妨害邮电通讯罪。特提起公诉，请求法院依法判处。

2. 被告人的答辩及其辩护人的辩护意见

被告人冯彬对检察机关的指控未提出异议。其辩护人认为，检察机关指控被告人冯彬犯冒充国家工作人员招摇撞骗罪、妨害邮电通讯罪的事实清楚、证据确凿、定性正确。但被告人具有《刑法》规定的从轻或减轻情节，故根据其犯罪的事实、性质、手段、社会危害程度及认罪悔罪态度，请求在对被告人决定刑罚时予以减轻处罚。主要理由是：(1)被告人在妨害邮电通讯案中的部分作案事实发生在未满18周岁时，根据《刑法》第十四条第三款规定，应当从轻或者减轻处罚；(2)被告人妨害邮电通讯的行为系主动交代，应作为自首情节，适用《刑法》第六十三条的规定；(3)被告人犯冒充国家工作人员招摇撞骗罪的作案手段一般，并非一贯招摇撞骗，故不应认为是情节严重；(4)被告人刚成年，犯罪原因主要是缺乏法制观念，归案后已有悔改，认罪态度较好。

(三)事实和证据

上海市闵行区人民法院经公开审理查明：

1993年9月27日上午，被告人冯彬携带捡得的徐忠遗失的“上海市公安局闵行分局工作证”，窜至本市闵行区闵行中学附近周京美的烟摊处，以出示上述工作证冒充公安人员，收掉周的各种香烟20余包(价值人民币140余元)。随即销赃得款65元。之后，被告人伙同他人，窜至本市闵行区碧江路401弄黎明的烟摊处，以上述同样的方法，收掉黎的各种香烟60余包(价值人民币340余元)。随即又销赃得款155元。此后，赃款全部被挥霍。

1993年10月3日下午1时许，被告人冯彬伙同他人，携带上述工作证，窜至本市闵行区瑞丽路双弄赵阿渭的烟摊处，以上述同样的方法，收掉赵的各种香烟86包(价值人民币500余元)。后被群众识破而被捕获归案。案发后，缴获的赃物已由公安机关全部归还被害人。

1993年7月上旬至同年8月11日间，被告人冯彬在担任上海市邮政局闵行邮电支局投递员期间，利用职务上的便利，先后多次将由其投递的国内平信、领取邮件通知单、领取磁卡通知单、电话号码簿通知单等计435件邮件，分别毁弃在本市闵行区的鹤庆路585弄7至11号天井内、闵行剧院北侧平房顶上、闵行饭店旁旧百乐园围墙内等处。其间，被告人还多次私自开拆邮件并窃取少量财物。

上述事实有下列证据证明：

1. 上海市邮政局闵行邮电支局根据群众反映，初步查证冯彬毁弃邮件的行为，并向检察机关报案的书证；

2. 被告人冯彬关于毁弃邮件情况的供述；

3. 根据被告人冯彬的供述，邮电部门找回的毁弃的邮件及清单；

4. 毁弃邮件现场的照片；

5. 被告人冯彬投递区域内的居民夏健、王宏强、应鸿祥、沈友丽、苟毓鸣、郎雅君、吴志明关于发现邮件未收到情况的证言；

6. 证人徐忠关于遗失皮夹一只，内有公安工作证一张的证言；

7. 受骗人周京义、黎明、赵阿渭关于被收掉香烟经过的分别陈述；

8. 被告人冯彬关于利用拾得的公安工作证冒充公安人员非法没收烟贩香烟的供述；

9. 谭剑关于伙同被告人冯彬收掉烟贩香烟的陈述；

10. 杨志华关于听被告人冯彬讲用拾得的公安工作证没收他人香烟并与冯彬一起卖掉这些香烟的证言；

11. 黄鹤英关于收买被告人冯彬的香烟并付给其220元的证言；

12. 从被告人冯彬处查获的公安工作证一张和追缴的各种香烟86包的清单；

13. 上海市闵行区糖烟果品公司对香烟的市场零售价格证明。

(四)判案理由

上海市闵行区人民法院认为：被告人冯彬为骗取他人财物，多次冒充公安人员的身分，招摇撞骗，其行为触犯了《中华人民共和国刑法》第一百六十六条之规定，构成冒充国家工作人员招摇撞骗罪，且情节严重；被告人在履行国家邮电工作人员的职责中，私自毁弃邮件，其行为又触犯《中华人民共和国刑法》第一百九十一条第一款之规定，构成妨害邮电通讯罪，应予以两罪并罚。被告人冯彬在实施妨害邮电通讯罪中，部分事实发生在未满18周岁时，依法应予从轻处罚。辩护人提出被告人犯罪情节不严重，有自首情节的辩护理由不能成立，不予采纳。

(五)定案结论

上海市闵行区人民法院根据《中华人民共和国刑法》第一百六十六条、第一百九十一条第一款、第十四条第三款、第六十四条第一款，作出如下判决：

冯彬犯冒充国家工作人员招摇撞骗罪，判处有期徒刑四年；犯妨害邮电通讯罪，判处有期徒刑一年六个月，决定执行有期徒刑五年。

(六)解说

国家工作人员是依照国家法律规定的职责权限从事各种公务活动的，也正是通过他们依法进行公务活动，发挥了国家机关、行政事业单位的职能，贯彻和执行党和国家的政策法律，树立起党和国家在人民群众中的威信。犯罪分子盗用国家工作人员的名义，冒充国家工作人员的身分，在社会上招摇撞骗，以达到他们的犯罪目的，显见这种犯罪妨害国家正常的管理活动，破坏国家政权的威信，损害国家工作人员和人民群众的关系，具有较大的社会危害性。

邮电通讯是我们党和国家的神经系统，是国家经济发展的先行部门，是人民群众的通讯工具，因此，保证邮电通讯准确、及时、安全、畅通无阻，是国家管理活动中的重要一环。但是极少数的邮电工作人员，为了谋取私利或以极不负责的态度，利用职务便利，私拆、藏匿、毁弃邮件、电报，严重妨害和破坏邮电通讯工作，败坏了人民邮电的信誉，给国家和人民利益造成损害，因此，我们必须惩治这种犯罪行为。

本案行为人冯彬在妨害邮电通讯案案发后的取保候审期间，不但不深刻反省，认罪守法，相反，冒充国家工作人员招摇撞骗，这足以反映行为人的犯罪主观恶性较深。因此，人民法院根据行为人犯罪的事实和情节，依法决定对其的处罚是正确的。

(俞锦藻)

6. 蔡×被控故意伤害宣告无罪案
（正当防卫、未成年人刑事责任）

（一）首部

1. 裁判书字号

一审判决书：江苏省沛县人民法院（1994）沛刑初字第 6 号。

二审裁定书：江苏省徐州市中级人民法院（1994）徐刑抗字第 1 号。

2. 案由：蔡×故意伤害案。

3. 诉讼双方

公诉机关（抗诉机关）：江苏省沛县人民检察院，代理检察员朱信成。

附带民事诉讼原告人（上诉人）：蔡先平，男，31 岁，汉族，江苏省沛县人，农民。

被告人：蔡×，男，16 岁（1978 年 2 月 14 日生），汉族，江苏省沛县人，农民。1993 年 7 月 12 日因本案被逮捕。

法定代理人：蔡承贞，被告人蔡×之父。

一审辩护人：魏垂书，江苏省沛县律师事务所律师。

4. 审级：二审。

5. 审判机关和审判组织

一审法院：江苏省沛县人民法院。

合议庭组成人员：审判长：伊萍；审判员：段作善；代理审判员：居梅。

二审法院：江苏省徐州市中级人民法院。

合议庭组成人员：审判长：张孝玉；审判员：杜凉虹；代理审判员：张维康。

6. 审结时间

一审审结时间：1994 年 1 月 26 日。

二审审结时间：1994 年 3 月 29 日（依法延长审限）。

（二）一审诉辩主张

1. 江苏省沛县人民检察院指控称

被告人蔡×于 1993 年 6 月 28 日 13 时许，在蔡先坤家门口与蔡先平发生争吵，被告人蔡×拿起谭瑞芬刨粪用的抓钩，在蔡先平后退被树枝绊倒时，将蔡先平左肋部刨成穿通伤，内脏破裂，腹腔积血 200CC，经法医鉴定为重伤。上述事实，有被害人陈述、证人证言、追回的作案工具等在案佐证。被告人蔡×对犯罪事实亦供认不讳。江苏省沛县人民检察院认为，被告人蔡×故意伤害他人身体，致蔡先平重伤，其行为触犯了《中华人民共和国刑法》第一百三十四条第二款之规定，已构成故意伤害罪，特提起公诉，请求依法惩处。江苏省沛县人民检察院同时认为：被告人蔡×犯罪时尚未满 16 岁。根据《中华人民共和国刑法》第十四条第二款之规定，应当从轻或减轻处罚。

2. 附带民事诉讼原告人诉称

被告人蔡×故意伤害我的身体，用抓钩将我的左肋部刨成穿通伤，脾破裂摘除，经法医鉴定为重伤。根据《中华人民共和国刑法》第三十一条和《中华人民共和国刑事诉讼法》第五十三条第一款之规定，提起附带民事诉讼，要求被告人蔡×赔偿原告人的医疗费、营养费、误工费等共计人民币1.1万余元，请求法院依法判处。

3.被告人蔡×的答辩及其辩护人的意见

被告人蔡×认为自己不是故意伤害蔡先平，只是在蔡先平拿瓦刀要砍自己的情况下，才用抓钩刨了蔡先平，自己的行为是正当防卫，对蔡先平的一切经济损失不应承担任何赔偿责任。

蔡×的辩护人对江苏省沛县人民检察院起诉书指控被告人蔡×犯故意伤害罪表示异议，认为被告人蔡×与被害人蔡先平两家早有矛盾，被告人蔡×是在遭蔡先平追随并拿出瓦刀威胁的情况下，才抓过谭瑞芬刨粪用的抓钩进行防卫的，并无伤害蔡先平的故意，只是为了制止蔡先平对自己的不法侵害，使自己的生命免遭危害。由于被告人不满16岁，且当时情况十分紧急，被告人蔡×难以选择一种恰当的防卫方式、工具和强度来进行防卫，甚至也难认预料防卫所造成的后果。因此，本案的定性应为防卫过当。且案发当日13时许，被告人蔡×至乡司法办公室投案自首，具有投案自首情节，应对其免予刑事处分。

（三）一审事实和证据

江苏省沛县人民法院因被告人系未成年人，依法对此案进行了不公开审理，经审理查明：

被告人蔡×于1993年6月28日13时在本村村民蔡承华商店玩时，见被害人蔡先平骑车路过并在蔡承华商店附近停车，蔡×便骑车就走(因两家有纠纷)。被害人蔡先平骑车尾追蔡×至蔡先坤家附近时被蔡×发现，蔡×便下车问蔡先平"追我干啥"。蔡先平说："我想打人。"蔡×停车后退，蔡先平也将自行车放倒，从腰间拔出瓦刀步步紧逼蔡×。当蔡先平手举瓦刀逼近蔡×时，蔡×随手拿起谭瑞芬出粪用的抓钩向蔡先平刨时，蔡先平被身后树枝绊倒，抓钩落在蔡先平身上，致蔡先平左肋部穿通伤，脾破裂摘除。

上述事实有下列证据证明：

1.被害人蔡先平的陈述；

2.证人谭瑞芬的证言；

3.公安机关的现场勘查笔录；

4.作案工具物证抓钩；

5.被告人蔡×的供述。

（四）一审判案理由

江苏省沛县人民法院认为，被告人蔡×的防卫行为是针对被害人蔡先平正在进行的不法侵害实施的，被害人蔡先平骑车尾追蔡×，接着又手举瓦刀紧逼，足以认定被害人蔡先平的行为是对被告人蔡×实施的正在进行的不法侵害。被告人蔡×系未成年人，而被害人蔡先平系成年人且手持瓦刀，被告人蔡×用抓钩自卫是适时适度的，属正当防卫。对被害人蔡先平提出的赔偿经济损失，被告人不予负担；公诉机关对蔡×犯有故意伤害罪的指控不予采纳。

（五）一审定案结论

江苏省沛县人民法院根据《中华人民共和国刑法》第十七条第一款，作出如下判决：

1.宣告被告人蔡×无罪；

2.被告人蔡×不承担民事赔偿责任。

(六)二审情况

1.二审诉辩主张

一审法院判决宣告后,蔡×及其法定代理人服判不上诉。公诉机关沛县人民检察院和上诉人蔡先平均以判决认定事实和适用法律错误为理由,分别向江苏省徐州市中级人民法院提出抗诉和上诉。

(1)江苏省沛县人民检察院抗诉称

1)判决认定"被害人蔡先平骑车尾追蔡×至蔡先坤家附近时被蔡×发现……",而事实是:二人同路,蔡×骑车先行,被害人蔡先平骑自行车在后,行至蔡先坤家附近,蔡×听后面有响声,回头一看是蔡先平,立即下车;被害人看到蔡×下车,两腿一叉没下车就站在那里。据此,只能认定二人是一前一后同行,前面的人下车导致后面的人停车,无任何理由和证据说明蔡先平尾追蔡×。2)判决认定"蔡×下车问蔡先平'追我干啥?'",蔡先平:"你想干啥?"因两家人多年有矛盾,互不说话,而蔡×下车先发问,才引出蔡先平说"我想打人"。答话时蔡先平尚未下车。不难看出,事端是由蔡×挑起的。3)判决认定"当蔡先平手举瓦刀逼近蔡×时,蔡×随手拿起谭瑞芬出粪用的抓钩刨向蔡先平身上……",而事实是:蔡先平下车本来就拿着去干活用的瓦刀,二人发生冲突后,蔡×拿起抓钩逼向蔡先平。原蔡先平手持瓦刀,蔡×赤手空拳,蔡先平对蔡×存在着威胁,但后因蔡×获得了抓钩这一工具,显然占了上风,迫使蔡先平接连后退,退至距粪坑9米处被树枝仰面绊倒,蔡×举起抓钩向被害人刨去,被害人遭受重伤。判决忽略了蔡先平接连后退,已根本不存在对被告人的侵害行为。4)蔡×犯罪的动机、目的导致了行为和结果的发生。蔡×在侦查卷22页第8行曾供述"因为蔡先平经常到我家找事,我想刨死他,省得再找我们家的事"。根据蔡×的动机、目的,他所实施的犯罪行为是有其思想基础的,即主观存在故意。而判决对这一重要事实却没有认定。5)判决认定蔡×的行为是正当防卫,在适用法律上有明显错误。《刑法》明确规定,必须面对正在进行的、实际存在的不法侵害行为,才能实行正当防卫。如果不法侵害行为已经停止,危险状态已经过去,正当防卫就失去了前提条件。当蔡×抓过抓钩后,蔡先平的瓦刀对蔡×已失去了威胁,蔡×所处的可能遭受不法侵害的危险状态已经过去。蔡先平后退绊倒后,更谈不上对蔡×存在着正在进行的、实际存在的不法侵害,此刻,正当防卫的前提条件已不存在,无法认定蔡×的行为是正当防卫。

江苏省沛县人民检察院认为,蔡×因与蔡先平家有矛盾,主观上有伤害蔡先平的故意,客观上主动挑起事端,引起冲突,后又用抓钩将蔡先平刨成重伤,已构成故意伤害罪,其行为不符合《中华人民共和国刑法》第十七条第一款所规定的正当防卫条件。

(2)上诉人蔡先平上诉称

1)原判决认定事实有错误。原判决认定的三个事实,即上诉人"尾追"被告人;上诉人"手举瓦刀紧逼"被告人;上诉人举瓦刀"逼近"被告人时,被告人才拿起抓钩刨上诉人,而且,因为上诉人"被身后树枝绊倒",抓钩才"落在"上诉人身上。实际上,这三个"事实"是根本不存在的。原判决这样认定,显属偏颇,其依据仅是被告人的辩解,而与其他相互印证的证据相矛盾。2)原判决适用法律错误。原审法院在错误认定事实的基础上,适用《中华人民共和国刑法》第十七条第一款,判决被告人"系正当防卫",而"不承担民事赔偿责任",当然也是错误的。上诉人请求江苏省徐州市中级人民法院依法核查,对原判决予以改判,并判令被告人赔偿上诉人经济损失1.8万元。

2.二审事实和证据

江苏省徐州市中级人民法院经审理查明：

1993年6月28日中午，蔡×骑车至蔡先坤家附近，发现蔡先平在后尾追，便下车问蔡先平“追我干啥”，蔡先平说：“我想打人”。蔡×即停车后退，当蔡先平手举瓦刀向其逼近时，蔡×随手拿起谭瑞芬出粪用的抓钩向蔡先平刨去，导致蔡先平重伤。

江苏省徐州市中级人民法院证明上述事实的证据与一审法院认定的证据相同。

3.二审判案理由

江苏省徐州市中级人民法院认为，沛县人民法院认定的事实清楚，证据确凿，定性准确，审判程序合法，判决蔡×无罪和不承担民事赔偿责任是适当的，对沛县人民法院所作的判决应予以维持。其理由是：

(1)蔡先平的行为是对蔡×人身权利的不法侵害。蔡先平骑车尾随追赶蔡×500米，当蔡×停车问“追我干啥”时，蔡先平答“我想打人”，随即从腰间拿出瓦刀紧逼蔡×，足以认定蔡先平的行为是对蔡×的不法侵害。

(2)蔡先平对蔡×的不法侵害不仅是实际存在的，而且是正在进行的。侵害人蔡先平手持瓦刀步步紧逼，严重威胁蔡×的生命安全。蔡×对蔡先平的不法侵害，并没有立即动手还击，而是后退躲开侵害人蔡先平，但蔡先平手持瓦刀越逼越近，情急之下，蔡×才拿起抓钩实施必要的反击。对蔡先平正在进行、逐步加剧的不法侵害，蔡×的防卫是必要的和适时的。

(3)蔡×的防卫是对不法侵害者蔡先平进行的，旨在排除和制止不法侵害行为。防卫允许采用对不法侵害者造成一定的损害。事实说明，蔡×如不反击自卫，将可能发生更加严重的后果。蔡×的防卫的确给蔡先平造成了一定的损害，但蔡先平完全是咎由自取。

(4)蔡×的防卫行为适时、适度，没有超过必要限度，造成不应有的损害。必要限度，就是防卫行为足以制止住正在进行的不法侵害的限度。从本案事实看，蔡先平为成年人，年轻力壮且手持瓦刀，而蔡×年仅15岁且身材瘦弱，年龄和力量对比，蔡×明显处于劣势，当蔡先平手持瓦刀逼近蔡×身体时，蔡×认为侵害人的瓦刀将危及自己的生命而转身躲避时，见谭瑞芬出粪用的抓钩，随即拿来自卫，防卫时间适时。从防卫的手段和力度看，面对蔡先平的不法侵害，蔡×开始没有实施任何打击行为，而是步步后退想避免恶果发生，在防卫力度上明显有所控制。而侵害人蔡先平见蔡×后退仍不罢休，继续相逼，以致蔡×随手拿起抓钩进行自卫，在蔡×抓钩下落时，蔡先平被身后树枝绊倒，抓钩落在蔡先平身上，造成蔡先平重伤。综观全案，蔡×防卫手段的强度是为制止不法侵害所必需的，同侵害行为的强度基本适应，没有明显地超过正当防卫的限度。

综上所述，蔡×的行为符合我国《刑法》第十七条第一款关于正当防卫的规定。

4.二审定案结论

江苏省徐州市中级人民法院根据《中华人民共和国刑事诉讼法》第一百三十六条第(一)项，作出如下裁定：

驳回抗诉、上诉，维持原判决。

(七)解说

本案诉辩双方争论的焦点，在于对蔡×行为的定性，即是定故意伤害还是正当防卫。一、二审法院对本案的审判，坚持了实事求是、依法办案的原则，分清了罪与非罪的界限，宣告蔡

×无罪,不承担民事赔偿责任,是完全正确的。

正当防卫是指为了使公共利益、本人或者他人的人身权利和其他权利免受正在进行的不法侵害,而对侵害人采取的有限度的反击行为。根据《刑法》第十七条的规定,正当防卫的成立,必须具备以下4个条件:(1)必须是为了保卫公共利益、本人或者他人的人身和其他合法权利。(2)必须是对正在进行不法侵害的行为人。(3)必须是针对实施不法侵害行为的人。(4)不能超过必要限度造成不应有的损害。以上四个条件必须同时具备,才能构成正当防卫。正当防卫的案件,情况比较复杂,往往涉及罪与非罪的界限,在审判实践中要注意严格区分。

结合本案来看,蔡×在人身安全受到不法侵害的情况下,针对正在进行的不法侵害行为,实施防卫是正当的。虽然造成蔡先平重伤的后果,但其行为符合我国《刑法》规定的正当防卫条件,应当受到法律保护。本案一、二审法院根据《中华人民共和国刑法》第十七条第一款的规定,判决蔡×无罪和不承担民事赔偿责任是正确的、公正的。

(刘春华　董英杰)

7. 沈学凤故意杀人案
(限制刑事责任能力、酌定量刑情节)

(一)首部

1. 判决书字号:浙江省绍兴市中级人民法院(1994)绍中刑初字第16号。

2. 案由:沈学凤故意杀人案。

3. 诉讼双方

公诉机关:浙江省绍兴市人民检察院,检察员陈秋平。

被告人:沈学凤,女,26岁,汉族,浙江省嵊县人,农民。1994年1月31日因本案被逮捕。

被告人沈学凤未委托辩护人,自己行使辩护权。

4. 审级:一审。

5. 审判机关和审判组织

审判机关:浙江省绍兴市中级人民法院。

合议庭组成人员:审判长:钱兔根;审判员:王岳彪;代理审判员:葛张根。

6. 审结时间:1994年5月18日。

(二)诉辩主张

1. 浙江省绍兴市人民检察院指控称

被告人沈学凤生性孤僻、多疑,自感被丈夫和他人看不起,有厌世之念,遂产生了先将亲生女儿杀死,然后自尽之歹念。1994年1月24日8时左右,沈学凤乘家中无人之机,先将自家的人民币现金及存款单焚毁,后手持柴刀,朝刚满周岁熟睡中的女儿俞秋莲头部猛砍一刀,致其当场惨死。嗣后,被告人逃出村外准备上吊自缢,被其丈夫发现并拉回家中而案发。

绍兴市人民检察院认为:被告人沈学凤目无国法,杀女泄愤,其行为已触犯《中华人民共和国刑法》第一百三十二条之规定,构成故意杀人罪,且手段残忍,情节特别严重,请求法院依法严惩。

2. 被告人的答辩

被告人沈学凤对公诉机关指控的犯罪事实供认不讳。请求给予从轻处罚。

(三)事实和证据

浙江省绍兴市中级人民法院经公开审理查明:

被告人沈学凤自幼孤僻、寡言、不愿与人交往,自感被丈夫和他人看不起,遂产生了先将亲生女儿杀死,然后自尽之歹念。1994年1月24日8时左右,沈乘家中无人之机,先将自家的人民币及存款单焚毁,后从自家刀架上取一柴刀,朝刚满周岁尚熟睡在床的女儿俞秋莲头部猛砍一刀,致其当场死亡。沈用被盖住女儿尸体全身,转身取来一根尼龙绳逃出村外,欲上吊自缢,被其丈夫发现追赶至村外山头上将其拉回家中。经法医鉴定,俞秋莲系锐器伤致脑实质损伤(横断),引起中枢衰竭死亡。

案发后,被告人沈学凤经绍兴市中级人民法院送绍兴市第七人民医院作精神医学鉴定,结论系精神分裂症(偏执型)发病期,在杀害女儿当时,在思维逻辑推理障碍和病理性被害妄想支配下,辩认与控制能力削弱,评定具有部分刑事责任能力。

上述事实有下列证据证明:

1. 物证:柴刀一把。经沈学凤当庭辨认,系杀其女儿的工具无误。

2. 证人证言:

证人俞正苗证言,证明其妻沈学凤平时不多讲话。1994年1月24日早上吃过早饭,他从村民肖保炎家出来后,发现其妻逃出村外就将其拉回家中,沈一直在讲不好做人了,不回去了。后见女儿已被斩死在床上,即叫人去报案。

证人俞定昌证言,证明1月24日早上8时许,其吃过早饭外出。本村的唐菊芬告诉其儿媳妇沈学凤逃出去了,即回家看其孙女俞秋莲,见俞秋莲在床上用被盖住全身,以为还睡着。后其儿子俞正苗把沈学凤拉回家,发现俞秋莲已死在床上。

证人肖保炎证言,证明1月24日早上8时30分左右,俞正苗至其家要其去买电视机天线。

证人唐家苗、陈小妃证言,证明1月24日早上8时30分左右,见沈学凤从家门口逃出,即告诉刚从小店出来的俞正苗,俞便去追赶沈学凤。

证人唐菊芬证言,证明1月24日早上,俞定昌到其家门口晒太阳,听到有人喊沈学凤逃走了,就告诉了俞定昌,俞就离开。

3. 尸体检验报告,证实被害人俞秋莲的死因系锐器伤致脑实质损伤。

4. 现场勘查笔录,证实案发现场情况。

5. 精神病医学鉴定,结论是沈学凤作案时系精神分裂症发病期。

6. 被告人沈学凤对认定的事实亦供认不讳,并能与上列证据相互印证。

(四)判案理由

浙江省绍兴市中级人民法院认为:

1. 被告人沈学凤用柴刀杀死亲生女儿,其行为已构成故意杀人罪。

2. 被告人沈学凤作案时,患有精神分裂症且处于发病期,只有部分刑事责任能力,可酌情从轻处罚。

(五)定案结论

浙江省绍兴市中级人民法院根据《中华人民共和国刑法》第一百三十二条、第五十二条、

第六十条,作出如下判决:

1.沈学凤犯故意杀人罪,判处有期徒刑十二年,剥夺政治权利三年。

2.作案工具柴刀一把,予以没收。

(六)解说

精神病是一种以精神活动障碍为主要表现的疾病。精神病人的刑事责任问题是一个比较复杂的问题。我国《刑法》第十五条及1989年7月11日最高人民法院、最高人民检察院、公安部、司法部、卫生部颁布的《关于精神疾病司法鉴定暂行规定》第十九条对精神病人的刑事责任能力问题,均只规定了无刑事责任能力和具有刑事责任能力两种情况。

由于精神病种类繁多,且患病程度有很大差异,因而精神病人辨认和控制自己行为的能力亦有强有弱。有的完全丧失了这种能力,因而无刑事责任能力;有的并未达到丧失这种能力的程度,因而具有刑事责任能力;而有的则是减弱了这种能力,也就是说,丧失了部分能力而又具有部分能力,因而成为处于有和无之间的中间状态,即限制或限定刑事责任能力的情形。这是符合精神病医学理论的,也是符合实事求是原则的。虽然《暂行规定》对精神病人的限制责任能力问题没有作出明确规定,但在我国的司法精神病鉴定中,仍将那种患有精神疾病或精神活动有障碍但不严重,致不能完全辨认或者不能完全控制自己行为的行为人,评定为具有部分刑事责任能力。沈学凤经绍兴市中级人民法院送绍兴市第七人民医院鉴定,结论为沈学凤处于精神分裂症(偏执型)发病期,作案时,在思维逻辑推理障碍和病理性被害妄想支配下,辨认与控制能力削弱,评定为具有部分刑事责任能力。

同时,司法精神病鉴定的这一观点也被司法实践所普遍接受。虽然《刑法》没有规定对此类人如何处罚,但从实际出发,审判实践中一般将此作为一个酌定从轻处罚的情节,对此类被告人既不像对具有完全刑事责任能力的人那样让他承担百分之百的刑事责任,也不像对无刑事责任能力的人那样不负刑事责任,而是根据该行为人刑事责任能力的大小,比照具有完全刑事责任能力的人,酌情予以从轻、减轻或免除处罚。本案中的沈学凤,无任何其他从轻情节,本应依法严惩,但鉴于其只有部分刑事责任能力,从轻判处有期徒刑十二年,剥夺政治权利三年,应该说是罪刑相适应的。公诉机关未提出异议,沈学凤也服判。

可以说,我国的法学理论和司法实践对精神病人的限制刑事责任能力问题,已取得了共识,肯定了该中间状态的存在。但由于无法可依,处罚上往往有轻有重。目前司法实践的做法只能是权宜之计,我国法律应尽早明确规定精神病人限制刑事责任能力这一情形,并将其吸纳为一个法定从轻处罚情节。这一方面可使法律自身趋向完善,另一方面也使司法实践有法可依。

(魏晓法)

8.张贵智被控故意伤害不负刑事责任案
(无刑事责任能力、证据)

(一)首部

1.判决书字号

一审判决书：上海市闸北区人民法院(1983)闸法刑字第121号。

再审判决书：上海市中级人民法院(1994)沪中刑再终字第5号。

2.案由：张贵智故意伤害案。

3.诉讼双方

公诉机关：上海市闸北区人民检察院，检察员童志忠。

被告人：张贵智，男，32岁(1962年3月9日生)，汉族，江苏省泰兴县人，工人。1983年6月25日因本案被逮捕。

法定监护人：张芝兰，退休工人，系张贵智之父。

被告人张贵智未委托辩护人，自己行使辩护权。

4.审级：再审。

5.审判机关和审判组织

一审法院：上海市闸北区人民法院。

合议庭组成人员：审判长：范惠及；人民陪审员：王兴弟、邬志裕。

再审法院：上海市中级人民法院。

合议庭组成人员：审判长：姚坚敏；审判员：沈建国；代理审判员：谢抗卫。

6.审结时间

一审审结时间：1983年9月12日。

再审审结时间：1994年6月2日。

(二)一审情况

1.一审诉辩主张

(1)上海市闸北区人民检察院指控称

被告人张贵智曾因偷窃厂内玻璃被查获，怀疑是同组工人曹志清向保卫部门汇报的，从而对曹怀恨在心，多次打曹。由于被告人无故打人，激起同组工人的反对，因而被告人对曹更加怀恨。1983年1月30日上午10时许，被告人携带牛角刀一把，进入被害人曹志清的办公地点。当被害人见被告人持刀前来时，马上避开。但被告人紧追上去抓住被害人的衣服，对被害人连戳三刀。经医生检查，被害人剑突下偏左伤口长3公分，深达肌层；右侧腹伤口长1.5公分；左手小鱼际软组织撕脱一块，见豆骨被削去一块，缝合后伤口约8公分长。以上事实，有被害人陈述、证人证言、验伤结论和凶器等证实。被告人张贵智故意伤害他人身体，侵犯了公民的人身权利，其行为已触犯了《中华人民共和国刑法》第一百三十四条第一款之规定，构成故意伤害罪，特提起公诉，请求法院依法判处。

(2)被告人的答辩

被告人张贵智对检察机关起诉认定其用刀戳曹志清三刀的事实不表异议，但辩称自己从厂里拿玻璃回家被保卫科找去谈话，怀疑是曹志清汇报的，所以就用刀戳曹。同时认为拿刀戳人是不对的，是法制观念不强的表现，但至多由保卫科教育教育。

2.一审事实和证据

上海市闸北区人民法院经公开审理查明：

被告人张贵智因私自将玻璃偷带出厂为门卫查获并被厂保卫部门教育。但被告人不自我检讨，反而怀疑系同班组工人曹志清所反映，因而对曹志清怀恨在心，多次挑衅报复。1983年1月30日上午10时许，被告人身藏牛角刀一把，乘被害人曹志清在仓库工作、无防备之机，用牛角刀猛刺曹的腹部三刀，被害人用手抵挡时，左手被戳伤。同厂工人发现后，制止了被告人的行为并将其扭送公安机关。经医生鉴定，被害人剑突下偏左伤口长3公分，深达肌层，右侧腹伤口长1.5公分，左手小鱼际软组织撕脱一块，见豆骨被削去一块，缝合后伤口约8公分长。

上述事实有下列证据证明：

(1)被害人曹志清的陈述："1983年1月30日早上到单位上班后，我在记帐，张贵智把一只军用书包放在工具箱里。我记好帐想出去，但一走到门口，看见张贵智手里拿了一把刀。张追上来一只手抓住我衣服，一只手用刀朝我腹部、手的部位共戳三刀。"

(2)证人王祖根证言："1983年1月30日，我在食堂工作，听到有呼救声，开门出去看见曹志清躺在地上，她的手上和地上都有血，张贵智站在离曹志清5米远的地方。"

(3)证人颜世明证言："1983年1月30日曹志清被戳伤的事情发生在四楼，我从一楼赶上去后看见张贵智伏在台子上。我就上去问凶器哪里去了，张贵智开始说扔到对面房顶上去了，后来讲放在仓库里木箱的夹缝里，后从木箱的夹缝里找到了凶器。"

(4)物证：凶器牛角刀一把。

(5)验伤结论：被害人曹志清伤情结论：剑突下偏左伤口3公分长，深达肌层，未进腹腔；右侧腹部伤口1.5公分长，未进腹腔；左手小鱼际软组织撕脱一块，见豆骨被削去一块，缝合后伤口长8公分。

(6)上海市精神病防治院精神病司法医学鉴定结论：案发后，公安机关根据张贵智1977年5月20日上海市精神病防治院门诊诊断患精神分裂症的病史和家属反映其作案前砸坏家具等一些不正常现象，于1983年5月12日经上海市精神病防治院精神病司法医学鉴定认为：被鉴定人张贵智生性孤独、脾气怪僻、平时沉默寡言等，属于其性格，不属精神病；在家不顺心动辄砸坏家具，但属其本人的东西，从不无故损坏，亦不属精神病态。从1977年5月20日去精神病院门诊，迄今无精神病态表现，从未再去门诊，亦未去精神科门诊。结论：无精神病，被鉴定人具有刑事责任能力。

(7)被告人张贵智供述："我怀疑曹志清汇报我拿厂里的玻璃，就持刀戳了曹志清三刀。戳完后，曹躺在地上，我站在不远的地方，等人把我揪到保卫科去。"

3.一审判案理由

上海市闸北区人民法院认为：被告人张贵智为泄私愤，故意伤害他人身体，其行为已触犯《中华人民共和国刑法》第一百三十四条第一款之规定，构成故意伤害罪。

4.一审定案结论

上海市闸北区人民法院根据《中华人民共和国刑法》第一百三十四条第一款、第六十条，作出如下判决：

张贵智犯故意伤害罪，判处有期徒刑三年；犯罪凶器牛角刀一把予以没收。

(三)再审诉辩主张

一审判决宣告后，张贵智未提出上诉，判决发生法律效力。张贵智被送往执行机关服刑改造。在服刑改造中，因张贵智多次无故殴打其他犯人并用镰刀将一犯人的头部砍伤，被执行机关送往安徽省芜湖市精神病医院进行了精神病医学鉴定。鉴定结论为：精神分裂症(病期稍长)，在病态思维支配下作案，无责任能力。据此，执行机关于1984年8月致函原审上海市闸北区人民法院，建议对张贵智故意伤害一案进行复查。在此期间，张贵智的父亲张芝兰也向原审法院提出申诉。原审上海市闸北区人民法院经过复查，根据原精神病学鉴定结论以及原案卷的其他材料，复查认为：原判决并无不当，应予维持。原审法院将复查结论函复执行机关，并驳回了张芝兰的申诉。1992 年 1 月，张贵智的父亲张芝兰向上海市中级人民法院再次提出申诉。张芝兰诉称：张贵智在作案时是处在精神病发病期，对自己的行为处在不能辨认和不能控制的状态，依法应不负刑事责任；上海市闸北区人民法院根据错误的鉴定结论作出了错误的判决。请求上级法院复查纠正。

（四）再审事实和证据

上海市中级人民法院经审理查明：

原审被告人张贵智自 1977 年 5 月经上海市精神病防治院诊断，患有精神分裂症。1982 年 10 月间，张贵智认为同班组工人曹志清反映了其偷带玻璃出厂的事，故对曹怀恨在心。1983 年 1 月 30 日上午 10 时许，张贵智乘曹志清在仓库工作无防备之机，用事先准备好的牛角刀向曹志清的腹部、手部连戳三刀，将曹致伤。1994 年 4 月 11 日，经上海市精神疾病司法鉴定专家委员会对张贵智 1983 年 1 月 30 日行凶作案时精神状况的鉴定，张贵智 1983 年 1 月 30 日行凶作案行为当时处于精神分裂症发病期，对行为丧失辨认和控制能力，应认定为无责任能力。

上述事实有下列证据证明：

1. 被害人曹志清关于自己的腹部、手部无故被张贵智连戳三刀而致伤的陈述；

2. 关于被害人曹志清剑突下偏左伤口 3 公分长，深达肌层，未进腹腔；右侧腹部伤口 1.5 公分长，未进腹腔；左手小鱼际软组织撕脱一块，见豆骨被削去一块，缝合后伤口长 8 公分的验伤结论；

3. 证人陈国宝、严真星关于 1982 年 10 月 31 日，张贵智将厂里边料玻璃偷出厂，被厂门卫拦下查出，报告保卫科，被保卫科找去谈话的陈述；

4. 证人颜世明关于 1983 年 1 月 30 日曹志清被张贵智戳伤，闻声赶到现场，见张贵智伏在台子上，曹志清被戳伤倒在地上，即一面组织人把曹志清送往医院救治，一面让张贵智交出凶器的陈述；

5. 被害人曹志清被伤害的现场照片和伤情照片；

6. 凶器牛角刀一把；

7. 上海市精神病司法鉴定专家委员会 1994 年 4 月 11 日鉴定书分析意见认为，经查阅全部案卷材料及病史资料，对照《中国精神疾病分类方案与诊断标准》，符合精神分裂症的诊断，被鉴定人张贵智 1983 年 1 月 30 日在行凶作案时处于精神分裂症发病期。在精神分裂症的支配下，采取攻击性行为。其作案特点符合精神分裂症患者的作案规律。行为动机是病理性的，缺乏自我保护，作案前扬言要买刀，要杀人放血，作案后无逃避表现。其对作案行为的性质、后果已丧失辨认和控制能力。鉴定结论：(1)鉴定诊断：精神分裂症；(2)法定能力评定意见：1983 年 1 月 30 日张贵智作案当时处于精神分裂症的发病期，对行为丧失辨认和控制能力，应评定为无责任能力，目前病情未愈，应继续监护。

（五）再审判案理由

上海市中级人民法院认为：原审被告人张贵智系精神分裂症患者，1983 年 1 月 30 日其在行凶作案时处于不能辨认和不能控制自己行为的状态，对其行为造成的危害结果，依照《中华人民共和国刑法》第十五条第一款的规定，不负刑事责任。申诉人申诉有理，应予采纳。

原判认定事实和适用法律不当，应予纠正。

（六）再审定案结论

上海市中级人民法院根据《中华人民共和国刑法》第十五条第一款，作出如下判决：

1. 撤销上海市闸北区人民法院（1983）闸法刑字第121号刑事判决。

2. 张贵智不负刑事责任。

3. 凶器牛角刀一把予以没收。

（七）解说

本案的关键，是对行为人张贵智作案当时是否处于精神病发作期及其有无刑事责任能力作出正确的判定。

刑事责任能力，是成立犯罪主体不可缺少的条件之一。刑事责任能力，简言之就是能够辨认和控制自己行为的能力。所谓辨认能力，是指认识自己行为的社会危害性、违法性的能力。所谓控制能力，就是在具有辨认能力的基础上，支配自己行为的能力。具有刑事责任能力的人，对自己的犯罪行为，就应负刑事责任。相反，如果行为人不具备刑事责任能力，即使其行为给社会造成严重的危害结果，也不能追究刑事责任。因此，我国《刑法》第十五条规定，精神病人在不能辨认或者不能控制自己行为的时候造成危害结果的，不负刑事责任。根据这条规定，确认行为人有无刑事责任能力必须符合三个条件：第一，行为人确实患有某种精神疾病。第二，行为人因患严重精神疾病而丧失了辨认或者控制自己行为的能力。第三，行为人是在丧失辨认或者控制自己行为能力的状态下造成危害结果的，也就是说，其实施的危害行为与精神病有着直接的因果关系。

判定行为人有无精神病，以及是否丧失或降低刑事责任能力，只有在司法精神病医学鉴定的基础上，经过证据的审查判断才能得出最后结论。一般来说，司法精神病医学鉴定结论，是判定行为人刑事责任能力的科学依据。但是，由于种种主客观原因，有的鉴定结论并未能客观真实地反映行为人刑事责任能力的情况。为了确保据以定案的司法鉴定结论正确无误，根据《中华人民共和国刑事诉讼法》第三十一条的规定，司法精神病医学鉴定结论这种证据材料，也必须经过查证属实，才能作为定案的依据。如果司法人员经过审查，认为鉴定结论可能有误时，应当进行补充鉴定或者重新鉴定。

从本案的情况看，对张贵智所作的第一次精神病医学鉴定结论是：无精神病，被鉴定人对其行为应负刑事责任。这一结论，与被鉴定人张贵智的实际状况，如在案发前有精神病史，无端怀疑人，无故殴打人，任意砸坏自家的家具；案发中，持刀戳伤他人而不逃跑，等待他人抓其到保卫科受教育；案发后，不否认、不辩解等证据材料之间存在难以解释的矛盾。后由于行为人张贵智在服刑期间又犯有同样的伤害行为，而对其所作的第二次精神病医学鉴定结论是：精神分裂症（病期稍长），在病态思维支配下作案，无责任能力。为了慎重处理该案，执行机关据此致函原审法院，建议对该案进行复查。在两次精神病医学鉴定结论截然相反，以及第一次鉴定结论与其他证据材料之间存在明显的矛盾的情况下，原审法院本应该认真复查，慎重处理，起码应该重新进行更具权威性的司法精神病医学鉴定。令人遗憾的是，原审法院虽然进行了复查，但仅根据第一次精神病医学鉴定的失误结论，维持了原判。值得肯定并充分体现我国刑事诉讼制度完备性的是，上级人民法院依法提审了该案，并经过高层次的上海市精神疾病司法鉴定专家委员会的重新鉴定，得出了与其他证据材料相印证、无庸置疑的鉴定结论：被鉴定人张贵智系精神分裂症，1983年1月30日作案时处于精神分裂症的发病期,对行为丧失辨认和控制能力,认定为无责任能力。据此,上级法院撤销原一审判决,改判张贵智不负刑事责任。使这一涉及刑事责任能力的案件得到了正确处理。

由此可见,判定行为人的刑事责任能力,是一项细致而复杂的工作。司法工作人员必须借助司法精神病医学鉴定,并对全案进行广泛深入的调查了解,进行去伪存真、由表及里的分析研究,才能得出正确的结论。

(王华山)

9. 福建省永定县福利彩印厂、胡亮华等伪造、擅自制造他人注册商标标识案 (单位犯罪)

(一)首部

1. 判决书字号:福建省永定县人民法院(1994)永刑初字第 84 号。

2. 案由:福建省永定福利彩印厂、胡亮华等人伪造、擅自制造他人商标标识案。

3. 诉讼双方

公诉机关:福建省永定县人民检察院,检察员张秋平。

被害人:福建省龙岩卷烟厂。

委托代理人:林珍兴,男,53 岁,汉族,福建省上杭县人,干部。

卢欣昌,福建省龙岩地区律师事务所律师。

附带民事诉讼原告人:福建省龙岩卷烟厂。

法定代表人:邱胜华,厂长。

委托代理人:林珍兴,福建省龙岩卷烟厂干部。

郑拨国,福建省龙岩地区律师事务所律师。

被告人(附带民事诉讼被告人):福建省永定县福利彩印厂。

法定代表人:胡亮华,厂长。

被告人:胡亮华,男,36 岁,汉族,福建省永定县人,系永定县福利彩印厂厂长。1994 年 5 月 6 日因本案被逮捕。

辩护人:谢贤伟,福建省永定县律师事务所律师。

吴楠祥,福建省永定县律师事务所律师。

被告人:江福安,男,43 岁,汉族,福建省永定县人,系福建省龙岩地区印刷厂工人。1994 年 6 月 24 日因本案被取保候审。

被告人江福安未委托辩护人,自己行使辩护权。

被告人:苏秀琴,女,36 岁,汉族,福建省永定县人,系永定县福利彩印厂出纳。1994 年 5 月 6 日因本案被逮捕。

辩护人:张承荣,福建省永定县律师事务所律师。

被告人:郑养文,男,33 岁,汉族,福建省永定县人,系永定县福利彩印厂会计。1994 年 6 月 24 日因本案被取保候审。

被告人郑养文未委托辩护人，自己行使辩护权。

4.审级：一审。

5.审判机关和审判组织

审判机关：福建省永定县人民法院。

合议庭组成人员：审判长：卢淦芳；审判员：陈定森、罗兆林。

6.审结时间：1994年8月19日。

（二）诉辩主张

1.福建省永定县人民检察院指控称

被告人永定县福利彩印厂及该厂责任人胡亮华、苏秀琴、郑养文于1993年4月至1994年3月间，擅自制造龙岩卷烟厂的"富健"牌卷烟注册商标标识，共计125.2万张。被告人的行为已构成伪造、擅自制造他人注册商标标识罪。被告人胡亮华作为永定县福利彩印厂法定代表人，在该厂犯罪中应负直接的主要责任；被告人郑养文、苏秀琴作为协助经营管理人员应负直接责任。被告人江福安利用工作之便，为永定县福利彩印厂伪造、擅自制造他人注册商标标识提供作案工具，系本案共犯。依照《中华人民共和国刑法》第一百二十七条及全国人大常委会《关于惩治假冒商标犯罪的补充规定》第三条之规定，本院为保护国家、集体和消费者的利益，打击犯罪，维护经济秩序，根据《中华人民共和国刑事诉讼法》第一百条之规定，特提起公诉，请求依法惩处。

2.附带民事诉讼原告人及其委托代理人诉称

附带民事诉讼原告人龙岩卷烟厂委托的代理人诉称：被告人擅自制造"富健"商标标识125.2万张，除收缴23万张，其余102.2万张已流入市场，冲击了原告人的市场，要求赔偿其直接损失：1022000包×(1.711－0.38)元/包利润＝1360282元，名誉损失也应赔偿1360282元。

3.被害人及其委托代理人诉称

被害人龙岩卷烟厂委托的刑事诉讼代理人认为，该案被告人胡亮华在犯罪中起主要作用，应从重处罚；被告人苏秀琴在本案中表现特别积极，亦应从重惩处；被告人江福安身为龙岩地区印刷厂晒版工人，除盗卖"富健"牌卷烟商标标识PS牌二套零一块外，还为伪造"武夷"牌、"乘风"牌注册商标标识而晒制PS版为永定县彩印厂伪造、擅自制造他人注册商标提供作案工具，影响恶劣，应从重处罚。

4.被告人的答辩及其辩护人的辩护意见

被告人胡亮华的辩解及其辩护人谢贤伟、吴楠祥辩护认为，被告人胡亮华擅自制造他人注册商标标识违法所得数额不是很大，胡亮华名义上是厂长，但因为胡亮华、郑养文、苏秀琴三人特殊的合伙承包关系，没有真正的行使厂长经营决策权，其地位和作用一般，犯罪情节不属严重，认罪态度好，应从轻处罚并宣告缓刑。

被告人江福安辩解认为，经他提供的版不可能做这么多商标。

被告人苏秀琴辩解及其辩护人张承荣辩护认为，苏秀琴违法所得数额少，在认定烟标的套数上不妥，案发后积极退清赃款，应处拘役宣告缓刑或者单处罚金；在附带民事赔偿方面应是永定县福利彩印厂这一法人列为被告才妥。原告人要求赔偿的损失没有依据，应按侵权人非法所得来计算较为正确。

被告人郑养文辩解认为，彩印厂是股份制的，要求从轻处理。在民事赔偿方面，应按赚到的钱赔。

（三）事实和证据

福建省永定县人民法院经公开审理查明：

1. 1993 年 4 月，被告人苏秀琴、郑养文承包经营永定县福利彩印厂期间，与广东汕头市的张两文相勾结，由张两文提供伪造的"富健"牌卷烟商标标识 PS 版和技术人员，以每令纸 260 元另加 120 元的加工费的价格，为张两文加工伪造"富健"牌卷烟商标标识计 5 令纸 12.5 万张，非法牟取利润 100 余元。

上述事实有下列证据证明：

(1)被告人苏秀琴供述：1993 年 4 月至 7 月，她和郑养文、方添忠承包彩印厂。在 1993 年 4 月间，经人介绍认识了广东来的张两文，由他提供"富健"牌卷烟商标版及技术工人，以每令纸 40 元的工资，印刷了 5 令纸卷烟烟标。印完后，烟标及版均被张两文带走了。

(2)被告人郑养文供述：大概在 1993 年 4 月下旬，为广东来的一个姓张的老板印刷了 5 令纸共计 12.5 万张卷烟商标，印完后，都被广东人带走了。

(3)证人方添忠的证言证实：在 1993 年 4 月间，印"富健"烟标 5 令纸，具体事宜是苏秀琴和郑养文定的，我负责印刷。

2. 1993 年 9 月至 1994 年 3 月，被告人胡亮华、郑养文、苏秀琴共同承包永定县福利彩印厂，胡亮华任厂长。在此期间，被告人江福安通过熊祥林联系，利用工作之便，盗出龙岩地区印刷厂所晒制的"富健"牌卷烟商标标识 PS 版二套零一块及"武夷"、"乘风"版，卖给被告人胡亮华等人，非法得款 3300 元。被告人胡亮华、郑养文、苏秀琴购得"富健"版后，伪造、擅自制造龙岩卷烟厂的"富健"牌卷烟商标标识 49 令纸计 112.7 万张，除 10 令纸当场查获处，其余均被出售。

上述事实有下列证据证明：

(1)被告人胡亮华供述：从 1993 年 9 月至 1994 年 3 月，在其任厂长期间，印制了"富健"牌卷烟商标标识 49 令纸计 112.7 万张，"富健"版是由广东的张两文及江福安提供的，印好的商标一部分给张两文带走，另一部分出售给了熊祥林、张宗宏、张顺龙等人。

(2)被告人苏秀琴供述：在 1993 年 9 月至 1994 年 3 月，到江福安处联系并购得"富健"版，共印刷"富健"商标 49 令纸并出售。"武夷"版、"乘风"版没有印。

(3)被告人郑养文供述：在其任彩印厂会计期间，共分 4 次生产了 49 令纸计 112.7 万张"富健"烟标，除 10 令纸于 1994 年 3 月 21 日被检察院当场查获外，其余均已出售。

(4)被告人江福安供述：从 1993 年 9 月开始，共从厂里晒版车间偷出"富健"版二套计四块，"武夷"版、"乘风"版各一套，都卖给了永定县福利彩印厂，共得款 3300 元。

(5)被告人胡亮华、苏秀琴、郑养文、江福安的供述相互印证。

(6)扣押的"富健"版卷烟商标标识 PS 板共计四块。

(7)证人项剑青、朱远兴证言证实，他们在该厂当工人时，曾印"富健"烟标。

(8)证人熊祥林、张顺龙、张宗宏、熊元灯等证言证实，他们均买过彩印厂出售的"富健"牌卷烟商标。

（四）判案理由

福建省永定县人民法院认为：

被告人永定县福利彩印厂伪造、擅自印制龙岩卷烟厂注册的"富健"牌卷烟商标标识，数量巨大、情节严重，其行为已构成伪造、擅自制造他人注册商标标识罪，被告人胡亮华、郑养文、苏秀琴共同参与伪造、擅自制造他人注册商标标识，情节严重，其行为均已构成伪造、擅自制造他人注册商标标识罪，被告人江福安提供"富健"版作案工具，其行为已构成本案的共犯。归案后，上列被告人均能坦白交待自己的犯罪事实，认罪态度较好，积极退赃，确有悔罪表现，可酌情从轻从宽处罚。原告人龙岩卷烟厂要求上列被告人赔偿直接经济损失和名誉损失计人民币 2720564 元，依据不够充分，且与被告人的实际支付能力差距较大，部分意见予以采纳。

（五）定案结论

福建省永定县人民法院根据全国人大常委会《关于惩治假冒注册商标犯罪的补充规定》第二条、第一条第一款及第三条和《中华人民共和国刑法》第二十二条第一款、第六十七条第一款、第六十八条第三款、第六十条和《中华人民共和国民法通则》第一百一十八条、第一百二十条第一、二款、第一百三十条，作出如下判决：

1. 永定县福利彩印厂犯伪造、擅自制造他人注册商标标识罪，判处罚金 1 万元。

2. 胡亮华犯伪造、擅自制造他人注册商标标识罪，判处一年六个月，缓刑二年，并处罚金 8000 元。

3. 江福安犯伪造、擅自制造他人注册商标标识罪，判处有期徒刑一年六个月，缓刑二年，并处罚金 8000 元。

4. 苏秀琴犯伪造、擅自制造他人注册商标标识罪，判处有期徒刑一年，缓刑一年，并处罚金 7000 元。

5. 郑养文犯伪造、擅自制造他人注册商标标识罪，单处罚金 1 万元。

6. 永定县福利彩印厂赔偿原告人龙岩卷烟厂经济损失 24528 元及名誉损失 2 万元。

7. 追缴的"富健"牌 PS 版计四块，予以没收。

（六）解说

根据全国人大常委会《关于惩治假冒注册商标犯罪的补充规定》第二条的规定，伪造、擅自制造他人注册商标标识或者销售伪造、擅自制造的注册商标标识，违法所得额较大或者有其他严重情节的行为，就构成伪造、擅自制造或者销售伪造、擅自制造的他人注册商标标识罪。这种犯罪行为，违反了国家的商标管理制度，而且也损害消费者权益，危害社会。构成本罪的主体，可以是企业事业单位，也可以是自然人。根据上述《补充规定》第三条的规定，在单位犯本罪时，其直接负责人和其他直接责任人员，同时也构成本罪。被侵害者，既有企业、事业单位，也有个体工商业者。行为人一般都是为了获得非法利润。只要有伪造或擅自制造他人注册商标标识的或有销售这种商标的行为之一，构成犯罪的，就属本罪。

本案正是如上述情况，永定县福利彩印厂为了牟取非法利润而私自印制龙岩卷烟厂注册的"富健"牌卷烟商标标识，该厂厂长胡亮华等人参与其非法活动，情节严重，均构成了犯罪，因而，都受到了应得的刑罚处罚。

前述的《补充规定》是 1993 年 2 月 22 日通过，7 月 1 日起施行的，是对于我国《刑法》第一百二十七条规定的假冒注册商标罪的补充规定。由于 10 多年来这方面犯罪的发展变化，《补充规定》对于这种犯罪的构成规定，也有很大发展。按照《刑法》的原规定，假冒注册商标罪，是指工商企业违反国家商标管理法规，假冒其他企业已经注册的商标，擅自用于同类商品上，侵犯他人注册商标的专用权的行为。随着犯罪情况的变化，最高人民法院于 1985 年和

1988年两次对此罪作出司法解释，扩大了犯罪主体和客观行为，乃至对非法获利数额巨大的，以投机倒把罪定罪处罚。这次的《补充规定》，比刑法的原规定与司法解释，都有很大的发展：(1)犯罪主体，不限于工商企业，而扩及事业单位和犯罪单位中直接负责的主管人员和其他直接责任人员，以及其他自然人。(2)客观行为，由擅自使用他人注册商标标识于同一种商品上，扩展到销售明知是假冒注册商标的商品，伪造、擅自制造他人注册商标标识或者销售这种商标，违法所得数额较大的或者有其他严重情节的行为。(3)处罚上，由单一处罚犯罪单位的直接责任人员，改为双罚制，既处罚犯罪单位，又处罚犯罪的个人。而且法定最高刑，由有期徒刑三年提高到七年。但《补充规定》未就数额巨大是否以投机倒把论处作出解释。

目前刑法学界和司法实践中，对于上述犯罪行为，是属于假冒商标罪新扩展的犯罪构成的一部分，还是又分别单列罪名，尚有不同的主张。我们认为，就本案言，单独定为伪造、擅自制造他人注册商标标识罪是可行的。

（沈清才　郑锦玉）

10. 孙勇等非法侵入他人住宅案
（刑法中的因果关系）

（一）首部

1. 判决书字号：江苏省沭阳县人民法院(1994)沭刑初字第198号。

2. 案由：孙勇等非法侵入他人住宅案。

3. 诉讼双方

公诉机关：江苏省沭阳县人民检察院，检察员孙洪明、蒋新云。

被告人：孙勇，男，37岁，汉族，江苏省沭阳县人，原系沭阳县耿圩乡郭圩村村治保主任。1994年9月6日因本案被逮捕。

被告人孙勇未委托辩护人，自己行使辩护权。

被告人：程国法，男，42岁，汉族，江苏省沭阳县人，原系沭阳县耿圩乡郭圩村党支部书记。1994年9月6日因本案被逮捕。

辩护人：庄亚东，江苏省沭阳县第一律师事务所律师。

4. 审级：一审。

5. 审判机关和审判组织

审判机关：江苏省沭阳县人民法院。

合议庭组成人员：审判长：苗沭阳；人民陪审员：刘杰、方明。

6. 审结时间：1994年11月9日。

（二）诉辩主张

1. 江苏省沭阳县人民检察院指控称

1994年8月12日上午，被告人孙勇带领村干部到村民孙以凯家收取孙家所欠提留款，双方发生争执，被告人孙勇等人强行从孙以凯父亲孙其生家屋内扛走粮食等物。被告人程国法闻讯后赶到现场，并于下午带领村干部到孙其生家，推倒猪圈，牵走猪两头等。孙其生对村干部的行为极为不满，情绪激动，两天后，因心脏病突发心力衰竭死亡。被告人孙勇、程国法非法侵入他人住宅，强行扛粮牵猪，引发他人死亡，后果严重，其行为均已触犯了《中华人民共和国刑法》第一百四十四条之规定，构成非法侵入他人住宅罪，请求依法惩处。

2. 被告人的答辩及其辩护人的意见

被告人孙勇认为自己不构成非法侵入他人住宅罪。自己是依照村委会决定去收取提留款的，自己进入孙其生家并没有遭到孙家人的反对，请求法庭判决无罪。

被告人程国法认为自己是按组织安排和计划到孙其生家的，是为了征收孙家的陈年欠款，而不是私入民宅；至于后来发生牵猪、搬粮，是在孙勇被烫伤，其他村干部出现畏难情绪的情况下，自己认为孙家是“钉子户”，不“拔”掉，工作无法开展，于是才带人去这样干的，自己的行为不是犯罪，只是工作方法错误。

被告人程国法的辩护人认为，被告人程国法不构成非法侵入他人住宅罪，被告人程国法作为村党支部书记，对本村村民与村干部之间发生的纠纷完全有理由、有责任进行处理，事态的发展只是因为处理方法上的不当，被告人只应当承担行政上的责任。村民委员会是法定的农村自治组织，村干部为处理民事纠纷进入村民住宅是完全合法的，不存在非法进入的问题。另外，公民住宅是公民居住和生活的场所，它应当有一个明确的范围，被告人程国法没有进入孙其生的屋内，牵猪只是在宅基地上进行的。最后，孙其生的死亡同被告人的行为之间不具有刑法上的因果关系，被告人不应对此后果负责。

（三）事实和证据

江苏省沭阳县人民法院经公开审理查明：

1994 年 8 月 12 日上午 10 时许，被告人孙勇带领村组干部共 7 人到本村村民孙以凯家收取 83.19 元的提留欠款，孙以凯提出用村里欠其的棉花奖励款冲抵，被告人孙勇不同意，便带领村干部到孙以凯的父亲孙其生家屋内，准备搬走粮食抵款。孙以凯予以阻止，双方发生撕打。孙其生见状，便提起两瓶开水乱泼，致被告人孙勇等人被不同程度烫伤。当孙以凯挣脱跑走后，被告人孙勇又吆喝其他村干部一同到孙其生家，强行从其屋内搬走四袋粮食和一台“熊猫”牌电视机。在送往村部的途中，被孙其生等人拦住，夺下电视机和两袋粮食，并存放于孙×家。被告人程国法闻讯赶到后，在被告人孙勇的要求下，又一同到孙其生家，被告人孙勇踹门未开，其妻李×则将孙其生家窗户上的玻璃砸坏。下午 4 时许，被告人程国法又以被告人孙勇受伤需医疗费为由，带领村干部再次到孙其生家，扳倒围墙，赶走猪两头，并从孙×家将上午被孙其生夺下的粮食和电视机一同运到村部。孙其生对村干部的行为极为不满，情绪激动，两天后，因心脏病突发心力衰竭而死亡。

上述事实有下列证据证明：

1. 被告人孙勇、程国法的供述；

2. 证人孙以胜、孙以康、郭延虎、葛恒中、梁爱保等人的证言，证明被告人孙勇叫他们对孙其生家扒粮食的情况，同时证明事先此事未经研究；还证明被告人程国法带他们去孙其生家牵猪的情况；

3. 证人孙以凯及其家人对案件事实的陈述；

4. 江苏省沭阳县公安局尸体检验鉴定书关于死者孙其生系心脏病突发心力衰竭而死亡的鉴定结论。

（四）判案理由

江苏省沭阳县人民法院认为：

1.被告人孙勇、程国法要收取孙以凯家的提留款，但却非法侵入已与孙以凯分居的父亲孙其生家中，搬粮牵猪，影响恶劣。其行为均触犯了《中华人民共和国刑法》第一百四十四条之规定，构成非法侵入他人住宅罪。被告人及其辩护人提出的被告人不构成犯罪的理由不成立。

2.考虑到本案被告人系为集体收取提留款而采取了非法方法，可适当从轻处罚。

（五）定案结论

江苏省沭阳县人民法院根据《中华人民共和国刑法》第一百四十四条、第二十二条，作出如下判决：

1.孙勇犯非法侵入他人住宅罪，判处有期徒刑一年。

2.程国法犯非法侵入他人住宅罪，判处有期徒刑六个月。

（六）解说

本案诉辩双方争论的焦点在于行为人的行为是否构成非法侵入他人住宅罪，法院最后采纳了控诉方的意见，判决两被告人有罪，是完全正确的。

非法侵入他人住宅罪，是指不经住宅主人允许，没有正当理由，非法强行侵入他人住宅，或经住宅主人要求其退出，而仍拒不退出，影响他人居住安全的行为。认定构成该罪的关键是行为人进入他人住宅是非法。

本案行为人孙勇原是到孙以凯家征收提留欠款，去前准备收不到钱便搬东西抵款，见孙以凯家没有什么东西可以拿走，便带人闯入同孙以凯不一起生活的其父亲孙其生家，强行搬粮抵款，而且所搬粮食价额远远高于孙以凯所欠的数额。如果说到孙以凯家是履行职责的话，而到孙其生家搬粮则是非法的。行为人程国法到孙其生家不是为了解决纠纷，而是为了保证村组干部的“个人权威”，其强行推倒猪圈围墙，赶走猪，也是非法的。另外，对住宅的理解不能仅局限于住室，根据有关司法实践，应当包括同住室相连，构成住宅整体的宅院。孙其生家虽没有院墙，但其宅基范围内的其他建筑也应属于广义的住宅范围。所以说，本案行为人孙勇、程国法主观上有侵入他人住宅搬走他人生活用品的故意，客观方面有进入他人屋内搬走粮食，到他人宅基上推倒猪圈围墙、强行牵猪的行为，造成恶劣影响，他们的行为均已构成非法侵入他人住宅罪。当然，本案被害人孙其生死亡的直接原因是本身的疾病发作所致，与行为人的行为无刑法上的直接因果关系。对行为人定罪并不是因为被害人的死亡。不过，被害人的死亡与行为人的行为之间并非没有任何关系，行为人的行为客观上引起了被害人的情绪激动，进而引发心脏病导致死亡。被害人死亡这一后果虽然对定罪不起决定作用，但决定对行为人量刑时应予适当考虑。一审法院根据认定的事实和具体情节，对两被告人定罪量刑是恰当的，取得了良好的社会效果。

（陈以强）

11. 董怀成故意伤害案
(刑法中的因果关系、犯罪情节、量刑)

(一)首部

1. 裁判书字号

一审判决书:湖北省枝江县人民法院(1994)枝刑初字第25号。

二审裁定书:湖北省宜昌市中级人民法院(1994)宜市法刑终字第66号。

2. 案由:董怀成故意伤害案。

3. 诉讼双方

公诉机关:湖北省枝江县人民检察院,代理检察员赵祖国。

附带民事诉讼原告人:黄锡富,男,79岁,汉族,湖北省枝江县人,农民,系受害人黄继雄之父。

委托代理人:黄继斌,男,系受害人黄继雄之兄。

被告人(上诉人):董怀成,男,29岁,汉族,湖北省宜昌县人,农民。

一审辩护人:杨成钢,湖北省枝江县律师事务所律师。

二审辩护人:何光生,湖北省枝江县律师事务所律师。

4. 审级:二审。

5. 审判机关和审判组织

一审法院:湖北省枝江县人民法院。

合议庭组成人员:审判长:胡志立;人民陪审员:刘琨、严世柱。

二审法院:湖北省宜昌市中级人民法院。

合议庭组成人员:审判长:李和卫;审判员:韩裕新、朱伟春。

6. 审结时间

一审审结时间:1994年4月8日。

二审审结时间:1994年5月27日。

(二)一审诉辩主张

1. 湖北省枝江县人民检察院指控称

1993年10月3日下午,被告人董怀成在同组村民杨中雄的经销店与到该店购物的黄继雄发生争执,黄继雄用罐头瓶将董怀成的额头砸破出血,并对董怀成进行殴打,后被人拉开。当黄继雄进屋捡掉在地上的一只拖鞋时,董怀成拿起挖锄打中黄的左腰部,造成黄的脾脏破裂,左侧第八、九肋骨骨折。法医鉴定黄继雄的损伤程度为重伤。上述事实,有受害人陈述、证人证言、法医鉴定结论、收缴的挖锄等证据所证实,被告人亦供述在卷。湖北省枝江县人民检察院认为:被告人董怀成在与他人发生纠纷中,故意伤害他人身体致人重伤,其行为已触犯《中华人民共和国刑法》第一百三十四条第二款之规定,构成故意伤害罪,特提起公诉,请求依法惩处。

2. 附带民事诉讼原告人黄锡富诉讼称:我儿子是被告人打死的,请求法院判令被告人赔偿受害人黄继雄的安葬费、医疗费、护理费及交通费等共计 4186.86 元。

3. 被告人的答辩及其辩护人的辩护意见

被告人董怀成辩称：打了黄继雄一挖锄是事实，但没把黄打成重伤，本案证人证言，鉴定都不是实事求是的。

一审辩护人杨成钢辩称：

湖北省枝江县人民检察院指控董怀成的犯罪事实部分有出入，指控犯故意伤害罪性质不准，被告人的行为是正当防卫，不应承担刑事和民事责任。其理由是：(1)被告人董怀成是在受到黄侵害后，见黄继雄又拿了刀才被迫打黄继雄的，主要是为了制止黄伤害被告人。(2)黄继雄平时好生是非，被告人平时本分忠厚，遵规守纪。(3)黄继雄死了，当地群众不同情他，而是同情被告人及其家庭。

（三）一审事实和证据

湖北省枝江县人民法院经公开审理查明：

1993 年 10 月 3 日下午，被告人董怀成到同组村民杨中雄经销店找前一天收购其稻谷的易礼金等人核对帐款时，与到该店购物的黄继雄发生争执。黄继雄拿起一只空玻璃瓶子砸向董怀成，把董怀成的额头划破出血。继而黄继雄抓住被告人进行殴打，易礼金见状即喊在隔壁屋里的杨中雄快来劝解，杨中雄当即过来同易礼金一起将二人拉开。被告人董怀成和黄继雄分别顺手拿起各自身旁的挖锄和菜刀，杨中雄、易礼金站在二人中间继续劝解。当黄继雄走到屋门口又转身捡掉在屋内地上一只拖鞋时，被告人董怀成一挖锄打在黄的左腰部。黄继雄受伤后于 1993 年 10 月 13 日被送到董市镇卫生院诊断为左侧第八、九肋骨骨折，脾脏破裂、腹腔大量积血。作脾切除手术，住院治疗 14 天，用去医疗费 1857.99 元。经法医鉴定黄继雄的损伤程度为重伤。同年 12 月 16 日，黄继雄因腹痛再次住院，作腹部检查，手术中发现原手术切口下广泛性肠粘连，肠管部分坏死，作手术切除坏死的肠管，手术后黄继雄于同年 12 月 18 日死亡，又用去医疗费 618.87 元。

案发后，公安机关多次催促被告人预付部分治疗费，但被告人分文未付。

在一审法院审理期间，经依法查询被告人财产，被告人仅有平房三间，与其妻、母亲共有。

上述事实有下列证据证明：

1. 受害人黄继雄生前的陈述；
2. 法医鉴定结论及医疗单位的证明材料；
3. 证人杨中雄、易礼金、杜易玉等人的证言；
4. 收缴的挖锄及现场照片；
5. 被告人董怀成的供述。

（四）一审判案理由

湖北省枝江县人民法院认为：1. 被告人董怀成故意伤害他人身体的行为，不属于正当防卫。当杨中雄与易礼金一起将本案被告人与受害人拉开，并站在二人中间继续劝解时，矛盾已趋于缓和，黄继雄走到屋门口又转身捡掉在屋内地上的一只拖鞋时，董怀成已不再面临遭受伤害的现实危险，而这时，被告人却用锄头猛击黄继雄腰部，以致造成黄继雄肋骨骨折、脾脏破裂的后果。被告人董怀成实施的这一行为，已构成了故意伤害罪。被告人的辩护人辩解称被告人的行为是正当防卫行为，与事实不符，不能认定。2. 虽然受害人黄继雄已死亡，但是不能认定被告人董怀成"故意伤害致人死亡"。因为造成死亡的原因是多方面的。黄继雄受伤后,开始只到村卫生室拿止痛药,7天后才到医院检查,这时已形成腹腔大量积血,耽误了治疗时间,其后的手术治疗又发生了后遗症,导致死亡。因此,被告人的犯罪行为与受害人死亡之间没有必然因果关系,不具备"致人死亡"的法定情节。3.受害人在本案中亦有过错,案发时是受害人先动手伤害被告人而引起事端的。被告人平时一贯表现尚好,结合本案被告人犯罪的动机目的及手段,其社会危害程度相对较小,应酌情考虑从轻处罚。根据《中华人民共和国刑法》第三十一条和《中华人民共和国民法通则》第一百一十九条的规定,也可减轻被告人的民事赔偿责任。

(五)一审定案结论

湖北省枝江县人民法院根据《中华人民共和国刑法》第一百三十四条第二款、第三十一条、《中华人民共和国民法通则》第一百一十九条之规定,作出如下判决:

1.董怀成犯故意伤害罪,判处有期徒刑四年。

2.董怀成赔偿附带民事诉讼原告人黄锡富的经济损失2500元。

(六)二审情况

1.二审诉辩主张

一审法院判决后,被告人及其二审辩护人以一审判决认定的部分事实不实,定性不准,量刑不当为理由,向湖北省宜昌市中级人民法院提出上诉。上诉的主要理由是:(1)黄继雄被打后并未立即住院检查治疗,一周后才作检查,其伤不是董怀成造成的。(2)董怀成是黄继雄拿起菜刀才打黄的,是正当防卫。(3)被害人有一定过错,被告人家境贫寒,案发地群众很同情被告人。(4)董怀成的行为没有社会危害性或者是危害性不大,有正当防卫性质,不应负刑事、民事责任或应对被告人适用缓刑。

2.二审事实和证据

湖北省宜昌市中级人民法院经审理查明:

1993年10月3日下午,被告人董怀成和黄继雄在枝江县董市镇杨中雄的经销店因故发生争执。受害人黄继雄拿玻璃罐头瓶砸向董怀成,并对董殴打,继后双方持械被他人劝解。当黄转身捡拖鞋时,被告人董怀成拾起挖锄打中黄继雄的左腰部。黄于同月13日经诊断发现左侧第八、九肋骨骨折,脾脏破裂,经法医鉴定为重伤。同年12月16日黄继雄腹痛再次住院,手术中发现原手术切口下广泛性肠粘连,肠管部分坏死。手术后黄于同月18日死亡。两次住院用去医疗费共计2882.86元。

被告人董怀成故意伤害他人,致人重伤,不具有正当防卫情节。黄继雄受重伤,系董怀成打击造成。重伤结论,以医院诊断与法医鉴定为准。

上述事实有下列证明:

(1)被害人黄继雄生前的陈述及被告人的供述,均证实董怀成打了黄继雄一挖锄,且击中左腰部;

(2)法医鉴定结论与医院诊断一致,都证实了黄继雄受重伤,且损伤部位与被打击部位一致;

(3)证人易礼金、杨中雄证言证实的情节基本一致,证实了案发过程;

(4)村卫生室卫生员证实黄受伤后即去拿了止痛药的事实,经过查访黄继雄邻居和当地群众,未见黄在其他场合受伤。

3. 二审判案理由

湖北省宜昌市中级人民法院认为：枝江县人民法院认定董怀成故意伤害他人身体致人重伤的事实清楚，证据确实、充分，定性准确，量刑适当，责任分明，赔偿合理。故对枝江县人民法院所作的一审判决予以维持，其理由是：

(1)被告人董怀成在受到黄继雄侵害后，双方持械被人制止，黄已停止对其侵害的情况下，又实施了对黄继雄的伤害行为，不具有正当防卫情节，构成了故意伤害罪。受害人过错在前，并考虑到被告人平时表现较好，可予酌情从轻处罚。受害人黄继雄第二次住院和死亡，虽然是被告人不能预见的，但结果的发生与被告人的伤害行为是有一定的因果关系的。

(2)被告人董怀成应承担的民事赔偿责任：根据《中华人民共和国民法通则》第一百一十九条和《中华人民共和国刑法》第三十一条的规定，受害人黄继雄对损害结果发生亦有过错，故被告人董怀成只能负部分赔偿责任。同时考虑已查明的董怀成的经济状况，一审判决确定的赔偿额是合理的。

综上所述，根据《中华人民共和国刑法》第一百三十四条第二款、第三十一条和《中华人民共和国民法通则》第一百一十九条之规定，一审刑事附带民事诉讼判决是正确的。

4. 二审定案结论

湖北省宜昌市中级人民法院根据《中华人民共和国刑事诉讼法》第一百三十六条第(一)项之规定，作出如下裁定：

驳回上诉，维持原判。

(七)解说

本案案情并不复杂，但是，如何看待其情节，如何判明因果关系，如何确定案件性质，如何适用法律正确判处，却涉及几个颇费斟酌的法律适用问题。

1. 应严格区分正当防卫与故意伤害的界限。根据《中华人民共和国刑法》第十七条第一款“为了使公共利益、本人或者他人的人身和其他权利免受正在进行的不法侵害，而采取的正当防卫行为，不负刑事责任”的规定，实施正当防卫的时机必须是不法侵害正在进行、面临实际危险的时候。因此，如果不法侵害尚未发生，不能超前实行防卫，对于已经结束的不法侵害的行为人，也不能以正当防卫为由予以报复性的打击，否则造成伤害后果，则构成故意伤害罪。因为正当防卫的目的在于制止不法侵害，而不是对不法侵害者予以惩治。对于不法侵害者，要求公民向司法机关举报，依法追究他的不法行为的责任。如果超前“防卫”或者事后“防卫”，理论上称之为“防卫不适时”，如对他人造成损害，应承担法律责任。以本案为例，如果在黄继雄拿玻璃罐头瓶砸向董怀成并继续殴打董时，董怀成拿锄抵挡制止黄的不法侵害行为，因为面对正在进行的不法侵害，采取正当防卫行为，恰是时机。但董怀成是在黄继雄的不法侵害行为已经结束之后，出于气愤或报复，予以打击，就偏离了正当防卫的目的，错过了正当防卫的时机，造成了不应有的伤害后果，应负刑事责任。

2. 应正确分析犯罪行为与结果之间的因果关系，正确定罪量刑。《刑法》第一百三十四条第二款规定故意伤害他人身体的，按照伤害行为造成轻伤、重伤或死亡的不同后果，分别适用轻重不同的法定刑。这就不仅要查明造成什么后果，而且要正确判断这后果是否为某人的行为所造成，是否与其主观意图相一致，要从主客观两方面判明其间的因果关系。只有某人的行为造成了一定的后果，且与其主观意图相一致，才能要他承担这后果的法律责任。本案中董怀成对黄继雄的故意伤害行为，造成了重伤的后果，其主客观相一致，因果关系明确，因而要承担故意伤害致人重伤的刑事责任。但是，他没有致黄继雄死亡的犯意，发生死亡结果又是多种原因造成的，他打伤黄继雄只是导因，属于偶然因果关系中的一个因素，对他不能按“致人死亡”追究刑事责任。因此，在决定被告人刑罚和赔偿责任时，既不能把偶然因果关系提高为必然因果关系，也不能忽略偶然因果关系在犯罪中的作用。

3. 审慎地把握犯罪情节在量刑中的度，在司法实践中有重要意义。从本案多方面的实际情况看，董怀成打伤黄继雄，后又有迟延就医和手术后遗症等医疗重要因素，造成黄继雄死亡，对此，董怀成肯定应负刑事责任。而黄继雄先动手打董引起事端，对董应从轻处罚。但是，若对董怀成量刑过轻或适用缓刑，势必激化矛盾。黄继雄受伤继而死亡，而董怀成分文未付医疗费，虽然是因为其经济困难，但也有他的认罪态度不好的因素。黄继雄的亲属多次企图对董怀成进行报复，经当地政府及有关部门做了大量工作，才得以制止。但对董怀成处刑过重又不合民情，董怀成确实为人老实，黄继雄好生是非，当地群众很厌烦黄继雄的为人，而董伤害黄的行为的发生又是黄的过错引起的，所以一审对本案处理是恰当的，维护了社会各方面的稳定。

（胡志立）

12. 张宏凯被控故意杀人宣告无罪案
（正当防卫）

（一）首部

1. 裁判书字号

一审判决书：新疆维吾尔自治区石河子市人民法院(1994)石刑初字第097号。

二审裁定书：新疆生产建设兵团农八师中级人民法院(1994)兵八中法刑终字第56号。

2. 案由：张宏凯故意杀人案。

3. 诉讼双方

公诉机关：新疆维吾尔自治区石河子市人民检察院，检察员桑新民。

附带民事诉讼原告人(上诉人)：张从汉，男，57岁，汉族，湖北黄陂人，新疆生产建设兵团农八师144团科防站工人，系死者张凯之父。

附带民事诉讼原告人张从汉未委托代理人，自己行使告诉权。

附带民事诉讼原告人(上诉人)：陈新汉，男，76岁，汉族，四川绵阳人，新疆生产建设兵团农八师144团退休工人，系死者陈玉远之父。

附带民事诉讼原告人陈新汉未委托代理人，自己行使告诉权。

附带民事诉讼原告人(上诉人)：韦红，女，24岁，汉族，新疆生产建设兵团农八师144团贸易公司售货员，系死者陈玉远之妻。

附带民事诉讼原告人韦红未委托代理人，自己行使告诉权。

附带民事诉讼原告人：陈玉华，女，32岁，汉族，四川绵阳人，新疆生产建设兵团农八师144团学校教师，系死者陈玉远之姐。

附带民事诉讼原告人陈玉华未委托代理人，自己行使告诉权。

被告人:张宏凯,男,30岁,汉族,河南巩县人,新疆生产建设兵团农八师144团保卫科副科长,1994年2月16日因本案被监视居住。

一审辩护人:王滇鸣,新疆维吾尔自治区石河子市律师事务所律师。

4.审级:二审。

5.审判机关和审判组织

一审法院:新疆维吾尔自治区石河子市人民法院。

合议庭组成人员:审判长:任建江;人民陪审员:孙杰扬、魏国凤。

二审法院:新疆生产建设兵团农八师中级人民法院。

合议庭组成人员:审判长:赵景民;审判员:周殿华、马长寿。

6.审结时间

一审审结时间:1994年8月4日。

二审审结时间:1994年12月15日(依法延长审限)。

(二)一审诉辩主张

1.新疆维吾尔自治区石河子市人民检察院指控称

1994年2月15日17时许,新疆生产建设兵团农八师144团无业青年张凯无事生非,无故打伤沙湾县汽车运输公司出纳员乔德红、司机王新民,致王颅骨骨折,脾脏破损(被切除)。随后又与同伙陈玉远手持凶器寻找制止其不法行为的保卫干部陈红宇报复,捣毁该团派出所四间房门锁,先后殴打无辜群众和保卫人员9人,其中重伤2人,气焰十分嚣张。两人扬言要杀死保卫干部陈红宇,当两人冲到陈红宇家时,被告人张宏凯及时赶到,恐陈受害即鸣枪示警。两人不但不停止其不法侵害行为,反向被告人张宏凯冲来。张凯从后面抓住被告张宏凯的衣领,使其不得脱身,陈玉远举刀向张宏凯砍来。被告人张宏凯在生命受到严重威胁的紧急情况下向张凯连击两枪,又向举刀砍来的陈玉远连击三枪,紧接着又朝正在地上蠕动的张凯头部击一枪,即离开现场去报案。经法医鉴定:张凯、陈玉远均为枪弹贯通心脏引起出血休克死亡。

石河子市人民检察院认为,被告人张宏凯在自身生命安全受到严重威胁的紧急情况下,向不法侵害人开枪进行防卫是正当的,但当不法侵害人被击中倒地后,又向其头部射击的行为,显属防卫过当,已触犯《中华人民共和国刑法》第十七条第二款、第一百三十二条之规定,构成故意杀人。提请法院依法惩处。

2.附带民事诉讼原告人诉称,被告人张宏凯将张凯、陈玉远击倒后,又向其头部开枪射击的行为不属正当防卫,属故意杀人行为,给原告人的家庭造成了巨大的经济损失。除依照我国刑法给予惩处外,还应依照《中华人民共和国刑法》第三十一条之规定和《中华人民共和国民法通则》第一百一十九条之规定,请求判令被告人张宏凯赔偿二死者的丧葬费、亲属误工损失费、死者亲属抚恤费及赡养费等114000元。

3.被告人的答辩及其辩护人的辩护意见

(1)被告人张宏凯是在不法侵害人张凯死死抓住其衣领,陈玉远举刀向其砍来时连续开枪的,根本无法考虑不法侵害行为是否被制止的问题,其行为应属正当防卫,完全符合正当防卫条件。

(2)被告人在实施正当防卫行为时,二不法侵害人已分别被枪弹贯通心脏死亡。正当防卫行为与二不法侵害者死亡之间有因果关系。被告人向不法侵害者头部开枪射击的行为与二不法侵害者死亡之间没有因果关系，不能认定其行为超过了“必要的限度”而造成了不应有的损害。

(3)被告人张宏凯的行为属正当防卫行为，因此，也就不存在附带民事赔偿的问题。

(三)一审事实和证据

新疆维吾尔自治区石河子市人民法院经公开审理查明：

1994年2月15日17时许，农八师144团张凯在该团机关门前强行搭乘沙湾县运输公司的汽车后，在车上翻动该公司出纳员乔德红的皮包，遭乔斥责后，张凯挥拳击伤乔的左眼。又持铁套筒猛击司机王新民头部、腰部，致王颅骨骨折，脾脏破裂。路过的一名劳改干警见状上前制止时，被张凯打了两耳光。该团保卫科陈红宇等人接到报案后赶至现场，张凯在拒捕时用双手卡住陈红宇的颈部，喊叫：“谁敢抓我，我就杀死谁！”陈红宇等人冒险将张凯扭到派出所等候审查。后张凯借故走出派出所，到驻该团的劳改四支队汽车修理房，逼司机沙宁给其开车去找陈红宇报复。沙宁不从，张凯和陈玉远追打沙宁，沙宁躲藏。张凯、陈玉远手持凶器直奔派出所，继续寻找陈红宇等人，并捣毁派出所四间房门锁，殴打值班的汪新成。然后，两人又追回劳改四支队汽车修理房，无端殴打修理工熊辉，将熊左手砍成重伤，并殴打了熊的父亲和司机李兴。张凯、陈玉远强行拦阻滕建新驾驶的汽车，要滕驱车同去陈红宇家找其报复，途中与执行公务的被告人张宏凯相遇。张宏凯示意停车，陈玉远即跳下车来，手举菜刀向张宏凯扑去，张宏凯掏枪与其对峙。陈喊：“今天放你一码！”二人又随车前往陈红宇家。被告人张宏凯见状恐陈受害，紧随其后，见二人要闯进陈家时即鸣枪警告，并喝令陈玉远出来。陈玉远举刀扑向被告人张宏凯，并叫喊：“我劈死你！”张凯趁机冲上来死死抓住被告人张宏凯的衣领，被告人张宏凯遭前后夹击难以脱身。在此紧急情况下，被告人张宏凯遂向张凯连击两枪，又向举刀劈来的陈玉远连击三枪，紧接着又向在地上蠕动的张凯头部击了一枪，遂离开现场去报案。经法医鉴定：张凯因心脏、肝脏被枪弹贯通致出血性休克死亡；陈玉远因心脏被枪弹贯通致出血性休克死亡。

上述事实有下列证据证明：

1. 被告人张宏凯的供述；

2. 现场目击证人曾玉华、芮雪芹、熊顺芹的证言；

3. 证人乔德红、王新民、陈红宇、熊辉等的证言；

4. 法医关于死者张凯、陈玉远的死亡鉴定结论。

(四)一审判案理由

新疆维吾尔自治区石河子市人民法院认为：

1. 被告人张宏凯身为保卫科副科长，负有维护社会秩序，保护人民群众生命财产安全的职责。面对寻衅滋事，连续殴打致伤多人后又冲到保卫人员家中行凶的二名歹徒，为保护他人生命安全，挺身而出，在鸣枪警告仍不能制止其不法侵害的情况下，在自己的生命安全也遭到不法侵害的危急关头，连续开枪将歹徒当场击毙，其行为属正当防卫。符合《中华人民共和国刑法》第十七条第一款的规定，不负刑事责任。

2. 被告人张宏凯因当时情况十分紧急，无法确知二名歹徒是否被击中，是否已丧失反抗能力，因此，又向张凯头部射击，但此前张凯的心脏、肝脏已被击中，这是导致其死亡的原因，可见张凯的死亡与张凯头部被击中无因果关系。被告人张宏凯射击张凯头部的行为，其情节显著轻微，危害不大，依照《中华人民共和国刑法》第十条之规定，不认为是犯罪，不应当负刑事责任。

3.被告人张宏凯的行为属于正当防卫行为，不是犯罪。依照《中华人民共和国刑法》第三十一条之规定，不应当负民事赔偿责任。

(五)一审定案结论

新疆维吾尔自治区石河子市人民法院根据《中华人民共和国刑法》第十七条第一款、第十条、第三十一条，作出如下判决：

1.被告人张宏凯无罪。

2.驳回附带民事诉讼原告人张从汉、陈新汉、韦红、陈玉华的诉讼请求。

(六)二审情况

1.二审诉辩主张

新疆维吾尔自治区石河子市人民法院一审判决后，附带民事诉讼原告人张从汉、陈新汉、韦红不服，上诉于新疆生产建设兵团农八师中级人民法院。

上诉人上诉的主要理由是：被告人张宏凯开枪打死张凯和陈玉远的行为不是正当防卫行为，而是故意杀人行为。应当依照刑法规定追究其刑事责任，并赔偿附带民事诉讼原告人的经济损失。一审法院判决被告人张宏凯无罪是错误的，请求二审法院改判。

2.二审事实和证据

新疆生产建设兵团农八师中级人民法院经审理查明：

1994年2月15日17时许，张凯、陈玉远寻衅滋事，殴打无辜多人，其中重伤二人，并冲击派出所，捣毁四间办公室门锁，寻找报复保卫人员。途中遭被告人张宏凯拦阻时，陈玉远举菜刀劈向张宏凯。被制止后，陈玉远、张凯又持刀冲进保卫干部陈红宇家行凶报复。张宏凯鸣枪警告，陈玉远举刀向张宏凯砍来，张凯趁机抓住张宏凯的衣领，叫喊："劈死他！"在此紧急情况下，张宏凯为了保护他人和自己的生命安全，制止不法侵害行为，连续开枪射击，将张凯和陈玉远当场击毙。

证明上述事实的证据与一审法院认定的证据相同。

3.二审判案理由

二审法院认为：

(1)原审被告人张宏凯在履行公务的过程中，遭到两歹徒的暴力威胁，为保护他人和自身生命安全免受歹徒正在进行的不法侵害，在紧急情况下，采取了正当防卫行为，将两歹徒击毙，不负刑事责任，也不负民事责任。

(2)上诉人的上诉理由不能成立，应予驳回。

(3)原审判决认定事实和适用法律正确，程序合法，应予维持。

4.二审定案结论

新疆生产建设兵团农八师中级人民法院根据《中华人民共和国刑法》第十七条第一款、《中华人民共和国民法通则》第一百二十八条、《中华人民共和国刑事诉讼法》第一百三十六条第(一)项，作出如下裁定：

驳回上诉人张从汉、陈新汉、韦红的上诉，维持新疆维吾尔自治区石河子市人民法院1994年8月4日(1994)石刑初字第097号刑事附带民事判决。

(七)解说

本案争议的焦点在于，行为人的行为究竟是正当防卫、还是防卫过当情况下的故意杀人,而判明这个问题的关键又在于对行为人在连续向歹徒射击,将其击倒以后,又向歹徒头部开枪射击的行为的性质。

行为人的行为可分为两个阶段。第一阶段,行为人在两名歹徒采取暴力,危及自己生命安全的情况下,向两名歹徒连开数枪,将两名歹徒击倒在地,这一阶段的行为无疑是属于正当防卫行为。也正是这一阶段的射击行为,导致了两名歹徒的最终死亡。第二阶段,当歹徒张凯已中两枪被击倒,在地上蠕动时,行为人又向张凯头部开了一枪。对于这一枪,是否还有必要,从性质上看是否还属于正当防卫?此时,张凯其实已失去了反抗能力,而且这第三枪并非是与前两枪连续开的,中间还隔了向另一歹徒陈玉远开的三枪。这样看来,行为人没有必要也完全可以控制向中枪倒地的张凯开第三枪。因此,行为人对张凯开的第三枪就很难说具有防卫的性质。但是,尽管如此,考虑到当时的具体情况,以及客观上歹徒张凯的死亡的直接原因是因心脏、肝脏被击中致出血性休克,与行为人向张凯头部开枪的行为之间没有因果关系,因此,行为人的行为可以认为属于我国《刑法》第十条规定的“情节显著轻微,危害不大,不认为是犯罪”的情况。一审法院的判案理由中说明这一点是非常正确的,二审法院维持一审法院的判决也是正确的。

(张运忠)

13. 赵鹏程被控故意伤害宣告无罪案(正当防卫)

(一)首部

1. 判决书字号

一审判决书:山东省新泰市人民法院(1994)新刑初字第56号。

二审判决书:山东省泰安市中级人民法院(1994)泰刑一终字第32号。

2. 案由:赵鹏程故意伤害案。

3. 诉讼双方

公诉机关:山东省新泰市人民检察院,检察员朱绍财。

附带民事诉讼原告人(上诉人):尹承增,男,43岁,汉族,山东省新泰市人,农民,系死者尹彦良之父。

委托代理人:刘灿辉,山东省新泰市律师事务所律师。

尹承富,男,干部,系附带民事诉讼原告人尹承增之兄。

自诉人兼附带民事诉讼原告人(上诉人):尹彦东,男,22岁,汉族,山东省新泰市人,工人。

自诉人尹彦东未委托代理人,自己行使诉讼权利。

被告人(上诉人):赵鹏程,男,25岁,汉族,山东省曹县人,工人。1994年3月4日因本案被逮捕。

一、二审辩护人兼附带民事诉讼委托代理人:陈爱民,山东省泰安市律师事务所律师。

4. 审级:二审。

5.审判机关和审判组织

一审法院:山东省新泰市人民法院。

合议庭组成人员:审判长:周永;代理审判员:张伟贞、武宗仁。

二审法院:山东省泰安市中级人民法院。

合议庭组成人员:审判长:武洪华;审判员:赵方根;代理审判员:高焕春。

6.审结时间

一审审结时间:1994 年 6 月 18 日。

二审审结时间:1994 年 9 月 3 日(依法延长审限)。

(二)一审情况

1.一审诉辩主张

(1)山东省新泰市人民检察院指控称

1994 年 1 月,被告人赵鹏程听说其东邻尹承福家怀疑尹家自行车被盗事与己有关后非常气愤,为此,尹、赵两家多次发生纠纷,赵鹏程被打。1994 年 2 月 20 日中午,两家再次发生纠纷,赵鹏程的妻妹魏静、妻子魏传霞与尹承福之妻徐志芳、次子尹彦朋相互谩骂打架。当天下午,两家互有防备,被告人赵鹏程从新泰城内约其妻弟魏传刚来到赵家;尹承福之女尹彦菊到孙村约其未婚对象牛志军,尹承福长子尹彦东到大峪村约其堂兄尹彦良,尹彦良又约本村村民赵增秀先后来到尹家。赵鹏程为防尹家人到其家中打架,事先将一把剥皮刀子藏在腰间,并给魏传刚一把水果刀,魏又从院内拿了一块方木放在屋内沙发后,准备"自卫"。尹家晚饭喝酒时,徐志芳授议尹彦良等人到赵鹏程家,将赵拉出来,"不老实就揍他"。18 时 30 分左右,尹彦良身藏铁链鞭与赵增秀先敲门进入赵家,随后牛志军亦来到赵家。尹彦良声称魏传刚用眼瞪他,继而厮打起来。赵鹏程阻拦尹彦良时,尹从腰间抽出铁链鞭与牛志军分别抽打赵鹏程,赵增秀亦拳打脚踢魏传刚。此时,赵鹏程从腰后拔出剥皮刀予以抵挡,边舞刀子边后退,尹彦良用铁链抽打不止,赵鹏程用刀子捅了尹彦良的小腹部一刀,致尹彦良肠破裂并休克而死亡。新泰市人民检察院认为,被告人赵鹏程的行为已触犯了《中华人民共和国刑法》第一百三十四条第二款、第十七条第二款的规定,构成故意伤害罪,特提起公诉,请求依法惩处。

(2)附带民事诉讼原告人及其委托代理人诉称

被告人赵鹏程用刀捅死原告人之子尹彦良,已构成故意杀人罪,并给原告人家庭造成了巨大的经济损失,要求除依法追究赵鹏程的刑事责任外,还应依照《中华人民共和国刑法》第三十一条的规定,判决赵鹏程赔偿原告人抚养费、赡养费及死者尹彦良的丧葬费等经济损失 71600 元。

(3)自诉人兼附带民事诉讼原告人诉称

1994 年 2 月 20 日 18 时 30 分左右,在被告人赵鹏程家,其面部等四处被赵鹏程刺伤,已构成轻伤,要求依法追究被告人赵鹏程的刑事责任并赔偿其住院费、医疗费及误工费等经济损失 1327 元。

(4)被告人的答辩及其辩护人的辩护意见

被告人辩称:捅死尹彦良及划伤尹彦东是事实,但自己是正当防卫,不应负刑事责任,也不应当承担民事赔偿责任。

辩护人的辩护意见:起诉书指控被告人犯有故意伤害罪,定性不准,适用法律不当。该案事端的起因，主要是由自诉人兼附带民事原告人尹彦东、其父尹承福及其亲属的违法行为所致，被告人的行为是在自己住宅内，由于个人及其亲属的受到正在进行的不法侵害时，迫于无奈而采取的防卫行为，其行为没有超过必要的限度，是行使法律赋予公民的合法权利，属正当防卫行为，依法不负刑事责任，也不应当承担民事赔偿责任。

2. 一审事实和证据

山东省新泰市人民法院经公开审理查明：

被告人赵鹏程之父赵士学的东邻居尹承福的长子尹彦东停放在院内的一辆自行车于1993年11月被盗。1994年1月26日，被告人赵鹏程听说尹家怀疑自行车被盗与己有关后，非常气愤，当日下午，被告人赵鹏程酒后在其父的大门口谩骂怀疑他偷自行车的人，两家发生了纠纷。次日，尹承福之子尹彦东、女儿尹彦菊、未婚女婿牛志军先后到新汶剧院办公室，对赵鹏程进行辱骂指责，牛志军打了赵一巴掌。此后，被告人赵鹏程两次找市文化局领导要求解决矛盾未果，尹、赵两家又多次发生矛盾，致使矛盾进一步激化。1994年2月20日中午，被告人赵鹏程的妻妹魏静、妻子魏传霞与尹承福之妻徐志芳、次子尹彦朋相互谩骂打架。当日下午，赵、尹两家互有准备，被告人赵鹏程到新泰城内告诉其岳母姬生华打架之事，其妻弟魏传刚约其同学秦岭一起到了被告人赵鹏程之父赵士学家，魏传刚又对尹家进行谩骂，两家两次吵骂。尹承福之女尹彦菊到新汶办事处孙村约其未婚夫牛志军，尹彦东到东都镇大峪村约其堂兄尹彦良，尹彦良又约本村村民赵增秀先后来到尹家。被告人赵鹏程为防尹家人到其家中打架，事先将一把剥皮刀藏在腰间并给其妻弟魏传刚一把水果刀，魏又从院内拿了一块方木放在屋内沙发后，预作防备。尹彦良等人在尹承福家喝酒时，尹承福之妻徐志芳授意尹彦良等人到赵鹏程家，将赵拉出来，“不老实就揍他”。当晚18时30分左右，尹彦良身藏铁链鞭与赵增秀先敲门进入赵家，随后牛志军也来到赵家。之后，尹彦良声称魏传刚用眼瞪他，继而厮打起来。被告人赵鹏程阻拦尹彦良时，魏传刚趁机拿木板打了尹彦良一下，尹彦良随后从腰间抽出铁链鞭与牛志军分别抽打赵鹏程，赵增秀与魏传刚厮打。此时，赵鹏程从腰后拔出剥皮刀子予以抵挡，边挥舞刀子边从客厅向门厅里后退，尹彦东、尹彦朋听到打架后赶入赵士学家，分别殴打赵鹏程、魏传刚，在厮打过程中，赵鹏程用刀子捅了尹彦良小腹部一刀，致尹彦良肠破裂并休克而死亡，并将尹彦东面部及左肋部等处划伤，构成轻伤。尹彦东住院8天，花医疗费225元7角。

上述事实有下列证据证明：

（1）证人赵增秀、牛志军等关于赵鹏程持刀将尹彦良捅死、将尹彦东划伤的证言；

（2）证人魏传刚关于尹彦良等人到赵家殴打赵鹏程的证言；

（3）自诉人兼附带民事诉讼原告人尹彦东关于赵鹏程持刀将尹彦良捅死、将自己捅伤的陈述；

（4）物证：现场提取赵鹏程所用尖刀一把、尹彦良所用铁链鞭一条；

（5）新泰市公安局的现场勘查笔录；

（6）新泰市公安局关于尹彦良死因及尹彦东伤情的法医鉴定结论；

（7）被告人赵鹏程关于自己被打及持刀将尹彦良捅死、将尹彦东划伤的供述。

3. 一审判案理由

山东省新泰市人民法院认为：被告人赵鹏程在厮打中用刀刺人，致尹彦良肠破裂并休克死亡，致尹彦东轻伤，其防卫行为超过了必要限度，造成了不应有的损害，属防卫过当，根据

《中华人民共和国刑法》第一百三十四条第二款、第十七条第二款之规定，犯故意伤害罪并酌情减轻处罚。公诉机关指控的罪名成立，应予采纳。被告人及其辩护人关于被告人的行为属正当防卫，不构成犯罪的辩解及辩护意见不予采纳。因被告人的犯罪行为而给被害人及其家庭造成的经济损失，根据《中华人民共和国刑法》第三十一条的规定应酌情予以赔偿，但附带民事诉讼原告人尹承增及其两代理人关于被告人的行为构成故意杀人罪的意见不予采纳；他们主张应赔偿 71600 元，自诉人兼附带民事诉讼原告人尹彦东关于赔偿 1327 元的诉讼主张，其数额超出应赔偿的数额，对超出部分不予支持。

4. 一审定案结论

山东省新泰市人民法院根据《中华人民共和国刑法》第一百三十四条第二款、第十七条第二款、第三十一条，作出如下判决：

(1)赵鹏程犯故意伤害罪，判处其有期徒刑三年；

(2)赵鹏程赔偿尹彦良部分经济损失 4500 元，赔偿尹彦东部分经济损失 600 元，于判决生效后 5 日内一次付清。

(三)二审诉辩主张

山东省新泰市人民法院一审宣告后，尹承增、尹彦东、赵鹏程均不服，上诉于山东省泰安市中级人民法院。

1. 上诉人(原审附带民事诉讼原告人)尹承增诉称：一审判决认定事实有误，判决赔偿经济损失 4500 元太少。

2. 上诉人(原审自诉人兼附带民事诉讼原告人)尹彦东诉称：一审判决认定与事实不符，判决赔偿经济损失 600 元欠妥。

3. 上诉人(原审被告人)赵鹏程诉称：一审判决定性不准，适用法律不当，请求依法撤销一审判决，改判其无罪。理由：(1)他是在生命受到正在进行的不法侵害的严重威胁的情况下才掏出的刀子，当手持刀子比划、吓唬不能制止不法侵害时，迫于无奈，才持刀朝正拿铁链鞭往死里打他的尹彦良的小腹部捅了一刀。他的行为属正当防卫，且没有超过必要限度，因此不应承担刑事责任；(2)因其行为属正当防卫，依照《中华人民共和国民法通则》“因正当防卫造成损害的，不承担民事责任”的规定，他也不应当承担民事赔偿的责任。

4. 原审被告人的辩护人及民事诉讼代理人陈爱民的二审辩护意见：一审判决定性不准，适用法律不当，请求撤销一审判决，改判赵鹏程无罪。理由：(1)本案中的死者尹彦良等人的行为是对赵鹏程及其家人严重的不法侵害。尹彦良、赵增秀、牛志军等人在预谋后，携带凶器铁链鞭闯入赵鹏程家，并寻衅滋事，动手打人。尹彦良持铁链鞭对赵往死里打、致其身上多处受伤，尹彦良等的行为是对赵鹏程严重的不法侵害。(2)赵鹏程的防卫行为没有超过必要的限度。赵鹏程是在被尹彦东等数人围攻殴打的情况下才掏出的刀子，先是持刀比划吓唬，并且从客厅退到门厅，见未能制止不法侵害，面临生命危险，迫于无奈，才持刀朝正手拿铁链鞭击打他的尹彦良的小腹部捅了一下，致尹死亡。综观全案，赵鹏程在其生命受到正在进行的不法侵害严重威胁时，无奈采取的防卫行为，并未超过必要的限度。(3)赵鹏程的行为属于正当防卫，依法不负刑事责任，依法也不应承担民事责任。

(四)二审事实和证据

山东省泰安市中级人民法院经审理查明：

上诉人赵鹏程之父与上诉人尹彦东之父是邻居关系。1993 年 11 月，尹彦东停放在院内的一辆自行车被盗，怀疑与赵鹏程有关。1994 年 1 月 26 日，赵鹏程听他人诉说此事后非常气愤。当日下午酒后，在其父的大门口未指名骂怀疑他偷自行车的人，为此两家产生矛盾。次日下午，尹彦东及其姐尹彦菊、未婚姐夫牛志军先后到新汶剧院办公室，当众对赵进行辱骂、指责，牛志军还乘机打了赵鹏程一拳。后赵鹏程多次找新泰市文化局领导，要求解决此事未果，致使两家矛盾进一步激化。1994 年 2 月 20 日中午，赵鹏程的妻妹魏静(15 岁)上街买馒头返回时，路遇尹彦东之弟尹彦朋(18 岁)被尹殴打，赵鹏程之妻魏传霞听到其妹哭叫声后赶去，见尹彦东之母徐志芳，二人又发生厮打。当日下午，尹彦东到东郊镇大峪村约其堂兄尹彦良(原审刑事附带民事诉讼原告人尹承增之子)，尹彦良又约了本村村民赵增秀，尹彦菊到新汶办事处孙村约了其未婚夫牛志军，先后来到尹彦东家。赵鹏程到新泰城将与尹家纠纷之事告诉妻弟魏传刚后，二人于当日下午回到赵鹏程家。赵鹏程为防尹家到其家中打架，将一把剥皮刀子藏在腰间，魏传刚从院内拿了块木板放在暖气片旁。尹彦良等人在尹家喝酒时，徐志芳授意尹彦良等人到赵家“将赵鹏程拉出来，不老实就揍他”，尹彦东也说“今天去找他算帐去”。当晚 18 时 30 分左右，尹彦良身藏铁链鞭与赵增秀先敲门进入赵家，随后牛志军亦进入赵家。之后尹彦良故意寻衅，以魏传刚用眼瞪他为由朝魏举手便打，被赵鹏程挡住，继而双方发生厮打。尹彦良从腰间抽出铁链鞭与牛志军分别抽打赵鹏程。尹彦东、尹彦朋听到后亦立即赶到赵家，分别帮尹彦良和牛志军、赵增秀殴打赵鹏程、魏传刚。赵鹏程被打无奈从腰间拔出刀子，边挥舞边往门厅退，尹彦良拿铁链鞭继续抽打相逼，赵鹏程即用刀子捅尹彦良小腹部一刀，并将尹彦东面部及左肋部等划伤。尹彦良被捅肠破裂并休克，经抢救无效死亡，尹彦东被致轻伤。

上述事实有下列证据证明：

1. 证人范德强证实尹彦东之父尹承福曾问过他赵鹏程骑的什么牌子的自行车等；

2. 证人谢秀芹、田兆奎、汪学福、范德强证实尹彦东、尹彦菊、牛志军到新汶剧院办公室辱骂并殴打赵鹏程；

3. 证人董毕证实赵鹏程曾找他让他解决赵与尹家之间的纠纷；

4. 证人魏传刚证实尹彦良、赵增秀、牛志家及尹彦东、尹彦朋先后闯入赵家殴打赵鹏程的情况；

5. 证人赵增秀证实尹彦良叫他去帮尹彦东家打架，并证实他与尹彦良到赵家后，牛志军、尹彦东、尹彦朋亦先后赶到赵家殴打赵鹏程及赵鹏程持刀将尹彦良捅死、将尹彦东划伤的过程；

6. 证人牛志军、尹彦朋证实与尹彦良、赵增秀、尹彦东殴打赵鹏程及尹彦良被赵鹏程捅死、尹彦东被赵鹏程划伤的情况；

7. 自诉人兼附带民事诉讼原告人尹彦东关于与尹彦良、赵增秀、牛志军、尹彦朋到赵家殴打赵鹏程及尹彦良被赵鹏程捅死、自己被赵鹏程划伤的陈述；

8. 物证：现场提取赵鹏程所用刀子一把、尹彦良所用铁链鞭一条；

9. 新泰市公安局的现场勘查记录；

10. 新泰市公安局关于尹彦良死因及尹彦东伤情的法医鉴定结论；

11. 被告人赵鹏程关于自己被闯入家中的尹彦良等人殴打，无奈持刀自卫，将尹彦良捅死、将尹彦东划伤的供述。

（五）二审判案理由

山东省泰安市中级人民法院认为：尹彦良、赵增秀、牛志军、尹彦东、尹彦朋等人晚间非法侵入他人住宅持械行凶，实属不法侵害行为。赵鹏程在自己家中，在受到尹彦良、牛志军、尹彦东等人正在进行的不法侵害行为逼迫，生命受到严重威胁时，无奈持刀自卫，致尹彦良死亡、尹彦东轻伤，目的是维护自己的人身安全，使其人身权利免受正在进行的不法侵害，其行为没有超过正当防卫的必要限度，符合正当防卫的条件。依照《中华人民共和国刑法》第十七条第一款的规定，赵鹏程所采取的正当防卫行为，不负刑事责任，同时，依照《中华人民共和国民法通则》第一百二十八条的规定，赵鹏程亦不承担民事赔偿责任。赵鹏程的上诉理由及其辩护人的辩护意见有理，应予采纳；尹承增、尹彦东的上诉理由经查不实，不予采纳。原审判决认定事实清楚，审判程序合法；但定性不准，适用法律不当，应予改判。

（六）二审定案结论

山东省泰安市中级人民法院根据《中华人民共和国刑法》第十七条第一款、《中华人民共和国民法通则》第一百二十八条及《中华人民共和国刑事诉讼法》第一百三十六条第（二）项，作出如下判决：

1. 撤销新泰市人民法院（1994）新刑初字第56号刑事附带民事判决书中的定罪、量刑及民事赔偿部分。

2. 驳回尹承增、尹彦东的上诉。

3. 宣告赵鹏程无罪，并不承担民事赔偿责任。

（七）解说

审判本案的一、二审法院，基于同一案件事实，但对案件性质认定不同，根据不同的法律条款，做出了两个截然不同的定案结论。

两级法院之所以结论相左，关键就在于如何正确评价赵鹏程的行为是否超过了正当防卫的必要限度。什么是正当防卫的必要限度，我国现行法律及司法解释文件中没有明确、具体的规定。长期以来，法学界对此见仁见智，审判实践中对这个问题的认识也不尽一致。正确理解和确定正当防卫的必要限度，对于维护法律的尊严，正确审判案件，保护公共利益和公民个人合法权益不受侵犯，惩罚震慑犯罪，鼓舞教育群众，都有着十分重要的现实意义。

参照法学界有代表性的观点，并结合审判实践中通常把握的标准来看，原则上应当以防卫行为足以制止住正在进行的不法侵害为必要限度。换句话来说，对不法侵害人造成的损害应当是能够制止住正在进行的不法侵害行为，保卫公共利益和公民个人合法权益所必要的。一般情况下，如果用比较缓和的手段就足以制止住不法侵害，达到防卫目的时，则不允许采取过于激烈的手段给侵害者造成显然过重的损害；对于没有明显立即危及重大公共利益或公民个人人身安全的不法侵害行为，则不应采取对侵害人加以重伤或致死的手段去防卫，否则就是超过了正当防卫的必要限度。当然，法律并不要求对侵害人造成的损害必须小于防卫人可能遭受的损害。有人认为防卫工具与侵害工具及其强度必须相当；防卫后果与侵害后果必须相当；只要造成了死亡后果，防卫行为就一律超过了必须限度。这种看法，在理论上不正确，在实际生活中也是不现实的。因为犯罪分子的不法侵害行为是有预谋、有计划地实施的；而防卫人实施防卫行为，则一般是在没有思想准备的情况下仓促应战。这时要求防卫人对突然出现的侵害行为准确、迅速地判断其性质与强度是很困难的。要求精神处于紧张、激愤状态的防卫人去从容不迫地选择适当的防卫工具和防卫强度也是无法做到的。

我们认为，在考虑防卫行为是否超过必要限度时，科学的评价方法是：把侵害者与防卫者双方置于发案当时的特定环境中，根据案件的起因、发生的时间、地点、环境、双方的力量对比状况，适当考虑侵害和防卫的性质、手段、强度、后果等因素，进行全面客观、实事求是的分析判断，然后依法正确认定。综观本案，事端是因尹彦东自行车被盗无端怀疑与赵鹏程有关，而引起尹赵两家的纠纷，之后矛盾激化酿成本案。本案发生时，尹彦良、赵增秀、牛志军于傍晚时分，非法侵入赵鹏程的住宅，持械行凶。随后，尹彦东、尹彦朋也进入赵家，五人一起殴打赵鹏程和魏传刚。赵鹏程在双方力量对比悬殊，被打无奈，生命受到严重威胁的情况下，用剥皮刀子朝持铁链鞭向自己步步进逼、抽打不止的尹彦良小腹部捅了一刀，并将参与殴打自己的尹彦东面部及左肋部等处划伤，致尹彦良死亡、尹彦东轻伤。虽然造成了侵害方一死一伤的后果，但非如此不足以制止住正在进行的不法侵害。所以，赵鹏程的防卫行为没有超过必要限度。

二审法院本着实事求是、有错必纠的精神，严肃执法，正确、全面地分析案件，认定赵鹏程的行为属于正当防卫，依法撤销原审判决宣告赵鹏程无罪，从而充分体现了我国人民法院“以事实为根据，以法律为准绳”的司法原则，对于鼓励、支持公民同违法犯罪行为做斗争，起到了积极的推动作用，收到了良好的社会效果。

（吴靖　洪俊）

14. 刘伯臣等妨害公务案
（犯罪既遂）

（一）首部

1. 判决书字号：浙江省金华县人民法院（1994）金刑初字第120号。

2. 案由：刘伯臣等妨害公务案。

3. 诉讼双方

公诉机关：浙江省金华县人民检察院，检察员林高奎。

被告人：刘伯臣，男，21岁，汉族，浙江省金华县人，农民。1994年6月17日因本案被逮捕。

辩护人：杨关校，浙江省金华市第一律师事务所律师。

被告人：池艳君，女，36岁，汉族，浙江省金华县人，农民。1994年6月17日因本案被逮捕。

被告人池艳君未委托辩护人，自己行使辩护权。

被告人：邵延伟，男，21岁，汉族，浙江省金华县人，农民。1994年6月16日因本案被逮捕。

被告人邵延伟未委托辩护人，自己行使辩护权。

4. 审级：一审。

5. 审判机关和审判组织

审判机关：浙江省金华县人民法院。

合议庭组成人员:审判长:冯汉勤;审判员:卢炳奎、陈剑峰。

6.审结时间:1994年9月20日。

(二)诉辩主张

1.浙江省金华县人民检察院指控称

1994年4月20日15时许,金华县公安局澧浦派出所所长丰炳春与民警方利民到澧浦镇长庚村处理畏罪自杀的刘伯涛事件时,被告人刘伯臣、池艳君、邵延伟及方根明(本案审判时在逃,审结后捕获,现已判刑——笔者加注)等人对丰、方两公安人员围攻、辱骂,采取拖拉等手段强行要两位公安人员为死者守尸。三被告人在方根明等人起哄煽动下,多次殴打丰、方的脸部、胸部、裆部和腿部,并将民警方利民的警服上的肩章和钮扣撕掉。被告人刘伯臣还用高压锅盖砸折民警方利民左第十肋骨,拳击丰炳春所长的左眼角致出血。三被告人围攻、殴打两民警长达数小时,造成极坏的社会影响。被告人刘伯臣、池艳君、邵延伟采用暴力手段阻碍国家工作人员依法执行公务,其行为均已触犯《中华人民共和国刑法》第一百五十七条之规定,构成妨害公务罪。请求法院依法判处。

2.被告人的答辩及其辩护人的辩护意见

被告人刘伯臣、池艳君、邵延伟对公诉机关对其妨害公务罪的指控均无异议。被告人刘伯臣、池艳君认为,自己在亲属突然死亡后,轻听他人谎言,从而实施了妨害公务的犯罪,并认为自己系初犯,并赔偿了医疗费用,请求人民法院从轻判处;被告人邵延伟认为,自己不学法,不懂法,才走上了犯罪之路,请求人民法院考虑其初犯从轻判处。

被告人刘伯臣的辩护人对公诉机关指控被告人刘伯臣犯妨害公务罪无异议。但是认为,被告人刘伯臣犯罪是有外在原因的。在刘伯涛突然死亡以后,方根明、刘伯凡等人对刘伯臣说:"是派出所的人打的,就是这两个人敲的。"并起哄:"亲戚都帮你们出力,还不打狠些。"在这些言语的挑拨和鼓动下,被告人刘伯臣对公安人员实施了暴力。念其系初犯且犯罪后认罪态度较好,积极赔偿了医疗等费用,建议人民法院从轻处罚。

(三)事实和证据

浙江省金华县人民法院经公开审理查明:

被告人刘伯臣之弟刘伯涛与他人共同敲诈勒索,被金华县公安局澧浦派出所于1994年4月18日深夜抓获,同月19日刘伯涛经审查后释放回家。次日14时20分许,刘伯涛因畏罪留下遗书后服农药自杀。被告人池艳君(死者后母)之夫刘金全委托他人打电话给澧浦派出所,要派出所派员处理,否则就将尸体运送派出所。派出所所长丰炳春获悉后,与民警方利民从他处赶到现场。15时许,两干警从楼上查看刘伯涛尸体下楼出门时,被告人刘伯臣、邵延伟与方根明(另案处理)等人即起哄,围攻、辱骂两名干警,并拖拉两名干警上楼守尸。当所长丰炳春予以解释并表明:如刘伯涛的死亡是公安人员违法所致,可由司法机关处理时,被告人刘伯臣即对所长丰炳春脸部打了两拳,致所长丰炳春左眼角出血。闻讯赶来的澧浦镇朱某某等三名干部及村干部对被告人进行劝阻,并由村干部陪同所长丰炳春到卫生院包扎。其后,被告人池艳君从邻屋赶到现场,与被告人刘伯臣、邵延伟及方根明等人围攻、辱骂民警方利民。被告人池艳君抓住方利民,企图将其推入水池。被告人刘伯臣拳击方利民。方根明即抓住方利民的领口,将警服钮扣拉脱数个。在他人的授意下,被告人邵延伟与方根明将方利民的警服掀起,搜查有无警具。当方利民去抓方根明双手时,方根明即挥拳击打方利民的胸部。在镇干部朱某某和村干部阻止和保护下,方利民进入被告人池艳君家中。村民刘

伯凡指说抓人的就是方利民，三被告人即冲入屋内拖拉方利民要其去守尸、垫尸。被告人刘伯臣、池艳君将方利民双手拉住，被告人邵延伟即用膝盖顶方利民的小腹部。其中一下顶至方的裆部，方利民痛的叫喊，身体不能起立。继之，三被告人又拳击方利民，拉掉肩章抛于地上。方利民退到房屋里端，被告人刘伯臣见凳上放一高压锅盖，捡起后猛击方利民左腰部一下，致方第十肋骨骨折，并与被告人邵延伟继续拖打方利民。被告人池艳君以不准方利民进其住房内为由，与被告人刘伯臣、邵延伟再一次拖拉方利民要其守尸、垫尸。方利民被拖出门外，被告人邵延伟在追打中被其母第二次哭求中才停手离开现场。村镇干部再三防止和劝解，并护送方利民去邮电所打电话请上级来员处理。在方根明等人起哄下，被告人刘伯臣又将方利民摔到在地，致方左手掌撑地而虎口裂开。16 时许，方利民与所长丰炳春到邮电所。当邮电所工作人员为两干警倒水解渴时，被告人刘伯臣、池艳君又一次围攻、辱骂两名干警，并对他们拳打、脚踢。副镇长朱某某在劝阻中，被被告人刘伯臣踢伤腿脚。18 时许，浬浦镇党政主要干部和村干部将两名干警转移到长庚村委办公室。被告人刘伯臣、池艳君又赶到村委办公室围攻、辱骂两名干警。18 时 30 分许，县公安局治安科长、县检察院法纪科长和市检察院法医赶到现场。法医对死者刘伯涛尸检后确认刘伯涛系服甲胺磷农药死亡。但被告人刘伯臣、池艳君及其亲属仍吵闹不休，被告人池艳君又打了两位民警的耳光，并用食品“桃酥”往所长丰炳春脸上掷。被告人刘伯臣持小木椅想砸所长丰炳春，被负责保护两位民警的干部夺下。22 时许，县公安局、检察院、政法委和县政府办公室的主要领导赶到现场，分头展开工作，近 1 小时后才将丰、方两位民警解救出长庚村。至此，被告人围攻、殴打两名公安人员的时间持续了 7 个多小时，围观群众多达数百人。经医院诊断和法医鉴定，所长丰炳春多处软组织挫伤，左眼球线挫伤；民警方利民全身多处挫伤、左第十肋骨骨折，属轻伤。

上述事实有下列证据证明：

1. 被害人金华县公安局浬浦派出所所长丰炳春、民警方利民关于在执行公务中遭到妨害的陈述；

2. 被告人刘伯臣、池艳君、邵延伟关于妨害公务的供述；

3. 同案人方根明逃跑前所作的供述；

4. 证人刘法根、童大林、吕志根、严庆生、朱荣胜、陈姣恋的证言，证明三被告人妨害公务的事实；

5. 金华县浬浦派出所抓获敲诈勒索的刘伯涛等 9 人的证明和审问笔录；

6. 物证：被告人刘伯臣用于打击民警方利民的高压锅盖、损坏的警服等；

7. 鉴定结论：金华县公安局法医张小贵、吴志泉关于被害人丰炳春、方利民的伤情鉴定结论。

8. 金华市人民检察院 1994 年金市检医鉴字第 7 号《刑事科学技术鉴定书》，确认刘伯涛死亡原因系农药“甲胺磷”中毒致死。

（四）判案理由

浙江省金华县人民法院认为：

1. 被告人刘伯臣、池艳君、邵延伟明知死者刘伯涛因与他人参与敲诈勒索活动而被当地派出所干警抓获并受到审查，并且明知刘伯涛之死是服毒自杀所致，而当浬浦派出所干警前来执行公务，处理刘伯涛的死亡事件时，采取围攻、殴打、辱骂等手段妨碍公安人员执行职务，持续时间长，并造成民警方利民轻伤和所长丰炳春轻微伤，社会影响恶劣，三被告人的行

为均已触犯《中华人民共和国刑法》第一百五十七条之规定，构成妨害公务罪。

2. 三被告人在共同犯罪中皆起主要作用，符合《中华人民共和国刑法》第二十三条之规定，应从重处罚；但被告人刘伯臣在共同犯罪中的作用最大，应给予严惩。

3. 被告人邵延伟在犯罪实行过程中在其母的哭求下停止犯罪，离开现场，可以从轻处罚。

（五）定案结论

浙江省金华县人民法院根据《中华人民共和国刑法》第一百五十七条、第二十二条、第二十三条，作出如下判决：

1. 刘伯臣犯妨害公务罪，判处有期徒刑二年六个月。

2. 池艳君犯妨害公务罪，判处有期徒刑二年。

3. 邵延伟犯妨害公务罪，判处有期徒刑一年六个月。

（六）解说

本案是一起多人共同使用暴力等手段妨害公安人员依法执行公务的案件，审判机关以妨害公务罪对三名犯罪人分别判处了轻重不等的刑罚，既体现了依法从严，又体现了区别对待的政策，是完全正确的。

对于本案，涉及两个如何认定的问题：一是行为人刘伯臣用锅盖砸断了民警方利民的一根肋骨，造成轻伤，对刘伯臣是否还应定故意伤害罪，与妨害公务罪并罚；二是行为人邵延伟在犯罪实行过程中在其母在哭求下停止犯罪，离开现场，是否是犯罪中止？

对于第一个问题，答案是否定的。根据我国《刑法》第一百五十七条的规定，妨害公务罪是指用暴力、威胁方法阻碍国家工作人员依法执行职务的行为。使用暴力则有可能造成他人轻伤，虽然故意伤害行为单独来看可以构成故意伤害罪，但出于妨害公务的意图而故意伤害的又构成妨害公务罪，一行为触犯数罪名，在理论上称想象竞合犯，应按一罪处理，由于故意伤害罪与妨害公务罪的最高法定刑相同，而故意伤害仅是妨害公务的一种手段，故按妨害公务罪定性更加符合本案的实际。

对于第二个问题，即行为人邵延伟的行为是否属于犯罪中止，答案同样是否定的。所谓犯罪中止，是指在犯罪完成以前自动中止实施犯罪或者在犯罪完成以后自动有效地防止犯罪结果的发生。本案中，虽然行为人邵延伟在其母的哭求下停止了继续犯罪，但在停止之前，行为人的行为已达到既遂，即已经完成。因为本案的妨害公务持续的时间长达数个小时，而当行为人开始实施妨害公务的行为时，犯罪即告既遂，即本罪属于举动犯。因此在行为持续过程中自动停止的，也不能算是犯罪中止。但其犯罪行为毕竟没有持续到犯罪全过程，因此，给以从轻处罚也是适当的。

（冯汉勤）

15. 王强等抢劫案
（犯罪预备）

（一）首部

1. 判决书字号

一审判决书：四川省成都市青羊区人民法院（1994）青刑初字第190号。

二审判决书：四川省成都市中级人民法院（1994）成刑终字第180号。

2. 案由：王强等抢劫案。

3. 诉讼双方

公诉机关：四川省成都市青羊区人民检察院，代理检察员王媛英。

被告人（上诉人）：王强，男，18岁（1976年2月24日出生），汉族，四川省成都市人，工人。1994年6月16日因本案被逮捕。

一审辩护人：赖志远，四川省成都兴业律师事务所律师。

被告人：罗强，男，21岁，汉族，四川省井研县人，工人。1994年6月16日因本案被逮捕。

一审辩护人：黄英成，四川省成都兴业律师事务所律师。

被告人：王守洪，男，21岁，汉族，四川省名山县人，农民。1994年6月16日因本案被逮捕。

被告人王守洪未委托辩护人，自己行使辩护权。

4. 审级：二审。

5. 审判机关和审判组织

一审法院：四川省成都市青羊区人民法院。

合议庭组成人员：审判长：韩成英；代理审判员：朱传明、刘平。

二审法院：四川省成都市中级人民法院。

合议庭组成人员：审判长：陈中福；审判员：代运贵、徐绍先。

6. 审结时间

一审审结时间：1994年9月6日。

二审审结时间：1994年10月14日。

（二）一审诉辩主张

1. 四川省成都市青羊区人民检察院指控称

1994年6月7日中午，被告人王强、罗强、王守洪共谋抢劫。当晚7时许，被告人王强提出抢劫出租车司机的钱财，被告人罗强、王守洪均表示赞同。当晚深夜11时左右，三被告人携带事先准备的锯齿刀、手术刀、剪刀各一把、尼龙绳一根、不干胶带一卷等作案工具，在成都市洞子口乘上钟××的出租车，王强、罗强先后对司机谎称到西门车站和九眼桥，企图找个偏僻之处抢劫司机钟××的钱财。司机钟××察觉了三被告人的行为可疑，遂将三被告人载到成都市罗家碾出租车检查站，将可疑情况报告了公安人员，公安人员当即将三被告人捕获，并从王强身上搜出作案凶器。青羊区检察院认为三被告人的行为已构成抢劫罪，但因其

意志以外的原因而抢劫未能得逞，是犯罪未遂，应依照《中华人民共和国刑法》第一百五十条、第二十条之规定追究三被告人的刑事责任。请予依法惩处。

2. 被告人的答辩及其辩护人的辩护意见

被告人王强辩解称：抢劫出租车的主意不是自己一人提出，是三人共同提出的。

被告人王强的辩护人赖志远辩护称：第一，被告人的行为属犯罪未遂，应当从轻或减轻处罚；第二，王强系初犯，案发后认罪态度好，建议法庭从宽处罚。

被告人罗强、王守洪对起诉书指控的犯罪事实供认不讳。未提出辩解的意见。

被告人罗强的辩护人辩护称：第一，被告人的行为属犯罪未遂，有法定从轻或减轻处罚情节；第二，罗强系初犯，平时表现好，建议对其从教育挽救角度出发，予以减轻处罚。

（三）一审事实和证据

四川省成都市青羊区人民法院经公开审理查明：

1994 年 6 月 7 日中午，被告人王强、罗强、王守洪共谋抢劫。当日下午 19 时左右，王强提出抢劫出租汽车司机的钱财，罗强、王守洪表示赞同，遂即共同准备了作案工具锯齿刀、手术刀、剪刀各一把，尼龙绳一根，不干胶带一卷。当日晚 23 时许，三被告人携带上述作案工具在洞子口乘上了司机钟××驾驶的出租汽车，意欲伺机抢劫。上车后，王强、罗强先后对司机谎称要去西门车站和到九眼桥，这引起司机钟××怀疑和警觉，遂即开车将三被告人载至罗家碾出租汽车检察站，将可疑情况报告了公安人员。公安人员立即将三被告人捕获，当场从被告人王强身上搜出用衣服包裹着的作案工具等。

上述事实有下列证据为证：

1. 受害人钟××的陈述；

2. 罗家碾出租车检察站公安人员的证言；

3. 三被告人的供述；

4. 搜缴的作案工具。

（四）一审判案理由

四川省成都市青羊区人民法院认为：公诉机关对被告人王强、罗强、王守洪的指控成立，予以支持。三被告人以非法占有为目的，企图采用暴力手段抢劫他人的财物，由于三被告人的意志以外的原因致其犯罪目的未能得逞。三被告人的行为已触犯刑律，构成抢劫罪（未遂），应当适用《中华人民共和国刑法》第一百五十条和第二十条定罪量刑。在犯罪过程中，三被告人共同实施了犯罪，是共同犯罪。被告人王强、罗强的辩护人的辩护意见有理，予以采纳。

（五）一审定案结论

四川省成都市青羊区人民法院根据《中华人民共和国刑法》第一百五十条、第二十条、第五十七条，作出如下判决：

1. 王强犯抢劫罪（未遂），从轻判处有期徒刑三年。

2. 罗强犯抢劫罪（未遂），减轻判处有期徒刑二年。

3. 王守洪犯抢劫罪（未遂），减轻判处有期徒刑二年。

（六）二审情况

1. 二审诉辩主张

一审判决宣告后，罗强、王守洪表示服从判决；王强不服，以一审判决量刑过重为理由，

向四川省成都市中级人民法院提出上诉，要求对其减轻处罚。

2.二审事实和证据

四川省成都市中级人民法院二审查明的事实和认定的证据与一审法院的相同。

3.二审判案理由

四川省成都市中级人民法院认为：上诉人王强和原审被告人罗强、王守洪共谋抢劫，不仅共同准备了作案工具，而且已经乘上了伺机着手抢劫的出租汽车，作好了犯罪的准备。但三被告人尚未着手实施犯罪即被捕获，其行为尚不是抢劫犯罪的未遂，属于抢劫犯罪的预备，应当适用《中华人民共和国刑法》第一百五十条、第十九条定罪量刑。上诉人和原审二被告人共谋抢劫，共同准备了作案工具，并共同乘上了伺机作案的出租汽车，是共同犯罪。其行为属于严重犯罪，应予严惩。但是鉴于其犯罪尚处于预备阶段，又均系初犯，认罪态度较好，均可予以减轻处罚。上诉人王强提出量刑过重的上诉理由成立，予以采纳。原审认定事实清楚，审判程序合法，但适用法律有误，量刑不当，应予撤销。

4.二审定案结论

四川省成都市中级人民法院根据《中华人民共和国刑事诉讼法》第一百三十六条第(二)项和《中华人民共和国刑法》第一百五十条第一款、第二十二条第一款、第十九条，作出如下判决：

1.撤销四川省成都市青羊区人民法院(1994)青刑初字第190号刑事判决。

2.王强犯抢劫(预备)罪，判处有期徒刑一年。

3.罗强犯抢劫(预备)罪，判处有期徒刑一年。

4.王守洪犯抢劫(预备)罪，判处有期徒刑一年。

(七)解说

处理本案的一、二审法院，对于本案的三名犯罪人的行为，究竟是犯罪的预备还是犯罪的未遂产生异议。犯罪的预备和犯罪的未遂都是故意犯罪在犯罪过程中所表现的不同犯罪形态。犯罪的形态不同，适用的法律条文不同量刑也会相应的不同。根据《中华人民共和国刑法》第十九条第一款的规定，犯罪预备是指为实行犯罪而准备工具、制造条件的行为状态。已经进行犯罪的准备，由于行为人意志以外的原因而未着手实行犯罪的，是预备犯。根据《刑法》第二十条第一款的规定犯罪未遂是指已经着手实行犯罪，由于犯罪分子意志以外的原因而没有完成犯罪的行为状态，犯罪未遂的行为人是未遂犯。由此可以看出，犯罪预备和犯罪未遂存在着两点相同或相似之处：第一，行为人未完成犯罪，未达到犯罪的目的；第二，行为人未完成犯罪是基于行为人意志以外的原因。而二者的根本区别则在于犯罪预备尚未着手实行犯罪，犯罪未遂则已着手实行犯罪。所谓“着手”，是指行为人开始实行刑法分则规定的某一具体犯罪构成客观要件的行为。衡量行为人是否已经“着手”实行犯罪，一般应从四个方面予以考虑：一是实行的行为必须实际接触或者接近犯罪对象；二是实行的行为必须对犯罪的直接客体造成直接威胁；如果没有这种实际威胁，即使已经接触或者接近犯罪对象，也不能认为是犯罪着手；三是实行的行为必须能够直接引起危害后果的发生；四是实行的行为必须能表现其犯罪的意图。本案的三名犯罪人在事前进行了共谋和准备了作案工具，并已乘上了伺机进行抢劫的出租汽车，接近了犯罪对象，为其实施抢劫出租汽车司机制造了条件。但是，三名犯罪人尚未表露出任何将要进行抢劫的犯罪意图，也未实施抢劫的任何暴力、胁迫等方法。显然，这时犯罪人的行为状态还是处于犯罪的预备状态，还没有着手实施犯罪。这对于面向公众服务的交通工具的出租汽车而言,犯罪人乘上出租汽车的行为尚不能对出租汽车司机构成直接威胁,也不可能直接引起犯罪结果的发生。所以,三名犯罪人的行为不是犯罪未遂,而是犯罪预备。由于出租汽车司机具有高度的警惕性,察觉了罪犯的犯罪意图,得以及时将三名犯罪人抓获归案。因此,二审法院以抢劫罪的预备犯定罪量刑而改判纠正一审判决是正确的。

从犯罪构成上讲,犯罪预备虽然是一种不完整的犯罪形态,还没有着手实施犯罪,但犯罪预备行为使着手实施犯罪成为可能,对社会构成了直接威胁,具有社会危险性,故我国《刑法》对犯罪预备作出了处罚的规定。但同时鉴于犯罪预备行为毕竟没有造成实际的社会危害后果,不同于犯罪的既遂,所以《刑法》第十九条第二款明确规定:"对于预备犯,可以比照既遂犯从轻、减轻处罚或者免除处罚。"据此,二审法院对三名犯罪人在抢劫罪的最低法定刑有期徒刑三年以下判处是适当的。

(尹宁宁)

16. 陈亮抢劫案
(犯罪未遂)

(一)首部

1. 判决书字号:浙江省宁波市中级人民法院(1994)甬刑初字第133号。

2. 案由:陈亮抢劫案。

3. 诉讼双方

公诉机关:浙江省宁波市人民检察院,检察员商健,代理检察员陈剑平。

被告人:陈亮,男,28岁,汉族,浙江省宁波市人,无业。1994年8月19日因本案被逮捕。

辩护人:翁静海,浙江省宁波市经济贸易律师事务所律师。

4. 审级:一审。

5. 审判机关和审判组织

审判机关:浙江省宁波市中级人民法院。

合议庭组成人员:审判长:钱伟权;代理审判员:陈作岚;人民陪审员:赵宝章。

6. 审结时间:1994年11月8日。

(二)诉辩主张

1. 浙江省宁波市人民检察院指控称

1994年6月,被告人陈亮对在镇海做生意的黑龙江省齐齐哈尔市人陈广军声称其有"本田"摩托车可供货。陈广军回齐市后约同邢德浦、刘英举于同年7月27日携带50万元汇票来到镇海与被告人洽谈购车。被告人先后向陈等提出将款汇往福建和预付30%定金的要求,均遭陈等拒绝。此后,被告人在得悉陈广军等人将汇票兑换成现金后又以定活两便方式存入储蓄所时,遂起恶念。同年8月9日下午,被告人打电话将住宿在金海岸饭店的陈广军、刘英举二人骗至招宝山饭店后,即伙同叶亚卿(另案处理)携带指铐、小刀、密码箱等作案工具来到金海岸饭店,窜进邢德浦的房间,采用暴力、胁迫手段从邢德浦身上劫得50万元的定活两便储蓄存款单及邢的身分证等物。被告人为防止邢去报案，用指铐将邢的手指铐住，把床单撕割成布条捆住邢的双脚，用毛巾塞住邢的嘴巴，并用布扎紧，然后把邢抬至卫生间的浴缸内，并把室内的电视机音量放大，把洗脸盆上的水笼头打开放水，以掩人耳目。被告人和叶亚卿随即离开现场赶至储蓄所，要提取现金，但因其意志以外的原因未能提出现金。上述犯罪事实，有被害人的陈述、证人证言、物证、现场勘验笔录佐证，被告人陈亮亦供述在案，事实清楚，证据确实、充分。被告人陈亮的行为已构成抢劫(未遂)罪。抢劫数额特别巨大，情节严重，请求法院依法从重判处。

2.被告人的答辩及其辩护人的辩护意见

被告人的辩护人辩护称：被告人陈亮没有非法占有50万元之犯罪故意，其行为不构成抢劫罪。主要理由是：(1)被告人与陈广军、邢德浦、刘英举确有做生意的事实存在；(2)抢储蓄存款单是为了强行尽快做成生意；(3)抢储蓄存款单的过程中，是采用温和、人道的方法，并无暴力行为；(4)当时被害人邢德浦身上还有不少现金，但被告人并未劫取；(5)银行当时虽没有50万元数额的巨款可以提取，但提取一定数额的现款还是可以的，但被告人没有提取。可见，被告人并无非法占有50万元钱财之犯罪故意。

(三)事实和证据

浙江省宁波市中级人民法院经公开审理查明：

1994年6月间，被告人陈亮对前来镇海做生意的陈广军声称其有摩托车可以供货，陈广军信以为真，即返回齐市约请了邢德浦、刘英举共同做此摩托车生意，并由邢德浦携带了50万元汇票，一同于同年7月27日从齐齐哈尔市来到镇海，与被告人洽谈购车。被告人陈亮在洽谈中向陈广军、邢德浦、刘英举一再提出要求，先是要他们将款汇往福建，后又要他们预付30%的购车定金，均遭邢德浦三人的拒绝。8月8日，邢德浦将其50万元汇票兑成现金，并以定活两便的储蓄形式存入宁波市镇海区工商银行胜利桥储蓄所(留有密码)。被告人陈亮得悉此情后，即起邪念。

同年8月9日下午2时许，被告人陈亮打电话给陈广军、刘英举二人，将他俩骗至招宝山饭店后，即伙同叶亚卿携带密码箱、指铐等作案工具来到金海岸饭店邢德浦住宿的202室。被告人陈亮见邢德浦一人在室内，即溜出房间，给储蓄所打电话，探问可否支取50万元的存款，当储蓄所答若马上来取还可以时，陈亮即回到202室，与叶亚卿一同动手实施抢劫行为，先将邢德浦扑倒在床上，用指铐将邢德浦的手指铐住，再用毛巾将邢的嘴巴塞住，并用撕下的床单布条将邢的嘴巴和双脚绑住，而后从邢的提包内劫得50万元定活两便储蓄存款单1份、银行对帐单2张和邢德浦的身分证。接着又将邢德浦抬入卫生间的浴缸内，并将洗脸盆的水笼头拧开放水和将电视机的音量放大来掩人耳目，而后即离开现场赶往储蓄所提取储蓄存款。此时，恰好储蓄所工作人员交接班，已无50万元现款可取，储蓄所工作人员要其翌日上午再来取款，因而被告人陈亮取款未成。被告人陈亮在得知被害人已报案的消息后，潜逃外地。

上述事实有下列证据证明：

1.被害人邢德浦的陈述。所述抢劫的时间、地点、单据数额等事实，与被告人供认的事实一致。

2.证人陈广军、刘英举的证词。证实了被告人打电话将他二人骗至招宝山饭店的事实。

3.证人曹振邦的证词。证明了被告人拎着密码箱，持50万元存单前来储蓄所提款，因储蓄所当时无此巨额现金，被告人未能取得现款的事实。

4. 公安机关勘查的笔录、照片和提取的物证。

5. 被告人陈亮的供词。对抢劫50万元储蓄存单的事实供认不讳。

(四)判案理由

浙江省宁波市中级人民法院认为：被告人陈亮以非法占有为目的，使用暴力手段劫取他人的50万元巨额存款单和身分证等，其行为已构成抢劫罪，数额特别巨大，情节严重。被告人持存款单向银行储蓄所提取存款时，由于当时储蓄所已无此巨款可取，这是被告人意志以外的原因，从而被告人未能取出存款，故其行为应属抢劫未遂。被告人辩称其劫取存单不是为了将他人财物占为已有，其辩护人辩护称被告人无占有的故意因而不构成抢劫罪的意见，与事实和法律规定不符，均不予采纳。应按《中华人民共和国刑法》第一百五十条第一、二款和第二十条之规定以抢劫罪(未遂)论处。

(五)定案结论

浙江省宁波市中级人民法院根据《中华人民共和国刑法》第一百五十条第一、二款、第五十二条、第五十一条第一款、第二十二条、第二十条，作出如下判决：

陈亮犯抢劫(未遂)罪，判处有期徒刑十五年，剥夺政治权利三年。

(六)解说

本案，辩护人对行为人陈亮的行为是否构成抢劫罪提出异议，认为行为人在主观上并无非法占有的故意，其劫取受害人的巨额存款单的目的，只是为了强行做成先已约定的摩托车生意，故不构成抢劫罪。法院判决认为辩护人的辩护理由缺乏事实、法律根据，与实际事实不符，不能成立，因而不予采信的判断的是正确的。因为行为人在客观方面所表现出的客观的行为已经表明了其主观方面的犯罪故意内容，就是要抢劫受害人的巨额存款单，目的则是要非法占有此项巨款。所以，行为人有计划、有准备地先将陈广军、刘英举二人骗离金海岸饭店，只剩下持巨额存款单的邢德浦一人在饭店时，他伙同叶亚卿窜至饭店邢的房间内，由叶亚卿拖住邢德浦，他给银行储蓄所打电话询问当时可否提取50万元存款，当得到肯定的回答后，即与叶亚卿一同对邢德浦使用暴力手段，劫得了50万元的存款单，并立即赶到储蓄所提取存款，只是因为当时恰是储蓄所工作人员接班之时，已无此巨额现款可以提取这一其意志以外的客观原因，致其犯罪目的没有得逞。显然，行为人既有抢劫的犯罪故意和非法占有的犯罪目的，也有实施暴力抢劫的行为，法院对其以抢劫罪论处是正确的。

(孟建平)

17. 陈植枢绑架儿童案
(犯罪中止)

(一)首部

1. 判决书字号：广西壮族自治区容县人民法院(1994)容刑初字第26号。

2. 案由：陈植枢绑架儿童案。

3. 诉讼双方

公诉机关：广西壮族自治区容县人民检察院，代理检察员黄森。

被告人：陈植枢，男，29岁，汉族，广西岑溪县人，农民。1994年4月13日因本案被逮捕。

辩护人：孙庆福，广西壮族自治区岑溪县供销社退休干部。

4.审级：一审。

5.审判机关和审判组织

审判机关：广西壮族自治区容县人民法院。

合议庭组成人员：审判长：李宁；人民陪审员：卢树洪、区保南。

6.审结时间：1994年5月24日。

（二）诉辩主张

1.广西壮族自治区容县人民检察院指控称

被告人陈植枢于1993年10月6日骑自行车途经容县浪水乡泗利村时，见到沈胜林（男，4岁）和另两个小孩在公路上行走，即把沈胜林抱上自行车带至容县自良镇，然后把沈胜林带到广东省新会市大鳌镇，企图将沈卖掉。因找不到买主，于同年10月12日将沈带回容县浪水乡泗利村，把沈丢放在公路上。陈植枢的行为触犯了全国人民代表大会常务委员会《关于严惩拐卖、绑架妇女、儿童犯罪分子的决定》第二条第二款、第一款的规定，构成绑架儿童罪，依法应追究刑事责任，但陈植枢在犯罪过程中自动中止犯罪，根据《中华人民共和国刑法》第二十一条的规定，可以减轻处罚。

2.被告人的答辩及其辩护人的辩护意见

陈植枢及其辩护人认为，陈已在广东省新会市大鳌镇找到买主，但买主要求买卖成交后就不准来往，而没有将沈卖出。陈植枢把沈从广东省新会市带回容县放在泗利村的公路后，又在附近守候，见到有人将沈抱入屋方才离开。辩护人还提出，对陈植枢不应适用全国人大的《决定》，而应适用《刑法》，陈植枢没有使用暴力，不构成绑架儿童罪，而构成拐卖儿童罪，并且陈植枢是中止犯，依法应免除处罚。

（三）事实和证据

广西壮族自治区容县人民法院经公开审理查明：

1993年10月5日，陈植枢向同村的严彦源妻子借了一辆大桥牌26型自行车骑到容县浪水乡。次日12时许，陈植枢骑该自行车，往容县自良镇途经浪水乡泗利村路段时，见到沈胜林和另外两个小孩在公路上行走，即把沈胜林抱上自行车搭至自良镇。后把自行车丢放在自良镇自良街桥头附近的巷内，搭乘梁振才的摩托车到容县汽车站，然后改乘客车到岑溪县南渡镇，向黄兴宏借了70元钱作为路费，将沈胜林带到广东省新会市大鳌镇林福根家，对林福根夫妇及霍少连等人谎称是自己的儿子，欲送给别人收养，并要求帮其联系收养人，以借机获得财物。因找不到买主，陈植枢于10月11日将沈胜林从广东省新会市带回，次日晚上9时许回到容县浪水乡泗利村，将沈胜林丢在公路后，自己逃回家去。沈胜林当即被刘家润发现，将沈交回其父母。

上述事实有下列证据证明：

1.沈胜林祖父沈定炎的报案记录。

2.沈胜林母亲覃春奎的陈述，证明其丢失儿子。

3.沈定炎家的户口登记证明沈胜林出生年月日。

4.梁振才证明，10月6日下午1时左右，有一带小孩的男子坐他的摩托车从自良镇到容县汽车站。

5. 黄兴宏证明：10月6日下午4点多钟，陈植枢带有一男孩到我家，叫我借路费给他去广东将小孩卖掉，小孩是他从容县自良偷来的，我劝他别干这事，他不听，后来我借了70元钱给他。10月12日他又带小孩到我家，讲小孩卖不出去，他叫我借钱给他回去，我身上只有两元钱就给了他。那个小孩脸圆圆、胖胖的，约3岁左右。

6. 林福根证明有个岑溪男子带个男孩在他家住了几天，岑溪男子说男孩是他的，要给别人养。

7. 霍少连证明，有个岑溪男子带个男孩来到这里要给别人养，但找不到人要。

8. 刘家润证明10月12日晚失踪了几日的沈胜林在他屋外哭，后来他和刘家玲等送沈回家。

有关证人经看沈胜林照片后，均指认照片上的人就是岑溪男人带来的男孩。

(四)判案理由

广西壮族自治区容县人民法院认为：陈植枢以出卖为目的，秘密将他人刚满4岁的幼儿抱走拐到别处找寻买主意欲卖出，其行为已触犯了《全国人民代表大会常务委员会关于严惩拐卖、绑架妇女、儿童的犯罪分子的决定》的第二条第二款、第一款之规定，构成绑架儿童罪，公诉机关指控陈植枢犯绑架儿童罪成立。陈植枢在犯罪过程中能自动有效地中止犯罪，防止更为严重的后果发生，其犯罪情节符合《中华人民共和国刑法》第二十一条的规定，应当减轻处罚，但尚不足以免除处罚。辩护人辩称对陈植枢不应适用全国人大的《关于严惩拐卖、绑架妇女、儿童的犯罪分子的决定》，而应适用《刑法》；陈植枢没有使用暴力，不构成绑架儿童罪，而构成拐卖儿童罪；陈植枢行为属中止犯，依法应当免除处罚。全国人大常委会的决定，新增加了拐卖妇女、儿童罪和绑架妇女、儿童罪，《刑法》规定的是拐卖人口罪，这几个罪在性质上是有区别的，因此不管陈植枢的行为构成的是拐卖儿童罪，还是绑架儿童罪，都应适用全国人大的《决定》。

陈植枢带走的是刚满4岁的幼儿，幼儿是无行为能力人，是需要监护人监护的，陈植枢带走了幼儿，使幼儿脱离监护人的监护，其行为属于偷盗幼儿的行为。按照全国人大常委会的《决定》和最高人民法院、最高人民检察院《关于执行〈全国人民代表大会常务委员会关于严惩拐卖、绑架妇女、儿童的犯罪分子的决定〉的若干问题的解答》的规定，以出卖为目的，偷盗婴幼儿的行为构成绑架儿童罪。绑架儿童罪侵犯的客体是儿童的人身权利，是一种社会危害性很大的犯罪，依法应予严惩。在本案中行为人中止犯罪是因为找不到买主，并不是因为良心发现和出于悔悟才中止犯罪，因此为了惩戒犯罪，对陈植枢只能在法定刑以下减轻处罚，而不能免除处罚。至于行为人及辩护人关于行为人把沈丢在公路边后，在附近守候，见到有人抱沈入屋才离开的辩解，因为没有证据证实，法院依法不予采信。

(五)定案结论

广西壮族自治区容县人民法院根据全国人民代表大会常务委员会《关于严惩拐卖、绑架妇女、儿童的犯罪分子的决定》第二条第二款、第一款和《中华人民共和国刑法》第二十一条，作出如下判决：

陈植枢犯绑架儿童罪，判处有期徒刑六年。

(六)解说

绑架儿童罪与拐卖儿童罪都是1991年9月4日全国人大常委会《关于严惩拐卖、绑架妇女、儿童的犯罪分子的决定》中规定的新罪名。

在适用时应注意二罪的两个界限：

1. 以出卖为目的，对同一儿童先以拐骗手段加以控制后，又以暴力、胁迫手段将其出卖的行为。这时行为人只有一个目的，即出卖儿童，为了这个目的，他先后实施了有牵连关系的两种行为，即拐骗行为和暴力或胁迫的行为，行为人行为触犯了两个罪名：拐卖儿童罪和绑架儿童罪，实际上构成了数罪，这种行为在刑法理论上叫牵连犯。因为牵连犯追求的目的只有一个，同追求数个目的的数罪比较起来，社会危害性相对较小，因此对牵连犯不适用数罪并罚的原则，应择一重罪处罚，按其中法定刑最重的一个罪引用相应的法律条文判处，即按绑架儿童罪论处。

2. 同一行为人对被害儿童实施了拐骗行为，又对其他被害儿童实施了暴力或胁迫的行为的，这时行为人的行为既具备了拐卖儿童罪的构成要件，又具备了绑架儿童罪的构成要件，构成了两个独立的犯罪，这种行为人出于两个以上的故意或过失，实施了两个以上的行为，具备了两种以上的犯罪构成，就是数罪，可以适用数罪并罚的原则对行为人进行定罪量刑。一般来说，行为人犯有数罪比犯有一罪，具有更大的社会危害性，适用数罪并罚，更有利于打击犯罪。

（梁东丽）

18. 袁运发等故意杀人、绑架勒索、敲诈勒索案
（犯罪中止、数罪并罚）

（一）首部

1. 裁判书字号

一审判决书：广东省惠州市中级人民法院(1994)惠中法刑初字第45号。

二审裁定书：广东省高级人民法院(1994)粤高法刑终字第489号。

2. 案由：袁运发等故意杀人、绑架勒索、敲诈勒索案。

3. 诉讼双方

公诉机关：广东省惠州市人民检察院，检察员梁平嘉、李莉。

被告人(上诉人)：袁运发，男，32岁，汉族，广东省惠州市人，农民。1994年4月20日因本案被逮捕。

被告人袁运发未委托辩护人，自己行使辩护权。

被告人：陈景添，男，25岁，汉族，广东省惠州市人，农民。1994年4月21日因本案被逮捕。

被告人陈景添未委托辩护人，自己行使辩护权。

被告人(上诉人)：陈可建，男，31岁，汉族，广东省惠州市人，农民。1994年4月22日因本案被逮捕。

一审辩护人：卢振基，广东省惠阳市律师事务所律师。

陈运庭，广东省惠阳市律师事务所律师。

二审辩护人:谭六周,广东商务房产律师事务所律师。

梁志铭,广东商务房产律师事务所律师。

被告人:陈东益,男,25岁,汉族,广东省惠州市人,农民。1994年4月22日因本案被逮捕。

一审辩护人:曾润强,广东省惠州市经济贸易律师事务所律师。

陈小娟,广东省惠州市经济贸易律师事务所律师。

4.审级:二审、复核审。

5.审判机关和审判组织

一审法院:广东省惠州市中级人民法院。

合议庭组成人员:审判长:周仕增;代理审判员:周葵光、罗书勇。

二审法院:广东省高级人民法院。

合议庭组成人员:审判长:肖轼;代理审判员:陈冰、李毅。

6.审结时间

一审审结时间:1994年6月22日。

二审审结时间:1994年8月2日。

(二)一审诉辩主张

1.广东省惠州市人民检察院指控称

被告人袁运发、陈景添、陈可建、陈东益于1993年11月间,敲诈勒索了黄××人民币15万元。1993年12月间,被告人袁运发、陈景添、陈可建、陈东益又密谋绑架勒索周××。其间,被告人陈东益参与密谋一次后,自动中止绑架勒索的行为。被告人袁运发、陈景添、陈可建多次伺机绑架未逞,后于1994年2月28日,绑架了周××,勒索人民币43万元后,将周××杀害灭口。广东省惠州市人民检察院认为:被告人袁运发、陈景添、陈可建目无国法,以非法占有为目的,敲诈勒索巨额财物后,又杀人灭口,故意非法剥夺他人生命,情节特别严重,手段特别残忍,其行为触犯了《中华人民共和国刑法》第一百三十二条、第一百五十四条及全国人大常委会《关于严惩拐卖妇女、儿童的犯罪分子的决定》第二条第三款和第一款之规定,均已构成故意杀人罪、绑架勒索罪和敲诈勒索罪。被告人陈东益则构成敲诈勒索罪和绑架勒索(中止)罪。在共同犯罪中,被告人袁运发、陈景添、陈可建均起主要作用,是主犯;被告人陈东益起次要作用,是从犯。特提起公诉,请依法严惩。

2.被告人的辩解及其辩护人的辩护意见

被告人袁运发辩解没有参与杀人;被告人陈可建及其辩护人认为,在共同犯罪中,陈可建虽起主要作用,但作用比被告人袁运发、陈景添小;被告人陈东益及其辩护人认为,陈东益在共同犯罪中起次要作用,是从犯,在绑架勒索犯罪中自动地中止犯罪行为。四被告人均要求从轻处罚。

(三)一审事实和证据

广东省惠州市中级人民法院经公开审理查明:

1993年11月间,被告人袁运发、陈景添、陈可建密谋勒索黄××的财物。被告人袁运发指使被告人陈东益、陈景添打电话以揭露黄××的隐私相威胁,勒索得人民币15万元。被告人袁运发分得赃款4万元,被告人陈可建分得赃款3.7万元。被告人陈景添、陈东益各分得赃款3.65万元。破案后,被告人陈东益的家属自愿退出赃款3.65万元,现已发还给事主。

1993年12月间，被告人袁运发、陈景添、陈可建和陈东益密谋绑架勒索周××，被告人陈东益参与密谋一次后，自动中止参与绑架勒索周××的犯罪活动。被告人袁运发、陈景添、陈可建多次密谋伺机绑架周××。1994年2月28日晚12时许，被告人袁运发、陈景添、陈可建再次携带钢珠枪、水果刀在周××家门口将周××绑架到被告人陈景添家的老屋拘禁，并搜得人民币4700元，共同花光。同年3月1日，被告人陈景添威胁周××的家人用人民币360万元到指定地点赎人，后经周××家人求情，赎金减到43万元。次日晚，被告人袁运发、陈景添、陈可建得知将勒索得巨款，便密谋将周××杀害灭口。当晚11时许，被告人袁运发、陈景添、陈可建将周××押到澳头镇黄鱼涌渡头桥后，用胶绳将周××勒死，沉尸于黄鱼涌渡头桥下的河里，尔后，驾车到约定的地点取走赎金人民币43万元。三被告人各分得赃款14.3万元。案发后，追回赃款人民币32万元，已发还给被害人家属。

法医鉴定结论证实，周××系生前被他人使用绳索勒颈而窒息死亡。

上述事实有下列证据证明：

1.缴获的作案工具胶绳、食品袋、铁线、钢珠枪等；

2.缴获的赃款及被告人袁运发用赃款买的项链等；

3.被害人黄××的陈述；

4.证人证言；

5.法医鉴定结论；

6.现场勘验笔录、照片；

7.四被告人的供述。

广东省惠州市中级人民法院认为，上述事实清楚，证据确实、充分，足以认定。

（四）一审判案理由

广东省惠州市中级人民法院认为：被告人袁运发、陈景添、陈可建无视国家法律，以勒索财物为目的，使用暴力绑架他人，在勒索得巨额财物后，又故意地非法剥夺他人生命，还敲诈勒索他人财物，其行为均已构成故意杀人罪、绑架勒索罪和敲诈勒索罪。被告人陈东益参与密谋绑架勒索周××一次后，自动中止犯罪行为，其行为构成绑架勒索（中止）罪，还构成敲诈勒索罪。

在共同犯罪中，被告人袁运发、陈景添、陈可建均是主犯，应予严惩，被告人陈东益起次要作用，是从犯，且在绑架勒索中自动中止犯罪行为，是中止犯，应依法减轻或免除处罚。

被告人袁运发辩解说没有参与杀人，经查不实。袁运发、陈景添、陈可建均要求从轻处罚，无法定从轻处罚情节，不予采纳。

（五）一审定案结论

广东省惠州市中级人民法院根据全国人大常委会《关于严惩拐卖、绑架妇女、儿童的犯罪分子的决定》第二条第三款、第一款和《中华人民共和国刑法》第一百三十二条、第一百五十四条、第二十二条、第二十四条、第二十一条、第六十四条、第五十三条第一款、第五十二条，作出如下判决：

1.袁运发犯故意杀人罪，判处死刑，剥夺政治权利终身；犯绑架勒索罪，判处死刑，剥夺政治权利终身；犯敲诈勒索罪，判处有期徒刑七年；决定执行死刑，剥夺政治权利终身。

2.陈景添犯故意杀人罪，判处死刑，剥夺政治权利终身；犯绑架勒索罪，判外死刑，剥夺政治权利终身；犯敲诈勒索罪，判处有期徒刑五年；决定执行死刑，剥夺政治权利终身。

3. 陈可建犯故意杀人罪，判处死列，剥夺政治权利终身；犯绑架勒索罪，判处死刑，剥夺政治权利终身；犯敲诈勒索罪，判处有期徒刑五年；决定执行死刑，剥夺政治权利终身。

4. 陈东益犯绑架勒索（中止）罪，判处免于刑事处分；犯敲诈勒索罪，判处有期徒刑四年；决定执行有期徒刑四年。

（六）二审情况

1. 二审诉辩主张

一审法院判决后，被告人袁运发、陈可建不服判决，向广东省高级人民法院提出上诉。上诉人袁运发上诉提出：未携带杀人用的绳子，没有参与勒周××的脖颈；在作案中的情节比陈景添、陈可建轻；要求二审从轻处罚。上诉人陈可建及其辩护人上诉称，是在上诉人袁运发的纠合下参与作案，没有参与杀人，要求二审改判。

2. 二审事实和证据

广东省高级人民法院经审理查明：

(1)敲诈勒索

上诉人袁运发、陈可建和原审被告人陈景添、陈东益系同乡，彼此相识且有来往。1993年11月中旬，上诉人袁运发纠集上诉人陈可建及原审被告人陈景添、陈东益密谋勒索黄××（袁系黄的司机）。上诉人袁运发指使上诉人陈可建打电话勒索黄××未逞后，又指使原审被告人陈景添打电话以揭露黄××的隐私相威胁，勒索得人民币15万元。上诉人袁运发主持分赃，分得赃款4万元，上诉人陈可建分得赃款3.7万元，原审被告人陈景添、陈东益各分得赃款3.65万元。破案后，被告人陈东益的家属自愿退赔3.65万元，现已发还给事主。

上述事实有如下证据证明：

1)有被害人黄××的陈述证实。其陈述被敲诈勒索的经过与上诉人袁运发、陈可建和原审被告人陈景添、陈东益的供述一致；

2)退出的部分赃款及被害人黄××领回赃款的材料；

3)上诉人袁运发、陈可建及原审被告人陈景添、陈东益供述在案，且能互相印证。

(2)故意杀人、绑架勒索

上诉人袁运发认识周××并知其有钱。1993年12月间，上诉人袁运发纠集上诉人陈可建及原审被告人陈景添、陈东益密谋绑架勒索周××。期间，原审被告人陈东益曾被纠集参与密谋一次，但当其得知要绑架勒索他人时便自动退出。上诉人袁运发和陈可建及原审被告人陈景添在1993年12月至1994年2月间，先后十几次伺机绑架周××，但均因故未得逞。1994年2月28日晚，上诉人袁运发再次纠合上诉人陈可建及原审被告人陈景添携带钢珠枪一支、水果刀一把窜到周××家门前埋伏。3月1日凌晨0时40分左右，陈景添持袁运发发给的钢珠枪，陈可建持水果刀将驾车回家的周××劫持到周驾驶的凌志车（广东08—A1660）上，并用铁线绑周××的双手。袁运发驾车逃离现场到澳头镇黄鱼浦小学门前路段停车，由陈景添和陈可建将周××押到陈景添的老屋拘禁，并搜走了周××的手提电话机及人民币4700元，赃款被三人共同花光。当天，原审被告人陈景添用周××的手提电话机打电话恐吓周××的家属交出人民币360万元，否则杀死周××。后在周××家属的求情下，商定赎金为人民币43万元。

3月2日，上诉人袁运发见勒索的巨款即将得手，便向上诉人陈可建和原审被告人陈景添提出杀死周××以灭口，当即得到赞同。上诉人袁运发和原审被告人陈景添分头准备作案工具。当晚11时许，上诉人袁运发驾驶向林信巧借得的车与上诉人陈可建和原审被告人陈景添将周××押往澳头镇黄鱼涌渡头桥，上诉人陈可建用麻绳反绑周××的手，并用黑色食品袋罩住周××的头部。原审被告人陈景添用胶绳套住周××的脖子，并向后与上诉人陈可建、袁运发合力将周××勒死。接着，上诉人陈可建和原审被告人陈景添又用铁丝将一块水泥块拴在周××的腹部，与上诉人袁运发合力将周××的尸体沉于澳头镇黄鱼涌渡头桥的河里。随后，上诉人袁运发、陈可建和原审被告人陈景添驾车直奔指定的地点取走周××的家属放下的赎金人民币43万元。上诉人袁运发、陈可建和原审被告人陈景添各分得赃款14.3万元，余下1000元给了车主林信巧。破案后，追回赃款32万元并已发还给被害人的家属。

经法医鉴定，被害人周××系生前被他人使用绳索勒颈而窒息死亡。

上述事实有下列证据证明：

1)有被害人的亲属周××的报案陈述证实。其陈述被勒索的经过与上诉人袁运发、陈可建及原审被告人陈景添的供述一致。

2)有证人证言证实。证人陈锦康证实是按原审被告人陈景添指定的时间、地点丢放赎金的情况；证人李玉妹证实借钢珠枪给袁运发的事实；证人林信巧证实借天津大发小客车给陈可建的事实；

3)有公安机关的现场勘验笔录和照片证实；

4)缴获的胶绳、食品袋、棉绳、铁线、钢球枪等作案工具，并经上诉人袁运发、陈可建和原审被告人陈景添辨认属其作案工具；

5)有公安机关根据上诉人袁运发、陈可建和原审被告人陈景添的供述缴获的赃款32万元在案证实及缴获上诉人袁运发用赃款购买的项链一条、戒指二只、女装耳环一对、照相机一台、女装手表一块(经袁运发辨认无误)证实；

6)有法医鉴定结论证实被害人周××系生前被他人使用绳索勒颈而窒息死亡的；死亡原因与上诉人袁运发、陈可建和原审被告人陈景添供述的作案手段相符；

7)有公安机关的鉴定书证实在澳头大道黄鱼涌管理区格坑村路口提取的二块轮胎胶碎片是周××驾驶的凌志小轿车右前轮轮胎的分离物，这与上诉人袁运发供述驾车逃离现场及弃车的过程相互印证；

8)上诉人袁运发、陈可建和原审被告人陈景添亦供认不讳，且能互相印证。

3.二审判案理由

广东省高级人民法院认为：广东省惠州市中级人民法院认定上诉人袁运发、陈可建和原审被告人陈景添故意杀人、绑架勒索和敲诈勒索及原审被告人陈东益绑架勒索(中止)、敲诈勒索的事实清楚，证据确实充分。上诉人袁运发上诉称未带杀人用的绳子，原判对此并未认定；但称没有参与杀人则属抵赖，其与陈可建、陈景添合力勒死周××的事实有陈可建、陈景添的供述证实，其本人亦曾供述在案，不容抵赖。上诉人陈可建上诉称是被袁运发纠合参与作案属实，其首先与陈景添合力勒周××的颈，故否认参与杀人则属无理。在共同犯罪中，上诉人袁运发多次纠合并提出犯意，且在作案时积极、主动；上诉人陈可建和原审被告人陈景添积极配合，手段残忍，均是主犯，且无法定从轻情节，应予严惩。原审被告人陈东益在敲诈勒索中是从犯，应从轻处罚；在绑架勒索中自动中止犯罪行为，是中止犯，应免除处罚。原判定罪准确，量刑适当，审判程序合法，唯适用《中华人民共和国刑法》第五十二条有误，应予以纠正。

4. 二审定案结论

广东省高级人民法院根据《中华人民共和国刑事诉讼法》第一百三十六条第(一)项，作出如下裁定：

驳回上诉，维持原判。

根据最高人民法院关于依法授权高级人民法院核准部分死刑案件之规定，本案裁定同时为核准以故意杀人罪、绑架勒索罪均判处上诉人袁运发死刑，剥夺政治权利终身；以敲诈勒索罪判处其有期徒刑七年，决定执行死刑，剥夺政治权利终身；以故意杀人罪和绑架勒索罪判处上诉人陈可建死刑，剥夺政治权利终身；以敲诈勒索罪判处其有期徒刑五年，决定执行死刑，剥夺政治权利终身；以故意杀人罪、绑架勒索罪均判处原审被告人陈景添死刑，剥夺政治权利终身；以敲诈勒索罪判处其有期徒刑五年，决定执行死刑，剥夺政治权利终身的裁定。

(七)解说

本案涉及到的绑架勒索罪是新罪名，是指以勒索财物为目的，使用暴力、胁迫或者麻醉的方法，劫持他人的行为。绑架勒索(俗称绑票)行为在土匪横行的旧社会异常盛行，是土匪们搜刮财物的惯用伎俩。我国于1979年颁布的新中国第一部《刑法》没有规定绑架勒索罪，是因为新中国成立后，国家专政机关严厉地打击了各种各样的“绑票”活动，坚决地惩办了一批罪大恶极的绑匪，使这类犯罪基本上销声匿迹，故在《刑法》颁布时未规定这一犯罪。但近年来，由于受诸多因素的影响，绑架勒索这一行为又在抬头，在法律没有规定绑架勒索罪的情况下，司法实践对这一犯罪行为往往以抢劫罪论处，但这种做法是值得商榷的。随着绑架勒索犯罪行为的日益增多，同时为了弥补我国刑事立法的不足，全国人大常务委员会于1991年9月4日通过的《关于严惩拐卖、绑架妇女、儿童的犯罪分子的决定》中，规定了绑架勒索罪。这是对我国《刑法》的一个重要补充，同时也体现了我国刑事立法的渐趋完善。

因为绑架勒索罪是在绑架勒索这一犯罪行为日益增多的情况下新增加的罪名，因此，我们在审理这类案件过程中，除了应注意区分与绑架勒索罪相近似的抢劫罪、敲诈勒索罪、非法拘禁罪及绑架妇女、儿童罪的界限外，特别值得注意的是绑架勒索案件中一罪与数罪的界限。绑架勒索是以暴力、胁迫或者麻醉为手段的，手段往往较凶残，在绑架人质案件中往往会造成被害人轻伤、重伤，甚至死亡的严重后果，在确定罪名时，定一罪还是数罪应具体分析。我们认为，如果在劫持人质过程中，致人轻伤、重伤或死亡，即以致人轻伤、重伤或死亡作为劫持人质的一种手段的，应按牵连犯的原则，从一重罪处罚，即定一罪即可；但在劫持他人后，出于其他故意，对人质实施伤害或杀害的，则应定数罪，并根据《中华人民共和国刑法》第六十四条之规定，实行数罪并罚。本案行为人袁运发、陈可建和陈景添在绑架勒索得巨额财物后，为灭口而“撕票”，竟然残酷地、故意地非法剥夺被害人的生命，其行为构成绑架勒索罪和故意杀人罪，是典型的数罪情况。

(林凯芳)

19. 陈立宇故意伤害、陈少达被控故意伤害宣告无罪案（非共同犯罪）

（一）首部

1. 判决书字号

一审判决书：江苏省盐城市城区人民法院（1993）城刑初字第169号。

二审判决书：江苏省盐城市中级人民法院（1994）盐刑终字第16号。

2. 案由：陈立宇等故意伤害案。

3. 诉讼双方

公诉机关：江苏省盐城市城区人民检察院，检察员王兆清、吕万青。

被告人（上诉人）：陈立宇，男，22岁，汉族，江苏省盐城市人，无业。1993年5月29日因本案被逮捕。

一、二审辩护人：熊爱民，江苏省仪征市第一律师事务所律师。

任为民，江苏省仪征市第一律师事务所律师。

被告人（上诉人）：陈少达，男，56岁，汉族，江苏省盐城市人，个体旅社业主。1993年8月31日因本案被逮捕。

二审辩护人：王海坪，江苏省盐城市天平法律服务部律师。

一、二审辩护人：徐洲，江苏省盐城市律师事务所律师。

一审辩护人：张步国，江苏省响水县律师事务所律师。

4. 审级：二审。

5. 审判机关和审判组织

一审法院：江苏省盐城市城区人民法院。

合议庭组成人员：代理审判员：张文芳；人民陪审员：凌福民、王诗英。

二审法院：江苏省盐城市中级人民法院。

合议庭组成人员：审判长：沙爱中；审判员：柏干山；代理审判员：万长源。

6. 审结时间

一审审结时间：1993年12月18日。

二审审结时间：1994年5月25日（依法延长审限）。

（二）一审情况

1. 一审诉辩主张

（1）江苏省盐城市城区人民检察院指控称

1993年2月20日晚，在本市新汽车站，由被告人陈少达拽住受害人郜建群，被告人陈立宇用匕首将郜刺成重伤。被告人陈立宇、陈少达的行为，均已构成故意伤害罪。

（2）被告人的答辩及其辩护人的辩护意见

被告人陈立宇及其辩护人熊爱民、任为民辩解称：第一，陈立宇到打架现场时，陈少达正与郜建群互相拽住，陈立宇将他们分开后，郜建群等人就围攻陈立宇，陈处于危急情况下，才拿出随身携带的水果刀。其行为属于正当防卫。第二，案发后，陈立宇准备去司法机关投案时，被公安机关捕获，归案后，彻底交待自己的犯罪事实，应认定为投案自首。第三，郃建群的伤应属轻伤，要求重新鉴定。

被告人陈少达及其辩护人徐洲、张步国辩解称：第一，陈少达的行为，主、客观两方面均不具备共同故意犯罪的条件，理由是：陈少达到打架现场的目的，是为扭送无故打人的流氓到派出所去讲理；第二，陈立宇用刀戳伤郃建群的伤势程度应重新进行鉴定。

2. 一审事实和证据

江苏省盐城市城区人民法院经公开审理查明：

1993 年 2 月 20 日晚 8 时许，被告人陈少达、陈立宇听说其兴武旅社服务员王正兰在本市新汽车站带客时被人殴打，便先后赶到新汽车站。被告人陈少达拽住市糖烟酒公司工人郃建群（被害人）身上的皮夹克纠缠住郃，被告人陈立宇随后赶到，拔出随身携带的匕首刺了郃右腰背部、右前胸各一刀。陈少达仍不松手，郃见状便挣脱皮夹克而摆脱陈少达，陈立宇随即又朝郃的右上臂刺了一刀。郃后被他人送往市中医院抢救治疗。经江苏省盐城市中级人民法院再次鉴定：郃建群的胸部刺切伤致血胸、失血性休克，须手术治疗，构成重伤。

上述事实有下列证据证明：

（1）受害人郃建群的陈述；

（2）证人王正兰的证言；

（3）证人孙苏轲、施晓军、徐建瑜分述的证言；

（4）证人李茂叶的证言：我喊："陈三，刀不能戳，要出人命……"

（5）物证：郃建群所穿前后被刺过两刀的皮夹克、陈立宇所用的匕首、鲁才洪辨认匕首的笔录；

（6）郃建群受伤住医院的病历和江苏省盐城市中级人民法院法医对郃建群伤情的鉴定结论；

（7）两被告人陈立宇、陈少达的供述。

3. 一审判案理由

江苏省盐城市城区人民法院根据上述事实与证据认为：被告人陈立宇手持匕首，故意伤害他人身体，致人重伤，被告人陈少达明知其子陈立宇手中有凶器，在他人呼喊"刀不能戳，要出人命"的情况下，却不制止其子行凶，仍拽住受害人不松手，致使郃受重伤，两被告人的行为均已构成故意伤害罪。盐城市城区人民检察院的起诉指控正确，应予采纳。

两被告人及其辩护人对江苏省人民检察院法医鉴定认为郃胸部受刺伤及并发失血性休克构成重伤的结论有异议，要求重新鉴定。现经盐城市中级人民法院法医重新鉴定，结论仍属重伤。因而两被告人及其辩护人这一辩解理由不能成立；两被告人的行为发展过程说明，其辩称的正当防卫与投案自首也均非事实。上述辩解，均不予采纳。

4. 一审定案结论

江苏省盐城市城区人民法院根据《中华人民共和国刑法》第一百三十四条第一、二款、第二十二条，作出如下判决：

1. 陈立宇犯故意伤害罪，判处有期徒刑六年。

2. 陈少达犯故意伤害罪，判处有期徒刑三年。

（三）二审诉辩主张

上诉人陈立宇诉称，听人说本旅社服务员王正兰在新汽车站被人殴打，便拿了一把水果刀去现场，见父亲陈少达与人纠缠，想分开他们，被几个人围打，才拿出水果刀戳的，是他们寻衅滋事，自己是制止不法侵害。其辩护人认为，被害人郜建群等人引起事端，在陈少达揪扭郜建群上派出所发生纠缠中，陈立宇刺伤被揪扭的郜建群，其行为属于正当防卫，要求宣告陈立宇无罪。

上诉人陈少达诉称，本来是扭送无故打人的人上派出所，郜建群阻止并放跑了被抓的人，我就叫郜上派出所，他不去，我才拽住他衣服的。纠缠时好多人围住，不知儿子有刀，也没听人喊不要动刀子之类的话，没注意到儿子来用刀戳郜建群。他脱开我，向我要衣服，他说被人戳了才知道。我拽住他的目的不是让儿子用刀子戳，而是上派出所讲理。其辩护人认为，陈少达拽郜建群上派出所是合法行为，纠缠中百人围观，不知儿子动刀子的辩解是客观的，陈少达与陈立宇没有共同犯罪的故意，不构成共同犯罪，应宣告陈少达无罪。

（四）二审事实和证据

江苏省盐城市中级人民法院审理查明：1993年2月20日晚，上诉人陈少达得知其兴武旅社服务员王正兰在本市新汽车站带客时被人殴打，即赶到事发地，拽住无故殴打王正兰的孙苏轲，被郜建群解脱后，孙逃走。陈少达又拽住郜建群要上派出所讲理，双方发生纠缠。上诉人陈立宇赶到后，用匕首刺了郜建群右腰背部、右前胸各一刀，郜建群挣脱陈少达后，又被陈立宇刺右上臂一刀。经法医鉴定：郜建群的胸部刺切伤致血胸、失血性休克，须手术治疗，构成重伤。

上述事实有下列证据证明：

1. 被害人郜建群陈述：孙苏轲、施晓军、徐建瑜和我喝点酒上舞厅去的路上，孙说路边女的（王正兰）骂我们，跑过去打起来，我们就全过去了。后一个老头子抓住孙，我从中间一劈，他松开手，孙走了。老头就拽住我要上派出所，我说算了，缠住走几十米。先不知有人要用刀戳我，背后被戳一刀，一转身被戳第二刀。挣脱皮夹克后，臂上又被戳一刀。

2. 被告人陈少达供述：在家听说王正兰被人打了，我到现场拽住孙苏轲叫他上派出所，上来一个穿皮夹克的青年把我手一打，孙跑掉了。我拽住他皮夹克叫上派出所，他不去，我们纠缠着走五六十米。他挣脱皮夹克回头说被人戳了，看他不像说假话，皮夹克就给他了。他喊了三轮车，说上医院。

3. 被告人陈立宇供述：听说王正兰被人打瘫了，我父亲去又被打，我顺手拿了水果刀放口袋里。到那里几个人又围住我，我拿出刀冲过去戳了和我父亲纠缠住的人，先在背后戳的，以后又戳几刀，戳中几下我不知道。

4. 证人孙苏珂、施晓军、徐建瑜分别陈述：4人打王正兰遭群众制止和陈少达拽住郜建群及郜被刺的过程。

5. 证人李茂叶陈述：我喊：陈三，刀不能戳，要出人命。老头子（陈少达）可能没听到，还纠缠住。人一挤，我未能拽住陈三，他蹦着跳窜过去戳了被老头子拽住的人一刀。人多嘈杂，就看见戳一刀。

6. 证人茆林、郭小冬分别陈述：李茂叶喊陈三，刀不能动，离陈、郜纠缠的地方有10米。过有几分钟陈三窜到陈少达与郜建群纠缠的地方。其中仅郭陈述见戳了郜建群膀子上一刀。

7. 郜建群住院病历和江苏省盐城市中级人民法院法医鉴定结论，郜受伤部位照片，前后被戳过两刀的皮夹克和陈立宇所用匕首及鲁才洪辨认匕首笔录。

8. 公安机关分别对孙苏轲、施晓军、徐建瑜治安处罚的决定书。

（五）二审判案理由

江苏省盐城市中级人民法院二审认为：江苏省盐城市城区人民法院一审认定：被告人陈立宇用匕首刺郜建群致重伤，事实清楚，证据确实、充分，其行为已构成故意伤害罪。被告人辩解及其辩护人提出是正当防卫，经查郜建群被陈少达拽住，企图摆脱陈少达，但并无对陈少达的不法侵害，故其辩护理由不能成立。原判定性准确，量刑适当，应驳回上诉，维持原判。被告人陈少达拽住郜建群是为了上派出所讲理，没有伤害郜的故意。原判认定陈少达明知其子有凶器，却不制止其子行凶，仍拽住受害人不放，构成伤害罪的共犯，证据不充分。陈少达及其辩护人的辩解经查属实，辩护有道理，应予采纳。

（六）二审定案结论

江苏省盐城市中级人民法院根据《中华人民共和国刑法》第一百三十四第一、二款，《中华人民共和国刑事诉讼法》第一百三十六条第（一）项、（三）项之规定，作出如下判决：

1. 维持江苏省盐城市城区人民法院（1993）城刑初字第169号刑事判决书对陈立宇定罪量刑部分。

2. 撤销江苏省盐城市城区人民法院（1993）城刑初字第169号刑事判决书对被告人陈少达定罪量刑部分。

3. 宣告上诉人陈少达无罪。

（七）解说

本案控辩双方争论的焦点在于两被告人的行为的性质，即陈立宇的行为是正当防卫，还是故意伤害的犯罪。陈立宇构成故意伤害罪，陈少达是否构成共同犯罪？一审采纳了控诉方的意见，判决陈立宇犯故意伤害罪，陈少达构成共同犯罪。二审对陈立宇采纳了控拆方和一审法院的意见，维持一审法院对其构成故意伤害罪的判决；对陈少达否定了控诉方和一审法院的意见，采纳了一、二审辩护方的意见，撤销一审法院对其构成故意伤害罪的判决，宣告其无罪，都是正确的。陈立宇出于泄愤报复的犯意，用匕首刺郜建群致重伤，显然构成故意伤害罪。陈少达虽然有拽住郜建群纠缠的行为，且在这个过程中，陈立宇将郜建群刺成重伤，但陈少达没有伤害他人的故意，也不知陈立宇刺伤郜的行为，因而陈少达的行为不构成犯罪，更不构成共同犯罪，对陈少达以共同犯罪处理，混淆了罪与非罪的界限。

本案的特点是违法行为、合法行为、犯罪行为交织。被害人郜建群与孙苏轲、施晓军、徐建瑜4人在车站前的公路上，听见车站门口的王正兰说话，以为王正兰骂了人，殴打王正兰，属于危害公共秩序的违法行为。对此公安机关已分别对孙苏轲、施晓军、徐建瑜作了治安处罚。郜建群等人无故殴打王正兰是引起这个伤害案件的前因，因此，陈少达扭住孙苏轲要去派出所受到郜建群阻挠，陈少达才拽郜建群去派出所讲理，是合法行为。陈立宇赶到现场，用匕首刺郜建群致重伤，是侵犯人身的犯罪行为。从事实与从法律上必须分辨清楚，区别对待。二审正确区分了违法与合法、合法与犯罪的界限。

郜建群虽然是在被陈少达拽住的情况下，被陈立宇刺成重伤的，但两被告人的行为及其目的、动机明显不同，不具备共同伤害罪的必要条件。被告人陈少达拽住郜建群衣服是为了上派出所讲理，由于郜不肯去而发生纠缠，陈立宇用匕首刺郜建群是出于泄愤。就主观方面分析，陈立宇明显有伤害郜建群的犯罪故意，而陈少达没有伤害郜建群的故意，更没有与陈立宇共同伤害郚建群的通谋，本案不符合共同犯罪的特征，不能因客观上郚建群是在陈少达拽住的情况下被陈立宇刺成重伤而认定陈少达为共同犯罪人。陈少达的辩护人的辩护有道理，应予采纳。

陈少达是否明知其子有凶器，是否听见人喊："陈三，刀不能动，要出人命"，是控辩双方认定或否定陈少达与陈立宇共同犯罪的重要根据之一。陈立宇所用匕首来源非是自家的，没有证据证实陈少达知道陈立宇平时带匕首，从当时环境来看，陈少达也不可能看到陈立宇的匕首，因此，不能认定陈少达明知其子有匕首。对陈少达是否听到有人制止陈立宇行凶仍不松手问题，要对案件现场情况进行综合分析。证人李茂叶喊：刀不能戳，要出人命，是在陈少达纠缠郚建群现场之外，陈少达未必能听到；证人王正兰、孙苏轲等亦证实没有听到有人喊：刀不能戳，要出人命；上诉人陈少达、陈立宇均未供述听到喊声；受害人郚建群也未讲听到有人制止陈立宇行凶的喊声，自己被戳时有喊叫的情况。以上证据相互印证，且与案发现场人多嘈杂，灯光较暗的特定环境相吻合。诸多证据材料，不能证实陈少达听到有人制止行凶及明知郚建群被刺仍不松手。二审综合运用证据，正确处理了控辩争议。

（万长源）

20. 冯再清等故意杀人、张邦怀包庇案（共同犯罪）

（一）首部

1. 裁判书字号

一审判决书：云南省文山壮族苗族自治州中级人民法院（1994）文州刑初字第 40 号。

二审裁定书：云南省高级人民法院（1994）云高刑一终字第 400 号。

2. 案由：冯再清故意杀人、冯再品故意伤害、张邦怀包庇案。

3. 诉讼双方

公诉机关：云南省文山壮族苗族自治州人民检察院，代理检察员朱显文。

附带民事诉讼原告人（上诉人）：熊平利，男，47 岁，汉族，云南省西畴县人，农民，系被害人熊兴建之父。

一、二审委托代理人：张崇福，云南省西畴县律师事务所律师。

被告人（上诉人）：冯再清，男，24 岁，汉族，云南省西畴县人，农民。1993 年 12 月 27 日因本案被逮捕。

被告人冯再清未委托辩护人，自己行使辩护权。

被告人（上诉人）：冯再品，男，27 岁，汉族，云南省西畴县人，农民。1993 年 12 月 27 日因本案被逮捕。

一、二审辩护人；张世勇，云南省西畴县律师事务所律师。

被告人：张邦怀，男，42 岁，汉族，云南省西畴县人，农民。曾因贩毒罪于 1988 年 9 月被判处有期徒刑 3 年。1993 年 12 月 28 日因本案被逮捕。

被告人张邦怀未委托辩护人，自己行使辩护权。

4. 审级:二审。

5. 审判机关和审判组织

一审法院:云南省文山壮族苗族自治州中级人民法院。

合议庭组成人员:审判长:杨昌荣;审判员:王云、王云龙。

二审法院:云南省高级人民法院。

合议庭组成人员:审判长:谢拴柱;审判员:易文臣;代理审判员:李忠良。

6. 审结时间

一审审结时间:1994 年 5 月 25 日。

二审审结时间:1994 年 10 月 26 日(依法延长审限)。

(二)一审诉辩主张

1. 云南省文山壮族苗族自治州人民检察院指控称

1993 年 11 月 21 日,被告人冯再品窜到西畴县董棕槽自然保护区内盗伐树木,被南昌林护林员张德洪发觉。坪寨林区工作人员先后三次找冯再品调查解决此事,被告人冯再品均矢口否认,因而未能解决。之后,被告人冯再清、冯再品、冯再华(不起诉)商量,以后如果林区工作人员来,好好地说就跟他们好好地说,如果他们来五来六的,就抵起干。同年 12 月 4 日林场工作人员聂泽文、熊兴建、陆友江、郑明友 4 人第四次到被告人冯再品家找他解决此事。被告人冯再品在楼上,并将楼梯拉上楼去,林区工作人员叫被告人冯再品下楼来解决,但被告人冯再品拒绝下楼,让林区工作人员在下面说,他在楼上听得到。此时,被告人冯再品的父亲冯道祥说:你们说他偷,他说没偷,你们叫张德洪来和他当面对证。林区工作人员聂泽文说:不关你的事,我们是来找冯再品的。被告人冯再华便说:你们这些人办事不准人讲话吗?聂泽文听后站了起来揪住被告人冯再华将其按倒在地。被告人冯再品见此情形,拿起事先准备好的火药枪在楼上向陆友江射击,陆被当场击伤。被告人冯再清在隔壁家中喂猪,听到枪声后,从家中提起一把斧子冲到被告人冯再品家门口,用斧子朝正按着其大哥冯再华的林区工作人员熊兴建头上砍下,致使熊兴建颅脑损伤死亡。

作案后,被告人冯再清、冯再品、冯再华先后逃至西畴县董马乡私铺子村公所张家以头村张邦怀家,被告人冯再品将火药枪交给张邦怀处理,并告诉张邦怀作案的经过。次日三被告人离开张邦怀家。追捕人员找到张邦怀了解情况时,张却说不知道,随后又将火药枪转移到其父张召龙家楼上瓦沟内藏匿。12 月 5 日被告人冯再清、冯再品、冯再华逃到麻栗坡六合乡营盘山村公所龙歪村找到其舅耿申明和张奇才(二人免诉)说了作案经过,企图叫耿申明和张奇才二人想法帮其偷越国境未逞。

上述犯罪事实,有证人证言,有公安机关的现场勘查笔录,有被告人对凶器的辨认笔录和公安机关的法医鉴定结论在案为证,被告人亦有供述在卷。

被告人冯再清非法将前来调查其兄冯再品盗伐林木的林区工作人员熊兴建砍死,情节恶劣,后果严重,其行为已触犯了《中华人民共和国刑法》第一百三十二条之规定,构成故意杀人罪。被告人冯再品盗伐林木,不但不服从处理,反而用火药枪将陆友江打成轻伤,其行为已触犯了《中华人民共和国刑法》第一百三十四条之规定,构成故意伤害罪。被告人张邦怀明知冯再清、冯再品系行凶作案的犯罪分子,还帮被告人冯再品隐藏作案凶器火药枪,在公安人员找其了解情况时,其又隐瞒被告人的去向和不交出其帮隐藏的作案工具,其行为已触犯了《中华人民共和国刑法》第一百六十二条、第六十一条之规定,构成包庇罪且属累犯。为保护国家森林资源，维护林业工作的正常工作秩序，保护公民的人身权利不受侵害，根据《中华人民共和国刑事诉讼法》第一百条之规定，特提起公诉，请求法院依法判处。

2.原告人及其委托代理人诉称

附带民事诉讼原告人熊平利及其委托代理人张崇福认为，被告人冯再清、冯再品将附带民事诉讼原告人熊平利的儿子熊兴建杀害，造成熊平利的家庭生活无人供养，因此要求被告人冯再清、冯再品除依法支付熊兴建的丧葬费外，应赔偿经济损失50000元。

3.被告人的答辩及其辩护人的辩护意见

(1)被告人冯再清辩称，他虽然使用了斧子，但并没有用斧子砍着林场的工作人员。因此，熊兴建之死并不是他用斧子砍的。对附带民事诉讼原告人熊平利的经济赔偿要求，被告人冯再清称无钱赔偿。

(2)被告人冯再品辩称，他没有盗伐林木，并且也没有邀约冯再清、冯再华共同对抗林场工作人员。对附带民事诉讼原告人熊平利的经济赔偿要求，被告人冯再品亦表示无钱赔偿。

辩护人张世勇的辩护意见认为，对公诉机关指控被告人冯再品故意伤害陆友江，构成故意伤害罪无异议。庭审中主动供述用长火药枪对着林场工作人员开了一枪，属坦白，认罪态度较好，建议根据伤害后果依法处罚。

(3)被告人张邦怀辩称，他原来虽未向公安机关提供冯再清、冯再品二人的逃窜情况，但后来还是主动向公安机关报告了冯再清、冯再品的逃窜情况，并将冯再品的火药枪交给了公安机关，望给予从轻处罚。

(三)一审事实和证据

云南省文山壮族苗族自治州中级人民法院经公开审理查明：

1993年11月21日，被告冯再品到董棕槽自然保护区内盗伐毛柿花树一棵(直径约20厘米)，为此，坪寨林场工作人员曾于11月28日、30日先后两次找冯谈话，要冯接受处理，但冯拒不承认盗伐林木。12月3日，被告人冯再品邀约被告人冯再清、冯再华(不起诉)共同商量对抗林场工作人员调查处理盗伐林木之事，并声称：如果林场工作人员对其采取强制措施，就要用火药枪干，要冯再清准备斧子，冯再华准备木棒，听到枪响后，就来帮忙，用斧子砍翻他几个后到派出所投案。被告人冯再清、冯再华表示同意。12月4日10时许，坪寨林场经济民警聂泽文、工作人员熊兴建、陆友江、郑明友等4人第三次到冯再品家找冯谈话，冯不在家，冯的父亲冯道祥便到山上对正在地里劳动的冯再品说林场的人又来了，你回家去一下。被告人冯再品回到家未见林场工作人员就将火药枪拿到楼上，并将楼梯也拉到楼上，作好对付林场工作人员的准备。12时许，当聂泽文等4人又到冯再品家，要冯下楼商量解决其盗伐林木之事时，冯拒绝下楼解决。此时，被告人冯再品之父冯道祥提出：要林场工作人员去找检举冯再品盗伐林木的张德洪来对质，聂泽文说："老人家，我们是找冯再品解决问题，不关你老人家的事。"被告人冯再品的大哥冯再华说："工作人员办事，哪有不让人讲话的。"冯再华还想叫嚷，聂泽文等就将冯再华按倒在地，双方发生扭打。在楼上的冯再品见状，就用事先准备好的火药枪从楼门口伸下，对准林场工作人员陆友江等人射击，致陆友江轻伤。被告人冯再清在其家中听到枪声，便按事先商定的对策，从其家中提起一把斧子冲到冯再品家门口，朝在门内正与冯再华扭打的林场工作人员熊兴建的头部猛砍一斧，致熊兴建颅脑损伤死亡。

被告人冯再清、冯再品作案后，逃窜至董马乡私铺子村公所张家以头村被告人张邦怀家。二冯向张讲了作案经过，被告人冯再品还将作案凶器火药枪交给张隐藏，张表示同意，并为其隐藏。次日，被告人冯再清、冯再品又逃窜到他处隐藏。当公安干警追捕二冯到张邦怀家时，被告人张邦怀谎称未见到二冯。

上述事实有下列证据证明：

1. 被害人陆友江陈述被告人冯再品从楼上门口伸出火药枪向楼下堂屋中林场工作人员聂泽文、熊兴建、郑明友和他本人射击并击中他本人的经过，以及被告人冯再清朝在门内与冯再华扭打的林场工作人员熊兴建头上猛砍一斧的经过；

2. 证人聂泽文、郑明友证明被告人冯再品从楼上门口伸出火药枪向楼下堂屋中射击，并击中被害人陆友江腹部；被告人冯再清拿着斧子朝在门内与冯再华扭打的被害人熊兴建头上猛砍一斧致被害人熊兴建死亡；

3. 证人冯再华、冯道祥陈述证明了被告人冯再品开枪射中被害人陆友江的经过，以及被告人冯再清用斧子砍中被害人熊兴建的经过；

4. 证人张德洁、张帮莲、张世云、张绍龙、耿申明、张奇才证明了被告人冯再清、冯再华与林场工作人员扭打、射击、用斧子砍死人的情况以及被告人张邦怀为被告人冯再品隐藏火药枪，当公安干警追捕被告人冯再清、冯再品到张邦怀家，张邦怀谎称没有见到被告人冯再清、冯再品的情况；

5. 被告人冯再品、冯再清、张邦怀的供述及辩解笔录；

6. 公安机关的现场勘查笔录、尸体检验笔录、活体检验笔录；

7. 死因鉴定书、伤情鉴定书、血型鉴定书；

8. 作案工具斧子一把、火药枪一支。

（四）一审判案理由

云南省文山壮族苗族自治州中级人民法院认为：被告人冯再品目无国法、盗伐国家自然保护区中的林木，而且在林场工作人员两次找其解决问题时均不认错接受处罚。更为严重的是，1993年12月3日被告人冯再品邀约被告人冯再清、冯再华密谋共同对抗林场工作人员调查处理其盗伐林木之事，并声称：如果林场工作人员对其采取强制措施，就要用火药枪干。并要冯再清准备斧子，冯再华准备木棒，听到枪响后，就来帮忙，干翻几个后，到派出所投案。被告人冯再清、冯再华表示同意。可见被告人冯再品、被告人冯再清、冯再华此时已形成共同的犯罪故意。在1993年12月4日当林场民警聂泽文、工作人员熊兴建、陆友江、郑明友4人第三次到被告人冯再品家中找冯再品谈话时，被告人冯再品、被告人冯再清、冯再华按事先的密谋，被告人冯再品用火药枪射击林场工作人员，被告人冯再清用斧子砍林场工作人员，造成被害人熊兴建死亡、被害人陆友江轻伤的一死一伤的严重后果。显然，被告人冯再清、冯再品的行为是放任性的故意杀人。被告人冯再清、被告人冯再品在整个犯罪过程中，事先具有共同的犯罪故意，事中具有共同的犯罪行为，构成共同故意杀人罪。云南省文山壮族苗族自治州人民检察院公诉忽视了被告人冯再清、被告人冯再品的共同犯罪故意，只以被告人冯再清、被告人冯再品各自的犯罪结果认定被告人冯再清构成的故意杀人罪，被告人冯再品构成故意伤害罪，属定性不当。在被告人冯再清、被告人冯再品共同故意杀人的犯罪过程中，被告人冯再清用斧子将被害人熊兴建砍死，情节恶劣，后果严重，系主犯，依法应予以严惩。被告人冯再品用火药枪将被害人陆友江打成轻伤，但是主谋，亦属主犯，依法亦应予以严惩。被告人冯再清、被告人冯再品及其辩护人的辩称均不能成立，依法不予采纳。

被告人张邦怀明知冯再清、冯再品是杀人凶手，还为其隐藏作案凶器，当公安机关向其调查二冯的脱逃情况时，却谎称未见到。被告人张邦怀的行为构成包庇罪，且属累犯，依法应予严惩，其辩解理由不能成立。

附带民事诉讼原告人熊平利要求赔偿损失合法，应予支持。

为保护国家森林资源，维护林业正常工作秩序，保护林业工作人员人身权利不受侵犯，对上述被告人的犯罪行为必须依法惩处。

（五）一审定案结论

云南省文山壮族苗族自治州中级人民法院根据《中华人民共和国刑法》第一百三十二条、第一百六十二条第二款、第二十二条、第三十一条、第五十三条第一款、第六十条和《中华人民共和国民法通则》第一百一十九条，作出如下判决：

1. 冯再清犯故意杀人罪，判处死刑，剥夺政治权利终身。

2. 冯再品犯故意杀人罪，判处死刑，缓期二年执行，剥夺政治权利终身。

3. 张邦怀犯包庇罪，判处有期徒刑二年。

4. 冯再清、冯再品各赔偿附带民事原告人熊平利人民币500元（限1994年6月30日交清）。

（六）二审情况

1. 二审诉辩主张

（1）上诉人（原审被告人）冯再清诉称：事先没有预谋，不是直接用斧子砍杀，而是将斧子抛入房内时误伤对方，一审法院对其量刑过重。

（2）上诉人（原审被告人）冯再品诉称：本人不是主谋，事先没有商量，也没有盗伐林木，开枪射击是出于恐吓对方，一审法院对其量刑过重。

（3）上诉人（附带民事诉讼原告人）诉称：造成被害人家庭损失严重，要求被告人一次性赔偿经济损失5万元。

2. 二审事实和证据

云南省高级人民法院经审理查明：

1993年11月21日被告人冯再品到董棕槽自然保护区内盗伐毛柿花树一棵。坪寨林场工作人员先后两次找冯谈话，要冯接受处理，冯拒不承认盗伐林木。同年12月3日，被告人冯再品邀约被告人冯再清、冯再华（不起诉），共同商定对抗林场工作人员并进行了分工。12月4日10时许，坪寨林场经济民警聂泽文及工作人员熊兴建、陆友江、郑明友等4人再次到冯再品家找其谈话，冯不在家，冯的父亲冯道祥便到山上将冯再品喊回。被告人冯再品回家后，拿着火药枪上楼并把楼梯一同拉到楼上，作好对付林场工作人员的准备。12时许，当聂泽文等4人又到冯再品家，要冯下楼解决盗伐林木之事时，冯拒不下楼。冯再品之父提出让护林员张德洪前来对质，冯再华也进行纠缠，为此，聂泽文与冯再华发生争吵至扭打。冯再品见状从楼上用火药枪击中陆友江腹部。被告人冯再清听到枪响后，按事先分工，从家中提一把斧，朝熊兴建的头部猛砍一斧子，致熊兴建颅脑损伤死亡。经法医鉴定，陆友江被枪打成轻伤，聂泽文、郑明友也有不同程度的轻伤。冯再清、冯再品作案后于当晚逃到张邦怀家，向张讲述了作案经过，并将作案凶器火药枪交张隐藏。次日，二被告人又窜到麻栗坡六合乡躲藏。当公安追捕二冯至张邦怀家时，张谎称未见到二冯。

证明上述事实的证据与一审法院认定的证据相同。而且进一步核实：

（1）证人张德洪看见冯再品盗伐董棕槽自然保护区内毛柿花树一棵；

(2)冯再华供称帮其兄冯再品将偷砍的木材扛回冯再品家;

(3)冯再品纠合冯再清、冯再华商量策划如何对付林管人员的情节能相互印证;

(4)有林管人员聂泽文、陆友江、郑明友目睹冯再品用火药枪击伤陆友江、冯再清用斧子砍死熊兴建;

(5)有公安机关现场勘查笔录、尸体、活体检验、鉴定结论在卷证实;

(6)查缴的作案凶器火药枪、斧子等物,经被告人辨认,确系作案工具;

(7)张邦怀进行包庇、隐藏作案凶器的事实,有公安机关的查证材料等证据,予以证实;

(8)根据部分被害人及在场目睹者的证实,冯再清确用斧子直接砍杀熊兴建头部致死;

(9)林管员张德洪证实及冯再品指认盗伐林木的地点,可确认冯再品盗伐林木的事实。

3.二审判案理由

云南省高级人民法院认为:原审认定本案的事实清楚,证据确凿。冯再清、冯再品的行为均已构成故意杀人罪;张邦怀的行为构成包庇罪。原审法院根据冯再清、冯再品、张邦怀的犯罪情节、后果分别定罪科刑正确,审判程序合法。冯再清、冯再品的上诉辩解实属推卸罪责,其上诉理由不能成立。附带民事诉讼原告人提出赔偿数额问题,根据《最高人民法院关于贯彻执行〈中华人民共和国民法通则〉若干问题的意见》的有关规定,鉴于被告人冯再清、冯再品家庭实际经济状况,原审对附带民事赔偿的判决是符合法律规定的。

4.二审定案结论

云南省高级人民法院根据《中华人民共和国刑事诉讼法》第一百三十六条第(一)项,作出如下裁定:

驳回上诉,维持原判。

本裁定为终审裁定。

根据最高人民法院关于授权高级人民法院核准部分死刑案件的规定,本裁定并为核准以故意杀人罪判处被告人冯再清死刑,剥夺政治权利终身的裁定。

(七)解说

本案一审判决和二审裁定是正确的。

本案行为人冯再品在国家自然保护林区内盗伐毛柿花树一棵,破坏了国家保护的森林资源。尽管其盗伐林木数量小,情节一般,不构成《刑法》第一百二十八条所规定的盗伐林木罪,但其盗伐林木的行为是违法的,理应接受处理。冯再品不但拒不接受处理,反而与冯再清、冯再华密谋策划,准备木棒、斧头、火药枪,共同对抗前来找其解决问题的林场工作人员,造成一死一伤的严重后果。

在本案犯罪过程中,冯再品、冯再清具有共同的犯罪故意,实施了共同的犯罪行为,构成故意杀人的共同犯罪,且冯再品、冯再清均为主犯。起诉时仅以犯罪后果对冯再品定故意伤害罪、对冯再清定故意杀人罪是不妥的,一审和二审法院均改变起诉时的分别定性,以共同犯罪定冯再品、冯再清犯故意杀人罪,适用《刑法》第一百三十二条,分别判处死刑与判处死刑缓期二年执行,是正确的。

(杨继麟)

21. 钟卫国等非法拘禁案
（共同犯罪）

（一）首部

1. 判决书字号：上海市杨浦区人民法院（1994）杨刑初字第765号。

2. 案由：钟卫国等非法拘禁案。

3. 诉讼双方

公诉机关：上海市杨浦区人民检察院，代理检察员徐剑。

被告人：钟卫国，男，29岁，汉族，湖南省浏阳市人，系上海卫宇发展公司经理。1994年4月9日因本案被逮捕。

辩护人：黄明刚，上海市南浦律师事务所律师。

被告人：钟振华，男，26岁，湖南省浏阳市人，系上海卫宇发展公司副经理。1994年4月9日因本案被逮捕。

辩护人：朱恒记，上海市南浦律师事务所律师。

4. 审级：一审。

5. 审判机关和审判组织

审判机关：上海市杨浦区人民法院。

合议庭组成人员：审判长：姚泳谊；人民陪审员：丁文一、姚骅。

6. 审结时间：1994年11月17日。

（二）诉辩主张

1. 上海市杨浦区人民检察院指控称

1994年3月2日下午，被告人钟卫国、钟振华为了向被害人肖忘忧讨回被欠货款，至肖忘忧家中将肖骗至海军宁波第三招待所附近，而后将肖强行推入出租车内，随即离开宁波。途中肖欲呼救报警时，被告人用匕首刺伤其左大腿（构成轻微伤），致使肖不敢反抗。1994年3月4日下午被告人将被害人强行带至湖南省株州市，打电话通知肖的家属以钱赎人。当晚，被告人钟卫国、钟振华又租车将肖非法拘禁在湖南省浏阳市水星乡一农户家中。1994年3月10日下午，被害人乘看守不备之机逃离，1994年3月15日离开湖南返回宁波。上述事实，有被害人之陈述、证人证言、书证及物证等证实。被告人钟卫国、钟振华非法剥夺他人人身自由，其行为已触犯《中华人民共和国刑法》第一百四十三条之规定，构成非法拘禁罪，请求法院依法惩处。

2. 被告人的答辩及其辩护人的辩护意见

被告人钟卫国对公诉机关指控的罪行无异议，但辩称其行为系追讨货款无望后，失去理智所为，请求法院从宽处罚。被告人钟卫国的辩护人请求法院适用缓刑，理由是：（1）被告人与被害人之间有经济纠纷，而纠纷的责任应由被害人承担；（2）被告人担心企业货款可能难以追回，为保护集体的利益才实施了犯罪行为；（3）被告人曾去过公安机关和司法部门，试图以合法手段解决纠纷，但感到希望不大，故铤而走险；（4）被告人是上海卫宇发展公司的法定代表人、经理,被告人拘留至今,原单位业务受到很大影响,特别是在湖南新投资的光缆厂项目全线停工,损失惨重,被告人的上级单位也请求法院从宽处理;(5)被告人在预审期间认罪虽有反复,但在庭审过程中认罪态度较好。

被告人钟振华对公诉机关指控的罪行没有异议。其辩护人认为在此共同犯罪中,被告人钟振华所起的是辅助作用,是从犯,理由为:(1)犯意是被告人钟卫国所起,被告人钟振华事前并不知道,后参与犯罪是情势所迫;(2)被告人钟振华犯罪情节相对较轻,社会危害性程度相对较小,应当比照主犯从轻、减轻或免除处罚,(3)被告人犯罪动机是出于追讨企业货款。如不是被害人恶意赖债,被告人一般是不会采用犯罪手段的。请求法院从轻或减轻处罚。

(三)事实和证据

上海市杨浦区人民法院经公开审理查明:

1994年1月24日,被告人钟卫国经人介绍与浙江省宁波市海署区五斗物资公司肖忘忧签订了120余吨螺纹钢的购销合同。双方约定钢材装车后,购货方付预付款10万,余款10天内付清。上海卫宇发展公司作为供货方于1月26日、29日分别将123.65吨钢材运至宁波北站,肖忘忧于1月26日支付9万元预付款,2月6日付了1.5万元。此后,上海卫宇发展公司多次向肖忘忧催讨所欠货款。双方于2月25日签订了还款协议书,肖忘忧承认尚欠上海卫宇发展公司34万元货款,约定同月26日、3月3日下午还清余款。但肖忘忧又未履约。后双方再次约定还款协议,但肖忘忧仍未履约,且表示无意还款,而其帐户上的存款仅存1000元。被告人钟卫国于2月中旬到湖南省株州市雇请了四个无业人员。3月1日,四个无业人员赶到宁波,居住海军第三招待所。1994年3月2日下午,被告人钟卫国来到宁波肖忘忧家中,向肖忘忧催讨货款,肖忘忧要求提供钢材的质量保证,钟卫国称质量保证书放置于招待所,肖忘忧便骑摩托车带着钟卫国赶到海军第三招待所。一至招待所,由被告人钟卫国雇请的人员便将肖忘忧推进事先准备好的牌照为81126天津大发的车内,被告人钟振华已坐在后座。当汽车驶过闹市中心时,肖忘忧试图呼救报警,被其中一个无业人员用匕首刺伤左腿(经验定为轻微伤)。到达湖南省株州市后,被告人钟卫国打电话给肖忘忧亲戚,让肖的亲属还清上海卫宇公司货款以赎回肖忘忧。当晚,被告人将肖忘忧非法拘禁在湖南省浏阳市北星乡施某家。3月10日下午,被害人肖忘忧乘看守不备逃离施家,3月15日返回宁波。肖忘忧在3月下旬向当地公安机关报案,遂案发。但被告人钟卫国雇请的四个无业人员均未归案。

上述事实有下列证据证明:

1. 被告人钟卫国、钟振华关于其犯罪行为的供述;

3. 被害人肖忘忧的伤情鉴定结论及伤情分析等书证;

3. 证人王翔关于1994年3月2日下午16时许为被告人从宁波开车至江西上饶火车站的证言。

(四)判案理由

上海市杨浦区人民法院认为:

被告人钟卫国、钟振华为讨回被欠货款,非法采取关押手段,剥夺他人人身自由,其行为均已触犯《中华人民共和国刑法》第一百四十三条第一款之规定,构成非法拘禁罪。

被告人钟卫国、钟振华虽无法定从轻处罚情节,但鉴于其均系初犯,能认罪服法,故酌情从轻处罚。被告人钟振华在共同犯罪中积极实施犯罪行为,作用突出,故其辩护人辩称被告人钟振华系从犯的理由，不予采纳。

（五）定案结论

上海市杨浦区人民法院根据《中华人民共和国刑法》第一百四十三条第一款、第六十七条、第六十条，作出如下判决：

1. 钟卫国犯非法拘禁罪，判处有期徒刑八个月，缓刑一年。

2. 钟振华犯非法拘禁罪，判处有期徒刑八个月，缓刑一年。

3. 随案移送的匕首两把予以没收。

（六）解说

非法拘禁罪，是指非法故意剥夺他人人身自由的行为。本罪客观方面表现为，非法拘押、禁闭他人或者以其他方法非法剥夺他人人身自由的行为。所谓非法表现为两种情况：一是无权拘禁他人的人，非法对他人拘禁；二是有拘禁他人职权的人，不经主管人员批准或没有法律根据，滥用职权非法拘禁他人。本罪主观方面必须出于故意，并以剥夺他人人身自由为目的；其动机是多种多样的，有的因法制观念差，把非法拘禁视为合法行为；有的出于泄愤报复，打击迫害；有的是滥用职权，以势压人等。本案的行为人虽出于讨回被拖欠货款的动机，且认为自己的行为是为了保护集体的利益，但他们以非法手段，拘禁被害人达6天时间，其行为构成非法拘禁罪是毋庸置疑的。

关于行为人钟振华在共同犯罪中是否为从犯，应根据其在共同犯罪中的地位和所起的作用来判断。《中华人民共和国刑法》第二十四条规定："在共同犯罪中起次要或者辅助作用的，是从犯。"从犯有两种情况，一是在共同犯罪中起次要作用的，即在集团犯罪或聚众犯罪中，在首要分子领导下从事犯罪活动罪恶较轻，或在一般共同犯罪中虽直接参加实行犯罪但所起的作用不大、造成危害较小的；二是在共同犯罪中起辅助作用的，即帮助犯罪的作用，通常是指本身并不亲自参加犯罪的实施，而是在犯罪的预备阶段以及在共同犯罪行为实施期间，以协助实行犯窥测犯罪场所、准备犯罪工具、指点犯罪方法等方式帮助犯罪的实施、促成犯罪结果实现的行为。联系本案，钟卫国系上海卫宇发展公司经理，钟振华为该公司副经理，被害人肖忘忧为两犯罪人的所代表的公司的债务人。在共同犯罪中，钟振华积极实施犯罪行为。证人司机指认，在宁波是钟振华叫车作案，且当时坐在车子里。而且被害人最后被拘押的地点也是钟振华选择的。由此可见，钟振华在共同犯罪中并非处于辅助、次要地位，不是从犯。故法院对辩护人提出的钟振华系从犯的辩护意见不予采纳。

（宋　琳）

22. 陈国建等贪污案
（共同犯罪）

（一）首部

1. 裁判书字号

一审判决书：吉林省吉林市中级人民法院（1993）吉刑初字第138号。

二审裁定书：吉林省高级人民法院（1994）吉刑终字第166号。

2. 案由：陈国建等贪污案。

3. 诉讼双方

公诉机关：吉林省吉林市人民检察院，检察员李庆福、徐国满。

被告人（上诉人）：陈国建，男，38 岁，汉族，陕西省西安市人，系西安市通达物资公司业务员。1993 年 9 月 9 日因本案被捕。

被告人陈国建未委托辩护人，自己行使辩护权。

被告人（上诉人）：陈福春，男，45 岁，汉族，吉林省永吉县人，系中共吉林市委组织部副部长。1993 年 10 月 5 日因本案被逮捕。

一、二审辩护人：杨华，吉林省吉林市律师事务所律师。

孟宪仁，吉林省吉林市律师事务所律师。

4. 审级：二审。

5. 审判机关和审判组织

一审法院：吉林省吉林市中级人民法院。

合议庭组成人员：审判长：王玉琢；代理审判员：李昌克、黄明。

二审法院：吉林省高级人民法院。

合议庭组成人员：审判长：孟巧玲；代理审判员：刘建伟、赵越。

6. 审结时间

一审审结时间：1994 年 1 月 19 日。

二审审结时间：1994 年 6 月 8 日（依法延长审限）。

（二）一审诉辩主张

1. 吉林省吉林市人民检察院指控称

1992 年 9 月，桦甸市外经委主任张某请陈福春帮助为其单位的自卸卡车联系买主。1993 年 4 月，陈福春通过何明林介绍，与陕西省西安通达物资公司业务员陈国建相识，并向陈国建讲了桦甸市外经委两台卡车要卖，每台车要价 14.5 万元。陈国建请示本公司，西安通达物资公司同意以该价购车，并指派业务员宋金明给陈国建送款 29 万元。同年 5 月，陈福春见到 29 万元汇票后，遂告知陈国建每台车底价为 12 万元，于是二人合谋侵吞价款。此后，陈国建在陈福春的配合下与桦甸市外经委洽谈，两台车以 23 万元成交。交款后，陈福春又要了一张空白发货票，交给陈国建，由陈国建填写购车款 29 万元，在本单位报销，从中套取公款 6 万元。陈国建分得赃款 3.3 万元，陈福春分得赃款 2.7 万元。案发后，陈国建退回赃款 9500 元；收缴陈福春 2.7 万元。陈国建与陈福春勾结，采取欺骗手段，非法占有公共财物数额巨大，其行为触犯《中华人民共和国刑法》第一百五十五条之规定，构成贪污罪，且在共同犯罪中陈国建系主犯，陈福春系从犯。请法院依法判处。

2. 被告人的答辩及其辩护人的辩护意见

被告人陈福春辩称：我没有完全认识到自己的行为是犯罪。我也是中介人，出发点是为地方经济服务。我的行为是不合适的，身为领导干部不应参与过多的经济活动，我参与这些活动，主观上没有占有钱的意思，陈国建给我 2.7 万元，是让我捎给何明林的，我在 5 月 1 日前就已交给何明林了，我只有在经济活动中得到报酬的故意，而没有贪污故意。

被告人陈福春的辩护人认为：认定陈福春犯贪污罪缺乏主观要件。他没有侵吞公款的故意，只有得到劳务费的故意，陈福春在购车活动中所起的是一种中介作用，是居间人；陈福春与陈国建合谋的证据不充分;陈国建在没填写空白发货票之前就已经把钱给陈福春了。这张空白发货票即使认定是被告人陈福春提供的,也不能认为其犯罪,因为这不是贪污的必要条件,况且陈福春不知道被告人陈国建私自填写29万元发货票。

被告人陈国建对公诉机关的指控不表异议,请求法院对其从轻处罚。

(三)一审事实和证据

吉林省吉林市中级人民法院经公开审理查明:

1992年9月,桦甸市外经委在推销两台乌拉尔牌自卸翻斗卡车过程中,曾以每台不低于11.5万元的销售价找陈福春帮助联系买主。1993年3月,陈福春与何明林联系,何以每台车14.5万元的销售价提供给陈国建。陈国建代表西安通达物资公司同意以14.5万元的价格购买,西安通达物资公司派业务员宋金明携带一张金额为29万元的银行汇票前来办理购车手续。陈福春看到该汇票后,告知陈国建每台车底价为11.5万元,二人产生侵吞差价款之念。遂后,陈国建、陈福春将何明林甩掉,两台车以23万元成交。在交款过程中,陈福春又向外经委的张凤才要出一张0027406号空白发货票,交给陈国建,由陈国建填写购车款29万元,回单位报销。陈国建、陈福春共贪污人民币6万元,其中陈国建实得行赃款3.3万元,陈福春实得赃款2.7万元。案发后,陈国建退回赃款9500元,陈福春怕事情败露,与他人订立攻守同盟,企图掩盖罪行,经检察机关侦查,将其转移的2.7万元赃款全部收缴。

上述事实有下列证据证明:

1. 被告人陈国建供认:与陈福春勾结,利用本单位购买两台自卸翻斗卡车之机,使用填写空白发货票的手段,套取6万元公款被二人侵吞;

2. 证人何明林证实:1993年3月至5月间,通过陈福春得知桦甸市外经委售车消息,便以中间人的身分将车价从11.5万元提到14.5万元,介入陈国建与陈福春之间为其介绍买卖外经委要出售的卡车;1993年8月15日为陈福春转移赃款2.7万元,后陈福春给陈国建写信订立攻守同盟;

3. 证人张凤才证实:以每台车不能低于11.5万元的价格请陈福春帮助为本单位(桦甸市外经委)的两台乌拉尔牌卡车联系买主;在与西安通达物资公司以23万元的价格成交后,陈福春出面要走一张空白发货票;

4. 证人鞠丽霞证实:在外经委已开出两台车价计23万元的正式发货票之后,陈福春又要走一张空白发货票;

5. 证人纪人馨、石杰、高忠德均证实:陈福春帮助陈国建到桦甸市银行城市信用社,从29万元汇票中分两次提走现金6万元;

6. 证人刘金贤证实:1993年4月上旬,陈国建从东北打来电话,告诉我有两台乌拉尔牌卡车,每台车价14.5万元,我派业务员宋金明携带一张金额为29万元的银行汇票去桦甸办理购车手续;陈国建根本没说过要多少现金给中间人;本公司没有允许业务员领取回扣的规定;

7. 证人宋金明关于1993年5月3日陈国建、陈福春甩掉原介绍人何明林的事实的证言;

8. 书证即陈国建私自填写的0027406号发票及西安通达物资公司财会记帐凭证。

(四)一审判案理由

吉林省吉林市中级人民法院认为:陈国建身为受委托从事公务的人员,在经济活动中利用职务之便，与陈福春合谋用开假发货票的欺骗手段，侵吞公款财物数额巨大，其行为已构成贪污罪；在共同犯罪中，起主要作用，系主犯，应予从重处罚，鉴于其认罪态度较好，案发后退回部分赃款，具有悔改表现，可依法从轻处罚。陈福春在犯罪中积极主动，案发后转移赃款，认罪态度不好；但鉴于赃款已全部收缴和本案具体情节，可以从轻处罚。公诉机关指控被告人陈国建、陈福春犯贪污罪成立。被告人陈福春明知6万元差价款属公共财产，却积极配合被告人陈国建，以开假发票的手段将差价款非法占有并与之私分，这表明被告人陈福春具有明显的贪污故意，因而被告人陈福春的辩护人关于其行为不具备贪污罪主观要件的意见，不予采纳。

（五）一审定案结论

吉林省吉林市中级人民法院根据《中华人民共和国刑法》第一百五十五条、第二十三条，全国人大常委会《关于惩治贪污罪贿赂罪的补充规定》第二条第（二）项，作出如下判决：

1.陈国建犯贪污罪，判处有期徒刑七年。

2.陈福春犯贪污罪，判处有期徒刑六年。

（六）二审情况

1.二审诉辩主张

一审判决宣告后，陈国建、陈福春分别向吉林省高级人民法院提出上诉。

陈国建诉称：自己没有贪污的故意，不构成犯罪。

陈福春诉称：没有侵吞和非法占有公款的目的，自己的行为是居间中介行为；没有给陈国建要空白发货票，认定转移赃款与事实不符。

陈福春的辩护人认为：陈福春的行为缺乏犯罪的主观要件，其只有得到居间劳务费的故意，而没有侵吞公款的故意，所以不构成贪污罪。

2.二审事实和证据

吉林省高级人民法院经审理查明：1993年3月，陈国建在为其单位购买汽车过程中与帮助桦甸市外经委售车的陈福春，共同合谋，采取开假发货票的手段，侵吞公款6万元，陈国建得赃款3.3万元，陈福春得赃款2.7万元。案发后，陈国建退回赃款9500元，陈福春为掩盖罪行，与他人订立攻守同盟，经侦查将其转移的2.7万元收缴。

证明上述事实的证据与一审法院认定的证据相同。

3.二审判案理由

吉林省高级人民法院：陈国建系从事公务的人员，在为本单位购车过程中，得知卖方底价低于本单位所出价款，却未向单位汇报，而是与陈福春合谋，以开假发货票的手段将差价款侵吞分掉，数额巨大，构成贪污罪，在犯罪中起主要作用，但案发后能交待犯罪并退回部分赃款，原审法院对其定罪量刑适当。其上诉提出不构成犯罪的理由不成立。

陈福春在参与车辆交易过程中，未向任何一方提出劳务费问题，在见到通达物资公司汇款高于卖方车款时，与陈国建共同商量甩掉原介绍人何明林，并要出空白发货票，侵吞差价款，所得数额巨大，构成贪污罪。陈福春在共同犯罪中起主要作用，案发后拒不认罪，隐瞒事实，但赃款全部收缴。原审法院对其定罪量刑亦适当。陈福春否认犯罪及辩护人提出的陈福春不构成犯罪的理由不成立。

4.二审定案结论

吉林省高级人民法院根据《中华人民共和国刑法》第一百五十五条、第二十三条和全国人大常委会《关于惩治贪污罪贿赂罪的补充规定》第二条第(二)项及《中华人民共和国刑事诉讼法》第一百三十六条第(一)项,作出如下裁定:

驳回上诉,维持原判。

(七)解说

本案中陈国建的行为构成贪污罪当无异议。但对陈福春的行为性质的认定,即究竟是贪污行为还是民间居间行为,是正确处理本案的关键。

民事居间行为是依据居间合同而实施的行为。居间合同,是指双方当事人约定,一方为他方报告成交机会或作为订立合同的媒介,他方给付一定报酬的合同。在居间合同中,为他方报告成交机会或订立合同的媒介者,是居间人;给付报酬者为委托人。居间人的行为目的是为了取得合法的报酬,即居间费。居间费一般由当事人约定或法律规定。居间人必须履行对于委托人的法定义务:其一为,就其所知事项,据实向委托人报告的义务;其二为,应忠实于委托人的利益。

居间合同的成立,必须具备以下三方面的条件:其一,主体合格,指居间人的资格符合我国法律规定。根据我国法律规定,党政干部不得经商,因此自然不得充当居间人。其二,居间内容合法。其三,双方当事人就合同主要条款达成协议,如就委托事项、居间费等达成协议。

就本案而言,陈福春的行为不是居间行为。首先,我国有关政策规定,党政领导干部不得经商,居间行为是一种经商行为,陈福春作为党政领导干部,不能从事居间行为,不具有居间主体资格。其次,即使有主体资格,没有就居间费进行约定,居间合同也不成立。因而,陈福春与桦甸市外经委之间即不是居间关系,而只构成一般的委托与被委托关系。

认定陈福春构成贪污罪,还应正确认识他在共同犯罪中的地位和作用。作为职务犯罪,贪污罪的主体须具有特殊身分,只有依法或受委托从事公务的人才能成为贪污罪的主体;贪污罪在客观方面必须是行为人利用职务之便侵吞、盗窃、骗取或以其他手段非法占有公共财物。贪污罪的主体特征和客观方面特征是相互联系的,具有特殊身分是行为人得以利用职务之便的前提和基础,而客观方面利用职务之便又使得主体身分特定化。在本案中,陈国建作为西安通达公司的业务员,受该公司委托管理、经手公共财产,其具有贪污罪主体的特殊身分是没有疑问的。而陈福春尽管是国家工作人员,但对于西安通达公司购车款中超出卖方底价的 6 万元差价款,他并没有条件利用其本身的职务便利把它非法占有,所以陈福春在本案中不可能单独构成贪污罪,只能利用陈国建的身分共同实施贪污行为。

全国人民代表大会常务委员会《关于惩治贪污罪贿赂罪的补充规定》第一条第二款规定:“与国家工作人员、集体经济组织工作人员或其他经手、管理公共财物的人员勾结,伙同贪污的,以共犯论处。”本案中,陈国建作为从事公务的业务人员,当得知购车价格中有差价时,未向单位汇报,而是利用职务之便,以开假发票的手段将差价款非法占有,数额巨大,其行为符合贪污罪的基本特征,应认定为贪污罪。陈福春向外经委隐瞒真实情况,对陈国建透露卡车底价,积极配合陈国建与外经委以 23 万元价款达成购车协议,并通过关系从外经委要出一张空白发票给陈国建,使陈国建能够回本单位以 29 万元价款报销。在整个犯罪过程中,陈福春利用陈国建的特殊身分非法占有公共财产,并且起着主要作用,根据上述规定,应认定其属于贪污犯罪的共犯。总之,以贪污罪对陈福春定罪和量刑是正确的。

(冯彦彬)

23. 王英汉等流氓、故意伤害、非法买卖枪支、私藏枪支案
(共同犯罪、犯罪集团)

(一)首部

1. 判决书字号

一审判决书:海南省海南中级人民法院(1994)海南法刑初字第76号。

二审判决书:海南省高级人民法院(1994)琼刑终字第57号。

2. 案由:王英汉等流氓、故意伤害、非法买卖枪支和私藏枪支弹药案。

3. 诉讼双方

公诉机关:海南省检察院海南分院。

被告人(上诉人):王英汉,男,42岁,汉族,海南省澄迈县人,农民。1994年6月5日因本案被逮捕。

一审辩护人:王晶,海南省维特律师事务所律师。

被告人(上诉人):王育宜,男,20岁,汉族,海南省澄迈县人,农民。1994年6月5日因本案被逮捕。

一审辩护人:王宏喜,海南维特律师事务所律师。

被告人:符东勇,男,25岁,汉族,海南省琼山市人,无业。1994年6月5日因本案被逮捕。

一审辩护人:廖向琦,海南省新世纪律师事务所律师;

云兵,海南省琼山市第二律师事务所律师。

被告人(上诉人):王育权,男,23岁,汉族,海南省澄迈县人,农民。1994年6月7日因本案被逮捕。

一审辩护人:吴玉琼,海口市振东律师事务所律师。

被告人(上诉人):王英强,男,29岁,汉族,海南省澄迈县人,农民。1994年6月9日因本案被逮捕。

一审辩护人:赖志雄,海南省维特律师事务所律师。

被告人(上诉人):蔡兴儒,男,28岁,汉族,海南省澄迈县人,农民。1994年6月10日因本案被逮捕。

一审辩护人:徐立,海南省琼山市第一律师事务所律师。

被告人:杨大汉,男,17岁(1976年7月21日出生),汉族,海南省澄迈县人,农民。1994年6月8日因本案被逮捕。

一审辩护人:陈帆,海南省澄迈县律师事务所律师。

被告人:王英丰,男,18岁,汉族,海南省澄迈县人,无业。1994年7月19日因本案被逮捕。

被告人王英丰未委托辩护人,自己行使辩护权。

被告人(上诉人):蔡兴明,男,26岁,汉族,海南省澄迈县人,农民。1994年7月19日因

本案被逮捕。

被告人蔡兴明未委托辩护人，自己行使辩护权。

被告人：蔡笃清，男，26岁，汉族，海南省澄迈县人，农民。1994年6月5日因本案被逮捕。

被告人蔡笃清未委托辩护人，自己行使辩护权。

4. 审级：二审、复核审。

5. 审判机关和审判组织

一审法院：海南省海南中级人民法院。

合议庭组成人员：审判长：曾繁深；审判员：曾雄；代理审判员：陈建志。

二审法院：海南省高级人民法院。

合议庭组成人员：审判长：贺伦麒；审判员：黄卫国；代理审判员：李传山。

6. 审结时间

一审审结时间：1994年8月30日。

二审审结时间：1994年9月6日。

（二）一审情况

1. 一审诉辩主张

（1）海南省人民检察院海南分院指控称

以被告人王英汉为首，从1988年初开始，先后网罗王育宜、王育权、符东勇、王英强、蔡兴儒、杨大汉、王英丰、蔡兴明、蔡笃清等人，纠合成流氓集团，为达称霸一方的目的，王英汉、王育宜、符东勇、王英丰等搜集各种刀、剑、斧等凶器，还非法购买各种枪支13支，武装其集团成员，他们以王英汉的住宅为据点，经常纠集在一起，进行各种流氓活动，从1988年6月至1994年3月间，这个集团的成员在王英汉的操纵指挥下，或为了保护他们的既得利益，或为了其他个人目的，三五人为一伙，持枪或刀、剑、斧、棍等凶器先后在澄迈县金江、长安、加乐、老城等乡镇寻衅滋事，残害群众，无理殴打加乐镇北统村陈文丰、陈文帝、陈德彬等10余人，持械将王英卫、王英群、王仕满、邝观干、徐日河、陈世武等6人打成轻伤，将徐瑞和、陈学、徐瑞权、王育佳、陈有生、王朝河、钟海等7人打成重伤，有的已成终身残废；还开枪打死后山村村民曾祥青；开枪追杀、射击富郎村青年王茂钧及陈英命、李军等，杀人未遂；勒索刘福连、罗茂强等人的现金8万元人民币；还私揽诉讼，聚集多人武装扰乱施工工地，强迫施工单位交出人民币18万元的所谓“治安管理费”；为笼络集团成员人心，竟纠集同伙多人为作恶多端而被群众打死的同伙邱光坤扫墓祭奠。据以上事实，海南检察分院认为该案被告人已结成流氓集团，犯有流氓罪、故意伤害罪、非法买卖枪支罪、私藏枪支罪等。在该集团中，被告人王英汉是该集团的首要分子，王育宜、符东勇、王育权、王英强、蔡兴儒、杨大汉在该集团犯罪中起主要作用，均为主犯。王英丰、蔡兴明、蔡笃清为从犯。上列犯罪分子犯罪情节特别恶劣，后果特别严重，要求依法分别从严惩处。

（2）被告人的答辩及其辩护人的辩护意见

被告人王英汉除了承认1988年购买一支“六四”式手枪和介绍李自飞买一支“五四”式手枪外，对起诉书所指控的其余犯罪事实均不承认。其辩护人的辩护意见是：第一，起诉书认定王仕圣和王仕满的伤为轻伤缺乏依据；第二，起诉书指控王英汉指使杨大汉等人伤害徐瑞权、指使王育宜等人伤害王朝河和辱骂、威胁被害人徐瑞和的父亲徐明志均缺乏足够证据，应进一步补查清楚；第三，王英汉向罗茂强索要 7 万元的问题事实不清，认定威胁证据不足；第四，王英汉占用 2.18 亩土地和到棋隆公司要求赔偿的问题显然属于民事行为，不应以犯罪论。

被告人王育宜及其辩护人辩称：第一，王育宜的出生日期应为 1974 年 11 月 4 日；第二，王育宜于不满 14 岁所作的案，依法不负刑事责任。满 14 岁不满 16 岁作的案中，有些应当负刑事责任，有些不负刑事责任，属负刑事责任的也应依法从轻或减轻处罚。已满 16 岁不满 18 岁作的案，应从轻或减轻处罚。第三，在勒索 18 万元一案和杀害曾祥青一案中，认定王育宜为纠集者缺乏证据。第四，认定王育宜参与伤害徐瑞和及到王英秀家威胁王英秀没有证据。第五，在伤害王仕满时，王育宜没动手按住王仕满，在杀害曾祥青一案中没有谎称自己是派出所的，也没有人用绳子来捆绑曾祥进。第六，有检举他人犯罪线索情形，要求查实。

被告人符东勇及其辩护人辩称：第一，符东勇不是本案的主犯；第二，起诉书指控符东勇充当王英汉的打手和保镖不属实；第三，在伤害陈文丰、陈文帝一案中，符东勇没动手打过人；第四，没有用铁锤伤害到王仕圣。

被告人王育权及其辩护人辩称：第一，伤害陈军、徐日河、王朝河、钟海、陈世武的事，王育权未参与；第二，伤害王英群一案，事实不清；第三，王育权坦白交代，认罪态度好，且有检举揭发同案犯的情况，应视为立功表现。

被告人蔡兴儒及其辩护人辩称：在伤害徐日河和钟海、陈世武两宗案中，蔡兴儒均未参与，无作案时间。

被告人杨大汉及其辩护人辩称：第一，杨大汉仅参加第二次殴打王育佳，未参加第一次；第二，其他人为邱光坤拜墓而杨大汉未参加；第三，杨大汉不是本案主犯；第四，杨大汉的出生年龄为 1976 年 7 月 21 日。

被告人王英强及其辩护人辩称：第一，认定王英强犯故意伤害罪事实不清，证据不足；第二，认定王英强参与伤害徐日河、王育佳及勒索刘福连案缺乏事实根据。

被告人王英丰辩称：第一，王英丰只参与流氓犯罪活动一次，不属于流氓集团成员；第二，在参与伤害王茂钧一案中虽然开了枪，但是没有朝王茂钧开，而是朝天开的枪。

被告人蔡兴明辩称：第一，在打钟海时他没有在场；第二，在参与勒索刘福连一案中没有亲自收款。

被告人蔡笃清辩称：没参与勒索刘福连钱财一案，当时自己正被收审，无作案时间。

2. 一审事实和证据

海南省海南中级人民法院经公开审理查明：

(1)1988 年 6 月 30 日上午，澄迈县金江镇的王仕圣驾驶一辆客运面包车到王宅村路口时，被告人符东勇无故用手打王仕圣的面包车，当王下车指责符东勇时，吕红华（另案处理）竟举起铁锤将王的左眼眶砸出血致伤。当吕红华欲再打王仕圣时，被王英卫夺下手中铁锤而未果。数天后，被告人王英汉和符东勇等人在一茶店里遇上王英卫，王英汉便上前训斥王英卫多管闲事，并动手打王英卫，符东勇等人也一涌而上对王英卫施以拳脚，将王英卫打倒在地，接着符东勇用粉枪朝王英卫开枪，未果。

上述事实，有下列证据证明：被害人王仕圣、王英卫的陈述；同案犯吕红华（在逃）的证言；同案被告人王英强的口供；被告人符东勇的供述；现场勘查笔录、现场勘查图、照片；法医鉴定王仕圣的伤为轻伤；证人王英成的证言。

(2)1988年9月13日，被告人王育宜在澄迈二中殴打同学陈雄，遭到校警王英群责打，王英汉知悉后，便指使王育宜、符东勇、王英强、王育权等人，携带刀、棒闯到二中，砸坏学校办公室大门，将王英群殴打致昏迷后扬长而去。

认定上述事实的证据有：被告人王育权、王英强的供述；被害人王英群的陈述；证人曾德壮、李启华的证言；法医鉴定结论为王英群的伤情属轻伤。

(3)1990年4月28日上午，长安镇的王仕满在金江镇王宅村路边一茶店里喝茶，被告人王英汉见后便责问王仕满为什么到处说王英汉的坏话，败坏他的名声。王仕满当即否认。在王英汉的指使下，被告人王英强首先拳击王仕满的脸部，接着王英强、符东勇等人用椅子、拳头殴击王仕满，王头部流血逃出店后，三被告人仍不放过，又持石头、木棒追打王仕满，致其受伤昏倒在地。

认定上述事实的证据有：被害人王仕满的陈述；有目击证人王育成、王育京的证言；有现场勘查笔录、现场图；有法医鉴定书等证据为证，王英强和王育宜也供述不讳。

(4)1990年4月22日晚上，被告人王英汉的次子王育承(另案处理)与金江镇富郎村人斗殴被打，被告人王育宜便纠集被告人王英丰、符东勇、王英强等10余人，携带刀、铲、枪等凶器，乘一辆东风牌汽车窜到富朗村报复。当汽车开到金江镇新桥处，遇上富朗村的青年王茂钧时，被告人王育宜、王英丰、符东勇等分别持长火药枪、“五四”手枪及仿造“六四”手枪与王英强等人一涌而上，持刀、棍、铲殴击王茂钧，致王左背部、左大腿刀伤和左膝关节处皮肤擦伤。王茂钧在走投无路的情况下便跳入桥下水中，上述被告人仍不罢休，持火药枪向王茂钧射击，击中王面部致伤。随后，被告人王英丰也拔出一支“五四”手枪向王茂钧连开几枪，由于王潜水躲闪及时，才幸免于难。经法医鉴定，被害人王茂钧的伤属轻伤。

认定上述事实的证据有：王茂钧的陈述；证人王妹和王莲的证言；被告人王育宜和王英强、王英丰的供述；现场勘查笔录、现场勘查图和照片；法医鉴定结论为王茂钧的伤为轻伤。

(5)1990年5月16日晚上7时许，被告人王育宜和王育秀(另案处理)在王宅村口处，乘坐徐瑞和驾驶的三轮载客摩托车到县委、二中、电影院等地，在县水电局门口停车后，徐提出付车费，王育秀即挥拳猛击其头部、胸部，徐的鼻腔流血用手招架，王育宜接着挥拳打徐，并将其抱住，王育秀乘机用石头砸徐右眼致破裂。徐当晚被送往医院治疗，右眼球被摘除，终身残废。其父徐明志和亲戚先后多次上门要求王英汉赔偿，均遭到王英汉及其打手的威胁和辱骂。王英汉还恫吓说：你儿子瞎一只眼只值4000元，你要就拿去，不要就算了，如告官，一分钱也不给。因无钱给儿子治病，徐明志违心地在王英汉起草的“只赔偿4950元，不得向有关部门起诉，否则一切后果由徐承担”的协议上签字而私了。法医鉴定：徐瑞和右眼已瞎，属重伤。

认定上述事实的根据有：被害人徐瑞和的陈述；证人徐明志、符光元、徐和阳、徐鸣标的证言；王英汉起草的赔偿协议书；现场勘查图及医院病历、法医鉴定结论。

(6)1990年7月30日上午，王英汉姐姐家的猪因糟蹋庄稼，被长安镇后山村人打死。被告人王育宜获悉后，便纠集被告人符东勇、王育权等人，符东勇、邱开慧、邱光坤各带一支“五四”手枪，王育权带一支仿“六四”手枪，闯到后山村，看见村民曾祥进时，王育宜等人一涌而上将曾按倒，企图将曾绑架出村。该村群众见状进行盘问时，他们却谎称是派出所的，当被村民识破受到责难时，符东勇、王育权等四人竟拔出手枪向村民们开枪射击，无辜村民曾祥青被子弹击中当场死亡，王育宜等人仓惶逃跑。事后王英汉资助王育宜、符东勇等人潜逃。经法医鉴定，曾祥青是被他人用手枪击中锁骨下动脉，造成大出血休克死亡。

认定上述事实的证据有：被害人曾祥青的陈述；证人曾祥平、曾祥川、曾祥浩、曾令吉、曾令昌等的证言及王育宜的口供材料；弹壳照片、现场勘查笔录和现场勘查图、法医鉴定结论。

(7)1991年初，因陈学与王育海要好(王育海与王英汉有宿怨)，王育宜曾多次扬言要报复陈学。同年2月16日晚，王育宜邀集王育权蒙面持剑分开寻找陈学，当发现陈学与王敏裕、王宗科等人站在金江镇加笼园录像厅外面聊天时，二王即挥剑朝陈学头部砍去，陈学手臂被砍伤，后急忙逃避，但二王继续追赶，砍伤陈学，致陈当场昏迷。

认定上述事实的证据有：被害人陈学的陈述；证人王敏裕、王宗科的证言；二被告人亦供认不讳；法医鉴定结论证明陈学的伤势为重伤。

(8)1991年6月21日下午，被告人杨大汉和王育承在澄迈县第二中学校园内遇上陈英命时，便持刀追赶陈英命，因陈及时逃脱而未被砍中。当晚8时许，当杨大汉和王育承在澄迈二中门口又遇上陈时，王育承便持长火药枪朝陈英命开枪，击中陈的左胸部，陈当即倒地，王、杨逃离现场。后来陈经抢救幸免于死，法医鉴定：被害人陈英命被粉药枪铁砂击中胸部，尚有40多粒铁砂留在体内，造成终身残废，属重伤。

认定上述事实的证据有：被害人陈英命的陈述；证人王法周的证言；被告人杨大汉的供述；现场平面图、现场照片；法医鉴定结论。

(9)被告人王英汉与徐瑞权有宿怨，王多次扬言要打徐。1991年8月12日晚，王英汉和王祝奋在王宅村口茶店喝茶时遇见杨大汉，王祝奋即纠集杨大汉等人持刀、斧、剑等凶器，躲藏到徐瑞权回家的必经之路进行守候，当徐回家时，杨大汉等蒙面蜂拥而上，朝徐身上乱砍，致徐受伤倒地才逃走，经医院诊断为徐全身多处软组织砍伤、右尺动脉断裂，右手残废。法医鉴定结论为重伤。

认定上述事实的证据有：被害人徐瑞权的陈述；证人王朝胜、王俊斌的证言；现场图片、医院病历、法医鉴定书；被告人杨大汉、王英强、王育权的口供等。

(10)1991年，因王育佳与被告人王英汉的仇人要好，王英汉便多次扬言要教训王育佳。同年7月14日晚10时许，被告人王育权在王英汉的指使下手持“五四”手枪，伙同几人窜到某小食店，对正在吃宵夜的王育佳用斧子乱砍，致王育佳右肩胛骨开放性骨折，同时王育权还开了一枪，在王治病疗养期间，被告人杨大汉等人又持斧头砍伤王育佳，致左肩胛骨开放性骨折，左第6肋骨骨折。法医鉴定王育佳的伤系重伤。

认定上述事实的证据有：被害人王育佳的陈述；证人王瑞容的证言；现场勘查笔录；医院诊断、法医鉴定；被告人王育权、杨大汉、王英强的口供。

(11)1991年10月10日晚，王祝奋因与王帮壮等人有矛盾，便与被告人王育宜纠集王育权、何世哲、王英友等人，分别蒙面携带刀、剑、斧等凶器，窜到加乐镇电影院外，王育宜、王育权、王祝奋等人将无辜群众陈有生、邝观干分别砍成重伤和轻伤，后来，王育权等人又在电影院门外朝慌忙拥出电影院的群众乱打乱砍，将王帮壮、韩朝裕等人砍伤。在场的民警王汉光鸣枪警告才制止住事态的进一步发展。

认定上述事实的证据有：被害人陈有生、邝观干、王帮壮、韩朝裕等人的陈述；证人王汉光、梁家春的证言；被告人王育宜、王育观的供述；法医鉴定结论。

(12)1992年2月18日下午，被告人王育宜、王育权、蔡兴儒等人骑摩托车出金江镇王宅村路口时，看见李军骑自行车路过，王育宜告知王育权、蔡兴儒说李军经常说他们的坏话，便驾驶摩托车载着王育权、蔡兴儒持三支手枪追李军，李见状及时躲开。王育权、蔡兴儒便拔出手枪朝李军各开一枪，但未击中。

上述事实有以下证据证实：被害人李军的陈述；证人王朝甫和王育辉的证言及王育京的证言；被告人王育宜、王育权、蔡兴儒的供述。

(13)1994 年 4 月 3 日晚上，被告人杨大汉在金江某照相馆门口看见同伙王英友正在殴打陈军时，便伙同他人共同殴打陈军。县公安局干警徐日河等人闻讯赶到现场制止，王英友拔出“五四”手枪向徐日河开枪，击中徐的小腿。经法医鉴定，徐日河的伤属轻伤。

上述事实有下列证据证实：被害人陈军和徐日河的陈述；证人王善民、廖坤和、蒙星海的证言；被告人杨大汉的供述；现场勘查笔录、公安机关对弹头的检验结论和法医鉴定结论。

(14)1992 年 8 月 4 日晚上，被告人王育宜纠集蔡兴明、何世哲(另案处理)等人，手持刀、斧等凶器，窜到加乐镇富朗村找人报复，途中遇见该村村民钟海时，被告人王育宜等人便持刀、斧砍钟海数刀，砍伤其左肩部、右锁骨部和右腰部，其中左肩峰骨和右锁骨均被砍断。当晚，被告人王育宜、蔡兴明等人在返回村的途中遇到陈世武、陈世涛和陈世岛等人时，便一拥而上拳打刀砍，陈世涛被脚踢伤，陈世武的左肩部、右腰部和左环指中节被刀砍伤。经法医鉴定：钟海的伤属重伤，陈世武的伤属轻伤。

认定上述事实的证据有：被害人钟海、陈世武、陈世涛的陈述；证人陈世岛、陈有新、王光帝及何世哲的证言；被告人王育宜、蔡兴明对上述事实供认不讳；伤害钟海、陈世武的现场勘查图和照片；法医鉴定结论。

(15)1992 年 12 月 3 日，被告人王育权、符东勇、王育承等 10 余人到加乐镇参加庙会，返回途中车辆抛锚，适逢北统村的陈文丰、陈文帝等 10 余人乘坐一辆手扶拖拉机经过，拖拉机上有人问王育权等人是否需要帮忙推车，王育权等人认为是嘲笑自己，遂喝令对方停车，并命令所有的人都下车下跪，被告人符东勇、王育权等多人用斧头、刀、拳、脚对其逐个殴打。王育权还将陈文丰按在地上，猛踩其胸部，还对其威胁道：“你敢呼救，王英汉两车人马还在后面。”尔后又将拖拉机的轮胎砍破，并砸坏工具箱，才扬长而去。

上述事实有下列证据证明：被害人陈文丰、陈德彬的陈述；证人陈世发、陈世佳、陈世孝、陈德甫、陈世畅等人的证言；被告人王育权、符东勇的供述；法医鉴定结论。

(16)1993 年 12 月，海南顺安实业公司与澄迈县政府签订合同，承建县政府东门至县电视塔路段 1100 米的水泥大道。被告人王英汉获悉后多次找该公司经理李余顺，无理提出参加合建的要求，被李拒绝。王英汉恼怒，就指使王育宜多次阻拦施工并进行威胁。12 月 12 日李余顺安排工人施工，王英汉闻讯后即叫王英强、杨大汉通知王育宜纠集人去工地制止开工。王育宜纠集杨大汉、王英强、蔡兴儒、蔡亲龙等人，将三支枪分发给杨大汉和王英强及蔡兴儒，然后赶到工地，令工人停工，遭拒绝后，王育宜鸣枪示威，并用枪强逼铲车司机停机，工地再次被迫停工。在此期间，王育宜又打电话到李家，声称如继续施工，就买棺材来装死人。在此情形下，李余顺被迫付给王英汉“劳动酬劳”费 18 万元，工程方能正常进行。

上述犯罪事实有以下证据证实：被害人李余顺的陈述；证人王育安、王育林、王育和、王广平、王仕力等人的证言；被告人王英汉、王育宜、王英强、蔡兴儒的供述；现场勘查笔录；双方签署的所谓“商定协议书”以及有关银行的转帐凭据等物证。

(17)1993 年 8 月某日，金江镇女青年王宏美借用王育宜的朋友王用强的一辆摩托车，由于技术不好，撞在刘福连正在牵引坏车的钢丝绳上，致摩托车灯及防护架受损，刘当即表示愿意承担全部修理费。王育宜知道此事后，便纠集符东勇、蔡兴儒、蔡兴明等人窜至刘福连家，索要 2 万元，并声称如不给钱，便炸毁刘所在的整条街，并伤害其子。刘被迫付给王育宜 2 万元。

认定上述事实的证据有：被害人刘福连及其妻子陈元君的陈述；证人王敏亮、吴清敏的证言；王育宜出具的收据；四被告人的供述。

(18)1994 年 3 月，王英汉流氓集团的主要成员之一邱光坤持刀伤害群众，被群众打死。至清明节，被告人王英汉等 10 余人去墓地扫墓，途中，被告人的车队中一辆车撞到某镇青年王澄福的自行车尾部，被告人蔡兴明、王育宜等人即下车追打王澄福，并将王澄福的自行车扔到桥下摔坏。

认定上述事实的证据有：证人李天德、王泽健的证言；被害人王澄福的陈述；被告人王英汉、王育宜、符东勇、蔡兴儒、蔡笃清的供述。

(19)1990 年初，被告人王英汉交人民币 9000 元并指使符东勇、王英强，由洪德成(另案处理)带回"五四"、"五九"式手枪各一支。不久，王英汉将"五九"式手枪卖给老城镇的王国武(另案处理)，又以人民币 3000 元买回一支"五四"式手枪。

上述事实有被告人符东勇、王英强的口供，洪德成的供述及王英汉的口供证实，各被告人的口供一致，相互印证。

(20)1991 年 10 月，被告人王英丰通过刘军以人民币 3400 元向儋州一青年买两支"五四"式手枪。1992 年 8 月，又以人民币 2500 元从他人手中买回一支"五四"式手枪。破案后枪支弹药全部追回。

上述事实有王英丰的口供、刘军的证言及缴获的三支手枪为证。

(21)1990 年至 1994 年上半年间，被告人王英汉先后分别指使符东勇、蔡兴儒、王英强藏匿所买的枪支。被告人王育宜、符东勇、王育权、蔡兴儒、蔡笃清还先后分别携带仿造的"六四"式手枪三支、"五四"式手枪二支和"五九"式手枪一支用于作案，并将枪藏放在王英汉家里。破案后，缴获二支"五四"式手枪、子弹 27 发、"五九"式手枪子弹 15 发和 260 发步枪子弹。

上述事实有被告人王育宜、符东勇、蔡兴儒、王英强、王育权、蔡笃清的口供及王英汉的口供和收缴的枪支弹药为证。

3. 一审判案理由

海南省海南中级人民法院认为，被告人王英汉、王育宜、符东勇、王育权、王英强、蔡兴儒、杨大汉、蔡兴明、蔡笃清系流氓集团，其成员均构成流氓罪；此外，被告人王英汉、符东勇、王英强、王英丰构成非法买卖枪支罪；被告人王育宜、王育权、符东勇、蔡兴儒、蔡笃清构成私藏枪支罪；被告人王育宜、王育权、杨大汉构成故意伤害罪。其主要理由是：

(1)被告人王英汉、王育宜、符东勇、王育权、王英强、蔡兴儒、杨大汉、王英丰、蔡兴明、蔡笃清等人经常纠集一起，主要进行流氓犯罪活动，同时也进行故意伤害、非法买卖枪支弹药等犯罪活动，其主要成员基本固定，有明显的首要分子，多次有预谋有组织地进行犯罪活动，对社会造成的危害及其具有的性质都很严重，应以流氓集团论，从重判处。被告人王英汉、王育宜起组织、指挥作用，是流氓集团的首要分子；被告人符东勇、王育权、王英强、杨大汉、蔡兴儒在进行流氓犯罪中起主要作用，系流氓集团的主犯；被告人王英丰、蔡兴明、蔡笃清在流氓犯罪活动中起次要作用，是流氓集团的从犯。

(2)被告人王英汉、符东勇、王英强、王英丰还非法买卖枪支，主观上有买卖枪支的故意，客观上实施了买卖枪支的行为，构成非法买卖枪支罪，其中王英汉和符东勇非法买卖的枪支用于作案，造成危害社会的后果，应从重处罚。

(3)被告人王育宜、王育权、符东勇、蔡兴儒、蔡笃清还私藏枪支，其主观上具有隐藏枪支的故意，客观上实施私藏枪支拒不交出的行为，违反了国家的枪支管理法规，构成私藏枪支罪。

(4)被告人王育宜、王育权、杨大汉在流氓犯罪过程中伤害他人，既有伤害他人的故意，又有伤害他人的行为，并造成他人重伤的结果，构成故意伤害罪，应与流氓罪并罚。

4.一审定案结论

海南省海南中级人民法院根据《中华人民共和国刑法》第一百六十条、第一百三十四条、第一百一十二条、第一百六十三条、第二十二条、第二十三条、第二十四条、第十四条、第五十三条、第五十二条、第六十条、第六十四条、第三十一条和全国人大常委会《关于严惩严重危害社会治安的犯罪分子的决定》第一条第(一)、(二)、(四)项，作出如下判决：

(1)王英汉犯流氓罪，判处死刑，剥夺政治权利终身；犯非法买卖枪支罪，判处无期徒刑，剥夺政治权利终身；决定执行死刑，剥夺政治权利终身。

(2)王育宜犯流氓罪，判处死刑，剥夺政治权利终身；犯故意伤害罪，判处无期徒刑，剥夺政治权利终身；犯私藏枪支罪，判处有期徒刑二年；决定执行死刑，剥夺政治权利终身。

(3)符东勇犯流氓罪，判处死刑，剥夺政治权利终身；犯非法买卖枪支罪，判处有期徒刑十五年，剥夺政治权利五年；犯私藏枪支罪，判处有期徒刑二年；决定执行死刑，剥夺政治权利终身。

(4)王育权犯流氓罪，判处死刑，剥夺政治权利终身；犯故意伤害罪，判处有期徒刑七年；犯私藏枪支罪，判处有期徒刑二年；决定执行死刑，剥夺政治权利终身。

(5)蔡兴儒犯流氓罪，判处死刑，剥夺政治权利终身；犯私藏枪支罪，判处有期徒刑二年；决定执行死刑，剥夺政治权利终身。

(6)王英强犯流氓罪，判处死刑，剥夺政治权利终身；犯非法买卖枪支罪，判处有期徒刑十年，剥夺政治权利三年；决定执行死刑，剥夺政治权利终身。

(7)杨大汉犯流氓罪，判处死刑，缓期二年执行，剥夺政治权利终身；犯故意伤害罪，判处有期徒刑五年；决定执行死刑，缓期二年执行，剥夺政治权利终身。

(8)蔡兴明犯流氓罪，判处无期徒刑，剥夺政治权利终身。

(9)王英丰犯流氓罪，判处无期徒刑，剥夺政治权利终身；犯非法买卖枪支罪，判处有期徒刑十五年，剥夺政治权利五年；决定执行无期徒刑，剥夺政治权利终身。

(10)蔡笃清犯流氓罪，判处有期徒刑一年；犯私藏枪支罪，判处有期徒刑一年六个月；决定执行有期徒刑二年。

(三)二审诉辩主张

海南省海南中级人民法院一审宣判后，被告人王英汉、王育宜、符东勇、王育权、蔡兴儒、王英强、蔡兴明不服，上诉于海南省高级人民法院。

被告人王英汉上诉辩称，不是流氓集团的首要分子；部分犯罪事实不清；犯罪情节并非特别严重，量刑过重。

被告人王育宜上诉认为，认定其为流氓集团首要分子，证据不足；只是一般性地参与、实施犯罪行为；量刑偏重。

被告人符东勇上诉提出，部分犯罪事实有出入；犯罪情节不是特别严重，不是主犯，量刑过重。

被告人王育权上诉辩称，其能够坦白交待，揭发同伙，有立功表现，要求从轻判处。

被告人蔡兴儒上诉否认主犯地位，认为参与作案的次数较少，危害后果不大，量刑过重。

被告人王英强上诉认为，认定其为流氓集团主犯，缺乏事实和法律依据；检举揭发他人犯罪，有立功表现；判处死刑，量刑不当。

被告人蔡兴明上诉要求改判其为有期徒刑。

（四）二审事实和证据

海南省高级人民法院审理查明：

被告人王英汉，自1988年起，开始承包建筑工程，获取巨额利润。但是，随着经济上的暴富，王英汉的主观恶性逐渐膨胀，产生了逞强霸道的思想意识。为了称霸一方，扩大影响，显示实力，王英汉及其长子王育宜利用宗族、血缘、同学、朋友等关系，以金钱和物质利益为诱饵，先后纠集符东勇、王育权、蔡兴儒、杨大汉、王英强、王英丰、蔡兴明、蔡笃清等被告人以及王英友、邱开慧、何泽源、王祝奋、王广文、吕红华（均在逃）、何世哲（另案处理）等，聚拢在王英汉、王育宜的周围。尤其是符东勇、王育权、蔡兴儒、王英强、王英友、杨大汉等人，经常食宿在王英汉家中，听命于王英汉和王育宜。从而，以王英汉和王育宜为核心，形成一个流氓集团。为武装集团成员，王英汉一方面出资非法购买枪支，另一方面指使集团成员私藏枪支弹药，共计购买、私藏"五四"式、"五九"式、仿"六四"式手枪12支，子弹300余发。同时，搜集了刀、剑、斧等凶器一批。凭借这些作案工具，王英汉、王育宜及其集团成员，多次有组织、有预谋地或为王英汉泄私愤，聚众行凶重伤他人；或为王英汉家庭的非法利益，强拿硬要，打死打伤他人；或寻衅滋事，残害无辜，严重扰乱公共场所秩序。被告人王英汉为了使其本人和集团其他成员逃避法律制裁，处心积虑，千方百计通过各种渠道贿赂某些国家工作人员，为虎作伥。因此，王英汉及其流氓集团的成员，长期逍遥法外，即使被关押，也能够担保获释。被害群众只能忍气吞声，接受"私了"。王英汉流氓集团更加有恃无恐，甚至开设赌场。尤为严重的是，光天化日之下，王英汉流氓集团以武力阻挠已在施工的工程进行，意欲取代司法机关维护社会治安的职能，强行索取所谓"治安管理费"。其成员邱光坤，因作恶多端，持刀残害群众，被群众当场打死后，王英汉竟然带领流氓集团成员前往祭奠，并发放"安抚费"，犯罪气焰十分嚣张。经查证属实的该集团的具体犯罪事实如下：

1.1988年6月30日上午，金江镇个体运输司机王仕圣驾驶一辆客运面包车，途经王宅村路口时，被告人符东勇无故用手拍打其车。当王仕圣下车指责符东勇时，吕红华（在逃）竟举起铁锤将王仕圣的左眼眶砸出血，致其受伤。当吕红华欲再打王仕圣时，被在场的王英卫夺下铁锤而未果。数天后，被告人王英汉和符东勇、吕红华等人在一茶店里喝茶，遇见王英卫。王英汉便训斥王英卫多管闲事，并动手打了王英卫。符东勇、吕红华等人见状也一拥而上，对王英卫施以拳脚，将王英卫打倒在地。接着符东勇用粉枪（只装引信，未装铁砂）朝王英卫开了一枪。

上述犯罪事实，有被害人王仕圣、王英卫的陈述证实；有现场目击者王英利、王世全的证言佐证；被告人符东勇、王英汉及同案人吕红华亦供认不讳，被害人陈述、证人证言和被告人口供相互一致，足资认定。

2.1988 年 9 月 13 日，被告人王育宜(此时王育宜未满 14 岁)在澄迈二中殴打同学陈雄，遭到校警王英群责骂。王英汉知悉后，便指使王育宜、符东勇、王英强、王育权携带刀、棍，闯到二中，砸坏办公室大门，将王英群殴打致昏迷后，扬长而去。经法医鉴定，被害人王英群属轻伤。

上述犯罪事实，有被害人王英群的陈述证实；有现场目击证人曾德壮、陈雄、李敏华、王钧安的的证言证实；被告人王育宜、符东勇、王育权、王英强亦供认不讳，且相互一致。王英强、王育权并且证实，此次犯罪系王英汉指使。因此，事实清楚，证据充分。

3.1990 年 4 月 28 日上午，长安镇村民王仕满在金江镇王宅村路边一茶店里喝茶。王英汉见到王仕满后，便责问王仕满为什么到处说王英汉的坏话，败坏他的名声。王仕满当即否认。在王英汉的指使下，被告人王英强首先拳击王仕满的脸部，而后，王英强、王育宜、符东勇、黄逢进(在逃)用椅子、拳头殴击王仕满。王仕满头部流血逃出茶店后，王育宜、符东勇、王英强又持石头、木棍继续追赶殴打，直到王仕满受伤倒地，方才罢手。

上述犯罪事实，有被害人王仕满的陈述证实；有被告人王育宜、符东勇、王英强的口供印证；现场目击证人王育京、王育武及被害人王仕满均证实，殴打王仕满是受王英汉指使，证据确凿。

4.1990 年 4 月 22 日晚，被告人王英汉的次子王育承(在逃)与金江镇富郎村人斗殴被打伤，被告人王育宜便纠集被告人王英丰、符东勇、王英强等 10 余人，携带刀、铲、枪等凶器，乘一辆东风牌汽车窜到富朗村报复。当汽车开到金江镇新桥处，遇上富朗村的青年王茂钧时，被告人王育宜、王英丰、符东勇等分别持长火药枪、“五四”式手枪及仿造“六四”式手枪与王英强等人一拥而上，持刀、棍、铲殴打王茂钧，致王茂钧左背部、左大腿刀伤和左膝关节处皮肤擦伤。王茂钧在走投无路的情况下便跳入桥下水中，上述被告人仍不罢休，持火药枪向王茂钧射击，击中王茂钧面部致伤。随后，被告人王英丰也拔出一支“五四”式手枪向王茂钧连开几枪，由于王茂钧潜水躲开，才幸免于难。经法医鉴定，被害人王茂钧面部中铁砂数粒，属轻伤。

上述犯罪事实，有被害人王茂钧的陈述及现场目击证人王妹和王莲的证言证实；有被告人王英强、王育宜、符东勇、王英丰的口供证实；有法医鉴定结论佐证。被告人王英丰、王英强供认此次作案的纠集者是王育宜，王育宜对此也供述在案。因此，事实清楚，证据充分。

5.1990 年 5 月 6 日晚上 7 时许，被告人王育宜和王育秀(在逃)在王宅村口处，乘坐徐瑞和驾驶的三轮摩托车到县委、二中、电影院等地。在水电局门口停车后，徐瑞和提出要车费，王育秀即挥拳猛击其头部、胸部，徐瑞和的鼻子流血用手招架，王育宜接着挥拳打徐，并将其抱住，王育秀乘机拿石头砸徐瑞和右眼致其破裂。徐瑞和当晚被送往医院治疗，右眼球被摘除。其父徐明志和其亲属县司法局某副局长、某派出所所长，先后多次上门要求王英汉赔偿，均遭到王英汉及其打手的威胁和辱骂。王英汉还恫吓说：这事由我们私下处理，不要上告，你告也告不下，你儿子瞎一只眼只值 4000 元，你要就要，不要就算了，如告官，一个钱也不给。因没钱给儿子治病，徐明志违心地在王英汉起草的“只赔偿 4950 元，不能向有关部门起诉，否则一切后果由徐全部负责”的协议上签字私了。经法医鉴定，徐瑞和右眼已失明，属重伤。

上述犯罪事实，有下列证据证实：被害人徐瑞和陈述被王育秀、王育宜拳打脚踢，后王育宜将其抱住，王育秀用石头砸其眼睛的经过。徐瑞和的陈述与王育宜的供述相互吻合。证人徐明志、符光元、徐和阳证实，多次上门要求王英汉赔偿，遭到王英汉的威胁，徐明志迫于无奈，违心和王英汉签定私了协议。因此，事实清楚，无可辩驳。

6.1990年7月30日上午，王英汉姐姐家的猪因糟蹋庄稼，被长安镇后山村人打死。被告人王育宜获悉后，便纠集被告人符东勇、王育权、邱开慧、邱光坤等人，符东勇、邱开慧、邱光坤各带一支"五四"式手枪，王育权带一支仿"六四"式手枪，闯到后山村，看见村民曾祥进时，王育宜等人一拥而上将曾按倒，企图将曾扭架出村。该村群众见状进行盘问时，他们却谎称是派出所的，当被村民识破受到谴责时，符东勇、王育权、邱开慧、邱光坤4人竟拔出手枪向村民们开枪射击，无辜村民曾祥青被子弹击中当场死亡，王育宜等人仓惶逃离现场。事后王英汉资助王育宜、符东勇等人潜逃。王育宜从江西潜回加乐镇效古村蔡兴儒家躲藏期间，王英汉将一支"五四"式手枪给蔡兴儒转交王育宜使用。经法医鉴定，曾祥青是被他人持手枪击中锁骨下动脉，造成大出血休克死亡。

上述犯罪事实，有现场目击者曾祥进、曾祥平、曾祥川、曾令吉、曾令昌、曾令杰、曾祥浩的证言证实；有法医鉴定结论为凭；被告人符东勇、王育宜、王育权对犯罪经过供认不讳，且相互吻合；被告人王育权供述此次犯罪的纠集、组织是王育宜；被告人王育宜供认曾对王育权说其姑妈家的猪被打死了，要去处理。证人证言、法医鉴定结论与被告人口供相互一致，相互印证。

7.1991年初，被告人王育宜对王育权说，陈学与王育海要好（王育海曾砍伤王英汉），要报复陈学。同年2月16日晚，王育宜纠集王育权分别蒙面，持剑寻找陈学，当发现陈学站在金江镇加笼园录像厅外面时，王育宜、王育权持剑向陈学头部砍去，陈学招架中被砍伤手臂后急忙逃避。二被告人紧紧追赶，并连续砍中陈学多剑，致其当场昏迷。经法医鉴定：被害人陈学鹰咀骨被砍断致残，属重伤。

上述犯罪事实，有被害人陈学对当晚被砍伤经过的陈述和现场目击证人王敏裕、王宗科的证言证实；有法医鉴定结论佐证；被告人王育宜、王育权供认不讳，且多次口供稳定一致，足以认定。

8.1991年6月21日下午，被告人杨大汉和王育承（在逃）在澄迈县二中校园内遇上陈英命时，便持刀追赶陈英命，因陈及时逃脱而未被砍中。当晚8时许，当杨大汉和王育承在二中门口附近再次遇上陈时，王育承便持长火药枪朝陈英命开枪，击中其左胸部，致陈英命中弹倒地，王育承、杨大汉逃离现场。被害人陈英命被送往海南省人民医院抢救治疗，经手术，从体中取出部分铁砂丸，尚有40多粒铁砂留在体内。经法医鉴定：被害人陈英命属重伤。

以上犯罪事实，有如下证据证实：被害人陈英命陈述当晚被王育承、杨大汉持刀砍杀，后被王育承开枪击中的事实经过；现场目击者王法周的证实王育承等追赶陈英命，并听到枪声的证言；被告人杨大汉供认其用刀砍陈英命及王育承开枪射伤陈英命的犯罪事实；澄迈县医院放射线检查报告单，证实陈英命左胸部壁软组织尚有48粒粉枪弹；法医鉴定结论证实，陈英命被散弹枪击中胸部，属重伤。被害人陈述、证人证言、被告人口供及法医鉴定结论相互吻合一致。证据确实充分。

9.被告人王英汉对徐瑞权有成见，怀恨在心，多次扬言要打徐。1991年8月12日晚，王英汉和王祝奋（在逃）在王宅村路口茶店喝茶时遇见被告人杨大汉，王祝奋即纠集杨大汉等几人持刀、斧、剑等凶器，窜到县工商局门前埋伏守候，当徐瑞权回家经过此地时，杨大汉等人蒙面蜂拥而上，朝徐身上乱砍，致徐受伤倒地才逃离现场。徐瑞权全身头、胸、背、肢体多处软组织被砍伤，左尺动脉断裂。经法医鉴定，徐瑞权的伤属重伤。

上述犯罪事实，有被害人徐瑞权的陈述证实，徐瑞权认出凶手之一是杨大汉；有证人王朝胜、王俊斌的证言证实；有被告人杨大汉详细交待砍伤徐瑞权经过的口供；被告人王育权证实王英汉多次声称要打徐瑞权；有法医鉴定结论佐证。事实清楚，证据确实充分。

10.被告人王英汉因与王育海有矛盾，王育海又与王育佳甚好，因此，王英汉多次表示要打王育佳。1991年7月14日晚10时许，被告人王育权手持“五四”式手枪，其同伙持斧头，窜到金江镇政府对面的小食店，朝正在吃东西的王育佳乱砍，致其右肩胛骨开放性骨折。王育权还开了一枪，未中。同年7月31日晚8时许，王育佳从医院回家的途中，又被被告人杨大汉及同案人王祝奋等人持斧头砍中，致左肩胛骨开放性骨折，左第6肋骨骨折。经法医鉴定，王育佳的伤属重伤。

以上犯罪事实，有被害人王育佳的陈述证实；有被告人王育权、杨大汉的口供证实，其供述作案的时间、地区、使用的作案工具、砍伤的部位、伤害的过程及细节，与王育佳陈述相一致；王育权供述王英汉扬言要收拾王育佳，并说要把他打残；王英强供述了王英汉指使其找王祝奋、杨大汉打王育佳的事实；法医鉴定结论证实王育佳被砍致重伤。证据确凿。

11.1991年10月10日晚，王祝奋因与王帮壮等人有矛盾，便与被告人王育宜分别纠集王育权及同案人何世哲(另案处理)、何泽源、王广文、王英友(在逃)等人，分别蒙面携带刀、斧、剑等凶器，窜到加乐镇。在加乐电影院外，王育宜等人将无辜群众陈有生腹部刺穿，后王育宜、王祝奋等人又冲入正放映电影的加乐电影院里，将邝观干右手尺骨砍断。王育权等人在电影院门口朝慌乱拥出电影院的群众乱打乱砍，将王帮壮、韩朝裕等人砍伤。这时民警王汉光鸣枪警告，王育宜等人才逃离现场。经法医鉴定，被害人邝观干的伤属轻伤，被害人陈有生的伤属重伤。

上述犯罪事实，有被害人陈有生、王帮壮、邝观干、韩朝裕的陈述证实；有现场目击者梁家春、王汉光的证言相互印证；被告人王育宜、王育权及同案人何世哲均供认不讳；王育权、何世哲同时供称本案的纠集者是王育宜和王祝奋；有法医鉴定结论辅证。证据确实充分，足以认定。

12.1992年2月18日下午，被告人王育宜、王育权、蔡兴儒驾驶摩托车出金江镇王宅村路口时，看见李军骑自行车路过，王育宜即对王育权、蔡兴儒说，李军经常说他们的坏话。随后掉转摩托车追赶李军，李军见状迅速逃走。王育权、蔡兴儒分别拔出“五四”式手枪，朝李军各开一枪，均未中。李军逃脱后，王育权还朝天开了一枪。

以上犯罪事实，有被害人李军的陈述证实；有现场目击证人王朝甫、王育辉的证言证实；被告人王育宜、王育权、蔡兴儒均一致供述，且口供内容与被害人陈述及证人证言相吻合；王育权、蔡兴儒同时供述王育宜对他们讲，李军说他爸爸的坏话，上去揍他。事实清楚，证据确凿。

13.1994年4月3日晚上，被告人杨大汉在金江镇“真善美”照相馆门口处，看见同伙王英友正在殴打陈军时，便伙同他人冲上去共同殴打陈军致伤。澄迈县公安局巡逻队员徐日河等人，闻讯赶到现场制止，王英友拔出一支“五四”式手枪向徐日河开枪，击中徐日河的小腿。经法医鉴定，徐日河的伤属轻伤。

前述犯罪事实，有被害人徐日河的陈述证实；有证人王善民、蒙星海、刘元利、黄大道的相同一致的证言证实；被告人杨大汉、蔡兴儒、王英强交待了杨大汉、王英友殴打陈军及王英友开枪击中徐日河的经过。被害人陈述、证人证言及被害人口供相互吻合，足资认定。

14.1992 年 8 月 4 日晚上，被告人王育宜纠集蔡兴明、何世哲等人，手持刀、斧等凶器，窜到加乐镇找富朗村人报复，在加乐镇遇见钟海时，被告人王育宜等人便持刀、斧砍钟海数刀，砍伤钟海左肩部、右锁部和右腰部，其中左肩峰骨和右锁骨均被砍断，钟海拼命逃脱。当晚，被告人王育宜、蔡兴明等人在返回效古村路经昌尾村外公路时，遇到陈世武、陈世涛等人路过，被告人蔡兴明便喊打，并与同伙多人一拥而上拳打刀砍，陈世涛被拳打脚踢致伤，陈世武的左肩部、左腰部和左环指中节背侧，被打砍伤。经法医鉴定，钟海的伤属重伤，陈世武的伤属轻伤。

上述犯罪事实有被害人钟海、陈世武的陈述证实；有证人陈有新、陈世涛、王光帝、陈民岛的证言证实；被告人王育宜、蔡兴明对砍伤钟海及陈世武的犯罪事实供认不讳；蔡兴明供认此次作案的纠集者是王育宜，但殴打陈世武是蔡兴明本人指使；有法医鉴定结论佐证。因此，证据确实充分。

15.1992 年 12 月 3 日，被告人王育权、符东勇、何泽源、王祝明等 10 余人到加乐镇加志村参加庙会，返回路上，因车辆坏了正在修理，加乐镇北统村的陈文丰、陈文帝、陈德彬等 10 余人乘坐一辆手扶拖拉机路过，车上有人问王育权等人是否需要人帮忙推车，王育权等人却认为是嘲笑他们，就喝令对方停车，责令手扶拖拉机上的人全部下车跪下。被告人符东勇、王育权等多人用斧头、刀、拳、脚对其逐个殴打。王育权还将陈文丰按在地上，然后踩其胸部，陈等受害人呼喊“救命”！王育权等人狂叫：“谁敢救，王英汉两车人马还在后面。”尔后又将拖拉机的轮胎砍破，砸坏机车才扬长而去。

上述犯罪事实有被害人陈文丰、陈文帝、陈德彬的陈述证实；被告人王育权、符东勇亦供述在案。被害人陈述、被告人口供关于作案的时间、地点、使用的作案工具、殴打的具体情节等，相互一致，足以认定。

16.1993 年 12 月，海南顺安实业公司与澄迈县政府签订合同，承建县政府东门至电视塔路段 1100 米的水泥大道。被告人王英汉获悉后，多次找该公司经理李余顺，无理提出参股合建，否则不准开工。李余顺不从。被告人王英汉便指使王育宜多次阻拦工程施工。王育宜还两次打电话到李余顺家进行威胁，称如继续施工，就买棺材装死人。同年 12 月 12 日，李余顺安排施工员王育安带领工人施工。王英汉闻讯后，指使王英强、杨大汉通知王育宜找人上工地制止开工。王育宜率领杨大汉、蔡兴儒、王英强、蔡亲龙（在逃）等人，蔡兴儒拿出三支手枪，分别交王英强、杨大汉各一支，自己携带一支，然后乘坐两辆摩托车赶到工地。王育宜强令工人停工，王育安不从，蔡兴儒等三人拔出手枪，王育宜接过蔡兴儒手中之枪发了一枪，并用枪指着铲车司机责令停车，工地被迫停工。李余顺被迫找王英汉“协商”，同意给王英汉付“治安管理费”人民币 18 万元，于同年 12 月 25 日与王英汉签订“协议”，分二次将 18 万元转入王英汉的帐户后，方动工。

上述犯罪事实，有如下证据证实：被害人李余顺及证人蔡兴发证实，李余顺承揽工程后，王英汉及王育宜多次强行要求入伙；证人蔡兴发、王育安、王育林、王仕力、王广平证实王育宜、王英强、蔡兴儒持枪威胁、阻拦施工的经过；被告人王育宜多次供述曾打电话到李余顺家进行威胁，其口供与李余顺之妻的证言相吻合；李余顺的“顺安实业发展有限公司”的转帐支票及王英汉的私人帐户进帐单，均证实李余顺支付王英汉人民币 18 万元；被告人王育宜、王英强、蔡兴儒、杨大权对犯罪事实供认不讳；王英强同时供述是王英汉让其通知王育宜等人前去阻拦施工的。被害人陈述、证人证言、被告人口供及书证等证据完全吻合，证据确实充分。

17.1993年8月的一天，女青年王宏美驾驶一辆摩托车，撞在刘福连用手扶拖拉机牵引货车的钢丝绳上，损坏了摩托车的车灯。被告人王育宜知道后，借机纠集符东勇、蔡兴儒、蔡兴明等人，多次窜至刘福连家，以炸毁房子和伤害其家人相威胁，无理要求刘福连赔偿人民币2万元。强行索要的2万元，被王育宜挥霍。

以上犯罪事实，有如下证据证实：被害人刘福连、陈元君陈述被王育宜等人威胁及支付2万元人民币的经过；证人吴清敏证实被损坏的摩托车全部修理费用仅762元，并证实王育宜曾称如果不赔偿2万元，就打死刘福连；证人王用强（摩托车主）证实，摩托车肇事当晚就与刘福连商定，由刘负责修理，并未委托王育宜出面解决，王育宜也分文没给王用强；被告人王育宜、蔡兴儒、符东勇、蔡兴明亦供认不讳，且相互一致。因此，事实清楚，证据充分。

18.1994年3月，被告人王英汉流氓集团成员之一邱光坤在文儒乡持刀残害群众，引起公愤被群众打死。清明节那天，被告人王英汉与被告人符东勇、王育宜、杨大汉、蔡兴儒、蔡笃清和何泽源、王育承、邱开慧、蔡新龙、王广亲（在逃）、王育贝（在逃）等人，由摩托车开道，王英汉偕同其前妻王桂蓉乘坐“本田”小轿车到文儒乡邱光坤坟地去祭奠。途中，他们车队中一辆摩托车撞在加乐镇青年王澄福的自行车尾部，以王澄福骑车挡道为借口，王育宜、蔡兴明等即追打王澄福，并将王澄福的自行车扔到桥下摔坏。

上述事实，有如下证据证实：被害人王澄福陈述案发的起因及被殴打的经过；被告人王育宜、蔡兴明供述殴打王澄福的过程，并供认当听到王澄福说是王英汉的亲戚时，他们才罢手。被害人陈述与被告人口供相互一致，足资认定。

19.1990年初，被告人王英汉交9000元人民币给符东勇，并指使符东勇、王英强由洪德成（另案处理）带领到八所，通过美亭乡的姜吉（另案处理）买回“五四”、“五九”式手枪各一支。不久，王英汉将“五九”式手枪卖给老城镇的王国武（另案处理），又以人民币3000元买回一支“五四”式手枪。

1991年10月，被告人王英丰通过刘军以人民币3400元向一儋州男青年买两支“五四”式手枪。1992年8月，又以人民币2500元买了一支“五四”式手枪。破案后追回“五四”式手枪三支，子弹22发。

此外，1990年至1994年上半年间，被告人王英汉先后分别指使符东勇、蔡兴儒、王英强藏匿其所买的枪支。被告人王育宜、符东勇、王育权、蔡兴儒、蔡笃清还先后分别携带仿“六四”式手枪三支、“五四”式手枪二支和“五九”式手枪一支，用于作案，并将枪藏在王英汉家中、柴房里、树上、石头堆中以及海口、加乐镇效古村等处。破案后，缴获“五四”式手枪二支子弹27发、“五九”式手枪子弹15发和260发步枪子弹。

上述犯罪事实，有如下证据证实：被告人王英汉、王英强、王英丰、符东勇供认非法购买枪支的经过，被告人口供与证人洪德成的证言相一致。被告人王育宜、符东勇、王育权、蔡兴儒、杨大汉分别供述王英汉家中藏有“五四”式手枪二支、“五九”式手枪一支、仿“六四”式手枪三支，并供述枪支为王英汉所有及枪支去向。且有追缴的枪支弹药为证。事实清楚，证据充分。

（五）二审判案理由

以被告人王英汉、王育宜为首的流氓集团，自1988年6月至1994年3月间，共计实施流氓、故意伤害等严重犯罪18宗，非法买卖和私藏各种枪支12支，子弹300余发。作案中，杀死1人，重伤7人，轻伤5人，索取财物20万元。原审判决认定的犯罪事实清楚，证据确实充分，定性准确。被告人王英汉、王育宜、符东勇、王育权、蔡兴儒、王英强、蔡兴明上诉提出的所谓部分犯罪事实不清、证据不足的理由，均不能成立。

被告人王英汉、王育宜、符东勇、王育权、蔡兴儒、王英强、杨大汉、王英丰、蔡兴明、蔡笃清目无国法，公然组成流氓集团，携带枪支弹药及刀、剑、斧等作案凶器，寻衅滋事，残害无辜，强拿硬要，称霸一方，严重危害了人民群众的生命和财产安全，严重扰乱和破坏了社会公共秩序。犯罪手段特别残忍，情节特别恶劣，后果特别严重，应依法严惩。

被告人王英汉、王育宜上诉否认其流氓集团首要分子地位。经查，被告人王英汉、王育宜以金钱和物质利益为诱饵，纠集流氓集团成员，指使、策划和组织实施犯罪。被告人王英汉非法购买枪支，指使集团成员私藏枪支弹药，武装集团成员。同时，用各种非法手段使其集团逃避法律制裁。被告人王英汉还直接实施犯罪二宗，打伤一人，勒索人民币18万元。指使他人实施犯罪五宗，致二人重伤。威逼被害人私了案件二宗。被告人王育宜，直接纠集指挥犯罪，被告人王英汉的犯罪意图大部分是通过王育宜组织实施的。被告人王育宜参与作案12宗，其中持枪作案三宗、持刀剑作案三宗，参与致死一人，重伤4人，索取财物20万元。因此，被告人王英汉、王育宜均是该流氓集团的首要分子。王英汉、王育宜所谓不是首要分子的上诉理由，纯属狡辩，不予采纳。但被告人王育宜不满14岁的一次作案，依法不认为是犯罪。不满18岁以前实施的犯罪，应依法从轻处罚。

被告人符东勇、王育权、蔡兴儒、王英强上诉均称不是主犯。经查，被告人符东勇、王育权、蔡兴儒、王英强长期食宿在王英汉家中，是流氓集团中的稳定成员，也是主要流氓犯罪的直接实施者。被告人符东勇参与作案8宗，其中，持枪作案三宗，打死一人，勒索财物2万元，非法买卖枪支二支。被告人王育权参与作案7宗，其中，持枪作案三宗，持刀、剑作案二宗，参与杀死一人，重伤二人。被告人蔡兴儒参与作案四宗，其中，持枪作案二宗，勒索财物20万元，私藏枪支三支。被告人王英强参与作案四宗，其中，持枪作案一宗，参与索取财物18万元，非法买卖枪支二支。被告人符东勇、王育权、蔡兴儒、王英强，在流氓集团中均起主要作用，均是主犯。其上诉理由皆不能成立，不予支持。

被告人蔡兴明上诉称，判处无期徒刑，量刑过重。经查，被告人蔡兴明参与作案三宗，殴打无辜群众二人并致一人轻伤，参与索取财物2万元。判处无期徒刑并无不当。其上诉无理，应予驳回。

被告人王英强、王育权上诉认为，检举揭发他人犯罪，有立功表现。经查，被告人王英强检举揭发他人犯罪属实，应认定为立功，该上诉理由应予采纳，可以从轻处罚。被告人王育权，虽能坦白交待，揭发同伙，认罪态度较好，但不能视为立功，且流氓犯罪的情节特别严重，其上诉无理，不予支持。

（六）二审定案结论

海南省高级人民法院根据《中华人民共和国刑事诉讼法》第一百三十六条第（一）、（二）项，作出如下判决：

1.驳回王英汉、王育宜、符东勇、蔡兴儒、王育权、蔡兴明上诉，维持原判。

2.维持海南中级人民法院（1994）海南法刑初字第76号刑事附带民事判决对杨大汉、王英丰、蔡笃清的定罪量刑。

3.撤销海南中级人民法院(1994)海南法刑初字第76号刑事附带民事判决对王英强的量刑部分,维持同一判决对被告人王英强的定罪。

4.王英强犯流氓罪,判处死刑,缓期二年执行,剥夺政治权利终身;犯非法买卖枪支罪,判处有期徒刑十年,剥夺政治权利三年;决定执行死刑,缓期二年执行,剥夺政治权利终身。

根据最高人民法院依法授权高级人民法院核准部分死刑案件的规定,本判决并为核准以流氓罪判处王英汉、王育宜、符东勇、王育权、蔡兴儒死刑,剥夺政治权利终身的判决。

(七)解说

王英汉等10人流氓犯罪集团案是社会各界普遍关注、震惊全国的一桩大案。对该案的审理从一审到二审都是正确的。其中,有以下两点值得强调:

首先,是本案的定罪问题。被告人王英汉从1988年起开始承包建筑工程,获取巨额利润,随着经济上的暴富,王英汉的主观恶性逐渐膨胀,产生了逞强霸道的思想意识。为了称霸一方,王英汉及其长子王育宜利用宗族、血缘、同学、朋友等关系,以金钱和物质利益为诱饵先后网罗了符东勇等数十人,凭借非法购买的枪支和收集的刀、斧、剑等凶器,多次有组织、有预谋地进行犯罪活动,或为王英汉泄私愤聚众行凶,重伤他人;或为王英汉家庭的非法利益,强拿硬要,勒索钱财,打死打伤他人;或寻衅滋事,残害无辜,严重地扰乱了社会公共秩序,已形成了以王英汉、王育宜为核心的犯罪集团。如果孤立地看待某一成员或某一段时间里所实施的某一宗案件,很难用一个罪名来概括这个集团的犯罪性质,因为有的属流氓闹事,有的属行凶伤人,还有的是买卖和收藏枪支,有的属于敲诈勒索。审判机关后来统一认识,从宏观上把握住了整个犯罪集团的性质,又从历史的连续性上看待各成员在犯罪集团中的地位、作用,所以,一、二审法院对王英汉一伙人的犯罪集团定性为流氓犯罪集团,同时对于一些成员在流氓犯罪过程中又实施了其他犯罪的,另行定罪。这样定性既能体现该案整体的统一性,又兼顾到了各被告人的特殊性,既不重复追究,又不会漏掉犯罪,既合乎法律,又符合案情。

其次,本案一、二审证据充分,量刑准确。在由10人组成的犯罪集团中要准确地区别和划分各被告人的地位和作用,从而解决刑事责任问题,并非易事。在审理中要对20多起犯罪进行逐一认定,也需作大量工作。一、二审法院经审理认为:王英汉、王育宜指使、策划、组织甚至直接实施流氓犯罪活动,是流氓集团的首要分子,符东勇、王育权、蔡兴儒、杨大汉、王英强是流氓集团中的固定成员,也是主要流氓犯罪的直接实施者,是主犯;王英丰、蔡兴明、蔡笃清在流氓犯罪中起次要作用,是从犯。经两审终审,以流氓罪判处王英汉、王育宜、符东勇、王育权、蔡兴儒等5名犯罪分子死刑,剥夺政治权利终身;杨大汉因犯罪时未满18周岁,被判处死缓;王英强被拘捕后因检举揭发他人犯罪而有立功表现,被处以死缓。对这个流氓集团成员所犯的故意伤害罪、非法买卖枪支罪、私藏枪支罪及三名从犯分别处以刑罚。对上述犯罪分子的犯罪事实的认定,证据充分确凿,对他们的量刑公正恰当。

(胡学相)

24. 李洪泰等故意杀人案
（量刑情节）

（一）首部

1. 判决书字号：山东省泰安市郊区人民法院(1994)郊刑初字第18号。

2. 案由：李洪泰等故意杀人案。

3. 诉讼双方

公诉机关：山东省泰安市郊区人民检察院，检察员韩红伟。

被告人：李洪泰，男，58岁，汉族，山东省泰安市人，农民。1994年2月6日因本案被逮捕。

被告人李洪泰未委托辩护人，自己行使辩护权。

被告人：李玉平，男，39岁，汉族，山东省泰安市人，农民。1994年2月6日因本案被逮捕。

辩护人：泰兴荣，山东省泰安市泰山区律师事务所律师。

被告人：李洪和，男，41岁，汉族，山东省泰安市人，农民。1994年2月6日因本案被逮捕。

辩护人：乔正路，山东省泰安市郊区退休干部。

被告人：李洪元，男，50岁，汉族，山东省泰安市人，农民。1994年2月6日因本案被监视居住。

被告人李洪元未委托辩护人，自己行使辩护权。

4. 审级：一审。

5. 审判机关和审判组织

审判机关：山东省泰安市郊区人民法院。

合议庭组成人员：审判长：刘少安；审判员：李泓、张传华。

6. 审结时间：1994年4月29日。

（二）诉辩主张

1. 山东省泰安市郊区人民检察院指控称

被告人李洪泰对其二子李玉国长期谩骂殴打父母不满。1994年1月2日李玉国酒后再次殴打其母后，引起被告人李洪泰、李玉平、李洪和、李洪元的共愤。经共谋后于次日凌晨1时许，四被告人趁李玉国熟睡之机，李洪泰手持大镢柄猛击李玉国头部数下，当即致李玉国颅脑损伤而死。后将尸体用被褥裹住，留下李洪元看家，其余三被告人将尸体用地排车运至村北扬水站，投入井内。尔后又将被褥、大镢柄焚烧灭迹。被告人李洪泰、李玉平、李洪和、李洪元的行为，已构成故意杀人罪。特提起公诉，请求依法惩处。

2. 被告人的答辩及其辩护人的辩护意见

被告人李洪泰、李洪元对泰安市郊区人民检察院指控的犯罪事实没有提出辩解。

被告人李玉平和李洪和的辩护人都认为：对起诉书认定被告人构成故意杀人罪无异议，

但他们是在被告人李洪泰及其妻遭受被害人李玉国长期虐待,在不堪忍受的情况下实施的义愤杀人,主观恶性较小,应当从轻处罚,且李玉平、李洪和二被告人不是本案的主犯。其理由是杀人的故意不是被告人李玉平、李洪和首先提出来的,在实施犯罪过程中,他们二人仅起到辅助作用。归案后,坦白交代,认罪态度较好,请求法庭予以减轻处罚。

(三)事实和证据

山东省泰安市郊区人民法院经公开审理查明:

李洪泰、李洪和、李洪元系同胞兄弟,李玉平、李玉国系李洪泰之子。8年前,次子李玉国想让父母用其亲妹妹换亲为其娶妻,这想法遭到拒绝后,便耿耿于怀,把李洪泰夫妇赶到山上居住,并常找借口殴打其父母和患有精神病的弟弟。李玉国则整日游手好闲,偷鸡摸狗,酗酒闹事,动不动就与人打架。1994年1月2日中午,李洪泰找了木匠在家安装门窗时,李玉国借故又用木棒追打她的母亲,后被人拉住。晚上,李玉国和木匠一起喝完酒后,见其母亲躲着不回家,又叫骂着把屋里的镜框砸烂,并对前来劝解的二叔李洪元、三叔李洪和及村里的两名治安人员谩骂不止。待李玉国睡下后,李洪泰让长子李玉平把被李玉国气走的李洪元、李洪和叫来,讲了李玉国打他母亲的经过,并对他们说:"有小国(指李玉国)在,家里人谁也没有办法活,今晚把他砸死算了。"李洪元、李洪和说:"这可是人命关天的事。"李洪泰说:"出了事我负责,自己的儿,咱不告谁告?"李玉平、李洪元、李洪和便同意了。夜里1时许,李洪泰拿着事先准备好的大镢柄,李玉平、李洪和、李洪元先后进入李玉国的房间,李洪和拿手电筒照着,李洪泰朝李玉国的头猛砸数下,将李玉国砸死。然后将尸体用塑料布、被褥包好,李洪泰、李洪和、李玉平,三人将尸体抬到地排车上,留下李洪元在家看家,他们把尸体拉到村北扬水站大井边后,李洪泰把尸体坠上一块石头投入井内。李玉平用事先准备好的柴油将李玉国衣物全部烧掉。回家后,李洪泰对他们三人讲:"如果有人问,就讲小国去东北了。"在李洪和、李洪元走后,李洪泰又将沾有血渍的大镢柄烧掉。

上述事实有下列证据证明:

1.被告人李洪泰、李玉平、李洪和、李洪元对犯罪事实供认不讳,且能相互印证。各被告人供述的情况与证人证言、现场勘查记录、法医鉴定结论相吻合。

2.现场勘查记录、法医鉴定结论中的"死者系被他人用钝器打击颅、面部致颅脑损伤而死亡"的鉴定结论与各被告人供述用大镢柄打击被害人头部的情况一致。

3.提取的被告人作案用的塑料布、绳子等物。

4.证人罗朝兰、燕玉芝等人证明被害人生前经常打骂父母以及其父母不满的证言;被害人之弟李玉华证明案发当天被害人殴打其母的证言。

(四)判案理由

山东省泰安市郊区人民法院认为:被告人李洪泰、李玉平、李洪和、李洪元无视国法,共谋将人砸死,其行为构成故意杀人罪,应予惩处。案发后,被告人所在村群众联名上书,要求对上列各被告人宽大处理。鉴于李玉国长期虐待父母,其亲属在义愤之下将其杀死,应视为情节较轻。作案中,被告人李洪泰起主要作用,系主犯;被告人李玉平、李洪和、李洪元起辅助作用,为从犯。按他们犯罪的特定情节,考虑民意,依法可以从轻、减轻判处。

(五)定案结论

山东省泰安市郊区人民法院根据《中华人民共和国刑法》第一百三十二条、第二十二条、第二十三条、第二十四条、第六十七条,作出如下判决:

1. 李洪泰犯故意杀人罪，处有期徒刑四年。

2. 李玉平犯故意杀人罪，处有期徒刑二年，宣告缓刑三年。

3. 李洪和犯故意杀人罪，处有期徒刑一年，宣告缓刑二年。

4. 李洪元犯故意杀人罪，处有期徒刑六个月，宣告缓刑一年。

(六)解说

山东省泰安市郊区人民法院对本案的认定与判决是正确的。

在我国，任何人的生命都有权受到法律的保护。法律不允许任何人，以任何目的、任何理由，私自处死他人，包括处死有违法犯罪行为的亲属。本案中，虽然被害人李玉国好吃懒做，长期虐待父母，横行乡里，为当地人所厌恶，李洪泰、李玉平、李洪元、李洪和基于义愤而将李玉国杀死，可谓"大义灭亲"，但仍然触犯了我国刑法的规定，构成故意杀人罪。

我国《刑法》第一百三十二条对故意杀人罪规定了两种不同的量刑幅度：一是死刑、无期徒刑或十年以上有期徒刑；二是情节较轻的处三年以上十年以下有期徒刑。泰安市郊区人民法院根据行为人"基于义愤"这一特殊情节，结合考虑本案被害人生前的劣迹引起义愤这种具体情况，以及当地群众纷纷要求司法机关从轻处罚被告人的民意，以故意杀人罪判处李洪泰有期徒刑四年，对李玉平、李洪和、李洪元三人减轻判处，并宣告缓刑，是恰当的。这一量刑既体现了罪刑相适应的法律原则，也照顾到了群众的意见，可谓兼顾了情与法。

从共同犯罪的情况来看，李洪泰与其他三人在犯罪过程中的地位与作用有所不同。李洪泰不仅首先提出了杀人的故意，而且实施了主要的犯罪行为；李玉平、李洪和、李洪元三人在犯罪过程中起次要作用，系共同犯罪中的从犯。所以，泰安市郊区人民法院判决书中对主、从犯的认定与判处，是适当的。

(谢　萍)

25. 邓玉财盗窃、故意杀人、于敏等盗窃案
(累犯、自首)

(一)首部

1. 裁判书字号

一审判决书：黑龙江省哈尔滨市中级人民法院(1994)哈刑初字第111号。

二审裁定书：黑龙江省高级人民法院(1994)黑刑终字第85号。

2. 案由：邓玉财盗窃、故意杀人、于敏等盗窃案。

3. 诉讼双方

公诉机关：黑龙江省哈尔滨市人民检察院，检察员肖福林、代理检察员唐如英。

被告人：邓玉财，男，47岁，汉族，吉林省长春市人，工人。1994年5月7日因本案被逮捕。

一审辩护人：刘长庚，黑龙江省哈尔滨市律师事务所律师。

被告人(上诉人)：于敏，男，汉族，山东省昌邑县人，无职业。1980年9月因盗窃罪被判处有期徒刑一年六个月；1982年8月因犯脱逃、盗窃枪支罪，数罪并罚，被判处有期徒刑八

年;1983 年 3 月因犯脱逃、盗窃、抢劫罪,数罪并罚,被判处有期徒刑十七年,1993 年 11 月 29 日被减刑后刑满释放。1994 年 5 月 7 日因本案被逮捕。

一、二审辩护人:杨滨来,黑龙江省哈尔滨市经济开发律师事务所律师。

一审辩护人:计育三,哈尔滨市经济开发律师事务所律师。

被告人(上诉人):隋国华,男,38 岁,汉族,黑龙江省阿城市人,无职业。1980 年 10 月因犯盗窃罪,被判处有期徒刑二年六个月;1985 年 9 月因犯惯窃罪被判处有期徒刑十五年,1993 年 8 月被减刑后刑满释放。1994 年 5 月 7 日因本案被逮捕。

一审辩护人:张雨春,黑龙江省阿城市律师事务所律师。

被告人(上诉人):王嘉棋,男,32 岁,汉族,河北省临榆县人,无职业。1980 年 9 月因犯盗窃罪被判处有期徒刑一年六个月;1985 年 9 月因犯惯窃罪被判处有期徒刑十年,1992 年 2 月 22 日被减刑后刑满释放。1994 年 5 月 7 日因本案被逮捕。

一审辩护人:赵淑贤,黑龙江省哈尔滨市冰城律师事务所律师。

4. 审级:二审、复核审。

5. 审判机关和审判组织

一审法院:黑龙江省哈尔滨市中级人民法院。

合议庭组成人员:审判长:邓继光;审判员:李连志、刘福滨。

二审法院:黑龙江省高级人民法院。

合议庭组成人员:审判长:崔振东;代理审判员:田佳林、张清文。

6. 审结时间

一审审结时间:1994 年 6 月 10 日。

二审审结时间:1994 年 7 月 8 日。

(二)一审诉辩主张

1. 黑龙江省哈尔滨市人民检察院指控称

被告人邓玉财于 1994 年 3 月初伙同被告人于敏、隋国华、王嘉棋在呼兰县税务局仓库内盗窃增值税发票正副本各 800 本;被告人邓玉财于 1994 年 2 月 8 日 20 时许,在自己住处将被害人王玉娟杀死并碎尸;被告人于敏于 1993 年 12 月至 1994 年 3 月在哈尔滨、鸡西单独盗窃作案 3 起,窃得他人财物合计价值人民币 3400 余元。上述事实,有证人证言、公安机关现场勘查笔录、刑事技术鉴定书和收缴的部分赃物在案佐证。被告人邓玉财、于敏、隋国华、王嘉棋,对犯罪事实亦供认不讳。黑龙江省哈尔滨市人民检察院认为:被告人邓玉财的行为触犯了《中华人民共和国刑法》第一百五十二条、第一百三十二条,构成故意杀人罪、盗窃罪;被告人隋国华、于敏、王嘉棋的行为触犯了《中华人民共和国刑法》第一百五十二条,构成盗窃罪,特提起公诉,请法院予以惩处。

黑龙江省哈尔滨市人民检察院同时认为:根据《中华人民共和国刑法》第二十二条、第二十三条、第二十四条、第六十四条、第六十一条、第六十三条,被告人邓玉财系共同盗窃犯罪主犯,且犯有数罪;被告人于敏、隋国华系共同盗窃犯罪主犯,且系累犯;被告人王嘉棋系共同盗窃犯罪从犯,并自首,且系累犯。依据全国人大常委会《关于严惩严重破坏经济的罪犯的决定》第一条第(一)项之规定,对被告人邓玉财、于敏、隋国华应当从重处罚。

2. 被告人的答辩及其辩护人的辩护意见

四被告人均对指控的犯罪事实不持异议。

四名被告人的辩护人均认为，黑龙江省哈尔滨市人民检察院指控被告人邓玉财所犯盗窃、故意杀人罪，被告人于敏、隋国华、王嘉棋所犯盗窃罪事实清楚，证据确实、充分，应依法予以惩处。被告人邓玉财的辩护人且认为被告人无前科，认罪态度好，请法院依法酌情处理。被告人于敏、隋国华的辩护人分别认为，于敏、隋国华在该盗窃犯罪中处于被支配地位，盗窃所造成的直接损失决定了二人的犯罪是“情节严重”，而不是“情节特别严重”，被告人的认罪态度好，请法院予以公正判决。被告人王嘉棋的辩护人认为王具有法定的、酌定的从轻或减轻处罚的情节。主要事实依据是：(1)被告人王嘉棋是本案的从犯。实施盗窃增值税发票过程中，王嘉棋两次推脱没去，盗窃增值税发票正本时，其在车里，没有到现场去具体实施犯罪，没有分得任何赃款赃物，所以其在犯罪中的作用是次要的。(2)被告人王嘉棋系投案自首。在呼兰税务局增值税发票被盗后公安机关尚未确知各名被告人的情况下，王嘉棋到哈市公安局投案，同时检举了同案三名被告人，并带领公安人员将三名同案犯抓获。(3)检举揭发被告人邓玉财故意杀人一案。根据《刑法》第二十四条、第六十三条，对王嘉棋应减轻或者免除处罚。此外，王嘉棋盗窃增值税发票的动机是出于哥们义气，而不为追求享乐，在量刑时，应该酌情从轻处罚。

（三）一审事实和证据

黑龙江省哈尔滨市中级人民法院经公开审理查明：

1.1994 年 3 月 3 日，被告人邓玉财对被告人王嘉棋、隋国华提出窃取增值税发票卖钱，王、隋表现同意，隋国华又找到被告人于敏，于敏也表示同意。3 月 4 日，邓玉财等四人由哈尔滨市窜至阿城市税务局进行窥探，发现了该局存放报表的仓库。后被告人王嘉棋称有事和被告人邓玉财于当日回哈。3 月 5 日凌晨 2 时许，于敏、隋国华潜到阿城市税务局，撬开并进入该局报表仓库，见没有增值税专用发票，二人逃离现场，于当日上午 9 时许回到哈尔滨，把情况告知邓玉财、王嘉棋。邓玉财又提出去呼兰县税务局作案，王嘉棋称有事未去。邓玉财、于敏、隋国华于当日下午窜到呼兰县税务局窥探情况，发现了该局存放增值税发票的仓库。晚 6 时许，三人窜至该仓库打碎仓库玻璃欲入库作案时，见有人走动，遂暂时离开现场。晚 11 时许三人又来到现场，邓玉财望风，隋国华在外接应，于敏进入库内，窃得增值税专用发票副本 800 本(4 万份)，三人租车将这些发票拉回哈市王嘉棋家，发现是发票副本，邓玉财说副本没用，提出再去呼兰县税务局一趟，并让王嘉棋同去。3 月 6 日凌晨 2 时许，四被告人租乘一辆轿车，再次窜至呼兰县税务局，王嘉棋看车，隋国华在仓库外接应，邓玉财、于敏入库，共窃得增值税发票正本 800 本(4 万份)，四被告人乘车将发票正本拉回哈市王嘉棋家。3 月 6 日、7 日邓玉财先后卖掉增值税专用发票正本 6 本，得款 8000 元，分别给于敏、隋国华各 3000 元。欲继续销赃时，邓玉财、王嘉棋见呼兰县税务局增值税发票被盗案见报，被盗发票册号已声明作废，认为销赃无望，邓玉财提出将剩余发票烧毁。二被告人为转移侦查视线，将销毁地点定在呼兰县，3 月 13 日晚 19 时许，王嘉棋乘其同学张爱鸣驾驶的北京 213 型吉普车，与邓玉财将销赃剩余的发票拉到呼兰县特种钢厂家属楼一地池内，将发票点燃后逃离现场。

上述事实有下列证据证明：

(1)证人孙仁、王长中分别证实向公安机关报告增值税发票被盗情况和发现销毁增值税发票现场情况；

(2)呼兰县税务局材料证实增值税发票被盗和收回数量；

(3)阿城市税务局材料证实报表仓库被撬,未丢失物品;

(4)公安机关对增值税发票被盗现场和销毁现场的现场勘查笔录。及追缴和清理收回的增值税发票正本651本、副本85本;

(5)发票被盗现场玻璃碎片上提取的指纹痕迹系被告人于敏左手食指遗留的刑事技术鉴定书;

(6)证人张爱明证实其驾车与邓玉财、王嘉棋到呼兰县销毁增值税发票的情节;

(7)证人王金本证实从邓玉财处购得增值税专用发票正本4本;

(8)被告人邓玉财、于敏、隋国华、王嘉棋的供述。

2.被告人邓玉财于1991年3月间,与被害人王玉娟(女,29岁)相识后,关系暧昧,不久二人便租房姘居,同年6月,邓玉财与其妻离婚,与王玉娟长期同居。1993年11月,王玉娟与李广令(男,40岁)相识后,多次发生两性关系,并收下李赠予的金项链、金戒指等物品。此后,王玉娟提出与邓玉财分手,又经常不回邓住处,引起邓玉财不满。1994年2月8日,王玉娟到邓玉财的住处,再次提出与邓分手,邓听后恼怒,产生杀王之念,趁王躺在床上,将王掐昏后,用哑铃砸王头部数下至其死亡,后碎尸。同年2月11日,被告人邓玉财雇出租车,将装在旅行袋内的王的碎尸,拉到哈尔滨市南岗区东兴街一居民菜窖内埋置。

上述事实有下列证据证明:

(1)证人乔亚彬证实1994年2月9日邓玉财告诉她已将王玉娟杀死,她认出邓玉财拎的旅行包内的烟色不倒绒裤子是王玉娟的,包里还有一双女式棕色粗跟棉鞋等衣物;

(2)证人王玉梅证实,1994年2月8日王玉娟穿一条烟色不倒绒裤子,一双烟色大跟皮鞋;

(3)被告人王嘉棋证实1994年2月9日下午邓玉财告诉他已将王玉娟杀死;

(4)李广令证实其与王玉娟的关系及二人商谈如何摆脱邓玉财之事;

(5)公安机关对被害人王玉娟被杀现场和碎尸掩埋现场的勘查笔录;

(6)被告人邓玉财住处地板革上的B型人血与王玉娟血型一致的刑事技术鉴定书;

(7)被告人邓玉财的供述。

3.被告人于敏于1993年12月的一天,在哈尔滨市兆麟公园内窃取一男子孔雀牌、柯尼卡牌照相机各一架,价值人民币780元。被告人于敏于1994年1月23日夜间窜至哈尔滨市南岗区木兰街19号,撬门进入李松岩经营的新时代音像服务社,窃取录像带150盘,价值人民币1926元。被告人于敏于1994年3月间窜至鸡西市一居民住宅,窃取苏制军用灰呢子大衣2件,价值人民币600元,及国库券110元。

上述事实有下列证据证明:

(1)证人李松岩证实录像带被盗情况;

(2)有收缴的赃物照相机2架、苏制军用呢子大衣2件扣押在案;

(3)物价部门出具的赃物价值证明;

(4)被告人于敏的供述。

(四)一审判案理由

黑龙江省哈尔滨市中级人民法院认为:被告人邓玉财提起犯意,纠集被告人于敏、隋国华、王嘉棋窃取增值税发票,数量巨大,于敏以非法占有为目的,3次秘密窃取他人财物,数额较大,四被告人的行为触犯《中华人民共和国刑法》第一百五十二条,构成盗窃罪;被告人邓玉财因被害人王玉娟欲与其分手，心怀不满，用哑铃砸王头部，致王当即死亡，其行为触犯《中华人民共和国刑法》第一百三十二条，构成故意杀人罪。

被告人邓玉财系本案主犯，且犯有数罪，应从重处罚；被告人于敏、隋国华、王嘉棋亦系本案主犯，且刑满释放后三年内又犯应判处有期徒刑以上刑罚之罪，均系累犯，对被告人于敏、隋国华亦应从重处罚；鉴于被告人王嘉棋在犯罪后能到公安机关投案自首，交待犯罪，检举被告人邓玉财的杀人犯罪，协助公安人员将被告人邓玉财、于敏、隋国华捕获，可对其从轻处罚。

（五）一审定案结论

黑龙江省哈尔滨市中级人民法院根据《中华人民共和国刑法》第一百五十二条、第一百三十二条、第二十二条、第二十三条、第六十四条、第六十一条、第六十三条、第五十二条、第五十三条第一款及全国人大常委会《关于严惩严重破坏经济的罪犯的决定》第一条第（一）项，作出如下判决：

1. 邓玉财犯盗窃罪，判处死刑，剥夺政治权利终身；犯故意杀人罪，判处死刑，剥夺政治权利终身；决定执行死刑，剥夺政治权利终身。

2. 于敏犯盗窃罪，判处死刑，剥夺政治权利终身。

3. 隋国华犯盗窃罪，判处死刑，剥夺政治权利终身。

4. 王嘉棋犯盗窃罪，判处有期徒刑十三年，剥夺政治权利三年。

（六）二审情况

1. 二审诉辩主张

一审法院判决后，公诉机关哈尔滨市人民检察院不抗诉。被告人邓玉财、于敏、隋国华、王嘉棋均以量刑过重为理由提出上诉。于敏的二审辩护人，以于敏系从犯和量刑过重为理由提出辩护意见。

2. 二审事实和证据

黑龙江省高级人民法院经审理查明：

上诉人邓玉财、于敏、隋国华、王嘉棋于 1993 年 3 月初，结伙盗窃呼兰县税务局增值税专用发票正本 4 万份、副本 4 万份，邓玉财卖掉正本 6 本，得款 8000 元，分给于敏、王嘉棋各 3000元。邓玉财同年 2 月 8 日晚 8 时，在其家中将王玉娟杀死并碎尸。于敏于 1993 年 12 月至 1994 年 3 月间，在哈尔滨市、鸡西市盗窃作案 3 起，窃得款物合计值人民币 3400 余元。

上述事实有下列证据证明：

（1）证人王金平、乔亚彬、李松岩等证言；

（2）现场勘查笔录；

（3）刑事技术鉴定书；

（4）收缴的赃物；

（5）被告人邓玉财、于敏、隋国华、王嘉棋的供述。

3. 二审判案理由

黑龙江省高级人民法院认为：上诉人邓玉财、于敏、隋国华、王嘉棋秘密窃取增值税专用发票，已构成盗窃罪，其窃得增值税专用发票正本 4 万份，副本 4 万份，情节特别严重。邓玉财、于敏、王嘉棋均系本案主犯；于敏、隋国华、王嘉棋又系累犯；邓玉财并犯有故意杀人罪，均应从重处罚。但考虑上诉人王嘉棋作案后能投案自首，协助公安机关抓获同案犯，并检举他人犯罪，可从轻处罚。原审判决根据四上诉人的犯罪事实、情节及各自罪责，定罪准确，量刑适当。上诉人邓玉财、于敏、隋国华、王嘉棋的上诉理由均不能成立。

4.二审定案结论

黑龙江省高级人民法院根据《中华人民共和国刑事诉讼法》第一百三十六条第(一)项，作出如下裁定：

驳回上诉，维持原审判决。

根据最高人民法院《关于授权高级人民法院核准部分死刑案件的规定》，本裁定并为核准以盗窃罪判处邓玉财死刑，剥夺政治权利终身；以故意杀人罪判处死刑，剥夺政治权利终身；决定执行死刑，剥夺政治权利终身；核准以盗窃罪，判处于敏死刑，剥夺政治权利终身；核准以盗窃罪，判处隋国华死刑，剥夺政治权利终身的裁定。

(七)解说

伪造、倒卖、盗窃增值税专用发票的行为，具有极大的社会危害性。为维护税收经济秩序和社会治安秩序，保证新税制的顺利实施，有力打击此类犯罪活动，最高人民法院、最高人民检察院于1994年6月3日联合发布了《关于办理伪造、倒卖、盗窃发票刑事案件适用法律的规定》，其中第四条规定：盗窃增值税专用发票的，以盗窃罪追究刑事责任。盗窃数量在25份以上的，依照《刑法》第一百五十一条的规定处罚；盗窃数量在250份以上的，依照《刑法》第一百五十二条的规定处罚；情节特别严重的，依照《全国人民代表大会常务委员会关于严惩严重破坏经济的罪犯的决定》第一条第(一)项的规定处罚。邓玉财、于敏、隋国华、王嘉棋盗窃增值税专用发票800本，计4万份，如果全部被盗发票都按最高限价计算，可抵扣税款581亿1965万8000元，将会给国家造成特别巨大的经济损失，因此其犯罪的确属情节特别严重，应予严惩。

(王桂萍　姜春艳)

26. 吴学智等故意杀人、流氓、抢劫、窝藏案
(数罪并罚、自首)

(一)首部

1.判决书字号

一审判决书：广东省潮州市中级人民法院(1993)潮中法刑初字第46号。

二审判决书：广东省高级人民法院(1994)粤高法刑终字第78号。

2.案由：吴学智等故意杀人、流氓、抢劫、窝藏案。

3.诉讼双方

公诉机关：广东省潮州市人民检察院，检察员罗茂裕。

附带民事诉讼原告人：余永明，男，1925年1月5日生，广东省饶平县人，退休干部。系被害人余俊钦之父。

委托代理人：余俊，男，1947年12月29日生，广东省饶平县人，个体户。系被害人余俊钦之胞兄。

被告人（上诉人）：吴学智，男，1873年7月24日生，汉族，广东省饶平县人，无业。1993年9月4日因本案被逮捕。

一、二审辩护人：陈和喜，广东省澄海县第一律师事务所律师。

王文奕，广东省澄海县第一律师事务所律师。

被告人：陈伟群，男，1971年1月26日生，汉族，广东省饶平县人，无业。1993年9月4日因本案被逮捕。

一审辩护人：林贵之，广东省饶平县律师事务所律师。

被告人：余世炎，男，1974年1月12日生，汉族，广东省饶平县人，无业。1993年9月4日因本案被逮捕。

被告人余世炎未委托辩护人，自己行使辩护权。

4. 审级：二审。

5. 审判机关和审判组织

一审法院：广东省潮州市中级人民法院。

合议庭组成人员：审判长：赖广臣；审判员：肖友胜；代理审判员：詹春星。

二审法院：广东省高级人民法院。

合议庭组成人员：审判长：谭福宝；代理审判员：李江培、何伙荣。

6. 审结时间

一审审结时间：1994年1月8日。

二审审结时间：1994年1月25日。

（二）一审诉辩主张

1. 广东省潮州市人民检察院指控称

被告人吴学智、陈伟群于1993年4月17日晚10时许，在广东省饶平县黄冈镇丁未革命纪念碑石像东侧见一男青年（余俊钦，26岁）对他俩盯着看，陈便辱骂余，余还口时，陈即上前拳打余的左胸，并脚踢余的小腿。余要还手，吴即上前拳打余的左胸、下腹部。余被打后退，吴追上并从身上掏出牛角刀向余的左胸猛刺一刀，余被刺后倒地。陈还上前抓住余的衣领，想再殴打余，吴见状叫陈不要再打。随后吴、陈二人逃离现场。吴、陈二人先逃到同案人郑臣进（已作免诉处理）住处，叫郑到现场察看被害人的情况，得知被害人已死亡。吴学智即将牛角刀和身上血衣藏于郑住处，向郑要了一件上衣穿上后，吴、陈逃至黄冈镇玻璃发廊找到被告人余世炎和同案人庄二弟（另案处理），告知余、庄二人其刺人之事，余世炎即拿出人民币30元给陈伟群，然后雇一辆二轮摩托车给吴、陈二人逃离黄冈镇。另外，被告人吴学智、陈伟群、余世炎于1993年4月17日下午5时许，窜到饶平县黄冈镇北门停车场，采用暴力、胁迫手段，抢劫汤××人民币265元，三被告人各分得赃款人民币75元，余款共同花光。被告人吴学智的行为分别构成故意杀人罪、抢劫罪；被告人陈伟群之行为分别构成流氓罪、抢劫罪；被告人余世炎之行为分别构成抢劫罪、窝藏罪。陈伟群、余世炎能投案自首，依法可从轻处罚。

2. 附带民事诉讼原告人及其代理人诉称

附带民事诉讼原告人余永明及其委托代理人诉称：因被告人吴学智、陈伟群的犯罪行为致使被害人余俊钦死亡，造成被害人家属经济损失，被告人吴学智、陈伟群应赔偿被害人的丧葬费6000元、抚养费和人命费6万元、赡养费6万元及民事原告人因悲伤病倒的医疗费

600 元，总计人民币 126600 元。

3. 被告人的答辩及其辩护人的辩护意见

被告人吴学智辩解称：其走近被害人时被害人先动手，且其当时饮了酒，头昏，一时气愤才用刀刺被害人，没有杀人故意；对于民事赔偿，自己无经济能力。其辩护人辩称：被告人与被害人无利害冲突，又互不相识，无杀人故意，其行为只是故意伤害；且被害人在当时情况下不能忍让，也有过错；被告人归案后能坦白交代，有悔罪表现，应从轻处罚。民事原告人提出的人命费、抚养费、赡养费、医疗费等不是犯罪行为造成的直接经济损失，应予驳回。

被告人陈伟群辩解称：流氓犯罪时只拳打脚踢被害人各一下，不知道吴用刀刺被害人；抢劫是余世炎提议，抢劫过程未殴打被害人。对于赔偿问题，自己无经济能力。其辩护人辩称：被告人是酒后流氓犯罪，在共同抢劫中是从犯，且能投案自首，建议予以从轻或减轻处罚。

被告人余世炎辩解称：吴学智、陈伟群逃跑时没有告知其杀人的事实，仅说了打架的过程；能投案自首，要求从轻处罚。

（三）一审事实和证据

广东省潮州市中级人民法院经公开审理查明：

被告人吴学智、陈伟群于 1993 年 4 月 17 日晚 10 时许，从黄冈镇北园酒家回家途中，手拉手唱着歌，行至丁未革命纪念碑石像东侧时，见男青年余俊钦看着他俩，陈伟群即辱骂余俊钦，并质问余："你看我干什么？"余俊钦答道："你怎么知道我看你。"陈伟群即上前拳打余的左胸，脚踢余的小腿。余俊钦要还手，吴学智上前用拳猛打余的左胸部和下腹部。余俊钦说："你们二人打我一人。"同时用手抓吴学智的上衣，见吴用拳打来即后退，吴学智紧追上前，掏出牛角刀向余的左胸部猛刺一刀，致余倒下。陈伟群不知余已被刺，又上前抓住余的衣领，欲再次殴打余。吴学智见状即减："别打了，够了！"陈听后拾起吴丢在地上的上衣与吴逃离现场。吴、陈逃至黄冈镇下市同案人郑臣进（已作免诉处理）住处。郑臣进见吴、陈脸色不正常，即问吴、陈何事，陈伟群遂将吴学智刺人之事告知郑，让郑到现场看情况。郑臣进到现场见被害人已死，即告知吴、陈。吴学智便将凶器牛角刀及带血上衣藏于郑的住处，向郑要了一件上衣后与陈伟群离开郑处。吴、陈二人遂到黄冈镇琉璃发廊找到被告人余世炎、同案人庄二弟（另案处理），将打架刺人的事告知余、庄二人。余世炎即拿出人民币 30 元给陈伟群，并雇来一辆二轮摩托车让吴、陈乘车逃离黄冈镇。吴、陈二人于次日逃至汕头市，被告人余世炎也于次日到汕头市找到吴、陈，而后三人同往澄海县莲下镇槐泽村王××家躲藏。后陈伟群、余世炎先后离开槐泽村。同年 4 月 21 日，余世炎回到饶平县黄冈镇，到城北治安主任家投案，次日，引带公安人员到澄海县莲下镇槐泽村王××家抓获吴学智。同年 5 月 10 日，陈伟群由其父带到公安机关投案。

被害人余俊钦被刺后当场死亡。经法医鉴定，余俊钦系被锐器刺伤左下胸，致胸主动脉破裂，大出血死亡。被害人余俊钦之家属用去丧葬费人民币 6000 元及其他部分经济损失。

另外，被告人吴学智、陈伟群、余世炎还于 1993 年 4 月 17 日下午 8 时许，窜到饶平县黄冈镇北门停车场，余世炎手拿锁匙敲打正在修车的柘林镇中巴（客车）司机汤××的头，汤××即举起手中修理工具，抬头见是余世炎，便向余道歉，余殴打汤××数下，然后将汤带到另一辆中巴上，吴学智、陈伟群也跟上该辆中巴并动手殴打汤，三人迫汤交出人民币 300 元。汤××被迫当场向他人借了人民币 200 元，连同自己身上的 65 元交给余世炎。三被告人得款后逃离现场，各分得赃款人民币75元，余款共同花光。

经法医鉴定，被害人汤××系被钝器击伤，属轻微伤。

上述事实有下列证据证明：

1. 被害人汤××的陈述；

2. 证人证言；

3. 同案人供述；

4. 公安机关的现场勘查笔录及刑事科学技术鉴定书、现场照片；

5. 提取的作案工具牛角刀、物证血衣等；

6. 三被告人的供述。

（四）一审判案理由

广东省潮州市中级人民法院认为：

被告人吴学智无故寻衅滋事，动辄持刀行凶，致人死亡，其行为已构成故意杀人罪；其结伙抢劫公民财产，其行为又已构成抢劫罪，均应依法严惩。

被告人陈伟群寻衅滋事，无故殴打他人，情节恶劣，其行为已构成流氓罪；其还结伙抢劫公民财产，其行为又已构成抢劫罪，均应依法严惩。

被告人余世炎结伙抢劫公民财产，其行为业已构成抢劫罪；其明知吴学智、陈伟群是犯罪分子而为其提供资助，帮助其藏匿，逃避侦查，其行为又已构成窝藏罪，也均应依法惩处。

鉴于陈伟群、余世炎能投案自首，余世炎还协助公安机关抓获吴学智，可视为立功表现，均可依法从轻或免除处罚。

附带民事诉讼原告人余永明提出的经济赔偿要求，合理合法部分，可予支持。

（五）一审定案结论

广东省潮州市中级人民法院根据《中华人民共和国刑法》第一百三十二条、第一百六十条、第一百五十条第一款、第一百六十二条、第六十四条、第五十三条、第二十二条、第六十三条、第三十一条，作出如下判决：

1. 吴学智犯故意杀人罪，判处死刑，剥夺政治权利终身；犯抢劫罪，判处有期徒刑三年；决定执行死刑，剥夺政治权利终身。

2. 陈伟群犯流氓罪，判处有期徒刑六年；犯抢劫罪，判处有期徒刑三年；决定执行有期徒刑九年。

3. 余世炎犯抢劫罪，判处有期徒刑四年；犯窝藏罪，免除刑罚；决定执行有期徒刑四年。

4. 吴学智之父吴彦英代赔人民币3200元，陈伟群之父陈瑞振代赔人民币3000元，总计赔偿人民币6200元，予以照准。

（六）二审情况

1. 二审诉辩主张

一审判决宣判后，吴学智不服，提出上诉。吴学智上诉提出：其没有杀人的故意；其参与抢劫是被告人余世炎纠集去讨钱的，没有抢劫的故意，也没有动手打人。其二审辩护律师提出：吴学智只有伤害余俊钦的故意，原判认定故意杀人罪的定性依据不足。

2. 二审事实和证据

广东省高级人民法院经审理查明：

1993年4月17日晚上10时许，上诉人吴学智、原审被告人陈伟群路过饶平县黄冈镇菜场街黄冈丁未革命纪念碑石像东侧，陈伟群无端辱骂站在石像旁边的一男青年(即被害人余俊钦)，余俊钦还口时，陈伟群上前用拳脚殴打余，余被打要还手时，吴学智亦上前用拳殴打余，余也揪住吴的上衣，吴学智遂掏出牛角刀向余的左胸腋部位猛刺一刀，致余俊钦倒地。陈伟群以为余假装倒地，又上前抓住余的衣领，意欲继续殴打。吴学智见状制止说够了。二人遂逃离现场。吴、陈二人逃至同案人郑臣进(作免予处理)住处，陈伟群告知郑并让其到现场窥探情况。当郑返回说被害人已死，吴学智即将牛角刀和身上带血的上衣藏于郑的住处，而后与陈伟群逃到黄冈镇城北琉璃发廊找到原审被告人余世炎和同案人庄二弟(另案处理)，将刺死人的事告知其二人。余世炎即拿出人民币30元给陈伟群作其二人潜逃盘缠，并雇摩托车载吴、陈二人连夜逃离黄冈镇。吴、陈二人次日逃至汕头市吴学智之兄吴学成处，余世炎也于次日在汕头市吴学成处找到其二人，随三人逃至澄海县莲下镇槐泽村藏匿，后陈伟群、余世炎先后离开槐泽村。余世炎于同年4月21日回饶平县黄冈镇投案，并带领公安人员到澄海县莲下镇槐泽村抓获吴学智。同年5月10日，陈伟群投案。

被害人余俊钦被刺后当场死亡。经法医鉴定，余俊钦生前系被他人用锐器刺伤左下胸，致胸主动脉破裂，大出血死亡。

另外，上诉人吴学智、原审被告人陈伟群、吴学智还于1993年4月17日下午5时许，结伙窜到饶平县黄冈镇北门停车场，余世炎首先动手殴打汤××，继而将汤××带到一中巴上，三人共同殴打汤××，逼迫汤交出人民币300元。汤被迫借来人民币200元，连同身上人民币65元，交给余世炎。余等三人逃离现场后分赃，各得人民币75元，余款共同花光。

被害人汤××的伤情经法医鉴定为轻微伤。

上述故意杀人、流氓、窝藏事实有下列证据证明：

(1)有提取的作案工具牛角刀、吴学智作案时所穿沾血上衣为证；

(2)有知情人郑臣进、吴学成等的证言为证；

(3)有公安机关的现场勘查笔录为证；

(4)有公安机关的法医尸检鉴定结论和对提取的沾血上衣所作的法医物检鉴定结论为证；

(5)上诉人吴学智、原审被告人陈伟群、余世炎均供述在案。

上述抢劫事实有下列证据证明：

(1)被害人汤××的陈述；

(2)证人郑道半、杨少鸿的证言；

(3)公安机关对被害人汤××的伤情的法医鉴定结论；

(4)上诉人吴学智、原审被告人陈伟群、余世炎的供述。

3. 二审判案理由

广东省高级人民法院认为：原审法院认定上诉人吴学智犯故意杀人罪、抢劫罪，原审被告人陈伟群犯流氓罪、抢劫罪，原审被告人余世炎犯抢劫罪、窝藏罪的事实清楚、证据确实、充分。吴学智否认抢劫并无事实根据；在流氓滋事中，吴学智虽无致死被害人的直接故意，但其持刀刺击被害人的要害部位，见被害人被刺倒地后也未积极实施救治，主观上放任了被害人死亡这一结果的发生，且实际上也已导致了被害人的死亡，显然具有致死被害人的间接故意。吴学智罪行严重，也无任何法定从轻情节，应从严惩处；陈伟群、余世炎能投案自首，余世炎还有立功表现，故应依法从轻判处乃至免除刑罚。原审判决量刑适当，程序合法，应予以维持。

4. 二审定案结论

广东省高级人民法院根据《中华人民共和国刑事诉讼法》第一百三十六条第(一)项，作出如下裁定：

驳回上诉，维持原判。

根据最高人民法院关于依法授权高级人民法院核准部分死刑案件的规定，本裁定并为核准以故意杀人罪判处上诉人吴学智死刑，剥夺政治权利终身，以抢劫罪判处其有期徒刑三年，决定执行死刑，剥夺政治权利终身的裁定。

(七)解说

1. 本案的一个焦点是对吴学智在流氓滋事中杀死一人的事实是定一罪还是定两罪的问题。

出于公然藐视法纪、逞强取乐的动机，流氓犯罪分子在寻衅滋事中经常为所欲为，不计后果，所以也容易造成毁物、死人伤人的严重后果。为了在司法实践中有效地使用法律武器，有力地打击这类流氓犯罪分子，最高人民法院、最高人民检察院 1984 年 11 月 2 日以(84)法研字第 13 号《关于当前办理流氓案件中具体应用法律的若干问题的解答》对适用《中华人民共和国刑法》第一百六十条，全国人大常委会《关于严惩严重危害社会治安的犯罪分子的决定》第一条第(一)项作了解释。该解答第五条第(二)项中认为，对"携带并使用凶器，已造成重伤、杀人等严重后果的，应与伤害罪、杀人罪并罚"，其前提则是所实施的流氓犯罪活动属情节严重，其流氓罪量刑上应适用上述全国人大常委会决定的量刑幅度。而从本案的具体情节看，吴学智参与寻衅滋事的流氓行为，主要情节就是持刀刺死被害人，寻衅滋事的情节较轻，故不宜以流氓罪和杀人罪并罚。一审判决采取重罪吸收轻罪的原则，以杀人罪吸收流氓罪，定故意杀人罪予以处罚是正确的，也符合上述解答第四条中"因小事寻衅而故意杀人的，就以杀人罪处罚"的意见。

2. 本案的另一个焦点是对被告人的自首、立功情节如何在量刑上从宽，体现惩办与宽大相结合政策的问题。

《中华人民共和国刑法》第六十三条规定：犯罪以后自首的，可以从轻处罚。其中，犯罪较轻的，可以减轻或者免除处罚；犯罪较重的，如果有立功表现，也可以减轻或者免除处罚。在本案中，余世炎、陈伟群犯罪后在被通缉过程中，先后投案自首，余世炎还带领公安人员捕获了故意杀人后潜逃的吴学智，构成立功。因此，对陈伟群、余世炎所犯数罪，在量刑上均应依法体现宽大。

考察本案，陈伟群在流氓犯罪中首先滋事，动手殴打被害人，在被害人倒地失去抵抗能力的情况下，仍欲实施殴打，犯罪气焰嚣张；余世炎、陈伟群在共同抢劫犯罪中，竟于光天化日、众目睽睽之下，肆无忌惮以暴力手段索取钱财，社会影响较坏，故对其二人的量刑只予从轻不予减轻是可以的。

应该看到，对立功的犯罪分子给予从轻、减轻或免除刑罚，能明确体现立功受奖的政策，鼓励犯罪分子真诚悔罪、积极向善，具有良好的社会效果。余世炎积极协助公安机关捕获了吴学智，该立功行为补救了窝藏犯罪造成的后果，因此对其犯窝藏罪有针对性地免除处罚也比较恰当。

不过，应该指出的是，在本案中，吴学智在共同抢劫中罪责与陈伟群相当，其没有任何法定、酌定从轻情节，但一审法院对其抢劫罪判处的刑期却是《刑法》第一百五十条第一款规定的最低刑，等同于具有从轻处罚情节的陈伟群，明显不当。二审法院受制于上诉不加刑原则，并考虑到其抢劫罪属次罪，且不影响并罚的量刑，故予以维持。这不能不说是本案量刑上的一个缺陷。

（罗少雄）

27. 王开勇等抢劫、私藏枪支弹药案（同种数罪）

（一）首部

1. 裁判书字号

一审判决书：云南省文山壮族苗族自治州中级人民法院(1994)文州刑初字第45号。

二审裁定书：云南省高级人民法院(1994)云高刑一终字第323号。

2. 案由：王开勇等抢劫案。

3. 诉讼双方

公诉机关：云南省文山壮族苗族自治州人民检察院，检察员段伟。

被告人(上诉人)：王开勇，男，20岁，壮族，云南省砚山县人，农民。1994年3月14日因本案被刑事拘留，1994年3月24日因本案被逮捕。

被告人王开勇未委托辩护人，自己行使辩护权。

被告人(上诉人)：张自田，男，22岁，壮族，云南省砚山县人，农民。1994年3月14日因本案被刑事拘留，1994年3月24日因本案被逮捕。

一审辩护人：龙永琳，云南省砚山县律师事务所律师。

4. 审级：二审。

5. 审判机关和审判组织

一审法院：云南省文山壮族苗族自治州中级人民法院。

合议庭组成人员：审判长：杨昌荣；审判员：王云龙；代理审判员：李文斌。

二审法院：云南省高级人民法院。

合议庭组成人员：审判长：易旭琼；审判员：毛云峰、赵忠富。

6. 审结时间

一审审结时间：1994年5月12日。

二审审结时间：1994年5月26日。

（二）一审诉辩主张

1. 云南省文山壮族苗族自治州人民检察院指控称

1992年"平远严打"① 期间的一天上午，被告人王开勇和本村的赵亮华(另案处理)在平

① "平远严打"系指从1992年8月31日起，经上级批准，在云南省砚山县平远镇进行的一次以禁毒、缉枪为主要内容的专项斗争。

远松毛坡村与大兴村交界处的干塘子地里做农活时，从地里挖出三支冲锋枪和部分子弹，赵分得一支冲锋枪和一部分子弹，其余的两支冲锋枪(后经公安部门鉴定一支为“五三”式冲锋枪，一支为“五六”式冲锋枪)和子弹由被告人王开勇私藏在家中。

1992 年“平远严打”期间的一天，被告人王开勇外出时在附近山上，捡到一枚木柄手榴弹，私藏于家中。

1993 年 8 月 7 日晚 10 时，被告人王开勇携带一支“五三”式冲锋枪和一枚手榴弹，窜到平远松毛坡达兰路 129 号刘年刚家进行抢劫，王冲进录像室，朝墙壁及大门等处连开数枪，把看录像的人吓跑，然后用枪威逼刘年刚拿钱，刘叫其妻马惠外出借钱，王跟着马慧出来并朝天打了几枪，威胁其不要报警，马惠到其妹家借得 300 元钱交给王，王始离去。

1994 年 1 月 16 日凌晨 1 时许，被告人张自田、王开勇商定外出抢劫，王开勇携带一支“五六”式冲锋枪，张自田携带一枚手榴弹，两人窜到平远华侨农场四队王绍良烧锌的工棚处，王开勇持枪守在门外，张自田开门进入室内，在厨房内拿了一把菜刀进入里间，威逼王绍良交钱，王绍良不从，张就用菜刀砍伤王绍良的肩膀。张在房里没有找到钱，就把王价值 130 元的两件上衣和一条裤子抢走。

1994 年 2 月 10 日晚，10 时左右，被告人张自田、王开勇商定准备再次抢劫，二被告人来到张自田家取枪和手榴弹时，因当晚张家有人在吃饭，取手榴弹不方便，被告人王开勇就先回家。王走后不久，张自田在自家门前的谷草堆里取出一支“五六”式冲锋枪和 30 发子弹，独自一人持枪窜到平远华侨农场四队王洪芬家门前，见里面有人在看电视和打麻将，便蒙面踢开屋门并朝屋里连开数枪，因屋内灯被张打灭，张不敢进屋行抢，就又朝屋内连开数枪后逃离现场，正在屋内看电视的李应军、赵背林被子弹击中，经抢救无效死亡。

上述犯罪事实，有证人证言、被害人陈述、公安机关的现场勘查笔录、法医鉴定书、枪弹痕迹鉴定结论、查获的枪支弹药在案为证，被告人亦供认不讳。云南省文山壮族苗族自治州人民检察院认为：被告人张自田、王开勇目无国法，持枪抢劫，严重危害了社会治安秩序。被告人张自田的行为已触犯了《中华人民共和国刑法》第一百五十条第二款和第一百六十三条之规定，构成抢劫罪和私藏枪支弹药罪；被告人王开勇的行为已触犯《中华人民共和国刑法》第一百五十条第一款和第一百六十三条之规定，构成抢劫罪和私藏枪支弹药罪。请法院依法判处。

2. 被告人的答辩及其辩护人的辩护意见

被告人王开勇对公诉机关指控的事实及定性无异议。

被告人张自田对公诉机关指控的事实及定性无异议。但辩称：是受王开勇的邀约才参加抢劫的。

被告人张自田的辩护人龙永琳认为：被告人张自田参加抢劫是受了王开勇的邀约，抢劫中用枪打死人是因为王开勇教唆；对王开勇有检举揭发的表现，法院对此应予考虑。

(三)一审事实和证据

云南省文山壮族苗族自治州中级人民法院经公开审理查明：

1992 年 9 月某日，被告人王开勇和赵亮华(另案处理)在干塘子地里拾到“五四”式冲锋枪一支、“五六”式冲锋枪一支、型号不明的冲锋枪一支，各种子弹 370 余发。被告人王开勇分得“五四”式冲锋枪一支、“五六”式冲锋枪一支和部分子弹并将其隐藏。赵亮华分得型号不明的冲锋枪一支和部分子弹。同月某日，被告人王开勇又在本村附近拾到木柄手榴弹两枚，并将其隐藏。

1993年8月7日22时许，被告人王开勇蒙面身带私藏的"五四"式冲锋枪一支、木柄手榴弹一枚，窜到平远镇松毛坡村马惠家录像放映室，用冲锋枪朝放映室内墙壁打了一个点射。观众被吓跑后，被告人王开勇窜入录像室要马惠、刘年刚（马惠的丈夫）交出1000元钱，马惠出去借钱，被告人王开勇唯恐马惠去公安机关报案，又追出门去向天连打数枪进行恐吓。马惠到其妹家借得300元钱，交给被告人王开勇后，被告人王开勇离去。

1994年1月15日，被告人王开勇邀约被告人张自田抢劫他人财物，张自田表示同意。16日1时许，被告人王开勇蒙面身带私藏的"五六"式冲锋枪一支，被告人张自田蒙面身带王开勇私藏的木柄手榴弹一枚，窜到回龙村王绍良住的工棚，被告人王开勇持枪守门，被告人张自田持手榴弹进屋威逼王绍良交出500元钱，当王说没钱时，被告人张自田即用该屋内的一把菜刀砍伤王绍良的左肩，并抢走王绍良的两件上衣、一条裤子，价值130余元。

1994年2月9日，被告人王开勇、张自田共同策划次日晚上到平远华侨农场四队抢劫他人财物。被告人张自田将被告人王开勇私藏的"五六"式冲锋枪一支拿到自己家里。1994年2月10日晚，被告人王开勇到被告人张自田家，准备同张一起按计划外出抢劫，因当时有数人在张家玩，不便拿出作案凶器，王开勇便回家休息。王开勇走后不久。被告人张自田蒙面携带王开勇私藏的"五六"式冲锋枪一支，窜到平远华侨农场王红芬家门前，踢开王家的门后，就向屋里打了一个点射，由于屋内电灯被子弹击中熄灭，被告人张自田唯恐进屋被擒，又向王红芬家屋内打了一个点射后，逃离现场，在王红芬家看电视的赵背林被子弹击中，当场死亡，李应军被子弹击中后，在送往医院的途中死亡。

上述事实有下列证据证明：

（1）被害人马惠、王绍良、王红芬的陈述；

（2）证人马建康、何祖德的证言；

（3）公安机关的现场勘验笔录、尸检笔录、死因鉴定书、伤情鉴定书、子弹弹迹鉴定书、现场照片、枪弹照片；

（4）二被告人的供述。

（四）一审判案理由

云南省文山壮族苗族自治州中级人民法院认为：

被告人王开勇、张自田无视国法，用私藏的枪支弹药单独或合伙抢劫他人财物，事实清楚，证据确实、充分。其行为已构成抢劫罪、私藏枪支弹药罪。被告人王开勇手持私藏的冲锋枪、手榴弹，闯入他人录像室抢劫，又邀约被告人张自田共同持枪抢劫，造成被告人张自田用王开勇私藏的"五六"式冲锋枪在抢劫中打死2人的严重后果。被告人王开勇是本案的主犯，情节特别严重，应依法严惩。被告人张自田抢劫他人财物，用冲锋枪打死2人，用菜刀砍伤1人，手段残忍，后果严重，应予严惩。被告人张自田辩护人所提出的张自田是受王开勇邀约才参加抢劫的意见成立，但其提出的张自田有立功表现查无实据，其意见不予采纳。

（五）一审定案结论

云南省文山壮族苗族自治州中级人民法院根据《中华人民共和国刑法》第一百五十条第二款、第一百六十三条、第二十二条、第五十三条第一款、第六十四条，作出如下判决：

1. 王开勇犯抢劫罪，判处死刑，剥夺政治权利终身；犯私藏枪支弹药罪，判处有期徒刑二年；决定执行死刑，剥夺政治权利终身。

2. 张自田犯抢劫罪，判处死刑，剥夺政治权利终身；犯私藏枪支弹药罪，判处有期徒刑二年；决定执行死刑，剥夺政治权利终身。

（六）二审情况

1. 二审诉辩主张

一审判决宣告后，被告人王开勇、张自田均不服，上诉于云南省高级人民法院。上诉人王开勇诉称，作案时未满18岁，是受张自田教唆邀约而犯罪，不是主犯，且归案后如实交待犯罪事实，要求从轻处理。上诉人张自田诉称其是受王开勇逼迫才参与抢劫，不是主犯，且有检举立功表现，要求从轻处罚。

2. 二审事实和证据

云南省高级人民法院审理查明：上诉人王开勇单独及与张自田共同持枪抢劫他人财物并私藏枪支弹药的犯罪事实清楚，证据确实、充分。经查证，上诉人王开勇第一次实施抢劫时已年满18周岁，依法应对其犯罪行为负完全刑事责任。上诉人张自田检举揭发王开勇在马关抢劫杀人一事，经公安机关调查，与当地发现的情况不吻合。上诉人王开勇单独和邀约张自田实施抢劫，并提供作案凶器；张自田积极参与策划并实施抢劫，开枪打死2人，砍伤1人，二上诉人在本案中均起主要作用。

证明上述事实的证据与一审法院认定的证据相同。

3. 二审判案理由

云南省高级人民法院认为：上诉人王开勇、张自田目无国法，非法私藏枪支弹药，蒙面、持枪闯入民宅抢劫他人财物，并致2人死亡，1人轻微伤，其行为已构成抢劫罪、私藏枪支弹药罪，且情节特别恶劣，后果极其严重，应依法严惩。原审判决依照二上诉人在本案中的犯罪情节、地位和作用所作出的判决定罪准确，量刑适当，审判程序合法。王开勇、张自田的上诉理由均不能成立，不予采纳。

4. 二审定案结论

云南省高级人民法院根据《中华人民共和国刑事诉讼法》第一百三十六条第（一）项，作出如下裁定：

驳回王开勇、张自田的上诉，维持原判。

根据最高人民法院关于依法授权高级人民法院核准部分死刑案件的规定，本裁定并为核准判处抢劫犯、私藏枪支弹药犯王开勇、张自田死刑，剥夺政治权利终身的终审裁定。

（七）解说

本案中王开勇、张自田使用私藏的枪支弹药多次入室抢劫他人财物，在抢劫中砍伤一人、枪杀两人，造成严重后果，两行为人犯有抢劫罪是显而易见的。然而本案中行为人王开勇单独实施一次抢劫后，又伙同张自田连续抢劫两次，二人的行为是符合连续犯的特征，还是构成同种数罪，这在理论上应细加分析。

所谓连续犯，是指行为人基于数个同一的犯罪故意，连续多次实施数个性质相同的犯罪行为，触犯同种罪名的犯罪形态。而同种数罪则是指触犯同一罪名的数罪即性质相同的数罪，它是数罪的表现形式之一。连续犯与同种数罪有一定的联系，二者的共同特征为，两者都是行为人实施数个犯罪行为并触犯同种罪名的犯罪形态。连续犯与同种数罪的区别在于以下几点：

第一，连续犯必须是基于连续意图支配下的数个同一的犯罪故意。这说明构成连续犯的数个独立的犯罪的罪过形式只能是故意，且数个犯罪故意必须同一即同属于《刑法》所规定的某种犯罪的故意，同时，这些性质同一的犯罪故意必须受连续意图的支配。所谓连续意图则指行为人在着手实施一系列犯罪行为之前，对于即将实行的数个性质相同的犯罪行为的连续性的认识，并基于此种认识决定追求数个相对独立的犯罪行为连续进行状态实际发生的心理态度。连续意图的主要特性在于：其一，它的形成决定了行为人数个既相对独立又相互联系的具体犯罪故意的产生，并通过对具体犯罪故意的支配作用使数个犯罪行为实际呈现连续状态。其二，连续意图的性质与其所支配的各个具体犯罪故意的性质必须一致。其三，连续意图必须形成于一系列呈连续状态的犯罪行为实施之前，并在全部连续犯罪行为终了之前始终起支配作用。对于同种数罪而言，其各个具体犯罪的罪过形式虽也必须一致，但可以是同一的故意，也可以是同一的过失，并且和连续犯的重点区别在于它不受连续意图所支配。

第二，构成连续犯的数个相对独立的犯罪之间必须有特定的连续性，而构成同种数罪的各个犯罪之间并不存在特定的连续性。所谓数个犯罪行为之间的连续性是犯罪的连续意图及其所制约的犯罪故意与犯罪行为的连续状态的统一，犯罪的连续意图与犯罪行为的连续状态相互作用于一个统一体中，二者相辅相成。基于连续意图支配下的数个同一犯罪故意，在一定时期之内连续实施了性质相同的数个足以单独构成犯罪的危害行为，这数个犯罪之间就存在连续性，否则，就无连续性可言。

第三，构成连续犯的数个独立的犯罪，必须是未经宣判的或在判决宣告之前实施的；而构成同种数罪的数个犯罪，则并非都是未经宣判的。

第四，连续犯属于处断上的一罪或无需并罚的数罪，对于连续犯的处罚一般按一罪从重处罚或按一罪作为加重构成情节处罚；对于同种数罪，如是在判决宣告以前实施，原则上不并罚，就在规定该种罪的条文的法定刑幅度内解决处罚问题，在这个幅度内从重处罚。但如果某种罪只有一个量刑幅度，不并罚不能体现对数罪从重处罚的精神，在法律没有禁止并罚的情况下，也可以实行并罚。对于判决宣告后，刑罚尚未执行完毕以前发现的同种漏罪和再犯的同种新罪应实行并罚。

根据以上分析，联系本案可以看出，尽管王开勇、张自田具有数个同一的抢劫故意，而且在一段时期内实施了数个抢劫行为，触犯同一罪名，表面上似乎具有连续犯的特征，但本质上二人的犯罪故意并无连续意图的支配，因而二人单独或共同所实施的数个相对独立的犯罪行为之间并不存在特定的连续性。所以，对于王开勇、张自田所实施的数个抢劫行为应认定为同种数罪，在处罚时不需并罚，只需在我国《刑法》对抢劫罪规定的法定刑幅度内从重处罚就可以了。

（杨继麟）

28. 马俊华等非法拘禁案
（继续犯）

（一）首部

1. 裁判书字号

一审判决书：上海市嘉定区人民法院(1994)嘉刑初字第147号。

二审裁定书：上海市中级人民法院(1994)沪中刑终字第451号。

2. 案由：马俊华等非法拘禁案。

3. 诉讼双方

公诉机关：上海市嘉定区人民检察院，代理检察员张争辉。

被告人：马俊华，男，25岁，汉族，江苏省如皋市人，农民。1994年2月1日因本案被逮捕。

一审辩护人：凌汉英，上海市第二律师事务所律师。

吴敏，上海市第二律师事务所律师。

被告人：沈中国，男，23岁，汉族，江苏省如皋市人，农民。1994年2月1日因本案被逮捕。

一审辩护人：吴树亭，上海市第二律师事务所律师；

赵彩莲，上海市正大律师事务所律师。

被告人（上诉人）：姚金华，男，1964年11月2日生，汉族，江苏省如皋市人，农民。1994年2月1日因本案被逮捕。

一、二审辩护人：陈慧英，上海市第二律师事务所律师。

被告人：杨华，男，28岁，汉族，江苏省如皋市人，农民。1994年1月22日因本案被逮捕。

一审辩护人：徐宗耀，上海市第二律师事务所律师。

唐宝良，上海市正大律师事务所律师。

4. 审级：二审。

5. 审判机关和审判组织

一审法院：上海市嘉定区人民法院。

合议庭组成人员：审判长：吴明；代理审判员：陈熙、赵建华。

二审法院：上海市中级人民法院。

合议庭组成人员：审判长：潘玉鸣；审判员：卑其荣、石燕雯。

6. 审结时间

一审审结时间：1994年7月20日。

二审审结时间：1994年9月10日。

（二）一审诉辩主张

1. 上海市嘉定区人民检察院指控称

1993年12月22日3时许，被告人姚金华、杨华在建筑工地值班巡逻时，将正在偷窃工

地建筑材料的王道抓获并押至工地木工房。被告人马俊华、沈中国及该工程队队长姚建才(另案处理)闻声赶至,对王道进行讯问。在姚建才的指使下,4名被告人用麻绳将王捆绑并吊在横梁上,又伙同他人用木棒、钢管抽打王道的臀部等处。期间,被告人马俊华拳打脚踢王道的前胸。当日早晨王道人事不醒,被送往医院抢救,终因伤势过重而死亡。上述事实,有石俊才、姚建才、石健、丁国才、丁国宏等人的证言证实;现场勘查笔录、现场照片、法医解剖鉴定结论及4名被告人的供述等证据佐证。被告人马俊华、沈中国、姚金华、杨华采用捆绑、反吊的方法剥夺他人人身自由,并进行殴打,其行为均已触犯《中华人民共和国刑法》第一百四十三条之规定,构成非法拘禁罪。其中被告人马俊华在非法拘禁过程中,拳打脚踢被害人王道的胸部,致王道死亡,应适用《刑法》第一百四十三条第二款之规定处罚。特将4名被告人提起公诉,请依法惩处。

2. 被告人的答辩及其辩护人的辩护意见

(1)被告人马俊华对检察机关指控的犯罪事实供认不讳。

(2)被告人沈中国对检察机关指控的犯罪事实供认不讳。

(3)被告人姚金华否认其参与捆绑殴打被害人。

(4)被告人杨华辩解其参与捆绑被害人后,未再殴打过被害人。

4名被告人的辩护人对公诉机关指控的犯罪事实和定性均无异议。但提出,4名被告人是在他人的指使下,出于一时的气愤而捆绑、殴打被害人,且均系初犯,归案后认罪态度较好,请求法庭对被告人马俊华减轻处罚,对被告人沈中国、姚金华、杨华从轻处罚并对被告人沈中国、杨华适用缓刑。

(三)一审事实和证据

上海市嘉定区人民法院经公开审理查明:

1993年12月22日3时许,被告人姚金华、杨华牵着狼狗在其工程队所承建的嘉定区江桥镇真新新村建筑工地上值班巡逻时,抓获在工地上行窃的河南省上蔡县人王道,并将王带至工地木工房。被告人马俊华、沈中国及该工程队队长姚建才(另案处理)等人先后闻讯赶来,对王进行讯问。因见王未说实话,在姚建才的指使下,被告人姚金华取来麻绳后揪住王的头发,被告人马俊华、沈中国、杨华用麻绳将王的双手反绑,并吊在木工房的横梁上。4名被告人又同丁国宏、石健(均另案处理)等人用木棒击打王的臀部。被告人沈中国还取来两根铁管,与被告人马俊华一起用铁管打王的臀部。被告人马俊华又拳打脚踢王的胸部。同日6时25分许,王生命垂危,被送至医院抢救,但因伤势过重而死亡。经法医鉴定结论为:王道系多发性肋骨骨折引起气胸、肺萎陷,导致呼吸衰竭死亡。

上述事实有下列证据证实:

1. 证人石俊才关于1993年12月22日凌晨,姚金华来向他要绳子去绑小偷的证言。

2. 证人丁国才关于1993年12月22日凌晨,在木工房,见沈中国、马俊华用铁管打小偷的臀部,杨华牵着的狼狗在咬小偷的衣服的证言。

3. 证人石健关于1993年12月22日天快亮时在木工房,见王道被吊着,沈中国、马俊华用木棒打王臀部,其与姚金华、杨华和丁国宏也用木棒打王臀部。之后,沈中国取来两根铁管并与马俊华用铁管打王臀部,马俊华用拳击王胸、腹部等的证言。

4. 证人丁国宏关于1993年12月22日凌晨,在木工房,目睹杨华牵着狼狗在木工房,见沈中国、马俊华用铁管打小偷的臀部,马俊华还拳打脚踢王胸、腹部的证言。

5. 证人姚建才关于1993年12月22日4时许，姚金华来告之抓到一个在工地上偷铸铁管的小偷，关在木工房。他至木工房见姚金华、杨华、沈中国、马俊华等人在那儿。因王道不如实说是何处人，他即要姚金华4人把王绑起来，又让4名被告人揍王几下。马俊华、沈中国用木棒打王臀部。之后，他打电话到江桥派出所，告之抓住一个小偷。他返回到木工房时，见杨华用木棒、沈中国用铁管打王的臀部，马俊华用拳打王道胸部，还用脚踢他，6点25分许，其派车送王至医院抢救，但王已死亡的证言。

6. 被告人马俊华、沈中国供述1993年12月22日约4时许，他们听见狗叫声到木工房，姚金华叫来姚建才后，姚建才因王道回答不老实，指使他们及姚金华把王绑吊起来并进行殴打。马俊华供认其与沈中国、姚金华、杨华、丁国宏、石健用木棒打王臀部，又与沈中国用铁管打王臀部，其还拳打脚踢王胸部。6点左右，姚建才叫人给王松绑。沈中国供认其与姚金华、杨华等人用木棒打王臀部，马俊华还拳打脚踢王的前胸等。

7. 被告人姚金华供述1993年12月22日3时左右，其与杨华牵着狼狗在工地上值班巡逻时，抓住到工地偷铸铁管的王道并带他到工地木工房，杨华放狼狗咬王的腿。其去叫来姚建才后，姚建才讲把王绑起来，其叫石俊才取来绳子后交给杨华、马俊华、沈中国、杨华、丁国宏将王绑起来。杨华用木棒打王臀部，马俊华、沈中国用铁管捅王臀部，马俊华用拳打王胸部，自己没有参与捆绑和殴打王道。

8. 被告人杨华供诉他同姚金华值班时抓获了正在偷铸铁管的王道，把王带到木工房，狼狗咬王衣裤。姚金华叫来姚建才后，沈中国、马俊华把王吊起来，马俊华、沈中国先后用木棒、铁管打王臀部，姚金华用木棒打王臀部，马俊华用拳打王前胸，王道死后，他到派出所把此事来由自己一人顶下来。

9. 现场勘查笔录、现场照片。

10. 法医解剖鉴定结论：王道系多发肋骨骨折引起气胸、肺萎陷，导致呼吸衰竭死亡。

（四）一审判案理由

上海市嘉定区人民法院认为：被告人马俊华、沈中国、姚金华、杨华采用捆绑等方法，非法剥夺他人人身自由，其行为均已构成非法拘禁罪。公诉机关指控4名被告人的犯罪事实清楚，定性准确。对公诉人提出被告人马俊华在非法拘禁被害人过程中，殴打被害人致死，应适用《中华人民共和国刑法》第一百四十三条第二款规定处罚，被告人沈中国、姚金华、杨华在此过程中，具有殴打情节，应适用《中华人民共和国刑法》第一百四十三条第一款规定，从重处罚的意见，应予以采纳。被告人姚金华否认其参与捆绑、殴打被害人，被告人杨华提出其参与捆绑被害人后，未再殴打过被害人的辩解，已有多名证人的证言足以证实被告人姚金华、杨华均共同参与捆绑并殴打被害人。故两被告人的辩解与事实不符，不能成立。对辩护人提出的4名被告人均系初犯，并且有受他人指使而对被害人进行捆绑、殴打的情节，请求法院对被告人在量刑时予以体现的意见，本院予以采纳。被告人马俊华、沈中国在归案后认罪态度较好，被告人姚金华、杨华不如实供认其犯罪事实，根据各被告人在非法拘禁并殴打被害人过程中不同的犯罪情节、危害结果和认罪表现，对辩护人关于对被告人马俊华减轻处罚，对沈中国、杨华适用缓刑的意见，不予采纳。被告人马俊华、沈中国、姚金华、杨华犯罪事实清楚，证据确凿，为保护公民人身自由权利不受侵犯，必须依法惩处。

（五）一审定案结论

上海市嘉定区人民法院根据《中华人民共和国刑法》第一百四十三条第一款、第二款、第

五十二条和第四十条，作出如下判决：

1. 马俊华犯非法拘禁罪，判处有期徒刑七年，剥夺政治权利一年。

2. 沈中国犯非法拘禁罪，判处有期徒刑二年六个月。

3. 姚金华犯非法拘禁罪，判处有期徒刑二年。

4. 杨华犯非法拘禁罪，判处有期徒刑二年。

(六)二审情况

1. 二审诉辩主张

上诉人(原审被告人)姚金华诉称，他没有参与捆绑、殴打被害人王道。

2. 二审事实和证据

上海市中级人民法院经审理查明：

上诉人姚金华、被告人杨华于1993年12月22日凌晨3时许，在嘉定区江桥镇真新新村建筑工地抓获了正在工地行窃的河南农民王道，遂将王带至工地木工房，被告人马俊华、沈中国及姚建才、丁国宏、石健(均另案处理)闻讯后至木工房，由姚建才对王进行讯问，因王不讲实话，姚建才指使姚金华等人将王绑起来，姚金华叫人取来麻绳后揪住王的头发，马俊华、沈中国、杨华用麻绳将王的双手反绑，吊在横梁上，在姚建才指使下，4名被告人和丁国宏、石健等人先后用木棒殴打王道的臀部。然后，沈中国、马俊华用铁管打王臀部，马俊华还拳打脚踢王的胸部。至6时25分许，姚建才见王道生命垂危，将王送至医院抢救，但因王伤势过重而死亡。经法医鉴定认为：王道系多发性肋骨骨折，引起气胸、肺萎缩，导致呼吸衰竭死亡。

证明上述事实的证据与一审法院认定的证据相同。

3. 二审判案理由

上海市中级人民法院认为：上诉人姚金华和被告人马俊华、沈中国、杨华采用捆绑等方法，非法拘禁他人，其行为均已构成非法拘禁罪。姚金华上诉否认其参与捆绑、殴打王道，与事实不符，其上诉理由不能成立。原审依照《中华人民共和国刑法》第一百四十三条第一款之规定，对上诉人姚金华的定罪量刑并无不当。另原审依法对被告人马俊华、沈中国、杨华的定罪量刑亦无不当，且整个审判程序合法，应予一并维持。

4. 二审定案结论

上海市中级人民法院根据《中华人民共和国刑事诉讼法》第一百三十六条第(一)项作出如下裁定：

驳回姚金华的上诉，维持原判。

本裁定为终审裁定。

(七)解说

本案系行为人马俊华、沈中国、姚金华、杨华共同犯非法拘禁罪，一审法院的判决和二审法院的裁定是正确和适当的。

非法拘禁罪，是非法剥夺公民人身自由权利的犯罪。公民的人身自由，是公民的一项基本自由权利，是行使其他自由权利的基础，因而法律对之予以严格保护。《中华人民共和国宪法》第三十七条规定："任何公民，非经人民检察院批准或者决定或者人民法院决定，并由公安机关执行，不受逮捕。"为了使司法机关正确行使拘留、逮捕的权力，《中华人民共和国刑事诉讼法》还规定了执行拘留、逮捕的条件以及应当遵守的法律程序。这些规定对于保障公民

人身权利，加强社会主义法制具有重要意义。为了切实保障公民的人身自由权利，制裁非法剥夺公民人身自由权利的行为，《中华人民共和国刑法》第一百四十三条规定："严禁非法拘禁他人，或者以其他方法非法剥夺他人人身自由。违者处三年以下有期徒刑、拘役或者剥夺政治权利。具有殴打、侮辱情节的，从重处罚。犯前款罪，致人重伤的，处三年以上十年以下有期徒刑；致人死亡的，处七年以上有期徒刑。"

非法拘禁罪在客观上主要表现为：其一是对被害人实行人身强制，使其在相当长的时间内失去行动自由；其二是剥夺他人人身自由所采取的方法是非法的。所谓非法拘禁，是指没有法律根据，或者不依照法定程序而拘禁。

就本案而言，行为人马俊华、沈中国、姚金华、杨华的行为构成非法拘禁罪不存在疑议，容易引起争议的问题是：其一，行为人马俊华拳打脚踢被害人胸部，引起死亡，是否另构成故意伤害（致人死亡）罪，对其实行数罪并罚；其二，在非法拘禁导致被害人死亡结果是否由行为人马俊华、沈中国、姚金华、杨华共同承担刑事责任。

我们认为，其一，《刑法》第一百四十三条第二款所规定的致人死亡，是指因非法拘禁中引起的伤害而导致死亡，不包括故意伤害，更不包括故意杀人。如果非法拘禁并故意伤害或故意杀人，则应该以非法拘禁罪和故意伤害罪或故意杀人罪实行数罪并罚。本案中，行为人马俊华非法拘禁被害人，虽具有殴打情节，但不具有伤害的故意，更不具有杀人的故意，而是由于殴打意外地引起被害人死亡，因此不另构成故意伤害（致人死亡）罪，只能适用《刑法》第一百四十三条第二款以非法拘禁罪追究刑事责任。故一审法院的判决和二审法院的裁定是正确的。其二，被害人死亡是由于行为人马俊华拳打脚踢被害人胸部引起多发性骨折引起气胸、肺萎陷，并最终导致呼吸衰竭。而与行为人沈中国、姚金华、杨华的殴打行为没有直接的因果关系，因此，导致被害人死亡的危害结果的刑事责任应由行为人马俊华承担，而不应由其他行为人与其共同承担。故只应对行为人马俊华适用《刑法》第一百四十三条第二款，而对行为人沈中国、姚金华、杨华适用《刑法》第一百四十三条第一款。一审法院的判决和二审法院的裁定无疑也是正确的。

（吴　明）

29. 林进亮等流氓、爆炸案
（想象竞合犯）

（一）首部

1. 裁判书字号

一审判决书：广西壮族自治区钦州市中级人民法院（1994）钦刑初字第 22 号。

二审裁定书：广西壮族自治区高级人民法院（1994）桂刑核字第 339 号。

2. 案由：林进亮等流氓、爆炸案。

3. 诉讼双方

公诉机关：广西壮族自治区钦州市人民检察院，代理检察员黄其康。

附带民事诉讼原告人：庞如春，系被害人庞赋凯之父。

附带民事诉讼原告人庞如春未委托代理人,自己行使告诉权。

被告人(上诉人):林进亮,男,24岁,汉族,广西钦州市人,农民。1994年1月22日因本案被逮捕。

一、二审辩护人:陆卫,广西壮族自治区钦州市律师事务所律师。

被告人(上诉人):陈勇,男,22岁,汉族,广西钦州市人,无业。1990年4月25日日因犯盗窃罪被判处有期徒刑三年,1992年10月30日刑满释放。1994年1月22日因本案被逮捕。

一、二审辩护人:翁亮锦,广西壮族自治区钦州市律师事务所律师。

被告人(上诉人):李杰,男,17岁,汉族,广西钦州市人,无业。1994年4月14日因本案被逮捕。

法定代理人:李剑平,系被告人李杰之父。

一审辩护人:陈邦强,广西法制报社钦州记者站法律服务部律师。

4.审级:二审、复核审。

5.审判机关和审判组织

一审法院:广西壮族自治区钦州市中级人民法院。

合议庭组成人员:审判长:吴玉坤;代理审判员:陈明华、潘启环。

二审法院:广西壮族自治区高级人民法院。

合议庭组成人员:审判长:文国光;代理审判员:陆世雄、廖雄强、罗建勇、梁瑜。

6.审结时间

一审审结时间:1994年6月13日。

二审审结时间:1994年6月30日。

(二)一审诉辩主张

1.广西壮族自治区钦州市人民检察院指控称

被告人林进亮等与被害人陆明海等曾多次斗殴,产生积怨。1993年11月初的一天晚上,被告人陈勇及陈东(在逃)在钦州市东风市场遇见陆明海、许绍峰、闻宇明等人,许绍锋使用炸炮追击二陈。为此,1993年11月9日晚,陈东纠集许波(在逃)、黄玉强(另案处理)、陈勇等人在钦州市招待所的客房内密谋报复陆明海等人。次日上午,陈东纠集被告人林进亮、李杰、陈勇、许波、李海(在逃),携带猎枪2支、小口径手枪1支、防暴手枪1支、手雷3枚,于中午12时许,乘坐由李海驾驶的一辆北京牌吉普车,来到钦州市钦州湾大道夜明珠娱乐城门前的马路上,见到正驾驶一辆北京牌吉普车的陆明海及搭乘该车的许绍峰、庞赋凯、叶建华、闻宇明、伍运亮、李滨等人,被告人林进亮持猎枪向陆明海的车开了一枪,与此同时,李杰向陆明海的车内投掷了一枚塑料壳手雷,手雷在车内爆炸,同时引爆叶建华、庞赋凯携带的炸炮,造成死亡3人、重伤1人的严重后果。被告人林进亮、陈勇逃离现场,后分别被抓获;被告人李杰到公安机关投案自首。

被告人林进亮、李杰、陈勇在公共场所持凶器聚众斗殴,进行流氓犯罪活动,在聚众斗殴中以爆炸方法危害公共安全,致死3人,致重伤1人,造成严重后果,其行为已触犯了《中华人民共和国刑法》第一百六十条第一款、第一百零六条第一款和全国人大常委会《关于严惩严重危害社会治安的犯罪分子的决定》第一条第(一)项的规定,构成流氓罪、爆炸罪。被告人陈勇刑满释放后,在三年内重新犯罪,是累犯,依照《中华人民共和国刑法》第六十一条规定,应从重处罚。被告人李杰犯罪时未满18岁，依照《中华人民共和国刑法》第十四条第三款的规定，应当从轻处罚，请求法院依法惩处。

2．附带民事诉讼原告人诉称

附带民事诉讼原告人庞如春提出了民事赔偿请求：(1)赔偿原告人为庞赋凯安葬所花费用2800元；(2)赔偿原告人抚恤金6万元；(3)赔偿杨德有损失费3万元。

3．被告人的答辩及其辩护人的辩护意见

被告人林进亮及辩护人对公诉机关指控被告人林进亮犯有流氓罪没有异议，但对关于林进亮犯有爆炸罪的指控持异议，认为林进亮在流氓犯罪中既没有实施爆炸行为，也没有协助他人实施爆炸，不应构成爆炸罪；认定林进亮在流氓犯罪中向对方开枪，证据不足；被告人林进亮在流氓共同犯罪中起次要作用，系本案从犯，应当比照主犯从轻处罚；对附带民事原告人庞如春的民事赔偿要求，被告人林进亮及辩护人认为被害人庞赋凯的死亡与被告人林进亮的犯罪行为无关，因而被告人林进亮就不应赔偿。

被告人李杰及其辩护人对公诉机关指控被告人李杰犯有流氓罪、爆炸罪没有异议，但认为被告人李杰犯罪时未满18岁，犯罪后有投案自首情节，应该从轻处罚。对附带民事原告人提出的民事赔偿请求，被告人李杰及其法定代理人李剑平认为，被害人庞赋凯的死亡是庞赋凯自己携带的炸炮爆炸所致，被告人李杰不应赔偿。

被告人陈勇及其辩护人对公诉机关指控被告人陈勇犯有流氓罪没有异议，但对指控陈勇犯有爆炸罪持有异议，认为陈勇没有实施爆炸行为，不构成爆炸罪；另外，被告人陈勇系本案从犯，应比照主犯从轻处罚。对附带民事原告人提出的赔偿要求，被告人陈勇及其辩护人认为，被害人庞赋凯持炸炮聚众斗殴，被害人庞赋凯之死不是被告人陈勇直接造成的，被告人陈勇不应赔偿。

（三）一审事实和证据

广西壮族自治区钦州市中级人民法院经公开审理查明：

被告人陈勇、陈东（在逃）、许波（在逃）、李杰、黄玉强（另案处理）、林进亮等为一方的流氓团伙自1992年以来与庞赋凯、许绍峰、陆明海、叶建华、联宇明、伍运亮为另一方的流氓团伙曾多次聚众斗殴，结下积怨。1993年11月初的一天晚上，被告人陈勇及陈东在钦州市东风市场遇见陆明海、许绍锋、闻宇明等人时，被陆明海等人追赶，许绍峰用炸炮炸击陈东、陈勇，二陈逃脱。事后陈东决定进行报复。1993年11月9日晚，陈东纠集许波、黄玉强、陈勇等人在钦州市招待所的客房内密谋报复陆明海等人，并准备了手雷三枚（其中一枚为塑料壳手雷）。当晚，被告人李杰打电话找许波，陈东回电话叫李杰第二天等他，找陆明海等人报复。次日上午，陈东纠集被告人林进亮、李杰、陈勇、李海（在逃）、许波等人，被告人林进亮准备猎枪1支、小口径手枪1支，被告人陈勇准备猎枪1支，许波准备防暴手枪1支，并带上事先准备的三枚手雷，一起乘坐李海驾驶的一辆“北京”牌吉普车，在钦州市区的人民北路、新兴路、东风路等街道寻找陆明海等人报复。中午12时许，被告人林进亮、李杰、陈勇、陈东、许波等人，在钦州湾大道钦州湾影城前的冷饮摊处守候，此时，陆明海驾驶一辆“北京”牌吉普车，载着庞赋凯、许绍峰、叶建华、闻宇明、伍运亮、李滨等人，由大花园往钦州湾大道方向行驶。当陆明海驾驶的车经过钦州湾影城前的冷饮摊处，双方都发现了对方。被告人林进亮等人见状，即让李海开车追赶。陆明海把车开到八角楼酒楼后转往回开，坐在车上的庞赋凯、许绍峰、叶建华准备用炸炮袭击对方。被告人林进亮、李杰、陈勇及陈东、许波见陆的车往回开，即在钦州市客运站对面的仁智酒楼前马路上机动车道(四线道)下车守候。当陆明海等开车到钦州市客运站夜明珠娱乐城门前的马路上减速准备袭击对方时,被告人林进亮用猎枪向陆明海的车开了一枪,与此同时,李杰向陆明海的车内掷了一枚塑料壳手雷,手雷在车内爆炸,同时引爆叶建华、庞赋凯携带的炸炮,叶建华被爆炸物的爆炸抛出车外,落在钦州湾大道机动车道上,当即死亡,庞赋凯、许绍峰被爆炸物炸死在车内,陆明海被炸伤,该车失控前冲,撞到100多米外的大花园上,幸未造成无辜群众死伤的后果。经法医鉴定,叶建华因被爆炸物炸伤腰部,致使髂内动、静脉断离大出血当场死亡;庞赋凯因被炸,致使面颅骨、右上肢严重损伤,颅脑损伤合并大出血当场死亡;许绍峰因被炸,致使面颅骨粉碎性骨折,颅脑损伤合并大出血当场死亡;陆明海胸腹部被炸伤多处致重伤。被告人林进亮、李杰、陈东、陈勇、许波作案后,即携带枪支逃离现场。被告人林进亮于1994年1月13日在广州被公安机关抓获,被告人陈勇于1993年11月21日在钦州被公安机关抓获,被告人李杰于1994年4月13日晚从广州到钦州市公安局投案自首。

附带民事诉讼原告人庞如春的直接经济损失为丧葬费2800元。

上述事实有下列证据证明:

1. 钦州市邮电局向钦州市公安局的报案记录,证明爆炸案发生;

2. 被告人林进亮、陈勇、李杰的供述;

3. 被害方陆明海、闻宇明、伍运亮的陈述;

4. 现场勘查笔录;

5. 刑事科学技术鉴定结论;

6. 物证:缴获的猎枪、手枪、手雷等。

(四)一审判案理由

广西壮族自治区钦州市中级人民法院认为:

1. 被告人林进亮、陈勇、李杰有预谋有计划,公然在光天化日之下,在钦州市繁华闹市区用枪支、手雷等聚众斗殴,以爆炸方法危害公共安全,造成3人死亡、1人重伤的严重后果,其行为均已触犯了《中华人民共和国刑法》第一百六十条第一款、第一百零六条第一款和全国人大常委会《关于严惩严重危害社会治安的犯罪分子的决定》第一条第(一)项的规定,已构成流氓罪、爆炸罪。

2. 被告人陈勇刑满释放后,在三年内重新犯罪,符合《中华人民共和国刑法》第六十一条之规定,是累犯,应从重处罚。

3. 被告人李杰犯罪时未满18岁,犯罪后投案自首,符合《中华人民共和国刑法》第十四条第三款、第六十三条之规定,应当从轻处罚。

4. 被告人林进亮、陈勇及其辩护人认为林进亮、陈勇没有实施爆炸行为,不构成爆炸罪,经查两被告人均有用爆炸方法实施犯罪的共同故意,辩护理由不能成立。

5. 被告人林进亮的辩护人认为林进亮没有开枪,经查无事实依据。

6. 被告人林进亮等人与被害人庞赋凯等聚众斗殴,双方都属犯罪行为,因此,对附带民事诉讼原告庞如春的诉讼请求不予支持。

(五)一审定案结论

广西壮族自治区钦州市中级人民法院根据《中华人民共和国刑法》第一百六十条第一款、第一百零六条第一款、第十四条第三款、第五十二条、第五十三条、第六十一条、第六十三条、第六十四条和全国人大常委会《关于严惩严重危害社会治安的犯罪分子的决定》第一条第(二)项和全国人大常委会《关于处理逃跑或者重新犯罪的劳改犯和劳教人员的决定》第二条第(二)项,作出如下判决:

1. 林进亮犯流氓罪,判处死刑,剥夺政治权利终身;犯爆炸罪,判处死刑,剥夺政治权利终身;决定执行死刑,剥夺政治权利终身。

2. 陈勇犯流氓罪,判处死刑,剥夺政治权利终身;犯爆炸罪,判处死刑,剥夺政治权利终身;决定执行死刑,剥夺政治权利终身。

3. 李杰犯流氓罪,判处死刑,缓期二年执行,剥夺政治权利终身;犯爆炸罪,判处死刑,缓期二年执行,剥夺政治权利终身;决定执行死刑,缓期二年执行,剥夺政治权利终身。

4. 附带民事诉讼原告人庞如春的诉讼请求不予支持。

(六)二审情况

1. 二审诉辩主张

钦州市中级人民法院一审判决宣告后,被告人林进亮、陈勇、李杰对判决的刑事部分不服,附带民事诉讼原告人庞如春对判决的民事部分不服,均上诉于广西壮族自治区高级人民法院。

林进亮上诉认为其行为仅构成流氓罪,不构成爆炸罪,请求从轻处罚;陈勇上诉认为其没有实施爆炸行为,爆炸罪不成立,要求从轻处罚;李杰上诉认为他犯罪时尚不满 18 岁,希望从轻处罚;庞如春上诉认为一审法院不予支持民事诉讼请求不正确,坚持要求赔偿。

2. 二审事实和证据

广西壮族自治区高级人民法院经审理查明的犯罪事实及所使用的证据与一审法院查明的犯罪事实及使用的证据相同。

3. 二审判案理由

广西壮族自治区高级人民法院认为:

(1)上诉人林进亮、陈勇、李杰公然藐视国法,有预谋、有计划地在繁华市区持枪和手雷等凶器聚众斗殴,破坏公共秩序,情节恶劣,已触犯《中华人民共和国刑法》第一百六十条第一款,构成流氓罪。林进亮、陈勇、李杰进行流氓犯罪活动危害特别严重,应依法严惩不贷。

(2)在流氓犯罪活动中,林进亮、陈勇、李杰在公共场所使用手雷,危害公共安全,已触犯《中华人民共和国刑法》第一百零六条第一款,构成爆炸罪。

(3)上诉人林进亮、陈勇、李杰要求从轻处罚的理由不能成立。

(4)被害人庞赋凯是在与上诉人林进亮一伙在公共场所聚众斗殴中被害,双方所实施的行为均属流氓犯罪行为,上诉人庞如春提出赔偿经济损失合计 92800 元的要求无法律依据,不予支持。

(5)一审判决定罪准确,量刑适当,审判程序合法,应予维持。

4. 二审定案结论

广西壮族自治区高级人民法院根据《中华人民共和国刑法》第一百零六条第一款、第一百六十条第一款、第二十二条第一款、第二十三条、第四十四条、第六十一条第一款、第六十四条、第五十三条第一款和全国人大常委会《关于严惩严重危害社会治安的犯罪分子的决定》第一条第(一)项及《中华人民共和国刑事诉讼法》第一百三十六条第(一)项,并根据最高人民法院关于依法授权高级人民法院核准部分死刑案件的规定,作出裁定如下:

驳回上诉,维持原判。

本裁定同时为核准死刑的裁定。

(七)解说

本案的行为人在流氓聚众斗殴中,使用枪支、手雷等凶器,造成3人死亡、1人重伤的特别严重的后果,罪大恶极,依法应予严惩,一审法院对行为人判处死刑或死缓,二审法院依法予以维持,无疑是正确的。但是,对于本案行为人的定性则值得研究。即本案行为人究竟应按流氓罪一罪处罚还是按流氓罪、爆炸罪并罚。

当然,一审法院按流氓罪、爆炸罪对行为人实行并罚是有一定的根据。这个根据就是1984年11月2日最高人民法院、最高人民检察院所作的《关于当前办理流氓案件中具体应用法律的若干问题的解答》第五条第(二)项的规定。该规定指出:"流氓罪的聚众斗殴、寻衅滋事、侮辱妇女,都可能发生'携带凶器进行流氓犯罪活动,情节严重'的情况。……携带并使用凶器,已造成重伤、杀人等严重后果的,应与伤害罪、杀人罪并罚。……"这里,《解答》虽未指出在流氓活动中使用爆炸方法造成死伤等严重后果的应按流氓罪、爆炸罪并罚,但显而易见,根据《解答》的精神,上述并罚是不言自喻、顺理成章的。

然而,若从法理上看,对一个行为实行数罪并罚是不无疑问的。以本案来说,法院判决行为人犯流氓罪,所依据的事实无疑主要是双方流氓聚众斗殴,一方使用枪支、手雷造成另一方3人死亡、1人重伤的严重后果这一事实,而判决行为人犯爆炸罪,所依据的也是上述同一事实。这样就出现了同一行为被两次评价的情况。固然,行为人的行为既符合流氓罪的构成要件,又同时符合爆炸罪的构成要件,即一行为触犯数罪名,在法理上称为"想象竞合犯"。按照处理想象竞合犯的原则,对想象竞合犯应"从一重处断",即以所触犯的数罪中最重的一个罪处罚,不应实行数罪并罚。由于流氓罪与爆炸罪的法定最高刑都是死刑,而就本案的具体情况看,也无法分请孰轻孰重,因此,应以本案行为的主要性质——流氓罪定罪量刑。实际上,按照流氓罪一罪处罚也完全可以罚当其罪,不会发生重罪轻罚的现象。正如本案判决所显示的,对行为人以流氓罪判处死刑,又以爆炸罪判处死刑,结果仍是执行死刑,这就说明只以流氓罪一罪判处死刑已完全罚当其罪,无需再以爆炸罪判处死刑。问题是,行为人只有一个行为,对同一行为实行数罪并罚,不合法理,这是本案定罪上一个值得研究的问题。

(谢向东)

30. 沈国荣假冒注册商标案
(想象竞合犯)

(一)首部

1.判决书字号:江苏省苏州市沧浪区人民法院(1994)沧刑初字第95号。

2.案由:沈国荣假冒注册商标案。

3.诉讼双方

公诉机关:江苏省苏州市沧浪区人民检察院,代理检察员程武雄。

被告人:沈国荣,男,34岁,汉族,江苏省江阴市人,系个体运输户。1994年4月18日因本案被逮捕。

辩护人:范玉梅,江苏省苏州市东吴律师事务所律师。

施天慧,江苏省苏州市东吴律师事务所律师。

4. 审级:一审。

5. 审判机关和审判组织

审判机关:江苏省苏州市沧浪区人民法院。

合议庭组成人员:审判长:赵满妹;人民陪审员:蒋元贤、傅玉桢。

6. 审结时间:1994 年 8 月 22 日。

(二)诉辩主张

1. 江苏省苏州市沧浪区人民检察院指控称

被告人沈国荣从 1991 年 8 月至 1993 年 10 月购进味特 17 余吨,改换外包装假冒苏州味精总厂生产的"虎丘"牌味精,销售给江阴市一些副食品批发店,共计 16.05 吨,非法所得人民币 146800 元。

被告人沈国荣伪造并销售假冒他人注册商标的商品,违法所得数额较大,其行为已触犯《中华人民共和国刑法》第一百二十七条及全国人大常委会《关于惩治假冒注册商标犯罪的补充规定》第一条之规定,构成假冒注册商标罪,提请法院依法惩处。

2. 被告人的答辩及其辩护人的辩护意见

被告人沈国荣对公诉机关的指控没有异议,请求法院从轻处罚。

被告人沈国荣的辩护人认为被告人沈国荣虽已构成假冒注册商标罪,但被告人具有以下可以从轻处罚的情况:

第一,被告人沈国荣假冒"虎丘"牌味精,非法销售所得 14 万余元,但实际获利仅 4 万余元,作为以营利为目的的假冒注册商标犯罪,实际获利的多少应是量刑时考虑的重要方面;第二,被告人沈国荣将味特改装成"虎丘"牌味精的行为,虽然侵犯了他人的注册商标专用权以及消费者经济利益,但未造成他人人身损害等其他严重后果,其危害性相对较小;第三,被告人沈国荣认罪态度较好,能如实地交代其主要犯罪事实,且在整个假冒商标的过程中,只认为自己的行为会受到工商行政管理机关的处罚,并未想到会构成犯罪,说明其主观恶性不是很大。

(三)事实和证据

江苏省苏州市沧浪区人民法院经公开审理查明:

1991 年 8 月至 1993 年 10 月,被告人沈国荣分别从常州市武进县的天兔味精厂、安家调味品厂、常州市横林区的小天鹅调味品厂购进"天兔"牌、"天鹅"牌、"小天鹅"牌味特 19 吨,又从江阴市青阳镇昌里村刘永才处购进伪造的印有苏州味精总厂"虎丘"牌注册商标标识的规格为 250 克、500 克味精塑料包装袋 8 万只,包装箱 1700 只,采用将味特改换外包装等手法,制造假冒"虎丘"牌味精 16.05 吨,然后销售给江阴市华士镇、周庄镇、陆桥镇、北涸镇的龚富兴、张玉兴、王永祥、严宝兴、吴金星等人的个体副食品店和张家港市吕文国营副食品店等 19 家,违法所得人民币 146800 余元,另有味特 2.90 吨加价转售,共计非法获利人民币 29873.15 元。

上述事实有下列证据证明:

1. 被告人沈国荣关于假冒"虎丘"牌味精的供述;

2. 证人刘天才、林秀娣、陈伯海、张健刚的证言，证明被告人购买伪造的印有苏州味精总厂“虎丘”牌注册商标标识的塑料包装袋和包装箱；

3. 证人徐荣春、郭继荣、郭建荣的证言，证明被告人购买味特；

4. 证人王永祥、黄永芬、章祥发、严林风、赵国庆、龚富兴、张玉兴、王珠龙、陈义结、周良平、吴金星、卢爱军、王舍良、严宝兴、顾耀刚、孙金元、孟丽芳、徐向伟、邵国清、张来芬、顾胜华、陆良、孔冠军、钱菊良的证言，证明被告人销售假冒“虎丘”牌味精；

5. 物证：收缴的假冒的“虎丘”牌味精以及假冒的印有“虎丘”牌味精商标标识的塑料袋、纸板箱，作案工具塑料封接机；

6. 鉴定结论：苏州味精总厂对被告人沈国荣销售的“虎丘”牌味精的化验报告证明其为假冒的“虎丘”牌味精；

7. 中华人民共和国工商行政管理总局颁发的商标注册证第119575号“虎丘”牌味精注册商标证书。

(四)判案理由

江苏省苏州市沧浪区人民法院认为：

1. 被告人沈国荣以营利为目的，违反商标管理法规，以味特假冒味精，并假冒他人的注册商标，违法所得数额较大，其行为已触犯全国人大常委会《关于惩治假冒他人注册商标犯罪的补充规定》第一条第一款之规定，构成假冒他人注册商标罪。

2. 被告人沈国荣假冒他人注册商标时间长、危害范围广、违法所得大，应从重处罚。

从时间上看，被告人从1991年8月至1994年4月被逮捕止，假冒他人注册商标的时间长达2年8个月；从假冒的数量上看，被告人用常州市天兔味精厂、安家调味品厂、小天鹅调味品厂生产的味特假冒苏州味精总厂生产的名牌“虎丘”牌味精，数量达16.05吨，计195箱，从销售范围来看，被告人的假冒味精销售给江阴市华士、周庄、陆桥、北涸等镇和张家港市的国营和个体的副食品店，销售范围广。从违法所得来看，被告人伪造、销售假冒“虎丘”牌味精，违法所得人民币146800余元，违法所得数额巨大。被告人沈国荣的辩护人提出的被告人的的主观恶性、社会危害较小的理由不能成立。

3. 收缴的195箱假冒“虎丘”牌味精属违禁品，封接机一台为犯罪工具，应根据《中华人民共和国刑法》第六十条予以没收。

(五)定案结论

江苏省苏州市沧浪区人民法院根据《中华人民共和国刑法》第一百二十七条、第六十条及全国人大常委会《关于惩治假冒注册商标犯罪的补充规定》第一条第一款，作出如下判决：

1. 沈国荣犯假冒注册商标罪，判处有期徒刑二年六个月。

2. 追缴的假冒“虎丘”牌味精195箱，予以销毁，作案工具封接机一台予以没收。

(六)解说

本案有两个问题需要研究：一是行为人的行为为什么构成假冒注册商标罪？二是法院最后按假冒注册商标罪处罚是否适当？

关于第一个问题，似乎很简单，其实仔细分析起来，本案的事实是行为人用味特假冒味精，并假冒苏州味精总厂的“虎丘”牌味精销售。根据全国人大常委会《关于惩治假冒注册商标犯罪的补充规定》第一条第一款的规定，假冒注册商标罪，是指“未经注册商标所有人许可，在同一种商品上使用与其注册商标相同的商标，违法所得数额较大或者有其他严重情节的行为”。可见，构成假冒注册商标罪，必须是“在同一种商品上”使用他人的注册商标。那么，“味特”与“味精”是不是同一种商品呢？味特虽然也是一种调味品，但氨基酸的含量很低，应该认为，味特与味精不是同一种商品，而是属于同类商品或类似商品，虽然过去曾有过对在同类商品上使用他人注册商标按假冒商标罪处理的司法解释，但是既然《补充规定》明确规定必须是“在同一种商品上”使用他人注册商标才构成假冒注册商标罪，这就意味着，在同类商品上使用他人的注册商标，不构成假冒注册商标罪，但本案的复杂性在于，行为人虽然使用的是味特，但其却假冒为味精，而味特与味精在外形上难以区分，消费者是将其作为“味精”而购买的，因此，虽然味特与味精实际上不是同一种商品，但行为人既然把味特假冒为味精，就使得二者名义上是同一种商品，造成的危害就包括了对他人注册商标专用权的侵害，因此，行为人的行为可以构成假冒注册商标罪。相反，如果行为人在包装上仍然把商品称为味特，而不是味精，但使用了“虎丘”牌味精的商标，这种情况下，商品名称与使用的商品商标并不一致，即二者实际上不是同一种商品，而名义上也不是同一种商品，故不构成假冒商标罪，而本案中虽然使用他人注册商标的商品与商标所代表的商品实际上不同，但在名义上是相同的，可认为是“在同一种商品上使用他人注册商标”，构成假冒注册商标罪。

关于第二个问题，我们认为法院最后以假冒注册商标罪处罚是恰当的。本案行为人的行为除了符合假冒注册商标罪的构成要件，同时还符合生产、销售伪劣产品牟取暴利罪的构成要件，构成生产、销售伪劣商品牟取暴利罪。那么问题是，在具体处罚上是按一罪处罚还是实行数罪并罚，如果按一罪处罚，按哪一个罪处罚。从本案情况来看，行为人的假冒商标行为与生产伪劣产品行为是重合在一起的，即行为人只有一个行为，它既是生产伪劣产品的行为，又是假冒注册商标的行为，属想象竞合犯，应按一重罪处罚。全国人大常委会《关于惩治生产、销售伪劣商品犯罪的决定》第一条规定，生产者以假充真，违法所得数额 2 万元以上不满 10 万元的，处二年以下有期徒刑或拘役。本案行为人违法所得 2 万多元，如果定生产伪劣产品牟取暴利罪，应处二年以下有期徒刑或拘役。而全国人大常委会《关于惩治假冒注册商标犯罪的补充规定》未明确规定数额较大、数额巨大标准，司法解释也未明确，因此，违法所得 14 万多元究属数额较大还是数额巨大没有明确标准。根据本案法院判决来看，是认为属于“数额较大”。因而在三年以下有期徒刑的法定刑幅度内量刑。这样，对于本案来说，按假冒他人注册商标罪的处罚重于按生产伪劣产品牟取暴利罪的处罚，根据“从一重罪处罚”的原则，本案应按假冒注册商标罪处罚。因此，审判机关的处罚是恰当的。

（金勤安）

31. 及长龙破坏集体生产案
（法条竞合）

（一）首部

1. 判决书字号：河北省武邑县人民法院(1994)武刑初字第 5 号。

2. 案由：及长龙破坏集体生产案。

3. 诉讼双方

公诉机关:河北省武邑县人民检察院,检察员王长水。

被告人:及长龙,男,43岁,汉族,河北省武邑县人,农民。1994年3月30日因本案被逮捕。

辩护人:李玉华,河北省武邑县律师事务所律师。

4.审级:一审。

5.审判机关和审判组织

审判机关:河北省武邑县人民法院。

合议庭组成人员:审判长:石占国;审判员:王志广、贾淑芳。

6.审结时间:1994年5月21日。

(二)诉辩主张

1.河北省武邑县人民检察院指控称

被告人及长龙因个人成见,于1993年12月20日凌晨3时许,携带引火物,分别将本村党支部书记及保坤、村主任李希顺承包的蔬菜大棚点燃,将两个大棚及棚内种植的西葫芦苗全部烧毁,造成直接经济损失10696.36元。被告人及长龙的行为已触犯了《中华人民共和国刑法》第一百二十五条之规定,构成破坏集体生产罪,请求法院依法惩处。

2.被告人的答辩及其辩护人的辩护意见

被告人及长龙对公诉机关指控的犯罪事实供认不讳。由于村干部有意为难他,为了报复他们才作案的。现在认识到了自己的行为损人害己,后悔不已,并表示了悔改之意,请求法院从宽处理。

辩护人对公诉机关指控被告人及长龙的犯罪事实不持异议,但认为被告人及长龙归案后,能够主动交待自己的罪行,认罪态度较好,请求酌情从轻处罚。

(三)事实和证据

河北省武邑县人民法院经公开审理查明:

1993年麦收期间,被告人及长龙因村支部书记及保坤、村主任李希顺阻止其使用本村小学的院子作场院等事,而怀恨在心,产生报复之念,于1993年12月20日凌晨3时许,携带事先准备好的引火物,来到村东南距村约一里远的及保坤、李希顺承包的蔬菜大棚前,先后将及保坤、李希顺的两个蔬菜大棚及棚内种植的西葫芦苗全部烧毁,造成直接经济损失10696.36元。

上述事实有下列证据证明:

1.被告人及长龙供述:"1993年12月20日凌晨2点多钟,我捆了两捆木柴,中间插上做迷信活动用的香,又带了两盒火柴,到了村东南离村约一里地的及保坤、李希顺的蔬菜大棚前,先后将及保坤、李希顺的两个蔬菜大棚点燃……";

2.物证:被告人及长龙作案时未用完的火柴、木柴,被告人及长龙作案时穿的雪地鞋等;

3.武邑县公安局现场勘查记录、照片;

4.武邑县赃物评估领导小组关于烧毁大棚造成直接经济损失作价清单表;

5.证人及王国、及海森、及东才、李福龙等人的证言;

6.受害人及保坤、李希顺的陈述。

(四)判案理由

被告人及长龙为泄私愤、图报复,将及保坤、李希顺承包的蔬菜大棚烧毁,造成直接经济损失10696.36元,其行为已触犯了《中华人民共和国刑法》第一百二十五条规定,构成破坏集体生产罪;被告人及长龙的行为给被害人造成巨大经济损失,在当地造成很坏的影响;在案件侦破过程中,被告人及长龙为转移公安机关的视线,张贴小字报,声称烧毁大棚是及保坤、李希顺本人所为,给案件侦破工作带来一定干扰。被告人的行为情节严重。辩护人辩称被告人认罪态度较好,请求从轻处罚的意见不予采纳。

被告人及长龙的行为符合《中华人民共和国刑法》第五十二条的规定,应予附加剥夺政治权利。

(五)定案结论

河北省武邑县人民法院根据《中华人民共和国刑法》第一百二十五条、第五十一条和第五十二条,作出如下判决:

及长龙犯破坏集体生产罪,判处有期徒刑五年,附加剥夺政治权利一年。

(六)解说

本案的事实简单而清晰,但行为性质却不是一目了然。这是因为,本案行为人的行为既是放火行为,又是破坏集体生产的行为,还是故意毁坏财物的行为,因此究竟定什么罪,从理论上尚需分析。

从事实上看,可以把行为人的行为作如下概括:以放火的方法烧毁他人的蔬菜大棚及其中种植的农作物。行为人的动机是泄愤报复。因此,首先,我们可以断定,行为人的行为符合破坏集体生产罪的构成。破坏集体生产罪,是指出于泄愤报复或者其他个人目的,毁坏机器设备,残害耕畜或者以其他方法破坏集体生产的行为(《刑法》第一百二十五条)。所谓集体生产,是与个体生产相对。在我国,农村的土地属集体所有,在实行土地承包给农户个人以后,土地所有权的性质并没有改变,仅仅是土地的使用权分散到个人。因此,对承包户所进行的生产破坏的,属于破坏集体生产。本案中行为人出于泄愤报复的动机,放火烧毁他人正在生长中的农作物,属于"以其他方法"破坏集体生产,给他人造成了较大的经济损失,应构成破坏集体生产罪。

那么,行为人的行为除了符合破坏集体生产罪的构成外,是否还符合其他罪的构成呢?首先,是否符合放火罪的构成。放火罪是属于危害公共安全的犯罪,因此,构成放火罪,除了需有放火的行为,还要有危害公共安全的结果或危害公共安全的危险。本案中,被告人用放火方法烧毁了他人的两个蔬菜大棚,而蔬菜大棚远离住宅,因此,其行为,不符合放火罪的构成,不构成放火罪。其次,是否符合故意毁坏公私财物罪的构成。故意毁坏公私财物罪是属于侵犯他人财产的犯罪,即故意以各种方法毁坏特定公私财物,情节严重的行为。在故意毁坏公私财物罪与破坏集体生产罪之间存在"法条竞合"关系,即:一个法条规定的行为与另一法条规定的行为之间存在包容或交叉等关系。破坏集体生产罪在客观上表现为残害耕畜、毁坏机器或其他破坏方法,而耕畜、机器等无疑都是属于公私财物,不过法律把残害耕畜、毁坏机器设备等行为从故意毁坏公私财物的行为中分立出来,特别规定为破坏集体生产罪,破坏集体生产罪的条文成为特别法条,而故意毁坏公私财物的条文成为普通法条,依"特别法优于普通法"的原则应按特别法条的规定处理。因此,在本案中,虽然放火烧毁他人蔬菜大棚的行为也是一种故意毁坏公私财物的行为,但是由于它是一种破坏集体生产的行为,故应定破坏集体生产罪，而不按故意毁坏公私财物罪论处。

（王洪臣）

32. 马沅等挪用公款案
（连续犯）

（一）首部

1. 裁判书字号

一审判决书：江苏省南京市建邺区人民法院(1994)刑初字第118号。

二审裁定书：江苏省南京市中级人民法院(1994)刑终字第43号。

2. 案由：马沅等挪用公款案。

3. 诉讼双方

公诉机关：江苏省南京市建邺区人民检察院，检察员马强。

被告人(上诉人)：马沅，男，25岁，汉族，湖南省衡阳市人，中国人民建设银行江苏省分行信托投资公司证券业务部计算机程序员。1993年8月27日因本案被逮捕。

一审辩护人：黎民，江苏省南京市第二律师事务所律师。

梁峰，江苏省南京市第二律师事务所见习律师。

被告人(上诉人)：邹翔，男，23岁，汉族，江苏省丹阳市人，中国人民建设银行江苏省分行信托投资公司证券业务部交易员。1993年8月27日因本案被逮捕。

一审辩护人：陈祖年，江苏省南京市建邺区朝天宫地区法律服务所法律工作者。

4. 审级：二审。

5. 审判机关和审判组织

一审法院：江苏省南京市建邺区人民法院。

合议庭组成人员：审判长：王毅；审判员：曹白瑞；代理审判员：曾立雄。

二审法院：江苏省南京市中级人民法院。

合议庭组成人员：审判长：陈高峰；审判员：贺凌云；代理审判员：刘蔼强。

6. 审结时间

一审审结时间：1994年1月5日。

二审审结时间：1994年4月14日(依法延长审限)。

（二）一审诉辩主张

1. 江苏省南京市建邺区人民检察院指控称

被告人马沅、邹翔合谋利用他人证券交易帐户透支公款买卖股票，于1993年2月至8月间，采用透支申报委托、删除成交通告、截留交割凭单及改动计算机数据库等手段，共计买进各种股票计34500股，挪用公款80.23万元。挪用的公款已于案发前全部归还。两被告人共谋利用职务之便，挪用巨额公款进行买卖股票营利活动，情节严重，其行为触犯了全国人大常委会《关于惩治贪污罪贿赂罪的补充规定》(下称《补充规定》)第三条第一款，已构成挪用公款罪。

江苏省南京市建邺区人民检察院同时认为：被告人马沅、邹翔犯罪后自首，且认罪态度较好，根据《中华人民共和国刑法》第六十三条，可以从轻处罚。

2.被告人的答辩及其辩护人的辩护意见

对起诉书指控的犯罪事实，两被告人均供认不讳。

被告人马沅辩称，透支公款炒股的犯意不是他主动提起的，是与邹翔二人合谋。

被告人马沅的辩护人辩称：(1)马沅在共同犯罪中只是帮助邹翔处理帐目，没有具体参与每一笔股票的买卖，起辅助作用，是从犯；(2)计算挪用公款数额不应适用累加计算方法，而应把数次透支炒股视为一个独立的完整的过程，其中透支额最大的一笔才是挪用的真实数额；(3)马沅在1993年5月"平仓"以后，没有产生继续透支买卖股票的故意，属犯罪中止；(4)马沅犯罪后自首。因此，对马沅应予减轻处罚。

被告人邹翔的辩护人辩称：邹翔在共同犯罪中起次要作用，因为邹在犯意的提起上是被动的，在具体的犯罪过程中，邹只是在前台委托申报，而马沅利用计算机进行帐目处理，其作用比邹翔重要；邹翔一贯表现好，犯罪后自首，确有悔改表现。因此，对邹应从轻处罚。

（三）一审事实和证据

江苏省南京市建邺区人民法院经公开审理查明：

被告人马沅、邹翔于1993年2月底合谋利用股民杜某的股票交易帐户透支公款进行股票买卖的营利活动，由邹在前台申报委托，马利用计算机进行帐目处理，截至1993年5月3日，两被告人采用透支申报委托、删除成交通告、截留交割凭单及改动计算机数据库等手段，先后透支买入"延中实业"、"联华合纤"等多种股票计27500股，共挪用公款729622.28元。同年5月下旬，两被告人将库存股票全部卖出后累计亏损50090.55元，盈利5295.94元。此时，两被告人决定平仓，马沅利用计算机盘出亏损数额41955.47元，交挂在已销户方某帐户上，邹翔即在杜某的资金帐户上存入现金20400元，后提现23000元；马则采用改动计算机软盘数据的方法，从股民扈某资金帐户上直接划付18955.47元，从而将上述挪用公款从帐面上"冲平"。

1993年6月至8月，两被告人采用透支申报委托、删除成交通告、截留交割单据等手段，利用股民邹某的股票交易帐户和杜某的股票交易资金帐户，先后透支公款89565.84元，买入"飞尔股份"、"太极实业"、"陆家嘴"等股票7000股，上述股票全部抛出后累计亏损11528.04元，盈利512.75元。

1993年8月2日，本公司部门经理例行检查时，发现股民杜某帐户透支，8月4日，公司领导分别找马沅、邹翔谈话时，马、邹即向单位自首。同年8月5日，马沅、邹翔在领导督促下卖出全部积存股票，又于次日自筹现金33060元，将挪用公款造成的亏损从帐面上"冲平"。

综上，被告人马沅、邹翔共同挪用公款进行股票买卖营利活动，累计数额达819188.12元，其间，共计亏损61618.59元，非法获利5808.69元。案发后，马沅的亲属代其退赔人民币19500元，至此，两被告人所挪用公款全部归还，非法获利全部追回。

上述事实有下列证据证明：

1.被告马沅、邹翔所在单位江苏省建设银行信托投资公司出具的"关于马沅、邹翔透支炒股的情况汇报"(下称"情况汇报")和两被告人的多次供述，证实两被告人在1993年2月24日同值晚班时，聊起上海的一些大户当天买进股票，当天就抛出，从中赚取价差，于是商议"早上买进，下午抛出，赚了钱对半分"。并约定由邹翔在前台委托申报，马沅在后台清算交割。因此,两被告人主观上具有共同的犯罪故意,是合谋。

2.江苏省建设银行"关于移送马沅、邹翔利用职务之便挪用公款炒股案件的报告"和江苏省建设银行信托投资公司出具的"情况汇报"证实两被告人在领导分别找他们谈话时,即交待了合谋透支炒股问题,属自首。

3.复制于江苏省建设银行信托投资公司计算机软盘和硬盘的"杜某资金明细帐"、江苏省建设银行信托投资公司证券部提供的"成交通告"以及案发后被告人邹翔交出或被查获的"成交过户交割凭单",证实两被告人累计挪用公款819188.12元,亏损61618.59元,非法获利5808.69元。

4.复制于江苏省建行信托投资公司计算机软盘的关于已销户方某帐户由零改为-41955.47元的记录、复制于江苏省建行信托投资公司证券部计算机软盘的杜某资金明细帐关于"存现20400元,提现23000元"的记录、扈某的资金明细帐以及"4月21日方某帐户-41955.47元已补平,余额为零"的查询记录,证实两被告人在透支炒股的第一阶段中,已将所挪用公款从帐面上冲平。

5.复制于江苏省建行信托投资公司计算机硬盘的关于"两被告人8月6日补平透支"的记录,证实两被告人自筹现金33060元将所挪用的公款从帐面上冲平。

6.江苏省南京市建邺区人民法院现金保管单及收条,证实案发后被告人马沅的亲属代其退赔19500元。

(四)一审判案理由

江苏省南京市建邺区人民法院认为:被告人马沅、邹翔利用职务之便,挪用巨额公款进行买卖股票的营利活动,情节严重,其行为均已构成挪用公款罪,应依法惩处。但公诉机关在认定挪用公款总数额时,扣除杜某资金帐户上原余额部分不当;在计算亏损数额时,将实际操作中的亏损与盈利作自然冲抵不当。两被告人在共同犯罪中,一人在前台申报委托,一人在后台处理帐目,二者缺一不可,只是分工有所不同,其地位、作用相当,不予区分主、从犯,量刑上适用同一标准。两被告人犯罪后自首,依法均可予以从轻处罚。

(五)一审定案结论

江苏省南京市建邺区人民法院根据全国人民代表大会常务委员会《关于惩治贪污罪贿赂罪的补充规定》第三条第一款、第十二条、《中华人民共和国刑法》第二十二条、第六十三条、第五十二条、第五十一条第一款,作出如下判决:

1.马沅犯挪用公款罪,判处有期徒刑十年,剥夺政治权利二年。

2.邹翔犯挪用公款罪,判处有期徒刑十年,剥夺政治权利二年。

3.盈利所得5808.69元予以没收,上缴国库。

(六)二审情况

1.一审法院判决后,两被告人不服,向江苏省南京市中级人民法院提出上诉。上诉的主要理由是一审法院"适用累加计算方法认定挪用公款数额不当","盈利、亏损分别计算不当","量刑过重"等。

2.二审事实和证据

江苏南京市中级人民法院经审理查明:两上诉人马沅、邹翔合谋后,于1993年2月底开始利用股民杜某、邹某的股票交易帐户透支本公司公款进行股票买卖营利活动。由邹在前台委托申报,马利用计算机进行帐目处理。至案发前,两上诉人采用透支申报委托、删除成交通告、截留交割单据及直接改动机算机数据库等手段，先后透支公款买入“延中实业”、“联华合纤”、“陆家嘴”等各种股票计 34500 股，共挪用公款 813910 余元。1993 年 8 月 2 日，建行信托投资公司部门经理例行检查时，发现股民杜某帐户透支，8 月 4 日，公司领导分别找马沅、邹翔谈话时，马、邹即向单位自首。同年 8 月 5 日，马、邹在单位领导督促下卖出全部积存股票，又于 8 月 6 日自筹现金，将所挪用的公款从帐面冲平。综上，两被告人共计挪用公款 819000 余元进行股票买卖营利活动，亏损 61600 余元，非法获利 5700 余元，案发后上诉人马沅的亲属又代其交出 19500 元，至此，两上诉人所挪用的公款全部归还。

证明上述事实的证据与一审法院认定的证据相同。

3. 二审判案理由

江苏省南京市中级人民法院认为：南京市建邺区人民法院认定被告人马沅、邹翔挪用公款的事实清楚，证据确凿、充分，以挪用公款罪追究其刑事责任是正确的；每一笔股票的买卖都是一个相对独立的过程，每透支买进一笔股票即实施了一次挪用公款行为，因此，一审法院对挪用公款及亏损和盈利的数额的计算是正确的；一审法院对两被告人在法律规定的量刑幅度内量刑，并无不当。故两被告人的上诉理由均不成立。

4. 二审定案结论

江苏省南京市中级人民法院根据《中华人民共和国刑事诉讼法》第一百三十六条第（一）项，作出如下裁定：

驳回上诉，维持原判。

（七）解说

1. 本案的关键在于如何确立一种科学的计算犯罪数额的方法。在审理中，主要有以下三种意见：第一种意见认为，应适用累加方法计算挪用公款数额，即每一次透支买进股票的透支额之和为挪用公款数额；第二种意见认为，适用累加计算方法势必存在重复计算，应将数次透支炒股视为一个完整的独立的过程，其间透支额最大的一笔才是挪用公款的实际数额；第三种意见认为，两行为人采用“当天跑来回”即 T+0 交易方式，从中赚取价差，未实际逐笔动用公款，只是在最后出现亏损时，证券公司才向上海证券交易所垫付款，故两行为人数次透支炒股，其斩仓时亏损的数额是挪用公款的数额。

我们认为，本案应适用累加方法来认定挪用公款数额。具体理由如下：(1)股票买卖是一种营利活动，根据法律规定，挪用公款进行营利活动而构成挪用公款罪的，不受时间的限制。(2)每一笔股票的买卖都是一个相对独立的过程，透支买进股票，标志挪用公款行为开始，卖出该笔股票则是对所挪用公款的归还，也就是说，每一次透支炒股都是一个完整的独立的挪用公款行为，前一次透支买进后再抛出，与后一次买进股票没有必然联系，故两行为人数次透支炒股事实上属于刑法上的连续犯，由此可以看出，上述第二种意见显然是不成立的。(3)从股民、证券商、证券交易所三者的结算关系上看，目前我国实行的是二级、轧差结算，也就是说，本案两被告人采用“当天跑来回”的方法进行股票买卖，结算上是将买进（应付）金额与卖出（应收）金额相互冲抵，这只是结算方式上的简化，并未改变使用公款的性质，由此也不难看出上述第三种意见是完全错误的。

2. 关于盈、亏的认定。股票买卖是一种营利活动，本案两行为人数次透支炒股，有盈有亏，根据全国人民代表大会常务委员会《关于惩治贪污罪贿赂罪的补充规定》第十二条和最高人民法院、最高人民检察院《关于执行〈关于惩治贪污罪贿赂罪的补充规定〉若干问题的解答》第二条，挪用公款进行营利活动的获利部分属非法所得，应予没收，上缴国库；亏损部分应由被告人补齐，否则以贪污罪论处，因此亏损、盈利应分别计算，不能作自然冲抵。但有时被告人买进股票以后并未全额卖出，买进与卖出交叉进行，因而无法计算每一笔股票买卖的盈和亏，在这种情况下，遵循有利于行为人的原则，如果被告人总体上是亏损，而且在整个操作期间没有提取盈利的，则对盈利部分可不予认定，亏损按股民资金帐户实际挂帐的数额来认定。

3. 关于在认定挪用公款总额时，股民资金帐户上原余额部分应否扣除的问题。对此，应作如下具体分析：

(1)行为人借用他人的股票交易帐户和资金帐户买卖股票，自己投入资金的，因为挪用公款犯罪侵犯的客体是公款的使用权，故用这部分资金买卖股票属一般的违法行为，不构成犯罪。这部分资金应予扣除。

(2)行为人与他人约定合伙买卖股票，借用他人的股票交易帐户、资金帐户和资金，自己进行操作的，被告人使用这部分资金是经过他人允许或可以视为经他人允许，故这部分资金也应予扣除。

(3)行为人未经他人允许，利用他人的股票交易帐户、资金帐户和资金买卖股票，因为股民的这部分资金已存入证券部，具有公款的性质，未经他人允许而使用，也构成挪用公款，故这部分资金不应予扣除。

本案行为人马沅、邹翔利用邹翔的朋友杜某的股票交易帐户和资金帐户进行股票交易，邹翔与杜某约定"各炒各的"，即各人用各人的资金，各自建帐，两行为人未经杜某允许，擅自用杜某的资金买卖股票，属于上述第三种情形。因此，法院在认定挪用公款数额时，未将杜某资金帐户上原余额部分扣除是正确的。

4. 本案是随着我国社会主义市场经济的发展而出现的一种新型挪用公款犯罪案件，在南京市乃至江苏省尚属首例。它具有以下特点：(1)证券从业人员利用职务之便犯罪；(2)利用计算机作案，属高智能犯罪；(3)挪用公款的数额特别巨大；(4)犯罪隐蔽性特别强，非出现较大的亏损很难发现；(5)每一次挪用公款的时间很短，主要通过股票的买进卖出使用公款，资金始终在证券商的帐上往来，风险性在于是否出现亏损，出现多大的亏损。因此，这种挪用公款行为对公款使用权的侵犯相对较弱。基于前四个特点，本案属"严打"对象，对行为人应从重处罚；但后一个特点也不容忽视，而且我国证券业刚刚起步，有关的管理制度还很不健全，法律规定滞后，行为人犯罪有一定的客观原因，故对行为人可酌情从轻处罚。再从我国法律有关挪用公款犯罪的法律规定上看，挪用公款进行营利活动，数额在5万元以上的，属"情节严重"，处五年以上有期徒刑，这在司法实践中很难操作，因此，量刑时要进行综合分析，罚当其罪。当然，究竟如何正确地处理这一新型挪用公款犯罪案件，还有待于最高人民法院和最高人民检察院作出相应的司法解释。

(张革联)

33. 卢苏州诈骗案
（牵连犯）

（一）首部

1. 裁判书字号

一审判决书：济南铁路运输中级法院(1994)济刑初字第25号。

二审裁定书：山东省高级人民法院(1994)鲁法刑二终字第11号。

2. 案由：卢苏州诈骗案。

3. 诉讼双方

公诉机关：山东省人民检察院济南铁路运输分院，检察员朱军、吴立军。

被告人(上诉人)：卢苏州，化名苏波、芦苏波、蔡家福，男，32岁，汉族，江苏省睢宁县人，农民。1993年6月26日因本案被逮捕。

一审辩护人：顾伟，山东省济南市律师事务所律师。

延振宏，山东省济南市律师事务所律师。

4. 审级：二审。

5. 审判机关和审判组织

一审法院：济南铁路运输中级法院。

合议庭组成人员：审判长：戚智超；审判员：王山鲁、李桂何。

二审法院：山东省高级人民法院。

合议庭组成人员：审判长：矫新强；审判员：韦良平；代理审判员：王登江。

6. 审结时间

一审审结时间：1994年9月19日。

二审审结时间：1994年11月7日。

（二）一审诉辩主张

1. 山东省人民检察院济南铁路运输分院指控称

被告人卢苏州自1990年以来，身带伪造的国家交通部、石家庄陆军学院阳泉办事处、太原交通局民族商场等单位的工作证、伪造的身分证和大量的营业执照、经营合同、各种文件以及伪造的国家交通部、中国石材进出口总公司等部门和单位的印章，进行诈骗活动。

1992年8月至9月，被告人化名苏波，持所谓中国石材进出口总公司与香港百利士发展有限公司经营砂石业务的合同文件等，谎称受“港商”委托联系业务，取得了青岛华得石材有限公司的信任，进而又代理华得公司与所谓“港商”联系业务。在供需双方未谋面的情况下，以虚构的青岛华得石材有限公司向香港百利士发展有限公司提供5500万吨砂石的“售货合同”，提出“港商”须先收“合同定金”5万元和“质量保证金”100万元。

为履行所谓“售货合同”，先后有泰安市泰山区青山建筑材料供应站、天津丰润县塘沽砂石联合公司、广东佛山城区宏业建材公司等，参与了所谓联营活动。9月至10月份，宏业公司文伟强和塘沽公司王慧承，分别在广州和北京将5万元“合同定金”交给了卢苏州。

同年10月,被告人卢苏州先以伪造的国家经贸部、交通部的批件再设骗局,又以伪造的香港汇丰银行4000余万美元的"存卡"和"中国人民银行汉口分行信用证通知书"假作抵押,致使各受骗单位及有关人员对"售货合同"更加深信不疑。厦门盛意公司王化民遂将100万元人民币汇入被告人卢苏州控制的所谓"中国国际少林武术学院工贸部"设在北京建设银行安慧里分理处的帐户。

10月11日,被告人诡称"需向当地政府汇报这笔大生意",为搞好联营需"成立砂石指挥部"将上述单位的有关人员支使到青岛。随后,被告人卢苏州避开上述单位和有关人员,从安慧里分理处转出50万元,汇往鞍山市铁东区建设支行,提出现金。又将其余50万元分批提出后大部转入徐州、合肥等地银行。

山东省人民检察院济南铁路运输分院认为,被告人卢苏州的行为已构成诈骗罪,请求依法惩处。

2. 被告人的答辩及其辩护人的辩护意见

被告人的一审辩护人认为:公诉机关指控被告人卢苏州犯诈骗罪的事实不清,证据不足,其主要理由是:被告人的行为所造成的危害结果,是由于订立砂石供货合同所直接引起的,而其利用伪造的国家机关公章、批文等只是为了取得各有关人员的信任,为他们与港商订立"砂石购销合同"制造条件。而本案中,作为该合同主体之一的香港百利士发展有限公司及其与被告人的关系,还没有得到确认,因此本案的事实不清,还需进一步查证。

被告人卢苏州辩称:自己是代理"香港百利士发展有限公司"与"青岛华得石材有限公司"签订的"砂石售货合同",而且是自己亲自到北京"天地大厦"(现保利大厦)与港商"陈建忠"订立的"砂石售货合同",自己拿到100万元的合同质量保险金,以后,是受港商陈建忠老板的指令,将现金提出送到"天地大厦"陈建忠老板的住处交给陈建忠老板,同时陈建忠老板拿出50万元人民币,委托自己搞"老票"(注:国民党时期的旧股票)生意的。因此自己不构成诈骗罪。

(三)一审事实和证据

济南铁路运输中级法院经公开审理查明:

1992年8月,被告人卢苏州化名苏波,在北京微电子研究所结识了受聘于沈阳关东集团公司的白绍举。卢持所谓"中国石材进出口总公司与香港百利士发展有限公司经营砂石进出口业务的合同"及伪造的盖有"中华人民共和国经贸部"和"中华人民共和国交通部"公章的"批文"等文件,谎称受"港商"的委托,联系石材出口业务,取得了白绍举的信任。并通过白的积极撮合,又代理青岛华得石材有限公司与所谓的"港商"陈建忠洽谈石材出口业务。在供需双方均未见面的情况下,签订了"青岛华得石材有限公司向香港百利士发展有限公司提供5500万吨砂石的售货合同"。并向供货方提出"港商"须先收"合同定金"5万元和"质量保证金"100万元人民币的条件。

为履行此"售货合同",白绍举等人先后联系了泰安市泰山区青山建筑材料供应站,天津丰润县塘沽砂石联合公司,广东佛山城区宏业建材公司,福建厦门鲁厦建材公司,福建厦门盛意实业公司等单位,进行所谓的"联营"活动。并于1992年9月至10月,由广东佛山城区宏业建材公司的文伟强、郭文海、赵延平和天津塘沽砂石联合公司的王慧承,分别在广州和北京将5万元的"合同定金"交给了被告人卢苏州。同年10月在北京的翠微宾馆,卢苏州先以伪造的盖有"中华人民共和国经贸部"和"中华人民共和国交通部"公章的"批文"作诱饵,又以伪造的香港汇丰银行4000余万美元的"存卡"和"中国人民银行汉口分行信用证通知书"作抵押，骗取了各"联营"单位有关人员的信任，对所谓的"售货合同"更加深信不疑。厦门盛意实业公司经理王化民遂将100万元人民币的汇票落在被告人卢苏州以所谓的"中国国际少林武术学院工贸部"的名义，设在北京建设银行安慧里分理处的帐户上。此后，卢苏州以"这样一笔大生意需向当地政府汇报"为幌子，建议上述单位的人员到青岛去成立所谓的"砂石出口指挥部"。将这些人员支使到青岛后，被告人卢苏州立即着手将帐户上的100万元人民币转为现金，卢先将其中的50万元从安慧里分理处汇往鞍山市铁东区建设支行，提出现金，又将其余的50万元，分批提出，后以私人的名义存入合肥、徐州等地银行。

1992年12月4日，被告人卢苏州携带11余万元人民币现金和伪造的"中华人民共和国交通部"的公章及大量的单位公章、证件、文件等物品，在徐州火车站被查获。

上述事实有下列证据证明：

1. 有证人白绍举、文伟强、郭文海、赵延平、王慧承、王化民、田绪顺、徐春高、张京林、宏发祥、吴长山、蔡亚明等人的证言；

2. 有从卢苏州行李中缴获的物证："中华人民共和国交通部"公章一枚(经鉴定以及中华人民共和国交通部办公厅的证明材料证明此章系伪造)；

3."中国人民银行汉口分行"印章及钢托一套，盖有此"钢印"的"信用证通知书"数份(经鉴定以及中国人民银行湖北省分行的证明材料证明均系伪造)；

4."中国国际少林武术学院工贸部"财务章、合同章一套及营业执照副本一张(经河南省开封市工商行政管理局证明，根本无此单位注册)；

5."中国石材进出口总公司"财务章、合同章一套及营业执照副本一份(经海南省海口市工商行政管理局证明，根本无此单位注册)；

6. 有缴获的伪造的国家交通部、石家庄陆军学院阳泉办事处，太原交通局民族商场等单位的工作证、大量的文件、合同、私人印章、营业执照、身分证、"香港汇丰银行"的"存卡"等物证；

7. 有缴获的"售货合同"和伪造的国家经贸部、交通部的"批文"等书证；

8. 还有北京市保利大厦("天地大厦")出具的证明材料、北京市新兴宾馆出具的证明材料、刑事科学技术鉴定结论等证据。

(四)一审判案理由

济南铁路运输中级法院认为，卢苏州以非法占有他人钱财为目的，利用虚构的"砂石出口业务"蒙骗多家企业单位，诈骗他人巨额人民币，其行为触犯《中华人民共和国刑法》第一百五十二条之规定，构成诈骗罪，且情节特别严重，依法应予严惩。

(五)一审定案结论

济南铁路运输中级法院根据《中华人民共和国刑法》第一百五十二条、第六十条、第五十三条第一款，作出如下判决：

卢苏州犯诈骗罪，判处无期徒刑，剥夺政治权利终身。

(六)二审情况

1. 二审诉辩主张

一审法院的刑事判决宣告后，卢苏州对判决不服，以自己是受香港百利士发展有限公司的经理陈建忠的委托，而从事的该砂石出口生意，因此不构成诈骗罪为由提出上诉。

2．二审事实和证据

山东省高级人民法院经审理查明的事实与认定的证据与一审法院相同。

3．二审判案理由

山东省高级人民法院认为，上诉人卢苏州以非法占有为目的，使用伪造的证件，利用虚构的“砂石出口业务”欺骗有关单位和企业，其行为已构成诈骗罪，且诈骗数额特别巨大，情节特别严重，依法应予严惩。上诉人卢苏州的上诉理由不能成立，不予采纳，原审认定的犯罪事实清楚，证据确实、充分，定罪准确，量刑适当，审判程序合法。

4．二审定案结论

山东省高级人民法院根据《中华人民共和国刑事诉讼法》第一百三十六条第(一)项，作出如下裁定：

驳回上诉，维持原判。

(七)解说

诈骗罪，是指以非法占有他人财物为目的，采用虚构事实或者隐瞒事实真相的方法，使他人信以为真，从而骗取数额较大的公私财物的行为。本案卢苏州的行为完全符合诈骗罪的构成特征。

从本案来看，卢苏州始终是以“香港百利士发展有限公司”的经理“陈建忠”的全权代理人的面目出现，案发后他仍然坚持这一点，拒不认罪。下面我们就将整个案件的证据，全面地进行分析。

第一，从香港百利士发展有限公司经理“陈建忠”这个人的出现开始，卢苏州供称：在1992年初，香港百利士发展有限公司与“中国石材进出口总公司”签订了进口砂石的“售货合同”，并且在北京的新兴宾馆举行新闻发布会。他是在这个发布会上通过“中国石材进出口总公司”经理“李建军”的介绍，认识“陈建忠”。其一，从北京新兴宾馆出具的证明来看，1992年根本就没有在该宾馆举行过什么新闻发布会，其二，从海南省海口市工商行政管理局出具的证明材料来看，在海口根本没有“中国石材进出口总公司”在此注册过。

第二，从卢苏州所持的“批文”来看，该“批文”盖国家交通部、经贸部的“公章”。经鉴定“中华人民共和国交通部”的印章，系伪造，且此就是卢苏州随身携带的“公章”所留；国家经贸部的全称应是“中华人民共和国对外经济贸易部”而该“批文”的印章，却是“中华人民共和国经贸部”，显系伪造。

第三，从卢苏州所持的“香港汇丰银行”的“存卡”及“中国人民银行汉口分行”的信用证通知书来看。经鉴定，该“存卡”采用日本产“尼古丁克星”的药片卡所造，同时也没有“中国人民银行汉口分行”这个“银行”存在，其名称应是“中国人民银行湖北省分行”，而且留在该“信用证通知书”上的钢印系卢苏州携带的“钢印”所留。

第四，从卢苏州所持的两份“售货合同”即：“香港百利士发展有限公司与中国石材进出口总公司”和“香港百利士发展有限公司”与青岛华得石材有限公司签定的“合同”来看，经鉴定，两份合同的抬头及落款的笔迹，均出自卢苏州之手，试想如果真有“香港百利士公司与中国石材进出口总公司”的这份合同，卢苏州在认识“陈建忠”之前怎么会有他的笔迹落在这份“合同”上。

第五，是否存在香港百利士公司经理“陈建忠”其人，从全案涉及到的每一个人的证言看，没有一个人见过该“陈建忠”，只是听卢苏州讲过其人，据卢苏州所供，从签定“合同”到

"质量保证金"的交付均是在北京天地大厦(现名北京保利大厦)交给"陈建忠"老板。而在北京保利大厦的电脑储存中查询,该大厦1992年一年中没有一个叫"陈建忠"的人在该处住过。相反,确有卢苏州以"蔡家福"的化名,在此登记住宿。

第六,从"质量保证金"落入卢苏州的"帐户"后其表现来看。其一,该"帐户"赖以设立的单位"中华国际少林武术学院工贸部"是不存在的;其二"质量保证金"在该"帐户"上显示后,卢立即着手提款,并且以各种借口逃避各受骗单位的有关人员,在短短的一个月中,将"帐户"上的100万元人民币,全部以现金形式提出并携款逃匿。

(谢新民　戚志超　吴靖)

34. 李发献故意杀人案
(量刑情节、自首)

(一)首部

1. 判决书字号:四川省绵阳市中级人民法院(1993)绵法刑二初字第24号。

2. 案由:李发献故意杀人案。

3. 诉讼双方

公诉机关:四川省绵阳市人民检察院,代理检察员肖伟。

附带民事诉讼原告人:陶鸿,男,27岁,汉族,四川省三台县人,系四川省三台县公证处聘用合同工。

委托代理人:易润德,四川省绵阳市律师事务所律师。

被告人:李发献,男,51岁。汉族,四川省五台县人,农民。1993年8月30日因本案被逮捕。

辩护人:姚建,四川省绵阳市经济律师事务所律师。

　　　　刘沙特,四川省三台县律师事务所律师。

4. 审级:一审。

5. 审判机关和审判组织

审判机关:四川省绵阳市中级人民法院。

合议庭组成人员:审判长:刘仕洲;代理审判员:王建平、何昌秀。

6. 审结时间:1994年7月15日(依法延长审限)。

(二)诉辩主张

1. 四川省绵阳市人民检察院指控称

1993年7月31日,李发献之子李绍勇(男,17岁)在四川省梓州金茂实业有限公司举办的"最佳幸运大抽奖"活动中,抽中一等奖,应得彩色电视机一台或人民币2000元,该公司未当场兑现。当晚,李绍勇找到公司经理冯继平(男,30岁,本案死者)要求兑现,花去招待费100余元,同年8月2日,李发献和李绍勇按约到三台县公证处领奖品,因被要求缴纳不应交的费用并写检讨、赔偿损失等问题与冯继平及公证人员陶鸿发生争执而未兑现奖品。尔后,李发献多次到县公证处、法律顾问处、县政府等部门反映,要求兑现奖品,未果。1993年8

月20日下午，李发献带上自制尖刀一把到县公证处，见冯继平、陶鸿均在办公室，便再次提出兑现奖品，遭拒绝后，即持刀朝冯继平胸部、腰部连刺两刀，又向陶鸿刺数刀后，携刀往四川省三台县公安局投案自首。冯继平因“外伤性急性失血性休克”当场死亡；陶鸿颈部、胸部、腹部等多处被刺伤，经法医鉴定为重伤。

四川省绵阳市人民检察院认为：上述事实清楚，证据确凿、充分，有被害人陶鸿的陈述和李发献投案自首后的供述以及本案相关证人证言相互佐证。被告人李发献因兑奖不成，持刀杀死一人，重伤一人，其行为触犯了《中华人民共和国刑法》第一百三十二条之规定，构成故意杀人罪。被告人犯罪后投案自首，适用《中华人民共和国刑法》第六十三条之规定，可从轻判处。特提起公诉，请求法院依法判处。

2. 附带民事诉讼原告人及其委托代理人诉讼要求

附带民事诉讼原告人陶鸿及其委托代理人提出：被告人李发献强行介入纠纷，凶残杀人，应依法追究其刑事责任。同时，应赔偿民事原告人的医疗费、护理费、营养费、误工工资等经济损失，共计4370.69元。

3. 被告人的答辩及其辩护人的辩护意见

被告人李发献对四川省绵阳市人民检察院的指控不持异议，但辩称是冯继平、陶鸿无理拒绝兑现奖品，并首先辱骂和动手打他，他才一气之下杀人。被告人李发献的辩护人认为，本案是在被告人的合法权益受到他人无端损害的情况下，出于义愤才发生的，被告人作案后能投案自首，平时表现较好，主观恶性不深，愿意接受改造。请求法院对李发献从轻判处有期徒刑三年，并适用缓刑。

（三）事实和证据

四川省绵阳市中级人民法院经公开审理查明：

1993年5月27日，四川省三台县梓州金茂实业有限公司经三台县公证处公证，在三台县潼川镇举行“最佳幸运大抽奖”活动。同年7月31日，李发献之子李绍勇中一等奖，应得彩色电视机一台或人民币2000元，该公司未当场兑现（公告申明当场兑现）。当晚，李绍勇找到公司经理冯继平要求兑现奖品，冯称摸了大奖要请客。李绍勇花去146元为冯继平等一行10余人办了招待。冯要李8月2日去县公证处领奖。8月2日，李氏父子按约到公证处，公证人员陶鸿核实了奖票号码，冯提出要李绍勇付税钱400元和头天晚上办招待王××从冯处所借款300元，并要其赔偿所谓损失费并对奖票真伪进行鉴定，双方为此发生争执。陶鸿将李绍勇的奖票予以封存，，并叫李绍勇写出事情的经过，有错要认错，次日到公证处解决。8月3日，陶鸿请病假未上班，李发献父子到公证处仍未找到陶鸿，8月6日上午，李氏父子到公证处仍未找到陶鸿，8月6日上午，李发献找到陶鸿，陶问李绍勇写的材料带来没有，李绍勇说没有写，冯继平坚持要李赔损失费，李发献只同意给税款和王××的借款。后双方达成口头协议，李发献拿700元钱来取电视机。陶鸿将封存的奖票退给了李发献。当天，冯将一台长虹21英寸彩色电视机（价值2100元）搬到公证处，尔后，陶鸿、冯继平又将其调换成了一台价值1650元的金鹊彩色电视机。8月7日至10日，李发献因未借到钱，先后找到公证处领导和陶鸿，提出不要电视机，除去一切费用给他1100元钱即可，陶鸿不同意。8月11日至19日，李发献先后到县政府、县司法局、县公证处、县法律顾问处等部门反映，均因陶鸿坚持只给电视机不给现金而使问题未得到解决。其间，李发献请人打官司又被他人骗去350元钱。1994年8月20日上午10时许，被告人李发献携带尖刀一把到县公证处再次找到陶鸿、冯继平，要求兑现奖品，冯、陶二人却说："你不是到法院告了我们吗？等法院怎么判我们就怎么给。"李发献听后气愤之极，转身向门外走去。李发献越走越气，刚出门又返回陶的办公室，抽出尖刀，说："你们不给是不是？"同时朝冯继平身上连捅二刀，陶鸿见状抓起椅子打李发献，李又持刀向陶鸿连刺数刀。尔后，李发献携刀到四川省三台县公安局投案自首。冯继平当场死亡，陶鸿重伤，住院治疗28天，用去医药费3720元，痊愈出院。

上述事实有下列证据证明：

1. 被害人陶鸿对案发经过的陈述与被告人的供述，在主要情节上相互吻合；

2. 证人李××、刘××、吴××、任××等的证言相互印证；

3. 尖刀一把经被告人辨认系作案所用凶器；

4. 法医尸检报告和活体检验报告与所证实的被害人损伤部位和凶器与被告人所交待相吻合。

（四）判案理由

四川省绵阳市中级人民法院认为：

1. 李发献多次找被害人兑现奖品而遭无理刁难，在忍无可忍的情况下，杀死一人，重伤一人，其行为触犯《中华人民共和国刑法》第一百三十二条之规定，构成故意杀人罪，后果严重，应予严惩。

2. 被告人之犯罪是基于自身合法权益遭受被害人严重侵犯而采取的丧失理智的行为。

3. 被害人不按公证合同当场兑现奖品，反而强要被告人"办招待"、"承认错误"、"赔偿损失"，并私自调换被告人应得的奖品，致使李发献父子为得到奖品奔波20余天，遭受1170余元的损失。被害人的不法行为，激化了矛盾，对本案结果的发生负有重要责任。

4. 被告人作案后投案自首，且有法定从轻或减轻处罚情节。

5. 鉴于被告人李发献认罪态度好，又属偶犯，其辩护人关于"被告人系义愤杀人；能投案自首；被害人有重大过错"等理由符合本案事实和法律规定，应予采纳，但因被告人犯罪后果严重，辩护人要求对被告人适用缓刑的意见殊难采纳。

6. 附带民事原告人及其委托代理人要求被告人赔偿损失于法有据，但被告人家庭经济困难，无赔偿能力。

（五）定案结论

四川省绵阳市中级人民法院根据《中华人民共和国刑法》第一百三十二条、第六十三条、第六十条，作出如下判决：

1. 李发献犯故意杀人罪，判处有期徒刑十年。

2. 李发献免予赔偿民事原告人的经济损失。

3. 李发献作案所用的尖刀一把予以没收。

（六）解说

对于犯罪分子量刑的原则，在《中华人民共和国刑法》第五十七条作了规定："对于犯罪分子决定刑罚的时候，应当根据犯罪的事实、犯罪的性质、情节和对于社会的危害程度，依照本法有关规定判处。"据此，应当首先查明犯罪事实，并正确判断犯罪性质，以便判明应当适用的法律条文。在我国刑法的许多条文中，按照犯罪的不同情节轻重程度，区分为几个不同的法定刑幅度，即使在同一幅度里，也因犯罪情节的不同，而有实判刑轻重的问题。因此，分清犯罪情节的轻重，判明犯罪的社会危害程度，是量刑轻重的重要依据。从实际情况看，犯罪事实、性质、情节，都从不同方面反映着犯罪的社会危害程度。《刑法》第五十七所说的社会危害程度，是强调犯罪行为在客观上造成的实际危害结果大小及其社会影响大小。对此，应当进行综合考察、判断。此外，还应适当考虑犯罪人的主观恶性大小以及其平时表现如何等。如果犯罪人属于累犯、再犯，或者考虑对其是否适用缓刑、假释时，应当结合犯罪情节，重视其既往的守法表现，人身危险性程度。如果犯罪人具有法定或酌定的从宽处罚或从严处罚的情节，应根据罪行的轻重选择与之相适应的法定刑幅度，再以这个法定刑幅度为准对犯罪人判处较轻或较重的刑罚。

本案中，李发献由于被害人多次无理刁难而出于义愤杀人，在一定程度上减小其行为的社会危害性程度。但李发献的行为致一人死亡，一人重伤，后果十分严重，所以其罪不能认为较轻，依照《中华人民共和国刑法》第一百三十二条的规定，应在死刑、无期徒刑或十年以上有期徒刑的幅度内处刑。同时由于李发献作案后投案自首，具有法定的从轻处罚情节，而且本案被害人显然具有过错，行为人的犯罪动机是出于义愤，且其是偶犯，故对犯罪人还可以酌情从轻处罚。因此，在上述的法定刑幅度内对李发献判处十年有期徒刑是适当的。

本案在当地的社会影响很大。李发献的杀人之举不仅没有引起公愤，反而获得群众的同情，本案的被害人却受到强烈谴责。这是本案的特殊性所在。审判机关在具体量刑时应当紧紧围绕刑罚的目的，充分兼顾到特殊预防与一般预防，除了能够惩罚罪犯，防止其再次犯罪，还应保证国家法律的尊严和司法机关的公正形象，使判决得到人民群众的支持，同时还应对社会上潜在的犯罪分子起到威慑作用，使之不敢以身试法。从这个角度说，人民法院对本案的判决也是合适的。

（汪琪斌）

35. 唐莉抢夺案
（酌定从轻处罚）

（一）首部

1. 裁判书字号

一审判决书：贵州省贵阳市云岩区人民法院（1994）云刑初字第108号。

二审裁定书：贵州省贵阳市中级人民法院（1994）筑法刑终字第64号。

2. 案由：唐莉抢夺案。

3. 诉讼双方

公诉机关：贵州省贵阳市云岩区人民检察院，代理检察员陈晓宏。

被告人（上诉人）：唐莉，女，26岁，汉族，湖南省邵东市人，无业。1994年元月28日因本案被逮捕。

一审辩护人：郭虎峰，贵州省贵阳市经济律师事务所律师。

4. 审级：二审。

5. 审判机关和审判组织

一审法院：贵州省贵阳市云岩区人民法院。

合议庭组成人员：审判长：范银燕；人民陪审员：王怀创、欧跃伦。

二审法院：贵州省贵阳市中级人民法院。

合议庭组成人员：审判长：肖浩伟；审判员：杨绍武；代理审判员：尹秋红。

6. 审结时间

一审审结时间：1994 年 4 月 15 日。

二审审结时间：1994 年 5 月 13 日。

（二）一审诉辩主张

1. 贵州省贵阳市云岩区人民检察院指控称

1994 年 1 月 2 日下午 5 时许，被告人唐莉在本市东门菜市场，趁李淑芬不备，抢走李的金耳环一对，价值人民币 1400 元。被告人在逃跑时被抓获，金耳环被其在逃跑中丢弃。

被告人的上述犯罪事实，有受害人李淑芬的陈述和有关证人的证言证实。被告人唐莉亦供认不讳。贵阳市云岩区人民检察院认为，被告人唐莉乘人不备，抢夺他人钱财，数额较大，其行为已触犯《中华人民共和国刑法》第一百五十一条之规定，构成抢夺罪。特提起公诉，请求依法惩处。

2. 被告人的答辩及其辩护人的辩护意见

被告人唐莉及其辩护人对贵阳市云岩区人民检察院指控被告人的抢夺事实及其定性均无异议。但辩护人辩称：被告人是初犯，且已向受害人作了退赔，认罪态度较好，应予从宽判处，并请求对被告人宣告缓刑。

（三）一审事实和证据

贵州省贵阳市云岩区人民法院经公开审理查明：

1994 年 1 月 2 日下午 5 时许，被告人唐莉窜至本市东门菜市场，见一老年妇女李淑芬佩戴一对金耳环，遂生歹意。在李淑芬买东西时，被告人趁其不备，从其身后将其所戴的一对金耳环抢夺到手后逃跑。被害人当即呼救。被告人在拦截出租车准备乘车逃走时被抓获。被告人在被抓获时将金耳环丢弃。全耳环的价值，经贵阳市云岩区价格事务所估定为 1400 余元。被告人的亲属在案发后已经代为赔偿了受害人 1400 元人民币。

上述事实有下列证据证实：

1. 受害人李淑芬陈述："两只耳朵一痛，我一摸耳朵，金耳环不见；一转身见一个穿黑衣服的女人在跑，我边喊抓小偷边追，街上人都帮我追……那女人被抓住后，我叫她把金耳环交出来，她说耳环丢了。"

2. 证人贺松林、贺明荣的证言证明：在被告人拦住出租汽车刚坐进车内时，他们就追上去拦住了出租汽车，把被告人从车内拉出来；他们当场和受害人一同要被告人把抢去的金耳环交出来时，被告人说已被她丢掉了。

3. 被告人唐莉的供认：她吸毒毒瘾发作时，无钱买毒品吸，见一个老太婆戴着一对金耳环，便从其身后将其金耳环抢到自己手里就跑，刚坐到拦住的出租汽车里，就被追赶的人把车拦住；被追时，怕被从身上搜出金耳环，就把金耳环丢掉了。

4. 贵阳市云岩区价格事务所估定一对金耳环价值 1400 余元的书证。

5. 受害人李淑芬领取被告人亲属赔偿的 1400 余元人民币的收条。

（四）一审判案理由

贵州省贵阳市云岩区人民法院认为：被告人唐莉以非法占有为目的，乘人不备，公然在公共场所抢夺他人的财物，数额较大，其行为已触犯《中华人民共和国刑法》第一百五十一条之规定，构成抢夺罪，依法应予惩处。辩护人辩护意见认为被告人系初犯，且已向受害人作了退赔，要求予以从宽判处的意见合理合法，本院予以采纳；但是鉴于被告人犯罪的动机、目的、性质和情节等因素，对其不宜适用缓刑，故本院对辩护人要求宣告缓刑的意见不予采纳。

（五）一审定案结论

贵州省贵阳市云岩区人民法院根据《中华人民共和国刑法》第一百五十一条，作出如下判决：

唐莉犯抢夺罪，判处有期徒刑二年。

（六）二审情况

1．二审诉辩主张

一审判决宣告后，被告人唐莉不服，向贵阳市中级人民法院提出上诉。其主要理由是：上诉人是初次犯罪，认罪态度好，在被抓获时就有了退赔之意，随后上述人的亲属即代为退赔了赃物之款，犯罪情节和危害后果均较轻微，但一审判决量刑过重。

2．二审事实和证据

二审法院认定的事实和证据与一审法院的完全一致。

贵州市贵阳市中级人民法院经审理确认：原判认定事实清楚，证据确实、充分，有受害人陈述和见证人的证言证实，上诉人也供认在卷，足以认定属实。

3．二审判案理由

贵州省贵阳市中级人民法院认为：上诉人唐莉以非法占有为目的，在公共场所公然抢夺他人的财物，数额较大，已构成抢夺罪，应依法处罚。一审法院认定事实清楚，适用法律正确，量刑适当，程序合法，应予维持。一审法院对于上诉人上诉要求从轻判处的理由，在量刑时已经作了充分考虑，故本院对上诉要求不予采纳。

4．二审定案结论

贵州省贵阳市中级人民法院根据《中华人民共和国刑事诉讼法》第一百三十六条第（一）项，作出如下裁定：

驳回上诉，维持原审法院判决。

（七）解说

本案是一件比较典型的抢夺案件，一、二审法院的判决和裁定是正确的。

行为人唐莉吸毒成瘾，为了获得吸毒之钱，铤而走险，乘人不备，在公共场所抢夺他人佩戴的金耳环，其行为依法应予惩处。人民法院在判处时又充分考虑到行为人有可予从轻处罚的情节。她以往虽有吸毒的行为，但系初次犯罪，犯罪的情节较轻，并已赔偿了受害人的全部财物损失，减轻了其犯罪行为的危害后果，有一定的悔罪表现，对其从轻判处有期徒刑二年是适当的。

既然对行为人可以从轻判处，那么为什么不能采纳行为人要求对其宣告缓刑的请求呢？我国《刑法》规定，适用缓刑是根据犯罪分子的犯罪情节和悔罪表现，加以综合判断，认为适用缓刑确实不致再危害社会的。本案行为人系非法吸毒者，其抢夺他人钱财犯罪的动机、目的就是在毒瘾发作无钱吸毒时而产生的。我国历来严禁吸毒。吸毒不仅危害人体健康，给社会、家庭带来一系列问题，而且容易诱发其他违法犯罪行为，严重危害社会治安。再者，像行为人唐莉这种吸毒成瘾的人，如果对其不加以监管教育和强制戒毒就放回社会上，很难保证其确实不再重新犯罪而危害社会。所以，人民法院对本案综合判断，全面考虑行为人的犯罪动机和目的、犯罪手段及其以往吸毒成瘾的情况等，认为对行为人不应适用缓刑。显然，这是正确的。

（何　艳）

36. 陈建青流氓、谢××故意伤害案
（累犯、未成年人犯罪）

（一）首部

1. 判决书字号：浙江省余姚市人民法院（1994）余刑初字第160号。

2. 案由：陈建青、谢××故意伤害案。

3. 诉讼双方

公诉机关：浙江省余姚市人民检察院，检察员陈祥喜。

附带民事诉讼原告人：翁光辉，男，23岁，浙江省余姚市通用机器厂厂警，系本案被害人。

被告人（附带民事诉讼被告人）：陈建青，男，20岁，汉族，浙江省余姚市人，个体摊贩。1992年7月因犯盗窃罪被判处有期徒刑六个月，1992年9月29日刑满释放。1994年5月21日因本案被逮捕。

辩护人：严鸿才，浙江省余姚市律师事务所律师。

被告人：谢××，男，15岁（1979年5月14日出生），汉族，浙江省上虞市人，无业。1994年5月21日因本案被逮捕。

法定代理人（附带民事诉讼被告人）：芦彩仙，女，41岁，系被告人谢××之母。

辩护人：罗国香，浙江省余姚市阳明律师事务所律师。

4. 审级：一审。

5. 审判机关和审判组织

审判机关：浙江省余姚市人民法院。

合议庭组成人员：审判长：陈佩芬；人民陪审员：董敏华、张力建。

6. 审结时间：1994年8月24日。

（二）诉辩主张

1. 浙江省余姚市人民检察院指控称

1993年12月6日晚7时许，被告人陈建青在余姚市工人文化宫得知其女友之弟范安在该宫溜冰场与人争吵，即赶到溜冰场指责并殴打了与范安争吵的吴谷明。吴的朋友翁光辉见状，即赶到溜冰场外打陈建青脸部一拳。被告人陈建青被打后，即拔出随身携带的自制尖刀，赶到该宫电子游戏室门口，连戳翁的臀部和大腿各一刀，后又戳其背部一刀。翁负痛逃跑，被告人陈建青持刀追赶。至文化宫外弄堂时，翁被迫从背后抱住被告人陈建青并夺住其手中的刀。这时，被告人谢××赶到，帮助陈建青，用从文化宫大门里拾到的尖刀猛捅翁的右腰一刀，致翁的右肾破裂，当场昏倒，急送医院抢救后脱险。经法医鉴定，翁光辉的右肾损伤

已构成重伤。

上述事实，有二被告人供述、被害人陈述、证人证言和法医鉴定结论等证实。被告人陈建青、谢××故意伤害他人身体，致人重伤，其行为均已构成伤害罪。被告人陈建青系累犯，被告人谢××犯罪时未满18岁。请求依照《中华人民共和国刑法》第一百三十四条第二款、第六十一条、第十四条之规定分别惩处。

2. 附带民事诉讼原告人翁光辉诉称

1993年12月6日晚，在余姚市工人文化宫见陈建青在殴打吴谷明，上前劝解，被陈建青、谢××捅了6刀，当场昏迷。除人身受到严重侵害外，经济上同时遭到严重损失。故依照《中华人民共和国刑法》第三十一条和《中华人民共和国刑事诉讼法》第五十三条之规定提起附带民事诉讼，要求被告人陈建青、谢××赔偿医药费、误工费、营养费和其他损失计人民币7777.9元，请予判处。

3. 被告人的答辩及其辩护人的辩护意见

被告人陈建青承认自己到溜冰场后殴打了吴谷明。翁光辉打他一拳后，在追赶翁时戳其臀部、大腿和背部各一刀。在翁倒地后，他才看到谢××，手里拿着刀，在溜冰场没有看到谢。对于翁光辉的经济损失，愿意赔偿。

被告人陈建青的辩护人严鸿才认为：本案二被告人不是共同犯罪。在主观上无共同故意，互相没有联系。被告人陈建青根本不知道被告人谢××持刀戳翁，翁被戳倒地时还不知道为何倒地。被告人陈建青的行为虽有一定的社会危害性，但要他承担重伤的后果与法律不符。

被告人谢××承认他戳翁光辉右腰部一刀后，翁就倒地了。戳的刀是翁逃时丢下他拾起的。对翁的经济损失愿意赔偿，但现在钱没有，劳改出来以后赔他。

被告人谢××的法定代理人芦彩仙对被害人的经济损失愿意赔偿，要求分期付款。

被告人谢××辩护人罗国香对被告人谢××犯故意伤害罪无异议。建议合议庭在量刑时考虑以下情节：一是犯罪时未满16岁；二是交代罪行态度较好；三是在经济上已作了部分赔偿；四是被害人也有一定责任。

（三）事实和证据

浙江省余姚市人民法院经公开审理查明：

1993年12月6日晚7时许，被告人陈建青与其女友范丽红在余姚市工人文化宫电子游戏室玩时，听说范的弟弟范安在该文化宫溜冰场与人争吵，便与范丽红一起赶到溜冰场，指责与范安已停止争吵的吴谷明，并打了吴一拳。被管理人员劝散后，被告人陈建青走到溜冰场外花坛时，被吴的同学翁光辉打脸部一拳，倒在地上。被告人陈建青从地上爬起后，即拔出藏在衣袋内的一把自制尖刀，赶到电子游戏室门口，连戳翁光辉的臀部和大腿各一刀。翁往外逃，被告人陈建青追至文化宫大门口，又戳翁背部一刀。翁光辉逃至文化宫外弄堂将被陈建青追上时，突然停下转身，从背后抱住了陈建青，并夺住其手中的刀。当晚也在溜冰场溜冰的被告人谢××，见朋友范安的姐姐的男朋友与人打架，就换下溜冰鞋跑出去看。至电子游戏室门外，捡起从翁光辉身上掉下的一把尖刀，亦追出去。当见到翁光辉与陈建青扭在一起，为帮陈，从背后先刺翁左手臂一刀，后又刺其右腰部一刀。这时翁"啊唷"叫了声，便昏倒在地，由他人急送医院抢救。翁倒地后，被告人陈建青看到谢××在旁边，手里拿着刀。后二被告人逃至余姚镇五洞桥。

被害人翁光辉右肾被刺破。经余姚市公安局法医鉴定，其右肾的损伤已构成重伤情形。其右臀部、左大腿、背部和左前臂各有一处伤疤。

被告人陈建青事后逃至绍兴市躲藏。于1994年5月9日回到余姚，找翁光辉想私了。翁报告后，公安派出所将其抓获。

上述事实有下列证据证明：

1. 被告人陈建青供述："我同范丽红走进溜冰场，问同范安争吵的是哪个，范安指出后我叫那溜冰的人停下，讲他欺侮小孩，那人就向范安道了歉，又去溜冰了。待他又溜过来，被我喊住，击了他左脸部一拳，打过后我就到溜冰场外头去了。到花坛旁，我被翁光辉一拳击倒在地。我爬起来后，从茄克衫内拔出用锰钢自制的刀，向翁光辉追去。追到电子游戏室门口，追上戳其屁股、大腿各一刀。翁再逃被我追上又向其背部戳一刀，他还逃。至文化宫出来的弄堂中段，他又被我追上。他停下靠在墙边，从背后将我抱住，夺我的刀。我只听到'啊唷'一声叫，他就翻倒在地。我看到××(即谢××)手里拿着一把刀站着，不作声。后来有10多人过来了，我与谢逃了。"

2. 被告人谢××供述："陈建青与范丽红二人走进溜冰场，打了对方几拳。这时管理溜冰场的人来劝，拆散后陈建青同范丽红走出溜冰场。待我脱落溜冰鞋走出溜冰场时，被我戳倒的人(即翁光辉)一拳打在陈建青鼻部，陈建青当即倒地。陈建青爬起后，被戳倒的人就向外逃了。陈建青右手持了一把刀追他，我就跟了过去。到文化宫铁门不远的地方，那逃的人掉下一把刀，我拾起后就握着刀追。追到弄堂的中部，见陈建青与被戳倒的人扭在一起，我怕陈建青吃亏，就拔出拾到的刀刺了对方一刀，刺的部位是腰带上方10公分样子。我一刀刺过后，对方喊了声'啊唷'，就倒在地上。这时有10多人围拢来看，我慌了就逃。"

3. 被害人翁光辉陈述，证实被告人陈建青到溜冰场后殴打了其同学吴谷明。溜冰场外他打陈建青一拳后，陈建青就拔出自制尖刀追他，追上后戳其屁股、大腿各一刀。他逃，陈追上后又刺他一刀。逃到弄堂口不远的地方，他转身让过，从背后抱住陈，一手夺其刀。这时他被人刺中腰部一刀，喊了声就倒地了。

4. 证人范丽红、吴谷明、余泉明证言，证实被告人陈建青到溜冰场后殴打了已停止与范安争吵并道过歉的吴谷明。陈建青被翁光辉打一拳后，就持刀追赶向外跑的翁光辉。

5. 余姚市公安局损伤鉴定书关于翁光辉右腰部刀伤后右肾破裂已构成重伤情形的鉴定结论和检验所见：右臀部、左大腿和背部各有1.2×0.6cm，1.5×0.5cm，1.4×0.5cm愈合疤痕，左前臂外侧愈合疤痕长4.5cm。

(四)判案理由

浙江省余姚市人民法院认为：

被告人陈建青在公共场所寻衅滋事，为帮其女友的弟弟，在争吵已结束的情况下无故殴打吴谷明。在吴的同学翁光辉打他一拳后，就拔出自制尖刀，追上往外逃的翁光辉，连戳其臀部、大腿各一刀，仍不罢休，又追赶上去戳其背部一刀，情节恶劣，其行为触犯《中华人民共和国刑法》第一百六十条，构成流氓罪。被告人陈建青的行为造成被害人翁光辉轻微伤，致翁重伤系被告人谢××所为。被告人陈建青在主观上没有与谢××伤害翁的共同故意，依照《中华人民共和国刑法》第二十二条的规定，二被告人不是共同犯罪，故被告人陈建青的行为不构成故意伤害罪。采纳辩护人严鸿才提出的意见。公诉机关对被告人陈建青定性不当，不予支持。

被告人陈建青曾犯盗窃罪被判处有期徒刑六个月。刑满释放不到一年三个月又犯应当判处有期徒刑以上刑罚之罪，是累犯，根据《中华人民共和国刑法》第六十一条之规定，应从重处罚。但被告人陈建青寻衅滋事仅一次，认罪态度较好，已赔偿了被害人的部份经济损失，在量刑时可酌情从轻考虑。

被告人谢××见被告人陈建青与翁光辉扭在一起，为帮陈，猛刺翁腰部一刀，致其右肾破裂，构成重伤，其行为触犯《中华人民共和国刑法》第一百三十四条第二款之规定，构成故意伤害罪(重伤)。

被告人谢××犯罪时未满16岁，依照《中华人民共和国刑法》第十四条第一、二、三款之规定，应当从轻处罚。

(五)定案结论

浙江省余姚市人民法院根据《中华人民共和国刑法》第一百六十条第一款、第一百三十四条第二款、第六十一条和第十四条第一款、第二款、第三款，作出如下判决：

1．陈建青犯流氓罪，判处有期徒刑三年。

2．谢××犯故意伤害罪，判处有期徒刑三年六个月。

3．附带民事赔偿，经法院主持调解，原、被告双方达成协议，由二被告人一次性赔偿附带民事原告人人民币6000元。其中被告人陈建青赔偿4000元，被告人谢××赔偿2000元。

(六)解说

本案诉辩双方及合议庭对谢××构成故意伤害罪(重伤)认识是一致的，分歧意见主要是以下两点：一是二行为人是否是共同犯罪；二是行为人陈建青是否构成流氓罪。

依照《刑法》第二十二条的规定，共同犯罪是指二人以上共同故意犯罪。构成共同犯罪，客观上必须要有共同犯罪行为，主观上必须要有共同故意，两者必须同时具备。本案的焦点在于：行为人陈建青主观上有无要谢××帮他伤害翁光辉的共同故意。所谓共同故意，是指各共同犯罪人之间的犯意互相沟通，彼此协调；每个人都知道自己不是孤立地实施某种犯罪，而是同别人一起互相配合，共同实施犯罪；同时对这种犯罪结果的发生，都抱着希望或者放任的故意态度。这种共同故意，把每个共同犯罪的个人意志联结成他们共同的犯罪意志，从而使他们的行为互相配合，成为目标一致的共同犯罪活动。

根据本案证据，二行为人各有伤害翁光辉的故意，且谢××是为了帮陈建青而伤害翁的。但陈建青在主观上没有要谢××帮他一起伤害翁的故意。第一，陈建青与其女友到电子游戏室玩时，不知道谢××在溜冰场，不能预见到翁光辉会打他，因此也就不可能预先共谋伤害翁。第二，陈建青是在翁光辉被刺倒后才见到谢××，在此以前没有看到，因此陈建青持刀追赶翁光辉时也不可能临时纠合谢××一起去伤害翁。第三，谢××是在翁光辉的背后刺翁腰部一刀致其倒地，翁在倒地前是从背后抱住陈建青的，陈看不到谢，无法暗示，不能互相沟通犯意，陈也不能认识到谢与自己相配合共同伤害翁。据此，谢××对陈建青具有理论上所称的表面共犯的关系，并不构成我国刑法中所规定的共同犯罪。陈建青的行为致翁光辉轻微伤，又不是共同犯罪，故不构成故意伤害罪。

区分流氓罪的罪与非罪的界限，主要在于把流氓罪同一般流氓违法行为严格加以区别。区分的关键在于情节是否恶劣。

陈建青藐视法纪，携带自制尖刀进入公共场所，在范安与吴谷明争吵已结束，且吴作了道歉的情况下还殴打吴，系寻衅滋事。当吴的同学翁光辉打他一拳后，陈建青即拔出尖刀追赶已逃跑的翁光辉。第一次追上后连戳翁二刀，第二次追上后又戳一刀，还不罢休，继续追赶翁。手段凶残，情节恶劣，其行为符合流氓罪的特征。一审法院判定陈建青犯流氓罪是正确的。

（周章敖）

37. 乌斯满·艾山等盗窃、抢劫案
（累犯、共同犯罪）

（一）首部

1. 裁判书字号

一审判决书：新疆维吾尔自治区昌吉回族自治州中级人民法院（1994）昌中刑一初字第7号。

二审裁定书：新疆维吾尔自治区高级人民法院（1994）新刑一终字第108号。

2. 案由：乌斯满·艾山等盗窃、抢劫案。

3. 诉讼双方

公诉机关：新疆维吾尔自治区昌吉回族自治州人民检察院，检察员木塔里甫、侯雷暴。

被告人（上诉人）：乌斯满·艾山，男，25岁，维吾尔族，新疆维吾尔自治区沙湾县人，农民。1991年2月因抢劫被判处有期徒刑三年，1993年刑满释放。1994年4月1日因本案被逮捕。

一审辩护人：潘发俊，新疆维吾尔自治区昌吉回族自治州经济律师事务所律师。

被告人（上诉人）：安永真，又名安永良，男，25岁，回族，甘肃华清县人，农民，1994年4月1日因本案被逮捕。

一审辩护人：侯玉兰，新疆维吾尔自治区石河子市第二律师事务所律师；

邓小兰，新疆维吾尔自治区石河子市第二律师事务所律师。

4. 审级：二审、复核审。

5. 审判机关和审判组织

一审法院：新疆维吾尔自治区昌吉回族自治州中级人民法院。

合议庭组成人员：审判长：刘建新；审判员：斯拉马·司罗义；代理审判员：杨锦。

二审法院（复核审法院）：新疆维吾尔自治区高级人民法院。

合议庭组成人员：审判长：金鸿斌；审判员：肖开提·伊地力斯；代理审判员：毛齐。

6. 审结时间

一审审结时间：1994年4月26日。

二审审结时间：1994年5月10日。

（二）一审诉辩主张

1. 新疆维吾尔自治区昌吉回族自治州人民检察院指控称

1994年3月19日上午，被告人安永真、乌斯满·艾山合谋去鸿纳斯县盗窃。11时许，安永真、乌斯满·艾山在该县团结路“爱你”皮鞋商行盗窃时，被鸿纳斯县公安局治安队队长马

建军以及王国宁堵在门内。乌斯满·艾山抽出刀子向马建军刺了一刀,安永真、乌斯满·艾山乘机夺门而逃。马建军带伤同王国宁随后紧追,当追至该县法院门口处时,二被告人用匕首向马建军猛刺,乌斯满·艾山用匕首刺入马建军胸部将刀刃折断。安永真又刺了王国宁一刀。二被告人遂离现场。马建军在送医院途中死亡。经法医鉴定:马建军系锐器刺伤致心脏破裂大量失血,心包填塞而死亡。

被告人安永真、乌斯满·艾山逃回沙湾后,于1994年3月28日又盗窃沙湾县四道河子乡“万家乐”舞厅电子琴一架,价值2400余元。

另查,1994年1月26日,被告人乌斯满·艾山还同他人盗窃沙湾县城镇市场个体户衣服、裤子等物,价值2667元。在逃离现场时,被人发现追赶,乌斯满·艾山即持刀将其腹部刺伤逃走。

上述事实有物证、证人证言、现场勘查笔录、法医鉴定结论为证。二被告人亦供述辩解在卷。

新疆维吾尔自治区昌吉回族自治州人民检察院认为,被告人安永真、乌斯满·艾山盗窃财物,为抗拒逮捕当场使用暴力持刀行凶,致人死亡。其行为已触犯《中华人民共和国刑法》第一百五十三条、第一百五十一条、第一百五十二条之规定,构成抢劫罪、盗窃罪。被告人乌斯满·艾山又系累犯,依法提起公诉,请求依法惩处。

2.被告人的答辩及其辩护人的辩护意见

(1)被告人乌斯满·艾山辩称:鸿纳斯县是安永真叫我去的,刀子也是安永真教我藏在袖子里的;我是用刀子从上往下划的,不是捅的。

被告人乌斯满·艾山的辩护人辩护称,二被告人是共同犯罪,在整个犯罪过程中,乌斯满·艾山的犯罪作用比安永真小,并且态度比安永真好,二人均系主犯。

(2)被告人安永真辩称:当时因我肚子疼,实在跑不动了,是乌斯满·艾山说拿刀捅,我才同意的。

被告人安永真的辩护人辩护称:起诉书将安永真列为第一被告人不妥,安永真在共同犯罪中处于从属地位,乌斯满·艾山刺入马建军胸部是致命伤,乌斯满·艾山又是累犯,安永真是本案从犯,又是偶尔犯罪,有法定从轻情节。

(三)一审事实和证据

新疆维吾尔自治区昌吉回族自治州中级人民法院经公开审理查明:

1994年3月19日上午,被告人乌斯满·艾山和安永真密谋去鸿纳斯县盗窃。当日下午,二被告人携带万能钥匙、手钳等作案工具窜至鸿纳斯县城。晚11时许,由被告人安永真放哨,乌斯满·艾山用万能钥匙打开该县“爱你”皮鞋商行的门锁,当二被告人入室行窃时,被鸿纳斯县公安局治安队长马建军、合同民警王国宁堵在屋内。被告人乌斯满·艾山遂拔出匕首向马建军刺了一刀,二被告人乘机夺门而逃。马建军带伤和王国宁紧追不舍,追到该县法院门口时,被告人安永真因肚子疼跑不动,便喊乌斯满·艾山用刀子捅。二被告人即持刀向追来的马建军和王国宁刺去。被告人乌斯满·艾山用匕首刺入马建军的胸部,将刀柄折断,马建军倒在地上。被告人安永真又向王国宁刺了一刀,二被告人逃离现场。马建军在送往医院途中死亡。经公安机关法医鉴定,马建军系锐器刺伤,致心脏破裂大量失血,心包填塞而死亡;王国宁右胸壁被刺伤。

被告人乌斯满·艾山、安永真逃回沙湾后,于同月28日又盗窃该县四道河子乡“万家乐”舞厅“卡西欧”670型电子琴一架，价值2400余元。

另查，1994年1月26日晚，被告人乌斯满·艾山伙同他人盗窃沙湾县城镇市场个体户刘明娥衣物，价值2667元，在逃离现场时，被行人再衣白发现追赶，被告人乌斯满·艾山即用刀将其腹部刺伤逃走。

上述事实有下列证据证明：

1．二被告人基本一致的供述；

2．“万家乐”和舞厅失主张广善的证言；

3．沙湾县个体户刘明娥的报案材料及清单，物价部门的作价鉴定证明；

4．爱你皮鞋商行二被告逃跑时的遗留物与二被告人供述印证一致；

5．证人王国宁证言，证实二被告人在行凶时的情节；

6．公安机关法医尸检报告；

7．再衣白法医伤情鉴定；

8．王国宁法医伤情鉴定；

9．公安机关现场勘查笔录；

10．作案凶器刀子及折断的刀柄各一。

（四）一审判案理由

新疆维吾尔自治区昌吉回族自治州中级人民法院认为，被告人乌斯满·艾山、安永真胆大妄为，在盗窃作案时，被公安干警发现，竟抗拒逮捕，当场使用暴力，持刀行凶刺死一人、刺伤一人。其手段残忍，情节特别恶劣，后果非常严重，社会危害性极大，其行为已构成抢劫罪。二被告人属共同犯罪人，安永真系本案主犯。安永真的二位辩护人认为安永真在共同犯罪中起次要作用，是从犯，有法定从轻情节的辩护意见是不能成立的。乌斯满·艾山的辩护人提出“二被告人都是主犯”，及安永真的辩护人提出“起诉书将安永真列为第一被告人不妥”的辩护意见应予采纳，对二被告人及辩护人的其他辩护意见不予采纳。被告人乌斯满·艾山曾因抢劫被判刑，释放后三年内又犯罪，系累犯。乌斯满·艾山与他人共同盗窃作案一起，乌斯满·艾山、安永真犯罪逃跑后，又共同盗窃他人财物，均已构成盗窃罪，乌斯满·艾山、安永真均盗窃数额巨大，二被告人实属罪大恶极、不堪改造之徒，均应依法严惩。

（五）一审定案结论

新疆维吾尔自治区昌吉回族自治州中级人民法院根据《中华人民共和国刑法》第一百五十三条、第一百五十条第二款、第一百五十一条、第一百五十二条、第二十二条、第二十三条、第六十一条第一款、第六十四条、第五十三条第一款，全国人大常委会《关于严惩严重危害社会治安的犯罪分子的决定》第一条第（二）项和全国人大常委会《关于迅速审判严重危害社会治安的犯罪分子的程序的决定》第二条，作出如下判决：

1．乌斯满·艾山犯抢劫罪，判处死刑，剥夺政治权利终身；犯盗窃罪，判处有期徒刑七年；决定执行死刑，剥夺政治权利终身。

2．安永真犯抢劫罪，判处死刑，剥夺政治权利终身；犯盗窃罪，判处有期徒刑三年；决定执行死刑，剥夺政治权利终身。

（六）二审情况

1．二审诉辩主张

上诉人乌斯满·艾山上诉称：我不是主犯，捅刀子是安永真让我捅的，希望宽大处理。

上诉人安永真上诉称：我没有捅王国宁，我不是主犯，捅刀子是乌斯满·艾山捅的，请求从宽处理。

2. 二审事实和证据

新疆维吾尔自治区高级人民法院经审理查明的事实和认定的证据，与一审法院的相同。

3. 二审判案理由

新疆维吾尔自治区高级人民法院经审理认为，上诉人乌斯满·艾山、安永真盗窃作案时，为抗拒公安干警的逮捕，竟当场使用暴力，持刀刺死一人、刺伤一人，其行为均已构成抢劫罪。乌斯满·艾山盗窃他人财物二次，数额巨大，安永真盗窃他人财物一次，数额较大，其行为均已构成盗窃罪。原审判决事实清楚，证据确凿，定性准确，量刑适当，审判程序合法。上诉人乌斯满·艾山、安永真的上诉理由，经查与犯罪事实不符，不能成立，纯属无理狡辩，其要求"从宽处理"没有根据，不予采纳。

4. 二审定案结论

新疆维吾尔自治区高级人民法院根据《中华人民共和国刑事诉讼法》第一百三十六条第(一)项作出如下裁定：

驳回乌斯满·艾山、安永真的上诉，维持原判。

根据最高人民法院《关于授权高级人民法院核准部分死刑案件的通知》的规定，核准上诉人乌斯满·艾山、安永真死刑，剥夺政治权利终身。

(七)解说

这是一起曾经引起新疆各族人民极大关注的特大恶性案件。被告人乌斯满·艾山、安永真在盗窃时，为抗拒逮捕，当场使用暴力。乌斯满·艾山在行凶时竟将匕首折断，仍有几公分长的半截匕首刺进马建军烈士的胸部，可谓凶残至极。实属罪大恶极，不堪改造之徒。因此，对二被告人判处死刑，剥夺政治权利终身的一审判决和驳回上诉，维持原判的二审裁定是正确的。

二行为人在本案中，互相呼应，配合默契，互相协同，互相帮助。因此，一审判决和二审裁定将二被告人都列为主犯是客观的。但是从主观上看，二被告人又有情节上的不同，为此，一审判决合理采纳了辩护人的辩护意见，将乌斯满·艾山列为第一被告人，以示区别，是公正的。

乌斯满·艾山系累犯，且作案时使用的万能钥匙是其在原劳改场服刑时向其他服刑犯学会而制作的，像此类人员犯罪更具社会危险性和作案的职业性。因此，加强管教，防止服刑人犯在劳改场所的交叉感染和刑满释放人员重新犯罪的工作，应予重视。

(杨　继)

38. 杜义诚抗税案
(再犯)

(一)首部

1. 判决书字号：上海市黄浦区人民法院(1994)黄刑初字第289号。

2. 案由:杜义诚抗税案。

3. 诉讼双方

公诉机关:上海市黄浦区人民检察院,代理检察员王璃。

被告人:杜义诚,男,33岁,汉族,江苏省镇江市人,无业。1980年3月因抢劫罪被判处有期徒刑三年。1994年5月21日因本案被逮捕。

辩护人:王汝德,上海市东吴律师事务所律师。

4. 审级:一审。

5. 审判机关和审判组织

审判机关:上海市黄浦区人民法院。

合议庭组成人员:审判长:吕建农;人民陪审员:孙剑清、周善庆。

6. 审结时间:1994年9月13日。

(二)诉辩主张

1. 上海市黄浦区人民检察院指控称

被告人杜义诚于1994年5月11日上午7时许,在本市宁波路室内市场销售水产品时,拒绝交税,并殴打税务助征员,致孙××、李××轻伤。上述事实有被害人孙××、李××分别所作关于向被告人征税遭杜殴打经过的陈述,证人郭××、马××等人关于目睹被害人孙、李向杜征税反遭殴打经过的陈述,法医鉴定报告,有关书证材料等证实。

上海市黄浦区人民检察院认为,被告人杜义诚采用暴力抗拒交税,情节严重,其行为已触犯全国人大常委会《关于惩治偷税抗税犯罪的补充规定》第六条之规定,构成抗税罪,因其为累犯,又应适用《关于处理逃跑或者重新犯罪的劳改犯和劳教人员的决定》第二条第二款。现提起公诉,请求依法判处。

2. 被告人的答辩及其辩护人的辩护意见

被告人杜义诚对起诉书中认定其抗税的事实和本案定性提出异议。辩称其并未拒绝交税。

被告人杜义诚的辩护人认为:本案事实不清,证据不足,定性有误,认定故意伤害罪为妥。

(三)事实和证据

上海市黄浦区人民法院经公开审理查明:

被告人杜义诚于1994年5月11日7时许,在上海市宁波路室内市场第二十五号销售水产品时,市场税务助征员孙××、李××依法向被告人杜义诚征人民币8元的定额税,杜置之不理,拒绝交税。当助征员李向其指出,不交税应停止营业。杜即先后殴打孙、李致伤。经司法部司法科学技术研究所法医鉴定:被害人孙××外伤后左侧第八、九、十肋骨骨折;被害人李××左耳外伤性鼓膜穿孔;两人伤情均构成轻伤。

上述事实有下列证据证明:

1. 被害人孙××、李××关于在征税过程中杜义诚拒绝交税并动手打人的陈述;

2. 证人郭国庆、马永平关于目睹杜义诚殴打孙、李经过的证言;

3. 司法部司法鉴定科学技术研究所法医鉴定书;

4. 上海市税务局定额完税单;

5. 被告人杜义诚在庭审中的供述与上述其他证据基本一致。

(四)判案理由

上海市黄浦区人民法院认为：

全国人大常委会《关于惩治偷税抗税犯罪的补充规定》第六条第一款规定："以暴力、威胁方法拒不缴纳税款的，是抗税……并处拒缴税款五倍以下的罚金。"被告人杜义诚在从事水产经营活动中，作为纳税义务人，非但拒不缴税，还向税务助征员施以暴力，致两人轻伤，其行为已构成抗税罪。

(五)定案结论

上海市黄浦区人民法院根据全国人大常委会《关于惩治偷税抗税犯罪的补充规定》第六条第一款和全国人大常委会《关于处理逃跑或者重新犯罪的劳改犯和劳教人员的决定》第二条第二款，作出如下判决：

杜义诚犯抗税罪，判处有期徒刑三年，并处拒缴税款五倍的罚金，计人民币40元。

(六)解说

1. 为建立、发展、完善社会主义市场经济，保障国家财税征收，必须加强税收的管理。作为纳税义务人，应当认识到依法纳税是法人和公民应尽的义务。抗税罪的主体是特定的，是具有纳税义务的法人或个人，抗税罪的侵害对象也是特定的，是针对正在征收税款的税务人员。而行为人杜义诚非但不履行义务，反而以暴力拒绝纳税，这种行为具有严重的社会危害性。

2. 1994年9月4日全国人大常委会《关于惩治偷税抗税犯罪的补充规定》第六条第一款规定，"以暴力、威胁方法拒不缴纳税款的，是抗税，处三年以下有期徒刑或者拘役，并处拒缴税款五倍以下的罚金；情节严重的，处三年以上七年以下有期徒刑，并处拒缴税款五倍以下的罚金。"本案行为人抗税数额虽然只有人民币8元，但抗税犯罪是不以数额作为定罪标准的，只要负有纳税义务的人，主观上出自故意，客观上表现为违反国家税收法规，抗拒缴纳应交税款的行为，就应以抗税罪论处。杜义诚暴力抗税，致人轻伤，人民法院以杜义诚犯抗税罪，判处有期徒刑三年是恰当的。

3. 辩护人提出，杜义诚并未抗税，因此，本案定性有误，应定故意伤害罪为妥。这里，辩护人仅就客观上造成的后果来看，却忽略了行为人的主体身分和侵害对象。杜义诚是负有纳税义务的人，采取暴力手段殴打税务助征员致轻伤，其行为虽然具有故意伤害他人身体健康的特征，但不能定为故意伤害罪，只能定为抗税罪。

(吕建农)

39. 陈建兵过失杀人案
(疏忽大意的过失、附带民事诉讼)

(一)首部

1. 判决书字号：上海市崇明县人民法院(1994)崇刑初字第109号。

2. 案由：陈建兵过失杀人案。

3. 诉讼双方

公诉机关：上海市崇明县人民检察院，检察员施国敏。

附带民事诉讼原告人：陈文兰，女，46岁，农民，系被害人胡金昌之妻。

委托代理人：胡生昌，男，40岁，农民，系被害人胡金昌之弟。

被告人（附带民事诉讼被告人）：陈建兵，男，30岁，汉族，上海市崇明县人，农民。1994年4月12日因本案取保候审。

被告人陈建兵未委托辩护人，自己行使辩护权。

4．审级：一审。

5．审判机关和审判组织

审判机关：上海市崇明县人民法院。

合议庭组成人员：审判长：蔺东春；人民陪审员：顾人俊、陈翠英。

6．审结时间：1994年6月20日。

（二）诉辩主张

1．上海市崇明县人民检察院指控称

1994年4月3日，被告人陈建兵在本村袁小财家做木工活，下午4时许，陈听到袁家东侧田间有野鸡鸣叫声，遂回家取来自制火药枪搜寻野鸡。因未打着野鸡，陈右手携枪与本村的徐小平去吃晚饭，途经本村袁小多住宅时，与相距4米左右处的被害人胡金昌搭话。此时，由于被告人陈建兵疏忽大意，使枪口正对着胡金昌头部，加上火药枪性能差，又无保险装置，导致火药枪突然走火，胡头部中弹当场倒地。嗣后，被告人与他人一起将胡送往医院抢救，胡因严重颅骨损伤，抢救无效而于当晚死亡。经上海市公安局刑事科学技术鉴定为胡受枪击致严重颅脑损伤引起中枢神经系统功能衰竭而死亡。案发后，被告人陈建兵到公安机关投案自首，并主动赔偿被害人家属人民币1万元。

崇明县人民检察院认为：上述事实，有目击证人徐小平的陈述，有物证火药枪一支，有崇明县公安局的现场勘查笔录及上海市公安局刑事科学技术鉴定结论等证据证明属实，被告人陈建兵在使用自制火药枪过程中，应当预见自己的行为会发生危害社会的结果，因疏忽大意，导致火药枪走火致人死亡，其行为已触犯了《中华人民共和国刑法》第一百三十三条之规定，构成过失杀人罪。被告人陈建兵在案发后能投案自首，可适用《中华人民共和国刑法》第六十三条。现对被告人陈建兵提起公诉，请求依法判处。

2．附带民事诉讼原告人及其委托代理人诉称

被告人陈建兵于1994年4月3日下午，持自制火药枪打野鸡未着。在携枪返回途中，与其丈夫胡金昌搭话，由于陈疏忽大意，致使手中的枪弹走火，枪内霰弹击中胡的头部致胡死亡。造成了其经济损失。故根据《中华人民共和国刑法》第三十一条和《中华人民共和国刑事诉讼法》第五十三条第一款之规定，提起附带民事诉讼，要求被告人陈建兵赔偿被害人胡金昌的抢救费、殡葬费、未成年子女抚育费等计人民币4万元，请予判处。

3．被告人的答辩

被告人陈建兵对崇明县人民检察院起诉指控的事实无异议，唯请求法院能考虑其是过失犯罪，案发后又能主动投案自首，并积极赔偿被害人经济损失等情节，予以从轻判处。对于附带民事诉讼原告人提出的诉请，被告人陈建兵认为，合理部分自己应该承担赔偿责任；只是数额太高，自己无此赔偿能力，恳请原告人适当减少赔偿数额。

(三)事实和证据

上海市崇明县人民法院经公开审理查明:

1994年4月3日下午4时许,被告人陈建兵在同村的袁小财家做完木工活后,听到袁宅东侧田间有野鸡的叫声,遂一时兴起,即刻至自己家中拿了自制的火药枪,又喊了邻居曹某一起赶至野鸡鸣叫的地方,搜寻野鸡未着,返回途中,被告人陈建兵右手携枪行至袁小多住宅附近时,适遇被害人胡金昌迎面而来,胡问陈:"野鸡打到没有?"陈答:"未打着。"二人搭话时,陈手中火药枪的枪口正对着胡的头部。由于被告人陈建兵疏忽大意,致使手中的火药枪走火,枪内霰弹正好击中相距4米处的胡金昌的头部,胡中弹后当即倒地不起。被告人陈建兵见胡中弹倒地,满脸是血,即与他人一起将胡急送医院抢救。送到医院后被告人返回新河镇,即至公安机关投案自首。被害人胡金昌虽经医院积极抢救,但终因伤势过重,抢救无效而于当晚死亡。经上海市公安局刑事科学技术鉴定,胡受枪击致严重颅脑损伤,引起中枢神经系统功能衰竭而死亡。

上述事实有下列证据证明:

1. 目击证人徐小平关于被告人陈建兵手中自制火药枪突然走火,枪内霰弹击中胡金昌头部,胡倒地不起的证言;

2. 上海市崇明县公安局的现场勘查笔录;

3. 上海市公安局尸体检验鉴定书关于死者胡金昌系受枪击致严重颅脑损伤引起中枢神经系统功能衰竭而死亡的鉴定结论;

4. 物证火药枪一支;

5. 被告人陈建兵的多次供述:"在与胡金昌搭话时,我手中的火药枪响了,对面的胡金昌即一声不响地倒在地上,头上都是血……"

(四)判案理由

上海市崇明县人民法院认为:

1. 被告人陈建兵违反国家枪支管理规定,自制火药枪,且枪的性能较差,又无保险装置,在使用自制火药枪过程中,被告人应当预见到其行为可能会发生危害社会的结果,然因疏忽大意而没有预见,致使火药枪走火,枪内霰弹击中他人头部,造成被害人死亡的严重后果,其行为已触犯《中华人民共和国刑法》第一百三十三条之规定,构成过失杀人罪。

2. 被告人陈建兵在案发后,能积极抢救被害人,并主动至公安机关投案自首,且尽力赔偿被害人家属的经济损失,根据《中华人民共和国刑法》第六十三条之规定,可予以从轻处罚并可适用缓刑。

(五)定案结论

上海市崇明县人民法院根据《中华人民共和国刑法》第一百三十三条、第六十三条、第六十七条,作出如下判决:

陈建兵犯过失杀人罪,判处有期徒刑三年,缓刑五年。

附带民事赔偿部分,经法院主持调解,原被告双方达成协议,由被告方一次性赔偿原告方人民币3万元。

(六)解说

过失杀人罪,是指由于过失而致人死亡的行为。

本案行为人陈建兵违反国家的枪支管理规定,自制火药枪,且枪的性能较差;在霰弹已经上膛的情况下，行为人陈建兵使用该枪，应当预见到枪支可能会走火击中他人，造成他人伤害或死亡的结果，然其由于疏忽大意而没有预见，致手中的火药枪走火，造成被害人死亡的严重后果，应该承担刑事责任。一审法院判决行为人陈建兵犯过失杀人罪，是完全正确的，因为行为人不仅没有伤害被害人的故意，也没有致死被害人的故意，造成被害人死亡这一结果，行为人陈建兵是没有预见的，所以从主观上看行为人的行为是一种过失。当然，行为人没有预见是由于其疏忽大意造成的，本案被害人的死亡与行为人陈建兵的行为之间有直接的因果关系，对其定罪处罚于法有据。

我国刑罚的目的是惩罚和改造相结合，对罪犯的惩罚仅仅是手段而非最终目的，根据《中华人民共和国刑法》第六十七条“对于被判处拘役、三年以下有期徒刑的犯罪分子，根据犯罪分子的犯罪情节和悔罪表现，认为适用缓刑确实不致再危害社会的，可以宣告缓刑”的规定，一审法院据行为人陈建兵的犯罪情节、手段、主客观因素及其犯罪后的行为，对陈建兵定罪处罚的同时，宣告缓刑是正确的。

在刑事诉讼过程中，被害人或者被害人亲属要求行为人赔偿因其行为造成的经济损失时，人民法院应依照《刑事诉讼法》第五十三条之规定，按刑事附带民事诉讼处理。本案行为人陈建兵过失致被害人胡金昌死亡，造成了被害人家属的经济损失及未成年子女抚养费的来源困难，因此被害人之妻有权提起附带民事诉讼，要求行为人陈建兵予以赔偿。人民法院在审理刑事附带民事诉讼的案件时，就附带民事部分，可以根据民事诉讼法和民法的有关规定进行调解。本着自愿的原则，本案附带民事诉讼原告人与行为人经协商，达成一致意见，由行为人陈建兵一次性赔偿原告方经济损失人民币3万元，解决了双方的矛盾，人民法院应予准许。

（姜企良）

40. 李忠强等绑架勒索、故意杀人案
（数罪并罚、共同犯罪）

（一）首部

1. 裁判书字号

一审判决书：广西壮族自治区南宁地区中级人民法院(1994)南地刑初字第30号。

二审裁定书：广西壮族自治区高级人民法院(1994)桂刑核字第346号。

2. 案由：李忠强等绑架勒索、故意杀人案。

3. 诉讼双方

公诉机关：广西壮族自治区人民检察院南宁分院，检察员李金宁。

被告人(上诉人)：李忠强，男，18岁(1976年3月6日出生)，壮族，广西凭祥市人，农民。1994年6月18日因本案被逮捕。

一审辩护人：韦良斌，广西壮族自治区凭祥市律师事务所律师。

二审辩护人：孙曹威，广西壮族自治区法官协会法律服务部顾问。

被告人(上诉人)：梁宏华，男，24岁，汉族，广西钦州市人，农民。1994年6月18日因本

案被逮捕。

一审辩护人:黄监孚,广西壮族自治区南华律师事务所律师。

4. 审级:二审、复核审。

5. 审判机关和审判组织

一审法院:广西壮族自治区南宁地区中级人民法院。

合议庭组成人员:审判长:张庆津;代理审判员:农克新、林卫。

二审法院(复核审法院):广西壮族自治区高级人民法院。

合议庭组成人员:审判长:王卡;审判员:黄瑞桐;代理审判员:张鲁滨。

6. 审结时间

一审审结时间:1994 年 6 月 29 日。

二审审结时间:1994 年 7 月 11 日。

(二)一审诉辩主张

1. 广西壮族自治区人民检察院南宁分院指控称

1994 年 4 月 30 日凌晨 4 时许,被告人李忠强酒后和被告人梁宏华一起到凭祥市物资局大门前铁道口附近的仓库偷汽车轮胎不成,后碰上崔军辉(男,11 岁)和李威(男,10 岁),被告人李忠强即抓住崔军辉和李威进行踢打,并拿出随身携带的牛角刀划伤了崔、李两人的脸部。后李忠强和梁宏华商定扣下崔军辉做人质,由李威到崔家向崔的父母要二三万元人民币来换人。这样,李忠强留下看押崔军辉,梁宏华尾随李威到崔家附近观察动静。当发现崔军辉的母亲随李威一起赶来时,梁宏华即跑回告诉李忠强,两被告人马上把崔军辉挟持到"叫鸟"(地名),此时,李忠强和梁宏华害怕事情败露,遂起杀人灭口之心,李忠强和梁宏华用崔军辉所穿的汗衫将崔活活勒死,被告人李忠强还用牛角刀捅了崔军辉的腹部两刀,接着,二被告人将崔军辉的尸体抛入杉木林中,然后逃离现场。经法医检验鉴定,结论为:死者崔军辉被绑卡颈部引起窒息死亡。上述犯罪事实,有证人证言,现场勘查笔录、现场图及照片,法医检验鉴定结论,提取的被告人作案所用的凶具等证据证实,二被告人亦供认不讳。

广西壮族自治区人民检察院南宁地区检察分院认为,被告人李忠强、梁宏华目无国法,绑架儿童,勒索他人财物,后又行凶杀人,非法剥夺他人生命权利,其行为已触犯全国人大常委会《关于严惩拐卖、绑架妇女、儿童的犯罪分子的决定》第二条第三款和《中华人民共和国刑法》第一百三十二条的规定,构成了绑架勒索罪和故意杀人罪,依照《中华人民共和国刑法》第六十四条的规定,应数罪并罚。二被告人犯罪手段残忍,情节恶劣,后果严重。根据《中华人民共和国刑事诉讼法》第一百条的规定,特提起公诉,请求依法惩处。

2. 被告人的答辩及其辩护人的辩护意见

被告人李忠强及其辩护人认为,公诉人指控李忠强犯绑架勒索罪和故意杀人罪基本正确,但李忠强在本案中所起的作用较次要,请求法院对其从轻处罚。

被告人梁宏华及其辩护人对公诉机关指控的事实和罪名无异议,但认为梁宏华在共同犯罪中起次要作用,是从犯,建议法院从轻处罚。

(三)一审事实和证据

广西壮族自治区南宁地区中级人民法院经公开审理查明:

1994 年 4 月 30 日凌晨 4 时许,被告人李忠强、梁宏华一起到凭祥市物资局大门前铁道口附近的仓库偷汽车轮胎不成,后遇上崔军辉(男,11 岁)和李威(男,10 岁),被告人李忠强即抓住崔军辉和李威进行踢打，并拿出牛角刀划伤了崔、李两人的脸部。后李忠强和梁宏华商定扣下崔军辉做人质，由李威到崔家向崔的父母要二三万元人民币来换人。李忠强留下看押崔军辉，梁宏华尾随李威到崔家附近暗中察看动静，当梁发现崔军辉的母亲随李威一起赶来时，梁即跑回告诉李忠强，两被告人立即把崔军辉挟持到"叫鸟"(地名)的山上，此时，两被告人怕事情败露，遂起杀人灭口的歹念。李忠强脱下崔军辉所穿的汗衫，勒压崔的脖子，梁宏华又上前将勒在崔脖子的汗衫打结后，两被告人合力将崔活活勒死，李忠强还用牛角刀捅了崔的腹部两刀，随后，两被告人将崔的尸体抛入杉木林中，即逃离现场。

上述事实有下列证据证明：

1. 被害人母亲莫淑静的报案材料；
2. 陈月高等人发现崔军辉尸体的报告材料；
3. 公安机关在"叫鸟"林区杉木林的现场勘验笔录；
4. 法医对死者崔军辉尸体及作案现场所提取的血迹进行的血痕血型鉴定；
5. 证人李威关于案发当日，他同崔军辉被一高一矮两个男青年绑架的过程的证言；
6. 提取的作案凶器牛角刀一把，经两被告人辨认，确系李忠强作案时使用的凶具；
7. 两被告人被抓获后，所作的犯罪事实的供词相互印证。

(四)一审判案理由

广西壮族自治区南宁地区中级人民法院认为，被告人李忠强、梁宏华绑架儿童，勒索他人钱财，勒索钱财不成后，又行凶杀人灭口，故意非法剥夺他人生命，已构成全国人大常委会《关于严惩拐卖、绑架妇女、儿童的犯罪的决定》第二条第一、三款规定的绑架勒索罪和《中华人民共和国刑法》第一百三十二条规定的故意杀人罪，应数罪并罚。两被告人的犯罪手段残忍、情节恶劣，后果特别严重，应严惩不贷。

(五)一审定案结论

广西壮族自治区南宁地区中级人民法院根据《中华人民共和国刑法》第一百三十二条、第五十三条第一款、第五十一条第一款、全国人大常委会《关于严惩拐卖、绑架妇女、儿童的犯罪分子的决定》第二条第一、三款和全国人大常委会《关于迅速审判严重危害社会治安的犯罪分子的程序的决定》第二条，作出如下判决：

1. 李忠强犯绑架勒索罪，判处有期徒刑十五年，剥夺政治权利四年；犯故意杀人罪，判处死刑，剥夺政治权利终身，数罪并罚，决定执行死刑，剥夺政治权利终身。

2. 梁宏华犯绑架勒索罪，判处有期徒刑十五年，剥夺政治权利四年；犯故意杀人罪，判处死刑，剥夺政治权利终身，数罪并罚，决定执行死刑，剥夺政治权利终身。

(六)二审情况

1. 二审诉辩主张

广西壮族自治区南宁地区中级人民法院一审判决宣告后，李忠强、梁宏华不服，上诉到广西壮族自治区高级人民法院。李忠强上诉及其辩护人均称原判认定的部分事实不清，本人且是初犯，要求从轻处罚。梁宏华上诉称自己没有杀人的故意，不是主犯，要求从轻处罚。

2. 二审事实和证据

广西壮族自治区高级人民法院经审理查明：

李忠强、梁宏华于1994年4月30日凌晨4时许，到凭祥市物资局大门前铁道口附近仓库偷盗汽车轮胎未成，后在三角线商店附近遇见凭祥市南站铁路小学四年级学生崔军辉

(男,11 岁)和李威(男,10 岁),李忠强即抓住崔军辉、李威进行踢打,并持随身携带的牛角刀划伤了崔、李的脸部。此时,李忠强、梁宏华产生绑架勒索的歹念,并商定扣下崔军辉做人质,由李威到崔家向崔的父母要二三万元人民币来赎人。李威离去后,梁宏华便跟踪李威到崔家附近暗中察看动静,李忠强则留下看押崔军辉。当梁宏华发现崔军辉的父母闻风随李威赶来时,即跑回告诉李忠强,并与李忠强一起将崔军辉挟持到附近山上的"叫鸟"(地名)。李忠强、梁宏华见绑架勒索未果,恐罪行败露,遂起杀人灭口之恶念。于是李忠强脱下崔军辉所穿的汗衫,缠勒崔的脖子,梁宏华亦上前一起抓住缠绕在崔脖子上的汗衫猛勒,后又在汗衫上打一死结,致崔军辉窒息死亡。李忠强唯恐崔军辉不死,又持牛角刀朝崔的右锁骨处及腹部连刺数刀。然后,李忠强、梁宏华将崔军辉的尸体抬起抛入现场附近的杉树林,遂即逃离现场。李忠强于 1994 年 5 月 23 日在凭祥市被抓获;梁宏华于同年 6 月 1 日在防城港市防城区被抓获。

上述事实有下列证据证明:

(1)被害人亲属的报案材料;

(2)证人陈月高等人发现被害人尸体的报告材料;

(3)公安机关勘查现场笔录和尸体检验报告,法医鉴定;

(4)证人李威的证言;

(5)二上诉人亦供认不讳。

3. 二审判案理由

广西壮族自治区高级人民法院认为,上诉人李忠强、梁宏华以勒索财物为目的,使用暴力劫持他人,其行为已构成绑架勒索罪,应依法严惩。李忠强、梁宏华绑架他人勒索钱财未果后,唯恐罪行败露,又将人质勒死,故意非法剥夺他人生命,均又构成故意杀人罪。且犯罪手段残忍,情节严重,应依法严惩不贷。李忠强、梁宏华均犯数罪,应依法实行数罪并罚。在共同实施绑架勒索、故意杀人犯罪中,李忠强、梁宏华均起主要作用,均是主犯,依法应当从重处罚。原审判决定罪准确,量刑适当,审判程序合法。李忠强、梁宏华上诉要求从轻处罚的理由不能成立。上诉应予驳回,维持原判。

4. 二审定案结论

广西壮族自治区高级人民法院根据《中华人民共和国刑法》第一百三十二条、第二十二条第一款、第二十三条、第五十三条第一款、第五十二条、第五十一条第一款、第六十四条、全国人大常委会《关于严惩拐卖、绑架妇女、儿童的犯罪分子的决定》第二条第一、三款和《中华人民共和国刑事诉讼法》第一百三十六条第(一)项,作出如下裁定:

驳回上诉,维持原判。

根据最高人民法院《关于依法授权高级人民法院核准部分死刑案件的规定》,同时裁定核准故意杀人犯李忠强、梁宏华死刑,剥夺政治权利终身。

(七)解说

本案是一起恶性的绑架勒索、故意杀人案件,一、二审法院对李忠强、梁宏华所犯罪行的定性准确。

绑架勒索罪是指以勒索财物为目的,使用暴力、胁迫或者麻醉方法劫持他人的行为。该罪是全国人大常委会《关于严惩拐卖、绑架妇女、儿童的犯罪分子的决定》(以下简称《决定》)新增设的罪名。在旧中国这种犯罪很猖獗,俗称"绑票",解放以后,已基本绝迹,所以,1979

年我国制定《刑法》时，没有对绑架勒索罪加以规定。80年代初始，特别是在我国实行改革开放，政治、经济、文化等各个领域发生了深刻变化的情况下，这种犯罪又死灰复燃，并日趋严重，极大地威胁着公民的人身权利和人身自由。《决定》颁布以前，因其与抢劫罪在主观目的、行为方式和侵犯的客体上有相同之处，所以，在司法实践中一般以抢劫罪论处，其实两者有明显的区别：一是客观方面不同。绑架勒索罪取得财物的时间、地点与实施暴力、胁迫、麻醉等绑架行为的时间、地点是分离的，而抢劫罪是在实施暴力、威胁、麻醉的当时和当地取得财物；取得财物的方式不同，绑架勒索罪是绑架他人后以打电话、写信、带口信方式威胁第三人交付财物，而抢劫罪则是从实施暴力、威胁、麻醉的本人处当面取得财物。二是以取得财物的性质看，绑架勒索罪行为人主观目的既可以是勒索动产财物，也可以是勒索不动产财物和财产性利益；而抢劫罪行为人取得的只能是动产财物。《决定》将绑架勒索罪规定为独立的犯罪，在《决定》颁布施行后，对这类犯罪，应严格按照《决定》的规定处罚。

本案准确地把握了此罪与彼罪的界限。李忠强、梁宏华共同绑架11岁学生崔军辉作人质，勒索财物，这种掳人勒赎，迫令他人交付钱财的行为是一种以暴力索取他人财物的行为，符合《决定》第二条第三款规定的绑架勒索罪的特征，构成绑架勒索罪。本案中，尽管两罪犯勒索财物的目的没有实现，但他们实施了绑架行为和勒索行为，即构成了绑架勒索罪。同时两被告在绑架勒索犯罪过程中，因勒索钱财没有得逞，惟恐罪行败露，产生杀人灭口歹念，将人质勒死，具有非法剥夺他人生命的故意，又构成了故意杀人罪。一、二审法院深入分析案情，认真对照法律，对李忠强、梁宏华的行为均定为绑架勒索罪和故意杀人罪，并根据犯罪的情节、社会危害性判处李忠强、梁宏华死刑，剥夺政治权利终身是正确的。

（张秀萍）

41. 程远秋等投机倒把案
（缓刑期间犯罪、数罪并罚）

（一）首部

1. 判决书字号

一审判决书：湖北省武汉市中级人民法院（1994）刑一初字第202号。

二审判决书：湖北省高级人民法院（1994）刑一上字第406号。

2. 案由：程远秋等投机倒把案。

3. 诉讼双方

公诉机关：湖北省武汉市人民检察院，检察员孙兴骏、代理检察员赵明山。

被告人：程远秋，男，31岁，汉族，湖北省武汉市人，个体印刷户。1994年6月8日因本案被逮捕。

被告人程远秋未委托辩护人，自已行使辩护权。

被告人（上诉人）：解德兵，男，30岁，汉族，湖北省武汉市人，农民。1994年6月16日因本案被逮捕。

被告人解德兵未委托辩护人，自已行使辩护权。

被告人:王新桥,男,29岁,汉族,湖北省武汉市人,农民。1994年5月13日因本案被逮捕。

被告人王新桥未委托辩护人,自己行使辩护权。

被告人:刘明全,男,21岁,汉族,湖北省武汉市人,农民。1994年5月13日因本案被逮捕。

被告人刘明全未委托辩护人,自己行使辩护权。

被告人(上诉人):余汉红,男,31岁,汉族,湖北省黄陂县人,农民。1994年5月13日因本案被逮捕。

被告人余汉红未委托辩护人,自己行使辩护权。

4. 审级:二审。

5. 审判机关和审判组织

一审法院:湖北省武汉市中级人民法院。

合议庭组成人员:审判长:罗守顺;审判员:章宝琨;代理审判员:李岩。

二审法院:湖北省高级人民法院。

合议庭组成人员:审判长:方健鹤;审判员:余德山、王秋山。

6. 审结时间

一审审结时间:1994年8月26日。

二审审结时间:1994年10月13日。

(二)一审情况

1. 一审诉辩主张

(1)湖北省武汉市人民检察院指控称

1992年12月至1994年3月间,被告人程远秋、王新桥、解德兵、刘明全、余汉红等人,胆大妄为、无视国法,非法印制、倒卖抵税款的增值税专用发票和普通发票。被告程远秋非法印制、倒卖各类假发票10次,其中"湖北省增值税专用发票"75本,计3750份;普通发票1567本,计103200份,检察机关从其家中搜获普通发票255本,计14500份;共获赃款2750元。被告人王新桥倒卖各类假发票13次,其中"湖北省增值税专用发票"20本,计1000份;普通发票1466本,计127500份,案发后,检察机关从其家中搜出普通发票76本,计4500份;共获赃款人民币1456元。被告人解德兵倒卖各类假发票9次,其中增值税发票105本,计5250份;普通发票1335本,计88500份,案发后,检察机关从其家中搜出普通发票265本,计13500份;以上共获赃款人民币750余元。被告人刘明全倒卖各类假发票10次,其中增值税专用发票120本,计6000份;普通发票628本,计31400份;以上共获赃款人民币600余元。被告人余汉红倒卖各类假发票3次,其中增值税发票4本,计200份;普通发票260本,计26000份;案发后,检察机关从其家中搜出各类普通发票25本,计1950份;共获赃款人民币140余元。

湖北省武汉市人民检察院认为,被告人程远秋、王新桥、解德兵、刘明全、余汉红等人非法印制、倒卖增值税专用发票和各类普通发票,数额特别巨大,情节特别严重,其行为触犯了《中华人民共和国刑法》第一百一十八条和全国人大常委会《关于严惩严重破坏经济的罪犯的决定》第一条第(一)项之规定,均构成投机倒把罪。被告人刘明全具有《中华人民共和国刑法》第70条规定的情节,同时具有立功表现。特提起公诉,请依法惩处。

2. 被告人的答辩

被告人程远秋、解德兵、王新桥、刘明全认为：检察机关指控的部分犯罪事实与事实不符，主要是有的计算重复，有的在发票的种类数量的认定上与实际情况不符，认为印制、倒卖假发票获利不多，要求从轻处罚。

被告人刘明全认为：投案自首的事实没有认定。

被告人余汉红对犯罪事实供认不讳，要求从轻处罚。

2. 一审事实和证据

湖北省武汉市中级人民法院公开审理查明：

被告人程远秋、解德兵、王新桥、刘明全、余汉红相互勾结于1992年12月至1994年7月间大肆进行非法印制、倒卖增值税专用发票和其他发票的投机倒把活动。具体事实如下：

(1)关于非法印制、倒卖增值税专用发票的事实。

1994年3月中旬，程远秋非法印制“湖北省增值税专用发票”75本，计3750份，分二次以每本10元、15元的价格卖给解德兵获赃款800元，解德兵分别以每本20元的价格卖给王新桥20本，以每本4元的价格卖给余汉红4本；以每本10元的价格卖给刘明全和肖继承(另案处理)、张海兵(在逃)50本，获赃款110余元；王新桥又以每本17元的价格卖给个体出租车司机；刘明全和肖继承、张海兵又以每本11元的价格在武昌火车站卖给了他人，得赃款50元三人均分。余汉红的4本发票没有卖出，被检察机关查获。

1994年3月，解德兵以每本4元的价格购买了李胜利印制的“湖北省增值税专用发票”60本，解德兵以每本5元的价格卖给刘明全和肖继承、张海兵；他们三人又以每本9元的价格卖给了王秀等人30本，另外30本由他们三人带到武昌火车站卖给他人，共得赃款240元，后来，王秀因为难以卖出，又将30本退给了解德兵，解德兵又退给了李胜利。

1994年3月，刘明全和张海兵在邓革(另案处理)，以每本10元的价格购买了“湖北省增值税专用发票”40本计2000份(未付款)，后来刘明全、张海兵在武昌火车站卖给他人，得赃款400元均分。

(2)关于非法印制、倒卖其他发票的事实。

1993年12月，程远秋购回印章坯，找他人制作税务发票监制章，并找他人借得印制假发票的花纹底版，印制了“武汉市工商企业统一发票”和“武汉市商业零售统一发票”各50本计5000份，以每本4元的价格卖给解德兵，获赃款人民币400元。解德兵又以相同的价格卖给刘明全和肖继承，并伙同他们一起到武昌火车站以每本5元的价格卖给胡泉珍(另案处理)，刘、肖二人获赃款100元均分。

1993年12月，程远秋非法印制了“武汉市客运出租车定额发票”120本计12000份，他以每本1元的价格卖给解德兵，获赃款120元；解德兵又将这120本发票以每本1.2元的价格卖给王新桥，获赃款48元；王新桥又以每本1.5元的价格卖给个体运输车主，得赃款36元。

1994年2月，程远秋非法印制了“武汉市客运出租车定额发票”150本计15000份，他以每本0.8元的价格卖给了解德兵，得赃款120元；解德兵又以每本1.2元的价格卖给了王新桥，得赃48元；王新桥又以每本1.8元的价格卖给个体三轮车主，得赃款90元。

1994年3月，程远秋伙同解德兵将其非法印制的“武汉市工商企业统一发票”和“武汉市商业零售统一发票”各15本计1500份，以及“武汉市公路运输机动车运费统一发票”12

本计600份,分别以每本5元至7元的价格在武昌火车站卖给他人,程远秋得赃款240元。

1994年3月,程远秋将自己印制的"武汉市公路运输机动车运费统一发票"120本,计6000份,以每本4元的价格卖给解德兵,解德兵又以每本5元的价格卖给王新桥50本,刘明全、肖继承、张海兵40本,余汉红7本,共获97元。王新桥又以8元至10元的价格倒卖给个体运输车主,得赃款200余元;刘明全和肖继承、张海兵又以每本6元的价格卖给他人,得赃款40余元。案发后,从解德兵家中查获此种发票9本,计450份;从余汉红家中查获7本,计350份。

1994年3月下旬,程远秋印制了"武汉市商业零售统一发票"、"武汉市工商企业统一发票"400本总计20000份,他以每本4元的价格卖给解德兵(未付款);解德兵又以每本5元的价格将前种发票50本卖给王新桥,后种发票100本卖给他人,并卖给余汉红2本,得赃款300余元;王新桥又以8元至10元的价格销给他人,得赃款200余元。案发后,从解处查获没有卖出的第一种发票200本10000份,第二种50本2500份;从余处查获2本,计100份。

1994年3月下旬,程远秋又印制了"武汉市商业零售统一发票"100本计5000份,"武汉市公路运输机动车运费统一发票"90本计4500份,"武汉市工商企业统一发票"30本计1500份,"武汉市客运出租车定额发票"35本计3500份,以上共计255本,14500份,案发后,全部被检察机关查获。

1992年12月,王新桥在邓革处,以每本0.5元的价格,购买了100本未盖税务监制章的"武汉市定额统一发票"计10000份,王新桥以每本1元的价格卖给王姣梅,得赃款30余元。

1993年8月,王新桥、余汉红一同来到邓革家,以每本0.6元的价格分别购买了未盖税务监制章的"武汉市普通定额统一发票",王买了120本计12000份,并以每本1元的价格卖给他人,得赃50余元;余买了80本计8000份,并以1.2元至1.5元的价格卖给他人,得赃款70余元。

1993年10月,王新桥先后两次给邓革提供了四枚税务监制章,并以每本0.6元的价格购买了邓革印制的"武汉市普通定额发票"200本计20000份,他以每本1元的价格卖给个体三轮车主,得赃款80余元。与此同时,余汉红以每本0.6元的价格购买了邓革的180本计18000份,他以每本1元至2元的价格卖给个体三轮车主,得赃款70余元,剩余的5本被检察机关查获。

1993年9月,王新桥以每本0.6元的价格,购买了邓革印制的"武汉市普通定额统一发票"200本计20000份,并以每元1元的价格卖给王姣梅和个体三轮车主,得赃款80余元。

1993年10月中旬,王新桥以每本0.6元的价格购买了邓革印制的"武汉市普通定额统一发票"100本计10000份,并以每本1元的价格卖给个体三轮车主,得赃款40余元。

1993年11月,王新桥以每本3元的价格购买了邓革印制的"武汉市公路运输装卸、搬运费统一发票"20本计1000份,他以每本6元至8元的价格卖给个体运输车主,得赃款80余元。

1994年1月,邓革将自己印制的"武汉市公路运输服务业专用发票"62本计3100份,以每本3元的价格送到被告人王新桥家,后被检察机关查获。

1994年1月,吴胜锋与邓革一起将自己印制的"武汉市公路运输服务业专用发票"100本计5000份,以每本3元的价格送到王新桥家,王新桥又以每6元至8元的价格卖给个体运输车主，得赃款300余元。

1993年7月，王新桥以每本0.65元的价格购买了由李胜利印制的“武汉市力资搬运定额统一发票”70本，计7000份，他以每本1元的价格卖给他人，得赃款20余元。

1994年3月，解德兵以每本2元的价格购买了李胜利印制的“武汉市饮食行业专用发票”70本计3500份，又以每本4.5元的价格卖给了他人，得赃款160元。

1994年1月，刘明全和张海兵由解德兵带到程定达（另案处理）家中，以每本4元的价格分两次购买了程定达印制的“武汉市商业零售统一发票”和“武汉市工商企业统一发票”各50本计5000份，他们以每本5元的价格卖给他人，得赃款250元予以均分。

1993年12月，刘明全和肖继承、邓革三人携带邓革印制的“武汉市商业零售统一发票”和“武汉工商企业统一发票”各25本计2500份，一起来到武昌火车站，以每本5元的价格卖给胡泉珍，邓革得赃款250元，刘明全分得赃款20元。

1994年3月，刘明全、肖继承、张海兵三人以每本3.5元的价格购买了邓广新印制的“武汉市工商企业统一发票”和“武汉市商业零售统一发票”共计80本计4000份，他们又以每本5元的价格在武昌火车站卖给他人，得赃款140余元均分。

1994年3月31日刘明全和肖继承、张海兵经商量后，由张海兵执笔向检察机关检举了程远秋、邓革、邓广新等人非法印制发票的犯罪线索，后经检察机关查证属实。同年5月27日刘明全在他人的陪同下，主动到检察机关交待了倒卖假发票的犯罪事实。

至于起诉书指控：1993年12月，程远秋非法印制“武汉市公路运输机动车运费统一发票”100本计5000份，并以每本5元的价格卖给解德兵，得赃款500元，解德兵又以每本6元的价格卖给王新桥，得赃款100元，王新桥又以每本8元至10元的价格卖给个体运输车主，得赃款250余元一节及1994年2月，程远秋非法印制“武汉市工商企业统一发票”和“武汉市商业零售统一发票”各50本计5000份，以每本4元的价格卖给解德兵，得赃款400元，解德兵又以相同的价格卖给刘明全和肖继承、张海兵（在逃），他们三人又以每本5元的价格卖给胡泉珍和胡中华（另案处理）各50本，得赃100元予以均分一节；以及1993年10月，刘明全和肖继承以每本3.5元的价格购买了邓革印制的“工商企业统一发票”50本计2500份，尔后，刘明全和肖继承、邓革一同到武昌火车站，以每本5元的价格卖给胡泉珍，得赃款70余元予以均分一节的事实，因证据不足，故不予认定。

综上所述，程远秋非法印制各类假发票8次，其中“湖北省增值税专用发票”75本，计3750份；普通发票1187本，计74600分（其中定额发票305本30500份）；倒卖各类假发票7次，其中“湖北省增值税专用发票”75本，计3750份；普通发票932本，60100份（其中定额发票270本，27000份）；案发后检察机关从其家中查获各种普通发票255本，14500份（其中定额发票35本，3500份）；以上共获赃款2160余元。被告人解德兵倒卖各类假发票8次，其中“湖北省增值税专用发票”105本，计5250份；普通发票1032本，计85100份（其中定额发票270本，27000份）；案发后，检察机关从其家中搜出普通发票265本，计13500份；以上共获赃款1300余元。王新桥倒卖各类假发票13次，其中“湖北省增值税专用发票”20本，计1000份；普通发票1342本，计120100份（其中定额发票1060本，10600份）；案发后，检察机关从其家中搜出普通发票76本，计4500份；以上共获赃款1200余元。刘明全参与倒卖各类假发票8次，其中“湖北省增值税专用发票”120本，6000份；普通发票370本，计18500份；以上共获赃款410余元。余汉华倒卖各类假发票3次，其中“湖北省增值税专用发票”4本，计200

份;普通发票 273 本,计 26370 份,卖出普通发票 260 本,26000 份;案发后,检察机关从其家中搜出各类普通发票 21 本,计 1050 份;以上共获赃款 140 余元。

上述事实有下列证据证明:

(1)有被告人程远秋、解德兵、王新桥、刘明全、余汉红的供述及另案处理的被告人的供述;并在作案时间、印制、倒卖数量、发票各类等基本情节上能相互印证;

(2)有被告人程远秋的妻子肖全秀的证词及姚登位的证词佐证;

(3)有检察机关在杜左林家中查获的程远秋印制后由其家人转移的各种假发票及印刷发票的铅版等物证在案佐证;

(4)有检察机关在解德兵家中查获的各种假发票等物证在案佐证;

(5)有检察机关在王新桥家中查获的各种假发票在卷佐证;

(6)有武汉市税务局对查获的各类税务发票等假发票的鉴定结论证实;

(7)认定刘明全立功和投案自首一节的证据有:刘明全、张海兵、肖继承的供述能相互印证;检察机关出具的材料证实刘明全是主动到案。

3. 一审判案理由

湖北省武汉市中级人民法院认为:

被告人程远秋、王新桥、解德兵、刘明全、余汉红以营利为目的,非法印制、倒卖"湖北省增值税专用发票"和各种普通发票,严重破坏社会主义经济秩序,其行为均已构成投机倒把罪,且数额特别巨大,情节特别严重。适用人大常委会《关于严惩严重破坏经济的罪犯的决定》第一条第(一)项的规定,被告人刘明全系缓刑考验期内重新犯罪,本应从重处罚,但鉴于其能向检察机关举报他人的犯罪线索,并投案自首,具有重大立功情节,可予减轻处罚。

4. 一审定案结论

湖北省武汉市中级人民法院根据《中华人民共和国刑法》第一百一十八条、第四十三条第一款、第五十三条第一款、第五十二条、第六十三条、第七十条、第六十四条、第六十条和全国人民代表大会常委务员会《关于严惩严重破坏经济的罪犯的决定》第一条第(一)项,作出如下判决:

(1)程远秋犯投机倒把罪,判处死刑,缓期二年执行,剥夺政治权利终身。

(2)解德兵犯投机倒把罪,判处死刑,缓期二年执行,剥夺政治权利终身,并处没收财产人民币 1000 元。

(3)王新桥犯投机倒把罪,判处无期徒刑,剥夺政治权利终身。

(4)刘明全犯投机倒把罪,判处有期徒刑八年;撤销原审对刘明全故意伤害罪判处有期徒刑三年,缓刑三年的缓刑部分,两罪并罚,决定执行有期徒刑十年。

(5)余汉红犯投机倒把罪,判处有期徒刑六年。

(6)对程远秋的犯罪工具印刷机予以没收。

(三)二审诉辩主张

一审法院判决宣告后,解德兵、余汉红不服,向湖北省高级人民法院提出上诉。均称:"原审认定的部分事实有出入,量刑过重"。

(四)二审事实和证据

湖北省高级人民法院经审理,确认了一审判决所认定的全部犯罪事实,并认为一审判决所认定的事实不仅有同案被告人、上诉人及另案处理的被告人的口供相互印证,还有证人证言、查获的各种假发票，程远秋印制假发票的铅板，伪造的税务监制章等物证以及武汉市税务局对查获的各类假税务发票的鉴定结论等证据佐证。事实清楚，证据确实、充分。

（五）二审判案理由

湖北省高级人民法院认为：程远秋、解德兵、王新桥、刘明全、余汉红以营利为目的，非法印制、倒卖增值税专用发票和其他发票，均已构成投机倒把罪。原审判决定罪准确，对被告人程远秋、刘明全、余汉红的处刑适当。余汉红提出"量刑过重"的上诉理由不能成立，不予采纳。根据被告人解德兵、王新桥犯罪事实和情节，原审判决对其处刑重。

（六）二审定案结论

湖北省高级人民法院根据《中华人民共和国刑法》第一百一十八条、第六十三条、第七十条、第六十四条、第六十条、第四十三条第一款、第五十三条第一款、第五十一条第一款、第五十二条和全国人大常委会《关于严惩严重破坏经济的罪犯的决定》第一条第一款以及《中华人民共和国刑事诉讼法》第一三十六条第（一）项、第（二）项、第一百四十六条，作出如下判决：

1. 驳回余汉红的上诉。

2. 维持武汉市中级人民法院(1994)武刑初字第202号刑事判决中，以投机倒把罪判处程远秋死刑，缓期二年执行，剥夺政治权利终身；以投机倒把罪判处刘明全有期徒刑八年，撤销其前因犯故意伤害罪的有期徒刑三年，缓刑三年的缓刑部分，合并决定执行有期徒刑十年；以投机倒把罪判处余汉红有期徒刑六年；对程远秋的犯罪工具印刷机予以没收。

3. 撤销武汉市中级人民法院(1994)武刑初字第202号刑事判决中对解德兵、王新桥的处刑部分；以投机倒把罪判处解德兵无期徒刑，剥夺政治权利终身，并处没收财产人民币1000元；以投机倒犯罪判处王新桥有期徒刑十五年，剥夺政治权利三年。

（七）解说

本案二审法院在充分肯定原审判决认定的事实和所定罪名的前提下，又综观全案的犯罪事实和情节，实事求是地修正了原审判决对解德兵、王新桥的处刑意见，体现了刑法罪刑相一致的原则。具体而言，二审法院所作的判决，有以下各点应予充分肯定：

一是注意将既非法印刷，又非法倒卖假发票的罪犯与仅参与非法倒卖假发票的罪犯在量刑上有所区别。本案中，程远秋和解德兵相比较，程远秋不仅非法印制而且还参与非法倒卖假发票，其情节显然比解德兵仅参与非法倒卖假发票要严重得多，因而，在量刑上注意有所区别，对解德兵改为无期徒刑。

二是注意将非法印制、倒卖增值税发票的罪犯与非法印制、倒卖其他发票的罪犯在量刑上有所区别。本案中，解德兵参与非法倒卖增值税发票5250份，其他发票851万份，而王新桥虽参与非法倒卖其他发票12.01万份，但参与非法倒卖增值税发票1000份，从社会危害后果上看，王新桥的行为与解德兵的行为相比要轻一些。因此，二审在对王新桥量刑时注意了与解德兵有所区别，对其改判有期徒刑十五年。

一审法院在对刘明全裁量刑罚时，既考虑到其参与非法倒卖假增值税发票6000份，假普通发票1.85万份的犯罪事实和缓刑考验期间又犯新罪的酌定从重量刑情节，又注意到刘明全作案后不仅投案自首，还与肖继承、张海兵等人向政法机关检举程远秋、邓革、邓广新等人非法印制假发票的线索，使特大案件得以侦破的重大立功情节。虽然刘明全的罪行相当严重，但综合考虑其酌定从重和可以减轻、免除处罚的量刑情节，决定对其适用减轻处罚判处有期徒刑八年。二审法院对一审法院的处刑意见予以肯定，是正确的。

（章天赦　傅显莉）

42. 庄金祥重大责任事故案
（缓刑）

（一）首部

1. 判决书字号

一审判决书：海南省东方黎族自治县人民法院(1993)东法刑字第51号。

二审判决书：海南省海南中级人民法院(1994)海南刑终字第11号。

2. 案由：庄金祥重大责任事故案。

3. 诉讼双方

公诉机关（抗诉机关）：海南省东方黎族自治县人民检察院，副检察长张守华。

被告人：庄金祥，男，55岁，汉族，福建省惠安县人，系建筑工程队工头。1993年7月19日因本案取保候审。

一、二审辩护人：符志政，海南省东方黎族自治县律师事务所律师。

4. 审级：二审。

5. 审判机关和审判组织

一审法院：海南省东方黎族自治县人民法院。

合议庭组成人员：审判长：文海；审判员：范德章、赵姿凌。

二审法院：海南省海南中级人民法院。

合议庭组成人员：审判长：王明初；代理审判员：陈琼清、周业夏。

6. 审结时间

一审审结时间：1993年10月14日。

二审审结时间：1994年4月19日（依法延长审限）。

（二）一审情况

1. 一审诉辩主张

(1)海南省东方黎族自治县人民检察院指控称

1992年7月，被告人庄金祥经东方黎族自治县新街建筑公司二队负责人同意后，以新街二队的名义承建新港电影院基建工程。该工程进行到天面模板安装、布筋等准备工作完毕后，县建委监督站有关人员于同年12月9日对该工程进行验收，发现顶木拉条横直不惯通，拉条拉力不够，县监督站有关人员当即交代庄金祥再用桶子板将顶木横直顺序拉好、加固，须经验收合格后才准许浇注封顶。但庄金祥没有完全将顶木加固，在未取得监督站验收批准施工的情况下，于12月12日擅自指挥民工进行封顶施工，作业至13日凌晨，刚浇注好的天面突然倒塌（天面总面积三分之二）当场将民工杨宏武压死，造成经济损失约5万元。

(2)被告人的答辩及其辩护人的辩护意见

被告人庄金祥及其辩护人认为，该责任事故应由县建委监督站及新街二队负主要责任。

理由是：首先，事故的发生系由于监督站检查不细造成；其次，新街二队是该工程承包单位；再次，被告人作为施工单位的负责人也有责任，但情节轻微，不构成犯罪。

2．一审事实和证据

海南省东方县人民法院经公开审理查明：

1992年7月份，被告人庄金祥（福建工程队）取得新街建筑公司二队负责人的同意，由新街二队承建县电影公司新港电影院，交被告人庄金祥施工。该基建工程施工到天面模板安装、布筋等天面准备工作就绪后，县建委监督站有关人员于同年12月9日对该工程进行全面检查验收，发现顶木拉条横直不贯通，拉条拉力不够，监督站就交代庄金祥再用桶子板将顶木拉好加固，庄金祥当即提出加固后就施工，监督站有关人员表示同意。尔后庄金祥使用一手扶车桶子板、顶木，由木工班加固后于同月12日进行天面封顶浇注施工。作业至凌晨，刚浇注好的天面通行道突然倒塌，当场将民工杨宏武压死，经济损失约5万元。案发后，被告人庄金祥给死者家属赔偿2.1万元，其经济损失也由被告人庄金祥负担。

上述事实有下列证据证明：

（1）建设厅、县建委的事故鉴定书；

（2）县电影公司经理文海平、周彪、木工班长庄龙华、钢筋班长吴××、泥工班长吴××的证言；

（3）被告人庄金祥的供述。

3．一审判案理由

海南省东方黎族自治县人民法院认为，该项工程倒塌是由于检查验收不过细，以致造成没交待加固的通行道倒塌。新街二队工程队，将该工程交被告人施工后，不按规定派技术员进行技术质量施工；被告人庄金祥是施工单位，没取得正式验收签证就施工，对该工程倒塌也有责任，但情节轻微，且该事故发生后，被告人主动给死者家属赔偿经济损失2.1万元。被告人的行为符合《中华人民共和国刑法》第十条的规定，不构成犯罪。

4．一审定案结论

海南省东方黎族自治县人民法院根据《中华人民共和国刑法》第十条，作出如下判决：

宣告被告人庄金祥无罪。

（三）二审诉辩主张

一审法院判决后，公诉机关海南省东方黎族自治县人民检察院以一审判决认定事实、适用法律不当为由，向海南省海南中级人民法院提出抗诉，其主要理由是：

1．庄金祥既是工程承包者，又是直接责任人员。（1）该工程由庄金祥以新街建筑公司二队的名义与东方县电影公司签订承建合同；（2）新港电影院工程的组织和基建工程，均由庄金祥亲自组织和指挥施工；（3）重大责任事故的发生，现场组织、指挥者庄金祥是直接责任人，庄应负全部的法律责任。

2．海南省建设厅和县建设委员会的调查结论指出，庄金祥对该工程队施工的安全问题及事故后果，要承担直接责任。

3．一审法院的判决认定事实部分与适用刑法条款不当。（1）一审判决书认为："该工程倒塌是由于检查验收不过细，以致造成没交代加固的通行道倒塌。"事实上，县建委监督站林福光站长是交代庄金祥要用桶子板串通堵死通行道，证人邢龙、周南等人的证言中，都予以佐证。（2）一审判决书中指出："被告人能主动给死者家属赔偿经济损失2.1万元"。这纯属被告人庄金祥的认罪态度问题，属于量刑中酌情参考情节，不影响犯罪的构成。(3)一审判决书中认定："被告人庄金祥是施工单位，没有取得正式验收签证就施工，对该工程倒塌也有责任，但情节轻微"不当。应当说没有取得正式验收签证就施工，对该项工程的倒塌是要负全部责任或直接责任的。即使"情节轻微"，也只能依刑法第三十二条作犯罪论处。

综上所述，由于庄金祥的直接责任，造成直接经济损失5万元，并致一人死亡，后果严重。其行为已触犯《中华人民共和国刑法》第一百一十四条之规定，构成重大责任事故罪。

(四)二审事实和证据

海南省海南中级人民法院经审理查明：

原审判决认定庄金祥负责东方黎族自治县电影公司新港电影院的施工，在1992年9月12月进行天面封顶浇注施工时，突然倒塌，当场压死民工杨宏武，造成经损失约5万元，以及案发后庄金祥赔偿死者2.1万元的事实清楚。但原审判决认定1992年12月9日东方黎族自治县建委监督站有关人员检查验收工程时，发现放映厅左侧顶木拉条横直不通，拉条拉力不够，交代被告人庄金祥再用桶子板将顶木拉好加固后就可施工的事实，缺乏证据。经查造成天面倒塌的直接原因是：安装模板顶木时，纵横拉条强度不够、失稳；监督站检查发现支模分统存在问题后，要求施工队整改后复验认可再浇捣。但施工队没有认真整改，也不请监督站复查，在未办理隐蔽工程验收签证的情况下擅自决定施工，以致酿成天面倒塌事故发生。

上述事实有下列证据证明：

1. 海南省建设厅《关于东方黎族自治县新港电影院工程倒塌事故的通报》；

2. 海南省东方黎族自治县建委《关于新港电影院基建工程倒塌事故的处理决定》；

3. 证人林福光、邢龙、文海平、周彪、庄龙华、黄舜国等人的证言；

4. 事故现场照片；

5. 杨光宏的收据。

(五)二审判案理由

海南省海南中级人民法院认为，庄金祥是工程施工负责人，在进行天面砼浇捣前，没有按照建筑业的要求，搞好支横分统，而且在东方黎族自治县建委监督站检查验收发现问题后，没有认真整改，在没有办理隐蔽工程验收手续的情况下擅自施工，以致造成天面倒塌，当场压死一人，经济损失5万元的重大责任事故，其行为已触犯《中华人民共和国刑法》第一百一十四条之规定，构成重大责任事故罪。鉴于被告人庄金祥在事故发生后，主动报案和承担经济损失、赔偿死者家属，可对庄金祥从轻处罚。原审判决认定庄金祥情节轻微，不构成犯罪不当，应予撤销。

(六)二审定案结论

海南省海南中级人民法院根据《中华人民共和国刑事诉讼法》第一百三十六条第(二)项和《中华人民共和国刑法》第一百一十四条，作出如下判决：

1. 撤销海南省东方黎族自治县人民法院(1993)东法刑字第51号刑事判决。

2. 庄金祥犯重大责任事故罪，判处有期徒刑一年，缓刑二年。

(七)解说

本案争议的焦点主要集中在两个方面：一是该事故的发生应该由庄金祥承担责任还是由其他有关人员负责；二是庄金祥的行为属情节轻微还是属情节严重。

首先，从全案来看，东方黎族自治县新街建筑公司将工程非法转包给庄金祥后，该公司项目负责人、技术负责人从未到过现场是事实，但这一事实与天面倒塌的事故发生没有刑法学上的直接因果关系；庄龙华虽是模板、顶木安装和加固拉条的直接施工者，也不能据此要求他对事故负主要责任。因为庄金祥是施工的主管人员，也就是刑法学上所指的“生产指挥的人员”，他对顶木加固情况未加检查，也未请监督站复验即叫工人浇捣施工，因此，庄金祥对于天面倒塌造成的重大事故应承担全部责任。其次，一审判决认定庄金祥的行为属“情节轻微”也是错误的。根据司法实践和有关规定，死亡一人，直接经济损失5万元属于重大伤亡事故，庄金祥作为该事故的直接责任人员，应视为“情节严重”科之以相应的刑罚。庄金祥虽然于案发后主动承担了经济损失，并积极作好赔偿，但这只是悔罪态度问题，属于量刑上酌情参考情节，不影响犯罪的构成，更不能以此来掩抹他所应承担的刑事责任。因此，二审法院改判其有期徒刑一年，缓刑二年是正确的。

（刘　辉）

43. 丁××等盗窃案
（未成年人犯罪、缓刑、抗诉）

（一）首部

1. 判决书字号

一审判决书：江西省修水县人民法院(1994)修法刑初字第38号。

二审判决书：江西省九江市中级人民法院(1994)九中刑抗字第09号。

2. 案由：丁××等盗窃案。

3. 诉讼双方

公诉机关(抗诉机关)：江西省修水县人民检察院，检察员邓由信。

被告人：丁××，另名冷××，男，17岁(1976年11月8日出生)，汉族，江西省修水县人，系个体水果批发业者。1994年3月4日因本案被逮捕。

法定代理人：丁彦顺，系被告人丁××之父。

一审辩护人：车参荣，江西省修水县第一律师事务所律师。

被告人：江×，男，17岁(1976年12月20日出生)，汉族，江西省修水县人，无业。1994年3月4日因本案被逮捕。

法定代理人：江章本，系被告人江×之父。

一、二审辩护人：姜伟华，江西省修水县经济律师事务所实习律师。

被告人：刘×，男，17岁(1977年5月28日出生)，汉族，江西省修水县人，系在校学生。1994年3月4日因本案被逮捕。

法定代理人：刘重明，系被告人刘×之父。

一、二审辩护人：樊双全，江西省修水县第一律师事务所兼职律师。

一审辩护人：洪英虎，江西省修水县第一律师事务所兼职律师。

4. 审级：二审。

5. 审判机关和审判组织

一审法院：江西省修水县人民法院。

合议庭组成人员：审判长：周义生；人民陪审员：付朝丰、周介眉。

二审法院：江西省九江市中级人民法院。

合议庭组成人员：审判长：余荷花；审判员：夏忠民；代理审判员：夏晓强。

6. 审结时间

一审审结时间：1994 年 6 月 16 日。

二审审结时间：1994 年 11 月 13 日(依法延长审限)。

(二)一审情况

1. 一审诉辩主张

(1)江西省修水县人民检察院指控称

被告人丁××、江×、刘×伙同吴×(已免予起诉)等人于 1993 年 2 月至 11 月期间，使用破门入室、撬门扭锁等手段，在修水县城关居民宿舍和个体商店等处作案 10 次，窃得赃款赃物共计折合人民币 24448.6 元和存单 6 张(面额共计 13000 元)。其中，被告人丁××为主作案 2 次，窃得赃款赃物共计折款 2621 元和定期存单 1 张(面额为 3000 元)，丁××从中分得赃款赃物合计折款 1256 元；丁××参与作案 5 次，窃得赃款赃物共计折款 17988 元，存单 5 张(面额为 10000 元)，丁××从中分得赃款赃物合计折款 7124.4 元。被告人江×为主作案 3 次，窃得赃款赃物共计折款 5750.3 元，江×从中分得赃款赃物合计折款 2670 元；江×参与作案 1 次，窃得赃款赃物共计折款 8835.4 元，存单 5 张(面额为 10000 元)，江×从中分得赃款赃物合计折款 3235.4 元。被告人刘×为主作案 3 次，窃得赃款赃物共计折款 5618.9 元，刘×参与作案 4 次，窃得赃款赃物共计折款 12097.8 元，存单 6 张(面额为 13000 元)，刘×从中分得赃款赃物合计折款 4163 元。

上述事实，有受害人的陈述、被免诉的同案人的供述、被追缴的赃款赃物及其照片、现场勘查笔录等证据证实，各被告人对上述事实亦供认不讳，足以认定。

江西省修水县人民检察院认为，上述被告人以非法占有为目的，结伙多次盗窃公民合法财产，数额特别巨大，其行为触犯了《中华人民共和国刑法》第一百五十二条之规定，均已构成盗窃罪，特提起公诉，请人民法院依法予以惩处。

江西省修水县人民检察院还认为，上述被告人犯罪时均未满 18 岁，归案后认罪态度较好，公安机关已从上述三被告人处以及同案人吴×处追回赃款赃物共计折合人民币 21580.2 元，并已分别发还受害人。根据《中华人民共和国刑法》第十四条第三款之规定，对三被告人应当依法从轻处罚。

(2)被告人的答辩及其辩护人的辩护意见

被告人丁××的辩护人辩护认为，起诉书所指控丁××等盗窃王道贤家的剃须刀、银元、公文包的事项，证据不足，不能认定。被告人刘×的辩护人辩护认为，起诉书所指控刘×参与盗窃朱木林家时私藏 850 元的事项，证据不足，尚难认定。三被告人的辩护人均认为：三被告人的盗窃行为虽已构成犯罪，并且盗窃数额特别巨大，依法应受惩罚。但是，三被告人均系未成年人，归案后能如实交代犯罪事实，认罪态度较好，且能配合亲属积极退赔赃物赃款，故均具有法定的从轻或减轻处罚的情节和酌定的从轻处罚的情节，请法院据此结合他们的犯罪动机、目的等情况，依法从宽判处。

2. 一审事实和证据

江西省修水县人民法院因本案为未成年人犯罪，经依法不公开开庭审理查明：

被告人丁××、江×、刘×在1993年2月至11月7日期间，伙同同案人吴×（已免予起诉）、汪××、车×、刘××等（均不予起诉），采取撬门扭锁、破门入室等手段，有分有合地共同进行盗窃活动，先后作案10次，分别从修水县城关居民巢鹤飞、朱木林、唐小琴、王道贤、付长华、吴有财、陈秀娟、林小海、陈春松、张荣连等受害人的家中和个体商店内窃得现金12321.7元和金戒指、银手链、银戒指、照相机、单放机等物（折款11053.9元），共计价值人民币23375.6元，以及另有定期存单6张（面额13000元）。其中：(1)被告人丁××为主作案2次，窃得赃款赃物共计折款2621元和定期存单1张（面额3000元），丁××从中分得赃款赃物共计折款1256元；参与作案5次，窃得赃款赃物共计折款17988元和定期存单5张（面额10000元），丁××从中分得赃款赃物共计折款7124.4元。(2)被告人江×为主作案3次，窃得赃款赃物共计折款5750.3元，江×从中分得赃款赃物共计折款2670元；参与作案1次，窃得赃款赃物共计折款8835.4元和定期存单5张（面额10000元），江×从中分得赃款赃物共计折款3235.4元。(3)被告人刘×为主作案3次，窃得赃款赃物共计折款5618.9元，刘×从中分得赃款赃物共计折款2975元；参与作案4次，窃得赃款赃物共计折款12097.8元和定期存单6张（面额13000元），刘×从中分得赃款及赃物折款4163元。

起诉书指控被告人丁××盗窃公民王道贤的剃须刀、银元、公文包的事实和被告人刘×参与作案在公民朱木林家中盗窃时私藏850元现金的事实，皆证据不足，不予认定。

破案后，被告人丁××及其家长退赔赃款赃物合计为人民币6645.2元；被告人江×及其家长退赔赃款赃物合计为人民币3385.4元；被告人刘×及其家长退赔赃款赃物合计为人民币6600元；同案人吴×及其家长退赔赃款赃物合计为人民币4949.6元。以上所退赔的赃款和赃物折款共计人民币21580.2元，已由公安机关分别发还给各受害人。

上述事实有下列证据证明：

(1)受害人巢鹤飞、王道贤、唐小琴、朱木林、付长华、陈秀娟、林小海、陈春松、张荣连等人报案的陈述记录；

(2)证人鲁梅芳、匡杏英等人的证言；

(3)公安机关现场勘查笔录和缴回的赃款赃物照片；

(4)被告人丁××、江×、刘×供述犯罪事实的口供；

(5)同案人吴×、汪××、钟×、车×、刘××、吴××的供证材料；

(6)修水县皇冠金饰品店对金、银等饰物作价鉴定书。

3. 一审判案理由

江西省修水县人民法院认为：被告人丁××、江×、刘×以非法占有为目的，秘密窃取他人财物，数额特别巨大，已触犯《中华人民共和国刑法》第一百五十二条，构成盗窃罪，应依法予以惩处。但上列三被告人作案时均不满18岁，具有法定应当从轻或减轻处罚的情节；三被告人归案后悔罪态度好，能积极退赃，又具有酌情从轻或减轻处罚的情节。三被告人的辩护人一致所提应予从宽判处的辩护意见及其理由成立，予以采纳，对三被告人依法予以减轻处罚，但应同时并处没收部分财产的附加刑。

4. 一审定案结论

江西省修水县人民法院根据《中华人民共和国刑法》第一百五十二条、第十四条第一、

二、三款、第二十二条第一款、第六十七条、第六十八条第二款、第五十五条第一款,作出如下判决:

(1)丁××犯盗窃罪,判处有期徒刑三年,缓刑四年,并处没收财产4000元,上缴国库。

(2)江×犯盗窃罪,判处有期徒刑二年六个月,缓刑三年六个月,并处没收财产4000元,上缴国库。

(3)刘×犯盗窃罪,判处有期徒刑二年,缓刑三年,并处没收财产4000元,上缴国库。

(三)二审诉辩主张

一审法院判决宣告并送达后,原审被告人丁××、江×、刘×及其代理人服判不上诉。公诉机关江西省修水县人民检察院在法定期间内,以对上列三被告人适用附加刑没收部分财产不当为理由,向江西省九江市中级人民法院提出抗诉。

1. 江西省修水县人民检察院抗诉认为,一审判决对上列三被告人适用并处没收财产的附加刑显属错误。理由如下:

第一,本案不具备并处没收财产的前提。《中华人民共和国刑法》第一百五十二条规定,犯盗窃罪,情节特别严重的,处十年以上有期徒刑或者无期徒刑,可以并处没收财产。因此,“情节特别严重”是犯盗窃罪并处没收财产的前提条件。怎样才算是“情节特别严重”?1992年12月11日最高人民法院、最高人民检察院《关于办理盗窃案件具体应用法律的若干问题的解释》(下称《解释》)作了明确的司法解释:或盗窃财物数额特别巨大;或盗窃数额接近特别巨大,并具有其他特别严重情节的;或盗窃数额特别巨大并具有其他特别严重情节的。本案原审三被告人既不属于盗窃数额特别巨大,也不具备其他如盗窃银行、金库、国家珍贵文物等特别严重的情节,因此并处没收他们的部分财产就失去了前提条件,显然属于不当。

第二,本案没有并处没收财产的法律依据。《中华人民共和国刑法》第五十五条规定,没收财产是没收犯罪分子个人所有的财产的一部或者全部。在判处没收财产的时候,不得没收属于犯罪分子家属所有或者应有的财产。本案原审三被告人均属未成年人,均没有单独的经济来源,更没有接受赠与等类的个人所有财产,完全依靠父母供养。因此,对他们并处没收财产是株连犯罪人的家属,没有法律依据。

2. 原审被告人的答辩及其辩护人的辩护意见是:原审判决认定事实清楚,适用法律得当,请求二审法院维持原判。

(四)二审事实和证据

江西省九江市中级人民法院经不公开开庭审理查明:原审判决认定的事实清楚,证据确实、充分,予以确认。审理还查明:原审被告人丁××被捕前从事个体水果批发业,有纯收入6000余元,除了用其中的2000元退赃外,尚有现金4000余元存在家中;原审被告人刘×、江×在被捕前个人没有经济收入,也无个人财产。

认定原审被告人丁××被捕前个人有经济收入的主要证据有:

1. 原审被告人丁××的供述;

2. 原审被告人丁××之父丁彦顺的证言;

3. 原审被告人丁××向修水县工商行政管理局申领的营业执照原件的复印件;

4. 原审被告人丁××向修水县税务局城关税务所纳税发票原件的复印件等。

认定原审被告人江×、刘×被捕前个人没有经济收入和无个人财产的主要证据有:

1. 原审被告人刘×、江×的供述;

2. 原审被告人江×之父江章本和原审被告人刘×之父刘重明的证言。

(五)二审判案理由

江西省九江市中级人民法院认为:一审法院认定被告人丁××、江×、刘×盗窃的犯罪事实清楚,证据确凿、充分,认定他们均犯有盗窃罪是正确的。最高人民法院、最高人民检察院《关于办理盗窃案件具体应用法律的若干问题的解释》(以下简称"解释")第四题"如何看待盗窃案件的情节?"的第(二)项规定:"在共同盗窃犯罪中,各共犯基于共同的故意,实施了共同的犯罪行为,应对共同盗窃犯罪行为所造成的危害后果负责。"该项第二目还规定:"对其他共同盗窃犯罪中的主犯,应按照参与共同盗窃的总数额依法处罚。"本案原审三被告人出于共同的犯罪故意,实施了共同的犯罪行为,他们中有的是这几次作案的主犯,有的是那几次作案的主犯,难以区分主从关系,一审法院据此对三被告人不分主从,但在量刑时按照他们参与共同盗窃的总数额依法追究刑事责任是正确的;又鉴于原审三被告人均具有犯罪时不满18岁的法定从宽处罚情节以及其他酌定从宽处罚情节,依法予以减轻处罚亦是正确的;再是结合原审三被告人的犯罪情节和悔罪表现,一审法院认为他们确实不致再危害社会,对他们宣告缓刑,是符合《中华人民共和国未成年人保护法》第三十八条"对违法犯罪的未成年人,实施教育、感化、挽救的方针,坚持教育为主,惩罚为辅的原则"的司法保护精神的。本院根据二审庭审质证的证据,认定原审被告人丁××捕前从事个体水果批发业,有一定的个人财产,故一审法院对丁××处以有期徒刑宣告缓刑,并处没收部分财产,于法有据,符合《中华人民共和国刑法》第六十七条第一款对于被判处拘役、三年以下有期徒刑的犯罪分子,根据犯罪分子的犯罪情节和悔罪表现,认为适用缓刑确实不致再危害社会的,可以宣告缓刑"的规定和第十四条第三款、第五十五条的规定。据此,应当对一审法院对丁××的定罪处刑予以维持。但原审判决对被告人江×、刘×二人的排列顺序和对二人判处的主刑及并处附加没收部分财产是不当的,应予改判。理由和根据如下:

1.《解释》第二题"如何认定盗窃财物'数额较大'、'数额巨大'、'数额特别巨大'?"第二款规定:"各省、自治区、直辖市高级人民法院、人民检察院,可以根据本地区经济发展状况,并考虑社会治安状况,参照上列数额,确定本地区执行的数额标准,……"据此,江西省高级人民法院、江西省人民检察院于1992年1月1日在《关于修改我省盗窃犯罪数额标准的通知》中,把江西省个人盗窃公私财物数额巨大的起点,修改为4000元,把数额特别巨大的起点,修改为20000元,虽然原审被告人丁××共同盗窃的价值数额共达20609元,依法应按共同盗窃的总数额定为数额特别巨大,原审被告人江×和刘×共同盗窃的价值数额也分别达16585.7元和17716.7元,亦为数额巨大,均应依照《中华人民共和国刑法》第一百五十二条的规定处罚,但是,就其个人所得而言,丁××、江×、刘×都均属盗窃数额巨大。因此,在决定他们的刑罚时,不能单纯考虑盗窃的数额而置其他因素于不顾。因为盗窃公私财物数额的大小虽然是法定构成盗窃罪的重要条件,但并非是罪轻罪重和量刑的唯一条件。在确定罪轻罪重和量刑时,除根据盗窃财物数额大小外,还应当根据犯罪的其他具体情节和犯罪分子的认罪态度、退赃表现等,进行全面分析,特别是对于未成年人更应如此。本案原审三被告人犯罪时均未满18岁(其中江×不满16岁),其犯罪动机、作案手段、犯罪情节、社会危害程度等尚属一般,悔罪态度又均较好,还积极退赃,应该依法给他们以减轻的刑罚处罚。

2. 未成年人模仿能力强,思想尚不定型,可塑性较大,如果判实刑投入劳改,他们将失去学习和就业机会,而且入狱后很容易受一些成年劳改犯特别是一些恶习很深的劳改犯的影响，沾染上其他恶习，劳改释放后还可能重新犯罪，给社会带来新的危害。如果判处缓刑放在社会上进行改造，由家庭、学校、社会对他们共同监督，不但可以减轻国家负担和劳改场所的压力，而且有利于对他们的教育挽救，使他们成为对社会有用之人，这也有利于社会治安的综合治理。本案原审三被告人在归案后，均如实交待了各自的全部犯罪事实，在一、二审开庭审理时还多次痛哭流泪，一再表示认罪悔罪，决心改过自新，重新做人。这都反映了未成年人的不成熟的心理和生理特征，反映了他们的主观恶性较小，不是不可救药的。二审期间，他们的亲属分别联名书面检讨了他们过去对孩子管教不当，管束不严的错误，表示了无论对孩子如何判刑，都将尽全力协助司法机关和社会组织对孩子进行认罪服法和争取尽快改过自新、成为新人的教育，这又说明，对他们的监督改造条件是具备的。所以，依法对他们宣告缓刑，完全符合我国未成年人保护法对违法犯罪的未成年人要坚持教育为主、惩罚为辅的原则。据此，原判对三被告人宣告缓刑是合法、正确的。

3.“解释”第六题“如何认定盗窃案件的‘情节特别严重’以及如何适用刑罚?”第(一)项规定的“具有以下情形之一的，属于盗窃犯罪‘情节特别严重’：盗窃财物数额特别巨大……”原审被告人丁××共同盗窃20000余元，数额特别巨大，当然应为盗窃犯罪的情节特别严重的，其个人又有部分收入，故对其并处没收一部分财产于法有据。江西省修水县人民检察院抗诉称不应并处没收丁××部分财产的理由不能成立，本院不予支持。

4. 原审被告人刘×在共同盗窃中，为主3次，参与4次，窃得赃款及赃物折款共达17716.7元，定期存单6张，面额为13000元，分得赃款及赃物折款合计达7138.8元，作案时虽不满18岁，但已满16岁；原审被告人江×在共同盗窃中，虽为主作案3次，但只参与作案1次，窃得的赃款及赃物折款共计为16585.7元，定期存单5张，面额为10000元，分得赃款及赃物折款合计为5905.5元，且作案时已满14岁，不满16岁，如其不是因盗窃数额巨大而符合《解释》第一题第(三)项“已满14岁不满16岁的人，犯惯窃罪或者盗窃数额巨大的，应当依照刑法第十四条的规定，追究刑事责任”的规定，那么依法也就不负刑事责任了。因此，在本案中刘×的地位和作用是比江×重要的，其刑事责任能力也要比江×的大。一审法院忽视了这些，原判在排列被告人的先后次序上，把江×列于刘×之前，对江×的处刑也重于刘×，均属不当，应予撤销。

5. 审理查明，原审被告人刘×、江×都是未成年人，经济上尚未独立，都是依靠其父母供养生活，他们个人除衣着和日常生活用品外，均无个人财产，亦未发现他们接受过他人馈赠；他们参与盗窃作案的数额虽然都达到巨大，但据《解释》均不属于《中华人民共和国刑法》第一百五十二条规定的“情节特别严重”，因而原审法院分别并处没收被告人刘×、江×的部分财产，既违反了我国《刑法》第一百五十二条的规定，也违反了该法第五十五条的规定，应予撤销。江西省修水县人民检察院对此提出抗诉的理由合法、有据，本院予以采纳。

(六)二审定案结论

江西省九江市中级人民法院根据《中华人民共和国刑事诉讼法》第一百三十六条第(二)项，作出如下判决：

1. 维持江西省修水县人民法院(1994)修法刑初字第38号刑事判决书对丁××、刘×、江×的定罪部分和对丁××的量刑部分，即丁××、刘×、江×犯盗窃罪和判处丁××有期徒刑三年，缓刑四年，并处没收财产4000元。

2. 撤销江西省修水县人民法院(1994)修法刑初字第38号刑事判决书对刘×、江×的处刑部分。

3. 刘×犯盗窃罪，判处有期徒刑二年六个月，缓刑三年。

4. 江×犯盗窃罪，判处有期徒刑二年，缓刑二年六个月。

（七）解说

本案是一起重大的未成年人共同盗窃案件，三名犯罪人都是未成年人，其中一人还是只满14岁不满16岁的。对这样的犯罪人应当如何处罚？在审判过程中是有不同的意见的。一种意见认为，对本案犯罪人均应处以实刑，投入劳改。尽管本案犯罪人均系未成年人，但他们盗窃财物有的是数额特别巨大，依法应在十年以上处刑，即使是减轻处罚，一般也只能减轻一个档次，即减轻到五年以上十年以下有期徒刑这一档判处，没有理由减轻到五年以下这个档次而判处三年以下有期徒刑宣告缓刑；有的盗窃财物虽是数额巨大，可以减轻到五年以下有期徒刑这个档次来判处，但也要判处三、四年有期徒刑，方能给他们以应有的惩戒，因为本案是共同犯罪，又难以区分主从关系，依照刑法的有关规定应当从重处罚，何况当前社会治安形势还较严峻，刑事政策上应对重大犯罪加大打击力度，如果对他们宣告缓刑，难免有失公正。

另一种意见则与此相反，认为对本案三犯罪人可以宣告缓刑。虽然本案属于共同犯罪的重大盗窃案件，依法本应从重惩处。但是，依法也有应当从宽判处的另一面充足理由，如果人民法院不就个案的具体特点和社会治安形势进行分析，研究如何准确适用法律，以更好地发挥刑罚武器教育人、改造人的特殊功能，那就有违我国《刑法》第五十七条"对于犯罪分子决定刑罚的时候，应当根据犯罪的事实、犯罪的性质、情节和对社会的危害程度，依照本法的有关规定判处"的规定，也就难以实现我国刑法的根本目的。

我国《刑法》第十四条规定，对未成年人犯罪应当从轻或者减轻处罚。《中华人民共和国未成年人保护法》第五章"司法保护"中的第三十八条规定了对未成年人犯罪要实施教育、感化、挽救的方针，要坚持教育为主、惩罚为辅的原则，惩罚只是一种辅助手段。这些规定正是对未成年人犯罪司法保护的具体体现。因此，在决定未成年人犯罪的刑罚时，既要执行刑法的一般规定，又要适用其他刑事法规的特殊规定，并从我国的国情出发，较多地适用缓刑，这是我国对未成年犯罪人实行外监禁方法中适宜的行刑方式。换言之，在决定对未成年犯罪人的刑罚时，较之成年犯罪人要宽宥很多，适用一些缓刑，多使用外监禁的方法。这既具体体现了对未成年犯罪人的司法保护，也与我国刑罚的目的是惩罚和改造相结合相一致，对于未成年犯罪人的教育、矫治，使其改变恶习，重新做人有利，对于防止未成年犯罪人投狱后受恶性交叉感染，减轻劳改部门的压力有利。审判法院采纳了这种意见，是很正确的。

本案二审是检察院抗诉引起的。一审法院宣判后，三名犯罪人已经服判，不上诉。但是，原公诉机关江西省修水县人民检察院认为，原审法院对三名被告人适用并处没收财产的附加刑，既不具备并处没收财产的前提，也没有法律根据，因而提出抗诉。像这种因为判刑于事实和法律无据，即认为判重了而提出抗诉的案件比较少见，这说明检察院的法律监督加强了。检察院较为全面地进行法律监督有助于保证严格和公正地执法。

二审法院依照《刑事诉讼法》第一百三十四条的规定，"就第一审判决认定的事实和适用法律进行全面审查，不受上诉或者抗诉范围的限制"。审理结果，不仅对一审判处结果中的并处没收财产的附加刑分别予以部分维持和部分改判，而且对江、刘二犯罪人的排列顺序和所判主刑部分，认为不当，也作了改判，乃是在二审庭审中查清了事实的基础上作出的决定。这坚持了以事实为依据，以法律为准绳的原则，显然也是正确的。

（熊继前）

44. 王谨被减刑案
（缓刑期间减刑）

（一）首部

1. 减刑裁定书字号：四川省重庆市中级人民法院（1994）重刑执字第4009号。

2. 原审裁判书字号

一审判决书：四川省重庆市大渡口区人民法院（1992）渡刑初字第62号。

二审裁定书：四川省重庆市中级人民法院（1992）刑上字第2176号。

3. 案由：王谨贪污、受贿被减刑案。

4. 刑罚执行机关：四川省重庆市公安局大渡口区分局。

5. 罪犯（被减刑人）：王谨，男，42岁，汉族，江苏省扬州市人，重庆冶金材料厂工人。

6. 审判机关和审判组织

减刑裁定法院：四川省重庆市中级人民法院。

合议庭组成人员：审判长：仇仲文；审判员：杨军、许进。

7. 审结时间：1994年12月17日。

（二）刑罚执行情况

1. 原审判情况

四川省重庆市大渡口区人民法院经公开审理王谨贪污、受贿一案查明：

1987年12月至1991年5月，王谨在任重钢企业公司经理办公室副主任期间，利用职务之便，索取他人现金2700元。又先后4次出具假发票套取公款5739.22元，占为己有，其行为已构成受贿罪和贪污罪。

四川省重庆市大渡口区人民法院依照《中华人民共和国刑法》第一百五十五条、第一百八十五条、第六十四条和全国人大常委会《关于惩治贪污罪贿赂罪的补充规定》第二条第（三）项、第四条、第五条、第十二条之规定，作出如下判决：

（1）王谨犯贪污罪，判处有期徒刑二年零六个月；犯受贿罪，判处有期徒刑一年；数罪并罚，决定执行有期徒刑三年，宣告缓刑四年。

（2）王谨退出的现金8439.22元予以没收；290元属违法金额予以追缴。

宣判后，王谨不服，以原判定性不当，不构成贪污罪、受贿罪为由，向四川省重庆市中级人民法院提出上诉。该院经审理认为：王谨利用职务之便，索取他人现金2700元，数额较大，其行为已构成受贿罪；采取弄虚作假的手段，套取公款5739.22元，占为己有，数额较大，又构成贪污罪。原审法院判决认定事实和适用法律正确，量刑适当，审判程序合法，王谨的上诉理由不能成立。四川省重庆市中级人民法院依照《中华人民共和国刑事诉讼法》第一百三十六条第（一）项，作出如下裁定：

（1）驳回王谨的上诉；

(2)维持重庆市大渡口区人民法院(1992)渡刑初字第62号刑事判决。

2. 刑罚执行情况

判决发生法律效力后,交付刑罚执行机关四川省重庆市公安局大渡口区分局执行。罪犯王谨在缓刑考验期内,认罪服法,遵守国家法律和公安部制定的管理规定,定期参加法制学习,生产劳动积极,接受群众监督,有悔改表现。1994年9月25日,重庆市大渡口区大堰村发生凶杀案,王谨闻讯赶到现场,和其他群众一起,捉获正持刀杀人的凶犯并将其扭送公安机关。为此,当地党委和人民政府授予王谨"见义勇为先进个人"称号。

(三)减刑意见

刑罚执行机关四川省重庆市公安局大渡口区分局根据罪犯王谨在缓刑考验期间的表现,于1994年12月14日提出大公减字(1994)第02号减刑意见书,认为罪犯王谨在缓刑考验期间确有悔改和立功表现,依照《中华人民共和国刑事诉讼法》第一百六十二条第二款的规定,提请对罪犯王谨减刑一年,缩减缓刑考验期二年。刑罚执行机关将该减刑意见书报请四川省重庆市中级人民法院审核裁定。

(四)判案理由

四川省重庆市中级人民法院依法对罪犯王谨在缓刑考验期间的表现进行了审核,认为罪犯王谨在缓刑考验期间,能认罪服法,接受改造,遵守国家法律和对缓刑罪犯的管理规定,积极参加法制学习,积极劳动,接受群众监督;且见义勇为,捉获杀人凶犯扭送公安机关,表现突出,被授予"见义勇为先进个人"称号,确有悔改和立功表现。

(五)定案结论

四川省重庆市中级人民法院根据《中华人民共和国刑法》第七十一条,作出如下裁定:

对罪犯王谨减刑一年,缩减缓刑考验期二年。

(六)解说

减刑,是指对于被判处管制、拘役、有期徒刑和无期徒刑的犯罪分子,在执行期间,如果确有悔改或者立功表现,因而将其原判刑罚适当减轻的一种刑罚执行制度。适用减刑的最根本条件,是被适用减刑的犯罪分子在刑罚执行期间确有悔改或者立功表现。应当明确,悔改表现和立功表现,二者只要具备其中之一,就可以适用减刑。

本案中,罪犯王谨在缓刑考验期间,既具有悔改表现,又确有立功的事实。他能够认罪服法,接受改造,积极参加法制学习,积极劳动,接受群众监督;并见义勇为,同群众一起抓获持刀杀人的凶犯,因此被授于"见义勇为先进个人"称号。王谨的表现,符合最高人民法院1991年10月8日《关于办理减刑、假释案件具体应用法律若干问题的规定》中关于悔改表现和立功表现的规定,具备了适用减刑的条件。另外,最高人民法院1985年5月9日在《关于缓刑考验期内表现好的罪犯可否缩减其缓刑考验期限的批复》中指出:如果在缓刑考验期间确有突出的悔改或立功表现,可以参照《刑法》第七十一条的规定,对原判刑罚予以减刑,同时相应地缩减其缓刑考验期限。因此,王谨也具备了缩减缓刑考验期限的条件。人民法院根据《刑法》、《刑事诉讼法》和上述司法解释之规定,结合王谨的悔改表现和立功表现,作出了对其减刑一年,缩减缓刑考验期二年的裁定,是正确、适当的,较好地体现了惩罚与教育相结合的刑法原则。

(蒋　林)

45. 赵勋被减刑案
（刑罚执行期间再犯新罪后立功适用减刑）

（一）首部

1. 减刑裁定书字号：四川省绵阳市中级人民法院(1994)绵法刑执字第6号。

2. 原审判决书字号

(1)原审判决书：四川省万县市人民法院(1984)万法刑初字第104号。

(2)原审判决书：四川省奉节县人民法院(1987)奉法刑初字第10号。

3. 刑罚执行机关

(1)四川省万县青龙劳动改造管教支队。

(2)四川省绵阳市劳动改造管教支队。

4. 罪犯(被减刑人)：赵勋，男，36岁，汉族，四川省万县市人。1984年6月19日因犯流氓罪被判处有期徒刑七年，犯盗窃罪被判处有期徒刑六年，犯诈骗罪被判处有期徒刑五年，数罪并罚，决定执行有期徒刑十六年。1987年2月19日，因犯脱逃罪被判处有期徒刑三年，与前罪尚未执行完毕的刑罚合并处罚，决定执行有期徒刑十六年。现在四川省绵阳市劳动改造管教支队四大队四中队服刑。

5. 审判机关和审判组织

减刑裁定法院：四川省绵阳市中级人民法院。

合议庭组成人员：审判长：刘明凡；审判员：刘仕洲；代理审判员：何昌秀。

6. 审结时间：1994年2月25日。

（二）刑罚执行情况

1984年6月19日，原审判决宣告后，罪犯赵勋即被关押在四川省万县青龙劳动改造管教支队服刑。1985年7月26日，赵勋乘回家探亲之机脱逃。1985年12月13日被抓获归案。1987年2月19日，罪犯赵勋因犯脱逃罪被判处有期徒刑三年，决定执行有期徒刑十六年。该判决下达后，罪犯赵勋继续在四川省万县青龙劳动改造管教支队服刑，后转至四川省绵阳市劳动改造管教支队服刑。其服刑期自1985年12月13日至2001年12月12日止。

（三）减刑意见

四川省绵阳市劳动改造管教支队1993年11月27日以川新教(1993)管字第01号《提请减刑意见书》提出：罪犯赵勋自1991年以来，无论在青龙劳改支队，还是在绵阳市劳改支队改造中，都一直表现较好。在青龙劳改支队服刑期间认罪服法，严守监纪，安心改造，完成劳动生产任务较好，于1991年、1993年连续两次受到记功奖励。特别是1993年调绵阳市劳改支队四大队四中队改造，任犯人大组组长和中队犯人积极分子委员会副主任工作以来，改造表现更为突出，工作积极努力，认真负责，大胆检举揭发犯人中的违法犯罪活动，积极靠拢人民政府，维护劳动场所的正常改造秩序。1993年8月7日晚10时30分，其他罪犯都在看电影，罪犯赵勋却在认真值班，他叫小伙房炊事犯唐志全同他一起巡查监房。该二犯巡至犯人伙房时，赵犯发现厨房门被撬，二犯推门检查时，发现罪犯程权、陈玉川(已起诉)正在用铁钩撬窗，企图脱逃。赵、唐二犯一齐上前将逃犯程权、陈玉川抓获。1993年8月27日晚10时许，罪犯赵勋在监舍内值班，发现罪犯赵雷、周述清、王朝密、杨华和劳教人员马勇军、杨军等人在劳教舍房赌博，立即向值班干部报告，当场缴获赌资478.90元，使监舍内这一违法犯罪活动及时得到制止。四川省绵阳市劳动改造管教支队认为，罪犯赵勋虽曾受到加刑处罚，但在政府工作人员的教育下转变很大，近5年中能认罪服法，接受改造，大胆揭发检举监内违法犯罪活动，维护正常改造秩序，及时制止两犯脱逃、一起聚众赌博，确有立功表现。根据《中华人民共和国刑事诉讼法》第一百六十二条第二款之规定，建议对罪犯赵勋予以减刑两年，特报送四川省绵阳市中级人民法院审核裁定。

（四）判案理由

四川省绵阳市中级人民法院根据四川省绵阳市劳动改造管教支队报送的关于提请对罪犯赵勋减刑的意见书，依法组成合议庭，对罪犯赵勋在服刑期间的表现进行了审理，经审理认为：

罪犯赵勋在服刑期间，能认罪服法，严守监纪，积极靠拢政府，安心改造，于1991年、1993年先后两次受到记功奖励，并被选为犯人大组组长和中队犯人积极分子委员会副主任。1993年8月7日，罪犯赵勋与同监犯人唐志全一起，制止了四中队两名罪犯脱逃。该犯积极改造，认真负责完成各项任务，尤其能大胆揭发检举犯人中的违法犯罪活动，引起一些犯人的不满，1994年1月21日被两名犯人用木凳将其头部打伤，流血不止，当场昏迷。罪犯赵勋在服刑犯人中改造特别突出，确有悔改和立功表现。

（五）定案结论

四川省绵阳市中级人民法院根据《中华人民共和国刑法》第七十一条作出如下裁定：

对罪犯赵勋减刑三年，减刑后刑期自1985年12月13日至1998年12月12日止。

（六）解说

我国《监狱法》第三条规定："监狱对罪犯实行惩罚与改造相结合，教育与劳动相结合的原则，将罪犯改造成为守法公民。"对罪犯的惩罚是改造罪犯的手段，离开了改造无益于刑罚目的的实现。减刑作为我国刑法规定的刑罚执行制度，规定对于判处管制、拘役、有期徒刑、无期徒刑的犯罪分子，在执行期间，如果确有悔改或立功表现，可以将其原判刑罚适当减轻。减刑制度可以使罪犯看到出路和前途，主动地接受改造，以达到把犯罪人改造为新人的目的。

1991年10月8日最高人民法院《关于办理减刑、假释案件具体应用法律若干问题的规定》第四条规定："被判处十年以上有期徒刑的罪犯，如果悔改表现突出或者有立功表现的，一次最长可以减二年有期徒刑；如果悔改表现突出并有立功表现的，一次最长可以减三年有期徒刑。"该文件又规定："同时具备四个方面情形的，应当认为是确有悔改表现，即认罪服法；一贯遵守罪犯改造行为规定；积极参加政治、文化、技术学习；积极参加劳动、爱护公物，完成劳动任务。""有下列情形之一的，应当认为确有立功表现，即揭发、检举监内外犯罪分子的犯罪活动，经查证属实的；制止他犯逃跑、行凶、破坏等犯罪活动的；在生产、科研中有重大发明创造、技术革新的；在日常生产、生活中舍己救人的；在抢险救灾中有突出表现的；有其他有利于国家和人民利益的突出事迹的。对被劳改单位评为省级劳改积极分子的罪犯，可视为有立功表现。"本案中，服刑犯赵勋尽管曾抗拒改造，脱逃犯罪，但逐渐认罪服法，认真改造，积极靠拢人民政府。在服刑期间，赵勋严守监纪，工作努力负责，并且不顾报复，大胆检举揭发监所犯人的违法犯罪行为，维护正常改造秩序。赵勋两次受到记功奖励，并被选为犯人大组长和中队犯人积极分子委员会副主任，成为犯人中改造最为突出者之一。以上情况可视为"悔改表现突出并有立功表现"，因而人民法院对其减刑三年的裁定是适当的。

（安志民）

46. 周立兵被假释案

（一）首部

1. 裁定书字号：四川省绵阳市中级人民法院（1994）绵法执字第 93 号。

2. 原审判决书字号：四川省安县人民法院（1992）安刑初字第 93 号。

3. 刑罚执行机关：四川省绵阳市安县公安局看守所。

4. 罪犯：周立兵，男，29 岁，汉族，四川省安县人。1992 年 8 月 20 日被判处有期徒刑五年。

5. 审判机关和审判组织

裁定法院：四川省绵阳市中级人民法院。

合议庭组成人员：审判长：刘明凡；审判员：王学金、李明林。

6. 审结时间：1994 年 9 月 13 日。

（二）刑罚执行情况

1. 原审判刑情况

四川省安县人民检察院以被告人周立兵犯故意杀人罪向人民法院提起公诉。

四川省安县人民法院经公开审理查明：

1990 年 9 月，被告人周立兵之父周义全，在与本组村民周义才因小事发生纠纷中，被周义才之子周立伟致伤，经村、乡多次调解，双方均不服，后来又向安县花街人民法庭提起民事诉讼，法庭因故延期审理。被告人周立兵便于 1992 年 3 月 4 日下午 5 时许，窜入周义才家，搬走其黑白电视机 1 台，木箱 1 口，自行车 1 辆等物，并砸烂周义才家的门窗、家具。3 月 5 日上午，花街镇派出所和人民法庭同兴仁乡政府出面，将被告人周立兵搬走的东西退还给了周义才。下午 1 时许，双方亲友又因此事发生口角，互相谩骂，被告人周立兵从家中拿了一把锄头，去追周义才女婿等人未遂，便准备去周义才家，行至途中，被周义才的母亲杨正秀（70 岁，系被告人二祖母）拉住说："要打你就把我打死。"被告人周立兵因患有癫痫性人格改变病症，在激怒之下，即举起锄头向杨头部连击两下，杨当场倒地，在送往医院途中死亡。经尸验，结论为：死者系头部颅骨骨折，严重颅脑损伤而死亡。

以上事实，有尸检报告、刑事拍照、现场勘验笔录、提取的作案工具、证人证言以及被告人的供述等材料佐证，事实清楚，证据充分。

四川省安县人民法院认为，被告人周立兵故意非法剥夺他人生命的行为，已构成故意杀人罪。但被告人患有癫痫性人格改变病症，激怒下自控能力降低，所以依照《中华人民共和国刑法》第五十九条第二款从轻减轻处罚。

四川省安县人民法院根据《中华人民共和国刑法》第一百三十二条、第五十九条第二款，作出如下判决：

(1)周立兵犯故意杀人罪，判处有期徒刑五年。

(2)对随案移送的周立兵杀人凶器锄头一把予以没收。

宣判后，周立兵未提起上诉，判决发生法律效力。

2. 刑罚执行情况

罪犯周立兵因故意杀人罪，被判处有期徒刑五年，刑期自1992年3月5日至1997年3月4日止。在他实际服刑2年6个月零8天，超过原判刑期的二分之一时，四川省安县公安局提出对他假释的意见。

(三)假释意见

刑罚执行机关四川省安县公安局安公审(1994)执字第01号假释意见书称：罪犯周立兵，因故意杀人一案，于1992年8月20日经安县人民法院判处有期徒刑五年，羁押安县看守所服刑改造。该犯在服刑期间，遵守监规制度，组织新入监所的犯人学习所规制度，阅读报纸，认清形势，能认罪服法，有悔改表现。1993年10月检举了监舍内以李文兵为首的牢头狱霸、以陈兵为首的用扑克牌赌博等违反法纪的现象。劳动积极，能按时完成分给的扯棕片等生产任务。在服刑改造期间有立功表现。根据《中华人民共和国刑法》第七十三条之规定，特提请人民法院审查裁定，对周立兵予以假释。

(四)判案理由

四川省绵阳市中级人民法院经审理查明：

1. 罪犯周立兵，于1992年8月20日由四川省安县人民法院以故意杀人罪，判处有期徒刑五年。1992年9月15日经执行机关安县公安局看守所送广元荣山煤矿劳改场所时，在检查身体中，荣山煤矿根据罪犯周立兵患有间歇性精神病、癫痫病等症状的情况，依照司法部(1988)司劳改字第1881号文件规定，将罪犯周立兵退回安县公安局看守所。于1992年10月至1993年1月，将罪犯周立兵送入绵阳市精神病医院安县分院治疗。治疗好转后，又于1993年2月再次将周立兵转送广元荣山煤矿，仍被荣山煤矿入监处以罪犯周立兵患间歇性精神病、癫痫病未痊愈而拒绝收押。安县公安局看守所根据罪犯周立兵的病情，依照《中华人民共和国看守条例》第十一条第一、二款规定，于1992年10月29日对罪犯周立兵办理了保外就医手续。但罪犯之父周义全以该犯患精神病，犯杀人罪不应承担刑事责任为由，拒绝为该犯担保。虽经安县公安局、安县人民检察院等领导与有关部门多次做工作，均未解决，拖延至今。

2. 罪犯周立兵在安县公安局看守所关押期间，其间歇性精神病、癫痫病多次发作。当其病发时，有打坏监所门窗、电灯、自来水管道、损坏同监舍人犯衣被、生活用品等行为，严重影响了监所的管理秩序。但该犯在神志清醒状态时，能自觉遵守监规，熟背条文，讲清含义，2年多没有发生违犯监规的情况，并能监督其他人遵守监规。1993年10月，发现同监的17号监房以李文兵为首的牢头狱霸殴打新入监的人犯和未决犯陈兵等用扑克牌赌博等违纪违法行为后，罪犯周立兵主动向看守所所部检举报告。

3. 罪犯周立兵高中文化程度，在押服刑期间，能组织新入监舍的人犯识字学习，教读监规和文明个人、文明监舍的条款，以及有关法律条文。经看守所组织抽查考核，与周立兵同监舍的人犯都能熟背监规。不少人犯评价其表现好并感谢周立兵教会识字、写信。罪犯周立兵积极参加监所安排的手工劳动，认罪服判。

上述事实有下列证据证明：

(1)1994 年 4 月 16 日，四川省安县看守所对罪犯周立兵提请减刑意见书；

(2)1994 年 4 月 22 日，四川省安县公安局安公审(1994)第 01 号对罪犯周立兵的假释意见书；

(3)1994 年 4 月 7 日，安县看守所干警“关于周立兵减刑的座谈会记录”；

(4)1994 年 9 日，安县看守所管教干部对周立兵认罪服法积极改造的证明材料；

(5)1994 年 4 月 8 日罪犯周立兵同监舍人犯肖友成、赖华全、黄明光等证明周立兵服刑表现好的证明材料。

四川省绵阳市中级人民法院认为：

罪犯周立兵在服刑期间，能认罪服法，遵守监规狱纪，认真学习法律、政策，反省罪过，并积极组织新入看守所人员学习规章制度，积极协助管教干部搞好防范工作。该犯于 1992 年 10 月检举监舍内犯李文兵为首的牢头狱霸行为和陈兵为首的赌博行为，为维护看守所内的秩序积极表现。该犯身患有病，还能积极参加劳动改造，按时完成干部安排的生产任务。服刑已满原刑期的二分之一以上，且具特殊情节，在服刑期间确有悔改表现，予以假释，不致再危害社会。

(五)定案结论

四川省绵阳市中级人民法院根据《中华人民共和国刑法》第七十三条，作出如下裁定：

对罪犯周立兵予以假释。

(六)解说

《中华人民共和国刑法》第七十三条规定：“被判处有期徒刑的犯罪分子，执行原判刑期二分之一以上，……如果确有悔改表现，不致再危害社会，可以假释。如果有特殊情节，可以不受上述执行刑期的限制。”

从本案情况看：其一，罪犯周立兵因故意杀人，被四川省安县人民法院以故意杀人罪判处有期徒刑五年(刑期从 1992 年 3 月 5 日至 1997 年 3 月 4 日)，到 1994 年 9 月 13 日，已服刑 2 年 6 个月零 8 天，已超过《中华人民共和国刑法》第七十三条关于“执行原判刑期二分之一以上”的规定。

其二，罪犯周立兵在服刑期间，能认罪服法，遵守监规狱纪，并能检举监舍其他人犯的违法违纪行为，特别是在服刑中从未表现出不服判决，总是主动反省自己所犯的杀人罪行，符合《中华人民共和国刑法》第七十三条中关于“确有悔改表现，不致再危害社会，可以假释”的规定。

其三，罪犯周立兵因患有间歇性精神病、癫痫病，虽经送绵阳市精神病医院安县分院治疗有所好转，但两次送广元荣山煤矿劳改场所，均因其精神病未痊愈被入监处拒收而退回安县看守所；办理保外就医亦被其父周义全拒绝担保而未能解决等特殊情况，即使他服刑期未到原判刑期的二分之一以上，按照《中华人民共和国刑法》第七十三条关于“如果有特殊情节，可以不受上述执行刑期的限制”的规定也可予以假释。

为此，四川省绵阳市中级人民法院依照《中华人民共和国刑法》第七十三条规定，裁定对罪犯周立兵予以假释是正确的。

(安志民)

47. 王祖国侵占财产案
（法律类推）

（一）首部

1. 判决书字号

一审判决书：新疆维吾尔自治区乌鲁木齐市新市区人民法院(1994)新刑初字第8号。

复核审判决书：中华人民共和国最高人民法院(1994)刑类推字第5号。

2. 案由：王祖国盗窃案。

3. 诉讼双方

公诉机关：新疆维吾尔自治区乌鲁木齐市新市区人民检察院，检察员杜岩霞。

被告人：王祖国，男，24岁，汉族，湖北省监利县人，原系民航乌鲁木齐管理局生活服务公司蓝天酒家临时工。1993年10月18日因本案被逮捕，1994年1月26日被取保候审。

辩护人：陈敢，新疆维吾尔自治区经济律师事务所律师。

王恕维，新疆维吾尔自治区经济律师事务所律师。

4. 审级：一审、复核审。

5. 审判机关和审判组织

一审法院：新疆维吾尔自治区乌鲁木齐市新市区人民法院。

合议庭组成人员：审判长：李刚；代理审判员：刘景周、帕尔哈提。

审查法院：

(1)新疆维吾尔自治区乌鲁木齐市中级人民法院。

合议庭组成人员：审判长：鲍淑兰；审判员：肖虎、罗利君。

(2)新疆维吾尔自治区高级人民法院。

合议庭组成人员：审判长：古建新；审判员：陈国良、乌日那。

复核审法院：中华人民共和国最高人民法院。

6. 审结时间

一审审结时间：1994年1月24日。

新疆维吾尔自治区高级人民法院审查时间：1994年6月30日。

复核审审结时间：1994年12月27日。

（二）一审诉辩主张

1. 新疆维吾尔自治区乌鲁木齐市新市区人民检察院指控称

1993年10月1日下午6时许，被告人王祖国将张×遗忘在民航乌鲁木齐管理局蓝天酒家的鹿皮包锁在自己的木柜，当物主和公安人员寻找向王祖国查问时，其否认见过此包，后公安人员从其木柜中将包搜出，包内物品总价值为12000余元，其行为已构成盗窃罪。

2. 被告人的答辩及其辩护人的辩护意见

被告人王祖国对检察机关指控其的犯罪事实不持异议。

辩护人陈敢、王恕维认为，被告人王祖国所实施的行为已构成盗窃罪，但其社会危害性较小，且系偶犯，又未给物主造成实际损失，应减轻处罚。

（三）一审事实和证据

新疆维吾尔自治区乌鲁木齐市新市区人民法院经公开审理查明：

1993 年 10 月 1 日下午 6 时许，北京空军司令部翻译队张×等一行 16 人到民航乌鲁木齐管理局生活服务公司蓝天酒家就餐。饭后离去时，翻译张×将随身携带的棕色鹿皮包遗忘在餐桌下。在前厅值班的被告人王祖国见餐厅无人，便将鹿皮包提进服务台，后将皮包锁进自己保管烟酒的木柜里。当物主张×返回取包时，被告人王祖国否认见过此包，于是张×到民航公安局报案。公安局刑警到蓝天酒家询问王祖国时，其仍否认见过此包。后公安侦查人员从王祖国保管烟酒的柜内搜出鹿皮包。包内装有美元 1070 元，人民币 144.80 元，照相机一架值 3200 元及计算器、钢笔、真皮夹等物，价值共计人民币 12483.30 元，破案后，赃款赃物全部发还失主。

上述事实有下列证据证明：

1. 失主张×的报案材料；

2. 公安机关的搜查记录，公安人员搜出的物品与失主报案一致；

3. 证人吴利容的证言；

4. 被告人王祖国对犯罪事实供认不讳。

（四）一审判案理由

新疆维吾尔自治区乌鲁木齐市新市区人民法院根据上述事实及证据认为，被告人王祖国藏匿他人遗忘物品，虽经物主前往寻找、公安人员多次查询，仍拒不归还物主，其行为不是采用秘密手段窃取他人财物，不构成盗窃罪，但被告人王祖国以非法占有为目的，侵占财物数额巨大，其行为具有社会危害性，已构成犯罪，应予惩处。考虑到其归案后认罪态度较好，没有给失主造成实际损失，又系偶犯，对辩护人的部分辩护意见予以采纳，对被告人王祖国可以减轻处罚。

（五）一审定案结论

新疆维吾尔自治区乌鲁木齐市新市区人民法院根据《中华人民共和国刑法》第七十九条、第五十九条第二款、第六十七条第一款、第六十八条第二、三款，比照《中华人民共和国刑法》第一百五十二条的规定，作出如下判决：

王祖国犯侵占他人遗忘财产罪，判处有期徒刑二年，缓刑二年。一审宣判后，王祖国未上诉，检察机关也没有抗诉。法定期限过后，依法由一审法院逐级报请审查、复核。

（六）复核审情况

该案经新疆维吾尔自治区乌鲁木齐市中级人民法院和新疆维吾尔自治区高级人民法院按照类推程序审查同意后，依法报请最高人民法院核准。

最高人民法院复核后认为，被告人王祖国以非法占有为目的，侵占他人遗忘的财物，数额巨大，其行为具有社会危害性，已构成犯罪，应予惩处。一审法院认定的犯罪事实清楚，证据确实、充分，对被告人王祖国的行为依法适用类推正确，量刑适当，但定罪不准。据此，于 1994 年 12 月 27 日，依照《中华人民共和国刑法》第七十九条、第五十九条、第六十七条，比照《中华人民共和国刑法》第一百五十三条的规定判决：撤销新疆维吾尔自治区乌鲁木齐新市区人民法院（1994）新刑初字第 8 号刑事判决中对王祖国的定罪部分，判定王祖国犯侵占财产罪，判处有期徒刑二年，缓刑二年。

(七)解说

1. 关于侵占财产罪的罪名,该案与最高人民法院1987年6月17日核准的鲁和平、朱永胜侵占他人遗忘财物类推案性质完全相同,但类推罪名却不相同,从前后罪名的变化可以看出我国最高司法机关对此种侵占财产类型犯罪的罪名正趋向于统一,换句话说,侵占财产罪的犯罪对象可以是他人交与行为人持有保管之物、遗失物、遗忘物、漂流物、埋藏物、沉没物等,对于侵犯上述对象的犯罪统一定为侵占财产罪,而不再详细区分,分别定罪。鉴于此类犯罪行为在社会生活中屡有发生,且有一定的社会危害性,笔者认为对刑法进行修改,增设侵占财产罪是非常必要的。这样一方面可以有效惩处此类犯罪的犯罪分子,另一方面可以简化诉讼程序,使案件得以迅速及时地审结。

2. 关于侵占财产罪的犯罪构成,笔者认为,目前类推,或将来立法上增设侵占财产罪,应是指恶意占有他人财物,数额较大、情节严重的行为。本罪的主要特征有:

(1)恶意占有他人财物。恶意占有是非法占有的一种,是指行为人知道或应当知道占有的财产是非法的,但为了某种私利,仍然占有他人财产,主要表现为知道物主而不通知物主来领取,或将不知物主的遗失物不送交公安机关或有关单位,或埋藏物、沉没物所有人不明应归国家所有而拒不交出,或物主返回寻找,谎称不知而拒不交出等等。

(2)侵占财产是否达到数额较大、情节严重,是区分罪与非罪的重要界限,只有数额较大、情节严重的才能构成犯罪。关于"数额较大"的标准,笔者认为,侵占财产罪的行为人一般事先无犯罪意图,只是见财起意,大多数系偶犯,无论是社会危害性还是主观恶性均比盗窃罪小,因此,确定侵占财产罪"数额较大"的标准,应高于盗窃罪"数额较大"的标准。

情节严重,应指行为人占有财物后,拒不交出。经财物所有人或合法持有人(包括个人、单位、国家等)提出返还财物的要求后,仍然拒不返还或佯作不知的,才构成此罪。

(袁　勤)

第二篇　刑法分则案例

一、危害国家安全罪案例

48. 孙忠景等间谍案

(一)首部

1. 判决书字号

一审判决书:福建省福州市中级人民法院(1993)榕刑初字第124号。

再审判决书:福建省高级人民法院(1994)闽刑终字第30号。

2. 案由:孙忠景等特务案。

3. 诉讼双方

公诉机关:福建省福州市人民检察院,检察员陈辉。

被告人:孙忠景,男,27岁,汉族,福建省连江县人,职业养殖。1992年10月23日因本案被逮捕。

一审辩护人:李卓,福建省经济律师事务所律师。

被告人:林跃杉,男,26岁,汉族,福建省同安县人,无职业。1992年10月23日因本案被逮捕。

一审辩护人:徐海风,福建省福州市律师事务所律师。

被告人:高元德,男,43岁,汉族,福建省连江县人,渔民。于1992年10月23日因本案被逮捕。

被告人高元德未委托辩护人,自己行使辩护权。

4. 审级:再审。

5. 审判机关和审判组织

一审法院:福建省福州市中级人民法院。

合议庭组成人员:审判长:盖宣闽;审判员:吴金珠;代理审判员:陈健民。

再审法院:福建省高级人民法院。

合议庭组成人员:审判长:吴传禄;审判员:范晓云;代理审判员:徐云。

6. 审结时间

一审审结时间:1993 年 12 月 28 日。

再审审结时间:1994 年 11 月 23 日。

(二)一审情况

1. 一审诉辩主张

福建省福州市人民检察院起诉指控称

被告人孙忠景曾在 1990 年 1 月因贩卖情报被连江县公安局收容审查,仍不改悔,于 1990 年 10 月至 1992 年 1 月间又先后向敌特机关贩卖情报 7 次,得人民币 4000 余元,麻将一副。被告人林跃杉在服役期间(1987 年 11 月至 1991 年 11 月 29 日)和退役后,先后 9 次搜集和窃取军队大量书籍、文件等内部资料,提供给被告人孙忠景等人卖给敌特机关,从中非法分得人民币 1800 元。被告高元德明知被告人孙忠景贩卖情报,先后 7 次驾船伙同被告人孙忠景出海,从中非法得款人民币 1460 元及麻将一副。上述犯罪,有证人证言、刑事科学技术鉴定书、现场勘查笔录及缴获的赃物与物证等证实,被告人均供述在案。被告人孙忠景、林跃杉、高元德的行为均已触犯《中华人民共和国刑法》第九十七条之规定,构成特务罪。请求分别予以惩处。

被告人孙忠景辩称:(1)只有出海 6 次,1991 年 11 月份没有出海;(2)最后一次所拿到的资料没那么多。其辩护人提出:(1)被告人孙忠景贩卖文件、资料的行为,主观上没有以反革命为目的,不具备构成反革命罪的主观要件,因此不构成特务罪,宜以泄露国家重要机密罪定性;(2)被告人孙忠景在归案后能如实坦白自己的犯罪事实,认罪态度好,其亲属在案发后积极配合交出文件资料,避免了可能发生的后果,有从轻处罚的情节等。

被告人林跃杉辩称:1991 年 11 月间没有去偷资料。其辩护人提出:(1)被告人林跃杉的行为依法属于情节较轻的特务罪的行为;(2)被告人林跃杉的犯罪属于初犯,其动机是为了贪图钱财;(3)被告人林跃杉归案后认罪态度较好,有一定的悔改表现;(4)起诉书指控的 1991 年 11 月间这次的证据不足,不宜认定等。

被告人高元德辩称:(1)与被告人孙忠景一起出海并不知道是去贩卖情报,只以为是送他出海;(2)1991 年 11 月间没有出海,分得麻将一副是 9 月份那次。

2. 一审事实和证据

福建省福州市中级人民法院因本案涉及国家秘密,依法不公开审理,经审理查明:

1990 年 10 月间,被告人孙忠景到连江县王官头镇上坪村,要林家和(免诉)帮其搜集情报,林家和即找到正在部队服役的被告人林跃杉。数日后,被告人林跃杉从 32788 部队搜集到《后勤学术》(资料)2 本、解放军报等,送到林家和家,由林家和转交被告人孙忠景。后因被告人孙忠景嫌资料太旧而未能成交,并通过林家和转告被告人林跃杉要搜集新的资料。

1990 年 11 月间的一天深夜,被告人林跃杉从通气窗爬入 32788 部队后勤部战勤科仓库,窃走《南京后勤》、《后勤学术》(内部资料)等 7 本杂志。次日,被告人林跃杉把这些资料送到林家和家,并通过林家和介绍与被告人孙忠景认识。这次被告人孙忠景取走其中的《南京后勤》、《后勤学术》3 本杂志。数日后,被告人孙忠景告知被告人高元德准备出海贩卖情报。后被告人孙忠景伙同被告人高元德驾船到马祖海面,将资料贩卖给台湾特务,得款美金 150 元,兑换得人民币 850 余元。被告人高元德从中得人民币 230 元。

1991 年 4 月中旬的一天深夜,被告人林跃杉又以同样方式潜入战勤科仓库,窃走印有

“秘密”字样的白色封面书三本，次日拿到林家和家交给被告人孙忠景，被告人林跃杉得人民币300元。而后，被告人孙忠景又伙同被告人高元德一同出海，将书籍贩卖台湾特务，得款美金150元，兑得人民币850元。被告人高元德从中分得人民币240元。

1991年4月下旬的一天深夜，被告人林跃杉又爬窗潜入战勤科仓库，窃走部队资料3本、《南京后勤》杂志2本等。次日拿到林家和家交给被告人孙忠景，被告人林跃杉得人民币350元。尔后，被告人孙忠景又伙同被告人高元德一起出海，把资料贩卖给台湾特务，得款美金150元，兑换得人民币850元，被告人高元德从中分得人民币240元。

1991年9月的一天深夜，被告人林跃杉又潜入战勤科仓库，盗走《当代中国军队军事工作》(公开发行)一本，后又潜入营房科仓库窃走《地契档案》(机密)、《营房建筑》(内部资料)各2本。之后，被告人林跃杉写信叫被告人孙忠景从江苏赶回，并将窃来的资料拿到林家和家交给被告人孙忠景，被告人林跃杉得款人民币150元。尔后，被告人孙忠景又伙同被告人高元德出海把资料贩卖给台湾特务，得款美金200元，麻将二副。美金兑换得人民币1140元。被告人高元德从中分得人民币100元、麻将一副。

1991年12月下旬，被告人林跃杉退伍后又回到王官头镇，于一天深夜再次爬窗潜入部队营房科仓库，盗走《地契档案》(机密)4本，并于次日将资料拿到上坪村“104”国道线交界的路口交给被告人孙忠景，得款人民币250元。之后，被告人孙忠景又与被告人高元德一起出海，将资料贩卖给台湾特务，得款美金250元，兑换得人民币1425元。被告人高元德得人民币300元。

1992年1月间的一天深夜，被告人林跃杉再次潜入部队营房科仓库盗走《地契档案》6本，次日又拿到上坪村“104”国道线交界的路口交给被告人孙忠景，得款人民币250元。尔后，被告人孙忠景再次伙同被告人高元德出海，把资料贩卖给台湾特务，得款美金200元，兑换得人民币1140元。被告人高元德分得人民币120元。

1992年月3月20日凌晨，被告人林跃杉再次潜入部队战勤科仓库，盗走《打击小股武装袭扰作战》等绝密作战文件3份、《旅前方指挥所编成及行动》等机密作战文件8份、《守备第十一旅连江地区打击小股武装袭扰后勤保障图》等作战后勤保障图2幅、《合成军队军师战斗条令》等秘密军事资料8本，并于3月20日、21日分两次交给被告人孙忠景，共得款人民币300元。案发后，被告人孙忠景的父亲孙道钗主动将孙忠景藏在柴堆里的文件资料交给了失窃单位。

上诉事实有下列证据证明：

(1)失窃单位的失窃文件资料内容、数量密级的证明材料；

(2)证人赵汝祥证明，3月20日凌晨4点多，见林跃杉才回来，早上8点多，看到林跃杉拿着一包红色的塑料袋到柴火堆拿出些书装在塑料袋里，又看到他从中拿出一捆很长很大纸折起来的东西，也装在塑料袋里；

(3)证人孙道钗(被告人孙忠景之父)证明：在自家柴草房的柴缝中找到一包白色塑料包装的东西，内有部队文件资料，后将文件资料上交政府；

(4)现场勘查笔录、图纸；

(5)福州市公安局刑事科学技术鉴定书证实：现场指纹为林跃杉左手食指所留；

(6)三被告人的供述。

3. 一审判案理由

福州市中级人民法院认为：被告人孙忠景、林跃杉、高元德明知军队书籍、文件等是内部材料，却向敌特机关提供，其行为触犯《中华人民共和国刑法》第九十七条，构成特务罪。

4．一审定案结论

福建省福州市中级人民法院根据《中华人民共和国刑法》第九十七条、第五十二条，作出如下判决：

(1)孙忠景犯特务罪，判处有期徒刑五年，剥夺政治权利二年。

(2)林跃杉犯特务罪，判处有期徒刑五年，剥夺政治权利二年。

(3)高元德犯特务罪，判处有期徒刑三年，剥夺政治权利一年。

(三)再审诉辩主张

福州市中级人民法院一审判决生效后，福建省人民检察院认为原判定性不准，量刑不当，根据《中华人民共和国刑事诉讼法》第一百四十九条第三款，向福建省高级人民法院提出抗诉。

福建省人民检察院认为，根据《中华人民共和国安全法》第四条第(三)项和《中华人民共和国刑法》第九十七条第(一)项之规定，对三被告人应定间谍罪；原判定性不准，被告人林跃杉7次盗取各类军事资料共41份，其中秘密资料11份，机密资料10份，绝密文件3份。被告人孙忠景、高元德先后6次驾船出海，将部分军事资料提供给台湾敌特机关，该案系窃取、贩卖情报数量多、密级度高、社会危害性大，情节特别严重，应适用《中华人民共和国刑法》第九十七条前段之规定，处十年以上有期徒刑或者无期徒刑，原判量刑畸轻。

(四)再审事实和证据

福建省高级人民法院经审理查明：

被告人孙忠景主动为台湾间谍机关搜集和提供我军事情报，先后6次向台湾间谍机关提供情报共251份，其中机密文件12分，秘密文件5份，从中非法得款人民币3000元，麻将一副。因案发未送出绝密文件3份、机密文件8份、秘密文件8份、地图2幅。被告人林跃杉明知被告人孙忠景向台湾间谍机关提供情报，还积极为其搜集和窃取军事资料，先后7次爬窗入室窃取军事资料46份，其中绝密文件3份、地图12幅、机密文件20份、秘密文件13份，提供给被告人孙忠景，从中非法得款人民币1600元。被告人高元德明知被告人孙忠景向台湾间谍机关提供情报，先后6次驾船伙同被告人孙忠景出海送情报，从中非法得款人民币1200余元，麻将一副。

证明上述事实的证据同一审法院认定的证据相同。

(五)再审判案理由

福建省高级人民法院认为：一审判决认定被告人孙忠景、林跃杉、高元德犯罪事实清楚，其行为直接侵害国家安全，已构成间谍罪。被告人孙忠景、林跃杉相互勾结，窃取和提供军事情报时间长、次数多、密级度高、现实危害性大，其犯罪行为非属情节较轻。原判定性量刑不当。福建省人民检察院抗诉有理，应予采纳。

(六)再审定案结论

福建省高级人民法院根据《中华人民共和国刑法》第九十七条、第五十二条，作出如下判决：

1．撤销福州市中级人民法院(1993)榕刑初字第124号刑事判决。

2．孙忠景犯间谍罪，判处有期徒刑十二年，剥夺政治权利三年。

3. 林跃杉犯间谍罪,判处有期徒刑十二年,剥夺政治权利三年。

4. 高元德犯间谍罪,判处有期徒刑五年,剥夺政治权利一年。

(七)解说

本案一审判决宣告后,孙忠景、林跃杉、高元德均未上诉。判决生效后,福建省人民检察院以原判定性不准、量刑不当为由提出抗诉。福建省高级人民法院依照《中华人民共和国刑事诉讼法》第一百四十九条之规定,进行再审。

经再审查明,一审判决所认定的事实是清楚的,证据也是充分、确实的。本案的分歧焦点在如何定性和犯罪情节轻重与否的问题上。《刑法》第九十七条规定:"进行下列间谍或者资敌行为之一的,处十年以上有期徒刑或无期徒刑;情节较轻的,处三年以上十年以下有期徒刑:……"并没有明确规定"特务罪"和"间谍罪"的界限。在以往的司法实践中,习惯将台湾方面的国民党谍报机关的人员称为"特务",而将国外间谍机关人员称为"间谍"。实际上,"特务罪"和"间谍罪"的基本含义、本质是一致的。间谍、特务活动,都是以隐蔽的方式进行危害我国人民民主专政政权的活动,具有很大的危害性。同时,从世界大多数国家的立法情况看,一般都是规定一个间谍罪的罪名。据此,1993 年 2 月 22 日全国人大颁布并实施的《国家安全法》,对《刑法》第九十七条作了必要的修改,取消了"特务罪",对习惯上称为特务罪的行为统称为"间谍罪"。本案根据《国家安全法》规定的精神,对原审认定的特务罪改判为间谍罪。

我国《刑法》第九十七条规定,犯间谍罪或资敌罪,处十年以上有期徒刑或者无期徒刑;情节较轻的,处三年以上十年以下有期徒刑。而孙忠景、林跃杉相互勾结,窃取和提供我军事情报时间长、次数多,现实危害性大,其犯罪行为非属情节较轻,应在十年以上处罚,故原判量刑失当。

(陈庆才　沙　晶)

49. 郭耀唐被控反革命宣传煽动宣告无罪案

(一)首部

1. 判决书字号

一审判决书:河南省三门峡市中级人民法院(1993)三刑初字第 56 号。

二审判决书:河南省高级人民法院(1994)豫法刑二抗字第 8 号。

2. 案由:郭耀唐反革命宣传煽动案。

3. 诉讼双方

公诉机关(抗诉机关):河南省三门峡市人民检察院,检察员高兴国、代理检察员焦莉。

被告人:郭耀唐,男,58 岁,汉族,河南省卢氏县人,教师。1993 年 7 月 20 日因本案被逮捕。

一审辩护人:张淑茶,河南省卢氏县律师事务所律师。

卫彦均,河南省卢氏县律师事务所律师。

4. 审级:二审。

5. 审判机关和审判组织

一审法院：河南省三门峡市中级人民法院。

合议庭组成人员：审判长：张旭；代理审判员：彭建国、蔺建华。

二审法院：河南省高级人民法院。

合议庭组成人员：审判长：孔志；审判员：杜成山；代理审判员：卜继忠。

6. 审结时间

一审审结时间：1993 年 12 月 31 日。

二审审结时间：1994 年 5 月 24 日（依法延长审限）。

（二）一审情况

1. 一审诉辩主张

（1）河南省三门峡市人民检察院指控称

被告人郭耀唐于 1990 年 4 月 11 日在卢氏县横涧乡召集亲戚 20 余人，为其已被我人民政府在解放初期镇压的匪首、其二祖父郭焕亭公开树立刻有“日、月流芳百代”字样的墓碑，搞纪念活动。其行为构成反革命宣传煽动罪。请求人民法院依法判处。

（2）被告人的答辩及其辩护人的辩护意见

被告人郭耀唐及其辩护人认为，河南省三门峡市人民检察院起诉书上指控的事实清楚、证据确实、充分，郭耀唐的行为虽构成反革命宣传煽动罪，但是这种纪念活动具有隐蔽性，且限制在其亲戚范围内进行，比“公然煽动”的危害性要小，加之郭耀唐在教育工作中一贯表现较好，建议能对其从轻判处。

2. 一审事实和证据

河南省三门峡市中级人民法院经公开审理查明：

被告人郭耀唐于 1990 年 4 月为纪念 1950 年 5 月 2 日被我人民政府镇压的卢氏县四大匪首之一、其二祖父郭焕亭（又名郭明禧），事先找到以制碑为业的表兄郭双元要求制碑。郭双元在制碑时按习惯手法，在郭焕亭的碑上首部刻上“日、月”、“流芳百代”字样。同年 4 月 11 日，郭耀唐召集亲戚 20 余人，在郭焕亭的坟址举行立碑仪式，并设酒宴招待了参与立碑活动的人员。立碑后，当地群众议论纷纷，被告人郭耀唐自感不妙，即于同月 15 日用黑漆将“日、月”“流芳百代”字样涂抹掩盖。当地政府组织人员调查期间，被告人郭耀唐把给郭焕亭树立的纪念碑打碎。

上述事实有下列证据证明：

（1）有被告人郭耀唐为郭焕亭所立墓碑的原始拍照；

（2）有制碑人郭双元证明，是郭耀唐找他为郭焕亭制碑的；“日、月”、“流芳百代”字样是郭双元自己按习惯手法刻制的；郭耀唐来取碑时也未表示不同意；

（3）有提取被砸碎的墓碑在案，经当庭出示，被告人郭耀唐无异议；

（4）有参与树碑搞纪念活动的孙兰英、郭娟、郭来红、黄争理、刘俊伟、张峰等人证明在 1990 年 4 月 11 日郭耀唐为郭焕亭进行了立碑等纪念活动；

（5）郭焕亭在解放前系卢氏县匪首并于 1950 年 5 月 2 日被人民政府镇压，有当时的判决书在案；

（6）被告人郭耀唐对本案事实供认不讳。

3. 一审判案理由

河南省三门峡市中级人民法院认为，被告人郭耀唐为其反动祖父树立纪念碑、搞祭奠活动，事实存在，其行为是十分错误的，且在社会上产生了不良影响。墓碑上刻着的“日、月”、“流芳百代”字样被制碑人按习惯用语制成后，被告人郭耀唐是持放任态度的，但不能证明郭耀唐有反动的思想动机；立碑活动中，被告人郭耀唐没有反革命言论，即没有反革命宣传煽动的客观行为，故被告人郭耀唐的行为不构成反革命宣传煽动罪。

4. 一审定案结论

河南省三门峡市中级人民法院根据《中华人民共和国刑法》第十条，《中华人民共和国刑事诉讼法》第十一条第(一)项，作出如下判决：

宣告被告人郭耀唐无罪。

(三)二审诉辩主张

一审法院判决后，三门峡市人民检察院提起抗诉。主要抗诉理由是：1. 原判混淆了罪与非罪的界限，定性不准；2. 适用法律不当。

(四)二审事实和证据

河南省高级人民法院经审理查明的事实和认定的证据，与一审法院查明的事实和认定的证据相同。

(五)二审判案理由

河南省高级人民法院认为，郭耀唐为其匪首二祖父立碑纪念，是一种严重的错误行为，但其在立碑活动中，没有反革命宣传煽动行为，亦没有明确的反革命目的，故不构成反革命宣传煽动罪。三门峡市人民检察院提出的抗诉理由不能成立，不予支持。

(六)二审定案结论

河南省高级人民法院根据《中华人民共和国刑事诉讼法》第一百三十六条第(一)项作出如下裁定：

驳回抗诉，维持原判。

(七)解说

本案事实清楚，证据确实、充分，但关键问题是如何认识郭耀唐行为的性质，是反革命犯罪，还是祭祀祖先中的错误行为。祭祀祖先是中华民族的一种传统。共产党员、人民政府的官员和普通老百姓，都是中华民族的子孙。祭祀祖先，继承祖先的遗志，缅怀祖辈的业迹，激奋向上向前，是中华民族的优良传统，是合情、合理、合法的。郭耀唐的行为之不当之处，是祭奠了罪恶昭彰的败类祖辈。他的二祖父没有什么流芳百代能够激励子孙的业绩，当制碑人把流芳百代的桂冠刻在其二祖父的碑上时，郭并未提出异议，并正式立在其二祖父的墓地。这说明郭耀唐并未把其二祖父的罪恶当作反面教材，引以为戒。因此，他把被千人所指的罪人作为流芳百代的祖先来敬，理所当然的会遭到人民的反对。其行为已经造成不良的社会影响。郭耀唐本人也很快认识到了自己的错误，从用黑漆涂抹到彻底把碑砸碎，说明郭耀唐认识到了这一行为的不当之处。

定反革命罪要讲究规格。《刑法》第九十条明文规定，反革命罪是指“以推翻无产阶级专政的政权和社会主义制度为目的、危害中华人民共和国的行为”。第一百零二条第(二)项规定，“以反革命标语、传单或者其他方法宣传煽动推翻无产阶级专政的政权和社会主义制度的”才构成反革命宣传煽动罪。郭耀唐确实是为被人民政府镇压了的坏人树了碑。把人民的罪人当作流芳百代的祖先去敬，严格地来讲，郭自己把自己推到了人民的对立面上了，站在了为人民所唾弃的匪首方面去了。但综观全案，终归还是在祭祀、怀念的范围之内，没有宣传、煽动反抗无产阶级专政的政权和社会主义制度的行为，也没有散布对人民政府处置其二祖父的不满和仇恨，不具有反革命目的。所以一、二审人民法院认定郭的行为不构成反革命宣传煽动罪，宣告郭耀唐无罪是正确的，做到了严格区分两类不同性质的矛盾，正确分清罪与非罪的界限，取得了良好的社会效果。

（张贵堂）

二、危害公共安全罪案例

50. 董杨玲放火案

（一）首部

1. 裁判书字号

一审判决书：福建省福州市中级人民法院(1994)榕刑初字第015号。

二审裁定书：福建省高级人民法院(1994)闽刑终字第024号。

2. 案由：董杨玲放火案。

3. 诉讼双方

公诉机关：福建省福州市人民检察院。

被告人（上诉人）：董杨玲，又名董杨珍，女，20岁，汉族，福建省长乐县人，原系福州市马尾区高福纺织有限公司摇纱工。1993年12月25日因本案被逮捕。

一、二审辩护人：徐一凡，福建省福州市律师事务所律师。

二审辩护人：程贤挺，福建对外经济律师事务所律师。

4. 审级：二审。

5. 审判机关和审判组织

一审法院：福建省福州市中级人民法院。

合议庭组成人员：审判长：盖宣闽；审判员：吴金珠；代理审判员：陈健民。

二审法院：福建省高级人民法院。

合议庭组成人员：审判长：张一平；审判员：林英华；代理审判员：穆建功。

6. 审结时间

一审审结时间：1994年1月8日。

二审审结时间：1994年1月28日。

（二）一审诉辩主张

1. 福建省福州市人民检察院指控称

被告人董杨玲因偷窃福州市马尾区高福纺织有限公司的色纱，而被公司开除，被告人董杨玲对公司的处理不满，且怀恨在心，欲行报复。1993 年 12 月 13 日晨 3 点 40 分许，被告人董杨玲划着了一根火柴，引燃了堆放于公司四楼仓库西南角的晴纶纱团，酿成的大火烧毁了四楼仓库内所有货物和仓库北部用木板违章隔成的女工宿舍，毒气熏死、大火烧死在宿舍内外的 61 名员工，并致 15 名女工受伤，造成重大经济损失。被告人董杨玲的行为触犯了《中华人民共和国刑法》第一百零六条之规定，已构成放火罪，情节特别严重，要求依法严惩。

2. 被告人的答辩及其辩护人的辩护意见

被告人及其辩护人辩称：(1)本案所造成的后果，并非被告人董杨玲主观恶性程度的直接体现；(2)本案的证据并非十分确凿，事实亦并非十分清楚；(3)本案受害方高福公司，在其四层人物混杂，违章搭盖宿舍，严重违反消防规定，也是造成本案惨重后果的直接客观原因；(4)被告人董杨玲归案后认罪态度较好，能如实坦白交代。

(三)一审事实和证据

福建省福州市中级人民法院经公开审理查明：

被告人董杨玲在福州市马尾区高福纺织有限公司打工期间，因偷窃该公司的色纱，于 1993 年 12 月 6 日被开除后，仍留宿在公司的四楼 483 宿舍。在遭到该公司驱赶时，被告人董杨玲便怀恨在心，欲行报复。同年 12 月 12 日，被告人董杨玲再次到该公司四楼 483 宿舍住宿，至次日凌晨约 3 点 40 分，被告人董杨玲离开宿舍时拿了一盒火柴，走到公司四楼仓库的货梯边，乘四周无人之际，划着一根火柴，点燃了堆放在四楼仓库西南角的晴纶纱团(毛球)，结果酿成大火，烧毁了四楼仓库内所有的货物和仓库北部用木板违章隔成的女工宿舍，毒气熏死、大火烧死在宿舍内外的 61 名员工，并致 15 名女工受伤，造成重大经济损失。

上述事实有下列证据证明：

1. 被告人董杨玲的供述与现场勘查笔录、刑事技术鉴定书、侦查实验报告等相一致；

2. 证人林钦、郑小兰、王秀如、陈雪云、龚良军等人的证言与被告人董杨玲的交待相互印证；

3. 福州市公安机关的刑事技术鉴定书、现场勘查笔录、照片、法医伤情检验报告；

4. 高福纺织有限公司的有关证明材料。

(四)一审判案理由

福建省福州市中级人民法院认为：被告人董杨玲因偷窃被公司开除并驱赶，而产生不满情绪，为泄私愤，竟故意放火烧毁公司的财物，造成 61 名员工死亡，15 名女工受伤，经济损失巨大的严重后果，其行为已构成放火罪，情节特别严重。应予以严惩。

(五)一审定案结论

福建省福州市中级人民法院根据《中华人民共和国刑法》第一百零六条、第五十三条和全国人大常委会《关于迅速审判严重危害社会治安的犯罪分子的程序的决定》，作出如下判决：

董杨玲犯放火罪，判处死刑，剥夺政治权利终身。

(六)二审情况

1. 二审诉辩主张

一审法院判决后，被告人董杨玲不服，提出上诉。

董杨玲的上诉理由：因窃公司色纱被开除并未产生不满，只想等拿到上个月工资后再走；下楼时光线太暗，头脑昏沉，划了一根火柴扔过去，当时没有发现烟雾，怕发生火灾，还对警卫喊上面着火了；点火时间是3点40分，而火灾发生时间4点36分，相差近1个小时，警卫未尽职也是酿成火灾的原因之一；是公司违章人货混杂造成的严重后果，所以这场大火造成的重大损失和严重后果不能完全由一人承担。此外，能坦白认罪，希望得到宽大处理，请求给予一个改过自新的机会。

其辩护人徐一凡认为：本案的侦查试验报告有缺陷，未模拟当时现场的客观条件；起火点的认定是被告人供述在前，鉴定报告作出在后，怀疑报告的科学性和真实性；被告人扔火柴的地点无任何光源，被告人供述可看到烟的颜色极不真实，时隔1小时才有人见到明火向消防部门报告，没有证据证实当时已经着火；值班保安陈述3点40分左右在睡觉，没听见四层起火，未看见被告人走出大门，当时任何人都可以进出大门，别人也有这种作案条件；被开除、被处理的不仅董杨玲一人，其他人同样可能存在这种不满情绪。本案除被告人口供外，没有任何证据能直接证明被告犯有此罪。本案搜集的证据，不足以说明高福纺织有限公司所遭受的惨重火灾与董杨玲划火柴的行为有着必然的法律上的因果关系。恳请二审法院在没有证据或证据不够充分的情况下，不宜维持一审判决。

其辩护人程贤挺认为：上诉人董杨玲不能被确认为本案的纵火者，女工何××大约在4点到车间顶班时，未见到着火形迹，也没有闻到冒烟气味，原判认定董杨玲在3点40分纵火，疑点重大，确认上诉人3月35分左右离开宿舍有郑××、张××、王××等人证实，纵火物火柴也没有找到，上诉人离开现场时，现场没有着火迹象，口供与证据不符；造成重大经济损失，高福公司法人代表负有不可推卸的责任；该公司对上诉人处分不当，没有从轻处理，给予机会。

2. 二审事实和证据

福建省高级人民法院经审理查明：

上诉人董杨玲在台商独资的福州市马尾区高福纺织有限公司打工期间，因偷窃该公司色纱被开除后，仍在公司宿舍留宿，遭到该公司总经理麦子文的驱赶，便怀恨在心，欲行报复。1993年12月13日凌晨约3点40分，董杨玲离开留宿的四楼483宿舍时，拿了盒火柴，走到公司四楼仓库的货梯边，划着一根火柴，点燃了堆放在仓库西南角的睛纶纱团（毛球），酿成大火，烧毁了四楼仓库内所有的货物，致使61名员工被大火烧死和毒气熏死，15名女工受伤（其中1人重伤，14名轻伤），造成巨大经济损失。董杨玲作案后逃离现场，于1993年12月15日被抓获归案。

上述事实有下列证据证明：

(1)关于作案动机，有董杨玲因偷色纱被高福公司开除的材料以及董写的检讨书；公司管理人员证明案发前的12月11日董被总经理麦子文训斥；董要报复厂方的三次供述及案发后董写给其父母、舅母的信中写到的因一时气愤（冲动），想报复他人，作出无可挽回的事，害了别人也误了自己一生的内容，均能证实董杨玲报复放火的动机。

(2)关于作案时间，女工吴惠淋、卓秀如证明董在被开除后的12月12日晚6点和8点多还在483宿舍；同宿舍的郑小兰等3名女工证明董在13日凌晨3点20分还在483宿舍看书；郑美珠等2名女工证明13日凌晨3点多董在女工宿舍的洗手间洗脸、刷牙并向郑美珠打听时间，郑告诉董当时是3点15分的证言与董的供述相印证；董杨玲一贯的供述从宿舍出来的时间是3点30分左右，均能证实董杨玲具备作案的时间条件。董杨玲供述从宿舍到仓库西南侧要走4至5分钟，点火时间约3点40分与消防部门推断的发火时间是13日凌晨4点极为靠近，且第一个跑入现场的保安员柏国辉也证明4点零3分已看到四楼仓库窗口冒烟，与搬运工赵立茂证明4点零5分看钟过后一会就发现起火的证言相印证，女工何莲云快4点上班说来时未发现仓库有异常情况的的证言，更进一步证实董杨玲的点火时间是在靠近4点钟时所为。另据董供述离开厂门时间是3点50分左右也极靠近4点钟。

(3)董杨玲供述的点火点与公安消防部门根据现场目击者、现场烟熏痕迹、墙体脱落情况所确定的发火点一致，以及与火灾现场目击者柏国辉、王绍华提供的发火点的证明相吻合，都是在四层仓库西南堆垛处；董杨玲供述的点火堆垛的堆放情况，离起火点不远处有一件兰色的运动衣与搬运工赵立茂、龚良军、雷配军的证言相互印证。

(4)划燃火柴点火一节，董杨玲供述是用右手点燃火柴后将手伸直平平地扔到仓库西南侧从货梯处数过来的第二层第二粒毛粒堆上的，与第一个冲进火灾现场的柏国辉证明见到该处火光的范围是在直径1.5米范围左右，火团距地面约80公分的证言以及福州市公安局认定纱团是从外向内燃烧，排除电线起火、静电、烟头、自燃等因素，是明火造成火灾的鉴定书相印证。

(5)现场光源一节，保安员柏国辉、搬运工赵立茂、电工罗松、动力课长吴锦滨均证实当时仓库中间上方有一排40瓦的日光灯(约10盏)与董杨玲供述四楼仓库有日光灯，可以看清现场情况的供词相吻合，排除因照明点火而引起失火的可能。

(6)案发后董杨玲返回马尾时对他人陈述如何逃离现场说法不一，有王承如等7人证实。且董始终供称作案后未到过现场。

(7)从现场提取的董杨玲作案当晚所看的小说《简爱》和杂志《上海故事》以及董杨玲写的叫他人替她还书的字条与董杨玲的供述一致。

3. 二审判案理由

福建省高级人民法院认为：上诉人董杨玲因偷窃高福公司财物被开除、受驱赶，产生报复恶念，故意放火烧毁公司的财物，造成61名员工死亡，15名女工受伤(其中1名重伤)，并使公私财产遭受重大损失，其行为已构成放火罪，情节、后果均特别严重，社会危害性极大，应予严惩。原判认定基本犯罪事实清楚，基本证据充分，定性准确，量刑适当，审判程序合法。上诉人董杨玲从报复林长兴逐步发展到报复高福公司，其形成有一个过程，董的多次供述是比较自然可信的，从证人林钦证言、案发后董书写的家信中可以体现出来。1993年12月11日董杨玲已领到11月份的工资，不存在因待领工资而回女工宿舍的理由。本案已证实四层仓库中间上方在火灾发生前装有日光灯，董杨玲多次供述有光源，还能看清现场的一件衣服颜色，其看不到冒烟的上诉理由不能成立。此外13日凌晨4点36分是报警时间并不等于起火时间，原判也没有这样认定。辩护人徐一凡律师认为福州市公安局火灾原因认定书缺乏真实性、科学性，现场无任何光源，看不到烟的颜色等辩护理由与事实不符。虽然董杨玲的供述在前，制作认定书在后，但是认定书是根据火灾目击者柏国辉、王绍华等人证言，结合现场烟熏、墙体脱落等情况来认定的，并非根据董杨玲的供述来认定的。证人柏国辉、赵立茂等人均证实火灾发生前四层仓库有光源并与董杨玲的供述相印证。辩护人还提出本案没有任何证据能直接证明董杨玲犯有放火罪的论点不能成立。被告人的供述和辩解经过查证属实也能作为定案的根据，发挥它的证明作用。本案的基本证据足以认定。辩护人程贤挺律师依据女工何莲云的证词认为董杨玲不能被确认为本案的纵火者，其辩护理由不能成立。女工何莲云在13日凌晨4点前替人顶班说来时未见到仓库异常情况，与上诉人董杨玲在3点40分左右作案并不矛盾，至于当时董杨玲是否已经点火还需要其他证据来证实。证人张菊花、郑小兰、黄香兰等人均证实13日凌晨3点20分董杨玲仍在宿舍，并未证明董杨玲是3点50分离开宿舍。纵火物未找到并不影响对董杨玲犯罪行为的认定。此外，对本案的发生，各自责任各自承担，一方的责任不能成为减轻另一方处罚的理由。综上，上诉人董杨玲对事实部分提出的上诉理由不能成立，要求从轻处罚的理由不予采纳。两位辩护人对事实、证据所提出的辩护意见不能成立，不予采纳。本案搜集的证据足以证实是上诉人董杨玲实施的犯罪行为造成的严重后果。原审法院对董杨玲的定罪处刑是正确的。

（福州马尾高福纺织有限公司总经理麦子文未按照消防监督部门要求，按章整改消防火险隐患，造成惨重损失。1994年3月18日，福州市中级人民法院以重大责任事故罪，判处被告人麦子文有期徒刑二年，缓刑二年。）

4. 二审定案结论

福建省高级人民法院根据《中华人民共和国刑事诉讼法》第一百三十六条第（一）项和《中华人民共和国刑法》第一百零六条、第五十三条第一款，作出如下裁定：

驳回上诉，维持原判。

根据最高人民法院关于授权高级人民法院核准部分死刑案件的规定，本裁定即为核准以放火罪判处被告人董杨玲死刑，剥夺政治权利终身的裁定。

（七）解说

董杨玲因放火于1993年12月15日被福州市公安局马尾分局监视居住，12月18日被刑事拘留，12月25日被逮捕。1994年1月4日，福州市人民检察院就本案提起公诉。一审法院福州市中级人民法院经过开庭审理于同年1月8日审结，公开宣判。董杨玲不服一审判决，提出上诉。1月15日二审法院福建省高级人民法院收案审理后，于1月28日审结宣判。董杨玲于2月2日伏法。该案侦查、起诉、宣判、执行，既全面扎实、认真细致地严格把好事实关、证据关，又体现从重从快严惩严重刑事犯罪的方针。

本案是一起惊动全国的放火案。一、二审法院在审理过程中，较好地综合审查判断证据，运用间接证据证明案件事实。证据的综合审查判断，对正确定罪量刑至关重要。在司法实践中，通常总是运用直接证据结合间接证据证明案件事实。但是，由于主客观原因，某些案件也可能无法获得直接证据，在这种情况下，就要完全依靠间接证据证明案件事实。因此，必须逐一审查判断间接证据，排除矛盾，以形成一个完整的证明体系。高福公司特大火灾发生后，现场全部被烧毁，无人目睹谁是纵火者，做为重点嫌疑对象的董杨玲，经过法制教育，供述了作案过程。其供述自然可信，并未发现刑讯逼供现象。董杨玲供述涉及与案件有关的事实，是一种直接证据，经过分析研究，查证属实，即可作为认定案件事实的根据，发挥它的证明作用。而且经过逐一审查属实的间接证据证实了被告人董杨玲的供述。就本案而言，被告人董杨玲放火的动机、目的、方法、手段、作案的时间、条件、事后进行掩盖等情节，都有相应的间接证据予以证明。并且间接证据之间协调一致，环环相扣，形成完整的证明体系，全面地、清晰地再现了董杨玲的犯罪过程和情景。根据证明体系得出的唯一结论就是董杨玲实施了放火犯罪行为。一、二审法院对董杨玲的定罪处刑是正确的。

（林英华）

51. 张家祥爆炸案

(一)首部

1.判决书字号

一审判决书:吉林省白山市中级人民法院(1994)白山刑初字第7号。

二审判决书:吉林省高级人民法院(1994)吉刑终字第206号。

2.案由:张家祥爆炸案。

3.诉讼双方

公诉机关:吉林省白山市人民检察院,代理检察员卞洪旭。

附带民事诉讼原告人:杨桂花,女,36岁,汉族,山东省郯城市人,无职业。

一审委托代理人:李桂梅,系杨桂花之母。

被告人(上诉人):张家祥,男,40岁,汉族,山东省五莲县人,无职业。1992年9月25日因本案被逮捕。

一审辩护人:陈维忠,吉林省抚松县律师事务所律师。

4.审级:二审。

5.审判机关和审判组织

一审法院:吉林省白山市中级人民法院。

合议庭组成人员:审判长:曹绍宝;人民陪审员:刘香远、陈庆珠。

二审法院:吉林省高级人民法院。

合议庭组成人员:审判长:于承烈;代理审判员:崔猛、刘承义。

6.审结时间

一审审结时间:1994年4月1日。

二审审结时间:1994年7月28日(依法延长审限)。

(二)一审情况

1.一审诉辩主张

(1)吉林省白山市人民检察院指控称

被告人张家祥与被害人杨桂花非法同居期间,杨桂花的前夫田河刑满释放,田要求与杨桂花复婚,杨桂花态度不明,为此,张家祥对杨桂花不满,遂产生报复之念。1992年7月19日晚11时许,被告人张家祥携带雷管、炸药等潜至杨桂花家棚顶,次日早5时许引爆炸药,杨桂花及邻居刘喜贤、陈明久等居住的房屋均被炸塌。杨桂花受重伤,田河等受轻伤,经济损失2000余元。被告人张家祥的行为已触犯《中华人民共和国刑法》第一百零六条之规定构成爆炸罪,请依法判处。

(2)附带民事诉讼原告人杨桂花要求被告人赔偿医疗费、伤残补助费等24430元。

(3)被告人的答辩及其辩护人的意见

被告人张家祥对其实施爆炸的事实全部承认,但表示没有民事赔偿能力。

辩护人认为本案被害人田河、杨桂花有一定过错,被告人是在激愤状态下实施犯罪行为的，且犯罪后果并非特别严重。事实是，被告人张家祥与杨桂花同居后，张购买房子，与杨共同抚养田河的孩子。田河刑满释放后，要求同杨复婚，并占据房子将张撵走，杨在婚姻问题上态度不明，张家祥无家可归而进行报复。

2. 一审事实和证据

吉林省白山市中级人民法院经公开审理查明：

被告人张家祥与杨桂花非法同居期间，杨的前夫田河刑满释放后要求与杨复婚。为此，张家祥产生报复之念，遂于1992年7月19日晚，携带雷管、炸药等潜至杨桂花家棚顶，次日早4时许，当张家祥听到田河、杨桂花回到该房时，遂将炸药引爆，将杨桂花的房屋、邻居刘喜贤、陈明久的房屋东山墙炸塌并造成人员受伤。经法医鉴定：被害人杨桂花系脊髓震荡，外伤性耳聋，右下肢运动障碍，属重伤；田河头部外伤，腹部闭合性损伤，腹膜炎，属轻伤；韩秀花鼻骨骨折，两颗牙齿脱落，属轻伤。经鉴定，房屋损失2100元。被告人张家祥无赔偿能力。

上述事实有下列证据证明：

(1)被告人张家祥的供述；

(2)被害人杨桂花的陈述：20日4时许，我叫开大门，进屋烧火做饭，不到10分钟就听到一声响，就什么也不知道了；

(3)证人韩秀花的证言：7月20日凌晨1时许，我见张家祥站在杨桂花家房西侧，张家祥见我发现了他，就对我进行威胁；

(4)现场勘查笔录证明爆炸现场情况；

(5)关于被害人杨桂花等的伤情鉴定结论。

3. 一审判案理由

1. 吉林省白山市中级人民法院认为：

被告人张家祥为报复他人，在居民区内实施爆炸行为，造成重伤1人，轻伤2人，经济损失2000余元的严重后果，已触犯《中华人民共和国刑法》第一百零六条第一款之规定，构成爆炸罪。

2. 被告人张家祥，犯罪手段残忍，后果特别严重，应予严惩。

3. 被告人张家祥确无赔偿能力，原告人的经济损失不予赔偿。

4. 一审定案结论

吉林省白山市中级人民法院根据《中华人民共和国刑法》第一百零六条第一款、第五十三条第一款和第三十一条，作出判决如下：

(1)张家祥犯爆炸罪，判处死刑，剥夺政治权利终身。

(2)附带民事诉讼原告人的诉讼请求不予支持。

(三)二审诉辩主张

一审法院判决后，被告人张家祥不服，上诉于吉林省高级人民法院。

上诉人认为一审法院判决量刑过重，请求二审法院从轻判处。

(四)二审事实和证据

吉林省高级人民法院审理查明：

上诉人张家祥与杨桂花非法同居期间，张购买房子，与杨共同抚养杨桂花与前夫田河的孩子。田河刑满释放后，要求同杨复婚，并占据房子将张撵走，杨在婚姻问题上态度不明，张家祥无家可归，遂产生报复之念，于1992年7月20日晨4时许，在杨桂花棚顶上引爆事先准备好的炸药包，致杨桂花的房屋，邻居刘喜贤、陈明久房屋东西墙炸塌，房屋损失2100元，杨桂花受重伤，田河、韩秀花受轻伤。

上述事实有下列证据证明：

1. 张家祥的供述供认全部犯罪事实；

2. 被害人杨桂花、田河的陈述证实被害经过；

3. 证人韩秀花的证言；

4. 现场勘查笔录；

5. 鉴定结论。

（五）二审判案理由

吉林省高级人民法院认为：

1. 上诉人张家祥为报复而在居民区实施爆炸，造成重伤1人、轻伤2人，经济损失2000余元的严重后果，已触犯《中华人民共和国刑法》第一百零六条第一款的规定，构成爆炸罪。其犯罪情节恶劣，后果严重，应予严惩。

2. 鉴于在本案起因上被害人确有一定责任，张家祥尚不属应判处死刑立即执行的犯罪分子，原审判决量刑不当，应予改判。

（六）二审定案结论

吉林省高级人民法院根据《中华人民共和国刑法》第一百零六条第一款、第五十三条第一款，《中华人民共和国刑事诉讼法》第一百三十六条第（二）项，作出如下判决：

1. 撤销吉林省白山市中级人民法院（1994）白山刑初字第7号刑事附带民事判决的第1项。

2. 张家祥犯爆炸罪，判处死刑，缓期二年执行，剥夺政治权利终身。

（七）解说

1. 关于本案的定性。一、二审判决对张家祥的行为定爆炸罪是正确的。尽管张家祥的行为与故意杀人行为相似，但他在居民区这一公共场所实施爆炸行为，除了炸伤杨桂花、田河二人外，还伤及邻居韩秀花并损毁邻居财物，客观上危害了不特定多人的生命、健康及财产的安全，符合爆炸罪特征，应定爆炸罪。

2. 关于本案的量刑。一审判决判处行为人死刑，二审改判为死缓，应当认为，二审对张家祥改判死缓是正确的。我国的一贯刑事政策是不废除死刑，但坚持少杀。死刑只适用于罪大恶极的犯罪分子，对死刑的适用历来是极为谨慎和严格控制的，并在实践中创造了死缓制度，从而把判处死刑立即执行的范围缩小到了最低限度。根据《中华人民共和国刑法》第四十三条的规定，适用死缓必须具备两个条件：第一，罪该处死，这是适用死缓的前提；第二，不是必须立即执行的，这是区分死刑立即执行与死缓的原则界限。属于"不是必须立即执行"的，除我国《刑法》第四十四条规定的年满16岁不满18岁的，如果所犯罪行特别严重，可以判处死缓外，刑法未作其他具体规定，主要由人民法院根据国家的刑事政策和案件的情况，作出慎重的判断。从审判实践看，罪当处死，但犯罪分子投案自首或者有立功表现的；民愤不是极大的；在共同犯罪中虽系主犯之一，但不具有最严重行为的；由于被害人有明显过错，引起罪犯一时激愤犯罪的等，可视为"不是必须立即执行"的。本案中，张家祥购买房子，与杨桂花共同抚养田河的孩子，田河要求与杨桂花复婚，并将张撵走占据房屋，杨桂花在婚姻问题上态度不明朗，致使张家祥无家可归，遂产生报复之念，而实施了爆炸行为。在案件起因上被害人杨桂花、田河有一定责任，张家祥的行为虽然造成了较为严重的后果，但综合全案来看，判处死刑立即执行显然过重。二审法院改判死缓，既符合本案的实际情况，又贯彻了“少杀”政策，是应予肯定的。

（冯彦彬）

52. 杨正南等破坏通讯设备、盗窃案

（一）首部

1. 判决书字号：南昌铁路运输法院(1994)昌铁刑初字第58号。

2. 案由：杨正南等破坏通讯设备、盗窃案。

3. 诉讼双方

公诉机关：南昌铁路运输检察院，代理检察员徐秋前。

被告人：杨正南，别名杨振南，男，26岁，汉族，湖南省常宁县人，无职业。1994年4月25日因本案被逮捕。

被告人杨正南未委托辩护人，自己行使辩护权。

被告人：孙萍江，曾用名孙立江，男，18岁，汉族，江西省分宜县人，农民。1994年4月25日因本案被逮捕。

被告人孙萍江未委托辩护人，自己行使辩护权。

被告人：芒小冬，男，18岁，汉族，江西省分宜县人，农民。1994年4月25日因本案被逮捕。

被告人芒小冬未委托辩护人，自己行使辩护权。

被告人：宋小云，男，19岁，汉族，江西省分宜县人，农民。1994年4月25日因本案被逮捕。

辩护人：曹印民，江西国际贸易律师事务所律师。

4. 审级：一审。

5. 审判机关和审判组织

审判机关：南昌铁路运输法院。

合议庭组成人员：审判长：胡志伟；审判员：陈修腾、李琳。

6. 审结时间：1994年8月19日。

（二）诉辩主张

1. 南昌铁路运输检察院指控称

被告人杨正南纠集被告人孙萍江、芒小冬、宋小云于1993年12月至1994年3月间，携带脚扣、老虎钳、邮政包、编织袋、手电筒等作案工具，采取攀杆盗割等手段先后在分宜县拾山镇，新十乡，湖南省常宁县等地，交叉结伙盗割铁路、地方上正在使用的通信线6起，盗得3.0mm铜线83.5公斤，铜包钢线27公斤，价值人民币3141元，致使通讯中断6181分钟，造成经济损失18088元；盗割未使用的通信铜线3起，计66公斤，价值人民币1320元。销赃得款1400余元，被上述被告人挥霍。此外，被告人杨正南单独盗割正在使用的通信铜线2起，

计17.6公斤，价值人民币457.20元，致使通讯中断230分钟，造成经济损失3213.10元；盗割未使用的通信铜线2起，计30.8公斤，价值人民币616元，销赃得款400余元被其挥霍。破案后缴获人民币100元，铜线67.5公斤，铜包钢线5公斤等赃款、赃物及自行车3辆，脚扣1付，老虎钳2把，手电筒1个，皮带1根，邮政包1只等作案工具。

被告人杨正南参与共同盗割及单独盗割正在使用中的通信线8起，盗得线材价值3598.20元，造成经济损失21321.90元；参与共同盗割及单独盗割未使用的通信线共5起，价值1936元。

被告人孙萍江参与共同盗割正在使用的通信线5起，盗得线材价值2646元，造成经济损失15271.95元；参与共同盗割未使用的通信线2起，价值968元。

被告人芒小冬参与共同盗割正在使用的通信线3起，盗得线材价值1530元，造成经济损失6130.95元；参与共同盗割未使用的通信线3起，价值1320元。

被告人宋小云参与共同盗割正在使用中的通信线1起，盗得线材价值495元，造成经济损失2838.45元。

南昌铁路运输检察院认为，被告人杨正南、孙萍江、芒小冬盗割正在使用中和未使用的通信线的行为，触犯了《中华人民共和国刑法》第二十二条，第一百一十一条和第一百五十一条之规定，均构成破坏通讯设备罪、盗窃罪，根据《中华人民共和国刑法》第六十四条的规定，应数罪并罚；被告人宋小云盗割正在使用中的通信线的行为，触犯了《中华人民共和国刑法》第二十二条，第一百一十一条之规定，构成破坏通讯设备罪。被告人杨正南在共同犯罪中起主要作用，系主犯，应从重处罚；被告人孙萍江、芒小冬、宋小云在共同犯罪中起次要作用，系从犯，应比照主犯酌情处罚。特对四名被告人依法提起公诉，请求依法判决。

2. 被告人的答辩及其辩护人的辩护意见

被告人杨正南、孙萍江、芒小冬、宋小云对起诉书指控的犯罪事实无异议。但被告人孙萍江、芒小冬辩解："作案时大部分年龄不满18周岁，请求从宽处理。"

被告人宋小云辩护人对南昌铁路运输检察院指控被告人宋小云构成破坏通讯设备罪无异议，但认为宋小云在共同犯罪中的地位、作用比第二、三被告人要轻，仅作案一次属初犯，请求从轻处罚。

（三）事实和证据

南昌铁路运输法院经公开审理查明：

1993年12月至1994年3月间，被告人杨正南纠集被告人孙萍江、芒小冬、宋小云携带脚扣、老虎钳、手电筒、邮政包等作案工具，采取攀登电杆剪线等手段，先后在分宜县拾山镇，新址乡，湖南省常宁县等地交叉结伙盗割铁路分宜——安福区间的通讯线4次，盗割地方邮政正在使用的通信线2次。计盗割3.0mm铜线83.5公斤；铜包钢线27公斤，价值人民币3141元，致使通讯中断6181分钟；还盗割地方邮政尚未使用的通信铜线3次计66公斤，价值人民币1320元。销赃得款1400余元均被挥霍。

在此期间，被告人杨正南还单独盗割当地正在使用的通信铜线2次，计17.6公斤，价值人民币457.20元，中断通讯230分钟；盗割未使用的通信铜线2次，计30.8公斤，价值人民币616元，销赃得款400余元被其挥霍。

综上，被告人杨正南参与共同盗割及单独盗割正在使用的通信线共8次，盗得线材价值人民币3590余元；参与共同及单独盗割未使用的通信线共5次，价值人民币1936元，销赃得款1000余元；

被告人孙萍江参与共同盗割正在使用的通信线5次，盗得线材价值2646元；参与共同盗割未使用的通信线2次，价值人民币960余元，销赃得款440余元；

被告人芒小冬参与共同盗割正在使用中的通信线3次，盗得线材价值1530元；参与共同盗割未使用的通信线3次，价值人民币1320元，分得销赃款360余元；

被告人宋小云参与共同盗割正在使用的通信线1次，盗得线材价值人民币490余元，销赃得款60余元。

破案后，追缴人民币100元，铜线67.5公斤，铜包钢线5公斤及作案工具自行车3辆，脚扣1付，老虎钳2把，手电筒1只，邮政包1只。

上述事实有下列证据证明：

1. 新余市长途电信线务站线路被盗情况的报案材料；

2. 上海铁路局萍乡电务段分宜——安福铁路通信线路被盗情况的报案材料；

3. 湖南省常宁县邮电局通信线路被盗报案材料；

4. 湖南省稀阳长途电信线路局关于长途通信线路被盗情况的报案材料；

5. 南昌铁路公安处对被盗割现场所作的勘查记录及勘查图；

6. 收赃人涂××、任×、李××等人的关于收购铜线的证言；

7. 起获的赃物和收缴的作案工具；

8. 4名被告人对所犯罪行的供述，并均记录在卷，口供前后一致，互相印证。

（四）判案理由

南昌铁路运输法院认为，被告人杨正南、孙萍江、芒小冬、宋小云贪图私利，盗割正在使用的通讯电话线，其行为均已构成破坏通讯设备罪，均应依法惩处。被告人杨正南、孙萍江、芒小冬还盗割尚未使用的通讯电线，数额较大，均已构成盗窃罪，依法应数罪并罚。被告人杨正南主动纠集他人参与共同作案，并提供作案工具，在共同犯罪中起主要作用，系本案主犯，依法应从重处罚。被告人孙萍江、芒小冬、宋小云在共同犯罪中起次要作用，均系从犯，依法应比照主犯从轻处罚。被告人宋小云在本案中所起作用较小，其辩护人的辩护理由成立，本院予以采纳。被告人孙萍江、芒小冬辩解："大部分作案次数的时间不满18周岁。"经审查，被告人孙萍江、芒小冬的出生证明与被盗割单位的报案时间对照，大部分作案时间已满18周岁，仅有1次作案时未满18周岁，可在量刑时考虑。其辩解理由不能成立，本院不予采纳。

（五）定案结论

南昌铁路运输法院根据《中华人民共和国刑法》第一百一十一条第一款、第一百五十一条、第六十四条、第二十二条第一款、第二十三条、第二十四条、第五十二条和第六十条，作出如下判决：

1. 杨正南犯破坏通讯设备罪，判处有期徒刑七年，剥夺政治权利一年；犯盗窃罪，判处有期徒刑二年六个月；决定执行有期徒刑九年，剥夺政治权利一年。

2. 孙萍江犯破坏通讯设备罪，判处有期徒刑四年零六个月；犯盗窃罪，判处有期徒刑一年零六个月；决定执行有期徒刑五年。

3. 芒小冬犯破坏通讯设备罪，判处有期刑三年；犯盗窃罪判处有期徒刑一年六个月；决定执行有期徒刑四年。

4. 宋小云犯破坏通讯设备罪，判处有期徒刑一年。

(六)解说

本案诉辩双方没有对该案定罪产生分歧。一审法院对控诉方的意见予以支持,对辩护方关于犯罪人宋小云系初犯,作用较小的意见予以采纳。

危害公共安全的犯罪,是我国刑法分则规定的普通刑事犯罪中危险性最严重的一类犯罪。

破坏通讯设备罪,作为危害公共安全犯罪的一种,既有此类犯罪的共同特征,又有其自身的特殊性。特别是破坏铁路的通讯设备,对铁路的行车安全危害很大。铁路的行车安全,全靠通讯信号指挥,一旦通讯线路遭到破坏,就有可能造成火车倾覆的危险。且这类刑事犯罪有上升的趋势,是当前打击的重点。

破坏通讯设备罪与以通讯设备为目标的盗窃犯罪,在侵犯的对象上有时是相同的,但前者中的通讯设备通常是正在使用中的,造成的后果是通讯线路的中断,邮电通信中断,危害不特定多人的正常生产和生活;而后者中的通讯设备往往不是正在使用中的设备,其被盗窃的事实造成了公私财产所有权的转移,偷盗者是以非法占有为目的。本案中,杨正南、孙萍江等行为人盗割正在使用中的通信电话线,构成破坏通讯设备罪;而盗割尚未使用的通信电话线,则构成盗窃罪。只有正确划分此罪与彼罪的界限,才能做到定罪准确,量刑适当。

(胡志伟)

53. 蒋兆法等非法制造、买卖、运输枪支案

(一)首部

1.判决书字号

一审判决书:江苏省南京市玄武区人民法院(1994)玄刑初字第147号。

二审判决书:江苏省南京市中级人民法院(1994)宁刑终字第307号。

2.案由:蒋兆法等非法制造、买卖、运输枪支案。

3.诉讼双方

公诉机关:江苏省南京市玄武区人民检察院,检察员屠庆敏。

被告人:蒋兆法,男,48岁,汉族,江苏省武进县人,工人。1994年4月22日因本案被逮捕。

一审辩护人:洪其芳,江苏省南京市海事律师事务所律师。

被告人(上诉人):石幼夫,男,43岁,汉族,云南省凤庆县人,工人。1994年4月22日因本案逮捕。

一、二审辩护人:张晓陵,江苏省南京市中山律师事务所律师。

被告人(上诉人):陆金智,男,34岁,汉族,江苏省武进县人,工人。1994年4月22日因本案被逮捕。

一、二审辩护人:张银生,江苏省南京市金贸律师事务所律师。

被告人(上诉人):张家泉,男,47岁,汉族,工人。1994年4月22日因本案被逮捕。

一审辩护人:李庆法,南京市正大律师事务所律师。

被告人(上诉人):王兵,男,51岁,汉族,山东省临沂市人,工人。1994年5月7日因本案被逮捕。

一审辩护人:李建明,江苏省经济科技律师事务所律师。

4.审级:二审。

5.审判机关和审判组织

一审法院:江苏省南京市玄武区人民法院。

合议庭组成人员:审判长:肖金春;人民陪审员:朱新农、范忠贵。

二审法院:江苏省南京市中级人民法院。

合议庭组成人员:审判长:刘巧云;代理审判员:赵文涛、韦章明。

6.审结时间

一审审结时间:1994年11月4日。

二审审结时间:1994年12月22日。

(二)一审情况

1.一审诉辩主张

(1)江苏省南京市玄武区人民检察院指控称

被告人蒋兆法、陆金智共同非法制造钢珠枪30支;蒋单独非法制造钢珠枪40余支;被告人张家泉非法制造钢珠枪30支;蒋将非法制造的钢珠枪卖给被告人石幼夫90余支;石购得90余支钢珠枪后,又先后卖给南京市的马某7支,其余全部卖给广东省的陈某和天津市的董某;被告人王兵帮助石通过邮局寄往广东省、天津市70余支钢珠枪。上述事实,有五被告人供述、证人钱某某的证言、有关书证及追缴的部分钢珠枪等证据予以证实。五被告人违反国家枪支管理法规,未经有关部门批准,蒋非法制造、买卖枪支;石非法买卖枪支;陆、张非法制造枪支;王非法运输枪支,其行为均已触犯《中华人民共和国刑法》第一百一十二条之规定,分别构成非法制造或非法买卖、运输枪支罪,特提起公诉,请人民法院依法判处。

(2)被告人的答辩及辩护人的辩护意见

五被告人对被指控的事实均作了承认供述,但蒋辩解钢珠枪是保安器材而不属于枪支;陆辩解其制造钢珠枪有公安局的审批手续,不属非法;张辩解其生产钢珠枪不是非法;王辩解是按正常规定将钢珠枪发往广东和天津的。被告人蒋兆法的辩护人提出指控蒋非法制造钢珠枪事实不清,证据不足。最高人民法院于1993年12月17日发出的(1993)第43号通知,即《关于办理非法制造、买卖、运输、私藏钢珠枪犯罪案件适用法律问题的通知》没有溯及力。被告人石幼夫的辩护人提出石在1993年12月17日前的买卖钢珠枪的行为是违反行政法规,不宜认定为犯罪。被告人陆金智的辩护人提出陆组装钢珠枪只是一般行政违法而不是犯罪行为。被告人张家泉的辩护人提出张犯罪的主观故意不明显。被告人王兵的辩护人提出在1993年12月17日以前经手邮寄70余支钢珠枪是违法行为,但不是犯罪行为。

2.一审事实和证据

江苏省南京市玄武区人民法院经公开审理查明:

1993年7月间,被告人蒋兆法与被告人石幼夫商定,由蒋提供钢珠枪货源卖给石,再由石向外销售。之后,被告人蒋兆法找到被告人陆金智合伙装配钢珠枪,由陆提供资金,两人分别向钱某、张某购买了钢珠枪配件,共同组装钢珠枪30余支。此间,蒋卖给石钢珠枪26支。1993年8月至1994年2月,被告人蒋兆法又单独向钱某、张某购买100余套配件,将其中

30 套配件委托给被告人张家泉组装，蒋自己组装 40 余支，然后将装好的 70 余支钢珠枪全部卖给被告人石幼夫。石从蒋处先后购得钢珠枪共 90 余支，卖给本市的马某 7 支，天津市的董某 25 支，广东省海康县的陈某 60 余支。被告人王兵将石卖给董某和陈某的 80 余支钢珠枪通过邮局寄出。

上述事实有下列证据证明：

(1)公安机关在被告人蒋兆法家及证人蒋建平家依法追缴的 901 型钢珠枪等物证；

(2)证人钱鸿寅证言证实被告人蒋兆法、陆金智自 1993 年 8 月至 1994 年初，先后共同或单独委托其购买 901 型钢珠枪主体及原件计 100 余套；

(3)证人张建宁证言证实 1993 年 6 月至 10 月底，先后两次应邀帮助被告人蒋兆法购买 901 型钢珠枪散件 100 套；1993 年冬天应邀帮助被告人陆金智购买 901 型钢珠枪散件 50 套；

(4)证人陈维泗证言证实 1993 年 6 月至 1993 年年底共从被告人石幼夫处购买 901 型钢珠枪 60 余支；证人董立华证言证实 1993 年 8 月从被告人石幼夫处购买 901 型钢珠枪 25 支；证人马松石证言证实从被告人石幼夫处购得 901 型钢珠枪 7 支；

(5)证人吴精华、高子忠证言分别证实被告人石幼夫委托被告人王兵数次帮助托运 901 型钢珠枪至广东等地；

(6)有关书证；

(7)被告人蒋兆法、石幼夫、陆金智、张家泉、王兵的供述相互印证，且与各证人证言所证明的基本事实相吻合。

3. 一审判案理由

江苏省南京市玄武区人民法院认为：

被告人蒋兆法、石幼夫、陆金智、张家泉、王兵违反国家枪支管理法规，未经有关部门批准，非法制造或买卖、运输枪支，其行为均触犯《中华人民共和国刑法》第一百一十二条之规定，其中，被告人蒋兆法构成非法制造、买卖枪支罪；被告人石幼夫构成非法买卖枪支罪；被告人陆金智、张家泉构成非法制造枪支罪；被告人王兵构成非法运输枪支罪。在共同犯罪中，被告人蒋兆法、石幼夫犯罪情节严重。鉴于五被告人均系初犯，归案后能如实交待犯罪事实，且亲属已帮助退出部分或全部犯罪所得赃款，可酌情予以从轻处罚。

4. 一审定案结论

江苏省南京市玄武区人民法院根据《中华人民共和国刑法》第一百一十二条、第二十二条第一款、第五十一条第一款、第五十三条、第六十条，作出如下判决：

(1)蒋兆法犯非法制造、买卖枪支罪，判处有期徒刑九年；剥夺政治权利二年。

(2)石幼夫犯非法买卖枪支罪，判处有期徒刑八年，剥夺政治权利一年。

(3)陆金智犯非法制造枪支罪，判处有期徒刑五年。

(4)张家泉犯非法制造枪支罪，判处有期徒刑四年。

(5)王兵犯非法运输枪支罪，判处有期徒刑三年。

(6)钢珠枪 1 支、人民币 15380 元予以没收。

(三)二审诉辩主张

一审判决宣告后，石幼夫、陆金智、张家泉、王兵分别以“部分事实不清、量刑过重”为由，提出上诉。

（四）二审事实和证据

江苏省南京市中级人民法院经审理查明：

原审判决认定 1993 年 7 月至 1994 年 2 月间，被告人蒋兆法与上诉人陆金智合伙装配钢珠枪 30 支。蒋兆法委托上诉人张家泉组装钢珠枪 30 支。蒋兆法自己组装钢珠枪 40 支，并先后将装好的 90 余支钢珠枪交给上诉人石幼夫贩卖。石幼夫先后将钢珠枪卖给本市马某 1 支、天津市董某 25 支、广东省海康县陈某 60 余支。上诉人王兵将石幼夫卖给外地的 70 余支钢珠枪通过邮局寄给董和陈。

证明上述事实的证据，与一审法院认定的证据相同。

（五）二审判案理由

江苏省南京市中级人民法院认为：

原审被告人蒋兆法非法制造、买卖枪支，情节严重，其行为已构成非法制造、买卖枪支罪；上诉人石幼夫非法买卖枪支，情节严重，其行为已构成非法买卖枪支罪；上诉人陆金智、张家泉非法制造枪支，其行为已构成非法制造枪支罪；上诉人王兵非法运输枪支，其行为已构成非法运输枪支罪。原判决对蒋兆法、石幼夫、陆金智、张家泉、王兵的定罪，对蒋兆法的量刑及对钢珠枪 1 支、人民币 15380 元予以没收，均是正确的。上诉人提出的上诉理由，经查石幼夫能坦白交待，认罪态度较好，可从轻处罚，原判对陆金智、张家泉、王兵量刑较重，且张家泉、王兵具备适用缓刑的条件。

（六）二审定案结论

江苏省南京市中级人民法院根据《中华人民共和国刑法》第一百一十二条、第二十二条第一款、第六十七条和《中华人民共和国刑事诉讼法》第一百三十六条第（一）、（二）项，作出如下判决：

1. 维持南京市玄武区人民法院（1994）玄刑初字第 147 号刑事判决中的定性部分、对蒋兆法的量刑部分、对钢珠枪 1 支、人民币 15380 元予以没收部分。

2. 撤销南京市玄武区人民法院（1994）玄刑初字第 147 号刑事判决中对石幼夫、陆金智、张家泉、王兵的量刑部分。

3. 石幼夫犯非法买卖枪支罪，判处有期徒刑七年。

陆金智犯非法制造枪支罪，判处有期徒刑四年。

张家泉犯非法制造枪支罪，判处有期徒刑三年，缓刑四年。

王兵犯非法运输枪支罪，判处有期徒刑二年，缓刑三年。

（七）解说

非法制造、买卖、运输枪支罪是严重的刑事犯罪，依法应当从重惩处。本案在审理过程中，一、二审法院均对五犯罪人的行为进行了认真的分析，在证据确凿的基础上，作了准确的定性，认定蒋兆法、陆金智、张家泉犯非法制造枪支罪；石幼夫犯非法买卖枪支罪；王兵犯非法运输枪支罪是正确的。

1. 五犯罪人的行为是危害社会公共安全的行为。首先，社会的公共安全，即不特定多数人的生命、健康及重大公私财产的安全。所谓“不特定”，是指犯罪行为不是针对某一个人、某几个人或者某项财产的，其严重后果是犯罪分子预先难以明确确定的。其次，行为人必须具有危害社会公共安全的行为。这种行为包括两个方面：已经造成严重后果的行为和虽未造成严重后果，但是足以威胁多数人的人身及财产安全的行为。由于这类犯罪的社会危害性很大，所以刑法并不要求危害公共安全的行为都必须造成实际的危害后果才构成犯罪；行为虽然没有造成实际危害后果，但足以危害公共安全的，也构成危害公共安全罪。从犯罪既遂的形态来说，属于造成危害状态的犯罪，即危险犯。就本案而言，五犯罪人分别具有非法制造、买卖、运输枪支的行为，且均明知系枪支而故意非法所为。

2. 钢珠枪系能发射金属弹丸，可致人伤亡的枪支，属于武器类，必须经国家有关机关批准而指定专门单位予以制造。《刑法》第一百一十二条之所以规定非法制造、买卖、运输枪支为犯罪，旨在维护社会公共安全。否则，非法制造、买卖和运输的枪支一旦流失到社会上，势必造成极大的危害性。当然，国家在制定刑法条文时不可能对各种枪支逐项列举和一一穷尽，但就立法原意来看，只要是能致人伤亡这一后果的一切枪支均不能非法制造、买卖或运输。就本案而言，五行为人在制造、买卖或运输钢珠枪时，都配套和出售金属弹丸，对于这一行为所能产生的社会危害性各行为人均是非常清楚的。而且，此案的案发原因正是有人买了这种钢珠枪在社会上参与斗殴时使用，被抓获后经追查枪的来源才查获了五犯罪人的犯罪事实。从这一角度看，五犯罪人行为的现实危险性也是显而易见的，也就是说这种危险性在最高人民法院作出有关司法解释之前就客观存在着，且并不以是否作出司法解释为转移的。所以，本案各辩护人提出各犯罪人在实施被指控的犯罪行为时，法律并没有明确规定为犯罪（即最高人民法院作出的有关司法解释没有溯及力）的观点是不当的。

3. 五犯罪人实施的行为是刑法调整的范围，而不应由行政法规调整。我国《刑法》调整的对象与《治安管理处罚条例》等行政法规所调整的对象不同。枪支的生产、销售历史上都是由国家依法严格管制的。《中华人民共和国枪支管理办法》明确规定："各种枪支，除国家指定的工厂制造和修理外，任何单位和个人，不准私自制造、修理或装配。"就本案而言，公安部曾于1993年4月26日已发出关于禁止生产、销售钢珠枪的文件，南京光学仪器厂对此事专门作了有关的传达，但五犯罪人未能认真学习国家的法律及有关文件，而是继续私下秘密制造、买卖或运输钢珠枪，这并非法无明文规定，而是其认识上的错误。同时，五犯罪人上述行为已超出行政法规调整的范围及幅度，已构成犯罪，故应受刑法调整。各辩护人片面而孤立地看待本案各行为人的犯罪事实，故得出了不正确的结论。蒋兆法辩解称钢珠枪系保安器材而不属于枪支，这种说法没有法律上或主管部门的规定与依据，而且，否认不了钢珠枪能发射金属弹丸可致人伤亡这一实质。陆金智、张家泉辩解称制造钢珠枪有外地公安机关的审批手续，不属非法。对此，我们应当看到，国家公安部已有明文规定，全国各级公安机关均应严格执行，有行政法规而拒不执行已属违法；私下承包秘密制造钢珠枪而非国家有关部门指定下的专门生产枪支的工厂，就属非法制造，而且是触犯了《刑法》的有关规定，故应受到刑罚的制裁。

（李 明）

54. 侯树喜非法买卖枪支弹药案

（一）首部

1. 判决书字号：上海市普陀区人民法院（1994）普刑初字第413号。

2. 案由：侯树喜非法买卖枪支弹药案。

3. 诉讼双方

公诉机关：上海市普陀区人民检察院，代理检察员周常蓉。

被告人：侯树喜，男，30岁，汉族，安徽颍上县人，农民。1994年6月13日因本案被逮捕。

辩护人：方良玉，上海市普陀律师事务所律师。

4. 审级：一审。

5. 审判机关和审判组织

审判机关：上海市普陀区人民法院。

合议庭组成人员：审判长：袁澍；人民陪审员：李英和、刘吉庆。

6. 审结时间：1994年9月22日。

（二）诉辩主张

1. 上海市普陀区人民检察院指控称

被告人侯树喜在1993年12月中旬，伙同他人用1000余元人民币购买了6把钢珠枪和30余发子弹以转手倒卖牟利。1994年1月初，被告人侯树喜在上海将1把钢珠枪和6发子弹以200元的价格卖给了棉纺二村12号6室张金弟。上述事实，有丁华昌的证言，张金弟的供述，查获的钢珠枪和子弹以及上海市公安局枪弹检验意见书等书证为证，证据确凿。被告人侯树喜作了部分供述。上海市普陀区人民检察院认为，被告人侯树喜以牟利为目的，非法买卖国家管制的枪支弹药，其行为已触犯《中华人民共和国刑法》第一百一十二条之规定，构成非法买卖枪支弹药罪，特提起公诉，请求依法惩处。

2. 被告人的答辩及其辩护人的辩护意见

被告人侯树喜对公诉人指控的犯罪事实供认不讳，但认为买枪是为了自卫，且钢珠枪性能较低，不能与真枪同日而语，要求从轻处理。

侯树喜的辩护人对起诉书指控被告人犯非法买卖枪支罪无异议，但是认为被告人侯树喜买钢珠枪是为自己防身，不是利用钢珠枪进行犯罪活动，且被告人所买的钢珠枪性能较低，仅在短距离内有杀伤力。另外，被告人仅卖出1支钢珠枪，得款200余元，没有给社会造成危害，应适用《最高人民法院关于办理非法制造、买卖、运输、私藏钢珠枪犯罪案件适用法律问题的通知》，从轻处罚。

（三）事实和证据

上海市普陀区人民法院经公开审理查明：

1993年12月15日，被告人侯树喜从安徽省颍上县汤店乡王下村来到上海，与王守路、刘喜良一起打听到江苏常熟可以买到枪，便一起去了常熟，到了常熟才知道江阴能买到枪。他们又去了江阴，在江阴他们遇见了王宝山，王宝山将他们带到江阴八尾镇的家里，从柜子里拿出十几把钢珠枪，侯树喜与王守路用1000余元购买了6把钢珠枪和30余发子弹。后将枪放在刘喜良的包里带回上海。1994年1月，为找工作，侯树喜在丁华昌家认识了本市棉纺二村12号6室的张金弟（另行处理），侯树喜为牟利将1把钢珠枪和6发子弹以人民币200元的价格转卖给张金弟。张金弟因其他案发，交代了非法购枪之事，侯树喜非法买卖枪支案发。案发后，公安机关从被告人侯树喜及张金弟处共查获4把钢珠枪和33发子弹。

上述事实有下列证据证明：

1. 张金弟的供述：侯树喜到金沙江大酒店来找我，讲他要回乡下去过年，这次来时带了

6 把钢珠枪，问我要不要，我就买了 1 把；

2. 证人丁华昌的证词：侯在金沙江大酒店卖了 1 把手枪给张金弟，另外还有 6 发子弹；

3. 查获的钢珠枪及子弹；

4. 上海市公安局枪弹检验结论：送检案犯侯树喜买卖的枪支弹药，在近距离内具有杀伤力。

（四）判案理由

上海市普陀区人民法院认为，被告人侯树喜以牟利为目的，非法买卖国家管制的枪支弹药，其行为已触犯《中华人民共和国刑法》第一百一十二条之规定，构成非法买卖枪支弹药罪，应依法予以惩处。

（五）定案结论

上海市普陀区人民法院根据《中华人民共和国刑法》第一百一十二条、第六十条，作出如下判决：

1. 侯树喜犯非法买卖枪支弹药罪，判处有期徒刑一年零六个月。

2. 扣押在案的钢珠枪 4 把、子弹 33 发，予以没收。

（六）解说

上海市普陀区人民法院对本案的判处是正确的。1993 年 12 月 17 日，《最高人民法院关于办理非法制造、买卖、运输、私藏钢珠枪犯罪案件适用法律问题的通知》（以下简称《通知》）规定："钢珠枪是能发射金属弹丸，可致人伤亡的枪支。各级人民法院对非法制造、买卖、运输、私藏钢珠枪，构成犯罪的，应根据案件不同情况，分别依照《刑法》第一百一十二条、第一百六十三条的规定，追究刑事责任。"这一规定明确了钢珠枪可致人伤亡，属国家管制的枪支。非法买卖钢珠枪构成犯罪的，以非法买卖枪支弹药罪论处。

非法买卖枪支弹药罪是指违反国家有关规定，私自买卖枪支、弹药的行为。该罪侵犯的客体是公共安全，因为枪支弹药落入犯罪分子手中就会成为犯罪工具，给国家和人民利益造成严重危害。本案犯罪人侯树喜买卖的钢珠枪及弹药，经上海市公安局检验结论为："在近距离内具有杀伤力（可致人伤亡）。"所以非法买卖这种钢珠枪及弹药给社会公共安全造成危害。在客观方面，侯树喜伙同他人用 1000 余元人民币购买了 6 把钢珠枪和 30 余发子弹，后将其中的 1 把钢珠枪和 6 发子弹以 200 元的价格卖给张金弟，实施了非法买卖枪支弹药的行为。在主观方面，是故意犯罪。所以侯树喜非法买卖钢珠枪及弹药的行为构成非法买卖枪支弹药罪。《中华人民共和国刑法》第一百一十二条规定："非法制造、买卖、运输枪支弹药的，或者盗窃、抢夺国家机关、军警人员、民兵的枪支、弹药的，处七年以下有期徒刑；情节严重的，处七年以上有期徒刑或者无期徒刑。"根据本案的具体情况，侯树喜买卖钢珠枪的行为，尚不属情节严重，依照《通知》之规定，适用《刑法》第一百一十二条，对侯树喜以犯非法买卖枪支弹药罪，判处有期徒刑一年零六个月是适当的。

（王　勤）

55. 尹付存交通肇事案

(一)首部

1.判决书字号:上海市普陀区人民法院(1994)普刑初字第391号。

2.案由:尹付存交通肇事案。

3.诉讼双方

公诉机关:上海市普陀区人民检察院,代理检察员徐顺福。

附带民事诉讼原告人:尹芳右,女,23岁,农民。系本案被害人亲属。

附带民事诉讼原告人尹芳右未委托代理人,自己行使诉讼权利。

被告人(附带民事诉讼被告人):尹付存,男,25岁,汉族,山东省苍山县人,农民。1994年3月18日因本案被逮捕。

辩护人:陈凤娣,上海市普陀区律师事务所律师。

4.审级:一审。

5.审判机关和审判组织

审判机关:上海市普陀区人民法院。

合议庭组成人员:审判长:顾惠平;人民陪审员:张丽华、杨帮荣。

6.审结时间:1994年9月26日。

(二)诉辩主张

1.上海市普陀区人民检察院指控称

1994年1月5日凌晨3时许,被告人尹付存无证驾驶山东28－X8741牌照农用机动三轮车,从上海市真北路由北向南行驶,车抵曹安路口时,被告人尹付存为逃避执勤人员检查,故意驾驶向右急转弯沿曹安路向西行驶,因车速过快,导致三轮机动车向左侧倾翻,将坐在后车厢的尹付君、尹付亮摔出车厢,倒地死亡。上述事实,有证人严志平、梁毅等人的证词、事故现场照片及上海市公安局普陀分局交警大队道路交通事故现场勘查为证,证据确凿,被告人尹付存也供认不讳。被告人尹付存无证驾驶农用三轮机动车,违反《中华人民共和国道路交通管理条例》第二十五条之规定,违章开车,造成二人死亡的严重后果,情节特别恶劣,其行为已触犯《中华人民共和国刑法》第一百一十三条之规定,构成交通肇事罪,特提起公诉,请依法惩处。

2.附带民事诉讼原告人诉称

1995年1月5日凌晨3时许,被害人尹付君、尹付亮乘坐被告人尹付存驾驶的农用机动三轮车,因与15吨运输大卡车碰撞,致使三轮机动车向左侧倾翻,将坐在后车厢的尹付君、尹付亮摔出车厢,当场倒地死亡。原告人要求:(1)赔偿死亡补助费36348元;(2)赔偿被扶养人生活补助费73620元;(3)赔偿被害人亲属花去的交通费、住宿费、丧葬费3500元。

3.被告人的答辩及其辩护人的辩护意见

被告人尹付存对起诉书指控的犯罪事实、犯罪的性质无异议。但其辩护人认为被告人尹付存的犯罪有一定的突发性和偶然性。此外,被害人尹付君、尹付亮明知被告人无证驾驶,应当预见到可能会发生严重后果，但却提供车辆给被告人驾驶，二被害人对自己的死亡也应负一定的责任。被告人尹付存在案发后，即主动交代了全部犯罪事实，且对自己的犯罪行为深感悔恨，对被害人的家属也给予了一定的经济补偿，念其初犯，请求法院对被告人尹付存予以从轻处罚。

（三）事实和证据

上海市普陀区人民法院经公开审理查明：

被告人尹付存于1994年1月5日凌晨，无证驾驶三轮农用机动车（山东28－X8741牌照），从上海市真北路由北向南行驶，车至曹安路、真北路附近，尹付存见道路上有执勤人员进行检查，恐无照驾车受到处罚，即加速右转弯，致使该车失控，朝左倾翻，将坐在车厢内的被害人尹付君、尹付亮抛出摔倒在地，当场身亡。

上述事实有下列证据证明：

1. 事故现场目击者严志平的陈述："那天我正在道路上执勤检查来往车辆，突然看见一辆三轮农用机动车转弯速度很快，随即翻倒，车后坐的两个人被摔出车外，当场死亡了"；

2. 事故现场目击者杨月冬的证词："1994年1月5日凌晨，我驾驶的大货车在真北路上行驶，车至曹安路附近时，对面开来的一辆三轮机动车突然倾翻，车厢后面被抛出两人，我在距离其10公尺左右紧急刹车，由于车辆的惯性作用，货车与机动车擦了一下……"；

3. 被告人尹付存的供述："1994年1月5日凌晨，我驾驶一辆三轮农用机动车（山东28－X8741牌照）从上海市真北路由北向南行驶，行驶至曹安路附近时，我见前方道路上有执勤人员检查来往车辆，我担心无照驾车受到处罚，便加速右转弯，但三轮机动车朝左倾翻，后车厢内的尹付君、尹付亮被摔出车外，当场死亡……"；

4. 交通事故现场勘查笔录证明：事故现场位于本市曹安路、真北路口向西19公尺处，路段呈东西方向，路面总宽为14米，当时有一辆15吨大货车（上海01－7895），停在公路南侧的机动车道上，车头朝东南方向，车尾朝西北方向，左侧前轮离右路边2.15公尺，右侧中轮离右路边3.40公尺，右倾后轮离右路边3.85公尺，有两具尸体（尹付君、尹付亮）在大货车左侧前车轮边，尹付亮头北脚南躺左侧前车轮边，左侧前后轮和尹付亮距离为0.15公尺，距离尹付亮东面0.29公尺处，尹付君头南脚北仰面躺着，距离尹付君头部东面0.60公尺处有直径0.8×0.7m血迹一摊；

5. 尸体处理通知书证实：尹付君、尹付亮家属已于1994年1月27日办理丧葬事宜；

6. 事故现场摄影照片。

（四）判案理由

上海市普陀区人民法院认为：

1. 被告人尹付存无照驾驶机动三轮车，违反交通规则，造成二人死亡的重大交通事故，其行为已触犯《中华人民共和国刑法》第一百一十三条之规定，构成交通肇事罪，依法应予惩处。

2. 被告人尹付存在肇事后认罪服法，对被害人家属给予经济补偿，悔罪表现较好，不致再危害社会，可对其适用缓刑。

（五）定案结论

上海市普陀区人民法院根据《中华人民共和国刑法》第一百一十三条、第六十七条、第三十一条，作出如下判决：

尹付存犯交通肇事罪，判处有期徒刑三年，缓刑五年。

尹付存应赔偿被害人亲属尹芳右经济损失合计人民币 1 万元。

（六）解说

根据《中华人民共和国刑法》第一百一十三条的规定，从事交通运输的人员违反规章制度，因而发生重大事故，致人重伤、死亡或者使公私财产遭受重大损失的，处三年以下有期徒刑或者拘役；情节特别恶劣的，处三年以上七年以下有期徒刑。非交通运输人员犯前款罪的，依照前款规定处罚。

本案行为人尹付存虽非从事交通运输的人员，但严重违反规章制度，无证驾驶三轮机动车，为逃避执勤人员的检查，加速右转弯，致使机动三轮车向左倾翻，后座车厢里的二被害人当场死亡，其行为严重危害公共安全。

根据 1987 年 8 月 21 日最高人民法院、最高人民检察院《关于严格依法处理道路交通肇事案件的通知》第二条规定：造成二人死亡，可视为“情节特别恶劣”。上海市普陀区人民法院根据《中华人民共和国刑法》第一百一十三条、第六十七条、第三十一条之规定，对犯罪人尹付存判处有期徒刑三年，缓刑五年，并赔偿被害人亲属经济损失人民币 1 万元是正确的。

（顾宇斌）

56. 何才选等交通肇事、李玉林等玩忽职守案

（一）首部

1. 裁判书字号

一审判决书：湖北省宜昌市中级人民法院（1994）宜中刑初字第 90 号。

二审裁定书：湖北省高级人民法院（1994）鄂刑终字第 106 号。

2. 案由：何才选等交通肇事、李玉林等玩忽职守案。

3. 诉讼双方

公诉机关：湖北省宜昌市人民检察院，检察员王和平。

被告人（上诉人）：何才选，男，31 岁，土家族，湖北省五峰土家族自治县人，汽车驾驶员。1994 年 8 月 5 日因本案被逮捕。

一审辩护人：艾祖鸿，湖北省五峰土家族自治县律师事务所律师。

被告人（上诉人）：张忠义，男，44 岁，汉族，湖北省枝城市人，渡驳水手长。1994 年 8 月 5 日因本案被逮捕。

一审辩护人：方明达，湖北省宜昌市第二律师事务所律师。

被告人（上诉人）：姚小波，男，20 岁，汉族，湖北省当阳市人，渡驳水手。1994 年 8 月 5 日因本案被逮捕。

一审辩护人：熊平，湖北省宜昌市涉外经济律师事务所律师。

被告人：李玉林，男，53 岁，汉族，湖北省宜昌市人，宜昌市虎亭轮渡管理所所长。1994 年 8 月 5 日因本案被逮捕。

一审辩护人：黄振华，湖北省宜昌市西陵律师事务所律师。

被告人：朱耀元，男，49岁，汉族，湖北省宜昌市人，宜昌市虎亭汽渡314轮船长。1994年8月5日因本案被逮捕。

一审辩护人：田振华，湖北省宜昌市第二律师事务所律师。

4. 审级：二审。

5. 审判机关和审判组织

一审法院：湖北省宜昌市中级人民法院。

合议庭组成人员：审判长：马尚恒；审判员：赫承烨；代理审判员：刘雪青。

二审法院：湖北省高级人民法院。

合议庭组成人员：审判长：张水清；审判员：王晨；代理审判员：郑博敏。

6. 审结时间

一审审结时间：1994年10月31日。

二审审结时间：1994年11月28日。

（二）一审诉辩主张

1. 湖北省宜昌市人民检察院指控称

1994年7月9日上午，被告人何才选驾驶一辆满载83人的客车驶上宜昌市虎亭汽车轮渡管理所314轮16－59号渡驳，由于该车严重超载，手刹无良好制动力，而且汽车档位处于空档位置，同时由于被告人何才选擅离驾驶岗位，被告人张忠义、姚小波没有采取阻挡措施，致使该客车坠入江中，造成49名乘客死亡，1人失踪，直接经济损失100余万元的惨案。被告人李玉林、朱耀元身为该轮渡管理所和渡船负责人，不认真履行自己的职责，没有对船员违反规章制度的行为进行检查、监督、制止，且事故当天，被告人李玉林将当班大副刘晓华叫去开会，造成发生事故时无人组织指挥的局面。

上述犯罪事实，有证人证言、车辆技术鉴定结论、现场勘查笔录、法医鉴定结论等证据证实，五被告人对犯罪事实亦作供认。被告人何才选、张忠义、姚小波忽视交通安全，违反规章制度，发生特大事故，致49人死亡，1人失踪，公私财产遭受巨大损失，其行为触犯了《中华人民共和国刑法》第一百一十三条之规定，构成交通肇事罪；被告人李玉林、朱耀元在交通安全方面严重不负责任，玩忽职守，造成特大交通事故的发生，致使国家和人民利益遭受巨大损失，其行为触犯了《中华人民共和国刑法》第一百八十七条之规定，构成玩忽职守罪，特提起公诉，请求法院依法判处。

2. 被告人的答辩及其辩护人的辩护意见

上述五被告人承认起诉书指控的基本事实，但均辩称本人不负主要责任。被告人何才选的辩护人认为何才选的行为没有违反交通管理法规，不应承担这起事故的责任，应宣告无罪；被告人张忠义的辩护人认为张忠义犯罪情节较轻，一贯工作表现好，请求法院对其宣告缓刑；被告人姚小波的辩护人认为姚小波在事故当天担任验票工作，不应承担事故责任或主要责任；被告人李玉林、朱耀元认为自己对船员要求不严，负有教育和管理不善的责任，但玩忽职守的情节较轻，请求法院对其从轻处罚或者宣告缓刑。

（三）一审事实和证据

湖北省宜昌市中级人民法院经公开审理查明：

1994年7月9日8时许，被告人何才选驾驶五峰县客运公司湖北50－20060号客车，由宜昌市宜通运输公司客运站开往五峰土家族自治县。约9时许，该客车到达宜昌市虎亭汽车轮渡码头时，"鄂路"314轮及其所带16－59号渡驳在虎亭渡停泊待渡，当班负责人刘晓华被汽车轮渡管理所通知去开会，正在值班的水手长张忠义发现对岸"349"轮已开航，即示意所在船的船员准备开渡，各有关人员分别上岗，并将船舶启动，被告人张忠义即指挥车辆上船，被告人何才选驾驶的客车驶上渡驳后，停在渡驳左舷前端。当第11辆车驶上渡驳时，处在渡驳前端的水手姚小波发现渡驳艏部的升降跳板出现故障并报告了水手长张忠义。张忠义得知后，即令车辆停止上船，与水手姚小波一同到渡驳艏部排除跳板故障。被告人何才选停车后离开驾驶室到客车门口售票。张忠义、姚小波未对渡驳艏部第一排汽车采取垫三角木等阻挡措施，维修升降跳板产生振动，加上何才选驾驶的客车手刹效果差，渡驳又呈一定纵倾斜度，致湖北50－20060号客车车轮向前滚动，越过甲板，坠入长江，所载乘客83人（超载42人）中，33人经抢救脱险，49人遇难身亡，1人失踪，直接经济损失100余万元。被告人李玉林、朱耀元忽视安全生产，1992年以来，有关渡船在渡运车辆中长期不挂安全链，不垫三角木，违反操作规程，李玉林身为所长，朱耀元身为船长，却熟视无睹，从未对违章行为加以纠正制止。1993年5月就曾发生一起车辆从渡驳艉部坠入长江的事故，但没以此为戒，吸取教训，依旧放任有关船员违章作业，且16－59渡驳升降跳板的钢丝绳多次跳槽，一端安全链已经损坏，被告人朱耀元也未督促检修。这起事故当天，被告人李玉林明知三等大副刘晓华是当班负责人和持证驾驶员，却要刘离岗上岸开会，造成当班314轮无人负责，从而导致了特大事故的发生，给国家和人民生命财产带来巨大损失。

上述事实有下列证据证明：

1．现场勘查笔录及照片，所述314轮16－59渡驳的甲板和跳板上有车轮滚动，坠入江中的碾压痕迹和碰撞印痕，未见三角木及其他塞车物；

2．从现场深水中打捞起一辆有湖北50－20060号牌照和五峰客运公司字样的客车；

3．从车内和现场下游打捞起尸体49具，经法医鉴定系生前落水溺死，其亲属及同车幸存者郭发旺、李正旺、向志勤等证实确系该车乘客无误；

4．经车辆技术鉴定，该客车手刹制动力达不到标准；

5．证人敖宗富、黄德安等多人证实该渡口长期不使用三角木、安全链及被告人李玉林、朱耀元对安全工作只布置但不检查的失职行为；

6．各被告人的供述。

（四）一审判案理由

湖北省宜昌市中级人民法院认为：

1．被告人严重违反交通管理法规。被告人何才选将严重超员且制动效果不良的汽车驶上汽车轮渡，并擅离驾驶岗位，造成特大事故的发生，其行为分别违反了《中华人民共和国道路交通管理条例》第十九条第一款、第三十三条第一款和中华人民共和国交通部令(90)第11号《公路渡口管理规定》第十五条、第十九条及湖北省交通厅(92)056号《湖北省公路渡口管理规定》第三十条等有关法规；被告人张忠义、姚小波不认真履行职责，长期不按规定对过渡车辆采用垫三角木、挂安全链等阻挡措施，特别是"七·九"事故发生时，明知渡驳艏部跳板因故失控，仍未对渡驳上所载的汽车采取相应的安全措施，其行为分别违反了中华人民共和国交通部令(90)第11号《公路渡口管理规定》第八条和湖北省交通厅(92)056号《湖北省公路渡口管理规定》第二十九第三款的规定。

2．由于被告人何才选、张忠义、姚小波的肇事行为，造成49人死亡、1人失踪、直接经济损失100万余元的特大惨案，其行为均已构成交通肇事罪，且犯罪后果十分惨重，情节特别恶劣。被告人李玉林、朱耀元身为国家工作人员，不认真履行职责，长期在督促汽车轮渡的安全措施中不正确履行职责义务，玩忽职守，造成巨大损失，其行为已构成玩忽职守罪，但犯罪情节较轻，有悔罪表现，可依法从轻处罚。

（五）一审定案结论

湖北省宜昌市中级人民法院根据《中华人民共和国刑法》第一百一十三条、第一百八十七条、第六十七条、第六十八条，作出如下判决：

1. 何才选犯交通肇事罪，判处有期徒刑七年。

2. 张忠义犯交通肇事罪，判处有期徒刑五年。

3. 姚小波犯交通肇事罪，判处有期徒刑三年。

4. 李玉林、朱耀元犯玩忽职守罪，分别判处有期徒刑二年，缓刑二年。

（六）二审情况

1. 二审诉辩主张

一审判决宣告后，被告人何才选、张忠义、姚小波均表示不服，向湖北省高级人民法院提出上诉。

上诉人何才选上诉称：一审判决事实不清，证据不足，其行为不构成犯罪。其理由是：一审法院认定客车手刹制动力达不到标准，是因为渡船上的颠簸和巨大的前冲力而降低了制动效果，严重超载乘客的行为与事故无任何因果关系，而是由于无阻挡措施在巨大的浪击和前冲力以及轮渡驾驶员的违章操作下，导致客车滑入江中。

上诉人张忠义上诉称：一审对其量刑过重。理由是其只负责调车上船，未垫三角木，未挂安全链的责任不应由他来承担，这次事故是管理所领导长期忽视安全造成的。

上诉人姚小波上诉称：一审对其量刑过重。理由是姚当时在渡船担任验票工作，当发现跳板发生故障后，报告了水手长并主动及时修理，垫三角木，挂安全链不是自己的职责，对其应减轻处罚。

2. 二审事实和证据

湖北省高级人民法院认定的事实和证据，与一审法院认定的事实和证据相同。二审法院认为本案事实清楚，证据确实、充分。

3. 二审判案理由

湖北省高级人民法院认为：被告人何才选驾驶手刹制动效果差的客车超载乘客驶上汽车轮渡后，又擅离驾驶岗位；被告人张忠义、姚小波不按职责要求对过渡车辆采取垫三角木、挂安全链等安全措施，都是违反有关交通法规的行为，造成了重大事故的发生，情节特别恶劣，后果十分惨重，均已构成交通肇事罪。被告人李玉林、朱耀元身为国家工作人员，忽视安全生产，长期放任职工违章作业，致使国家和人民利益遭受巨大损失，其行为均已构成玩忽职守罪。原审判决对本案各被告人定罪准确，量刑适当，审判程序合法。

4. 二审定案结论

湖北省高级人民法院根据《中华人民共和国刑事诉讼法》第一百三十六条第（一）项，作出如下裁定：

驳回上诉，维持原判。

（七）解说

本案是一起特大水上交通事故，且情节特别恶劣，后果十分惨重。要正确处理本案，首先应正确认识各犯罪人在事故中应负的责任。

1. 何才选的责任在于：第一，其所驾驶的客车手刹制动效果不好，却依然驾驶该车载客上船；第二，其驾驶的客车严重超载，超载人数达 42 人；第三，其驾驶客车上渡船后即擅离驾驶室。何才选的行为，分别违反了《中华人民共和国道路交通管理条例》第七十九条第一款“机动车必须保持车况较好，车容整洁。制动器、转向器、喇叭、刮水器、后视镜和灯光装置，必须保持齐全有效”；第三十三条第一款“不准超过行驶证上核定的载客人数”；以及中华人民共和国交通部令（90）第 11 号《公路渡口管理规定》第 15 条“机动车驾驶员不得将制动、转向系统不良和其他故障影响安全行车的车辆驶上渡船”；第 19 条“车辆驶上渡船后，驾驶员不得擅自离开岗位，渡船到达对面码头并安全停靠后，再依次驶离渡口区域”；湖北省交通厅（92）056 号《湖北省公路渡口管理规定》第三十条“渡运途中，车辆驾驶员不得擅离驾驶岗位”等规定，因此，何才选应承担事故的主要责任。

2. 张忠义、姚小波的责任在于，其指挥车辆上船后，没有采取防止车辆滑动的阻挡措施和对车辆进行安全监控，违反了中华人民共和国交通部令（90）第 11 号《公路渡口管理规定》第八条“渡口管理人员应向过往行人宣传安全渡运知识”和湖北省交通厅（92）056 号《湖北省公路渡口管理规定》第二十九条“公路渡口管理人员应对渡船艏艉的车辆采取阻挡措施”等有关法规的规定，当渡船艏部跳板发生故障后，未提醒司机乘客注意并采取阻挡措施，导致事故的发生。因此，张忠义、姚小波也应负主要责任。且张忠义身为水手长，没有指挥水手做好安全措施，比姚小波应承担的责任要大。

3. 李玉林身为该渡口管理所的所长，案发当天将当班执证驾驶员刘晓华调离岗位去开会，让无证人员朱强顶替上岗，违反了中华人民共和国交通部令（90）第 11 号《公路渡口管理规定》第十一条“公路渡口渡船的驾驶、轮机人员，须经港航监督部门考试，取得相应等级的认证书后，才能上船工作”之规定，造成事故发生时无人组织指挥，且其平时对安全生产的措施只布置而不检查，在安全生产问题上严重失职，因而，对事故应承担相应的责任。

4. 朱耀元身为 314 轮船长，平时对下级安全生产督促不力，对船员长期不垫三角木、不挂安全链的违章操作行为没有加以纠正，未正确履行船长的职责，有严重失职行为，对事故应承担责任。

交通肇事罪，主要是指从事交通运输的人员，由于违反交通运输规章而发生重大事故，致人重伤、死亡或者使公私财产遭受重大损失的行为。本案被告人何才选、张忠义、姚小波的行为均构成交通肇事罪，且情节特别恶劣，后果特别严重。

本案认定李玉林、朱耀元犯玩忽职守罪，而非交通肇事罪，原因在于交通肇事罪在客观方面要求行为人必须是在从事交通运输活动过程中，或者与正在进行的交通运输有直接关系。李玉林、朱耀元在本案事故发生时不在船上，而且根据以上有关事故责任的分析，其二人的责任在于，平时对安全生产疏于监督管理，未能认真履行其担负的职责，二人的行为与本案事故的发生有一定联系，但不存在直接关系。因而，李玉林、朱耀元的行为不符合交通肇事罪的特征，而具备玩忽职守罪的构成条件。所以法院对李玉林、朱耀元的定性是正确的。

（赵在春　曾智丽）

57. 王益明重大责任事故案

（一）首部

1. 判决书字号：江苏省东台市人民法院(1994)东刑初字第262号。

2. 案由：王益明重大责任事故案。

3. 诉讼双方

公诉机关：江苏省东台市人民检察院，检察员杨德贵。

被告人：王益明，又名王一明，男，43岁，汉族，江苏省东台市人，系苏东渔0439号船船主、船长。1994年5月19日因本案被逮捕。

辩护人：洪俊，江苏省建湖县律师事务所律师。

4. 审级：一审。

5. 审判机关和审判组织

审判机关：江苏省东台市人民法院。

合议庭组成人员：审判长：胥苏江；人民陪审员：陈志清、吴永康。

6. 审结时间：1994年11月5日。

（二）诉辩主张

1. 江苏省东台市人民检察院指控称

被告人王益明在鳗苗禁捕期内，未经边防、渔船、渔港监督部门签证，于1993年12月28日驾驶苏东渔0439号渔船，带领大部分未经有关部门检验、未领取出海作业证件的本市新农、新街、三仓等乡镇的21条舢舨（其中4条是被告人自己的），计81人，至黄海145海区豆腐渣舀子作业区捕捞鳗苗。12月30日6时许，被告人从收音机听到上海广播电台播放的“当日下午至夜间海面有7至8级偏北风，阵风9级，逐渐增强到10级”的天气预报后，与周道银分别向各舢舨通报了天气预报情况，要大家做好防风准备。当日下午风力逐渐增强，晚上只有4人到大船上避风（除被告人雇佣的人员），被告人点亮信号灯后与他人打扑克至深夜12时许休息。31日天亮后发现3条舢舨被风浪袭击翻沉，舢舨上12人只寻找到仲兆祥、花文生等6人的尸体，尚有王明友、陈工连等6人失踪，至今生死不明。案发后经调解，被告人给死难者家属适当经济补偿。上述事实，有被告人供述、证人证言等证据证实。被告人王益明盲目出海，违章冒险生产酿成6人死亡、6人失踪的重大事故，其行为已触犯《中华人民共和国刑法》第一百一十四条之规定，构成重大责任事故罪，依法对被告人王益明提起公诉，请求依法惩处。

2. 被告人的答辩及其辩护人的辩护意见

被告人王益明及其辩护人认为，王益明对于该不幸事故不应负法律上的责任。首先，王益明主观上没有犯罪的故意或过失，客观上也没有任何犯罪行为；王益明到海上，没有疏忽大意，习惯地收听天气预报，听到有大风时，立即相互转告提醒大家，并请周道银帮助告诉各条小舢舨，采取加固锚缆，到大船上躲风等等。至于未经有关部门检验、证照不全和本次事故的发生没有直接的因果关系，事故的原因应是出事舢舨本身，过分麻痹，疏忽大意，随意动船所致。

其次，重大责任事故罪有两种表现：一种不服管理、违反规章制度，而被告人王益明没有不服从管理，事实上当时出海根本没有任何部门出面管理。另一种是强令工人违章冒险作业，被告人王益明不是其他小舢舨的组织者、管理者，他们之间的关系实际上是出让珩地，提供服务的民事法律关系，不承担管理责任，而是有偿服务。

综合上述意见，应对王益明宣告无罪。

（三）事实和证据

江苏省东台市人民法院经公开审理查明：

被告人王益明在鳗苗禁捕期内，未经边防、渔船、渔港监督部门签证，于 1993 年 12 月 28 日驾驶苏东渔 0439 号渔船，与大部分未经有关部门检验、未领取出海作业证的本市新农、新街、三仓等乡镇的 21 条舢舨（其中 4 条是被告人自己的）计 81 人，前往黄海 145 海区豆腐渣acquire子作业区捕捞鳗苗。同月 30 日 6 时许，被告人从收音机收听到上海广播电台播放的“当日下午至夜间海面有 7 至 8 级偏北风，阵风 9 级，逐渐增强到 10 级”的天气预报后，与周道银分别向各舢舨通报了天气预报情况，要大家做好防风准备。当日下午风力逐渐增强，晚上只有 4 人到大船上避风（除被告人雇佣的人员），被告人点亮信号灯后与他人打扑克至深夜 12 时许休息。31 日天亮后发现 3 条舢舨被风浪袭击翻沉，6 人死亡，6 人失踪。案发后，经有关部门调解，被告人对死者家属进行了适当的补偿。

上述事实有下列证据证明：

1. 江苏省东台市渔港渔船监督站鉴定结论；
2. 国家及地方关于出海船只的规定；
3. 被告人供述及被害人亲属反映；
4. 被告人所在地政府要求从轻处罚的意见。

（四）判案理由

江苏省东台市人民法院认为，被告人王益明违章出海，不服从有关规定，盲目带领多只舢舨，不服从管理，违章冒险生产，酿成 6 人死亡、6 人失踪的重大事故，其行为触犯《刑法》第一百一十四条构成重大责任事故罪。王益明归案后能认罪服法，坦白交待，有一定悔罪表现，被告人所在地政府多次要求对其从轻判处。

（五）定案结论

江苏省东台市人民法院根据《中华人民共和国刑法》第一百一十四条、第六十七条，作出如下判决：

王益明犯重大责任事故罪，判处有期徒刑三年，缓刑四年。

（六）解说

本案在公诉机关起诉前，多家报刊杂志作了长篇报导，社会影响较大。控辩双主争论的焦点在于行为人的行为是否构成犯罪。辩方认为王益明仅违反出海的一般规定，而没有违反海上安全操作的有关规定，对其他舢舨只收取费用提供服务，没有法定的管理义务。而公诉机关认为王益明在禁捕期内未签证报关属违章出海。按照有关文件规定大船出海所带舢舨不得超过两条，事实上行为人在自己的珩地内所带舢舨多达 21 条，数量之多不便管理，违反海上安全管理有关规定。从现象上看，行为人对其他舢舨无管理义务，但被告人多年从事海上作业，经验丰富，应该懂得在海洋上无证操作盲目生产的危险性，况且行为人提供服务，收取费用，就应该对舢舨的安全负责。一审法院采纳了控诉方意见。认为王益明违反渔港渔船监督部门关于出海船只签证报关的规定，违章出海，并违反有关文件关于出海的大船所带舢舨不得超过两条的规定进行违章生产，故应对发生的6人死亡、6人失踪的重大责任事故承担主要责任；考虑到本案受害者也有不可推卸的责任，以及有关管理部门管理不严，措施不力；行为人归案后认罪态度较好，能协助有关部门妥善处理善后工作；加之行为人所在地政府及群众联名要求从轻判处等诸因素，故从轻判处王益明是适当的。

（邹凤官　夏伯远）

58. 孙宪禄劫持航空器案

（一）首部

1. 判决书字号：江苏省南京市中级人民法院(1994)宁刑初字第003号。

2. 案由：孙宪禄劫持航空器案。

3. 诉讼双方

公诉机关：江苏省南京市人民检察院，检察员许爱民、赵英琴。

被告人：孙宪禄，男，25岁，汉族，山东省陵县人，工人。1993年11月28日因本案被刑事拘留，同年12月14日被逮捕。

辩护人：金辉，江苏省南京市正大律师事务所律师。

4. 审级：一审。

5. 审判机关和审判组织

审判机关：江苏省南京市中级人民法院。

合议庭组成人员：审判长：汪敏；审判员：李勇；代理审判员：夏冰。

6. 审结时间：1994年1月13日。

（二）诉辩主张

1. 江苏省南京市人民检察院指控称

1993年7月至11月，被告人孙宪禄在生病住院治疗期间，萌生劫持飞机去台湾的歹念。同年11月26日购得天津至上海的机票一张。11月28日，孙宪禄将火药200余克及引燃线装进塑料袋，用白纱布包扎在头部，于当日14时许，登上中国国际航空公司波音737 B—2581号1523次航班飞机。飞机起飞后，于15时30分左右，孙宪禄利用上厕所之机，将火药从头部取下扎在腹部，随后窜至飞机后舱，左手握住捆有火柴棒的引燃线，右手持火柴盒，并露出腹部的火药，胁迫机组人员将飞机飞往中国台湾，经机组人员与之周旋，飞机在南京机场紧急降落，被告人孙宪禄被当场抓获。

上述事实，有收缴火药及引燃线等物证，胡××等人证言，精神疾病司法鉴定书，刑事科学技术鉴定书，现场勘查笔录，刑事摄影照片等证据及被告人供述所证实。被告人孙宪禄以引爆火药的胁迫手段劫持航空器，情节严重，其行为触犯了全国人大常委会《关于惩治劫持航空器犯罪分子的决定》的规定，构成劫持航空器罪，请求依法判处。

2. 被告人孙宪禄的答辩及辩护人的辩护意见

被告人孙宪禄认为，自己劫机去台湾的动机是“治病、学习、当兵或是赚钱”。在劫机前，住院开刀、植皮共化去医药费1万余元，虽单位承担大部分，因家境贫寒，难以承受住院费用负担。就想去台湾挣钱、看病，给家里寄钱，没有想过要炸飞机。并承认事情经过，确如起诉书指控那样，愿意接受法律的严惩。

被告人孙宪禄的辩护人对江苏省南京市人民检察院指控被告人孙宪禄犯有劫持航空器罪无异议，对被告劫持手段为“胁迫”、“情节严重”的基本事实无原则性分歧意见。但认为被告劫机的目的和动机朴素、简单、近乎幼稚；被告人劫机去台是为“治病”、“挣钱”，显然不同于贪财图利、追求骄奢淫逸、逃避司法制裁的卑劣动机；作案手段粗疏，不可能造成机毁人亡的后果，从作案的准备看，被告没有作过周密安排和考虑，对劫机开始控制有效部位、火药的燃爆效力等均无考虑。劫机后被告人明确告诉机组人员仅一个人来劫机，只要将他偷偷摸摸送到台湾即可，他不想炸机。在飞机降落在南京机场后，机组人员征得他同意后，将旅客全部疏散下飞机，更是自动中止了对旅客生命健康的威胁，减轻了劫机可能造成的危害，被告人的主观恶意较轻。根据全国人大常委会《关于惩治劫持航空器犯罪分子的决定》，被告人的行为尚属该《决定》第一款的适用范畴。被告人的笨拙的劫机行为，没有造成“致人重伤、死亡和航空器严重损坏”的后果，按照《决定》第一款所表述的情节和一般后果已足以涵盖，应处以十年以上至无期徒刑。《决定》中结果加重犯的条件，尤其是情节特别严重一款不适用本案。

（三）事实和证据

江苏省南京市中级人民法院经公开审理查明：

被告人孙宪禄于1993年7月至11月住院期间，萌生劫持飞机去台湾的歹念，同年11月26日购得天津至上海的飞机票一张。11月28日上午，被告人孙宪禄将烟火药剂200余克及黑色火药制成的引燃线装进塑料袋，用白纱布包扎在头部，于当日下午14时许，混过天津机场安检人员的检查，登上中国国际航空公司波音737 B—2581号1523次航班天津至上海的飞机。在飞行途中，被告人在飞机厕所里将火药从头部取下扎在腹部，随后窜至飞机后舱，左手握住捆有火柴棒的引燃线，右手持火柴盒，并露出腹部的火药，胁迫机组人员将飞机飞往台湾，否则即引爆炸毁飞机。经机组人员与之周旋，提出飞机要加油，被告人孙宪禄同意，机组人员又提出先让乘客下机，再继续飞行，被告人亦同意。飞机在南京机场紧急降落，被告人孙宪禄被制服抓获。

上述事实有下列证据证明：

1. 被告人孙宪禄供述与证人黄芳、王晓鸣、金晓芹、吴晓刚、李灵洁证言：孙宪禄在飞机后舱左手抓捆有火柴头的引信，右手抓火柴，火药按在腰带上，要飞机飞台湾，否则炸机；

2. 证人黄芳、金晓芹证言：经与孙宪禄周旋，孙同意中途加油，后同意让旅客下机；

3. 证人胡鸣波、赵长进证实飞机在南京紧急降落后，在飞机后舱将孙宪禄制服；

4. 现场勘验笔录及刑事摄影照片证实在2581号飞机后厨房3号食品柜中查获火柴一盒（红色火柴头），在厨房地面上发现少量散落的黑色火药；劫机犯的机票座位号是23排A座；

5. 刑事科学技术鉴定书检验结论：孙宪禄携带的银色粉末为氯酸钾、硝酸钾、硫磺和铝粉组成的烟火药剂，引燃绒芯粉末为硝酸钾、氯酸钾和木炭组成的黑色火药；

6. 南京市脑科医院精神疾病司法鉴定书鉴定结论：被鉴定人孙宪禄无精神病，作案时有完全责任能力。

(四)判案理由

江苏省南京市中级人民法院认为:

被告人孙宪禄有预谋、有准备,并以引爆火药的胁迫手段劫持航空器,其行为已构成劫持航空器罪。江苏省南京市人民检察院指控被告人孙宪禄犯劫持航空器罪,事实清楚,证据确凿,定性准确,应予采纳。辩护人提出被告人孙宪禄犯罪动机简单,后果尚不严重,亦未造成人员重伤或死亡,情节不属特别严重的辩护观点亦符合事实,应予采纳。

(五)定案结论

江苏省南京市中级人民法院根据全国人大常委会《关于惩治劫持航空器犯罪分子的决定》和《中华人民共和国刑法》第五十三条第一款,作出如下判决:

孙宪禄犯劫持航空器罪,判处无期徒刑,剥夺政治权利终身。

在法律规定的上诉期间内,孙宪禄未提出上诉,检察机关也未提出抗诉。

(六)解说

劫持航空器,是近年来相当猖獗的国际性恐怖犯罪,我国近年来也发生了数起劫持民航飞机的案件。犯罪分子出于种种私欲,置广大乘客的生命财产安全于不顾,以暴力、胁迫或其他方法劫机外逃,已引起了广大群众的无比愤恨。劫持航空器的行为一直为我国刑法严厉打击的对象之一。特别是全国人大常委会于1992年12月28日通过的《关于惩治劫持航空器犯罪分子的决定》,对劫持航空器犯罪行为规定严厉的刑罚:“以暴力、胁迫或者其他方法劫持航空器的,处十年以上有期徒刑或者无期徒刑;致重伤、死亡或者使航空器遭受严重破坏或者情节特别严重的,处死刑;情节较轻的,处五年以下十年以上有期徒刑。”

劫持航空器罪是我国刑法新增加的一个罪名。从其侵害的客体上看,劫持航空器的行为是严重危害公共安全的刑事犯罪。它所侵害的客体是不特定的多数人的生命健康和重大公私财产的安全,与危害特定人的生命健康及重大公私财产的其他刑事犯罪相比,具有更大的危害性。从其客观行为上看,必须实施暴力、胁迫或其他方法劫持航空器。只要实施了劫持行为,无论其目的是否得逞,其后果是否造成财产受损以及人员伤亡,都不影响本罪的成立。从其主观方面看,是故意犯罪,不论其主观故意的内容以及动机、目的是什么,是否具有反革命的目的,或者基于其他方面的原因,如贪图钱财、出国游玩等,都不影响本罪的成立。

劫持航空器是一种严重危害公共安全的刑事犯罪。早在60年至70年代,为了打击不断增加的劫机事件,国际民航组织主持制定了三个有关的国际公约,即《东京公约》、《海牙公约》、《蒙特利尔公约》。按照公约规定,各缔约国承担义务,对劫机犯予以严惩。我国已于70年代先后加入上述三个公约。由此可见,严厉惩处劫机犯罪行为,不但是世界各国政府的意愿,亦是我国政府所应承担的国际义务。

在本案审理过程中,江苏省南京市中级人民法院对法律规定的“情节特别严重”,作了正确的理解和把握,认为孙宪禄的劫机行为尚不属于“情节特别严重”,不适用死刑,但孙宪禄有预谋、有准备,并以引爆火药的胁迫手段劫持飞机,应予严惩,故判处其无期徒刑并剥夺政治权利终身,既做到了严厉打击,又体现了罪与罚相当,无疑是正确的。

(姚正陆　刘　斌)

59. 李向东等劫持航空器、故意杀人案

(一)首部

1. 判决书字号:吉林省吉林市中级人民法院(1994)吉刑初字第16号。

2. 案由:李向东等劫持航空器、故意杀人案。

3. 诉讼双方

公诉机关:吉林省吉林市人民检察院,检察员徐国满。

被告人:李向东,男,28岁,汉族,吉林省吉林市人,教员。1993年11月17日因本案被逮捕。

辩护人:张忠堂,吉林省吉林市第二律师事务所律师。

被告人:黄庆利,男,29岁,汉族,吉林省吉林市人,业务员。1993年11月17日因本案被逮捕。

辩护人:金造新,吉林省吉林市律师事务所律师。

4. 审级:一审。

5. 审判机关和审判组织

审判机关:吉林省吉林市中级人民法院。

合议庭组成人员:审判长:王玉琢;代理审判员:黄明、殷耀君。

6. 审结时间:1994年7月29日。

(二)诉辩主张

1. 吉林省吉林市人民检察院指控称

1993年7月初,被告人李向东认为与其妻离婚是妻姐徐捷干预的结果,遂产生杀害徐捷及其家人,而后劫持飞机飞往台湾之念,并得到被告人黄庆利的赞同。1993年8月至9月间,二被告人购买小口径手枪、电子钢珠枪和德国产特种手枪各一支,又将德国产特种手枪分解伪装,进行乘机实验,后来又购买尖刀两把,准备了毒药,兑换了美钞。同年11月初,经再次预谋,二被告人认为杀人、劫机的条件已经具备,决定于1993年11月6日晚杀死徐捷及其家人后去吉林省长春市,乘坐7日长春市至厦门市的班机,劫机去台湾,并预购了机票。因黄庆利将杀人、劫机一事先告知徐捷,徐捷向公安机关报案。11月6日晚,公安机关将二被告人抓获。被告人李向东、黄庆利的行为,已构成故意杀人罪、劫持航空器罪。上述犯罪事实清楚、证据充分,根据《中华人民共和国刑法》第一百三十二条、全国人大常委会《关于惩治劫持航空器犯罪分子的决定》和《中华人民共和国刑事诉讼法》第一百条,特提起公诉,请依法审判。

2. 被告人的答辩及其辩护人的辩护意见

(1)被告人李向东辩称:没有杀人故意。

辩护人认为:李向东已构成故意杀人罪、劫持航空器罪,但应充分考虑是犯罪预备行为,应适用《中华人民共和国刑法》第十九条的规定。

(2)被告人黄庆利辩称:没有杀人动机。

辩护人认为：黄庆利的行为构不成故意杀人罪，在劫持航空器犯罪中系从犯，又系中止犯，能自首并有立功表现。

(三)事实和证据

吉林省吉林市中级人民法院经公开审理查明：

被告人李向东认为与其妻离婚，是妻姐徐捷从中作梗，故对徐捷怀恨在心。1993年7月，李产生杀死徐捷及其家人后劫持飞机逃往台湾之念，并得到被告人黄庆利的赞同。1993年8月间，二被告人购买了电子钢珠枪和由发令枪改制的小口径手枪各一支。因效能不理想，又购买催泪枪一支。为了逃避安全检查，将催泪枪分解伪装。于1993年9月28日和10月27日两次进行登机试验。尔后，二被告人又购买尖刀两把，并准备警用匕首一把，被告人李向东又准备了毒药“赤血盐”，兑换了美钞。1993年11月初，二被告人再次预谋，决定于1993年11月6日晚，杀死徐捷及其全家后乘长春市至厦门市的班机，将飞机劫持至台湾。11月3日，由李向东出资、黄庆利去长春购买了11月7日长春市至厦门市的飞机票三张。11月4日，黄庆利找到徐捷将欲杀人、劫机一事告知徐，11月5日晚9时许，黄庆利再次找到徐捷并同徐一起到公安机关报案。公安机关接到报案后，于1993年11月6日将被告人李向东抓获归案。

上述事实有下列证据证明：

1. 被告人黄庆利供认全部犯罪事实；

2. 证人李向军(已被检察机关免予起诉)证明：11月5日，李向东对其讲，徐捷欺人太甚，现在就跟她拼了，决不能放过徐，然后劫持飞机去台湾；

3. 证人徐捷证实：黄庆利11月4日对其讲“李向东要杀徐全家后劫机去台湾”的经过；

4. 长春市民航机场安全检查站扣押仿真手枪两把；

5. 物证：电子钢珠枪、催泪枪、小口径手枪各一支；警用匕首一把、尖刀两把；飞机票3张；摄像机一台、铅板一块，地图册、铁路时刻表各一册；美钞727元；沾有毒药的胶带两条。经庭审被告人辩认均系作案所准备的工具。

(四)判案理由

吉林省吉林市中级人民法院认为：被告人李向东、黄庆利为杀人劫机而准备工具，制造条件的行为，已构成故意杀人、劫持航空器罪，公诉机关指控罪名成立。且在预备犯罪中，策划周密，社会危害很大。二被告辩解意见不能成立，应予驳回。被告人黄庆利的辩护人认为黄庆利不构成杀人罪的辩护意见亦不能采纳。被告人李向东在共同犯罪中起主要作用，系主犯，应从重处罚。被告人黄庆利在共同犯罪中起次要作用，系从犯，在犯罪过程中，自动中止犯罪并能投案自首。被告人李向东、黄庆利行为均系犯罪预备，根据《中华人民共和国刑法》第十九条规定，可比照既遂犯从轻、减轻或免除处罚。

(五)定案结论

吉林省吉林市中级人民法院依照《中华人民共和国刑法》第一百三十二条、第二十三条第二款、第二十四条第二款、第十九条第二款、第二十一条第二款、第六十三条、第五十一条第一款、第六十四条和全国人民代表大会常务委员会《关于惩治劫持航空器犯罪分子的决定》第一款，作出如下判决：

1. 李向东犯劫持航空器罪，判处有期徒刑十年，剥夺政治权利三年；犯故意杀人罪，判处有期徒刑五年；数罪并罚，决定执行有期徒刑十五年，剥夺政治权利三年。

2. 黄庆利犯劫持航空器罪，免予刑事处罚；犯故意杀人罪，免予刑事处罚。

3. 美元727元、人民币1100元、密码箱一个、录像带一盒、工具包一个、高传真扩音机3台、微型录音机一台、摄像机一台，依法没收。

(六)解说

1. 劫持航空器罪，是指以暴力、胁迫或者其他方法劫持航空器的行为。这是1992年12月28日全国人民代表大会常务委员会通过的《关于惩治劫持航空器的犯罪分子的决定》规定的一个新罪名，是对《中华人民共和国刑法》的重要补充。这种犯罪是严重危害公共安全的犯罪，它所侵害的是不特定的多数人的生命、健康和重大公私财产的安全。暴力劫持航空器犯罪，已引起世人的公愤。为制止这类恐怖犯罪活动，保卫国际民航安全，一些国家于1968年签订了《关于在航空器内犯罪和犯有其他某些行为的公约》(简称《东京公约》)，随后又于1970年和1971年先后签订了《关于制止非法劫持航空器的公约》(简称《海牙公约》)，《关于制止危害民用航空器安全的非法行为公约》(简称《蒙特利尔公约》)，要求各缔约国承诺对非法劫持航空器的罪行给予严厉惩罚。我国已于70年代末和80年代初先后加入上述3个公约(对其中个别条款声明保留)，有权而且有义务惩治劫持航空器的罪犯。近10多年来，我国发生了多起劫机事件，还发生了外国飞机被劫持到我国境内的事件，对这种严重危害公共安全的行为必须予以严惩。我国《刑法》虽有对劫机犯罪的规定，但很不完备，有些情况难以直接适用《刑法》。因此，全国人大常委会作出《关于惩治劫持航空器的犯罪分子的决定》，规定劫持航空器罪，作为对《刑法》的修改补充，是完全必要的。

2. 二犯罪人的犯罪行为处于故意杀人和劫持航空器犯罪预备阶段，根据《中华人民共和国刑法》第十九第二款的规定，可比照既遂犯从轻、减轻处罚或免除处罚，法院对二犯罪人在劫持航空器罪上适用全国人大常委会《关于惩治劫持航空器犯罪分子的决定》中“五年以上十年以下有期徒刑”刑期档次，根据《中华人民共和国刑法》第一百三十二条规定适用“三年以上十年以下有期徒刑”刑期档次，从轻处罚是正确的。在此基础上，考虑本案的情节决定具体刑期，被告人李向东预谋杀人后以暴力劫机潜逃，以逃避法律制裁，犯罪动机特别恶劣，且是主犯，有从重情节，因此，对其定劫持航空器罪，在五年以上十年以下有期徒刑的幅度内，对李向东判处十年有期徒刑，同时以故意杀人罪处五年有期徒刑是正确的；被告人黄庆利系从犯，其行为构成犯罪，在犯罪预备阶段自动中止犯罪，并向公安机关投案自首，根据我国《刑法》第二十一条第二款、第六十三条的规定，对其免除处罚是正确的。

(冯彦彬)

三、破坏社会主义经济秩序罪案例

60. 陈锦章走私案

(一)首部

1.判决书字号:上海市静安区人民法院(1994)静刑字第215号。

2.案由:陈锦章走私案。

3.诉讼双方

公诉机关:上海市静安区人民检察院,代理检察员倪飚。

被告人:陈锦章,男,48岁,汉族,浙江省肖山市人,系上海康奇皮革制品有限公司董事兼销售部经理。1993年7月30日因本案被逮捕。

辩护人:郭立,上海市新华律师事务所律师。

4.审级:一审。

5.审判机关和审判组织

审判机关:上海市静安区人民法院。

合议庭组成人员:审判长:唐戚烈;人民陪审员:徐轶群、周斯蕙。

6.审结时间:1994年8月17日。

(二)诉辩主张

1.上海市静安区人民检察院指控称

被告人陈锦章于1981年6月赴美国探亲,后定居,1988年,被告人陈锦章与国内企业合资创办了上海康奇皮革制品有限公司。1992年1月,被告人陈锦章将其私人在美国购进的福特牌轿车(价值人民币7.53余万元)以上海康奇皮革制品有限公司的名义在海关申报免税进关,归其个人使用。同年8月27日,陈违反海关法规,将该车以人民币24万元的价格转卖给江苏省溧阳市周城镇工业公司,所得款项全部存入其妻熊某设在中国工商银行上海市分行徐汇区办事处的私人帐户内。案发后,被告人陈锦章退缴了全部赃款。以上事实有证人证言、有关书证以及被缴获的走私物品等为证,足以认定。上海市静安区人民检察院认为,被告人陈锦章违反海关法规,进行走私,情节严重,其行为已触犯《中华人民共和国刑法》第一百一十六条以及全国人大常委会《关于惩治走私罪的补充规定》(以下简称《补充规定》)第四条第(三)项、第六条第(二)项之规定,构成走私罪,依法提起公诉,请求依法惩处。

2.被告人的答辩及其辩护人的辩护意见

被告人陈锦章对起诉书指控的事实未提出异议。其辩护人认为,本案被告人不构成走私罪。本案事实不清,证据不足,起诉书适用法律不对,理由是:(1)购车协议不能证明买卖行为的成立。买卖关系的成立是以物的所有权转移为标志。因为汽车买卖是一种特殊的商品买卖，其所有权的转移是以办理转户手续为准。现该车的车主、牌照均未变动，未办理过户手续，所以未实现所有权的真正转移，买卖行为也因此不成立。(2)主要证据有矛盾，证人对购车协议、被告人所得的24万元究竟是购车款还是借用车辆的押金说法不一，况且是先写收条后付款。(3)没有海关方面对被告人的行为是否系走私行为的鉴定。(4)起诉书适用《补充规定》第六条第(二)项不对，该项是针对已构成犯罪的走私行为的，而本案被告人出售免税进口车是走私行为，但未构成犯罪，故不能运用该条款。据此，辩护人认为，被告人陈锦章的行为不构成犯罪。

(三)事实和证据

上海市静安区人民法院经公开审理查明：

1991年8月，被告人陈锦章以其与国内企业合资创办的上海康奇皮革制品有限公司的名义向海关申报进关福特TAURSLX牌免税轿车一辆，归其个人使用，折合人民币7.53余万元。1992年期间，被告人陈锦章以美国太平洋涛集团名义与江苏省溧阳市周城工业供销经理部合资创办溧阳华涛皮革制品有限公司。同年8月27日，被告人陈锦章未经海关许可并且未补缴关税，擅自将免税进口的福特TAURISLX牌轿车以人民币24万元的价格销售给溧阳华涛皮革制品有限公司，所得款项已于1992年9月3日全部存入其妻熊某设在中国工商银行上海市分行徐汇区办事处的私人帐户内。案发后，被告人陈锦章退缴了全部非法所得，走私物品福特TAURSLX牌轿车已被公安机关缴获。

上述事实有下列证据证实：

1. 证人潘云芳、崔文敏、周伟清、熊庆琪关于陈锦章销售轿车的证言；
2. 中共江苏省溧阳市纪律检查委员会关于溧阳华涛皮革制品有限公司购车一事的情况反映；
3. 中华人民共和国海关《进口物品申请表》；
4. 购买轿车协议；
5. 被告人陈锦章签字的收条；
6. 中国农业银行票汇委托书(存根)和中国工商银行转帐支票；
7. 上海市旧机动车辆交易市场的作价证明；
8. 被告人陈锦章退缴的违法所得24万元；
9. 缴获的美国福特TAURSLX牌轿车；
10. 被告人陈锦章的供述。

(四)判案理由

上海市静安区人民法院认为，被告人陈锦章违反海关法规，擅自将免税进口物品在境内销售牟利，牟利数额达人民币17万余元，虽然双方签订购车协议而未办理过户手续，但客观上车辆已由购车人使用，已形成事实上的所有权转移。根据全国人大常委会《关于惩治走私罪的补充规定》第四条第(三)项、第六条第(二)项、第十二条，被告人陈锦章的行为已构成走私罪，依法应予处罚。其辩护人提出不构成走私罪的辩护理内不能成立。鉴于被告人陈锦章在庭审中尚能认罪，且退缴了全部非法所得，走私物品已被缴获，可对其酌情从轻处罚。

(五)定案结论

上海市静安区人民法院根据全国人大常委会《关于惩治走私罪的补充规定》第四条第

(三)项、第六条第(二)项、第十二条及《中华人民共和国刑法》第六十七条第一款、第六十八条第二款,作出如下判决:

1. 陈锦章犯走私罪,判处有期徒刑三年,宣告缓刑四年,并处罚金人民币 2 万元。

2. 走私物品福特 TAURSLX 牌轿车(灰色)一辆予以没收,违法所得人民币 24 万元予以没收。

(六)解说

本案诉辩双方争论的焦点在于行为人是否构成犯罪,走私罪是指违反海关法规,进行走私,情节严重的行为。其侵犯的客体是国家的对外贸易管制,客观上表现为违反海关法规,逃避海关监管,偷逃关税的行为。主观上具有非法牟取利润的故意。本案行为人陈锦章将自己的免税车辆使用一段时间后,再违反规定以高价出售给他人从中牟利。其主观恶意与免税物品还未进关,物主就与他人谈妥了免税物品买卖事宜,免税物品一进关后物主就与他人办理了物品财产权的转移的情况有区别,根据《海关法》及全国人大常委会《补充规定》的规定,未经海关许可并且未补缴关税,擅自将捐赠进口的货物、物品或者其他特定减税、免税进口的数额较大的货物、物品,在境内销售牟利的,构成走私罪。本案行为人陈锦章在未经海关许可的情况下,擅自将免税进口的自用车转卖给他人使用,自己从中得利,且数额较大,其行为已构成走私罪。人民法院依法对陈锦章作出的判决是正确的。

(姚 蓉)

61. 詹云康等投机倒把案

(一)首部

1. 判决书字号:上海市普陀区人民法院(1994)普刑初字第 293 号。

2. 案由:詹云康等投机倒把案。

3. 诉讼双方

公诉机关:上海市普陀区人民检察院,代理检察员帅海祥。

被告人:詹云康,男,40 岁,汉族,浙江省富阳县人,农民。1992 年 7 月 1 日因本案被逮捕。

辩护人:张建根,上海市普陀区律师事务所律师。

被告人:何阿富,男,73 岁,汉族,浙江省富阳县人,农民。1992 年 7 月 1 日因本案被逮捕。

辩护人:李祥荣,上海市普陀区律师事务所律师。

被告人:詹玉相,男,34 岁,汉族,浙江省富阳县人,农民。1992 年 7 月 1 日因本案被逮捕。

辩护人:罗文,上海市普陀区律师事务所律师。

被告人:詹云权,男,48 岁,汉族,浙江省富阳县人,农民。1992 年 7 月 1 日因本案被逮捕。

辩护人:方良玉,上海市普陀区律师事务所律师。

被告人:吴源有,男,49 岁,汉族,浙江省桐庐县人,农民。1992 年 7 月 1 日因本案被逮捕。

被告人吴源有未委托辩护人,自己行使辩护权。

4. 审级:一审。

5. 审判机关和审判组织

审判机关:上海市普陀区人民法院。

合议庭组成人员:审判长:胡莎兰;人民陪审员:叶宗杰、张丽华。

6. 审结时间:1994 年 7 月 21 日。

(二)诉辩主张

1. 上海市普陀区人民检察院指控称

被告人詹云康自 1989 年以来,分别伙同被告人何阿富、詹玉相、詹云权、吴源有及詹云良等人(均在逃),先后借用上海企联科技管理信息会社、上海立信机电科技服务部、沪杭衢科技信息协作总部、上海天星科技服务部、国务院发展研究中心国际技术经济研究所上海分所、京沪杭衢科技信息联合总部、上海侨宝工贸公司、上海马剑科技资料服务部、中国技术市场交易网络上海分网络科技联络组、中国经济记协华东部科技开发处等单位的名义,在上海市工商银行大统路分理处、城市信用联社、思南路城市信用社、永康城市信用社等银行信用社,设 15 户帐号,自编资料目录、资料征订单,通过邮局向全国各省、市、自治区的机关、学校、工矿企事业单位投寄资料征订信件。收取 2587 个单位汇款计人民币 108 万余元,以后,上述被告人将从书上抄录的所谓资料及早已过时的晒图资料重新誊抄晒图寄发给部分汇款单位。

上海市普陀区人民检察院认为,上述 5 名被告人的行为均已构成投机倒把罪,且数额特别巨大,情节特别严重,依照《中华人民共和国刑法》第一百一十八条及全国人大常委会《关于严惩严重破坏经济的罪犯的决定》第一条第(一)项,特提起公诉,请予判处。

2. 被告人的答辩及其辩护人的辩护意见

被告人詹云康辩称:对检察院指控其参与借用 10 个单位名义进行犯罪活动有异议,其中,对上海天星科技服务部只是起介绍作用,未直接参与,对上海马剑科技资料服务部是何阿富与他人一起搞的,自己只是帮着发信件;并认为数额没有所指控的那么多。其辩护人认为,对本案定性无异议,但詹云康参与投机倒把的数额应是 40 至 50 万元左右,数额尚不属特别巨大,故不应以全国人大常委会《关于严惩严重破坏经济的罪犯的决定》来从重量刑。

被告人何阿富辩称:自己只对以中国技术市场交易网络上海分网络科技联络组及上海天星科技服务部两个单位名义实施的行为负责,对其他单位只是起介绍使用,并没有参与。其辩护人认为,何阿富只对以中国技术市场交易网络上海分网络科技联络组名义实施的行为负责,对上海天星科技服务部只是参与,而且对天星科技服务部的事实系何阿富主动交代的,何阿富于 1991 年 5 月后中止了自己的行为。

被告人詹玉相辩称:除上海天星科技服务部、中国技术市场交易网络上海分网络科技联络组外,自己参与了其余 8 个单位的投机倒把活动,但对起诉认定的数额有异议。其辩护人对定性无异议,但认为詹玉相是参与詹云康为主的犯罪活动,并提出中国经济记协华东部科技开发处仅发过一批目录,属未遂。

被告人詹云权辩称:国务院发展研究中心国际技术经济研究所上海分所、上海侨宝工贸公司、上海马剑科技资料服务部三家单位是其为主搞的，还参与了其他三家单位的活动，但对定性有异议，并认为数额也没有这么多，对适用两个“特别”有想法。其辩护人认为，詹云权的犯罪数额是较大，对其参与的其他三个单位的数额要酌情考虑。

被告人吴源有辩称：自己只做了几个月，参与犯罪的时间较短，且在犯罪过程中起帮助、次要作用。

（三）事实和证据

上海市普陀区人民法院经公开审理查明：被告人詹云康、何阿富、詹玉相、詹云权、吴源有及詹云良等人（均在逃）分别结伙，先后借用上海企联科技管理信息会社、上海立信机电科技服务部、沪杭衢科技信息协作总部、上海天星科技服务部、国务院发展研究中心国际技术经济研究所上海分所、京沪杭衢科技信息联合总部、上海侨宝工贸公司、上海马剑科技资料服务部、中国技术市场交易网络上海分网络科技联络组、中国经济记协华东部科技开发处等单位的名义，在上海市工商银行大统路分理处、城市信用联社、思南路城市信用社、永康城市信用社、建设银行徐汇支行等银行信用社设15户帐号，自编资料目录、资料征订单，通过邮局向全国各省、市、自治区的机关、学校、工矿企事业单位投寄资料征订信件，收取2400余个单位的汇款，计人民币102.1万余元。以后，上述被告人将从书上抄录的资料重新誊抄晒图装订成册后寄发给部分单位。经上海市新闻出版局鉴定，这些资料均属非法出版物。被告人詹云康参与借用8个单位的名义编发资料，其非法经营额计人民币90余万元；被告人何阿富参与借用5个单位的名义编发资料，其非法经营额计人民币30余万元；被告人詹玉相参与借用8个单位的名义编发资料，其非法经营额计人民币70万元；被告人詹云权参与借用6个单位的名义编发资料，其非法经营额计人民币30余万元；被告人吴源有参与借用6个单位的名义编发资料，其非法经营额计人民币40余万元。

上述事实有下列证据证明：

1. 证人刘林森的证言：1990年4月5日至1990年12月31日间，其在上海市曹家渡信用社的帐户曾提供给詹云康、詹玉相使用过；

2. 证人黄志平陈述：1990年8月，被告人詹云康、詹玉相以上海企联科技管理信息会社的名义在思南路信用社开户，从1990年9月24日至1991年8月31日，共收到494个单位的汇款人民币19725.33元（帐号151－067117），被告人詹云康、詹玉相、吴源有、詹云权均有参与数额在内；

3. 证人王国章的证言：1991年4、5月份，自己与詹云康、詹云权、何阿富在一起洽谈以国务院发展研究中心国际技术经济研究所上海分所名义做资料生意，并在上海市思南路城市信用社开设帐户151－06716，从1991年6月至1991年11月，共收到133个单位的汇款共计人民币69266.37元；

4. 上海市新闻出版局鉴定书结论：5名被告人编发的资料均属非法出版物；

5. 银行信汇凭证；

6. 查获的资料目录、资料征订单；

7. 查获的非法印刷品；

8. 被害单位的有关书证。

（四）判案理由

上海市普陀区人民法院认为：

1. 被告人詹云康、何阿富、詹玉相、詹云权、吴源有以牟取暴利为目的，从事非法出版的犯罪活动，数额特别巨大，情节特别严重，其行为已构成投机倒把罪，依法应予处罚。

2. 被告人詹云康等人对定性及参与数额提出异议。经审理查明，各被告人的参与数额不仅有被害单位的书证及有关证人证言予以证实，还有银行信汇凭证等佐证，且数额特别巨大，查获的印制品经鉴定均是非法出版物，被告人将这些非法出版物进行销售牟利，其行为均已构成投机倒把罪，故各被告人的辩解不能成立。被告人何阿富的辩护人提出何的行为是中止，被告人詹玉相的辩护人提出詹的行为是犯罪未遂，从何阿富、詹玉相犯罪事实来看，二犯所实施的行为具有连续性，不属于犯罪中止和犯罪未遂，故辩护人提出的意见不予采纳。

(五)定案结论

上海市普陀区人民法院根据《中华人民共和国刑法》第一百一十八条、第五十九条、第五十一条、第五十二条、第六十条和全国人大常委会《关于严惩严重破坏经济的罪犯的决定》第一条第(一)项，作出如下判决：

1. 詹云康犯投机倒把罪，判处有期徒刑八年，剥夺政治权利二年，并处没收财产人民币1万元。

2. 何阿富犯投机倒把罪，判处有期徒刑三年，并处没收财产人民币5000元。

3. 詹玉相犯投机倒把罪，判处有期徒刑五年，剥夺政治权利一年，并处没收财产人民币5000元。

4. 詹云权犯投机倒把罪，判处有期徒刑三年，并处没收财产人民币5000元。

5. 吴源有犯投机倒把罪，判处有期徒刑三年，并处没收财产人民币5000元。

6. 扣押在案的人民币13962.88元，其中詹云康的人民币1912.46元，詹玉相的人民币2.2元，何阿富的人民币11.3元，均折抵没收财产款，余款12036.92元，依法没收。扣押在案的詹云康的金项链一根(含金鸡心一只)、金戒指一枚、手表一只的变卖价款连同面额为人民币6000元的詹玉花户名定期储蓄款，均折抵詹云康的没收财产款。扣押在案的詹玉相手表一只的变卖价款折抵詹玉相的没收财产款。

7. 扣押在案的赃物：非法印刷品50册，各类公章8枚，均依法没收。

(六)解说

根据《中华人民共和国刑法》第一百一十七条的规定，投机倒把罪，是指以获取非法利润为目的，违反国家金融、外汇、金银和工商等管理法规，非法从事金融和工商活动，破坏金融和市场管理秩序，情节严重的行为。本罪对罪状的规定属于空白罪状，必须以其他法规为补充规范，才能确定其具体内涵。

根据最高人民法院、最高人民检察院《关于依法严惩非法出版犯罪活动的通知》第一条，以牟利为目的，从事非法出版物的出版、印刷、发行、销售活动，非法经营或者非法获利数额较大，情节严重的，构成投机倒把罪。

在本案中，五行为人是否构成犯罪，是否构成投机倒把罪，其关键是五行为人出版、印刷、发行、销售的出版物是否为非法出版物。

根据国务院《投机倒把行政处罚暂行条例》第三条的规定，印制、销售、传播非法出版物，获得非法利润的行为是投机倒把行为。又根据国家工商行政管理局《投机倒把行政处罚暂行条例实施细则》第六条的规定，非法出版物是指，未经国家批准的单位和个人印制发行的图书、报刊、录音、录像制品以及经国家批准的出版单位和印刷(装订)厂委印、承印、翻录的属于新闻出版署、广播电影电视部公布的非法出版物目录所列的出版物。

本案五行为人未获国家批准，自行将从书上抄录的资料重新誊抄晒图装订成册，形成所谓征订资料。根据上述有关规定，该资料显属非法出版物。

根据《最高人民法院、最高人民检察院关于当前办理经济犯罪案件中具体应用法律的若干问题的解答(试行)》中认定投机倒把"情节严重"的规定，非法经营数额在20万元以上，或者非法获利数额在10万元以上的，一般可视为"数额特别巨大"。本案中，詹云康的非法经营数额达90余万元；何阿富的非法经营额计30余万元；詹玉相的非法经营额计70万元；詹云权的非法经营额30余万元；吴源有的非法经营额计40余万元，上述5名犯罪人的非法经营数额均在30万元以上，显然符合"数额特别巨大"的规定。但根据本案的具体情况，人民法院经审判委员会讨论决定，依照我国《刑法》第五十九条规定，对本案的犯罪人作出了减轻处罚，这是正确的。

(顾宇斌)

62. 邓革等投机倒把案

(一)首部

1. 裁判书字号

一审判决书：湖北省武汉市中级人民法院(1994)武刑初字第201号。

二审判决书：湖南省高级人民法院(1994)鄂刑一终字第407号。

复核审裁定书：中华人民共和国最高人民法院(1994)刑复字第219号。

2. 案由：邓革等投机倒把案。

3. 诉讼双方

公诉机关：湖北省武汉市人民检察院，检察员关品卿、代理检察员王亚军。

被告人(上诉人)：邓革，男，27岁，汉族，湖北省武汉市人，个体印刷户。1994年4月16日因本案被逮捕。

二审辩护人：朱宏伟，湖北省武汉市第九律师事务所律师。

被告人：邓广新，男，48岁，汉族，湖北省武汉市人，个体印刷户。1994年4月16日因本案被逮捕。

被告人邓广新未委托辩护人，自己行使辩护权。

被告人：吴胜峰，男，24岁，汉族，湖北省武汉市人，无职业。1994年6月16日因本案被逮捕。

被告人吴胜锋未委托辩护人，自己行使辩护权。

被告人(上诉人)：胡泉珍，女，46岁，汉族，四川省三台县人。1994年5月16日因本案被逮捕。

被告人胡泉珍未委托辩护人，自己行使辩护权。

被告人：胡中华，女，43岁，汉族，四川省岳池县人，农民。1994年5月16日因本案被逮捕。

被告人胡中华未委托辩护人，自己行使辩护权。

被告人：肖继承，男，25岁，汉族，湖北省武汉市人，武汉市汉南区棉纺厂工人。1994年6月23日因本案被逮捕。

被告肖继承未委托辩护人，自己行使辩护权。

被告人(上诉人)：杨文强，女，44岁，汉族，四川省武胜县人，农民。1994年5月16日因本案被逮捕。

被告人杨文强未委托辩护人，自己行使辩护权。

4.审级：二审、复核审。

5.审判机关和审判组织

一审法院：湖北省武汉市中级人民法院。

合议庭组成人员：审判长：袁跃武；代理审判员：王建敏、刘树群。

二审法院：湖北省高级人民法院。

合议庭组成人员：审判长：方健鹤；审判员：余德山、王秋山。

复核审法院：中华人民共和国最高人民法院。

合议庭组成人员：审判长：薛淑兰；代理审判员：宣东、续文刚。

6.审结时间

一审审结时间：1994年8月24日。

二审审结时间：1994年10月13日。

复核审审结时间：1994年10月22日。

(二)一审情况

1.一审诉辩主张

(1)湖北省武汉市人民检察院指控称

被告人邓革、邓广新、肖继承、吴胜峰、胡泉珍、胡中华、杨文强非法印制、倒卖发票，特别是非法印制、倒卖增值税发票，数额特别巨大，情节特别严重。被告人邓革非法印制和倒卖"湖北省增值税专用发票"142本计7100份，非法印制、倒卖各类普通发票计14.19万份，已印制未售出的普通发票计5900份，非法所得人民币共5500余元。被告人邓广新非法印制和倒卖"湖北省增值税专用发票"190本计7600份；非法印制、倒卖各类普通发票计11.9万份，已印制未销售的各类普通发票2.2124万份，非法所得计人民币6300余元。被告人肖继承非法倒卖"湖北省增值税专用发票"7500份，倒卖普通发票2.5万份。被告人吴胜峰非法印制"湖北省增值税专用发票"计6300份，非法印制、倒卖普通发票3.09万份。被告人胡泉珍非法倒卖"湖北省增值税专用发票"5300份，未售出的增值税专用发票25份；倒卖各类普通发票15.2万份，其中未售出的各类普通发票1.1725万份。被告人胡中华非法倒卖"增值税专用发票"5000份，其中未售出的50份；非法倒卖各类普通发票1.7万份，其中未售出的各类普通发票8227份。被告人杨文强非法倒卖各类普通发票计1.15万份。上列被告人的行为均触犯《中华人民共和国刑法》第一百一十八条，全国人民代表大会常务委员会《关于严惩严重破坏经济的罪犯的决定》第一条第(一)项的规定，构成投机倒把罪。被告人邓广新、吴胜峰案发后向检察机关自首，具有《中华人民共和国刑法》第六十三条规定的情节。

(2)被告人的答辩

被告人邓革、邓广新、吴胜峰、杨文强对起诉书指控的事实供认不讳。被告人肖继承提出有立功表现。被告人肖继承、胡泉珍、胡中华均提出起诉书指控其倒卖发票的数量有误。

2. 一审事实和证据

湖北省武汉市中级人民法院经公开审理查明：

被告人邓革、邓广新、吴胜锋、胡泉珍、胡中华、肖继承、杨文强于1992年12月至1994年4月期间，大肆非法印制、倒卖增值税专用发票或其他发票，具体事实如下：

(1)非法印制、倒卖“湖北省增值税专用发票”的事实

1994年2月，被告人邓革非法排版印制了“湖北省增值税专用发票”16本，每本50份计800份，以每本7元的价格卖给被告人胡泉珍后，得赃款80元。被告人胡泉珍又以每本7元至9元的价格在本市武昌火车站出售，售出775份，未售出的25份，案发后被查获。

1994年3月，被告人邓广新非法印制“湖北省增值税专用发票”90本，每本50份计4500份，以每本10元的价格卖给被告人胡泉珍后，获赃款900元。被告人胡泉珍退给被告人邓广新30本，其余60本计3000份以每本10元至11元的价格在本市武昌火车站倒卖。

1994年3月，被告人邓广新非法印制“湖北省增值税专用发票”100本，每本50份计5000份，以每本10元的价格卖给被告人胡中华后，获赃款人民币1000元。事后被告人胡中华将其中的12本又退给被告人邓广新，将其余88本4400份此种发票在本市武昌火车站以每本10元至11元的价格倒卖，售出87本计4350份，未售出的1本计50份，在案发后被查获。

1994年3月，被告人吴胜锋将其非法印制的“湖北省增值税专用发票”126本，每本50份计6300份卖给被告人邓革。被告人邓革将其中40本计2000份，以每本10元的价格卖给刘明全(另案处理)、张海兵(在逃)，其余86本倒卖给他人，将所获赃款人民币500元交给被告吴胜锋。

1994年3月中旬，被告人肖继承和刘明全、张海兵从解德兵(另案处理)处以每本10元的价格购得由程远秋(另案处理)非法印制的“湖北省增值税专用发票”50本计2500份。肖等3人又以每本11元的价格在本市武昌火车站倒卖，获赃款人民币50元，由3人挥霍。

1994年3月，被告人肖继承和刘明全、张海兵从解德兵处以每本5元的价格购买了由李胜利(另案处理)非法印制的“湖北省增值税专用发票”60本计3000份。肖等3人以每本9元的价格卖给胡中华的女儿王秀等人，获赃款人民币240元，3人均分。后王秀又将30本发票退给被告人肖继承和解德兵等人。

(2)非法印制、倒卖其他发票的事实

1992年12月，被告人邓革按照王新桥(另案处理)的要求和提供的票样，非法印制了“武汉市普通定额统一发票”100本，每本100份计10000份，以每本0.55元的价格卖给王新桥后，获赃款人民币55元。

1993年9月至1994年11月间，被告人邓革应王新桥的要求，按照王提供的票样，非法印制“武汉市普通定额统一发票”620本计62000份，非法印制“武汉市公路运输装卸、搬运统一发票”20本，每本50份计1000份，印制“武汉市公路运输服务业专用发票”62本，每本50份计3100份，分别以每本0.60元、2元和3元的价格卖给王新桥后，实得赃款人民币430元。

1993年9月，被告人邓革先后两次将自己印制的“武汉市普通定额统一发票”260本，每本100份计26000份，以每本0.60元的价格卖给余汉红(另案处理)后，获赃款人民币156

元整。

1993年10月,被告人邓革应原黄陵治安联防队队长王善桥(另案处理)的要求,按照王提供的票样,非法印制了“武汉市饮食行业专用发票”100本,每本50份计5000份,分别以每本5元、3元的价格卖给王善桥后,获赃款600余元。

1993年10月,被告人邓革将其非法印制的“武汉市工商企业统一发票”80本,每本50份计4000份,伙同被告人肖继承一起以每本4元的价格卖给被告人胡泉珍50本,卖给他人30本,被告人胡泉珍以每本5元至7元的价格在本市武昌火车站倒卖。此后,被告人邓革又将其非法印制的“武汉市工商企业统一发票”、“武汉市商业批发统一发票”各65本,每本50份计6500份,以及“武汉市普通定额统一发票”600本,每本100份计60000份,分别以每本5元、1.5元的价格卖给被告人胡泉珍后,被告人邓革实得赃款人民币800余元。被告人胡泉珍将上述发票以2元至9元的价格在本市武昌火车站倒卖,其中售出57450份,未售出的11550份于案发后被查获。

1993年10月,被告人邓革将其非法印制的“武汉市商业零售统一发票”150本,计7500份,同被告人肖继承一起以每本4元至5元的价格倒卖给被告人胡中华后,被告人邓革获赃款人民币600元。后被告人胡中华又将此种发票退给被告人邓革100本,其余50本计2500份由被告人胡中华在本市武昌火车站倒卖。

1994年2月被告人邓革将其非法印制的“武汉市工业企业统一发票”40本,每本50份计2500份,“武汉市饮食行业专用发票”50本,每本50份计2500份,分别以5元、4元的价格倒卖给被告人胡中华后,获赃款340元。被告人胡中华将上述发票在本市武昌火车站倒卖,其中卖出7本,计350份,其余83本未售出,于案发后被查获。

1994年2月,被告人邓革将其非法印制的“武汉市商业零售统一发票”130本,每本50份计6500份,分别以每本4元、5元的价格卖给被告人杨文强后,获赃款人民币550元。由被告人杨文强在本市武昌火车站倒卖。

1994年3月,被告人邓革要被告人吴胜锋印制“武汉市饮食行业专用发票”并提供票样和税务监制章。被告人吴胜锋即非法印制该发票118本,每本50份计5900份。交给被告人邓革,邓革尚未卖出,在案发后被查获。

1993年12月,被告人邓革将其非法印制的“武汉市工商企业统一发票”和“武汉市商业零售统一发票”各25本,每本50份计2500份,同被告人肖继承和刘明全一起,以每本5元的价格倒卖给被告人胡泉珍,被告人邓革获赃款人民币250元,分给被告人肖继承等二人共50元,邓革实得赃款人民币200元。

1994年2月,被告人邓广新从被告人邓革处借得票样和监制章后非法印制“武汉市工业企业统一发票”和“武汉市商业零售统一发票”共100本,每本50份计5000份,以每本4元的价格卖给被告人胡泉珍,获款人民币400元。后因发票质量不合格,被告人胡泉珍将上述发票全部退给被告人邓广新。

1994年2月至4月间,被告人邓广新将其非法印制的“武汉市普通定额统一发票”600本,每本100份计60000份,“武汉市工商企业统一发票”和“武汉市商业零售统一发票”320本,每本50份计16000份,分别以每本1.5元、5元的价格卖给被告人胡泉珍后,获赃款人民币2500元。后被告人胡泉珍又将“武汉市工商企业统一发票”和“武汉市商业零售统一发票”90本退给被告人邓广新,其余发票计71500份由告人胡泉珍在武昌火车站倒卖。

1994年3月初，被告人邓广新将其非法印制的“武汉市零售统一发票”100本，每本50份计5000份，以每本5元的价格卖给被告人胡中华后，获赃款人民币400元。被告人胡中华在本市武昌火车站倒卖，其中售出此种发票48本，计2400份，其余52本未售出，案发后被查获。

1994年3月，被告人邓广新将其非法印制的“武汉市工商企业统一发票”和“武汉市商业零售统一发票”共100本，每本50份计5000份，以每本5元的价格卖给被告人杨文强后，获赃款人民币500元。由被告人杨文强在武昌火车站倒卖。

1994年3月，被告人邓广新将其印制的“武汉市工商企业统一发票”和“武汉市商业零售统一发票”80本，每本50份计4000份，以每本3.5元的价格卖给被告人肖继承和刘明全、张海兵后，获赃款人民币280余元。由被告人肖继承等3人在本市武昌火车站倒卖。

1993年10月，被告人吴胜锋与艾昌艳非法印制“武汉市公路运输服务业发票”100本，每本50份计5000份，以每本3元的价格卖给王新桥后，吴胜锋获赃款人民币300元，分给艾昌艳人民币150元，吴胜锋实得赃款人民币150元。

1994年3月，被告人邓广新将其非法印制的“武汉市普通定额统一发票”10000份、“武汉市商业零售统一发票”5000份交给被告人吴胜锋套印税务监制章以及将其已印制的发票花纹纸交给吴非法印制5000份“武汉市工商企业统一发票”，并套印税务监制章，被告人吴胜锋印好后交给被告人邓广新。

1993年12月，被告人肖继承和刘明全从解德兵处以每本4元的价格购得由程远秋非法印制的“武汉市工商企业统一发票”和“武汉市商业零售统一发票”各50本，共100本，每本50份计5000份，后又以每本5元的价格卖给被告人胡泉珍，获赃款人民币100元，二人均分。

1994年3月中旬，被告人肖继承和刘明全、张海兵从解德兵处以每本5元的价格购得由程远秋非法印制的“武汉市公路运输机动车运费统一发票”40本，每本50份计2000份，又以每本6元的价格卖出，获赃款人民币40元，3人均分。

综上所述，被告人邓革非法印制、倒卖“湖北省增值税专用发票”二次，计7100份，其中非法印制、倒卖800份，还将他人印制的“湖北省增值税专用发票”6300份予以倒卖；非法印制其他发票10次，计202250份，其中倒卖197250份，未售出的其他发票5900份；所得赃款3800余元。被告人邓广新非法印制“湖北省增值税专用发票”二次，计9500份，其中倒卖7400份；非法印制其他发票6次，计115000份，其中倒卖90008份，未售出的各种其他发票计22124份；得赃款人民币5980元。被告人吴胜锋非法印制、倒卖“湖北省增值税专用发票”一次，计6300份；非法印制其他发票3次计30900份，其中倒卖10900份；得赃款人民币650元。被告人胡泉珍倒卖“湖北省增值税专用发票”二次，计3775份，未售出25份，；倒卖其他发票136400份，未售出其他发票11725份。被告人胡中华倒卖“湖北省增值税专用发票”一次，计4350份，未售出50份，；倒卖其他发票5250份，未售出其他发票8227份。被告人肖继承伙同他人倒卖“湖北省增值税专用发票”二次，计4000份；伙同他人倒卖其他发票6次，计20000份。被告人杨文强倒卖其他发票二次，计11500份。

被告人肖继承同刘明全、张海兵于1994年3月向检察机关检举揭发了本案。被告人邓广新于1994年4月7日到检察机关投案，同月10日被告人邓广新在协助检察机关抓获同案犯胡泉珍过程中，在胡泉珍家将胡所记载的被告人邓广新倒卖发票给胡泉珍的情况记事本斯毁。被告人邓广新退出人民币2000元，已随案移送。被告人吴胜锋于1994年6月5日携款人民币800元到检察机关投案自首。

上述事实有以下证据证明：

(1)用于印制发票的印刷机、税务监制章、“SW”专用章、花纹底版、铅板等；

(2)从胡泉珍家查获的未售出的25份“湖北省增值税专用发票”及从被告人胡中华家查获的50份该发票和从被告人邓革、邓广新、胡泉珍、胡中华处查获的未售出的各种其他发票；

(3)被告人肖继承同刘明全、张海兵向检察机关举报本案的举报信一封及确认举报信系张海兵所写的文检鉴定结论；

(4)税务部门出具的认定被告人邓革、邓广新、吴胜锋印制以及确认本案查获的发票均系伪发票的证明材料和鉴定结论；

(5)证人艾昌艳的证言；

(6)同伙王新桥、王善桥、余汉红、刘明全、解德兵、程远秋等人的供述；

(7)被告人邓革、邓广新、吴胜锋、胡泉珍、胡中华、肖继承、杨文强的供述。

3. 一审判案理由

湖北省武汉市中级人民法院认为：被告人邓革、邓广新、吴胜锋以营利为目的，非法印制、倒卖增值税发票和其他发票，被告人胡泉珍、胡中华、肖继承以营利为目的，非法倒卖增值税发票和其他发票，被告人杨文强以营利为目的，倒卖其他发票，严重破坏社会主义经济秩序，其行为均已构成投机倒把罪。非法印制、倒卖发票数量特别巨大，情节特别严重。被告人肖继承有立功表现，可以减轻处罚。被告人吴胜锋在案发后，主动到公安机关投案，并如实交待犯罪事实，其行为属投案自首，可以从轻处罚。被告人邓广新向检察机关投案，但投案后销毁罪证，不接受司法机关审查，其行为不属于自首，且罪行将别严重，本应判处死刑，但鉴于其具有主动投案及协助检察机关抓捕同案犯的情节，可不必立即执行。

4. 一审定案结论

湖北省武汉市中级人民法院根据《中华人民共和国刑法》第一百一十八条、第四十三条第一款、第五十三条第一款、第五十二条、第六十三条、第五十九条第二款、第六十条和全国人民代表大会常务委员会《关于严惩严重破坏经济的罪犯的决定》第一条第(一)项，作出如下判决：

(1)邓革犯投机倒把罪，判处死刑，剥夺政治权利终身。

(2)邓广新犯投机倒把罪，判处死刑，缓期二年执行，实行劳动改造，以观后效，剥夺政治权利终身；并处没收财产人民币2000元。

(3)吴胜锋犯投机倒把罪，判处死刑，缓期二年执行，实行劳动改造，以观后效，剥夺政治权利终身；并处没收财产人民币800元。

(4)胡泉珍犯投机倒把罪，判处无期徒刑，剥夺政治权利终身。

(5)胡中华犯投机倒把罪，判处有期徒刑十五年，剥夺政治权利终身。

(6)肖继承犯投机倒把罪，判处有期徒刑五年。

(7)杨文强犯投机倒把罪，判处有期徒刑十一年，剥夺政治权利一年。

(8)邓革、邓广新供非法印制假发票所使用的印刷机、税务监制章等作案工具予以没收。

（三）二审诉辩主张

一审法院判决宣告后，邓革、胡泉珍、杨文强不服，均以“量刑过重”为由，向湖北省高级人民法院提出上诉。

（四）二审事实和证据

湖北省高级人民法院经审理，确认了一审法院所认定的犯罪事实及证据。

（五）二审判案理由

湖北省高级人民法院认为：原判定罪准确。被告人邓革犯罪情节特别严重，原审对其判处死刑适当。被告人邓革上诉提出“量刑过重”的理由不能成立。根据被告人吴胜锋、胡泉珍、杨文强的犯罪事实，原审判决对其量刑过重。

（六）二审定案结论

湖北省高级人民法院根据《中华人民共和国刑法》第一百一十八条、第四十三条第一款、第五十三条第一款、第五十一条第一款、第五十二条、第六十三条、第五十九条第二款、第六十条和全国人民代表大会常务委员会《关于严惩严重破坏经济的罪犯的决定》第一条第（一）项及《中华人民共和国刑事诉讼法》第一百四十四条、第一百三十六条第（一）、（二）项，作出如下判决：

1. 维持武汉市中级人民法院（1994）武刑初字第201号刑事判决书中对邓革、邓广新、胡中华、肖继承的定罪处刑部分，即以投机倒把罪判处邓革死刑，剥夺政治权利终身；判处邓广新死刑，缓期二年执行，剥夺政治权利终身，并处没收财产人民币2000元；判处胡中华有期徒刑十五年，剥夺政治权利三年；判处肖继承有期徒刑五年。

2. 撤销武汉市中级人民法院（1994）武刑初字第201号刑事判决中对吴胜锋、胡泉珍、杨文强的处刑部分。以投机倒把罪判处吴胜锋无期徒刑，剥夺政治权利终身，并处没收财产人民币800元。以投机倒把罪判处胡泉珍有期徒刑十五年，剥夺政治权利三年；以投机倒把罪判处杨文强有期徒刑五年。

（七）复核审情况

依照《刑事诉讼法》的规定，二审法院判决宣告后，省高级人民法院将本案报请最高人民法院进行死刑复核。中华人民共和国最高人民法院经复核，确认了一、二审法院认定的邓革的犯罪事实及其证据。

中华人民共和国最高人民法院认为：被告人邓革以营利为目的，非法印制、倒卖发票的行为，已构成投机倒把罪，且非法印制、倒卖发票数额特别巨大，情节特别严重，应依法予以严惩。一、二审法院认定被告人邓革犯投机倒把罪的犯罪事实清楚，证据确实、充分，定罪准确，量刑适当，审判程序合法。

中华人民共和国最高人民法院根据《中华人民共和国刑法》第一百一十八条、第五十三条第一款和全国人民代表大会常务委员会《关于严惩严重破坏经济的罪犯的决定》第一条第（一）项和最高人民法院、最高人民检察院《关于办理伪造、倒卖、盗窃发票刑事案件适用法律的规定》第一条，作出如下裁定：

核准湖北省高级人民法院（1994）鄂刑一终字第407号以投机倒把罪判处邓革死刑，剥夺政治权利终身的刑事判决。

（八）解说

此案是一起全国罕见的非法印制、倒卖增值税专用发票或其他发票的投机倒把案。审判机关对罪犯邓革处以极刑,其他罪犯亦被判处相应的刑罚,是正确的。

1.罪犯邓革等非法印制、倒卖假发票,虽然其非法经营数额或非法获利额不大,但其社会危害性极大。税务发票既是商品交易中的一种重要商事凭证,也是财务收支会计核算的法定凭证,还是税款计证与稽核的重要依据。尤其是增值税专用发票,用以直接抵扣税款,关系到国家税制改革乃至整个经济体制改革能否顺利到位和成败,关系到社会主义市场经济秩序的稳定。因此,税务发票只能由国家税务部门监督印制并直接向纳税人发放,其他任何单位、个人未经许可不能私自印制和销售。非法印制的假发票一旦流入社会,特别是假增值税发票流入社会,进入商品交易过程中,就会被任意填上纳税金额,以此来抵扣应交纳的税款,给国家造成不可估量的经济损失。犯罪人邓革等人非法印制、倒卖增值税发票达1.66万份,其他发票34.815万份,如此巨大数量的假发票流入社会,必然会对社会主义经济秩序造成严重混乱,给国家造成极大的经济损失。因此,犯罪人邓革等人非法印制、倒卖假发票的行为,社会危害性极大,情节特别严重。

2.最高人民法院、最高人民检察院《关于办理伪造、倒卖、盗窃发票刑事案件适用法律的规定》第一条规定,非法印制、倒卖增值税发票25份以上,或者其他发票250份以上,或者违法所得数额在3000元以上,属于情节严重,以投机倒把罪追究刑事责任。犯罪人邓革等人以营利为目的非法印制、倒卖假发票的行为符合该规定,应当认定为情节严重,构成投机倒把罪。从上述规定可以看出,办理此类案件,首先应考虑的是非法印制、倒卖假发票的数量。规定所列认定“情节严重”以投机倒把罪追究刑事责任的印制、倒卖假发票的数量标准并不太高。这是由这类犯罪所具有的社会危害性和犯罪特点所决定的,是完全正确和必要的。一般来说犯罪分子非法印制、倒卖假发票往往成本不大,倒卖的价格也不高,因而其非法经营数额或违法获利数额一般不大。如果以非法获利数额和非法经营数额作为构成该罪的唯一标准,势必不能使犯罪分子受到法律的严厉制裁。法院在审理罪犯邓革等人投机倒把案时,首先考虑的是其非法印制、倒卖假发票的数量,并以非法获利额作为犯罪情节考虑。当然,在“非法获利额”大而非法印制、倒卖假发票数额很小时,应以“非法获利额”作为定罪量刑的标准或重要条件。

3.上述规定是法院审理此类案件的法律依据,也是对以往办理投机倒把案件的司法解释的补充。规定中虽然对“情节特别严重”的情况未作出具体明确的规定,但本案犯罪人邓革、邓广新、吴胜锋、胡泉珍、胡中华、肖继承、杨文强非法印制、倒卖假发票数量,均超过规定所列认定“情节严重”的印制、倒卖假发票数量标准的数十倍甚至数百倍,属于数量特别巨大,应认定为“情节特别严重”,应依据我国《刑法》第一百一十八条和全国人民代表大会常务委员会《关于严惩严重破坏经济的罪犯的决定》第一条第(一)项的规定处罚。在量刑时,一方面注重对非法印制、倒卖假发票的犯罪分子从严惩处,绝不手软,邓革犯罪数量最大,犯罪情节、危害最严重,又无其他从宽处罚情节,对之处以极刑是完全必要的;另一方面,在依法严惩这类犯罪的同时,对有重大立功或投案自首等从轻处罚情节的罪犯,在处罚时,亦要依照法律规定体现从宽的政策。罪犯肖继承、吴胜锋分别具有立功和投案自首的情节,法院在量刑时分别予以减轻或从轻处罚。这对于及时有效地打击、分化瓦解犯罪分子,体现我国《刑法》“惩办与宽大相结合”的原则及党的“坦白从宽、抗拒从严”的刑事政策都是必要的。

(袁跃武)

63. 朱肇华等生产、销售不符合卫生标准的食品案

(一)首部

1. 判决书字号:江苏省镇江市润州区人民法院(1994)润刑初字第35号。

2. 案由:朱肇华等生产、销售不符合卫生标准的食品案。

3. 诉讼双方

公诉机关:江苏省镇江市润州区人民检察院,检察员乔毅、虞建国。

被告人:朱肇华,男,70岁,汉族,江苏省镇江市人,镇江市富春熟菜店实际经营者。1993年9月27日因本案被逮捕,1993年11月30日取保候审。

辩护人:毛琪,江苏省南京市第二律师事务所正宏律师分所律师。

牟棣:江苏省南京市第二律师事务所正宏律师分所律师。

被告人:朱桂林,男,39岁,汉族,江苏省镇江市人,镇江市春富熟菜店店主。1993年9月27日因本案被逮捕。

辩护人:左新华,江苏省镇江市第三律师事务所律师。

周循,江苏省镇江市第三律师事务所律师。

4. 审级:一审。

5. 审判机关和审判组织

审判机关:江苏省镇江市润州区人民法院。

合议庭组成人员:审判长:景新民;审判员:孔繁果;代理审判员:张建。

6. 审结时间:1994年8月16日。

(二)诉辩主张

1. 江苏省镇江市润州区人民检察院指控称

1993年9月6日至7日上午,本市居民因购买食用富春熟菜店盐水鹅、爪翅等熟菜后,有106人发生食物中毒,陆续去医院就诊,其中有4人住院治疗;因购买食用春富熟菜店的盐水鹅、爪翅等熟菜后,有16人发生食物中毒,陆续送医院就诊,其中有6人住院治疗。润州区卫生防疫站于9月7日上午8时许接到镇江市第二人民医院报告后,即派工作人员赶到富春熟菜店向朱肇华之妻颜瑞珍发出书面通知,要求该店停止经营。颜叫人将此事告知在七里甸镇王家港村三组宰杀场的朱肇华。被告人朱肇华在返家途中路过新河路16号将此事告诉其子朱桂林。被告人朱桂林得知富春熟菜店停业后,赶至姚一湾76号告诉其父母春富熟菜店没有发现问题。被告人朱肇华与其妻颜瑞珍商量后,侥幸认为当日制做的鹅子不会有问题,即让朱桂林派人过来拿货。9月7日下午2时许,春富熟菜店的工人陈××到富春熟菜店的加工场所大龙王巷67号,由被告人朱肇华带着加工场女工蔡××三人同去富春熟菜店,朱肇华将该店的部分熟食转至春富熟菜店继续销售。8日上午6时许,被告人朱桂林之妻程学青接到被告人朱肇华的电话后,又派陈××去大龙王巷加工场拿熟食,销售到上午11时许。由于润州区防疫站接到市第二人民送院关于中毒人数进一步扩大的报告后,及时将春富熟菜店停业。9月7日下午至9月8日上午,居民购买春富熟菜店的熟菜食用后共有

104 人发生食物中毒，并陆续去医院就诊，其中有 6 人住院治疗。

经镇江市卫生防疫站检测中毒单位剩余食品、中毒者粪便以及富春熟菜店加工、销售中的容器、用具，认定这起事故是由于食用溶藻性弧菌所污染的食品而引起的。造成食物被污染的主要原因为：(1)烧煮过程中交叉污染；(2)无纱门、纱窗，导致空气污染和苍蝇叮爬污染；(3)盛装容器、用具的消毒不严；(4)销售时间过长。认定以上事实，有镇江市卫生防疫站检测报告、医院诊断病历、食品卫生监督检查记录、证人证言及被告人供述在案，事实清楚，证据确实、充分。

江苏省镇江市润州区人民检察院认为：被告人朱肇华为个体富春熟菜店的实际经营者，对加工销售场所管理不严，无具体操作人员对容器、用具清洗、消毒的规章制度，生产销售被溶藻性弧菌污染的食品，造成 122 人中毒。尤为严重的是，当卫生防疫部门通知富春熟菜店停止经营后，被告人朱肇华仍将熟食移至春富熟菜店销售。被告人朱桂林在已知卫生部门要求富春熟菜店停业的情况下，继续销售从富春熟菜店转移来的熟食，又造成 104 人中毒。被告人朱肇华、朱桂林的行为均已触犯全国人大常委会《关于惩治生产、销售伪劣商品犯罪的决定》第三条，构成生产、销售不符合卫生标准的食品罪，特对被告人朱肇华、朱桂林提起公诉，请求依法判处。

2. 被告人的答辩及其辩护人的辩护意见

两被告人及其辩护人对江苏省镇江市润州区人民检察院指控被告人朱肇华、朱桂林犯生产、销售不符合卫生标准的食品罪持否定意见，均作了无罪辩护。其主要意见为：(1)富春熟菜店已经营 11 年，卫生条件及信誉均是好的，多次获得有关部门的奖励，从未发生过任何事故。因此，造成这次食物中毒事故，两被告人主观上没有故意，其行为不构成犯罪。(2)导致食物中毒的原因不明。认为起诉书中“认定这起事故是由于食用溶藻性弧菌所污染的食品而引起的”结论，缺乏医学根据，同时也与镇江市第二人民医院的化验为“副溶血性弧菌”结果相矛盾。真正导致食物中毒的原因未查清。(3)全国人大常委会《关于惩治生产、销售伪劣商品犯罪的决定》第三条规定：“生产、销售不符合卫生标准的食品，造成严重食物中毒事故或者其他食源性疾患，对人体健康造成严重危害……”，但对何为“严重食物中毒”未界定。本案被害人经治疗均已康复，故未对人体造成严重危害。

（三）事实和证据

江苏省镇江市润州区人民法院经公开审理查明：

1993 年 9 月 6 日，本市居民食用富春熟菜店生产、销售的盐水鹅等熟菜后，先后有 122 人发生食物中毒，其中 10 人住院。9 月 7 日上午 8 时许，润州区卫生防疫站接到报告后，即派员前往调查、处理。经了解中毒者系食用富春熟菜店生产、销售的熟菜所致后，于 9 时许赶到富春熟菜店，将上述情况告知该店实际经营者朱肇华之妻颜瑞珍，并发出“停止经营”的书面通知。颜遂派人告知朱肇华，让其回来处理。被告人朱肇华接报返回途中经过春富熟菜店时，又告知被告人朱桂林(系朱肇华之子)，让其亦回家。朱肇华、朱桂林先后赶到姚一湾 76 号朱肇华住处后，被告人朱肇华与其妻颜瑞珍等商量后认为，顾客是食用 6 日制做的盐水鹅等熟菜中毒，7 日朱做的盐水鹅等熟菜可能不会有问题，如果停业经济上会损失，商定将 7 日生产的部分盐水鹅等熟菜拿到春富熟菜店去卖，被告朱桂林表示同意。此后，被告人朱肇华、朱桂林于 9 月 7 日下午及 8 日上午，分两次将 9 月 7 日生产的部分盐水鹅等熟菜转至春富熟菜店销售。本市居民食用该店销售的盐水鹅等熟菜后，又有 104 人食物中毒，其中 6 人住院。润州区卫生防疫站再次接到报告后，经调查了解到富春和春富两熟菜店的关系，令春富熟菜店停业。经镇江市卫生防疫站对剩余食品、中毒者粪便及加工熟菜的容器、用具等检测，认定这起食物中毒事件是由于富春和春富两熟菜店生产、销售的盐水鹅等熟菜被溶藻性弧菌污染所致。

上述事实有下列证据证明：

1. 被告人朱肇华、朱桂林作了部分供述，可相互印证；

2. 证人张金平等200余人证言证实：于9月6日和7日食用了在富春、春富两熟菜店购买的盐水鹅等熟菜后出现中毒症状；

3. 医院病历及卫生防疫部门检测报告等书证证实：富春、春富两熟菜店生产、销售的盐水鹅等熟菜被溶藻性弧菌污染，导致食物中毒事件。

(四)判案理由

江苏省镇江市润州区人民法院认为：

被告人朱肇华、朱桂林在明知富春熟菜店生产销售的熟菜已造成多人中毒，且卫生防疫部门已明令其停止经营的情况下，为了私利，心存侥幸，将剩余熟菜转移到春富熟菜店继续销售，导致104人食物中毒的严重事故，对人身健康造成严重危害，其行为均已构成生产、销售不符合卫生标准的食品罪，应予严惩。江苏省镇江市润州区人民检察院指控被告人朱肇华、朱桂林犯生产、销售不符合卫生标准的食品罪，事实清楚，定性准确，应予采纳。对于被告人朱肇华、朱桂林及其辩护人提出的没有犯罪故意，信誉和卫生状况良好，以及卫生防疫部门的检测报告与医院化验结果相互矛盾等辩护意见，不予采纳。主要理由是：两被告人在明知已出现中毒事故且被停止经营的情况下，将在相同条件下生产的食品继续销售，是对可能发生的危害结果采取放任的态度，主观上具有间接故意；其以往信誉和卫生状况良好并不能否定客观发生的中毒事故，更不能否认被告人主观上具有的犯罪故意，省、市等卫生防疫部门对这起食物中毒事故已从科学上作了鉴定和解释，对于这起食物中毒致病菌究竟为溶藻性弧菌，还是副溶血性弧菌的专业技术问题，江苏省卫生防疫站经科学鉴定后认为：这起中毒事故是由溶藻性弧菌和副溶血性弧菌混合污染食物而引起的。镇江市卫生防疫站和第二人民医院的检验结果不一致，是因为在中毒食品中溶藻性弧菌分布广，菌量大，易被检出，其致病性是肯定的。而溶藻性弧菌进入人体后在肠道内呈一过性致病，一般在24小时后从粪便中即不易检出，服用抗菌药物后则更不易检出。副溶血性弧菌进入人体后在肠道内滞留时间长，可以大量繁殖，因此在粪便中易被检出。所以中毒食品的检测报告与中毒者粪便的化验结果不一致并无矛盾。

本案的诉讼过程中，受害人虽然未提出附带民事诉讼，但按照上述决定的第十二条第二款，对造成受害人损失的，除依照该决定追究刑事责任外，并应当根据情况依法判处赔偿损失。

(五)定案结论

江苏省镇江市润州区人民法院根据全国人大常委会《关于惩治生产、销售伪劣商品犯罪的决定》第三条第一款、第十二条第二、三款，作出如下判决：

1. 朱肇华犯生产、销售不符合卫生标准的食品罪，判处有期徒刑二年，罚金12600元。

2. 朱桂林犯生产、销售不符合卫生标准的食品罪，判处有期徒刑一年零六个月，罚金1800元。

3. 朱肇华、朱桂林连带赔偿被害人经济损失7850.40元，于判决生效后一个月内付清。

（六）解说

本案诉讼双方争论的焦点集中在两个方面：一是行为人主观上是否具有犯罪故意，二是行为人的行为是否对人体健康造成了严重危害的后果。这两点直接关系到两行为人是否构成生产、销售不符合卫生标准的食品罪，以及是否能对其适用全国人大常委会《关于惩治生产、销售伪劣商品犯罪的决定》。

从本案查明的事实看，1993年9月6日造成122人中毒的事实，朱肇华主观上不存在"明知"及"希望"或"放任"危害结果发生的心理态度，没有犯罪的故意，所以，一审法院没有将其行为作为犯罪认定。但是，9月7日上午，当卫生防疫部门已向富春熟菜店发出停止营业的书面通知后，朱肇华应当知道未售出的食品可能不符合卫生标准，应当预见到继续销售可能导致的危害后果。而其为了私利，心存侥幸，对可能发生的危害结果采取放任的态度，将尚未售出的食品转移至春富熟菜店继续销售，造成104人食物中毒的事故。朱肇华之子朱桂林在明知富春熟菜店所售食品已引起中毒事故且被停止经营的情况下，同意其父母将富春熟菜店未售完的食品转移至尚未停止经营的春富熟菜店销售的主张，分两次将9月7日生产的部分熟食转移至春富熟菜店销售，结果导致了104人食用后中毒。显然，朱桂林对此结果的出现是持放任态度的。由此可见，两行为人的主观故意是十分明显的。

对于"严重危害"问题，全国人大常委会《关于惩治生产、销售伪劣商品犯罪的决定》和最高人民法院《关于执行全国人大常委会〈关于惩治生产、销售伪劣商品犯罪的决定〉的若干问题的解释》中均未作出具体界定。因此只能根据相关法规，结合实际情况来具体分析。国家劳动部安字（1990）9号《特别重大事故调查程序暂行规定》中明确指出：一次造成职工和居民100人及其以上的急性中毒事故为特别重大事故。这起食物中毒事故中，共有226人的健康受到侵害，有人已处于休克状态，造成了严重的社会影响。因此镇江市润州区人民检察院和人民法院均认定该起食物中毒事故为严重事故，是有法律依据、符合事实情况的。

（汤　流）

64. 陈新国等生产、销售有毒食品、假冒商标案

（一）首部

1. 裁判书字号

一审判决书：河南省驻马店地区中级人民法院（1994）驻中法刑初字第82号。

二审裁定书：河南省高级人民法院（1994）豫法刑二上字第397号。

复核审裁定书：中华人民共和国最高人民法院（1994）刑复字第257号。

2. 案由：陈新国等以工业酒精冒充食用酒精进行倒卖的危险方法致人伤亡，生产、销售有毒有害食品案。

3. 诉讼双方

公诉机关：河南省人民检察院驻马店分院，检察员刘振邦、刘宇，代理检察员霍国印、朱保华。

附带民事诉讼原告人：王付来，男，33岁，农民，系被害人王金明之子。

附带民事诉讼原告人：张万性，男，41岁，农民，系被害人张志元之弟。

附带民事诉讼原告人（被害人）：张班，男，48岁，农民。

附带民事诉讼原告人（被害人）：张三毛，男，44岁，农民。

被告人（上诉人）：陈新国，男，39岁，汉族，河南省周口市人，系华泰化工厂厂长。1993年11月6日因本案被逮捕。

一审辩护人：聂荣中，河南省上蔡县经济律师事务所律师。

被告人（上诉人）：李建海，男，30岁，汉族，河南省商水县人，农民。1993年11月15日因本案被逮捕。

被告人李建海未委托辩护人，自已行使辩护权。

被告人（上诉人）：王国民，男，47岁，汉族，河南省上蔡县人，农民。1993年11月7日因本案被逮捕。

一审辩护人：杨中原，河南省上蔡县经济律师事务所律师。

邝中泉，河南省上蔡县经济律师事务所律师。

被告人：史玉振，男，28岁，汉族，河南省上蔡县人，农民。1993年11月6日因本案被逮捕。

一审辩护人：贾付安，河南省上蔡县律师事务所律师。

被告人（上诉人）：王新平，男，32岁，汉族，河南省上蔡县人，农民。1993年11月6日因本案被逮捕。

被告人王新平未委托辩护人，自已行使辩护权。

被告人（上诉人）：关艳江，女，32岁，汉族，河南省上蔡县人，个体户。1993年10月28日因本案被批准逮捕后外逃，1994年6月23日投案自首。

一审辩护人：肖玉川，河南省上蔡县经济律师事务所律师。

被告人：任如意，男，30岁，汉族，河南省周口市人，农民。1993年11月24日因本案被逮捕。

一审辩护人：曹平，河南省驻马店地区律师事务所律师。

被告人（上诉人）：刘桂营，男，39岁，汉族，河南省周口市人，农民。1994年11月23日因本案被逮捕。

被告人刘桂营未委托辩护人，自已行使辩护权。

4. 审级：二审、复核审。

5. 审判机关和审判组织

一审法院：河南省驻马店地区中级人民法院。

合议庭组成人员：审判长：远国明；审判员：韩勇、张学富。

二审法院：河南省高级人民法院。

合议庭组成人员：审判长：孔志；审判员：韦殿清；代理审判员：赵天炜。

复核审法院：中华人民共和国最高人民法院。

合议庭组成人员：审判长：任卫华；代理审判员：宣东、文国光。

6. 审结时间

一审审结时间：1994年11月25日。

二审审结时间:1994 年 12 月 7 日。

复核审审结时间:1994 年 12 月.12 日。

(二)一审诉辩主张

1. 河南省人民检察院驻马店分院指控称

1993 年 5 月被告人陈新国为获取暴利,将以每吨 2400 元购买的工业酒精冒充食用酒精,以每吨 3000 元至 3200 元的价格销售给个体化工商店的李景美等人。被告人李建海从李景美商店购买已发觉有异味的该酒精加入井水和少量香料进行勾兑后,又伙同被告人王国民购买、印制"林河粮液"白酒包装箱 100 余个。被告人任如意、刘桂营明知李建海、王国民生产、销售假酒,却为李、王二人提供假冒的简装"林河粮液"白酒包装箱 100 余个及假冒的简装"林河粮液"商标 3000 余套。被告人李建海、王国民将该酒伪造装箱后,以每件 42 元的价格销售给被告人史玉振,被告人史玉振又以每件 54 元的价格转销给被告人王新平,王新平又以每件 60 元的价格销售给关艳江。被告人关艳江又以每件 73 元至 75 元的价格批发给上蔡县塔桥、西洪、和店、黄埠、齐海等乡村的个体代销店。该酒被当地群众购买饮用后,造成 16 人甲醇中毒,其中 4 人死亡、1 人重伤、1 人轻伤的严重后果。认定被告人陈新国犯以工业酒精冒充食用酒精进行倒卖的危险方法致人伤亡罪,被告人李建海、王国民、任如意、刘桂营犯生产、销售有毒有害食品罪,被告人史玉振、王新平、关艳江犯销售有毒有害食品罪,请求对各被告人依法惩处。

2. 附带民事诉讼原告人诉称

附带民事诉讼原告人王付来、张万性、张班、张三毛请求判处诸被告人赔偿被害人王金明、张志元、张班、张三毛的治疗费和埋葬费等。

3. 被告人的答辩及其辩护人的辩护意见

被告人李建海辩解称:购买的是食用酒精。被告人王国民及其辩护人辩解不构成生产、销售有毒有害食品罪的共犯、主犯。陈新国辩解称:从谭广海处购买的是食用酒精,其辩护人辩称认定陈新国购买的是"工业酒精"的证据不足,且不构成本案的共犯。被告人史玉振对检察机关的指控没有提出明确的辩护理由,其辩护人请求对史玉振从轻处罚。被告人王新平、关艳江均辩称不知道是假酒,关艳江的辩护人辩称关艳江不构成销售有毒有害食品罪的共犯。被告人任如意、刘桂营及任如意的辩护人均辩称任如意、刘桂营的行为违反商标法,不构成生产有毒有害食品罪共犯。

(三)一审事实和证据

河南省驻马店地区中级人民法院经公开审理查明:

1993 年 5 月,被告人陈新国通过周口市人和化工试剂店的马新生到项城县化工个体户谭广海(另案处理)处购买工业酒精,因谭当时没货没有买成。后被告人陈新国又同本厂会计韩俊梅到谭广海处催货。同年 6 月 20 日前后,被告人陈新国再次到谭广海家催货,并提出购买两桶食用酒精,向谭广海索要食用酒精检验报告单(复印件)1 份。6 月 27 日,被告人谭广海租货车从河南省孟县第一化肥厂以每吨 1450 元的价格买甲醇 24 桶(3800 公斤)。6 月 28 日,被告人谭广海将所购买的甲醇冒充工业酒精,以每吨 2400 元销售给被告人陈新国所在的周口市建筑公司华泰化工厂 18 桶(3 吨余)。被告人陈新国为谋取暴利,以事前从谭广海处索要的食用酒精检验报告单作幌子,从 7 月初开始将所谓的工业酒精冒充食用酒精,以每吨 3000 元至 3200 元的价格,通过周口市卷烟材料厂业务员何俊魁,先后销给周口市振兴化工商店的李景美12桶(2吨),卖给该市人和化工试剂店的马淑英4桶,兴达化工试剂店的刘宽美2桶。

1993年7月中旬一天,被告人王国民、史玉振携款到被告人李建海的私人酒厂,向李建海订购假冒简装“林河粮液”酒100件,并交给被告人李建海现金2000元,作买酒精用款。被告人李建海、王国民为生产该酒,分别准备了“河南省林河酒厂1993、4、12”生产日期印章一枚和简装“林河粮液”酒包装箱印版一个,李建海、王国民共同购买并印制了简装“林河粮液”包装箱100余只。被告人刘桂营、任如意明知李建海、王国民等人生产假酒,刘桂营将2000套假冒的简装“林河粮液”商标以每套2角5分卖给任如意,任如意又以每套3角卖给李建海和王国民。被告人李建海准备好生产假酒的全套包装又以每吨3550元的价格从李景美处购买陈新国倒卖的所谓食用酒精4桶(1200斤),在其私人酒厂,用该“酒精”加入井水和少量香精进行勾兑。在勾兑中,李建海已发觉该“酒精”有异味,仍继续兑制装瓶。并雇用本村青年徐高峰、徐小霞、徐爱云等人与王国民包装假冒简装“林河粮液”45件。被告人王国民在包装生产中,已品尝到该酒有异味,仍以每件42元的价格,用三轮车运到史玉振家。被告人史玉振以每件54元的价格倒卖给被告人王新平,王新平又以每件60元的价格卖给上蔡县白云观批发市场“万家乐”个体烟酒批发部的关艳江。同年7月下旬至8月上旬,被告人关艳江又以每件72元至75元的价格分别销售给该县的黄埠、塔桥、西洪、和店、齐海等乡个体烟酒代销店的胡秀、阎国文、胡小庄、付国值、李付庆等人。当地群众王金明、张志元、胡国政、张立军、张班、张三毛等16人购买、饮用后,造成严重的甲醇中毒。王金明、张志元、胡国政、张立军分别于8月2日、10日、12日、17日死亡。张班双目失明,构成重伤,张三毛左眼视力降至0.1,右眼视力降至0.8,构成轻伤(偏重)。

上述事实有下列证据证明:

1. 被告人的陈述;

2. 证人证明陈新国从谭广海处购买的工业酒精系甲醇,并且以工业酒精作为食用酒精出售,李建海购此酒精后,勾兑食用白酒予以销售;

3. 刑事技术鉴定结论证实:在李建海兑酒的余物中,甲醇含量为85.32%;

4. 法医鉴定结论证实:被害人张志元、张立军等在饮用李建海生产的酒后,死于甲醇中毒;

5. 提取的部分物证证实;

6. 各被告的供述,所供作案时间、地点、手段等情节相互印证,且与被害人陈述、证人证言、刑事技术鉴定结论相吻合。

(四)一审判案理由

河南省驻马店地区中级人民法院队为:

被告人陈新国为牟取暴利,以所谓的工业酒精冒充食用酒精,作为食品原料进行倒卖,其行为构成销售有毒食品罪。被告人李建海将高毒物质甲醇加入井水兑制“白酒”,进行生产、销售,其行为已构成生产、销售有毒食品罪。被告人王国民、史玉振、王新平、关艳江明知购买、销售的是假酒,而低买高卖,造成了严重的危害后果,其行为均构成销售有毒食品罪,但被告人关艳江能主动投案自首,认罪态度较好,应予以从轻处罚。被告人刘桂营、任如意为牟取私利,倒买倒卖他人商标,严重破坏了社会主义经济秩序,其行为均已构成假冒商标罪。检察机关指控被告人李建海犯生产、销售有毒食品罪,被告人王国民、史玉振、王新平、关艳江犯销售有毒食品罪的理由充分，应予支持；但认定被告人陈新国犯以工业酒精冒充食用酒精进行倒卖的的危险方法致人伤亡罪，被告人王国民、任如意、刘桂营犯生产有毒食品罪的定性不准，不予支持。被告人李建海、陈新国、史玉振、王新平、关艳江及其辩护人所述理由不足，不予采纳。被告人王国民、任如意、刘桂营及其辩护人所述理由成立，应予采纳，应根据各被告人的犯罪行为分别定罪处罚。由于被告人的犯罪行为给被害人的家庭造成了严重的经济损失，应支持诸附带民事诉讼的原告人的诉讼请求，由各被告人分别给予适当赔偿。

（五）一审定案结论

河南省驻马店地区中级人民法院根据《中华人民共和国刑法》第一百二十七条、第二十二条、第二十三条、第二十四条、第五十一条、第五十二条、第五十三条第一款、第四十三条、第六十三条、第三十一条和全国人大常委会《关于惩治生产、销售伪劣商品犯罪的决定》第三条第二款，作出如下判决：

1. 陈新国犯销售有毒食品罪，判处死刑，剥夺政治权利终身，赔偿被害人家庭经济损失1000元。

2. 李建海犯生产、销售有毒食品罪，判处死刑，剥夺政治权利终身，赔偿被害人家庭经济损失1000元，罚金1000元。

3. 王国民犯销售有毒食品罪，判处死刑，缓期二年执行，剥夺政治权利终身，赔偿被害人家庭经济损失1000元，罚金1000元。

4. 史玉振犯销售有毒食品罪，判处无期徒刑，剥夺政治权利终身，赔偿被害人家庭经济损失1000元，罚金1000元。

5. 王新平犯销售有毒食品罪，判处有期徒刑十五年，剥夺政治权利五年，赔偿被害人家庭经济损失1000元，罚金1000元。

6. 关艳江犯销售有毒食品罪，判处有期徒刑十年，剥夺政治权利三年，赔偿被害人家庭经济损失1000元，罚金1000元。

7. 任如意、刘桂营犯假冒商标罪，分别判处有期徒刑三年，赔偿被害人家庭经济损失500元。

（六）二审情况

1. 二审诉辩主张

一审判决宣告后，被告人陈新国、李建海、王国民、王新平、关艳江、刘桂营不服，分别提出上诉。

上诉人陈新国上诉称：原判量刑畸重，有投案自首情节，舅父在台湾台北市利声公司任职等。

上诉人李建海上诉称：定性不准。

上诉人王国民上诉称：部分事实不符。

上诉人王新平上诉称：不知道所买卖的是假酒。

上诉人关艳江上诉称：不知道所买卖的是假酒，量刑过重。

上诉人刘桂营上诉称：量刑过重等。

2. 二审事实和证据

河南省高级人民法院经审理查明：

原判认定被告人陈新国、李建海、王国民、史玉振、王新平、关艳江、任如意、刘桂营等八被告人的犯罪事实清楚，证据确实、充分。

证明其犯罪事实的证据，与一审法院认定的证据一致。

3. 二审判案理由

河南省高级人民法院认为：

上诉人陈新国在得知公安机关传唤之后，确曾到公安机关交待了买卖酒精的经过，但是未能如实交待以工业酒精冒充食用酒精进行倒卖的主要犯罪事实，故自首不能成立，陈新国另诉其舅父在台工作的理由，查无实据，不予认定。被告人李建海制造并贩卖含有高毒物质的假酒，其行为已构成生产、销售有毒食品罪，所诉“定性不准”的理由不能成立。上诉人王国民为从李建海处购买假“林河粮液”酒，事先交给李建海定金2000元作买酒精用款，并提供印版，伙同李建海印制简装“林河粮液”包装箱等犯罪事实，有李建海、史玉振的供述在案佐证，且所供情节与被告人王国民的原供述相互印证，原判认定王国民的犯罪事实清楚，所诉部分事实不实的理由不能成立。上诉人王新平、关艳江在购买假酒时，从酒的价格及来源上均已意识到所购的可能是假酒，仍继续购买并销售，此情节有二上诉人原来的供述为证，所诉不知是假酒的理由不能成立。

上诉人陈新国目无国法，为牟取暴利，以所购的工业酒精，冒充食用酒精进行倒卖；被告人王国民、史玉振、王新平、关艳江明知购买的是假酒而予以销售，造成严重的危害后果，其行为均已构成销售有毒食品罪。上诉人李建海以高毒物质甲醇作原料兑制“白酒”，并予以销售，其行为已构成生产、销售有毒食品罪。上诉人刘桂营、任如意以营利为目的，倒买、倒卖他人商标，其行为均已构成假冒商标罪。其中，上诉人陈新国、李建海的犯罪情节和后果均特别严重，应予严惩。陈新国、李建海、王国民、王新平、关艳江、刘桂营的上诉理由均不能成立，不予采纳。原判对各犯罪人的定罪准确，量刑适当，审判程序合法。

4. 二审定案结论

河南省高级人民法院根据《中华人民共和国刑事诉讼法》第一百三十六条第（一）项，作出如下裁定：

驳回陈新国、李建海、王国民、王新平、关艳江、刘桂营的上诉；维持河南省驻马店地区中级人民法院(1994)驻中法刑初字第82号刑事附带民事判决。

（七）复核审情况

河南省高级人民法院依照《中华人民共和国刑事诉讼法》第一百四十五条第一款之规定，将本案报请中华人民共和国最高人民法院核准。

中华人民共和国最高人民法院经复核确认：1993年6月28日，被告人陈新国在河南省项城县个体户谭广海（另案处理）处，将18桶(3800公斤)甲醇当作工业酒精购入本单位。后为牟利，将该所谓的工业酒精冒充食用酒精销售给周口市的李景美等人。被告人李建海从李景美处购入该所谓食用酒精4桶(1200斤)，用于勾兑假冒简装“林河粮液”酒45件。李建海在勾兑中察觉所用“食用酒精”异常，仍继续勾兑。其勾兑的假酒经王国民、史玉振等人于同年7月中旬销给河南省上蔡县黄埠、塔桥等乡的个体烟酒代销店。当地群众王金明、张志元、胡国政、张立军、张班、张三毛等16人购买饮用后致甲醇中毒。其中王金明、张志元、胡国政、张立军死亡，张班双目失明，张三毛双眼视力下降（轻伤）。

上述事实，有被害人陈述、证人证言、现场勘查笔录、刑事科学技术鉴定和同案被告人供述证实，被告人陈新国、李建海亦供认，足以认定。

中华人民共和国最高人民法院认为:陈新国故意以非食用酒精冒充食用酒精出售,其行为已构成销售有毒食品罪。李建海用有毒原料兑制白酒销售,其行为已构成生产、销售有毒食品罪。二被告人的行为造成数人伤亡的严重后果,犯罪情节特别严重,均应依法严惩。一审判决、二审裁定认定的事实清楚,证据确实、充分,定罪准确,量刑适当,审判程序合法。

中华人民共和国最高人民法院根据全国人民代表大会常务委员会《关于惩治生产、销售伪劣商品犯罪的决定》第三条第二款和《中华人民共和国刑法》第五十三条第一款,作出如下裁定:

核准河南省高级人民法院(1994)豫法刑二上字第397号维持一审以销售有毒食品罪,判处陈新国死刑,剥夺政治权利终身;以生产、销售有毒食品罪,判处李建海死刑,剥夺政治权利终身的刑事裁定。

(八)解说

这是一起全国人民代表大会常务委员会《关于惩治生产、销售伪劣商品犯罪的决定》颁布施行后,人民法院审理的生产、销售有毒、有害食品严重刑事犯罪的典型案件。近年来,一些犯罪分子为牟取暴利,置他人生命、健康于不顾,大量制售有毒、有害食品,不仅违反了食品卫生管理制度,而且严重威胁着人民群众的生命、健康权利,具有极大社会危害性,对这种犯罪行为必须依法惩治。为此,全国人大常委会于1993年7月2日通过了《关于惩治生产、销售伪劣商品犯罪的决定》,并于同年9月1日起施行。该《决定》第三条第二款规定:在生产、销售的食品中掺入有毒、有害的非食品原料的,处五年以下有期徒刑或者拘役,可以并处或者单处罚金;造成严重食物中毒事故或者其他严重食源性疾患,对人体健康造成严重危害的,处五年以上十年以下有期徒刑,并处罚金;致人死亡或者对人体健康造成其他特别严重危害的,处十年以上有期徒刑、无期徒刑或者死刑,并处罚金或者没收财产。从而为严厉惩治生产、销售有毒、有害食品的犯罪提供了明确而有效的法律依据。

生产、销售有毒、有害食品罪,是指违反食品卫生管理法规,以营利为目的,生产、销售有毒有害食品,造成严重食物中毒事故或者其他严重食源性疾患的行为。本罪侵犯的客体是双重客体,不但侵犯了国家的食品卫生管理制度,还侵犯了人民群众的生命、健康权利。犯罪对象仅限于有毒、有害食品,即《中华人民共和国食品卫生法》第七条所规定的12种供人食用或饮用的成品或原料,以及按照传统既是食品又是药品的食品。本罪的客观方面表现为违反食品卫生管理法规,生产、销售有毒、有害食品,造成严重食物中毒或者其他严重食源性疾患的行为。该罪是选择性罪名,只要行为人实施了其中任何一种行为均可构成本罪。本罪是结果犯,行为人不但实施了上述行为,而且还必须造成严重食物中毒或者其他严重食源性疾患才构成犯罪。本罪的主体是一般主体,既包括生产、销售食品的企事业单位,又包括从事食品生产、销售的个人,不管其是否具有生产、销售食品的资格均不影响本罪的成立。本罪的主观方面必须是出于故意、并以营利为目的,倘若行为人主观上出于过失则不构成本罪。

就本案而言,陈新国为牟取暴利,故意以工业酒精冒充食用酒精出售,造成他人饮用后中毒伤亡,其行为已构成销售有毒食品罪。李建海用高毒性物质甲醇作原料兑制白酒销售,造成他人饮用后中毒伤亡,其行为已构成生产、销售有毒食品罪。且由于二犯罪人的行为造成4人死亡、1人重伤、1人轻伤的严重后果,犯罪情节特别严重,均应严惩。因此,适用全国人民代表大会常务委员会《关于惩治生产、销售伪劣商品犯罪的决定》第三条第二款和《刑法》第五十三条第一款之规定对陈新国、李建海处以极刑是正确的。王国民、史玉振、王新平、关艳江明知所购买的是假酒而为营利予以销售，其行为均已构成销售有毒食品罪；被告人刘桂营、任如意以营利为目的，买卖他人商标，其行为均已构成假冒商标罪，定性无疑也是正确的，量刑是适当的。

（赵天炜　田力文）

65. 刘邦云等生产、销售有毒、有害食品案

（一）首部

1.裁判书字号

一审判决书：四川省德阳市中级人民法院（1993）德刑初字第93号。

二审裁定书：四川省高级人民法院（1993）川法刑二终字第230号。

复核审裁定书：中华人民共和国最高人民法院（1994）刑复字第45号。

2.案由：刘邦云等以制造、贩卖有毒酒的危险方法致人伤亡案。

3.诉讼双方

公诉机关：四川省德阳市人民检察院，检察员肖玫。

被告人（上诉人）：刘邦云，男，33岁，汉族，四川省什邡县人，原系四川省什邡县方亭镇粮店职工。1993年10月22日因本案被逮捕。

一、二审辩护人：徐世祥，四川省工商律师事务所律师。

被告人（上诉人）：黄开洪，男，33岁，汉族，四川省什邡县人，无职业。1981年8月因犯盗窃罪被判处有期徒刑四年零六个月，1985年11月刑满释放。1994年10月22日因本案被逮捕。

一审辩护人：李宏，四川省广汉市第一律师事务所律师。

曾庆福，四川省什邡县第一律师事务所律师。

4.审级：二审、复核审。

5.审判机关和审判组织

一审法院：四川省德阳市中级人民法院。

合议庭组成人员：审判长：苏慧；代理审判员：黄昌全、袁刚。

二审法院：四川省高级人民法院。

合议庭组成人员：审判长：伍新蓉；代理审判员：藏凡、陈光武。

复核审法院：中华人民共和国最高人民法院。

合议庭组成人员：审判长：南英；代理审判员：白富忠、周峰。

6.审结时间

一审审结时间：1993年12月17日。

二审审结时间：1994年1月12日。

死刑复核核准时间：1994年5月4日。

（二）一审诉辩主张

1991年10月以来，被告人刘邦云租用四川省什邡县云西镇槐树村原酒厂非法生产食

用白酒。1993 年 8 月底，被告人刘邦云、黄开洪为牟取暴利，共谋用工业酒精制造食用白酒。尔后，二被告人到什邡“校办化学试剂玻仪门市部”购得工业酒精 500 克，勾兑成“白酒”销售。1993 年 9 月 17 日至 30 日间，被告人刘邦云、黄开洪先后在什邡“校办化学试剂玻仪门市部”、“洄澜化建经营部”共购得工业酒精 3800 余千克，然后勾兑成食用“白酒”，在什邡、广汉两地销售。致使 13 人饮用后急性甲醇中毒，造成 4 人死亡，7 人重伤（其中 4 人双目失明），轻伤、轻微伤各 1 人的严重后果。上述事实，有被害人陈述、证人证言、现场勘验笔录、鉴定结论、检验报告、物证等证据证实，被告人刘邦云、黄开洪亦供认不讳。德阳市人民检察院认为，被告人刘邦云、黄开洪为牟取暴利，明知工业酒精有毒不能食用，而勾兑成食用“白酒”并销售，致使 13 人急性甲醇中毒，造成 4 人死亡，7 人重伤（其中 4 人双目失明），轻伤、轻微伤各 1 人的严重后果，其行为触犯了《中华人民共和国刑法》第一百零六条第一款之规定，均已构成以制造、贩卖有毒酒的危险方法致人伤亡罪。被告人黄开洪刑满释放后又犯罪，适用全国人大常委会《关于处理逃跑或者重新犯罪的劳改犯和劳教人员的决定》第二条第二款之规定，应从重处罚。为维护社会的公共安全，特对二被告人提起公诉，请求依法惩处。

2. 被告人的答辩及其辩护人的辩护意见

被告人刘邦云及其辩护人认为：德阳市人民检察院起诉书中对刘邦云犯罪事实的指控是正确的，不持异议。但就对被告人所适用的法律和量刑提出了如下辩解意见：第一，德阳市人民检察院指控刘邦云、黄开洪的行为触犯了《中华人民共和国刑法》第一百零六条第一款之规定，构成以制造、贩卖有毒酒的危险方法致人伤亡罪，属适用法律不当。而应该适用 1993 年 7 月 2 日全国人民代表大会常务委员会第二次会议通过的《关于惩治生产、销售伪劣商品犯罪的决定》第三条第二款的规定，构成生产销售有毒、有害食品罪。因为《关于惩治生产、销售伪劣商品犯罪的决定》于 1993 年 9 月 1 日生效，而二被告人的行为又发生在 1993 年 9 月 17 日至 30 日期间，根据新法优于旧法、特别法优于普通法之规定，应该适用《决定》。第二，被告人的行为应该适用死刑，但应缓期二年执行。其理由是，死刑立即执行只适用罪大恶极的犯罪分子，而本案被告人刘邦云从主观上看，并不是恶性很深，他在大批量生产用酒精勾兑的白酒之前，还进行了两次饮用试验，见无异常情况，才大批量用酒精勾兑白酒，可见其主观恶性并不深。同时，被告人在犯罪前也一贯表现较好，犯罪后，又积极看望受害人员，并承担医疗费用。因此，对于被告人刘邦云可以判处死刑，缓期二年执行，实行劳动改造，以观后效。

被告人黄开洪及其辩护人认为：德阳市人民检察院所指控的严重犯罪后果是正确的，应予追究刑事责任。但是起诉书未划分被告人刘邦云与黄开洪在犯罪中的地位和作用。被告人黄开洪系刘邦云的帮工，在犯罪中起次要作用。而刘邦云是该酒厂的承包人，是“老板”，在犯罪中起组织、指挥、决策作用，因此应属本案主犯。此外，辩护人还对适用法律问题提出了与第一被告人刘邦云的辩护人相同的见解。

（三）一审事实和证据

四川省德阳市中级人民法院经公开审理查明：

1991 年 11 月，被告人刘邦云与他人合伙，租用什邡县云西镇槐树村未办营业执照的酒厂非法生产食用白酒。1993 年 9 月，被告人刘邦云独自租用该厂进行非法生产，同月被告人刘邦云邀约被告人黄开洪为厂搞购销。二被告人为牟取暴利，共谋用工业酒精勾兑成食用白酒销售获利。9 月初的一天，被告人刘邦云用一高温瓶在什邡县教育局“校办化学试剂玻仪门市部”购得0.5千克工业酒精，回厂即在所购工业酒精中加水0.5千克，食用酒精0.75千克，自己烤的酒1.75千克，混合后便叫厂内工人陈代华、欧荣海试喝，二人均认为酒味不好，仅喝50克左右。随后，被告人黄开洪亦对该酒进行试喝，觉得没有什么危险。9月17日，刘邦云给黄开洪现金500元，黄即叫徐必生用手扶拖拉机从什邡“校办化学试剂玻仪门市部”购回222.8千克酒精，被告人刘邦云将其勾兑成3500千克白酒，销售给广汉市陈家修2000千克，什邡南泉李云贵200千克，余下零卖。

1993年9月21日，被告人黄开洪几经打听，得知什邡县“洄澜化建经营部”有工业酒精。被告人黄开洪即从刘邦云处取得现金，并雇请什邡县皂角村陈开富用手扶拖拉机从该经营部运回工业酒精404千克。刘邦云、黄开洪便用此批酒精勾兑成5000千克白酒，销售给广汉市陈家修。

1993年9月24日，被告人黄开洪雇请陈开富用手扶拖拉机从“洄澜化建经营部”拉回1345千克工业酒精，混合成5500千克左右白酒销售给广汉陈家修4000多千克，余酒销售给曾凡禄等人。

1993年9月30日，被告人黄开洪雇请陈开富从什邡“洄澜化建门市部”运回1832千克工业酒精。两被告人又用此批酒精勾兑成5500千克左右的白酒。

1993年10月5日，什邡县云西镇槐树村一组的叶代志(74岁)去世，家人为办丧事，由其子叶绍富于10月6日、9日先后在槐树村刘邦云酒厂购得白酒14千克。叶少荣、叶少华、周贤才饮后，出现甲醇中毒症状，并致双目失明，法医鉴定为重伤。吴守成饮此酒100克左右，即出现头痛、视物不清的症状，诊断为甲醇中毒，经治疗后恢复正常。法医鉴定吴守成的损伤为轻微伤。

1993年10月7日，什邡县云西镇桐子村五组的廖顺兴去世，其女婿夏志富为办丧事，于10月11日在刘邦云酒厂购得白酒27千克。次日，廖礼刚饮酒150克，即出现中毒症状，于10月14日死于医院。四川省法医学会鉴定廖礼刚为急性甲醇中毒死亡。刘德仁、李显成饮少量酒后，亦出现头痛、乏力等轻微中毒现象。

1993年10月15日，什邡县云西镇红墙村村民曾祥松在云西镇曾令远开的酒店(酒系从刘邦云酒厂购回)饮酒50克，饮后即出现中毒症状，送医院抢救无效于17日死亡。四川省法医学会鉴定为急性甲醇中毒死亡。

同年10月14日，云西镇农民曾令昌从唐昌富开的代销店购回白酒500克(唐昌富所销之酒系从刘邦云酒厂购回)，饮后即出现中毒症状，送医院抢救无效后于15日死去，医院诊断为甲醇中毒。

同年10月12日，云西镇陈忠慧从唐昌富开的代销店购回白酒250克，于中午和晚上两次饮完，当晚即中毒死亡。

同年10月14日，什邡县世主乡清泉村农民蒲华吉，在云西镇职工食堂小卖部买回白酒1.3千克(该小卖部酒系从刘邦云酒厂购回)，饮后即出现中毒症状，送医院抢救无效后于次日死去，医院诊断为甲醇中毒。

同年10月14日，云西镇农民刘邦发从本村曾祥辉店里购酒500克(此店之酒系9月24日从刘邦云酒厂购回)，刘帮发饮200克后，即出现急性甲醇中毒，法医鉴定其损伤为重伤。

同年10月7日，什邡县阀门厂工人江永盛从云西镇潘正江饭店购酒500克(该店酒系从刘邦云酒厂购回)，饮后出现眼痛、耳鸣、呕吐，云西镇医院诊断为酒精中毒，法医鉴定其为轻伤。

同年10月4日,云西镇大泉村农民刘继禄在本村张祥全代销店购酒250克(该店酒系从刘邦云酒厂买回),当晚饮下100克,即出现视物不清等中毒症状,法医鉴定为重伤。

同年10月14日,云西镇槐树村农民张金华从本村饶岁久店里购酒500克(该店酒亦系从刘邦云酒厂购回),当晚饮酒50克,次日即出现呕吐,视物不清。10月15日住进什邡县人民医院,诊断为甲醇中毒。法医鉴定张金华损伤为重伤。

上述事实有下列证据证明:

1. 1993年8月15日,刘邦云全权承包经营云西镇槐树村酒厂协议;

2. 槐树村酒厂烤酒员欧荣海证实:"今年1993年9月初的一天中午,刘邦云用一个盒子兑了些酒,中午请我和陈代华喝,当时都认为酒不好喝";

3. 黄开洪先后在什邡"校办化学试剂玻仪门市部"、什邡"洄澜化建经营部"购回3800余千克工业酒精的购货发票;

4. 槐树村酒厂烤酒员陈代华证实:"今年(1993年)8月以后,我看见黄开洪用手扶拖拉机拉回几次酒精,拉回后就倒入大储酒罐里,看见刘邦云、黄开洪往里掺水";

5. 拖拉机驾驶员陈开富证实:"我帮黄开洪在什邡化建门市部拉过几次工业酒精,门市部吕老板说这个酒吃不得,吃了要死人,当时黄开洪在场";

6. 对槐树村刘邦云酒厂查封的5000千克混合酒进行检验,甲醇超标250倍;

7. 对叶少华(甲醇中毒致重伤)、陈忠慧(甲醇中毒致死)饮后的余酒取样送什邡县防疫站检验,甲醇超过规定256—330倍;

8. 广汉个体户陈家修证实:"1993年9月30日前,什邡县槐树村酒厂送来4000千克散白酒。10月4日又送来2000千克,两次都是黄开洪送来的;对他们送来的酒,我看度数都高于60度,就按每50千克加3千克水兑了一下,又同其他地方的酒混起来卖";

9. 广汉市防疫站报告称:对陈家修库房样酒抽查,甲醇含量分别超标90倍至250倍;跟踪抽查所销往的代销点,各点上的酒甲醇含量超标准20倍;

10. 槐树村酒厂收款员罗盛开证实:"叶少荣家办丧事他们在我厂买过酒,还有附近代销店来买过酒";

11. 店主曾令远证实:"1993年10月15日,曾祥松来我店饮有50克的酒,这酒是我在云西镇槐树村酒厂买的,总计50千克,后被县防疫站全部销毁了";

12. 店主唐昌富证实:"1993年底,我在槐树村酒厂购回25千克散白酒,邻居陈忠慧、曾令昌都来店买过";

13. 什邡县卫生防疫站提取陈忠慧当日喝酒的瓶子进行检验,甲醇含量超过标准333.8倍;

14. 云西镇职工食堂小卖部服务员蒋雷英证实:"我于(1993年)10月11日在槐树村酒厂买回51.5千克白酒,民主乡的蒲华吉在我处买走1.3千克";

15. 曾祥辉证实:"刘帮发是在我店子上买过500克酒,这酒是从槐树村酒厂买回的";

16. 谭诗翠证实:"(1993年)9月20多号,我爱人到槐树村酒厂购回20千克左右的白酒来卖,刘继禄是10月2日来我店子上买的酒";

17. 店主饶岁久证实:"(1993年)10月6日,我在槐树村酒厂买回25千克酒,10月13日张金华在我这里买去500克,饮后就病了";

18. 对廖礼刚、曾祥松的尸检报告；

19. 叶少荣、叶少华、周贤才、莆华吉、刘帮发、刘继禄、张金华的病历记录及法医鉴定为重伤的鉴定书；

20. 法医鉴定江永盛、夏洪述、吴守成为轻微伤的鉴定书；

21. 卷宗内还收集了大量的证人证言、受害人及其家属的控告材料等证据。

(四)一审判案理由

四川省德阳市中级人民法院认为：

1. 在全国人大常委会《关于惩治生产、销售伪劣商品犯罪的决定》未颁布之前，对于此类行为均是依照我国《刑法》第106条"以其他危险方法"危害公共安全定罪处罚的。本案二被告人的犯罪行为发生在该《决定》生效之后(该决定1993年9月1日生效)，因此应依照《决定》认定二被告人的行为构成生产、销售有毒、有害食品罪。

2. 在犯罪过程中，二被告人行为积极主动，难分主次。

3. 被告人刘邦云、黄开洪的行为，造成4人死亡、7人重伤、3人轻微伤的严重后果，应依照全国人大常委会《关于惩治生产、销售伪劣商品犯罪的决定》第三条二款之规定，在十年以上有期徒刑、无期徒刑或者死刑的幅度内量刑，并处罚金或没收财产。黄开洪又系劳改释放人员，还应适用全国人大《关于处理逃跑或者重新犯罪的劳改犯和劳教人员的决定》，从重处罚。

(五)一审定案结论

四川省德阳市中级人民法院根据《关于惩治生产、销售伪劣商品犯罪的决定》第三条第二款和全国人大常委会《关于处理逃跑或者重新犯罪的劳改犯和劳教人员的决定》第二条第二款和《中华人民共和国刑法》第二十二条第一款、第五十三条第一款、第六十条，作出如下判决：

1. 刘邦云犯生产、销售有毒、有害食品罪，判处死刑，剥夺政治权利终身，并处罚金33009元。

2. 黄开洪犯生产、销售有毒、有害食品罪，判处死刑，剥夺政治权利终身。

3. 对查封的有毒酒5000余千克予以没收。

(六)二审情况

1. 二审诉辩主张

德阳市中级人民法院作出一审判决后，刘邦云、黄开洪均不服，上诉于四川省高级人民法院。二上诉人上诉的主要理由均是量刑过重。

2. 二审事实和证据

四川省高级人民法院经审理查明：上诉人刘邦云于1993年9月，独自租用什邡县云西镇槐树村酒厂，非法生产食用白酒后，邀约上诉人黄开洪为其搞购销。为牟取暴利，二上诉人共谋用工业酒精勾兑成食用白酒销售获利，遂于同月在什邡"校办化学试剂玻仪门市部"购得0.5千克工业酒精，经任意掺和勾兑后，让厂内两工人饮用，见无异常情况，即决定用工业酒精勾兑生产食用白酒进行销售。二上诉人于1993年9月17日、21日、24日、30日分四次，先后在什邡"校办化学试剂玻仪门市部"、什邡"洄澜化建经营部"购得工业酒精3810余千克，经混合勾兑后在什邡、广汉两地销售，致买酒人饮用后4人死亡、7人重伤、2人轻伤和1人轻微伤。二上诉人的上述犯罪事实，有收集在案的被害人陈述、证人证言、尸检报告、现场勘验笔录、鉴定结论、卫生检验报告等书证、物证在案佐证，二上诉人亦供认不讳，事实清楚，证据充分。

3. 二审判案理由

四川省高级人民法院认为：上诉人刘邦云、黄开洪为牟取暴利，共谋用工业酒精混合兑制食用白酒，造成饮用后甲醇中毒致死 4 人、重伤 7 人、轻伤 2 人、轻微伤 1 人的行为已构成生产、销售有毒、有害食品罪。且犯罪情节和危害后果均属特别严重，依法均应从严惩处，上诉人黄开洪系刑满释放后又犯新罪之罪犯，应从重惩处。一审认定事实和适用法律正确，量刑适当，审判程序合法。上诉人刘邦云、黄开洪量刑过重的上诉理由和刘邦云的辩护人徐世祥量刑过重的辩护意见均不能成立，应予驳回。

4. 二审定案结论

四川省高级人民法院根据《中华人民共和国刑事诉讼法》第一百三十六条第（一）项和全国人大常委会《关于惩治生产、销售伪劣商品犯罪的决定》第三条第二款、《关于处理逃跑或者重新犯罪的劳改犯和劳教人员的决定》第二条第二款以及《中华人民共和国刑法》第五十三条第一款、第六十条，作出如下裁定：

驳回上诉，维持原判。

（七）复核审情况

四川省高级人民法院作出终审裁定后，依法将本案报送中华人民共和国最高人民法院核准。

中华人民共和国最高人民法院经复核确认：1991 年 10 月，刘邦云租赁没有营业执照的四川省付邡县云西镇槐树村酒厂，非法生产、销售食用白酒。1993 年 8 月底，刘邦云邀约黄开洪为酒厂搞购销业务。同年 9 月初，刘邦云、黄开洪为牟取暴利，合谋用工业酒精（甲醇）勾兑食用白酒出售，并在什邡“校办化学试剂玻仪门市部”购得 500 克工业酒精，经与食用酒精、水及本厂生产的白酒任意掺和后让厂内两名工人试饮。同年 9 月 17 日至 9 月 30 日，刘邦云、黄开洪分四次陆续在什邡“校办化学试剂玻仪门市部”和什邡县“洄澜化建经营部”购得工业酒精总计 3813.2 千克，采取上述方法勾兑成“白酒”在四川省什邡县、广汉市两地销售，致 14 人饮用后急性甲醇中毒，其中 4 人死亡、7 人重伤、2 人轻伤和 1 人轻微伤。上述事实有物证、卫生检验报告、现场勘验笔录、尸检报告、被害人陈述、医院诊断证明、法医鉴定结论以及证人证言证实，二犯罪人亦供认不讳，足以认定。

中华人民共和国最高人民法院认为：刘邦云、黄开洪为牟取暴利，用有毒的工业酒精兑制食用白酒出售，其行为已构成生产、销售有毒、有害食品罪。且造成多人伤亡的严重后果，情节特别严重，依法均应从严惩处。黄开洪刑满后又犯新罪，应从重处罚。一、二审人民法院判决和裁定认定的犯罪事实清楚，证据确实、充分，定罪准确，量刑适当，审判程序合法。

中华人民共和国最高人民法院根据全国人民代表大会常务委员会《关于惩治生产、销售伪劣商品犯罪的决定》第三条第二款，《关于处理逃跑或者重新犯罪的劳改犯和劳教人员的决定》第二条第二款和《中华人民共和国刑法》第五十三条第一款，作出如下裁定：

核准四川省高级人民法院（1993）川法刑二终字第 230 号维持一审以生产、销售有毒有害食品罪判处刘邦云、黄开洪死刑，剥夺政治权利终身的刑事裁定。

（八）解说

利用工业酒精兑制成“白酒”，致人伤亡的犯罪行为，在《关于惩治生产、销售伪劣商品犯罪的决定》施行之前，一般按《刑法》第一百零六条的规定，认定为以制造、贩卖有毒酒的危险方法致人伤亡罪。1993 年 7 月 2 日，全国人民代表大会常务委员会通过的，并于 1993 年 9 月 1 日正式施行的《关于惩治生产、销售伪劣商品犯罪的决定》第三条第二款规定："在生产、销售的食品中掺入有毒、有害的非食品原料的，处五年以下有期徒刑或者拘役，可以并处或单处罚金；造成严重食物中毒事故或者其他严重食源性疾患，对人体健康造成严重危害的，处五年以上十年以下有期徒刑，并处罚金；致人死亡或者对人体健康造成其他特别严重危害的，处十年以上有期徒刑、无期徒刑或者死刑，并处罚金或者没收财产。"上述《决定》属于后法，是对刑法典的修改和完善，依据后法优于前法，新法优于旧法之法律适用原则，人民法院选择适用该决定，对二犯罪人定罪量刑，完全正确。

全国人大常委会《关于惩治生产、销售伪劣商品犯罪的决定》第三条二款规定，生产、销售有毒、有害食品"致人死亡或者对人体健康造成其他特别严重危害的，处十年以上有期徒刑、无期徒刑或者死刑，并处罚金或者没收财产"，据此，凡犯生产、销售有毒、有害食品罪被判处十年以上有期徒刑、无期徒刑或者死刑的，必须同时判处附加刑：罚金或者没收财产。本案一审法院仅对被告人刘邦云判处罚金，而对被告人黄开洪既未判处罚金，也未没收财产，在附加刑的适用上是不适当的。一审法院这样判决，主要是考虑到被告人黄开洪被判处了死刑，其个人没有什么财产，即使判处了罚金也不能执行，因此干脆就不判。笔者认为，这样的认识有悖于法律的规定，既然法律规定了要并处罚金，就应该判决。判决后，基于被告人已执行死刑，又无财产执行，可以裁定终止执行。

（赵大杰　罗书平）

66. 江苏省海门县飞乐不锈钢有限责任公司、陆建新偷税案
（单位犯罪）

（一）首部

1. 判决书字号：上海市黄浦区人民法院（1994）黄刑初字第 405 号。

2. 案由：江苏省海门县飞乐不锈钢有限责任公司、陆建新偷税案。

3. 诉讼双方

公诉机关：上海市黄浦区人民检察院，代理检察员韩长华。

被告人：江苏省海门县飞乐不锈钢有限责任公司。

法定代表人：陆建新，江苏省海门县飞乐不锈钢有限责任公司经理。

被告单位未委托辩护人，由自己的法定代表人行使辩护权。

被告人：陆建新，男，33 岁，汉族，江苏省海门县人，原系江苏省海门县飞乐不锈钢有限责任公司法定代表人。1994 年 4 月 7 日因本案取保候审。

辩护人：叶烨，上海市第一律师事务所律师。

4. 审级：一审。

5. 审判机关和审判组织

审判机关：上海市黄浦区人民法院。

合议庭组成人员：审判长：周宪；人民陪审员：孙俞清、周善庆。

6. 审结时间：1994 年 11 月 23 日。

（二）诉辩主张

1. 上海市黄浦区人民检察院指控称

被告人江苏省海门县飞乐不锈钢有限责任公司在未经当地工商机关核准和未向当地税务机关申请开具外出经营活动税收管理证明的情况下，由法定代表人陆建新擅自来沪设立办事机构，从事不锈钢制品经营活动。1993 年 1 月至 2 月，该公司通过陆建新，使用开具假发票手法，从事经营，共瞒报实际营业额计人民币 275425 元，偷逃临时经营营业税、城市维护建设税计人民币 29470.48 元。经查，陆还于 1992 年 9 月至 12 月，以上述同样手法在沪从事不锈钢制品的销售，经营额计人民币 222794 元，均未申报纳税，致使该公司偷逃临时经营营业税、城市维护建设税计人民币 23838.96 元。上述事实，有查获的假发票为书证，税务核定书，证人陈永康、翁子建等人证言等佐证，被告人陆建新亦供认在案。

上海市黄浦区人民检察院认为，被告人江苏省海门县飞乐不锈钢有限责任公司无视国家工商、税务法规，在经营活动中，通过该公司法定代表人陆建新采用开具假发票等手段，偷逃国税，其行为已构成全国人大常委会《关于惩治偷税抗税犯罪的补充规定》第一条、第三条规定的偷税罪，被告人陆建新在其公司偷税活动中负有直接责任，其行为亦已构成偷税罪。提请法院依法惩处。

2. 被告人的辩解及其辩护人的辩护意见

在庭审中，飞乐不锈钢有限责任公司法定代表人暨同案被告人陆建新对起诉书认定的事实及本案定性无异议，请求对其从宽处理。

（三）事实和证据

上海市黄浦区人民法院经公开审理查明：

被告人江苏省海门县飞乐不锈钢有限责任公司于 1992 年 8 月在江苏省海门县工商行政管理局登记注册，并取得“企业法人营业执照”，亦在当地税务机关办理了税务登记，被告人陆建新为公司的法定代表人。同年 9 月，该公司法定代表人陆建新擅自决定来沪设立办事机构，从事不锈钢制品的经销业务。该公司为了牟取非法经济利益，在陆建新的直接参与下，使用假发票先后与上海市封浜建设开发部、迪斯科广场娱乐总会、徐汇区合作联社供销经理部、淮海食品机械总厂经营服务部、上海酒店设备总厂、长征医院、江苏省扬子石油化工工程公司等单位进行不锈钢制品的销售结算。根据税务、检察机关的查证：1992 年 9 月至 12 月，该公司在沪使用假发票进行销售的经营额计人民币 222794 元；1993 年 1 月至 2 月，采用同样手法的营业额计人民币 275425 元。由于被告人使用假发票在沪从事经营，使上海市税务机关无从对该公司经营状况进行必要的监督。被告人亦未主动向税务机关申报纳税。经上海市税务局黄浦区分局核定：该公司在 1992 年 9 月至 12 月和 1993 年 1 月至 2 月，分别偷逃临时经营营业税人民币 23838.96 元、城市维护建设税人民币 29470.48 元。

上述事实有下列证据证明：

1. 被告人陆建新关于伪造发票进行偷税的供述；

2. 证人陈永康、翁子建等关于其所在工作单位与被告人进行经济交往的证言；

3. 书证：上海市封浜建设开发部、迪斯科广场娱乐总会、长征医院等单位出具的与被告人进行经济往来的有关合同书；

4. 物证：被告人使用的伪造的销售发票12张；

5. 鉴定结论：上海税务局黄埔区分局出具的关于被告人营业额及偷税数额的《税务核定书》。

（四）判案理由

上海市黄埔区人民法院认为：

1. 江苏省海门县飞乐不锈钢有限责任公司在经营活动中，为牟取非法经济利益，采用伪造发票从事经营，不缴纳其应纳税款，其行为已触犯全国人大常委会《关于惩治偷税抗税犯罪的补充规定》第一条之规定，构成偷税罪。

2. 被告人陆建新在担任江苏省海门县飞乐不锈钢有限责任公司法定代表人期间，策划使用假发票进行偷税，对该公司偷税活动负有直接责任，已触犯全国人大常委会《关于惩治偷税抗税犯罪的补充规定》第三条之规定，构成偷税罪。

3. 被告人陆建新的犯罪情节轻微，不需要判处刑罚，符合《中华人民共和国刑法》第三十二条之规定，可以免予刑事处分。

（五）定案结论

上海市黄埔区人民法院根据全国人大常委会《关于惩治偷税抗税犯罪的补充规定》第一条、第三条及《中华人民共和国刑法》第三十二条之规定，作出如下判决：

1. 江苏省海门县飞乐不锈钢有限责任公司犯偷税罪，判处罚金人民币58940.96元。

2. 陆建新犯偷税罪，免予刑事处分。

（六）解说

本案是一起单位偷税犯罪。在我国，单位是一个意义广泛的概念，既包括具有法人资格的实体，也包括一些不具有法人资格的实体。但纯粹的个人或个人合伙一般不称为单位。在实践中，偷税犯罪多数是由这些单位实施的，当然一些个人及个体工商户也往往实施偷税行为，但从偷税数额上看，单位偷税的数额往往更大。所谓单位偷税，当然是指单位人员为了单位整体的利益而采取各种手段不交或少交应纳税款。在过去，对于单位偷税的，中国刑法规定只处罚直接责任人员，也就是说，只有单位中对偷税负有直接责任的人员可以成为偷税罪的主体，而对于单位本身，只给予行政处罚，如给予罚款，吊销营业执照等；而全国人大常委会1992年通过的《关于惩治偷税抗税犯罪的补充规定》则改变了这一传统，在第一条、第二条分别规定偷税罪、妨害追缴欠税罪的基础上，于第三条接着规定："企业事业单位犯第一条、第二条罪的，依照第一条、第二条的规定，判处罚金并对负有直接责任的主管人员和其他直接责任人员，处三年以下有期徒刑或者拘役。"这一规定将原来对单位给予的罚款等行政处罚改为判处罚金这种刑事处罚。这一规定就意味着，除了对偷税负有直接责任的人员仍然是偷税罪的刑事责任主体外，单位本身也已成为偷税罪的刑事责任主体。在单位犯偷税罪的情况下，对直接责任人员的处罚比纯粹个人犯偷税罪的处罚要轻，对前者的最高刑是三年有期徒刑，而对后者的最高刑是七年有期徒刑。

根据《补充规定》，构成偷税罪，需有一定的偷税数额及偷税数额占应纳税额的比例，即：偷税数额在1万元以上并且占应纳税额的10%以上。这就是说，偷税数额如果不满1万元，无论如何不能构成偷税罪，偷税数额虽然超过1万元，但如果占应纳税额的比例不到10%，也不能构成偷税罪，只有二者同时具备才可以构成偷税罪。本案中，江苏省海门县飞乐不锈钢有限责任公司偷税总额5万余元,而其应纳税额也就是这个数额,二者的比例是100%,因而完全符合《补充规定》规定的偷税罪的构成要件,构成偷税罪。

关于本案的量刑,审判机关对被告单位判处罚金58940.96元,即判处被告单位1993年1月至2月期间的偷税额的2倍。对此,理由上不很充分。因为被告单位在1992年已开始偷税,判处罚金的数额应以偷税的总数额为基准,而不应仅以1993年的偷税额为基准,尽管《补充规定》是从1993年1月10日开始生效,但既然犯罪人实施偷税行为是从1992年一直连续到1993年,全案适用的都是《补充规定》,就不应仅考虑1993年的偷税额。另外,对于对偷税负有直接责任的陆建新判处免予刑事处分,似有偏轻之嫌。

(周　宪)

67. 魏福志等贩运伪造的国家货币案

(一)首部

1.判决书字号:云南省建水县人民法院(1994)建刑初字第163号。

2.案由:魏福志等贩运伪造的国家货币案。

3.诉讼双方

公诉机关:云南省建水县人民检察院,检察员郭烨斌、苏国庆。

被告人:魏福志,男,18岁(1976年11月24日生),汉族,广东省高州县人,农民。1994年5月21日因本案被逮捕。

辩护人:吕莉,云南省昆明力和律师事务所建水办事处律师。

被告人:魏乙强,男,26岁,汉族,初中文化,广东省高州县人,农民。1994年5月23日因本案被逮捕。

辩护人:李光懿,云南省昆明力和律师事务所建水办事处兼职律师。

4.审级:一审。

5.审判机关和审判组织

审判机关:云南省建水县人民法院。

合议庭组成人员:审判长:王贵鑫;人民审判员:杨洛书、汪继洋。

6.审结时间:1994年8月24日。

(二)诉辩主张

1.云南省建水县人民检察院指控称

1994年4月初,被告人魏福志在广东省高州县沙田镇用3000元人民币购得面值7000元的伪造的人民币准备骗取真人民币,随后邀约了被告人魏乙强共同携带伪钞到广西、云南,在所经过的地方使用了1000余元。1994年4月20日被告人到达建水,在使用伪钞购物时被抓获,并缴获5500元伪钞。

建水县人民检察院认为:被告人魏福志、魏乙强无视国家法律,以营利为目的,身带伪钞到外地使用购物,以此骗取财物,扰乱金融市场,其行为触犯了《中华人民共和国刑法》第一百二十二条规定,构成贩运伪造的国家货币罪,应追究刑事责任,被告人魏福志犯罪时未满18周岁,应从轻或减轻处罚。

2. 被告人的答辩及其辩护人的辩护意见

被告人魏福志辩解:我哥魏乙强是我叫出来的,钱是我自己的;听我们镇上的人讲这种生意好做,我年幼不懂事,要求从轻判处。

被告人魏福志的辩护人吕莉认为,对本案的事实及定性没有异议,被告人魏福志出生于广东,被港台经济发展以及它们的生活方式、意识形态影响较大,盲目追求而走上违法犯罪道路。被告魏福志是一个未满18周岁的未成年人,应采取以教育为主、惩罚为辅的方针,既治其表,也治其本。此次犯罪尚属初犯,主观恶性不深,建议给予魏福志从轻、减轻处罚。

被告人魏乙强辩解:是魏福志叫我同来的,我没带钱,车费也是他给我的,到广西后他才告诉我用假钱换真钱,换得的钱也是交给他,要求从宽处理。

被告魏乙强的辩护人李光懿辩护意见:对本案的定性无异议。在共同犯罪中犯意是魏福志提出并邀约的,处主导地位和作用较大的是魏福志,使用的假币没有魏福志的多。其次魏乙强系初犯,过去未曾有违法行为,请求法庭从轻处罚,使其重新做人,走上新路。

(三)事实和证据

云南省建水县人民法院经公开审理查明:

1994年4月初,被告人魏福志在广东高州县沙田镇向一同乡人购得伪造的人民币1万元。尔后与其兄魏乙强分别携伪币流窜广西百色,云南砚山县、开远市等地,用伪钞购买小件生活用品找补差价的方法换取人民币。1994年4月20日,被告人魏福志、魏乙强流窜建水城区以大面值伪钞购买香烟等生活用品换取人民币,当日下午5时许,被告人魏福志在朱家花园工艺品服务部用面值100元的伪钞购买小件工艺品时,被察觉并被扭送公安派出所报案。当日下午7时许,被告人魏乙强在东门旅社一个体服装店使用面值100元的伪钞购买衬衣时,被店主察觉报公安机关当即将其抓获。并从二被告人身上及其住宿的建水朝阳高场301号房间查获面值为100元、50元、10元的伪钞共计5500元,用伪钞换取的人民币5500元。

上述事实有下列证据证明:

1. 杨爱涛证实:4月20日下午5点左右,我在飞凌商店上班,有一个穿白衬衣广东口音的小伙子来买烟,他用一张面额100元的钞票买一包"红梅"烟,我把烟拿给他后补了他94.50元,他拿了钱后就走掉了,我一直没有发觉那是一张假币,到昨天公安人员来问时我才知道是被骗了;

2. 李荣芬证实:4月20日下午5点左右,我在服务部上班,有一个小伙子来店里要买小珠宝箱音乐盒,并给我一张100元的钱,因我不会识真假,叫他等着去换零钱,我去找到我们花园保安杨俊军到财务室校对是假钱,我们就把那个小伙子魏福志带到派出所去处理;

3. 罗秀珍证实:4月20日下午7点来钟,我在自己的商店做生意,有一个20岁的小伙子来跟我买白衬衣,他用一张面值100元的买一件价值10元的衬衣,我接过钱后就觉得是假钱,我就跟他说,我没有零钱找你,他就说不买了,拿着钱就出门,我也跟着他出门,在路上遇到公安局的同志,我把假钱的事给他们说后,接着就把那小伙子(魏乙强)抓去派出所了;

4. 赵文的证实:今天(5月3日)早上我打扫301号(二被告住宿)房间卫生,换发行李时,大枕头套里发现一扎很新、票面是100元、50元、10元的钱,我就把这些钱交给旅社负责人董爱莲,后就交到派出所,才知道是些假钱;

5. 中国人民银行建水支行对查获的面值100元37张，50元32张，10元20张伪钞作鉴定：送检假币手感润滑，颜色浅白，水印浮在票面背后，在紫外线灯光下有萤光反映，属假人民币。

（四）判案理由

云南省建水县人民法院认为：

1. 国家货币是商品流通环节的等价物，货币不是一般商品，任何国家都严禁伪造或者贩运伪造的国家货币。被告人魏福志、魏乙强明知是伪造的国家货币，为了牟利，携带伪造的人民币到云南边疆县市一带，以假换真，主观上明知自己的行为会危害社会，并且是一种直接的故意行为。客观方面采取以假币购买小件生活物品换取真人民币的手段，从中牟利。二被告人及其辩护人对本案定性均未提出异议。公诉机关指控事实清楚，证据充分。

2. 被告人魏福志、魏乙强是共同的故意犯罪。被告人魏福志供认，伪钞是自己买的，出来时其哥哥魏乙强都不知道，事后才知。被告魏乙强亦作类似的供述。被告人在实施行为中，有分有合，各自都带有假币。生活、旅差费用主要由魏福志开支，换回的真人民币多数由魏福志保管，说明二被告人之间特殊的身分关系。从供述看，魏福志是主谋，他的作用比魏乙强大，处刑亦应重于魏乙强。辩护人李光懿辩护在共同犯罪中被告人魏福志的作用大于魏乙强的意见成立，应采纳。

3. 被告人魏福志犯罪时未满18周岁，属已满14岁不满18岁的人犯罪，应当从轻或者减轻处罚。被告人魏福志具有法定的从轻或者减轻情节，其辩护人吕莉建议从轻处罚的意见成立，应予以采纳。且二被告人在归案后尚能坦白，如实交待其犯罪事实，可酌情从轻判处。

4. 被告人魏福志、魏乙强携带伪币从甲地到乙地，虽未明确地出卖，但却是以假币换取真币的手段变相地出卖了假币，具有诈骗性质。被告人魏福志、魏乙强贩运伪造的国家货币1万余元，数额巨大，并从中牟利5500余元，社会危害大，扰乱金融管理秩序和人民生活秩序，根据本案的事实、情节、各被告人的作用和法定的从轻情节，应根据《刑法》第一百二十二条规定在三年以上七年以下有期徒刑幅度内量刑。

（五）定案结论

云南省建水县人民法院根据《中华人民共和国刑法》第一百二十二条第一款、第二十七条、第十四条第一款、第三款、第六十条，作出如下判决：

1. 魏福志犯贩运伪造的国家货币罪，判处有期徒刑六年。

2. 魏乙强犯贩运伪造的国家货币罪，判处有期徒刑六年。

3. 赃款人民币5500元，赃物衬衣8件，"红梅"香烟2包，玩具手枪1支，电吹风、旅行包各1个依法没收。

（六）解说

人民币是中华人民共和国的国家货币。它是计算和监督商品生产和商品流通、发展国民经济、便利人民生活的重要工具。根据我国《刑法》规定，贩运伪造的国家货币罪，是指明知是伪造或者变造的国家货币从甲地贩运到乙地出卖牟利的行为。行为人是否出卖、是否得利，不影响本罪的成立。本罪侵害的客体是国家的经济秩序，造成国家商品生产、流通和人民生活的混乱。客观方面表现为将伪造或者变造的国家货币从甲地运到乙地牟利。主观上必须明知是伪造或变造的国家货币，如果不知是伪造或者变造的国家货币，则不构成本罪。本案中的魏福志、魏乙强实施了从甲地将明知是伪造的国家货币运到乙地的行为，目的是为了牟利，虽然不是采取直接贩卖出售的方法，但是二人用假币购买零星小件商品，表面上看是一种正常的商品交换，实际上已经把假币卖出，从中牟利。

人民法院依法对二行为人以贩运伪造的国家货币罪予以刑罚处罚是正确的。

（谭智荣）

68. 周美玉等贩运伪造的国家货币案

（一）首部

1. 裁判书字号

一审判决书：江苏省徐州市云龙区人民法院(1994)云刑初字第267号。

二审裁定书：江苏省徐州市中级人民法院(1994)徐刑终字第141号。

2. 案由：周美玉等贩运伪造的国家货币案。

3. 诉讼双方

公诉机关：江苏省徐州市云龙区人民检察院，代理检察员朱斌。

被告人：周美玉，女，39岁，汉族，浙江省永嘉县人，系个体户。1994年5月20日因本案被逮捕。

被告人周美玉未委托辩护人，自己行使辩护权。

被告人：徐顺伏，男，38岁，汉族，浙江省永嘉县人，系个体户。1994年5月20日因本案被逮捕。

一审辩护人：王彦洪，江苏省徐州市金山桥律师事务所律师。

刘伟，江苏省徐州市金山桥律师事务所律师。

被告人：汪可鸟，男，18岁(1976年1月23日生)，汉族，浙江省永嘉县人，系个体户。1994年5月20日因本案被逮捕。

被告人汪可鸟未委托辩护人，自己行使辩护权。

被告人（上诉人）：胡益定，男，23岁，汉族，浙江省永嘉县人，系个体户。1994年5月20日因本案被逮捕。

一审辩护人：薛明华，江苏省徐州恒达律师事务所律师。

4. 审级：二审。

5. 审判机关和审判组织

一审法院：江苏省徐州市云龙区人民法院。

合议庭组成人员：审判长：毕见科；审判员：丁旺齐、钱正荣。

二审法院：江苏省徐州市中级人民法院。

合议庭组成人员：审判长：张孝玉；代理审判员：张洪源、杨绪春。

6. 审结时间

一审审结时间：1994年10月5日。

二审审结时间：1994年11月28日。

（二）一审诉辩主张

1．江苏省徐州市云龙区人民检察院指控称

被告人周美玉、徐顺伏于1994年4月初与周利华（在逃）、谢春爱（在逃）在北京预谋去广州贩运伪造的国家货币。此后集资2万余元人民币，由周利华到广州贩运伪造的人民币57000元。1994年4月24日中午，被告人周美玉、徐顺伏、汪可鸟、胡益定和周利华、谢春爱乘火车窜至徐州市贩卖伪造的国家货币。25日，被告人汪可鸟携带1000元伪造的人民币在徐州市区销售时被抓获，并从周美玉、徐顺伏、汪可鸟、胡益定的住处查获伪造的国家货币55000元。上述事实，有证人证言、人民银行鉴定证明，被告人周美玉、徐顺伏、汪可鸟、胡益定对犯事实供认不讳。江苏省徐州市云龙区人民检察院认为：被告人周美玉、徐顺伏、汪可鸟、胡益定明知是伪造的国家货币而非法贩运，其行为触犯了《中华人民共和国刑法》第一百二十二条、第二十二条第一款，已构成贩运伪造的国家货币罪。特提起公诉，请求徐州市云龙区人民法院予以惩处。

2．被告人的答辩及其辩护人的辩护意见

四被告人对公诉机关指控的犯罪事实均无异议。

被告人徐顺伏的辩护人认为：(1)被告人徐顺伏贩运伪造的国家货币，系初犯、无前科，由于其贪图物质利益而走上犯罪道路，主观恶性较小。(2)被告人徐顺伏归案后能够坦白交待自己的犯罪事实，认罪态度较好。(3)在共同犯罪中，被告人徐顺伏系从犯，且只销售1000元伪造的国家货币，后果不严重，社会危害性不大，应当按照《中华人民共和国刑法》第五十七条、第二十四条的规定考虑量刑。请求法庭从轻处罚。

被告人胡益定的辩护人对江苏省徐州市云龙区人民检察院的起诉书不持异议。但请求法庭综观被告人胡益定在贩运伪造的国家货币的共同犯罪中的地位、作用、犯罪情节和社会危害程度，根据《中华人民共和国刑法》第二十四条予以从轻、减轻处罚。

（三）一审事实和证据

江苏省徐州市云龙区人民法院经公开审理查明：

被告人周美玉、徐顺伏与周利华、谢春爱（均在逃）于1994年4月初，在北京预谋去广州贩运伪造的国家货币。被告人周美玉、徐顺伏集资人民币5600元，周利华、谢春爱集资人民币14000元，由周利华到广州贩运伪造的人民币57000元。1994年4月24日，被告人周美玉、徐顺伏、周利华、谢春爱又伙同被告人汪可鸟、胡益定窜至徐州市贩卖伪造的国家货币。被告人汪可鸟携带1000元伪造的人民币在徐州市区销售时被当场抓获。案发后追缴伪造的国家货币55000元。

在一审法院审理期间，又从被告人周美玉居留处追缴伪造的国家货币1000元。

上述事实有下列证据证明：

1．证人滕雪兰、徐海勇、吴大响、赵建设、马兴玲等证人的证言；

2．追缴的1000元伪造的国家货币等物证；

3．银行伪币鉴定证明；

4．被告人周美玉、徐顺伏、汪可鸟、胡益定的供述。

（四）一审判案理由

江苏省徐州市云龙区人民法院认为：

(1)被告人周美玉、徐顺伏、汪可鸟、胡益定集资贩运伪造的国家货币，贩运的总面值为

57000元,已构成贩运伪造的国家货币罪。按照最高人民法院法发(1994)20号《关于办理伪造国家货币、贩运伪造的国家货币、走私伪造的货币犯罪案件具体应用法律的若干问题的解释》,贩运伪造的国家货币总面值3万元以上或者币量3000张以上的,属于情节特别严重,应当适用《中华人民共和国刑法》第一百二十二条第二款的规定对被告人处以刑罚。

(2)本案的4名被告人中,周美玉、徐顺伏在整个贩运伪造的国家货币的共同犯罪中起主要作用,系主犯,应依照《中华人民共和国刑法》第二十三条的规定,从重处罚;被告人汪可鸟、胡益定系从犯,应依照《中华人民共和国刑法》第二十四条之规定,从轻、减轻处罚。

(3)被告人周美玉、徐顺伏、汪可鸟、胡益定所犯的贩运伪造的国家货币罪,系严重破坏国家经济秩序的犯罪,依照《中华人民共和国刑法》第五十二条之规定,判处附加刑剥夺政治权利。本院审理期间追缴的1000元伪造的国家货币,按照《中华人民共和国刑法》第六十条的规定,应当予以没收。

(五)一审定案结论

江苏省徐州市云龙区人民法院根据《中华人民共和国刑法》第一百二十二条第二款、第一百二十二条第一款、第二十条第一款、第二十三条、第二十四条、第六十条、第五十一条第一款、第五十二条,作出如下判决:

1. 周美玉犯贩运伪造的国家货币罪,判处有期徒刑九年,剥夺政治权利二年。
2. 徐顺伏犯贩运伪造的国家货币罪,判处有期徒刑九年,剥夺政治权利二年。
3. 汪可鸟犯贩运伪造的国家货币罪,判处有期徒刑六年,剥夺政治权利一年。
4. 胡益定犯贩运伪造的国家货币罪,判处有期徒刑五年,剥夺政治权利一年。
5. 追缴的假人民币1000元,予以没收。

(六)二审情况

1. 二审诉辩主张

一审法院判决后,被告人周美玉、徐顺伏、汪可鸟表示服判,未上诉。被告人胡益定不服,向江苏省徐州市中级人民法院提出上诉。上诉理由是:自己没有与周美玉、徐顺伏、汪可鸟等人密谋贩运伪造的国家货币,同他们一起来徐州是一种巧合,他们是做伪币生意的,而自己是做蔬菜生意的。在出售伪造的人民币问题上,自己是看在和徐顺伏的亲戚关系上不情愿地去帮他们的。一审法院判决认定事实有出入,量刑不当,要求从轻处理。

2. 二审事实和证据

江苏省徐州市中级人民法院经审理查明:

1994年4月初,被告人周美玉、徐顺伏与周利华、谢春爱在北京预谋去广州贩运伪造的国家货币,共集资20000元人民币,由周利华到广州购买伪造的国家货币57000元,并将伪造的人民币携带至北京。因在北京未能出售,被告人周美玉,徐顺伏、周利华、谢春爱于1994年4月24日又伙同被告人汪可鸟、上诉人胡益定携带57000元伪造的国家货币,乘火车窜到徐州销售。被告人周美玉、徐顺伏、汪可鸟、上诉人胡益定被公安机关抓获,周利华、谢春爱在逃。

上述事实有下列证据证明:

(1)发现汪可鸟出售伪造的国家货币并将其扭送到派出所的证人赵建设、马兴玲的证人证言;

(2)被告人周美玉等人在徐州市居住时的房东滕雪兰、徐海勇的证人证言;

(3)中国人民银行徐州分行假币鉴定证明;

(4)公安机关查获的55000元假人民币照片;

(5)被告人周美玉、徐顺伏、汪可鸟和上诉人胡益定的供述。

3. 二审判案理由

江苏省徐州市中级人民法院认为:原审被告人周美玉、徐顺伏、汪可鸟和上诉人胡益定无视国法,贩运伪造的国家货币,其行为已构成贩运伪造的国家货币罪。原审人民法院对原审被告人、上诉人定罪量刑正确,胡益定提出的上诉理由不能成立,不予采纳。

4. 二审定案结论

江苏省徐州市中级人民法院根据《中华人民共和国刑事诉讼法》第一百三十六条第(一)项的规定,作出如下裁定:

驳回上诉,维持原判。

(七)解说

根据最高人民法院《关于办理伪造国家货币、贩运伪造的国家货币、走私伪造的货币犯罪案件具体应用法律的若干问题的解释》第二条、第四条的规定,贩运伪造的国家货币罪是指明知是伪造的国家货币,而予以买卖、携带或者运输的行为。构成该罪的犯罪数额起点一般为贩运伪造的国家货币总面值为1000元以上,或币量为100张以上。贩运伪造的国家货币总面值或总币量不足上述起点数额,但具有其他严重情节的,亦构成该罪。贩运伪造的国家货币面值3万元以上或者币量3000张以上,属情节特别严重,应依照《刑法》第一百二十二条第二款的规定处罚。

本案行为人贩运伪造的国家货币总面值为57000元,构成贩运伪造的国家货币罪,且属情节特别严重的共同犯罪。

本案共同犯罪中,周美玉、徐顺伏作为首要分子,起主要作用,是主犯,应从严处罚;汪可鸟、胡益定在共同犯罪中起辅助作用,系从犯,应比照主犯从轻或减轻处罚。

一、二审法院的判决、裁定均体现了上述精神,定性准确,量刑适当。

(孙　欣)

69. 王荣连伪造有价证券案
(牵连犯、数罪并罚)

(一)首部

1. 判决书字号

一审判决书:江苏省泰州市人民法院(1994)泰刑初字第32号。

二审判决书:江苏省扬州市中级人民法院(1994)扬刑终字第93号。

2. 案由:王荣连伪造有价证券案。

3. 诉讼双方

公诉机关:江苏省泰州市人民检察院,检察员陈荣。

被告人(上诉人):王荣连,男,31岁,汉族,江苏省泰县人,系泰州市第二粮库营业员。

1987 年 12 月因犯贪污罪被判处有期徒刑一年六个月。1993 年 12 月 15 日因本案被收容审查,1994 年 2 月 14 日因本案被刑事拘留,1994 年 2 月 23 日因本案被逮捕。

被告人王荣连未委托辩护人,自己行使辩护权。

4.审级:二审。

5.审判机关和审判组织

一审法院:江苏省泰州市人民法院。

合议庭组成人员:审判长:陶会平;人民陪审员:张培山、卜圣凤。

二审法院:江苏省扬州市中级人民法院。

合议庭组成人员:审判长:张林荣;审判员:朱慧芳;代理审判员:葛路。

6.审结时间

一审审结时间:1994 年 5 月 30 日。

二审审结时间:1994 年 8 月 8 日。

(二)一审情况

1.一审诉辩主张

(1)江苏省泰州市人民检察院指控称

1993 年 7 月至 8 月间,被告人王荣连与江苏省泰县马庄乡马庄村徐根发(在逃)、浙江省苍南县钱库镇吕德党(在逃)合谋非法印制中国工商银行泰州市支行定期定额有奖储蓄存单,被告人王荣连提供了存单样品及印制经费。1993 年 11 月,被告人王荣连和徐根发去浙江,从吕德党处取回伪造的存单 1000 余张,每张面额人民币 100 元,并在存单上分别加盖伪造的泰州市工商银行城南和西园两个储蓄所的印章。同年 12 月 15 日上午,被告人王荣连持伪造的存单在泰州市林海储蓄所冒领人民币 1150 元。当日上午被告人王荣连又到泰州市海阳储蓄所再行作案时,被公安人员抓获。案发后,公安机关缴获伪造的存单 1006 张,人民币 550 元。上述事实有证人证言、书证等证据证明,被告人亦供认不讳。江苏省泰州市人民检察院认为:被告人王荣连以非法占有为目的,伙同他人非法印制银行储蓄存单,并持伪造的存单到银行冒领现金,其行为触犯了《中华人民共和国刑法》第一百二十三条之规定,构成伪造有价证券罪,特提起公诉,请求法院依法惩处。

(2)被告人的答辩

被告人王荣连对江苏省泰州市人民检察院指控的犯罪事实及定性无异议,请求法院给予宽大处理。

2.一审事实和证据

江苏省泰州市人民法院经公开审理查明:

1993 年 5 月,被告人王荣连与泰县马庄乡农民徐根发(在逃),浙江省苍南县钱库镇农民吕德党(在逃)合谋,达成伪造中国工商银行泰州市支行"大家乐"定期定额有奖储蓄存单的协议,由被告人王荣连提供该种存单样本和印制经费 3000 元,吕德党负责印制。同年 11 月,被告人王荣连和徐根发到浙江,从吕德党处取回伪造的储蓄存单 1000 余张(每张面值人民币 100 元),并在伪造的存单上加盖私刻的泰州市工商银行城南、西园两个储蓄所和"大家乐"的印章及储蓄员的印鉴。1993 年 12 月 15 日上午,被告人王荣连持 11 张伪造的储蓄存单到工商银行泰州市支行林海储蓄所骗取了人民币 1150 元(含利息 50 元)。同日,被告人王荣连再次持伪造的储蓄存单到工商银行泰州市支行海阳储蓄所行骗时,因被识破而被当场抓获。案发后，公安机关追缴其伪造的存单1006张，人民币550元，储蓄存单样本1张（面值100元）。

上述事实有下列证据证明：

（1）被告人王荣连的供述：与徐根发、吕德党合谋伪造中国工商银行泰州市支行"大家乐"定期定额有奖储蓄存单及持伪造的存单到银行骗取现金的事实；

（2）书证：从被告人王荣连处搜缴的王荣连与吕德党签订的协议书，证明王荣连与吕德党合谋后，由吕德党负责印制，王荣连付制版费3000元；被告人王荣连被抓获时，从其身上搜出的到银行兑现伪造的有价证券计划单，证实王荣连从1993年12月15日开始，将分别在工商银行泰州市支行的各个储蓄所骗取银行现金的行动日期、数额的方案；

（3）物证：从被告人王荣连身上搜出的部分伪造的储蓄存单及查获其存放在他人密码箱中的伪造的储蓄存单，证实王荣连持有非法印制的储蓄存单；

（4）证人证言：工商银行泰州市支行林海储蓄所工作人员张霞萍证实，1993年12月15日上午有人持11张"大家乐"定期定额有奖储蓄存单取走1150元（含利息50元）；海阳储蓄所工作人员顾琴证实，1993年12月15日上午9时被告人持"大家乐"有奖储蓄存单取款时，因被识破，而被当场抓获，其所证实情节与被告人供述的情节一致；陈利群证实，被告人王荣连有一只密码箱放在其家中，后被沈怀亮取走；沈怀亮证实，从陈利群处取回王荣连存放在该处的密码箱，到家后被公安人员查获，扣押了箱中950张伪造的"大家乐"有奖储蓄存单。

3. 一审判案理由

江苏省泰州市人民法院认为：被告人王荣连以非法占有为目的，伪造银行储蓄存单，其行为已构成《中华人民共和国刑法》第一百二十三条规定的伪造有价证券罪；其持伪造的银行储蓄存单，骗取国家财产，数额较大之行为，同时构成《中华人民共和国刑法》第一百五十一条规定的诈骗罪。王荣连一人犯数罪，依照《中华人民共和国刑法》第六十四条的规定，应当对其数罪并罚。被告人王荣连刑满释放后又犯罪，依照全国人民代表大会常委会《关于处理逃跑或者重新犯罪的劳改犯和劳教人员的决定》第二条第二款之规定，应从重处罚。依照《中华人民共和国刑法》第五十二条的规定，对王荣连应剥夺政治权利。

4. 一审定案结论

江苏省泰州市人民法院根据《中华人民共和国刑法》第一百二十三条、第一百五十一条、第五十二条、第六十四条和全国人民代表大会常务委员会《关于处理逃跑或者重新犯罪的劳改犯和劳教人员的决定》第二条第二款，作出如下判决：

（1）王荣连犯伪造有价证券罪，判处有期徒刑七年，剥夺政治权利二年；犯诈骗罪，判处有期徒刑二年；决定执行有期徒刑九年，剥夺政治权利二年。

（2）追缴的人民币550元及中国工商银行泰州市支行定期定额有效储蓄存单1张（面值100元）退赔给泰州市工商银行。

（三）二审诉辩主张

一审判决宣告后，王荣连不服，上诉于江苏省扬州市中级人民法院。王荣连上诉称一审判决定性不准，适用法律不当，量刑过重，理由为：1. 根据上诉人的犯罪动机、犯罪结果和社会危害，只应适用《刑法》第一百五十一条规定的诈骗罪。上诉人从开始参与计划非法印制银行有奖储蓄存单到骗取银行储蓄所人民币被抓获止，主观动机是骗取银行的钱财，达到非法占有之目的，上诉人伪造银行有奖储蓄存单的行为，只是实施诈骗行为的手段和工具，侵犯的客体是银行的财产所有权，因此，只能定诈骗罪。2. 上诉人在同伙徐根发、吕德党诱惑之下才走上犯罪道路的，在合谋伪造中国工商银行泰州市支行"大家乐"定期定额有奖储蓄存单过程中，上诉人起的作用不是主要的，且对社会造成的危害不严重，归案后认罪态度较好。一审法院量刑时未考虑上述情节，故而量刑过重。

（四）二审事实和证据

江苏省扬州市中级人民法院经审理查明：

上诉人王荣连与他人合谋后，非法伪造了中国工商银行泰州市支行"大家乐"定期定额有奖储蓄存单1000余张（每张面额100元），并于1993年12月15日上午持伪造的11张存单，骗取银行储蓄所人民币1150元。上述事实，有证人证言、书证、物证证实，上诉人亦供认不讳。因此，二审法院认定的事实和证据与一审法院认定的事实和证据相同。

（五）二审判案理由

江苏省扬州市人级人民法院认为：上诉人王荣连以非法占有为目的，非法印制国家银行发行的有价证券，并持伪造的有价证券骗兑银行现金之行为，已构成伪造有价证券罪，应依照《中华人民共和国刑法》第一百二十三条的规定追究其刑事责任。其持伪造的有价证券骗取银行现金之行为，是为了实现其非法占有国家财产的目的，而使用的犯罪手段又触犯了诈骗罪等，属牵连犯罪，依法不适用数罪并罚，而应从一重罪从重处罚。其刑满释放后又犯罪，依照全国人民代表大会常务委员会《关于处理逃跑或者重新犯罪的劳改犯和劳教人员的决定》应从重处罚。依照《中华人民共和国刑法》第五十二条的规定，对王荣连应附加剥夺政治权利。原审人民法院认定的事实清楚，证据确实、充分，但将被告人王荣连持伪造的有价证券骗取银行现金的行为单独定罪量刑并适用数罪并罚不当，应予改判，主要理由：

1. 上诉人王荣连故意伪造的工商银行定期定额储蓄存单，属于《刑法》第一百二十三条规定的"其他有价证券"。其出于非法占有他人财产的目的，积极与他人合谋，非法印制由工商银行发行的有价证券，加盖私刻的银行印章和私章以假充真，并持假的储蓄存单到银行骗取现金，其行为侵犯了国家财政、金融和工商管理制度，破坏了社会主义经济秩序，同时也侵犯了国家财产所有权，损害了国家利益，因而具有社会危害性，应承担刑罚处罚的法律责任。

2. 上诉人王荣连出于非法占有之犯罪目的，实施了非法印制有价证券的行为，触犯了《刑法》规定的伪造有价证券罪。其为追求这一个犯罪目的，而使用的方法又触犯了伪造印章罪和诈骗罪数个罪名，属于牵连犯罪，对牵连犯处理时不适用数罪并罚的原则，而应当从一重处罚，因根据本案具体情节，其伪造有价证券罪法定刑重于诈骗罪，所以应以伪造有价证券罪科刑。

3. 上诉人王荣连上诉所提"未起主要作用"等辩解理由，经查：王荣连与他人合谋非法印制定期定额有奖储蓄存单及骗取银行现金的过程中，积极参与计议，并积极实施，在共同犯罪中所起的作用亦非是次要的，对此，不仅有其本人供述，而且有证人证言、书证、物证等证据证实，故其上诉理由不能成立。

（六）二审定案结论

江苏省扬州市中级人民法院根据《中华人民共和国刑事诉讼法》第一百三十六条第（二）项之规定，作出如下判决：

1. 撤销江苏省泰州市人民法院（1994）泰刑初字第32号刑事判决。

2. 上诉人王荣连犯伪造有价证券罪，判处有期徒刑七年，剥夺政治权利二年。

3. 依法追缴的人民币 550 元及中国工商银行泰州市支行定期定额有奖储蓄存单 1 张（面值 100 元）退赔给泰州市工商银行。

（七）解说

该案一、二审人民法院所认定的事实和证据完全相同，但在适用法律上却出现差异，其根本分歧点就在于，对王荣连的行为应否适用数罪并罚。二审人民法院认定王荣连的行为属于牵连犯，不适用数罪并罚，仅以伪造有价证券罪追究其刑事责任是正确的。牵连犯是实施一个犯罪，而犯罪的方法行为或结果行为又触犯了其他罪名的犯罪形态。根据刑法理论和司法实践，牵连犯虽然实际上构成了数罪，但因其追求的犯罪目的只有一个，故与追求几个犯罪目的的数罪相比较，其社会危害性比较小。因此，对牵连犯不适用数罪并罚，而应当用从一重处断原则处罚，即按其触犯的数个罪名中法定刑最重的一个罪从重处罚；如果所触犯的数个罪名的法定刑轻重相同，可选择其目的行为触犯的罪名从重处罚。本案犯罪人王荣连的行为触犯了伪造有价证券罪和伪造印章罪、诈骗罪三个罪名，构成牵连犯，因而不应适用数罪并罚，而应按其中法定刑较重的一个罪即伪造有价证券罪从重处罚。

牵连犯所触犯的数个罪名中最重的罪名或最重的犯罪，一般以法定刑为基准作出判断。比较法定刑高低的具体方法为：(1)比较主刑刑种的轻重，依照《刑法》第二十八条规定的刑种次序，主刑刑种由轻至重的顺序为管制、拘役、有期徒刑、无期徒刑、死刑。(2)同种刑罚轻重的比较，应以法定最高刑的高低为准，即高者为重、低者为轻；若法定最高刑相同，应以法定最低刑为准。(3)规定有两种以上主刑的法定刑轻重的比较，应以最高主刑种类较重或刑期较长者为重，反之为轻；若最重主刑种类或其刑期相同，则以最低主刑种类较重或刑期较长者为重，反之为轻。从本案来看，伪造有价征券罪应判处七年以下有期徒刑；诈骗罪应判处五年以下有期徒刑、拘役或管制，显然，两者相比，伪造有价证券罪为重罪。

而法定刑的比较，必须限定一个法定刑的比较范围，不能以某个犯罪的全部法定刑幅度来比较牵连犯所触犯罪名的轻重。我国《刑法》分则根据罪刑相适应的原则，对绝大多数罪名规定了几个不同的量刑幅度。当牵连犯所触犯的罪名的法定刑为几个不同的量刑幅度时，首先要确定与各个具体犯罪的情节相适应的具体量刑幅度，然后用具体的量刑幅度作为比较罪名轻重的范围。从本案来看，王荣连犯伪造有价证券罪，应判处七年以下有期徒刑；而其诈骗数额仅 1000 余元，应判处五年以下有期徒刑、拘役或者管制。显然，本案牵连犯所触犯的罪名中，伪造有价证券罪为重罪，诈骗罪为轻罪。需要说明的是，王荣连在伪造有价证券的过程中，还牵连触犯了《中华人民共和国刑法》第一百六十七条规定的伪造印章罪，但情节一般，依法应判处三年以下有期徒刑，与伪造有价证券罪相比，仍以伪造有价证券罪为重罪。故最终对王荣连以伪造有价证券罪定罪量刑是正确的。

（张森荣）

70. 蔡小天破坏集体生产案

(一)首部

1. 判决书字号:上海市长宁区人民法院(1994)长刑初字第187号。

2. 案由:蔡小天故意毁坏公私财物案。

3. 诉讼双方

公诉机关:上海市长宁区人民检察院,代理检察员俞爱武。

被告人:蔡小天,男,40岁,汉族,上海市人,工人。1994年5月4日因本案被逮捕。

被告人蔡小天未委托辩护人,自己行使辩护权。

4. 审级:一审。

5. 审判机关和审判组织

审判机关:上海市长宁区人民法院。

合议庭组成人员:审判长:仲正康;人民陪审员:束正通、李慧珍。

6. 审结时间:1994年7月4日。

(二)诉辩主张

1. 上海市长宁区人民检察院指控称

被告人蔡小天为泄私愤,于1993年3月14日、1994年1月14日两次用“飞鹰”牌双面刀片割破本厂5条全化纤毛毯,价值人民币12400余元,其行为已触犯了《中华人民共和国刑法》第一百五十六条之规定,构成故意毁坏公私财物罪,依法提起公诉,请求依法惩处。

2. 被告人的答辩

被告人蔡小天辩称:自己在厂里工作一贯认真负责,性格比较内向,由于奖金分配不公平,自己所在的科室科长专制,他写匿名信给厂领导,仍未引起领导重视,故产生了割毛毯的想法,以引起领导注意。被告人对检察院起诉书指控其犯故意毁坏公私财物罪未表示异议,但认为自己运用的方法不当,请求从宽处理。

(三)事实和证据

上海市长宁区人民法院经公开审理查明:

被告人蔡小天为泄私愤,于1993年3月14日下午1时许,乘上海工业用呢厂热定型车间无人之机,用事先准备好的“飞鹰”牌双面刀片割破3条生产中的全化纤浆版毯;1994年1月14日下午1时许,被告人蔡小天采用同样手法,在本单位染整车间热定工段至缩呢工段通道处,割破2条生产中的针刺毛毯,以上5条毛毯总计价值人民币1.24余万元。

上述事实有下列证据证明:

1. 被告人蔡小天关于割破本单位5条毛毯的时间、地点、动机、目的、行为的供述;

2. 证人杨梅芳、施要明关于目睹本单位5条毛毯被割破的证言;

3. 上海市公安局关于被告人蔡小天写给厂领导匿名信的笔迹鉴定结论的鉴定书;

4. 上海工业用呢厂拍的被被告人蔡小天割破的5条毛毯割破处的照片。

（四）判案理由

上海市长宁区人民法院认为，被告人蔡小天因对本科室领导不满，采用写信的方式又未引起本单位领导的重视，为泄私愤，用事先准备好的刀片割破5条生产中的全化纤毛毯，给集体财产造成了严重损失，并造成该毛毯无法进入下一道生产工序，影响了生产活动的正常进行，其行为已触犯《中华人民共和国刑法》第一百二十五条之规定，构成破坏集体生产罪。

被告人蔡小天虽无法定从轻处罚情节，但鉴于其归案后尚能坦白交代，态度较好，愿意赔偿所造成的经济损失，有一定的悔罪表现，且犯罪情节一般，决定酌情从轻处罚。

（五）定案结论

上海市长宁区人民法院根据《中华人民共和国刑法》第一百二十五条、第六十条，作出如下判决：

1. 蔡小天犯破坏集体生产罪，判处有期徒刑一年。

2. 作案工具"飞鹰"牌双面刀片二把予以没收。

（六）解说

根据我国《刑法》的规定，破坏集体生产罪是指由于泄愤报复或者其他个人目的，毁坏机器设备、残害耕畜或者以其他方法破坏集体生产的行为。故意毁坏公私财物罪是指故意毁灭或者损坏公私财物，情节严重的行为。在审判实践中对于这两种犯罪行为容易混淆，其原因主要在于其犯罪的特征共性较多，如犯罪的主体、主观方面及在客观方面的犯罪方法都有类似之处。本案中，行为人蔡小天因对所在的质监科科长詹××不满，用写匿名信的方式向厂领导反映詹的情况，未引起重视，故产生了用割破生产中的毛毯之方法来引起领导重视的想法，从主观方面已直接有了犯罪的故意，从侵害的对象来看，其毁坏的虽不是机器设备，但系生产过程中的半成品，所造成的后果不仅使本厂遭受了直接经济损失，而且直接影响了集体生产的正常进行，使得已基本成品的毛毯无法进入下一道生产工序。因此，行为人蔡小天的行为完全符合破坏集体生产罪的构成要件，其行为已构成破坏集体生产罪。所以，法院改变了检察院指控行为人犯毁坏公私财物罪的定性是正确的。

（仲正康）

71. 陈晚秋等及无锡县第二工业供销公司靖江供应处销售假冒注册商标的商品案
（单位犯罪、共同犯罪）

（一）首部

1. 判决书字号：江苏省靖江市人民法院(1994)靖刑初字第31号。

2. 案由：陈晚秋等及无锡县第二工业供销公司靖江供应处销售假冒注册商标的商品案。

3. 诉讼双方

公诉机关：江苏省靖江市人民检察院。

被告人：陈晚秋，男，32岁，汉族，福建省厦门市人，原系福建省厦门市新丰五交建材公司总经理助理。1993 年 11 月 8 日因本案被逮捕。

被告人未委托辩护人，自己行使辩护权。

被告人：龚双林，男，45 岁，汉族，江苏省无锡县人，原系无锡县第二工业供销公司靖江供应处经理。1994 年 3 月 12 日因本案被逮捕。

被告人未委托辩护人，自己行使辩护权。

被告人：江苏省无锡县第二工业供销公司靖江供应处。

法定代表人：龚双林，江苏省无锡县第二工业供销公司靖江供应处经理。

被告单位未委托辩护人，由自己的法定代表人行使辩护权。

4. 审级：一审。

5. 审判机关和审判组织

审判机关：江苏省靖江市人民法院。

合议庭组成人员：审判长：潘锁林；人民陪审员：刘东流、朱素珍。

6. 审结时间：1994 年 5 月 10 日。

（二）诉辩主张

1. 江苏省靖江市人民检察院指控称

被告人陈晚秋于 1993 年 9 月在靖江联系三合板业务期间结识了被告人龚双林，得知龚欲做假烟生意即帮助联系。陈、龚二人专程至福建省云霄县，在陈的协助下，通过不法烟贩唐泽民、蔡德文（均另案处理），龚以无锡县第二工业供销公司靖江供应处名义，购得假冒“红塔山”牌注册商标的香烟 3500 条，价款计人民币 17.5 万元。被告人龚双林销售给靖江市鞠某假烟 350 条，其余假烟除被龚双林等人分送、吸食 19 条外，未及销售的香烟均被起获。上述事实，有物证、书证、检测报告及被告人供述等证据证实。被告人陈晚秋、龚双林、被告单位无锡县第二工业供销公司靖江供应处，销售明知是假冒注册商标的商品，违法所得数额较大，其行为触犯全国人大常委会《关于惩治假冒注册商标犯罪的补充规定》第一条第二款、第三条之规定，均构成销售假冒注册商标的商品罪，请求法院依法惩处。

2. 被告人的辩解和答辩

被告人陈晚秋认为，自己是应龚双林的要求为其联系购买香烟的，本人既未出资亦未得利，不应是本案的主犯，且归案后坦白态度较好，要求给予从轻处理。

被告人龚双林承认公诉机关指控的事实，请求从宽处理。

（三）事实和证据

江苏省靖江市人民法院经公开审理查明：

被告人龚双林因经营不善，单位经济亏损，欲贩卖假烟获利弥补。其间被告人陈晚秋因到靖江经销三合板业务与龚结识，龚即请陈帮助联系购买假烟，并表示事成后给陈一定的好处费。被告人陈晚秋经他人介绍认识了福建省云霄县的烟贩唐泽民、蔡德文（均另案处理）后，于 1993 年 9 月 24 日陪同被告人龚双林到唐、蔡处，龚以本单位的名义向两烟贩订购假烟 5000 条。两烟贩又与被告人陈晚秋约定事成后利润共享。同年 10 月 24 日，唐、蔡按约定将假冒“红塔山”牌注册商标的香烟 5000 条运至靖江，以每条 35 元的价格（计 175000 元），销售给被告单位无锡县第二工业供销公司靖江供应处。被告单位购得假烟后，由龚双林先后付款 9.5 万元，余款出具欠条。其间，鞠某因急用向龚借钱，并将 2.6 万余元的不锈钢管给龚代卖，龚谎称有正宗“红塔山”牌香烟可让鞠某代卖，鞠同意后要了 350 条，在回程途中被查获而案发。其余假冒“红塔山”牌香烟除被龚双林等人吸食及分送他人耗去19条外，均被靖江市工商行政管理机关缴获。

上述事实有下列证据证明：

1. 被告人陈晚秋、龚双林关于购买、销售假冒“红塔山”牌香烟的供述；

2. 被缴获的假“红塔山”牌香烟；

3. 江苏省技术监督烟草产品质量检验站对被查获的假烟所作的质量检测报告；

4. 证人黄中朝、张明坤、鞠炳角、侯祖康关于被告人陈晚秋、龚双林购买、销售假冒“红塔山”牌香烟的证言；

5. 云南省玉溪卷烟厂“红塔山”牌香烟商标注册证复印件。

（四）判案理由

江苏省靖江市人民法院认为：

1. 被告人龚双林为了本单位无锡县第二工业供销公司靖江供应处的利益，明知是假冒注册商标的商品，而以本单位名义予以购买并加以销售，单位违法所得数额较大，其行为已触犯全国人大常委会《关于惩治假冒注册商标犯罪的补充规定》第一条第二款的规定，构成销售假冒注册商标的商品罪。被告人无锡县第二工业供销公司靖江供应处同时构成本罪。

2. 被告人陈晚秋积极帮助龚双林购买假冒“红塔山”牌香烟、帮助唐泽民等人销售假冒“红塔山”牌香烟，是本案的共犯，构成销售假冒注册商标的商品罪。

3. 被告人龚双林归案后认罪态度较好。鉴于其犯罪目的是为了弥补单位经营上的亏损，并非出于个人非法获利，与那些为个人利益利用单位名义进行犯罪，个人从中非法获利的人相比，情节较轻。且因案发而未实际获利，可从轻处罚。

4. 被告人陈晚秋在共同犯罪中起主要作用，系主犯。依法应当从重处罚，其提出不是本案主犯的辩解不能成立。

5. 对假冒的“红塔山”牌香烟，应予没收。

（五）定案结论

江苏省靖江市人民法院根据全国人大常委会《关于惩治假冒注册商标犯罪的补充规定》第一条第二款、第三条和《中华人民共和国刑法》第四十八条、第四十九条和第二十二条第一款，作出如下判决：

1. 被告人龚双林犯销售假冒注册商标的商品罪，判处有期徒刑一年。

2. 被告人无锡市第二工业供销公司靖江供应处犯销售假冒注册商标的商品罪，判处罚金8000元。

3. 被告人陈晚秋犯销售假冒注册商标的商品罪，判处有期徒刑一年。

4. 查获的假“红塔山”牌香烟4981条，予以没收。

（六）解说

侵犯商标专用权的犯罪，具有多种表现形式，但最典型的是假冒他人注册商标的犯罪，因此，我国《刑法》第一百二十七条仅规定了假冒注册商标罪，即：违反商标管理法规，工商企业假冒其他企业已经注册的商标的，对直接责任人员，处三年以下有期徒刑、拘役或者罚金。但是，《刑法》施行后，在司法实践中经常出现另一些侵犯商标专用权的行为，如非法制造他人注册商标标识，销售明知是假冒注册商标的商品等等。对此，由于《刑法》未规定，司法实践中是否处理有疑问。这一问题在1982年通过的《中华人民共和国商标法》中得到初步解决。

该《商标法》第四十四条规定:假冒他人注册商标,包括擅自制造或者销售他人注册商标标识的,除赔偿被侵权人的损失,可以并处罚款外,对直接责任人员由司法机关依法追究刑事责任。据此,擅自制造或销售他人注册商标标识的行为也被包括于假冒注册商标的行为中,可按假冒商标罪处理。但《商标法》并未明确规定销售明知是假冒注册商标的商品的行为,因此,问题并未得到全面解决。在当时的审判实践中多根据最高人民法院、最高人民检察院1985年通过的《关于当前办理经济犯罪案件中具体应用法律的若干问题的解答(试行)》关于对投机倒把犯罪的规定,按投机倒把罪处理。直到1986年最高人民检察院通过的《人民检察院直接受理的经济检察案件立案标准的规定(试行)》中规定了销售假冒商标的商品的行为,始按假冒注册商标罪处理。这样,假冒商标所包括的行为方式逐渐扩大,已与假冒的本来含义有别。假冒商标已成为侵犯商标专用权行为的代称,以至于1993年全国人大常委会通过的关于侵犯商标专用权犯罪的补充规定也命名为《关于惩治假冒注册商标犯罪的补充规定》。该《补充规定》明文规定了销售明知是假冒注册商标的商品的行为的刑事责任,正式确立了独立的销售明知是假冒注册商标的商品罪,并且规定了单位假冒注册商标的刑事责任。

本案是一起单位销售假冒注册商标的商品案,人民法院根据事实和法律,既对单位判处了罚金,又对直接责任人员判处了徒刑,在定性上无疑是正确的。但本案有两处可研究的问题:一是行为人陈晚秋在共同犯罪中的地位和作用;二是行为人龚双林及其单位无锡县第二工业供销公司靖江供应处的行为有无未遂的问题。关于第一个问题,判决认为陈晚秋在这起共同犯罪中是主犯,起主要作用。确实,没有陈的联络,这起销售假冒“红塔山”香烟的案件就不可能成功,但是综观全案,陈晚秋只是起到帮助作用,既非教唆犯,亦非实行犯,而是帮助犯,正如公诉机关指控的那样,陈晚秋只是“帮助联系”,进行“协助”。至于其他实质的交易运输、贩卖都与陈晚秋无关,因此,将陈晚秋认定为主犯似乎有误。关于第二个问题,本案判决中并未提到犯罪未遂问题。但从案情来看,龚双林除了出售了350条,其他尚有4000余条未来得及出售即被当地工商管理部门查获。对于销售假冒注册商标的商品罪而言,其犯罪的完成应该是已经将假冒商品销售出去,既然绝大部分的假冒商品尚未销售出去即被查获,那么本案的主要性质似应该是犯罪未遂。对于这一点判决中未予指明,值得探讨。

(张森荣、陆态援)

72. 余明强滥伐林木案

(一)首部

1. 判决书字号:福建省南靖县人民法院(1994)林刑初字第005号。

2. 案由:余明强滥伐林木案。

3. 诉讼双方

公诉机关:福建省南靖县人民检察院,检察员黄阿顺。

被告人:余明强,男,30岁,汉族,福建省南靖县人,个体汽车驾驶员。1994年5月20日因本案被逮捕。

被告人余明强未委托辩护人,自己行使辩护权。

4. 审级:一审。

5. 审判机关和审判组织

审判机关:福建省南靖县人民法院。

合议庭组成人员:审判长:陈少平;人民陪审员:张燕清、张达德。

6. 审结时间:1994年7月18日。

(二)诉辩主张

1. 福建省南靖县人民检察院指控称

被告人余明强未办理森林采伐许可证,于1994年4月19日至同月22日擅自雇用肖银祥等6人在自己管理范围内的"顶古至半岭埔"林地砍伐林木160株,折立林蓄积量27.9072立方米,其行为已触犯《中华人民共和国刑法》第一百二十八条之规定,构成滥伐林木罪,依法提起公诉,请求依法惩处。

2. 被告人的答辩

被告人余明强辩称:我雇请外地工砍了少量林木用来修路铺桥的责任我应承担,但后来外地工另外又砍伐大量林木之事我虽然没反对,但也没有明确表示同意,外地工也有责任。起诉书认定的滥伐林木数额不准确,第一次勘查认定20.42立方米是经检尺员检的,应以此为准。

(三)事实和证据

福建省南靖县人民法院经公开审理查明:

1994年3月20日,被告人余明强与陈×从吴×等人的手中转手向龙山镇金杉村承包了"顶古至半岭埔"的山林,按承包合同约定:承包方向发包方交纳人民币2.1万元,10年内该范围的山林全部归承包人管理受益。1994年4月19日至同月22日,被告人余明强在未办理森林采伐许可证的情况下即擅自雇用外地工非法采伐承包管理范围内的林木160株,折立林蓄积量27.9072立方米。

上述事实有下列证据证明:

1. 证人陈国松等人关于余明强雇工擅自采伐林木的证言;

2. 砍伐林木的现场照片及现场勘验笔录;

3. 林木技术人员的鉴定结论;

4. 余明强的供述。

(四)判案理由

福建省南靖县人民法院认为,被告人余明强在承包山林后,未经林业主管部门批准就擅自雇工在其承包管理林地范围内非法采伐林木,数额较大,情节严重,其行为已构成滥伐林木罪。公诉机关指控被告人余明强构成滥伐林木罪予以采纳,被告人余明强所作辩解于事实不符,不予采纳。

(五)定案结论

福建省南靖县人民法院根据《中华人民共和国刑法》第一百二十八条、第四十八条,作出如下判决:

余明强犯滥伐林木罪,判处拘役四个月,并处罚金5000元。

(六)解说

本案在处理过程中,对余明强应定何罪,有三种意见:

第一种意见认为，行为人雇工采伐的林木虽然是在其承包管理范围内，但所采伐的森林仍属该村集体所有。行为人未经林业主管部门批准，擅自雇工采伐集体所有林木，其目的是非法占有，数额巨大，情节严重，其行为构成盗伐林木罪。

第二种意见认为，行为人利用承包管理山林的职务之便，监守自盗，非法占有集体公共财物，其行为构成贪污罪。

第三种意见认为，行为人承包管理山林，依约交纳了承包金，因而在承包期间对承包管理范围内的林木享有管理使用和受益权，即承包人在承包期间可依约管理、依法采伐，木材收入的价款依约应属承包人的正当收益。余明强在雇请外地工采伐林木时，主观上显然没有非法占有的故意，故其行为既不是盗伐林木，也不是贪污。被告人余明强违反有关森林法规，未经林业主管部门批准，擅自雇外地工非法采伐林木，数额较大，情节严重，属滥伐林木行为，触犯《刑法》第一百二十八条的规定，构成滥伐林木罪。

南靖县人民法院采纳了上述第三种意见，以滥伐林木罪对余明强定罪科刑，是完全正确的。

（王锡福）

四、侵犯公民人身权利、民主权利罪案例

73. 邓小波故意杀人、张艳萍包庇案

（一）首部

1. 裁判书字号

一审判决书：福建省厦门市中级人民法院(1994)厦刑初字第 41 号。

二审裁定书：福建省高级人民法院(1994)闽刑终字第 182 号。

2. 案由：邓小波故意杀人、张艳萍包庇案。

3. 诉讼双方

公诉机关：福建省厦门市人民检察院，代理检察员彭能云。

被告人(上诉人)：邓小波，男，24 岁，汉族，四川省重庆市人，工人。1994 年 3 月 31 日因本案被逮捕。

一、二审辩护人：贺菊英，福建省厦门市第三律师事务所律师。

被告人(上诉人)：张艳萍，化名张敏，女，23 岁，汉族，陕西省安康市人，无业。1994 年 3 月 31 日因本案被逮捕。

一、二审辩护人：费克俊，福建省厦门市第一律师事务所律师。

4. 审级：二审。

5. 审判机关和审判组织

一审法院：福建省厦门市中级人民法院。

合议庭组成人员：审判长：黄庆玉；审判员：郭福全、欧阳孜。

二审法院：福建省高级人民法院。

合议庭组成人员：审判长：张一平；代理审判员：邹南榕、叶邵生。

6. 审结时间

一审审结时间：1994年5月27日。

二审审结时间：1994年7月4日。

（二）一审诉辩主张

1. 福建省厦门市人民检察院指控称

1994年2月22日凌晨，被告人张艳萍将被害人谢艳德（台胞）从"喜来登"酒楼带回住处发生性关系。事后，谢下楼走到巷口转弯处时与被告人邓小波相撞争吵，邓即拔出随身携带的水果刀划破谢脸部，并捅其右胸部数刀逃离现场。被告人张艳萍下楼见谢负伤，谢求张将其送往医院，张即拦出租车将谢送往医院抢救，谢经医院抢救无效于凌晨1时50分死亡。抢救过程中护士从谢身上脱下西装、手表、美元等物交被告人张艳萍代管并叫张通知谢之家属。被告人张艳萍趁机离开医院，跑到黄强家与被告人邓小波见面并得悉谢系被邓所捅刺，二人即策划逃离厦门。被告人邓小波将谢的手表、美元等物取走，然后由被告人张艳萍将谢的血衣丢弃在出租车上。22日上午，被告人邓小波、张艳萍乘火车逃离厦门到四川省重庆市、陕西省安康市等地躲藏。1994年3月9日，邓、张两被告人在安康市被抓获。被告人邓小波的行为已构成故意杀人罪，被告人张艳萍的行为已构成包庇罪。上述事实清楚，证据确实充分，根据《中华人民共和国刑法》第一百三十二条、第一百六十二条第二款和《中华人民共和国刑事诉讼法》第一百条，特提起公诉，请依法审判。

2. 被告人的答辩及其辩护人的辩护意见

（1）被告人邓小波辩称：自己没有杀人的故意。其辩护人辩护意见认为：邓小波与被害人谢艳德无怨无仇，在路口与被害人相撞引起争吵时，才持刀捅刺被害人的，主观上没有想杀害被害人的意愿，并且也不放任死亡结果的发生，而是一种过失的心理状态。指控邓小波犯故意杀人罪定性不当，应以故意伤害（致死）定罪量刑。同时邓小波犯罪情节不属恶劣，归案后认罪态度尚好，建议法庭酌情从轻处罚。

（2）被告人张艳萍的辩护人辩护认为：被告人张艳萍的行为是构成包庇罪，但情节轻微，可免予刑事处分。理由是：张艳萍与邓小波非法同居，对邓有很大依赖性，是在邓小波的策划下离开厦门的，同时张应谢之要求将谢送往医院，当时谢神志清楚，且能在其帮助下行走，谢的伤情并不严重，张离开医院时谢并未死亡，也不知谢会死亡，张归案后认罪态度较好。

（三）一审事实和证据

福建省厦门市中级人民法院经公开审理查明：

1994年2月21日下午2时许，台胞谢艳德与陈××等人乘飞机从台湾高雄机场经香港抵达厦门，住进了厦门华侨大厦5004室。当晚约10时，谢、陈和后期抵厦的台胞周××、戴××等一起到"喜来登"酒楼喝酒，向酒楼老板黄××提出要女郎陪酒，黄便安排了外省女子张小×、吴莉×、吴艳×、欧阳×上楼陪酒，同时传呼被告人张艳萍前来酒楼陪酒。与男朋友被告人邓小波欲往"黑天鹅"影视城看录像的被告人张艳萍在中山路附近接到传呼后，即和邓小波分手赶到“喜来登”酒楼陪谢等人喝酒。期间，被告人张艳萍用空白纸写下“传呼机号码220410及张敏”给谢以便联系。席间，被告人张艳萍打传呼给被告人邓小波告之有“坐台”(即有生意)。23时30分左右，谢向张提出要拿避孕套，被告人张艳萍说要回住处取，谢艳德便随其回到在豆仔尾304号二楼住处，两人发生性关系。事后，谢先行下楼，当走到巷口转弯处时与回家的被告人邓小波相撞发生争吵，邓即拔出随身携带的折合式水果刀朝谢的胸部等处猛刺数刀，刺中谢的脸部、右胸、腋部，而后逃离现场，跑到朋友黄强家，路上将水果刀丢弃。被告人张艳萍下楼见谢负伤，谢求张帮送医院，被告人张艳萍即拦一出租车将谢送往中山医院抢救，抢救过程中护士将从谢身上脱下的西装、手表、美元等物交被告人张艳萍收管并叫张去通知谢的家属。被告人张艳萍遂离开医院，被告人谢艳德后经抢救无效死亡。经法医鉴定：谢艳德的右胸部生前被单刀利器所刺，伤及肝脏，导致出血性休克而死。

被告人张艳萍离开医院后将谢艳德的血衣及美元6000余元、“劳力士”手表等带到其豆仔尾住处，更换身上沾有血迹的衣服后与被告人邓小波传呼联系，并到黄强家找到被告人邓小波，得知谢的伤系邓所捅刺，二人即策划逃离厦门。被告人邓小波将被害人谢艳德的“劳力士”手表、美元等物取走，被告人张艳萍将谢的血衣丢弃在出租车上。于当日上午二被告人乘火车逃离厦门，先后到四川省重庆市、陕西省安康市等地躲藏，后于1994年3月9日上午在安康市出租车上被抓获归案。

上述事实有下列证据证明：

1. 证人证言

(1)证人黄强证实：被告人邓小波告诉他用刀捅人和他在出租车上拾到血衣并为被告人邓小波处理传呼机的过程；

(2)证人洪跃龙证实：以1500元从黄强手里购得被告人邓小波220410传呼机的经过；

(3)证人陈××、戴××、周××证实：1994年2月21日晚他们与被害人谢艳德一起喝酒，被害人谢艳德与被告人张艳萍相识及中途二人外出的过程；

(4)与张艳萍一起陪酒的女人张小×、吴莉×、吴艳×的证词和“喜来登”酒楼老板黄××的证词均证实被害人谢艳德与被告人张艳萍相识及中途二人外出的过程；

(5)厦门中山医院庄维纯、护士杨柳影、张雪玲证实被告人张艳萍送被害人谢艳德到医院的情况，被告人张艳萍与护士杨柳影打电话到“喜来登”酒楼叫谢的台湾同行未接通的过程及将被害人谢的手表、美金、护照等交给被告人张艳萍的过程。

2. 物证、书证

(1)搜查、缴获的金表、美金等赃物及笔录；

(2)缴获被告人邓小波、张艳萍潜逃的厦门至鹰潭的火车票1张、鹰潭至重庆的火车票4张；

(3)厦门市中山医院的病历记录表、门诊抢救记录；

(4)从被害人谢艳德身上获取的被告人张艳萍在陪酒时写给谢的传呼机号码及张敏(化名)的纸条。

3. 被告人供述

(1)被告人邓小波供述与被害人谢艳德相撞用水果刀捅刺被害人的过程，及逃离厦门到重庆等地藏匿过程；

(2)被告人张艳萍供述1994年2月21日晚与谢艳德等人陪酒后带谢到豆仔尾304号

二楼住处嫖淫的过程及送被害人谢到医院后将护士交其保管的谢的手表、美金等带走的过程。

4. 勘验、检查笔录

(1)在豆仔尾304号路口提取的血迹与死者谢艳德血型吻合，证实该处为被告人邓小波杀害谢艳德的第一现场；

(2)现场照片及尸体检验笔录。

5. 鉴定结论

被害人谢艳德尸体经法医鉴定得出结论：谢艳德的右胸部生前被单刀利器所刺，伤及肝脏，导致大出血休克而死亡。

(四)一审判案理由

福建省厦门市中级人民法院认为：被告人邓小波因与被害人发生争吵，竟拔出随身携带的水果刀朝被害人胸部连捅数刀，致人死亡，其行为已构成《中华人民共和国刑法》第一百三十二条所规定的故意杀人罪。且犯罪手段恶劣，后果严重，社会危害性极大，应予严惩。被告人张艳萍在明知被告人邓小波行凶杀人后，不但不向公安机关报告，竟帮助丢弃血衣，毁灭罪证，并随邓逃离厦门到重庆、安康等地躲藏，其行为已构成《中华人民共和国刑法》第一百六十二条第二款所规定的包庇罪。事实清楚，证据确实、充分。两被告人的辩护人的辩护理由不能成立，均不予采纳。

(五)一审定案结论

福建省厦门市中级人民法院根据《中华人民共和国刑法》第一百三十二条第一款、第一百六十二条第二款、第五十三条第一款、第六十条，作出如下判决：

1. 邓小波犯故意杀人罪，判处死刑，剥夺政治权利终身。

2. 张艳萍犯包庇罪，判处有期徒刑二年。

3. 随案移送的美元4500元、"劳力士"18K金表一只、戒指两枚、金手链一条、人民币1266.5元，发还被害人家属。

4. 随案移送的传呼机一只予以没收。

(六)二审情况

1. 二审诉辩主张

(1)上诉人(原审被告人)邓小波诉称：其在巷口转弯处与被害人相撞，被告人谢艳德出言不逊以致发生争吵，一怒之下用手中的水果刀捅刺了被害人，主观上没有杀人的故意，不构成故意杀人罪，而是故意伤害(致死)，一审定性不准，且量刑过重。

(2)上诉人(原审被告人)张艳萍诉称：其没有策划逃跑，没有丢弃血衣，并且有送被害人到医院抢救的情节，可将功补过，请求从轻判处。

2. 二审事实和证据

福建省高级人民法院审理查明：

1994年2月22日零时许，被告人张艳萍在厦门市"喜来登"酒楼陪被害人谢艳德等人喝酒后，张艳萍带被害人到豆仔尾304号张的住处发生性关系。事毕，被害人下楼行至巷口转弯处时与被告人邓小波相撞，二人发生争吵。邓小波拔出随身携带的水果刀捅谢胸部数刀后逃离现场。被告人张艳萍下楼见被害人负伤，在被害人请求下将其送往医院抢救，经抢救无效死亡。在抢救中，医护人员将从谢艳德身上脱下的西装、"劳力士"18K金表一只和美元等物交被告人张艳萍代管并叫其通知被害人家属。张艳萍趁机离开医院,后到黄强家与被告人邓小波会面。张得知被害人谢艳德系邓小波所捅刺。被告人邓小波、张艳萍商定逃出厦门。邓小波将被害人的"劳力士"18K金表一只及美元等物取走。张艳萍将被害人血衣丢弃在出租车上。1994年2月22日上午,两被告人逃出厦门,先后到重庆市和陕西省安康市躲藏。1994年3月9日被抓获归案。

证明上述事实的证据与一审法院认定的证据相同。

3. 二审判案理由

福建省高级人民法院认为,上诉人邓小波因与被害人行走相撞争吵,竟持刀朝被害人胸部连续捅刺数刀,致被害人死亡,其行为已构成故意杀人罪,严重危害社会治安,应予严惩。上诉人张艳萍明知上诉人邓小波行凶杀人后,竟丢弃罪证,与邓共同逃跑,其行为已构成包庇罪。原审认定事实清楚,证据充分,定罪准确,量刑适当,审判程序合法。邓小波的上诉理由与法理不符。张艳萍的上诉理由,原审在量刑时已予考虑。故邓、张的上诉理由均不予采纳。

4. 二审定案结论

福建省高级人民法院根据《中华人民共和国刑事诉讼法》第一百三十六条第(一)项和《中华人民共和国刑法》第一百三十二条、第一百六十二条第二款、第五十三条第一款、第六十条,作出如下裁定:

驳回邓小波、张艳萍的上诉,维持原判。

本裁定为终审裁定。

根据最高人民法院授权高级人民法院核准部分死刑案件的规定,本裁定并为核准以故意杀人罪,判处被告人邓小波死刑,剥夺政治权利终身的裁定。

(七)解说

本案一审法院的判决和二审法院的裁定是正确适当的。

在本案审理过程中,就行为人邓小波的定罪问题,辩护人辩称行为人邓小波应以故意伤害(致死)罪定罪。合议庭没有采纳辩护人的辩护意见,以故意杀人罪对行为人邓小波定罪处罚。我们认为合议庭对行为人邓小波所犯罪行的定性是正确的。故意伤害致死与故意杀人既遂有相同之处:其一,二者都是故意加害于他人身体的行为;其二,二者都造成了死亡结果。因此,二者的界限容易混淆。区分二者界限的关键,是查明行为人故意的内容,即明知自己的行为会造成他人死亡,并且希望或者放任死亡发生的,定故意杀人;明知自己的行为会伤害他人身体健康,并且希望或者放任这种结果发生的,就定故意伤害致死。然而,理论上的区分尽管很清楚,但实践证明,要查明行为人的故意内容是伤害还是杀人,也即挖掘、揭露行为人的内心活动,有时是相当困难和复杂的。对于这个问题,我们只能根据案件的各种客观事实,例如,犯罪人与被害人的平日关系,犯罪的起因,使用工具的性质,打击的力度,打击的部位,打击有无节制,犯罪的动机,犯罪人的一贯表现,犯罪后的表现等等,进行深入细致的综合分析,以判明行为人在主观方面究竟是出于杀人的故意还是伤害的故意。

本案中,首先,行为人邓小波主观上应当明知自己用的凶器刀长约8厘米的单刃锐器对被害人捅刺数刀及所捅刺的部位足以剥夺人的生命,尽管其辩称并不想杀害被害人,但其对被害人的死亡是持放任的心态的。其次,在行为人邓小波行为的客观方面,其行凶的力度、伤害部位是致命的,从尸体鉴定结论不难看出,行为人邓小波在捅刺被害人时力度之猛,所刺部位的要害程度，明显是置被害人生命于不顾的，从而造成被害人死亡的严重后果。因此，行为人邓小波对被害人的死亡明显是采取放任的态度，造成被害人死亡的危害结果是在其犯意之内的。根据主客观一致的刑事责任原则，对行为人邓小波的犯罪行为以故意杀人罪认定无疑是正确的。

（王 绮）

74. 魏华云等故意伤害、虐待案

（一）首部

1. 判决书字号：黑龙江省哈尔滨市中级人民法院（1992）刑初字第 275 号。

2. 案由：魏华云等故意伤害、虐待案

3. 诉讼双方

公诉机关：黑龙江省哈尔滨市人民检察院，检察员孟令明、翟锡伦。

被告人：魏华云，女，24 岁（1968 年 3 月 17 日出生），汉族，安徽省宿州市人，无业。1992 年 8 月 21 日因本案被逮捕。

辩护人：孟繁旭，黑龙江省律师事务所律师。

泰亚东，黑龙江省律师事务所律师。

被告人：傅力（曾用名傅良新），男，32 岁（1960 年 5 月 29 日出生），汉族，河北省玉田县人，系哈尔滨市华丰百货公司业务员。1992 年 8 月 27 日因本案被逮捕。

辩护人：刘恩，黑龙江省哈尔滨市冰城律师事务所律师。

4. 审级：一审。

5. 审判机关和审判组织

审判机关：黑龙江省哈尔滨市中级人民法院。

合议庭组成人员：审判长：刘怡红；审判员：张兴华、李蕴。

6. 审结时间：1994 年 12 月 23 日（依法延长审限）。

（二）诉辩主张

1. 黑龙江省哈尔滨市人民检察院指控称

1988 年，被告人傅力与前妻离婚，经法院判决，二人之子傅启超（曾用名傅童，被害人，男，6 岁）由傅力抚养。1989 年 9 月，傅力与魏华云结婚，二人共同负有抚养傅启超的义务。1990 年 7 月，魏华云生下一女傅娇妍，由此魏华云开始感觉傅启超是生活中的累赘，对傅启超产生厌恶感，常以打骂、罚站、不给吃饱饭、不让出屋等方式对傅启超进行虐待，致使傅启超养成了一见魏华云不高兴就自动罚站，自已打自已耳光的习惯，从不敢与魏华云、傅力共同进餐。傅力为了迎合魏华云，不仅对魏华云虐待傅启超的行为听之任之，而且也产生厌恶傅启超之感，经常对傅启超进行打骂、罚站。

1991 年夏，傅启超的三个姨母到傅家去看望傅启超，引起魏华云、傅力的不满，二人将傅启超的姨母们打出家门。为此，魏华云、傅力对傅启超更加厌恨。

1992 年 6 月，傅力将傅启超送到佳木斯市魏华云的弟弟魏万喜家。魏万喜发现傅启超身体多处有伤，且经常称肚子痛，故此魏万喜于7月4日将傅启超送回哈尔滨市。魏华云见傅启超被送回，更加恼怒，在家中无他人时，用炉钩子、九排齿木梳殴打傅启超的头部、腿部，并用脚将傅启超踹倒多次。7月4日晚，被告人傅力从外地返回哈市为傅娇妍过生日。1993年7月5日，魏华云、傅力等人带傅娇妍到文化公园游玩，将傅启超锁在家中。当晚，傅力又赶往外地。当日21时许，魏华云准备上床休息，傅启超在床上对魏华云说："妈妈我要喝水！"魏华云听后十分不满，对傅启超讲："有酒你喝不喝！"傅启超见魏华云生气，即说："喝！"傅启超喝了一口酒后："妈妈，辣！"魏华云给傅启超拿了两块绿豆糕，让傅启超吃下，见傅启超吃得很困难，就指指酒杯说："你再喝一口。"傅启超两口将杯中的白酒喝下约105ml，而后魏华云又让傅启超喝了凉水，后傅启超倒在床上睡觉。

1992年7月6日9时许，魏华云见傅启超昏睡不醒，即将其抱到地上，问其弟："什么能解酒？"魏万喜说："醋能解酒！"魏华云即用汤勺给傅启超灌下数勺醋，见其仍不醒，又买了"醒酒露"给傅启超灌下一瓶(10ml)，傅启超被灌下"醒酒露"后即呼吸急促，魏华云见状同其弟将傅启超送往医院。傅启超被送往医院后死亡。经法医鉴定证明：被害人傅启超重度营养不良，发育迟缓，肝弥漫性脂肪病变，体表多处损伤及瘢痕形成，死亡系生前吸入性窒息所致。上述事实，有证人呼淑芒、葛翠英、张淑兰、魏万喜证言；公安机关的现场勘查笔录；公安机关对被害人傅启超尸体解剖的刑事技术鉴定书；对酒的纯度及数量的证明材料；有收缴的梳子、炉钩子、花圆口杯、"醒酒露"等物证；被告人魏华云、傅力的供述证实。被告人魏华云的行为触犯了《中华人民共和国刑法》第一百三十四条第二款、第一百八十二条第一款之规定，构成故意伤害罪、虐待罪；被告人傅力的行为触犯了《中华人民共和国刑法》第一百八十二条第一款之规定，构成虐待罪；根据全国人民代表大会常务委员会《关于严惩严重危害社会治安的犯罪分子的决定》第一条第(二)项之规定，对被告人魏华云应从重处罚；根据《中华人民共和国刑法》第六十四条之规定，对被告人魏华云应数罪并罚。请求法院依法判处。

2. 被告人的答辩及其辩护人的辩护意见

被告人魏华云的辩护人对公诉机关指控被告人魏华云犯有虐待罪、故意伤害罪不存异议，但就公诉机关指控的故意伤害罪提出几点辩护意见：第一，魏华云的行为，出于间接故意。被告人魏华云明知酒对人身体有害却让傅启超喝，即明知其行为会造成危害结果，但其对危害结果的出现却不是积极追求的。魏华云在傅启超喝了两口酒后，从傅启超手里抢过杯子，将剩余的酒倒掉，在傅启超喝酒后昏迷不醒时，给傅启超灌醋，灌"醒酒露"；当发现傅启超呼吸不畅时，就抱着傅启超跑到医院请求医生进行抢救。可见，魏华云在主观上是出于间接故意，主观恶性不深。第二，魏华云犯罪以后，能真诚坦白，主动彻底交待犯罪事实，态度较好。第三，对傅启超的死亡，其父傅力也应负一定的责任，傅力对魏华云虐待傅启超的行为非但不制止，还助纣为虐，与魏华云共同虐待自己未满6岁的儿子。正像魏华云供述的："傅力如果制止多，不顺着我，我不能走到这一步。"所以说傅力对傅启超的死亡，有不可推卸的责任。

被告人傅力的辩护人对公诉机关的指控没有异议。但就傅力在本案中存在的具体情节和适用刑罚上，依据罪刑相适应的原则，提出如下辩护意见：第一，被告人傅力对于发生傅启超的死亡结果没有责任。1992年7月5日晚上发生的事情，被告人傅力不在哈尔滨市，如果傅力在家，或许不会发生这样的结果。第二，傅力的虐待行为较魏华云的虐待行为的程度轻。傅力对傅启超虽然也有打骂、罚站等情况，但从次数上要比魏华云少得多，体罚的程度也不甚严重。第三，傅力对魏华云虐待傅启超的具体情况并不十分清楚。首先傅力是商业公司的业务员，经常出差在外，即使不出差每天也要上班，对魏华云的虐待行为了解的很少。其次魏华云虽也当着傅力的面对傅启超打骂、罚站，但多数情况下是在傅力不在家的时候进行，而且所采用的手段和程序也与傅力在场时不同。魏华云供述：其在家中无人时，用炉钩子、九排齿木梳殴打傅启超的头部、腿部，并用脚将傅启超踹倒多次；傅启超穿背心短裤被打伤时，魏华云为了不让傅力发现，就给傅启超穿上长裤，晚上也不让傅启超脱衣服睡觉。以上事实说明傅力对魏华云虐待傅启超的行为了解甚少。基于上述三点意见，傅力虐待行为是轻微的。傅力被逮捕后，认罪态度较好，彻底交待了犯罪事实，并表示对其行为的悔恨。

（三）事实和证据

黑龙江省哈尔滨市中级人民法院经公开审理查明：

傅力与其前妻呼××于1988年离婚后，经法院判决，婚生子傅启超（男，1986年11月出生）由傅力抚养。1989年被告人傅力与被告人魏华云结婚，1990年生一女傅娇妍，由此魏华云对傅启超产生厌恶感，认为其是家中累赘，经常以打骂、罚站、不让其吃饭、不让其出屋、让傅启超自己打自己嘴巴等手段，对其进行虐待，有时罚站长达数小时。1992年7月4日、5日两天内，魏华云连续多次用炉钩子、九排齿木梳等殴打傅启超，致使傅启超的头部、腿部留下多处伤痕。傅力为迎合魏华云，对魏华云虐待傅启超的行为不仅听之任之，而且也经常因琐事对傅启超进行打骂、罚站，甚至用皮带抽打傅启超。1992年7月5日下午，傅力见傅启超摆弄阴茎（阴茎有伤）认为傅启超顽皮，即打傅启超，然后让傅启超罚站。此后，魏华云又因傅启超抠眼睛而恼怒，用笤帚打傅启超，被其弟魏万喜拉开，魏华云继续让傅启超罚站。下午4时许，傅力出差去外地，魏华云又乘其弟抱傅娇妍外出，家中无他人时，用九排齿木梳在傅启超头顶部狠打四五下并用笤帚殴打傅启超，用脚踹傅启超前胸，将其踹倒，头磕在组合柜上并流血。魏华云仍不罢休，继续用脚踹傅启超，将其踹倒三四次，最后在傅启超一再求饶下，魏华云才住手。当晚9时许，连遭魏华云打骂、体罚的傅启超躺在床上向魏华云要水喝，魏华云认为傅启超折腾她，顿时恼怒，遂将其弟未喝的一杯40度的白酒递给傅启超，傅启超喝下一口白酒后说："妈妈，辣！"魏华云将两块绿豆糕递给傅启超让其吃下，又逼迫傅启超喝下杯中大部分白酒，约100ml。傅启超继续要水喝，魏华云给傅启超一勺凉水，傅启超喝后便睡觉。7月6日上午9时许，魏华云见傅启超始终未醒，先给其灌醋，11时许又给其灌"醒酒露"，傅启超被灌"醒酒露"后即呼吸急促，魏华云见状即同其弟魏万喜将傅启超送往医院。经医生查验，被害人已死亡。法医鉴定及汇鉴纪要证明，被害人傅启超重度营养不良，发育迟缓，肝弥漫性脂肪病变，体表多处损伤及瘢痕形成。其心血乙醇含量200.91毫克/毫升，对于5岁儿童已达致死量。其肺、支气管充满液态胃内物，表明死者在乙醇中毒状态下，因胃内物返逆呼吸道造成窒息性死亡。

上述事实有下列证据证明：

1. 被告人魏华云、傅力关于虐待、伤害被害人傅启超事实的供述；

2. 证人葛翠英、陈淑梅、郑喜芝关于魏华云、傅力虐待傅启超的证言；

3. 被告人的亲属魏万喜、薛雨佳、傅良革、傅勇关于魏华云伤害傅启超的证言；

4. 公安机关对被害人尸体解剖的刑事技术鉴定书；

5. 黑龙江省高级人民法院、黑龙江省人民检察院、黑龙江省公安厅、黑龙江省哈尔滨市公安局、哈尔滨医科大学等9家单位的汇鉴纪要。

（四）判案理由

黑龙江省哈尔滨市中级人民法院认为：

1. 被告人魏华云、傅力不尽抚育子女义务，长期对傅启超进行虐待，严重摧残了幼童的身心健康，致使傅启超重度营养不良、发育迟缓、肝弥漫性脂肪病变，体表多处损伤及瘢痕。二被告人的行为均触犯了《中华人民共和国刑法》第一百八十二条第一款之规定，构成虐待罪。

2. 被告人魏华云明知白酒对幼童的身体健康有害，会造成不良后果，却在对被害人傅启超进行持续的殴打、虐待之后又逼迫被害人喝大量白酒，致使被害人乙醇中毒，在昏迷状态下呕吐，导致胃内物吸入呼吸道，造成吸入性窒息死亡，其行为触犯了《中华人民共和国刑法》第一百三十四条第二款之规定，构成故意伤害罪。被告人魏华云同时犯有虐待罪和故意伤害罪，依照《中华人民共和国刑法》第六十四条之规定，应数罪并罚。

（五）定案结论

黑龙江省哈尔滨市中级人民法院根据《中华人民共和国刑法》第一百三十四条第二款、第一百八十二条第一款、第六十四条、第五十三条第一款，作出如下判决：

魏华云犯故意伤害罪，判处无期徒刑，剥夺政治权利终身；犯虐待罪，判处有期徒刑二年；决定执行无期徒刑，剥夺政治权利终身。

傅力犯虐待罪，判处有期徒刑二年。

（六）解说

本案事实清楚，证据充分，确定二犯罪人的犯罪性质并不困难，关键在于如何适用法律对魏华云量刑。

第一，我国《刑法》第一百八十二条第一款规定："虐待家庭成员，情节恶劣的，处二年以下有期徒刑，拘役或者管制。"该条第二款规定："犯前款罪，引起被害人重伤、死亡的，处二年以上七年以下有期徒刑。"本案中魏华云长期虐待被害人，并且出现死亡结果，那么对行为人魏华云是适用上述第一款的规定还是适用第二款的规定量刑还是数罪并罚，需作具体分析。我国《刑法》规定的虐待行为引起被害人重伤、死亡，是指重伤、死亡是作为虐待行为的结果而出现的，与虐待行为之间具有因果联系。在本案中，魏华云明知白酒对幼童会产生不良结果而逼使被害人喝下大量白酒，其主观上已存在有伤害的故意，所以其行为尽管表现为虐待行为，但在本质上是在伤害的主观故意支配下进行的故意伤害行为，故而被害人的死亡结果不能视为魏华云的虐待行为所致，而应作为其故意伤害行为的结果。另一方面，与魏华云的虐待行为存在因果关系的结果是法医所鉴定的有关被害人身体健康状况的结论，即严重营养不良、发育迟缓、肝弥漫性脂肪病变、体表多处损伤及瘢痕形成。但这个结果并未被鉴定为重伤。根据上述两方面的认识，魏华云的虐待行为并未引起被害人重伤、死亡，故对其所犯虐待罪只能适用我国《刑法》第一百八十二条第一款而不能适用第二款的规定处罚。

第二，对魏华云所犯故意伤害罪，是适用《刑法》第一百三十四条第二款的规定处罚，还是适用全国人民代表大会常务委员会《关于严惩严重危害社会治安的犯罪分子决定》第一条第（二）项的规定处罚？本案中尽管魏华云犯罪手段残忍，动机卑劣，但其主观上对其行为的结果并非积极追求，而只是放任结果的发生，并且在被害人出现呼吸急促的情况时能积极抢救。因而不宜认定其犯罪情节恶劣。故法院对其所犯故意伤害罪适用《刑法》第一百三十四条第二款规定并从重处罚，判处无期徒刑是正确的。

（姜春艳　王桂萍）

75. 周洪英诬告陷害案

（一）首部

1. 判决书字号：江苏省宝应县人民法院（1994）法刑初字第91号。

2. 案由：周洪英诬告陷害案。

3. 诉讼双方

公诉机关：江苏省宝应县人民检察院，检察员韦丽敏。

被告人：周洪英，女，31岁，汉族，江苏省宝应县人，工人。1994年3月4日因本案被取保候审。

辩护人：刁成路，江苏省宝应县第二律师事务所律师。

4. 审级：一审。

5. 审判机关和审判组织

审判机关：江苏省宝应县人民法院。

合议庭组成人员：审判长：李连群；审判员：朱军、汪强。

6. 审结时间：1994年12月9日。

（二）诉辩主张

1. 江苏省宝应县人民检察院指控称

被告人周洪英因家庭关系发生矛盾，怀疑是本厂厂长韩兆凤从中挑拨，即对韩产生不满。为泄心中怨恨，被告人以他人的名义，于1993年12月1日从江苏省宝应县邮电局曹甸支局分别向中纪委书记尉健行、江苏省人民检察院副检察长吴汝信、宝应县委书记冯国平、宝应县人民检察院检察长杨应顺发电报，控告厂长韩兆凤"侵吞木材100立方米、水泥50吨、钢材30吨；家内造房用贪污磷肥款7万余元"，"买铜厂设备侵吞回扣费10万元；韩兆凤与韩平到内蒙古毛纺四厂采办毛毯得回扣4万元，望速查处"。后江苏省宝应县纪委及宝应县人民检察院对电报所告发的韩兆凤的经济问题进行调查。经调查核实，被告人周洪英所告发的内容纯属捏造。上述事实，有证人证言、复制的电报及有关书证在案佐证，被告人亦供认不讳，事实清楚，证据确实充分，足以认定。被告人周洪英为发泄私愤，捏造他人犯罪事实，向有关国家机关告发，其行为触犯了《中华人民共和国刑法》第一百三十八条第一款之规定，构成诬告陷害罪。据此，依照《中华人民共和国刑事诉讼法》第一百条之规定，特对被告人周洪英提起公诉，请求依法判处。

2. 被告人的答辩及其辩护人的辩护意见

被告人周洪英的辩护人辩称，周洪英只捏造他人犯罪的事实，并没有捏造具体证实他人犯罪的证据，案发后认罪坦白尚好，望酌情从轻处罚。

（三）事实和证据

江苏省宝应县人民法院经公开审理查明：

1993年3月以来,被告人周洪英因家庭关系发生矛盾,认为是本厂厂长韩兆凤从中挑拨所致,因而对韩极为不满。被告人周洪英于1993年12月1日冒用他人姓名,从宝应县邮电局曹甸支局分别向中纪委书记尉健行、江苏省人民检察院副检察长吴汝信、宝应县委书记冯国平、宝应县人民检察院检察长杨应顺拍发电报:"告本县磷肥厂厂长韩兆凤侵吞木材100立方米、水泥50吨、钢材30吨;家内造房用贪污磷肥款7万余元;买铜厂设备侵吞回扣费10万元,望速查处。"后由宝应县纪委、宝应县人民检察院对所控告的内容进行共同调查,证实控告的内容纯属捏造。案发后,被告人周洪英尚能坦白认罪。

上述事实有下列证据证明:

1. 被告人周洪英供述:因怀疑厂长韩兆凤从中挑拨,致其家庭不和,而冒用他人姓名,向有关国家机关发虚假电报控告韩兆凤,意图使韩兆凤受到刑事处分;

2. 书证:1993年12月1日从江苏省宝应县邮电局曹甸支局发给中纪委、江苏省人民检察院、宝应县委、宝应县人民检察院有关领导控告韩兆凤的电报底稿以及署名为邱长贵的电报费收据存根,证实被告人周洪英以他人名义向有关国家机关拍发了控告韩兆凤的电报;

3. 证人证言

(1)宝应县环保所工人汤树冬(系被告人周洪英的丈夫)证实:1993年3月以来,其与被告人周洪英多次争吵,家庭不和,周洪英怀疑厂长韩兆凤说其坏话,曾想到韩兆凤家吵闹,后虽经劝阻,但一直心怀怨恨;

(2)宝应县曹甸镇节舍村东风村民组的罗徽谋(个体三轮车驾驶员)证实:向有关国家机关拍发电报控告磷肥厂厂长韩兆凤有经济问题的女同志,所骑自行车钢印号码有3个"1",还有"92",此特征与被告人的自行车钢印号码111892相符;

(3)宝应县曹甸镇邮电支局营业员郭宝珍、徐家兵均指认被告人周洪英是1993年12月1日到曹甸邮电支局拍发电报控告韩兆凤有经济问题的发报人;

(4)宝应县磷肥厂徐桂香、顾广华,苏州起重机厂张治中、翟荣君,浦东新区电器公司苏建明、尹锡清等证人均证实韩兆凤没有任何经济问题。

(四)判案理由

江苏省宝应县人民法院认为:被告人周洪英为发泄私愤,捏造他人犯罪事实,向司法机关和其他国家机关作虚假告发,意图使他人受到刑事处分,其行为已构成《中华人民共和国刑法》第一百三十八条所规定的诬告陷害罪。宝应县人民检察院起诉书指控被告人周洪英犯诬告陷害罪,事实清楚,证据确实、充分,应该予以采纳。被告人周洪英及其辩护人对所指控的犯罪事实亦无异议,鉴于被告周洪英犯罪情节一般,且所诬告的内容意在引起有关部门的重视,而无伪造证据证实他人犯罪的情节,归案后能坦白认罪,虽使他人名誉受到一定损害,并影响了司法机关的正常工作,但没有造成使他人受到刑事追究的严重后果,故对辩护人的辩护意见予以采纳,酌情从轻处罚。

(五)定案结论

江苏省宝应县人民法院根据《中华人民共和国刑法》第一百三十八条第一款,第六十七条第一款,第六十八条第二款、第三款,作出如下判决:

周洪英犯诬告陷害罪,判处有期徒刑三年,宣告缓刑三年(缓刑考验期从判决确定之日起计算)。

(六)解说

《中华人民共和国刑法》第一百三十八条第一款规定:"严禁用任何方法、手段诬告陷害干部、群众。凡捏造事实诬告陷害他人(包括犯人)的,参照所诬陷的罪行的性质、情节、后果和量刑标准给予刑事处分。国家工作人员犯诬陷罪的,从重处罚。""参照所诬陷的罪行的性质、情节、后果和量刑标准给予刑事处分"中的所谓"参照",与"按照"不同,它指的是罪名定诬告陷害罪,但要参照其所诬陷的罪的法定刑处罚。也即诬告陷害罪是一个独立的罪名,它与那种按照其所诬陷的罪名定罪、判刑的"诬告反坐"是根本不同的。

"诬告反坐"是封建统治者惩处诬告犯罪的一项刑罚原则,其实质乃是刑罚报复主义,这同我国预防犯罪、消灭犯罪的刑罚目的是根本不同的。"诬告反坐"不符合我国刑法的罪刑法定原则,因为如果行为人诬告他人犯什么罪,就反过来定诬告者什么罪,并予以相应的惩罚,那就等于取消了诬告陷害罪这一独立的罪名,难谈罪行法定和罪刑相适应。同时,"诬告反坐"也不符合我国《刑法》犯罪构成理论,我国刑法理论认为,任何犯罪都是主客观要件的统一,如果行为人不具有犯某种罪的故意或过失,或者没有某种犯罪行为,就不能构成该某种犯罪。因此,就本案而言,行为人周洪英诬陷韩兆凤"侵吞木材100立方米、水泥50吨、钢材30吨"等贪污的犯罪事实,不能按"诬告反坐"的观点以贪污罪来追究周洪英的刑事责任,只能以诬告陷害罪来追究其刑事责任。

我国《刑法》第一百三十八条第一款对诬告陷害罪只规定了量刑原则,而没有规定具体的刑种和量刑幅度。这是考虑到诬陷犯罪同其他犯罪相比,是一种特殊类型的犯罪,这种犯罪行为的社会危害性,往往取决于诬陷的具体内容,而诬陷的内容很广,很难规定一个量刑幅度来解决这个问题,所以规定:"参照所诬陷的罪行的性质、情节、后果和量刑标准给予刑事处分"。同时应当着重指出,参照所诬陷的罪行的性质、情节、后果量刑,仅仅是指可以参照所诬陷罪行的条文上的法定刑幅度,结合诬陷行为的具体情节,适当量刑,决不是要按照所诬陷的罪行的性质、情节、后果量刑。因为,捏造的罪行毕竟和实际存在的罪行不同,捏造他人犯某罪也决不可和其本人犯该种罪同日而语。此外,还应当考虑到,诬陷他人犯罪,有可能使他人受到错误的刑事处分。但是,只要司法机关坚持实事求是原则,不偏听偏信,上述后果也不是不可避免的。如果犯罪分子的意图得逞,说明司法机关未能辨别真伪,以致作出错误判断,司法机关对于错案的发生应当承担一定的工作失误的责任,而不能把责任全部推在诬陷人身上。只有这样理解,才能对诬陷行为的社会危害程度作出恰如其分的具体分析,并给以相应的刑罚处罚。

本案中,行为人周洪英诬陷韩兆凤贪污款物,数额特别巨大,构成贪污罪,这是行为人所诬陷的罪行的性质;但没有伪造证据证明韩兆凤贪污的情节和所造成的危害后果。行为人周洪英诬陷行为的具体情况属犯罪情节一般,后果上虽使韩兆凤名誉受到一定损害,但未受到刑事追究,属危害后果并不严重。因此,对周洪英判处三年有期徒刑,并宣告缓刑三年是适当的,一方面,给予行为人以适当的惩罚,维护了法律的尊严;另一方面,也给予行为人改过自新、重新做人的机会,体现了我国刑罚的惩罚与教育挽救相结合的特点。

(张森英　袁江华)

76. 卢海荣等强奸、抢劫、流氓、盗窃、惯窃、窝藏案

(一)首部

1. 裁判书字号

一审判决书:江苏省盐城市中级人民法院(1994)盐刑初字第91号。

二审裁定书:江苏省高级人民法院(1994)苏刑终字第416号。

2. 案由:卢海荣等强奸、抢劫、流氓、盗窃、窝藏案。

3. 诉讼双方

公诉机关:江苏省盐城市人民检察院,检察员徐守康、代理检察员孙立志。

被告人(上诉人):卢海荣,男,17岁(1976年12月3日生),汉族,江苏省滨海县人,原系滨海县苏滨油脂化工厂业务员。1994年8月4日因本案被逮捕。

一审辩护人:周道芝,江苏省滨海县第二律师事务所律师。

汪明,江苏省滨海县第二律师事务所律师。

被告人(上诉人):钱长红,男,22岁,汉族,江苏省滨海县人,农民。1994年8月4日因本案被逮捕。

被告人钱长红未委托辩护人,自己行使辩护权。

被告人(上诉人):赵昌余,别名赵永生,男,20岁,汉族,江苏省滨海县人,农民。1994年8月11日因本案被逮捕。

被告人赵昌余未委托辩护人,自己行使辩护权。

被告人:钱玉忠,男,15岁(1978年11月15日生),汉族,江苏省滨海县人,农民。1994年7月26日因本案被逮捕。

一审辩护人:刘春亮,江苏省滨海县律师事务所律师。

被告人(上诉人):陈友仲,男,19岁,汉族,江苏省滨海县人,农民。1994年8月4日因本案被逮捕。

一审辩护人:李振,江苏省滨海县第二律师事务所律师。

被告人(上诉人):杨跃进,男,21岁,汉族,江苏省滨海县人,农民。1994年8月4日因本案被逮捕。

一审辩护人:辛立东,江苏省盐城市第一律师事务所律师。

被告人:戴永明,男,16岁(1978年1月6日生),汉族,江苏省滨海县人,农民。1994年8月4日因本案被逮捕。

一审辩护人:张成杰,江苏省盐城市第一律师事务所律师。

被告人(上诉人):杨应宝,男,23岁,汉族,江苏省滨海县人,农民。1994年8月4日因本案被逮捕。

一审辩护人:刘玲,江苏省盐城市第一律师事务所律师。

被告人:尹红昶,男,17岁(1977年5月12日生),汉族,江苏省滨海县人,农民。1994年8月4日因本案被逮捕。

一审辩护人:刘胜香,江苏省滨海县律师事务所律师。

被告人(上诉人):皋伟华,男,16岁(1977年11月11日生),汉族,江苏省滨海县人,无业。1994年8月4日因本案被逮捕。

一审辩护人:王忠明,江苏省滨海县律师事务所律师。

被告人:赵鹏程,男,16岁(1977年10月21日生),汉族,江苏省阜宁县人,农民。1994年8月4日因本案被逮捕。

一审辩护人:崔晓明,江苏省盐城市第三律师事务所律师。

被告人:赵飞,男,51岁,汉族,江苏省滨海县人,农民。1994年8月17日因本案被逮捕。

一审辩护人:张步国,江苏省响水县经济律师事务所律师。

被告人杨东,男,20岁,汉族,江苏省滨海县人,农民。1994年8月17日因本案被逮捕。

被告人杨东未委托辩护人,自己行使辩护权。

被告人:李章武,男,19岁,汉族,江苏省滨海县人,农民。1994年8月17日因本案被逮捕。

被告人李章武未委托辩护人,自己行使辩护权。

4. 审级:二审、复核审。

5. 审判机关和审判组织

一审法院:江苏省盐城市中级人民法院。

合议庭组成人员:审判长:姚一清;审判员:唐咏美;代理审判员:沈俊林。

二审法院:江苏省高级人民法院。

合议庭组成人员:审判长:毛关文;审判员:潘国祥;代理审判员:华欣。

6. 审结时间

一审审结时间:1994年9月2日。

二审审结时间:1994年9月16日。

(二)一审诉辩主张

1. 江苏省盐城市人民检察院指控称

被告人卢海荣、钱长红、赵昌余、钱玉忠、陈友仲、杨跃进、戴永明、杨应宝纠合在一起,于1994年7月16日,在江苏省响水县开往上海市的夜班车上和江苏省大丰县白驹车站,采用暴力、胁迫手段,强奸妇女2人,抢劫旅客人民币904.60元、手表4只、照相机1架、衬衫1件,并大肆进行流氓犯罪活动,被告人卢海荣、钱玉忠、戴永明抢劫作案2起,劫得人民币5090元,被告人尹红昶、皋伟华、赵鹏程抢劫作案1起,劫得人民币5040元。被告人卢海荣还伙同他人盗窃作案1起,窃得"重庆"80型"雅玛哈"摩托车1辆,变速自行车1辆,价值人民币3850元。被告人钱玉忠盗窃作案4起,窃得人民币3880元。被告人赵飞、杨东、李章武明知被告人赵昌余已犯罪,仍向其提供钱财或帮助其逃跑。上述事实有被害人陈述及指控、证人证言、物证、现场勘查笔录等在案佐证。各被告人对主要犯罪事实亦供认不讳。江苏省盐城市人民检察院认为:被告人卢海荣、钱长红、赵昌余、钱玉忠、陈友仲、杨跃进、戴永明、杨应宝公然在公共场所使用暴力、胁迫等手段强奸、轮奸妇女,抢劫他人钱财、侮辱妇女,情节特别严重、恶劣。被告人卢海荣、钱玉忠还盗窃他人钱财,数额较大,其行为已分别构成强奸罪、抢劫罪、流氓罪、盗窃罪。被告人皋伟华、尹红昶、赵鹏程伙同他人使用暴力抢劫钱财,其行为亦已构成抢劫罪。上列被告人系共同犯罪,均适用《中华人民共和国刑法》第二十二条规定处罚，被告人卢海荣犯罪后投案自首，且犯罪时不满18岁。被告人戴永明、尹红昶、皋伟华、赵鹏程犯罪时不满18岁，被告人钱玉忠犯罪时不满16岁，分别适用《中华人民共和国刑法》第六十三条和第十四条第一、三款规定处罚。被告人赵飞、杨东、李章武明知他人犯罪，仍资助其钱财，让其逃跑，其行为已构成窝藏罪，对上述被告人特提起公诉，请求江苏省盐城市中级人民法院予以判处。

2. 被告人的答辩及其辩护人的辩护意见

被告人卢海荣的辩护人辩称："卢犯不应认定为本案的第一被告人，犯罪后投案自首且犯罪时未满18岁，在厕所对王某实施强奸应认定为未遂。"被告人钱长红辩称："没有实施抢劫行为。"被告人赵昌余辩称："抢劫是卢海荣提出的。"被告人钱玉忠的辩护人辩称："钱犯作案时未满16岁，且认罪态度好。"被告人陈友仲的辩护人辩称："陈犯的犯罪情节较轻，认罪态度好，且有检举揭发他人犯罪的立功表现。"被告人杨跃进的辩护人辩称："杨犯的部分犯罪事实证据不足，且抢劫、流氓犯罪情节一般，不宜适用全国人民代表大会常务委员会《关于严惩严重危害社会治安的犯罪分子的决定》处罚。"被告人戴永明的辩护人辩称："认定戴犯参与轮奸证据不足，且在抢劫、流氓犯罪中起次要作用，犯罪时未满18岁。"被告人杨应宝的辩护人辩称："杨犯的流氓罪不能适用刑法共同犯罪的条款。"被告人尹红昶、皋伟华、赵鹏程的辩护人均辩称"尹犯、皋犯、赵犯在犯罪中均起次要作用，且在犯罪时未满18岁"。被告人杨东的辩护人辩称："杨犯并不明知赵昌余犯何种罪，且不是主动提供钱财。"

（三）一审事实和证据

江苏省盐城市中级人民法院因本案有关未成年被告人、涉及个人阴私，依法不公开开庭审理，经审理查明：

1994年7月16日中午，被告人卢海荣、钱长红、赵昌余、钱玉忠、杨跃进、戴永明、杨应宝纠合在一起，欲乘车前往无锡。下午3时许，上列7名被告人在滨海开往盐城市的中巴车上，钱长红、卢海荣、钱玉忠即殴打1名旅客，并劫得该旅客人民币40元。7名被告人下车后遇被告人陈友仲。嗣后，8名被告人又强行拦乘上了响水开往上海的夜班车，卢海荣指使钱玉忠盗窃1名刚上车的旅客人民币80元。接着，被告人杨跃进、卢海荣、钱长红、钱玉忠殴打强逼一王姓男乘客让座。座位让出后，被告人杨跃进、钱长红、卢海荣先后坐到第三排位子上，将2名女乘客夹在中间，不顾被害人竭力反抗，和被告人钱玉忠、戴永明轮番对2名女乘客进行侮辱、猥亵。嗣后，被告人钱长红在该排座内侧强行对王某B实施了奸淫。当车开至大丰县白驹车站停车吃饭时，被告人卢海荣将女乘客王某B挟持到男厕所实施强奸未遂，赵昌余、钱长红和钱玉忠、陈友仲同时分别在男厕所和女厕所轮奸了王某B和王某A。再次上车后，行驶中，卢海荣又对女乘客王某B实施了奸淫。此后，钱玉忠也欲强奸王某A，未成，杨跃进对王某B实行侮辱、猥亵行为；杨应宝将手伸进邻座的女乘客张某某的大腿。此后，被告人赵昌余即指使其他被告人，对每个乘客收5元钱，弄点"香烟费"。杨跃进讲："你们还不快去，难道还要我们亲自上手吗？"卢海荣、钱长红、钱玉忠、陈友仲、戴永明即抢了全车的29名乘客的钱物。其间被告人对有所反抗的乘客进行了殴打、威胁，计劫得乘客人民币904.60元，手表4只，照相机1架，衬衫1件。另外，被告人卢海荣、钱玉忠、戴永明、尹红昶、皋伟华、赵鹏程于1994年7月1日，在无锡火车站抢劫山西省采购员王根合人民币5000元（其中被钱玉忠私藏2000元）。

被告人卢海荣还于1994年6月上旬，伙同他人盗窃"重庆"80型"雅玛哈"摩托车1辆，变速自行车1辆,价值人民币计3850元。

被告人钱玉忠从客车上逃跑后,流窜至南通、苏州等地,扒窃作案4起,计窃得人民币3800元。

被告人赵飞、杨东、李章武在知道赵昌余已犯罪、公安机关正在追捕的情况下,还先后分别为赵昌余提供钱物助其逃跑。

上述事实有下列证据证明:

1. 被害人王某A、王某B(亲姐妹)的陈述;

2. 证人陈某某、张某某、李某等10余名乘客对8名被告人上车后所进行的各种犯罪情况的证言;

3. 现场勘查记录;

4. 被告人抢劫、盗窃的手表、照相机等物证;

5. 被告人卢海荣、钱长红、赵昌余、钱玉忠、陈友仲、杨跃进、戴永明、杨应宝、尹红昶、皋伟华、赵鹏程、赵飞、杨东、李章武供认上述事实的供述。

(四)一审判案理由

江苏省盐城市中级人民法院认为:

被告人卢海荣、钱长红、赵昌余、钱玉忠、陈友仲采用暴力、胁迫手段,在公共汽车和公共场所强奸、轮奸妇女,其行为均已构成强奸罪,且情节特别严重,影响极坏,均应依法严惩。被告人戴永明使用暴力帮助他人强奸妇女,其行为构成强奸共犯。被告人卢海荣、钱长红、钱玉忠、杨跃进、戴永明、杨应宝还在公共汽车上寻衅滋事,殴打他人,侮辱妇女,其行为均构成流氓罪,且情节特别恶劣,应依法从严处罚。被告人卢海荣、钱长红、赵昌余、钱玉忠、陈友仲、杨跃进、戴永明、尹红昶、皋伟华、赵鹏程目无国法,公然在公共汽车上和城市市区,采用暴力、胁迫手段,抢劫他人钱财,其行为均已构成抢劫罪,且情节严重,应依法从重处罚。被告人卢海荣还采用秘密手段,窃取他人钱物,数额较大,其行为亦已构成盗窃罪。被告人钱玉忠自年满14岁以来,长期以盗窃他人钱财为主要生活来源,且数额较大,其行为已构成惯窃罪。被告人赵飞、杨东、李章武明知他人犯罪,仍助其钱物,帮助其逃跑,其行为均已构成窝藏罪。被告人卢海荣犯罪后投案自首,可依法从轻处罚。被告人钱玉忠犯罪时不满16岁,被告人卢海荣、戴永明、尹红昶、皋伟华、赵鹏程犯罪时不满18岁,应当从轻处罚。

(五)一审定案结论

江苏省盐城市中级人民法院根据《中华人民共和国刑法》第一百三十九条第一款、第三款、第四款、第一百五十条第二款、第一百六十条第一款、第一百五十一条、第一百五十二条、第一百六十二条、第二十二条、第十四条第一款、第二款、第三款、第六十三条、第六十四条、第五十一条、第五十二条、第五十三条第一款和全国人民代表大会常务委员会《关于严惩严重危害社会治安的犯罪分子的决定》第一条第(一)项,作出如下判决:

1. 卢海荣犯强奸罪,判处死刑,缓期二年执行,剥夺政治权利终身;犯抢劫罪,判处无期徒刑,剥夺政治权利终身;犯流氓罪,判处无期徒刑,剥夺政治权利终身;犯盗窃罪,判处有期徒刑四年;决定执行死刑,缓期二年执行,剥夺政治权利终身。

2. 钱长红犯强奸罪,判处死刑,剥夺政治权利终身;犯抢劫罪,判处无期徒刑,剥夺政治权利终身;犯流氓罪,判处无期徒刑,剥夺政治权利终身;决定执行死刑,剥夺政治权利终身。

3. 赵昌余犯强奸罪,判处死刑,剥夺政治权利终身;犯抢劫罪,判处死刑,剥夺政治权利终身;决定执行死刑,剥夺政治权利终身。

4. 钱玉忠犯强奸罪,判处无期徒刑,剥夺政治权利终身;犯抢劫罪,判处无期徒刑,剥夺政治权利终身;犯流氓罪,判处无期徒刑,剥夺政治权利终身;犯惯窃罪,判处有期徒刑五年;决定执行无期徒刑,剥夺政治权利终身。

5. 陈友仲犯强奸罪,判处死刑,剥夺政治权利终身;犯抢劫罪,判处有期徒刑十五年,剥夺政治权利五年;决定执行死刑,剥夺政治权利终身。

6. 杨跃进犯流氓罪,判处死刑,剥夺政治权利终身;犯抢劫罪,判处无期徒刑,剥夺政治权利终身;决定执行死刑,剥夺政治权利终身。

7. 戴永明犯抢劫罪,判处无期徒刑,剥夺政治权利终身;犯强奸罪,判处有期徒刑十五年,剥夺政治权利五年;犯流氓罪,判处有期徒刑十五年,剥夺政治权利五年;决定执行无期徒刑,剥夺政治权利终身。

8. 杨应宝犯流氓罪,判处有期徒刑五年,剥夺政治权利一年。

9. 尹红昶犯抢劫罪,判处有期徒刑十一年,剥夺政治权利三年。

10. 皋伟华犯抢劫罪,判处有期徒刑十一年,剥夺政治权利三年。

11. 赵鹏程犯抢劫罪,判处有期徒刑十年,剥夺政治权利三年。

12. 赵飞犯窝藏罪,判处有期徒刑一年。

13. 杨东犯窝藏罪,判处有期徒刑六个月。

14. 李章武犯窝藏罪,判处有期徒刑六个月。

(六)二审情况

1. 二审诉辩主张

一审判决宣告后,被告人卢海荣、陈友仲、杨跃进、杨应宝、皋伟华以“量刑过重”,钱长红、赵昌余以“案件部分事实有出入”为由,分别向江苏省高级人民法院提出上诉。

2. 二审事实和证据

江苏省高级人民法院经审理查明:

1994年7月16日下午,被告人卢海荣、钱长红、赵昌余、钱玉忠、杨跃进、戴永明、杨应宝纠合在一起,在滨海开往盐城市的中巴车上,钱玉忠、卢海荣、钱长红殴打旅客,并劫得旅客人民币40元。嗣后,卢海荣、钱长红、赵昌余、钱玉忠、陈友仲、杨跃进、戴永明、杨应宝8名被告人又拦住响水开往上海的夜班长途汽车,卢海荣用路边烂泥砸驾驶员,驾驶员被迫停车,后8被告人上车。当车行至204国道通检桥时,卢海荣指使钱玉忠盗窃,后钱玉忠盗窃旅客人民币80元。客车行至阜宁县三灶乡境内,被告人杨跃进见客车左侧第三排坐着2女1男(被害人王某,女,30岁;王某,女,28岁;王某某,男,19岁),即强逼王某某让座,王不从,杨跃进即打了王两个耳光,接着,卢海荣、钱长红、钱玉忠也对王进行殴打,致王鼻子出血,钱玉忠、杨跃进还逼王喊杨跃进“杨三爷”。王被迫大声喊“杨三爷”后将座位让给杨跃进,被告人杨跃进、钱长红、卢海荣先后坐到第三排位上,将2女夹在中间,不顾被害人竭力反抗,和被告人钱玉忠、戴永明轮番对2女猥亵。嗣后,被告人钱长红强行将王某抱坐在腿上,掀起王的裙子,扒下其短裤,对王实行了奸淫。与此同时,被告人卢海荣拖另一妇女王某,王不从。被钱玉忠、戴永明硬推坐到卢的腿上,对其猥亵,当车开至大丰县白驹车站停车吃饭时,被告人卢海荣即将另一妇女王某挟持到男厕所实施强奸未遂,接着,赵昌余、钱长红在男厕所轮流强奸了该女;被告人钱玉忠亦同时将王某挟持到女厕所。戴永明帮钱将该女推至女厕所,钱玉忠、陈友仲即在女厕所轮奸了该女。饭后旅客上车，行驶中，卢海荣又将另一妇女王某强行抱坐在腿上，再次对王实施了强奸。而后，钱玉忠又将王某抱坐在腿上，再次对王实施了强奸，该女不从，钱对其猥亵。其间，杨跃进将另一妇女王某搂住，进行猥亵，杨应宝亦摸女乘客张某某的大腿。此后，被告人赵昌余即指使其他被告人，对每个乘客收5元钱，杨跃进讲："你们还不快去，难道还要我们亲自上手吗?"随后，卢海荣、钱长红、钱玉忠、陈友仲、戴永明即对乘客索钱、翻包、翻口袋，乘客稍有不从即对其殴打。当收到乘客王某某时，被告人杨跃进过来说："你还跟'三爷'斗呢，一分钱也不要留给他。"卢海荣随即打了王两拳，将其鼻子再次打出血，又将王口袋内的人民币10.10元掏给杨跃进，在抢劫过程中，钱玉忠将在旅客包内翻到的1把弹簧刀拿在手里来回晃动、威胁旅客，被告人还抢劫乘客手表、照相机等物，全车旅客有29人被翻口袋、搜包、捋手表，共抢劫人民币904.60元，手表4只，照相机1架，衬衫1件。当车行至204国道如皋收费站附近时，被告人赵昌余喊"接电"，并令驾驶员停车，后8名被告人下车逃跑。其中跑在后面的杨跃进、杨应宝被旅客抓获，扭送当地派出所。

被告人卢海荣、钱玉忠、戴永明、尹红昶、皋伟华、赵鹏程于1994年7月11日12时许，在无锡火车站周山滨天桥下，采用暴力手段，抢劫山西省新泽县新丰华联钻石工具厂采购员王根合人民币5040元。

被告人卢海荣伙同王颖、李明华(另案处理)、刘坤(批捕在逃)于1994年6月上旬，在滨海县滨盛公寓404室仓库，盗窃"重庆"80型"雅玛哈"摩托车1辆，变速自行车1辆，价值人民币3850元。

被告人钱玉忠从客车上逃跑后，在南通、苏州等地，盗窃作案4起，窃得人民币3800元。

被告人赵飞，在公安机关告知其子赵昌余已犯罪的情况下，还于1994年7月20日在往张家港兆丰镇的客车上给其子人民币50元，并告知："事情报纸上已登出来了"，让其逃跑。

被告人杨东在公安人员已告知赵昌余犯罪后，还于1994年7月21日在其宿舍向赵昌余提供钱物让其逃跑。

被告人李章武明知赵昌余已犯罪，公安机关正在追捕，当赵于1994年7月23日潜回滨海时，仍帮助赵到其妻李海燕(批捕在逃)处拿取人民币200元及衣服数件，助其逃跑。

被告人卢海荣犯罪后，于1994年7月21日向公安机关投案自首。

上述事实有下列证据证明：

(1)被害人王某、王某(系姐妹)对各被告人如何侮辱、强奸她们、并威胁不准她们报案等情况的陈述；

(2)证人陈某某、张某某、李某等10余名乘客对8名被告人如何上车、进行流氓、强奸、抢劫等情况的证言；

(3)8名被告人作案的当天夜里如皋公安局所作的现场勘查笔录；

(4)被告人抢劫、盗窃的手表、照相机等的各种物证；

(5)被告人卢海荣、钱长红、赵昌余、钱玉忠、陈友仲、杨跃进、戴永明、杨应宝、尹红昶、皋伟华、赵鹏程、赵飞、杨东、李章武对本案中各次犯罪情节、过程，先后多次一致的、互相印证的供述。

3. 二审判案理由

江苏省高级人民法院认为：

被告人卢海荣、钱长红、赵昌余、钱玉忠、陈友仲、杨跃进、戴永明、杨应宝、尹红昶、皋伟华、赵鹏程、赵飞、杨东、李章武强奸、抢劫、流氓、盗窃、窝藏的犯罪事实，有各上诉人、被告人的供述且相互印证、被害人指控及陈述、证人证言、物证及现场勘查笔录等证据证实，事实清楚，证据确实、充分，足可认定。原审人民法院对各上诉人、被告人的定罪均是正确的。上诉人的上诉理由，经查：原审法院对上诉人卢海荣、陈友仲、杨跃进、杨应宝、皋伟华的量刑并无不当；上诉人钱长红、赵昌余的犯罪事实，有被害人陈述、上诉人的供述及同案犯的供述等证据证实，上列上诉人提出部分事实有出入的上诉理由，不能成立。

4. 二审定案结论

江苏省高级人民法院根据《中华人民共和国刑事诉讼法》第一百三十六条第(一)项，作出如下裁定：

驳回上诉，维持原判决。

根据最高人民法院依法授权高级人民法院核准部分死刑案件的规定，本裁定并为核准钱长红、赵昌余、陈友仲、杨跃进死刑，剥夺政治权利终身的刑事裁定。

(七)解说

本案是一起发生在204国道的公共汽车上行程200余公里，跨越9个县市，暴徒作恶长达5小时之久的特大强奸、轮奸、抢劫、流氓、盗窃案件。一、二审法院在审理中，控辩双方在总的犯罪事实方面没有什么争议，而辩护人对少数犯罪人的某些行为，提出的辩护意见，经法庭调查、反复辩护后法院采纳了部分辩护意见。大部分都采纳了控诉方的意见。其中争议较大的两个问题是：

1. 杨跃进抢劫、流氓犯罪能否适用全国人大常委会《关于严惩严重危害社会治安的犯罪分子的决定》处罚？就这一问题，杨跃进的辩护人辩称：本案抢劫犯罪的犯意是赵昌余提起，抢劫行为未发生被害人重伤、死亡等后果，且杨跃进没有抢劫行为；流氓罪情节恶劣指多人多次进行流氓活动或携带凶器、或致人重伤，杨跃进仅有侮辱妇女的行为。因此，杨跃进的抢劫犯罪和流氓犯罪均属情节一般，不能适用全国人大委员会《决定》。法院判决没有采纳这个辩护意见是正确的。理由有三：

(1)本案是一起特别严重的刑事犯罪案件，8名犯罪人在公共汽车上大肆进行的一系列罪恶行为，在全市乃至省内外都引起了强烈的反响。8名犯罪人的罪行不仅严重侵害了该客车上的两名女乘客，王姓男乘客乃至全车乘客(全车计43名乘客中，32名乘客的人身和钱物受到直接侵害)，而且严重破坏和影响了人们在社会生活中的安全感和社会公德，引起了人们的强烈不安和义愤，实属情节特别恶劣，危害特别严重。不能将这样的抢劫、流氓犯罪与普通的抢劫、流氓犯罪相比较，而机械地认为没有发生被害人重伤、死亡的结果，没有携带凶器，不是多人多次进行流氓活动就不属情节特别严重。

(2)本案是一起多人的共同犯罪案件。8名犯罪人之所以能够在如此多人的公共客车上行凶作恶，对8名犯罪人来说是仗着他们人多(庭审中审判人员问他们作案时怕不怕，8名犯罪人的回答如出一辙："不怕，我们人多！")，对被害人来说，有的反抗不了，有的未敢反抗，也均是慑于他们人多的淫威。因此犯罪情节是否特别恶劣、严重，应从他们的行为所共同形成的情节和后果看，而不能将某个人的行为分裂出去，孤立开来进行分析。

(3)就杨跃进在作案中的作用看，8名犯罪人上车后的第一个行为是卢海荣指使钱玉忠盗窃了一名刚上车的乘客的钱包(窃得80元)，这一行为除卢、钱以外当时车上没任何人知道。第二个行为就是杨跃进向该车第三排座的2女1男发难，强逼该排座位上的王某某让座，并挥手殴打该男乘客，接着才有其他几名犯罪人一哄而上殴打这一男乘客，杨跃进及其他人坐到该排座位猥亵、侮辱2名女乘客乃至强奸、轮奸的罪行发生。杨跃进率先实行了犯罪活动，同样，抢劫犯罪的犯意虽是赵昌余首先提起，但杨跃进的一句“你们还不快去，难道还要我们亲自上手吗”，对犯罪人抢劫全车乘客钱物的严重抢劫犯罪行为具有号召和鼓舞的作用。所以说，杨跃进的流氓犯罪和抢劫犯罪均属情节特别严劣和情节严重，依法应当严厉惩处，理当适用全国人大常委会《决定》。

2. 杨应宝的行为是否适用共同犯罪的问题。杨应宝的辩护人辩称：杨应宝与其他7名犯罪人没有共同的犯罪故意，也没有稳固行为，也不存在相互配合，杨应宝仅应对自己的侮辱妇女的行为负责——杨构成流氓罪，不是共同犯罪。判决没有采纳这一辩护意见也是正确的。首先要肯定该案属事先无通谋的共同犯罪，即各犯罪人在实施犯罪前没有形成预谋的共同犯罪的故意，而是在杨跃进打被害人王某某后才逐步形成共同犯罪的故意。虽然在本案的全部犯罪过程中，杨应宝的行为就是伸手摸了身边一女乘客（其丈夫还坐在另一边）的大腿，被该女打了手，但他这一行为是在前7名犯罪人实施流氓、强奸、轮奸后，卢海荣、钱玉忠再次对王某A实施强奸（未遂），杨跃进对王某B进行猥亵的同时作出的。其次，他非常知道，自己不是孤立地实施这一行为，反过来说，不是在这样的气氛下，没有这么多的同伙，他不见得会干这种事，而且，如果撇开这种特定情境，他实施的这一摸大腿行为是不构成犯罪的，正因为他与前7名犯罪人结伙在一起（他们每一个人都是对车上乘客形成心理压力的因素之一）实施了流氓行为，共同严重侵犯和危害了该车乘客的人身权利以及公共秩序，属于共同犯罪，才认定他构成流氓罪并追究刑事责任。当然他的行为较其他犯罪人显著轻微，量刑也就相应轻得多。

（王凤珠　吴　敦）

77. 陈××被控奸淫幼女宣告无罪案
（未成年人犯罪、证据）

（一）首部

1. 判决书字号

一审判决书：江苏省常州市郊区人民法院（1993）常郊刑初字第69号。

二审判决书：江苏省常州市中级人民法院（1993）常刑终字第48号。

2. 案由：陈××奸淫幼女案。

3. 诉讼双方

公诉机关：江苏省常州市郊区人民检察院，检察员王俊。

被告人：陈××，男，17岁，汉族，江苏省常州市人，无业。1993年9月7日因本案被逮捕。

法定代理人（上诉人）：陈桂芳，被告人陈××之父。

一、二审辩护人：朱昀，江苏省常州市第一律师事务所律师。

一审辩护人：陈凌林，江苏省常州市第一律师事务所律师。

4. 审级:二审。

5. 审判机关和审判组织

一审法院:江苏省常州市郊区人民法院。

合议庭组成人员:审判长:王域;人民陪审员:魏有娣、蒋荣方。

二审法院:江苏省常州市中级人民法院。

合议庭组成人员:审判长:张建安;代理审判员:裴国伟、丁延陵。

6. 审结时间

一审审结时间:1993年10月5日。

二审审结时间:1994年1月14日(依法延长审限)。

(二)一审情况

1. 一审诉辩主张

(1)江苏省常州市郊区人民检察院指控称

被告人陈××于1993年7月至8月期间,以谈恋爱为名,先后6次对被害人史××(1980年2月6日生)实施奸淫。上述事实,有被害人的陈述被告人的供述为证,且被告人供述的作案时间、地点、次数等具体情节,与被害人陈述相一致。江苏省常州市郊区人民检察院认为,被告人陈××以谈恋爱为名,多次奸淫未满14周岁的幼女,情节特别严重,其行为触犯了《中华人民共和国刑法》第一百三十九条第二款、第三款之规定,已构成奸淫幼女罪,依法提起公诉,请求依法惩处。

(2)被告人的答辩及其辩护人的辩护意见

首先,被告人陈××与史××系同学关系,两人在1992年12月起开始恋爱,双方是在恋爱过程中自愿发生两性关系,依据有被告人的供述、被害人的陈述以及双方来往的大量书信。其次,史××年龄虽然未满14周岁,但其生理特征和心理特征明显早熟,史××的外貌体征以及她写的给被告人的书信证明了这一点。再次,被告人陈××在与史××发生关系之前,并不明确地知道史××的实际年龄,被告人在供述中否认知道史××的年龄,史××也只是证实只告诉被告人自己是15虚岁。综上所述,辩护人认为,被告人陈××是在恋爱过程中,并不明知被害人是幼女,且被害人生理和心理发育较为成熟的情况下,与被害人自愿地发生了两性关系,其行为不构成奸淫幼女罪。

2. 一审事实和证据

江苏省常州市郊区人民法院因本案涉及个人阴私且当事人为未成年人,依法对本案进行不公开审理,查明:

被告人陈××与被害人史××(1980年2月6日生)系同学,两人从1992年12月起开始恋爱。1993年7月至8月间,陈先后在史家多次与史发生两性关系。

上述事实有下列证据证明:

(1)被害人史××的陈述;

(2)公安机关关于史××出生年月的户籍证明;

(3)被害人史××与被告人陈××之间的来往信件;

(4)被告人陈××的供述。

3. 一审判案理由

江苏省常州市郊区人民法院认为,被告人陈××多次奸淫不满14岁的幼女,情节特别严重，已构成《中华人民共和国刑法》第一百三十九条第二款、第三款规定的奸淫幼女罪，应依法惩处。鉴于陈××在犯罪时不满 18 岁，且归案后认罪态度好，依法应减轻处罚。

4. 一审定案结论

江苏省常州市郊区人民法院根据《中华人民共和国刑法》第一百三十九条第二款、第三款，第十四条第一款、第三款，作出如下判决：

陈××犯奸淫幼女罪，判处有期徒刑七年。

(三)二审诉辩主张

一审法院判决宣告后，陈××及其法定代理人以原判决适用法律不当为理由，向江苏省常州市中级人民法院提出上诉。一审辩护人朱昀继续为陈××担任辩护人，他在辩护词中坚持认为，史××虽属幼女，陈××虽多次与史××发生两性关系，但这是恋爱中的越轨行为，不构成奸淫幼女罪，请求对陈××宣告无罪。

(四)二审事实和证据

江苏省常州市中级人民法院经审理查明：

上诉人(原审被告人)陈××与被害人史××(1980 年 2 月 6 日生)系同学。1992 年 12 月起建立恋爱关系，并有谈情说爱的书信来往。1993 年 7 月至 8 月间，陈、史先后在史家 6 次发生两性关系，其中有 2 次系史主动与陈××发生两性关系。

上述事实有下列证据证明：

1. 陈××对上述事实所作的多次供述，其供述的作案时间、地点、次数等具体情节，与被害人史××的陈述相一致；

2. 被害人史××的陈述；

3. 史××与陈××之间的来往信件；

4. 史××年龄的户籍登记。

(五)二审判案理由

江苏省常州市中级人民法院认为，原审人民法院认定陈××与史××发生两性关系事实无误。但鉴于陈××与幼女史××是在恋爱期间发生的性行为，根据本案的具体情况，情节显著轻微，可不认为是犯罪。因此，上诉人和辩护人的上诉理由和辩护理由成立，予以采纳，应对陈××宣告无罪。其理由是：

1. 陈××作案时未满 18 岁，属于未成年人。被害人史××虽未满 14 岁，但其外貌体征证明其生理发育已基本成熟，又从其写给陈××的恋爱书信的内容证明其心理发育也趋向成熟。

2. 陈××与被害人史××系同学，自 1992 年 12 月开始发展为恋爱关系，后两人在史家多次发生两性关系，在整个过程中，史××都较为主动。

3. 案发后，被害人史××多次向有关部门写信表示她与陈的两性关系是自愿的，是在恋爱中发生的，陈是无罪的，对陈的审判，不能使她安心等。史××的父母也认为对陈××应以教育为主，不要判处刑罚。

综上所述，陈××虽与不满 14 岁的幼女多次发生两性关系，但是情节显著轻微，危害不大，根据我国《刑法》第十条的规定，可对陈××宣告无罪。

(六)二审定案结论

江苏省常州市中级人民法院根据《中华人民共和国刑事诉讼法》第一百三十六条第(二)

项、《中华人民共和国刑法》第十条，作出如下判决：

1. 撤销常州市郊区人民法院(1993)常郊刑初字第69号刑事判决。

2. 宣告陈××无罪。

(七)解说

依照我国《刑法》的有关规定，一般地说，对于奸淫幼女的行为，不论行为人采用什么手段，也不问幼女是否同意，只要与幼女发生了性行为，就构成奸淫幼女罪，这是我国刑法鉴于不满14岁幼女的生理、心理特征所作的特殊的法律保护。法院在审理这类案件时，必须正确理解这条立法精神。本案被害人史××生理、心理的发育都较为成熟，而且又是在恋爱过程中较为主动地与陈××发生两性关系，案发后，又多次写信给政法机关要求不处理陈××。因此，陈××的行为，对被害人史××人身权利的"侵害"是显著轻微的。另外，陈××作案时，不满18岁，属于未成年人。为了加强对未成年人合法权利的保护，二审法院鉴于这些情节，认定陈××的行为，情节显著轻微，危害不大，对其宣告无罪。这也符合最高人民法院和最高人民检察院在有关司法解释中所说的"在办理奸淫幼女案件中出现的特殊问题，要具体分析，并总结经验，求得正确处理"的精神。

此案二审宣判后，陈××感谢法院挽救了他，表示痛改前非，遵纪守法，正确处理恋爱问题。史××也表示满意。双方父母对此事也相互理解，表示要加强对子女的教育。社会各方面反映都比较好。

(闵　星)

78. 卞修明等拐卖妇女案

(一)首部

1. 判决书字号

一审判决书：上海铁路运输中级法院(1993)沪铁中刑初字第28号。

二审判决书：上海市高级人民法院(1993)沪高刑终字第125号。

2. 案由：卞修明等拐卖妇女案。

3. 诉讼双方

公诉机关：上海市人民检察院上海铁路运输分院，检察员吴云。

被告人(上诉人)：卞修明，男，34岁，汉族，安徽省寿县人，农民。1992年9月21日因本案被逮捕。

一、二审辩护人：刘建辉，安徽省蚌埠市律师事务所律师。

被告人：王丽，又名曾云慧，女，31岁，汉族，四川省成都市人，农民。1992年7月17日因本案被逮捕。

被告人王丽未委托辩护人，自己行使辩护权。

4. 审级：二审。

5. 审判机关和审判组织

一审法院：上海铁路运输中级法院。

合议庭组成人员：审判长：陈明方；代理审判员：徐林宝、李建华。

二审法院：上海市高级人民法院。

合议庭组成人员：审判长：曹松麟；审判员：叶茂才；代理审判员：刘志坚。

6. 审结时间

一审审结时间：1993 年 11 月 17 日。

二审审结时间：1994 年 2 月 8 日（依法延长审限）。

（二）一审情况

1. 一审诉辩主张

（1）上海市人民检察院上海铁路运输分院指控称

1988 年 2 月被告人卞修明与其妻被告人王丽将被害人黄某由成都市拐骗至安徽省寿县，并卖给寿县双门乡农民韩某为妻，得赃款 2400 元。

1988 年 3 月被告人卞修明伙同陈某将四川妇女唐某带至安徽省寿县，出卖给寿县双门乡农民时某为妻，得赃款 2000 元。

1988 年 8 月被告人卞修明伙同万水香，将被害人林某从家中骗出并带至安徽省寿县，卖给寿县保义镇农民常某为妻，得赃款 2500 元。

1988 年 11 月被告人卞修明将被害人唐某骗至安徽省寿县，卖给寿县荆塘乡农民常某为妻，得赃款 2600 元。

1988 年间被告人卞修明与被告人王丽将被害人李某骗至安徽省霍邱县，卖给霍邱县彭塔乡农民吴某为妻，得赃款 1500 元。

1989 年 1 月，被告人卞修明与被告人王丽将被害人陈某带至安徽省霍邱县，卖给霍邱县西隐贤乡农民郑某为妻，得赃款 2900 元。

1989 年 3 月，被告人卞修明伙同万琼珠等将被害人王某、叶某带至安徽省霍邱县，分别卖给霍邱县西隐贤乡农民王某、张某为妻，得赃款 2700 元和 2500 元。

1989 年 6 月被告人卞修明将被害人张某卖给安徽省霍邱县彭塔乡农民杨某为妻，得赃款 2500 元。

1990 年 10 月被告人卞修明、被告人王丽将被害人杨某带至安徽省霍邱县，卖给霍邱县彭塔乡农民郑某为妻，得赃款 3500 元。

1991 年 4 月被告人卞修明将被害人任某由成都市骗出并由被告人王丽伙同陈某将被害人任某带至安徽省霍邱县，卖给霍邱县彭塔乡农民吴某为妻，得赃款 3100 元。

1992 年 4 月，被告人卞修明、被告人王丽、王云凤（在逃）预谋后，王云凤在成都九眼桥劳务市场以介绍做工、做生意为名，拐骗正在找工作的被害人彭某、冯某外出，被告人王丽及王云凤将被害人彭某、冯某送至成都火车站，由被告人卞修明带上火车，欲骗至安徽省出卖。途中，因被发现而被抓获。

被告人卞修明、被告人王丽于 1988 年 2 月至 1992 年 4 月间，以出卖为目的，伙同他人拐骗、贩卖、接送、中转妇女，其行为已构成拐卖妇女罪。其中被告人卞修明参与拐卖妇女 13 人次；被告人王丽参与拐卖妇女 7 人次。被告人卞修明拐卖妇女的犯罪情节特别严重，被告人王丽拐卖妇女的行为亦属犯罪情节严重。根据全国人大常委会《关于严惩拐卖、绑架妇女、儿童的犯罪分子的决定》第一条和《中华人民共和国刑事诉讼法》第一百条的规定，特提起公诉，请依法判处。

(2)被告人的答辩及其辩护人的辩护意见

被告人卞修明辩称,1988 年 3 月他没有伙同陈某将四川妇女唐某带至安徽省寿县,唐某被卖给寿县双门乡农民时某为妻,是陈某 1 人所为。

被告人卞修明的辩护人辩护称,被告人在全国人大常委会公布施行《关于严惩拐卖、绑架妇女、儿童的犯罪分子的决定》之后,仅拐骗彭某、冯某两人,且没有卖成即被抓获,因此,其行为不属全国人大常委会《关于严惩拐卖、绑架妇女、儿童的犯罪分子的决定》第一条所规定的情节特别严重。并且被告人卞修明认罪态度较好,要求从轻处罚。

被告人王丽辩称,1990 年 10 月她没有伙同雷某将被害人杨某带至安徽省霍邱县并出卖给霍邱县彭塔乡农民郑某为妻。

2. 一审事实和证据

上海铁路运输中级法院经公开审理查明:

1988 年 2 月,被告人卞修明与其妻被告人王丽在成都市搭识周全松(已判刑),由周将被害人黄某带至被告人卞修明、王丽住宿处,经预谋,三人将黄某骗至安徽省寿县,出卖给寿县双门乡农民韩某为妻,得赃款 2400 元。

1988 年 3 月,被告人卞修明伙同陈某(在逃)将四川妇女唐某带至安徽省寿县,出卖给寿县双门乡农民时某为妻,得赃款 2000 元。

1988 年 8 月,被告人卞修明与万水香(在逃)预谋后,万水香以找工作为名,将被害人林某从家中骗出,由被告人卞修明带至安徽省寿县,出卖给寿县荆塘乡农民常某为妻,得赃款 2500 元。

1988 年 11 月,被告人卞修明将周全松从成都市骗至安徽省寿县的被害人唐某,出卖给寿县荆塘乡农民常某为妻,得赃款 2600 元。

1988 年间,被告人卞修明、王丽在成都站外,以做生意为名,将正在玩耍的被害人李某骗至安徽省霍邱县,出卖给霍邱县彭塔乡农民吴某为妻,得赃款 1500 元。

1989 年 1 月,被告人卞修明与万泽琼(另案处理)预谋后,万泽琼以介绍工作为名,将其同学陈某骗出,并送至成都站,由被告人卞修明、王丽将陈某带至安徽省霍邱县,出卖给霍邱县西隐贤乡农民郑某为妻,得赃款 2900 元。

1989 年 3 月,被告人卞修明伙同万泽琼,先后将万泽琼、万水香以做工为名骗来的被害人王某、叶某带至安徽省霍邱县,分别出卖给霍邱县西隐贤乡农民王某、张某为妻,分别得赃款 2700 元、2500 元。

1989 年 6 月,被告人卞修明将由“雷某”、“郭某”(均在逃)从成都市九眼桥劳务市场骗至安徽省寿县的被害人张某,出卖给安徽省霍邱县彭塔乡农民杨某为妻,得赃款 2500 元。

1990 年 10 月,被告人卞修明冒充老板伙同“雷某”,以做药材生意为名,将被害人杨某骗出成都市,由被害人卞修明、王丽及“雷某”带至安徽省霍邱县,出卖给霍邱县彭塔乡农民郑某为妻,得赃款 3500 元。

1991 年 4 月,被告人卞修明在成都市与“陈某”、“郭某”(均在逃)预谋后,陈、郭以做工为名,将被害人任某骗出,由被告人王丽与“陈某”将被害人任某带至安徽省霍邱县,出卖给被告人卞修明联系的霍邱县彭塔乡农民吴某为妻,得赃款 3100 元。

1992 年 4 月,被告人卞修明、王丽及王云风(在逃)预谋后,王云风在成都市九眼桥劳务市场以介绍做工、做生意为名,拐骗正在找工作的被害人彭某、冯某外出,被告人王丽及王云凤将被害人送至成都站，由被告人卞修明带上火车，欲骗至安徽省出卖。途中，因被发现而被抓获。

被告人卞修明分得的部分赃款，已被其挥霍殆尽。

上述事实有下列证据证实：

(1)被告人卞修明、被告人王丽和服刑人犯周全松的供述，被害人黄某的陈述，收买人韩伟喜的证言，证人时本锦的证言，均证实了1988年2月被告人卞修明、被告人王丽拐卖妇女黄某的犯罪事实；

(2)收买人时本锦的证言，证人韩占先的证言，服刑人周全松的供述，相互印证，证实了1988年3月被告人卞修明拐卖妇女唐某的犯罪事实；

(3)被告人卞修明的供述，被害人林某的陈述，收买人常竹勋的证言，证人魏本田的证言，均证实了1988年8月被告人卞修明拐卖妇女林某的犯罪事实；

(4)被告人卞修明的供述，服刑人周全松的供述，被害人唐某的陈述，收买人常永光的证言，证人常永光的证言，均证实了1988年10月被告人卞修明拐卖妇女唐某的犯罪事实；

(5)被告人卞修明、被告人王丽的供述，证人吴永辉的证言，证人陈顺英的证言，在押人万泽琼的供述，均证实了1988年间被告人卞修明、王丽拐卖妇女李某的犯罪事实；

(6)被告人卞修明、被告人王丽的供述，在押人万泽琼的供述，被害人陈某的陈述，收买人郑家传之母刘德英的证言，均证实了1989年1月被告人卞修明、王丽拐卖妇女陈某的犯罪事实；

(7)被告人卞修明的供述，在押人万泽琼的供述，被害人王某、叶某的陈述，收买人王庆胜、张忠跃的证言，均证实了1989年3月被告人卞修明拐卖妇女王某、叶某的犯罪事实；

(8)被告人卞修明的供述，被害人张某的陈述，收买人杨道家的证言，证人陈顺英的证言，均证实了1989年6月被告人卞修明拐卖妇女张某的犯罪事实；

(9)被告人卞修明的供述，被告人王丽曾作的供述，被害人杨某的陈述，可以认定1990年10月被告人卞修明、王丽拐卖妇女杨某的犯罪事实；

(10)被告人卞修明、王丽的供述，被害人任某的陈述，收买人吴道云的证言，均证实了1991年4月被告人卞修明、王丽拐卖妇女任某的犯罪事实；

(11)被告人卞修明、王丽的供述，被害人彭某、冯某的陈述，证人王态滨的证言，均证实了被告人卞修明、王丽1992年4月拐卖妇女彭某、冯某的犯罪事实。

3. 一审判案理由

上海铁路运输中级法院认为：被告人卞修明、王丽目无国法，主观上具有出卖的目的，客观上实施了拐骗、贩卖、接收、中转的行为，其行为已触犯全国人大常委会《关于严惩拐卖、绑架妇女、儿童的犯罪分子的决定》第一条，构成拐卖妇女罪。根据最高人民法院、最高人民检察院1992年12月1日发布的《关于执行〈全国人大常委会关于严惩拐卖、绑架妇女、儿童的犯罪分子的决定〉的若干问题的解答》，对在《关于严惩拐卖、绑架妇女、儿童的犯罪分子的决定》颁布施行前发生，公布施行后尚未处理或正在处理的案件，依照《刑法》第九条规定的原则处理。本案被告人的犯罪行为开始于《决定》施行前，继续到《决定》施行以后，根据上述原则，应依照《决定》的规定处理。因此，公诉机关适用《决定》认定被告人卞修明、王丽的犯罪行为均构成拐卖妇女罪是正确的，应予采纳。

《决定》第一条规定拐卖妇女情节特别严重的，处死刑，并处没收财产。《决定》虽对情节特别严重的行为未作具体规定,但最高人民法院、最高人民检察院关于执行《决定》的若干问题的解答,认为情节特别严重是指《决定》第一条第一款中所列六项情形中特别严重的情节。被告人卞修明拐卖妇女达13人次,应认定为情节特别严重。公诉机关认为被告人卞修明拐卖妇女犯罪情节特别严重,应予采纳。被告人卞修明否认部分犯罪事实的理由不能成立,被告人卞修明的辩护人辩称被告人的犯罪行为不属情节特别严重,亦不成立。被告人王丽参与拐卖妇女达7人次,亦属情节严重,其否认部分犯罪事实的理由亦不能成立。

被告人卞修明、王丽拐卖妇女多人多次,在其共同犯罪中,卞修明起主要作用,系主犯,应依法从重处罚;被告人王丽起次要或辅助作用,可依法减轻处罚。被告人卞修明、王丽上述犯罪事实清楚,证据确凿,为了维护社会治安秩序,保护妇女的人身自由权利不受侵犯,必须依法惩处。

4. 一审定案结论

上海铁路运输中级法院根据全国人大常委会《关于严惩拐卖、绑架妇女、儿童的犯罪分子的决定》第一条及《中华人民共和国刑法》第二十二条第一款、第二十三条、第二十四条、第五十三条第一款、第五十二条,作出如下判决:

1. 卞修明犯拐卖妇女罪,判处死刑,剥夺政治权利终身。

2. 王丽犯拐卖妇女罪,判处有期徒刑六年,剥夺政治权利一年。

(三)二审诉辩主张

上诉人(原审被告人)卞修明上诉辩称,他没有拐卖四川省农村妇女唐某,犯罪情节不属特别严重,对其量刑过重。被告人卞修明的辩护人提出鉴于卞修明拐卖妇女未造成严重后果,建议对卞修明从轻处罚。

(四)二审事实和证据

上海市高级人民法院经审理查明:

上诉人(原审被告人)卞修明于1983年3月至1992年4月先后伙同王丽等人拐卖妇女唐某、林某、李某、陈某、王某、叶某等13人,被告人王丽参与拐卖妇女7人。其中拐卖妇女未卖成2人。被告人卞修明、王丽上述犯罪事实清楚。

证明上述事实的证据与一审法院认定的证据相同。

(五)二审判案理由

上海市高级人民法院认为,原判认定被告人卞修明的犯罪事实清楚,证据确实、充分,定罪准确,审判程序合法。上诉人卞修明伙同他人拐卖妇女13人,犯罪情节特别严重,且在共同拐卖妇女犯罪中起主要作用,系主犯,依法应予严惩。上诉人卞修明否认其拐卖四川妇女唐某的犯罪事实,有收买者安徽省寿县双门乡村民时本锦证言,证实其从卞修明处以2000元人民币收买了唐某;与时本锦同村的村民韩占先的证言也证实,卞修明让其带口信给时本锦,叫时本锦带钱去卞修明处领唐某。卞修明上诉否认此节事实,纯系抵赖,不能成立。一审法院依法判处卞修明死刑,是正确的。但考虑卞修明除对拐卖唐某的犯罪事实予以否认外,对拐卖其他妇女的犯罪事实均供认不讳,纵观本案,卞修明认罪态度尚好,且有真诚悔罪表现,据情可不立即执行死刑。原判决对被告人王丽的定罪量刑均无不当。

(六)二审定案结论

上海市高级人民法院根据全国人大常委会《关于严惩拐卖绑架妇女儿童的犯罪分子的决定》第一条和《中华人民共和国刑法》第四十三条、第二十二条第一款、第二十三条、第二十

四条、第五十二条、第五十三条第一款及《中华人民共和国刑事诉讼法》第一百三十六条第(一)、(二)项,作出如下判决:

1. 维持上海铁路运输中级法院(1993)沪铁中刑初字第28号刑事判决的第一项中对卞修明的定罪部分即卞修明犯拐卖妇女罪和第二项即王丽犯拐卖妇女罪,判处有期徒刑六年,剥夺政治权利一年。

2. 撤销上海铁路运输中级法院(1993)沪铁中刑初字第28号刑事判决的第一项中对卞修明的量刑部分,即判处死刑,剥夺政治权利终身。

3. 卞修明犯拐卖妇女罪,判处死刑,缓期二年执行,劳动改造,以观后效,剥夺政治权利终身。

(七)解说

本案具有一定的复杂性和特殊性,但法院的判决是正确和适当的。

1991年9月4日全国人大常委会通过并施行的《关于严惩拐卖、绑架妇女、儿童的犯罪分子的决定》(以下简称《决定》)对我国刑法拐卖人口犯罪作了重要的补充、修改。修改之一就是将拐卖妇女的犯罪从《刑法》第一百四十一条拐卖人口罪中分离出来,规定为拐卖妇女罪,并规定了更为严厉的法定刑。对于《决定》的效力,最高人民法院于1991年9月23日发布的《关于正确执行〈全国人大常委会关于严惩拐卖、绑架妇女、儿童的犯罪分子的决定〉的通知》中明确指出:对于《决定》公布后发生的案件,依照《决定》的规定处理;对于在《决定》公布施行前发生,公布施行后尚未处理或正在处理的案件,依照《刑法》第九条规定的原则办理。

本案的复杂性就在于,犯罪人卞修明、王丽自1988年2月至1992年4月先后拐卖妇女多人多次,除最后一次拐卖妇女的犯罪行为发生于《决定》公布施行之后,其余各次拐卖妇女的犯罪行为均发生于《决定》公布施行前。因此,对犯罪人卞修明、王丽拐卖妇女的犯罪行为如何适用法律正确定罪,值得研究。

一种观点认为,根据《刑法》第九条规定的刑法效力原则精神,犯罪行为开始于刑法生效以前,继续到刑法生效以后才结束的,都应按刑法生效后发生的犯罪对待,即适用刑法。本案行为开始于《决定》施行前,继续到《决定》施行以后,根据上述原则,应依照《决定》的规定办理。因此,主张对卞修明、王丽适用《决定》定拐卖妇女罪。我们认为,本案以上述原则对卞修明、王丽适用《决定》定拐卖妇女罪,理论上值得探讨。其一,本案犯罪人拐卖妇女的犯罪并非继续犯,如果是继续犯,行为开始于《决定》公布施行前,持继到《决定》公布施行后,自然应该按上述原则适用《决定》。而本案尽管初次犯罪行为始于1988年2月,最后一次犯罪行为终于1992年4月,但其每次犯罪行为都独立构成犯罪,各次犯罪总体上不是一个持续的犯罪行为。其二,同样道理,本案犯罪人从初次犯罪到最后一次犯罪,其各次犯罪行为是独立的,不是某一犯罪的从预谋到准备再到最后实施的一个整体的犯罪行为,如果是某一犯罪的一个整体犯罪行为,当然应该适用上述原则处理。因此,本案既不是继续犯也不是一个整体的犯罪行为,自然无法全案均按上述原则适用《决定》定拐卖妇女罪。

另一种观点认为,本案犯罪人卞修明、王丽拐卖妇女的行为各次独立成罪,《决定》之前的各次犯罪均构成刑法所规定的拐卖人口罪,且符合连续犯的特征,适用《刑法》第一百四十一条以拐卖人口罪从重处罚;《决定》之后的那次犯罪构成拐卖妇女罪,然后二罪实行数罪并罚。

我们认为，从理论上来说，犯罪人基于同一的犯罪故意，连续数次实施性质相同的犯罪行为，并触犯相同罪名的，才构成连续犯。因此，本案《决定》之前的各犯罪行为均触犯刑法所规定的拐卖人口罪，无疑应认定为连续犯。《决定》之后的行为触犯的罪名是《决定》所规定的拐卖妇女罪，但其连续犯的性质是否因此而中断？我们认为，犯罪人拐卖妇女犯罪的连续犯性质不能因为《决定》之前的行为触犯的罪名是拐卖人口罪，《决定》之后的行为触犯的罪名是拐卖妇女罪，而自行中断。因为犯罪人犯罪行为的连续性和犯罪性质并没有改变，只是由于法律的修改而改变了罪名，但是不能改变犯罪人连续犯的犯罪性质。因此，犯罪人的犯罪总体上仍构成连续犯，应按连续犯的处罚原则，以一罪从重处罚，而不能机械地认为构成数罪，实行数罪并罚。

至于按何罪从重处罚，我们认为，连续犯从一重处的原则实质在于从重。因此，本案应以较重罪名定罪，再从重处罚。根据《刑法》和全国人大常委会1983年9月2日公布施行的《关于严惩严重危害社会治安的犯罪分子的决定》的规定，拐卖人口罪最高法定刑是死刑，最低法定刑是5年以下有期徒刑，而根据《决定》的规定，拐卖妇女罪最高法定刑也是死刑，最低法定刑是5年以上10年以下有期徒刑，因此，拐卖妇女罪是较拐卖人口罪更重的犯罪，故对犯罪人应以拐卖妇女罪定罪处罚。因此，法院以拐卖妇女罪对卞修明、王丽定罪是正确的。

本案中犯罪人卞修明伙同他人拐卖妇女达13人，且系主犯，根据1992年12月11日最高人民法院、最高人民检察院《关于执行〈全国人民代表大会常务委员会关于严惩拐卖、绑架妇女、儿童的犯罪分子的决定〉若干问题的解答》第六条规定：拐卖妇女、儿童罪中的“情节特别严重”是指《决定》第一条第一款所列六项情形中（其中第二项为拐卖妇女、儿童3人以上的）特别严重的情节。因此，卞修明的犯罪应属情节特别严重，一审和二审法院均判处卞修明死刑符合立法和司法解释精神，是合法正确的。犯罪人王丽伙同卞修明拐卖妇女7人，系从犯，一审和二审法院均比照主犯对犯罪人王丽减轻处罚也是正确的。但是，严格意义上讲，减轻处罚是在所比照的法定刑的下一格处罚，因此，本案对犯罪人王丽应该适用10年以上有期徒刑或者无期徒刑的法定刑期格。然而，由于本案具有一定的特殊性，而《决定》之后犯罪人拐卖妇女的犯罪行为只有一次（2人），且属未遂，其他各次犯罪均发生在《决定》之前，因此，一审和二审法院对犯罪人王丽判处6年有期徒刑也是适当的。同时，二审法院改判犯罪人卞修明死刑，缓期二年执行，既体现了对判处死刑立即执行从严掌握、慎之又慎的方针政策，也符合本案的实际。

（李明方　朱　瑜）

79. 王桂秀等绑架儿童案（溯及力）

（一）首部

1. 判决书字号

一审判决书：四川省绵阳市中级人民法院（1994）绵法刑一初字第13号。

二审判决书：四川省高级人民法院（1994）川法刑一终字第350号。

2. 案由：王桂秀等拐卖人口案。

3．诉讼双方

公诉人：四川省绵阳市人民检察院，代理检察员左都茂。

被告人（上诉人）：王桂秀，女，27岁，汉族，四川省绵阳市人，居民。1993年11月15日因本案被逮捕。

二审辩护人：何顺熙，四川省绵阳市经济律师事务所律师。

被告人（上诉人）：柯全富，男，30岁，汉族，四川省绵阳市人，居民（系王桂秀丈夫）。1993年11月15日因本案被逮捕。

一审辩护人：蒲铖，四川省绵阳市律师事务所律师。

被告人（上诉人）：王桂花，又名王桂华，女，35岁，汉族，四川省绵阳市人（系王桂秀姐），农民。1993年12月24日因本案被逮捕。

二审辩护人：郑小利，四川省绵阳市经济律师事务所律师。

被告人（上诉人）：邓清华，又名刘萍，女，37岁，汉族，四川省三台县人，农民。1993年11月15日因本案被逮捕。

一审辩护人：雍和程，四川省绵阳市天平法律服务所律师。

4．审级：二审、复核审。

5．审判机关和审判组织

一审法院：四川省绵阳市中级人民法院。

合议庭组成人员：审判长：彭兴保；代理审判员：范静、李建川。

二审法院：四川省高级人民法院。

合议庭组成人员：审判长：胡绍全；代理审判长员：金钟、王红丽。

6．审结时间

一审审结时间：1994年4月28日。

二审审结时间：1994年5月21日。

（二）一审情况

1．一审诉辩主张

（1）四川省绵阳市人民检察院指控称

1988年至1993年2月，被告人王桂秀、柯全富，先后在绵阳城区内，乘幼儿父母不备之机，以给糖果吃和买玩具为诱饵，拐带李波（4岁）、廖辉（3岁）、何通（四五岁）、黄宁林（4岁）、姚俊（三五岁）、熊雄（三五岁）、许乾坤（3岁）等9名幼儿至河南省安阳县高庄乡、郭村乡、汤阴县古贤乡等地，通过被告王桂花、邓清华及刘林芝（在逃），卖给他人为子，共获得赃款27000余元。其中，王桂秀、柯全富夫妻二人分得赃款17000余元，王桂花分得赃款6400余元，邓清华分得赃款400元。破案后，公安机关已将被绑架出卖的儿童解救回四川。

四川省绵阳市人民检察院认为，上述事实清楚，证据确凿充分，有被害人的陈述、证人证言等证据佐证，被告人王桂秀、柯全富、王桂花、邓清华等亦供认在案。被告人王桂秀、柯全富、王桂花、邓清华以出卖获利为目的，绑架儿童多人，犯罪情节特别严重，其行为触犯了《中华人民共和国刑法》第一百四十一条和全国人大常委会《关于严惩拐卖、绑架妇女、儿童的犯罪分子的决定》第一条第一、二款之规定，构成拐卖人口罪。在共同犯罪中，被告人王桂秀、柯全富、王桂花均起了主要作用，系主犯；被告人邓清华在共同犯罪中起次要作用，系从犯，分别适用《中华人民共和国刑法》第二十三条、第二十四条判处。为保障公民的人身权利不受侵犯，根据《中华人民共和国刑事诉讼法》第一百条的规定，特提起公诉，请求人民法院依法惩处。

(2)被告人的答辩及其辩护人的辩护意见

被告人柯全富及其辩护人认为：四川省绵阳市人民检察院起诉书对柯全富等人绑架儿童的行为定罪是准确的，对此不持异议。但是，柯全富是在他人唆使下实施绑架儿童犯罪行为的。其主要理由是：第一，本案犯意是第三被告人王桂花提出的。王桂花先是写信要求王桂秀为她弄个男孩，后又在回绵阳探亲时要求王桂秀、柯全富弄几个小男孩去卖；还不断对王桂秀、柯全富吹嘘，一个小男孩可卖两三千元，还交待了绑架儿童的注意事项，当王桂秀、柯全富弄到第一个小男孩后，又要求继续弄小孩子卖，甚至威胁说"如不继续弄小孩卖，就要将事讲出去"。第二，柯全富在共同犯罪中较王桂秀要轻。开始柯全富、王桂秀并未把王桂花要求弄小孩卖的事放在心上，1988年下半年的一天，王桂秀和柯全富走到绵阳市临园口，见到一个小男孩独自在玩，周围无大人，王桂秀便想起并给柯全富讲了其姐要他们给弄个小男孩的事，开始拐骗了第一个小男孩，是由王桂秀提出来的。以后每次拐骗小孩时，都是王桂秀最积极，由王桂秀去引导小孩，柯全富在侧面等，处于配合地位，而有几次是由王桂秀独自拐骗到小孩再告诉柯全富的。第三，王桂秀、柯全富正哺养一个不满两周岁的女孩，目前靠托人供养，小孩无罪，也是无辜。鉴于本案中被告人柯全富的罪行较王桂秀轻的事实，同时，为了其女孩的健康成长这一本案的特殊情况，建议对被告人柯全富从轻判处。

被告人邓清华及其辩护人认为：对四川省绵阳市人民检察院起诉书指控被告人邓清华的犯罪事实和认定的罪行不持异议。但是，被告人邓清华系本案从犯，应依法给予从轻处罚。其理由是：第一，被告人邓清华是在不知真情的情况下，参与了被告人王桂花为主绑架儿童的犯罪活动，在其中起了次要作用，具有法定从轻情节。第二，被告人邓清华认罪态度好，能积极退清所得的全部赃款，有真诚认罪并决心悔改的具体表现。依照《中华人民共和国刑法》第二十四条第二款规定，对于从犯，应当比照主犯从轻、减轻处罚或免除处罚。

2. 一审事实和证据

四川省绵阳市中级人民法院经公开审理查明：

被告人王桂花1988年夏自豫回绵阳探亲期间，叫其妹王桂秀、妹夫柯全富帮忙找一男孩，送去其家自养。王、柯夫妇遂于是年冬一天，在绵阳市临园口，以给糖果为诱饵，将在附近玩耍的一名3岁男孩子骗到河南省王桂花家。王桂花通过刘林芝联系，以1700元将其卖给当地农民彭长生。柯、王夫妇得500元，王桂花得1200元。初次得手，被告人尝到甜头。王桂花便对柯、王夫妇说，小男孩在河南卖得起价，嘱其二人再弄几个小男孩来，由她负责出卖。王桂秀、柯全富便于1989年1月至1993年2月，以前述同样手段在本市御营坝菜市场、拱桥市场、临江市场等处，先后偷盗6岁以下幼儿9人，带到王桂花家，由王桂花、邓清华出面，卖给他人，共得赃款22400余元，王桂秀、柯全富夫妇得款15200余元，王桂花得款6800余元。破案后，追回部分赃款，予以没收。邓清华参与出卖幼儿2人，得赃款400元，已退清。

上述事实有下列证据证明：

(1)有丢失幼儿的家长许怀东、陈建蓉、熊寿发、黄维凯、邓清琼、郭芳、何成燕等分别证实其家幼儿丢失被解救而复得情况的陈述在案，所陈述情节与被告人王桂秀、柯全富供述吻合；

(2)有买主彭长生和妻汪角珍、郝玉成、黄玲、刘云峰和妻姬海英及知情人姬三军、赵保芳、付桂梅和夫王保生、刘凤珍和夫赵群植及知情人张翠萍、白卫、张凤珍等证实买幼儿情况的证词，与被告人王桂花供述相吻合；

(3)有被绑架幼儿照片在案；

(4)有从买主刘云峰家提取的由王桂花所出具的"超生证明"1份在案；

(5)被告人王桂秀、柯全富、王桂花、邓清华参与偷盗、出卖幼儿犯罪的供述，且能相互印证。

3．一审判案理由

四川省绵阳市中级人民法院认为：

(1)根据全国人民代表大会常务委员会《关于严惩拐卖、绑架妇女、儿童的犯罪分子的决定》第二条第二款"以出卖或者勒索财物为目的、偷盗婴幼儿的，依照本条第一款的规定处罚"之规定，被告人王桂秀、王桂花、柯全富、邓清华偷盗幼儿出卖的行为，符合全国人民代表大会常务委员会《关于严惩拐卖、绑架妇女、儿童的犯罪分子的决定》之规定，应以"绑架儿童罪"论处。

(2)被告人王桂秀、王桂花、柯全富在实施偷盗幼儿出卖的犯罪活动中，分工明确，配合默契，在本案共同犯罪中，起了主要作用，符合《中华人民共和国刑法》第二十三条"在共同犯罪中起主要作用的，是主犯"之规定，均系本案的主犯，依法应当从重处罚。

(3)被告人王桂秀、王桂花、柯全富自1988年冬至1993年2月长时间、多次偷盗出卖幼儿9名，超过全国人民代表大会常务委员会《关于严惩拐卖、绑架妇女、儿童的犯罪分子的决定》第一条第(二)项规定"拐卖妇女、儿童三人以上的"，实属"情节特别严重的"，符合全国人民代表大会常务委员会《关于严惩拐卖、绑架妇女、儿童的犯罪分子的决定》第二条第一款"情节特别严重的处死刑"的规定，依法应当处以极刑。

(4)被告人邓清华参与本案为王桂花介绍出卖幼儿2人，在本案共同犯罪中，起着次要的辅助作用，依照《中华人民共和国刑法》第二十四条之规定，属本案从犯，且退清了赃款400元，认罪态度好，依法应当比照主犯从轻、减轻处罚。

4．一审定案结论

四川省绵阳市中级人民法院根据全国人民代表大会常务委员会《关于严惩拐卖、绑架妇女、儿童的犯罪分子的决定》第二条第一款、第二款和《中华人民共和国刑法》第二十二条第一款、第二十三条、第二十四条、第五十三条第一款，作出如下判决：

(1)王桂秀犯绑架儿童罪，判处死刑，剥夺政治权利终身。

(2)王桂花犯绑架儿童罪，判处死刑，剥夺政治权利终身。

(3)柯全富犯绑架儿童罪，判处死刑，剥夺政治权利终身。

(4)邓清华犯绑架儿童罪，判处有期徒刑十年。

(三)二审诉辩主张

四川省绵阳市中级人民法院一审判决宣告后，被告人王桂秀、王桂花、柯全富、邓清华均不服，提出上诉。

被告人王桂秀上诉的主要理由是：第一，本案系诱骗儿童，没有打骂、伤害儿童，一审法院以绑架儿童定罪不当；第二，在本案中处于从属地位，不是本案的主犯；第三，坦白认罪好，应给一次重新做人的机会。一审法院判处死刑，量刑过重。

被告人王桂花上诉的主要理由是：第一，一审法院定罪不当，是拐卖儿童，不是绑架儿童犯罪;第二,在本案共同实施犯罪中,未起主要作用,不是主犯,是从犯;第三,认罪态度好,其行为不属情节特别严重,应给一次悔罪自新的机会,要求从宽处罚。

被告人柯全富上诉的主要理由是:第一,本案的性质是拐卖儿童,不是绑架儿童犯罪,一审法院定性不当;第二,一审法院处以死刑过重,要求从轻处罚。

被告人邓清华上诉的主要理由是:第一,本人当时对幼儿的来源不知道,一审法院认定绑架儿童罪不当;第二,为王桂花卖幼儿介绍买主,只是给王桂花帮忙,不是图财;第三,一审法院处刑过重,要求减轻判处。

(四)二审事实和证据

四川省高级人民法院经审理查明:

1988年夏天,上诉人王桂花从河南回乡探亲期间,授意上诉人王桂秀、柯全富找小男孩带到河南出卖。1988年冬至1993年2月,王桂秀、柯全富在绵阳市内,乘幼儿父母疏于看管之机,以给糖果、买玩具为诱饵,先后偷盗6岁以下的幼儿熊某、姚某、黄某、廖某、李某、何某等9人,带到河南省安阳县王桂花处,王桂花经上诉人邓清华及刘林芝(在逃)等人找买主,卖与他人为养子,共获赃款24700元。王桂秀、柯全富共分得16000余元,王桂花分得6800余元,邓清华分得400元。

证明上述事实的证据与一审法院认定的证据相同。

(五)二审判案理由

四川省高级人民法院认为:上诉人王桂秀、王桂花、柯全富以出卖为目的,相互勾结,偷盗、出卖幼儿9人,其行为均已构成绑架儿童罪。在共同犯罪中,王桂花提起犯意,为主出卖幼儿,主持分赃;王桂秀、柯全富偷盗、运送幼儿,在本案中均起主要作用,同为本案主犯。且作案时间长,次数多,盗卖幼儿多人,罪行、情节特别严重,社会危害极大,均应予严惩。上诉人邓清华参与出卖幼儿2人,其行为已构成绑架儿童罪,在本案中起次要作用,系从犯,且认罪态度好,并积极退清赃款,可以减轻处罚。王桂秀、王桂花、柯全富诉称原判定罪不当,不是主犯,量刑过重等理由均不能成立;要求从轻处罚不予准许。原判认定事实和适用法律正确,对王桂秀、王桂花、柯全富量刑适当,但对邓清华量刑偏重。

(六)二审定案结论

四川省高级人民法院根据《中华人民共和国刑事诉讼法》第一百三十六条第(一)项、第(二)项、全国人民代表大会常务委员会《关于严惩拐卖、绑架妇女、儿童的犯罪分子的决定》第二条第一款、第二款和《中华人民共和国刑法》第二十二条第一款、第二十三条、第二十四条、第五十三条第一款,作出如下判决:

1. 维持四川省绵阳市中级人民法院(1994)绵法刑一初字第13号刑事判决书中的第一项、第二项、第三项,即:王桂秀、王桂花、柯全富犯绑架儿童罪,判处死刑,剥夺政治权利终身。

2. 撤销四川省绵阳市中级人民法院(1994)绵法刑一初字第13号刑事判决书中的第四项,即:被告人犯绑架儿童罪,判处有期徒刑十年。

3. 邓清华犯绑架儿童罪,判处有期徒刑七年。

本判决为终审判决。

根据最高人民法院关于授权高级人民法院核准部分死刑案件的通知,本判决并为核准以绑架儿童罪判处王桂秀、王桂花、柯全富死刑,剥夺政治权利终身的判决。

（七）解说

拐卖、绑架儿童的行为，是严重扰乱社会秩序、破坏社会治安和他人家庭、侵犯人权的犯罪行为。它不仅给被害儿童造成身心的严重伤害，而且也给被害儿童的父母和亲人造成精神痛苦和经济损失，影响他们的工作，社会危害极大。在本案中，被拐卖的9名幼儿及其家长所遭受的侵害也是如此。

个体工商户陈建蓉3岁的儿子姚俊失踪后，曾停业半月寻找，"给全家精神上造成极端痛苦"，其生母曾想到过去死，被群众和家人所劝阻。黄维凯5岁的儿子黄宁林失踪后，夫妇两常因此事吵闹。装饰工人许怀东3岁的儿子许乾坤失踪后，曾雇请数十人到处寻找。市政服务公司工人何成燕4岁的儿子何通失踪后，"在精神上造成极大压力"，曾到中坝火车站守候了三天三夜，吃不下饭，睡不好觉，爱人气病了住院治疗花费800多元。本案中几名幼儿的家长均因寻找丢失的儿子花去四五千元之多，不仅给丢失小孩的父母及全家精神上造成极大痛苦，而且在经济上也造成了很大的损失。因此，对于拐卖、绑架儿童的犯罪分子必须依法从严从重惩处。但审理此类案件，在适用法律上应明确以下几个问题：

1. 全国人民代表大会常务委员会《关于严惩拐卖、绑架妇女、儿童的犯罪分子的决定》施行（即1991年9月4日）前发生的偷盗婴、幼儿出卖的行为，在全国人民代表大会常务委员会《关于严惩拐卖、绑架妇女、儿童的犯罪分子的决定》施行后才审结的案件，仍应定拐卖人口罪，依照《中华人民共和国刑法》及全国人民代表大会常务委员会《关于严惩严重危害社会治安的犯罪分子的决定》的有关条款规定处罚，不适用全国人民代表大会常务委员会《关于严惩拐卖、绑架妇女、儿童的犯罪分子的决定》。

2. 全国人民代表大会常务委员会《关于严惩拐卖、绑架妇女、儿童的犯罪分子的决定》施行前后均有绑架儿童的，属连续犯，依照全国人民代表大会常务委员会《关于严惩拐卖、绑架妇女、儿童的犯罪分子的决定》的规定，定绑架儿童罪，不宜对全国人民代表大会常务委员会《关于严惩拐卖、绑架妇女、儿童的犯罪分子的决定》施行前后的行为分别定罪实行并罚。

3. 偷盗婴、幼儿的行为，是指偷盗年龄不满6岁的婴、幼儿。年龄不满1岁的为婴儿，年龄在1岁以上不满6岁的，为幼儿。偷盗婴、幼儿是指凡背着监护人将幼儿带走的行为，包括以带其玩耍，买糖果吃等手段秘密偷走的行为，不能单纯理解为秘密入室偷盗。本案中3岁的姚俊是要泡泡糖，忙着生意的母亲给5角钱自己去买，一去未回。3岁的许乾坤本是锁在院子铁门内玩耍，母亲煮好饭喊吃饭时发现儿子不见，"可能是从铁门缝挤出丢失的"。4岁的何通在市文化宫与8岁的杨雪琴一起耍"被一阿姨、叔叔领去买糖一直没见转来"。3岁的廖辉随妈妈到拱桥市场卖黄鳝的摊位上耍，由于生意忙，只几分钟小孩不见了。5岁的熊雄跟往常一样自己到临江市场水果摊去找妈妈，妈妈不在，修三轮车去了，"被一男一女抱起从食品街过去了"。4岁的李波随母亲到御营市场肉摊上耍，20几分钟后发现小孩不见了。4岁的黄宁林随母亲到成绵路服装摊位上玩，说去旁边成绵旅馆洗脚，几分钟就不见了。均是王桂秀、柯全富背着监护人将幼儿带走的，依照全国人大常委会《关于严惩拐卖、绑架妇女、儿童的犯罪分子的决定》的规定，以绑架儿童罪论处。

4. 拐卖儿童罪是指：(1)拐卖6岁以上不满14岁的童男幼女；(2)以收养、代为送养为名骗得婴幼儿出卖的；(3)收买婴幼儿出卖的；(4)将拾得的遗弃婴幼儿出卖的，也应定拐卖儿童罪，但应适当从轻处罚。出卖亲生婴幼儿的，应依照《中华人民共和国收养法》的规定，以遗弃罪论处。

5. 认定偷盗婴幼儿以绑架儿童罪论处的共同犯罪案的共犯，必须是对所偷盗幼儿有共谋或者共同实施偷盗行为才构成。对明知是偷来的幼儿而收买出卖，或事前无通谋，但明知是偷来的婴幼儿而中途参与出卖、联系买主的，应以拐卖儿童罪论处，不构成绑架儿童罪的共犯。本案中邓清华以帮助联系买主参与出卖幼儿，应以拐卖儿童罪论处，不构成绑架儿童罪的共犯，不宜定绑架儿童罪。

（安志民）

80. 蔡顺富非法拘禁案

（一）首部

1. 裁判书字号

一审判决书：福建省莆田市中级人民法院(1994)莆中刑初字第23号。

二审裁定书：福建省高级人民法院(1994)闽刑终字第333号。

2. 案由：蔡顺富非法拘禁、报复陷害案。

3. 诉讼双方

公诉机关（抗诉机关）：福建省莆田市人民检察院，检察员张敏、伊玉海。

被告人（上诉人）：蔡顺富，男，43岁，汉族，福建省仙游县人，原系福建省莆田市政法委员会副书记。1994年1月6日因本案被逮捕。

一审辩护人：陈文炼，福建省莆田市华侨事务律师事务所律师。

郑新平，福建省莆田市对外经济律师事务所律师。

4. 审级：二审。

5. 审判机关和审判组织

一审法院：福建省莆田市中级人民法院。

合议庭组成人员：审判长：郑天发；代理审判员：黄金森、陈飞凤。

二审法院：福建省高级人民法院。

合议庭组成人员：审判长：张一平；审判员：陈建安、姜建州。

6. 审结时间

一审审结时间：1994年10月14日。

二审审结时间：1995年1月3日。

（二）一审诉辩主张

福建省莆田市人民检察院指控称

被告人蔡顺富为了向杨各仁讨回20万元欠款，于1993年12月10日通知杨各仁到莆田市政法委蔡的住宅内，不让杨回家，直至12月15日杨妻傅爱金带2000元还蔡，并在杨答应于12月20日前还清20万元欠款后，蔡才在当日放杨回家。1993年12月23日，被告人蔡顺富因杨各仁没有还款，便指使许桂明、曾清华、杨仲如、许新洪，以帮助杨各仁贷款为名，将杨骗到莆田县江口镇石庭许桂明租住处再次非法拘禁。许桂明、许新洪还动手殴打杨致鼻血流出。12月25日上午，杨各仁逃到省检察院控告蔡的犯罪行为。被告人蔡顺富获悉杨举报后住在福州市南福招待所501房，当晚与莆田县公安局民警傅以雄驱车赶到福州，与等候在福州的许桂明、许新洪会合，以查户口为名把杨各仁抓回，先后关押在莆田县江口镇石庭许桂明租住处及仙游县枫亭镇五里岭加油站平房内，至1994年1月6日蔡顺富被捕后，杨各仁才被放出。福建省莆田市人民检察院认为：被告人蔡顺富身为政法委副书记，为讨回欠款，非法拘禁债务人，并在杨各仁向检察机关举报后，滥用职权，指使公安民警把杨抓回非法关押，其行为已触犯《刑法》第一百四十三条第一款、第一百四十六条之规定，构成非法拘禁罪、报复陷害罪，请求法院依法惩处。

2. 被告人的答辩及其辩护人的辩护意见

被告人蔡顺富辩称：1993年12月10日至15日，杨各仁在蔡家中是与曾清华结帐，出入自由，故自己的行为不能构成非法拘禁罪；1993年12月25日被告人不知杨到省检察院举报，且没有滥用职权，其行为不构成报复陷害罪。被告人的辩护人认为被告人没有滥用职权，不构成报复陷害罪；其非法拘禁情节轻微，且被告人认罪态度较好，应予从轻处罚。

（三）一审事实和证据

福建省莆田市人民法院经公开审理查明：

被告人蔡顺富为了向杨各仁讨回20万元欠款，于1993年12月10日用电话通知债务人杨各仁及担保人曾清华（免诉）到莆田市政法委员会蔡的住宅。因杨各仁说明当时没有钱还蔡，蔡即不让杨回家，并指使曾清华跟随杨各仁，不让杨走出市政法委的大门。1993年12月13日，杨妻傅爱金到蔡的办公室询问杨的下落，蔡不让其与杨各仁见面，并要杨妻回家筹款10万元还蔡后才能与杨相见。12月15日，杨妻带2000元还蔡，并在杨答应于12月20日前还清20万元欠款后，才于当日放杨回家。1993年12月23日，蔡顺富听曾清华、杨仲如（在逃）说杨各仁要外逃躲债，蔡问怎么办，杨仲如说："你给我两个人，找一处地方，我们把杨各仁带去逼他还债。"蔡即通知许桂明（免诉）、许新洪（在逃）到蔡的住宅。当晚，曾清华、杨仲如、许桂明、许新洪赶到仙游县园庄乡合兴服装厂，以蔡顺富要为杨的贷款担保，正与银行行长在莆田等候杨为借口，把杨各仁骗到莆田县江口镇石庭许桂明租住处进行非法关押。蔡顺富赶到后，与许桂明等人逼杨把欠蔡之妻20万元的欠条改写成欠许桂明20万元，许桂明、许新洪还殴打杨致轻微伤。12月25日上午，杨各仁借小便之机逃到福建省人民检察院控告蔡顺富的犯罪行为。当晚，蔡获知杨举报后住在福州市南福招待所501房，即借用莆田市涵江区明兴电子厂的小轿车，并叫其好友莆田县公安局民警傅以雄穿上警服到蔡的住宅，到后，蔡说："我姐姐的钱被人骗走，这个人现在福州，我们今晚将他带回莆田。"

然后，蔡与傅驱车连夜赶到福州，与等候在南福招待所的许桂明、许新洪会合后，由傅以雄以查身分证为由，把杨各仁带到蔡的车上。蔡把杨抓回莆田后，将其先后关押在许桂明租住处及仙游县枫亭镇五里岭新、旧加油站平房内，直至1994年1月6日蔡被捕后，杨各仁才被放出。

上述事实有下列证据证明：

1. 被害人杨各仁关于被关押、被殴打及向省检察院控告后在南福招待所被蔡抓回再次关押的事实的陈述；

2. 同案人许桂明、曾清华关于受蔡顺富指使关押、看管、殴打杨以及告知蔡顺富有关杨向省检察院举报之事并与蔡一同在南福招待所把杨抓回再次关押等事实的陈述；

3. 傅以雄关于他与蔡顺富到福州南福招待所，并以查户口为名把杨各仁抓回莆田的

证言;

4. 福建省人民检察院关于杨各仁到举报中心控告被蔡顺富非法拘禁的事实的证明;

5. 法医关于证实杨各仁被外力殴打致轻微伤的事实的鉴定报告;

6. 驾驶员方予松关于蔡顺富叫其开车到福州带一个人到石庭下车的事实的证言;

7. 被告人蔡顺富关于上述基本事实的供述。

(四)一审判案理由

福建省莆田市中级人民法院认为:

1. 被告人蔡顺富为了讨回欠款,通知债务人杨各仁到市政法委蔡的住宅后即不让杨回家,并指使曾清华跟随,不让杨走出政法委大门,非法限制了杨各仁的人身自由;当蔡顺富听曾清华、杨仲如说杨各仁欲外逃躲债,竟指使他人将其骗到江口镇石庭许桂明租住处进行非法关押,致杨各仁被许桂明等人致轻微伤,其行为符合《中华人民共和国刑法》第一百四十三条第一款之规定,构成非法拘禁罪。

2. 被告人蔡顺富的行为不构成报复陷害罪。根据我国《刑法》规定,报复陷害罪,是指国家工作人员滥用职权,假公济私,对控告人、申诉人、批评人实行报复陷害的行为。其构成要件为:(1)所侵犯的客体是公民的民主权利,即公民的控告权、申诉权、批评监督权和国家机关的正常活动。(2)在客观方面必须具有滥用职权、假公济私,对控告人、申诉人、批评人实行打击报复、陷害的行为。(3)犯罪的主体,是国家工作人员。(4)在主观方面,必须是故意,并且具有报复陷害他人的目的。就本案而言,被告人蔡顺富没有滥用职权,也没有报复陷害他人的故意,其理由是:(1)被告人蔡顺富身为政法委副书记,但没有调用本单位的车,没有调动本单位的工作人员,也没有以政法委的名义去抓杨各仁,而是利用私人关系借用涵江明兴电子厂的小轿车,并与其同乡好友傅以雄到福州,由傅以雄以查身分证为由把杨各仁带到车上,后把杨抓回莆田继续关押。蔡顺富的这一行为与其政法委副书记的职务并无关系。因为市政法委与莆田县公安局并非直接隶属关系,作为市政法委副书记,无权直接调动一个普通的公安民警,而且傅以雄当时正请假伺候其妻分娩。傅以雄之所以与蔡顺富同往福州,完全是基于朋友之间的关系。(2)虽然傅以雄未经单位领导批准,超越管辖范围到福州以查身分证为由将杨各仁带到蔡的车上交给蔡,属滥用职权,但傅以雄不知杨到省检察院控告蔡,且杨控告的对象是蔡顺富,故傅以雄主观上没有报复陷害的故意,与蔡顺富不构成共同犯罪。(3)虽然蔡顺富指使傅以雄滥用职权,但报复陷害罪在客观方面的表现,必须是国家工作人员本身滥用职权,而不是指使他人滥用职权。(4)被告人蔡顺富通知杨各仁到蔡的住宅后不让其回家并指使许桂明等人将杨各仁骗到许桂明租住处进行非法关押,其目的是为了逼杨还债。当蔡得知杨到省检察院控告后住在福州市南福招待所,即指使傅以雄到福州以查身分证为由把杨抓回莆田再次关押,其目的还是为了逼杨还债。综上理由,被告人蔡顺富的行为缺乏报复陷害罪的客观要件及主观目的,不构成报复陷害罪,而是符合非法拘禁罪的犯罪特征。

3. 被告人蔡顺富归案后坦白交待了自己的罪行,并愿意接受审判,具有一定的悔罪表现,可以酌情从轻处罚。

(五)一审定案结论

福建省莆田市中级人民法院根据《中华人民共和国刑法》第一百四十三条第一款,作出如下判决:

蔡顺富犯非法拘禁罪，判处有期徒刑二年。

（六）二审情况

1. 二审诉辩主张

一审判决宣告后，被告人蔡顺富不服，提出上诉称：原判认定的事实有重大出入，量刑偏重。福建省莆田市人民检察院抗诉称：蔡顺富身为市政法委副书记，明知杨各仁到省检察院控告其犯罪行为，滥用职权，调集车辆和公安民警，假公济私，以查户口为名将杨各仁抓回莆田、仙游县等地非法关押，剥夺了杨各仁的控告权利并干扰了福建省检察院受理控告案件的正常活动，其行为构成报复陷害罪。

2. 二审事实和证据

福建省高级人民法院经审理查明：原审认定被告人蔡顺富的非法拘禁犯罪事实清楚，证据确凿充分，足以认定。

3. 二审判案理由

福建省高级人民法院认为：上诉人蔡顺富为讨回欠款而指使他人，采用强制方法，非法关押债务人，其行为已构成非法拘禁罪。抗诉机关认为被告人蔡顺富与他人把到福建省检察院控告的杨各仁从福州带回莆田关押系报复陷害行为。经查，被告人蔡顺富与他人把到福建省检察院告状的杨各仁带回莆田关押，目的是为逼还债务。当得知福建省检察院在寻找杨各仁时，为逃避追查，将杨各仁继续关押，其目的仍是为了逼杨还债。因此，福建省莆田市人民检察院抗诉理由不足，不予采纳。上诉人蔡顺富诉称原审认定事实有重大出入。经查，在蔡顺富将杨各仁叫到其家中的5天时间里，被害人没有被强制限制人身自由，福建省莆田市中级人民法院对此节认定为非法拘禁不妥。但原审对被告人蔡顺富的量刑并无不当。其上诉理由亦不能采纳。

4. 二审定案结论

福建省高级人民法院根据《中华人民共和国刑法》第一百四十三条第一款和《中华人民共和国刑事诉讼法》第一百三十六条第（一）项，作出如下裁定：

驳回莆田市人民检察院的抗诉和蔡顺富的上诉，维持原判。

（七）解说

本案一、二审法院对蔡顺富的行为以非法拘禁罪定罪量刑，而不以非法拘禁罪与报复陷害罪数罪并罚，是正确的。

衡量一种具体行为的罪与非罪、此罪与彼罪的界限，要根据犯罪构成的四个要件，即犯罪客体，犯罪客观方面，犯罪主体，犯罪主观方面全面分析认定。根据我国《刑法》规定，报复陷害罪与非法拘禁罪的区别在于：(1)侵犯的客体不同，前者侵犯的客体是公民的控告权、申诉权、批评监督权等民主权利，同时还妨害国家机关的正常活动。而后者侵犯的客体是公民的人身自由权利。(2)在犯罪客观方面，前者表现为滥用职权，假公济私，对控告人、申诉人、批评人实行打击报复的行为。而后者表现为非法对被害人实施强制，足以使被害人失去人身自由的行为。(3)在犯罪主体方面，前者是特定主体，即必须是国家工作人员。而后者为一般主体。(4)在犯罪主观方面，前者必须是直接故意且以报复陷害为目的，后者也必须是直接故意，但目的是非法剥夺他人的人身自由权利。就本案而言，蔡顺富为了讨回欠款而非法关押债务人，并在获知债务人杨各仁向省检察院举报后住在福州南福招待所，即借用轿车，与其好友傅以雄驱车赶到福州，由傅以雄以查身分证为由，把杨抓回莆田继续关押。蔡的这一行为，既侵犯了杨的民主权利和检察机关正在受理案件的正常活动，同时也侵犯了杨的人身自由权利，即同时侵犯了报复陷害罪与非法拘禁罪的客体。蔡顺富身为市政法委副书记，既符合报复陷害罪的主体资格，也符合非法拘禁罪的主体资格。但是，值得注意的是，蔡顺富的行为并不符合报复陷害罪的特征。因为，报复陷害罪在客观方面的特点是必须通过滥用职权、假公济私的形式进行报复陷害。所谓滥用职权，是指违反自己的职务权限或在职务权限内非法使用权力；所谓假公济私，是指假借国家机关的名义和权力。但蔡顺富只是利用私人关系借用车，与其同乡好友傅以雄到福州抓回杨各仁，并没有利用其市政法委副书记的职务权力，调动本单位车辆及工作人员和公安民警，因而不能认为其滥用职权或假公济私进行报复陷害。同时，在主观方面，蔡顺富为了讨回欠款，指使他人将杨各仁骗到莆田县江口镇石庭许桂明租住处进行非法关押，其目的是为了逼杨还债。在杨各仁没有还款的情况下，逃到省检察院举报，蔡获知后指使他人将杨抓回莆田继续非法关押，其目的还是为了逼杨还债，并非为了报复陷害。所以，本案一、二审人民法院认真剖析了蔡顺富行为的具体特征，结合全案的前因后果，认为蔡顺富的行为缺乏报复陷害罪的客观要件和主观目的，不能构成报复陷害罪；但其行为符合非法拘禁罪的特征，应构成非法拘禁罪。这个结论是正确的。

（黄金森）

81. 苏永秀等非法侵入他人住宅案

（一）首部

1. 裁判书字号

一审判决书：四川省绵竹县人民法院（1994）绵刑初字第54号。

二审裁定书：四川省德阳市中级人民法院（1994）德刑终字第63号。

2. 案由：苏永秀等非法侵入他人住宅案。

3. 诉讼双方

公诉机关：四川省绵竹县人民检察院，检察员蔡达秀。

被告人（上诉人）：苏永秀，女，68岁，汉族，四川省绵竹县人，农民。1994年2月4日因本案被逮捕。

一审辩护人：毛伟，四川省正大律师事务所律师。

被告人：李万顺，男，78岁，汉族，四川省绵竹县人，农民。

一审辩护人：罗群革，四川省正大律师事务所律师。

4. 审级：二审。

5. 审判机关和审判组织

一审法院：四川省绵竹县人民法院。

合议庭组成人员：审判长：罗广鑫；审判员：林华友；代理审判员：殷万辉。

二审法院：四川省德阳市中级人民法院。

合议庭组成人员：审判长：蔡年生；审判员：史小立、谢祖元。

6. 审结时间

一审审结时间:1994 年 6 月 6 日。

二审审结时间:1994 年 7 月 16 日。

(二)一审诉辩主张

1. 四川省绵竹县人民检察院指控称

被告人苏永秀、李万顺之子李代平因车祸事故死亡,二被告人不服绵竹县公安局交警队对事故的处理。于 1994 年 1 月 23 日至 1994 年 1 月 28 日强行进入车主李加友家吃住,并摆设灵堂,经多方劝阻无效,1 月 28 日由绵竹县人民检察院工作人员将其强行撤离李加友家。

绵竹县人民检察院认为,上述事实清楚,证据确凿充分,有报案材料、证人证言、照片等证据证实,被告人苏永秀、李万顺亦有供述在卷。被告人苏永秀、李万顺非法侵入他人住宅,其行为已触犯了《中华人民共和国刑法》第一百四十四条,均已构成非法侵入他人住宅罪。为保障公民的正常生活、居住安全,维护社会秩序,根据《中华人民共和国刑事诉讼法》第一百条之规定,请求依法惩处。

2. 被告人的答辩及其辩护人的辩护意见

被告人苏永秀及其辩护人辩称:

绵竹县人民检察院指控的事实与事实真相有出入。第一,所谓被告人"非法侵入"他人住宅,是由于 1993 年 9 月 30 日,在绵竹县九龙至绵竹 1km+500m 处,刘治平驾驶其岳父李加友的东风牌汽车与被告人之子李代华发生交通事故,致李代华死亡。事故发生后,虽经有关组织和个人处理调解,但双方终未达成调解协议。1994 年 1 月 23 日下午,被告人苏永秀因李加友当天上午告知其儿子李代华的事情已解决,并说有处理手续,遂前往李加友家,要求李加友予以解释,并出示有关处理手续,恰值李加友外出不在家,李加友的亲属接待了被告人,当天晚上还请被告人共同进餐,当被告人提出要等李加友回家时,李加友的家属安排了被告人在其楼下床上住宿。1 月 24 日,李加友家人全部离家外出,被告人见李加友家采取回避和不予理睬的态度来对待她,遂决定在李加友家等他回来,直至 1994 年 1 月 28 日上午被绵竹县人民检察院工作人员强行将其撤离李加友家。上述事实清楚地表明,被告人主观上并非故意强行侵入车主李加友家。第二,被告人确于 1994 年 1 月 25 日、26 日将其子李代华遗像、骨灰盒用被子包住搁在李加友家,被告人在李加友家住宿,李加友本人及其家属未表示反对,也未要求其搬出。第三,本案所收集的证据除被告人供述外,绝大多数系李加友亲属的陈述,因此有失公正和客观。第四,被告人苏永秀在李加友家住宿期间,未受到李加友本人及其家属的反对,也没有毁损、污损李加友家设施,更没有封闭李加友的住宅,因此被告人的行为符合我国《刑法》第 10 条"情节显著轻微,危害不大的,不认为是犯罪"的规定,被告人苏永秀的行为应属无罪。

被告人李万顺及其辩护人辩称:绵竹县人民检察院指控李万顺的犯罪事实不成立。李万顺不构成非法侵入他人住宅罪,李万顺到李加友家去的目的是解决儿子的死亡的赔偿问题,动机正确,理由正当,应当保护,其目的不是侵犯李家的住宅。李万顺的行为不具备非法侵入他人住宅罪的要件,主观上李万顺不是故意占有他人住宅。客观上看,1994 年 1 月 23 日李万顺夫妇到李家,得到李家的接待。从 1 月 23 日至 28 日,李加友及其家人从来没有叫李万顺夫妇出去,也无人劝他们回去,李万顺的行为并没造成李加友家人的人身安全和正常生活的危害。作为定案的证据必须查证属实,证人证言缺乏客观性。李万顺到李加友家解决问题并未违法,他儿子被李加友的车致死,他可以向法院起诉,请求李加友赔偿,也可以自行找李加友协商解决。因此，李万顺的行为不构成犯罪。

（三）一审事实和证据

四川省绵竹县人民法院经公开审理查明：被告人苏永秀、李万顺之子李代华于1993年9月30日发生车祸死亡。绵竹县公安局交警队于同日对事故现场进行了勘查，并认定死者李代华对事故的发生负主要责任，驾车人刘治平（系李加友的女婿，所驾之车亦系李加友所有）负次要责任，次后多次主持双方调解未果，即于1993年12月8日作出调解终结书，告知当事人可以在法定期间内向人民法院提起民事诉讼。被告人苏永秀、李万顺对交警队的解决不服，即组织拦截李加友的汽车，后经法庭劝止并再次告诉他们可以向法院起诉，被告人苏永秀、李万顺拒绝起诉。1994年1月23日，二被告人共同到李加友家，要求解决，双方协商未妥，苏永秀即首先提出不解决好，就住在李加友家，李万顺积极赞同。当晚，派出所民警出面劝二被告人返家未果，1月24日，当李加友家属提出要洗被盖（意即要求二被告人回家），苏永秀即自己回家拿来被盖及大米，继续在李加友家吃住。同月26日，苏永秀又回家安排家属将其子的骨灰盒及遗像拿到李加友家，并在李加友家摆设灵堂。绵竹县人民法院法官李华给二被告人做工作，要求二被告人撤出李家，被拒绝。直至1994年1月28日，绵竹县检察院立案后，才强行将二被告人撤离李加友家。

上述事实有下列证据证明：

1. 绵竹县公安局交通警察大队《道路交通事故责任认定书》记载：1993年9月30日18时许，刘治平驾驶车牌号为四川38—08293的“东风”牌车从九龙到绵竹，途经1km＋500m处，遇李代华骑自行车吊拖拉机从绵竹回九龙并发生交通事故，造成李代华死亡，车子损坏。对此次交通事故李代华应负主要责任，刘治平应负次要责任。

2. 绵竹县公安局交通警察大队1993年第005号道路交通事故损害赔偿调解终结书载明：1993年9月30日在绵竹县绵九路1km＋500m处，当事人刘治平与李代华发生交通事故，造成李代华死亡；经调解，因李代华亲属不同意调解意见，未能达成协议，根据《中华人民共和国道路交通事故处理办法》有关规定，于1993年12月8日终结调解。当事人可向人民法院提起民事诉讼。

3. 苏永秀、李万顺到李加友家摆设灵堂的照片三张。

4. 李代富（系二被告人之子）1994年2月2日证实：1993年1月23日晚，我和我哥哥的女婿汤发生一路到李加友家协商经济赔偿问题，我们协商了一会儿后，我父母李万顺、苏永秀就来了，我们就劝他们回去，他们说要坐着听一下。后协商未成。我母亲就说：“他们几个月都说不好，我就不走了。”我就去拉我父母，他们都不走。第二天，我又去问我父母是不是与李加友家闹来的，我妈说没有，只是昨天晚上李加友爱人说不好住，她就说没关系，我们就在车房住，后李加友爱人还是喊我父母在楼下床上睡……1月24日，我妈回来，说李加友家要洗被盖，回来拿了一床被盖。26日，我妈又回来说把骨灰盒和像片拿去。我们说她拿不得，叫她先去，后由我及侄女婿他们一起将骨灰盒和照片拿到李加友家摆起，当日下午，绵竹法院城关法庭李华就来了，叫我们不要摆，并叫我们写诉状。

5. 曹先全证实：1993年1月23日，我们正在和李代富、汤发生商量赔偿问题，李万顺、苏永秀就来了，李代富就问他父母“你们来干啥”。苏永秀就说：“我们来看对我儿的事怎么解决，如解决不好，我们俩老死都死在这里。”后李代富和汤发生就走了，九龙乡派出所的殷世金、占通就来了，叫李万顺、苏永秀回去，叫他们通过法律程序解决。苏永秀就说：“我们想在这里住,管你屁事。”后派出所见工作做不通就走了,为了避免矛盾扩大,我和李加友家里的人都只好到别处去住。

6. 李英全证实:李万顺、苏永秀他们对交警大队的解决不服,又不起诉,先后两次扣我们的车子,法院出面讲明了利害关系才退车。

7. 绵竹县法院李华证实:1994 年 1 月 26 日,李加友之子李英全到法院反映李万顺、苏永秀在李加友家摆设灵堂,叫我们去做工作。我去后看见他们将李代华的骨灰盒及遗像摆放在李加友门口,我即给他们讲解有关法律,叫他们停止自己的违法行为,但苏永秀、李万顺声称不将交通事故处理好,就不离开李家。

8. 绵竹县九龙乡派出所殷世金、占通证实:苏永秀、李万顺夫妇于 1 月 23 日下午住进李加友家,李加友当即来派出所汇报情况,要派出所去人解决。我们二人立即赶到李加友家,进行劝阻,苏永秀、李万顺夫妇不听劝告,我们见工作做不通就回去了。

9. 李加友 1994 年 1 月 27 日的报案材料称:苏永秀、李万顺对其子发生交通事故经调解不服后,不起诉,多次到我家闹事并扣车,后经法院劝止才退车。但自 1994 年 1 月 23 日至今李万顺、苏永秀仍住于我家,并摆设灵堂,严重影响了我家的生活。

10. 苏永秀 1994 年 1 月 28 日供述:交警队没有给我们解决,我就找人去挡车。车子挡了后,法院来叫我们将车交出,赔偿问题要起诉才能解决。……我们于 1994 年 1 月 23 号住到李加友家的,他们没有被盖,我们就自己回家拿的,是 26 号将骨灰盒和照片拿到李加友家的,……直到 28 号检察院让人撤出李加友家。

11. 李万顺 1994 年 1 月 28 日供述:我是因为我儿的事没解决住进李加友家的。……是 1994 年 1 月 26 日,由我三儿李代富他们将骨灰盒搬到李加友家里的,并摆设灵堂。

12. 卷内还收集了部分证人证言,证实二被告人的犯罪行为。

(四)一审判案理由

四川省绵竹县人民法院认为:

1. 被告人苏永秀、李万顺非法侵入他人住宅,并摆设灵堂,经多方劝阻无效,严重影响了他人的生活和住宅安全,其行为已不属情节显著轻微,而且触犯了《中华人民共和国刑法》第一百四十四条,构成了非法侵入他人住宅罪。

2. 在犯罪过程中,苏永秀的行为积极主动,应属本案的主犯,李万顺属从犯。依照《中华人民共和国刑法》第二十三条、第二十四条,对于主犯应从重处罚,对于从犯,应当比照主犯从轻、减轻处罚或者免除处罚。被告人李万顺在犯罪后确有悔改表现,且已达 78 岁高龄,对其适用缓刑,确实不致再危害社会。

3. 本案二被告人及其辩护人的辩解理由,与本案客观事实不符,均不予采纳。

(五)一审定案结论

四川省绵竹县人民法院根据《中华人民共和国刑法》第一百四十四条、第二十二条、第二十三条、第二十四条、第六十七条、第六十八条,作出如下判决:

1. 苏永秀犯非法侵入他人住宅罪,判处有期徒刑一年。

2. 李万顺犯非法侵入他人住宅罪,判处有期徒刑六个月,缓刑一年。

(六)二审情况

1. 二审诉辩主张

四川省绵竹县人民法院一审宣判后,被告人李万顺表示服判不上诉;被告人苏永秀不服判决，上诉于四川省德阳市中级人民法院，其主要理由是：“一审判决认定事实有误，其行为不构成犯罪。”

2. 二审事实和证据

四川省德阳市中级人民法院经审理查明：上诉人（原审被告人）苏永秀、原审被告人李万顺之子李代华因发生车祸死亡，此事故经绵竹县公安局交警大队调解并于 1993 年 12 月 8 日作出调解终结书。二人不服，于 1994 年 1 月 23 日到车主李加友家吃住，并将死者的骨灰盒和遗像拿到李加友家存放，绵竹县九龙乡派出所和绵竹县人民法院干警分别给二人做工作要求其撤离均无效。直至同月 28 日，绵竹县人民检察院干警才强行将其撤离李加友家。

证明上述事实的证据与一审法院认定的证据相同。

3. 二审判案理由

四川省德阳市中级人民法院认为：一审法院的判决认定事实清楚，证据确实、充分，适用法律正确，量刑适当，审判程序合法。上诉人苏永秀的行为已严重地影响了他人的正常生活和住宅安全，应该依据刑法的规定予以处罚。因此，上诉人苏永秀的上诉理由不能成立。

4. 二审定案结论

四川省德阳市中级人民法院根据《中华人民共和国刑事诉讼法》第一百三十六条第（一）项，作出如下裁定：

驳回上诉，维持原判。

（七）解说

《中华人民共和国宪法》第三十九条规定，中华人民共和国公民的住宅不受侵犯。《中华人民共和国刑法》第一百四十四条明确规定：“非法侵入他人住宅的，处三年以下有期徒刑或者拘役。”构成非法侵入他人住宅罪必须是非法强行侵入他人住宅或者经要求退出而无理拒不退出他人住宅的行为。

本案二行为人因其子遇车祸死亡不服公安机关的调解处理，前往车主家吃住多日，并将死者骨灰盒、遗像摆放于车主家中，经有关方面做工作均无效，其行为严重侵犯了车主家的住宅安全及正常生活，触犯了我国《刑法》第一百四十四条，构成非法侵入他人住宅罪。一、二审法院所作的判决和裁定是正确的。

（赵大杰　罗书平）

五、侵犯财产罪案例

82. 钟丽萍抢劫案

(一)首部

1. 裁判书字号

一审判决书:福建省龙岩地区中级人民法院(1994)岩刑初字第15号。

二审裁定书:福建省高级人民法院(1994)闽刑终字第269号。

2. 案由:钟丽萍抢劫案。

3. 诉讼双方

公诉机关:福建省人民检察院龙岩分院,检察员马先荣,代理检察员杜国长。

被告人(上诉人):钟丽萍,女,26岁,广西荣县人,汉族,无业。1983年11月29日因流氓罪判处有期徒刑三年,1986年8月17日刑满释放。1993年9月23日因本案被逮捕。

一、二审辩护人:邹志坦,福建省龙岩地区第二律师事务所律师。

4. 审级:二审、复核审。

5. 审判机关和审判组织

一审法院:福建省龙岩地区中级人民法院。

合议庭组成人员:审判长:刘熙;代理审判员:李英、陈斌。

二审法院:福建省高级人民法院。

合议庭组成人员:审判长:林建康;审判员:林能盛;代理审判员:魏健。

6. 审结时间

一审审结时间:1994年8月25日。

二审审结时间:1994年9月19日。

(二)一审诉辩主张

1. 福建省人民检察院龙岩分院指控称

1993年5月到9月期间,被告人钟丽萍先后4次采用安定药粉麻醉摩托车车主或旅客,抢劫"本田"125摩托车二部、"重庆"80型摩托车一部、BP机一个、现金100元。被告人钟丽萍销赃摩托车二部得赃款11500元,另一部摩托车在准备销售时被公安人员当场抓获。

福建省人民检察院龙岩分院认为:被告人钟丽萍以非法占有为目的,采取使用安定药粉麻醉他人的手段,抢劫他人的财物价值41690元,数额特别巨大,情节严重,其行为已构成抢劫罪。请法院依法从严惩处。

2. 被告人的答辩及其辩护人的辩护意见

被告人钟丽萍在公安侦查预审阶段和龙岩市检察院、龙岩地区检察分院提审时均供述，她实施了抢劫三辆摩托车、BP机一个、现金100元的行为，安定药是在龙岩市苏溪桥附近一家药店买的，买一瓶共100片并碾成粉，将一部分装入洋参丸壳里；作案时将安定药丸给摩托车主或旅客服下，乘其昏睡之机抢走其财物。但在一审法院开庭审理时，被告人推翻了以前的供述，辩解说起诉书指控她的犯罪事实不属实，她以前的交待也不属实。

辩护人邹志坦辩护称：该案证据不足，不能定案；钟丽萍所拿车主的车，是由于与车主陈锦清是老情人关系，与车主郭泉国、张炳林是发生了性关系，他们自愿把车送给钟丽萍的。

（三）一审事实和证据

福建省龙岩地区中级人民法院经公开审理查明：

1.1993年5月18日下午，被告人钟丽萍到陈锦清（二人认识）家，叫陈锦清载她出去找人，后二人在牛坑的一家饭店吃饭，被告人钟丽萍将事先备好的安定药粉掺入买来的水蜜桃汁中，递给陈锦清喝，陈锦清喝下后不久药性发作，在饭店床上睡着，被告人钟丽萍把陈锦清身上的摩托车钥匙、各种证件搜走，然后将陈的“重庆”80型摩托车（车号36－81972，价值6240元）骑走，并于当晚把车骑到龙岩市区蓝鸟冰屋卖给戴泉龙，得款4000元。

上述事实有下列证据证明：

（1）受理刑事案件登记表和刑事案件立案报告表；

（2）龙岩市公安局扣押“重庆”80型摩托车一辆的清单；

（3）被害人陈锦清领回“重庆”80型摩托车一辆的领条；

（4）证人杨笑芹证实：陈锦清载钟丽萍到我饭店吃饭，钟丽萍买了2瓶水蜜桃汁，我炒完菜发现陈在床上睡着了，钟丽萍讲出去一下就回来；

（5）被害人陈锦清证实：是钟丽萍抢走其摩托车的；

（6）购车人戴泉龙证实：他从钟丽萍手里以4000元购得一辆“重庆”80型摩托车；

（7）证人陈金星、张绍西证明：陈从戴泉龙处以5000元购得“重庆”80型摩托车一辆后，又以5650元卖给张绍西，张又以6200元卖给朱建龙；

（8）被告人钟丽萍在公安、检察阶段，供述用安定药片碾成粉，放入水蜜桃汁内给陈锦清喝，乘其昏迷时抢走其“重庆”80型摩托车一辆；

（9）摩托车新旧鉴定书：经测定该车新旧为八成，价值人民币6140元。

2.1993年6月4日，被告人钟丽萍在龙岩市椿英旅社租一单人房间，当晚她主动与住在该旅社的男青年邓雪峰打招呼，俩人一同去看电影、散步。回到旅社后，被告人钟丽萍邀邓到其房间，在谈话过程中，钟拿出2粒装有安定药粉的假洋参丸给邓吃，邓雪峰吃后便昏睡过去，钟从邓身上搜走BP机一个（价值1650元）及现金100元后，逃离现场。

上述事实有下列证据证明：

（1）受理刑事案件登记表和刑事案件立案报告表；

（2）被害人邓雪峰证实：吃了钟丽萍给的2粒洋参丸后不省人事，第二天发现BP机和现金100元被抢走；

（3）被告人钟丽萍在公安、检察阶段供述：我拿出事先装有安定药粉的假洋参丸给他吃，并说可以提神，他吃后不久就睡着了，我搜走BP机一个及现金100元。

3.1993年8月10日上午，被告人钟丽萍在龙岩市街心花园处，雇请开摩托车的郭泉国到红坊，到红坊后又雇请郭到永定，当天下午返回时，被告人钟丽萍又提出到黄岗水库游玩，并在公路旁小店内买了 2 盒菊花茶，到了水库大坝后，两人坐下来，各喝一盒菊花茶，钟对郭说：今天载我到永定很辛苦，我带了洋参丸，吃几粒提提神。钟说完便先吃 2 粒，然后又拿出装有安定药粉的假洋参丸 2 粒给郭，郭不知有诈便吃下，不久药性发作，迷糊睡着，被告人钟丽萍趁机搜走摩托车钥匙和各种随车证件，并将"本田"125 型摩托车（车号 36－16882，价值 16100 元）骑走，后由凤凰隔停车场的施国平介绍销售给林双坤，得赃款 11500 元。

上述事实有下列证据证明：

(1)受理刑事案件登记表和刑事案件立案报告表；

(2)龙岩市公安局扣押"本田"125 型摩托车一辆及清单；

(3)被害人郭泉国领回"本田"125 型摩托车一辆领条；

(4)被害人郭泉国住院病历记录，经诊断为急性安眠药中毒。住院治疗 4 天；

(5)被害人郭泉国证实：他是吃了"洋参丸"后睡着了，车被抢了；

(6)证人施国平证实：他帮一个女的介绍卖了一辆"本田"125 型摩托车；

(7)证人林双坤证实：经施国平介绍，他以 12500 元买一辆"本田"125 型摩托车；

(8)证人汤跃洪证明：他以 14500 元从林双坤处买一辆"本田"125 型摩托车；

(9)被告人钟丽萍供述：我给他吃洋参丸，乘他睡着抢走"本田"125 型摩托车；

(10)摩托车新旧鉴定书：经测定该车新旧为七成，价值 16100 元。

4.1993 年 9 月 9 日上午，被告人钟丽萍窜至龙岩汽车大修厂路口摩托车载客处，以包车一天雇请张炳林去永定，路途中钟丽萍还问张证件是否带齐，张答都带齐了，下午 3 时返回龙岩，二人在溪南的金龙饭店吃饭，钟对张说："今天到永定一定很累，吃洋参丸可以提神。"说完自己吃了 4 粒洋参丸，又拿出 4 粒装有安定粉的假洋参丸给张吃，张不知有诈便吃下，而后，钟丽萍又提出到登高山，张到登高山不久药性发作，昏睡过去。钟丽萍趁机将张身上的摩托车钥匙和证件搜走，然后将"本田"125 型摩托车（车号 36－85518，价值 17600 元）骑走。被告人钟丽萍于 9 月 12 日上午准备销赃时被公安人员当场抓获。

上述事实有下列证据证明：

(1)受理刑事案件登记表和刑事案件立案报告；

(2)龙岩市公安局扣押"本田"125 型摩托车一辆的清单；

(3)张炳林领回"本田"125 型摩托车一辆的领条；

(4)张炳林证言：吃了 4 粒洋参丸后又到登高山就神志不清；

(5)公安人员抓获被告人钟丽萍的情况报告；

(6)被告人钟丽萍供述：在登高山我拿 4 粒假洋参丸给他吃，待他睡着后，把车子和证件拿走；

(7)摩托车新旧鉴定书：经测定该车新旧为七成，价值 17600 元。

(四)一审判案理由

福建省龙岩地区中级人民法院认为：

被告人钟丽萍以非法占有为目的，采取使用安定药粉麻醉他人使其无法反抗的手段，抢劫他人摩托车 3 辆、BP 机一个、现金 100 元，总价值 41690 元，数额特别巨大，其行为已构成抢劫罪，且情节严重，社会影响极坏。被告人钟丽萍劳改释放后不思悔改，继续作案，主观恶性较深，认罪态度不好，应从严惩处。

(五)一审定案结论

福建省龙岩地区中级人民法院根据《中华人民共和国刑法》第一百五十条第二款、第五十三条第一款,作出如下判决:

钟丽萍犯抢劫罪,判处死刑,剥夺政治权利终身。

(六)二审情况

1. 二审诉辩主张

一审判决宣判后,钟丽萍不服提出上诉。其主要上诉理由是:车是被害人与其发生关系后自愿送的,自己没骗使各被害人服用安眠药,原在公安和检察阶段的有罪供述是与各被害人串通好的,不是事实。自己没有抢劫行为,不构成抢劫罪。

2. 二审事实和证据

福建省高级人民法院经审理确认:上诉人钟丽萍以非法占有为目的,在不到4个月时间内,采取使用安定药粉投入饮料和塞入洋参丸壳诱骗他人服用的手段,抢劫作案4起,劫得摩托车3部、BP机一个、现金100元,总价值达41690元,其行为已构成抢劫罪,且数额特别巨大,情节严重,手段恶劣。

3. 二审判案理由

二审法院认为:原判认定事实清楚,基本证据确凿,定性准确,量刑适当,审判程序合法,应予维持。上诉人钟丽萍劳改释放后不思悔改,继续作案,主观恶性较深,且认罪态度不好,应予严惩。上诉人的上诉理由及其一审辩护人的辩护意见,经查与事实不符,不能成立,本院不予采纳。

4. 二审定案结论

福建省高级人民法院根据《中华人民共和国刑法》第一百五十条第二款、第五十三条第一款及《中华人民共和国刑事诉讼法》第一百三十六条第(一)项之规定,作出如下裁定:

驳回上诉,维持原判。

根据最高人民法院依法授权高级人民法院核准部分死刑案件之规定,本裁定并为核准以抢劫罪判处钟丽萍死刑,剥夺政治权利终身的裁定。

(七)解说

抢劫罪是指以非法占有为目的,用暴力、、胁迫或者其他方法,强行劫取公私财物的行为。抢劫罪在客观方面,行为人必须具有对公私财物的所有者、保管者或者守护者当场使用暴力、胁迫或者其他方法,立即抢走财物或者迫使被害人立即交出财物的行为。所谓“其他方法”,包括犯罪分子对被害人施加某种力量,如:用酒灌醉、用药物麻醉等方法,使被害人不知反抗或者丧失反抗能力,而当场掠走其财物。本案,犯罪人钟丽萍以非法占有为目的,在不到4个月时间内,连续抢劫作案4起,作案时全都是采取使用安定药粉投入饮料和塞入洋参丸壳诱骗被害人服用后丧失反抗的手段,造成被害人处于不知和不能反抗的麻醉状态,其中被害人郭泉国吃药后昏迷三天三夜,经医院诊断系急性安眠药中毒,作案手段恶劣。犯罪人钟丽萍被劳改释放后不思悔改,继续使用麻醉手段4次抢劫作案,抢劫财物的数额特别巨大,情节严重,并且认罪态度不好,主观恶性深,依法应予严惩,法院对其以抢劫罪判处死刑是正确的。

(陈　斌)

83. 缪祝华等盗窃案

(一)首部

1. 判决书字号:江苏省响水县人民法院(1994)响刑初字第50号。

2. 案由:缪祝华等盗窃案。

3. 诉讼双方

公诉机关:江苏省响水县人民检察院,检察员王正祥。

被告人:缪祝华,男,36岁,汉族,江苏省响水县人,农民。1994年3月4日因本案被逮捕。

辩护人:朱岸高,江苏省响水县律师事务所律师。

被告人:杨礼法,男,24岁,汉族,江苏省响水县人,农民。1994年3月4日因本案被逮捕。

被告人杨礼法未委托辩护人,自己行使辩护权。

4. 审级:一审。

5. 审判机关和审判组织

审判机关:江苏省响水县人民法院。

合议庭组成人员:审判长:沈永成;审判员:周亚;代理审判员:王汉东。

6. 审结时间:1994年5月20日。

(二)诉辩主张

1. 江苏省响水县人民检察院指控称

被告人缪祝华于1993年6月间,多次与徐波(在逃)商议,由徐波自制了窃电工具,并由徐波教会了被告人缪祝华、杨礼法窃电的方法。在1993年8月底至1994年1月21日的期间内,被告人缪祝华叫被告人杨礼法用窃电工具窃电40余次,4300余度,共计价值1940余元。上述事实,有被告人的供述和证人的证言等证据证实。被告人缪祝华、杨礼法窃电的价值数额较大,其行为已触犯《中华人民共和国刑法》第一百五十一条之规定,构成盗窃罪,请求依法判处。

2. 被告人的答辩及其辩护人的辩护意见

被告人缪祝华、杨礼法辩解说,他们窃电的次数没有检察院认定的那么多。

被告人缪祝华的辩护人辩护称:被告人缪祝华没有直接实施窃电的行为;窃电的次数和价值都是推算出来的,不准确。

(三)事实和证据

江苏省响水县人民法院经公开审理查明:

被告人缪祝华于1993年8月与徐波(批捕后在逃)共同商定,由徐波自制了窃电的工具,并由徐波教会了被告人缪祝华、杨礼法窃电的方法。尔后,从1993年8月至1994年1月,被告人缪祝华叫被告人杨礼法用窃电工具窃电40余次,4300余度,共计价值人民币1800余元。

上述事实有下列证据证明：

1. 被告人缪祝华的口供。他供述："我家开加工厂，想省点钱，就请徐波帮我做偷电器，徐波还教会我和杨礼法偷电方法，因为我是色盲看不清，就叫杨礼法帮我偷电，从8月份开始偷电，大概三五天偷一次，每次偷少则3小时，多则6小时，平均4小时左右……"；

2. 被告人杨礼法的口供。他供述："从8月份偷电开始，隔两三天偷一回，一共偷约40回，每回把线头接上去，到结束有4小时至5小时……"；

3. 证人证言。有同案人徐波在盗窃前的证言和证人杨应林、杨建军、商加宝等的证言，即关于为被告人缪祝华做偷电器和看到缪祝华家变压器上有灯亮以及电站夜间巡逻时发现缪祝华家加工厂后边变压器上有不该接的电线，还看到窃电工具上一根白线接在电度表上，电度表还在倒转的证言；

4. 响水县公安局和响水县供电局共同在窃电现场用被告人缪祝华的窃电器进行窃电试验所测算出窃电量的记录；

5. 响水县农村电力管理站在窃电现场用被告人缪祝华的窃电器作测试鉴定，确认每小时约窃电27千瓦至30千瓦的鉴定结论；

6. 响水县农村电力管理站关于1993年内收取农副产品加工厂动力电的电价每度为0.45元的证明；

7. 被告人缪祝华用偷电工具偷电时被农电站夜间巡查人员当场抓获，后由公安机关对其用偷电工具放在农业电灌站的电线上拉到其后窗进入其室内接在其用电线上的现场拍的照片。

（四）判案理由

江苏省响水县人民法院认为：被告人缪祝华、杨礼法以使用窃电工具秘密窃取的方法，盗用集体单位所有的电力4300余度，价值1800余元。其行为符合盗窃罪的特征，盗窃的数额较大，触犯了《中华人民共和国刑法》第一百五十一条的规定，已构成盗窃罪，依法应予惩处。

（五）定案结论

江苏省响水县人民法院根据《中华人民共和国刑法》第一百五十一条、第二十二条、第六十条，作出如下判决：

1. 缪祝华犯盗窃罪，判处有期徒刑三年六个月。

2. 杨礼法犯盗窃罪，判处有期徒刑三年。

（六）解说

盗窃行为构成犯罪的关键条件，是所盗窃的财物的价值数额必须达到较大以上。因此，盗窃电力的行为，要确认行为人盗窃的价值数额，关键又在于查明行为人偷电的次数、时间、度数和当时每度电的价格，才能准确地认定价值数额。但在司法、审判实践中，要做到这一点，难度是比较大的。这是此类盗窃案件的一个特点。本案诉辩双方争议的焦点，也正是在于行为人犯罪事实的偷电的次数、时间、度数和当时的每度电的价格的问题上，实际上也就是盗窃的价值数额问题。如在行为人的辩解及其辩护人的辩护中，一是说行为人偷电的次数没有起诉指控的那么多，二是说起诉指控行为人所盗用的电力总价值计算的不准确，实际上也是说没有那么多。对于诉辩双方争议的事实，法院是很重视的，在案件审理过程中，不仅认真审查了侦查、预审的全部案卷材料，特别是供、证材料，而且进行了必要的庭外庭内调查研究工作，核实了证据，查明了事实，从而准确地认定了本案的事实与情节，作出了正确的判决。因此，行为人对判决心服口服而不提出上诉。

（龚春光）

84. 赵继林盗窃案

（一）首部

1. 判决书字号

一审判决书：上海市静安区人民法院（1994）静刑初字第225号。

二审判决书：上海市中级人民法院（1994）沪中刑终字第532号。

2. 案由：赵继林抢劫案。

3. 诉讼双方

公诉机关：上海市静安区人民检察院，代理检察员张茜。

被告人（上诉人）：赵继林，男，27岁，汉族，河南省光山县人，农民。1994年6月15日因本案被逮捕。

一审辩护人：邬民江，上海市汇中律师事务所律师。

柯菁，上海市汇中律师事务所律师。

4. 审级：二审。

5. 审判机关和审判组织

一审法院：上海市静安区人民法院。

合议庭组成人员：审判长：竺越；人民陪审员：周才珍、陈贞良。

二审法院：上海市中级人民法院。

合议庭组成人员：审判长：陈建顺；审判员：包锦玉；代理审判员：李玉珍。

6. 审结时间

一审审结时间：1994年8月22日。

二审审结时间：1994年9月27日。

（二）一审诉辩主张

1. 上海市静安区人民检察院指控称

被告人赵继林于1994年6月7日下午2时许，在上海市静安公园门口窃得一辆“萨克斯”牌助动车。当赵骑车逃跑途经万航渡路676弄附近时，因治安联防队员查讯，赵继林遂又弃车逃跑，并在逃跑中用砖块砸向追赶的联防队员，后被抓获。经核价，该助动车价值人民币3000元。

上海市静安区人民检察院认为：被告人赵继林犯盗窃罪，为抗拒逮捕而当场使用暴力，其行为已触犯《中华人民共和国刑法》第一百五十三条和第一百五十条之规定，应以抢劫罪处罚。故提起公诉，请求依法惩处。

2. 被告人的答辩及其辩护人的辩护意见

被告人赵继林否认曾在逃跑中用砖块砸向联防队员。

被告人的辩护人辩护称：被告人赵继林虽在盗窃之后逃跑中使用了暴力，但使用暴力的场所不是其盗窃现场，故不符合《刑法》第一百五十三条“当场使用暴力”规定的行为特征，不能构成抢劫罪。

（三）一审事实和证据

上海市静安区人民法院经公开审理查明：

被告人赵继林于 1994 年 6 月 7 日下午 2 时许，在上海市南京西路静安公园门口，用事先准备的作案工具十字形钥匙打开停放在该处的一辆“萨克斯”牌助动车的车锁，窃得该车（价值人民币 3000 元）后，赵继林骑车沿万航渡路向曹家渡方向逃去。当其行至万航渡路 676 弄附近时，恰遇联防队员检查助动车的执照，叫其停车接受检查，赵继林遂又弃车逃进万航渡路 676 弄内。当其逃到弄底发现该弄是一死胡同，无路可走时，遂即从地上拾起一块砖块，抛砸正在追赶他的联防队员赵熠，被赵熠避开。后赵继林被赶到的联防队员抓获。

上述事实有下列证据证明：

1. 被告人赵继林关于盗车逃离现场，怕被检查，弃车逃跑以及被人追赶的供述；

2. 失车人王明生关于助动车失窃的陈述；

3. 证人联防队员赵熠、程培东关于被告人用砖块抛砸他的证言；

4. 查获的犯罪工具钥匙 3 把；

5. 查获的赃物“萨克斯”牌助动车 1 辆及此车的照片；

6. 赃物助动车核价为人民币 3000 元的证明。

（四）一审判案理由

上海市静安区人民法院认为：

赵继林以非法占有为目的，秘密窃取公民财物，数额较大，且以暴力抗拒逮捕，其行为已触犯了《中华人民共和国刑法》第一百五十三条之规定，即“犯盗窃、诈骗、抢夺罪，为窝藏赃物、抗拒逮捕或者毁灭罪证而当场使用暴力或者以暴力相威胁的，依照本法第一百五十条抢劫罪处罚”之规定，已构成抢劫罪，应予惩处。辩护人提出赵继林并不是在盗窃现场使用暴力拒捕的意见与事实相悖，也不符合法律规定，不予采纳。考虑到被告人系初犯，可酌情从轻处罚。

（五）一审定案结论

上海市静安区人民法院根据《中华人民共和国刑法》第一百五十三条、第一百五十条、第六十条，作出如下判决：

1. 赵继林犯抢劫罪，判处有期徒刑四年。

2. 犯罪工具钥匙 3 把予以没收。

（六）二审情况

1. 二审诉辩主张

上海市静安区人民法院一审判决宣告后，赵继林不服，提出上诉。其上诉的主要理由，一是认为一审定性不当，二是否认在逃跑中曾对追赶的联防队员使用过暴力。

2. 二审事实和证据

上海市中级人民法院经公开审理查明：

上诉人赵继林于 1994 年 6 月 7 日下午，在上海市静安公园门口窃得价值人民币 3000 元的助动车一辆，在骑车逃离现场至万航渡路 676 弄附近时，正遇联防队员检查助动车执照，赵继林为逃避检查而弃车逃跑。在逃进一死胡同无路可走时，遂从地上拾起一砖块抛砸追赶而来的联防队员赵熠，未砸着，后即被抓获。

认定上述事实的证据，与一审查明认定的证据完全一致。

3. 二审判案理由

上海市中级人民法院认为：上诉人赵继林以非法占有为目的，采用秘密手段，窃取公民财物，数额较大，其行为已触犯《中华人民共和国刑法》第一百五十一条，构成盗窃罪，依法应予惩处。赵继林上诉否认用砖块砸向追赶的联防队员，与事实不符。但赵继林暴力拒捕的行为不是发生在盗窃作案的现场，而是发生在赵继林窃车逃离现场后，正遇联防队员检查助动车执照，赵怕检查时暴露盗窃行为而弃车逃跑的行为当中，其行为不符合我国《刑法》第一百五十三条规定的当场使用暴力或者以暴力相威胁的构成要件，不应以抢劫罪论处。据此，原审定抢劫罪不当，应予纠正。

4. 二审定案结论

上海市中级人民法院根据《中华人民共和国刑法》第一百五十一条、第六十条及《中华人民共和国刑事诉讼法》第一百三十六条第(二)项，作出如下判决：

(1)维持上海市静安区人民法院(1994)静刑初字第 225 号刑事判决的第二项，即犯罪工具钥匙 3 把予以没收。

(2)撤销上海市静安区人民法院(1994)静刑初字第 225 号刑事判决的第一项，即赵继林犯抢劫罪，判处有期徒刑四年。

(3)赵继林犯盗窃罪，判处有期徒刑三年。

(七)解说

本案是一起涉及如何正确理解和适用《中华人民共和国刑法》第一百五十三条规定的案件，即如何把握行为的性质由盗窃、诈骗、抢夺向抢劫的转化。从法律的规定看，犯盗窃、诈骗、抢夺罪，为窝藏赃物、抗拒逮捕或者毁灭罪证而当场使用暴力或者以暴力相威胁，从而转化为抢劫罪。这应具备下列条件：第一，行为人应当是先实施了盗窃、诈骗、抢夺行为，非法占有了公私财物。第二，行为人在实施了盗窃、诈骗、抢夺行为之后，还必须具有实施暴力或者以暴力相威胁的行为。第三，实施暴力或者以暴力相威胁的目的，必须是为了窝藏赃物、抗拒逮捕或者毁灭罪证，而不是出于其他目的。第四，实施暴力或者以暴力相威胁行为的时间、空间条件必须是“当场”。以上四项条件缺一不可。

本案的关键，就是如何理解“当场”这一时间、空间上的特定条件。我国刑法学理论通常认为，所谓“当场”，其含义一是指盗窃、诈骗、抢夺犯罪的现场；二是指犯罪分子在现场被发现，随即受到追赶的过程中实施暴力、胁迫行为的场所，这一场所可视为犯罪行为现场的延伸。盗窃、诈骗、抢夺之所以能转化为抢劫，就是因为这些行为与后来实施的暴力、胁迫行为具有连续性。如果犯罪分子在盗窃、诈骗、抢夺财物之后，又在其他时间、地点为窝藏赃物、抗拒逮捕或者毁灭罪证而实施暴力、胁迫行为的，与前行为在时间、空间上就不再存在连续性，因而不能视为“当场”。在本案中，赵继林先是盗窃了一辆价值 3000 元的助动车，逃离窃车现场后，才遇联防队员检查助动车执照，此后，其因害怕检查时会被发现盗车行为，即弃车逃跑。在此情况下，为吓阻联防队员的追捕，赵才实施了用砖块抛砸联防队员的暴力行为。可见，从赵继林实施暴力行为的场所看，并非是在其实施盗窃行为的现场；从其实施暴力行为的时间、空间情况看，也不是在盗窃现场被发现而随即受到追赶的过程中，因此，赵继林的行为不符合我国《刑法》第一百五十三条规定的构成要件。二审法院依据本案的事实和我国《刑法》、《刑事诉讼法》的规定，撤销一审判决中对行为人赵继林定罪处刑部分，改判行为人赵继林犯盗窃罪并判处有期徒刑三年是正确的。

（郭延风）

85. 伊扎美·爱马·巴托(ZAMEER AHMED BUTT)诈骗案（外国人犯罪、犯罪未遂）

(一)首部

1. 裁判书字号

一审判决书：上海市中级人民法院(1994)沪中刑初字第11号。

二审裁定书：上海市高级人民法院(1994)沪高刑终字第23号。

2. 案由：伊扎美·爱马·巴托诈骗案。

3. 诉讼双方

公诉机关：上海市人民检察院分院，代理检察员丛培宪。

被告人(上诉人)：伊扎美·爱马·巴托，男，30岁，巴基斯坦国国籍，住巴基斯坦国拉瓦尔品第多克拉村地区拉加街2,1183。1993年10月11日因本案在中国被逮捕。

一、二审辩护人：王家斌，上海市第二律师事务所律师。

4. 审级：二审。

5. 审判机关和审判组织

一审法院：上海市中级人民法院。

合议庭组成人员：审判长：袁汉钧；代理审判员：陈捷、周芝国。

二审法院：上海市高级人民法院。

合议庭组成人员：审判长：沈行恺；审判员：田冰星、冯浩。

6. 审结时间

一审审结时间：1994年2月25日。

二审审结时间：1994年4月22日。

(二)一审诉辩主张

1. 上海市人民检察院分院指控称

被告人伊扎美·爱马·巴托于1993年9月间，持伪造的印度护照和伪造的澳大利亚西太平洋银行旅行支票计1.5万澳元，至中国银行上海市市中支行和和平饭店等处骗兑钱款，合计折合人民币5.63万余元，其中1.87万元未遂。

上海市人民检察院分院认为，上述犯罪事实清楚，证据确凿、充分，有当场从被告人身上缴获的伪造的护照及旅行支票、中国银行上海市分行出具的有关证明及外汇兑换水单存根、有关的证人证言等证据佐证，被告人伊扎美·爱马·巴托亦供认不讳。被告人在我国境内持伪造的外国护照及旅行支票，骗取数额巨大的钱款，其行为触犯了《中华人民共和国刑法》第三条、第一百五十二条之规定，构成诈骗罪。现对被告人伊扎美·爱马·巴托提起公诉，请求依法惩处。

2. 被告人的答辩及其辩护人的辩护意见

被告人伊扎美·爱马·巴托及其辩护人对上海市人民检察院分院指控被告人的犯罪事实均无异议。但辩护人认为，被告人实施上述诈骗犯罪行为系受他人指使，诈骗所得均未占为己有，且在上述诈骗行为中，有1.87万余元系未遂，建议对被告人酌情从宽处罚。

（三）一审事实和证据

上海市中级人民法院经公开审理查明：

被告人伊扎美·爱马·巴托在沪期间，于1993年9月25日下午，至中国银行上海分行市中支行，用变造的印度护照和澳大利亚西太平洋银行旅行支票计8000澳元，采取签署上述印度护照上那西·库玛(NARES HAVMAR)姓名的手法，骗兑得美金3242元(折合人民币1.88万余元)、人民币外汇兑换券1.12万余元。同年9月30日上午，被告人至和平饭店外币兑换处，仍采用上述方法，骗兑得人民币外汇兑换券7421.92元。当日中午，被告人又至中国银行上海分行营业处外币兑换处，再次采用上述方法，企图骗兑价值人民币1.85万余元的钱款时，因被该行工作人员察觉当场扭获而未得逞。

上述事实有下列证据证明：

1. 查获的被告人用于上述骗兑钱款的印度护照及澳大利亚西太平洋银行假旅行支票；

2. 中国银行上海信用卡公司关于上述查获的西太平洋银行假旅行支票与中国银行总行提供的假票特征相符的证明材料；

3. 证人中国银行上海分行市中支行外币兑换员陈颖晖、曹海涛关于被告人于1993年9月25日下午持一本印度护照及澳大利亚西太平洋银行假旅行支票在其处分别骗兑人民币外汇兑换券及美金的证言；

4. 证人和平饭店营业部外币兑换处服务员潘美琪关于被告人于1993年9月30日上午持一本印度护照和2000元澳大利亚西太平洋银行假旅行支票在其处骗兑得人民币外汇兑换券的证言；

5. 证人中国银行上海分行营业部外币收兑部服务员陈志英关于被告人于1993年9月30日中午持一本印度护照及一叠上述支票要求其兑换美金的证言；

6. 被告人对上述犯罪事实供认不讳。

（四）一审判案理由

上海市中级人民法院认为：被告人伊扎美·爱马·巴托为牟取非法财产，无视我国法律，在我国境内，持变造的外国护照及假旅行支票骗兑钱款，合计价值人民币56077.26元，已构成诈骗罪，且数额巨大。鉴于其上述诈骗总额中，有价值人民币18554.79元系未遂，辩护人建议对被告人酌情从轻处罚的意见，可予采纳。

（五）一审定案结论

上海市中级人民法院根据《中华人民共和国刑法》第一百五十二条和第六十条，作出如下判决：

1. 伊扎美·爱马·巴托犯诈骗罪，判处有期徒刑五年。

2. 查获的印度护照及假旅行支票均予没收。

（六）二审情况

1. 二审诉辩主张

一审法院判决宣判后，伊扎美·爱马·巴托表示不服，上诉于上海市高级人民法院。其上诉的主要理由是：原判量刑过重，要求二审从轻处罚。

2. 二审事实和证据

上海市高级人民法院经审理查明：上海市中级人民法院一审判决认定上诉人伊扎美·爱马·巴托在本市中国银行、和平饭店等处持变造的印度护照和伪造的澳大利亚西太平洋银行旅行支票骗兑钱款共价值人民币56073.26元，其中18554.79元系未遂的犯罪事实清楚，证据确凿、充分。

认定上述事实的证据与一审法院认定的证据相同。

3. 二审判案理由

上海市高级人民法院认为：原判定罪准确，量刑适当，审判程序合法。原审鉴于上诉人诈骗总额中，有价值人民币1.85万余元系未遂，已予以从轻处罚。现上诉人要求从轻处罚，本院不予准许。

4. 二审定案结论

上海市高级人民法院根据《中华人民共和国刑事诉讼法》第一百三十六条第(一)项，作出如下裁定：

驳回上诉，维持原判。

(七)解说

《中华人民共和国刑法》第三条规定："凡在中华人民共和国领域内犯罪的，除法律有特别规定的以外，都适用本法。"该法第八条规定："享有外交特权和豁免权的外国人的刑事责任问题，通过外交途径解决。"根据上述规定，外国人在中国犯罪，除享有外交特权和豁免权者之外，都由中国司法机关依照中国法律判处。本案行为人伊扎美·爱马·巴托系巴基斯坦国公民，且不具有外交特权和豁免权，其在中国的诈骗犯罪，应依中国刑法的属地管辖原则，由中国司法机关依法惩处。

旅行支票是银行或旅行社为方便旅游者而签发的一种支票。利用旅行支票进行诈骗犯罪，是当前我国诈骗犯罪领域中出现的新动向。近年来，随着我国对外开放的进一步深入，为适应国际间公民的旅游、学习、考察、贸易等活动的需要，我国银行相继开办了代售美元、日元、英磅等国外旅行支票的业务。与此同时，利用旅行支票的诈骗犯罪行为也随之而生。利用旅行支票的诈骗犯罪，即是以伪造或变造的旅行支票为媒介，采取伪造护照虚构身分及签署假名的手段，骗取较大数额财物的行为。其往往呈现出犯罪跨地域、跨国界、连续犯罪性强及犯罪数额巨大的主要特点。

就本案的具体情况而言，行为人伊扎美·爱马·巴托在主观上具有非法获利的犯罪故意，在客观方面又实施了伪造护照，虚构身分，又持伪造的澳大利亚西太平洋银行旅行支票骗兑钱财的行为，已符合我国刑法关于诈骗罪的犯罪构成要件的规定。因此，我国人民法院依照我国刑法对行为人伊扎美·爱马·巴托的定性是正确的。

行为人诈骗钱款共计人民币5.6万余元，数额巨大，依照我国刑法规定，应予严惩，鉴于其诈骗总额中，有价值人民币1.85万余元系未遂，依法可从轻处罚。鉴于以上情节，我国人民法院对行为人伊扎美·爱马·巴托判处有期徒刑五年，在适用法律量刑方面也是适当的。

（王　犁　秦明华）

86. 文其荣抢夺案

(一)首部

1. 判决书字号

一审判决书:海南省东方黎族自治县人民法院(1994)东刑初字第31号。

二审判决书:海南省海南中级人民法院(1994)海南刑终字第84号。

2. 案由:文其荣抢夺案。

3. 诉讼双方

公诉人:海南省东方黎族自治县人民检察院,检察员蔡俊荣。

被告人(上诉人):文其荣,别名文坛,男,38岁,汉族,海南省东方黎族自治县人,农民。1993年6月26日因本案被逮捕。

被告人没有委托辩护人,自己行使辩护权。

4. 审级:二审。

5. 审判机关和审判组织

一审法院:海南省东方黎族自治县人民法院。

合议庭组成人员:审判长:文海;代理审判长:郑海雄、符致俊。

二审法院:海南省海南中级人民法院。

合议庭组成人员:审判长:林波;代理审判员:邓子大、符实。

6. 审结时间

一审审结时间:1994年10月5日。

二审审结时间:1994年12月8日。

(二)一审诉辩主张

1. 海南省东方黎族自治县人民检察院指控称

被告人文其荣和文高(已免予起诉)于1988年5月12日晨,在国营公爱农场十一队见该队的卫生员林××在收购黄金,便商定抢劫林××装财物的手提包。当林××到该队吉某家的伙房收购黄金时,二人尾追林××也来到此处,文其荣大喊"公安局的人来了",并随即抓起林××放在右脚边地上的手提包(内有人民币3160元)就往外逃跑。林××和混在群众中的文高等人即在后追赶而未能追上,文其荣逃脱。次日,文高和其同村人赵安东找到文其荣分赃,文其荣分给文高1200元,分给赵安东400元,其余1560元由被告人文其荣自得。

公诉机关认为,上述事实有被害人林××的报案材料及陈述、现场目睹者吉某的证言、同案人文高的供述等证据,被告人文其荣也供认不讳,证据充分,足资认定。被告人文其荣的行为构成了抢夺罪,特提起公诉,请依法判处。

2. 被告人的答辩

被告人文其荣自行辩护称,公诉机关在指控他的犯罪事实中说他到了现场后即大喊:"公安局的人来了"一节不实,他没有大喊此话。

(三)一审事实和证据

海南省东方黎族自治县人民法院经公开审理查明:

1988年5月11日,被告人文其荣和文高(已免予起诉)一起骑摩托车到公爱农场十一队吉成新家过夜。12日晨,文高看见农场卫生员林××到该农场十一队收购黄金时,即与文其荣商定了抢劫林××装钱的手提包后,便一同尾随在林××的身后。当林到了十一队吉某的伙房收购黄金时,二人也窜进去,文其荣大喊:"公安局的人来了。"随即用手推了林××一下,并顺手抢得林××放在右脚边地上的手提包(内有人民币3600元)就往外逃跑了。林××和混在群众里的文高以及其他群众立即追赶,追到一片橡胶林时,被告人文其荣从地上抓起一块橡胶板(约20公分长、12公分宽、1公分厚)对林××等威胁说:"你们不要上来,上来就杀死你们。"说完又转身逃窜了。林××等未敢再追而返回。次日,同案人文高及其同村人赵安东一同找到了文其荣,与其分赃。文其荣分给文高赃款1200元,分给赵安东400元,自得赃款1560元,已全部花光。

上述事实有下列证据证明:

1. 被告人林××的书面报案材料及口头陈述的记录;
2. 同案人文高和赵安东的供述以及现场目睹的群众吉某等人的证言;
3. 现场勘查笔录和现场照片;
4. 被告人文其荣的口供。

(四)一审判案理由

海南省东方黎族自治县人民法院认为:被告人文其荣以非法占有为目的,在公共场所劫取他人财物,并对追捕他的被害人和群众进行暴力威胁,以抗拒群众的抓捕,其行为触犯了《中华人民共和国刑法》第一百五十三条的规定,构成了抢劫罪;被告人文其荣在共同犯罪中起主要作用,系主犯,依法应予从重处罚。

(五)一审定案结论

海南省东方黎族自治县人民法院根据《中华人民共和国刑法》第一百五十三条、第一百五十条第一款、第二十三条,作出如下判决:

文其荣犯抢劫罪,判处有期徒刑五年。

(六)二审情况

1. 二审诉辩主张

一审判决宣告后,被告人文其荣不服,向海南省海南中级人民法院提出上诉。其上诉的内容及其理由主要是:(1)上诉人文其荣在犯罪现场没有大喊:"公安局的人来了",也没有用手推一下林××。(2)原审判决定性不准,量刑过重。(3)请求法院从轻判处。

2. 二审事实和证据

海南省海南中级人民法院二审认定本案的事实和证据同一审认定的基本一致。对于上诉人上诉否认原审判决认定的"被告文其荣大喊'公安局的人来了',随即用手推了林××一下"的这一事实情节,经二审查明只有同案人文高一人的供述中讲到而被害人的陈述和现场目睹者吉某等群众的证言以及上诉人文其荣的以往口供,均未述及有这一事实情节,原审认定的证据不足,予以否定。

3. 二审判案理由

海南省海南中级人民法院认为:上诉人文其荣在实施抢钱的过程中,既没有使用暴力,也没有以暴力相威胁，虽然在逃离现场后手持橡胶板对追赶他的被害人和群众进行了恫吓威胁，但其这一威胁尚不足以危及被害人等的身体健康，情节一般，故其行为仍是一种抢夺行为。原审判决引用《中华人民共和国刑法》第一百五十三条、第一百五十条对被告人定抢劫罪不当，应予纠正。上诉人提出原审判决定性不当的上诉理由成立，予以采纳。上诉人文其荣以非法占有为目的，公然夺取他人合法财产，数额巨大，其行为构成抢夺罪；在其共同犯罪中，系主犯，应依法惩处。

4. 二审定案结论

海南省海南中级人民法院根据《中华人民共和国刑事诉讼法》第一百三十六条第(一)、(二)项的规定，依照《中华人民共和国刑法》第一百五十一条、第二十三条，作出如下判决：

(1)撤销东方黎族自治县人民法院 1994 年 10 月 5 日(1994)东法刑初字第 31 号刑事判决。

(2)文其荣犯抢夺罪，判处有期徒刑五年。

(七)解说

本案一审、二审法院所认定的主要犯罪事实基本上相同，却各自作出了不同的定罪科刑的判决，一审以抢劫罪论处，二审撤销原判而以抢夺罪论处。根据本案的事实，依照我国刑法的规定并参照我国刑法学的理论，犯罪人的行为不符合抢劫罪的特征，二审的改判判决是正确的。一审定案的错误在于：一审对《中华人民共和国刑法》第一百五十三条规定的犯盗窃、诈骗、抢夺罪而转化成抢劫罪的转化条件，即对使用暴力或者以暴力相威胁的行为，在认识上有错误。

该法条规定：犯盗窃、诈骗、抢夺罪，为窝藏赃物、抗拒逮捕或者以暴力相威胁的，依照本法第一百五十条以抢劫罪处罚。这种使用暴力或者以暴力相威胁的行为是指犯罪人对抓捕他的人实施足以危及身体健康或者生命安全的行为或者以将要实施这种行为相威胁，情节严重的。这是本条的重点，是区别此罪与彼罪的关键。本案中，一审法院只看到了犯罪人对被害人进行了要使用暴力的威胁(即犯罪人对被害人说："你们不要上来，上来就杀死你们")，却没有考虑到其暴力威胁的情节是否严重。本案犯罪人文其荣所采用的这种语言恫吓，显然不足以危及被害人的身体健康，情节不严重。因此，其行为的犯罪性质并没有转化成抢劫，仍是一种抢夺行为。所以，原审对犯罪人适用《刑法》第一百五十三条和《刑法》第一百五十条第一款定罪处刑是错误的。

(符　炎)

87. 郑岗等敲诈勒索案

(一)首部

1. 判决书字号：上海市嘉定区人民法院(1994)嘉刑初字第 298 号。
2. 案由：郑岗等敲诈勒索案。
3. 诉讼双方

公诉机关：上海市嘉定区人民检察院，代理检察员朱敏。

被告人:郑岗,男,21岁,汉族,江苏省苏州市人,无业。1994年9月12日因本案被逮捕。

被告人郑岗未委托辩护人,自己行使辩护权。

被告人:张学寨,男,19岁,汉族,上海市嘉定区人,农民。1994年9月12日因本案被逮捕。

法定代理人:张小华,系被告人张学寨之父。

辩护人:赵彩莲,上海市正大律师事务所律师。

被告人:李坚,男,18岁,汉族,上海市嘉定区人,无业。1994年6月8日因本案被收容审查。

被告人李坚未委托辩护人,自己行使辩护权。

被告人:刘海疆,男,17岁(1977年5月26日生),汉族,上海市嘉定区人,原系上海大学嘉定东校区车队修理工。1994年9月28日因本案被取保候审。

法定代理人:刘华,系被告人刘海疆之父;逄建平,系被告人刘海疆之母。

辩护人:关斌,上海市正大律师事务所律师。

4.审级:一审。

5.审判机关和审判组织

审判机关:上海市嘉定区人民法院。

合议庭组成人员:审判长:陈曰良;代理审判员:徐闻翌;人民陪审员:朱世瑛。

6.审结时间:1994年12月23日。

(二)诉辩主张

1.上海市嘉定区人民检察院指控称

1994年6月2日下午,被告人郑岗、张学寨、李坚至嘉定工人俱乐部门口闲荡时,见男青年吕伟华单身一人,即起敲诈歹念。被告人李坚故意与吕碰撞后佯装被吕撞伤,遂以看伤为由,3人将吕带至嘉定镇清泉浴室附近,对吕威胁、殴打,逼迫吕交出价值890余元的金戒指一枚及现金30元作赔偿抵押。嗣后三被告人将金戒指销给某金饰品加工点,得款480元分用。同月4日下午,被告人郑岗、张学寨、李坚、刘海疆骑车闲荡至嘉定镇图书馆附近时,适与男青年周伟军相撞,4人即借故对周殴打,被告人张学寨佯装被周打伤,以看伤为由,将周带至嘉定区中医医院附近,再次对周殴打、威胁后,逼迫周伟军交出价值850余元的金戒指一枚作赔偿抵押。嗣后销赃得款450元分用。同月6日下午,被告人郑岗、张学寨、刘海疆至嘉定工人俱乐部闲荡,见男青年俞强单身行走,即起敲诈歹念,三被告人经预谋后尾随俞至新嘉商场门口,以张曾在曹王镇被俞等人殴打为由,将俞拉至嘉定镇清泉浴室附近,对俞殴打、威胁后,逼迫俞强交出方金戒一枚,价值1200元,三被告人销赃得款450元分用。

嘉定区人民检察院认为:被告人郑岗、张学寨、李坚、刘海疆采用威胁、要挟的方法,逼迫他人交付合法钱财,其行为已构成敲诈勒索罪。鉴于被告人刘海疆犯罪时未成年,犯罪后主动投案自首,应依法从轻处罚并适用缓刑。现对被告人郑岗、张学寨、李坚、刘海疆提起公诉,请依法判处。

2.被告人的答辩及其法定代理人、辩护人的意见

对上海市嘉定区人民检察院起诉指控郑岗等4人犯敲诈勒索的事实和定罪无异议。但刘海疆的法定代理人和辩护人认为,被告人刘海疆系未成年人犯罪,犯罪后投案自首,在共同犯罪中作用较小,建议对刘从轻处罚并适用缓刑。

（三）事实和证据

上海市嘉定区人民法院依法经不公开（系未成年人犯罪案件）审理查明：

1994 年 6 月 4 日下午 3 时许，被告人郑岗、张学寨、李坚、刘海疆骑自行车路过嘉定区嘉定镇图书馆时，郑、张适与男青年周伟军相撞，遂即互相谩骂继而互殴。张学寨佯装被周打伤，以治伤为由，四被告人将周带至嘉定中医医院后门附近，对周威胁、殴打，逼迫周伟军交出价值人民币 850 余元的金戒指一枚作赔偿抵押，要周数日后交出人民币数百元再归还。之后，四被告人将赃物销售后得款 450 元分用。同月 2 日下午 4 时许，被告人郑岗、张学寨、李坚至嘉定工人俱乐部门口闲荡时，见男青年吕伟华单身一人，即起意敲诈。由李坚故意与吕相撞后佯装被吕撞伤，三被告人以治伤为借口，将吕带至嘉定镇清泉浴室附近，郑岗等对吕殴打、威胁，逼迫吕伟华交出价值人民币 890 余元的金戒指一枚作赔偿抵押，要吕数日后以钱赎货。之后，三被告人将敲诈所得的金戒指销得 450 元分用。同月 6 日下午 2 时许，被告人郑岗、张学寨、刘海疆在嘉定工人俱乐部门口闲荡时，郑岗见男青年俞强手带金戒指，即与张学寨、刘海疆合谋敲诈。三人尾随俞至新嘉商场门口将俞拉住，郑岗以张学寨曾在曹五镇被俞等人殴打、敲诈为藉口，三人将俞拉至嘉定清泉浴室附近，对俞威胁、殴打，逼迫俞交出价值人民币 1200 余元的金戒指一枚作抵押，要俞数日后交出 200 元人民币后归还。之后，三被告人销赃得款 480 元分用。案发后，张、李家属退赔了赃款，连同赃物金戒指二枚由司法机关发还给被害人。刘海疆于同年 9 月 20 日投案自首。

上述事实有下列证据证明：

1. 被害人吕伟华、周伟军、俞强关于被李坚等人威胁、殴打，并敲诈金戒指 3 枚的报案及陈述笔录；

2. 证人吕家昌、林太星、谢枝斌等关于吕伟华被敲诈及郑岗等人销赃金戒指的证词；

3. 公安机关查获的赃物金戒指 3 枚；

4. 嘉定廖城金店提供的金饰品价格证明及公安机关发还赃物时被害人出具的收条；

5. 被告人郑岗、张学寨、李坚、刘海疆关于 1994 年 6 月 2 日、4 日、6 日敲诈三被害人金戒指的供述。

（四）判案理由

被告人郑岗、张学寨、李坚、刘海疆以非法占有为目的，实施要挟、威胁的方法，强行索取他人钱财的行为，已触犯《中华人民共和国刑法》第一百五十四条之规定，构成敲诈勒索罪。公诉人、辩护人鉴于被告人刘海疆犯罪时未成年，具有自首情节，且在家属帮助下查找一被害人退还钱款，确有悔罪表现，为体现对少年犯教育、挽救的刑事政策，建议对刘海疆从轻处罚并适用缓刑的意见，于法有据，予以采纳。被告人郑岗起意敲诈，殴打被害人，积极实施销赃，在共同犯罪中的作用较其他被告人大；被告人李坚首先归案交代了犯罪事实，并供出了同案犯，在量刑时分别酌情从重和从轻处罚。

（五）定案结论

上海市嘉定区人民法院根据《中华人民共和国刑事》第一百五十四条、第十四条第一、三款、第六十三条、第六十七条，作出如下判决：

1. 郑岗犯敲诈勒索罪，判处有期徒刑三年。

2. 张学寨犯敲诈勒索罪，判处有期徒刑二年六个月。

3. 李坚犯敲诈勒索罪，判处有期徒刑一年六个月。

4. 刘海疆犯敲诈勒索罪,判处有期徒刑一年,宣告缓刑一年。

(六)解说

本案在审理过程中对案件的定性,有两种不同意见:一种意见认为,行为人郑岗等人以非法占有为目的,在借故敲诈他人钱财时,对被害人殴打、威胁,迫使被害人交出财物,这种以暴力手段取得财物的行为符合抢劫的特征,构成抢劫罪。另一意见认为,行为人郑岗等人为非法获取钱财,以佯装被撞、打伤,需要治伤等为借口,逼迫被害人交出财物,并要被害人以钱赎物。在此期间,虽殴打过被害人,但被害人是在四名行为人的要挟、强索下交出财物,更符合敲诈勒索的特征,构成敲诈勒索罪。人民法院采纳了第二种意见,是正确的。主要理由是:

首先,敲诈勒索罪是指以非法占有为目的,以要挟、威胁的方法,强行索取公私财物的行为。本罪所侵犯的客体是复杂客体,既侵犯了公民的财产所有权,同时又侵犯了公民的人身权;客观方面表现为以各种借口要挟、威胁他人交出钱财。其次,本案行为人郑岗等人在客观方面,表现为路见单身行人后,经合谋以假装被撞伤、打伤,需治伤或制造曾被被害人敲诈为借口,强索被害人钱财,当被害人无钱给时即强迫被害人交出金戒指。再次,四行为人为了达到他们非法占有他人财物的目的,在采用要挟、威胁的情况下,又仗着人多势众,殴打被害人,继而迫使被害人交出金戒指,以借口作抵押。这种行为不仅侵害了被害人的财产权利,而且又侵犯了被害人的人身权利。因此,本案行为人的行为完全符合敲诈勒索罪的特征。

鉴于本案敲诈的次数多,价值较大,且使用暴力,社会危害性严重,故对在共同犯罪中作用较大的犯罪人郑岗处以法定刑最高刑。同时,考虑到犯罪人刘海疆犯罪时未成年,在共同犯罪中作用较小,并在家长陪同下至公安机关投案自首,认罪态度较好,确有悔罪表现,且其家长、有关单位表示对少年犯负责帮教,有较好的教育条件等具体情况,为体现以教育为主、惩罚为辅,教育、挽救少年罪犯的刑事政策,对刘海疆从轻处罚并适用缓刑,也是正确的。

(陈曰良)

88. 滕炳勇等绑架勒索案

(一)首部

1. 裁判书字号

一审判决书:广西壮族自治区百色地区中级人民法院(1994)百中刑初字第22号。

二审裁定书:广西壮族自治区高级人民法院(1994)桂刑核字第429号。

2. 案由:滕炳勇等绑架勒索案。

3. 诉讼双方

公诉机关:广西壮族自治区人民检察院百色分院,代理检察员零发令。

附带民事诉讼原告人(被害人):潘国伟,男,1980年3月17日出生,汉族,广西壮族自治区田东县人,学生。

法定代理人:潘少强,系潘国伟的父亲。

被告人(上诉人):滕炳勇,男,1970年9月8日出生,汉族,广西壮族自治区田东县人,个体汽车司机。1994 年 3 月因本案被捕。

被告人(上诉人):黄大好,男,1972 年 8 月 2 日出生,壮族,广西壮族自治区田东县人,农民。1994 年 3 月因本案被捕。

一、二审辩护人:张靖州,广西壮族自治区经济律师事务所律师。

一审辩护人:黄天书,广西壮族自治区田东县律师事务所律师。

覃天禄,广西壮族自治区田东县律师事务所律师。

二审辩护人:刘桂文,广西壮族自治区第一律师事务所律师。

4. 审级:二审、复核审。

5. 审判机关和审判组织

一审法院:广西壮族自治区百色地区中级人民法院。

合议庭组成人员:审判长:任小婴;代理审判员:廖志胜、黄荣联。

二审法院:广西壮族自治区高级人民法院。

合议庭组成人员:审判长:韦国超;审判员:马济春;代理审判员:陈俊杰。

6. 审结时间

一审审结时间:1994 年 7 月 19 日。

二审审结时间:1994 年 9 月 15 日。

(二)一审诉辩主张

1. 广西壮族自治区人民检察院百色分院指控称

被告人滕炳勇、黄大好经过策划于 1993 年 12 月间,先后两次对潘国伟(男,11 岁)进行绑架,妄图勒索潘国伟的亲属 5 万元人民币未得逞。1994 年 2 月 24 日,又绑架潘国伟,欲向其亲属勒索,因被他人解救未得逞。

1994 年 3 月 12 日,两被告人再次绑架潘国伟勒索其亲属 10 万元人民币。在绑架过程中使用暴力,致潘重伤,情节特别恶劣,后果特别严重。

以上犯罪事实,有被害人潘国伟陈述,有报案材料及其他证人证言,有缴获的凶器及其他物证,有伤情检验报告书和现场勘查笔录及照片附卷。两被告人亦供认不讳。事实清楚,证据确实充分,足以认定。

两被告人的行为触犯全国人民代表大会常务委员会《关于严惩拐卖、绑架妇女、儿童的犯罪分子的决定》第二条第三款的规定,构成绑架勒索罪。

2. 附带民事诉讼原告人及其法定代理人诉称

两被告人的行为造成了附带民事诉讼原告人潘国伟重伤,致使其经济损失。

有潘国伟的伤情鉴定书及住院治疗的医疗费发票证据证实。

潘国伟要求两被告人赔偿医疗费、营养费和精神损害费共 28500 元。

3. 被告人的答辩及其辩护人的辩护意见

被告人滕炳勇对起诉书指控的犯罪事实无异议;其辩护人提出滕炳勇因小时曾溺水和在 1993 年 5 月份发生车祸后有精神障碍,犯罪后认罪态度好,请求酌情从轻处罚。

被告人黄大好对公诉机关指控的犯罪事实和定性无异议;其辩护人提出黄大好在本案中起次要作用,是从犯,请求比照主犯从轻处罚。认罪态度好,请酌情从轻判处。

(三)一审事实和证据

广西壮族自治区百色地区中级人民法院经公开审理查明:

1.1993 年 12 月中旬，被告人滕炳勇、黄大好多次密谋绑架潘国伟（男，11 岁）勒索钱财。二被告人从杂志上剪下所需的字贴成字条，由黄大好先后两次将字条托一个不知名的小孩和田东县平马小学学生王翔交给潘国伟，约潘到田东县烈士碑处，欲进行绑架，因潘未去而绑架未得逞。

上述事实有下列证据证明：

（1）证人王翔证实一男青年叫其帮忙将一张纸条交给潘国伟。王翔还指认了这个男青年就是黄大好；

（2）证人韦利证实潘国伟在 1993 年 12 月接到约潘到烈士碑的纸条；

（3）被害人潘国伟陈述接到约其到烈士碑的字条；

（4）有缴获的约潘国伟到烈士碑的字条和被剪的杂志在案证实。

2.1993 年 12 月 25 日下午，被告人黄大好用拳头和肘部将潘国伟打倒并用毛巾围绑嘴后拖进田东县师范学校一空房，又用事先准备的红色胶皮铝线捆绑潘的手和脚。后用电话通知被告人滕炳勇负责向潘的亲属索要钱财。被告人滕炳勇接电话后把一张要潘的父母拿 5 万元人民币去赎人的字条塞进潘家门缝里。因潘国伟挣扎出来被田东县师范学校学生刘积照等 5 人发现解救，勒索未得逞。

上述事实有下列证据证明：

（1）证人刘积照、欧阳天朝、王安克、零运章、黄振飞证实 1993 年 12 月 25 日在田东县师范学校将潘国伟解救的情况；

（2）被害人潘国伟陈述了被绑架过程，并指认了绑架其的是黄大好；

（3）有收缴的向潘国伟的父母勒索 5 万元人民币的字条、毛巾和红色胶皮铝线在案证实。

3.1994 年 2 月 24 日，被告人滕炳勇、黄大好事前密谋。滕炳勇把事先写好的一张勒索 10 万元人民币的字条塞进潘家门口的水表下砖缝里，便乘车到南宁市等候消息。当天 7 时许，黄大好抓住潘国伟并用右手勒住潘的脖子拖进滕家。因被田东县民强旅社黄金树发现制止，勒索未得逞。

上述事实有下列证据证明：

（1）证人黄金树证实 1994 年 2 月 24 日其目睹潘国伟被黄大好绑架及制止的全过程；

（2）被害人潘国伟陈述被黄大好绑架的过程；

（3）有收缴的向潘国伟亲属勒索 10 万元人民币的字条在案证实。

4.1994 年 3 月 12 日，被告人滕炳勇以借电子游戏机为名诱潘国伟进入其家。尔后，通知被告人黄大好并把大门掩关。黄大好拿一条准备好的铁水管突然朝潘的头部猛击一下，用手捂住潘的嘴巴并扳倒在地，又用铁水管猛击潘的头部二下。滕炳勇用铁水管再猛击潘的头部一下，致潘昏迷。两被告人把潘抬上二楼，用白布条绑住潘的手和脚，又用毛巾和伤湿止痛膏封住潘的嘴巴、眼睛和耳朵。

13 日凌晨，滕炳勇拟好一封勒索信交给黄大好抄写。其于当日 13 时把信放在田东县财政局门口垃圾池里，又叫其好友刘承光（不予起诉）打电话给 22635（潘国伟家的电话号码）说："财政局门口垃圾池里有一封信。"其见潘家无人取信，再叫刘承光打电话说："5 分钟之内到白谷大桥，一手交钱一手'交货'。"潘的父亲潘少强接到电话后即带钱赶到白谷大桥，因只见被告人黄大好，未见其儿子而拒绝交钱。

随后,黄大好在刘承光家找到滕炳勇。刘劝两被告人放人并投案自首,遭到两被告人拒绝。两被告人商量后定在烈士碑交钱赎人。14 日 3 时,黄大好携带一把水果刀挟持潘国伟到烈士碑等候。滕炳勇打电话到潘家,限 3 分钟内到烈士碑交钱赎人。潘少强接电话后,即带现金 49140 元,赶到烈士碑。黄大好接过钱后放开潘国伟离开现场,刚走了几步发现四周有人,便返回用水果刀架在潘国伟的脖子上威胁周围的人不许靠近。此刻,公安干警赶到将黄制伏,并缴获了人民币 49140 元和水果刀一把。

当天晚上,滕炳勇亦被抓获归案。

上述事实有下列证据证明:

(1)证人潘少强证实 1994 年 3 月 13 日先后接到 4 次勒索电话,取了两封勒索信及赎人的全过程;

(2)证人刘承先证实滕炳勇叫其打两次电话给 22635(潘国伟家的电话号码);

(3)法医对潘国伟的伤作了鉴定:潘国伟头部软组织多次受重创,头部明显肿胀变形,右顶颅骨骨折,右顶枕部颅内硬膜下血肿,两侧顶枕叶脑内血肿,局部脑组织挫裂伤并水肿,属重伤;

(4)被害人潘国伟陈述被绑架的过程;

(5)有现场勘查笔录;

(6)有缴获的赃款(赎人款)49410 元和作案凶器水果刀一把;

(7)两告人供述了犯罪事实且与上述证据相吻合,能相互印证。

(四)一审判案理由

广西壮族自治区百色地区中级人民法院认为:

1. 全国人民代表大会常务委员会《关于严惩拐卖、绑架妇女、儿童的犯罪分子的决定》第二条第三款规定,以勒索财物为目的绑架他人的,处十年以上有期徒刑或者无期徒刑,并处 1 万元以下罚金或者没收财产;情节特别严重的,处死刑,并没收财产。《中华人民共和国刑法》第五十三条第一款规定,对于被判处死刑、无期徒刑的犯罪分子,应当剥夺政治权利终身 。被告人滕炳勇、黄大好以勒索巨额钱财为目的,使用暴力手段劫持被害人潘国伟,构成绑架勒索罪。两被告人多次实施绑架行为,由于两被告人意志以外的原因而未得逞。1994 年 3 月 12 日再次对潘国伟进行绑架,并向潘国伟的家属勒索钱财。在绑架过程中用铁水管猛击被害人头部数下,致被害人重伤,并采用捆绑封贴等恶劣手段,两被告人犯罪情节特别严重。滕炳勇、黄大好多次密谋、策划绑架勒索的行为计划。在具体实施绑架勒索过程中,分工负责。被害人之重伤,系两被告人用铁水管猛击被害人头部造成的。在共同犯罪中,两被告人不分主次,均起主要作用,都是主犯。

2.《中华人民共和国刑法》第三十一条规定,由于犯罪行为而使被害人遭受经济损失的,对犯罪分子除依法给予刑事处分外,并应根据情况判处赔偿经济损失。《中华人民共和国民法通则》第一百一十九条规定,侵害公民身体造成伤害的,应当赔偿医疗费、因误工减少的收入、残废者生活补助费等费用。被告人滕炳勇、黄大好在实施绑架勒索犯罪中,致使被害人潘国伟重伤,依法应当赔偿潘国伟因重伤住院治疗的医疗费等经济损失。

3. 绑架勒索罪在量刑时应当并处财产刑(罚金或者没收财产)。但经法院深入调查,两被告人参加工作三四年,收入低,拥有的全部财产只能适当赔偿附带民事诉讼原告人的经济损失。若再判处财产刑,将没有财产可执行。

4. 公诉机关指控被告人滕炳勇、黄大好犯绑架勒索罪成立。

滕炳勇的辩护人提出滕炳勇有精神障碍,经法医鉴定不是事实;以认罪态度好要求从轻处罚,根据本案的犯罪性质和情节不能允许。

黄大好的辩护人提出黄大好是本案从犯与本案客观事实相违背,不予认定;以认罪态度好,主张酌情从轻判处,无法律依据。

附带民事诉讼原告人要求向被告人赔偿医疗费合法,应予支持。但应视两被告人的实际赔偿能力,予以赔偿。

(五)一审定案结论

广西壮族自治区百色地区中级人民法院根据全国人民代表大会常务委员会《关于严惩拐卖、绑架妇女、儿童的犯罪分子的决定》第二条第三款,《中华人民共和国刑法》第五十三条第一款、第三十一条及《中华人民共和国民法通则》第一百一十九条,作出如下判决:

1. 滕炳勇犯绑架勒索罪,判处死刑,剥夺政治权利终身。

2. 黄大好犯绑架勒索罪,判处死刑,剥夺政治权利终身。

3. 滕炳勇赔偿附带民事诉讼原告人的经济损失1万元。

4. 黄大好赔偿附带民事诉讼原告人的经济损失5000元。

(六)二审情况

1. 二审诉辩主张

上诉人滕炳勇上诉称其曾因被溺水和车祸造成精神压抑及精神分裂症状;归案后认罪态度好,不是主犯;因家庭经济困难请求减免民事赔偿数额。

上诉人黄大好上诉称其不是主犯,且认罪态度好,原判量刑过重。

2. 二审事实和证据

广西壮族自治区高级人民法院经审理查明:

上诉人滕炳勇于1993年11月间,向黄大好提出绑架其邻居潘少强的儿子潘国伟(男,11岁)勒索钱财后,二上诉人便多次密谋绑架的行动计划。同年12月中旬,二上诉人从杂志上剪下所需的字贴成字条,由上诉人黄大好先后两次将字条托一小孩和平马小学学生王翔交潘国伟,约潘晚上到烈士碑处,后因潘未到而绑架未得逞。同年12月25日17时许,滕炳勇用三块电子游戏牌引诱潘国伟晚上到工会旁电子游戏室玩,并叫黄大好跟踪,伺机绑架。当晚7时许,潘国伟从电子游戏室出来走到新华书店时,黄大好便以帮还书为名将潘国伟挟持到预先选定的田东师范一间空房前,用拳头和肘部将潘国伟打倒并用毛巾围绑潘的嘴巴后,将潘拖进空房内,用事先准备的红色胶皮铝线捆绑潘的手脚,然后用电话通知滕炳勇负责向潘的父母索要钱财,便乘车到南宁等候消息。滕炳勇接到电话后,即把事先与黄准备好的一张要潘的父母拿5万元人民币去赎人的字条塞进潘国伟家的门缝里,因潘国伟挣扎出来被田东师范学校的学生刘积照等人发现解救并护送回家,勒索才未得逞。1994年春节期间,滕炳勇和黄大好再次密谋、策划绑架潘国伟的行动,决定由黄大好趁潘国伟早上上学之机直接抓住潘国伟拉到滕炳勇家藏匿。同年2月24日早上6时许,滕炳勇将事先写好的一张向潘国伟父母索要10万元人民币的字条塞进潘家门口水表下的砖缝,便乘车去南宁等候消息。当天上午7时许,潘国伟开门出来欲去上学,黄大好即从滕炳勇家冲出抓潘国伟,并用右手勒住潘的脖子往滕炳勇家拖,后又紧压潘的头在地板上不让挣扎,因被隔壁民强旅社的黄金树发现制止,黄大好才逃离现场。

同年3月12日13时许，上诉人滕炳勇以借电子游戏机玩为名诱骗潘国伟到其家中，尔后便通知在楼上的黄大好，并把大门掩关起来。黄大好下楼后，拿起一根事先准备好的铁水管朝潘国伟的头部猛击一下，并用手捂住潘的嘴将其扳倒在地，接着又用铁水管朝潘的头部连击二下，潘国伟挣扎叫喊，滕炳勇要过铁水管朝潘的头部猛击一下，致潘国伟昏迷。尔后，二上诉人把潘抬到二楼楼梯口，用白布条绑住潘的手、脚，又用毛巾和伤湿止痛膏封住潘的嘴巴、眼睛和耳朵，又将潘抬上三楼关在一间小房子内，由黄大好看守。当天15时30分许，滕炳勇到邮电局打电话给潘国伟家人说："你家门前水表底下有一封信(此信是上次绑架未成后留下来的字条)。"滕炳勇返到家时见信还在原处，又叫黄大好打电话通知潘国伟家人取信，潘国伟的父亲潘少强接电话后到其家门口的水表下取出勒索信，并按信中草图指示的地点将5000元现金放在烈士碑旁，二上诉人因害怕有人监视而不敢去取款。同月13日凌晨3时许，滕炳勇拟好另一封勒索信后交给黄大好誊正，于当日13时把信放在财政局门口垃圾池里，然后叫其好友刘承光两次打电话给潘国伟家人说："财政局门口垃圾池里有一封信。"当晚9时许，滕炳勇见潘家无人取信，又叫刘承先再次打电话到潘家说："5分钟之内赶到白谷大桥，一手交钱，一手'交货'。"潘少强接到电话后即带钱赶到白谷大桥，因只见黄大好一人，未见其儿子而拒绝交钱。黄见状便叫潘在大桥等，自己则到刘承光宿舍，叫刘承光通知滕炳勇到刘的宿舍密谋对策。滕炳勇到后，刘承光便劝二上诉人放人并投案自首，但滕炳勇未允。二上诉人回到滕家后，由黄大好打电话到潘家，要潘的家人通知潘少强回来。然后二上诉人商定将烈士碑作为交钱赎人地点。同月14日凌晨3点40分，黄大好携带一把水果刀挟持潘国伟到烈士碑旁等候，滕炳勇即打电话到潘家，限潘国伟的父母3分钟内赶到烈士碑交钱赎人。潘少强接到电话，即携带49140元人民币赶到赎人地点。黄大好要过钱后放开潘国伟，即逃离现场。当黄大好走到群立中学发现有人时，便转身追上刚走到公路的潘少强，把刀架在潘国伟的脖子上。公安干警赶到将黄大好打翻在地抓获归案，并在现场缴获人民币49140元和水果刀一把。上诉人滕炳勇亦于当日在其家被抓获归案。经法医鉴定，潘国伟的伤情属重伤。

上述事实有下列证据证明：

(1)被害人潘国伟关于1993年12月间收到约其到烈士碑的两张字条和三次被绑架过程的陈述；

(2)证人潘少强关于1994年3月13日先后接到四次勒索电话、取了两封信和赎人全过程的证言；

(3)证人黄金树关于1994年2月24日其目睹被害人潘国伟被黄大好绑架并制止黄大好的行为的证言；

(4)证人刘积照、欧阳天朝、王安克、零运章、黄振飞证实潘国伟于1993年12月25日被绑架后的情形并将潘解救回家；

(5)证人韦利证实潘国伟在1993年12月接到两张内容相同约潘到烈士碑的纸条；

(6)证人王翔证实一个男青年叫其帮忙将一张纸条亲给潘国伟；

(7)证人刘承光证实滕炳勇叫其打两次电话给22635；

(8)现场勘查笔录；

(9)被害人潘国伟的伤情鉴定书；

(10)提取的物证。

3. 二审判案理由

广西壮族自治区高级人民法院认为：

上诉人滕炳勇、黄大好无视国法，以勒索钱财为目的，使用暴力手段劫持儿童，均已构成绑架勒索罪。且绑架儿童手段残忍，并造成被害人重伤，犯罪情节特别严重，应依法严惩不贷。在共同实施绑架勒索犯罪中，二上诉人均起主要作用，均是主犯，应依法从重处罚。

原审判决定罪准确，量刑适当，审判程序合法。滕炳勇上诉称其曾因被溺水和车祸造成精神压抑及精神分裂症状；归案后认罪态度好，不是主犯；且因家庭经济困难请求减免民事赔偿数额；黄大好上诉称其不是主犯，且认罪态度好，原判量刑过重。经核查，二上诉人所诉均与本案实情不符，要求从轻处罚不能允许。

4. 二审定案结论

广西壮族自治区高级人民法院根据全国人大常委会《关于严惩拐卖、绑架妇女、儿童的犯罪分子的决定》第二条第一款、第三款和《中华人民共和国刑法》第二十二条第一款、第二十三条、第五十三条第一款、第六十条、第三十一条及《中华人民共和国民事诉讼法》第一百五十三条第(一)项及《中华人民共和国刑事诉讼法》第一百三十六条第(一)项，作出如下裁定：

驳回上诉，维持原判。

本裁定为终审裁定。

根据最高人民法院依法授权高级人民法院核准部分死刑案件的规定，本裁定即为核准判处绑架勒索犯滕炳勇、黄大好死刑，剥夺政治权利终身的裁定。

(七)解说

滕炳勇、黄大好绑架勒索案是百色地区建国以来的首例。本案发生后，《广西日报》、《右江日报》、百色有线电视台等各家新闻机构予以报道，影响极大。法院依法严惩了罪犯，社会反应较好。

本案经二审，进一步澄清了滕炳勇、黄大好的绑架勒索犯罪事实，完善了对两罪犯适用的法律条文，也使两罪犯充分行使了辩护权利。

绑架勒索，是以勒索财物为目的，使用暴力把人绑架，迫其亲属或者单位限期交出巨款赎人的行为。解放后我国这种犯罪已长期绝迹。1979 年我国制定刑法时没有规定此罪。近年来，绑架勒索案件时有发生。全国人民代表大会常务委员会于 1991 年 9 月 4 日通过了《关于严惩拐卖、绑架妇女、儿童的犯罪分子的决定》。该《决定》确定了绑架勒索这一罪名。

绑架勒索是由绑架和勒索两种相对独立的行为构成的。绑架就是采用暴力将他人劫掳走并限制他人的人身自由。就此种行为《中华人民共和国刑法》第一百四十三条规定了非法拘禁罪，最高刑为十五年以下有期徒刑。勒索就是以非法占有为目的，对被害人实施威胁或者要挟的方法，强索公私财物的行为。就此种行为我国《刑法》第一百五十四条规定了敲诈勒索罪，最高刑为七年以下有期徒刑。因此，有人认为绑架勒索不应单独定一个罪名，应分别定罪，实行数罪并罚。这种观点是错误的。因为这样就会重罪轻判，放纵犯罪。

还有人认为无论绑架勒索还是敲诈勒索，勒索是这两罪的最本质特征，应统一定为勒索罪，并将勒索罪的最高刑定为死刑，这样既简明罪名又扩大了该罪的外延。这种观点不无道理。但是，绑架勒索是一种多发的且社会危害性极大的犯罪。立法机关应当将其作为重点犯罪予以否定。历史上都是作为独立犯罪，定为"掳人勒赎"罪，成为统治阶级重点打击的对象。

绑架勒索在我国较长一段时间内已经绝迹。然而，近几年来，死灰复燃，且有滋生蔓延的势头，不严厉打击，不足以震慑犯罪分子；不严厉打击，不足以压制此种犯罪的发展态势；不严厉打击，不足以治国安邦。

（杜应参）

89. 张春乐贪污案

（一）首部

1. 判决书字号：四川省乐山市市中区人民法院（1994）乐市中区刑初字第98号。

2. 案由：张春乐贪污案

3. 诉讼双方

公诉机关：四川省乐山市市中区人民检察院，检察员何力。

被告人：张春乐，男，24岁，汉族，四川省井研县人，系四川省信托投资公司乐山市办事处证券部工作人员。1993年12月7日因本案被逮捕。

辩护人：唐毅，四川省井研县律师事务所律师。

4. 审级：一审。

5. 审判机关和审判组织

审判机关：四川省乐山市市中区人民法院。

合议庭组成人员：审判长：郭开敬；代理审判员：王福强、叶全春。

6. 审结时间：1994年6月21日。

（二）诉辩主张

1. 四川省乐山市市中区人民检察院指控称

1993年3月至4月间，被告人张春乐在乐山市自发股市炒股而亏了本。为了还帐，遂起伪造股票买卖单的恶念。1993年9月9日，被告人张春乐到成都市第二印刷厂以替企业帮忙的名义，要求印制股票买卖委托单。9月18日，被告人张春乐租车去成都，将印好的股票买卖委托单1万份运回乐山。从9月20日起在证券交易厅咨询柜台上将其私制的1万份委托单掺入证券部股票买卖委托单中出售，到11月27日止，其私制的股票买卖委托单共卖出9964份，获赃款85000余元，用于赌博、还帐、挥霍等。破案后，已追回赃款4万余元。上述事实，有被告人的供述和单位举报材料、证人证言、查获的赃款等证据证实。被告人张春乐的行为已构成贪污罪，请求依法惩处。

2. 被告人的答辩及其辩护人的辩护意见

被告人张春乐对乐山市市中区人民检察院起诉书指控其犯贪污罪无异议，但认为他有自首情节，并具体辩解说：在1993年11月26日（星期六）他得知公司经理要去成都市第二印刷厂印委托单时，即想到了自己在该印刷厂的发票底单上签了自己的姓名，单位绝对会发现自己私自印制委托单的行为，遂于次日取款17000元作了自首准备。到11月29日早晨，自己本来想先打电话试一下公司经理是否已经知道，但又转念想，反正事情已是这样了，所以自己还是到了单位。一到单位，3个经理就找我谈话，我就主动交待了全部经过。

被告人的辩护人辩护认为：被告人张春乐在明知单位领导会发现自己的犯罪行为后，没有逃跑，而是主动到单位准备交待问题，应当视为投案自首。

（三）事实和证据

四川省乐山市市中区人民法院经公开审理查明：

1993年9月9日，被告人张春乐私自到成都市第二印刷厂，假以替企业帮忙的名义，要求印制股票买卖委托单，并提供了样票。9月18日，被告人张春乐又到第二印刷厂，支付印刷费3500元现金后，将印好的股票买卖委托单1万份领出来运回乐山，并从9月20日起，在证券交易厅咨询柜台上将这1万份委托单掺入证券部的委托单内出售，截止到11月27日，其私自印制的委托单共卖出9964份，获得赃款82000余元，用于赌博、还帐和其他挥霍等。破案后，检察机关已追回赃款43080.45元。

上述事实有下列证据证明：

1. 被告人张春乐供述的口供："我在乐山自发股市炒股亏了2万多元，这钱是向别人借的，人家催我还。为了还钱，我就想到印假委托单。1993年9月9日我到成都市第二印刷厂，以替企业帮忙为名，要求印制股票买卖委托单。9月18日，我租车去印刷厂里，将1万份委托单运回乐山，从9月20日起开始掺卖假委托单……"；

2. 书证：乐山市市中区检察机关提取的有被告人张春乐签名的"成都印刷工厂送货回执"（号码：0191412）在卷证实；

3. 证人证言：四川省信托投资公司乐山办事处负责人向乐山市人民检察院反贪污贿赂局的举报笔录；

4. 证人证言：成都市第二印刷厂厂长高莲才关于被告人张春乐在该厂印制股票买卖委托单的经过及其印制数量的证词；

5. 证人证言：被告人张春乐所在单位领导人关于发现被告人张春乐印制股票买卖委托单的经过的证词。

（四）判案理由

四川省乐山市市中区人民法院认为：

被告人张春乐在担任四川省信托投资公司乐山办事处证券部工作人员期间，利用职务之便，采取私自印制和出售本证券部的股票买卖委托单的方法，侵吞公款8万余元。其行为触犯了全国人大常委会《关于惩治贪污罪贿赂罪的补充规定》第二条第一款第（一）项之规定，已构成贪污罪，应予惩处。

被告人张春乐辩解及其辩护人辩护认为被告人有自首情节的理由，与本案事实不符，其在破案前的行为表现不具有自首的准备要件，没有任何根据，不能成立。但是，鉴于被告人张春乐在归案后认罪态度较好，能如实交待罪行，并已退出赃款43000余元，为其单位弥补了部分经济损失，可予从轻处罚。

（五）定案结论

四川省乐山市市中区人民法院根据全国人大常委会《关于惩治贪污罪贿赂罪的补充规定》第二条第一款第（一）项和《中华人民共和国刑法》第五十一条、第五十二条之规定，作出如下判决：

张春乐犯贪污罪，判处有期徒刑十三年，剥夺政治权利二年。

(六)解说

本案,行为人张春乐身为四川省信托投资公司乐山市办事处证券部交易厅负责咨询柜台出售股票买卖委托单的工作人员,明知股民在其证券部进行股票买卖交易时必须使用证券部印制出售的股票买卖委托单方可进行交易,以及这种制售股票买卖委托单的收益是其证券部的利润收入,个人不得非法制售这种股票负责委托单。但是,他为了偿还炒股票亏损所欠的债款,竟不择手段地以非法占有为目的,利用职务之便,私自印制其证券部的股票买卖委托单1万份,偷偷全部掺入证券部的股票买卖委托单中一并在其证券部交易厅的咨询柜台上出售,并将售得的82000余元收益据为已有,截留了证券部的收益。这种行为,实际上就是一种监守自盗的行为。行为的主客观要件完全符合贪污罪的特征,审判法院对行为人以贪污罪论处的判决是正确的。

(曾　扬)

90. 郭勇等贪污、投机倒把、受贿案

(一)首部

1. 裁判书字号

一审判决书:河南省洛阳市中级人民法院(1993)洛刑初字第94号。

二审裁定书:河南省高级人民法院(1993)豫法刑二上字第321号。

复核审裁定书:中华人民共和国最高人民法院(1994)刑复字第22号。

2. 案由:郭勇等贪污、投机倒把、受贿案。

3. 诉讼双方

公诉机关:河南省洛阳市人民检察院,检察员:王家贞、张仁太、王自立、王建党。

被告人(上诉人):郭勇,又名郭建平,男,1957年2月12日生,汉族,河南省郑州市人,原系洛阳市公安局郊区分局刑警队副队长。1991年2月8日因本案被逮捕。

一审辩护人:谢平建,河南省洛阳市第二律师事务所律师。

吕克俭,河南省洛阳市第二律师事务所律师。

二审辩护人:张敏,北京市正义律师事务所律师。

谢平建,北京市正义律师事务所律师。

被告人:沈现斌,男,1962年6月24日生,汉族,河南省洛阳市人,原系洛阳市公安局郊区分局缉私队民警。1991年8月30日因本案被逮捕。

一审辩护人:王文华,河南省洛阳市涉外经济律师事务所律师。

被告人:肖景周,男,1965年1月28日生,汉族,河南省洛阳市人,原系洛阳市公安局郊区分局缉私队民警。1991年8月30日因本案被逮捕。

一审辩护人:陆红雨,河南省洛阳市第一律师事务所律师。

被告人(上诉人):王红喜,男,1963年10月生,汉族,河南省孟津县人,原系洛阳市公安局郊区分局缉私队司机。1991年8月30日因本案被逮捕。

一审辩护人:石北朝,河南省洛阳市经济律师事务所律师。

王黎明，河南省洛阳市经济律师事务所律师。

二审辩护人：李玉山，河南省商贸律师事务所律师。

王路彤，河南省商贸律师事务所律师。

被告人（上诉人）：许林涛，男，1960年6月19日生，汉族，河北省高阳县人，原系洛阳市公安局郊区分局缉私队民警。1991年8月30日因本案被逮捕。

一审辩护人：徐素红，河南省洛阳市第三律师事务所律师。

被告人（上诉人）：魏振立，男，1964年1月30日生，汉族，河南省洛阳市人，原系洛阳市公安局郊区分局缉私队民警。1991年8月30日因本案被逮捕。

一审辩护人：孙天德，河南省洛阳市涉外经济律师事务所律师。

4. 审级：二审、复核审。

5. 审判机关和审判组织

一审法院：河南省洛阳市中级人民法院。

合议庭组成人员：审判长：刘中银；审判员：李大勇；代理审判员：刘洛生。

二审法院：河南省高级人民法院。

合议庭组成人员：审判长：柴自立；审判员：韦殿清；代理审判员：卜继忠。

复核审法院：中华人民共和国最高人民法院。

合议庭组成人员：审判长：王玉琦；审判员：崔盛远；代理审判员：韩维中。

6. 审结时间

一审审结时间：1993年11月6日。

二审审结时间：1993年12月9日。

死刑复核审审结时间：1994年1月21日。

（二）一审诉辩主张

1. 河南省洛阳市人民检察院指控称

被告人郭勇、沈现斌、肖景周、王红喜、许林涛、魏振立身为公安干警，利用职务之便，与倒卖文物的投机倒把、走私分子相勾结，大量侵吞、贪污、倒卖国家文物，索要贿赂。被告人郭勇、沈现斌贪污作案6次，肖景周贪污作案5次，王红喜参与贪污作案3次，许林涛、魏振立参与贪污作案一次，共计总价值80万元。其中郭勇得赃款294500元，还和他人得赃款10万元。沈现斌、肖景周各得赃款81500元，王红喜得赃款7万元，许林涛得赃款1万元，魏振立得赃款2500元。被告郭勇投机倒把作案10次，非法经营额117万元，获利28万元，个人得赃款27万元。被告人王红喜参与投机倒把作案2次，非法经营额15万元，获利5万元，得赃款1万元。被告人许林涛、魏振立收受他人贿赂65000元，其中许得3.5万元，魏得3万元。

河南省洛阳市人民检察院认为，被告人郭勇、沈现斌、肖景周、王红喜、许林涛、魏振立均已构成贪污罪；郭勇、王红喜又构成投机倒把罪；许林涛、魏振立又构成受贿罪。同时并认为，郭勇是贪污罪和投机倒把罪的主犯，沈现斌、肖景周、王红喜是贪污罪主犯，要求从严处罚；许林涛认罪态度较好，并检举、揭发他人犯罪，具有立功表现，又是贪污从犯，建议减轻处罚；魏振立认罪态度较好，且系从犯，建议从轻处罚。

2. 被告人的答辩及其辩护人的辩护意见

被告人郭勇辩解：指控的贪污画彩马是因工作失误造成文物丢失；起诉认定从白马寺镇朱村追回的文物是贪污，在认定事实上有误，应定投机倒把罪，而不应定贪污罪；从王村追回的文物是敲诈勒索罪，而不应定贪污罪。起诉书在贪污罪第四起指控私分的 1 万元不是公款，而是自己卖车挣的钱。指控贪污搅胎盘属实，但是赃款是 5000 元而不是 145000 元。投机倒把罪中倒卖红胎抬蹄马成交价是 2 万元而不是 3.5 万元，倒卖断头文俑和隋清瓷俑之事不存在；倒卖三彩七星盘自己仅是从中介绍；倒卖刘保军的两个三彩万年罐没有此事。原来供认是诱供所致。倒卖刘会生的三彩万年罐因是假文物，应属未遂。倒卖 4 件画彩俑属实。倒卖三彩马上人，自己没有获利。倒卖三彩鸡头壶，因属假品，钱已退回，应属未遂。倒卖天王俑等文物是送给郭来须的，自己未获利。其辩护人认为：指控郭勇贪污朱村、大里王村文物的定性不准，应定投机倒把罪。起诉郭勇等人私分 1 万元公款的事实不清。贪污搅胎盘之事在认定数额上证据不足。指控投机倒把罪中倒卖三彩七星盘、刘保军的两个三彩万年罐、三彩马上人应为销赃罪，倒卖假文物不应认定犯罪。倒卖文物应以文物级别科刑，而不应以数额科刑。

被告人沈现斌对起诉指控的贪污基本事实均不否认，辩称是受郭勇的指派参与犯罪，贪污的文物如何卖出，自己并不知道，不能定为主犯。其辩护人认为：指控其贪污朱村文物应定投机倒把罪；认定贪污白马寺大里王村的文物事实不清。被告人沈现斌在犯罪中起次要作用，系从犯，且认罪态度较好，建议从轻处罚。

被告人肖景周对指控其犯罪均不否认，但辩解自己在犯罪中属从犯，不应定主犯；起诉私分 1 万元属实，但当时并不知道是公款；指控贪污朱村文物在事实上有误，自己只是帮助郭来须拉文物。其辩护人认为：起诉指控参与贪污朱村文物定性不准，肖的行为应定投机倒把罪。肖在犯罪中是从犯，且认罪较好，建议从轻处罚。

被告人王红喜对起诉指控的基本事实不予否认，但辩称指控贪污朱村文物认定事实上有误，自己当时只是按郭勇的指示去帮助郭来须拉文物，不知道其他情况；从大里王村追回的文物中没有抬蹄马。其辩护人认为：起诉指控贪污朱村文物定性不准，王红喜等人的行为构成了投机倒把罪。王红喜在共同犯罪中是从犯，不是主犯。指控参与倒卖三彩马上人一事，王构不成犯罪，被捕后认罪态度较好，建议从轻处罚。

被告人许林涛对指控其犯罪的事实没有提出异议。其辩护人认为，许不是索要刘鹏贿赂，而是刘鹏感谢许帮其保存巨款而赠送的；并认为许认罪态度较好，并有立功表现，建议减轻处罚。

被告人魏振立辩称：参与私分 1 万元时，并不知道是公款；受贿时也没有索要。其辩护人认为：魏参与私分 1 万元属实，但不知是公款；受贿罪中是从犯，应当从轻处罚。

（三）一审事实和证据

河南省洛阳市中级人民法院经公开审理查明：

1. 贪污罪

（1）1988 年 7 月，被告人郭勇与沈现斌预谋，将洛阳市郊区公安分局缉私队存放的一件唐代画彩马卖掉，并让被告人肖景周一同参加。尔后沈现斌、肖景周假借以三彩马作诱饵抓捕倒卖文物罪犯为名，让肖景周把唐代三彩马藏匿在洛阳市郊区沈现斌原籍家中，由郭勇通过王茂堂（另案处理）将文物以 2 万元卖掉，郭勇分给沈、肖各 6500 元，自得 7000 元。

（2）1990 年 4 月，被告郭勇从郭来须（另案处理）处得知洛阳市郊区白马寺镇朱村砖厂在干活时挖出文物，郭即派沈现斌、肖景周、王红喜到朱村收缴文物未果，沈等即令砖厂停工。砖厂负责人孙杰为使砖厂复工，欲通过郭来须将挖出的唐代三彩牵马俑一件、三彩骆驼一件，以及四个唐代三彩小俑交给缉私队。郭勇即派沈现斌、肖景周、王红喜、郭来须开车去朱村将文物拉回，藏在郭来须岳母家，而后郭勇以20万元价格卖给谭刚。被告郭勇对沈、肖、王谎称只卖10万元，分给沈、肖、王各1.5万元，余款郭来须分8万元，郭勇自得6万元。

(3)1990年8月，被告人郭勇得知大里王村王小平等人盗挖古墓，便指派沈现斌、肖景周、王红喜去追缴文物，并组织王小平等人将墓中剩余的文物挖出。随后，郭勇指派沈、肖、王三被告人从追缴的文物中挑选出唐代三彩驼、五足炉、马上人、一道釉断腿残马、牵马俑、文俑等10余件文物藏匿在沈家。数日后郭勇通过高转建将上述文物中的三彩驼、文俑、五足炉、马上人等以20万元卖给王茂堂。高转建自留3万元，郭勇将17万元分给沈、肖、王洛4.5万元，给许林涛2万元，自得1.5万元。此后，郭勇又通过高转建将一道釉马和牵马俑以15万元卖给吴卫国，高自留5万元，给郭勇10万元。后吴卫国发现马、俑残缺部分配假，提出退货，郭勇退给吴2万元，实得8万元。

(4)1990年9月，郭勇、沈现斌预谋将缉私队存放的一件唐代三彩马卖掉，沈又向肖景周说了预谋之事，后沈、肖又与王红喜、许林涛相商，谎称以三彩马作诱饵抓倒卖文物罪犯时，不慎文物在车中被盗。预谋后，肖、王开车将三彩马送至王红喜家中，郭勇以4万元卖给谭刚，郭分给沈、肖、王、许各1万元。郭勇未获利。

(5)1990年11月，沈现斌告诉郭勇，龙门镇派出所查获一批文物，郭让将此批文物称交缉私队后，郭勇通过海慈民(另案处理)以20万元价格把其中5个搅胎盘卖给刘鹏，海给郭勇2.5万元。郭勇给沈现斌5000元，并让沈分给肖2500元，郭自得2万元。

2. 投机倒把罪

(1)1988年5月，郭勇将4万元借给谭刚倒卖文物，后谭还给郭2万元，又以一件唐代抬蹄马抵余欠的2万元。郭勇将此文物通过刘会生(另案处理)，以2万元卖给他人。

(2)1990年夏天，郭勇从郭益朋处得和张沟村张某有一件唐代七星盘，便告诉了谭刚，谭在缉私队办公室给郭2万元，郭让郭益朋(另案处理)用1.3万元买回，后郭勇将余款及文物交给谭刚。

(3)1990年夏天，郭勇得知刘保军有2件唐代三彩万年罐，便让刘将文物交给自己倒卖。郭通过海慈民以2万元卖给谭刚。海给郭16万元，郭又将16万元付给刘保军。数日后，郭勇介绍谭刚将上述文物以32万元卖给王茂堂。谭刚分给郭勇3万元。

(4)1990年夏天，郭勇在小李村刘会生处以17万元购买唐代三彩万年罐一件，以20万元卖给谭刚，郭获利3万元。

(5)1990年10月，郭勇伙同王红喜以2万元价购买王某4件唐代画彩俑，以10万元卖给高转建，郭勇分给王红喜、郭来顺各1万元，郭得6万元。

(6)1990年10月，郭勇从刘会生处买唐代三彩马上人一件，让王红喜以5万元卖给高转建。郭勇给刘会生4万元，自得1万元。

(7)1990年11月，郭勇通过刘会生以17万元买他人唐代三彩鸡头壶一件，以30万元卖给王天久(另案处理)，郭勇得赃款13万元。后买主发现系仿品，要求退货，郭勇退款10万元，自得3万元。

(8)1990年12月，郭勇将他人送给的唐代天王俑、画彩牵马俑等文物，交给郭来须带到广州倒卖，以2.6万元卖出。因郭勇案发，赃款由郭来须得。

3. 受贿罪

1990年9月，郭勇在广州得知刘鹏来洛阳，即电话告知许林涛、魏振立抓刘。9月2日，刘乘飞机到达洛阳，许、魏在机场将刘抓获。刘鹏自称所带48万元现金是来作生意的，不是买文物，担心会被没收，提出找人保管。许林涛提出让刘带一部分现金到分局，余款交自己保管。于是刘取出现金6万元，将余数及数件金首饰分别交由许、魏保管。9月中旬，郭勇在广州电话通知许林涛，对刘鹏作没收6万元，罚款1万元处理后释放。释放前，许、魏对刘说："我们这次帮你这么大忙，你心里怎么想？"刘当即表示酬谢。刘获释当晚，从许处取走现金35.5万元和金首饰，留给许现金6.5万元。许分给魏3万元，自得3.5万元。

案发后，从被告郭勇家中追退人民币和存款单共636050元、金项链、金戒指等24件，"松下"20寸彩电、空调机、录像机、"雅马哈"电子琴以及电冰箱、音响、吸尘器等93件。沈现斌被追退人民币52000元，"松下"彩电、冰箱、空调机、录像机、洗衣机等7件。肖景周被追退61900元，录像机一台。王红喜被追退65600元。许林涛被追退16500元，国库券47450元。魏振立被追退32500元。

上述事实有下列证据证明：

(1)有缉私队收缴文物的有关人员和单位证明确有此文物；

(2)郭勇、沈现斌、肖景周、王红喜、许林涛、魏振立6名被告人供认将收缴来的文物出卖，文物品种、数量、地点、价钱、分赃情况基本一致；

(3)有经手倒卖文物的谭刚、海慈民、刘会生、王群生、郭来须等人证明为郭勇等人倒卖文物，所卖文物品名、数量、款数等基本一致；

(4)购买文物的王茂堂、刘鹏、高转建、谭刚等人证明从郭勇等人处购买文物，买、卖经手人和被告供述一致；

(5)案发后从被告人郭勇等处追缴赃款86万余元，金项链、金戒指、录像机等100余件。

河南省洛阳市中级人民法院认为，以上事实有数十名证人作证，被告人供述也能相互印证，且与证人证言相吻合，事实清楚，证据确实、充分，足以认定。

(四)一审判案理由

河南省洛阳市中级人民法院认为：

被告人郭勇、沈现斌、肖景周、王红喜、许林涛、魏振立身为公安干警，从事缉私工作，本应忠于职守，打击倒卖文物的走私分子，然而却与倒卖文物的投机倒把分子相勾结，大肆倒卖、贪污国家文物、收受贿赂，造成国家大量文物流失，严重地破坏了社会主义经济秩序，侵犯了国家财产，妨碍了国家机关正常活动，败坏了国家机关的声誉。

被告人郭勇、沈现斌、肖景周、王红喜及其辩护人辩称，起诉指控其贪污朱村砖厂出土文物应定投机倒把罪。审理查明，朱村砖厂因盗挖古墓被缉私队责令停工，砖厂为恢复生产，交出的文物应属上交缉私队的，被告人明知孙杰交出的文物是砖厂出土的文物，不但不带回缉私队，却私自藏匿。被告人郭勇明知是朱村砖厂追缴的文物，却倒卖出售，其主观上具有占有国家财产的故意，客观上又利用职务之便，具备贪污罪主客观要件。被告人这一行为同时触犯了贪污和投机倒把两个罪名，根据牵连犯罪从一重处罚原则，应按贪污罪论处。故辩诉理由不足，不予采纳。

郭勇的辩护人称：起诉指控郭勇投机倒把罪中倒卖三彩七星盘、两个万年罐和三彩马上人应定为销赃罪。事实是郭勇不仅是有获取非法利润的目的，还参与了倒卖的全过程，并起主要作用，并非仅仅是销售他人犯罪所得赃物。故理由不足，不予采纳。

被告人沈现斌、肖景周均辩解自己不是贪污主犯问题。沈、肖二被告人参与本案全部贪污活动,而且态度积极,在犯罪中起到了主要作用,获赃款数额巨大,应定为贪污罪主犯。辩诉理由不足,不予采纳。

被告人王红喜及其辩护人辩称王红喜不是贪污罪主犯的问题,经审理查明,王红喜参与贪污次数少,在犯罪中又是受人指使,起次要作用,应按从犯对待。故辩诉理由予以采纳。

被告人魏振立的辩护人认为魏不构成贪污罪的理由,证据不足,理由不成立,不予认定。

起诉指控被告人郭勇所犯投机倒把罪中倒卖断头文俑、两个隋清瓷俑和一个三彩驼事实不清,证据不足,亦不予认定。

被告人郭勇已构成贪污罪、投机倒把罪,情节特别严重,且在犯罪中起组织、领导作用,系主犯,应从重处罚。其在押期间协助公安机关追查其他案犯所得巨额赃款,应视为立功表现,但不属重大立功。

被告人沈现斌、肖景周均已构成贪污罪,情节特别严重,在犯罪中起主要作用,均系主犯,应从重处罚。

被告人王红喜的行为已构成贪污罪和投机倒把罪,但在犯罪中起次要和辅助作用,系从犯,可以从轻处罚。

被告人许林涛的行为已构成贪污罪,但系从犯,案发后坦白交待较好,可以减轻处罚;犯受贿罪,是主犯,应从重处罚。

被告人魏振立参与索要他人贿赂,其行为已构成受贿罪,但在犯罪中起次要作用,可以从轻处罚。

(五)一审定案结论

河南省洛阳市中级人民法院根据《中华人民共和国刑法》第一百五十五条、第一百一十八条、第一百一十九条、第一百八十五条、第五十三条第一款、第二十三条、第二十四条、第四十三条、第五十五条、第六十条、第六十四条和全国人大常委会《关于严惩严重破坏经济的罪犯的决定》第一条第(一)项、《关于惩治贪污罪、贿赂罪的补充规定》第二条、第五条,作出如下判决:

1. 郭勇犯贪污罪,判处死刑,剥夺政治权利终身;犯投机倒把罪,判处死刑,剥夺政治权利终身;决定执行死刑,剥夺政治权利终身。

2. 沈现斌,犯贪污罪,判处死刑,缓期二年执行,剥夺政治权利终身。

3. 肖景周,犯贪污罪,判处死刑,缓期二年执行,剥夺政治权利终身。

4. 王红喜,犯贪污罪,判处无期徒刑,剥夺政治权利终身;犯投机倒把罪,判处有期徒刑五年;决定执行无期徒刑,剥夺政治权利终身。

5. 许林涛,犯贪污罪,减轻判处有期徒刑三年;犯受贿罪,判处有期徒刑八年;决定执行有期徒刑十年。

6. 魏振立,犯受贿罪,判处有期徒刑六年。

7. 犯罪所得赃款、赃物予以没收,上缴国库。

(六)二审情况

1. 二审诉辩主张

一审判决宣告后,被告人郭勇、王红喜、许林涛、魏振立不服判决,提起上诉。

上诉人郭勇及其辩护律师诉称:“认定的部分事实有出入,部分事实定性不准,适用法律不当，量刑重。”

上诉人王红喜及其辩护律师诉称：部分事实有出入，量刑重。

上诉人许林涛诉称：部分事实有出入，量刑重。

上诉人魏振立上诉提出量刑重。

2. 二审事实和证据

河南省高级人民法院经审理查明：

上诉人（原审被告人）郭勇贪污5次，贪污文物20余件，倒卖后获利79万元，个人分得赃款15.2万元；倒卖文物8次，非法经营总额70.9万元，获利11.5万元。被告人郭勇否认上述部分犯罪事实及其定性的理由不能成立。

被告人沈现斌参与贪污5次，贪污文物20余件，倒卖后获款79万元，个人得赃款7.9万元。

被告人肖景周参与贪污5次，贪污文物20余件，倒卖后获利79万元，个人得赃款7.9万元。

上诉人（原审被告人）王红喜参与贪污3次，个人分得赃款7万元；参加投机倒把2次，非法经营额15万元，个人获利1万元。上诉理由显系狡辩。

上诉人（原审被告人）许林涛，参与贪污一次，贪污文物一件，倒卖后获利4万元，个人得赃款1万元；索取他人贿赂6.5万元，个人得赃款3.5万元。事实清楚，上诉理由不能成立。

被告人魏振立索取他人贿赂3万元，事实清楚，上诉理由不能成立。

证明上述事实的证据除与一审法院认定的证据相同外，查获被告人翻供的串供信，证明被告人一度翻供妄图推卸罪责。本案事实清楚，证据确实、充分。

3. 二审判案理由

河南省高级人民法院认为：上诉人郭勇身为国家工作人员，利用职务之便贪污、倒卖文物，其行为已构成贪污罪和投机倒把罪，其情节均特别严重，又系本案主犯，应予严惩；在押期间积极协助公安机关追查其他案犯所得巨额赃款，以及揭发他人私藏枪支等行为，经查属实，应视为立功表现，但不属重大立功，不足以从轻处罚，其上诉无理，不予采纳。被告人沈现斌、肖景周均已构成贪污罪，均系本案主犯。上诉人王红喜其行为已构成贪污罪、投机倒把罪；但根据其在本案共同犯罪中的地位、作用，系本案从犯，原审已予从轻处罚，其上诉理由不予采纳。上诉人许林涛其行为已构成贪污罪，系贪污罪的从犯；犯受贿罪，是主犯。案发后能坦白交待罪行，具有酌定从轻情节，原审均已减轻处罚，其上诉理由不予采纳。上诉人魏振立系受贿罪从犯，原审已减轻处罚，上诉理由不予采纳。二审认定洛阳市中级人民法院定罪准确，量刑适当，审判程序合法。

4. 二审定案结论

河南省高级人民法院根据《中华人民共和国刑事诉讼法》第一百三十六条第（一）项作出如下裁定：

驳回郭勇、王红喜、许林涛、魏振立的上诉。

维持洛阳市中级人民法院（1993）洛刑初字第94号对郭勇、沈现斌、肖景周、王红喜、许林涛、魏振立的刑事判决。

本裁定为终审裁定。依法报送最高人民法院核准以后发生法律效力。

(七)复核审情况

1. 复核审事实和证据

中华人民共和国最高人民法院经审核确认:被告人郭勇于1988年7月至1990年11月间,利用担任洛阳市公安局郊区分局刑警队副队长(主管缉私队)职务上的便利,伙同同案被告人沈现斌、肖景周、王红喜、许林涛、魏振立(均已判刑)等人,将郊区公安分局缉私队存放的一件唐代画彩马和一件唐代三彩马及追缴的唐代三彩马俑、三彩驼、五足炉、马上人等20余件文物私自出卖,获款79万元,其中郭勇个人分得15.2万元。1988年5月至1990年12月,被告人郭勇伙同王红喜及社会上的犯罪分子谭刚、郭益朋、刘保军、海慈民、郭来须(均已另案处理)等人,倒卖唐代抬蹄马、七星盘、三彩万年罐、画彩俑等文物8次,非法经营70.9万元,郭勇个人非法获利11.5万元。

上述事实,有证人证言、同案被告人的供述证实,被告人郭勇亦供述在案,足以认定。

2. 复核审判案理由

中华人民共和国最高人民法院认为:被告人郭勇身为国家工作人员,利用职务之便,伙同他人盗卖国家文物,与社会上犯罪分子互相勾结非法倒卖文物,其行为已分别构成贪污罪和投机倒把罪。贪污数额特别巨大,倒卖文物非法经营额和非法获利额特别巨大,均属犯罪情节特别严重,且系本案主犯,应依法从重惩处。郭勇虽有检举他人犯罪的行为,但不足以从轻处罚。一、二审法院认定的犯罪事实清楚,证据确实、充分,定罪准确、量刑适当,审判程序合法。

3. 复核审定案结论

中华人民共和国最高人民法院根据《中华人民共和国刑法》第一百一十八条、第一百一十九条、第二十三条、第五十三条第一款、第六十四条和全国人民代表大会常务委员会《关于惩治贪污罪的补充规定》第二条第一款第(一)项、《关于严惩严重破坏经济的罪犯的决定》第一条第一款第(一)项的规定,作出如下裁定:

核准河南省高级人民法院(1993)豫法刑二上字第321号维持一审对被告人郭勇以贪污罪判处死刑,剥夺政治权利终身;以投机倒把罪判处死刑,剥夺政治权利终身;决定执行死刑,剥夺政治权利终身的刑事裁定。

(八)解说

本案事实清楚,证据确实、充分,适用法律正确。

1. 对砖厂挖出的文物交出一事的定性有不同认识。一种意见主张定贪污罪,另一种意见主张定投机倒把罪。主张定贪污罪的理由是,砖厂挖出文物,缉私队获得举报前往砖厂追缴,砖厂不交,缉私队扣人,并令砖厂停止生产,这是职务行为;砖厂看势不交不行,为了早日恢复生产,把文物交给缉私队,是砖厂履行法定义务。文物是交给缉私队的,缉私队代表政府职能部门收缴掌管文物,文物的所有权是国家的。而郭勇等人把文物隐匿起来,并出卖牟利,是利用职务之便侵吞其经管的国家文物。另一种意见认为是砖厂给郭勇私人的行贿物,郭转手倒卖构成受贿罪和投机倒把罪,重罪吸收轻罪,应定投机倒把罪。法院采纳第一种意见,定贪污罪是正确的。

2. 关于"数额特别巨大"、"情节特别严重"问题。依照全国人民代表大会常务委员会《关于贪污罪贿赂罪的补充规定》第二条第一款第(一)项规定,"个人贪污数额在五万元以上的,处十年以上有期徒刑或者无期徒刑,可以并处没收财产;情节特别严重的,处死刑,并处没收财产”。最高人民法院、最高人民检察院《关于当前办理经济犯罪案件中具体运用法律的若干问题的解答(试行)》规定:“对非法经营额在 20 万元以上,或者非法获利数额在 10 万元以上,一般可视为‘数额特别巨大’。数额特别巨大是认定投机倒把罪的‘情节特别严重’的一项主要内容。”本案主犯郭勇贪污数额 79 万元,个人得利 15.2 万元;投机倒把非法经营额 70.9 万元,个人得利 11.5 万元。不论是贪污罪还是投机倒把罪,都属数额特别巨大,而且郭勇是国家工作人员,主管缉私工作,贪污、投机倒把的对象是国家珍贵文物,又是主犯,加上数额特别巨大,其犯罪情节均属情节特别严重。因此,依法对其从重处罚是其罪有应得。

(张贵堂)

91. 张建平贪污、挪用公款案

(一)首部

1. 裁判书字号

一审判决书:福建省福州市中级人民法院(1993)榕刑初字第 128 号。

二审裁定书:福建省高级人民法院(1994)闽刑终字第 013 号。

复核审裁定书:中华人民共和国最高人民法院(1994)刑复字第 65 号。

2. 案由:张建平贪污、挪用公款案。

3. 诉讼双方

公诉机关:福建省福州市人民检察院,检察员朱汉章,代理检察员吴世如。

被告人(上诉人):张建平,男,39 岁,汉族,福建省仙游县人,原系中国(福建)对外贸易中心集团矿产化机部一科科长。1993 年 6 月 19 日因本案被逮捕。

一审辩护人:李伟民,福建侨务经济律师事务所律师。

4. 审级:二审、复核审。

5. 审判机关和审判组织

一审法院:福建省福州市中级人民法院。

合议庭组成人员:审判长:郭九惠;审判员:陈信德;代理审判员:陈健民。

二审法院:福建省高级人民法院。

合议庭组成人员:审判长:张光星;审判员:官晓仁;代理审判员:辛方玲。

复核审法院:中华人民共和国最高人民法院。

合议庭组成人员:审判长:林惠农;审判员:白富忠、杜伟夫。

6. 审结时间

一审审结时间:1993 年 12 月 31 日。

二审审结时间:1994 年 1 月 12 日。

复核审审结时间:1994 年 7 月 21 日。

(二)一审诉辩主张

1. 福建省福州市人民检察院指控称

被告人张建平为了其所办的大泉(福州)石材工艺有限公司和福州青口左泉石材工艺有

限公司的用款，利用其在中国(福建)对外贸易中心集团矿产化机部经营业务的职务便利，采取假付外商佣金、伪造托收货款凭证以及将矿化部自营出口业务偷改为代理出口等手段，贪污公款美金344458.51元、人民币268288.24元，并挪用公款美金176320元。

福州市人民检察院认为，被告人张建平贪污、挪用公款数额特别巨大，情节特别严重，其行为已触犯《中华人民共和国刑法》第一百五十五条、全国人大常委会《关于惩治贪污罪贿赂罪的补充规定》第二条第一款第(一)项、第三条第一款之规定，已构成贪污罪、挪用公款罪。归案后无悔罪表现。特提起公诉，请求依法予以惩处。

2. 被告人的答辩及其辩护人的辩护意见

被告人张建平辩称：大泉(福州)石材工艺有限公司、福州青口左泉石材工艺有限公司是其所在的外贸中心集团矿化部一科承包的。其为“大泉”、“左泉”所做的一切都是为外贸中心集团、矿化部做的。辩护人李伟民辩护认为，被告人张建平是出于公心，不是个人办公司，其从矿化部调往大泉公司的款项，不宜以贪污、挪用公款论处。

(三)一审事实和证据

福建省福州市中级人民法院经公开审理查明：

1991年底至1992年上半年，被告人张建平以香港达丰行有限公司(下称“达丰行”)张晓东的名义，先后申办了外商独资企业大泉(福州)石材工艺有限公司(下称“大泉公司”)和福州青口左泉石材工艺有限公司(下称“左泉公司”)。被告人张建平为了其所办的大泉、左泉公司的用款，实施了下列行为：

1992年1月和7月，被告人张建平先后两次伪造付外商佣金的凭证，从中国(福建)对外贸易中心集团矿产化机部(下称“矿化部”)汇出佣金款美金79127.82元到香港达丰行帐户。达丰行张晓东收到款后，按与被告人张建平事先的约定，留下所收款的6%后，将余款美金74380.15元汇到大泉公司。

1992年5月，被告人张建平将凯利实业有限公司汇到矿化部的美金38000元的运费折算成人民币后，指使闽清塔庄炉溪厂(下称“炉溪厂”)厂长邱祥锦(张建平委任其为大泉、左泉副总经理)伪造炉溪厂向矿化部托收石制品“龙柱”、“石狮”的货物清单和发票，从矿化部汇出218400元人民币到炉溪厂。同年7月下旬，被告人张建平把矿化部原在莆田市黄石堆场办的石制品展示会的展品清单交给邱祥锦，要邱伪造炉溪厂向矿化部托收货物的单据，从矿化部汇出425180元人民币到炉溪厂。被告人张建平指使邱祥锦将两次收到的计643580元人民币，用于支付大泉、左泉公司征地款及租地租金。

1992年8月间，被告人张建平将矿化部自营出口日本12家客户的石材货物8N字开头的发票抽出84张，偷盖上“代理出口”章。继而以中国(福建)对外贸易中心集团的名义，向厦门汇丰银行发出通知，指示该行按托收议付将8N字头的发票的托收金额汇入福州工商银行国际部大泉公司帐户。从而使矿化部自营出口的货物变成代理大泉公司出口，由大泉公司收汇。至1993年1月该票案案发止，大泉公司共收汇79张票据，除支付货物运输费美金381802.20元、厂家货款375291.76元人民币(折合美金51939.18元)外，其余的美金2670530.90元货款被被告人张建平侵吞。

1992年7月，大泉公司急需人民币并要购买汽车。于是，被告人张建平与香港冠顺有限公司福州代表处(下称“冠顺公司”)商量调汇和购车事宜。而后，被告人张建平将冠顺公司香港帐户传真给日本中国交易公司(下称“日本公司”)，要日本公司将矿化部出口的河沙货款汇到冠顺公司香港帐户。日本公司按传真要求，于同年8月3日和9月2日先后两次汇出货款176320美元到冠顺公司香港帐户，后被告人张建平用该款从冠顺公司购得皇冠轿车、丰田面包车各一部及调汇人民币35万元，余款美金72750.18元汇入大泉公司。

案发后，追缴赃款美金1696289.06元、人民币3866010.52元、皇冠轿车、丰田面包车各一部、大泉公司与福建船务企业有限公司合买的“武昌”号货轮，其中原属大泉公司的40%(即28万美元)的股金及大泉公司、左泉公司所征、租的土地及地上建筑物。

上述事实有下列证据证明：

1. 张晓东关于为被告人张建平申办大泉公司提供其身分证、达丰行商业执照、银行资信证明以及张建平与其商议搞伪造佣金等方面的证言；

2. 邱祥锦关于被告人张建平指使其伪造向矿化部托收货款凭证，并要其将托收的款用于大泉、左泉公司租地、征地的证言；

3. 杨××、李×、曾××等人关于84张8N字头发票出口业务原是矿化部自营出口的业务，货物出口后，被张建平指定作为为大泉公司代理出口等方面的证言；

4. 伪造的佣金协议、伪造的托收货款的单据、财务凭证、银行票据和“笔迹鉴定书”、“司法会计鉴定”以及大泉、左泉公司的营业执照、印章等书证、物证；

5. 追缴的赃款、赃物及有关照片；

6. 被告人张建平的供述。

(四)一审判案理由

福建省福州市中级人民法院认为，被告人张建平身为国家工作人员，竟无视国家法律，利用职务之便，侵吞公款美金2749658.72元，人民币643580元，挪用公款美金176320元，均用于其私营的公司，其行为已构成贪污罪、挪用公款罪，且贪污、挪用公款的数额均特别巨大，情节特别严重，应予严惩。

(五)一审定案结论

福建省福州市中级人民法院根据《中华人民共和国刑法》第一百五十五条、第五十三条、第六十四条以及全国人大常委会《关于惩治贪污罪贿赂罪的补充规定》第二条第一款第(一)项、第三条第一款，作出如下判决：

1. 张建平犯贪污罪，判处死刑，剥夺政治权利终身；犯挪用公款罪，判处有期徒刑十一年；决定执行死刑，剥夺政治权利终身。

2. 随案移送的印章18枚，没收归档。

(六)二审情况

1. 二审诉辩主张

福建省福州市中级人民法院一审判决宣告后，被告人张建平不服，上诉于福建省高级人民法院。其上诉主要理由为：大泉公司创办人即香港达丰行张晓东曾签署一份“协议书”，将大泉公司发包给矿化部一科，被告人亦根据该“协议书”拟定一份承包大泉协议书。被告人的一些做法属违章，是错误，但不应以犯罪论处。

2. 二审事实和证据

福建省高级人民法院经审理查明：原判认定上诉人张建平以外商张晓东之名义创办“大泉”、“左泉”两家独资外商企业，并利用其担任中国(福建)对外贸易中心集团矿产化机部公职职务之便，采取伪造支付外商佣金凭证和出口货物单据等手段，侵吞公款美金79127.82

元、人民币643580元;采用截留贷款手段,挪用公款美金176320元。上诉人张建平利用职务之便,篡改矿化部出口业务为代理大泉出口业务,侵吞公款美金2670530.90元。其中应扣除大泉付银行手续费美金692.87元。

3. 二审判案理由

福建省高级人民法院认为:据大泉、左泉公司营业执照注明,大泉公司注册资金56万美元,左泉公司注册资金为56万美元,两公司均为外商独资企业,法定代表人均为外商张晓东,上诉人张建平为大泉公司副董事长兼总经理及左泉公司总经理。外商张晓东证明,张建平曾与其商议,欲以其名义申办外商独资企业大泉(福州)石材工艺有限公司,企业责任由张建平承担,每年让张晓东收取利润或营业额的5%至6%之利益,作为以其名义申办外商独资企业大泉公司的报酬。对张建平所拟的承包大泉的"协议书",张晓东称未见过此份"协议书",亦未签名。并证明其在大泉申办时,仅提供过其本人身分证、达丰行营业执照、银行资信证明等三份复印件,也根本不知还有左泉。在大泉、左泉,其未投入一分资金。经查,至案发时止,外商张晓东确无在大泉、左泉两公司中投入分文资金。据省外贸中心集团矿化部证明,未授权上诉人向外商承包企业。上诉人张建平亦曾供认未向中心集团领导汇报过承包大泉之事。据此可确认,不存在外商张晓东"将大泉发包给矿化部一科",若发包亦系伪发包;省外贸中心集团作为国营企业未承包大泉,亦未授权上诉人承包大泉;上诉人所拟大泉承包"协议书",未经双方承诺签字,无法律效力,且上诉人本身即是大泉、左泉两公司之总经理。其诉称矿化部一科承包大泉之理由无依据,不能成立。福州市中级人民法院对上诉人(原审被告人)张建平贪污、挪用公款一案的判决,认定事实清楚,证据确实充分,定性准确,量刑适当,审判程序合法。上诉人之上诉无理,所提理由不能成立,不予采纳。

4. 二审定案结论

福建省高级人民法院根据《中华人民共和国刑事诉讼法》第一百三十六条第(一)项和全国人大常委会《关于惩治贪污罪贿赂罪的补充规定》第一条第一款、第二条第一款第(一)项、第三条第一款及《中华人民共和国刑法》第五十三条第一款、第六十四条、第六十条,作出如下裁定:

驳回上诉,维持原判。

(七)复核审情况

福建省高级人民法院二审裁定宣告后,依法将本案报送最高人民法院核准对张建平的死刑判决。

中华人民共和国最高人民法院经复核认为:被告人张建平身为国家工作人员,利用职务之便,侵吞、挪用公款的行为已构成贪污罪、挪用公款罪,且贪污、挪用公款的数额均特别巨大,情节特别严重,依法应予严惩。一、二审法院认定的犯罪事实清楚,证据确实、充分,定罪准确,量刑适当,审判程序合法。依照全国人大常委会《关于严惩贪污罪贿赂罪的补充规定》第二条第一款第(一)项、第三条第一款和《中华人民共和国刑法》第六十四条、第五十三条第一款,作出如下裁定:

核准福建省高级人民法院(1994)闽刑终字第013号维持一审对被告人张建平以贪污罪判处死刑,剥夺政治权利终身;以挪用公款罪,判处有期徒刑十一年;决定执行死刑,剥夺政治权利终身的刑事裁定。

（八）解说

本案行为人归案后拒不认罪，辩称：大泉、左泉公司是矿化部一科向外商所承包的，他为大泉、左泉公司所做的一切都是为中国（福建）对外贸易中心集团及其矿化部做的。如果行为人的辩解能成立，则行为人将外贸中心集团的公款用于大泉（福州）石材工艺有限公司（简称“大泉公司”）和左泉石材工艺有限公司（简称“左泉公司”）的筹建、经营上，仅属违章或错误行为，其主观上不具有非法占有之故意，不构成犯罪。因此，大泉、左泉公司究竟是外贸中心集团承包经营的企业还是行为人的私营企业，也就成为行为人张建平将外贸中心集团的公款用于大泉、左泉公司是否属于据为己有的贪污行为的关键事实。人民法院在审理本案时，细审明察，以大量事实和充分的证据证实：

（1）大泉、左泉公司系张建平以港商张晓东名义所创办的私营企业，实际上是两个假外资企业。具体根据为：其一，张建平与香港达丰行有限公司张晓东相识后，两人私下议定，以张晓东名义并由张晓东提供其本人身分证、达丰行商业执照、达丰行银行资信证明各一份，申办外商独资企业大泉（福州）石材工艺有限公司，张晓东每年从公司利润或营业额中提取5％至6％之利益，企业责任由张建平负责。在申办大泉公司中，行为人背着张晓东，又以张晓东之名义申办了左泉石材工艺有限公司。这一事实有张晓东的证言及张晓东提供的申办大泉公司的其身分证、达丰行商业执照、达丰行银行资信证明等为证。其二，大泉公司营业执照注明，企业性质为外商独资企业，法人代表张晓东，副董事长兼总经理张建平。左泉公司营业执照注明，企业性质为外商独资企业，法人代表张晓东，总经理张建平。这一事实有大泉、左泉两公司的营业执照为证。其三，大泉公司营业执照注明，注册资金为56万美元，左泉公司营业执照注明，注册资金为56万美元。但张晓东未投入分文资金。大泉、左泉两公司的筹建费用、经营资金，全部来自于张建平侵吞、挪用外贸中心集团的公款。大泉公司自创办以来，张晓东从未参加过经营管理，更不知有左泉公司。两公司的一切活动均由行为人一手操纵。这一事实有张晓东及知情者杨××的证词、被告人贪污公款所伪造的单据、矿化部财务帐册等为证。上述事实、证据证明，大泉、左泉两公司名为张晓东外商独资企业，实为张建平创办的私人公司。

（2）矿化部一科承包大泉、左泉两公司之事纯系行为人的谎言。具体根据为：其一，张建平提供的矿化部一科承包大泉、左泉公司的承包协议书，系行为人指使手下人员杨××制作的，由行为人口述，杨××记录、整理。发包方张晓东的英文签字，也是行为人模仿张晓东的笔迹签署的。张晓东从未见过该份承包协议书。这一事实有张晓东、杨××的证言、笔迹鉴定书等为证。其二，矿化部一科人员都不知本科有承包大泉、左泉公司之事。这有矿化部一科副科长韩某及与行为人较为亲近的矿化部一科人员杨××、李×、曾×等人证言为证。其三，大泉、左泉两公司副总经理邱祥锦证明，从未听说过大泉、左泉两公司发包给矿化部一科。其四，外贸中心集团章程规定，只有集团法人才有权对外签订承包协议。张建平仅系集团中的一科长，无权对外签订承包外商独资企业。其五，外贸中心集团总裁（法人代表）李云华、副总裁杨祖基、林幼芳均证明，外贸中心集团未承包过大泉、左泉公司，也从未授权行为人对外签订承包协议，行为人也从未向他们汇报、请示过承包大泉、左泉公司之事。据此，大泉、左泉公司系私办非为公办。张建平利用职务之便，化公为私，采用伪造单据、截留货款等方法，大量侵吞、挪用公款，用于自己私营企业营利活动，其行为构成贪污罪、挪用公款罪，且贪污、挪用公款的数额均特别巨大，情节特别严重。人民法院对张建平的定罪处刑是正确的。

（郭孔惠　张光星）

92. 朱小燕挪用公款案

（一）首部

1. 裁判书字号

一审判决书：海南省儋州市人民法院(1993)刑初字第46号。

二审裁定书：海南省海南中级人民法院(1993)刑终字第66号。

2. 案由：朱小燕挪用公款案。

3. 诉讼双方

公诉机关：海南省儋州市人民检察院，代理检察员邱永泉、阮有光。

被告人（上诉人）：朱小燕，女，35岁，汉族，海南省定安县人，原系中国银行儋州市支行计划股副股长。1992年6月3日因本案被逮捕，同年12月7日取保候审。

一审辩护人：冯剑列，海南省经济律师事务所律师。

吴新武，海南省经济律师事务所律师。

4. 审级：二审。

5. 审判机关和审判组织

一审法院：海南省儋州市人民法院。

合议庭组成人员：审判长：陈允中；审判员：李荣森；代理审判员：羊圣明。

二审法院：海南省海南中级人民法院。

合议庭组成人员：审判长：林波；审判员：伍科富；代理审判员：陈琼清。

6. 审结时间

一审审结时间：1993年8月16日。

二审审结时间：1994年7月25日（依法延长审限）。

（二）一审诉辩主张

1. 海南省儋州市人民检察院指控称

1991年2月17日，被告人朱小燕利用自己掌管中国银行儋州市支行行章、会计印章、行长印章的职务便利，将该行的联行资金30万元人民币转到该行人民分理处的唐琼高的帐户内，交由唐琼高支配使用，用于做鱼肥生意，直到1991年4月8日，朱小燕才从钟民金在中国银行儋州市支行开户的帐户上转出30万元归还到中国银行儋州市支行“9049”科目内；1991年3月28日，被告人朱小燕伪造钟民金付款10万元人民币给唐德隆的进帐单，通过中国银行儋州市支行“9049”科目联行报单，又将联行资金10万元人民币划入人民分理处唐德隆的帐户内。交由唐德隆支配使用，用于做鱼肥生意，直到1991年4月13日，朱小燕才从钟民金帐户上转出10万元人民币归还中国银行儋州市支行“9049”科目；1991年4月20日，被告人朱小燕又伪造钟民金付款36万元人民币给陈水妹的进帐单，通过中国银行儋州市支行“9049”科目联行报单，将联行资金36万元人民币划到人民分理处陈水妹的帐户内，后又转入王松才帐户内，交由王松才支配使用，用于做汽车生意，直到1991年10月14日，朱小燕才从其父亲朱家位的帐户上转出36万元人民币归还中国银行儋州市支行“9049”科目。上述事实，有用于转帐的帐户、联行报单、证人证言等证据可资证实，被告人亦供认在卷，足以认定。被告人朱小燕的行为触犯了全国人民代表大会常务委员会《关于惩治贪污罪贿赂罪的补充规定》第三条的规定，构成挪用公款罪，请依法惩处。

2. 被告人的答辩及其辩护人的辩护意见

辩护人辩称：被告人朱小燕先后挪用给唐琼高、唐德隆使用的两笔公款，虽然数额都属于较大以上，但却均在3个月之内就归还了本息。据此，朱小燕这两次挪用公款的行为，不符合《关于惩治贪污罪贿赂罪的补充规定》中“挪用公款数额较大、超过三个月未还的”才构成挪用公款罪的条件，故儋州市人民检察院将朱小燕挪用上述两笔公款的行为作为犯罪事实来认识而予以起诉是无理的。请法庭采纳辩护人的意见。

（三）一审事实和证据

海南省儋州市人民法院经公开审理查明：

1991年2月27日，被告人朱小燕利用自己掌管中国银行儋州市支行各种印章的职务便利，伪造钟民金个人储蓄户，通过“9049”联行报单，将联行资金30万元人民币划入中国银行儋州市支行人民分理处唐琼高的帐户内，供唐琼高用于做生意，直到1991年4月8日，朱小燕才从钟民金的帐户上转出30万元还回该行“9049”科目（并已归还了利息）。

1991年3月28日，被告人朱小燕又以前项的同样方法，将联行资金10万元人民币划入人民分理处唐德隆的帐户内，供唐德隆用于做生意。直到1991年4月13日，朱小燕才从钟民金帐户上转出10万元还回该行“9049”科目（也已归还了利息）。

1991年4月20日，被告人朱小燕再次以前项的同样方法，将联行资金36万元人民币划入人民分理处陈水妹的帐户内，供王松才用于做生意，直到1991年10月13日，朱小燕才从其父亲朱家位的帐户上转出36万元还回该行“9049”科目（没有归还利息）。

上述事实有下列证据证实：

1. 被告人朱小燕假造的供其划转公款用的钟民金储蓄帐户；

2. “9049”科目联行报单；

3. 对唐琼高等公款使用人的调查笔录；

4. 被告人朱小燕供述。

（四）一审判案理由

海南省儋州市人民法院认为：被告人朱小燕利用职务之便，先后三次擅自挪用公款共76万元人民币供他人进行营利活动，数额特别巨大，其行为触犯了全国人民代表大会常务委员会《关于惩治贪污罪贿赂罪的补充规定》第三条之规定，构成挪用公款罪，且情节严重。辩护人以被告人前两次挪用的公款，均在3个月之内退还，分别都不属犯罪行为的辩护理由不能成立，因为挪用公款用于营利活动的，不论时间多长和是否已经归还，均以犯罪行为论处，故辩护人的辩护理由不能成立，本院不予采纳。鉴于被告人在案发前已全部退还了其所挪用的公款和部分利息的情节，可酌予从轻处罚。

（五）一审定案结论

海南省儋州市人民法院根据全国人民代表大会常务委员会《关于惩治贪污罪贿赂罪的补充规定》第三条，作出如下判决：

1. 朱小燕犯挪用公款罪，判处有期徒刑六年。

2. 对朱小燕追缴其挪用公款 36 万元的利息，上缴国库。

（六）二审情况

1. 二审辩诉主张

一审判决宣告后，被告人朱小燕不服，以其分别挪用公款交给唐琼高、唐德隆使用的两笔款项均在未满 3 个月的期间之内归还了本息，不是犯罪行为为理由，向海南省海南中级人民法院提出上诉，请求二审法院对其从宽判处。

2. 二审事实和证据

海南省海南中级人民法院二审审理确认：一审判决认定上诉人朱小燕挪用公款的事实清楚，有大量书证和证人证言以及公款使用人的陈述等证据佐证，所证事实情节一致，证据确实、充分，足资认定。上诉人对事实亦无异议。

3. 二审判案理由

海南省海南中级人民法院认为：上诉人朱小燕利用自己担任中国银行儋州市支行计划股副股长的职务之便，采用伪造帐户，转划联行资金等手段，先后 3 次擅自挪用公款人民币共计 76 万元，交给其他个人进行营利活动。其行为触犯了《关于惩治贪污罪贿赂罪的补充规定》第三条之规定，构成挪用公款罪，且挪用公款数额特别巨大，犯罪情节严重，应予严惩。一审判决对上诉人的行为定罪准确，适用法律恰当，对上诉人在案发前已将挪用的全部公款及其部分利息归还的情节，量刑时已经作了充分考虑，给予了从轻判处，量刑是适当的。上诉人请求二审法院再予从宽判处的理由不能成立，不予采纳。

4. 二审定案结论

二审法院即海南省海南中级人民法院根据《中华人民共和国刑事诉讼法》第一百三十六条第（一）项，作出如下裁定：

驳回上诉，维持原判。

（七）解说

一、二审法院对犯罪人朱小燕的判处是正确的。

本案诉辩争论的焦点是朱小燕挪用公款给其他个人用于做生意的行为，是否属于《关于惩治贪污罪贿赂罪的补充规定》（以下简称《补充规定》）中"挪用公款归个人使用……进行营利活动"的问题。如不属于进行营利活动的，则挪用人的行为是否构成犯罪既要受挪用公款的数额是否达到较大的限制，又要受挪用公款的时间是否超过了 3 个月的限制；如属于进行营利活动的，则不论挪用时间长短，只要挪用数额在较大以上，挪用人的行为即构成犯罪。最高人民法院、最高人民检察院在关于执行《补充规定》若干问题的解答中明确指出："'挪用公款归个人使用'，包括挪用者本人使用或者给其他个人使用。"由此可见，挪用公款归个人用于营利活动，其内涵也包含了挪用公款归非挪用者的其他个人用于营利活动。本案中犯罪人朱小燕前两次挪用公款 40 万元分别给唐琼高、唐德隆个人使用于做生意，理应属于《补充规定》中挪用公款归个人进行营利活动的行为，所以朱小燕挪用前两笔公款的时间虽然均不超过 3 个月，但是依法并不影响认定其行为构成挪用公款罪。

（林　波）

六、妨害社会管理秩序罪案例

93. 朱洪军拒不执行人民法院判决案

(一)首部

1. 判决书字号:浙江省金华县人民法院(1992)金刑特初字第1号。

2. 案由:朱洪军拒不执行人民法院判决案。

3. 诉讼参与人

被告人:朱洪军,男,42岁,汉族,浙江省金华县人,农民。1994年7月25日因本案被逮捕。

被告人朱洪军未委托辩护人,自己行使辩护权。

4. 审级:一审。

5. 审判机关和审判组织

审判机关:浙江省金华县人民法院。

合议庭组成人员:审判长:李微;人民陪审员:姜志鑫、施雪梅。

6. 审结时间:1994年9月21日。

(二)诉辩主张

1. 浙江省金华县人民法院执行庭白龙桥人民法庭指控称

金华县人民法院白龙桥人民法庭于1991年4月25日就本县长山乡石门村村民李方银诉被告朱洪军的房屋纠纷一案作出一审判决,将双方讼争的一间街面屋判归原告李方银所有。判决发生法律效力后,被告朱洪军不履行民事判决书所确定的义务。为此,本院执行庭于1992年3月、4月、5月间先后三次予以强制执行。被告朱洪军无视法律,在本院第三次强制执行后的同月15日晚上采用刀砍、砸等手段,毁坏判归民事原告李方银所有的街面屋的排门、窗户,推倒隔墙,并将民事原告李方银的房屋承租人倪建旭赶出房屋而强行占用在该街面屋门口摆设肉摊营业。执行庭认为被告朱洪军的行为已构成拒不执行人民法院判决罪,根据1979年12月15日最高人民法院、最高人民检察院、公安部《关于执行刑事诉讼法规定的案件管辖范围的通知》和《中华人民共和国民事诉讼法》第一百零二条第一款第(六)项、最高人民法院《关于适用〈中华人民共和国民事诉讼法〉若干问题的意见》第126条的规定,依法交由本院刑事审判庭受理,请求依法予以判处。

2. 被告人的答辩

被告人朱洪军辩解称:同村村民李豫济生前于1980年12月间将其所有的两间房屋中的一间作价出卖给本人所有,自本人购买其屋后双方关系密切。1983年下半年,李豫济患病卧床，本人及家庭成员照料李约一年，并无偿给李稻谷138斤。金华县人民法院白龙桥人民法庭在审理李豫济的一间房屋遗产中，未将房屋判归尽过扶助义务的本人所有。由于白龙桥人民法庭的错误判决，导致本人和儿子阻止人民法院的的强制执行事实。金华县人民法院以本人拒不执行人民法院判决刑事立案后，本人为房屋纠纷能得以公正解决，依法对金法白民初字第39号民事案件申请再审。但是，金华县人民法院不以事实为依据，驳回本人的再审申请。金华县人民法院以拒不执行人民法院判决为由逮捕本人后，经反思，现认识到不论判决是否正确，本人的反执行是有过错的，县人民法院要处罚无异议。

（三）事实和证据

浙江省金华县人民法院经公开审理查明：

被告人朱洪军的同村村民李豫济原系四川省广安县人。解放前夕，李豫济与同乡李方银定居在金华县石门村。土改时李豫济户改入房屋两间。1980年12月27日，妻故子丧的李豫济将其所有的两间房屋中的一间（里间）以人民币100元出卖给朱洪军所有。在房屋买卖契约中还附有条件：卖主卧床不起时由买主负责照顾。1983年下半年李豫济患病，被告人朱洪军及其亲属依约曾予照顾。同年12月1日李豫济病故，后其同乡李方银在无人处理李豫济丧事情况下，念同乡之情主动向村干部提出处理李豫济的丧事，并承担了全部费用。1985年1月13日，长山乡石门村委会与李方银达成协议：由李方银偿还李豫济欠款200元，李豫济的遗产街面屋一间归李方银所有。1990年1月1日，李方银将该房屋维修后出租给他人，被告人朱洪军予以强行阻止。同年3月，李方银以排除妨害为由，提起房屋纠纷的民事诉讼。白龙桥人民法庭审理后于1991年4月25日作出一审判决，将讼争该街面屋一间判归李方银所有。一审判决生效后，被告人朱洪军不履行判决书所确定的义务。1992年3月12日，本院依法予以强制执行。当执行人员离开后，被告人朱洪军又强行占用该间房屋。同年4月7日，本院执行庭再次予以强制执行，被告人朱洪军之子以暴力阻止执行。为此，本院依法对朱洪军之子朱俊贤予以司法拘留15日。朱俊贤被拘期间认识到自己妨害执行的违法行为，被告人朱洪军亦表示按生效后法院民事判决确定的义务执行。经本院院长批准提前解除对朱俊贤的司法拘留。1992年5月1日，李方银将房屋出租给倪建旭经营家电修理。同月15日，承租人倪建旭开张营业。当晚22时许，被告人朱洪军持杀猪刀将倪新装修的排门两扇和西边窗砍毁，推倒西面砖墙（至街面屋与其先前购买的一间房屋相通），占据了倪所承租的街面屋并在门口设肉摊营业。本院执行庭认为被告人朱洪军的行为已构成拒不执行人民法院判决罪，依法提出由本院刑事审判庭受理该案。本院刑事审判庭受理此案后，依法通知被告人朱洪军。被告人朱洪军收到通知后于1992年9月10日提出房屋纠纷案件的再审申请。本院审判委员讨论后决定中止刑事案件审理，由本院告申庭就被告人朱洪军的再审申请予以审查。被告人朱洪军对申请再审的理由未提供证据，审判人员亦未能收集到有关证据，1993年8月6日，本院以（1993）金法民监字第7号通知书，驳回被告人朱洪军的再审申请。再审申请驳回后，被告人朱洪军仍不执行判决书所确定的义务，而且采取外避等方式致法院无法传其到庭。1993年12月2日，本院审判委员会讨论决定，以拒不执行人民法院判决罪逮捕被告人朱洪军。金华县公安局经多方努力于1994年7月25日将躲避的被告人朱洪军捕获。

上述事实有下列证据证明：

1．浙江省金华县人民法院（1990）金法白民初字第39号民事判决书；

2．浙江省金华县人民法院（1993）金法民监字第7号驳回朱洪军的申请再审通知书；

3. 民事案件原告李方银的申请执行金法民初字第 39 号判决书的申请书；

4. 金华县人民法院执行庭执行人员教育朱洪军履行民事判决所确定义务的笔录 4 份；

5. 金华县人民法院执行庭三次强制执行笔录及执行清单 6 份；

6. 证人倪建宣、倪建旭、胡志荣、杨建忠证明被告人朱洪军毁坏财物的证言；

7. 被告人朱洪军砍毁的门窗、推到砖墙的照相 7 张；

8. 被告人朱洪军的供述等。

(四)判案理由

浙江省金华县人民法院认为：

1. 我国《民事诉讼法》规定，妨害民事诉讼的强制措施的，人民法院可以根据情节轻重予以罚款、拘留；构成犯罪的依法追究刑事责任。本案的被告人朱洪军不仅不履行生效的民事判决书所确定的法律义务，而且在人民法院强制执行后三次反执行，其反执行的行为是对人民法院的判决的抗拒行为。被告人朱洪军的反执行行为在当地群众中造成极坏影响。金华县唯一的农民身分的全国人大代表倪长生曾对此民事案件提出书面意见。由于被告人朱洪军的多次反对执行，造成发生法律效力的判决书长达 3 年余未能依法执行，损害了民事原告李方银的利益。人民法院亦为此普通民事案件，因被告人朱洪军的抗拒执行而花去了不少警力和财力。由此可见，被告人朱洪军抗拒执行人民法院判决的情节是严重的，应依法予以惩处。

2. 我国《刑法》第一百五十七条规定："以暴力、威胁方法阻碍国家工作人员依法执行职务的，或者拒不执行人民法院已经发生效力的判决、裁定的，处三年以下有期徒刑、拘役、罚金或者剥夺政治权利。"被告人朱洪军对人民法院已发生法律效力的判决拒不执行，在人民法院执行人员三次强制执行的每次之后，均公然采取违法的反执行行为致已经依法强制执行的法律确定的义务恢复到未执行前状态。被告人朱洪军的的行为触犯了上述刑律，构成拒不执行人民法院判决罪，应受刑罚处罚。

(五)定案结论

浙江省金华县人民法院根据《中华人民共和国刑法》第一百五十七条，作出如下判决：

朱洪军犯拒不执行人民法院判决罪，判处有期徒刑一年。

朱洪军在一审判决宣告后，在法定的上诉期间内未提出上诉。

(六)解说

该案的行为人朱洪军不执行人民法院发生法律效力的民事判决书所确定的法律义务，在人民法院采取强制措施执行后，又以反执行的手段将强制执行的内容恢复到执行前的状态，并毁损了部分财物，事实清楚，证据充分。但在对本案处理时，有两种不同的意见。第一种意见认为，人民法院以强制执行的法律手段，将民事判决书所制定的法律义务强制执行完毕，案件已终结。朱洪军将强制执行的内容恢复到执行前状态，是新的民事侵权行为，应当由被害人重新提起民事诉讼。第二种意见认为，行为人朱洪军在生效的民事判决书确定其法律义务后，不仅不依法履行，而且在人民法院强制执行后，采用暴力手段反执行，其行为不能认为是新的民事侵权行为。因行为人朱洪军的行为侵犯客体是人民法院正常活动，侵犯的对象是生效的判决，其行为已触犯我国刑法，属我国刑法所规定的妨害社会管理秩序的犯罪行为。妨害公务罪，刑法规定是"以暴力、威胁方法阻碍国家工作人员依法执行职务"，而拒不执行人民法院发生法律效力的判决、裁定的，只要具有"拒不执行"的条件就构成犯罪。朱洪军采取反执行、毁财物的行为，不仅已具备了“拒不执行”的条件，而且情节严重，社会危害较大。应当依照《刑法》第一百五十七条的规定以拒不执行法院判决罪论处。否则如按新的民事侵权行为处理，不仅于法有悖有损人民法院的威信，不利于保护公民的合法权益，而且解决当前人民法院“执行难”问题亦无从谈起，“严肃执法”也成了口号。我们认为金华县人民法院根据本案的事实和法律规定采纳第二种意见，以拒不执行人民法院判决罪追究朱洪军的刑事责任是正确的。

（冯汉勤）

94. 李国强拒不执行人民法院判决案

（一）首部

1. 判决书字号

一审判决书：河北省安平县人民法院(1994)安刑初字第7号。

二审判决书：河北省衡水地区中级人民法院(1994)衡地刑终字第13号。

2. 案由：李国强拒不执行人民法院判决案。

3. 诉讼参与人

被告人（上诉人）：李国强，男，48岁，河北省，汉族，安平县人，农民。1994年1月22日因本案被逮捕。

辩护人：颜廷兰，河北省安平县律师事务所律师。

4. 审级：二审。

5. 审判机关和审判组织

一审法院：河北省安平县人民法院。

合议庭组成人员：审判长：陈怀茂；审判员：王新建；代理审判员：刘晓玲。

二审法院：河北省衡水地区中级人民法院。

合议庭组成人员：审判长：沈丽荣；审判员：张炳臣、贾金中。

6. 审结时间

一审审结时间：1994年2月24日。

二审审结时间：1994年6月10日（依法延长审限）。

（二）一审情况

1. 一审诉辩主张

(1)河北省安平县人民法院执行庭指控称

本院执行庭在执行安平县人民法院(1993)安经初字第5号民事判决（已生效）过程中，被执行人李国强自1993年6月4日接到执行通知书至今，经依法多次传唤执行，三次组织执行人员到李国强住所进行法制教育促其执行判决，并两次对李国强采取拘留教育，李国强不但不予执行，且转移被查封的财产，将被封“嘉陵”70型摩托车骑出被他人扣押。1993年11月27日与其子李胜来分家时，将大部被查封的财产归于其子李胜来名下。在执行人员多次令其执行过程中，李国强有执行能力，但以种种理由拒不执行。所以本院执行庭依法交由刑事审判庭受理，提请对拒不执行已生效法院判决的李国强依法追究刑事责任。

(2)被告人的答辩及其辩护人的辩护意见

在审理中，被告人李国强对拒不执行人民法院生效判决的行为，始终不予承认，称："已经执行了放在其家中的7320瓶果树增产剂，价值2万多元，已执行够了。查封的财产是儿子李胜来和女婿的，不应执行。"

辩护人辩称：平安县人民法院(1993)法执字第7号执行通知书中的执行标的，没按判决书第一项执行，不应三被告平均分配。执行中李国强不让执行但未使用暴力阻碍执行。从李国强处提走的果树增产剂价值2.1万元，应认为李国强已执行完。李国强之行为不构成拒不执行法院判决罪。

2. 一审事实和证据

河北省安平县人民法院经公开审理查明：石家庄市油毡厂安平联营厂与李国强、林藏书、谷建彬等口头购销油毡协议欠款一案，安平县人民法院1993年3月以(1993)安经初字第5号民事判决判令李国强、林藏书发还石家庄市油毡厂安平联营厂货款25272元，赔偿延期付款的利息，谷建彬负连带责任。判决生效后，安平县人民法院于1993年6月3日开始执行，给被执行人李国强发出执行通知书，李国强于1993年6月9日立下执行保证书：保证在本月25日前交款1万元。执行人员两次到李国强住处执行，五次传票传唤李国强到法院进行法律教育，但李国强以被人骗了、无钱等种种借口拒不执行。1993年11月27日，李国强与其子李胜来分家，李国强将原案诉讼期间查封的财产大部归于其子李胜来名下。李国强还欺骗法院，将不属于自己所有的7320瓶果树增产剂让法院执行。1994年1月8日，李国强对执行人员称：无非是这样了，再判刑拘留也不怕。李国强因私自动用法院查封财产于1993年7月被安平县人民法院行政拘留15天，因拒不执行人民法院判决于1994年1月8日被司法拘留15天，1994年1月22日经安平县人民法院决定逮捕。安平县人民法院(1993)安经初字第5号民事判决终未执行。

上述事实有下列证据证明：

(1)河北省安平县人民法院(1993)安经初字第5号民事判决书(判令李国强等归还原告货款25272元，赔偿利息)；

(2)安平县人民法院(1993)法执字第7号执行通知书；

(3)1993年6月9日李国强执行保证书；

(4)1993年7月17日对李国强执行笔录(证明：李国强私自动用已被法院查封的摩托车被他人扣留抵其他欠款)；

(5)1993年7月19日、1994年1月8日安平县人民法院对李国强拘留决定书各1份；

(6)1994年1月8日对李国强执行笔录(证明：在李国强家执行林藏书果树增产剂7320瓶)；

(7)李国强与李胜来分家清单；

(8)李国强的供述；

(9)法院查封李国强财产清单；

(10)询问林藏书的笔录；

(11)北京土肥所徐建铭证言。

3. 一审判案理由

河北省安平县人民法院认为:

李国强在人民法院的判决生效之后,即负有履行判决的义务。但李国强在具有偿付能力的情况下,用他人的财物充当偿付物,又将法院已查封的财产以分家析产的方式予以转移,故意规避法律,其真实目的在于不执行人民法院的有效判决。其行为已构成拒不执行法院判决罪。被告人之辩护人称:李国强未使用暴力加以阻碍执行,其行为不构成拒不执行法院判决罪。依照1992年2月26日全国人大常委会法制工作委员会《关于如何理解和执行法律若干问题的解答(五)》,"拒不执行人民法院判决罪,不需要以暴力、威胁方法为前提条件"。李国强之辩护人所辩理由不成立,不予采纳。

根据《中华人民共和国民事诉讼法》第一百零二条第一款之规定,诉讼参与人或者其他人拒不履行人民法院已经发生法律效力的判决、裁定的,隐藏、转移、变卖、毁损已被查封、扣押的财产或者已被清点并责令其保管的财产的,转移已被冻结的财产的,人民法院可依法追究其刑事责任。

4. 一审定案结论

河北省安平县人民法院根据《中华人民共和国刑法》第一百五十七条,作出如下判决:

李国强犯拒不执行法院判决罪,判处有期徒刑一年。

(三)二审诉辩主张

李国强上诉称:安平县人民法院已执行此案,本人行为不构成犯罪。

(四)二审事实和证据

河北省衡水地区中级人民法院依法组成合议庭,对本案进行了审理,查明的事实和认定的证据与一审法院认定的事实和证据一致。且进一步查明:1993年7月,李国强将安平县法院已查封的"嘉陵"70摩托车擅自动用骑出后又被他人扣留抵债。

(五)二审判案理由

河北省衡水地区中级人民法院认为:第一,李国强上诉所称:安平县法院已执行的果树增产剂属本人所有,查无实据,不予采纳。第二,原审法院认定事实清楚,定性准确,但量刑偏重,本案系轻微刑事案件,且李国强在二审诉讼中已主动执行2000元,应予从轻处罚。

(六)二审定案结论

河北省衡水地区中级人民法院根据《中华人民共和国刑事诉讼法》第一百三十六条第(二)项,作出如下判决:

1. 维持安平县人民法院(1994)安刑初字第7号刑事判决中对李国强的定性部分,即李国强犯拒不执行法院判决罪。撤销安平县人民法院(1994)安刑初字第7号刑事判决中对李国强的量刑部分。

2. 判处李国强拘役六个月。

(七)解说

拒不执行人民法院判决案,在程序上、实体上有两个特点:

1. 由人民法院直接受理。根据《中华人民共和国刑事诉讼法》第十三条"告诉才处理和其他不需要进行侦查的轻微的刑事案件,由人民法院直接受理"。最高人民法院、最高人民检察院、公安部于1979年12月15日在(79)法研字第28号《关于执行刑事诉讼法规定的案件管辖范围的通知》中具体规定:"(一)人民法院直接受理刑法规定的告诉才处理和其他不需要进行侦查的轻微的刑事案件:……三、'抗拒执行判决、裁定案……'。"本案系不需要侦查的轻微刑事案件，所以由人民法院直接受理。本案的特点还在于既没有公诉机关也没有自诉人。因为这类犯罪的行为人是在人民法院执行中拒不执行，表面看来是抗拒执行、对判决不满，但其侵犯的客体是社会管理秩序，所以人民法院有权直接立案受理。

2. 实施暴力不是拒不执行人民法院判决罪的法定条件。即并非以使用暴力作为定罪的依据。拒不执行人民法院判决罪的行为人一般采用不作为行为进行违法犯罪活动，即行为人依法应履行人民法院已生效判决或裁定确定的义务，且有履行能力又拒不履行之行为，就是不作为犯罪行为。但有些情况下，行为人也采取作为行为进行犯罪活动。本案李国强，在拒不执行安平县人民法院(1993)安经初字第5号民事判决中，既采取了作为行为如转移财产、私自动用查封物品等行为，又采取了不作为行为即对该原判决确定的义务拒不执行之行为。全国人大常委会法制工作委员会《关于如何理解和执行法律若干问题的解答(五)》指出："《刑法》第一百五十七条规定的是两个罪，即以暴力、威胁方法阻碍执行公务罪和拒不执行人民法院判决罪。拒不执行人民法院判决罪，不需要以暴力、威胁为前提条件。"李国强没有对执行人员实施暴力、威胁方法，其行为也已构成拒不执行法院判决罪。

(高世秀)

95. 梁家业等流氓案

(一)首部

1. 裁判书字号

一审判决书：广西壮族自治区柳州地区中级人民法院(1994)柳地刑初字第53号。

二审裁定书：广西壮族自治区高级人民法院(1994)桂刑核字第460号。

2. 案由：梁家业等流氓案。

3. 诉讼双方

公诉机关：广西壮族自治区人民检察院柳州分院，检察员吕志雄。

被告人(上诉人)：梁家业，男，1956年7月11日出生，汉族，广西来宾县人，农民。因参加非法组织，1989年12月4日被劳动教养三年，1992年2月解除劳动教养。1992年11月29日因本案被公安机关收容审查，1993年8月2日因本案被逮捕。

一、二审辩护人：韦家福，广西壮族自治区柳州地区律师事务所律师。

被告人(上诉人)：陈文英，女，1949年2月19日出生，汉族，广东省信宜县人，个体工商户。1993年8月2日因本案被逮捕。

被告人陈文英未委托辩护人，自己行使辩护权。

4. 审级：二审、复核审。

5. 审判机关和审判组织

一审法院：广西壮族自治区柳州地区中级人民法院。

合议庭组成人员：审判长：覃世云；审判员：何开购；代理审判员：李德彬。

二审法院：广西壮族自治区高级人民法院。

合议庭组成人员：审判长：李天侃；代理审判员：黄志杨、周卫平。

6. 审结时间

一审审结时间:1994 年 8 月 2 日。

二审审结时间:1994 年 12 月 23 日(依法延长审限)。

(二)一审诉辩主张

1. 广西壮族自治区人民检察院柳州分院指控称

被告人梁家业于 1992 年 3 月打着宗教信仰的幌子,在柳州、河池地区一带煽动不明真相的近千名群众变卖全部家财流浪广东。在广东期间,梁家业以"主"的身分委派亲信骨干担任官职,对信教群众实行军营式管理,领他们扛牌上街找工做,捡破烂卖,得钱后上缴给梁家业。梁家业为掩盖其玩弄妇女的目的,伙同被告人陈文英以"抽签配对,方能进方舟"为由,先后组织 100 余名男女进行抽签配对并奸宿。陈文英等还对配对的男女是否性交进行检查。在此期间,梁家业亦与陈文英多次配对奸宿。被告人梁家业、陈文英的行为均触犯《中华人民共和国刑法》第一百六十条的规定,构成流氓罪,且危害特别严重,提请人民法院依法惩处。

2. 被告人的答辩及其辩护人的意见

被告人梁家业承认自己犯有流氓罪,但辩称:(1)要信教群众卖了全部家财跟主走及要信教群众抽签配对都是按基督教书上讲的办的;(2)信教群众也愿意;(3)犯罪实情没有公诉机关指控的那么严重;(4)要求认真查实,从轻处理。

3. 被告人梁家业的辩护人辩称:(1)指控梁家业煽动近千人变卖全部家财,证据不足;(2)梁家业搞抽签配对,不是出于玩寻妇女的目的,而是对教义的曲解,且原系夫妻的,抽签配对时并未被拆散;(3)要求对梁家业依法判处。

4. 被告人陈文英辩称:自己的行为不构成犯罪,要求公正处理。

(三)一审事实和证据

广西壮族自治区柳州地区中级人民法院因本案涉及个人隐私对本案进行不公开审理,经审理查明:

被告人梁家业于 1992 年 2 月解除劳动教养,当年 3 月至 4 月间即打着宗教的幌子,先后窜到柳州市的鹧鸪江、宜州市的怀远镇、安马乡及来宾县的桥巩乡对信教的群众说:"世界要毁灭,听从我的就可以消灾避难";"要变卖一切家产跟主走"。在梁家业的煽动下,有数百名群众变卖家财盲流广东。而后,梁家业等把这些盲流群众带到同和旧飞机洞和番禺的山上,梁家业以"主"的身分委派被告人陈文英与朱水凤、尹秀英等人为关长、夫长,对信教的群众(不分老幼)实行军营式管理,并指派骨干带领四处流窜;或扛牌上街找工做,或捡废物品出卖,所得款项全部上缴给梁家业。梁家业等人的不法行为严重地影响当地的社会治安秩序,当地公安人员进行劝阻时,梁又煽动同伙殴打公安干警。梁家业为掩盖其玩寻妇女的目的,于同年 6 月至 8 月间,伙同陈文英以"只有抽签配对,方能进方舟"为由,先后在同和旧飞机洞、东平山上和大石竹林里组织了 100 多名男女(其中,有的未满 18 岁,有的是已婚夫妇),按不同的年龄划分,男、女各编一组号码实行抽签配对,组成"夫妻"奸宿。陈文英等人还检查配对的男女是否进行性交。发现不愿性交者,就将其撵走。在此期间,梁家业与陈文英奸宿多次。

上述事实有下列证据证明:

1. 被告人梁家业、陈文英的供述;

2. 张秋丽、韦绍丰、覃保安、韦桂金等人的证言;

3. 证人黄炳齐、张志伟、韦金秀、覃克助等人的证言；

4. 证人李景良、周远光、覃耀勇、莫德稳、韦翠鸾、莫鸾香的证言；

5. 同案参与人朱水凤、莫香莲、覃玉兰等人的供述。

（四）一审判案理由

广西壮族自治区柳州地区中级人民法院认为：

1. 被告人梁家业打着宗教的幌子，煽动信教群众盲流到广东，之后，将盲流群众集中起来，施行军营式管理。并指派骨干带领四处流窜，寻衅滋事，破坏公共秩序。同时，梁家业在对盲流群众的管理中，藐视法律和社会公德，伙同陈文英组织100余名盲流群众抽签，配对奸宿。陈文英还专门检查配对的男女是否进行性交。二人的行为均属聚众进行流氓活动，情节特别恶劣，触犯了《中华人民共和国刑法》第一百六十条的规定，构成流氓罪。应按《中华人民共和国刑法》第一百六十条、第二十二条第一款及全国人大常委会《关于严惩严重危害社会治安的犯罪分子的决定》第一条第（一）项之规定惩处。

2. 被告人梁家业亲自流窜于柳州市、宜州市和来宾县等地，煽动信教群众盲流到广东，并将盲流群众组织起来，施行军营式管理。同时，亲自指派骨干带领四处流窜，寻衅滋事。并煽动和组织抽签配对奸宿。在整个犯罪活动中，梁家业均起了组织、领导的主要作用，是主犯。根据《中华人民共和国刑法》第二十三条的规定，对梁家业应从重处罚。被告人陈文英协助梁家业煽动、组织盲流群众四处流窜，寻衅滋事，并协助梁家业煽动、组织盲流群众抽签配对奸宿和检查配对群众是否性交，自己也与梁家业奸宿。在犯罪活动中，陈文英起次要作用，是从犯。根据《中华人民共和国刑法》第二十四条的规定，对陈文英应比照梁家业从轻处罚。

3. 被告人梁家业于1992年2月才获解除劳动教养，1个月后就又进行犯罪活动，并给社会带来严重后果。根据全国人大常委会《关于处理逃跑或者重新犯罪的劳改犯和劳教人员的决定》第一条的规定，对梁家业应从重处罚。

（五）一审定案结论

广西壮族自治区柳州地区中级人民法院依照《中华人民共和国刑法》第一百六十条、第二十二条第一款、第二十三条、第二十四条、第五十二条、第五十一条第一款、第五十三条第一款、第六十条和全国人大常委会《关于处理逃跑或者重新犯罪的劳改犯和劳教人员的决定》第一条及《关于严惩严重危害社会治安的犯罪分子的决定》第一条第（一）项，作出如下判决：

1. 梁家业犯流氓罪，判处死刑，剥夺政治权利终身。

2. 陈文英犯流氓罪，判处有期徒刑十年，剥夺政治权利二年。

3. 随案移送的赃款人民币1278814.37元，赃物旧手表13块、银圆49块、铜板29枚，予以没收，上缴国库。

（六）二审情况

一审判决宣告后，被告人梁家业、陈文英不服判决，上诉于广西壮族自治区高级人民法院。

1. 二审诉辩主张

（1）上诉人梁家业及其辩护人上诉称：信教群众去广州，不是梁家业煽动的，要信教群众抽签配对，不是梁家业先提出来的；要信教群众抽签配对，不是为了玩弄妇女，而是误解了教义所致；影响当地治安不是故意的。所以，要求二审改判，从轻处理。

(2)上诉人陈文英上诉称:她参与组织抽签配对不构成流氓罪。要求公正处理。

2. 二审事实和证据

广西壮族自治区高级人民法院经审理查明:

上诉人梁家业打着宗教的幌子,为首煽动。组织信教群众到广东后,伙同上诉人陈文英等人策动盲流群众四处流窜,扛牌上街游行找工做,引起众多路人围观,严重影响了当地治安和交通秩序。在梁家业的煽动下,1992 年 5 月 18 日,盲流群众有 40 多人到广州市白云区人和镇政府静坐闹事,当镇政府动员他们离开时,有 3 名工作人员被围攻殴打,其中副镇长曹满庭被打致伤。同年 7 月 13 日早上,广州市白云区同和镇广平种鸡场负责人李光华到盲流群众住地旧飞机库,说明此处是该场发放种鸡的场地,劝他们离开。他们不但不离开,反而对李进行围攻殴打,并扣留李的摩托车。当公安人员闻讯赶去处理时,他们又围攻殴打公安人员,将其中 5 人打伤。危急之际,公安干警被迫鸣枪警告,才避免了事态的恶化。因梁家业为首煽动群众变卖家产长期外流,伙同陈文英聚众进行淫乱活动,引起家庭婚姻破裂的有 50 人,学龄儿童失学的有 104 人,无家可归的有 18 户 125 人。

上述事实有下列证据证明:

(1)被害人曹满庭、李光华的证言;

(2)人和镇政府出具的"广西籍民工在我镇政府静坐请愿事情经过";广州市白云区同和派出所出具的"关于处理广西盲流事件的经过";广平种鸡场出具的"情况报告";

(3)梁家业、陈文英的供述。

3. 二审判案理由

广西壮族自治区高级人民法院认为:

(1)上诉人梁家业、陈文英目无国法,打着宗教的幌子,煽动众多群众长期外流,聚众进行淫乱活动,寻衅滋事,破坏公共秩序,情节特别恶劣,构成流氓罪,且危害特别严重。

(2)在共同犯罪中,梁家业起主要作用,是主犯,且是在解除教养后 3 年内又重新犯罪,依法应从重处罚;陈文英起次要作用,是从犯,应比照主犯从轻处罚。

(3)梁家业及其辩护人否认梁家业煽动群众外流和提出抽签配对影响社会治安秩序不是出于故意;陈文英上诉认为不构成流氓罪。经审查,均与案件事实不符,上诉和辩护理由不成立,应予驳回。

(4)原判认定事实清楚,证据充分、确实,定罪准确,量刑适当,审判程序合法。依照《中华人民共和国刑事诉讼法》第一百三十六条第(一)项的规定,应予维持原判。

4. 二审定案结论

广西壮族自治区高级人民法院根据《中华人民共和国刑事诉讼法》第一百三十六条第(一)项的规定,作出如下裁定:

(1)驳回上诉,维持原判。

(2)根据最高人民法院依法授权高级人民法院核准部分死刑案件的规定,本裁定即为核准以流氓罪判处梁家业死刑,剥夺政治权利终身的裁定。

(七)解说

本案在审判中有一个关键问题是如何给梁家业、陈文英的行为定性。

行为人梁家业、陈文英一直声称自己是在从事宗教活动,之所以要信教群众变卖家中一切财产盲流到广东以及要信教男女抽签配对奸宿,都是因为自己曲解了教义,而不是为了寻衅滋事和玩弄妇女。这显然与其行为的事实不符，是逃避罪责的诡辩。在我国，宗教信仰是自由的，正常的宗教活动是自由的，受法律保护的。《中华人民共和国宪法》第三十六条规定："中华人民共和国公民有宗教信仰自由"，"国家保护正常的宗教活动"。梁家业、陈文英作为中国公民，他们信仰宗教，进行正常宗教活动的权利是受法律保护的。但是，行为人却是以宗教信仰为掩护，打着进行宗教活动的幌子，进行了一系列违法犯罪活动。他们煽动信教群众"变卖一切家财跟主走"，之后又组织信教群众寻衅滋事，殴打国家工作人员，甚至以"只有抽签配对，才能进入方舟"为名，先后几次组织一百多名盲流男女进行抽签配对，组成"夫妻"奸宿鬼混，梁家业亦同陈文英奸宿，进行淫乱活动。他们的行为，显然已不再是"正常的宗教活动"。而是违反《中华人民共和国宪法》第三十六条关于"任何人不得利用宗教进行破坏社会秩序、损害公民身体健康，妨碍国家教育制度的活动"规定的犯罪行为。

其中，行为人煽动组织信教群众扛牌上街游行找工做，并寻衅殴打阻止他们闹事的国家工作人员，甚至公然藐视法纪和社会公德，组织信教男女抽签配对互相奸宿鬼混，进行淫乱活动，又是触犯《中华人民共和国刑法》第一百六十条规定的犯罪行为，并且情节严重，已构成了流氓罪。人民法院签于本案行为人犯罪活动危害后果特别严重，适用全国人大常委会《关于严惩严重危害社会治安的犯罪分子的决定》第一条第(一)项的规定，判处梁家业死刑，剥夺政治权利终身和依法判处陈文英有期徒刑十年，剥夺政治权利二年，是正确的。

（雷添裕）

96. 鲍子华引诱、介绍他人卖淫案

（一）首部

1. 判决书字号：浙江省武义县人民法院(1994)武刑初字第9号。

2. 案由：鲍子华组织他人卖淫案。

3. 诉讼双方

公诉机关：浙江省武义县人民检察院，检察员张新洲。

被告人：鲍子华，又名鲍志华，男，50岁，汉族，浙江省武义县人，农民。1993年9月2日因本案被逮捕。

被告人鲍子华未委托辩护人，自己行使辩护权。

4. 审级：一审。

5. 审判机关和审判组织

审判机关：浙江省武义县人民法院。

合议庭组成人员：审判长：刘建军；人民陪审员：夏建康、张增蒙。

6. 审结时间：1994年3月3日。

（二）诉辩主张

1. 浙江省武义县人民检察院指控称

(1)被告人鲍子华自1991年9月至1992年11月期间，单独或同他人(已另案处理)，以外出做工，搞副业为名，7次引诱、介绍王××、夏××、付××、陶××、鲍××等10余名妇

女至广东省陆丰县的龙山旅社、南塘镇供销社招待所及广东省饶平县钱东镇紫云村王跃芝发廊卖淫。(2)鲍从中非法获取介绍费4170元。(3)鲍曾经为部分卖淫女保管卖淫所得。综上所述,被告人鲍子华的行为已触犯全国人大常委会《关于严禁卖淫嫖娼的决定》第一条规定,构成组织他人卖淫罪,特提起公诉,请求依法判处。

2. 被告人的答辩

被告人鲍子华辩称:

(1)我确实实施过引诱、介绍他人卖淫的行为,故对检察机关指控的犯罪事实无异议。(2)我只实施过引诱、介绍妇女卖淫的行为,并未组织妇女卖淫。我虽然曾保管过卖淫妇女的钱财,但并没有动用过这些钱财。我收取的仅是介绍费。故检察机关指控我组织他人卖淫罪不成立。

(三)事实和证据

浙江省武义县人民法院因本案涉及隐私而依法进行不公开审理,经审理查明:

1991年9月至11月间,被告人鲍子华以到广东一带做工工资高为诱饵,鼓动本县云华乡上江、溪口等村的妇女夏××、王××、陶××等人到广东做工,然后告知做工实为卖淫,上述妇女表示同意后,鲍将其带往广东省陆丰县,然后将其介绍到该县第二旅社及龙山旅社等处卖淫。鲍从中收取了介绍费1150元后自行回家,夏等妇女留在广东继续卖淫。1992年2月,被告人鲍子华又将云华乡民丰村妇女鲍××介绍到广东省陆丰县龙山旅社卖淫。期间,鲍曾为该卖淫妇女保管500元卖淫所得款。后鲍从该款中扣除了介绍费300元,其余款项交还给该卖淫妇女。同年3月,鲍子华又将坦洪乡洪村妇女王××介绍到广东省陆丰县第二旅社卖淫,鲍从中收取了介绍费80元并为王保管卖淫所得款600余元。1992年9月,被告人鲍子华伙同陶香云(已另案处理)将坦洪乡洪村妇女钟××、冬××等人带到广东省饶平县钱东镇紫云村,介绍其到王跃芝发廊卖淫。鲍子华从中收到介绍费900元。此后,鲍子华又将先期已在该发廊卖淫的陈××、邱××、泮××带至广东省陆丰县南塘供销社招待所卖淫。其间,鲍子华曾代为保管过陈××等人的部分卖淫所得款。鲍从该款中扣除了介绍费570元,对其余款项未予使用。同年11月,鲍子华将桃溪镇华山村妇女王××、陶××、邱××引诱到广东省陆丰县南塘镇、碣石镇卖淫。在此期间,王等人自行联系嫖客。为安全起见,王××等人再将部分卖淫款委托鲍子华保管,鲍从中得到介绍费600元。

另查明,被告人鲍子华在引诱、介绍妇女卖淫的同时,还与多名卖淫妇女奸宿。

上述事实有下列证据证明:

1. 卖淫妇女鲍××、王××、付××、陶××等13人的证言,证实受被告人鲍子华引诱,并被其介绍到广东卖淫的事实。

2. 证人蒋××等的证言,证实被告人鲍子华引诱其妻去广东卖淫的经过。

3. 同伙陶××的供述,证实结伙引诱、介绍妇女卖淫的经过及收取介绍费的事实。

4. 被告人鲍子华的供述,供认引诱、介绍妇女卖淫的经过及从中牟利的事实。

以上证据均经法庭调查核实无误,各证据之间能相互印证,足以认定。

(四)判案理由

浙江省武义县人民法院认为:

1. 被告人鲍子华的行为,具备了引诱、介绍他人卖淫罪的全部要件。(1)被告人鲍子华主观上具有引诱、介绍他人卖淫的故意。表现为两个方面:其一,鲍子华明知卖淫是我国法律所不允许的，但却有意以各种诱惑，鼓动多名妇女卖淫；其二，鲍子华实施引诱、介绍行为是为了达到“赚钱”即非法牟利的目的。虽然是否以营利为目的并不影响本罪的构成，但却说明其有目的而为之。(2)被告人在客观上已实施了构成本罪的犯罪行为。表现为：第一，鲍子华以广东赚钱容易为借口，引诱了10余名妇女前往广东卖淫；第二，将卖淫妇女带到广东后，又为其介绍卖淫场所，使卖淫活动得以实现。(3)被告人的行为妨碍了正常的社会管理秩序，破坏了社会主义的道德风尚。

2. 检察机关认定被告人犯组织他人卖淫罪不当。鲍子华实施的仅仅是引诱、介绍他人卖淫的行为，并未对被引诱、介绍的妇女加以组织控制，缺乏组织他人卖淫罪的构成要件。

理由为：(1)鲍子华将卖淫妇女引诱到广东介绍到卖淫场所并收取介绍费后，即返乡(或在当地)寻找新的卖淫对象，其与被引诱、介绍者的关系即告结束。(2)鲍未参与卖淫者的卖淫活动，上述卖淫妇女被介绍到卖淫场所后，或自行联系嫖客或听从发廊、旅社老板指派，不受鲍子华的安排。(3)鲍对卖淫者的人身不加以控制，卖淫者是否卖淫、是否返乡、何时返乡均由其自行决定，不受鲍子华约束。(4)鲍未参与卖淫所得的分配，鲍得到的仅仅是介绍费，卖淫女的卖淫所得均由各卖淫女自行收取。虽然有部分卖淫妇女将卖淫所得的部分款交给鲍保管，但鲍无支配使用权。(5)被鲍引诱、介绍的卖淫妇女之间并无联系，彼此不受限制，没有固定分工，不是一个固定组织。

3. 鲍子华引诱、介绍他人卖淫情节严重，应予严惩。(1)鲍子华多次引诱、介绍他人卖淫。在1991年9月至1992年11月之间，曾7次实施了引诱、介绍行为。(2)鲍子华引诱多人卖淫。共引诱13人前往广东卖淫。(3)鲍子华多次与卖淫妇女奸宿。该行为虽系卖淫妇女自愿，但却给妇女的身心健康及其家庭带来了极坏的影响。(4)鲍子华不仅引诱妇女卖淫，还为被引诱者介绍卖淫场所。

(五)定案结论

浙江省武义县人民法院根据全国人大常委会《关于严禁卖淫嫖娼的决定》第三条第一款及《中华人民共和国刑法》第五十二条、第五十一条第一款、第四十八条、第四十九条，作出如下判决：

1. 鲍子华犯引诱、介绍他人卖淫罪，判处有期徒刑十三年，剥夺政治权利三年。

2. 对鲍子华处以罚金1120元。

(六)解说

不同罪名的犯罪之构成要件可能存在许多相似之处，有的甚至犯罪构成的四个要件都大体相同，但不同罪名的犯罪构成不可能完全相同，即使犯罪构成的四要件基本一致，某个构成要件的具体内容也一定有所区别。引诱、介绍他人卖淫与组织他人卖淫罪正是如此。两种罪名均是刑法生效施行后，我国单行刑事法律中规定的新罪名，两者在犯罪构成方面存在许多相似之处，但两者毕竟各自存在不同于另一罪名的本质特征，这种本质特征主要表现在犯罪的客观方面。首先，组织他人卖淫罪包容的犯罪行为比引诱、介绍他人卖淫罪所包容的犯罪行为要多。它不仅包括引诱、介绍他人卖淫的行为，还包括诸如招募、容留、强迫他人卖淫的行为。引诱、介绍他人卖淫这种行为只不过是组织他人卖淫犯罪中行为人实施的犯罪手段之一。有了这种行为并不当然构成该罪名，还必须具备其他构成要件。其次，两种犯罪中，犯罪主体与卖淫者之间的关系也不同。在引诱、介绍妇女卖淫罪中，行为人与卖淫者之间的关系仅仅是引诱、介绍与被引诱、被介绍的关系。引诱、介绍行为一旦完成，行为人与卖淫者之间就再无联系,行为人的犯罪行为即告结束。而组织他人卖淫罪则不同,在这种犯罪中,行为人与卖淫者之间除了前罪所具有的关系之外,还有组织与被组织的关系,这种关系的一个显著特征就是行为人对卖淫者加以控制。这种控制包括人、财、物等多方面。在本案中,鲍子华的行为在许多方面与组织他人卖淫罪的特征有相似之处,但法院之所以认定其不构成组织他人卖淫罪,是因为在客观方面鲍子华仅仅实施了引诱、介绍行为,而未实施其他行为。其与卖淫者的关系仅仅是引诱与被引诱、介绍与被介绍的关系,这种关系并未向更深处延伸发展。卖淫妇女一切活动均不受其控制。在审理本案时,曾有一种观点,认为鲍子华曾保管过部分卖淫妇女的卖淫款,这种行为实际上是对卖淫妇女经济上的一种控制,因此,检察机关认定其犯组织他人卖淫罪成立。我们认为,这些卖淫所得款是卖淫妇女出于某种考虑自愿委托鲍保管的。鲍子华主观上并无控制卖淫妇女卖淫所得的故意,客观上也未对被保管的财物进行处分。因此,该行为的实施并不符合组织他人卖淫罪的要件,受诉法院将鲍的行为认定为介绍、引诱他人卖淫罪是正确的。

(舒旭霞)

97. 郑叙种传播性病案

(一)首部

1. 判决书字号:福建省石狮市人民法院(1994)狮刑初字第110号。

2. 案由:郑叙种传播性病案。

3. 诉讼双方

公诉机关:福建省石狮市人民检察院,代理检察员胡激洋。

被告人:郑叙种,男,45岁,汉族,福建省南安市人,无固定职业。因本案于1994年5月12日被逮捕。

被告人郑叙种未委托辩护人,自己行使辩护权。

4. 审级:一审。

5. 审判机关和审判组织

审判机关:福建省石狮市人民法院。

合议庭组成人员:审判长:蔡世达;审判员:黄秀宝;代理审判员:郑祖建。

6. 审结时间:1994年6月24日。

(二)诉辩主张

1. 福建省石狮市人民检察院指控称

被告人郑叙种在1993年3月至4月间就发现自己患有性病,几经治疗未愈。1994年元月14日晚上8时许,被告人郑叙种在石狮市湖东公园附近,勾搭上暗娼代××,在公园附近代××的私人租房中进行嫖宿。被告人郑叙种明知自己患有严重性病而进行嫖娼,已触犯全国人大常委会《关于严禁卖淫嫖娼的决定》第五条的规定,构成传播性病罪。请求法院依法判处。

2. 被告人的答辩

被告人郑叙种对公诉机关指控的犯罪事实供认不讳。

(三)事实和证据

福建省石狮市人民法院因本案涉及个人隐私,依法对本案进行了不公开审理。经审理查明:

被告人郑叙种在1993年3月至4月间发现自己患有性病,曾到个体医生处治疗,尚未痊愈。1994年元月14日晚上8时许,被告人郑叙种在石狮市湖东公园,与暗娼代××勾搭上,谈妥价钱后,一起到公园附近代××的租房中嫖宿,被公安机关当场查获。案发后,经泉州市皮肤病性病防治院检查诊断,被告人郑叙种患有一期梅毒。

上述事实有下列证据证明:

1. 个体医生王××关于郑叙种曾去治疗性病的证言;

2. 暗娼代××关于郑叙种嫖宿的证言;

3. 泉州市皮肤病性病防治院关于郑叙种患有梅毒的诊断证明;

4. 被告人郑叙种的供述。

(四)判案理由

福建省石狮市人民法院认为:

1. 被告人郑叙种明知自己患有严重性病,仍进行嫖娼,其行为符合全国人大常委会《关于严禁卖淫嫖娼的决定》第五条的规定,已构成传播性病罪。

2. 被告人郑叙种的行为虽已构成传播性病罪,但仅是有实际传播性病的危险,尚未引起性病传播的后果,社会危害性尚不严重,酌情从轻处罚。

3. 被告人郑叙种系初犯,归案后能如实交待自己的罪行,有悔改表示,酌情从轻处罚。

(五)定案结论

福建省石狮市人民法院根据全国人大常委会《关于严禁卖淫嫖娼的决定》第五条,作出如下判决:

郑叙种犯传播性病罪,判处有期徒刑二年。

(六)解说

传播性病罪,是全国人大常委会1991年通过的《关于严禁卖淫嫖娼的决定》中所增加的罪名,刑法典中并无规定。根据上述《决定》,传播性病罪,是指明知自己患有梅毒、淋病等严重性病而卖淫、嫖娼的行为。本来,单纯的卖淫、嫖娼行为并不是犯罪,而只是一般的治安违法行为,由国家行政执法机关处理。虽然全国人大常委会通过的有关决定称为《关于严禁卖淫嫖娼的决定》,但实际上,受到刑事处罚的并不是单纯卖淫、嫖娼行为,而主要是卖淫的组织、强迫、引诱、容留、介绍等行为。只有当卖淫、嫖娼者明知自己患有严重性病而仍然卖淫、嫖娼的,才要受到刑事处罚。立法者这样规定主要是基于这种行为的社会危险性,因为性病具有传染性,严重性病如梅毒、淋病等会给人带来很大痛苦,而卖淫者、嫖娼者往往意图与每人发生性关系,具有较大的社会危害性。

根据上述《决定》,传播性病罪的构成要件是:(1)行为人必须有卖淫、嫖娼的行为,而且仅限于卖淫、嫖娼的行为,如果不是卖淫、嫖娼,而是通奸,自不构成本罪。(2)行为人必须患有梅毒、淋病等严重性病而卖淫、嫖娼。如果行为人虽然有卖淫、嫖娼的行为,但并未患有性病,或虽有性病但非严重性病,则只能根据《中华人民共和国治安管理处罚条例》第三十条的规定处罚,而不能以犯罪论处。(3)行为人必须明知自己患有梅毒、淋病等严重性病而仍卖淫、嫖娼。如果行为人虽有卖淫、嫖娼的行为，且实际上患有严重性病，但行为人并未认识到，即并不明知自己患有严重性病的，也不构成犯罪。当然，行为人是否明知，不能仅以行为人的供述认定，而应综合案件具体情况，加以判断。最高人民法院、最高人民法检察院1992年公布的《关于执行全国人民代表大会常务委员会〈关于严禁卖淫嫖娼的决定〉的若干问题的解答》规定，具有以下情形之一的，可以认定为"明知"：有证据证明曾到医院就医，被诊断为患有严重性病的；根据本人的知识和经验，能够知道自己患有严重性病的；通过其他方法能够证明被告人是明知的。(4)本罪侵犯的客体是他人的健康，但实际上是否已造成他人染上性病的结果，不影响本罪的成立，但可因社会危害的大小不同而影响对行为人的量刑。

本案行为人郑叙种在发现自己患有严重性病(梅毒)的情况下，仍然进行嫖娼活动，主观上对引起他人被传染的后果持放任态度，虽然客观上未造成传染他人的结果，但已符合全国人大常委会《关于严禁卖淫嫖娼的决定》第五条的规定，构成传播性病罪。审判机关以本罪判处行为人有期徒刑二年是正确的。

(黄秀宝)

98. 莫远仁等复制、贩卖淫秽物品案
(缓刑)

(一)首部

1. 判决书字号：广西壮族自治区柳州市城中区人民法院(1994)刑初字第21号。

2. 案由：莫远仁等复制、贩卖淫秽物品案。

3. 诉讼双方

公诉机关：广西壮族自治区柳州市城中区人民检察院，代理检察员赵钢。

被告人：莫远仁，男，39岁，壮族，广西壮族自治区柳州市人，个体工商户。1994年2月7日因本案被捕。

辩护人：张绿波，广西壮族自治区柳州市通达律师事务所律师。

被告人：覃寿发，男，41岁，壮族，广西壮族自治区柳州市人，工人。1994年2月7日因本案被捕。

被告人覃寿发未委托辩护人，自己行使辩护权。

4. 审级：一审。

5. 审判机关和审判组织

审判机关：广西壮族自治区柳州市城中区人民法院。

合议庭组成人员：审判长：汤迎平；人民陪审员：伍柳扬、钟秀琼。

6. 审结时间：1994年4月21日。

(二)诉辩主张

1. 广西壮族自治区柳州市城中区人民检察院指控称

1993年12月下旬，被告人莫远仁、覃寿发为牟利，经预谋后窜到广东省普宁县，共同购买了"金瓶风月"、"摧花神龙教"等88盒淫秽录像带及录像机、黑白电视机等用于复制的作

案工具。返柳后，被告人莫远仁即在其住处复制了各类淫秽录像带 70 余盒。1994 年 1 月 9 日，被告人莫远仁、覃寿发将复制好及部分买回的淫秽录像带 70 余盒，拿到柳州市中山西路旧货市场，以每盒 13 元至 16 元的价格出卖，共获赃款 500 余元。被告人莫远仁、覃寿发以牟利为目的，复制、贩卖淫秽物品，其行为触犯了全国人民代表大会常务委员会《关于惩治走私、制作、贩卖、传播淫秽物品的犯罪分子的决定》第二条的规定，已构成复制、贩卖淫秽物品罪。提请人民法院依法惩处。

2. 被告人的答辩及其辩护人的意见

被告人莫远仁、覃寿发对公诉机关指控的上述犯罪事实供认不讳，没有异议。被告人莫远仁的辩护人认为被告人莫远仁归案后能坦白交待，认罪态度较好，要求从轻处罚。

（三）事实和证据

广西壮族自治区柳州市城中区人民法院经公开审理查明：

1993 年 12 月下旬，被告人莫远仁、覃寿发以营利为目的，经预谋后窜到广东省普宁县，购买了"金瓶风月"、"摧花神龙教"等共 80 余盒淫秽录像带及录像机、黑白电视机等用于复制的作案工具一批。返回柳州后，在被告人莫远仁的住处复制了各类淫秽录像带 60 余盒。

1994 年 1 月 9 日，被告人莫远仁、覃寿发将复制好的录像带及买回的部分录像带共计 60 余盒，拿到柳州市中山西路旧货市场，以每盒 13 元至 16 元不等的价格出售。共计获得赃款人民币 500 余元。

上述事实有下列证据证明：

1. 群众的举报材料；

2. 购买淫秽录像带的证人证言；

3. 缴获的 80 余部淫秽录像带及淫秽物品审查鉴定书；

4. 被告人莫远仁、覃寿发的供述。其所交待的复制、贩卖淫秽物品的时间、地点、作案工具与报案材料、缴获的作案工具等相吻合。

（四）判案理由

广西壮族自治区柳州市城中区人民法院认为：

1. 被告人莫远仁、覃寿发以牟利为目的，复制、贩卖淫秽物品，其行为已触犯了全国人大常委会《关于惩治走私、制作、贩卖、传播淫秽物品的犯罪分子的决定》第二条第一款的规定，构成复制、贩卖淫秽物品罪。

2. 被告人莫远仁、覃寿发归案后，认罪态度较好，有一定的悔改表现，酌情从轻处罚。

3. 根据被告人莫远仁、覃寿发的犯罪情节和悔罪表现，对其适用缓刑不致再危害社会，符合《中华人民共和国刑法》第六十七条的规定，决定对其适用缓刑。

4. 被告人莫远仁、覃寿发复制、贩卖的淫秽录像带属违禁物品，录像机 4 台、电视机 1 台为犯罪工具，人民币 370 元为赃款，符合《中华人民共和国刑法》第六十条的规定，应当予以没收。

（五）定案结论

广西壮族自治区柳州市城中区人民法院根据全国人大常委会《关于惩治走私、制作、贩卖、传播淫秽物品的犯罪分子的决定》第二条第一款，作出如下判决：

1. 莫远仁犯复制、贩卖淫秽物品罪，判处有期徒刑二年，缓刑三年；并处罚金人民币 2000 元。

2. 覃寿发犯复制、贩卖淫秽物品罪，判处有期徒刑二年，缓刑三年；并处罚金人民币2000元。

3. 随案移送的淫秽录像带及犯罪工具："日产"F55型录像机2台、"三菱"牌录像机2台、5寸黑白电视机1台和赃款人民币370元，予以没收。

一审宣告判决后，莫远仁、覃寿发表示服从判决，没有提出上诉。

(六)解说

对于有关制作、贩卖淫秽物品的犯罪，我国《刑法》第一百七十条作了规定，即：以营利为目的，制作、贩卖淫书、淫画的，处三年以下有期徒刑、拘役或者管制，可以并处罚金。该条规定的罪名是"制作、贩卖淫书、淫画罪"。显然该罪的对象只限于淫书、淫画，而行为方式只限于制作、贩卖。随着我国改革开放的进程，淫秽物品的种类也大大增加，不仅有淫书、淫画，而且大量出现淫秽的录音带、录像带、影片等音像制品，行为方式也不限于制作、贩卖，还大量出现其他传播淫秽物品等行为。因此，《刑法》第一百七十条关于制作、贩卖淫书、淫画罪的规定已不能满足惩治淫秽物品犯罪的需要。为此，全国人大常委会于1990年12月28日通过了《关于惩治走私、制作、贩卖、传播淫秽物品的犯罪分子的决定》，该《决定》取代了刑法典第一百七十条的规定，成为惩治淫秽物品犯罪的法律根据。

《关于惩治走私、制作、贩卖、传播淫秽物品的犯罪分子的决定》第二条规定的是制作、复制、出版、贩卖、传播淫秽物品罪，本罪与刑法典规定的制作、贩卖淫书、淫画罪相比，不仅在犯罪对象及行为方式上有所扩大，而且更重要的是提高了法定刑，即由原来最高三年有期徒刑提高为无期徒刑，由原来的可以并处罚金改为应该并处罚金，情节特别严重的还可以没收财产。制作、复制、出版、贩卖、传播淫秽物品罪，是一个选择性罪名，如果行为人既制作、复制，又出版、贩卖，或者既制作又传播，只构成一个罪，不需要数罪并罚，这是因为，这几种行为之间具有密切的联系，前后相连，具有手段与目的的关系，以一罪论较为妥当。

本案行为人以牟利为目的，复制大量的淫秽录像带并加以出售，完全符合上述《决定》第二条的规定，构成复制、贩卖淫秽物品罪。审判机关综合行为人的犯罪情节、悔罪表现，判处缓刑，给行为人以悔改的机会，体现了惩办与宽大相结合的刑事政策。

(张延庆)

99. 蔡雄鑫等贩卖淫秽物品案

(一)首部

1. 判决书字号：上海市闵行区人民法院(1994)闵刑初字第354号。

2. 案由：蔡雄鑫等贩卖淫秽物品案。

3. 诉讼双方

公诉机关：上海市闵行区人民检察院，代理检察员黄兴福、金剑荣。

被告人：蔡雄鑫，男，38岁，汉族，江苏省苏州市人，个体书刊经营者。1979年2月因犯诈骗罪被判处有期徒刑3年；1983年12月因犯盗窃罪被判处有期徒刑5年，剥夺政治权利2年；1990年7月因犯诈骗罪被判处有期徒刑1年6个月，1991年6月刑满释放。1994年4月

20 日因本案被逮捕。

被告人蔡雄鑫未委托辩护人，自己行使辩护权。

被告人：刘丰收，男，21 岁，汉族，山东省潍坊市人，农民。1994 年 4 月 20 日因本案被逮捕。

辩护人：王金源，上海市新闵律师事务所律师。

4. 审级：一审。

5. 审判机关和审判组织

审判机关：上海市闵行区人民法院。

合议庭组成人员：审判长：韩伟清；人民陪审员：阮籍深、张林梅。

6. 审结时间：1994 年 8 月 18 日。

（二）诉辩主张

1. 上海市闵行区人民检察院指控称

1993 年 10 月底至 11 月 8 日间，被告人蔡雄鑫先后三次从刘民生、张济明（均另案处理）处购进淫秽书籍 2200 余册。后蔡雄鑫将其中 40 余册卖给储辑志，非法所得 300 余元。同年 11 月 8 日，蔡雄鑫第三次购进淫秽书籍时，被被告人刘丰收发现，两被告人经商议，在隐藏了 180 余册淫秽书籍后携余下的 1919 册向公安机关报案。后刘丰收受蔡雄鑫的委托，将隐藏的 180 余册淫秽书籍卖给储辑志，得款 1129 元。上述事实，有两名被告人的供述、证人证言及上海市新闻出版局的图书报刊鉴定书等证实。被告人蔡雄鑫、刘丰收以牟利为目的，单独或结伙贩卖淫秽书刊，情节严重，其行为均已触犯全国人大常委会《关于惩治走私、制作、贩卖、传播淫秽物品的犯罪分子的决定》第二条第一款之规定，构成贩卖淫秽物品罪，属共同犯罪；且被告人蔡雄鑫系主犯、累犯，被告人刘丰收系从犯，请求对两名被告人依法惩处。

2. 被告人的答辩及其辩护人的辩护意见

被告人蔡雄鑫对上海市闵行区人民检察院起诉书指控的事实及确认其行为已构成贩卖淫秽物品罪的定性均未提出异议，且对确定其为累犯和本案的主犯亦未提出异议，但认为其 1993 年 11 月 8 日与刘丰收一同将 1900 余册淫秽书刊主动送交公安机关的行为应属自首，恳请对其从宽处理。

被告人刘丰收对上海市闵行区人民检察院起诉书指控的事实未提出异议，但认为其受蔡雄鑫委托出售淫秽书刊，自己没有牟利的目的。刘的辩护人对上海市闵行区人民检察院起诉书指控被告人刘丰收的行为构成贩卖淫秽物品罪表示异议，认为刘丰收是受蔡雄鑫委托而卖掉了淫秽书刊，刘丰收本人没有牟利的目的。因此，刘丰收的行为不构成贩卖淫秽物品罪。同时还认为刘丰收于 1993 年 11 月 8 日将淫秽书刊送交公安机关的行为是立功。

（三）事实和证据

上海市闵行区人民法院经公开审理查明：

1993 年 10 月至同年 11 月初，被告人蔡雄鑫先后两次从刘民生、张济明（均已判刑）处购得淫秽书刊后，将其中 40 余册淫秽书刊卖给储辑志，得赃款人民币 200 余元。同年 11 月 8 日，刘民生、张济明又将蔡雄鑫所要的淫秽书刊送至蔡雄鑫个体开设的书亭，被被告人刘丰收（当时系武警战士）看见，刘丰收便劝蔡雄鑫将淫秽书刊送交公安机关，蔡雄鑫表示同意，但之后却隐匿了 180 余册淫秽书刊。然后，两名被告人一同将包括前两次蔡雄鑫购进卖剩的计 1878 册淫秽书刊送交至公安机关，还协助公安机关抓获了刘民生、张济明。但是，蔡雄鑫却对公安机关隐瞒了其先前已经贩卖和隐藏了部分淫秽书刊的事实，当公安机关发觉并追查时，蔡雄鑫潜逃至外地。后蔡雄鑫因在经营书刊期间，曾向刘丰收借款人民币 2000 元，故在本案案发后，刘丰收找到了蔡雄鑫索要欠款，蔡雄鑫便将隐匿的 180 余册淫秽书刊交由刘丰收去出卖并抵债。之后，被告人刘丰收遂将 180 余册淫秽书刊卖给了储辑志，得赃款人民币 1129 元。案发后，刘丰收亲属帮助退出了人民币 1129 元。

上述事实有下列证据证明：

1. 被告人蔡雄鑫供述："我共三次从刘民生、张济明那里买了 2000 多本《素女真经》等黄色书，我卖给储辑志 40 本左右，得人民币 300 元左右。11 月 8 日这一天，被刘丰收看到刘民生、张济明刚送来的黄色书后，我就藏了 200 本左右，余下来的黄色书都被我与刘丰收送到派出所。我逃到外地去后，刘丰收找我讨要我向他借的 2000 元，我就把藏的黄色书交给他去卖掉抵欠他的钱……"

2. 被告人刘丰收供述："我到蔡雄鑫的书亭里借武打书时看到有很多黄色书，我就劝他并同他一起把黄色书送到公安局。后来，蔡雄鑫逃到外面，我找他要回他借我的 2000 元，蔡雄鑫叫我把藏下来的 180 本左右的黄色书卖掉抵他欠我的钱，我就同意了，并把这些卖给了储辑志，得 1129 元……"

3. 刘民生、张济明供述："三次共卖给蔡雄鑫 2000 本左右的黄色书。"

4. 证人储辑志关于从蔡雄鑫处买到 40 本左右的黄色书，付 200 元左右；从刘丰收处买到 180 本左右的黄色书，付 1129 元的证言。

5. 上海市公安局闵行公安分局追缴在案的《素女真经》等书刊。

6. 上海市新闻出版局对《素女真经》等书刊进行鉴定确认均属淫秽出版物的鉴定结论。

(四)判案理由

上海市闵行区人民法院认为：

被告人蔡雄鑫、刘丰收以牟利为目的，单独或结伙贩卖淫秽书刊，情节严重，其行为已触犯全国人大常委会《关于惩治走私、制作、贩卖、传播淫秽物品的犯罪分子的决定》第二条第一款之规定，均构成贩卖淫秽物品罪，其结伙的犯罪行为符合《中华人民共和国刑法》第二十二条第一款规定的情形，二被告人属共同犯罪。

被告人蔡雄鑫曾因犯诈骗罪、盗窃罪被三次判处刑罚，刑满释放后三年内又犯应当判处有期徒刑以上刑罚之罪，是累犯，根据《中华人民共和国刑法》第六十一条第一款之规定，应当从重处罚。

被告人刘丰收自归案后有认罪悔罪表现，且在其亲属帮助下退出了全部赃款，可以从宽处罚。

(五)定案结论

上海市闵行区人民法院根据全国人大常委会《关于惩治走私、制作、贩卖、传播淫秽物品的犯罪分子的决定》第二条第一款、第七条及《中华人民共和国刑法》第二十二条第一款、第六十一条第一款、第六十七条、第六十八条第二款、第三款，作出如下判决：

1. 蔡雄鑫犯贩卖淫秽物品罪，判处有期徒刑四年，并处罚金人民币 600 元。

2. 刘丰收犯贩卖淫秽物品罪，判处有期徒刑三年，缓刑三年，并处罚金人民币 200 元。

3. 刘丰收亲属帮助退出的赃款人民币 1129 元予以没收。

（六）解说

本案处理中的关键问题是行为人刘丰收的行为是否构成贩卖淫秽物品罪，行为人蔡雄鑫、刘丰收主动将淫秽书刊送交公安机关，并协助公安机关抓获其他罪犯的行为是否属自首和立功。一审法院最后判决刘丰收犯贩卖淫秽物品罪；并且没有把蔡雄鑫、刘丰收主动将淫秽书刊送交公安机关和协助公安机关抓获其他罪犯的行为作为自首、立功对待；此外，还否定了控诉方对蔡雄鑫、刘丰收在共同犯罪中主、从犯的认定，是完全正确的。

贩卖淫秽物品罪是以牟利为目的而贩卖淫秽物品的一种犯罪。行为人在主观方面，是故意，而且必须以牟利为目的，如果不是为了牟利，就不构成本罪。在客观方面，行为人必须具有贩卖淫秽物品的行为，这里所指的“贩卖”包括把自己制作的淫秽物品卖给他人和把别人制作的淫秽物品转手倒卖给他人的行为。本案行为人刘丰收因行为人蔡雄鑫曾向其借款人民币2000元，向蔡雄鑫索讨未果后，在蔡雄鑫授意其卖掉淫秽书刊以获利款抵其债款的情况下，将淫秽书刊予以贩卖，获款自得。从行为人刘丰收所实施的行为可以看出，刘丰收是有牟利的目的的，他的这一主观目的，是其通过获得出卖淫秽书刊后的钱款，以抵蔡雄鑫对其的欠款得以实现的。虽然，刘丰收与蔡雄鑫之间，一个是为了讨回欠款的债权人，一个是为了偿还欠款的债务人。从形式上看，蔡雄鑫为了还自己的欠款将淫秽书刊交由刘丰收出卖，似乎是蔡雄鑫自己为了牟取利益；其将淫秽书刊交由刘丰收出卖的行为，又似乎是民事法律关系中的委托代理行为，刘丰收是代理人，蔡雄鑫是被代理人。但是，淫秽书刊是法律明确予以禁止的刊物，刘丰收明知受委托所卖的是淫秽书刊，仍予以变卖，其行为显然与法律相悖，他的这一代理行为是不受法律保护的无效民事行为，其结果应由其共同承担责任。因此，两行为人基于获得欠款这一共同的牟利目的，刘丰收在蔡雄鑫的授意下实施了出卖淫秽书刊的行为，两人在主客观方面均符合本罪的构成要件，且情节严重。在共同犯罪中，刘丰收积极参与，并由其实施了贩卖淫秽书刊的行为，其作用亦是重要的，故不符合从犯的条件，不是从犯。

自首是我国惩办与宽大相结合的刑事政策在量刑方面的具体体现，而立功是这项刑事政策的重要补充。所谓自首是指犯罪分子在犯罪以后，自动投案，如实交代自己的罪行，并接受审查和裁判的行为。它必须同时具备三个条件：(1)犯罪分子必须自动投案；(2)犯罪分子必须如实交代自己的罪行；(3)犯罪分子必须接受审查和裁判。而立功则是指犯罪分子揭发检举其他犯罪分子的重大罪行得到证实的，或者提供重要线索、证据，从而得以侦破其他重大案件的，或者协助司法机关缉捕其他罪犯的。本案行为人蔡雄鑫在行为人刘丰收看到淫秽书刊后，在刘丰收的劝说下，蔡雄鑫虽表示要送交公安机关，后却隐藏了部分淫秽书刊，并在将余下的淫秽书刊与刘丰收一同送交公安机关后，隐瞒了其已经贩卖部分淫秽书刊的犯罪事实和隐匿部分淫秽书刊的事实，之后为逃避司法机关对其的审查、裁判而潜逃。可见，蔡雄鑫是不符合自首中的如实交代自己的罪行和接受审查裁判这两个条件的，不是自首。而其与刘丰收一同协助公安机关抓获其他罪犯，似乎符合立功的条件，但只要稍加分析就不难看出，蔡雄鑫在与刘丰收一同将淫秽书刊送交公安机关后，其隐瞒了部分淫秽书刊已经贩卖的犯罪事实，其目的在于将自己由一个“罪犯”伪装成一个“遵纪守法的好公民”，后只是为了能说明其所送交的淫秽书刊的来源，而不得已地协助公安机关抓获了其他罪犯，从而更说明其是一个“好公民”。应当讲行为人蔡雄鑫的这些行为并不是他的本意，而是不得已而为之的行为。对此，当公安机关进一步对其审查时而他却潜逃外地就足以说明。因此，蔡雄鑫立功亦是不能成立的。而刘丰收在其参与实施犯罪之前，与蔡雄鑫一同将淫秽书刊送交公安机关，并协助公安机关抓获罪犯，只是尽了一个公民应尽的义务，尚谈不上自首和立功。当然，他的上述行为可以在处理时作为一个情节予以考虑。

（韩伟清）

100. 张志明贩卖毒品案

（一）首部

1. 判决书字号：四川省成都市金牛区人民法院（1994）金刑初字第313号。

2. 案由：张志明贩卖毒品案。

3. 诉讼双方

公诉机关：四川省成都市金牛区人民检察院，代理检察员裴建毅。

被告人：张志明，男，31岁，汉族，四川省资中县人，无业。1994年7月12日因本案被逮捕。

被告人张志明未案托辩护人，自己行使辩护权。

4. 审级：一审。

5. 审判机关和审判组织

审判机关：四川省成都市金牛区人民法院。

合议庭组成人员：审判长：徐向阳；人民陪审员：彭光鸿、李琼章。

6. 审结时间：1994年9月15日。

（二）诉辩主张

1. 四川省成都市金牛区人民检察院指控称

1993年7月至9月期间，被告人张志明从成都市荷花池药材市场低价购进盐酸二氢埃托啡片，后分别在该市北门大桥、百货大楼附近等处，加价贩卖给刘文全、夏跃生、耿兵等人计2230余片，获利1200余元。上述事实，有被告人供述、证人证言、物证及鉴定结论等证实。被告人以牟利为目的，贩卖盐酸二氢埃托啡片，其行为触犯了全国人民代表大会常务委员会《关于禁毒的决定》第二条第三款之规定，构成贩卖毒品罪，依法提起公诉，请依法惩处。

2. 被告人答辩

被告人张志明提出，公诉机关指控自己自1993年7月至9月期间，贩卖盐酸二氢埃托啡片2230余片，获利1200余元是事实。但在1993年9月16日贩卖盐酸二氢埃托啡片被公安人员抓获时，即坦白了全部贩卖事实，恳请法庭从轻判处。

（三）事实和证据

四川省成都市金牛区人民法院经公开审理查明：

1993年7月的一天，被告人张志明从刘文全（另案处理）处得知刘从前吸食海洛因，现欲购买盐酸二氢埃托啡片吸食，便表示帮其购买，与刘约定用传呼、电话联络，并商定张的代号为“03”。同年7月至9月，张从成都市荷花池药材市场一绰号为“刘哥”（在逃）的人处，以每片人民币3.2元购得盐酸二氢埃托啡片，后又以每片人民币3.7元的价格分别在成都市北门大桥、百货大楼附近等处，卖给刘文全及耿兵、耿强、夏跃生（均另案处理）等人计 2120 余片，共获利人民币 1200 余元。

上述事实有下列证据证明：

1. 被告人张志明供述，1993 年 7 月至 9 月期间，自己先后得知刘文全、耿兵、耿强、夏跃生等人欲购买盐酸二氢埃托啡片吸食，便从成都荷花池药材市场一绰号为“刘哥”的人处购来盐酸二氢埃托啡片，加价卖给刘、耿、夏等人，获利 1200 余元；

2. 证人刘文全、耿兵、耿强、夏跃生关于自 1993 年 7 月至 9 月，在成都市北门大桥、百货大楼附近等处，以每片人民币 3.7 元的价格从张志明处购得盐酸二氢埃托啡片计 2120 余片的证言；

3. 1993 年 9 月 16 日抓获被告人张志明时，在其身上搜出盐酸二氢埃托啡片 25 片的物证。

（四）判案理由

四川省成都市金牛区人民法院认为：

被告人张志明明知盐酸二氢埃托啡片属于国务院规制使用的，能够使人形成瘾癖的麻醉药品，严禁将其作为毒品吸食和贩卖，却以牟利为目的，为满足他人毒瘾需要，贩卖盐酸二氢埃托啡片 2120 余片，妨害社会管理秩序，其行为触犯了全国人民代表大会常务委员会《关于禁毒的决定》第二条第三款之规定，构成贩卖毒品罪。

被告人张志明虽无法定的从轻处罚情节，但鉴于其归案后尚能坦白其犯罪事实，可酌情从轻处罚。

被告人张志明系无业人员，无经济收入和个人财产，所获赃款已全部耗用，故免处罚金。

（五）定案结论

四川省成都市金牛区人民法院根据全国人民代表大会常务委员会《关于禁毒的决定》第二条第三款作出如下判决：

张志明犯贩卖毒品罪，判处有期徒刑三年，免处罚金。

（六）解说

本案一审法院支持公诉机关的指控，判处张志明犯贩卖毒品罪，其法律依据是：国家卫生部 1992 年 12 月 30 日颁布的《关于盐酸二氢埃托啡管理的规定》中明确指出，“凡为满足毒瘾需要使用或者贩卖盐酸二氢埃托啡，应视为非法使用或贩卖毒品，应按禁毒法规有关规定处理。对违反国家规定，运输、贩卖盐酸二氢埃托啡构成犯罪的，应按全国人大常委会《关于禁毒的决定》和国务院《关于麻醉药品管理办法》的有关规定，予以处罚。”全国禁毒工作领导小组《关于滥用盐酸二氢埃托啡是否属于吸毒行为的批复》表明，“凡非法吸食、注射盐酸二氢埃托啡的，即属于吸毒行为，应依照《关于禁毒的决定》第八条规定处罚。”“对非法走私、贩卖盐酸二氢埃托啡和非法持有盐酸二氢埃托啡的，依照《关于禁毒的决定》相应条款处罚。”张志明非法贩卖盐酸二氢埃托啡片，贩卖时间长达近 3 个月，贩卖数量达 2120 余片，非法获利 1200 余元，其行为妨害了社会管理秩序，触犯了全国人大常委会《关于禁毒的决定》第二条第三款之规定。综上所述，张克明的行为构成了贩卖毒品罪。

目前，我国对贩卖盐酸二氢埃托啡构成犯罪的量刑幅度的数量依据尚无统一规定，各地掌握亦不尽一致。本案一审法院在对行为人量刑时，其数额依据是根据行为人贩卖盐酸二氢埃托啡片非法所获利润数，参照本地区同期贩卖海洛因非法获同等利润的海洛因数额来确定。据对所贩卖海洛因案的调查分析，在城市地区，1993 年 7 月左右，每贩卖海洛因 1 克，一般非法获利在 200 元左右。张志明贩卖盐酸二氢埃托啡片，非法获利 1200 余元，即相当于贩卖 6 克海洛因的非法获利。因而对行为人量刑的幅度，参照贩卖 6 克海洛因的量刑幅度并综合全案情节酌定，力争做到不枉不纵，罪刑相当。

（徐向阳）

101. 周学贵等贩卖毒品案

（一）首部

1. 判决书字号

一审判决书：宁夏回族自治区银南地区中级人民法院（1994）南刑初字第 10 号。

二审判决书：宁夏回族自治区高级人民法院（1994）宁刑终字第 93 号。

2. 案由：周学贵等贩卖毒品案。

3. 诉讼双方

公诉机关：宁夏回族自治区人民检察院银南分院，代理检察员樊百安。

被告人（上诉人）：周学贵，男，28 岁，回族，宁夏回族自治区同心县人，农民。1992 年 8 月 4 日因本案被逮捕。

一、二审辩护人：马瑛，宁夏回族自治区吴忠市律师事务所律师。

张霖，宁夏回族自治区吴忠市律师事务所律师。

被告人（上诉人）：赵顺芬，女，22 岁，白族，云南省大理市人，农民。1992 年 8 月 4 日因本案被逮捕。

一、二审辩护人：万晓红，宁夏回族自治区同心县律师事务所律师。

孟祥林，宁夏回族自治区银南律师事务所律师。

4. 审级：二审。

5. 审判机关和审判组织

一审法院：宁夏回族自治区银南地区中级人民法院。

合议庭组成人员：审判长：张顺普；审判员：涂建宁；代理审判员：郝明。

二审法院：宁夏回族自治区高级人民法院。

合议庭组成人员：审判长：刘建华；审判员：党爱萍；代理审判员：张景发。

6. 审结时间

一审审结时间：1994 年 6 月 14 日。

二审审结时间：1994 年 11 月 10 日（依法延长审限）。

（二）一审情况

1. 一审诉辩主张

（1）宁夏回族自治区检察院银南分院指控称

1992 年元月，被告人周学贵伙同马伏保、阎自伏、哈哥（均在逃）等人，在云南下关联系一姓李的男子，将海洛因 20 块运到昆明物资饭店，由被告人周学贵和马伏保雇用被告人赵顺芬和阿香(在逃),以每人每趟给5000元为报酬,由二人将海洛因分别装入各自提包内乘火车运至广州,由马伏保出售。此次,周学贵入股2000元,分利1200元,并将赵顺芬的5000元私吞。

1992年春节后,周学贵伙同马伏保、马彦虎、马永林(另案处理)、马会成、杨占平(在逃)等人从同心县出发,周学贵、马伏保、马永林等人到云南下关,由马伏保通过姓李的男子购买海洛因20块,约1600克。被告人赵顺芬、阿香二人将海洛因分别绑在大腿部,从昆明运至广州,由被告人周学贵、马会成接货,被告人马永林出售,得款约139200元,周学贵和赵顺芬分得赃款5000元。

1992年3月初,周学贵伙同邓永林、马伏保、马会成等人,通过云南姓李的男子购买海洛因21块,约3139克,由赵顺芬、阿香将海洛因分别绑在大腿部,运到广州,通过马耀礼出售,得款约27万元,此次,周学贵入股4000元,得款11400元。

1992年3月,周学贵伙同马伏保、马彦虎、马永林、马会成、杨英忠(另案处理)等人,在昆明长途汽车站门口,接姓李的男子和另一男青年送来的海洛因20块,约7560克,由被告人赵顺芬和一李姓女青年绑在大腿部运至广州,周通过马耀礼出售,得款约34万元,此次,被告人周学贵、赵顺芬共得款26000元。

被告人周学贵、赵顺芬为非法牟利,参与贩卖和运输毒品活动,数量达12299克,其行为已触犯全国人大常委会《关于禁毒的决定》第二条第一款第(一)项之规定,分别构成贩卖毒品罪和运输毒品罪,请求法院依法判处。

(2)被告人的答辩及其辩护人的辩护意见

被告人周学贵对公诉机关指控的基本犯罪事实供认不讳。被告人周学贵的辩护人认为:周学贵参与贩毒的事实基本存在,但所指控的作案次数存在事实不清、证据不足问题。认为对周学贵参与贩毒4次的指控主要是根据各被告人的口供,并无其他证据;对于所贩毒品的数量也只根据各被告人的口供推算出来的,而各被告人的口供又不尽一致,而推算出来的毒品数量显然是不确实的。因此,本案证据不足。

被告人赵顺芬对公诉机关指控的基本犯罪事实供认不讳。

被告人赵顺芬的辩护人认为:赵顺芬是贩卖毒品共同犯罪中的从犯,单独给赵定运输毒品罪不当。赵只受他人唆使在共同犯罪中充当运输毒品的工具,无论运输方式还是运输时间、地点以及交通工具的确定,均不是由赵决定的,赵是处于受人支配的地位;同时赵也没有得到周学贵所承诺的每运输一趟给5000元的报酬,因而不具备构成运输毒品罪的全部要件。另外,被告人赵顺芬认罪态度好,对自己的罪行始终供认不讳,应从轻判处。

2. 一审事实和证据

宁夏回族自治区银南地区中级人民法院经公开审理查明:

被告人周学贵出资6000元于1992年1月至3月,先后三次与同案人犯马伏保、阎自伏、哈哥、杨占平、马耀礼(均在逃)和另案判处的犯罪人马永林、马彦虎、杨英忠,在云南下关通过一李姓男子购买海洛因共计约8712克,由周学贵、马永林将海洛因分别绑在被告人赵顺芬和同案人犯阿香(在逃)的大腿部,从云南省昆明市坐火车运到广州,由马耀礼先后三次出售,共计得款749200元。周学贵、赵顺芬从中得款48600元。案发后追回赃款9720元、18寸"长虹"牌彩色电视机1台、"长春"100型摩托车1辆。

上述事实有下列证据证明:

(1)被告人周学贵的供述;

(2)被告人赵顺芬的供述;

(3)共同作案人马永林、杨英忠的供述;

(4)广州市海珠凤凰大酒店出具的书证。

3. 一审判案理由

宁夏回族自治区银南地区中级人民法院认为:

(1)被告人周学贵为牟取非法利润,参与贩卖毒品海洛因 8712 克,数量特别巨大,已触犯全国人大常委会《关于禁毒的决定》第二条第一款第(一)项之规定,构成贩卖毒品罪,应予从重处罚;

(2)被告人赵顺芬为牟取非法利益,参与运输毒品海洛因,已触犯全国人大常委会《关于禁毒的决定》第二条第一款第(一)项之规定,构成运输毒品罪,应从重处罚;

(3)被告人周学贵的现金 9720 元、18 寸"长虹"牌彩电 1 台、"长春"100 型摩托车 1 辆属违法所得,根据《中华人民共和国刑法》第六十条、全国人大常委会《关于禁毒的决定》第十二条的规定,应予没收;

(4)被告人周学贵的辩护人提出的本案事实不清、证据不足的辩护意见与事实不符不予采纳。

4. 一审定案结论

宁夏回族自治区银南地区中级人民法院根据全国人大常委会《关于禁毒的决定》第二条第一款第(一)项、第十二条、《中华人民共和国刑法》第四十三条、第五十三条、第六十条、第二十二条,作出如下判决:

(1)周学贵犯贩卖毒品罪,判处死刑,缓期二年执行,剥夺政治权利终身。

(2)赵顺芬犯运输毒品罪,判处死刑,缓期二年执行,剥夺政治权利终身。

(3)周学贵的违法所得:赃款 9720 元、18 寸"长虹"牌彩色电视机 1 台、"长春"100 型摩托车 1 辆予以没收。

(三)二审诉辩主张

一审法院判决后,被告人周学贵、赵顺芬均不服判决,向宁夏回族自治区高级人民法院提出上诉。

上诉人周学贵上诉称:一审判决所认定的贩毒事实缺乏充分的证据,仅靠被告人的口供是不足以定案的;一审判决认定的贩卖毒品的数量也是推算出来的;据此,请求二审法院予以改判。

上诉人赵顺芬上诉称:全部毒品是由本上诉人和阿香共同运送的,不应把阿香的责任也加在本上诉人身上;本上诉人在共同犯罪中是个从犯,起次要作用,量刑应比照主犯周学贵从轻,而一审判决将本上诉人与周学贵均判处死刑,缓期二年执行,没有体现区别对待,是不公正的。请求二审法院依法予以改判,对本上诉人从轻处罚。

(四)二审事实和证据

宁夏回族自治区高级人民法院经审理查明:

1992 年 2 月至 3 月,上诉人周学贵、赵顺芬先后 4 次与同案人犯马伏保、阎自伏、哈哥、杨占平、马耀礼、阿香(均在逃)、马永林、马彦虎、杨英忠(均另案处理)贩卖海洛因 8000 余克。上诉人周学贵分利 4 万余元,其中给上诉人赵顺芬 1300 元。

上述事实有下列证据证明：

1. 上诉人周学贵的供述；

2. 上诉人赵顺芬的供述；

3. 共同作案人马永林的供述；

4. 共同作案人杨英忠的供述；

5. 广州市海珠凤凰大酒店出具的由周学贵签名的34万元的收据1张。

（五）二审判案理由

宁夏回族自治区高级人民法院认为：

1. 上诉人周学贵、赵顺芬与在逃的马伏保、马耀礼及另案处理的马永林等数人从购买毒品、运输毒品到出卖毒品，分别承担不同阶段的不同任务，形成一个完整的贩卖毒品的犯罪过程，其最终目的是为了牟取暴利。各被告人对于自己和其他共犯的相互配合行为及最终目的是明知的，因此，各被告人的行为构成共同贩卖毒品罪，且数量大，应从严惩处。上诉人周学贵在共同犯罪中，出毒资数千元，负责接货、运输等贩毒任务，与负责购毒的马伏保、负责售毒的马耀礼等人均为本案主犯。故原判对周学贵以贩卖毒品罪判处死刑、缓期二年执行，剥夺政治权利终身是适当的，其上诉理由不能成立。

2. 原判对赵顺芬定运输毒品罪，判处死刑，缓期二年执行，剥夺政治权利终身不当。赵顺芬在本案中受周学贵引诱参与贩毒4次，虽分工携带了部分海洛因，但其行为是整个贩卖毒品过程的一个部分，而不是独立的运输毒品行为，故上诉人赵顺芬的行为是贩卖毒品罪的共犯，应定贩卖毒品罪，不应定为运输毒品罪。另外，上诉人赵顺芬既未出资，所得赃款也极少，在共同犯罪中处于从犯地位，应比照主犯从轻处罚。其上诉理由部分成立，应予支持。

（六）二审定案结论

宁夏回族自治区高级人民法院根据全国人大常委会《关于禁毒的决定》第二条第一款第（一）项、第十二条和《中华人民共和国刑法》第二十二条第一款、第二十三条、第二十四条、第四十三条、第五十三条第一款、第五十一条第一款及《中华人民共和国刑事诉讼法》第一百三十六条第（一）、（二）项，作出如下判决：

1. 维持银南地区中级人民法院（1994）南刑初字第10号判决的第一、三项，即维持对周学贵的以贩卖毒品罪，判处死刑，缓期二年执行，剥夺政治权利终身，查获的赃款、赃物依法没收的判决。

2. 撤销银南地区中级人民法院（1994）南刑初字第10号判决的第二项，即撤销对赵顺芬的以运输毒品罪，判处死刑，缓期二年执行，剥夺政治权利终身的判决。

3. 赵顺芬犯贩卖毒品罪，判处有期徒刑十五年，剥夺政治权利五年。

（七）解说

本案中一个关键的问题，是对于具体贩毒数量的认定。由于未查获毒品，本案行为人和另案处理的各犯罪人对毒品数量的供认又不一致，故对各被告人共同贩毒的实际数量如何认定就颇值得研究。根据已有材料，周、赵二犯参与贩毒4次，数量大，这一点是确实是无疑的，如不惩处无疑放纵了罪犯，如要惩处又必须对毒品数量有个基本的认定，否则无法定罪量刑。本案最后对于毒品数量的认定，采取了就低不就高的方式，即在数名行为人、同案犯罪人对毒品数量的供认中，以毒品数量最少的供述作为认定的依据，另外采取以所卖毒品得款数额除以所售毒品的单价的办法计算毒品的数量，如对本案中的第二次贩毒，周学贵供述贩了多少块记不清，不止 9 块，烟盒大小，赵顺芬供述贩了 20 块，烟盒大小，马永林供述贩了 1600 克。根据审判实践，烟盒大小的一块毒品一般在 200 至 300 克，按各被告供认数量的最低点，即周学贵供认的 9 块，至少也有 1800 克，尚高于马永林供认的 1600 克，最后即以 1600 克认定。再如第四次贩毒，周学贵供述贩了 4500 克，赵顺芬供述贩了 20 块，杨英忠供述贩了 7500 克，供认不一，但根据广州市海珠凤凰大酒店出具的有周学贵签名的 34 万元的收据（对此 34 万元，周学贵、杨英忠等人均供认系此次贩毒所得），即以 34 万元除以每克售价 86 元，得出此次贩毒数量为 3953 克，作为认定的数量。对于第一次贩毒，由于只有赵顺芬一人供认贩了 20 块，其他案犯或供述记不清或未有供述，故第一次贩毒未计算数量（第一次贩毒是确实的）。由此可看出，本案对于毒品数量的认定是以就低不就高的留有余地的保守方法计算得出的，行为人实际贩卖的毒品数量，只能大于此数，这一点是确实的，据此本案的认定是扎实的。我们认为，对于未查获毒品、各行为人对贩毒数量又供认不一的共同贩毒案，按上述方法计算认定数量，既保证了案件质量，也依法惩处了罪犯。

本案另一个关键问题是行为人赵顺芬的定性问题。综观全案，赵顺芬与周学贵及另案处理的数名犯罪人从购毒、运毒到售毒，分别承担不同阶段的不同任务，各个环节的活动形成一个完整的犯罪过程。各行为人和另案处理的犯罪人有贩毒牟取暴利这一共同故意，并有相互配合的客观行为。因此，本案是一起共同贩毒案，原审法院对赵顺芬另定运输毒品罪是不准确的。本案虽然只处理了两名案犯，但事实上是一起多人多次的共同贩毒案，对于这样的共同犯罪，应根据各罪犯参与贩卖的数量、出资、分赃、行为表现以及在整个犯罪中的地位、作用等情节确定其应承担的罪责。本案其他犯罪人或在逃或另案处理，但共同犯罪的事实不能变。赵顺芬在本案中受周学贵引诱参与贩毒 4 次，负责带了约一半的海洛因。赵既未出资，所得赃款也极少，且其行为受他人支配，在本案中明显处于从犯地位。一审判决将赵顺芬与周学贵不加区别地同判死缓，正是对赵另定罪名，对本案的共同犯罪性质未予考虑的必然结果。二审法院对赵顺芬以共同贩卖毒品罪的从犯改判有期徒刑十五年是正确的。

（党爱萍）

102. 刘学莲非法种植毒品原植物案

（一）首部

1. 裁判书字号

一审判决书：云南省景谷傣族彝族自治县人民法院（1994）刑初字第 53 号。

二审裁定书：云南省思茅地区中级人民法院（1994）思刑终字第 67 号。

2. 案由：刘学莲非法种植毒品原植物案。

3. 诉讼双方

公诉机关：云南省景谷傣族彝族自治县人民检察院，检察员厉伟。

被告人（上诉人）：刘学莲，女，44 岁，傣族，云南省景谷傣族彝族自治县人，农民。1994 年 4 月 26 日因本案被逮捕。

辩护人：杨伦，云南省景谷傣族彝族自治县律师事务所律师。

4. 审级:二审。

5. 审判机关和审判组织

一审法院:云南省景谷傣族彝族自治县人民法院。

合议庭组成人员:审判长:陈立新;代理审判员:周坤、王瑞青。

二审法院:云南省思茅地区中级人民法院。

合议庭组成人员:审判长:熊蕴瑞;审判员:杨锦文;代理审判员:张剑。

6. 审结时间

一审审结时间:1994年7月15日。

二审审结时间:1994年9月12日。

(二)一审诉辩主张

1. 云南省景谷傣族彝族自治县检察院指控称

1993年11月,被告人刘学莲在景谷县凤山乡文海村困扑大箐大武地非法种植罂粟4400株,后被公安机关强制铲除。上述事实有公安机关现场勘查笔录、现场图、现场照片、被铲除的罂粟照片、证人证言证实,被告人亦供认不讳,足以认定。公诉机关认为,被告人刘学莲目无国法,非法种植毒品原植物,其行为已触犯全国人大常委会《关于禁毒的决定》第六条第二款,构成非法种植毒品原植物罪。请求人民法院依法判处。

2. 被告人的答辩及其辩护人的辩护意见

被告人刘学莲辩称:1993年11月,她去困扑大箐大武地种豌豆时,在其家守地的窝棚里发现了六个罂粟果。听人说鸦片能治猪、牛拉肚子,她就把它撒在了地里。撒下以后就没有去看过,不知道出还是不出。1994年4月17日,乡派出所的干警去其家对她说,种罂粟是犯法的,她就去把罂粟全部铲掉了。

辩护人杨伦的辩护意见:(1)被告人刘学莲主观恶性小。刘学莲撒罂粟籽时,不知道罂粟是毒品原植物,她种罂粟是为了做药,不是为制造毒品牟利。(2)种植4400株罂粟,非刘学莲本意。刘学莲是第一次种植罂粟,她在撒罂粟籽时,见罂粟籽非常细小,怕不会出,就把六个罂粟果的籽全部撒了,她没有想到会出那么多。(3)刘学莲认罪态度好,有悔罪表现。刘学莲在得知种植罂粟是犯罪行为后,即在公安机关的监督下将全部罂粟铲除,并向公安机关如实交待了自己的罪行。鉴于以上几点,请求人民法院对刘学莲从轻判处。

(三)一审事实和证据

云南省景谷傣族彝族自治县人民法院经公开审理查明:

1993年11月,被告人刘学莲在凤山乡文海村困扑大箐大武地非法种植罂粟4400株。1994年4月17日,在公安机关的监督下,被告人刘学莲将罂粟全部铲除。

上述事实有下列证据证明:

1. 物证。1994年4月17日,刘学莲在公安机关的监督下,将所种罂粟全部铲除。经双方认真清点,共有罂粟4400株。因罂粟易腐烂,难以保存,公安机关即将罂粟拍照,留存于卷宗内。在法庭审理中,经出示给刘学莲辩认,其承认照片上的罂粟是其所种。

2. 证人证言。武海村村民封俊云、杨如荣证实:困扑大箐种罂粟的地是刘学莲家的,但罂粟是刘学莲种的还是她丈夫陶明宽种的就不清楚了。刘学莲之夫陶明宽证实:前几年我去我们社种"三七"的山上打猪,见有罂粟果,就拿了几个回来。以后几年我都种,但种得不多,最多的是1993年,共有十多棵。收了罂粟果后,我把罂粟果放在了我家守地的窝棚里。1993

年11月，我在家里犁田，我老婆刘学莲去撒豌豆，见着罂粟种，她就把它撒在了豌豆地里。我们不知道，罂粟是毒品原植物，种一点是为了给猪、牛治病。

3. 被告人供述。刘学莲对公诉机关指控其非法种植罂粟4400株的犯罪事实供认不讳。

4. 现场勘查笔录。1994年4月18日，景谷县公安局干警孔云、刀朝刚等对刘学莲非法种植罂粟现场进行勘查。现场位于凤山乡文海村大寨社困扑大箐大武地，距大寨社约15公里，为大寨社村民刘学莲的耕地。地上种有豌豆，罂粟为间种，也被铲除。铲除的罂粟散放在地头，经清点共4400株。现场勘查中，拍摄现场照片9张，绘制现场示意图一张，均留存于卷宗内。

（四）一审判案理由

云南省景谷傣族彝族自治县人民法院认为：

1. 刘学莲的行为构成非法种植毒品原植物罪。非法种植毒品原植物罪，是指行为人违反国家有关毒品管制的法规，非法种植罂粟、大麻等毒品的原植物的行为。刘学莲非法种植罂粟，其行为已构成非法种植毒品原植物罪。

2. 应依法追究刘学莲的刑事责任。全国人大常委会《关于禁毒的决定》第六条第二款规定：非法种植罂粟3000株以上或其他毒品原植物数量大的，处五年以上有期徒刑，并处罚金或没收财产。刘学莲非法种植罂粟4400株，应处五年以上有期徒刑。至于财产刑，因刘学莲家庭困难，可不适用。

3. 鉴于本案案情，对刘学莲可以从轻处罚。辩护人提出的刘学莲种植罂粟是为了自己药用，其归案后认罪态度较好，有悔罪表现，经查属实，其请求对刘学莲从轻处罚的理由成立，法庭予以采纳。

（五）一审定案结论

云南省景谷傣族彝族自治县人民法院根据全国人大常委会《关于禁毒的决定》第六条第二款，作出如下判决：

刘学莲犯非法种植毒品原植物罪，判处有期徒刑五年。

（六）二审情况

1. 二审诉辩主张

上诉人刘学莲诉称：原判量刑过重，请求从轻判处。其理由是：(1)上诉人是文盲，不懂法律，不知道种植罂粟是犯法的。(2)上诉人种植罂粟是为了给猪、牛治病，不是为了制造毒品牟利。(3)上诉人认罪态度好，有悔罪表现。上诉人在得知种植罂粟是犯法的后，即将罂粟铲除，并向公安机关承认了错误。

2. 二审事实和证据

云南省思茅地区中级人民法院经审理查明：1993年11月，上诉人刘学莲在凤山乡文海村困扑大箐大武地非法种植罂粟4400株，后被公安机关强制铲除。

证明上述事实的证据与一审法院认定的证据相同。

3. 二审判案理由

云南省思茅地区中级人民法院认为：

(1)一审判决定性准确。刘学莲非法种植提取毒品鸦片的罂粟4400株，其行为已触犯全国人大常委会《关于禁毒的决定》，构成非法种植毒品原植物罪，原判定性准确。

(2)原判量刑适当。全国人大常委会《关于禁毒的决定》第六条第二款规定：非法种植罂粟3000株以上或者其他毒品原植物数量大的，处五年以上有期徒刑，并处罚金或没收财产。刘学莲非法种植罂粟4400株，应处五年以上有期徒刑，原审法院鉴于刘学莲犯罪主观恶性小、归案后认罪态度好，从轻判处有期徒刑五年是恰当的。原判所处五年有期徒刑，只是起刑点，已体现从轻，故刘学莲所诉的量刑过重，请求从轻处罚的理由不成立，应予驳回。

4. 二审定案结论

云南省思茅地区中级人民法院根据《中华人民共和国刑事诉讼法》第一百三十六条第(一)项，作出如下裁定：

驳回上诉，维持原判。

(七)解说

思茅地区地处北回归线以南，属亚热带气候，高温多雨，适于罂粟生长，历史上是著名的鸦片产区。解放以后，思茅地区各级人民政府坚决贯彻执行政务院《关于禁烟的通令》，在全区范围内开展了大规模的禁烟运动，坚决取缔种植罂粟的现象。到1953年底，种植罂粟的现象已基本从思茅地区根除。

进入80年代以后，随着世界毒品市场对毒品需求量的增多，毒品价格猛涨，国际贩毒活动日趋活跃，一些国际贩毒集团和国际贩毒分子假道我国过境贩毒。思茅地处云南边疆，与越南、老挝、缅甸三国接壤，是通向东南亚的门户，过境贩毒之害更是首当其冲。一些贩毒分子利用思茅地区与世界最大的鸦片类毒品产地"金三角"毗邻，陆地边线长，进出境通道多，难以完全控制等条件，将大量毒品走私入境，假道思茅销往港澳、欧美等地。在日益严重的过境贩毒的影响下，禁绝多年的种植罂粟现象又在区内一些边远农村死灰复燃。

种植罂粟虽然是少数人所为，种植数量也较少，但仍引起了思茅地区各级政法机关的高度重视。严禁非法种植罂粟是我国政府的一贯立场。思茅各级政法机关采取有效措施，坚决禁止种植罂粟的现象。但由于《中华人民共和国刑法》等法律对非法种植罂粟行为缺少具体规定，难以对之以犯罪论处，所以对非法种植罂粟者，一般只由公安机关予以治安处罚。这在一定程度上轻纵了非法种植罂粟者，对禁绝种植罂粟极为不利。

1990年12月28日，全国人大常委会通过了《关于禁毒的决定》。该《决定》第六条明确规定了非法种植毒品原植物罪，为打击非法种植罂粟等毒品原植物的行为提供了法律依据。思茅地区各级政法机关通过各种途径，利用各种形式，大力宣传上述决定，使广大人民群众认识到种植罂粟是一种犯罪行为。随着人民群众法律意识的增强，种植罂粟现象大为减少。刘学莲一案，是上述决定实施以来，思茅地区第一例非法种植毒品原植物案。

一、二审人民法院对刘学莲非法种植罂粟一案的判决，既体现了我国政府严禁非法种植罂粟的决心，又向世人昭示：非法种植罂粟是犯罪行为，胆敢以身试法者，必将受到法律的严惩。

需要强调指出的是，根据《关于禁毒的决定》第六条的规定，构成非法种植毒品原植物罪，并不要求行为人必须具有牟利的目的。同时，构成本罪，必须并科罚金。一、二审法院均以行为人家庭困难为由，未处罚金，这种做法有所不当。正确的做法应是：在法律未明确规定罚金数额的条件下，应结合本案行为人家庭确实困难的实际情况，可以考虑在行为人承受能力范围内处以一定数额的罚金。或者在作出并处罚金的判决后，在执行过程中，根据行为人的实际经济情况，依照刑事法律规定，可以酌情减少或者免除。如此，才符合《刑法》规定。

(廖天宏)

103. 张芹标非法种植毒品原植物案

(一)首部

1. 判决书字号:上海市南汇县人民法院(1994)汇刑初字第193号。

2. 案由:张芹标非法种植毒品原植物案。

3. 诉讼双方

公诉机关:上海市南汇县人民检察院,代理检察员张龙平。

被告人:张芹标,男,55岁,汉族,上海市南汇县人,农民。1994年6月23日因本案被取保候审。

被告人张芹标未委托辩护人,自己行使辩护权。

4. 审级:一审。

5. 审判机关和审判组织

审判机关:上海市南汇县人民法院。

合议庭组成人员:审判长:卫世平;人民陪审员:彭学仁、韩景生。

6. 审结时间:1994年8月11日。

(二)诉辩主张

1. 上海市南汇县人民检察院指控称

1994年2月至3月间,被告人张芹标用从别处要来的罂粟种子,非法种植在其私宅后的自留地里,同年5月16日南汇县社会治安综合治理办公室会同县公安局工作人员在检查工作中发现并铲除。经清点,被告人张芹标非法种植罂粟共计1210株。上述事实,有被告人供述、证人证言及药品检验报告书等证明。被告人张芹标非法种植罂粟计1210株,其行为已触犯全国人民代表大会常务委员会《关于禁毒的决定》第六条第一款第(一)项之规定,构成非法种植毒品原植物罪,请求依法惩处。

2. 被告人的答辩

被告人张芹标辩解称:他知道罂粟是不允许种植的,但听别人说罂粟果可以给猪治病,故一时糊涂,种植了罂粟,现在自己很后悔。乡、村曾组织检查,拔掉了一部分,被发现并铲除的是之后生长起来的。被告人张芹标恳请法庭能从轻判处。

(三)事实和证据

上海市南汇县人民法院经公开审理查明:

1994年2月,被告人张芹标及其妻顾金仙听说罂粟果能治猪病,想到自家饲养着一头母猪,便由顾金仙在南汇县大团集贸市场内向他人讨得罂粟原植物种子,后由被告人张芹标将罂粟种子种植于其家屋后的自留地里。3月,南汇县大团乡要求各村委会组织检查,张芹标所在的村委会组织村干部进行了两天检查,当检查到张芹标家时,发现罂粟尚小,还不能用手拔除,遂明确告知张芹标要随后铲除,张口头答应下来,但一直未予铲除。5月16日,南汇县社会治安综合治理办公室、南汇县公安局治安科接群众举报后,赶赴张芹标家,将张种植的罂粟(已开花及有少量结果),予以强制铲除。张芹标尚能配合铲除。经工作人员清点,被告人张芹标非法种植罂粟共计 1210 株。经南汇县药品检验所检验，被告人张芹标种植的为罂粟科植物罂粟。

上述事实有下列证据证明：

1. 被告人张芹标供述："我老婆在大团集贸市场里向人讨了几颗罂粟种子，我就把它们种在自己房子后面的自留地里……"

2. 证人董龙德关于通知被告人张芹标拔除罂粟，张芹标口头答应但未予拔除的证言；

3. 南汇县公安局查禁罂粟现场取证记录及照片；

4. 南汇县药品检验所检验报告书关于被告人张芹标种植的原植物为罂粟科植物罂粟（已有花及果）的检验结论。

（四）判案理由

上海市南汇县人民法院认为：

1. 被告人张芹标违反国家有关禁止种植毒品原植物的规定，在自留地内非法种植罂粟 1210 株，数量较大。其行为已触犯全国人民代表大会常务委员会《关于禁毒的决定》第六条第一款第（一）项之规定，构成非法种植毒品原植物罪。

2. 被告人张芹标虽无法定从轻、减轻处罚情节，但鉴于其在案发后尚能配合铲除，认罪态度尚好，有一定悔罪表现，且系乡下农民，种植毒品原植物的主观恶性不重，决定酌情从轻处罚。

3. 根据被告人张芹标的犯罪情节和悔罪表现，对其适用缓刑确实不致再危害社会，决定宣告缓刑。

（五）定案结论

上海市南汇县人民法院根据全国人大常委会《关于禁毒的决定》第六条第一款第（一）项及《中华人民共和国刑法》第六十七条、第六十八条第二款，作出如下判决：

张芹标犯非法种植毒品原植物罪，判处有期徒刑一年，缓刑一年，并处罚金人民币 200 元。

（六）解说

毒品原植物本身不是毒品，而是提炼加工毒品必不可少的自然原料。非法种植毒品原植物是其他毒品犯罪的前提和基础。在全面禁毒斗争中，禁止非法种植毒品原植物，可以收到釜底抽薪的效果。

我国现行刑法典中并没有规定非法种植毒品原植物罪，只规定了制造、贩卖毒品罪，对于非法种植毒品原植物的行为，长期以来在刑法理论界和司法实务界都是主张以制造毒品罪论，但从严格意义上说，非法种植毒品原植物与制造毒品在性质、对象及危害性上并不相同，将非法种植毒品原植物以制造毒品罪论并不妥当，世界上除个别国家外，其他大多数国家都是将非法种植毒品原植物规定为独立的犯罪。1990 年全国人大常委会通过的《关于禁毒的决定》第六条则规定了非法种植毒品原植物罪。

根据上述决定的规定，非法种植毒品原植物罪，是指非法种植罂粟、大麻等毒品原植物，数量较大，或经公安机关处理后又种植，或抗拒铲除的。上述决定对种植罂粟规定了具体的数量，即 500 株以上不满 3000 株为"数量较大"，3000 株以上为"数量巨大"。本案行为人非法种植罂粟 1210 株，数量较大，符合非法种植毒品原植物罪的客观要件。至于构成本罪，并不要求行为人一定具有制造毒品或出售给他人制造毒品的目的，只要不是经过合法批准种植的，都是非法种植，数量较大的，就构成犯罪，因此，本案行为人辩解认为自己种植罂粟是为了给猪治病，这一辩解并不能成为行为人不构成犯罪的根据。

当然，从本案的实际情况出发，行为人的主观恶性不大，在公安机关铲除罂粟时尚能配合，犯罪后有一定的悔罪表现，经教育后不致再犯罪，据此，人民法院对其适用缓刑是完全正确的。

（赵忠元）

七、妨害婚姻、家庭罪案例

104. 虞裕娟等重婚案

（一）首部

1. 判决书字号：浙江省浦江县人民法院(1994)浦刑初字第154号。

2. 案由：虞裕娟等重婚案。

3. 诉讼双方

公诉机关：浙江省浦江县人民检察院，检察员周成木。

被告人：虞裕娟，女，36岁，汉族，江苏省无锡市人，农民。1994年6月24日因本案被逮捕。

辩护人：石长安，浙江省浦江县律师事务所律师。

被告人：何礼云，又名何礼咏，男，37岁，汉族，浙江省浦江县人，农民。1994年7月27日因本案被取保候审。

被告人何礼云未委托辩护人，自己行使辩护权。

4. 审级：一审。

5. 审判机关和审判组织

审判机关：浙江省浦江县人民法院。

合议庭组成人员：审判长：戴金荣；人民陪审员：徐成章、谢竟成。

6. 审结时间：1994年9月22日。

（二）诉辩主张

1. 浙江省浦江县人民检察院指控称

被告人虞裕娟于1980年4月22日与浦江县郑宅镇东明村的郑修琏自愿登记结婚，生有一子一女。1991年9月中旬离家出走，数月后与被告人何礼云以夫妻名义在何家公开同居。1993年6月6日生下一女后才将自己有丈夫和子女的实情告知何。此后虞、何继续以夫妻名义公开同居生活至案发。被告人虞裕娟有配偶而与他人长期以夫妻名义公开同居并生下一女；被告人何礼云明知虞有配偶仍与其以夫妻名义公开同居，两被告人的行为均已构成重婚罪，应按《中华人民共和国刑法》第一百八十条之规定追究刑事责任。

2. 被告人的答辩及其辩护人的辩护意见

被告人虞裕娟的辩护人认为：被告人虞裕娟是因丈夫郑修琏经常打骂她，村人恶意中伤她，使她无法在夫家生活下去而离家出走，后与家境贫寒的被告人何礼云共同生活。并且对1994年4月以前两被告人的重婚行为，虞的丈夫曾提起自诉，后又撤诉，应视为已作处理。4月以后的行为，按照新颁布的婚姻登记管理办法仅属非法同居，故不能认定为重婚行为，更不能构成重婚罪。

（三）事实和证据

浙江省浦江县人民法院经公开审理查明：

被告人虞裕娟经其姐夫之兄即浦江县郑宅镇刺园村民郑某介绍与郑宅镇东明村郑修琏相识，后于1980年4月22日登记结婚。婚后夫妻和睦相处，次年生下一子，取名郑齐旦；1982年又生下一女，取名郑笑笑。1985年起郑修琏外出到杭州打工挣钱，以后夫妻感情逐渐有所疏远。1991年5月的一天，被告人虞裕娟将浦江县白马镇一男性村民留在家中住宿并发生了两性关系。留宿之事被从杭州回家的丈夫郑修琏撞见，为此郑打了虞。同年9月虞借故离开夫家外出，数日后来到浦江县前吴乡罗坪村，对该村村民骗说自己是要饭的，既无丈夫又无子女。经一些村民撮和及被告人何礼云和父母同意，虞裕娟当晚即住在被告人何礼云家中，并与何礼云同居。自此后，虞、何二人即公开以夫妻名义同居生活。1993年6月6日双方生下一女后，虞才将自己有丈夫和子女的真实情况告诉何礼云。此后，虞、何仍以夫妻名义同居在何家。郑修琏得知妻子虞裕娟不辞而别后回家寻找妻子。1993年底了解到虞已与他人结为夫妻，遂于1994年元月13日具状向浦江县人民法院起诉，控告虞裕娟、何礼云犯重婚罪。浦江县人民法院浦西人民法庭受理之后，经调解自诉人郑修琏表示只要虞裕娟能够离开何礼云回家与自己及子女团聚，愿意撤回自诉。在虞裕娟表示愿意与郑及子女团聚后，郑修琏于4月14日要求撤回对虞、何的控诉，浦江县人民法院于同日裁定准予郑修琏撤诉。虞裕娟也于同日随郑修琏回家。被告人虞裕娟在郑家居住数日后又偷偷离家到何家继续与被告人何礼云公开以夫妻名义同居至被逮捕止。

上述事实有下列证据证明：

1. 被告人虞裕娟供认自己因将男子留宿在家且与其发生了两性关系，当晚被丈夫郑修琏撞见，后于1991年9月离家出走到被告人何礼云家，隐瞒自己有丈夫、子女之事并与何以夫妻名义公开同居生活，生下一女后才将真实情况告知何礼云；

2. 被告人何礼云对与虞公开以夫妻名义同居生活之事实也供认不讳，同时还供认自己在虞生下一女时虞已将有丈夫、子女之事实告知自己；

3. 证人何炳之、吴国仙、何成义、盛礼义均证实虞裕娟到何家时隐瞒了有丈夫、子女的真实情况，一到何家后即与何礼云作为夫妻共同生活，且生下一女；

4. 郑修琏向法院控告虞裕娟、何礼云重婚后又撤诉之事实有浦江县人民法院(1994)刑初字第8号案卷材料证实；

5. 郑修琏与虞裕娟系合法夫妻有二人的结婚证证实。

（四）判案理由

浙江省浦江县人民法院认为：被告人虞裕娟系有夫之妇，在自己与其他男子发生不正当两性关系被丈夫发现后离家出走，隐瞒自己有丈夫、子女的真实情况，长期与被告人何礼云公开以夫妻关系同居生活，且双方生下一女，虽未经婚姻登记机关登记结婚，但双方确已形成事实上的婚姻关系即夫妻关系。虞裕娟的行为已触犯《中华人民共和国刑法》第一百八十条，构成重婚罪。

被告人何礼云开始因被虞裕娟欺骗，不知其有丈夫，将虞留在家中，未要求虞同去婚姻登记机关办理结婚登记手续，即将虞作为妻子并且以夫妻名义同居生活，虽形成事实婚姻，但主观上无重婚的故意。然而，在1993年6月6日虞生下一女后已明知虞系有夫之妇，仍与其以夫妻名义同居生活，特别是在法庭解决后还将虞作为自己的妻子与其共同生活，应认定为主观上具有重婚的故意，其行为已构成重婚罪。

被告人虞裕娟、何礼云的重婚案经浙江省浦西县人民法院浦西法庭审理后，被告人虞裕娟本应改邪归正，与郑修琏重归于好，但其不思悔改，继续与何礼云重婚，情节严重，应从重处罚。1994年4月，被告人虞裕娟经法庭解决回家数日后，又与何以夫妻名义同居生活，是重婚行为的继续，不能视为已经处理，只能认为是为了逃避法律的制裁。因此，公诉机关指控的重婚罪名成立，被告人虞裕娟的辩护人的辩护意见不能成立。被告人虞裕娟、何礼云的犯罪事实清楚，证据确实、充分，为了维护我国一夫一妻的婚姻制度，保护合法的婚姻关系，对被告人虞裕娟、何礼云的重婚行为，必须依法惩处。

（五）定案结论

浙江省浦江县人民法院根据《中华人民共和国刑法》第一百八十条、第六十七条第一款、第六十八条第二款、第六十八条第三款作出如下判决：

1. 虞裕娟犯重婚罪，判处有期徒刑一年六个月。

2. 何礼云犯重婚罪，判处有期徒刑六个月，缓期一年执行。

（六）解说

重婚罪，是指有配偶又与他人结婚，或者明知他人有配偶而与之结婚的行为。浙江省浦江县人民法院认定虞裕娟、何礼云的行为构成重婚罪是正确的。

本案行为人虞裕娟、何礼云未经办理结婚登记手续，长期以夫妻名义同居生活，且得到所在村村民及何礼云亲戚朋友的承认，已形成事实上的婚姻关系。

对于行为人这种事实婚姻，法律如何看待成为处理本案的关键。最高人民法院1989年12月13日作出的《关于人民法院审理未办结婚登记而以夫妻名义同居生活案件的若干意见》指出："为保护妇女和儿童的合法权益，有利于婚姻家庭关系的稳定，维护安定团结，在一定时期内，有条件的承认其事实婚姻关系，是符合实际的。"同时还规定："已登记结婚的一方又与第三人形成事实婚姻关系，或事实婚姻的一方又与第三人形成新的事实婚姻关系，凡前一个婚姻关系的一方要求追究重婚罪的，无论其行为是否构成重婚罪，均应解除后一个婚姻关系。"这说明法律对一部分事实婚姻是给予承认的。因此，本案行为人虞裕娟、何礼云在自己有配偶和明知他人有配偶的情况下公开以夫妻名义同居，形成事实婚姻，破坏了一夫一妻制的婚姻家庭关系，构成重婚罪，法院的判决是正确合法的。

但是，根据中华人民共和国民政部1994年2月1日发布实施的《婚姻登记管理条例》第二十四条的规定："未到法定结婚年龄的公民以夫妻名义同居的，或者符合结婚条件的当事人未经结婚登记以夫妻名义同居的，其婚姻关系无效，不受法律保护。"这说明自1994年2月1日起，行政法规对事实婚姻不再给予承认，因此，对于类似本案的事实上的重婚行为司法机关是否仍可按照司法解释，适用刑法以重婚罪予以追究，则值得探讨。我们认为，第一，事实重婚行为侵犯了我国婚姻法规定的一夫一妻的婚姻制度。如果不对这种事实上的一夫多妻或一妻多夫的重婚行为予以打击，一夫一妻的婚姻制度就难以维护，尤其是在改革、开放的今天，尤显重要。第二，如果不能按重婚罪追究刑事责任，将会放纵犯罪。因为事实重婚既可以省去办理结婚登记的麻烦，又可逃避刑事追究，有谁会自愿地将重婚罪名往自己头上套呢？其结果就会造成重婚者逃避刑法的追究。第三，在民事、行政法规中对事实婚姻不予承认，宣布婚姻关系无效，与按重婚罪追究事实婚姻者的刑事责任并不矛盾。因为，其一，两者的目的是一致的，都是为了制裁违法行为，维护婚姻法所规定的各项婚姻制度。其二，按重婚罪追究重婚者的刑事责任，并不意味着承认事实婚姻的效力。正如追究抢劫赌场的行为人抢劫罪的刑事责任，并不是对赌场存在合法性的认可一样。

就本案而言，行为人虞裕娟、何礼云于1991年9月中旬至1994年6月被捕，长期以夫妻名义公开同居生活，无论其以夫妻名义公开同居生活是否构成事实婚姻，法律是否予以承认，其行为均属事实重婚行为，破坏了一夫一妻的婚姻家庭制度，构成重婚罪，浙江省浦江县人民法院的判决是正确的。同时，我们建议最高司法机关对事实重婚行为的定罪处罚应当进一步作出明确的司法解释，以便对该类事实重婚行为的定罪处罚有更明确的法律依据。

（方小吐）

八、渎职罪案例

105. 芮盘生受贿案

（一）首部

1. 裁判书字号

一审判决书：甘肃省金昌市中级人民法院（1994）金中刑初字第03号。

二审裁定书：甘肃省高级人民法院（1994）甘刑终字第294号。

2. 案由：芮盘生受贿案。

3. 诉讼双方

公诉机关：甘肃省金昌市人民检察院，检察员张新春。

被告人（上诉人）：芮盘生，男，59岁，汉族，江苏省溧阳市人，系甘肃省金昌市公路运输管理处处长。1993年9月30日因本案被取保候审。

一审辩护人：黄文清，金昌市律师事务所律师。

4. 审级：二审。

5. 审判机关和审判组织

一审法院：甘肃省金昌市中级人民法院。

合议庭组成人员：审判长：吴金寿；代理审判员：石建民、李永辉。

二审法院：甘肃省高级人民法院。

合议庭组成人员：审判长：李沪声；审判员：段枚君；代理审判员：崔坚。

6. 审结时间

一审审结时间：1994 年 6 月 17 日（依法延长审限）。

二审审结时间：1994 年 7 月 28 日。

（二）一审诉辩主张

1. 甘肃省金昌市人民检察院指控称

被告人芮盘生于 1992 年 7 月应金昌农垦运输公司经理严锡文的请求，利用其原在金昌市石油公司担任过经理并和现任石油公司经理、业务科长熟悉的便利条件，为金昌农垦运输公司批回计划内半高价汽油 10 吨。农垦运输公司将汽油倒卖后获利 5740 元。同年 8 月，农垦运输公司为了请芮盘生帮助审批金昌至兰州夜班车线路，疏通省运管部门，以汽油差价款的名义送给芮盘生现金 5000 元。上述事实，有证人证言、财务记帐凭证证实，被告人芮盘生对部分犯罪事实亦供认不讳。金昌市人民检察院认为：被告人芮盘生利用职务便利条件，为他人谋取利益，非法收受他人财物，其行为触犯了《中华人民共和国刑法》第一百八十五条和全国人大常委会《关于惩治贪污罪贿赂罪的补充规定》第四条之规定，构成受贿罪，特提起公诉，请法院依法予以惩处。

2. 被告人的答辩及其辩护人的辩护意见

一审开庭审理中，被告人芮盘生及其辩护人均提出，接受农垦运输公司严锡文的 5000 元现金是事实，但与审批该公司夜班车线路无关，是汽油差价款。辩护人还提出，芮盘生是利用个人关系，而非利用职务之便，收受的钱物属不正当收入，不应以犯罪论处。

（三）一审事实和证据

甘肃省金昌市中级人民法院经公开审理查明：

1992 年 7 月，金昌农垦运输公司经理严锡文请被告人芮盘生批些便宜汽油。芮盘生利用其原在石油公司担任过经理并和现任石油公司经理、业务科长熟悉的便利条件，为金昌农垦公司要了数量各 5 吨的计划内半高价汽油批条两张，农垦公司将 10 吨汽油倒卖获利 5740 元。同年 8 月，金昌农垦公司以汽油差价款的名义送给芮盘生现金 5000 元。案发后，赃款全部追回。

上述事实有下列证据证明：

1. 金昌农垦运输公司经理严锡文的证词：“我给芮盘生说金昌的汽油比青海便宜，你要上几吨我们拉到青海卖掉。芮盘生先后两次给我各 5 吨汽油的批条两张。我们把汽油提出来后，卖到青海祁连县。卖完后我从财务上提出现金 5000 元，于 8 月的一天送给芮盘生。”

2. 金昌石油公司经理陈生浦证词：“当时芮盘生提出批二三十吨油，我没同意。芮说在石油公司没有功劳也有苦劳。我让顾品德给他批上几吨。”

3. 金昌石油公司业务科长顾品德证词：“芮盘生提出批点油，说是他们单位用的，陈经理同意，我就给他批了两个条子，都是 5 吨。”

4. 金昌农垦运输公司财务凭证记载，提出汽油差价现金 5000 元。

5. 被告人芮盘生供述：“金昌农垦运输公司经理严锡文让我给他弄点便宜汽油，卖了后给我点差价。我从石油公司业务科长顾品德处要了两张5吨的汽油批条给了严锡文。事后，严锡文用报纸包着一沓钱送给我，说是卖汽油的差价，给我一点好处费。我数了一下是5000元。我能从石油公司批出油来，主要是我当过石油公司经理，下面的科长还是老关系，他们还得给我面子。农垦公司给我5000元钱，实际上是利用我在石油公司的关系给我行的贿。”

（四）一审判案理由

甘肃省金昌市中级人民法院认为：

被告人芮盘生身为国家工作人员，利用原职务影响，为他人谋取利益，非法收受他人财物，其行为已构成《中华人民共和国刑法》第一百八十五条规定的受贿罪，应依法惩处。

证人严锡文虽曾陈述请芮盘生帮忙审批夜班车线路，但在庭审及以前陈述中否认送5000元钱与批线路有关；被告人芮盘生亦始终否认为审批线路而接受钱财。故认定被告人芮盘生受贿5000元是为审批线路的证据不足。

被告人芮盘生在归案后能坦白交待犯罪事实，且已交回全部赃款，可以从轻处罚。

（五）一审定案结论

金昌市中级人民法院根据《中华人民共和国刑法》第一百八十五条、第六十条和全国人大常委会《关于惩治贪污罪贿赂罪的补充规定》第四条，作出如下判决：

芮盘生犯受贿罪，判处有期徒刑一年，宣告缓刑一年。

芮盘生违法所得现金5000元，予以追缴。

（六）二审情况

1. 二审诉辩主张

一审法院判决后，芮盘生不服，向甘肃省高级人民法院提出上诉。主要上诉理由是：没有利用现任职权，公路管理处的处长职务与批油没有直接的职权关系。作为一个县级干部接受这笔汽油差价款是错误的，但不构成受贿罪。一审判决以“利用原职务”为由判受贿罪是错误的，请求撤销原判。

2. 二审事实和证据

甘肃省高级人民法院经审理查明：

1992年7月，金昌农垦运输公司经理严锡文托上诉人芮盘生批些便宜汽油指标。芮盘生利用其原在金昌石油公司担任过经理，并和现任石油公司经理、业务科长熟悉的便利条件，从石油公司要了数量各5吨的计划内半高价汽油批条两张。农垦运输公司将10吨汽油销售后送给芮盘生现金5000元。案发后，赃款全部追回。

上述事实有下列证据证明：

(1)证人严锡文陈述，证实其向芮盘生请求批汽油，事后向芮送现金5000元的事实，与芮盘生的供述相一致；

(2)证人陈生浦、顾品德陈述，证实芮盘生以其单位用油为名要求批些汽油，共批给10吨；

(3)提取现金5000元的财务凭证；

(4)上诉人芮盘生对其基本犯罪事实供认不讳。

3. 二审判案理由

甘肃省高级人民法院认为：

上诉人芮盘生虽然不是直接利用本人现任职权为他人批油谋利，但他却利用了本人现任公路管理处处长的便利条件，以本单位公路管理处用油为名，又利用其原任石油公司经理的关系和影响，通过在职石油公司经理、业务科长职务上的行为，为请托人批油谋利，而本人从中非法收受财物，已构成受贿罪，这完全符合最高人民法院、最高人民检察院的司法解释。最高人民法院、最高人民检察院《关于执行〈关于惩治贪污罪贿赂罪的补充规定〉若干问题的解答》规定："国家工作人员不是直接利用本人职权，而是利用本人职权、地位形成的便利条件，通过其他国家工作人员职务上的行为，为请托人谋取利益，而本人从中非法收受财物的，应以受贿论处。"同时两院《解答》对已离职的国家工作人员还规定："利用原职权或地位形成的便利条件，通过在职的国家工作人员职务上的行为，为请托人谋取利益，而本人从中非法收受财物的，以受贿论处。"依据上述规定，上诉人芮盘生既利用了本人职权形成的便利条件，以本单位用油为名到石油公司批油；又利用了原在石油公司任经理的职权地位形成的便利条件，为请托人谋取利益，本人从中非法收受现金5000元，其行为显然已构成受贿罪。芮盘生所提没有利用现职，不是受贿的上诉理由不能成立，不予采纳。

在量刑上，考虑到芮盘生在本案中的犯罪情节较轻，并积极退赃，适用缓刑确实不致再危害社会，原判对芮盘生以受贿罪判处有期徒刑一年，缓刑一年是适当的。

4. 二审定案结论

甘肃省高级人民法院根据《中华人民共和国刑事诉讼法》第一百三十六条第(一)项之规定，作出如下裁定：

驳回上诉，维持原判。

(七)解说

芮盘生受贿案，是甘肃省首例利用原职务的影响，通过其他国家工作人员职务上的行为接受贿赂的案件。对这种不是直接利用本人职权，而是利用本人现任职务和原任职务形成的便利条件，通过其他国家工作人员职务上的行为，为请托人谋取利益，本人从中非法收受财物的行为，是否可以认定为受贿罪，在《中华人民共和国刑法》和全国人大常委会《关于惩治贪污罪贿赂罪的补充规定》中无明确规定，法学界尚有不同的观点和主张。最高人民法院、最高人民检察院《关于执行〈关于惩治贪污罪贿赂罪的补充规定〉若干问题的解答》中规定此种行为"应以受贿论处"。根据此司法解释，"利用职务之便"包含利用第三者职务上的便利，并要具备与本人职务有一定关联，而且受贿人从中周旋使他人获得利益这两个条件。芮盘生以公路管理处处长的身分，以本单位用油为名要求石油公司经理、业务科长批便宜汽油，以此为他人谋利，具备了上述两个条件。

最高人民法院、最高人民检察院的司法解释对此案这种行为以受贿罪论处的规定，从理论上讲，是对《关于惩治贪污罪贿赂罪的补充规定》的扩大解释，从理论研究的角度出发，还可以进一步探讨，但作为审判机关在司法实践中必须严格按照两院的司法解释审理具体案件。对芮盘生的行为以受贿罪论处，应当说是于法有据的。

(李沪声)

106. 石仁富受贿、巨额财产来源不明案（数罪并罚、死刑复核程序）

（一）首部

1. 裁判书字号

一审判决书：四川省泸州市中级人民法院（1993）泸中刑初字第69号。

二审裁定书：四川省高级人民法院（1994）川法刑二终字第21号。

复核审裁定书：中华人民共和国最高人民法院（1994）刑复字第73号。

2. 案由：石仁富受贿、巨额财产来源不明案。

3. 诉讼双方

公诉机关：四川省泸州市人民检察院，检察员赖应强，代理检察员彭学。

被告人（上诉人）：石仁富，男，60岁，汉族，四川省泸州市人，系泸州市大中专招生委员会办公室副主任。1993年10月28日因本案被逮捕。

一审辩护人：史敏，四川省泸州市律师事务所律师。

蔡思杰，四川省泸州市律师事务所律师。

4. 审级：二审、复核审。

5. 审判机关和审判组织

一审法院：四川省泸州市中级人民法院。

合议庭组成人员：审判长：唐先智；审判员：陈伟清；代理审判员：郑治。

二审法院：四川省高级人民法院。

合议庭组成人员：审判长：王兴土；审判员：张志鸿、马列兵。

复核审法院：中华人民共和国最高人民法院。

合议庭组成人员：审判长：李惠农；代理审判员：白富忠、杜伟夫。

6. 审结时间

一审审结时间：1993年12月22日。

二审审结时间：1994年3月29日（依法延长审限）。

复核审审结时间：1994年4月21日。

（二）一审诉辩主张

1. 四川省泸州市人民检察院指控称

被告人石仁富在1990年至1993年的大中专招生工作中，利用职务和与职务有关的便利条件，在为考生提供招生有关信息、帮助联系学校、解决委培和预科读书名额、联系委培单位中，以“差旅费”、“烟酒招待费”等种种名目，先后索取和收受400多名考生、考生家长和亲友的人民币42万多元。此外，检察机关在侦查过程中，从被告人石仁富家中搜查出现金、银行存折及有价证券共89万余元，扣除其自参加工作以来的所有合法收入和受贿所得款项后，尚有32万余元，被告人不能说明其合法来源。

泸州市人民检察院认为，被告人石仁富利用主管招生工作的职务之便，在为他人谋利益中，非法索取和收受现金，数额巨大，其行为触犯《中华人民共和国刑法》第一百八十五条和全国人大常委会《关于惩治贪污罪贿赂罪的补充规定》第四条、第五条之规定，已构成受贿罪，且情节特别严重。被告人石仁富对32万余元的个人财产不能说明其合法来源，依照全国人大常委会《关于惩治贪污罪贿赂罪的补充规定》第十一条第一款之规定，已构成巨额财产来源不明罪。为此特对被告人石仁富提起公诉，请求法院依法判处。

2. 被告人的答辩及其辩护人的辩护意见

被告人石仁富及其辩护人认为：泸州市人民检察院指控被告人犯受贿罪和巨额财产来源不明罪，定性是准确的，对此没有异议。但是，在受贿犯罪数额和巨额财产来源不明犯罪数额的认定上，有的证据不太充分。此外，被告人石仁富有以下从轻处罚情节，一是犯罪后认罪态度较好，二是对赃款分文未挥霍，案发后已全部追缴。请求法庭对被告人石仁富从轻处罚。

（三）一审事实和证据

四川省泸州市中级人民法院经公开审理查明：

被告人石仁富从1983年起任泸州市大中专招生委员会办公室副主任，具体主管大中专招生工作。此后，石利用考生或考生家长请托其联系学校、解决委培读书之机，借口跑路要差旅费、香烟费等名目，向考生家长索要钱财，致部分家庭经济较困难的考生家长借债送钱财给被告人。石于1987年索要一考生家长500元，1990年至1993年先后索取和收受404名考生家长现金410810元，受贿款多用于存银行取息和投资营利。

检察机关在侦破被告人石仁富的受贿犯罪过程中，从其家中搜得现金、存款及有价证券等巨额财产，除被告人石仁富能够说明部分款项来源外，其余337837.47元，被告人石仁富不能说明其合法来源。

上述事实有下列证据证明：

1. 被告人石仁富关于自己索要和收受贿赂的供述；
2. 证人证言：大量的考生家长及介绍人证明被告人石仁富索要和收受贿赂；
3. 书证：被告人石仁富的笔记本中记载的被告人石仁富收受贿赂的情况；
4. 物证：从石仁富家中搜出的大量的现金、存折及有价证券。

（四）一审判案理由

四川省泸州市中级人民法院认为：

1. 被告人石仁富在招生工作中，利用职务上的便利，索取和收受他人财物为他人谋取利益，其行为已触犯全国人大常委会《关于惩治贪污罪贿赂罪的补充规定》第四条、第五条之规定，构成受贿罪，且数额巨大，情节特别恶劣，依法应从重处罚。

2. 被告人石仁富对33万余元的巨额财产不能说明合法来源，已触犯全国人大常委会《关于惩治贪污罪贿赂罪的补充规定》第十一条第一款的规定，构成巨额财产来源不明罪。

3. 被告人石仁富的受贿所得及不能说明合法来源的巨额财产属违法所得，依法应予没收。

（五）一审定案结论

四川省泸州市中级人民法院根据全国人民代表大会常务委员会《关于惩治贪污罪贿赂罪的补充规定》第四条、第五条第一款、第十一条第一款、第十二条，《中华人民共和国刑法》第一百八十五条、第五十三条第一款、第五十五条第一款、第六十条、第六十四条，作出如下判决：

1．石仁富犯受贿罪，判处死刑，剥夺政治权利终身。犯巨额财产来源不明罪，判处有期徒刑四年。决定执行死刑，剥夺政治权利终身。

2．石仁富受贿所得的411310元和不能说明其合法来源的337837.47元，共计749147.47元予以没收。

3．石仁富个人所有的88117.53元和随案移送的赃物予以没收。

（六）二审情况

1．二审诉辩主张

四川省泸州市中级人民法院一审判决宣告后，被告人石仁富不服，上诉于四川省高级人民法院。其上诉的主要理由是，受贿赃款分文未挥霍，已全部被追缴，原判对受贿罪的量刑过重，请求从轻判处。

2．二审事实和证据

四川省高级人民法院经公开审理查明：案件的事实及依据的证据与一审法院查明的事实及依据的证据相同。

3．二审判案理由

四川省高级人民法院认为：

（1）泸州市中级人民法院的一审判决认定上诉人石仁富利用担任泸州市大中专招生委员会办公室副主任的职务之便，索取和收受他人贿赂41万余元，另有33万余元的财产不能说明合法来源，事实清楚，证据确实充分。

（2）被告人石仁富对赃款虽未挥霍，但受贿数额特别巨大，情节特别严重，其上诉理由不能成立。

（3）一审判决审判程序合法，适用法律正确，量刑适当，根据《中华人民共和国刑事诉讼法》第一百三十六条第（一）项规定应予维持。

4．二审定案结论

四川省高级人民法院根据《中华人民共和国刑事诉讼法》第一百三十六条第（一）项，作出裁定如下：

驳回石仁富的上诉，维持四川省泸州市中级人民法院1993年12月20日（1993）泸中刑初字第69号刑事判决。

（七）复核审情况

由于高级人民法院无权对贪污罪进行死刑复核，四川省高级人民法院二审终审后，依照《中华人民共和国刑事诉讼法》第一百四十六条之规定，将该案报送最高人民法院复核。

中华人民共和国最高人民法院依照死刑复核程序对全案进行审理，认为：被告人石仁富利用职务之便，收受和索取他人财物的行为已构成受贿罪。且受贿数额特别巨大，情节特别严重，依法应予严惩。石仁富尚有33万余元财产不能说明合法来源，构成巨额财产来源不明罪。一、二审法院认定的犯罪事实清楚，证据确实充分，定罪准确，量刑适当，审判程序合法。

中华人民共和国最高人民法院根据全国人大常委会《关于惩治贪污罪贿赂罪的补充规定》第四条、第五条第一款、第二条第一款第（一）项、第十一条第一款和《中华人民共和国刑法》第五十三条第一款、第六十四条，作出裁定如下：

核准四川省高级人民法院（1994）川法刑二终字第21号维持对被告人石仁富以受贿罪判处死刑，剥夺政治权利终身；以巨额财产来源不明罪，判处有期徒刑四年；决定执行死刑，剥夺政治权利终身的刑事裁定。

(八)解说

本案作为新中国教育系统经济犯罪第一大案,曾引起国内各界的广泛关注。

对于本案,有两个问题需要研究:一是关于巨额财产来源不明罪的问题,二是关于对行为人是否应适用死刑的问题。

1. 关于巨额财产来源不明罪的问题。巨额财产来源不明罪,在中国刑法典中并无规定,这是1988年全国人大常委会《关于惩治贪污罪贿赂罪的补充规定》中新增的罪名。关于设立这一罪名的立法意图,全国人大常委会法制工作委员会负责人在答《法制日报》记者问时谈到:"这几年,国家工作人员中出现了个别财产来源不明的'暴发户',或者支出明显超过合法收入,差额巨大,有的相差几万元、甚至几十万元,而本人又不能说明财产的合法来源。对于国家工作人员中出现的这种情况,首先应当查清是否为贪污、受贿、走私、投机倒把或者其他犯罪所得,依照刑法的有关规定处罚。但是,有的往往经过认真工作也无法查清具体事实。对这种案件,过去因为没有法律规定,不能处理,使罪犯逍遥法外。为此,《关于惩治贪污罪贿赂罪的补充规定》规定:国家工作人员的财产或者支出明显超过合法收入,差额巨大的,可以责令说明来源。本人不能说明其来源是合法的,差额部分以非法所得论,处五年以下有期徒刑或者拘役,并处或者单处没收财产的差额部分。这样规定,是符合以事实为根据的原则的,因为国家工作人员的财产和支出明显超过合法收入,差额巨大,又不能说明其合法来源,这本身就是一种犯罪事实。只要查明确属于这种事实,就可以作为定罪的根据。一些国家的法律,对这种情况也规定为犯罪。这样规定,对于惩办罪犯,防止国家工作人员腐化变质,保持廉洁奉公,是十分必要的。"

巨额财产来源不明罪具有一定的特殊性,即这是一种"推定"犯罪,是在无其他犯罪证据的情况下,仅仅根据国家工作人员不能说明巨额财产的合法来源这一事实,推定这笔巨额财产为非法所得,进而对行为人予以定罪。也正因为这是一种"推定"的犯罪,为了体现这一特殊性,保证定罪处刑的稳妥,故而对该罪的法定刑规定得较轻,最高刑只有五年有期徒刑,不像对贪污罪、受贿罪那样,规定很严厉的刑罚,直至死刑。

本案行为人对30余万元的个人财产不能说明合法来源,审判机关以巨额财产来源不明罪定性是完全正确的。

2. 关于对行为人是否应适用死刑的问题。对于本案的行为人,审判机关以受贿罪判处其死刑,行为人及其辩护人则认为行为人虽然受贿数额特别巨大,但赃款没有被挥霍,并据此要求从轻处罚。从本案事实来看,行为人向数百人索取或收受贿赂,总额达40余万元,从数额社会影响来看,是数额特别巨大,情节特别严重。根据全国人大常委会《关于惩治贪污罪贿赂罪的补充规定》第五条第一款、第二条第一款第(一)项之规定,个人受贿数额在5万元以上的,处十年以上有期徒刑或者无期徒刑,可以并处没收财产;情节特别严重的,处死刑,并处没收财产。因此,对行为人以受贿罪判处死刑既有事实根据,也有法律根据。至于行为人及其辩护人所提的理由尽管是事实,但这一事实对行为人的社会危害性并无大的影响。因为受贿罪所侵害的是公务机关的正常活动,当其接受贿赂时,损害已经造成,并且难以弥补,不像一些侵犯财产罪,犯罪人将财产退赔被害人就可以较好地恢复被侵害的社会关系。因此,对本案行为人判处死刑是完全正确的。

(龚　勇)

107. 樊士杰玩忽职守案

(一)首部

1. 判决书字号

一审判决书:天津市中级人民法院(1994)中刑初字第197号。

二审判决书:天津市高级人民法院(1994)高刑终字第95号。

2. 案由:樊士杰玩忽职守案。

3. 诉讼双方

公诉机关(抗诉机关):天津市人民检察院分院,代理检察员刘淑琴。

被告人:樊士杰,男,现年62岁,汉族,天津市静海县人,原系天津市对外贸易总公司总经理。1994年5月25日因本案被取保候审。

一、二审辩护人:肖梦斗,天津市北洋律师事务所律师。

4. 审级:二审。

5. 审判机关和审判组织

一审法院:天津市中级人民法院。

合议庭组成人员:审判长:葛渤海;代理审判员:张慧刚、哈子奇。

二审法院:天津市高级人民法院。

合议庭组成人员:审判长:陈文祥;代理审判员:吴云、简建设。

6. 审结时间

一审审结时间:1994年10月26日。

二审审结时间:1994年12月16日。

(二)一审情况

1. 一审诉辩主张

(1)天津市人民检察院分院指控称

1993年2月,被告人樊士杰与自称为香港马威铭投资公司(以下简称马威铭公司)经理任正怡(因诈骗罪被捕)相识。同年3月,马威铭公司副经理张祥与浙江省浙华公司(以下简称浙华公司)杨汉庚洽谈购销进口钢坯2万吨业务。因马威铭公司没有内贸经营权,在浙华公司的要求下,于同年3月19日,任正怡派该公司副经理张祥与浙华公司杨汉庚等人一同至天津对外贸易总公司(以下简称外贸总公司)与樊士杰等人商谈,要求由外贸总公司作为供方与浙华公司签订购销2万吨进口钢坯的合同,总金额为4660万元。被告人樊士杰在未对马威铭公司的资信、货源等作认真调查的情况下,在合同上签了字。浙华公司当日将932万元定金汇入外贸总公司帐户。后经樊士杰同意,任正怡从外贸总公司提取现金汇票980万元,由任将此款分别汇往沈阳、北京、上海、南宁等地。因外贸总公司与浙华公司签定的购销钢坯合同未能履行,浙华公司于1993年7月向上海市中级人民法院提起诉讼,要求外贸总公司赔偿浙华公司损失,并双倍返还定金。经法院调解,外贸总公司赔偿了浙华公司1378万元。

1993 年 8 月 2 日，外贸总公司向市公安局告发该公司被马威铭公司任正怡等人骗走 980 万元。经公安机关立案追缴，仅挽回损失 300 余万元及滞销的推土机、装载机 20 部，“富奇”牌轿车一辆、面包车一辆。

天津市人民检察院分院认为，被告人樊士杰身为外贸总公司总经理，对工作严重不负责任，在未对马威铭公司的资信、货源等作充分了解的情况下，盲目为从事非法经营活动的任正怡等人帮忙，以外贸总公司名义与浙华公司签定 2 万吨钢坯合同，给国家造成巨大经济损失，其行为触犯了《中华人民共和国刑法》第一百八十七条之规定，已构成玩忽职守罪。依法对被告人樊士杰提起公诉，请求依法惩处。

(2)被告人的答辩及其辩护人的辩护意见

被告人樊士杰对于公诉机关所指控的犯罪事实未提出异议，但认为自己的行为是工作失误，并未构成犯罪。其辩护人认为，被告人樊士杰将盖有外贸总公司公章的空白合同纸出借给马威铭公司，由张祥使用该合同纸与浙华公司签定了钢坯购销协议。樊的行为是出借合同，故不应对因不履行合同所造成的法律后果负责，不构成玩忽职守罪。辩护人还认为，被告人樊士杰在经营活动中有失误、有过错，但是，卷内材料还不能说明樊士杰是不是被任正怡所骗，这种骗是不是必然造成外贸总公司的经济损失。本案属事实不清，尚须进一步查证。

2. 一审事实和证据

天津市中级人民法院经公开审理查明：

被告人樊士杰于 1993 年 1 月结识了马威铭公司驻北京办事处的经理任正怡。同年 2 月间，任正怡向樊士杰提出用外贸总公司的合同纸在国内经营销售业务。被告人樊士杰在未对马威铭公司驻北京办事处的登记注册情况进行了解的情况下，同意了任的要求，并亲自将在供方、需方栏中盖有“天津对外贸易总公司经济合同章”的空白工矿产品购销合同纸 16 张交给了任正怡。同年 3 月 17 日，马威铭公司驻北京办事处副经理张祥经任正怡同意，并持任交给的外贸总公司的空白合同纸作为供方，欲与浙华公司杨汉庚签订进口钢坯 2 万吨、价值 4660 万元人民币的购销合同，杨提出该合同要有外贸总公司法人代表签字，并将定金交给外贸总公司。张祥经任正怡同意后，于同年 3 月 9 日即与杨汉庚等人一同至津，张、杨将所签合同交给樊，并提出由樊在供方栏内签字。被告人樊士杰经审阅合同内容，仅对其中交货时间提出了意见，经杨汉庚同意更改。尔后，樊士杰以外贸总公司法人代表身分签字，需方代表杨汉庚即将所带 932 万元人民币汇票作为定金，交外贸总公司入帐。

任正怡于同年 3 月 23 日、4 月 3 日分别以“购钢坯、买大米”为由告知樊士杰从外贸总公司提款共 980 万元人民币，樊同意，并指示财务部门按任提供的银行帐号转款汇入他处。任提款后，始终未交付钢坯，并将所提款用于投资开发土地项目和转借他人等。

浙华公司自交付定金时起至同年 6 月底止，多次催促樊士杰等人交货，未果。而樊为逃避承担与浙华公司所签钢坯购销合同的违约责任，于同年 6 月 12 日，单独与任正怡签订了所谓由马威铭公司承担违约责任的协议。同年 7 月 8 日，浙华公司向上海市中级人民法院起诉，要求天津外贸总公司承担违约责任。经案外调解，浙华公司与外贸总公司达成和解协议，由外贸总公司返还浙华公司 1378 万元(含定金及违约金)。

同年 8 月 2 日，外贸总公司向市公安机关告发任正怡诈骗货款。公安机关现已追回现金 331 万余元，以及装载机、推土机各 10 部，土地使用证一份和“富奇”牌轿车等物，共计价值 700 余万元人民币。

上述事实有下列证据证明：

(1)证人任正怡、张祥、杨汉庚、张青峰、吕建群、肖凤华、刘少波、赵玉书等证言；

(2)钢坯购销合同、收付款凭证等书证；

(3)被告人樊士杰的供述。

3. 一审判案理由

天津市中级人民法院认为：被告人樊士杰在担任外贸总公司总经理职务期间，对工作严重不负责任，未对任正怡所称的马威铭公司驻北京办事处的性质及登记注册、资信、货源等作考察，盲目信任任正怡，以天津外贸总公司法人代表的身份与浙华公司签订了购销钢坯合同和让任正怡从外贸总公司提走980万元人民币，以致上当受骗，造成国家巨大经济损失，其行为已构成《中华人民共和国刑法》第一百八十七条规定的玩忽职守罪，应依法惩处。

鉴于被告人樊士杰案发后能够如实交代犯罪事实，有悔罪表现，且经公安机关挽回大部分经济损失，可酌情予以从宽处罚，判处三年以下有期徒刑，同时适用《中华人民共和国刑法》第六十七条之规定宣告缓刑。

4. 一审定案结论

天津市中级人民法院根据《中华人民共和国刑法》第一百八十七条、第六十七条，作出如下判决：

樊士杰犯玩忽职守罪，判处有期徒刑三年，缓刑四年。

(三)二审诉辩主张

天津市中级人民法院一审判决宣判后，樊士杰表示服判不上诉；天津市人民检察分院以樊士杰玩忽职守给国家造成特别巨大的经济损失，犯罪情节严重，社会影响恶劣，原判量刑不当为由提出抗诉。

(四)二审事实和证据

天津市高级人民法院经审理查明：

樊士杰在担任外贸总公司总经理职务期间，对工作极不负责任，未对马威铭公司及其北京办事处的注册、资信等进行了解，即盲目轻信任正怡，出于为朋友帮忙之动机，即以外贸总公司法人代表身分在马威铭公司与浙华公司所达成的钢坯购销合同上签字，让外贸总公司替马威铭公司作为供方，承担风险责任，并让任正怡从外贸总公司提走980万元人民币，以致上当受骗，给国家造成无可挽回的、数额特别巨大的经济损失，其行为已构成玩忽职守罪，且犯罪情节严重。

证明上述事实的证据与一审法院认定的证据相同。

(五)二审判案理由

天津市高级人民法院认为，原审法院认定事实清楚，证据确实，定罪准确。

樊士杰能如实交代犯罪事实，有悔罪表现，但其犯罪行为给国家造成了不可挽回的600余万元经济损失，属情节严重，原审适用缓刑不当。检察机关抗诉有理，应予支持。

(六)二审定案结论

天津市高级人民法院根据《中华人民共和国刑事诉讼法》第一百三十六条第(二)项和《中华人民共和国刑法》第一百八十七条，作出如下判决：

1. 撤销天津市中级人民法院(1994)中刑初字第197号判决。

2. 樊士杰犯玩忽职守罪，判处有期徒刑三年。

（七）解说

玩忽职守罪是指国家工作人员由于严重不负责任，不履行或不正确履行自己的工作职责，致使公共财产、国家和人民利益遭受重大损失的行为。

此案中，樊士杰系外贸总公司法人代表，是国家工作人员，负有保护公共利益不受侵犯的义务，但其却因帮助朋友，置本公司的重大利益于不顾，为给"朋友"承担风险，对其资信情况不作查询，盲目相信其谎言，致本公司损失600余万元，造成重大经济损失，已构成玩忽职守罪，应依法惩处。天津市中、高级人民法院都认定樊士杰的行为构成玩忽职守罪，无疑是正确的。

根据《刑法》的规定，适用缓刑必须具备三个条件，一是犯罪情节较轻，二是有认罪悔改表现，三是适用缓刑后不致再危害社会。适用缓刑的三个条件必须同时具备，缺一不可。本案一审法院仅考虑樊士杰认罪态度较好，适用缓刑后一般不会重新犯罪的两个条件，而忽视了樊士杰的严重不负责任玩忽职守的行为，导致国家损失600余万元，情节恶劣，不符合适用缓刑的这一重要条件。玩忽职守是过失犯罪，造成后果有法律规定的才能追究刑事责任，因此，后果即损害大小是衡量犯罪情节的重要方面。行为人为了帮助所谓朋友，竟使本公司遭受600余万元的经济损失，情节较恶劣，故二审法院根据本案的事实情节、危害后果，依照《刑法》的规定，确认原判适用缓刑不当，检察机关抗诉有理，而撤销原判，改判樊士杰三年有期徒刑，是正确地体现了有法必依、执法必严、违法必究的司法原则。

（吴　云）

108. 赵金荣等玩忽职守、泄露国家秘密、为境外人员非法提供国家秘密案

（一）首部

1. 裁判书字号

一审判决书：河北省衡水地区中级人民法院（1994）衡地刑初字第14号。

二审裁定书：河北省高级人民法院（1994）冀刑终字第24号。

2. 案由：赵金荣等玩忽职守、泄露国家秘密、为境外人员非法提供国家秘密案。

3. 诉讼双方

公诉机关：河北省人民检察院衡水分院，检察员杨金才、朱克恩、方俊鹏，代理检察员胡宾、刘景平、赵春风、温新通、赵云峰。

被告人（上诉人）：赵金荣，男，53岁，汉族，河北省深县人，原任中国农业银行衡水中心支行行长。1993年6月13日因本案被逮捕。

一、二审辩护人：杨寿兴，河北省第二律师事务所律师。

陈冬寒，河北省衡水地区第三律师事务所律师。

被告人（上诉人）：徐志国，男，47岁，汉族，河北省深县人，原任中国农业银行衡水中心支行副行长。1993年6月13日因本案被逮捕。

一审辩护人：谢申林，北京市大地律师事务所律师。

田青云，北京市青山律师事务所律师。

二审辩护人：吕占琐，河北省石家庄市正大律师事务所律师。

张景和，河北省石家庄市新华律师事务所律师。

被告人（上诉人）：赵永强，男，31岁，汉族，河北省深县人，衡水师范专科学校英语教师，系中国农业银行衡水中心支行聘用的翻译。1993年7月27日因本案被逮捕。

一审辩护人：王双起，河北省衡水地区第一律师事务所律师。

白加宁，河北省衡水地区第一律师事务所律师。

被告人（上诉人）：刘淑红，女，33岁，汉族，河北省饶阳县人，原任中国农业银行衡水中心支行外汇业务科副科长。1993年6月19日因本案被逮捕。

一、二审辩护人：李益民，河北省第二律师事务所律师。

何军，河北省第二律师事务所律师。

4. 审级：二审。

5. 审判机关和审判组织

一审法院：河北省衡水地区中级人民法院。

合议庭组成人员：审判长：陈秉占；审判员：赵海琴、赵振玉；人民陪审员：高丽娟、李建平。

二审法院：河北省高级人民法院。

合议庭组成人员：审判长：倪其武；审判员：刘庆生、宋玉祥；代理审判员：魏健、刘云霄。

6. 审结时间

一审审结时间：1994年4月25日。

二审审结时间：1994年5月12日。

（二）一审诉辩主张

1. 河北省人民检察院衡水分院指控称

被告人赵金荣、徐志国于1993年3月与梅直方（FRANCISCO HUNG MOY）、李卓明（RAYMOND C LEE）（均系美国籍，另案处理）取得了联系。赵金荣、徐志国轻信梅直方、李卓明能为衡水“引资”的谎言，在不咨询、未向上级主管部门请示，也不了解备用信用证开证行、验证行责任，在无任何抵押和担保的情况下，超越职权，超越经营范围，于4月5日开出200份计100亿美元的备用信用证，赵金荣在行长处签字，让刘淑红在金融官员处签字，加盖公章后由李卓明寄往国外。同年4月7日，赵金荣收到国外一家公司对三份不同数额备用信用证的查询函，由梅直方、李卓明制作了对200份备用信用证的确认函，加盖公章后发出。4月15日，赵金荣、刘淑红在未收到任何函电的情况下，签发了由梅直方、李卓明制作的备用信用证的确认函。4月21日，赵金荣、刘淑红明知无权开具备用信用证，仍给国外查询的公司签发确认函。

被告人赵金荣违反保密法规，违背领导指示将中国农业银行5月26日会议（以下简称5.26会议）关于审查梅直方、李卓明诈骗的秘密事项透露给徐志国。5月28日徐志国在深县家中将事先写有5.26会议秘密事项的字条交给赵永强，让其告诉梅直方。赵永强不仅将徐字条上的内容告诉了梅直方，还把发否定备用信用证电函的决定也密报给梅直方，并按梅指定的地点发出。

河北省人民检察院衡水分院认为，根据以上事实，被告人赵金荣犯玩忽职守罪、泄露国家秘密罪，被告人徐志国犯玩忽职守罪、为境外人员非法提供国家秘密罪，被告人赵永强犯为境外人员非法提供国家秘密罪，被告人刘淑红犯玩忽职守罪，请求人民法院依法审判，予以惩处。

2. 被告人的答辩及其辩护人的辩护意见

被告人赵金荣的辩护人提出：赵金荣的玩忽职守行为没有造成直接严重后果；向徐志国透露5.26会议内容，因徐志国职务的原由，不构成泄露国家秘密罪。被告人徐志国的辩护人提出：对开出备用信用证，徐志国不是主要责任者，其行为是否构成犯罪值得研究；向梅直方透露5.26会议内容，是为了挽回损失，给梅直方、李卓明施加压力，事先并不知道是秘密，亦未造成后果，构不成为境外人员非法提供国家秘密罪。被告人赵永强的辩护人提出：给梅直方送字条，是受徐志国的指使，只起了传递作用，且并不知道转告的内容是秘密。被告人刘淑红的辩护人提出：刘淑红的行为是在不知情的情况下奉命签字，不构成玩忽职守罪。

（三）一审事实和证据

河北省衡水地区中级人民法院经公开审理查明：

1993年3月底，被告人赵金荣、徐志国在河北省衡水市与美国人梅直方、李卓明（均另案处理）洽谈合作引进国外资金事宜。赵金荣、徐志国轻信梅直方、李卓明编造的只需中国农业银行衡水中心支行（以下简称衡水农行）出具备用信用证作为手续，他们便可从国际金融市场为衡水农行引入巨额资金，衡水农行对引入的资金无需还本付息，也不用对所开信用证承担任何责任的谎言，在对信用证业务和梅直方、李卓明的资信程度均不了解的情况下，既不经本行领导集体讨论决定，也不向地方政府和上级银行如实报告，就于同年4月1日至2日，代表衡水农行与梅直方、李卓明签定了引入外资100亿美元的协议。4月4日，赵金荣派徐志国到中国农业银行（以下简称农总行）咨询引进外资的可行性。徐志国在农总行未找主管外汇业务的国际业务部咨询，即返回衡水向赵金荣说农总行认为引进外资是件好事，促使赵金荣决定将此事进行下去。4月5日，赵金荣、徐志国在梅直方、李卓明未按事先的承诺提供反担保的情况下，即超越本银行业务范围，开具了200份备用信用证，总金额达100亿美元。赵金荣和被告人刘淑红依职务在信用证上签署了各自的姓名后，交给梅直方、李卓明寄往国外。4月7日，衡水农行收到国外一家企业对所开备用信用证的查询。赵金荣、刘淑红签署了由梅直方、李卓明拟定的对备用信用证无条件确认的电函，对查询作了答复。4月15日，赵金荣又根据梅直方的要求，与刘淑红签发了对国外另一家企业查询的复函。4月17日，河北省农业银行要求赵金荣、徐志国汇报开具备用信用证的情况，赵金荣、徐志国为掩饰渎职行为，向梅直方、李卓明索要其事先承诺的反担保函。梅直方、李卓明即虚构了一份“联合国家共和银行”（UNITED NATIONAL REPUBLIC BANK）100亿美元的备用信用证。赵金荣明知这份“信用证”是无效的，仍向上级银行报送。4月21日，香港一家企业来函查询，赵金荣、刘淑红此时已因越权签发信用证受到上级银行负责人的批评，但仍然签发了无条件确认所开备用信用证的复函。衡水农行的备用信用证寄到国外以后被直接变卖。农总行为追索这些信用证遭受了巨大的经济损失，其金融信誉亦受到严重损害。

1993年5月26日，被告人赵金荣参加了农总行决定报请公安机关审查梅直方、李卓明诈骗行为的会议（以下简称5.26会议），赵金荣明知会议内容是事关国家重大利益的秘密事项，并受到有关领导要其保密和“不要告诉徐志国”的特别指示，仍将会议内容泄露给徐志国。徐志国为了使梅直方、李卓明逃走，有利于掩饰其渎职行为，将上述秘密事项写在纸条上交给被告人赵永强，让其通知梅直方。同时赵永强还将农总行为挽回损失，让衡水农行向境外有关企业发送否定备用信用证的电函，衡水农行委托其具体办理一事也告知梅直方。赵永强按梅直方提供的另一地址将这一电函发出，破坏了衡水农行这一消除备用信用证风险的措施。

上述事实有下列证据证明：

1. 关于赵金荣、徐志国、刘淑红玩忽职守事实的证据

(1)国家外汇管理局(91)汇发第 22 号《境内机构对外提供外汇担保管理办法》的规定；中国农业银行有权签字样本和衡水农行国际业务代理处营业执照等书证；

(2)“合作引进外资投资开发协议书”；

(3)从国外追回的备用信用证一部、三份确认函；上面签字的“赵金荣”、“刘淑红”字样，经刑事科学技术鉴定，系赵、刘本人所书写；

(4)提取的梅直方、李卓明以“联合国家共和银行”名义制作的 100 亿美元的“备用信用证”；

(5)俄罗斯联邦中央银行证明，“联合国家共和银行”未在俄罗斯中央银行注册；

(6)上述三被告人对事实经过均供认，供认情节一致。

2. 关于赵金荣泄露国家秘密，徐志国、赵永强为境外人员非法提供国家秘密事实的证据

(1)徐志国写给赵永强关于审查梅、李诈骗内容的字条；经河北省公安厅刑事科学技术鉴定，系徐志国所写；

(2)中国农业银行保密委员会关于 5.26 会议密级的证明；

(3)农总行领导石义荣，省农行有关领导韩忠东关于要求赵金荣保密的证言；

(4)梅直方的证言；

(5)上述三被告人的口供，供认情节一致。

(四)一审判案理由

河北省衡水地区中级人民法院认为：

国家外汇管理局发布的《境内机构对外提供外汇担保管理办法》中规定，为境外机构提供外汇担保，应由国家外汇管理局审批。农总行发布的有权签字样本中，没有被告人赵金荣、刘淑红的签样。况且衡水农行国际业务代理处的营业执照上，也没有国际结算和外汇担保的业务范围。赵金荣身为衡水农行行长，不履行行长的职责，轻信梅直方、李卓明的谎言，违反行业管理规章，越权开出 100 亿美元的备用信用证，严重损害了中国农业银行的财产权益和金融信誉，使国家利益遭受重大损失，其行为已构成《中华人民共和国刑法》第一百八十七条规定的玩忽职守罪，应当依法严惩。5.26 会议研究了向公安机关报案，追查梅直方、李卓明诈骗等事项，依照《中华人民共和国保守国家秘密法》第八条第(六)项的规定，属于国家秘密，与会人员有保守秘密的义务。赵金荣违反保密法规，泄露 5.26 会议秘密事项，情节严重，其行为构成《中华人民共和国刑法》第一百八十六条规定的泄露国家秘密罪，应当依法惩处。赵金荣一人犯数罪，应当依照《中华人民共和国刑法》第六十四条第一款的规定，实行数罪并罚。

被告人徐志国身为副行长，不履行主管外汇业务的职责任务，轻信梅直方、李卓明的谎言，谎报到农总行 咨询情况，对本银行违反行业管理规章，越权开出 100 亿美元备用信用证

起了重要作用，使国家利益受到重大损失，其行为构成《中华人民共和国刑法》第一百八十七条规定的玩忽职守罪，应当依法严惩。徐志国明知5.26会议内容是关系国家重大利益的秘密事项，为了促使梅直方、李卓明外逃以掩盖自己的渎职行为，而将秘密非法提供给梅直方，其行为构成《关于惩治泄露国家秘密犯罪的补充规定》中规定的为境外人员非法提供国家秘密罪，犯罪情节特别严重，应当依法严惩。徐志国一人犯数罪，应当依照《中华人民共和国刑法》第六十四条第一款的规定，实行数罪并罚。

被告人赵永强积极参与向梅直方非法提供5.26会议秘密事项，并泄露衡水农行要消除信用证风险的信息，破坏这一挽救措施，其行为构成《关于惩治泄露国家秘密犯罪的补充规定》规定的为境外人员非法提供国家秘密罪，且犯罪情节特别严重，应当依法严惩。

被告人刘淑红不履行衡水农行外汇业务科副科长的职责，违反行业管理规章，参与签署备用信用证，在受到上级银行批评后置若罔闻，仍然参与签署备用信用证确认函，其行为构成《中华人民共和国刑法》第一百八十七条规定的玩忽职守罪，应予依法惩处。

（五）一审定案结论

河北省衡水地区中级人民法院根据《中华人民共和国刑法》第一百八十七条、第一百八十六条、第五十二条、第六十四条和全国人大常委会《关于惩治泄露国家秘密犯罪的补充规定》，作出如下判决：

1. 赵金荣犯玩忽职守罪，判处有期徒刑五年；犯泄露国家秘密罪，判处有期徒刑七年，剥夺政治权利二年；决定执行有期徒刑十一年，剥夺政治权利二年。

2. 徐志国犯玩忽职守罪，判处有期徒刑五年；犯为境外人员非法提供国家秘密罪，判处有期徒刑十五年，剥夺政治权利三年；决定执行有期徒刑十九年，剥夺政治权利三年。

3. 赵永强犯为境外人员非法提供国家秘密罪，判处有期徒刑十四年，剥夺政治权利三年。

4. 刘淑红犯玩忽职守罪，判处有期徒刑一年。

（六）二审情况

1. 二审诉辩主张

一审判决宣告后，赵金荣、徐志国、赵永强、刘淑红不服，向河北省高级人民法院提出上诉。上诉人赵金荣及其辩护人提出：开具备用信用证未越权，不知道5.26会议内容是国家秘密，不构成玩忽职守罪和泄露国家秘密罪。徐志国及其辩护人提出：玩忽职守情节不重，一审处刑过重；不知道5.26会议是国家秘密，不构成为境外人员非法提供国家秘密罪。赵永强提出：向梅直方提供5.26会议内容是按衡水农行领导指示办事，不知道提供的内容是国家秘密，一审处刑过重。刘淑红及其辩护人提出：参与签署的有关文件系奉命签署，且不知道文件的性质和内容，不构成犯罪。

2. 二审事实和证据

河北省高级人民法院经审理查明：原判决认定上诉人赵金荣玩忽职守，泄露国家秘密；上诉人徐志国玩忽职守，为境外人员非法提供国家秘密；上诉人赵永强为境外人员非法提供国家秘密；刘淑红玩忽职守的基本事实清楚，证据确实、充分，足以认定。

认定玩忽职守的事实有国家外汇管理局《境内机构对外提供外汇担保管理办法》的规定，中国农业银行有权签字样本、衡水农行国际业务代理处营业执照和提取的“合作引进外资投资开发协议书”，从国外追回的备用信用证及其确认函等书证和证人证言证实。认定泄露国家秘密、为境外人员非法提供国家秘密的事实有中国农业银行保密委员会关于5.26会议密级的证明、徐志国写给赵永强的字条及其刑事科学技术鉴定结论和有关证人证言证实。上诉人赵金荣、徐志国、赵永强对犯罪事实均供认在案。

3. 二审判案理由

上诉人赵金荣诉称开具备用信用证没有超越职权，经查，国家外汇管理局《境内机构对外提供外汇担保管理办法》中规定，为境外机构提供外汇担保应由国家外汇管理局审批，农总行有权签字样本中没有赵金荣、刘淑红的签样，衡水农行国际业务代理处营业执照的业务范围没有国际结算和外汇担保业务，上级银行亦未授权。上述证据足以证明赵金荣等无权开具备用信用证。5月26日赵金荣参加了农总行召开的关于衡水农行开出备用信用证的专题会议，会议决定向公安机关报案审查梅直方、李卓明诈骗问题。会上有关领导强调要绝对保密，会后省分行领导特别向赵金荣交待不要把会议内容透露给徐志国。其所诉不知道5.26会议内容是国家秘密的理由不能成立。上诉人徐志国身为主管外汇业务的副行长，在咨询"引资"中不如实汇报情况，对越权开具巨额备用信用证起了重要作用。上诉人徐志国将报案审查梅、李诈骗的内容写在纸条上，经赵永强密告梅直方，有提取的字条为证。其所诉玩忽职守量刑过重和不知道告梅的内容是国家秘密的理由均不能成立。上诉人赵永强明知徐志国字条内容是关于审查梅、李诈骗的问题，却按徐的要求密告梅直方，同时将农总行决定为消除100亿美元备用信用证的风险要发否定函一事也密告梅直方，并按梅指定的地点发出。其所谓按领导指示办事、不知是国家秘密的理由不能成立。上诉人刘淑红提出：是奉命签字，且不知签的是什么文件，构不成犯罪。查农总行有权签字样本上没有刘淑红的签样。赵金荣供认刘淑红签字时已告知是信用证，省分行国际业务部负责人4月16日给刘淑红打电话批评其无权开具备用信用证。提取的1993年4月21日赵金荣、刘淑红给国外一家公司签发的对100亿美元备用信用证的确认函是中文函。其上诉所诉理由不能成立。

上诉人赵金荣身为衡水农行行长，违反银行外汇业务有关规定，超职越权开出200份计100亿美元备用信用证，使中国农业银行遭受了巨大损失，严重损害了中国农业银行的权益和信誉，其行为已构成玩忽职守罪；5.26会议后不听从有关领导强调保密的指示，将会议秘密事项告诉徐志国，情节严重，已构成泄露国家秘密罪。上诉人徐志国身为衡水农行副行长，在开出巨额备用信用证的过程中，不正确履行工作职责，在请示和咨询中，片面汇报情况，对越权开出备用信用证起了重要作用，其行为已构成玩忽职守罪；并违反国家保密法规，指使赵永强为境外人员非法提供国家秘密，严重损害了国家利益，其行为已构成为境外人员非法提供国家秘密罪，且动机卑鄙，社会危害性大，情节特别严重。上诉人赵永强无视国家法律，违反国家保密法规，积极为境外人员非法提供国家秘密，其行为已构成为境外人员非法提供国家秘密罪，并与梅直方勾结共同破坏金融机关消除100亿美元备用信用证风险措施的实施，社会危害性大，犯罪情节特别严重。上诉人刘淑红，身为衡水农行外汇业务科副科长，不正确履行职责，多次越权在巨额备用信用证和确认函上签名，特别是受到上级主管部门批评其无权签名后，仍不尽职责义务，又在对100亿美元备用信用证的确认函上签名，其行为已构成玩忽职守罪。原判决认定基本犯罪事实清楚，证据确实、充分，定罪准确，量刑适当，程序合法。

4. 二审定案结论

河北省高级人民法院根据《中华人民共和国刑事诉讼法》第一百三十六条第(一)项，作出如下裁定：

驳回上诉，维持原判。

（七）解说

1. 根据《中华人民共和国刑法》第一百八十七条规定，玩忽职守罪在客观方面主要表现为：行为人违反工作纪律、规章制度；擅离职守，不尽职责义务；或者在职守中马虎从事，敷衍搪塞，极不负责任；或者阳奉阴违，弄虚作假，欺下瞒上，胡作非为；或者滥用职权，任意蛮干，甚至强迫命令，瞎指挥，等等；同时这些行为给公共财产、国家和人民利益带来了重大损失后果。赵金荣、徐志国、刘淑红目无法纪，超越职权，任意蛮干，开具发往国外的备用信用证；在上级银行明确制止、进行了批评的情况下，赵金荣、刘淑红仍签发对备用信用证的确认函；在上级银行追查的情况下，赵金荣仍让诈骗分子梅直方以子虚乌有的"联合国家共和银行"名义开具反担保，弄虚作假，欺骗上级；徐志国在向农总行咨询过程中马虎从事，极不负责任。这些行为导致了严重的后果，给国家财产和金融信誉造成了极大的损害。考虑到他们玩忽职守行为情节恶劣和后果特别严重，人民法院对赵金荣、徐志国均判处了本罪的最高刑，即有期徒刑五年；考虑到刘淑红的责任相对轻于赵金荣、徐志国，判处有期徒刑一年，体现了罪责与刑罚相适应。

2.《中华人民共和国刑法》第一百八十六条规定：国家工作人员违反国家保密法规，泄露国家重要秘密，情节严重的，处七年以下有期徒刑、拘役或者剥夺政治权利。非国家工作人员犯前款罪，依照前款的规定酌情处罚。《中华人民共和国保守国家秘密法》第三十一条规定：违反本法规定，故意或者过失泄露国家秘密，情节严重的，依照《刑法》第一百八十六条的规定追究刑事责任。全国人民代表大会常务委员会《关于惩治泄露国家秘密犯罪的补充规定》规定：为境外的机构、组织、人员窃取、刺探、收买、非法提供国家秘密的，处五年以上十年以下有期徒刑；情节较轻的，处五年以下有期徒刑、拘役或者剥夺政治权利；情节特别严重的，处十年以上有期徒刑、无期徒刑或者死刑，并处剥夺政治权利。本案中，农总行5.26会议的密级为秘密级，赵金荣在有关领导强调注意保密，在散会时又特别叮嘱"不要告诉徐志国"的情况下，仍故意泄露，情节和后果均特别严重，因此适用《刑法》第一百八十六条判处有期徒刑七年。徐志国在赵金荣特别强调"人家不让我告诉你"的情况下获悉5.26会议秘密事项，仍非法提供给身为境外人员的梅直方，徐志国、赵永强在主观上的动机恶劣、态度积极，且造成了梅直方、李卓明多次转移住所藏匿的后果，干扰了公安机关的侦查工作，属于情节特别严重。因此，以为境外人员非法提供国家秘密罪判处徐志国有期徒刑十五年，判处赵永强有期徒刑十四年，定罪量刑是适当的。

（刘庆生　魏　健）

109. 童祥渊徇私舞弊案

（一）首部

1. 判决书字号：四川省叙永县人民法院（1994）叙刑初字第110号。

2. 案由：童祥渊徇私舞弊案。

3. 诉讼双方

公诉机关：四川省叙永县人民检察院，检察员简世忠。

被告人：童祥渊，男，47 岁，汉族，四川省叙永县人，系四川省叙永县公安局分水派出所民警，一级警司。1994 年 4 月 9 日因本案被逮捕。

辩护人：翟宗文，四川省叙永县律师事务所律师。

4. 审级：一审。

5. 审判机关和审判组织

审判机关：四川省叙永县人民法院。

合议庭组成人员：审判长：赵静；人民陪审员：张文新、贺俊。

6. 审结时间：1994 年 7 月 12 日。

（二）诉辩主张

1. 四川省叙永县人民检察院指控称

1992 年 2 月 6 日下午，被告人童祥渊值班时，接到报案，于次日查获胡永忠在长坝五桐洞的公路上持械拦截行人谢树华，将其财物据为己有。胡永忠请求被告人在处理时给予照顾。被告人童祥渊于是要谢树华与胡永忠私了，由胡永忠赔偿受害人损失，退还财物。被告人并收受胡的现金 500 元，致胡永忠作案后长达两年之久未受到刑事追究。1994 年 3 月，检察机关对胡永忠立案侦查后，被告人童祥渊还授意胡永忠之妻李发琼，设法让胡逃避侦查。

被告人童祥渊的行为已触犯了《中华人民共和国刑法》第一百八十八条之规定，构成了徇私舞弊罪。请求依法判处。

2. 被告人的答辩及其辩护人的辩护意见

被告人童祥渊辩称：自己接到报案后，立即到案发地调查，并处理了此案。由于自己文化低，没搞清案件性质，提出“私了”的主张，不是自己有意放纵罪犯。处理后即向所长汇报过查处情况。所长再未过问此事。1992 年 4 月至 1993 年 5 月期间，自己被抽调搞其他工作，未再办理此案。故要求宽大处理。

被告人童祥渊的辩护人认为公诉机关对被告人童祥渊犯徇私舞弊罪的指控在认定事实上有出入。实际上，造成胡永忠作案后长达两年之久未受到追究的原因是多方面的。比如，被告人童祥渊将处理胡永忠的情况向派出所所长汇报过，而所长并未纠正其做法，只说等他拿钱来赔了再说。1992 年 5 月以后，被告人童祥渊被抽调搞其他工作，未再办理此案。1993 年县公安局领导到分水派出所检查工作期间，被告人童祥渊提出汇报胡永忠案。领导仅说与两河派出所联系办，既未安排被告人童祥渊办理，也未安排其他人办理。鉴于上述原因，不能笼统地把胡永忠作案后长达两年之久未受到追究的责任都让被告人童祥渊承担，而应由被告人童祥渊与叙永县公安局分水派出所分担。此外，被告人童祥渊主观上对胡永忠是否构成抢劫罪是模糊的，因此故意包庇的性质不明显。可以从轻处罚。

（三）事实和证据

四川省叙永县人民法院经公开审理查明：

1992 年 2 月 6 日下午，被告人童祥渊在叙永县公安局分水派出所值班时，接到终南乡长坝村村民朱启荣报案称谢树华被抢。次日童祥渊与原终南乡的烤烟技术员张××前往发案地调查，查明：2 月 6 日下午 5 时许，两河镇农民胡永忠在原终南乡集体村一社农民杜××家，后与杜××兄妹同行，自叙永县分水镇长坝村返回五桐洞道班。行至川云公路大岩足时，适逢谢树华、金贵湘骑自行车路过。胡永忠听见车上有收录机的声音，即跑到公路中间挡住道路，用手抓住谢的自行车龙头，谢随车倒地，站起来求情说："哥，算了嘛。"胡即用匕首向谢刺去，谢侧身躲闪，匕首刺破谢的右肩部衣服。谢被吓得丢下自行车等财物逃离现场，胡永忠将劫得的自行车、收录机等物运至五桐洞道班存放。根据上述事实，被告人童祥渊将胡永忠查获，在胡的餐馆屋内搜出胡劫得的财物。当日下午，被告人童祥渊召集谢树华、胡永忠等人在长坝朱××家处理此事。其间，胡永忠请求童祥渊在处理时给予照顾。被告人童祥渊基于与胡永忠是熟人关系而向被害人谢树华提出"私了"方案，由胡永忠赔偿被害人损失，退还财物。被告人童祥渊在处理时，把胡叫到一连，对他讲：你这个事，定抢劫都定得起，趁现在还没上报县公安局，把钱赔了算了。经被告人协调后，达成了赔偿协议：由胡永忠赔偿谢树华损失费700元，退还财物。协议后，胡永忠因当时无钱而未兑现。处理结束后，被告人童祥渊用摩托车送胡永忠回五桐洞。途中，胡永忠要被告人童祥渊就此事帮忙。被告人说：把钱赔了，这件事就按酗酒闹事处理。到大岩足，胡下车后，从身上拿出300元钱交给被告人童祥渊，要他到朱××处"放平"，让其不要告发，又拿出200元，给被告人童祥渊算是拜年。其后，被告人童祥渊将500元钱全部归己，并不再追究胡永忠抢劫他人财物之事，致使胡作案后长达两年之久未受到追究。1994年3月，检察机关对胡永忠立案侦查后，被告人童祥渊对前往找他的胡永忠之妻李发琼讲："如有人来调查，就说胡永忠吃醉了，把车挡在那里，醉得推不起了，是请人推到道班的。第二天酒醒后，派出所已处理。如有人问胡永忠在哪里，就说出去了。"并要胡永忠回避一下。3月11日当李发琼找被告人时，被告人又收受李现金50元。案发后，被告人童祥渊已退赃款550元。

上述事实有下列证据证明：

1. 被告人童祥渊的供述；

2. 证人胡永忠关于自己抢劫作案的经过，及与童祥渊协商处理及拿钱给童祥渊的证言；

3. 被害人谢树华关于自己被抢劫的陈述；

4. 证人杜洪武、杜洪芬关于目睹胡永忠抢劫谢树华的证言；

5. 证人张安全关于被告人童祥渊在处理中提出"私了"的证言；

6. 证人王思伦关于派出所所长陈启坤要对胡永忠报县公安局立案侦查的证言；

7. 证人李发琼关于检察机关对胡永忠立案后，被告人童祥渊为其出主意及自己拿钱给童祥渊的证言；

8. 童祥渊的退赃凭证。

（四）判案理由

四川省叙永县人民法院认为：

1. 被告人童祥渊身为公安人员，利用职务之便，对明知是有罪的人采取"私了"的方法，收受贿赂，使罪犯逃避刑罚处罚。且在检察机关侦查中，为犯罪人出谋划策，企图使其逃避法律制裁。被告人的行为已触犯《中华人民共和国刑法》第一百八十八条之规定，构成徇私舞弊罪。

2. 被告人童祥渊案发后尚能坦白交待其犯罪事实，并能认识到自己行为的社会危害性，且退清了赃款，可酌情从轻处罚。

3. 被告人收受的550元属违法所得，应予追缴。

(五)定案结论

四川省叙永县人民法院根据《中华人民共和国刑法》第一百八十八条、第六十条,作出如下判决:

1. 童祥渊犯徇私舞弊罪,判处拘役六个月。

2. 童祥渊退出的赃款550元,予以追缴。

(六)解说

根据我国《刑法》第一百八十八条的规定,徇私舞弊罪(或称徇私枉法罪),是指司法工作人员对明知是无罪的人而使其受追诉,对明知是有罪的人而故意包庇不使其受追诉,或者故意颠倒黑白做枉法裁判的行为。据此,构成徇私舞罪,首先,主体必须是司法工作人员,根据《刑法》第八十四条,司法工作人员是指有侦讯、检察、审判、监管人犯职务的人员。其次,徇私舞弊的行为方式包括三种,一是明知是无罪的人而使其受追诉,动机多是报复;二是明知是有罪的人而不使其受追诉,动机多为包庇;三是故意颠倒黑白做枉法裁判,包括将无罪、罪轻的判为有罪、罪重,也包括将有罪的、罪重的判为无罪、罪轻。再次,在主观方面,本罪是故意犯罪,条文以"明知"、"故意"作了明确规定,过失不构成本罪。

本案行为人童祥渊是公安派出所的民警、一级警司,属于负有侦讯职责的司法工作人员,具有构成徇私舞弊罪的主体资格;从行为表现看,行为人明知胡永忠拦路抢劫,已构成抢劫罪,应立案侦查,但行为人由于和胡永忠是熟人,在胡永忠的请求和贿赂下,竟然要被害人与胡永忠"私了",让胡永忠退还抢得的财物,赔偿被害人的经济损失,被害人即不予再告发。由于行为人童祥渊的包庇,致使胡永忠逍遥法外两年多时间。行为人童祥渊的行为完全符合徇私舞弊罪的构成要件,审判机关对行为人童祥渊以徇私舞弊罪论是正确的。

(黄珐桂)

第三篇　刑事诉讼法案例

110. 欧阳克宁等非法买卖枪支弹药、私藏枪支弹药案（管辖）

（一）首部

1. 判决书字号：广西壮族自治区柳州市城中区人民法院(1994)中刑初字第9号。

2. 案由：欧阳克宁等非法买卖枪支弹药、私藏枪支弹药案。

3. 诉讼双方

公诉机关：广西壮族自治区柳州市城中区人民检察院，代理检察员赵钢。

被告人：欧阳克宁，男，38岁，汉族，广西柳州市人，无业。1981年11月因犯故意伤害罪被判处有期徒刑一年，1982年9月刑满释放。1993年11月22日因本案被逮捕。

被告人欧阳克宁未委托辩护人，自己行使辩护权。

被告人：韦华，曾用名韦玉林、韦守华，男，21岁，汉族，广西桂平县人，农民。1993年11月22日因本案被逮捕。

被告人韦华未委托辩护人，自己行使辩护权。

被告人：梁伟，男，47岁，汉族，广东省云浮市人，农民。1993年11月22日因本案被逮捕。

被告人梁伟未委托辩护人，自己行使辩护权。

被告人：蒋万兴，男，38岁，汉族，广西象州县人，工人。1993年11月22日因本案被逮捕。

辩护人：梁国森，广西壮族自治区柳州市通达律师事务所工作者。

被告人：戴春泰，男，35岁，汉族，江西省吉安县人，无职业。1993年11月22日因本案被逮捕。

辩护人：于绍义，广西壮族自治区柳州市第一律师事务所律师。

被告人：黄金波，男，35岁，汉族，广西平南县人，无业。1978年11月因犯流氓罪、盗窃罪被判处有期徒刑七年，1980年又因犯脱逃罪被加刑二年，1986年4月刑满释放。1993年11月22日因本案被逮捕。

辩护人：刘鸿化，广西壮族自治区柳州市第一律师事务所第一分所律师。

被告人：梁凯，男，29岁，汉族，广西柳江县人，个体出租车司机。1984年9月因犯抢劫罪被判处有期徒刑三年，1987年9月刑满释放。1993年11月22日因本案被逮捕。

辩护人：冯耀斌，广西壮族自治区柳州市律师事务所第一分所律师。

4. 审级：一审。

5. 审判机关和审判组织

审判机关：广西壮族自治区柳州市城中区人民法院。

合议庭组成人员：审判长：汤迎平；代理审判员：廖瑶琴；人民陪审员：钟秀琼。

6. 审结时间：1994年3月14日。

（二）诉辩主张

1. 广西柳州市城中区人民检察院指控称

被告人欧阳克宁于1992年4月至6月间，伙同被告人戴春泰来到广西边境。由被告人戴春泰出资人民币1200元，被告人欧阳克宁来到越南凉山市，向一姓黎的越南人购买"五九"式军用手枪1支及子弹12发，后返回柳州市将该枪交给被告人戴春泰。同年10月，被告人戴春泰将该枪弹抵押给被告人黄金波，得人民币500元。被告人黄金波将此枪收藏至1993年8月10日，被公安机关在其住处缴获。

被告人欧阳克宁伙同彭岳伟（已另案处理）于1992年4月至6月间，由彭岳伟出资，两次来到越南凉山市，以1100元和1200元人民币，向越南人非法购买法国造女式手枪和"五九"式手枪各1支及子弹37发。

被告人欧阳克宁伙同被告人韦华及黄黎（已另案处理）于1993年4月间，来到越南凉山市，被告人韦华及黄黎以1600元人民币非法购买了"五四"式军用手枪2支，并分别购买了52发子弹和70发子弹，后由被告人欧阳克宁携带枪弹返回柳州再交给被告人韦华。

被告人欧阳克宁、蒋万兴、梁伟于1992年7月间经合谋后，由被告人梁伟出资3800元交给被告人欧阳克宁为其买枪。同年8月2日左右，被告人欧阳克宁、梁凯一起来到越南凉山市，以1800元向越南人非法购买了美国造大口径军用手枪1支及子弹16发，后由二被告人携带枪弹回柳州交给被告人梁伟。

被告人欧阳克宁、戴春泰、韦华、梁伟、蒋万兴、黄金波、梁凯于1993年8月6日至11日间先后被公安机关抓获归案，非法购买的枪支弹药也已全部被缴获。

柳州市城中区人民检察院认为被告人欧阳克宁、韦华、梁伟、蒋万兴、戴春泰、梁凯非法购买枪支、弹药，其行为触犯了《中华人民共和国刑法》第一百一十二条的规定，构成非法买卖枪支、弹药罪；被告人黄金波私藏枪支弹药，其行为触犯了《中华人民共和国刑法》第一百六十三条的规定，构成了私藏枪支、弹药罪。提请法院依法判处。

2. 被告人的答辩及其辩护人的辩护意见

被告人欧阳克宁、韦华、梁伟、蒋万兴、戴春泰、黄金波、梁凯对公诉机关的指控没有提出异议。

被告人蒋万兴、戴春泰、黄金波的辩护人认为，被告人蒋万兴、戴春泰、黄金波系本案的从犯，应从轻处罚或减轻处罚。被告人梁凯的辩护人认为，梁凯的行为不构成非法买卖枪支弹药罪，因为梁凯是跟随被告人欧阳克宁去越南玩时，才知道欧阳是去越南购买枪支弹药的，要求法院对被告人梁凯免予刑事处分。

(三)事实和证据

广西柳州市城中区人民法院经公开审理查明:

1.1992年6月,被告人欧阳克宁、戴春泰商量一同到越南边境去做生意,戴交给欧阳人民币1200元。两被告人即前往广西宁明县爱店的越南边境看生意行情,由于没有合适的生意可做,被告人欧阳克宁即单独带钱来到越南凉山市,以1200元人民币向一越南人非法购买1支"五九"式军用手枪和12发子弹。被告人欧阳克宁返回柳州后,将这支枪和12发子弹交给戴春泰。被告人戴春泰由于缺少生活费用,又将这支枪和子弹以500元人民币抵押给被告人黄金波。黄将该枪支、弹药收藏在家中。

2.被告人欧阳克宁于1992年6月至8月,伙同彭岳伟(已被判刑),来到越南境内的凉山市,由彭出资2300元人民币,通过被告人欧阳克宁向越南人非法购得1支法国造女式手枪和1支"五九"式军用手枪及子弹37发。

3.被告人欧阳克宁于1993年4月间,伙同被告人韦华和黄黎(已被处决)来到越南境内的凉山市,由韦、黄各出资人民币1000元,通过被告人欧阳克宁向越南人非法购得"五四"式军用手枪2支和子弹122发。

4.被告人欧阳克宁于1993年7月底,经与被告人蒋万兴、梁伟合谋后,由被告人梁伟出资3800元人民币,由被告人欧阳克宁为其到越南购买枪支弹药。同年8月初,被告人梁凯明知被告人欧阳克宁到越南境内非法购买枪支、弹药,仍与被告人欧阳克宁一起来到越南凉山市,以1800元人民币向越南人非法购得1支美国制造的大口径军用手枪和16发子弹,带回柳州后交给被告人梁伟。

上述事实有下列证据证明:

1.知情群众向柳州市公安局刑警支队举报的材料;

2.被告人欧阳克宁、韦华、梁伟、蒋万兴、戴春泰、黄金波、梁凯的供述;

3.缴获的枪支弹药:"五四"式军用手枪2支,"五九"式军用手枪2支;法国造女式手枪1支,美国造军用手枪1支,子弹187发。

(四)判案理由

广西柳州市城中区人民法院认为:

1.被告人欧阳克宁、韦华、梁伟、蒋万兴、戴春泰、梁凯违反国家对枪支、弹药的管理规定,越境非法购买枪支、弹药,其行为确已触犯了《中华人民共和国刑法》第一百一十二条的规定,构成了非法买卖枪支、弹药罪。梁凯的辩护人提出梁凯的行为不构成非法买卖枪支、弹药罪的辩护意见,不予采纳。

2.被告人黄金波,违反国家对枪支、弹药的管理规定,私藏枪支、弹药拒不交出,已触犯了《中华人民共和国刑法》第一百六十三条之规定,构成了私藏枪支、弹药罪。

3.被告人欧阳克宁在共同犯罪中起主要作用,是本案的主犯,符合《中华人民共和国刑法》第二十三条之规定,应从重处罚;被告人韦华、梁伟、蒋万兴、戴春泰、梁凯在共同犯罪中起次要作用,是本案的从犯,符合《中华人民共和国刑法》第二十四条的规定,应比照主犯从轻或减轻处罚。

4.被告人欧阳克宁、黄金波、梁凯刑满释放后又犯罪,根据全国人大常委会《关于处理逃跑或者重新犯罪的劳改犯和劳教人员的决定》应从重处罚。

5.被告人梁凯犯罪情节轻微,符合《中华人民共和国刑法》第三十二条之规定,可免予刑事处分。

6. 手枪6支、子弹187发属违禁品，根据《中华人民共和国刑法》第六十条之规定应予没收。

(五)定案结论

广西柳州市城中区人民法院根据《中华人民共和国刑法》第一百一十二条、第一百六十三条、第二十三条、第二十四条、第三十二条、第五十四条、第六十条及全国人大常委会《关于处理逃跑或者重新犯罪的劳改犯和劳教人员的决定》第二条，作出如下判决：

1. 欧阳克宁犯非法买卖枪支、弹药罪，判处有期徒刑十年，剥夺政治权利二年。
2. 韦华犯非法买卖枪支、弹药罪，判处有期徒刑二年。
3. 梁伟犯非法买卖枪支、弹药罪，判处有期徒刑二年。
4. 蒋万兴犯非法买卖枪支、弹药罪，判处有期徒刑一年零六个月。
5. 戴春泰犯非法买卖枪支、弹药罪，判处有期徒刑一年零六个月。
6. 黄金波犯私藏枪支、弹药罪，判处有期徒刑一年。
7. 梁凯犯非法买卖枪支、弹药罪，情节轻微，免予刑事处分。
8. 手枪6支，子弹187发予以没收。

判决宣告后，7名被告人在法定期限内没有上诉。

(六)解说

本案的案情比较简单，但却是一起跨国犯罪的案件，具有一定特殊性，在适用法律上有两个问题需要加以研究。

首先是关于本案行为人的犯罪地。这是涉及到对行为人的行为是否适用中国刑法的问题。因为根据中国刑法典第五条的规定，中华人民共和国公民在中华人民共和国领域外犯第四条规定以外之罪的，只有按刑法典规定的最低刑为三年以上有期徒刑的，才适用刑法典。而本案行为人非法买卖枪支弹药的行为，既不是刑法典第四条规定的犯罪，其法定最低刑也不是三年以上有期徒刑。因此，如果犯罪地不在中国，就无法适用中国刑法。本案从表面上看，非法购买枪支弹药的行为是发生在越南，显然，越南是本案的犯罪行为地。那么，中国是不是本案的犯罪地？根据中国刑法典第三条第三款的规定，犯罪的行为或者结果有一项发生在中华人民共和国领域内的，就认为是在中华人民共和国领域内犯罪。本案虽然犯罪行为地在越南，但是犯罪结果地却在中国。因为非法购买枪支弹药的结果就是行为人非法拥有枪支弹药，这一结果显然是在中国，行为人购买枪支弹药的行为其结果是对中国的公共安全构成威胁。由于本案的犯罪结果地在中国，即中国也是本案的犯罪地，故对行为人由中国法院审判，适用中国刑法是有事实和法律根据的。

其次，本案还涉及到行为人越境到越南是偷越还是合法过境的性质问题，原判决中对此没有表明是不对的。由于跨国犯罪，因而行为人从中国到越南就存在两种可能性：一是合法地过境，二是非法地越境。如果行为人是非法越境，本案就存在着一个偷越国境的问题，对行为人还应按偷越国境罪处罚。

（张延庆）

111. 黄万蓉等贪污案
(管辖)

(一)首部

1. 判决书字号:四川省金堂县人民法院(1994)金刑初字第315号。

2. 案由:黄万蓉等贪污案。

3. 诉讼双方

公诉机关:四川省金堂县人民检察院,代理检察员王有炳。

被告人:黄万蓉,45岁,汉族,四川省广汉市人,系广汉市公路养路段跃龙寺收费站班长。1994年5月22日因本案被逮捕。

辩护人:周茂惠,四川省金堂县律师事务所律师。

被告人:孙乾国,男,30岁,汉族,四川省金堂县人,农民。1994年5月22日因本案被逮捕。

辩护人:曾令泽,四川联合律师事务所律师。

4. 审级:一审。

5. 审判机关和审判组织

审判机关:四川省金堂县人民法院。

合议庭组成人员:审判长:樊兴成;代理审判员:周学勤、周卫东。

6. 审结时间:1994年12月22日。

(二)诉辩主张

1. 四川省金堂县人民检察院指控称

1994年3月26日晚,被告人孙乾国盗得金堂县交通局"四川省车辆通行费定额收据"260余本,票面金额10.2万余元,交给被告人黄万蓉2万余元的票据让其销售。被告人黄万蓉在收费站卖出票据,获款7300余元,分给被告人孙乾国赃款2400元,余款4900余元据为己有。二被告人的行为均已构成贪污罪,请法院依照全国人民代表大会常务委员会《关于惩治贪污罪贿赂罪的补充规定》第二条第三款之规定判处。

2. 被告人的答辩及其辩护人的辩护意见

被告人黄万蓉供认犯罪事实,未作辩解。

被告人黄万蓉的辩护人认为公诉机关指控事实成立,定性准确。但认为被告人黄万蓉犯罪是由被告人孙乾国所引起,在整个犯罪过程中,被告人黄万蓉的作用比被告人孙乾国小,且归案后如实坦白犯罪事实,积极退清赃款,认罪态度好,应予从轻处罚。被告人过去工作表现好,属于偶犯,其所在单位愿意监督改造,可适用缓刑。

被告人孙乾国对指控的事实供认不讳,未作辩解。

被告人孙乾国的辩护人以被告人孙乾国积极退赃,认罪态度好,在共同犯罪中实施的行为并非犯罪的中心环节,分赃较少等为由,要求比照被告人黄万蓉从轻处罚。

（三）事实和证据

四川省金堂县人民法院经公开审理查明：

1994年3月26日晚，被告人孙乾国撬门入室，盗得金堂县交通局收费路桥管理所尚未盖章生效的、面额为五元、四元、三元、二元和一元的“四川省车辆通行费定额票据”264本零93张，票面总额102209元。同年4月上旬，被告人孙乾国分两次携带总面额2.12万元的票据前往广汉市，与被告人黄万蓉密谋，由黄万蓉销售后按比例分赃。被告人黄万蓉利用在广汉市跃龙寺收费站担任班长的职务之便，私自加盖收费站公章后混在该收费站的通行收费票据中售出一部分，获款7260元，被告人黄万蓉自得4860元，被告人孙乾国分得2400元。破案后，全部赃款和尚未售出的票据已被公安机关追回，发还金堂县交通局收费路桥管理所。

上述事实有下列证据证明：

1. 金堂县交通局收费路桥管理所的报案材料，证明该所收费票据被盗的品种、数量及面值金额；

2. 证人陈学品、陈济良、张世滨、徐保平、廖兴翠的证言，证明被告人黄万蓉私盖收费站公章及票据售出的事实；

3. 被告人黄万蓉、孙乾国的供述，相互印证了犯罪的事实；

4. 盗窃现场照片、票据及现金提取笔录，证明被告人孙乾国盗窃事实及被告人黄万蓉售出票据获款分赃的情况；

5. 票据样本，证明被告人孙乾国所盗得的通行费票据无效，被告人黄万蓉加盖收费站公章后变为有效的事实；

6. 金堂县交通局收费路桥管理所的领条、收条，证明二被告人退赃款7260元及尚未售出的票据均已发还。

（四）判案理由

四川省金堂县人民法院认为：

1. 被告人黄万蓉利用担任广汉市跃龙寺收费站班长的职务之便，私自在被告人孙乾国盗得的“四川省车辆通行费定额票据”上加盖该收费站公章，使无效的票据成为有效票据，用作收取车辆通行费的收据，从而侵吞公款7260元，符合全国人大常委会《关于惩治贪污罪贿赂罪的补充规定》第一条第一款的规定，已构成了贪污罪。

2. 被告人孙乾国虽不具备贪污罪的主体要件，但其与被告人黄万蓉勾结，向黄提供车辆通行费定额票据，并与黄共同分赃，其行为符合全国人大常委会《关于惩治贪污罪贿赂罪的补充规定》第一条第二款的规定，应以贪污罪的共犯论处。

3. 被告人黄万蓉利用职务之便，直接实施了侵吞公款的贪污行为，在共同犯罪中作用大于被告人孙乾国，处刑应比被告人孙乾国重，但被告人孙乾国撬门入室进行盗窃票据，虽不构成盗窃罪，但应作为从重量刑的一个情节。

4. 被告人黄万蓉、孙乾国归案后均如实坦白罪行，认罪态度较好，积极退清了赃款，且从本案的具体情况来看，需要较长时间才能贪污较多的公款，犯罪的社会危害性不是很大，可以采纳辩护人从轻处罚的意见。

二被告人有一定的悔罪表现，均有较好的改造条件，犯罪带来的社会危害性也基本上得到了弥补，适用缓刑也不致再危害社会，宣告缓刑可以收到更好的社会效果，可以宣告缓刑。

(五)定案结论

四川省金堂县人民法院根据全国人民代表大会常务委员会《关于惩治贪污罪贿赂罪的补充规定》第一条、第二条第一款第(三)项、第二条第二款和《中华人民共和国刑法》第六十七条第一款、第六十八条第二款、第六十八条第三款,作出如下判决:

1. 黄万蓉犯贪污罪,判处有期徒刑三年,宣告缓刑四年。

2. 孙乾国犯贪污罪,判处有期徒刑三年,宣告缓刑四年。

(六)解说

本案是一起内外勾结、共同贪污公款的案件,行为人黄万蓉的行为性质较为简单,她利用担任收费站班长的职务之便,使用孙乾国盗窃来的收据,侵吞公款7000余元,构成贪污罪,而行为人孙乾国的行为性质则稍为复杂,需具体加以分析。

孙乾国的身分是个农民,并不具备贪污罪的主体条件,即国家工作人员、集体经济组织工作人员以及其他经手、管理公共财物的人员。因此,孙乾国无论如何不能单独构成贪污罪,但是不具备贪污罪主体身分的人并不绝对不能构成贪污罪。虽然单独不能构成贪污罪,但却可以构成贪污罪的共犯,即与具有贪污罪主体身分的人共同构成贪污罪,成为贪污罪实行犯的帮助犯、教唆犯。本案中,行为人孙乾国实际上就是贪污犯黄万蓉的帮助犯。从本案事实来看,孙乾国将盗窃来的“四川省车辆通行费定额票据”交给黄万蓉,黄万蓉利用职务之便在该票据上加盖本收费站的公章,并作为收取车辆通行费的收据,借此侵吞公款,与孙乾国共同分赃。可以看出,如果没有行为人孙乾国盗窃的票据,黄万蓉即无法实施侵吞公款的行为,也就是说,孙乾国所实施的盗窃车辆通行费票据并将其交与黄万蓉的行为,客观上起到了帮助黄万蓉贪污的作用。不仅如此,孙乾国、黄万蓉二人在主观上也都认识到二人是相互配合,共同实施侵吞公款的行为,因此,孙乾国构成贪污罪的帮助犯。全国人大常委会《关于惩治贪污罪贿赂罪的补充规定》第一条第二款规定“与国家工作人员、集体经济组织工作人员或者其他经手管理公共财物的人员勾结,伙同贪污的,以共犯论处”。行为人孙乾国的行为正符合上述规定,审判机关以贪污罪定性是完全正确的。

那么,孙乾国所实施的盗窃票据的行为本身是否还要定罪处罚呢?孙乾国盗得的票据票面总额达10万多元,但是这并不表示盗窃的财物价值是10万多元,因为这些票据并不是权利凭证,而仅仅是一种已付款项的证明,因而不具有票面所表示的财产价值。但是票据的所有人——金堂县交通局收费路桥管理所,为印制这些票据支付了一定的费用,并且交纳了一定的管理费。然而虽然管理所受到了损失,行为人孙乾国如果不把这些票据交给黄万蓉使用并分赃,这些票据对于孙乾国来说等于废纸,毫无价值。孙乾国盗窃这些票据的目的也不是为了自己占有,因此,对孙乾国盗窃票据的行为以盗窃罪定性并不十分恰当,它只是共同贪污行为的一个组成部分。当然,对于盗窃票据,可以作为一个量刑的从重情节考虑,但不宜单独作为盗窃罪论处。

另外,本案还涉及到一个管辖问题,因为本案实际上有两个犯罪地,一是盗窃行为地,在四川省金堂县,一是贪污行为地,在四川省广汉市。按照《中华人民共和国刑事诉讼法》第十九条的规定,刑事案件由犯罪地的人民法院管辖,因此,对本案,金堂县人民法院和广汉市人民法院都有管辖权。而根据《中华人民共和国刑事诉讼法》第二十条的规定,几个同级人民法院都有权管辖的案件,由最初受理的人民法院审判。本案最初是由金堂县公安局对收费路桥管理所票据被盗案立案侦查,后由金堂县人民检察院侦查终结,向金堂县人民法院提起公诉，金堂县人民法院受理了此案，未再向广汉市人民法院移送，是符合《刑事诉讼法》第二十条之规定的。

（张顺强）

112. 高德福强奸、抢劫案
（管辖）

（一）首部

1. 判决书字号：福建省厦门市中级人民法院（1994）厦刑初字第95号。

2. 案由：高德福强奸、抢劫案。

3. 诉讼双方

公诉机关：福建省厦门市人民检察院，代理检察员陈成武、吴捷。

被告人：高德福，男，41岁，汉族，福建省龙海市人，工人。1994年7月17日因本案被刑事拘留，1994年7月28日因本案被逮捕。

辩护人：林美福，厦门市第三律师事务所律师。

4. 审级：一审。

5. 审判机关和审判组织

审判机关：福建省厦门市中级人民法院。

合议庭组成人员：审判长：邱毅争；审判员：欧阳孜；代理审判员：邱一帆。

6. 审结时间：1994年11月8日。

（二）诉辩主张

1. 福建省厦门市人民检察院指控称

被告人高德福于1994年7月16日中午1时许在厦门市西山顶水库附近见美国籍女游客张××单身一人在山上游览，即萌生邪念，尾随其后并将张引至长寿峡一线天偏僻处，对其提出性交要求。当张拒绝时，被告人高德福竟采取搂抱、推按等暴力手段欲强行奸淫，因张反抗呼救而未得逞。高德福即转而抢走张挎包内的一台日产"OLYMPUS"牌照相机后逃离现场，并将照相机藏匿于幸福园厕所储藏室内。案发后，照相机已追回归还被害人。福建省厦门市人民检察院认为：被告人高德福的行为已触犯《中华人民共和国刑法》第一百五十条、第一百三十九条，构成抢劫罪、强奸罪（未遂），依法提起公诉。

2. 被告人的答辩及其辩护人的辩护意见

被告人高德福对福建省厦门市人民检察院的指控不表示异议。其辩护人林美福辩护认为被告人在抢被害人照相机时没有实施暴力和胁迫行为，其行为不具备抢劫罪的构成要件，不构成抢劫罪，而构成抢夺罪。并且由于赃物已发还被害人，未给被害人造成经济损失。强奸犯罪暴力程度较小且系未遂，请求对强奸犯罪予以减轻处罚，对抢夺犯罪从轻处罚。

（三）事实和证据

厦门市中级人民法院因本案涉及个人阴私，依法经不公开审理查明：

被告人高德福于1994年7月16日中午1时许，酒后见一外国人模样的妇女（即被害人张××，中文姓氏，美国公民）独自一人身挎照相机在厦门市万石岩西山顶水库附近游览，即向路人打听其是否外国人，得知确系美国人后，便萌生和外国妇女性交，尝新鲜味的邪念，随即尾随其后。当行至一花圃附近时，被告人趋前，见被害人确系黄头发、白皮肤的外国妇女，即用闽南语向其提出性交要求。被害人张××不解其意，继续行走，被告人高德福即佯装带路，示意张往路边小路行走，张未听从，被告人仍继续比划手势，将张引入长寿峡一线天偏僻处，随后爬上一石头佯装看风景，张亦跟随爬上照相。当张从石头上下来时，被告人高德福见四下无人，伸手勾住被害人脖子，被害人躲闪并示意被告人先行。途经一小石亭时，被告人高德福突然停下，示意张坐其身旁，张不予理睬，继续前行。被告人高德福趋步跟上，同时比划性交动作，要求性交，被张拒绝。被告人高德福继续比划性交动作对其纠缠，被害人见状欲返身回走，被告人即猛抓张胸前衣服，搂住欲强行接吻，张挣扎，被告人高德福遂顺势将张推按在石头上动手掀其上衣，欲解其裤子奸淫，但因张反抗呼救而未得逞。是时，被告人高德福见被害人的一架日产"OLYMPUS"牌照相机带子露于挎包外，转而伸手夺取照相机，被害人赶忙一手护住相机，一手按住被告人的手。被告人猛力一拉，夺得照相机，迅即逃离现场。午后，被告人将照相机藏匿于幸福园厕所储藏室内。案发后公安机关取获照相机归还被害人。被告人高德福归案后在交代了自己的犯罪事实的同时，又诬告陷害他人。

上述事实有下列证据证明：

1. 被害人就自己遭受被告人强奸、抢劫行为直接侵害的事实和被告人实施犯罪的经过、情节等所作的陈述并对罪犯相片进行辨认的材料；

2. 赃物照相机和照片及取赃笔录、收条；

3. 刑事案件发生、破获登记表，被害人护照、学生证、住宿登记表；

4. 证人林××陈述被害人到其商店里买矿泉水和被告人尾随被害人经过的证人证言，证人罗××证实被告人向其打听被害人是否为外国人和尾随被害人经过的证人证言；

5. 公安机关现场勘查笔录、现场照片、现场平面图；

6. 被告人高德福就自己实施强奸、抢劫犯罪的时间、地点、方法、经过、主观心理活动等有关案件事实所作的供述和辩解。

（四）判案理由

福建省厦门市中级人民法院经审理认为：被告人高德福心怀邪念，竟于光天化日之下在特区风景旅游胜地，尾随纠缠外国女游客，比划下流动作，乞求发生性关系，继而对被害人实施暴力欲强行奸淫，只是由于意志以外的原因而未得逞，可是被告人仍不罢休，当场又强行夺取了被害人的财物，其行为已构成强奸罪（未遂）和抢劫罪。被告人高德福积极追求侵犯外国女游客的人身权利和财产权利，犯罪主观恶性较深，造成了一定的国际影响，应予严惩。被告人高德福强奸未遂，故可比照强奸既遂犯从轻处罚。抢劫犯罪，鉴于赃物已被追回，未给被害人造成经济损失，亦可酌情从轻处罚。辩护人要求从轻处罚的辩护意见可以采纳。

（五）定案结论

福建省厦门市中级人民法院根据《中华人民共和国刑法》第一百三十九条、第一百五十条、第六十四条、第二十条，作出如下判决：

高德福犯强奸罪（未遂），判处有期徒刑八年；犯抢劫罪，判处有期徒刑六年；数罪并罚，决定执行有期徒刑十三年六个月。

福建省厦门市中级人民法院一审宣判后，高德福服判不上诉。福建省厦门市人民检察院没有抗诉。

(六)解说

在本案的审理过程中,起诉机关福建省厦门市人民检察院指控高德福犯抢劫罪、强奸罪(未遂),将抢劫罪列为主罪,认为在本案中高德福抢劫外国人的财物是最严重的犯罪。

福建省厦门市中级人民法院经审理认为,抢劫外国人财物是否系情节严重并无法律规定和司法解释。根据本案的具体情节,被告人的抢劫行为不属于情节严重,应将强奸罪定为主罪,其理由是:(1)被告人高德福犯罪动机卑劣,在特区风景旅游胜地见到被害人后,得知其是美国人,便萌生出要和外国妇女性交,尝新鲜味的邪念,遂趋步接踵用动作、话语挑逗,欲与其发生性关系,多次遭拒仍贼心不死,竟采取暴力欲行奸淫,但未能得逞。可见被告人是以强奸为主要动机来实施犯罪的。对此,被告人在归案后均已承认。(2)抢劫罪是临时起意,犯罪主观恶性相对较小。从被告人所实施的一系列行为看,抢劫罪是在强奸未遂的情况下,不甘愿就此罢手,又为了“补损”,转而实施的。(3)被告人在抢劫被害人随身携带的照相机时,未实施明显暴力,其抢劫之所以能够得逞,是基于其先采取暴力手段欲奸淫被害人,致使被害人在惊慌失措之状态下,不敢(实际上也无法)反抗。

此外,根据《中华人民共和国刑事诉讼法》第十五条的规定,我国公民侵犯外国人合法权利的刑事案件,属于中级人民法院管辖的第一审刑事案件。本案即为此类刑事案件。

(王　绮)

113. 郑阿民被控挪用公款宣告无罪案
(辩护、上诉、第二审程序)

(一)首部

1. 判决书字号

一审判决书:福建省长泰县人民法院(1993)泰刑初字第25号。

二审判决书:福建省漳州市中级人民法院(1994)漳刑终字第4号。

2. 案由:郑阿民挪用公款案。

3. 诉讼双方

公诉机关:福建省长泰县人民检察院,检察员陈东金,代理检察员王阿敏。

被告人(上诉人):郑阿民,又名郑亚民,男,45岁,汉族,福建省长泰县人,福建省长泰县工业供销公司经理。1993年6月8日因本案被逮捕。

一、二审辩护人:黄伟凡,福建省漳州市经济律师事务所律师。

二审辩护人:杨清江,福建省漳州市南方律师事务所律师。

4. 审级:二审。

5. 审判机关和审判组织

一审法院:福建省长泰县人民法院。

合议庭组成人员:审判长:黄丽新;人民陪审员:林翠兰、叶水燕。

二审法院:福建省漳州市中级人民法院。

合议庭组成人员：审判长：梁瑞龙；审判员：陈荣、王瑛。

6. 审结时间

一审审结时间：1993 年 12 月 23 日。

二审审结时间：1994 年 12 月 1 日（依法延长审限）。

（二）一审情况

1. 一审诉辩主张

（1）福建省长泰县人民检察院指控称

被告人郑阿民在任长泰县工业供销公司经理期间，利用职务之便，挪用公款 5 万元，用于归还个人借款，数额巨大，其行为已触犯全国人大常委会《关于惩治贪污罪贿赂罪的补充规定》第三条第一款之规定，构成挪用公款罪，请求法院依法判处。

（2）被告人的答辩及其辩护人的辩护意见

被告人郑阿民辩称其向长泰县果品公司借款 5 万元是法人行为，并非个人借款，其将公款 5 万元借给陈绍汉，收取联营管理费，是根据承包小组决议而进行的正当职务行为，故其不构成犯罪。

被告人郑阿民的辩护人认为：郑阿民主观上没有挪用公款归个人使用的故意，其代表公司出面借款还款，是为了公司的经营活动，客观上郑阿民也没有挪用公款归个人使用的行为，故郑阿民不构成犯罪。

2. 一审事实和证据

福建省长泰县人民法院经公开审理查明：

被告人郑阿民于 1988 年 6 月 7 日至 1992 年 4 月 13 日任长泰县工业供销公司经理，1990 年 3 月份，被告人郑阿民以个人名义向长泰县果品食杂公司借款 5 万元，转借给陈绍汉到福建漳浦县投资养殖对虾。1990 年 5 月 12 日，被告人郑阿民通过本公司转帐 5 万元到果品公司用于归还其个人借款。尔后，被告人郑阿民让陈绍汉写了一张借条，载明"向工业公司借联营饲料款人民币 5 万元整，公司利息按 5％计算，借款时间从 1990 年 5 月 12 日计算，到期本金及利息同时结清"。至 1991 年 12 月，被告人郑阿民方将借条拿给公司会计记帐。案发后，郑阿民已退清本金及利息。

上述事实有下列证据证明：

（1）被告人郑阿民的供述；

（2）长泰县果品食杂公司关于郑阿民借款 5 万元的证言；

（3）证人陈绍汉关于向郑阿民借款 5 万元的证言；

（4）书证：长泰县工业供销公司的有关财务凭证。

3. 一审判案理由

福建省长泰县人民法院认为：

（1）被告人郑阿民利用其任长泰县工业供销公司经理之便，挪用公款 5 万元近 20 个月，用于归还其个人借款，情节严重，其行为已触犯全国人大常委会《关于惩治贪污罪贿赂罪的补充规定》第三条第一款之规定，构成挪用公款罪。

（2）被告人及其辩护人认为被告人的行为不构成挪用公款罪的理由不能成立。

4. 一审定案结论

福建省长泰县人民法院根据全国人大常委会《关于惩治贪污罪贿赂罪的补充规定》第三

条第一款，作出如下判决：

(1)郑阿民犯挪用公款罪，判处有期徒刑五年。

(2)追缴挪用公款的利息计13787.5元，上缴国库。

(三)二审诉辩主张

一审法院判决后，被告人郑阿民不服，上诉于漳州市中级人民法院。

上诉人上诉称：首先，上诉人向长泰县果品食杂公司借款5万元是以长泰县工业供销公司的名义借款的，是法人行为，并非个人借款，当时双方公司签订了协议书并盖有双方公司的公章，同时，漳州市会计师事务所长泰分所的查帐报告也证明上诉人个人没有借款，也没有用公司的款还个人借款；其次，长泰工业供销公司是自主经营、自负盈亏的承包企业，实行经理负责制，拥有人、财、物、产、供、销自主权，上诉人将公司的5万元借给陈绍汉，收取联营管理费，是根据承包小组的决议而进行的正当职务行为。因此，上诉人认为，原审法院认定事实不清，要求撤销原判，宣告上诉人无罪。

上诉人郑阿民的辩护人认为：郑阿民主观上没有挪用公款归个人使用的故意，其代公司出面借款还款，是公司的经营活动，客观上郑阿民也没有挪用公款归个人使用的行为，一审法院认定郑阿民犯挪用公款罪是错误的，要求撤销原判，宣告郑阿民无罪，并退还被追缴的6万元现金。

(四)二审事实和证据

福建省漳州市中级人民法院经审理查明：

上诉人郑阿民于1988年1月至1992年4月间任长泰县工业供销公司经理。该公司从1988年1月起向长泰县经委、县财政局承包，承包期三年，实行利润递增包干，超利全留。该公司实行经理负责制。1989年，该公司承包小组集体研究决定，将公司资金借贷给本公司职工及外部人员，内部收3%的管理费，外部人员收取5%的管理费。该项决定在公司干部会议上宣布后执行。1990年3月，长泰县城关旅社经理陈绍汉向上诉人郑阿民提出借款人民币5万元用于投资养殖对虾。上诉人郑阿民因本公司无资金，即出面以工业供销公司名义向长泰县果品食杂公司借款人民币5万元给陈绍汉。同年5月12日，郑阿民叫公司财务人员从长泰县工商银行贷款人民币5万元汇到长泰县果品食杂公司用于归还借款，尔后，自己到果品食杂公司按协议交付借款人民币5万元的“利润款”人民币3760元，同时收回借条及借款协议书等。尔后，由陈绍汉写下“向工业供销公司借联营饲料款人民币5万元整，公司利息按5%计算，借款时间从1990年5月12日计算，到期本金及利息同时结清”的借条交郑阿民签批后由郑阿民收执。此后，当该公司会计乐采枝向郑阿民催问5万元款如何作帐时，上诉人郑阿民即告之是陈绍汉借去并于1991年12月将陈绍汉的借据交会计作帐。由于陈绍汉生意亏损，致使长泰县工业供销公司的5万元及管理费无法收回。上诉人郑阿民在一审侦查及审判期间已退出本金及利息计人民币63787.5元。

上述事实有下列证据证明：

1. 上诉人郑阿民等人与长泰县经委、长泰县财政局签订的“承包经营协议书”；

2. 陈绍汉书写的借款凭据及书信；

3. 长泰县工业供销公司会计帐目凭证及其他书证；

4. 证人黄任南、陈玉连(原果品公司经理、会计)、乐彩枝、杨清续(原工业供销公司会计、书记)、陈绍汉等人的证言；

5. 上诉人的供述及辩解。

(五)二审判案理由

福建省漳州市中级人民法院认为:

1. 上诉人郑阿民作为法人代表,以长泰县工业供销公司名义借款给他人,属于承包经营的行为,并非擅自挪用公款谋私利的个人行为。

2. 上诉人郑阿民主观上没有挪用公款归个人使用的故意,客观上没有以个人名义挪用公款归个人使用,没有从中牟取私利,而是从借贷双方的利息差额中为承包组谋利益。

3. 上诉人郑阿民的行为只是违反财经纪律,不构成犯罪,上诉人郑阿民及其辩护人提出的上诉理由及辩护意见有理。一审法院的判决认定事实不清,适用法律错误,应予改判。

(六) 二审定案结论

福建省漳州市中级人民法院根据《中华人民共和国刑法》第十条和《中华人民共和国刑事诉讼法》第十一条第(一)项、第一百三十六条第(二)项,作出如下判决:

1. 撤销长泰县人民法院(1993)泰刑初字第25号刑事判决。

2. 宣告上诉人郑阿民无罪。

(七)解说

本案是一起一审法院判决被告人有罪而二审法院宣告无罪的案件。一、二审法院之所以会得出截然相反的结论,关键在于对案件事实的认定不同。一审法院的判决认定行为人郑阿民向果品食杂公司借款5万元是用的个人名义,而二审法院的判决则认定行为人郑阿民用的是单位名义。而使用的名义不同,行为人郑阿民后来让本单位归还果品食杂公司5万元借款的行为就有了不同的性质。按一审判决的认定,这一归还借款的行为是属于挪用公款归还个人借款,而按二审判决的认定,这一归还借款的行为则属于单位之间的正常经济往来。其实,本案关键的事实还有一点,就是行为人郑阿民借款给陈绍汉时用的是个人名义还是单位名义,如果是以个人名义借款,则后来的行为就具有挪用公款的性质,如果是以单位名义借款,则后来的行为自然就不属于挪用公款。从陈绍汉写的借条来看,这笔借款是借工业供销公司的。但问题在于,这张借条并不是在借款时写的,而是在借款后数个月才写的,另外,这张借条直到1年多以后(1991年12月)才由郑阿民交给会计入帐,这就是说,到借条所写的还款最后期限1990年10月时,工业供销公司的财务凭证中尚无工业供销公司借款5万元给陈绍汉的帐据。虽然二审法院的判决认定"当公司会计乐彩枝向郑阿民催问5万元款如何作帐时,上诉人郑阿民即告之是陈绍汉借去",但是判决并未说明公司会计催问的具体时间,而这一时间是相当重要的。如果是在公司汇出该款后很短时间内郑阿民即告知,则意味着公司财务上有了记载;如果是在汇款后几个月才告知,这就意味着在这几个月时间里,公司财务人员对这笔5万元款的用途还一无所知。另外,为什么郑阿民不及时将借款收据交给会计入帐,而直到借款归还最后截止日期届满后1年多才将陈绍汉的借条交给会计?这就意味着,如果陈绍汉按时将款归还郑阿民,陈绍汉写的借条就永远不可能在公司财务帐据中出现,郑阿民只要将5万元款归还公司,帐务就算结清了。因为郑阿民口头告诉公司会计5万元款的去处时,只是说陈绍汉借去了,并未说明是否有利息,利息是多少。所以,如果陈绍汉按期归还了借款,郑阿民再将款交财务入帐,公司没有利息收入也是可能的。在这种情况下,显然与公司承包小组集体研究决定"将公司资金借给公司外部人员要收取5%的管理费"是相悖的,郑阿民借给陈绍汉5万元就很难说是代表公司的行为,尽管郑阿民是公司的法定代表人,但根据规定,也无权无偿地将公司的款借给个人。否则,只能认为是郑阿民将公司的款以个人名义借给他人使用。

总之,本案二审法院判决在认定事实上还有不太清楚地方,归纳起来就是:郑阿民将款借给陈绍汉时是以个人名义还是以单位名义,当时是否约定了利息?为什么借款时没有写借条,而是隔了一段时间才写?写借条的确切日期是什么时候?郑阿民为什么没有及时将借条交会计入帐?为什么郑阿民让本公司财务人员向果品食杂公司汇出5万元款时没有说明此款的用途,直到会计催问时才告知?郑阿民自己到果品食杂公司支付5万元借款的利息3760元,这笔钱是公司的还是郑阿民个人的?以上的疑问如果能得到明确的解决,本案的结论方可最终得出。

(薛凌汉)

114. 孙菊芳被控贪污宣告无罪案
(辩护、上诉、第二审程序)

(一)首部

1. 判决书字号

一审判决书:甘肃省兰州市城关区人民法院(1994)城刑初字第072号。

二审判决书:甘肃省兰州市中级人民法院(1994)刑终字第072号。

2. 案由:孙菊芳贪污案。

3. 诉讼双方

公诉机关:甘肃省兰州市城关区人民检察院,代理检察员牛中华。

被告人(上诉人):孙菊芳,又名孙芳芳,女,24岁,汉族,甘肃省兰州市人,捕前系兰州华兴皮件加工厂出纳员。1993年7月29日因本案被逮捕。

一审辩护人:金永强,甘肃省兰州市刑事律师事务所律师。

锋钢,甘肃省兰州园田工程公司法律事务助理。

二审辩护人:李庭芝,甘肃省兰州市经济律师事务所律师。

赵立,甘肃省兰州市经济律师事务所律师。

4. 审级:二审。

5. 审判机关和审判组织

一审法院:甘肃省兰州市城关区人民法院。

合议庭组成人员:审判长:魏公信;人民陪审员:李泉森、县恩颂。

二审法院:甘肃省兰州市中级人民法院。

合议庭组成人员:审判长:刘金贵;代理审判员:张彤、柴周鸿。

6. 审结时间

一审审结时间:1994年3月18日。

二审审结时间:1994年11月17日(依法延长审限)。

(二)一审情况

1. 一审诉辩主张

(1)甘肃省兰州市城关区人民检察院指控称

被告人孙菊芳在兰州市第三中学校办华兴皮件加工厂兼任出纳员时，于1993年2月19日，以单位领导出差购买皮革为由，从中国人民建设银行兰州市支行自信路储蓄所，将华兴皮件加工厂以该厂代理经营人许国军和孙芳芳名义存入的1.85万元营业收入款及利息48元全部取出私吞。破案后，赃款由被告人孙菊芳挥霍。上述罪行，经查属实，在审理中被告人孙菊芳出尔反尔，认罪态度不好，但有证据在卷，足以认定。甘肃省兰州市城关区人民检察院认为：被告人孙菊芳身为集体经济组织工作人员，利用职务之便，侵吞公共财物，其行为触犯了《中华人民共和国刑法》第一百五十五条的规定，已构成贪污罪。特提起公诉，请依照全国人大常委会《关于惩治贪污罪贿赂罪的补充规定》第二条第(二)项的规定予以判处。

(2)被告人的答辩及其辩护人的辩护意见

被告人的一审辩护人认为，被告人孙菊芳取走存款的事实属实，但孙菊芳的行为不构成贪污罪。其主要理由是：根据许国军与华兴皮件加工厂签订的代理经营协议，首先，许仅取得该厂部分资产的使用权，并非全部经营管理权；其次，协议的甲方是华兴皮件厂，并非其主管部门，而华兴皮件厂可以出租财产但不能出租自身；再次，华兴皮件厂交由许经营时已抽回全部流动资金，而所需经营资金全部由许个人筹措，不符合租赁经营的法律特征；另外，华兴皮件厂除据协议取得固定报酬和到期收回厂房、设备外，其余一切经营成果归许个人，债权、债务亦由许个人负责。所以，许国军与华兴皮件厂所谓的"代理经营"，既不符合"承包经营"的特征，也不符合"租赁经营"的特征，实际上是许利用该厂的厂房、设备进行个体经营，故孙菊芳的身份不符合贪污罪主体要件，侵占的财物权属亦不符合贪污罪客观要件。据此，辩护人认为被告人孙菊芳的行为不构成贪污罪。

2. 一审事实和证据

甘肃省兰州市城关区人民法院经公开审理查明：

被告人孙菊芳在兰州市第三中学校办华兴皮件加工厂兼任出纳员时，于1993年2月19日，从中国人民建设银行兰州市支行自信路储蓄所将该厂以代理经营人许国军和孙菊芳名字存入的1.85万元营业收入款和利息48元全部取出私吞。案发后，追回赃款37.39元以及用赃款购买的金耳环一副、手表一块，其余赃款挥霍。

上述事实有下列证据证明：

(1)华兴皮件加工厂的报案材料；

(2)证人许国军等人关于被告人取走营业款及利息私吞的证言；

(3)被告人提取营业款及利息的银行票据。

3. 一审判案理由

甘肃省兰州市城关区人民法院认为，被告人孙菊芳，利用职务之便，侵吞公共财物，且数额巨大，其行为已构成《中华人民共和国刑法》第一百五十五条和全国人民代表大会常务委员会《关于惩治贪污罪贿赂罪的补充规定》第二条第(二)项规定的贪污罪，应予惩处。

4. 一审定案结论

甘肃省兰州市城关区人民法院根据《中华人民共和国刑法》第一百五十五条、第六十条和全国人大常委会《关于惩治贪污罪贿赂罪的补充规定》第二条第(二)项，作出如下判决：

(1)孙菊芳犯贪污罪,判处有期徒刑六年。

(2)查获的赃款37.39元、金耳环一副、手表一块,返还兰州市第三中学校办工厂华兴皮件加工厂。

(三)二审诉辩主张

一审法院判决孙菊芳犯罪后,孙不服该判决,向甘肃省兰州市中级人民法院提出上诉。孙菊芳的上诉理由和要求是:第一,许国军租赁兰州华兴皮件加工厂的门市部和设备从事个体经营活动,自己系许的雇员,并非集体经济组织工作人员。第二,取走的存款是许的私人财产,并非公款。第三,取走的存款是许国军在兰州市红古区窑街镇出差时将自己强奸后答应给的,许已作了处分。一审法院以贪污罪处罚属认定事实错误,要求无罪释放。

孙菊芳的二审辩护人认为,孙菊芳取走存款的行为并未使校办工厂受到损失,而兰州华兴皮件加工厂是个体小加工厂,孙的身份不符合贪污罪主体要件,一审法院以贪污罪对孙判刑证据不充分,希望改判或发回重审。

(四)二审事实和证据

甘肃省兰州市中级人民法院经审理查明:

兰州华兴皮件加工厂系经兰州市第三中学校办企业申请,于1989年7月被工商行政管理部门注册的集体所有制非法人经济实体,开业后先由他人承包经营,后因故终止承包。1991年4月,该厂经与许国军协商,以"代理经营"的名义将门市部(作坊兼营业室)和数台缝纫机等设备交给许个人,由许自筹资金,继续用兰州华兴皮件加工厂的名称进行经营,每月定期交纳600元(后增至900元)的管理费和一定比例的固定资产折旧费,经营中形成的债权、债务均由许个人负责。经营期间,上诉人孙菊芳被雇用为营业员兼理出纳事宜,许将营业收入的部分款项交给孙,孙以自己及许国军的名字存入银行。1993年2月17日,孙菊芳与许国军二人前往兰州市红古区窑街镇结帐后于次日返回。2月19日,上诉人孙菊芳以许在窑街镇出差时将其强奸后许诺给予财物为由,将自己保管的许国军在中国人民建设银行兰州市支行营业部自信路储蓄所储存的5张定活两便存折上的1.85万元及利息48元全部取出占有,并于当日将取款情况及理由书信致许本人。许得知后多次前往孙处索要未果,便于1993年4月29日书面向检察机关控告。上诉人孙菊芳于7月19日被缉拿归案,并从孙手中扣押到人民币37.39元及金耳环一副、手表一块。

上述事实有下列证据证明:

1. 兰州华兴皮件加工厂营业执照;

2. 许国军与兰州华兴皮件加工厂签订的代理经营协议和补充协议;

3. 上诉人孙菊芳取款时交给银行的5张定活两便存折及签有上诉人姓名的银行利息清单;

4. 上诉人取款后写给许国军载明取款情况及理由的信件;

5. 银行工作人员马风玲、于小岑对上诉人取款情况的证词;

6. 兰州市第三中学校长陶来晋、主管校办企业的副校长陈德祥、校办企业负责人朱全中及许国军等人对许所"代理经营"的兰州华兴皮件厂与校方、校办企业之间关系等方面的证词;

7. 上诉人孙菊芳对取走款项的供述和所作的无罪辩解。

（五）二审判案理由

甘肃省兰州市中级人民法院认为，原审法院以贪污罪追究孙菊芳的刑事责任不当，属适用法律错误，应予改判。其理由是：

1．兰州华兴皮件加工厂交由许国军“代理经营”期间的经济性质。第一，从资金来源看，该厂交由许经营时名为“集体所有”，但实际上给许仅提供了执照、场地和设备，除此，再不给许提供任何生产资料或资金，而经营资金全由许个人筹集，因此不符合生产资料、资金全部或基本属集体经济组织所有的基本条件。第二，从公共积累看，许除每月固定上交的“管理费”、“固定资产折旧费”部分和支付雇员工资外，全部归其个人所有，既无公共积累，又无福利基金，不存在公共积累为集体公有的问题。第三，从分配方式看，生产资料、资金及利润全部属许个人所有，雇员不享有分配的权利，雇员实行的计件工资只能说明仅按其付出的劳动力大小在报酬上有所区别而已，不是严格意义上的“按劳分配”。第四，从管理方式上看，厂方未派员参与管理，协议虽规定对财务实行监督，实际上仅限于代办支票的出、入帐手续，却不审查内容；许对外签订合同，允许盖公章，但协议却规定厂方对合同内容不负任何责任，故实际上是许个人管理，不符合集体经济组织中民主管理的管理方式。第五，从经营形式看，许虽名为“代理经营”，但协议却明文规定作为被代理人的华兴皮件加工厂对许的代理经营行为概不承担任何责任，故又不符合民法意义上的“代理”。第六，从双方的权利、义务关系看，作为被代理方的华兴皮件加工厂除提供执照、厂房和设备外，不再承担实质性的义务，只享受权利即收取管理费、折旧费，并且所收取的管理费、折旧费不受许经营状况的影响。综上，兰州华兴皮件加工厂交由许国军“代理经营”期间，虽名为“集体所有”，实质上是该厂将执照、厂房和设备作为一种“物”出租给许国军个人，由此以许上交“管理费”、“折旧费”的形式来获取租金，已失去了集体所有制经济组织的基本特征和必须具备的条件，从而蜕化为“私营企业”。

2．上诉人孙菊芳虽被许国军雇用兼理出纳工作，但由于孙受雇单位属于个体经营层次，因而孙的身份不符合贪污罪必须具备的主体要件；孙取走的存款不涉及校方利益和雇员工资，应为许之个人财产，又不符合贪污罪客体要件，所以孙菊芳的行为不构成贪污罪。

3．孙菊芳取走存款前确与许国军二人前往窑街镇出差，当晚住兰州市红古区粮食局招待所，至于是否当时被许奸污，虽有孙菊芳取款后留给许写明遭到其奸污并根据当时许诺取走了存款的书信及孙菊芳多次供述在案，但由于孙当时未报案，许又矢口否认，孙现又提供不出其他证据印证，因此，孙菊芳占有的财产所有权是否已转移尚缺乏充分证据判定。

（六）二审定案结论

甘肃省兰州市中级人民法院根据《中华人民共和国刑事诉讼法》第一百三十六条第（二）项，作出如下判决：

1．撤销兰州市城关区人民法院（1994）城刑初字第072号判决。

2．宣告孙菊芳无罪。

3．查获的人民币37.39元及手表一块、金耳环一副发还孙菊芳。

（七）解说

在该案的审判中，二审法院分别从几个方面正确地界定了集体经济组织与个体、私营企业挂靠集体经济组织之间的界限，宣告孙菊芳无罪是正确的。

最高人民法院、最高人民检察院《关于执行〈关于惩治贪污罪贿赂罪的补充规定〉若干问题的解答》中指出："集体经济组织，即社会主义劳动群众集体所有制经济组织，是指在政府主管部门管理之下，按照一定的组织和章程建立起来的，财产所有权属全体组织成员，公共积累为集体公有，并以按劳分配为主要分配形式的经济组织。"最高人民法院、最高人民检察院早在 1985 年《关于当前办理经济犯罪案件中具体应用法律的若干问题的解答（试行）》中就指出："当前，凡生产资料、资金全部或者基本属集体经济组织所有，交由个人或若干人负责经营的，应视为集体经济组织的经营层次。"但是，由于当前经济领域较为复杂，往往有些单位为了创收，以集体名义向工商管理部门申办营业执照后，自己并不经营，仅提供场地或者根本就不实际投资，通过订立经营协议的形式，或以"承包"，或以"租赁"名义交给个人或若干人进行生产经营，自己既不承担风险，又不参与经营，坐享"管理费"，而实际经营者为了省去申办执照等诸方面的经营手续，又能享受税收、贷款等方面的优惠政策，甘愿去戴"集体"这项"红帽子"，致使在司法实践中真假"集体"难以辨析。该案中，二审法院对华兴皮件加工厂经济性质的判定，没有像一审法院那样仅限于其"营业执照"，而是通过资金来源、公共积累归属、分配形式、管理方式、实际经营形式以及企业与实际经营者之间的权利义务关系等六个方面进行全面综合评价，从而得出名为"集体"，实为"个体"的正确结论，为客观评判孙菊芳的行为性质奠定了基础。这种做法实际是从司法实践的角度对前述有关"集体经济组织"的解释的具体化，增强了可操作性，有一定的借鉴意义。

（柴周鸿）

115. 陈宝贵等贪污、行贿、受贿、挪用公款、偷税、巨额财产来源不明案
（辩护、上诉、第二审程序、共同犯罪、数罪并罚）

（一）首部

1. 判决书字号

一审判决书：吉林省桦甸市人民法院（1994）桦刑初字第 175－1 号。

二审判决书：吉林省吉林市中级人民法院（1994）吉刑终字第 28 号。

2. 案由：陈宝贵等贪污、行贿、受贿、挪用公款、偷税、巨额财产来源不明案。

3. 诉讼双方

公诉机关：吉林省桦甸市人民检察院，副检察长杜树庭，检察员郭延华、郭春元，代理检察员冯振忠、何平。

被告人：陈宝贵，男，50 岁，汉族，吉林省桦甸市人，原系吉林省石油公司桦甸支公司经理兼党委书记。1992 年 11 月 21 日因本案被逮捕。

一、二审辩护人：王岱清，吉林省桦甸市律师事务所律师。

被告人（上诉人）：李庆华，男，42 岁，汉族，吉林省桦甸市人，原系吉林省石油公司桦甸支公司副经理。1992 年 11 月 8 日因本案被逮捕。

一审辩护人：董世铭，吉林省桦甸市律师事务所律师。

二审辩护人：袁野，吉林省吉林市经济律师事务所律师。

被告人(上诉人):舒斌,男,36 岁,汉族,吉林省桦甸市人,原系吉林省石油公司桦甸支公司党委副书记。1992 年 11 月 21 日因本案被逮捕。

一、二审辩护人:刘桂琴,吉林省桦甸市律师事务所律师。

被告人:孙彦才,男,36 岁,汉族,吉林省桦甸市人,原系吉林省石油公司桦甸支公司高级润滑油商店经理。因本案取保候审。

一审辩护人:杨义,吉林省桦甸市律师事务所律师。

二审辩护人:张忠堂,吉林省吉林市第二律师事务所律师。

被告人:李祥志,男,52 岁,汉族,山东省蓬莱县人,原系吉林省石油公司吉林市分公司仓储运输公司副经理。因本案取保候审。

一审辩护人:崔占喜,吉林省桦甸市法律服务所法律工作者。

二审辩护人:修保,吉林省吉林市丁凤礼律师事务所律师。

被告人:郭玉祥,男,37 岁,汉族,吉林省桦甸市人,原系吉林省石油公司桦甸支公司财务科长。因本案取保候审。

一审辩护人:綦达申,吉林省桦甸市律师事务所律师。

被告人:张晓军,男,52 岁,汉族,吉林省桦甸市人,原系吉林省石油公司桦甸支公司北油库副主任。因本案取保候审。

被告人张晓军未委托辩护人,自己行使辩护权。

4. 审级:二审。

5. 审判机关和审判组织

一审法院:吉林省桦甸市人民法院。

合议庭组成人员:审判长:蔡继祥;审判员:杨志云、翟吉祥。

二审法院:吉林省吉林市中级人民法院。

合议庭组成人员:审判长:贾爱国;代理审判员:佟俊清、孙玉权。

6. 审结时间

一审审结时间:1994 年 1 月 30 日。

二审审结时间:1994 年 10 月 11 日(依法延长审限)。

(二)一审情况

1. 一审诉辩主张

(1)吉林省桦甸市人民检察院指控称

被告人陈宝贵乘本单位建住宅楼之机,勾结被告人郭玉祥、李祥志,于 1992 年 6 月用公款在本市人造板总厂购买总价值为 29434 元的空心门、华丽板、红松方材,三被告人在此物品发货票上签字后,于 1992 年 7 月 5 日以建加油站购材料名义在本单位核销。事后,三被告人各分华丽板 40 张,总计价值 2364 元。被告人李祥志还分得红松方材 1 立方米,价值 1000 元。后经被告人李祥志联系,将价值 26070 元的 247 扇空心门卖给本市建筑公司七队承包人魏本利,魏出具欠据一张。1992 年 10 月,被告人陈宝贵指使李、郭二被告人找魏本利,把此款中的 12600 元用假发票下帐的手段提出现金私分。其中,被告人陈宝贵、郭玉祥各分得公款 5200 元,被告人李祥志分得公款 2200 元后,又私自从魏本利施工队提出尚存公款 4300 元,计侵吞公款 6500 元。事后,三被告人在魏本利处利用该款为自己做床和铺地面砖,其中被告人陈宝贵得床、地面砖计价值 1205.25 元。被告人李祥志得床、地面砖计价值 806.69

元,被告人郭玉祥得地面砖价值为307.14元。

被告人陈宝贵利用职务之便,于1992年7月给被告人舒斌批售平价汽油10吨,事后,收受被告人舒斌贿赂的现金2000元。同年9月,被告人陈宝贵又收受该公司北油库建防火堤工程承包人现金1500元。

被告人李庆华、郭玉祥于1990年12月乘为本单位印制汽油票之机,采取开假发票的手段套出公款2530.80元。二被告人各分得600元,余款被杜力增(另案处理)等人分掉。

被告人李庆华于1991年6月在负责城西加油站罐室改造工程中,以提高工时费之手段套出公款1000元侵吞。

被告人李庆华于1991年至1992年间,利用其站长职务之便,采取私留作废油票,撕毁原始帐面重新记帐的手段贪污15400公斤汽油票,价值28470.75元。此间,被告人李庆华多次从本单位复核员陈玉霞(另案处理)手中拿走油票卖掉,为使陈不告发此事,向陈行贿4150元。

被告人李庆华于1992年8月在组织人员核对城西加油站帐目时,发现该站出纳员于英哲(另案处理)有贪污嫌疑并以告发相要挟,于英哲为逃避法律追究,将价值1652.20元的金手链送给被告人李庆华。被告人李庆华受贿后将于英哲犯罪证据销毁。

被告人李庆华于1992年7月伙同王维平(另案处理)动用本单位公款11830元进行倒卖劣质混合油的营利性活动,从中获利2600余元分掉。

被告人陈宝贵利用职权于1988年至1991年间,给被告人李庆华批售平价汽油高价转卖,李非法获利4.2万元。事后,被告人李庆华向被告人陈宝贵行贿2.1万元,被告人陈宝贵同时受贿2.1万元。

1992年11月8日,在依法搜查被告人李庆华住宅及在其妻单位存放物品时,发现有32.9万元巨额存款。经查证,其中合法存款42078元,贪污款3900元,非法获利款23200元,被告人李庆华尚有25.6万余元巨额存款来源不明。

1992年7月一天,吉林省夹皮沟金矿驻桦甸办事处油料员杨永富为买柴油找到当时任润滑油商店经理的被告人孙彦才,经孙与被告人舒斌联系,杨于7月10日用打欠条的形式,在北油库拉走柴油5吨;同月13日,被告人孙彦才将杨拿来的空白转帐支票填写上金额为7900元,并通过五金公司全部提出现金,同时给杨出具同样金额发票一张。被告人孙彦才用此款于1992年8月4日从吉林市购回汽油、柴油各3吨,存入北油库,被告人舒斌指使油料员王志各按5吨记入库存,将其中5吨柴油冲减已提走的5吨,另5吨汽油以存油的形式存给夹皮沟金矿,并把存油证交给了杨永富。1992年8月15日,经舒斌签字,杨用此证提走90号汽油5吨。事后,被告人孙彦才将杨永富送给他的空白转帐支票填上金额为8300元并出具了一张同样数额的发票。此款被转至北油库,被被告人舒斌提出现金。至此,被告人舒斌、孙彦才共贪污虚入库油款5480元,贪污款被二被告人买装修房屋材料用掉。

被告人舒斌、张晓军于1992年7月22日将王维平购回的劣质汽油16.15吨存入北油库。二被告人让保管员王志将此油按20吨记入库存,虚入库3850公斤,价值5736元。1992年7月28日,被告人舒斌将库存汽油50吨以单价1490元计74500元的价格卖掉,被告人舒斌用此款中40900元购回汽油30吨存入北油库顶平库存。至此,二被告人计贪污虚入库油款、卖汽油差价款计11797.50元,被告人舒斌实得3000元,被告人张晓军实得2000元。

被告人舒斌、李伟平(另案处理)于1991年7月至1992年10月间,共动用公款29500

元进行倒卖汽油的营利性活动，被告人舒斌从中获利 3000 元。

被告人舒斌于 1992 年 9 月间，利用给本市红石加油站补税和北油库建防火堤工程，收受崔承浩（另案处理）、荆月先现金计 2100 元。

被告人郭玉祥与杨传震乘给本单位购办公用品之机，1992 年 10 月在吉林市用公款为个人购买茶桌三个，椅子六把，计价值 1242 元。被告人郭玉祥得茶桌一个，椅子三把，价值计 474 元。

被告人陈宝贵以职务之便侵吞公款 57579 元，实得 15808.25 元，收受贿赂 24500 元，已构成贪污罪、受贿罪。被告人李庆华以职务之便，侵吞公款 9830.80 元，实得 3800 元，贪污汽油票 15400 公斤，价值 28470.75 元，受贿 1652.20 元，行贿 25150 元，挪用公款 11830 元搞营利性活动，尚有 25 万余元巨额财产来源不明，已构成贪污、受贿、行贿、挪用公款、巨额财产来源不明罪。被告人舒斌利用职务之便侵吞公款 18277.50 元，实得 6240 元，挪用公款 29500 元，行贿 2000 元，受贿 2100 元，已构成贪污、受贿、行贿、挪用公款罪。被告人李祥志参与贪污公款 31434 元，实得 11194.69 元；被告人郭玉祥参与贪污公款 14682.24 元，实得 12131.14 元；被告人孙彦才参与贪污公款 6480 元，实得 3240 元；被告人张晓军参与贪污公款 11797.50 元，实得 2000 元；均构成贪污罪。在共同犯罪中，被告人陈宝贵、李庆华、舒斌、孙彦才均起主要作用，系主犯，应从重处罚；被告人李祥志、郭玉祥、张晓军系从犯，应比照主犯从轻处罚。

（2）被告人的答辩及其辩护人的辩护意见

对公诉机关指控的犯罪事实各被告人均对有关情节作出了辩解。被告人陈宝贵辩称：给李庆华批平价油不是受贿，属非法倒卖汽油；用公款在本市人造板厂购空心门等卖给工程承包人魏本利从中套出现金，尚有 6000 元欠据，不应定为贪污额；从帐外款中提出 1 万元给领导班子成员每人补 2000 元是班子集体研究定的住楼补助款，不应视为贪污；被告人李祥志个人搞了 1 立方米红松及借出 1300 元本人不知道，不应对此负责任；被告人舒斌给的 2000 元是无偿给的，是正常往来。被告人李庆华辩称：15400 公斤油票不是贪污，是拿出来准备给公司小车用的，其中有 5 吨是给别人批的；于英哲给一条金手链，她结婚，我给她 300 元钱，同时并未销毁全部证据，只销毁了没办法处理部分；王维平动用公款倒卖汽油自己并不知道，不能定为挪用公款；自己给陈宝贵 21000 元是倒油盈利款，构不成行贿罪；巨额财产来源不明部分，尚有一些合法收入没有计算在内。被告人舒斌辩称：贪污事先没有预谋；给陈宝贵的 2000 元属正常来往。被告人孙彦才辩称：在共同犯罪中自己是从犯。被告人李祥志辩称：自己主动向检察机关讲清了问题，应当从轻处理；1 立方米红松自己没有全部使用，公家也用了一部分。被告人郭玉祥辩称：茶几等物品属对方让利给的，不应视为贪污。被告人张晓军辩称：贪污开始自己并不知道，虚入库汽油是舒斌说话之后自己才同意的。

被告人陈宝贵的辩护人认为，认定陈宝贵参与贪污 29434 元一笔中，有 6700 元不应定为贪污额，且李祥志得红松 1 立方米及李借出 1300 元陈宝贵不知道，不应定为在陈宝贵贪污额内；私分帐外款 4500 元和 1 万元是经领导班子集体研究定的，属违纪行为，不应视为贪污。装卫星天线中陈宝贵所得 1700 元不应视为受贿；被告人李庆华给陈宝贵的 2.1 万元不能定陈为受贿，而是二人倒卖汽油的获利款。

被告人李庆华的辩护人认为，检察机关认定李庆华挪用公款 11800 元的证据矛盾，不能成立；15400 公斤油票对经理陈宝贵说了，不能视为贪污，向陈宝贵行贿 2.1 万元属共同卖油盈利款，定行贿罪不能成立；给陈玉霞4150元是共同卖油票分成，不是行贿；受贿金手链一条未达到刑事责任的数额不能定罪；巨额财产来源不明部分的数额认定不准，其来源不明额应定为14万元。

被告人舒斌的辩护人认为，认定舒斌贪污虚入库油款的部分含被告人倒卖汽油与购进油的差价部分，这部分数额不能定为贪污额；舒斌和张晓军贪污虚入库油款所得3000元，事后即交给了出纳员和会计，不能视为贪污；舒斌受贿不足2000元，受贿罪名不能认定。

被告人孙彦才的辩护人认为，被告人孙彦才在共同犯罪中系从犯，不是主犯。

被告人李祥志的辩护人认为，认定李祥志贪污的款项均系建住宅楼中的不正当用款，按有关文件精神属违纪行为，不应按犯罪处理。

被告人郭玉祥的辩护人认为，被告人郭玉祥所分得的款均经领导同意或批准，不应视为犯罪。

2. 一审事实和证据

吉林省桦甸市人民法院经公开审理查明：

被告人陈宝贵乘本单位建住宅楼之机，与被告人郭玉祥、李祥志于1992年6月用公款在桦甸市人造板总厂购买价值为29434元的空心门、华丽板、红松方材。三被告人在此物品发货票上签字后，于1992年7月5日以建加油站的材料名义在本单位核销，后经被告人李祥志联系，将价值为26070元的247扇空心门卖给本市建筑公司七队承包人魏本利，魏出欠据一张。1992年10月，被告人陈宝贵让被告人李祥志、郭玉祥把此款中的12600元用假发票下帐的手段提出现金私分，被告人陈宝贵、郭玉祥各分得公款5200元，被告人李祥志分得2200元，又从魏本利手中提出现金3000元，计贪污公款5200元。事后，被告人陈宝贵、李祥志又用该款为自己做床，各侵吞600元。尚有6000元贪污未遂。三被告人计参与贪污公款22800元。对此，三被告人均供认，并有工程承包人魏本利，石油公司家属厂姜淑芝，桦甸市人造板总厂于清波证言及人造板厂和建筑公司七队出具的书证证明。

1992年8月14日被告人陈宝贵、郭玉祥从本单位帐外款中提出现金4500元私分，二被告人各分得500元，余款被他人分掉。对此，有二被告人供认，并有桦甸市石油公司会计王云霞、裴彦明等证言及被告人陈宝贵签字提款的收据为证。

1992年8月的一天，被告人陈宝贵、郭玉祥与本单位汽车司机李杰利用去吉林市办事之机，用公款购三件夹克衫，计价值345元，事后，以购汽车件的假收据在本单位报销，三人各侵吞公款115元。对此，三人均供认，并有给开具假发票的刘伯祥证言及被告人单位入帐的发票证明。

1992年10月9日，被告人陈宝贵、郭玉祥从本单位存于吉林市江华五交化商店的帐外款提出4000元分掉，二被告人各得2000元。对此，二被告人供认，并有江华五交化商店证人张玉珍证言及被告人郭玉祥给商店打的收条证明。

1992年9月，石油公司家属住宅楼安装卫星天线，被告人李庆华与陈宝贵将该项工程造价23800元提高到27800元，从中套出4000元公款私分，二被告人各分得1700元。对此，二被告人供认，并有负责该单位安装卫星天线工程的冯荣华、姜开伟的证言及在红石加油站帐外款提款的书证证明。

被告人陈宝贵、李庆华于1992年9月在本市城西加油站门卫房工程中，以多转工程费的手段套出公款2300元私分。被告人李庆华分得600元，被告人陈宝贵分得800元。对此，二被告人供认，并有承包工程的张协成、张华的证言及城西加油站1992年10月份传票和在五金公司用转帐存款单提款的书证证明。

1992年7月被告陈宝贵利用职务之便给被告人舒斌批汽油10吨，事后，被告人舒斌向陈宝贵行贿2000元。同年9月，被告人陈宝贵又收受该公司北油库建防火堤工程承包人现金1500元。对此，二被告人均供认，且有防火堤承包人荆月先证言证明。

1990年12月，被告人李庆华、郭玉祥乘为本公司印制汽油票之机，采取开假发票的手段套取公款2530.80元，二被告人各分得600余元，余款被他人分掉。对此，二被告人供认，并有市印刷厂证人王明茹证言及印刷厂银行存款帐、印刷品产销传票等书证证明。

1991年6月，被告人李庆华在负责城西加油站罐室改造工程中，以提高工时费的手段套出公款1000元，被其贪污。对此，被告人供认，并有工程承包人张华证实。

1991年至1992年间，被告人李庆华利用其加油站站长职务之便，贪污汽油票15400公斤，价值25188.90元。同期，被告人多次从本单位复核员陈玉霞手中拿走油票卖掉，为使陈不告发此事，被告人向陈行贿4150元。对此，有证人陈玉霞、张士民证实，并有李庆华所开的调拨单，从李庆华妻子单位搜查出的油票及扣押清单等书证和石油公司出具的价格材料证明。

1992年8月，被告人李庆华组织人员核对城西加油站帐目时，发现该站出纳员于英哲有贪污嫌疑，便对其进行威胁，从而收受于英哲送给的金手链一条，价值1625.20元。被告人受贿后将有关证据销毁。对此，被告人供认，并有于英哲的证言及从被告家中搜出的赃物金手链证明。

1992年7月，被告人李庆华伙同王维平动用公款11800元进行倒卖汽油的营利活动，从中获利2500余元分掉。对此，有证人王维平、出纳员于英哲证实，并有购油单位桦甸市运输公司出具的书证证明。

1988年至1991年间，被告人陈宝贵、李庆华合伙将上级下拨给本公司的平价汽油购出以高价倒卖，从中获利4.2万元，按此推算共计经营额为94167.70元，未向有关部门申报缴纳税款，从中偷税10075.87元。对此，二被告人供认倒油及获利的事实，并有税务机关对偷税情况的鉴定结论证明。

1992年11月8日，检察机关在依法搜查被告人李庆华住宅及其妻子在单位存放的物品时，发现有32.9万元巨额存款及债券，并有金戒指七枚，金手链一条、金项链一条、金耳环一副。其中合法结存及借款103056.36元，其他收入23600元，合计购入或获得金戒指三枚、金项链一条、金耳环一副，受贿金手链一条，贪污3900元，尚有19.8万余元巨额财产及四枚金戒指来源不明。对此，有搜查笔录搜查出的物品，被告李庆华及其妻子所在单位证人出具的证言，大量书证及被告人亲属出具的证言证明。

1992年的一天，吉林省夹皮沟金矿驻桦甸办事处油料员杨永富为买柴油找到当时任润滑油商店经理的被告人孙彦才，经孙与被告人舒斌联系，杨于7月10日用打欠条的形式，在北油库拉走柴油5吨，被告人孙彦才于1992年8月4日从吉林市购回汽油、柴油各3吨存入北油库，被告人舒斌指使油料员王志各按5吨记入库存，将其中5吨柴油冲减已提走的5吨，另5吨汽油以存油形式存给夹皮沟金矿，并把存油证交给了杨永富。至此，被告人舒斌、孙彦才共虚入库柴油、汽油各2吨，从中贪污虚入库油款5780元，被二被告买装修房屋材料用掉。对此，二被告人供认，并有拉油的司机徐茂太、付守义，接卸车的王志等人的证言及油库交接班日记，提出现金的五金公司出具的书证等证明。

1992 年 7 月 22 日，被告人舒斌、张晓军将王维平购回的劣质汽油 16.15 吨存入油库，二被告人让保管员王志按 20 吨记入库存，虚入库 3.85 吨，价值为 5736.50 元，二被告将此款私分。其中被告人张晓军分得 2000 元，被告人舒斌分得 3000 元，被告人舒斌将此款交给石油北库的财会人员入帐。对此，二被告供认，并有油库保管员王志、会计赵国珍、出纳员陈玉芬的证言，给红石加油站 20 吨汽油所支付的油款记帐凭证及银行存款明细帐等书证证明。

1992 年 9 月间，被告人舒斌利用给本市红石加油站补油和北油库建防火堤工程之机，收受崔承浩（另案处理）、荆月先行贿的现金 2100 元。对此，被告人供认，且有崔、荆二人的证言证明。

1992 年 10 月，被告人郭玉祥与杨传震乘给单位购办公用品之机，购买茶桌三个，椅子六把，计价值 1242 元。被告人郭玉祥得茶桌一个，椅子三把，计价值 474 元。对此，被告人郭玉祥供认，且有吉林市商店营业员宁瑞君的证言及商店所开的发票证明。

综上，被告人陈宝贵共参与贪污作案 6 起，参与金额 37945 元，个人实得 10915 元；受贿 3500 元；偷税 10075.87 元。被告人李庆华参与贪污作案 5 起，参与金额 35018.70 元，个人实得 32370.75 元；行贿 4150 元；受贿 1652.20 元；挪用公款 11300 元，从中获利 2500 元；巨额财产来源不明 19.8 万余元；偷税 10075.87 元。被告人舒斌贪污公款 2890 元；受贿 2100 元；行贿 2000 元；挪用公款 29500 元，从中获利 3000 元。被告人李祥志贪污公款 5800 元。被告人郭玉祥贪污公款 8889 元。被告人孙彦才贪污公款 2890 元。被告人张晓军贪污公款 2000 元。案发后七被告人均已全部退赃。

3. 一审判案理由

吉林省桦甸市人民法院认为：

在共同犯罪中，被告人陈宝贵起主要作用，系主犯；被告人李庆华、舒斌、孙彦才作用积极，系主犯；被告人李祥志、郭玉祥、张晓军起次要作用，系从犯，应比照主犯从轻处罚。

关于公诉机关指控的被告人陈宝贵勾结郭玉祥、李祥志用公款 29434 元购卖空心门、华丽板、红松方材贪污的行为中，在陈宝贵处保存一张魏本利写的欠条 6000 元，应视为贪污未遂；其中红松方材 1000 元，根据李祥志供述及魏本利证实个人打床和工地都使用了，床已打入贪污额，红松 1000 元属重复认定；其中地面砖、华丽板等均用于装修住宅楼，其楼的权属问题尚未确定，不能视为贪污；其中李祥志在魏本利处借 1300 元钱双方有约定由李偿还，且李已给付魏 600 元，不能定为贪污。

关于公诉机关指控被告人陈宝贵、郭玉祥、李祥志以住楼补助为由，将本单位帐外款提出 1 万元私分的行为，经查证是由该公司领导班子集体研究确定的，属于违纪行为，款应追回，不能视为犯罪。

关于公诉机关指控陈宝贵利用职权给李庆华批售平价油高价转卖，李获利 42000 元，向陈行贿 21000 元的行为，经查二人属合伙倒卖汽油，不符合行贿罪、受贿的犯罪构成条件，不能定为行贿、受贿罪。但二被告在经营中没有申报纳税，属偷税行为。其偷税行为已属情节严重，应定为偷税罪。

关于公诉机关指控被告人贪污数额为所含的被告人倒卖油的差价部分，均不应计入贪污数额。

关于公诉机关指控被告人舒斌、张晓军贪污虚入库油款，被告人舒斌得款3000元的行为，经查当时北油库的会计、出纳员均证实此款被告已交公入帐，不能视为贪污。

关于被告陈宝贵的辩护人对于被告人私分帐外款4500元，属班子集体研究决定的，不应视为贪污的意见；被告人李庆华的辩护人对李私藏油票15400公斤，是准备给公家使用及含有给他人购买部分的意见，李挪用公款11830元证据不足，不应认定，以及向陈玉霞行贿4150元不是行贿，是倒卖油票分成，受贿未达到2000元不应定罪等意见，以及被告李庆华本人对挪用公款和贪污油票的辩护意见；被告人舒斌的辩护人对舒斌受贿不到2000元，不应定罪的意见，以及被告人对给陈宝贵行贿2000元是正常来往的辩解；被告人李祥志的辩护人和被告人郭玉祥的辩护人对被告所作的无罪辩护等意见均不能成立，不予支持。

综上，被告人陈宝贵的行为已构成贪污、受贿、偷税罪；被告人李庆华的行为已构成贪污、受贿、行贿、挪用公款、偷税、巨额财产来源不明罪；被告人舒斌的行为已构成贪污、受贿、行贿、挪用公款罪；被告人孙彦才、李祥志、郭玉祥、张晓军的行为均已构成贪污罪，应予科刑惩处。

4. 一审定案结论

吉林省桦甸市人民法院根据《中华人民共和国刑法》第一百五十五条、第一百八十五条第一款、第三款、第一百二十一条、第六十四条、第六十七条、第二十二条、第二十三条、第二十四条，全国人大常委会《关于惩治贪污罪贿赂罪的补充规定》第二条第(二)项、第(三)项、第三条第一款、第五条第一款、第八条第一款、第十一条第一款、第十二条，全国人大常委会《关于惩治偷税、抗税犯罪的补充规定》第一条第一款，作出如下判决：

(1)陈宝贵犯贪污罪，判处有期徒刑六年；犯受贿罪，判处有期徒刑一年六个月；犯偷税罪，判处有期徒刑六个月；决定执行有期徒刑七年。追缴赃款11520.25元，没收赃款3500元，合计为15020.25元。

(2)李庆华犯贪污罪，判处有期徒刑六年；犯行贿罪，判处有期徒刑一年；犯受贿罪，判处有期徒刑一年；犯挪用公款罪，判处有期徒刑一年；犯偷税罪，判处有期徒刑六个月；犯巨额财产来源不明罪，判处有期徒刑三年；决定执行有期徒刑十二年。追缴赃款204643.64元及孳息和金戒指四枚，没收金手链一个。

(3)舒斌犯贪污罪，判处有期徒刑一年；犯挪用公款罪，判处有期徒刑二年；犯受贿罪，判处有期徒刑六个月；犯行贿罪，判处有期徒刑六个月；决定执行有期徒刑三年。追缴赃款5890元，没收赃款2100元，合计为7990元。

(4)郭玉祥犯贪污罪，判处有期徒刑三年，缓刑三年。追缴赃款11196.14元。

(5)李祥志犯贪污罪，判处有期徒刑二年，缓刑二年。追缴赃款8106.69元。

(6)孙彦才犯贪污罪，判处有期徒刑一年，缓刑一年。追缴赃款2890元。

(7)张晓军犯贪污罪，免予刑事处分。追缴赃款2200元。

(8)陈宝贵、李庆华补税10075.87元，处以3.1倍罚款包括1235.19元，合计为41311.06元。由二被告人各自承担二分之一即20655.53元。

(三)二审诉辩主张

一审判决宣告后，李庆华、舒斌不服，提出上诉

上诉人李庆华上诉称：15.4吨油票不是贪污，其中10吨汽油票是站里生益，我拿来准备给公司小车用，对此，公司经理陈宝贵、小车司机李杰能证明。另外5.4吨汽油票是我个人

买的。1991年和1992年我从陈玉霞手中拿油票卖掉，分给陈玉霞4150元与这15.4吨汽油票是两码事。1992年7月19日至29日我在北京休假，王维平挪用公款11300元，我根本不知道。受贿问题，我没有威胁于英哲，事后她结婚我给她300元。

李庆华的辩护人袁野认为：认定李庆华参与挪用公款，证据不足。李庆华受贿1625.20元，不是索贿，不应定罪。定李庆华贪污15.4吨油票错误。李庆华巨额财产来源不明罪中，应扣除贪污数额。

上诉人舒斌上诉称：认定贪污2890元与事实不符。买装璜材料前我给孙彦才5000元，我没沾赃款的边。荆月先给我1100元，我得800余元，其余的钱荆让我请客花了，法庭不调查，我不服。我与陈宝贵有多次经济往来，欠陈人情，我找他合伙倒卖汽油，挣钱大伙花，所以给他2000元，不是行贿。挪用公款，时间短，案发前全归还，没造成损失，量刑过重。

舒斌的辩护人刘桂琴认为：舒斌犯贪污罪，挪用公款罪，比较同案人，两罪均量刑过重。舒斌贪污实得2890元不成立。舒斌受贿罪不成立。舒斌行贿罪不成立。鉴于舒斌犯罪情节一般，平素一直表现好，并系归侨子弟，应从轻处罚，给予出路。

原审被告人陈宝贵的辩护人王岱清和原审被告人李祥志的辩护人修保均认为：陈、李二人得住楼补助费是违纪行为，不应认定为贪污犯罪。王岱清律师还认为：舒斌向陈宝贵行贿2000元不成立，实际上是二人倒卖汽油分利。

原审被告人孙彦才的辩护人张忠堂认为：对原判定罪量刑无意见，但追缴孙赃款2890元无法律根据。

吉林省吉林市人民检察院出庭执行职务的检察员认为：上诉人李庆华给陈玉霞4150元是共同贪污分赃，不是行贿关系。上诉人李庆华挪用公款罪证据不足。上诉人舒斌受贿1900元，情节一般，不构成受贿罪。

（四）二审事实和证据

吉林省吉林市中级人民法院经审理查明：

原审判决认定被告人陈宝贵于1992年与被告人郭玉祥、李祥志，上诉人李庆华合伙贪污6起的事实正确。但认定其参与贪污额37945元，实得10915元不准，应为参与贪污额10345元，得赃款5715元。对此，陈宝贵、郭玉祥、李祥志、李庆华供认，证人王云霞、裴彦明、李杰、刘佐群、张玉珍、冯荣华、姜开伟、张协成证实，并有书证假收据、假发票、提款收条、发票、转帐存单为证，足资认定。

原审判决认定被告人郭玉祥1990年12月至1992年10月间，贪污6起的事实准确。但认定郭贪污8889元错误，应为参与贪污12847.91元，实得4019.91元。对此，郭供认，并有大量证言、书证为凭，足资认定。

原审判决认定被告人陈宝贵、李祥志、郭玉祥于1992年10月各贪污5200元不当。三被告人以假发票手段套取公款各5200元用于交单位集资楼款，属领导以权谋私违纪行为，应按党纪、政纪处分。但被告人郭玉祥交楼款后剩余330.91元用于个人买床，应计入贪污犯罪数额。原判认定尚有6000元帐外款贪污未遂，证据不足，不能认定。

原判认定上诉人李庆华于1991年至1992年贪污15.4吨汽油票不正确，经查是李准备给公司小车用油票。原判认定同期李向陈玉霞（已免诉）行贿4150元不正确，经查是李与陈共同贪污。对此，李供认，陈玉霞证实，二审中陈玉霞、于颖春、刘艳秋、姜玉洁、李杰、陈宝贵证实，足资认定。

原判认定上诉人李庆华于 1992 年 7 月与王维平(已免诉)挪用公款 11300 元,证据不足,不能认定。

原判认定上诉人舒斌于 1992 年夏受贿 2100 元不当,经查舒受贿 1900 元,情节一般,构不成犯罪。

其余各项上诉人及被告人的犯罪事实原审认定无误。认定的证据与一审法院认定的证据相同。

综上,上诉人李庆华参与贪污 5 起,参与贪污额 18130 元,得赃 8050 元;受贿 1652 元;与陈宝贵偷税 10075.87 元;巨额财产来源不明 19.8 万余元。上诉人舒斌贪污 2890 元;挪用公款 29500 元;行贿 2000 元。原审被告人陈宝贵参与贪污 6 起,参与贪污 16354 元,得赃 5715 元;受贿 3500 元。郭玉祥参与贪污 6 起,参与贪污 12847 元,得赃 4019.91 元。孙彦才贪污 2890 元。张晓军贪污 2000 元。李祥志贪污 600 元。

(五)二审判案理由

吉林省吉林市中级人民法院认为:吉林省吉林市人民检察院出庭执行职务的检察员的意见正确,应予采纳。

对上诉人李庆华、舒斌及其辩护人的部分正确意见,应予采纳。

上诉人李庆华贪污公款数额较大;受贿情节严重;偷税数额较大;巨额财产来源不明;其行为已构成贪污罪、受贿罪、偷税罪、巨额财产来源不明罪。上诉人舒斌贪污公款数额较大;挪用公款数额较大;行贿数额较大;其行为已构成贪污罪、挪用公款罪、行贿罪。陈宝贵贪污公款数额较大;受贿数额较大;偷税数额较大;其行为已构成贪污罪、受贿罪、偷税罪。郭玉祥、孙彦才、张晓军贪污数额较大,均已构成贪污罪。李祥志贪污 600 元,尚构不成犯罪。原判认定部分事实错误,应予改判。

(六)二审定案结论

吉林省吉林市中级人民法院根据《中华人民共和国刑法》第一百五十五条、第一百八十五条、第一百二十一条、第六十四条、第六十七条、第三十二条、第二十三条、第二十四条,全国人大常委会《关于惩治贪污罪贿赂罪的补充规定》第二条第(二)项、第(三)项、第三条第一款、第五条第一款、第八条第一款、第十一条第一款、第十二条,全国人大常务委员会《关于惩治偷税、抗税犯罪的补充规定》第一条第一款和《中华人民共和国刑事诉讼法》第一百三十六条第(三)项,作出如下判决:

1. 维持桦甸市人民法院(1994)桦刑初字第 175－1 号刑事判决的第 4、6、7、8 项,即郭玉祥犯贪污罪,判处有期徒刑三年,缓刑三年,追缴赃款 11196.14 元;孙彦才犯贪污罪,判处有期徒刑一年,缓刑一年,追缴赃款 2890 元;张晓军犯贪污罪,免予刑事处分,追缴赃款 2200 元;陈宝贵、李庆华补税 10075.87 元,处以 3.1 倍罚款包括 1235.19 元,合计为 41311.06 元,由二人各自承担二分之一即 20655.53 元。

2. 撤销桦甸市人民法院(1994)桦刑初字第 175－1 号判决的第 1、2、3、5 项,即对陈宝贵的刑罚部分,李庆华的定罪和量刑,舒斌的定罪与量刑,李祥志的定罪和量刑。

3. 李庆华犯贪污罪,判处有期徒刑六年;犯受贿罪,判处有期徒刑一年;犯巨额财产来源不明罪,判处有期徒刑三年;犯偷税罪,判处有期徒刑六个月;决定执行有期徒刑十年。追缴赃款 204643.64 元及孳息和金戒指四枚,没收金手链一条。

4. 舒斌犯贪污罪,判处有期徒刑一年;犯挪用公款罪,判处有期徒刑二年;犯行贿罪,免予刑事处分；决定执行有期徒刑二年六个月，缓刑二年。追缴赃款2890元，没收赃款2100元。

5. 陈宝贵犯贪污罪，判处有期徒刑四年；犯受贿罪，判处有期徒刑一年六个月；犯偷税罪，判处有期徒刑六个月；决定执行有期徒刑五年六个月。追缴赃款11520.25元，没收赃款3500元。

6. 对李祥志宣告无罪。追缴赃款600元，非法所得7506.69元。

(七)解说

本案是一起共同犯罪案件，二审对各行为人的定罪量刑是正确的。

本案涉及巨额财产来源不明罪这一新罪名。

近年来，国家工作人员中出现了个别人财产或者支出明显超过合法收入，差额巨大的现象。1988年1月21日，全国人民代表大会常务委员会通过的《关于惩治贪污罪贿赂罪的补充规定》中，设立了巨额财产来源不明罪这一新罪名，规定国家工作人员的财产或支出明显超过合法收入，差额巨大的，可以责令说明来源，本人不能说明其来源是合法的，差额部分以非法所得论。

巨额财产来源不明罪的客体是复杂客体，主要是公共财产的所有权，同时也侵犯国家机关的正常活动及威信。本罪在客观方面，表现为国家工作人员的财产或者支出明显超过合法收入，差额巨大，不能说明其来源是合法的行为。巨额财产来源不明罪，只能由故意构成。行为人不能说明其明显超过合法收入、差额巨大的财产或支出的来源是合法的，非主观不能，而是不愿意，明知其来源是非法而故意拒不说明来源，不履行说明真实来源的法定义务。构成巨额财产来源不明罪的犯罪，只能是特殊主体即国家工作人员，非国家工作人员不构成此罪。

本案中，检察机关依法搜查被告人李庆华住宅及其妻子所在单位存放的物品时，发现李有32.9万元巨额存款及债券，并有金戒指七枚、金手链一条、金项链一条、金耳环一副。司法机关查明其中除有合法收入和借款及其他收入，以及贪污所得外，尚有19.8万元及四枚金戒指来源不明，责令被告人李庆华说明来源，李庆华未能说明其来源，因而构成巨额财产来源不明罪。根据全国人大常委会《关于惩治贪污罪贿赂罪的补充规定》第十一条的规定，巨额财产来源不明罪的法定刑为五年以下有期徒刑或拘役，并处或单处没收其财产的差额部分。据此，一、二审法院对被告人李庆华判处有期徒刑三年是正确的。但一、二审判决书的定案结论中对李庆华的来源不明的巨额财产应当“没收”，而不是“追缴”，因为没收财产与追缴非法所得是不同的概念，没收财产是附加刑，而追缴非法所得则不是附加刑。

（冯彦彬）

116. 季宏军被控故意伤害宣告无罪案
（证据、自诉、反诉、附带民事诉讼、正当防卫）

（一）首部

1. 判决书字号

一审判决书：贵州省贵阳市南明区人民法院(1994)南自刑初字第13号。

二审判决书：贵州省贵阳市中级人民法院(1994)筑法刑终字第133号。

2. 案由：季宏军故意伤害案。

3. 诉讼双方

自诉人兼附带民事诉讼原告人及被反诉人（上诉人）：包敏，原名包敏珠，女，40岁，汉族，贵州省贵阳市人，大学教师。

一审委托代理人（辩护人）：杜晓霞，贵阳智衡律师事务所律师。

二审委托代理人：毛江波，贵州省经贸涉外律师事务所律师。

被告人及反诉人（上诉人）：季宏军，女，43岁，汉族，江苏省泗阳县人，干部。

一审辩护人：周天球，贵阳市第二律师事务所律师；

王春生，中国铁路工会第五工程局俱乐部干部。

二审辩护人：仲崇广，贵州省天平法律咨询服务中心律师。

4. 审级：二审。

5. 审判机关和审判组织

一审法院：贵州省贵阳市南明区人民法院。

独任审判：审判员：章贵莲。

二审法院：贵州省贵阳市中级人民法院。

合议庭组成人员：审判长：熊志强；审判员：杨绍武；代理审判员：陈风如。

6. 审结时间

一审审结时间：1994年9月8日（依法延长审限）。

二审审结时间：1994年11月3日（依法延长审限）。

（二）一审情况

1. 一审诉辩主张

(1)自诉人及其委托代理人诉称

1994年1月10日，被告人季宏军因怀疑丈夫杨××与我有暧昧关系，将我家房门踢破。同月15日晚，被告人季宏军又带人在贵阳日用化工厂门口将我拦住，在其同伙的帮助下，将我双侧脸颊部抓伤，经贵阳市法医活体检验鉴定中心鉴定为轻伤。当被告人季宏军将手指抠抓进我的嘴中时，我将季的一个手指头咬伤，这是属于正当行为。根据《中华人民共和国刑法》第一百三十四条、第六十七条、第三十一条和《中华人民共和国刑事诉讼法》第五十三条之规定，要求法院追究被告人季宏军的刑事责任；并赔偿医药费200元；法医鉴定费90元；营养费300元；修补门窗费180元；共计人民币770元。

其委托代理人以包敏的行为属正当防卫为由进行辩护。

(2)被告人的答辩及其辩护人的意见

1994 年 1 月 15 日晚，季宏军找过自诉人包敏，但未带人，也未抓过自诉人包敏的脸。季宏军反诉称，因自诉人包敏与我的丈夫杨××往来密切，关系暧昧，1994 年 1 月 15 日晚，为要回丈夫放在包敏处的钥匙，独自一人到包的住处。在见到包敏后，包不但出言不逊，还抓扯自己的头发，并将自己的右手中指咬伤。我的伤情经贵阳市法医活体检验鉴定中心鉴定为轻伤。根据《中华人民共和国刑事诉讼法》第一百二十八条、第五十三条和《中华人民共和国刑法》第一百三十四条、第三十一条之规定，对自诉人包敏提出反诉，要求法院追究包敏的刑事责任，并赔偿自己的误工损失费 2828 元；护理费 300 元；营养费 300 元；法医鉴定费 90 元；共计 3518 元。

其辩护人以包敏脸部的伤情不系季宏军所致，同时包敏的伤情也未达到轻伤程度为由进行辩护。

2. 一审事实和证据

贵州省贵阳市南明区人民法院经公开审理查明：

自诉人包敏与被告人季宏军的前夫杨××(诉讼中季与杨已离婚)于 1993 年 10 月在跳舞中相识，此后往来较多，关系密切，为此，引起了被告人季宏军的不满。1994 年 1 月 10 日，被告人季宏军带着儿子杨杰等四人，以捉奸为由，来到自诉人包敏的住处，破门而入，在包敏的房内未发现有人以后，季宏军留下一张“今来捉奸，气愤之际将门打坏，改日再来”的字据后离去。同月 15 日晚 11 时许，被告人季宏军再次带人(三女一男)来到包敏回家必经之路贵阳日用化工厂门口时，碰到包敏外出返家，季宏军便与同伙一同抓打包敏。被告人季宏军用手将自诉人的双侧脸颊抓伤，为此，自诉人包敏将季宏军右手中指末端咬伤，自诉人包敏被打倒在地，被告人季宏军的同伙还企图用砖头砸包敏时，被及时赶到的贵阳日用化工厂保卫人员制止。当晚，双方当事人均到贵州省人民医院就诊，被告人季宏军后转至贵阳市第一人民医院住院治疗三个多月。此后，双方的伤情经贵阳市法医活体检验鉴定中心鉴定为轻伤。自诉人包敏因伤用去医药费 2.3 元；另买疤痕灵、祛斑霜用去 233.30 元；营养费 92 元；法医鉴定费 90 元；共计 417.6 元。被告人季宏军因伤住院用去住院费、医药费 4834.54 元(已由单位报销)；被扣奖金及其他费用 1263 元；护理费 300 元；营养费 300 元；法医鉴定费 90 元；共计 1953 元(不包括住院费和医药费)。

上述事实有下列证据证明：

(1)自诉人(被反诉人)包敏和被告人(反诉人)季宏军对事情发生经过的陈述；

(2)贵阳市法医活体检验鉴定中心对包敏和季宏军的伤情分别作出的法医鉴定书；

(3)贵阳日化厂保卫科保卫人员关于包敏和季宏军在其厂门前互相抓打经过的证人证言；

(4)证人杨××、龚××、胡××、唐××、叶××关于包敏和季宏军在贵阳日化厂门前互相抓打经过的证人证言；

(5)贵州省军区直属门诊部、贵阳市第一人民医院为季宏军出具的医药费、住院费、病情诊断书及照片等证明；贵州省人民医院为包敏出具的医药费收据，包敏在药店的购药收据。

3. 一审判案理由

被告人季宏军目无国法，仅因丈夫与自诉人包敏关系密切，便趁包敏家中无人之时，破门而入，非法进入包敏住宅。这已属违法行为，但被告季宏军非但不知悔改，又在事隔数日后，再次邀约他人到包敏住处滋事，挑起事端，并将自诉人包敏的双侧脸颊抓为轻伤，其行为已构成故意伤害罪。鉴于自诉人包敏伤情后果尚不严重，可对季宏军酌情从轻处罚。

自诉人包敏为保护自己的身体免遭正在进行的不法侵害，将被告人季宏军的右手指咬伤，其行为属正当防卫，不构成犯罪，故被告人季宏军的反诉不成立。

自诉人包敏要求被告人季宏军赔偿因伤所造成的经济损失，符合法律规定，应予支持。但其要求被告人赔偿损坏房门的费用，因房门的损坏与其被伤害不系同一事件，故不能作为本案的附带民事诉讼，可另案起诉。同时，因自诉人包敏的行为不构成犯罪，被告人季宏军提起的附带民事诉讼请求亦不予支持。

4. 一审定案结论

贵州省贵阳市南明区人民法院根据《中华人民共和国刑法》第一百三十四条、第六十七条、第十七条、第三十一条之规定，作出如下判决：

1. 季宏军犯故意伤害罪，判处拘役六个月，宣告缓刑一年。

2. 被反诉人包敏无罪。

3. 季宏军在判决生效之日起10日内，一次性赔偿自诉人包敏的经济损失417.60元。

4. 案件受理费50元，由季宏军负担。

(三)二审诉辩主张

贵州省贵阳市南明区人民法院一审判决宣告后，自诉人包敏、被告人季宏军均不服，向贵州省贵阳市中级人民法院提出上诉。

上诉人包敏及其委托代理人诉称：

原判决对被告人季宏军量刑畸轻，要求增加经济损失的赔偿。原判决认定包敏与杨××关系密切没有理由。杨××和季宏军夫妻感情不是包敏破坏的。包敏指控季宏军伤害其身体，并辩解说咬伤季宏军的手指，系正当防卫，证据确实充分。

上诉人季宏军及其辩护人诉称：

原判决认定事实不清，判决不当，显失公平，请求贵州省贵阳市中级人民法院查清事实，予以改判。

(四)二审事实和证据

贵州省贵阳市中级人民法院经公开审理查明：

上诉人包敏与上诉人季宏军的前夫杨永兴(诉讼中已离婚)于1993年10月在舞厅跳舞中认识后，杨永兴常到包敏住处，双方往来较多，关系密切。上诉人季宏军知道包、杨二人的往来后，多次向有关组织反映此事，要求干预包、杨的往来。1994年1月10日季宏军误认为杨永兴在包敏住处，带领儿子杨杰及其家人到包敏住处，季宏军及其儿子杨杰将包敏住处的门打坏后，发现屋内没有人，遂留下一字据后离去。同月14日，季宏军发现其夫杨永兴钥匙不在，自认为杨将钥匙留于包敏处，并于10月15日晚11时许，到包敏住处找包敏。当走到贵阳日化厂门口时，与包敏相遇，双方发生争执，并互相抓打。抓打过程中，季宏军将包敏左右脸颊部、左右颈部表皮多处抓伤；包敏将季宏军右手中指末端咬伤并缺损，指骨端外露，后被贵阳日化厂保卫人员制止。当晚，上诉人包敏到贵州省人民医院就诊，花用医药费2.3元。同年1月28日、2月3日、3月10日，包敏在医药商店三次购买疤痕灵、祛斑霜花费共233.30元。季宏军被伤后，于当晚到贵州省人民医院就诊，花用医药费90元。后季宏军转至贵州省军区直属门诊部及贵阳市第一人民医院治疗，花费医药费、住院费4834.54元；在住院治疗期间季宏军被扣奖金和开销其他费用1263元、护理300元、营养费300元、法医鉴定费90元，共计1953元。包敏、季宏军的伤情经贵阳市法医活体检验鉴定中心鉴定均为轻伤。

上述事实有下列证据证明：

1. 上述人包敏和季宏军对事情发生经过的陈述；

2. 贵阳市法医活体检验鉴定中心对包敏和季宏军的伤情分别作出的法医鉴定书；

3. 贵阳日化厂保卫科保卫人员关于包敏和季宏军在其厂门前互相抓打经过的证人证言；

4. 证人杨××、龚××、胡××、唐××、叶××关于包敏和季宏军在贵阳日化厂门前抓打经过的证人证言；

5. 贵州省军区直属门诊部、贵阳市第一人民医院为季宏军出具的医药费、住院费、病情诊断书及照片等证明；贵州省人民医院为包敏出具的医药费收据，包敏在药店的购药收据。

(五)二审判案理由

贵州省贵阳市中级人民法院认为：上诉人包敏与杨永兴通过跳舞认识后，双方往来密切，上诉人季宏军对包、杨二人的往来不满，故为此事找包敏时发生抓打。上诉人包敏对纠纷的引起有一定的过错责任。原判决认定上诉人季宏军邀约他人抓打包敏的事实，缺乏证据，认定包敏的伤害行为属正常防卫，不构成犯罪，显属不当。包敏在与季宏军相互抓打过程中，包敏的行为不具有防卫的正义性，季宏军对包敏脸部、颈部的抓伤是在双方互殴时季宏军对包敏所造成的轻微不法伤害。这种互殴行为，由于双方都是为了侵害对方，而不是基于保卫公共利益和公民个人的合法权益的目的，因此，双方的行为都是不法侵害而不是正当防卫。因此，贵州省贵阳市南明区法院认定包敏的行为是正当防卫行为显属不当。法医鉴定认定包敏的轻伤结论，经结合具体病情并依照《人体轻伤鉴定标准(试行)》第十五条之规定进行审查，鉴定对包敏作出的轻伤结论，依据不足，本院不予采纳。上诉人包敏在与上诉人季宏军抓打中，故意损害他人身体健康，造成他人身体器质性和功能性的损害，经法医鉴定为轻伤，其行为构成故意伤害罪，依法应予处罚，给季宏军造成的经济损失应予赔偿。但鉴于在审理中，上诉人包敏认罪态度较好，对季宏军的损失积极进行赔偿，犯罪情节轻微，可从轻处罚。上诉人季宏军及其家人私闯他人住宅并将房门打坏，其行为是错误的，并应予赔偿。上诉人季宏军在纠纷过程中动手将包敏脸、颈部多处抓伤，使包敏的身体受到一定伤害，并造成包敏一定的经济损失，本院对包敏经济损失中合理的要求应予支持，因此季宏军对包敏造成的损失应给予赔偿。但季宏军对包敏的伤害行为情节显著轻微，危害不大，原判决以犯罪论处不当，应予改判。

(六)二审定案结论

贵州省贵阳市中级人民法院根据《中华人民共和国刑事诉讼法》第一百三十六条第(三)项、第一百三十七条、第十一条第(一)项，《中华人民共和国刑法》第一百三十四条、第十条、第三十二条、第三十一条，作出如下判决：

1. 撤销贵州省贵阳市南明区人民法院(1994)南自刑初字第13号刑事附带民事判决书。

2. 上诉人季宏军宣告无罪。

3. 上诉人包敏犯故意伤害罪，免予刑事处分。

4. 季宏军赔偿包敏医药费 235.6 元,房门修理费 86.5 元,共计 322.1 元(人民币)。

5. 上诉人包敏赔偿季宏军被扣奖金、护理费、营养费及其他费用,共计 1953 元(人民币)。

(七)解说

本案的二审判决是完全正确的,这主要表现在二审法院正确认定了故意伤害罪和正当防卫这一罪与非罪的重要界限。贵州省贵阳市中级人民法院判决认为包敏的行为不属于正当防卫,构成故意伤害罪,这一定性是正确的。我国《刑法》第十七条明确规定正当防卫的条件,必须是为了保卫公共利益、本人或者他人的人身和其他合法权益,才能实行正当防卫。所谓为了保卫公共利益、本人或他人的人身和其他合法权益,这是指防卫者在主观上有明确的防卫意识和防卫目的。本案的包敏和季宏军的行为是互殴行为,由于双方都是为了侵害对方,而不是基于保卫公共利益和公民个人的合法权益的目的,因此,双方的行为都是不法侵害而不是正当防卫。

认真审查证据,只能根据确实充分的证据才能对案情作出认定。我国《刑事诉讼法》第三十一条规定,一切证据必须经过查证属实,才能作为定案的根据。在本案的二审审理中,二审法院认为,一审法院认定季宏军邀约他人围打包敏的情况,只有包敏本人的供述,没有其他证据印证,缺乏客观性和公正性,因此,二审法院对此事实不予承认。关于法医鉴定认定包敏的轻伤结论,二审法院结合包敏的具体病情并依照《人体轻伤鉴定标准(试行)》第十五条规定进行认真审查,认定对包敏作出的轻伤结论依据不足,不予采纳。

本案是一起自诉案件,相对于公诉案件,自诉案件的自诉程序有别于公诉程序,有其自己的特点。自诉案件立案的主要材料来源是自诉人的自诉,由自诉人径行向人民法院起诉,由人民法院直接受理。自诉案件一般事实比较简单,因果关系清楚,有明确被告人,不需要专门的侦查工作即可查明案情。自诉案件的双方当事人地位是平等的。被告人有权委托律师作辩护人,自诉人也有权委托律师作为自己的诉讼代理人。在人民法院宣判以前,自诉人可以同被告人自行和解或者撤回自诉。在自诉的诉讼过程中,被告人可以对自诉人提起反诉。反诉适用于自诉的规定。在这里,反诉的对象必须是自诉案件的自诉人,反诉的内容必须是与自诉案件有关的犯罪行为。对于反诉案件,人民法院应当与原来的自诉案件合并审理。在这种互诉案件中,双方当事人都既是自诉人,又是被告人,具有双重身分,在诉讼中的地位和权利是一样的。每一方当事人都可以充分陈述自己的意见,都有权作最后陈述。自诉和反诉合并审理,便于人民法院全面查明案情,分清是非,依法作出正确的判决。

(范红彬)

117. 范小平故意伤害、余国庆被控故意伤害宣告无罪案（证据、抗诉）

（一）首部

1. 裁判书字号

一审判决书：四川省重庆市南岸区人民法院(1994)南刑初字第187号。

二审裁定书：四川省重庆市中级人民法院(1994)重刑终字第3485号。

2. 案由：范小平、余国庆故意伤害案。

3. 诉讼双方

公诉机关(抗诉机关)：四川省重庆市南岸区人民检察院，检察员张跃。

被告人(上诉人)：范小平，男，25岁，汉族，四川省江津市人，汽车驾驶员。于1994年3月22日因本案被逮捕。

一审辩护人：赵枫，四川省重庆经济律师事务所律师。

二审辩护人：鲁争鸣，四川省重庆合纵律师事务所律师。

罗光琴，四川省重庆合纵律师事务所律师。

被告人：余国庆，男，26岁，汉族，四川省江北县人，工人。于1994年3月22日因本案被逮捕。

一、二审辩护人：邹芳，四川省重庆市南岸区律师事务所律师。

4. 审级：二审。

5. 审判机关和审判组织

一审法院：四川省重庆市南岸区人民法院。

合议庭组成人员：审判长：李全模；人民陪审员：贺侨怀、方宪成。

二审法院：四川省重庆市中级人民法院。

合议庭组成人员：审判长：焉光福；审判员：夏乾良；代理审判员：马朝龙。

6. 审结时间

一审审结时间：1994年10月14日(依法延长审限)。

二审审结时间：1994年12月7日。

（二）一审诉辩主张

1. 四川省重庆市南岸区人民检察院指控称

1993年3月28日凌晨1时许，被告人范小平(驾驶员)、余国庆与陈文(女)三人乘坐“夏利”牌出租车至南岸区南坪重庆农机公司对面公路边王世宽经营的地摊火锅处吃火锅，三人在吃火锅的过程中，与醉酒后到此处的于廷南、刘兵二人发生纠纷并相互发生殴打。范小平持凳子击伤于的头部，于被打得趴在“夏利”车尾部的玻璃上。余国庆也持凳子将刘兵打倒在地。范小平又持木棒打刘后，范、余二人欲驾车离开现场。余国庆见于廷南趴在车尾部的玻璃上便上前将于拉甩倒在地。后由范驾车三人离开现场。于廷南受伤后经医院抢救无效死亡。经重庆市公安局刑事科学技术鉴定于廷南系头部外伤性严重颅脑损伤死亡。1993年7月，在公安机关的督促下，二被告人赔偿了被害人亲属人民币2万元。四川省重庆市南岸区人民检察院认为，被告人范小平、余国庆的行为均已触犯了《中华人民共和国刑法》第一百三十四条、第二十三条，构成故意伤害罪，依法提起公诉。

2. 被告人的答辩及其辩护人的辩护意见

被告人范小平辩称没有持凳打被害人于廷南和拉摔于倒地，只打了刘兵（胖子）一棒。其辩护人赵枫辩称，本案没有直接证据证实被告人范小平持凳打被害人的头部，死者于廷南头部的伤是如何形成，证据不清楚。被害人醉酒肇事应负责任。被告人赔偿了被害人亲属的经济损失，要求对被告人范小平在量刑时从轻或者减轻处罚。

被告人余国庆辩称只与刘兵进行互相殴打，与死者于廷南没有直接接触，并没有拉于廷南倒地。其辩护人邹芳辩称，本案被告人余国庆拉被害人于廷南倒地基本证据不足，且被告人余国庆在主、客观上没有共同故意伤害于廷南的故意和行为，要求对余国庆宣告无罪。

（三）一审事实和证据

四川省重庆市南岸区人民法院经公开审理查明：

1993年3月28日凌晨1时许，被告人范小平驾驶重庆公路运输总公司的“四川03－31162”“夏利”牌出租汽车，与同车的被告人余国庆以及陈文一起在重庆市南坪城南大道口重庆农机公司对面的公路边停下，三人在王世宽经营的小火锅摊吃火锅和洗车。在此期间，喝醉了酒的四川省南川县宁江机械厂工人刘兵、于廷南摇晃地走到王世宽经营的火锅摊处，刘兵醉醺醺地叫王世宽给其餐巾纸，王世宽未给刘兵。刘兵又走到被告人余国庆身后摸余国庆的衣包。余国庆问刘兵摸什么，刘兵说拿餐巾纸。当余国庆回答说那边的桌子上有时，刘兵便用拳头打余国庆的脸部，余国庆不服即手持凳子将刘兵打推倒地。于廷南见状便持木棒从余国庆的背后欲上前打余国庆。此时被告人范小平见状便迅速手持板凳将于廷南推打至“夏利”牌出租车尾部处，用凳子猛击于廷南头部，于廷南当场被打后趴在该车尾部玻璃上。接着被告人范小平又持木棒殴打刘兵几下。嗣后，二被告人及陈文准备乘车离开现场时，被告人范小平见于廷南还趴在汽车尾部玻璃上，遂上前抓住于廷南衣领往后拉甩倒地。范小平驾驶出租车与余国庆、陈文离开现场。于廷南随后由群众租车送去重庆市急救中心抢救，于廷南因外伤性严重颅脑损伤于次日死亡。在公安机关的督促下，二被告人的亲属赔偿了被害人于廷南亲属丧葬费、供养亲属生活费共计2万元。

上述事实有下列证据证明：

1. 被告人范小平和余国庆对犯罪经过的供述和辩解，范小平在侦查阶段供认拿凳子打了刘兵和于廷南，但在庭审中翻悔口供，只供认打了刘兵，不承认打了于廷南；余国庆从本案侦查开始的供述与法庭审理的供述均供认拿凳子打了刘兵，没有打过于廷南；

2. 证人陈文证实案发经过，范小平拿凳子打了刘兵和于廷南，余国庆拿凳子打了刘兵、没有打于廷南的证人证言；

3. 证人谭贤容、王茂林、彭德梅、余伟证实余国庆打了刘兵而没有打于廷南的证人证言；

4. 证人詹朝锋在侦查阶段证实余国庆打了刘兵和于廷南，而在审判阶段又否认余国庆打了于廷南的证言；

5. 证人彭定涛、彭德梅、谭贤容证实被告人范小平、余国庆、被害人于廷南及刘兵的身材、穿着特征的证人证言；

6. 四川省重庆市公安局刑事科学技术研究所认定被害人于廷南系外伤性严重颅脑损伤死亡的鉴定结论。

（四）一审判案理由

四川省重庆市南岸区人民法院认为：

1. 根据《中华人民共和国刑法》第二十二条的规定，共同犯罪是指二人以上共同故意犯罪。本案第一被告人范小平与第二被告人余国庆同被害人于廷南及刘兵在案发前素不相识。发案当晚即因于、刘二人醉酒后不理智找被告人余国庆要餐巾纸，刘兵先打余国庆，引起余不满，发生突发性殴打，二被告人并无预谋故意伤害对方的预谋行为。持械殴打中，被告人余国庆所侵害对象是刘兵，没有直接侵害被害人于廷南，于死亡的结果与余国庆的行为无因果关系，且刘兵之伤系轻微伤，余国庆的行为不构成《中华人民共和国刑法》第一百三十四条规定的故意伤害罪，也就不构成《刑法》第二十二条规定的共同犯罪。

2. 被告人范小平在1993年3月28日发案中，主动积极持械伤害被害人于廷南。当于廷南已被打伤趴在车尾部玻璃上不动弹的情况下，被告人范小平不计后果，又将于廷南拉甩倒地，开车离开现场，范小平主观上有伤害他人的故意，客观上实施了伤害行为，虽然被告人范小平主观上没有致死于廷南的故意，但由于于廷南头部严重颅脑损伤终至抢救无效而死亡，范小平的行为触犯《中华人民共和国刑法》第一百三十四条之规定，构成故意伤害罪（致人死亡）。鉴于被告人范小平是初犯，被害人在发案起因上有一定过错，案发后被告人范小平积极赔偿被害人亲属经济损失，应依照《中华人民共和国刑法》第一百三十四条之规定，在七年以上十五年以下的幅度内科以刑罚。

（五）一审定案结论

四川省重庆市南岸区人民法院根据《中华人民共和国刑法》第一百三十四条，作出如下判决：

1. 范小平犯故意伤害罪（致人死亡），判处有期徒刑七年。

2. 余国庆无罪。

（六）二审情况

1. 二审诉辩主张

四川省重庆市南岸区人民法院一审判决后，四川省重庆市南岸区人民检察院认为判决确有错误，向四川省重庆市中级人民法院提出抗诉。原审被告人范小平对判决不服，提起上诉。

(1)四川省重庆市南岸区人民检察院抗诉称

被害人于廷南被范小平打后趴在“夏利”牌出租车尾部处，是余国庆上前抓住于廷南往后拉甩，致于廷南倒地。于廷南的死亡结果与余国庆的拉甩行为有因果关系，因此余国庆应当承担故意伤害罪的刑事责任。余国庆拉甩于廷南致其倒地的行为有证人詹朝锋在侦查阶段的两次证人证言证明。

(2)上诉人范小平及其辩护人诉称

被告人范小平诉称原判认定事实有错误，自己没有动手打架，只打了刘兵一木棒。范小平的辩护律师诉称本案证据较弱，矛盾较多，在对被告人范小平处罚上希望从轻或减轻处罚。

2．二审事实和证据

四川省重庆市中级人民法院经审理查明：

1993年3月28日凌晨1时许，上诉人范小平驾驶"四川03－31162""夏利"牌出租汽车与被告人余国庆及陈文到重庆市南岸区南坪城南大道口王世宽的地摊火锅处洗车、吃饭。在此期间，酗酒后的于廷南、刘兵到此向王世宽索要餐巾纸揩脸上的血迹。随后，刘兵又走到余国庆的身后摸余国庆的衣包，被余国庆发觉。余国庆质问刘兵："你摸什么？"刘兵反而凶狠地回答："拿餐巾纸。"余国庆说："那边桌子上有，你自己可以到哪儿去拿。"刘兵即挥拳向余国庆面部猛击一拳。余国庆即持板凳推挡刘兵倒地。此时，于廷南持木棒欲上前打余国庆，上诉人范小平见状即抓起板凳朝于廷南打去，将于廷南打倒趴在"夏利"牌出租汽车的尾部。范小平又持木棒打了刘兵几下。后范小平见于还趴在汽车尾部处，遂上前抓于廷南往后拉甩，致于廷南往后倒地。范小平驾车与余国庆、陈文离开现场。于廷南经送医院抢救无效死亡。

上述事实有下列证据证明：

(1)被告人范小平和余国庆对犯罪经过的供述和辩解。范小平在侦查阶段供认拿凳子打了刘兵和于廷南，但在法庭审理时又翻悔口供，只供认打了刘兵，不承认打了于廷南；余国庆从本案侦查开始的供述和法庭审理的供述均供认拿凳子打了刘兵，没有打过于廷南；

(2)证人陈文证实案发经过，范小平拿凳子打了刘兵和于廷南，余国庆拿凳子只打了刘兵，没有打于廷南的证人证言；

(3)证人谭贤容、王茂林、彭德梅、余伟证实余国庆打了刘兵而没有打于廷南的证人证言；

(4)证人詹朝锋在侦查阶段证实余国庆打了刘兵和于廷南，而在审判阶段又否认余国庆打了于廷南的证人证言；

(5)证人彭定涛、彭德梅、谭贤容证实范小平、余国庆、于廷南和刘兵的外貌、身材和穿着特征的证人证言；

(6)四川省重庆市公安局刑事科学技术研究所认定于廷南系外伤性严重颅脑损伤死亡的鉴定结论。

3．二审判案理由

四川省重庆市中级人民法院认为：

上诉人范小平仅因纠纷，持械殴打他人致人死亡，已构成故意伤害罪，且后果严重。但鉴于被害人于廷南在本案的起因上也有过错，范小平在案发后能积极赔偿被害人亲属的经济损失，可从轻处罚。被告人余国庆在纠纷中没有殴打伤害于廷南，殴打的是刘兵，且属于防卫行为，原判决余国庆无罪正确。重庆市南岸区人民检察院抗诉的理由和事实不能成立，应予驳回；被告人范小平的上诉理由及其辩护人的辩护意见不能成立，法院不予采纳。四川省重庆市南岸区人民法院的原判应予维持。

4．二审定案结论

四川省重庆市中级人民法院根据《中华人民共和国刑事诉讼法》第一百三十六条第(一)项，作出如下裁定：

驳回四川省重庆市南岸区人民检察院的抗诉和范小平的上诉，维持四川省重庆市南岸区人民法院1994年10月14日(1994)南刑初字第187号刑事判决。

（七）解说

本案诉辩双方争议的焦点以及四川省重庆市南岸区人民检察院抗诉的理由都是围绕着行为人余国庆是否构成故意伤害罪中的共犯、是有罪还是无罪来进行的。

四川省重庆市南岸区人民法院在开庭审理前即发现四川省重庆市南岸区人民检察院指控余国庆犯故意伤害罪的证据只有詹朝锋一个证人的证言说到了余国庆拉甩死者于廷南倒地这一情节，没有其他任何证据相印证，且余国庆一直不承认接触过于廷南。针对行为人余国庆的口供与证人詹朝锋的证言互相矛盾，四川省重庆市南岸区人民法院对证人詹朝锋先后两次进行了详细的调查核实，后来詹朝锋自己推翻了原来向公安机关所作的证言，否定了余国庆拉甩死者于廷南倒地这一事实，并证明是驾驶员范小平拉甩死者倒地这一事实。詹朝锋并一再表示公安机关讯问他时，因当时思想上对行为人一方仅因为要餐巾纸的小事就打死了人的行为很愤慨，认为二行为人都不是好人，所以当公安人员问到余国庆动手打死者没有，詹即在两次询问中都说余国庆拉甩死者倒地这一情况及当时没有实事求是提供目击的真实情况的心理状态。经开庭审理质证、核实本案的有关证据，否定了证人詹朝锋在侦查阶段的证言，认定詹朝锋在一审法院调查的证言。最后采纳了辩方的意见，判决宣告行为人余国庆无罪，是完全正确的。四川省重庆市南岸区人民检察院提出抗诉后也未能再提出余国庆有伤害于廷南的行为的证据，故二审法院驳回了四川省重庆市南岸区人民检察院的抗诉，从而依法保护无罪的人免受刑法的追究。

（沈治富）

118. 范方南等盗窃案
（证据、抗诉）

（一）首部

1. 判决书字号

一审判决书：上海市杨浦区人民法院（1993）杨刑初字第590号。

二审判决书：上海市中级人民法院（1994）沪中刑终（抗）字第70号。

2. 案由：范方南等盗窃案。

3. 诉讼双方

公诉机关（抗诉机关）：上海市杨浦区人民检察院，代理检察员王家银。

被告人：范方南，男，19岁，汉族，四川省江安县人，农民。1993年10月20日因本案被逮捕。

被告人范方南未委托辩护人，自己行使辩护权。

被告人：欧秀华，男，18岁，汉族，四川省纳溪县人，农民。1993年10月20日因本案被逮捕。

被告人欧秀华未委托辩护人，自己行使辩护权。

被告人：毛伏良，男，31岁，汉族，江苏省滨海县人，农民。1993年10月20日因本案被逮捕。

被告人毛伏良未委托辩护人，自己行使辩护权。

被告人：朱先伦，男，30岁，汉族，四川省江安县人，农民。1993年10月20日因本案被逮捕。

被告人朱先伦未委托辩护人，自己行使辩护权。

被告人：罗文华，男，25岁，汉族，四川省江安县人，农民。1993年10月20日因本案被逮捕。

被告人罗文华未委托辩护人，自己行使辩护权。

4. 审级：二审。

5. 审判机关和审判组织

一审法院：上海市杨浦区人民法院。

合议庭组成人员：审判长：俞祥铸；人民陪审员：张鸿飞、张启祥。

二审法院：上海市中级人民法院。

合议庭组成人员：审判长：张志杰；审判员：经天洁；代理审判员：张佩佩。

6. 审结时间

一审审结时间：1993年12月20日。

二审审结时间：1994年3月2日（依法延长审限）。

（二）一审情况

1. 一审诉辩主张

(1)上海市杨浦区人民检察院指控称

被告人范方南、欧秀华、毛伏良、朱先伦、罗文华于1993年7月21日至23日间，三次乘去上海第十五棉纺织厂装垃圾之机，先后共同盗窃得0.8千瓦电动机5台，0.75千瓦、2.2千瓦、3千瓦电动机各1台以及细纱滚筒2只，价值人民币1700余元。

杨浦区人民检察院认为，被告人范方南、欧秀华、毛伏良、朱先伦、罗文华的行为均已触犯《中华人民共和国刑法》第一百五十一条，构成盗窃罪，依法提起公诉。

(2)被告人的辩解

被告人范方南、欧秀华、毛伏良、朱先伦、罗文华对公诉机关指控其所犯盗窃罪的事实、证据及定性均不表示异议，但均辩解称因缺乏法制观念而犯罪，请求给予从轻处罚。

2. 一审事实和证据

上海市杨浦区人民法院经公开审理查明：

被告人毛伏良乘为上海第十五棉纺织厂承包装运该厂生活垃圾的机会，分别于1993年7月21日和22日凌晨，指使其雇佣的帮工被告人范方南、欧秀华、朱先伦和罗文华在该厂布机间冷风房窃得0.8千瓦旧电动机5台，0.75千瓦、2.2千瓦、3千瓦旧电动机各1台及废钢铁等物，共计价值人民币600余元。五被告人将赃物销赃后，得款600元。同年7月23日凌晨，五被告人再次去该厂装运垃圾时，又由毛伏良窃得旧细纱铁滚筒2只，价值人民币100元，在运赃出厂时被门卫截获。

上述事实有下列证据证明：

(1)5名被告人的供述；

(2)上海第十五棉纺织厂保卫科的报失记录；

(3)黄建明关于由其保管的电动机失窃的证言；

(4)杨根华关于曾向5名被告人收购电动机等物品的证言；

(5)公安机关的现场勘查笔录；

(6)被缴获赃物的照片；

(7)上海市杨浦区供销物资公司的核价证明材料。

3. 一审判案理由

上海市杨浦区人民法院认为：

(1)被告人范方南、欧秀华、毛伏良、朱先伦、罗文华以非法占有为目的，采取秘密手段共同窃取公共财物，数额较大，其行为均已构成盗窃罪，依法应分别予以惩处。鉴于5名被告人交代罪行的态度较好，部分犯罪未遂，故应对5名被告人均从轻处罚。

(2)公诉机关指控5名被告人所犯盗窃罪的定性正确，但采用上海国济旧货寄售店对赃物的估价不当，指控认定的盗窃数额1700元明显有误，应予更正。

4. 一审定案结论

上海市杨浦区人民法院根据《中华人民共和国刑法》第一百五十一条、第二十二条、第二十条，作出如下判决：

(1)范方南犯盗窃罪，判处拘役六个月。

(2)欧秀华犯盗窃罪，判处拘役六个月。

(3)毛伏良犯盗窃罪，判处拘役六个月。

(4)朱先伦犯盗窃罪，判处拘役六个月。

(5)罗文华犯盗窃罪，判处拘役六个月。

(三)二审诉辩主张

上海市杨浦区人民法院一审判决后，杨浦区人民检察院认为判决确有错误，向上海市中级人民法院提出抗诉。杨浦区人民检察院抗诉称：

1. 检察机关在对本案起诉时，将原始赃物和被窃单位有关被窃电动机质量的证言委托上海国济旧货商店估价，取证程序合法，且符合最高人民法院、最高人民检察院《关于盗窃案件具体应用法律的若干问题的解答》第三条第(五)项之规定。一审法院在审理本案中又委托杨浦区供销物资公司以废旧电动机进行核价，检察机关认为，被告人所窃的不是废旧电动机，以废旧电动机核价显属不当；而且，由于原赃物已重新投入生产使用，法院再次委托杨浦区供销物资公司核价的电动机与被窃时新旧程度不同，故杨浦区供销物资公司的核价结论不能作为证据使用。

2. 一审法院在开庭审理本案时，5名被告人对检察机关举证的被窃物品价格证明都未表示异议。庭审调查结束以后，一审法院重新进行了核价，重新核价的结论在既未告知被告人，也未当庭听取当事人和公诉机关意见的情况下，就作为定罪量刑的依据，违反了《中华人民共和国刑事诉讼法》第九十条和第一百一十六条之规定。

(四)二审事实和证据

上海市中级人民法院经公开审理查明：

1993年7月21日和22日凌晨，被告人毛伏良乘为上海第十五棉纺织厂装运生活垃圾之机，指使被告人范方南、欧秀华、朱先伦和罗文华在该厂窃得0.8千瓦旧电动机5台，0.75千瓦、2.2千瓦、3千瓦旧电动机各1台，共计价值人民币1570余元。同年7月23日凌晨，毛伏良又窃得旧细纱铁滚筒2只，价值人民币150元，在运赃出厂时被门卫截获。

上述事实有下列证据证明：

1. 5名被告人关于共同盗窃上海第十五棉纺织厂旧电动机8台和旧细纱滚筒2只的供述；

2. 上海第十五棉纺织厂保卫科的报失记录；

3. 证人黄建明关于由其保管的电动机失窃的证言，以及关于电动机质量和维修情况的证言；

4. 证人杨根华关于曾向5名被告人收购电动机等物品的证言；

5. 公安机关的现场勘查笔录；

6. 缴获赃物的照片；

7. 上海国济旧货寄售商店的核价证明材料。

（五）二审判案理由

上海市中级人民法院认为：

被告人范方南、欧秀华、毛伏良、朱先伦、罗文华以非法占有为目的，秘密窃取国家财产，数额较大，已构成盗窃罪，依法应予惩处。原判对5名被告人的定性正确。但采纳杨浦区供销物资公司把被盗电动机作为废电动机进行核价所出具的证明作为认定盗窃数额的依据不当，从而导致量刑不当。上海市杨浦区人民检察院的抗诉有理，应予采纳。

（六）二审定案结论

上海市中级人民法院根据《中华人民共和国刑法》第一百五十一条、第二十二条及《中华人民共和国刑事诉讼法》第一百三十六条第（三）项，作出如下判决：

1. 撤销上海市杨浦区人民法院（1993）杨刑初字第590号刑事判决；

2. 范方南犯盗窃罪，判处有期徒刑八个月。

3. 欧秀华犯盗窃罪，判处有期徒刑八个月。

4. 毛伏良犯盗窃罪，判处有期徒刑八个月。

5. 朱先伦犯盗窃罪，判处有期徒刑八个月。

6. 罗文华犯盗窃罪，判处有期徒刑八个月。

（七）解说

本案的争议焦点是对赃物的价格如何进行计算。在一审判决后，上海市杨浦区人民检察院认为，上海市杨浦区人民法院对赃物价格的计算，采纳其委托杨浦区供销物资公司将赃物以废旧电动机进行核价的证明是错误的。这是因为在案发后已把缴获的赃物发还给了上海第十五棉纺织厂，该厂把赃物修复后又重新投入了生产使用，所以杨浦区供销物资公司对赃物核价时，其价值已与被窃时有所不同。根据最高人民法院、最高人民检察院《关于办理盗窃案件具体应用法律的若干问题的解释》第三条第（五）项："对已陈旧、残损或者使用过的被盗物品，结合作案当时、当地同类物品的价格和被盗时的残旧程度，由有关部门作价。"有一个值得注意但法院、检察院均没注意的问题是，被盗赃物属于生产资料。根据这一解释文件的第三条第（一）项3规定："单位和公民的生产资料、生活资料等物品，原则上按购进价计算，但现行市场价高于原购进价的，按现行市场价的中等价格计算。"

我国《刑事诉讼法》第一百三十条、《人民检察院组织法》第十七条规定："地方各级人民检察院对于本级人民法院第一审案件的判决和裁定认为确有错误的时候，应当向上一级人民法院提出抗诉。"人民检察院是国家的法律监督机关，对于人民法院的审判活动是否合法，有权实行监督。地方各级人民检察院对本级人民法院第一审案件的判决和裁定，认为在认定事实上或者在适用法律上确有错误的时候，有权按照上诉程序向上一级人民法院提出抗诉，要求重新审理，纠正错误。这是地方各级人民检察院依法行使职权，对本级人民法院的审判活动实行监督的一种重要形式，这不仅可以纠正原审错误裁判，维护国家法律的尊严，而且能够避免错误裁判交付执行，防止冤假错案的发生，准确地惩罚犯罪分子，真正做到不枉不纵，切实维护被告人和被害人的合法权益。

（郭延风）

119. 贾明华偷税案
（强制措施、酌定从轻处罚）

（一）首部

1. 判决书字号：上海市松江县人民法院（1994）松刑初字第 223 号。

2. 案由：贾明华偷税案。

3. 诉讼双方

公诉机关：上海市松江县人民检察院，代理检察员郭祥玲。

被告人：贾明华，男，31 岁，汉族，上海市松江县人，系上海市松江县物资局贸易中心业务员。1994 年 4 月 4 日因本案被取保候审。

辩护人：吕惠林，上海市松江县第一律师事务所律师。

4. 审级：一审。

5. 审判机关和审判组织

审判机关：上海市松江县人民法院。

合议庭组成人员：审判长：蒋震波；代理审判员：曹吉良、俞晓光。

6. 审结时间：1994 年 11 月 21 日。

（二）诉辩主张

1. 上海市松江县人民检察院指控称

1992 年 12 月至 1993 年 12 月期间，被告人贾明华采取借用发票和以他人名义与原上海市松江县五里塘供销合作社签订承包枫泾商城经营部承包协议，先后销售各种型号的钢材合计营业额 1403755.65 元，利用该经营部枫泾商城免税发票，不向税务机关申报纳税，从中偷逃国家税款 83637.58 元。其行为已构成偷税罪，应适用全国人民代表大会常务委员会《关于惩治偷税、抗税犯罪的补充规定》第一条，特提起公诉，请依法判处。

2. 被告人的答辩及其辩护人的辩护意见

被告人贾明华对检察机关指控其偷税事实不表异议，但认为其系与他人合伙经营，其他合伙人也应承担相应的偷税责任。被告人贾明华的辩护人认为，被告人贾明华 1992 年 12 月中介他人经营的一笔钢材数额 75542 元，应在指控的偷税经营额中扣除。被告人交代态度好，积极补交税款，有认罪悔罪表现，建议从轻处罚。

(三)事实和证据

上海市松江县人民法院经公开审理查明:

1993年1月至1993年12月期间,被告人贾明华以他人名义与原松江县五里塘供销合作社签订枫泾商城经营部承包协议,并私自进行钢材经营。采用开具五里塘供销合作社提供的枫泾商城免税专用发票,使用银行帐户结算营业款的方法,先后向上海市松江电子仪器厂、松江泗泾开江消防药剂商店等单位销售各种型号的钢材290余吨,合计营业额1328213.50元,从中偷逃国家税款75705.67元。案发后,被告人补交税款43800元。

上述事实有下列证据证明:

1. 被告人贾明华以个人身分挂靠五里塘供销合作社枫泾经营部,开具免税发票从事钢材经营290余吨,故意偷逃国家税款的供述;

2. 证人五里塘供销合作社周雄祺、陆顺熙、吴锦方关于1993年1月起,贾明华以风险抵押承包该社下属枫泾经营部,五里塘供销合作社为其提供枫泾经营部营业执照、工商免税发票、专用帐号的陈述;

3. 证人诸卫云关于贾明华因不便自己出面,借用其名义与五里塘供销合作社签订风险抵押承包合同的陈述;

证人钦秋明、王炳泉关于受贾明华雇佣参与钢材经营,每月从贾明华处获取定额报酬,不对经营后果负责的陈述;

4. 书证:贾明华开具的合计销售钢材294吨,销售额1328213.50元的免税发票销售凭证存根;

5. 松江县税务局"94-10号税务核定书",关于被告人贾明华偷逃国家税款75705.67元的核定结论。

(四)判案理由

上海市松江县人民法院认为,被告人贾明华非法利用免税专用发票从事钢材经营,隐匿销售额132万余元,不向税务机关申报纳税,故意偷逃国家税款7.57万余元,其行为已触犯全国人民代表大会常务委员会《关于惩治偷税、抗税犯罪的补充规定》第一条规定,构成偷税罪。但其案发后认罪态度较好,积极退出部分税款,可酌情从轻处罚,并可适用缓刑。辩护人的辩护意见,可予采纳。

(五)定案结论

上海市松江县人民法院根据全国人民代表大会常务委员会《关于惩治偷税、抗税犯罪的补充规定》第一条、《中华人民共和国刑法》第六十七条、第六十条,作出如下判决:

贾明华犯偷税罪,判处有期徒刑二年六个月,缓刑三年,并处罚金3000元。

贾明华已退出的税款43800元予以没收,尚未退出的税款31905.67元继续予以追缴。

(六)解说

偷税罪,是指纳税义务人故意违反国家税收法规,采用欺骗手法,隐瞒真相,逃避缴纳税款的行为。其犯罪客体是国家的税收管理制度,在客观方面表现为违反国家税收法规,偷逃应缴税款的行为,在主观方面须出自故意,且须以非法获利为目的。本案行为人贾明华在钢材经营过程中,为达到少缴税款多营利的目的,通过抵押承包枫泾商城免税经营部的方式,开具免税专用发票进行销售,进而偷逃国家税款7.57万余元。依照全国人民代表大会常务委员会《关于惩治偷税、抗税犯罪的补充规定》第一条规定,偷税数额在1万元以上10万元以下的，处三年以下有期徒刑或者拘役，并处偷税额五倍以下罚金。故贾明华的行为，显已构成偷税罪，应依法予以处罚。

本案中，行为人辩解系与诸卫云、钦秋明等人合伙经营，其他人应承担相应责任。经审理查明，行为人因本人出面不便，借用朋友诸卫云的名义与原五里塘供销合作社签订了承包协议，但由贾本人交纳人民币1.2万元抵押金，同时贾只是以雇工的形式聘用诸、钦等人，按月发放定额工资。经营所需资金由贾明华一人筹集，其他人未作实质性投资，也不享有利润分成，不承担经营亏损和债务。而合伙经营是一种共同投资、共同经营、共负盈亏的经营方式。可见，贾明华关于合伙经营的辩解不能成立。贾明华对全部偷税后果应承担法律责任。

对于行为人的辩护人提出的，1992年12月销售额75542元一笔钢材不能认定为贾明华偷税销售额的观点，经审理查明，此笔业务确系贾明华中间介绍，由其他单位向五里塘供销合作社销售了价值7.5万余元的钢材，五里塘供销合作社转卖后获利2000余元，为感谢贾明华的中介，给贾500元报酬。故松江县人民法院采纳辩护人的意见，将该笔经销额在贾明华的偷税销售额中予以扣除，体现了实事求是的精神。

值得注意的是，本案中原五里塘供销合作社违反国家工商、税收等法规，为贾明华提供免税发票及经营便利，并向贾收取1.2万元的所谓风险抵押金的违法行为，人民法院应发出司法建议，建议有关部门对该单位给予行政和经济方面的处罚，以扩大办案的社会效果。

（蒋震波）

120. 蒲玉新交通肇事案（附带民事诉讼）

（一）首部

1. 判决书字号

一审判决书：新疆维吾尔自治区乌鲁木齐市水磨沟区人民法院(1994)水刑初字第48号。

二审判决书：新疆维吾尔自治区乌鲁木齐市中级人民法院(1994)乌中刑终字第237号。

2. 案由：蒲玉新交通肇事案。

3. 诉讼双方

公诉机关：新疆维吾尔自治区乌鲁木齐市水磨沟区人民检察院，检察员吕永德。

附带民事诉讼原告人：邵丽，女，34岁，汉族，吉林省辽原市人，护士。系本案受害者刘祝丰之妻。

二审委托代理人：杨林英，新疆维吾尔自治区乌鲁木齐市第九律师事务所律师。

被告人：蒲玉新，男，33岁，汉族，四川省成都市人，驾驶员。1994年1月19日因本案被取保候审。

被告人蒲玉新未委托辩护人，自己行使辩护权。

附带民事诉讼被告人(上诉人)：新疆维吾尔自治区十月拖拉机厂。

法定代表人：陆永刚，厂长。

一审委托代理人:孙梦雨,新疆维吾尔自治区律师事务所律师。

4. 审级:二审。

5. 审判机关和审判组织

一审法院:新疆维吾尔自治区乌鲁木齐水磨沟区人民法院。

合议庭组成人员:审判长:赵培录;审判员:秦铭、马瑛。

二审法院:新疆维吾尔自治区乌鲁木齐市中级人民法院。

合议庭组成人员:审判长:肖虎;审判员:王大庆、姜海敏。

6. 审结时间

一审审结时间:1994 年 9 月 13 日(依法延长审限)。

二审审结时间:1994 年 12 月 8 日(依法延长审限)。

(二)一审情况

1. 一审诉辩主张

(1)新疆维吾尔自治区乌鲁木齐市水磨沟区人民检察院指控称

被告人蒲玉新于 1994 年 1 月 10 日下午 3 时许,持实习证驾驶小型客车在本市河滩公路自治区二建三分公司附近的冰雪路上超速行驶,因紧急制动,右打方向,致车辆仰翻于公路西侧路基外,致坐在驾驶员副座的刘祝丰全颅粉碎性骨折,经送医院抢救无效死亡。车辆经检测不合格。

水磨沟区人民检察院认为,被告人蒲玉新的行为违反了《中华人民共和国道路交通管理条例》第十九条、第三十六条第四款以及《新疆维吾尔自治区实施〈中华人民共和国道路交通管理条例〉》第十八条,依照《道路交通事故处理办法》第十七条、第十八条,被告人蒲玉新应负事故的全部责任。

被告人蒲玉新的行为同时触犯《中华人民共和国刑法》第一百一十三条,构成交通肇事罪,依法提起公诉。鉴于被告人蒲玉新在案发后能主动到公安机关报案,交待肇事经过,可视为自首,依照《中华人民共和国刑法》第六十三条,可从轻处罚。

(2)附带民事诉讼原告人诉称

本案是一起因交通事故致人死亡引起的赔偿案件,应当按照国家《道路交通事故处理办法》有关规定处理,要求被告人蒲玉新附带民事被告新疆十月拖拉机厂赔偿死者刘祝丰死亡补助费、抚养生活费、误工工资、丧葬费、交通费、抢救费等费用。

(3)被告人的答辩及新疆十月拖拉机厂委托代理人的辩护意见

被告人蒲玉新辩称:乌鲁木齐市水磨沟区人民检察院对被告人犯交通肇事罪的事实、行为、性质的认定是正确的,对此无异议。但是被告人认为自己在犯罪后有认罪悔改表现,其理由是肇事以后能积极采取抢救措施,并主动到公安机关报案,交待肇事经过,可视为自首。并且愿意赔偿死者刘祝丰及亲属的部分损失,因此请求法院从轻处罚。

附带民事被告新疆十月拖拉机厂委托代理人辩称:新疆十月拖拉机厂对刘祝丰的死亡是根据国家有关政策按因公死亡处理的,而且已按规定发放了直系亲属的抚恤金,工厂还破例给死者追记一等功,当时家属均表示满意,现在却改变初衷状告十月拖拉机厂,因此工厂决不答应附带民事诉讼原告人的赔偿诉讼请求。

2. 一审事实和证据

新疆维吾尔自治区乌鲁木齐市水磨沟区人民法院经公开审理查明:

1994年1月10日下午3时许，被告人蒲玉新驾驶新疆十月拖拉机厂第三产业办公室新A—21837号越野车和本单位经理刘祝丰、副经理张健前往米泉县办事。当行驶到本市河滩公路自治区二建三分公司附近路段时，由于路面滑，被告人蒲玉新超速行驶，遇事采取措施不当，致使车辆仰翻于公路西侧路基外，致坐在驾驶员副座的刘祝丰全颅粉碎性骨折，经送新疆医学院抢救无效死亡。经乌鲁木齐市公安交警支队水磨沟大队(94)第008号交通事故责任认定书认定，蒲玉新应负事故的全部责任。在肇事后被告人蒲玉新能采取抢救措施，并于当天向水磨沟区交警大队报案。

上述事实有下列证据证明：

(1)乌鲁木齐市公安局水磨沟区交警大队对肇事现场所进行的现场勘验笔录及认定蒲玉新负事故的全部责任的交通事故责任认定书；

(2)法医对死者刘祝丰所作的证明其死亡原因的尸体检验报告；

(3)反映肇事经过的现场照片；

(4)证人张健就事故发生经过所作的证人证言；

(5)被告人蒲玉新就事故发生经过所作的供述和辩解。

3．一审判案理由

新疆维吾尔自治区乌鲁木齐市水磨沟区人民法院认为：

(1)被告人蒲玉新持实习证驾驶车辆在冰雪道路上超速行驶，因紧急制动，右打方向，致车辆仰翻于公路西侧路基外，违反《道路交通管理条例》第十九条、第三十四条以及《新疆维吾尔自治区实施〈中华人民共和国道路交通管理条例〉》第十八条。

(2)由于被告人蒲玉新的肇事行为，造成了致人死亡的严重后果。根据最高人民法院、最高人民检察院1987年8月21日发布的《关于严格依法处理道路交通肇事案件的通知》第一条第一款造成1人死亡或3人重伤以上的；重伤1人以上，情节恶劣，后果严重的；造成公私财产直接损失的数额起点在3万元至6万元之间的应属重大交通事故。本案由于被告人蒲玉新的肇事行为，造成1人死亡的严重后果，已达到交通肇事罪所应要求达到的标准。

3．鉴于被告人蒲玉新在肇事后能够主动地采取抢救措施，及时到交警大队报案，根据《中华人民共和国刑法》第六十三条，可以从轻予以处罚。

4．一审定案结论

乌鲁木齐市水磨沟区人民法院根据《中华人民共和国刑法》第一百一十三条、第三十一条、第六十七条、第六十八条、《中华人民共和国民法通则》第一百一十九条和《中华人民共和国刑事诉讼法》第五十四条，作出如下判决：

1．蒲玉新犯交通肇事罪，判处有期徒刑二年，缓刑二年。赔偿死者刘祝丰及其亲属经济损失1万元整。

2．新疆十月拖拉机厂赔偿死者刘祝丰死亡补偿费、抚养生活费2.5万元整。

(三)二审诉辩主张

新疆维吾尔自治区乌鲁木齐市水磨沟区人民法院一审判决后，附带民事诉讼被告人新疆十月拖拉机厂对民事部分判决不服，向新疆维吾尔自治区乌鲁木齐市中级人民法院提出上诉。

1．上诉人新疆十月拖拉机厂法人代表陆永钢厂长诉称：

(1)死者刘祝丰、被告人蒲玉新均属本厂职工，工厂厂务会根据国家劳动部门有关规定，于1994年2月24日作出(1994)024号文件决定，刘祝丰因公死亡享受因公死亡待遇。厂破例追记其一等功，已发给的丧葬费已超过国家有关规定的标准。其他费用已全部支付。邵丽现诉法院要求赔偿经济损失，法院应根据企业的具体情况，不再考虑经济损失的赔偿问题。本厂不应当承担赔偿责任。

(2)此交通事故所涉及的人员是本厂内部职工，纯属企业内部之事，由乌鲁木齐市水磨沟区人民法院作出由本厂赔偿经济损失的裁决是不妥当的。

(3)刘祝丰明知蒲玉新系实习驾驶员，并将其调来开小客车，在这起交通事故发生之前，蒲玉新曾造成出现过一起交通事故，刘祝丰没有及时调换驾驶员，从而导致这起交通事故的发生。刘祝丰依法也应承担责任，不应由本厂承担全部责任。且刘祝丰丧葬费、交通费、招待就餐费等已花费工厂7900余元，应在赔偿中扣除。

2. 原审原告人的答辩及其委托代理人的辩护意见：

原审原告人邵丽及其委托代理人辩称：本案是一起因交通肇事致人死亡引起的赔偿案件，应当按照国家《道路交通事故处理办法》有关规定处理。死者刘祝丰的亲属，依照法律法规的规定，行使请求赔偿权利，依法应该得到赔偿。这起交通事故蒲玉新负全部责任，刘祝丰不承担责任。死者刘祝丰在交通事故中没有过错，让其承担责任没有法律依据。赔偿责任应该由蒲玉新及所在单位共同承担。

(四)二审事实和证据

新疆维吾尔自治区乌鲁木齐市中级人民法院经审理查明：

被告人蒲玉新于1994年1月10日下午3时许，驾驶新疆十月拖拉机厂第三产业办公室的一辆武汉产6450型汽车(车号为新A－21837)与该单位的经理刘祝丰、副经理张健前往米泉县办理公务。当车行驶至乌鲁木齐市河滩北路新疆第二建筑工程公司三分公司附近路段时，由于路面滑，被告人蒲玉新超速行驶，遇事采取制动措施不当，导致车辆仰翻公路西侧路基外，驾驶室顶部右上内角翻砸挤压，造成坐在驾驶员右边的刘祝丰全颅粉碎性骨折，经医院抢救无效，于当日下午4时30分死亡。蒲玉新因交通肇事造成了刘祝丰亲属的经济损失。新疆十月拖拉机厂在办理刘祝丰死后丧事中，已支付丧葬费3327元；交通费2617.4元；招待就餐费1052元。

上述事实有下列证据证明：

(1)对肇事现场所进行的勘验笔录；

(2)水磨沟区交警大队对事故责任的认定书；

(3)法医对死者所作的尸体检验报告；

(4)肇事现场照片；

(5)证人张健目击事故发生经过的证人证言；

(6)被告人蒲玉新对事故发生经过的供述和辩解；

(7)刘祝丰亲属办理丧事的误工证明。

(五)二审判案理由

被告人蒲玉新违反《道路交通管理条例》有关规定造成重大道路交通事故，应负全部责任。由于其犯罪行为造成他人的经济损失应承担赔偿责任。被告人蒲玉新是在履行职务时发生的交通事故，由于其无力赔偿全部经济损失，其所在单位新疆十月拖拉机厂亦应承担赔偿责任。新疆十月拖拉机厂支付丧葬费2327元；交通费2617.4元；招待就餐等费用1052

元。按照《道路交通事故处理办法》及有关部门的规定，丧葬费为1500元，交通费按照实际必要的费用计算。新疆十月拖拉机厂应付丧葬费、交通费超出有关部门的规定，超出部分由该厂自行负担。招待就餐等费用不属赔偿范围，由支付单位承担。新疆十月拖拉机厂提出不应按照道路交通事故的有关规定处理及死者刘祝丰应承担责任和应当在经济损失赔偿中扣除已付的丧葬费、交通费等7900余元的上诉理由均不能成立，本院不予支持。原审附带民事诉讼原告人邵丽在答辩中提出的依法享有诉讼权利和赔偿经济损失的合理部分本院予以支持。原判决认定，被告人蒲玉新及上诉人新疆十月拖拉机厂应当承担赔偿责任是正确的，但原判赔偿经济损失范围不妥，并在判决中的第一项表述有误，应予以纠正。

（六）二审定案结论

新疆维吾尔自治区乌鲁木齐市中级人民法院根据《中华人民共和国刑事诉讼法》第一百三十六条第（二）项、第五十三条及《中华人民共和国刑法》第三十一条和《中华人民共和国民法通则》第一百一十九条，作出如下判决：

1. 撤销新疆维吾尔自治区乌鲁木齐市水磨沟区人民法院（1994）水刑初字第48号刑事附带民事判决的第1项中的民事赔偿部分和第2项，即撤销蒲玉新赔偿死者刘祝丰及其亲属经济损失1万元，撤销原审附带民事诉讼被告新疆十月拖拉机厂赔偿死者刘祝丰死亡补偿费、抚养生活费2.5万元。

2. 蒲玉新赔偿原审附带民事诉讼原告人邵丽经济损失1万元。

3. 上诉人（原审附带民事诉讼被告）新疆十月拖拉机厂赔偿原审附带民事诉讼原告人邵丽经济损失20611.44元（不包括已支付的丧葬费、交通费等费用）。

（七）解说

本案的争议焦点是新疆十月拖拉机厂在上诉中所提出的“此交通事故纯属企业内部之事，法院对赔偿经济损失作出裁决是不妥当的”这一理由是否成立。本案还有一个值得注意的问题是新疆十月拖拉机厂是否应该负赔偿责任。

在本案中，蒲玉新身为实习驾驶员，超速行驶，违反了道路交通法规，并且造成了1人死亡的严重后果，因而构成了交通肇事罪。依照我国法律，人民法院有权追究蒲玉新的刑事责任，被害人或者被害人亲属有权要求被告人赔偿因其犯罪行为造成的经济损失。所以，新疆十月拖拉机厂的上诉理由并不能成立。

根据《道路交通管理条例》的有关规定，蒲玉新应对这起重大道路交通事故负全部责任，并对其犯罪行为给他人造成的经济损失承担全部赔偿责任。但是，蒲玉新是在履行职务过程中发生的交通事故，由于其无力赔偿全部经济损失，其所在单位新疆十月拖拉机厂亦应承担赔偿责任。这是因为，法人的行为活动，是由它的法人代表实施的，但更多的情况下是通过它的工作人员代理实施的；因此，法人对它的法人代表和工作人员在业务范围内的行为，必须负责。

（赵培录）

121. 吴九星绑架勒索案
（第一审程序）

（一）首部

1. 裁判书字号

一审判决书：浙江省金华市中级人民法院(1994)金中刑初字第46号。

二审裁定书：浙江省高级人民法院(1994)浙法刑终字第150号。

2. 案由：吴九星绑架勒索案。

3. 诉讼双方

公诉机关：浙江省金华市人民检察院，检察员李克勤，代理检察员卢岩修。

被告人(上诉人)：吴九星，男，19岁，汉族，浙江省永康市人，农民。1994年4月28日因本案被逮捕。

二审辩护人：徐巧云，浙江省永康市律师事务所律师。

4. 审级：二审、复核审。

5. 审判机关和审判组织

一审法院：浙江省金华市中级人民法院。

合议庭组成人员：审判长：胡晓鸣；人民陪审员：吕岩严、应真武。

二审法院：浙江省高级人民法院。

合议庭组成人员：审判长：殷美清；代理审判员：方达、项光盈。

6. 审结时间

一审审结时间：1994年5月4日。

二审审结时间：1994年5月25日。

（二）一审诉辩主张

1. 浙江省金华市人民检察院指控称

被告人吴九星为勒索钱财而于1994年4月17日窜至永康市芝英镇并物色了作案对象。同月19日夜至次日凌晨，被告人吴九星爬窗进入永康市芝英镇三村的应荣伟家，潜入卧室，趁应荣伟夫妇熟睡之机，将睡在同室小床上的应荣伟之子应宇刚(1992年9月3日出生)盗走，并留下事先准备好的勒索20万元人民币的字条一张。逃离现场后，被告人吴九星将应宇刚带到永康市古丽镇五福巷2号2室其租住处，藏匿在房中。此后，被告人吴九星再次窜到芝英镇三村，在应荣伟家东边门外留放了第二封恐吓勒索信，约定交钱换人的时间、地点、方法。为便于敲诈联系，被告人吴九星还叫其弟吴九红(另案处理)去查找被害人家的电话号码。在绑架期间，被告人吴九星对被害人应宇刚实施殴打、扪嘴、手套塞嘴、绳子捆绑等人身摧残，手段残忍。1994年4月26日夜，公安机关获悉应宇刚的下落，即前往解救。在公安人员出现在被告人租住处时，被告人吴九星见事已败露，就用双手紧卡应宇刚的脖子，并拧其手和脚，欲置被害人于死地，因公安人员解救迅速而未能得逞，但致使被害人应宇刚头部、背部、颈部多处损伤，右肱骨骨折，经法医鉴定为轻伤(重度)。

浙江省金华市人民检察院认为：被告人吴九星为勒索财物而偷盗幼儿，情节特别严重，其行为已触犯全国人大常委会《关于严惩拐卖、绑架妇女、儿童的犯罪分子的决定》第二条第二款、第一款之规定，构成了绑架勒索罪。请求法院依法惩处。

(2)被告人的答辩

被告人吴九星承认其偷盗幼儿勒索钱财的事实，但辩称1994年4月26日公安人员到其住处抓他时，他扑上去卡幼儿脖子是想威胁公安人员，并不是想杀死幼儿。因此，要求从轻处罚。

(三)一审事实和证据

浙江省金华市中级人民法院经公开审理查明：

1994年4月17日，被告人吴九星窜至永康市芝英镇为绑架勒索作案物色对象，发现该镇三村环镇北路45—47号的应荣伟家条件较好，即将应荣伟家定为作案目标。此前，被告人吴九星已写下了“不成功，便成仁”等内容的遗书。同月18日深夜，被告人吴九星爬上应荣伟家的阳台，从气窗进入应家。因被告人吴九星不慎碰翻凳子发出响声，吴恐被发现而逃离现场。1994年4月19日，被告人吴九星再次窜到应荣伟家附近，伺机作案。次日凌晨2时许，被告人吴九星趁夜深人静之机，从应荣伟家平房窗户进入室内。为寻退路，被告人用丝攻扳手撬掉了应家东边横门内挂锁锁扣，然后潜入应荣伟夫妇卧室内，乘其夫妇熟睡之机，将睡在同室小床上的应荣伟之子应宇刚盗走，并将事先准备好的写有“三天内凑足20万元，不许告诉任何人”“否则一切后果自负”等恐吓、勒索内容的信件留在二楼走廊门边。被告人吴九星逃离现场后，即乘过路汽车返回永康市古丽镇五福巷2号2室其租住处，将被害人应宇刚隐藏于其租房中。4月23日下午，被告人吴九星又再次窜到芝英镇三村，在应荣伟家东边横门外留放了第二封恐吓勒索信。信中指定了用钱交换人质的时间、地点、方法，并称，如不去交换，要将应宇刚的手、脚、头粉碎。4月24日晚，被害人之母应林群依约前往，但被告人吴九星发现有人跟踪应林群而未接头。当晚，被告人吴九星迁怒于应宇刚，对应宇刚进行摧残，致其右肱骨骨折。此后，被告人吴九星仍不死心，遂于4月26日中午，又前往芝英镇应荣伟家附近，抄写核对门牌号码。返城后，即叫其弟吴九红去查找应荣伟家的电话号码。1994年4月26日晚9时30分许，公安人员获悉应宇刚的下落，前往解救。当公安人员出现在被告人租住处时，被告人吴九星见事已败露，便扑到应宇刚身上，用手卡应宇刚的头颈部，欲置其死地，因公安人员解救迅速，才未造成严重后果。在应宇刚被绑架期间，被告人吴九星采用殴打、捆绑、用手套塞嘴、掐颈、拧手脚等手段，对被害人进行人身摧残。经法医鉴定，应宇刚头、背、颈部等多处损伤，右肱骨骨折，其伤属轻伤(重度)。

上述事实有下列证据证明：

1.被告人吴九星对预谋和实施偷盗幼儿及勒索财物、殴打被害人等事实的供述；

2.证人应荣伟、应林群、应显邦证实应宇刚被偷盗及发现勒索恐吓信的证言；

3.公安人员项晓军、张新华、何建党、胡鹰等证实4月26日晚前往被告人吴九星租住处解救应宇刚及抓获吴九星的证言；

4.被告人吴九星亲笔书写的两封勒索恐吓信及遗书；

5.被告人吴九星书写勒索恐吓信的笔、纸及偷盗应宇刚时包裹用的牛仔衣等物证；

6.浙江省金华市公安局对堵塞应宇刚嘴巴的棉纱手套上检出人血与应宇刚血型相同的物证检验报告；

7.法医对应宇刚的伤情鉴定为轻伤(重度)的活体检验报告;

8.现场勘查笔录、现场图及照片。

(四)一审判案理由

浙江省金华市中级人民法院认为:

1.被告人吴九星以勒索钱财为目的,偷盗未满两周岁的幼儿,勒索巨额钱财,其行为根据最高人民法院、最高人民检察院《关于执行〈全国人民代表大会常务委员会关于严惩拐卖、绑架妇女、儿童的犯罪分子的决定〉的若干问题的解答》第五条第(三)项"以勒索财物为目的,偷盗婴、幼儿的,以绑架勒索罪定罪,并依照《决定》第二条第一款的规定处罚"的规定,已触犯了全国人大常委会《关于严惩拐卖、绑架妇女、儿童的犯罪分子的决定》第二条第一款之规定,构成了绑架勒索罪。

2.被告人吴九星偷盗幼儿后,除勒索巨额钱财外,还对被绑架的幼儿进行殴打、掐颈、塞嘴、捆绑、拧手脚等人身摧残。在公安人员前往解救时,被告人吴九星还卡幼儿脖子企图置其死地,手段极其残忍、恶劣,并在当地群众中造成了极大的恐慌心理,严重危害了社会治安。因此,被告人吴九星的行为应认定为情节特别严重。

3.被告人吴九星关于卡幼儿脖子只想威胁公安人员,不想杀死幼儿的辩解与证人证言及被告人本人在公安侦查阶段的交代不符,不予采纳。

4.依照全国人大常委会《关于严惩拐卖、绑架妇女、儿童的犯罪分子的决定》第二条第一款之规定:"以出卖为目的,使用暴力、胁迫或者麻醉方法绑架妇女、儿童的,处十年以上有期徒刑或者无期徒刑,并处一万元以下罚金或者没收财产;情节特别严重的,处死刑,并处没收财产。"被告人吴九星犯绑架勒索罪,情节特别严重,社会危害极大,依法应判处死刑。

(五)一审定案结论

浙江省金华市中级人民法院根据全国人大常委会《关于严惩拐卖、绑架妇女、儿童的犯罪分子的决定》第二条第二款、第一款和《中华人民共和国刑法》第五十三条第一款,作出如下判决:

吴九星犯绑架勒索罪,判处死刑,剥夺政治权利终身。

(六)二审情况

1.二审诉辩主张

一审判决后,被告人吴九星不服,向浙江省高级人民法院提出上诉。上诉人吴九星上诉称:第一,原判认定上诉人欲将应宇刚杀死与事实不符,上诉人卡应宇刚脖子只是想威胁公安人员;第二,上诉人绑架应宇刚后,未勒索到钱财,原判量刑过重。其辩护人认为:上诉人吴九星属偶犯,且能坦白交代罪行,上诉人的行为未造成被害人重伤、死亡等严重后果,要求对上诉人吴九星从轻处罚。

2.二审事实和证据

浙江省高级人民法院经审理,查明的犯罪事实和认定的证据与一审法院查明的犯罪事实和认定的证据一致。此外,查明上诉人吴九星对被害人应宇刚的摧残还致被害人左鹰嘴骨骨折、左胫骨骨折。

3.二审判案理由

浙江省高级人民法院认为:一审法院所认定的上诉人吴九星的罪行,事实清楚,证据确实、充分,定罪准确,量刑适当,审判程序合法。上诉人吴九星及其辩护人提出原判量刑过重及要求从轻处罚的理由不足，不予采纳。

4. 二审定案结论

浙江省高级人民法院根据《中华人民共和国刑事诉讼法》第一百三十六条第（一）项，作出如下裁定：

驳回吴九星的上诉，维持原判。

根据最高人民法院依法授权高级人民法院核准部分死刑案件之规定，本裁定即为核准以绑架勒索罪，判处被告人吴九星死刑，剥夺政治权利终身的裁定。

（七）解说

本案从逮捕被告人到一审判决仅隔6天时间，在审判程序上适用的是全国人民代表大会常务委员会1983年9月2日通过的《关于迅速审判严重危害社会治安的犯罪分子的程序的决定》。按照《中华人民共和国刑事诉讼法》第一百一十条第一款第（二）项规定，人民检察院的起诉书副本至迟在开庭七日以前送达被告人。而上述决定第一条则规定，对杀人、强奸、抢劫、爆炸和其他严重危害公共安全应当判处死刑的犯罪分子，主要犯罪事实清楚，证据确凿，民愤极大的，应当迅速及时审判，可以不受《刑事诉讼法》第一百一十条规定的关于起诉书副本送达被告人期限以及各项传票、通知书送达期限的限制。本案被告人系严重危害公共安全应当判处死刑的犯罪分子，因此，一审法院在审判程序上适用全国人大常委会的决定，不受《刑事诉讼法》第一百一十条的期限限制，从速审判是合法的，也体现了司法机关从重从快打击绑架勒索等严重危害社会的犯罪的决心。

对于吴九星见到其犯罪行为已经败露而欲杀死被害人的行为，事实上符合杀人未遂的特征，但一、二审法院均把它作为一个严重情节在量刑时加以考虑。尽管对这一行为如何认定，对最终的量刑结果可能没有影响，但从严格意义上说，认定行为人吴九星犯有绑架勒索罪、故意杀人罪（未遂），并依照我国《刑法》第六十四条的规定对其并罚似乎更为合理。

（金新华）

122. 严让诉拓继林等诽谤宣告无罪案（自诉、附带民事诉讼、上诉）

（一）首部

1. 判决书字号

一审判决书：陕西省延安市人民法院（1993）延刑初字第117号。

二审判决书：陕西省延安地区中级人民法院（1994）延刑终字第3号。

2. 案由：严让诉拓继林等诽谤案。

3. 诉讼双方

自诉人兼附带民事诉讼原告人（上诉人）：严让，男，50岁，汉族，陕西省户县人，陕西省延安地区公路管理总段段长。

一、二审委托代理人：刘德玉，陕西省延安市律师事务所律师。

二审委托代理人：甄勇，陕西省延安市律师事务所律师。

被告人(上诉人):拓继林,男,42 岁,汉族,陕西省佳县人,陕西省延长县石马科煤矿工人。

一审辩护人:李百一,陕西省延安市律师事务所律师。

李静,陕西省延安市律师事务所兼职律师。

被告人(上诉人):乔志杰,男,36 岁,汉族,陕西省延川县人,延安大学教师。

一审辩护人:张怀荣,陕西省延安地区经济律师事务所兼职律师。

4.审级:二审。

5.审判机关和审判组织

一审法院:陕西省延安市人民法院。

合议庭组成人员:审判长:焦军;代理审判员:陈延明、任世平。

二审法院:陕西省延安地区中级人民法院。

合议庭组成人员:审判长:冯志学;审判员:郭安民;代理审判员:艾军。

6.审结时间

一审审结时间:1993 年 11 月 13 日。

二审审结时间:1994 年 4 月 21 日(依法延长审限)。

(二)一审情况

1.一审诉辩主张

(1)自诉人严让及其代理人诉称

被告人拓继林于 1992 年 12 月在延安市东关旅社向死者(因交通肇事)家属及其单位有关人员捏造并散布自诉人严让坐车路遇交通肇事后,见死不救,强行通过肇事现场等言论;致被告人乔志杰(死者胞兄)于 1993 年 12 月 10 日、19 日写了题为《严让破坏现场、见死不救,该当何罪》和《严让在鲍家河村汽车肇事中所负的责任》的材料向延安地委、行署、交通局寄送。自诉人严让认为:二被告人的行为致使自诉人名誉受到了损害,均触犯《中华人民共和国刑法》第一百四十五条之规定,构成诽谤罪,故依法诉请法院,对拓继林、乔志杰予以处罚,并判令赔偿自诉人因名誉损害而遭受的经济损失。

(2)被告人的答辩及其辩护人的辩护意见

被告人拓继林辩称:当时在肇事现场让自诉人用车送伤者,但不知自诉人是否听见。在延安市东关旅社只讲了事实,没有对自诉人进行诽谤,也未损害其名誉,故不构成诽谤罪。拓继林的辩护人认为自诉人严让身为领导干部、共产党员,路遇交通肇事时应下车查看现场,组织交通,而自诉人没有这样做,直接离开现场,所以就负有责任。

被告人乔志杰及其辩护人辩称:两份控告材料系其家人所写所送,与其无关,其行为不构成诽谤罪,并反诉严让是诬告陷害,请求法院追究严让的刑事责任。

2.一审事实和证据

陕西省延安市人民法院经公开审理查明:

1992 年 12 月 5 日下午 1 时 30 分许,乔志恒、乔志福兄弟俩同骑一辆两轮摩托往永坪方向行驶,至鲍家河村的公路上与迎面开来的一辆货车相会时发生肇事,肇事车逃离现场。乔志福当场死亡,乔志恒身受重伤。其间自诉人严让乘“桑塔纳”轿车途经此地,司机张新生下车询问后得知前边发生肇事,把人碰死了,车跑了。此时自诉人严让亦下车和路旁熟人张瑞生握手并询问发生何事,亦得知肇事车把人压死后跑了,没人报案,严便说那要报案,遂和司机上车，沿石块所围的现场外绕行通过，到永坪向交警队报案。肇事现场由子长县公安局副局长钟志宪及当地村民鲍怀亮、鲍可心等人组织抢救伤者，由拓继林和 6 名村民乘坐所雇一辆面包车将伤者送往医院，途中伤者死亡。拓继林在送伤者途中及到医院后向多人叙说："严让路过现场，见死不救，挡也挡不住，破坏了现场"等话，并煽动 6 名村民到地委、行署告严让。乔志杰对拓的叙述不核实便书写材料到处散发，其中写道"拓继林向严让求救，让送伤者去医院，严十分生气，态度生硬，大发牢骚，并让司机闯过现场；老乡们高兴地喊严县长（严让曾任延安地区延长县副县长——注）来了，有救了；老乡们愤恨地说，要不是严让跑得快，我们真敢砸了他的车，这算什么狗官；要求严惩严让这个共产党的败类"等词，并将材料送往延安地委、行署、经委、交通局，使严让的名誉和人格受到了严重损害。

上述事实有下列证据证明：

（1）证人张新生、杨光前、张瑞生、钟志宪、鲍可心等人关于现场目击情况的证言；

（2）被告人的供述。

3. 一审判案理由

陕西省延安市人民法院认为，被告人拓继林、乔志杰捏造事实进行散布，损害他人人格，破坏他人名誉，情节严重，均已构成诽谤罪；二被告人的行为未给自诉人造成直接经济损失，不予赔偿；乔志杰提起反诉，不符合法律有关规定，不予受理；对辩护人辩解，经查没有证据证明自诉人当时知道有伤者需抢救，亦无人向自诉人求救，故对辩解意见不予采纳。根据《中华人民共和国刑法》第一百四十五条、第三十二条之规定，对拓继林应在三年以下有期徒刑幅度内量刑；对乔志杰应免予刑事处分。

4. 一审定案结论

陕西省延安市人民法院根据《中华人民共和国刑法》第一百四十五条、第三十二条，作出如下判决：

1. 拓继林犯诽谤罪，判处有期徒刑六个月。

2. 乔志杰犯诽谤罪，免予刑事处分。

3. 拓继林、乔志杰未给自诉人造成经济损失，不予赔偿。

（三）二审诉辩主张

陕西省延安市人民法院一审判决宣告后，严让、拓继林、乔志杰均不服判，向陕西省延安地区中级人民法院提起上诉。

上诉人严让及其委托代理人诉称：一审对拓继林、乔志杰处刑过轻，要求二审判处二被告人赔偿经济损失。

上诉人拓继林、乔志杰诉称：其均未捏造事实，无诽谤严让的故意，均不构成诽谤罪。

（四）二审事实和证据

陕西省延安地区中级人民法院经审理查明：

自诉人严让于 1992 年 12 月 5 日 14 时许，同单位干部杨光前乘坐本单位桑塔纳轿车，由延安市前往延川县城，行至延川县高家屯乡鲍家河村时，因前方发生交通肇事，车辆堵塞，即在距现场约 30 米处停车。前方肇事中心现场已用石块围了警戒线，但在线外可通过小型车辆。严让得知是大货车与摩托车相撞，货车逃离，尚未报案。杨光前看见前方水沟内躺一人，严让等未到中心现场察看。此时中心现场已死亡一人，伤一人，伤者在地翻滚呼救，围观人甚多。被告拓继林乘客车去延安至此被堵下车，见状即与当地村民鲍怀亮等 10 余人抢救素不相识的伤者。严让乘车沿警戒线外通过并离开现场至永坪镇时向交警刘永生报案，刘说他人已报过案，正欲前往。拓继林在肇事现场与村民鲍怀亮等六人乘坐他人所租一辆面包车，护送伤者去延安地区医院，途中伤者死亡。当晚拓继林、鲍怀亮等同住延安市东关旅社。期间，拓继林先后对死者家人及其单位人员讲肇事现场情况说："肇事后用石块围住了现场，来往车辆全部停止通行，后来来了一辆"桑塔纳"小车，请求救人时，严让态度不好，车也未下，强行通过现场。"并于1993年2月5日给乔的亲属写道："我上前挡住严让的车让救人，严让没理此事，开车而去，接着其他车辆都走了。"乔的家人1992年12月10日写了题为《严让破坏现场见死不救该当何罪》的材料，署名受害人家属。主要内容为："我们去鲍家河村后，老乡们愤恨地说，要不是严让跑得快，我们去真敢砸了他的车，这算什么狗官，要求严惩严让这个共产党的败类"等词，由乔志杰胞弟乔志伟送往延安地委、行署、经委、公路管理总段。同月19日，乔的家人又写了题为《严让在鲍家河村汽车肇事中所负的责任》的材料，署名乔志杰，内容同前，由乔志伟送往延安地区交通局。

上述事实有下列证据证明：

1. 乔志杰之妻刘如平的证言；

2. 交通民警刘永生的证言；

3. 村民鲍怀亮、鲍可心的证言。

（五）二审判案理由

陕西省延安地区中级人民法院认为，拓继林在向有关人员叙述、书写肇事现场的有关情况时对某些情节有所夸大；乔志杰对控告严让的材料未写未送未散发；严让认为拓、乔的行为损害了自己名誉，构成犯罪，要求予以惩罚，这是在对法律的理解上有偏差。拓继林、乔志杰无诽谤严让的主观故意，未给严让造成严重后果，情节显著轻微，不应负刑事责任和承担赔偿损失的责任。原判以诽谤罪对拓继林、乔志杰论罪科刑是错误的，应予撤销。

（六）二审定案结论

陕西省延安地区中级人民法院根据《中华人民共和国刑事诉讼法》第一百三十六条第（二）、（三）项及《中华人民共和国刑法》第十条，作出如下判决。

1. 撤销延安市人民法院（1993）延刑初字第117号刑事附带民事判决。

2. 宣告拓继林、乔志杰无罪。

3. 拓继林、乔志杰未给严让造成直接经济损失，不予赔偿。

（七）解说

诽谤罪是侵犯公民人身权利的犯罪，我国法律规定这种犯罪，体现了法律对公民名誉、人格等人身权利的保护。我国《刑法》对诽谤罪与非罪定了严格的界限。构成诽谤罪，首先要求行为人在主观上有直接故意，即具有贬低损害他人人格名誉的个人目的，间接故意和过失都不能构成诽谤罪。拓继林与严让曾相识但无积怨，乔志杰与严让从不相识，两人均无诽谤严让的主观故意。其次要求行为人必须具有捏造并散布某种虚构的事实，足以损害他人人格、名誉的客观行为，如果行为人所散布的这种事实不是完全凭空捏造，而是言过其实，部分夸大，但只要是基本事实是存在的，亦不构成本罪。拓继林向他人叙说的严让路过肇事现场和有一伤者需抢救的基本事实是存在的，并非凭空捏造。虽然严让也陈述说他过现场时听见车外有人说"这是严县长"，但无证据证明拓继林挡严车，因而拓继林言过其实。乔志杰既未书写亦未散发有关材料，不具备本罪特征。因而拓继林、乔志杰均不构成诽谤罪。

自诉人严让身为延安地区公路管理总段段长，无论是从我党对干部、对党员的要求看还是从严让所任的职务上看，路遇交通肇事，都应下车察看肇事后果，并尽可能地采取措施把人民群众的生命财产损失降到最低程度。但严让得知事故发生后，头脑中根本没有抢救人民群众生命财产的意识，而以报案为由，迅速离开现场，严让车过后，其他被堵塞车辆相继通过，使肇事现场痕迹荡然无存。这实质上是对人民群众生命财产安全漠不关心、听之任之的行为。拓继林作为一名普通工人，路遇交通肇事，与遇难者又素不相识，却积极主动组织、参与抢救遇难者，这种精神应予赞扬和提倡。乔志杰家人向党政机关反映严让的问题，是我党和政府把国家干部置于群众监督之下而赋予群众监督干部的一种权利，是无可厚非的。

因而无论是从法律上，还是从道义及我国人民的传统习惯上看，拓继林、乔志杰的行为均不应受刑事追究。

此案二审宣判后，延安大学师生、社会各界群众及严让所在单位的老干部均对二审判决表示满意，认为陕西省延安地区中级人民法院执法严明，判决公正。

（余　洋）

123. 张严假冒商标案
（上诉、第二审程序）

（一）首部

1. 判决书字号

一审判决书：新疆维吾尔自治区乌鲁木齐市天山区人民法院(1994)天刑初字第430号。

二审判决书：新疆维吾尔自治区乌鲁木齐市中级人民法院(1994)乌中刑终字第260号。

2. 案由：张严假冒商标案。

3. 诉讼双方

公诉机关：新疆维吾尔自治区乌鲁木齐市天山区人民检察院，检察员王力、王灏。

被告人(上诉人)：张严，男，25岁，汉族，河南省南阳县人，个体工商户。1993年12月15日因本案被逮捕。

一审辩护人：白雪涛，新疆维吾尔自治区乌鲁木齐市经济律师事务所律师。

二审辩护人：欧阳旭章，新疆维吾尔自治区律师事务所律师。

4. 审级：二审。

5. 审判机关和审判组织

一审法院：新疆维吾尔自治区乌鲁木齐市天山区人民法院。

合议庭组成人员：审判长：张军；代理审判员：张志毅、艾克木。

二审法院：新疆维吾尔自治区乌鲁木齐市中级人民法院。

合议庭组成人员：审判长：鲍淑兰；审判员：肖虎、罗军。

6. 审结时间

一审审结时间：1994年9月29日(依法延长审限)。

二审审结时间：1994年11月30日。

(二)一审情况

1.一审诉辩主张

(1)新疆维吾尔自治区乌鲁木齐市天山区人民检察院指控称

1993年1月,被告人张严雇人用红高粱酒、冰湖白酒为原料,制造假伊犁特曲酒40箱、假伊犁大曲酒395箱、假伊犁河特曲65箱、假奎屯特曲酒10箱、假奎屯佳酿酒65箱、假古苑特曲40箱,总营业额8.71万元,其中卖给文吉和各种假酒397箱;并卖给文吉和伊犁大曲空箱子200个、伊犁大曲部分防伪商标4262个、瓶盖4000个、瓶贴4000个、合格证200个,计价1900元。此外,从张严的家中搜查出伊犁特曲防伪商标14640个、伊犁特曲酒成套商标10500套、伊犁大曲酒瓶盖8500个、伊犁大曲空箱子500个、伊犁大曲等酒商标共2.8万套,总价值19390元;还从张家中搜查出伊犁大曲纸箱印版1套、打包机2台、打包钳2个等作案工具。

新疆维吾尔自治区乌鲁木齐市天山区人民检察院认为,被告人张严的行为已触犯《关于惩治假冒注册商标犯罪的补充规定》第一条之规定,构成了假冒注册商标罪,请求人民法院依法惩处。

(2)被告人的答辩及其辩护人的辩护意见

被告人张严对于检察机关指控其制造、贩卖假酒的事实表示承认,但认为起诉书认定的数额有出入,且自己只是提供犯罪场所,不属主犯。

被告人张严的辩护人提出:被告人制造、贩卖假酒是事实,但其归案后态度较好,且已被罚款,望给予从轻处罚。

2.一审事实和证据

新疆维吾尔自治区乌鲁木齐市天山区人民法院经公开审理查明:

1993年1月间,被告人张严雇用他人在自己的经销部内,用红高粱酒、冰湖白酒为原料,制造假伊犁特曲40箱、假伊犁大曲395箱、假伊犁河特曲65箱。卖给文吉和各种假酒397箱、伊犁大曲空箱子200个、伊犁大曲防伪商标4260套、瓶盖4000个、瓶贴4000个、合格证200个,计1900元。从张严家查出伊犁特曲防伪商标14640个、伊犁特曲酒前后商标10500万套、伊犁大曲酒瓶盖8500个、伊犁大曲空箱子500个和伊犁大曲、伊犁河特曲、古苑特曲、奎屯佳酿商标共2800套,以及作案工具、伊犁大曲纸箱印板一套、瓶盖2040个、打包机2台、打包钳2个。

上述事实有下列证据证明:

(1)新疆维吾尔自治区酒类专卖局对假酒的鉴定结论;

(2)从被告人张严住处提取的伊犁特曲防伪商标、伊犁特曲商标和作案工具等物证;

(3)文吉和等证人证明张严制售假酒的证词。

3.一审判案理由

新疆维吾尔自治区乌鲁木齐市天山区人民法院认为,被告人张严无视国家法律,假冒已注册商标的商品,予以贩卖,其行为已构成销售明知是假冒注册商标的商品罪。被告人及其辩护人的合理辩解意见予以采纳,其余驳回。

4.一审定案结论

新疆维吾尔自治区乌鲁木齐市天山区人民法院根据全国人大常委会《关于惩治假冒注册商标犯罪的补充规定》第一条第二款,作出如下判决:

张严犯销售明知是假冒注册商标的商品罪，判处有期徒刑二年。

（三）二审诉辩主张

张严对一审判决不服，以奎屯特曲酒和收缴的古苑特曲酒并非假酒为由，向新疆维吾尔自治区乌鲁木齐市中级人民法院提起上诉。

（四）二审事实和证据

新疆维吾尔自治区乌鲁木齐市中级人民法院经审理查明：

1993年6月，上诉人张严在承包乌鲁木齐市钙素材料厂经营部期间，伙同他人在经营部库房内，用张严经营部的冰湖白酒、红高粱酒为原料，制造假伊犁特曲酒40箱、假伊犁大曲酒391箱、假伊犁河特酒40箱、假奎屯佳酿酒65箱、假古苑特曲酒40箱，总经营额为80410元。1993年9月至10月间，上诉人张严先后两次销售给新疆和田市红星菜市场个体工商户文吉和假伊犁大曲酒295箱、假伊犁特曲酒40箱、假伊犁河特曲酒40箱、假古苑特曲酒40箱、假奎屯佳酿酒65箱及制造假伊犁大曲酒的空纸箱200个、伊犁大曲酒防伪商标标识4260个、瓶盖4000个、伊犁大曲酒商标标识2000套、合格证200张，销售收入66970元。案发后，追缴假伊犁大曲酒196箱、假伊犁河特曲酒22箱及张严销售给文吉和制造假酒的全部标识、瓶盖等。从张严经营部内搜查出用于制造假酒的伊犁特曲酒防伪商标14640个及瓶盖8500个、小包装盒40个、伊犁大曲酒空箱子500个、瓶盖1540个、楼兰酒厂合格证500个、奎屯佳酿酒瓶盖及合格证1000个和伊犁特曲酒、伊犁大曲酒、古苑特曲酒、奎屯佳酿酒各类商标标识共计38500套、打包机2台、打包钳2个、瓶盖封套2万套。上述追缴物品由新疆维吾尔自治区工商局予以没收、销毁，并对张严处罚款33842元，没收销售假酒及假商标款50093元。

上述事实有下列证据证明：

1. 证人文吉和、热合曼·吐尔逊、吴玉喜关于张严制售假酒的证词；
2. 追缴的假酒以及制造假酒的工具、假商标标识等物证；
3. 张严对自己的犯罪事实亦供认不讳。

（五）二审判案理由

新疆维吾尔自治区乌鲁木齐市中级人民法院认为，上诉人张严无视国法，制售假酒从中牟利，数额较大，其行为已构成假冒商标罪。原判认定张严犯销售明知假冒注册商标的商品罪不妥，应予纠正。张严上诉中提出卖给文吉和的奎屯特曲酒不是假酒。经查张严的记帐清单上写明其1993年6月16日购进1000元奎屯特曲酒，且搜查中未见与制造奎屯特曲酒有关的商标等物，亦未对该类酒进行鉴定，故原判认定奎屯特曲酒为假酒的证据不足，张严上诉理由应予采纳。上诉人张严及其辩护人提出搜查出的古苑特曲酒不是假酒，原判对此并未认定，故上诉人的上诉理由及其辩护人的意见不能成立。鉴于案发后上诉人已被工商管理机关作了没收非法所得和罚款的处罚，且归案后上诉人的认罪态度尚好，有悔罪表现，可依法从轻处罚，上诉人及其辩护人提出判处张严缓刑的理由，应予采纳。

（六）二审定案结论

新疆维吾尔自治区乌鲁木齐市中级人民法院根据《中华人民共和国刑事诉讼法》第一百三十六条第（二）项和《关于惩治假冒注册商标犯罪的补充规定》第一条第二款及《中华人民共和国刑法》第六十七条第一款，作出如下判决：

1. 撤销乌鲁木齐市天山区人民法院（1994）天刑初字第430号刑事判决。

2. 张严犯假冒商标罪，判处有期徒刑二年，缓刑二年。

（七）解说

销售明知是假冒注册商标的商品罪，是指销售明知是假冒注册商标的商品，违法数额较大的行为。这种犯罪过去是以假冒商标罪定性处理的，1993年2月22日全国人大常委会《关于惩治假冒注册商标犯罪的补充规定》将它从假冒商标罪分离出来，单列为独立的罪名。

对本案张严的行为，一审法院定销售明知是假冒商标的商品罪，二审法院则定假冒商标罪。那么，究竟应定何罪呢？销售明知是假冒商标的商品罪，在客观方面表现为销售明知假冒注册商标的商品的行为。所谓假冒注册商标的商品，是指假冒者未经注册商标所有人许可，在同一种商品上使用与其注册商标相同的商标的商品。这种假冒注册商标的商品，应当是他人所生产、提供的，而不是销售者自己所生产的。如果行为人在自己生产、制造、加工的商品上，假冒他人的注册商标，然后拿出去销售，构成犯罪的，应当定假冒商标罪。张严擅自伪造、仿造注册的伊犁特曲商标、伊犁河特曲商标、古苑特曲商标和奎屯佳酿商标等，并把这些伪造、仿造的商标贴在自己以红高粱酒、冰湖白酒为原料生产的酒的瓶装上，以假乱真，冒充出售，从中牟取非法利益，破坏这些酒的生产厂家的商标信誉，显然不属于销售明知是假冒注册商标的商品的行为，而属于假冒商标的行为。因此，二审法院撤销原审判决定张严犯销售明知是假冒注册商标的商品罪的部分，判处张严犯假冒商标罪，是正确的。

依照《中华人民共和国刑法》第一百二十七条的规定，犯假冒商标罪的，处三年以下有期徒刑、拘役或罚金。张严假冒他人注册商标的种类、数量多，牟取非法利益的数额巨大，本应从严惩处。但考虑其在案发后已经受到被没收非法所得和罚款的行政处罚，且归案后态度较好，有悔罪表现，二审改判宣告缓刑，是适当的。

（杨善明）

124. 赵可等诈骗案
（抗诉）

（一）首部

1. 判决书字号

一审判决书：浙江省金华市婺城区人民法院（1994）婺刑初字第110号。

二审判决书：浙江省金华市中级人民法院（1994）金中刑终字第116号。

2. 案由：赵可受贿、何德彬包庇案。

3. 诉讼双方

公诉机关（抗诉机关）：浙江省金华市婺城区人民检察院，检察员颜献敦。

被告人（上诉人）：赵可，男，28岁，汉族，浙江省义乌市人，系浙江省金华市信托投资股份有限公司房地产经营部经理，浙江新亚房地产股份有限公司筹备组成员。1993年6月28日因本案被逮捕。

一、二审辩护人：郭妙玲，浙江省金华市联合律师事务所律师。

二审辩护人：施广荣，浙江省金华市联合律师事务所律师。

被告人:何德彬,男,28岁,汉族,浙江省义乌市人,系浙江省义乌市制锁总厂职工。1994年9月12日因本案被逮捕。

一、二审辩护人:胡艳,浙江省金华市正大律师事务所律师。

二审辩护人:许德法,浙江省杭州市江南律师事务所律师。

4.审级:二审。

5.审判机关和审判组织

一审法院:浙江省金华市婺城区人民法院。

合议庭组成人员:审判长:方华;人民陪审员:程藏君、吴兆德。

二审法院:浙江省金华市中级人民法院。

合议庭组成人员:审判长:章朝昆;审判员:金新华;代理审判员:朱伟洲。

6.审结时间

一审审结时间:1994年7月19日。

二审审结时间:1994年9月10日。

(二)一审情况

1.一审诉辩主张

(1)浙江省金华市婺城区人民检察院指控称

被告人赵可于1993年3月,在负责定向募集浙江新亚房地产股份有限公司法人股股票(以下简称新亚股票)的业务中,乘浙江省义乌市制锁总厂(以下简称义乌锁厂)迫切要求认购新亚股票之机,谎称该厂认购的股票是由其他单位调剂来,每股要另收1:0.5差额返还对方。3月12日,该厂认购经办的被告人何德彬携款18.9万元来赵可处认购。当晚,赵在办公室将超出股票价格的差额6.3万元收取后,当场给何1万元。何怀疑余款被赵独吞,又以朋友的差额要归还的名义向赵要得1万元。何回厂后,隐瞒事实真相,告诉厂里该法人股是按1:1.5所购。案发后,赃款已如数追回,返还义乌锁厂。据此,浙江省金华市婺城区人民检察院认为:被告人赵可的行为触犯了《中华人民共和国刑法》第一百八十五条和全国人大常委会《关于惩治贪污罪贿赂罪的补充规定》第四条、第五条、第二条第(一)项之规定,构成受贿罪;被告人何德彬的行为触犯《中华人民共和国刑法》第一百六十二条第二款之规定,构成包庇罪。特提起公诉,请求法院依法判处。

(2)被告人的答辩及其辩护人的辩护意见

被告人赵可的辩护人认为:被告人赵可的行为不构成受贿罪。其理由是:第一,主观上,赵可没有非法收受贿赂的故意,因为4.3万元款是何德彬托赵可购买其他股票和处理其他关系用的,并非贿赂款。第二,客观上,赵可没有索贿的行为。本案连公诉机关也未指控其索贿对象是谁,事实上本案也不存在有索贿的对象。第三,本案应认为是私下炒股。赵可有股可卖,何德彬代表股民真心买股,双方自愿以1:1.5比例买卖新亚股票,他们之间是一个民事法律关系,只能受到民事法规来调整和评价,不能认为是犯罪。

被告人何德彬的辩护人认为:被告人何德彬的行为不构成包庇罪。其理由是:第一,被告人何德彬受本单位之委托办理购买新亚股票业务中,始终认为认购的股票是1:1.5发行的,所以,何不具备包庇罪的主观条件。第二,在市场经济中,赵可给股票经办人何德彬2万元劳务费无可非议,是合法的。第三,当《金华日报》刊登了新亚股票发行情况后,厂里职工反映很大,何德彬为此特意赶到金华要求赵可帮助退回股票或想法将杭州方面拿去的钱退回。

而且，检察机关找何说话时何就基本陈述了其所知道的事实，所以，何没有为包庇赵可而作虚假陈述的行为。

2.一审事实和证据

浙江省金华市婺城区人民法院经公开审理查明：

被告人赵可于1993年3月，在负责定向募集浙江新亚房地产股份有限公司法人股股票业务中，乘义乌市制锁总厂迫切要求认购新亚股票之机，谎称新亚法人股已发行完毕，如需要购买可以代为从杭州调剂一些，但每股需另收0.5元至1元的差额返回对方。3月12日，义乌锁厂职工集资18.9万元，由厂长吴某及被告人何德彬等携款至金华购买新亚法人股股票。被告人赵可继续对吴某等人谎称从杭州调回的法人股，价格是每股1.5元，其中每股0.5元是返回杭州方面的。当晚，被告人赵可对留下交款办手续的被告人何德彬言明，股票不是杭州返回的，价格还是每股1元。两被告人将每股0.5元的差额款共计人民币6.3万元进行分赃，赵可得4.3万元，何德彬得2万元。次日，被告人何德彬向新亚公司按每股1元的价格购得12.6万股新亚法人股票。案发后，6.3万元赃款已被检察机关追回。

上述事实有下列证据证明：

(1)证人吴忠权、朱流鑫、何德义、王樟荣的证言，证实被告人赵可在电话里及当面均称该厂购买的新亚法人股是从杭州调剂来的，价格是每股1.5元，其中0.5元要返回杭州，及差额款6.3万元被两被告人侵占的情况；

(2)证人钮立新的证言，证实其没有委托赵可处理过新亚法人股及每股返回0.5元差价的情况；

(3)浙江新亚房地产股份有限公司出具的书证，证实截止1993年3月13日，新亚公司尚有250万股法人股股票未被认购，发行价为每股1元及与浙江省证券公司签订协议的日期是1993年4月9日；

(4)浙江省义乌市制锁总厂认购人数、股数的登记材料，证实该厂共20余名职工集资18.9万元，购得新亚股票12.6万股，其中何德彬个人出资2400元，获1600股；

(5)被告人赵可、何德彬对分赃数额的供述。

3.一审判案理由

浙江省金华市婺城区人民法院认为：

(1)公诉机关指控赵可犯受贿罪、何德彬犯包庇罪，定性不准，应予纠正。首先，本案没有行贿人，只有被害人。被害人是法律保护的对象，而行贿人则要受法律制裁，所以，这个问题不仅关系到本案定性，还关系到该保护谁和制裁谁的原则问题。本案集资购买新亚股票的义乌锁厂20余名职工，只知道购买股票的18.9万元中有6.3万元是给股票协调单位的转让款，主观上并没有行贿的故意，当得知上当受骗时，即以财产权利被侵害的身分向司法机关告发，所以，他们是被害人而不是行贿人。贿赂罪是一种对偶犯，有受贿人必有行贿人，这是构成贿赂罪的必要条件，现本案没有行贿人，也就没有受贿人，更谈不上受贿罪的存在。其次，本案没有贿赂款。贿赂款应依法予以没收，而不能退还所有人。本案犯罪对象6.3万元是两被告人虚构了每股0.5元差额款要返还杭州股票协调单位的虚假事实，从购股人手上骗出来的，是被骗款，所以说该差额款不是用于行贿的贿赂款，也就失去了受贿罪的意义。再次，两被告人是同一性质的共同犯罪，不能割裂开来分别定罪。被告人何德彬受委托携巨款到被告人赵可处购买股票时，赵就已对何说股票不是杭州返回的，价格还是每股1元。此时，股票尚未购买，尚处于犯意提起阶段，如果何没有犯意，那么本案就不会发生。但是何见有利可图，逐与赵决意，并付诸实施，共同瓜分了 6.3 万元股票差额款，回厂后又继续欺骗购股人。所以，两被告人形成了共同犯罪的故意，实施了共同犯罪的行为，构成共犯。不能对何德彬单独定包庇罪。

(2)两被告人的犯罪性质是诈骗。两被告人在证券发行中，采用隐瞒真相、虚构事实的手段，从而骗取购股人数额巨大的钱财，侵犯了他人的财产所有权，其行为完全符合诈骗罪的特征，构成诈骗罪。

(3)赵可的辩护人提出赵不构成受贿罪的意见是对的，予以采纳。何德彬的辩护人提出何的行为不构成犯罪，是仅凭被告人何德彬个人的一面之词，又缺乏事实根据，与本案客观事实不符，故其辩护理由不能成立，不予采纳。

(4)在共同犯罪中，赵可起主要作用，系主犯；何德彬起辅助作用，系从犯，可比照主犯减轻处罚。本应对赵可从重处罚，鉴于本案的特殊性及赃款已全部追回，两被告人又系初犯，平时工作表现尚好等情节，对赵可判处法定最低刑还是过重，应适用《中华人民共和国刑法》第五十九条规定予以减轻处罚，何德彬符合适用缓刑条件。

4. 一审定案结论

浙江省金华市婺城区人民法院根据《中华人民共和国刑法》第一百五十二条、第二十二条、第二十三条、第二十四条、第六十七条第一款、第六十八条第二款和第五十九条，作出如下判决：

(1)赵可犯诈骗罪，判处有期徒刑四年。

(2)何德彬犯诈骗罪，判处有期徒刑二年，缓刑二年。

(三)二审诉辩主张

一审判决宣告后，浙江省金华市婺城区人民检察院认为一审法院的判决确有错误，依法提起抗诉；被告人赵可亦不服，提出上诉。分别抗诉和上诉于浙江省金华市中级人民法院。

浙江省金华市婺城区人民检察院抗诉理由是：根据《中华人民共和国刑法》第一百五十二条和浙江省高级人民法院、浙江省人民检察院、浙江省公安厅浙检会(研)字(1993)第 6 号文件《关于修改诈骗、抢夺犯罪数额标准的通知》的规定，个人诈骗公私财物价值 1 万元就应处以五年以上有期徒刑。而本案中，被告人赵可利用了职务上的便利、何德彬利用受托的工作之便，合谋诈骗数额 6.3 万元，而且其作案手段比起其他诈骗案件具有更大的欺骗性、隐蔽性和社会危害性，对被告人赵可、何德彬处以法定刑最低刑并不过重，因此，一审法院对本案适用《中华人民共和国刑法》第五十九条显属不当，对两被告人的量刑明显畸轻。

被告人赵可诉称：一审法院判决定性不当，请求依法改判。

被告人赵可的二审辩护人认为：一审判决认定诈骗罪定性不准，应定投机倒把罪。其理由是：(1)本案侵犯的客体是证券法规，证券法规是国家金融法规的一种，所以，符合投机倒把罪直接侵犯国家金融管理活动的客体要件；(2)在主观方面，赵可制造和散布了虚假的股票价格信息，达到了牟取非法利润的目的，是典型的投机倒把行为。因此，原判定性不准，请求依法改判。

被告人何德彬的二审辩护人认为：一审法院判决认定何德彬是诈骗共犯不能成立。其理由是：第一，何德彬没有与赵合谋策划，当听赵说股票还是 1∶1 的价格时，何怕差额款被赵独吞，为使自己及亲友的财产不受损，才把差额款 2 万元拿回来，这不能认为是共谋，更不能认为是分赃;第二,何拿回2万元差额款后,未露实情,这是道德问题,与本案无关。

(四)二审事实和证据

浙江省金华市中级人民法院经公开审理查明:

上诉人赵可与原审被告人何德彬系高中同学。1993年3月上旬,上诉人赵可负责定向募集浙江新亚房地产股份有限公司法人股股票的业务,在浙江省义乌市制锁总厂请赵可帮忙买新亚法人股时,赵可谎称每股1元的新亚法人股已发行完,如要购买只能从杭州的认购单位调剂一些过来,但调剂的单位要赚一些钱,价格在每股1.5元至2元之间,双方约好再联系。3月12日上午,原审被告人何德彬在认购职工的催促下,打电话给赵可询问新亚法人股的联系情况,赵可说:"有的,有20万元左右。"何德彬即向义乌锁厂职工讲每股1.5元的新亚法人股还有,并向要认购的20余名职工收取现金18.9万元(包括何本人2400元)。当天下午3时多,何德彬与厂长吴忠权、副厂长王樟荣、何德义及朱流鑫等五人赶到金华赵可的办公室,赵可继续欺骗他们说:"这些股票是杭州返回来的,按每股1.5元收款,其中0.5元是返回杭州的。"由于时间已晚,款来不及入银行,经赵可提议,何德彬留下办手续,其他人先回义乌。当晚,赵可与何德彬讲明这次的新亚法人股不是杭州返回的,而是金华的,价格还是每股1元。次日上午,何德彬按每股1元的价格向新亚公司认购了12.6万股的新亚法人股,差额款6.22万元(已减去属于何德彬的800元)被二人瓜分,赵可分得4.3万元,何德彬得1.92万元。至6月初,义乌锁厂派人到新亚公司了解到真相,要求赵可、何德彬退回差额款。为此,6月16日下午,何德彬找赵可商量,赵可坚持不退差额款,并打电话给厂长吴忠权,说每股1.5元是双方自愿的,让他做职工工作,不要为难何德彬,并谎称其对杭州方面可以做些工作,尽量追回差额款。直至检察机关根据群众举报传唤何德彬,何才退出赃款1.92万元。赵可分得的赃款4.3万元则被检察机关从中国人民建设银行金华市支行莲花井储蓄所赵可的储蓄帐户上查扣。

证明上述事实的证据与一审法院认定的证据相同。

(五)二审判案理由

浙江省金华市中级人民法院认为:

1.上诉人赵可在股票发行中,编造虚假事实,使义乌锁厂信以为真落入骗局;原审被告人何德彬在受委托为义乌锁厂职工购买股票过程中,明知赵可的犯罪意图,却与其合伙作案,共同将他人购股差额款6.22万元占为己有,侵犯了私人财产所有权,其行为均已构成诈骗罪。故上诉人赵可提出的本案定性不当及其辩护人提出的本案应定投机倒把罪和何德彬的辩护人提出的何不构成诈骗共犯的理由,均不能成立,不予采纳。

2.在共同犯罪中,赵可蓄谋已久,主观恶性深,在共同犯罪中起主要作用,且分赃多,系主犯;何德彬附属赵可临时起意,在共同犯罪中起次要作用,分赃少,系从犯。原审法院对本案的性质及两被告人在共同犯罪中所处的地位认定准确,予以支持。

3.抗诉机关的抗诉理由成立,原审法院对两被告人适用《中华人民共和国刑法》第五十九条、第六十七条的规定,显属不当,应予纠正。理由是:首先,本案犯罪后果严重,且被告人赵可没有任何法定的从宽处罚情节。本案两被告人,一个利用发行股票的身份,一个利用受委托购买股票的身份,合伙诈骗购股人的钱财,比一般诈骗案件更具有欺骗性和社会危害性。且本案诈骗数额达6.22万元人民币,大大超过了浙江省规定的诈骗人民币1万元即为数额巨大的这个起点。同时,被告人赵可在罪前、罪中及罪后均没有法定的从宽处罚情节,依照我国《刑法》第一百五十二条规定应处五年以上十年以下有期徒刑。其次，被告人赵可在共同犯罪中系主犯，具有法定的从严处罚情节，虽然赵同时亦有初犯，赃款全部追还被害人等酌情从轻处罚的情节，但量刑要在首先考虑法定情节的基础上才能考虑酌定情节，而不能本末倒置。综上二点，对被告人赵可不能适用《刑法》第五十九条。再次，鉴于被告人何德彬在共同犯罪中系从犯，具有法定从宽处罚情节，且其又系初犯，案发后能全部退出赃款，具有酌定从轻情节，原审法院依法对何予以减轻处罚是适当的。但何归案后，多次供述互相矛盾，且避重就轻，悔罪表现较差，不能认为对其适用缓刑确实不致再危害社会，所以，不符合我国《刑法》第六十七条规定适用缓刑条件。据此，抗诉机关提出原审法院判决量刑畸轻和适用缓刑不当的理由，是正确的。

（六）二审定案结论

浙江省金华市中级人民法院根据《中华人民共和国刑法》第一百五十二条、第二十二条第一款、第二十三条、第二十四条和《中华人民共和国刑事诉讼法》第一百三十六条第（二）项，作出如下判决：

1. 撤销浙江省金华市婺城区人民法院（1994）婺刑初字第110号刑事判决。
2. 赵可犯诈骗罪，判处有期徒刑五年。
3. 何德彬犯诈骗罪，判处有期徒刑二年。

（七）解说

本案的审理过程中，不仅有以受贿罪定性的观点，而且还有少数审判人员同意二审辩护人的意见，认为应定投机倒把罪。关于受贿罪与诈骗罪的区别，一审判案理由中已详加分析，这里对诈骗罪与投机倒把罪加以区别，可以看出法院以诈骗罪定性是正确的。具体理由是：(1)这两种犯罪，在主观上表现出的故意内容截然不同。诈骗罪是以非法占有公私财物为目的，而投机倒把罪的目的是为了非法牟取利润。本案犯罪人在证券发行中，虚构了每股加价0.5元的事实，目的就是非法占有每股0.5元这个差额款。这个差额款不是利润，因为利润有一个资金或物资投入产出的过程，而两被告人没有任何投入，只凭一个虚构的事实，就直接将他人钱财据为己有。所以，本案是诈骗而不是投机倒把。(2)两罪在客观方面及其侵犯的客体也不同。诈骗罪是以虚构事实、隐瞒真相的手段骗使他人交出财物，侵犯的是公私财产所有权；投机倒把罪则是在经济活动中，违反工商、金融、外汇、金银等方面的法规，非法从事工商业活动或在工商业活动中使用带欺诈性质的方法进行不正当经营，侵犯的是国家对工商、金融、外汇、金银等方面的管理活动。本案从表面上看，似乎行为人是在证券发行过程中骗取钱财的，破坏了国家金融管理活动，但仔细分析可以看出，行为人所采取的手段是虚构了新亚股票每股多收0.5元返回给杭州股调剂单位这个事实，而这个虚假事实与整个发行股票价格影响不大，也没有损害发行单位的声誉，所以，侵犯的是购股人的财产所有权。据此也就不能定投机倒把罪。

（盛少华）

125. 谢兴贵被控受贿宣告无罪案
（抗诉、辩护）

（一）首部

1. 裁判书字号

一审判决书：甘肃省甘南藏族自治州中级人民法院（1991）州法刑字第11号。

二审判决书：甘肃省高级人民法院（1992）甘法刑一上字55号。

再审裁定书：中华人民共和国最高人民法院（1994）刑抗字第4号。

2. 案由：谢兴贵受贿案。

3. 诉讼双方

公诉机关：甘肃省甘南藏族自治州人民检察院，副检察长刘锦汉，检察员康晓明。

被告人（上诉人）：谢兴贵，男，58岁，汉族，甘肃省康县人，原系甘肃省甘南藏族自治州交通局局长。1991年4月26日因本案被逮捕。

一、二审辩护人：李建国，甘肃省兰州市第四律师事务所律师。

一审辩护人：王卫民，甘肃省兰州市第四律师事务所律师。

二审辩护人：庆志安，甘肃省兰州市第三律师事务所律师。

4. 审级：再审。

5. 审判机关和审判组织

一审法院：甘肃省甘南藏族自治州中级人民法院。

合议庭组成人员：审判长：洪源；代理审判员：拉玛才让、沈晓发。

二审法院：甘肃省高级人民法院。

合议庭组成人员：审判长：潘文骏；审判员：任士彩；代理审判员：崔坚。

再审法院：中华人民共和国最高人民法院。

合议庭组成人员：审判长：任振平；审判员：梁国海；代理审判员：李祥民。

6. 审结时间

一审审结时间：1992年1月27日。

二审审结时间：1992年12月21日（依法延长审限）。

再审审结时间：1994年8月5日。

（二）一审情况

1. 一审诉辩主张

（1）甘肃省甘南藏族自治州人民检察院指控称

1988年初，被告人谢兴贵为建私房向迭部县交通局会计宋效统（另案处理）提出买三四车质量好、价格便宜的木料。宋从合作市返回迭部县后向局长王正明（另案处理）汇报了此事。同年5月谢兴贵又给王正明打电话催要木料。经王、宋二人商定由宋先后于5月、7月、8月份从县木材综合加工厂等处购买三车木料运往合作市，送给了谢兴贵，三车木料计材20.508立方米，料款、运费等计人民币10458.23元。同年10月14日王正明、宋效统伪造

13325.90 元的假工单一份，将购运谢兴贵三车木料款在县交通局财务上全部报销，谢兴贵则许诺报销迭部县工交局代培的宋效统等子女要交的学费和解决毕业后的安置就业问题。1989 年 1 月宋效统到州交通局开会期间，将购运三车木料的发票交给了谢兴贵并说明"这些款从工程中报过了"，7 月份王正明在州上开会期间亦对谢作了说明，谢兴贵则答应为迭部县多拨一点水毁款，对王、宋二人报销其木料款、运费之事予以默认。且于同年 8 月指派州交通局财务科副科长赵学福到迭部以查帐为名，查实拉运木料款的处理情况，后又与王正明指派的宋效统串供以应付调查，9 月 7 日又派妻子石秀英携款及礼品到迭部，深夜窜到宋效统家，企图让宋打收款收据为谢兴贵开脱罪责。在看守所关押期间又寻机与王正明串供。

1987 年初，被告人谢兴贵向舟曲县交通局局长昝文国（另案处理）提出要买一车便宜木料，同年底谢再次向昝提出此事。昝文国为讨好上级争取项目，便于 1988 年 12 月 1 日将一车木料计材 7.108 立方米亲自运往合作市交给谢兴贵，谢仅以每立方米 30 元育林费付款 213.24 元。此车木料实计人民币 1777 元，昝文国以工程支出为名，在单位财务上予以核销。其后谢兴贵又二次暗示昝文国处理好此事并订立攻守同盟。自昝给谢行贿后，州交通局在下拨款和正常运费上对舟曲县交通局给予了照顾。案发后，谢兴贵仍隐瞒此车木料。

立案侦查期间被告人谢兴贵交赃款 9370.95 元。追回赃款 2189 元（含有价证券）。

被告人谢兴贵利用职务之便，收受木材 27.616 立方米，价值人民币 12015.23 元，为行贿方个人和单位谋 取利益，且与行贿人多次订立攻守同盟，拒不认罪。其行为已触犯了《中华人民共和国刑法》第一百八十五条、全国人大常委会《关于惩治贪污罪贿赂罪的补充规定》第四条，已构成受贿罪，特提起公诉，请依法惩处。

(2)被告人的答辩及其辩护人的辩护意见

一审辩护人认为：起诉书指控被告人谢兴贵构成受贿罪的事实不清、证据不足。

第一，从事实部分来看，起诉书认定了被告人向宋效统提出买三四车质量好、价格便宜的木料。但却忽略了另外一个基本事实，那就是在被告人向宋提出买木料后，随即于 1988 年 6 月 12 日向迭部县申请了建房木材指标。同年 9 月 7 日经县长办公会议研究，批给了被告人 30 立方米木材指标。9 月 13 日当被告人再次到迭部后，将 4800 元现金交给宋效统，并委托宋去办理有关木材指标手续，办好后，被告人又明确告知宋效统，将此指标转到先前的结材单位，把帐算清楚。由此可见，被告人始终对宋没有任何要求送与贿赂的意思，而是宋效统以各种借口拖着不办，在此期间，每当宋拉一车木料，被告人都要问清数量、要求付款，但宋不收。鉴于此种情况，被告人才将木料款如数交到检察机关并主动讲清了买木料的全过程。起诉书指控与客观事实存在很大出入，具体表现在以下三点：首先，起诉书否认被告人批得木材指标和预交 4800 元这一事实，只认定宋为被告人拉运木材。其次，客观上至少存在被告人及其妻子曾几次向宋付款，宋拒收，而检察机关片面地仅以宋的证言认定案情。再次，不存在订立攻守同盟的事实，法庭调查中被告人否认这一指控。另外，起诉书认定昝文国为被告人拉运木料之事，昝所说"钱我们处理过了"，对此被告人予以否认。昝文国既然说钱处理过了，为什么还要收育林款呢？被告人托人带去的 700 元木材款，昝以运费名义收下，这又说明什么问题？只能说明昝文国心中有鬼。起诉书还认定：自昝行贿后，州交通局在拨款和经费上对舟曲县交通局给予了照顾。可是从案卷材料和庭审调查中无证据证明此情节，既然是州交通局下拨款，就和被告人个人行为无关。所谓为行贿方个人谋取利益，无非是指报销宋效统等子女的学费和安置就业问题。对此，卷内证据材料反映：培训费的下拨不是一个人能决定的，要局里召开计划与财务会议，根据各县报来的培训人员名单下拨。而且，起诉书指控报销学费、安置就业的并非宋效统一人的子女。显然，为个人谋取利益，这对被告人是不存在的。关于为单位谋取利益，辩护人认为是无可非议的，这是为官者的职责，从案卷材料看，水毁款下拨各县的分配数是经省、州、县逐级下达的，有关手续都是合法的。

第二，从证据方面看，宋效统的证言是认定被告人犯受贿罪的重要证据，但被告人谢兴贵的供述和辩解却完全相反。那么，哪个人的说法更可靠呢？从宋效统的多次证词看，内容前后矛盾、不能自圆其说，而且对有些基本事实也矢口否认，故其证词的真实性值得怀疑。而被告人对案件事实的供述则更符合当时的实际情况。所以，本案的证据是不足的。

第三，从适用法律方面看，在案卷中能够证明被告人受贿的证据是单一的、不充分的，根据《刑法》、《刑事诉讼法》的有关规定，不能就此对被告人定罪。

2.一审事实和证据

甘肃省甘南藏族自治州中级人民法院经公开审理查明：

1988年初被告人谢兴贵在合作市向迭部县工交局会计宋效统提出要为其买木料，但当时未付预付款。宋返回迭部后与局长王正明商定给谢拉运木料，宋先后以垫支公款和赊款的方法于同年5月至8月从当地购买三车木料由宋运往合作市交与谢兴贵，三车材积共20.508立方米，料款、运费10140.95元由宋、王伪造假工单报销，后宋、王分别在合作市开会期间对谢说明：这些款从工程里报过了，并将购运三车木料的发票交给了谢。8月谢叮嘱该局财务科副科长赵学福到迭部查帐时查一下其拉运木料帐的处理情况。谢兴贵在宋效统为其拉运木料期间许诺解决宋之子毕业后的就业问题，谢兴贵给王正明则答应为迭部县工交局多拔一点水毁款。案发前谢与宋串通口径，关押期间又伺机与王正明串供。

1987年被告人谢兴贵先后两次向舟曲县工交局局长昝文国提出给他买一车便宜木料，昝于1988年12月13日将一车木料材积7.108立方米，亲自运往合作市交给谢，并言明此木料每方250元，钱处理过了。谢表示还要交点的，即按每立方米30元育林费交款213.24元。1989年11月9日昝文国利用职权以工程支出为名，在单位财务上将谢的实际料款1777元予以报销。1990年7月，谢、昝在外地相遇时订立攻守同盟。

综上所述，被告人谢兴贵共受贿木料四车，材积共计27.616立方米，料款、运费价值达11705.71元。案发后谢兴贵交款9730.95元，检察机关追缴2889.60元、“梅花”牌手表一块。

上述事实有下列证据证明：

(1)行贿人宋效统、王正明、昝文国的举报材料及证词；

(2)州交通局财务科副科长刘学福、司机张海祥等人的证词；

(3)四车木料款、运费单据、指标凭证等书证；

(4)桑坝公路假工单及从沙布工程中汇支谢兴贵料款的凭证；

(5)谢兴贵修改分配各县水毁款建议以及分配表；

(6)谢兴贵对接受四车木料，未付给迭部县工交局三车料款、运费的事实供认不讳。

3.一审判案理由

甘肃省甘南藏族自治州中级人民法院认为：被告人谢兴贵利用职务之便向下级部门负责人及其干部托买价格便宜、质量好的木材，事前不付分文预付款，事后对下级部门用公款报销其料款、运费之事予以默认，给行贿方单位和个人谋取利益。受贿价值人民币1万余元，数额巨大，其行为已构成《中华人民共和国刑法》第一百八十五条规定的受贿罪，应依法予以惩处。

4．一审定案结论

甘肃省甘南藏族自治州中级人民法院根据《中华人民共和国刑法》第一百八十五条、第六十条，全国人大常委会《关于严惩严重破坏经济的罪犯的决定》第一条第（二）项，《关于惩治贪污罪贿赂罪的补充规定》第二条第（二）项、第四条，作出如下判决：

（1）谢兴贵犯受贿罪，判处有期徒刑六年。

（2）赃款 11705.71 元依法没收上缴国库。多缴部分 914.84 元、"梅花"牌手表一块退还本人。

（三）二审诉辩主张

一审法院判决后，公诉机关未抗诉，谢兴贵不服，提出上诉并委托二审辩护人为其辩护。谢兴贵的上诉理由：

1．原审判决认定的主要事实完全是根据在押犯宋效统、王正明及其贪污同伙的口供确定的，而他们的口供又完全是编造的，有些问题自相矛盾，因而原判认定的主要犯罪事实都是错误的，所以上诉人不构成受贿罪。具体理由为：

（1）原审判决否认上诉人买木材的事实真相，把我托宋效统买木材与我批的木材指标以及我交给宋的 4800 元现金看成是两回事，完全不符合事实。在托宋买木材时，我们事先就讲明，木材指标我自己要，只是托他帮忙办理指标手续和拉运，并没有让他去拉高价材；在买木材过程中，从托办到结帐都是宋一人经手的，迭部县政府批给我的建房木材指标在宋的手里，4800 元现金是我亲手交给宋的，给我拉木材又不用我的木材指标，宋自作主张给我拉了高价材，如果我另有目的，为何又将木材指标和 4800 元现金交给宋效统呢？

（2）原判认定宋效统、王正明曾先后对我说明：木材款已在工程里报过了。这完全是听信宋、王的一面之词，是毫无根据的。1989 年元旦过后，宋拿来了发票，当时我给宋付款，宋说：你们现在建房需要钱，以后再给也不迟。根本就没说过已作报销的话。1989 年 7 月份王正明根本没到州上开过会，故王所称在此时间内给我说了已作报销的证言，纯属伪证。

（3）关于昝文国给我拉运的 7.108 方木材，当时昝说是以他的名义买的民用林，材场只收育林费，还说木材是他亲戚们帮忙砍伐的，我按育林费付款后仍觉得不妥，之后，我又托刘学福、王龙带去 2000 元，让昝补交木材款。

2．判决书认定的木材价款 11705.71 元是不合理的。我给宋效统的 24 立方米木材指标和 4800 元现金，应给我按指标材价计算，因宋早就有倒卖的企图，所以给我算成了高价材，这应由宋负责。按当时迭部县指标材最高价计算，三车木材共计款 5941.91 元，加上补舟曲县的木材差价 1563.76 元，实际应付 7505.67 元，加上运费共计 8234.31 元。

二审辩护人认为：上诉人利用职务之便收受了他人财物，但是上诉人并没有为他人谋取非法利益，不构成受贿罪。关于承诺办子女就业问题，宋效统之子宋维喜被招聘为临时工，是甘南州交通局依据 1989 年 10 月 30 日迭部县工交局的报告，集体研究决定并由迭部县工交局同迭部县劳动人事局签订合同后决定的；关于多拨水毁款的问题，判决书并没有提出多拨依据，"多"与"少"并无标准和尺度；关于争取上项目的问题，是特指舟曲县博峪公路的上马修建问题，修建博峪公路是当地群众多年来的愿望和要求，1987 年 9 月州交通局局务会研究后已报省交通厅列入 1988 年的新建计划，此事与拉运木材毫无关系。把上下级单位之间正常的工作关系说成是谋取非法利益是极不严肃的。此外，上诉人通过昝文国购买的一车木料，不应认定为犯罪，上诉人收到木料后，及时付了款，虽未按实际价格付款，但责任不在上诉人。

（四）二审事实和证据

甘肃省高级人民法院经审理查明：

上诉人谢兴贵于1988年初，为建私房托迭部县工交局会计宋效统买三四车质量好、价格便宜的木料，宋表示同意，后宋将此事与局长王正明商量，确定由宋负责给谢兴贵拉运木料。宋效统以垫支公款和赊款方法，于1988年5至8月从本县阿夏林场等处购买木料三车，计20.508立方米，价值10140.95元（含运费），亲自运往合作市交给谢兴贵。同年10月，宋、王为讨好上级，共谋伪造假工程单一份，提取现金支付了拉运三车木料的费用。1989年1月至7月，宋效统、王正明分别向谢表明，所买木料款已作处理，宋将三车木料发票交给谢兴贵，谢当时未付款。谢曾对宋说将其24立方米木料指标预交款4800元顶付所买三车木料款，不足部分款后付。1990年3月中旬，宋效统以邮寄和自带的方式将4800元全部退给谢兴贵。

1987年谢兴贵托舟曲县工交局局长昝文国买一车便宜木料。昝为讨好谢，于1988年12月13日将一车木料计7.108立方米亲自运往合作市交给谢兴贵，昝说木料是自己伐的，每立方米按30元交育林费，并将已开好的发票交给谢，谢兴贵付了款。

其间，王正明、宋效统等人商议后与谢兴贵订立“攻守同盟”。1990年9月10日谢兴贵携款向检察机关报案自首。

上述事实有下列证据证明：

1.拉运四车木料的事实，有宋效统、王正明、昝文国等人的证明、谢兴贵的供述以及有关票据等书证在案作证；

2.谢兴贵交给宋效统24立方米木材指标、预交款4800元的事实，有宋、谢二人的证供、有关证人证言以及邮局汇单、木材指标等书证证实；

3.昝文国蒙骗谢兴贵按育林费收款的事实，昝、谢二人的证供一致，且有相关的证人证言证实；

4.谢兴贵未为行贿方单位或个人谋取利益的事实，有书证在卷，以及州交通局有关当事者证明；

5.谢兴贵携款报案自首的事实，有检察机关的接待记录以及谢兴贵对主要问题的交待笔录在卷。

（五）二审判案理由

甘肃省高级人民法院认为：上述案情，事实清楚，证据确凿。谢兴贵为建私房，让下级购买木料，虽表示付款，并将所批木料指标、预付款4800元收据及指标交给宋效统等人，但在宋效统、王正明等人为讨好上级，弄虚作假，制造假帐据，领取现金为其支付木材款，并将4800元退回后，长达两年之久不坚持及时付清，属受贿行为；昝文国为讨好上级，隐瞒拉运一车木料的真实情况，低价收费，责任不在谢兴贵。鉴于其能携款自首，根据本案的具体事实，情节显著轻微，故不以犯罪论处。

（六）二审定案结论

甘肃省高级人民法院根据《中华人民共和国刑事诉讼法》第一百三十六条第（二）项和

《中华人民共和国刑法》第十条,作出如下判决:

1.撤销甘肃省甘南藏族自治州中级人民法院(1992)州法刑字第11号刑事判决。

2.对谢兴贵宣告无罪。

(七)再审情况

1.再审诉辩主张

二审法院判决后,甘肃省人民检察院认为:甘肃省高级人民法院判决错误,于1993年6月16日提请中华人民共和国最高人民检察院按审判监督程序向中华人民共和国最高人民法院提出抗诉。经中华人民共和国最高人民检察院审查认为:被告人谢兴贵利用职务之便收受贿赂,为行贿人谋取利益,事实清楚,证据充分。遂于1994年2月18日以高检刑抗字(1994)第2号抗诉书向中华人民共和国最高人民法院提出抗诉。中华人民共和国最高人民检察院在抗诉书中所提主要抗诉理由是:第一,被告人谢兴贵收受贿赂1万余元,依法应予从严惩处,甘肃省高级人民法院以"情节显著轻微"为由,不以犯罪论处,与事实不符,违反法律规定。第二,被告人谢兴贵虽携款报案,但未如实供述犯罪事实,根据最高人民法院、最高人民检察院、公安部《关于当前处理自首和有关问题具体应用法律的解答》的规定,其自首不能成立。被告人谢兴贵的行为触犯了《中华人民共和国刑法》第一百八十五条和全国人大常委会《关于惩治贪污罪贿赂罪的补充规定》第四条、第五条的规定,已构成受贿罪。甘南藏族自治州中级人民法院的一审判决是正确的,应予维持;甘肃省高级人民法院二审改判谢兴贵无罪是错误的。根据《中华人民共和国刑事诉讼法》第一百四十九条第三款的规定,提出抗诉,请依法改判。

2.再审事实和证据

中华人民共和国最高人民法院经审理查明:

1988年初,被告人谢兴贵为建住房,托迭部县工交局会计宋效统买三四车价格便宜的木料。宋效统于同年5月至8月间,分三次给谢兴贵运去木料20.508立方米。同年10月14日,迭部县工交局局长王正明与宋效统合谋伪造了一份假工程单,提取现金支付了谢兴贵的木料款。1989年1月至8月间,宋效统、王正明分别告诉谢兴贵木料款已作处理,宋效统将9730.50元木料款票据交给谢兴贵,谢兴贵对宋效统表示将其24立方米木料指标、预付款4800元顶付其所购木料款,不足部分后付。1990年3月,宋效统将预付款4800元退还给谢兴贵。同年9月10日谢兴贵携款9730.50元报案。

上述事实,证据确凿、充分,认定的证据与二审的定案证据相同。

3.再审判案理由

中华人民共和国最高人民法院认为:甘肃省高级人民法院认定谢兴贵受贿案的事实清楚,证据确凿、充分。被告人谢兴贵让宋效统购买平价木料,曾多次表示要付款,没有受贿故意;谢兴贵也没有利用职权为迭部县工交局和宋效统个人谋取利益。谢兴贵的行为不构成犯罪。二审法院对谢兴贵宣告无罪是正确的,应予维持。最高人民检察院抗诉理由不能成立。最高人民法院的理由是:

(1)谢兴贵无罪的事实,抗诉书未予认定。1988年谢兴贵为在合作市建房,向迭部县政府申请木材指标30立方米,按规定下达木料指标需交预付款。当时谢将30立方米木材指标批件和4800元预付款交宋效统办理。宋效统办妥手续后,按谢意见将其中6立方米指标给他人使用。然后宋自作主张,为谢购买不要指标的高价木材三车,运往合作市谢兴贵家中。24

立方米指标由宋效统作主给其儿子买成木料运往外地倒卖。事后，谢曾多次对宋说将4800元预付款及指标顶已运来的三车木料款，不足部分后付。宋不但不冲帐，反而将4800元以邮寄等方式退给谢。

(2)谢兴贵报案自首应当认定。1990年9月10日谢兴贵携带现金9730.50元到甘南州人民检察院向刘副检察长报案时，交待了他在1988年委托宋效统代买三车木料计20余立方米，价值人民币1万余元，虽曾几次找宋付款，宋以种种理由推托不要，现仍未付款的主要事实。并表示愿接受组织处理。这一事实符合关于报案自首三个条件的司法解释，应认定为自首。

(3)谢兴贵未利用职权给行贿人宋效统谋取利益。宋效统之子宋维喜和迭部县工交局其他职工子女石玉香经专门培训后，1989年由迭部县工交局两次向州交通局写报告审批临时工，经州交通局领导研究认为：宋维喜、石玉香经过专门培训，又属本系统职工子女，符合招聘临时工的文件规定，遂批准招收为迭部县工交局的临时工。关于给迭部县拨水毁款的问题，也是经州交通局领导集体研究决定的，其间，作为局长的谢兴贵并未提出要对迭部县给予特殊照顾，更没有与其职务不相称的行为。这是正常的履行职务，并非为某人或某部门谋取利益。

4.再审定案结论

中华人民共和国最高人民法院根据《中华人民共和国刑事诉讼法》第一百五十条、第一百三十六条第(一)项，作出如下裁定：

维持甘肃省高级人民法院(1992)甘法刑一上字第55号刑事判决。

(八)解说

本案诉辩双方以及审判机关观点的分歧在于怎样看待谢兴贵的行为的性质，行贿罪与非罪的界限。应该说从一审认定犯受贿罪，判处有期徒刑六年，到二审、再审宣告无罪，其差异是悬殊的。受贿罪(索贿的除外)的概念是利用职务之便，非法收受他人财物而为他人谋取利益的行为。从犯罪构成看，谢兴贵虽然具备受贿罪的主体要件，但主、客观方面的特征均与受贿罪的构成要件不符。

1.谢兴贵之所以首先向宋效统提出为其买木料，是基于两个原因，一是上下级关系。二是多年的老相识。不可否认在这一点上多少存在着利用职权、贪图便宜的因素。但谢的主观意思表示毕竟是“买”而不是“要”，所以这还是一种委托与被委托的关系。其后，作为委托人的谢兴贵也并不是被动等待，而是将自己通过正常渠道审批的已交了预付款 的30立方米木材指标交给了宋效统，至此这种委托关系就更进了一步，被委托的内容就限定在购买平价木材的范围之内。宋效统私自作主拉运计划外木材，从谢兴贵的理解角度看仅仅是被托人履行自己的被委托行为，与“非法收受他人财物”完全是两个概念。后宋效统、王正明为讨好上级，制造假帐冲销木料款，谢既未参与也未知晓，事后仍多次要求付清木料款，其履行委托人的义务是明确的，之所以未能付款的责任是宋以种种借口推托不收所致，后宋将4800元预付款也退给谢即是最有力的佐证。从整个案情发展看，谢兴贵主观上并无受贿的故意，客观上尽管接受了宋、王交给他的木料发票，但并没有从此沉默，而是一直坚持要求付款，这就由一种委托关系变成了债权债务关系，作为债务人的谢兴贵尚欠宋效统或迭部县工交局三车木料款中已付4800元的不足部分。虽然行贿人有行贿的故意和行为，但行贿对象则既无受贿故意，也无受贿行为。

2. 为行贿者谋取利益是构成受贿罪的客观必要条件之一。“为他人谋取利益”既包括不正当利益，也包括正当利益。但对正当利益的理解不能无限扩大，应作两点界定。首先必须是受贿人的职权起决定性作用或主要作用的利益，其次是行贿人正当利益的取得超出常规。本案中宋效统等人的子女被招收为临时工的问题和迭部县工交局水毁款的问题，均是按照规定的程序逐级上报审批，经州交通局按照有关原则规定集体研究决定的，作为局长的谢兴贵在其中并没有起特殊作用，和一般的履行职务并无区别，看不出行贿与否对这两个问题的解决会有什么影响。据此，再审认定：谢兴贵没有利用职权为迭部县工交局和宋效统个人谋取利益。

综上所述，谢兴贵没有受贿故意，也没有受贿行为和为他人谋取利益，不构成受贿罪。但是，这一案例提出了两个尚未明确的问题：一是行贿人有意行贿，而行贿对象接受财物后执意按价付款，但行贿人推辞不收导致长期不能结清的，如何认定其性质。二是正常的不受行贿与否影响的履行一般性职务，是否属于“为他人谋取利益”的范畴。最高人民法院的这一再审案例，也许对探讨这两个问题有所启示。

（袁治云）

126. 闫健宏贪污、挪用公款、投机倒把、受贿案（第二审程序、死刑复核程序）

（一）首部

1. 裁判书字号

一审判决书：贵州省贵阳市中级人民法院（1994）筑法刑初字第 214 号。

二审裁定书：贵州省高级人民法院（1994）黔刑经终字第 112 号。

复核审裁定书：中华人民共和国最高人民法院（1995）刑复字第 1 号。

2. 案由：闫健宏贪污、挪用公款、投机倒把、受贿案。

3. 诉讼双方

公诉机关：贵州省贵阳市人民检察院，检察员张立志、董岚，代理检察员刘伟、叶亚玲、付德贵。

被告人（上诉人）：闫健宏，女，61 岁，汉族，河南省开封市人，原系贵州省政协常委、贵州省国际信托投资公司董事长。1993 年 11 月 19 日因本案被逮捕。

一、二审辩护人：肖常纶，贵州省经济律师事务所律师。

林青，北京市元亨律师事务所律师。

4. 审级：二审、复核审。

5. 审判机关和审判组织

一审法院：贵州省贵阳市中级人民法院。

合议庭组成人员：审判长：刘明；审判员：杨亚新、赵成能；代理审判员：杨蓉、蒋竹青。

二审法院：贵州省高级人民法院。

合议庭组成人员：审判长：黄湘娟；代理审判员：张任坚、徐彬、赵福全、刘昌杰。

复核审法院：中华人民共和国最高人民法院。

合议庭组成人员：审判长：南英；审判员：白富忠、汤鸿沛、杜伟夫；代理审判员：康健茂。

6.审结时间

一审审结时间：1994年12月11日。

二审审结时间：1994年12月26日。

复核审审结时间：1995年1月12日。

（二）一审诉辩主张

1.贵州省贵阳市人民检察院指控称

被告人闫健宏于1992年12月至1993年7月期间，利用职务之便，采取收款不入帐、转移隐匿等手段，将公款65万元人民币和1.43万美元据为己有，伙同他人共同贪污公款150万元人民币；1992年8月和1993年7月挪用公款200.64万元人民币和5万美元给他人使用；1992年7月下旬伙同他人倒卖香烟指标，个人牟利40万元；1992年10月利用贷款的权力，非法收受他人港币1万元及物品折款1.7万余元。上述事实，有证人证言、文检鉴定、司法会计鉴定、被告人供述以及查获的赃款、赃物等证据在卷佐证。贵州省贵阳市人民检察院认为：被告人闫健宏的行为已触犯了《中华人民共和国刑法》第一百五十五条、第一百一十八条、第一百八十五条和全国人大常委会《关于惩治贪污罪贿赂罪的补充规定》第一条、第二条第(一)项、第三条、第五条之规定，构成贪污罪、挪用公款罪、投机倒把罪、受贿罪。特提起公诉，请依法严惩。

2.被告人的答辩及其辩护人的意见

被告人闫健宏认为：(1)自己在拆借、贷款资金的过程中，有帐款不符、款不入帐、体外循环等违反财经制度的行为；也有因为自己不懂帐，不懂金融业务，在调帐过程中，有手续不全的行为；但自己并未侵吞一分公款，起诉书指控的贪污款项均用于公司业务，故不构成贪污罪。(2)挪用公款部分的基本事实是存在的，但都是公司正常的业务借贷关系，只是手续不妥，且自己发现错误后，及时采取了补救措施，追回了款项，不能认定为挪用公款罪。(3)个人根本没有参与倒卖香烟指标，只是帮助田军生批条，田汇来的40万元人民币不是牟利款，而是田军生应分给其儿子的合伙做生意的利润，故不构成投机倒把罪。(4)接受他人的港币和物品是事实，但1万元港币存入了贵信公司的境外帐户，物品多数已交到公司，同时为补偿接受的物品，还自己花钱为公司买了一台传真机，因此也不能认定构成受贿罪。

被告人闫健宏的辩护人亦以相同的理由为被告人作无罪辩护，同时还对某些证人证言的真实性、可信度提出质疑。

（三）一审事实和证据

贵州省贵阳市中级人民法院经公开审理查明：

1992年6月，贵州侨谊实业总公司(下称“侨谊”)经理黄远华向被告人闫健宏提出在贵州省国际信托投资公司(下称“贵信”)贷款500万元人民币。被告人闫健宏提出贷款除按约收取利息和收益外，要黄远华再付40万元人民币作购买“宝马”车款。6月6日，侨谊与贵信以“经济联合合同”形式签定了合同，利息及收益共42.5万元，合同之外另付40万元人民币给贵信。同年11月20日，侨谊将500万元本金归还贵信，12月4日，将贷款利息收益及多付的40万元人民币汇入贵信。

1992年6月，程福生以挂靠贵信为由，向被告人闫健宏提出办赴港单程证，闫健宏同意并给程办理了赴香港单程证后，于 6 月 20 日向程福生提出其子刘博要在美国买房子，要向程福生借 15 万美元，并提供了刘博在美国的帐号。同年 6 月 24 日，程福生从香港将 15 万美元汇给刘博。

被告人闫健宏为偿还刘博所欠程福生的 15 万美元，即指使贵信会计将侨谊多付给贵信的 40 万元人民币直接抵扣了程福生所欠贵信贷款 101.97 万元中的一部分，即为刘博偿还了借程福生的 15 万美元的部分债务，属将 40 万元人民币公款占为己有之行为。

1992 年 12 月 28 日，贵信副总经理宋立权等人到海南世通房地产公司（下称“世通公司”）办理借贷事宜，其间，宋立权向世通公司总经理高天国提出要人民币 10 万元给贵信公司职工发奖金。高天国于 1993 年 1 月 2 日将 10 万元人民币交给宋立权。当日下午回到贵阳后，宋立权即将该款全部交给了被告人闫健宏。1993 年 1 月 5 日，闫健宏将该 10 万元人民币现金加上其他的 2.5 万元人民币存入贵信营业部。同年 2 月 5 日，闫健宏将该款交给广东省湛江市霞山区燃料公司经理吴明余换外汇用，并将所换美元中的 8 万元汇给了刘博，至今未归还。

1993 年 3 月下旬，被告人闫健宏派宋立权等人到广东三星集团公司收取借贷外汇汇率调整补偿款 710 万元人民币。被告人闫健宏以高天国要借款为由，向宋索要 10 万元人民币。4 月 12 日，根据宋立权的安排，由会计从这 710 万元中提取 10 万元人民币交给闫健宏。同年 5 月底，宋立权向闫健宏索要这 10 万元的收据，闫健宏即拿出一个 10 万元存折交给宋立权。同年 9 月，宋发现该存折是省计委的存款又找到闫健宏，被告人闫健宏即拿出高天国出具的 10 万元人民币的假收据，掩盖其将 10 万元人民币占为己有的行为。

1993 年 5 月贵信为侨谊的两笔外汇贷款合同提供担保，并按被告人闫健宏的指示向侨谊收取担保费 1.85 万美元现钞。同月 24 日，宋立权根据闫的旨意以“闫董事长用作归还境外开户借款”为由取走该款，继而将其中的 1.43 万美元交给被告人闫健宏。1993 年 9 月，被告人闫健宏让高天国为其出具“收到贵信 1.43 万美元”假收据，将收据时间提前到 7 月 2 日。同时，被告人闫健宏也给高天国出具一张“借高天国 17 万港币”的借据一张，将借据时间提前到 1993 年 3 月 10 日，从而直接将 1.43 万美元占为己有。

1993 年 6 月，世通公司向中国投资银行北京市分行拆借人民币 500 万元，要求贵信为其担保。被告人闫健宏同意并提出按贷款总额的 1% 收取担保费。7 月 5 日，高天国将 5 万元担保费送到被告人闫健宏在北京的家中。被告人闫健宏得此款后，不交贵信入帐，而占为己有。

1992 年 12 月 28 日，贵信与海南世通公司签订贷款 2000 万元的合同。合同利息之外，双方口头约定另付 150 万元的包干利润。1993 年 6 月 3 日，世通公司将 136 万元利息和 150 万元包干利润汇入海南贵信公司帐户。6 月 4 日，被告人闫健宏同宋立权、高玉成（均另案处理）商议将收取的 286 万元人民币中的 276 万元转汇给海南北龙投资有限公司（下称“北龙公司”），其中的 136 万元作为贵信拆借给湖北省建始县工商银行的贷款，140 万元借给北龙公司孙泉波使用，另 10 万元留在海南贵信实业公司帐上。1993 年 9 月 15 日，被告人闫健宏与宋立权、高玉成、高天国在闫的办公室内共谋并办理了减免 150 万元包干利润的假手续，将申请免除报告的时间提前到 4 月 8 日，将签字同意时间倒签为 5 月 3 日和 5 月 4 日，以此在贵信公司入帐。至此，高天国已付给的 150 万元包干利润脱离贵信。同时由高玉成给北龙公司的孙泉波打电话，由孙泉波和高天国签订 140 万元人民币的借贷合同。孙泉波按高玉成的要求给高天国出具了借据，高天国亦按孙泉波的要求出具了“这张借据凭证在任何时候都不生效”的证明，双方将借据时间提前到6月3日。11月12日，高玉成将余在海南贵信公司帐上的10万元人民币汇到世通公司。1993年底，高玉成在向贵信公司新任领导汇报资金情况时，只提及136万元人民币，隐瞒了这150万元人民币。至此，被告人闫健宏和宋立权、高玉成隐匿、转移150万元人民币的行为全部完成，该款已为闫健宏、宋立权、高玉成所支配。

1992年8月，程福生自带信汇210万元人民币来贵信换取30万美元外汇，并按1∶7.25的比价折合人民币217.5万元交给被告人闫健宏之子刘博与吴明余，购买“三星”债券。在此期间，程福生因购买怡丰公司李锋的房屋需交购房定金200.64万元人民币。程为交购房定金，提出要刘博卖掉债券偿还其借款，刘博以债券要升值为由，要程福生找被告人闫健宏想办法解决。被告人闫健宏于9月15日叫贵信会计人员为珠海东永公司代付购房款人民币200.64万元。同年12月21日、28日，被告人闫健宏用吴明余从湛江汇来的卖“三星”债券的140万无和从黔磷组合公司帐上划来的60.64万元抵还了挪用的200.64万元人民币。

1993年6月19日，被告人闫健宏以付“宝马”车款为由，叫苗建民以贵信国际业务部领出4万美元现钞。6月26日，被告人闫健宏等到北京，苗建民按闫健宏指示将另携带送礼的1万美元现钞交给闫，由闫健宏送给华能公司王××，王拒收。同年7月5日，被告人闫健宏在北京的住处将上述5万美元现钞加上其他款项以刘博的名义借给世通公司高天国。9月13日被告人闫健宏指使高玉成拟写贷款5万美元给北海办事处王研的假合同。同时，被告人闫健宏又打电话给世通公司高天国要高作伪证，证明以上借款情况，并要求高天国以代北海办事处还款为由，汇5万美元到贵信帐上。1993年10月4日，高天国汇5万美元到贵信给闫健宏归还了挪用5万美元公款。

1992年7月，被告人闫健宏参加“五省七方”会议期间认识港商陈宝聘（另案处理），即商议在云南省做卷烟生意，由陈宝聘提供山东省某地级烟草公司的介绍信，被告人闫健宏持此介绍信以田××要“下海”为由，找中共云南省委领导×××，要其在介绍信上批字让玉溪卷烟厂解决购烟事宜，被告人闫健宏得此批条后即交给陈宝聘。陈宝聘、田××持批条到玉溪卷烟厂批到1000件“红塔山”香烟供应指标后，转手倒卖给辽宁省锦西烟草公司，牟利80余万元人民币，陈宝聘将其中的40万元人民币交给田××带回贵阳，田××将40万元人民币分两个20万元汇到被告人闫健宏指定帐户上。至此，被告人闫健宏从中牟利人民币40万元。

1992年10月，被告人闫健宏经贾卫华介绍认识金凯利。被告人闫健宏任命金凯利为贵信驻深圳代表处主任，并同意给金凯利贷款7000万元人民币。金凯利得到贷款后，为表示感谢，于1993年元月中旬特邀请闫健宏、刘博等人到香港游玩，一切费用均由金凯利支付。在港期间，被告人闫健宏收受金凯利的港币1万元，“先锋”牌CLD－1750型影碟机一台，“中华卡拉OK大家唱”影碟8张，男式棕色皮猎装1件，女式浅绿色羊绒大衣1件等物品，价值人民币1.7万余元。

上述事实有下列证据证明：

1. 证人证言：上述事实中所涉及的证人均有证词在卷佐证；

2. 书证

(1)刘博收到15万美元的借据；

(2)张静书写、闫健宏签字同意抵还程福生欠款的说明；

(3)闫健宏以“王艺民”名义存入贵信营业部的存款单；

(4)贵信公司及宋立权收到1.85万美元现钞的收据；

(5)贵信盖有担保章的拆借资金合同；

(6)减免两个150万元人民币的报告及批示；

(7)孙泉波与高天国所签的假借据及证明；

(8)吴明余汇140万元人民币到贵信的凭证；

(9)王研与苗建民签订的假合同；

(10)世通公司汇入贵信5万美元的进帐单；

(11)省计委招待所收到田军生40万元人民币的收据；

(12)审计鉴定；

(13)司法字迹鉴定；

(14)贵阳市物价局核价清单；

3. 物证：记事本2本、“宝马”730型小轿车1辆、影碟机1台、影碟8张、男式棕色皮猎装1件、女式浅绿色羊绒大衣1件。

贵州省贵阳市中级人民法院认为上述事实清楚，证据确实充分，足以认定。

(四)一审判案理由

贵州省贵阳市中级人民法院认为：

被告人闫健宏，身为贵州省国际信托投资公司董事长，利用职务之便，采取用公款充抵私人债务、公款私存、作假、转移、隐匿等手段，直接侵吞公款人民币65万元，美元14300元，伙同他人共同贪污人民币150万元，其行为已构成贪污罪，数额特别巨大；利用职务之便，挪用公款人民币2006400元，美元5万元，其行为已构成挪用公款罪；伙同他人倒卖香烟供应指标，个人从中牟利人民币40万元，其行为已构成投机倒把罪；利用职务之便，收受他人贿赂，其行为已构成受贿罪。被告人闫健宏所犯贪污罪、挪用公款罪、投机倒把罪均数额特别巨大，情节特别严重，社会影响极坏，且在庭审中拒不认罪，应依法予以严惩。

(五)一审定案结论

贵州省贵阳市中级人民法院根据《中华人民共和国刑法》第一百一十八条、第二十二条、第二十三条、第五十一条、第五十二条、第五十三条第一款、第六十条、第六十八条及全国人大常委会《关于惩治贪污罪贿赂罪的补充规定》第一条、第二条第一款第(一)项、第三条第一款、第五条第一款、第十二条和全国人大常委会《关于严惩严重破坏经济的罪犯的决定》第一条第(一)项，作出如下判决：

1. 闫健宏犯贪污罪，判处死刑，剥夺政治权利终身；犯挪用公款罪，判处有期徒刑十八年，剥夺政治权利八年；犯投机倒把罪，判处有期徒刑十二年，剥夺政治权利三年；决定执行死刑，剥夺政治权利终身。

2. 随案移送的赃款人民币151万元及利息13.058万元、美元1.43万元、港币1万元依法予以没收，上缴国库。

3. 随案移送的“宝马”730型小轿车1辆、“先锋”牌CLD－1750型影碟机1台、“中华卡拉OK大家唱”影碟8张、男式棕色皮猎装1件、女式浅绿色羊绒大衣1件，依法予以没收。

(六)二审情况

1.二审诉辩主张

一审法院判决后,被告人闫健宏不服,并以一审法院认定的10件事实均不实为由向贵州省高级人民法院提出上诉,认为自己的行为不构成贪污罪、挪用公款罪、投机倒把罪和受贿罪。其上诉理由如下:

(1)40万元购车款从帐面上反映是为刘博偿还借程福生15万美元的部分债务,实际情况为贵信公司"宝马"车款是刘博与田军生合伙做生意获利分得40万元利润支付的,为弥补当时财务处理失误,1993年9月初,找田军生亲笔补写了请公司代为结算"三角债"的委托函,因此,该款不能认定为贪污。辩护人亦持上述观点为闫健宏作无罪辩护。

(2)10万元是代高天国用"王艺民"的化名存的,借给吴明余换汇也是经高天国同意的,而且1993年7月初高天国得到1.5万美元作为10万元的补偿,没有占为己有。辩护人认为该款虽然以"王艺民"的名字存入贵信公司,但闫未以自己的名义借出,且叫吴明余将款还给高天国,故闫健宏未贪污这10万元人民币。

(3)1993年4月宋立权所给的"三星"公司10万元现金,曾先后用于职工房补、业务费用。1993年10月业务修车费5万元回到公司帐上,交回2万元现金(宋立权、高玉成各交回1万元),另有3万元职工房补收据,不能认定贪污。辩护人认为闫健宏支付业务费是客观存在的,认定事实不清,缺乏证据。

(4)1.43万美元担保费在处理过程中有违规犯纪的失误,也出过不实借据,但该款已换回等值人民币11.49万元归还通达公司,没有占为己有。辩护人认为贵信公司境外美元帐户内存款系闫向他人借款存入的,而闫将该款归还理所当然,故不构成贪污。

(5)对5万元担保费,闫健宏否认收得此款,辩护人认为该款交给闫健宏仅有高天国的证词证实,认定该款被闫贪污证据不足。

(6)对伙同他人共同贪污部分,闫健宏上诉提出:我同意将286万元在海南当地体外循环,由高玉成负责选择单位贷出,免掉高天国已付的150万元包干利润也是事实,但已用高天国汇来的10万美元作了补偿,对高天国、孙泉波互换借据、证明一无所知,不存在共同贪污行为。辩护人提出高天国、宋立权、高玉成均是本案利害关系人,所作证词前后反复,可信程度不高,认定为贪污缺乏事实依据。

(7)对挪用200.64万元,闫健宏上诉提出:1992年9月15日我签批的200.64万元代付款应由借款双方签订合同,通达公司有关人员没有办理,责任不在我,我发现该款被挪用买"三星"债券后及时追回。辩护人认为程福生购房定金是向通达公司贷款后转付给怡丰公司的,属正常业务,与刘博购买"三星"债券无关,因此不构成挪用公款罪。

(8)对挪用5万美元,闫健宏上诉提出:高天国还回来的5万美元是我急于弥补公私款项混在一起借出的工作失误,至于贵信公司与北海办事处签订的借贷合同属于弄虚作假,违规违纪,不是归还个人挪用的公款,该款也没有以刘博的名义借给高天国。辩护人认为高天国系贵信公司海南代表处主任,闫借5万美元让其企业周转,属正常业务活动,况且事后还采取了弥补措施,要贵信公司北海办事处补签了一个贷款合同,因此不能认定为挪用公款罪。

(9)对投机倒把部分,闫健宏上诉提出:我陪田军生找云南省委领导×××批过介绍信是事实,但未参与田军生、陈宝聘的经营活动,田给的40万元系分给刘博的利润,与我个人无关，判决所述全系田、陈编造。辩护人亦持上述意见为闫健宏作无罪辩护。

(10)受贿部分，闫健宏上诉提出：金凯利的1万元港币已存入贵信公司香港帐户，影碟机及影碟已全部交回公司，没有据为己有。收受的衣物已买传真机作补偿。辩护人亦据此认为上诉人闫健宏没有受贿的主观故意，不能认定受贿罪。

2. 二审事实和证据

贵州省高级人民法院经审理，确认了一审法院认定的事实，并对上诉人闫健宏所提出的10条上诉理由一一查证并予以驳回。

(1)刘博与田军生根本未做过任何生意，二人无债务关系，更不存在应付刘博40万元利润。所谓委托函亦是在审计工作组追查该款时田军生根据上诉人闫健宏的要求所作的伪证此已为田军生、陈宝聘、付克超、吴明余等人证词所证实。而田军生汇到贵州省计委冲抵上诉人闫健宏挂帐的40万元，实际是闫健宏倒卖香烟批条后牟利得款。有关财务凭证也证明"宝马"车款即是用该款支付的。"宝马"轿车购回后长达2年的时间内，贵信公司既未付款，也未过户，也没有入固定资产帐，贵信公司无权主张对该车所有权。根据李振龙、刘树森、姚××证词，可以说明宝马车系刘博的私车。因此上诉人闫健宏的上诉理由不能成立，辩护人的意见不能采纳。二审认定闫健宏侵吞公款40万元人民币。该款至今未追回。

(2)高天国根本不知道闫健宏将10万元人民币存入贵信公司，也不知道此款借给吴明余换汇。吴明余亦证实向闫健宏借款换汇时，闫未向其说明所借款项是谁的，什么时间应该归还谁。1993年9月审计工作组审查此款去向时，闫健宏要求高天国、吴明余作假证应付检查。此外高天国承认1993年7月初向上诉人闫健宏借款10万美元，但并未单独得过1.5万美元，更谈不上抵10万元人民币作补偿。故闫健宏的上诉理由不能成立，辩护人的意见无证据支持，不能采纳。二审认定闫健宏将这10万元人民币据为已有，该款至今未追回。

(3)宋立权、张少军及闫健宏签字的发放房补3万元的报告和发放清单的证词和书证均证明，发放房补的3万元现金系1993年4月5日闫交给贵信公司事务部的，与认定贪污的10万元人民币没有联系。而宋立权、高玉成各借1万元现金是向闫的私人借款，且闫未说明该款的来源，这2万元均已还给闫健宏，不能说明用于业务活动。付克超证实其1993年10月10日汇给贵信公司的5万元人民币系闫指使其汇回平帐的。而宋立权、彭谊群、李伟、邓弘及付克超出具的假收条等，均能证实该5万元汇款是为平省计委多付的5万元车款帐，贵信公司收到5万元的记帐凭证也照此记载，说明付克超的5万元汇款与认定贪污10万元无关。同时，闫健宏指使付克超、高天国等人作假证并用假借据冲帐的行为，充分说明上诉人闫健宏占有10万元公款的主观故意是非常明显的，其上诉理由不能成立，其辩护人的意见也不能采纳。二审认定闫健宏将该10万元人民币占为已有，至今不交待该款的真实去向。

(4)高天国证实从未向闫健宏单独借款1.43万美元，其收据也是闫指使作的假证，更未用12万元人民币向闫调换1.43万美元。而高天国交给闫健宏的12万元人民币是高代贵信公司向和华公司收取的利息中的一部分，闫的记事本也有此记载；且通达公司的11.49万元人民币欠款是闫用高天国归还贵信公司的12万元公款冲抵的。上诉人闫健宏用假收据交财务平帐的行为，亦与其上诉理由自相矛盾，故其辩解不能成立。辩护人的意见无事实根据，不能采纳。二审认定闫健宏将1.43万美元担保费占为已有，该款案发后被追缴。

(5)上诉人闫健宏否认得到担保费5万元，二审根据证据证明，贵信公司规定为其他单位提供担保均应收取贷款总额1%至3%的担保费，且贵信公司也一直是这样做的。同时闫健宏的个人记事本也作了“海南办交500万担保费5万”的记载,邵明安、高玉成的证词亦间接印证该款被闫健宏收取,闫健宏在检察机关也多次供认收取此款。因此,闫健宏否认收取此款的上诉理由不能成立,辩护人所作的证据不足的辩护意见亦不能采纳。二审认定闫健宏将5万元担保费占为已有。

(6)对闫健宏伙同他人贪污人民币150万元之事,根据证据证明,高玉成是按上诉人闫健宏及宋立权将钱“放在帐外”的意见,并在收到150万包干利润后又请示闫健宏同意,才将该款贷给孙泉波使用的。且回到贵信公司后又向闫健宏、宋立权作了详细汇报,闫、宋均不否认该事实。闫健宏、宋立权、高玉成明知150万包干利润世通公司已付且未入贵信公司帐,却于1993年9月15日共同商议办理了免收手续,将时间又倒签至1993年5月4日,并以该报告在贵信公司入帐,又指使孙泉波与高天国互换借据证明。上述事实,充分说明三人并无将已收的150万元包干利润退给世通公司的意思表示,而此款实际已为三人所占有、支配。闫健宏、宋立权、高玉成共同侵吞此款的主观故意是明显的。被告人闫健宏辩解用高天国汇来的10万元美元兑掉150万元包干利润的补偿之事,根本不存在。高天国1993年7月31日汇到贵信公司10万美元本是贵信公司应收款,且该款汇到贵信公司后已于8月被国际业务部用于平帐。因此,被告人闫健宏的上诉理由不能成立,辩护人的意见无证据支持,不予采纳。二审认定闫健宏和宋立权、高玉成隐匿、转移150万元人民币的行为全部完成,该款已为三人所支配。

(7)关于挪用200.64万元人民币之事,经查,刘博借用程福生的30万元用于购买“三星”债券,闫健宏知道此事,该债券亦是闫交温建军转给吴明余拿去湛江卖掉的。上诉人闫健宏不否认此事。正因为此,上诉人闫健宏才批条让通达公司垫付购房款,且未指示任何人办理借贷手续。通达公司当时亦只有注册资金60余万元,又非金融机构,根本不可能办理200.64万元的借贷合同。上诉人闫健宏用刘博、吴明余出卖“三星”债券的140万元和刘博的“丽晶”升值款60.64万元归还贵信公司的这一行为,亦能证明闫挪用公款200.64万元的主观故意。因此,闫健宏的上诉理由不能成立,辩护人的意见不能采纳。二审认定闫健宏挪用公款200.64万元。

(8)对挪用5万美元之事,经查,高天国证实从未单独向闫借过5万美元,而在7月5日向闫借款10万美元时,上诉人闫健宏称此款是刘博的私款,高天国回海南后即在自己的债务记录本上作了“借刘博美元10万,折人民币100万元,是闫主任在北京家交付的现金”的记载,证明高天国的证词是可信的。1993年9月审计工作组追查该款去向时,闫叫王研与高玉成、苗建民签订的假合同,不是弥补措施,而是掩盖事实真相。这些事实均能证明闫健宏的上诉理由不成立,辩护人的意见不符合客观事实。二审认定闫健宏挪用公款5万美元。

(9)关于投机倒把行为,经查,田军生、普××等人的证词及陈宝聘的供述能相互印证,证明闫健宏否认参与之说不成立。同时田军生、陈宝聘均证实未与刘博做过任何生意,根本不存在分给刘博利润的事实,因此闫健宏的上诉理由不能采信,辩护人的意见也不能采纳。二审认定闫健宏参与投机倒把活动,并从中牟利人民币40万元。

(10)关于受贿行为,根据证据证明,上诉人闫健宏收受港币1万元及衣物等是在1993年元月,而在香港存款和购买传真机却是在1993年3月,时间上没有联系。况且,闫健宏多次指示扈景将境外存折内的港币7.3万汇给高天国等人(因故未付),证明上诉人闫健宏并未承认港币存款是贵信公司的公款,其交公、补偿的辩解不能成立。影碟机和影碟是在上诉人闫健宏搬到贵信公司居住后一起带来的，中纪委追查时才交给贵信公司事务部存放，不能视为交公。因此，闫的上诉理由和辩护人的意见均不能采纳。二审认定闫健宏的行为已构成受贿罪。

上述事实有下列证据证明：

(1)证人证言；

(2)书证；

(3)物证；

(4)审计鉴定；

(5)司法会计鉴定；

(6)上诉人闫健宏的供词。

3. 二审判案理由

贵州省高级人民法院认为：上诉人闫健宏目无国法，身为贵州省国际信托投资公司董事长，利用职务之便，采取收入不入帐、公款私存、用公款冲抵私人债务、转移、隐匿等手段，个人侵吞公款人民币 65 万元人民币，1.43 万美元，伙同他人贪污人民币 150 万元，其行为已构成贪污罪；利用职权，挪用公款人民币 200.64 万元给他人使用，以刘博之名将公款 5 万美元借给他人使用，时间均已超过 3 个月，其行为已构成挪用公款罪；伙同他人倒卖香烟批条，个人从中牟利 40 万元人民币，其行为已构成投机倒把罪；利用职务之便，收受他人贿赂港币 1 万元及价值人民币 1.7 万余元的物品，其行为已构成受贿罪。上诉人闫健宏贪污、挪用公款、投机倒把数额均特别巨大，情节特别严重，且无任何法定从轻、减轻情节，应依法予以严惩。原审法院所作的判决，定性准确，量刑适当，审判程序合法，应予维持。

4. 二审定案结论

贵州省高级人民法院根据《中华人民共和国刑事诉讼法》第一百三十六条第(一)项之规定，作出如下裁定：

驳回上诉，维持原判。

贵州省高级人民法院根据《中华人民共和国刑事诉讼法》第一百四十四条之规定，依法将本案报送中华人民共和国最高人民法院复核。

(七)复核审情况

中华人民共和国最高人民法院对本案经过复核审理，确认了贵州省贵阳市中级人民法院和贵州省高级人民法院对本案进行判决和裁定时所依据的事实和证据，认为：被告人闫健宏之行为已构成贪污罪，且贪污公款数额特别巨大，情节特别严重，依法应予严惩；闫健宏之行为还构成挪用公款罪、投机倒把罪、受贿罪，均应依法惩处。一、二审人民法院认定的犯罪事实清楚，证据确实、充分，定罪准确，量刑适当，审判程序合法。

中华人民共和国最高人民法院根据全国人大常委会《关于惩治贪污罪贿赂罪的补充规定》第二条第一款第(一)项、第三条第一款、第五条第一款和《关于严惩严重破坏经济的罪犯的决定》第一条第一款第(一)项以及《中华人民共同和刑法》第一百一十八条、第六十八条、第五十一条第一款、第五十二条、第五十三条第一款，作出如下裁定：

核准贵州省高级人民法院(1994)黔刑经终字第 112 号维持一审对闫健宏以贪污罪判处死刑，剥夺政治权利终身；以挪用公款罪判处有期徒刑十四年，剥夺政治权利八年；以投机倒把罪判处有期徒刑十二年，剥夺政治权利三年；以受贿罪判处有期徒刑八年；决定执行死刑，剥夺政治权利终身的刑事裁定。

(八)解说

这是一个案情极为复杂同时社会影响极大的重大案件。本案的审理有一点是十分值得借鉴的:即在办案过程中认真地坚持用《刑法》所规定的犯罪构成的理论去分析案情,从而切实地把握了案件的本质,并准确定罪和量刑。

全国人大常委会《关于惩治贪污罪贿赂罪的补充规定》第一条明确规定了贪污罪的构成要件。结合本案的具体事实,闫健宏即是利用其主管公共财物的职务之便,采取了用公款冲抵私人债条、公款私存、收款不入帐、转移、隐匿等手段非法占有公款,其行为已确凿无疑地构成了贪污罪。但值得强调的是,要正确判断和认定贪污罪的主观方面,必须认真分析研究一系列犯罪客观事实,才能做到。就本案所认定的闫健宏伙同他人贪污150万元人民币的犯罪事实而言,闫健宏等人在收到世通公司付给的150万元包干利润后,未将这笔款入贵信公司帐目,而在海南将该款借给个人使用,后又以一份假合同将这150万元免除,并以此合同在贵信公司入帐,至此,这150万元完全在贵信公司帐面消失;同时世通公司对这笔已经付出的150万元包干利润并无所有权,这150万元实质上已为闫健宏等人所占有和支配。闫健宏等人采用收入不入帐、作假、隐匿的手段完成了贪污公款的整个过程。由此可准确无误地判断出,闫健宏等人具有侵吞公款的直接故意。

(罗晓珊)

127. 陈应之生产、销售有毒食品案(死刑复核程序)

(一)首部

1. 裁判书字号

一审判决书:四川省宜宾地区中级人民法院(1994)宜中刑二初字第4号。

二审裁定书:四川省高级人民法院(1994)川高法刑二终字第232号。

复核审判决书:中华人民共和国最高人民法院(1994)川高法刑二终字第232号。

2. 案由:陈应之生产、销售有毒、有害食品案

3. 诉讼双方

公诉机关:四川省人民检察院宜宾分院,检察员崔军。

被告人(上诉人):陈应之,男,39岁,汉族,四川省宜宾县人,工商个体户。

二审辩护人:陈辉,四川省宜宾县律师事务所律师。

4. 审级:二审、复核审。

5. 审判机关和审判组织

一审法院:四川省宜宾地区中级人民法院。

合议庭组成人员:审判长:陈武全;审判员:钟承芬;代理审判员:李宗元。

二审法院:四川省高级人民法院。

合议庭组成人员:审判长:马列兵;审判员:张志鸿;代理审判员:李光辉。

复核审法院：中华人民共和国最高人民法院。

合议庭组成人员：审判长：白富忠；审判员：王桂霄；代理审判员：周峰。

6. 审结时间

一审审结时间：1994 年 9 月 13 日。

二审审结时间：1994 年 11 月 12 日。

复核审审结时间：1994 年 11 月 28 日。

（二）一审情况

1. 一审诉辩主张

（1）四川省人民检察院宜宾分院指控称

被告人陈应之在宜宾县柏溪镇陵园路 20 号经营白糖、副食品个体商店期间，于 1993 年 6 月 29 日，经宜宾市联营化工厂职工罗正华介绍，购买了该厂尚未用完的工业用酒精（甲醇）1186 斤。在 1994 年 2 月以前先后将这批工业用酒精销售给当地的火锅店作燃料使用后，认为有利可图，于 1994 年 3 月 1 日，向该厂购买工业用酒精（甲醇）共 703 斤，次日被告人陈应之明知工业用酒精有毒有害、不能食用，为营利仍将其中的 150 余斤工业用酒精，倒入酒坛内，采取掺入自来水、白沙糖和白酒的方法，加工生产成有毒有害的“白酒”600 余斤，造成了 66 人中毒，其中死亡 8 人、重伤 1 人的严重后果。被告人陈应之的行为触犯了《关于惩治生产、销售伪劣商品犯罪的决定》第三条第二款之规定，构成生产、销售有毒、有害食品罪，请求依法惩处。

（2）被告人答辩

被告人陈应之对公诉人指控的犯罪事实供认不讳，但辩称：自己只知道工业酒精浓度很高，不能食用，对加水稀释后能不能食用却不知道。因此，自己这一行为属于过失犯罪，主观恶性较之故意犯罪要浅，纯属意外，请求给一次改过的机会。

2. 一审事实和证据

四川省宜宾地区中级人民法院经公开审理查明：

被告人陈应之系四川省宜宾县安边镇治河村柏杨组农民，自 1992 年 5 月 13 日与其妻郑××去宜宾县柏溪镇陵园路 20 号共同经营副食品、白酒等。1993 年 6 月 29 日陈应之经四川省宜宾市联营化工厂车间主任罗正华介绍，购买该化工厂未用完的甲醇（工业酒精）1186 斤，罗告知陈此酒精只能作燃料，不能食用；陈应之将该批酒精分别销售给柏溪镇、宜宾县“二二四”等处的火锅店作燃炉子用，并告知买主，此酒精不能食用。1994 年 3 月 1 日，陈应之以每斤 1 元的价格又去联营化工厂购得甲醇 703 斤，存放在陈应之商店内，并以每斤 1 元 8 角或 2 元不等的价格，先后卖给“二二四”、“少娥鱼馆”、柏溪镇“鱼轩鱼馆”等火锅店 320 斤作燃料。陈应之明知甲醇不能食用，而将其中约 150 斤甲醇倒入酒坛内，加自来水、少许白沙糖、散白酒勾兑成有毒“白酒”近 700 斤，以每斤 1 元至 1 元 2 角不等的价格于同月 3 日至 22 日，销售给个体户李××、曹××等人 440 余斤，违法所得 500 余元，致饮该酒的 66 人中毒，其中 8 人死亡，1 人双目失明。

上述事实有下列证据证明：

（1）有医院的报案材料；

（2）公安机关现场勘查结果；

（3）在陈应之处及其他买主处提取毒酒，经宜宾县防疫站分别检查，甲醇含量超标几十

倍至千倍,法医鉴定:杜树坤等 8 人为甲醇中毒死亡,曾凯双目失明已达重伤程度;

(4)被告人陈应之对其犯罪事实的供认。

3. 一审判案理由

四川省宜宾地区中级人民法院认为,被告人陈应之明知甲醇不能食用,将甲醇非食品原料加自来水、少许白糖勾兑成有毒有害散装"白酒"进行销售,造成数十人中毒,其中 8 人死亡、1 人重伤的特别严重后果,其行为已构成生产、销售有毒有害食品罪,且犯罪情节和危害后果特别严重。

4. 一审定案结论

四川省宜宾地区中级人民法院根据全国人民代表大会常务委员会《关于惩治生产、销售伪劣商品犯罪的决定》第三条第二款和《中华人民共和国刑法》第五十三条第一款,作出如下判决:

陈应之犯生产、销售有毒有害食品罪,判处死刑,剥夺政治权利终身,并处罚金 3000 元。

(三)二审情况

1. 二审诉辩主张

四川省宜宾地区中级人民法院一审判决宣告后,陈应之不服,以一审法院量刑过重为由,向四川省高级人民法院提起上诉。

二审辩护人为上诉人陈应之作罪轻辩护,提出的辩护理由是:上诉人陈应之的行为属于过失犯罪,所产生的后果纯属意外事故,上诉人虽然对这一事件应负主要责任,但没有到非杀不可的地步,请求二审予以改判。

2. 二审事实和证据

四川省高级人民法院经审理查明:

上诉人陈应之 1994 年 3 月 1 日以每斤 1 元 2 角的价格在四川省宜宾市联营化工厂赊购甲醇 703 斤。陈应之明知甲醇不能食用,却将其中的 150 斤倒入酒坛,加自来水、少许白糖、散白酒勾兑成有毒"白酒",于同月 3 日至 22 日以每斤 1 元至 1 元 2 角的价格作食用酒销售给个体户李××、曹××等人共 440 余斤,违法所得 500 余元,致使饮该酒的 66 人中毒,其中 8 人死亡,1 人双目失明。

二审法院认定的证据与一审法院相同。

3. 二审判案理由

四川省高级人民法院认为上诉人陈应之明知甲醇有毒不能食用,却在销售的散白酒中掺入非食品原料甲醇,加工成有毒有害食品进行销售,后果极为严重,应依法严惩。原判认定事实清楚,运用法律正确,量刑适当,审判程序合法,上诉人陈应之辩解不知稀释后的甲醇不能食用及其辩护人认为是过失犯罪的理由,不能成立,其诉称不懂法和量刑过重的理由,不予采纳。

4. 二审定案结论

四川省高级人民法院根据《中华人民共和国刑事诉讼法》第一百三十六条第(一)项,作出如下裁定:

驳回上诉,维持原判。

四川省高级人民法院二审裁定宣告后,依法将本案报送最高人民法院核准对陈应之的死刑判决。

(四)复核审事实和证据

中华人民共和国最高人民法院经复核查明：

陈应之与其妻在从事零售烟酒、副食的经营活动期间，于1994年3月1日，经他人介绍，从四川省宜宾市联营化工厂购得甲醇315.5千克。陈应之明知甲醇不能食用，但为牟利，于次日将甲醇75千克，加自来水和掺水乙醇及少许白糖，任意勾兑成“白酒”近350千克。随后，陈应之于当月3日至19日，向他人出售用甲醇勾兑的“白酒”共计224.5千克。此后，有66人因饮用陈应之销售的“白酒”，造成甲醇中毒，其中8人死亡、1人重伤。

上述事实有下列证据证明：

1.卫生检验报告；

2.现场勘验笔录；

3.物证；

4.尸检报告；

5.伤势检验鉴定结论；

6.医院诊断证明；

7.被害人陈述；

8.证人证言；

9.陈应之供认。

(五)复核审判案理由

中华人民共和国最高人民法院认为，陈应之以营利为目的，用有毒的甲醇兑制食用“白酒”出售的行为已构成生产、销售有毒食品罪，且造成多人伤亡的严重后果，依法应从严惩处。一、二审人民法院的判决、裁定认定的犯罪事实清楚，证据确实、充分，量刑适当，审判程序合法但定罪不当。

(六)复核审定案结论

中华人民共和国最高人民法院根据全国人民代表大会常务委员会《关于惩治生产、销售伪劣商品犯罪的决定》第三条第二款和《中华人民共和国刑法》第五十三条第一款的规定，作出如下判决：

1.撤销四川省宜宾地区中级人民法院(1994)宜中刑二初字第4号刑事判决和四川省高级人民法院(1994)川高法刑二终字第232号刑事裁定中对陈应之的定罪部分。

2.陈应之犯生产、销售有毒食品罪，判处死刑，剥夺政治权利终身。

(七)解说

近年来，随着商品经济的日益发展，一些不法分子为牟取暴利，置党纪国法和人民的生命于不顾，已达到丧心病狂的地步。

贩买毒品从中牟取暴利已屡见不鲜，生产、销售有毒有害鲜腊鸡鱼鹅鸭等禽蛋食品，在国内也常有披露，但将工业酒精用水勾兑直接销售，造成数人伤亡的案例在国内还为数很少，生产、销售有毒食品罪在《刑法》中没有明文规定，1993年7月2日第八届全国人大常委会第二次会议通过的《关于惩治生产、销售伪劣商品犯罪的决定》对此作了明确规定。

本案一、二审法院对行为人用工业用酒精兑水进行销售致人死亡的情况有两种不同意见：公诉机关和一、二审法院认为陈应之的行为构成生产、销售有毒有害食品罪，而最高人民法院在死刑复核时认定构成生产、销售有毒食品罪，应该说：最高人民法院对一、二审人民法院在定性问题上的改判是正确的。

首先，本案陈应之在购买工业用酒精（甲醇）时，厂方明确告之不能食用，只能作燃料，这就是说陈应之明知工业用酒精有毒，而销售给他人作白酒饮用，由此可见，陈应之主观上存在生产、销售有毒食品的故意；其次，陈应之实施了用工业酒精加水加糖和白酒勾兑成“白酒”进行销售的行为，陈应之以不知稀释后的工业用酒精不能食用及辩护人以陈应之的行为纯属意外的辩解纯属推卸罪责、逃避打击的借口。陈应之为牟取暴利，明知工业用酒精有毒，而用水稀释后仍予以销售，最高人民法院复核时，确认工业用酒精（甲醇）食用后，对人体一定会造成中毒，而不仅是有害，因而对一、二审法院的定性予以改判是正确的。

1993 年 7 月 2 日第八届全国人民代表大会常务委员会第二次会议通过《关于惩治生产、销售伪劣商品犯罪的决定》中第三条第二款对《刑法》作补充规定：生产、销售的食品中掺入有毒、有害的非食品原料处五年以下有期徒刑或拘投，可以并处或者单处罚金；造成严重食物中毒或者其他严重食源性疾患，对人体健康造成严重危害的处五年以上十年以下有期徒刑，并处以罚金；致人死亡或者对人体健康造成其他特别严重危害的处十年以上有期徒刑、无期徒刑或者死刑，并处以罚金或者没收财产。本案中，陈应之明知工业用酒精（甲醇）有毒不能食用，却在销售的散白酒中掺入非食品原料甲醇，加工成有毒食品，向他人出售共计 224.5 千克，致使饮用该有毒“白酒”有 66 人中毒，其中 8 人死亡，1 人重伤的严重后果。所以，一、二审人民法院对陈应之的量刑，适用全国人大常委会《关于惩治生产、销售伪劣商品犯罪的决定》第三条第二款和《中华人民共和国刑法》第五十三条第一款，对陈应之判处死刑，剥夺政治权利终身的判决是正确的。

（刘　畅）

128. 李善有受贿、诬告陷害案（死刑复核程序）

（一）首部

1. 裁判书字号

一审判决书：海南省海口市中级人民法院（1994）海中刑初字第 43 号。

复核审裁定书：海南省高级人民法院（1994）琼刑核字第 6 号。

2. 案由：李善有受贿、诬告陷害案。

3. 诉讼双方

公诉机关：海南省海口市人民检察院，代理检察员王泽、冯亚辉。

被告人：李善有，男，54 岁，汉族，河北省张家口市人，原系海南省人民政府副秘书长（副厅级）。1993 年 8 月 25 日因本案被逮捕。

辩护人：张风先，中国华联经济律师事务所律师。

李宝珠，中国华联经济律师事务所律师。

4. 审级：一审、复核审。

5. 审判机关和审判组织

一审法院：海南省海口市中级人民法院。

合议庭组成人员：审判长：罗毅刚；审判员：刁黎颖；代理审判员：涂国华。

复核审法院：海南省高级人民法院。

合议庭组成人员：审判长：黄卫国；审判员：荀永俊、杨伟余。

6. 审结时间

一审审结时间：1994 年 8 月 24 日。

复核裁定时间：1994 年 9 月 20 日。

（二）一审诉辩主张

1. 海南省海口市人民检察院指控称

1992 年 7 月，被告人李善有唆使其同乡刘刚（海口瑞达旅业公司经理）搜集原海南省省长刘剑锋生活作风问题的材料。不久，刘刚将以海口华侨宾馆大堂副经理吴刚的名义编造的原省长刘剑锋在华侨宾馆与女人过夜的假材料交给李善有，李将这份材料连同自己写的一份同内容的追记材料交给了原省委主要负责人邓××，邓又将该材料转交中央纪委。

1992 年下半年，被告人李善有暗示并唆使其情妇章旭收集刘剑锋生活作风问题的材料。同年 11 月 20 日，章旭编造了控告刘剑锋玩弄女青年刘金萍的第一封信交给了李善有，李看信后判断出信中的内容是假的，仍将该信交给了原省委主要领导邓××。邓看信后提出要见刘金萍，李便将邓的要求告诉了章旭。章又于同年 12 月 8 日编造出刘金萍控告刘剑锋指使他人将其非法拘禁长达 12 小时的第二封信交给李善有，李看信后即判断信的内容是假的，但为了达到整倒刘剑锋的目的，仍将信交给了原省委主要领导人邓××。邓××看信后提出要见送信人，李善有便与章旭进行策划，让章的女婿贺斌和无业女青年刘莉冒充送信的海口"黑龙江餐厅"的老板和服务员，并带贺、刘二人先后向原省委主要领导人邓××和中央纪委调查人员作了伪证。事后，李善有以给证人和检举人生活费及找证人的路费的名义，交给章旭 2 万元人民币。

此外，被告人李善有在任海南省政府副秘书长、省证券委副主任及省政府办公室副主任期间，先后实施了下列受贿行为：

1991 年底，被告人李善有找到海南新能源股份有限公司总裁陈宇光（另案处理），提出购买股票并提供了马月波的身分证复印件。1993 年 5 月 26 日，李得知陈宇光将以马月波名义登记的 2 万元"新能源"原始股以 1∶19 处理掉后，便带徐义文冒充马月波到陈宇光之弟陈宇安处，由徐义文填写股票卖出委托单并领取了以马月波名字存入海口市工商银行金山储蓄所的 38 万元人民币活期存折，并将存折交给李善有。直至案发，李善有未交股金款。

1992 年 11 月，《海南日报》记者谢强请被告人李善有帮忙买航空公司职工内部股票。李便与省航空公司总裁陈峰联系，陈峰同意帮忙，谢强办理了购买航空公司面值 10 万元的股金收据（1∶1）。此后李善有收受了谢强以张艳名义购买的面值 2 万元人民币的股金收据。

1992 年 11 月，被告人李善有受谢强之托，前往海南省建设厅找熟人为其办理海南东泰房地产公司的资质证书。此后，李善有于 1993 年 3 月 9 日收受了谢强以李威之户名存在海口科技城市信用社的 5 万元人民币的活期存折。

1993 年 5 月，海南南洋船务实业股份有限公司证券部经理宋雅珍，为了争取其公司股票上市，经总经理唐开兴同意，送给被告人李善有以符想贵等人名字登记的该公司 4 万元职工内部股股金收据和身分证。直至案发，李善有未交股金款。

1993年3月31日，被告人李善有在天津开会期间，收受了海南南希实业股份公司总经理常国民送来的该公司2万元人民币面值的股金收据。直至案发，李善有未交股金款。

1993年2月，海南南希实业股份有限公司总经理常国民送给李善有健身器一台，价值人民币1151元。

1990年夏季，海南新能源股份有限公司总裁陈宇光送给被告人李善有日产“东芝”双门170升电冰箱一台，价值人民币1960元。

上述事实，有证人证言、书证、物证、技术鉴定结论等证据证实，被告人亦有供认在案，足以认定。海口市人民检察院认为：被告人李善有无视国法，为达到个人目的，不择手段，搜集整理原海南省省长刘剑锋的假材料，并策划安排他人冒名顶替作伪证，手段恶劣，情节严重，其行为已触犯《中华人民共和国刑法》第一百三十八条之规定，构成诬告陷害罪；被告人李善有在任海南省政府副秘书长、省证券委员会副主任期间，利用职务之便，收受他人的贿赂折合人民币513111元，数额特别巨大，其行为触犯了《中华人民共和国刑法》第一百八十五条和全国人民代表大会常务委员会《关于惩治贪污罪贿赂罪的补充规定》第四条之规定，已构成受贿罪。特提起公诉，请求依法惩处。

2.被告人的答辩及其辩护人的辩护意见

被告人及其辩护人辩称：李善有因诬告陷害罪被逮捕后，主动交待出有关部门并未掌握的受贿犯罪问题，应视为自首，依法应从轻、减轻处罚。指控李善有收受谢强5万元人民币存折的证据不足，事实不清楚，不应认定。另外，李善有收受一台电冰箱后，没有为他人谋取利益的事实，是否认定为受贿犯罪，应斟酌考虑。

（三）一审事实和证据

海南省海口市中级人民法院经公开审理查明：

1991年，被告人李善有任海南省政府副秘书长期间，向原海南省新能源股份有限公司总裁陈宇光（另案处理）提出购买2万股的股票，并提供一张身分证复印件。1993年3月，李善有兼任海南省证券委员会副主任后，在《关于海南新能源股份有限公司债转股及增资扩股的批复》上签署了审批意见并报省证券委员会审定。此后，陈宇光为了感谢李善有，对李说你要的2万股新能源股票已按每股19元的价格卖出，要李去领款。李善有于同年5月26日带徐义文到陈宇光之弟陈宇安处，由徐义文填写了股票卖出委托单，领取了以马月波的户名存入海口市工商银行金山储蓄所存款额为38万元人民币的活期存折，随即徐将此存折交给了李善有。直至案发，李善有没有交股金。

1992年11月，被告人李善有利用职务之便，为谢强帮忙购买了海南省航空公司10万股职工内部股股票。谢强为感谢李善有，送给李以张艳名字登记的2万元省航空公司职工内部股股金收据。在此期间，受谢强之托，李善有还到省建设厅催办某公司资质证书。不久，李善有帮谢强购买的省航空公司股票的黑市炒卖价格上涨，谢为了感谢李的帮忙，于1993年3月9日，将以李善有女儿李威户名存入海口科技城市信用社的5万人民币的活期存折送给李善有。案发后，赃款已追缴。

1993年5月，被告人李善有经他人介绍认识了海南南洋船务实业股份有限公司（以下简称“南洋公司”）总经理唐开兴及证券部经理宋雅珍。唐、宋二人请李善有在南洋公司股票上市的问题上给予帮助。李善有表示南洋公司的行业是符合国家产业政策的，该公司股票上市是没有问题的。同年5月的一天，，为取得李善有的支持，经唐开兴同意，宋雅珍将4万元南洋公司股金收据和身分证送给李善有。直至案发,李善有未交股金。

1993年3月,被告人李善有经人介绍认识了海南南希实业有限公司(以下简称"南希公司")总经理常国民,常请求当时兼任海南省证券委员会副主任的李善有为南希公司股票上市帮忙。随后,常国民派人送给李善有健身器一台(价值港币1151元)。同年3月底,李善有在天津开会期间,常国民将2万元南希公司股金收据送给李善有。直至案发,李善有未交股金。

1992年7月,被告人李善有为了诬陷原海南省政府主要领导刘剑锋,唆使其同乡刘刚搜集刘剑锋生活作风方面的材料,刘刚便以海口华侨宾馆大堂副经理吴刚的名义编造了原省政府主要领导刘剑锋在该宾馆与女人过夜的材料交给李善有,李即将此材料与自己写的同一内容的追记材料一并交给原海南省省委的主要领导邓××转送给中央纪委。同年10月,李善有将刘刚搜集原省政府主要领导刘剑锋材料的情况告诉其情妇章旭,并说刘刚搞的材料不过硬,进而唆使章旭搜集材料。同年11月20日,章旭捏造出一个名叫"刘金萍"的女青年控告被原省政府主要领导刘剑锋玩弄致其堕胎的第一封信,并将该材料捺上自己的手印后交给李善有,李即将此信交给原省委主要领导邓××,还谎称此信是海口市"黑龙江餐厅"的女服务员通过其老板交给他的。原省委主要领导邓××提出要见控告人。章旭便于同年12月8日编造了"刘金萍"书写的第二封信,主要内容是:有三个人,其中一个自称是公安厅的,强行把"刘金萍"带到南渡江边的一间民房里,从中午关至晚上12点钟,盘问刘是否认识原省政府主要领导刘剑锋,并说有案件已牵涉到她,给她1万元让其马上离开海南,如不离开就不客气。章旭将此信叫丁杰抄写,然后交给李善有。李善有看信后,仍将该信交给原省委主要领导邓××,邓××提出要见送信人,李善有便与章旭策划后,让章旭的女婿贺斌和无业女青年刘莉分别冒充"黑龙江餐厅"的老板和女服务员,先后向原省委主要领导邓××和中央纪委调查组的人员作了伪证。

上述事实有下列证据证明:

1. 原海南省新能源股份有限公司总裁陈宇光为使李善有在《关于海南新能源股份有限公司债转股及增资扩股的批复》上签字,并争取李善有在该公司债转股及增资扩股上的支持,而决定送给李善有38万元人民币并通知李前去领款的供述;证人陈宇安证实李善有带徐义文前住海南新能源股份有限公司领取38万元活期存折的经过的证言;证人徐义文证实李善有带其前往新能源股份有限公司领取存折经过的证言;从海口市金山储蓄所提取的38万元的存款凭条及存款进帐单;从李善有处扣押的以马月波的户名存入海口市金山储蓄所的38万元人民币的活期存折;调取的李善有为海南新能源股份有限公司审批债转股及增资扩股的批复的复印件。

2. 行贿人谢强为使李善有利用职务之便帮助其购买省航空公司职工内部股票,以及到建设厅找关系催办某房地产公司资质证书,而送给李善有以张艳名字登记的2万元股金收据和以李善有女儿李威户名在海口科技城市信用社存额为5万元人民币的活期存折的供述;海南省航空公司总裁陈峰证实李善有请其帮忙为谢强办理了10万元省航空公司职工内部股股金收据的证言;提取的载有以张艳名字登记的2万元职工内部股的海南省航空公司股东名单;海南省建设厅厅长李执勇证实李善有带谢强找其帮忙催办某公司的资质证书的证言;要求催办资质证书的某公司经理陈刚证实谢强找李善有要求催办资质证书的证言;李善有女儿李威证实其父送给其存在海口科技城市信用社的存额为5万人民币的活期存折的证言;提取的存入海口市科技城市信用社的存额为5万元人民币的存款凭条。

3.海南南洋船务实业股份有限公司总经理唐开兴及证券部经理宋雅珍证实为使李善有利用其担任海南省证券委员会副主任的职务之便支持该公司股票上市,而送给李善有4万元股金收据及身分证的证言;海南南洋船务实业股份有限公司会计吴玉琼证实由于送给李善有4万元股金收据(未交股金)而无法平帐的证言;从李善有处提取的南洋公司的4万元股金收据及身分证。

4.南希公司总经理常国民证实为使李善有利用职务之便支持该公司股票上市,而先后送给李善有健身器一台和2万元南希公司职工内部股股金收据的证言;从李善有处提取的2万元南希公司职工内部股股金收据和健身器一台;提取的购买健身器的发票(价值港币1151元)。

5.证人刘刚证实李善有唆使其搜集原省政府主要领导刘剑锋生活作风的材料及自己编造假材料经过的证言;章旭证实李善有唆使其搜集能搞倒原省政府主要领导刘剑锋的材料和自己捏造以"刘金萍"的名义控告原省政府主要领导刘剑锋的两封信的经过,以及李善有与其策划让贺斌及刘莉作伪证的证言;证人马月波证实其母章旭为李善有捏造假材料的证言;证人丁杰证实章旭让其两次抄写关于"刘金萍"控告信的经过的证言;证人贺斌证实李善有策划安排让其和刘莉分别冒充"黑龙江餐厅"的老板与服务员作伪证经过的证言;提取的刘刚编造的反映原省政府主要领导刘剑锋生活作风问题的信;提取的章旭以"刘金萍"名义编造的两封信的原件;海南省人民检察院鉴定"刘金萍"两封控告信的字迹系丁杰的字迹的鉴定书;鉴定"刘金萍"第一封信中的指印系章旭所捺的鉴定书。

6.被告人李善有对上述犯罪事实供认不讳的供述。

(四)一审判案理由

海南省海口市中级人民法院认为:

1.被告人李善有在任海南省政府副秘书长,兼任省证券委员会副主任、省股份制改革领导小组副组长期间,利用职务之便,为他人谋取利益,非法收受人民币43万元、股票8万元、健身器一台(价值港币1151元),数额特别巨大,已构成受贿罪。同时,被告人李善有明知是捏造他人非法拘禁犯罪事实的材料,仍向国家机关作虚假告发,意图使他人受刑事处分,其行为又构成诬告陷害罪,依法应予数罪并罚。

2.被告人李善有所犯受贿罪,数额特别巨大,情节特别严重,论罪该判处死刑,但其归案后能主动坦白交待出司法机关尚未掌握的受贿罪事实并全部退清了赃款,接受审判。参照最高人民法院、最高人民检察院、公安部《关于严格依法处理反盗窃斗争中自首案犯的通知》规定的"对于犯罪分子因为其犯罪行为以外的问题被收容或采取强制措施后,主动交代了自己未被公安、司法机关掌握的犯罪事实,经查证属实的,虽然不属于'自动投案',但也可酌情从轻、减轻或免除处罚"的精神,对李善有可酌情从轻处罚。

3.辩护人认为,李善有主动交代他罪的行为应视为自首;指控认定其收受谢强贿赂款5万元的事实不清。经查,与事实、法律不符,不予采纳。但辩护人提出的陈宇光送给李善有一台电冰箱而李并没有利用职务为其谋取利益,不能认定是受贿犯罪的辩护意见,经查属实,予以采纳。

(五)一审定案结论

海南省海口市中级人民法院根据《中华人民共和国刑法》第一百八十五条第一款、第一百三十八条第一款、第四十三条第一款、第六十四条、第五十三条第一款及全国人民代表大会常务委员会《关于惩治贪污罪贿赂罪的补充规定》第四条第一款、第五条第一款、第二条第一款第(一)项、第十二条,作出如下判决:

1. 李善有犯受贿罪,判处死刑,缓期二年执行,剥夺政治权利终身;犯诬告陷害罪,判处有期徒刑三年;决定执行死刑,缓期二年执行,剥夺政治权利终身。

2. 追缴的赃款440030.22元人民币、8万元股金收据及赃物健身器一台予以没收,上交国库。

(六)复核审情况

一审判决宣判后,李善有表示服判,在法定期限内李善有没有提出上诉,海南省海口市人民检察院也没有抗诉。海口市中级人民法院依法将本案报送海南省高级人民法院核准。

海南省高级人民法院依照《刑事诉讼法》规定的死刑复核程序,组成合议庭,对本案进行了复核,查明的犯罪事实和认定的证据与一审法院所查明的犯罪事实和认定的证据完全一致。

海南省高级人民法院认为:被告人李善有利用职务之便,为他人谋取利益,非法收受人民币43万元、股票8万元、健身器1台,数额特别巨大,其行为已构成受贿罪。同时,被告人李善有明知章旭编造他人非法拘禁的材料是虚假的,仍将此材料转交有关机关,并指使他人作伪证,意图使他人受到刑事处分,其行为已构成诬告陷害罪。李善有的受贿犯罪行为,情节特别严重,论罪应该判处死刑。但鉴于李善有因诬告陷害罪被逮捕后,能主动坦白交待司法机关尚未掌握的受贿犯罪事实,且能积极退回全部赃款,为了贯彻执行"坦白从宽、抗拒从严"的政策,对李善有可不立即执行。

海南省高级人民法院根据《中华人民共和国刑事诉讼法》第一百四十六条的规定,作出如下裁定:

核准海南省海口市中级人民法院(1994)海中刑初字第43号以受贿罪判处李善有死刑,缓期二年执行,劳动改造,以观后效,剥夺政治权利终身的刑事判决。

(七)解说

本案行为人李善有在担任海南省政府副秘书长兼任省证券委员会副主任、省股份制改革领导小组副组长期间,利用审核股份公司债转股、增资扩股、股票上市等职务之便,为他人谋取利益,非法收受人民币43万元、股票8万元、健身器1台的巨额财物贿赂,已构成受贿罪,且情节特别严重。值得指出的是,在本案审理过程中,海口市中级人民法院始终坚持"以事实为根据,以法律为准绳"的原则,认真审查核实每一项事实和证据。公诉机关指控李善有利用职务之便,为他人谋取利益,收受他人进口电冰箱一台,价值1960元,属于受贿行为。一审法院经审查后认为,李善有接受该电冰箱并没有利用其职务之便为他人谋利益,不能认定为受贿。虽然这一事实相对于李善有受贿43万元来说,微不足道,不影响对他的量刑,但海口市中级人民法院以事实为基础,并严格依照法律规定作出了正确的认定。

李善有在明知是捏造他人非法拘禁犯罪事实的材料后,仍向国家机关作虚假告发,并指使有关人员作伪证,意图使他人受刑事处分,其行为已构成诬告陷害罪。

李善有作为一名高级干部,在任职期间,利用职务之便为他人谋利益,收受巨额贿赂;为达到个人目的,积极搜集、整理虚假材料,诬告陷害他人,其犯罪情节极为严重,社会影响极为恶劣,论罪应该判处死刑立即执行。但李善有因诬告陷害罪被逮捕后,能主动坦白交待出司法机关尚未掌握的受贿犯罪事实，并能积极退回全部赃款，根据有关司法解释，这种情况虽不属于自首，但能主动如实坦白交待罪行亦可酌情从轻处罚，这是贯彻惩办与宽大相结合的刑事政策的具体体现。因此，海南省海口市中级人民法院实行数罪并罚，作出判处李善有死刑，缓期二年执行，剥夺政治权利终身的判决是适当的。

（罗毅刚　闫俊奎）

129. 葛百歧等被控投机倒把宣告无罪案（申诉、审判监督程序）

（一）首部

1. 判决书字号

一审判决书：天津市中级人民法院（1987）津中法刑一判字第29号。

二审判决书：天津市高级人民法院（1987）津高法刑一上判字第33号。

再审判决书：天津市高级人民法院（1994）高刑再终字第5号。

2. 案由：葛百歧等投机倒把案。

3. 诉讼双方

公诉机关：天津市人民检察院分院，代理检察员王新生。

被告人（上诉人）：葛百歧，男，41岁，汉族，山东省鱼台县人，原系天津市津南区津鹏贸易货栈（以下简称"津鹏货栈"）经理。1986年4月8日因本案被捕。

二审辩护人：侯新峰，天津市河北区法律顾问处律师。

被告人（上诉人、申诉人）：颜廷海，男，47岁，汉族，河北省青县人，原系天津市光华实业有限公司（以下简称"光华公司"）业务员。1975年1月因犯盗窃罪被判处有期徒刑十年。1986年4月4日因本案被捕。

一审辩护人：安伯俞，天津市第一法律顾问处律师。

二审辩护人：果中杰，天津市第一法律顾问处律师。

张盈，天津市第一法律顾问处律师。

被告人（上诉人）：吕永禄，男，42岁，汉族，河北省故城县人，原系天津市津南区长城贸易货栈（以下简称"长城货栈"）业务员。1986年4月4日因本案被逮捕。

一、二审辩护人：吴绍波，天津市津南区法律顾问处律师。

4. 审级：再审。

5. 审判机关和审判组织

一审法院：天津市中级人民法院。

合议庭组成人员：审判长：邢文宝；代理审判员：李金华、刘英。

二审法院：天津市高级人民法院。

合议庭组成人员：审判长：陈文祥；审判员：郭江波、姜兆经。

再审法院：天津市高级人民法院。

合议庭组成人员：审判长：张小柱；审判员：吕慧萍；代理审判员：吕胜利。

6. 审结时间

一审审结时间:1987 年 5 月 27 日。

二审审结时间:1987 年 9 月 18 日。

再审审结时间:1994 年 8 月 13 日。

(二)一审情况

1. 一审诉辩主张

(1)天津市人民检察院分院指控称

从 1985 年 3 月,被告人葛百歧通过李玉生(另案处理)得知北京市平谷县建华商店(以下简称"建华商店")可供日产彩电 700 台,每台售价 1590 元,便与被告人颜廷海联系。后经被告人吕永禄介绍,颜廷海以光华公司的名义,在葛百歧、吕永禄、李玉生的参加下,与山西省大同市侨台联合贸易公司(以下简称"大同侨台"),以每台售价 1703.40 元的价格谈成交易。葛、颜从中作法获利 79380 元,葛分得 56700 元,颜分得 22680 元,吕永禄向大同侨台索要信息费 14000 元。三被告人的行为触犯《中华人民共和国刑法》第一百一十八条及全国人大常委会《关于严惩严重破坏经济的罪犯的决定》第一条之规定,构成投机倒把罪 。特提起公诉,请求依法判处。

(2)被告人的答辩及其辩护人的辩护意见

三被告人所在公司、货栈均有经营家用电器经营执照,并未违反工商管理法规,颜廷海等是代表光华公司办理彩电业务,并非个人投机倒把,故三被告人之行为不构成犯罪。

2. 一审事实和证据

天津市中级人民法院经公开审理查明:1985 年 3 月,被告人葛百歧通过李玉生得知建华商店可供 700 台日产彩电,每台售价 1590 元,便将此情告知被告人颜廷海。1985 年 4 月 6 日,经被告人吕永禄介绍,颜廷海以光华公司的名义,将 700 台彩电,以 1703.40 元的价格转卖给大同侨台。非法经营额 1192380 元,非法获利 79380 元,葛分得 55650 元,颜分得 23730 元,吕永禄向大同侨台索要信息费 14000 元。

上述事实有以下证据证明:

(1)大同侨台业务员齐振才、苏月琴对本案事实作证的证言;

(2)大同侨台购买 700 台彩电货款的汇票、利润款、信息费的支票等书证;

(3)光华公司经理肖作城,副经理王蕊,业务主任韩世纯证言。

3. 一审判案理由

天津市中级人民法院认为:

(1)光华公司经理肖作城,副经理王蕊证明,不知颜廷海为大同侨台办理彩电业务,故颜廷海是以光华公司的名义,个人非法倒卖彩电。

(2)三被告人所在单位虽有经营家用电器的营业执照,但根据国发(1985)37 号《关于制止就地转手倒卖活动的通知》中规定的"重要生产资料和紧俏耐用消费品的批发业务,只能由国营商业、物资部门、供销合作社和生产这种商品的企业经营,不准其他单位和个人经营,不准经济人牵线挂钩,从中渔利";及国家工商局对浙江省工商局请示问题作出的(1986)工商 109 号批复中指出的"有些按 37 号文件规定不准经营紧俏商品的单位,经工商局发给经营执照的,如有就地转手倒卖的,也应按违反 37 号文件处理,其时限可追溯到 1984 年"。三被告人之行为违反了工商管理法规,共同倒卖紧俏耐用消费品,牟取暴利,均已构成投机倒把罪。

4.一审定案结论

天津市中级人民法院根据《中华人民共和国刑法》第一百一十八条、第二十二条、第五十二条、第五十三条第一款、第五十五条、第六十条及全国人大常委会《关于严惩严重破坏经济的罪犯的决定》第一条第(一)项,作出如下判决:

(1)葛百歧犯投机倒把罪,判处无期徒刑,剥夺政治权利终身,并处没收财产。

(2)颜廷海犯投机倒把罪,判处有期徒刑十五年,剥夺政治权利五年。

(3)吕永禄犯投机倒把罪,判处有期徒刑十年,剥夺政治权利二年。

(4)追缴津鹏货栈赃款72682.80元,颜廷海6697.20元,吕永禄14000元。

(三)二审情况

1.二审诉辩主张

一审法院的判决宣告后,三被告人均不服,以其行为不构成犯罪为由,提出上诉。

2.二审事实和证据

天津市高级人民法院经审理确认,一审法院对本案认定事实清楚,定罪准确,量刑适当,惟认定葛百歧、颜廷海应追缴赃款数额有误,应予纠正。

证明上述事实的证据与一审法院认定的证据相同。

3.二审判案理由

天津市高级人民法院认为:

上诉人葛百歧、颜廷海、吕永禄以牟取非法利润为目的买空卖空,共同进行投机倒把活动,经营数额特别巨大,其行为均已构成投机倒把罪。葛百歧积极参与投机倒把活动,非法获利数额巨大,应予严惩;颜廷海在光华公司被查封后,仍以光华公司的名义,私自伙同他人进行投机倒把活动,非法获利数额较大,亦应从重惩处;吕永禄在投机倒把活动中,居间牟利,数额较大,应予惩处,三上诉人上诉理由不能成立,本院不予采纳。

4.二审定案结论

天津市高级人民法院根据《中华人民共和国刑法》第一百一十八条、第二十二条、第五十二条、第五十三条第一款、第五十五条、第六十条和全国人大常委会《关于处理逃跑或重新犯罪的劳动犯和劳教人员的决定》第二条第二款,《关于严惩严重破坏经济的罪犯的决定》第一条第(一)项以及《中华人民共和国刑事诉讼法》第一百三十六条第(三)项,作出如下判决:

(1)驳回三上诉人的上诉,维持原判对三上诉人的定罪量刑。

(2)撤销天津市中级人民法院(1987)津中法刑一判字第29号刑事判决第二项,改判追缴津鹏货栈赃款55650元,追缴颜廷海赃款23730元。

(四)再审诉辩主张

葛百歧、颜廷海、吕永禄投机倒把一案的判决发生法律效力后,颜廷海仍不服,以不是个人投机倒把,是受光华公司领导指派所行使的职务行为不构成犯罪为由,提出申诉。

(五)再审事实和证据

天津市高级人民法院经再审审理查明:

1985年3月初,建华商店业务员李玉生编造该店有700台日产彩电,每台售价1590元的谎言,欺骗津鹏货栈经理葛百歧代为销出。葛与光华公司经理肖作城、副经理王蕊联系后商定,将彩电从每台1703.40元的价格代为销出,所得利润作为代购彩电手续费由光华公司、津鹏货栈按比例分成，肖作城、王蕊指派业务员颜廷海负责此项业务。1985 年 3 月 15 日，经长城货栈业务员吕永禄联系与大同侨台业务员齐振才商定，由大同侨台另给长城货栈代购彩电信息费，每台 20 元计 14000 元。光华公司、津鹏货栈、长城货栈均有经营、代购代销家用电器营业执照。

1985 年 4 月 6 日颜廷海代表光华公司，苏月琴代表“大同侨台”在李玉生处签订了 700 台彩电的代购合同，苏月琴当即将 700 台彩电，每台 1590 元的货款计 1113000 元交给李玉生。4 月 12 日，齐振才交付津鹏货栈 55650 元、光华公司 23730 元、长城货栈 14000 元的代购彩电手续费。颜廷海将上述工作情况均向肖作城、王蕊作了汇报。

1985 年 4 月中旬，李玉生未按期交货并继续编造谎言搪塞，三原审被告人方知李玉生行骗，一边协助大同侨台找李玉生追货款，一边筹措资金还大同侨台已交付的代购彩电手续费。案发后，长城货栈将 14000 元全部归还，津鹏货栈归还 23381.87 元及部分货物，光华公司归还 936 元及“罗马”牌小货汽车一辆。

证明上述事实的证据与原审法院认定的证据相同，并有韩文华的证言佐证。

(六)再审判案理由

天津市高级人民法院再审认为：

1. 一、二审法院未全面分析运用原审卷中的证人证言，只摘取部分证言及河西区工商局一张冻结光华公司 5 万元款项的通知，即认定颜廷海在光华公司被查封后，仍以光华公司的名义伙同他人倒卖彩电，已构成投机倒把罪是不符合客观事实的。第一，当时工商部门既未吊销光华公司的经营执照，也未查封光华公司，冻结几万元款项并不等于查封公司，也不等于不允许该公司进行经营活动。第二，原审卷内光华公司负责人肖作城、王蕊、韩世纯及大同侨台业务员齐振才证明颜廷海、肖作城、王蕊是在光华公司与大同侨台业务员洽谈的彩电业务，颜廷海将与大同侨台签订合同，收取大同侨台代购彩电手续费的工作情况均向公司领导作过汇报，并非颜廷海以公司的名义私自伙同他人非法倒卖彩电。

2. 原审法院仅依据国务院文件认定三原审被告人犯投机倒把罪不妥。

1985 年 3 月 13 日国务院制定了国发(1985)37 号文件，并授权各省、自治区、直辖市人民政府根据国务院规定，制定具体措施公布执行，天津市政府于 1985 年 5 月 23 日制定了津政发(1985)101 号《关于制止就地转手倒卖活动的通知》，通知规定，凡不准经营紧俏耐用消费品的单位和个人，过去虽已取得经营执照也要立即停止经营，并向工商行政管理部门申请办理变更登记。三原审被告人所在的光华公司、津鹏货栈、长城货栈均有国家工商行政管理部门依法核发的经营、代购代销家用电器的营业执照，代购代销彩电并未违反工商管理法规。三原审被告人办理代购彩电业务虽然是在国务院(1985)37 号文件公布之后实施的，但该文件中只作了原则性规定，对有照经营的单位和个人如何处理未作明确规定，而是授权地方政府制定具体措施。天津市政府(1985)101 号文件明确规定，有经营执照的也应立即停止经营，变更执照，并未规定文件下发前的有照经营行为是违法犯罪。三原审被告人代购彩电之行为，是在天津市政府对有照经营行为作出禁止性规定前办理完毕的，对这种在国家政策变更、调整期间的有照经营行为，不应按犯罪处理，原审法院仅依据国务院文件未考虑天津市政府的文件规定，认定三原审被告人犯投机倒把罪不妥。

3. 原审法院依据国家工商局的内部批复追诉三原审被告人犯投机倒把罪不妥。

国家工商局是国家行政机关，该局作出的(1986)工商 109 号批复未经立法、司法机关批转，不能作为法院认定犯罪的依据，批复中“其时限可追溯到1984年”中的时限，与《刑法》中的追诉时效是不同的，原审法院依据工商行政管理机关的内部批复追诉三原审被告人有照经营行为构成投机倒把罪不妥。

（七）再审定案结论

天津市高级人民法院根据《中华人民共和国刑事诉讼法》第一百四十九条第一款、第二款、第一百五十条、第一百三十六条第（三）项，作出如下判决：

1. 撤销天津市中级人民法院（1987）津中法刑一判字第29号刑事判决和天津市高级人民法院（1987）津高法刑一上判字第33号刑事判决。

2. 宣告葛百歧、颜廷海、吕永禄无罪。

3. 发还没收葛百歧的个人财产。

4. 原判追缴之款已发还大同侨台不再变动。

（八）解说

本案原一、二审判案结论与再审判案结论截然不同。究其原因，不外乎有两点：一是对于证据的运用。查清事实，需要全面地、有机地、联系地依靠证据，而不能片面地、孤立地看待每一证据，同时，在运用证据认定事实时，应以客观的态度而不能先入为主地作有罪推定，否则便难以正确地分析证据，认定事实。二是正确理解法律条文关系到整个案件审理结果。只有结合国家的政策深刻理解法律精神，才能做到执法准确。此外，法律条文的援引也必须合法，更不能以不具法律效力的文件作为判案根据。这一点，在再审判案理由中已得到体现。

（吕慧萍）

130. 王文发被控拒不执行人民法院判决、裁定宣告无罪案（审判监督程序）

（一）首部

1. 判决书字号

一审判决书：湖北省远安县人民法院（1993）远刑初字第88号。

再审判决书：湖北省宜昌市中级人民法院（1994）宜市中法刑再终字第1号。

2. 案由：王文发拒不执行人民法院判决、裁定案。

3. 诉讼双方

公诉机关：湖北省远安县人民法院。

被告人（申诉人）：王文发，男，48岁，汉族，河南省汝州市人，农民。1993年5月22日因本案被逮捕。

一审、再审辩护人：郭振伟，河南省汝州市律师事务所律师。

4. 审级：再审。

5. 审判机关和审判组织

一审法院：湖北省远安县人民法院。

合议庭组成人员：审判长：徐卫红；人民陪审员：侯昌炎、彭守真。

再审法院：湖北省宜昌市中级人民法院。

合议庭组成人员：审判长：李铁德；审判员：陈三红、刘海森。

6. 审结时间

一审审结时间：1993 年 8 月 31 日。

再审审结时间：1994 年 1 月 31 日。

（二）一审情况

1. 一审诉辩主张

（1）湖北省远安县人民法院指控称

湖北省远安县木材综合制材厂诉河南省临汝县物资购销公司购销合同货款纠纷一案，经湖北省远安县人民法院于 1986 年 3 月 7 日审结，并以（1986）远法经字第 5 号民事调解书予以确认，由临汝县物资购销公司在 1986 年 12 月 31 日前付清远安县木材综合制材厂货款 4 万元，逾期后仅履行 2000 元，尚欠 3.8 万元未履行。为此，远安县木材综合制材厂申请湖北省远安县人民法院强制执行。该院在执行过程中查证，临汝县物资购销公司系原临汝县企业局干部周旺与被告人王文发等人于 1985 年合伙主办，成立时由周旺任该公司经理，王文发任副经理。1985 年 8 月，该公司由王文发负责。1986 年该公司被当地工商行政管理局吊销营业执照。1988 年该公司解散时，其债权债务由周旺、王文发负责。据此，湖北省远安县人民法院于 1992 年 5 月 8 日以（1992）远法民字第 255 号民事裁定书裁定，原临汝县物资购销公司所欠远安县木材综合制材厂的货款 3.8 万元及延迟履行金由周旺、王文发负责清偿，并相互承担连带责任。裁定书送达王文发后，限期在 1992 年 9 月 30 日前履行裁定书所确定的全部义务。王文发置若罔闻。1993 年 5 月，湖北远安县人民法院执行人员再次赴河南，责令王文发履行义务，王文发不仅不履行，反而推诿债务，声称“此帐不该我还”，并在执行过程中暗地将其所有的吉普车等物转移隐藏，妨碍执行。同时查出，1992 年 10 月至 1993 年 3 月期间，王文发借支和付给他人现金就达 8000 余元。由于被告人王文发的行为，致使湖北省远安县人民法院已经生效的裁定无法执行。

上述事实，有被告人王文发的供述，周旺、袁康等人的证言，远安县人民法院的执行笔录等证据。被告人王文发的行为已触犯了《中华人民共和国刑法》第一百五十七条之规定，严重妨害司法机关的正常活动，构成拒不执行人民法院判决、裁定罪，应予惩处。

（2）被告人的答辩及其辩护人的辩护意见

被告人王文发辩称：此帐不该我还，应由周旺负责。

辩护人的辩护意见：（1992）远法民字第 255 号民事裁定是错误的裁定，原临汝县物资购销公司所欠远安县木材综合制材厂的货款应由周旺负责清偿，而不应由王文发共同偿还并负连带责任；且王文发对执行人员未使用暴力或者威胁的手段阻碍执行，王文发不构成拒不执行人民法院判决裁定罪。

2. 一审事实和证据

湖北省远安县人民法院经公开审理查明：

湖北省远安县木材综合制材厂与河南省临汝县物资购销公司购销合同货款纠纷一案，远安县人民法院于 1986 年 2 月 22 日在临汝县城开庭审理，临汝县物资购销公司由王文发持“王文发同志现任我单位副经理职务，为法定代表人。特此证明”的填充式的“法定代表人证明书”出庭应诉。经湖北省远安县人民法院主持调解,双方当事人当庭自愿达成调解协议。湖北省远安县人民法院于1986年3月7日制作了(1986)远法经字第5号民事调解书,确认由临汝县物资购销公司于1986年12月31日前付清远安县木材综合制材厂货款4万元。调解书送达后,双方均未提出异议,但临汝县物资购销公司逾期后仅付款2000元,尚欠3.8万元未履行。远安县木材综合制材厂申请法院强制执行。湖北省远安县人民法院在执行过程中发现该公司已不存在,并查证,临汝县物资购销公司系原临汝县企业局干部周旺与王文发等人于1985年合伙主办,成立时由周旺任经理,王文发任副经理,1985年8月该公司由王文发任副经理,1985年8月该公司由王文发负责,1986年该公司被当地工商行政管理局吊销营业执照,1988年该公司解散时,其债权债务均由周旺与王文发负责。据此,湖北省远安县人民法院于1992年5月8日以(1992)远法民字第255号民事裁定,变更原临汝县物资购销公司所欠远安县木材综合制材厂货款3.8万元及迟延履行金由周旺、王文发负责清偿,并相互承担连带责任。湖北省远安县人民法院送达裁定书时周旺不知去向,王文发签收裁定书时对其限期1992年9月30日前全部履行裁定书所确定的义务表示“我去找周旺,要他还款”。1993年5月,湖北省远安县人民法院执行人员再次赴河南省汝州市,责令王文发履行义务,王文发不但不履行,反而推诿债务,声称“此帐不该我还”,并暗地将其所有的吉普车等物转移隐藏,妨碍执行。同时查出,1992年10月至1993年3月,王文发借支和付给他人现金就达8000余元。

上述事实有下列证据证明:

(1)被告人王文发的供述;

(2)周旺、袁康等人证实自1985年8月以后,周旺只是任临汝县物质购销公司业务员,王文发任公司副经理并对公司负责的证人证言;

(3)证明王文发的存款帐户有存款的查询笔录;1992年10月至1993年3月,王文发借支付给他人现金8000余元的书证和证人证言;

(4)1986年2月22日王文发出庭应诉时所持证明其为临汝县物质购销公司法人代表的“法定代表人证明书”;

(5)证明王文发推诿债务,暗地将其所有的吉普车等物质转移隐藏的证人证言;

(6)湖北省远安县人民法院执行人员证明王文发无故推诿、拒不执行湖北省远安县人民法院(1992)远法民字第255号民事裁定书的执行笔录。

3.一审判案理由

湖北省远安县人民法院认为:被告人王文发有能力而不履行已经发生效力的民事调解协议和裁定所确定的义务,在执行过程中又无故推诿,拒不执行。严重妨害了司法机关的正常活动,其行为已构成拒不执行人民法院判决、裁定罪,依法应予以惩处。

4.一审定案结论

湖北省远安县人民法院根据《中华人民共和国刑法》第一百五十七条,作出如下判决:

王文发犯拒不执行人民法院判决、裁定罪,判处有期徒刑一年。

(三)再审诉辩主张

一审宣判后,原审被告人王文发在法定上诉期内未提出上诉。1993年10月至11月,王文发及其亲属朱建平、辩护律师郭振伟先后数次向湖北省宜昌市中级人民法院提出申诉,请求湖北省宜昌市中级人民法院提审,撤销湖北省远安县人民法院(1993)远刑初字第88号刑事判决，对王文发宣告无罪。其申诉主要理由是：(1)湖北省远安县人民法院(1992)远法民字第255号民事裁定证据不足，认定事实有误，变更王文发为(1986)远法经字第5号民事调解书所确认的货款清偿主体，让王文发承担连带责任不当。(2)王文发是周旺在物资购销公司成立后的次年才被聘请进该公司的，在公司解散前于1986年12月离开该公司，在公司期间主要是司机兼跑业务，只是在1986年2月远安县人民法院到临汝县城关开庭前才被周旺任命为副经理，代为出庭应诉。王文发离开公司时，不仅没有分得任何财物，还有几个月的工资也没领到。因此，王文发不应承担清偿原临汝县物资购销公司所欠远安县木材综合制材厂货款的义务。(3)湖北省远安县人民法院(1993)远刑初字第88号刑事判决书认定王文发拒不执行的判决、裁定是一个错误的判决，且王文发对执行人员未使用暴力和威胁手段阻碍执行，不构成拒不执行人民法院判决裁定罪。

(四)再审事实和证据

湖北省宜昌市中级人民法院经再审审理查明：

湖北省远安县木材综合制材厂(供方、原告)与河南省临汝县(现汝州市)物资购销公司(销方、被告)购销合同货款纠纷一案，经湖北省远安县人民法院于1986年2月22日调解，双方自愿达成协议，并于同年3月向双方送达了(1986)远法经字第5号民事调解书，确认临汝县物资购销公司应付远安县木材综合制材厂货款4万元。湖北省远安县人民法院在执行中发现该公司已经倒闭，遂于1992年9月8日以(1992)远法民字第255号民事裁定书裁定，将原调解书所确认的清偿货款义务主体变更为周旺和王文发，并相互承担连带责任。临汝县物资购销公司系1984年12月经原临汝县企业局(现为汝州市乡镇企业管理委员会)同意成立的，由企业局干部周旺停薪留职后自筹资金主办，并于1985年1月经原临汝县工商局登记注册，负责人周旺始终任公司经理，从业人员均由周旺聘请当地农民，多数为周旺的家属及亲友。王文发于1985年8月由周旺聘请进入该公司，以开车为主兼联系业务，工商局现存该公司的档案中也是注明“王文发，业务员”。1986年2月22日，湖北省远安县人民法院审判人员赴临汝县城审理该公司与远安县木材综合制材厂购销合同货款纠纷案时，周旺即口头任命王文发为副经理，并填写了“王文发同志，现任我单位副经理，为法定代表人”的铅印填充式“法定代表人证明书”交给王文发，代为出庭应诉，调解书送达时又是王文发签收的。该公司解散前，王文发于1986年12月离开该公司。同时，周旺给王文发亲笔写了公司“内外货款由我周旺负责，于王文法(发)没有责任”的“证明”。王文发在该公司从业期间，对该公司的经营业务及财产均无支配权，离开时也未分得任何财物。该公司解散时，没有进行财产和债权债务清理，其财产及帐簿、财务单据、债权债务凭证等均由周旺及其妻袁荣梅掌管。

湖北省宜昌市中级人民法院于1994年1月12日裁定，对河南省临汝县物资购销公司与湖北省远安县木材综合制材厂购销合同货款纠纷一案进行了提审，认为湖北省远安县人民法院(1992)远法民字第255号民事裁定书认定的部分事实失实，变更(1986)远法经字第5号民事调解书所确定的清偿货款主体部分不当，并以(1994)宜市中法民再字第1号民事判决书撤销了湖北省远安县人民法院(1992)远法民字第255号民事裁定书，确认王文发不应承担原临汝县物资购销公司所欠远安县木材综合制材厂的货款及迟延金的清偿义务。

上述事实有下列证据证明：

1. 申诉人王文发的陈述；

2. 证人周旺、袁荣梅、赵素娥、杨天义、王全路、杨玉平、王新勤、郭叶爱等证人证言；

3. 河南省汝州市工商行政管理局保存的原临汝县物资购销公司有关王文发在公司职务等档案材料、袁荣梅保存的该公司的帐簿、财务凭证等书证；

4. 周旺于 1986 年 12 月 27 日写给王文发的"证明"以及周旺之妻袁荣梅、原公司会计赵素娥对"证明"的辨认笔录和对周旺的有关询问笔录；

5. 汝州市乡镇企业管理委员会副主任杨中兴对原临汝县物资购销公司有关情况的证明材料。

(五)再审判案理由

湖北省宜昌市中级人民法院认为，王文发不构成拒不执行人民法院判决、裁定罪。其理由为：(1)原判认定临汝县物资购销公司系周旺与王文发于 1985 年合伙主办，1985 年该公司由王文发负责，1988 年该公司解散时其债权债务由周旺、王文发负责等事实失实。现有汝州市工商行政管理局的原临汝县物资购销公司的有关档案材料，以及该公司其他从业人员等证人的证言，足以证明王文发不应承担原临汝县物资购销公司所欠远安县木材综合制材厂的货款清偿义务。(2)湖北省宜昌市中级人民法院对临汝县物资购销公司与远安县木材综合制材厂购销合同货款纠纷一案进行了提审，查明原裁定认定的部分事实失实，王文发在原临汝县物资购销公司从业期间，对该公司的经营业务及财产不具支配权，离开时也未分得任何财物。因此，王文发不应承担该公司的债务清偿责任。(3)王文发不构成拒不执行人民法院判决、裁定罪的主体。拒不执行人民法院判决、裁定罪的犯罪主体，必须是以负有履行人民法院已经发生法律效力的判决、裁定所确认的义务的自然人，即被告人必须是负有执行人民法院已经发生法律效力的判决、裁定义务为前提条件的。否则，则不构成此罪。鉴于此案刑事判决是以民事裁定变更王文发为履行义务的主体为前提，且王文发及其亲属和委托的律师在申诉中，声称王文发不应承担清偿货款的义务，并提供了新的证据，经湖北省宜昌市中级人民法院审查认为，申诉人申诉理由成立，原裁定确有错误，依照《中华人民共和国民事诉讼法》第一百七十七条、第一百八十四条、第一百五十三条第(三)项的规定，以(1994)宜市中法民再字第 1 号民事判决书撤销了湖北省远安县人民法院(1992)远法民字第 255 号民事裁定书。

(六)再审定案结论

湖北省宜昌市中级人民法院根据《中华人民共和国刑事诉讼法》第一百四十九条、第一百五十条、第一百三十六条第(三)项，作出如下判决：

1. 撤销湖北省远安县人民法院(1993)远刑初字第 88 号刑事判决。

2. 对王文发宣告无罪。

(七)解说

在本案中，王文发犯拒不执行人民法院判决、裁定罪是否成立的基础是王文发是否应承担清偿原临汝县物质购销公司所欠远安县木材综合制材厂货款的义务，湖北省远安县人民法院(1992)远法民字第 255 号民事裁定书认定事实是否正确。湖北省宜昌市中级人民法院在再审中进行了深入细致地调查，搜集到大量确实充分的证据，证明湖北省远安县人民法院(1992)远法民字第 255 号民事裁定书认定的部分事实失实，王文发不应承担清偿原临汝县物质购销公司所欠远安县木材综合制材厂货款的义务，因此王文发也就不具备拒不执行人民法院判决、裁定罪的主体条件。

对于这起案件，两级法院两种截然不同的定案结论，反映了在审判工作中，深入细致地调查研究，全面地搜集各种证据，科学地、准确地、辩证地分析鉴别证据的真伪，仔细分析和研究案情，对确定案件的性质有很强的重要性。湖北省远安县人民法院在执行(1986)远法经字第5号民事调解书时曾找到原临汝县物资购销公司经理周旺，责令其履行调解书所确定的义务，周旺在没有任何履行能力的情况下，声称此帐应“由我和王文发负责”，后来的执行中周旺一直避而不见法院执行人员。法院在多次执行中找到王文发，指出原开庭是由王出庭应诉，并在调解协议上签字，调解书署名王为法定代表人，且调解书又是王签收的。因此，告知王文发有责任偿还该公司所欠远安县木材综合制材厂的货款。王文发只是讲“我有责任找周旺，要他还钱”，并出示周旺1986年12月27日所写 的公司“内外货款由我周旺负责，与王文发没有责任”的亲笔证明，还积极带执行人员找周旺，但周旺却不知去向。为此，湖北省远安县人民法院根据多次执行中的情况和原开庭调解时王文发持“法定代表人证明书”应诉，以及周旺在1986年2月21日(即开庭调解前一天)向湖北省远安县人民法院陈述的“1985年我停薪留职，与王文发、袁康等人组织临汝县物资购销公司，我任经理，王文发任副经理，我1985年8月以后任公司业务员，现公司由王文发、袁康负责”等情况，作出(1992)远法民字第255号民事裁定书。如果湖北省远安县法院在作出上述裁定时综合分析一下周旺讲的背景，王文发出庭应诉时所持“法定代表人证明书”上填写的“王文发同志现任我单位副经理职务，为法定代表人”和后来王向执行人员出示的周旺的亲笔证明；再深入细致地向原公司其他从业人员调查一下；去工商局查阅该公司的注册档案材料和去乡镇企业局了解清楚该公司的详细情况，不当的裁定和后来的错判则是完全可以避免的。

(陈三红)

131. 谢廷建被控故意伤害宣告无罪案
(审判监督程序)

(一)首部

1. 判决书字号

一审判决书：青海省格尔木市人民法院(1994)格刑初字第12号。

再审判决书：青海省高级人民法院(1994)青法刑再字第45号。

2. 案由：谢廷建故意伤害案。

3. 诉讼双方

公诉机关：青海省格尔木市人民检察院，代理检察员刘亚敏。

被告人：谢廷建，男，27岁，汉族，河南省许昌市人，原系青海省格尔木铁路办事处公安段刑警。1993年9月因本案被逮捕。

一审辩护人：李晓斌，青海省格尔木市律师事务所律师。

4. 审级：再审。

5. 审判机关和审判组织

一审法院：青海省格尔木市人民法院。

合议庭组成人员：审判长：段青海；代理审判员：赵丹军、谢恒。

再审法院：青海省高级人民法院。

合议庭组成人员：审判长：徐静；代理审判员：都兴煜、杜小哲。

6.审结时间

一审审结时间：1994年1月24日。

再审审结时间：1994年8月10日。

（二）一审情况

1.一审诉辩主张

（1）青海省格尔木市人民检察院指控称

1993年6月1日凌晨5时许，格尔木铁路公安段刑警谢廷建根据刑侦队指导员密春献的命令，追捕正在刑侦队院内盗窃钢管的不法分子李培杰。谢命令扛着钢管的李培杰站住，李不但不听，反而向谢右肩部打击一拳后转身逃跑。这时谢已被打倒坐在地上，而李已逃至北边距谢20米的地方。谢鸣枪警告，李无视警告，继续向北逃跑，谢遂向李腿部射击一枪，击中右侧大腿。李往北跑了一会儿，倒在格尔木铁东区28号楼西侧的便道上。谢廷建等人立即将李培杰送往铁路医院，李培杰因枪弹造成右腿股动脉断裂，在送医院途中已大失血休克死亡。上述事实，有被告人供述、证人证言、现场勘查笔录及法医鉴定结论等证实。被告人谢廷建身为公安干警，在执行公务中使用枪支不当，造成一人死亡的严重后果，其行为触犯了《中华人民共和国刑法》第一百三十四条之规定，构成故意伤害罪，依法提起公诉。

（2）被告人的答辩及其辩护人的辩护意见

被告人谢廷建辩称：自己开枪击伤的是盗窃钢管并殴打执法人员的现行在逃犯，自己身为刑警，执行领导的命令，追捕人犯，在提前鸣5枪警告的情况下没能制止人犯逃跑，不得已才向其腿部射击，这完全符合枪支使用规定，不构成故意伤害罪。

辩护人辩称：被告人谢廷建是在执行公务，追捕逃犯过程中，首先亮明身分，又经口头和连鸣5枪警告后，在紧急情况下，到了非开枪不能制止其脱逃的程度时，才开枪射击的，所采取的方法适当，应宣告谢廷建无罪。

2.一审事实和证据

青海省格尔木市人民法院依法经公开审理查明：

1993年6月1日凌晨5时许，被告人谢廷建等人发现有人盗窃格尔木铁路公安段刑侦队院内存放钢管。指导员密春献即令被告人谢廷建和该队刑警陈著军将盗窃钢管的人抓住。谢廷建首先跑出该队大门，命令盗窃钢管的李培杰站住。李培杰放下钢管，朝谢廷建右肩部打了一拳，转身向北跑去。这时谢已被打倒坐在地上，而李已逃至距谢20米左右的地方。被告人谢廷建掏出随身携带的“七七”式手枪，鸣枪警告。但李培杰仍向北逃跑，谢廷建遂朝李腿部打了一枪。李住北跑了一会儿后，倒在格尔木铁东区28号楼西侧的便道上。谢廷建随即将李培杰送往格尔木铁路医院抢救，经检查发现李培杰已死亡。经法医鉴定：死者李培杰系他人用枪击中右侧大腿，致右腿股动脉断裂，造成失血性休克而死亡。

上述事实有下列证据证明：

（1）被告人谢廷建关于本案发生经过的供述以及认为自己的行为符合枪支使用规定，不构成故意伤害罪的辩解；

（2）证人密春献证实自己看见有人偷钢管，命令谢廷建去抓住此人，当看到偷钢管的人打了谢廷建一拳后逃跑时，再一次向谢廷建发出抓住此人不让其逃跑的命令，随后便听见了几声枪响的证人证言；

(3)证人陈著军证实自己和谢廷建接到过密春献指导员发出抓住偷钢管人的命令，并看到了偷钢管的人一拳把谢廷建打倒在地后逃跑，随后听见几声枪响的证人证言；

(4)法医对李培杰死亡原因鉴定的结论；

(5)现场勘查笔录和照片；

(6)打死李培杰用的“七七”式手枪一支，现场提取的弹壳 4 枚。

3. 一审判案理由

青海省格尔木市人民法院认为：

被告人谢廷建身为公安干警，在执行公务中使用枪支不当，造成一人死亡的严重后果，其行为已触犯《中华人民共和国刑法》第一百三十四条之规定，构成故意伤害罪。公诉机关指控被告人的罪名成立。被告人及其辩护人的辩护理由不能成立，本院不予采纳。鉴于被告人案发后能主动投案自首，能够如实供述在执行公务过程中使用枪支不当，能够如实供述犯罪事实，依法减轻处罚。

4. 一审定案结论

青海省格尔木市人民法院根据《中华人民共和国刑法》第一百三十四条、第六十三条、第六十七条、第六十条之规定，作出如下判决：

(1)谢廷建犯故意伤害罪，判处有期徒刑三年，缓刑四年。

(2)1202931 号“七七”式手枪一支退回原单位。

(三)再审诉辩主张

一审法院判决后，在法定期限内，谢廷建没有提出上诉，青海省格尔木市人民检察院也未提出抗诉，判决发生法律效力。

1994 年 3 月 28 日谢廷建又以“在执行公务中，非开枪不能制止而开了枪，采取的方法适当，原判定性不准，应宣告无罪”为由，向青海省高级人民法院提出申诉。

(四)再审事实和证据

青海省高级人民法院经再审查明：

1993 年 6 月 1 日凌晨 5 时许，原审被告人谢廷建等人发现李培杰正在盗窃公安段刑侦队院内存放的钢管，该队指导员密春献命令二人将李培杰抓住。原审被告人和陈著军在奉命抓捕李培杰的过程中，李培杰不听原审被告人的口头警告，并对原审被告人和陈著军当场使用暴力，将原审被告人打倒在地，并乘机向北逃跑。原审被告人在追捕中先是用随身携带的“七七”式手枪鸣枪警告，在警告无效的情况下朝李的腿部击了一枪。李继续向北跑至格尔木铁东区 28 号楼西侧的便道上倒地。原审被告人立即将其送铁路医院，经检查已死亡。经法医鉴定：李培杰系他人用枪弹击中后侧大腿部，使后侧股动脉断裂，造成失血性休克而死亡。

上述事实有下列证据证明：

1. 被告人谢廷建关于本案发生经过的供述以及认为自己的行为符合枪支使用规定不构成故意伤害罪的辩解；

2. 证人密春献证实自己看见有人偷钢管，命令谢廷建去抓住此人，当看到偷钢管的人打了谢廷建一拳后逃跑时，再一次向谢廷建发出抓住此人不让其逃跑的命令，随后便听见了几声枪响等的证人证言；

3. 证人陈著军证实自己和谢廷建接到过密春献指导员发出抓住偷钢管人的命令，并看到了偷钢管的人一拳把谢廷建打倒在地后逃跑，随后听见几声枪响的证人证言；

4. 法医对李培杰死亡原因所作的鉴定结论；

5. 现场勘查笔录和照片；

6. 打死李培杰用的“七七”式手枪一把，现场提取到的弹壳 4 枚。

（五）再审判案理由

青海省高级人民法院认为：

本案原审被告人在执行公务过程中，为抓捕盗窃人犯，在警告无效的情况下，使用随身携带的枪支击中李培杰的腿部致其死亡的行为，符合人民警察执行职务中实行正当防卫的条件。原审被告人的行为不构成犯罪，其申诉理由成立，本院予以采纳。原判认定事实清楚，使用证据确实、充分，但以故意伤害罪定性不准，应予纠正。

（六）再审定案结论

青海省高级人民法院根据《中华人民共和国刑事诉讼法》第一百四十九条、第一百五十条和《中华人民共和国刑法》第十七条，作出如下判决：

撤销格尔木市人民法院（1994）格刑初字第 12 号刑事判决，谢廷建无罪。

（七）解说

本案是一起人民警察在追捕正在逃跑的现行盗窃分子过程中使用枪支致使逃跑人犯死亡而引起的刑事案件。谢廷建的行为是否构成犯罪、是否应受到刑事追究，关键在于其开枪射击的行为是否符合我国的有关法律规定，是否具有合法性。

1980 年 7 月 5 日国务院批准公安部公布实施的《人民警察使用武器和警械的规定》第三条规定：“人民警察在执行公务中，遇有以暴力抗拒、抢夺武器、行凶式脱逃等非常情况，非开枪不能制止时……”第四条规定：“人民警察在开枪时应事先口头或鸣枪警告，注意避免其要害部位……”本案现行盗窃人犯李培杰胆大妄为，居然在我侦查机关的大院内进行盗窃犯罪。其正在实施盗窃过程中，被负有侦查犯罪、制止犯罪职责的刑事警察谢廷建等人发现，谢廷建在其领导即刑侦队指导员的指令下，追捕现行盗窃犯，这是一个执行公务的行为。现行盗窃人犯李培杰不但对谢廷建等人口头制止置若罔闻，反而对他们暴力抗拒。更为严重的是，李培杰为逃脱法律制裁，在逃跑过程中，不顾公安干警的多次鸣枪警告，加快逃跑速度，使其与公安干警的距离越来越大。在李培杰即将逃脱的紧急情况下，谢廷建从履行职责的角度出发，迫不得已而开枪射击李的腿部，以制止其脱逃。这应当是认为符合“非开枪不能制止”的情况，符合《人民警察使用武器和警械的规定》。所以谢廷建的行为是正确履行职务的行为，是合法的。青海省高级人民法院对谢廷建宣告无罪是正确的。当然一审法院也考虑到这一点，其与再审法院分歧的焦点也就在这个“非开枪不能制止时”问题的掌握上。我们认为，对此问题应根据当时的客观实际情况客观对待，当时的情况发生迅猛，情况也复杂，谢廷建与被追捕的人之间有一段约 20 米的距离，如果不及时采取有效措施，很容易让盗窃作案分子逃脱，这样的情形应以“非开枪不能制止”的情况对待。何况，事件发生在凌晨 5 点，谢廷建除开枪射击之外，没有其他行之有效的措施，使盗窃不法分子不致于逃遁。谢廷建在射击前，能够严格按照规定鸣枪警告，并将射击部位降到非致命要害部位，应当说尽到了注意的义务，至于造成死亡后果，对谢廷建来说，出于意外。再审宣告谢廷建无罪，也有利于鼓励公安干警积极地同违法犯罪作斗争，这对于抗拒逮捕企图逃脱的犯罪分子也是一种警示。在本案的审理中，曾有人提出李培杰没有被正式逮捕、拘留，也不是人犯；但是我们认为，李培杰是犯罪后正在企图逃跑的现行犯，根据本案的具体情况，为了维护公共利益免受正在进行的不法侵害，是可以使用枪支进行正当防卫的。

（黄太银）

民事审判案例卷

第一篇　婚姻家庭纠纷案例

1. 臧有花诉泮雷法离婚案

（一）首部

1. 判决书字号：浙江省武义县人民法院（1994）武桃民初字第26号。

2. 案由：离婚。

3. 诉讼双方：

原告：臧有花，女，27岁，汉族，农民，住武义县坦洪乡南源村。

诉讼代理人：徐桂珍，女，34岁，汉族，农民，住武义县武阳镇金星巷7号。

被告：泮雷法，男，30岁，汉族，农民，住武义县坦洪乡南源村。

4. 审级：一审。

5. 审判机关和审判组织

审判机关：浙江省武义县人民法院。

合议庭组成人员：审判长：陈小平；代理审判员：周邦明；人民陪审员：吴煜煊。

6. 审结时间：1994年5月30日。

（二）诉辩主张

1. 原告诉称：原被告双方系表兄妹，于1983年结婚，婚后生育一子，名泮飞岳，现年11岁。由于被告脾气暴躁，双方性格不合，婚后不久即经常争吵，使双方无法共同生活。自1992年10月始，原告外出打工度日至今。原告认为：原被告双方系婚姻法禁止结婚的旁系血亲；结婚登记时，原告仅18虚岁，尚未达到法定结婚年龄，虚报了年龄才领取了"结婚证"；而且双方性格不合，现夫妻感情已经完全破裂。为此诉请人民法院准予与被告离婚；婚后共同财产各半分割；子泮飞岳随何方共同生活，由人民法院依法裁决，抚育费双方各半负担。

2. 被告辩称：原被告双方系自愿登记结婚，婚后夫妻感情好。原告要求离婚的主要原因是由于原告于1992年初外出做工与他人关系暧昧而变心。被告虽脾气不大好，但只要原告回心转意、回家共同生活，夫妻双方是能和好的。原被告双方虽系表兄妹，但婚姻关系已成事实，故不同意与原告离婚。

（三）事实和证据

武义县人民法院经调查、审理查明：原告之父与被告之母系亲兄妹，原被告为姑表兄妹，属三代以内旁系血亲。原告不满17周岁时即与被告按传统习惯订了婚。次年，即1983年2

月 4 日，原告尚不满 18 周岁，双方到当地婚姻登记机关办理了结婚登记手续，领取了“结婚证”。婚后感情尚好。1984 年正月，生育一子，名泮飞岳。1991 年以后，双方常为家庭琐事争吵。因被告脾气暴躁，原告感到无法共同生活，自 1992 年 10 月始即离家外出做工至今。1994 年 2 月，原告诉至人民法院，请求与被告离婚。

另查明，原被告双方结婚后，翻建了土木结构的牛栏屋 1 间，购置了“蝴蝶”牌缝纫机 1 架。无债务。

受诉法院征求了原被告之子泮飞岳的意见，泮飞岳要求随父亲泮雷法共同生活。

上述事实有下列证据证明：

(1)原被告双方关于双方系姑表兄妹，原告虚报年龄领取“结婚证”及家庭财产状况的一致陈述；

(2)原武义县坦洪人民公社颁发给原被告的“结婚证”；

(3)证人泮兴祖、泮明宝、泮洪法关于原被告双方系姑表兄妹，婚后夫妻关系及家庭财产状况的证言。

(四)判案理由

根据上述事实，浙江省武义县人民法院认为：

1. 原告臧有花与被告泮雷法之间的婚姻关系不受法律保护。首先，原被告双方间存在禁止结婚的法定条件。《中华人民共和国婚姻法》第六条规定，直系血亲和三代以内的旁系血亲禁止结婚。原被告双方系姑表兄妹，属于三代以内的旁系血亲，故双方依法不得结婚，其次，原被告双方登记结婚时，尚不完全具备结婚的必备条件。《中华人民共和国婚姻法》第五条规定，“结婚年龄，男不得早于二十二周岁，女不得早于二十周岁”。原告在与被告登记结婚时，不满 18 周岁，尚未达到法定婚龄。原被告双方申请结婚登记时，弄虚作假，隐瞒了双方系三代以内旁系血亲的事实真相，虚报了年龄，系骗取“结婚证”。

2. 原被告双方登记结婚后共同生活期间，翻建了土木结构牛栏屋 1 间、购置缝纫机 1 架，系双方共同财产，享有平等权利，应依照《中华人民共和国婚姻法》第三十一条“离婚时，夫妻的共同财产由双方协议处理；协议不成时，由人民法院根据财产的具体情况，照顾女方和子女权益的原则判决”之规定进行分割。

3. 泮飞岳已满 10 周岁，具备了限制民事行为能力，故应尊重其本人意愿，允许其随被告共同生活。依照《中华人民共和国婚姻法》第三十条关于“离婚后，一方抚养的子女，另一方应负担必要的生活费和教育费的一部或全部，负担费用的多少和期限的长短，由双方协议；协议不成时，由人民法院判决”之规定，由原告负担适当的生活费和教育费，具体数额要考虑当地的实际生活水平和原告的负担能力。

(五)定案结论

浙江省武义县人民法院依照《中华人民共和国婚姻法》第五条、第六条第一项、第二十五条第二款、第二十九条、第三十条、第三十一条之规定，作出了如下判决：

1. 准予原告臧有花与被告泮雷法离婚。

2. 儿子泮飞岳随被告共同生活，由原告臧有花一次性付给儿子抚育费人民币 3000 元。

3. 原被告婚后置办的共同财产中：“蝴蝶”牌缝纫机 1 架归原告臧有花所有；坐落坦洪乡南源村的土木结构牛栏屋 1 间归被告泮雷法所有。

上述给付内容限本判决生效后 7 日内履行完毕。

案件受理费 50 元，其他诉讼费用 250 元，由原告负担。

（六）解说

本案原被告违反我国《婚姻法》关于三代以内旁系血亲禁止结婚以及有关结婚年龄之规定，弄虚作假、骗取结婚登记，系违法婚姻，这明确无疑。但如何处理，却存在不同认识。

1. 在实体上，原被告之间的婚姻关系，可否以处理事实婚姻的原则，调解和好，予以维持？有的认为可以。其理由是：(1)禁止三代以内旁系血亲结婚，立法目的在于保证人口素质。本案原被告已经生有子女，危害人口素质的后果可能已经发生，它并不因为原被告间的婚姻关系解除而消除。(2)根据我国现行计划生育政策，原被告已不应再生育子女，继续维持原被告的婚姻关系，利于家庭婚姻关系的稳定。(3)最高人民法院《关于三代以内旁系血亲之间的婚姻关系如何处理的批复》指出，对于结婚多年，生有子女的，按《婚姻法》第二十五条的规定处理。即应进行调解，感情确已破裂，调解无效的应准予离婚，这就意味着可以维持。但在案件合议过程中，合议庭认为，本案原被告之间的婚姻关系应当解除：(1)在我国封建社会里有"同姓共亲，皆不得结婚"之规定，故同源于父母的兄弟姐妹、同源于祖父母的堂兄弟姐妹之间结婚，历来被禁止，但姑、姨表兄弟姐妹结婚，即中表婚，被认为是"亲上加亲"，流行甚广。我国现行婚姻法禁止三代以内旁系血亲结婚，实际是禁止中表婚，所以，现行婚姻法实施后的中表婚，不受法律保护。(2)我国《婚姻法》关于三代以内旁系血亲禁止结婚的规定，是强制性的，不能因为原被告间婚姻关系已成事实而顺其自然，维持其违法婚姻的继续存在。(3)审理案件的社会效果，不能只看原被告一个家庭，而是应着眼于整个社会主义婚姻家庭关系。(4)最高人民法院关于按《婚姻法》第二十五条规定处理的批复的前提是这种婚姻关系依法不应保护。

2. 主管权问题。一种意见认为主管权属于婚姻登记机关。理由是：(1)1986 年 3 月 15 日民政部发布的《婚姻登记办法》第九条第二款规定："婚姻登记机关发现当事人有违反婚姻法的行为，或在登记机关发现当事人有违反婚姻法的行为，或在登记时弄虚作假，骗取《结婚证》的，应宣布该项婚姻无效。"1994 年 2 月 1 日发布的《婚姻登记管理条例》第二十五条更明确地规定："申请结婚登记的当事人弄虚作假，骗取婚姻登记的，婚姻登记管理机关应当撤销婚姻登记。"上述法规明文规定处理骗取婚姻登记的违法婚姻的主管权属婚姻登记管理机关。(2)我国立法，实体法一般无溯及力，而程序法是有溯及力的。本案原被告的违法行为发生在《婚姻登记办法》公布之前，但对该行为的处理是在《婚姻登记管理条例》施行之后，故应适用《婚姻登记管理条例》关于处理程序之规定。另一种意见认为人民法院可以直接受理。理由是：(1)《婚姻登记办法》、《婚姻登记管理条例》的上述规定，是指确认当事人弄虚作假、骗取婚姻登记的行为效力的主管权属婚姻登记管理机关，而并非指凡具有弄虚作假骗取婚姻登记的婚姻纠纷案件的主管权都属于婚姻登记管理机关。二者并非同一概念。(2)本案原被告结婚多年，生有子女，其婚姻纠纷应作为离婚案件审理。对此，最高人民法院已有明文批复。受诉法院采纳第二种意见，直接受理了本案。

（吴汝浩）

2. 杨树娣诉朱景义离婚案

（一）首部

1. 判决书字号：广东省龙门县人民法院(1994)龙法蓝民初字第3号。

2. 案由：离婚。

3. 诉讼双方

原告：杨树娣，女，1969年12月25日出生，瑶族，龙门县蓝田瑶族乡蓝田管理区上新村农民，住该村。

诉讼代理人：杨树明(原告之兄)，男，职业、住址同上。

诉讼代理人：罗灼宏(原告舅父)，男，龙门县王坪镇江管理区樟洞村农民，住该村。

被告：朱景义，男，1968年7月4日出生，瑶族，龙门县蓝田瑶族乡卫生院医生，住该院宿舍。

诉讼代理人：朱友伍(被告之叔)，男，龙门县蓝田瑶族乡到流管理区矮岭村农民，住该村。

4. 审级：一审。

5. 审判机关和审判组织

审判机关：广东省龙门县人民法院。

合议庭组成人员：审判长：钟应明；审判员：徐何南；助理审判员：温良遇。

6. 审结时间：1995年1月18日。

（二）诉辩主张

1. 原告诉称：原告与被告于1988年2月相识，一个月后恋爱，次年上半年开始同居。原告先后在1991年和1992年两次怀孕，因被告当时读书，均做了人工流产。1994年4月29日，原告生下了一个女孩，被告便怀有抛弃原告的念头，对原告冷淡，经常动手打骂，并赶原告走。现双方已无法共同生活下去，要求与被告离婚，小孩由原告抚养。要求被告负担小孩抚养费2.3万元，教育费7000元，承担患妇科病的医疗费700元。

被告辩称：与原告在1988年相识，只是一般朋友来往；被告到惠阳卫生学校读书期间，双方互相有书信来往。1991年和1992年被告曾向原告两次提出过分手，原告不同意。被告同意离婚，每月负担小孩抚养费80元。

（三）事实和证据

广东省龙门县人民法院经公开审理查明：原、被告于1988年2月间相识，后开始恋爱，1990年9月，被告在惠阳卫生学校读书期间，双方保持书信往来，并发生两性关系，致使原告于1991年和1992年间，两次怀孕并做了人流引产。1993年7月，被告毕业后到蓝田卫生院工作，双方开始同居生活。1994年4月29日，原告生育一个女孩朱思芸。原、被告无共同财产，没有债权、债务。原告生育女孩后，母女俩回被告家居住。此后，双方因家务琐事发生争吵，被告动手打原告，原告于1994年9月28日向法院起诉离婚，并离开被告家到娘家居住至今。在诉讼期间，被告给付小孩抚养费2700元给原告。

以上事实有下列证据证明：

(1)原、被告的出生登记证明(身分证)；

(2)原、被告关于双方未经结婚登记而同居的一致陈述，同居后生有一女孩的事实；

(3)原告提供的信件(被告在读书期间写给原告的)；

(4)原告提供的龙门县妇幼医院的人工流产登记。

(5)蓝田卫生院院长林辉平就原、被告的同居生活、生育小孩、被告的工资收入等的陈述。

(四)判案理由

广东省龙门县人民法院依《婚姻法》第二十七条之规定受理本案后，因双方都同意离婚，故就子女抚养和抚育费负担问题进行调解，双方未达成协议。法院根据以上事实认为：

原、被告于1993年7月未依法办理结婚登记手续，即以夫妻名义同居生活。依照最高人民法院《关于人民法院审理未办结婚登记而以夫妻名义同居生活案件的若干意见》第二条之规定，1993年同居时，双方均符合结婚的法定条件，应认定双方具有事实婚姻关系。现双方均同意离婚，法院准予双方离婚。

双方生育的女儿朱思芸现尚不满1周岁。依照《婚姻法》照最高人民法院《关于人民法院审理离婚案件处理子女抚养问题的若干具体意见》第一条的规定，两周岁以下子女，一般随母方生活。

关于子女抚育费问题，被告在卫生院工作，每月工资300余元。最高人民法院《关于人民法院审理离婚案件处理子女抚养问题的若干具体意见》第七条规定："有固定收入的，抚育费一般可按其月总收入的20％至30％的比例给付。"应按被告的负担能力和当地的实际生活水平，依照最高人民法院的上述《意见》规定，确定被告应承担的子女抚育费。

双方无夫妻共同财产，亦无共同的债权、债务。所以无夫妻共同财产的分割问题。

(五)定案结论

根据上述理由，依照《中华人民共和国婚姻法》第二十五条第二款，第二十九条第三款，第三十条规定，广东省龙门县人民法院判决如下：

1. 准予原告杨树娣与被告朱景义离婚。

2. 孩子朱思芸由原告杨树娣抚养，被告朱景义负担抚养费18990元，扣除已交的2700元，尚应付16290元。限在本判决发生法律效力后10天内付1000元，余款15290元，从1995年1月起，每月给付90元，付清为止。

案件受理费50元，诉讼费用50元，共100元，由原告杨树娣、被告朱景义各负担50元。

(六)解说

根据本案案情，有以下几个法律问题须正确处理。

1. 原被告双方未依婚姻法规定办理结婚登记手续，即以夫妻名义同居，其婚姻关系是否有效。我国《婚烟法》对事实婚姻问题，无明确规定，但从50年代以来，我国有关司法解释，对事实婚姻问题经历了完全承认主义、有条件的承认主义和完全不承认主义三个阶段。本案原、被告是在1993年7月开始同居生活的。依照最高人民法院《关于人民法院审理未办理结婚登记而以夫妻名义同居生活案件的若干意见》的司法解释第二条规定："1986年3月15日《婚姻登记办法》施行之后，未办结婚登记手续即以夫妻名义同居生活，群众也认为是夫妻关系的，一方向人民法院起诉'离婚'，如同居时双方均符合结婚的法定条件，可认定为事实婚姻关系”。本案原，被告同居时双方均符合结婚的法定条件，应认定为事实婚姻关系。

2．本案的离婚诉讼是在女方分娩后1年内进行的，人民法院应否受理。对此，依照《婚姻法》第二十七条规定，人民法院受理本案是正确的。

3．本案的子女抚养和子女抚育费应如何确定。依照《婚姻法》第二十九条第三款规定：“离婚后，哺乳期内的子女，以随哺乳的母亲抚养为原则。”最高人民法院《关于人民法院审理离婚案件处理子女抚养问题的若干具体意见》的司法解释规定：“两周岁以下的子女，一般随母方生活”。“有固定收入的，抚育费一般可按其月总收入的20%至30%的比例给付”。法院对本案子女抚养和子女抚育费的处理，都是依照上述规定贯彻执行的。所以是完全正确的。

（梁　军）

3. 陈燕诉唐玉胜离婚案

（一）首部

1．判决书字号：江西省星子县人民法院（1994）星民初字第11号。

2．案由：离婚。

3．诉讼双方

原告：陈燕，女，1975年5月6日出生，汉族，江西省星子县蓼花乡仕林村农民。

被告：唐玉胜，男，1970年5月5日出生，汉族，安徽省定远县能仁乡唐西村农民。

4．审级：一审。

5．审判机关和审判组织

审判机关：江西省星子县人民法院。

独任审判：审判员：赵经发。

6．审结时间：1994年2月19日。

（二）诉辩主张

1．原告诉称：原告外出到厦门打工，由于工作不顺心，被人以找工作为名骗到安徽省定远县，卖给唐玉胜为妻。原告年轻，人地生疏，被唐玉胜强占后，看管甚严，为了生存只好暂留其家。被告后来又用欺骗手段取得了结婚证，现在坚决要求离婚，女儿由被告抚养教育。

2．被告辩称：花钱娶原告为妻是真心诚意的，没有拐卖人口的故意。与原告结婚已进行登记，办结婚证时，把年龄报大，但仅差1年就达到了婚龄。既然已经生育了女儿，不离婚为好，如原告坚持离婚，被告亦同意，并同意抚养女儿。

（三）事实和证据

江西省星子县人民法院经审理查明：

1992年5月，原告陈燕外出到福建省厦门市海平餐厅打工，由于待遇较低，同年6月到劳务市场求职，被两个不知姓名的安徽人借招工为由，骗至安徽省定远县能仁乡唐西村，以2000元人民币的价格卖给被告唐玉胜为妻。1993年4月1日生一女，取名唐宝琴（现由唐家抚养）。1993年9月被告唐玉胜诱使原告陈燕承认自由恋爱，年龄改为1971年7月8日出生，在安徽省定远县能仁乡政府进行婚姻登记（登记号93字第153号）。1993年12月27日，原告借出门办事之机逃回星子县，并向本院起诉要求离婚。

上述事实有下列证据证明：

1. 原告陈燕的身分证和有关打工的证明；

2. 原被告的结婚证（附有合影照）；

3. 原被告所生女儿唐宝琴照片；

4. 原被告亲属及群众的证言；

5. 原被告的陈述笔录。

（四）判案理由

1. 确认原被告婚姻关系无效，判令予以解除。

《中华人民共和国婚姻法》规定："结婚必须男女双方完全自愿，不许任何一方对他方加以强迫或任何第三者加以干涉。""结婚年龄，男不得早于二十二周岁，女不得早于二十周岁。"但本案原告系被拐卖少女，未达法定婚龄，且违背本人意愿，虽办理结婚登记也属违背意愿，违反法律规定。现原告要求离婚，故婚姻关系应予解除，以保护妇女的合法权益。

2. 确认双方就女儿抚养问题达成的协议。

《中华人民共和国婚姻法》规定："非婚生子女享有与婚生子女同等的权利。"原、被告婚姻关系解除后，所生女儿双方协商归被告抚养教育，既符合法律规定，也符合实情。本院准予双方就女儿抚养问题达成的协议，其理由是：(1)案件审结时女儿已近周岁，一直在父方家中生活，有条件抚养。(2)母方属未嫁之女，又无固定经济收入，带女再嫁对妇女和儿童都不利。(3)被告亦自愿承担全部抚养费。

（五）定案结论

江西省星子县人民法院根据《中华人民共和国婚姻法》第四条、第五条、第二十五条、第十九条、第三十条之规定，作出判决：

1. 原告陈燕要求与被告唐玉胜离婚，被告同意离婚，准予离婚；

2. 原、被告生育的女儿唐宝琴，由被告唐玉胜抚养教育。

（六）解说

本案的婚姻关系缘起于买来被拐骗的妇女，强迫就范，欺骗当地政府进行结婚登记，其婚姻关系是不合法的。该案难点在于：一不能以事实婚姻论处。因为一方当事人未达婚龄，虽领结婚证，也属违法，该结婚证没有法律效力；二不能以非法同居简单结案。因为同居期间确实违背妇女意愿，虽同居时间长达1年多，并生一女，但女方一直是在受监控中生活；三不能按强奸论。据已查实的证据证实，男方因求妻心切，法律知识淡薄，轻易上了人口贩子的当，以为用钱可以买妻，对拐卖妇女，违背妇女意愿没有认识，尽管用限制人身自由的方法违背原告意愿同居1年有余，但被告对用钱买来的原告是真诚想娶为妻子的。事后原告考虑到女儿抚养和被告态度，对被告予以谅解，不要求其承担刑事责任。按民事法律关系解决双方当事人的婚姻纠纷，判决离婚，既符合法律，也符合实际。

（赵经发）

4. 赵代美诉陈金友离婚案

(一)首部

1. 调解书字号:江苏省淮阴市中级人民法院(1994)淮法民初字第5号。

2. 案由:离婚。

3. 诉讼双方

原告:赵代美,女,1956年4月5日出生,汉族,江苏省宿迁市人,宿迁市罐头厂工人,住宿迁市宿城镇幸福村二组。

被告:陈金友,男,1923年3月25日出生,汉族,江苏省宿迁市人,台湾退役军人,住台湾省台东县池上乡福原村5邻中东二路1号。

诉讼代理人:王传良,男,汉族,宿迁市人,居民,住宿迁市宿城镇幸福路居委会。

4. 审级:一审

5. 审判机关和审判组织

审判机关:江苏省淮阴市中级人民法院。

合议庭组成人员:审判长:刘炳亮;代理审判员:杨常江、张勇。

6. 审结时间:1994年6月8日。

(二)诉辩主张

1. 原告赵代美诉称:1994年5月2日,原告经人介绍与台胞陈金友相识,5月5日双方在淮阴市人民政府领取了结婚证,5月13日举行婚礼。订婚时,陈金友赠送给原告金项链1条、金手链1条、金耳环1对、金戒指2只、台币1万元、手表1块。陈金友还说,台湾有存款,并可将原告带到台湾定居等。在金钱与花言巧语诱惑下,原告背着母亲、姐姐等亲人草率与陈金友成婚。因在宿迁无住房,婚后住在陈金友的侄曾孙陈茂全家。5月14日上午9时许,原告即遭到陈茂全之妻程霞的辱骂,陈金友也打了原告两个耳光。自此,原告被他们管制得失去了人身自由。5月26日,原告为了免受凌辱和威逼,跑到姐姐家避难。由于和陈金友婚前缺乏了解,未建立起夫妻感情,婚后常为生活琐事发生吵打,无法共同生活下去,根据《中华人民共和国婚姻法》第25条之规定,向淮阴市中级人民法院请求准予离婚。

2. 被告陈金友辩称:被告是1949年去台湾的,未婚。1994年4月25日返回宿迁探亲。经人介绍和赵代美相识。原告愿和被告结婚。1994年5月5日,在淮阴市政府领取了结婚证书,同月13日,举行了结婚仪式。结婚时,被告送给赵代美金手链1条,60克,价值人民币8760元;金项链1条,130克,价值人民币18980元;戒指2只,24.63克,价值人民币2463.25元;手表1块,价值台币2450元;台币1万元。婚后,赵代美生活极不检点,被告劝其正规生活、工作,她不仅不听劝告,反而携被告送给她的财产离家出走。她和被告结婚,动机不良,被告对她了解不够,没有感情基础,草率结婚,后悔莫及。现同意离婚要求,并要求退还所送财物。

(三)事实和证据

江苏省淮阴市中级人民法院经审理查明:

原告赵代美与被告陈金友(台胞)于1994年5月2日经人介绍相识,同月5日办理结婚登记手续,同月13日举行结婚仪式。结婚时,陈金友送给赵代美彩礼为:金项链、金手链各1条,金耳环1对,金戒指2只,赠与赵代美台币1万元,手表1块。同时,购置彩电、冰箱各1台。赵代美陪嫁大衣橱1只,五斗橱1只,写字台1张。同月26日,双方发生矛盾,赵代美的玉石项链1条(现已在赵处)、金耳环1对被陈金友强行留下。后赵代美到其姐姐家生活。赵代美并于1994年6月30日向淮阴市中级人民法院起诉。

上述事实有下列证据证明:

1. 原告赵代美起诉状及陈述;

2. 被告陈金友答辩状及陈述;

3. 台湾当局颁发的身分证(号码为V100836367),证明陈金友系台胞,生于1923年3月25日,住在台东县池上乡福原村5邻中东二路1号;

4. 涉台字第94005号结婚证,结婚双方为陈金友、赵代美;发证机关:淮阴市人民政府;发证日期:1994年5月5日;

5. 陈金友宣誓尚未结婚的宣誓书,以及经过台湾台东地方法院公证处公证人刘喜余认证的认证书(1994年2月16日在台湾台东地方法院公证处作成)。

(四)判案理由

江苏省淮阴市中级人民法院认为:双方当事人婚前缺乏了解,婚姻基础差,婚后未建立起夫妻感情,常为生活琐事发生吵打,难以共同生活下去。现赵代美起诉离婚,依法应予准许。

(五)定案结论

江苏省淮阴市中级人民法院依照《中华人民共和国婚姻法》第二十五条第二款和《中华人民共和国民事诉讼法》的有关规定,主持原告和被告调解,调解协议如下:

1. 原告赵代美与被告陈金友双方自愿离婚;

2. 金戒指2只、台币1万元、手表1块以及赵代美陪嫁的大衣橱、五斗橱、写字台等归赵代美所有(已在赵处)。金项链、金手链各1条、金耳环1对以及结婚时购置的彩电、冰箱各1台归陈金友所有(已在陈处)。

案件受理费500元,其他诉讼费500元,合计1000元由原、被告各负担500元。上述协议,符合有关法律规定,本院予以确认。

(六)解说

1. 这是一起较为特殊的涉台离婚案。双方当事人从相识到结婚仅有3天时间,可以看出双方婚前缺乏足够的了解,婚姻基础较差,双方在婚姻问题上缺乏慎重态度,属于草率结婚。而双方年龄相差33岁,差距较大,性格不合,婚后不久即为生活琐事发生吵打,难以共同生活下去。婚后20余天,赵代美即诉至法院要求离婚。根据最高人民法院《关于人民法院审理离婚案件如何认定夫妻感情确已破裂的若干具体意见》第二条"婚前缺乏了解,草率结婚,婚后未建立起夫妻感情,难以共同生活的,视为夫妻感情确已破裂。一方坚持要求离婚,经调解无效,可依法判决准予离婚"的规定,此案属于典型的草率结婚案件,依照《婚姻法》第二十五条第二款"人民法院审理离婚条件,应当进行调解,如感情确已破裂,调解无效,应准予离婚"的规定,淮阴市中级人民法院在调解和好不成的情况下,依法调解双方离婚是正确的。

2. 关于本案的财产问题。赵代美的陪嫁物、陈金友为结婚购置的财物归各自所有,这是没有异议的。对于陈金友赠与赵代美的金项链、金手链各1条、金耳环1对、金戒指2只、手表1块、台币1万元,根据《中华人民共和国民法通则》第七十二条第二款“按照合同或者其他合法方式取得财产的,财产所有权从财产支付时起转移”的规定,赵代美已取得这些财产的所有权。同时根据江苏省高级人民法院《关于审理离婚案件的一些具体问题》第十四条“属于赠与性质的彩礼,一般不得追索返还”的规定,陈金友要求返还没有法律依据。但本案经调解,赵代美自愿返还陈金友金项链、金手链各1条、金耳环1对,根据《中华人民共和国民法通则》第七十一条”财产所有权是指所有人依法对自己的财产享有占有、使用、收益和处分的权利”的规定,赵代美处分赠与所得的财产,返还部分给陈金友,也是符合法律规定的。

3. 关于本案的管辖。根据江苏省高级法院《关于审理离婚案件一些具体问题》第三十条的规定:离婚的当事人双方或一方是港、澳、台同胞的,不属涉外案件,鉴于其特殊地位,可以参照民诉法第五编和其他有关规定审理。根据当地当时涉外案件还不多的实际情况,这类案件一般可由中级人民法院作一审。本案被告陈金友确系台胞,此案由淮阴市中级人民法院作为一审,是符合上述规定的。

(李 涛 杨常江)

5. 柯惠芬诉王大伟离婚案

(一)首部

1. 判决书字号:江苏省仪征市人民法院(1994)仪民初字第3号。

2. 案由:离婚。

3. 诉讼双方

原告:柯惠芬,女,1948年12月22日出生,汉族,浙江省宁波市人,仪征市化纤工业联合公司职工,住仪征化纤工业联合公司生活区沿河二村42栋306室。

被告:王大伟,男,1948年6月1月出生,汉族,山东省临沂县人,住美国洛杉矶。

4. 审级:一审。

5. 审判机关和审判组织

审判机关:江苏省仪征市人民法院。

合议庭组成人员:审判长:潘德松;审判员:徐萱;代理审判员:彭辉。

6. 审结时间:1994年10月8日。

(二)诉辩主张

1. 原告诉称:原告与被告王大伟于1975年4月登记结婚,婚后夫妻感情较好,并生有一子。被告王大伟于1985年1月离开仪征化纤工业联合公司(停薪留职4年)自费赴美国留学。被告赴美后,起初与原告书信往来频繁,但1年后,信件日见稀少,甚至一年半载才写一封信,且内容很少,敷衍了事,毫无夫妻感情可言。后经了解,被告人王大伟已和一名台湾美籍妇女同居。1988年,被告人王大伟获得硕士学位,并成为美国一家电脑公司研究部的工程师。不久,他买了1幢价值18万美元的房子,并办理了绿卡,取得了长期居住权。被告人王大伟自赴美以后对原告母子不闻不问,甚至不让原告母子出国探亲。为弥合感情裂痕,原告多次委托同事、亲友去美做被告王大伟的工作，均无结果。1990 年 8 月，在律师的调处下，原告与被告签订了离婚协议，但王大伟没有回国，未能办理离婚手续。被告王大伟长期居住美国，致使原、被告双方夫妻关系名存实亡。现要求：(1)与被告王大伟离婚。(2)双方所生之子王多由原告抚育，被告每月负担抚育费 150 美元。(3)家庭在国内的财产归原告所有。

2. 被告王大伟在签收法院送达原告起诉状副本以后未在法律规定期限内提出书面答辩。

（三）事实和证据

江苏省仪征市人民法院于 1994 年 2 月 3 日受理此案后，经公开开庭审理查明：原告柯惠芬与被告王大伟于 1975 年 4 月 3 日登记结婚，婚前自由恋爱，婚后感情较好，并生有一子王多，现年 17 岁。1985 年 1 月，被告王大伟离开工作单位仪征化纤工业联合公司(停薪留职 4 年)，自费赴美国留学。被告赴美后开始一段时间，书信往来不断。被告在给原告的信中曾经表示，待学成以后，回国到上海经营电脑公司；并希望原告及双方所生之子王多要努力学好英语，以后可以派上用场。但 1 年以后，被告给原告的书信越来越少，且信的内容简单敷衍，语言日趋冷漠。1987 年，被告王大伟在美国申请办理离婚手续。此间，原告数次写信给被告，要他珍惜夫妻感情，但被告不予理会，偶尔给原告回信也只有几句客套话。与此同时，原告还通过亲友前往美国多次做被告的工作，被告亦未能回心转意。至此，原告深感夫妻感情和好无望，遂于 1990 年 8 月 23 日，在仪征市第一律师事务所律师的协助下，以书函方式与原告签订了离婚协议书。协议约定：(1)双方同意离婚。(2)双方所生之子王多由原告抚育，被告每月给付抚养费美元 150 元；王多成年后是否移居美国，由其自己决定。(3)双方婚姻存续期间的共同财产依目前各自实际占有的情况归本人所有。协议签订后，双方签字，美国的地方公证部门作了认证，但后因被告未回国办理离婚登记，致双方离婚协议无效。1991 年 7 月，原告起诉至仪征市人民法院，要求与被告离婚。法院审理此案期间，原告收到被告寄给的美国法院判决原、被告离婚的判决书影印件，原告即向扬州市中级人民法院申请承认美国法院的判决，并向仪征市人民法院申请撤回起诉，法院以(1992)仪民字第 68 号裁定书准予原告柯惠芬撤回起诉。此后，扬州市中级人民法院以没有美国判决书的正本及中文译本为由，没有受理原告对美国法院判决承认的申请。1994 年 2 月，原告再次向仪征市人民法院起诉，坚决要求与被告王大伟离婚，儿子王多由原告抚育，被告每月给付抚育费 150 美元，并要求分割夫妻在国内的财产归原告所有。

另查明，被告王大伟自 1989 年以来陆续寄给原告美金合计 5000 元；本案审理过程中，双方所生之子王多向法院明确表示愿意随母柯惠芬生活。

上述事实有下列证据证明：

1. 原、被告结婚证明(路云字第 91 号)；

2. 原告谈话笔录及被告的书信；

3. 原、被告 1990 年在律师主持调解下达成的离婚协议书；

4. (1992)仪民字第 68 号裁定书；

5. 未经承认的在我国不具有法律效力的美国法院作出的离婚判决书影印件；

6. 原、被告所生之子王多表示随原告生活的书面声明。

（四）判案理由

1. 被告王大伟长期居住在国外，原告柯惠芬系中华人民共和国公民，根据《中华人民共和国民法通则》第一百四十七条和最高人民法院《关于贯彻执行〈中华民共和国民法通则〉若干问题的意见(试行)》第一百八十八条之规定,涉外离婚案件适用我国法律。

2. 美国法院判决原、被告离婚的判决在我国无法律效力。仪征法院第一次审理此案过程中,原告出示了被告王大伟寄给她的美国法院判决原、被告离婚的判决书影印件;被告王大伟也多次写信给案件承办人要求按美国法院判决书执行。但原、被告未根据《中华人民共和国民事诉讼法》第二百六十七条的规定,向我国有管辖权的人民法院申请承认,故该判决在我国不具法律效力,原、被告仍为合法夫妻关系。现原告柯惠芬向仪征市人民法院提起离婚诉讼,应根据我国有关法律,以及夫妻之间权利、义务平等原则,依法保护原、被告的合法权益。

3. 原、被告夫妻感情确已破裂。《中华人民共和国婚姻法》第二十五条第二款规定:人民法院审理离婚案件,应当进行调解;如感情确已破裂,调解无效,应准予离婚。被告王大伟自1985年留学美国以后不久,即不珍惜双方多年夫妻感情,与一名台湾美籍妇女同居,对原告逐渐冷淡,直至在美国法院起诉与原告离婚。此间,原告试图破镜重圆,多次写信或委托亲友到美国做被告的工作,但被告王大伟均未能回心转意。此后,原告柯惠芬也深感夫妻感情名存实亡、和好无望,遂达成了离婚协议。现原告决意向法院起诉,要求与被告离婚。据此,原、被告感情确已破裂,应准予离婚。

4. 原、被告所生之子王多应由原告抚育。本案审理过程中,原、被告均表示要抚育王多。根据最高人民法院1993年11月《关于处理夫妻离婚后子女抚育问题的意见》第五条规定:父母双方对10周岁以上的未成年子女随父或随母生活发生争执的,应考虑子女的意见。王多现年17岁,属限制行为能力的人,与其智力相适应,能够明确表示自己愿意跟谁生活。为此,法院征求了王多的意见,王多书面表示随母(原告柯惠芬)生活。至于王多的抚育费问题,被告王大伟在1990年8月与原告达成的离婚协议上明确表示每月给付150美元(约折合人民币1000元),此后,被告按约履行并未再提出异议,法院可以按此标准判决被告给付子女抚育费。对于今后抚育费执行的问题,原告柯惠芬当庭表示,几年来,被告没有中断过寄抚育费,今后即使被告不给抚育费,原告表示亦可放弃。

5. 双方的财产分割问题。原、被告在国内的家庭财产,原告向法院提供了清单,被告王大伟在收到原告起诉状副本后,对此未提出争议。原告诉称被告王大伟在美国拥有18万美元的房产,但未能举证。原、被告在1990年离婚协议中对家庭财产分割作如下约定:"王大伟和柯惠芬婚姻存续期间的共同财产依目前各自实际占用的情况,在谁处的财产就归谁有。"此案审理中,原告亦明确表示,双方婚姻存续期间在国内的家庭财产归其所有,而对被告在美国的财产表示放弃。对此,法院可以采纳。

(五)定案结论

在查明事实,分清是非的基础上,江苏省仪征市人民法院依据《中华人民共和国婚姻法》第二十五条、第二十九条第二款、第三十条第一款、第三十一条和《中华人民共和国民事诉讼法》第一百三十条的规定,判决如下:

1. 准予原告柯惠芬与被告王大伟离婚。

2. 双方所生孩子王多,由原告柯惠芬负责抚育;被告王大伟自1994年9月份起按月给付原告子女抚育费人民币1000元,至王多独立生活时止。

3. 原、被告双方夫妻共同财产中,现在国内的财产,归原告柯惠芬所有;现在美国的财产，归被告王大伟所有。

本案受理费人民币 50 元，其他诉讼费用人民币 200 元，计人民币 250 元，由原告柯惠芬负担。

（六）解说

1. 对与我国没有司法协助协议的美国法院判决申请承认问题。

根据《中华人民共和国民事诉讼法》第二百六十七条规定，对外国法院作出的发生效力的判决，需要由中华人民共和国人民法院承认和执行的，可以由当事人直接向中华人民共和国有管辖权的中级人民法院申请承认和执行。申请承认应适用最高人民法院 1991 年 7 月 15 日第 503 次审判委员会会议讨论通过的、于 1991 年 8 月 13 日通知执行的《关于中国公民申请承认外国法院离婚判决程序问题的规定》〔简称“法（民）（1991）21 号”〕第一条第二款和第五条的规定向江苏省扬州市中级人民法院申请承认；原告虽然向扬州中院申请承认，但未依法提供有关证件。扬州中院未予受理。因此，美国法院对原、被告离婚的判决在中国无法律效力。

2. 被告王大伟无正当理由拒不到庭应诉的问题。

江苏省仪征市人民法院曾两次审理此案，并依法向长期居住美国的被告王大伟送达原告柯惠芬起诉状副本和应诉通知书。被告王大伟收到上述法律文书后，既不向法院提供本人对离婚及与之相关问题的意见书，又不按传唤通知书要求回国到庭参加诉讼。为此，江苏省仪征市人民法院在查明事实，分清责任后，依据《中华人民共和国民事诉讼法》第一百三十条之规定作出缺席判决。被告王大伟接到判决书后，在宣判笔录和送达证上签了字、按了手印，未表示上诉。仪征市法院经鉴定无误后，确认法院对此案的判决已经发生法律效力，并按照最高人民法院 1991 年 10 月 24 日下发的《关于第一审离婚判决生效后应予出具证明书的通知》〔简称“法（民）（1991）32 号”〕，向原告柯惠芬送达了（1994）仪民初字第 3 号判决生效证明书。

3. 本案的处理结果和社会效果。

本案的实体处理体现了依法、公正、合理的原则。首先，依法保护了妇女、儿童的合法权益。在离婚问题上，原告柯惠芬终于通过法律手段解除了与被告王大伟多年的名存实亡的夫妻关系，摆脱了精神痛苦。此案判决后不久，原告柯惠芬手持此案的判决书，与一同事到婚姻登记部门办理了结婚登记，重新组成了一个美满幸福的家庭。在家庭财产上，原、被告在国内的家庭财产，全部判归原告所有，既尊重了原、被告双方的意愿，又维持了家庭财产的现状，保护了原告柯惠芬的合法权益。在双方子女的抚育上，法院征求了双方所生之子王多的意见，将其判归原告抚育，保护了儿童的合法权益。其次，对双方离婚的处理，依据我国的有关法律作出裁判，对当事人提供的而未按我国法定程序申请承认的美国法院的判决，人民法院不承认其效力，从而体现了我国司法主权原则，维护了法律的严肃性。

（董志诚　王玉飞）

6. 李简深诉尹小广离婚案

(一)首部

1. 判决书字号:广东省龙门县人民法院(1994)龙县民初字第9号。

2. 案由:离婚。

3. 诉讼双方

原告:李简深,女,36岁,汉族,龙门县人,龙门县物资金属公司职工,住龙城镇新光路33号。

被告:尹小广,男,40岁,汉族,龙门县汽车大修厂职工,住龙城镇环城南路县政府宿舍302号。

法定代理人:尹凤仪(系被告父亲),男,龙门县政协办公室离休干部,住址同上。

4. 审级:一审。

5. 审判机关和审判组织

审判机关:广东省龙门县人民法院。

合议庭组成人员:审判长:罗水烈;审判员:游卫东;代理审判员:邓秀芳。

6. 审结时间:1994年7月16日。

(二)诉辩主张

1. 原告诉称:原告与被告结婚约10年。被告患精神病,经长期住院治疗至今无法治愈。原告现带着小孩另租房住,生活无着落,要求与被告离婚。

2. 被告法定代理人辩称:被告在"文化大革命"期间就患了精神病,至今仍未治愈。现原告提出与被告离婚和抚养小孩的要求,表示同意。被告今后的生活和医疗费用由法定代理人负担,愿意每月付给原告150元作为原、被告儿子尹宇清的抚养费。

(三)事实和证据

龙门县人民法院受理本案后,经公开开庭审理查明:被告于1973年起患精神分裂症,经治疗病情好转后与罗松娣结婚。1980年1月,生育一男孩尹宇衡(由被告母亲抚养)。1982年被告精神病复发,罗松娣与被告离婚。1983年8月间,原告经他人介绍与被告相识恋爱,同年12月24日登记结婚。婚后夫妻感情尚好,生育一男孩尹宇清,现年7岁。双方于婚姻关系存续期间购置一些生活用品。小孩出生后,被告精神病复发,曾多次到广州、惠州的精神病医院医治,未见效果,现仍在惠州精神病医院治疗。1987年10月8日原告做了绝育手术。原告于1994年4月20日向法院起诉,要求与被告离婚和抚养小孩尹宇清。被告因病未到庭参加诉讼,由其父作为法定代理人到庭应诉。

上述事实有下列证据证明:

1. 原告提供的结婚证明书;

2. 惠州市精神病医院证明被告患精神病的证明书。

(四)判案理由

被告长期患精神病,久治不愈。依照最高人民法院《关于人民法院审理离婚案件如何认定夫妻感情确已破裂的若干意见》的司法解释第三条之规定，原告坚决要求离婚，经调解无效，视为夫妻感情确已破裂，且被告法定代理人也表示同意双方离婚，应准予原、被告离婚。

被告长期患病，无法照顾小孩，且原告已做绝育手术，依照最高人民法院《关于人民法院审理离婚案件处理子女抚养问题的若干具体意见》第三条第(一)项、第(四)项之规定，双方所生小孩尹宇清由原告抚养为宜。被告法定代理人表示同意尹宇清由原告抚养，并愿意承担每月支付150元子女抚育费。但原告认为被告长期住院治病，生活困难，子女抚育费她愿意自行承担。

(五)定案结论

广东省龙门县人民法院根据《中华人民共和国婚姻法》第二十五条、第二十九条、第三十一条的规定，作出如下判决：

1. 准予原告李简深与被告尹小广离婚。

2. 婚生小孩尹宇清由原告李简深负责抚养。

3. 在原告住房内的1张木床归原告李简深所有；其余的1张木床和2个衣柜归被告尹小广所有。

案件受理费、诉讼费200元，由原告李简深负担。

(六)解说

在审判实践中，人民法院审理一方为精神病人的离婚案件，其最大难点往往是精神病人一方的法定代理人，把对方要求离婚的行为看作是“甩包袱”，因而坚决不同意离婚，并推诿对精神病人的监护责任。法院在本案的审理过程中，按照《婚姻法》关于婚姻自由的原则规定和有关司法解释的规定，对法定代理人进行了法制宣传教育，从而使法定代理人不但同意原、被告离婚，且同意孩子尹宇清由原告抚养，并愿意承担孩子的抚育费用，还表示全部承担对被告的监护责任和负担医疗费用。由是使本案在互谅互让的气氛中，顺利而正确地得到处理。

(邓秀芳)

7. 李振峰诉万桂英离婚继续扶养案

(一)首部

1. 判决书字号

一审判决书：河北省景县人民法院(1992)景法民字第89号；

二审判决书：河北省衡水地区中级人民法院(1994)衡民终字第50号。

2. 案由：离婚(继续扶养)。

3. 诉讼双方

原告(被上诉人)：李振峰，男，27岁，汉族，景县梁集乡五门村农民。

被告(上诉人)：万桂英，女，29岁，汉族，景县梁集乡五门村农民。

诉讼代理人：万厚江，男，37岁，汉族，景县孙镇乡万庄村农民，系万桂英之三哥。

4. 审级：二审。

5. 审判机关和审判组织

一审法院：河北省景县人民法院。

合议庭组成人员：审判长：张洪信；代理审判员：李景坤、王炳茹。

二审法院：河北省衡水地区中级人民法院。

合议庭组成人员：审判长：张明章；审判员：李兰荣、袁玲稳。

6. 审结时间

一审审结时间：1992 年 11 月 1 日；

二审审结时间：1994 年 5 月 16 日(因案情复杂，经院长批准延期审理)。

(二)一审情况

1. 一审诉辩主张

(1)原告诉称：被告长期患病卧床不起，久治不愈，生活不能自理，使原告无法过正常人的生活，为了今后的生活，要求与被告离婚。如离婚，由其哥扶养更好，如不能扶养的话，由原告扶养。原告抚养孩子，抚养费自理。

(2)被告辩称：不同意离婚，不能因为一时有病就提出离婚。同时，要求原告付给药费和护理费 10 万元。

2. 一审事实和证据

该案经河北省景县人民法院审理查明：

原、被告于 1987 年 7 月经人介绍登记结婚，婚后感情一般，1989 年收养一女孩，取名李娜。被告 1990 年 6 月患病，1990 年 7 月 14 日至 8 月 12 日经衡水地区医院诊断为：结核性脑膜炎后遗症。经景县法医门诊鉴定，亦确定为同样症状。现被告不能起床，生活不能自理，大小便失禁。在被告长期患病期间，原告及家人对被告精心医疗和护理，尽到了一定责任。

上述事实有下列证据证实：

(1)开庭笔录；

(2)医院诊断证明及法医鉴定；

(3)调查证人笔录。

3. 一审判案理由

(1)被告长期患病期间，原告及家庭成员对被告精心照顾和护理，已尽到一定的责任。被告的病情仍未痊愈，考虑到原告今后的生活和被告的病况，应准许双方离婚。

(2)原告有抚养能力。万厚江已结婚，有抚养其妹的条件。

4. 一审定案结论

河北省景县人民法院依据《中华人民共和国婚姻法》第二十五条第二款，第二十九条第二款、第三十二条的规定，作出如下判决：

(1)准予李振峰与万桂英离婚。

(2)李振峰自愿抚养养女李娜，并承担抚养费。

(3)万桂英由其兄万厚江抚养，李振峰每季度初付给万桂英生活费 150 元，直至独立生活止。被告取回在原告处的个人物品。

诉讼费及其他诉讼费用 72 元，原告自愿负担。

(三)二审诉辩主张

1. 上诉人(原审被告人)称：(1)上诉人与被上诉人系自由恋爱，婚前婚后感情很好。根据婚姻法规定，夫妻有互相扶养的义务，现上诉人因病生活不能自理，被上诉人却不顾夫妻之情，不尽法定义务，在对上诉人居住、生活没有给予适当安排的情况下提出离婚于法不合，于理不通。(2)如判决离婚，被上诉人应当对上诉人的居住、生活给予适当安排，一审只判决被上诉人每季度付给上诉人生活费150元，这不能满足上诉人的衣、食、药费等花费，况且对上诉人的居住亦未做安排。(3)婚姻法规定，有负担能力的兄姊，对于父母已经死亡或父母无力抚养的未成年弟妹，有抚养的义务。所以，一审法院判决由万厚江抚养上诉人，没有法律依据。据上，上诉人要求不与被上诉人离婚，如判离婚，上诉人今后的衣、食、病花费及护理、居住由被上诉人承担，请求中级法院依法维护一个失去生活能力人的合法权益。

2. 被上诉人(原审原告人)辩称：(1)与上诉人是经人介绍相识的，婚前婚后感情一般，现与上诉人已无共同语言了，感情已破裂。(2)上诉人在结婚不到2年的时间患病，被上诉人千方百计为其治病，已花去近万元医疗费，所做的一切尽了应尽的义务，符合法律和社会公德。在其病情稳定，不能痊愈的情况下才提出离婚。上诉人不能过正常人的生活，被上诉人无法与其在一起生活，被上诉人愿承担部分扶养费用。(3)上诉人是无行为能力人，其兄万厚江是监护人，照顾被监护人的生活是监护人的职责，万厚江作为上诉人亲兄长，应对上诉人尽点义务，由其兄将上诉人接回家，有利于上诉人今后的生活。据此，请求维持原判。

(四)二审事实和证据

河北省衡水地区中级人民法院经阅卷调查审理认为景县人民法院认定事实正确，证据充分。

上述事实有下列证据证实：

1. 阅卷笔录；

2. 调查笔录；

3. 开庭笔录。

(五)二审判案理由

1. 上诉人患病，虽经被上诉人多方求医诊治以及被上诉人一家精心照顾、护理，但由于上诉人所患之病属疑难重症，不能治愈，被上诉人以此为由提出离婚应视为夫妻感情破裂。

2. 被上诉人在上诉人之兄不愿扶养上诉人的情况下，多次口头、书面向法院表示对上诉人的生活予以照料、并负责上诉人的生养死葬，中级法院认为应对此予以尊重并采纳。

(六)二审定案结论

二审法院依据最高人民法院《关于人民法院审理离婚案件如何认定夫妻感情确已破裂的若干具体意见》之规定，尊重并采纳了被上诉人的请求，作出如下判决：

1. 维持景县人民法院(1992)景法民字第89号民事判决第(1)、(2)条。

2. 撤销景县人民法院(1992)景法民字第89号民事判决第(3)条。

3. 被上诉人自愿护理、扶养上诉人并承担上诉人今后的一切费用，予以准许。

一、二审案件受理费及其他诉讼费用各72元均由被上诉人负担。

(七)解说

本案纠纷的实质是丧失劳动能力、生活不能自理的人离婚后，由谁扶养的问题。

本案二审法院用判决的方式准予李振峰与万桂英离婚后继续扶养万桂英，从判决结果看，这是一种特殊的结案方式，下面对本案作几个问题的阐释。

1. 应否准许双方离婚。从李振峰与万桂英婚姻基础看，双方系自由恋爱，婚姻基础不错。1990年万桂英患病后，李振峰及其家人积极为其治疗，在医院确诊万桂英系结核性脑膜炎后遗症后，李振峰及家人仍千方百计、四处寻医问药，前后两年李振峰为万桂英治病花费近万元，无论从法律上讲还是从道德上讲，李振峰都尽了应尽的义务。但万桂英的病情仍无好转，偏瘫、大小便失禁、言语表达不清。一个完美的婚姻，除了有婚前感情作基础外，还需要婚后双方在共同生活中互相帮助、体贴、不断交流思想，增进感情，但对李振峰夫妇来说，已成为不可能。李振峰在非常痛苦的情况下，向法庭提出了离婚的请求。一、二审法院根据万桂英的病情及双方婚姻现状、离婚理由，认为本案属于最高人民法院《关于人民法院审理离婚案件如何认定夫妻感情确已破裂的若干具体意见》第十四条意见"因其他原因导致夫妻感情确已破裂的"情况，应准予双方离婚。

2. 万桂英离婚后依法应由谁扶养。万桂英父母均已故去，有兄妹6人。而兄弟姊妹是旁系血亲，相互间一般没有抚养的权利和义务，我国法律规定兄弟姊娣间抚养是有条件的，《婚姻法》第二十三条规定："有负担能力的兄、姊，对于父母已经死亡或父母无力抚养的未成年的弟、妹，有抚养的义务。"最高人民法院1984年《关于贯彻执行民事政策法律若干问题的意见》第二十六条规定：由兄、姐抚养长大的有负担能力的弟、妹，对丧失劳动能力，孤独无依的兄姐，有抚养的义务。根据本案看万桂英之兄姊对万桂英没有法定的抚养义务，一审法院判决万厚江抚养万桂英，虽然符合伦理道德的要求，却没有法律依据。

《婚姻法》第三十三条规定："离婚时，如一方生活困难，另一方应给予适当的经济帮助。"最高人民法院《关于贯彻执行民事政策法律若干问题的意见》第十四条规定："离婚时，一方生活确有困难的，根据婚姻法第三十三条的规定，另一方应给予适当的经济帮助。一方年轻有劳动能力，生活暂时有困难的，另一方可给予短期或一次性的经济帮助；结婚多年，一方年老病残、失去劳动能力而无生活来源的，另一方应在居住和生活方面，给予适当的安排。"从上述有关法律规定看，李振峰对万桂英离婚后的生活有进行适当安排或给予经济帮助的责任，而无扶养的义务。如万桂英这样的情况，即结婚时间不长，子女未成年，因病或意外事故丧失生活自理能力又无生活来源的人，离婚后应该由谁扶养，法律上目前尚无具体规定。

3. 判决万桂英离婚后由李振峰扶养是司法实践中的一个尝试。一审法院判决后，万桂英(实际上是万桂英之兄万厚江)不服，上诉于二审法院。二审法院在审理中调解，李振峰与万厚江在扶养万桂英的问题上达成了协议，即李振峰在原判每月给付万桂英50元扶养费的基础上增加到60元，在法院送达调解书时，万厚江反悔，二审法院审判委员会讨论认为，万厚江不同意扶养万桂英而拒收调解书，如法院判决由其扶养，涉及将万桂英接回扶养的问题，恐怕难以执行，而且对万桂英生活及身体不利，社会效果不好。经过审委会再三研究，决定由承办人给李振峰做工作，暂缓离婚，一方面由其继续为万桂英治病，一方面想法对万桂英的生活进行适当的安排。当承办人给李振峰做工作时，其又一次提出如判离婚，其愿照顾、扶养万桂英，并承担其今后的一切费用。审委会对该案再次研究时，充分考虑了李振峰的意见，认为李振峰在一、二审法院审理期间，多次以口头、书面的形式提出扶养万桂英的意见，其态度是诚恳的，其家人亦表示同意李振峰的意见，结合平时李振峰及家人对万桂英的态度，认为李振峰扶养万桂英是可行的。于是，审委会研究决定，准予双方离婚，李振峰自愿护理、扶养万桂英并承担万桂英今后的一切费用，予以准许。在目前对万桂英离婚后由谁扶养无法律规定的情况下，二审人民法院对该案的处理，是司法实践中一次成功的尝试，既保护了当事人婚姻自由的权利，又为丧失劳动能力、生活不能自理的一方当事人提供了可靠的生活保障。

4. 社会效果。李振峰离婚后继续扶养万桂英，在当地群众中引起了很大的反响，纷纷称赞李振峰这种高尚的思想品德，景县宣传部、电视台还将李振峰的行为作为社会主义精神文明建设中的典范加以赞扬。李振峰扶养万桂英并没有成为其再婚的障碍，二审法院判决后，李振峰再续良缘，而且在再婚后对万桂英继续加以关心照顾。

5. 李振峰今后对万桂英不再扶养怎么办。李振峰今后对万桂英不再抚养，这只是一种假设，但这种假设中，却包含着一个法律问题，即对李振峰这种无法定义务而自愿承担的义务，当其不履行时，法院可不可强制执行。

二审法院对李振峰离婚后扶养万桂英的判决不同于当事人履行法定义务的判决。第一，二审法院准予李振峰履行扶养万桂英义务的判决，无法律依据。而对其他当事人履行义务的判决，法院是依法作出的，比如，法院对不尽赡养义务的子女判决其对父母尽赡养义务，是因为婚姻法规定了子女对父母有赡养扶助的义务，同时婚姻法还规定了子女不履行赡养义务时，无劳动能力或生活困难的父母有要求子女付给赡养费的权利。第二，二审法院的判决是对李振峰自愿扶养万桂英的确认和准许的判决。而法院对其他当事人的判决只是将当事人未履行的法定义务，用判决书的形式，将抽象的原则性的法定义务，用一定数量的财物或某种特定的行为数额化、特定化，使这种法定义务具有可操作性。

从上述分析可以看出，法院对本案的判决与其他判决是有区别的。众所周知，人民法院制作的生效的判决书，是法院强制执行的依据之一，判决书中所确定当事人应该履行的义务，当事人应该自动履行，否则就要强制执行。而对本案的判决，也就是说当李振峰对万桂英不尽扶养义务时，法院能否强制执行？答案应该是肯定的，第一，李振峰自愿扶养万桂英是在人民法院审理双方离婚案件时，李振峰作为一种处理纠纷的意见向法院提出的，人民法院是国家的审判机关，李振峰向人民法院作出的这种“承诺”不同于其向其他个人或组织作出的“承诺”，这种“承诺”本身必须是严肃的可行的，作为承诺者本人，必须严格履行自己的诺言。第二，法院对李振峰提出的扶养万桂英的意见是用判决书的方式予以采纳、确认的，判决书是人民法院代表国家行使审判权，依照国家法律的规定处理诉讼案件，具体适用国家法律的结果，判决书是以国家的强制力来保证其执行的，因而具有明显的法律效力或者法律意义。从这个意义上讲，离婚后李振峰虽无扶养万桂英的法定义务，但其自愿扶养万桂英的意见既然被法院用判决书的形式确认下来，就具有了法律效力，所以，如李振峰不履行时，法院就有权强制其履行自己的承诺。当然，如果李振峰今后劳动能力、生活条件发生变化，无力扶养万桂英时，其有权请求人民法院变更对万桂英的扶养。

（孙峻山　窦彩霞　蒋宝霞）

8. 刘乾坤（释寂量）诉卢应辉离婚案

（一）首部

1. 调解书字号：四川省武胜县人民法院（1994）法民初字第 1053 号。

2. 案由：离婚。

3. 诉讼双方

原告:刘乾坤,法名:释寂量,女,70 岁,汉族,现暂住武胜县沿口镇下东街建筑公司宿舍。

被告:卢应辉,男,62 岁,汉族,住武胜县清平乡七村。

4. 审级:一审。

5. 审判机关和审判组织

审判机关:四川省武胜县人民法院。

独任审判:审判员:曹正华。

6. 审结时间:1994 年 11 月 28 日。

(二)诉辩主张

1. 原告诉称:原告于 1942 年出家为尼僧,法名释寂量。多年吃斋念佛于武胜县永寿寺内。在"文化大革命"十年浩劫中,原告被迫离庙还俗,与卢应辉结婚。由于原告自幼信奉佛教到庙出家,还俗乃形势所迫。中共十一届三中全会以后,恢复了国家的宗教政策,原告立志继续信奉佛教,去佛教寺庙继续为僧。80 年代初期,原告只身离开丈夫卢应辉到彭县①,先后在三昧水、白云庵、圣赜等寺庙挂单,削发为尼。每日吃斋、诵经、礼佛修行至今。10 多年来,原告从未回卢家,事实上与卢应辉早已不存在俗家夫妻关系。现在,武胜县政府落实宗教政策,决定恢复永寿寺庙,武胜信众派代表去彭县邀原告回家乡协助工作。原告恳请人民法院准予原告与被告解除婚姻关系,以使原告得以名正言顺地恢复原告出家僧人的身分。

2. 被告辩称:原告诉状中写的都是事实,原告本是出家人,被告同意离婚。

(三)事实和证据

四川省武胜县人民法院于 1994 年 11 月 26 日受理本案后,经公开开庭审理查明:

原告刘乾坤(法名释寂量)于 1942 年出家为尼僧,在武胜县永寿寺内吃斋念佛多年。1965 年"文革"初期"横扫牛鬼蛇神,破四旧立四新"时,原告被赶出庙门,送回原籍(武胜县清平乡)。当时原告孤身一人,无依无靠,经人介绍与被告卢应辉相识、结婚。婚后夫妻感情很好,未生育子女。原告在与被告结婚后,与被告一同将被告前妻所生的 3 个未成年子女抚养成人。1985 年,原告应武胜县沿口粮站聘请,离家外出做豆腐干,后又到成都市做豆腐干。1987 年原告重新出家,在彭县丹景山圣迹寺为尼僧。原告自 1985 年离家后,一直未回过家,也未与被告通信。1994 年武胜县落实宗教政策,决定修复永寿寺。武胜县信众派代表去彭县将原告接回武胜协助做佛教工作。原告回到武胜县后,为恢复其僧人身分,于 1994 年 11 月 26 日向武胜县人民法院起诉,要求与被告卢应辉离婚。

上述事实有下列证据证明:

1. 原告、被告的陈述;

2. 知情人关于刘乾坤年轻时出家为尼、"文革"中被赶出庙门后与卢应辉结婚、1985 年外出做豆腐干后一直未回家、1994 年被武胜县佛教信众代表接回武胜协助佛教工作等经历的证词。

(四)判案理由

原告年轻时出家,一心向佛,1965 年"文革"初期由于众所周知的原因,被赶出庙门,孤

---

① 彭县现已改名为彭州市。

身一人，无家可归。在此情况下，原、被告经人介绍相识结婚。原、被告结婚后虽然能和睦相处，但原告一生事佛的信念一直未动摇。1985年离家外出后不久，即在彭县削发为尼，坚持吃斋、诵经、礼佛至1994年被武胜信众请回本县协助佛教工作。从1985年至今，原、被告已分居近10年，现原告提出离婚，被告亦同意离婚，符合婚姻法规定的离婚条件。

（五）定案结论

四川省武胜县人民法院受理本案后，经开庭审理，主持双方当事人调解，达成了如下协议：

1. 原告刘乾坤与被告卢应辉自愿离婚。

2. 夫妻共同财产归被告卢应辉所有。

武胜县人民法院确认了上述协议。①

（六）解说

本案从表面上看，是一件十分平常的离婚案件。但本案的产生和结果的圆满，却有极不平凡的一面。首先，原告从尼僧到被赶出庙门，被迫还俗，为了生活又勉强结婚的遭遇，本身就是对“文革”十年浩劫的控诉；其次，原告刘乾坤向武胜县人民法院起诉离婚仅2天，武胜县人民法院即开庭审理，调解结案，准予双方当事人离婚，并免除了本案的全部诉讼费用。人民法院及时、正确地审结本案，一方面依法解除了原、被告间的婚姻关系，使原告能名正言顺地恢复尼僧身分，为武胜县的佛教工作贡献力量；另一方面，也体现了在20世纪90年代的中国，信仰已能完全自由，人权受到尊重和法律的保护，国家法制比过去已有了长足的进步。

（刘亚林）

9. 王秀英诉范千政财产分割案

（一）首部

1. 判决书字号：湖南省衡阳市中级人民法院（1994）衡中民初字第26号。

2. 案由：财产分割纠纷。

3. 诉讼双方

原告：王秀英，女，1955年10月18日出生，汉族，无业，租住衡阳市郊和平乡联合六队。

诉讼代理人：陈玉林，湖南省衡阳市城南区律师事务所律师。

诉讼代理人：陈海波，湖南省衡阳市第一律师事务所律师。

被告：范千政，男，1959年7月12日出生，汉族，衡阳市台联实业开发公司职工，现承包广东省深圳市定安区国境源开发公司大山厂场，现住该石场。

诉讼代理人：廖洪俊，衡阳市第三律师事务所律师。

4. 审级：一审

5. 审判机关和审判组织

---

① 四川省武胜县人民法院免收本案全部诉讼费。

审判机关：湖南省衡阳市中级人民法院。

合议庭组成人员：审判长：任志恒；代理审判员：韩长明、陈红。

6. 审结时间：1994 年 5 月 2 日。

（二）诉辩主张

1. 原告王秀英诉称：原、被告原系夫妻关系，婚后购置了房屋、家具等财产，存款数十万元。1993 年 8 月，被告在其老家数次毒打原告，逼迫原告与其离婚。原告被迫在离婚协议上签了字，值钱的财产归了被告，不值钱的财产归原告所有。为了保护自身的合法财产不受侵犯，故诉至法院。请求：(1)宣布所谓的《和平离婚附属协议书》和《公证书》无效；(2)依法查清和分割原告与被告婚姻关系存续期间的共同财产。

2. 被告范千政未作答辩。

（三）事实和证据

湖南省衡阳市中级人民法院经审理查明：原告王秀英与被告范千政于 1976 年登记结婚。1984 年以后，双方到湖南江华县等地承包建筑工程，8 年来，共承建了 10 余处工程，工程总额为 300 万元，获利 27 万余元。1987 年 11 月，原、被告共同购置衡阳市迎宾路 16 号 101、102 号商品房 2 套，价值 58000 余元。1991 年 11 月，被告以自己的存折作抵押，向银行贷款 10 万元作为衡阳台联实业开发公司的投资款，以解决被告的招工问题。1992 年 2 月以后，被告分批从市台联实业开发公司取走了该笔款项。此外，双方还共同置办了 17 寸黑白电视机 1 台、收录机 1 部、写字台 1 张、床 1 张、挑箱 1 担、园桌 1 张、小方桌 1 张、大衣柜 1 个、22 寸"乐华"彩电 1 台、电冰箱 1 台、洗衣机 1 台、炊具餐具各 1 套以及电风扇、木材等财产。双方另有债权 17000 元。1993 年 8 月，被告范千政为达到其离婚的目的，在其衡阳县老家对原告数次进行毒打，逼迫原告王秀英承认与他人有不正当男女关系。同年 9 月，原告王秀英被迫与被告范千政到民政部门办理了离婚手续，并在有关财产处理的《和平离婚附属协议书》上签了字。该协议称：衡阳市迎宾路 16 号两套商品房"属范千政劳动所得，应归范单方面享有所有权、管理权、使用权等一切权利，王秀英永远无权居住、无权管理"。并且规定彩电、冰箱等较高档的家具归范千政所有，黑白电视机、挑箱等较为低档的家具归王秀英所有，被告范千政付给原告王秀英 10000 元生活补助费；协议还规定如果原告王秀英 5 年内不改嫁，可以得到范千政支付 10000 元养老金。

上述事实有下列证据证明：

1. 双方当事人的陈述；

2."和平离婚附属协议书"；

3. 房屋买卖合同及房屋产权证；

4. 银行贷款申请表；

5. 证人范权衡、范洪章等人的证言及其他证据。

（四）判案理由

1. 该案属于人民法院的管辖范畴。根据最高人民法院 1986 年 10 月 3 日作出的(1986)民他字第 45 号《关于男女双方登记离婚后，因对财产、子女抚养发生纠纷，当事人向人民法院起诉的，法院应予受理的批复》，原告王秀英在与被告范千政登记离婚后，向法院提起财产纠纷诉讼，法院可直接依法受理。

2. 原、被告于 1992 年 9 月 13 日签署的"和平离婚附属协议书"应宣布无效。第一，该

“协议”不是原告王秀英的真实思意思表示。被告范千政为了达到“和平”离婚的目的，于离婚前数次毒打原告，原告的身体受到伤害，行动自由受到限制，无法表达自己的真实意愿。第二，协议内容显失公平，且有明显违法之处。该协议共有十二条，没有一条符合民法规定的“平等、自愿、公平”等原则，如协议的第一条规定“迎宾路 16 号 101、102 房属范千政劳动所得，应归范单方面享有所有权、管理权、使用权等一切权利，王秀英永远无权居住、无权管理”。而实际上迎宾路 16 号 101、102 号房是被告范千政与原告王秀英婚姻存续期间共同创造的财产，根据婚姻法的规定，原告王秀英理应享有平等分割的权利。协议中却强说是其个人劳动所得，剥夺了原告王秀英参与分割的财产权利。又如协议中的第三、八条关于被告范千政给付 10000 元生活补助款和小孩抚养费之规定，都是建立在原告王秀英 5 年不改嫁的基础上，违背法律规定的婚姻自由原则。再如协议中第五、六条规定，好的、高档的家产归范千政所有，旧的、低档的东西都为王秀英所有，显失公平。第三，依照《中华人民共和国民法通则》第五十八条、第五十九条之规定，被告范千政以胁迫手段，使原告王秀英在违背真实意思的情况下同意与其登记离婚，并签订了显失公平的所谓“和平离婚附属协议”，属无效民事行为，原告王秀英有权请求人民法院予以变更或撤销。故原告请求宣布协议无效，重新分割财产的理由成立，法院应予采纳。

3. 该案的责任划分问题。该案是一起明显的侵犯妇女权益的案件，被告范千政为达到离婚目的，无中生有，无端怀疑原告王秀英有男女作风问题，并毒打原告，迫其承认并签署离婚协议。被告的行为，不但侵害了原告身体健康权利，而且侵犯了原告正当的合法的财产权利。对此，被告范千政应承担全部责任。

4. 对讼争财产的处理原则。本案双方讼争的财产属于夫妻共同财产，依照《中华人民共和国婚姻法》及《妇女权益保障法》的有关规定，原、被告双方享有平等的财产权利，原告王秀英依法享有的权益不得侵害，应切实依法保护。考虑到原告王秀英在本案中无任何过错，目前又没有生活来源，身边又有需抚养的 4 岁小孩，生活极为困难等情况，分割财产时应适当照顾原告方，以真正有效地保护妇女的合法权益。

（五）定案结论

湖南省衡阳市中级人民法院依据《中华人民共和国婚姻法》第三十一条、《中华人民共和国民法通则》第五十八条、第五十九条之规定，判决如下：

1. 原、被告共同财产衡阳市迎宾路 16 号 101、102 房两套、22 寸“乐华”彩电 1 台、电冰箱 1 台、炊具餐具各 1 套、收录机 1 部、写字台 1 张、床 1 张、挑箱 1 担、方桌 1 张、大衣柜 1 个归原告王秀英所有；17 寸黑白电视机 1 台、洗衣机 1 台、电风扇、木材等归范千政所有。

2. 共同存款 10 万元，债权 17000 元，合计 117000 元，原告王秀英得 3 万元，被告范千政得 8.7 元。

案件受理费 5000 元，文鉴费 500 元，合计 5500 元，由被告范千政承担。

（六）解说

这是一件典型的侵害妇女合法权益的财产纠纷。我国《婚姻法》第十三条规定夫妻在婚姻关系存续期间所得的财产，归夫妻共同所有，夫妻双方有平等的处理权。《妇女权益保障法》第二十八条规定国家保障妇女享有与男子平等的财产权利；第二十九条规定，在婚姻、家庭共有财产关系中，不得侵害妇女依法享有的权益。本案中被告范千政，为了达到其离婚的目的，置原告的人身权利于不顾，采取暴力毒打的卑鄙非法手段，强迫原告同意与其登记离婚,并签署所谓的"和平离婚附属协议",严重侵犯了原告依法享有的财产权益。这在我们社会主义国家法制健全的今天,是绝对不能容忍的。本案原告王秀英,在其合法权益受到侵害后,能够觉醒过来并敢于拿起法律武器来保护自己,说明了我国当代妇女法律意识的提高和法制观念的增强。法院依法撤销双方原签订的所谓"和平离婚附属协议",并依法作出实体处理,充分体现了我国"有法可依,有法必依,执法必严,违法必究"的法制原则。

(易积应)

10. 杨芝艳诉任海生解除非法同居关系案

(一)首部

1. 判决书字号:青海省贵德县人民法院(1994)贵民初字第049号。

2. 案由:解除非法同居关系。

3. 诉讼双方

原告:杨芝艳,女,27岁,汉族,青海省贵德县人,住贵德县河阴镇城西村四社。

被告:任海生,男,33岁,汉族,青海省贵德县人,住贵德县尼那良种厂。

4. 审级:一审。

5. 审判机关和审判组织

审判机关:青海省贵德县人民法院

独任审判:审判员:张林生。

6. 审结时间:1994年10月24日。

(二)诉辩主张

原告杨芝艳诉称:原告和被告1994年2月经人介绍举行了婚礼。婚后,被告不允许原告与别人讲话,否则就没完没了地打闹,甚至将原告赶出家门。原告感到没有一点人身自由,无法和被告一起生活,故要求离婚。

被告任海生辩称:1992年春节,原告之父在闲谈中将女儿杨芝艳许给被告为妻。并多次催王君恒为媒,于1994年2月结婚。但原告实则借婚姻骗取钱财。致使被告人财两空。请法院追回结婚时所花费的7300元现金,否则,不同意离婚。

(三)事实和证据

青海省贵德县人民法院经开庭审理查明:原、被告于1994年2月份经人介绍举行"婚礼"后同居生活,至今未领结婚证。双方因缺乏了解,同居后经常为琐事发生争吵。原告杨芝艳于1994年5月回娘家生活未归。同居前原告家庭向被告索要"彩礼"现金2200元、衣服4套、自行车1辆及手表1块。

法庭就彩礼的退还问题进行调解,但未达成协议。

上述事实有下列证据证明:

1. 当事人陈述;

2. 证人证言。

（四）判案理由

青海省贵德县人民法院认为：原、被告虽然举行了结婚仪式，并同居生活，但没有办理结婚登记手续，根据《中华人民共和国婚姻法》第七条和最高人民法院《关于人民法院审理未办结婚登记而以夫妻名义同居生活案件的若干意见》第三条之规定，显属非法同居关系，应予解除。被告提出的退还彩礼的请求。参照最高人民法院《关于贯彻执行民事政策法律若干问题的意见》第十八条规定的精神，应予适当考虑。

（五）定案结论

青海省贵德县人民法院根据《中华人民共和国婚姻法》第七条及有关司法解释的规定，判决如下：

1. 解除原、被告的非法同居关系。

2. 原告退给被告"彩礼"现金 1800 元、自行车 1 辆和手表 1 块。

3. 原告陪嫁的组合柜 1 个、被褥各 2 床、枕头枕套各 1 对、毛毯 2 条、双人床单 1 条、外衣 2 件、衣料 1 块、四件套衬衣 1 套、皮鞋 1 双、暖瓶 2 个、脸盆及脸盆架子各 1 个和花瓶 1 对归其自己所有。

案件受理费 50 元由原告负担。

宣判后，原、被告未上诉。

（六）解说

最高人民法院在 1989 年 11 月 21 日颁布的《关于人民法院审理未办理结婚登记而以夫妻名义同居生活案件的若干意见》第三条规定："自民政部新的《婚姻登记管理条例》施行之日起，没有配偶的男女，一方要求"离婚"或解除同居关系，经查确属非法同居关系的，应一律判决予以解除。"民政部新的《婚姻登记管理条例》于 1994 年 2 月 1 日发布并施行。为此，最高人民法院又于 1994 年 4 月 4 日下发了《关于适用新的〈婚姻登记管理条例〉的通知》，规定："自 1994 年 2 月 1 日起，没有配偶的男女，未经结婚登记即以夫妻名义同居生活的，其婚姻关系无效，不受法律保护。对于起诉到人民法院的，应按非法同居关系处理。"本案原告杨芝艳与被告任海生于 1994 年 2 月未办理结婚登记手续即举行结婚仪式，同居生活。尽管他们同居后发生矛盾而到法院要求"离婚"，但根据上述最高法院的司法解释的规定，应按非法同居关系对待和处理，而不应按事实婚姻对待。1994 年 2 月 1 日这一天是一个法定的界限，此日以后以夫妻名义同居生活而未办理登记的，即使男女双方均符合结婚的法定条件，也属于非法同居关系。杨、任二人的婚姻行为正好发生于 1994 年 2 月 1 日以后，也就是在民政部新的《婚姻登记管理条例》施行以后，贵德县法院查明双方同居事实之后，只对财产返还问题进行了调解，而径行判决解除非法同居关系是正确的。至于杨、任二人的感情是否破裂则不是本案的关键和焦点。法院对被告要求返还"彩礼"的要求，本着有关司法解释"适当返还"的精神予以判决也是对的。

（黄太银）

11. 许静诉许马宝变更抚育关系案

(一)首部

1. 判决书字号:

一审判决书:江苏省淮阴市清浦区人民法院(1994)浦民初字第35号。

二审判决书:江苏省淮阴市中级人民法院(1994)淮法民终字第271号。

2. 案由:变更抚育关系纠纷。

3. 诉讼双方

原告(上诉人):许静,女,1983年2月出生,汉族,学生,住江苏省淮阴市淮海印刷厂宿舍1幢6号。

法定代理人:马树芳,女,1956年元月出生,汉族,淮阴市淮海印刷厂工人,住江苏省淮阴市淮海印刷厂宿舍,系许静之母。

被告(被上诉人):许马宝,男,1954年6月出生,汉族,淮阴市供电局职工,住江苏省淮阴市清浦区淮海南路86－93号。

4. 审级:二审。

5. 审判机关和审判组织

一审法院:江苏省淮阴市清浦区人民法院。

独任审判:代理审判员:洪淮兰。

二审法院:江苏省淮阴市中级人民法院。

合议庭组成人员:审判长:葛华和;代理审判员:许玉虎、江东新。

6. 审结时间

一审审结时间:1994年3月14日。

二审审结时间:1994年6月22日。

(二)一审诉辩主张

原告诉称:1993年2月,原告父母亲因感情不和经清浦区人民法院调解,双方自愿离婚,原告随父亲生活,姐姐许宁随母亲生活。父亲离婚后不久,又同夏苏萍结婚。原告同姐姐许宁是双胞胎姊妹,父母离婚后,将原告和姐姐分开,使原告内心非常痛苦。原告非常想念姐姐,愿意和姐姐生活在一起,永不分开,可是父亲要把原告送到南京祖父母家生活,在南京上学,请求法院判决原告随母亲生活,永远和姐姐在一起,由父亲负担抚育费。

被告辩称:被告与原告许静的母亲马树芳离婚后,许静随被告生活,许静的姐姐许宁随马树芳生活。许静随被告生活后,被告待其很好,很疼爱她。1994年元月,被告与夏苏萍再婚,婚后夏苏萍待她也很好,像亲生女儿一样。现在许静向法院提出变更抚养关系,被告不同意。

(三)一审事实和证据

江苏省淮阴市清浦区人民法院经审理查明:原告的母亲马树芳与被告许马宝结婚后,生有二女,长女许宁,次女许静,是一对孪生姐妹。1993年2月,许马宝与马树芳经清浦区人民法院调解离婚，双方协议：许静随许马宝生活，许宁随马树芳生活。原告许静自随被告许马宝生活后，被告对原告的生活、学习是很关心的。1994 年元月，被告许马宝再婚。为了处理好家庭关系，使许静安心读书，许马宝决定将许静送到南京随祖父母一起生活，并在南京读书。许静不愿去南京，认为和姐姐是双胞胎，不能分开，并且去了南京，见不到母亲，会想念母亲。被告定要坚持将许静送南京读书，许静遂向法院起诉要求改变抚育关系，将她判随母亲一起生活。

上述事实有下列证据证明：

1. 原告陈述，证明愿意随母亲、姐姐一起生活；
2. 被告陈述，证明原告不愿去南京，要求随母亲、姐姐一起生活；
3. 马树芳的证言；
4. 马树芳与许马宝的离婚调解书；
5. 许马宝基本工资每月 468 元的证明材料。

（四）一审判案理由

原告父母离婚时，双方协议，原告随父亲许马宝生活。原告许静作为被告许马宝和马树芳的女儿，有要求随父或随母一起生活的权利。现在原告已年满 11 岁，能够表达随父或随母生活的意愿，法庭经征询许静的意见，她明白无误地表示要求变更抚育关系，同母亲一起生活。为了有利于原告的健康成长，保护未成年人的合法权益，对原告的诉讼请求应予支持。

（五）一审定案结论

淮阴市清浦区人民法院依照《中华人民共和国婚姻法》第二十九条、第三十条第一款，《中华人民共和国民事诉讼法》第一百二十八条的规定，作出如下判决：

许静随马树芳生活，许马宝从 1994 年 4 月起每月负担许静抚育费 100 元整，至许静独立生活时止。抚育费由许马宝单位从许马宝工资中扣除，由马树芳按月前往领取。

案件受理费 50 元，由许马宝负担。

（六）二审情况

1. 二审诉辩主张

一审法院判决后，原告许静不服，提出上诉诉称：对原审法院依法变更上诉人随母亲生活，同时判令被上诉人每月支付生活费 100 元没有意见。但原审法院在判决时忽视了被上诉人还应当支付的教育费，因而，提出上诉，请求二审法院判令被上诉人增加教育费。

被上诉人许马宝辩称：原审法院判决每月付给许静 100 元抚育费，被上诉人认为是偏高的。这 100 元抚育费已包括了教育费在内。被上诉人现在已借债 8000 余元，经济条件不宽裕，不同意再增加教育费。

2. 二审事实和证据

江苏省淮阴市中级人民法院经审理，肯定了一审法院认定的事实和证据。

3. 二审判案理由

江苏省淮阴市中级人民法院认为：上诉人许静已年满 11 岁，属于限制行为能力的人，应尊重其本人选择随父或随母生活的权利。一审法院从尊重上诉人的意愿出发，为了有利于上诉人的健康成长，判决改变上诉人与被上诉人的抚育关系，判决许静随其母一起生活是正确的。

上诉人许静要求被上诉人适当增加教育费，以利于上诉人与姐姐的健康成长，上诉理由应当支持。

4. 二审定案结论

江苏省淮阴市中级人民法院依照《中华人民共和国婚姻法》第三十条、《中华人民共和国民事诉讼法》第一百五十三条第一款第(二)项的规定,判决如下:

(1)撤销淮阴市清浦区人民法院(1994)浦民初字第35号民事判决。

(2)许静随马树芳生活。许马宝从本判决生效之日起每月负担许静抚育费150元整,至许静独立生活时为止(每月由许马宝所在单位从其工资中扣除,由马树芳按月领取)。

一、二审案件受理费100元,由许马宝负担。

(七)解说

1. 关于变更抚育关系问题。一、二审法院对许静要求变更抚育关系的诉讼请求予以支持,均判决予以变更,即许静改随其母生活,是正确的。首先,许静生于1983年2月,诉讼时已超过10周岁,根据《中华人民共和国民法通则》第十二条第一款"十周岁以上的未成年人是限制民事行为能力人,可以进行与他的年龄、智力相适应的民事活动"的规定,许静为限制民事行为能力人。根据最高人民法院《关于人民法院审理离婚案件处理子女抚养问题的若干具体意见》第五条"父母双方对十周岁以上的未成年子女随父或随母生活发生争执的,应考虑该子女的意见",第十六条第(三)项"十周岁以上未成年子女,愿随另一方生活,该方又有抚养能力的,对一方要求变更子女抚养关系的,应予支持"的规定,一、二审法院判决予以变更是符合法律规定的。其次,许静与许宁为双胞胎姐妹,又在同校上学,同随其母生活更有利于她们的成长和教育,有利于保护未成年人的合法权益。再次,根据《中华人民共和国婚姻法》第二十九条第二款"离婚后,父母对于子女仍有抚养和教育的权利和义务"的规定,马树芳作为许静的母亲有抚育许静的权利和义务。

2. 关于抚育费问题。根据《中华人民共和国婚姻法》第三十条第一款"离婚后,一方抚养的子女,另一方应负担必要的生活费和教育费的一部或全部,负担费用的多少和期限的长短,由双方协议;协议不成时,由人民法院判决"的规定,许静要求其父许马宝负担抚育费,应予支持。一审法院判决许马宝负担100元抚育费,在二审期间许马宝的工资调整到每月600元。根据最高人民法院《关于人民法院审理离婚案件处理子女抚养问题的若干具体意见》第七条"子女抚育费的数额,可根据子女的实际需要,父母双方的负担能力和当地的实际生活水平确定。有固定收入的,抚育费一般可按其月总收入的20%至30%的比例给付"的规定,二审法院据此按照25%的比例确定许马宝负担150元是正确的,改判也是符合规定的。

(李　涛　刘天兴)

12. 唐秀莲诉张海瑞扶养、张海瑞反诉离婚案

(一)首部

1. 判决书字号:福建省长泰县人民法院(1993)泰民初字第187号。

2. 案由:扶养、反诉离婚。

3. 诉讼双方

原告(反诉被告):唐秀莲,女,1953年12月26日出生,汉族,长泰县人,农民,住长泰县武安镇京元村。

被告人(反诉原告):张海瑞,男,1951年10月5日出生,汉族,长泰县人,长泰县糖酒菜副食品公司建村门市部承包人,住该公司宿舍。

4. 审级:一审。

5. 审判机关和审判组织

审判机关:福建省长泰县人民法院。

合议庭组成人员:审判长:王建山;审判员:何德华;代理审判员:张松海。

6. 审结时间:1994年5月16日。

(二)诉辩主张

原告唐秀莲诉称:自1988年夫妻分居后,被告没有承担原告的医疗费及生活费。根据《中华人民共和国婚姻法》的规定,夫妻间有互相扶养的义务,现原告要求被告每月付给生活费人民币100元,负担自1988年以来向他人借支用于家庭生活的债务人民币5000元及大米1050公斤。

被告张海瑞辩称:原告诉称不实,自去年法院判决不准离婚后,被告每月付给原告100元,直到原告向法院起诉才停止支付。原告提出的债务问题没有事实根据。因为以前的家庭收入很大一部分由原告掌管,夫妻继续分居,已没有和好可能,《中华人民共和国婚姻法》规定:"夫妻感情确已破裂,经调解无效,应准予离婚。"现反诉要求离婚,离婚后,夫妻财产平均分割。

(三)事实和证据

福建省长泰县人民法院经公开审理查明:原、被告于1975年登记结婚,婚后生育二女,长女张雪琼,现年19岁,已工作,次女张秋梅,现年9岁,为在校学生。1985年间,原告唐秀莲困患病造成偏瘫,夹失部分劳动能力。1988年以后,原、被告经常为家庭生活琐事闹纠纷,并于同年分居生活至今。1993年3月,被告张海瑞向本院诉请离婚,同年5月,本院以(1993)泰民初字第22号判决书判决驳回被告张海瑞的离婚请求。判决后,原、被告没有和好,继续分居。同年12月,原告唐秀莲向本院起诉,要求被告承担夫妻间的扶养义务及偿还其债务,但未能向本院提供其向他人借钱和大米的有效证据。被告张海瑞反诉要求离婚。

原、被告在婚姻关系存续期间,有如下共同财产:在京元村的新楼房1座(2间),旧楼房1座(2间),厨房1间,柜1只,"飞人"牌缝纫机1架,"风塔"牌400MM台扇1台,单人床1张,办公桌1只,电视橱1只,玩具橱1只,吊扇1台,在被告张海瑞处的财物有21寸"声宝"牌彩电1台,"杏花"牌400MM台扇1台,双人床及"席梦思"1床,三人座软沙发1只,五人座弯角软沙发1套。"乐田"牌双炉头液化汽炉具1台。

上述事实有下列证据证明:

1. 关于原、被告双方的婚姻事实,有长泰县武安镇政府出具的结婚证明;生育子女情况,有武安镇京元村委会出具的生育两女张雪琼、张秋梅的证明;

2. 关于原告唐秀莲的身体状况,有长泰县医院出具的疾病证明书,有长泰县民政局出具的残疾人身分证明书;

3. 关于夫妻关系存续期间的共有财产的认定有双方当事人提供的财产清单,并经庭审确认;

4．关于确认夫妻感情确已破裂的问题。有诉辩双方的庭审陈述，有长泰县法院(1993)泰民初字第22号判决书认定的分居事实；原告起诉扶养，说明自本院第一次判决不准离婚后1年多时间里被告没有承担夫妻义务。从另一侧面说明夫妻没有和好，夫妻感情确已破裂。

(四)判案理由

从上述事实和证据可以看出，原、被告双方虽然结婚时间较长，且已生育两个女儿，但由于夫妻双方未能正确处理夫妻关系，正视夫妻矛盾，常为一些家庭生活琐事闹纠纷，导致1988年以后双方已实际分居生活至今，现双方积怨很深，夫妻关系名存实亡。1993年5月，本院判决不准离婚后又没有实际和好，夫妻感情已完全破裂，现原告以夫妻应互相扶养为由，要求被告负担其医疗费及生活费，被告在答辩中明确要求离婚(反诉)，原告起诉扶养，被告反诉要求离婚，都是基于同一婚姻法关系，可以合并审理，且在庭审中，原告对合并审理没有提出异议，也同意离婚。根据最高人民法院《关于如何认定夫妻感情确已破裂的若干问题的规定》第七条之规定，《中华人民共和国婚姻法》第二十五条之规定，本案可以认定夫妻感情确已破裂，被告反诉离婚的主张应予准许。

关于子女抚养，长女张雪琼已19岁，且已工作，不需要抚养。次女张秋梅，现年9岁在校学习，长期与原告一起生活，征求孩子的意见也同意与母亲一起生活。但由于原告劳动能力较差，没有抚养能力，根据当地的实际生活水平，可判令张秋梅与原告一起生活，孩子的生活费和教育费由被告负担。

关于夫妻共同财产的分割，主要依据以下原则：一是保护妇女、儿童合法利益的原则；二是有利于生产生活的原则；三是有利于执行判决的原则。本案夫妻共同财产中，价值较大的主要有新、旧楼房各1座及附设的厨房、猪舍各1间，判决旧楼房归被告张海瑞所有，其余房子归原告唐秀莲。由于原、被告分居生活多年，实际已分成两个家，所以判令现在各自住处的生产、生活用具归各自所有，有利于以后判决执行。但将价值较大的在被告张海瑞处的21寸“声宝”彩电判归原告所有，以体现保护妇女利益的原则。关于债务问题，由于原告提供的债务事实，证据不足，不予认定。

关于被告给予原告一次性经济补助的问题，由于原告身患偏瘫，丧失部分劳动能力，需要被告在离婚时给予一次性经济补助，在补助金额上，双方分歧较大，无法调解，根据原、被告的实际情况，当地的平均生活水平状况，按每年600元共9年计算，共5400元，由被告一次性付清。因为9年后，需要抚养的婚生女张秋梅已满18岁，到时应承担赡养的义务。

被告的反诉离婚既然成立，原告的扶养本诉也就自然取消，所以驳回原告的诉讼请求。

(五)定案结论

依照《中华人民共和国婚姻法》第二十五条、二十九条、三十条、三十一条、三十三条之规定，判决如下：

1．准予张海瑞与唐秀莲离婚。

2．未成年女儿张秋梅随母亲唐秀莲一起生活。张海瑞每月负担子女抚养费人民币60元，按月付清。从1994年6月份算起至张秋梅18周岁止，张秋梅教育费实际支出，由张海瑞负担。

3．现有夫妻共同财产中，在京元村的新楼房1座(2间)，猪舍1间，厨房1间及现在反诉被告唐秀莲处的财物双人床2张，桌柜2只，衣柜1只，单人床1张，办公桌1只，电视橱1

只，玩具橱1只，“飞人”牌缝纫机1架，“风塔”牌400MM台扇1台，吊扇1台，现在张海瑞住处的21寸“声宝”牌彩电1台归唐秀莲所有，现在张海瑞住处的“杏花”牌400MM台扇1台，双人床及“席梦思”1床，三人座沙发1只，五人座弯角软沙发1套，“乐田”牌双炉头液化汽炉具1台及在京元村的旧楼房1座(2间)归张海瑞所有。

4. 张海瑞一次性补助唐秀莲生活费人民币5400元，于本判决生效后1个月内支付。

5. 驳回原告唐秀莲的诉讼请求。

(六)解说

本案在审理中，就被告张海瑞提起反诉能否引起诉的合并，有两种不同的意见。笔者认为，本案被告的反诉是成立的，应与本诉合并审理。所谓反诉是指在已经开始的诉讼程序中，被告向本诉的原告提出的一种独立的反请求，目的是为了抵销或吞并本诉原告的诉讼请求。如果反诉成立，必然引起诉的合并，使本诉原告的诉讼请求失去依据而自然抵销。

在本案中，原告起诉扶养，被告反诉离婚，这两个诉都是基于同一婚姻法律关系而产生的。如果被告反诉成立，婚姻关系解除，则原告扶养之诉自然取消。被告张海瑞提起反诉是在答辩期间提出的，目的在于抵销、吞并本诉原告唐秀莲所主张的被告应承担的扶养久务。因此，二诉之间存在着必然联系，这种必然联系是诉的合并之原因所在，也是反诉成立必须具备的客观条件，本案的判决结果合乎上述的法理逻辑。如果分开审理，即使原告的诉讼请求成立。但是原、被告之间的夫妻矛盾依然存在，原告主张的诉讼请求所依据的法律关系——婚姻关系最终会因夫妻矛盾无法调和而解除。所以原告的主张只是一种权宜之计。只有合并审理，才能最终解决夫妻之间矛盾，使原、被告各自的诉讼请求有机统一起来并得到合理解决。

(何德华)

第二篇　继承纠纷案例

13. 胡正树等诉潘淑英等继承案

(一)首部

1. 判决书字号

一审判决书:四川省达县人民法院(1990)达法民字第72号。

二审判决书:四川省达川地区中级人民法院(1991)达上民终字第485号。

2. 案由:继承。

3. 诉讼双方

原告(上诉人):胡正树,女,1938年生,汉族,退休干部,住四川省达县石板乡街道。

诉讼代理人:陶令福,四川省达川地区晚霞法律服务所律师。

原告(上诉人):胡正英,女,1934年生,汉族,务农,住四川省达县百节乡魁字岩村二社。

原告(上诉人):胡正贵,女,1920年生,汉族,务农,住四川省达县石板乡长青村七社。

原告(上诉人):谢庭乾,男,1927年生,汉族,务农,住四川省达县百节乡七村二社,系胡正怀(已死)之夫。

原告(上诉人):于一平,男,1950年生,汉族,务农,住四川省达县百节乡交通村二社,系胡正玉(已死)之子。

诉讼代理人:于一清,男,务农,住四川省达县百节乡交通村二社,系于一平之兄。

被告(被上诉人):潘淑英,女,1927年生,汉族,居民,住四川省达县石板乡街道。

被告(被上诉人):胡德菊,女,1950年生,汉族,教师,住四川省达县石板乡街道。

被告(被上诉人):陈远国,男,汉族,干部,住四川省达县石板乡街道,系胡德菊之丈夫。

被告(被上诉人):胡德祥,男,1952年生,汉族,工人,住四川省达县石板乡街道。

被告(被上诉人):胡德翠,女,1965年生,汉族,工人,住四川省达县石板乡街道。

4. 审级:二审。

5. 审判机关和审判组织

一审审判机关:四川省达县人民法院。

合议庭组成人员:审判长:何真敬;代理审判员:何德荣、贺云山。

二审审判机关:四川省达川地区中级人民法院。

合议庭组成人员:审判长:王帮清;审判员:谭明德;代理审判员:何其、周光福、盛大军。

6．审结时间

一审审结时间：1991 年 8 月 13 日。

二审审结时间：1994 年 8 月 23 日（已依法延长审限）。

（二）一审情况

1．一审诉辩主张

原告诉称：死者胡正坤与胡正树、胡正英、胡正贵、胡正怀、胡正玉、胡正田系同胞兄弟姐妹，祖籍四川省达县百节乡。解放前，胡正坤在国民党军队服役，1949 年去台湾，1988 年回老家探亲决定回乡定居，给胡正田 2.5 万元美金和 1 万元人民币，在达县石板乡街道修建房屋 4 间，两楼一底。1989 年 11 月胡正坤病故，其房屋应为其遗产，但被胡正田之妻潘淑英、子女胡德菊、胡德祥、胡德翠占为已有，侵犯了其他继承人的继承权，请求判令退出遗产房屋，保护原告合法的继承权益。

被告辩称：坐落在达县石板乡街道的 4 间两楼一底房屋，是已故的胡正田和胡德菊在 1988 年申请，获得批准取得土地使用权后修建的，一切建房手续齐全，是胡正田、胡德菊共同修建的，胡正坤支助了部分资金，性质是赠与。

2．一审事实和证据

四川省达县人民法院经收集、核实有关证据，查明：

被继承人胡正坤原籍达县百节乡，解放前被国民党军队抓丁当兵，1949 年去台湾。退役后在台北市经营水果业，终身未婚，父母早已双亡，胡正坤于 1989 年 11 月 21 日病逝于台湾。胡正坤共有姊妹七人。即老大胡正玉（女，1969 年病故），老二胡正贵（女），老三胡正坤，老四胡正田（男，1990 年病故），老五胡正怀（女，1959 年病故），老六胡正英（女），老七胡正树（女）1984 年胡正坤开始与亲人通信，逢年过节向弟胡正田寄钱，再由胡正田把钱平分给姊妹。1988 年 8 月和 1989 年 8 月胡正坤两次回大陆探亲，食宿在胡正田家。

1989 年 11 月胡正坤病危时留下遗嘱 1 份，载明："老家四川达县，已人事全非，今尚有弟正田、妹正淑（即正树）及侄等多人，其中亲侄胡德祥现服务于达县石板面粉店，我之祭祠，亦由他办理，所有节余之财产五分之一留交胡氏宗亲祭祠外，余由他们平均分配。""一切开支从简，所余款项中以一百万元及骨灰烦请王律师专程护送交胡德祥等收执分配，并将本遗嘱交其供奉安息，其他多余之款项捐赠慈善机关。"胡正坤病死后由台湾律师王正志和胡正坤治丧委员会许乃忠专程于 1990 年 2 月 21 日抵渝对台办事处，由王律师主持，有渝对台办周处长和许乃忠在场，将死者遗产 38140 元美元按同胞七姊妹平均分割，剩下的 4 美元加在死者份上。回家后，胡德祥对死者胡正坤骨灰还未安置妥当，原告提出死者生前出资在达县石板乡街道修建的 4 间两楼一底房屋要作为遗产继承，双方发生纠纷。经查，该房一切手续均系胡正田、陈远国办理。原告起诉来院，经调解未果。

3．一审判案理由

（1）关于诉争房屋是否属于胡正坤遗产。胡正坤 1989 年 11 月病危时，所立遗嘱，意思表示真实，遗嘱处理的遗产只有 38140 元美金，在胡正坤病逝后，已由胡之台湾律师前来大陆作了分配，继承人均接受了遗产。修建在石板乡街道的 4 间两楼一底房屋，因胡正坤之遗嘱中未涉及到此房屋，又缺乏直接证据证明产权属胡正坤所有。该房有效的一切法定手续均为胡正田、陈远国所具备。故胡正坤之遗产中没有争执之房屋。

（2）关于胡正坤生前付给胡正田美金和人民币的性质。胡正坤在 1988 年和 1989 年两次探亲中给胡正田美金 2.5 万元和人民币 1 万元，因探亲中食宿在胡正田家，为了感激其家对他的照顾，见弟住房困难，支援他一些钱建房是可能的，属赠与性质。

4. 一审定案结论

四川省达县人民法院根据《中华人民共和国民法通则》第七十六条、《中华人民共和国继承法》第三条、第五条、第十六条之规定，判决如下：

驳回原告的诉讼请求。

案件受理费 2300 元，由胡正树、胡正英、胡正贵、于一平、谢庭乾各承担 460 元。

(三)二审诉辩主张

1. 一审原告上诉称：胡正坤生前决定回乡定居办企业，并以胡正田、陈远国之名义批地建房，并付了建房款，死前因不了解大陆法律才未列入遗嘱；但留下遗言，有证言和胡正坤、胡正田身前的信件等可以佐证，应当认定诉争之房为胡正坤之遗产，由其法定继承人分割遗产。另外，认定胡正坤回大陆只住胡正田家不是事实，几位亲人均对其尽了扶助义务。要求二审中止审理，待向台湾索回证据后恢复审理。

2. 被上诉人辩称：一审法院以谁申请取得土地使用权、具备房屋的一切合法手续，谁是房屋的产权人的判决是正确的，要求二审法院维持原判。

(四)二审事实和证据

四川省达川地区中级人民法院根据当事人上诉理由，根据海峡两岸和本案实际情况，裁定中止审理，待当事人向台湾索回证据后恢复了审理。认真审查了原审卷宗，走访了证人，收集和核实了有关证据，查明：

胡正坤，生于 1921 年 12 月 15 日，死于 1989 年 11 月 21 日。解放前在原籍四川省达县百节乡被国民党军队抓丁当兵，1949 年去台湾，退役后住台北市经营水果业，1984 年找到原籍同胞姊妹，即弟胡正田(已死)、姐胡正玉(已死)、胡正贵和妹胡正怀(已死)、胡正英、胡正树。逢年过节寄钱给胡正田，委托他按份分给姊妹。1988 年 8 月，胡正坤回大陆探亲(食宿主要在胡正田、胡正树家)。其间，胡正坤向乡统战干部表明在石板街道建房养老。因户籍未在大陆，为了多批土地，经乡政府同意以胡正田、陈远国之名义批地 176 平方米建两楼一底砖混房。胡正坤寄钱给胡正田。1989 年 8 月，胡正坤再次回大陆探亲，对房屋安装作了布置。争议房用地建房手续由胡正树、胡正田负责办理；房屋由胡正田、陈远国负责施工建成。1989 年 10 月，胡正坤在病中，请许乃忠、王正志等到场立下遗嘱；立遗书时，本想把建在石板街道房屋写入遗嘱，因不了解大陆法律，只遗言对建在石板街道之房作"祭祠用"。1990 年 2 月 21 日，许、王二人将胡正坤之骨灰盒及美金 38140 元送到重庆市对台办事处，按遗嘱分配了美金，胡之姊妹均签字收取。胡德祥在安葬胡正坤骨灰时，胡正树等提出共同继承胡正坤出资在石板街道建修之房屋，双方发生纠纷。

诉争之房两楼一底，建筑面积 528 平方米；底层 4 个门市，2、3 层三居一室，住宅屋 4 套。胡德菊和潘淑英、胡德祥、胡德翠各住两套住宅及用两个门市。同时查明，潘淑英家在老家百节乡交通村一组，有 1975 年改建和新建的砖木结构房屋 1 栋，占地 142.3 平方米，登记在胡德祥之妻李盛珍名下，还有祖业房 2 间尚未登记。

(五)二审判案理由

1. 诉争房屋所占土地的使用权并非批准给被上诉人，而是地方政府特批给胡正坤身前使用的。首先，被告不属申请用地建房的对象。潘淑英与胡德菊、胡德祥、胡德翠母子女 4 人家在百节乡交通村一组，有祖业房 4 间还未登记，另有 1975 年改建和新建的砖木结构房 1 幢，占地 142.3 平方米，按照《中华人民共和国土地管理法》第四十一条规定公民建房的用地标准，潘一家用房占地面积已达到标准，并已有住房，不属建房占地用户。胡德菊、陈远国夫妇系达县七三〇一厂双职工，住有厂内标准住宅房，也不属申请用地建房对象。其次，根据本案查证的批地证明，石板乡街道建房土地使用者应是胡正坤。石板乡政府在 1988 年 8 月，根据胡正坤返乡定居办企业的申请，同意胡正坤回乡定居办企业。同时考虑胡的台湾户籍还未迁回，以胡正田父女之名义批出建房用地手续，由此说明胡正田父女仅代表胡正坤，胡正坤才是建房之土地的使用人。

2. 胡正坤生前与胡正田等不存在房屋赠与关系。1988 年 8 月，胡正坤在探亲中，当着亲戚之面委托胡正田负责建房，并给了建房款。胡正坤临终前言明"该房为胡氏祭祠之用，如病愈返乡，则可养老"。这一事实表明，胡正坤身前从未有赠与建房款和赠与房屋的意思表示和行为，恰恰说明胡正坤临终时也没有放弃房屋产权，本案缺乏赠与的首要条件，赠与关系不成立。

3. 胡正坤遗产应分别按照遗嘱继承和法定继承办理。胡正坤之遗产有达县石板乡街道修建的 4 个门面两楼一底的房屋和美金 38140 元。胡立遗嘱时本想把房屋列入遗嘱内容，因不了解大陆法律，只在遗嘱中处分了美金。胡正坤死后已由遗嘱执行人执行遗产中的美金部分，各继承人均签收，至今无异议。原被告双方并没有对遗嘱发生争议，只是对胡正坤身前出资在石板乡街道所建之房屋发生纠纷。胡正坤在石板乡街道出资修建的房屋，既然是他的遗产，胡未列入遗嘱，应当由胡之法定继承人按法定继承分割。

综上所述，二审法院认为，一审法院认定事实不清，遗产范围的确定不准，导致适用法律错误。一审认定的遗嘱继承，双方已经接受了遗嘱之财产，并不是双方纠纷中争执的法律关系。一审忽略了遗嘱继承之外，还存在遗产房屋的法定继承这一法律关系，才是争执之焦点，应予改判。

(六)二审定案结论

四川省达川地区中级人民法院根据《中华人民共和国民法通则》第七十五条一款、第七十六条，《中华人民共和国继承法》第五条、第九条、第十三条第三款、第十四条、第十七条三款和第五款以及《中华人民共和国民事诉讼法》第一百五十三条第(二)项之规定，判决如下：

1. 撤销达县人民法院(1990)达法民字第 72 号民事判决。

2. 诉争石板乡街道两楼一底砖混房屋，占地 176 平方米，为胡正坤之遗产。

3. 诉争房座向左边底楼第一个门面屋和左边 2、3 楼两套居室由潘淑英及其子女继承。左边底楼第二个门面屋为设胡正坤之灵位用，胡氏享有共有权，由胡德祥管理维修。座向底楼第三个门面屋(从左至右)和左边第三楼的一大居室分给陈远国、胡德菊所有；底楼第四个门面(从左至右)和右边二楼一套居室由胡正玉、胡正贵、胡正怀、胡正英、胡正树五姐妹共同继承(胡正玉、胡正怀已故之继承份额由其法定继承人继承)。上楼通道和相邻墙体为共有。

第一、二两审案件受理费 4600 元，潘淑英和胡德菊各承担 1000 元；胡正树、胡正贵、胡正英、于一平、谢庭乾各承担 520 元。

(七)解说

在我国由于实行土地的国家所有和集体所有制，公民个人建房用地，必须事先取得政府土地管理部门颁发的土地使用权证明。土地使用权证明作为公民合法建房的凭证，也是证明所建房归属的主要凭证。在本案中，土地使用权是以被告胡正田名义申请领取的，但依照胡正田一家的住房用地情况，本不应获批，但乡人民政府基于欢迎台胞回乡定居办企业，同时又考虑到胡正坤户籍未还到原籍，才采用了变通办法，即将土地使用权实际批给胡正坤，但名义上批给胡正田。所以，不能仅根据胡正田持有土地使用权证书，作出胡正田拥有土地使用权的简单判定。二审法院基于案件之特殊背景作认定，具有借鉴价值。

是否存在赠与关系，是一、二审法院定案时极关注的问题。就案情而言，与赠与有关的事实有两点：一是胡正坤将建房款付给胡正田是否属赠与；二是如胡正坤支付建房款并非赠与，以胡正田名义所建造的房屋是否为对胡正田的赠与行为。由于赠与是一种财产处分行为，似应以明示为认定标准，但胡正坤将此款付给胡正田，并未明示此项给付为赠与，而是专门用于建造房屋，故不能以给付作为判定赠与成立的标准。所建造之房屋虽以胡正田名义进行建造，但有关知情人均明知此房系为胡正坤所建，故亦不发生房屋所有权之移转。综观全案情况，胡正田应视为胡正坤生前之建房代理人为妥当。

（王邦清）

14. 陆修因等诉朱宏仪等继承案

（一）首部

1. 判决书字号：江苏省南京市鼓楼区人民法院（1993）鼓民初字第1035号。

2. 案由：继承。

3. 诉讼双方

原告：陆修因，女，84岁，无业，住台湾省台北县新店市宜六段115巷3号。

原告：朱宁仪，男，61岁，无业，台北市邮局退休职员，住址同上。

原告：朱丰仪，男，64岁，悉尼大学职员，住澳大利亚悉尼市。

原告：朱顺仪，女，59岁，四川省绵阳市川粮车队退休干部，现住南京师范大学宿舍。

诉讼代理人：顾培，江苏经纬律师事务所律师。

原告：范同伟，男47岁，南京邮政局美工，住南京汉中门外凤凰庄39号。

原告：蒋立伟，男，43岁，南京中山集团经营公司业务员，住南师大宿舍10幢302号。

原告：蒋乐伟，男，31岁，南京半导体器件总厂助理工程师，住址同上。

被告：朱明仪，女，78岁，武汉市汉阳县邓南中学退休教师，住武汉市武汉重型机床厂四街坊平房37栋2号。

诉讼代理人：肖铎（朱明仪妹婿）男，南京第13中学高级教师，住南京市进香河路33号9幢303室。

被告：朱宏仪，女，62岁，南京东南大学教授。

诉讼代理人：陈振堃，江苏省南京第二律师事务所律师。

4. 审级：一审。

5. 审判机关和审判组织

审判机关：江苏省南京市鼓楼区人民法院。

合议庭组成人员：审判长：王化健；代理审判员：朱志俊、黄清。

6. 审结时间：1994 年 10 月 10 日。

（二）诉辩主张

原告陆修因、朱丰仪、朱宁仪、朱顺仪诉称：原告是朱善培的妻子儿女，有权继承朱善培所有的南京市北阴阳营 38－1 号房产。

原告蒋同伟、蒋立伟、蒋乐伟诉称：母亲朱敬仪于 1973 年去世。父亲蒋荪生一直未再婚，作为丧偶女婿他对岳母朱陆承志尽了赡养义务，有权继承岳母朱陆承志的遗产，现父亲也在诉讼期间去世。作为继承人，原告不再坚持父亲的诉讼请求，只要求继承母亲朱敬仪的应继份额。

被告朱明仪、朱宏仪辩称：本市北阴阳营 38－1 号房产系朱善培赠与母亲朱陆承志所有，有赠约为证，除被告姐妹三人有权继承外，其余人均无权继承。

（三）事实和证据

江苏省南京市鼓楼区人民法院经审理查明：朱善培 1916 年与朱陆承志结婚，生了 3 个女儿朱明仪、朱敬仪、朱宏仪。1930 年朱善培又与陆修因结婚，生儿子朱丰仪、朱宁仪和女儿朱顺仪。1936 年朱善培与周公朴合建本市灵隐路 3 号房屋 1 幢，1949 年元月朱善培将该房中属于自己的二分之一产权赠与朱陆承志后，自已带妾陆修因和两个儿子到台湾定居，将发妻朱陆承志和 4 个女儿留在南京共同生活。1953 年女儿朱敬仪经手卖掉灵隐路 3 号的二分之一产权，用卖得款购买了本市北阴阳营 38－1 号房屋（建筑面积 165.7 平方米）1 幢，登记产权时，朱敬仪拿出朱善培赠与朱陆承志的赠约，要求将北阴阳营 38－1 号房产登记在朱陆承志名下，并登报声明。南京市房产管理局审核时，以朱善培将灵隐路 3 号房屋赠与朱陆承志"有转移财产之嫌"为由，没有同意；仍将北阴阳营 38－1 号房产权登记在朱善培名下，并登报予以更正。长期以来该房一直由朱陆承志带 4 个女儿居住。嗣后朱明仪、朱顺仪先后赴外地工作、生活，该房就由朱陆承志和已婚的朱敬仪、朱宏仪全家居住。1973 年朱敬仪去世，其丈夫蒋荪生仍带 3 个儿子在该房中和朱陆承志共同生活。朱宏仪在南京已另有房源。1976 年朱陆承志去世，1985 年朱善培在台湾去世。1991 年朱顺仪从四川回宁后也在该房中居住，1992 年 9 月该房拆迁，在如何分配拆迁款和安置房面积上双方意见分歧（审理期间蒋荪生于 1994 年 2 月 27 日去世）。

在审理中原告坚持认为北阴阳营 38－1 号房产系朱善培所有，有南京市人民政府核发的产权证为凭，陆修因提出作为合法妻子，其房产也有她 1 份，要求先析产再继承。被告朱宏仪则坚持认为该房产权已赠与朱陆承志所有，有赠约为凭，现只有朱陆承志的 3 个女儿是合法继承人，其他人无权继承。原告蒋同伟三兄弟只要求代位继承母亲朱敬仪的应继份额。

以上事实有双方当事人陈述，《南京市私有房屋所有权证》、《南京市房产管理局函稿》、朱善培写给朱陆承志的《赠约》及证人证言、书证等在卷为凭。

（四）判案理由

1. 北阴阳营 38－1 号房产权虽登记在朱善培名下，但从灵隐路 3 号和北阴阳营 38－1 号房产档案中看，朱陆承志均自述朱善培写给她一份《赠约》。朱善培到台湾前从事国民党政府司法院行政科的秘书工作，通晓法律，因此《赠约》有立赠约人、受赠人、立约时间以及两具见证人的签名盖章，符合不动产赠与的形式要件。再从立赠约人的动机看，朱善培去台湾时就没计划带发妻朱陆承志和 4 个女儿走，特别是与妾生的女儿朱顺仪也留给朱陆承志抚养，因此立赠约将灵隐路房产赠与朱陆承志，作为她和4个女儿的生活来源之一，以求心理平衡。陆修因知此赠约后，未提出过异议。在审理中，南京市房管局函复法院："所谓赠与一事早在解放初期档案中已明确记载，我局在当时政治气候的影响下以这一赠与行为有转移财产之嫌，予以否定。"可见朱陆承志卖掉已归自己所有的灵隐路3号二分之一房产，来买北阴阳营38－1号房产，不是放弃自己的产权，而是当时的市房管局强行登记为朱善培所有。考虑到此案已在法院审理中，因此市房管局就没有撤销其产权证。根据《江苏省民事审判业务讨论会纪要——关于审理房屋宅基地案件的一些具体问题》第十四条规定："诉讼中需要变更房管部门确属登记不当的房屋产权证的，应与房管部门交换意见，由其自行变更或者撤销。如房管部门不愿变更或者撤销的，法院可以根据查证的事实，依法确认房屋产权的归属。"据此，认定北阴阳营38－1号产权属朱陆承志所有。

2. 朱善培与陆修因生的女儿朱顺仪自1949年元月起就由朱陆承志抚养，直到1956年参加工作，长期以来朱顺仪称朱陆承志为母亲，并享有每年一次的探亲假。旧社会遗留下来的嫡母庶女关系已转化成有抚养关系的继母女关系。依照《中华人民共和国继承法》第十条第四款的规定，朱顺仪应当和朱宏仪等三姐妹一起享有同等继承权。

3. 朱陆承志未与朱善培解除过婚姻关系，又先于朱善培死亡，因此作为配偶，朱善培和朱陆承志的女儿们均为同一顺序的继承人。

同一顺序的5个继承人，没有存在特殊困难或缺乏劳动能力的情况需要照顾，故5个继承人享有均等的继承份额。

（五）定案结论

江苏省南京市鼓楼区人民法院依据《中华人民共和国继承法》第十条第一款和第四款、第十一条和最高人民法院《关于贯彻执行〈中华人民共和国继承法〉若干问题的意见》第五十二条之规定，判决如下：

1. 坐落在南京市北阴阳营38－1号房产朱顺仪、朱明仪、朱宏仪、朱敬仪各继承33.14平方米，朱敬仪的应继份额由其儿子蒋同伟、蒋立伟、蒋乐伟共同代位继承。

2. 朱善培的应继份额33.14平方米由陆修因、朱宁仪、朱丰仪、朱顺仪、朱明仪、朱敬仪、朱宏仪各继承4.73平方米，朱敬仪的应继份额由蒋同伟、蒋立伟、蒋乐伟共同代位继承。

本案案件受理费926元，由朱明仪、朱宏仪、朱顺仪各负担211.65元，蒋同伟、蒋立伟、蒋乐伟共同负担211.65元，陆修因、朱宁仪、朱丰仪名负担26.50元。

宣判后，双方当事人均未提起上诉。

（六）解说

这件继承纠纷案，涉及到继承、代位继承、转继承等诸多法律关系，关键还是要查清事实。在能否推翻产权证这一问题上，江苏省南京市鼓楼区人民法院要求当事人谁主张，谁举证。被告提供赠约后，法院通知原告到庭质证。除产权证外，原告提供不出相反的证据推翻赠约，法院向"文革"中抄走赠约的证人查明归还《赠约》的时间，并查找了两处房屋的档案，档案中朱陆承志均以朱善培立的赠约为依据，要求将产权登记在自己名下。诸多证据证明，朱善培出于良心平衡，写了赠约，将房产赠给发妻，作为发妻和4个女儿的生活来源。朱陆承志也在赠约上签字，表示接受赠与。市房管局在当时政治气候影响下，强行将产权登记在朱善培名下，应予纠正。关于朱顺仪有无权利继承朱陆承志的遗产问题，鼓楼区人民法院也在查清事实的基础上，认定朱顺仪与朱陆承志是形成抚养关系的继母女关系，有继承的权利，从而使继承纠纷得到正确解决。

（朱志俊）

15. 程世菊诉程世桀等继承案

（一）首部

1. 裁判书字号

一审判决书（原审一审）：四川省隆昌县人民法院（1990）隆法民字第101号。

二审裁定书（原审二审）：四川省内江市中级人民法院（1990）民上字第184号。

一审判决书（重审一审）：四川省隆昌县人民法院（1991）隆法民重字第1号。

二审判决书（重审二审）：四川内江市中级人民法院（1992）民上字第340号。

2. 案由：继承。

3. 诉讼双方

原告（重审二审被上诉人）：程世菊，女，42岁，汉族，四川省隆昌县人，隆昌县周兴乡卫生院工作，住四川省隆昌县周兴乡街村上街31号，系被告周德纯之女。

诉讼代理人（原审、重审）：钟国阳，四川省隆昌县法律顾问处律师。

被告（重审二审上诉人）：程世桀，男46岁，汉族，四川省隆昌县人，教师，住四川省隆昌县金鹅镇汇丰小学。

诉讼代理人（原审一审、重审一审）：杨传菊，四川省隆昌县飞泉乡小学校教师，系被告程世桀之妻。

诉讼代理人（重审二审）：田素华，四川省内江市经济律师事务所律师。

被告（重审二审上诉人）：周德纯，女，71岁，汉族，四川省隆昌县人，退休医生，住四川省隆昌县周兴乡街村上街29号，系被告人程世桀之母。

诉讼代理人（重审一审）：程世蔷，四川省隆昌县周兴乡卫生院职工，系被告人周德纯之女。

4. 审级：二审。

5. 审判机关和审判组织

一审审判机关：四川省隆昌县人民法院。

独任审判：审判员：余发和。

二审审判机关：四川省内江市中级人民法院。

合议庭组成人员：审判长：田化；审判员：张瑞清；代理审判员：谢祥华。

重审一审审判机关：四川省隆昌县人民法院。

合议庭组成人员：审判长：江昌图；审判员：彭传焕；代理审判员：杨世军。

重审二审审判机关：四川省内江市中级人民法院。

合议庭组成人员：审判长：张榕宗；代理审判员：吴小红、刘祖德。

6. 审结时间

原审一审审结时间：1990年8月2日。

原审二审审结时间:1991 年 7 月 16 日(已依法延长审限)。

重审一审审结时间:1992 年 10 月 4 日(已依法延长审限)。

重审二审审结时间:1994 年 6 月 28 日(已依法延长审限)。

(二)原审一审情况

1. 诉辩主张

(1)原告诉称:原告程世菊之父亲程高祥在周兴乡街村上街有 29 号店房 1 座。1988 年 10 月,程高祥亲笔立下遗嘱,将属他所有的那部分房屋,交给原告继承。现该房被原告之兄程世燊占有,要求收回。

(2)被告程世燊辩称:周兴乡街村上街 29 号店房属父母的共有财产,1989 年 1 月 27 日父母在世时,请求区、乡、村干部到场,父母亲出面立下口头遗嘱,房屋产权全部属于被告。

(3)被告人周德纯没有进行答辩。

2. 事实和证据

经四川省隆昌县人民法院公开审理查明:原告程世菊与被告程世燊系胞兄妹。其父程高祥、母周德纯均系周兴乡卫生院退休医生。程高祥与前妻生有一女程世莲,前妻死后,1946 年程高祥与周德纯结婚,婚后生有子程世燊、女程世菊、程世蔷。1957 年 3 月,程高祥、周德纯夫妻在周兴乡街村上街买有店房 1 座(周兴乡街村上街 29 号,面积 175.73 平方米)。现原、被告均居住该房。1988 年 10 月 13 日,程高祥亲笔立下遗嘱,决定将整间房屋对破打开,靠卫生院一边的房屋给原告程世菊所有。1989 年 1 月 27 日下午,程高祥因病卧床不起时,由被告程世燊、周德纯请乡、村干部征求程高祥将房屋给儿子继承的意见。1989 年 3 月,被告周德纯以周德纯、程高祥两人的名义书写遗嘱,称将全部房屋给儿子程世燊继承,但程高祥未在此书面遗嘱上签字。此后,被告程世燊持该书面遗嘱到隆昌县石碾房管所申报房屋产权,1989 年 6 月 1 日,房管所给程世燊发了该房屋的产权证。1989 年农历九月初九,程高祥死亡。由于石碾房管所给程世燊发房屋产权证时,书面遗嘱上称的被继承人程高祥、周德纯均在世,隆昌县城镇房屋产权登记发证办公室发现这一情况后,于 1990 年 5 月 29 日发文吊销了原发给程世燊的房屋产权证。

以上事实有隆昌县城镇房屋产权登记发证办公室“隆房办发(1990)7 号”文件和证人的证言、书证所证实。

3. 判案理由

四川省隆昌县人民法院认为:本案被继承人于 1988 年 10 月 13 日亲笔立遗嘱,表示将属其所有的房屋给女儿程世菊继承系处分自己财产的行为。现立遗嘱人程高祥死亡,应视为其亲笔遗嘱有效,对原告人程世菊的诉讼请求应予支持。1989 年 1 月 27 日,由乡、村干部解决家庭纠纷时,被继承人程高祥睡在床上,神志不清,无遗嘱能力,而两名乡、村干部中又有一人系被告程世燊之侄,根据《中华人民共和国继承法》第十七条关于“遗嘱人在危急情况下,可以立口头遗嘱。口头遗嘱应当有两个以上见证人在场见证”的规定,程高祥的口头遗嘱不能成立。1989 年 3 月 11 日,被告周德纯以夫妻二人的名义书写遗嘱,将夫妻共有的房屋给程世燊继承,既无程高祥亲笔签字,又无证人证实,不符合继承法关于遗嘱继承的条件,遗嘱不能成立。

4. 定案结论

四川省隆昌县人民法院根据《中华人民共和国继承法》第十六条第二款的规定,于 1990

年 8 月 2 日作出判决：

坐落在隆昌县周兴乡街村上街 29 号房对破打开，靠卫生院一边从堂口至客厅及楼层的一半(38.55 平方米)和最后 1 间房(原猪圈房，14.65 平方米)属程世菊所有。过道共用，院坝使用一半，在判决发生法律效力后 1 个月内，被告程世築、周德纯将房屋交付给原告。

案件受理费 1170 元，其他诉讼费用 217 元，合计 1387 元，由原告承担 387 元，被告承担 1000 元。

(三)原审二审情况

1. 诉辩主张

(1)上诉人程世築、周德纯对一审判决不服，上诉称：被上诉人所持"自书遗嘱"缺少基本要件年、月、日，依法应宣告无效，程高祥生前于 1989 年 1 月 27 日所立口头遗嘱是其真实意思表示，周德纯以夫妻二人名义书写的自书遗嘱符合法定条件，应确认其法律效力。因此，请求二审法院依法改判。

(2)被上诉人程世菊答辩称：1988 年 10 月 13 日程高祥所立自书遗嘱有两个无利害关系的人证明，是合法有效的。一审法院判决正确，请求二审法院维持原判。

2. 事实和证据

四川省内江市中级人民法院对本案审理后认定：原审判决认定事实错误。

3. 判案理由

四川省内江市中级人民法院根据《中华人民共和国民事诉讼法》第一百五十三条第一款第(三)项之规定，以原审判决认定事实错误为由，决定发回重审。

4. 定案结论

四川省内江市中级人民法院于 1991 年 7 月 16 日以(1990)民上字第 184 号民事裁定书裁定：

(1)撤销隆昌县人民法院(1990)隆法民字第 101 号民事判决书。

(2)发回隆昌县人民法院重审。

(四)重审一审情况

1. 诉辩主张

(1)原告诉称：原告之父程高祥早年买有隆昌县周兴乡街村上街 29 号店房 1 座。1988 年 10 月，父亲程高祥亲笔立下将整间房屋对破打开，靠医院一边拿给原告继承的自书遗嘱。父亲去世后，本应由原告继承的房屋被两被告占用，请求法院按原告父亲的自书遗嘱，将应由原告继承的房屋判归原告继承所有。

(2)被告程世築辩称：隆昌县周兴乡街村上街 29 号店屋是被告父母的共有财产，1989 年 1 月 27 日区、乡、村三级干部到被告家解决家庭纠纷时，父母当面立下口头遗嘱，将房屋全部给被告继承；原告骗取了父亲的自书遗嘱，该自书遗嘱未注明年、月、日，是无效的。因此，原告无权继承父亲的遗房。

(3)被告周德纯辩称：隆昌县周兴乡街村上街 29 号房屋是我和丈夫程高祥共有的。程高祥的自书遗嘱是背着我写给原告的，我未在该遗嘱上签字，该遗嘱无效。区、乡、村三级干部解决的才有效。原告要继承房屋，我坚决不同意。

2. 事实和证据

四川省隆昌县人民法院经公开开庭审理查明：

原告程世菊与被告程世桊是同胞兄妹。其父程高祥早年与程张氏结婚，生育一女程世莲。程张氏去世后，程高祥又与程钟氏结婚，未生育子女。程钟氏去世后，程高祥又于1946年与周德纯结婚，生育1子2女。长子程世桊，次女程世菊，三女程世蕾。子女都先后工作并已结婚成家。1957年3月，程高祥、周德纯夫妻二人共同购买了现隆昌县周兴乡街村上街29号店房1座，共有房屋9间及过道、天井等，共计建筑面积189.54平方米，供全家人居住。1980年程高祥将店面房租给周兴乡卫生院营业。1988年9月程世菊承包周兴乡卫生院后，仍租用该店面房营业，每月给父母租金20元，至1989年9月。在此期间，程世桊与程世菊常为该房屋及对病中的程高祥的护理发生纠纷。1988年9月，纠纷经本乡干部解决后，程世桊搬到周兴乡小学校去居住，程高祥夫妇随程世菊生活，并由程世菊护理。程高祥于1988年10月13日亲笔立下"本店整间房子对破打开偏医院这边拿给程世菊所有"的书面遗嘱。程高祥处分的一半房屋，与另一半房屋的价值相当，程高祥写好遗嘱后，请长期在其家门外摆摊的刘焕廷、郭南甫在遗嘱上捺了手印，程高祥卧床未起，该乡副乡长程从泉和石碾区司法所黄源成二人到程高祥床前询问。并将遗嘱交给程世菊保管，遗嘱未注明年、月、日。1989年春节前，程世菊欲去武汉其夫姐家中过春节，程世桊与程世菊再次发生纠纷。1989年1月27日下午，程世桊、周德纯请区、乡、村的干部到家里解决家庭纠纷，并作了程高祥表示在此以前未立过遗嘱和将房屋给其子继承、不给女儿继承等记录。当时程世菊出示了其父的亲笔遗嘱，解决纠纷干部将该遗嘱收看后，未还给程世菊。1989年3月初，程世桊以自己的名义到隆昌县石碾房管所申请领取所买房屋的产权证，因无依据，房管所未发给程世桊产权证，同月11日，周德纯以自己和程高祥夫妻二人的名义写了一份内容为将全部房屋给儿子程世桊继承的遗嘱，但程高祥未在该遗嘱上签名。尔后，程世桊持周德纯书写的遗嘱，于1989年6月1日在石碾房管所领取了隆昌县周兴乡街村上街29号全座房屋的产权证。1989年10月8日程高祥因病去世。随后，程世桊与程世菊为争父亲的遗房发生纠纷。程世菊于1990年1月底向隆昌县人民法院提起民事诉讼。在诉讼期间，隆昌县城镇房屋产权登记办公室于1990年5月29日以"隆房办发(1990)7号"文件，吊销了程世桊持有的房屋产权证。

上述事实有下列证据证明：

(1)当事人双方关于"本房整间房子对破打开偏医院这边拿给程世菊所有"的遗嘱是程高祥笔迹，以及纠纷发生、解决过程的陈述；

(2)程高祥的自书遗嘱；

(3)证人刘焕廷、郭南甫关于1988年10月13日程高祥亲笔写好遗嘱，请他们两人见证捺手印的证词；

(4)副乡长程从泉和石碾区司法所黄源成1988年1月27日下午询问程高祥的书面记录；

(5)周德纯以夫妻二人名义所书将全部房屋给儿子程世桊继承的遗嘱；

(6)参与解决原被告间房屋纠纷的区、乡、村干部关于解决纠纷情况的证词；

(7)隆昌县城镇房屋产权登记办公室所"隆房办发(1990)7号"文件。

3. 判案理由

(1)程高祥自书遗嘱有效。程高祥于1988年10月13日自书遗嘱，将与其妻共有房屋中属自己享有的份额处分，指定由女儿程世菊继承是合法的。该遗嘱结尾未注明年、月、日不影响遗嘱的合法性和有效性。

(2)程高祥对区乡干部的谈话不是口头遗嘱。1989年1月27日，区、乡、村干部在程高祥家解决程家的家庭纠纷时，程高祥的谈话及区、乡干部作的记录，不是程高祥的口头遗嘱，因为当时程高祥并非处于生命垂危的紧急情况下，所以，不能把程高祥谈话内容作为口头遗嘱看待。

(3)周德纯所写遗嘱违法。1989年3月1日，周德纯擅自以她和程高祥夫妻二人的名义写的，将其与程高祥共有的房屋(即讼争房屋)全部给程世桊继承的遗嘱无程高祥的签名，处分属于程高祥所有财产份额的内容违法，因此是无效的。

4. 定案结论

四川省隆昌县人民法院依照《中华人民共和国继承法》第五条和第十六条第二款的规定，判决：

(1)被继承人程高祥于1988年10月13日的自书遗嘱有效。

(2)被告周德纯与被继承人程高祥共同所有的隆昌县周兴乡街村上街29号房屋，属程高祥的遗产房屋份额由原告程世菊继承。店面、客厅、耳房及楼层从堂口缝中直破至临天井、厨房为界的左侧(依房屋座向)，面积为42.41平方米及靠后院坝的房屋(空房)1间，面积为10.27平方米，堂口临街相应屋檐归其使用。自厨房与客厅临界处至抵后院坝的最后一间房内左侧，均留出宽为1.1米的过道和宽为1米的后房檐以及面积为13.78平方米的厕所，5.3平方米的天井与被告周德纯共同所有、使用。院坝各使用二分之一，即：从靠房檐处向外直破，原告使用左侧，被告周德纯使用右侧。

(3)除去上述第二项归原告程世菊继承的房屋部分和应由双方共同所有、使用的以外，其余右侧房屋归被告周德纯所有。

以上由原告继承所有的房屋，被告周德纯应从本判决发生法律效力之日起30日内将房屋交付给原告。

本案受理费605元，其他诉讼费295元，合计900元，由原告负担300元，被告负担600元。

(五)重审二审情况

1. 诉辩主张

(1)上诉人(本案被告)程世桊、周德纯不服一审判决，上诉称：被继承人程高祥的自书遗嘱无效，理由是：第一，根据《中华人民共和国继承法》第十七条第二款，《最高人民法院关于贯彻执行〈中华人民共和国继承法〉若干问题的意见》第三十五条规定的精神，继承法公布实施后，自书遗嘱必须注明年、月、日才有效。而程高祥的自书遗嘱未注明年、月、日，依法应当宣告无效。第二，程高祥的自书遗嘱不仅未注明年、月、日，且有的地方字迹模糊，还画蛇添足地请了两个见证人，可见程高祥在立遗嘱时无民事行为能力；程高祥生前于1989年1月27日所立口头遗嘱是其真实意思表示；周德纯以夫妻二人名义书写的自书遗嘱符合法定条件。因此，一审判决认定事实有错误，适用法律不恰当，请求二审法院改判。

(2)被上诉人(原告)程世菊答辩称：上诉人称的1989年1月27日程高祥所立“口头遗嘱”，实际上是上诉人与个别乡干部恶意串通所设计的一个骗局，理应无效；1989年3月11日周德纯所写的遗嘱，无被继承人程高祥的签名，显属无效；1988年10月13日程高祥自愿所立自书遗嘱，内容合法，且有两个无利害关系的证人证明。关于该自书遗嘱的设立时间问题，除有两个无利害关系的证人证明外，两上诉人都承认是1988年10月13日写的，故该自书遗嘱是合法有效的。因此，一审判决事实清楚，适用法律正确，请求二审法院维持原判。

2. 事实和证据

四川省内江市中级人民法院二审确认了一审认定的事实和证据。

3. 判案理由

四川省内江市中级人民法院二审认为：1988年10月13日，被继承人程高祥所立将夫妻共有房屋中自己的份额给程世菊继承的自书遗嘱有效。该自书遗嘱虽未注明年、月、日，但有两个无利害关系的证人证明其立遗嘱的时间，处分财产的份额未超过遗嘱人应享有的份额。因此，未注明年、月、日不影响该遗嘱的效力；1989年1月27日，区、乡、村干部为当事人解决家庭纠纷时作的记录，不能成为程高祥的口头遗嘱；1989年3月11日，周德纯以夫妻二人名义所写的，将与其夫程高祥共有的房屋全部给程世[illegible]继承的遗嘱无程高祥的签名，故处分程高祥财产份额的内容无效。原判认定事实清楚，适用法律正确，上诉人上诉无理，应予驳回。

4. 定案结论

四川省内江市中级人民法院依法判决：

驳回上诉，维持原判。

二审诉讼费900元，由上诉人程世桀、周德纯承担。

(六)解说

正确处理本案的关键，在于准确认定被继承人程高祥的自书遗嘱，区、乡、村干部解决当事人家庭纠纷所作记录以及周德纯所写遗嘱的性质和法律效力。

1. 被告周德纯所书遗嘱部分内容违法，该遗嘱由于无程高祥的签名，不能认为是周德纯与程高祥二人的共同遗嘱，只能认为是周德纯一人所立遗嘱。该遗嘱冒用程高祥的名字，处分应属程高祥所有的那部分房屋的内容，侵犯了程高祥的财产权利，依法应当确定为无效。

2. 区、乡、村干部解决当事人家庭纠纷时所作记录，不具有程高祥口头遗嘱的性质。1989年1月27日，区、乡、村干部在解决当事人间家庭纠纷时，询问程世高并作了记录，即使该记录的内容真实，也不具有程高祥口头遗嘱的性质。因为，《继承法》第十七条第五款规定，遗嘱人在危急情况下才能立口头遗嘱，而1989年1月27日程高祥虽然卧病在床，但并非情况紧急、生命垂危。如果当时程高祥要处分属于他自己享有的房屋份额，他完全有能力和条件立自书遗嘱、代书遗嘱或以录音形式立遗嘱。因此，区、乡干部询问程高祥时，程高祥的身体状况未达到法定的立口头遗嘱的条件，故区、乡干部询问程高祥时，程高祥的谈话内容，以及区、乡干部所作的记录，均不具有口头遗嘱的性质，更不能据此处理程高祥的遗房。

3. 程高祥自书遗嘱形式上虽有欠缺，但不影响该遗嘱的法律效力。首先，该自书遗嘱的内容是被继承人程高祥的真实意思表示。因为，1988年10月13日程高祥亲笔书写遗嘱时，身体健康、神志清楚，具有完全的民事行为能力，且是在没有任何外来干扰压力的情况下自愿书写的。所以，自书遗嘱的内容体现了程高祥的真实意志。其次，自书遗嘱的内容合法。因为自书遗嘱的内容，是将属于程高祥、周德纯夫妻共有的隆昌县周兴乡街村上街29号店房从中间对破打开，其中的半边房屋（即一半房屋）由程世菊继承。由于遗嘱将整座房屋分为两份，且各份的价值相当，遗嘱人又只处分了其中的一份房屋，即只处分了属于遗嘱人自己享有的份数，没有侵犯其妻周德纯的财产权益，可见，遗嘱的内容是合法的。再次，自书遗嘱未注明年、月、日这一形式上的欠缺，已被充分确凿的证据弥补。在自书遗嘱中注明年、月、日是继承法明确规定的，并且具有重要的法律意义。在一般情况下，注明年、月、日是自书遗嘱有效的必备条件。但是，社会生活是复杂多样的，加之现阶段我国公民的文化程度和法律水平不高，因此，对形式上有欠缺的遗嘱不能一概宣告无效。在审判实务中，要坚持实事求是，具体问题具体分析。如果遗嘱在形式上的缺陷没有充分可靠的证据弥补，是不能认定该遗嘱有效的；相反，若遗嘱仅在形式上有欠缺，且该欠缺已经被充分确凿的证据弥补，就应认定该遗嘱有效。在本案中，程高祥所立自书遗嘱未注明年、月、日，但是程高祥立自书遗嘱的确切时间（即年、月、日）已被一个继承人（程世菊）、两个无利害关系的见证人（即在该自书遗嘱上捺手印的刘焕廷、郭南甫）所证实。可见，程高祥所立自书遗嘱在形式上的缺陷已被充分确凿的证据所弥补，故该缺陷已不影响遗嘱的法律效力。

综上所述，程高祥立自书遗嘱是自愿的，该自书遗嘱内容合法，形式上的欠缺已被充分确凿的证据所弥补，应当认定该自书遗嘱有效。二审法院终审判决驳回上诉，维持原判是正确的。

在审理过程中曾有这样的一种观点，认为程高祥自书遗嘱的一部分应属无效。因为按照婚姻法第十三条规定，夫妻共有财产属于夫妻共同所有，而不是按份共有。与此同时，程高祥自书遗嘱未涉及到的另外一半房产中，亦有半数归程高祥所有，由于此部分财产程高祥未予遗嘱处分，应依法定继承予以处理。

（刘亚林　罗书平　张瑞清）

16. 王梅璞诉钟逸新等继承案

（一）首部

1. 判决书字号：上海市长宁区人民法院（1993）长民初字第 1467 号。

2. 案由：继承。

3. 诉讼双方

原告：王梅璞，女，1926 年 5 月 2 日生，汉族，上海市淮海中学退休教师，住镇宁路 275 弄 118 号甲。

诉讼代理人：刘晓维，男，上海社会科学院工作，住天山路 1715 弄 6 号 304 室。

诉讼代理人：段晓楣（原告之女），女，待业，住镇宁路 275 弄 118 号甲。

被告：钟逸新，女，1940 年 1 月 21 日生，汉族，中国科学院上海细胞生物学研究所工作，住田林 10 村 30 号 101 室。

诉讼代理人：张文銮（钟逸新丈夫，本案被告之一）。

诉讼代理人：张巽莹，上海市徐汇律师事务所律师。

被告：钟逸民，女，1932 年 2 月 16 日生，汉族，卢湾区卫生学校退休，住太仓路 119 弄 32 号。

被告：钟逸仙，女，1936 年 1 月 7 日生，汉族，上海第九人民医院退休，住高安路 60 号。

被告：钟逸芳，女，1937 年 10 月 2 日生，汉族，南京市建筑设计院退休，住南京市兰旗街

24 幢 101 室。

诉讼代理人：李铭标（钟逸仙之夫），男，江苏省江阴市西郊型钢厂退休工人，住高安路 60 号。系钟逸民、钟逸仙、钟逸芳的诉讼代理人。

被告：王寿祺，男，1916 年 2 月 28 日生，汉族，上海市金属材料公司日晖港退休人员，住洛川东路 150 号 301 室。

诉讼代理人：王文杰（王寿祺之子），男，上海制笔电化厂工人，住共和新路 1700 弄 10 号 603 室。

被告：王思惠，女，1930 年 11 月 30 日生，汉族，绍兴一中退休教员，住浙江省绍兴市府山西路 9 号南 2 幢 205 室。

被告：蔡大伟，男，1939 年 2 月 3 日生，汉族，青浦县朱家角镇丁家浜小学教师，住青浦县朱家角镇祥凝浜路 500 弄 6 号。

被告：蔡大钧，男，1946 年 3 月 6 日生，汉族，上海平板玻璃厂工人，住济南路 270 弄 1 号。

被告：蔡亚芹，女，1948 年 7 月 19 日生，汉族，上海利民锁厂工人，住南汇县六灶乡上海利民锁厂宿舍。

诉讼代理人：王文杰，男，上海制笔电化厂工人，住共和新路 1700 弄 10 号 603 号。系蔡大伟、蔡大钧、蔡亚芹的诉讼代理人。

被告：上海市静安区基督教三自爱国运动委员会，住址：陕西北路 375 号。

法定代表人：戚长毅，该会主任。

诉讼代理人：柯月霞，女，上海市静安区三自爱国运动委员会副主任，住平型关路 300 弄 3 号 501 室。

被告：张文銮，男，1932 年 7 月 9 日生，汉族，中国科学院上海细胞生物学研究所离休干部，住田林 10 村 30 号 101 室。

4. 审级：一审。

5. 审判机关和审判组织

审判机关：上海市长宁区人民法院。

合议庭组成人员：审判长：王俊；审判员：范亚平；人民陪审员：王之阶。

6. 审结时间：1994 年 6 月 18 日。

（二）诉辩主张

1. 原告王梅璞诉称，上海市兴国路 374 弄 1 号房屋 4 间系被继承人王铭、张素贞的遗产。张素贞立遗嘱，将上述房屋全部遗赠给本案被告。原告诉称此行为侵犯了其作为养女的合法继承权，故起诉要求：(1)继承王铭的遗产房屋；(2)分割该遗产房屋的孳息即租金；(3)要求依法继承王铭和张素贞的遗产存款人民币 8978.40 元。

2. 被告钟逸新、钟逸民、钟逸仙、钟逸芳、王寿祺、蔡大伟、蔡大钧、蔡亚芹辩称，原告系被继承人王铭之外甥女，王铭将其培养至大学毕业，但原告对王铭、张素贞未尽赡养义务，双方并未形成收养关系。所谓养女关系，纯系原告单方理解，与事实不符。故不同意原告的诉讼请求，要求按遗嘱分割遗产。

3. 被告王思惠辩称：原告从小与两被继承人共同生活至结婚，对原告的诉讼请求，听由法院依法处理，但请求法院保护其本人应得的受遗赠份额。

4. 被告上海市静安区基督教三自爱国运动委员会辩称:要求依法取得其应得的遗赠份额。

(三)事实和证据

上海市长宁区人民法院于1993年8月24日受理本案,经公开开庭审理查明:

1. 本案各当事人的关系

被继承人王铭、张素贞是夫妻。原告王梅璞(原名王梅宝)原是被继承人王铭之外甥女,被告钟逸新、钟逸民、钟逸仙、钟逸芳是被继承人张素贞之外甥女,被告王寿祺、王思惠以及蔡大伟、蔡大钧、蔡亚芹之母王雨妹分别是被继承人王铭之侄儿、侄女,被告上海市静安区基督教三自爱国运动委员会(即上海市基督教怀思堂)是被继承人张素贞生前礼拜之处。被继承人王铭与前妻吴桂贞婚后未生育,在原告王梅璞幼时,即将其收养为女。原告与吴桂贞同住一室,称王铭为“伯伯”(即“爸爸”),称吴桂贞为“妈妈”,称生父母则为“叔叔”、“孃孃”,姓氏亦随王姓,其教育费用以及在校的食宿费用均由王铭负担。1940年,王铭与吴桂贞离婚。1941年,王铭与张素贞结婚,亦未生育,原告同王铭和张素贞共同生活,并以父母女相称相待。1944年9月,原告进沪江大学读书,学籍表上所填家长为王铭,保证人为张素贞之父张孝基。1949年1月,王铭和张素贞迁入新居,原告亦以女儿身分同时迁入居住。1950年1月,原告结婚,亦由王铭出面宴请亲友。平素原告与张素贞有些隔阂。“文化大革命”期间,原告对王铭和张素贞虽有接济,但双方关系不密,因而加深了张素贞与原告间的矛盾。张素贞的海外胞妹在经济上也给予王铭夫妇一些资助。1982年3月,王铭去世,未留遗嘱。追悼会上,因原告在花圈挽联上署上“养女王梅璞”而遭到张素贞的反对,挽联被撕毁,两人闹翻。

2. 本案遗嘱及相关事实

1982年9月22日,张素贞在市公证处立如下遗嘱:“(一)我有座落本市兴国路374弄1号其中朝南二大间(连独用厕所、走廊橱间);楼下大灶间一间;汽车间楼上一间。上述房产权待我故世后由执行人负责将上述房产出售变价以作四份分配,分给侄子王寿祺、侄女王雨妹、王思惠,继母王馥梅各得一份。如继母王馥梅先于我故世,其应得份额作印圣经奉献。”上海市公证处于同年9月30日以“(82)沪证字第578号”遗嘱证明书予以公证。1989年1月31日,张素贞立代书遗嘱,维持公证遗嘱的内容,补充提出对尚未落实政策发还的房屋待发还后的处理意见。1989年2月18日,张素贞立自书遗嘱,对公证遗嘱进行补充和修改:“……(二)房屋出售变价由四份改为八份分配。即分给侄子王寿祺、侄女王雨妹、王思惠、继母王馥梅、外甥女钟逸民、钟逸仙、钟逸芳、钟逸新。(三)继母王馥梅已故世,她的一份金额开销我生病以来的医药费、生活费和后事之后,多余部分奉献给教会孤老。(四)1989年1月31日由徐汇区律师事务所见证的遗嘱仍然有效,遵照执行。”

1989年4月8日,张素贞申请撤销公证遗嘱,由徐汇区律师事务所张巽莹、王京燕律师见证,由张巽莹执笔立下遗嘱:”待我故世后,已落政发还的房屋由执行人张文鎏负责借给单位使用,待整幢房子落政工作有结论后由张文鎏负责出售变价后分作八份,分给侄子王寿祺、侄女王雨妹、王思惠、继母王馥梅、外甥女钟逸民、钟逸仙、钟逸芳、钟逸新各得一份。继母已去世,她的一份开销我生病以来的医药费、生活费和后事之后,多余部分奉给教会孤老。”

同年5月13日,公证遗嘱被获准撤销,5月17日,张素贞经张巽莹、王京燕见证,追认4月8日所立遗嘱有效。1989年7月,张素贞去世。丧事料事完毕,由见证人宣读遗嘱。各受遗赠人除上海市静安区基督教三自爱国运动委员会不在场不知情外,均表示接受遗赠。1989

年11月，受遗赠人王雨妹去世。

3. 本案遗产及使用

被继承人王铭于1948年购得本市兴国路374弄1号花园洋房1幢，建筑面积492平方米。1952年，张素贞在上址房屋开办了“一凡托儿所”（现名兴国路幼儿园）。1958年11月，上址房屋除二层2间（东南间、西南间）、底层灶间、汽车间楼上外，其余全部被纳入社会主义改造，产权收归国有。1967年7月，该房的二层2间、底层灶间及汽车间楼上亦被有关部门接收。1981年9月，有关部门将上述4间房屋发还给产权人王铭。即第二层东南间31.08平方米、西南间29.14平方米（价值21548.73元），底层灶间17.26平方米（价值4717.15元），汽车间楼上19.69平方米（价值3412.64元）。1990年2月，遗嘱执行人张文鎏将房屋出租，直至1993年12月，共收取租金43000元（其中1992年7月至1993年12月共收取21400元），用于房屋维修、基地维护、办理房屋权证等花费3926.46元。各受遗赠人（除上海市静安区基督教三自爱国运动委员会外）按份取得从出租起至1992年6月的租金2200元，合计15400元。另外，张文鎏提出以钟逸新户名安装电话、聘请律师联系房屋事宜且代理诉讼等花去1万余元，现存租金8000余元。1989年初，张素贞交给张文鎏2万余元，用于治病开销及办理后事等。张去世后，尚余9000余元。张文鎏将此款分给钟逸新、钟逸民、钟逸仙、钟逸芳各2000元，另用于酬谢其他亲朋好友，尚存978.14元。被继承人遗留的钢琴1架、家具及生活用品若干已按遗嘱处理。

上述事实有下列证据证明：

(1)当事人陈述；

(2)户籍登记资料表；

(3)原告于1945年填写的学生学籍表，1952年填写的履历表，1953年写的思想小结；

(4)原告丈夫于1956年、1959年填写的履历表；

(5)沈贻乡（王铭之妹王佩贞的同学）于1954年写的“检举材料”；

(6)证人王佩贞、文路得、严公华、施如璋、陈梅贞、沈仁杰、杨应多、居广贞的证言；

(7)“(82)沪证字第578号”遗嘱证明书；

(8)张素贞于1989年1月31日所立代书遗嘱；

(9)张素贞于1989年2月18日所立自书遗嘱；

(10)张素贞于1989年4月8日所立代书遗嘱；

(11)上海市公证处于1989年5月13日所发函件；

(12)徐汇区律师事务所张巽莹、王京燕于1989年5月17日所立的“见证书”；

(13)产业接收通知单、产业经销通知单、房屋估价单；

(14)张文鎏所签租金收条。

(四)判案理由

1. 原告王梅璞与被继承人王铭、张素贞形成事实收养，王梅璞对本案遗产享有继承权。

原告王梅璞从小与被继承人王铭及其前妻吴桂贞共同生活，并以父母女相称，15岁时又与王铭及其妻张素贞共同生活至结婚出嫁，仍以父母女相称，亲友邻里也公认他们为养父母女关系。王铭去世后，原告与张素贞同为第一顺序法定继承人，对王铭的遗产依法均享有继承权。

2. 被继承人张素贞立有4份遗嘱，应以1989年4月8日所立遗嘱为准，但该遗嘱将原告的应继份额予以处分的部分无效。

张素贞于 1982 年 9 月 30 日立有公证遗嘱，对已落实政策发还的房屋提出了处理分割意见。1989 年 1 月 31 日立代书遗嘱，对未落政发还的房屋提出了落政发还后的处理分割意见。1989 年 1 月 18 日立自书遗嘱，对公证遗嘱进行补充和修改。1989 年 4 月 8 日申请撤销公证遗嘱，同时立代书遗嘱，对整幢房屋（包括未落政发还的房屋）提出了处理分割意见。同年 5 月 13 日，公证遗嘱获准撤销；5 月 17 日，张素贞经张巽莹、王京燕律师见证，追认 4 月 8 日所立遗嘱有效。张素贞几易遗嘱，内容与公证遗嘱相抵触，应以公证遗嘱为有效。但 1989 年 5 月 13 日公证遗嘱被获准撤销，5 月 17 日张素贞便经律师见证追认同年 4 月 8 日所立遗嘱有效，故应以 4 月 8 日所立遗嘱为有效。张素贞 1989 年 1 月 31 日以后三易遗嘱，内容所涉公证遗嘱以外的未落政发还的房屋，数份遗嘱内容相抵触，应以 4 月 8 日最后所立一份遗嘱为准。故本案应以张素贞 1989 年 4 月 8 日所立代书遗嘱为准。但该遗嘱将原告的应继份额未予保留，一并予以处分，该部分应为无效。

3. 遗嘱执行人无权处分遗嘱中未处分的存款，该存款应按法定继承办理。

张素贞去世后，遗有存款 9000 余元，用于酬谢亲朋好友外，尚存 8000 余元，遗嘱执行人张文銮自将其中的 8000 元分给他人，该行为超越其执行范围，应属无效。遗嘱中未处分的遗产应按法定继承办理。原告作为被继承人的唯一法定继承人，其要求继承这笔存款应予支持。

4. 遗产房屋出租后所收租金除扣除合理费用外，其余应由原告及各受遗赠人按份分配。

遗嘱执行人张文銮将房屋出租后所得的 1990 年 2 月至 1993 年 12 月的租金，应扣除房屋修缮，办理房屋权证、墓地维护等合理费用，其余由原告及各受遗赠人按份分得。现各受遗赠人除王思惠外均表示认可张文銮提出的全部费用，同意扣除张所述费用后再分租金，对此本案不作处理。被告王思惠主张的合理部分，可予支持。上海市静安区基督教三自爱国运动委员会未分得的 1990 年 2 月至 1992 年 6 月的租金，张文銮应予补付。

（五）定案结论

上海市长宁区人民法院根据所认定的事实、证据和上述判案理由，于 1994 年 6 月 18 日依照《中华人民共和国继承法》第三条、第五条、第十条第一款、第二款、第五款、第二十六条第一款、第二十七条第一款第（四）项、第二十九条第二款之规定，判决如下：

1. 本市兴国路 374 弄 1 号第二层的东南间、西南间房屋、底层灶间、汽车间接上 1 间合计 97.17 平方米、阳台 3.87 平方米，其中四分之一产权归原告王梅璞继承所有，其余四分之三产权归被告钟逸新、钟逸民、钟逸仙、钟逸芳、王寿祺、王思惠及蔡大伟、蔡大钧、蔡亚芹（蔡大伟、蔡大钧、蔡亚芹合计为一份）和上海市静巡区基督教三自爱国运动委员会按份接受遗赠取得财产所有权。

2. 被继承人所遗存款人民币 8778.14 元归原告王梅璞继承所有。由被告张文銮负责向被告钟逸新、钟逸民、钟逸仙、钟逸芳各追索人民币 2000 元，并将尚存在其处的 978.14 元一并给付与原告王梅璞。

3. 被告张文銮应给付原告王梅璞 1992 年 2 月至 1993 年 12 月的租金，合计人民币 9768.39 元；给付王思惠 1992 年 7 月至 1993 年 12 月的租金，合计人民币 1463.14 元；给付上海市静安区基督教三自爱国运动委员会 1990 年 2 月至 1992 年 6 月的租金，合计人民币

2200元。

4.1994年1月起所收租金，由原告王梅璞及被告钟逸新、钟逸民、钟逸仙、钟逸芳、王寿祺、王思惠、蔡大伟、蔡大钧、蔡亚芹(蔡大伟、蔡大钧、蔡亚芹合计为一份)、上海市静安区巷督教三自爱国运动委员会按份分配。

上述2、3条应于本判决生效后30日内履行完毕。

案件受理费人民币4614.55元，原告王梅璞负担1432.9元，被告钟逸新、钟逸民、钟逸仙、钟逸芳、王寿祺、王思惠，上海市静安区基督教三自爱国运动委员会各负担402.7元，被告蔡大伟、蔡大钧、蔡亚芹各负担134.22元。

(六)解说

本案是一起继承纠纷，处理本案的关键是解决好以下几个问题：

1.确定继承人范围。本案原告与被继承人是否形成收养关系，是本案确定是否存在法定继承人的前提。原告以被继承人养女身分提出继承请求，数被告予以否认。因而，确认原告与被继承人是否形成收养关系，是本案的第一关键。1992年4月1日收养法实施以前，我国婚姻法对事实收养是予以承认的。构成事实收养必须同时具备以下三个条件：第一，养父母与养子女间应有抚养的事实；第二，相互间公开承认养父母子女关系；第三，养子女与生父母在事实上已终止了权利义务关系。本案的原告从小与被继承人王铭及其前妻其同生活，王铭与前妻离婚、与张素贞结婚时，原告15岁，尚未成年，又与王铭及张素贞共同生活至结婚出嫁，其在校的所有学费及食宿费用均由王铭提供，双方之间存在抚养的事实。原告与被继承人以父母女相称，原告的学籍表、履历表、户籍资料对此都有所记载，亲友邻居也公认他们为养父母女关系。原告称生父母为“叔叔”、“孃孃”，相互间不以父母女相称，其自小与养父母共同生活至结婚出嫁，自然与生父母之间终止了权利义务关系。故本案确认原告与被继承人之间形成收养关系。

2.确定继承方式。根据我国《继承法》第五条规定，继承开始后，按照法定继承办理；有遗嘱的，按照遗嘱办理；有遗赠抚养协议的，按照协议办理。本案的被继承人王铭身前未留遗嘱，他去世后所留的遗产应按法定继承办理。而另一被继承人张素贞未将法定继承人原告的应继份额保留出来，在遗嘱中一并予以处分，这部分应为无效。张素贞立有4份遗嘱，应以哪一份为准，亦为解决本案的关键。张素贞于1982年9月30日立有公证遗嘱，该遗嘱内容所涉公证遗嘱未处分的财产，在当时看来，两份遗嘱均应有效。1989年2月18日及4月8日，张素贞又分别立下自书遗嘱、代书遗嘱，内容与公证遗嘱及1989年1月31日所立代书遗嘱相抵触。根据《继承法》第二十条第二款和第三款之规定，立有数份遗嘱，内容相抵触的，以最后的遗嘱为准。自书、代书、录音、口头遗嘱，不得撤销、变更公证遗嘱，因而，公证遗嘱仍应有效，公证遗嘱未涉及的财产分割内容，应以1989年4月8最后所立一份遗嘱为准。但1989年5月13日，公证遗嘱被获准撤销，张素贞于同年5月17日经律师见证，追认4月8日所立遗嘱有效，故本案所涉张素贞遗产部分应按1989年4月8日所立代书遗嘱的意见处理。

3.确定遗产范围。根据《继承法》第三条规定，遗产是公民死亡时遗留的个人合法财产。本案件涉及的遗产应是本市兴国路374弄1号已发还的4间房屋(含阳台)及存款、钢琴、家具、生活用品，还有出租上址房屋所产生的孳息——租金。

4.确定继承份额。上述财产是被继承人王铭与张素贞的夫妻共同财产。王铭去世后，应将其中的一半分归张素贞所有，另一半应作为王铭的遗产。根据《继承法》第十条第一、二、五款之规定，作为养女的原告与张素贞同为第一顺序法定继承人，依法对王铭的财产均享有继承权。考虑到张素贞系王铭之配偶，长期与王铭共同生活，分割遗产时，可以多分，故存款、钢琴、家具、生活用品可由张素贞继承所有，房屋应由原告与张素贞共同继承所有。张素贞去世后，扣除应酬费用，尚存8000余元存款，遗嘱中未予处分，被告张文銮虽为遗嘱执行人，亦无权处分被继承人所遗的存款，对该存款应按法定继承办理。原告与张素贞虽关系不睦，但并未依法解除收养关系，故原告对遗嘱未处分的遗产存款享有法定继承权。遗产房屋所产生的孳息——租金，应扣除房屋维修、办理房屋权证、墓地维护等合理费用，其余应由原告及各受遗赠人按份分得。以被告钟逸新户名安装的电话、聘请律师代理诉讼及未征得有关继承人、受遗赠人同意聘请常年法律顾问等所花费用，应由行为人自理。受遗赠人之一王雨妹后于遗赠人死亡，且于知悉受遗赠的事实后已表示接受遗赠，因此其应得的一分遗赠财产应由其子女继承。各受遗赠人的继承份额应按张素贞所立遗嘱予以分配。

（王　俊）

17. 于良燕诉张秋凤继承案

（一）首部

1. 裁判书字号

一审判决书（原审）：广西壮族自治区桂林市象山区人民法院（1990）民字第195号。

一审判决书（重审）：广西壮族自治区桂林市象山区人民法院（1993）象民重字第2号。

二审裁定书（原审）：广西壮族自治区桂林市中级人民法院（1991）民上字第60号。

二审判决书（重审）：广西壮族自治区桂林市中级人民法院（1994）桂民终字第19号。

2. 案由：继承。

3. 诉讼双方

原告（上诉人）：于良燕，女，1973年6月23日生，桂林市第六感娱乐有限公司职工，住桂林港务所宿舍。

诉讼代理人：蒙永萍，系于良燕之母，桂林港运公司干部，住桂林港务所宿舍。

诉讼代理人：李斌，桂林市人民政府办公室科长。

被告（上诉人）：张秋凤，女，1965年9月26日生，桂科房地产开发公司职工，住桂林市七星路34号。

诉讼代理人：于国印，系张秋凤之夫，桂林地区科学技术交流中心干部，住桂林市七星路34号。

诉讼代理人：黄河，广西壮族自治区临桂县律师事务所律师。

4. 审级：二审。

5. 审判机关和审判组织

一审法院：广西壮族自治区桂林市象山区人民法院。

合议庭组成人员：审判长：董俊峰；审判员：罗述良；代理审判员：俞锦英。

重审合议庭组成人员：审判长：义家连；审判员：李隆清、刘海鹏。

二审法院：广西壮族自治区桂林市中级人民法院。

合议庭组成人员：审判长：张贵云；代理审判员：刘军、刘福平。

重审上诉的合议庭组成人员：审判长：赵阳春；审判员：阮玲、徐元进。

6. 审结时间

一审审结时间：1990 年 12 月 24 日；1993 年 10 月 20 日(重审)。

二审审结时间：1991 年 10 月 5 日；1994 年 6 月 24 日(重审)。

(二)一审诉辩主张

原告诉称：原告与被继承人张芝青是祖孙关系。1947 年原告祖父母于寿宣、张芝青收养原告父于湘源为子，并一直在一起共同生活。1972 年在祖父母的操办下原告父母结婚。在原告出生不到一个月，即 1973 年 7 月 22 日，父亲离家出走下落不明，1975 年桂林市公安局北门派出所对原告父亲通报死亡注销户口。母亲改嫁后，祖母对原告倍加爱护，每月给生活费 15 元左右。1981 年祖父病故，祖母特意安排原告捧祖父的灵牌，当众宣布原告为于家的唯一后代。因原告当时年幼未能照顾祖母，祖母才从湖北老家接被告张秋凤到桂林陪伴自己。被告在原告祖母身边挑唆原告和祖母的关系，原告去看望祖母亦被被告赶出家门。1988 年 11 月祖母去世，被告明知我们的住处也未去通知，目的是为了吞占于家的财产。早在 1984 年被告就协迫原告祖母到公证处办理遗嘱公证，因不符合规定才未办成。1986 年 8 月，祖母重病在身，被告再次胁迫原告祖母办理公证遗嘱，而遗嘱公证手续是由被告丈夫于国印代办的，严重违背了原告祖母的真实意思。祖母去世后，被告隐匿遗产，并将祖母遗留下的一套住房变卖。被告的行为严重侵害了原告的合法权益。鉴于上述理由，要求法院保护原告的合法继承权，依法继承祖母遗留在桂林市中山南路环保局后面的住房 1 套和南城商场 15 号铺面 1 间，并要求被告归还隐匿的存款、黄金、手饰等物。

被告辩称：被告是被继承人张芝青的侄孙女。于寿宣、张芝青因年老多病身边无人照顾，即写信与被告父母商量接被告到其身边作为养女，以照顾他们的生活起居。被告于 1981 年 8 月 16 日到桂林，多年来尽心尽力照顾祖母的日常生活，特别是祖母生病期间，对祖母尽了赡养义务。原告的生父早在 1973 年出走至今下落不明，他对两位老人未尽赡养义务，他与两位老人的收养关系已自行解除。因此，原告已无代位继承权。1984 年原告在其母蒙永萍的唆使下，起诉要求分割祖父的遗产，并要求祖母尽抚养义务，由此，祖母与原告的关系恶化。祖母于 1986 年 8 月 20 日立下遗嘱，确定了祖母与被告的养祖孙关系和财产归属，并在公证处进行了合法公证。1988 年 3 月 20 日，祖母将住房一套卖给赵文伟，这是祖母生前对自己的合法财产作出的合法处理。原告诉称已卖掉的住房是祖母的遗产，并称是被告变卖了祖母的遗产是不符合事实的，请求法院驳回原告的诉讼请求。

(三)一审事实和证据

广西壮族自治区桂林市象山区人民法院经调查审理查明：被继承人于寿宣、张芝青夫妇原在桂林市中山南路 224 号有私房 1 套，砖木结构，建筑面积 65.14 平方米。张芝青系桂林市毛巾厂的退休工人。夫妇俩于 1947 年收养一子于湘源(1946 年 1 月 30 日出生)，1972 年在于寿宣、张芝青的操办下于湘源与蒙永萍结婚，婚后与养父母共同生活。1973 年 6 月 29 日蒙永萍生下原告。1973 年 7 月 22 日于湘源离家出走后至今下落不明，桂林市公安局北门派出所在 1975 年对于湘源通报死亡并注销户口。原告的生母蒙永萍于 1976 年 2 月与他人再婚，再婚时带原告离开祖父母生活，但原告仍与祖父母有往来。

于湘源出走后，于寿宣将侄儿于健生接来身边为其夫妇看管铺屋。于寿宣患重病期间，与张芝青于 1981 年 8 月 12 日签了一份立证书，立证书记载全部钱财由夫妻各占一半，要求于健生对张芝青尽孝心，如果经房主于寿宣、张芝青同意，于健生对铺屋有“继承权”。后因张芝青与于健生的关系恶化，1981 年 8 月 16 日，张芝青将自己的侄孙女张秋凤从原籍湖北省黄陂县接到桂林照顾其夫妇，张秋凤当时将近 16 岁。1981 年 9 月于寿宣病故，张芝青安排于良燕捧于寿宣的灵牌，于寿宣去世不久，于健生即离桂返湘，对铺房未取得“继承权”。张秋凤 1984 年 8 月结婚后与张芝青共同生活，并照顾张芝青的日常生活起居。1984 年 3 月，年仅 10 岁的原告由其母代理向桂林市象山区人民法院提起诉讼，要继承祖父于寿宣和父亲于湘源的遗产，并要求祖父张芝青承担抚养自己的义务。经象山区法院审理驳回了于良燕的诉讼请求。事后，张芝青对于良燕及其母不满，曾于 1984 年底去桂林市公证处要求办理收养张秋凤为养孙女的收养公证，公证处以张芝青原有一养子失踪生死不明，尚有儿媳及孙女存在为由，不准予办理收养公证。张秋凤的户口于 1986 年 6 月 12 日迁入桂林市。1986 年 8 月 20 日，张芝青以孤身一人，生活无人照顾为由，在征得侄孙女张秋凤父母及本人同意后，将张秋凤收做养孙女，以照顾自己的生活起居，并在桂林市公证处办理了公证遗嘱。1987 年 3 月，张芝青与桂林市旧城改造办公室（以下简称旧城改造办）达成拆迁中山南路 224 号房屋的协议。1988 年初，旧城改造办将回建的住房 1 套铺面 1 间交付使用。1988 年 3 月 20 日，张芝青与被告联名以房价 48846 元将三室一厅住房卖给他人。张芝青于同年 10 月 16 日死亡，丧葬事宜由被告操办，张芝青遗下的 1 万余元由被告收执。铺面交付使用后，前期是被告自己使用，从 1992 年 4 月起出租他人，租期 2 年，第 1 年每月租金 900 元，第 2 年每月租金 1000 元。

（四）一审判案理由

广西壮族自治区桂林市象山区人民法院鉴于上述事实审理认为：原告于良燕的父亲于湘源早在 1973 年离家出走至今下落不明（已于 1975 年通报死亡），作为养子，他没有尽到对养父母赡养的义务。1976 年原告随母改嫁离开了两位老人，未对老人尽赡养义务，而是由被告张秋凤一直与被继承人张芝青共同生活并尽了赡养义务。1981 年于寿宣、张芝青将共同财产分割并订立协议，确定了财产的归属，因此原告于良燕丧失了代位继承张芝青遗产的继承权。于寿宣和张芝青两人将共同财产分割后，张芝青于 1986 年 8 月 20 日将属于自己的合法财产通过公证遗嘱进行了处理，符合《中华人民共和国民法通则》的有关规定，是真实有效的。

桂林市象山区人民法院经重审后认为：

1. 被继承人于寿宣、张芝青夫妇在 1981 年 8 月签订的立证书，主要是要求侄儿于健生对伯母张芝青尽孝心，以便将来“继承”伯父母的财产。后来因侄儿于健生与伯母张芝青的关系恶化，于健生在其伯父于寿宣死亡不久即离桂返乡。立证书的内容及其后来的事实证明，被继承人于寿宣、张芝青夫妇俩的财产在当时并未实际分割。

2. 根据《中华人民共和国继承法》第十条第一、二、三、四款、第十一条关于“遗产按照下列顺序继承：第一顺序：配偶、子女、父母……”；“本法所说的子女，包括婚生子女、非婚生子女、养子女和有扶养关系的继子女”；“本法所说的父母，包括生父母，养父母和有抚养关系的继父母”；“被继承人的子女先于被继承人死亡的，由被继承人的子女的晚辈直系血亲代位继承。代位继承人一般只能继承他的父亲或者母亲有权继承的遗产份额”之规定，原告的生父于湘源与被继承人于寿宣、张芝青共同生活长达26年之久，后来虽然出走下落不明，但于湘源与养父母之间的收养关系并未因此而自然解除，况且于湘源出走时原告已经出生，因此，于寿宣死亡时留下的那份遗产，应依法由其第一顺序继承人张芝青和养子于湘源继承分割。张芝青死亡时留下的遗产，应依法由第一顺序继承人即养子于湘源继承。现法院已宣告下落不明人于湘源死亡，于湘源继承得到的财产作为遗产，应依法由其第一继承人即原告继承。

3. 被继承人张芝青有退休工资及铺面收入，不存在需要他人赡养的问题，所以被告称其对张芝青尽了赡养义务是不确切的；被继承人张芝青不具备收养条件，被告与张芝青之间的收养关系不能成立，被告对被继承人张芝青的遗产没有继承权；被继承人张芝青申请的经桂林市公证处公证的遗嘱处分了他人的合法权益，因此，公证遗嘱失实、无效。

4. 根据《中华人民共和国继承法》第十四条关于"对继承人以外的依靠继承人扶养的缺乏劳动能力又没有生活来源的人，或者继承人以外的对被继承人扶养较多的人，可以分给他们适当的遗产"之规定，被告同被继承人张芝青共同生活并照顾张芝青生活起居7年有余，对被继承人张芝青尽了一定的扶养义务，依法也可以分给适当的遗产。被告与张芝青将住房卖给他人，得款人民币48846元，张在卖房6个多月后死亡，卖房款除部分用于生活费用及丧葬费用外，余款数万元已由被告掌握。同时，南城商场铺面交付使用后，被告使用了3年多，也取得了一定的利益。现被告取得的权益与其对被继承人张芝青所尽的义务基本一致。

5. 被继承人于寿宣、张芝青、于湘源的遗产只剩下铺面1间，该份遗产应依法由法定继承人于良燕继承。因此，被告出租铺面所收租金16800元应退归原告于良燕所有。原告主张被继承人还有存款、黄金、手饰等物，无证据证实，故不予支持。

（五）一审定案结论

1. 根据《中华人民共和国继承法》第十条、第十一条、第十七条等规定，广西壮族自治区桂林市象山区人民法院于1990年12月24日作出判决：

（1）驳回原告于良燕的诉讼请求。

（2）本案受理费由原告承担。

2. 本案经重审，根据《中华人民共和国继承法》第五条、第十条第一、二、三、四款、第十四条等规定，广西壮族自治区桂林市象山区人民法院于1993年10日20日作出重审判决：

（1）被继承人于寿宣、张芝青、于湘源的遗产，即桂林市中山南路南城商场1层15号铺面1间（面积10.77平方米）由于良燕继承。张秋凤在本判决发生法律效力之日起5日内，将铺面交给于良燕。

（2）张秋凤在本判决生效之日起5日内，将铺面租金人民币16800元交给于良燕。

诉讼费2314元，由张秋凤负担。

（六）二审情况

1. 二审诉辩主张

（1）广西壮族自治区桂林市象山区人民法院作出第一次判决后，于良燕不服，提起上诉，要求撤销原判，由其继承祖父母留下的所有遗产的八分之五。张秋凤则辩称，一审判决认定事实清楚，没有错误。

（2）桂林市象山区人民法院作出重审判决后，张秋凤、于良燕均不服。张秋凤认为：重审判决认定公证遗嘱无效，剥夺了被继承人张芝青的财产所有权和处分权，剥夺了张秋凤继承的权利，没有理由和根据。认定于湘源有法定继承的权利，不但违背了被继承人的起初意思，违反了继承法，同时，也违背了社会主义道德规范。重审判决认定事实不清，适用法律不当，判决显失公平。为此上诉至桂林市中级人民法院。于良燕上诉及答辩称，重审判决基本纠正了原来一审时所犯的错误，在收养关系、继承关系上所作的认定是正确的。但在遗产处理的实质问题上却存在较大缺陷，前后有些矛盾和脱节。重审判决认定被上诉人和张芝青将住房卖给他人的行为有效，并以被上诉人“照顾”张芝青为由，将卖房得款等主要遗产分给被上诉人，致使没有继承权的被上诉人获得本案的大部分遗产。

2. 二审事实和证据

在一审查明事实的基础上二审查明，于湘源与蒙永萍结婚 1 个多月时，于湘源的亲生母亲陆焕琴从柳州来桂林找到于湘源，要把于湘源带走，为此于湘源的生母与养父母曾到桂林市南门派出所要求解决此事。后于湘源与蒙永萍将自己的户口与养父母的户口分开。于湘源夫妇到柳州市于湘源生母处去过 3 次。最后一次是 1973 年 7 月 14 日，于湘源不辞而别去其生母处，既未告诉养父母，也未告诉蒙永萍。当时蒙永萍刚生下女儿不久。同月下旬，陆焕琴将蒙永萍接到柳州住了约 20 天，蒙在柳州见到了于湘源，于对蒙说过他舍不得离开蒙永萍与其女，但不久于便离开了柳州。蒙从柳州回到桂林几天后，接到于湘源从广州寄来的一封信，后于又托他人带小孩的汗衣、汗裤及布料给女儿，并叫蒙马上去见他。因蒙生小孩不到 56 天，蒙的母亲未让蒙去，此后，蒙再未见到于湘源，也不知其下落。1974 年派出所查户口不见于湘源，要注销于的户口，蒙不同意。第二年，派出所的同志找到蒙要注销于的户口时，蒙说于托别人的口信转告她，于又和别人结婚了。此后派出所注销于湘源的户口。上述事实有象山区人民法院(1994)民字第 48 号卷，于良燕诉张芝青继承纠纷案记载的张芝青与蒙永萍的有关陈述及原南门派出所丁所长的证言证实。

3. 二审判案理由

(1)广西壮族自治区桂林市中级人民法院二审第一次审理认为：原审法院审理本案认定事实不清，证据不足，程序不当，裁定撤销原判决，发回重审。

(2)广西壮族自治区桂林市中级人民法院二审第二次审理认为：上诉人于良燕之父于湘源，在被继承人于寿宣、张芝青抚养其长大成人，应对养父母尽赡养义务时，对养父母不告而别离家出走，回到自己生母处居住了一段时间，再未回到养父母身边，也未与养父母有任何书信来往。尽管此后其下落不明，但其行为已构成遗弃养父母。根据《中华人民共和国继承法》第七条的规定，于湘源已丧失了继承养父母遗产的权利。根据《中华人民共和国继承法》第十一条之规定，于湘源丧失了继承权，于良燕亦无代位继承于寿宣、张芝青遗产的权利。于寿宣的遗产只能由其配偶张芝青继承。张芝青在孤身一人无人照顾的情况下，收养张秋凤为养孙女，虽办理收养公证未果，但张秋凤与张芝青共同生活了 7 年有余，并对张芝青尽了赡养义务，张芝青又有收养张秋凤的意思表示。因此，已在事实上形成了收养关系。张芝青在生前对自己的财产进行了公证遗嘱，将自己的财产留给张秋凤继承。根据《中华人民共和国继承法》第五条之规定，按照被继承人张芝青生前的意愿，应由张秋凤继承张芝青死后遗留的全部财产。原审对本案的审理，认定事实有误，判决不当，应予纠正。张秋凤的上诉理由成立，应予支持。

4. 二审定案结论

1994 年 6 月 24 日，广西壮族自治区桂林市中级人民法院根据《中华人民共和国民事诉讼法》第一百五十三条第一款第(三)项关于“原判决认定事实不清……也可以查清事实后改判”及“《中华人民共和国继承法》第五条关于“继承开始后，按照法定继承办理；有遗嘱的，按照遗嘱继承或者遗赠办理；有遗赠扶养协议的，按照协议办理”；第七条第（三）项关于“遗弃被继承人的，或者虐待被继承人情节严重的”丧失继承权；第十六条第一款关于“公民可以依照本法规定立遗嘱处分个人财产，并可以指定遗嘱执行人”等规定，作出终审判决：

（1）撤销桂林市象山区人民法院（1993）象民重字第2号民事判决。

（2）驳回于良燕的诉讼请求。

（3）被继承人张芝青的遗产，即桂林市中山南路南城商场一层15号铺面1间（面积16.48平方米）由张秋凤继承。

一、二审案件受理费4628元，由于良燕负担。

（七）解说

本案关键的问题在于于湘源是否有遗弃被继承人的行为。遗弃被继承人，是指继承人对于没有独立生活能力的被继承人拒不履行扶养义务，如遗弃年老、年幼和患有残疾的被继承人等。本案的被继承人于寿宣、张芝青将于湘源抚养成人后，正值年老多病需要扶养时，于湘源在与生母恢复了关系后，将其户口与养父母的户口分开独自生活，离家出走柳州。这些情况说明，于湘源当时已不把养父母作为父母对待了，尽管此后其下落不明，但于湘源的行为已表明其遗弃了养父母。遗弃不论情节严重与否，均导致继承人丧失继承权。因此，于湘源也就丧失了继承养父母遗产的权利。本案原告于良燕能否继承于寿宣、张芝青的遗产，是基于于湘源有无继承权这一法律关系，既然于湘源丧失了继承权，于良燕亦就丧失了代位继承于寿宣、张芝青遗产的权利。那么本案被继承人于寿宣、张芝青的遗产，按照张芝青生前所立的遗嘱处理，较为恰当。

（阮　玲）

18. 戚秀兰等诉戚玉华析产继承案

（一）首部

1. 判决书字号：上海市闸北区人民法院（1993）闸民初字第1303号。

2. 案由：析产、继承。

3. 诉讼双方

原告：戚秀兰，女，1955年1月8日生，汉族，在上海石洞口发电厂工作，住上海市永清新村58号303室。

原告：戚秋华，女，1963年7月16日生，汉族，在上海微型轴承厂工作，住上海市芷江西路285弄16号503室。

原告：戚光华，男，1958年3月5日生，汉族，上海市闸北区府袋供应站工作，住本市虬江路657号。

三原告之共同诉讼代理人：朱君瑾，上海市第二律师事务所律师。

被告：戚秀华，女，1952年4月13日生，汉族，在江苏省扬州市邗江供销工艺厂工作，住江苏省扬州市友谊新村综合楼203室。

被告：戚玉华，男，1949 年 10 月 29 日生，汉族，上海光辉灯具厂工作，住上海市虬江路 657 号。

诉讼代理人：王慈，上海市金马律师事务所律师。

4. 审级：一审。

5. 审判机关和审判组织

审判机关：上海市闸北区人民法院。

合议庭组成人员：审判长：周方红；代理审判员：王登戈、王裕明。

6. 审结时间：1994 年 12 月 1 日。

（二）诉辩主张

原告诉称：父母去世后，遗留了座落上海市虬江路 657 号私房 1 幢尚未分割，现要求析产、继承该房屋。戚秀华要求继承该房楼上后间房屋产权；戚秀兰、戚秋华二人要求共同继承该房楼下前间房屋产权；戚光华亦要求继承该房楼下前间产权。

被告戚玉华辩称：同意原告提出的析产、继承上海市虬江路 657 号父母遗留房屋的要求，但要求由自己继承该房楼下前间房屋产权。并称：自己 15 岁即顶替父亲参加工作，对家庭贡献较大，要求多分得遗产。

（三）事实和证据

上海市闸北区人民法院经公开开庭审理查明：继承人戚松裕与妻唐顺娣共生育子女 5 人：戚玉华、戚秀华、戚秀兰、戚光华、戚秋华。戚松裕与唐顺娣生前共同建造了上海市虬江路 657 号楼房 1 幢（上、下各 2 间），建筑面积约计 80 平方米（以下所称面积均为建筑面积）。楼上前间面积 21.7 平方米，后间面积 10.4 平方米；楼下前间（系临街门面房）面积 21.5 平方米，楼下后间面积 10.4 平方米，楼上有 6.7 平方米灶间，楼上有 6.9 平方米楼梯间。该房系单开间，上楼必须经过底楼前间。1963 年 12 月，戚松裕死亡。唐顺娣无工作，靠做小生意维持生活。长子戚玉华 15 岁即顶替其父参加工作。各子女结婚后，均与唐顺娣分开生活。1980 年起，唐顺娣将楼下前间房屋出租，靠租金维持生活。1991 年，戚秀兰夫妻从安徽省调入上海市工作，暂住在虬江路 657 号。戚玉华不同意，兄妹二人发生争吵，戚秀兰于 1992 年 3 月搬出该房屋。同年 8 月，唐顺娣死亡，未留有遗嘱。目前该房屋楼上前间由戚光华居住，楼上后间由戚秀华女儿居住，楼下后间由戚玉华居住。楼下前间由戚玉华、戚光华堆放杂物，灶间由戚玉华、戚光华二人共同使用。戚玉华另有上海市鸭绿江路 72 弄 10 号 302 室公房一套，使用面积 14.5 平方米。戚秀兰现居住在上海永清新村 58 号 303 室，面积 27.9 平方米；戚秋华现居住在上海市芷江西路 285 弄 16 号 503 室，面积 25.8 平方米；戚秀华居住在江苏省扬州市。讼争房屋经有关房屋管理部门测估，总价值人民币 12244.86 元。

上述事实有下列证据证明：

1. 双方当事人的陈述；

2. 证人证言；

3. 房契、房屋估价单；

4. 房屋租赁证。

（四）判案理由

1. 该房系戚松裕与唐顺娣夫妻共同财产。戚松裕、唐顺娣死亡后，戚玉华、戚秀华、戚秀兰、戚光华、戚秋华均系他们的法定继承人，有权继承戚松裕、唐顺娣的遗产。戚松裕死亡已超过20年，已过法定诉讼时效，但继承人均未表示放弃继承，故对戚松裕的遗产应依法进行析产。即系争房屋的一半为唐顺娣所有，另一半为戚松裕遗产，由唐顺娣、戚玉华、戚秀华、戚秀兰、戚光华、戚秋华均等分割。唐顺娣死亡后，其遗产应由各法定继承人依法等额继承。亦即各继承人对系争房屋均享有五分之一产权。

2. 系争房屋底楼前间系临街门面房，可作开店或出租，实际价值比房管部门测估要大，以致戚玉华、戚光华、戚秀兰和戚秋华均要分得底楼前间房屋。为解决这一矛盾，各当事人自愿采取公平竞争的方法，确定该房间的继承人。戚光华以出最高价78200元继承份额的差价，继承取得该房前间的产权，戚玉华、戚秀兰和戚秋华对此无异议。戚光华按上述方法取得楼下前间房屋产权，符合自愿、公平、等价有偿的原则，故本院应予确认。该78200元是补偿楼下前间的房屋差价，应作为被继承人的遗产，由各法定继承人继承。

3. 戚松裕死亡时，唐顺娣无工作，子女年幼，长子戚玉华15岁顶替其父参加工作，但全家的经济来源主要靠唐顺娣率子女做小生意所得。戚玉华婚后并未与母唐顺娣共同生活，对唐顺娣也未尽主要赡养义务，所以，戚玉华主张多分4000元，不符合《中华人民共和国继承法》第十三条第三款的规定，故闸北区人民法院对戚玉华的要求不予支持。

4. 戚秀兰、戚秋华虽然住房不困难，但因系争房屋面积较大，有权分割，故在继承时，对其二人要求将楼上前间一隔为二，各人得半间的请求，应予准许。

5. 戚光华分得的房产价值，超过应继承的份额，故戚光华应给其余各继承人的房屋折价款，也属合理。

(五)定案结论

上海市闸北区人民法院依照《中华人民共和国继承法》第十条、第十三条、第二十六条、第二十九条规定，判决如下：

1. 自本判决生效之日起10日内，戚光华将上海市虬江路657号底楼前间沿前后门东侧边框砌墙隔出通道，并将前后间的隔墙窗封闭，隔离后的底楼前间及隔墙产权归戚光华所有，戚光华从房屋前门东侧另行开门进出，费用均自理。

2. 上址房屋底楼后间房屋产权归戚玉华所有，中间隔墙产权归戚玉华、戚光华共有；楼上前间房屋产权归戚秀兰所有，中间房屋产权归戚秋华所有，隔墙产权归戚秀兰、戚秋华共有；楼上后间房屋产权归戚秀华所有，隔墙产权归戚秀华、戚秋华共有。

3. 上址底层楼梯、二楼楼梯间及二楼楼板、阁栅产权归戚秀兰、戚秋华、戚秀华共有；底楼通道产权由戚玉华、戚秀华、戚秀兰、戚秋华共有；底楼灶间由戚玉华、戚光华共同使用，产权共有；屋面产权由戚玉华、戚秀兰、戚秀华、戚光华、戚秋华共有。

4. 自本判决生效之日起30日内，戚光华给付戚玉华房产折价款15839.07元，给付戚秀兰、戚秋华房产折价款各15744.74元，给付戚秀华房产折价款15605.98元，戚秀兰给付戚玉华2500元。

5. 房屋估价费122元，由戚玉华、戚秀华、戚秀兰、戚光华、戚秋华各负担24.4元。

案件受理费3223.35元，由戚玉华、戚秀华、戚秀兰、戚光华、戚秋华各负担644.67元。

(六)解说

《中华人民共和国继承法》第十三条第三款规定："对被继承人尽了主要扶养义务或者与被继承人共同生活的继承人，分配遗产时，可以多分。"本案被告戚玉华对被继承人唐顺娣未尽主要扶养义务，亦未与唐顺娣共同生活，故在分割遗产时，未给多分。戚秀兰因戚玉华继承的楼下后间房屋部位较差，为缓和矛盾，个人自愿给戚玉华经济补偿2500元。这种补偿与继承时多分遗产的性质是不同的。当事人之间为平息纠纷自行处分于法无悖，可予允许。

房屋管理部门对系争房屋测估，主要依据房屋的结构、面积、折旧率等，并示考虑房屋是否有其他用途。本案系争房屋底楼前间系临街门面房，可以出租或开店，其单位面积的实际价值要大大超过同址其他房间的价值。为解决继承人争抢该房间的矛盾，在要求多分该房间的当事人中，采取竞价的方法，由出价最高的继承人继承该房间的产权，本案通过采取这种方法，避免了上述矛盾，取得了较好的社会效果。

（王登戈）

第三篇　房屋纠纷案例

19. 杨娥诉黄荣安房屋确权案

(一)首部

1. 判决书字号:广东省惠阳县人民法院(1994)惠阳民初字第27号。

2. 案由:房屋确权纠纷。

3. 诉讼双方

原告:杨娥,女,64岁,汉族,香港居民,现住惠阳县淡水镇南门西村43号。

诉讼代理人:卢惠嫦,广东省惠阳县律师事务所律师。

被告:黄荣安,男,1963年7月出生,惠阳县永湖镇凤咀管理区凤咀村人,现住淡水镇南门西村43号,无业。

诉讼代理人:罗成山,广东省惠阳县律师事务所律师。

4. 审级:一审。

5. 审判机关和审判组织

审判机关:广东省惠阳县人民法院。

合议庭组成人员:审判长:姚火兴;代理审判员:黄金明、朱俊明。

6. 审结时间:1994年3月21日。

(二)诉辩主张

1. 原告杨娥诉称,1988年,原告在淡水镇桥背建了1幢占地36平方米的两层小楼房,出租给被告与其前妻居住。1991年,考虑到自己年老体弱,便征求被告意见:如被告能对原告生前尽心照料,死后料理,就另买1幢楼,将被告列为共有人。被告答应后,原告便将在桥背的小楼以56000元卖掉,在南门西村买下了43号楼,楼价120000元,楼房占地64平方米,旁边还有32平方米地皮。买楼后,原告在旁边的32平方米地皮上盖起了两层楼。该楼房产证写了被告是共有人。从那时起。被告不理原告,不交伙食费,还不准他后妻王秋谷与原告讲话。所以诉请法院依法取消被告作为南门西村43号楼房共有人的资格。

2. 被告黄荣安称,原告所称的43号楼是被告和原告的共有财产。1991年4月,被告被原告收为养子。同年7月,我们经人介绍,买下了南门西村43号楼及旁边32平方米地皮。买房时被告出了50000元,建房出了10000元,原告仅出了20000元。房子购买后,被告与原告一齐去办房产证,被告是共有人。后来,原告受其亲戚等人挑拨,所以原告才提出诉讼。被告与原告并无纠纷，被告依然会履行赡养原告的义务，请法院根据事实予以处理。

（三）事实和证据

广东省惠阳县人民法院经收集、核实有关证据查明：

原告于1988年在惠阳县淡水镇桥背建了1幢占地36平方米二层小楼，1990年8月，原告将此楼租给被告夫妻居住。原告考虑到自己年老多病，身边又没有亲人，便以被告对其生前悉心照料，死后料理后事为条件，由原告出资另买一幢房子，在房产证上将被告列为共有人。被告承诺后，原告将居住的小楼以56000元卖出，又经赖松生、何桂等人介绍，在1991年8月以120000元人民币买下张国和座落在淡水镇南门西村的43号楼房（占地64平方米，两层）及旁边的32平方米地皮使用权，于当月26日办理了房产证。房产证上产权人是原告，在共有人栏中列上被告的名字，在所有权来源栏中注明购房的资金是原告在香港赚钱购买。办证时被告在场，未对买房资金来源提出异议。购买此楼后，原告便请钟佛亨在32平方米空地上盖起两层楼房，同时对原楼房进行了简单装修。关于买房资金来源：70000元是原告存在惠阳县工商银行淡水什货街办事处过户给张国和的，其余50000元中的40000元是原告的钱。由原告和被告一起去交给张国和，张国和写的收据给被告保存（被告说过这些单据已遗失）；另10000元是在张国和的催促下，由原告筹得由被告经手交给张国和之妻林锦文，由林写收据给被告。以上事实已由张国和确证。关于建房和装修的资金来源：原告第一次交给施工者钟佛亨33000元存折，第二次付给钟1100元，而工程总费用为48000元左右，因钟曾向原告借款24000元，这样，尚差的14000元便由钟垫付。以上事实，已由钟佛亨确证。

至于43号楼做防盗网等收尾工作，是由被告付出劳动，原告在庭审时，承认此事属实，并表示愿为此支付给被告1000元至2000元作为报酬。楼房完工后，底层便出租给他人居住，房租一直由原告收取。

43号楼房产所有证写了被告为共有人后，被告对原告的态度完全改变，经常不搭理原告，特别在1993年中秋节后，被告更少与原告说话，直至发展到叫其后妻王秋谷不要进原告房间，不要与原告说话，后来连伙食费都不再交给原告。以上事实已由王秋谷证实。

原告发现被告如此对待自己，内心十分痛苦，几经考虑，遂于1993年12月8日向本院诉请依法取消被告作为南门西村43号楼的共有人资格。

（四）判案理由

原、被告所争议的43号楼房在购买时是由原告出钱的，被告未出分文。之所以会将被告列为共有人，并非原、被告之间有亲属关系，而是因为原告考虑到自己年迈多病，所以把在香港赚的钱拿回淡水买得43号楼，以被告能对其生前悉心照料，死后料理后事为条件，将43号楼的所有人写上被告的姓名。实际上属于一种遗赠抚养协议。但是，当被告被列为43号楼的共有人后，对原告的态度完全改变，不履行扶养义务，不准其妻与原告往来，不与原告说话，不理睬原告，甚至不交伙食费给原告，完全违背了双方当初的约定。因此原告有权要求取消被告的43号楼共有人资格，被告应当在一定期限内搬出该楼房。

被告在装修双方争议的43号楼及其加建附加楼时付出了劳动，原告承认这一事实，而且在庭审时亦表示愿意为此作出补偿应予准许。

（五）定案结论

广东省惠阳市人民法院在查明事实，分清是非责任的基础上，依照《中华人民共和国民法通则》第一十八条第三款、第六十二条和《中华人民共和国继承法》第三十一条的规定，作出如下判决：

1. 取消被告黄荣安的南门西村43号楼房的共有人资格，该楼房产权全部为原告杨娥所有。

2. 原告杨娥在本判决生效之日补偿2000元人民币给被告黄荣安，以作为其为43号楼房所付出的劳动报酬。

3. 本判决生效后1个月内，被告黄荣安必须搬出43号楼房，并不得损坏该楼及有关设施。

受理费、诉讼费共8000元，由原告杨娥、被告黄荣安各负担4000元。

(六)解说

本案中的原告，当初与被告达成口头协议：原告以被告能够对她生前悉心照料、死后料理后事为条件，买一幢房子，在房产证上将被告列为共有人。但从原告买了43号楼并将被告在房产证上列为共有人后，被告就完全改变了对原告的态度，不理睬原告，也不允许其妻与原告接触，甚至不交伙食费给原告。被告的行为不仅违背社会道德，而且从法律角度看，是一种违约行为。原、被告之间当初的口头协议是附肯定延缓条件的民事法律行为，根据这种法律行为的基本特点，在民事法律行为中已经确定了行为人之间的权利、义务关系，但这种权利、义务关系尚处于一种停止状态，行为人还不能实际地享受权利或承担义务。本案中被告虽然已经在房产证上被列为43号楼的共有人，但如果他不履行与原告当初的口头协议中约定的义务，那么就不享有对该楼房共有人的资格。被告不履行当初约定的义务，实际上不具备这种肯定的延缓条件，原、被告当初约定的民事行为失去效力，原告有权要求取消被告对43号楼所享有的共有人的资格。其次，当初原、被告之间的口头协议亦是遗赠扶养协议，原告是以被告承担其生养死葬的义务，作为赠与其43号楼部分所有权的条件。依照最高人民法院《关于贯彻执行〈中华人民共和国继承法〉若干问题的意见》第五十六条的规定，被告作为扶养人无正当理由不履行义务，致使协议解除，理应取消其对该楼房的共有人资格，责令其搬出该楼房另行居住。法院依法对本案的判决，保护了原告的合法权益，也是对被告这种违反法律和道德行为的谴责和教育。

(钟东华)

20. 曾志流诉全健淮房屋确权案

(一)首部

1. 判决书字号

一审判决书：广西壮族自治区梧州市万秀区人民法院(1991)万民初字第513号。

二审判决书：广西壮族自治区梧州市中级人民法院(1993)梧法民终字第2号。

2. 案由：房屋确权纠纷。

3. 诉讼双方

原告(上诉人)：曾志流，男，1931年9月出生，广东省宝安县人，香港商人，住香港九龙洗衣街 26 号。

诉讼代理人(一、二审):徐燕南、谢秋明,广西壮族自治区梧州市律师事务所律师。

被告(被上诉人):全健准,男,1947 年 9 月 23 日出生,汉族,湖南省衡阳县人,系梧州市万秀区城建局干部。

一审诉讼代理人:欧瑞琼、黄尚娥,广西壮族自治区梧州市律师事务所特邀律师。

二审诉讼代理人:覃耀坚,广西壮族自治区梧州市律师事务所律师。

二审诉讼代理人:苏伟雄,广西壮族自治区梧州市律师事务所律师。

4. 审级:二审。

5. 审判机关和审判组织

一审法院:广西壮族自治区梧州市万秀区人民法院。

合议庭组成人员:审判长:钟凤珍;代理审判员:梁新林、李祖遥。

二审法院:广西壮族自治区梧州市中级人民法院。

合议庭组成人员:审判长:钟洁华;代理审判员:陈华容、麦克。

6. 审结时间

一审审结时间:1992 年 11 月 18 日。

二审审结时间:1994 年 12 月 29 日(经院长批准依法延长审限)。

(二)一审情况

1. 一审诉辩主张

原告诉称:坐落在梧州市北山路东四巷 9 号房屋是本人出资购买后独资改建的,请求法院确认该屋全部产权归本人所有。

被告辩称:在购买梧州市北山路东四巷 9 号房屋时,报告上署明购买该屋后"一起居住"。同时在购买和改建该屋时本人都有出资出力,原告没有参加该屋改建。请求法院确认本人对该屋有部分产权,不同意原告的诉讼请求。

2. 一审事实和证据

广西壮族自治区梧州市万秀区人民法院经公开审理查明:原告曾志流是香港居民,1987 年 11 月 28 日在本市公证处公证委托被告全健准为原告"办理买受广西壮族自治区梧州市北山路东四巷 9 号房屋的一切事宜,买受该屋后并代我保管、维修、改建、出租该房屋的有关事宜"的全权代理人。1988 年 2 月,由原告出资人民币 2.9 万元。委托被告到本市房屋交易所办理有关手续,向张炎龙等 4 人购买本市北山路东四巷 9 号房屋,并在《梧州日报》刊登买卖房屋声明。购买的房屋为砖木结构 2 层楼房,建筑面积为 160.43 平方米。1988 年 7 月被告代原告向城建有关部门申报改建梧州市北山路东四巷 9 号房屋获得批准,并于 1989 年 6 月拆除旧屋,1990 年 1 月建成砖混结构 3 层楼房,建筑面积为 210.5 平方米。该屋从办理购买、报批手续到拆建等一切事务均由被告代办。该屋建成后由被告代管。1991 年 5 月原告从香港返梧。之后,原告向被告索取有关建房证件办理房屋产权登记时,与被告发生争议,被告遂搬离该屋。同年 11 月原告诉至本院要求确认该屋产权。案经本院依法审理,请房产部门对该屋造价评估,该屋的造价为人民币 57532.97 元(除旧屋材料价)。在该屋改建期间,原告先后出资人民币 44470 元(含港币兑换人民币),被告投资 13062.97 元。

上述事实有下列证据证明:

(1)委托人曾志流委托受托人全建准的委托书;

(2)全健淮向市房产局递交的有关买房的报告和要求搬迁住户的报告。

(3)梧州市购买私房申请表;

(4)房屋买卖合约;

(5)1988年1月15日的《梧州日报》刊登的"买卖房屋声明";

(6)"临时房屋产权证"(存根)(梧临房权字第290号);

(7)梧州市城乡建设委员会建筑、修葺、搭盖、拆卸申请单;

(8)梧州市城乡建设规划管理局梧城建字(1988)第265号建设许可证;

(9)梧州市私房建设竣工报告;

(10)梧州市国营厦房产实业公司房屋维修工程结算表;

(11)全健淮所列"全屋资金支付情况"承认曾志流"共给人民币73470元"(包括购房款29000元);

(12)梧州市城乡建设规划管理局梧规违建罚字(1992)第43号违法建设行政处罚决定书。

3. 一审判案理由

一审法院认为,梧州市北山路东四巷9号房屋,系曾志流出资买受,全健淮为该屋所办理的一切事宜均是受曾志流委托行使代理权,其民事法律行为所产生的民事权利和民事义务由被代理人承受,因此,房屋产权应归曾志流所有。被告虽然与原告共同居住该屋,并对该屋有投资,但房屋的产权并未转移,被告对房屋的投资亦属代理权限以内的行为。所以,被告主张部分产权属其所有的理由不能成立。但被告对该屋的部分投资及利息,原告应予补偿;被告代理原告实施了一定的民事法律行为,付出了劳动,原告也应给付一定的劳务报酬。至于双方在建屋时所投资的数额,原告自报11.8万港币,被告自报31013.55元,均缺乏确凿依据。而被告承认原告所给人民币73470元,其中买房29000元可以认定,而房产部门估算的造价为57532.97元,也可以认定,不足部分即13062.97元则可推定为全健淮的投资数额。利息则可按私人借贷利率月息10.14%的3倍计算。

4. 一审定案结论

广西壮族自治区梧州市万秀区人民法院根据《中华人民共和国民法通则》第七十二条、第七十五条之规定,作出如下判决:

坐落在梧州市北山路东四巷9号房屋产权属原告曾志流所有,由原告曾志流补偿被告全健淮投资款人民币13062.97元及利息(月息按30.42‰利率计算,从1989年9月至本判决执行完毕时止),劳务费人民币5000元。上述款项于本判决书生效后15天内付清。

本案受理费人民币4000元,勘验费人民币300元,两项共计人民币4300元,原告曾志流负担7500元,被告全健淮负担3550元。

(三)二审诉辩主张

上诉人(原审原告)诉称:原审认定事实不清,建房屋时本人已支付港币11.8万元和人民币4000元,该款已足够建房资金,全健淮在该屋没有投资,而且事前双方没有约定要支付劳务费,原审确认全健淮有投资及判决本人支付给全健淮投资款及利息、劳务费不当。同时,原审对该屋价值评估过高,要求中院依法改判。

被上诉人(原审被告)辩称:原审以一份不能反映双方当事人起初意思表示的公证书作为判决依据,忽视了双方建房前口头约定共建共同居住的事实,改建后的房屋总金额为

69902.22 元。而且建屋时本人付出了大量的劳力和一定的投资，曾志流先后出资 44447 元，本人应拥有部分产权，要求判决本人对该屋享有部分产权。

(四)二审事实和证据

经审理查明：全健淮是曾志流的内弟。1987 年 11 月 28 日双方到市公证处办理公证，曾志流委托全健淮办理买受北山路东四巷 9 号房屋的一切事宜，并在买受该屋后代其保管、维修、改建、出租。全健淮接受委托后，便以曾志流的名义，以曾志流返回定居、购房并一起居住为由，向市房产局申报购买北山路东四巷 9 号房屋。1988 年 1 月 6 日市房产局批准曾志流购买私房的请求，曾志流便将人民币 2.9 万交由全健淮与原屋主张炎龙等人办理房屋交易手续。成交后，曾志流于同年 2 月 13 日领取了梧临房权字第 290 号"临时房屋产权证"。1988 年 2 月 20 日全健淮向市房产局申请要求安排原租住该屋的 4 户住客搬迁。获得落实后，全健淮于 1988 年 7 月以曾志流名义向市规划局申请改建房屋，经指令改建房屋建筑面积为 152.7 平方米，工程期限 1 年。1989 年 6 月全健淮多次打电话通知曾志流汇款，但曾志流没有汇款，全健淮便向朋友陈强等人借款将该屋拆除重建。当房屋建到第二层时，曾志流才陆续带款回来。将房屋由原来 2 层砖木结构改建为 3 层半砖混结构，建筑面积为 210.5 平方米，比准建面积 152.7 平方米违章多建了 57.8 平方米，曾志流为此于 1992 年 4 月 30 日缴纳了违章建筑款 2063.5 元。房屋于 1990 年 1 月建成，全健淮一家先搬入居住并将户口迁来。1991 年 5 月曾志流夫妇回梧探亲住在该屋(报临时户口居住)。在居住期间，曾志流要求全健淮将有关房屋证件交出以便办理产权，全健淮认为其拥有该屋的部分产权，不同意产权登记为曾志流所有，从而双方发生纠纷。嗣后全健淮一家搬离该屋。同年 11 月曾志流诉至原审要求确认产权。原审受理后，委托有关部门对该屋的造价进行评估，经评估价值为人民币 57532 元。二审期间，法院根据双方当事人的要求，委托市房屋交易所对该屋再次进行评估，造价为 88467.6 元。

上述事实有下列证据证实：

1."一审情况"部分所列证据(略)；

2. 北山路东四巷 9 号房屋原值评估记录。

(五)二审判案理由

二审法院认为，讼争房屋产权(建筑面积 152.7 平方米)应属曾志流所有。有广西壮族自治区梧州市房屋交易所梧临房权字第 290 号房屋产权证及有关报建批文为依据。对房屋造价的认定，由于两次评估价值相差额太大，而且超出了全健淮自报的房屋总造价，本院不宜确认。本着实事求是的原则，全健淮提供的建房开支费用可作为认定的依据。该屋总造价为 69902.29 元，其中曾志流出资 44470 元，全健淮垫资 25432.29 元。曾志流认为在建造该屋时出资 11 万元港币和 4000 元人民币，因无确凿证据，本院不予认定。1987 年 11 月 28 日曾志流与全健淮在本市公证处所办理的委托公证，是双方的真实意思表示，全健淮在购、建该屋过程中只是行使了代理权，不能因其有投资和共同居住的事实而拥有产权。因此，全健淮主张该屋部分产权属其所有的理由不充分，应予驳回。而对全健淮在该屋的垫资和因此而在经济上造成的损失，曾志流应给予补偿。原审以月息利率 30.42‰计算利息是可行的，但该屋自 1990 年元月建成后，全健淮全家人在该屋居住了 1 年零 3 个月，计算利息时应扣除这段时间的利息。因全健淮为购建该屋付出了一定的劳务，故原审判曾志流适当补偿 5000 千元劳务费给全健淮是恰当的，应予维持。曾志流对其违章建筑的 57.8 平方米房屋，只拥有使用权，产权归属由有关部门处理。原审判决适用法律引用条文不全，应予纠正。

（六）二审定案结论

广西壮族自治区梧州市中级人民法院根据《中华人民共和国民事诉讼法》第一百五十三条第一款第（二）、（三）项，《中华人民共和国民法通则》第七十二条第一款、第七十五条第一款规定，作出如下判决：

1. 现坐落本市北山路东四巷9号房屋（建筑面积152.7平方米）的产权归曾志流所有。

2. 曾志流应补偿全健淮建房垫资金额25432.29元及利息（月息按30.42‰利率计算，从1991年5月至本判决执行完毕时止），劳务费人民币5000元，上述款项曾志流应在本判决生效后1个月内一次性支付完毕。

一、二审案件受理费各4000元及一审房屋勘验费人民币300元，二审房屋鉴定费1245.5元各负担一半。

（七）解说

本案争议的焦点是房屋产权的归属问题。在审理过程中存在另一种观点，认为全健淮拥有该屋的部分产权，理由是：（1）双方对建房有口头约定。全健淮指出，在1987年11月间的一次家庭会议上，曾志流夫妇与全健淮口头约定共建房屋，有部分证人证言证实。（2）双方有投资的事实。（3）有共同居住，使用的事实。但多数人的观点认为，这三条理由，不足以推翻当事人双方原来的公证委托，所谓"口头约定"在公证委托之前，以后全健淮在购、建房屋时的一系列民事行为也恰恰体现了代理权的行使。全健淮仅是曾志流所委托买房、建房的代理人，其虽有垫资建房的事实，但以此不能作为主张产权的依据。曾志流作为香港居民在国内购房并没有违反国家的有关法律和政策精神，且其购买私房及改建是经过有关部门批准同意的。因此讼争的房屋产权应属曾志流所有。

（衣明秀）

21. 陈永和诉四平市南三商场房屋确权案

（一）首部

1. 裁定书字号

一审裁定书：吉林省四平市铁东区人民法院（1991）北市民字第371号。

二审裁定书：吉林省四平市中级人民法院（1992）民上字第198号。

再审通知书：吉林省四平市中级人民法院（1993）四民再字第11号。

再审通知书：吉林省高级人民法院（1994）吉民监字第33号。

2. 案由：房屋确权纠纷。

3. 诉讼双方

原告（上诉人、申诉人）：陈永和，男，60岁，汉族，吉林省四平市人，工人。

诉讼代理人（一、二审）：陈富，男，41岁，汉族，吉林省四平市人，工人。

诉讼代理人（再审）：陈生，男，27岁，汉族，吉林省四平市人，工人。

被告（被上诉人、被申诉人）：吉林省四平市南三商场。

法定代表人：冯锐，经理。

诉讼代理人（一、二审）：孙学信，吉林省四平市第二律师事务所律师。

诉讼代理人（一审）：邱耸，该商场干部。

4. 审级：再审。

5. 审判机关和审判组织

一审法院：吉林省四平市铁东区人民法院。

独任审判：代理审判员：刘岩。

二审法院：吉林省四平市中级人民法院。

合议庭组成人员：审判长：邢学德；审判员：岳长江；代理审判员：郭振文。

再审法院：吉林省四平市中级人民法院。

合议庭组成人员：审判员：刘玉敏；助理审判员：王立群、杨军。

再审法院：吉林省高级人民法院。

合议庭组成人员：审判长：郑力；代理审判员：刘笑飞；代理审判员：张雪艳。

6. 审结时间

一审审结时间：1992 年 3 月 5 日。

二审审结时间：1992 年 6 月 26 日。

再审审结时间：1993 年 5 月 12 日。

再审审结时间：1994 年 8 月 25 日。

（二）一审情况

1. 一审诉辩主张

原告（上诉人、申诉人）诉称：原告之父陈泰荣（已故）有门市房 2 间，经四平市中级人民法院调解，已将北侧 1 间房屋归属自己，现要求确认南侧 1 间房屋产权归属自己。

被告（被上诉人、被申诉人）辩称：原告人所诉的房屋已经四平市中级人民法院确权给被告人，法院应驳回原告的起诉。

2. 一审事实和证据

吉林省四平市铁东区人民法院经公开审理查明：原告之父陈泰荣（已故）有 2 间门市房，坐落于本市铁东区北市场街四面景委二组。1958 年以前，与其弟陈泰祥 2 人在该房开食杂店。1958 年社会主义改造时，陈泰祥将南侧 1 间合作于食杂总店；北侧 1 间由南三副食商店租用。"文革"期间，该房归公，由八女商店租用。1981 年 9 月，房产部门将 2 间房退给陈泰荣。1985 年陈泰荣之妻陈刘氏告诉八女商店，要求给付房屋租金。经四平市中级人民法院调解，南侧合作的 1 间房屋不予退还；八女商店交北侧 1 间房屋的租金。调解后，陈刘氏将北侧 1 间房屋更名，落在自己名下。1989 年 12 月，陈刘氏死亡。现南侧 1 间房屋由被告出租。

上述事实有下列证据证明：

（1）被告人对原告人所诉 1 间房产权归四平市南三商场所有的答辩；

（2）吉林省四平市中级人民法院（1985）民上字第 95 号民事调解书；

（3）原告人之母陈刘氏于 1985 年诉讼中"陈泰祥这间房于 1958 年合作入股"、"作价 424.60 元"，股金"1972 年已由她领了"的笔录；

（4）证人刘云程、张仁、王德新、雷保宇、杨俊等 17 人关于"1958 年社会主义改造时陈泰祥的房子，按当时的政策规定，已合作入股"，"凡作买卖用的房子都合作入股"，原告人一间房也不例外的证明。

3. 一审判案理由

原告陈永和诉被告四平市南三商场房屋确权案所讼争的1间房屋，系1958年社会主义改造时由陈泰祥“合作入股”，并在1985年诉讼中经四平市中级法院二审调解确权给被告四平市南三商场。故原告再提起诉讼，要求重新确权没有道理，不予支持。

4. 一审定案结论

原、被告所讼争之房屋，于1958年社会主义改造时期折价入股，已经法院调解确认产权归被告所有，事实清楚，证据确实充分，足以认定。故原告人再行起诉显无道理。四平市铁东区人民法院根据《中华人民共和国民事诉讼法》第一百四十条第一款第(三)项，作出如下裁定：

驳回原告陈永和起诉。

案件受理费210元由原告陈永和承担。

(三)二审情况

1. 二审诉辩主张

(1)上诉人(原审原告人)诉称：原审认定事实错误，所诉1间房屋是原告之父的，驳回起诉不当，要求将此房确权归原告。

(2)被上诉人(原审被告人)辩称：原告请求无理，应驳回上诉，维持原审裁定。

2. 二审事实和证据

吉林省四平市中级人民法院经公开审理查明：上诉人(原审原告人)陈永和之父陈泰荣(已故)与其胞弟陈泰祥(已故)有2间门市房，坐落于铁东区北市场街四面景委二组。1958年以前，陈泰荣与其弟陈泰祥二人在该房开食杂店。1958年社会主义改造时，陈泰祥将南侧1间合作于食杂总店，北侧1间由南三副食商店租用。“文革”期间该房归公，由八女商店租用。陈泰荣于1969年8月死亡。1985年陈泰荣之妻陈刘氏要求给付房屋租金告诉到原审法院，原审法院判决后，陈刘氏不服上诉至本院。经本院调解，南侧合作的1间房屋不予退还，北侧1间房屋由八女商店交付房租金。调解后，陈刘氏将北侧1间房屋更名，落在自己名下，1989年12月陈刘氏死亡。陈永和要求归还南侧1间房屋，告诉到原审法院。

上述事实有下列证据证明：

(1)吉林省四平市中级人民法院(1985)民上字第95号民事调解书对讼争的一间房屋的确权；

(2)原告人之母陈刘氏于1985年诉讼中对这间房已“合作入股”、“股金424.60元于1972年退回”的笔录；

(3)证人刘云程、杨俊、王德新等17人对这间房已于“1958年社会主义改造时期合作入股”的证明。

3. 二审判案理由

上诉人(原审原告人)陈永和之父与其叔(均已故)开食杂店的2间门市房，于1958年社会主义改造由时其叔将南侧1间合作于四平市食杂店，1985年经本院调解；南侧合作的1间房屋不予退还，北侧的1间由八女商店交付房屋租金。产权已确认归被告人四平市南三商场，原告人请求归还南侧1间房屋实无道理，不予支持。

4. 二审定案结论

本案上诉人陈永和要求被上诉人四平市南三商场归还的南侧 1 间房屋已经本院调解确权归属被上诉人所有，原审法院裁定驳回陈永和的起诉是正确的。因此，上诉人上诉无理，本院不予支持。四平市中级人民法院根据《中华人民共和国民事诉讼法》第一百五十四条，作出如下裁定：

驳回上诉，维持原裁定。

二审案件受理费 210 元由上诉人陈永和承担。

（四）中级法院再审情况

1. 再审诉辩主张

（1）再审申诉人（原审上诉人、原告）诉称：一、二审认定事实错误，要求将讼争的 1 间房屋确权给原审上诉人（原告）。

（2）再审被申诉人（原审被上诉人、被告）辩称：同意原审判决，应驳回申诉。

2. 再审事实和证据

吉林省四平市中级人民法院经再审复查查明：再审申诉人（原审上诉人、原告）陈永和之母陈刘氏诉被告南三副食店房屋租金一案，已于 1985 年经本院调解。在认定事实和适用法律上是正确的，当时卷宗大量证据证实 1958 年社会主义改造时，陈泰祥将自有房屋 1 间入股。陈刘氏亦在卷宗证实："是陈泰祥合作了，合作入股一间房……"对此一间房的产权从未表示异议。并有农机区副食中心店垫修房屋契约书证实。

上述事实有下列证据证明：

（1）四平市中级人民法院（1985）民上字第 95 号民事调解书，对讼争的一间房屋的确权；

（2）农机区副食中心店垫修房屋契约书；

（3）证人申诉人之母陈刘氏于 1985 年诉讼中对这一间房屋已由陈泰祥"合作入股"的证明；

（4）证人刘 程、杨俊、王德新等 17 人对这间房屋已"于 1958 年社会主义改造时期合作入股"的证明。

3. 再审判案理由

申诉人（原审上诉人、原告）陈永和讼争的一间房屋，在 1958 年社会主义改造时期改由陈泰祥合作入股，产权属原审被上诉人（原审被告）所有，一、二审事实清楚，证据确实、充分，陈永和申请再审主张产权实无道理，不予支持。

4. 再审定案结论

吉林省四平市中级人民法院（1985）民上字第 95 号民事调解书，符合国家供销合作总社、商业部 1981 年 3 月 15 日（81）供基联字 05/118 号、（81）商基联字第 5 号文件《关于合作商店入股房产坚持不退还实物的函》的规定，调解书将陈泰祥入股的一间房屋确权给原审被告四平市南三商场有效。一、二审裁定驳回原告起诉正确。再审申诉人（原审上诉人、原告）再审请求不符合法律规定的再审条件。四平市中级人民法院经过复查，作出如下通知：

驳回申诉，维持原裁定。

（五）高级法院再审诉辩主张

1. 再审申诉人（原审上诉人、原告）诉称：（1）讼争房屋是申诉人之父陈泰荣的私有房屋，1958 年社会主义改造时没有入股；（2）申诉人之母陈刘氏在 1985 年法院调解此案时，因年老被迫接受调解；（3）请求将产权确认给申诉人。

2．再审被申诉人（原审上诉人、原告）辩称：申诉人无理，同意原审裁定。

（六）高级法院再审事实和证据

吉林省高级人民法院经再审复查查明：原裁定在认定事实和适用法律方面是正确的，案卷中大量证据证实 1958 年社会主义改造时，申诉人（原审上诉人、原告人）叔父陈泰祥将本案所讼争的 1 间房屋已合作入股。申诉人母亲陈刘氏也承认此事，并对此间房屋的产权从未提出过异议。1985 申诉人的母亲陈刘氏因房屋租金一案，经四平市中级人民法院调解，申诉人叔父陈泰祥合作入股的一间房屋根据有关政策规定不予退还。

上述事实有下列证据证明：

1．四平市中级人民法院（1985）民上字第 95 号调解书对讼争的一间房的确权；

2．申诉人之母陈刘氏于 1985 年诉讼中对这间房已由陈泰祥“合作入股”的笔录；

3．刘云程、杨俊、王德新等 17 人对这间房已于“1958 年社会主义改造时期合作入股”的证明。

（七）高级法院再审判案理由

申诉人（原审上诉人、原告人）陈永和讼争的一间房屋其叔父陈泰祥已于 1958 年社会主义改造时期“合作入股”，其母陈刘氏也承认此事，从未对此间房屋的产权提出过异议，且已经过四平市中级人民法院调解，其产权确认给原审被告人四平市南三商场。申诉人诉称其母陈刘氏年老被迫接受调解没有有证据，不能认定。故申诉人的再审请求不予支持。

（八）高级法院再审定案结论

本案原审认定事实清楚，适用法律正确，且调解书内容不违反法律规定。故申诉人陈永和对法院调解已确认了产权的房屋再行告诉要求确认产权，不符合有关法律规定。申诉人陈永和申诉理由不能成立。吉林省高级人民法院经过复查，作出如下通知：

申诉理由不能成立，原裁定予以维持。

（九）解说

本案一审事实清楚，证据确实、充分，适用法律正确；二审驳回上诉和再审复查通知维持原审裁定都是正确的。

从事实看，申诉人（原审上诉人、原告）陈永和讼争的一间房屋，已在 1958 年社会主义改造时期合作入股，并非其父陈泰荣的私有房屋；从权属看，已经经法院调解确权给被申诉人（原审被上诉人、被告）四平市南三商场。对已经法院调解确权、内容又不违背法律规定的房屋，再行告诉要求确权，不符合有关法律规定。从当时的政策规定看，对 1958 年社会主义改造时期合作入股的房屋，根据 1981 年 3 月 5 日国家供销合作总社（81）供基联字 05/118 号和商业部（81）商基联字第 5 号文件《关于合作商店入股房产坚持不退还实物的函》的规定和 1985 年 12 月 20 日最高人民法院（1985）民法字第 18 号批复关于“房屋已属国家所有，原房主现在又提出产权要求的不应支持”的精神，申诉人的申诉理由，不能成立，原裁定理应维持。

（宋纯新）

22. 海南省特区对外贸易总公司诉通什市对外贸易公司房产确权案

(一)首部

1. 判决书字号

一审判决书:海南省通什市人民法院(1993)通民字第 77 号。

二审判决书:海南省海南中级人民法院(1994)海南民二终字第 32 号。

2. 案由:房产确权纠纷。

3. 诉讼双方

原告(被上诉人):海南省特区对外贸易总公司(下称“特区外贸公司”)。

法定代表人:李永光,总经理。

诉讼代理人:陶嘉乐,海南省海口市第一律师事务所律师。

被告:通什市对外贸易公司(下称“通什外贸公司”)。

法定代表人:郑有进,经理。

诉讼代理人:彭鹤民,海南省第三律师事务所律师。

4. 审级:二审。

5. 审判机关和审判组织

一审法院:海南省通什市人民法院。

合议庭组成人员:审判长:冯裕兴;代理审判员:陆志荣、陈石二。

二审法院:海南省海南中级人民法院。

合议庭组成人员:审判长:王南安;代理审判员:曾繁桉、陈汉。

6. 审结时间

一审审结时间:1993 年 12 月 17 日。

二审审结时间:1994 年 4 月 21 日。

(二)一审诉辩主张

原告诉称:坐落于通什市海榆中线 215 公里处西侧的 2 幢宿舍楼和 1 幢办公楼,系原海南黎族苗族自治州外贸公司建造的。1987 年底撤州时,在海南外经口工作组监督下办理了财产自交自接手续,自治州外贸公司经建省筹建组批准更名为“海南外贸总公司三亚分公司”,1989 年迁住海口,次年改为省特区外贸公司,1988 年 11 月我公司与通什外贸公司签订协议。将旧宿舍分给通什外贸公司,并委托该公司代管办公楼的第四至第六层和新宿舍楼。但该公司在代管期间,擅自将办公楼底层和展销部出租,租金占为已有。为此特请求法院判令该公司迁出占用的办公楼和新宿舍楼,退还出租所得租金。

被告辩称:该房产是撤州当时的外经口工作组以行政手段划分给通什市外贸局的。原告的上级主管部门也曾下文通知,按当时的划分,办公楼的第一至第三层和旧宿舍楼归通什外贸局,第四至第六层和新宿舍楼归原告。1988 年原告迁住 ,该办公楼一直由我公司使用,原告从未提出异议。上述事实证明,原告对该办公楼不存在任何诉讼权。通什市房产局没有按事实和法律向原告颁发了该房屋的产权证，我公司也已提出异议，原告的诉讼理由是不成立的。

（三）一审事实和证据

海南省通什市人民法院经公开开庭审理查明：纠纷之房产坐落于通什市海榆中线215公里处西侧 。共有新、旧宿舍楼和办公楼各1幢，旧宿舍楼系海南省黎族苗族自治州外贸公司于1976年利用上级拨款所建造；新宿舍楼和办公楼系该公司在1983年和1986年利用公司营利分别建造起来的。1988年2月海南行政区外贸局按海南建省筹备办公室“海南省筹（1988）1号”文件精神，以“琼外贸办字（1988）07号”文件将原自治州对外贸易总公司更名为海南行政区对外贸易公司三亚分公司。海南建省后，海南行政区对外贸易总公司三亚分公司更名为海南省对外贸易总公司三亚分公司。1989年6月，海南省政府办公厅以“琼府办函（1989）102号”文件批复同意将该公司更名为海南省民族对外贸易总公司，与省对外贸易（集团）公司和省对外贸易总公司脱钩分离，划拨省民委管理。原公司的人、财、物和债权债务均不变。同年8月，海南省政府办公厅又批准该公司更名为海南省民族对外贸易开发总公司。1990年12月海南省清理整顿公司领导小组办公室以“琼清整办（1990）23号”文批复同意该公司更名为现在的海南省特区对外贸易总公司。1987年11月海南黎族苗族自治州撤销。通什市外贸公司也随之成立。原自治州对外贸易局划拨给通什外贸公司开办经费3万元及生活、办公用品一批。1988年11月，海南外贸总公司三亚分公司与通什外贸公司协议一致：旧宿舍楼作为固定资产划归通什外贸公司，新宿舍楼和办公楼的所有权归海南贸易总公司三亚分公司，第一至三层办公楼由通什外贸公司使用，第四至六层办公楼由三亚分公司委托通什外贸公司管理。尔后，三亚分公司就委托管理事项立下委托书，委托通什市外贸公司管理第四至六层办公楼和新宿舍楼。1989年12月省民族外贸总公司通知通什外贸公司收回办公楼和新宿舍楼的所有权、使用权和管理权。1992年1月省特区外贸公司领 取了该办公楼和新宿舍楼的房产证。由于通什外贸公司提出异议，通什市房管局1993年7月作出暂时吊销该两幢房屋的房产证的决定。

上述事实有下列证据证明：

1.“琼外贸办字（1988）07号”文件；

2.“琼府办函（1989）102号”文件；

3.“琼清整办（1990）23号”文件；

4.1988年11月双方订立的协议书；

5. 原告委托被告代管房屋的委托书；

6. 通什市“房证字第20004、20005号”房产证和1993年7月通什市房产局“吊销房屋所有权证的通知”。

（四）一审判案理由

原审法院认为，1987年11月撤销海南黎族苗族自治州时，海南外经口工作组根据海南建省筹备组会议精神，将原自治州外贸公司的人、财、物移交给海南外贸总公司三亚分公司即现在的省特区外贸公司。通什外贸公司建省时才组建，资产缺乏。省特区外贸总公司三亚分公司主动与通什外贸公司协议，将旧宿舍楼当固定资产划拨给通什外贸公司是符合情理的，也是应该的，现提出收回，理由不当，不予支持。省特区外贸公司领取的房屋所有权证，手续合法，应视为有效。通什外贸公司请求通什市房管局吊销该房屋的所有权证的作法不当。

（五）一审定案结论

原审法院依照《中华人民共和国民法通则》第七十二条、第七十三条和《中华人民共和国全民所有制工业企业法》第二条第二款及第十四条的规定，判决如下：

1. 原自治州外贸公司6层办公楼和新宿舍楼归海南省特区外贸总公司所有。在通什外贸公司新建的楼房建好后被告应立即迁出。

2. 原旧宿舍楼归通什外贸公司所有。

案件受理费人民币21210元，由原告负担11010元，被告负担10200元。

（六）二审情况

1. 二审诉辩主张

上诉人通什外贸公司上诉称：本案不是一个单位强占另一个单位房屋产权的问题，而是建省撤州时遗留的财产纠纷，是两个单位转轨变化引起的，不宜用法律手段来解决。请求撤销原判，交由省人民政府用行政手段解决。

被上诉人省特区外贸公司辩称：原自治州虽然被撤销，但自治州外贸公司的机构并未解散，企业法人没有被关、停、并、转，仅是名称的更改。原自治州外贸公司的人、财、物和债权债务均不变。通什外贸公司与我公司订立协议，并受托代管该房产。现我公司决定收回房屋，怎说"不宜用法律手段判决"呢？通什外贸公司上诉无理，请予驳回。

2. 二审事实和证据

二审法院查明的事实和证据，与一审相同。

3. 二审判案理由

二审法院认为：纠纷之房屋系原海南黎族苗族自治州外贸公司利用上级拨款和企业内部营利建造起来的。1987年底自治州撤销时，该公司经几度更名，直至现在的海南省特区外贸公司，该企业并没有被撤销，而只是企业名称的更改。因此原企业所有的房产应照旧归该企业所有。1988年11月该公司与通什外贸公司对该三幢房屋的产权归属问题所签订的协议，应认定为该公司对其固定资产的处分，双方意思表示真实，又无违法内容，应认定有效，省特区外贸公司放弃给付该房屋租金的请求，予以照准。原审认定事实基本清楚，但判决通什外贸公司搬迁期限不明确，应限期搬迁。

4. 二审定案结论

依照《中华人民共和国民事诉讼法》第一百五十三条第一款第（一）、（二）项之规定，判决如下：

（1）维持原判第二项。

（2）变更原判第一项为：讼争之办公楼1幢和新宿舍楼1幢归省特区外贸公司所有。限通什外贸公司在本判决书送达之日起2个月内迁出该楼。

一、二审案件受理费各人民币21210元，均由通什市对外贸易公司负担。

（七）解说

本案处理的关键在于是适用民事法律关系来调整还是利用行政手段来解决。在一、二审法院的审理过程中，有一种观点认为：本案系自治州撤销时遗留的问题，应由政府部门利用行政手段来处理，不应由法院受理，其依据是最高人民法院（91）民他字第49号《关于因体制变动引起的房产权纠纷案，法院不应受理的函复》。这里就涉及到如何理解体制变动的问题。自治州被撤销，这是行政管理体制的变化。但原自治州外贸公司是一个独立的法人企业，自治州被撤销后，该公司并没有撤销，而是将隶属关系转到当时的海南行政区对外贸易公司，该公司也更名为海南外贸公司三亚分公司。通什外贸公司是自治州撤销后新成立起来的，当初由主管部门拨付了开办经费和必需的生活办公设备，与当时的海南外贸公司三亚分公司并没有发生关、停、并、转的关系，两公司当时处于相互独立的法人地位。纠纷之房产原属于自治州外贸公司的财产，自治州撤销后，该公司几度更名成现在的省特区外贸公司，这仅是企业法人名称的更改。企业本身并未发生关、停、并、转等体制变动的事由，该房产仍属省特区外贸公司。因此引用最高人民法院(91)民他字第 49 号的《函复》作为本案处理的依据，前提条件没有具备。通什外贸公司的行为已构成对省特区外贸公司权益的侵犯，其主张通过行政手段来解决，理由不成立，人民法院不应支持。对其占用省特区外贸公司的财产应判令给予返还。

（曾繁桉）

23. 叶品波诉赵景秋房屋买卖案

(一)首部

1. 判决书字号

一审判决书：新疆维吾尔自治区阿克苏市人民法院(1993)阿市法民初判字第 560 号。

二审判决书：新疆维吾尔自治区阿克苏地区中级人民法院(1994)阿中法民终字第 279 号。

2. 案由：房屋买卖纠纷。

3. 诉讼双方

原告(被上诉人)：叶品波，男，汉族，54 岁，阿克苏市第二建筑公司工人，住英阿瓦提路居民点。

诉讼代理人：袁健民，阿克苏地区中王律师事务所律师。

被告(上诉人)：赵景秋，男，汉族，31 岁，住英阿瓦提路居民点。

4. 审级：二审。

5. 审判机关和审判组织

一审法院：新疆维吾尔自治区阿克苏市人民法院。

合议庭组成人员：审判长：张鲁川；代理审判员：郭敏辉；代理审判员：马荣。

二审法院：新疆维吾尔自治区阿克苏地区中级人民法院。

合议庭组成人员：审判长：白浩敏；代理审判员：顾金友；代理审判员：李伟力。

6. 审结时间

一审审结时间：1994 年 4 月 19 日。

二审审结时间：1994 年 8 月 18 日。

(二)一审情况

1. 一审诉辩主张

(1)原告叶品波诉称：1992 年元月 11 日，经买卖双方私下达成协议；将自己 187.8 平方米二层楼房卖给被告。买卖成交后，被告付给34000元，原告将房屋交给被告居住，并将房产证也交给被告。由于被告当时无阿克苏城市户口，无法办理房屋过户手续，加之原告当时法律意识淡薄，不懂国家有关房屋买卖的法律规定，故未办理过户登记。现要求被告退还房屋，原告愿将房价款退还被告。

(2)被告赵景秋辩称：与原告买卖房屋是在自愿平等的基础上达成协议的，而且已支付了价款，并实际执管房屋，并非不愿办理房产过户手续，而是原告看房屋价格上涨，认为自己卖房吃亏而翻悔。被告与原告签有房屋买卖协议，并已房款两清，故不同意退房。

2. 一审事实和证据

新疆维吾尔自治区阿克苏市人民法院经开庭审理，收集核实证据，查明：

1992年1月11日，原、被告双方签订了房屋买卖协议，协议载明：叶品波自愿把个人坐落在英阿瓦提居委会的187.8平方米的二层9间楼房，实占土地总面积274.2平方米，作价34000元卖给赵景秋。买方先预付1万元，待叶品波将房内维修完毕，经赵景秋验收后，赵景秋付清余款24000元，叶品波把房地产证交给赵景秋。以后办理房地产权过户手续时，叶品波必须大力协助。协议签订后，原告如约将房屋维修完毕，赵景秋验收后，即搬进居住，并将余款付清。叶品波将房产证交给赵景秋。由于当时赵景秋户口不在阿克苏市，而未办房产过户手续。1993年6月，被告赵景秋将户口迁至阿克苏市，即向原告提出办理过户手续，原告拒绝，并于1993年8月9日向法院起诉。

上述事实有下列证据证明：

(1)当事人双方1992年1月11日签订的合同；

(2)当事人陈述、证人证言等。

3. 一审判案理由

(1)任何单位或个人不得私自买卖城市私有房屋；

(2)买卖城市私有房屋，卖方须持房屋所有权证和身分证明，买主须持购买房屋证明和身分证明，到房屋所在地房管机关办理产权变更手续；

(3)原、被告虽已房款两清，但未根据《城市私有房屋管理条例》第九条规定，办理房屋产权变更手续，因此该买卖行为属无效民事行为。

4. 一审定案结论

阿克苏市人民法院依照《中华人民共和国民法通则》第五十八条第(五)项、第(七)项及国务院《城市私有房屋管理条例》第九条规定，判决如下：

(1)187.8平方米的房屋所有权仍归叶品波。

(2)原告叶品波退还赵景秋房价款34000元。

案件受理费1370元，由被告负担。

(三)二审诉辩主张

1. 上诉人赵景秋上诉称：双方房屋买卖合同签订后，上诉人已付清房款并已实际占有使用房屋，被上诉人业已交清房产手续，双方的这一买卖是自愿平等，有偿的。合同签订后，因房价上涨，被上诉人为谋取更高房价款，置上诉人多次要求办理产权变更手续的请求于不顾，拒不协助上诉人办理过户手续。其翻悔行为应不予支持。恳请二审法院确认该房屋产权归上诉人所有，并责令被上诉人协助上诉人办理产权变更手续。

2. 被上诉人辩称：房屋买卖虽属自愿、平等、有偿的，但未通过房产部门办理产权登记手续，属非法交易。违背了《城市私有房屋管理条例》的有关规定。因此，该房屋买卖无效。导致无效的原因是双方都是法盲，双方均有过错，因此，原审法院判决房屋买卖无效，并互不承担其他责任，符合事实和法律规定，恳请二审法院维持原判。

（四）二审事实和证据

新疆维吾尔自治区阿克苏地区中级人民法院经审理，认为一审法院认定的案件事实和采纳的定案证据，既有双方当事人签订的买卖协议为书证，又为双方当事人的陈述所印证，应予肯定。

（五）二审判案理由

上诉人与被上诉人之间的房屋买卖平等、自愿、有偿，其意思表示真实，并立有契约，买房业已交付了房款，并实际使用管理了房屋，且没有其他违法行为，只是买卖手续不完善，应认定买卖关系有效，但应着其补办房屋买卖手续。被上诉人叶品波为获得更高房屋价款而翻悔，要求退房退款的请求，损害了上诉人的利益，应不予支持。原审法院仅以双方未办买卖手续为由，认定该房屋买卖关系无效欠妥。

（六）二审定案结论

新疆维吾尔自治区阿克苏地区中级人民法院依照《中华人民共和国民法通则》第四条，最高人民法院 1984 年 8 月 30 日《关于贯彻执行民事政策法律若干问题的意见》第五十六条及《中华人民共和国民事诉讼法》第一百五十三条第一款第（二）项之规定，判决如下：

1. 撤销阿克苏市人民法院（1993）阿市法民初判字第 560 号民事判决。

2. 赵景秋与叶品波的买卖协议有效。叶品波应按协议约定于判决生效后 2 个月内协助赵景秋办理产权登记手续。

一、二审案件受理费各为 1370 元，均由叶品波负担。

（七）解说

本案一、二审认定的事实和采纳的证据是一致的，案件事实清楚，证据充分，双方当事人对买卖事实也供认不讳，实质问题是该房屋买卖合同是否有效。

最高人民法院 1984 年 8 月 30 日《关于贯彻执行民事政策法律若干问题的意见》第五十六条规定："买卖双方自愿，并立有契约，买方已交付了房款，并实际使用和管理了房屋，又没有其他违法行为，只是买卖手续不完善的，应认为买卖关系有效，但应着其补办房屋买卖手续。"1993 年 11 月 24 日最高人民法院印发的《全国民事审判工作座谈会纪要》指出："审理房地产案件，应尊重合同双方当事人的意思表示。只要双方当事人的约定不违反法律政策，不损害国家利益、公共利益和他人利益，就应维护合同的效力；一方当事人以法律没有规定为由，否认合同效力，不应予以支持。因合同履行发生纠纷，只要合同能全部履行，或能部分履行的，就应全部履行或应部分履行。不能用赔偿损失代替合同的履行。"叶品波与赵景秋之之间的房屋买卖合同是在平等，自愿、等价有偿的条件下订立的，叶品波已将房屋及产权证交给赵景秋，赵景秋已付清房款，且已实际使用和管理了房屋达 1 年半之久。叶品波由于房价上涨而翻悔，拒绝办理房屋产权过户手续，违反了民法诚实信用的原则。《城市私有房屋管理条例》规定，买卖房屋双方应到房产管理部门进行房屋产权变更登记，这一规定体现了国家对不动产的监督和管理，以此保障人们对基本生活资料和生产资料的安全以及交易的安全，防止房屋交易中的偷税漏税行为，我国现行法并未明确承认物权行为概念及制度，《城市私有房屋管理条例》的上述规定是对房屋买卖合同的形式要件所作的规定，它与《民法通则》

第七十二条关于不动产物权变动的规定并不矛盾。所以，本案二审法院本着诚实信用的民法原则，根据合同当事人双方的真实意思表示及合同内容的合法性而确认合同有效，并因而对一审处理结果予以改判，这是合情、合理、合法的。

（白浩敏）

24. 廉洁等诉李淑珍等换房案

（一）首部

1. 判决书字号

一审判决书：天津市红桥区人民法院（1990）津红法民判字第1443号。

二审判决书：天津市中级人民法院（1991）津中法民一上判字第988号。

再审判决书：天津市中级人民法院（1993）中申民再字第26号。

2. 案由：换房纠纷。

3. 诉讼双方

原告（上诉人、申请再审人）：廉洁，男，26岁，回族，天津市人，工人。

原告（上诉人、申请再审人）：王晓梅，女，28岁，回族，山东省临清县人，工人。

诉讼代理人（一审）：马漫野，天津市红桥区春德街法律服务所法律工作者。

被告（被上诉人）：李淑珍，女，53岁，回族，河北省沧县人，干部。

被告（被上诉人）：李洪斌，男，45岁，回族，天津市人，无职业。

诉讼代理人（一审、二审、再审）：赵珍琴（李洪斌之妻），44岁，回族，会计。

诉讼代理人（一审、二审）：周砚成，天津市红桥区法律顾问处律师。

诉讼代理人（再审）：刘福喜，天津市第一律师事务所律师。

第三人：廉萍，女，33岁，天津市人，干部。

第三人：天津市红桥区房产公司。

法定代表人：徐金昌，天津市红桥区房产公司经理。

诉讼代理人（一审、二审、再审）：孟宪章，男，48岁，干部。

4. 审级：再审。

5. 审判机关和审判组织

一审法院：天津市红桥区人民法院。

独任审判：代理审判员：魏忠。

二审法院：天津市中级人民法院。

合议庭组成人员：审判长：王裕成；代理审判员：黑淑红、姜应生。

再审法院：天津市中级人民法院。

合议庭组成人员：审判长：阚文歧；代理审判员：孔祥素、邓秀菊。

6. 审结时间

一审审结时间：1991年9月4日。

二审审结时间：1992年8月31日（经天津市中级人民法院院长批准，依法延长审限9

个月)。

再审审结时间:1994 年 1 月 26 日。

(二)一审情况

1. 一审诉辩主张

原告廉洁、王晓梅诉称:二被告私自换房无效,诉争房屋应由原告廉洁承租。

被告李淑珍辩称:愿承担换房引起的责任。

被告人李洪斌辩称:换房有效,要求二原告腾房。

第三人廉萍称:诉争之房有其部分使用权,目前只能由原告廉洁承租。

2. 一审事实和证据

天津市红桥区人民法院经公开审理查明:原告廉洁系被告李淑珍之子、第三人廉萍之弟。原告廉洁与王晓梅系夫妻关系。被告李淑珍与李洪斌系姐弟关系。诉争之房坐落于天津市红桥区西北角,为民族楼 17 栋 405 号公产,独单元 1 套。该房被天津市红桥区人民法院以(1985)津红法民重判字第 4 号民事判决判归本案原告廉洁、第三人廉萍使用。1986 年,第三人廉萍结婚后迁居他处。承租人为原告廉洁。被告李淑珍与其子原告廉洁在同一单位工作,1989 年 5 月,李淑珍持在本单位以原告廉洁名义开具的换房证明信、诉争之房的房屋租赁合同和原告廉洁的户口册,与被告李洪斌在天津市红桥区换房站,办理了诉争之房与被告李洪斌承租的天津市河北区建国道福安街德安里 7 号院 2 楼公产房一间(西房北起第一间)的房屋互换手续。自此,被告李洪斌于 1989 年 6 月起正式交纳诉争之房的房租,建国道处的房屋租金由被告李淑珍及原告廉洁交纳。此后,原告廉洁和被告李淑珍曾用建国道的房屋并搭配 1 套煤气灶具多次交到所在单位及拿到社会上换房未成。

上述事实有下列证据证明:

(1)换房证明手续;

(2)1990 年 9 月 30 日李淑英证言,证明原告廉洁和被告李淑珍曾用建国道的房屋搭配 1 套煤气灶具换房。

3. 一审判案理由

天津市红桥区人民法院认为,原、被告系亲属,被告李淑珍与原告廉洁在同一单位工作,其在单位以原告廉洁的名义开具换房证明信并携带原告廉洁的有关证件,与被告李洪斌办理房屋互换手续,且被告李洪斌交纳诉争之房的房屋租金达 1 年多之久,已是既成事实。原告廉洁以由其母交纳诉争之房的房屋租金并将房屋租赁合同放在其母处来否认换房事实,难以采信。又因原告廉洁、被告李淑珍多次用建国道的房屋拿到社会或单位去换房,同时交纳房租实际上已履行了承租所换房屋的义务。故换房合法有效。第三人廉萍要求保留其对诉争之房居住权利不妥,因自 1986 年第三人廉萍结婚后已不在诉争之房居住达 3 年之久,其已同意诉争之房由原告廉洁承租,故对其请求难以支持。

4. 一审定案结论

天津市红桥区人民法院根据《中华人民共和国民法通则》第四条、第五条和第六条规定,作出如下判决:

(1)坐落本市红桥区西北角之民族楼 17 栋 405 号公产房屋由被告李洪斌承租。

(2)坐落本市河北区建国道福安街德安里 7 号院 2 楼西房北起第一间公产房由原告廉洁承租。

(3)二原告于本判决生效之日起半个月内搬入本市河北区建国道福安街德安里 7 号院 2 楼西房北起第一间房屋中居住,并将诉争之房腾交被告李洪斌。

(4)双方其他之诉,不予支持。

案件受理费 40 元,由二原告负担 20 元,被告李淑珍负担 20 元。

(三)二审情况

1. 二审诉辩主张

上诉人廉洁、王晓梅诉称:换房系要式法律行为。根据公产房屋管理的规定,换房应是承租人的主观意思表示。换房手续中既无承租人廉洁的签字盖章,也无承租人廉洁的书面诉讼代理人的证明,因此,换房无效。另外,一审法院认定上诉人廉洁明知换房并搭配煤气灶具换房一节,认定事实有误。请求二审法院撤销一审判决,改判换房无效。

被上诉人李洪斌请求二审法院驳回上诉,维持原判。

被上诉人李淑珍对一审判决中案件受理费的分担提出意见,认为一审判决既判换房有效,就没有理由要求其负担 20 元案件受理费。

第三人廉萍主张保留其对诉争房的使用权。

第三人天津市红桥区房产公司同意一审判决。

2. 二审事实和证据

天津市中级人民法院经公开审理,肯定了天津市红桥区人民法院认定的案件事实和采纳的定案证据。

3. 二审判案理由

天津市中级人民法院认为,民事活动应当遵循自愿、公平、等价有偿和诚实信用原则。双方系亲属,上诉人廉洁与被上诉人李淑珍又在同一单位工作,被上诉人李淑珍开换房证明并用廉洁有关证据换房,廉洁应当知道,况且亦有证据证明李淑珍、廉洁曾在换房后用建国道处房屋换房,故换房有效。原审第三人廉萍主张保留其在诉争之房的使用权力,因其婚后迁居他处,已有合法居住地,故其要求不予支持。

4. 二审定案结论

天津市中级人民法院根据民法通则第四条、第五条、第六条及《中华人民共和国民事诉讼法》第一百五十三条第一款第(一)项规定,作出如下判决:

驳回上诉,维持原判。

上诉案件受理费 40 元,由二上诉人负担。

(四)再审诉辩主张

原审上诉人廉洁、王晓梅与原审被上诉人李淑珍、李洪斌及原审第三人天津市红桥区房产公司、廉萍换房纠纷案,天津市中级人民法院于 1992 年 8 月 31 日作出(1991)津中法民一上判字第 988 号民事判决,判决已经发生法律效力。1992 年 9 月 1 日,原审上诉人廉洁、王晓梅向天津市中级人民法院申请再审,请求:(1)撤销一审二审判决。(2)确认本案换房无效。经审查,该申请符合民事诉讼法规定的再审条件。天津市中级人民法院院长将本案提交审判委员会讨论后,于 1993 年 11 月 17 日作出(1993)中申民监字第 17 号民事裁定书,裁定本案另行组成合议庭再审。

(五)再审事实和证据

天津市中级人民法院在再审中经公开审理查明:廉洁、王晓梅系夫妻,廉洁系李淑珍之子,李洪斌之外甥,廉萍之弟。坐落天津市红桥区西北角的民族楼17栋405号独单元住房1套,系天津市红桥区房产公司管理之公产房,原由廉洁、廉萍的外祖母承租居住。廉洁、廉萍随其外祖母生活。其外祖母死亡后,李淑珍、李洪斌等决议让李洪斌使用该房,让廉萍、廉洁迁居李洪斌承租的本市河北区建国道福安街德安里7号二楼公产西房北起第一间。因天津市红桥区房产公司起诉要求收房,天津市红桥区人民法院以(1985)津红法民重判字第4号民事判决书判决诉争之房由廉洁、廉萍使用,故李淑珍、李洪斌等人商议调房未成。此后,廉萍结婚迁居他处,诉争之房由廉洁租住。廉洁与王晓梅结婚后继续在该房居住。为此,李洪斌曾与廉洁发生矛盾。1989年5月,李淑珍以廉洁的名义在单位开具换房证明信,将该证明信及廉洁承租合同一并交给李洪斌,李洪斌办理了两处住房的互换手续。

上述事实有下列证据证明:

(1)天津市红桥区人民法院(1985)津红法民重判字第4号民事判决书,判决本案诉争之房由廉洁、廉萍租住;

(2)1992年3月4日张玉珍证言,证明原告人廉洁、王晓梅于1989年12月装修诉争之房。当他们知道房屋被换后,数次找其母李淑珍吵架;

(3)1992年3月12日廉洁和李淑珍所在单位天津油墨公司1987年、1988年分房组组长岳宜斌证言,证明根据1988年分房方案分给李淑珍住房1间,在分房期间有关廉洁用建国道处房屋换房之事根本不存在。

(六)再审判案理由

天津市中级人民法院再审认为,双方系亲属关系。廉洁与李淑珍又在同一单位工作。李淑珍以廉洁名义开具换房证明信,并将有关证件交由李洪斌办理了房屋互换手续,其行为侵害了廉洁的利益,且两处房屋互换,条件相差极大,显失公平,因此换房无效。两处房屋租赁费差额部分应由廉洁给付李洪斌。李洪斌搬家等所造成的损失应由李淑珍给予适当补偿。

(七)再审定案结论

天津市中级人民法院根据《中华人民共和国民法通则》第四条、第五条、第六条及《中华人民共和国民事诉讼法》第一百八十四条、第一百五十三条第一款第(二)项及有关政策规定,作出如下判决:

1. 撤销天津市红桥区人民法院(1990)津红法民判字第1443号民事判决书和天津市中级人民法院(1991)津中法民一上判字第988号民事判决书。

2. 坐落天津市红桥区西北角之民族楼17栋405号独单元住房1套由廉洁、王晓梅租住;坐落天津市河北区建国道福安街德安里7号西房1间由李洪斌租住。

3. 廉洁一次性给付李洪斌1989年6月起至1993年12月两处房屋租金差额153.9元。

4. 李淑珍一次性赔偿李洪斌搬家补偿费等500元。

一审、二审案件受理费80元,由李洪斌负担20元,李淑珍负担60元。

(八)解说

根据《民法通则》民事活动应当遵循自愿、公平、等价有偿、诚实信用的原则和民事法律行为应当意思表示真实的规定,凡是依法或者依双方的约定必须由本人亲自实施的民事行为,本人未亲自实施的,应当认定行为无效。换房作为一种要式法律行为,要求:(1)换房双方必须签订有书面的换房协议;(2)换房双方必须承租者本人或者由其委托代理人到房管部门办理换房手续。委托代理人应当向房管部门出具授权委托书。否则,房管部门不予办理换房手续；办理了换房手续的，亦应确认换房无效。

本案廉洁既未与李洪斌签订换房协议，也未到有关房管部门办理换房手续，更未授权委托李洪斌或李淑珍办理换房手续。这表明廉洁没有换房的真实意思表示。李淑珍以廉洁名义开具换房证明信，并将廉洁的有关住房证件交予李洪斌办理换房手续，其换房行为属恶意串通的无权代理，损害了廉洁的利益，是无效的。李洪斌单方写就换房协议书并代替廉洁签字，以合法形式掩盖其非法换房目的，其民事行为无效。因此，虽经有关部门办理了换房手续，亦应宣告无效。

一审法院和二审法院均以存有争议的证据证明廉洁实际上已履行了承租所换房屋的义务来认定换房有效，是错误的。本案依法再审，纠正了一、二审的错误判决。

（王建基）

25. 李霞诉西安市未央区城乡建设开发公司商品房预售合同案

（一）首部

1. 裁定书字号：陕西省西安市未央区人民法院（1993）未民初字第 098 号。

2. 案由：商品房预售纠纷。

3. 诉讼双方

原告：李霞，女，31 岁，西安市书院门淡江商行职员。

诉讼代理人：罗坤山，西安台联日用化工有限公司董事长。

被告：西安市未央区城乡建设开发公司。

法定代表人：贾伦丰，副经理。

诉讼代理人：张增福，西安市未央区城乡建设环境保护局副局长。

诉讼代理人：陈树基，退休干部。

4. 审级：一审。

5. 审判机关和审判组织

审判机关：陕西省西安市未央区人民法院。

合议庭组成人员：审判长：徐世界；代理审判员：冯霁、薄小荣。

6. 审结时间：1994 年 2 月 3 日。

（二）诉辩主张

1. 原告诉称：原告与被告于 1992 年 8 月 26 日签订了购房协议。按照协议规定，原告购买被告位于西安市二府庄小区 32 号楼点单元 4 层 1 号商品住宅 1 套，建筑面积为 93.41 平方米，购房总价款为人民币 96119 元；协议签订后，先由原告付给被告购房总价款的 70%计人民币 68000 元，余款在 1993 年 9 月 30 日前一次付清；被告于 1993 年 8 月 31 日前将房交付原告使用。现原告已按协议规定向被告支付了购房总价款的 70%，即 68000 元人民币，而被告不但不按协议日期交房，反而在原告第二次交钱时，向原告发了一份“通知”，强行要求原告同意提高售房价格，否则将撕毁原购房协议。

原告认为:其与被告签订的购房协议,是双方当事人经过协商,在意见一致的情况下自愿达成的,协议的内容不违背法律,应为合法有效之协议。现被告不履行该协议,延误交房日期并单方提出提高售房价格,是一种违约行为。故原告要求法院依法判令被告履行原购房协议,并由被告承担违约责任,赔偿损失。

2. 被告辩称:其与原告在自愿协商一致的基础上签订了购房协议属实。但原购房协议中的房价是按当时国家有关政策核定的。随着市场经济的建立,国家为了顺利发展房地产业,不断出台新政策,调整各种税费,由于政策性原因而增加了建房单位的支出,使售房单位无力承受,面临困境。比如西安市人民政府陆续颁布征收的邮电通信建设费、城市建设综合开发管理费、土地出让金、新建住宅区天然气化工程建设资金等等,均未核算在原售房价款内。由于上述各项费用的增加,原售房价格明显偏低,应予调整。

被告认为:其提出调整售房价格,完全是国家政策的变化所造成的,当事人双方事前无法预料,事后也无法抗拒,并不是由于被告的过错引起的,故不应承担违约责任。被告表示,愿以比对待其他购房户更优惠的条件与原告协商解决这起售房纠纷。

(三)事实和证据

陕西省西安市未央区人民法院经过公开审理查明:

原、被告于 1992 年 8 月 26 日自愿签订了商品房预售合同。双方约定:1. 由原告购买被告位于西安市二府庄小区 32 号楼点单元 4 层 1 号商品房 1 套,建筑面积 93.41 平方米,购房价款人民币 96119 元。2. 购房决定后,原告付给被告总房款的 70% 计人民币 68000 元,余款在 1993 年 8 月 30 日前一次付清。3. 被告于 1993 年 8 月 31 日前,将房交付给原告使用。4. 被告向原告交房时,同时发给原告购房使用证明书。5. 协议生效后,具有法律效力,签约双方必须严格履行条款。不按时交付房款和不按时交付房屋,延误时间,每月按售房款的 1% 赔偿损失。若单方撕毁协议者,按售房款总数的 10% 赔偿损失。6 交房前,如遇人力不可抗拒自然灾害,而造成交房延误,被告将不受第 5 条款的制约。协议签订后,原告即按协议向被告支付了总房价款的 70%,即人民币 68000 元。

1993 年 8 月 30 日原告向被告支付余下购房款时,被告提出:一年来国家宏观经济环境发生了很大的变化。由于国家对房地产开发企业的调整、各项税费的增加、原材料上涨等原因,原预售商品房的价格水平使本公司面临破产的危险,故将已售出商品房的价格调整为每平方米成本单价人民币 1278.04 元,并提出两条处理意见:1. 凡售价低于 1278.04 元者,应在交房之日补足差价。考虑到利息因素,对已交的房款加算利息,按年息 10% 计算,折抵部分差价。2. 凡不愿补足差价者,将对已售出单价低于 1278.4 元的商品房按 1400 元单价及交款比例退款,以解除协议。被告就上述内容向原告发出了书面通知,称:凡在接到通知 1 个月内不办理手续又不到有关部门或法院起诉者,我公司将对已售房屋另行出售。

另查明:根据西安市人民政府市政发(1992)135 号、市政发(1992)161 号、市政发(1993)104 号文件和西安市土地局市土地发(1992)128 号、市土地计发(1993)44 号以及西安市未央区城乡建设环境保护局未城环字(1993)004 号文件的规定,被告除已按规定向政府部门交纳有关税费外,尚需再交纳商品房各种配套设施费用 1000 多万元人民币。

以上事实均有证据在卷佐证。

(四)判案理由

1. 原、被告于1992年8月26日签订的商品房预售合同，是双方当事人在平等、自愿的基础上，经过协商一致签订的。该合同自签订时起，对双方当事人具有法律约束力，均应自觉履行合同约定的义务。

2. 被告在商品房预售合同履行过程中提出变更合同中的价格条款，其主要原因是国家政策发生了变化，商品房配套费用及税费的增加，这是房地产开发企业无法预见，也无能为力的。被告在履行商品房预售合同的过程中并无过错，因此不存在承担违约责任的问题。

3. 根据商品房配套费用及税费增加的实际，被告提出了解决商品房预售价格的两种办法，即在原预售价格的基础上将已售出商品房的价格调整为每平方米成本单价1278.04元人民币（该价格低于新售价和市场同类房屋平均售价）；或者按每平方米1400元的价格退还预付款，并表示在此基础上对原告还可给以优惠，其态度是诚恳的，办法亦合情合理，依法应予以支持。

（五）定案结论

经西安市未央区人民法院主持调解工作，原告对被告提出的变更预售合同中的价格条款表示理解。原、被告就房屋价款达成新的协议，即每平方米售价为1178元人民币，加上楼层售价房屋总价款为115538.82元人民币。除原告已预交68000元外，尚欠47538.82元人民币。被告主动表示愿意承担本案的诉讼费用。据此，原告申请撤回起诉。

陕西省西安市未央区人民法院根据《中华人民共和国民事诉讼法》第一百三十一条第一款、第一百四十条第（五）项之规定，裁定如下：

准予李霞撤回起诉。

案件受理费人民币3900元减半收取。

（六）解说

随着我国社会主义市场经济的逐步确立和房地产业的迅猛发展，人民法院受理的房地产案件日益增多，尤以商品房买卖纠纷最为突出。由于现行法律、法规对此没有作出明确规定，因此给人民法院审理案件增加了难度。

1993年6月在全国民事审判工作座谈会上，最高人民法院提出了审理房地产案件的三个原则：第一，有利于房地产业健康发展的原则，也就是遵循市场经济规律，支持、保护有利于房地产业健康发展的民事行为；第二，依法保护合同的原则，对房地产开发经营合同，只要是双方的真实意思表示，又不违反国家法律政策，不损害国家利益、公共利益和他人利益，就应维护合同的效力，合同能全部履行的就全部履行，能部分履行的就部分履行，不能用赔偿损失代替合同的履行；第三，公平保护当事人合法权益的原则，对房地产案件的当事人，不论是公民还是法人，是本地人还是外地人，是中国人还是外国人，都应公平依法保护他们的合法权益，制止不公平竞争和转嫁经营风险的行为。上述规定是目前人民法院审理房地产案件的政策性依据。

本案原告李霞与被告西安市未央区城乡建设开发公司于1992年8月26日签订的商品房预售合同，是双方当事人在平等互利、协商一致的基础上自愿签订的，与现行法律政策无相悖之处，不损害国家利益、社会公共利益和他人利益，属于有效合同。李霞要求继续履行合同，应予支持。但是，由于西安市人民政府和政策主管部门在该商品房预售合同签订之后，对商品房配套费用及税费进行了政策性调整，宏观上发生了非因开发公司过错和其所能预料的情事变化，如果坚持按原合同约定的商品房预售价格执行，显失公平，故应允许其变更。这与最高人民法院1993年8号文件精神亦相符合。

（樊　云）

26. 郭春圃等诉沈阳市和平区城建房屋开发公司预售商品房案

（一）首部

1. 判决书、调解书字号

一审判决书：辽宁省沈阳市中级人民法院（1994）沈民初字第66号。

二审调解书：辽宁省高级人民法院（1994）辽民终字第40号。

2. 案由：房屋买卖纠纷。

3. 诉讼双方

原告（被上诉人）：郭春圃，男，1929年11月29日出生，汉族，辽宁省沈阳市大众纺织品批发站经理，住沈阳市和平区和平大街二段和平新村4－512号。

原告（被上诉人）：李青山，男，1928年11月7日出生，汉族，辽宁省沈阳市铁西区邮电局退休干部，住沈阳市铁西区重2街4段27号。

被告（上诉人）：辽宁省沈阳市和平区城建房屋开发公司，地址：沈阳市和平区东佛路1号。

法定代表人：宗义，经理。

诉讼代理人：李连芝，辽宁省沈阳市第四律师事务所律师。

诉讼代理人：杨子昌，辽宁省沈阳市第四律师事务所律师。

4. 审级：二审。

5. 审判机关和审判组织

一审法院：辽宁省沈阳市中级人民法院。

合议庭组成人员：审判长：张海洋；审判员：马景福、张景和。

二审法院：辽宁省高级人民法院。

合议庭组成人员：审判长：姜传宝；代理审判员：刘敬东、姜凤武。

6. 审结时间

一审审结时间：1994年6月10日。

二审审结时间：1994年10月14日。

（二）一审情况

1. 一审诉辩主张

（1）原告诉称：原告与被告签订了购买商品房协议，按协议规定以每平方米2000元交足款项，现要求进住，不同意房价上涨。

（2）被告辩称：双方协议中每平方米2000元只是预售价格，并非一次包死，由于商品房市场价格调整，根据有关文件精神，要求将房价调至每平方米3800元结算，否则不同意原告进住。

2. 一审事实和证据

经审理查明，原、被告于1992年11月30日签订1份商品联建房屋协议书。该协议规定，被告在辽宁省沈阳市和平区南四经街建筑1栋砖混结构2层门市房，建筑面积为179.46平方米，预售价格每平方米2000元，预售金额358920元。二原告于1992年12月11日将购房款358920元全部交清，被告开始建房，并于1993年12月竣工。在二原告要求进住时，被告提出由于商品房市场价格调整，要求原告以每平方米3800元补足房价款，否则不能进住。二原告不同意，双方发生纠纷。

上述事实有双方当事人的陈述及签订的协议书等证据证实。

3. 一审判案理由

沈阳市中级人民法院根据以上事实和证据认为：原、被告签订的购房协议合法有效。在协议履行期间，因物价政策调整，双方就房价问题发生争执，考虑市场因素和本案的实际情况，应根据有关政策规定，对房价予以适当调整。

4. 一审定案结论

沈阳市中级人民法院根据《中华人民共和国民法通则》第六条规定，判决如下：

(1)本判决生效后3日内二原告按每平方米2860元价格标准补付被告房价款(按实际面积结算)，被告将坐落于沈阳市和平区南四经街争议房交二原告使用，产权归二原告所有。

(2)驳回原、被告其他诉讼请求。

案件受理费11820元，由二原告负担5673.6元，由被告负担6146.4元。

(三)二审诉辩主张

1. 一审法院判决后，被告辽宁省沈阳市和平区城建房屋开发公司不服，提起上诉称：双方协议规定结算价以市有关部门审定为准。而在上诉人建房即将竣工之际，沈阳市下发了新文件，对门市房不作定价，改为自行议价，故一审法院判决以每平方米2860元结算缺乏依据，请求撤销一审判决，按每平方米3800元结算。

2. 被上诉人郭春圃、李春山辩称：已按协议的价格全部履行，一审法院虽将价格略有提高，但考虑到物价上涨因素，可接受这个价格，故请求二审法院维持一审判决。

(四)二审事实和证据

二审法院受理后，经审理查明：双方签订的购房协议规定：预售价每平方米2000元，结算价以市有关部门审定为准。二被上诉人按协议规定付清了全部预售金358920元。在协议履行期间，沈阳市物价局下发了(1993)6号文件，对门市房等商业用房价格放开，不再定价。上诉人按此文件规定将房价提到每平方米3800元，二被上诉人拒绝接受。

上述事实有下列证据证明：

1. 双方当事人陈述；

2. 双方当事人于1992年11月30日签订的协议书；

3. 沈阳市物价局(1993)6号文件。

(五)二审判案理由

二审法院审理认为，双方签订的协议虽然是真实自愿的，但在履行协议过程中，由于新政策出台，结算价不再由有关部门审定，双方重新议价又不能达成一致，致使协议不能履行，故应废除双方的协议。

(六)二审定案结论

经本院主持调解,双方当事人自愿达成如下协议:

1. 双方解除原联建房屋协议。

2. 上诉人沈阳市和平区城建房屋开发公司于本调解书生效后15日内一次性返给上诉人郭春圃、李春山预售款358920元及155000元补偿费,合计513920元,逾期每天按千分之一支付补偿金。

3. 一审案件受理费11820元由郭春圃、李春山负担;二审案件受理费11820元由沈阳市和平区城建房屋开发公司负担。

(七)解说

此案是住房制度改革后出现的一起类型较新的房地产案件。传统的商品房买卖结算价是以有关部门审定价格为准。此案双方签订协议时处在传统的商品房买卖时期,而在履行协议过程中,商品房价格放开,由有关部门审定价格变为双方自行议价。人民法院处理此案纠纷,应在查清事实的基础上,做好新旧政策的衔接,尽量做好双方当事人的思想工作,使其在新的价格上达成一致,如不成也可自愿解除协议,如达不成一致意见法院可废除双方的协议,退回预售款并合理给予补偿。

(刘敬东)

27. 汪安娜诉海南汇宇物业发展公司期房买卖合同案

(一)首部

1. 判决书字号:海南省海口市新华区人民法院(1994)新民初字第253号。

2. 案由:期房买卖合同纠纷。

3. 诉讼双方

原告:汪安娜,女,1934年5月出生,汉族,住海南省海口市滨海新村490号。

诉讼代理人:杨自力,男,中国银行海南省分行职员。

诉讼代理人:华景昌,海南新世纪律师事务所律师。

被告:海南汇宇物业发展公司。地址:海南省海口市大同路国际商业大厦909室。

法定代表人:余星光,董事长。

诉讼代理人:李永涛,男,该公司法律顾问。

诉讼代理人:李舍予,男,该公司法律顾问。

4. 审级:一审。

5. 审判机关和审判组织

审判机关:海南省海口市新华区人民法院。

合议庭组成人员:审判长:张光亲;人民陪审员:邱崇孝、陈治平。

6. 审结时间:1994年12月23日。

(二)诉辩主张

1. 原告汪安娜诉称:原告于1993年6月16日与被告签订"售房合同书",约定由被告将其正在兴建的坐落于海口市龙昆南路金盘坡2号公寓楼第五层505室预售给原告,房屋交付时间为 1993 年 12 月 3 日前。合同签订后，原告于 1993 年 11 月 30 日前先后付给被告人民币 442632.16 元购房款，但是被告未能在合同规定的期限内将房屋交付原告使用，至今已逾期 8 个多月。根据合同的约定，原告请求人民法院依法解除原告与被告的购房合同，判令被告退还原告已付的购房款及支付 3 个月的利息 26533.92 元(月利率为 20‰)，并承担违约责任。

2. 被告海南汇宇物业发展公司辩称，造成被告无法按时交房是因不可抗力因素。首先因台风、雨天停电、停水造成停工共 5 个多月。其次，1993 年下半年全国采取的宏观调控政策对于被告也有影响，造成被告许多资金不能到位。但经被告努力，现金盘坡 2 号楼装修已基本完毕，6 个月后即可交付使用。被告不同意解除合同。

(三)事实和证据

海南省海口市新华区人民法院于 1994 年 9 月 8 日受理本案，经公开开庭审理查明：

1993 年 6 月 16 日，原告汪安娜与被告海南汇宇物业发展公司签订了售房合同。合同约定，被告将其正在兴建的坐落于海口市龙昆南路金盘坡 2 号公寓楼第五层 505 室预售给原告，建筑面积 111.27 平方米，房屋总价款人民币 520743.6 元，房屋交付使用的时间为 1993 年 12 月 31 日前。合同还约定，原告应于签约即日、房屋主体封顶时分别付给被告房屋总价款的 50%和 25%，在房屋外装修完毕和房屋交付使用时再各付总价款的 10%，在办理房产证时原告应付清余款；如被告不按期将房屋交付原告使用，每逾期 1 个月，被告应按原告已支付的房屋价款偿付利息(以月利率 20‰计算)，如逾期 3 个月以上，原告有权解除合同，按已付清房款对待，人力不可抗拒因素及政府政策调整除外。合同签订后，原告依合同约定先后付给被告购房款人民币 442632.16 元，但被告未能在合同规定的期限内将房屋交付给原告使用，且至今该房尚未竣工。

以上事实有下列证据证明：

(1)原、被告于 1993 年 6 月 16 日签订的“售房合同书”；

(2)海南省琼山县建设委员会建筑安装工程报建审批通知书及建筑许可证；

(3)原告付购房款给被告的收据。

(四)判案理由

原、被告签订的售房合同符合法律规定，为有效合同。原告依合同的约定按时缴纳了购房款，但被告未能在合同规定的期限内将房屋交付给原告使用，已构成违约，应承担违约责任。被告提出其违约是因不可抗力因素和国家宏观调控所致，证据不足，不予认定。

(五)定案结论

海南省海口市新华区人民法院依照《中华人民共和国经济合同法》第二十六条第一款第(三)项、第二十九条第一款之规定，判决如下：

1. 解除原告汪安娜与被告海南汇宇物业发展公司于 1993 年 6 月 16 日签订的售房合同。

2. 限被告海南汇宇物业发展公司在本判决发生法律效力后 1 个月内，返还给原告汪安娜购房款人民币 442632.16 元，并偿付违约金人民币 104668.92 元。

本案受理费人民币 10303 元，由被告负担。

(六)解说

1. 原、被告签订的房屋预售合同应认定为有效合同。双方于 1993 年 6 月 16 日签订合同，当时，关于商品房的预售没有法律、法规规定，地方性法规、规章也没有出台。处理此类纠纷，应当尊重合同双方当事人意思表示。原、被告的约定不违反法律政策，也不损害国家、公共利益和他人利益，应该维护合同的法律效力。

2. 被告以台风作为不可抗力因素免除其违约责任，证据不足，理由欠妥。海口市地处热带，台风是一种正常的气候表现形态，被告在建房、预售房屋时理应预见到，应将台风及随之而来的雨季因素考虑到房屋交付的期限中去，并且，被告也举不出证据说明台风对其建房破坏的后果存在（如建筑物倒塌、水电线路毁坏等）。合同约定是1993年12月30日前被告应交付房屋，而直至原告提起诉讼的1994年9月，被告预售的房屋尚未竣工。可见，台风并不是造成被告不能按时交付房屋的因素。

3. 国家实施宏观调控政策，不能作为被告免除其违约责任的理由。国家宏观调控的措施主要是减少放贷、加强收贷和紧缩银根。预售房屋的建设资金来源主要有两种：一是开发商（被告）自有资金的投入，一是房产购买人（原告）的购房款。若被告主要靠银行贷款和房产购买人的购房款来建设房屋，实际上是被告没有足够的履约能力。原告已经依约支付了大部分的购房款，被告却逾期将近1年仍未能交房，足见被告是因无力履约而造成违约的。

（黎　涛）

28. 中国机电设备总公司长沙公司诉长沙客车厂房屋买卖合同案

（一）首部

1. 判决书裁定书字号

一审判决书：湖南省长沙市东区人民法院民事判决书（1991）东法房土字第51号。

二审判决书：湖南省长沙市中级人民法院民事判决书（1991）长法民二字第280号。

再审判决书：湖南省高级人民法院民事判决书湘法民申字（1991）第24号。

再审判决书：最高人民法院（1994）民提字第2号。

2. 案由：房屋买卖合同纠纷。

3. 诉讼双方

原告（被上诉人、申请再审人）：中国机电设备总公司长沙公司。

法定代表人：魏向学，总经理。

诉讼代理人：魏涛仁，该公司办公室主任。

诉讼代理人：赵异湘，湖南省长沙市第一律师事务所律师。

被告（上诉人、申诉人）：长沙客车厂。

法定代表人：张锡年，厂长。

诉讼代理人：徐国顺，该厂办公室主任。

诉讼代理人：米星，湖南省长沙市康达律师事务所律师。

4. 审级：再审。

5. 审判机关和审判组织

一审法院：湖南省长沙市东区人民法院。

独任审判：审判员：阳建国。

二审法院：湖南省长沙市中级人民法院。

合议庭组成人员：审判长：刘自军；代理审判员：黄丽华、龙新国。

再审法院：湖南省高级人民法院。

合议庭组成人员：审判长：丁桥先；审判员：何英才；代理审判员：曹道成。

再审法院：中华人民共和国最高人民法院。

合议庭组成人员：审判长：俞宏武；代理审判员：金民珍、冯晓光。

6. 审结时间

一审审结时间：1991 年 5 月 22 日。

二审审结时间：1991 年 7 月 18 日。

再审审结时间：1991 年 9 月 13 日。

再审审结时间：1995 年 1 月 4 日。

（二）一审诉辩主张

1. 原告诉称：(1)1979 年 12 月 12 日，原告与被告签订关于房屋产权转让的协议书。按协议规定，被告将其所有的长沙市建湘中路原 140 号和湘春路原 81 号两处 5 栋房屋转让给原告，原告已按协议规定支付了 20 万元拆迁补偿费和土地征购费给被告，但被告至今未按协议搬迁腾空，仍占据原 140 号部分房屋；(2)根据长沙市房地产管理局 1983 年 5 月 28 日房地管(83)45 号文件，原告已办理了上述房屋内的转让过户手续，拥有上述全部房屋的所有权；(3)由于长沙市重点工程芙蓉路工程建设须拆除上述被被告占据的房屋，且工程时间紧迫，原告曾去人去函与被告联系，要求被告迅速搬迁腾房，但被告至今仍未对居住在上述部分房屋内的职工居民进行搬迁安置；(4)为了保护原告的合法权益，依法履行协议，并支持长沙市芙蓉路重点工程建设，要求受诉法院依法判令被告迅速搬迁腾空上述仍由被告占用的房屋。

2. 被告辩称：(1)根据原告与被告于 1979 年 12 月 12 日所签订的房屋产权转让协议，被告并没有明确转让长沙市建湘中路原 140 号房屋产权给原告，只有偿转让了建湘中路原 148 号和湘春路原 81 号两处房屋产权给原告；(2)原告以长沙市房地产管理局房地管(83) 45 号文件将建湘中路原 140 号与建湘中路原 148 号、湘春路原 81 号一并办理产权转让过户手续并将产权登记在自己名下，未经被告参与和同意，是单方面的行为，被告已向长沙市房地产管理局申述落实；(3)长沙市建湘中路原 140 号已有部分房屋被原告占用和拆除，要求原告归还所占用的房屋，并将被拆除改建的部分修复归还。

（三）一审事实和证据

湖南省长沙市东区人民法院经审理查明：长沙市建湘中路原 140 号、原 148 号房屋为一个大院，内有两个门进出，临建湘中路的大门门牌号是 148 号，大院南边巷道进出的侧门门牌号是 140 号。大院内的房屋在 1962 年 7 月 20 日发给被告的公有房屋产权证上门牌号是经武路 108 号、116 号、140 号，后来几经更名，经 1985 年全国房屋普查和 1988 年国土普查，现统称为 146 号，现建湘中路 140 号则指大院南边巷道处房地产管理局所辖公房的门牌号。原告中国机电设备总公司长沙公司（原为中国机电设备公司中南一级站长沙供应站）在 1979 年 4 月 7 日经国家物资总局(79)物机二字 190 号文件和 1979 年 6 月 6 日湖南省革命委员会办公厅湘革办函(1979)146号文件批准,在长沙市征地进行基本建设。为此,原告与被告长沙客车厂(原为湖南省长沙客车修制厂)经过自愿协商,于1979年12月12日签订协议书。协议书约定,被告将其所属的长沙市建湘中路原148号和湘春路原81号两处共5栋房屋产权转让给原告,原告一次性付给被告人民币20万元作为拆迁补偿及土地征购费用。协议签订后,原告按协议一次性付清了款项。1980年11月4日原、被告根据协议书精神,经省、市有关部门批准,共同盖章填写了"建设单位征用土地及拆迁调查安置表",进一步明确了双方之间房屋转让和征地拆迁安置的权利和义务。在该份安置表中,明确原告征用地点包括被告所属的长沙市建湘中路原140号、原148号房屋,并明确规定凡征用长沙客车厂的房屋,其中共43户居民统一由长沙客车厂安排到该厂职工宿舍居住。1981年12月省、市政府分别同意划定中国机电设备总公司长沙公司征用包括建湘中路原140号、原148号房屋在内的征地红线,并相继办理该地区土地使用权手续。1983年5月28日,根据原、被告所签订的房屋产权转让协议书以及后来双方所出的有关手续,长沙市房地产管理局以房地管(83)45号文件明确长沙市建湘中路原140号、原148号和湘春路原81号房屋(共5栋,建筑面积1350.90平方米)产权属原告所有,并明确规定今后凭此文件作为产权依据。该文件被告收到后一直未提出异议。被告在双方签订协议并收到原告一次性付给的20万元拆迁补偿征购费后,就逐步将居住在建湘中路原140号、原148号房屋内的大部分住户,在本厂宿舍进行了安置,并首先将建湘中路原140号部分房屋腾空移交给原告。在1982年12月,原告经长沙市基本建设委员会批准同意,领取了施工地点在建湘中路原140号的长沙市基建委新建(82)字第348号"长沙市建筑许可执照",并于1983年,将被告移交的建湘中路原140号部分房屋拆除,新建宿舍住房,当时,被告也未提出异议。但是,至今被告未将在建湘中路146号院内(即建湘中路原140号房屋内)居住的部分职工居民搬出进行安置,继续占用,为此,原告曾多次与被告联系搬迁腾房事宜,但被告置之不理并提出异议,于是,双方为建湘中路原140号房屋权属产生纠纷,原告于1990年10月8日向湖南省长沙市东区人民法院起诉。

上述事实有下列证据证明:

(1)湖南省长沙市人民委员会于1962年7月20日发给长沙客车厂的"长沙市公有房屋产权证";

(2)国家物资总局1979年4月7日(79)物机二字190号文件;

(3)湖南省革命委员会办公厅1979年6月6日湘革办函(1979)146号文件;

(4)双方于1979年12月12日签订的关于房屋产权转让的的"协议书";

(5)双方于1980年11月4日盖章认可的"建设单位征用土地及拆迁调查安置表";

(6)1981年12月湖南省政府、长沙市政府共同盖章同意的中国机电设备总公司长沙公司征用土地红线图和审批单;

(7)长沙市基本建设委员会1982年12月4日新建(82)字第348号"长沙市建筑许可执照";

(8)中国机电设备总公司长沙公司交纳长沙市建湘中路原140号、原148号房屋水电费、房产税和土地使用费的有关收据凭证等;

(9)中国机电设备总公司长沙公司于1990年7月19日送达给长沙客车厂的(90)长司办005号"关于搬迁安置的函";

(10)受诉法院的调查笔录、开庭笔录。

(四)一审判案理由

1.本案双方签订的房屋产权转让协议书合法有效。1979年12月12日,双方经自愿协商并经各自鉴证单位盖章同意所签订的协议书,其条款,为有偿转让房屋产权性质,即长沙客车厂提供其具有产权的长沙市建湘中路原148号及湘春路原81号两处共5栋房屋,中国机电设备总公司长沙公司支付人民币20万元受让,协议条款内容虽表达不够完善,但双方当事人所表达意思真实,且符合民事行为应遵循的自愿公平、等价有偿、诚实信用的原则,并符合国家法律政策的规定,故确认有效。

2.长沙市建湘中路原140号房屋产权应归中国机电设备总公司长沙公司所有。长沙客车厂辩称双方所签订的协议书中没有写明转让建湘中路原140号房屋,因而原140号房屋产权仍属长沙客车厂所有,不能成立。双方当事人于1979年订立的房屋产权转让,虽然没有写明转让建湘中路原140号房屋,但根据1980年11月经双方盖章同意,省、市有关部门盖章批准的"建设单位征用土地及拆迁调查安置表";1981年12月省、市政府批准同意划定的征地红线图;1982年12月,长沙市建委新建(82)字第348号"长沙市建筑许可执照";1983年5月,长沙市房地产管理局房地管(83)45号文件以及长沙客车厂腾出建湘中路原140号部分房屋,中国机电设备总公司搬进居住,并拆除改建等民事行为,长沙客车厂已将建湘中路原140号房屋与原148号房屋一并转让给了中国机电设备总公司长沙公司,只是当时居住在原140号房屋内的剩余部分住户长沙客车厂未即时予以搬迁安置。

3.中国机电设备总公司长沙公司对长沙市建湘中路原140号房屋所有权受法律保护。长沙客车厂未履行完毕搬迁腾房的义务是引起纠纷的主要原因,应承担全部责任。

(五)一审定案结论

一审法院依照《中华人民共和国民法通则》第七十一条、第八十条第一款、第八十八条第一款的规定,作出如下判决:

在本判决书生效后10日内,被告长沙客车厂将居住在长沙市建湘中路146号(原140号和148号)房屋的全部住户搬出安置到本厂宿舍,将空房交给原告。

本案受理费1400元由被告负担。

(六)二审情况

1.二审诉辩主张

(1)上诉人长沙客车厂诉称:房屋买卖应以买卖契约为唯一合法依据。1979年12月12日双方签订的房屋转让协议书中只明确了转让建湘中路原148号、湘春路原81号,并未明确转让建湘中路原140号,故建湘中路原140号房屋还是上诉人的产权;原审判决未全面认定事实,所作出的判决有失公正,请求撤销原判,依法改判,保护上诉人的合法权益。

(2)被上诉人中国机电设备总公司长沙公司辩称:长沙市建湘中路原140号、原148号系一个大院的两个门牌号,在1979年12月12日的协议书上未明确写上转让建湘中路原140号是被上诉人当时的疏忽,但不能改变上诉人已实际转让该房的事实,这从协议签订以后,双方所共同实施的民事行为中可以证实;原审法院处理正确,认定事实清楚,适用法律准确,要求依法维持原判。

2.二审事实和证据

湖南省长沙市中级人民法院经审理查明:中国机电设备总公司长沙公司于1979年12

月12日与长沙客车厂签订协议,长沙客车厂将所属长沙市建湘中路原148号、湘春路原81号两处房屋转让给中国机电设备总公司长沙公司,由中国机电设备总公司长沙公司付给长沙客车厂拆迁补偿及土地征购费用20万元。建湘中路原148号为长沙客车厂所属房屋临建湘中路的门牌号,另有建湘中路原140号系长沙客车厂所属房屋临南边巷道的门牌号。协议签订后,中国机电设备总公司长沙公司一次性付给长沙客车厂人民币20万元,并于1980年11月填写了"建设单位征用土地及拆迁调查安置表",与长沙客车厂明确了双方在征地拆迁安置中的权利义务和征用拆迁范围,1981年12月,中国机电设备总公司长沙公司经湖南省政府、长沙市政府批准划定了包括长沙客车厂在建湘中路原148号处所有房屋在内的征地红线,长沙客车厂也陆续将其中的大部分住户进行了安置,中国机电设备总公司长沙公司拆除了部分房屋,且于1983年5月向长沙市房地产局申报登记了包括建湘中路原140号在内的所有房屋的产权,长沙客车厂一直未提出异议。1990年10月,中国机电设备总公司长沙公司因遗留住户的安置问题与长沙客车厂发生纠纷。在本案审理过程中,长沙市房地产局的房地管字(1991)088号文件更正长沙客车厂只协议转让了建湘中路原148号、湘春路原81号两处房屋产权。

3.二审判案理由

中国机电设备总公司长沙公司与长沙客车厂1979年12月12日签订的协议,未明确长沙市建湘中路原140号,双方均有责任。但长沙市建湘中路原148号、140号系长沙客车厂所属房屋进出的两个门牌号,且协议签订后,双方又实施了一系列具体民事行为,明确了双方对该处房屋转让、住户搬迁安置的权利与义务,并经过了有关部门批准,长沙客车厂亦履行了安置住户的部分义务,且在中国机电设备总公司长沙公司申报登记产权后一直未提出异议,故认定长沙客车厂将所属建湘中路原148号处(包括原140号)所有房屋已转让给中国机电设备总公司长沙公司。

4.二审定案结论

二审法院依照《中华人民共和国民事诉讼法》第一百五十三条第(一)项的规定,作出如下判决:

驳回上诉,维持原判。

本案受理费1400元由长沙客车厂负担。

本判决为终审判决。

(七)再审情况

1.再审诉辩主张

(1)申诉人长沙客车厂诉称:双方争议的房屋即长沙市建湘中路原140号是否已转让应以双方于1979年12月12日所签订的协议为唯一合法依据,协议签订后,双方虽进行了一、二审法院所认定的一系列民事行为,但并不能就证明申诉人已将建湘中路原140号房屋转让给了被申诉人;建湘中路原140号、原148号房屋虽为一个大院内,但有各自门牌号,分为不同的房区;一、二审法院判决事实不清,依据不足,处理错误,要求重新审理。

(2)被申诉人中国机电设备总公司长沙公司辩称:长沙市建湘中路原140号、原148号房屋在一个大院内,148号是建湘中路的正门,140号是南侧巷道侧门,故双方于1979年12月所签订的协议书上只需写明申诉人转让建湘中路原148号和湘春路原81号"两处"房屋,而不是"两栋"房屋;从当时协议签订后双方实际履约来看,申诉人转让腾出的房屋包括建湘中路原140号房屋。当被申诉人接管原140号大部分房屋后，按照有关规定填报的“建设单位征用土地及拆迁调查安置表”上，注明了转让房屋包括原140号，且申请人在表上盖章认可，这些具体行为申诉人当时并未提出异议；要求澄清事实，维持二审终审判决。

2.再审事实和证据

湖南省高级人民法院经审理查明：中国机电设备总公司长沙公司与长沙客车厂于1979年12月12日签订房屋买卖协议，长沙客车厂同意将其坐落在长沙市湘春路原81号和建湘中路原148号两处房屋转让给中国机电设备总公司长沙公司。按照该协议，中国机电设备总公司长沙公司付给了长沙客车厂人民币20万元。长沙客车厂于1982年将湘春路原81号和建湘中路的148号房屋交付中国机电设备总公司长沙公司管业。中国机电设备总公司长沙公司在1980年11月填写了“建设单位征用土地及拆迁调查安置表”，计划征用包括建湘中路原140号房屋地基在内的土地，并划定了征用红线图。中国机电设备总公司长沙公司于1982年12月在长沙市城建局办理了建房许可执照，1983年在建湘中路原148号地基处建造7层楼房1栋，并将其新建的楼房及原建湘中路148号内的平房用铁栏杆围成一个院落。中国机电设备总公司长沙公司在基建过程中与长沙客车厂商量使用了毗邻的建湘中路原140号西头部分房屋，后又擅自拆除了该处部分房屋，长沙客车厂曾提出异议。但建湘中路原140号房屋仍由长沙客车厂管理使用和交纳房屋地租费。1990年7月，长沙市芙蓉路工程指挥部因修建芙蓉路，需要拆除建湘中路原140号房屋而通知房主拆迁。为此，中国机电设备总公司长沙公司与长沙客车厂为建湘中路原140号房屋的产权归属发生纠纷。经终审判决后，长沙客车厂仍不服提起申诉。

3.再审判案理由

(1)该争议的房屋是否已卖应以当事人双方签订的买卖契约为依据。长沙客车厂与中国机电设备总公司长沙公司于1979年12月12日签订的房屋买卖协议载明，长沙客车厂将长沙市湘春路原81号和建湘中路原148号两处房屋转让给中国机电设备总公司长沙公司，协议没有载明包括建湘中路原140号房屋。

(2)长沙市建湘中路原140号房屋虽与原148号房屋相邻，但两处房屋是坐向不同和进出口不同的两个院落，有关部门证明该两处房屋属不同房区，历来各有自己的独立房屋门牌号，中国机电设备总公司长沙公司以原148号房屋包括了原140号房屋在内没有事实根据。

(3)中国机电设备总公司长沙公司虽经批准征用包括长沙市建湘中路原140号房屋地基在内的土地，并划定了征用红线图，但不能证明建湘中路原140号房屋权属已经转移。

4.再审定案结论

湖南省高级人民法院依照《中华人民共和国民法通则》第七十二条及《中华人民共和国民事诉讼法》第一百七十七条第二款的规定，作出如下判决：

(1)撤销长沙市中级人民法院(1991)长法民二字第280号民事判决。

(2)长沙市建湘中路原140号房屋所有权归长沙客车厂所有。

本判决为终审判决。

(八)中华人民共和国最高人民法院再审情况

1.再审诉辩主张

(1)申请再审人中国机电设备总公司长沙公司诉称：第一，湖南省高级人民法院终审判决程序严重违反了《中华人民共和国民事诉讼法》第十九条、第四十五条、第一百五十二条的规定，不能保证所作判决客观公正；第二，长沙客车厂提供伪证，不能具有证据效力；第三，无论从双方于1979年12月所签订的房屋转让协议书文字表述来看，还是从双方签订协议以后所进行的一系列民事行为和行政行为来看，长沙客车厂已将长沙市建湘中路原140号房屋产权转让给了中国机电设备总公司长沙公司；第四，湖南省高级人民法院再审判决认定事实有误，判决显失公平，要求维持一、二审判决，保护申请再审人的合法权益。

(2)对方当事人长沙客车厂辩称：湖南省高级人民法院再审认定事实清楚全面，判决公正，要求予以维持。

2.再审事实和证据

中华人民共和国最高人民法院经审理查明：双方讼争房屋为长沙市建湘中路原140号(房屋现已因修建芙蓉路被拆除)，坐落在建湘中路原148号、150号的后面，不临建湘中路街道，从原148号可以进入原140号。中国机电设备总公司长沙公司与长沙客车厂于1979年12月12日签订房屋转让协议，协议约定，长沙客车厂将其所有的建湘中路原148号和湘春路原81号的房屋转让给中国机电设备总公司长沙公司，长沙公司给付长沙客车厂人民币20万元。协议签订后，中国机电设备总公司长沙公司一次性给付长沙客车厂人民币20万元。1980年，中国机电设备总公司长沙公司填写了“建设单位征用土地及拆迁调查安置表”(以下简称“安置表”)，该表内容包括：征地范围是长沙客车厂的原140号、148号，以及属于其他单位的原150号、152号、154号(这三处房屋未实际征用)；中国机电设备总公司长沙公司的办公地点在原140号；征用长沙客车厂的房屋，其中共43户居民，由长沙客车厂安排到该厂职工宿舍居住。“安置表”中“审核意见栏”内的县区政府意见为“同意征用”。双方当事人以及6个单位在“安置表”上盖章。1981年12月省、市政府将上述房屋划在征地红线范围内，长沙客车厂迁走原148号的全部住户和原140号的部分住户，同时，中国机电设备总公司长沙公司的职工搬入原140号部分房屋。1982年12月4日长沙市基建委发给中国机电设备总公司长沙公司“建筑许可执照”，批准其在原140号建一栋7层楼房，中国机电设备总公司长沙公司拆除原148号全部房屋和原140号部分房屋。该楼建成后，中国机电设备总公司长沙公司在楼房和原140号剩余房屋之间设立一道铁栏。至发生纠纷时，长沙客车厂有8户未迁出原140号。1983年5月28日长沙市房地产管理局以房地管(83)45号文件确认中国机电设备总公司长沙公司对原148号、140号房屋的所有权，该文件报送市政府、双方当事人的主管部门等6个单位。1991年因长沙市修建芙蓉路，拆迁原140号房屋，双方发生产权争议。中国机电设备总公司长沙公司因不服湖南省高级人民法院湘法民申字(1991)第24号判决，申请再审。中华人民共和国最高人民法院于1994年5月20日以(1991)民监字第1098号民事裁定，中止执行湖南省高级人民法院湘法民申字(1991)第24号民事判决，决定对本案进行提审。

3.再审判案理由

中华人民共和国最高人民法院再审认为：双方当事人于1979年订立的房屋转让协议，虽然没有写明转让建湘中路原140号房屋，但根据经双方盖章同意、6个有关部门盖章批准的“安置表”；市基建委颁发的“建筑许可执照”；市房地产局(83)45号文件；以及协议订立后，长沙客车厂腾房、中国机电设备总公司长沙公司住房、拆房、建房等行为，长沙客车厂已将原140号房屋与原148号房屋一并转让给中国机电设备总公司长沙公司。湖南省高级人民法院认定原140号房屋没有转让，不符合事实。

4. 再审定案结论

中华人民共和国最高人民法院根据《中华人民共和国法通则》第七十二条,《中华人民共和国民事诉讼法》第一百八十四第一款、第一百五十三条第一款第(三)项的规定,作出如下判决:

(1)撤销湖南省高级人民法院湘法民申字(1991)第 24 号判决。

(2)双方讼争的长沙市建湘中路原 140 号房屋属中国机电设备总公司长沙公司所有。

本判决为终审判决。

(九)解说

本案诉讼双方的争议焦点在于建湘中路原 140 号房屋产权的归属。一审原告所依据的理由是,虽然讼争房屋没有明确写入双方的买卖合同,但从双方在转让产权过程的整体来看,讼争房屋产权已根据买卖合同转由一审原告享有;被告所依据的主要理由是买卖合同的具体条款,根据买卖合同条款,讼争房屋没有列入转让范围。故本案的关键在于如何认识买卖合同的真实含义,即合同解释问题。

在本案中,买卖合同显然不等同于以“买卖合同”命名的某一法律文件,而是包括了双方正式签署的“买卖合同”以及诉讼双方在转让房屋产权过程中的其他明确的意思表示。在此意义上,“买卖合同”不是认定买卖关系及其内容的惟一证据。首先,讼争的 140 号及 148 号房屋为同一院落的两个牌号,而不是两处房产。同一院落有两个门牌的状况,是由于特殊的历史变迁造成的。其次,诉讼双方在正式签订“买卖合同”后,曾签署“建设单位征用土地及拆迁调查安置表”,该“安置表”虽然是以征用拆迁为直接目的,但经过双方正式签署后,亦为买卖合同的组成部分。

(江 涛)

29. 四川省国贸有限公司诉四川省民族贸易联合公司房屋买卖合同案

(一)首部

1. 判决书字号:四川省成都市中级人民法院(1993)民字第 31 号。

2. 案由:房屋买卖合同纠纷。

3. 诉讼双方

原告:四川省国贸有限公司(以下简称“国贸公司”)

法定代表人:杨健,总经理。

诉讼代理人:杨达华,四川省成都市第三律师事务所律师。

诉讼代理人:邱天利,四川省成都市第二律师事务所律师。

被告:四川省民族贸易联合公司(以下简称“民贸公司”)。

法定代表人:王正岗,总经理。

诉讼代理人:冯昌全,四川省商业厅法律顾问室顾问。

诉讼代理人:黄勇,四川省律师事务所律师。

4. 审级：一审。

5. 审判机关和审判组织

审判机关：四川省成都市中级人民法院。

合议庭组成人员：审判长：王琦；代理审判员：秦跃、胡开江。

6. 审结时间：1994 年 4 月 28 日（经成都市中级人民法院院长批准延长审限）。

（二）诉辩主张

1. 原告诉称：原、被告双方于 1993 年 2 月 16 日订立买卖“民贸大厦主体建筑及附属设施房屋财产”的合同书 1 份，并经双方主管单位盖章认可生效。原告按合同于 1993 年 3 月 16 日向被告交定金 100 万元，后又交付房屋价款 300 万元。原、被告双方又于 1993 年 3 月共同致函成都市房屋管理机关，并于 4 月 4 日依法办理了该大厦的产权过户手续。同日，成都市房屋管理局颁发了市房监字第 0031141 号“成都市房屋产权证”。但是，被告在合同执行开始时就未按规定向原告交付土地使用证及建筑规划资料，也未按约定在 1993 年 6 月 30 日前腾退房屋，致使原告至今不能实际使用大厦。为此，原告未付第二笔房价款。依照《中华人民共和国经济合同法》第三十一条之规定，请求法院强制被告履行合同，腾退整个大厦交付原告使用。

2. 被告辩称：1993 年 2 月 16 日，被告虽与原告以 1250 万元的价格订立了民贸大厦买卖合同，但在此之前，原告表示支持被告进行“中国西部民族用品批发市场”（简称“批发市场”）的建设，于 1993 年 2 月 10 日与被告签订了“关于捐赠‘中国西部民族用品批发市场’建设资金的协议”，其主要内容是原告向被告捐赠“批发市场”建设资金 4750 万元。原告自身无履约能力，根本无意兑现捐赠承诺，以向“批发市场”捐赠 4750 万元为诱饵，与被告签订民贸大厦有偿转让协议，属于民事欺诈行为。依照《中华人民共和国经济合同法》第七条第二款规定，双方所签的民贸大厦有偿转让协议为无效合同，不受法律保护。请求法院解除双方签订的民贸大厦转让协议；原告已支付的价款，被告愿意如数退还。

（三）事实和证据

四川省成都市中级人民法院经公开审理查明：1993 年初，四川省人民政府决定由被告民贸公司在成都市市区设立批发市场。该“批发市场”需投入资金 6000 万元。由于资金短缺，被告民贸公司董事会议决定出售公司所有的民贸大厦（主楼 14 层）及附属设施，总建筑面积为 9459 平方米，价值约人民币 6000 万元。随后，原告国贸公司表示愿购此楼。

此间，被告民贸公司和原告国贸公司为支付捐款、购房款和交接有关民贸大厦资料以及房屋买卖合同的履行等问题发生争议。原告国贸公司于 1993 年 9 月 7 日向成都市中级人民法院提起民事诉讼。

另查，民贸大厦建于 1991 年底，总造价为 1490.584023 万元。国贸公司在诉讼中，进占了民贸大厦 5 楼的 8 间办公室。

上述事实有下列证据证明：

1. 四川省人民政府决定由民贸公司在成都市市区建设“批发市场”的川府发（1993）16 号文件；

2. 1992 年成都市房产管理局颁发给民贸公司的权字第 155866 号产权证；

3. 1993 年 2 月 10 日，国贸公司与民贸公司签订的“关于捐赠‘中国西部民族用品批发市场’建设资金的协议”；

4. 1993 年 2 月 16 日，国贸公司与民贸公司签订的民贸大厦“房屋买卖合同”；

5. 成都市房地产交易所对民贸大厦进行估价的证明，该证据证明民贸大厦价值约 6000 万元；

6. 国贸公司支付民贸公司定金 100 万元及房款 300 万元的转帐支票；

7. 民贸公司与成都新华饭店签订的“房屋租赁协议”；民贸公司支付新华饭店租金 17.5 万元的转帐支票；民贸公司装修租赁房屋所支出 4.224802 万元费用的有关发票；民贸公司向成都市电信局交纳电话移机费 6267 元的收据；

8. 民贸公司向成都市房地产管理局产权监理处交纳 25.0010 万元的转帐支票；

9. 成都市征收土地增值价款办公室向民贸公司收取 198.1070 万元土地增值费的收据；

10. “民贸大厦基建造价审计结果”，证明民贸大厦总造价为 1490.584023 万元；

11. 法院询问国贸公司笔录，国贸公司承认至 1993 年 10 月进占民贸大厦 5 间办公室。

(四)判案理由

四川省成都市中级人民法院经审理认为：

1. 本案涉及的两份合同有直接联系。1993 年 2 月 10 日和 16 日，案件之原告和被告分别签署了捐赠协议和房屋买卖合同，但这两份合同实际是一体的。首先，根据被告民贸公司的董事会会议决议，民贸公司出售民贸大厦的目的，是以售楼价款投入“批发市场”的建设。四川省人民政府关于建设“批发市场”的批准文件中，设定的固定资产投资额为人民币 6000 万元。如果仅凭房屋买卖合同项下的售楼款 1450 万元人民币计算，远不能完成“批发市场”的建设，而民贸公司并无其他渠道获得所需的建设资金。其次，民贸大厦于 1991 年建成时的总造价为 1490.584023 万元人民币，成都市房地产交易所做出的估价报告表明，民贸大厦于 1993 年的价值约为人民币 6000 万元。以 1250 万元的价格，出售造价为 1490.584023 元且现值为 6000 万元的民贸大厦，显系基于特殊考虑而成立的交易。此外，原告和被告于同一月份相继签署两份价值相关的合同，且无法解释其原因，受诉法院推定此两份合同存在直接关系。

2. 本案涉及的房屋买卖合同系以捐赠协议为前提，构成规避法律的行为。根据双方所作陈述，导致民贸公司反悔房屋买卖协议的主要原因，是国贸公司不履行捐赠协议。这说明房屋买卖合同系以捐赠协议作为履行和订立的前提。在房屋买卖合同履行过程中，国家依法征收的土地增值费为 198.1070 万元；如将捐赠协议金额视为房屋出售价款，至少还应补交土地增值费 500 万元。但因为捐赠协议并不涉及土地增值费，仅此合同方式的改变，至少免交 500 万元土地增值费。在此情况下，国家利益受到重大损失。

基于上述分析，受诉法院认为，本案原告和被告分别订立两份直接相关的合同，已构成规避法律的行为，属于《中华人民共和国民法通则》第五十八条第一款第(四)项规定的“恶意串通，损害国家，集体或第三人利益”的“无效民事行为，并同时属于《经济合同法》第七条第一款第(四)项规定的“违反国家利益或社会公共利益的经济合同”，应认为本案所涉及两份合同均为无效合同。据此，被告民贸公司应退还原告国贸公司已付购买款，国贸公司应从民贸大厦中搬出并向民贸公司支付房屋使用费；国贸公司与民贸公司在房屋买卖中均有过错，因合同无效造成的损失(包括国贸公司支付购买款的利息及输产权过户手续交纳的有关登记费、增值费，民贸公司另处租房的房租费用等)，应由双方共同承担。

(五)定案结论

成都市中级人民法院根据《中华人民共和国民法通则》第五十八条第一款第(四)项、第二款、第六十一条和《中华人民共和国经济合同法》第七条第一款第(四)项、第二款、第二十九条第一款之规定,作出如下判决:

1. 国贸公司与民贸公司于1993年2月16日签订的民贸大厦"房屋买卖合同"无效。

2. 国贸公司应于本判决生效后1个月内将所占用的8间房屋腾空,完好地退还给民贸公司。

3. 在本判决生效后1个月内,民贸公司退还国贸公司购房款含定金400万元;国贸公司给付占用民贸大厦8间房屋的使用费与民贸公司,从1993年3月起3间每月按2400元计算至1993年9月止,从10月起8间每月按6400元计算至归还月止。

4. 国贸公司给付民贸公司购房款的利息损失,从该款付出之日起至退还之日止,按建设银行同期建设贷款利率计,由国贸公司和民贸公司各承担一半。

5. 国贸公司在输产权过户手续时所交纳的手续、登记及土地增值费共223.1080万元由国贸公司和民贸公司各承担一半。

6. 民贸公司因卖房而在另处租房的费用22.351502万元由国贸公司和民贸公司各承担一半。

7. 民贸公司在本判决生效后,持生效判决书到房屋管理部门办理变更产权登记手续。

本案诉讼费及活动费35万元,由国贸公司和民贸公司各承担17.5万元。

宣判后,双方当事人表示服判,未提起上诉,并自动执行该判决。

(六)解说

本案判决内容基本正确,但在适用法律上,尚存在问题。首先,判决书援引《经济合同法》第二十九条作为判案依据,适用法律错误。经过1993年9月2日修改后的《经济合同法》第二十九条,系针对"违反经济合同的责任"所作规定,适用于经济合同被认定为无效合同的场合。本案受诉法院已根据《民法通则》第五十八条和《经济合同法》第七条认定本案合同为无效合同,即不应适用《经济合同法》第二十九条之规定。其次,在认定合同无效的情况下,合同行为自始失去效力,故本案双方的买卖和捐赠不发生效力。就房屋买卖而言,既然为无效合同,就不发生房屋所有权移转,与办理房屋所有权移转 相关联的税费也因此不发生。在此意义上,判决主文第五项涉及的手续费、登记费及土地增值费中的部分费用,应视为未发生,故不宜就此作出判决。

(胡 迪)

30. 海南爱地实业联合发展公司诉海南坚联房地产有限公司等期房买卖合同案

(一)首部

1. 判决书字号

一审判决书:海南省海南中级人民法院(1993)民二初字第48号。

二审判决书:海南省高级人民法院(1994)民终字第42号。

2.案由:期房买卖合同纠纷。

3.诉讼双方

原告:海南爱地实业联合发展公司(以下简称"爱地公司")。

法定代表人:王平,总经理。

诉讼代理人:涂显亚,海南省海口方圆律师事务所律师。

被告:海南坚联房地产有限公司(以下简称"坚联公司")。

法定代表人:黄茂雄,董事长。

诉讼代理人:刘锋,海南省海口方圆律师事务所律师。

第三人:海南省琼山县房地产开发总公司(以下简称"琼山公司")。

法定代表人:李华经,总经理。

4.审级:二审。

5.审判机关和审判组织

一审法院:海南省海南中级人民法院

合议庭组成人员:审判长:王龙文;代理审判员:钟爱萍、吕志飞。

二审法院:海南省高级人民法院。

合议庭组成人员:审判长:刘唯;审判员:陈国庆;代理审判员:杨芳红。

6.审结时间

一审审结时间:1994 年 7 月 12 日。

二审审结时间:1994 年 11 月 19 日。

(二)一审情况

1.一审诉辩主张

(1)原告爱地公司诉称:1993 年 3 月 24 日,原告与被告签订期房买卖合同。合同约定,由被告向原告出售位于琼山县城东门外桂雅园新村别墅 11 幢,总造价为人民币 17325900 元。合同约定了原告交付房款的时间及被告交付别墅的时间,即 1993 年 6 月底前将别墅验收后交原告验收使用。如一方违约,按迟延付款或交房的实际时间以房款总额的每日 5‰支付违约金。合同签订后,原告分 6 次向被告支付了前三期款项。余下总款的 40%在被告交房及办完房产手续后支付。但交房期限过后,被告未按约定交付房屋,且至今未能将该房交付原告使用,给原告带来了极大的经济损失。为保障原告的合法权益不受侵害,诉请判令被告交付桂雅园别墅小区给原告,并判令被告按购房总价款支付迟延交房天数每日 5‰的违约金。

(2)被告坚联公司未作书面答辩。

(3)第三人琼山公司也未作书面答辩。

2.一审事实和证据

海南省海南中级人民法院经审理查明:1992 年 7 月 13 日,被告与第三人签订了一份房屋购销合同。合同约定:由第三人向被告出售位于琼山县府城镇东门外的 11 幢桂雅园新村别墅。总建筑面积约为 4992 平方米,每平方米单价为 1888.8 元,总价 9428889.6 元。合同订立后,第三人应被告要求,又签订了一份假联营建房合同。1993 年 3 月 24 日,原、被告签订了房屋购销合同。合同约定:由被告向原告出售位于琼山县府城镇东门外桂雅园新村别墅 11 幢,总面积约为 5022 平方米,每平方米单价为 3450 元,总价款为 17325900 元,分 4 期付清，交房期限为1993年6月底。合同订立后，原告在1993年3月24日至5月26日期间，分5次共计付给被告购房款10395540元。1993年8月16日，工程经琼山县工程技术质量监督站、建委等部门验收合格。第三人于1993年8月20日至10月25日期间，多次书面通知支付余款及协商交房事宜。原告与被告在此期间也曾多次以信函或当面交涉交房问题，因工程质量，未达成一致意见。原告以被告不能按期交房为由，请求判令被告交付桂雅园新村别墅11幢，并承担延期交房的违约责任及其他损失。另外，第三人在与被告签订购房合同时尚无建设用地使用权证，报建手续尚未办理完毕，工程还未动工。

上述事实有下列证据证明：

(1)爱地公司与坚联公司签订的“房屋购销合同”、坚联公司与琼山公司签订的“房屋购销合同”；

(2)琼山公司与坚联公司签订的“联合建房合同”；

(3)爱地公司与坚联公司的购房付款凭证；

(4)受诉法院的调查笔录、开庭笔录。

3.一审判案理由

(1)被告与第三人订立的联合建房合同是虚假的，房屋购销合同是真实的，被告与第三人所实施的民事行为实际上是商品房预售行为。第三人在与被告签订房屋购销合同时尚无建设用地使用权证，报建手续尚未办理完毕，工程还未动工，不具备预售商品房的条件。故该合同应认定无效。

(2)原告与被告订立的商品房购销合同是建立在被告与第三人订立的合同基础之上的，由于被告与第三人订立的商品房买卖合同无效，所以原告与被告订立的商品房买卖合同也应认定无效。

(3)造成原告与被告之间订立的合同无效过错完全在被告一方。被告应将原告的购房款10395540元返还原告，并应赔偿原告的实际贷款利息和逾期无法偿还的罚息损失。原告请求被告支付违约金及其他损失无理，不予支持。

(4)第三人在本案中无直接过错，不承担责任。

4.一审定案结论

一审法院依照《中华人民共和国民事诉讼法》第一百二十八条和《中华人民共和国经济合同法》第七条第一款第(一)项、第十六条第一款的规定，作出如下判决：

被告应将原告已支付的购房款10395540元返还原告，并赔偿该款的银行利息、罚息损失给原告(计息从该款每笔支付日起至还清款之日止，按月利率23‰计付，从1993年7月1日起到还清款之日止，逾期利息按日利率5‰计算)。即被告在本判决书发生法律效力之日起15日内付清。

案件受理费121640元由被告负担，原告已预付，限被告在接到判决书之日起15日内一次付给原告，诉讼保全费3万元由原告负担。

(三)二审诉辩主张

1.上诉人坚联公司诉称：(1)我公司与琼山公司1992年7月13日签订房屋购销合同前，桂雅园别墅区项目已于1992年5月13日经琼山县计委批准，琼山公司已对该地进行了“三通一平”、测绘、地质勘察、设计等工作，并于1992年7月18日取得建筑许可证。琼山县政府对商品房预售的条件并无具体规定，该别墅建设的各项手续现已全部具备，且工程已经竣工验收。我公司与琼山公司签订的房屋购销合同应认定有效。(2)我公司与爱地公司签订的房屋购销合同的意思表示真实,内容合法,同样是有效合同。(3)一审判决错误,请求二审法院依法改判。

2. 被上诉人爱地公司辩称:琼山公司与坚联公司签订房屋购销合同时,尚不具备商品房预售的条件,该合同的无效导致了我公司与坚联公司的房屋购销合同无效。且坚联公司以发展商的身分与我公司签订合同,主观上存在民事欺诈的故意,请求二审驳回上诉,维持原判。

3. 第三人琼山公司开庭审理时称:我方于1990年以前已对桂雅园别墅建设用地进行了"三通一平",1992年4月开始筹建工作,1992年8月5日开始动工挖基础,现所有报建手续具备,别墅工程也已竣工验收。我方的销售行为应为有效。请求法院保护我方利益。

(四)二审事实和证据

海南省高级人民法院经审理查明:1992年7月13日,琼山公司与坚联公司签订了《房屋购销合同》,合同约定:琼山公司以每平方米1888.8元的价格将其位于琼山府城东门外桂雅园新村别墅11幢卖给坚联公司,总面积4992平方米,总价款942万元人民币。并约定于1993年6月底交付房屋。合同签订后,坚联公司依约分期付款,截至1994年8月26日,共付购房款620万元。该别墅于1992年5月13日由琼山县计委颁发"批建通知书",1992年7月18日由琼山市建委颁发"建筑许可证"和"建筑安装工程报建审批通知书",1992年8月5日动工兴建。1993年3月24日,坚联公司与爱地公司签订《房屋购销合同》,合同约定由坚联公司以每平方米3450元(总价款17325900元)的价格将上述桂雅园新村别墅11幢出售给爱地公司,双方还就付款期限、1993年6月底交付房屋、违约责任等事项作了明确规定。合同签订后,爱地公司依约分期付款,至1993年5月26日,共付给坚联公司购房款10395540元,至此,房屋交付前应付的购房款(占总价款的60%)已全部付清。1993年8月16日,经有关部门和琼山公司、坚联公司对该11幢别墅进行质检,认为质量合格,同意交付使用。此后,琼山公司于1993年8月20日至10月20日间3次通知坚联公司继续付款和交接房屋,坚联公司也于同年8月31日至10月18日4次向爱地公司发出同样的通知。在此期间,爱地公司与坚联公司曾于9月6日和9月14日共同对该别墅工程质量进行了检查验收,一致认为11幢别墅在整体上和单体上尚存在一些问题需要修建。爱地公司因而认为房屋不能交付使用,拒绝给坚联公司交付余款,坚联公司也未向琼山公司付款,致使房屋一直没有交接。该案二审期间,二审法院邀集爱地、坚联、琼山三家公司一起对该别墅质量进行抽检,认为别墅总体工程质量合格,但仍存在排水不畅、供水困难、部分门窗安装不合格等诸多遗留问题必须解决。经二审主持调解,三方同意解除相互之间形成的两个合同,由坚联公司从转卖桂雅园别墅实得差价中退给爱地公司240万元,爱地公司再付购房款758339.62元,取得该别墅区东边A型6栋、B型2栋别墅,其余别墅归琼山公司所有。但在解决工程技术遗留问题上,意见分歧,未能达成协议。

上述事实有下列证据证明:

(1)一审确认的证据;

(2)琼山县计委"批建通知书";

(3)琼山县建委"建筑许可证、建筑安装工程报建审批通知书";

(4)琼山公司用地图;

(5)“工程竣工验收证明书”;

(6)爱地公司与坚联公司共同签署的“桂雅园新村别墅建筑质量存在问题备忘录”;

(7)受诉法院的调查、开庭笔录。

(五)二审判案理由

1. 琼山公司与坚联公司、坚联公司与爱地公司实施的房屋买卖行为,属商品房预售与转预售行为。琼山公司在与坚联公司签订合同时,尚未取得土地使用权证、规划、建筑许可证,别墅工程尚未动工,本不具备商品房的预售条件,但鉴于合同签订后,规划、报建手续已经完成,合同已经大部分履行,双方对合同的效力并无争议,且工程已基本完成,可酌情认定合同有效。坚联公司在依约付给琼山公司购房定金和第一期购房款后,将所预购房屋转售给爱地公司,双方意思表示真实自愿,且不违反当时法律、法规的规定,也应认定有效。

2. 在两个“房屋购销合同”履行过程中,坚联公司、爱地公司已分别将房屋交付前应付的购房款付给了卖方,虽然存在爱地公司迟延交付的情况,但相互间并不因此发生争议。后因工程质量遗留问题没有解决,致使房屋逾期不能交付,造成爱地公司较大经济损失,坚联公司对此应负主要责任。琼山公司也应承担一定责任。

3. 三方为了解决争端在本院主持下达成的解除合同后按实际给付价款取得相应房屋、以及由坚联公司退还240万元以弥补爱地公司损失的协议,符合互利公平原则和本案实际情况。

4. 工程质量遗留问题的解决,应由琼山公司和坚联公司共同负责,鉴于坚联公司同意退款240万元时已将应承担的这一责任包括在内,故不再承担。

(六)二审定案结论

原判认定事实不清,处理结果欠当。根据《中华人民共和国民事诉讼法》第一百五十三条第一款第(三)项之规定,作出如下判决:

1. 撤销海南中级法院(1993)民二初字第48号民事判决。

2. 琼山公司与坚联公司、坚联公司与爱地公司分别于1992年7月13日、1993年3月24日签订的“房屋购销合同”予以解除。

3. 爱地公司补足758339.62元后,取得桂雅园新村别墅小区别墅8栋,其余别墅为琼山公司所有。

4. 坚联公司于本判决生效之日起45日内,将240万元从中扣758339.62元付给琼山公司作为爱地公司履行第三项判决的款项后,余款支付爱地公司,逾期付款,每日按总价款的万分之五计算罚息。

5. 琼山公司向爱地公司支付房屋维修费5万元(从第四项判决所得款中扣划),并于本判决生效之日起45日内解决排水问题。房屋质量的其他遗留问题由爱地公司自行解决。

6. 本判决书生效日起45日内,由琼山公司直接与爱地公司办理上述8幢别墅的产权过户登记手续。

上诉案件受理费由琼山公司、坚联公司、爱地公司各承担40547元。

(七)解说

1. 正确认定商品房预售与转预售合同的效力。坚联公司与琼山公司签订的房屋预售合同是否有效,是本案的关键所在。随着我国商品经济的迅速发展,房地产业作为一大支柱产业蓬勃兴起,并得到超常的发展。随之而来,许多房地产纠纷案件纷纷起诉到法院。其中,商品房预售、转预售案件占很大比例。哪些行为属于合法有效的预售行为，哪些行为属于无效行为，由于没有明确的法律规定，这个界限在实践中较难把握。根据国家建设部1993年8月《关于加强商品房销售管理的通知》，建设部、国家土地管理局、国家工商行政管理局、国家税务总局1993年8月10日《关于加强房地产市场宏观管理促进房地产业健康持续发展的意见》，海南省地方法规以及最高人民法院1993年11月24日《全国民事审判工作座谈会纪要》等文件的精神，商品房预售应具备以下基本条件：(1)预售房须持有土地使用权证或土地使用权批文、"建筑规划许可证"、"施工任务通知书"；(2)建设工程合同已依法成立；(3)有验资或其他相应资料证明投入预售房屋的建设资金已达该项目建设投资总额的20%以上，或基础工程已经完成。商品房转预售中转预售方应付给上手卖方的预付款已基本付清。这是目前处理商品房预售、转预售所依据的政策性文件。在这些政策性文件发布以前实施的商品房预售行为的认定处理上，应本着有利于房地产业发展、尊重合同约定和公平合理的原则酌情确定合同效力。本案中坚联公司与琼山公司签订商品房预售合同时，虽尚不具备预售的必备条件，但鉴于合同签订后不久，工程的一切报建手续都具备，且已动工，合同双方意思表示真实自愿，对合同效力无争议，本着有利于房地产业发展、尊重合同约定和公平合理的原则，依法确定预售合同有效，是正确的，符合政策法律精神。

2. 经双方协商同意，合同可以解除。合同尚未履行时，一方请求或双方协商同意，合同可以解除。解除合同造成一方损失的，对解除合同负有责任的一方应赔偿对方的损失或依合同的约定承担相应的责任。本案中，因为工程质量不合格，对方拒绝接受，合同无法按约定履行。为此，法院主持三方当事人进行调解，三方同意解除两个合同，按实际支付款项取得部分别墅，这样处理是正确的，彻底解决了三方当事人之间的矛盾。

（武雪丽）

31. 山东省煤炭劳动服务公司诉山东省商业综合公司等商品住宅楼连环购销合同案

（一）首部

1. 判决书字号：山东省济南市中级人民法院(1993)民事字第37号。

2. 案由：商品住宅楼连环购销合同纠纷。

3. 诉讼双方

原告：山东省煤炭劳动服务公司。

法定代表人：宋克光，经理。

诉讼代理人：赵志海，男，42岁，山东省济南福兴实业总公司经理，住该公司宿舍。

诉讼代理人：孙殿华，男，50岁，山东煤炭多种经营营销公司经理，住公司宿舍。

被告：山东省商业综合公司。

法定代表人：季缃绮，总经理。

诉讼代理人：栗光鲁，男，40岁，该公司副总经理，住该公司宿舍。

诉讼代理人：李岩松，山东省律师事务所律师。

第三人：山东省巾帼实业总公司。

法定代表人：徐博文，总经理。

诉讼代理人：刘炳君，山东省第二律师事务所律师。

第三人：海南新世纪经济技术发展公司。

法定代表人：郑建明，董事长。

诉讼代理人：徐博文，山东省巾帼实业总公司总经理。

第三人：山东省农村经济开发中心。

法定代表人：苏春炜，副总经理。

诉讼代理人：王利军，该经济开发中心法律事务助理。

4. 审级：一审。

5. 审判机关和审判组织

审判机关：山东省济南市中级人民法院。

合议庭组成人员：审判长：纪文迁；审判员：庄敬敏、郭光亮。

6. 审结时间：1994 年 11 月 25 日。

（二）诉辩主张

原告诉称：原告与被告山东省商业综合公司于 1993 年 5 月 16 日签订了商品住宅楼购销合同，并按合同约定付给被告人民币 900 百万元。被告未按合同约定日期将各种手续及房产所有权交付原告，请求被告履行合同并赔偿原告经济损失。

被告辩称：因第三人山东省巾帼实业总公司未将该房按合同约定如期交付被告，故不能按期将房交付原告。我们亦造成较大经济损失，请求给予赔偿。

第三人山东省巾帼实业总公司及海南新世纪经济技术发展公司辩称：因山东省农村经济开发中心不履行合同，由此所造成的一切损失应由该中心承担。

第三人山东省农村经济开发中心辩称：所签订的商品楼购销合同尚未办理房产交易手续，违反法律规定；原价格计算有误；山东省巾帼实业总公司等有炒卖房地产行为，愿返还购房款，但不同意继续履行合同。

（三）事实和证据

山东省煤炭劳动服务公司诉山东省商业综合公司、山东省商业综合公司诉山东省巾帼实业总公司、山东省巾帼实业总公司与海南新世纪经济技术发展公司诉山东省农村经济开发中心商品住宅楼购销合同纠纷案，因上述三个诉系同一标的物的连环购销合同纠纷，山东省济南市中级人民法院受案后，决定合并审理。经审理查明：山东省农村经济开发中心于 1988 年秋与济南市天桥区石桥村委会洽谈旧村改造事宜，并于 1991 年 4 月与该村委会签订了联合开发石桥居民住宅楼合同。1993 年 1 月，所建 6 栋楼房主体工程基本建成后，山东省农村经济开发中心没有办理出售商品住宅楼土地使用权转让手续，即与山东省巾帼实业总公司、海南新世纪经济技术发展公司于 1993 年 1 月 11 日签订了商品住宅楼购销合同。合同载明：山东省农村经济开发中心（以下简称甲方）把 5 栋商品住宅楼出售给山东省巾帼实业总公司、海南新世纪经济技术发展公司（以下简称乙方），建筑面积 17919.82 平方米，每平方米 850 元，总价为 1523.01847 万元；付款方式：合同签订后付总款数的 30%，3 月底付总款数的 50%，余款待房屋验收后 10 日内付清；交房时间为 1993 年 6 月 1 日。甲方负责办理一切房产所有权手续，如乙方在交房前售出该房，则由甲方负责为乙方指定的客户办理房产所有权手续。甲方给乙方办理房产证明后，乙方应按合同规定及时付清款项，每延期1天按总房款的万分之五支付违约金。甲方如不能按期交房，每延期1天按总房款的万分之五支付违约金。楼房竣工验收后2个月，如甲方不能顺利为乙方办理房产权手续，甲方退还乙方所付房款及赔偿银行利息的损失并按总房款的20%支付罚金。合同签订后，山东省巾帼实业总公司于1993年1月12日至6月1日先后6次付给山东省农村经济开发中心人民币共计1204万元。山东省巾帼实业总公司征得海南新世纪经济技术发展公司同意，又于1993年4月23日，与山东省商业综合公司签订了购销所买之商品住宅楼合同，每平方米售价930元，共计16665430.60元。交房时间为1993年6月30日。违约责任与上一合同类同。合同签订后，山东省商业综合公司于1993年4月23日至6月5日先后6次共付给山东省巾帼实业总公司1316万元。山东省商业综合公司因计划变动，在工商部门办理了出售该商品住宅楼许可证后，又于1993年5月15日与山东省煤炭劳动服务公司签订了出售所购商品住宅楼的购销合同，房价为每平方米990元，共计17740621.80元。交房时间为1993年6月30日。违约责任同前述合同。合同签订后，山东省煤炭劳动服务公司以月息5%贷款700万元，月息2.7%贷款100万元及借款100万元，分别于1993年5月19日至6月30日3次共计付给山东省商业综合公司900万元。后因山东省煤炭劳动服务公司只见到楼房复印件图纸，故再未付款。山东省农村经济开发中心至今未将5栋楼房竣工，致使原、被告及第三人山东省巾帼实业总公司共造成经济损失448万余元，为此，原、被告及第三人因合同履行及赔偿经济损失发生诉争。山东省济南市中级人民法院受理此案后，根据原告之申请，于1993年12月3日裁定，将山东省农村经济开发中心在本市石桥村石桥住宅小区所建的第一、三、四、五、六号楼查封。查封期间，为避免造成更大经济损失，法院准许山东省农村经济开发中心继续施工，并督促其办理有关的商品住宅楼土地使用权手续，但山东省农村经济开发中心坚持不予办理。

上述事实有下列证据证明：

1. 第三人山东省农村经济开发中心与第三人山东省巾帼实业总公司、海南新世纪经济技术发展公司在1993年1月11日签订的商品楼购销合同；

2. 第三人山东省巾帼实业公司与被告山东省商业综合公司在1993年4月23日签订的商品楼购销合同；

3. 原告山东省煤炭劳动服务公司与被告山东省商业综合公司在1993年5月15日签订的商品住宅楼购销合同；

4. 彼此间的收、付款凭据及银行贷款利息凭证和庭审笔录等证据证实。

（四）判案理由

山东省济南市中级人民法院依据本案的事实和证据认为：

1. 基于山东省农村经济开发中心未办理出售商品住宅楼土地使用权转让手续即与山东省巾帼实业总公司、海南新世纪经济技术发展公司签订了商品住宅楼购销合同，违反了国家有关房地产开发和土地使用的法律规定。法院受理此案后，在较长的时间内督促其办理该商品住宅楼土地使用权手续，但第三人山东省农村经济开发中心至今不予办理，故应认定双方所签订的合同无效。

2. 由于山东省农村经济开发中心与山东省巾帼实业总公司、海南新世纪经济技术发展公司签订的商品住宅楼购销合同无效，致使后来原、被告及第三人以同一标的物所签订的两个商品住宅楼合同无法履行，给原、被告及第三人造成较大的经济损失，对此，山东省农村经济开发中心应负主要民事责任，除应退还购房款外，还应赔偿相应的经济损失。

3. 山东省巾帼实业总公司不注意审查法定手续，盲目签订购房合同亦负有一定责任，应适当承担部分经济损失。

4. 山东省煤炭劳动服务公司高息贷款之利息损失，在法律允许之范围内予以保护，超出部分不予支持。

（五）定案结论

在查明事实核实证据的基础上，山东省济南市中级人民法院依照《中华人民共和国民法通则》第五十八条第一款第（五）项及第六十一条之规定判决如下：

1. 山东省农村经济开发中心于本判决发生法律效力之日起10日内返还山东省巾帼实业总公司购房款1204万元，赔偿经济损失4223150元；山东省巾帼实业总公司于本判决发生法律效力之日起10日内返还山东省商业综合公司购房款1316万元，赔偿经济损失4334200元；山东省商业综合公司于本判决发生法律效力之日起15日内返还山东省煤炭劳动服务公司购房款900万元，赔偿经济损失3134250元。

2. 案件受理费258200元，由山东省农村经济开发中心承担228400元，山东省巾帼实业公司承担7500元，山东省商业综合公司承担14300元，山东省煤炭劳动服务公司承担8000元。诉讼保全费7769元，由山东省农村经济开发中心承担7000元，山东省巾帼实业总公司承担769元。

宣判后，原、被告及第三人均未上诉。

（六）解说

近几年来，随着我国改革开放的不断深入和社会主义市场经济的逐步建立和发展，民事法律关系亦呈现多样化的趋势，出现了一些过去所没有的新情况。这类案件起诉到法院，法院如何认定案件性质，如何适用法律，给法院审判工作提出了新的研究处理课题。本案就是一个典型实例。当时房地产法尚未颁布，审理如此复杂疑难案件的确难度不小，合议庭及审判委员会几经讨论研究方才作出上述判决。

1. 本案系一起连环购销商品住宅楼合同纠纷案。连环购销合同，是指因同一标的物而签订的一连串购销合同。同一当事人在购入的合同中是需方，在售出的合同中是供方，以此类推，各个购销合同之间形成一种连环关系。鉴于连环购销合同涉及到若干个法律关系，审理这类案件，如果两个有关联的购销合同纠纷起诉到同一法院，应当依法合并审理。如果同一标的物有两个以上有关联的购销合同，其中一个合同纠纷起诉到法院，法院在审理中认为有必要，可以通知与诉讼标的物同一的、且与前合同纠纷有直接关联的合同的当事人作为第三人参加诉讼。本案因购销同一标的物而签订的几个合同，彼此有关联，几个合同的当事人为同一诉讼标的相继到同一个法院起诉，且又属该院管辖，为提高办案效率，方便诉讼，及时查清案件事实，公正、合法地保护当事人的合法权益，合议庭决定合并审理本案是正确的。

2. 在诉讼中，为避免给当事人造成更大的损失，并确保本案发生法律效力的法律文书的执行，根据原告之申请，依法裁定将尚未竣工的楼房予以查封，同时，又明确准许其继续施工，措施是得当的。

3. 本案的诉讼标的物商品住宅楼尚未取得合法的土地使用权，且房地产管理法还没有颁布实施，法院遵循实事求是的原则，在诉讼中，多次让山东省农村经济开发中心补办有关土地使用权手续，争取化解几个购销合同间的矛盾，由于其坚持不予办理，且山东省农村经济发展中心在不具备商品住宅楼转让条件的情况下，与山东省巾帼实业公司签订的商品住宅楼购销合同显然与法相悖，故导致了就同一标的物签订的后两个合同无效。本案在诉讼中，如果山东省农村经济开发中心及时向政府土地管理部门补办土地使用转让手续，从依法保护合同，有利于房地产业的发展的原则出发，对上述之连环购销合同认定有效，使该合同不仅从形式上，而且从内容上合法化，那么，对原告之诉讼请求亦可予以支持。

4. 合同被确认无效后，过错方应承担其法律后果即赔偿责任。

本案的第三人山东省农村经济开发中心将与石桥村共同开发的居民住宅楼作为商品楼进行出售，是否征得石桥村委会应允暂且不谈，仅因其未办理土地使用权转让手续而进行转让这一违法行为，就应当承担原、被告及第三人巾帼实业总公司由此造成的经济损失。鉴于原、被告及第三人山东省巾帼实业总公司在签订标的如此之大的商品住宅楼购销合同时，不注意审查其法定手续，对此，亦应负一定的责任。根据彼此之间的过错程度，判令其承担相应的经济损失是恰当的。至于其已收取的购房款，当然应如数返还。

5. 本案原告为急于达到购房目的，在财力不足的情况下，以月息 5% 及 2.7% 共计贷款 800 万元，其超出法律保护范围部分的利息损失，法院不予保护，其经济损失自负。

（魏东哲　黄玉藻　郭光亮）

32. 黎汉波等诉冷水滩市城建指挥部等集资建房案

（一）首部

1. 判决书字号

一审判决书：湖南省零陵地区中级人民法院（1994）零民初字第 1 号。

二审判决书：湖南省高级人民法院（1994）湘民终字第 26 号。

2. 案由：集资建房纠纷。

3. 诉讼双方

原告（被上诉人）：黎汉波，男，1926 年 3 月 3 日生，汉族，原台湾今日杂志社主任记者，住台湾高雄县凤山市光远路 356 巷 7 号 3 楼。

诉讼代理人：王跃明，湖南省永州市竹城律师事务所律师。

原告（被上诉人）：胡祖秀，男，1927 年 6 月 18 日生，汉族，住台湾高雄县桃源乡梅山村 53 号。

诉讼代理人：胡恒信，男，湖南省冷水滩市印刷厂退休干部。

原告（被上诉人）：胡少云，男，1925 年 10 月 25 日生，汉族，退休教师，住台湾台北市南港区成福路 121 巷 62 弄 1 号。

诉讼代理人：胡恒信，男，湖南省冷水滩市印刷厂退休干部。

原告（被上诉人）：文伟伦，男，1920 年 5 月 28 日生，汉族，住台湾高雄县凯歌路 306 号 4 楼 8 室。

诉讼代理人：廖北辰，男，湖南省冷水滩市电力局干部。

原告（被上诉人）：陈凤凯，男，1928 年 3 月 6 日，汉族，住台湾台北市松山路 615 巷 19 弄 1 号。

诉讼代理人：杨璋，男，湖南省冷水滩市红十字会干部。

诉讼代理人：熊天，湖南省冷水滩市第二律师事务所律师（系以上 5 位原告的共同代理人）。

被告（上诉人）：湖南省冷水滩市城建指挥部（以下简称“城建指挥部”）。

法定代表人：胡会元，城建指挥部指挥长。

诉讼代理人：李光华，湖南省冷水滩市城建规划局局长。

诉讼代理人：蒋双生，湖南省冷水滩市第一律师事务所律师。

第三人：湖南省冷水滩市第一建筑工程公司（以下简称“一建公司”）。

法定代表人：雷炳宣，一建公司经理。

诉讼代理人：谭建雄，一建公司三工区负责人。

诉讼代理人：杨亲勇，湖南省冷水滩市第一律师事务所律师。

4. 审级：二审。

5. 审判机关和审判组织

一审法院：湖南省零陵地区中级人民法院。

合议庭组成人员：审判长：文德友；审判员：赵秋生；代理审判员：李振湘。

二审法院：湖南省高级人民法院。

合议庭组成人员：审判长：刘红军；代理审判员：张正胜、杨小花。

6. 审结时间

一审审结时间：1994 年 4 月 4 日。

二审审结时间：1994 年 9 月 2 日。

（二）一审诉辩主张

1. 原告诉称：城建指挥部借统一规划为名强行代建，且对代建工程不负责任，既不委托质鉴部门监督施工，又不履行代建监督职责，造成已建房屋出现严重质量问题。请求责令立即停工验质，解除被告之代建权，将已建工程按质折价退归原告方自建。

2. 被告辩称：双方争执之房，属指挥部统建的商品房，不属原告自建房，原告所交的部分建房费用，系预购商品房款。为此，在该房未验收前，原告无权提出质量异议，请求法院驳回原告的起诉。

3. 第三人述称：该栋房屋的施工过程中确实存在某些方面的质量问题，但已根据有关部门的意见加以补救，能保证争执之房的建筑质量。

（三）一审事实和证据

湖南省零陵地区中级人民法院经审理查明：湖南籍的台胞胡祖秀、文伟伦、陈凤凯、胡少云、邓××、郑××经冷水滩市统战部联系，与有关部门协商后，在冷水滩市翠竹园开发区百业街申请建房用地 700 余平方米。1991 年 5 月 7 日，上述台胎分别向国土管理部门预交了土地使用费共计美元 10500 元，其中胡祖秀交纳 2 套建房用地费美元 3000 元，其余各人交纳 1 套建房用地费美元 1500 元。随后，胡祖秀私下转让一套建房用地给台胞黎汉波。有关建房事宜，各台胞均委托当地亲友代为办理，并联系建筑队建房。城建指挥部为保证开发区规划、建设的统一，决定对台胞住宅由其代建，并由其统一办理建房有关手续。1992 年 5 月 28 日，城建指挥部与冷水滩市第一建筑工程公司签订了建造该台胞住宅的建筑施工合同。该合同约定：住宅为7户合栋3层砖混结构楼，每房（套）2个门面及楼上住宅，建筑面积318平方米（全栋建筑面积2226平方米），工程预算总造价为人民币545703.90元（每平方米245.15元）。城建指挥部口头通知每房预交建房款人民币90000元，并按3%收取代建管理费。台胞方不同意代建房屋，城建指挥部便口头告诉台胞的建房代理人：如不交纳建房款，则将该栋房屋作商品房出售。之后，胡祖秀、文伟伦、陈凤凯、胡少云和邓某、郑某某先后向城建指挥部交纳了部分建房款，黎汉波亦以自己名义向城建指挥部交纳了建房款人民币70000元。胡祖秀、文伟伦、陈凤凯、胡少云和黎汉波共交建房款人民币336950元，城建指挥部分别开具了"建房款"收据。在建房施工过程中，冷水滩市建筑工程质量监督站对该房进行质量检查，提出墙体、梁柱等存在质量问题，胡祖秀等台胞遂与指挥部产生纠纷，未将建房款交清。1993年2月25日，黎汉波、胡祖秀、胡少云、文伟伦、陈凤凯5人向法院提起民事诉讼，请求解决建房工程质量问题。在一审审理过程中，法院和城建指挥部督促一建公司对讼争之房不符合质量要求的部分进行整修，经零陵地区建设工程质监站验收认为：该工程基本上能满足主体结构安全度的要求。同时，指出该房还有5个方面的质量问题。中国人民建设银行零陵支行对该工程造价进行鉴定，参与诉讼的黎汉波等5位台胞住宅造价为443118.50元。因该房屋尚存质量问题，一审法院核定每平米造价扣减2.3元作房屋修缮费，水电安装费由每平方米21元减为每平方米18元，化粪池不符规范要求，未计造价。上述5户工程造价、水电安装费共计为人民币468662.40元。

上述事实有下列证据证明：

1.5位台胞向国土管理部门交的"购地款"收据；

2.双方当事人陈述所建之房属"代建房"；

3.5位台胞向城建指挥部交的"建房款"收据；

4.城建指挥部与冷水滩市一建公司签的建筑施工合同书写明是"台胞住宅兼门面房"；

5.零陵地区建筑工程质量监督管理站对该工程的质量鉴定结论；

6.中国人民建设银行零陵支行对该工程造价的鉴定结论；

7.其他有关的证人证言。

（四）一审判案理由

1.争执之房属被告代原告所建，其房屋产权属原告所有

（1）双方争执之房的建房用地系原告向有关部门申请批准后获得，并交纳了土地使用费，因而取得了该土地的使用权。

（2）依照法律规定购地建房需办理建设工程规划许可证等有关手续，城建指挥部从开发区统一规划、建设、管理的角度出发，决定对台胞住宅实行代建，有关建房手续由其代办。

（3）城建指挥部决定代建后，曾口头表示，不交建房款就将所建房屋作商品房出售。5位台胞按城建指挥部的要求交了建房款，双方虽未签订代建房屋协议，但事实上形成了房屋代建的法律关系。

2.关于所建房屋质量问题的责任归属

对代建房屋存在的质量问题，施工单位第三人一建公司应承担主要责任。城建指挥部对建筑质量负有监督责任。在施工过程中，城建指挥部监督不力，对工程的质量问题，也负有一定的责任，其代建费不能按原定的3%给付，只能酌情而定。

(五)一审定案结论

依照《中华人民共和国民法通则》第六十二条和《中华人民共和国经济合同法》第三十四条之规定,判决如下:

1. 双方争执之房属于被告代理原告所建,其房屋产权属原告所有(每户1套2个间隔3层),5位原告各付给被告代建费用人民币1000元。

2. 该5套房屋的总造价(包括水电安装费)为468662.40元,除5位原告已付的336950元外,尚欠131712.40元,限在判决书发生法律效力后3日内给付被告。

3. 5位原告之房的水电安装未完工部分及地区质监站验收意见所列的5个方面的质量问题,由各住户自行解决。

4. 按建筑承包合同规定,该建筑工程的保修期为1年,从原告所交的造价款(水电安装费除外)中扣存3%(计人民币13181元)等保修期过后验收酌情给付。

5. 该栋房屋公共化粪池的重建,由需要使用的住户另行出资搬迁至该栋房屋屋檐滴水以外。

本案受理费9560元,由第三人负担6560元,被告负担2000元,原告负担1000元。财产保全费1500元,由第三人负担。鉴定费3400元,由第三人负担2000元,被告负担1000元,原告负担400元。

(六)二审情况

1. 二审诉辩主张

上诉人城建指挥部诉称:讼争房屋是预售商品房,不是代建房;胡祖秀私下转让土地给黎汉波,转让土地的行为无效,黎汉波不是售房对象,请求二审法院予以改判。

被上诉人胡祖秀等5人辩称:讼争房屋系被告强行代建,原判适用法律正确,应予维持。

第三人冷水滩市第一建筑工程公司服从原审法院判决。

2. 二审事实和证据

二审法院肯定了一审法院认定的事实和采纳的定案证据。

3. 二审判案理由

胡祖秀等台胞向有关部门申请建房用地,并预交了建房用地款后,城建指挥部决定对胡祖秀等台胞住宅统一代建,胡等人向城建指挥部预交了部分建房款,双方虽未签订代建房屋的协议,但事实上形成了房屋代建的法律关系。城建指挥部虽曾口头表示,不交建房款就将所建房屋作商品房出售,对此胡祖秀等人未予允诺,城建指挥部亦没有办理将代建房屋转为商品房的手续,双方之间形成的房屋代建法律关系没有变更。上诉人提出讼争的房屋是预售商品房的理由不能成立。代建房屋存在质量问题,施工单位冷水滩市第一建筑工程公司应承担责任。城建指挥部对建筑质量负有监督责任,但在房屋尚未验收交付之前,已督促施工单位进行整修,使建筑质量基本符合要求,原审法院判决已核减部分工程款,胡宜秀等人亦未承担欠交工程款的利息损失,再减交代建管理费的处理不当。胡祖秀私下将建房用地转让黎汉波使用的行为违反了法律规定,但鉴于该二位台胞转让土地是为自己修建住宅,没有其他非法行为,且城建指挥部已收取了黎汉波的建房款,对黎、胡二位转让土地的行为,可不予追究,但应向国土管理部门补办有关手续。

4. 二审定案结论

湖南省高级人民法院根据《中华人民共和国民法通则》第五十七条和《中华人民共和国

民事诉讼法》第一百五十三条第一款第(一)、(二)项之规定,判决如下:

(1)维持湖南省零陵地区中级人民法院(1994)零民初字第1号民事判决的第2、3、4、5项。

(2)撤销湖南省零陵地区中级人民法院(1994)零民初字第1号民事判决的第1项。

(3)双方当事人讼争的冷水滩市百业街台胞住宅产权属黎汉波、胡祖秀、胡少云、文伟伦、陈凤凯等人所有(每户1套2个间隔3层);黎汉波等5人共付房屋代建费人民币14059.8元给冷水滩市城市建设工程指挥部。

本案二审受理费9560元,城建指挥部负担4780元,黎汉波、胡祖秀、胡少云、文伟伦、陈凤凯各负担956元。

(七)解说

1.随着改革的深入,经济的发展,特别是社会主义市场经济体制的建立,中国大陆吸引了大量的外资。许多台胞也纷纷回大陆投资建房,准备回大陆定居,安度晚年。本案5位台胞回大陆购地建房与冷水滩市城建指挥部发生纠纷,一、二审法院正确及时处理好这一纠纷,依法保护了台胞的合法权益,有利于台胞对党的政策和国家法律的了解,有助于增进台胞对祖国大陆的信任感和向心力,实现祖国的和平统一。

2.本案争执的焦点在于讼争之房是"代建房"还是预售商品房。依照法律规定,购地建房需办理建设用地规划许可证和建设工程规划许可证等有关手续。冷水滩市城建指挥部以5位台胞未办理有关手续为由,认为讼争之房是预售商品房,5位台胞所交之款系预购房款,这一主张与事实不符。5位台胞分别向国土管理部门申请建房用地,并各自交纳了购地款1500美元,城建指挥部为保证开发区规划建设的统一,才决定对台胞住宅统一代建,收取3%的代建费。至于建房的有关手续问题,由城建指挥部代办。因城建指挥部是一个集国土、规划等为一体的综合办事机构,有关开发区的建房事宜,指挥部实行"一条龙"服务。5位台胞先后向指挥部预交了建房款人民币336950元,指挥部分别开具了"建房款"收据。双方虽未签订代建房屋的协议,但事实上形成了房屋代建的法律关系。讼争之房属代建房,而不是预售商品房。所以一、二审法院判决讼争之房属城建指挥部代台胞所建是完全正确的。

3.胡祖秀私下转让土地使用权给黎汉波的行为是否有效。依照法律规定,土地使用权的转让,应依照规定办理过户登记。虽然胡祖秀私下转让建房用地给黎汉波使用的行为违反了法律规定,但鉴于二位台胞转让土地是为自己修建住宅,没有损害国家、集体或者第三人的利益,也没有其他非法行为,且城建指挥部已收取了黎汉波的建房款,对二人转让土地的行为,可不予追究,土地使用权转让的行为有效,但应向国土管理部门补办有关手续。

4.代建房屋存在的质量问题,主要责任在于施工单位冷水滩市一建公司,但城建指挥部作为房屋的代建方,也负有监督责任。房屋在尚未验收交付之前,城建指挥部已采取措施督促施工单位整修,使建筑质量基本符合要求。一审法院判决已核减部分工程款,再减交代建管理费的处理欠妥。二审法院改判代建费按原定的3%给付是完全正确的。

(李振湘)

33. 滕家河村民委员会诉金星森集资建房合同案

(一)首部

1. 判决书字号

一审判决书:湖北省枝江县人民法院(1994)枝民初字第506号。

二审判决书:湖北省宜昌市中级人民法院(1994)宜民终字第467号。

2. 案由:集资建房合同纠纷。

3. 诉讼双方

原告(被上诉人):滕家河村民委员会,地址:枝江县马家店镇滕家河村。

法定代表人:董先林,村长。

诉讼代理人(一、二审):杨万伦,男,汉族,湖北省枝江县马家店镇滕家河市场经理,住枝江县马家店镇滕家河村二组。

诉讼代理人(一、二审):左友红,男,汉族,住枝江县马家店镇滕家村村五组。

被告(上诉人):金星森,男,28岁,汉族,个体工商户,住枝江县马家店镇滕家河市场27号。

诉讼代理人(一、二审):金星华,男,住枝江县马家店镇滕家河市场4号。

4. 审级:二审。

5. 审判机关和审判组织

一审法院:湖北省枝江县人民法院。

独任审判:审判员:徐清涛。

二审法院:湖北省宜昌市中级人民法院。

合议庭组成人员:审判长:商仕和;审判员:郑文堂;代理审判员:胡振元。

6. 审结时间

一审审结时间:1994年10月15日。

二审审结时间:1994年12月6日。

(二)一审诉辩主张

1. 原告诉称:1993年1月,被告金星森与原告签订1份集资建房合同,交集资款2000元,尚欠3700元,立有欠据。集资房建成后,被告于1993年3月搬进市场27号房经营。1994年原告多次向被告催收欠款,但被告不按合同履行,拖欠不付。因此,原告诉至法院,要求:(1)解除与被告签订的集资建房合同,被告退还房屋,交清房租;(2)偿还所欠资金的本息。

2. 被告辩称:被告与原告签订了集资建房合同,已交集资款2000元,尚欠3700元属实,但给市场原任经理出具了欠据,后又发现合同内容相互矛盾,且没有经过公证;原告方也无房屋产权证,所以不能履行合同。被告方也认可合同,但认为原告收取租金过高。

(三)一审事实和证据

湖北省枝江县人民法院经收集核实证据,公正开庭审理查明:

1992年,原告经县镇两级政府同意,决定在本村集体土地上兴建三峡综合贸易市场(现名为滕家河市场)。同年8月向社会发布了招商广告,称"凡愿在市场投资修建经营性房屋者,由市场实行集资统筹,平房每套36平方米,集资费为5000元……"。被告金星森随即向当时的市场经理覃友生(此人系马家店镇下派干部)预交了部分集资款2000元。1993年1月1日,双方正式签订了"枝江县三峡综合贸易市场临时性营业房集资合同"。合同规定"谁投资,谁所有;谁使用,谁受益";"乙方(指金星森)一次性投资5700元,使用营业房两年";"乙方享有房屋所有权";"从房屋交付之日起,乙方必须无条件上交每月40元的市场管理费,并不得干扰市场秩序"。双方均在合同上签字盖章。1993年3月,金星森在没交齐费款的情况下,经覃友生要求,金星森于同年9月份对所欠3700元集资款出具了欠据,但并未言明何时给付。覃友生在任不到1年,因故调离,市场更换经理。新任经理接管市场后,凭欠据找金星森索款多次,均遭拒绝。金称此款与现任经理无关,且市场提供的营业房面积比合同规定的36平方米要少2平方米,房子存在质量问题,又没办产权证,要求现任经理给予解决,否则欠款不予给付。市场通过允许用户搭棚将同类工农业房面积统一为36平方米,对新增2平方米免收部分费用予以弥补。1994年1月,金星森交了1个月的市场管理费,余下5个月的管理费,金星森表示1994年5月31日以前一次结清,但到期并未履行诺言。6月份,也没交齐下半年的市场管理费。同时查明:凡在市场租赁相同房屋的用户,每月都向市场交纳140元的房屋租金和40元的市场管理费。金星森已交清1993年全年的市场管理费。

上述事实有以下证据证明:

(1)1992年8月12日枝江县三峡综合贸易市场发布的招商广告;

(2)1993年1月1日原被告签订的"枝江县三峡综合贸易市场临时性营业房集资合同";

(3)1993年9月金星森给原任经理出具的3700元欠据;

(4)1994年2月金星森给现任经理出具的保证于5月31日以前交清上半年市场管理费的保证书;

(5)法院收集的市场其他营业人员的书面证言。

(四)一审判案理由

原、被告双方虽然签订了临时性营业房集资合同,但被告未按合同约定交清集资款,因而对27号工农业房不具有所有权。现被告已实际占有使用该房屋,由此给原告造成的建房损失只能以租金形式弥补。且双方都同意解除合同,故原告的请求应予支持。被告提出收取租金过高的理由不能成立。原告要求被告偿还迟交房租利息的主张,同被告存在着预交2000元集资款的利息,可予相互抵消。

(五)一审定案结论

湖北省枝江县人民法院根据《中华人民共和国民法通则》第一百一十一条的规定,于1994年10月作出判决:

1.解除原、被告之间签订的临时性营业房集资合同。

2.被告从1993年3月起至1994年10月30日止,每月向马家店镇滕家河市场给付房屋租金140元,给付1994年2月至10月的市场管理费360元,合计3160元,在本判决生效后10日内付清。

3.被告居住市场27号营业房时间截至1994年10月30日止,判决生效后一个月内退出该房屋,其居住期间仍按原租金交纳。

本案受理费240元由被告负担。

(六)二审情况

1.二审诉辩主张

上诉人金星森诉称:(1)上诉人预交了2000元集资款,余款3700元已给被上诉人出具了欠据,因此本案不是合同纠纷,而是债务纠纷,上诉人只需按欠条履行义务即可。(2)上诉人已经交清了1993年全年和1994年1月份的市场管理费,说明合同正在履行中,而不是上诉人不履行合同。一审法院不能判决解除合同。(3)根据合同规定,上诉人对27号营业房应享有所有权。上诉人预交的2000元集资款都为购房预付款,下欠3700元虽然没交,但出具了欠据。(4)上诉人所以未交齐集资款,是因为被上诉方提供的营业房面积与合同约定的36平方米不符,少了2平方米;且房子存在质量问题;另外,被上诉人未办理产权证,使上诉人集资建房没有保障,因此被上诉方有违约行为。

被上诉人辩称:(1)上诉人拒交所欠集资款,又拖欠市场管理费,影响甚坏,市场工作无法开展,所建房屋不能发挥其经济效益。(2)上诉人在一审中也同意解除合同,二审中不能反悔。(3)市场同类营业房均以月租金140元出租,要求按此标准向上诉人收取使用房屋期间的租金,以弥补上诉人给被上诉人造成的损失。

2.二审事实和证据

湖北省宜昌市中级人民法院经审理后,对一审法院认定的事实和采用的证据予以认可。

3.二审判案理由

(1)对合同性质的分析认定。金星森与村委会签订的集资合同究竟是何性质的合同,直接关系到本案的实际处理。集资建房是市场经济条件下出现的新情况、新问题,其法律性质,不同于单纯的房屋买卖或房屋租赁。要获得房屋的使用权或所有权,须有待新的法律关系的成立。本案中认定该集资合同的性质,须以合同内容中双方当事人之间实质形成的关系来认定。从合同内容来看,合同明确指出房屋为"营业性用房",说明集资的目的不是为解决住房问题,而是为解决经营场所而筹措资金。合同中大量关于乙方对房屋使用权的规定,说明合同双方对如何使用房屋已达成一致协议。但合同中又明确指出"乙方享有房屋所有权",与合同内容所体现的总的协议精神,即乙方实际只享有房屋使用权的规定相矛盾。根据国家政策和有关法律规定,公民个人对临街经营门面房是不宜享有所有权的。实践中,集体组织通过集资形式建市场,与使用市场房屋的经营者之间一般形成的是租赁关系,况且,滕家河市场营业房只是临时性(2年)营业房,由经营者享有所有权是不现实的,它必将损害集体的利益。在这里,房屋的所有权与使用权明显分离。因此,村委会与金星森之间根据合同实质形成的是一种租赁关系。金星森预交的2000元可认作是定金,据此可取得优先租赁房屋的权利,合同规定是一次性集资,因而总集资款5700元实际是房屋临时使用期2年的租金。至于合同指出乙方享有房屋所有权,由于违反了有关法律规定,损害了国家、集体的利益,应属无效条款。

(2)对纠纷性质的分析与认定。上诉人以对3700元出具了欠据为由,认为该案只存在债务纠纷,不存在合同纠纷。从事实经过来看,上诉人除了拒付3700元外,1994年1月份没按合同约定交清上半年的市场管理费。虽表示保证于5月31日前结清,但到期并未实际履行。1994年6月份又不交下半年的市场管理费。这样,既存在债务,又存在合同违约行为。上诉人也是以被上诉人违约进行辩驳和提起上诉的。将该案定为合同纠纷,对债务问题也一并处理，并无不当。

(3)被上诉人是否违约。上诉人称被上诉方所提供的房屋面积比合同中规定的少了2平方米，被上诉方违约在先。由于被上诉方已通过允许上诉人增搭2平方米用房，免收这部分面积的检质费用予以补偿，且上诉人实际使用该房达1年，则被上诉方违约之说不成立。上诉人称该房存在严重质量问题，一则合同中双方对此并无约定，二则被上诉方对房屋进行了维修，只是不尽完善，不属违约性质。上诉人还提出被上诉人没办房屋产权证，使其使用房屋没有保障。由于村委会建立市场是经过县、镇两级政府同意的，且为临时性营业用房，况且上诉人对营业房实际并不享有所有权，不办产权证，并不影响上诉人正常使用。

(4)关于合同效力。合同是当事人双方自愿签订的，有关房屋集资款的规定也比较合理。虽有一部分条款无效，但并不影响合同其他部分的效力。实际上被上诉方一次性收取集资款后，以后也没再每月另收取租金。至于每月收的40元市场管理费，作为一个管理单位的市场来说，应是合理行为。被上诉方在令合同部分条款无效上是有过错的，但并没因此而获得其他不法利益。再者，集资建市场为国家政策允许的，它是发展房地产业的一种有效措施，对于繁荣市场，搞活经济有一定的促进作用。村委会也是以此为出发点才建立该市场的。同时，由于村委会同其他用户也签订了同样的合同，其牵涉面广，影响范围大，一旦认定合同无效，不仅会给村委会造成巨大损失，也会造成其他不良社会后果。因此，双方当事人签订的集资建房合同应当认定有效。

(5)应否解除双方当事人签订的合同。上诉人金星森欠被上诉人3700元集资款，虽给被上诉方出具了欠据，但对给付时间并无约定，则被上诉方有权随时要求偿付。上诉人理应按欠条履行，却屡屡拒绝。后又不按合同约定，如期如数交纳市场管理费，已经构成违约，对市场的正常管理造成了一定影响。被上诉人在经济上也受到了一定损失，违背了村委会建立市场、搞活流通、振兴集体经济的初衷，再继续履行合同已成为不必要。在一、二审审理过程中，村委会坚决要求解除合同，可依法予以支持。上诉人在一审中也同意解除合同，有庭审笔录为证，二审中又反悔，法院不予支持。

(6)原审的处理结果基本可行。因5700元集资款实际是上诉人租赁27号营业房2年的租金，则被上诉人要求上诉人以租金形式弥补其所受损失是合理的。上诉人实际租用房屋的期间起自1993年3月，至1994年10月一审法院作出判决时止，共计租用20个月，每月租金以市场同类房其他用户所交的140元计算，则上诉人应交房租2800元。从1994年2月上诉人拒交市场管理费起，至1994年10月止，计9个月，每月按市场同类房其他用户所交的40元计算，则上诉人应交市场管理费360元。上诉人使用房屋期间应交纳费用总计为3160元。原作为定金的2000元集资款可先行抵付，下欠1360元，应限期给付。上诉人拒付3700元欠款给被上诉人造成了利息损失，因被上诉人预先取得2000元定金已获取一定银行利息，二者可予相互抵消。又被上诉人在签订合同中有一定过错，则其余1700元的利息差额损失由其自己承担。

综上所述，原审法院根据《中华人民共和国民法通则》第一百一十一条之规定所作的判决并无不当，上诉人上诉理由依据不足，本院不予支持。

4.二审定案结论

根据《中华人民共和国民事诉讼法》第一百五十三条第一款第(一)项之规定，判决：

驳回上诉，维持原判。

二审案件诉讼费240元，由上诉人负担。

（七）解说

1.集资建房问题的初步认识。

集资建房是以解决住宅、经营场所（包括临街门面）为目的，采取集资的形式建筑房屋，集资人享有使用某部分房屋的分配权。它的法律性质，既不同于房屋买卖，也不同于房屋租赁。要获得房屋的使用权或所有权，还有待新的法律规定。针对本案实际，从双方当事人签订的合同内容和双方实质形成的关系来分析，可以认定该集资合同为租赁性质的合同。实践中，集资建房的类型有多种，有房地产公司集资，有单位内部集资、民间集资等等。每一种集资形式都有其不同的处理集资款的方式。有的是几年后退还集资款，与房屋的出售、出租不发生关系；有的是以集资款为定金，享有优先购买权；有的是以集资款为本金，以虚设的银行利息代租金；有的是以一次性集资款作为临时经营期的租金（同时也可获得虚设的银行利息）。本案就属最后这种情况，一次性集资款5700元实际是用户经营期2年的租金。筹资方既一次性得到了租金，又可获得租金的银行利息，受益是较大的；但由于租金已经双方约定，且可能在出租期间因房租价格上涨而蒙受损失，因而也承担风险。

集资建房问题情况复杂，在集资、施工、验收、使用过程中时有纠纷发生。而法律规定又不明确，因此处理起来难度大。法院在审理过程中，要根据立法精神和有关政策，区别不同情况正确处理。本案合同中有规定金星森享有房屋所有权的条款，考虑到房屋是临时性经营门面，由其享有所有权必然损害集体的利益，因此应当认定该条款无效。上诉人提出房屋面积和房屋质量上存在瑕疵，但考虑到被上诉人已采取一定措施进行了弥补，故不宜认为被上诉人违约。总之，集资建房问题已成为当前市场经济发展中的一个重要方面。对因集资建房而发生的纠纷的解决，没有明确的法律依据可资引用。在处理该类问题时，原则上应以房地产业的积极健康发展为基本尺度，具体情况再作具体分析。

2.解决纠纷一定要重视社会效果。

法院在审理案件时，在合理解决当事人之间纠纷的同时，一定要考虑到这样解决问题会产生什么样的社会效果。这也是一个原则性问题。本案中的集资合同实为村委会单方面拟定的标准合同，而且内容上也相互矛盾。"乙方享有房屋所有权"的规定，实际已使乙方对合同内容产生了误解。从这方面来看，撤销该合同或者认定合同全部无效，也是有法律依据的。但要考虑到，与村委会签订同样合同的不只上诉人一人，如果认定合同无效或者撤销该合同，则极有可能引发一系列新的纠纷产生，造成不良社会后果。故在认定合同效力时，要从各方面综合考虑。

3.一审处理上的不足。

一审没有对该合同的性质进行分析。认为金星森未按合同约定交清集资款，则对27号工农业房不具有所有权。以此推理，如果金星森交清了集资款，则对27号营业房享有所有权。一审法院在认定当事人双方的合同关系时，实际已确认他们之间是买卖关系，这是不妥当的。在实际处理时又要求金星森以租金弥补村委会所受损失，显然有矛盾之处。另外，一审法院同意解除合同，却没对合同的效力事先进行认定。解除合同应当是解除有效的合同。凡解除合同，均需首先认定合同有效。这是审判实践中特别需要加以注意的问题。有的审判人员甚至判决解除无效的或应予撤销的合同，这是对合同无效、合同撤销和合同解除的含义没有真正理解所致。合同无效，是指徒具成立形式而严重欠缺有效要件的合同自始且根本不发生法律效能的制度，只能以严重欠缺有效要件的合同为对象。合同的撤销，是指内容有重大误解或显失公平的合同，因撤销权人行使撤销权而自始丧失法律约束力的制度。其对象也是欠缺有效要件的合同，而非完全有效成立的合同。合同解除，是指在合同有效成立之后，当解除的条件具备时，依当事人一方或双方的意思表示，使合同关系消灭的制度。所以，三者是有区别的，实践中不可相互混用。尽管一审法院在判案理由的阐述上存在上述不足，但其处理结果基本可行，故可以维持。

（刘卓彬）

34. 陈於厚诉九江市旧城改造综合开发公司拆迁还房案

（一）首部

1. 判决书字号：江西省九江市浔阳区人民法院（1994）浔民初字第224号。

2. 案由：拆迁还房纠纷。

3. 诉讼双方

原告：陈於厚，男，1956年2月13日出生，汉族，系九江市五交化总公司干部，住九江市双峰路49号。

被告：江西省九江市旧城改造综合开发公司。

法定代表人：李平，经理。

诉讼代理人：陆水礼，男，1957年9月18日出生，汉族，系九江市旧城改造综合开发公司副经理，住九江市孔家巷13号。

4. 审级：一审。

5. 审判机关和审判组织

审判机关：江西省九江市浔阳区人民法院。

独任审判：审判员：侯宁。

6. 审结时间：1994年8月17日。

（二）诉辩主张

1. 原告陈於厚诉称：1992年4月，被告九江市旧城改造综合开发公司因旧城改造要将原告租住的位于市双峰路49号住宅拆除，与原告达成“房屋拆迁还房协议书”，约定18个月以后还房给原告。现该房已于1994年6月竣工，被告于1994年6月20日书面通知原告挑选楼层，但至今未与原告办理新房交接手续，却以该房已有他人提出异议而拒绝交房。目前大部分拆迁户均已还房搬进新楼，而唯独原告被拒之门外，给原告生活和工作造成了极大影响。对此，原告认为被告的行为违背了“拆迁协议书”规定的内容，违反了国家有关法律。现要求被告按协议还房，并承担诉讼费用。

2. 被告江西省九江市旧城改造综合开发公司辩称：1992年6月24日，被告和原告签订了一份拆迁还房协议书，1994年6月26日我公司进行还房，但原告前妻赵宝珍持“协议书”来公司要求将该房还给她，并声称1993年7月她与原告离婚时原告已答应将此房给她。现在原告及其前妻均要求还房，被告不知道应该还给谁，请求法院依法作出判决。

(三)事实和证据

法院经审理查明:坐落在九江市双峰路49号房系九江市房地产公司的公房。该房原由原告陈於厚之父陈文波承租。1984年至1990年,原告父母相继去世,1991年该房改由原告承租。1992年被告对双峰路49号路段房屋进行拆迁改造,当年6月24日原被告双方就49号房拆迁签订"房产公司直管公房拆迁协议书",约定由被告拆除九江市双峰路49号房,在20个月内将新建房还给原告居住。1993年7月原告陈於厚与前妻赵宝珍经九江市浔阳区人民法院判决离婚(双方系1982年结婚),离婚时双方未就双峰路49号还房归属进行协商,因属公房,法院亦未作出判决。1994年6月,被告在此路段建造的新房竣工,开始还房。原告持户口及身分证、其前妻赵宝珍持户口及"拆迁协议书"分别前来被告处要求还房。被告九江市旧城改造综合开发公司一时无法决断此房到底该还给谁,遂决定暂不还房。原告多次找被告协商未果,遂于1994年8月2日起诉至九江市浔阳区人民法院,要求被告将此房还给他居住。

上述事实有下列证据证明:

1.原、被告双方签订的"房产公司直管公房拆迁协议书";

2.公房承租使用证;

3.九江市浔阳区人民法院判决原告与其前妻离婚的判决书;

4.原、被告的口述及其他证据。

(四)判案理由

法院认为:九江市房地产公司原坐落在本市双峰路49号房一直由原告承租,原、被告于1992年6月24日签订的拆迁还房协议合法有效,应受法律保护。被告应按协议履行还房义务。

(五)定案结论

江西省九江市浔阳区人民法院依据《中华人民共和国民法通则》第一百一十一条判决如下:

被告应按1992年6月24日原、被告签订的拆迁还房协议书履行还房义务。

本案受理费868元,由被告九江市旧城改造综合开发公司负担。

(六)解说

本案中被告应履行还房义务是无可争议的,对此被告亦无异议。但还房对象为谁,原告前妻赵宝珍应否作为当事人参加诉讼?如参加诉讼其诉讼地位如何?对此存在着三种不同的看法:

第一种意见认为原告前妻赵宝珍不应作为当事人参加诉讼。理由是:该房承租人为原告、现原告与赵已离婚,赵宝珍对该房拆迁返还无权利主张,该项权利系依附婚姻关系而存在、并随离婚而消灭。

第二种意见认为:原告前妻赵宝珍应作为共同原告参加诉讼。理由是:(1)原、被告系多年夫妻关系,自1982年结婚以来双方即租用该房,至1990年原告父母相继去世后该房即完全由原告与前妻承租,虽然1991年承租使用证上登记的是原告姓名,但不能就此认定是其个人承租。(2)1992年"拆迁还房协议"签订时,尚处在原告与前妻赵宝珍婚姻关系存续期间,当时赵宝珍亦与原告共同履行拆迁该房义务(让出该房),因此亦取得了预期还房的相应权利。(3)本案中赵宝珍与原告的诉讼标的是共同的,且义务承担人均为同一被告,故赵宝珍应为共同原告。

第三种意见认为：原告前妻赵宝珍应作为有独立请求权的第三人参加诉讼。理由是：(1)原告前妻赵宝珍与原告在婚姻关系存续期间，已由原告从其父母处无论是受赠还是继承而取得了该房的承租权，该房系二人共同承租。(2)原告与被告签订"拆迁还房协议书"时尚处在和赵宝珍的婚姻关系存续其间，其作为拆迁户签订协议，应视为家庭行为，而不能作为其个人行为承担义务和享受权利，原告只是这一家庭(户)的代表。事实上赵宝珍与原告一样在履行拆迁义务(指协议签订后搬出该房)。(3)本案中，赵宝珍对原、被告争议的诉讼标的有独立的请求权。由于49号新还房的承租权是一个完整的不可侵害的整体。在原告与赵宝珍离婚后，该项承租权只能属于一方所有而不能共同共有。赵宝珍以其有承租权而向本案中原、被告主张权利，既不参加到原告一方参加诉讼，也不参加到被告一方参加诉讼。故原告前妻赵宝珍应作为第三人参加诉讼。

笔者同意第二种意见。处理上应确认原告与赵宝珍共同取得承租权的情况下，具体由哪一方承租使用，由原告与赵宝珍协商解决，协商不成可按男女平等和保护妇女、儿童合法权益等原则，实事求是合情合理地予以解决。本案诉讼费用可考虑由原、被告共同负担，因本案过错并非原、被告故意不还房，而是原告内部权利主张未统一而导致被告无法履行还房义务。

本案处理欠妥之处在于漏列了共同原告赵宝珍。且在判案理由中没有论证原告前妻赵宝珍与本案的关系。另外，判决主文不具体，判决"被告应按1992年1月24日原、被告签订的拆迁还房协议书履行义务"，内容含混不清。因为"拆迁还房协议书"中规定的还房期限早已超过。这样表达判决主文容易造成在执行程序中双方继续发生纠纷，判决主文中应明确标的物的特征及追还期限。

(田百林)

35. 王怀仁诉福鼎县秦屿供销合作社房屋优先购买权案

(一)首部

1. 判决书字号

一审判决书：福建省福鼎县人民法院(1993)鼎秦民初字第068号。

二审判决书：福建省宁德地区中级人民法院(1994)宁民终字第2337号。

2. 案由：房屋优先购买权纠纷。

3. 诉讼双方

原告(上诉人)：王怀仁，男，61岁，汉族，福鼎县人，个体工商户，住福鼎县秦屿镇寒碧街107号。

诉讼代理人：何建安，福建省福鼎县律师事务所律师。

被告(被上诉人)：福建省福鼎县秦屿供销合作社。

法定代表人：林振协，主任。

第三人：陈家尧，男，49岁，汉族，福鼎县人，农民，住福鼎县秦屿镇康湖街62号。

第三人：陈可平，男，30岁，汉族，福鼎县人，福鼎县秦屿供销合作社职工，住福鼎县秦屿镇康湖街61号。

4.审级：二审

5.审判机关和审判组织

一审法院：福建省福鼎县人民法院。

合议庭组成人员：审判长：陈振西；审判员：甘正团；人民陪审员：李阿文。

二审法院：福建省宁德地区中级人民法院。

合议庭组成人员：审判长：吴家林；代理审判员：沈鸣鸣、杨杰。

6.审判时间

一审审结时间：1994年7月14日（经福鼎县人民法院院长批准依法延长审限）。

二审审结时间：1994年11月24日。

（二）一审情况

1.一审诉辩主张

原告诉称：原告于1982年向被告租用坐落秦屿镇康湖街279号店屋1间至今。1993年6月，被告张贴通告要变卖该店屋。原告获悉后多次向被告要求购买，而被告却将该店出卖给第三人，侵犯了原告优先购买权。请求依法确认被告与第三人的房屋买卖关系无效，保护原告优先购买权。

被告答辩：康湖街279号房屋系被告与第三人按份共有，且该房屋店面系其与第三人共用（第三人从店面通行）。第三人有优先购买权。将该店面出卖给第三人，并非侵权，请求驳回原告的诉讼请求。

第三人诉称：第三人向被告购买的店面系康湖街279号房屋的一部份。该房屋系其与被告按份共有，享有优先购买权。原告所诉无理，请求驳回原告的诉讼请求。

2.一审事实和证据

福建省福鼎县人民法院经公开审理查明：讼争房屋坐落秦屿镇康湖街279号。该房屋为木质结构，前后楼上楼下各2间，中间隔一天井。该房屋原属第三人祖辈所有。1956年公私合营时第三人将该房前截店屋上、下两间折价入股归被告所有，后截上、下两间仍属第三人所有。出入均由前截店屋右侧通行。天井、走廊、楼梯为双方共有。1985年5月31日，该店屋上、下两间由原告承租使用至今。1993年7月10日，被告将该店屋上、下两间出卖给第三人，双方引起纠纷。原告于1993年7月24日诉至福鼎县人民法院，请求确认双方房屋买卖关系无效，保护其房屋优先购买权。

上述事实有下列证据证明：

（1）1993年7月10日被告与第三人订立的“出让卖断店屋契约”；

（2）康湖街279号房屋平面图；

（3）双方当事人对原告承租事实及279号房屋结构及房屋产权事实的陈述。

3.一审判案理由

福建省福鼎县人民法院认为，讼争屋为原告承租，但该店屋与后截天井、走廊、楼梯及第三人的房屋连成一体。该店屋系属康湖街279号房屋整体结构中的一部分，且该房屋天井、走廊、楼梯为被告与第三人共有，同时该店屋右侧系第三人出入的必经之路，第三人对该店屋享有优先购买权，其与被告签订的店屋买卖关系有效，原告基于租赁关系的优先权不能对抗第三人的优先购买权。原告所诉无理,不予支持。

4. 一审定案结论

福建省福鼎县人民法院根据《中华人民共和国民法通则》第七十八条第三款之规定,作出如下判决:

驳回原告王怀仁主张讼争房屋优先购买权的诉讼请求。

案件受理费人民币 50 元,由原告负担。

(三)二审诉辩主张

上诉人(原审原告)诉称:该店屋与第三人房屋虽在同一房屋内,但前后两截产权明确,分别为被上诉人与第三人所有,双方不存在共有关系。尽管中间天井、走廊、楼梯为双方共有,但不能以此推论双方房屋按份共有,第三人不享有优先购买权,一审判决系属适用法律错误,请求撤销原判,支持其诉讼请求。

被上诉人、第三人的答辩:被上诉人店屋系 279 号房屋的一部分,中间天井、走廊、楼梯为双方共有,且第三人长期从被上诉人店屋右侧通行。279 号房屋系属被上诉人与第三人按份共有。第三人有优先购买权。原审判决正确,请求驳回上诉,维持原判。

(四)二审事实和证据

福建省宁德地区中级人民法院经审理查明:坐落秦屿镇康湖街 279 号房屋原系第三人祖遗房屋(二层)。该房屋分前后截两部分,中间为天井、走廊、楼梯。1956 年公私合营时,第三人将前截店屋(包括楼上)折价入股归被上诉人所有。但第三人仍从底层店屋右侧通行。中间天井、走廊和楼梯为双方共同使用。1982 年,被上诉人将其店屋出租给上诉人使用。1993 年 6 月,被上诉人张贴公告出卖该店屋。上诉人及第三人均向被上诉人要求购买。7 月 10 日,被上诉人立契将该店屋以人民币 20000 元出卖给第三人。上诉人提出异议,向福鼎县人民法院提起诉讼,主张该店屋优先购买权。

上述事实有下列证据证明:

1. 康湖街 279 号平面图;

2. 1993 年 7 月 10 日被上诉人与第三人订立的"出让卖断店屋契约";

3. 双方当事人在一、二审的陈述。

二审对一审认定的事实,进一步作了确认。

(五)二审判案理由

福建省宁德地区中级人民法院经审理认为,被上诉人店屋与第三人房屋虽然连为一体,但双方产权界限明确,第三人对被上诉人前截店屋没有共有权。现被上诉人出卖该店屋,第三人没有优先购买权,其与被上诉人签订的房屋买卖协议无效。上诉人系该店屋承租户,依法享有优先购买权。现其主张优先购买该屋应予支持。福鼎县人民法院以被上诉人店屋与第三人房屋之间的天井等为双方共有,第三人门路从被上诉人房屋右侧通行为由,确认第三人对讼争房屋享有优先购买权理由依据不足,所作判决不当,应依法予以改判。

(六)二审定案结论

福建省宁德地区中级人民法院根据《中华人民共和国民事诉讼法》第一百五十三条第一款第(二)项、《中华人民共和国民法通则》第七十二条、第五十八条第一款第(五)项、中华人民共和国国务院《城市私有房屋管理条例》第十一条之规定,作出如下判决:

1. 撤销福鼎县人民法院(1993)鼎秦民初字第 068 号民事判决。

2. 被上诉人与第三人签订的房屋买卖合同无效；上诉人对秦屿镇康湖街279号店屋享有优先购买权。

一、二审诉讼费各人民币50元，由被上诉人与第三人各负担50元。

（七）解说

本案的关键是如何认定康湖街279号房屋的产权性质，也就是说该房屋是被上诉人与第三人按份共有还是双方各自所有。根据法学原理，按份共有是指两个或两个以上的人对同一项财产，按照各自所有的份额分享权利、分担义务。按份共有的一个重要特征就是按份共有人对共有财产所享有的权利和承担的义务是对全部财产而言，只是受份额的限制而已。也就是说，双方对共有财产只能明确各自具体的份额，但不能确定该项财产的哪部分属自己所有。显然，康湖街279号房屋不属于这种情况。虽然双方房屋同处于一个整体结构中，但该房屋前截属被上诉人所有，后截属第三人所有。第三人对前截店屋没有共有权（虽然第三人从前截店屋底层通行，但这属于相邻通行权关系而非共有关系）。尽管中间天井、走廊等为双方共同使用，但不能以此推论全部房屋按份共有。因此，一审法院将康湖街279号房屋确认为按份共有，进而确认第三人的优先购买权是错误的。

本案需要说明的另一个问题是第三人从被上诉人店屋中通行，第三人是否因此也享有优先购买权？从相邻关系的角度考虑，将被上诉人房屋出卖给第三人不无道理。一审法院在很大程度上也是从这个角度考虑的，但在立法上确认相邻权也享有优先购买权之前，因相邻关系而产生的通行权是不能对抗上诉人基于租赁关系的而取得优先购买权的。因此，二审法院根据国务院《城市私房管理条例》第十一条的规定，对一审判决进行改判是正确的。

（吴家林）

36. 凌秀芳等诉上海市伟业房地产开发总公司返还房屋层次费案

（一）首部

1. 判决书字号

一审判决书：上海市浦东新区人民法院（1993）浦民初字第2369号。

二审判决书：上海市中级人民法院（1994）沪中民终字第543号。

2. 案由：返还房屋层次费纠纷。

3. 诉讼双方

原告（上诉人）：凌秀芳，女，1938年7月5日出生，汉族，系沪东造船厂退休人员，住上海市浦东新区莱阳路451弄29号501室。

原告（上诉人）：沈德良，男，1955年10月27日出生，汉族，系沪东造船厂工作人员，住上海市浦东新区莱阳路451弄30号303室。

原告（上诉人）：陆玲珍，女，1932年10月7日出生，汉族，系上海高桥石化公司退休人员，住上海市浦东新区莱阳路451弄30号304室。

原告（上诉人）：朱石妹，女，1912年6月19日出生，汉族，系上海冶炼厂退休人员，住上海市浦东新区莱阳路451弄31号203室。

原告(上诉人):沈维良,男,1932年1月29日出生,汉族,系上海高桥化工二厂退休人员,住上海市浦东新区莱阳路451弄31号202室。

原告(上诉人):沈民康,男,1951年12月28日出生,汉族,系上海高桥炼油厂工作人员,住上海市浦东新区莱阳路451弄32号302室。

原告(上诉人):张国英,男,1938年6月15日出生,汉族,系上港七区工作人员,住上海市浦东新区莱阳路451弄33号201室。

原告(上诉人):沈纯洁,男,1956年1月11日出生,汉族,系上海炼兴实业公司工作人员,住上海市浦东新区莱阳路451弄33号501室。

原告(上诉人):朱启珍,女,1933年9月10日出生,汉族,系沪东造船厂退休人员,住上海市浦东新区莱阳路451弄34号103室。

原告(上诉人):秦国昌,男,1944年5月15日出生,汉族,系沪东造船厂工作人员,住上海市浦东新区莱阳路451弄34号301室。

原告(上诉人):黄孟龙,男,1944年10月13日出生,汉族,系沪东造船厂工作人员,住上海市浦东新区莱阳路451弄35号303室。

原告(上诉人):秦国兴,男,1950年7月20日出生,汉族,系沪东造船厂工作人员,住上海市浦东新区莱阳路451弄34号303室。

原告(上诉人):奚银云,女,1912年3月12日出生,汉族,系高桥石化公司退休人员,住上海市浦东新区莱阳路451弄36号102室。

原告(上诉人):王雅芳,女,1938年4月25日出生,汉族,系上棉十九厂退休人员,住上海市浦东新区莱阳路451弄36号103室。

原告(上诉人):朱金勋,男,1933年12月24日出生,汉族,系上海高桥热电修理厂退休人员,住上海市浦东新区莱阳路451弄37号202室。

原告(上诉人):秦梅芳,女,1944年12月7日出生,汉族,系上港二区工作人员,住上海市浦东新区莱阳路451弄38号303室。

原告(上诉人):朱桃根,男,1929年1月2日出生,汉族,系上海浦港塑料厂退休人员,住上海市浦东新区莱阳路451弄38号103室。

原告(上诉人):朱玉昌,男,1958年10月31日出生,汉族,系浦东工务所工作人员,住上海市浦东新区莱阳路451弄38号301室。

原告(上诉人):朱龙富,男,1935年9月29日出生,汉族,系沪东造船厂工作人员,住上海市浦东新区莱阳路451弄38号101室。

原告(上诉人):沈裕祥,男,1948年9月10日出生,汉族,系沪东造船厂工作人员,住上海市浦东新区莱阳路451弄38号401室。

原告(上诉人):朱张明,男,1954年9月20日出生,汉族,系浦东工务所工作人员,住上海市浦东新区莱阳路451弄38号201室。

原告(上诉人):沈裕良,男,1930年9月30日出生,汉族,系上海高桥化工二厂退休人员,住上海市浦东新区莱阳路451弄41号103室。

原告(上诉人):沈国权,男,1947年3月20日出生,汉族,系沪东造船厂工作人员,住上海市浦东新区莱阳路451弄41号302室。

原告(上诉人):张关根,男,1950 年 11 月 2 日出生,汉族,系上海高桥炼油厂工作人员,住上海市浦东新区莱阳路 451 弄 41 号 504 室。

原告(上诉人):沈志国,男,1961 年 7 月 24 日出生,汉族,个体户,住上海市浦东新区莱阳路 451 弄 44 号 102 室。

原告(上诉人):沈文龙,男,1930 年 4 月 9 日出生,汉族,系沪东造船厂退休人员,住上海市浦东新区莱阳路 451 弄 44 号 202 室。

上述当事人之代表人:张国英、沈裕祥、朱桃根、秦国兴、沈裕良。

上述当事人之诉讼代理人(一审、二审):韩志成、周世明,上海市联合律师事务所律师。

被告(被上诉人):上海浦东伟业房地产开发总公司,地址:上海浦东新区张桥镇永业路 10 号。

法定代表人:张龙弟,总经理。

诉讼代理人(一审):赵焕生,上海浦东伟业房地产开发总公司开发部经理。

诉讼代理人(一审、二审):张锡祺,上海市浦东新区律师事务所律师。

诉讼代理人(二审):张建良,上海浦东伟业房地产开发总公司副总经理。

4. 审级:二审。

5. 审判机关和审判组织

一审法院:上海市浦东新区人民法院。

合议庭组成人员:审判长:张国铭;代理审判员:沈丽芳、蔡瑜。

二审法院:上海市中级人民法院。

合议庭组成人员:审判长:高中伟;代理审判员:唐玉珉、姜婷。

6. 审结时间

一审审结时间:1993 年 12 月 30 日。

二审审结时间:1994 年 11 月 15 日(经本院院长批准延长审限)。

(二)一审情况

1. 一审诉辩主张

(1)原告凌秀芳等 26 人诉称:1992 年 11 月,被告上海浦东伟业房地产开发总公司接受上海高桥石化房地产开发经营公司的委托,对浦东张桥乡朱家门地区实施拆迁。同年 11 月 18 日,原告方参加了被告召开的动员拆迁大会,并于 11 月 23 日到 12 月 8 日双方签订了安置协议,被告提出居住二、三、四层的住房必须支付层次费,以贴补居住差层次的居民,并擅自在被拆迁私房补偿金中扣除。原告方经查阅《上海市城市房屋拆迁管理实施细则》和专访有关部门得知,根本不存在另收层次费的规定,故屡次与被告交涉,要求其退还所扣的层次费,因索还未果而起诉法院,要求被告返还层次费 75713.80 元。

(2)被告上海浦东伟业房地产开发总公司辩称:1992 年 11 月受上海高桥石化房地产开发经营公司委托对原告方住所地进行房屋动迁,根据有关拆迁政策与原告签订"房屋拆迁补偿安置协议",在安置过程中,为解决住房层次的差别,而采取居住层次好的住户交付层次费,给予居住层次差的住户贴补层次费的方法。此办法与原告方协商后,在安置协议中另行列明,符合《上海市城市房屋拆迁管理实施细则》第十八条第(一)项中关于协议内容还可以包括"当事人认为需要订立的其他内容"的规定,因此,不愿返还层次费。

2. 一审事实和证据

上海市浦东新区人民法院经公开审理查明：1992 年 11 月，被告上海浦东伟业房地产开发总公司(原上海金厦房地产实业总公司张桥分公司)受上海高桥石化房地产开发经营公司委托，在浦东张桥乡朱家门地区原告方住所地实施房屋拆迁，同年 11 月 23 日至 12 月 8 日，原告方 26 人分别与被告签订了“房屋拆迁补偿安置协议”，协议中除一般的拆迁补偿安置内容外，还单列一条，凡分别居住二、三、四层的居民要交付层次调整费，每平方米分别为 27、90、54 元，凡居住六层的居民则补贴给其层次费。原告方 26 人均为被安置居住二、三、四层的居民，共被从拆迁补偿费中扣取层次费 75713.80 元。原告方也都按协议被安置了相应层次的住房。之后，原告方查阅了有关政策，发现协议中另行收取层次费的作法，没有政策依据，故认为是不合理的。又由于有关部门在接受居民咨询时答复此属乱收费，原告方便与被告进行了多次交涉，要求返还层次费。虽经有关部门多次协调，仍未有结果，故原告方 26 人向法院提起诉讼。

以上事实有下列证据证明：

(1)原告方 26 人分别与被告签订的“房屋拆迁补偿安置协议”；

(2)双方当事人的陈述。

3. 一审判案理由

原、被告在自愿、公平、等价有偿、诚实信用的基础上，根据国家的有关政策签订了房屋拆迁安置协议。签约中，双方对系争的层次费互补问题，经协商一致，自愿达成了协议，该项协议既维护了双方的利益，又不损害社会公共利益，是适应社会主义计划经济向市场经济转换的客观要求的。现原告反悔原协议，要求返还层次费，依据不足，不予支持。

4. 一审定案结论

上海市浦东新区人民法院根据《中华人民共和国民法通则》第四条、第八十五条之规定，作出如下判决：

原告凌秀芳、沈德良、陆玲珍、朱石妹、沈维良、沈民康、张国英、沈纯洁、朱启珍、秦国昌、黄孟龙、秦国兴、奚银云、王雅芳、朱金勋、秦梅芳、朱桃根、朱玉昌、朱龙富、沈裕祥、朱张明、沈国权、张关根、沈志国、沈文龙返还层次费之诉予以驳回。

本案诉讼费人民币 2781 元，由原告凌秀芳等 26 人承担。

(三)二审诉辩主张

上诉人凌秀芳等 26 人上诉称：(1)动迁时川沙县房产公司及张桥分公司均已不存在，故以金厦房地产公司张桥分公司名义签订的动迁协议应为无效协议。(2)被上诉人与高桥房产公司的协议中对层次费已作了规定，因此不应再向拆迁户收取层次费。(3)收取层次费没有政策依据，且经专访有关部门，他们答复层次费属乱收费。故要求改变一审判决。

被上诉人上海浦东伟业房地产开发总公司辩称：(1)动迁时虽已成立伟业公司，但尚未与金厦公司脱钩，伟业公司的图章等未刻好，是一套班子，两块牌子，故仍以张桥分公司名义动迁。(2)收取层次费是利用经济杠杆解决动迁难题，并无不当之处，且取之于民、用之于民，已全部返还给六层拆迁户。(3)否认原告方所称的动迁大包干中已包含层次费的说法。故要求维持一审判决。

(四)二审事实和证据

经上海市中级人民法院审理，除一审查明的事实外，还查明：被告原系川沙县张桥乡下属的一个独立法人单位，根据有关政策规定，乡一级机关不能成立房地产公司，经上级协调，该公司成为川沙房产公司的下属分公司——张桥分公司。1992 年 6 月,随川沙房产公司改称金厦房产公司而一起改为金厦房产公司张桥分公司。同年 9 月,该公司又向市房产局申请成为独立法人,正式成立伟业房产公司。

经向高桥石化房产公司当时经办人员调查,在包干协议中并没有对层次费有明确规定和层次费面积单列条款。

各上诉人具体被收层次费的数额:凌秀芳 2430 元、沈德良 2390 元、陆玲珍 4824 元、朱石妹 3690 元、沈维良 3852 元、沈民康 2394 元、张国英 4320 元、沈纯洁 1215 元、朱启珍 2300 元、秦国昌 2430 元、秦国兴 2390 元、黄孟龙 2394 元、奚银云 2430 元、王雅芳 2894.40 元、朱金勋 2894.40 元、秦梅芳 5917.50 元、朱桃根 5324.40 元、朱玉昌 3609 元、朱龙富 4824 元、沈裕祥 2165.40 元、朱张明 1082.70 元、沈裕良 2430 元、沈国权 2394 元、张关根 2390 元、沈志国 729 元、沈文龙 2000 元。共计人民币 75713.80 元。其中凌秀芳因有六层住房,其同时也收到了层次补偿费。这些层次费都已在拆迁补偿费中扣除了,以后被告因故决定二楼拆迁户不收层次费,并将已收的二层拆迁户层次费全部退还。本案中可以收取退还款的人表示本案审结前拒收该笔退款。对六层住房,被告仍按原协议每平方米 171 元补贴层次费。为此实际亏损 4 万余元。

上述事实有下列证据证实:

1. 证明被告单位变迁情况的有关文件、材料、企业法人的登记资料等;

2. 法院承办人对高桥石化房产公司当时经办委托拆迁协议的周志高、王光宇的调查笔录;

3. 被告扣除原告 26 人层次费及发给居住其他层次居民层次补贴费的有关单据和材料。

(五)二审判案理由

(1)关于被告资格问题。一审中原告并未对被告主体资格提出异议,二审中,上诉人提出了异议。上诉人的异议有一定道理。但考虑到本案的实际,特别是虽由高桥石化房产公司与川沙房产公司签订动迁承包协议,由于川沙房产公司(金厦房产公司)将此业务转给张桥分公司,而金厦公司前身是川沙房产公司,伟业公司前身又是川沙房产公司张桥分公司,拆迁安置的实际操作都由伟业公司进行,又确都在前后交替之时。综合上述历史原因,被上诉人又没对此提出异议,且表示服判。为避免重新签订协议、重新安置等种种不安定因素,以不变动该主体资格为宜。

(2)关于层次费性质问题。房屋层次有好坏,动迁安置中争要好层次拆迁房,一直是比较难以处理的问题。被上诉人在动迁大会上对居民讲明,利用经济杠杆即收取或贴补层次费来解决这一难题,且取之于民、用之于民,事实上不存在以此牟利的目的和行为,虽没有法律、政策明确许可这么做,但也不违背法律规定和危及公共利益。应该认为,双方基于平等协商、诚实信用而自愿订立的协议具有法律效力,双方都应遵守。

(3)关于一审判决书存在的问题。本案一审对某些当事人的姓名、年龄等有误写之处,判决主文中遗漏了当事人沈裕良。鉴于所有当事人都提出了上诉,应改判一审判决主文,维持关于诉讼费承担的判决。

(4)被上诉人决定自愿退还二层居民的层次费,应予准许。

(六)二审定案结论

上海市中级人民法院根据查明的事实和《中华人民共和国民事诉讼法》第五十三条之规

定，判决如下：

1. 撤销上海市浦东新区人民法院(1993)浦民初字第2369号民事判决。

2. 上诉人凌秀芳、陆德良、陆玲珍、朱石妹、沈维良、沈民康、张国英、沈纯洁、朱启珍、秦国昌、黄孟龙、秦国兴、奚银云、王雅芳、朱金勋、秦梅芳、朱桃根、朱玉昌、朱龙富、沈裕祥、朱张明、沈裕良、沈国权、张关根、沈志国、沈文龙要求返还层次费的诉讼请求，不予支持。

3. 上海浦东伟业房地产开发总公司自愿偿还二楼住户层次费，即张国英人民币718.2元、秦梅芳人民币1093.5元、朱张明人民币1082.7元予以准许。

一、二审案件受理费人民币5562元由上诉人凌秀芳负担178.54元、陆德良负担175.6元、陆玲珍负担354.06元、朱石妹负担271.02元、沈维良负担282.92元、沈民康负担175.9元、张国英负担317.26元、沈纯洁负担89.36元、朱启珍负担169元、秦国昌负担179.14元、秦国兴负担175.6元、黄孟龙负担175.9元、奚银云负担178.54元、王雅芳负担212.62元、朱金勋负担212.62元、秦梅芳负担434.3元、朱桃根负担391元、朱玉昌负担265.08元、朱龙富负担354.06元、沈裕祥负担159.12元、朱张明负担79.66元、沈裕良负担178.54元、沈国权负担175.9元、张关根负担175.6元、沈志国负担53.68元、沈文龙负担146.98元。

(七)解说

本案是一件动迁安置中产生的纠纷，在计划经济向市场经济转换过程中，房地产业及住宅商品化迅速发展。浦东在开放开发形势下，市政建设项目不断增加，商品房的建造不断发展，因此，在浦东新区，动迁安置工作也不断增加。而在动迁安置过程中，房屋层次有好差，拆迁户争要好层次的现象成为比较突出的问题，实施动迁的单位为解决这一难题，采取了种种办法，包括对住好层次房屋的拆迁户收取层次费、住差层次房屋的拆迁户贴补层次费的做法。这样，利用经济杠杆的作用进行调节，比较容易解决房屋层次的差别问题。只要动迁安置双方取得一致意见，不违反法律和危害社会公共利益，所签订的协议应是合法有效的，双方都应遵守。一、二审法院本着契约自由的原则认为，既经双方当事人协商一致、自愿订立的协议，应予维持。

(陈惠珍)

37. 列屿思成教育基金会诉塘坪村委会房屋返还案

(一)首部

1. 裁定书字号：福建省云霄县人民法院(1994)云民初字第212号。

2. 案由：房屋返还纠纷。

3. 诉讼双方

原告：福建省云霄县列屿思成教育基金会。

诉讼代理人：汤仙炉，任云霄县列屿思成教育基金会主任。

被告：福建省云霄县云陵镇塘坪村民委员会。

法定代表人：朱郭明，任云霄县云陵镇塘坪村委会主任。

4. 审级：一审。

5.审判机关和审判组织

审判机关:福建省云霄县人民法院。

合议庭组成人员:审判长:陈玉珍;审判员:周川闽;代理审判员:方建权。

6.审结时间:1994年9月29日。

(二)诉辩主张

1.原告列屿思成教育基金会诉称:云陵镇楼仔脚路"汤氏公寓"房屋系原告于30年代末40年代初为解决列屿一带学生上城求学的住宿问题,请求当时较有影响的族亲汤精义等集资兴建的。公寓竣工后,原产业代表人汤精义把房产移交给列屿思成教育基金会使用。解放初期,由于政治上、历史上的原因,致使该产业失管。被告因组建农会组织,便把该房产占用。后又私自分配给其村民居住,1963年又把该房产改做米厂使用至今。原告自1988年成立以后,多次向有关部门申请讨回该屋。1993年7月12日,云霄县人民政府在充分调查基础上,书面发函通知原告法人代表汤仙炉等按有关程序向"双登办"申报原"汤氏公寓"的土地使用权和房屋所有权。但被告拒不履行还房义务,故请求依法确认"汤氏公寓"归原告所有,并判令被告返还。

2.被告塘坪村委会辩称:原告诉讼主张缺乏事实和法律上的根据,请求法院依法驳回其起诉。理由:(1)讼争房屋既是汤氏族亲兴资建成的,其产权应归属于汤氏出资人共有,而原告既不是汤氏共有权人的继承人,又无法提交其取得该房产的证据,故与本案没有法律意义上的"利害关系",其作为本案的原告诉讼主体不合格。(2)讼争房屋土改期间被重新分配登记产权,其所有权已发生变更。(3)原告即使有权主张讨房的权利,其诉讼主张的时间也已超过法律规定的诉讼时效期间,已丧失胜诉权。

(三)事实和证据

福建省云霄县人民法院经公开审理查明:1938年间,由列屿镇各村及东厦镇湖丘、云陵镇前埔、后汤等村各推荐1名、计有11名会员组成列屿思成教育基金会(亦称思成堂)。为解决列屿及外衔一带的学生上城求学的住宿问题,由汤精义、汤涛、汤秉衡倡导集资兴建现讼争房屋,即"汤氏公寓"一座。至1943年下半年,开始接纳学生住宿。解放后,该组织的主要成员有的被镇压,有的逃亡,讼争的房屋闲置。1951年土地改革,由当时土改工作队将该房屋分配给6位无房可住的贫困户居住,有现塘坪街保存的云霄城厢房地产登记申请表为据。1956年云霄县四街农会为解决塘坪大队办公用房,从四街公产房中拿出6间房屋分别与"汤氏公寓"6位住户对换。有证人证言及塘坪街房地产登记申请表为据。从1982年县开始办理房产登记至今,这6户住房已有5户通过有关程序办理了调换取得了房产所有权证。1988年10月由列屿乡在职及退休干部等组成乡教育基金会(负责人汤仙炉),并向有关部门提出要求收回该讼争房屋归基金会。1993年7月12日,云霄县人民政府发函通知汤仙炉等代表,同意由列屿镇教育基金会按有关程序向"双登办"申报原"汤氏公寓"的土地使用权和房屋所有权。嗣后,原告即向县"双登办"申报产权,并于同年8月21日在《闽南日报》发表公告,被告见状于1993年10月24日提出异议。1993年11月20日,由列屿籍在职及退休干部等人申请在原基金会基础上恢复列屿思成教育基金会。1994年3月8日,经县民政局行文同意成立。1994年4月1日,列屿思成教育基金会向本院起诉,要求讨回房屋。塘坪村委会不同意返还房屋,要求确认讼争房屋产权属被告所有。

上述事实有原、被告双方提供的有关部门书面材料,庭审陈述证人证言等证明,现塘坪街居委会保存的1953年房地产清册第33卷、第34卷、第37卷里的记载，5位住户的房屋所有权证书为证。

（四）判案理由

福建省云霄县人民法院认为：讼争房屋即“汤氏公寓”虽系汤氏族亲在解放前共同出资兴建，土改期间该房屋未被没收，但在土改中已被列为公产分配给6位贫困户居住，应属政府行为。后再由四街农会为解决塘坪大队办公用房，从四街分房中拿出房屋与6位住房户对换。对换后，被告虽长期使用、占有讼争房屋，但在历次房产登记中均没有向有关部门申报登记产权。为此，原、被告的房产纠纷应向有关行政部门申请解决，不属人民法院管辖范围。

（五）定案结论

福建省云霄县人民法院根据审理所认定的事实、证据和上述判案理由，依照《中华人民共和国民事诉讼法》第一百零八条第（四）项的规定，于1994年9月29日作出裁定：

驳回原告云霄县列屿思成教育基金会的起诉。

宣判后，原、被告均未上诉。

（六）解说

福建省云霄县人民法院对本案作出驳回原告的起诉的裁定是正确、恰当的。

首先，原告的诉讼请求不属人民法院主管的范围。因此讼争房屋虽系汤氏族亲在解放前共同出资兴建的，但在土改中已被土改队列为公产房进行分配，所有权已发生变更。1988年10月原告成立后，向有关部门申请讨房，至1993年7月云霄县人民政府发出函件通知汤仙炉等代表按程序申报登记产权。政府部门未经作出返还房产的决定，为答复人大代表提案而发出的“通知”不能作为确权的依据。讼争房在土改中被分配应属行政行为，若政府部门认为要退还房产属落实政策的范围，应依照有关政策和法规作出处理决定。为此，该纠纷应先经有关行政部门作出明确处理后，原、被告方可向人民法院起诉。

其次，最高人民法院关于贯彻执行民事政策法律的意见指出：土改遗留的房屋纠纷，一般的应以土改时确定的产权为准，当时决定归谁所有，即归谁所有。本案讼争房屋在土改中已被土改队列为公产房而分配给6位住户居住，后再由四街农会为解决塘坪大队办公用房，从四街公产房中拿出房屋分别与6住户对换（塘坪街1953年土改清册有记载）。对换后，被告虽长期使用，占有该房屋，但在历次房产登记中均没有向有关部门申报登记产权。云霄县人民政府又向原告发出按程序向有关部门申报登记产权的通知，显然与土改中对讼争房屋的处理是不相一致的。为此，本案讼争房产的权属之争应由有关行政部门作出处理决定，而不属人民法院主管。

再次，本案中涉及的原告诉讼主体资格也值得商榷，原列屿思成教育基金会与原告是否有渊源关系，是否具备诉讼主体资格，值得研究。因此，福建省云霄县人民法院依法驳回原告起诉的裁定是正确、恰当的。

（周川闽）

第四篇　土地使用权及相邻权纠纷案例

38. 刘毓庭诉李国涛等宅基地确权案

(一)首部

1. 判决书字号

一审判决书:广西壮族自治区贺县人民法院(1992)民判字第29号。

二审判决书:广西壮族自治区梧州地区中级人民法院(1993)梧地民终字第68号。

再审判决书:广西壮族自治区梧州地区中级人民法院(1994)梧地民再终字第10号。

2. 案由:宅基地纠纷。

3. 诉讼双方

原告(上诉人、再审申请人):刘毓庭,男,69岁,汉族,梧州汽车公路段退休工人,住贺县八步镇厦良街桥东巷4号。

被告(上诉人、再审被申请人):李国涛,男,67岁,汉族,八步汽车站退休工人,住贺县仪器厂宿舍。

被告(上诉人、再审被申请人):李国泉,男,60岁,汉族,八步汽车站退休工人,住该站宿舍。

被告(上诉人、再审被申请人):李国俊,男,50岁,汉族,贺县矿乡局职工,住该局宿舍。

4. 审级:再审。

5. 审判机关和审判组织

一审法院:广西壮族自治区贺县人民法院。

合议庭组成人员:审判长:黄永耿;代理审判员:刘建泉、罗耀。

二审法院:广西壮族自治区梧州地区中级人民法院。

合议庭组成人员:审判长:杨丽焜;审判员:黄家胜;代理审判员:杨远华。

再审法院:广西壮族自治区梧州地区中级人民法院。

合议庭组成人员:审判长:黄献年;审判员:屠延南、李美富。

6. 审结时间

一审审结时间:1992年4月15日。

二审审结时间:1993年6月4日(经本院院长批准延长审限)。

再审审结时间：1994年12月31日。

（二）一审诉辩主张

原告诉称：讼争宅基地是我兄刘毓芳于1950年2月向原业主伍宣昌购买，后因各种原因而未建成房屋。我们家庭便在此宅基地上种植果树、蔬菜和管理使用。1980年我虽写过赠与书将该地送给被告，但这是不合法的，他们也未曾办理公证手续，使用权也未转移，故此，我收回使用。现经城建部门批准，在该地上搭建了临时的简易房，请求法院依法确认我对该宅基地的使用权。

被告辩称：该宅基地确是原告家的，但原告已于1966年2月22日将该地自愿赠与我们所有，有赠与文书为证。我们使用该地多年，并建有简易房，已享有使用权，应由我们继续管理使用。原告未经我们同意强行拆除保管单车的简易房，属侵权行为，请求维护八步镇政府的处理决定，并要求原告赔偿简易房材料损失、人工费共300元，人工费及水管损失费共300元，保管单车损失费3600元，合计4200元。

（三）一审事实和证据

广西壮族自治区贺县人民法院经公开开庭审理查明：原、被告讼争的宅基地，位于贺县余步镇新宁街21号房屋（即被告房屋）左侧。东至新宁街街道边、西至小河、南至被告房屋左侧滴水为界、北至新宁街向阳路为界。面积共73.33平方米。讼争的宅基地北半部是空地，南半部原有原告家在解放前向原业主伍宣昌借地兴建木板结构屋一间。1950年9月22日，原房屋遭火灾烧毁，变成空地。同年9月29日讼争地由原告父亲以其长子刘毓芳名义购得，有买卖契纸为凭。1961年后讼争地由原告户管理使用，在该地上种上果树、蔬菜等作物。1966年2月22日，原、被告因是邻居，关系好，原告便写赠送书将讼争地赠与被告盖房。事后，被告一直没有在宅基地上兴建房屋。宅基地丢空期间，原、被告均在宅基地上种过菜。1976年，八步镇亲宁街机修组向原告户借用该地作工场，并砍了宅地上的二株柚子树，街道居委会补偿原告户青苗费40元。1980年，被告未经城建部门许可，私自在讼争宅基地上搭盖木柱的简易棚1间，用作保管单车，并在讼争地处建水井1口。1987年3月24日，原告在被告的要求下，写了关于赠送铺地契补办证的报告给被告，被告没有办到公证书。同年6月，被告持该地契以原告刘毓庭的名义到房产部门申请换发新的房产证。1987年9月9日，房产部门同意原告刘毓庭换发新的房产证，后因房产部门发现该地实际没有房屋存在而取消该房产证。1988年9月5日，原告见被告未能在该宅基地上建房，便向城建部门申请建房，同年10月4日，城建部门发给原告临时建筑许可证。1988年10月14日，原告未经被告同意，拆除了被告在该宅基地上的简易单车棚，并将拆下的材料堆放在被告房屋的后侧。同时将被告在宅基地处挖的水井盖实封闭，将抽水泵拆下交给被告。尔后，原告在该宅基地上搭建板壁、木柱、上盖石棉瓦的简易房三间。被告便向八步镇政府要求处理，八步镇政府于1989年9月10日作出处理决定，将讼争的宅基地处理给被告使用，由原告赔偿被告经济损失4200元。原告于同年10月5日向贺县人民法院提起诉讼。

（四）一审判案理由

广西壮族自治区贺县人民法院鉴于上述事实认为：原、被告讼争的宅基地，原系原告户于1950年购买的宅基地，有房地契为凭，双方承认。原告于1966年立赠与书处分讼争宅基地给被告所有，其行为不符合国家的政策法律，亦不具备赠与的实质要件，因而原告的赠与是无效的。但鉴于被告长期使用讼争宅基地，原告亦无异议，因此，原告要收回使用于理不合。现该地国家没有征用,可由原、被告共同使用。被告要求原告赔偿因拆除其保管单车简易房而损失的保管单车费收入、搭盖该房的人工费、拆除损坏的材料费、挖水井的人工费、水管损失费的请求,由于被告是未经城建部分批准私自搭建的,而原告是经城建部门发给临时准建证后才实施拆除的,且拆除后已将简易房的全部材料及水井的水泵归还被告。据此,被告的请求理由不成立。

(五)一审定案结论

广西壮族自治区贺县人民法院依法作出判决:

1. 原告刘毓庭与被告李国涛、李国泉、李国俊讼争的宅基地 73.33 平方米,由原、被告各使用二分之一。以南、北为界,西面 36.66 平方米归原告使用,东面 36.66 平方米归被告使用。

2. 讼争宅基地归被告使用部分,原告原有的简易房,限在本判决发生法律效力后 1 个月内自行拆除,将宅地交付被告使用。

3. 驳回被告要求原告赔偿损失的诉讼请求。

受理费 614 元,由原告负担 200 元,被告负担 414 元。

(六)二审情况

一审判决后,原、被告均不服判决,向广西壮族自治区梧州地区中级人民法院提起上诉。

上诉人刘毓庭的上诉理由是:原审判决认为上诉人李国涛等人曾使用过讼争的宅基地,将讼争的宅基地二分之一的使用权判归其所有,依据不足。政府部门已依法给上诉人刘毓庭办理了重建房屋的手续,认定了上诉人使用讼争宅基地的合法性,而上诉人李国涛等人是在没有取得任何合法依据情况下使用讼争的宅基地的,是违法行为,理应不予保护。

上诉人李国涛、李国泉、李国俊的上诉理由是:讼争的宅基地上诉人刘毓庭已赠与给我方所有,我方使用该地长达 26 年之久,对方从无异议,该地应归我方所有。

广西壮族自治区梧州地区中级人民法院认为:双方讼争的宅基地,原系上诉人刘毓庭户于 1950 年购得,有房地契为凭。1966 年刘毓庭立赠与书处分讼争宅基地给李国涛所有,其行为不符合国家的政策、法律,亦不具备赠与的要件,因而赠与无效。但鉴于上诉人李国涛户对部分讼争宅基地长期使用,刘毓庭户亦无异议,现该地国家没有征用,可由上诉人双方共同使用。上诉人李国涛要求赔偿因拆除其保管单车简易房而损失的保管单车费收入、搭盖该房的人工费、拆除损坏的材料费、挖水井的人工费、水管损失费的请求,理由不充分,本院不予采纳。但原审判决对讼争宅基地的划分不利当事人使用,应予以纠正。

广西壮族自治区梧州地区中级人民法院 1993 年 6 月 4 日根据《中华人民共和国民事诉讼法》第一百五十三条第一款第(二)项之规定,作出如下判决:

1. 维持贺县人民法院(1992)民判字第 29 号民事判决第三项。

2. 撤销贺县人民法院(1992)民判字第 29 号民事判决第一、二项。

3. 讼争宅基地从东边平衡量入 5.6 米处为界线,界线以东的宅基地归刘毓庭使用;界线以西的宅基地归李国涛、李国泉、李国俊共同使用,该共同使用部分宅基地,刘毓庭原有的简易房限接到本判决书之日起 1 个月内自行拆除。

上诉费 850 元,由双方各负担一半。

(七)再审情况

1. 再审诉辩主张

上诉人刘毓庭不服判决，向自治区高级人民法院、梧州地区中级人民法院申请再审。梧州地区中级人民法院对再审申请审查后，决定立案再审。

再审申请人称：讼争的宅基地一审、二审法院都明确权属是我的，我从购买之日起都未放弃过该宅基地的使用权和管理权。由于历史的原因，我原房被火烧后只在该地上把后面的基础建好，并在该地种植作物。1980年，我将讼争宅基地赠与给被申请人，由其建房后把地下一间铺面给我，这是无效的。被申请人只使用几年时间也没有建房，一、二审法院将属我使用的土地判一部分给被申请人是错误的。

再审被申请人答辩：讼争的宅基地我们已使用20多年，他也立有赠与书给我们，讼争宅基地应属我们使用。

2.再审事实和证据

(1)1950年9月29日，刘毓庭父亲以其长子刘毓芳(1950年已故)的名义购得讼争之地后，刘毓庭家人在讼争地的西边下石脚欲建房屋，由于刘毓芳去世而未建。

(2)1952年2月22日，刘毓庭家人到政府部门以原草契刘毓芳的名字领取了广西省人民政府发的桂契字第039039字房地契纸，面积一分一厘。

(3)1980年，刘毓庭立写赠与书将两间铺地除留地下一间铺面自用外，其余地方连铺地契赠送给被申请人。

以上事实有当事人陈述、政府发的房地契纸以及广西高级人民法院技术鉴定证实。除以上事实外，梧州地区中级法院再审认定的事实与原审法院认定的事实相符。

3.再审判案理由

(1)再审申请人刘毓庭与再审被申请人李国涛、李国泉、李国俊讼争的宅基地是刘毓庭家在1950年购买的，1952年也领取了广西省人民政府颁发的房地契纸，再审申请人刘毓庭家人依法取得了讼争宅基地的所有权。尔后，刘毓庭一直管理使用讼争宅基地到1979年。从1956年后到1982年宪法正式规定城市土地属国有期间，是禁止买卖、赠与土地的。所以，刘毓庭1980年将其使用的土地立书赠与李国涛、李国泉、李国俊的行为是违反当时的法律政策的，该赠与没有法律效力，依法不予保护。李国涛、李国泉、李国俊虽然从1980年到1988年搭棚使用该地，但是没有依法取得讼争宅基地的使用权，其使用是非法的，依法也不予保护。

(2)现讼争的宅基地属国家所有，根据国家的有关法律政策，再审申请人刘毓庭享有使用权。原审法院查明刘毓庭在1966年将讼争宅基地立书赠与再审被申请人李国涛、李国泉、李国俊与事实证据不符，不予认定。原审法院以此来认定李国涛、李国泉、李国俊长期使用部分讼争宅基地而将讼争的部分宅基地判给李国涛、李国泉、李国俊使用是错误的，应予纠正。讼争的宅基地的使用权在国家没有调整之前应属于刘毓庭。

(3)再审被申请人李国涛在未取得合法的土地使用权以及未经有关部门批准就在讼争的宅基地上搭盖单车棚是错误的。刘毓庭擅自拆除李国涛的单车棚和封闭水井也是不妥的，但其建房是经批准、且拆除的材料已全部归还给李国涛等人，未造成大的损失。李国涛、李国泉、李国俊要求刘毓庭赔偿损失的请求理由不足，不予支持。

4.再审定案结论

广西壮族自治区梧州地区中级人民法院依照《中华人民共和国民事诉讼法》第一百五十三条第一款第(一)项、第(三)项的规定，经审判委员会讨论决定，作出如下判决：

(1)维持梧州地区中级人民法院(1993)梧地民终字第68号民事判决书的第一项,即维持贺县人民法院(1992)民判字第29号民事判决第三项。

(2)撤销梧州地区中级人民法院(1993)梧地民终字第68号民事判决书第二项、第三项。即:撤销贺县人民法院(1992)民判字第29号民事判决书的第一、第二项。即:讼争宅基地从东边平衡量入5.6米处为界线,界线以东的宅基地归刘毓庭使用;界线以西的宅基地归李国涛、李国泉、李国俊共同使用,该共同使用部分宅基地刘毓庭原有的简易棚限在接到本判决之日起1个月内自行拆除。

(3)讼争的宅基地东至新宁街边,西至小河,南至新宁街21号房屋左侧滴水为界,北至新宁街向阳路为界,面积73.3平方米归刘毓庭使用。

一审案件受理费614元,由刘毓庭负担200元,李国泉、李国涛、李国俊负担414元;二审案件受理费850元,由刘毓庭负担425元,李国泉、李国涛、李国俊负担425元。

(八)解说

1956年1月18日中共中央批转中央书记处第二办公室《关于目前城市私有房产基本情况及进行社会主义改造的意见》中规定:"一切私人占有的城市空地、街基等地产,经过适当的办法一律收归国有。"这表明,城市私有土地逐渐向国有转化,从此以后到1982年宪法正式规定城市土地属国有期间,实际上是禁止赠与城市土地的,公民个人只有使用权,无处分权。刘毓庭将属其使用的宅基地赠给李国涛、李国泉、李国俊所有,明显违反国家法律政策的规定。刘毓庭的赠与行为,应属无效。李国涛、李国泉、李国俊没有取得讼争宅基地的合法使用权,依法不应保护。根据国家土地管理局(1990)国土(法规)字第13号关于城市宅基地所有权、使用权复函最高人民法院民事审判庭"我国1982年宪法规定城市土地归国家所有后,公民对原属自己所有的城市土地应该自然享有使用权"的意见,刘毓庭对讼争的宅基地自然享有使用权,城建部门也批准他在讼争的宅基地建房,再审法院判决讼争的宅基地归其使用是正确的。至于李国涛等人提出的损害赔偿之请求,再审法院指出了刘毓庭行为的不妥,并根据实际情况不采纳他们的请求,也是正确的。

(黄献年)

39. 李再生等诉李成赠等相邻用地、损害赔偿案

(一)首部

1.判决书、调解书字号

一审判决书:福建省古田县人民法院(1992)古法民字第040号。

二审判决书:福建省宁德地区中级人民法院(1992)宁地法民上字第445号。

再审调解书:福建省宁德地区中级人民法院(1993)宁中民再字第08号。

2.案由:相邻用地、损害赔偿纠纷。

3.诉讼双方

原告(上诉人、再审申请人):李再生,男,50岁,汉族,古田县人,职工。

原告(上诉人、再审申请人):李杨信,男,30岁,汉族,古田县人,农民。

被告(被上诉人、再审被申请人):李成赠,男,38 岁,汉族,古田县人,农民。

被告(被上诉人、再审被申请人):李廷福,男,29 岁,汉族,古田县人,农民。

4. 审级:再审。

5. 审判机关和审判组织

一审法院:福建省古田县人民法院。

合议庭组成人员:审判长:黄文熹;代理审判员:兰惠琴、林章平。

二审法院:福建省宁德地区中级人民法院。

合议庭组成人员:审判长:余长华;代理审判员:杨杰、谢勇。

再审法院:福建省宁德地区中级人民法院。

合议庭组成人员:审判长:张新希;审判员:马雄;代理审判员:许丽珍。

6. 审结时间

一审审结时间:1992 年 7 月 30 日。

二审审结时间:1992 年 12 月 7 日。

再审审结时间:1994 年 4 月 9 日。

(二)一审诉辩主张

原告诉称:被告未经其同意,强行在其房屋东侧飞檐下挖基建墙并拆锯飞檐,致使其房基下沉,板墙遭雨水侵蚀。请求判令拆除被告所砌屋墙,赔偿椽桁被锯的损失。

被告辩称:建墙经有村委审批,原告之父也虑及该墙必然会损害飞檐而进行阻挠,但经大队干部说服,原告之父已没有异议,且该墙对原告房屋有利无害,请求维持现状。

(三)一审事实和证据

福建省古田县人民法院经公开审理查明,原告祖上建有房屋 1 幢,坐落于古田县杉洋乡杉洋村,四至为:东至石狮坪,西至李朱泮厝,南至门口路,北至后门坪。1978 年,被告在原告厝东侧石狮坪上建厝,将西墙建到原告房屋的飞檐下,经原告父亲出面干涉,村乡两级干部制止,被告只建一层土墙后停止。1990 年 11 月,被告以避台风为借口,强行将墙建起,并将原告飞椽下的部分椽桁锯掉而引起纠纷,原告于同年 12 月诉至本院。

上述事实有下列证据证明:

(1)原告所执的土地房产所有证关于四至的记载;

(2)讼争地原村负责人关于纠纷经过的陈述。

(四)一审判案理由

福建省古田县人民法院认为,被告已将墙强行建到原告房屋飞檐下且锯掉部分椽桁,属侵权行为,本应予以拆除,考虑到被告建该墙既成事实,且该墙对原告房屋造成影响不大,在经济上作价补偿原告是合理的。

(五)一审定案结论

福建省古田县人民法院根据《中华人民共和国民法通则》第八十三条,作出如下判决:

(1)原告李再生、李杨信与被告李成赠、李廷福相邻墙保持现状。

(2)被告李成赠、李廷福应付给原告李再生、李杨信经济补偿款人民币 800 元。

诉讼费 100 元,原告负担 40 元,被告负担 60 元。

(六)二审情况

1. 二审诉辩主张

上诉人(原审原告)上诉称:原审判决虽然正确认定了被上诉人行为的侵权性质,但认定侵权墙对上诉人房屋影响不大与事实不符,实际情况是:由于被上诉人强行将墙建到上诉人飞檐内并锯掉部分椽桁,造成上诉人房基下沉、板墙遭雨水侵蚀,危及房屋安全,因此判决经济补偿不当,请求二审改判拆除侵权墙,恢复上诉人飞檐原状并赔偿损失。

被上诉人(原审被告)答辩称:原审判决认定纠纷墙对上诉人房屋影响不大属实,上诉人上诉主张与事实不符,请求予以驳回,纠纷墙不属违法强建,判决补偿对方800元不合理。

2.二审事实和证据

福建省宁德地区中级人民法院经审理查明,上诉人与被上诉人系邻居,讼争相邻地位于上诉人房屋东面飞檐下,宽65厘米,长8.5米。上诉人房屋系祖遗,土改时由上诉人之父李孝尧登记确权,所执土地房产所有证载明:东至坪;被上诉人房屋用地原系空坪,土改时由其父登记确权,所执土地房产所有证:西至李孝尧。1976年,被上诉人在该空坪上建房,西墙侵入上诉人房屋东面飞檐下地基65厘米建筑,上诉人出面干涉,双方发生争执,经乡司法办、村委制止,被上诉人只筑成一层土墙。上诉人对此没有再予异议。1989年,被上诉人又欲升高土墙续建,上诉人提出异议,双方再次发生争执,1990年,被上诉人以避台风为由,强行在土墙上筑起砖墙,并将上诉人房屋的部分椽桁锯掉,该墙经勘查,对上诉人房屋安全影响不大。

上述事实有下列证据证明:

(1)上诉人所持土改确权的土地房产所有证关于四至记载;

(2)被上诉人所持土改确权的土地房产所有证关于四至记载;

(3)纠纷现场勘查笔录;

(4)纠纷地原乡司法办、村委负责人关于纠纷经过的陈述;

(5)双方当事人关于纠纷经过的陈述。

3.二审判案理由

福建省宁德地区中级人民法院审理认为,上诉人与被上诉人讼争相邻地,属上诉人房屋东向飞檐下的滴水位,土改时,该地使用权由上诉人登记确权,被上诉人以其所执土地房产所有证主张该地使用权依据不足,其占用该地筑墙并拆锯上诉人房屋部分椽桁系侵权行为,造成上诉人的损失应予赔偿,鉴于被上诉人在占地建筑一层高土墙后,上诉人没有异议,现已超过诉讼时效,该墙可予维持现状。上诉人现提出被上诉人应赔偿其屋椽桁被锯的损失理由正当,予以支持,但主张拆除被上诉人西向屋墙理由不足,该项上诉请求不予采纳。原审人民法院对本案认定事实清楚,对讼争相邻地被上诉人所筑墙及赔偿损失的判决是正确的,但对双方当事人房屋界址未作确定不妥。

4.二审定案结论

福建省宁德地区中级人民法院根据《中华人民共和国民法通则》第八十三条、第一百三十四条第一款第(七)项和《中华人民共和国民事诉讼法》第一百五十三条第一款第(二)项,作出如下判决:

(1)维持古田县人民法院(1992)古法民字第040号民事判决书。

(2)上诉人与被上诉人房屋之间,以被上诉人房屋西墙外皮为界,被上诉人今后若改造升高房屋,上诉人房屋东向飞檐超越被上诉人房屋西墙外皮部分应允许被上诉人拆锯。

二审诉讼费100元,上诉人与被上诉人各负担50元。

(七)再审情况

1. 再审诉辩主张

二审宣判后,原审原告李再生、李杨信不服,继续提出再审申请,其申诉称:一、二审判决虽然都正确认定原审被告行为的侵权性质,但对侵权行为没有制裁,以经济补偿方式大事化小,实际上是纵容侵权,二审加判内容更是进一步纵容被告今后继续侵权,于法无据。申请人在被告强建土墙后就不断同对方交涉并写诉状向法院起诉,二审认定已超时效与客观事实不符,鉴于侵权墙危及申诉人房屋,请求再审撤销原判,改判拆除侵权墙,恢复飞檐原状并赔偿申诉人损失。

原审被告辩称:申诉人的主张没有任何证据可资佐证,纯属强词夺理,二审判决认定已超时效,符合客观事实,判决相邻墙维持现状正确。由于纠纷墙经村委审批同意,不属违法强建,原一、二审认定侵权不当,判决补偿不妥。

2. 再审事实和证据

根据最高人民法院《关于各级人民法院处理民事和经济纠纷案件申诉的暂行规定》,宁德地区中级人民法院对原审原告李再生、李杨信的申诉请求进行复查后认为,原审原告主张其在对方强建土墙后就不断提出交涉并向法院起诉,没有证据可以证实,原终审判决认定事实清楚。以上事实的证据与二审相同。

3. 再审判案理由

本案经再审合议庭评议,并由宁德地区中级人民法院院长提交审判委员会讨论认为:

(1)由于我国《民法通则》只规定诉讼时效,未规定取得时效。在诉讼时效制度下,权利人在时效期间届满以后,丧失的仅是依诉讼程序强制义务人履行义务的胜诉权,其实体权利本身并不消灭,义务人也没有取得实体权利。因此,本案终审关于"双方当事人房屋之间以原审被告房屋西墙外皮为界,并允许原审被告升高房屋继续拆锯原审原告飞檐"之判决,实际上是将原审原告(权利人)依法仍然享有的实体权利,判给了原审被告(义务人)。该项判决超越了法律权限,于法无据,应予撤销,原审原告在这一点上的申诉主张有理,可予支持。

(2)原审被告加高土墙并拆锯原告飞檐是一新的侵权行为,并未超过诉讼时效。由于该墙对原审原告房屋影响不大,在底层土墙已超诉讼时效可予维持的情况下,单拆除砖墙,对原审原告意义不大,从相邻有利生产、方便生活、充分发挥社会财富效益的原则出发,原终审判决相邻墙以经济赔偿方法维持现状,并无不当,应予维持,原审原告再审请求拆除该墙,恢复飞檐原状理由不足,不予采纳。

4. 再审定案结论

经再审公开开庭审理,双方当事人统一了认识,在再审合议庭主持下,双方自愿达成如下协议:

(1)双方房屋保持现状,讼争的相邻用地归原审原告李再生、李杨信使用,原审被告不得在此做沟、排水。

(2)原审原告房屋的椽桁被被告建房包进的部分,被告不得擅自锯除。

(3)原审原告若改建房屋,碰到被告房屋的飞檐,被告自愿锯除。

(4)原审被告自愿赔偿原告经济损失1500元,该款在调解书送达之日,一次性付清。

(八)解说

1. 原审原告于1990年12月就起诉至一审人民法院,但本案例所载明的一审审结时间却拖至1992年7月30日，其原因是最早的一次一审判决曾因遗漏与标的物有利害关系的李杨信、李廷福而被二审撤销发回重审，本案例所载明的一审审结时间即是经发回重审追加当事人后所作的判决时间。

2. 原终审判决适用法律之所以错误是由于对我国《民法通则》诉讼时效制度认识的偏差。在民法理论中，传统上就有诉讼时效和取得时效之分，所谓取得时效，是指财产所有人以外的人公开地、连续地占有他人的财产，经过法律规定的期间，就视为依法取得了该财产的所有权，它与诉讼时效的区别就在于权利人所丧失的权利是否由对方当事人所取得。我国《民法通则》只规定了诉讼时效，在诉讼时效制度下，权利人所丧失的权利对方并没有取得，该权利由于失去国家强制力的保护，处于无归属的不确定状态，原权利人和义务人都不拥有，义务人能够拥有的只是维持原状使用的权利。故此，本案原终审判决的错误实际上就是把《民法通则》所规定的诉讼时效当作取得时效来理解适用，因而超越了法律权限，于法无据。

（陈明祥）

40. 叶兴华诉叶兴康相邻关系案

(一)首部

1. 判决书字号

一审判决书：浙江省宁波市江北区人民法院北法(1992)慈民字第66号。

二审判决书：浙江省宁波市中级人民法院(1993)甬民终字第23号。

2. 案由：相邻权纠纷。

3. 诉讼双方

原告(上诉人)：叶兴华，男，51岁，汉族，宁波市江北区乍浦乡双顶山村农民。

原告(上诉人)：周珠芬，女，47岁，汉族，宁波市江北区乍浦乡双顶山村农民。

诉讼代理人：钱东明，宁波市江北区慈城镇法律服务所工作人员。

诉讼代理人：叶伟强，宁波市液压起道机厂工人(系叶兴华、周珠芬之子)。

被告(被上诉人)：叶兴康，男，58岁，汉族，宁波市江北区乍浦乡双顶山村农民。

诉讼代理人：郑鹿年，宁波市江北区慈城镇房管所职工。

诉讼代理人：叶伟芬，宁波市江北区乍浦乡双顶山村农民(系叶兴康之子)。

4. 审级：二审。

5. 审判机关和审判组织

一审法院：浙江省宁波市江北区人民法院。

独任审判：审判员：汪祖英。

二审法院：浙江省宁波市中级人民法院。

合议庭组成人员：审判长：陈冠心；代理审判员：徐祖明、徐乃成。

6. 审结时间

一审审结时间：1992年11月18日。

二审审结时间:1993 年 5 月 7 日。

(二)一审诉辩主张

1. 原告诉称:坐落在宁波市江北区乍浦乡双顶山村叶姓房屋 5 间,其中:东首楼屋 1 全间(包括楼上楼下)、西首楼屋 1 全间(包括楼上楼下),两楼南边平屋 2 间、披屋 1 间,系父辈遗留私房。叶兴康、叶兴华兄弟俩曾自行协商析产不成,遂于 1983 年 6 月邀请当地乡、村干部参加,协商析产,双方达成一致意见,并签订"分房协议书"一份,叶兴华(包括其妻周珠芬)分得西首楼屋 1 全间,披屋 1 间。叶兴康分得东首楼屋 1 全间、平屋 1 间。对上述披屋和平屋之间的另 1 间平屋,共 7 架,叶兴华得 4 架,叶兴康得 3 架,此平屋腰墙移装费用共同负担。上述东西楼屋之间的楼梯及楼梯弄共有共用,楼屋以北宅基地各半使用,西首由叶兴华使用,东首由叶兴康使用。"分房协议书"附有一个条件,即叶兴康在分房前搭在西楼西墙外的 20 平方米猪舍必须拆除,当时叶兴康口头同意,事后后悔,经多次协商无果。于 1992 年 9 月 15 日向人民法院提起诉讼,请求人民法院判令叶兴康拆除猪舍,重新分割楼北宅基地使用面积等。

2. 被告辩称:猪舍是分房以前所建,分房时,叶兴华、周珠芬曾要求拆除,被告同意有条件拆除,即由原告在异地建造同样猪舍一间给被告。由于猪舍不是共有产,所以在对共有产分割时未列入协议书。原告拒绝互换猪舍,以致讼争猪舍不能拆除,责任在于原告方。关于楼北宅基地使用面积,分房时,只有 10 平方米,即楼梯弄以西的那部分,楼梯弄以东的那部分宅基地,由于历史上房屋出典等原因,当时被邻居蒋某占用着,所以 1983 年 8 月双方在履行分房协议时,是按当时留剩的 10 平方米作对半分割使用至今的。1988 年是被告经与蒋某协商后才收回了东楼北边 6 平米宅基地使用权,现原告要求分享这 6 平方米宅基地使用权没有理由。

(三)一审事实和证据

本案经浙江省宁波市江北区人民法院公开审理查明:原告叶兴华与被告叶兴康系同胞兄弟,在江北区乍浦乡双顶山村陈家自然村有父辈遗产计东西楼屋 2 全间,两楼南边外有平屋 2 间、披屋 1 间,两楼中间楼梯 1 条,楼梯弄 1 条供出入行路;西楼及楼梯弄北边外宅基地 1 块,计 10 平方米。为明确产权,双方曾自行协商分房,但各持己见而协商不成,于 1983 年 6 月 16 日在乡、村干部的参加下,双方达成一致意见,并立"分房协议书"一份,协议书载明:西首楼屋 1 全间、披屋 1 间归叶兴华所有。东首楼屋 1 全间、平屋 1 间归叶兴康所有。上述平屋与披屋之间的另一间平屋共 7 架,前 3 架归叶兴康所有,后 4 架归叶兴华所有,分隔墙移装费共同负担。楼梯及楼梯弄共有共用。楼北宅基地各半使用。分房时,叶兴华、周珠芬曾提出拆除叶兴康建于西楼西墙外的猪舍,叶兴康同意有偿拆除,但未记入"分房协议书"。由于"分房协议书"符合双方意愿,双方均积极履行"分房协议书"所设定的权利义务,各自搬入协议书指定的房屋,并对楼梯弄为界的以西 10 平方米宅基地作了对半分割,各自管业使用。叶兴华、周珠芬还主动移装了共分的那间平屋腰墙,花费 100 元。"分房协议书"约定的权利义务于 1983 年 8 月底以前履行完毕,拆除猪舍的事被搁置下来。5 年后,叶兴康经与邻居蒋某协商,收回东楼北边外的 6 平方米宅基地使用权。审理过程中,曾组织双方当事人调解解决纠纷,叶兴康坚持有偿拆除猪舍的意见,叶兴华、周珠芬坚持不予新建也不支付拆迁补偿费,只同意提供建舍场地的意见,调解不成。

以上事实由"分房协议书"及参与分房的乡干部庄小雨、桂叔弘和村干部罗志康、徐小毛证言证实;双方当事人的陈述证明他们早已主动履行了"分房协议书"所设定的权利义务。

(四)一审判案理由

浙江省宁波市江北区人民法院经审理认为:叶兴华与叶兴康为继承析产,于1983年6月,在乡、村干部的参加下,经过平等协商,最后达成一致意见,对父辈遗产进行了分割,并订立"分房协议书",权利义务明确,体现了自愿、公平、合法原则,且双方当事人均自觉履行了分房协议,应确认"分房协议书"有效。关于原告要求拆除猪舍问题,一是拆除猪舍问题没有载入"分房协议书",叶兴康没有此项义务;二是猪舍建于70年代,已为乡政府认可,属于叶兴康个人财产,除叶兴康自愿处分外,不应当无偿拆除;三是叶兴康原住西楼,如果猪舍影响环境卫生的话,那么首先受害的是叶兴康。不能脱离农村猪舍搭在屋前屋后的现实。因此,原告提出无偿拆除猪舍的请求难以支持。关于重新分割宅基地使用权问题,楼梯弄以西的10平方米宅基地已在1983年8月双方作了对半分割使用,反映了当时宅基地面积原状,也反映了双方当事人对"分房协议书"所载"宅基地各半使用"的真实理解。现原告要求分享叶兴康通过协商取得的东楼北边6平方米宅基地使用权,有违诚实信用原则,不应予以支持。但原告根据"分房协议书"设定的义务,请求人民法院判令叶兴康支付一半腰墙移装费有理,应予采纳。

(五)一审定案结论

根据上述事实理由,浙江省宁波市江北区人民法院依照《中华人民共和国民法通则》第八十三条之规定,判决如下:

1. 原告请求判令被告拆除猪舍和重新分割宅基地使用权,不予准许。

2. 被告应支付给原告腰墙移装费50元。

(六)二审情况

1. 二审诉辩主张

一审判决后,原告叶兴华、周珠芬不服,以原判适用法律不当、判决不公为由,向浙江省宁波市中级人民法院提起上诉。

上诉人诉称:被上诉人叶兴康在分房时口头答应拆除猪舍,才达成分房协议,现他拒绝拆除,上诉人遭受叶兴康欺骗,法院不应当支持。"分房协议书"是附条件契约,根据民法通则规定,附条件协议,只有在所附条件履行后,"分房协议书"才完全生效。此外,"分房协议书"明确载明:"楼北宅基地各半使用",要求按现状划分各半使用,驳回请求显属不公。

被上诉人辩称:分房时并没有答应无偿拆除猪舍,因为:一是猪舍不是共有产,二是没有影响原告环境卫生,如果说影响环境卫生,那么叶兴华、周珠芬搭在被上诉人屋边的猪舍也得拆除;三是被上诉人一直主张有偿拆除,不存在欺骗的事。楼北宅基地问题,因为分房时,东楼北边的那6平方米宅基地被邻居占用,协议书上所写的宅基地各半使用的含义是指楼梯弄以西的那10平方米,实际履行证明了这一点。东楼北边的那6平方米宅基地是被上诉人协商取得,现原告主张分割缺乏依据。请求维持原判。

2. 二审事实和证据

二审法院审理查明的事实和证据,与一审相同。

3. 二审判案理由

浙江省宁波市中级人民法院认为:上诉人叶兴华、周珠芬与被上诉人叶兴康既是邻居又是亲属,所发生的相邻权益纠纷,应本着团结友好、互谅互让的精神处理。然而,几经调解双方仍坚持已见。本案是不动产分割后派生的相邻权益纠纷，在确认“分房协议书”合法有效的前提下，才能正确保护相邻权。鉴于叶兴康搭建猪舍已达20年之久，已为乡政府、村委会认可，上诉人请求无偿拆除不能支持。上诉人声称拆除猪舍是“分房协议书”的一个附条件协议，查“分房协议书”并无此项内容，因此，“分房协议书”并非属附条件协议。拆除猪舍未载入分书，表明当时叶兴康并未同意无偿拆除猪舍，因此，上诉人关于上当受骗的说法是不能成立的。关于请求重新分割宅基地使用权问题，鉴于分房时的宅基地只有10平方米，而且履行协议时以各5平方米作实际分割，当时双方均无异议。分房5年后，叶兴康通过协商途径收回了东楼北边6平方米宅基地使用权，分房9年后，上诉人提出分享主张，有违公平原则，不应予以支持。原判认定事实清楚，证据确实、充分，适用法律正确，判处合理合法，审判程序合法。上诉理由不能成立。依照《中华人民共和国民事诉讼法》第一百五十三条第一款第(一)项之规定，原判应予维持。

4. 二审定案结论

根据《中华人民共和国民事诉讼法》第一百五十三条第一条第(一)项之规定，判决如下：驳回上诉，维持原判。

(七)解说

1. 原告请求人民法院判令拆除猪舍应否照准。该猪舍建于70年代，而且长期使用至今，乡一级政府部门或村民委员会对此并无异议，且建于《中华人民共和国土地管理法》颁布之前，不受该法关于建房用地需经乡人民政府或有关土管部门批准等规定的溯及。正因为猪舍是叶兴康个人财产，除叶兴康自愿处分外，既不能列入共有产析产范围，也无依据判令无偿拆除。用发展的观点看，逐步改善农村生产生活环境是我国的奋斗目标，但是不能脱离目前现实，不能不看到农村经济发展的不平衡性，要改善农民生活环境，有待乡政府、村委会通过农村城市化统一规划解决。

2. 拆除猪舍是不是“分房协议书”的附条件民事法律行为？本案被告叶兴康并未表示同意无偿拆除猪舍，“分房协议书”也没有设定拆除猪舍的义务，所以，拆除猪舍不能成为“分房协议书”发生法律效力的条件。原告声称拆除猪舍是附条件民事法律行为依据不足。

3. 原告请求分享6平方米宅基地使用权是否有理？原告方要求按“分房协议书”载明的“宅基地各半使用”的约定办理，主张分割6平方米宅基地使用权，听来似乎有理，其实不然。一是不能离开1983年的现实。1983年分房时，所存宅基地只有10平方米；二是双方当事人对10平方米宅基地已作了对半分割使用，这反映了当时双方当事人对“分房协议书”的真实理解；三是东楼北边外6平方米宅基地是叶兴康于1988年通过协商而取得，原告出尔反尔，主张权利，根据不足。

(周绍富)

41. 董友瑜等诉上海联民食品厂经营部赵巷分部等相邻关系案

(一)首部

1. 判决书字号:上海市青浦县人民法院(1994)青民初字第472号。

2. 案由:相邻权纠纷。

3. 诉讼双方

原告:董友瑜,男,1942年3月13日出生,汉族,在上海新宜驼毛厂工作,住上海市青浦县赵巷镇赵兴西路11号109室。

原告:姚珍娣,女,1943年3月15日出生,汉族,无业,住上海市青浦县赵巷镇赵兴西路11号109室。

诉讼代理人:王伯仁,男,在上海市青浦县赵巷镇法律服务所工作。

被告:上海联民食品厂经营部赵巷分部,地址:上海市青浦县赵巷镇赵兴西路11号107室。

法定代表人:姚志华,负责人。

被告:高汝明,男,1958年4月12月出生,汉族,在上海联民食品厂工作,住上海市青浦县赵巷镇赵兴西路11号107室。

被告:方伟红,女,1962年5月21日出生,汉族,系上海联民食品厂经营部赵巷分部承包人,住上海市青浦县赵巷镇赵兴西路11号107室。

诉讼代理人:蔡新,上海市中山律师事务所律师。

4. 审级:一审。

5. 审判机关和审判组织

审判机关:上海市青浦县人民法院。

合议庭组成人员:审判长:张正;代理审判员:浦雪明、陈平平。

6. 审结时间:1994年11月5日。

(二)诉辩主张

1. 原告诉称:原、被告系邻居关系。1994年4月,被告擅自在自己天井围墙基础上搭建缺乏安全系数的楼房1间,严重影响和妨碍原告家的通风、采光;且被告在搭建的楼房内安置2台大功率的制冷设备,由于机器的震动和噪音,致使原告住房遭受损坏,正常的生活秩序受到干扰,要求判令被告排除妨碍、消除隐患、恢复原状,并赔偿经济损失人民币1823.26元。

2. 被告辩称:自己在天井围墙基础上搭建房屋情况属实,但原告诉称该房屋缺乏安全系数及影响其通风、采光没有法律依据;另自己在安置制冷设备时已采取相应的避震措施,故不存在震坏原告住房和因噪音而干扰原告的正常生活秩序之事实。据此,不同意原告的诉讼请求。

（三）事实和证据

上海市青浦县人民法院于 1994 年 7 月 12 日受理本案后，经公开开庭审理查明：

原告董友瑜与姚珍娣，被告高汝明与方伟红分别系夫妻关系，双方系邻居。现双方分别居住使用的坐落于上海市青浦县赵巷镇赵兴西路 11 号 109 室、107 室均为 1987 年所购置的集资性质的个体商业网点房，建筑面积分别为 80 平方米，结构为上下二层楼房，底层作营业用房，楼上为生活用房；另每户附朝南向 16 平方米天井一个。两原告住房居西，两被告住房居东。二房相接处山墙及天井围墙产权为双方共同共有。1992 年 12 月，被告上海联民食品厂经营部赵巷分部经工商行政管理部门注册登记后在被告高汝明、方伟红住房内开业。1993 年 3 月始，该营业部由被告方伟红个人承包。1994 年 4 月，被告高汝明、方伟红为扩大经营，急需安置冷藏柜及制冷设备用房。为此，两被告擅自在与两原告相邻的未经加固的天井围墙基础上搭建楼房 1 间，并在楼上安置了电动机功率为 3000 瓦的氟利昂压缩机 2 台，在楼下安置了冷藏柜，致使天井围墙的承载能力超过了原设计所允许的承载能力，引起双方共有围墙明显下降，围墙外侧底部与地坪严重开裂；并致原告天井南围墙及围墙门框不同程度受损。经本院委托上海市青浦县建设工程质量监督分部鉴定：被告高汝明、方伟红在天井围墙基础上所搭建房屋，存有不安全隐患，已无法保证继续安全使用。同时又由于两被告在安装压缩机时未能及时采取有效的避震措施，故机器的震动噪音影响干扰了原告的正常生活秩序。另外，两被告所搭建的房屋又严重影响了原告的通风、采光。另查明：两原告与被告高汝明、方伟红所居住使用的整幢房屋屋面由于年久失修，故均不同程度存在屋面渗漏现象。两原告诉称的由于被告安装的机器震动，致使自己居室渗漏，缺乏相应的法律和事实依据。

审理过程中，被告主动采取相应的避震措施，基本上消除了影响原告正常生活秩序的机器震动噪音。原告则表示自愿放弃要求被告赔偿经济损失的诉讼请求；但坚持要求被告排除妨碍、消除隐患、恢复原状的诉讼请求。对此，被告持有异议。

上述事实有下列证据证明：

1. 调查证人青浦县赵巷镇乡建办主任李建明关于原、被告购买现居住、使用房屋性质、结构状况的笔录；

2. 青浦县人民法院对原、被告现居住、使用房屋的现场勘验笔录；

3. 上海市青浦县建设局质量监督分站关于被告违章搭建缺乏安全系数、无法保证继续安全使用的鉴定结论。

（四）判案理由

青浦县人民法院认为，不动产的相邻各方，应当按照有利生产、方便生活、团结互助、公正合理的精神，妥善解决相邻纠纷。被告高汝明、方伟红未经批准在天井围墙基础上搭建的房屋既缺乏安全系数，又影响原告的通风、采光；且又由于围墙基础超负载而造成相邻原告天井中部分财产受损，其行为损害了原告的合法权益，理应承担相应的民事责任。原告请求排除妨碍、消除隐患、恢复原状、赔偿经济损失的诉讼请求，理由正当，应予支持。现原告自愿放弃要求被告赔偿修复受损财产经济损失的诉讼请求，应予准许。

（五）定案结论

上海市青浦县人民法院依照《中华人民共和国民法通则》第八十三条、第一百三十四条第一款第（二）项、第（三）项、第（五）项之规定，判决如下：

被告高汝明、方伟红应在本判决生效之日起15日内,将自己以天井围墙为基础搭建的房屋予以拆除,恢复围墙原状。

本案受理费人民币50元,由被告高汝明、方伟红承担。

(六)解说

本案纠纷的性质属相邻权纠纷。本案的被告高汝明和方伟红,为了自己的经营所需,擅自在自己天井围墙基础上搭建缺乏安全系数的楼房,严重影响和妨碍了原告家的通风、采光;而且被告在搭建的楼房内安置的2台大功率的制冷设备所发出的震动和噪音,致使原告的住房遭受损坏,正常的生活秩序受到干扰。上述行为已侵害了原告的通风、采光等合法权益,法院据此而作出的判决是正确的,它按照民法规定的有利生产、方便生活、团结互助、公正合理的精神解决了这一相邻纠纷,从而依法保护了当事人的合法权益。

(尤海东)

42. 程先和诉江安县自来水公司噪声污染案

(一)首部

1.判决书字号:四川省江安县人民法院(1994)江镇民初字第46号。

2.案由:噪声污染纠纷。

3.诉讼双方

原告:程先和,男,现年68岁,汉族,江安县人,兴文县邮电局退休职工。

诉讼代理人:闫文强,江安县第二职业中学教师。

诉讼代理人:程培新,川南硫铁矿职工。

被告:江安县自来水公司。

法定代表人:唐行贵,经理。

诉讼代理人:何谢,该公司办公室主任。

诉讼代理人:庹鸣岗,江安县江安镇法律服务所法律工作者。

4.审级:一审。

5.审判机关和审判组织

审判机关:四川省江安县人民法院。

独任审判:审判员:张大银。

6.审结时间:1994年7月12日。

(二)诉辩主张

1.原告诉称:1991年被告修建水塔工程时,要求原告搬迁。原告不同意,被其强迫在协议书上签字。然而,被告未按协议办事,在水塔工程竣工后,不仅不修复被损坏了的原告房屋,也未对泵房噪声进行鉴定,严重影响原告生活。另外,修水塔后长江涨洪水对原告房屋也有威胁。因此,依法请求保护合法权益。

2.被告辩称:被告修建水塔工程时,为了原告的安全,经双方商量达成协议:原告暂时搬迁,待工程竣工后再迁回原处居住。被告在对原告房屋进行修复时因受到其阻止未果,现仍同意修复损坏的原告住房。被告对噪声已进行了防护,不存在污染。长江涨洪水威胁原告住房无依据。

(三)事实和证据

四川省江安县人民法院公开审理查明:被告江安县自来水公司经江安县国土局、江安县城乡建设环境保护局、宜宾地区城乡建设委员会等单位批准,修建取水水塔工程。由于被告的建设工地距原告程先和的住房较近,为了安全,被告要求原告在施工期间暂迁异地居住。双方于1991年12月30日商量达成搬迁协议:被告为原告提供暂住房,时间自1992年1月起至12月底止,并承担水、电、房租等费用和搬迁费200元,施工中损坏原告的房屋由被告负责修复;泵房投产后进行噪声鉴定。协议签定后,原告即搬到被告提供的住房居住。1993年7月水塔工程竣工后,在修复原告的住房时,原告以泵房的噪声未鉴定为由阻止被告修复房屋。1993年10月,江安县环境监测站对泵房噪声鉴定结果为:白天,一号泵按国家规定标准超标值1.02分贝;夜间,一号泵超标值8.96分贝,二号泵超标值11.04分贝。此后,被告在环境监测站的指导下采取了防护措施,但双方对纠纷仍未达成协议。原告于1994年4月向法院起诉后,法院即委托江安县环境监测站在原告住房对泵房噪声进行监测,结果为:白天,一号泵52.5分贝,二号泵51.2分贝,未超过国家规定标准;夜间,一号泵54.2分贝,二号泵52.2分贝,分别超标值4.2、2.2分贝。在江安县环境监测站指导下,被告进行水泵更换及安装防护措施后,于1994年7月8日再次对泵房机器进行噪声监测,结果为:白天,一号泵47.9分贝,二号泵49.5分贝;夜间,一号泵49.5分贝,二号泵48.4分贝。结论为江安县自来水公司泵房机器噪声符合国家规定标准。被告在建筑泵房过程中损坏原告住房瓦片、部分瓦角以及20米水管。

上述事实有下列证据证明:

1.原告出具的损坏房屋的照片;

2.宜宾地区城乡建设委员会对江安县自来水扩建工程初步设计的批复;江安县城乡建设环境保护局的建设工程规划许可证和建设用地规划许可证;

3.江安县人民法院现场勘验笔录;

4.江安县环境监测站对江安县自来水公司新建泵房的噪声对程先和居住影响的鉴定结果;

5.证人邓伯登对噪声超标情况的证言;

6.程先和搬迁房屋暂时居住的协议书。

(四)判案理由

四川省江安县人民法院根据以上事实和证据认为:被告江安县自来水公司修建水泵房取水工程,系经有关部门批准,手续齐全,符合城镇建设规划。水泵房投产后,被告对机器噪声超标值进行数次监测,安装防护设施,并及时更换电动机。后经江安县监测站检验,符合《中华人民共和国环境保护法》对噪声规定的标准,对人体无损害。因此原告程先和请求搬迁住房的理由不能成立,法院不予支持;原告提出长江涨洪水对其房屋造成威胁亦无依据,法院不予认定;被告在建筑泵房的过程中,损坏了原告人的财产,应承担民事责任。

(五)定案结论

四川省江安县人民法院根据《中华人民共和国民法通则》第七十五条、第一百三十四条第(七)项,作出如下判决:

1. 被告江安县自来水公司自判决生效之日起 5 日内补偿原告程先和房屋维修费 1500 元，由其自行恢复房屋原状。

2. 被告江安县自来水公司负担噪声监测鉴定费 870 元。

3. 原告程先和在判决生效之日起 20 日内搬回原住房屋。

被告江安县自来水公司负担案件受理费 50 元，其他诉讼费 31 元。

（六）解说

本案主要是因噪声污染引起的相邻权益纠纷。正确解决这类纠纷，对于维护正常的社会秩序和公民的合法权益，加强法人与公民之间的协作，保障公民、法人正常地行使其财产所有权或使用权均有积极意义。因此，当出现噪声污染时，应按环境保护法以及有关法律规定，采取切实措施，解决噪声污染问题。处理噪声污染纠纷，据我国《民法通则》规定精神，应按有利生产、方便生活、公平合理、团结互助原则处理。本案被告江安县自来水公司修建水泵房取水工程，系经有关部门批准，其合法权益受法律保护。原告程先和在水泵房修建期间，为了安全暂搬迁异地居住，其所受损失有权依法要求赔偿；同时，在搬回原住所后，其受到噪声污染，也有权要求减少机器噪声，安装防护措施。原告的要求在得到满足后，就不应再提出不合理的要求，而应识大体、顾大局，在互谅互让的基础上解决纠纷。基于此，法院在调解无效时，依法判决是正确的。

（周培西）

43. 张贵勇诉广东省高速公路公司等征用石场补偿损失案

（一）首部

1. 判决书字号：广东省惠州市中级人民法院（1994）惠中民初字第 6 号判决书。

2. 案由：征用石场补偿损失纠纷。

3. 诉讼双方

原告：张贵勇，男，1956 年出生，住惠阳市淡水镇坝尾 8 巷 23 号。系惠阳淡水黄皮径长窝石场场主。

诉讼代理人：张伟雄，男，1954 年 12 月出生，汉族，住惠阳市汤林镇君子营管理区上角村。

诉讼代理人：叶东文，广州经纶律师事务所律师。

被告：广东省高速公路公司，地址：广州市东风中路 503 号东建大厦。

法定代表人：李少锋，总经理。

诉讼代理人：周作明，广东省深汕高速公路筹建处副主任。

诉讼代理人：文明，广东省广州市对外经济律师事务所律师。

被告：广东省惠阳市人民政府，地址：惠阳市淡水镇金惠大道。

法定代表人：林惠纯，市长。

诉讼代理人：杨彬寄，广东省惠阳市交通局副局长。

诉讼代理人：骆春声，广东省惠阳市法制局干部。

4.审级：一审。

5.审判机关和审判组织

审判机关：广东省惠州市中级人民法院。

合议庭组成人员：审判长：曾日贵；审判员：黄仕来；代理审判员：许优如。

6.审结时间：1994年12月31日。

（二）诉辩主张

1.原告诉称：1988年8月，原告经有关部门批准，在惠阳淡水古屋管理区黄皮径开办长窝石场，总投资近200万元。该石场经过几年的经营、改造、补充，已正常生产和获取效益。可是惠阳矿委会于1994年3月11日以惠矿管字（1994）003号决定封闭原告石场，广东省深汕高速公路筹建处、深汕汽车专用公路惠阳路段建设指挥部也于同年5月23日发出"石场搬迁补偿通知书"，该通知决定补偿原告286282元。国家建设需要封闭原告石场，原告服从，但两被告在补偿问题上无视原告的合法权益，不与原告协商，没有对原告石场的投资、财产、产值、利润等情况进行双方认可的调查核实，仅凭单方面的主观臆断确定补偿数额。这个补偿数额是有违法律规定的、缺乏法定计算依据的、不公平、不合理的补偿。为此，请求保护原告的合法权益，判令两被告补偿原告因石场关闭、工人遣散及财产损失等20064466元及承担本案诉讼费。

2.第一被告辩称：深汕高速公路建设和征地拆迁工作是统一由市、县人民政府负责办理的。两被告为此签订了"深圳至汕头汽车专用公路惠阳路段征地拆迁承包合同"，该合同规定拆迁工作由第二被告负责。原告起诉第一被告是违反法律规定的。导致原告石场的关闭，是惠阳矿委会的决定，而原告在接到惠阳矿委会的决定后，没有在法定期限内提出行政复议或行政诉讼，该决定已发生法律效力。有关部门给原告的补偿，是经调查核实，根据原告的投资、纳税等情况综合研究决定的，是公平合理的。且在惠阳路段征地涉及的其他大部分石场场主对补偿均表示满意。原告乘国家重点建设之际，提出巨额经济索赔是无理的，请求法院驳回原告的起诉。

3.第二被告辩称：两被告签订"深圳至汕头汽车专用公路惠阳路段征地拆迁承包合同"后，第二被告已具体部署了征地拆迁工作，其中对应拆迁的石场由矿委会发出封闭决定，并就经济补偿问题与石场主多次磋商。对原告的石场的补偿是根据其投资、产量、产值、纳税等情况综合评估研究决定的，完全符合原告损失的实际情况。原告的索赔数额毫无事实根据，且原告对补偿决定在法定期内未申请复议或向人民法院起诉，该决定已发生法律效力，请求法院依法驳回原告的起诉，以确保国家重点工程建设的顺利进行。

（三）事实和证据

广东省惠州市中级人民法院经公开审理查明：原告于1988年8月经与惠阳淡水镇古屋管理区协商，并经有关主管部门批准办证后在该管理区开办长窝石场。原告对该石场进行了开发投资，安装了100千伏安的变压器及其他水电设施，购置了开采机械和安装了生产线，搭建了工棚房屋，推挖土层、平场筑路等，并每月交纳定额税1476元，工商管理费300元。石场逐步转入正常生产经营。1992年5月24日，两被告签订了"深圳至汕头汽车专用公路惠阳路段征地拆迁承包合同"，该合同对沿线需拆迁的附着物的补偿作了规定，但未提及原告石场的征用补偿。1994年3月11日，惠阳县矿产资源委员会以深汕高速公路建设需要为由作出封闭原告石场的决定，同年5月23日，广东省深汕高速公路筹建处（由第一被告成立）

和深汕汽车专用公路惠阳路段建设指挥部(由第二被告成立)联合给原告发了“石场拆迁补偿通知书”,该通知决定给原告石场补偿费19万元,动产拆迁费4万元,房屋赔偿费16282元,石料搬迁费4万元,合计286282元。原告接到补偿通知后,对补偿数额提出异议,经向两被告要求提高补偿未果,遂于1994年6月向本院提起诉讼,并在起诉后向本院提交了其于1994年4月委托广东省华粤会计师事务所对该石场的资产评估报告,该评估采用重置成本法,认为原告石场资产总值为1717118.37元,其中石场前期开拓价值796066.7元,工棚房屋总值42450元,机械设备运输工具价值878601.67元。对该评估报告,两被告提出异议。在诉讼期间,两被告均认为原告石场的补偿应由第一被告负责。案经本院主持调解,双方各持已见。

另外,经调查了解,至原告石场停产时止,共招用工人60名;安装100千伏安变压器,向惠阳县供电局交纳了10万元的配电增容费。

上述事实有下列证据证明:

1.惠阳个字24031号营业执照:长窝石场负责人是张贵勇,经济性质是个体经营;

2.广东省采矿许可证(粤矿集体字第060353号):采矿人张贵勇,采矿期限:延期到1995年3月18日止;

3.惠阳县矿产资源委员会惠矿管字(1994)003号关于封闭部分石场的决定;

4.惠阳工商行政管理局1994年4月1日要求石场停止生产、将营业执照交回管理局的通知;

5.省高速公路公司与惠阳市政府签订的“深圳至汕头汽车专用公路惠阳路段征地拆迁承包合同”,该合同未提及石场的征用补偿;

6.1994年5月23日,广东省深汕高速公路筹建处和深圳汽车公路惠阳路段建设指挥部联合发出的“石场拆迁补偿通知书”;

7.广东省华粤会计师事务所华粤穗评字(94)5009号资产评估报告书;

8.惠阳市劳动服务公司淡水分公司证明长窝石场用60人的证明;

9.法院到惠阳市供电局的调查笔录:查得配电增容费是按变压器的大小来收取、安装100千伏安变压器需收10万元配电增容费。

(四)判案理由

1.本案的争议标的是石场封闭停产后的经济补偿。依照《广东省交通基础设施建设征用土地暂行办法》第六条第八款的规定,厂、场因迁移而停产的,其停产损失的补偿标准由厂场与建设单位双方按实际情况商定。两被告虽然签了拆迁承包合同,但石场的拆迁补偿不在合同范围内,因此仍应由建设单位高速公路公司与石场商定补偿标准,由于被告省高速公路公司在没有与石场协商的情况下,即与第二被告以通知书的形式确定补偿数额,为此引起的纠纷,省高速公路公司应负主要责任。

2.深汕高速公路是国家重点建设工程,征用土地时,应根据国家有关规定,按实际情况给予适当补偿。确定补偿项目数额时,应在兼顾国家、集体、个人的利益的前提下,根据公平合理的原则和有关规定,并参照当地有关单位征用同类石场的补偿标准来确定。本案被告给予原告的石料搬迁费、房屋赔偿及动产拆迁费是调查核实后根据实际数量计算的,与原告的实际损失相符,法院不应予以变更。但原告用于石场前期开拓的投资较大,被告补偿19万元偏少,应予适当增加。此外,考虑到原告石场的机械设备在拆迁后价值明显降低,应在这一方面给予适当补偿;石场停产时尚有工人60名,应补给工人遣散费,被告在庭审时同意给予每个工人700元(工资400元、车船费300元)遣散费,符合有关规定,应予支持;由于石场安装变压器所需交纳的配电增容费已无法收回,由此造成的损失也应给予适当补偿。

(五)定案结论

广东省惠州市中级人民法院依据《中华人民共和国民法通则》第四、五条及有关规定,参照《中华人民共和国矿产资源法实施细则》第四十一条的规定,作出如下判决:

被告广东省高速公路公司补偿原告张贵勇(惠阳淡水黄皮径长窝石场场主)人民币587408元(其中房屋赔偿费16282元、石料搬迁费4万元、配电增容补偿费8万元、动产拆迁补偿费105126元、工人遣散费42000元、开山口等补偿费304000元),该款在本判决发生法律效力后15日内付清。

本案诉讼费24300元,由原告张贵勇负担百分之二十,即4860元,被告广东省高速公路公司负担百分之八十,即19440元。

(六)解说

处理本案首先应解决一个程序问题,即本案应属行政诉讼还是民事诉讼。为此,法院还召开审判委员会讨论,讨论后认为本案应属民事诉讼。因为根据《中华人民共和国行政诉讼法》的规定,提起行政诉讼的前提必须是有具体行政行为的存在。根据最高人民法院《关于贯彻执行〈中华人民共和国行政诉讼法〉若干问题的意见》,具体行政行为是指国家行政机关和行政机关工作人员、法律法规授权的组织、行政机关委托的组织或者个人在行政管理活动中行使行政职权,针对特定的公民、法人或者其他组织,就特定的具体事项,作出的有关该公司、法人或者其他组织权利义务的单方行为。该《意见》并进一步指出,公民、法人或者其他组织对行政机关依照职权作出的强制性补偿决定不服的,可以依法提起行政诉讼。本案原告对惠阳县矿委会封闭石场的决定并无意见,只是对财产补偿不服。要确定案件性质就必须明确被告原来的补偿通知是不是强制性补偿。由于石场拆迁补偿通知书是由惠阳市政府授权的组织(惠阳深汕高速公路建设指挥部)和深汕高速公路筹建处联合发出的,从形式看,带有强制补偿的性质,但实际上,根据有关规定,厂、场因迁移而停产的损失的补偿是由厂、场与建设单位按实际情况商定的,因此该补偿不能作为政策机关依照职权作出的强制性补偿,原告与被告之间只存在平等主体间的财产关系。所以,被告没有与原告协商就确定补偿标准,侵犯了原告的合法财产权,原告为此提出的诉讼应是民事诉讼。

(郭志文)

第五篇　合同纠纷案例

44. 张波诉广东中山博士健康食品有限公司悬赏广告案

(一)首部

1. 调解书字号:上海市普陀区人民法院(1993)普法民字第1441号。

2. 案由:悬赏广告纠纷。

3. 诉讼双方

原告:张波,女,30岁,上海城建学院教师。

诉讼代理人:翟崇林,上海市工贸律师事务所律师。

被告:广东中山博士健康食品有限公司。

法定代表人:彭毅勇,总经理。

诉讼代理人:李彤,广东中山博士健康食品有限公司职员。

诉讼代理人:孙加锋,上海普陀区律师事务所律师。

4. 审级:一审。

5. 审判机关和审判组织

审判机关:上海市普陀区人民法院。

合议庭组成人员:审判长:张震宇;代理审判员:顾宇斌、王丽君。

6. 审结时间:1994年3月4日(因案情复杂、涉及面广,本院院长批准延长审限6个月)。

(二)诉辩主张

1. 原告诉称:被告在1993年4月28日、30日,分别在《新民晚报》、东方电视台刊登有奖广告。原告按广告要求作了竞答。被告于5月26日在《新民晚报》上宣布原告赢得竞答活动胜利,并请其领取10000元奖金。但被告事后反悔,只付3000元奖金。故原告诉至法院,要求被告支付尚欠的7000元奖金。

2. 被告辩称:原告应征的答案是错误的。被告因工作失误,误认为原告的答案是正确的,并刊登在《新民晚报》上,故不能得奖。因为用了原告的姓名所以补偿3000元,原告再要求支付7000元,不能同意。

(三)事实和证据

上海市普陀区人民法院经审理查明:1993年4月28日,广东中山博士健康食品有限公司为其产品"一百分奶"作宣传，在《新民晚报》第十五版上刊登悬赏广告。广告称：请留心东方电视台4月30日起本公司的电视广告，凡参加"一题万金"巨奖竞答活动的朋友，请沿虚线剪下竞答标志贴在信封上，并在5月18日前将答案寄至本市长寿路807号中山博士健康食品有限公司上海市场部，所有信件将按邮戳日期的先后在5月22日统一拆封，第一位猜正确者获得1万元人民币的奖金，并在5月26日的报纸上公布其为"最聪明的上海人"，颁发荣誉证书。4月30日，东方电视台在广告节目中以口播形式播出了语音为"三十六口缸，九条船来装，只许装单，不许装双"竞猜题的谜面。

5月1日，张波将"三十六口缸"理解为"3+6口缸，每船装一样"的答案按广告的要求寄给了被告。5月19日，被告市场部负责人徐某电告张波，称：你的答题正确且中奖。5月20日，被告市场部徐某又来到上海科技大学找到原告丈夫谢志雄称：答对正确答案的有4人，除张、谢外还有2人，奖金是平分还是4个抽签。谢认为是4人平分。5月26日，中山博士健康食品有限公司在《新民晚报》第七版上刊登广告称："我认为，所有的上海人都是聪明的，但最聪明的上海人是张波。我相信一百分的智慧加上一百分的奋斗，结局必然是一百分，请张波朋友在6月7日前到上海市长寿路807号领取本公司颁发给您一百分答案的奖金1万元。"

6月1日，市场部负责人徐某再次来到上海科技大学谢志雄处，告诉张的答案有误，应将谜面理解为"三石六口缸"，因为晚报用了张波的姓名，所以给张波3000元予以补偿。谢当即收下3000元，写了收条，未表示异议。6月4日，张波委托了律师同被告交涉未果，8月4日向法院提起诉讼。

诉讼期间，被告于11月23日在《文汇报》刊登声明。声明称：中山博士健康食品有限公司在今年4、5月在上海地区举行的"一题万金"的有奖竞猜活动已告结束，竞猜题目的标准答案如下："三石六口缸，每船装一样"。鉴于上海地区应答者的答案无与标准答案相符，此次竞猜活动之奖项空缺。同时由于工作失误，将张波朋友误作大奖获得者，本公司就此向张波女士道歉。

另查明，中山博士健康食品有限公司于1993年3月28日，在中山市对外经济律师事务所对有效征答进行了见证。见证书称：兹证明中山博士健康食品有限公司举办"一题万金"有奖竞猜广告赛题答案为"三石六口缸，每船装一样"，该答案为标准答案；其他任何接近、相似的答案均不予认定……同时，中山博士健康食品有限公司于5月下旬在湖南长沙举行了同样的有奖征答活动，5月25日《湖南广播电视报》刊登征答题答案为"三石六口缸，每船装一样"。

上述事实有下列证据证明：

1.1993年4月28日，上海《新民晚报》第十五版刊登的广东中山博士健康食品有限公司所作的悬赏广告；

2.1993年4月30日，上海东方电视台在广告节目中口播的竞猜题谜面；

3.1993年5月26日，中山博士健康食品有限公司在上海《新民晚报》第七版上刊登的广告；

4.广东中山博士健康食品有限公司市场部负责人徐黎明证言：5月19日我电告张波，称你答题正确且中奖，第二天，我来到张波的丈夫谢志雄处称：正确答案的有4人，6月1日我再次来到谢处告诉谢，张的答案有误，因报纸用了张波的姓名，给张波3000元补偿，谢收下了3000元并写了收条；

5.1993年11月23日，广东中山博士健康食品有限公司在上海《文汇报》刊登的声明；

6.1993年3月28日，广东中山博士健康食品有限公司在中山市对外经济律师事务所对有奖征答题答案所作的见证书；

7.1993年5月25日，《湖南广播电视报》刊登征答题鉴定。

（四）判案理由

上海市普陀区人民法院经审理后认为：被告广东中山博士健康食品有限公司为宣传自己产品"一百分奶"，在《新民晚报》和东方电视台作出有奖征答广告，该广告其实质是悬赏广告。原告张波按照广告要求进行了征答，尽管其答案确属错误，但被告由于工作上错误，认为原告人答案是正确的，并在《新民晚报》予以公布，其悬赏广告应为成立。事后，双方为具体付款数额进行了协商，被告提出支付3000元，原告也未表示异议并悉数收下了被告的付款，故应认定为原、被告就报酬达成了新的协议。原告再要求被告支付7000元无法律依据，难以支持。

（五）定案结论

在审理过程中，经法庭调解，双方在互谅互让的基础上，达成了下述协议：

广东中山博士健康食品有限公司共支付张波人民币5000元，本案诉讼费各半承担。

（六）解说

该案在处理过程中，有两个需要解决的问题。第一个问题是，该案如何定性，即如何确定案由。对这个问题有两种不同的看法，第一种意见认为：该案应是悬赏广告纠纷；另一种意见认为：悬赏广告在我国民事法律规范中并未列人民法调整范围，我们在确定该类民事纠纷的案由时，不能突破法律规定，因此，该案只能定为返还财产纠纷。我们认为，人民法院在审理案件时，对案件的定性，主要依据的是案件的事实，而不能拘泥于法律已确定的名称。本案纠纷是被告通过新闻媒界在社会上进行有奖征答活动，宣传自己的产品。被告的这一民事行为，符合悬赏广告的特征。

本案第二个问题是，该悬赏广告是否成立？对该问题也有两种不同的看法，一种意见认为：该悬赏广告并未成立。悬赏广告的成立，行为人必须要按广告人要求完成规定的行为。现在，原告人提供的答案有误，该悬赏广告不能成立。另一种意见认为：该悬赏广告成立。其理由为：悬赏广告是一种契约，即合同。悬赏广告除了具有一般合同的特点外还有其自身的特点，一般的悬赏广告要求行为人完成的行为是明确的，同时，也是广告人自己不能完成的。然而，也有一些悬赏广告，广告人是能够完成广告所要求行为人完成的行为的，但广告人为达到一定的目的故意让行为人去完成。那么，这一类悬赏广告是否成立，或者说行为人是否完成广告人所要求完成的行为，一般是由广告人作出判定的。本案纠纷实质是一则游戏性的悬赏广告，被告人虽然规定悬赏题的答案，但该答案不具有唯一性和科学性。原告人是否完成被告规定的行为，由被告作出判定便行。现在，被告已在晚报登出启示，声明原告为获奖者，认可原告的答案，因此，该悬赏广告成立。我们认为第二种意见是正确的。

（张冠群）

45. 甄琴、汪小琴等诉贵阳泰华私营编织机经营部买卖合同案

(一)首部

1. 判决书字号

一审判决书:贵州省贵阳市中级人民法院(1992)筑民初字第25号。

二审判决书:贵州省高级人民法院(1993)高民终字第3号。

2. 案由:买卖纠纷。

3. 诉讼双方

原告(上诉人):甄琴、汪小琴等207人。

原告代表人(一、二审):甄琴,女,37岁,汉族,贵州省交通厅蓄电池厂职工,住贵阳市贵溪大道。

诉讼代理人(一、二审):宋露蕾,贵州省攻进律师事务所律师。

诉讼代理人(一审):肖坤涛,贵州省攻进律师事务所律师。

诉讼代理人(二审):陈忠,贵州省政通律师事务所律师。

原告代表人(一、二审):汪小琴,女,40岁,汉族,贵州省民族学院职工,住民族学院宿舍。

诉讼代理人(一审):李中陆,贵州省政通律师事务所律师。

原告代表人(一审):马丽先,女,38岁,汉族,贵阳市副食品公司职工,住贵阳市公园北路121号附40号。

原告代表人(一、二审):翟信长,男,45岁,汉族,贵阳中医学院职工,住贵阳市市东路1号。

原告代表人(一、二审):李永焕,男,45岁,汉族,贵阳富源木材加工厂职工,住工厂宿舍。

被告(被上诉人):贵阳泰华私营编织机经营部,地址:贵阳市遵义路省展览馆内。

法定代表人:崔晓亚,经理。

诉讼代理人(一、二审):禹小东,贵州省经济律师事务所律师。

诉讼代理人(一、二审):陈朝华,贵州省经济律师事务所律师。

4. 审级:二审。

5. 审判机关和审判组织

一审法院:贵州省贵阳市中级人民法院。

合议庭组成人员:审判长:刘鸿烈;审判员:李红娅;代理审判员:刘继普、毛开银、肖军。

二审法院:贵州省高级人民法院。

合议庭组成人员:审判长:彭厚仪;审判员:杨跃华;代理审判员:唐林。

6. 审结时间

一审审结时间:1992年12月3日。

二审审结时间：1994 年 2 月 16 日(因须办理公告和产品质量检验，经贵州省高级人民法院院长批准后延期)。

(二)一审诉辩主张

1. 原告诉称：被告载报广告称其从瑞士进口的“PASSAP”牌 S 型编织机功能齐全，效益高，性能优越，40 针花卡大花样织物平整，提花无虚线。原告等即前往该经营部购买 S 型编织机，单价 4250 元，加上配件共计 4500 左右。部分原告另向被告交 80 元培训费。购机时所附中文说明书介绍的内容与所购 S 型有差异，织不出合格产品。被告在广告和买卖过程中作虚假宣传，佯称提花无浮线(俗称虚线)，但单面花却有浮线，系欺诈行为；中文说明书与编织机不一，所介绍的 9 种功能，按说明书操作只能得出 8 种功能。此外，进口合同约定到货口岸事项与实际履行不一。根据国务院对假冒伪劣商品的有关规定，被告所售 S 型编织机是假冒伪劣商品，被告广告词不实，并采取欺诈手段进行销售，给购机者精神上带来痛苦，经济上造成损失。为此，请求判决：(1)原、被告买卖关系无效；(2)退机还款；(3)由被告赔偿原告的经济损失 2060090 整；(4)由被告承担诉讼费用。

2. 被告辩称：其所作广告真实，不存在诱骗。原告购机时，被告以 S 型机的特点、功能以及该机所织样片作了符合实际的宣传介绍。经营场所陈列有样机和织品展示，且原告还可到培训场地参观，买卖符合正当交易程序，并无任何阻碍、隐瞒客户选购之处；广告宣传和经营场地的标价一致。原告所得该机说明书有失误是翻译所致，被告表示同意更改重印换发；原告所述脱针、长花等等问题，是使用中综合因素产生的技术故障，并非机器及质量问题；其所经销的 S 型编织机是瑞士马达格公司全部制作，产品做工精良，所标功能与操作所获功能相符，具备 9 种织圈功能，单面提花在同档次机型均有浮线。该机品质符合规定要求，附有符合国际贸易惯例的产地质量保证书，进口具备国家批文等规定手续，并报经贵阳海关查验，决非任何形式的假冒伪劣商品，原告所诉在事实和法律上均不成立。被告据此请求驳回原告诉讼请求。

(三)一审事实和证据

原告甄琴等 44 人诉被告贵阳泰华私营编织机经营部 S 型编织机买卖纠纷一案，贵阳市中级人民法院受理后，因原告一方人数众多且在起诉时人数尚未确定，贵阳市中级人民法院依法于 1992 年 9 月 23 日在《贵州日报》、《贵阳晚报》刊登公告，通知权利人登记参与诉讼。30 日公告期满，登记者共计 207 人。在受诉法院主持下原告推选出诉讼代表 5 名。经依法公开开庭审理后查明：

1991 年 7 月，被告泰华经营部委托贵州省机械进出口公司代其进口瑞士“PASSAP”牌 S 型编织机。贵州省机械进出口公司即与香港中间商南谊公司签订进口该机的合同，进口数量 3000 台，交货期限 2 年，付款方式为信用证付款。贵州省机械进出口公司开出信用证，受益人为瑞士马达格公司。根据信用证付款的规定，必须由马达格公司发货，提单交瑞士银行转中国银行，中国银行转交贵州省机械进出口公司后才能提货。贵州省机械进出口公司收到的提单为海陆联运提单。自 1991 年 9 月开始，马达格公司分批发货，每批产品均有品质保证书，贵州省机械进出口公司经报海关检验放行后将 S 型机交泰华经营部出售。在进口货物报关单上，原产国别一栏，注明“瑞士”，海关检验凭合同、提单、发票、装箱单等为据。上述事实有贵州省机械进出口公司签订的合同，开出的信用证，经海关检验放行的报关单及证人杨小莎的证明为证，足以认定。

由于S型编织机系第一次供应中国市场，该机原无中文说明书，因泰华编织机经营部决定于1991年10月8日在贵阳召开S型编织机的现场会，要求供货方两月内翻译印刷中文说明书寄去贵阳。在马达格公司的委托下，香港敦勇有限公司即参照“PASSAP”牌80型编织机的说明书进行翻译，仓促之间造成中文说明书有10多处与S型编织机实物不相符。说明书的错漏泰华经营部曾于1991年10月发现，但认为基本原理未错，尚能指导操作，即在要求厂家另补正确说明书的同时继续销售编织机，诉讼期间，经更正的中文说明书已运抵贵阳。

自1991年10月2日以来，被告泰华经营部连续在《贵州广播电视报》上刊登销售S型编织机的广告。原告等见后，分别前往泰华经营部购机。购销双方采取先付款后开箱点交编织机的方式成交，单价为4250元，另购机架90元，参加培训者交培训费80元，购买者自留编织机作操作实习。未参加培训者，点清机件带回家。最先售出的100台S型编织机的中文说明书未随机装箱，由销售人员在售机时分别发给购机者。

多数购机者经培训亦不能熟练地掌握S型编织机各功能的操作，原告之一刘双玲于1992年5月以该机质量差为由向贵州省消费者协会投诉，要求退机还款。随后，投诉人逐渐增多，消费者协会受理后进行了调处。在省消费者协会调处中，部分购买S型编织机的人以S机质量差，价格昂贵，中文说明书与机器不一为由坚持其主张。泰华经营部以用户操作不当，技术不熟练等为由拒绝退机还款，并于同年5月23日向贵州省商检局依照贵州省机械进出口公司与香港南谊公司所签合同和S机英文说明书进行了检验。经开箱检查：于同年6月20日正式出具了“检验情况通知单”，称外观良好，无残损，无锈蚀，主机、附件及各件型号规格、数量与合同及合同附件规定的英文说明书相符；经功能检验：抽5台试机，操作运行无异常，具备英文说明书所列九种基本织圈编织功能，所编织物均匀，平整，与合同规定的英文说明图样相符。评定结论为：1.鉴于合同买卖双方约定以英文说明书为检验依据，根据抽样检验结果，上述货物型号、规格、品质与91CMCK－93013CK合同要求相符；2.上述货物在品质保证期内，如发现确系外商责任之品质瑕疵，可由合同收货人申请复验出证对外索赔；3.货物箱内随机所带的中文说明书与前述英文说明书有差异，不能正确指导该编织机全功能操作，系发货方责任。省消协根据该“通知单”进行调解，因买卖双方主张不一，调解未果。

甄琴、汪小琴、洪德政等44人于同年8月25日以泰华经营部所售S机质量差，织不出合格产品，系假冒伪劣商品，并采取欺诈行为销售，损害了44人合法权益等为由，诉至本院。本院依照《中华人民共和国民事诉讼法》的规定进行公告，在公告期内陆续受理了其余原告的起诉。庭审后，为证实S型编织机的编织功能及织物质量等情况，贵阳市中级人民法院令原告选送4台认为有代表性的质量差的S型编织机，由被告安装调试，并按操作规程编织样片。被告在本院监督下对4台编织机进行安装，其中3台安装后稍加调试即可操作，一台因购机人（原告）保管不善，全部机针和部分零件锈损，经更换调试后能正常操作。4台编织机均由被告织出说明书所列的平织单面布，一比一棱织双面布，螺纹R/R双面布、园筒面布、二比二棱织双面布、渔夫型棱织双面布、半鱼骨纹双面布、右边开口半圆筒布、长织圈双面布等9种基本织圈功能的样片和8种颜色织布样片，样片中单面提花有浮针虚线，该浮针虚线与说明书49页介绍情况相符。

一审法院另查明：贵州省机械进出口公司与香港南谊公司订立合同后，因合同确定的上海口岸交货不方便，双方通过传真方式协议更改到货地为贵阳。关于编织机的进口手续问题，经向有关部门咨询后了解到，该机进口单据齐全，并经海关审关验货放行。S 型编织机不属法定检验的进口商品，进货方可于收货时自检。贵州省商检局对泰华经营部的 S 型编织机检验后于 1992 年 6 月 20 日作出的"检验情况通知单"亦可资佐证。中文说明书与编织机的实际不相符之处，第一类是 S 型编织机实际上没有的部件功能，而说明书却按 80 型机的列上（如后推片）；第二类是 S 型编织机实际具有的部件，而说明书上却没有明确载明（如提花器）；第三类是错标操作指示。此三类不相符之处均系抄用 80 型编织机的说明书不当而造成。但综观说明书整体，三类不相符之处，均不影响对 S 型编织机的基本功能说明和基本操作指导。

（四）一审判案理由

贵阳市中级人民法院经开庭审理后认为：

1. 合法的货物买卖受法律保护。原告购买销售的瑞士产"PASSAP"牌 S 型编织机事实存在。被告登广告销售编织机，系一种促进销售的手段。因所售编织机事实上仅为"双面提花无虚线"而广告词中"提花无虚线"以减少限制词"双面"的办法来扩大编织机功能的行为应属不当，但广告与买卖法律关系中的要约在本质上是不相同的。原、被告之间买卖编织机虽未订立书面合同，但双方买卖编织机所产生的权利义务关系，是清楚明确的，卖方义务是交付 S 型编织机，该机质量应当保证，同时该机的功能应当符合随机说明书的规定。随机发送的说明书 49 页注明有"短浮针的花款最宜用单面织"的字样。原告关于被告采用欺诈手段销售编织机的主张无相应证据佐证，故不认定买卖活动中存在欺诈行为。

2. 原告诉称该讼争机器系假冒商品一节，不能成立。在审理中，原告提出发货港、到货港与合同的内容不符，经本院查核，该机的进口手续齐全，发货港、到货港的变更系经双方协商一致，并非单方擅自变更，该合同付款采用信用证支付方式。通过中国银行开具的信用证证明的受益方为瑞士马达格公司，原告在审理中提出该机假冒的依据不足以推翻被告提供的证据，故原告所诉该机系假冒商品的主张不能成立。在被告发给原告的随机说明书中，有多处与 S 型编织机实际状况不相符，给原告一方带来操作上的困难，故被告应承担相应的民事责任和部分诉讼费用，但该说明书的主要内容以及需要说明和介绍的实质部分与事后补正的说明书基本一致。故原告据此认定所购 S 机系假冒商品也不能成立。原告所提 S 机质量差、织不出毛衣属伪劣商品的主张，经本院查核，原告所提供之最劣样机均能正常织出说明书所列出的 9 种织圈功能，故其主张不能成立。

综上所述，原告提出被告用欺诈手段销售的"PASSAP"牌 S 型编织机属假冒伪劣商品，请求确认买卖无效、退机还款、赔偿损失的请求，受诉法院不能予以支持。但被告说明书中部分有误，应承担相应的民事责任，补付正式中文说明书和为购机者作免费适当培训为宜。

（五）一审定案结论

原、被告双方在平等、自愿基础上设立的 S 型编织机买卖合同关系是双方真实意思表示，有法律约束力，双方均应按合同履行各自的义务。

贵阳市中级人民法院根据《中华人民共和国民法通则》第四条、第五条、第六条、第五十五条、第五十八条、第八十五条、第八十八条第二款第（一）项、第（四）项、第一百二十二条的规定，并依照《中华人民共和国民事诉讼法》第五十五条第三、四款之规定，作出如下判决：

1. 驳回原告关于买卖无效，退机还款，赔偿经济损失的诉讼请求。

2. 由被告免费为原告进行 7 天的 S 型编织机操作培训。

3. 被告在判决生效后备足更正后的"PASSAP"牌S型编织机中文说明书，由原告在本判决生效后1月内，带原中文说明书前往泰华经营部更换。

诉讼费以原告人均187元计，原告各承担150元，共计31050元；被告承担6210元。公告费1040元由被告负担。

（六）二审情况

1. 二审诉辩主张

一审法院判决后，甄琴等人不服，在15天向贵州省高级人民法院提起上诉，因上诉状未能合法有效清楚表明上诉人的人数，贵州省高级人民法院依法于1993年3月4日至6日在《贵州日报》刊登公告，通知不服原审判决者进行登记，登记期满后，登记者共111人，选出二审诉讼代表人甄琴等4名代表参加诉讼，上诉人除坚持一审理由外并强调被上诉人利用虚假广告作欺诈销售，S型编织机应为假冒产品，编织过程中反复出现掉针、抛线、乱花等情况，根本无法操作，织不出合格产品，据此坚持原请求。

被上诉人泰华经营部除以原审答辩理由答辩外，要求二审法院对公告费依诉讼双方过错进行分担，并要求上诉人承担其在原审中申请财产保全给被上诉人造成的损失。

2. 二审事实和证据

二审法院受理案件后，开庭查明的情况与一审法院认定的事实基本相同。二审法院另就上诉人所称假冒产品的问题进行调查。经瑞士马达格公司确认，泰华经营部销售的"PASSAP"牌S型编织机，系其出口给贵州省机械进出口公司的，并将每台编织机的出厂钢印编号送交贵州省高级人民法院核查无误。对上诉人提出的S型编织机在编织过程中反复出现掉针、抛线、乱花，无法正常操作，织不出合格产品属劣质商品的主张，经二审法院指令泰华经营部派技术人员逐台操作上诉人购买的机器。另外在二审法院监督下功能演示检验。在审判人员主持下，从1993年7月12日至9月14日进行机器功能检验，凡是送往参加功能演示的上诉人的编织机，经双方认可当面调试后，均能正常织出说明书所列的9种基本织圈，无一台出现上诉人诉称的严重质量问题。

二审审理中郭盛玉等29名上诉人与泰华经营部达成调解。张功莉等25人撤回上诉，邱若兰等28人不到庭视为撤回上诉，其余上诉人坚持原理由和请求。

3. 二审判案理由

二审法院经审理后认为：上诉人关于被上诉人利用广告作虚假宣传，并以此确认泰华经营部为欺诈销售的主张没有事实和法律依据，不予认定。说明书虽有多处与编织机实际不相符，给上诉人一方带来操作上的困难，但主要内容与实质部分与事后补正的说明书一致，瑞士马达格公司确认泰华经营部销售的该批S型编织机系该公司出口产品，并提供每台编织机出厂钢印编号经与送检编织机核对无错，故上诉人认定S型编织机系假冒商品的主张不能成立。该批编织机经商检局检验具备相应功能，经审判员主持逐台演示均能织出说明书所列9种织圈功能，所以上诉人所提该机系伪劣商品的主张不能成立。

根据《中华人民共和国民事诉讼法》之有关规定，对郭盛玉等29名上诉人与被上诉人协商自愿达成的调解协议予以认可。对张功莉等25名上诉人撤回上诉的申请予以准许。对邱若兰等28名上诉人无故不到庭按自动撤回上诉处理。

4. 二审定案结论

根据《中华人民共和国民事诉讼法》第十三条、第五十五条第二、三、四款，第六十四条第一款、第一百二十九条、第一百五十三条第一款第(一)项、第一百五十五条、第一百五十七条之规定,对方兴艳、张春玉、甄琴等29名坚持上诉主张的上诉人判决驳回上诉,维持原判。

一审诉讼费及公告费维持原审判决;二审诉讼费以人均180元计算,达成调解协议的,当事人双方各承担90元;申请撤回上诉的,减半收费,由上诉人承担90元;甄琴、张春玉、方兴艳、陈月娥等29名上诉人各承担150元,共计4750元,被上诉人承担870元,公告费1648元由上诉人承担823.62元,人均7.42元,被上诉人承担824.38元。

(七)解说

本案是一起比较少见的消费者败诉的集团诉讼案件。从案件情况分析,原告指认S型编织机系假冒伪劣商品与质证事实不符,是其败诉的直接原因。

在二审审理过程中,贵州省高级人民法院曾对上诉人分别作出调解、准予撤诉、视为撤诉、驳回上诉维持原判等处理。几种处理并举,根据法律规定,应使用不同的法律文书,而本案的二审判决书中,理由部分谈到调解、撤拆等情况,判决主文只针对维持原判的部分,诉讼费的承担又针对三种处理方式分别列明,使人感到有欠规范。

(刘鸿烈)

46. 刘景义诉北京华侨大厦房屋租赁合同案

(一)首部

1.判决书字号:北京市东城区人民法院(1993)东民初字第1531号。

2.案由:房屋租赁纠纷。

3.诉讼双方

原告:刘景义,男,48岁,香港荣滨企业公司驻京办事处首席代表,原住北京华侨大厦867房间。

诉讼代理人:蒋兆康,北京市正平律师事务所律师。

诉讼代理人:黄一丁,北京市正平律师事务所律师。

被告:北京华侨大厦,地址:北京市东城区王府井大街2号。

法定代表人:徐发淦,董事长。

诉讼代理人:于世华,北京华联经济律师事务所律师。

诉讼代理人:杨向东,北京华联经济律师事务所律师。

4.审级:一审。

5.审判机关和审判组织

审判机关:北京市东城区人民法院。

合议庭组成人员:审判长:王平;代理审判员:孔卫国、韩毅冰。

6.审结时间:1993年12月20日

(二)诉辩主张

1.原告刘景义诉称:我与被告北京华侨大厦于1992年9月1日续签了长期住房协议,协议确定履行期为1年,日租金40美元,但在履约期内,被告为达到提高房价的目的,以种种不能成立的理由为借口，单方面提出终止合同，强行驱逐我离开租住的房间。现其违约行为对我的工作、生活、名誉、身心等方面造成极大损害，故诉请法院要求被告继续履行合同，给付全部付款清单和票据并依此结算帐目，同时要求被告方公开赔礼道歉，赔偿我的生活、名誉、身心健康等损失费25000美元。

2.被告北京华侨大厦辩称：我方与原告签订为期1年的长期住房协议属实，但在协议履行期间，原告未按合同约定而延付房租金，且违约两人使用应由一人使用的房间，并私自使用传真机。在其首先违约，我方多次制止无效的情况下，我们才采取了酒店的惯例，给予停水、停电及锁房门，要求原告离开867房间。现我方不同意原告的诉讼请求，如原告坚持其无理的要求，我方则反诉要求原告补付212天的房租共4240美元，并支付外籍查帐工作人员的工资5700美元。

（三）事实和证据

北京市东城区人民法院依法公开审理了此案，查明：

原告与被告于1992年2月29日签订了为期半年的长期住房协议。同年9月1日，原告与被告续签上述住房协议，该协议言明：原告租用被告所有的867豪华标准间（客房）一套，日房价（租金）40美元，履约期自1992年9月1日起至1993年8月31日止。房租应提前30天支付等。续签协议的当天，被告的前厅服务台为原告夫妇开具了2张住房卡，此后，原告与其妻一直在上述房间内居住。1993年3月下旬，被告方总经理以原告延付房租金，私装并使用传真机，同时违反约定一直由两人使用867房间等为理由，提出要求调整房租为（日租金）60美元。为此，双方产生争议。其后，被告对867房间采取了停水、停电及锁房门等作法。1993年4月2日，原告迫于上述情况遂同其妻离开867房间。次日，原告在北京华威大厦有限公司租住房间，住至1993年6月6日。其间，原告共支付以美元结算的房租（除去原告每日应付的40美元）等损失费共计19333.12元。另查，根据大酒店管理的商业惯例，豪华客房允许夫妇二人共同使用。

在此案的审理过程中，经法院主持调解，原告坚持要求被告继续履行合同，由其夫妇以日租金40美元为标准回867房间居住，同时，要求被告赔礼道歉，赔偿在他处住店支付的损失费及因此造成的生活、名誉、身心健康等损失费共计25000美元。被告则表示如原告一人回867房间居住，可按原约定日租金40美元计租，但不同意原告的其他诉讼请求。经调解无效。

上述事实有原、被告双方在法庭上的陈述，双方所签订的租房协议，原告支付的房租凭单及法院所作的调查证言在案为据。

（四）判案理由

1.被告的违约行为侵犯了原告的合法权益，应当承担侵权的民事责任。合同的双方应严格遵守约定及履行各自的义务，酒店的出租方和承租方亦应遵守法律的规定及遵循酒店的商业惯例。被告在双方合同履行期间，如发现原告有违约行为，应采取协商、罚款或通过诉讼程序解决争议的作法，但其以种种理由强撵原告离店，既违反了双方合同的约定，亦不符合酒店的商业惯例，该行为侵犯了原告人的合法权益，显属不妥，本院对此提出批评。同时，被告应公开向原告赔礼道歉，承担由此给原告造成的经济损失。被告提出原告在合同履行期间延付租金，私自使用传真机一事，因证据不充分，法院不予采信。

2.原告的行为无过错，其合理的经济损失应予赔偿。原告在履约期内携其妻共同居住原告一人租用的房间，并未违背酒店的商业惯例，且亦经过酒店服务人员同意，不能视为原告违反协议约定，故引起纠纷的责任在被告方。原告以因此造成侵害为理由，要求被告赔偿经济损失的诉讼请求应予支持。关于原告要求继续履行合同回住867房间一节，因双方的合同已逾期，故该请求本院不予考虑。另原告要求被告赔偿其工作、名誉、身心健康等损失，因无法律依据，本院亦不予考虑。

（五）定案结论

北京市东城区人民法院基于上述事实和证据，依据《中华人民共和国民法通则》第一百一十一条、第一百一十二条第一款的规定，判决如下：

1. 被告北京华侨大厦于本判决生效后10日内，一次性赔偿原告刘景义在他处住店损失费（美元）19333.12元。

2. 驳回原、被告其他的诉讼请求。

诉讼费2220元，由原告刘景义负担50元，被告北京华侨大厦负担2170元。

（六）解说

合同是当事人之间设立、变更、终止民事关系的协议，依法成立的合同受法律保护。本案原告刘景义与被告北京华侨大厦在平等、自愿的基础上于1992年9月1日签订了为期1年的长期住房协议，这是一种民事法律行为，该合同一经成立，便具有法律约束力，合同的双方当事人都应按合同的约定，全部履行自己的义务，非经对方同意，任何一方都不得擅自变更或解除合同。被告在签订合同时，将豪华标准间一套以每天40美元的低价格包租给原告，事后感到酒店吃亏了，继而反悔，无视违反双方所订立合同的严重后果，采取各种不正当手段强撵原告离店。被告的行为显然是违约的违法行为，对此理应承担相应的民事责任。被告的违约行为不仅不能为酒店增加效益，反而使酒店的信誉遭受严重影响。本案事实清楚，责任明确，一审法院根据实际情况，依法判决被告赔偿原告经济损失，原、被告均未提出上诉。这样的处理是正确的。

（肖　燕）

47. 琼海市百货中心DC城诉周雄租赁合同案

（一）首部

1. 判决书字号

一审判决书：海南省琼海市人民法院（1994）琼海民初字第27号。

二审判决书：海南省海南中级人民法院（1994）海南民终字第1－99号。

2. 案由：租赁合同纠纷。

3. 诉讼双方

原告（被上诉人）：海南省琼海市百货中心DC城。

法定代表人：杜继东，经理。

诉讼代理人：符祥文，海南省琼海市第一律师事务所律师。

被告（上诉人）：周雄，男，汉族，1966年3月出生，琼海市加积镇人，系个体工商户，住琼海市加积镇南门巷 2 号。

4. 审级:二审。

5. 审判机关和审判组织

一审法院:海南省琼海市人民法院。

独任审判:审判员:李居坤。

二审法院:海南省海南中级人民法院。

合议庭组成人员:审判长:黄经儒;审判员:陈彩汝;代理审判员:陈文和。

6. 审结时间

一审审结时间:1994 年 4 月 19 日。

二审审结时间:1994 年 6 月 14 日。

(二)一审诉辩主张

1. 原告琼海市百货中心 DC 城诉称:1993 年 2 月 6 日,我单位和被告签订铺位租赁合同,租期为两年半,从 1993 年 3 月 1 日起至 1995 年 8 月 30 日止,月租金人民币 273 元,管理费 30 元。合同履行一段时间后,被告不守信用,违反合同约定,逾期 4 个月不交纳租金、管理费和电费,为此,向法院提起诉讼请求,要求被告周雄交纳拖欠的租金等费用,并要求终止合同。

2. 被告周雄辩称:我和原告签订租赁合同所承租的铺位是指百货中心商场临街的铺位,而不是商场内边的铺场。租金等费用我已交纳至 1993 年 12 月底。1994 年 1 月后的租金等费用我不交纳属实,因原告经营期间商场出现盗窃现象及停电等才拒交的,现要求原告返还投资款人民币 2000 元及利息,才能终止合同。

(三)一审事实和证据

海南省琼海市人民法院经公开开庭审理查明:1992 年 12 月,原告通过新闻媒介播放招租启事,招租启事规定将琼海市百货中心商场装修成琼海市一流的购物商所,设置铺摊位 45 个,出租时间两年半,双面摊位收取投资装修费 2000 元(不退还)等。1992 年 12 月 19 日,被告周雄向原告交纳了人民币 3500 元铺位投资装修款,表明经营 14 号与 18 号铺位,其中 14 号铺位 2000 元。1993 年 2 月 6 日,原、被告签订租赁合同,合同约定原告将 14 号铺位租给周雄经营生意,月租金和管理费人民币 303 元,租期两年半。而后被告入场经营,并已交纳了 1993 年 12 月底前的租金和管理费等,交纳 3 个月的押金人民币 909 元,1994 年 1 月,双方因投资装修款问题发生纠纷,以后被告未交租金。

上述事实有下列证据证明:

1. 双方签订的铺位租赁合同书;

2. 招租启事书;

3. 投资款收据说明书;

4. 交纳租金等费用收据;

5. 押金 909 元收据;

6. 受诉法院的调查笔录、开庭笔录。

(四)一审判案理由

原、被告签订的租赁合同是在平等自愿的基础上进行的,是有效合同。合同明确约定商场的 14 号铺位,租金每月 273 元、管理费 30 元,租期为两年半。1992 年 12 月 8 日,琼海市百货公司中心商场通过电视台播放的招租启事及有关内容，被告是知道的，同时，被告明知2000元是用于14号铺位装修，是不退回的，但合同履行后，却提出该款给原告搞其他生意，要求返还该款并计算利息，这是没有事实根据的，不予采纳。自1994年1月起，被告违反合同约定，不按时交纳租金和管理费及电费，应负违约责任，所交押金应抵充租金和管理费。原告终止合同应予照准。原告1994年1月至4月的租金和管理费抵充押金909元后，被告尚欠原告一个月的租金和管理费303元。1993年12月19日至1994年4月的电费，被告也应向原告交纳。24号铺位出现偷盗问题与本案无关，不予处理。合同约定铺内用电由铺位负责，被告指责电厂停电后原告不负责送电是违约行为，也没有事实根据和法律依据。

（五）一审定案结论

一审法院依照《中华人民共和国经济合同法》第二十六条第一、二款的规定，作出如下判决：

1.终止原、被告1993年2月6日签订的铺位租赁合同。

2.被告应向原告交纳逾期1个月的租金和管理费303元和1993年12月19日至1994年4月30日的14号铺位用电费。

3.被告交给原告的14号铺位装修款2000元，不予退回。

案件受理费人民币300元，由被告负担，其他诉讼费用200元，由原、被告各负担100元。

（六）二审情况

1.二审诉辩主张

上诉人周雄诉称：上诉人已支付1993年12月前的租金，按合同约定，如超期1个月未交，则合同应自行终止，此后承租方不应再承担交纳超期租金的责任。上诉人交给的投资款当作装修款是被上诉人单方的提法，该说法没有事实根据，收据上注明不退不具有法律效力。既然租赁合同已解除，投资款及利息应退还承租者。要求撤销原判，判决上诉人不应再交纳租金和被上诉人退还投资款及利息给上诉人。

琼海市百货中心DC城辩称：上诉人周雄故意违反合同，超期后多次拒交租金，租赁合同自行终止解除。但合同解除后，周雄没有搬迁而仍然继续使用铺位经营生意，故应继续交纳租金、管理费、电费。该投资款是作为预订租赁的必备条件，且该款是用来装修铺位、按租赁合同约定使用两年半，招租启事和收据上已说明不退还，该投资款不是作为投资股份分红款，故不应退还。要求判决上诉人周雄交纳超期使用的租金、管理费和电费。

2.二审事实和证据

海南省海南中级人民法院经审理查明：1992年12月8日，琼海市百货公司中心商场在琼海市广播电视台播放招租启事。招租启事规定将百货中心商场装修成琼海一流的购物商所，设置摊位45个，出租时间为两年半，月租金根据面积、位置不同而确定，双面摊位收取投资装修款人民币2000元，单面摊位收取投资装修款人民币1500元。投资装修款在租赁合同履行完毕后不退还。1992年12月19日，周雄向市百货中心商场交纳了人民币3500元铺位投资装修款，表示经营租赁14号和18号铺位。其中14号铺位2000元。琼海市百货中心商场装修后，更名为琼海市百货中心DC城。1993年2月6日，出租方琼海市百货中心DC城和承租方周雄签订铺位租赁合同，合同约定承租方将14号铺位出租给周雄经营生意，月租金273元，管理费30元，租期两年半，从1993年3月1日起至1995年8月30日止；合同签订之后，承租方应一次性预交 6 个月的租金和管理费，同时交纳 3 个月租金和管理费作为押金。6 个月后，承租方应每月 10 号前交纳当月的租金和管理费，如逾期一个月不交租金和管理费，则合同自行终止，出租方可从押金中扣除租金。合同签订后周雄交纳了人民币 909 元作为押金，并预交了 6 个月的租金和管理费人民币 1818 元。1993 年 2 月份，周雄进入铺位作好经营生意前的准备工作。1993 年 3 月 15 日，DC 城购物商场开张营业。合同履行 6 个月后，周雄又交纳了 1993 年 9 月至 12 月的租金和管理费，并交了 1993 年 12 月 18 日前的铺位用电费。1994 年 1 月后，周雄因投资款等问题与琼海市百货中心 DC 城发生纠纷而拒交租金，事后经 DC 城多次催促，要求周雄依法交纳租金、管理费和电费，并终止合同，但均无结果。周雄仍继续使用 14 号铺位经营生意。且未经 DC 城同意，擅自在 1994 年 3 月将 14 号铺位转让给他人经营生意。

3. 二审判案理由

二审法院认为：周雄和琼海市百货中心 DC 城自愿签订租赁合同，符合法律规定，属有效合同。但在履行中，周雄违反合同而拒交租金，致使该合同无法履行完毕，根据有关法律规定，应解除双方的租赁合同。在解除合同的同时，周雄应保持 14 号铺位财产的原状，搬迁腾房将铺位交给 DC 城，并依法交纳 1994 年 1 月 1 日后继续使用 14 号铺位期间的租金、管理费和用电费。周雄认为违反合同规定拒交租金自行终止合同，而后仍然继续占用该铺位搞生意不用交租金等想法是没有任何理由的。周雄 1992 年 12 月交纳的 14 号铺位投资款人民币 2000 元，是根据琼海市百货中心 DC 城在广播电视台播放的招租启事要约后交纳的，该款是作为承租 14 号铺位的必备条件，属于该租赁合同使用两年半期间的租金特殊交纳方式，且该款已用于铺位装修。而周雄后来又自愿承诺签订租赁合同，收据上也明确表示不予退还。故该款人民币 2000 元不属于投资入股分红款。上诉人周雄故意违反合同规定，致使合同无法履行完毕，应承担相应的民事责任，解除合同关系后，上诉人周雄要求退还投资款没有事实根据和法律依据，上诉无理，予以驳回，原审法院认定事实清楚，适用法律正确，但判决主文第二项计算租金有错误，应予纠正。

4. 二审定案结论

海南省海南中级人民法院根据《中华人民共和国民事诉讼法》第一百五十三条第一款第（一）项之规定，作出如下判决：

（1）维持琼海市人民法院（1994）琼海民初字第 27 号民事判决第一项和第三项，即解除周雄和琼海市百货中心 DC 城在 1993 年 2 月 6 日签订的铺位租赁合同；周雄交给琼海市百货中心 DC 城投资款人民币 2000 元不退还。

（2）变更琼海市人民法院（1994）琼海民初字第 27 号判决第二项为：周雄应向琼海市百货中心 DC 城交纳 1994 年 1 月 1 日起至搬迁之日期间内的租金（每月人民币 273 元）、管理费（每月人民币 30 元）和用电费（从 1993 年 12 月 19 日起以电表计算）。琼海市百货中心 DC 城可从周雄所交押金人民币 909 元中扣除，多还少补。

（3）限周雄在接到本判决书之日起 5 天内搬迁出 14 号铺位，并保持 14 号铺位财产原状，同时付清所拖欠的租金、管理费和用电费。

案件受理费人民币 300 元由周雄负担。

（七）解说

本案属于租赁合同纠纷，被告周雄未交租金等费，故意违反合同，依照《中华人民共和国经济合同法》的有关规定，解除租赁合同是应该的。但本案关键问题是被告周雄事先交纳的2000元投资装修款是否退还。原告在广播电视台播放招租启事，是一种要约行为，该招租启事说明这2000元是用来装修的投资款，期满后不予退还。被告周雄根据招租启事的要约，事前交纳了2000元给原告DC城，这是一种民事法律行为的承诺，被告作出承诺后，双方的合同的基本条件成立，之后双方再次签订租赁合同。因此，该人民币2000元不是投资入股分红款，而是作为双方事前签订合同的具备条件资格款，该款又用于装修。因此，被告周雄自己违反合同，在两年半的租赁合同期限中没有履行完毕，责任应由其负担。该2000元不能退还。

（陈文和）

48. 朱云诉博白南方宾馆赔偿案

（一）首部

1. 判决书字号

一审判决书：广西壮族自治区博白县人民法院(1994)博民初字第54号。

二审判决书：广西壮族自治区玉林地区中级人民法院(1994)玉地民终字第373号。

2. 案由：赔偿纠纷。

3. 诉讼双方

原告（上诉人）：朱云，男，1968年1月20日出生，汉族，个体户，博白县东平镇文江村人，住河池市金城江二小。

诉讼代理人（一审）：林兴松，博白县第二律师事务所律师。

被告（被上诉人）：博白县南方宾馆，地址：博白县博白镇北新路13号。

法定代表人：梁世信，总经理。

诉讼代理人（一审）：庞宝美，广西万通律师事务所律师。

4. 审级：二审。

5. 审判机关和审判组织

一审法院：广西壮族自治区博白县人民法院。

合议庭组成人员：审判长：钟建志；审判员：蓝华文；代理审判员：刘庆兰。

二审法院：广西壮族自治区玉林地区中级人民法院。

合议庭组成人员：审判长：苏合勋；审判员：黄伦禄；代理审判员：苏伟锋。

6. 审结时间

一审审结时间：1994年10月27日。

二审审结时间：1995年2月27日。

（二）一审诉辩主张

原告诉称：1994年5月27日至5月29日原告在被告处住宿，期间将借用的日本“铃木”牌125C摩托车1辆寄存于被告处，5月29日被盗。要求被告赔偿摩托车损失29000元。

被告辩称：宾馆从1994年2月开业以来未开展办理为旅客保管车辆的业务，也没有为原告保管过摩托车，被盗摩托车不应由其承担赔偿责任。

（三）一审事实和证据

博白县人民法院经开庭审理查明：原告于1994年5月27日至5月29日在被告博白县南方宾馆住宿，原告于1994年5月28日在被告博白县南方宾馆，将日本“铃木”牌125C摩托车一辆口头托付被告的值班保安员张振威保管，被告保安员张振威亦口头答应为原告保管摩托车，5月29日凌晨，该摩托车被盗。被告称，其保安人员没有为原告保管过摩托车，未能举出证据。原告还出具车主张志英的“机动车行车执照”、“车辆购置附加费缴费凭证”、“摩托车赔偿协议”证实，被盗的摩托车是原告借邕宁县大沙田4区2街1号张志英的，该车于1993年9月购买，车牌号码为：广西01－42137。该车被盗后，原告已向车主张志英赔偿29000元。此事实，证人张志英出庭证实，被告未作否认。审理中，本院委托博白县价格事务所对该辆被盗的摩托车进行估价，证实该辆摩托车损失价值为24054元。

上述事实有下列证据证明：

1. 博白县南方宾馆住宿发票；
2. 博白镇城关派出所调查笔录；
3. 证人证言；
4. 摩托车主的行车执照等文件。

（四）一审判案理由

广西壮族自治区博白县人民法院认为：原告口头要约被告值班的保安人员张振威保管摩托车，张口头承诺保管，双方寄存摩托车的意思表示一致，且原告已将摩托车交付给张振威，张亦接受了原告托管的摩托车，双方摩托车寄存的口头协议及行为合法有效，应受法律保护。被告称其未办理保管摩托车业务，没有为原告保管过摩托车与事实不符，本院不予采信。被告保安人员在值班时对所保管的旅客车辆疏于管理，未尽保管职责，致使原告寄存的摩托车被盗，造成原告损失，应由被告博白县南方宾馆承担赔偿责任。原告借用车主张志英的摩托车丢失后，对张志英已作了赔偿，享有对该辆摩托车的追偿权。

（五）一审定案结论

依据《中华人民共和国民法通则》第一百零六条、第一百三十四条第一款第（七）项的规定，判决被告博白县南方宾馆赔偿原告朱云摩托车损失人民币24054元，限于本判决发生法律效力之日起5日内付清。

本案受理费1200元，其他诉讼费200元，由被告负担。

（六）二审情况

1. 二审诉辩主张

1. 上诉人博白县南方宾馆上诉诉称：一审法院认定事实证据不足，严重失实，判其赔偿损失不当，请求撤销原判，改判驳回原告的诉讼请求。

被上诉人辩称：一审判决事实清楚，证据确凿，判决合情合理合法，请求维持原判。

2. 二审事实和证据

广西壮族自治区玉林地区中级人民法院经审理查明的事实和证据，与一审相同。

3. 二审判案理由

二审法院认为，被上诉人朱云与上诉人博白县南方宾馆值班的保安员张振威之间，托管摩托车的民事行为事实清楚，证据确凿充分，保安人员张振威明确表示确认。但张在执行职务即保管被上诉人朱云寄存的摩托车的过程中，不尽职责，致使被上诉人的摩托车被盗造成财产损失，依法应由张振威所在的法人组织博白县南方宾馆承担赔偿责任。因此原审法院判决上诉人赔偿被上诉人因丢失摩托车而造成的财产损失是正确的，赔偿损失额也是有依据的，适当的，依法予以维持。上诉人称其没有保管摩托车的业务，与朱云之间没有保管摩托车的法律事实与事实不符，也与法律相悖，其上诉请求不承担被上诉人的财产损失，本院不予采纳。

4.二审定案结论

依照《中华人民共和国民事诉讼法》第一百五十三条第一款第(一)项的规定，作出驳回上诉，维持原判的判决。

本案上诉受理费200元，其他诉讼费200元，由上诉人博白县南方宾馆负担。

(七)解说

从本案的事实看，寄托人在被告宾馆住宿期间，将被盗摩托车寄托给了被告履行值勤安全的保安人员保管，原告提出要约，被告工作人员承诺予以保管，这是一种有效而且受法律保护的民事法律行为，具备了我国法律规定的保管合同中的寄存合同成立的特征，此案虽是无偿寄存关系，但不影响寄存合同的成立。况且，被告单位在规定其保安工作人员的值勤职责时，明确宣布对到宾馆住宿的人员的摩托车要无偿保管，这更进一步说明南方宾馆对旅客摩托车有保管职责，在保管期间，应采取措施，防止寄存物毁损丢失。被告保管人员未尽职责，致使摩托车被盗，应负赔偿责任。因此，法院判决被告赔偿原告损失，是正确的。

(钟建志)

49.李振斌诉毛春芳合伙合同案

(一)首部

1.判决书字号

一审判决书：江苏省江都县人民法院(1993)江民初字第806号。

二审判决书：江苏省扬州市中级人民法院(1994)扬民终字第233号。

2.案由：散伙纠纷。

3.诉讼双方

原告(被上诉人)：李振斌，男，1966年12月10日生，汉族，江都县邵伯甘棠船舶修造厂南塘分厂合伙人，住江都县邵伯镇运河村侯吉组。

诉讼代理人(一、二审)：张春林，江苏省江都县邵伯法律服务所法律工作者。

诉讼代理人(一、二审)：吴爱智，江苏省江都县邵伯法律服务所法律工作者。

被告(上诉人)：毛春芳，男，1942年9月14日生，汉族，江都县邵伯甘棠船舶修造厂南塘分厂合伙人，住江都县邵伯镇南后街41号。

诉讼代理人(一、二审)：沈志斌，江苏省江都县第二律师事务所律师。

4.审级：二审。

5.审判机关和审判组织

一审法院：江苏省江都县人民法院

合议庭组成人员：审判长：潘名琪；代理审判员：周明祥、王春发。

二审法院：江苏省扬州市中级人民法院。

合议庭组成人员：审判长：朱俞明；代理审判员：徐生炉、王瑞。

6. 审结时间

一审审结时间：1993 年 12 月 25 日。

二审审结时间：1994 年 6 月 29 日（经院长批准延长审限 3 个月）。

（二）一审诉辩主张

1. 原告诉称：我与被告毛春芳于 1991 年 12 月 25 日合伙创办了江都县邵伯甘棠船舶修造厂南塘分厂，并订有合伙协议。双方在合伙 1 年半的时间里，由于共同努力取得了良好的经济效益。但其后被告产生了邪念，为达到侵吞共有财产的目的，拒绝公开帐目，并于今年 7 月中旬擅自换掉厂办公室、库房、机房的门锁，致我无法工作。鉴于上述情况，双方已无法继续合作，故要求与被告终止合伙协议，结清帐务，对盈利的共有财产依法各半分割。请求法院作出公正判决。

2. 被告辩称：我和原告订有合伙协议，合伙期限为 3 年，目前时间未满，故不同意终止合伙。我换掉门锁是因原告不安心在厂里工作，故而采取的临时措施，原告以此为由提出中途退伙是违反协议的，应承担中途退伙的责任。我与原告订立的合作协议，虽注明暂定各投资 5000 元，但实际我比原告多投资 1550 元。因此，我们合伙的共有财产不能各半所有。而应按实际投资比例进行分割。

（三）一审事实和证据

江苏省江都县人民法院经审理查明：原告李振斌与被告毛春芳于 1991 年 12 月 25 日签订了合伙创办江都县邵伯甘棠船舶修造厂南塘分厂协议。协议约定：双方合伙投资，每人暂定 5000 元整，合计 1 万元，由双方统一使用分配，统一购置设备材料，统一进行结算；甲乙双方不得中途脱离，否则投资股份不予退回，时间暂定 3 年；重大问题通过协商，在统一的基础上以求解决，甲乙双方均不得擅自作出决定；生产过程中必须帐册齐全，合伙期间盈亏由双方共同承担。此外双方还对工作作了分工，由李振斌负责船舶生产和施工现场管理，由毛春芳负责管理现金和购买原材料。合伙期间双方累计各投资人民币 5350 元，加工承揽船舶 17 艘。另毛春芳在签订合伙协议前为报请江都县工商行政部门核准登记并领取开办江都县邵伯甘棠船舶修造厂南塘分厂营业执照，共支出各种费用 1550 元。1992 年 3 月和 5 月建帐时，李振斌曾要求毛春芳将上述费用报支，但毛春芳未表态。1993 年 5 月 9 日，毛春芳和李振斌均收回了各自的投资款，毛春芳将上述 1550 元也一并收回。同时，双方还按每月人民币 500 元标准领取了 1992 年全年各自的工资。其后，双方在工作中时常意见不一，工作越来越不协调。1993 年 6 月，李振斌要求毛春芳交出现金，民主理财，遭被告毛春芳拒绝。后李振斌口头提出要求终止合伙。1993 年 7 月 20 日，毛春芳将办公室、库房、发电机门锁换掉，致李振斌无法进行工作。同年 9 月 16 日，李振斌书面向毛春芳提出终止合伙的建议。毛春芳则要求按双方实际投入的资金分割共同财产。为此，双方发生争执。原告李振斌遂于当年 10 月向江都县人民法院提起诉讼。江都县人民法院召集双方清理了全部帐务和共有财产，并委托有关部门对共有财产进行了鉴定和估价。经核查，双方共有财产计人民币 154009.68 元。其中，材料、设备折合 119390.6 元，债权 34619.08 元。审理中双方均同意终止合伙，但对共有财产的分割被告毛春芳坚持主张将自己领取营业执照的有关费用作为投资，并按各自实际投资额进行分割；原告则坚决不同意，要求按约定投资额各半分割共有财产，致调解无效。

上述事实有当事人陈述，合伙协议、帐册、财产清点清单、勘验笔录、鉴定估价书、证人证言等证据证实。

（四）一审判案理由

江都县人民法院鉴于上述事实认为：

1.原、被告所订立的合伙办厂协议，明确了双方的权利义务，对双方投资份额、经营原则及盈亏风险的承担、工作上的分工均作了规定，是合伙双方共同真实的意思表示，其内容不违反国家法律、法规及政策规定，亦经国家工商行政部门核准登记，故是合法有效的。

2.原、被告所订协议中，虽约定双方合伙期限暂定3年，但双方在诉讼中均表示同意终止合伙关系，故依照《中华人民共和国民法通则》第四条的规定和《中华人民共和国民事诉讼法》第十三条的规定，应准予双方终止合伙关系。

3.合伙经营期间积累的财产应为双方共同共有财产，对双方共有财产的处理应按双方协议约定进行分割。约定不明确的可按约定的出资比例进行分割。原、被告双方在合伙协议中约定各投资5000元，盈亏由双方共同承担，其约定投资比例相等，承担责任亦相当，故原告要求对共有财产各半分割的请求，应予支持。至于被告为领取营业执照所花费的1550元，因不属双方协议投资额范围内资金，故不能纳入投资额，并以此计算投资额比例来分割共有财产。所以对被告提出的以实际投入资金数分割共有财产的主张，不予采纳。

（五）一审定案结论

根据《中华人民共和国民法通则》第四条“民事活动应当遵循自愿、公平、等价有偿、诚实信用的原则”、第三十二条第二款“合伙经营积累的财产，归合伙人共有”的规定，江都县人民法院作出判决：

1.准予原告李振斌与被告毛春芳终止合伙。

2.双方共有财产中，5×1460×6000mm的钢板21.5张，5×1030×6000mm的钢板24张，6×1500×6000mm的钢板4张，5×50×50mm的角铁700公斤，5×63×40mm的角铁1300公斤归李振斌所有；4×1000×5000mm的钢板29.5张，4.5×1250×6000mm的钢板1张，三合板17张，装饰板9张，木板17块，废钢3000公斤，4135型发电机1台，电焊机5台，小甲划1艘，长城吊扇2台，电线杆2根，磨光机、电钻砂轮机各1台，台钳桌1张，氧气瓶10只，顶船垫灯19只，“重庆”80摩托车1辆，50吨千斤顶2只，10吨千斤顶1只，风带线6套，电缆线100米，浮桶4套，主船台2只，422电焊条80盒，油漆8桶归毛春芳所有。上述财产在判决生效之日起5日内履行。

3.双方共有债权34619.08元，其中20000元（符生峰所欠）归原告李振斌收取和所有，其余债权14619.08元归被告毛春芳收取和所有。

本案诉讼费人民币9510元（其中受理费4590元，诉讼活动费4620元，勘验费300元）由原告李振斌负担4755元，被告毛春芳负担4755元。

（六）二审情况

1.二审诉辩主张

一审判决后，被告毛春芳不服，提出上诉称：自己比李振斌多投资人民币1550元，分割共同财产时应该多得；李振斌未到合伙期限，单方擅自提出终止合作，应承担违约责任；一审法院将李振斌擅自提出终止合伙后的盈利纳入分割不当。请求二审法院予以改判。被上诉人李振斌辩称：一审法院判决上诉人与被上诉人等分双方经营形成的共同财产是公正的；上诉人违背诚实信用原则违反协议中共同管理的规定，拒绝公布帐目，民主理财，更为严重的是擅换办公室、机房、库房门锁，迫使被上诉人无法正常组织生产，使合伙事务几乎中断，被上诉人才不得不提出终止合作，故造成终止合伙的责任不在被上诉人，而在上诉人；合伙期间最后两条船乃是在本人离开前主持生产，组织施工，本人离开时该两条船已基本竣工，一审法院将该两条船形成的收益作共同财产分割，符合法律规定。请求二审法院维持原判。

2. 二审事实和证据

江苏省扬州市中级人民法院受案后，详细审阅了案卷，并调查核实了相应证据，认为一审法院所查事实清楚，对财产的清点、勘验、鉴定估价有效。

3. 二审判案理由

双方在合伙协议中对投资额的约定明确，毛春芳为领取营业执照所支出的1550元不在约定投资额范围内，李振斌亦曾数次要求毛春芳报支，故该款不能构成法律意义上的投资额。毛春芳提出了比李振斌多投资人民币1550元的比例来分割共有财产的要求，于法不合，不予支持。1993年6月，李振斌因双方意见不一，口头提出过要求终止合伙，但其后仍一直参与合伙事务，组织管理生产事宜，直至毛春芳将办公室、库房、发电机房锁掉后，才于8月中旬离开合伙厂，并于9月16日正式书面提出终止合伙的要求。故造成终止合伙的主要责任在毛春芳。现毛春芳在双方均已同意终止合伙的情况下，要求李振斌承担违约责任，显属无理。至于南塘分厂承揽的第16、17艘船，1993年7月在双方发生纠纷时，主体工程已完成，后虽将剩余部分工作转包他人完成，但仍应视为双方合伙期间完成，其赢利仍应由双方各半分割。

4. 二审定案结论

一审认定事实、适用法律并无不当，依照《中华人民共和国民事诉讼法》第一百五十三条第一款第(一)项的规定，判决如下：

驳回上诉，维持原判。

二审案件诉讼费5340元由上诉人毛春芳承担。

(七)解说

本案是一起未到约定期限而终止个人合伙合同的纠纷。它在适用法律上涉及到三个方面的问题：第一，这种合伙关系能否终止；第二，提出终止合伙的一方应否承担违约责任；第三，合同对合伙终止时的财产的分割，没有具体约定的，应如何分割。《民法通则》及最高人民法院《关于贯彻执行〈中华人民共和国民法通则〉若干问题的意见(试行)》中均没有具体明确的规定。但个人合伙是两个以上公民按照他们之间所订立的协议而进行的合作，当这种合作关系无法继续下去时，拘泥于合同约定期限，强行判令双方继续履行合同，违背当事人的意愿，在实践中是行不通的，同时也不利于生产的发展。因此，不论双方是否能协商同意，只要一方坚持终止或退出，原则上均应准许。因其退伙、终止合作关系而给其他合伙人造成损失的，应予赔偿。但具体确定赔偿责任时又应考虑退伙或终止合伙的原因、理由及双方当事人的过错情况。本案中李振斌提出终止合伙的原因系毛春芳拒绝民主理财，继而锁门，从而使双方实际上处于散伙的状态，故过错责任主要在毛春芳。因而，对于被告要求对方承担违约责任，赔偿损失的请求，不能予以采纳。至于合伙终止时，对合伙财产的分割，双方在协议中虽未约定但根据《民法通则》第三十五条第一款“合伙的债务，由合伙人按照出资比例或者协议约定，以各自的财产承担清偿责任”的规定和权利义务相一致的原则，在出资比例相同的情况下，对合伙经营积累的财产，亦应按出资比例进行分割。

（赵荣生　纪晓东）

50. 徐海田诉李伯成等退伙案

（一）首部

1. 判决书字号

一审判决书：吉林省公主岭市人民法院（1990）公法民初字第380号。

二审判决书：吉林省四平市中级人民法院（1994）四民上字第138号。

2. 案由：退伙纠纷。

3. 诉讼双方

原告（上诉人）：徐海田，男，57岁，汉族，吉林省公主岭市人，公主岭市磷肥厂退休工人。

诉讼代理人：杨俊富，吉林省四平市铁西区律师事务所律师。

被告（被上诉人）：李伯成，男，64岁，汉族，吉林省公主岭市人，公主岭市二轻供销公司退休工人。

诉讼代理人：王振东，吉林省公主岭市律师事务所律师。

被告（被上诉人）：郑爱民，男，52岁，汉族，吉林省公主岭市人，公主岭市医院退休司机。

4. 审级：二审。

5. 审判机关和审判组织

一审法院：吉林省公主岭市人民法院。

合议庭组成人员：审判长：张晓春；代理审判员：蔡玉林、李洪钢。

二审法院：吉林省四平市中级人民法院。

合议庭组成人员：审判长：邢学德；审判员：岳长江；代理审判员：王爽。

6. 审结时间

一审审结时间：1993年7月30日。

二审审结时间：1994年12月5日。

（二）一审情况

1. 一审诉辩主张

原告诉称：原告与被告于1989年8月口头协议合伙养羊，各出资1万元。经刘国安以每只羊160元由长岭县购买110只；后二被告又以每只125元购买39只，共计149只。先后两次赶回，途中死4只，剩145只。1989年9月，原告因子女自费上学急需用钱，找二被告人商议“退伙”，并因途中羊死4只认赔500元，要求由被告人退回股金9500元即可。二被告人表示同意，并由李伯成给原告送去5000元，余款4500元由李伯成负责退还。但当原告人再找李索要“剩余”股金时，李拒付。根据《中华人民共和国民法通则》第三十一条和最高人民法院《关于贯彻执行〈中华人民共和国民法通则〉若干问题的意见（试行）》第五十条的规定，请求法院依法保护原告“退伙”权益和股金。

被告李伯成辩称：原、被告三人合伙养羊属实，但5000元是借的，根本不是给原告人的退股金款，也没有同意原告人退出，是原告见羊生病、死亡赔了本而要强行退出；合伙应该风险共担；根据《中华人民共和国民法通则》第三十一条和最高人民法院《关于贯彻执行〈中华人民共和国民法通则〉若干问题的意见（试行）》的规定，原告退伙不成立，故不存在退股金的问题。

被告郑爱民辩称：原、被告三人合伙养羊，原告人与被告人李伯成各出资1万元，我补8000元，并提供车辆及养羊人工。因羊生病、死亡赔了，原告便提出退出，故对其请求不承担责任。

2. 一审事实和证据

吉林省公主岭市人民法院公开审理查明：原、被告于1989年8月口头协商合伙养羊，原告与被告李伯成各出资1万元，被告郑爱民出资8000元，共计购买羊149只，赶回途中羊死4只，剩145只。其中：由刘国安以每只160元购买110只，当天赶回64只，另46只交了2000元定金；几天后，原、被告三人及刘国安去赶剩余的46只羊时，发现每只羊价为125元，于是又买了39只，并提出刘国安买的羊价格贵了，剩的46只羊不要了。刘国安提出："如不要2000元定金给退羊。"并讲明：46只赶回后，如原、被告三人不要他自己可以留下。于是，在46只羊尾部都打上了红印，刘国安又给原、被告退回500元多要的买羊款。羊被赶回公主岭市后，刘国安要这46只羊，但不给钱。为此，便将这46只羊与他们购买的羊一并送到徐殿富处喂养，由于管理不善，羊有病、死亡陆续发生。1989年9月，原告因子女自费上学急用钱，找到二被告人要求退伙，并认赔500元。二被告人要求原告人把刘国安买的46只高价羊处理掉，否则不同意退出。但原告找刘国安几次，46只羊始终没有处理了，便不再管羊的事了。1989年10月李伯成给原告送去5000元，原告讲系退的股金，李伯成讲系借的，但原、被告均未提出可靠依据。

上述事实有下列证据证明：

（1）当事人的陈述。被告人李伯成对5000元系借款、不同意"退伙"的答辩；被告人郑爱民不同意"退伙"的答辩。

（2）证人证言。证人刘国安对买羊经过的证明；证人徐殿富对饲养羊的证明。

3. 一审判案理由

本案原、被告口头协议合伙养羊，因原告徐海田子女自费上学用钱，被告李伯成送去5000元钱。原告以此主张系"退伙"股金，被告反驳系借款，否认退伙；根据《中华人民共和国民法通则》第三十一条和最高人民法院《关于贯彻执行〈中华人民共和国民法通则〉若干问题的意见（试行）》第五十二条的规定，合伙人退伙"书面协议有约定的，按书面协议处理"，原告徐海田"退伙"没有书面协议；经法院收集证据及庭审调查质证均不能证明原告已"退伙"。

4. 一审定案结论

本案原、被告对口头协议合伙养羊均无异议，争执焦点在于原告是否"退伙"。原告徐海田主张5000元是"退伙"股金；被告李伯成坚持5000元是原告人子女自费上学个人借款。被告李伯成、郑爱民均否认原告"退伙"，原告徐海田又举不出充分证据证明其"退伙"。故原告徐海田要求被告人李伯成、郑爱民退还股金没有道理，不予支持；被告李伯成称借给原告人徐海田的5000元，本案不作审理。据此，公主岭市人民法院根据《中华人民共和国民法通则》第三十一条和最高人民法院《关于贯彻执行〈中华人民共和国民法通则〉若干问题的意见

(试行)》第五十二条,作出如下判决:

驳回原告徐海田退回股金的诉讼请求。

案件受理费190元由原告徐海田负担。

(三)二审诉辩主张

上诉人(原审原告)诉称:(1)1989年9月上诉人已退伙,故原审认定事实错误,适用法律不当;(2)原审判决认定被上诉人李伯成退给上诉人的5000元股金是借款与事实不符,没有证据;(3)被上诉人在诉讼中称上诉人"没退伙"、强行"退伙"等,想否认上诉人已退伙的事实;(4)原审法院判决片面认定上诉人退伙没有书面协议,有悖于最高人民法院《关于贯彻执行〈中华人民共和国民法通则〉若干问题的意见(试行)》第五十条;(5)原审法院超审限。上诉人于1990年2月诉讼到法院,压3年之久。故要求二审法院撤销原判,改判二被告退还股金4500元。

被上诉人辩称:(1)上诉人因子女自费上学需用钱,从被上诉人处借5000元,不是"退伙"股金;(2)被上诉人没同意上诉人"退伙"。

被上诉人(原审被告郑爱民)辩称:(1)上诉人因羊有病、死亡退伙不合理;(2)被上诉人没同意上诉人退伙。

(四)二审事实和证据

吉林省四平市中级人民法院经公开审理查明:上诉人徐海田与被上诉人李伯成、郑爱民1989年8月口头协商合伙养羊,上诉人徐海田与被上诉人李伯成各出资1万元,被上诉人郑爱民出资8000元,共购买羊149只,在赶回途中死4只,剩余145只。由刘国安以每只160元购买110只,当时赶回64只,还有46只交了2000元定金。几日后,当刘国安及三合伙人同去取46只羊时,发现羊的价格比刘国安买的价格便宜,于是又以每只125元购买39只,并提出刘国安买的羊价格贵了,剩余的46只羊不要了。刘国安当时讲:"如果不要,2000元定金不给退,46只赶回后,如你们不要我要。"于是,在46只羊尾部都打上了红印。刘国安买的110只每只价165元,后承认每只羊是160元,退给上诉人、被上诉人500元。羊被赶回公主岭市后,刘国安要这46只羊,但不给钱。二被上诉人拒绝刘国安将这46只羊赶走,连同他们购买的羊一起送到徐殿富处喂养。1989年9月,上诉人徐海田因子女自费上学要用钱,找到二被上诉人要求退伙,当月李伯成给徐海田退回股金5000元。因在赶回来的路上死4只,上诉人认赔500元。后徐海田再向被上诉人李伯成索要剩余股金时,李伯成以"刘国安买的46只高价羊处理和以后死了很多羊"、"赔钱了"等理由拒绝退还剩余的4500元。徐海田到原审法院提出告诉。

上述事实有下列证据证明:

1.上诉人徐海田对合伙养羊、买羊、退伙、退回5000元、认赔500元的陈述;

2.被上诉人李伯成、郑爱民承认1989年9月研究过上诉人徐海田退伙和研究后不久(当月)被上诉人李伯成退给上诉人徐海田5000元的陈述;

3.上诉人徐海田和被上诉人李伯成对(李伯成退给徐海田5000元)既没打欠条、也没讲利息,一直没向徐海田要过此款的陈述;

4.上诉人徐海田和被上诉人李伯成、郑爱民对"自1989年9月后再未找上诉人徐海田商量合伙养羊过程中发生的问题,如羊的管理、羊死如何处理、最后剩余47只羊由李伯成处理等"的陈述和供述;

5.证人刘国安、贾学军、杨金才、徐殿富等对上诉人徐海田于1989年9月退伙的证明。

(五)二审判案理由

根据《中华人民共和国民法通则》第三十一条和最高人民法院《关于贯彻执行〈中华人民共和国民法通则〉若干问题的意见(试行)》第五十条的规定,上诉人徐海田与被上诉人李伯成、郑爱民口头协商、共同出资、合伙养羊的事实,应认定合伙关系成立。上诉人因子女自费上学用钱要求退伙,经研究后,于1989年9月提出退伙当月,由被上诉人李伯成退给上诉人徐海田股金5000元。此后,二被上诉人再未与上诉人徐海田研究、商议合伙养羊的有关管理、死羊处理、合伙终止善后处理等问题;且有刘国安、贾学军等多人证实上诉人徐海田退伙,故应认定其退伙属实。合伙期间应盈余共享,风险共担,对亏损额应按协议"约定"或"出资比例"分担。上诉人徐海田先于被上诉人郑爱民退伙;退伙前因买羊价格高造成亏损;退伙后发生羊病、死问题与其无关;除因赶羊途中死掉4只认赔500元外,要求二被上诉人给付剩余股金,应予支持。

(六)二审定案结论

本案上诉人徐海田与被上诉人李伯成、郑爱民口头协议,共同出资,合伙养羊。上诉人因子女自费上学用钱,退回股金5000元,应认定已退伙。上诉人对合伙经营期间损失认赔500元。鉴于合伙期间上诉人、被上诉人派刘国安买的110只羊与三合伙人买羊的价差相比亏损3850元,对此款应按照出资比例(郑爱民除出资外还出运力和劳务)共同承担,即各自承担1283元。原审法院认定事实有误,适用法律欠妥。故此,四平市中级人民法院根据《中华人民共和国民事诉讼法》第一百五十三条第一款第(三)项,作出如下判决:

1.撤销公主岭市人民法院(1990)公法民初字第380号民事判决。

2.被上诉人李伯成、郑爱民各给付上诉人徐海田股金1608.50元。

一、二审案件受理费380元被上诉人李伯成、郑爱民和上诉人徐海田各承担126.67元。

(七)解说

本案是一起一审判决驳回诉讼请求、二审改判的合伙(退伙)案。有两个问题需进一步说明:

1.退伙是否成立。退伙是指合伙成立后,个别或部分合伙人退出合伙组织而丧失合伙人资格。上诉人(原审原告)徐海田退伙是否成立是本案焦点:一审法院认定其退伙不成立,作出驳回诉讼请求的判决;二审法院认定合伙成立,作出改判的正确判决。如何认定退伙?一是要以合伙成立为前提。不构成合伙,也就无所谓退伙。本案上诉人和被上诉人三人口头协商、共同出资、共同经营饲养业,虽无书面协议,但符合《中华人民共和国民法通则》第三十一条和最高人民法院《关于贯彻执行〈中华人民共和国民法通则〉若干问题的意见(试行)》第五十条的规定,不仅当事人对"合伙成立"无异议,一、二审也均以认定;二是要以丧失合伙人资格为根据。上诉人自1989年9月拿到退伙的5000元股金后,二被上诉人再未与上诉人研究任何合伙经营问题,如包括羊有病、死亡、合伙终止善后处理等问题,这正是因其丧失了合伙人资格的结果。因而,二审认定上诉人退伙成立是正确的;因而对上诉人主张"退还"剩余股金的权益予以保护也是理所当然的。

2.实体处理是否公正。《中华人民共和国民法通则》第三十五条第一款规定:"合伙的债务,由合伙人按照出资比例或者协议的约定,以各自的财产承担清偿责任。"上诉人徐海田和被上诉人李伯成各出资1万元,被上诉人郑爱民虽出资8000元,但出运力和劳务,视为三者出资相等，应对因由刘国安购买110只羊价差所造成的3850元亏损各承担1283元；上诉人徐海田先于被上诉人郑爱民退伙，二被上诉人应给付上诉人徐海田的剩余股金。故二审去掉上诉人徐海田认赔的500元和应承担1283元亏损外，判决撤销一审判决、二被上诉人各给付上诉人徐海田剩余股金1608.50元的实体处理是公正的。

（宋纯新）

51. 江苏德赛广告策划公司诉江苏芭伊奥日化实业有限公司广告策划代理合同案

（一）首部

1. 裁定书字号：江苏省南京市中级人民法院(1994)宁民初字第58号。

2. 案由：广告策划代理合同纠纷。

3. 诉讼双方

原告：江苏德赛广告策划公司(下称"德赛广告公司")。

诉讼代理人：刘欣仪，经理。

诉讼代理人：翁冶中，江苏省南京中山律师事务所律师。

诉讼代理人：许利民，江苏省南京中山律师事务所律师。

被告：江苏芭伊奥日化实业有限公司(下称"芭伊奥日化公司")。

法定代表人：许明德，董事长。

诉讼代理人：于昕，江苏省南京市第二律师事务所律师。

诉讼代理人：梁峰，江苏省南京市第二律师事务所律师。

4. 审级：一审。

5. 审判机关和审判组织

审判机关：江苏省南京市中级人民法院。

合议庭组成人员：审判长：林松；审判员：李翠屏、唐久新。

6. 审结时间：1994年10月20日。

（二）诉辩主张

1. 原告诉称：1994年1月31日，双方签订备忘录1份，约定由我公司为被告设计、策划广告事宜。现我公司已按约定完成CI计划的制定、广告总体计划等。但被告未提供产品营销计划，致使我方无法制定广告预算，故仅剩下总体广告工作因被告的资金未到位而未开展，但迄今未收到被告一分钱。请求法院判令被告支付劳动报酬，赔偿经济损失共计50万元，并继续履行合同。

2. 被告辩称：原告未提供广告费预算，无法支付广告代理资金。原告制定市场调研等CI计划，缺乏可操作性，无法据此制定营销计划，理应重新制定，谈不上支付劳动报酬。即使支付费用，也应按约至1994年底给付，亦要求原告继续履行合同。

（三）事实和证据

江苏省南京市中级人民法院于1994年4月27日受理本案后，经公开开庭审理查明：

原、被告双方于1994年10月开始商谈由被告委托原告进行广告策划工作。原告为此开展了相应的工作。1994年元月31日，双方签订了备忘录一份，约定：双方共同努力，实现芭伊奥日化公司1994年1000万元产值，同时取得良好的社会效益，树立品牌形象。芭伊奥日化公司的职责是：(1)产品的开发、生产和销售。(2)提供广告宣传资金。(3)制定营销计划，为广告计划提供依据。(4)负责行销计划执行，配合实施广告计划等。德赛广告公司的职责是：(1)制定CI计划。(2)制定总体广告计划。(3)做好总体代理工作。(4)向芭伊奥日化公司提供合理的产品开发行销方面建议等。合作期暂定1年。芭伊奥日化公司提取产值15%作为广告综合费用给付德赛广告公司。德赛广告公司根据总费用拟一份年度广告综合费用预算表报审。芭伊奥日化公司利润率不低于20%，从中提取5%作为德赛广告公司利润，超出部分另定。广告费支付方式视春节后新产品推出的具体情况而定，5%的利润于年终结算。备忘录签订后，德赛广告公司用自有资金，共完成：(1)设计创意了企业及产品的标识图案。(2)完成了全国10大城市同类产品的市场调研。(3)完成了广告总体策划书。(4)设计创意了产品大中小内外包装图案等，并将以上成果交付芭伊奥日化公司。芭伊奥日化公司接受这些成果并已部分使用，却以对方未提供广告费预算为由，未付款。德赛广告公司认为，对方应先提供营销计划，然后才能据此制定广告总体计划及相应广告费预算。芭伊奥日化公司对此认为，产品营销计划必须根据CI的具体内容，即市场调研、营销建议、广告总体计划等而作出，对方提供的CI缺乏可操作性，比如，仅有广告总体策划书而无广告总计划等，故无法作出营销计划。双方为此产生纠纷，诉至法院。

(四)判案理由

江苏省南京市中级人民法院基于以上事实认为：

1. 原、被告签订的备忘录是合法有效的协议，但具体条款不明确，比如，协议虽明确双方的职责，却未明确各自履行职责的顺序及具体时间，导致双方均认为应以对方先履行某些条款为自己履行职责的前提条件。又如，协议对CI评价的标准未加约定，履行过程中，一方认为已经完成，另一方却认为缺乏可操作性，需要重新制定，从而导致协议无法继续履行下去，也错过了协议履行的时间性、季节性，已失去了继续履行协议的意义，故该协议应终止履行，对此双方均有过错。

2. 被告芭伊奥日化公司对此纠纷的过错应大于原告德赛广告公司，理由如下：

(1)芭伊奥日化公司接受了德赛广告公司完成的CI成果后，始终未向对方提出“缺乏可操作性”等异议，未积极提出具体修改意见，亦未付款，但却使用了对方提供的产品包装、企业及产品标识等成果。

(2)芭伊奥日化公司始终未能提供充分的证据，证明对方的CI成果缺乏可操作性。亦未能证明营销计划必须依据广告总体计划方能作出。

3. 原告德赛广告公司的经济损失应予以补偿，其补偿的范围应从下面三个方面考虑：

(1)根据协议约定，协议履行完毕后应得的利益，主要是两项：第一，广告费150万元的10%代理费，即15万元。第二，5%的利润，即1000万元的产值×20%芭伊奥日化公司的利润×5%=10万元，合计25万元，结合协议实际履行部分所占比例，按1/3计算为8.3万元。

(2)德赛广告公司为履行协议已支付的费用，约7万元。

(3)德赛广告公司已完成的CI成果的价值，经双方协商确认为约8万元。

(五)定案结论

江苏省南京市中级人民法院依照《中华人民共和国民法通则》第四条、第八十五条、第九十四条和《中华人民共和国民事诉讼法》第八十五条的规定，在查明事实、分清是非责任的基础上，根据双方当事人的请求，进行了调解，达成了和解协议：

1. 双方所订的备忘录终止履行。
2. 芭伊奥日化公司给付德赛广告公司86071元(含诉讼费1071元，已履行)。
3. 德赛广告公司已交付芭伊奥日化公司的CI成果(含著作权)归芭伊奥日化公司所有。
4. 德赛广告公司撤回起诉。
5. 诉讼费1071元由德赛广告公司负担。

经法院审核，裁定准许原告德赛广告公司撤回起诉，纠纷得到圆满解决。

(六)解说

在市场经济发展中，CI，即企业发展与形象战略，被誉为企业形象的战略设计师。它包括企业理念识别、企业行业识别和企业视觉识别三大要素。它的主要作用就是确立先进、科学的经营观念，统一、规范企业的经营方法和管理制度，达到创造名牌大企业、名牌产品的目的。我国企业导入CI刚刚起步，以后会逐渐增多。慎重地处理好这一类新型案件，对促进我国社会主义市场经济的发展，对支持企业的改造，保护知识产权等具有重要意义。

(1)关于适用法律方面的问题。我国于1987年10月发布了《广告管理条例》及其实施细则，但直接规范CI方面的法规尚属空白。南京市中级人民法院在审理案件中直接适用了《中华人民共和国民法通则》的有关原则和规定，参考了《广告管理条例》及实施细则的有关内容，充分考虑CI的特点，较好地解决了这方面的困难。

(2)关于CI合同特点方面的问题。CI合同与其他类型合同相比，有三个特点：首先是合同双方权利义务的相互依赖性。任何一方都不可能单独完成合同规定的义务，从而也无法单独地享有合同规定的权利。其次是合同履行内涵的不确定性。随着市场的不断变化，CI的具体内容亦应不断变更，从这方面来看，和其他合同相对固定的履约内涵相比，判断合同一方是否违约就复杂得多。最后，CI合同还应有其特有的规定，比如，对CI成果提出异议的时效、评价CI的标准等。在处理本案过程中，南京市中级人民法院首先确认合同有效，进而在判别引起纠纷的过错责任上慎重分析，没有简单地认定哪一方违约，达到了较好的效果。

(3)关于赔偿损失方面的问题。CI属知识产权范畴，其成果既可能包括著作权，也可能包括专利权、技术诀窍等。对此首先应明确这些权利的归属，充分考虑知识产权的价值，合理地确认。

(林　松)

52. 周洪祥诉南汇县第二律师事务所委托代理合同案

(一)首部

1. 判决书字号：上海市南汇县人民法院(1994)汇民初字第177号。
2. 案由：委托代理合同纠纷。

3. 诉讼双方

原告:周洪祥,男,58 岁,上海市川沙县人,农民。

被告:上海市南汇县第二律师事务所。

法定代表人:邬根元,主任。

诉讼代理人:陈建华,南汇县第二律师事务所律师。

4. 审级:一审。

5. 审判机关和审判组织

审判机关:上海市南汇县人民法院。

独任审判:审判员:张汇。

6. 审结时间:1994 年 3 月 28 日。

(二)诉辩主张

原告诉称:原告委托被告指派律师进行诉讼代理,提供法律帮助,出庭参与诉讼。按与被告人所签订的聘请律师合同,向被告人交纳了办案手续费 150 元,标的费 850 元。现被告人所指派的律师在为原告人代理时极不负责,为原告人所书写的起诉状不符合事实,在 5 次开庭中有 2 次没能出庭参与诉讼,违反了双方所签订的聘请律师合同第三条的约定。为此,请求法院根据《中华人民共和国民法通则》第一百零六条第一款、第一百一十一条的规定,判令被告人退还标的费 850 元并赔偿原告损失 150 元。

被告辩称:被告接受原告委托指派律师为原告进行诉讼代理,所指派的律师在代理期间工作是负责的,没有违反与原告人所签订的聘请律师合同的约定,故请求人民法院驳回原告人的诉讼请求。

(三)事实和证据

上海市南汇县人民法院经公开审理查明:1993 年 5 月 20 日,原告为房屋析产、继承欲向人民法院起诉,请南汇县第二律师事务所委派律师代写诉状,双方签订了"聘请律师合同",约定由被告指派律师为原告代理诉讼。双方还对代理权限、权利、义务、代理费用等作了约定,并由原告人向被告人缴纳了办案手续费人民币 150 元和标的费人民币 850 元。嗣后,被告指派律师为原告人的代理人参与诉讼。在为原告代书诉状时,由于原告的请求过高,律师和原告人产生分歧欲终止代理。因原告于 1993 年 6 月 19 日向律师写了"如败诉,我本人负责,诉讼代理人不负责"等内容的保证书后,才继续代理。律师在 1993 年 5 月 25 日上午听取了原告人对案情的详细陈述,1993 年 5 月 27 日到房屋所在地浦东新区施湾乡施镇村调查,到上海市川沙县档案馆和川沙县房产管理局搜集有关证据,并于 1993 年 7 月 20 日、7 月 27 日、9 月 22 日 3 次根据浦东新区人民法院的通知到庭参与诉讼,进行举证、质证,发表代理意见。但 1993 年 10 月 19 日第 4 次开庭与 1993 年 12 月 4 日浦东新区人民法院对案件宣判时,徐永泉律师因在外地办案而未能收到通知,故未能出庭。原告的析产、继承案于浦东新区人民法院一审判决后,原告认为被告人指派的律师未能有效地维护原告的权利,特别是不能每次到庭参与诉讼,违反了"聘请律师合同"第三条关于"承办律师必须认真负责,依法维护委托人合法权益,如因故不能出庭,受托人应指定其他律师接替,并于事前征得委托人同意"的约定,故于 1994 年 1 月向南汇县人民法院提出对被告人的起诉。

上述事实有下列证据证明:

1. 原告与被告人签订的"聘请律师合同"、原告委托被告人的"委托书"、被告人致浦东新区人民法院的函、0379346号上海市律师业务收费专用收据第三联，证明原告聘请律师并向被告人缴纳人民币合计1000元的情况；

2.1993年5月25日承办律师所记录原告陈述笔录、律师1993年5月27日找浦东新区施湾乡施镇村调查笔录及搜集的有关证据的复印件，证明被告人指派的律师为原告的析产、继承一案调查、收集证据的情况；

3.1993年6月19日周洪祥所写"如败诉由本人负责，诉讼代理人不负责"等内容保证书复印件，证明被告人指派的律师因原告的保证才继续为原告进行诉讼代理的情况；

4.浦东新区人民法院先后5次开庭，被告人指派的律师3次出庭参与诉讼、举证质证、发表代理词情况和第四次开庭与案件宣判时没有到庭的情况。

（四）判案理由

1.原告称被告人指派的律师在为原告进行析产、继承案的诉讼代理时极不负责的意见与事实不符，不能采信。

被告人根据与原告签订的"聘请律师合同"指派律师为原告进行诉讼代理，在开庭前代书、调查、取证，庭审中举证、质证、发表代理意见，为维护原告的合法权益是尽心尽责的，工作也是负责的，履行了"聘请律师合同"中约定的义务，原告称律师不负责没有根据，不能采信。

2.原告称被告人指派的律师在5次开庭中只到庭3次，是一种违约行为的意见，也缺乏根据，不能采信。

根据《中华人民共和国民法通则》第一百零六条第一款和第一百一十一条之规定，违约是指当事人违反合同，或者不履行合同义务，或者履行合同义务不符合约定条件的行为。现被告人指派的律师在代理原告析产、继承案中，3次到庭参与诉讼，第四次开庭与宣判时律师没能到庭参加，但这并不是收到法院通知后故意不去，而是因律师到外地办案而未能收到人民法院的通知，且在析产、继承案的实际判决中，也没有因被告人指派的律师有两次未出庭而使原告在析产、继承案中的实体权利受损害的，因此，原告称被告人指派的律师违约没有根据，不能采信。

3.被告人指派的律师为原告代书的诉状在内容上与人民法院发出的判决书不一致，不能成为原告要求被告人退还有关代理费用与赔偿损失的理由。

律师的职业要求是依法维护当事人的合法权益，不是满足当事人的任何要求。人民的律师是国家的法律工作者，不是包打官司的"讼棍"，律师代理诉讼也是根据事实与法律，利用律师的专业知识为当事人提供法律帮助。起诉时代书诉状的行为主要靠听取原告的陈述和对案情的初步了解作出，难免有些缺陷，因此，不能因诉状的内容与法院发出的判决书内容不一致而认为律师不尽责。

（五）定案结论

原告以被告人指派的律师违反"聘请律师合同"、极不负责为由要求被告人退还与赔偿人民币1000元的诉求与事实不符，不应支持。

上海市南汇县人民法院根据《中华人民共和国民法通则》第六十六条第二款、第一百零六条第一款、第一百一十一条，作出如下判决：

原告周洪祥要求被告人南汇县第二律师事务所退回标的费并赔偿损害费的诉讼请求不予支持。

本案诉讼费人民币50元由原告周洪祥负担。

（六）解说

本案的关键在于被告人指派的律师在接受原告的委托，进行诉讼代理期间有无因违约而使被代理人的合法权益受到损害的情况。事实证明，律师为维护本案原告的合法权益进行了调查、取证，并出庭举证、质证、发表代理意见，做了大量的工作，而且工作态度也是认真负责的，没有原告所称的代理行为极不负责的事实，故南汇县人民法院判决对原告的诉讼请求不予支持是正确的。

另外值得指出的是，律师接受公民、法人的委托，在诉讼活动中进行代理，主要是用律师的专业知识为诉讼中的公民、法人提供法律帮助，维护公民、法人的合法权益，使公民、法人的合法权益能在诉讼中得到最大限度的实现。但律师代理诉讼并不能改变案件的客观事实与改变法律。律师提出的意见，主要的还是以事实为根据，以法律为准绳，调整民事法律关系，保护合法民事权利，制裁违法民事行为，解决当事人间的纷争。因此，是否委托律师同能否胜诉之间不能简单地划等号，诉讼中败诉也不等于律师不尽责。

（孔海飞、张汇）

53. 王镇贵等诉北镇满族自治县镇东良种场等种香猪养殖合同案

（一）首部

1. 判决书字号：辽宁省北镇满族自治县人民法院(1994)北民初字092号。

2. 案由：香猪养殖合同纠纷。

3. 诉讼双方

原告：王镇贵，男，54岁，满族，住辽宁省北镇满族自治县大市乡大三村。

原告：黄玉贵，男，49岁，满族，住辽宁省北镇满族自治县大市乡大三村。

被告：辽宁省北镇满族自治县镇东动植物良种场。

法定代表人：钟继延，负责人。

被告：孙文生，男，30岁，满族，住辽宁省北镇满族自治县广宁镇县房产管理处家属住宅。

被告：梁德志，男，34岁，住辽宁省北镇满族自治县广宁乡东门外村。

4. 审级：一审。

5. 审判机关和审判组织

审判机关：辽宁省北镇满族自治县人民法院。

合议庭组成人员：审判长：赵军；人民陪审员：胡云龙、王丽伟。

6. 审结时间：1994年11月25日。

（二）诉辩主张

1. 原告诉称：原告2人于1993年7月份收听了县广播电台播出的被告出售微型香猪的广告，于1993年8月各筹资4050元，共同到被告处买下种香猪5头，计8100元，并签订了供种猪回收合同，合同规定被告在3年内回收仔猪。原告2人将种猪买回后饲养6个月，种猪产仔。当仔猪达到合同要求后，原告送售仔猪时，被告方只回收11头，还打了欠条，以后便拒不回收。现要求被告方无条件履行合同，若被告不履行合同，则归还种猪款8100元并赔偿各种经济损失6236.90元，计14336.90元。

2.被告钟继延辩称：我场是集体所有制企业，已于1994年7月解体。原来良种场在经营上采取投资入股方式。1994年5月28日被告方3人达成退伙协议，从协议之日起以前的债务经法律部门断定赔偿款超过12500元，超过部分由3人共同承担，否则由被告孙文生承担。此外，在订立供种猪回收合同时经过公证，被告方将1000元抵押在公证处作为违反合同的赔偿金，当时原告没有异议，故只应赔偿原告方1000元。

被告孙文生辩称：本人与钟继延和梁德生已达成协议，此起纠纷应按协议由本人负责处理，因在公证时原告同意被告方违约只赔付1000元，故应按公证协议执行。

被告梁德志辩称：同意其他被告的意见。

（三）事实和证据

辽宁省北镇满族自治县人民法院于1994年9月23日受理本案后，经公开开庭审理，查明：被告镇东动植物良种场是该场负责人钟继延与被告孙文生、梁德志合伙投资开办的，于1993年8月领取了集体营业执照。该场开办后，先后从外省和本地购入了数百头种香猪外售。1993年8月原告2人得知此消息后集资，分别以每头种母猪1800元，公猪900元的价格购买了被告方4头种母猪和1头种公猪，总计价款8100元。事后，原告王镇贵和钟继延分别代表双方，于1994年8月28日订立了1份供种猪回收合同，并进行了公证。该合同规定：被告方售出种猪后，保证在3年内按合同规定的条件回收仔猪。如被告方违约赔偿原告方的经济损失。如原告方不按合同要求交售仔猪被告方有终止合同的权利。被告方以人民币1000元作为抵押金留公证处作为违约赔偿金。合同订立之后，原告依约饲养种猪。1994年4月前，原告饲养的种猪共产仔13头。同年5月，原告交售仔猪时，被告方3人以无款为由，只收下仔猪1头，出具了欠款500元的欠据1张，未付现款。1994年5月原告购买的种母猪在饲养期间死亡1头，同月28日被告方3人达成一退伙协议，协议约定：钟继延与梁德志退伙，钟、梁二人给付孙文生12500元，1994年5月28日以前的债务由孙文生承担，若经法律部门断定该日以前的赔偿款超过12500元，超过部分由3人共同承担。事后钟、梁二人给付了孙文生协议中约定给付的款项。嗣后，原告方又于1994年7月多次送交仔猪，被告孙文生表示无力回收，同意仔猪由原告自行处理。到诉讼时，原告购买的种猪共产仔存活21头，除被告回收1头之外，原告经孙文生同意共外卖9头，得款795元，现有11头仔猪未作处理。因被告方不回收仔猪，故原告提起诉讼，提出上述之诉讼请求，在审理中经过本院聘请技术部门鉴定，原告饲养种猪的饲料、防疫、人工费用需2072.34元，仔猪饲养所需的上述费用无法断定。

上述事实有下列证据证明：

1.供种回收合同；

2.营业执照；

3.退伙协议、票据；

4.证人证言、原被告陈述。

（四）判案理由

1. 镇东动植物良种场是个人合伙组织，应由合伙人承担民事责任。由于被告 3 人于 1994 年 5 月 28 日有退伙协议，应根据最高人民法院《关于贯彻执行〈中华人民共和国民法通则〉若干问题的意见（试行）》第四十九条，按照被告三人退伙的协议处理，但应按《民法通则》第三十五条第二款承担连带责任。

2. 应认定原被告订立的合同无效，其理由一是被告经营种畜按照辽宁省人民政府辽政发（1985）123 号文件《辽宁省种畜种禽暂行管理办法》第六条的规定应向当地畜牧行政部门申请登记注册，并经鉴定领取《种畜证书》持《种畜证书》并持有系普卡片和预防注射证、免疫证明。引进外省种畜的应有以上畜牧部门批准。被告出售种香猪均不具此条件，属于违法经营。此外，被告在订立种香猪合同时，没有可行性分析和预测，没有仔猪回收销路保证。也没有回收仔猪的贮备资金，实际上不具备回收仔猪的实际履行合同的能力。因此应根据《民法通则》第五十八条第（三）、（五）项之规定，确认原被告订立的合同无效。

3. 被告人违法经营，以欺诈手段与原告订立合同，是引起此纠纷的责任者，应返还取得原告的购猪款并按实际情况赔偿原告的损失。原告也应返给被告种香猪及孳生物仔猪，本案经审理后确认的实际损失有三个方面：一是种猪的饲料、人工、防疫费用；二是仔猪的繁育饲养费用；三是原告为送仔猪纠纷付出的来往车费。

（五）定案结论

辽宁省北镇满族自治县人民法院依照《中华人民共和国民法通则》第三十条、第三十五条、第五十五条、第五十八条第（二）、（五）项、第一百零六条、第一百三十四条第（四）、（七）项，判决如下：

1. 原、被告订立的供种猪回收合同无效，判令被告孙文生退还原告购买种猪款 6300 元。

2. 判令被告孙文生赔偿原告 2 人饲养猪的经济损失 2164.64 元。

3. 判令被告孙文生给付原告 2 人欠款 500 元。

4. 判令原告退给被告种香猪 4 头。原告出售仔香猪得款 795 元及现存活仔香猪 11 头折抵仔猪繁育饲养费用，归原告 2 人所有。

上述判决给付之项目，于判决生产后 10 日内一次付清，被告镇东动植物良种场负责人钟继延与被告梁德志承担连带责任。

（六）解说

1. 原告王镇贵与黄玉贵合伙集资共同饲养香猪，是合伙人，为此在审理中根据《中华人民共和国民事诉讼法》第一百一十九条的规定将黄玉贵追加为共同原告。

2. 从镇东动植物良种场的营业执照登记情况看，隶属主管单位是广播电视局，验资证明上注明由广播电视局拨款 3000 元为投资，这就涉及到被告方的诉讼主体地位和诉讼参加人问题，从登记情况看，该组织经济性质是集体所有制，广播电视局是开办单位，属于国家机关开办的企业。该组织领取的是营业执照，而不是法人营业执照。该组织不具备独立的法人资格，应属于法人依法设立的分支机构，但实际上广播电视局没有投资，故不能认定该组织是广播电视局的分支机构，而是属于法律上规定的其他组织，只能以其自己作为被告承担民事责任，所以广播电视局没列为本案的被告。

3. 镇东动植物良种场虽然营业执照上注明企业的经济性质是集体所有制，但按照我国《城镇集体所有制条例》第五条、第十二条第（一）项、第十三条规定的组织章程必须载明收入的分配方式来看,集体所有制企业要有公共积累,按照工商审计部门的要求,集体企业的税后利润百分之五十要留作公积金,这是当前区别个人合伙与集体所有的一个显著标准,而镇东良种场的3个开办人则没有组织章程,盈余也没有公积金,所以亦不属集体所有制企业。

4.镇东动植物良种场也不是私营企业。按照我国《私营私业暂行条例》第二条,私营企业是指企业资产属于私人所有,雇工8人以上的营利性组织,该场除了被告方3人以外,没有雇工,因此,也不具备私营企业的性质。从案件的事实来看,钟继延、孙文生、梁德志三人共同投资,利润分成,虽然申领了集体营业执照,但按照最高人民法院(1987)法办69号文件《关于转发国家工商行政管理局〈关于处理个体、合伙经营和私营企业领有集体营业执照问题〉的通知》精神,应定为个人合伙,所以,镇东良种场负责人钟继延和合伙人孙文生、梁德志定为共同被告。

(蒋守民)

54.海南省吊罗山林业公司诉陈玉花承包槟榔合同案

(一)首部

1.判决书字号

一审判决书:海南省陵水黎族自治县人民法院(1993)陵民初字第44号。

二审判决书:海南省海南中级人民法院(1994)海南民终字第102号。

2.案由:承包槟榔合同纠纷。

3.诉讼双方

原告(被上诉人):海南省吊罗山林业公司。

法定代表人:丁伟荪,经理。

诉讼代理人:蔡夫兴,该公司司法办工作人员。

诉讼代理人:陈海荣,该公司司法办工作人员。

被告(上诉人):陈玉花,女,51岁,汉族,海南省吊罗山林业公司帮岭林场工人,住该公司车队宿舍。

诉讼代理人:林树和,男,56岁,海南省吊罗山林业公司办公室司机,系陈玉花的丈夫。

4.审级:二审。

5.审判机关和审判组织

一审法院:海南省陵水黎族自治县人民法院。

合议庭组成人员:审判长:符国良;审判员:伍庆兰;代理审判员:陈锐。

二审法院:海南省海南中级人民法院。

合议庭组成人员:审判长:何书丰;审判员:林彬;代理审判员:郑宇。

6.审结时间

一审审结时间:1993年12月30日。

二审审结时间:1994年9月10日(经本院院长批准延长审限)。

（二）一审情况

1. 一审诉辩主张

原告诉称：1988 年 5 月 1 日，我公司下属单位帮岭林场在未取得法人代表委托的情况下，擅自和被告签订了槟榔承包合同。帮岭林场本身是我公司的隶属单位，在经济上不是独立核算，所有的生产、财务上的开支均由我公司统一拨给，因此帮岭林场不具有合同的主体资格。合同签订后也未经我公司法人代表的承认。显然，帮岭林场的行为并不代表公司，加上所签订的合同主要条款不完备，无标的，使合同长期处于不稳定的状况。被告所上交的产品，均在市场价格偏低时，把质次、滞销的槟榔果交给公司。1984 年间，公司对被告所承包的槟榔直接投入资金 60491.49 元，但到目前为止，公司回收的槟榔果，价值 5108.69 元。公司是全民所有制企业，财产为国家所有，公司 15 年的受益不如被告 1 年的承包所得，该合同是显失公平的。公司利益受到损害。我公司曾多次与被告协商，提出变更合同的不合理部分条款，但被告以合同经公证为由，拒绝变更。为了维护国家利益不受损害，要求法院依法确认帮岭林场与被告陈玉花所订立的合同无效。

被告辩称：原告诉称我与帮岭林场所订立的合同无效，是缺乏根据的。事实上，当时帮岭林场是按照吊罗山林业公司（林业局）“承包方案”的规定把槟榔发包给我的，是吊罗山林业局授权帮岭林场发包的。我承包后已投入大量的人力、物力进行管理，且按合同规定上交了承包款，帮岭林场与吊罗山林业公司从来没有提出异议。现在原告认为我们的合同无效是没有道理的，我要求法院确认该合同为有效合同，保护我的合法权益，准予继续履行合同。

2. 一审事实和证据

海南省陵水黎族自治县人民法院经公开开庭审理查明：

1988 年 5 月，原告海南省吊罗山林业公司的隶属单位帮岭林场在未经原告法定代表人授权委托的情况下就擅自根据“吊罗山林业局多种经营承包方案”（下称“方案”）的规定，将帮岭林场管理的槟榔树 1803 株发包给被告，并签订了承包合同。被告承包的槟榔分为三类型，第一类型 1024 株，第二类型 734 株，第三类型 45 株。承包期限为 30 年。第一类型定于 1991 年开始投产，第二类型定于 1992 年投产，第三类型定于 1993 年投产。第一类型第一年投产定量为 3072 公斤，第二年定量为 5120 公斤，第三年为 7168 公斤，第四年以后按第三年的投产定量上交产品。第二类型第一年投产定量为 1468 公斤，第二年定量为 2936 公斤，第三年为 4404 公斤，第四年以后按第三年的投资定量上交；第三类型第一年投产定量为 45 公斤，第二年为 112.50 公斤，第三年为 180 公斤，第四年后按第三年的投产定量上交。第一类型产量上缴的比例为投资定量的 25%，第二类型产量上缴比例为 20%，第三类型产品上缴比例为 15%。合同还规定槟榔投产后第二年回收生产成本，但只说明回收直接投资成本，而没有说明回收间接投资成本，使合同严重显失公平。原告在槟榔种植后至发包前直接投入资金为 60491.49 元。被告承包后，按合同规定上缴产品给帮岭林场，由林场上缴给原告海南省吊罗山林业公司，帮岭林场和原告一直没有提出异议。1992 年原告通过公司职代会讨论，通过了新的方案。此后，原告向被告提出变更合同中不合理的条款，被告以合同经公证为由，不同意变更合同，原告提起诉讼。

上述事实有下列证据证明：

（1）1988 年 3 月 20 日原吊罗山林业局制定并经其局职代会讨论一致通过的“吊罗山林业局多种经营承包方案”；

(2)原吊罗山林业局营林科制作的合同书格式;

(3)帮岭林场与陈玉花签订的承包槟榔合同;

(4)帮岭林场收被告陈玉花上缴产品的发票;

(5)受诉法院的调查笔录、开庭笔录。

3. 一审判案理由

海南省陵水黎族自治县人民法院认为:本案帮岭林场与陈玉花签订的承包槟榔合同无效。原告吊罗山林业公司下属单位帮岭林场本身没有法人资格,在没有原告法定代理人授权委托的情况下,擅自把所有权属于原告的槟榔发包给被告陈玉花,这种行为是无效的民事行为,所订立的合同是无效合同。但是原告知道帮岭林场和被告陈玉花签订合同后,一直没有异议,且在被告上缴产品时,通过林场收了陈玉花的产品,应视为对无效合同的默认。由于原订立合同所依据的"方案"已发生变更,原订立合同规定的分配原则显失公平,损害国家企业利益,合同双方不具备主体资格,且合同中没有规定回收间接投资成本,使企业遭受经济损失,应解除无效合同。

4. 一审定案结论

一审法院依照《中华人民共和国民法通则》第五十七条、第五十九条第一款第(二)项及《中华人民共和国经济合同法》第二十六条第二款的规定,作出了如下判决:

解除被告陈玉花与帮岭林场所签订的槟榔承包合同,即于本判决生效之日起 10 天内,被告陈玉花把所承包的 1803 株槟榔树交还原告。

案件受理费人民币 2226 元由原告负担。

(三)二审诉辩主张

上诉人陈玉花上诉称:(1)帮岭林场在吊罗山林业公司本身体制改革之前是代理林业局行使行政命令的基层一级行政机构,其行为是代表林业局的。上诉人与帮岭林场签订的承包槟榔合同是林业局体制尚未改革,吊罗山林业公司尚未成立之前,由原广东省吊罗山林业局制定出"吊罗山林业局多种经营承包方案",并由林业局统一印刷发放"吊罗山林业局多种经营承包合同书",以后又由吊罗山林业局以吊林(1988)17 号通知局所属帮岭林场等各单位实施执行"方案",当时还强调职工与帮岭林场一定按方案签订承包槟榔合同,实际上是吊罗山林业局制定"方案",授权委托帮岭林场与上诉人等职工签订合同的,故上诉人与帮岭林场于 1988 年 5 月 1 日签订的合同应为有效合同,依法受法律保护。事实上,上诉人已依照合同的约定履行了合同近 5 年,帮岭林场及海南省吊罗山林业局均未提出异议。现该公司以各种不符合事实之理由和借口提起诉讼,请求撤销原上诉人与帮岭林场订立的合同是没有理由和法律依据的。(2)由于原审判决未对上述事实作出全面客观的认定,而偏听一面之词,作出的判决显然有失公正,故请求撤销原判,驳回海南省吊罗山林业公司的诉讼请求,以保护林业经济体制改革的成果,保护本人的合法权益。并判令被上诉人承担一、二审案件受理费。

被上诉人海南省吊罗山林业公司辩称:原审判决是正确的。但原判判决解除该合同,仅判令陈玉花交付其原承包的 1803 株槟榔给我公司是失当的。要求二审法院依法撤销原判,确认该合同无效,判令陈玉花返还财产,赔偿我公司的经济损失。

(四)二审事实和证据

海南省海南中级人民法院经审理查明:上诉人海南省吊罗山林业公司(1988 年 8 月前原为吊罗山林业局)是一级核算、二级管理企业(下设林场、作业区等单位)。1983 年至 1984

年间，原吊罗山林业局隶属之帮岭、南喜林场先后种植大批槟榔、橡胶等林木、经济作物。由于管理不善，种植的槟榔、橡胶等经常被他人盗卖。该局于 1985 年曾制订“吊罗山林业局林场生产承包责任制方案”，但在执行过程中，收到的效果不佳。1988 年 2 月，该局派出工作组，先后前往帮岭、南喜林场召开林场职工大会、职工骨干会议，动员群众承包。1988 年 3 月，该局制订了“吊罗山林业局多种经营承包方案”，并提交职工代表大会审议。经职工代表大会一致通过了“吊罗山林业局多种经营承包方案”，交由帮岭、南喜林场单位执行。同年 5 月 1 日，帮岭林场作为甲方依照该局的合同格式，与乙方陈玉花签订了承包槟榔合同。同年 5 月 3 日，该局又以吊林(1988)17 号文件再次明确指示各林场执行该承包方案。同年 8 月 16 日，帮岭林场与陈玉花前往陵水黎簇自治县公证处办理了合同公证。承包合同约定：陈玉花承包槟榔 36.06 亩，共计 1803 株，其中第一类型 1024 株，第二类型 734 株，第三类型 45 株。承包期限为 20 年。承包的槟榔第一类型定于 1991 年 1 月投产，第一年投产定量为 3072 公斤，第二年投产定量为 5120 公斤，第三年投产定量为 7168 公斤，第四年后的定产按第三年定产计算至期满。第二类型定于 1992 年 1 月投产，第一年的投产定量为 1468 公斤，第二年投产定量为 2936 公斤，第三年投资定量为 4404 公斤，第四年后的定产按第三年的定产计算至期满。第三类型定于 1993 年 1 月投产，第一年投产定量为 45 公斤，第二年投产定量为 112.50 公斤，第三年的投产定量的 180 公斤，第四年后定产按第三年定产计算至期满。在产品分成上，乙方按类型定产百分率计算交给甲方。其中，第一类型按定产的 25％计付，第二类型按定产的 20％计付，第三类型按定产的 115％计付。合同还规定了甲方投资年限为 5 年，投资总额为 57201.60 元，其中合同前投资(生产成本)49880 元，签订合同之日起至投产年止投资金额为 7321.60 元，实际上从 1985 年 5 月至 1992 年，吊罗山林业公司投资的情况为：1988 年投资 1562.60 元，1989 年投资 2343.96 元，1992 年投资 311.46 元(不包括各种生活补贴)。投资实行有偿回收，从 1992 年至 2007 年交完。陈玉花承包后，按承包合同的规定上交了槟榔产品给帮岭林场，由帮岭林场交付给林业公司(后来改为由林业公司定价付款履行合同)。帮岭林场与林业公司一直没有提出异议。直至 1992 年，林业公司向陈玉花提出变更合同中的某些条款(即大幅度提高投产定量，增列间接投资成本等)，陈玉花不同意，要求按原合同继续履行，双方因此发生纠纷。

上述事实有下列证据证明：

(1)原吊罗山林业局制定的“承包方案”；

(2)该局营林科制作的合同书格式；

(3)帮岭林场与陈玉花签订的承包槟榔合同；

(4)陈玉花上缴产品的收据；

(5)受诉法院的调查笔录、开庭笔录及二审收集的有关证据材料，开庭笔录等。

(五)二审判案理由

二审法院认为：被上诉人海南省吊罗山林业公司是一级核算、二级管理企业。该公司所属的帮岭、南喜林场等二级行政管理单位，对本场的土地资源、劳动力、种植计划自行管理安排，所需资金由各林场作计划报公司批准，各林场对外虽不具备法人资格，并订立经济合同，但对内部职工实行行政管理，执行公司(局)承包负责任制是公司(局)授予它的职权。从林业公司 1985 年至 1994 年所订的四个生产承包责任制方案来看，均把各林场定为承包合同的甲方，承包者即林场的职工、家属、待业青年等为合同的乙方。况且帮岭林场当时是依据本局制定、并经局职代会通过的“吊罗山林业局多种经营承包方案”履行其行政职权，与陈玉花等10多位职工签订承包槟榔合同的，故帮岭林场与陈玉花于1988年5月1日签订的承包槟榔合同，应视为有效合同。事实上，原广东省吊罗山林业局于1988年5月3日又以吊林(1988)17号文件再次明确指示各林场执行该承包方案，应视为该局授权帮岭林场与承包者陈玉花签订合同，该合同应受法律保护。陈玉花承包后，自1991年槟榔投产至1993年均按合同的约定履行了义务，林场与林业公司对此场没有提出异议。现林业公司要求确认原合同为无效合同，并按无效合同进行处理的请求不当，不予支持。陈玉花上诉理由成立，应予支持。原审判决认定事实不清，适用法律不当，二审法院依法予以撤销改判。

（六）二审定案结论

海南省海南中级人民法院根据《中华人民共和国民事诉讼法》第一百五十三条第一款第（三）项之规定，作出判决：

1.撤销陵水黎族自治县人民法院(1993)陵民初字第44号民事判决。

2.原国营广东省吊罗山林业局帮岭林场于1988年5月1日与陈玉花签订的承包槟榔合同，应视为有效合同，上诉人与被上诉人应继续履行。

一审案件受理费人民币2226元和二审案件受理费2226元，由海南省吊罗山林业公司负担。

（七）解说

1.本案纠纷的性质。陈玉花与帮岭林场于1988年5月1日签订的承包槟榔合同，属于林业企业内部二级行政管理的职能单位依据企业行政授权与所属下的职工订立的生产承包责任制合同。该合同是经过反复讨论而制定的，双方的责、权、利及义务，均依据承包合同约定，这是很明确的。根据《中华人民共和国经济合同法》第六条规定，经济合同依法成立，即具有法律约束力，当事人必须全面履行合同规定的义务，任何一方不得擅自变更或解除合同。从本案的案情来看，海南省吊罗山林业公司是一级核算、二级管理企业。该公司所属的帮岭林场对外虽不具备法人资格，并订立经济合同，但对林场内部职工实行行政管理，执行公司（局）生产经营承包责任制是公司（局）授予它的职权，况且，帮岭林场当时是根据林业局制定、并经局职代会讨论通过的“吊罗山林业局多种经营承包方案”执行其行政职权，与陈玉花等10多位职工签订承包槟榔合同的，应认定该局授权帮岭林场与承包者陈玉花等10多位职工签订合同。帮岭林场与陈玉花于1988年5月1日签订的承包槟榔合同，应视为有效合同，受法律保护。而陈玉花承包后，自1991年槟榔投产至1993年均按合同的约定履行了义务，帮岭林场与林业公司对此从未提出异议。现吊罗山林业公司要求确认原承包合同为无效合同，并按照无效合同处理没有充分理由和法律依据，二审法院不予支持，依法撤销原判，确认合同有效，并判令其继续履行，是正确的。

2.本案的违约责任。从本案的实际情况来看，陈玉花自签订合同至二审终审期间，始终按照承包合同的约定履行了其应承担的义务，陈玉花没有违约。而林业公司借故企业体制改革、转轨等原因，以所谓原承包合同显失公平等为借口，强行提出变更合同，其理由是不能成立的，也违反了公平、自愿和诚实信用的原则，应承担违约责任。

（何书丰）

55. 中国工商银行长沙县支行房地产信贷部诉广东发展银行博罗办事处借款保证合同案

(一)首部

1. 判决书字号

一审判决书:湖南省长沙市南区人民法院(1994)南法民字第 218 号。

二审判决书:湖南省长沙市中级人民法院(1994)长中民终字第 507 号。

2. 案由:借款保证合同纠纷。

3. 诉讼双方

原告:中国工商银行长沙县支行房地产信贷部(下称"房信部")。

法定代表人:刘利坤,主任。

诉讼代理人:罗立,该支行干部。

诉讼代理人:聂辉平,湖南省第一律师事务所律师。

被告:广东发展银行博罗办事处(下称"博罗办事处")。

法定代表人:陈观桥,总经理。

诉讼代理人:温金必、温志刚,广东省博罗县经济贸易律师事务所律师。

4. 审级:二审。

5. 审判机关和审判组织

一审法院:湖南省长沙市南区人民法院。

合议庭组成人员:审判长:杨迪善;审判员:肖桂莲;代理审判员:周铭。

二审法院:湖南省长沙市中级人民法院。

合议庭组成人员:审判长:黄毅;审判员:黄超美;代理审判员:熊萍。

6. 审结时间

一审审结时间:1994 年 9 月 30 日。

二审审结时间:1994 年 11 月 29 日。

(二)一审诉辩主张

1. 原告诉称:1993 年 1 月 8 日,房信部应广东博罗县广博实业发展总公司的要求,并通过博罗办事处同意,达成了借款 240 万元给广博实业发展总公司用于博罗土地开发项目的协议,该借款由博罗办事处提供担保,三方均在借款合同书上签字盖章。同时,博罗办事处向房信部出具了"借款承还保证书"和"保证承诺书",当借款人不履行合同时,保证人(博罗办事处)自愿承担偿还借款本息的责任。然而,借款方并未履行合同。因此,要求博罗办事处履行保证人义务,偿还借款 250 万元,承担银行利息 576917.69 元。在向法院起诉同时,房信部提出先予执行的申请书。

2. 被告辩称:(1)博罗办事处不是本案的被告。博罗县广博实业发展总公司是借款人,自然也是债务人。因此,广博实业发展总公司才是该案的被告。(2)广博实业发展总公司拥有价值 200 万元的汽车组装厂和价值 1200 万元的土地使用权,对原告的债务完全有偿还能力。(3)根据《中华人民共和国经济合同法》第十五条,“专业银行、信用社若作为经济合同人一方的保证人,“被保证的当事人不履行合同的,按照担保约定由保证人履行或者承担连带责任”的规定,保证人在诉讼地位上应是共同被告。(4)债务应由债务人清偿,如果原告拒绝债务人的清偿,根据最高人民法院1994年4月15日颁布实行的《关于审理经济合同纠纷案件有关保证的若干问题的规定》中“债权人在保证责任期限内无正当理由拒绝债务人履行债务,保证人免除保证责任”的规定,保证人不承担保证责任。综上所述,博罗办事处请求法院依法驳回原告的诉讼请求,以维护保证人的合法权益。

(三)一审事实和证据

湖南省长沙市南区人民法院审理查明:1992年10月28日,被告博罗办事处应广博实业发展总公司的请求向湖南省长沙县工商银行出具了“担保承诺书”,该承诺书表示愿为广博实业发展总公司担保,向长沙县工商银行借款300万元给公司从事土地开发,到期保证归还本息。1993年元月8日,原告房信部应广博实业发展总公司的要求以及被告博罗办事处的保证,三方通过协商,签订了“中国工商银行借款合同书”。合同规定:广博实业发展总公司向原告房信部借款人民币240万元,用于博罗县土地开发项目。借款期限为6个月,利率为月息8.64‰。逾期不清偿,从逾期之日起加收利息20%。广博实业发展总公司请被告博罗办事处作为其借款的保证方,保证方有权检查和监督广博实业发展总公司履行合同,当广博实业发展总公司不履行合同时,被告博罗办事处同意连带承担偿还本息的责任。次日,被告博罗办事处又出具“借款承还保证书”,该保证书注明:受借款方广博实业发展总公司委托,博罗办事处作为借款方向长沙县工商银行房信部所借款项的承还保证人。借款人所借款项最高限额300万元以内(具体承保金额以借款合同为准),保证人愿意承担代为偿还本利的责任。如保证人资本不足以偿还本利,借款方有权依照法律程序处理保证人的一切财产和其他收入。1993年1月8日,借款合同签订后,原告房信部按合同规定,将240万元借给广博实业发展总公司用于土地开发。借款期限到后,广博实业发展总公司无还款之意,原告房信部多次催促,并责令保证人履行承诺,但是,至今未付分文,故酿成纠纷。长沙市南区人民法院依据该院(1994)第215号民事裁定书,于1994年9月8日冻结了被告博罗办事处的存款60万元。

上述事实有下列证据证明:

1. 借款合同书;
2. 保证人“担保承诺书”,“借款承还保证书”;
3. 借款借据;
4. 法庭调查笔录、开庭笔录。

(四)一审判案理由

湖南省长沙市南区人民法院鉴于上述事实认为:

1. 本案合同有效。原告房信部、被告博罗办事处和广博实业发展总公司于1993年1月8日所签订的借款合同是经三方自愿协商订立的,各方意思表示真实,其形式及内容均符合有关法律规定,是有效合同,应予以确认。

2. 保证人出具的“担保承诺书”和“借款承还保证书”是有效的民事法律行为。广博实业发展总公司为解决资金困难,来长沙寻求借款,在与原告房信部达成意向协议后,被告博罗办事处于1992年10月28日向原告出具了“担保承诺书”,该承诺书要求原告房信部借款

300 万元给广博实业发展总公司，并愿为该公司担保，到期后归还本息。1993 年 1 月 8 日，原告与广博实业发展总公司签订借款合同时，被告博罗办事处的法定代表人参加了签约仪式，并签了字、盖了博罗办事处的公章。次日，被告博罗办事处再次向原告房信部出具了“借款承还保证书”，愿意承担代为偿还本利的责任。保证人的两份保证书，责任明确，意思表示真实。保证书的内容无与法律相抵触之处，是有效的民事法律行为。

3. 被告未履行约定义务。借款合同第四条规定：保证方有权检查和督促借款方履行合同。当借款方不履行合同时，保证人同意连带承担偿还本息的责任。广博实业发展总公司借款逾期后，原告房信部多次派人催促其偿还，并要求被告博罗办事处履行职责和义务，而被告以种种理由推卸自己的保证责任。

4. 被告博罗办事处的行为是违约行为。借款人逾期不偿还借款本利，根据保证人的责任，应由保证人代为偿还本利，然而，保证人拒绝履行保证人的责任，这是违约行为。根据最高人民法院《关于审理经济合同纠纷案件有关保证的若干问题的规定》第六条规定：“保证合同明确约定保证人承担连带责任的，当被保证人到期不履行合同时，债权人既可向被保证人求偿，也可直接向保证人求偿。”据此，保证人博罗办事处应依法承担偿还本利的责任。

5. 被告博罗办事处要求法院驳回原告房信部的诉讼请求的主张不成立。原告房信部直接起诉被告博罗办事处是根据最高人民法院《关于审理经济合同纠纷案件有关保证的若干问题的规定》第六条规定而提起的。经法院审查后，认为是合法的。而被告博罗办事处的主张理由和要求，依据不足，不予保护。

（五）一审定案结论

湖南省长沙市南区人民法院依照《中华人民共和国民法通则》第九十条、第一百零八条、第一百一十一条及国务院《借款合同条例》第八条、第十六条之规定，判决：被告广东发展银行博罗办事处偿还原告中国工商银行长沙县支行房地产信贷部 240 万元，并偿还借款利息、罚款 642801.12 元。

本案受理费及财产保全费 6 万元，由被告博罗办事处承担。

上述款项，共计人民币 3102801.12 元，限被告博罗办事处于本判决书生效后 5 日内一次付清，逾期不付则加倍支付迟延履行期间的债务利息。

（六）二审情况

1. 二审诉辩主张

上诉人博罗办事处诉称：(1)借款人与被上诉人签订的借款合同是无效合同。事实上，该合同是方某个人以签订经济合同的方法骗取财物的非法行为。该合同对上诉人不具备约束力，由此产生的经济责任应由方某个人承担。(2)借款方应是本案的被告，并且有偿还本利的能力，借款方目前拥有一个 200 万元的汽车组装厂和 1200 万元的土地使用权，完全有能力偿还被上诉方的本利。然而，原审法院违反诉讼程序，不将借款方追加为被告，相反直接追究保证人的责任。(3)原审法院认定事实不清，适用法律错误，违反法定程序。据此，请求上诉法院依法撤销原判。

2. 二审事实和证据

二审法院确认了一审法院认定的事实和证据。

3. 二审判案理由

湖南省长沙市中级人民法院认为：上诉人、被上诉人和广博实业发展总公司于 1993 年

1月8日所签订的借款担保合同依法成立，对三方均有法律的约束力。上诉人作为担保人在被担保人即借款人广博实业发展总公司逾期不履行还款息义务时，应依法承担连带清偿借款本息责任，被上诉人可直接向作为保证人的上诉人求偿。上诉人认为广博实业发展总公司和被上诉人于1993年1月8日所签借款合同是方某某个人以签订经济合同的方法骗取财物，该合同是无效的经济合同，对上诉人不具备约束力，应由行为人方某某承担经济责任等上诉请求，缺乏事实和法律依据，本院不予支持。原审法院认定事实清楚，适用法律正确。

4. 二审定案结论

二审法院依据《中华人民共和国民事诉讼法》第一百五十三条第一款第(一)项之规定，判决如下：

驳回上诉，维持原判。

二审受理费26000元，由上诉人承担。

本判决为终审判决。

(七)解说

1. 正确认定被告博罗办事处的保证责任。本案被告博罗办事处的保证责任是十分明确的。首先，在借款人广博实业发展总公司向原告房信部协商借款时，被告就出示了“担保承诺书”，愿为该公司履行担保，保证到期本息一起归还。其次，当借款人与房信部签订借款合同时，被告博罗办事处作为保证方参与该合同的起草和签订，并在合同书上签字和盖章。该合同第四条规定：“保证方有权检查和督促借款方履行合同。当借款方不履行合同时，保证方同意连带承担偿还本息的责任。”再次，借款合同签订的次日，被告方再次向原告方出示“借款承还保证书”，保证人愿意承担“代办偿还本利的责任。如保证人资本不足以偿还借款本利，贷款方有权依照法律程序处理保证人的一切财产和其他收入”。由此可以看出，保证人即被告人是自愿承担保证人的责任的。

2. 法律上的保证人的保证责任。鉴于本案受理时，《中华人民共和国担保法》尚未颁布实施，故此案的审理仍以《民法通则》及其他民事法律中的相关规定为依据。《民法通则》第八十九条第(一)项规定：“保证人向债权人保证债务人履行债务，债务人不履行债务的，按照约定由保证人履行或者承担连带责任。”《经济合同法》第十五条规定：“被保证的当事人不履行合同的，按照担保约定由保证人履行或者承担连带责任”。最高人民法院《关于审理经济合同纠纷案件有关保证的若干问题的规定》第六条规定：“保证合同明确约定保证人承担连带责任的，当被保证人到期不履行合同时，债权人既可向被保证人求偿，也可直接向保证人求偿。”本案的保证责任是约定的。在被保证人不履行偿还借款责任时，保证人自愿代为偿还。故此，原告房信部直接向保证人博罗办事处求偿是正确的。

(杨迪善)

第六篇　损害赔偿纠纷案例

56. 陈文霞等诉周宝华等人身损害赔偿案

(一)首部

1. 判决书、调解书字号

一审判决书:江苏省沭阳县人民法院(1991)民初字第772号。

再审调解书:江苏省淮阴市中级人民法院(1994)淮法民监字第1号。

2. 案由:人身损害赔偿纠纷。

3. 诉讼双方

原审原告:陈文霞,女,27岁,汉族,农民,住江苏省沭阳县韩山镇吕庄村。

诉讼代理人:江怀祝,男,江苏省沭阳县西圩法律服务所副主任。

原审原告:梁国春,男,28岁,汉族,农民,住江苏省沭阳县韩山镇吕庄村。

原审原告:梁国建,男,24岁,汉族,农民,住江苏省沭阳县韩山镇吕庄村。

原审原告:梁国荣,女,21岁,汉族,农民,住江苏省沭阳县韩山镇吕庄村。

原审原告:梁国民,男,18岁,汉族,农民,住江苏省沭阳县韩山镇吕庄村。

原审原告:梁万恒,男,54岁,汉族,农民,住江苏省沭阳县韩山镇吕庄村。

原审被告:周宝华,女,55岁,汉族,农民,住江苏省沭阳县韩山镇吕庄村。

原审被告:陈文祥,男,27岁,汉族,农民,住江苏省沭阳县韩山镇吕庄村。

原审被告:陈德文,男,35岁,汉族,农民,住江苏省沭阳县韩山镇吕庄村。

原审被告:陈文友,男,35岁,汉族,农民,住江苏省沭阳县韩山镇吕庄村。

原审被告:司万巧,女,28岁,汉族,农民,住江苏省沭阳县韩山镇吕庄村。

原审被告:陈士汉,男,58岁,汉族,农民,住江苏省沭阳县韩山镇吕庄村。

4. 审级:再审。

5. 审判机关和审判组织

一审法院:江苏省沭阳县人民法院。

合议庭组成人员:审判长:胡义洪;审判员:魏善斌;人民陪审员:陈志远。

再审法院:江苏省淮阴市中级人民法院。

合议庭组成人员:审判长:葛华和;审判员:卞兆生;代理审判员:许玉虎。

6. 审结时间

一审审结时间:1991 年 9 月 7 日。

再审审结时间:1994 年 5 月 28 日(经本院院长批准延长审限)。

(二)一审诉辩主张

1. 原告陈文霞等 6 人诉称:我们被 6 被告打伤,住院治疗,要求赔偿经济损失。

2. 被告周宝华等 6 人辩称:我家 4 人(周宝华、司万巧、陈文友、陈士汉)也被对方殴打致伤,要求赔偿损失。

(三)一审事实和证据

江苏省沭阳县人民法院经公开开庭审理查明:1990 年 7 月 27 日下午,原告梁国荣路过被告周宝华家场边,遭周谩骂,引起相互吵打。被告周宝华、司万巧与原告梁国荣进行撕打时,原告陈文霞到场劝阻,头顶部被被告陈文祥用打场用的石滚木架子打了一下,小腹部又被陈文祥踹了两脚。原告梁国建用棍打被告周宝华头部、腰部各一下。原告梁国春用棍打被告陈士汉腰部两下。被告陈文友也被梁国春打伤。梁国春头部被陈德文用棍打了一下。原告梁国荣腿部被陈文祥用棍打了一下,腹部被其踹了一脚。原告梁万恒脚部被陈文友用棍打了一下,头部又被陈文祥用棍打伤。被告司万巧腰部被梁国建用棍打了一下。事后,原、被告双方均到医院住院治疗。原告陈文霞先在村医务室治疗,查头顶部有长约 6 厘米、宽 2 厘米的伤口,深至颅骨,花医药费 52.80 元。当天,又到沭阳县韩山人民医院治疗,经查,头顶部有 17×17cm 血肿,住院治疗 5 天,花医药费 266.43 元。事后又到沭阳县人民医院住院治疗 60 天,花药费863.94元,结论为:脑震荡。后经淮阴市中级人民法院法医学验伤为头皮软组织损伤,花验伤费 11 元,交通费 33 元,总计 1227.17 元。原告梁国建经查头顶部有长约 6 厘米伤口。先后在村医务室治疗 4 天,花医药费 118.30 元;又到韩山人民医院治疗 15 天,花医药费 76.16元,共计194.46元。原告梁国民经查,左下肢多处青紫红肿,先在村医务室治疗 4 天,花药费45.10元,又到韩山人民医院住院治疗 10 天,花药费15.50元,共计60.60元。原告梁万恒经查:头部左颞侧可见约 4 厘米伤口,先在村医务室治疗 4 天,花药费 8.70 元,又在韩山人民医院住院治疗 10 天,花医药费85.58元,计94.28元。原告梁国荣经查验明:全身多处青紫红肿。在村医务室治疗 4 天,花药费6.70元,又在韩山人民医院住院治疗 15 天,花药费77.50元,计84.20元。原告梁国春头部受伤,在韩山人民医院住院治疗 10 天,花药费 34 元。被告周全华经查:左手腕左侧骨骨折,先在韩山人民医院住院治疗 22 天,花药费340.59元,又到沭阳县传染病院住院治疗 30 天,花药费135.90元,计476.80元。被告陈文友经查:左下肢、小腿、腹部可见两处青紫,并有明显触痛,在韩山人民医院住院治疗 19 天,花药费187.47元。被告陈士汉经查:面部及背部表皮多处擦伤出血,左额可见 2×3cm 青紫。左手肌肉撕裂伤 5 厘米至 6 厘米长,住院治疗 19 天,花药费208.10元。被告司万巧经查:腰部触痛,住院治疗 10 天,花药费 45.11 元。6 原告诉至法院要求处理。

上述事实有下列证据证明:

(1)原告陈述;

(2)被告辩称、陈述;

(3)村民葛文祥、陈思友证言,证明是周宝华先骂引起纠纷的;

(4)陈文霞病历,药费发票,淮阴市中级人民法院损伤检验证明书,结论为头皮软组织损伤;

(5)梁国春、梁国建、梁国荣、梁国民、梁万恒、周全华、陈文友、陈士汉、司万巧病历、药费发票；

(6)沭阳县传染病医院X线摄片报告，证明周全华左尺骨远端螺旋形骨折，断端分离。

(四)一审判案理由

一审法院经审理认为：6原告被6被告打伤，4被告被原告方打伤，事实清楚，加害人均应承担民事赔偿责任。

(五)一审定案结论

江苏省沭阳县人民法院依照《中华人民共和国民法通则》第一百一十九条的规定，作出如下判决：1.被告陈文祥赔偿原告陈文霞药费1183.17元，交通费33元，验伤费11元，误工、护理费各97.50，计1422.17元。陈文祥赔偿原告梁国荣药费84.2元，误工、护理费各28.50元，计141.20元。陈文祥赔偿原告梁国民药费60.60元。陈文祥赔偿梁万恒药费944.28元。被告陈德文赔偿原告梁国建药费194.46元，陈德文赔偿梁国春药费34元。2.原告梁国建赔偿被告周宝华药费476.49元，赔偿被告司万巧药费45.11元。梁国春赔偿被告陈文友药费187.47元，赔偿被告陈士汉药费208.10元。3.被告陈文祥、陈文友互负连带责任。

案件受理费50元，由陈文祥承担25元，梁国建承担10元，陈德文、陈文友、梁国春各承担5元。

(六)再审情况

1.再审诉辩主张

江苏省淮阴市人民检察院淮检民抗字(1994)1号抗诉书认定：1990年7月20日下午，陈士汉及其妻周宝华在自家场上转(方言，指搬运)粮食，梁万恒之女梁国荣到自家田里摘瓜，路过陈家场边时，口里不干不净地骂。周宝华问其骂谁，遂双方发生吵骂，继而双方家里数人参与争吵和殴打，后被群众拉开。陈家有陈士汉、周宝华、陈文友、司万巧等4人被打伤住院治疗，共花去医疗费917.48元，其中，周宝华左尺骨骨折，属轻伤害，住院治疗52天，花医疗费476.80元。梁家有梁万恒、陈文霞、梁国民、梁国春、梁国建等6人被打伤住院治疗，共花医疗费1695.81元，其中陈文霞伤势较重，但仍属轻微伤，住院治疗65天，花医疗费1183.17元。同年9月，陈家提起民事诉讼，梁家提起刑事附带民事诉讼后又对刑事部分撤诉。沭阳县人民法院经审理，认定“周谩骂，引起相互吵打”，于1991年9月7日判决，双方除互赔医疗费外，陈家赔偿陈文霞误工费、护理费、车费和验伤费合计239元，赔偿梁国荣误工费、护理费合计57元。陈家无一人得到误工费、护理费等费用的赔偿。

江苏省淮阴市人民检察院认为，沭阳县人民法院(1991)民初字第772号民事判决，认定“周谩骂，引起相互吵打”主要证据不足，因而判决赔偿损失明显不妥。其理由是：(1)认定“周谩骂，引起相互吵打”主要证据不足。在原审证明周宝华先骂的证人葛文祥、陈思友都不是纠纷刚发生时的在场人，而是后来到场的。现在，葛文祥又说不知道是谁先骂的，还说当时法庭的谈话笔录没有念给他听就叫他捺手印的；陈思友则说是听别人讲是周宝华先骂的，但又说不清是谁讲的。而纠纷刚发生时就在场的证人吕述前则证明是梁国荣先嘴里不干不净地骂，周宝华问梁国荣骂谁后，纠纷才发生，在附近的吴爱国也证实此段情节。因此，原审认定周宝华先骂引起纠纷主要证据不足。(2)周宝华应当得到误工费、护理费等费用的赔偿。周宝华左尺骨骨折已属轻伤，重于陈文霞、梁国荣的轻微伤。伤轻的陈文霞、梁国荣均有误工费、护理费的补偿，而伤重的周宝华反而没有得到误工费、护理费的赔偿，且认定周宝华引起纠纷主要证据不足，故原审没有判决赔偿周宝华的误工费、护理费显然不妥。

江苏省淮阴市人民检察院依据《中华人民共和国民事诉讼法》第一百八十五条第一款第(一)项的规定,向淮阴市中级人民法院提出抗拆,请求依法予以再审,以保护当事人的合法权益。

2. 再审事实和证据

江苏省淮阴市中级人民法院经审理查明:1990 年 7 月 20 日下午,周宝华与梁国春因邻里琐事发生矛盾后出言不逊,引起双方家人参与吵骂,互相撕打,原告方陈文霞等 6 人受伤,住院治疗开支药费 1695.81 元。被告方周宝华等 4 人受伤住院治疗开支药费 917.48 元。1990 年 9 月 8 日陈文霞等 6 人提起诉讼。

上述事实有下列证据证明:

(1)双方当事人陈述;

(2)原告陈文霞等 6 人病历、药费收据;

(3)被告周宝华等 4 人病历、药费收据。

3. 再审判案理由

江苏省淮阴市中级人民法院经审理认为:陈文霞等 6 原审原告被原审被告陈德文、陈文祥、陈文友致伤,陈德文、陈文祥、陈文友、司万巧被梁国建、梁国春致伤,应互负民事赔偿责任。

4. 再审定案结论

江苏省淮阴市中级人民法院依照《中华人民共和国民法通则》第一百一十九条、《中华人民共和国民事诉讼法》第八十五条的规定,进行调解,双方当事人自愿达成如下协议:陈德文、陈文祥、陈文友赔偿陈文霞、梁国春、梁国建、梁国荣、梁国民、梁万恒医疗费 1695.81 元。梁国建、梁国春赔偿陈德文、陈文祥、陈文友、司万巧医疗费用 917.48 元,相互折抵后,陈文祥、陈德文、陈文友再赔偿陈文霞、梁国春、梁国民、梁国荣、梁万恒、梁国建医疗费用 775 元(梁国春等放弃 3.33 元)。接本调解书 1 个月内一次付清。案件受理费计 100 元,双方各负担 50 元。

(七)解说

本案是人民检察院提起抗拆的案件,根据《中华人民共和国民事诉讼法》的规定,人民检察院提起抗拆的案件,人民法院应当进行再审。江苏省淮阴市中级人民法院在再审过程中,依照《中华人民共和国民事诉讼法》第八十五条的规定,进行了调解。双方当事人均自愿放弃了要求对方赔偿误工、护理费的请求,就互相赔偿医药费问题达成了一致协议,握手言和,化解了矛盾。调解书生效后,原审被告即履行了调解书确定的给付义务,社会效果较好。

(李　涛)

57. 唐光珍诉王遥人身损害赔偿案

(一)首部

1. 调解书字号:云南省思茅市人民法院(1994)思民字第 71 号。

2. 案由:人身损害赔偿纠纷。

3.诉讼双方

原告:唐光珍,女,1964年8月生,汉族,四川省泸州市泸县和乡学堂村农民,住本村。

被告:王遥,男,1928年生,汉族,中专文化,云南省思茅市司法局离休干部,住思茅市龙王井路75号。

诉讼代理人:王光明,男,云南省思茅港工委干部。

诉讼代理人:王征,男,云南省思茅市第四中学教师。

4.审级:一审。

5.审判机关和审判组织

审判机关:云南省思茅市人民法院。

合议庭组成人员:审判长:张昌辉;审判员:郭梅风、罗咏梅。

6.审结时间:1994年6月16日。

(二)诉辩主张

1.原告诉称:我丈夫任光如是为被告做工摔伤住院的,在住院期间死亡,要求被告赔偿全部医疗费、误工费、营养费、丧葬费、家属从四川至思茅办丧事期间的误工费及往返车旅费。

2.被告辩称:任光如的死亡原因是心肌梗塞,与做工摔伤无关,我只愿赔偿治伤费用,不承担丧葬费和家属的误工费、车旅费。

(三)事实和证据

云南省思茅市人民法院经收集、核实有关证据查明:任光如生前与唐光珍系夫妻,1994年3月,任光如从四川到思茅做临时工。同年5月10日,任光如与被告王遥商谈约定,由任光如为王遥家在其房屋夹道离地面3米处安放3根横方,搭盖4块石棉瓦、包工不包料,给付工钱70元。次日,任光如按约到被告家做工,做工过程中被告王遥也积极协助任光如。任光如在横方上搭石棉瓦时,中间一根横方突然断裂,任光如即从3米高处坠下摔伤。被告随即将任光如送往思茅地区医院抢救,经医院诊断为:第二腰椎压缩骨折,右股骨上端粉碎性骨折。住院治疗23天,伤情有所好转。1994年6月2日,任光如因急性心肌梗塞,经抢救无效而猝死。任光如住院用去医疗费共1580.40元(其中被告支付980.40元)。死者之妻唐光珍闻死讯后,与死者亲属一行4人于1994年6月6日离开四川赶往思茅,为任光如料理后事。后为赔偿费与被告发生纠纷。

上述事实,有思茅地区医院病情证明书、医疗费单据、思茅市公安局对尸体的鉴定结论等证据证实。

(四)判案理由

原告要求被告给付任光如治伤所付医疗费、住院期间的误工费、营养费的诉讼请求合理,应予支持。请求给付丧葬费及家属往返误工费、车旅费的理由不能成立。被告应依法承担任光如受伤所造成的损失,但不应承担任光如死亡的责任。

(五)定案结论

根据《中华人民共和国民法通则》第一百三十二条以及《中华人民共和国民事诉讼法》第八十五条之规定,主持当事人依法进行调解,双方自愿达成如下协议:

1.由被告王遥付给原告唐光珍、任光如受伤住院治伤的医疗费、误工费、营养费2324.28元。扣除被告已支付的医药费980.40元,实际应支付原告1343.88元(款已付清)。

2. 任光如死亡后的一切丧葬费用由原告方自理。

案件受理费及其他费用100元免交。

(六)解说

本案从案情事实来看,损害是由于建筑物意外断裂致任光如坠落造成的,同时,又是任光如在为被告施工过程中发生的。从这两方面来讲,根据《民法通则》第一百三十二条的规定,被告应依法分担民事责任。诉讼双方争议的焦点问题是承担民事责任的范围,即赔偿范围。原告请求赔偿的几种费用,可归为两类:一是受伤住院所付医疗费、误工损失费、营养补助费;二是死亡的丧葬费、家属为办丧事往返的误工费、车旅费。而任光如是在住院治疗期间死亡的,因而,确定赔偿范围的关键是死因问题。如任光如的死亡是摔伤导致的,那原告的诉讼请求均属赔偿范围,被告应赔偿任光如受伤的有关费用和死亡的有关费用。而本案通过医学诊断和公安法医技术鉴定,明确肯定了导致任光如死亡的原因是心肌梗塞。由此,查清了造成本案损失有两个原因:一是为被告做工意外摔伤;二是突发心肌梗塞死亡。两个互不相关的原因导致两种不同的结果,第一个原因导致的结果是摔伤;第二个原因导致的结果是死亡。两对因果关系中,第一对因果关系与被告人有关,而第二对因果关系与被告人无关,因此,第二个原因造成的损失就不属于赔偿范围,原告请求赔偿任光如的丧葬费、家属误工费、车旅费没有理由。合议庭在查清事实的基础上主持调解,由被告人赔偿原告任光如受伤所损失的治伤医疗费、受伤医治期间的误工费、营养补助费是正确的。调解体现了实事求是、公平合理的法律原则。

(李　波)

58. 谢宝珍诉储广发等人身损害赔偿案

(一)首部

1. 判决书字号

一审判决书:江苏省江都县人民法院(1993)江民初字第82号。

二审判决书:江苏省扬州市中级人民法院(1994)扬民终字第206号。

2. 案由:人身损害赔偿纠纷。

3. 诉讼双方

原告(被上诉人):谢宝珍,女,1953年1月16日生,汉族,农民,住江都县丁沟镇邓华村。

诉讼代理人(一、二审):韩传志(系谢宝珍之夫),个体瓦工,住址同上。

被告(被上诉人):储广发,男,1946年12月28日生,汉族,个体瓦工,住江都县丁沟镇邓华村。

诉讼代理人(一、二审):许瑞龙,江都县第一律师事务所律师。

被告(上诉人):曹春华,男,1963年4月13日生,汉族,个体瓦工,住江都县丁沟镇邓华村。

被告(上诉人):韩德富,男,1965年阴历7月14日生,汉族,个体瓦工,住江都县丁沟镇邓华村。

被告(上诉人):朱玉华,男,1966 年 11 月 22 日生,汉族,个体瓦工,住江都县丁沟镇邓华村尤西组。

诉讼代理人(二审):朱茂林,男,江都县法律服务中心法律工作者。

被告(被上诉人):钱红宝,男,1953 年 9 月 12 日生,汉族,农民,住江都县宗村乡万马村六组。

诉讼代理人(一审):苏柳乔,男,住江都县丁沟镇乔河村乔北组。

被告(被上诉人):储广洋,男,1968 年 11 月 20 日生,汉族,个体瓦工,住江都县丁沟镇邓华村尤东组。

被告(被上诉人):李国富,男,1965 年 6 月 5 日生,汉族,个体瓦工,住江都县竹墩乡蒲村新明组。

被告(被上诉人):储广兴,男,1966 年 12 月 29 日生,汉族,个体瓦工,住江都县丁沟镇邓华村尤南组。

4. 审级:二审。

5. 审判机关和审判组织

一审法院:江苏省江都县人民法院。

合议庭组成人员:审判长:刘云福;审判员:帅子峰、姚国明。

二审法院:江苏省扬州市中级人民法院。

合议庭组成人员:审判长:朱愈明;代理审判员:幻晓东、王瑞。

6. 审结时间

一审审结时间:1994 年 2 月 21 日。

二审审结时间:1994 年 7 月 5 日。

(二)一审诉辩主张

1. 原告谢宝珍诉称:我受被告储广发雇用替钱红宝建房做小工。1992 年 8 月 29 日下午,正在砌建的西山墙倒塌,将我压伤。经医院诊断为第三腰椎粉碎性骨折伴截瘫,现已终身残废。故诉请法院判令被告储广发赔偿我的治疗费用和残疾者生活补助费。

2. 被告储广发辩称:我虽是承建钱红宝房屋的召集人,但曹春华、韩德富是负责砌建西山墙的瓦工,由于他俩忽视施工质量,造成西山墙倒塌,将原告压伤,因此,应由他俩负主要责任。我已为原告治伤花去 4000 余元,造成我生活困难,故不能再增加我对原告的赔偿数额。

3. 被告曹春华、韩德富辩称:我俩在该起工伤事故中不同程度受伤,并造成了一定经济损失,故提起反诉要求召集人储广发、其他共同承建人以及建房人钱红宝赔偿我们所受经济损失。

4. 被告钱红宝辩称:我户建房过程中,由于召集人储广发和其他共同承建人忽视质量,致使西山墙倒塌,导致原告受伤。该工伤事故应由储广发和直接责任者负赔偿责任,与建房户无关。

5. 被告储广洋、储广才、李国富、朱玉华、储广兴辩称:我们虽参加施工,但发生工伤事故与我们无关,故不应由我们承担任何赔偿责任。

(三)一审事实和证据

江苏省江都县人民法院经审理查明:被告钱红宝与被告储广发于1992年8月达成口头协议,由储广发负责召集瓦工为钱红宝承建三间七架梁砖木结构平房1幢,全部建筑费用为人民币1300元(其中含脚手架费用100元,男女杂工工资按实际出工日计算,男杂工每日6元,女杂工每日5元,余款由瓦工按实际出工日平均分摊),但双方对建筑中有关安全问题未作明确约定。同年8月中旬,储广发召集了被告曹春华、韩德富、朱玉华、储广洋、储广才、李国富、储广兴共同为钱红宝承建施工。原告谢宝珍是经储广发同意来做杂工的。同年8月29日下午4时许,由曹春华、韩德富所砌的西山墙快要到顶时,感觉墙体有所晃动,俩人即扶着脚手架竹杆向下滑行。此时,西山墙倒塌,致使站在西山墙外侧二层脚手架为两瓦工递砖的谢宝珍被压在倒塌的砖墙下。事故发生后,谢宝珍、曹春华、韩德富当即被送往附近的江都县宗村卫生院治疗。谢宝珍当日被转至扬州市苏北人民医院住院治疗,其所受伤为第三腰椎粉碎性骨折伴截瘫,住院128天后出院,但已丧失劳动能力,成为终身残疾者,共花去医疗费4130.02元、车旅费192.70元。曹春华、韩德富所受伤分别为软组织损伤和左膑骨横形骨折,住院治疗1个星期出院,医院建议出院后两人分别休息1个月和3个月,现已基本痊愈,该两人分别花去医疗费121.25元和239.11元。储广发在受伤人员治伤期间,分别已向谢宝珍、曹春华、韩德富预付费用4090元、200元、300元。嗣后,因各方当事人之间对事故责任和赔偿费用承担发生争执,原告于1993年2月向法院起诉。一审法院受理后,追加曹春华、韩德富、钱红宝、储广洋、储广才、李国富、朱玉华、储广兴为被告,参加诉讼。期间,曹春华、韩德富提出赔偿他们各自所受损失的请求,一审法院作为反诉合并审理。按照有关规定的赔偿范围和标准,经计算谢宝珍所受经济损失包括护理费512元、营养费512元、误工减少收入768元、小孩抚育费1050元、残废者生活补助费12000元,连同医疗费和车旅费合计为19164.72元;曹春华所受经济损失的营养费28元、误工减少收入296元,连同医疗费合计445.25元;韩德富所受经济损失为营养费28元,误工减少收入776元,连同医疗费合计1043.11元。

上述事实有下列证据证明:

1.谢宝珍、曹春华、韩德富受伤住院治疗的病历及医药费发票;

2.受诉法院庭审的当事人陈述笔录;

3.储广发出具的江都县丁沟镇建设管理站发给的建筑施工考核合格证书。

(四)一审判案理由

1.被告储广发作为共同承建人中的召集人,由于施工中忽视工程质量和安全问题,对于该起工伤事故发生负有领导责任。

2.被告曹春华、韩德富两人作为负责砌建西山墙的瓦工,在施工中忽视工程质量,致使该西山墙倒塌,对该起工伤事故发生负有直接责任。

3.被告钱红宝作为建房户是受益者,与承包施工方在口头协议中未明确有关安全责任问题,虽然对于事故发生无过错,但应按公平原则分担一定的民事责任。

4.被告储广洋、储广才、李国富、朱玉华、储广兴作为共同承建人,虽然对于该事故发生无直接过错,也应分担一定民事责任。

5.对于谢宝珍因受伤所受经济损失,应由上述被告按一定比例共同负担。对于曹春华、韩德富因受伤所受经济损失,由储广发、钱红宝、储广洋、储广才、李国富、朱玉华、储广兴按比例负担一定数额外，其余由两人自负。

（五）一审定案结论

江苏省江都县人民法院依照《中华人民共和国民法通则》第一百一十九条、第一百三十条、第一百三十二条、第一百三十四条第一款第（七）项之规定，作出如下判决：

1. 原告谢宝珍治伤的医疗费、交通费、护理费、营养费、误工减少的收入、伤残生活补助费，以及原告小孩抚育费等合计人民币19164.72元，由被告储广发赔偿5749.42元，被告曹春华、韩德富各赔偿3832.94元；被告钱红宝、储广洋、储广才、李国富、朱玉华、储广兴各赔偿958.25元。

2. 被告曹春华治伤的医疗费、营养费和误工减少的收入合计人民币445.25元，由被告储广发赔偿133.58元；被告钱红宝、储广洋、储广才、李国富、朱玉华、储广兴各赔偿22.26元，其余之款自负。

3. 被告韩德富的治伤的医疗费、营养费和误工减少的收入合计人民币1043.11元，由被告储广发赔偿312.93元；被告钱红宝、储广洋、储广才、李国富、朱玉华、储广兴各赔偿52.16元，其余之款自负。

被告储广发已向原告谢宝珍预付治伤费用4090元予以抵算外，再向原告谢宝珍交付1659.42元；其向被告曹春华预付治伤费用200元予以抵算外，被告曹春华应退还被告储广发66.42元；其向被告韩德富预付治伤费用300元予以抵算外，再向韩德富交付12.93元。上述赔偿款项均于本判决生效之日起15日内一次付清。

案件诉讼费280元（其中受理费50元，诉讼活动费80元，勘验费50元，以及反诉费100元），由被告储广发负担84元，被告曹春华、韩德富、李国富、朱玉华、储广兴各负担14元。

（六）二审情况

1. 二审诉辩主张

（1）上诉人曹春华、韩德富诉称：被上诉人储广发与众瓦工之间具有雇用关系，对于谢宝珍受伤所造成的经济损失，储广发作为雇主应承担全部民事责任。另曹春华、韩德富受伤所得赔偿太少。

（2）上诉人朱玉华诉称：被上诉人储广发与众瓦工之间是雇用关系，对于为钱红宝建房过程中发生工伤的赔偿，应由储广发和有过错的人员承担。我在该起事故中没有过错，不应承担任何民事责任。另外，一审判决将曹春华、韩德富要求赔偿的请求作为反诉合并审理是错误的。

（3）被上诉人储广发辩称：我与众瓦工之间是共同承建钱红宝房屋，不存在雇用关系。请求维持一审判决。

（4）其余被上诉人未作答辩，原审原告谢宝珍也未作答辩。

2. 二审事实和证据

江苏省扬州市中级人民法院经审理，肯定一审法院认定的案件事实和证据。另在二审中，钱红宝表示愿对受害人作适当补偿。

3. 二审判案理由

（1）建房户钱红宝与储广发、曹春华、韩德富、朱玉华等瓦工之间是承建施工合同关系。作为承建方，召集人是储广发。储广发与曹春华、韩德富、朱玉华等瓦工之间是共同承建人关系，而不是雇用关系。

(2)在承建施工过程中，承建人因忽视质量使所砌西山墙倒塌致谢宝珍受伤致残所造成的经济损失，应由共同承建人负赔偿责任。储广发作为共同承建人的召集人，在施工中忽视工程质量和安全问题，对事故发生应负主要责任；曹春华、韩德富负责砌建的西山墙倒塌，对事故发生也应负主要责任；储广洋、储广才、李国富、储广兴、朱玉华虽然主观上无过错，但作为共同承建人，应共同分担一定民事责任。在共同承建中，共同承建人对受害人应负共同连带赔偿责任，其内部应按责任大小分担赔偿责任。

(3)钱红宝作为建房户，对事故发生不具有过错，钱红宝自愿补偿受害人一定经济损失，法院予以准许。钱红宝与共同承建人在口头达成承建施工时未明确有关安全责任的行为，与事故发生不具有因果关系。另外西山墙倒塌对钱红宝亦造成一定经济损失，不构成有关规定中的“受益人”。不适用公平原则分担民事责任。

(4)至于曹春华、韩德富作为共同承建人中的成员在施工过程中自身所受损害，其他无过错的承建人负有一定补偿责任。对于曹春华、韩春富提出的损害赔偿之诉讼请求，不符合反诉的法律规定，但本案发生在于同一法律事实，可以合并审理。

4.二审定案结论

江苏省扬州市中级人民法院根据《中华人民共和国民法通则》第一百零六条第二款、第一百一十九条、第一百三十条、第一百三十四条第一款第(七)项，以及《中华人民共和国民事诉讼法》第一百五十三条第一款第(二)项之规定，判决如下：

(1)撤销江都县人民法院(1993)江民初字第82号民事判决。

(2)原审原告谢宝珍因受伤致残所受经济损失包括医疗费、交通费、护理费、营养费、误工减少收入、残废者生活补助费及小孩抚育费等合计人民币19164.72元，由被上诉人储广发赔偿5749.42元(储广发已向谢宝珍预付治疗费用4090元应予扣除，再给付谢宝珍1659.42元)；由上诉人曹春华、韩德富各赔偿3832.94元；由被上诉人储广洋、储广才、李国富、储广兴、上诉人朱玉华各赔偿958.25元；储广发、曹春华、韩德富、储广洋、储广才、李国富、储广兴、朱玉华相互负连带责任；被上诉人钱红宝补偿谢宝珍958.25元。

(3)上诉人曹春华因受伤所受经济损失包括医疗费、营养费和误工减少收入合计人民币445.25元。由储广发补偿133.58元(储广发已向曹春华预付治疗费用200元，扣除储广发应补偿的133.58元，曹春华应退款66.42元给储广发)；由储广洋、储广才、李国富、储广兴、朱玉华、钱红宝各补偿22.26元。其余之款自负。

(4)上诉人韩德富因受伤所受经济损失包括医疗费、营养费和误工减少收入合计人民币1043.11元。由储广发补偿312.93元(储广发已向韩德富预付医疗费300元，故储广发应再给付韩德富12.93元)；由储广洋、储广才、李国富、储广兴、朱玉华、钱红宝各补偿52.16元。其余之款自负。

上述当事人之间赔偿款和补偿款均于本判决生效后15日内一次性付清。

一审案件诉讼费180元(撤销反诉费100元)，由储广发负担54元，曹春华、韩德富各负担36元，储广洋、储广才、李国富、储广兴、朱玉华、钱红宝各负担9元。因该款由谢宝珍预交，故储广发、曹春华、韩德富、储广洋、储广才、李国富、储广兴、朱玉华、钱红宝应于本判决生效后15日内将各自负担的诉讼费退给谢宝珍。

二审案件诉讼费220元，由曹春华、韩德富各负担75元，朱玉华负担70元。

(七)解说

1. 本案是农村建房中发生的人身损害赔偿案件。储广发与钱红宝达成口头建房协议。储广发作为召集人与曹春华、韩德富、朱玉华等瓦工之间构成共同承建人,而不具有雇用关系。雇用关系是指雇工与雇主之间通过一定的法律行为(如招工、签订劳动合同等)而建立的劳动法律关系。储广发与其他瓦工各自携带劳动工具(脚手架另外收取使用费),一起参加劳动,按出工日平均分配房屋承建款,故不构成雇用关系。对于谢宝珍受伤,不适用雇主转承赔偿责任,而应按共同承建合同中的人身损害赔偿,适用过错责任处理,且共同承建人对受害人应负连带赔偿责任。这是处理本案的关键,也是上诉人提出上诉的主要问题。

2. 钱红宝作为建房户,对于谢宝珍、曹春华、韩德富受伤没有过错,不应承担赔偿责任,他不属于最高人民法院《关于贯彻执行〈中华人民共和国民法通则〉若干问题的意见(试行)》中规定的"受益人",其理由是储广发等瓦工对事故发生有责任,钱红宝本人因西山墙倒塌而经济受损,因此,按公平责任或"受益人"要求钱红宝赔偿是不符合法律规定的。至于钱红宝自愿补偿受害人是可以的。

3. 对于一审法院所作判决中存在的实体上和程序上的问题,包括未明确共同承建人的连带赔偿责任,反诉不符合法律规定等,二审法院鉴于上诉人的主要上诉理由不能成立,原审判决的民事责任承担比例和经济赔偿数额适应等因素,在实体和程序处理上表现了灵活性,使案件及时得到处理,并指出原判决中的缺点,使之符合法律规定,又使当事人服判息讼,取得了较好的效果。

(纪晓东　赵荣生)

59. 叶忠杰诉郑伟人身损害赔偿案

(一)首部

1. 判决书字号:四川省名山县人民法院(1993)名民字第137号。

2. 案由:人身损害赔偿。

3. 诉讼双方

原告:叶忠杰,男,生于1985年9月10日,汉族,住名山县百丈镇叶山村6组。

法定代理人:叶朝忠,男,生于1959年2月13日,汉族,住名山县百丈镇叶山村6组,农民,系叶忠杰的父亲。

被告:郑伟,男,生于1980年5月28日,住名山县联江乡藕花村3组。

法定代理人:郑循智,男,生于1954年11月30日,汉族,住名山县联江乡藕花村3组,农民,系郑伟的父亲。

4. 审级:一审。

5. 审判机关和审判组织

审判机关:四川省名山县人民法院。

合议庭组成人员:审判长:徐剑;助理审判员:程彬、罗孝富。

6. 审结时间:1994年5月19日(经本院院长批准,延长审限3个月)。

（二）诉辩主张

1. 原告诉称：1993年8月17日下午6时许，原告与被告在联江乡藕花村3组郑循松的房屋外的坝子里玩耍。玩耍中，被告用竹片把原告的左眼刺伤。虽经治疗。原告的左眼已失明。治疗共用去医疗费1501.90元，车旅费250元，生活费200元。原告诉至法院，要求被告赔偿医疗费、误工费和残废补助。

2. 被告辩称：1993年8月17日下午7时左右，被告在郑循松房屋外面坝子里与原告一起玩耍。玩耍中，是郑循松的女儿郑重拉黄瓜藤下面的竹棚时，竹片甩起来伤了原告的左眼的，不是被告刺伤原告的左眼。因此，被告不能赔偿原告所提出的各项费用。

（三）事实和证据

四川省名山县人民法院受理本案后，经公开开庭审理查明：

被告郑伟系原告叶忠杰的母亲的亲戚。1993年8月16日，原告叶忠杰与其母一道去联江乡藕花村3组给外祖母祝寿后，便留在外祖母处玩耍。原告的母亲临走时向原告的外祖父、母亲交待把孩子看好。8月17日下午，原告叶忠杰与被告郑伟，以及郑小红（女，5岁）、郑重（女，8岁）、叶波（男，5岁）、叶雪（女，5岁）一道在郑循松房屋前的坝子里玩耍。18时许，原告手持木棍一节，被告左右手各持竹片一节，相互对打。叶波、叶雪、郑小红坐在坝子边的土墙上看，郑重坐在房屋檐坝边上看。原、被告对打中，被告手持的竹片划伤了原告的左眼，即把原告背到本村医疗站检查。该站给原告开了眼药水，被告把原告背回。第二天，原告的舅舅把原告送回了家。当天，原告的父母把原告送到陆军第37医院眼科诊治。诊断为：眼球破裂伤，左眼角膜9点至3点方位成"U"形裂口，左眼虹膜根部断裂，视力为0，左眼已失明。住院至9月16日出院，共住院29天，用去医疗费（含陪伴费）1039.65元。在原告住院期间，原告的父母对原告进行了护理，用去生活费145元。原告的父母曾前往被告家中，与被告的父母协商赔偿事宜，被告父母不同意赔偿。1993年9月2日原告便提出诉讼。审理中，原告放弃了伤残补助等请求，并自愿承担原告的外祖父、母管理不善的责任；原告未提出交通费依据。被告及其法定代理人则坚持不是被告致伤原告，不承担赔偿责任。

上述事实有下列证据证明：

1. 证人郑小红、叶波、叶雪、郑重的证言；

2. 陆军第37医院的治疗凭据。

（四）判案理由

1. 被告的行为直接造成原告左眼受伤失明，应负赔偿责任。被告对原告指认其伤害左眼一节，一开始即予否认。原告除提供医院诊断证明外，无法提供损害发生的事实证明。在受诉法院审理过程中，所有向法院提供损害发生情况的，均为5岁至8岁的未成年人，证据效力受到一定限制。但未成年的证人顾虑较少，与其智力相适应的证词是可信的。在收集证据过程中，4名未成年证人均证明：(1)原告持木棍，被告持竹片相互打斗，原告受伤后打斗停止；(2)除原告和被告以外，其他在场人均未持器械，亦未打斗或甩抛物品；(3)原告和被告持木棍或竹片相互指向对方，彼此无自伤可能。此外，被告无法证明其他人伤及原告的辩称。因此，原告指称被告伤其左眼的事实成立，被告应承担赔偿责任。

2. 被告应当承担的赔偿责任应由被告的监护人即法定代理人承担。被告手持竹片在与原告相互打斗中，被告的竹片划伤了原告的眼睛，便原告的左眼受伤失明。被告的行为直接造成了损害后果，是有过错的。对该损害后果，原告有权要求被告赔偿。但是被告当时只有

13 岁，属限制民事行为能力人，虽然能进行与年龄、智力相适应的民事活动，可在承担民事责任的能力上是受限的，或不具有承担民事责任的能力。被告应当承担的民事责任，只能由被告的监护人即法定代理人承担。

3. 原告的法定代理人在诉讼中自愿放弃伤残补助及误工费的请求不应列入赔偿费用请求的范围内。原告受伤时只有 8 岁，属于无民事行为能力人，他的民事活动由监护人代为进行。监护人在诉讼中作为法定代理人，既要代为诉讼程序方面的有关事项，又要代为实体上的各项权利，与被代理人具有同等的法律地位。原告的法定代理人在诉讼中自愿放弃了伤残补助和误工费的请求，是对原告应享有的实体权利的处分，与原告自己表示放弃具有相同的效力。因此，原告之诉的请求中已不存在伤残补助和误工费的请求，在确定赔偿时也就不应把伤残补助和误工费作为赔偿内容。

4. 原告要求赔偿医疗费 1501.90 元、车旅费 250 元、生活费 200 元，缺乏事实依据；原告提出的医疗费 1501.90 元，核实只有 1039.65 元，并且包括了护理人员的陪伴费在内。原告提出的车旅费 250 元，原告没有车旅费发票，但确实发生原告的往返和护理人员必要的交通往返。原告提出的生活费 200 元，没有发票，经查约为 145 元。原告提出的以上三种费用缺乏依据，不能作为赔偿的标准。

另外，原告在外祖父母家玩耍，原告的母亲委托原告的外祖父母代管孩子，但原告的外祖父母对原告基本上没有管束，让原告自由地到处玩耍，这是在监护上的失职。因而对原告被人致伤是应负一定的监护责任的。对该责任，原告的法定代理人表示不去追究，由自己承担，使原告的外祖父母应承担的责任转移由原告的法定代理人（监护人）承担。被告应当承担的赔偿责任就应适当减轻。

（五）定案结论

四川省名山县人民法院依照《中华人民共和国民法通则》第一十二条、第一十八条第三款、第一百零六条第二款、第一百一十九条、第一百三十一条、第一百三十三条第一款的规定，于 1994 年 5 月 19 日作出判决：

叶忠杰的医疗费 1039.65 元，治疗中护理费 87 元，治疗期间交通费 60 元，生活费 145 元，共计 1331.65 元，由被告的法定代理人郑循智赔偿人民币 1000 元，其余 331.65 元由原告法定代理人叶朝忠自己负担。被告法定代理人郑循智应赔偿的人民币 1000 元，在本判决生效后 10 日内给付原告。

案件受理费 50 元，其他费用 50 元，共计 100 元，分别由叶朝忠承担 20 元，郑循智承担 80 元。

（六）解说

本案处理上有一定的特殊性，一是所有证人均为 8 周岁以下的未成年人，二是原告之法定监护人放弃对临时监护人的赔偿请求，并同时放弃向被告追偿伤残补助费。

关于证人资格问题，受诉法院主张未成年人在其智力允许范围内可以充当证人的观点。由于现行法律上没有对证人的年龄等问题作出明确规定，所以并不能排除无行为能力人提供证据的有效性。特别是本案 4 名未成年证人的证言无矛盾，其可信程度较高。法院因此予以采信。

关于法定监护人放弃赔偿请求表示的法律效力，现行法中也未作限制性规定。但放弃向被告追偿伤残补助费，毕竟会影响到原告作为未成年人的合法权益，当如何对待，可作进一步探讨。

（李子清）

60. 刘桂仙诉刘水平人身损害赔偿案

（一）首部

1. 判决书字号：广东省龙门县人民法院（1992）龙法左庭民字第12号。

2. 案由：人身损害赔偿纠纷。

3. 诉讼双方

原告：刘桂仙，女，10岁，汉族，广东省龙门县人，学生，住龙门县左潭镇新寮管理区西埔田村。

法定代理人：刘妙新，男，41岁，汉族，广东省龙门县人，农民，住龙门县左潭镇新寮管理区西埔田村，系刘桂仙的父亲。

被告：刘水平，男，21岁，汉族，广东省龙门县人，农民，住龙门县左潭镇新寮管理区西埔田村。

4. 审级：一审。

5. 审判机关和审判组织

审判机关：广东省龙门县人民法院。

独任审判：代理审判员：戴旭华。

6. 审结时间：1992年10月16日。

（二）诉辩主张

1. 原告诉称：被告挖穴装竹签刺伤我的脚，要求被告负责全部医药费及车费40元，补偿护理人和伤者在治疗期间的伙食费270元，补偿误工费420元，补偿护理人因护理伤者无法参加劳动、请工代劳费用160元。另外，要求被告补偿营养费30元，以及伤口复发的治疗费用。

2. 被告辩称：我已付了伤者药费100多元，治疗4天后伤者已能行走，以外的药费我不负责。送伤者到医院是顺路，我不同意补偿车费。伙食费、误工费、请工护理费由人民法院依法处理。

（三）事实和证据

广东省龙门县人民法院公开审理查明：原告在1992年7月31日下午跟其叔父到山上挖竹笋，误踏入被告在其山上竹头边为防止他人偷竹所设的陷井，被井内所设的竹签刺伤左足。当天晚上，原告没有将伤情详细告诉家长。原告法定代理人没有认真检查原告的伤情，以为并不严重，只对原告的伤口简单处理（外擦红花油），到次日上午才发现原告伤口发炎红肿，不能行走，即租摩托车送原告到龙门县左潭镇卫生院治疗。经左潭镇卫生院出具验伤证明证实：原告的伤是被竹签由左足底向足踝贯穿性刺伤，由刺入口至出口约9厘米至10厘米，经手术取出一支长约4厘米的竹签，伤口周围红肿，可见脓液，未见特殊。原告经门诊治疗至8月14日（实际就诊天数为12天）伤口已痊愈。共用去医药费309.60元（其中被告已付了8月1日、2日、3日3天的药费131.40元)，双程车费40元。

上述事实有下列证据证明：

1. 原、被告的陈述；

2. 左潭镇卫生院出具的验伤证明；

3. 原告治疗医药费单据；

4. 车费单据；

5. 原告及法定代理人身分关系证明。

(四)判案理由

被告为防止他人偷竹而私自设置陷井，导致伤害了原告。依照《中华人民共和国民法通则》第一百零六第二款规定："公民、法人由于过错……侵害他人财产、人身的，应当承担民事责任。"第一百一十九第规定："侵害公民身体造成伤害的。应当赔偿医疗费、因误工减少的收入、残废者的生活补助费等费用；造成死亡的，并应当支付丧葬费、死者生前扶养的人必要的生活费用等。"故此被告应对其私设陷井伤害原告身体的行为承担过错责任，赔偿原告医疗费、营养费、法定代理人陪同原告治疗期间的误工收入及车费。受伤害后，其法定代理人未认真检查伤情，及时采取必要的治疗措施，延误了治疗时间，致使原告伤口发炎，间接地造成伤情恶化，延长康复时间和增加了治疗、医疗费用。对此，其法定代理人亦负有一定的过错责任。依据《中华人民共和国民法通则》第一百三十一条规定："受害人对于损害发生也有过错的，可以减轻侵害人的民事责任。"因此，原告的法定代理人应适当分担责任。但被告应承担主要过错责任。

关于原告法定代理人误工费问题。因原告是未成年人且脚部受伤，需要家长陪同前往治疗，故此由被告以原告的实际治疗天数，按本地一般工人日收入平均数适当补偿原告法定代理人的误工费是合理的，应予支持。被告补偿原告法定代理人误工费后，不应再重复补偿原告法定代理人请工人代干农活的费用。

至于原告及其法定代理人要求被告补偿治疗期间两人伙食费的诉讼请求，因此项请求无法律依据，法院不予支持。

(五)定案结论

广东省龙门县人民法院根据《中华人民共和国民法通则》第一百零六条、第一百一十九条、第一百三十一条之规定，判决如下：

1. 原告刘桂仙治疗所花的309.60元药费，由被告刘水平负责80%，即247.68元；被告已付131.40元，应补付116.28元给原告。

2. 被告一次性补偿营养费30元给原告。

3. 被告补偿原告法定代理人一人的误工费(按每天5元共12天计算)60元给原告。

4. 被告补偿原告去医院治疗的单程车费20元给原告。

合计以上4项，被告应补偿原告226.28元，此款被告在本判决发生法律效力后15天内付清。

本案受理费50元由被告负担40元，原告负担10元。

(六)解说

审理损害赔偿案件，损害事实往往不仅仅是侵害方单方造成的。案情于细微之处见复杂。审理的关键在于人民法院根据案件的具体情况正确地确认损害事实，分清民事责任。

本案中,被告对损害事实的发生负有过错责任,但原告方延误治疗,使伤情恶化,扩大了损害。对扩大损害部分,应承担责任。责任问题解决之后,损害赔偿问题便可迎刃而解。这就为本案得到正确处理、当事人服判息讼以及取得良好的社会效果打下坚实的基础。

(戴旭华)

61.杨全新诉孙廷章人身损害赔偿案

(一)首部

1.判决书字号:湖北省长阳土家族自治县人民法院(1994)长民初字第121号。

2.案由:人身损害赔偿纠纷。

3.诉讼双方

原告:杨全新,男,1966年7月3日出生,土家族,农民,住长阳土家族自治县大堰乡松元坪村第五组。

被告:孙廷章,男,1936年2月25日出生,土家族,农民,住长阳土家族自治县都镇湾镇柳林村第三组。

诉讼代理人:胡兴鹏,男,土家族,农民,住长阳土家族自治县大堰乡桂花园村第四组。

诉讼代理人:李绪林,男,土家族,农民,住长阳土家族自治县都镇湾镇柳林村第二组。

4.审级:一审。

5.审判机关和审判组织

审判机关:湖北省长阳土家族自治县人民法院。

合议庭组成人员:审判长:刘定权;审判员:田开文、刘志群。

6.审结时间:1994年5月10日。

(二)诉辩主张

1.原告杨全新诉称:1993年1月16日,骑自行车回家途经都镇湾晓溪桥西头路段时,公路右上方突然滚下一个约5立方米的石头,我躲闪不及,石头将我撞倒,压碎我右手5个手指;同时我所骑的自行车亦被毁,事后才知道,在20分钟以前,被告孙廷章在该公路段右上方放炮取石建房,放炮后未排险就解除了警戒。原告受伤后经住院治疗40天,用去医药费1237.11元。请求判令被告孙廷章赔偿医药费1237.11元,赔偿自行车损失235元,以及致残生活补助费4000元,并承担全部诉讼费用。

2.被告孙廷章辩称:(1)我在都镇湾晓溪桥西头公路右上方放炮取石头属实,但我是经过有关部门同意后才放炮取石头的;(2)原告杨全新在此路段被石头压伤右手指属实,但这是在我放炮后,排除了公路上的渣石,疏通了公路,解除了警戒后发生的事,故此事与我无关;(3)压伤原告杨全新的石头不是我放炮所滚下的石头,而是与放炮点斜隔4米左右处的一个石头自然滚下的,因此,放炮与压伤行人没有直接关系,故不应当承担民事赔偿责任。

(三)事实和证据

湖北省长阳土家族自治县人民法院公开开庭审理查明:1993年1月16日,被告孙廷章因建房需要石头,经养路道班同意后,便请胡学究、胡学中、李金贵、余万兵等人在离晓溪大桥约60米远、距南线公路面约10米高斜坡上放炮炸石头。当日上午约11点钟，放了数炮，其中两炮炮眼约1.2米深，直径3.6厘米，每炮装黄药约0.35公斤，其余两炮较小。放炮后，被告孙廷章及胡学究、胡学中、李金贵、余万兵等人迅速清除飞滚到公路面上的大石头，让被阻塞的两辆汽车经过。继而胡学究、胡学中等清除到公路边的大石头钻炮眼准备放改炮，被告孙廷章及李金贵、余万兵等人继续清理公路面上的碎石，距放炮时间约半个小时后，原告杨全新骑自行车回家经过该地，忽从被告孙廷章放炮位置的斜下约2米处滚下一个约1吨重的大石头，原告杨全新躲闪不及，被石头撞倒，所骑自行车被压坏，右手被压碎。当即，被告孙廷章组织人员将原告送到晓溪卫生所救治，施行了右手手指切割手术。原告住院治疗40天，用去医药费1237.11元。经长阳土家族自治县人民法院法医技术室鉴定为6级残废。

上述事实有下列证据证明：

(1)证人李金贵、胡学究、胡学中、胡小山的证言；

(2)现场查看、勘验方位图；

(3)都镇湾镇晓溪卫生所出具的杨全新住院治疗的医药费结算通知单；

(4)原告提供的自行车发票；

(5)长阳土家族自治县人民法院法医技术室的法医技术鉴定书；

(6)受诉法院的调查笔录、开庭笔录。

(四)判案理由

1.本案被告孙廷章为建私房而在公共道路边放炮炸石头，且有两炮爆炸力较大，周围地段受震，离放炮点约2米处滚下的约1吨重的石头与受震有一定关系。

2.被告孙廷章放炮之后，已有汽车通过，半小时后，又从公路上方滚下石头造成他人人身和财产损失，这是孙廷章很难预料的事件。

3.原告骑车经过此路段时被滚下的石头压伤右手，自行车亦被压坏，造成人身和财产损失，这也是出乎原告预料之外的。

4.本案原告杨全新、被告孙廷章双方均无明显过错，应根据实际情况以及双方的经济状况分担责任。

(五)定案结论

湖北省长阳土家族自治县人民法院依照《中华人民共和国民法通则》第一百三十二条的规定，作出如下判决：

由孙廷章给杨全新补偿人身、财产损失等共计2972.11元，限判决生效后30日内执行。

本案法医鉴定费70元，由孙廷章负担。

本案诉讼费50元，由孙廷章负担。

(六)解说

本案原告杨全新被石头压伤，该石头的滚动与被告孙廷章放炮有无因果关系？是直接关系，还是间接关系？这是本案的关键。有一种观点认为原、被告之间无直接关系，起诉不能成立。事实上，放炮的震动波及周围较近的悬靠的山石，会震松石头与土之间的内结力而逐渐松动，以致慢慢地下坠而滚下，因此，法庭认为放炮与致伤石头的滚动有因果关系，经过地震办公室的技术鉴定，也认为被告孙廷章放炮与致伤石头的滚动有关系，起了一种触发作用。因此，应负一定的民事责任。

（李昌海）

62. 许竞诉陈波等损害赔偿案

(一)首部

1. 判决书字号:新疆维吾尔自治区乌鲁木齐市水磨沟区人民法院(1994)水民初字第275号。

2. 案由:侵权损害赔偿。

3. 诉讼双方

原告:许竞,男,汉族,1968年9月出生,新疆中亚印染有限公司印染车间职工,住乌鲁木齐市水磨沟温泉西路家属楼118栋108号。

诉讼代理人:刘建辉,乌鲁木齐市第四律师事务所律师。

被告:陈波,男,汉族,1970年2月出生,乌鲁木齐经济协作办公室信息服务中心聘用工作人员,住乌鲁木齐市水磨沟温泉西路家属楼3楼106号。

被告:张传杰,男,汉族,1968年9月出生,无固定工作,住乌鲁木齐市水磨沟温泉西路家属楼2栋104号。

被告:朱新岩,男,汉族,1969年8月出生,新疆纺织集团公司二厂拼粘车间职工,住乌鲁木齐市水磨沟温泉西路家属楼170栋503号。

4. 审级:一审。

5. 审判机关和审判组织

审判机关:新疆乌鲁木齐市水磨沟区人民法院。

合议庭组成人员:审判长:杨清霞;审判员:宋文玲;代理审判员:张桂丽。

6. 审结时间:1994年10月20日。

(二)诉辩主张

1. 原告诉称:1993年3月借款购买6台麻将游戏机(以下简称"游戏机"),单价3800元,总价值22800元。4月初,三被告合伙承租6台游戏机开办游戏厅。当时双方口头约定,每月租金1300元,先由被告试用1个月至2个月后,双方签订文字租赁协议。可被告承租半月余,私自将6台游戏机低价出售。原告得知此情多次追要机款,被告互相推诿。现要求法院判令被告返还游戏机款22800元及承担本案的诉讼费用。

2. 被告陈波辩称:与被告张传杰、朱新岩合伙开办游戏厅,承租原告6台游戏机是事实。由于被告朱新岩退伙时拿走原告一台机子的电脑板,才与被告张传杰商定出售原告5台游戏机和1台机壳,得款分成。后在原告追要时,被告陈波向被告朱新岩借款15000元偿付给原告,并有见证人,当时已明确表示此案已了结。

3. 被告张传杰辩称:原告诉称属实,我只负退还2台半游戏机款的责任。

4. 被告朱新岩辩称:合伙承租原告6台游戏机是事实。可租机后我就退伙,我只拿走原告一只机内电脑板,所以只承担赔偿电脑板的责任。

(三)事实和证据

经法院收集、核实有关证据查明:

1994 年 3 月原告购买 6 台游戏机，价款计 22800 元。4 月初，三被告向原告合伙承租 6 台游戏机，口头约定每月租金 1300 元，试用 1 个月至 2 个月后，再签订文字租赁协议。承租后被告朱新岩退伙并带走原告 1 台游戏机电脑板。4 月中旬后，被告陈波和张传杰擅自决定把原告 5 台游戏机和 1 台机壳全部低价出售，得款 10400 元。上述事实原被告均认可。

被告陈波提出，在出售原告游戏机后，向被告朱新岩借款 15000 元，已付给原告。对这一情节，在第一次庭审过程中，被告陈波因外出未到庭，由被告张传杰、朱新岩到庭参加诉讼。两被告没有提及被告陈波借款和还款的情况。第二次庭审中被告陈与朱当庭核实时，朱虽表示陈有借款的事，但不知作何用。又经庭审完毕后核实，二被告在借款时间问题上陈述不一，又无文字借据单证。对被告陈波是否曾向原告还款一节，法院通过调查所提供在场人的证言，所有证言均不明确。

上述事实，有原告购买 6 台游戏机的价款凭证，原、被告认可租赁游戏机的事实。被告擅自出卖游戏机及被告陈波提供已偿付给原告 15000 元的核查过程的全部笔录在卷证明。

（四）判案理由

1. 原告因购买游戏机而合法拥有该游戏机的所有权。只有原告可依法对自己的财产享有占有、使用、收益、处分的权利。

2.《中华人民共和国民法通则》第七十五条第二款规定“公民的合法财产受法律保护，禁止任何组织或者个人侵占”。而被告承租原告的游戏机后，擅自处分并分掉得款，构成侵占他人财产所有权的行为。《中华人民共和国民法通则》第一百一十七条第一款规定，“侵占国家，集体的财产或者他人财产的，应当返还财产，不能返还财产的，应当折价赔偿。”被告明知 6 台游戏机属原告所有，却故意实施损害原告财产的行为，故应承担全部民事责任，照价赔偿。

3. 被告朱新岩称其合伙承租游戏机后即退出合伙，仅带走原告 1 台游戏机电脑板，而且没有参加合伙出资结清，故不承担连带的民事责任。受诉法院认为，被告朱新岩带走财产的数量只意味着合伙中个人出资的承担责任的比例不同。但这是合伙的承担按份之债，这种比例关系对外则不产生法律约束力。故不影响合伙人对外共同承担连带责任。被告朱新岩的行为构成侵权行为，原告有权主张被告承担连带责任，三被告都有义务共同赔偿原告损失。

4. 对被告之间合伙关系与本案审理原告的诉讼请求不属同一法律关系，不能做为同案同一法律关系合并审理。

（五）定案结论

被告的行为已给原告造成损失，根据《中华人民共和国民法通则》第一百零六条、一百一十七条之规定，判决如下：

1. 被告陈波、张传杰、朱新岩承担连带民事责任，赔偿原告许竞 6 台麻将游戏机总价款 22800 元。

2. 以上款项自本判决生效后 30 日内由被告偿付原告，逾期付款，则加倍偿付延期期间的利息。

3. 本案受理费 922 元，由被告陈波、张传杰、朱新岩负担。

（六）解说

本案当事人之一主张在租机后已退伙，但又不能举证证明在“退伙”时已就债权债务关系达成清算协议，故法院在审理时并不排除其应承担的民事责任。此外，当事人之间的合伙纠纷与本案涉及的侵权纠纷亦不属同一法律关系，法院分清法律关系的不同性质，公正处理，这是正确的。

（杨清霞）

63. 何豆粒诉中国人民建设银行厦门市分行财产损害赔偿案

（一）首部

1. 判决书、调解书字号

一审判决书：福建省厦门市思明区人民法院（1993）思民初字第275号。

二审调解书：福建省厦门市中级人民法院（1994）厦民终字第125号。

2. 案由：财产损害赔偿。

3. 诉讼双方

原告（被上诉人）：何豆粒，女，63岁，汉族，无业，住福建省厦门市思明东路126号。

诉讼代理人：苏国强，男，35岁，福建省厦门市公证处干部。

诉讼代理人：张志龙，福建省厦门市第五律师事务所律师。

被告（上诉人）：中国人民建设银行厦门市分行。

法定代表人：卓开明，行长。

诉讼代理人：陈良秋、魏才满，福建省厦门市建昌律师事务所律师。

4. 审级：二审。

5. 审判机关和审判组织

一审法院：福建省厦门市思明区人民法院。

合议庭组成人员：审判长：李榕榕；审判员：张子汝；代理审判员：庄慧林。

二审法院：福建省厦门市中级人民法院。

合议庭组成人员：审判长：王灵石；代理审判员：王小兰、蔡美苹。

6. 审结时间

一审审结时间：1994年10月12日。

二审审结时间：1995年1月23日。

（二）一审诉辩主张

1. 原告诉称：其子白聪明于1992年8月15日在厦门市建设银行中山储蓄所记名存款人民币3万元整。1993年1月31日凌晨，白聪明因车祸身亡，存折也同时遗失。当日，原告即委托小叔子陈朝坤及女儿白素芬前往中山储蓄所口头挂失。次日，陈朝坤、白素芬又持白聪明的死亡证明及户口簿等身分证明到该储蓄所办理了书面挂失手续。同年10月，其委托陈朝坤前往支取存款本息时，该储蓄所先以电脑发生故障为由拒绝办理，后又要求原告提供该笔存款的继承公证手续。当其按该储蓄所的要求办好有关手续后，该储蓄所才告知其存款已被他人领走，并明确表示不再支付该笔存款本息。经多次协商未果，故诉请法院判令被告支付该笔存款本息并赔偿经济损失。

2. 被告辩称：白聪明确有在该行存款人民币3万元整，期限1年。1993年2月1日，陈朝坤前往该行中山储蓄所办理挂失止付手续时，未能提供储蓄户本人的身分证明。该储蓄所工作人员在缺乏警惕性的情况下，为陈朝坤办理了书面挂失手续。事后，该行储蓄业务的监督部门经审查发现该挂失手续不符合有关规定，遂要求中山储蓄所撤销该无效挂失手续。中山储蓄所于2月4日撤销挂失，并于同年8月16日凭存单正常支付了该笔存款，其行为是合法有效的。原告的诉讼请求无事实根据，于法不符，请求法院驳回原告的诉讼请求。

（三）一审事实和证据

福建省厦门市思明区人民法院经公开开庭审理后查明：原告何豆粒之子白聪明于1992年8月15日在中国人民建设银行厦门市分行中山储蓄所存入人民币3万元整，（为记名整存整取1年期储蓄存款，未留印鉴或密码）。1993年元月31日凌晨，白聪明因车祸死亡，该笔存款的存单下落不明。次日，原告之亲戚陈朝坤受原告委托前往建行中山储蓄所办理该笔存款的挂失止付手续。陈朝坤在挂失申请书上写明挂失原因系因车祸丢失存单，并提供其本人身分证，在身分证号码后注明“代”写，其余栏目由储蓄所业务人员经查询电脑后代填。该储蓄所向陈朝坤收取了挂失手续费，在挂失申请书上加盖业务章，并出具挂失申请书第三联单给陈朝坤。同年2月2日，被告储蓄业务的内部监督部门集资处核算科审查认为，该笔挂失“缺乏储户本人身分证、违反银行挂失原则，挂失无效，请立即予以撤销”，并发出内部通知给中山储蓄所。同年2月4日，中山储蓄所撤销挂失申请，但未能及时告知原告何豆粒或陈朝坤。同年8月16日（即该笔存款期限届满后第二天），中山储蓄所凭取款人所持的存单支付了该笔存款的本息（合计人民币32443.12元）。同年10月，原告何豆粒委托陈朝坤持挂失申请书向中山储蓄所要求支取该笔存款的本息，该储蓄所工作人员告知原告方应提供财产继承公证书、户口簿等有关手续。同年11月，当原告何豆粒持继承白聪明的存款继承公证书等手续再次向中山储蓄所要求取款时，该储蓄所才将存款已被他人取走的事实告知原告。此后，经双方多次协商，被告拒绝支付该笔存款本息。

上述事实有下列证据证明：

1. 原告之子白聪明的整存整取定期储蓄存款单（帐号：101－001234884）；

2. 白聪明的死亡证明书；

3. （93）厦思证民字第194号继承公证书证实原告为白聪明之惟一合法继承人，该存款应由其依法继承；

4. 被告出具的挂失申请书及第三联单；

5. 被告内部监督部门集资处核算科通知中山储蓄所撤销挂失的储蓄业务联系条；

6. 被告支付该笔存款本息的清单，证实被告已经凭存折将存款本息支付给他人；

7. 人民法院认定的双方当事人的陈述，证实原告办理挂失手续、被告内部单方撤销挂失及存款被冒领后双方产生争执的经过。

（四）一审判案理由

1. 储户白聪明因存款而与被告建立的债权债务关系，在其死后应由原告何豆粒继承。存折遗失后，存款未被领取前，原告方即向被告提出书面挂失申请。被告在原告未能提供完整齐全的储户本人身分证明的情况下，仍出具挂失申请书给原告，并收取挂失手续费，应视为原告的挂失申请已得到被告的认可并成立生效。因此挂失对双方均有约束力。被告经审核以不符合银行挂失原则为由，未经原告同意，单方面内部撤销挂失，事后也未通知原告并得到其认可，这种行为是违约行为。因此，原告的挂失仍然有效，被告负有依挂失合同妥善保管存款的义务。

2. 在原告挂失申请仍然有效的前提下，债权文书（即存折）的占有人已不是该笔存款的合法所有人，原存折也不能再作为被告履行支付义务的合法凭据。而被告仍仅凭存折就将存款本息支付给第三人，其过错是明显的。既然被告在对存折占有人的清偿行为中存在过错，那么其清偿行为即为无效清偿，不具备法律效力。原、被告之间的债权债务关系依然存在，被告对原告应另行给付本息。

3. 原、被告之间因挂失申请而产生的关系是一种合同关系。在挂失成立生效后，被告先是未经原告同意单方撤销挂失，后又因过错导致存款被他人冒领，已经违背了挂失合同约定的义务，并给储户造成了财产损失，其应承担的是违约损害赔偿的民事责任。因此，被告应支付给原告该笔存款的本息。

（五）一审定案结论

根据《中华人民共和国民法通则》第五十七条、第一百零六条第二款、第一百三十四条第一款第（七）项及第一百零八条之规定，厦门市思明区人民法院作出判决：

被告中国人民建设银行厦门市分行应在本判决生效后10日内一次性支付给原告何豆粒人民币3万元，并支付该款从1992年8月15日至付款之日期间的利息（1992年8月15日至1993年8月15日按该行1年期整存整取储蓄存款利率计算；1993年8月16日至还款之日按该行活期储蓄存款利率计算）。

案件受理费1900元，由被告中国人民建设银行厦门市分行负担。

（六）二审情况

1. 二审诉辩主张

上诉人诉称：（1）原告的挂失申请缺乏储户本人身分证明，违反银行有关规定，为无效挂失。原告取得挂失申请书，并非意味着挂失申请的最终确定。收取手续费也是作为材料工本及查询之费用，与挂失成立、生效并无直接联系。（2）因原告方的挂失申请不符合《中国人民银行储蓄管理暂行办法》的规定，被告撤销原告的挂失申请系合理合法的，原判决认定被告撤销挂失的行为是无效的，显然违反有关法律规定。（3）原判事实不清，适用法律不当，请求二审撤销原判决，并由被上诉人承担诉讼费用。

被上诉人辩称：被告的行为有明显的过错，理应承担法律责任，服从原判对事实的认定和处理结果。

2. 二审判案理由

福建省厦门市中级人民法院经审查认为：一审法院认定事实清楚，适用法律并无不当，被告应承担因过错而给原告造成的财产损害赔偿责任。

3. 二审定案结论

上诉人在开庭后主动提出调解。经法院主持，双方当事人自愿达成如下调解协议：

（1）上诉人中国人民建设银行厦门市分行赔偿被上诉人何豆粒财产损失人民币3万元整，该款于本调解书生效的次日一次性付清。

（2）被上诉人何豆粒自愿放弃对以上款的利息部分的赔偿权。

（3）一审诉讼费人民币1900元整由上诉人承担；二审诉讼费用1210元由被上诉人承担。

该调解书送达，双方当事人已执行了调解内容，从而使该起纠纷得到解决。

（七）解说

这是一起储户因存款单折遗失导致存款被他人冒领而向银行索赔的案件。该案涉及的民法理论是对债权之准占有人的清偿问题，我国《民法通则》尚无明确规定。债权之准占有人，是指持有债权文书并依债权文书行使债权的非债权人。例如本案中持白聪明遗失的存折而向银行冒领的第三人。对债权之准占有人的清偿，是指债务人善意无过失对债权之准占有人的清偿为有效的制度。许多国家的民法典中都已确立了此项制度。

人民法院在查清事实的基础上，结合此案的具体情况，运用上述民法原理进行了深入的分析，从而认定：被告单方撤销挂失的行为是无效的。在原告的挂失仍然有效的前提下，被告仅凭债权文书（即存折）即将存款本息给付债权之准占有人（即存折持有人），其行为存在着明显的过失，为无效的清偿，效力不及于原告。据此，一审法院判令被告承担财产损害赔偿责任是正确合理的。二审法院在此基础上主持双方当事人进行调解，原告自愿放弃利息部分的请求权，缓和了双方矛盾，促成调解协议的达成和执行，也取得了较好的社会效果。但一审法院在适用法律上，未能引用《民法通则》第一百一十二条第一款之规定，导致缺少了确定赔偿范围的法律依据，否则将会更全面。

随着改革开放的深入，经济往来日益增多，银行对债权之准占有人的清偿大量存在，此类案件时有发生。确立对债权之准占有人清偿制度，有利保护交易安全，促进正常民事流转，满足市场经济发展的需要。因此，确有必要在我国《民法通则》中设立此项制度，以避免此类案件的频繁发生，同时也使人民法院审理时有法可依。

（李榕榕　黄冬阳）

64. 李萍诉鞍山市公共交通总公司人身损害赔偿案

（一）首部

1. 判决书字号

一审判决书：辽宁省鞍山市立山区人民法院（1994）立民初字第1067号。

二审判决书：辽宁省鞍山市中级人民法院（1995）鞍民终字第50号。

2. 案由：人身损害赔偿。

3. 诉讼双方

原告（被上诉人）：李萍，女，43岁，汉族，鞍钢综合利用公司干部，住鞍山市铁东区对炉街道38委。

诉讼代理人（一、二审）：李强，男，47岁，汉族，鞍钢矿山设计院干部，住鞍山市铁东区对炉街道38委。

诉讼代理人（二审）：李雁，女，51岁，汉族，广东省汕头市精细化工集团公司干部，住广东省汕头市大学路38号。

被告（上诉人）：鞍山市公共交通总公司。

法定代表人：赵世威，经理。

诉讼代理人（一审）：郭东平，该公司电车公司安全科长。

诉讼代理人(一、二审):张成奇,该公司无轨电车公司副经理。

诉讼代理人(二审):吕福棠,鞍山市第一律师事务所律师。

4.审级:二审。

5.审判机关和审判组织

一审法院:辽宁省鞍山市立山区人民法院。

合议庭组成人员:审判长:刘俊龙;代理审判员:王丽远、李秀坤。

二审法院:辽宁省鞍山市中级人民法院。

合议庭组成人员:审判长:顾红霞;代理审判员:许威、樊永石。

6.审结时间

一审审结时间:1994年11月11日。

二审审结时间:1995年2月24日。

(二)一审诉辩主张

1.原告诉称:1992年12月4日晚6时许,原告在无轨电车立山站候车,当时03-01934号3路无轨电车停在站台内,当原告准备从车的前门上车时,车突然起动,将原告刮倒,车的右中轮从原告身上压过,致原告先后在鞍钢立山医院、鞍钢铁东医院住院抢救治疗383天,后经市卫生局鉴定为全残3级,故要求被告承担原告的医药费、交通费、护理宿费、衣物损失、护理人员工资、误工工资及住院补助、伤残补助和由原告垫付医药费的利息计55万元。

2.被告鞍山市公共交通总公司辩称:被告不同意交通管理部门对事故责任的认定,故不同意按全责赔偿,另外不同意按12个人的标准给付护理人员工资,只同意按交通法规规定的2人计算;对交通费不同意按实际金额计算,只同意按3人的费用计算,所以被告只同意支付合理的费用,关于原告提出要求被告支付由其垫付的医药费的利息的请求,由于被告已支付了部分医药费,故不同意支付利息。

(三)一审事实和证据

辽宁省鞍山市立山区人民法院经审理查明:原告于1992年12月4日晚6时许,在沙河至后峪段无轨电车立山站候车,当时03-01934号3路无轨电车停车站内,当其欲从该车前门上车时,车突然起动,因车与站台间的距离过窄(现场勘验为车前门距站台0.35米,中门0.2米,后门0.1米)车身将原告刮倒,车的右中轮将原告压伤。原告伤后先后于鞍钢立山医院、鞍钢铁东医院住院治疗383天,并经鞍山市卫生局鉴定为3级伤残,原告住院期间共花销医药费384043.89元,护理人员住宿费用2707.6元,通讯费332.45元,交通费38270.5元,原告住院期间经医疗单位同意及指定,需日夜设人陪护,护理人员每班不少于4人(三班倒),此间护理人员的误工工资为87332.2元。上述费用除被告已支付166076.5元外,余款均由原告垫付。此案经鞍山市立山区交通警察大队于1993年1月5日作出事故责任认定书,认定被告方负全部责任,肇事司机对此认定书表示同意,被告亦未在法定期限内提出重新认定的申请,后经立山交警大队进行经济调解未成,于1994年4月24日作出调解终结。1994年6月,李萍向鞍山市立山区人民法院起诉,要求被告赔偿其致伤后的一切经济损失。

上述事实有下列证据证明:

(1)鞍山市立山交通警察大队作出的事故责任认定书:认定鞍山市公共交通总公司负全部责任;

(2)鞍钢立山医院、鞍钢铁东医院的病志:确诊原告为“多发性创伤”等,住院治疗时间

383天；

(3)鞍山市卫生局的伤情鉴定书：鉴定原告为3级伤残；

(4)医药费收据；

(5)交通费收据；

(6)通讯费收据；

(7)借款凭据；

(8)证人证言笔录；

(9)当事人陈述笔录；

(10)其他证据材料。

(四)一审判案理由

1.被告鞍山市公共交通总公司对所造成的交通事故应负完全责任。原告李萍在乘车时，因发生交通事故，致其人身受到损害。此交通事故经鞍山市立山区交通警察大队认定，鞍山市公共交通总公司应负全部责任。肇事司机对此表示同意，被告亦未在法定期限内提出重新认定的申请。

2.被告应依法赔偿原告的一切经济损失。公民的人身权利不受非法侵害，现由于被告的行为致使原告的身体受到巨大的损害，并为此付出昂贵的医疗等费用。但原告本身没有任何过错，因此，原告的一切经济损失均应由被告承担。

3.被告应承担的赔偿项目，按照《民法通则》的有关规定。

(五)一审定案结论

一审法院依照《中华人民共和国民法通则》第一百一十七条、第一百一十九条之规定，判决如下：

1.被告付给原告医疗费217967.39元，误工工资3554.4元，住院补助费2630元，伤残补助费66243.08元，护理人员宿费2707.6元，护理人员误工工资87332.2元，交通费38270.5元，通讯费332.45元。

2.被告付给原告衣物损失费1000元。

3. 被告付给原告垫付的医药费利息61240.49元。

4.驳回原、被告其他诉讼请求。

案件受理费及其他费用100元，由被告承担。

上述款计481378.11元，于判决生效之日起20日内付清。

(六)二审情况

1.二审诉辩主张

(1)上诉人鞍山市公交总公司诉称：第一，处理该案应适用《道路交通事故处理办法》(以下简称《办法》)而不适用《民法通则》；第二，李萍住院天数是145天而不是383天；第三，李萍本人的误工工资应按《办法》规定处理，而不应按本人实际收入计算；第四，李萍住院补助费应按每日8元计算，而不应按10元计算；第五，护理人员的人数和工资数额应按《办法》处理，不应按《民法通则》处理；第六，不同意支付李萍伤残费及赔偿费，因《办法》中无此规定；第七，不同意承担李萍亲属交通费中的飞机票等费用；第八，不同意给付李萍垫付医疗费的利息；第九，李萍的子女抚育费计算时间有误。

(2)被上诉人李萍辩称：第一，要求上诉人给付营养补助费；第二，垫付医疗费的利息应按三分利息，并计算至上诉人给付时止；第三，原审漏判一个护理人员工资，应予补判。

2.二审事实和证据

辽宁省鞍山市中级人民法院经二审审理查明：被上诉人李萍于1992年12月4日晚6时许，在沙河至后峪段无轨电车立山站候车，当时03－01934号3路无轨电车停车在站内，当被上诉人欲从该车前门上车时，车突然起动，因车与站台间的距离过窄，将李萍刮倒，该车的右中轮将其压伤。李萍伤后先后在鞍钢立山医院、鞍钢铁东医院住院治疗，被诊断为“多发性创伤”等，住院145天，并经鞍山市卫生局鉴定为3级伤残。李萍住院期间的医疗费为384043.89元、护理人员住宿费用2707.6元，通讯费332.45元，交通费38275.5元。上述费用除上诉人已支付166076.5元，余款均由李萍垫付。李萍住院期间经医疗单位同意及指定，需日夜设人陪护，护理人员每班不少于4人（三班倒）。此事故经鞍山市立山区交通警察大队处理，认定鞍山市公共交通总公司负全部责任。因公安交通部门调处未成，李萍于1994年6月诉至鞍山市立山区人民法院，要求市公共交通总公司赔偿其致伤后的一切经济损失。

上述事实有下列证据证明：

(1)鞍山市立山交通警察大队作出的事故责任认定书：认定鞍山市公共交通总公司负全部责任；

(2)鞍钢立山医院、鞍钢铁东医院的病志：确诊李萍为“多发性创伤”等，在ICU病房住院治疗145天，后转入家庭病房；

(3)鞍山市卫生局的伤情鉴定书：鉴定李萍为3级伤残；

(4)医药费收据：证明李萍住院期间的医疗费为384043.89元；

(5)交通费收据；

(6)通讯费收据；

(7)证人证言笔录；

(9)当事人陈述笔录；

(10)其他证据材料。

3.二审判案理由

辽宁省鞍山市中级人民法院认为：公民的人身权利受国家法律保护，本案上诉人在交通事故中将被上诉人致伤，经公安交通部门认定，由上诉人负全部责任，故一审判令由上诉人赔偿被上诉人的全部经济损失正确，二审予以维持。

二审针对上诉人诉讼请求和答辩意见，经审理查明后，对一审判决予以部分改判：

(1)关于上诉人提出处理此案应按《道路交通事故处理办法》的有关规定处理，不应按《民法通则》规定处理的问题。二审法院认为：《民法通则》和《办法》虽然在赔偿范围和赔偿标准上有所不同，但其原则均是要平等地保护当事人的合法权益。因此，对此案应根据《民法通则》和《办法》的有关规定、医疗部门的医嘱以及被上诉人李萍造成损失的实际情况，予以实事求是的妥善处理。一审对李萍的损失只按《民法通则》的规定处理欠妥，二审予以纠正。

(2)关于上诉人提出李萍住院天数是145天，而不是383天的问题。经查，此事故发生后，李萍在经治医院的ICU病房治疗时间为145天，此后，转入家庭病房，至今尚属鞍钢铁东医院患者，故一审对此事实认定有误，二审予以纠正。

(3)关于上诉人提出李萍住院补助费应按每日8元计算的问题。根据有关规定，住院期间的补助费每日为6元，一审按每日10元计算有误，二审予以纠正。

(4)关于上诉人提出不同意支付李萍亲属交通费用中的飞机票等费用的问题。经查,李萍的近亲属多在外地居住,当时由于李萍处于病危状况,情况紧急,其亲属需乘飞机来鞍探望和处理;另外,李萍在抢救治疗中,由于缺少某些药品,李萍的近亲属应医疗部门的建议,曾乘飞机去外地购药,故此费用应由上诉人承担。

(5)关于上诉人提出不同意承担李萍垫付医疗费的利息的问题。经查,李萍住院后由于上诉人只支付了16万余元的医疗费,在上诉人未再支付医疗费用的情况下,被上诉人李萍的亲属为抢救李萍之急需向他人借款支付医疗费,且有借据为凭。故根据本案的具体情况,借款利息应由上诉人承担。

(6)关于上诉人提出李萍伤残后的子女抚育费计算时间有误一节。经查,李萍两名子女抚育费的计算年限应各为6年和4年,一审各计算为9年和7年有误,二审予以纠正。

(7)关于被上诉人李萍提出要求上诉人给付其住院期间营养补助费的问题。根据李萍的伤情应给付营养补助费,故上诉人应一次性给付李萍一定数额的营养补助费。一审对此未予考虑欠妥,二审予以补判。

(8)关于被上诉人提出垫付的医疗费利息应按三分计算至上诉人付款时止的问题。经查,被上诉人李萍借款垫付医疗费超过1年期的为158010.7元,超过两年期的为49956.67元。国家银行的同期贷款利率1年期为一分二厘六二七,2年期的为一分四厘六九九。此贷款的利息应按国家银行贷款利息的2倍计算。一审按二分计算无依据,二审予以纠正。

(9)关于李萍提出一审少计算1名护理人员误工工资一节,经查属实,二审予以纠正。

4.二审定案结论

二审法院结合二审所认定的事实、证据和上述判案理由,根据《中华人民共和国民事诉讼法》第一百五十三条第一款第(三)项和《中华人民共和国民法通则》第一百一十七条、第一百一十九条的规定,判决如下:

(1)维持鞍山市立山区人民法院(1994)立民初字第1067号民事判决第二项被告给原告衣物损失费1000元,案件受理费及其他费用100元由被告承担的判决。

(2)原判第一项被告付医疗费217967.39元,误工工资3554.4元,住院补助费2630元,伤残费66243.08元,护理人员宿费2707.6元,护理人员误工工资87332.2元,交通费38270.5元,通讯费332.45元的判处中除上诉人鞍山市公共交通总公司赔偿被上诉人李萍的住院补助费变更为870元,伤残补助费变更为64407.8元,护理人员的误工工资变更为62805.75元外,上诉人赔偿被上诉人的其他费用均予以维持。

(3)原判第三项付给原告垫付医药费的利息61240.49元变更为:上诉人鞍山市公共交通总公司付给被上诉人李萍垫付医疗费58010.7元的利息从1994年1月计算至付款时止(利息按二分五厘计算),10万元利息从1993年9月计算至付款时止(利息按二分五厘计算),49756.69元的利息从1993年2月计算至付款时止(利息按二分九厘计算)。

(4)上诉人一次性给被上诉人住院期间营养补助费3000元整。

上述款项于本判决生效后一次性付清。

上述案件受理费及其他费用100元,由上诉人负担。

本判决为终审判决。

(七)解说

本案系因交通肇事发生的人身损害赔偿。经一、二审确定最后的赔偿数额总计为65万余元，是在全国亦属罕见的单人人身损害巨额赔偿。事故发生的经过很清楚，责任亦很明确，但对受害人李萍抢救治疗的过程却是复杂的，发生的各项费用也是昂贵的。当时，受害人李萍被车压伤后即被送往医院抢救。由于伤势严重，内脏几乎都被压坏，在这种情况下，李被送进ICU特别病房进行特殊的抢救和治疗，该病房的设备可谓全国一流，每天的费用在千元以上。经过145天的住院抢救治疗，李终于脱险。但等待她的是三级伤残、终身需人陪护的后果。

在处理本案时，如何适用法律，即赔偿标准和范围的确定依照哪一个法律，是本案的关键。一般的人身损害赔偿案件适用《民法通则》的有关规定，但本案是因交通肇事发生的人身损害赔偿，又有专门的《道路交通事故处理办法》加以调整。那么，在处理本案时，应按哪个法律处理？对此有两种意见，一种意见认为，应按《民法通则》的有关规定，因为《民法通则》是处理民事案件的总则，其效力要高于其他行政法规。另外，从本案受害人的病情和医疗部门的特殊医嘱等实际情况考虑，亦应按《民法通则》的规定处理，否则将不利于保护被害人的合法权益，也有悖于《民法通则》的公平原则。另一种意见认为，应综合《民法通则》和《办法》的有关规定处理。笔者同意这种意见。《民法通则》是处理民事案件的总则，但本案是因交通肇事发生的人身损害赔偿，对于此类纠纷又有专门的行政法规加以调整。虽然二者在原则上是一致的，即要求平等地保护当事人的合法权益，但二者在赔偿的范围和赔偿的标准上有所不同，前者的范围要广，标准要高。就本案来讲，对于处理交通肇事的人身损害赔偿既然有专门的为此而制定的《办法》，就应按《办法》的有关规定来处理，本案当事人李萍所受伤害为“多发性创伤”而非某一二个组织被损坏，特殊的病情需特殊的治疗，考虑到这一实际情况，为更好地保护受害人的合法权益，实现民法的公平原则，应按《民法通则》的有关规定计算李的经济损失，其他的则按《办法》的有关规定计算李的经济损失。这样，既保持了法律的严肃性，使之能够有的放矢，又充分保护了当事人的合法权益。

（张凡　许威）

65. 刘陆江诉《重庆晚报》社损害赔偿案

（一）首部

1. 判决书、调解书字号

一审判决书：四川省重庆市市中区人民法院（1993）中字民初字第1915号；

二审调解书：四川省重庆市中级人民法院（1994）重民终字第678号。

2. 案由：损害赔偿。

3. 诉讼双方

原告（被上诉人）：刘陆江，男，30岁，汉族，住重庆市江北区电测村131号。

诉讼代理人（一、二审）：石小明（系原告之妻），个体工商户，住重庆市江北区电测村131号。

诉讼代理人（一审）：杨勇，四川省重庆市经济律师事务所律师。

被告（上诉人）：《重庆晚报》社，地址：重庆市市中区解放西路66号。

法定代表人:伊根瑞,总编辑。

诉讼代理人(一、二审):石刚,男,《重庆晚报》社经济宣传部副主任,住重庆市市中区解放西路66号。

诉讼代理人(一、二审):孙绍文,四川省重庆市第一律师事务所律师。

4.审级:二审。

5.审判机关和审判组织

一审法院:四川省重庆市市中区人民法院

合议庭组成人员:审判长:范舟;人民陪审员:廖其珍、车俊贤。

二审法院:四川省重庆市中级人民法院。

合议庭组成人员:审判长:黄元友;代理审判员:张应君、谢勋。

6.审结时间

一审审结时间:1994年4月24日。

二审审结时间:1994年12月8日(经本院院长批准延长审限)。

(二)一审情况

1.一审诉辩主张

原告刘陆江诉称:1993年8月26日《重庆晚报》第6版与第7版中缝刊登一则广告,内容是:"重庆渝达汽运公司有'奥拓'车及'东风'车对外招租,方式灵活多样,首期租金可多可少,欲承租者速来联系。"我看了该广告后,于次日到该公司交了首期租赁款5万元。该公司让我于9月2日去提车。9月2日我去提车时,该公司的人早已携款潜逃。我立即向当地派出所报了案,后经派出所的人员多次查找,既无该公司、而其人员也无下落。根据国务院颁布的《广告管理条例》的规定,现我要求《重庆晚报》社赔偿实际损失5万元,并承担诉讼费用。

被告《重庆晚报》社辩称:1983年8月21日,有两个男青年来我社,自称是重庆市渝达汽运公司的,持该公司的介绍信,要求在《重庆晚报》刊登汽车招租广告。我社按惯例于当月26日、27日在《重庆晚报》第6版与第7版中缝刊登了他们写好的广告,广告内容如刘陆江所述。我社刊登这则广告,主观上只起信息传播作用。至于刘陆江与广告客户之间的交涉,起决定作用的是他们双方,我社既未参加签订合同,又不是担保人。因此,我社不同意给刘陆江赔偿损失。

2.一审事实和证据

四川省重庆市市中区人民法院审理查明:1993年8月21日,自称是"重庆市渝达汽运公司"的两个人,到《重庆晚报》社联系刊登"汽车招租"广告。经《重庆晚报》社同意并收取刊登广告费600元之后,便将事先拟好的汽车招租广告刊登在当月《重庆晚报》26日和27日第六版与第七版中缝上。所刊登的"汽车招租"广告内容是"重庆渝达汽运公司有'奥拓'车及'东风'车对外招租,方式灵活多样,首期租金可多可少,欲承租者速来联系。地址:重庆市南区路88号(重联大厦10楼),电话:354877"。原告刘陆江看了8月26日《重庆晚报》刊登的"汽车招租"广告后,即打电话与"重庆渝达汽运公司"联系,并于次日到该公司交了首期租赁款45000元及上路费5000元(另出具了1000元欠条1张)。而"重庆渝达汽运公司"给刘陆江出具了45000元和6000元的收据各1张,且在收据上盖有"重庆市渝达汽车公司财务专用章"。双方还口头约定同年9月2日提车。9月2日,刘陆江到该公司去提车时,发现该公司人员已携款潜逃,当即向重庆市公安局中区分局菜园坝派出所报案。经向当地工商行政管理机关查询,"重庆渝达汽运公司"根本不存在。

上述事实有下列证据证明:

(1)有1993年8月21日《重庆晚报》社收取刊登广告的收费收据2张;

(2)1993年8月26日、27日登出的广告;

(3)刘陆江向"重庆渝达汽运公司"交款收据2张;

(4)工商行政管理部门查证证明;

(5)公安派出所询问笔录及双方陈述。

3.一审判案理由

《重庆晚报》社在《重庆晚报》上刊登"汽车招租"广告,虽然在主观上没有损害刘陆江的故意,但《重庆晚报》社作为广告经营者,在刊登"汽车招租"广告时,没有履行法定的查验证明、审查广告内容的义务,致使冒牌的"重庆渝达汽运公司"的虚假"汽车招租"广告得以刊登。因此,《重庆晚报》社应当承担过错责任。法院对刘陆江经济损失50000元的索赔请求,予以支持。《重庆晚报》社与"重庆渝达汽运公司"承担连带赔偿责任。

4.一审定案结论

四川省重庆市市中区法院依照中华人民共和国《广告管理条例》第三条、第八条第(五)项、第十二条和第二十条的规定,判决《重庆晚报》社赔偿刘陆江人民币50000元。此款在本判决生效后10日内付清。案件受理费2060元,由《重庆晚报》社负担。

(三)二审诉辩主张

上诉人《重庆晚报》社诉称:第一,刘陆江受骗50000元的根据除了一张收据外,租金合同也拿不出来,损害事实的证据是不够充分的。第二,刘陆江被骗,首先是"渝达汽运公司"一伙骗子的罪恶结果。其次重联大厦不审查身分就草率租房给行骗方,同时《重庆晚报》疏于审查而登出虚假广告。第三,刘陆江未与出租方签订书面合同即付50000元巨款。依照《民法通则》第一百三十条规定:"二人以上共同侵权造成他人损害的应当承担连带责任"。《民法通则》一百三十一条规定:"受害人对于损害的发生也有过错的,可以减轻侵害人的民事责任。"上诉人认为本案应以重联大厦、《重庆晚报》社和被上诉人刘陆江共同承担损失为宜,其具体比例按过错的程度承担。

被上诉人刘陆江答辩称:第一,"虚假广告"导致了刘陆江财产损害事实的发生。第二,《重庆晚报》社在为"重庆渝达汽运公司"刊登招租广告时没有履行法定的查验证明、审查广告内容的义务,从而导致"虚假广告"得以刊登,给消费者造成了损害。第三,经向工商行政部门查询,"重庆渝达汽运公司"根本就不存在,因此刘陆江的财产损失应由《重庆晚报》社予以赔偿。

(四)二审事实和证据

四川省重庆市中级人民法院审理查明:1993年8月21日,被告《重庆晚报》社接待了两名自称"重庆渝达汽运公司"职员联系刊登"汽车招租"广告业务。被告未经审查《企业法人营业执照》等证明材料就收取刊登广告费600元并于当月26日、27日将内容为"重庆渝达汽车公司自备'奥拓'车及'东风'车对外招租,方式灵活多样,首期租金可多可少,欲承租者速来联系。地址:重庆市南区路88号(重联大厦10楼)。电话:354877"的广告,登在了《重庆晚报》第六版、第七版中缝上。原告刘陆江见此广告后,即电话与"重庆渝达汽运公司"联系,并于27日上午与该公司进行了面谈,下午即将筹集的资金交与该公司作为首期租赁款,计

45000 元。此外，还交了上路费 5000 元，同时又出具 1000 元欠条一张。“重庆渝达汽运公司”收款后给刘陆江开出 45000 元和 6000 元收据各一张，双方口头约定 9 月 2 日提车。9 月 2 日刘陆江按约到“重庆渝达汽运公司”提车时，发现该公司人员已携款潜逃，当即向当地公安派出所报案，并速向工商行政管理机关查询“重庆渝达汽运公司”情况，结论是该公司并不存在。

另补充查明，“重庆渝达汽运公司”在重联大厦租赁客房时，除交纳 2000 元租金外，未留任何手续。

上述事实有下列证据证明：

1. 有 1993 年 8 月 21 日《重庆晚报》社收取刊登广告的收费收据 2 张；

2. 有当月 26 日、27 日登出的广告；

3. 刘陆江向“重庆渝达汽运公司”交款的收据 2 张；

4. 公安机关的询问笔录和双方陈述。

（五）二审判案理由

1. 上诉人在《重庆晚报》上所发布的广告，属于虚假广告。根据《广告管理条例》第三条，“广告内容必须真实、健康、清晰、明白，不得以任何形式欺骗用户和消费者”。本案所涉及的广告明确声称“重庆市渝达汽运公司有‘奥拓’车及‘东风’车对外招租”。但根据查明的事实，该所谓“重庆市渝达汽运公司”并没有在工商行政管理机关注册登记，相应地，也就无法对外招租。由此可见，《重庆晚报》所刊登的广告与实际情况根本不符合，属于广告内容不真实的虚假广告。

2. 上诉人在发布广告时，疏于审查，应负过错责任。《广告管理条例》第十二条规定：“广告经营者承办或者代理广告业务，应当查验证明，审查广告内容。对违反本条例规定的广告，不得刊登、设置、张贴。”根据《广告管理条例施行细则》第十条第（一）项，广告客户申请发布广告，工商企业和个体工商户分别交验“企业法人营业执照”副本和“营业执照”。在本案中，上诉人向委托人收取了 600 元广告费，但却没有查验委托人的真实身分，也未保留委托人的有关证明文件。虽然上诉人在诉讼期间称委托人曾向其提供证件，但上诉人未能向法院举证。受诉法院据此认为，上诉人在发布广告时，没有履行法定的查验义务，构成过错，应当承担过错责任。

3. 上诉人应承担过错赔偿责任。《中华人民共和国消费者权益保护法》第三十九规定：“广告的经营者不能提供委托人的真实名称、地址的，应当承担赔偿责任”。《广告管理条例》第二十条规定，广告经营者“违反本条例规定，使用户和消费者蒙受损失，或者有其他侵权行为的，应当承担赔偿责任”。在本案中，上诉人已实施了违反《广告管理条例》的行为，未能提供委托人的真实名称和地址，应当承担过错赔偿责任。

4. 被上诉人在与广告委托人办理租车手续时，具有过错，所以减轻上诉人的赔偿责任。造成被上诉人租车费损失的原因，除上诉人发布虚假广告外，被上诉人在与广告委托人办理租车手续时，亦有过失，表现为没有核对广告委托人的身分。上诉人也未到广告委托人承租客房的重联大厦核对客房承租人的情况。上诉人未以适当方式了解车辆出租人情况，亦有过失。根据《民法通则》第一百三十一条之规定，“受害人对于损害的发生也有过错的，可以减轻侵害人的民事责任”。所以，被上诉人应就其自己过错所导致的部分损害后果，承担责任。

(六)二审定案结论

四川省重庆市中级人民法院在案件审理过程中,主持上诉人与被上诉人进行调解,达成如下调解协议:

由《重庆晚报》社一次性给付上诉人刘陆江人民币 25000 元。

一、二审诉讼费各 2060 元,均由《重庆晚报》社负担。

(七)解说

严格审查广告的真实性,是广告单位的基本职责,违反此项法定义务的,应当承担相应的民事责任。但广告经营者未履行有关查验义务,是否就必然导致消费者受到损害,是本案一审法院和二审法院定案结论的主要分歧所在。我们认为,广告经营者依法承担查验义务,并非是对消费者免受损害的担保。消费者由于自身原因所受到的损害,应由其自己承担。但在审判实践中,如何合理划分广告经营者和消费者的责任承担份额,则需结合本案加以判定,本案二审法院的定案理由可供参考和借鉴。

(傅放临)

66. 张云英诉李坤和、上海市新浦物资经营公司杨高路回收站人身损害赔偿案

(一)首部

1. 判决书字号

一审判决书:上海市浦东新区人民法院(1993)浦民初字第 2444 号。

二审判决书:上海市中级人民法院(1994)沪中民终字第 1230 号。

2. 案由:损害赔偿。

3. 诉讼双方

原告(被上诉人):张云英,女,1921 年 1 月 17 日生,汉族,上海市第一粮食仓库退休职工,住上海市浦东新区冶坊桥路 117 号。

诉讼代理人(一、二审):杨宝森,男,上海市邮电管理局保卫处工作,住上海市赤峰路 500 号 2208 室,系张云英之女婿。

诉讼代理人(一审):刘荣坤,男,上海市邮电管理局法律顾问处工作,住上海市赤峰路 590 号 507 室。

被告(上诉人):李坤和,男,1951 年 10 月 21 日生,汉族,无业,住上海市浦东新区冶坊桥路 115 号。

诉讼代理人:沈福云,上海市浦江律师事务所律师。

被告(被上诉人):上海市新浦物资经营公司杨高路回收站,地址:上海市浦东新区杨高路 1041—乙号。

法定代表人:肖燕香,经理。

诉讼代理人(一审):张麟翔,上海市浦东新区律师事务所律师。

4. 审级:二审。

5. 审判机关和审判组织

一审法院：上海市浦东新区人民法院。

合议庭组成人员：审判长：周三标；代理审判员：严伟国、王艳萍。

二审法院：上海市中级人民法院。

合议庭组成人员：审判长：高中伟；代理审判员：唐玉珉、陶永信。

6. 审结时间

一审审结时间：1994 年 5 月 25 日。

二审审结时间：1994 年 9 月 22 日。

（二）一审诉辩主张

1. 原告诉称：第二被告违反废旧压力容器处理规定，擅自将没有放空的二氧化碳灭火机卖给第一被告。当第一被告拆卸该灭火机时，灭火机内的高压使瓶体撞击原告的右小腿处，致原告右小腿骨折，造成经济损失。故原告要求两被告承担连带责任，共同赔偿原告医疗费、护理费、营养费等共计人民币 7903.15 元。审理中，原告又变更诉讼请求，赔偿标的额变更为 6893.95 元。

2. 被告李坤和辩称：自己要买的是废旧灭火机，但第二被告却将好的灭火机卖给他，致其在拆卸灭火机时致伤原告，故原告的损失应由第二被告承担。

3. 被告上海市新浦物资经营公司杨高路回收站辩称：原告之伤，系第一被告买灭火机后处置不当所致，自己并未共同致伤原告，故不应承担连带责任。

（三）一审事实和证据

上海市浦东新区人民法院受理本案后，经公开开庭审理查明：

原告与被告李坤和系邻居。1993 年 3 月 10 日，被告李坤和在被告上海市新浦物资经营公司杨高路回收站，以人民币 15 元从店员陈剑麟手中选买了一只旧二氧化碳灭火机，准备在自己做气球生意时使用。当时两人均未对灭火机的性能和有无存留气体作检查。同日下午 4 时许，被告李坤和拆卸该灭火机时，由于机内仍有气体，刚拧松螺母，灭火机瓶体突然射出并撞在正在自家门口劈柴的原告张云英的右小腿部，致伤原告。张云英治伤化去了医药费和请人护理的费用，故起诉要求两被告赔偿共计 7903.15 元经济损失。经司法鉴定科学技术研究所对张云英之伤进行鉴定：张云英右胫腓骨开放性、粉碎性骨折，一般情况下，无需特殊医疗措施，护理、营养期限 10 个月至 12 个月为宜。故张云英变更诉讼标的额为 6893.95 元。其中：医药费 833.95 元，护理费 3600 元，营养费 2160 元，拐杖费 300 元。审理中，原、被告均坚持各自的诉辩主张。

以上事实有下列证据证明：

1. 护理工钱良弼出具的收到张云英支付其护理费的收据；

2. 李坤和提供的第二被告出具的购买旧灭火机的发票；

3. 司法部司法鉴定科学技术研究所法医临床学鉴定书对张云英所作的伤情鉴定；

4. 第二被告所属职工陈剑麟证实李坤和向第二被告购买灭火机情况的证词；

5. 黄浦区中心医院（现东方医院）的医疗费专用收据。

（四）一审判案理由

上海市浦东新区人民法院经审理认为：

1. 本案的责任人。从本案造成损害的原因看，直接的原因是灭火机瓶体突然射出撞击人体造成伤害，对此负有责任的是两被告。首先，第二被告不应将内有危险性气体的灭火机随便卖给他人。按国务院《化学危险物品安全管理条例》第三条规定：氧化剂是七大类化学危险物品之一。按照《上海市化学危险物品的安全管理办法》第二十一条规定："盛过或盛有化学危险物品的容器包装，在危险状态未消除前，禁止进行修理或报废处理。"第二被告将不应报废、留有危险性气体的灭火机卖给第一被告，行为本身已潜伏着发生危险的可能性。其次，灭火机系专用器材，不能随意拆卸。第一被告明知废旧灭火机应送专业部门处理，仍坚持购买，且为了做生意，在应估计到拆卸该灭火机时可能存有危险性的情况下，既没有采取任何防护措施，且位于人流较多的马路边，无论机内是否存有气体，都是很不安全的。因此，第二被告将留有气体的灭火机卖给第一被告，而第一被告又随便拆卸。这两个不可分割的、前后相连的因素构成了造成损害后果缺一不可的前因。虽然，两被告没有共同故意，但由于他们的两个过失行为，共同构成了损害后果就有了共同过错，按《中华人民共和国民法通则》第一百三十条规定，应共同承担赔偿责任。

2. 本案赔偿数额的确定。本案原告的诉讼标的额中，医药费由医疗部门的单据可证实；护理时间按"伤情鉴定"的意见，考虑到老年人恢复较慢，确定为 12 个月，护理费数额，原告提出每月 300 元，既有护理人出具的收条证实，再参考目前平均收入，并无不当；原告所提每天 6 元营养费要求，根据"鉴定""需要营养"的意见和目前上海地区生活水平，也并无不当；拐杖是原告恢复健康和进行功能锻炼的必需用品，因此，原告要求一次性补偿也并无不当。据此，应全额支持原告的诉求。

（五）一审定案结论

上海市浦东新区人民法院根据《中华人民共和国民法通则》第一百三十条规定，判决如下：

原告张云英因右腿被击伤而造成的医疗费、护理费、营养费等损失计人民币6893.95元，由被告李坤和负担3446.97元，被告上海市新浦物资经营公司杨高路回收站负担 3446.98 元；两被告相互承担连带责任。

案件受理费 326 元及鉴定费 254 元，由被告李坤和及被告上海市新浦物资经营公司杨高路回收站各负担 290 元。

（六）二审情况

1. 二审诉辩主张

一审判决后，被告李坤和不服，向上海市中级人民法院提出上诉，仍坚持原审中的主张和理由，认为张云英的经济损失应由杨高路回收站承担。张云英及被告上海新浦物资经营公司杨高路回收站均同意一审判决。

2. 二审事实和证据

二审事实和证据与一审相同。

3. 二审判案理由

上海市中级人民法院经审理认为：被上诉人杨高路回收站违反有关规定，将有气体的灭火器售给上诉人李坤和，而李坤和擅自拆卸该灭火机，因此造成张云英受伤和经济损失，杨高路回收站和李坤和均有过错，应共同承担赔偿责任。原审判决，并无不当，应予维持。

4. 二审定案结论

上海市中级人民法院根据《中华人民共和国民事诉讼法》第一百五十三条第一款第（一）

项之规定，判决如下：

驳回上诉，维持原判。

上诉案件受理费人民币326元由上诉人李坤和负担。

（七）解说

本案在适用法律问题上，曾有两种不同意见。一种意见认为：回收站卖出的商品应是废品，但杨高路回收站将性能好的、留有气体的、可正常使用的灭火机卖给李坤和，与其应出售废品这一特征不符，从这个意义上说，它提供的产品质量不合格。现在造成了损害，应适用《民法通则》第一百二十二条的规定："因产品质量不合格造成他人财产、人身损害的，产品制造者、销售者应当依法承担民事责任。"因此，应由杨高路回收站承担赔偿责任。另一种意见认为：产品质量侵权责任是指产品质量有瑕疵而造成他人人身或财产损害的情况，不能因本案涉及的产品是"废品"而从反面来理解。另外，产品质量责任是一种无过错责任，而本案中，两被告各有过错，且这两个相连的过错行为构成了造成损害的原因，其间的因果关系是很明显的，因此，应适用过错责任原则。本案判决即采用了后一种意见。

（陈惠珍）

67. 曹晓平诉上海市徐汇区园林管理所损害赔偿案

（一）首部

1. 调解书字号：上海市徐汇区人民法院（1994）徐民初字第2200号。

2. 案由：损害赔偿。

3. 诉讼双方

原告：曹晓平，女，1955年10月26日生，汉族，上海市第二十一制药厂工人，住上海市吉安路28弄3号。

诉讼代理人：张秀真，女，退休职工，住上海市五原路122号，系曹晓平的母亲。

被告：上海市徐汇区园林管理所，地址：上海市肇嘉浜路730号。

法定代表人：顾锡培，所长。

诉讼代理人：杨为公，男，上海市徐汇区园林管理所干部。

诉讼代理人：徐永相，上海市徐汇律师事务所律师。

4. 审级：一审。

5. 审判机关和审判组织

审判机关：上海市徐汇区人民法院。

独任审判：代理审判员：陆裕珍。

6. 审结时间：1994年12月30日。

（二）诉辩主张

1. 原告诉称：1994年7月7日上午7时10分左右，原告骑车经过上海市康平路余庆路口。在康平路北侧的一棵梧桐树枝干（直径约25厘米，重500多公斤）突然折断坠落，砸向原告的头部、颈部和手臂，原告当场昏倒在地，被人送至华山医院，经该院医师诊断为头颅骨开放性凹陷性骨折，左颞顶颅骨粉碎 4×5cm，伴颅内血肿。经手术后，右上肢偏瘫、失语等，继续进行药物治疗和高压氧舱治疗。1994 年 11 月 21 日，原告再次住院行左颞顶颅骨缺损修补术。现要求被告赔偿医药费 33036.33 元、护理费 5860 元、陪客证费 13 元、按摩器 79.3 元、假发 191 元、车费 369.7 元、自行车 250 元、误工费 17300 元、营养费 4370 元、继续治疗费 15000 元，一次性补偿 10000 元、鉴定费 150 元等。总共 84679.97 元。

被告辩称：原告受伤的那天，被告没有人在康平路出事地点操作，断裂的枝干经上海市绿化管理指导站鉴定，断口内木质层曾受天牛危害较重，留有隐患，外观难以发现。但无发现天牛新蛀食痕迹和天牛的活体。该断裂分枝在无外力影响的情况下不会断裂。故断枝是受 6 号台风的影响，是不可抗力所致。但出于道义，愿赔偿原告人民币 20000 元。

（三）事实和证据

上海市徐汇区人民法院于 1994 年 10 月 27 日受理本案后，经公开开庭审理查明：

原告于 1994 年 7 月 7 日上午 7 时 10 分许，骑自行车经上海市康平路、余庆路（余庆路西侧），位于康平路北侧上街沿旁的一棵梧桐树树枝突然折断，砸在原告的头部、颈部和右手臂上。原告当场倒地，鲜血直流，被人送至华山医院抢救。经华山医院医师诊断为：开放性脑外伤，左颞顶脑挫裂伤伴脑内血肿，颅骨凹陷性骨折。经手术治疗，原告右上肢偏瘫，继续接受药物和高压氧舱治疗。因原告左颞颅骨缺损，于 1994 年 11 月又行修补术（在诉讼期间进行）。原、被告双方曾多次协商被告对原告的经济补偿无果。原告诉至受诉法院。

审理中，原告曹晓平提供了如下证据：

1. 原告出具了原告单位开出的误工证明

(1)原告每月工资标准为 792.50 元，物价补贴 108 元（其中 7 月份是 78 元），理发费 24 元，郊区补贴 24 元，饭费补贴 100 元，每月小计 1049.5 元。按 12 个月计算为 12564 元。

(2)1994 年 7 月、9 月、11 月、12 月各发一次双薪，1995 年春节、劳动节前各发一次双薪，每次 792.5 元，1994 年年终奖 400 元，1995 年年终奖按 400 元计算，合计为 5555 元。

上述两项款合计 18119 元。

(3)经原告家属与原告单位协商，要求先借支部分生活费及物价补贴，原告单位实际支付了：8 月份支付 400 元，9 月份至 12 月份各支付 480 元，8 月份至 12 月份物价补贴为 108 元，11 月份发双薪时，又支付了 297.2 元，合计 2617.2 元。

2. 原告出具了 1994 年 7 月、9 月的工资单复印件。

3. 原告出具了原告所在单位 1994 年 11 月、12 月增发工资明细表。

4. 原告出具了原告所在单位 1994 年年终奖发放明细表。

5. 原告出具了医药费单据 33036.33 元，护理费证明 5860 元，陪客证单据 13 元，按摩器发票一张 79.3 元、假发发票一张 191 元、车费（含轿车）发票 369.7 元。

6. 原告提供上海市高级人民法院伤情鉴定费 150 元的单据。

7. 原告提供目击证人朱海珍、许東发、姜三妹、李小妹、汪得平等人的证词。

被告提供了如下证据：

1. "上海市绿化管理指导站对上海市康平路、余庆路口一棵行道树一分枝断枝的鉴定意见"；

2. 上海市中心气象台龙华观测站气象资料（1994 年 7 月 1 日至 7 月 7 日）。

（四）判案理由

1. 致原告曹晓平受伤的直接原因是被告上海市徐汇区园林管理所第一养护队管理养护的康平路(余庆路西侧)北侧的梧桐树枝干断裂坠落所引起的。

2. 该断枝断口木质层曾被天牛危害较重，留有隐患，从被告提供的上海市绿化管理指导站的“鉴定意见”中的现场情况记录中可见，原告对此未提异议。

3. 根据上海市中心气象台龙华观测气象站提供的气象资料反映，1994 年 7 月 3 日、7 月 4 日最大风向风力是东南风 7 级，7 月 5 日、7 月 6 日为 3 级，事发的 7 月 7 日是 5 级。如果该树断枝部分内部无隐患，不可能发生断枝坠落伤人的事故。

但是，从上海市绿化管理指导站的“鉴定意见”中又可见，断枝系活的枝，枝上有绿叶。枝内虽有天牛危害的痕迹，但未发现有新的天牛蛀食痕迹和天牛的活体。外观对隐患难以预见。又据被告提供的气象资料表明，1994 年 7 月 3 日、7 月 4 日的东南风 7 级，7 月 7 日是 5 级。外力作用对于枝干内部留有隐患的枝干的断裂坠落有一定的影响。

综上所述，从原告受伤因果关系看，被告负有不可推卸的责任。但是考虑到外力对断枝发生确有影响，考虑到原告今后可能发生的后遗症等，请来了原告单位上海市第二十一制药厂负责人。经协商，原告单位愿意承担原告第一次抢救费 17082.28 元以及原告 1 年的生活费(480＋108)×12 总计 24138.28 元。原告在审结后的医药费亦由原告单位负担。

（五）定案结论

上海市徐汇区人民法院依照《中华人民共和国民法通则》第一百零六条第二款、第一百一十九条、第一百三十四条第一款第(七)项之规定，根据《中华人民共和国民事诉讼法》第八十五条、第八十八条之规定，主持原、被告进行调解，经双方自愿、平等协商，原、被告达成了调解协议如下：

1. 被告上海市徐汇区园林管理所于 1995 年 1 月 31 日前一次性赔偿原告人民币36000 元。

2. 本案鉴定费人民币 150 元由被告负担。

3. 本案受理费人民币 2150 元，由原告负担 500 元，被告负担 1650 元。

原、被告双方在签收调解书后，被告即按调解协议履行了给付义务。

（六）解说

本案之诉讼请求系原告被坠落树干致伤所引起的损害赔偿。受诉法院适用《民法通则》第一百零六条，认定被告应承担过错致人损害的民事责任。然根据本案之案情，损害事实显然并非被告过错所导致。因为事故发生之当日，上海市中心气象台龙华观测气象站和被告提供的气象资料均表明风力为 5 级；同时上海市绿化管理指导站的“鉴定意见”表明，有天牛蛀食树枝的痕迹，即使树枝内无天牛活体或新的蛀食痕迹，甚至树枝仍有绿叶，但外观上均难发现可能的潜在隐患。因此，原告和被告对损害发生均无过错可言。故于此场合下，被告应当承担之责任，显然应为无过错责任。

《民法通则》第一百零六条第三款规定：“没有过错，但法律规定应当承担民事责任的，应当承担民事责任。”显然，承担无过错责任须于法律有特别规定时方能发生。然纵观国内民事侵权之法律规定，尚无可明确适用类似本案的法律规定。在此意义上，要求被告依照《民法通则》第一百零六条第二款承担过错责任，或要求被告依照《民法通则》第一百零六条第三款承担无过错责任，均有不尽妥当之处。

但就本案之原告而言，其骑车时无任何违反交通规则之处，对本案之损害发生亦无过错。特别是损害后果较为严重，若不对原告予以适当补偿，又显然不符合现行之公平观念。况且被告在答辩中亦愿意基于道义而补偿20000元。于此场合下，适用《民法通则》第一百三十二条之规定似更妥当。该条规定："当事人对造成损害都没有过错的，可以根据实际情况，由当事人分担民事责任。"现行法律或司法解释对此条文的适用缺乏全面解释和限制，受诉法院当可适用此条文，行使自由裁量权。

值得注意的是，本案原、被告就一次性赔偿额达成协议的重要前提，是原告所在单位承诺愿意负担24138.28元的抢救费和生活费。但此项前提涉及案外人，即原告所在单位，其未来执行之可能性受诸多不定因素的影响，这会在一定程度上影响到原告获得的实际补偿，在此意义上，如何加强我国的社会保障制度的建设，应当引起人们的特别重视。它一方面可能避免案外人承诺的不确定性，另一方面又可以使得受害人获得适当的补偿。

（陆裕珍）

68. 肖雄刚诉武汉市洪山区和平乡新武东村村民委员会高度危险作业致人损害赔偿案

（一）首部

1. 判决书字号

一审判决书：湖北省武汉市洪山区人民法院(1993)洪和民初字第105号。

二审判决书：湖北省武汉市中级人民法院(1994)武民二终字第131号。

2. 案由：损害赔偿。

3. 诉讼双方

原告（上诉人）：肖雄刚，男，5岁，汉族，湖北省天门市人，现暂住武汉市洪山区和平乡新武东村。

法定代表人：程环秀，系原告肖雄刚之母。

诉讼代理人（二审）：张卫兵、石磊，湖北省法律事务中心第七律师事务所律师。

被告（被上诉人）：武汉市洪山区和平乡新武东村村民委员会（以下简称"新武东村"）。

法定代表人：任胜强，村长。

4. 审级：二审。

5. 审判机关和审判组织

一审法院：湖北省武汉市洪山区人民法院。

独任审判：审判员：瞿汉春。

二审法院：湖北省武汉市中级人民法院。

合议庭组成人员：审判长：毛和平；审判员：童庆才；代理审判员：汤晓峰。

6. 审结时间

一审审结时间：1993年11月30日。

二审审结时间：1994年6月23日（经本院院长批准延长审限）。

（二）一审诉辩主张

1. 原告诉称：1993 年 3 月 18 日下午，原告和邻居一名 2 岁的小孩到新武东村配电房玩耍。该配电房围墙没有装门，原告就进入了装有变压器的院墙内。由于年幼无知和好奇，原告用手触摸变压器被电击伤，双臂因强电击而坏死，脚趾烧断。事发后，原告曾多次找被告协商解决未果，故诉至法院，请求法院判令被告赔偿其医疗费、伤残补助费等经济损失计人民币 20 万元。

2. 被告辩称：原告是为逃避计划生育从湖北省天门市郊农村到我村居住，以租地种田为生。来后三四年，一直未办理暂住人口证，也没有办理建房手续，村委会一直不知道有这样一户人居住在此。事情发生后，村委会已先后付给原告现金及诊病用的联单共计人民币 6684.92 元。被告认为，此事的主要责任应由原告的监护人承担，村委会负次要责任。

（三）一审事实和证据

湖北省武汉市洪山区人民法院经审理查明：1993 年 3 月 18 日下午 6 时许，原告肖雄刚和邻居一名 2 岁多的小孩玩耍时，见村里的配电房没有装门，就进入装有变压器的院墙内，由于无知和好奇，肖雄刚就用手去触摸变压器，致遭电击，随即被其父母送到武钢第一职工医院抢救。原告父母因无钱为孩子做手术，住院 2 日后，就回家任病情发展。后在新武东村交付 1000 元和作担保下，原告在武汉市洪山区和平医院做了截肢手术，截去双上肢。经武汉市中级人民法院法医鉴定认为：肖雄刚的损伤程度已构成伤残，劳动力丧失 90%，生活不能自理。事情发生后，原告监护人与被告协商，被告先后付给原告监护人人民币 2300 元，出具诊病联单共计人民币 384.92 元，担保武汉市洪山区和平医院手术费 4000 元。原告监护人认为赔偿金额太少，以被告对变压器管理不善，造成肖雄刚身体受到损害为由，向法院起诉，要求被告一次性赔偿肖雄刚终身各类费用 20 万元。

上述事实有下列证据证明：

（1）双方当事人的陈述；

（2）1993 年 3 月 18 日武钢第一职工医院为原告出具的病危通知书和 3 月 19 日该医院为原告开具的住院各费结算清单（代收据）；

（3）有肖雄刚在武汉市洪山区和平医院就诊的 1993 年 4 月 7 日至 1993 年 9 月 16 日的 23 张医疗费收费收据；

（4）1993 年 6 月 12 日武钢第一职工医院为肖雄刚出具的诊断证明书；

（5）和平医院为原告开具的 1993 年 5 月 19 日至 1993 年 6 月 10 日出院总结；

（6）新武东村卫生站为原告出具的在该站就诊的医疗费支出证明；

（7）新武东村村民陈友明、陈小毛等人出具的证明：该变电房 1991 年以来只有围墙而没有安门的书证；

（8）武汉市中级人民法院和湖北医科大学于 1993 年 7 月 3 日为原告作的鄂医法门字 93067 号法医鉴定书原件等。

（四）一审判案理由

湖北省武汉市洪山区人民法院根据以上事实和证据认为：

1. 被告武汉市洪山区和平乡新武东村在使用归其所有的具有高度危险的输电设备变压器进行作业的过程中，没有按照规定采取必要的安全防范措施，致使原告肖雄刚终身受到严重损害，应承担主要民事赔偿责任。

2. 原告肖雄刚系一名无民事行为能力的幼童，因其监护人履行监护职责不当，对被监护人看管不严，致使原告在失去监护期间触电致残，造成严重损害结果，亦应承担一定责任。

（五）一审定案结论

湖北省武汉市洪山区人民法院依据《中华人民共和国民法通则》第一百二十三条“从事高空、高压、易燃、易爆、剧毒、放射性、高速运输工具等对周围环境有高度危险的作业造成他人损害的，应当承担民事责任；如果能够证明损害是由受害人故意造成的，不承担民事责任”的规定，于1993年11月30日判决如下：

1. 被告武汉市洪山区和平乡新武东村村委会于本判决书生效之日起10日内一次性赔偿原告肖雄刚终身各类费用合计人民币23096.82元。

2. 尚欠武汉市洪山区和平医院医疗手术费4000元，由被告负责支付。

本案诉讼费930元由被告负担。

（六）二审情况

1. 二审诉辩主张

湖北省武汉市洪山区法院判决后，原告肖雄刚的法定代理人不服，向武汉市中级人民法院提出上诉称：一审法院判决认定的事实虽是清楚的，但其以原告的监护人有一定责任为由，仅判令被告赔偿23000余元，明显不当。上诉人认为，一审中原告的法定代理人提出的20万元赔偿数额是合理的，法院应予支持。其理由是：

第一，根据《中华人民共和国民法通则》第一百一十九条的规定，侵害公民身体造成伤害的，其赔偿的损失应包括以下几个方面：（1）医疗费，本案中按发票计算是4000元；（2）残废者生活补助费，上诉人已丧失劳动能力90%，每月200元，上诉人现年4岁，算活到60岁尚有56年，共计人民币134400元；（3）上诉人的父母因护理上诉人而造成3个月的误工损失，每月200元，计600元；（4）上诉人3个月的营养费，每月200元，计600元；（5）假肢费据湖北假肢厂的咨询意见，上诉人正处在发育阶段，假肢使用周期比成人短，一双假肢仅能使用1年至2年，一双假肢1018元，安装假肢费用预计80000元。以上各项共计人民币达215600元，超过20万元。

第二，根据《中华人民共和国民法通则》第一百三十一条“受害人对于损害的发生也有过错的，可以减轻侵害人的民事责任”的规定，本案受害人是一幼童，年幼无知，对事故的发生不存在主观上的过错，法律也无规定监护人的行为对加害人的责任有减轻的情节。

综上所述，请求二审法院撤销原判决，判令被上诉人赔偿上诉人的医疗费、营养费、终生生活补助费、假肢安装费、教育费等20万元。

被上诉人辩称：上诉人因触电导致伤残，主要是其监护人的过错责任所致，理由是：（1）上诉人的监护人到村里来是为逃避计划生育，村里不知道；（2）上诉人一家来本村居住未办理暂住户口证；（3）上诉人的监护人在变电房附近约5米处建住房，未经村里批准；（4）上诉人的监护人明知所建房屋是处于变电房旁约5米，具有高度危险的高压区内，硬是擅自建房屋居住，致使上诉人发生触电事故，并造成残废的严重后果。

基于上述理由，被上诉人认为：本案的主要民事责任应由上诉人的监护人承担，而不应由村里承担。原判赔偿费用过高，请求二审改判，减少赔偿费用。

2. 二审事实和证据

湖北省武汉市中级人民法院受理此案后，经公开开庭审理查明：一审法院判决认定的基本事实清楚属实，双方当事人对此也无异议，但对上诉人触电致残的法律责任和赔偿费金额争议较大。上诉人肖雄刚的法定代理人认为被上诉人新武东村对其管理使用的电力设备管理不当，是造成上诉人触电致残的主要原因，应承担主要民事赔偿责任，要求增加赔偿费用。被上诉人认为，上诉人的监护人未尽到监护责任，是造成上诉人触电致残的主要原因，监护人应承担主要民事责任，请求减少赔偿费用。本案在二审审理期间，应武汉市中级人民法院民事审判第二庭的请求，由武汉市中级人民法院武昌法医鉴定所法医于 1994 年 4 月 7 日对上诉人肖雄刚的伤情重新进行了鉴定，经活体检查所见，上诉人肖雄刚所受的损伤符合电击所致，此次电击致其双上肢电击坏死，双下肢电击伤，双上肢截肢，目前左上臂仅残留 24 厘米长残端。双上臂残端目前均见骨性突起，突起部位有痂皮附着，触痛明显，仍需住院手术治疗，今后残端有否并发症，目前难以判定。其鉴定结论是：被鉴定人肖雄刚其伤残程度属一级，劳动能力完全丧失，生活不能自理，今后可以安装假肢以改善其生活能力。目前仍需住院手术治疗。

在二审审理期间，武汉市中级人民法院应上诉人肖雄刚的法定代理人程环秀提出的先予执行的申请，依照《中华人民共和国民事诉讼法》第九十七条第一款第（一）项、第九十八条第一款第（一）项、第（二）项的规定，于 1994 年 4 月 6 日裁定：由被上诉人新武东村先予支付肖雄刚人民币 10000 元，以解决上诉人肖雄刚的诉讼期间的应急治疗需要。

以上事实有庭审笔录，上诉人的法定代理人的申请，二审法院下达的先予执行裁定书和武汉市中级人民法院武昌鉴字(94)第 127 号法医鉴定书原件等证据证实。

3. 二审判案理由

（1）被上诉人新武东村对其管理和使用的电力设施，没有按照规定采取必要的安全防范措施，本应在变电房和安放变压器围墙的进出口处装上门，以防人、畜误入，防止不安全的事故发生，但其忽视管理，没有装安全门，致使年幼无知的上诉人肖雄刚在玩耍时误入，不幸遭到电击致残，对此，被上诉人应承担相应的民事赔偿责任；关于被上诉人所提上诉人的法定代理人为逃避计划生育来本村，在距变电房约 5 米处擅建住房和未办理暂住人口证等事实，与上诉人此次触电没有必然的因果关系，故其以此来要求二审减少赔偿金额的请求不予支持。

（2）上诉人之母程环秀对其年幼无知的儿子肖雄刚误入被上诉人的电力设施中玩耍，未能事先发现制止，属其对其子未尽到应有的监护责任，故在本案中亦应承担一定责任。

（3）上诉人因触电造成重伤害失去双臂，其生活完全不能自理，劳动力完全丧失，且仍需要继续治疗和安装假肢以改善生活能力，从上诉人终身考虑，其法定代理人以原判赔偿费用过低，要求二审为上诉人增加赔偿费用的请求是合理的，二审应予支持。

4. 二审定案结论

根据《中华人民共和国民事诉讼法》第一百五十三条第一款第（三）项的规定，判决如下：

（1）维持本市洪山区人民法院（1993）洪和民初字第 105 号民事判决第二项，即尚欠武汉市洪山区和平医院手术费 4000 元由武汉市洪山区和平乡新武东村村民委员会负责支付。

（2）变更本市洪山区人民法院（1993）洪和民初字第 105 号民事判决第一项为：由武汉市洪山区和平乡新武东村村民委员会给付肖雄刚生活补助费、今后护理费、营养费、今后治疗费、假肢费等费用共计人民币 33740 元（于本判决生效之日起 10 日内一次性付清）。

一、二审案件受理费各 930 元，由新武东村各负担 744 元，肖雄刚各负担 186 元。

二审法医鉴定费100元，由新武东村负担80元，肖雄刚负担20元。

(七)解说

本案是因原告被被告正在运行中的电力设备电击伤致残而引起的人身损害赔偿纠纷。在诉讼中，双方当事人对引起原告人身损害后果的主要民事责任及其赔偿金额多少的问题，尽管各持己见争议较大，但经二审审理，终于作出了使双方当事人都能接受的处理结果，依法保护了受到损害的原告的合法权益，同时也制裁了被告对其所管理、使用的电力设施因管理不善而致人损害的不作为的行为，收到了较好的社会效果。

就本案而言：既有值得记取的血的教训，也有值得研究的法律问题。现逐一探讨如下：

1.怠于履行法定义务是导致损害发生的原因。根据1983年8月25日国家经济委员会批准的，同年9月1日我国水电部发布的《全国供用电规则》(下称《规则》)的第五章“供电质量与安全供电”中的第三十七条第一款“用户应定期进行电气设备和保护装置的检查、检修和试验，防止电气设备事故和误动作”，第二款“用户的电气设备危及人身和运行安全时，应立即检修”的规定，被告新武东村作为该变压器、配电房的管理使用单位，如能够认真履行职责，严格按《规则》办事，将该配电房、变压器的保护设施院墙的进出口处及时装上安全门的话，年仅4岁的幼童肖雄刚在有门的情况下就无法进入该院内，其触电致残的悲剧就不会发生；如果原告的监护人能对其年幼的孩子尽到监护责任，方法得当，原告在玩耍时误入院内不幸触电的悲剧也是可以避免的。对原告的监护人来说，一时之失误，遗恨伴终身的教训真是太深刻了。

2.对本案的发生，有关供电部门究竟有无责任，从一审到二审的整个诉讼过程中，从当事人到执法部门，均未提及供电部门对此有无民事法律责任的问题，这里有必要作一探讨。其一，供电局检查督促不够。根据《全国供用电规则》第三十九条“供电局对用户的安全用电工作应督促检查，并积极协助有关主管部门及用户共同做好对用户电工技术培训和管理工作，定期进行安全技术考核”的规定，供电局对用户新武东村的安全用电工作负有督促检查权。据查该村的变压器和变电房的围墙从1991年起到发生触电事故时止，就没有安门，时间长达2年之久，供电局作为安全用电督促部门，竟无人检查，无人过问，此次事故就是在这种失管的情况下发生的。显然，供电局对此次事故的发生负有不作为的失职责任。如果供电局能及时检查发现该围墙应安门而未安门，并已向该村明确指出了要及时安门的问题，而该村有关人员未能引起重视，在这种情况下，发生的不安全事故，其责任应由该村负责。其二，供电局宣传教育不够。依据《规则》第三十九条第二款“供电局和用户都应经常开展安全供用电的宣传教育，普及安全用电常识”的规定，据查，供电局至少有2年之久没有对新武东村及其村民进行安全用电教育，致使该村负责人及其村民(含原告的监护人)淡化了安全用电的观念，竟在围墙无门长达2年之久的时间里，无一人向村里提醒和建议给该围墙缺口处安个门，致使该村的安全用电无形中失去了管理和群众性的监督，对此，供电局对用户负有宣传教育不够的责任。

3.关于受害人肖雄刚今后的残废生活护理费问题，据了解二审法院在判决中所认定的“今后护理费”是指肖雄刚的伤情仍需住院手术治疗的住院期间的护理费，而不是指其伤情治愈后，因其完全丧失劳动能力，生活不能自理的情况下，仍需有人照料的护理费。最高人民法院《关于贯彻执行〈中华人民共和国民法通则〉若干问题的意见(试行)》第一百四十五条和《道路交通事故处理办法》第三十七条第(四)项中，所规定的护理费均是指伤残者在住院期间的护理费，对残废者出院后仍需依靠他人照顾的护理费问题，现在尚未查到明确的法律规定，合议庭在评议确认赔偿费用时，曾提出了出院后的护理费问题，但因为没有法律依据而未予认定。从审判实践看，一个完全丧失劳动能力和生活自理能力的人，如只给其基本生活费，而不安排人照顾的话，他的衣、食、住、行等等都会成为他自身无法克服的困难，更确切地说，他将无法生存下去。据此，笔者认为，在国家对此尚无明确法律规定的情况下，在审判实践中，应根据残废者丧失自理能力的程度和致害人的负担能力，酌情用切实可行的适当方式予以解决，比如有经济能力的给予适当经济赔偿，无经济能力的给予必要的劳务照顾等，以保证受害人的合法权益得以实现。这样做，不仅不违法，而且也符合实践在前、立法在后的法制建设规律，对社会主义的法律建设也是有积极意义的。

4. 关于被监护人受到他人侵害，监护人承担民事责任问题，我国《民法通则》第一百三十三条第一款规定："无民事行为能力人、限制民事行为能力人造成他人损害的，由监护人承担民事责任。监护人尽了监护责任的，可以适当减轻他的民事责任。"最高人民法院在《关于贯彻执行〈中华人民共和国民法通则〉若干问题的意见（试行）》第一百五十九条规定："被监护人造成他人损害的，有明确的监护人时，由监护人承担民事责任；监护人不明确的，由顺序在前的有监护能力的人承担民事责任。"以上规定，都是规范被监护人致他人损害的，由监护人承担民事责任，但因监护人由于监护不当或未尽到监护责任，致使被监护人受到损害的，其民事责任，应由谁承担，尚没有查到明确的法律规定，在通常情况下，如无致害人，被监护人所受的损害是自身原因造成的，或者是由于自然原因造成的，或者是由于监护人直接造成的，监护人理所当然应承担全部民事责任，对此，具有监护能力的人都不会持有异议；这里要提出的是，在被监护人受到他人致害的情况下，监护人同时又负有监护不当或没有尽到监护责任的，其民事责任该如何认定的问题，如能按被监护人致人损害的，其监护人应承担民事责任的规定类推予以确定，这样就可以避免监护人把属于自己监护不当的民事责任全部的不加区分的推给致害人承担，同时也有利于督促监护人加强对被监护人的监护责任感。

（郭振声）

69. 只伯兴等诉奇台农场供销公司损害赔偿案

（一）首部

1. 判决书字号

一审判决书：新疆维吾尔自治区奇台垦区人民法院（1994）奇垦法民字第5号。

二审判决书：新疆维吾尔自治区生产建设兵团农六师中级人民法院（1994）农六法民终字第40号。

2. 案由：损害赔偿。

3. 诉讼双方

原告（被上诉人）：只伯兴，男，汉族，32岁，新疆奇台县半截沟乡川坝五队农民。

原告（被上诉人）：只伯军，男，汉族，27岁，新疆奇台县半截沟乡川坝五队农民。

被告（上诉人）：新疆维吾尔自治区生产建设兵团农六师奇台农场供销公司。

法定代表人:段文才,经理。

诉讼代理人(一审):王军,该公司生产资料经销部主任。

诉讼代理人(一审):张卫东,新疆奇台县律师事务所律师。

4.审级:二审。

5.审判机关和审判组织

一审法院:新疆维吾尔自治区奇台垦区人民法院。

合议庭组成人员:审判长:安庶林;审判员:李建荣、李彩红。

二审法院:新疆维吾尔自治区生产建设兵团农六师中级人民法院。

合议庭组成人员:审判长:郭炳炎;审判员:徐锡勋、孙新民。

6.审结时间

一审审结时间:1994年3月24日。

二审审结时间:1994年7月5日。

(二)一审诉辩主张

原告只伯兴、只伯军诉称:原告为灭除小麦和大麦地里的杂草,于1993年5月30日上午在被告单位分别购买"燕麦枯"和"2-4滴J脂"除草剂两种农药,转日,即分别将购买的农药喷洒在各自承包种植的麦地里。7天以后,原告发现小麦开始枯死,即找被告反映问题。被告也派员进行了实地查看,承认是错打农药所致,表示同意赔偿损失。后来,被告在内部追查责任人时,有关人员不承认错售农药,被告便开始推脱,将此事搁置不作处理。现原告诉至法院,请求判令被告赔偿经济损失10495元。

被告辩称:原告所述情况属实,被告也想尽快处理赔偿问题。但由于被告之保管人员不承认错发农药,具体责任人难以确定,故难以作出内部处理。在具体责任人未查明的情况下,被告不应承担责任。

(三)一审事实和证据

新疆维吾尔自治区奇台垦区人民法院经审理查明:1993年5月30日中午,原告只伯兴、只伯军兄弟二人为灭除各自承包种植的大麦、小麦地里的燕麦和野油菜等杂草,分别在被告处购买"燕麦枯"和"2-4滴J脂"两种除草剂。只伯兴购买"燕麦枯"除草剂5公斤(瓶装),付价款137.50元;购买"2-4滴J脂"除草剂半公斤,付价款7.48元。只伯军购买"燕麦枯"除草剂2公斤和"2-4滴J脂"除草剂半公斤,共付价款62.48元。同年5月31日和6月2日,原告只伯兴、只伯军将从被告处购买回的两种除草剂混合水溶液分别喷洒在各自承包的耕地里。只伯兴喷洒大麦地面积9亩、小麦地面积8亩;只伯军喷洒大麦地面积3亩、小麦地面积5.1亩。同年6月8日,只伯军发现地里的麦苗出现异常现象,即找只伯兴去地里查看,发现地里的麦苗枯黄,野油菜等双叶子杂草却生长很茂盛。当日下午,二原告即去找被告反映情况。同年6月12日,被告派人前去原告的住地和承包地块调查,承认二原告承包地里的作物出现枯黄现象,是因为喷洒了"禾草克"类农药所致,此类农药与"2-4滴J脂"除草剂功能相反。

另查明:被告的工作人员出售给二原告的除草剂,是从农药库房里取的。当时该农药库房存放有两种除草剂:即"2-4滴J脂"和"禾草克"。这两种除草剂分别在两只大桶里装着,桶上没有贴标记。零售时,工作人员将它从大桶里抽出。

又查明:"2-4滴J脂"为笨氧2酣类激素型选择性除草剂,主要适用于小麦、大麦、玉米、高粱等禾本科作物田，防治阔叶类杂草，对禾本科杂草无效。“禾草克”属低麦除草剂，为选择性内吸传导性茎叶处理剂，主要适用于大豆、棉花、油菜、甜菜及多种阔叶蔬菜作物地，防治单子叶杂草如稗草、狗尾巴草等。这种除草剂喷施在麦地，会致使麦苗枯萎死亡。二原告在自己承包种植的麦地里喷施了被告错售的“禾草克”，致使麦地90％面积的麦苗枯萎死亡，分别受到经济损失4446元和2095元。

上述事实有下列证据证明：

1. 被告所派人员查看原告承包地的作物受损害情况的证词；

2. 农业技术人员对原告承包地的作物受损害的原因及程度作出的鉴定结论；

3. 有关被告农药库房存放“2－4滴J脂”和“禾草克”除草剂及状况的调查笔录；

4. 原告和被告双方的陈述。

（四）一审判案理由

1. 被告错将“禾草克”当作“2－4滴J脂”出售给原告，已构成侵权行为，应当承担赔偿责任。根据《中华人民共和国民法通则》第一百零六条第二款之规定，“公民、法人由于过错侵害国家的、集体的财产，侵害他人财产、人身的，应当承担民事责任”。在本案中，原告购买的农药是“2－4滴J脂”，而被告实际交付的是“禾草克”，两种农药的药效相反，在施用后造成原告承包土地种植物大量枯死，构成侵权行为。同时，被告在保管和交付农药时有明显的过错。被告作为农药的专门销售单位，本应知道两种农药在药效上的重大差异，故在管理上应当特别注意加以区分，但被告将其放置在没有标明药名的两只水桶内，从而使得错发农药，故应对造成之损害负赔偿责任。

2. 被告错将“禾草克”当作“2－4滴J脂”出售给原告，虽有被告工作人员工作不认真之原因，但被告应对原告负赔偿责任。《中华人民共和国民法通则》第四十三条规定，“企业法人对它的法定代表人和其他工作人员的经营活动，承担民事责任”。最高人民法院《关于贯彻执行〈中华人民共和国民法通则〉若干问题的意见（试行）》第五十八条亦规定，“企业法人的法定代表人和其他工作人员，以法人名义从事经营活动，给他人造成损失的，企业法人应当承担民事责任”。在本案审理过程中，原告指称被告向其错售农药，被告在答辩及陈述中亦承认是其错售农药，故被告工作人员向原告出售或交付农药系属于工作人员以被告之法人名义从事经营活动，应由被告承担责任。至于被告工作人员是否及如何向被告承担责任，与本案无关，法院不予考虑。

（五）一审定案结论

新疆维吾尔自治区奇台垦区人民法院根据以上认定的事实和证据，依照《中华人民共和国民法通则》第一百零六条第二款，第一百三十四条第一款第（七）项之规定，判决如下：

1. 被告赔偿原告只伯兴的经济损失4446元。

2. 被告赔偿原告只伯军的经济损失2095元。

本案案件受理费430元、鉴定费500元，合计930元，均由被告负担。

（六）二审情况

1. 二审诉辩主张

一审被告奇台农场供销公司不服一审判决，向新疆维吾尔自治区生产建设兵团农六师中级人民法院提出上诉，称：被上诉人只伯兴、只伯军二人到被告处购买“燕麦枯”7公斤、“2－4滴J脂”1公斤是事实，但上诉人没有发错农药。事件发生后，上诉人派人到被上诉人的承包地进行查看，证明不是上诉人给他们错发的农药。被上诉人从1988年就使用农药，熟悉农药的性能。有农药使用常识的人都知道，“2－4滴J脂”气味很大，而“禾草克”兑水后即会出现白沫。如果说上诉人发错农药，被上诉人在使用时会清楚知道。故主张原审法院认定事实证据不足，请求二审法院撤销原判。

被上诉人只伯兴、只伯军辩称：上诉人农药库房里“2－4滴J脂”和“禾草克”系散剂，是用两个同样大小的塑料大桶装着。这两个桶上均未标明内装何种农药的名称，造成被告的工作人员在出售农药时错发农药。故认为原审法院的判决证据充分，请求二审法院维持原审判决。

2.二审事实和证据

二审法院经审理查明的事实和认定的证据与一审法院查明的事实和认定的证据一致。

3.二审判案理由

新疆维吾尔自治区生产建设兵团农六师中级人民法院经审理认为：上诉人奇台农场供销公司工作人员在出售农药时，因疏忽大意错售农药，致使被上诉人只伯兴、只伯军承包的麦田的麦苗遭损害，经济上受到损失，应该承担民事责任。原审法院认定事实和适用法律正确，奇台农场供销公司上诉理由不能成立，应予驳回。

4.二审定案结论

据此，二审中级人民法院依照《中华人民共和国民法通则》第一百零六条第二款、第一百三十四条第一款第（七）项和《中华人民共和国民事诉讼法》第一百五十三条第一款第（一）项之规定，判决如下：

驳回上诉，维持原判。

本案一审诉讼费930元和二审诉讼费930元，均由奇台农场供销公司负担。

（七）解说

根据本案一审法院判决所适用之法条及二审判决书主文，可知本案两审法院均认为被告行为构成侵权行为，应负侵权赔偿责任，而非构成违约责任。本案被告在交付农药时，错将“禾草克”交付原告，就合同关系而言，系属不适当履行，构成违约责任；但就被告行为已损害原告之财产权而言，也同时构成侵权责任。由于两种责任形式基于同一行为而产生，法理上为侵权责任与违约责任的竞合。本案虽以侵权责任定案，但亦不应排斥违约责任之适用。

本案审理中，亦有人主张适用《民法通则》第一百二十二条关于产品责任的规定，理由是被告所交付农药的药效与原告购买之农药药效相异，属存在产品缺陷。但判决时，鉴于《民法通则》第一百二十二条规定之产品责任，系以“产品质量不合格”为成立条件。而本案被告所交付的农药并非质量不合格之农药。而是与原告所购农药不相同的另外一种农药，不宜以“产品责任”定案。

（杨善明）

70. 刘丰诉中国化学工程总公司第十六建设公司等损害赔偿案

（一）首部

1. 判决书、裁定书、调解书字号

一审判决书：湖北省宜昌市伍家岗区人民法院(1994)伍民初字第141号。

一审裁定书：湖北省宜昌市伍家岗区人民法院(1994)伍民初字第141号。

二审调解书：湖北省宜昌市中级人民法院(1994)宜民终字第303号。

2. 案由：损害赔偿。

3. 诉讼双方

原告(上诉人)：刘丰，男，1952年8月3日出生，汉族，湖北开关厂职工，住湖北省宜昌市夷陵路411号21栋603号。

诉讼代理人(一审)：简明金，系原告之妻，1954年2月3日出生，汉族，湖北省宜昌市杨岔路小学教师，住宜昌市夷陵路411号21栋603号。

诉讼代理人(一审)：王祖宣，湖北省宜昌市第一律师事务所律师。

诉讼代理人(二审)：张德英，湖北省宜昌市西陵律师事务所律师。

诉讼代理人(二审)：刘家林，系原告之兄，湖北省宜昌市经济委员会调研员。

被告(被上诉人)：中国化学工程总公司第十六建设公司(以下简称“化建公司”)。

法定代表人：贾学胜，经理。

诉讼代理人(一审)：马年祥，湖北省宜昌市四维律师事务所律师。

诉讼代理人(二审)：张好礼，男，该化建公司干部。

诉讼代理人(二审)：卫焕云，湖北省宜昌市四维律师事务所律师。

被告(被上诉人)：湖北省宜昌市伍家区伍联建筑工程公司(以下简称“伍联公司”)。

法定代表人：彭定新，经理。

诉讼代理人(一审)：吴朝慧，湖北省宜昌市伍家法律服务中心法律工作者。

诉讼代理人(一审)：李建军，湖北省宜昌市伍家法律服务中心法律工作者。

诉讼代理人(二审)：吴朝慧，湖北省宜昌市伍家法律服务中心法律工作者。

4. 审级：二审。

5. 审判机关和审判组织

一审法院：湖北省宜昌市伍家岗区人民法院。

合议庭组成人员：审判长：何之华；审判员：樊汉武、王庆。

二审法院：湖北省宜昌市中级人民法院。

合议庭组成人员：审判长：邱木成；审判员：毕勇；代理审判员：黄德文。

6. 审结时间

一审审结时间：1994年9月30日。

二审审结时间：1994年12月15日。

（二）一审诉辩主张

1. 原告刘丰诉称：1993 年 4 月 29 日晚 7 时许，原告自湖北开关厂返家途中，行至夷陵路 411 号附近时，被一块飞石击倒在地，不省人事，左腿血肉模糊，骨头露出，左脚仅有皮与筋腱相连。原告受伤后，先后于 1993 年 4 月 29 日、8 月 3 日、9 月 29 日到宜昌市中心人民医院、宜昌市第一人民医院住院治疗，并经宜昌市中级人民法院法医室鉴定伤情为重伤，属伤残七级。原告事后已查明，致伤原告的飞石系化建公司与伍联公司在湖北省一二五煤田地质队平整场地时爆破炸山所引起。请求人民法院判令化建公司与伍联公司支付原告因伤所致医药费、误工收入、营养费、保姆费、今后治疗费共计 23172.25 元，并承担本案有关诉讼费用。

2. 被告化建公司辩称：我公司对原告所受伤害不应承担民事责任，理由是：其一，我公司与伍联公司均系独立法人，关于一二五地质队的场地平整工程，二者系工程承包关系，我公司系发包方，伍联公司系承包方。双方依法签订的“土石方工程合同书”第六条明确规定，“……本工程若发生人身及财产等一切事故和损失均由乙方负责，甲方不负任何责任。”其二，我公司于 1993 年 4 月 10 日向宜昌市公安局申领了“使用民用爆炸物品施工许可证”，并专门指定本公司杨鸣为安全负责人，聘请我市高级爆破工程师、爆破学会会员于长祥为爆破技术负责人，并指派本公司高级工程师赵厉现场监督爆破方案的实施。在施工前期阶段，由于杨、于、赵三人恪尽职守，爆破作业十分顺利，但由于伍联公司的阻挠使三人无法履行职责，才导致事故的发生。其三，本次事故造成的直接原因是因为伍联公司认为我公司制定的爆破方案进度太慢，在我方监督人员不在现场的情况下，擅自作业而造成，应由伍联公司承担赔偿责任。

3. 被告伍联公司辩称：我公司并非唯一责任者，化建公司从一二五地质队处承包工程后，又将土石方工程转包我公司，由于我公司不具备爆破主体资格，化建公司向主管机关申领了“使用民用爆破物品的施工许可证”，明确规定其工作人员杨鸣对爆破安全负责。这一行为，实际上变更了合同中由伍联公司承担土石方开挖工程爆破项目的约定。正是由于化建公司安全责任人员的失职，导致了安全事故的发生，化建公司作为法人，应对其工作人员的职务行为承担民事责任。此外，原告刘丰对损害后果负有一定责任。在爆破项目实施之前及进行过程中，化建公司及伍联公司采取了严密的防范措施，不仅设立了警戒区，而且疏散户外人员，由交警隔离车辆，拉响警报 3 次，燃放信号弹，使爆破危险被邻近住户、行人知晓。而原告当时对工地人员的安全告诫和警报充耳不闻，仍在警戒区户外活动，以致造成损害后果。《中华人民共和国民法通则》第一百三十一条规定：“受害人对于损害的发生也有过错的，可以减轻侵害人的民事责任。”据此，原告刘丰本人也应承担一定责任。伍联公司还对原告索赔项目中误工收入、营养费、保姆费等提出质疑，请求法院予以查证落实。

（三）一审事实和证据

湖北省宜昌市伍家岗区人民法院经审理查明：湖北省一二五地质队土石方工程经化建公司承包后，于 1993 年 3 月 22 日转包给伍联公司实施开挖施工。1993 年 4 月 10 日，化建公司向宜昌市公安局申办了“使用民用爆炸物品施工许可证”，并在施工现场指派了爆破技术人员进行指导爆破。在施工中，二被告为施工进度发生争执，化建公司以整顿施工秩序为由将其指派的技术人员和管理人员撤离现场。1993 年 4 月 29 日晚 7 时，伍联公司违反操作规程，独自实施爆破，飞起的石头将行至湖北开关厂宿舍区的原告砸伤。原告受伤后，于 1993

年4月29日至1993年7月25日、1993年8月3日至1993年8月16日、1993年9月29日至1994年2月1日，分别在宜昌市中心人民医院、宜昌市第一人民医院三次住院治疗，其住院医药费均已由二被告支付。同时伍联公司在原告住院期间指派专人在医院进行了护理。原告单位向其支付了1993年4月至1993年12月的误工收入。1994年1月4日经宜昌市中级人民法院法医技术鉴定中心鉴定分析说明：原告左下肢胫腓骨开放性粉碎性骨折，病程中延迟愈合，骨痂生成少许是因为左下肢缺血肌肉营养不良，致使左下肢明显萎缩；左足背伸110度，故活动功能障碍，受伤后致使其伴发心动过速。鉴定人还认为：原告尚须行左下肢钢板内固定取除术，但必须在其肢体营养恢复后及骨痂生长一定的情况下再考虑，估计需手术费3000元。鉴定结论为：原告伤情属重伤，伤残七级。

上述事实有下列证据证明：

1. 化建公司与伍联公司签定的土石方工程合同书原件；
2. 湖北省一二五地质队与化建公司签定的土石方工程合同书原件；
3. 化建公司编制的“一二五队工程综合楼基础土石方开挖爆破措施”计划书；
4. 宜昌市爆破学会出具的“一二五队工程基础开挖控制爆破技术咨询报告”；
5. 宜昌市公治(爆)字第20号使用民用爆炸物品施工许可证；
6. 宜昌市爆破学会出具的“一二五队工地石方开挖工程爆破事故分析报告”；
7. 原告刘丰有治疗证明及医药费收据；
8. 知情人对上述事实的证言。

（四）一审判案理由

湖北省宜昌市伍家岗区人民法院认为：化建公司在将一二五地质队土石方工程转包给伍联公司实施开挖施工后，向公安部门申办了爆炸物品使用许可证，并在现场指派了爆破技术人员指导施工，应对施工中的爆破安全承担责任，因此对原告被爆破飞石砸伤致残的后果，化建公司应承担一定责任；伍联公司在施工中，违反爆破作业的操作规程，直接造成了原告被伤害的后果，对原告受伤致残的损失应负主要责任。二被告除应承担原告因伤所支付的医药费、治疗费、误工收入以外，还应按国家有关标准对原告住院生活补助费、残疾生活补助费、后续手术费给予补偿。原告左胫腓骨开放性粉碎性骨折的后期治疗费用，原告未向法院提供证据，处理无依据。

（五）一审定案结论

湖北省宜昌市伍家岗区人民法院依据《中华人民共和国民法通则》第一百一十九条之规定，判决如下：

原告刘丰因遭飞石砸伤致残的住院生活补助费、残疾生活补助费、左下肢钢板内固定取除手术费共计24866元，由化建公司承担7459.80元，伍联公司承担18006.20元。

本案诉讼费人民币1500元，由化建公司负担450元，伍联公司负担1050元。

（六）二审情况

1. 二审诉辩主张

一审法院判决后，上诉人刘丰不服提起上诉称：一审法院认定事实清楚，但判决认定数额偏低，要求二审法院增加赔偿数额。被上诉人化建公司及伍联公司均同意一审法院判决，表示不能增加赔偿数额。

2. 二审事实和证据

二审法院确认了一审法院认定的事实和证据。

3. 二审定案结论

在审理过程中，上诉人与二被上诉人在法院主持下，自愿达成以下调解协议：

(1)化建公司与伍联公司自愿共同赔偿刘丰经济损失65000元，按其责任划分化建公司赔偿20000元，已支付11480.31元，还应实际支付刘丰8519.69元；伍联公司赔偿45000元，已支付6916.74元，还应实际支付38083.26元。

(2)化建公司在1994年12月31日前付清全部赔偿款项，伍联公司在1995年1月30日前付清全部赔偿款项。

(3)一、二审案件诉讼费共计3960元，由化建公司负担1188元，伍联公司负担2772元。

(七)解说

本案的关键是化建公司与伍联公司怎样承担民事责任的问题。伍联公司没有独立承接爆破业务的资格，并在爆破作业中严重违反操作规程，在技术人员未到场的情况下，盲目作业，是原告刘丰受伤的直接原因，应承担民事责任，对此没有异议。但从民法基本理论来看，化建公司并未实施伤害刘丰的行为，为什么也应承担部分责任呢?化建公司将含有爆破项目的土石方工程合同转包给没有法定实施爆破能力的伍联公司，已属不妥，而其又在公安机关申领了"使用民用爆炸物品施工许可证"，该证指定承建单位为化建公司，安全负责人为化建公司工作人员杨鸣。这样化建公司便依法确立了保证该工程爆破安全的责任和义务，在办证之前化建公司与伍联公司签订合同中与此义务相抵触的条款实际上已无效力。在施工过程中，化建公司撤走爆破指挥人员和技术人员，仅仅口头劝阻伍联公司不要施工，而在炸药、雷管等物品均在伍联公司保管的情况下，口头劝说是不负责任的。因此，一审人民法院确认化建公司负有责任是认定其负有法定义务而不作为。根据《中华人民共和国民法通则》第一百零六条第一款关于"公民、法人违反合同规定或者不履行其他义务的，应当承担民事责任"和第一百二十三条关于"从事高空、高压、易燃、易爆、……对周围环境有高度危险的作业造成他人损害的，应当承担民事责任；……"的规定，判决化建公司应负部分责任，保护了原告的合法权益。

(宋　兵)

71. 胡茂淳诉瑞昌市五交化公司产品损害赔偿案

(一)首部

1. 判决书字号

一审判决书：江西省瑞昌市人民法院(1994)瑞法民初字第41号。

二审判决书：江西省九江市中级人民法院(1994)九民终字第121号。

2. 案由：损害赔偿。

3. 诉讼双方

原告(被上诉人)：胡茂淳，男，1948年元月20日出生，汉族，瑞昌市人，瑞昌市食品公司职工，住该公司宿舍。

被告(上诉人):江西省瑞昌市五交化公司。

法定代表人:周庆来,经理。

诉讼代理人(一审):殷兴昌,江西省瑞昌市经济律师事务所律师。

4.审级:二审。

5.审判机关和审判组织

一审法院:江西省瑞昌市人民法院。

独任审判:审判员:雷勉力。

二审法院:江西省九江市中级人民法院。

合议庭组成人员:审判长:焦结喜;代理审判员:王煊城、文江丰。

6.审结时间

一审审结时间:1994年9月24日。

二审审结时间:1994年12月9日。

(二)一审诉辩主张

1.原告诉称:1992年8月13日,我在被告瑞昌市五交化公司门市部购买"兰花"牌卧式冰柜一台,价值1800元。可冰柜买回后使用不到6个月就出现故障,我便找被告联系维修。被告家电修理部发现是冰柜制冷系统有问题,无能力修理而未修复。被告又请他人修理,仍无法修好。嗣后,我多次找被告要其负责修理。被告却一拖再拖,直至1993年6月30日在我向瑞昌市消费者协会投诉后,才叫我将冰柜送到其单位仓库。经瑞昌市消费者协会与生产厂方联系,厂方答复可将冰柜送至九江市维修点修理。但被告一直不肯将冰柜送往九江维修,致使我租用他人冰柜营业。请求法院依法判令被告退款并承担我租用冰柜和误工的损失。

2.被告辩称:原告胡茂淳在我公司购买的1台"兰花"牌冰柜使用不到6个月就出现故障属实。我公司对冰柜进行了检修,只因技术能力有限而未能修复。我公司本打算设法请人维修,但原告不肯承担修理费用,加之原告没有在规定的期限内办理保修手续,以致冰柜未能再行修理而报废,原告亦有一定责任。原告要求我公司退款并赔偿损失的诉讼请求过于苛刻,我公司不能接受。

(三)一审事实和证据

江西省瑞昌市人民法院经审理查明:

1992年8月13日,原告在被告门市部购买"兰花"牌卧式冰柜1台,价1800元,随机附有保修卡。原告购买冰柜后使用不到6个月,冰柜制冷系统发生故障(保修卡规定制冷系统保修1年)。原告即找被告维修。被告派人检修后,发现制冷系统有问题,需要到外地修理。后由于被告要求原告承担修理费用,原告不同意而将修理冰柜的事搁置下来。原告遂投拆到瑞昌市消费者协会,经瑞昌市消费者协会与被告交涉,被告于1993年7月5日叫原告将冰柜送往被告仓库。嗣后,原告多次找被告维修或退款,被告既不按照生产厂家的要求将冰柜送往九江市维修点维修,又不同意退款,因而酿成纠纷。

另查:被告没有设立冰柜维修点,且在原告购买"兰花"牌冰柜时亦未明确告知"兰花"牌冰柜维修点在何处。故原告无法办理保修手续。

本案在审理中,原、被告双方协商同意先修理再处理。经双方商定:将冰柜送往瑞昌市第二中学家电修理部修理,该修理部经检查,认为该机已没有修理价值,未予修理。对此事实,双方均无异议。

上述事实有当事人的陈述，瑞昌市第二中学家电修理部证明、保修卡、“兰花”牌冰柜购货发票等证据证实。

（四）一审判案理由

江西省瑞昌市人民法院审理认为，被告瑞昌市五交化公司作为经营者为原告胡茂淳提供的冰柜，在保修期限内发生故障，根据《中华人民共和国消费者权益保护法》第二十三条关于“经营者提供商品或者服务，按照国家规定或者与消费者的约定，承担包修、包换、包退或者其他责任的，应当按照国家规定或者约定履行，不得故意拖延或无理拒绝”的规定，被告应当履行包修、包退、包换的责任，被告不履行义务，反而以无力维修要原告承担修理费，致使冰柜修理事一拖再拖，从而造成冰柜失去修理价值。依照我国《消费者权益保护法》第四十五条“对国家规定或者经营者与消费者约定包修、包换、包退的商品，经营者应当负责修理、更换或者退货。在保修期内两次修理仍不能正常使用的，经营者应当负责更换或者退货。对包修、包换、包退的大件商品，消费者要求经营者修理、更换、退货的，经营者应当承担运输等合同费用”的规定，被告应承担更换或者退货的民事责任。原告要求被告承担冰柜未修理造成经济损失的请求，证据不足，不予支持。

（五）一审定案结论

江西省瑞昌市人民法院依照《中华人民共和国消费者权益保护法》第四十五条第一款“对国家规定或者经营者与消费者约定包修、包换、包退的商品，经营者应当负责修理、更换或者退货。在保修期内两次修理仍不能正常使用的，经营者应当负责更换或者退货”，以及《中华人民共和国产品质量法》第二十八条第一款第（一）项“售出的产品有下列情形之一的，销售者应当负责修理、更换、退货：（一）不具备产品应当具备的使用性能而事先未作说明的”的规定，于 1994 年 9 月 19 日作出判决如下：

1. 被告瑞昌市五交化公司退还原告胡茂淳购买冰柜款 1800 元，此款限被告在本判决生效后 10 日内付清。

2. 原告胡茂淳将“兰花”牌冰柜 1 台退给被告瑞昌市五交化公司。

案件受理费 180 元由被告瑞昌市五交化公司负担。

（六）二审情况

1. 二审诉辩主张

一审判决后，被告瑞昌市五交化公司不服提出上诉称：上诉人在销售“兰花”牌冰柜的行为中并无过错，并尽到了销售者应尽的责任。被上诉人胡茂淳不办理保修手续，且不将冰柜送往厂家设在九江市的维修点修理。在上诉人愿意代其送往九江市维修点修理的情况下，被上诉人又不同意承担运输等费用。造成冰柜失去修理价值，责任完全在被上诉人。请求撤销一审判决，维护正常的买卖关系。

被上诉人胡茂淳则辩称：上诉人瑞昌市五交化公司作为经营家电的国有企业不设立冰柜维修点，当得知自己销出的冰柜主要性能发生故障，而自己又无力修理，不是立即采取措施将冰柜送往九江市维修点修理，相反地却要被上诉人承担不合理的运输、修理费用，纯粹是一种不负责任的态度。过错在上诉人瑞昌市五交化公司，请求二审法院驳回上诉，维持原判。

2. 二审事实和证据

江西省九江市中级人民法院受案后，审理查明的事实和证据与一审法院相同。

3. 二审判案理由

江西省九江市中级人民法院认为，被上诉人胡茂淳购买的冰柜在保修期内主要性能出现故障，上诉人瑞昌市五交化公司负有维修责任。因上诉人推卸维修责任而致使该冰柜失去修理价值，上诉人应承担全部民事责任。原判事实清楚，证据充分，处理正确，上诉人的上诉请求不予支持。

4. 二审定案结论

依照《中华人民共和国民事诉讼法》第一百五十三条第一款第(一)项之规定，判决如下：

驳回上诉，维持原判。

二审案件受理费 180 元，由上诉人瑞昌市五交化公司负担。

(七)解说

随着现代工业生产的发展，消费品数量和品种急剧增加，而且其结构极其复杂，非该行业的专门人员难以认识产品瑕疵及质量的可靠程度。因此，一般消费者在购买消费品时，很容易蒙受损失。如何正确适用法律，及时处理产品质量纠纷，切实维护消费者的合法权益，是人民法院面临的新课题。

本案瑞昌市五交化公司在自己未设立维修点而又无力维修的情况下，不积极将销售的瑕疵产品冰柜送往生产厂家在九江市设立的维修点维修，反而以胡茂淳不同意承担运输、修理费用为借口，推卸维修责任，是毫无道理的，更无法律依据。造成冰柜失去修理价值的过错无疑在瑞昌市五交化公司。一审法院在查明事实的基础上，依据《消费者权益保护法》的有关规定，判令瑞昌市五交化公司退还胡茂淳全部冰柜款，坚持了依法办事。

(刘克明)

72. 中国工商银行常德市分行诉常德市鼎城区房地产管理局损害赔偿案

(一)首部

1. 判决书字号：湖南省常德市武陵区人民法院(1994)武民初字第 245 号。

2. 案由：损害赔偿。

3. 诉讼双方

原告：中国工商银行常德市分行(以下简称“常德工商行”)。

法定代表人：周光武，男，行长。

诉讼代理人：余克持，男，该行基建办主任。

诉讼代理人：程中明，男，该行干部。

被告：湖南省常德市鼎城区房地产管理局(以下简称“鼎城区房管局”)。

法定代表人：朱易常，男，局长。

诉讼代理人：华桃初，男，湖南省常德市鼎城区律师事务所律师。

4. 审级：一审。

5. 审判机关和审判组织

审判机关：湖南省常德市武陵区人民法院。

合议庭组成人员：审判长：丁培德；审判员：许端阳、宋卫民。

6. 审结时间：1994年11月8日。

（二）诉辩主张

1. 原告诉称：原告因修建办公大楼，院内无法停车，在得到市城市规划部门批准后，于1994年5月17日开始在与鼎城区房管局相邻的土地上修建一个35平方米的简易车库。到1994年5月27日上午，车库主体已修建完毕，只待盖顶后启用。但当天中午，鼎城区房管局发动其职工在湘北酒店喝酒后，趁原告干部职工及施工人员休息之机，用钢扦、铁锤等工具强行将原告即将完工的车库推倒毁坏，并砸坏原告新宿舍墙面和下水管道，造成原告1.2万元的经济损失，特提起诉讼，要求被告赔偿毁坏建筑的直接损失1.2万元。

2. 被告辩称：1994年5月27日中午时分，原告所修的简易车库被人推毁，不是被告所为，而是群众义愤之举。原告所建简易车库之地使用权属于被告，有历次协议、国土局文件为证。但原告在拆除原建筑物以后，不仅不归还多年占有的土地，反而用不正当的手段企图强行长期占据该地基。1993年7月，被告依据与原告的协议，在原告拆除建筑物的地基上修建消防通道，但原告职工余克持纠集几个民工将修至2.5米左右的消防通道围墙推毁。被告通过正当手段要求国土局调处。可原告不顾市国土局的调处意见，强行动工在争议之地上建筑，市国土局多次电话通知停建，原告置之不理，他们的态度激起了被告单位职工的愤怒，青年职工在5月27日喝酒以后将原告所谓的简易车库推毁。因此，推毁车库是职工个人行为，与被告没有任何关系。另一方面，本纠纷是在市国土局行政复议过程中发生的，具有行政争议的性质，原告不能作民事案件起诉。

（三）事实和证据

湖南省常德市武陵区人民法院于1994年6月14日受理本案后，经公开开庭审理查明：

1981年10月9日，原常德县人民政府与常德市人民银行签订买卖房屋的协议书，将其所有的面积为6239.84平方米的房屋，卖给原常德市人民银行（后经银行内部调整，该所有权划归原告），其中包括现用于修建车库之地。1991年10月，常德工商行取得武陵区国土分局颁发的国有土地使用权证，修建车库之地在其红线图内。1992年9月，常德工商行与鼎城区房管局就双方地界签订“补充协议”，确认该地的土地使用权归鼎城区房管局所有。1993年9月，鼎城区房管局取得土地使用权证，所建车库之地亦在其红线图内。为此，双方就该地的权属问题申请武陵区国土分局解决。武陵区国土分局经审查：认为是其工作失误，而将争议之地错划在鼎城区房管局红线图内。1993年11月，武陵区国土分局重新制作了鼎城区房管局的红线图，附于该局的土地使用权证之上，并多次通知鼎城区房管局领取土地使用权证，但该局一直未予领取。1993年12月9日，常德工商行取得在该土地之上修建临时车库的“临时建设工程规划许可证”，预算造价为6000元。1994年5月17日，该行动工修建车库。同年5月27日，鼎城区房管局职工约20人中午喝酒之后，从该局拿来木棒、钢筋等工具，强行将所建车库推倒，并损坏相邻建筑有关设施。为此，常德工商行于1994年4月30日向本院提起诉讼，要求鼎城区房管局赔偿损失。所毁车库及相邻建筑设施的损失价值，经受诉法院委托建设银行常德分行鉴定，损失价值为5416.94元。

上述事实有下列证据证明：

1. 原、被告各自的土地红线图；

2. 原告方临时建设许可证；

3. 常德工商行关于核实土地权属的报告及武陵区国土分局的批复；

4. 吴家龙、曾春生、杜方学等关于土地权属的证人证言；

5. 损害现场图片；

6. 姜运来、张维前、王华光等5份关于损害事实的证人证言；

7. 建设银行常德分行关于所毁车库的损失价值；

8. 被告法定代表人朱易常的询问笔录。

（四）判案理由

1. 关于车库用地的使用权问题

湖南省常德市武陵区人民法院根据事实及证据认为：1993年11月武陵区国土分局重新制作鼎城区房管局的红线图前，原告根据1991年10月国土分局颁布的“国有土地使用权证”，被告根据1993年9月国土分局颁布的“国有土地使用权证”，曾同时对建设车库用地享有使用权。但经武陵区国土分局后来发现是对被告土地使用权证登记错误，并及时作了更正。

至于本案原告提供的房屋买卖协议，被告提供的边界议定书和补充协议等证据，虽然证明原被告在讼争土地使用权上有所安排，但讼争土地系国有土地，土地使用权的最终确定，须依国有土地管理机关的土地使用权证为准。根据武陵区国土分局颁发的有效的“土地使用权证”，车库用地使用权属本案原告享有。

2. 关于建设临时车库的合法性

土地之合法使用权人在申请并领取建设工程规划许可证和其他手续后，有权在其拥有使用权的土地上进行建设。如果本案原告未履行必要的法律审查手续，擅自建设车库，当如何认定或处理，首先属于行政机关权限内事项，而与法院司法审查无直接关联。故被告诉称原告未获得消防手续而擅自修建车库，应向有关行政机关提出，不属法院审查范围。而且，本案被告亦未就原告修建车库行为的违法性提供其他证据，不足采信。

3. 关于损害行为人之认定

关于推毁车库系属何人所为的问题，属于本案之关键。虽然本案被告数次声称损害行为是其职工的个人行为，与被告无关，但受诉法院经分析本案证据后认为：

一审法院从三个方面的证据出发，将本案认定为法人之间损害赔偿纠纷。(1)原、被告各自的土地红线图、边界认定书以及1992年的补充协议、法院向国土部门提取的被告的土地使用权证、国土部门有关人员的证人证言等均能证明损害行为的起因是两家历年来对车库地基存在的权属争议，该局职工实施损害行为不是为了某个人或某群体的利益，而是为了法人的单位利益。(2)目击证人及被告方的陈述可证明损害行为产生的背景是被告职工在酒店聚会之后，且职工参入面大，个别领导也参入了该事件，这说明了该行动具有一定的组织性，而非职工临时起意的结果。(3)被告法定代表人朱易常在受诉法院对其作的询问笔录中承认该纠纷是两个单位之间的纠纷。该陈述是在被告法定代表人意志自由的情况下所作的真实意思表示，而且被告在调解和开庭中，均未到庭就询问笔录中的陈述作出变更声明，故应当归结为法人行为，并应由法人对职工损害行为所产生的民事法律后果负责。被告对此一直未提起行政复议。根据颁发的有效证件，建设车库用地的使用权属原告所有。被告擅自将原告所建车库推毁，损害的事实确凿，其行为侵犯了原告的财产权益，被告应当承担侵权民事责任。

（五）定案结论

湖南省常德市武陵区人民法院依照《中华人民共和国民法通则》第一百一十七条第二款的规定，判决如下：

湖南省常德市鼎城区房地产管理局赔偿中国工商银行常德分行因所建车库被毁的经济损失计5416.94元。该款于本判决生效后10日内一次性付清。

本案受理费266元，鉴定费600元，由常德市鼎城区房地产管理局承担。

（六）解说

本案有两个焦点：一是损害行为是个人行为还是法人行为的问题；二是人民法院是否有主管权的问题。法院在定案证据的取舍上做了大量工作，从而确认了原告在该纠纷中是无过错方，被告应承担全部民事责任，对本案作出了正确处理。

（周朝辉）

73. 济南高特建筑设计有限公司等诉山东大学汇源科技咨询公司损害赔偿案

（一）首部

1. 判决书字号：山东省济南市历城区人民法院(1994)民初字第21号。

2. 案由：追还信息费、赔偿损失纠纷。

3. 诉讼双方

原告：济南高特建筑设计有限公司。

法定代表人：王焕治，董事长。

原告：山东省龙口市第二建筑公司。

法定代表人：刘兆显，经理。

诉讼代理人：徐贵一，山东省第二律师事务所律师。

被告：山东大学汇源科技咨询公司。

法定代表人：袁福明，经理。

诉讼代理人：顾倚龙，山东省济南市律师事务所律师。

4. 审级：一审。

5. 审判机关和审判组织

审判机关：山东省济南市历城区人民法院。

合议庭组成人员：审判长：胡廷柱；审判员：张家柱、李云河。

6. 审结时间：1994年11月4日。

（二）诉辩主张

1. 两原告诉称：根据被告提供的信息，1993年12月，我们买好了赴加拿大的机票，准备赴加考察之后，承接“中国城”的建筑设计与施工。在起飞前一天，得到我国驻加使领馆通知，方知信息有误，遂中止赴加计划。但此时，我们已按合同付给了被告第一笔信息费7000元。因办理签证、往返联络等给我们造成损失37081.5元。因退机票，造成损失6367美元。要求被告返还信息费、承担经济损失及诉讼费。

2. 被告辩称：我们提供的信息是真实的，且原告已被正式邀请。之所以未成是因为原告方违反协议而被取消邀请，造成的损失应由原告方自负。

（三）事实和证据

山东省济南市历城区人民法院经公开开庭审理查明：1993年9月，被告向二原告提供一条信息：加拿大的亚伯达省艾德蒙吞市有一“中国城”项目，准备招中国建筑设计和建筑施工单位承建。被告并向二原告提供了加拿大浩伦德国际发展公司函件（后经山东省人民检察院鉴定，系被告法定代表人袁福明所写）及有关材料。材料载明：关于“中国城”建筑项目，是艾德蒙吞市商会和市政府的建设项目，已经市政厅及建设规划部门批准落实，占地面积7英亩，新址开发，不需拆迁，水电交通运输方便，加方总投资在700万至800万加元，要求中国风格建筑，有中国古建筑特色。中方如有合作伙伴，可采用多种方式合作。二原告对此深信不疑。1993年12月11日原、被告双方签订合同。合同规定，被告确保工程立项信息的准确性，原告方在工程谈妥后，按工程造价的百分之零点五支付信息服务费，出国前付7000元人民币，剩余款按美元结算分期支付。然后二原告办理了组团出国、签证手续，购买了赴加拿大机票，其往返航程为北京－香港－温哥华－艾德蒙吞－多伦多－北京。二原告向被告交付了第一笔信息费7000元。二原告在赴加之前，通过济南市外办落实信息的可靠性，与我国驻温哥华总领馆、驻加拿大大使馆进行了联系。在二原告起飞赴加拿大的前一天，收到济南市外办转来的我国驻加拿大大使馆的传真函，函件载明：“‘中国城’项目处于酝酿阶段，资金未落实，能否上马是个未知数，建议有关部门停止参与该项目。”为此，二原告不得不停止赴加的计划。诉讼中被告法定代表人对自己用浩伦德国际发展公司空白信笺书写信函并不否认，但其称是据该公司总裁戴为群给其的传真件整理，却始终提供不出原始传真件。事后，原告与被告协商退还信息费及赔偿损失，未达成协议，原告为此向本院提起诉讼。

上述事实有下列证据证明：

1. 被告向原告提供的信函及有关书面材料；

2. 山东省人民检察院刑事科学技术鉴定书；

3. 原、被告签订的合同书；

4. 原告为办理出国签证等手续所花费用发票；

5. 我国驻温哥华总领馆、驻加拿大大使馆发给济南市政府外办传真件。

（四）判案理由

本案当事人争议的焦点是被告提供的信息是否具备真实性，信息费是否该退还，所造成的经济损失应否赔偿。济南市历城区人民法院根据查明的事实和证据认为：被告系国家注册的经营性的科技咨询单位，理应提供准确无误、切实可行的信息。而艾德蒙吞市建“中国城”这一信息，尚在酝酿阶段，资金也未落实，不具备建筑设计和建筑施工条件。被告即盲目让二原告组团赴加拿大考察、洽谈项目。这只能给二原告造成不必要的经济损失。二原告通过我国驻外使领馆了解到，被告提供的信息有误，及时中止了赴加计划，才避免损失的进一步扩大。原、被告签订的合同载明：被告应确保国外工程立项的准确性。但事实证明被告提供的信息有误，该合同已无继续履行的可能。因此，被告收取的信息服务费应予返还。二原告因中止赴加而支付的退票费(合理部分)应由被告赔偿。二原告的其他经济损失,被告应适当赔偿。

(五)定案结论

山东省济南市历城区人民法院根据《中华人民共和国民法通则》第一百一十一条、第一百一十二条之规定,作出如下判决:

1. 被告偿还二原告信息服务费7000元。

2. 被告赔偿二原告退机票费4740美元(如无美元,按现行人民币外汇价支付人民币)。

3. 被告赔偿二原告其他经济损失6740元。

4. 以上三条限被告于本判决生效之日起10日内执行。

案件受理费3500元由被告负担。

(六)解说

随着改革开放新形势的发展,信息纠纷案件作为新型案件应运而生。在该案起诉前,济南市中级人民法院曾作为非诉讼案件进行调解,因双方各执己见而未成,终至诉讼。立案之初,即得到新闻界广泛关注,各家新闻单位竞相报道我院已受理的这起跨国信息案,并急待审理结果的出现。根据事实和法律,法院作了大量调解工作,双方始终未能达成调解协议。经审委会研究决定,依法作出判决。宣判后双方都未上诉。通过审理该案,从中获得的经验是:

1. 咨询单位提供的信息应准确无误,否则要负相应的民事责任。被告是国家工商行政管理机关依法核准登记的企业法人,有"为国际交流合作、项目引进服务"的义务,也有提供服务之后得到服务费的权利。该案中,被告提供的加拿大欲建"中国城"的信息,其真实情况是加方仅有此意向,资金、规划等并未落实。但被告提供给原告的信息却是各项准备工作已落实,只等设计和施工单位,信息显然不真实。由此致使原告投入大量人力财力,造成很大损失。这一损害结果,与被告提供不真实信息有直接因果关系。按《民法通则》规定的过错责任原则,被告应承担赔偿损失的责任。

2. 对咨询单位提供的信息有必要进一步核实其真实性,力避轻举妄动造成损失。本案原告仅凭被告提供的信函及有关材料,便轻信这一跨国信息的真实性,随之采取行为,急于办理组团出国签证手续,造成极大损失,对损失结果发生亦有一定责任。因此,在确定赔偿数额时,合议庭有所考虑,并未按原告要求的全部数额予以赔偿。

(魏东哲　王文芳)

第七篇　确权纠纷案例

74. 宋治海等诉袁代龙确权案

(一)首部

1. 判决书字号:湖北省兴山县人民法院(1994)兴法民判字第135号。

2. 案由:确权纠纷。

3. 诉讼双方

原告:宋治海,兴山县平水乡干溪坪村二组农民。

诉讼代理人:袁裕生,兴山县平水乡干溪坪村党支部书记。

原告:刘运申,兴山县平水乡干溪坪村一组农民。

被告:袁代龙,兴山县平水乡马家河村二组农民。

诉讼代理人:胡平,兴山县平水乡马家河村会计。

4. 审级:一审。

5. 审判机关和审判组织

审判机关:湖北省兴山县人民法院。

合议庭组成人员:审判长:王恩波;审判员:张国文、鄢大军。

6. 审结时间:1994年11月8日(因当事人交通不便,取证困难和案情复杂等原因,经院长批准,延期审理6个月)。

(二)诉辩主张

1. 原告诉称:争议的一棵银杏树生长在距原告住处500米的山林里,是祖辈留下的遗产,从1944年至1993年一直由原告管理、受益,被告从未提出异议。1993年9月23日,被告邀约自己的亲朋好友数人强行将银杏树上所结果籽全部采走,并将树损坏。为此于1993年9月23日向法院起诉,请求法院确认原告对该银杏树的所有权;由被告返还采摘的银杏果籽1000市斤或折款13200元抵偿;并赔偿损坏银杏树的损失。主要事实根据是:

(1)争议的银杏树是1944年原告宋治海的祖父宋克清和原告刘运申的父亲刘敦伍合伙花300块钱从宋克明处买来的。买树时有中证人袁代臣、张美芝等人参加,并立有买卖字据。

(2)1953年土改时,该银杏树生长所处的山林分给了原告宋治海的父亲宋永年,有"湖北省兴山县土地房产所有证"存根证明。因原告宋治海的父亲1950年参加志愿军抗美援朝回国后,在江西省乐平县十里岗乡何家村安了家,该树由原告宋治海的母亲杨尚荣管理。

1957 年入高级社时，当时的簸箕山社委会（马家河村委会的前身），将该树作为自留树留给了杨尚荣，有簸箕山社委会批条原始件证明。

（3）1959 年簸箕山村改名为马家河村，原簸箕山村一组的 10 户人家中有 6 户划归干溪坪村。二原告于 1959 年、1962 年合家迁到干溪坪村后，并没有放弃生长在马家河村山林中的银杏树的所有权，有当时的高级社主任魏德文的亲笔证明材料证实。

（4）现在被告责任山中的银杏树，一直是二原告管理、受益。为了管理好该树，二原告于 1993 年 4 月 22 日以 1 年 500 元的报酬，聘请了京山县的果树技术员刘金海对该树进行技术管理，并签订了“银杏树承包合同”。

（5）1993 年 9 月 23 日，被告邀约数人强行将银杏果籽全部采摘，估计有 1000 多市斤，并将树损坏。有刘德生、吴光海等人证明。

2. 被告辩称：争议的银杏树系原告家族于全国解放前所得，其所有权已随新政权的诞生而发生变化。1982 年实行责任制以来，该树已随山林一起划为被告的责任山，有县人民政府颁发的“土地、山林承包使用证”为据。1992 年换证时，该责任山仍然划规被告管理和使用，并签订了“农业承包合同”。前几年，因该树结果不多，被告没有当回事。该树果实被原告采摘了，被告也没有对其追究。随着银杏果价格的提高和结果数量的增加以及被告商品经济意识的提高，被告认识到该树的经济价值和自己的合法权益，为此，组织人采摘属于自己管理和使用的山林中的银杏树果籽，是合法合理的，并没有侵犯原告的权益。主要事实根据是：

（1）解放后，经过土地改革、高级社、人民公社，除房屋外，土地、山林已收归集体所有，争议的银杏树长在马家河村山林里，应归集体所有。而马家河村委会于 1982 年实行承包责任制时，将该树生长的山林承包给了被告，被告因此而对该山林获得了使用和受益权，这种使用权和受益权也应当包括这棵银杏树在内。

（2）土改确权时，并没有明确该树的所有权归二原告，仅只有簸箕山社委会的一张便条证明当时不收为集体，同时，该便条也没有证明该树的所有权归二原告。

（3）二原告已先后于 1959 年和 1962 年迁户籍到干溪坪村，属于另一个集体经济组织，在迁户籍时已将属于马家河村的山林、土地交归马家河村委会。二原告已再无权经营和管理马家河村的山林和土地，更不要说受益权。

（4）被告等人共只采得银杏果籽 260 市斤，出卖得款 1200 元，并没有损坏树木。原告凭估计所称 1000 多市斤果籽和损坏树木之词不实。

（三）事实和证据

湖北省兴山县人民法院经审理查明：讼争之树位于马家河村的柏果树坪，距原告旧居 20 米，树高约 40 米，围径约 5 米。1944 年，宋克清（原告宋治海之祖父，已故）与刘敦伍（原告刘运申之父，已故）合资以 300 元钱向宋克明买下该树。1957 年 2 月 26 日，兴山县红星乡第六高级生产合作社（马家河村委会前身）将该树留作杨尚荣（原告宋治海之母）的自留树。1959 年、1962 年原告宋治海、刘运申先后迁居干溪坪村。1982 年 6 月，兴山县平水乡政府将该树所处的山林承包给被告袁代龙。1992 年 9 月 6 日换证时，马家河村经济联合社仍按 1982 年的承包办法将山林承包给了被告，并签订了承包合同。

同时还查明：二原告将户籍迁走后，连年对银杏树进行管理、收益，被告未提出异议。1993 年 4 月 22 日，二原告将该树承包给喻方龙，由喻对该树负责打药、上肥等技术管理，由于管理得当，1993 年结果甚多，丰收在望。1993 年 9 月 23 日，被告邀约亲朋好友多人将该树果籽采摘，共采果籽355市斤，卖得款2840元。

上述事实有下列证据证明：

1.当事人的陈述；

2.证人证言；

3.原告提供的买卖银杏树的字据和房产、土地证存根等证据；

4.被告提供的土地、山林使用证和农业承包合同等证据。

（四）判案理由

湖北省兴山县人民法院经审理认为：

（1）二原告与被告争议的银杏树系二原告的前辈合伙购买所得。解放后进行土改时，兴山县人民政府将此树确权给原告宋治海的父亲宋永年；在合作化时期，红星乡第六高级生产合作社又以书面形式，明确将该树留作原告宋治海之母杨尚荣的自留树，并没有收归集体。被告提出的所有权发生变化之说，没有任何证据证实。

（2）被告所持的山林使用证书上并没有注明银杏树的权属问题，实际上被告也未对该树进行管理和收益，在1982年至1993年长达11年的时间，对原告的管理和收益持默认态度。

（3）经现场勘察，被告在采摘银杏果籽时并未对树造成大的损伤，虽有小损伤但无法计算其损失。经调查，被告只采得果籽355市斤，原告所称1000多市斤不实。

综上所述，原告主张银杏树所有权符合《中华人民共和国民法通则》第七十五条的规定，法院应予支持。

（五）定案结论

根据《中华人民共和国民法通则》第七十五条、第一百一十七条第一款的规定，湖北省兴山县人民法院于1994年11月8日作出判决：

1.位于马家河村柏果树坪的银杏树的所有权归原告。

2.被告返还原告人民币2840元。

3.驳回原告要求被告赔偿对银杏树造成损失的请求。

案件受理费500元，由原告承担370元，被告承担130元。

该案判决后，双方均表示服判，并已执行完毕。

（六）解说

随着社会主义市场经济的建立，农民的市场意识和商品观念增强。在山区，农民对经济林木的价值认识越来越深刻，类似本案的纠纷也越来越多。妥善处理此类案件，对于农村改革和农村的稳定无疑会起到积极的促进作用。正是基于这个认识，兴山县法院在审理本案时，作了大量的调查，做到了事实清楚、证据充分。但应该指出的是，兴山县人民法院不应再对银杏树的所有权进行判决，其理由有二：

1.原告对银杏树的所有权是原告的前辈购买，原告继承而得，解放后土改时已对该树确权给原告，且合作化时期又加以了确认。因此，该树所有权是清楚的，现在不存在确权问题，应该是被告侵犯了原告的所有权，是属于侵权性质。

2.即使存在确权问题，按照最高人民法院《关于人民法院审理案件如何适用〈土地管理法〉第十三条〈森林法〉第十四条规定的批复》精神，也应由县级以上人民政府处理，当事人对处理不服的可以向人民法院起诉。这就是说，人民法院不能直接对土地和林木的所有权争议案件进行受理。

因此，本案在作出定案结论时，只能就被告的侵权行为作出判决，借以保护原告的合法权益。

（姚光兰）

75. 吕远植诉四川省黔江地区轮船公司返还财物案

（一）首部

1. 判决书字号

一审判决书：四川省彭水苗族土家族自治县人民法院(1994)彭法民初字第79号。

二审判决书：四川省黔江地区中级人民法院(1994)黔民终字第148号。

2. 案由：返还财物纠纷。

3. 诉讼双方

原告（上诉人）：吕远植，男，45岁，四川省彭水苗族土家族自治县人，农民，住该县汉葭镇北门街39号。

诉讼代理人：肖亚，彭水苗族土家族自治县法律顾问处律师。

被告（上诉人）：四川省黔江地区轮船公司。

法定代表人：王增友，经理。

诉讼代理人：钟万平，彭水苗族土家族自治县法律顾问处律师。

第三人：四川省彭水苗族土家族自治县码头管理所。

法定代表人：石本全，所长。

诉讼代理人：黄开云，该所干部。

4. 审级：二审。

5. 审判机关和审判组织

一审法院：四川省彭水苗族土家族自治县人民法院。

合议庭组成人员：审判长：任大顺；审判员：向福树、陈知普。

二审法院：四川省黔江地区中级人民法院。

合议庭组成人员：审判长：王开源；审判员：李兴才；代理审判员：池洪宇。

6. 审结时间

一审审结时间：1994年6月14日。

二审审结时间：1994年12月15日。

（二）一审情况

1. 一审诉辩主张

原告诉称：原告在彭水乌江码头清理废弃矿石出卖，被告却说原告盗卖其矿石，以此为由非法收取原告卖矿石款4200元。请求人民法院依法保护原告的合法权益，判令被告返还4200元本息。

被告辩称：被告在乌江码头堆放矿石，向码头管理所缴纳了规费，有该所收费收据为证。

原告经第三人授权，未张贴公告及通知，将被告堆放在矿场的矿石出卖，获利5450元。被告向原告追收4200元，尚欠部分亦应由原告返还给被告。

第三人称：原告在港口内打扫清洁卫生是第三人的安排。港口内污泥杂草沙滩中的废弃矿石，很难确定所有人。原告将其处理，第三人是同意了的，被告明知而无异议。第三人因而支持原告的主张。

2．一审事实和证据

四川省彭水苗族土家族自治县人民法院经审理查明：

1993年4月12日，为集中解决“脏、乱、差”的环境问题，原告与第三人签订“彭水港环城公路清理工程合同书”，约定原告将乌江大桥至石油公司地段清扫干净，污泥、垃圾中的矿石由原告自行处理。原告清扫中，发现垃圾、污泥中有颗粒状萤石（房屋建筑材料），遂向第三人报告，第三人答复：按合同约定办。原告遂组织人清理冲洗，在其清扫地段的垃圾、污泥中，清洗出萤石100余吨，卖得5450元。事后，被告派人追查。1993年4月30日，被告以原告盗卖其矿石为由，扣押原告4200元。原告追索无果，于1993年9月1日提起诉讼。

大量证人证实，双方当事人诉争萤石，是被抛弃而且长期积累在垃圾、污泥中的财物。对此，双方当事人在诉讼中表示没有异议。

3．一审判案理由

四川省彭水苗族土家族自治县人民法院鉴于上述事实认为：原告在打扫港口卫生过程中，从垃圾、污泥、沙滩中清洗出来的矿石，属于所有人不明的埋藏物和隐藏物。根据《中华人民共和国民法通则》第七十九条，“所有人不明的埋藏物、隐藏物，归国家所有”。因此，原告不能取得所有权，其请求不能成立；被告举不出证据证明自己是讼争矿石的所有人，其主张也不能成立。原告出卖矿石款5450元应如数收归国库，但国家应给付原告一定的劳动报酬。第三人未张贴公告及发送通知，直接委托原告处理淤泥、沙滩中的所有人不明的财产，也有一定过错。其过错可从诉讼费分担上加以考虑。

4．一审定案结论

四川省彭水苗族土家族自治县人民法院根据以上理由，依照《中华人民共和国民法通则》第七十九条之规定，作出判决：

原告所卖矿石款5450元，其中原告占有1250元，被告占有4200元，均收归国家所有；原告应取得劳动报酬1000元，从其应当上缴国库的数目中扣减。双方各自上缴的款项，于本判决生效后立即履行。

案件受理费170元，其他诉讼费130元，共计300元，原告负担50元，被告负担150元，第三人负担100元。

（三）二审诉辩主张

一审判决后，原告和被告均不服，分别提起上诉。原告认为其所出卖的矿石是抛弃物，判决收归国有不当，请求二审法院改判，确认其享有所有权。被告虽然在原审中，对“讼争标的物（萤石）所有人不明”未持异议，但在上诉中，提出属被告所有。请求二审改判支持其在一审提出的请求。

（四）二审事实和证据

二审法院确认了一审法院判决认定的事实和证据。

（五）二审判案理由

四川省黔江地区中级人民法院审理认为：双方当事人对原审法院认定的事实经过没有争议，所争议是本案如何定性。彭水乌江码头，常年有装运萤石的船只进出，原告在打扫卫生过程中，清理出来的萤石，是货主在交易环节中散失积累形成，为所有人抛弃之物。尽管这些萤石埋藏在淤泥、垃圾、沙滩之中，但并不是法律意义上的所有人不明的埋藏物、隐藏物。所谓埋藏物和隐藏物，是指埋藏于地下或隐藏在他物之中不易被发现的物；所有人不明，是指所有人的有无不能确定。本案涉及的萤石，最初是物主散失在地面上的、显而易见的，只是通过长期的积累，已混杂在泥沙、垃圾之中，成为一种弃物；这些废物不是所有人不明，而是被所有人抛弃了所有权。对于所有人抛弃的财物，理论上和司法实践中，均认为可在不损害国家利益和社会利益的前提下，适用先占原则，由先占人取得所有权。原审法院认定为所有人不明的埋藏物、隐藏物，判决收归国家所有，定性不准，适用法律不当，应当改判。被告在一审、二审中，均提不出证据证明自己是讼争萤石的所有人，其诉讼请求不予支持。原告上诉有理，其诉讼请求予以采纳。

（六）二审定案结论

根据《中华人民共和国民事诉讼法》第一百五十三条第一款第（二）项“原判决适用法律错误的，依法改判”之规定，四川省黔江地区中级人民法院判决如下：

1. 撤销彭水苗族土家族自治县人民法院（1994）彭法民初字第79号民事判决。

2. 吕远植所卖萤石款5450元归吕远植所有，黔江地区轮船公司返还吕远植人民币4200元，限判决生效后3日内给付。

一审诉讼费300元，二审案件受理费170元，由黔江地区轮船公司负担。

（七）解说

一、二审法院审理认定的事实没有出入，但定性不同。一审法院认为萤石是埋藏在淤泥、垃圾、河沙之中的，是所有人不明的埋藏物和隐藏物；二审法院则认为是所有人抛弃之物。从事实上看，二审法院的认定正确。

彭水港常年有萤石以汽车运进，以船舶运出。每一货主，在运进运出的环节中，不免有少量散失，或称为损耗，对这种少量损失，货主并不介意，这是世人皆知的一般常理。散失萤石日积月累，自然在一定范围内越积越多。由于是被所有人抛弃之物，无人管理回收，以致淹没于垃圾、污泥和沙滩之中，甚而成为影响环境卫生的因素之一，作为垃圾清扫。十分明显，这是无数货主不介意其微量损失而加以抛弃的财物，是计入货主成本核算的损耗物，是通常情况下作为垃圾清除的废物。

对于被所有人自动抛弃的财产，可适用先占原则，即谁先占有就归谁所有。对于先占原则，法律虽然没有作出直接的明确的规定，但实际上承认其存在。国家鼓励对废品的回收利用，并设有收购部门。收购的废品中，就有卖方捡拾所有人自动抛弃的物品。交换的前提是承认对方享有所有权，可见，国家承认占有抛弃物的人通过先占取得所有权。故在司法实践中，对此予以保护。

构成先占，须具备以下条件：第一，须为无主财产。先占原则是解决无主物的归宿，故占有之时，该物不属于任何人所有。第二，非为法律所禁止，且不得损害社会利益和他人合法权益。第三，须为动产。因不动产的取得必须采用特定的方式，一般以登记为特别生效要件，无自主占有的可能。第四，须为所有之意思占有。法律意义上的先占，就是赋予先占人以优先权，谁先占有无主物，该物就优先归谁所有，此为解决无主物归宿争议的准则。显然，若无取得所有权的意思，就不成立先占。第五，有占有的事实。对某项无主物，仅有占有的意思，而无事实上的管领（实际的控制），不成立先占。

原告吕远植因清扫卫生，将通常情况下作为垃圾处理的，混杂在垃圾、泥沙中的废弃萤石，通过自己的劳动加以回收，符合上述先占原则构成要件。二审判决是适用先占原则处理抛弃物的一次尝试，通过实践，积累经验，可为立法、司法解释提供依据。

（王绍华）

76. 程文群等诉上蔡县文物保护管理所文物确权案

（一）首部

1. 判决书字号：河南省上蔡县人民法院（1994）上民初字第203号。

2. 案由：文物权属纠纷。

3. 诉讼双方

原告：程文群，男，54岁，汉族，住新乡市七六〇厂。

原告：程银才，男，58岁，汉族，住上蔡县蔡都镇刘港。

诉讼代理人：贾付安，河南省上蔡县律师事务所律师。

被告：河南省上蔡县文物保护管理所。

法定代表人：范高银，所长。

诉讼代理人：尚景熙，河南省上蔡县文物保护管理所干部。。

4. 审级：一审。

5. 审判机关和审判组织

审判机关：河南省上蔡县人民法院

合议庭组成人员：审判长：李志全；审判员：寇成斌、梁振明。

6. 审结时间：1994年10月8日。

（二）诉辩主张

1. 原告诉称：先辈程元章，清朝雍正年间官居总督，为官勤慎廉明，屡建功勋，加官一级，记录功勋12次。雍正十三年九月三日（公元1835年10月25日）降下圣旨，赐程元章之母赵氏为诰命夫人。1964年经王志立、赵会仁借去上述“圣旨”，供文物展览用。由于“文化大革命”，此项文物未能归还。1976年以来，原告数次向县有关部门以至省文物管理部门追要，均无结果。故于1994年6月15日诉至上蔡县人民法院，要求归还家传文物“圣旨”，并赔偿为讨要文物而花费的600元费用。

2. 被告辩称：被告单位库藏程元章之母受封诰命圣旨，属于县文物馆馆藏之物，国家、省、地、县均有建档，他人无权处置，请求法院驳回原告要求，依法保护国家文物不受侵害。

（三）事实和证据

河南省上蔡县人民法院经公开审理查明：程元章之母受封诰命圣旨，始于清朝雍正十三年九月三日（即公元1835年10月25日），程元章官居总督，为官勤慎廉明，屡建功勋，加官一级，记录功勋12次。故朝廷降旨，赐给程元章之母赵氏为诰命夫人。"圣旨"由程氏后代流传，直到二原告长大成人，仍在该家存放。1964年，县文化馆举办文物展览，负责文物工作的赵会仁（已故）、城关镇干部王志立二人一同至程文群、程银才家，经其母于香妮（已故）之手将圣旨借走，供文物展览使用，现在"圣旨"仍在县文物馆存藏。

另查，原告为追要圣旨，自1976年以来由新乡往返郑州、上蔡数次，造成一定经济损失，被告将程家"圣旨"收藏30年，也花费了一定费用。

上述事实有下列证据证明：

1. 城关镇干部王志立证明诰命圣旨系从程家借用拿走的证词；

2. 当地干部、群众证明"圣旨"原保存原告家里，为传世文物的证言；

3. 几年追要文物的信件材料；

4. 经济损失清单。

（四）判案理由

河南省上蔡县人民法院审理认为，原告程文群、程银才确系程元章后裔，程元章之母受封为诰命夫人，确有圣旨传世。原告追要其家传世文物合理合法，应予支持；对双方请求的经济赔偿问题，鉴于本案是在特定的历史条件下造成的，故不予支持。

（五）定案结论

河南省上蔡县人民法院依照《中华人民共和国文物保护法》第五条、《中华人民共和国民法通则》第七十五条及《中华人民共和国民事诉讼法》第一百二十八条之规定，于1994年10月8日判决如下：

1. 被告文物保护管理所存放的程元章之母受封诰命夫人的圣旨属原告程文群、程银才家藏传世文物，归原告所有。限判决生效后10日内交接清楚。

2. 驳回原告其他诉讼请求、被告的反诉请求。

3. 诉讼费600元，其他费用300元，由原告承担400元，被告承担500元。

（六）解说

本案争执的焦点是文物"圣旨"究属馆藏文物还是私人传世文物。文物所坚持是馆藏文物，拒绝归还。原告人坚持是家藏传世文物，坚持要求返还。纠纷长期得不到解决。经审理查明，既有经手借用文物的证明，又有文物所登记文物时间记载，说明1966年以前未在馆藏之列，并有有关人员的证明，该项文物确系家藏传世文物。在一些人的观念上，总认为文物都是国家的。《中华人民共和国文物保护法》第五条明文规定："属于集体所有和私人所有的纪念建筑物、古建筑物和传世文物，其所有权受国家法律的保护。"可见，文物并非均属国家所有，不应认为个人没有文物所有权。原告运用法律的手段，向人民法院提起诉讼，依法要求保护其合法权利是正当的。

人民法院通过调查核实，确认该案"圣旨"属原告家藏传世文物，文物所属于借用，所有权人主张归还，应受到法律的保护。因此，人民法院依法作出判决，判令文物所将文物归还所有权人。同时，人民法院还认真地向当事人作好文物保护法的宣传教育工作，防止文物流失、被盗、损坏。既维护了当事人的合法权益，又有效的保护了文物的安全。其处理是正确、合法的。案件审理不足之处是在判案理由中未能将文物"圣旨"可归私人所有的法律依据阐述清楚。

（张贵堂）

第八篇　劳动争议纠纷案例

77. 邓捷诉上海耀华皮尔金顿玻璃股份有限公司劳动合同案

(一)首部

1. 判决书字号

一审判决书：上海市浦东新区人民法院(1994)浦民初字第576号。

二审判决书：上海市中级人民法院(1994)沪中民终字第874号。

2. 案由：劳动合同纠纷。

3. 诉讼双方

原告(上诉人)：邓捷，男，1953年4月4日出生，汉族，住上海市南市区花草弄44弄5号。

诉讼代理人(一审)：杜杭美，上海市第八律师事务所律师。

诉讼代理人(二审)：夏仁双，上海市上工劳动法律事务所律师。

诉讼代理人(二审)：周祖琪，上海市上工劳动法律事务所律师。

被告(被上诉人)：上海耀华皮尔金顿玻璃股份有限公司(下称"耀华公司")。

法定代表人：陈祖仁，董事长。

诉讼代理人(一、二审)：顾懿亲，该公司人事副经理。

诉讼代理人(一、二审)：王晖，该公司劳资科科长。

4. 审级：二审。

5. 审判机关和审判组织

一审法院：上海市浦东新区人民法院。

独任审判：审判员：张国铭。

二审法院：上海市中级人民法院。

合议庭组成人员：审判长：魏海虹；代理审判员：张艾、姜婷。

6. 审结时间

一审审结时间：1994年4月19日。

二审审结时间：1994年6月16日。

（二）一审诉辩主张

1. 原告邓捷诉称：原告于1987年进被告耀华公司工作。1991年、1992年分别与被告签订为期1年的劳动合同。1992年底，又与被告续订自1993年1月1日至6月30日半年合同。之后，双方再次续订自1993年7月1日至12月31日半年合同。到了1993年11月29日，被告通知原告1994年不再续订合同。原告认为自己在被告处工作一贯认真勤恳，从不违纪，目前一家3口全靠自己工资维持生活，因此，要求与被告续订合同；如果不订合同，则被告应补偿经济损失人民币45000元。

2. 被告耀华公司辩称：被告与原告先后曾签订过4次劳动合同；第一次自1989年1月1日至1991年12月31日，为期3年；第二次自1992年1月1日至12月31日，为期1年；之后又续订两次半年期合同，时间分别为1993年1月1日至6月30日以及1993年7月1日至12月31日。被告于1993年11月29日通知原告：合同期满后，不再与之续订劳动合同。原、被告之间所订的劳动合同是合法有效的。劳动合同期满后，双方当事人之间的权利义务关系即告终止，任何一方均有不再与对方续订合同的权利。现原告以维持生计为由，强行要求与之续订合同或赔偿经济损失，是没有法律依据的，故被告不予同意。

（三）一审事实和证据

上海市浦东新区人民法院经审理查明：原告邓捷1987年经招聘进被告公司工作。1989年被告公司实行劳动合同制后，与原告自1989年1月1日至1992年12月31日签订了分别为3年及1年的两期劳动合同；之后双方又续订了两期半年的劳动合同，到1993年12月31日合同到期。被告于1993年11月29日通知原告：合同期满后，双方不再续订。但原告提出异议，并向上海市浦东新区劳动人事仲裁委员会申请仲裁。仲裁委员会经审理后作出裁决：1. 双方劳动合同于1993年12月31日终止；2. 被诉人耀华公司应支付申诉人邓捷生活补助费人民币9387元。原告邓捷对此仲裁不服，遂起诉至法院。又查明：原告邓捷1993年全年工资及各种补贴、奖金、效益工资等合计为18740.6元，月平均1561.7元。

上述事实有下列证据证明：

1. 被告耀华公司的职工登记表；

2. 被告耀华公司与原告邓捷签订的劳动合同2份；

3. 被告耀华公司的工资结算表2份；

4. 双方当事人的陈述。

（四）一审判案理由

上海市浦东新区人民法院根据上述事实和证据认为：

1. 原告要求与被告续订劳动合同的主张不能成立。

原告邓捷与被告耀华公司之间所订的劳动合同是合法有效的，双方都已正确履行，不存在纠纷。原告在劳动合同期满后，可以依照公平、自愿的民事法则，与被告续订劳动合同，但须经过被告的明示承诺。现既然被告方明确表示不愿续订，则原告也无权要求被告一定要与之签订劳动合同；否则，与民事契约自由原则和劳动法的有关规定不符。

2. 原告要求被告赔偿经济损失没有法律依据。

根据有关劳动合同法规定，企业与职工之间任何一方提出解除劳动合同时，必须提前一个月通知对方，否则应承担相应的经济损失。现被告公司在合同期满前的一个月时通知原告不再续订合同，其行为是符合上述规定的，因此不存在违约违法问题。被告既然没有违约违法责任，则原告要求被告赔偿经济损失的理由不能成立。

3. 被告应该依法支付原告一定数量的生活补助费。

根据《上海市中外合资经营企业劳动人事管理条例》的有关规定，“合营企业对于终止劳动合同的中国职工和按照第十二条第（二）、（四）、（五）项规定辞退的中国职工，以及按照第十五条第（一）、（二）、（三）项规定辞职的中国职工，应该根据他们在本企业的工作年限给予生活补贴费：工作年限不满一年的，发给相当于本人半个月实得工资的生活补助费；工作年限一年以上的，每满一年发给相当于本人一个月实得工资的生活补助费，但是最多不超过相当于本人12个月的实得工资。”按上述规定，基于原告在被告公司工作有6年时间的事实（即自1987年至1993年），被告应支付原告9370.30元的生活补助费（即1993年每月平均工资1561.72元乘以6之数额）。

（五）一审定案结论

上海市浦东新区人民法院根据《中华人民共和国民法通则》第八十五条和《上海市中外合资经营企业劳动人事管理条例》第十条第二款、第十七条第一款之规定，判决如下：

1. 原告邓捷请求与被告耀华公司续订合同之诉予以驳回。

2. 被告在判决生效后10日内给付原告生活补助费人民币9370.3元。

案件受理费50元，由原告负担。

（六）二审情况

一审法院判决后，原告不服，向上海市中级人民法院提起上诉。双方当事人在二审的诉辩主张没有变化；二审查明的事实和证据、判案理由等均与一审法院相同。为此，上海市中级人民法院认为邓捷的上诉要求，缺乏依据；遂根据《中华人民共和国民事诉讼法》第一百五十三条第一款第（一）项之规定，判决如下：

驳回上诉，维持原判。

上诉案件受理费人民币50元，由上诉人负担。

（七）解说

1. 因为被告耀华公司是中外合资经营企业，因此它与原告之间建立的劳动合同关系，应该适用我国的《民法通则》以及有关中外合资经营企业劳动人事法规进行处理。

2. 原告以工作态度积极认真以及家庭生活困难为由，要求被告与之续约没有法律依据，也不构成劳动合同所必备的约因条件，所以被告没有义务接受原告的续约要求。双方劳动合同终止后，原告生活可能发生困难，对此，法院已按《上海市中外合资经营企业劳动人事管理条例》的规定，判令被给付一定金额的生活补助费。原告的过高要求于法无据，法院不予支持是正确的。

（张国铭　张凤翔）

78. 李希超等诉冶金工业部长沙冶金设计院兼职收入案

（一）首部

1. 判决书字号

一审判决书：长沙市南区人民法院民事判决书（1994）南民初字第56号。

二审判决书：湖南省长沙市中级人民法院民事判决书(1994)长中民终字第463号。

2.案由：兼职收入纠纷。

3.诉讼双方

原告(上诉人)：李希超，男，冶金工业部长沙冶金设计院(下称"长冶院")高级工程师，现已退休。

原告(上诉人)：江兴平，男，长冶院工程师。

原告(上诉人)：杨进江，男，长冶院工程师。

原告(上诉人)：徐印伟，男，长冶院工程师。

原告(上诉人)：张庆军，男，长冶院助理工程师。

诉讼代理人：熊国林，男，湖南省金球实业有限公司经理。

诉讼代理人：熊加林，男，长沙机床厂工人。

上述两代理人均为五原告诉讼代理人。

被告(被上诉人)：冶金工业部长沙冶金设计研究院(以下简称"长冶院")。

法定代表人：唐绍武，院长。

诉讼代理人：成光海、朱军，湖南省国际经济贸易律师事务所律师。

4.审级：二审。

5.审判机关和审判组织

一审法院：湖南省长沙市南区人民法院。

合议庭组成人员：审判长：胡有普；审判员：王迎礼；代理审判员：彭伟。

二审法院：湖南省长沙市中级人民法院。

合议庭组成人员：审判长：黄毅；审判员：黄超美；代理审判员：文春桃。

6.审结时间

一审审结时间：1994年9月1日。

二审审结时间：1994年11月11日。

(二)一审诉辩主张

1.李希超、江兴平等5位原告人诉称：1985年，5位原告根据《中共中央关于科学技术体制改革的决议》文件中规定的"允许科技人员在完成本职工作和不侵犯本单位的技术权益、经济利益的前提下，业余从事科学技术工作"的精神和国家科委、湖南省人民政府的有关规定，在完成各自工作和兼负"冶金工业部烧结球团情报网"活动的组织管理工作，及"情报网"网刊的编辑出版工作的前下，依据冶金工业部钢铁生产技术司1985年5月下达的"关于加强对现有烧结机漏风问题进行技术改造的通知"精神，有计划地深入到需要进行技术改造的钢铁厂了解情况，组织专家会诊进行技术咨询，指导厂家对烧结机漏风的测定，确定技术改造等项工作，然后根据厂家的实际需要，与厂家签订有关技术合同。1985年至1988年期间，以"烧结球团情报网"的名义和印章，先后与厂家签订了4份"设计合同"、9份"技术咨询合同"、24份"订货单合同"，实行有偿的技术咨询和设计服务，共收取技术服务费504431.68元。在这笔收费中，实际支出成本费用230100元；"情报网"会议费用28500元；购置设备费6500元；益阳市中级人民法院没收12万元；情报室提成34300元；剩余86000元均由长冶院代为保管，但至今未返还给5位原告。李希超等5位原告人认为，这笔收费是他们在完成本职工作前提下的业余兼职所取得的合法收入，应当立即归还原告所有。

2. 长冶院辩称:(1)不是业余兼职,而是原告人的本职工作。原告人的本职工作有双重性 。他们都是长冶院的在编、在职技术干部,行政上完全属于长冶院的领导和管理,所从事的工作,是由长冶院根据技术特长和工作需要而分配的。1985 年,长冶院根据冶金部钢铁司的通知精神,结合本院的实际,将现有烧结机的漏风问题进行技术改造的任务交由技术情报室完成(其中李希超是情报室的主任工程师,江兴平是情报室烧结球团情报组副组长)。(2)原告人在执行长冶院交办的任务时,利用长冶院的职务技术成果,违反了长冶院的规定,损害了长冶院的信誉和用户单位利益,干扰了长冶院生产计划和工作秩序。(3)原告人曲解了党对科技人员的有关政策及法规。第一,从事有偿服务的主体必须是科技人员,即是个人,不是单位、法人。而原告在有偿服务过程中,以"情报网"的名义从事有偿服务工作,从未以个人身分出现过。第二,必须在完成本职工作和不侵犯本单位的技术利益、经济利益的前提下进行,而原告人所进行的工作是单位交办的,属于本职工作之内,同时使用了单位所提供的物质、技术条件。第三,时间上必须是"业余",根据国家科委 1987 年 12 月 4 日《关于科技人员业余兼职若干问题的意见》第一条的规定,"业余"的概念是"本岗位实行 8 小时工作制的,业余兼职应当在本职工作时间以外进行",而原告所开展的有偿技术服务完全是在 8 小时之内进行的。综上所述,原告人在完成长冶院交给的工作任务中,利用长冶院提供的物质、技术条件,于本职工作时间内所进行的有偿技术服务活动而取得的收入,不是原告人的业余兼职收入,应该全部上交长冶院,不应该给原告个人。原告在有偿服务中使用长冶院或"情报网"的名义,谈收入时却大谈"业余兼职",其目的就是利用其双重身分,只享受权利,不履行义务,以混淆视听,达到其将收入据为已有的目的。

(三)一审事实和证据

湖南省长沙市南区人民法院经审理查明:1985 年至 1988 年期间,原告李希超、江兴平、杨进江、徐印伟、张庆军均系被告长冶院情报室的在职技术干部。被告长冶院系冶金工业部所属设计研究院。1974 年,冶金工业部成立以冶金部所属企事业单位为成员的"烧结球团情报网",并任命被告长冶院为该"情报网"的网长单位,网长单位全面负责该网的组织管理、财务管理和日常管理等工作。该"情报网"主要负责烧结情报、技术交流、成果推广和情报任务协作等工作。被告长冶院将该"烧结球团情报网"归口下属情报室进行管理,具体工作的实施由原告承担。1985 年 5 月 6 日,冶金工业部钢铁生产技术司以(1985)冶钢地字第 122 号文件向其所属企业转发了"地方骨干钢铁厂烧结机密封问题座谈会纪要"的通知。该通知明确今后烧结台车要实行定点生产,并委托"烧结球团情报网"负责组织新型台车的设计及选点制造工作。1985 年 7 月 6 日,冶金工业部钢铁生产技术司又以(1985)冶钢地字第 556 号函件的形式进一步委托被告长冶院对地方骨干企业的 18、24、50 平米烧结机的设计并试制新型的机头机尾密封装置和新型台车,取得经验推广使用。上述两项工作,均由被告长冶院下达给"烧结球团情报网"具体实施。1985 年至 1988 年期间,原告在执行该项工作任务时,先后以冶金工业部"烧结球团情报网"的名义,对外签定了各类设计合同 4 份,技术咨询合同 9 份,设备订货单 24 份,共收入 504855.45 元(含已交被告长冶院财务"情报网"户头的 54875 元,不包括原告以个人名义所获得的各项顾问收入)。原告所得收入绝大部分是以现金方式收取的,没有进入被告长冶院财务部门的"情报网"专用账户,采取了自行坐收坐支。该项收入业经长沙市税务稽查大队审核。1989 年 5 月至 11 月,被告长冶院在对原告的坐收坐支等情况进行查帐时,收得原告李希超 21530 元,江兴平 7816 元,杨进江 3500 元,徐印伟

3437.56 元，共计 36283.56 元。此款暂存被告长冶院财务部门。原告以被告侵权为由，向长沙市南区人民法院提起民事诉讼，要求确认原告的业余兼职收入。

上述事实有下列证据证明：

(1)《中共中央关于科学技术体制改革的决议》;《国家科委关于加强对技术市场管理工作的通知》;《国家科委关于科技人员业余兼职若干问题的意见》;《湖南省人民政府关于进一步放活科技人员政策的决定》;

(2)长冶院 1985 年至 1988 年在职技术干部花名册、情报室名单及各位任职、情报室的工作计划和总结；

(3)冶金工业部"情报网"组织管理办法；

(4)冶金工业部(1985)冶钢地字第 122 号通知、(1985)冶钢地字第 556 号给长冶院的函件；

(5)以"情报网"名义签订的各种合同文件；

(6)情报室成员出勤登记及出差报销单；

(7)收取费用的单据；

(8)长沙市东区人民法院刑事判决书、长沙市中级人民法院(1992)第 31 号刑事裁定书、益阳地区中级人民法院民事裁定书；

(9)长沙市税务稽查大队审核决定(1989)长税稽国工字第 75 号；

(10)冶金工业部信息标准研究院 1994 年 5 月 16 日给长冶院"关于对'烧结球团信息网的性质、网与网长单位的关系等问题'的回复";冶金工业部建设协调司 1994 年 5 月 13 日给长冶院"关于'烧结球团信息网能否进行设计工作'的签复";

(11)调查笔录、开庭笔录、证人证词等证据。

(四)一审判案理由

一审法院审理认为：

(1)原告李希超、江兴平、杨进江、徐印伟、张庆军系被告长冶院的在职技术干部。根据工作需要，被告长冶院将其分配到以被告为网长单位的冶金工业部烧结球团情报室工作。李希超、江兴平任《烧结球团》刊物主编、副主编，兼《烧结球团信息》网刊主编，其工作任务是，完成两个刊物的编辑、发行工作，开展情报、技术交流，成果推广收集信息、协调网内等工作以及开展情报咨询。原告人所从事的每项工作，都是由被告长冶院根据冶金工业部的文件下达的，并提供时间、财物、技术作保障。因此，原告人所从事的工作，不是法规、条例所规定的业余兼职，而是本职工作。

(2)原告人所在情报室，不具备法人资格，没有取得"设计证书"，不能独立地承揽设计业务。原告人在 1985 年至 1989 年期间，除完成情报室的职能职务外，对被告长冶院下达的对现有烧结机漏风等技术改造和推广工作做了大量的工作，而原告人在从事这些工作时，都是以长冶院情报室的名义进行的。事实证明，原告所从事的这些工作，是长冶院工作的一部分。原告向有关厂家提供的技术图纸、技术参数，都是长冶院广大科技人员共同的劳动成果。

(3)原告人以工作上便利，对外开展有偿服务，收取费用不入帐的行为，是一种违纪行为。

(五)一审定案结论

一审法院根据上述事实、证据，依照《中华人民共和国民法通则》第七十三条之规定，作出判决，对原告的诉讼请求不予支持。

本案受理费 3500 元，由原告承担。

(六)二审情况

1. 二审诉辩主张

上诉人李希超、江兴平、杨进江、徐印伟、张庆军诉称：上诉人的本职工作是由被上诉人规定的，主要工作包括编辑、出版两刊物。开展情报、技术交流、成果推广等工作已是份外工作。上诉人在开展业余兼职工作过程中，事先得到情报室主任的同意，情报室主任并向有关领导汇报，领导表示支持。开展业余兼职收取技术服务费，并不是一年半载，长达 4 年之久。在这段时间内，被上诉人并未提出反对意见，更没有要求上诉人将收入上交被上诉人。因此，被上诉人对上诉人的作法是认可的。基于这个事实，一审法院并未认定，而偏听偏信，作出了错误的裁决。故请求撤销原判，保护上诉人的合法权益。

被上诉人长冶院辩称：上诉人在 1985 年至 1989 年对外从事烧结技术改造和设备制造等有偿技术服务是被上诉人交办的任务，利用被上诉人的技术成果、物质条件，并以“情报网”名义和印章进行有偿技术服务，所收取费用归上诉人的理由不能成立。长沙市中级人民法院(1992)第 31 号刑事裁定书不应作为审理本案的证据。请求驳回上诉，维持原判。

2. 二审事实和证据

湖南省长沙市中级人民法院确认了一审法院认定的事实和证据。

3. 二审判案理由

二审法院认为，冶金工业部“烧结球团情报网”是冶金工业部专业情报网，上诉人作为该情报网网长单位的被上诉人派往该情报网的工作人员，以该情报网名义对外进行有偿服务所得收入应归情报网所有，而不应归上诉人个人所得。原审法院认定事实清楚，判处正确。

4. 二审定案结论

长沙市中级人民法院根据《中华人民共和国民事诉讼法》第一百五十三条第一款第(一)项之规定，判决如下：

驳回上诉，维持原判。

本案受理费 3500 元，由上诉人负担。

本判决为终审判决。

(七)解说

这是一起兼职收入纠纷案件，原告人的行为是否属于业余兼职，这是该案的争讼焦点。什么是兼职，顾名思义，在本职工作 8 小时之外的第二职业工作。也就是人们常说的，业余时间所从事的工作。从该案的事实来看，原告所从事的工作不属于兼职，理由如下：

1. 兼职的主体是自然人，而不是法人。然而，原告在开展技术有偿服务过程中，要么使用被告方的名义，要么使用“情报网”的名义，从未以个人身分出现。显然，这是一种法人行为。

2. 兼职必然是业余时间。国家科委 1987 年 12 月 4 日《关于科技人员业余兼职若干问题的意见》第一条作出了明确的规定：本岗位实行 8 小时工作制的，业余兼职应当在本职工作时间以外进行。从法庭调查的事实和被告方出示原告出差报销单据来看，5 位原告均出差过，并且出差时间长，单位给予了出差报销。因此，原告的行为不是业余时间，而是正常的工作时间。

3. 兼职不得侵犯本单位的技术、经济利益。事实上，原告在从事技术有偿服务的过程中，将被告设计的烧结台车、机头机尾密封装置和烧结设备中的带冷机、布料机、混合机、拉练机、单棍、四辊破碎机、圆盘给料机、点火机、烧结工艺图纸等资料、职务技术成果有偿地提供转让给制造厂家和用户单位。原告在无法完成设计任务的情况下，私自组织设计科室和有关专业人员参与设计。因此，原告诉称的业余兼职，侵害了本单位的技术和经济利益。

（杨迪善）

79. 李真怀诉贵阳针织二厂劳动报酬案

（一）首部

1. 判决书字号

一审判决书：贵州省贵阳市南明区人民法院（1993）南一民初字第299号。

二审判决书：贵州省贵阳市中级人民法院（1994）筑法民终字第108号。

2. 案由：劳动报酬纠纷。

3. 诉讼双方

原告（上诉人）：李真怀，男，54岁，贵阳针织二厂退休干部，住贵阳市鲤鱼巷16号3单元附6号。

诉讼代理人（一审）：吕贵荣，贵州省贵阳市第二律师事务所律师。

诉讼代理人（一审）：赵敏，贵州省贵阳市第二律师事务所律师。

被告（被上诉人）：贵州省贵阳针织二厂，地址：贵州省贵阳市营盘路68号。

法定代表人：刘开福，厂长。

诉讼代理人（一审、二审）：路云贵，该厂保卫科副科长。

4. 审级：二审。

5. 审判机关和审判组织

一审法院：贵州省贵阳市南明区人民法院。

合议庭组成人员：审判长：黄永红；代理审判员：李文胜、刘宁。

二审法院：贵州省贵阳市中级人民法院。

合议庭组成人员：审判长：李红娅；代理审判员：毛开银、肖军。

6. 审结时间

一审审结时间：1994年1月14日。

二审审结时间：1994年12月19日（已依法办理审限延长手续）。

（二）一审诉辩主张

1. 原告诉称：其受聘于被告贵阳针织二厂催债小组，参加催收外单位拖欠货款达50多万元，被告未按当时规定向原告支付应得劳动报酬4900元，经多次交涉未果。现诉诸法院，请求判令被告如数给付该劳动报酬及延期给付的银行利息，诉讼费由被告负担。

2. 被告辩称：当时催债小组并非原告一人，原告将催债小组催收的金额一并列入其自己催收的金额，实属错误，现原告提不出自己在催债小组实际催收的金额，故对原告诉讼请求不能接受。且被告对催债小组实行一次性奖励，不存在给付劳动报酬问题。

(三)一审事实和证据

贵州省贵阳市南明区人民法院经公开开庭审理后查明:原告李真怀系被被告贵阳针织二厂的退休干部。1989年底,原告被聘请参加被告的催债小组,参加催收外单位拖欠被告常年来的货款。被告原任法定代表人孙绍元明确表示,凡催收1985年以前的货款并收款入帐的,催收人员获得相当于催收金额的6‰提取奖励,该项奖励于催收款入帐后即行清结,但1985年以后的催收款项不予提成。1988年7月新任法定代表人刘开福上任后并未废止上述奖励规定;催债组也未有人提出按催收入帐款的6‰要求提成;原告在此期间也未要求刘开福兑现提出。1990年8月6日,被告发布新通知规定:由厂管理委员会研究决定组成专业收款组,省外催收货款,按资金实际到厂帐上为准,提取2%奖励;省内地区(除贵阳市)催收货款,按资金实际到厂帐上为准,提取1%的奖励,并规定催收人员的工资及出差费用一律报销。通知出台后,所有催款人员均未要求取得提取奖励。印发"通知"时,现任法定代表人刘开福并未在场,也不知道有此通知。直到1992年原告李真怀持此通知以催债组的名义要求提取奖励时,刘开福方才得知。刘考虑到此通知关于催款人员的提成比例与厂销售人员提取奖励的比例差距太大,故于1993年4月经厂里开会决定并报市经委下文废止该通知的执行。市经委在行文中决定,对专业收款组的成绩予以肯定,给予一次性1000元的奖励。原告李真怀不同意被告给予专业收款组的1000元奖励,要求被告按原来的通知规定提取奖励。本案在审理中,原告只提出自己所列为被告追回货款50余万元的清单,但未提出自己为被告追回货款的确凿证据。

上述事实,有双方当事人陈述,有关通知文件、清单、出差报帐明细表及有关证人证言在案证实。

(四)一审判案理由

贵州省贵阳市南明区人民法院根据以上事实和证据,认为:原告李真怀与被告贵阳针织二厂确实存在劳动报酬纠纷,被告理应按照已颁发的对专业催款组追款提取奖励的通知文件规定执行,但原告未能提出为被告追回货款50余万元的有效证据,本院经调查无法查证,故原告要求被告按规定支付4900元的劳动报酬,因证据不足,其诉讼请求不予准许。

(五)一审定案结论

贵州省贵阳市南明区人民法院根据《中华人民共和国民事诉讼法》第一百零八条第(三)项之规定作出如下判决:

驳回李真怀要求贵阳针织二厂支付4900元人民币劳动报酬之诉讼请求。

案件受理费200元,由李真怀负担。

(六)二审情况

1. 二审诉辩主张

一审法院判决后,原告李真怀不服,于法定上诉期限内向贵州省贵阳市中级人民法院提出上诉。

上诉人李真怀诉称:上诉人与贵阳针织二厂是隶属关系,为针织二厂追回的外单位拖欠款,是直接汇到针织二厂帐上的。上诉人只能提供追款金额,而无法向法院提交针织二厂的帐本。原判以证据不足驳回诉讼请求是错误的,请求二审法院撤销一审判决,重新作出正确判决。

被上诉人贵阳针织二厂在二审中未提出答辩。

2. 二审事实和证据

二审法院受案后，经审理查明的事实与一审法院相同。二审法院同时注意到：

(1)上诉人李真怀在一审审理中提出了其所追回货款的清单。根据此清单，上诉人于1990年7月30日前追回货款403385.64元，1990年8月以后追回货款124573.94元。(2)一审法院通知针织二厂提交有关财务帐，针织二厂未提交。在二审审理中，李真怀向二审法院提供了其追回货款的具体金额清单；二审法院通知针织二厂在规定的期限内提交财会帐予以审查，针织二厂未提交。

3. 二审判案理由

根据上述事实和证据，贵州省贵阳市中级人民法院认为，上诉人与被上诉人之间成立平等主体之间的劳务关系。上诉人原为被上诉人的正式职工，于退休后，虽然上诉人依法有权获得被上诉人支付的退休金等各种法定待遇，但双方之间劳动关系已因上诉人退休而终止。上诉人于退休后受被上诉人聘任，参加被上诉人的催债小组，是与劳动关系无直接联系的独立劳务关系。上诉人受聘参加催债工作于法不悖，故与被上诉人形成的劳务关系合法有效，被上诉人应当按照双方约定的条件向上诉人支付劳务费或劳务报酬。

根据被上诉人于催款前发布的通知，催讨1985年前的货款按催款实收金额的6‰提供奖励；被上诉人于1990年又下发“关于推销产品和催收款规定通知”，进一步明确收回外欠货款人员按收回款项的一定比例提成。虽然上述两通知分别使用奖励和提成的术语，但性质上应理解为劳务费用。本案审理中，上诉人李真怀就其所追回货款金额已向法院提供清单，至于货款到帐的确切数额和证据，须由被上诉人提供财务册簿和凭证。二审法院已书面通知被上诉人提供相应证据，但被上诉人无正当理由拒不提供，故推定上诉人所主张之催债金额成立。

根据被上诉人所发布之催债通知，二审法院核定应付上诉人的劳务费用为4900元。至于上诉人诉请被上诉人支付延期利息一节，因上诉人与被上诉人双方事先未约定支付期限，故二审法院不予支持。

4. 二审定案结论

贵州省贵阳市中级人民法院根据《中华人民共和国民法通则》第八十四条、《中华人民共和国民事诉讼法》第一百五十三条第一款第(三)项之规定作出如下判决：

(1)撤销贵阳市南明区人民法院(1993)南一民初字第299号民事判决。

(2)贵阳针织二厂于判决发生法律效力之日起30日内给付李真怀劳动报酬人民币4900元。

一、二审案件受理费各200元，共计400元由贵阳针织二厂负担。

(七)解说

关于本案纠纷之性质，二审法院审理期间有两种意见，一是认为诉讼双方系存在劳动关系，贵阳针织二厂为用人单位，李真怀为用人单位的职工，故双方之间的提成或奖励属于劳动关系中的工资，不应作为民事案件受理，而应由劳动争议仲裁机关仲裁解决，对仲裁不服的，才可以向法院提起诉讼。另一种意见认为，诉讼双方之间属平等民事主体之间的法律关系，应由法院直接受理并裁决。后一种意见为二审法院接受。

本案二审法院支持李真怀关于支付奖励和提成之请求是正确的，但认为双方未约定支付期限并因此驳回其利息支付请求的判决，尚值得探讨。本案所涉及之奖励为无清偿期限之债务，依法于债权人请求时支付，李真怀于1992年即主张支付该项费用未果，故应自其请求支付时起计算利息。

（杨晓智）

80. 李士亭诉甘肃省科学器材公司职工辞退案

（一）首部

1. 判决书字号

一审判决书：甘肃省兰州市城关区人民法院（1993）城经初字第113号。

二审判决书：甘肃省兰州市中级人民法院（1994）兰民终字第216号。

2. 案由：辞退纠纷。

3. 诉讼双方

原告（被上诉人）：李士亭，男，46岁。

诉讼代理人（一审）：夏颖，兰州市投资商事律师事务所律师。

诉讼代理人（一、二审）：杨雷，兰州市投资商事律师事务所律师。

诉讼代理人（二审）：张磊，兰州市投资商事律师事务所律师。

被告（上诉人）：甘肃省科学器材公司。

法定代表人：党可盈，经理。

诉讼代理人（一、二审）：杨耀庭，兰州市第一律师事务所律师。

诉讼代理人（一、二审）：崔积芳，兰州市第一律师事务所律师。

4. 审级：二审。

5. 审判机关和审判组织

一审法院：甘肃省兰州市城关区人民法院。

合议庭组成人员：审判长：王秀燕；代理审判员：马秀霞、杜保山。

二审法院：甘肃省兰州市中级人民法院。

合议庭组成人员：审判长：田庆丰；审判员：杨进源、张以荣。

6. 审结时间

一审审结时间：1994年5月16日。

二审审结时间：1994年9月14日。

（二）一审情况

1. 一审诉辩主张

（1）原告诉称：李原系被告下属部门业务部负责人，任职期间的1988年9月，兰州炼油总厂环保处委托被告购车，同时划进了购车款，经公司领导同意，原告将购车剩余款19700元退给了提供车源的田某，原告没有借机套取现金。1989年11月25日，公司一台日产富丽牌录像机由经理签字报废后，原告拿回家中存放，不是拿回私用；原告为公司购买507型计算器时，在当时计算器市场对507型计算机价格不详的情况下，出价137元/台，并非故意高价购进而损害公司利益。1993年3月6日，被告以原告违反劳动纪律为由将原告辞退，原告不服申请仲裁，兰州市劳动争议仲裁委员会维持了被告辞退决定。原告认为：上述行为都是原告职权范围内之事，并事先取得公司经理党可盈同意后办理，原告并未从中得到好处，没有违反公司的财务制度和劳动纪律，被告将原告辞退是错误的，缺乏法律依据，违反了国务院《国营企业辞退违纪职工暂行规定》，要求撤销仲裁裁决及被告决定，恢复原告工作，并补偿损失。

（2）被告辩称：原告在担任被告单位业务部负责人期间，于1988年9月以给兰炼退购车余款为由领取支票两张、计19700元交给他人套取了现金；1989年11月25日，原告签字决定将一台完好的日产富丽牌录像机"报废"，拿回家中使用，拒不交还；1992年7月，原告以未发奖金为由，强行签字领取公司经理当月工资，并以工作安排和奖金问题为由，多次找公司经理吵闹；1992年9月21日，原告因骨质增生住院治疗，需预交押金800元，而原告私自在支票上填写8000元，并开出大量自费药品。被告认为：原告上述行为违反了公司的财务制度、物品管理制度和劳动纪律，影响了公司正常的工作秩序。被告根据原告违纪事实，经批评教育无效后，依据《国营企业辞退违纪职工暂行规定》有关条款，以甘科器(1993)006号文决定将原告辞退是正确的。兰州市劳动争议仲裁委员会对原告的申诉以兰劳仲裁字(1993)003号裁决书维持了被告决定。鉴于上述理由，被告要求法院根据国务院有关规定，维护企业的自主权。

2．一审事实和证据

兰州市城关区人民法院经调查和审理查明：原告在被告所属业务部任经理期间，于1992年因骨质增生住院治疗，原告超过医院要求预交800元押金，而私自在公司支票上填写8000元押金交给医院，共花医药费4541.99元，其中开出田七口服液、寿世健身带、田七花粉及西洋参丸等自费药品价值1125元。同年7月，原告又以公司未发奖金为由强行从公司财务科领取了公司党可盈经理的当月工资，财务科分两个月从其工资中扣回。之后，原告在与公司经理交涉有关"工资"、"奖金"问题时，又多次争吵，严重影响了工作秩序。事后，经其他领导同其谈话亦未作出检查。原告套取现金19700元无事实根据，也没有将日产富丽牌录像机"报废"后私用，业务部其他人员也曾拿回家中使用。原告为公司购买507型计算器70台，购价137元/台，后又以每台125元购进30台，并将前70台每台降价10元，当时计算器市场对该型号计算器报价不详，且无证据证明原告在此项业务中获取好处。被告于1993年3月16日以甘科器(1993)006号文作出对原告予以辞退的决定，后原告向兰州市劳动争议仲裁委员会提出申诉，经该委兰劳仲裁字(1993)003号裁决书裁决后，原告不服仲裁，遂诉讼法院。

3．一审判案理由

兰州市城关区人民法院鉴于上述事实认为：

（1）被告辞退原告决定所认定的事实部分有误。除私自填写8000元住院押金、开出自费药品要求报销及强领公司经理当月工资和多次吵闹有事实依据外，认定原告套取现金19700元，将录像机拿回自用及高价买进计算器均无证据证明。

（2）原告应对其违纪错误作出检查。审理中原告对其辞退决定中属实的错误已作了书面检查，对其擅自主张，不采取正确方法解决问题，态度粗暴，应提出严肃批评。对于原告的错误，根据其检查，被告应给予适当的行政处理。原告乘住院期间擅用营养药品的费用，应由个人退交被告。

(3)被告决定辞退原告,处理畸重,应予纠正。企业对违纪职工要坚持教育为主,惩罚为辅的原则,实事求是,严格依《国营企业辞退违纪职工暂行规定》办事。原告对其错误已有所认识,被告所作辞退决定认定的事实部分不妥,为教育本人,应给予其他处分,而不应将原告辞退。

4. 一审定案结论

甘肃省兰州市城关区人民法院根据劳动人事部、国家经委、公安部和全国总工会《关于贯彻实施〈国营企业辞退违纪职工暂行规定〉有关问题的通知》精神,作出判决:

撤销被告甘科器(1993)006 号辞退原告决定的文件。

案件受理费 40 元,原、被告各负担 20 元。

(三)二审诉辩主张

上诉人甘肃省科学器材公司诉称:原审判决认定事实错误,公司根据被上诉人的违纪事实,经教育无效后,依法作出的辞退决定是正确的,也是必要的,是依法维护企业合法权益的重要手段。要求撤销原审判决,维持对被上诉人的辞退决定。

被上诉人辩称:上诉人上诉事实及理由不能自圆其说,强词夺理且缺乏有力的证据证实。原审判决实事求是,依据充分,运用法律、政策、规定适当准确。请求驳回上诉,维持原判。

(四)二审事实和证据

案经二审法院审理查明:被上诉人在甘肃省科学器材公司工作期间的违纪事实,除原判认定的私自填写住院押金 8000 元,强领公司经理的工资及因奖金找公司经理吵闹的事实正确外,被上诉人还于 1988 年 9 月,以给兰炼退购车余款为名,从公司财务科领取退款支票两张,计 19700 元,后将支票交给他人套取了现金,违反了公司的财务管理制度。1989 年 11 月 25 日,被上诉人签字决定将一台日产富丽牌录像机“报废”,同年 12 月 8 日拿回自家私用,到 1993 年 5 月劳动争议仲裁决定后才交回公司。

被上诉人李士亭的上述违纪事实发生后,上诉人领导多次找其谈话,让其认识错误,作出检查,但被上诉人不作检查,故上诉人于 1993 年 3 月 16 日以甘科器(1993)006 号文件作出对被上诉人辞退的决定,被上诉人遂向兰州市劳动争议仲裁委员会申请仲裁,1993 年 5 月 7 日兰州市劳动争议仲裁委员会(1993)003 号裁决书决定:维持上诉人关于对李士亭辞退的决定。李士亭不服仲裁决定,向原审法院提起诉讼。

(五)二审判案理由

第一,被上诉人李士亭违纪劳动纪律的事实清楚,证据充分。被上诉人超出医院要求私自多填住院押金并以公费开出大量滋补药品,既违反了公司财务纪律,又违反了公费医疗有关规定;其私自将一台完好的录像机签字“报废”拿回家中私用达三年多,迟迟不予交还,违反了公司财物管理制度;私自将公司支票转给他人套取现金,损害了公司利益;多次找公司经理吵闹,影响了公司正常的工作秩序。

第二,上诉人对被上诉人李士亭的错误行为进行过批评教育。依照有关法规规定,对职工违纪行为要坚持思想教育为主,行政处分为辅的原则。被上诉人多次违反劳动纪律,公司领导及工会组织曾进行过多次批评教育,但其拒不认错,不作检查。在二审审理中,经审判人员教育调解,仍不承认错误。

第三,公司所作的辞退李士亭的决定正确,应予维持。上诉人根据被上诉人所犯错误性质及违纪事实,在批评教育无效后,作出将其辞退的决定。该决定事实清楚,处理适当。为维护企业合法权益，应维持该辞退决定。原审判决认定的部分事实有误，实体处理不当，应予撤销。

（六）二审定案结论

兰州市中级人民法院根据《中华人民共和国民事诉讼法》第一百五十三条第一款第（三）项和国务院关于《国营企业辞退违纪职工暂行规定》第二条第一款第一、四、六项规定，作出判决：

1. 撤销兰州市城关区人民法院（1993）城经初字第113号民事判决。

2. 维持甘肃省科学器材公司甘科器（1993）006号关于辞退李士亭同志的决定。

案件受理费40元，由李士亭负担。

（七）解说

劳动争议是劳资双方因享受权利和履行义务而发生的争议。随着国有大中型企业体制的转化，企业劳动、人事、工资三项制度的改革，劳动争议和劳动合同、开除、除名、辞退、劳动报酬、劳动保险等纠纷将不断涌现。这是社会主义市场经济条件下的必然产物，不管其表现形式如何，均应依法处理，切实保护劳资双方的合法权益。

我国建国后于1949年11月以中华全国总工会名义颁布了《关于劳动争议解决程序的暂行规定》。此后，又颁发《国营企业辞退违纪职工暂行规定》。劳动人事部、国家经委、公安部和全国总工会《关于贯彻实施〈国营企业辞退违纪职工暂行规定〉有关问题的通知》指出，对违纪职工要坚持思想教育为主，行政处理为辅的原则，实事求是地解决。对屡教不改，拒不认错，影响企业正常工作秩序的则应依法处理。本案李士亭虽经公司领导多次批评教育，仍认识不到所犯错误，为此，甘肃省科学器材公司决定将其辞退无疑是正确的。二审法院查明李士亭多项违纪事实，依照《国营企业辞退违纪职工暂行规定》第二条之规定，上述任何一项事实成立，经教育或行政处分仍然无效的即可辞退。

（李振川）

81. 谢永芳诉远安县汽车客运公司劳动争议、解除合同案

（一）首部

1. 判决书字号

一审判决书：湖北省远安县人民法院（1994）远民初字第1070号。

二审判决书：湖北省宜昌市中级人民法院（1994）宜民终字第352号。

2. 案由：劳动争议、解除合同纠纷。

3. 诉讼双方

原告（上诉人）：谢永芳，男，1961年4月14日出生，远安县汽车客运公司汽车驾驶员。

诉讼代理人（一、二审）：周世美，远安县律师事务所律师。

被告（被上诉人）：远安县汽车客运公司。

法定代表人：韩文奎，经理。

诉讼代理人（一、二审）：郭玉林，远安县经济律师事务所律师。

4. 审级:二审。

5. 审判机关和审判组织

一审法院:湖北省远安县人民法院。

合议庭组成人员:审判长:王家海;审判员:胡勤、贺军。

二审法院:湖北省宜昌市中级人民法院。

合议庭组成人员:审判长:商仕和;审判员:郑文堂;代理审判员:黄德文。

6. 审结时间

一审审结时间:1994 年 9 月 29 日。

二审审结时间:1994 年 12 月 31 日。

(二)一审诉辩主张

原告诉称:1991 年 8 月 28 日,原告与被告签订为期五年的"聘请汽车驾驶员合同"后成为其单位工人。1993 年 4 月 16 日,原、被告签订"中巴车经营承包合同"。1993 年 12 月 27 日,原告提出中止经营承包合同的申请,1994 年 1 月 5 日交还汽车钥匙和证件。双方协商中止中巴承包合同后,被告无理整人,索要各种额外费用。原告因不服(1994)远劳裁决字第 01 号裁决书第二、三项之裁决,请求法院依法判决不向被告支付违约金 3888 元;不承担车辆磨损费、修理费、配件费共计 3737.72 元。原告认为:原告向被告法定代表人提出中止中巴承包合同的口头申请后,被告的法定代表人将承包车辆解除合同申请表交给本人填写,并对交还的车辆进行了检验,签署了"车况良好"、"验收合格"的书面意见。本人将车钥匙和证件交给被告法定代表人时,被告法定代表人并未说不收,这一连串事实应视为双方协商交车并解除了中巴承包合同。既然如此,远安县劳动争议仲裁委员会裁决要本人承担 3888 元违约金,既不合法,也违背了客观事实。对车辆磨损、修理、配件等费用,按"中巴车经营承包合同"规定,只在承包期内存在,解除合同后对此并无义务要承担。况且原告在承包期内已交承包费,车辆验收合格交付后,不存在车辆磨损、修理、配件等费用之说。

被告在答辩中称:由于原告违约,单方退车,依据双方签订的"中巴车经营承包合同"第八条、第十条之约定,原告应承担单方停车后为修复其承包车辆而花费的一切费用;原告不但应支付已经裁决的 3888 元违约金,而且原告承包该车时交纳的 5000 元风险保证金本来就无权收回。被告反诉要求原告承担:(1)"聘请汽车驾驶员合同"约定的违约金 1000 元;(2)"中巴车承包经营合同"风险保证金 1112 元;(3)偿还拖欠承包营运款 5863.21 元,并按日万分之三利率付息;(4)赔偿 1994 年元月份停车损失费 4200 元。在审理过程中,被告变更反诉请求第二项,要求原告承担中巴车承包合同违约金 5000 元;增加要求原告承担修理费 4505.22 元的反诉请求。

(三)一审事实和证据

远安县人民法院经审理查明:原、被告于 1991 年 8 月 28 日签订为期五年的"聘请汽车驾驶员合同",该劳动合同对合同期限、工种、劳动报酬、合同变更或解除、违约责任等都作了详细约定,并于次日经远安县公证处(91)远证字 2154 号公证书公证。此后原告即到被告单位任大客车驾驶员。合同履行至 1993 年 4 月,被告为转换经营机制,加强企业内部管理,经与原告协商,双方于同月 16 日签订为期三年的"中巴车经营承包合同"。原告变换工种,驾驶被告提供的 KR6660 型 24 座中巴车承包营运。合同履行至第五个月时,原告开始拖欠应交付被告的营运款,被告未按合同约定及时追究,至同年 12 月 20 日,原告欠款累计4503.30

元。同年底原告以“搞个体”为由，向被告法人代表提出中止“中巴车经营承包合同”，双方几经协商后，被告法人代表口头同意按合同约定条件中止合同，并交付承包车辆解除合同申请表让原告办理相关手续。原告将承包的中巴车经检修后于1994年1月4日交被告有关部门初步检验，被告车间机务员、轮胎管理员在申报表上签署“车况良好”、“验收合格”意见。此后，原告未按申报表内所列项目到被告财务部门交清拖欠营运款、车辆磨损费等，亦未同被告法定代表人达成缓、免交上述款项的协议，于次日将中巴车有关证件及钥匙送交被告法人代表处，被告法人代表当即提出异议，原告未予理会。后双方又数次交涉未果。被告于同月15日向法院起诉时得知须经仲裁裁决，遂于同月29日向县劳动争议仲裁委员会申请仲裁。原告不服仲裁裁决书，便于4月22日提起诉讼。

同时查明：被告于1994年1月19日将原告停驶的车号为湖北50/71243的武汉九通6660型24座中巴车送交检验，经湖北省宜昌市公安局车辆管理所签章发给春运合格证。此后被告自1994年2月至4月又为该车修理花费4505.22元。诉讼中，原告于1994年6月15日向被告交付磨损费500元，承包营运费1463.30元，尚欠5000元承包营运费(计至1994年1月3日)，原告认为已用在被告处的风险保证金5000元抵平，双方经济手续已清。被告认为原告至今仍欠承包营运费5000元，原告5000风险保证金另帐单存，未作他用。

以上事实，有双方签订的合同、承包车辆解除合同申请表等物证及双方的陈述证明。

(四)一审判决理由

远安县人民法院鉴于上述事实认为：

原、被告签订的“聘请汽车驾驶员合同”、“中巴车经营承包合同”合法、有效。前者系劳动合同，后者为内部承包合同，二合同独立并存，现均已实际解除。合同履行中原告提出终止“中巴车经营承包合同”申请后，双方达成按合同约定条件解除的意向，但在实施中原告未办完有关手续就匆忙转移该车承包经营权，意在规避由此产生的违约责任。原、被告兴讼源于合同协商解除行为终了之前，究其症结是当时经济手续不清。既非收方拒收，显系付方未付，论责任当在原告无疑。“聘请汽车驾驶员合同”业已实际解除，且未经协商同意，其违约责任亦在原告。原告诉请不支付违约金理由不能成立。原告在诉讼中已支付合同约定的磨损费500元，予以认可。被告反诉要求原告承担合同之违约金及偿还拖欠营运款并付利息的事实理由成立，法院予以支持。原告停驶中巴车经春检合格后的修理费及停车当月经济损失则不应再由原告偿付。

(五)一审定案结论

远安县人民法院根据“中华人民共和国民法通则”第一百一十二条、一百一十四条、一百一十五条及国务院《国营企业实行劳动合同制暂行规定》第十六条第三款之规定，作出判决：

1. 原告谢永芳承担“聘请汽车驾驶员合同”违约金1000元。

2. 原告谢永芳承担“中巴车经营承包合同”违约金5000元。

3. 原告谢永芳偿还拖欠被告远安县汽车客运公司承包营运款5000元，并自1994年1月1日起按日万分之三计付利息，息随本清。

上列款项限判决生效后30日内给付被告远安县汽车客运公司。

4. 驳回被告远安县汽车客运公司要求原告谢永芳承担修理费4505.22元的反诉请求。

5. 驳回被告远安县汽车客运公司要求原告谢永芳赔偿4200元经济损失的反诉请求。

本诉案件受理费50元，原、被告各负担25元。

反诉案件受理费 838 元，原告负担 470 元，被告负担 368 元。

（六）二审情况

1. 二审诉辩主张

一审判决后，原告谢永芳不服，以“原判认定事实有误，诉称双方系经协商同意，终止合同，原告不应承担违约金”为由提起上诉。被上诉人同意一审判决。

2. 二审事实和证据

二审确认了一审的事实和证据。

3. 二审判案理由

湖北省宜昌市中级人民法院经审理认为：本案双方当事人签订的“聘请汽车驾驶员合同”系劳动合同，其内容合法，应予以保护。上诉人在解除汽车承包合同后未与对方协商一致，即行离开用工单位（即被上诉人），实属违约行为，应按该劳动合同之约定承担违约责任。一审裁决由其支付违约金定性准确，处理并无不当，上诉人协商解除劳动合同之说不能成立。上诉人与被上诉人对汽车承包合同有过协商解除的意思表示，但上诉人未按申报表结清财物手续，违反了公司内部管理制度。而“中巴车经营承包合同”中“风险保证金作充公处理”之约定，并未对可以提前解除该合同的正当理由予以界定，据此不能说明上诉人上述行为即为违约，因为上诉人欲自行经营中巴车即为其提前终止承包合同的有效理由。上诉人拖欠被上诉人营运款，应予以偿付，但一审计算利息起止时间有误，应予变更；原审驳回被上诉人要求上诉人承担修理费用及经济损失的反诉请求适用法律正确，应予以维持。

4. 二审定案结论

湖北省宜昌市中级人民法院依照《中华人民共和国民事诉讼法》第一百五十三条第一款第（二）项和《中华人民共和国经济合同法》第六条之规定，作出如下判决：

（1）维持远安县人民法院（1994）远民初字第 1070 号民事判决第一、四、五项。

（2）撤销远安县人民法院（1994）远民初字第 1070 号民事判决第二项。

（3）驳回远安县汽车客运公司要求谢永芳承担汽车承包合同违约金 5000 元的反诉请求。

（4）变更远安县人民法院（1994）远民初字第 1070 号民事判决书第三项为：谢永芳偿还拖欠远安县汽车客运公司承包营运款 5000 元，并自 1994 年 1 月 3 日起按日万分之三计付利息，息随本清。

一审本诉案件受理费 50 元，由上诉人与被上诉人各负担 25 元；反诉案件受理费 838 元，由上诉人负担 280 元，被上诉人负担 558 元。

二审本诉案件受理费 50 元，由上诉人负担；反诉案件受理费 838 元，由上诉人负担 300 元，被上诉人负担 538 元。

（七）解说

近几年，随着我国经济体制改革的不断深入和发展，市场竞争尤为激烈，为增强企业活力，提高国营企业在经济大潮中的竞争能力，充分发挥劳动者的积极性和创造性，我国国营企业实行了劳动合同制度，各企业也实行了内部承包经营机制。企业在与劳动者签订劳动用工合同的同时，又与劳动者签订了内部承包经营合同，当劳动者与国营企业因履行、变更或解除内部承包合同发生争议时，往往不习惯于依法保护自身的合法权益，而是擅自离开用工单位另谋他处，从而引起劳动争议，本案即是如此。本案的显著特点在于它不同于其他一般的劳动争议案件,本案劳动合同与内部承包合同独立并存,二案合并审理,因而它既要受劳动法规的调整,又要受《经济合同法》的制约。

国务院关于《国营企业实行劳动合同制暂行规定》第十六条规定:“一方违反劳动合同,给对方造成经济损失的,应当根据其后果和责任大小,予以赔偿。”可见合法的劳动合同一经订立,即具有普遍约束力,当事人一方或双方由于主观过错不履行或不完全履行劳动合同,或者未按规定和未经协商擅自变更或解除劳动合同,应视为违反劳动合同,并应承担违约责任。这种责任既包括经济责任(如违约金、损失赔偿金等),又包括行政责任(如行政处分、解除劳动合同等)。本案原告在解除汽车承包合同后,未与被告协商一致解除劳动合同,即行离开用工单位从事个体运输,实属违约行为,按双方签订的劳动合同之约定,应承担违约责任。一、二审裁决由原告支付违约金处理是正确的,有效地保护了国营企业的合法权益。但本案中原、被告在签订内部承包合同时,未对提前解除合同的正当理由予以界定,原告提出提前解除合同,不能说明原告的行为即为违约,因而不应承担违约责任。一审法院裁决由原告承担违约金5000元实属不当,故二审给予纠正。

(张　勇)

82. 金华市无线电厂诉金翠瑛除名案

(一)首部

1. 判决书字号

一审判决书:浙江省金华市婺城区人民法院(1994)婺民初字第425号。

二审判决书:浙江省金华市中级人民法院(1994)金中民终字第332号。

2. 案由:除名纠纷。

3. 诉讼双方

原告(被上诉人):金华市无线电厂。

法定代表人:韦志强,厂长。

诉讼代理人(一审):沙震定,金华市第二律师事务所律师。

被告(被上诉人):金翠瑛,女,33岁,中外合资金通电子有限公司职工。

诉讼代理人(一审):郭妙玲,金华市联合律师事务所律师。

诉讼代理人(二审):王文盛,金华市联合律师事务所律师。

第三人(上诉人):中外合资金通电子有限公司。

法定代表人(一审):骆家刚,董事长。

法定代表人(二审):王卫星,董事长兼总经理。

诉讼代理人:胡晓,该公司副书记。

诉讼代理人(二审):李庆伟,金华市第一律师事务所律师。

4. 审级:二审。

5. 审判机关和审判组织

一审法院:浙江省金华市婺城区人民法院。

合议庭组成人员:审判长:孙伟庆;审判员:楼小平、吴琅宵。

二审法院:浙江省金华市中级人民法院。

合议庭组成人员:审判长:金三弟;代理审判员:吴超英、高国坚。

6. 审结时间

一审审结时间:1994 年 9 月 12 日。

二审审结时间:1994 年 12 月 15 日。

(二)一审诉辩主张

原告金华市无线电厂诉称:被告金翠瑛原为原告单位职工。1988 年 10 月 20 日,原告与香港 3A 发展有限公司合资成立中外合资金通电子有限公司。同年 12 月,被告与本厂 56 名职工派往金通电子有限公司工作。1993 年 12 月原告单位因工作需要,并征得金通电子有限公司同意,于 1993 年 12 月 21 日、24 日,1994 年 1 月 4 日、1 月 17 日先后四次书面通知被告回原厂上班。被告以其与第三人订有劳动合同为由拒不回厂上班。基于被告连续旷工 23 天的事实,1994 年 1 月 18 日原告作出金无(1994)03 号关于对金翠瑛作出除名处理的决定。被告不服,向金华市劳动争议仲裁委员会提出申诉。金华市劳动争议仲裁委员会裁决原告对被告作出的除名处理决定无效,并裁定由原告承担被告的经济损失。原告不服,诉请法院明断。

被告金翠瑛辩称:被告原是原告单位职工,1988 年 12 月基于原告、被告、第三人三方合意,被招聘到第三人单位工作,并与第三人签订了为期 7 年的劳动合同。原告四次回调通知期间,被告一直在第三人单位上班,不存在旷工事实。原告认定被告连续旷工 23 天,并作出除名决定应为无效。金华市劳动争议仲裁委员会根据国务院《企业职工奖惩条例》规定,裁决原告作出的除名决定无效是正确的,但裁决书中认定被告旷工 10 天与事实不符,请求法院依法予以纠正。

第三人中外合资金通电子有限公司辩称:第三人虽与被告签有劳动合同,现原告因工作需要调被告回原单位,并得到第三人同意,被告拒不执行原告回调通知是无视劳动纪律的行为,原告对被告作出除名处理并无不当。

(三)一审事实和证据

浙江省金华市婺城区人民法院经调查、核实证据,于 1994 年 9 月 7 日公开开庭审理查明:被告金翠瑛原是金华市无线电厂固定职工。1988 年 10 月 20 日,原告与香港 3A 发展有限公司合营,投资成立中外合资金通电子有限公司。同年 12 月,原告将本厂 56 名职工(包括被告)派去第三人单位工作。1992 年 8 月 31 日,第三人根据国务院国发(1980)199 号《中外合资经营企业劳动管理规定》和浙江省《中外合资经营企业劳动人事管理条例》的规定,与被告等 20 余名聘用人员签订自 1992 年 8 月 31 日至 1999 年 8 月 31 日止为期 7 年的劳动合同。合同规定有"任何一方解除合同,必须提前一个月通知对方,未经对方同意,自行解除合同给对方造成损失的,应予赔偿"等内容。1993 年 11 月,原告要求被告腾出住房,被告以其住房面积尚未达到标准而拒退。同年 12 月 21 日,原告以被告违反房改政策为由发函给第三人,要求调回被告,并提出对被告不作考勤记录,停止其工作。嗣后,原告又先后三次发函,通知被告回原单位报到,并在 1994 年 1 月 17 日通知中明确告诉被告在当日下午 4 时 30 分以前来厂部报到,逾期责任自负。第三人接到原告通知后,在 1993 年 12 月 21 日通知上签署意见:同意无线电厂意见。被告以其与第三人之间订有劳动合同,在第三人尚未终止、解除劳动合同之前,原告无权抽调被告回原单位为由拒绝回厂报到。原告因被告拒不执行回调通知,于1994年1月18日作出金无(1994)03号关于对金翠瑛作出除名处理的决定。被告在原告作出除名决定期间仍在第三人单位上班。第三人对被告不作考勤记录,不安排工作,并于1994年1月停发了被告的工资。经查,被告每月工资为252.72元。1994年3月17日,被告向金华市劳动争议仲裁委员会提出申诉。金华市劳动争议仲裁委员会经审理,于1994年5月16日作出金市劳人仲(1994)裁字第005号裁决:金华市无线电厂金无(1994)03号关于对金翠瑛作出除名处理的决定无效;金翠瑛自1994年1月至5月15日止共损失应发工资1158.84元,除承担10天旷工的经济损失外,其余1057.84元由金华市无线电厂负责补偿。原告不服裁决,于1994年5月30日向金华市婺城区人民法院提起诉讼。

上述事实有以下证据证明:

1. 金华市无线电厂与香港3A发展有限公司合营投资成立中外合资金通电子有限公司签订的合同。

2. 中外合资金通电子有限公司与金翠瑛于1992年8月31日签订的劳动合同。

3. 金华市无线电厂先后四次通知金翠瑛回厂的原始函件。

4. 中外合资金通电子有限公司提供的考勤表证实自1994年1月1日起对金翠瑛未作出勤记录。

5. 中外合资金通电子有限公司提供的工资名册证实金翠瑛1993年12月实发工资为252.72元;同时证实1994年1月金翠瑛在工资名册上已被删除。

6. 金华市无线电厂于1994年1月18日作出金无(1994)03号关于对金翠瑛作出除名处理的决定的原件。

7. 金华市劳动争议仲裁委员会1994年5月16日作出的金市劳人仲(1994)裁字第005号裁决书。

(四)一审判案理由

1. 被告与第三人签订的劳动合同有效,依法应予保护。《中外合资经营企业劳动管理规定》第二条规定:“合营企业职工的雇用、解除和辞职,生产和工作任务,工资和奖惩,工作时间和假期,劳动保险和生活福利,劳动保护,劳动纪律等事项,通过订立劳动合同加以规定。”劳动合同是合资企业与职工形成劳动关系的依据,双方必须严格执行,任何一方不得擅自变更和解除。劳动合同一经签订即具有法律约束力。

2. 原告对被告作出的除名决定是超越权限的无效行为,从行为开始就不具有法律效力。劳动关系的确立是基于劳动合同。被告虽原为原告单位职工,自被派到第三人单位后,与第三人订立了劳动合同,被告与原告之间原劳动关系因原告、被告、第三人之间合意而发生转移,形成新的劳动关系。而除名是依据国务院《企业职工奖惩条例》规定,对本企业职工违反劳动纪律,无正当理由达到法定旷工期限的一种处理形式。随着被告与第三人劳动合同的订立,原告丧失处罚前提,所作出的除名决定对被告就不具有法律效力。

3. 第三人不履行劳动合同,依法应承担民事责任。第三人与被告签订的劳动合同是经双方合意成立的,在没有变更或解除劳动合同之前,被告与第三人所形成的劳动关系受法律保护,被告在第三人单位享有劳动权利和工资福利待遇。第三人无视劳动合同,擅自停止被告工作,上班不考勤和停发工资的行为,剥夺被告依法享有的劳动权利和劳动应得的报酬,均属违反劳动合同的行为。由此造成被告的经济损失应依法承担民事责任。

（五）一审定案结论

金华市婺城区人民法院根据《中华人民共和国企业劳动争议处理条例》第三十条和国务院《企业职工奖惩条例》第十八条及浙江省《中外合资经营企业劳动人事管理条例》第九条、第十条之规定，判决：

1．撤销金华市无线电厂所作出的金无（1994）03 号关于对金翠瑛作出除名处理的决定。

2．金翠瑛自 1994 年 1 月至 9 月共损失应发工资计 2274.48 元，由中外合资金通电子有限公司负责补偿，由金华市无线电厂负连带补偿责任，于本判决生效后即给付。

本案受理费 30 元，由金华市无线电厂负担 20 元，由中外合资金通电子有限公司负担 10 元。

（六）二审情况

1．二审诉辩主张

上诉人中外合资金通电子有限公司诉称：（1）上诉人与金翠瑛签订的劳动合同没有依照程序送有关部门鉴证和备案，应为无效。（2）上诉人与金翠瑛所订合同即使有效，由于金翠瑛在上诉人单位工作期间有违纪行为，上诉人完全有理由单方解除劳动合同。（3）上诉人同意金华市无线电厂的意见，并停止金翠瑛的工作、停发其工资的行为，说明双方劳动关系已被解除。原审判决由上诉人承担民事责任与事实不符。

被上诉人金华市无线电厂辩称：（1）中外合资金通电子有限公司的中方投资者是金华市无线电厂，金翠瑛是本厂派往上诉人单位工作的职工，其人事和工资升级档案手续仍由本厂保管和办理，本厂对金翠瑛有调回的决定权。（2）金翠瑛在上诉人单位工作的期限应由无线电厂与上诉人协议确定，金翠瑛背着无线电厂与上诉人签订了劳动合同，对无线电厂没有约束力。（3）金翠瑛自 1993 年 12 月 21 日至 1994 年 1 月 17 日已连续旷工 23 天，金华市无线电厂对金翠瑛作出除名处理并无不当，请求二审法院依法撤销一审法院判决，维护企业的处理决定。

被上诉人金翠瑛辩称：（1）上诉人与金翠瑛签订的劳动合同未送有关部门鉴证、备案的责任在于上诉人。（2）原判对 1994 年 9 月以后至判决生效时止金翠瑛的经济损失未予处理欠当。

2．二审事实和证据

二审法院肯定了一审法院认定的事实和采纳的定案证据。

3．二审判案理由

（1）劳动合同未送有关部门鉴证、备案的责任应由上诉人负责。浙江省《中外合资经营企业劳动人事管理条例》第九条第三款规定："合同的标准文本应报企业主管部门和企业所在地的市、县（区）劳动人事部门备案。上述部门对合同的执行情况应分别进行监督、检查。"依据规定，上诉人与金翠瑛签订的劳动合同应当报送所在地的劳动人事部门鉴证和备案，其目的是为了审查劳动合同的合法性。从本案看，金翠瑛只是从中方企业被聘用到合资企业的普通职工，并按规定与上诉人自愿签订了劳动合同，合同内容不违背国家的法律、法规和政策，应确认合同的有效性，且合同的报送属上诉人负责。上诉人以合同未送有关部门鉴证、备案，推卸应负的工作之责，否认合同的有效性，其主张依法不予支持。

（2）《中华人民共和国民法通则》第一百三十条规定："二人以上共同侵权造成他人损害的，应当承担连带责任。"由于上诉人擅自停止金翠瑛工作、停发工资的行为和金华市无线电厂越权处理的行为，均侵犯了金翠瑛的劳动权利，并造成经济损失，依法应予赔偿。原审法院确认由中外合资金通电子有限公司负赔偿责任，由无线电厂负连带责任，是基于劳动关系的对等性而确认的，是妥当的；但在判决中对金翠瑛1994年9月至本案生效时止的经济损失未予考虑欠妥；未能适用《民法通则》有关条款，应依法予以纠正。

4. 二审定案结论

浙江省金华市中级人民法院依据《中华人民共和国民法通则》第一百一十一条、第一百一十二条、第一百三十条、第一百三十四条第一款第（七）项和《中华人民共和国民事诉讼法》第一百五十三条第一款第（一）项、第（二）项的规定判决：

（1）维持金华市婺城区人民法院（1994）婺民初字第425号民事判决第一条及诉讼费部分。

（2）撤销金华市婺城区人民法院（1994）婺民初字第425号民事判决第二条。

（3）由中外合资金通电子有限公司给付金翠瑛自1994年1月至判决生效执行日止每月按252.72元计算的经济损失。金华市无线电厂负连带赔偿责任。

本案二审诉讼费50元，由中外合资金通电子有限公司负担。

（七）解说

本案诉争的焦点是金华市无线电厂对金翠瑛有没有除名权，即除名的适用范围和效力问题。国务院《企业职工奖惩条例》第十八条规定："职工无正当理由经常旷工，经批评教育无效，连续旷工时间超过15天，或者一年以内累计旷工时间超过30天的，企业有权予以除名。"也就是说，企业给予职工除名处理的适用范围必须同时符合三个条件：（1）无正当理由经常旷工；（2）经批评教育无效；（3）连续旷工超过法定期限。笔者认为，企业对职工除名处理除了上述三个条件以外，还应符合两个前提条件：第一，属本企业职工；第二，企业与职工之间具有劳动关系。从立法本意来看应包括上述前提条件。应该说只有同时符合除名处理适用范围所必须具备的条件和前提条件，企业才能行使此项权利。从本案审查情况来看，被告原是原告单位的职工，随着原告与香港3A发展有限公司的合资经营，成立了中外合资金通电子有限公司（第三人），被告从原无线电厂被招聘到第三人单位工作，嗣后又与第三人订立了为期7年的劳动合同。被告与原告之间原来所形成的劳动关系随着被告被聘用、与第三人订立劳动合同而发生了转移，被告与第三人之间所形成的新劳动关系替代了原劳动关系。被告只与第三人形成对等关系。而原告仍以被告为本厂职工，在既不发生劳动关系，又不存在旷工事实的情况下，仅凭被告不执行其回调通知，作为被告旷工23天的依据，并对被告实施了除名处理。这既不符合国务院《企业职工奖惩条例》第十八条关于除名处理所必须具备的条件，又不具备除名所需的前提条件，同时又侵犯了职工的正当劳动权利。显然，原告的除名决定不具有法律效力。第三人对原告滥用职权的行为非但未予制止，反而对原告提出停止被告工作、不作考勤的要求给予认可，并从1994年1月起停止被告工作，停发被告的工资，侵犯了工人的权利。劳动合同是企业与职工双方在自愿平等、协商一致的基础上订立的，职工虽属被雇用或聘用，但其权利、义务与企业具有对等性。第三人和原告的行为对被告构成共同的侵害结果，对所造成的经济损失理应承担连带赔偿责任。

（金三弟　吴超英）

83. 重庆爱福苎麻纺织厂诉罗正毅等职工送培合同案

（一）首部

1. 判决书字号：四川省重庆市南岸区人民法院(1994)南民初字第1154号。

2. 案由：职工送培合同纠纷。

3. 诉讼双方

原告：重庆爱福苎麻纺织厂。

法定代表人：邹翠玲，厂长。

诉讼代理人：刘志群，重庆市法正律师事务所律师。

诉讼代理人：郑光明，该厂劳动人事科科长。

被告：罗正毅，男，26岁，汉族，重庆市人，无业。

被告：罗元德，男，55岁，汉族，重庆市人，干部。

被告：胡昌容，女，50岁，汉族，重庆市人，退休干部。

4. 审级：一审。

5. 审判机关和审判组织

审判机关：四川省重庆市南岸区人民法院。

合议庭组成人员：审判长：马远树；代理审判员：彭卫、刘小川。

6. 审结时间：1994年12月9日。

（二）诉辩主张

1. 原告诉称：我厂于1987年8月9日与罗正毅签订了职工送培合同后，将罗正毅送往上海纺织公司职工大学麻纺专业学习3年，但罗正毅违反"毕业后须回厂工作20年以上"的合同规定，于1992年擅自离厂。现要求罗正毅赔偿我厂为其学习支付的学费、差旅费、工资等经济损失。罗元德、胡昌容是担保人，应承担连带责任。

2. 被告辩称：原、被告签订的职工送培合同属实，罗正毅毕业后，按合同规定回厂，担任了车间的设备管理干部，工作表现较好。自1992年2月起，原告借口罗正毅管理松懈，对自己要求不严，将其下放当机修工，致罗正毅被迫离厂，至今仍等候原告通知回厂。罗正毅并无违约行为，故不同意赔偿损失，担保人也不负连带责任。

（三）事实和证据

重庆市南岸区人民法院经公开审理查明：1987年3月20日，重庆爱福苎麻纺织厂职工罗正毅向本厂提出申请，要求报考上海纺织公司职工大学。1987年3月23日，重庆爱福苎麻纺织厂批准了该申请并于同年8月19日与罗正毅签订了职工送培合同。合同约定：甲方(重庆爱福苎麻纺织厂)将乙方(罗正毅)送上海纺织公司职工大学麻纺专业学习，学制3年；学习期间的学费、差旅费及正常的工资福利由甲方负担；乙方毕业后，须回甲方工作20年以上，否则不办理任何调离手续，若擅自离厂，3年的学费、差旅费、工资由乙方赔偿甲方，乙方无力赔偿的，由乙方担保人罗元德、胡昌容负连带责任。合同经甲、乙双方及乙方担保人罗元德、胡昌容(罗正毅父母)签字并由重庆市南岸区公证处公证。1987 年 9 月,罗正毅如期到上海纺织公司职工大学学习,1990 年 7 月罗毕业后,回重庆爱福苎麻纺织厂任车间设备管理干部。因罗正毅对下属管理不严,重庆爱福苎麻纺织厂于 1992 年 3 月将其下放车间当机修工半年。这期间,罗要求自己不严格,厂方决定再延长半年。罗对此不满,自 1992 年 10 月 17 日起未到厂上班。1993 年 6 月,爱福厂通知罗正毅回厂上班,因罗正毅要求恢复原设备管理干部的职务未获厂方同意,罗至今仍未回厂。1993 年 7 月 27 日,经重庆爱福苎麻纺织厂厂务会决定,以爱福麻(1993)字第 076 号文件对擅自离厂的罗正毅作为自动离职处理。罗正毅 3 年学习期间的费用有:1. 学杂费 3980 元;2. 差旅费 378.14 元;3. 工资 2955 元(包括国家政策性补贴 1168.40 元),三项共计 7313.14 元。

上述事实有下列证据证明:

1. 原、被告签订的职工送培合同。

2. 重庆市南岸区公证处(1987)渝南证字 582 号公证书。

3. 罗正毅学习期间由重庆爱福苎麻纺织厂提供的学杂费、差旅费及工资清单。

4. 重庆爱福苎麻纺织厂爱福麻(1993)字第 076 号文件关于对罗正毅的处理决定。

(四)判案理由

1. 原、被告签订的职工送培合同有效。合同是当事人之间设立、变更、终止民事关系的协议,《中华人民共和国民法通则》第八十五条规定,依法成立的合同受法律保护。本案当事人签订的职工送培合同符合上述法律规定,应确认为有效合同。

2. 被告罗正毅应承担违约责任。合同一经有效成立,即对合同双方产生约束力,合同双方都应依照合同履行各自的义务,否则就要承担相应的违约责任。在本案中,原告按约履行了送被告罗正毅进修 3 年的义务,而被告罗正毅毕业回厂仅工作 2 年,便以各种理由拒绝上班达 9 个月,致使原告作出“按自动离职”处理的决定。当罗正毅与原告发生矛盾时,不是通过正常渠道和途径(如向主管机关请求解决或申请复议)来反映自己的意见,而是采取消极态度——拒绝上班进行抵触,其行为违反了“毕业后必须回厂工作 20 年以上”的合同约定,应承担违约的全部民事责任。

原告要求罗正毅返还学习期间的学杂费、差旅费、工资等诉讼请求,符合《中华人民共和国民法通则》第一百一十一条规定,应予支持。

3. 被告罗元德、胡昌容应承担连带责任。经审理,在确认合同有效,被告罗正毅违约,应承担违约的民事责任之后,作为罗正毅的担保人,罗元德、胡昌容无疑应依法负连带责任。

(五)定案结论

原告重庆爱福苎麻纺织厂与被告罗正毅签订的职工送培合同为有效合同。原告已按合同履行了全部义务,被告罗正毅违反合同规定,承担违约的民事责任,返还原告支付的 3 年学习期内的一切费用。对此,担保人罗元德、胡昌容亦应承担连带责任。

重庆市南岸区人民法院根据《中华人民共和国民法通则》第一百零六条第一款、第一百一十一条、第八十九条第一款第(一)项,作出如下判决:

由被告罗正毅返还原告重庆爱福苎麻纺织厂学杂费、差旅费、工资共计 5479 元(在本判书生效后 10 日内付清);若罗正毅没有按期履行清偿义务,由被告罗元德、胡昌容承担连带清偿责任。

诉讼费 250 元,由被告罗正毅负担。

(六)解说

1. 本案的案由确立

本案不同于普通的合同纠纷,其特殊性表现在纠纷起因系履行劳动合同所致。从本案看,原、被告之间存在着两层劳动关系,罗正毅在培训前系重庆爱福苎麻纺织厂职工,双方本身就存在着劳动关系,后又通过签订职工送培合同,此书面形式使彼此的权利、义务进一步明确化、具体化。可以说,职工送培合同是对原、被告之间既已形成的劳动关系的补充和延续,由此,可以确认职工送培合同是劳动合同。劳动合同指劳动者与用人单位确定劳动关系,明确双方权利、义务的协议。因劳动合同发生的争执,属劳动争议案件的范畴。但在案由的确立上,不能笼而统之称为劳动争议,根据案件的性质和具体情况将本案案由确定为职工送培合同纠纷。

2. 本案的法律适用

本案虽属劳动争议案件范畴,但当事人争执的焦点并非原告的处理决定是否恰当,而是被告的行为是否违反合同约定,应否承担违约责任。故适用法律时,应当依照《中华人民共和国民法通则》有关合同的一般性规定予以判决。

3. 本案的诉讼当事人

民事诉讼中的当事人,是指因民事权利义务发生争议,以自己的名义到人民法院起诉、应诉,并受人民法院裁判文书约束的利害关系人。一般情况下,当事人包括原告、被告和第三人。当事人的确定与案件的实体审理有着密切联系,因而在诉讼中尤为重要。本案的合同担保人罗元德、胡昌容在诉讼中应担任什么角色?是第三人还是共同被告?对此,《最高人民法院关于适用〈中华人民共和国民事诉讼法〉若干问题的意见》作了明确规定:因保证合同纠纷提起的诉讼,债权人向保证人和被保证人一并主张权利的,人民法院应当将保证人和被保证人列为共同被告。据此,担保人罗元德、胡昌容应作为共同被告,承担因被告罗正毅违约所致的连带责任。

(陈晓宇)

84. 漳州市邮电局诉陈新劳动争议案

(一)首部

1. 判决书字号

一审判决书:福建省漳州市芗城区人民法院(1994)芗民初字第68号。

二审判决书:福建省漳州市中级人民法院(1994)漳民终字第242号。

2. 案由:劳动争议。

3. 诉讼双方

原告(被上诉人):漳州市邮电局。

法定代表人:杨锦炎,局长。

诉讼代理人:郑宝恋,女,该局干部。

诉讼代理人:周仰宁,漳州市经济律师事务所律师。

被告(上诉人):陈新,女,1966年9月20日出生,汉族,漳州市邮电局职工。

诉讼代理人:朱开明,男,漳州一中教师。

诉讼代理人:江学守,漳州市律师事务所律师。

4. 审级:二审。

5. 审判机关和审判组织

一审法院:福建省漳州市芗城区人民法院。

合议庭组成人员:审判长:卓永川;审判员:吴水河;代理审判员:许丽琼。

二审法院:福建省漳州市中级人民法院。

合议庭组成人员:审判长:刘毅勤;审判员:李建国、张安宝。

6. 审结时间

一审审结时间:1994年6月23日。

二审审结时间:1994年10月31日(二审收到一审卷时间为8月15日)。

(二)一审诉辩主张

1. 原告诉称:被告陈新作为复核员在当班期间没有尽职尽责,与顾客发生争吵,并辱骂顾客,事后认错态度不好,严重违反劳动纪律。我局邮政科用通报对其作出三项处理决定是正确的,漳州市劳动争议仲裁委员会予以撤销不当,请求维持通报。

2. 被告辩称:我已按操作规程进行复核,与顾客口角是因顾客先开口骂人,原告的《通报》缺乏事实依据和法律依据,请求驳回原告的诉讼请求,维持漳州市劳动争议仲裁委员会的仲裁决定。

(三)一审事实和证据

漳州市芗城区人民法院审理查明:1993年8月12日上午,顾客张凤仪到漳州市邮电局存100元电话费,因微机色带不明,存折上未显示出数字,陈新作为当班复核员未经认真核对便将存折交给顾客张凤仪,张当即提出疑问,陈新答复没错。营业员黄越华闻知,用钢笔在存折上描上相应数据。张凤仪见状便质问陈新,陈新态度不好,引起双方口角,争吵中张凤仪骂了陈新,陈新接着回骂,张凤仪为此向市邮电局领导投诉,要求处理。有关领导当即找到陈新,令其当面向张赔礼道歉,陈新没有表态。当晚陈新所在的储蓄组开会讨论此事,陈新不承认有错。此后邮政科领导多次找陈新谈话并要求其写出书面检查。陈新没写,直到8月17日写了一份"关于前段在储蓄组工作几点问题说明",依然没有认错。据此,邮政科经科务会研究并报分管副局长同意,于8月19日作出"关于陈新同志服务态度恶劣的通报",决定对陈新:(1)通报批评;(2)扣罚第三季度奖金;(3)责令其立即改正对用户的态度,在3日内停职作出深刻的书面检查,停职期间到书面检查交科之前,只发生活费。陈新接到通报后,于9月2日、9月6日分别写了一份"自我认识"、"自我检查",依然没有认错。10月13日,陈新以通报剥夺其劳动权利、劳动报酬等向漳州市仲裁委员会申请仲裁。1994年1月18日仲裁委员会裁决:撤销通报,对通报中的不实之词予以纠正;责令邮政科补发陈新1993年9月到1994年1月应得工资、各种福利待遇及补发1993年以前应得奖金、各种福利待遇;责令邮电局承担陈新住院期间护理费和到省邮电局上访等费用450元。1994年1月25日,市邮电局以仲裁决定书歪曲事实、超越职权范围、显失公正为由向法院起诉。

上述事实有下列证据证明:

1. 顾客张凤仪的证言及电话费存折。

2. 营业员黄越华及 8 月 12 日当天事发时知情的邮电局领导、职工的证言。

3. 邮政科、储蓄组的会议记录本。

4. 陈新写的材料,邮电局的通报,仲裁决定书。

(四)一审判案理由

陈新在工作中没有尽职尽责,出现工作差错,在顾客指出其错误时不虚心接受,还与顾客争吵、辱骂顾客,违反了劳动纪律,在群众中造成很坏的影响,其所属科室为维护企业声誉,强化企业内部管理,帮助教育职工端正服务态度,提高服务质量,依照邮电部门的有关规定,对其进行内部批评教育和予以适当的经济处罚,处理决定有理有据,应予支持。

(五)一审定案结论

根据有关劳动政策法律、法规、规章的规定,判决:

维持漳州市邮电局邮政科于 1993 年 8 月 19 日所作的《关于陈新同志服务态度恶劣的通报》中的处理决定。

(六)二审情况

1. 二审诉辩主张

陈新上诉称:上诉人是在顾客先开口骂人的情况下回骂顾客的,事后已登门向顾客赔礼道歉,取得顾客谅解,邮政科领导却抓住这件事不放,作出内容严重失实、处理错误的通报,原审予以维持不当,认定事实片面,于法无据。请求撤销原判,维持仲裁决定。

漳州市邮电局答辩称:陈新对自己的错误不仅不承认,还责怪同事和领导,在群众中造成极不良的影响,有损企业的信誉和形象,其所在科室沿用通报的形式对陈新予以适当处罚是企业行使内部管理职能的手段,通报内容属实,处理决定符合国务院、劳动部、邮电部及省、市邮电局的有关法律、法规和规章,是合法有效的,应予维护。

2. 二审事实和证据

二审法院确认一审法院认定的案件事实和采纳的定案证据,补充了以下几点:

(1)陈新在事发后第三天即 8 月 14 日登门向张凤仪赔礼道歉,但在单位坚持不认错。

(2)陈新在 8 月 17 日写的"关于前段在储蓄组工作几点问题说明"中,不仅不认错,还责怪组长和同事,甚至将事发时不在场的组长说成"不是从正面教育我,而是叫顾客去向上级反映,来闹事"。

(3)9 月 9 日陈新因胎儿宫内窘迫住院,同日写出"陈新在住院中要说的几句话",将住院原因归咎于科领导对其"迫害"所致。

(4)邮政科 1993 年 1 月《邮政科职工内部考核分配暂行办法》,其中有"……停职检查期间只发当事人生活费(基本工资不含邮电服务、岗位技术奖励)"的规定。

(5)通报后,除正常需扣的工会费、保险费及 12 月份扣病事假 111.30 元外,邮电局实际上并未扣陈新的款,但陈新一直不去领取。

(6)邮政科采用通报这一形式对职工予以批评处罚并非首次,而是沿用了过去一贯的做法。

上述事实有张凤仪证言、陈新陈述及所写的书面材料、邮政科对职工内部考核的暂行办法、陈新工资单等为据。

3. 二审判案理由

上诉人陈新在上班时间没有尽职尽责,导致工作差错,当顾客向其指出时又不虚心接受，还回骂顾客，该行为已违反了劳动纪律，损害了企业的形象和信誉，更严重的是，事发后陈新在单位不但不认错，反而责怪他人，在群众中造成极不良的影响，其所在科沿用通报的方式对陈新予以批评教育是企业行使正当的内部管理职能的表现，也是帮助、挽救陈新并以此教育广大职工端正服务态度进一步提高服务质量的需要。该通报尽管有些地方措词不妥，把“基本工资”表述为“生活费”不当，但内容属实，实际处理符合《中华人民共和国全民所有制企业转换经营机制条例》第十七条、第十九条，劳动部《关于进行岗位技能工资制试点工作的通知》第四条、第六条等法律条文及邮电部和省、市邮电局的有关规定，应予维持。

4. 二审定案结论

根据所认定的事实、证据和上述判案理由，依照《中华人民共和国民事诉讼法》第一百五十三条第一款第(一)项的规定，判决：

驳回上诉，维持原判。

(七)解说

本案是一起因职工违反劳动纪律后不认错，被所在单位通报批评而引发的劳动争议案。事情的起因很小，经过也不复杂，但在当地有着较大的反响。其焦点主要为：陈新是否有错；在陈新已登门向顾客赔礼道歉的前提下，是否有必要对其通报批评；通报的形式和内容是否合法。

根据岗位责任制的要求，作为复核员的陈新在当班期间未能复核出营业员操作的失误，这本身就属失职。当顾客质疑时，陈新的态度又不好，由此激怒了顾客。顾客先开口骂了陈新，这固然是不对的，但陈新接着回骂，扩大了事态，在同事和群众中造成极不良的影响，严重损害了邮电局的信誉和形象。

那么，是不是已向顾客赔礼道歉，所在单位就不能再对其批评处罚呢？回答是否定的。因前者是陈新个人的行为，后者是企业行使内部管理职能的表现，二者不能相互替代。特别应看到的是：事件的发生是在公开场合，事发后陈新在公开场合及其所写的书面材料中，不仅坚持不认错，还责怪他人，引起邮电局广大职工的强烈不满。说明其登门道歉并非真诚认识错误，而仅仅是为了“私了”。在这种情况下，如果企业不采取一定的措施，就会降低威信，不利于教育广大职工端正服务态度，提高服务质量。

关于通报的合法性问题，在《全民所有制企业转换经营机制条例》和劳动部《关于进行岗位技能工资制试点工作的通知》中，规定了企业有权“择优上岗，实行合理的劳动组合”；有权根据职工的劳动情况决定工资、奖金的分配档次，“真正做到职工工资随企业效益好差和本人劳动贡献大小浮动”，“把职工工资收入切实同其劳动实绩紧密联系起来”；邮电部、省、市邮电局还规定了具体办法。漳州市邮电局邮政科所作出的扣发陈新奖金，对其错误通报批评及停职写出书面检查等三点决定是有法律、规章为据的。采用通报这一形式对职工进行奖惩也是该局邮政科的一贯做法，亦无可厚非。不足之处在于：通报的文字表述有部分措词不妥，将“基本工资”表述为“生活费”不当。从《邮政科职工内部考核分配暂行办法》的规定看，邮政科所讲的生活费实际是指基本工资，但通报所述的内容属实，处理合法，原审法院予以维护、二审法院予以维持原判是正确的。

值得一提的是：漳州市劳动争议仲裁委员会对本案的裁决超出了陈新的申请及邮政科通报的三点决定所涉及的范围，明显超越仲裁的权限，侵害了漳州市邮电局的合法权益，两相对比，人民法院的判决无疑是客观、公正的。

（刘毅勤）

85. 重庆市针织品公司诉万远霞劳动争议案

(一)首部

1. 判决书字号

一审判决书:四川省重庆市市中区人民法院(1994)中区民初字第650号。

二审判决书:四川省重庆市中级人民法院(1994)重民终字第1099号。

2. 案由:劳动争议。

3. 诉讼双方

原告(被上诉人):重庆市针织品批发公司。住所地:重庆市市中区。

法定代表人:王承柯,总经理。

诉讼代理人:任文明,女,重庆华华公司副经理。

诉讼代理人:肖代金,重庆市第一律师事务所律师。

被告(上诉人):万远霞,女,1950年5月28日生,住重庆市南岸区海棠新街27号。

诉讼代理人:王瑞荣,重庆市法大律师事务所律师。

诉讼代理人:赵一岚,重庆市法大律师事务所律师。

4. 审级:二审。

5. 审判机关和审判组织

一审法院:四川省重庆市市中区人民法院。

合议庭组成人员:审判长:高宁;人民陪审员:廖其珍、车俊贤。

二审法院:四川省重庆市中级人民法院。

合议庭组成人员:审判长:祖政国;审判员:彭朴;代理审判员:张明丽。

6. 审结时间

一审审结时间:1994年8月31日。

二审审结时间:1994年12月1日。

(二)一审情况

1. 一审诉辩主张

(1)原告诉称:被告万远霞是原告单位下属华华公司的合同制营业员。1993年9月4日上午,被告等职工在营业店堂内议论单位劳保福利问题,并提出与领导对话。华华公司的主要领导闻知后明确指出,对话可以到办公室来,以免影响店堂内的正常营业秩序。当日下午2时30分,系单位上下班职工交换班时间,被告又鼓动下班职工不走,在店堂内造成上下班职工相互聚集议论,引起店堂内秩序混乱达半小时以上,单位营业额和声誉都受到影响。被告万远霞在此过程中起了挑动和组织职工的作用。根据被告万远霞的表现,华华公司依照单位职代会通过的规章制度,于同年9月9日对被告万远霞作出了下岗处理的决定。后被告万远霞不服单位处理,于同月底向重庆市市中区劳动争议仲裁委员会申请仲裁。原告认为该仲裁认定事实错误,适用法律不当。现起诉到法院,要求撤销仲裁裁决,维持华华公司对被告万远霞下岗处理的决定。

(2)被告辩称:1993年9月4日,职工在上班时自发地议论单位福利问题,被告代表职工群众要求与单位部门负责人对话是正常的。对于店堂工作秩序出现混乱,营业受到影响,被告并没有起挑动和组织作用,不能将部门负责人与个别职工在店堂内发生争吵的责任推由被告承担。单位借此以被告"违反公司管理制度,擅自终止工作,严重影响正常工作秩序"为由,追究被告的责任,对被告作出下岗处理的决定是错误的。被告向劳动争议仲裁委员会申请仲裁是行使权利,仲裁裁决是正确的。对重庆市针织品批发公司的诉讼请求,要求依法驳回。

2. 一审事实和证据

重庆市市中区人民法院经审理查明:被告万远霞系原告重庆市针织品批发公司下属的华华公司的合同制工人。1993年9月4日,被告万远霞与其他职工上班后议论单位的劳保福利问题,以被告万远霞为代表要求与承包负责人对话,因承包负责人当日在外进货未按时赶回单位,被告所在部门的其他负责人请示华华公司主要负责人后,对被告万远霞等人做工作并言明要对话可到公司办公室去,不能在营业店堂,被告万远霞等仍坚持在华华公司七楼(饭堂)与领导对话。下午2时30分,正值单位上下班人员交接时间,被告万远霞又动员下班的职工不要走,致使下班人员未离开店堂,且有部分上班人员离开营业柜台,在店堂内聚集互相议论,营业受到影响。至3时30分左右,承包负责人赶回店堂。经劝说,下班职工离开店堂,店堂始恢复正常营业。基于上述事实,原告依据企业职代会通过施行的《三岗制管理办法》第二条第六款的规定,指令其下属华华公司于同月9日以被告万远霞"违反公司管理制度,严重影响公司正常秩序"为由,对被告作出下岗3个月的处理决定。被告万远霞对此处理决定不服,于同月底向重庆市市中区劳动争议仲裁委员会申请仲裁。1994年4月,该仲裁委员会以中区劳仲(1994)8号仲裁裁决书裁决:撤销华华公司对万远霞下岗处理的决定。重庆针织品批发公司不服仲裁裁决,遂起诉来院。

以上事实有下列证据证明:

(1)双方当事人当庭陈述。

(2)原告提交的该公司三岗制管理办法。

(3)重庆市市中区人民法院所作的调查笔录。

(4)重庆市市中区劳动争议仲裁委员会仲裁决定书。

3. 一审判案理由

重庆市市中区人民法院经审理后认为:被告因职工的福利待遇问题,作为职工推举的代表要求同单位领导对话是正确的,但在具体方法上欠妥。被告明知营业店堂就是工作场所,但不听店堂其他负责人的劝解,仍坚持自己的观点。特别是当日下午2时30分是单位职工上下班交接时间,在职工情绪极不稳定的情况下,因被告的语言具有挑动作用,致使下班人员不离开店堂,上班部分人员离开工作柜台,在店堂内聚集互相谈论,造成店堂秩序较为混乱,经营活动不能正常进行,被告对此应负一定的责任。原告依据职代会通过并实施的规章制度对被告作出下岗处理的决定是正确的,并无不妥之处,应予支持。

4. 一审定案结论

重庆市市中区人民法院依据上述事实和证据,作出如下判决:

维持重庆市针织品批发公司下属华华公司1994年9月9日对万远霞作出下岗处理的决定。

案件受理费100元，由万远霞负担。

（三）二审诉辩主张

（1）上诉人万远霞诉称：上诉人的做法在客观上虽有失当之处，但事发当日与店堂承包负责人谈话是事先约定好的，上诉人行使职工的申辩权利并无不妥。单位借故对上诉人作出下岗处理，实际上是剥夺了上诉人的劳动权利，原判所作处理法律根据不足，故请求二审法院撤销原判，依法维护上诉人的合法权益。

（2）被上诉人重庆市针识品批发公司辩称：上诉人万远霞的行为不仅违反了单位的劳动纪律，而且给单位造成了经济损失。原判在事实清楚的基础上，依法所作出的处理是正确的。万远霞的要求没有道理，要求驳回其诉讼请求，维持原审判决。

（四）二审事实和证据

重庆市中级人民法院受理此案后，对该案的事实和证据重新进行了核实和审查，基本事实与一审法院认定一致。另补充查明：1993年2月，重庆华华公司实行内部承包制，该公司三楼职工未发放交通费、误餐费等费用，引起职工意见。同年9月4日，上诉人万远霞与其他职工就单位的劳保福利问题向班组长反映要求与承包人交换意见，经班组长与三楼承包人交涉，承包人同意当天下午2时30分下班后与职工进行对话，但承包人因外出进货未按约定时间赶回单位，致使在场的部分职工情绪偏激。同时，正巧该楼层一部门负责人因考勤与职工发生争吵，店堂内出现混乱，3时10分左右，楼层承包人回店，遂平抑了职工情绪。

（五）二审判案理由

重庆市中级人民法院通过审理，认为：上诉人万远霞等作为华华公司的职工，因劳保福利问题通过正常程序向班组长反映，要求与承包人交换意见，并非无理取闹。上诉人万远霞等职工按承包人约定的时间，下班后等候承包人交换意见，并非纠缠领导。承包人同意并约定谈话时间，但未按约定时间赶回单位与职工对话，且未及时告知店内，引起职工误解和不满，其行为是不妥的，对导致店堂混乱负有一定责任。上诉人万远霞等职工在店堂等候对话过程中，聚集议论亦不应该。总之，引起店堂混乱原因多种，责任分散。为此，华华公司对上诉人万远霞作出下岗处理的决定，依据事实不能成立，处理决定错误。重庆市市中区劳动争议仲裁委员会所作关于撤销华华公司对万远霞的处理决定的仲裁是正确的。万远霞上诉理由成立，应予以支持。原审法院判决事实不清，适用法律不当，应予纠正。

（六）二审定案结论

重庆市中级人民法院依据《中华人民共和国民事诉讼法》第一百五十三条第一款第（二）项、第（三）项的规定，判决如下：

1. 撤销重庆市市中区人民法院（1994）中区民初字第650号民事判决书。

2. 撤销重庆市针织品批发公司下属重庆华华公司1994年9月9日对万远霞作出下岗处理的决定。

一、二审诉讼费共计200元，由重庆市针织品批发公司负担。

（七）解说

本案是一起职工因不服用人单位对其所作下岗决定的劳动争议纠纷。决定职工下岗在我国劳动制度中，是一种特殊的劳动处分手段，它是指暂停职工在一段时间内在用人单位工作的处理决定。一般在下岗期限届满后，下岗职工有权恢复原工作岗位。虽然它不是对职工的辞退，但也属于一种对职工的劳动处分，就此发生的争议属于劳动争议。决定职工下岗虽然在程度上低于辞退职工，但作为一种处分行为，也必须以事实为依据，并充分尊重劳动者的权利。本案原告在向单位负责人反映意见过程中，虽然方式不尽妥当，但尚不足以构成违反劳动纪律的行为，因此，用人单位作出对原告的下岗决定，依据尚不够充分。

（周裕良）

第九篇　知识产权纠纷案例

86. 张绍蓁诉任义伯雕塑著作权案

(一)首部

1. 判决书字号

一审判决书:四川省成都市中级人民法院(1992)成民初字第 10 号。

二审判决书:四川省高级人民法院(1993)川高法民终字第 3 号。

2. 案由:确认著作权。

3. 诉讼双方

原告(被上诉人):张绍蓁,男,49 岁,汉族,现在四川雕塑艺术院工作,住成都市一环路三段四川省轻工厅宿舍 4 幢 26 号。

诉讼代理人(一、二审):吴川渝,成都市大众律师事务所律师。

诉讼代理人(二审):冯子琪,成都市大众律师事务所律师。

被告(上诉人):任义伯,男,55 岁,汉族,现在四川雕塑艺术院工作,住四川省博物馆宿舍。

诉讼代理人(一、二审):孙波,成都市第三律师事务所律师。

诉讼代理人(一审):阎明宪,成都市第三律师事务所律师。

诉讼代理人(二审):秦大雕,四川省经济律师事务所律师。

4. 审级:二审。

5. 审判机关和审判组织

一审法院:四川省成都市中级人民法院。

合议庭组成人员:审判长:邹天福;审判员:冯代明;代理审判员:陆永华。

二审法院:四川省高级人民法院。

合议庭组成人员:审判长:李玲;代理审判员:杨丽、李黎。

6. 审结时间

一审审结时间:1993 年 2 月 12 日。

二审审结时间:1994 年 4 月 7 日。

(二)一审诉辩主张

1. 原告张绍蓁诉称:现坐落在四川省都江堰市的大型户外雕塑李冰像(即李冰父子雕

像）是当时主持四川雕塑艺术院工作的郭长荣指定任义伯在原告的初稿上进行再创作而成的，李冰像应为原、被告双方的合作作品，不应由被告任义伯一人署名。

2. 被告任义伯辩称：李冰像的创作征稿是以个人创作方式进行的，郭长荣要求我和原告张绍蓁合作，但没有合作协议和合作事实。现坐落于都江堰市的雕塑李冰像，是自己独立完成的，不存在与原告张绍蓁合作的问题。

（三）一审事实和证据

成都市中级人民法院经审理查明：张绍蓁、任义伯均系四川雕塑艺术院（简称四川雕院）的雕塑工作者，张绍蓁系副教授，任义伯系教授。1989 年 8 月 18 日，中央领导同志在都江堰市视察工作时，提出在都江堰市建造一座李冰父子雕像。都江堰市文管局根据中央领导指示精神，于同年 8 月 26 日向四川雕院和四川美术学院等单位发出征集李冰父子雕像稿的通知。通知要求小稿为泥塑，交稿截止时间为 1989 年 10 月底。四川雕院即发动创作人员进行创作。张绍蓁和任义伯各自均在同年 9 月下旬完成了初稿。张绍蓁的初稿称 4 号作品，任义伯的初稿称 3 号作品。

4 号作品的初稿人物头部朝向一致，躯干成正侧变化。人物位置：李二郎置李冰左侧，站位明显左高右低。人物重心：李冰偏于左脚，李二郎重心偏右前脚。四肢动态：李冰右臂前挥，两肘舒展，左手置腰带左侧；李二郎左手叉腰，右手握锸柄扛至右肩，下肢成跨步。衣纹：李冰宽袍大袖，开阔舒展；李二郎着长披衫。基座右高左低，山体造型。3 号作品的初稿人物头、颈、躯干朝向一致。人物位置：李二郎置李冰右侧，李冰重心偏右脚，李二郎重心偏左前脚。四肢动态：李冰右臂在前，左臂在后；李二郎右臂在前，左臂拖后，李二郎下肢成前曲半蹲势。李冰袍服下摆，手握竹简；李二郎系围巾，无长披衫，倒拖锸于身后。

1989 年 9 月 28 日，都江堰市文管所（文管局的下属单位）有关人员看了四川雕院的初稿后不满意，并把意见告诉了四川雕院副院长、党支部书记、主持全面工作的郭长荣。郭长荣为使本院作品中标，于同年 10 月 1 日上午用电话通知任义伯，要任义伯在张绍蓁的初稿上进行再创作。对此，任义伯未提出异议。10 月 13 日，郭长荣将建议任义伯在张绍蓁的初稿基础上进行再创作的意见告诉了张绍蓁，张绍蓁最初不同意，经郭长荣做工作，张绍蓁表示同意。尔后，任义伯再创作的雕塑李冰父子像（以下简称 2 号作品），经都江堰市文管所初评并送北京审定入选。入选的李冰父子像除李冰右臂稍高，左臂背于身后，李二郎右手放置右腿上握简，衣纹表面平整、方正，以水平飘动的长披衫代替了锸等外，其余与张绍蓁的初稿相似。该入选作品经放大制作竣工后，仅任义伯一人署名。

对此，张绍蓁以该作品是他与任义伯合作的作品，应由他与任义伯共同署名为由，向成都市中级人民法院提起诉讼。审理中，一审法院走访了全国著名的雕塑家，他们认为，从作品本身看，经任义伯再创作的作品与张绍蓁的初稿没有根本区别，加之任义伯对当时主管领导要他在张绍蓁的初稿上进行再创作未提出异议，因此，入选作品应视为按组织的意见进行再创作的。

上述事实有下列证据证明：

1. 当事人的陈述。

2. 都江堰市文管局征稿通知。

3. 任义伯、张绍蓁各自向法院提供的 3 号、4 号作品的照片。

4. 法院收集的 2 号作品与 4 号作品的比较照片。

5. 部分全国著名雕塑家关于2号作品与4号作品没有根本区别的证言。

6. 郭长荣关于指示任义伯在张绍蓁的4号作品上再创作，任义伯无异议；做张绍蓁思想工作，使张同意任义伯修改张的作品的证言。

7. 四川雕院知情工作人员关于在2号作品送审前后，郭长荣、王兴荣副院长在多次会议上说明2号作品是任义伯、张绍蓁合作作品，任义伯、张绍蓁在场均未提出异议的证言。

（四）一审判案理由

一审法院根据上述事实和证据认为：本案涉及的李冰父子雕塑像系原告和被告的合作作品，原告和被告均为该雕塑像的著作权人。

所谓合作作品，是指两个以上的作者按照约定共同进行创作所取得的成果。创作是直接产生文学、艺术和科学作品的智力活动。衡量一件作品是否合作创作作品，一要看当事人有无共同创作的意思表示；二要看有无共同创作的行为。是否参与作品的构思，包括观点、论据、情节等一系列内容的构思、设想等智力劳动，是认定作品创作者的主要依据。凡是共同参与了作品的创作活动，共同参与了作品内容构思的，都是合作创作作品的作者，享有合作作者的权利，并受法律的保护。根据本案的事实可以确定：

1. 任义伯与张绍蓁在创作李冰父子像雕塑作品的过程中，形成了共同创作的合意。在接到都江堰市文管局的征稿通知后，张绍蓁、任义伯作为四川雕院的创作人员，各自都独立创作了李冰父子雕像的作品初稿，且二人的作品初稿在构图、布局、创作风格等方面迥然不同。鉴于任、张二人的初稿均未达到征稿单位的要求，四川雕院副院长郭长荣为保证本院作品中标，便给任义伯打电话，建议任义伯在张绍蓁作品初稿的基础上进行再创作，任未提出异议；郭将此意见告诉张绍蓁，张最初不同意，但经郭做工作，张同意了由任义伯修改他的初稿。可见，在初稿创作阶段，任、张二人没有共同创作，但在四川雕院领导郭长荣向任、张二人提出合作创作，即由任在张的初稿基础上进行再创作的建议后，二人均同意，这样，任、张二人就合作创作达成了默契，即双方形成了合作创作李冰父子雕像的一致意思表示。本案双方当事人达成的合作创作的合意，并非“组织决定”的结果。在艺术创作中，合作创作只能基于合作者的真实意思表示，单位领导或组织并非合作创作的主体，不能代表作者为合作创作的意思表示，但可以从行政管理的角度向当事人提出合作建议，是否采纳单位领导或组织的合作建议，取决于创作者本人。在本案中，尽管任、张二人事前没有合作创作的意思表示，但在创作过程中，经单位领导提出合作建议，并经任、张二人同意后，任、张二人即形成了合作创作的合意。因此，任、张二人的合作创作，是当事人双方决定的。

2. 中标作品是任、张二人共同创作的结晶。虽然中标作品最后是由任义伯一人完成的，但任是在下述条件下完成的：(1)任、张二人的初稿风格完全不同，初稿完成后，任、张二人相互见过对方的初稿；(2)任义伯创作定稿前（即创作中标作品前），在单位领导郭长荣的建议和撮合下，任、张二人形成了共同创作的一致意思表示。并且，任再创作出的中标作品在整体布局、构图、动势、表现手法等实质性部位均与张的初稿相似，而与任自己的初稿距离拉大。可见，在中标作品中，有张绍蓁的智力劳动成果。故中标作品是任、张二人共同创作的作品。

综上所述，任义伯与张绍蓁在创作李冰父子雕像的过程中，形成了共同创作的一致意思表示，且有共同创作的活动，符合共同创作的主客观要件。故应确认讼争作品为任、张二人合作创作的作品。鉴于双方都有独立的初稿，但定稿创作仅为任义伯一人完成，故合作作者的署名顺序可分创作的阶段表述。

（五）一审定案结论

一审法院根据《中华人民共和国著作权法》第十三条第一款之规定，作出如下判决：

1. 现坐落在都江堰市的雕塑李冰父子像为任义伯、张绍蓁合作创作的作品。

2. 李冰父子像作者署名顺序：初稿设计任义伯、张绍蓁；定稿创作任义伯。鉴于双方均系四川雕院职工，其在李冰父子像基座上变更署名事宜，委托四川雕院于判决生效后2个月内组织实施。费用按任义伯、张绍蓁对该作品所得稿酬比例承担。

案件受理费50元，诉讼活动费4600元，共计4650元，由张绍蓁与任义伯各承担2325元。此款已由张绍蓁垫付，故任义伯应于判决生效后2个月内，将2325元人民币付给张绍蓁。

（六）二审情况

1. 二审诉辩主张

上诉人任义伯诉称：(1)一审判决对2号作品开始创作时间的认定有误。上诉人于9月29日完成了2号作品的构思，由任定勇在30日堆好大泥，10月1日上诉人到工地进行了雕塑细作，郭长荣打电话到工地之前，上诉人已开始了2号作品的创作。(2)一审判决对10月1日郭长荣给上诉人打电话的内容及性质的认定不当。郭的电话内容在性质上只能是郭的个人建议，一审判决中却成了“组织决定”，不合情理。(3)一审判决对郭长荣在10月3日与被上诉人就是否合作的谈话及被上诉人的态度认定有误。事实是郭向被上诉人建议，要他和上诉人“合作搞一件作品”，被上诉人回答：“哪个合作，各做各的。”然后去做2号作品。如果判决认定的事实成立，被上诉人就应将其4号作品交给上诉人，并向上诉人介绍创作意图，以便上诉人修改，但客观上并无上述行为。(4)一审判决将3号、4号作品认定为2号作品的初稿，将2号作品视为3号、4号作品的定稿是错误的。在本案中，无任何事实证明2号作品是3号、4号作品的定稿。(5)一审判决从被上诉人的4号作品与上诉人的2号作品之间存在着的某些相似，去推论2号作品是修改4号作品而产生的合作作品，是混淆了命题招标作品与合作的概念。(6)一审判决将所谓的“组织决定”作为合作合意存在的根据是不能成立的。有效的民事行为只能基于行为人的真实意思表示。“组织指示”不能代替作者为合作的意思表示。总之，上诉人认为一审判决是在事实不清，证据不足，歪曲理解了合作构成的法律要件的情况下作出的错误判决。请求二审法院撤销一审判决，改判确认上诉人对2号作品享有独占的著作权。

被上诉人张绍蓁辩称：(1)上诉人以任定勇9月30日按任义伯的交待堆好大泥之事，推论2号作品构思于9月30日是不能成立的。首先，堆大泥之事缺乏充分的证据，难以认定。其次，即使9月30日堆好了大泥，亦无法反映创作者实质性的艺术构思和细部艺术特点，更不能排除上诉人在接到郭长荣书记电话后改变原有艺术构思而采纳被上诉人初稿之艺术因素。(2)关于郭长荣的电话，实际上是以组织名义向创作当事人进行提议和意见征询。在当事人都表示同意之后，经组织确认而转变为组织决定。(3)关于被上诉人是否接受合作建议的问题，被上诉人从未否认最初不愿合作，但经郭书记劝导，从大局出发，同意了郭书记的合作建议，故对上诉人以被上诉人的初稿为基础的修改未予制止。并且，初稿创作的所有作品均是公开的，上诉人及其他创作人员都可以看到被上诉人的初稿。(4)被上诉人原则上同意一审判决对初稿、定稿的认定，即定稿是在被上诉人初稿基础上的承袭和提高，否则，上诉人最后完成的2号作品即是剽窃、抄袭。(5)本案涉诉作品的合作是阶段性的合作，上诉人最后修改完成的作品在内容上承袭了被上诉人初稿的大量艺术优点和特质，即 2 号作品中凝结着 4 号作品创作者的大量智力创作劳动。故上诉人称被上诉人没有参加创作是毫无根据的。(6)被上诉人认为，郭长荣给任义伯的电话及与张绍蓁的谈话，均是一种建议，达成创作合意的双方主体是上诉人与被上诉人，并非郭长荣强加于人的“组织决定”。总之，被上诉人认为，定稿即 2 号作品主要是吸收和承袭了被上诉人初稿的艺术特点，实属被上诉人与上诉人的合作作品。此外，被上诉人是初稿创作阶段的唯一创作人，望二审法院在审理中予以考虑。

2. 二审事实和证据

二审法院确认了一审法院认定的事实和证据。

3. 二审判案理由

二审法院认为：上诉人任义伯，被上诉人张绍蓁就已采用的李冰父子雕塑作品，即现坐落在都江堰市的李冰父子雕像的创作，事前没有书面合作协议，但该作品系任、张二人各自创作了李冰父子雕像作品（即 3 号、4 号作品）之后，四川雕院负责人郭长荣为保证本院作品中标，决定由任义伯在张绍蓁的 4 号作品基础上进行再创作。该决定是否形成创作活动中的合意，取决于任义伯是否采纳认可，任对此决定并未提出异议，张绍蓁亦同意由任义伯修改再创作。至此，证明任义伯、张绍蓁事实上已默认同意合作创作。且李冰父子雕像采用作品即 2 号作品，与张绍蓁的 4 号作品在整体结构、基本形态、表现手法等实质性部位均相似，仅局部略有不同。该作品同时含有双方的创作行为。据此，双方争议的坐落在都江堰市的李冰父子雕像作品应为任义伯、张绍蓁的合作作品，著作权应归二人共同享有。上诉人任义伯的上诉理由不能成立。原判认定李冰父子像雕塑作品为任义伯、张绍蓁合作作品是正确的，应予维持。关于张绍蓁提出的合作作品的署名顺序问题，如果当事人之间事先有约定，应当依当事人的约定。如果当事人没有约定，确定合作作品的署名顺序，应当考虑合作作品完成的阶段性、连贯性以及共同创作人在共同创作中的地位和作用。本案中，当事人合作作品的创作过程具有连贯性和阶段性的特点。张绍蓁的作品初稿（4 号作品）系张独立创作完成；任经张同意后，通过对张作品初稿的修改，再创作出了中标作品，任的再创作活动也是独立完成的。由于任再创作出的作品与张的初稿有承袭关系，应视为对张绍蓁作品初稿修改后的定稿。一审法院判决作者的署名顺序为“初稿设计任义伯、张绍蓁，定稿创作任义伯”，显然忽略了该合作作品创作过程的连贯性和阶段性，不能客观地体现两位作者在共同创作中的地位和作用。因此，二审法院认为，应将作者署名顺序变更为“李冰父子像作者署名：初稿张绍蓁，定稿创作任义伯”。

4. 二审定案结论

二审法院依照《中华人民共和国民事诉讼法》第一百五十三条第一款（二）之规定，经院审判委员会讨论决定，作出如下判决：

(1)维持四川省成都市中级人民法院(1992)成民初字第 10 号民事判决第一项，即：现坐落在都江堰市的雕塑李冰父子像为任义伯、张绍蓁合作创作的作品。

(2)变更四川省成都市中级人民法院(1992)成民初字第 10 号民事判决第二项为：李冰父子像作者署名初稿张绍蓁，定稿创作任义伯。鉴于双方均系省雕塑院职工，其在李冰父子像基座上变更署名事宜，委托省雕塑院于判决生效后 2 个月内组织实施。费用按任义伯、张绍蓁对该作品所得稿酬比例分担。

二审案件受理费 50 元，诉讼活动费 2000 元，共计 2050 元，由上诉人任义伯负担。

（七）解说

关于合作作品的著作权归属问题，《中华人民共和国著作权法》第十三条规定，“两人以上合作创作的作品，著作权由合作作者共同享有”，但该法及其实施条例未对合作作品的署名顺序作出规定。在实践中，有的合作创作人员虽约定合同创作，但却未对署名问题作出约定；有的被推定为合作创作，其署名顺序亦需合理确定。

如何确定作品的署名顺序，是涉及著作权人权利实现程度的重要问题。如果当事人对署名顺序已有明确约定，当然应尊重当事人的约定，这在审判实践中已形成共识。但于当事人未约定署名顺序的场合下，应当如何合理确定署名顺序，本案二审判决书提供了一种可供借鉴的认定标准，即署名顺序应根据共同创作的特点，根据各共同创作人在共同创作中的地位和作用加以确定。

（杨丽　刘亚林）

87. 邵建章等诉郭友中等侵害著作权案

（一）首部

1. 判决书字号

一审判决书：湖北省武汉市中级人民法院（1992）武民二初字第20号。

二审判决书：湖北省高级人民法院（1994）鄂民终字第90号。

2. 案由：著作权纠纷。

3. 诉讼双方

原告（上诉人）：邵建章，男，37岁，轻工业部武汉设计院翻译。

原告（上诉人）：苑秩伦，男，56岁，武汉科技情报中心翻译公司工程师。

原告（上诉人）：曹放，男，29岁，湖北省科学技术协会干部。

原告（上诉人）：朱仁文，男，50岁，冶金部武汉勘察研究院翻译。

诉讼代理人（二审）：郭锐，中南政法学院教授。

诉讼代理人（二审）：吕忠梅，中南政法学院副教授。

被告（被上诉人）：郭友中，男，61岁，中国人民政治协商会议武汉市委员会副主席。

被告（被上诉人）：李建丰，女，华侨出版社编辑。

诉讼代理人（二审）：高柏森，庹洪绪，湖北省第二律师事务所律师。

第三人：武汉科学技术情报中心。

法定代表人：付抗美，主任。

4. 审级：二审。

5. 审判机关和审判组织

一审法院：湖北省武汉市中级人民法院。

合议庭组成人员：审判长：李晓毅；审判员：童庆才、毛和平。

二审法院：湖北省高级人民法院。

合议庭组成人员：审判长：王淑兰；审判员：张爱阳；代理审判员：伍荣敦。

6. 审结时间

一审审结时间:1994 年 7 月 26 日(经院长批准延长审限期 6 个月)。

二审审结时间:1995 年 1 月 3 日。

(二)一审诉辩主张

原告诉称:1992 年 6 月 20 日武汉出版社出版发行署名为郭友中、李建丰译的文学作品《香梅之路》,实际该书的翻译工作是原告四人与被告及其他人共计十人共同完成的,其著作权应属十人共有,被告在没有得到原告等人同意的情况下,擅自以被告二人的名义发表原告等人翻译的作品,剽窃了原告的成果,侵犯了原告的著作权。根据《中华人民共和国民法通则》第九十四条、第一百三十四条和《中华人民共和国著作权法》第十二条、第四十五条第一款、第二款的规定,请求人民法院依法确认原告等人对《香梅之路》一书享有著作权,判令被告立即停止侵害,公开赔礼道歉,并赔偿经济损失。

被告郭友中辩称:《香梅之路》一书的中文译本系该书原作者陈香梅女士全权委托被告和作家李建丰进行翻译并在中国出版发行。在翻译过程中,武汉科技情报中心负责人付抗美得知被告公务繁忙,时间紧迫,遂主动提出可以帮助翻译一部分。被告因此将尚未翻译的部分原著交给了付抗美,委托其帮助翻译,当时被告已向付抗美说明,科技情报中心所翻译的部分原著,仅是帮忙,不享有署名权。至于科技情报中心负责人把英文原著复印本具体交谁翻译,被告并不知情,被告也不认识原告等人,被告和李建丰的署名,并未侵害原告著作权。

被告李建丰辩称:《香梅之路》一书是郭友中和被告受该书原作者陈香梅女士的委托合作进行翻译的,合作分工是由郭友中尽快译出初稿,由被告对初稿进行修饰、润色,最后统校定稿工作均由郭友中完成。在整个翻译过程中,被告只与郭友中有联系,不认识原告等人,更不存在共同翻译关系。

第三人的法定代表人付抗美在诉讼中述称:在被告郭友中翻译《香梅之路》一书时,由于时间紧迫,本人确实提出过要帮助郭友中翻译该书的一部分,当时郭友中也确实强调过,对所帮助翻译的部分作品不能署名。第三人认为:因郭友中没有正式转交任务,第三人当时只是帮忙,所以既没有正式签订翻译合同,也没有谈报酬问题。后当郭友中把尚未翻译的部分原著复印稿交给本人后,本人就及时转交给了中心所属的翻译公司,翻译公司是当作交给他们的任务,完成了翻译工作。

(三)一审事实和证据

武汉市中级人民法院于 1992 年 11 月 16 日受理此案后,经公开开庭审理查明事实如下:

原告邵建章、曹放、朱仁文是武汉科学技术情报中心所属翻译公司(未登记注册)聘请的翻译人员,原告苑秩伦系翻译公司的工作人员。1992 年元月 2 日湖北省武汉市原副市长郭友中接受美籍华人陈香梅女士赠送的由其所著的回忆录《The Education of Anna》(《安娜的教育》)一书,同日,陈香梅女士书面委托郭友中、李建丰将该书译为汉文,并在中国出版。因要赶在陈香梅女士访武汉前出版,时间很紧,武汉科技情报中心提出可帮助翻译一部分。郭友中同意后,明确表示:只能是帮忙,不能署名。嗣后由武汉科技情报中心拿出该书一部分章节交给所属翻译公司,翻译公司又具体交给原告等人翻译。译完后,由翻译公司将译稿集中交给武汉科技情报中心,然后由该中心交给郭友中。译稿经李建丰修改后定名为《香梅之路》,由武汉出版社发行,并于 1992 年 6 月 11 日起在《武汉晚报》连载刊登。原告邵建章等人从《武汉晚报》上看到该书连载后，发现有些章节系自己所译的，随即提起诉讼。

上述事实有下列证据证明：

1. 证人证言。

2. 原告方提供的部分译稿原件和原告等八人在《香梅之路》(中文版)中所译的节次、页码、页数及字数清单。

3. 被告方提供的陈香梅女士的委托书和该女士送给郭友中英文本《香梅之路》的题字等书证。

(四)一审判案理由

1. 被告郭友中将《香梅之路》一书英文原作的部分章节交给第三人武汉科技情报中心，请其帮助翻译成中文虽属事实，但郭友中事先与科技情报中心负责人付抗美已有明确的口头约定，即翻译稿件只是帮忙，不能署名。

2. 被告与原告之间无委托关系，被告不认识原告，没有共同翻译的合意。

3. 原告等人虽参加了《香梅之路》一书的翻译工作，但原告苑秩伦系科技情报中心的工作人员，其余人员为该中心聘用的翻译人员，其翻译该书的行为应为代表该中心的职务行为。

基于上述理由，被告郭友中、李建丰在《香梅之路》一书中的署名行为，不构成对原告等人著作权的侵害，故不应承担侵权的法律责任。

(五)一审定案结论

武汉市中级人民法院根据《中华人民共和国著作权法》第十七条的规定，作出如下判决：

驳回原告邵建章、苑秩伦、曹放、朱仁文的诉讼请求。

案件受理费200元由原告共同负担。

(六)二审情况

武汉市中级人民法院作出一审判决后，原告邵建章、苑秩伦、曹放、朱仁文不服，向湖北省高级人民法院提起上诉。

1. 二审诉辩主张

上诉人邵建章等四人上诉称：(1)我们起诉指控著作权受侵害，而一审却处理署名权；(2)一审有意混淆了一些人和事之间的关系，有失公正；(3)适用法律不当。请求二审法院：撤销一审判决；确认上诉人对《香梅之路》一书中部分译稿享有著作权；确认被上诉人的侵权行为；判令被上诉人停止侵害，封存已出版的《香梅之路》一书，停止发行，停止再版；判令被上诉人公开赔礼道歉，并赔偿经济损失。

被上诉人辩称：(1)出版《香梅之路》一书，是该书原作者陈香梅女士的书面全权委托；(2)翻译该书与上诉人不存在共同创作的关系；(3)上诉人与被上诉人之间不存在直接民事法律关系；(4)上诉人接受并履行翻译公司交给的代译任务仅是劳务行为，不享有著作权。据此请求二审维持一审判决。

2. 二审事实和证据

湖北省高级人民法院受理此案后，经审理认定，武汉市中级人民法院对此案的主要事实认定属实。

3. 二审判案理由

(1) 被上诉人郭友中应武汉科学技术情报中心主任付抗美的请求，同意将《香梅之路》

一书中的部分章节交给该科技情报中心，请其帮助翻译，事先双方已有明确约定，即所翻译的稿件不能署名；在已有明确约定的情况下，不管该中心把需要翻译的部分书稿交给谁来完成，都不能署名。

(2)上诉人邵建章、曹放、朱仁文均是翻译公司聘请的代译员，虽都参与了该书的部分翻译工作，但其行为是一种劳务行为，只有向翻译公司追索相应报酬的权利；上诉人苑秩伦是翻译公司的工作人员，其翻译行为是职务行为。所以原告等人不能署名，也不能享有对该书的其他著作权。

(3)被上诉人郭友中、李建丰是受陈香梅女士全权委托翻译、出版发行，其二人在该书上的署名行为不构成侵害原告的著作权。鉴于本案的上述情况，邵建章等四上诉人的上诉理由不能成立，武汉市中级人民法院认定事实清楚，证据确实充分，适用法律正确，判决驳回原告的诉讼请求并无不当。

4. 二审定案结论

基于以上理由，湖北省高级人民法院根据《中华人民共和国民事诉讼法》第一百五十三条第一款第(一)项的规定，于 1995 年 1 月 3 日作出终审判决如下：

驳回上诉，维持原判。

一审案件受理费按一审判决执行；二审案件受理费人民币 200 元，由上诉人邵建章、苑秩伦、曹放、朱仁文共同负担。

(七)解说

本案原被告争议的实质性问题是原告等人在事实上翻译了由陈香梅女士所著的《香梅之路》一书的部分章节，对其所译的这部分章节该不该享有著作权的问题，这里既有事实方面的问题，也有法律方面的问题，对此，应从以下几点加以分析和认识：

1. 第三人武汉市科技情报中心的法定代表人付抗美，没有将其主动提出要帮助被告郭友中翻译美籍华人陈香梅女士著的自传《香梅之路》一书部分章节的背景、行为性质及其与郭友中的口头约定向其翻译公司和原告等人交待清楚，是引起此起著作权纠纷的重要原因之一。

(1)原告等人主张对该书(中文版)享有著作权是有其事实根据和法律依据的，从法院查明的事实看，原告等人按期完成了第三人交其的该书部分章节由英文译成中文的翻译任务。根据《中华人民共和国著作权法》第十二条规定，翻译已有作品而产生的作品，其著作权由翻译人享有，但行使著作权时，不得侵犯原作品的著作权。从这一点上看，原告等人既有翻译该书的事实，又有法律依据，在第三人向其布置翻译任务时没有明确交待，原告又不明真相，而被告在该书序言中称该书完全是其在繁忙的工作中“像妇女织毛衣那样，饭前两行，睡前两行，有五分钟就干五分钟，有三分钟就干三分钟”翻译出来的背景下，出于自我保护意识，主张对该书享有著作权，全在情理之中，也是法律意识提高的表现。

(2)关于该书是否系原、被告共同翻译的合作作品问题。我国《著作权法》第十三条规定：“两人以上合作创作的作品，著作权由合作作者共同享有。没有参加创作的人，不能成为合作作者。”据查，在该书中，属四原告翻译的部分占全书的 49%，尽管被告认为是粗译，但毕竟是把英文译成了汉文，在文字上由于原告人的行为，使其发生了质的变化，原告实属参加创作的人，在第三人没有向其说明真相的情况下，原告称其是该书的合作作者，主张与被告共同享有该书的著作权乃在情理之中，因其对该书(中文版)所付出的创造性劳动及其成果是任何人都不能否认的客观事实。

(3)关于委托创作问题，根据我国《著作权法》第十七条的规定："受委托创作的作品，著作权的归属由委托人和受托人通过合同约定。合同未作明确约定或者没有订立合同的，著作权属于受托人。"本案被告郭友中同意让第三人"帮忙"翻译该书的部分章节的行为实属转委托，当时被告郭友中已向第三人言明"只是帮忙，不能署名"的约定，第三人在给翻译公司和原告人交付翻译材料、布置翻译任务时，也没有向其翻译公司和诸原告人讲明"约定"的情节，这就导致原告人认为对其所翻译的部分章节享有著作权，也是顺理成章的。

以上三点是第三人在原、被告之间因协调不周而发生的失误，由此导致著作权纠纷的发生。

2．被告在《香梅之路》(中文版)一书中的署名，并不构成对原告等人著作权的侵害，因署名而引起的纠纷，被告并无法定过错。这是因为该书的原作者陈香梅女士在访问武汉之前，已用书面形式全权委托被告郭友中、李建丰为其该书的中译者，并在中国出版发行中文译本。这个委托实际上是特别授权委托，这种委托具有唯一性和排他性，其唯一性就是该书的中文译者，只限被告二人；其排他性，即除被告二人之外，其他人不得承担该书的中译义务，也不得享有该书中文版译者的署名权和出版发行权。作为翻译和出版发行该书的直接受托人郭友中、李建丰在没有得到委托人事前同意的情况下，也无权将该书的中译任务擅自转委托给其他人来完成，只能由受托人自己亲自办理和完成委托任务，只有这样才能体现出委托人陈香梅女士的真实意思表示和对受托人郭友中、李建丰的信任，被告的转委托行为既是欠妥的，也是无效的。因此，被告人在该书中文版上只署其二人为中译者，是没有过错的。

3．关于原告请求法院确认其对该书享有著作权和要求被告赔偿其经济损失问题。一、二审法院在判案理由中，都仅提署名权，未按原告的请求提著作权，有失本案争议的完整性，不利于纠纷的全面解决。根据我国《著作权法》第十条的规定，著作权包括作者的人身权和财产权，作者的人身权又包括发表权、署名权等；财产权又包括对作品的使用权和获得报酬的权利，而署名权仅是著作权中的一种权利。本案原告等人虽不能享有对该书中译版的著作权，但在事实上已翻译了该书的部分章节，付出了创造性的劳动，四原告除苑秩伦所翻译的部分属职务成果外，原告邵建章、曹放、朱仁文三人与第三人的关系则是聘请与被聘请的劳务关系，他们既然付出了劳动，也理所当然应当获得相应的报酬，事实上在发生著作权纠纷时，三原告并没有获得翻译该书的分文报酬，本应得到的报酬而未得到，这就是三原告的经济损失，故其有权请求赔偿。但本案的原被告之间没有发生直接的权利义务关系，只有第三人才与三原告有直接的权利义务关系，即劳务关系。所以，三原告的经济损失，也只能向第三人索赔，而不能直接向被告索赔，而且这种索赔理由不是基于三原告的著作权被侵害，而是基于三原告在受聘期间翻译了该书的部分章节，付出了实质性劳动。

(郭振声)

88. 徐国庭诉古吴轩出版社等盆景著作权案

（一）首部

1. 调解书字号：江苏省苏州市中级人民法院(1994)苏民初字第52号。

2. 案由：著作权纠纷。

3. 诉讼双方

原告：徐国庭，男，70岁，汉族，苏州市马铁厂退休职工，住苏州市东北街128号。

诉讼代理人：戴主干，苏州市儿童医院退休职工。

被告：古吴轩出版社。

法定代表人：张瑞林，社长。

诉讼代理人：郭建强，该社副社长。

诉讼代理人：徐耀明，该社编务。

被告，郑可俊，男，50岁，汉族，苏州市园林管理局干部，住苏州市玻纤路园林新村东一幢602室。

4. 审级：一审。

5. 审判机关和审判组织

审判机关：江苏省苏州市中级人民法院。

合议庭组成人员：审判长：薛荣林；代理审判员：许小澜、张蓓。

6. 审结时间：1994年12月30日。

（二）诉辩主张

1. 原告诉称：原告制作的雀梅盆景《眉目苍奇》和刺柏盆景《摇清滴翠》于1989年入选第二届全国盆景评比展览，并获全国荣誉证书。被告古吴轩出版社擅自将自己的作品以彩片印刷发行于1995年度挂历的封面及扉页上，侵犯了原告的著作权，要求判令被告停止侵权，赔偿经济损失。

2. 被告辩称：本社所出版的1995年园林与盆景挂历所用部分照片为郑可俊于1993年11月提供，双方订立了协议，明确如发生第三者版权纠纷，由郑可俊负责处理。故原告提出的诉讼请求不能成立。

（三）事实和依据

江苏省苏州市中级人民法院于1994年12月12日受理本案，经公开开庭审理查明：

原告徐国庭系中国花卉盆景协会委员，苏州市花卉盆景研究会副理事长。早在1975年即制作了雀梅盆景《眉目苍奇》和刺柏盆景《摇清滴翠》。1989年为参加第二届全国盆景评比展览，苏州市园林管理局请本单位的业余摄影爱好者郑可俊将原告制作的《眉目苍奇》和《摇清滴翠》两盆盆景拍摄成照片，并将此照片寄至中国花卉盆景协会参赛。原告的两盆盆景均荣获三等奖。1993年古吴轩出版社拟出版1995年《园林与盆景》摄影挂历，请郑可俊提供园林、盆景摄影作品。同年11月，郑可俊未征得原告同意，将其拍摄的原告两盆盆景照片（版片）和其他摄影作品共39幅提供给古吴轩出版社。郑可俊与古吴轩出版社签订了出版95

《园林与盆景》摄影挂历协议书，明确约定如发生与第三者的版权纠纷，由郑可俊负责处理。后古吴轩出版社选用了郑可俊的部分摄影作品，其中包括原告徐国庭的两盆盆景照片，并将该盆景照以新版印刷发行于1995年度《园林与盆景》挂历的封面及扉页上。1994年11月13日原告在苏州市石路新华书店发现古吴轩出版社出版的挂历，其中有其制作的盆景照片。经与古吴轩出版社协商未果，遂向人民法院提起诉讼。

上述事实有下列证据证明：

1. 徐国庭制作的雀梅盆景《眉目苍奇》参加1989年第二届中国盆景评比展览获奖荣誉证书。

2. 徐国庭制作的刺柏盆景《摇清滴翠》参加1989年第二届中国盆景评比展览获奖荣誉证书。

3. 古吴轩出版社出版的1995年度《园林与盆景》挂历。

4. 郑可俊与古吴轩出版社签订的出版95《园林与盆景》摄影挂历协议书。

（四）判案理由

1. 原告制作的盆景是一种艺术作品，应受到我国著作权法的保护。

盆景是一种艺术作品，但在我国著作权法中没有明确的条文规定。《中华人民共和国著作权法实施条例》第四条规定："著作权法和本实施条例中下列作品的含义是：……（七）美术作品，指绘画、书法、雕塑、建筑等以线条、色彩或者其他方式构成的有审美意义的平面或者立体的造型艺术作品。"根据此实施条款，盆景可作为以其他方式构成的有审美意义的立体的造型艺术作品，故原告徐国庭精心制作的雀梅盆景《眉目苍奇》和刺柏盆景《摇清滴翠》是一种具有审美意义、观赏价值的立体的造型艺术作品，原告对此两盆盆景享有著作权，应受到我国著作权法的保护。

2. 被告郑可俊、古吴轩出版社的行为属于侵犯他人著作权的行为，应该承担民事责任。

古吴轩出版社为出版1995年《园林与盆景》摄影挂历，请郑可俊提供园林、盆景、插花等摄影作品。被告郑可俊未征得原告徐国庭的同意，擅自将其拍摄的原告两盆盆景照片（版片）提供给古吴轩出版社制作发行挂历。根据《中华人民共和国著作权法》第四十六条第（二）项之规定，被告郑可俊和古吴轩出版社的行为已侵犯了原告徐国庭享有的著作权。但郑可俊与古吴轩出版社就出版《园林与盆景》挂历提供摄影照片签订了协议，协议第三条约定，"乙方（古吴轩出版社）在使用甲方（郑可俊）摄影作品的过程中，如有发生与第三者版权纠纷，由甲方负责处理"。据此约定，在被告中郑可俊应负侵犯他人著作权的主要责任。根据《中华人民共和国民法通则》第一百一十八条之规定，原告作为著作权人有权要求擅自利用其作品的侵权人赔偿经济损失，被告郑可俊、古吴轩出版社应该承担侵权的民事责任。

3. 原告要求被告赔偿经济损失5000元和付给挂历销售价15%的报酬，缺乏依据。

根据郑可俊与古吴轩出版社的协议，郑可俊提供园林、盆景、插花的反转片各13幅，共39幅。古吴轩出版社以盆景每幅人民币25元付给稿酬，郑可俊共得稿酬1000余元。在古吴轩出版社出版的《园林与盆景》挂历中仅用了原告的两盆盆景照片，而要求被告赔偿经济损失人民币5000元和付给已出版发行的挂历销售价（每本人民币34元）15%的报酬，显属要求过高，缺乏依据。应该实事求是地确定其赔偿金额。

（五）定案结论

江苏省苏州市中级人民法院依照《中华人民共和国民法通则》第九十四条、第一百一十八条,《中华人民共和国著作法法》第四十六条第(二)项之规定,认为被告郑可俊、古吴轩出版社应承担侵权的民事责任,赔偿原告的一定损失。在查明事实,分清责任的基础上,根据《中华人民共和国民事诉讼法》第八十五条、第八十八条、第八十九条的规定,主持原、被告进行公开开庭调解,经双方自愿、平等协商,达成如下调解协议:

1. 被告郑可俊、古吴轩出版社各付给原告徐国庭人民币 300 元,在本调解生效时履行。

2. 案件受理费人民币 100 元,由郑可俊负担。

(六)解说

本案是一起著作权纠纷案件。著作权的主体,是指依法对文学、艺术、科学等作品享有著作权的人,即著作权所有人。著作权的客体,是指作者创作的以某种具体形式表现出来的科学或文学、艺术作品。著作权的客体具有两个特点:一是它必须是以某种具体形式表现出来的作品,能够被他人阅读、欣赏或利用;二是它必须是作者智力创作的成果,作品的表现形式必须具有独创性。作者从完成该作品时起就自然地取得了著作权,作品不论是否发表,均受到国家法律的保护。那么本案中涉及的盆景是不是作品,在我国《著作权法》第三条中没有明文规定,在法学理论界也有争论。但从著作权客体的特点来看,盆景中的花木已不是天然原型的花木,而是经过作者的艺术构思,含有某种诗情意境的主体造型艺术作品,是作者智力创作和劳力创作相结合的具有独创性的成果。一盆优秀的品位高的盆景有较高审美意义和观赏价值。盆景所具有的这些特点,与《中华人民共和国著作权法实施条例》第四条第(七)项的规定是吻合的,应该把盆景作为一种主体造型艺术作品对待,而不应该排除在作品之外。据此,原告徐国庭经多年精心培育制作的雀梅盆景《眉目苍奇》和刺柏盆景《摇清滴翠》理应享有著作权,受到国家法律的保护。

原告徐国庭提起诉讼所选择的被告是古吴轩出版社。被告古吴轩出版社辩称,出版 1995 年度《园林与盆景》摄影挂历所用部分照片系郑可俊提供,双方签订了协议,约定如发生第三者版权纠纷,由郑可俊负责处理,故古吴轩出版社认为自己不应承担任何民事责任。根据我国《著作权法》第三条第(四)项规定,作者的摄影作品依法享有著作权,受到国家法律保护。郑可俊与古吴轩出版社签订协议,为他们出版 1995 年度《园林与盆景》挂历提供自己的摄影作品是其应该享有的权利,双方签订的协议也是合法的有效的,应作为处理这起著作权纠纷的一个重要依据。据此,必须追加郑可俊为本案的共同被告,否则就难以公正、合理地审理本案。在本案审理中应该看到,原告徐国庭的《眉目苍奇》和《摇清滴翠》两盆盆景的著作权既然得到了确认,那么,未经著作权人的同意,被告郑可俊和古吴轩出版社将两盆景的摄影照片用于出版发行 1995 年度《园林与盆景》挂历,是构成了对原告的侵权行为。原告有权要求侵权人停止侵权、赔偿损失,两被告应该承担侵权的民事责任。而两被告之间已签订了协议,根据约定,被告郑可俊应负主要责任。经原、被告相互谅解、协商,参照古吴轩出版社付给郑可俊的稿酬,就赔偿数额取得了一致意见,双方达成了调解协议。经人民法院审查,该调解的程序和结果是合法的,确认其具有法律效力。在调解书送达双方当事人后,两被告即按本协议履行了义务。

(金勤安)

89. 刘冠群等诉新都县川剧团等侵害著作权案

(一)首部

1. 判决书字号

一审判决书:四川省新都县人民法院(1992)民字第481号。

二审判决书:四川省成都市中级人民法院(1993)民事上字第637号。

2. 案由:著作权纠纷。

3. 诉讼双方

原告(被上诉人):刘冠群,男,汉族,73岁,新都县师范学校退休高级讲师。

诉讼代理人(一、二审):康永怀,新都县律师事务所律师。

原告(被上诉人):鞠鹏高,男,56岁,汉族,成都市市委第二党校副教授。

诉讼代理人(一、二审):钟庆林,新都县律师事务所律师。

原告(被上诉人):柯斧,男,66岁,汉族,新都县文化馆退休干部。

被告(上诉人):新都县川剧团(以下简称剧团)。住所:新都县新中路64号。

法定代表人:田联海,团长。

诉讼代理人(一审):石晋勇、丁钧,成都市第一律师事务所律师。

诉讼代理人(二审):李健民,四川省经济律师事务所律师。

诉讼代理人(二审):邹志诚,四川省戏剧家协会干部。

被告(上诉人):吴福志,男,54岁,汉族,新都县川剧团编剧、导演。

诉讼代理人(一、二审):江宗彦,成都市经济律师事务所律师。

诉讼代理人(一、二审):李天鑫,四川省川剧院干部。

4. 审级:二审。

5. 审判机关和审判组织。

一审法院:四川省新都县人民法院。

合议庭组成人员:审判长:续加宁;审判员:严骥;代理审判员:杜小平。

二审法院:四川省成都市中级人民法院。

合议庭组成人员:审判长:王琦;代理审判员:秦跃、尹红。

6. 审结时间

一审审结时间:1993年10月7日(经成都市中级人民法院批准依法延长审限)。

二审审结时间:1994年11月21日(经成都市中级人民法院院长批准依法延长审限)。

(二)一审情况

1. 一审诉辩主张

原告刘冠群等诉称:1981年11月,由于被告新都县川剧团新演出的川剧《芙蓉花仙》思想性和艺术性有待提高,三原告应新都县宣传部的邀请,对该剧团于1981年10月演出的、由剧团编剧吴福志根据川剧传统剧目《花仙剑》整理而成的《芙蓉花仙》剧本,与吴福志一同进行了加工、修改。四人合作修改本《芙蓉花仙》(以下简称"四人本")于1983年在四川省文化局主编的《剧作》杂志上发表，署名为吴福志、刘冠群、鞠鹏高、柯斧。该“四人本”于1984年12月8日获得了四川省川剧领导小组和四川省文化厅颁发的“剧本整理奖”。但二被告竟不顾事实，在1983年5月全省第一次川剧调演中将“四人本”的署名改为吴福志一人。为此，原告提出异议，被告曾一度恢复四人署名，其后在使用“四人本”时又只署名吴福志一人。剧团在使用“四人本”时，既没有向三原告支付报酬，也没有分配国家有关文化管理机关发放的4.5万元奖金。近年，被告吴福志又擅自修改了“四人本”，且未署三原告的姓名，构成对三原告著作权的侵犯。请求法院判令被告：(1)在《四川日报》、《成都晚报》上向三原告公开赔礼道歉；(2)按照有关规定，合理分配4.5万元奖金；(3)支付使用“四人本”的报酬；(4)责令被告停止使用“四人本”演出；(5)责令被告吴福志停止擅自修改“四人本”的侵权行为，责令其停止侵权，并公开赔礼道歉；(6)承担本案全部诉讼费用。

被告川剧团辩称：剧团在演出中使用的是吴福志整理、修改的《芙蓉花仙》剧本。剧团属使用剧本单位，并未使用过原告的剧本，不存在向原告支付报酬的问题，更谈不上侵权。1984年11月、1995年1月，文化部和省、市、县党委及政府对剧团演出《芙蓉花仙》千场进行表彰所得4万余元奖金，是对剧团演出的奖励。原告提出分取应得份额的请求，毫无道理。请求法院驳回原告的诉讼请求。

被告吴福志辩称：《芙蓉花仙》是被告在传统剧目《花仙剑》的基础上改编的，增加了新意。被告整理这个剧本，是为剧团的演出。从1979年到现在，被告不断修改该剧，使此剧本更加完美。1981年底，出于尊重县宣传部的意见，被告把剧本交给了刘冠群等人加工润色，但从未同意原告对剧本进行修改。在以后的修改中，也采用了三被告的一些优美唱词和道白，但就此说三原告取得了《芙蓉花仙》的著作权是不能成立的，相反，是三原告剽窃被告的作品。请求法院保护其合法权益。

2．一审事实和证据

新都县人民法院经公开审理查明：

《花仙剑》系川剧传统剧目，原作糟粕多于精华。建国后，曾有初步校勘，后于50至60年代有整理本。1979年被告剧团决定对《花仙剑》整理后演出，并决定由被告吴福志进行整理。吴福志在整理中，批判地继承了《花仙剑》中“反封建正统”的精华，同时吸收了50至60年代整理本的优点，不断修改、创新，形成了新的整理本《芙蓉花仙》(以下简称“吴本”)。1980年3月8日，《芙蓉花仙》在成都首演成功，盛况空前。但许多文艺界人士认为该剧还需进一步提高、完善。1981年11月5日，新都县宣传部与剧团商量后，邀请了原告刘冠群、柯斧、鞠鹏高三人对“吴本”进行加工、修改。随后吴福志将“吴本”交与三原告并参与讨论。三原告在对剧本的加工、整理过程中，删掉了“吴本”中的第四场《成斋许婚》，剧情主线更加突出。加之新增、改动了部分唱词、道白，使剧本更加完美。经过一个多月的工作，四人合作改编本形成。“四人本”署名：吴福志、刘冠群、鞠鹏高、柯斧。

1983年一季度，四川省文化局主编的期刊《剧作》刊登了“四人本”，署名为“改编：吴福志、刘冠群、鞠鹏高、柯斧”。同年，刘冠群、吴福志、谭曙东将“四人本”改编为电影剧本。1983年8月、1984年10月，吴福志未征得刘等三人同意，在“四人本”和电影文学剧本基础上写成新的演出本，未署三原告的姓名。1984年11月至1985年1月4日，剧团因演出《芙蓉花仙》千场，文化部、四川省文化厅、成都市政府、新都县政府分别奖励川剧团1万元，共计4万元。同时，吴福志、刘冠群、鞠鹏高、柯斧获得四川省川剧领导小组、四川省文化厅颁布的“剧本整理奖”及300元奖金。此后，吴福志根据川剧团演出需要，对《芙蓉花仙》剧本进行了多次修改，并继续采用了“四人本”部分情节、唱词、道白和独立构思，且均未署三人姓名。其间三原告曾多次向川剧团及吴福志提出异议，但均未得到解决。故三原告于1992年5月18日诉至新都县人民法院。在诉讼过程中，原告和被告的主要争议点是，三原告对“四人本”是否享有作品改编的著作权。

上述事实有下列证据证明：

(1)《花仙剑》原本。

(2)吴福志改编、整理的《芙蓉花仙》原本，即“吴本”。

(3)吴福志、刘冠群、鞠鹏高、柯斧修改的《芙蓉花仙》原本，即“四人本”。

(4)《芙蓉花仙》1983年、1984年演出原本。该本系吴福志在“吴本”、“四人本”基础上修改而成，仅署名吴福志。

(5)原新都县组织部部长李银亮证词。该证词证明刘冠群等三人修改“吴本”系受县宣传部的邀请。

(6)1983年第1期《剧作》杂志。该杂志发表的《芙蓉花仙》署名吴福志、刘冠群、鞠鹏高、柯斧。

(7)1984年、1987年新都县川剧团的实况录像带。

(8)开庭笔录。表明双方质证对上述证据无异议。同时对奖金4.03万元的数额无异议。

3. 一审判案理由

新都县人民法院审理后认为：

第一，“吴本”是吴福志在川剧传统剧目《花仙剑》基础上，吸收其他传统表演版本的优点，经不断修改、创新而成的整理本。依照《中华人民共和国著作权法》第十二条之规定：整理已有作品而产生的作品，其著作权由整理人享有。因此，吴福志享有该整理本的著作权。《最高人民法院关于贯彻执行〈中华人民共和国民法通则〉若干问题意见(试行)》(以下简称“若干问题的意见”)第一百三十三条规定：“不论作品是否发表，作者均享有著作权。”此规定是对1985年1月1日生效的《图书、期刊版权保护试行条例》第二条之文学作品出版或发表后才享有版权的规定的修改。故吴福志的著作权应从该意见下发之日，即1988年4月2日起受法律保护。

第二，“四人本”是在“吴本”基础上形成的合作改编本，该改编本已构成对“吴本”部分内容的重大修改，且在1983年发表。依照《中华人民共和国著作权法》第十二条规定：改编已有作品而产生的作品，其著作权由改编人享有；依照第十三条规定：两人以上合作创作的作品，著作权由合作作者共同享有，吴福志和三原告就“四人本”共同享有著作权。从《图书、期刊版权保护试行条例》生效的1985年1月1日起受法律保护。

第三，吴福志将“吴本”交原告修改，其后又共同参与修改讨论，现提出从未同意原告修改的主张，不符事实。1983年8月、1984年10月以后，吴福志完成的数个《芙蓉花仙》修改本，既采用了“吴本”剧情的基本结构、唱词、道白等，也采用了“四人本”对部分故事情节、唱词、道白的独立构思。依照《图书、期刊版权保护试行条例》第十九条第六款规定：未经版权所有者同意，表演、改编其已经发表的作品，属侵犯他人版权的行为。吴福志采用“四人本”独立构思内容，而未署三原告姓名，侵犯了三原告的改编权。剧团1985年后使用“四人本”以及随后的修改本演出，未署三原告姓名，亦属侵权行为。

第四，依照《图书、期刊版权保护试行条例》第六条第一款规定："除本条例另有规定外，任何单位或个人使用他人受保护的作品，应征得版权所有者同意并支付经济报酬。"剧团使用了"四人本"，应支付作者刘冠群等三人报酬。鉴于作者未就报酬分配进行约定，故应按等额分配。同时，有关部门经剧团颁发的奖金系演出奖，原告提出剧团应支付原告的应得份额，不予支持。"四人本"属已发表作品，剧团可根据法律规定不给作者同意而继续使用，原告提出双方订立剧本使用合同，明确权利义务后方可继续使用的请求，违反《中华人民共和国著作权法》第三十五条第二款规定，且不利于文艺发展，其主张不能成立。

4. 一审定案结论

新都县人民法院依照《中华人民共和国著作权法》第二条第一款、第三条第(三)项、第七条、第十三条、第二十条、第二十一条第一款、第三十五条第二款、第三款、第四十五条第(六)项、第(八)项、第五十五条第二款，《中华人民共和国民法通则》第九十四条、第一百一十八条和《中华人民共和国民事诉讼法》第一百零八条、第一百二十八条之规定，并经审判委员会讨论决定，于 1993 年 10 月 7 日判决如下：

(1)《芙蓉花仙》1981 年 10 月整理本，著作权属吴福志。从 1988 年 4 月 2 日起受法律保护。

(2)《芙蓉花仙》1981 年 11 月合作改编本，著作权属吴福志、刘冠群、鞠鹏高、柯斧。从 1985 年 1 月 1 日起受法律保护。

(3)被告吴福志在四人合作改编本后完成的《芙蓉花仙》修改本，在出版、演出时，应署名"剧本整理：吴福志；改编：吴福志、刘冠群、鞠鹏高、柯斧；修改：吴福志"。吴福志可根据演出需要，继续对《芙蓉花仙》剧目进行修改。

(4)被告剧团使用剧本应依照法律、规章的规定向作者付酬(抽成付酬比例，按文化部有关规定办理，付酬比例有幅度的，按加权平均数计算)。1985 年 2 月 25 日起至 1988 年 4 月 1 日止，所演场次应付报酬，按四位作者各 25.00％支付；1988 年 4 月 2 日起至 1993 年 8 月底止，所演场次应付报酬，按吴福志 47.50％、三原告各17.50％支付。以上限本判决发生法律效力后 1 个月内履行完毕。以后使用剧本，于次年 1 月 20 日前按吴福志 47.50％，三原告各 17.50％支付。

(5)被告剧团在本判决发生法律效力后 1 个月内，在国内公开发行的报刊上就使用《芙蓉花仙》剧本未署三原告姓名的侵权行为向三原告赔礼道歉。

(6)被告吴福志在本判决发生法律效力后 1 个月内，就修改《芙蓉花仙》采用四人合作改编本独立构思内容而未署三原告姓名的侵权行为，向三原告公开赔礼道歉。

(7)驳回原告其他诉讼请求。

案件受理费 150 元，其他诉讼费 150 元，合计 300 元。由三原告各承担 20 元，被告剧团负担 180 元，被告吴福志负担 60 元。

(三)二审诉辩主张

上诉人(原审被告)新都县川剧团及吴福志上诉称："四人本"是被上诉人刘冠群、鞠鹏高、柯斧在"吴本"的基础上作了一些文字上的修饰、加工和润色以及增删，使剧本有些增色，但是它在主题提炼、人物塑造和情节框架结构上与"吴本"相比，没有根本差别，更没有改变作品的表现形式而具独创性。因此，三被上诉人对"四人本"不享有著作权。上诉人并未构成侵权。一审法院判决不当。请求二审法院撤销原判，予以改判。

被上诉人(原审原告)刘冠群等三人坚持其起诉理由,认为一审法院认定事实清楚,判决正确,请求二审法院维持原判,驳回剧团和吴福志的上诉。

(四)二审事实和证据

成都市中级人民法院经公开审理查明:1979 年,新都县川剧团指定本团编剧吴福志对川剧传统剧目《花仙剑》进行整理,形成《芙蓉花仙》剧本。剧团排演后,于 1980 年 3 月 8 日在成都首演成功。1981 年 11 月 5 日,新都县委宣传部长李银亮邀请被上诉人刘冠群、鞠鹏高、柯斧对剧团演出的《芙蓉花仙》剧本进行修改。剧团提供 1981 年 10 月的演出本(即"吴本"),吴福志与其余三人一起讨论,形成署名为吴福志、刘冠群、鞠鹏高、柯斧的《芙蓉花仙》剧本(即"四人本")。从 1984 年底开始,双方就为署名问题发生纠纷,经有关部门多次调解无果。1992 年 3 月 17 日,刘冠群等三人遂向新都县法院提起诉讼,请求保护自己应该享有的著作权。

二审审理期间,根据上诉人的请求,二审法院委托中国戏剧家协会对《芙蓉花仙》的三种剧本即"吴本"、"四人本"和"现在演出本"进行了对比鉴定。其结论为:"吴本"是根据传统川剧《花仙剑》、《芙蓉花》及川剧老艺人口传整理而成的剧本,是对传统民间戏曲的整理本。"四人本"是在"吴本"的基础上加工修改而成的。其修改主要是对语言的润色,并在情节和细节上进行了一些新的构思,使该剧本的文学性较"吴本"有所提高。但故事情节、主题思想、人物设置上没有根本性的变化,不构成"改编"。"现在演出本"主要是"吴本",同时又使用了"四人本"中部分修改内容,增删了一些个别人物和对个别情节进行了改动。三个剧本的故事情节、主题思想基本相同,无实质上区别。

上述事实有下列证据证明:

1. 一审证据(1)、(2)、(3)、(4)、(5)、(6)、(7)。经开庭质证,上诉人和被上诉人对此皆无异议。

2. 上诉人剧团和吴福志要求鉴定"吴本"、"四人本"、"现在演出本"的申请。

3. 1994 年 5 月 25 日,中国戏剧家协会关于对川剧剧本《芙蓉花仙》的"吴本"、"四人本"、"现在演出本"的鉴定意见。刘冠群等三被上诉人对此提出异议,但未提供异议的证据和理由。

4. 二审开庭笔录。表明双方当事人对"吴本"系整理本,吴福志对"吴本"享有著作权亦无异议。

(五)二审判案理由

根据上述事实和证据,成都市中级人民法院经审理后认为:"吴本"系吴福志根据民间传统剧目及川剧艺人口传并进行整理而成。《中华人民共和国著作权法实施条例》第五条第十二款规定,"整理,指对内容零散,层次不清的已有文字作品或材料进行条理化、系统化的加工,如古籍的校点、补遗等"。《图书、期刊版权保护试行条例》第十条规定,"民间文学艺术和其他民间传统作品的整理本,版权为整理者所有,但他人仍可对同一作品进行整理并获得版权"。本案中,由于"吴本"系吴福志根据民间传统剧目及川剧艺人口传整理而成,符合著作权法关于整理的规定,上诉人吴福志对"吴本"享有著作权。同时,根据中国戏剧家协会的对比鉴定结论,"吴本"与"现在演出本"无实质区别,故《芙蓉花仙》剧本的著作权,属其整理者吴福志所有。

"四人本"不构成对"吴本"的改编,被上诉人亦不因参加对"吴本"的修改而取得对"四人本”的著作权。《中华人民共和国著作权法实施条例》第五条第八款规定，“改编，指在原有作品的基础上，通过改变作品的表现形式或者用途，创作出具有创造性的新作品”。本案中，虽然被上诉人曾经对“吴本”进行修改，但根据中国戏剧家协会的对比鉴定，“吴本”已经构成条理化、系统化的作品，被上诉人所进行的修改，主要表现为对“吴本”的语言润色及文学性的提高，不是对《花仙剑》等原始材料的加工。据此，受诉法院认为，被上诉人的修改尚不构成创造性劳动，经修改后的作品也就不构成“创造出具有创造性的新作品”，不因其参加修改而获得著作权。

据上述理由，上诉人剧团使用的，是其编剧兼导演吴福志享有著作权的剧本，并未构成对被上诉人的侵权。故上诉理由成立，被上诉人关于对“四人本”享有著作权以及吴福志等侵犯其著作权的理由，依据不充分。一审法院判决认定的事实有误，应予撤销并改判。

（六）二审定案结论

成都市中级人民法院依照《中华人民共和国民事诉讼法》第一百五十三条第一款第（三）项之规定，于 1994 年 11 月 19 日判决如下：

1. 撤销新都县人民法院（1992）民字第 481 号民事判决书。

2. 驳回刘冠群、鞠鹏高、柯斧的诉讼请求。

一审案件受理费 300 元，由刘冠群、鞠鹏高、柯斧各负担 100 元。二审案件受理费 150 元，其他诉讼费 2000 元，鉴定费 2000 元，共计 4150 元，由上诉人剧团负担 3150 元，吴福志负担 100 元，被上诉人刘冠群、鞠鹏高、柯斧各负担 300 元。

（七）解说

在吴福志被认定享有“吴本”著作权的基础上，刘冠群等三原告是否因为参加“吴本”的修改而形成新的作品和独立的著作权，是本案诉讼双方争执的焦点。

考虑到文学作品的特殊性，二审法院委托了中国戏剧家协会提供专业意见，并主要依据因此获得的专业意见作出事实认定。值得注意的是，根据专业意见，三原告对“吴本”进行修改主要表现在语言的润色以及情节和细节的新构思，被告也承认原告设计出一些优美的唱词和道白，然而，原告所主张的是对“四人本”整体的著作权。在此诉讼请求范围之内，二审法院驳回刘冠群等人的请求，是妥当的。这不等于否定刘冠群等三人对“四人本”中部分权利的主张。

本案二审法院在关于诉讼费用分担问题上的处理，有欠妥当之处。根据最高人民法院公布的《人民法院诉讼收费办法》的规定，诉讼费用应当由败诉一方当事人负担。具体到本案，应由刘冠群等三人共同负担，但二审法院判决书则判定上诉人与被上诉人分担。

（胡迪　王琦）

90. 周振威诉新四军纪念馆侵害著作权案

（一）首部

1. 判决书、调解书字号

一审判决书：江苏省盐城市城区人民法院（1993）城民初字第 129 号。

二审调解书：江苏省盐城市中级人民法院(1994)盐民终字第177号。

2. 案由：著作权纠纷。

3. 诉讼双方

原告(被上诉人)：周振威，男，44岁，汉族，江苏省苏州市第六中学教师，住苏州市东港新村11幢209室。

诉讼代理人(一、二审)：王永忠，盐城市法律服务中心律师。

被告(上诉人)：新四军纪念馆。住所地：江苏省盐城市城区建军东路159号。

法定代表人：邹其传，馆长。

诉讼代理人(一、二审)：郭立山，男，该馆副馆长，住盐城市人民政府宿舍区。

4. 审级：二审。

5. 审判机关和审判组织

一审法院：江苏省盐城市城区人民法院。

合议庭组成人员：审判长：房学和；代理审判员：胡月华、倪明。

二审法院：江苏省盐城市中级人民法院。

合议庭组成人员：审判长：程贵；审判员：陈少云；代理审判员：仇剑。

6. 审结时间

一审审结时间：1993年12月30日。

二审审结时间：1994年6月21日。

(二)一审情况

1. 一审诉辩主张

原告周振威诉称：被告新四军纪念馆委托原告为该馆所属的泰山庙大殿侧面墙绘制壁画，原告经过11个月的创作，完成了以“将星云集、共缚天狼”为题材的新四军7位师长的大幅壁画。被告未经原告同意，擅自将此画作了修改，并且至今不付给原告报酬，被告已对原告的著作权产生了侵害，请求人民法院维护原告的合法权益。

被告新四军纪念馆辩称：本馆委托原告绘制新四军将领壁画，当时言明关于报酬只能略表谢意，同时本馆提供了有关资料。该画的创作思想和具体构思均由本馆提出，该画的著作权应属本馆，请法院驳回原告的诉讼请求。

2. 一审事实和证据

盐城市城区人民法院经公开开庭审理查明：1987年，原告周振威接受被告新四军纪念馆(以下简称纪念馆)的委托，用工笔画的表现形式，为被告创作新四军7位将领画像，创作过程中，被告为原告提供了部分历史资料，原告也采纳了被告一些合理的建议。1988年9月，原告完成了画稿，规格为360厘米×192厘米，署名为“振威敬制”。被告接受此画稿后，委托江西省景德镇美术学院钟莲生，将画稿复制成陶瓷壁画。此后，被告两次请原告去江西审核，原告发现复制的陶瓷壁画背景被修改，认为失去原创作的意义而提出异议，并且不同意署名为“钟莲生、周振威合作”，原告即向被告提出书面反对意见，被告仍未采纳，并将钟改制的陶瓷壁画稿烧制成品，装贴在盐城市泰山庙大殿的墙壁上。后被告送给原告两盒礼品表示感谢。原告认为被告侵害了自己的著作权，于1993年3月向盐城市城区人民法院起诉，要求人民法院保护其合法权益。

上述事实有下列证据证明：

(1)当事人陈述。

(2)被告提供的资料、照片。

(3)工笔画稿。

(4)陶瓷画照片。

(5)被告的声明书。

(6)证人刘广典的证言等。

3. 一审判案理由

盐城市城区人民法院根据以上事实和证据认为:原告周振威受被告新四军纪念馆委托绘制壁画,双方没有就著作权归属问题订立合同,被告所称曾约定著作权归其所有一事的证据不足,依《著作权法》,著作权应属原告所有。原告要求被告给付一定的酬金是有道理的,应予支持。同时,被告未经原告同意修改作品部分内容也是有责任的。

4. 一审定案结论

盐城市城区人民法院依照《中华人民共和国著作权法》第二条、第十条、第十一条、第十七条、第四十五条的规定,于1993年12月22日判决如下:

(1)原、被告所争议壁画的著作权归原告周振威所有。

(2)被告新四军纪念馆在本判决生效后10日内一次性给付原告壁画酬金人民币5500元(包括被告送给原告礼品2盒)。

(3)被告新四军纪念馆未经原告同意对作品内容作部分改动,应向原告周振威赔礼道歉。

鉴定费人民币300元,由被告负担。

案件受理费670元,被告负担230元,原告负担440元。

(三)二审诉辩主张

一审法院宣判后,被告新四军纪念馆不服,提出上诉,诉称:新四军纪念馆原馆长曹晋杰就绘制新四军将士的大型彩色陶瓷壁画曾和被上诉人周振威达成了口头协议,即"不计报酬,只给材料费",被上诉人欣然接受委托。在制作画稿过程中,曹晋杰对绘画提出具体要求,为壁画选材、立意,上诉人也为被上诉人提供了大量的素材,后期又参与定稿等。因此,该著作权应属上诉人,请求二审法院改判一审判决,驳回周振威的诉讼请求,保护上诉人的合法权益。

被上诉人周振威辩称:上诉人委托被上诉人创作画稿,因当时被上诉人不好意思提稿酬,所以就留了个尾巴。创作完全是被上诉人独立完稿,并非上诉人选材之意。被上诉人在完稿后署名,上诉人诉前并未提出异议。因此,该著作权应归被上诉人所有,请求驳回上诉,维持原判。

(四)二审事实和证据

1987年12月30日下午,新四军纪念馆原馆长曹晋杰找到当时在盐城市教师进修学校任美术教师的周振威,酝酿制作两幅颂扬新四军将士的大型彩色陶瓷壁画,装贴在新四军重建军部旧址盐城市泰山庙大殿两侧墙壁上。当时,曹晋杰在征求周振威意见时说:"纪念馆经费困难,制作这幅画没有报酬,只给材料费,请你帮助创作。"周振威对曹提出的意见当时无异议。

1988年1月26日,被上诉人接受了上诉人的口头委托。上诉人在授权时重申:"不计报酬，只给材料费，请你帮助创作。”嗣后，被上诉人多方搜集资料，反复研究新四军重建军部时的历史事实，首先选择了新四军纪念馆碑文中“将星云集、誓缚天狼”为主题，创作中又变更为“江淮英杰、卫国干城”为壁画稿选材立意，用夸张的手法和中国工笔画的表现形式进行创作。经过几个月的时间，先后设计出大、小稿四次送市委、市政府及市委宣传部审查，后又经过彩色稿、大草稿，于1988年7月30日正式定稿，同年9月7日，完成了360×192厘米的壁画底稿。该画面为新四军7位师长正面像，画稿正中为新四军的一、二、三师师长，四、五、六、七师师长分立在两侧，画稿背景为700名新四军战士组成的铁流队伍在前进。整个画面反映了皖南事变以后，新四军成长壮大的特定情景。画稿的左上方为江泽民题词“江淮英杰、卫国干城”，画稿的右下方署名“振威敬制”。

在被上诉人创作画稿阶段，纪念馆原馆长曹晋杰作为创作瓷壁画的具体组织者，对被上诉人提出了创作的具体要求，参与了壁画稿构思、选材与立意。同时，也为被上诉人创作提供了新四军7位师长的头像照片等资料，对画意与风格进行指导，后期又参与审稿等工作。但是，曹晋杰并未参加具体创作，也没有就壁画的著作权与被上诉人进行书面约定。而且，对画稿的署名，曹晋杰也未提出异议。

1988年8月27日，被上诉人向上诉人报销了材料费42元7角9分。1992年6月，上诉人为答谢被上诉人对壁画稿所付辛勤劳动，特意赠送其两盒礼品。由于上诉人单位经费困难，无法及时复制陶瓷壁画，工笔画稿接受后被搁置3年。后曹晋杰通过江西省景德镇市委党史办公室的关系，于1991年9月16日与景德镇陶瓷学院附属瓷厂代表钟莲生达成绘制烧制陶瓷壁画的协议。协议言明：纪念馆提供1比1设计稿，由钟莲生照稿制作，要求新四军7位师长人像不失真，瓷画造价16000元由上诉人交纳；瓷壁画的右下角注明“中共江西省景德镇市委党史办公室监制”，并注明制作单位，以示负责和永久纪念。协议签订后，钟莲生认为工笔画稿背景空白多，色彩单调，烧制出瓷画效果不理想；按画稿的比例，各位师长的面部将要分在几块瓷砖上。建议对原工笔画稿的背景、色彩作些修改；7位师长造型不变，但要挪挪位置。曹晋杰当即表示，在保证艺术效果前提下，背景、色彩可作些修改，七位师长可以挪挪位置。于是钟莲生将壁画背景改绘成霞光照射下的纵横山脉，部分新四军在山间操练，近影的新四军7位师长依旧工笔画未变，各师长之间的距离略加拉大，主人翁背后有数块大石头，画面的右下方署名为“钟莲生、周振威合作于江西景德镇陶瓷学院”。瓷画初稿绘成后，钟莲生要求纪念馆去人审稿。曹晋杰为慎重起见，主动提出让周振威去审稿。1992年4月28日，周振威受托去景德镇。当周发现其工笔画稿背景被改，即向钟莲生提出反对意见，双方为此发生了争吵。周振威在景德镇审稿期间提出的问题未获解决，回盐城后，向曹晋杰说明画稿被钟修改，部分又粗制滥造，原作立意完全没有，要曹晋杰亲自去处理此事。时隔不久，钟莲生又来电催去人审稿，以尽快烧制。同年5月24日，纪念馆的曹晋杰、刘光典、乐锦明与周振威四人去景德镇。审稿时，刘光典对改绘后的瓷画稿提出自己的看法，曹晋杰对瓷画稿提出了修改意见。而钟莲生却坚持自己的观点，态度既不谦虚，语言也不文明。当时就瓷壁画的署名问题，周振威提出“要么署钟莲生名字，要么署周振威的名字，不存在两人合作”，钟莲生没有采纳。此次审稿，双方未达成一致意见。1992年5月31日，周振威以书面形式，向纪念馆提出以下声明：钟莲生事先没有和我协商，突然改变原作画意与风格，并在我的名字前面署钟莲生的名字；在复制壁画过程中，钟将画面的背景平原改成山脉，减弱形象的内涵；我曾两赴景德镇与复制者协商修改，但复制者态度蛮横，出言不逊，我的人格受到严重的伤害。

而且，在该壁画复制过程中，从形式到内容丝毫没有一点合作的味道，“合作”是强加的。对此，原作者是无法接受的。如果新四军纪念馆对此事听之任之，一再侵犯原作者的著作权及损害原作者的劳动成果，则依法提起诉讼。事后，曹函告钟莲生，要钟按新四军纪念馆的意图修改瓷壁画稿。1992 年 6 月，钟将瓷画稿背景作了部分修改，拍摄成照片邮来盐城，经新四军纪念馆及市政府有关部门审查，决定在做好周振威思想工作的基础上，烧制瓷壁画。在烧制瓷壁画前不久，曹晋杰为瓷壁画署名问题，又写信给钟莲生，说明该瓷壁画署名应为原作周振威，改绘或再创作钟莲生。但是，瓷壁画已填入烧制，已署的名字暂无法改变，钟答应待以后烧瓷再更换。1992 年 10 月 16 日，陶瓷壁画烧制成品，并运抵盐城，装贴在泰山庙大殿西山墙壁上。

上述事实有下列证据证明：

1. 双方当事人口头和上诉状、答辩状陈述。

2. 360 厘米×192 厘米工笔画稿和瓷壁画。

3. 纪念馆原馆长曹晋杰、美工兼摄影师刘广典、工作人员乐锦明等证人证言。

4. 新四军纪念馆与江西景德镇陶瓷学院附属瓷厂代表钟莲生 1991 年 9 月 16 日的合同书。

5. 周振威 1992 年 5 月 31 日交给新四军纪念馆的书面声明。

6. 盐城市新闻出版处、盐城市版权处 1994 年 5 月 9 日关于对该画稿报酬问题的答复意见。

7. 周振威 1987 年 8 月 27 日向纪念馆报销画稿材料费的发票；新四军纪念馆 1992 年 6 月赠送两盒礼品给周振威的发票证明。

8. 盐城市文物管理办公室 1994 年 1 月 20 日“关于新四军重建军部旧址内新砌瓷砖壁画处理意见”的函。

9. 周振威、曹晋杰等人 1992 年 4 月 28 日、同年 5 月 24 日两去景德镇的有关票据。

（五）二审判案理由

上诉人新四军纪念馆与被上诉人周振威就该工笔画稿的著作权归属没有作出书面约定，所以上诉人要求该著作权归其所有的主张不能成立。被上诉人接受上诉人委托绘制壁画，进行构思立意，独立创作，应享有工笔画的著作权。由于上诉人将工笔画稿重新委托他人复制加工，且经被上诉人许可后又进行再创作，因此，陶瓷壁画的著作权不属周振威所有。原审法院将工笔画稿与陶瓷壁画混为一谈，笼统地将壁画的著作权判为周振威所有不当。上诉人和被上诉人口头约定不支付稿酬的事实成立，原审法院忽视了双方当事人事先对创作稿酬的约定，判决上诉人给付被上诉人稿酬 5500 元依据不足。另外，烧制陶瓷壁画是纪念馆委托的作品，可以不必完全按壁画原稿创作，纪念馆不构成对周振威著作权（保护作品完整权）的侵害。署名权纠纷的主体的另一方是钟莲生，本案不处理署名权纠纷。

（六）二审定案结论

二审法院依照《中华人民共和国民事诉讼法》第一百五十五条之规定，在事实清楚、责任明确的基础上经调解，双方当事人自愿达成如下协议：

1. 双方争议之陶瓷壁画的工笔画稿著作权归周振威所有。

2. 新四军纪念馆一次性补偿周振威人民币 1200 元。

3. 新四军纪念馆自行铲除装贴在盐城市泰山庙大殿西山墙的陶瓷壁画。

4. 一审案件受理费770元,鉴定费300元,合计人民币1070元,周振威负担970元,新四军纪念馆负担100元;二审案件受理费330元,新四军纪念馆负担100元,周振威负担230元。

(七)解说

周振威所创作的工笔画与陶瓷壁画是否为同一作品,是正确处理本案的关键。纪念馆为在新四军重建军部旧址泰山庙墙壁上镶制颂扬新四军将士的彩色陶瓷壁画,首先委托周振威创作壁画原稿,然后又委托景德镇陶瓷学院附属瓷厂(钟莲生)根据壁画稿制作陶瓷壁画。制作陶瓷壁画不是对原画简单地复制,而是在不改变原画稿人物特征的情况下,并根据制作陶瓷壁画的特点制作的艺术品,是对原画稿的再创作,所以壁画原稿和陶瓷壁画是两种艺术作品,有各自的著作权归属,一审法院笼统判决"争议壁画的著作权归周振威所有"不当。

纪念馆委托周振威进行工笔画创作的主要的目的是要制作一幅陶瓷壁画,在将壁画原稿制成陶瓷壁画时,纪念馆可以改变原稿的内容制成一幅更加符合自己意图的陶瓷壁画。这并没有侵犯周振威对壁画原稿的著作权,而是双方发生委托创作关系的出发点和前提,故周振威诉称纪念馆侵犯了其著作权,并无法律依据。

这里要说明的是,二审法院调解书第三项明确"新四军纪念馆自行铲除装贴在盐城市泰山庙大殿西山墙的陶瓷壁画",不是纪念馆侵犯了周的著作权而采取的停止侵害措施,而是因为纪念馆在此装贴陶瓷壁画,改变了历史文物泰山庙的原貌,违反了《中华人民共和国文物保护法》有关条款规定,并依法自动采取的排除措施。

(程贵　陈少运)

91. 河南省电影发行放映公司诉丹城俱乐部侵害著作权案

(一)首部

1. 判决书字号:河南省洛阳市西工区人民法院(1994)西民初字第20号。

2. 案由:著作权纠纷。

3. 诉讼双方

原告:河南省电影发行放映公司。

法定代表人:石明生,经理。

诉讼代理人:张述瑞,洛阳市电影公司副经理。

诉讼代理人:徐海明,洛阳市第一律师事务所律师。

被告:洛阳市丹城俱乐部。

法定代表人:刘城,经理。

诉讼代理人:蔡一兵,洛阳市经济律师事务所律师。

诉讼代理人:梁洪,洛阳市联合律师事务所律师。

4. 审判机关和审判组织

审判机关:河南省洛阳市西工区人民法院。

合议庭组成人员:审判长:张宏斌;审判员:张慧景、李子鸣。

5. 审结时间:1994 年 6 月 13 日。

(二)诉辩主张

1. 原告诉称:被告丹城俱乐部无视国家有关法律和规定,自 1993 年 9 月份以来,多次侵权放映盗版录像带。如 1993 年 9 月 10 日起连续 7 天营业性放映中国合作制片公司与香港合拍的故事片《唐伯虎点秋香》;同年 9 月 17 日起连续 4 天营业性放映广西电影制片厂与香港合拍的故事片《新冷血十三鹰》;同年 9 月 21 日连续起 3 天营业性放映北京电影制片厂与香港合拍的故事片《黄飞鸿系列之四——王者之风》。诉讼期间,又放映了北京电影制片厂与香港合拍的故事片《功夫皇帝——方世玉》和上海电影制片厂拍摄的《青蛇》两部盗版带。以上影片原告均买断了在河南省内的发行权,被告的侵权行为,侵犯了原告的合法权益,为此,我公司委托洛阳市电影公司多次与被告交涉,但被告置若罔闻。特起诉要求维护原告合法权益。

2. 被告辩称:原告所述与事实不符。事实上我部放映 50 余场,原告提醒一次后,被告即将录像带还给他人。另外,原告诉称无法律根据,我部的这种放映行为,在著作权法中不属侵权行为。

(三)事实和证据

洛阳市西工区人民法院经公开审理查明:

原告分别于 1993 年 10 月 28 日与中国电影合作制片公司签订《唐伯虎点秋香》影片合同;1993 年 8 月 25 日与广西电影制片厂签订《新冷血十三鹰》影片合同;1993 年 8 月 25 日与北京电影制片厂签订《功夫皇帝——方世玉》和《黄飞鸿之四——王者之风》影片合同;1994 年元月 10 日与上海电影制片厂签订《青蛇》影片合同。5 部影片的规格均为 35mm 拷贝,均买断了在河南省境内的放映发行权。各电影制片厂在与河南省电影发行放映公司签订电影发行合同时,均向河南省电影发行放映公司出具了授权委托书,委托该公司负责稽查、制止对该片的盗版行为,追究侵权者法律责任。在此前后,被告洛阳市丹城俱乐部利用盗版录像带于 1993 年 9 月 10 日、11 日、13 日、14 日、15 日、16 日在本部公开营业性放映《唐伯虎点秋香》33 场;1993 年 9 月 17 日至 20 日放映《新冷血十三鹰》18 场;1993 年 9 月 21 日至 23 日放映《黄飞鸿系列之四——王者之风》5 场;1993 年 11 月 27 日至 29 日放映《功夫皇帝——方世玉》7 场;1994 年 2 月 16 日至 18 日放映《青蛇》9 场。5 部片子被告均在《洛阳日报》刊登广告,当原告发现被告放映盗版带时,曾给予劝阻,但被告仍继续放映,原告遂于 1993 年 11 月 26 日起诉。

上述事实有下列证据证明:

1. 证人证言。

2. 当事人陈述。

3. 法庭调查笔录。

(四)判案理由

西工区人民法院认为:原告已对引起本案纠纷的 5 部影片买断了在河南境内的放映发行权,属专有许可使用,应依法予以保护。被告在没有取得放映权的情况下,私自利用盗版录像带公开营业性放映,其行为已构成侵权,但对《唐伯虎点秋香》一影片,因被告放映在前,原告买断发行权在后,故对此片的侵权索赔请求起诉不予支持。对于本案的赔偿,鉴于法律无明确规定,可参照省音像管理办法,以受影响区域掌握。考虑到洛阳市地域较大,受影响区域应酌情判断。

(五)定案结论

根据《中华人民共和国著作权法实施条例》第三十二条、第三十五条之规定，判决如下：

被告赔偿原告3000元，限判决书生效后10日内给付。

诉讼费300元由被告承担。

(六)解说

本案被告放映盗版录像带的事实清楚，被告也不否认。审理的关键是原告的许可使用权法律是否予以保护。审理中有两种观点，一种观点认为，上述电影制片厂在向河南省电影发行放映公司出让许可使用权的同时，又向全国其他省市出让了电影发行放映的许可使用权。因而原告取得的是以上5部影片的非专有使用权，非专用使用权不受法律保护，应对原告诉讼请求不予支持。另一种意见认为：原告同电影制片厂签订的合同，并非买断了该影片的全部著作权，但原告方同电影制片厂签订的合同，买断了影片在河南地区行使同一权利，属专用使用权，应受法律保护。笔者同意后一种看法，认为在《著作权法》对许可使用权的取得未作详尽规定的情况下，根据本案实际，从保护著作权人权利的原则出发，判决被告构成侵权并予以赔偿是可以的。判决后双方均未上诉，社会效果较好。

(杨锁柱)

92. 广西广播电视报社诉广西煤炭工人报社电视节目预告表使用权案

(一)首部

1. 判决书字号

一审判决书：广西壮族自治区合山市人民法院(1991)合法民判字第46号。

二审判决书：广西壮族自治区柳州地区中级人民法院(1994)柳地法民终字第127号。

2. 案由：电视节目预告表使用权纠纷。

3. 诉讼双方

原告(上诉人)：广西广播电视报社。

法定代表人：刘清宏，总编辑、社长。

诉讼代理人(一、二审)：刘桂宽，广西壮族自治区经济律师事务所律师。

诉讼代理人(一审)：傅晓榕，女，现任广西广播电视报社副总编辑。

诉讼代理人(二审)：王莹文，广西广播电视报社法律顾问。

被告(被上诉人)：广西煤炭工人报社。

法定代表人：刘峰，总编辑。

诉讼代理人(一、二审)：孟勤国，广西大学法律系主任、教授。

诉讼代理人(一审)：覃百昌，广西煤炭工人报社副主任。

4. 审级：二审。

5. 审判机关和审判组织

一审法院：广西壮族自治区合山市人民法院。

合议庭组成人员：审判长：伍达群；代理审判员：钟定红、罗宝龙。

二审法院：广西壮族自治区柳州地区中级人民法院。

合议庭组成人员：审判长：蓝生昌；审判员：周绪勋、汪洋。

6. 审结时间

一审审结时间：1991 年 11 月 25 日。

二审审结时间：1994 年 11 月 25 日（经广西壮族自治区高级人民法院批准依法延长审限）。

（二）一审情况

1. 一审诉辩主张

（1）原告诉称：《广西广播电视报》于 1979 年创刊后，经广西广播电视厅和中国电视报社同意，取得了广西电视台和中央电视台一周电视节目预告表的使用权。中国电视报社还特别授权原告代为追究各种未经授权而在广西境内擅自刊登该一周电视节目预告表的行为人的侵权责任。原告曾在《广西广播电视报》就此多次发表声明。之后，多数曾登载一周电视节目预告表的报纸都已陆续停止登载。但被告从 1987 年以来，一直在每星期五收到当天出版的广西广播电视报后，即在下星期一出版的《广西煤炭工人报》的中缝刊登一周电视节目预告表。原告认为：关于电视报刊登电视节目预告的问题，有关法律和政策已有明文规定。"广播电视报可视为期刊，可以适用《图书、期刊版权保护试行条例》第八条规定，作为一个整体，由其编辑部享有版权"。"各地报纸和以报纸形式出现的期刊可以转载广播电视报当天或第二天的广播电视节目预告，但不得一次转载一周或一周以上的节目预告。如需转载的，应与有关广播电视报协商"。根据以上规定，被告行为已经侵犯了原告版权，直接影响了原告在自治区煤炭系统和合山市的发行，造成较大的经济损失。为此要求受诉法院判令被告立即停止侵权行为，公开赔礼道歉，赔偿经济损失 1 万元。

（2）被告辩称：《广西煤炭工人报》从 1987 年起一直刊登《广西广播电视报》的一周电视节目预告。但国家版权局 1987 年 12 月 12 日《关于广播电视节目预告转载问题的意见》中指出："电视节目预告应视为新闻消息，不属版权保护的作品范围。"《中华人民共和国著作权法》明确规定："时事新闻，不受法律保护。""时事新闻，不论作者、出版者均不享有版权。"国家版权局副局长刘杲在《新著作权法若干问题答记者问》中谈到："广播电视节目预告本身视为时事新闻，不属著作权保护范围；但作为整体的广播电视报刊是受著作权法保护的，将整张广播电视报复印下来出售才是侵权行为。"被告没有将《广西广播电视报》的节目预告和文章全部翻印，故原告诉称被告侵犯其版权无法律依据，我们之所以没有执行上级版权机关的规定和"裁定"，是我们认为它们无法律依据，也不符合人民的利益。因此，不同意原告的诉讼请求。此外，原告在广西区版权局的"裁定"未经正当法律程序生效之前，即抢先在《广西广播电视报》和广西电视台的《广西新闻》中登载和播出我报社被裁定处罚的消息，使我报社名誉受到极大的损害，要求原告在同样的新闻媒介上登载或播出赔礼道歉，并赔偿 2 万元的经济损失。

2. 一审事实和证据

合山市人民法院经审理查明：《广西广播电视报》于 1979 年创刊，每星期五出版。1987 年以来，被告于星期五收到该报后，便于下星期一出版的《广西煤炭工人报》的中缝刊登中央电视台和广西电视台的一周电视节目预告表，原告曾为此在其本报发表声明。广西区版权局1989年9月下达《关于广播电视报节目预告转载问题的通知》后，被告于同月用文字向版权局作了汇报，愿意通过调解方式处理，表示付给转载资料费(每期16元)。原告不同意，协商不成。原告于1990年2月向广西版权局提出申诉，要求裁决。区版权局认为被告已构成侵权，于1990年7月20日对被告作出裁定:(1)立即停止侵权;(2)公开向原告赔礼道歉;(3)向原告赔偿经济损失6360元。后被告提出复议。广西版权局于同年11月8日再次发文给被告，维持原裁定。被告认为区版权局裁定没有法律依据，拒绝执行。原告于1991年8月向被告所在地合山市人民法院起诉。审理当中，被告以原告在区版权局的裁定未发生法律效力前就抢先登报和通过电台播出，造成名誉损害为由，提起反诉。

上述事实有下列证据证明:

(1)1987年以来《广西煤炭工人报》每期刊登《广西广播电视报》的电视节目预告表的事实。

(2)广西广播电视报社与中国电视报社签订的协议书。

(3)广西电视台关于广西广播电视报独家使用其电视节目预告表每期付100元资料费的证明。

(4)法院对双方的询问笔录。

3．一审判案理由

(1)电视节目预告属于预告性新闻范围，本身应视为时事新闻。对于时事新闻，无论是新闻单位或个人都不享有著作权，任何人都可以自由使用，不受限制。原告认为被告刊登电视节目预告是侵权行为，无法律依据。报纸刊登电视节目是为了方便电视观众和读者，更充分和有效地利用信息来丰富文化生活，是服务性的。原告诉被告侵权，法院不予支持。

(2)原告在自治区版权局的裁定尚未发生法律效力之前，就在本报和广西电视台《广西新闻》中登载和播出“裁定”的内容，使被告名誉受到损失。因此，被告反诉理由成立，要求原告在同一新闻媒介上赔礼道歉，法院予以支持。

4．一审定案结论

一审法院根据《中华人民共和国著作权法》第五条第(二)项和《中华人民共和国民事诉讼法》一百二十六条、《民法通则》第一百二十条、一百一十八条、一百三十四条第一款第(十)项的规定，作出如下判决:

(1)驳回原告广西广播电视报社的诉讼请求。

(2)原告要在《广西广播电视报》上向被告广西煤炭工人报社公开赔礼道歉。驳回被告反诉原告赔偿经济损失2万元的诉讼请求。

本案诉讼费410元，由原告承担;反诉费810元，由被告承担760元，原告承担50元。

(三)二审诉辩主张

广西广播电视报社不服原审一审判决，于规定期限内上诉称:一审判决把电视节目预告表视为时事新闻而不加保护是错误的，上诉人对广播电视节目预告表应享有使用权和专有出版权。同时认为，被上诉人广西煤炭工人报社利用开庭发表意见之机，对上诉人进行侮辱和丑化，事后又利用所办报纸进一步扩散，侵害了上诉人的名誉权。故请求撤销原判，判令被上诉人停止侵权并赔偿其经济损失。

被上诉人辩称:被上诉人刊登电视节目预告表符合国家版权局1987年12月12日《关

于广播电视节目预告转载问题的意见》中"电视节目预告应视为新闻消息，不属版权保护范围"的规定。一审判决是正确的。并就上诉人提出的侵犯名誉权之诉提出反诉。

（四）二审事实和证据

柳州地区中级法院经审理查明：上诉人广西广播电视报社于1979年12月经有关部门批准创刊，发行全区。之后，上诉人与中国电视报社签订协议，由中国电视报社向广西广播电视报社提供中央电视台节目预告表，由上诉人在本报刊登或转载，每期付给中国电视报社稿酬80元。上诉人根据广西广播电视厅桂发字(1987)35号文件精神，与广西电视台口头协商，允许上诉人刊登广西电视台一周电视节目预告表，每期付给稿酬100元，被上诉人广西煤炭工人报社未经上诉人同意，擅自从1987年起，在每周一的报纸上摘登上诉人报纸中的中央电视台、广西电视台的一周电视节目预告表。1988年2月1日和1989年5月8日，上诉人分别在其报上发表声明：未经许可，任何报刊不得转载，刊登本报的一周电视节目预告，违者依法追究其法律责任。1989年9月22日，区版权局以桂权字(1989)9号文《关于广播电视节目预告转载问题的通知》下发后，被上诉人仍转载上诉人的一周电视节目预告表。1990年2月4日，上诉人向区版权局提出申诉，要求被上诉人停止侵权，登报赔礼道歉，赔偿损失，区版权局审查后认为，被上诉人擅自转载上诉人一周电视节目预告表，违反有关规定，属侵权行为。于同年7月20日作出裁定：被上诉人立即停止摘登上诉人的一周电视节目预告；登报向上诉人公开道歉；补偿上诉人经济损失6360元。裁定后，被上诉人拒不执行。同年8月27日，上诉人在自己的报纸上刊登了区版权局的裁定内容。1991年8月15日，上诉人向原审法院起诉，请求判令被上诉人停止侵权，公开赔礼道歉，赔偿损失1万元。被上诉人反诉上诉人侵害其名誉权，要求赔偿经济损失2万元，公开赔礼道歉。

上诉人针对被上诉人在诉讼期间仍继续摘登上诉人的一周电视节目预告表的侵权行为及其造成的经济损失，在二审期间要求法院判令被上诉人增加赔偿数额。

上述事实证据除与一审事实证据相同外，尚有如下证据：

1. 广西版权局1990年7月20日作的裁定。

2. 二审期间被上诉人仍刊登上诉人的电视节目预告表的事实。

3. 法院对双方的询问笔录。

（五）二审判案理由

二审法院认为：电视节目预告表是电视台通过复杂的专业技术性劳动制作完成的，电视台对其劳动成果，应享有一定的民事权利，应予以适当的法律保护。但电视节目预告表还不具有著作权意义上的独创性，因而不宜用《著作权法》保护。但上诉人通过协议方式，有偿取得的广西电视台和中国电视报一周电视节目预告，在广西地区以报纸形式向公众传播的使用权，应予法律保护。被上诉人未经许可，擅自无偿摘登上诉人一周电视节目预告表，而有偿地提供给公众，不符合《中华人民共和国民法通则》的有关原则，违反了有关部门作出的已被报业所普遍接受的"可以转载广播电视报所刊当天和第二天的广播电视节目预告，但不得一次转载或摘登一周（或一周以上）的广播电视节目预告，如需要转载整周的广播电视节目预告，应与有关广播电视报协商"的规定，侵犯了广西广播电视报社的权利，应承担相应的民事责任；造成对方经济损失，应根据实际情况酌情给予赔偿。因此，上诉人上诉有理，予以支持；一审判决不当，应予纠正。

关于上诉人在二审程序中提出被上诉人侵犯其名誉权的诉讼主张，而被上诉人就此提出反诉等，都是新增加的独立诉讼请求，属于另一个法律关系，不宜与本诉合并审理。

（六）二审定案结论

柳州地区中级人民法院根据《中华人民共和国民事诉讼法》第一百五十三条第一款第（二）项之规定和《中华人民共和国民法通则》第四条、第一百三十四条第一款第（一）、（七）、（十）项之规定，作出如下判决：

1. 维持合山市人民法院（1991）合法民判字第46号民事判决的第二项中“驳回被告反诉原告赔偿经济损失2万元的诉讼请求”。

2. 撤销该同一判决的第一项和第二项中关于“原告在《广西广播电视报》上公开向被告赔礼道歉”的判决。

3. 广西煤炭工人报社立即停止摘登《广西广播电视报》的一周电视节目预告表的侵权行为。

4. 广西煤炭工人报社给广西广播电视报社赔偿经济损失5万元，限于本判决生效后10天内付清。

5. 广西煤炭工人报社应在本报登报向广西广播电视报社公开赔礼道歉。限于本判决生效后1个月内履行。赔礼道歉的内容须经法院审核。

本案一审案件受理费、反诉费共1220元及二审案件受理费2010元，共计3230元，由广西煤炭工人报社负担。

本判决为终审判决。

（七）解说

上诉人（原告）广西广播电视报社在一审程序中，诉称被上诉人广西煤炭工人报社转载一周电视节目预告表是侵犯其作品版权的行为，要求适用《著作权法》予以保护，显然不当。因为电视节目预告表的制作过程和结果并没有一般作品（著作）独创性的意义，但电视节目预告表是电视台通过复杂的专业技术性劳动制作完成的，电视节目预告表的制作是一项系统工程，是耗费大量的人力、物力、智力和财力后才取得的一种劳动成果，所以电视台对节目预告表应享有一定的民事权利。因此，本案的性质应定为电视节目预告表使用权纠纷而不是版权纠纷。

《中华人民共和国民法通则》第四条规定：“民事活动应当遵循自愿、公平、等价有偿、诚实信用的原则。”上诉人广西广播电视报社根据上述规定，通过协议方式有偿取得了广西电视台和中央电视报一周电视节目预告在广西地区以报纸形式向公众传播的使用权，理所当然受法律保护。被上诉人未经许可，擅自无偿摘登上诉人的一周电视节目节预告表而有偿地供给公众，显然违反了《中华人民共和国民法通则》的有关规定和原则，同时也违反了有关部门作出的并被报业普遍接受的“只可以转载当天和第二天广播电视节目预告”的报业习惯，侵害了广西广播电视报社的权利，应承担一定的民事责任。

一审法院没有正确解决好“节目预告”和“节目预告表”的区别，虽然两者目的一致，都是对未来要播出的广播电视节目进行预告。但“节目预告”是由电台或电视台根据“节目预告表”以口播形式预告第二天或未来几天内所需要播出的节目及内容简介。因此国家版权局副局长刘杲说，“广播电视节目预告本身视为时事新闻，不属著作权保护范围”。而节目表是以列表形式反映一个完整的时间段内的节目安排。必须先有“表”才能依“表”预告。电视节目预告表是基于制作者对中央和地方党政部门一段时间（时期）方针、政策的全面把握，并围绕着党的中心工作以及对广大观众的调查了解，对多采编部门制作的节目以及库存节目进行统筹，还要参照周边台近期节目播出情况，才能制定完成的本台一个时期内的播出计划。此外制作者还要掌握许多技术情况和资料予以综合平衡、协调，凝聚了广播电视部门的整体劳动。故节目预告表绝非一个简单的排列，而是一个专业性很强的系统工程。这一系统工程虽不属于《著作权法》保护范围，但可以比照《民法通则》有关条款给予保护。因此二审法院根据有关条款，认为被告侵犯了原告电视节目预告表使用权，已造经济损失，应酌情给予赔偿。一审法院在审理此案时只着眼于国家版权局 1987 年 54 号文《关于广播电视节目预告转载问题的意见》指出的“电视节目预告应视为新闻消息，不属于版权保护的作品范围”，但却忽略了目前有关部门作出的并已被报业所普遍接受的报业习惯，尤其是忽略了对当事人合法民事权利的保护，因而所作判决有失偏颇。

（蒙加兰）

93. 台湾味丹企业股份有限公司诉福建省晋江市罗山鸿泉食品有限公司不正当竞争案

（一）首部

1. 调解书字号：福建省高级人民法院(1993)闽知初字第 03 号。

2. 案由：不正当竞争纠纷。

3. 诉讼双方

原告：台湾味丹企业股份有限公司。

法定代表人：杨头雄，董事长。

诉讼代理人：陈建敏，福建对外经济律师事务所律师。

诉讼代理人：薛命喜，福建对外经济律师事务所律师。

被告：福建省晋江市罗山鸿泉食品有限公司。

法定代表人：柯建家，经理。

诉讼代理人：徐军，福建经济贸易律师事务所律师。

诉讼代理人：邓翠红，福建经济贸易律师事务所律师。

4. 审级：一审。

5. 审判机关和审判组织

审判机关：福建省高级人民法院。

合议庭组成人员：审判长：郑伟；代理审判员：杨建民、叶毅华。

6. 审结时间：1994 年 9 月 30 日。

（二）诉辩主张

1. 原告诉称：台湾味丹企业股份有限公司是于 1962 年 9 月 17 日在台湾成立的一家大型食品生产企业，公司形象及饮料产品水蜜桃汁、纯麦奶茶、纯麦红茶、柠檬红茶、冬瓜茶在大陆市场有一定的知名度。被告福建省晋江市罗山鸿泉食品有限公司生产的“鸿力”牌水蜜桃汁、纯麦奶茶、纯麦红茶、柠檬红茶及冬瓜茶的包装容器外观图案系抄袭自原告同类产品包装容器外观图案，其行为足以误导消费者，使原告及其产品的信誉和销量遭受严重影响，构成不正当竞争。请求法院依法判令被告停止侵权并赔偿原告经济损失人民币120万元。

2. 被告辩称：被告对“鸿力”牌水蜜桃汁、纯麦奶茶、纯麦红茶、柠檬红茶、冬瓜茶5种产品的包装罐外观图案进行了重新设计，与原告生产的同类产品包装容器外观图案有较大的区别。原告的5种产品包装容器外观图案未在大陆获得外观设计专利，且该产品远未达到知名商品的标准，不受《中华人民共和国专利法》和《中华人民共和国反不正当竞争法》的保护。请求驳回原告的诉讼请求。

（三）事实和证据

福建省高级人民法院经调查和公开审理查明：台湾味丹企业股份有限公司（以下简称味丹公司）是于1962年9月17日在台湾成立的一家大型食品生产企业，其生产的“绿力”饮料系列在台湾获“金字招牌”称号。自1991年起，“绿力”牌水蜜桃汁、纯麦奶茶、纯麦红茶、柠檬红茶、冬瓜茶等5种饮料产品陆续行销大陆市场。据味丹公司向法院提交的经台湾地方法院公证处证明的文件，“绿力”饮料系列销往大陆的数量为：1991年至1994年水蜜桃汁3179983箱、1992年至1994年纯麦奶茶442275箱、纯麦红茶254000箱、柠檬红茶143350箱、冬瓜茶964250箱。味丹公司的饮料产品在大陆有了一定的信誉。1994年6月浙江省工商行政管理局经济检查处曾发出浙江商检处字（94）9号文，要求全省各市、地、县工商行政管理局严厉查处制造、经销假冒味丹公司“绿力”牌冬瓜茶的违法行为。福建晋江市罗山鸿泉食品工业有限公司（以下简称鸿泉公司）自1992年起生产“鸿力”牌系列饮料。1992年，鸿泉公司委托福建联建（集团）有限公司参照台湾味丹公司的“绿力”牌水蜜桃汁包装容器外观图案生产3个货柜空罐，“绿力”商标改为“鸿力”商标。此后，鸿泉公司又先后委托福建联建（集团）有限公司生产“鸿力”牌纯麦奶茶、纯麦红茶、柠檬红茶、冬瓜茶空罐。据调查，1994年鸿泉公司生产纯麦奶茶约6.3万罐、纯麦红茶约10万罐、柠檬红茶约30万罐、冬瓜茶约4万罐。

经对比台湾味丹公司“绿力”牌和鸿泉公司“鸿力”牌5种饮料包装罐，两家同类产品包装罐图案所示商标、生产企业、企业所在地不同，图案所示主图、文字、字体、整图编排、色彩等方面均极为近似，足以混同。

以上事实有台湾味丹公司提交的“金字招牌”称号证明、产品销往大陆数量证明、浙江省工商行政管理局浙江商检处字（94）9号文件、福建联建（集团）有限公司关于鸿泉公司委托制罐及数量证明、味丹公司与鸿泉公司产品空罐实物、双方当事人的陈述等为证。

（四）判案理由

福建省高级人民法院鉴于上述事实认为：

1. 台湾味丹企业股份有限公司生产的“绿力”牌水蜜桃汁、纯麦奶茶、纯麦红茶、柠檬红茶、冬瓜茶等5种饮料产品，在台湾获“金字招牌”称号，产品质量较好，且产品自1991年起大量销往大陆，在大陆有一定的知名度，应认定为知名商品。

2. 晋江鸿泉食品有限公司未经许可，使用了与台湾味丹公司同类产品近似的包装容器图案，误导消费者。其行为违反了《中华人民共和国民法通则》第四条关于民事活动应当遵循诚实信用原则的规定，同时，违反了《中华人民共和国反不正当竞争法》第五条关于经营者不得“擅自使用知名商品特有的包装、名称、装潢，或者使用与知名商品近似的名称、包装、装潢，造成和他人的知名商品相混淆，使购买者误认为是该知名商品”的规定，晋江鸿泉公司的行为已构成不正当竞争，依法应承担停止侵权、赔偿损失的责任。

（五）定案结论

原、被告双方在福建省高级人民法院的主持下，根据《中华人民共和国民事诉讼法》第八十五条、第八十八条的规定，经双方协商，自愿达成调解协议：

1. 被告保证不再生产与原告产品包装罐外观图案相同或相似的产品，在库的上述空罐经加贴明显的防伪标志后使用至1994年底，1995年后不再使用。

2. 被告因未经原告同意使用了与原告同类产品包装罐相似的外观图案，自愿补偿给原告人民币15万元，此款于1994年9月25日前汇入福建对外经济律师事务所，由该所转交原告。

3. 原告同情被告的困难，同意在本协议完全履行后，不再追究被告在签本协议之前的侵权行为责任。

4. 案件受理费人民币12500元由原告负担。

（六）解说

本案是一起台湾企业诉大陆企业不正当竞争的案件。双方当事人的争执主要在于如何认定《中华人民共和国反不正当竞争法》规定的"知名商品"以及如何认定台湾企业从台湾提交的证据效力。

1. 关于知名商品的认定

《反不正当竞争法》规定，擅自使用知名商品特有的名称、包装、装潢或者使用与知名商品近似的名称、包装、装潢，造成与他人的知名商品相混淆的，构成不正当竞争。这规定无疑是在《商标法》、《专利法》之外，加强了对正当经营者的法律保护。但是，《反不正当竞争法》未明确界定"知名商品"的概念，也未规定"知名商品"的认定标准，以致对"知名商品"有不同的理解。一般来说，认定知名商品可参照以下两个标准：

(1)被国内有关组织、机构或国际组织认作名优产品的。名优产品理所当然应为知名商品。

(2)产品有一定的知名度。知名度可从产品的质量、销售数量、广告宣传程度等多方面综合认定。产品质量较好，有一定数量的消费者群，即可认定该产品在这一特定的消费者群内有一定的知名度，而不要求该产品是人人皆知的驰名商品。本案原告味丹公司生产的"绿力"牌饮料系列，在台湾获"金字招牌"称号，可以肯定该产品有较好的质量。同时，味丹公司的产品在台湾、大陆大量销售，在消费者中有一定的信誉和知名度，应认定为知名商品，其产品的装潢应得到法律的专有保护，至于被告所提的"绿力"饮料产品在被告"鸿力"产品的销售地是否构成知名，不影响对"绿力"饮料是知名商品的认定。

2. 关于台湾企业在台提供的证据效力

由于两岸关系的现状，人民法院对台湾企业在台提供的证据，难以直接审查、核实。因此，对这类证据的认定应从实际出发，严格要求台湾企业在台提供的证据须经台湾地方法院或公证处证明，并由台湾"海基会"转递。一般来说，对于依上述程序公证证明的材料，只要没有相反的证据足以推翻的，即应承认公证文书的真实性，认定其效力。

（涂育诚）

94. 扬州欣欣食品有限公司诉扬州市旅游食品厂不正当竞争案

(一)首部

1. 判决书字号:江苏省扬州市中级人民法院(1994)扬民初字第27号。

2. 案由:不正当竞争纠纷。

3. 诉讼双方

原告:扬州欣欣食品有限公司。

法定代表人:吴英颂,董事长兼总经理。

诉讼代理人:张寅,该公司副总经理。

诉讼代理人:朱飞龙,扬州市江河律师事务所律师。

被告:扬州市旅游食品厂。

法定代表人:该厂负责人。

诉讼代理人:郭大镛,上海市第八律师事务所律师。

诉讼代理人:黄在发,邗江县律师事务所律师。

4. 审级:一审。

5. 审判机关和审判组织

审判机关:江苏省扬州市中级人民法院。

合议庭组成人员:审判长:赵荣生;审判员:卞永红;代理审判员:徐生炉。

6. 审结时间:1994年12月31日。

(二)诉辩主张

1. 原告诉称:原告主要产品为"亲亲八宝粥"。由于原告的产品色香味俱佳,包装精良,广告宣传和销售有方,短短一年多的时间,即享誉全国,供不应求。被告遂在其生产的"八宝莲心粥"的包装上,仿冒原告"亲亲八宝粥"的罐体装璜,其罐体色彩、图形、几何线条、八宝粥照片、整体布局及字体均与"亲亲八宝粥"相同或相似,与"亲亲八宝粥"相比达到了以假乱真的程度,很容易使消费者误认为是"亲亲八宝粥",影响了原告产品的销售和信誉,侵犯了原告的权益。特别是其罐体上使用的照片显属翻拍"亲亲八宝粥"上使用的照片,是对原告摄影作品权的公然侵犯,故请求法院判令被告停止侵害,销毁与原告产品装璜相似的产品,向原告赔礼道歉,并按每听0.5元计算赔偿损失。

2. 被告辩称:原告产品"亲亲八宝粥"包装上的文字、图案、色彩并没有进行商标注册,其外观设计也没有申请专利,故原告诉称被告仿冒其产品装璜,要求停止侵害、赔偿损失于法无据。其罐体装璜中的一碗八宝粥图像,不属文字、科学和艺术作品,而是一种通用标志,所有的人都可以合理利用,被告使用这个图像及装璜并无不当之外。请求驳回原告的诉讼请求。

(三)事实和证据

扬州市中级人民法院公开开庭审理查明:原告系于1991年6月批准成立的中外合资企

业，其主要产品为“亲亲八宝粥”。该产品罐体装璜图案系由外方香港欣欣食品有限公司股东吴英颂委托台湾大裕股份有限公司设计、制版，版权、使用权均已转归原告。产品投入市场后，1991 年度被评为“全国大商场推荐新产品”，1993 年又先后荣获“全国体育消费精品调查活动最佳明星产品”、“最受消费者欢迎的优质产品”称号。被告于 1992 年下半年开始生产“八宝莲心粥”。1993 年 1 月被告改变罐体装璜，采用了与“亲亲八宝粥”装璜相似的样稿，并提供了“亲亲八宝粥”样版作为色彩质量验收参考，在广东潮州市印铁制罐厂印刷生产了制罐马口铁板 85464 张（每张 12 个罐身）。同年 2 月至 4 月，分三次将印刷好的铁板提出在汕头加工制罐，并运回厂内灌装使用。经核查，“八宝莲心粥”与“亲亲八宝粥”罐体除名称、标识、文字、条码及粉红色网状细微花纹有不同外，其图形、线条、色彩、整体布局、所用八宝粥图像均相同。1993 年 3 月，原告在市场上发现被告使用了与其产品“亲亲八宝粥”相似的产品，遂于同年 4 月 1 日向法院提起诉讼。扬州市中级人民法院在审理期间对被告生产的与“亲亲八宝粥”装璜相似的“八宝莲心粥”进行了清点，共清点成品 286173 听，空罐 523169 只（现已全部灌装销售），合计 809342 听（清点前已售出的未计算）。在诉讼中开庭前，被告曾表示不再生产并着手对“八宝莲心粥”罐体装璜进行改版，为此，合议庭主持进行了调解，后因被告继续灌装了与“亲亲八宝粥”相似的“八宝莲心粥”，其部分改版产品仍与“亲亲八宝粥”相似，仅换了一个与原告八宝粥照片相似的八宝粥的照片，致调解无效。在庭审中被告向法院提供了被告与郭志光签订的由郭志光提供“八宝莲心粥”图案，由被告支付使用费的协议及郭志光出具的收到被告“八宝莲心粥”图案使用费的收条。经法庭庭后调查审核，无事实根据。法庭曾多次要求被告提供与“亲亲八宝粥”装璜相似的“八宝莲心粥”营销利润情况资料但被告一直未提供。经会计事务所审核，原告经营八宝粥单罐利润为 0.475 元。

上述事实有“亲亲八宝粥”和“八宝莲心粥”罐体、印刷胶版、包装图案；台湾生产的“亲亲八宝粥”印刷罐输出许可证、运单；台湾公证律师署名的大裕股份有限公司制罐厂将“亲亲八宝粥”空罐设计制版版权转让给吴英颂及吴英颂将“亲亲八宝粥”罐体图案版权转让给扬州欣欣食品有限公司的声明；被告与广东潮州市印铁制罐厂签订的印刷“八宝莲心粥”制罐铁板的合同；提货单；对被告“八宝莲心粥”清点的记录；扬州市会计事务所审核的原告销售利润表；当事人的陈述、证人证词；调查笔录为证。

（四）判案理由

扬州市中级人民法院认为：

1.“亲亲八宝粥”罐体装璜的版权、使用权属原告所有，虽然“亲亲八宝粥”罐体装璜图案未申请商标专利保护，但其具有作品独创性、可感知性、可复制性的法律特征。它以作者的智慧、技巧，在有形的载体上通过线条形状、色彩搭配等表达了自己的思想、情感，给人以美感，为人们感受，并为产品树立了独特的形象，属于实用美术作品范畴。特别是八宝粥的摄影，虽然从产品上讲，反映的是八宝粥的通用形象，但它融进了作者对被摄物的理解、构思。作者通过选材，艺术摆设，采用适当的拍摄角度，用光，乃至暗房技术，使摄影作品给人以独特的美的感受，理应受到法律的保护。原告已依法取得该作品的版权和使用权，故可作为诉讼主体，其享有的版权和专有使用权同样依法受到法律的保护。被告未经原告许可，以营利为目的，复制、使用他人产品装璜来包装自己的产品，虽然罐体上文字标识有所不同，底色上的花纹也略有差异，但几何线条、图形、照片、整体布局、色彩及搭配均相同，故应认定其行为构成了侵权。

2. 原告在设计产品装璜时付出了一定的代价，在宣传使用中树立了产品的独特形象，作为知名产品，它的装璜也给人们留下了深刻的印象。被告不花任何代价，擅自使用与他人产品相同的装璜（除文字、标识外，仅有底色上的网状细微花纹略有不同），违反了民事主体在进行民事活动中应当遵循的自愿、公平、等价有偿、诚实信用的原则和公认的商业道德，显属不正当竞争行为。因产地相同，很容易使人们对“亲亲八宝粥”和“八宝莲心粥”产生混淆，误认为“八宝莲心粥”即是“亲亲八宝粥”。从而损坏“亲亲八宝粥”的声誉和形象，影响其销售。因此，被告应承担民事责任，停止侵害，赔偿原告因被告不法行为所造成的损失。本案表面上看是侵犯著作权，而实质是不正当竞争。若按侵犯著作权处理，显然不利于保护原告之合法权益。虽然当时《反不正当竞争法》尚未颁布实施，但对此不正当竞争行为决不能放纵，而应适用法律的基本原则按侵权处理。

3. 在赔偿的范围和数额上，鉴于原告所受损失，主要是隐形损失，难以计算，故可参照已颁布实施的《中华人民共和国反不正当竞争法》所确定的赔偿范围计算赔偿数额，即按被告在侵权期间因侵权所获利润和原告因调查被告侵害其合法权益的不正当竞争行为所支付的合理费用之总和来确定赔偿数额。鉴于本案中被告侵权期间因侵权所获利润数难以确定，可按被告实际生产侵权产品的数量及生产八宝粥单罐利润额情况来确定赔偿数额。在生产侵权产品的数量上综合考虑所印罐身数量与实际生产成罐的差距和清点的侵权产品数量及它销售的数量，可推定为90万听。在单罐利润计算上，因被告在诉讼中一直未能提供单罐利润及经销营利情况，故可按原告提供的经会计事务所审核的单罐利润0.475元来计算赔偿额。考虑被告因侵权发生纠纷所造成的影响和经营不善，经济情况欠佳，实际赔偿能力有限且原告考虑上述情况表示可适当降低赔偿数额的实际情况，在判决被告停止侵害的同时，可判决被告适当赔偿。但诉讼费依法应由被告承担。

（五）定案结论

扬州市中级人民法院根据《中华人民共和国民法通则》第四条、第五条、第七条、第一百三十四条第一款第（一）项、第（七）项的规定，判决如下：

1. 被告立即停止生产与“亲亲八宝粥”装璜图案相同、相似之产品。

2. 被告一次性赔偿原告人民币21.375万元，此款于本判决生效后1个月内支付。

案件诉讼费1.5万元，诉讼保全费1.2万元，均由被告负担。

（六）解说

该案是一起因不正当竞争行为引起的侵权纠纷。在该案中被告未经权利人原告的同意，即擅自在其产品上使用原告产品包装装璜之图案、照片，从实用美术作品和摄影作品的角度看，被告之行为具有侵犯原告著作权、专有使用权之特征，但对照《反不正当竞争法》之规定，被告这一行为又属不正当竞争行为之范畴。因而在本案处理时，应考虑到本案主体是商品经营者，侵权发生在商品经营中，侵犯著作权只是一种表现形式，其主观故意，即目的是为了推销自己的产品，并从中追求高额利润，它损害的是对方经营者，危害的是公平竞争的市场经济秩序。根据这一实际情况，虽然本案发生和提起诉讼时《中华人民共和国反不正当竞争法》尚未颁布实施，但从本案的实质和社会效果看，仍应定为不正当竞争。若按侵犯著作权纠纷处理，就无法制止被告生产部分改版但仍与原告产品装璜相似的产品，不能保护原告的合法权益，维护正常的市场秩序。扬州市中级人民法院在具体处理时，考虑到上述情况，适用《民法通则》的基本原则，作侵权处理是正确的。本案判决后，原、被告均未上诉。原告对其合法权益得到了保护表示满意;被告也表示从此案审理中受到了一次深刻的法制教育。

(赵荣生　纪晓东)

95. 山东东阿阿胶(集团)股份有限公司诉山东平阴阿胶厂侵害包装、装璜案

(一)首部

1. 判决书、调解书字号

一审判决书:山东省东阿县人民法院(1994)东法民初字第3号。

二审调解书:山东省聊城地区中级人民法院(1994)聊民终字第253号。

2. 案由:侵害包装、装璜纠纷。

3. 诉讼双方

原告(被上诉人):山东东阿阿胶(集团)股份有限公司。

法定代表人:刘维志,董事长。

诉讼代理人(一、二审):邢长生,该公司法律顾问。

诉讼代理人(一、二审):程风培,东阿县律师事务所律师。

被告(上诉人):山东平阴阿胶厂。

法定代表人:周广森,厂长。

诉讼代理人(一、二审):罗时柱,平阴县律师事务所律师。

诉讼代理人(一审):赵敦兴,平阴县律师事务所律师。

诉讼代理人(二审):韩国俊,济南市经济律师事务所律师。

4. 审级:二审。

5. 审判机关和审判组织

一审法院:山东省东阿县人民法院。

合议庭组成人员:审判长:卓其森;审判员:周传铭、陈恒修。

二审法院:山东省聊城地区中级人民法院。

合议庭组成人员:审判长:魏义勤;代理审判员:陈广胜、高义宇。

6. 审结时间

一审审结时间:1994年5月30日。

二审审结时间:1994年10月15日。

(二)一审诉辩主张

1. 原告诉称:我公司生产"阿"字牌"复方阿胶浆",使用现行包装盒自1986年3月投入市场以来,因质量可靠,疗效显著,市场畅销,先后获省优、部优称号。被告自1992年模仿我"复方阿胶浆"名称、包装、装璜,制造、生产"阿胶补血口服液"销售,侵犯了我公司的合法权益,要求被告停止侵害,赔偿我公司经济损失15万元并承担诉讼费用。

2. 被告辩称:原告生产的"复方阿胶浆"曾因质量问题受过行政处罚,决非质量可靠的知名商品。我厂生产的"阿胶补血口服液"不但名称与其不同,且包装、装璜上还有厂名、商

标、产品批号、药物成分、功能主治、英文排列等几处差别。原告起诉后,我厂又将包装盒字体按卫生部要求作了改动,因此,不存在侵犯原告“复方阿胶浆”名称、包装、装璜问题。要求驳回原告诉讼请求并责令其停止使用不符合部颁标准的包装盒。

(三)一审事实和证据

东阿县人民法院于1994年元月15日受理此案,经调查审理查明:原告1985年7月经山东省卫生厅批准,1985年11月30日以“阿”字牌商标核准注册生产“复方阿胶浆”。1989年8月再经省卫生厅批准降低含糖量后,一直沿用委托济南中药厂设计室设计的包装盒。该产品获省医药管理局科技成果一等奖,国家中药管理局优质产品奖,并先后获得省优、部优称号。1992年被评为全省著名商标,1994年被山东省质量管理局和山东省医药管理局推荐为1993年受欢迎医药产品,1994年2月5日经国家卫生部审定列为国家二级中药保护品种。原告为该产品在中央级电视台、广播电台等新闻媒体进行过广告宣传,在消费者中深受欢迎。被告1992年5月委托浙江省药材公司按其提供的名称、规格、颜色、图案布局等为其研制的“阿胶补血口服液”设计包装盒并于1992年6月用于该药品的批量生产,每月平均生产21587盒,月盈利4965.01元。被告平阴阿胶厂使用的“阿胶补血口服液”包装盒的装璜无论从包装盒的规格、着色、字形、图案配置还是正面整体布局均与原告东阿阿胶(集团)有限公司先行生产的“复方阿胶浆”的包装、装璜近似,容易造成消费者误认。诉讼期间,被告所提供的改装后的包装盒,除其药品名称文字形体有所改变外,其他均无明显变化。原告要求一并追究其侵权责任。

上述事实有原、被告提供的书证、物证、证人证言、国家工商局答复意见以及一审法院调查的证人证言、当事人陈述等证据证明。

(四)一审判案理由

1. 原告所生产的“复方阿胶浆”,曾获省优、部优称号,1992年被评为全省著名商标,1994年经国家卫生部审定为国家二级中药保护品种。该产品在市场上有较高的知名度,属知名商品。

2. 被告平阴阿胶厂生产的“阿胶补血口服液”包装盒与原告的“复方阿胶浆”包装盒相近似,能够造成一般购买者误认,侵犯了原告的合法权益,应立即停止侵害并赔偿给原告造成的经济损失。

3. 被告庭审中提交的新包装盒仅就药品名称字体做了改变,其印金底色与原告的“复方阿胶浆”包装盒印金底色更加近似,仍属对原告包装盒的侵权行为,原告要求一并追究被告新包装盒的侵权责任应予支持。

4. 被告所诉原告现使用的“复方阿胶浆”包装盒不符合卫药发(1992)第50号文件规定要求,应予封存不得销售及原告诉称因其产品国际驰名,并经国家主管部门批准继续使用之争议法院不予审理。

(五)一审定案结论

根据《中华人民共和国反不正当竞争法》第五条第二项“擅自使用知名商品特有的名称、包装、装璜,或者使用与知名商品近似的名称、包装、装璜,造成和他人的知名商品相混淆,使购买者误认为是该知名商品”,属不正当竞争行为;第二十条“经营者违反本法规定,给被侵害的经营者造成损害的,应当承担损害赔偿责任,被侵害的经营者的损失难以计算的,赔偿额为侵权人在侵权期间因侵权所获得的利润;并应当承担被侵害的经营者因调查该经营者侵害其合法权益的不正当竞争行为所支付的合理费用。被侵害的经营者的合法权益受到不正当竞争行为损害的，可以向人民法院提起诉讼”之规定判决如下：

1. 判令被告自判决生效之日起立即停止对现“阿胶补血口服液”包装盒的使用。

2. 被告从 1993 年 12 月 1 日起到停止违法行为止每月赔偿原告经济损失 4965.01 元。

3. 被告赔偿原告因调查被侵害其合法权益的不正当竞争行为所支付的费用 4000 元。

(六)二审情况

1. 二审辩诉主张

一审法院判决后，被告不服，提起上诉称：一审认定本厂按卫生部要求改装的新包装盒亦属侵权，显失公正，要求二审法院依法撤销一审判决，驳回被上诉人诉讼请求。

被上诉人辩称：一审法院认定上诉人新、老包装盒均属侵权是正确的，但认定上诉人因侵权获得的不当利益偏低，要求二审法院查清事实，予以改判。

2. 二审事实和证据

二审法院确认了一审核实的事实和采纳的证据。

3. 二审判案理由

二审经审理后认为：一审法院认定原审被告采用不正当竞争手段，侵犯了原告的合法权益并判决其停止侵害承担相应的民事责任是对的。鉴于争执双方作为同一行业，以往经营中关系尚好，且在一审中被告曾表示 1994 年 5 月 30 日后不再使用现行包装盒，一审原告也曾表示可以放弃追究被告的侵权赔偿责任，后虽因故未依法达成调解协议，但二审中仍可在法院主持下协商解决。

4. 二审定案结论

经聊城地区中级人民法院主持调解，双方自愿达成如下协议：

平阴阿胶厂于本调解书生效之日起不再使用原设计的两种“阿胶补血口服液”的包装盒。

案件受理费 4000 元，由双方均担。

(七)解说

本案系适用我国《反不正当竞争法》调整的侵犯知名商品包装、装璜纠纷。

1. 构成侵犯知名商品包装、装璜的要件

我国《反不正当竞争法》第五条第二项规定了构成侵犯知名商品包装、装璜的行为应当具有三个条件：一是被侵犯的包装、装璜的载体必须是知名商品；二是第三人使用了与该知名商品相近似的包装、装璜；三是第三人所实施的行为造成与知名商品相混淆，使消费者误认为是该知名商品。以上三条缺一不可。本案原告的“复方阿胶浆”是我国仅有的中型阿胶系列生产厂家生产的多次荣获国家认可的优质产品，在国际、国内市场上享有一定声誉，应属知名商品。被告生产的“阿胶补血口服液”的字体、包装图案、色彩和式样与原告的“复方阿胶浆”的包装、装璜近似，一般见过双方包装盒的均认为直观上确实相似，经走访国家工商局主管部门也确认相似，容易混淆。原告提供西安、新疆、武汉药品经销单位来信反映：因市场上出现的平阴阿胶厂生产的“阿胶补血口服液”的外包装与“复方阿胶浆”相似，引起消费者误认。同时，原告还提供济南、青岛的消费者证明两种药品包装容易混淆的书证，对此，被告均未举出相反的证据予以否定。因此，一、二审法院认定平阴阿胶厂的“阿胶补血口服液”的包装、装璜构成对东阿阿胶(集团)股份有限公司生产的“复方阿胶浆”包装、装璜的侵权是能够成立的。

2. 侵犯知名商品包装、装璜权承担民事责任的方式

依据我国"反不正当竞争法"第二十条规定，经营者违犯本法规定，给被侵害者造成损害的，应当承担损害赔偿责任，同时，还确定了补救性计算方法。但该法对侵权行为本身没有作出司法保护规定，因此，应该适用我国《民法通则》所确认的承担侵权民事责任的一般原则。本案一审法院在查清事实，分明是非的基础上所作出的判决是正当的。

3. 调解解决纠纷，应坚持当事人自愿、合法、及时的原则

依照《中华人民共和国民事诉讼法》第八十五条、第八十八条规定，人民法院主持当事人进行调解，应当遵循自愿、合法的原则，调解应当在事实清楚、责任分明的基础上进行。本案双方当事人在一审中均表示愿在人民法院主持下调解解决纠纷，二审法院庭审时根据当事人的愿望力促双方达成调解协议是可行的。但在上诉人始终坚持认为自己并未违反我国《反不正当竞争法》，并未侵犯被上诉人的合法权益时，以在调解书认定事实中技术性回避是否违法这一重大原则问题而达成调解协议，不能不说是有失于司法的严肃与公正的。

（傅朝春）

96. 宜宾杞酒厂诉宜宾影业贸易总公司商贸部等商标侵权案

（一）首部

1. 调解书字号：四川省宜宾地区中级人民法院(1994)宜民初字第28号。

2. 案由：商标侵权。

3. 诉讼双方

原告：四川省宜宾杞酒厂。

法定代表人：曹仲清，厂长。

诉讼代理人：李健，四川省宜宾地区律师事务所律师。

被告：四川省宜宾影业贸易总公司商贸部。

法定代表人：臧尔彬，经理。

被告：四川省射洪沱牌曲酒厂。

法定代表人：李家顺，厂长。

诉讼代理人：蒋再新，四川省射洪县律师事务所律师。

诉讼代理人：宋开婉，四川省射洪沱牌曲酒厂质管部部长。

4. 审级：一审。

5. 审判机关和审判组织

审判机关：四川省宜宾地区中级人民法院。

合议庭组成人员：审判长：郑大宽；代理审判员：梁义莲、陈强。

6. 审结时间：1994年7月27日。

（二）诉辩主张

1. 原告诉称：原告四川省宜宾杞酒厂生产的“中国杞酒”是经其多年潜心研究生产出来的保健酒，走向市场后深受消费者喜爱。“中国杞酒”经国家商标局核准注册了“豪雅”、“杞”商标。其中“杞”注册商标依法具有独占权、专用权，其合法权益受法律保护。1994年5月15日，原告发现被告商贸部销售侵犯原告注册商标专用权的“沱牌杞酒”。该酒是被告曲酒厂于1994年4月28日生产的，并将原告已注册的“杞”文字商标用于自己生产的同一种商品上作为商品名称使用。同时，原告还发现被告曲酒厂已将侵犯商标专用权的“沱牌杞酒”销往全国各地，并在贵州省作电视广告。据此，原告认为：两被告的行为，均违反了《中华人民共和国商标法》第三十八条规定，侵犯了原告的商标专用权，并造成了不良影响，严重损害了原告的经济利益。鉴于此，原告要求法院根据《中华人民共和国民法通则》、《中华人民共和国商标法》，判令两被告停止侵权，公开赔礼道歉，消除影响以及赔偿经济损失100万元。

2. 被告辩称：原告所提事实理由及诉讼请求既不客观又不全面。不仅不承认自己在商标使用过程中的过错，而且还夸大其辞说“沱牌杞酒”已销往全国各地，其目的在于份外索赔。事实上，自己为了发展沱牌系列酒，经省卫生厅批准，于1994年4月13日，才投入生产沱牌杞酒。该酒在商标使用的文字、图案上都与原告生产销售的“中国杞酒”商标大不相同，其瓶形、色泽也不一样。因此，“中国杞酒”和“沱牌杞酒”在外观上都不足以形成误识。然而，当得知原告对“沱牌杞酒”在商标使用上有异议时，自己当即采取了一系列措施制止事态的扩大。至于原告要求赔偿经济损失100万元，自己难以接受。因为投产“沱牌杞酒”距原告提出异议时仅一月余，总计生产13775件，除去自用和封存数，实际销售10546件。因该酒系新开发的产品，为打开销路，让利消费者，提高覆盖面，所以在销售的杞酒中已实际亏损3.7万余元。因此，要求法院以事实为据，作出公正裁决。

（三）事实和证据

四川省宜宾地区中级人民法院经调查和审理查明：“中国杞酒”系四川省宜宾杞酒厂生产的保健酒。其中“杞”商标经国家商标局核准注册，其注册商标的专用期限从1994年3月28日至2004年3月27日。1994年5月15日，宜宾杞酒厂在宜宾影业贸易总公司商贸部发现有侵犯其注册商标专用权的“沱牌杞酒”在销售。该批酒系四川省射洪沱牌曲酒厂1994年4月28日生产，遂于1994年5月27日向四川省宜宾地区中级人民法院提起诉讼，四川省射洪沱牌曲酒厂于1994年5月27日接到四川省宜宾影业贸易总公司商贸部电话后即停止“沱牌杞酒”的生产，并派专人来宜宾进行调查。“沱牌杞酒”是四川省射洪沱牌曲酒厂于1994年4月13日才投入生产的新型保健酒，共计生产13775件，销售10546件。

以上事实有下列证据证明：

1. 四川省宜宾杞酒厂生产的保健酒“中国杞酒”中的“杞”字经国家商标局核准注册的注册登记。

2. 四川省射洪沱牌曲酒厂生产的新型保健酒“沱牌杞酒”经四川省卫生厅批准的文书。

3. 四川省宜宾杞酒厂生产的“中国杞酒”和四川省射洪沱牌曲酒厂生产的“沱牌杞酒”样品均已封存此案。

（四）判案理由

四川省宜宾地区中级人民法院根据上述事实和证据认为：

1. 根据《中华人民共和国商标法》第三条关于“经商标局核准注册的商标为注册商标，

商标注册人享有商标专用权，受法律保护”和《中华人民共和国民法通则》第九十六条关于“法人、个体工商户、个人合伙依法取得的商标专用权受法律保护”的规定，原告申请注册的“杞”商标，经国家工商行政管理局商标局核准，在注册的有效期内，享有“杞”商标的专用权，同时，有权禁止其他人在同一种商品或者类似的商品上使用与自己的注册商标相同或者近似的商标。原告的注册商标“杞”应受法律保护。

2. 根据《中华人民共和国商标法》第三十八条第(一)项“未经注册商标所有人的许可，在同一种商品或者类似商品上使用与其注册商标相同或者近似的商标的”，第三十八条第(三)项“给他人的注册商标专用权造成其他损害的”，《中华人民共和国商标法实施细则》第四十一条第(一)项“经销侵犯他人注册商标专用权商品的”，第四十一条第(二)项“在同一种或者类似商品上，将与他人注册商标相同或者相近的文字、图形作为商品名称或者商品装璜使用，并足以造成误认的”规定，被告未经原告同意，在同类商品上，将原告的“杞”商标作为商品名称，造成消费者的误认，构成商标侵权，应承担由此产生的民事责任。

3. 根据《中华人民共和国民法通则》第一百一十八条“公民、法人的著作权(版权)、专利权、商标专用权、发现权、发明权和其他科技成果权受到剽窃、篡改、假冒等侵害的，有权要求停止侵害，消除影响、赔偿损失”等法律规定，原告针对两被告在经销和生产中的侵权行为，所提出的请求，合于法律，但要求赔偿的数额、证据不充分。

4. 根据查证事实，“杞”是原告的注册商标，其享有商标专用权，两被告在生产或经销与原告同类商品过程中，将原告已注册商标作为商品名称，已构成侵权。被告答辩称其生产的“沱牌杞酒”系经四川省卫生厅批准，此答辩理由依法不能成立，因为商标专用权的审查和批准，不属卫生主管部门审查批准事项，而专属于国家商标局，故被告应承担由此产生的法律责任。

(五)定案结论

根据《中华人民共和国民事诉讼法》第八十五条“人民法院审理民事案件，根据当事人自愿的原则，在事实清楚的基础上，分清是非，进行调解”的规定，被告认识到自己过失侵权的错误，要求原告调解息讼。原告表示谅解。在四川省宜宾地区中级人民法院的主持下，原、被告于 1994 年 7 月 27 日自愿达成协议如下：

1. 四川省射洪沱牌曲酒厂口头向宜宾杞酒厂表示道歉。

2. 四川省射洪沱牌曲酒厂立即停止“沱牌杞酒”的生产；立即停止“沱牌杞酒”的销售；立即停止“沱牌杞酒”商标的印刷，库存商标(包括印刷厂印好尚未交付的商标)在本调解书生效后 1 个月内全部予以销毁，并立即通知省内外经营“沱牌杞酒”的单位，在本调解书生效后 1 月内将“沱牌杞酒”收回，予以妥善处理。

3. 由四川省射洪沱牌曲酒厂赔偿四川省宜宾杞酒厂损失费 11 万元。

本案诉讼费用 20530 元，由四川省射洪沱牌曲酒厂自愿负担。

(六)解说

在认定被告行为构成侵权行为的基础上，如何确定被告承担的赔偿额，是案件审理的关键。

原告要求被告赔偿 100 万元损失，但没有提出充分的法律和事实依据，受诉法院认为，应予赔偿的损失必须是确与侵权行为有必然关系的损失。然而，被告生产“沱牌杞酒”时间距起诉时仅 1 月余，除去自用和封存数外，实际销售 10546 件，且开发新产品，为打开销路，让利消费者，盈利也不多，因此原告要求赔偿100万元的损失额，就显得缺乏事实依据。在原告无法对其损失作出恰当的举证的情况下，受诉法院依据《中华人民共和国商标法》规定“赔偿损失以侵权行为所获利润而不是被侵权人实际损失为标准”的精神，主持原告和被告间的调解，并由被告停止侵害、赔礼道歉并赔偿相应的经济损失是妥当的。

（周培西　罗书平）

97. 郭文秀诉黄居茂侵害科技成果权案

（一）首部

1. 裁判书字号

一审判决书：青海省西宁市城北区人民法院（1993）北民初字第584号。

二审裁定书：青海省西宁市中级人民法院（1994）市民终字第8号。

2. 案由：侵害科技成果权纠纷。

3. 诉讼双方

原告（上诉人）：郭文秀，男，汉族，1925年11月出生，系青海省农林科学院作物所副研究员，住农科院家属院。

诉讼代理人（一审）：王兆瑞，青海省西海律师事务所律师。

诉讼代理人（一审）：冷庆华，青海省西海律师事务所律师。

诉讼代理人（二审）：曲璇，西宁市第一律师事务所律师。

被告（被上诉人）：黄居茂，男，汉族，1934年10月出生，系青海省农林科学院作物所副研究员。

诉讼代理人（一、二审）：张宇，青海省经济律师事务所律师。

4. 审级：二审。

5. 审判机关和审判组织

一审法院：青海省西宁市城北区人民法院。

合议庭组成人员：审判长：卓玛措；代理审判员：潘海琴、张立新。

二审法院：青海省西宁市中级人民法院。

合议庭组成人员：审判长：张开明；代理审判员：李静萍、卢重新。

6. 审结时间

一审审结时间：1993年10月6日。

二审审结时间：1994年4月29日。

（二）一审情况

1. 一审诉辩主张

（1）原告郭文秀诉称：青春533小麦品种是原告1979年选育而成，1982年定型。1988年7月经由青海省农作物品种审定委员会审定推广，是种子法维护的优良推广品种。但被告以改换商标的手法推出了与青春533完全一样的4425小麦品系，反复向种子公司报审，将原告的技术成果改头换面在我省大面积推广，构成剽窃行为。要求立即制止被告严重侵犯原告知识产权的行为并赔偿原告的经济损失。

(2)被告黄居茂辩称:4425 小麦品系的选育工作是被告在 1985 年从前任所长黄华轩同志处接手的,是被告同其他同志经过多年的选育、繁殖和区试等辛勤劳动选育出来的一个适合我省种植并极有希望的优良品系。而原告称 4425 和 533 是一个品种,是因为 4425 在杂交和回交过程中使用了原告的组合花粉,并未构成侵权行为,故请求法院明辨是非进行判决。

2. 一审事实和证据

西宁市城北区人民法院经公开开庭审理,调查核实证据,查明:

原、被告均从事高原的小麦品种研究多年,并各自取得了一定成绩。青春 533 小麦品种经青海省农作物品种审定委员会审定合格,并颁发成果证书,对主要贡献者和其他同志进行了奖励。4425 小麦品系也是农科院作物所全体同志经长期研究选育出来的,该项工作前期由黄华轩主持,后期由被告黄居茂主持。选育成型后于 1992 年 7 月报青海省农作物品种审定委员会审定未果。533 小麦与 4425 小麦不是一个品系。

以上事实有下列证据证明:

(1)青海省农作物品种审定委员会颁发的青种合字第 0067 号合格证。

(2)青海省科学技术委员会颁发的青科成登第 90－013 号科技成果证书,证明原、被告同获春小麦新品种——青春 533 科技成果奖。

(3)调查农科院杨成灿、贾金龙的笔录,证明 4425 小麦品系是黄华轩退休后交给黄居茂研制的事实经过。

(4)调查证人王桂莲笔录,证明 533 与 4425 是两个不同品系。

3. 一审判案理由

西宁市城北区人民法院根据上述事实和证据认为:4425 小麦品系至今未通过鉴定,虽已定型,但还未通过种子部门的承认。533 小麦品种则已通过鉴定,已获得省科技成果奖。533 与 4425 是两个不同的小麦品系,原告认为 4425 和青春 533 是完全相同的品种,被告侵犯其知识产权,证据不足,法院不予支持。

4. 一审定案结论

西宁市城北区人民法院根据《中华人民共和国民法通则》第九十七条、《中华人民共和国民事诉讼法》第六十四条规定,判决如下:

驳回原告郭文秀的诉讼请求。

案件受理费 80 元由原告承担。

(三)二审诉辩主张

一审法院判决后,原告郭文秀不服,以青春 533 与 4425 是同一品种(系),原判决认定为两个品种(系)没有根据;被告违反种子法强行审定 4425 是侵权行为等为由提出上诉。被告黄居茂以原判正确进行了答辩。

(四)二审事实和证据

西宁市中级人民法院经审理查明:

1. 青春 533 小麦的繁育经过:1979 年冬,上诉人郭文秀在云南省元谋县用 376B 和 Alondra"S"－76 两种小麦为亲本进行杂交组合,杂交的后代代号为 79533. 82－279,后命名为青春 533。经选育、品鉴、品比、区试、生产试验等程序,省农科院于 1988 年 7 月报经省农作物品种审定委员会审定合格,推广种植。被上诉人黄居茂和作物所的王桂莲、王金明、贾金龙在青春533的品鉴阶段就参加了该项研究工作，黄居茂任青春533的项目负责人，直至审定工作完成。青海省科学技术委员会1987年6月2日向省农科院下达了春小麦丰产优质抗锈新品种选育的科研项目(即青春533)，其全部科研经费由省科委承担。1988年7月18日，省农作物品种审定委员会向省农科院作物所颁发了第0067号合格证书，1991年7月1日，省科委向青春533的项目完成单位省农科院作物所和主要研究人员郭文秀、黄居茂、王桂莲等颁发了省级科技成果证书。

2.4425小麦的繁育经过：4425小麦是省农科院作物所原所长黄华轩主持的科研项目。1980年冬，由该所的王林武到云南省元谋县用太谷核不育小麦作母本，与914[(山前×奥里森)×367B]小麦进行杂交组合。1981年春，用前者后代的不育株作母本，又与1383－5B小麦进行杂交组合，1982年春、冬两季，用第二杂交后代的不育株与82－279回交，得到新品种，代号为4425。1984年，黄华轩退休，作物所将4425的科研课题交由黄居茂负责，4425经品鉴、品比、区试和生产试验程序后，已由农科院于1992年7月29日向青海省农作物品种审定委员会报审。

3.纠纷的经过及青春533与4425的对比鉴定情况：4425报审后，郭文秀以4425与533是一个品种为由，向省委的有关领导写信，并向各州、县的种子部门散发了材料，称4425系黄居茂侵权剽窃了青春533的科研成果，使审定工作中止。郭文秀的主要依据是其于1991年4月将533和4425送交北京市农科院作物所实验室进行脂酶、同功酶识定，结论为两品种的同功酶谱带一致。为此，省农科院于同年责成作物所副所长杨成灿对这两个品种(系)进行档案调查和性状观察。作物所在调查的同时，将青春533、4425和晋麦2148编号后，送交农业部谷物品质监督检验测试中心和青海大学进行检测。证明4425小麦有完整的系谱，其母本与青春533不同；田间对比性状观察表明二者在籽种外观形状、千粒重量、蛋白质含量、幼苗生长习性、主茎叶片数等方面均存在差异；农业部检测中心和青海大学农学系经检测证明，二者的脂酶同功酶谱带无明显差异。但过氧化物酶等电聚焦电泳分析则存在差异。

1991年8月，省农作物品种审定委员会办公室召集了农科院以外的青海省的小麦育种专家、教授、遗传学专家、高级农艺师等，召开“青春533和4425两个品种(系)的研讨会”，研讨会认为：两品种(系)都有自己的选育程序和档案记载，从系谱看是无可非议的。

青海省种子管理站于1991年在省小寨良种场安排两个品种(系)的品鉴试验，并委托省粮油防治队做了两品种(系)的蛋白质、面筋质、水分化验。委托青海大学和兰州大学生物系分别做了两品种(系)的酶带测试。试验结果：两品种(系)的选育程序不同；两者的粗蛋白、面筋质、水分含量不同；苗期田间对比青春533幼苗直立、4425幼苗半匍匐。酶带化验表明，二者酶谱图基本相似。

西宁市中级人民法院受理本案后，合议庭审查了鉴定结论，田间观察记录，会议纪要等证据，并调查了4425的档案，庭审中对4425小麦的杂交组合操作人员王林武进行了法庭调查，据以上调查及证据，确认青春533与4425之间存在着差异。

(五)二审判案理由

西宁市中级人民法院经审理认为：青春533小麦品种是由青海省科委向省农科院下达的科研项目，由上诉人郭文秀和被上诉人黄居茂等科研人员利用本单位的科研经费、组合材料等物质技术条件，完成本单位交给的工作任务。其技术成果，属于职务技术成果。根据《中华人民共和国技术合同法》第六条关于“执行本单位的任务或者主要是利用本单位的物质技术条件所完成的技术成果，是职务技术成果。职务技术成果的使用权、转让权属于单位……”的规定，该技术成果权归省农科院所有。上诉人郭文秀不具备诉讼主体资格，无权主张权利，其上诉理由不能成立，法院不予采纳。原判适用法律不当，应予纠正。

（六）二审定案结论

西宁市中级人民法院根据《中华人民共和国民事诉讼法》第一百五十三条第一款第（三）项及最高人民法院《关于适用〈中华人民共和国民事诉讼法〉若干问题的意见》第一百八十六条之规定，裁定如下：

1. 撤销西宁市城北区人民法院(1993)北民初字第584号民事判决书。

2. 驳回郭文秀的起诉。

一、二审案件受理费160元由郭文秀负担。

（七）解说

本案是一起侵权纠纷案，一审判决驳回原告郭文秀的诉讼请求，二审则判决驳回起诉，前者是实体审理，后者是程序处理。本案原告郭文秀是否具有诉权，应看其起诉是否符合《民事诉讼法》第一百零八条的规定条件。

《中华人民共和国民事诉讼法》第一百零八条第（一）项关于“原告是与本案有直接利害关系的公民、法人和其他组织”的规定，对原告主体资格条件作了严格的界定。郭文秀系青海省农科院在职副研究员，与被告等多人，为完成单位下达的科研任务，利用本单位的科研经费、组合材料等物质技术条件，共同研究、开发、完成青春533小麦品种。依照《中华人民共和国技术合同法》第六条关于“执行本单位的任务或者主要利用本单位的物质技术条件完成的技术成果，是职务技术成果。职务技术成果的使用权、转让权属于单位……”的规定，该技术成果权显属青海省农科院所有。当然，根据该法第六条第四款的规定，郭文秀与黄居茂等四人在完成技术成果的文件上有署名的权利和取得荣誉证书、奖励的权利，实际上青海省科委已向青春533的项目完成单位颁发了成果证书，对该技术成果的主要贡献者，即本案的原、被告及其他三位科研人员进行了奖励，颁发了荣誉证书。郭文秀作为研究“青春533”的成员，从某种角度上看与本案有一定的利害关系。但是，其不享有该项技术成果的所有权，尚不属于我国《民事诉讼法》规定的直接利害关系人。也就是说该项技术成果权是否受到侵犯，只能由该技术成果权所有人，即青海省农林科学院提出主张。郭文秀与本案的关系没能上升到直接的利害关系，不符合《民事诉讼法》第一百零八条规定的起诉条件，所以他不具备原告的诉讼主体资格，对本案不享有诉权。

根据《民事诉讼法》第一百一十二条规定，人民法院应当裁定不予受理，而本案一审法院认定原告具有主体资格，予以受理并作出判决，显然是适用法律不当，裁判错误。二审法院根据《中华人民共和国民事诉讼法》第一百五十三条第一款第（三）项“原判认定事实错误，或者原判认定事实不清，证据不足，裁定撤销原判决，发回原审人民法院重审，或者查清事实后改判”的规定，以及最高人民法院《关于适用〈中华人民共和国民事诉讼法〉若干问题的意见》第一百八十六条关于“人民法院依照第二审程序审理的案件，认为依法不应由人民法院受理的，可以由第二审人民法院直接撤销原判，驳回起诉”的规定，裁定撤销一审法院的判决，驳回原告郭文秀的起诉。

（张慧宁）

第十篇　人身权纠纷案例

98. 张玉丽诉张秀兰等侵害姓名权案

(一)首部

1. 调解书字号:福建省厦门市开元区人民法院(1994)民初字第46号。

2. 案由:侵害姓名权纠纷。

3. 诉讼双方

原告:张玉丽,女,24岁,汉族,厦门市第一医院外科护士,住厦门市松柏小区屿后南里64号208室。

被告:张秀兰,女,24岁,汉族,无业,住厦门市湖浜中路67号113室。

被告:林黎文,男,28岁,汉族,厦门罐头厂工人,住厦门市湖滨中路67号113室。

4. 审级:一审。

5. 审判机关和审判组织

审判机关:福建省厦门市开元区人民法院。

独任审判:代理审判员:白少玲。

6. 审结时间:1994年7月13日。

(二)诉辩主张

1. 原告诉称:被告张秀兰通过他人向原告借用身分证,冒名张玉丽与被告林黎文到开元区民政局办理结婚登记手续。嗣后,原告发现并向有关部门反映,开元区民政局以厦开民(1993)015号《关于撤销张玉丽与林黎文的结婚登记,收回骗取的结婚证的通知》,确认此婚姻关系为无效婚姻,宣布撤销,收回骗取的结婚证。原告提起诉讼,要求被告赔偿由此造成的经济损失5000元,精神抚慰金4000元并登报赔礼道歉。

2. 被告辩称:被告所作行为是违法的,但主要是当时林黎文工作单位评房,急须办理结婚登记手续,对给原告造成的侵害愿承担民事责任。

(三)事实和证据

开元区人民法院经审理查明:1993年3月底,被告张秀兰(厦门市集美区后溪乡村民)以购买进口药品需用厦门市居民身分证为借口(被告谎称其身分证已丢失),通过他人向原告张玉丽借出身分证。随后,张秀兰冒名张玉丽到其单位开出婚姻登记介绍信,与被告林黎文一起到开元区民政局办理结婚登记手续。同年6月张秀兰再次冒用原告名义到其单位办理其他有关手续时被发现，张玉丽遂向有关部门反映要求撤销有关结婚证明，宣告该婚姻无效，开元区民政局于同年11月以厦开民(1993)015号《关于撤销张玉丽与林黎文的结婚登记，收回骗取的结婚证的通知》，确认此婚姻关系无效，并收回被骗取的结婚证。原告为此向厦门市开元区人民法院提起诉讼称，由于姓名被冒用，不能及时登记结婚，丧失了参加单位评房的机会，同时还承受了强大的社会压力和精神打击，要求被告赔偿由此造成的经济损失5000元，支付精神抚慰金4000元，并登报向其道歉。

(四)判案理由

被告张秀兰、林黎文为达到领取结婚证、参加单位评房之目的，竟利用张玉丽的身分证，由张秀兰假冒原告身分到有关单位办理结婚登记手续，被告的行为已构成对原告姓名权的侵犯，应承担民事责任。

(五)定案结论

在审理中，被告对其行为的违法性有所认识，并表示愿承担由此给原告造成的损失。经法院主持调解，双方当事人于1994年7月13日达成如下调解协议：

1. 被告张秀兰在本调解书登报后5日内在《厦门日报》上登报检讨其侵犯原告姓名权的行为并赔礼道歉。

2. 被告张秀兰、林黎文在调解书登报时一次性赔偿原告人民币3000元。

3. 诉讼费用100元由原、被告各负担50元。

(六)解说

本案是一起典型的侵犯姓名权案件。《中华人民共和国民法通则》第九十九条规定："公民享有姓名权，有权决定、使用和依照规定改变自己的姓名，禁止他人干涉、盗用、假冒。"本案被告张秀兰谎称自己的身分证丢失，以购买进口药品为名借出原告的身分证，到原告所在单位开出结婚介绍信，并到民政部门办理了结婚登记手续。被告林黎文在明知张秀兰的行为系违法的情况下，为达到尽快领取结婚证，参加单位评房的目的，仍与张秀兰一起到民政部门进行结婚登记。被告这种假冒他人身分进行结婚登记的行为不仅直接侵犯了原告的姓名权，而且也严重干扰了民政部门对婚姻登记的管理秩序。同时，由于原告已被他人冒名登记结婚，致使其无法及时办理结婚登记手续，丧失了参加单位评房机会，因此，原告诉请被告登报赔礼道歉并赔偿由此造成的经济损失的请求应予准许。

原告擅自出借身分证的行为，亦违反了《中华人民共和国居民身分证条例》的规定，属违法行为。对此原告亦负有一定的责任，在查明事实的基础上，被告能初步认识自己行为的错误所在，在法院的主持下，取得原告的谅解，双方达成调解协议，法院应予准许。

(白少玲)

99. 黄朝廷诉余英等变更子女姓名案

(一)首部

1. 判决书字号

一审判决书：四川省黔江土家族苗族自治县人民法院(1993)黔民初字第127号。

二审判决书：四川省黔江地区中级人民法院(1994)黔民终字第45号。

2．案由：变更子女姓名纠纷。

3．诉讼双方：

原告(上诉人)：黄朝廷，男，31岁，汉族，四川省黔江地区审计局干部。

被告(被上诉人)：余英，女，29岁，苗族，四川省黔江土家族苗族自治县师范学校教师。

被告(被上诉人)：吴仕青，男，29岁，苗族，四川省黔江土家族苗族自治县师范学校教师。

4．审级：二审。

5．审判机关和审判组织

一审法院：四川省黔江土家族苗族自治县人民法院。

独任审判：审判员：张宗平。

二审法院：四川省黔江地区中级人民法院。

合议庭组成人员：审判长：王开源；代理审判员：王华菊、池洪宇。

6．审结时间

一审审结时间：1993年12月4日。

二审审结时间：1994年5月25日。

(二)一审诉辩主张

1．原告诉称：原告与被告余英1989年11月离婚，婚生女儿黄昉跟随被告余英生活。1992年余英与吴仕青结婚后，未经原告允许，擅自将黄昉改名为吴亚男。原告得知后，要求二被告恢复女儿黄昉姓名，遭拒绝，故请求人民法院判令二被告恢复其女儿黄昉姓名。

2．被告辩称：黄昉亦是余英女儿，余英有权决定女儿姓名；黄昉与继父吴仕青共同生活，已形成抚养关系，二被告为不伤黄昉自尊心，从有利其健康成长考虑，才更改黄昉姓名。故不同意原告的主张。

(三)一审事实和根据

黔江土家族苗族自治县人民法院经调查、审理查明：原告黄朝廷与被告余英原系夫妻，1989年3月生育一女，取名黄昉。因黄朝廷与余英感情不和，1989年11月通过诉讼调解离婚。双方协议，女儿黄昉随余英生活，黄朝廷每月给付抚养费30元，1995年1月以后，增至每月给付抚养费40元。双方均执行了协议。1991年7月，两被告结婚，婚后，余英和吴仕青都十分疼爱黄昉，感情甚笃。1992年初余英和吴仕青将黄昉更名为吴亚男。原告黄朝廷得知其婚生女儿姓名被改后遂与二被告交涉，要求二被告恢复其女儿黄昉原姓名。二被告不予理睬，原告遂提起诉讼。

(四)一审判案理由

根据《中华人民共和国婚姻法》第十六条规定，“子女可以随父姓，也可以随母姓”。子女姓名应由父母双方共同确定的。因此，离婚后抚养子女的一方，亦不能擅自将子女姓氏改为继父或继母姓氏。最高人民法院1993年11月3日《关于人民法院审理离婚案件处理子女抚养问题的若干具体意见》(以下简称《意见》)第十九条明确规定：“父或母一方擅自将子女姓氏改为继母或继父姓氏而引起纠纷的，应责令恢复原姓氏。”故余英未征得黄朝廷同意而与吴仕青更改黄昉姓名是不当的。但《依婚姻法》第十六条，关于子女可以随父姓，也可以随母姓之规定，二被告恢复黄昉姓氏后，黄昉随父姓还是随母性，应由黄朝廷、余英共同商定。

（五）一审定案结论

四川省黔江土家族苗族自治县人民法院根据《婚姻法》第十六条及有关法律规定，作出如下判决：

责令二被告恢复吴亚男原姓氏；该子女随父姓或随母姓，原告黄朝廷与被告余英可协商确定。

本案受理费人民币100元，由原告负担50元，二被告共同负担50元。

（六）二审情况

1. 二审诉辩主张

黄朝廷上诉称：法院只能判决被告恢复其女儿原姓名，不能判令其与余英协商子女姓氏。同时，本案受理费应当全部由被告负担。故要求撤销一审判决中错误部分，并重新确定案件受理费的负担。

余英、吴仕青未答辩。

2. 二审事实和证据

四川省黔江地区中级人民法院肯定了一审法院认定的案件事实。经质证变更黄昉姓名的户籍登记簿，双方当事人亦无异议。

3. 二审判案理由

子女姓名是经父母双方同意的，需要更改时，除子女具备识别能力，并能以自己的意志决定其姓名外，仍应由父母双方协商，父或母单方不得擅自更改。一审法院依照《中华人民共和国婚姻法》第十六条和最高人民法院《意见》第十九条之规定，判决余英、吴仕青恢复吴亚男原姓氏是正确的。但是，一审法院在判决主文中强调原告与被告余英协商子女随父随母姓，由于此部分判决无法强制，故属不妥当，应予改正。此外，黄朝廷的诉讼请求已获得法院支持，令其负担一半的案件受理费亦属不当。

4. 二审定案结论

四川省黔江地区中级人民法院根据《中华人民共和国民事诉讼法》第一百五十三条第一款第（二）项“原判决适用法律错误的，依法改判”的规定，判决如下：

维持黔江土家族苗族自治县人民法院（1993）黔民初字第127号民事判决中“责令二被告恢复原告与被告余英婚生女儿吴亚男为原姓氏”的内容；撤销该判决中“子女随父或随母姓，原告与余英可协商确定”的内容。

一、二审案件受理费各100元，均由余英、吴仕青负担。

（七）解说

本案为适用司法解释处理的案件。父母能否单方变更子女姓名，法律没有作出明确规定，我国最高审判机关对此一直持否定态度。1951年最高人民法院在《关于子女姓氏问题的批复》中指出：“我们认为父母离婚，除因协议变更子女姓氏或子女已长成得以自己意志决定其从父姓或从母姓外，并无使其子女改变原姓氏的必要。”1981年最高人民法院在（81）法民字第11号《关于变更子女姓氏问题的复函》中又指出：“傅家顺在离婚后，未征得陈森芳同意，单方决定将陈昊彬的姓名改为傅纬继，这种做法是不恰当的。现在陈森芳既不同意给陈昊彬更改姓名，应说服傅家顺恢复儿子原来姓名。”1993年最高人民法院《关于人民法院审理离婚案件处理子女抚养问题的若干具体意见》第十九条规定：”父或母一方擅自将子女姓氏改为继母或继父姓氏而引起纠纷的，应责令恢复原姓氏。”我们认为，上列批复、复函、意见是具有法律效力的司法解释，当法无明文规定时，援引司法解释处理案件，当属无疑。

在本案处理过程中曾出现一种观点，认为应依照最高人民法院(81)法民字第11号复函即“宜通过说服教育息讼，或以下达通知的方式解决”之解释，以通知方式结案。合议庭合议后认为：“通知”是人民法院在诉讼活动过程中将有关诉讼程序事项告知有关当事人，诉讼参与人或者特定的机关、团体、企业和事业单位的司法文书，如对诉讼参加人的确定或调整的知照，告知合议庭组成人员等，依法应使用通知。对实体权利义务关系，如以调解方式无法结案的，应以判决方式结案。否则，不仅不符合“通知”的适用条件，于法相悖，而且会在实际上剥夺当事人的诉权。同时，上引最高人民法院复函于1981年发布，当时既无《中华人民共和国民事诉讼法》，也无《中华人民共和国民事诉讼法(试行)》。随《民事诉讼法》的颁布，以通知方式处理实体权利义务关系的做法应当停止。

(王绍华)

100. 戴加林诉翁毅生侵害名称权案

(一)首部

1. 判决书字号

一审判决书：宁夏回族自治区银川市城区人民法院(1992)城民初字第684号。

二审判决书：宁夏回族自治区银川市中级人民法院(1993)银民终字第259号。

再审判决书：宁夏回族自治区高级人民法院(1994)宁高民字第104号。

2. 案由：侵害名称权纠纷。

3. 诉讼双方当事人

原告(被上诉人，再审原告)：戴加林，男，1947年10月出生，汉族，个体户，住银川市北环小区1－2－301室。

诉讼代理人：马利明，银川市朔方律师事务所律师。

被告(上诉人，再审被告)：翁毅生，男，1949年11月出生，汉族，个体户，住银川市新华西街107号；

诉讼代理人：王磊，宁夏金融律师事务所律师。

4. 审级：再审。

5. 审判机关和审判组织

一审法院：宁夏回族自治区银川市城区人民法院。

合议庭组成人员：审判长：陈科宁；审判员：包建新；代理审判员：杨瑞东。

二审法院：宁夏回族自治区银川市中级人民法院。

合议庭组成人员：审判长：李天聪；审判员：高培天；代理审判员：黄学志。

再审法院：宁夏回族自治区高级人民法院。

合议庭组成人员：审判长：张林期；代理审判员：关爱玲、马桓。

6. 审结时间：

一审审结时间：1993年7月11日。

二审审结时间:1993 年 11 月 2 日。

再审审结时间:1994 年 6 月 9 日。

(二)一审诉辩主张

原告诉称:1986 年,原告开办“培罗蒙西服店”,并将该店的名称在宁夏银川市城区工商管理分局核准登记。被告在未经原告许可的情况下公开打着“培罗蒙”的字号经营服装加工业务,并在报纸上刊登“原中山北街‘培罗蒙西服店’已搬迁至古楼南街兴庆商场三楼……”的广告,侵犯了原告的名称权,影响了“培罗蒙”的声誉,给原告造成一定的经济损失,故要求被告立即停止侵害,赔礼道歉,赔偿经济损失 31000 元。

被告辩称:“培罗蒙西服店”是被告与原告共同创办的,“培罗蒙西服店”的名称也是二人合伙经营时起用的,后各自独立经营,被告也应享有“培罗蒙西服店”的名称权,刊登广告使用的“银川市上海培罗蒙时装店”是经工商部门核准登记的,是合法的。

(三)一审事实和证据

1986 年 9 月原告开办了银川市“培罗蒙西服店”之后不久,被告亦入伙共同经营。1989 年元月,原、被告开始各自独立经营,原告仍在银川市中山北街 28 号使用银川市“培罗蒙西服店”的名称,并将该名称经银川市城区工商管理分局核准登记,被告也向银川市城区工商管理分局申请银川市“培罗蒙西服店”名称的登记,未获批准,遂使用“翁毅生西服店”的名称在银川市中山北街 37 号经营。1991 年 6 月,被告将其服装店从中山北街迁至古楼南街兴庆商场三楼,店名改为“银川市上海培罗蒙时装店”并经城区工商管理局核准登记。1992 年 9 月 2 日,被告在《宁夏广播电视报》上刊登广告:“原中山北街‘培罗蒙西服店’现搬迁到古楼南街兴庆商场三楼改名为‘上海培罗蒙时装店’(后又在该报上更正为中山北街 37 号)”,原告遂以被告侵犯其名称权为由向法院提起诉讼。审理过程中,1992 年 11 月 12 日,城区工商局作出书面通知:撤销银城工制缝字第 069 号营业执照登记的“上海培罗蒙西服店”,要求被告变更名称,报城区工商管理分局批准。

(四)一审判案理由

原审法院认为:被告在未经原告的许可的情况下,使用与原告店名相近似的“上海培罗蒙时装店”从事服装加工经营活动,其行为已构成侵权,同时被告所刊登的广告,造成顾客认识上的错误,致使原告营业额明显下降,被告应承担一定的责任。

(五)一审定案结论

根据《中华人民共和国民法通则》第九十九条和第一百二十条之规定,判决如下:

1. 被告于判决生效后立即登报向原告赔礼道歉。

2. 被告于判决生效 10 日内赔偿原告直接经济损失 9000 元。

诉讼费 1350 元,被告承担 470 元,原告承担 880 元。

一审宣判后,被告翁毅生不服判决,提起上诉。

(六)二审情况

1. 二审诉辩主张

上诉人翁毅生诉称:第一,原判决认定事实有误。原审认定被上诉人先开“培罗蒙西服店”,上诉人后入伙,共同经营。事实上,上诉人与被上诉人早在 1985 年 9 月就共同开办的“培罗蒙西服店”。当时两人既办服装裁剪学习班又开服装店,系共同经营,共享利益,共担风险,不存在谁先谁后的问题。第二,合伙分离后,上诉人与被上诉人同去工商部门验照,因名称、地址一样，经工商部门登记人员劝说，上诉人只好把原名称改为“翁毅生西服店”。原审认定被上诉人先注册，上诉人后注册不符合事实。第三，上诉人的“银川市上海培罗蒙时装店”是经工商机关审核批准的，与“银川市培罗蒙西服店”并非相同名称。上诉人依法对“银川市培罗蒙时装店”享有名称权，故不存在侵权问题。最后，本案不应由法院受理。据《企业名称登记管理规定》第二十五条，因企业名称相同或相似所发生的争议应由登记主管机关处理，若当事人对处理不服的可申请复议，对复议决定仍不服的方可向法院起诉。故此案应由工商登记主管机关处理。

被上诉人戴加林未提出答辩。

2. 二审事实和证据

1983年7月，翁毅生停薪留职与宁夏工艺大楼停薪留职的段希沛合伙办起培生服装技术培训班，1983年10月1日经银川市教育局批准，核发许可证。1984年6月，段希沛和戴加林相识，经协商同意三人共同办班开店，后段希沛退出。1984年9月银川市邮电服装加工厂请翁、戴两人裁剪，双方联合经营。当时没有店名，地址在银川市中山北街37号。1985年9月，翁毅生的父亲为两人之事业起名为“培罗蒙西服店”，并且做了店牌。店牌上的字是由翁毅生写的。1985年10月翁、戴又租用了中山北街办事处的房子，挂牌“鸿祥服装店”。“培罗蒙西服店”与“鸿祥服装店”共同结算，统一分红。1986年9月，翁、戴退掉中山北街办事处的房子在换营业执照时装店名为“培罗蒙西服店”，1988年7月翁、戴与邮电服装厂解除联营关系，将店搬到银川培义市场口兰州军区房管处盖的临时房子进行经营。

1989年春节后，翁与戴分手，翁带走“培罗蒙西服店”店牌，并将其挂在与之合作的邮电服装厂门口(即中山北街37号)。1991年6月，中山北街37号院房屋拆除，翁毅生将店搬至鼓楼南街兴庆商场三楼，同时到城区工商管理局变更名称和经营地址。变更后的名称为“银川市上海培罗蒙时装店”并在《宁夏广播电视报》上刊登了搬迁广告。广告刊登在1992年9月2日的《宁夏广播电视报》上，广告标题《银川市培罗蒙时装店招收学徒》，广告内容为：“原中山北街‘培罗蒙西服店’现搬迁到古楼南街兴庆商场三楼改名为‘上海培罗蒙时装店’，本店招收学徒数名、学期一年、培训费300元，学生期满达到营业水平，成绩优秀者可留店工作，工资从优。本店精工制作毛呢西装、中山服和各式大衣、新潮套装及特体服装，欢迎新老顾客惠顾。地址：银川市古楼南街兴庆商场三楼”。1992年9月23日《宁夏广播电视报》又刊登《更正声明》，内容是“本报92.9.2—3版中缝刊登的广告《银川市上海培罗蒙时装店招收学徒》一文中“原中山北街‘培罗蒙西服店’改搬到古楼南街兴庆商场三楼”应为“文化街东口中山北街37号原‘培罗蒙西服店’现搬迁到古楼南街兴庆商场三楼，并改名为‘银川市上海培罗蒙时装店’，特此声明”。以上事实有双方当事人陈述；1983年10月1日银川市教育局核发的许可证；邮电服装厂工人的证言；个体工商户开业申请登记表；“培罗蒙西服店”与兰州军区房管处的房屋租赁合同等证据证明。

3. 二审判案理由

二审经审理认为：戴加林与翁毅生于1984年开始合伙经营裁缝店，1985年9月起名为“培罗蒙西服店”，经营地址中山北街37号。1989年春节后，翁、戴解除合伙关系。翁与邮电服装厂合作，又搬回37号(中山北街)，以原来的名称进行营业。1991年6月因中山北街拆迁翁迁到鼓楼南街兴庆商场三楼并在工商部门换发营业执照，刊登广告是广告科的失误，所以翁构不成侵权。

二审认为：合伙期间创立的名称，双方均享有名称权。翁毅生使用的名称系工商局登记注册的。双方的名称均由工商部门登记注册，即使有名称相同或相似，亦是工商法规调整的范围，所以翁毅生不构成侵犯名称权。

4．二审定案结论

二审法院判决：

(1)撤销银川市城区人民法院(1992)城民初字第684号民事判决。

(2)驳回原审原告戴加林的诉讼请求。

一、二审案件受理费2700元由戴加林负担。

(七)再审情况

二审终结后，被上诉人戴加林不服向宁夏高级人民法院提出申诉，要求再审，经院长批准，宁夏高级人民法院决定再审。

1．再审诉辩主张

被上诉人戴加林不服二审终审判决，认为翁毅生于1992年9月2日至9月23日在未经本人同意的情况下假冒本店名称作搬迁广告侵犯了自己的名称权，二审却以双方在合伙期间使用的名称，解除合伙关系后，双方对原名称仍享有使用权为由，判决翁毅生不构成侵权，违反了国家工商行政管理局1989年制定的《工商企业名称登记管理暂行条例》第六条"在同一市、县范围内，同行业企业不得重名"、第十二条"对有名称的个体工商户的名称管理，参照本规定执行"的规定。因此要求再审。

上诉人翁毅生认为二审的判决公正合法，没有再提异议。

2．再审事实和证据

本院再审查明：1985年9月原审被上诉人戴加林与原审上诉人翁毅生经城区工商行政管理部门核准登记共同合伙经营"培罗蒙西服店"(有工商行政管理部门的登记表)。1988年底双方解除合伙关系，各自开店经营服装来料加工。1988年12月5日双方共同去银川市城区工商局办理换照手续，工商部门在审批中发现双方填写的个体工商户开业申请登记表中的名称相同，遂责令一方更改名称。戴加林仍以"培罗蒙西服店"名称报批。翁毅生则改名为"翁毅生西服店"。1991年6月"翁毅生西服店"原址中山北街37号因城市建设需要拆迁，翁毅生遂将该店搬至银川市鼓楼南街兴庆商场三楼，经银川市城区工商局核准更名为"上海培罗蒙时装店"。为了告知新老顾客，1992年9月2日翁毅生通过《宁夏广播电视报》广告部在该报刊登一则内容为"原中山北街'培罗蒙西服店'现搬迁到鼓楼南街兴庆商场三楼，改名为'上海培罗蒙时装店'……"的广告。因该广告未写明原址，翁毅生又于1992年9月23日在《宁夏广播电视报》刊登一则更正声明，内容为"本报92年9月2日2—3版中缝刊登的广告《银川市上海培罗蒙时装店招收学徒》一文中，原中山北街'培罗蒙西服店'现搬迁到鼓楼南街兴庆商场三楼，应改为文化街东口中山北街37号原'培罗蒙西服店'现搬迁到鼓楼南街兴庆商场三楼，并改名为'银川市上海培罗蒙时装店'"。原审被上诉人戴加林在报纸上看到广告后，认为原审上诉人翁毅生假冒自己的店名名称作搬迁广告，侵犯了自己的名称权，于1992年9月向银川城区人民法院提起民事诉讼，要求翁毅生赔礼道歉，赔偿因侵权所造成的经济损失。

3．再审判案理由

(1)原审被上诉人戴加林所使用的"培罗蒙西服店"名称是经工商部门核准登记的，应当受到法律的保护。原审上诉人翁毅生与戴加林解除合伙关系后一直以"翁毅生西服店"名称经营服装来料加工。依照《中华人民共和国民法通则》第九十九条第二款的规定，原审上诉人翁毅生擅自以原被上诉人戴加林的店名名称在报纸上公开作搬迁广告，在群众中造成误解，其行为已构成侵权，原审上诉人翁毅生应当承担民事责任。二审法院认为双方在合伙期间使用的名称，解除合伙关系后，双方对原名称仍享有使用权的认定是违反国家工商行政管理局颁发的《城乡个体工商户管理暂行条例实施细则》第六条："《条例》第八条所列登记的主要项目中：字号名称，是指个体工商户为其营业厂、店等所起的名称。个体工商户的字号名称，在申请登记的市、县范围内，同一行业中不得相同。个体工商户可以按登记的字号名称刻制图章，并应报送原登记的工商行政管理机关备案。没有字号名称的，本项目不登记……"和《中华人民共和国民法通则》第九十九条第二款"法人、个体工商户、个人合伙享有名称权"的规定，本案已构成侵权，应由人民法院受理。

(2)关于经济损失赔偿问题。原审上诉人戴加林除了请求人民法院依法保护自己的名称权，还要求人民法院判令被上诉人赔偿其经济损失。本院认为：侵犯他人名称权并造成经济损失的，应该赔偿。本案原审上诉人翁毅生的侵权行为虽只延续了 20 天，但影响很大，给原审被上诉人戴加林造成了一定损失。因此给予适当补偿是可以的。

(3)关于诉讼费用收取的问题。名称权是指企业法人、个体工商户、个人合伙依法决定、使用和改变自己名称的权利。它属人身权中的一种，与财产权有着严格的区别，是一种重要的人格权。最高人民法院制定的《人民法院诉讼收费办法》第五条第二项规定："侵害姓名权、名称权、肖像权、名誉权、荣誉权的案件，每件交纳 50 元至 100 元。"《宁夏回族自治区高级人民法院关于执行最高人民法院〈人民法院诉讼收费办法〉的具体标准》中第二条规定："侵害姓名权、名称权、肖像权、名誉权、荣誉权的案件，每件交纳 100 元，固原地区及同心、盐地两县每件交纳 80 元。"此案一审判决收取诉讼费 1350 元，二审判决亦收取 1350 元，显然违反上述收取规定。

再审依照《中华人民共和国民事诉讼法》第一百五十三条第一款规定撤销银川市中级人民法院(1993)银民终字第 259 号民事判决和银川市城区人民法院(1992)城民初字第 684 号民事判决第二项，维持第一项。

4. 再审定案结论

再审法院改判如下：

(1)被告翁毅生于判决生效后立即登报向原告戴加林赔礼道歉。

(2)翁毅生向戴加林赔偿经济损失 1000 元。自判决书生效后一次性付清。

一审案件受理费 100 元、二审案件受理费 100 元均由翁毅生承担。

(八)解说

名称权是法人和其他经济组织的最基本的人身权。它具有特定性，只能由特定的法人或经济组织所专有；它具有双重性，即人格权和财产权；它具有真实性，每个名称都须和现实存在的某法人或某经济组织挂起钩来；它具有受保护性，禁止他人干涉、盗用、假冒。法人或经济组织的名称一经注册、登记即取得专用权，受法律保护。根据名称权的上述特征，来认识侵害名称权行为的法律特点和衡量本案一、二审判决孰是孰非有着重要意义。

本案被告翁毅生明知银川市工商管理局已于 1988 年 12 月核准戴加林的服装店名为"培罗蒙西服店"，同时翁的服装店也改名为"翁毅生西服店"。时过 4 年后，即 1992 年 9 月翁毅生又在《宁夏广播电视报》上刊登的搬迁启示中假冒他人店名，在顾客中造成错觉，对戴加林的经营活动造成不利影响，已侵犯他人名称权，翁毅生应承担民事责任。戴加林提出翁毅生后经工商部门核准登记的"上海培罗蒙时装店"的名称与其店名相似或相近的问题，则属工商部门调整的范围。

（田晓薇）

101. 泉州市服装总校诉陈君献等侵害名称权案

（一）首部

1. 裁定书字号：福建省泉州市鲤城区人民法院(1994)鲤民初字第80号。

2. 案由：侵害名称权纠纷。

3. 诉讼双方

原告：泉州市服装总校。地址：晋江市青阳镇下行张178号。

法定代表人：吕清泉，校长。

诉讼代理人：王美琼，泉州市鲤城律师事务所律师。

诉讼代理人：谢黎芳，泉州市鲤城律师事务所律师。

被告：陈君献，男，1947年3月9日出生，汉族，泉州市人，住泉州市鲤城区东街147号。

诉讼代理人：王彬森，泉州市鲤城律师事务所律师。

被告：林丽梅，女，1957年11月5日出生，汉族，泉州市人，住泉州市鲤城区东街147号。

被告：泉州市鲤城区教育局。地址：泉州市鲤城区新华路16号。

法定代表人：傅火炉，局长。

4. 审级：一审。

5. 审判机关和审判组织

审判机关：福建省泉州市鲤城区人民法院。

合议庭组成人员：审判长：郑亚木；审判员：庄源美；代理审判员：陈志捷。

6. 审结时间：1994年9月5日。

（二）诉辩主张

1. 原告泉州市服装总校诉称：被告陈君献、林丽梅盗用原告的名称在报刊上刊登招生广告，侵犯了原告的名称权。被告鲤城区教育局签批同意被告陈、林两人刊登广告，构成共同侵权。请求责令被告陈君献、林丽梅立即停止侵犯原告名称权的行为，消除影响，公开向原告赔礼道歉，赔偿原告的经济损失人民币30万元。被告泉州市鲤城区教育局承担侵权连带责任。

2. 被告陈君献、林丽梅辩称："泉州服装总校"与"泉州市服装总校"两校名称有一字之差，并不相同；并且广告中办学地点不同，刊登广告又是经鲤城区教育局签批同意，根本没有盗用原告的名称，要求驳回原告的诉讼请求。

3. 被告鲤城区教育局未作答辩。

（三）事实和证据

鲤城区人民法院经审理查明：原告泉州市服装总校，原名为晋江市上海式服装技术学校，创办于 1983 年 6 月。1993 年 12 月经泉州市教育局批准更名为泉州市服装总校，并于 1994 年 1 月 26 日在《泉州电视周报》刊登更名启示。该校经晋江市教育局、泉州市教育局批准，长期在《每周广摘》、《福建广播电视报》等刊物刊登招生广告。被告陈君献、林丽梅系夫妻关系。两被告于 1992 年 6 月 29 日经泉州市鲤城区教育局批准创办泉州市区君丽服装技术培训学校。1994 年 6 月 8 日陈君献、林丽梅两人向鲤城区教育局申请，以“泉州服装总校”名义在报刊上刊登招生广告，鲤城区教育局在广告稿上签署“已经审批办学，同意招生广告”的意见，被告陈、林即于同月 22 日在《福建广播电视报》第 26 期以“泉州服装总校”名义刊登招生广告。在招生广告刊登后的 1994 年 7 月 16 日鲤城区教育局才批准原“泉州市区君丽服装技术培训学校”更名为“泉州服装总校”。为此，原告泉州市服装总校于 1994 年 8 月 11 日向鲤城区人民法院起诉，认为被告陈君献、林丽梅未经原告许可盗用原告的名称在报刊上刊登招生广告，侵犯了原告的名称权；被告鲤城区教育局明知陈君献、林丽梅不具有“泉州服装总校”名称权，却签批同意让其以“泉州服装总校”之名称刊登招生广告，其行为侵犯了原告的名称权，请求责令被告陈君献、林丽梅立即停止侵犯原告名称权的行为，消除影响，公开向原告道歉，并赔偿原告的经济损失人民币 30 万元；请求责令被告鲤城区教育局承担侵权责任。

（四）判案理由

原告泉州市服装总校起诉后，被告鲤城区教育局认识到自己做法的错误，主动与原告案外自行协商解决，口头向原告赔礼道歉，并作出撤销“泉州市区君丽服装技术培训学校”及该校后来更名的“泉州服装总校”校名，撤销办学许可证、印鉴，停止陈君献、林丽梅向社会招生办学 2 年的决定。原告泉州市服装总校因起诉的目的已经达到，表示对被告的侵权行为不再追究，于 1994 年 8 月 21 日向鲤城区人民法院申请撤回起诉。

鲤城区人民法院经审查原告的撤诉申请，认为其撤诉行为自愿、合法，没有规避法律，应准予撤诉。

（五）定案结论

鲤城区人民法院根据《中华人民共和国民事诉讼法》第十三条、第一百三十一条第一款之规定，作出如下裁定：

准予原告泉州市服装总校撤回起诉。

受理费人民币 50 元，由原告负担。

（六）解说

本案涉及的主要问题是被告陈君献、林丽梅以“泉州服装总校”名称刊登招生广告是否侵犯了原告“泉州市服装总校”的名称权，以及被告鲤城区教育局是否构成对原告的共同侵权。对此，回答是肯定的。

首先，被告陈君献、林丽梅在没有取得“泉州服装总校”名称的情况下，以“泉州服装总校”之名刊登招生广告，其行为是违法的。根据我国有关法律、法规的规定，企业法人、个体工商户、个人合伙的名称，须向工商行政管理部门申请登记，经批准方得使用；而且只能登记、使用一个名称。被告陈、林在没有向有关部门申请获准使用“泉州服装总校”名称的情况下，擅自使用该名称，并且在使用该名称时原“泉州市区君丽服装技术培训总校”名称尚未被撤销。因此,被告陈、林两人的做法是违反我国有关法律、法规规定的违法行为。

其次,被告陈君献、林丽梅以"泉州服装总校"之名称刊登招生广告,继而将"泉州市区服装技术培训学校"更名为"泉州服装总校",其行为侵犯了原告的名称权。根据我国有关法律、法规规定,在同一个县、市境地内,对同一行业的工商企业、个体工商户、个人合伙只能登记注册一个名称,不得使用他人已登记的名称;改变名称须按有关规定,经其主管部门批准,并向县、市工商行政管理部门办理变更登记手续。被告陈君献、林丽梅与原告所办的学校同在泉州市境内,又是同一行业,原告泉州市服装总校名称经有关部门合法审批,并又登报声明。而被告陈、林在没有经合法审批取得"泉州服装总校"名称的情况下,未经原告许可,以与原告名称近似(只相差一个"市"字)的名称公然在报刊上刊登招生广告,向社会公开招生,属假冒他人名称之行为,构成了侵犯原告名称权,应承担侵权民事责任。

第三,被告鲤城区教育局有共同侵犯原告名称权的行为,应承担共同侵权的连带责任。鲤城区教育局明知被告陈、林不享有"泉州服装总校"名称权,却签批同意其以该名称刊登招生广告,从而使陈、林两人的侵权得以实现,负有共同侵权责任。以后鲤城区教育局在知道或应当知道原告享有"泉州市服装总校"名称的情况下,批准同意原"泉州市区君丽服装技术培训学校"更名为"泉州服装总校",其行为本身侵犯了原告的名称权,应承担侵权的民事责任。

本案被告陈君献、林丽梅及鲤城区教育局均构成对原告名称权的侵犯,原告的诉讼请求依法应当受到保护。原告起诉后,被告鲤城区教育局承认了错误,并作出撤销"泉州市区君丽服装技术培训学校"及该校以后更名的"泉州服装总校"的决定。据此,原告认为诉讼目的已达到,不再要求追究被告的侵权责任,申请撤回起诉;因撤诉是原告真实意思的表示,并符合法律的规定,又没有规避法律的行为,因此裁定准予撤诉是正确的。

(庄源美)

102. 刘德华诉上海华恒工贸实业公司侵害肖像权案

(一)首部

1. 调解书字号:上海市中级人民法院(1993)沪中民初字第73号。

2. 案由:侵害肖像权纠纷。

3. 诉讼双方

原告:刘德华,男,32岁,汉族,演员,住香港。

诉讼代理人:朱洪超,上海联合律师事务所律师。

被告:上海华恒工贸实业公司。住所地:上海市虹梅南路2977号。

法定代表人:王宝明,经理。

诉讼代理人:黄国良,男,39岁,汉族,在香港富胜电子有限公司工作。

4. 审级:一审。

5. 审判机关和审判组织

审判机关:上海市中级人民法院。

合议庭组成人员:审判长:许伟基;代理审判员:薛春荣、王启扬。

6. 审结时间:1994 年 8 月 12 日。

(二)诉辩主张

1. 原告诉称:原告刘德华系香港影视歌三栖明星。最近发现被告上海华恒工贸实业公司未经原告同意,非法制作印有原告肖像的手表,进行营利性销售,侵犯了原告的肖像权。原告作为明星,在社会上有广泛的影响,被告以营利为目的,将非法印有原告肖像的手表进行销售,使原告的人身权受到极大的伤害。请求人民法院判令被告立即停止对原告肖像权的侵害,判令被告在原告指定的报纸上公开赔礼道歉,收缴被告因侵权行为而获得的利益,判令被告承担诉讼费用。

2. 被告辩称:被告并没有制作过印有原告刘德华肖像的手表,而是从广州购得印有刘德华肖像的手表 260 只,出售 100 只。被告承认在未征得原告同意的情况下,私自销售印有原告肖像的手表是错误的,愿意接受原告的诉讼请求,并保证今后不再发生类似事件。

(三)事实和证据

上海市中级人民法院经公开审理查明:1993 年 8 月,香港演员刘德华在上海举行个人演唱会期间,发现被告上海华恒工贸实业公司将 100 只印有刘德华肖像的手表出售给上海对外文化交流协会,其中型号为 FW6461 手表 35 只,每只 55 元,型号为 FW6262 手表 65 只,每只 50 元,合计人民币 5175 元。这批手表上印有刘德华肖像,使用前未经刘德华同意。

上述事实有下列证据证明:

1. 原告刘德华提供发票 1 张,是由上海华恒工贸实业于 1993 年 8 月 4 日开出,编号为 000511,购货单位为上海对外文化交流协会,售出 FW6262 手表 65 只,每只 50 元,计 3250 元;FW6461 手表 35 只,每只 55 元,计 1925 元,合计人民币 5175 元。这一证据证明被告销售了 100 只印有原告肖像的手表。

2. 被告的陈述。被告承认从广州买进 260 只手表都印有刘德华肖像,使用原告的肖像未经原告同意。

3. 被告提供发票 1 张,是由广州市中兴贸易公司 1993 年 7 月 15 日开出,编号 4438358,顾客为上海华恒工贸公司,出售手表 260 只,每只 45 元,共计人民币 11700 元。这一证据证明被告购得印有原告肖像的手表 260 只,加价再出售。同时为被告证明,印有刘德华肖像的手表不是被告所制作。

(四)判案理由

1. 被告以营利为目的销售印有原告肖像的手表,未经原告同意,侵害了原告的肖像权。《中华人民共和国民法通则》第一百条规定:“公民享有肖像权,未经本人同意,不得以营利为目的使用公民的肖像。”被告上海华恒工贸实业公司未经原告刘德华同意,销售印有刘德华肖像的手表,证据确凿,被告侵害了原告的肖像权。原告起诉称被告制作印有原告肖像的手表,被告否认,原告提供不出证据,本院不予认定,但被告未经原告同意而销售印有原告肖像的手表,侵害原告的肖像权,仍应认定。

2. 被告应停止侵害,赔礼道歉。《中华人民共和国民法通则》第一百二十条规定:“公民的姓名权、肖像权、名誉权、荣誉权受到侵害的,有权要求停止侵害,恢复名誉,消除影响,赔礼道歉,并可以要求赔偿损失。”

被告上海华恒工贸实业公司侵害原告刘德华的肖像权,应承担侵权的民事责任。原告请求判令被告停止侵害,在原告指定的报纸上公开赔礼道歉,应予支持。

(五)定案结论

上海市中级人民法院在审理中主持调解,原告与被告自愿达成以下协议:

1. 被告上海华恒工贸实业公司停止对原告刘德华肖像权的侵害。

2. 被告上海华恒工贸实业公司在上海《新民晚报》、香港《文汇报》上以书面形式向原告刘德华赔礼道歉。

本案诉讼费人民币100元由被告承担。

上述协议,符合有关法律规定,上海市中级人民法院予以确认。

(六)解说

1. 原告刘德华提出先予执行的申请,法院作出先予执行的裁定是正确的。原告于1993年8月25日提起诉讼,同时申请先予执行。上海市中级人民法院于当日作出民事裁定:被告自收到本裁定之日起停止使用、销售有原告刘德华肖像的手表;并对在被告处的上述手表予以扣押,原告提出先予执行的申请,是为了防止被告继续销售印有原告肖像的手表,继续侵害原告的肖像权。《中华人民共和国民事诉讼法》第九十七条规定:人民法院对下列案件,根据当事人的申请,可以裁定先予执行:"……(三)因情况紧急需要先予执行的。"上海市中级人民法院认为原告的申请符合法律规定,故作出先予执行的民事裁定。

2. 收缴被告非法销售印有原告肖像的手表款是否适当。《中华人民共和国民法通则》第一百三十四条第三款规定:"人民法院审理民事案件,除适用上述规定外,还可以予以训诫、责令具结悔过、收缴进行非法活动的财物和非法所得,并可以依照法律规定处以罚款、拘留。"被告以营利为目的,未经原告同意,销售印有原告肖像的手表,侵害原告的肖像权。上海市中级人民法院据此作出民事制裁决定书,收缴被告非法销售款人民币5175元,完全适当。

(金伟泉)

103. 田依可人诉长沙市威威婴儿用品厂侵害肖像权案

(一)首部

1. 判决书字号

一审判决书:湖南省长沙市东区人民法院(1994)东民初字第93号。

二审判决书:湖南省长沙市中级人民法院(1994)长中民终字第513号。

2. 案由:肖像权纠纷。

3. 诉讼双方

原告(被上诉人):田依可人,女,1992年10月19日出生,汉族,住长沙市桔园小区7片7栋504号。

法定代理人:易娟,湖南省纺织品进出口公司职员,系原告母亲。

诉讼代理人:杜亚萍,湖南省经贸律师事务所律师。

被告(上诉人):长沙市威威婴儿用品厂。

法定代表人:晏青,厂长。

诉讼代理人:彭顺其、王敏,长沙市涉外经济律师事务所律师。

4. 审级:二审。

5. 审判机关和审判组织

一审法院:湖南省长沙市东区人民法院。

合议庭组成人员:审判长:吴雪辉;代理审判员:孙剑璞、张劲波。

二审法院:湖南省长沙市中级人民法院。

合议庭组成人员:审判长:黄毅;审判员:黄超美;代理审判员:熊萍。

6. 审结时间

一审审结时间:1994 年 9 月 23 日。

二审审结时间:1994 年 12 月 1 日。

(二)一审情况

1. 一审诉辩主张

(1)原告田依可人的法定代理人易娟诉称:被告在未经原告法定代理人允许的情况下,擅自使用原告肖像作产品宣传广告,侵害了原告肖像权。请求判令被告立即停止对原告肖像权的侵害,不得继续使用印有原告肖像的印刷品作广告,在省报上向原告公开赔礼道歉,并赔偿原告精神、物资损失费人民币 20 万元。

(2)被告长沙市威威婴儿用品厂辩称:被告使用原告肖像作广告是经过原告法定代理人同意的,并且已给付了报酬,根本未侵犯原告肖像权,故不应承担民事责任。

2. 一审事实和证据

长沙市东区人民法院经公开开庭审理查明:被告于 1993 年 3 月 26 日在《长沙晚报》中缝广告栏刊登广告。内容为"聘请周岁左右健康、漂亮的小模特"。同年 3 月底,原告法定代理人易娟带原告田依可人到被告门市部买尿裤时,与被告法定代表人晏青相遇。晏青说明聘请小模特之事,称看中了田依可人,易娟同意并留下了联系电话。同年 8 月,被告通知易娟带田依可人去拍照,拍摄在晏青家里进行。拍摄中,被告对应邀来的大、小模特说要送点小孩的物品,易娟表示还要一套照片。照片出来后,被告没有与原告法定代理人联系,即将田依可人穿尿裤和抱兜的照片制成了印刷品,在同年 9 月份的订货会上使用。此后,被告将两种印刷品附在产品包装内,随产品一同投放市场,并用田依可人穿尿裤的照片在湖南商业大厦做了"婴儿尿不湿"灯箱广告。尿裤和抱兜印刷品印刷数量分别是 30000 张和 3000 张。从 1993 年 9 月至 1994 年 7 月,被告共销售尿裤 14184 条、抱兜 2251 个。原告法定代理人易娟得知印刷品被随产品投放市场和制作灯箱广告后,遂找晏青交涉,请求停止侵权,并赔偿损失。因原告法定代理人与被告就肖像的使用不能达成一致意见,原告田依可人于 1994 年 5 月 24 日向法院提起诉讼。

上述事实有下列证据证明:

(1)被告 1993 年 3 月 26 日在《长沙晚报》中缝广告栏中刊登的"聘请周岁左右健康、漂亮的小模特"的广告。

(2)被告将印有原告肖像的印刷品附着产品一同投放市场和利用肖像制作灯箱广告进行商业宣传的照片。

(3)有关原告法定代理人与被告法定代表人洽谈拍摄广告照片的证人证言。

(4)受诉法院的调查笔录,开庭笔录。

3. 一审判案理由

被告将印有原告肖像的印刷品附着产品一同投放市场和利用肖像制作灯箱广告，进行商业宣传，事先没有征得原告法定代理人的同意，以促销营利为目的使用原告肖像，其行为已构成对原告肖像权的侵害。原告请求停止侵害，赔偿损失，应予支持。被告称使用原告照片作广告是经过原告法定代理人许可的，并已支付了报酬即两套童装，双方按口头协议履行完毕，不存在侵权，证据不充分。被告所述理由不能成立，故不能免除应承担的民事责任。

4．一审定案结论

一审法院依照《中华人民共和国民法通则》第一百条、第一百二十条第一款的规定，判决如下：

(1)长沙市威威婴儿用品厂立即停止销售附有田依可人肖像印刷品的产品。已上柜的产品必须撤下包装袋内的该印刷品才能再行销售，现存的该印刷品应全部销毁。“婴儿尿不湿”灯箱广告必须立即撤除。

(2)长沙市威威婴儿用品厂赔偿田依可人人民币5000元，此款在判决书生效之日起10日内付清。

案件受理费人民币80元，由被告负担。

(三)二审诉辩主张

1．上诉人长沙市威威婴儿用品厂诉称：上诉人依照与被上诉人的法定代表人的约定，使用穿着上诉人专利产品婴儿尿裤、抱兜的被上诉人肖像印刷品，不构成侵害被上诉人的肖像权，事实清楚，证据充分，原审法院认定上诉人侵害被上诉人的肖像权无事实、法律依据，请求二审法院依法改判。

2．被上诉人田依可人的法定代理人易娟辩称：原审法院认定上诉人侵权正确，但判决赔偿金额太少。

(四)二审事实和证据

湖南省长沙市中级人民法院经审理查明：上诉人于1993年3月26日在《长沙晚报》中缝广告栏刊登广告，内容为“聘请周岁左右健康、漂亮的小模特，有照必复”。同年3月底，被上诉人之母易娟带被上诉人到上诉人门市部买尿裤时，与上诉人法定代表人晏青相遇，晏青说明聘请小模特一事，并请被上诉人作本厂产品广告模特，易娟听后表示同意。同年8月，上诉人通知易娟到晏青家拍摄广告照片。拍摄过程中，晏青等向易娟及大模特等人说明请被上诉人、大模特所拍其穿戴该厂尿裤、抱兜的照片是为本厂产品作广告宣传用，照片还将制成印刷品随产品投放市场，并在同年9月份订货会上进行张贴等使用，大小模特报酬是每人两套童装。当时，易娟对晏青的上述说法未提出异议，拍照完毕，大模特从上诉人处领走两套童装作为当模特的报酬。此后，上诉人派人送两套童服、照片底片、有关印刷品宣传品等至被上诉人家。上诉人将被上诉人穿尿裤照片和大模特抱着坐在抱兜中的被上诉人的照片制成印刷宣传品30000张，抱兜印刷品3000张，上述印刷品在同年9月订货会上使用，并将此两种印刷品装在产品包装袋内，随产品投放市场。1994年1月上诉人将被上诉人的广告照片制成一个灯箱广告置于湖南商业大厦内，后该灯箱广告被撤换。上诉人共使用被上诉人照片制成的尿裤印刷品20000张，尚剩10000张；用去抱兜印刷品2000张，尚剩1000张。易娟在得知被上诉人照片被用于上诉人产品广告宣传后，认为上诉人行为侵犯了被上诉人的肖像权，遂起诉索赔。

上述事实有下列证据证明：

1. 二审确认并采纳了一审所搜集的有关证据。

2. 二审法院的调查笔录、开庭笔录。

(五)二审判案理由

二审法院认为:被上诉人之母应上诉人之邀带被上诉人来晏青家为上诉人生产的尿裤、抱兜拍广告照片,应视为同意上诉人使用被上诉人肖像;上诉人按照口头商定将被上诉人照片制成印刷品、灯箱广告,用于宣传本厂尿裤、抱兜等产品,并依约送给被上诉人两套童装作为被上诉人充当小模特的报酬,上诉人的上述行为不构成对被上诉人肖像权的侵犯,但上诉人与被上诉人的法定代理人未就被上诉人照片在作上诉人尿裤、抱兜产品广告宣传时的具体用途、使用范围及使用时间等有关事宜达成详细、明确的协定,导致纠纷,双方均有责任;现上诉人愿意停止使用尚存的一批用被上诉人的照片制成的尿裤、抱兜的印刷品,并对被上诉人作一定经济补偿,可予准许。被上诉人认为上诉人侵犯肖像权,应赔偿被上诉人损失的请求,因缺乏充分的事实、法律依据,不予支持。原审法院判决认定事实不清,适用法律不当。

(六)二审定案结论

湖南省长沙市中级人民法院依照《中华人民共和国民事诉讼法》第一百五十三条第一款第(二)、(三)项之规定,判决如下:

1. 撤销长沙市东区人民法院(1994)东民初字第93号民事判决。

2. 上诉人长沙市威威婴儿用品厂停止使用用被上诉人田依可人照片制成的尚存尿裤印刷品和抱兜印刷品。

3. 上诉人长沙市威威婴儿用品厂自愿补偿被上诉人田依可人人民币500元,本院予以准许。

4. 驳回被上诉人田依可人的其他诉讼请求。

本案一、二审受理费共计160元,由上诉人长沙市威威婴儿用品厂和被上诉人田依可人的法定代理人易娟各负担80元。

(七)解说

目前,对侵害肖像权行为的认定,法律依据主要有两个:一是《民法通则》第一百条的规定,即"未经本人同意,不得以营利为目的使用公民的肖像";二是《最高人民法院关于贯彻执行〈民法通则〉若干问题的意见》第一百三十九条的规定,即"以营利为目的,未经公民同意利用其肖像做广告、商标、装饰橱窗等,应当认定为侵犯公民肖像权的行为"。经二审法院审理查明,长沙市威威婴儿用品厂,在使用田依可人肖像时,是征得了田依可人的法定代理人同意的,双方当事人虽无书面协议,但有口头协议,约定了使用的方式是为长沙威威婴儿用品厂生产的尿裤、抱兜拍摄广告照片,也约定了给付报酬的标准,并且长沙市威威婴儿用品厂也按约定的标准给付了报酬。但由于双方没就肖像的使用范围及使用期限进行具体约定而酿成纠纷。一审法院没有对这一关键事实予以查实认定,因而导致适用法律不当,处理错误。长沙市中级人民法院依据事实和法律确认长沙市威威婴儿用品厂不构成侵害肖像权,对一审法院判决予以改判是正确的。

(王均全)

104. 冯庆忠诉聂俊英等侵害名誉权案

(一)首部

1. 调解书字号:河北省石家庄市桥西区人民法院(1994)西法民初字第164号。

2. 案由:侵害名誉权纠纷。

3. 诉讼双方

原告:冯庆忠,男,59岁,汉族,住石家庄市棉三生活区36栋1单元203号。

诉讼代理人:张慎力,河北省涉外经济律师事务所律师。

诉讼代理人:崔立冬,男,32岁,汉族,中国人民解放军52966部队干部,系原告女婿。

被告:聂俊英,女,44岁,汉族,住石家庄市休门西大街共进里1号。

诉讼代理人:赵莉平,石家庄市第二律师事务所律师。

被告:石家庄市公证处。

法定代表人:冯富然,主任。

诉讼代理人:李素梅,石家庄市律师事务所律师。

被告:宋化龙,男,65岁,汉族,住石家庄市农机街加工厂宿舍1号楼1单元101号。系被告聂俊英姐夫。

诉讼代理人:赵莉平,石家庄市第二律师事务所律师。

诉讼代理人:宋丽茹,女,29岁,汉族,住石家庄市新华路53号院4号楼2单元202号。系被告宋化龙儿媳。

4. 审级:一审。

5. 审判机关和审判组织

审判机关:河北省石家庄市桥西区人民法院。

合议庭组成人员:审判长:杨士占;审判员:王国光;代理审判员:艾卫军。

6. 审结时间:1994年12月9日。

(二)诉辩主张

1. 原告诉称:1992年8月被告聂俊英采用欺骗手段,隐瞒事实真象编造了原告人已死亡的假象,取得了石家庄市公证处的公证书,以达到有争议的房产非法过户的目的。被告石家庄市公证处作为国家的公证机关,不作具体认真的核实和调查,不负责任地出具了公证书宣布原告人“死亡”。给原告人造成了名誉上的损害。原告人曾多次找公证处撤销公证书,公证处置之不理。原告诉至法院,要求被告恢复原告名誉,消除影响,向原告赔礼道歉,赔偿由此造成的损失9200元。

2. 被告聂俊英辩称:根本不认识原告。只因自己姐夫买了原告的房子,要到公证处去办理公证,公证处的人问及时,本人说那人可能死了。对照构成侵害名誉权的要件,本人没有主观故意,也没有降低原告的公众形象,不构成对原告名誉权的侵害。

3. 被告石家庄市公证处辩称:公证处是依据所调查的材料,按照法定程序出具公证书的。公证处不具有主观故意,公证书在一定范围内保密,不会造成很大影响。公证处在发现了失误以后已于1994年11月撤销了公证书并同时向原告道歉，故未对原告名誉权造成侵害。

4. 被告宋化龙辩称：纠纷是因买房引起的。1975年时与原告换房，后冯庆忠的父亲与本人协商由本人出钱买冯庆忠的两间私房，房契由冯庆忠执笔。因本人在“文化大革命”中受过冲击，所有就将买主的名字写成了聂俊英。没想到在1988年拆迁时，房产证上的名还是冯庆忠，因改房产证户名需要公证，为此找聂俊英去公证处办公证书。本人当时知道冯庆忠的工作单位，但未向公证处提供。

（三）事实和证据

石家庄市桥西区人民法院公开开庭审理查明：

1975年11月8日宋化龙以其妻妹聂俊英的名义与冯庆忠签订买卖房屋契约，后虽居住多年，但始终未办理过户手续。1992年7月10日宋化龙和聂俊英一起到石家庄市公证处申请公证，该房产属于聂俊英所有。房屋确权公证应当由房产的原所有人冯庆忠到场。因宋化龙与冯庆忠有矛盾，恐冯庆忠到场后会提出异议，影响确权公证，便指使聂俊英谎称冯庆忠已故，宋化龙明知冯庆忠的工作单位而不向公证处提供。公证处于1992年8月1日出具了(92)石证民字第406号公证书：“兹证明座落在石家庄市桥西区远西胡同5号院内西房两间的原所有人冯庆忠(已故)于1975年卖给聂俊英。该房产所有权属于聂俊英。”冯庆忠在1993年春节期间相互拜年时听到老邻居说自己死了，后经到石家庄市房管处查档案，证实是石家庄市公证处的公证书注明自己已故。遂于1994年6月找到公证处，要求撤销公证书，公证处不予撤销，后经河北省司法厅公证处干预，才于11月7日予以撤销。此事在冯庆忠所在单位及他的邻居中造成了一定的影响。

以上事实有下列证据证明：

1. 石家庄市公证处在1992年7月10日对聂俊英的谈话笔录。

2.(92)石证民字第406号公证书。

3. 冯庆忠的邻居王媛媛、刘玲、张全祥、李绪田的证明。

（四）判案理由

1. 被告宋化龙、聂俊英的行为构成对原告人冯庆忠名誉的侵害，应当承担责任。

被告聂俊英、宋化龙为达到房产顺利过户的目的，谎称健康活在人世的冯庆忠已故，且为了阻碍公证处调查，明知冯庆忠所在的工作单位而不向公证处提供，使公证处作出了失实的公证书。在主观上被告聂俊英和宋化龙是出于故意，客观上造成了侵害冯庆忠名誉权的后果。根据《中华人民共和国民法通则》第一百零一条、第一百二十条的规定，二被告应当承担赔偿责任。

2. 被告石家庄市公证处构成了对原告冯庆忠名誉的侵害，应当承担一定责任。

被告石家庄市公证处在接受被告聂俊英的申请之后，应当对公证的内容及申请人所述情况进行认真的调查核实，在没有确实证据证明冯庆忠死亡的情况下，不认真调查便轻率地在公证书上注明冯庆忠已故，在主观上有过失。由于失实的公证造成了冯庆忠的名誉受到损害的结果，失实的公证与冯庆忠的名誉受到损害的结果有因果关系。被告公证处应当承担一定责任。

在本案中原告冯庆忠要求被告赔礼道歉的请求应予支持。关于赔偿的数额，法律没有具体规定，可以根据被告给原告造成的名誉侵害的范围及程度予以考虑。此纠纷中名誉侵害的范围只限于原告的邻居和所在单位，所散布的影响面小，且原告所花费的中医药费绝大部分已由本单位支付，原告的主要损失是精神补偿，这部分赔偿的数额由法院酌定。在审理中三被告已向原告赔礼道歉。

（五）定案结论

石家庄市桥西区人民法院依照《中华人民共和国民法通则》第一百零一条、第一百二十条第一款、第一百三十四条第一款第（七）项、第（十）项之规定，认为被告聂俊英、宋化龙和石家庄市公证处应当赔偿原告冯庆忠的损失。在查明事实，分清责任的基础上，根据《中华人民共和国民事诉讼法》第八十五条、第八十八条的规定，主持原、被告进行调解，经双方自愿、平等协商，达成了如下调解协议：

1. 被告聂俊英、宋化龙和石家庄市公证处向原告冯庆忠赔礼道歉。
2. 被告聂俊英和宋化龙赔偿原告损失 1000 元。
3. 被告石家庄市公证处赔偿原告损失 300 元。
4. 本案受理费 50 元由被告聂俊英、宋化龙负担。

（六）解说

公民的名誉权是指公民所享有的应受公众公正评价的权利，是公民人格权的重要内容。一个人在社会中从事社会活动，首要的是具有活动能力，已经死亡的人是不能进行社会活动的。将一个活着的人说成是死了并加以公证，虽然没有使用侮辱、诽谤性的语言，但也不是客观公正的评价，很显然是损害了他人的人格，降低了其在社会公众中的形象，对其从事社会活动势必造成重大影响。

被告聂俊英和宋化龙均具有民事行为能力，对公证处谎称冯庆忠已死亡是出于故意，主观上有过错，目的是要达到房产过户，在冯庆忠的邻居和单位中造成了不良影响，使冯庆忠名誉受到了侵害并蒙受了精神痛苦。

公证处作为国家的公证机关，在公证活动中，应当严格按照《公证程序规则》办理公证案件。《公证程序规则》第二十三条规定公证处应重点审查当事人提供的证明材料否真实、充分。在公证书中涉及到公民死亡的内容应当有确实可靠的证据，证明死亡最有力的证据是死亡通知书，其次是公安机关的户籍登记，再次也可以询问申请人要证明死亡人的原工作单位，到单位了解情况。而公证处却没有做细致的调查核实工作就草率认定冯庆忠已故。说明公证处审批不严谨。

名誉权受到侵害后，赔偿损失的数额没有确定的标准。赔偿多少算是合理？赔偿的范围包括哪些项目？在审判实践中很难把握。此案是以调解的结果结案，如果是判决，赔偿多少为合理，则是值得探讨的。

（艾卫军）

105. 林荣桢诉上海市大众律师事务所等侵害名誉权案

(一)首部

1. 判决书字号:上海市嘉定区人民法院(1993)嘉民初字第751号。

2. 案由:侵害名誉权纠纷。

3. 诉讼双方

原告:林荣桢,男,1938年8月27日生,汉族,上海新富丽建筑装饰有限公司副董事长,住台湾省台南市永福路二段88号。

诉讼代理人:项黎,上海市海峡律师事务所律师。

诉讼代理人:郑萼萍,女,上海新富丽建筑装饰有限公司董事,住上海市江宁路1040号。

被告:上海市大众律师事务所。地址:上海市嘉定区嘉定镇张马路43号。

法定代表人:周新元,主任。

被告:宗雅萍,女,1952年4月1日生,汉族,上海新佳科技公司副总经理,住上海大学嘉定校区(原上海科学技术大学)集体宿舍。

被告:汤一铭,男,1949年2月13日生,汉族,上海新富丽建筑装饰有限公司董事长,住上海市嘉定镇城中路171弄24号。

诉讼代理人:张伟兴,上海市正大律师事务所律师。

4. 审级:一审。

5. 审判机关和审判组织

审判机关:上海市嘉定区人民法院。

合议庭组成人员:审判长:陈兴荣;审判员:张庆连;代理审判员:严林林。

6. 审结时间:1994年11月28日。

(二)诉辩主张

1. 原告诉称:1993年3月,原告与上海新佳科技公司合资成立新富丽建筑装饰有限公司。因大陆方董事长汤一铭有违法行为,原告据此于1993年11月25日委托律师致函汤一铭;1993年11月28日被告上海市大众律师事务所及其指派律师宗雅萍代理汤一铭致函原告,诽谤原告并将上述函散发于合资公司的各位董事及其他人,严重损害原告的名誉,故诉请法院依法维护原告的名誉权,对被告作出应有的制裁。

2. 被告上海市大众律师事务所和宗雅萍辩称:原告在诉状中所指控的所谓侵权事实源于汤一铭给原告之函,被告只是依法代理汤致函原告,由此产生的民事责任,应由被代理人汤一铭承担,因此原告将答辩人列为被告于法不合,要求法院依法驳回原告之诉。

被告汤一铭辩称:宗雅萍是上海市大众律师事务所指派给他的代理人。如果原告认为函中内容有侵权的事实,一切法律后果应由他负责,何况在被告给原告的函中不存在诽谤原告的事实,据此对法院将他追加为本案被告表示无异议,并请法院明察公断。

（三）事实和证据

上海市嘉定区人民法院于1993年12月13日受理本案后，经公开开庭审理查明：

1993年3月24日由上海新佳科技公司、上海嘉定工业开发区开发总公司和台湾富丽华夏建筑公司林荣桢三方依法成立上海新富丽建筑装饰有限公司。据三方订立的合同约定，在合营公司营业执照签发之日起15日内各自兑现首期投资额的25%。事后，原告投资3.5万美元，只占投资额的19.6%，在此期间原告曾答允由被告汤一铭帮助其借贷10.5万美元作投资，合营公司其余二方（即大陆方）均已按合同规定到位首期投资款。1993年4月被告汤一铭未与原告商量动用合营公司的资金人民币16万元，同年8月被告汤一铭又擅自以合营公司名义向上海市农业银行普陀支行贷款人民币100万元移作新佳科技公司所用，为此原、被告间曾进行交涉，就此双方关系产生缝隙。嗣后，因原告提出要动用已到位的投资款3.5万美元购买黑牌照轿车（属私车性质）遭被告汤一铭的反对，以致相互关系僵持。1993年11月25日原告为上述问题致函被告汤一铭，指责汤一铭挪用合营公司公款116万元，以及擅自冒贷100万元资金移作新佳科技公司花用的行为违约违法。1993年11月28日汤一铭委托上海市大众律师事务所指派律师宗雅萍代理复函原告，指责原告不按合同规定及时到位投资款，以及要求大陆方帮助筹措投资款，要求动用已到位投资款3.5万美元购私人轿车等属违约违法行为。于是引起诉讼。

审理中，法院针对原告在诉状中指控被侵权的事实均源于汤一铭的函，因此依法将汤追加为本案的被告。经查，宗雅萍系外地律师，其未在上海司法局履行注册备案手续，尚未取得该所的兼职律师资格。

（四）判案理由

被告宗雅萍未按规定在上海司法局履行注册备案手续就以大众律师事务所的兼职律师身分代理汤一铭复函原告的行为欠妥，但其是上海市大众律师事务所接受汤一铭的委托后被指派代理汤一铭致函原告，因此，由此产生的民事责任应由被代理人汤一铭承担。原告所指控被告诽谤其不按合同约定及时到位投资款；以及答允由汤一铭帮助借贷投资款，要求动用已到位的3.5万美元的投资款购买私人轿车等情节，事出有因，有据可查，虽原告对此作了解释，但亦不能自圆其说。至于被告汤一铭给原告林荣桢的函所发范围与原告相同，对原告的社会评价没有损害。因此原告指控被告虚构事实侵害其名誉权一节，不能成立。

（五）定案结论

上海市嘉定区人民法院依照《中华人民共和国民法通则》第一百零一条的规定，判决对原告要求制裁被告损害其名誉权行为的诉讼请求予以驳回。本案受理费人民币100元，由原告负担。

判决后，原、被告均未上诉。

（六）解说

本案在处理中对原告将大众律师事务所及其指派律师宗雅萍列为被告是否妥当，有以下三种不同的意见：

1. 原告林荣桢指控被告汤一铭等侵害名誉权的事实均与汤一铭有关，而大众律师事务所只是接受汤的委托指派宗雅萍代理汤一铭致函原告，宗是在汤一铭的授权范围内行使代理权，按照《中华人民共和国民法通则》第六十三条第二款关于“被代理人对代理人的代理行为，承担民事责任”的规定，宗雅萍以汤一铭的名义致函林荣桢，是一种代理行为，所产生的民事责任应由被代理人汤一铭承担，所以原告将大众律师事务所和宗雅萍列为本案的被告于法不合。本案的被告应是汤一铭。

2. 原告指控宗雅萍在代理汤一铭致函原告的过程中也有侵害原告名誉权的事实，根据当事人的诉请可将大众律师事务所和宗雅萍与被告汤一铭均列为本案的共同被告。本案是按此观点处理的。

3. 宗雅萍虽未在上海市司法局履行注册手续，但她至少是大众律师事务所的雇员，又是以该所的指派律师的名义代理被告汤一铭复函原告，其代理行为应是有效的民事法律行为。由于宗雅萍的行为是其职务行为，由此而产生的法律责任也应由她所工作的法人——大众律师事务所承担，而不应将作为大众律师事务所的成员的宗雅萍列为本案被告。笔者赞成第三种意见。

在本案中，被告汤一铭在致原告函中所提及的几个问题是事出有因，有据可查，没有捏造虚假事实，也没有使用侮辱性语言，故不存在贬低原告的人格，破坏原告的名誉的行为，即无损于原告的社会评价。因此，本案被告不构成侵害名誉权。对此，法院判决驳回原告的诉讼请求是正确的。

（张庆连）

106. 青海人民出版社诉周洁侵害名誉权案

（一）首部

1. 判决书、调解书字号

一审判决书：上海市中级人民法院（1993）沪中民初字第72号。

二审调解书：上海市高级人民法院（1994）沪高民终字第12号。

2. 案由：名誉权纠纷。

3. 诉讼双方

原告（上诉人）：青海人民出版社。

法定代表人（一审）：郑绍功，总编辑。

法定代表人（二审）：朱春辉，社长。

诉讼代理人（一、二审）：刘克希，男，42岁，汉族，在江苏省人大常委会办公厅工作。

诉讼代理人（一、二审）：桂博，青海省律师事务中心律师。

被告（被上诉人）：周洁，女，33岁，汉族，上海歌剧舞剧院演员。

诉讼代理人（一、二审）：朱洪超、江宪，上海市联合律师事务所律师。

4. 审级：二审。

5. 审判机关和审判组织

一审法院：上海市中级人民法院。

合议庭组成人员：审判长：许伟基；审判员：杨钧；代理审判员：薛春荣。

二审法院：上海市高级人民法院。

合议庭组成人员：审判长：潘福仁；审判员：陈福民；代理审判员：翁毅。

6．审结时间：

一审审结时间：1994年1月8日。

二审审结时间：1994年12月20日(经本院院长批准依法延长审限)。

(二)一审情况

1．一审诉辩主张

(1)原告诉称：1993年6月17日，被告举行新闻发布会，散布消息说原告将被告的肖像移植在一女性半裸照上，侵害了被告的肖像权、名誉权。被告在公开场合，向新闻界和公众提供、散布侵害原告名誉权的虚假新闻信息，导致国内外数十家报刊、电台、电视台广为传播，严重影响了社会对原告的公正评价，干扰了原告的正常工作，造成原告的经济损失。被告是在明知不是原告出版非法淫秽书《欲神》的情况下，散布贬低、污辱原告的虚假事实，其行为已构成侵权，为此请求：第一，被告停止侵害原告名誉权的行为；第二，被告对侵害原告名誉权所造成的不良影响在原范围内公开消除影响、恢复名誉、赔礼道歉；第三，被告赔偿原告经济损失12万元。

(2)被告辩称：被告发现《欲神》一书封面和封底印有其肖像，并十分恶劣地移植在一张不健康的人体半裸照上。该书印有原告的名称、书号。被告作为受害人向法院起诉，状告青海人民出版社侵权。被告向新闻界披露发现《欲神》一书的经过，披露向法院起诉及起诉的事实和理由，并出示署名为"青海人民出版社出版"的《欲神》一书，都是客观真实的事实，不存在虚假的成分。被告向新闻界披露的是"状告"事实。诉讼是法律赋予公民的权利，是最合法正当的途径，只要不涉及国家机密和个人隐私，即可公开进行。记者有采访、当事人有接受采访的权利。因此，公开披露起诉内容并不存在侵权，也不会导致原告损失。如果《欲神》一书是假冒出版物，书上印有原告的名称则是公开的侵权，但青海人民出版社在周洁起诉之前从未发表过公开声明，也从未要求追究假冒者的法律责任，却在周洁要求法律保护时指责周洁。所以原告的起诉既无事实也无法律依据，应予驳回。

2．一审事实和证据

一审法院经审理查明：1993年5月底，《长江开发报》记者邹大为发现署名"青海人民出版社出版"的《欲神》一书，封面封底上印有将周洁肖像嫁接在一女性半裸照上的图像。遂将该情况告诉周洁。5月31日上午，邹大为受周洁之托去上海图书报刊市场管理处询问了《欲神》一书的有关情况。同日，上海图书报刊市场管理处对在上海的市场检查中发现的《欲神》等四种书，发公函给青海人民出版社，要求协助核查是否为该社正式出版物，并及时函告结果。同日，上海图书报刊市场管理处发了包括《欲神》在内的停售书刊目录(第四十期)，并注明《欲神》盗用了青海人民出版社名义。青海人民出版社于6月11日收到上述公函。周洁于6月16日向法院提出起诉，告青海人民出版社出版《欲神》一书，侵犯其肖像权和名誉权。6月17日上午上海广播电台播放了青海人民出版社总编辑郑绍功接受记者采访的谈话录音。同日，青海人民出版社发电报给上海新闻出版局，称《欲神》一书是盗用青海人民出版社名义出版的，同日，周洁及其诉讼代理人举行了新闻发布会。会上由周洁和诉讼代理人分别作了书面发言。发言中谈了《欲神》一书的情况、向法院起诉的情况及起诉的内容。6月22日，青海省出版局发了"关于查禁《欲神》一书的紧急通知"的传真电报。法院受理周洁诉青海人民出版社侵害肖像权、名誉权一案后，青海人民出版社答辩称其没有出版《欲神》一书，并提供了其出版计划及书号规格等证据。

在一审审理中,对双方当事人进行了调解。被告周洁提出,如果青海人民出版社确实没有出版过《欲神》一书,双方就都是受害者,应对真正的侵权者表示愤慨,因此双方应当撤回诉讼,并对起诉对方表示遗憾。希望有关方面重视图书市场的净化工作,打击非法出版物,维护社会主义精神文明。青海人民出版社则坚持要求周洁认错道歉,并赔偿损失。因双方意见不一,致调解不成。

3. 一审判案理由

一审法院认为:被告周洁为书刊市场出售署名"青海人民出版社出版"的《欲神》一书侵害其人格权提起诉讼的行为已经实施,此后向新闻界发布消息所披露的内容并没有超越其向法院起诉的内容。因此,原告诉称被告向新闻界提供虚假事实不能成立。青海人民出版社是否出版《欲神》一书侵害周洁的人格权,这有待于该案审判的结果来确定,因此也不发生青海人民出版社名誉被损害的事实。根据上海有关部门向原告发函查询其是否出版过《欲神》一书的时间,及原告正式表明《欲神》并非其出版的时间,均不能认定被告在其起诉青海人民出版社和召开新闻发布会之前已经或应当知道原告没有出版过《欲神》一书。综上所述,原告诉称被告侵害其名誉权不能成立。

4. 一审定案结论

上海市中级人民法院根据《中华人民共和国民法通则》第一百零一条之规定,作出如下判决:

驳回原告的诉讼请求。

本案诉讼费 4010 元由原告承担。

(三)二审诉辩主张

1. 上诉人上诉称:周洁已知、应知《欲神》是盗用青海人民出版社名义出版的非法出版物,或者已知、应知《欲神》很可能是盗用青海人民出版社名义出版的非法出版物,未尽"充分注意"、"一般注意"义务,而召开新闻发布会,散布损害青海人民出版社名誉的虚伪事实,主观上存在明显过错。青海人民出版社是否侵害周洁人格权,无法通过周洁诉青海人民出版社一案"审判的结果来确定"。一审法院关于周洁诉青海人民出版社和青海人民出版社诉周洁两个案件的判决,裁定互相抵触、自相矛盾。周洁在新闻发布会和其他场合散布的虚伪的、侵害青海人民出版社名誉权的"事实"所造成的不良影响,从未消除、也无法消除。周洁举行新闻发布会公开散布青海人民出版社"出版了"《欲神》、"移植"其肖像、"公然诋毁"其人格等虚伪事实构成侵权,不因其起诉而免责。请求二审法院依法撤销一审判决,判决周洁停止侵害、公开消除影响、恢复名誉、赔礼道歉,赔偿损失 12 万元,承担本案的诉讼费用。

2. 被上诉人答辩称:本案事实清楚,一审法院判决正确合法,请求二审法院驳回上诉,维持原判。

(四)二审事实和证据

二审法院经审理查明:1993 年 5 月底,周洁得知署名"青海人民出版社出版"的《欲神》一书的封面封底上将其肖像嫁接在一女性半裸照上的情况后,遂委托他人去有关部门询问,得知该书系非法淫秽出版物后,于同年 6 月 16 日以青海人民出版社为被告向法院提起诉讼。6 月 17 日上午,上海广播电台播放了青海人民出版社总编辑郑绍功接受记者采访并表示该社未出版过《欲神》一书的谈话录音。周洁于 6 月 17 日下午举行新闻发布会,称青海人民出版社侵犯了其肖像权、名誉权,同时表示其已委托律师向法院递交了起诉状。该案审理中，青海人民出版社于7月20日提起反诉，告周洁召开新闻发布会侵害其名誉权，一审法院未予受理。周洁于12月20日提出撤诉申请，一审法院于12月30日裁定准予其撤诉。

青海人民出版社于1993年8月5日向一审法院另行起诉，告周洁举行新闻发布会，散布虚假事实侵害其名誉权，请求判令周洁停止侵害、消除影响、恢复名誉、赔礼道歉、赔偿损失，并承担本案的诉讼费用。一审法院审理后，认为青海人民出版社诉周洁侵害其名誉权不能成立，于1994年1月8日判决驳回原告的诉讼请求。青海人民出版社遂提起上诉。

二审法院又查明：根据本市有关部门对《欲神》一书作出的鉴定及发出的"协查函"、"停售书刊目录"与青海省新闻出版局的回函、青海人民出版社的出版计划等，应认定《欲神》一书是盗用青海人民出版社名义非法出版的淫秽出版物。

上述事实有下列证据证明：

1. 周洁于1993年6月17日在新闻发布会上的书面发言稿。

2.《欲神》一书。

3. 上海市图书报刊市场管理处对《欲神》作出的鉴定书、给青海省新闻出版局的协查函、停售书刊目录(第四十期)。

4. 青海省新闻出版局关于《欲神》的回函。

5. 青海人民出版社1993年度出版计划。

(五)二审判案理由

基于本案双方当事人均是《欲神》这一非法出版物的受害人，为了使双方能在澄清事实、明确是非的基础上，互谅互让，协商达成一致意见，并共同追究不法书商的侵权责任，使本案的处理取得良好的社会效果，二审法院在审理中主持双方当事人多次进行调解。1994年12月20日周洁去青海人民出版社，对其急于召开新闻发布会的做法向青海人民出版社表示歉意，青海人民出版社亦表示谅解，双方当事人经协商达成一致意见。

(六)二审定案结论

在二审法院的主持下，经调解双方当事人自愿达成如下协议：

1. 周洁表示自己急于召开新闻发布会产生了一定的影响有欠妥之处，对此向青海人民出版社表示歉意。

2. 由于本案诉讼化费了一定的费用，周洁自愿弥补给青海人民出版社人民币10000元。

3. 一、二审案件受理费共计人民币8020元由双方当事人各半承担。

(七)解说

1. 本案被告的行为是否构成对原告名誉权的侵害

一种观点认为，周洁举行新闻发布及其发言不构成对青海人民出版社名誉权的侵害。其理由是：(1)周洁根据署名"青海人民出版社"的《欲神》一书侵害其肖像权、名誉权的事实，为维护自身的合法权益，依法向法院提起诉讼，此后，其举行新闻发布会及其发言内容并没有超越其起诉的内容。(2)周洁起诉后，法院对此案尚在审理过程中，尚未确定《欲神》一书是否是青海人民出版社出版的。因此，周洁的起诉以及公布诉状内容的新闻发布会虽然涉及到青海人民出版社，但还处在不确定状态中，不会发生青海人民出版社名誉权受侵害的事实。(3)周洁在举行新闻发布会前，并没有充分的证据证明其已知青海人民出版社未出版过《欲神》一书，周洁也无法定的义务必须查明《欲神》一书究竟是谁出版的。综上所述，周洁根据我国有关法律的规定，向法院提起民事诉讼及举行新闻发布会公布诉状内容，并不构成对青海人民出版社名誉权的侵害。

另一种观点认为，周洁在新闻发布会上的发言内容构成对青海人民出版社名誉权的侵害，应当承担法律责任。其理由是：(1)周洁根据《欲神》一书的署名而向法院起诉告青海人民出版社，这是其依法行使诉讼权利的一种诉讼行为，应受到法律的保护。但其诉讼请求是否为法院所支持，在法院生效判决前尚处于不确定状态。周洁将诉讼的内容在诉讼外以新闻发布会的形式向社会予以传播，这是一种独立的民事行为，其应对自己的这一行为负责。(2)我国宪法规定公民享有言论、出版、集会等自由，但公民在行使自由和权利的时候，不得损害国家的、社会的、集体的利益和其他公民的合法的自由和权利。周洁将自认为客观真实、实际上是有待法院审判确认的事实公开在社会上予以传播，把起诉的不确定的事实变为新闻发布会上肯定的事实，客观上使青海人民出版社的名誉受到了损害。(3)周洁在起诉前已委托他人到有关部门查询《欲神》一书的有关情况，1993 年 6 月 17 日上午，上海的广播电台播放了青海人民出版社的法定代表人郑绍功接受记者采访表明该社未出版过《欲神》一书的消息，对此，周洁应当引起充分注意，有义务进行核实。周洁未经核实，在下午举行的新闻发布会上作了书面发言，目的是想维护自身的合法权益，主观上虽无侵害青海人民出版社名誉权的故意，但其应对自己召开新闻发布会所公布内容的真实性及由此引起的后果负责。(4)周洁的肖像被非法移植在《欲神》一书上，其肖像权、名誉权已遭受不法侵害；青海人民出版社的名称被盗用在《欲神》一书上，其合法权益亦遭受不法侵害，故双方当事人均是非法出版物的受害者，应追究不法书商的侵权行为。但是，周洁举行新闻发布会公布的内容与青海人民出版社之间构成新的独立的法律关系，周洁应对自己这一行为的后果承担法律责任。

2. 如何处理好本案

本案的双方当事人均是非法出版物的受害者，为了维护各自的合法权益，依法行使诉讼权利，希望得到国家法律的保护。而真正的侵权者，即《欲神》一书的非法出版者，当时却尚未追查到。对于本案周洁举行新闻发布会是否对青海人民出版社名誉权构成侵害，亦存在两种不同的观点。因此，如何处理好本案就是一个值得探讨的问题。无论是从法律的角度，还是从社会效果的角度来看，在法院的主持下，通过对双方当事人做过细的调解工作，以促成双方当事人互相谅解，共同携手追查真正的侵权者，慎重妥善地处理好本案，以达到最佳的社会效果，才是解决本案的最佳方案。据此，二审法院在整个审判过程中，在这方面做了大量的工作，最终促成双方当事人达成了调解协议，既维护了双方当事人的合法权益，又取得了良好的社会效果，受到了社会各方面的好评。

3. 本案涉及的几个法律问题

(1)青海人民出版社提起反诉是否成立

周洁根据署名"青海人民出版社"的《欲神》一书侵害其肖像权、名誉权的事实，向法院提起诉讼告青海人民出版社。青海人民出版社认为其未出版过《欲神》一书，周洁举行新闻发布会发表的内容侵害其名誉权，遂提起反诉。这一反诉是否成立？所谓反诉，是指在已经开始的诉讼过程中，被告向本诉的原告提出的一种独立的反请求，目的是为了抵消或吞并本诉原告的诉讼请求。从本案来看，青海人民出版社提起的反诉请求是一种人身权之诉，与本诉不是基于同一事实或者同一法律关系，不能抵消或吞并周洁在本诉中的诉讼请求，因此，不构成反诉。青海人民出版社应另行起诉，构成另一个独立的案件。由于两个案件的当事人均是双方当事人,双方分别诉讼请求的有关事实又有一定的联系,是否从有利于案件的解决出发,可考虑两案合并审理,对此,应由人民法院决定。

(2)一审法院是否应准许周洁撤诉

撤诉是指人民法院受理案件至作出判决前,原告撤回起诉的诉讼行为。周洁在告青海人民出版社一案中,依据一定的事实诉至法院,法院审查后立案予以受理。在案件判决前周洁提出撤诉申请,这是其依法行使处分权的行为,法院经审查后认为其撤诉申请合法,应准其撤回诉讼。在诉讼过程中,当事人的处分原则与国家干预原则是对立的统一。当事人依法行使处分权利,受到国家法律的保护;当事人行使处分权利有损国家、集体利益和他人合法权益的,人民法院依法予以干预,应不准许撤诉。

(3)当事人在起诉立案后向社会公布诉状的内容,是否会侵害他人的合法权益

起诉是公民依据我国诉讼法律行使诉讼权利的一种诉讼行为,受到法律的保护,只要符合起诉条件,法院即应当受理。但起诉的内容是一种不确定的事实,有待于法院审判确定。原告即使告错了也不构成对方当事人的侵权,只承担败诉的法律后果。因此,诉讼行为受国家诉讼法律的保护,不会构成对他人合法权益的侵害。而当事人在向法院起诉立案后向社会公布诉状内容的行为是一种非诉讼行为,根据我国《宪法》的规定,公民享有言论、出版、集会的自由和权利。因此,当事人在向法院起诉后可以向社会公布诉状的内容,但是,我国《宪法》在赋予公民言论、出版、集会的自由和权利的同时,规定不得损害国家、社会、集体的利益和其他公民的合法的自由和权利,即权利不得滥用。所以,公民应对自己向社会公布诉状内容的行为负责,合法的则受法律保护,不合法的则应承担法律责任。

当事人在起诉立案后可以依法公布诉状的内容,可以采取各种形式公布诉状的内容,包括举行新闻发布会、接受记者采访、在报刊上发表文章等等,但我国法律、法规等对举行新闻发布会有特别限制规定的,当事人应当遵守。同时,在举行新闻发布会公布诉状内容时,当事人亦应明确所公布的是一种不确定的事实,并且不得滥用权利,不得散布虚假事实,不得侮辱、诽谤他人,否则,应对自己的行为产生的后果承担法律责任。由于新闻发布会是一种特殊形式,会在社会上产生一定的影响,应当加强对举行新闻发布会的管理,正确规范当事人在起诉后向社会公布诉状内容的行为。

(陈福民)

107. 鞠英等诉郭晋荣侵害荣誉权案

(一)首部

1. 判决书字号

一审判决书:江苏省无锡市郊区人民法院(1988)民字第482号。

二审判决书:江苏省无锡市中级人民法院(1994)锡民终字第74号。

2. 案由:荣誉权纠纷。

3. 诉讼双方

原告(反诉被告、被上诉人):鞠英,女,1956年10月30日生,汉族,无锡市锅炉厂职工,

住无锡市清杨新村3号202室。

原告(反诉被告、被上诉人):刘士英,女,1957年3月26日生,汉族,无锡市锅炉厂职工,住无锡市槐古新村57号501室。

原告(反诉被告、被上诉人):周兆俊,男,1949年11月1日生,汉族,无锡市锅炉厂职工,住无锡市塑机新村3号门202室。

原告(反诉被告、被上诉人):马惠忠,男,1953年8月15日生,汉族,在无锡市吉利工艺品有限公司工作,住无锡市塘桥下83号。

诉讼代理人(受四原告共同委托):过丹,无锡市南长区律师事务所律师。

诉讼代理人:范辉,无锡市南长区律师事务所律师。

被告(反诉原告、上诉人):郭晋荣,男,1945年8月24日生,汉族,无锡市锅炉厂职工,住无锡市清杨新村342号602室。

诉讼代理人:徐晨明,无锡市律师事务所律师。

4. 审级:二审。

5. 审判机关和审判组织

一审法院:江苏省无锡市郊区人民法院。

合议庭组成人员:审判长:陈金盘;审判员:周仁东;人民陪审员:王健。

二审法院:江苏省无锡市中级人民法院。

合议庭组成人员:审判长:王全福;代理审判员:邹建南、张建伟。

6. 审结时间

一审审结时间:1993年9月16日。

二审审结时间:1994年6月15日。

(二)一审诉辩主张

1. 原告诉称:1987年6月,全国总工会组织了全国职工普法知识竞赛,我们自发组成了技术科学法小组也进行参赛,获得了优秀成绩,被评为全国一级优秀奖,被告郭晋荣将全国一级优秀奖的荣誉和奖品占为己有,侵犯了技术科学法小组其他人员的荣誉权,要求判决荣誉权归锅炉厂技术科学法小组,奖品由全体人员分享。

2. 被告辩称:全国职工普法知识竞赛的两次试卷,都是由我一人完成的,并获得了好成绩,被评为全国一级个人优秀奖。荣誉和奖品应归我个人所有。

3. 被告反诉称:鞠英等四名原告散布舆论,说我侵犯了他们的荣誉权并要和我分奖金和奖品,致使我精神受到长期痛苦,不得不拿出相当的精力,疲于应付社会舆论和压力。要求赔偿精神抚慰金1000元以及因原告侵权造成的其他经济损失。

(三)一审事实和证据

江苏省无锡市郊区人民法院经公开开庭审理查明:原告鞠瑛、刘士英、周兆俊、马惠忠与被告郭晋荣原为无锡市锅炉厂技术科职工。1986年,锅炉厂技术科的五位同志(即本案的原、被告)自发组成技术科学法小组(以下简称学法小组)。1987年6月,中华全国总工会和《工人日报》社联合组织举办全国职工法律知识竞赛,规定个人或者集体均可参赛。江苏省设立了无锡赛点,由无锡市总工会成立无锡赛点竞赛领导小组。竞赛分为初赛和复赛。学法小组成员郭晋荣、鞠瑛、刘士英参加了初赛。同时,学法小组也以集体的名义参加了初赛(署名技术科),试卷答题具体由郭晋荣执笔。在第一轮初赛中,署名技术科的答卷进入下一轮复赛，成绩为89.7分。1987年8月28日下午3时，郭晋荣持技术科准考证参加复赛，郭晋荣在姓名栏内填写了郭晋荣个人名字，并在该试卷上写上“因技术科学法小组成员在8月16日工作调动，故改由原技术科学法小组成员个人参加”的注释，无锡赛点组织者将复赛参加者改为技术科。技术科复赛成绩为83分。最后，技术科初、复赛平均得分为86.35分，被评为无锡赛点全国一级个人优秀奖。嗣后，无锡赛点工作人员填发了由1987年全国职工法律知识竞赛组织委员会办公室事先打印下发的表彰授奖会议的通知，由郭晋荣进京领奖。同年9月4日，郭晋荣代表学法小组执笔撰写《学法的目的在于应用》一文。1987年9月，郭晋荣在北京代表学法小组领回奖品中华学习机1台，价值人民币799元。1987年9月22日，《无锡日报》登载了“无锡38万职工读书学法”的消息，其中提到被评为一级优秀奖的有无锡市锅炉厂技术科学法小组。同月24日《工人日报》登载1987年全国职工法律知识竞赛获奖名单，其中江苏省无锡市锅炉厂技术科学法小组荣获一级个人优秀奖。同年10月15日，1987年全国职工法律知识竞赛无锡赛点竞赛领导小组发文对无锡市锅炉厂技术科学法小组等取得较好成绩的单位或个人进行表彰。1987年全国职工法律知识竞赛获奖的荣誉证书由全国组委会统一下发，无锡赛点竞赛领导小组在具体负责填写获奖者的姓名时，填写了“郭晋荣”个人名字。诉讼中，郭晋荣提出反诉，要求鞠瑛等停止侵害，赔偿损失。

上述事实有下列证据证实：

1. 当事人的陈述。

2. 证人证言。

3.《工人日报》、《无锡日报》公布的获奖名单；锡工发(1987)77号文件。

4. 表彰授奖会议通知；荣誉证书。

(四)一审判案理由

法院审理后认为：公民的荣誉权受法律保护，无锡市锅炉厂技术科学法小组在1987年全国职工法律知识竞赛中获得一级个人优秀奖，其荣誉应归学法小组全体成员享有，奖品中华学习机也应为学法小组全体成员共同所有。鉴于该奖品为一整体，不宜分割，故可根据全体成员的贡献大小作价归并处理。被告郭晋荣提出的反诉请求，应予驳回。

(五)一审定案结论

一审法院根据《中华人民共和国民法通则》第一百零二条、第一百二十条第一款之规定，判决：

1. 无锡赛点全国一级个人优秀奖的荣誉为无锡市锅炉厂技术科学法小组集体享有。

2. 奖品中华学习机1台(价值799元)归郭晋荣所有，郭晋荣自本判决书生效后1个月内一次性给付鞠瑛、刘士英、周兆俊、马惠忠每人人民币80元。

3. 驳回郭晋荣的反诉请求。

本案诉讼费人民币30元由鞠瑛、刘士英、周兆俊、马惠忠每人负担人民币3.5元；诉讼费人民币16元、反诉费人民币50元由郭晋荣负担。

(六)二审情况

1. 二审诉辩主张

上诉人郭晋荣上诉称：法律知识竞赛的两次试卷都是上诉人独立完成的，虽然在第一轮初赛中，答卷署名是无锡锅厂技术科，但技术科学法小组并不存在，仅仅是署了技术科的名称；初赛和复赛的试卷由我一个完成，并获了奖，荣誉应归我，奖品也应归我。一审判决将获奖荣誉判归技术科学法小组无法律依据,请求二审改判。

被上诉人鞠瑛等四人辩称:无锡锅炉厂技术科学法小组是存在的,全国职工法律知识竞赛试卷,学法小组在一起讨论过,执笔人是上诉人。因此,荣誉权应归学法小组,奖品大家分割。一审判决正确,请求二审维持一审判决。

2. 二审事实和证据

江苏省无锡市中级人民法院经审理,肯定了一审法院认定的事实和证据。

3. 二审判案理由

(1)全国职工法律知识竞赛,无锡市锅炉厂技术科参加了初赛,在试卷上署名技术科。复赛时,由郭晋荣代表技术科参加,郭持技术科准考证进入考场,郭虽在试卷上注明“因技术科学法小组成员在8月16日工作调动,故改由原技术科学法小组成员个人参加”,由于郭的注释未征求其他人的意见,系个人的主张,此“注释”无效。在复试试卷上,无锡赛点组织者发现了郭晋荣的注释,当即改正为竞赛者技术科。

(2)无锡赛点工作人员填发由全国职工法律知识竞赛组织委员会办公室事先打印的表彰授奖会议通知,载明由郭晋荣代表无锡市锅炉厂技术科学法小组进京领奖,由此证明,荣誉是授给技术科学法小组的。

(3)荣誉归学法小组全体成员共有,奖品中华学习机也应归学法小组共有。鉴于中华学习机不宜分割,可按学法小组成员贡献大小作价处理。

(4)上诉人郭晋荣上诉称无锡市锅炉厂技术科学法小组并不存在的理由不能成立;学法小组是客观存在的,并集体参加了法律知识竞赛。

4. 二审定案结论

维持一审判决,驳回上诉。

二审诉讼费100元,由上诉人郭晋荣负担。

(七)解说

正确审理本案,关键是把握以下两个问题。

1. 本案的定性是荣誉权纠纷还是确权纠纷。一种意见认为:中华学习机1台是奖给一级个人优秀奖的奖品,应归获奖者所有,故本案的实质是确权,分割共同财产。另一种意见认为:公民享有荣誉权。荣誉权是公民依法享有的保护自己所得的嘉奖、光荣称号等荣誉,并不受侵害和非法剥夺的权利。本案中所涉及的中华学习机是基于荣誉的获得而得到的,是荣誉权这一特定的身分权所派生出来的财产所有权,两者具有不可分离性。谁享有荣誉权,谁亦同时享有奖品的所有权。本着寻本溯源的原则,本案的定性应为荣誉权纠纷。法院采纳了后一种意见。

2. 荣誉的归属问题。对于荣誉究竟归谁享有,审理中产生分歧。少数同志主张荣誉应由郭晋荣享有。理由是:复赛是由郭一人参加并独立完成,学法小组其他成员没有作出贡献。并且荣誉证书亦是颁发给郭个人的。多数同志主张荣誉应属学法小组享有。理由是:虽然复赛是由郭代表小组独立参赛的,但这次竞赛,历经初、复赛两个阶段,复赛资格的取得是建立在“学法小组”初赛成绩优良的基础上,也就是说是学法小组具备了复赛资格,郭晋荣才得以代表学法小组参加复赛,他本人没有复赛资格,所以当他将学法小组的名义篡改为个人名义时,没有被认可,无锡赛点组织者作了更正。并且评委是按初、复赛两次得分的平均分确定获奖者的。所以这个荣誉的取得非郭一人所为,学法小组全体成员都享有此荣誉。无锡赛点工作人员将荣誉证填发给郭晋荣个人是工作失误，但不能据此否认竞赛组委会按规定评出的获奖名单。考虑到郭晋荣在整个比赛中所作出的贡献明显大于其他成员，对荣誉的获得起了关键作用，所以对奖品的享有应优于其他成员。鉴于中华学习机的不可分割性，可以作价归并给郭晋荣所有。这种意见是合法合理的。

（龚明辉　刘天兴）

第十一篇　债务纠纷案例

108. 曹时中诉杨洪飞借贷合同案

(一)首部

1. 判决书字号:浙江省诸暨市人民法院(1994)诸法民初字第46号。

2. 案由:借贷纠纷。

3. 诉讼双方

原告:曹时中,男,1929年12月25日出生,汉族,温州市人,曹氏建筑物纠偏加固研究所所长,住杭州市龙游路13号101室。

诉讼代理人:楼献,浙江省第四律师事务所律师。

诉讼代理人(特别授权):杨光明,诸暨市律师事务所律师。

被告:杨洪飞,男,1956年9月26日出生,汉族,诸暨市人,诸暨市房屋纠倾公司经理,住本市城关镇南屏路14号。

诉讼代理人:袁济良,退休干部,住本市城关镇老鹰山屯四幢203室。

4. 审级:一审。

5. 审判机关和审判组织

审判机关:浙江省诸暨市人民法院。

合议庭组成人员:审判长:刘亮;审判员:俞松虎;代理审判员:张怀斌。

6. 审结时间:1994年9月13日。

(二)诉辩主张

1. 原告曹时中诉称:1988年9月28日,被告向原告借款30000元。因原告涉嫌受贿一案,此款于同年10月8日被杭州市上城区检察院暂扣。1989年6月9日被告出具书面借条一份。1992年7月10日,原告受贿案被撤销。同年9月16日检察院又将款退给被告。后经原告多次催讨未果。现要求被告归还借款,偿付利息并赔偿损失。

2. 被告杨洪飞辩称:1988年9月28日,被告单位从原告处拿取现金26000元、企业债券4000元属实。这并非是向原告所借之款,而是因浙江扬伦造纸厂纠偏加固工程被杭州市建筑业管理处罚款后,造成被告单位亏损而向原告收回的利润分红款。后因台州绣衣厂纠偏加固工程在验收时必须要原告到场参加,原告据此要挟被告出具借条,被告在无奈的情况下向原告出具借条1份。现要求驳回原告的诉讼请求。

（三）事实和证据

案经审理查明：被告系诸暨市房屋纠倾公司（即原诸暨县振兴建筑工程公司）经理。1986年12月24日，被告所在单位经原告介绍代表浙江省建筑工程联合公司与浙江扬伦造纸厂、中国浙江建筑技术发展中心签订了"浙江扬伦造纸厂一车间危房加固技术咨询（设计施工）协议"。该协议至1988年2月履行完毕，被告所在单位共收取工程款350000元。1988年3月，被告所在单位分数次付给原告技术咨询费42000元。同年9月，杭州市建筑业管理处作出对被告所在单位罚款100000元的决定（实际罚款80000元）。为此，被告认为工程受亏损，于9月28日从原告处拿回现金26000元，企业债券4000元。后因原告涉嫌受贿，杭州市上城区人民检察院于同年10月8日从被告处暂扣了该笔现金及债券。1989年6月9日，被告在去原告处邀请原告前往台州绣衣厂验收危房纠偏加固工程时，向原告出具了借条一份。1992年7月，杭州市上城区人民检察院撤销了原告受贿一案。并于同年9月16日将暂扣的现金26000元和债券4000元退回被告。原告于1992年12月28日函告被告，要求被告归还借款，后又通过诸暨市人大常委会法工委向被告讨款，但均未果。1994年3月，原告诉至浙江省诸暨市人民法院，请求被告归还借款30000元，偿还利息5500元并赔偿损失4000元。

上述事实有下列证据证明：

1. 被告出具给原告的借条。
2. "浙江扬伦造纸厂一车间危房加固技术咨询（设计施工）协议"（复印件）。
3. 杭州市建筑业管理处罚款收款收据（复印件）。
4. 杭州市上城区人民检察院暂扣单和退款单（复印件）。
5. 原告向被告催告还款的信函（复写件）。
6. 法院向杭州市上城区人民检察院调查的书面材料。
7. 法院向银行调查利息利率的证明。
8. 诸暨市人大常委会法工委给原告的函（复印件）。
9. 原、被告双方在庭审中的陈述笔录。

（四）判案理由

1. 虽然杨洪飞在向曹时中拿这笔现金和债券时没有言明是借贷，当时也未出具书面凭据，但是，在1989年6月9日，杨洪飞与曹时中协商后，杨洪飞认可了这笔款作为借贷关系处理，并向曹时中出具有借条。因此，曹时中与杨洪飞间的借贷关系合法，根据《中华人民共和国民法通则》第九十条的规定，合法的借贷关系受法律保护。依照《中华人民共和国民法通则》第八十四条之规定，债权人曹时中有权要求债务人按照约定履行还款义务。

2. 曹时中是建筑"纠偏"专家，也是《半月谈》杂志评出的1992年中国十大新闻人物之一。1992年7月，曹时中涉嫌受贿案经最高人民检察院决定、由杭州市上城区人民检察院撤销。当杭州市上城区人民检察院于1992年9月16日将从杨洪飞处暂扣的现金和债券退还杨洪飞后，曹时中即于同年12月28日凭杨洪飞出具的借据书面向杨催讨。而杨洪飞未依法履行还款义务，显属不当。杨洪飞在出具的借条中虽然未写明还款时间及约定利率，但根据最高人民法院《关于人民法院审理借贷案件的若干意见》第九条之规定，曹时中有权要求杨洪飞偿付催告后的利息，计息时间从曹时中1992年12月28日书面向杨洪飞催告之日算起至1994年9月28日止，共计人民币6427.80元。

3. 曹时中在诉讼中还请求杨洪飞赔偿经济损失4000元，但未能提供造成损失事实的有关证据。因此,其请求不予支持。

4. 杨洪飞在审理中提出借条系邀请曹时中参加台州绣衣厂纠偏加固工程验收之时曹时中要挟其出具的主张,因所提供的证据不充分,不予采信。

(五)定案结论

浙江省诸暨市人民法院在查明事实的基础上,根据《中华人民共和国民法通则》第八十四条、第一百零八条的规定,作出判决如下:

1. 被告杨洪飞应归还原告曹时中借款30000元,并偿付利息6427.80元。限在本判决生效之日起15日内付清。

2. 驳回原告曹时中的其他诉讼请求。

本案应收案件受理费1975元,其他诉讼费13.5元,合计1988.5元,由原告负担188.5元,被告负担1800元。

宣判后,原、被告都没有提出上诉。

(六)解说

1. 本案的关键在于确认杨洪飞付给曹时中的42000元钱款的性质是什么。曹时中提出此项42000元现金系其收取的技术咨询费,并由最高人民检察院作出的决定所确认证实;而杨洪飞则提出所付42000元钱款系扬伦造纸厂纠偏加固工程的利润分红款,当该工程因受罚而亏损后,曹时中应按盈亏共负担的公平原则,将所得利润分红款退出。诸暨市人民法院在审理了本案事实后,经合议庭评议并经审判委员会讨论决定,应确认杨洪飞付给曹时中的42000元现金为技术咨询费,而不是利润分红款。

2. 在确认了42000元钱款的性质后,排除了杨洪飞提出的"系利润分红款应退出"的主张,就可以认定杨洪飞从曹时中处拿得的26000元现金及4000元债券属于借款,从而进一步印证了杨洪飞提出的"借条系曹时中要挟下出具"的主张的不真实性,为法院的定案起到了关键作用。

此案判决后,原、被告双方均未提起上诉,并于1995年1月10日全部执行完毕。

(刘　亮)

109. 孔繁筑诉朱隽返还财物案

(一)首部

1. 判决书字号:江苏省南京市建邺区人民法院(1994)建民初字第307号。

2. 案由:返还财物纠纷。

3. 诉讼双方

原告:孔繁筑,男,1958年4月20日生,汉族,南京市白鹭洲公园工人,住南京市中华路27号。

被告:朱隽,男,1964年8月31日生,汉族,南京市民俗博物馆职员,住南京市堂子街98号。

4. 审级:一审。

5. 审判机关和审判组织

审判机关:江苏省南京市建邺区人民法院。

合议庭组成人员:审判长:马道荣;审判员:盛继全;代理审判员:孙国荣。

6. 审结时间:1994 年 6 月 24 日。

(二)诉辩主张

1. 原告诉称:1993 年 2 月 23 日,被告为参加纪念毛泽东诞辰 100 周年展览活动,向原告借了几经挑选的、品相极好的毛主席像章精品 400 枚。1993 年 8 月 28 日,被告将毛主席像章归还原告时发现少了 110 枚,经多方查找仍没有下落。被告提出用筹集的 120 枚像章充抵,原告以品相差予以拒绝;后原告提出按每枚 100 元的价格赔偿,被告不同意。1994 年 5 月 13 日,原告诉至法院,要求被告返还毛主席像章 110 枚,赔偿差旅费等经济损失 2000 元,并承担本案诉讼费用。

2. 被告辩称:丢失原告毛主席像章 110 枚是事实,无法返还原物,愿意赔偿损失。但原告的像章并非精品,属品相较好的像章,最多赔偿原告 1500 元。

(三)事实和证据

南京市建邺区人民法院于 1994 年 5 月 13 日受理本案后,经公开开庭审理查明:

1993 年 2 月 23 日,被告朱隽为参加福建省三明市博物馆纪念毛泽东诞辰 100 周年举办的毛主席像章展览,向原告孔繁筑借用毛主席像章 400 枚,当场向原告写具收条。1993 年 8 月 28 日,被告将从三明市托运回的毛主席像章归还原告时发现少了 110 枚。被告表示继续查找并当场写下欠原告 110 枚毛主席像章的欠条。1994 年 4 月 1 日,被告书面承认“丢失的毛主席像章品相较好,品种不同,大小各半,大的像章直径约 2 寸,小的约 1 寸”。其间,被告欲用 120 枚像章充抵,原告提出按每枚 100 元价格赔偿,双方均拒绝对方的建议,无法达成一致意见,故原告向本院起诉。

上述事实有下列证据证明:

1. 被告朱隽 1993 年 2 月 23 日出具的收到原告毛主席像章 400 枚的收条。

2. 被告朱隽出具的欠原告毛主席像章 110 枚的欠条。

3. 1994 年 4 月 1 日,被告朱隽确认遗失的像章品相较好,品种不同,大小各半,大的直径约 2 寸,小的约 1 寸的字据。

4. 中国经济出版社出版的标明毛主席像章产地、品相及参考价格的《毛主席像章精品集》。

5. 南京市建邺区物价局局长陈腊春证词:国家对毛主席像章无统一定价,《毛主席像章精品集》中的参考价属行业议价。

6. 南京市明故宫毛主席像章交易市场黄永业的证词:该市场毛主席像章交易最高价 10 元/枚,最低价 4 元/枚。

7. 南京市朝天宫毛主席像章交易市场杨春云的证词:该市场毛主席像章交易最高价 10 元/枚,最低价 2 元/枚。

8. 南京市夫子庙毛主席像章交易市场王明煌的证词:该市场毛主席像章交易最高价 30 元/枚,最低价 5 元/枚。

(四)判案理由

1. 被告遗失借用物应当承担赔偿责任。原、被告口头达成借用毛主席像章协议,被告负有完好无损地将借用的像章归还原告的义务。由于被告保管不善,造成像章遗失,原告有权要求被告赔偿损失。

2. 被告无法返还原物,应当给予经济补偿,鉴于目前国家对毛主席像章价格没有统一规定,原、被告又无借用清单,只能参照南京目前市场上毛主席像章收藏交换价中等偏上水平并考虑今后增值因素适当赔偿。

(五)定案结论

南京市建邺区人民法院依照《中华人民共和国民法通则》第九十条及最高人民法院《关于贯彻执行〈中华人民共和国民法通则〉若干问题意见(试行)》第一百二十六条之规定,判决:

朱隽一次性给予孔繁筑经济补偿人民币3000元整(此款由朱隽于本判决书生效后5日内交本院转孔繁筑收)。

案件受理费50元,其他诉讼费200元由被告朱隽承担。

宣判后,原、被告均未上诉。

(六)解说

此案法律关系虽然明确,案情亦不复杂,但有一定难度。建邺区法院对以下两个问题的解决是适当的:

1. 毛主席像章的品位及规格的确定问题。原、被告间没有借用像章的明细清单,诉讼中原告亦提供不出遗失像章的确切品位、规格,给本案认定事实带来困难。为此,受案法院调查研究了原、被告双方达成的关于丢失像章的尺寸、数量、品位的共识,其中"大小各半,大的直径约2寸,小的约1寸"基本确定了像章的尺寸规格;而其中"品相较好,品种不同",对照《毛主席像章精品集》,所谓精品一般是指"文革"前的、成套的和错版的,此案原、被告均认为丢失的像章不属此列,排除了像章系精品的说法,对上述由"共识"得出的结论双方达成一致看法,即丢失的毛主席像章属民间收藏品中品相较好的。

2. 毛主席像章价格的确定问题。国家物价、文物部门对毛主席像章没有统一定价。中国经济出版社出版的《毛主席像章精品集》影印解放以来各时期制作的毛主席像章并分别注明规格和参考价格,如一枚"最高指示"像章高达6000元,最低价有的仅10元/枚。受案法院对遗失的像章只能参考《精品集》中"文革"期间制造的、一般公民能够收集到的像章的价格,同时参照本市三个交易市场毛主席像章民间交换价格(大约每枚4元至20元)并考虑增值因素作出上述判决,既避免了权利人的过高要价,又使权利人实事求是地得到了补偿。

(陶思贵　杜国平)

110. 赵日征诉欧阳江债务案

(一)首部

1. 判决书字号

一审判决书:海南省通什市人民法院(1994)通民初字第23号。

二审判决书:海南省海南中级人民法院(1994)海南民终字第1—97号。

2. 案由:债务纠纷。

3. 诉讼双方

原告(反诉被告、上诉人):赵日征,男,1965年10月出生,汉族,海南省东方县人,现在海南天盟房地产开发公司工作,住琼山市二轻局办公楼三楼。

诉讼代理人:符志政,海南省东方县律师事务所律师。

被告(反诉原告、被上诉人):欧阳江,男,1952年7月出生,汉族,海南省万宁县人,现经营通什市台城冷饮店,住通什军分区宿舍。

诉讼代理人:王雄,海南省万宁县律师事务所律师。

4. 审级:二审。

5. 审判机关和审判组织

一审法院:海南省通什市人民法院。

合议庭组成人员:审判长:胡德强;审判员:陆志荣、符气贵。

二审法院:海南省海南中级人民法院。

合议庭组成人员:审判长:何书丰;审判员:林彬;代理审判员:判宇。

6. 审结时间

一审审结时间:1994年3月20日。

二审审结时间:1994年6月22日。

(二)一审情况

1. 一审诉辩主张

(1)原告赵日征诉称:1990年初,我和被告合伙搞沙石生意,因资金不足,于同年2月20日共同向林尤源借款人民币2万元整,我和被告同时在借条上签了名,并约定以我们共同经营的冷饮店里的电冰箱作抵押。借到林尤源的2万元后,被告叫我自己将该款带到广州搞沙石生意,由于生意搞不成,该款无法收回。1991年9月8日,被告写下一份协议书给我,协议规定:欠林尤源的这2万元债务,同意由二人各负责1万元。由于没有及时归还林尤源的欠款,林尤源则向法院起诉,海南省海南中级人民法院以(1992)海南法民一终字第348号民事判决书作出判决:合伙人赵日征、欧阳江与林尤源的债权债务关系明确,借款及利息应由赵日征、欧阳江共同偿还。我已于1992年12月15日偿还了自己所负担的1万元债务,其余1万元应由被告偿还。1993年9月23日,通什市法院以我应负连带责任为由,对我执行了所欠林尤源的全部债款8500元和利息8364元及一、二审诉讼费各800元。其实该债款中,我应负担的只有1万元及自1990年2月20日至1992年12月15日的利息4080元和诉讼费800元,共计人民币4880元。其余的13584元应由被告欧阳江偿还给我。

(2)被告欧阳江辩称:我并没有与原告合伙搞沙石生意,我虽在林尤源的借款借据中共同签名,在交付借据时,我并没有领到借款,而是第二天原告瞒着我与林尤源一起去海口取款,林尤源将2万元全部交给了原告。原告未经我同意,也未经我委托,私自拿款到广州转给杨庚明、刘进辉,应由原告负全部责任。原告以1991年9月8日我写给他的协议书中明确表明林尤源的2万元各负1万元为由,要求我偿还欠款,这是对协议书内容的曲解。我在协议书中也写明理应由赵日征继续追回该款,今后如果追不回该款,我可以出于朋友之情,帮助其归还一半。因此,原告要求我偿还一半债务是毫无道理的。另外,原告还向我借款2710元,现我要求原告归还该款。

2．一审事实和证据

通什市人民法院经公开开庭审理查明：1990 年 2 月 20 日，林尤源同意借款 2 万元给原、被告，并由原告先写借据，原告与被告才在借据上签名，唐敏能作为担保人也在借据上签名。而后林尤源在海口将 2 万元交给原告（被告未在场），原告领取该款后拿到广州转借给杨庚明、刘进辉，杨庚明与刘进辉也写了借条给原告。由于原、被告没有及时归还林尤源的借款，林尤源于 1991 年 5 月 2 日向本院起诉，本院作出判决后，林尤源、唐敏能不服，提起上诉。海南省海南中级人民法院于 1993 年 3 月 12 日以（1992）海南法民一终字第 348 号民事判决书作出判决，认定原、被告合伙做生意，共同向林尤源借人民币 2 万元，原告已在 1992 年 12 月 15 日二审期间偿还欠款 1 万元。林尤源已于 1990 年 8 月领取被告 1500 元，原、被告尚欠林尤源 8500 元及 18500 元的利息，应由原、被告共同偿还。原、被告对共同债务负连带责任。担保人唐敏能对原、被告的共同债务负连带责任。据此，原告已于 1993 年 9 月 23 日全部偿还了林尤源的欠款 8500 元和 18500 元的利息 7548 元（计息时间自 1990 年 2 月 20 日至 1992 年 12 月 15 日，月利息率1.2％）、8500 元的利息 816 元（计息时间自 1992 年 12 月 16 日至 1993 年 8 月，月利息率1.2％）及一、二审案件受理费各 800 元。原告付清该款后，以该债务应共同偿还并以被告曾在 1991 年 9 月 8 日写下协议书同意负一半责任为由向本院起诉，要求被告偿还一半的债务。被告则提出借到林尤源的 2 万元后，原告未经其同意，也未受其委托，私自拿款到广州转借给杨庚明和刘进辉，该款应由原告全部偿还。另外，原告还向其借款 2710 元，并写有条据，现提出反诉，要求原告归还该款。

上述事实有下列证据证明：

（1）原、被告双方签名、担保人唐敏能签名的借款条据。

（2）杨庚明、刘进辉写给原告的借款条据。

（3）1991 年 9 月 8 日原、被告双方订立的协议书。

（4）海南省海南中级人民法院（1992）海南法民一终字第 348 号民事判决书。

（5）有原告代替被告偿还借款及利息的执行记录。

（6）有原告向被告借款 2710 元的借据。

（7）受诉法院的调查笔录、询问笔录、开庭的庭审笔录。

3．一审判案理由

（1）原、被告向林尤源借款 1 万元后，原告未经被告的授权，也未经被告同意，就私自将该款转借给杨庚明和刘进辉，该责任应由原告承担。

（2）原告以被告 1991 年 9 月 8 日写给其的协议书中表示同意承担一半的责任为由，要求被告偿还一半的债务的理由不足，本院不予支持。

（3）被告反诉称原告向其借 2710 元，并提供原告写给其的借据，证据充分，应予采纳。

4．一审定案结论

通什市人民法院依照《中华人民共和国民法通则》第一百零八条的规定，作出如下判决：

（1）驳回原告赵日征的诉讼请求。

（2）原告赵日征欠被告欧阳江 2710 元，应于本判决发生法律效力之日起 10 日内付清。

本案诉讼费人民币 553 元由原告赵日征负担。

（三）二审诉辩主张

上诉人赵日征诉称：海南省海南中级人民法院（1992）海南法民一终字第 348 号民事判

决书已作出终审判决，由我和欧阳江共同偿还所欠林尤源的债务，并负连带责任。同时，欧阳江写下协议书给我，明确所欠林尤源2万元各自负责1万元。现我代其偿还8500元及利息4284元，计人民币12784元，应由欧阳江偿还给我。因此，原审法院判决驳回诉讼请求是错误的，请求撤销原判，改判由欧阳江返还12784元给我，并负担二审诉讼费。

被上诉人欧阳江辩称：通什市人民法院(1994)通民初字第23号民事判决是正确的，请求海南中级人民法院依法驳回上诉人赵日征的上诉，维持原判。

(四)二审事实和证据

海南中级人民法院经审理查明：1990年2月20日，赵日征和欧阳江合伙在广州做砂石生意，但资金不足，便向债权人林尤源借款人民币2万元，由唐敏能担保，并立据为凭。借款逾期后，欧阳江向林尤源写下还款保证书，并于同年8月还给林尤源1500元。尔后，林尤源向法院起诉，原审法院判决后，林尤源不服上诉。在上诉期间，赵日征偿还1万元本金给林尤源。1993年3月12日，海南中级人民法院作出终审判决：由赵日征、欧阳江共同偿还8500元及18500元的利息给林尤源，并负连带责任。终审判决后，赵日征偿还1万元的利息给林尤源，并连带替欧阳江偿还8500元本金及利息3774元给林尤源。事后，赵日征向通什市人民法院起诉，请求欧阳江返还12274元本息。欧阳江则反诉要求赵日征偿还欠款2710元。据此，原审法院作出判决，赵日征不服上诉本院。

上述事实有下列证据证明：

1. 赵日征、欧阳江向林尤源借款的条据。

2. 欧阳江写给林尤源的还款保证书。

3. 海南省海南中级人民法院(1992)海南法民一终字第348号民事判决书中认定的事实及判决结果。

4. 赵日征向欧阳江借款的条据。

5. 二审法院的询问笔录。

(五)二审判案理由

二审法院认为：1990年2月，赵日征和欧阳江共同向林尤源借款人民币2万元，同年8月，欧阳江偿还1500元给林尤源，赵日征于1992年12月偿还1万元给林尤源，尚欠8500元及18500元的利息。1993年3月12日，海南省海南中级人民法院作出终审判决，所欠林尤源之款及利息由赵日征和欧阳江共同偿还，并负连带责任。终审判决后，赵日征代替欧阳江偿还12274元给林尤源。现赵日征要求欧阳江返还12274元本息，其理由是正当的，应予以支持。原审法院则驳回诉讼请求是欠当的，应予撤销、改判。至于欧阳江反诉赵日征偿还借款2710元与本案不是同一个法律关系，也不属同一法院管辖，应另案处理。

(六)二审定案结论

海南省海南中级人民法院根据《中华人民共和国民事诉讼法》第一百五十三条第一款第(二)项、第(三)项之规定，作出判决：

1. 撤销通什市人民法院(1994)通民初字第23号民事判决。

2. 欧阳江应偿还12274元给赵日征(限接到本判决书之日起15日内付清)。

一审案件受理费人民币553元，二审案件受理费人民币553元，共计1106元，由欧阳江负担。

(七)解说

1. 原审对此案的定性欠妥。赵日征诉与欧阳江债务纠纷一案,是林尤源诉欧阳江、赵日征债务一案中源生出来的。《中华人民共和国民法通则》第三十五条第二款规定:"合伙人对合伙的债务承担连带责任,法律另有规定的除外。偿还合伙债务超过自己应当承担数额的合伙人,有权向其他合伙人追偿。"依此规定,赵日征偿还合伙债务实际超过了自己应当承担数额,有权向欧阳江追偿。但是,一审法院却以理由不足而判决驳回赵日征的诉讼请求,其定性是不妥当的,违反了《中华人民共和国民法通则》第三十五条第二款的规定。

2. 原审法院合并审理此案是不当的。欧阳江反诉要求赵日征偿还2710元,赵日征也承认借过欧阳江这笔款,有借据为凭,赵日征理应偿还这笔借款给欧阳江。但是,本案不能合并审理欧阳江的反诉请求。因为:(1)欧阳江的反诉请求不是以本诉的存在为前提的;(2)欧阳江的反诉请求和本诉不是同一事实,也不是同一法律关系;(3)欧阳江的反诉请求和本诉不是同一法院管辖,也就是说本诉人民法院(即一审法院)对反诉请求没有管辖权;(4)欧阳江的反诉请求没有达到抵消或吞并本诉请求的目的。所以欧阳江的反诉是不符合《中华人民共和国民事诉讼法》第一百二十六条关于合并审理条件的,应作另案处理。

(林　彬)

111. 隋景明诉崔贞艺债务案

(一)首部

1. 判决书字号

一审判决书:吉林省长春市中级人民法院(1993)长经初字第390号。

二审判决书:吉林省高级人民法院(1994)吉经终字第56号。

2. 案由:债务纠纷。

3. 诉讼双方

原告(被上诉人):隋景明,男,47岁,汉族,住长春市西安胡同。系长春市人民检察院驻长春市农业银行检察室书记员。

被告(上诉人):崔贞艺,女,33岁,朝鲜族,住长春第一汽车制造厂429栋。系长春三景艺术制作有限公司副总经理。

诉讼代理人:张玉平,长春市律师事务所律师。

4. 审级:二审。

5. 审判机关和审判组织

一审法院:吉林省长春市中级人民法院。

合议庭组成人员:审判长:黄之元;审判员:周廷宾;代理审判员:金运珍。

二审法院:吉林省高级人民法院。

合议庭组成人员:审判长:郑永昶;代理审判员:韩平政、刘连功。

6. 审结时间

一审审结时间:1993年12月9日。

二审审结时间:1994 年 12 月 5 日(经院长批准延长审限期)。

(二)一审诉辩主张

原告诉称:1991 年 7 月,被告崔贞艺要买夏利牌轿车,原告遂从朋友处借 10 万元交给被告。1992 年 4 月至 5 月,被告又分三次共借 7.8 万元。1992 年 11 月被告说要与南韩合资办企业,需借 10 万元,原告又从朋友朱晓东处借 10 万元交给被告。以上三笔共计 27.8 万元,有借据为证,请求法院追回本息。

被告辩称:1989 年 5 月至 6 月,原告为做买卖,先后在被告处借款三次,合计 78640 元,至今未还。1991 年 7 月,被告为买夏利车从原告处借 7 万元,而不是 10 万元。此后,在 1991 年 11 月至 12 月,原告从被告处借款 2 万元买古董,后又借去 1 万元,1992 年 6 月又借去 4 万元。三笔合计 7 万元,已充抵从原告处借款 7 万元。1992 年 12 月,原告为帮助贷款拿走 5500 元;1993 年 3 至 4 月,原告为办汽车考票取走 6000 元,两笔款均未归还。1992 年 12 月,为办合资企业,被告从原告处借 10 万元没还。原告诉称的二次借款 7.8 万元,根本没有此事。

(三)一审事实和证据

吉林省长春市中级人民法院经审理查明:被告于 1991 年 7 月从原告处借款 10 万元买夏利牌轿车;于 1992 年 4 月至 5 月间为亲属买饭店、买房等向原告借款 7.8 万元;于 1992 年 11 月为办企业向原告借款 10 万元。合计 27.8 万元。

上述事实有下列证据证明:

1. 原告提出的签有被告名字的三张借据,数额为 27.8 万元。

2. 王世明、贾涛、朱晓东证言证明原告所借款的来源。

(四)一审判案理由

吉林省长春市中级人民法院经审理认为:崔贞艺欠隋景明款 27.8 万元有借据证明属实,应予认定;崔贞艺主张,证据不足,不予认定。根据《中华人民共和国民法通则》的有关规定,合法的借贷关系受法律保护,崔贞艺应返还欠款。

(五)一审定案结论

吉林省长春市中级人民法院依照《中华人民共和国民法通则》第八十四条第二款、第一百三十四条第一款第(四)项之规定,判决如下:

被告崔贞艺返还给原告隋景明人民币 27.8 万元。

(六)二审情况

1. 二审诉辩主张

一审法院宣判后,崔贞艺不服,向吉林省高级人民法院提起上诉。上诉称:原审判决认定事实有误,事实上是隋景明利用上诉人的名章在其手中伪造欠款借据,请求二审法院依法查清隋的诈骗事实。

隋景明答辩称服从一审判决。

2. 二审事实和证据

吉林省高级人民法院经审理查明:崔贞艺于 1991 年 7 月间,从隋景明处借款 10 万元购买夏利轿车;又于 1992 年 4 月至 5 月间为其亲属买饭店、买房等用途向隋景明借款 7.8 万元;1992 年 11 月间为办企业向隋景明借款 10 万元,合计借款 27.8 万元。

上述事实有下列证据证明:

(1)隋景明提供的三张加盖崔贞艺名章的借据。

(2)贾涛、王世明、朱晓东对隋景明资金来源的证实。

3. 二审判案理由

现有借据证明崔贞艺借款27.8万元,崔贞艺主张未向隋景明借款及双方还有其他贷款往来的事实,查无实据,不予支持。原审法院认定事实清楚,适用法律正确。

4. 二审判案理由

吉林省高级人民法院根据上述事实,依照《中华人民共和国民事诉讼法》第一百五十三条第一款第(一)项的规定,判决如下:

驳回上诉,维持原判。

(七)解说

本案涉及民事举证责任问题。举证责任,是在民事诉讼中,当事人对自己提出的主张提供证据加以证明的责任。我国《民事诉讼法》虽然没有使用举证责任这一术语,但《民事诉讼法》第六十四条规定的"当事人对自己提出的主张,有责任提供证据"就是举证责任的内容。举证责任应包括两个方面的含义:一方面是举证责任的承担,指由谁负责举证证明案件事实;另一方面指不能证明自己主张时应承担什么样的后果,举证责任承担的原则是谁主张谁举证。当事人举不出证据证明自己的主张,就要承担败诉的结果。本案中,被告否认向原告借款及提出双方间还有其他借贷往来的主张,但举不出证据证明这一主张的成立,法院查不出有利这一主张的证据。因而,被告应承担败诉结果。所以,一、二审的判决是正确的。

必须指出的是,一审判决书中引用《中华人民共和国民法通则》第八十四条第二款是不当的,因该款是关于债的一般规定,而不是关于借贷的具体规定,具体规定是该法第九十条,所以应引用第九十条为宜。

(冯彦彬)

112. 郭美兰诉中国工商银行北京市分行海淀支行返还财物案

(一)首部

1. 判决书字号

一审判决书:北京市海淀区人民法院(1994)海民初字第1407号。

二审判决书:北京市中级人民法院(1994)中民终字第3266号。

2. 案由:返还财物纠纷。

3. 诉讼双方

原告(被上诉人):郭美兰,女,54岁,汉族,北京科技大学房管科工人,住北京市海淀区卧虎桥3号。

被告(上诉人):中国工商银行北京市分行海淀支行。地址:北京市海淀区海淀镇南大街30号。

法定代表人:孙德顺,行长。

诉讼代理人:付荣杰,男,该行东升分理处副主任,住北京市海淀区成府路31号。

诉讼代理人:金兆军,男,该行东升分理处储蓄科副科长,住单位宿舍。

4.审级:二审。

5.审判机关和审判组织

一审法院:北京市海淀区人民法院。

合议庭组成人员:审判长:孙卫明;审判员:陈继平;代理审判员:周红。

二审法院:北京市中级人民法院。

合议庭组成人员:审判长:朱造所;代理审判员:王农、谷世波。

(二)一审诉辩主张

1.原告郭美兰诉称:1994年3月15日上午11时左右,我到工商银行北医储蓄所存钱,我当时将填好的4000元存款凭条、4000元现金及活期存折交给储蓄所营业员,营业员审核后交给我一枚铜牌,让我等候。我离开柜台在一旁等了一会儿,储蓄所的营业员又说我交的钱少了2000元,我自己检查了身上未发现遗漏有钱,这时他们又让我回家找,我回家也未找到。当我再返回营业所后,该所主任一人接待我,但直到下午6时仍未解决。以后我又几次与该所交涉解决没有结果。为此事,我爱人吃了安眠药,我身体和精神受到损害。现要求工商银行海淀支行返还我4000元人民币,赔偿我爱人抢救费100元;我的医药费、营养费400元;负担我请律师的代理费及诉讼费。

2.被告中国工商银行北京市分行海淀支行(以下简称海淀支行)辩称:当天接待郭美兰的接柜员身体不适,她接过郭美兰递过的钱,用手和机器各点了一遍,见无伪钞,就顺手将钱、存折、凭条夹好交记帐员并发给郭美兰一枚铜牌。此笔款项在复核员复核时发现缺少2000元,复核员即将钱退回接柜员,接柜员又点了一遍,确实是2000元,就告知郭美兰。郭美兰先检查了自己衣兜、提包,后又回家查找,从家回来后坚持自己没错,所主任到场后让工作人员结帐,帐款相符未见有误,但郭美兰仍坚持自己所交的是4000元,使问题无法解决。后来郭美兰将铜牌带走,我们根据规定,将她的2000元现金及存折封存,将存款凭条销毁。根据中国工商银行北京市分行《关于储蓄所普遍使用铜牌通知》和《储蓄会计出纳工作规定》,铜牌仅是识别物,发铜牌的目的是为避免错发错领,并不能证明储户所交的储金与凭条一致,对储户所交的储金应以复核员复核后的数额为准。因此,我们认为郭美兰交存的现金是2000元,故不同意其诉讼请求。

(三)一审事实和证据

北京市海淀区人民法院经公开审理查明:

1994年3月15日11时许,郭美兰到海淀支行北京医学院储蓄所存款。郭美兰填写好一张4000元活期存款凭条后,便将凭条和现金及存折交该储蓄所接柜员,该接柜员接过郭美兰所交的现金等手续后,对现金清点了两遍(手点、机点各一遍),见与存款凭条所填数额一致,即发给郭美兰一枚铜牌(十号),并将现金、凭条、存折交记帐员。记帐员记帐后,将郭美兰储蓄款、存款凭条及存折一同交复核出纳员复核。复核中,复核出纳员提出郭美兰所交现金少2000元,与凭条所填金额不符,即退回接柜员,由接柜员告知郭美兰少2000元。郭美兰在现场查找和回家查找后仍坚持自己所交4000元现金无误,双方争执不下。嗣后,该储蓄所主任到场组织清点帐款未见有误。当晚6时许,该储蓄所主任将2000元现金及郭美兰存折封存,并将郭美兰所填存款凭条撕毁。此后,双方虽有接触,但纠纷未能得到解决,为此形成诉争。

上述事实有以下证据证明：

1．双方当事人当庭陈述。

2．原告郭美兰向本院提交的被告海淀支行北京医学院储蓄所铜牌一枚（十号）。

3．中国工商银行北京市分行（1990）京工商银发字第316号通知及中国人民银行北京市分行储蓄处（1980）银储字第1号通知。

4．办理该项储蓄业务的经手人证言。

5．本院依法采集的其他调查笔录。

（四）一审判案理由

北京市海淀区人民法院根据上述事实和证据认为：

1．被告与原告的权利义务因被告接款发凭牌形成，被告对此纠纷负有不可推卸的责任。

原告郭美兰将储蓄款交储蓄所，经储蓄所接柜员当面初点确认交存的储金与存款凭条所填写的数额一致，发给郭美兰铜牌后，双方之间的权利义务关系即已形成，即被告对该款负有妥善保管之义务，此后所出现的差错均应由被告承担。被告所执“二人临柜复核为准”系银行对其内部工作人员相互监督与制约之规定，对储户不应具有约束力。故此，被告所诉理由不能成立，其辩称不予采信。

2．原告郭美兰要求返还4000元存款理由正当，但其所诉其他请求无据可依，不予保护。

原告郭美兰在储蓄所存款领牌后，即享有向储蓄所索取存款凭证的权利。储蓄所内部出现差错而转嫁给储户责任，既与公平原则不符，又有悖情理，故理应确认原告郭美兰的权益受到侵害，郭美兰要求返还存款4000元的请求应予支持。但郭美兰所诉赔偿其诉讼代理费、医药费、营养费及其夫的抢救费一节，没有法律根据，对此请求本院不予支持。

（五）一审定案结论

北京市海淀区人民法院依据《中华人民共和国民法通则》第一百零六条第二款、第一百三十四条第一款第（四）项的规定，作出如下判决：

1．中国工商银行北京市分行海淀支行返还给郭美兰人民币4000元。

2．驳回郭美兰其他诉讼请求。

案件受理费178.60元，由中国工商银行北京市分行海淀支行负担170元，郭美兰负担8.60元。

（六）二审情况

1．二审诉辩主张

（1）一审法院判决后，被告海淀支行不服，提出上诉称：中国工商银行对储蓄所与储户之间的权利义务关系早有明文规定，郭美兰所填写的存单数额与交由储蓄所复核的数额不符，责任应由郭美兰承担。原审判决无视这一规定，且在认定事实上有误，导致处理错误。要求二审法院重新查明事实，依法改判。

（2）被上诉人郭美兰辩称：我在储蓄所存款已经工作人员清点并发给我铜牌作为凭证。因此，储蓄所工作人员内部出现错误与我没有任何关系，责任理应由储蓄所承担。原审判决认定事实是清楚的，维护了储户的合法权益，我要求维持原判决。

2. 二审事实和证据

北京市中级人民法院受理此案后，对此案的事实和证据进行了全面审查，确认了一审判决的真实性。对一审判决认定的事实和证据不持异议。

3. 二审判案理由

北京市中级人民法院经依法公开审理后认为：公民的合法权益受法律保护。郭美兰依正常存款手续与储蓄所的营业员办理活期存款业务，储蓄所营业员经核查后，发给郭美兰铜牌，双方即已形成权利义务关系，故海淀支行对该款负有妥善保管的义务。现海淀支行以自己内部有相互监督的规定，接柜员的个人行为不应认定为银行的法律行为的上诉理由不能成立，故对其所持上诉理由不予支持。

4. 二审定案结论

北京市中级人民法院依据上述事实和证据，依据《中华人民共和国民事诉讼法》第一百五十三条第一款第(一)项的规定，判决如下：

驳回上诉，维持原判。

一审案件受理费178.60元，由海淀支行负担170元，郭美兰负担8.60元。二审案件受理费178.60元，由海淀支行负担。

(七)解说

随着改革、开放和社会主义市场经济的逐步建立，公民储蓄活动越来越频繁，在与银行的经济交往中，双方间纠纷时有发生，特别是对银行接柜员在收妥储户现金后，发给储户号牌的行为性质，储户的理解与银行内部规定相反。因而，有必要对此进行法律上的研究，以规范公民及行业的行为。

银行接柜员收到储户现金，经核对无误后即发给储户一枚号牌，号牌是不是银行收妥现金的凭证，人民法院在审判此类案件时对此有两种不同观点。

一种观点认为：银行与储户间债权债务关系是在银行从接收储户现金，经过银行计帐员记帐，复核员复核无误后，由接柜员填写好储蓄存条交与储户后方成立的，在银行内部一系列工作程序未完成前，仅发号牌，双方债权债务关系并没有成立，而且银行有“二人临柜、复核为准”的规定，因而，号牌不能作为银行已收妥储户现金的依据，复核员复核发现存款凭条所载数额与交付款额不符，短款责任应由储户自负，与银行无关。

另一种观点，亦是本案一、二审法院判决所采纳的观点认为：储户将储蓄款交银行接柜员当面初点确认交存的储蓄款与存款凭条所填款额一致，发给储户号牌后，双方之间权利义务关系即已形成，银行对该款具有妥善保管之义务，此后所出差错应由银行承担，银行关于“二人临柜、复核为准”的规定，对本行业内部工作人员具有约束力，对储户不具有约束力，因而短款责任应由银行承担。

笔者同意第二种意见。

公民到银行储蓄，与银行之间是在信用的基础上，双方欲建立一种债权债务关系。这种债权债务关系是从储户填写存款凭条连同存款交银行接柜员开始，经银行工作人员一系列业务工作完成后交给储户储蓄存款折之后方成立。

该案郭美兰将填写的活期存款凭条及现金、存款折一并交给储蓄所接柜员，经接柜员清点后，即发给郭美兰一枚铜牌，郭美兰遂在一旁等候。这时储户与储蓄所虽未形成债权债务关系，但这已在公民对储蓄所充分信任的基础上形成了一种保管关系，这种保管时间尽管不长，储蓄所对此款仍负有妥善保管之义务。储蓄所交给储户的号牌，这时无疑起着接柜员经初审无误和储户凭此号牌领取此存款折的双重证明作用。

在储户郭美兰等款时，接柜员将其所交现金、存款折及存款凭条转交记帐员记帐，又交复核员复核一系列业务工作程序后提出郭美兰所填存款凭条数额与所交现金不符，在没有其他证据证明郭美兰确系少交现金的情况下，仅凭银行“二人临柜、复核为准”的规定，判定短款由储户郭美兰负责则显失公平。银行关于“二人临柜、复核为准”的规定，从行业内部工作管理的角度看，对其工作人员无疑具有约束力，但如同样运用于储户则意味着，银行工作人员业务运作过程，储户负有监督责任。事实上，储户拿到号牌之后，储户对储蓄存款已暂时失去了控制，这时要储户负有差错责任显失公平。

发给储户号牌后，发现差款，不管差款原因如何，其差错均是由银行工作人员工作失误造成的，在没有充分证据证明是储户责任时，银行对短款应予负责。由储户负责则没有事实和法律依据，亦违背民法的原则。因此，一、二审法院判令中国工商银行北京市分行海淀支行返还储户郭美兰人民币4000元是正确的。

（宋艳华）

113. 袁敏龙诉中国工商银行上海市南市支行返还钱款案

（一）首部

1. 裁判书字号

一审判决书：上海市南市区人民法院（1993）南民初字第1822号。

二审裁定书：上海市中级人民法院（1993）沪中民终字第1979号。

2. 案由：返还钱款纠纷。

3. 诉讼双方

原告（被上诉人）：袁敏龙，男，17岁，汉族，学生，住上海市外马路498弄51号。

法定代理人：俞桂菊（原告之母），女，45岁，汉族，江南造船厂工人，住上海市外马路498弄51号。

被告（上诉人）：中国工商银行上海市南市支行。

法定代表人：陈月英，行长。

诉讼代理人：倪金官，该行工作人员。

诉讼代理人：王跃龙，上海市第四律师事务所律师。

4. 审级：二审。

5. 审判机关和审判组织

一审法院：上海市南市区人民法院。

独任审判：审判员：许源兴。

二审法院：上海市中级人民法院。

合议庭组成人员：审判长：周瑞忠；代理审判员：傅佐、周刘金。

6. 审结时间

一审审结时间:1993 年 11 月 6 日。

二审审结时间:1994 年 1 月 28 日。

(二)一审诉辩主张

1. 原告袁敏龙的法定代理人俞桂菊以原告名义诉称:1993 年 8 月 17 日下午原告受俞桂菊嘱托到被告下设的小东门储蓄所储存外币,按规定填写储蓄存款凭条后,连同美元 1787 元交给该所工作人员刘宝莲,并收到刘交给的铜牌一枚。稍后,听见刘宝莲呼叫原告所持铜牌号,便将铜牌交还刘宝莲。刘宝莲却将所收美元退还原告,并告知重新清点。原告经清点后发现缺少 300 美元,便回家告知其母亲俞桂菊。原告母子两人当即前往储蓄所交涉,因刘宝莲已下班而未成。次日,原告母子又找该所负责人,要求返还所缺钱款,但未获解决,故起诉要求被告返还美元 300 元。

2. 被告辩称:原告到小东门储蓄所储蓄,接柜员在核对时发现所交存款金额与存款凭条填写的金额不符,遂向原告索回铜牌,并告知缺少 300 美元。原告清点后离柜,应视为对退款的默认,故不同意原告之要求。

(三)一审事实和证据

上海市南市区人民法院受理本案后,经公开审理查明:1993 年 8 月 17 日下午 3 时许,原告按其法定代理人嘱托,到被告下设的小东门储蓄所,并以原告户名在"中国工商银行外币定期储蓄存款凭条"上填存期 2 年,金额 1787 美元后,连同现金交付给该所接柜员刘宝莲。刘接到存款凭条和美元现金后将铜牌交给原告,原告即到一侧等候。当原告听见银行接柜员呼叫自己所持铜牌号时,将铜牌交给刘宝莲,刘宝莲将钱款退还原告并告知该款比原告填写的金额少 300 元。原告清点后,发现确有 300 美元欠款,遂回家告知父母亲。后随其母俞桂菊共同前往储蓄所交涉,但刘宝莲已下班。次日,原告及其母又与该所负责人交涉,要求返还 300 美元,但协商未成。

上述事实有下列证据证明:

1. 原告所填写的"中国工商银行外币定期储蓄存款凭条"(证明原告填写的存款金额)。

2. 被告关于银行内部的储蓄操作规程(不成文惯例)的陈述(证明银行工作人员必须将所收钱款与储户所填金额核对无误后才可发交铜牌)。

3. 证人刘宝莲、耿敏(均系被告的工作人员)的证言(证明被告的接柜员刘宝莲是在收到原告所交现金和存款凭条后发出铜牌)。

(四)一审判案理由

1. 被告工作人员交出铜牌的行为应视为其已收到原告与所填存款凭条相符的现金。因为原告按银行规定填写存款凭条,并连同所存现金交付被告的接柜员,接柜员在收取存款及凭条后,交出铜牌的行为,是对原告储蓄要求的接受。又根据银行内部要求,工作人员必须将所收钱款与储户所填金额核对无误后才可发交铜牌。因此,接柜员将铜牌发交给原告,应视为已收到与原告所填金额相符的现金。而被告的接柜员刘宝莲在将铜牌发交给原告后称缺少 300 美元,又不能举证证明其收款时原告就少付 300 美元。所以,刘宝莲这一职务行为所产生的法律后果应由作为法人的被告承担。

2. 原告存款行为有效,而接受退款的行为无效。原告属限制民事行为能力人,其实施的存款行为已经事先征得法定代理人同意,因而有效。而当被告的接柜员索回铜牌,将存款退回并称缺少300美元时，以原告的年龄和智力，在未征得其法定代理人同意的情况下，原告对这一比较复杂的突发事件尚不能处理，其收下退款，并请其母前来交涉是符合实际的。因此，不能将原告接受退款的行为视作有效的默认。

3. 被告未尽储蓄义务，应当承担民事责任。被告的工作人员发出铜牌后，被告就负有为原告办理储蓄手续和妥善储存标的款的义务。现被告未如数储存原告所交存款，应当承担民事责任。但在诉讼期间，原告愿作让步，仅要求被告返还200美元，属于原告自愿行使处分权。

（五）一审定案结论

一审法院依照《中华人民共和国民法通则》第七十五条、第一百三十四条第一款第（四）项之规定，作出如下判决：

被告中国工商银行上海市南市支行应返还原告袁敏龙美元200元。

案件受理费人民币118元，由被告中国工商银行上海市南市支行负担。

（六）二审情况

被告在收到一审法院判决书后，于法定上诉期限内提出上诉，但在审理过程中，以同意原审判决为由，申请撤回上诉。二审法院认为上诉人撤回上诉与法不悖，裁定准许撤回上诉。

（七）解说

本案的关键在于，金融机构复核期间发现的短款，应解释为金融机构内部管理问题，与储蓄人和收储人之间的储蓄合同无关。根据金融机构接受储蓄款的操作规程，当储蓄人将其填写的存款凭条及等额储蓄款交付收储人后，收储人或其工作人员应核对存款凭条所填款项与实收储蓄款。当两者款项一致时，始得交出铜牌。故交出铜牌为承诺。而收储人依照操作规程最终出具的"存单"，系储蓄人与收储人之间存在储蓄合同的书面凭证，不是合同成立的标志。所以，当本案原告接受收储人交付的铜牌时，已与收储人建立合同关系。至于收储人实行之复核制度，属于内部管理规则，复核期间所发生的款项差额，应由收储人自行负担，与存储人无关。

至于本案原告接受退款行为之性质，不能理解为对退款数额的默认。本案原告为限制行为能力人，接受退款并不悖于其行为能力，但对如何处理短款之退款问题，依其年龄和智力状况，显然无法作出全面和正确的判断，更难以解释为默认短款之数额。

（徐善敏　华苏芳）

114. 卢兰芳诉永康市建设银行等财产赔偿、返还财物案

（一）首部

1. 裁判书字号

一审判决书：浙江省永康市人民法院（1993）永民初字第47号。

二审裁定书：浙江省金华市中级人民法院（1993）金中民终字第303号。

重审一审判决书：浙江省永康市人民法院（1994）永民初字第25号。

重审二审判决书:浙江省金华市中级人民法院(1994)金中法民终字第219号。

2. 案由:财产赔偿、返还财物纠纷。

3. 诉讼双方

原告(上诉人):卢兰芳,女,1952年9月26日出生,汉族,教师,住浙江省永康市永祥乡拱瑞下小学宿舍。

诉讼代理人:卢月桂(原告卢兰芳之姐),女,干部,住浙江省永康市南苑路77号。

诉讼代理人(二审、重审一审):金和平,浙江省金华市第三律师事务所律师。

诉讼代理人(重审二审):戴建庭,浙江省金华市正大律师事务所律师。

诉讼代理人(重审二审):蒋美华,浙江省金华市正大律师事务所律师。

被告(被上诉人):中国人民建设银行永康市支行。

法定代表人:胡德兴,行长。

诉讼代理人:夏明伟,男,职员,住浙江省永康市西街9弄3号。

诉讼代理人:应龙雨,浙江省永康市律师事务所律师。

被告(重审被上诉人):徐泽能,男,1965年2月28日出生,汉族,居民,住浙江省永康市下天门7号(重审追加)。

诉讼代理人(重审一审):陈智,男,住浙江省永康市西津新村67号。

被告(重审被上诉人):吕军,男1966年1月6日出生,汉族,待业,住浙江省永康市南苑路77号(重审追加)。

第三人(重审被上诉人):卢月桂,女,1940年9月29日出生,汉族,干部,住浙江省永康市南苑路77号(重审通知参加诉讼)。

诉讼代理人(重审一审):吕子山,系第三人卢月桂之夫。

4. 审级:二审。

5. 审判机关和审判组织

原审一审法院:浙江省永康市人民法院。

合议庭组成人员:审判长:叶章录;人民陪审员:陈廉、楼昌珠。

原审二审法院:浙江省金华市中级人民法院。

合议庭组成人员:审判长:孟玲;代理审判员:柳维元、鲍华敏。

重审一审法院:浙江省永康市人民法院。

合议庭组成人员:审判长:徐虹;人民陪审员:应真武、吕岩严。

重审二审法院:浙江省金华市中级人民法院。

合议庭组成人员:审判长:金三弟;代理审判员:吴超英、鲍华敏。

6. 审结时间

原审一审审结时间:1993年8月20日。

原审二审审结时间:1993年12月18日。

重审一审审结时间:1994年4月29日。

重审二审审结时间:1994年8月15日。

(二)原审一审诉辩主张

原告卢兰芳诉称:1990年2月10日原告将6000元款存入被告单位下属的十字街储蓄所,定期3年,有该储蓄所出具的证明为据。同年10月16日原告存单被盗,当日原告前往挂失，而该储蓄所未予办理。同日该存款被他人冒领。被告单位未及时为其办理挂失手续，并且不依法办理定期储蓄存款的提前支取手续，造成存款被他人冒领的后果，应负法律责任。为此，要求被告永康市建设银行支付存款6000元及利息。

被告永康市建设银行辩称：1990年10月16日由非存款人徐泽能到十字街储蓄所取走存款6000元一节属实。但储蓄所经办人曾对存单来源、取款人身分作过核实，原告存款也未办理挂失手续。请法院驳回原告的诉讼请求。主要理由是：(1)存款是原告姐卢月桂之子吕军与徐泽能合伙做生意所借用的资金。(2)原告一直未前来挂失。(3)原告诉中所提存单被盗不是事实，盗犯不可能拿身分证来自投罗网。

（三）原审一审事实和证据

永康市人民法院经公开审理查明：1990年2月10日，原告姐卢月桂将归还原告借款的6000元人民币以原告名义存入被告所属的十字街储蓄所，定期3年。存单一直由卢月桂保管。同年10月16日，卢月桂之子吕军因与徐泽能合伙做生意急需资金，擅自从家中拿走上述存款的存单，委托徐泽能支取。十字街储蓄所经办人员发现存单是提前支取，并且存款人与取款人不相符合，不予办理。后徐泽能反复解释存单来源和急需取款原因，并请与徐熟悉的被告单位工作人员周××在存单上签字，该储蓄所便同意徐泽能以其身分证办理了提前支取存款手续。原告诉称的储蓄所不予办理挂失手续一节，因原告未能举出任何证据，故不予认定。

上述事实有下列证据证明：

1. 卢兰芳于1990年2月10日存入十字街储蓄所的整存整取定期储蓄存单，号码为0322022。

2. 徐泽能证言证明该存单由吕军从家中私自拿出，并委托其支取。

3. 储蓄所经办人胡晓清证明该存款支取之前无任何人前来挂失。

4. 被告永康市建设银行提供的支付6000元存款及利息319.44元的证明。

5. 徐泽能、吕军的合伙协议书、收条等书证证明徐泽能取得存款后用于两人合伙经营。

（四）原审一审判案理由

1. 由于原告存单保管不善，造成卢月桂之子吕军（本案被告）擅自从家中拿出存单，交由徐泽能支取存款，以作合伙资金。事后，存单的保管人卢月桂对存款的提前支取持默许的态度。当吕军、徐泽能合伙解散后，卢月桂也参加了散伙后的债务清理。因此，本案应由原告负主要责任。

2. 原告述称家中财物、存单被盗，即到储蓄所挂失，而储蓄所以无存款人居民身分证为由，拒办挂失手续。此后2小时该存款单被他人冒领等事实，均查无实据。根据我国《民事诉讼法》“谁主张、谁举证”的原则，在原告举证不能的情况下，依照上述事实所提出的要求被告赔偿损失并支付利息的诉讼请求不能成立。

3. 永康市建设银行工作人员未按有关规定办理定期储蓄存款的提前支取手续，应负行政责任，而不承担民事赔偿责任。审判机关可以司法建议的形式，建议对引起纠纷的直接责任人员给予行政处理。

（五）原审一审定案结论

根据《中华人民共和国民事诉讼法》第六十四条第一款“当事人对自己提出的主张，有责任提供证据”的规定，浙江省永康市人民法院于1993年8月20日作出判决如下：

1. 驳回原告卢兰芳的诉讼请求。

2. 案件受理费260元，由原告卢兰芳负担。

（六）原审二审情况

1. 原审二审诉辩主张

上诉人卢兰芳不服一审判决，提出上诉。其上诉理由主要是：(1)判决认定吕军从家中拿走存单，并委托徐泽能支取的事实缺乏依据。(2)依照《中国人民银行储蓄管理条例》第二十九条、第三十七条的规定，永康市建设银行应负赔偿责任。(3)上诉人卢兰芳存款事实清楚，一审法院驳回原告的诉讼请求，理由不足。

被上诉人永康市建设银行辩称：吕军拿走存单支取存款都是在其母卢月桂默许下进行的，当时上诉人也并未提出存单挂失。半年后因吕军合伙经营状况不佳，才向被上诉人提出索赔。而上诉人所依据的《储蓄管理条例》是1993年3月1日实施的，对条例实施以前的行为没有溯及力。为此请求维持一审判决。

2. 原审二审事实和证据

二审法院经审理，肯定了一审法院所认定的案情事实和采集的定案证据。

3. 原审二审判案理由

金华市中级人民法院认为，一审判决违反法定程序，遗漏必须共同进行诉讼的当事人，可能影响正确判决。其理由：

(1)本案讼争的存款系卢月桂以卢兰芳名字存入银行，存单仍由卢月桂保管，该款的所有权并未转移，卢月桂与本案的处理有直接利害关系，应追加卢月桂为有独立请求权的第三人参加诉讼。同时，徐泽能、吕军共同支取本案讼争之款，故也应追加徐泽能、吕军为被告参加诉讼。

(2)根据1980年中国人民银行颁发的《中国人民银行储蓄存款章程》第八条“各种定期储蓄，存款未到期储户如急需全部或部分提前取款时，可凭存单和存款人身分证，经核对无误后办理，如委托他人代取，还需验对代取人身分证件”的规定，永康市建设银行在无存款人卢兰芳的身分证和委托他人代取的依据的情况下，办理了定期存款的支取手续，已显然违反了该章程的规定，应承担民事责任。徐泽能、吕军取走他人存款，也应在查明事实和性质后依法作出处理。

4. 原审二审定案结论

二审法院依照《中华人民共和国民事诉讼法》第一百五十三条第一款第(四)项的规定，作出如下裁定：

(1)撤销永康市人民法院(1993)永民初字第47号民事判决。

(2)将本案发回永康市人民法院重审。

（七）重审一审情况

1. 重审一审诉辩主张

原告卢兰芳除改称该存款为其本人所存外，其他仍坚持原来所诉的事实和诉讼请求。

永康市建设银行承认其工作人员在办理本案所讼争的存款手续上确有与《储蓄存款章程》不相符之处，同时要求被告徐泽能、吕军返还储蓄所被他们支取的存款本金和利息。

被告徐泽能辩称：1990年10月16日吕军将原告的6000元定期存单拿来与其一起到十字街储蓄所支取，作为二人合伙做生意的资金。合伙经营亏损后，徐泽能已归还吕军债款

6600余元，并约定借款由吕军归还原告。因此，该款应向吕军追偿。

被告吕军辩称：原告存款被取是徐泽能个人所为，与其无关。请求法院予以调查核实。

第三人卢月桂述称：原告将6000元定期存单交第三人保管，1990年10月16日家中存单被盗，卢月桂即向十字街储蓄所挂失，经办人以无存款人身分证为由不予办理，同日下午该款即被他人取走。

2. 重审一审事实和证据

永康市人民法院依法另行组成合议庭，于1994年4月8日进行公开审理查明：原告卢兰芳与第三人卢月桂系姐妹关系，被告吕军为第三人之子。1990年2月10日原告将6000元人民币存入被告永康市建设银行十字街储蓄所，定期3年，存单交由第三人卢月桂保管。同年10月16日被告吕军与徐泽能合伙做生意急需资金，吕军便从家中私自拿走原告的存单，交给徐泽能支取，储蓄所未按有关规定办理，仅凭取款人徐泽能的身分证便为徐办理了取款手续。被告徐泽能支取了6000元存款及利息后，与吕军合伙购买了旧汽车2辆，准备翻新后再出售。合伙立有书面协议。后因经营亏本，1992年3月17日双方重立协议，由被告徐泽能归还吕军现金2000元及部分财物，折款4600余元，原告的6000元借款由被告吕军负责归还。协议订立后，被告吕军未按约定归还原告债款及利息。

以上事实除原审收集的证据外，还有被告徐泽能、吕军先后所立的合伙协议3份，车辆购买证明3份，吕军及其父亲吕子山收到徐泽能现金和抵款物资的收条12份，欠条1份等在卷佐证。

3. 重审一审判案理由

（1）永康市建设银行应负违约责任。储蓄合同是一种定式合同，永康市建设银行所签发的整存整取定期储蓄存单便是合同的表现形式。中国人民银行制订的有关储蓄章程和规范，也就是规定存储双方当事人权利义务关系的条款。这些条款虽然只是银行单方的意思表示，但如果储户自愿地将款存入银行，便是储户全部接受了已经拟就合同条款，储蓄合同即告成立。永康市建设银行十字街储蓄所未按《储蓄存款章程》第八条的规定，为徐泽能办理了提前支取手续，致使该存款被非存款人领取，属违约行为。根据《中华人民共和国民法通则》第七十五条、第一百零六条第一款的规定，永康市建设银行对此造成原告的经济损失，应依法承担违约责任。原告卢兰芳要求被告永康市建设银行偿付存款及利息的诉讼请求应予以支持。

（2）被告徐泽能、吕军所取得的不当利益应当返还给遭受损失的永康市建设银行。被告徐泽能、吕军未经存款人的同意支取了原告卢兰芳的6000元存款及利息，并将取得的该款合伙从事经营活动。他们所取得的利益是没有合法根据的，属不当得利。由于被告徐泽能、吕军的恶意行为，造成了永康市建设银行的违约。当永康市建设银行承担了违约责任以后，依照《中华人民共和国民法通则》第九十二条的规定，便有权要求被告徐泽能、吕军返还被支取的6000元存款及利息。被告徐泽能、吕军在合伙关系终结时，虽立有原告的6000元借款由吕军负责偿还的协议，但根据《中华人民共和国民法通则》第三十五条“合伙人对合伙的债务承担连带责任”的规定，被告徐泽能以有协议约定为由拒绝承担清偿责任，理由不足，不予采纳。

4. 重审一审定案结论

根据《中华人民共和国民法通则》第七十五条、第九十二条、第一百零六条的规定，判决如下：

(1)由被告永康市建设银行赔偿原告卢兰芳存款6000元,利息按3年期定期存款利率计算(自1990年2月10日起至付款之日止)。

(2)由被告徐泽能、吕军赔偿被告永康市建设银行6319.44元。

本案财产赔偿案件受理费260元,由永康市建设银行负担,返还财物案件受理费260元,由被告徐泽能、吕军负担,上诉案件受理费260元由被告永康市建设银行负担。

(八)重审二审情况

1.重审二审诉辩主张

上诉人卢兰芳仍不服一审判决,提出上诉。其上诉主要理由是:(1)一审判决认定吕军擅自从家中拿走存单,交由徐泽能支取一节缺乏证据。(2)上诉人与吕军、徐泽能之间并没有任何法律关系,不应追加徐、吕二人为共同被告,请求依法撤销一审法院的第二项判决内容。

被上诉人永康市建设银行辩称:一审法院追加徐泽能、吕军为本案的共同被告,符合我国《民事诉讼法》的规定,一审判决内容合法合理,请求依法驳回卢兰芳的上诉,维持原判。

被上诉人徐泽能辩称:上诉人卢兰芳的6000元存单确系吕军从家中拿出,并委托其支取。该事实可由取款后二人合伙行为所证实。如果存单属偷窃而来,便不可能有与吕军合伙的事实。一审判决认定事实正确,请求二审法院维持原判。

被上诉人吕军因下落不明,未作答辩。

被上诉人卢月桂辩称:6000元存款存单是家中被盗时失窃的,有永康市城西治安联防中队证明证实。吕军与本案讼争的标的物无关。对一审判决中由吕军等返还永康市建设银行存款6000元及利息一项,请求予以改判。

2.重审二审事实和证据。

金华市中级人民法院经审理查明:一审法院对卢兰芳存款,徐泽能、吕军支取存款并订立合伙协议,以及建设银行违章等情况的事实认定,有卢兰芳定期储蓄存单,徐泽能、吕军所订立的协议,欠条、收条及当事人陈述等证据证实。

3.重审二审判案理由

金华市中级人民法院认为,被上诉人吕军未经存款人同意,擅自将存单交徐泽能支取,而徐泽能违章提取了6000元存款和利息。他们的行为是造成储户卢兰芳存款被违章提取的一个重要环节。因此,是本案必须共同进行诉讼的当事人。永康市人民法院依法追加徐泽能、吕军为共同被告,卢月桂为第三人,符合《中华人民共和国民事诉讼法》第一百一十九条的规定。一审法院认定事实清楚,依法作出判决正确,程序合法,上诉人卢兰芳上诉理由不足,不予采纳。

4.重审二审定案结论

浙江省金华市中级人民法院根据所认定的事实、证据和上述理由,依照《中华人民共和国民事诉讼法》第一百五十三条第一款第(一)项的规定,判决如下:

驳回上诉,维持原判。

(九)解说

本案最终认定的事实准确,处理结果亦不失公允,但在诉讼程度及实体认定上,审理中尚存在不同观点和意见:

1.关于追加被告问题。本案原告诉请被告永康建设银行十字街储蓄所支付存款及利息,就其诉讼之法律依据而言,系为双方之间订立的储蓄合同,故原告之诉讼依据为被告永康建设银行十字街储蓄所的违约责任。储蓄合同及其违约责任发生于特定当事人之间，只有合同双方当事人之间发生请求权关系，法院亦应就此请求权关系之性质确定诉讼当事人，而不能超出此范围追加被告。尤其是追加被告以后，认定所追加之两共同被告有不当得利行为，此属于另外一法律关系，不宜与储蓄合同纠纷共同处理。

2．关于追加之共同被告的行为性质。案件审理中，有的意见认为，追加之两共同被告擅自支取卢兰芳6000元存款及利息，属侵权损害之债。其主要理由是：吕军擅自从家中拿出原告的存单并交徐泽能违章支取，后作为两人合伙资金，具有非法侵占他人财产的主观恶意，已造成原告的财产损失，故案件处理上，应当区分原告与被告永康建设银行十字街储蓄所间合同纠纷以及原告与吕军、徐泽能两共同被告间侵权损害赔偿纠纷，永康建设银行十字街储蓄所于承担违约责任后，即可获得要求吕军和徐泽能返还所取存款及利息的请求权。

3．关于被告永康建设银行十字街储蓄所行为的性质。案件审理中，原告虽以违约责任为由主张权利，但被告储蓄所的行为性质，既具有违约行为性质，又具有侵权行为性质，相应地其民事责任属于违约责任和侵权责任的竞合，原告得任意选择行使其请求权。应认定被告储蓄所行为构成侵权的理由是，被告储蓄所在手续不完整情况下同意两被告支取存款和利息，具有主观上的过失，并因此给原告造成损失，属于共同侵权人。只有在认定三被告行为构成共同侵权行为的基础上，才可以追加吕军和徐泽能为共同被告。

（程　坚）

115．青海省人民政府驻沪办事处经营服务部诉上海医大爱伊技贸公司返还钱款案

（一）首部

1．判决书字号

一审判决书：上海市中级人民法院（1993）沪中民初字第43号。

二审判决书：上海市高级人民法院（1994）沪高民终字第8号。

2．案由：返还钱款纠纷。

3．诉讼双方

原告（被上诉人）：青海省人民政府驻沪办事处经营服务部。

法定代表人：朱济众，经理。

诉讼代理人（一审）：赵井生，该部职工。

诉讼代理人（一、二审）：陆万良，上海市东吴律师事务所律师。

诉讼代理人（二审）：杨文炳、陆万良，上海市东吴律师事务所律师。

被告（上诉人）：上海医大爱伊技贸公司。

法定代表人：蔡林生，总经理。

诉讼代理人（一审）：陶泳康、高宗英，上海市第八律师事务所律师。

诉讼代理人（二审）：郑幸福，上海市第四律师事务所律师。

诉讼代理人（二审）：杨绍刚，上海市新江律师事务所律师。

4. 审级:二审。

5. 审判机关和审判组织

一审法院:上海市中级人民法院。

合议庭组成人员:审判长:杨钧;代理审判员:沈觉明、王启扬。

二审法院:上海市高级人民法院。

合议庭组成人员:审判长:诸国洪;审判员:陈福民;代理审判员:翁毅。

6. 审结时间

一审审结时间:1994 年 2 月 2 日。

二审审结时间:1994 年 6 月 22 日。

(二)一审诉辩主张

1. 原告诉称:被告上海医大爱伊技贸公司于 1993 年 5 月 11 日向其介绍上海岭南汽车配件厂经营部有桑塔纳轿车出售,每辆计价 19.1 万元(含中介费 4.1 万元)。据此,原告决定购车 2 辆。同时,被告自己购买 8 辆。当时,被告资金尚未到位,请求原告暂借 120 万元,为其直接垫付购车本金(每辆 15 万元),言明第二天(5 月 12 日)即归还。当天,在证明人参加下,双方约定原告将款项 120 万元及自己购车款 30 万元共计 150 万元一并汇入"岭南汽配经营部"帐号,该部已收讫。然至今被告未按约还款,为此诉请法院判令被告归还借款 120 万元及承担本案的一切诉讼费用。

2. 被告辩称:从未与原告发生过经济往来,根本没有借过 120 万元款。从未介入与原告之间有关的中介业务,所谓中介费 4.1 万元纯属虚构。

(三)一审事实和证据

上海市中级人民法院经审理查明:原告青海沪办经营服务部于 1993 年 5 月 11 日从被告上海医大爱伊技贸公司处获悉上海岭南汽车配件厂经营部(以下简称"岭南经营部")有桑塔纳轿车出售,每辆计价 19.1 万元(含 4.1 万元中介费)。遂与被告一同前往该经营部购车。经与该经营部有关人员洽谈,原告决定购车 2 辆,被告决定购车 8 辆。当时被告因资金尚未筹措到位,故向原告提出借款人民币 120 万元,为其垫付购车款,并言明次日归还。原告同意后便代为被告支付给"岭南经营部"人民币 120 万元,同时自己亦一并付款 30 万元。次日,被告无力还款,便会同原告与"岭南经营部"有关人员协商退款。三方签订协议书一份,载明:因为原告暂借给被告 120 万元,被告资金未到位,故三方协商退款,"岭南经营部"遂开给原告 112 万元的支票一张表示退款。同月 15 日,该支票被银行认定为无钱兑现之废票。为此,原、被告于当晚及次日一同向"岭南经营部"有关人员追款,然至今未果。于是,原告向被告追讨所垫付的购车款,因未成遂于 1993 年 6 月向法院提起诉讼。

上述事实有下列证据证明:

1. 1993 年 5 月 12 日三方签订的退款协议书。

2. 对"岭南经营部"经办人员的询问笔录。

3. 青海驻沪办事处有关人员的证人证言。

4. 购车提货单、支票(复印件)。

(四)一审判案理由

上海市中级人民法院认为:原告青海沪办经营服务部和被告上海医大爱伊技贸公司在共同参与"购车"过程中,经双方合意,原告为被告垫付购车款人民币 120 万元一节,有证人证言、书证证实，应予认定。原被告间的垫付钱款行为系民事借贷行为，但法人间的这类借贷行为违反我国法律的有关规定，故该行为无效。对于原告为被告所垫付的购车款被告应返还原告。

（五）一审定案结论

上海市中级人民法院依照《中华人民共和国民法通则》第六十一条第一款之规定，特判决如下：

被告上海医大爱伊技贸公司返还原告青海沪办经营服务部人民币 120 万元。

本案诉讼费人民币 16010 元、财产保全费人民币 6400 元由被告上海医大爱伊技贸公司负担。

（六）二审情况

1. 二审诉辩主张

（1）上海医大爱伊技贸公司上诉称：未以法人名义参与被上诉人与“岭南经营部”购车的中介活动，也未提及每辆轿车含 4.1 万元中介费。三方协议书签名既不是法定代表人，又未经法定代表人授权，不符合形式要件，其实质内容不能证明被上诉人代上诉人支付 120 万元用于购车，被上诉人应向“岭南经营部”追诉付请款项，上诉人对此不应承担责任，请求撤销一审判决。

（2）被上诉人青海沪办经营服务部答辩称：一审判决正确，要求予以维持。

2. 二审事实和证据

经本院审理查明原审查明的事实基本属实。

经本院审理查明：上诉人与被上诉人在向“岭南经营部”购车过程中，言明每辆桑塔纳轿车人民币 15 万元，共购 10 辆（其中被上诉人购 2 辆，上诉人购 8 辆的车款由被上诉人垫付）计人民币 150 万元，由被上诉人用支票一并支付给“岭南经营部”，并未言明购买每辆车有 4.1 万元中介费，也未明确由谁支付这笔中介费。

本院审理中，上诉人又提出，应认定三方协议有效，根据三方协议由“岭南经营部”退款给被上诉人，因此，上诉人的还款责任已经转移给“岭南经营部”。

上述事实有下列证据证明：

（1）1993 年 5 月 12 日三方签订的退款协议书。

（2）“岭南经营部”经办人员的询问笔录。

（3）双方当事人在一、二审庭审中的陈述。

（4）青海驻沪办事处有关人员的证人证言。

（5）购车提货单、支票复印件。

3. 二审判案理由

上海市高级人民法院认为：上诉人上海医大爱伊技贸公司在介绍被上诉人青海沪办经营服务部向“岭南经营部”购买轿车过程中，向被上诉人借款人民币 120 万元，作为其购买 8 辆车的款项，此有证人证言及有关书证证实，应予认定。上诉人与被上诉人这一法人之间的借贷行为违反了我国法律的有关规定，属无效民事行为，故上诉人应返还被上诉人借款人民币 120 万元。“岭南经营部”以欺诈的手段骗取上诉人与被上诉人的购车款。事后，虽经三方工作人员协议，由“岭南经营部”退款给被上诉人，实际上并未履行协议，这是“岭南经营部”上述欺诈行为的继续，且所谓三方协议亦不具备形式要件，故上诉人认为根据三方协议其还款责任已转移给“岭南经营部”的主张不能成立。

4. 二审定案结论

上海市高级人民法院根据《中华人民共和国民事诉讼法》第一百五十三条第一款第(一)项之规定，判决：

驳回上诉，维持原判。

(七)解说

1. 原、被告之间垫付钱款的行为是否有效

从形式上看，原告为被告购买8辆桑塔纳轿车垫付了人民币120万元，这是一种民事借贷行为，原告实施了垫付行为，被告也予以认可。但是，原、被告均为法人，在实施借贷行为中，双方均缺乏法人为民事行为所必须具备的形式要件，出借方与借入方均未出具有效的法人证明或法定代表人的身分证明、委托证明等。从内容上看，原、被告之间的借贷行为违反了我国法律有关企业法人之间不得相互借贷的规定，并且，被告根本没有从事汽车买卖和中介的经营范围和能力。因此，根据我国《民法通则》第五十八条第一款、第二款之规定，原、被告之间的借贷行为是一种无效民事行为。

2. 本案是否构成债务转移

债务转移是指债务人在征得债权人许可后，将债务合法地转移给第三人，由第三人来承担对债权人偿还债务的行为。本案原、被告与第三人“岭南经营部”进行的购买轿车行为，实际是“岭南经营部”骗取原、被告的购车款，因此，这一购车行为是无效民事行为，从一开始起就不具有法律效力。之后，上述三方签订了“退款协议书”，“岭南经营部”表面上同意将原告为被告垫付的120万元直接还给原告，并接受了退回的8辆轿车的提货单，实际上并未履行退款，也根本不想履行。从表面上看，根据三方“退款协议书”被告对原告的还款责任好像转移给了第三人，但从实际内容上看这一债务的转移是不合法的，且实际并未退款。购车行为是无效民事行为，原、被告之间的借款行为是无效民事行为，基于前面行为的三方退款行为同样也是无效民事行为。另外，该份三方“退款协议书”同样不符合形式要件，既无法定代表人签名或委托，也无单位公章，根据我国《民法通则》第九十一条规定“合同一方将合同的权利、义务全部或者部分转让给第三人的，应当取得合同另一方的同意，并不得牟利。依照法律规定应当由国家批准的合同，需经原批准机关批准。但是，法律另有规定或者原合同另有约定的除外”的规定，本案不构成债务转移，应由被告承担返还120万元给原告的责任。当然，原、被告对各自被骗的购车款均有权利和义务协助司法机关追赃并接受发还。

(陈福民)

第十二篇　其他民事纠纷案例

116. 金华市江南煤炭物资公司诉中国人民建设银行浙江省信托投资公司金华办事处票据争议案

(一)首部

1. 判决书字号

一审判决书:浙江省金华市中级人民法院(1994)金中法经初字第 25 号。

二审判决书:浙江省高级人民法院(1994)浙经终字第 314 号。

2. 案由:票据纠纷。

3. 诉讼双方

原告(被上诉人):金华市江南煤炭物资公司。

法定代表人:陈炳奎,经理。

诉讼代理人(一审):金学锋,金华市第二律师事务所律师。

诉讼代理人(一审):方刚成,金华市第二律师事务所律师。

被告(上诉人):中国人民建设银行浙江省信托投资公司金华市办事处。

法定代表人:潘星瑶,经理。

诉讼代理人(一审):宋晓军,该办事处证券部经理。

诉讼代理人(一审):冯波,金华市对外经济律师事务所律师。

诉讼代理人(二审):王志建,杭州市第四律师事务所律师。

4. 审级:二审。

5. 审判机关和审判组织

一审法院:浙江省金华市中级人民法院。

合议庭组成人员:审判长:姜建新;审判员:陈智慧;代理审判员:毛建青。

二审法院:浙江省高级人民法院。

合议庭组成人员:审判长:屠有根;审判员:汪动新;代理审判员:黄梅。

6. 审结时间

一审审结时间:1994 年 9 月 7 日。

二审审结时间:1994 年 12 月 30 日。

（二）一审诉辩主张

1．原告金华市江南煤炭物资公司（以下简称原告或江南物资公司）诉称：1993年8月23日和11月26日，原告分四次将人民币共计150万元转入被告帐户。但被告无任何理由将上述款项转入他人帐户，致原告无法收回，被告应对此承担全部责任。请求由被告赔偿原告人民币150万元及利息损失，并由被告承担案件受理费用。

2．被告中国人民建设银行浙江省信托投资公司金华市办事处（以下简称被告或金华办事处）辩称：(1)该150万元资金从原告帐户以银行汇票和转帐支票的形式付出，并不能证明原告为该款的所有人；该款有可能属实际占有人王艺借用原告帐户划出，或由原告出借给王艺而与之形成债权债务关系。(2)被告下属的证券部为股票交易代理机构，而原告在被告处并无机构帐户。故原告开出用途为投资并由王艺交给被告的票据，应视为原告向王艺出借资金或由原告委托王艺炒股而使王艺取得使用权。被告为实现股票投资者的意志，按王艺要求将该款划入其指定的资金帐户并无过错。(3)鉴于王艺有权使用该笔资金以及原告对王艺提现行为的认可，被告对原告资金不能收回，不应承担责任。故请求依法驳回原告的诉讼请求。

（三）一审事实和证据

金华市中级人民法院经审理查明：1993年8月23日，江南物资公司向其开户行金华市多湖信用社开具一份面额为人民币100万元的票汇委托书，该委托书载明收款人王艺，用途投资，汇入行为中国人民建设银行金华开发区支行。同日，金华市多湖信用社根据江南物资公司的上述委托开具同等面额、收款人为王艺的汇票一份，用途载明投资，兑付行为中国人民建设银行金华市开发区支行，汇票注明可背书转让。江南物资公司将该汇票交给王艺，王艺于同日将汇票背书转让给金华办事处下属的证券部，据此，该100万元从江南物资公司资金帐户中转入证券部帐户上。证券部又按王艺填写的存款凭条要求，将该100万元列入王艺母亲吴金花在证券部设立的（5769－28）资金帐户上，王艺曾利用该笔资金和其母亲吴金花的资金帐户及股东帐户进行炒股。同年9月29日，证券部按王艺指定，从金华办事处帐号中划出104万元汇入金华市大通商贸发展公司，用于归还王艺所在单位金华市丝绸公司营业部欠该公司的欠款。1993年11月26日，江南物资公司作为付款单位，连续开出三张婺城区信用社票据交换转帐支票，号码分别为17021、17022、17023。该三张转帐支票的收款单位为证券部，收款单位帐号50700130。汇入行为中国人民建设银行金华市开发区支行，用途投资，金额分别为20万元两张，10万元一张，合计50万元。江南物资公司将该三张转帐支票交王艺转送证券部的开户行。当日，王艺将转帐支票交入证券部的开户行，并以股东黄昕的名义填写存款凭条，要求证券部将上述50万元解入黄昕的477－05资金帐户。证券部在没有江南物资公司任何委托授权凭证的情况下，按王艺要求将该50万元转入黄昕的资金帐户。事后，王艺利用该笔资金并借用黄昕股东帐户进行炒股，或由黄昕代为炒股。截至同年12月14日，王艺和黄昕陆续从该资金帐户提取现金56.90万元。

上述事实有下列证据证明：

1．江南物资公司开具的票汇委托书。

2．面额100万元的金华市行社汇票以及背书记录。

3．号码为17021、17022、17023的票据交换转帐支票。

4．王艺填写的存款凭条、吴金花和黄昕资金帐户明细表。

5．金华办事处将104万元汇出的转帐支票。

6. 王艺和黄昕的提现凭证。

7. 受诉法院的调查笔录，开庭笔录。

（四）一审判案理由

1. 金华办事处不对100万元汇票承担赔偿责任。银行汇票是汇票人将款项交存当地银行，由银行签发给汇款人执往异地办理转帐结算或支取现金的票据。汇款人填写委托书，书票人签发汇票后，票据权利就转移给收款人，并确定了付款人与收款人之间的债权债务关系，收款人即拥有票据上载明金额的货币所有权，因而收款人有权支配该款，或将汇票背书给第三人，或提现。王艺作为本案中100万元汇票的收款人，已拥有该100万元的所有权，并具有处分该100万元票款的权利，因此有权将该汇票予以背书转让，金华办事处下属的证券部也因此取得了该汇票上载明的各项权利。故金华办事处不应承担该100万元汇票的赔偿责任，江南物资公司此部分的诉讼请求缺乏事实和法律依据，不予支持，应予驳回。

2. 金华办事处应对50万元转帐支票承担赔偿责任。支票是发票人要求委托银行或其他金融机构于见票时无条件支付一定金额给受款人的票据。由此可见，票据当事人实施的票据行为所产生的法律关系，也是一种权利义务关系。发票人签发了支票，即设定了票据权利，付款人就应无条件支付票据上记载的款项给受款人，由受款人享有支票上的权利。本案中江南物资公司为出票人，受款人为金华办事处下属的证券部，证券部虽凭票据可以取得50万元资金，但证券部与江南物资公司并无任何对价的权利义务关系，其所有权仍归江南物资公司。即使票据上注明为投资，或者按证券部解释，该投资就是股票买卖，但证券部在未取得江南物资公司任何委托证明的情况下，只有负责保管或者将该款划回江南物资公司的义务。因此，证券部擅自凭王艺的指令将该50万元划入股民黄昕的资金帐户，造成资金流失，负有过错，应承担赔偿责任。证券部是金华办事处下属的职能机构，故依法应由金华办事处承担该50万元的赔偿责任。

（五）一审定案结论

一审法院依照《中华人民共和国民法通则》第七十一条、第九十二条、第一百一十七条规定，作出如下判决：

1. 被告金华办事处应赔偿原告江南物资公司50万元及银行利息损失71980元，于判决生效后1个月后履行完毕。

2. 驳回原告江南物资公司要求被告金华办事处赔偿100万元汇票损失的诉讼请求。

案件受理费17510元，由原告江南物资公司负担11673元，由被告金华办事处负担5837元。

（六）二审情况

1. 二审诉辩主张

（1）上诉人金华办事处诉称：第一，一审判决认定事实不清。王艺作为汇票与转帐支票的持有者，与付款单位江南物资公司之间必有一种法律关系。在这一法律关系中，王艺作为该150万元资金的借用人或股票买卖的委托代理人，则上诉人按王艺的指令有权处分该150万元。但按一审判决认定，王艺仅为50万元转帐支票的携带者，则王艺虚构事实，通过上诉人这一中间环节，提取该50万元，显然也是一种诈骗财物的犯罪行为，应由江南物资公司向公安机关举报，立案侦查，追究王艺的刑事责任，而不应将被骗的财物损失转嫁给上诉人。一审法院单纯以票据理论确认上诉人无权处分50万元转帐支票，而回避王艺与江南物资公司之间关系的查证，违背以事实为根据的办案原则。第二，一审判决适用法律不当。在本案中，上诉人并未取得不当利益，也无侵占江南物资公司财产的行为。上诉人依据王艺与江南物资公司之间的特殊关系，将50万元打入王艺指定资金帐户，并由王艺完成提现行为，上诉人并无过错，只有王艺有责任将50万元和100万元返还给江南物资公司。综上，要求撤销原判，予以改判，驳回江南物资公司的诉讼请求。

(2)被上诉人江南物资公司辩称：一审判决认定事实清楚，判决正确。请求驳回上诉，维持原判。

2. 二审事实和证据

二审法院确认了一审法院认定的事实和证据。

3. 二审判案理由

(1)证券部将100万元票款解入王艺指令的帐户中无过错，不承担赔偿责任。江南物资公司委托其开户银行所开具的100万元的银行汇票，所载明的收款人与票汇委托书同为王艺，故王艺是这一票据关系中的票据持有人，即票据债权人。由于取得票据实质上就是取得权利，故王艺具有处分该100万元票款的权利，包括背书转让。证券部为了帮助王艺实现证券交易的意志，按王艺的指令将该款解入其指定的帐户，符合法律的规定，证券部无过错，对此，不应由证券部承担该100万元汇票的赔偿责任。

(2)证券部对总金额50万元的三张转帐支票负过错赔偿责任。由江南物资公司开具的总金额为50万元的三张转帐支票，收款人为证券部，用途为投资。依照证券部具有代理客户进行证券投资的职能，则证券部接收该50万元的同时，应按有关交易程序要求，令江南物资公司提供相应的法律手续，或者由江南物资公司出具处分该款的指令，或者提交足以证明王艺是该公司证券投资代理人的书面委托书。但两者证券部并非取得。因此，证券部按王艺指令将该50万元解入股民黄昕的资金帐户中是擅自解款行为，违反了国家《银行结算办法》第九条规定的“谁的钱进谁的帐，由谁支配”的结算原则。对此，证券部有过错，故应承担赔偿责任。

(3)证券部的赔偿责任应由金华办事处承担。金华办事处系依照法律程序申请注册成立的企业法人。为了实现有价证券交易的经营范围而成立的证券部，是金华办事处的职能机构，不具备法人资格，也不是其他组织，无独立的民事权利能力和行为能力，故依照法律规定，证券部的赔偿责任应由金华办事处承担。

(4)一审适用法律不当，应予纠正。一审法院适用我国《民法通则》第九十二条规定处理本案，与本案的证券部应承担的责任性质不相符。第九十二条是《民法通则》对因不当得利所生之债处理作出的规定，而本案较之性质应确定为侵权损害。故一审判决适用法律部分不当，应予纠正。

4. 二审定案结论

二审法院依照所查明的事实以及上述判案理由，认为原审判决事实清楚，实体处理得当，但适用法律错误。并依照《中华人民共和国民事诉讼法》第一百五十三条第一款第(二)项、《中华人民共和国民法通则》第一百零六条、《银行结算办法》第九条规定，作出如下判决：

(1)撤销金华市中级人民法院(1994)金中法经初字第25号民事判决适用法律部分。

(2)维持金华市中级人民法院(1994)金中法经初字第25号民事判决实体处理部分，即金华办事处应赔偿江南物资公司人民币50万元及银行利息损失71980元，于判决生效后1

个月内履行；驳回江南物资公司要求金华办事处赔偿100万元汇票损失的诉讼请求。案件受理费17510元，由江南物资公司负担11673元，金华办事处负担5837元。

二审案件受理费17510元，由金华办事处负担。

本判决为终审判决。

（七）解说

自1989年中国人民银行实行结算办法改革以来，票据在经济活动中的运用愈来愈活跃。随着票据业务的扩大，票据纠纷也日益增多。由于我国目前尚未制定票据法，因而这类案件的审理难度较大。因此，结合本案的审理，总结票据纠纷案件中的有关法律问题，对于审判实践是十分必要的。

本案纠纷涉及的票据包括汇票和转帐支票两类。按照我国《银行结算办法》的有关规定，均可进行转让。那么，本案100万元汇票应当允许背书转让，而不允江南物资公司主张赔偿，这一点，已被当事人双方以及审判机关所接受，形成共识。本案集中要解决的问题是50万元转帐支票，江南物资公司可否主张金华办事处赔偿以及金华办事处应否赔偿。结论是肯定的。除一、二审法院判案理由外，结合本案相关事实，尚有以下理由可阐述：

1. 王艺转交支票的行为不是票据的转让方式，不能达到票据转让的目的。票据转让除采取背书转让以外，还可采取单纯交付和背书交付的方式，达到转让的目的。其中单纯交付是持票人以转让票据权利为目的，将票据交付他人的一种转让行为。本案50万元转帐支票由江南物资公司交给王艺，王艺仅为携带者，如认为其为持票人，并确认其所完成的交付行为即达到转让目的，显然是混淆了持票人的法定概念；同时又忽略了单纯交付转让方式只适用于无记名票据和空白背书票据两种。本案中的三张转帐支票属记名票据，与单纯交付的适用范围不相符，故不得予以转让。另外，我国现行《银行结算办法》对票据背书转让尚有一定的限制，如转帐支票只限于在上海、广州、武汉、沈阳等总行批准的地区试行背书转让，其他地区均不得背书转让。经济生活中，由于不少人对票据转让的方式缺乏了解，在实践中经常出现未经背书，只是交付记名票据用以清偿债务，进行抵押及其他等。这种未经背书，仅以交付取得票据的持票人，由于不符合票据的转让方式，因而不能取得票据上的权利。

2. 证券部与江南物资公司无证券买卖委托关系，处分50万元转帐支票是无权代理行为。依照证券部代理客户进行证券投资的职能，江南物资公司将50万元转入证券部意在进行证券投资。在证券部与客户这一层关系中，证券部所从事的活动，仍然是一种代理行为。因为是代理，则代理人必须取得合法的授权委托手续。只有这样，代理人实施的民事法律行为所引起的法律后果，才可由被代理人承受。鉴于这一理由，本案江南物资公司已委托王艺代理其进行证券买卖，一方面，证券部应有王艺代理证券买卖的相关手续；另一方面，应允许证券部将已到帐的50万元资金划入王艺个人资金帐号上，将资金置于王艺的控制与支配之下，否则，江南物资公司进行证券投资的意志得不到实现。因此，证券部将50万元资金划入王艺个人帐号上，便没有什么过错可言。如果证券部不这样做，王艺也就不可能完成其代理行为，则证券部有过错，必须承担民事责任。然而，上述结论的得出，是以王艺具有代理资格为前提的。而事实上，王艺未取得这一资格，证券部又将其视为江南物资公司的代理人，并依据王艺指令将50万元划入王艺指定的帐号中，由王艺进行证券买卖，显然是明知王艺无代理权而与之实施民事行为的过错行为。依照代理制度的要求，证券部要使自己处分该50万元的行为合法化，必须取得江南物资公司的明确授权，否则，便构成侵权，应承担侵权的民事责任。

最后应当指出，当前证券交易中的提现现象应当引起人们尤其是证券商的重视。当前，一些机构为了逃避国家金融管理制度的监督，而在证券交易中通过证券公司超出规定范围提取现金，证券公司也利用自己的帐号为一些客户尤其是机构套取现金，这一行为，违反了国务院《现金管理条例》的规定，都应承担相应的法律责任。投资者、经纪人和证券商只有严格遵守国家金融制度，维护金融秩序，才能够有效地防止自己陷入这类纠纷之中。而国家不断地改革和强化金融秩序，加速制订票据法等一系列相关法律，是我国票据结算制度和证券市场得以健康发展的根本保障。

（姜建新）

117. 南京邮政局诉南京广播电视服务公司一分部票据争议案

（一）首部

1. 判决书字号

一审判决书：江苏省南京市下关区人民法院(1994)下民初字第83号。

二审判决书：江苏省南京市中级人民法院(1994)宁民终字第504号。

2. 案由：票据纠纷。

3. 诉讼双方

原告(上诉人)：南京邮政局。

法定代表人：史炳清，局长。

诉讼代理人(一、二审)：金柱，该局副科长。

诉讼代理人(一审)：杨陶麟，江苏省律师事务所律师。

诉讼代理人(二审)：金辉，南京国际商务律师事务所律师。

被告(上诉人)：南京广播电视服务公司一分部。

负责人：马军，经理。

诉讼代理人(一、二审)：刘忱，南京市第二律师事务所正宏律师分所律师。

诉讼代理人(一、二审)：毛琪，南京市第二律师事务所正宏律师分所律师。

第三人(被上诉人)：南京科通电子技术开发公司(原名为南京科通自动化器材服务部)。

法定代表人：朱宪成，经理。

诉讼代理人(一、二审)：李家军，江苏商务法律事务中心律师。

4. 审级：二审。

5. 审判机关和审判组织

一审法院：江苏省南京市下关区人民法院。

合议庭组成人员：审判长：于敏；代理审判员：赵重菊、邓秀蓉。

二审法院：江苏省南京市中级人民法院。

合议庭组成人员：审判长：于泓；审判员：王德钊、潘镛修。

6. 审结时间

一审审结时间:1994 年 7 月 4 日。

二审审结时间:1994 年 11 月 16 日。

(二)一审情况

1. 一审诉辩主张

原告诉称:被告不执行使用支票有关规定,于 1992 年 2 月丢失有效同城五联转帐支票一份,造成南京邮政局山西路邮电支局 1993 年国库券 30 万元被冒购,要求被告赔偿损失。

被告辩称:1993 年 2 月底因购办公用品将同城五联转帐支票一份押在南京科通自动化器材服务部,该部不慎遗失。原告在收受支票时,没有查验持票人的身份证及核实单位,被骗后果应自负。南京科通自动化器材服务部应追加为第三人。

第三人辩称:被告于 1993 年 2 月下旬押在其处的支票只有一份,已购油印机,不存在遗失其另一张支票,不同意赔偿。

2. 一审事实和证据

南京市下关区人民法院经审理查明:1993 年 2 月下旬被告业务员陈涛为本单位所属长江工业品公司向第三人购买油印机、复印机、传真机等物品。陈涛与第三人业务员徐毅联系后于 2 月 24 日到第三人处提货。当时第三人只有油印机,陈涛交了一份印鉴齐全的同城五联转帐支票,由第三人会计陈汝萍在号码为 NO. 1112410 的同城五联转帐支票上开了价值为 14360 元的货物。因陈涛还需购传真机和复印机,双方约定陈涛应押一份支票在第三人处。几天后,徐毅通知陈涛提货,当陈涛验货后需开票时,双方为支票发生纠纷。陈涛称提油印机时已押了一份支票在陈汝萍处,而陈汝萍坚持陈涛只交了一份支票,已开了油印机,双方各执己见。此后陈涛又交了一份支票结清帐目。1993 年 6 月陈涛调离被告单位,被告要求其办理遗失支票手续。陈涛便写了内容为"今收到广播电视一分部五联转帐支票壹张 NO. 1112409,作货款抵押,因工作不慎遗失,如今后发生冒用,造成的一切经济损失由我负责",落款为"南广一分部经办人:陈涛"的收条,要求第三人鉴定。第三人未经核实情况即在收条上签注:"此支票已登报声明作废。"陈涛将收条交给被告后,正式调离被告单位。1993 年 7 月 29 日原告发现,有人于 7 月 20 日持被告所遗失支票在山西路邮电支局冒购国库券 30 万元,即向公安机关报案。因久未破案,原告于 1994 年元月 13 日向下关区法院起诉,要求被告赔偿。被告要求追加科通公司为第三人。

上述事实有下列证据证明:

(1)原告、被告、第三人的陈述。

(2)中国工商银行南京分行 NO. 1112409、NO. 1112410 转帐支票。

(3)国库券交款凭证。

(4)陈涛书写、科通公司盖章证明的收条。

(5)科通公司于 1993 年 2 月 24 日开具的号码为 02451941 销售油印机发票。

(6)证人证言。

(7)受诉法院调查、开庭笔录。

3. 一审判案理由

一审法院认为原、被告均应按照《中国人民银行结算办法》和国家有关财政法规加强对支票管理和审核,双方在本案中均有责任,出票单位在支票遗失后,未能积极采取防范措施,致使有关证据难以查找，应负一定责任；原告审查不严，造成国库券被骗应负主要责任。对第三人遗失支票证据不足，不予认定。

4. 一审定案结论

一审法院依照《中华人民共和国民法通则》第一百零六条第二款、第一百三十一条之规定，作出如下判决：

南京邮政局损失的30万元，由南京市广播电视服务公司一分部（南京大江船舶服务公司）承担12万元。此款于本判决生效后1年内付清。

案件受理费7010元，其他诉讼费150元，由原告负担4296元，被告负担2864元。

（三）二审诉辩主张

1. 上诉人南京邮政局诉称：科通公司对支票的遗失负有不可推卸的责任，请求二审法院判决一分部和科通公司共同承担主要责任。

2. 南京广播电视服务公司一分部诉称：请求撤销原判，改判邮局承担80%责任；科通公司遗失我部支票，应予认定，并应令其承担20%责任。我部不应承担任何责任。

3. 南京科通电子技术开发公司辩称：请求维持下关区人民法院（1994）下民初字第83号民事判决。

（四）二审事实和证据

南京市中级人民法院审理确认：

1993年2月下旬，一分部业务员陈涛为替客户购买油印机、复印机、传真机与科通公司业务主管人徐毅联系，徐毅告知油印机有现货，复印机、传真机还待进货，双方谈妥价格后，徐毅让陈涛带二份支票来。2月24日，陈涛带着二份除盖有一分部支票专用章和负责人马军印鉴外，其他栏目均为空白的，号码为1112409、1112410的同城五联转帐支票来到科通公司，徐毅向陈涛再次重申带二份支票来的用途：油印机有现货，用一份支票结清油印机货款，复印机和传真机无现货，需押一份支票才能进货，陈涛未提异议。徐毅将陈涛领至会计陈汝萍处，并告知陈汝萍两份支票的不同用途。陈汝萍用其中的1112410号支票结算了油印机货款计14360元，并开具了发票，但对押在陈汝萍处的1112409号支票，未与陈涛办理任何手续。二三天后，徐毅通知陈涛来科通公司提复印机和传真机。陈涛验货后去陈汝萍处要求用抵押的那份支票结帐，陈汝萍发现找不到那份支票，即否认收到陈涛抵押的支票，陈涛、徐毅均认为押了一份支票在陈汝萍处，但陈汝萍始终未找到。3月1日，陈涛又用其他支票结清了复印机、传真机货款，并向一分部领导做了汇报。同年6月，陈涛欲调动工作，一分部领导要求其在办结1112409号支票手续的前提下才能调离。根据领导意思，陈涛于6月17日去科通公司要求出证明，证明1112409号支票被遗失。科通公司经理朱宪成让陈涛写一份事情经过，陈涛当场写“收条”一份，内容为“今收到广播电视一分部五联转帐支票壹张NO. 1112409，作货款抵押，因工作不慎遗失，如今后发生冒用，造成的一切经济损失由我负责”。落款“南广一分部经办人：陈涛”。朱宪成则在该收条上注明“此支票已登报声明作废，特此证明”。落款为“科通自动化服务部，1993年6月17日”，并加盖了科通公司的印章。陈涛将收条交给一分部后，办理了调动手续。同年7月15日，一不明身分的男青年持1112409号支票去邮局山西路支局购买了30万元1993年发行的国库券，当班营业员核验手续不严，既未按规定查验持票人，又未发现付款单位名称与支票专用章名称不符。因当时无100元券面的国库券，营业员与其约定7月20日以后来取券。7月20日下午2时许，一名50岁左右的妇女来取券，营业员仍未查验其身分，即将30万元国库券发出。7月26日，邮局收到银行退回的1112409号支票，发现该支票右下角注着“无此户”。7月29日，山西路支局得知后即查找，无果，遂向南京市鼓楼区公安分局报案，公安机关至今未破案。

上述事实有下列证据证实：

1. 原告、被告、第三人的陈述。

2. 中国工商银行南京分行NO.1112409、NO.1112410转帐支票。

3. 国库券交款凭证。

4. 陈涛书写、科通公司盖章证明的收条。

5. 科通公司于1993年2月24日开具的号码为02451941销售油印机发票。

6. 证人徐毅的证言；证人陈汝萍在鼓楼区公安分局所作的陈述；证人陈涛的证言。

（五）二审判案理由

二审法院认为：科通公司收到并遗失一分部NO.1112409号转帐支票，有科通公司会计陈汝萍向公安机关所作陈述和在场人徐毅、陈涛证明，又有科通公司经理朱宪成在陈涛所写的收条上签字、盖章加以印证，足以认定。原判决认为科通公司遗失支票证据不足，不当。邮局作为收票单位在收受用以购买30万元国库券的NO.1112409号转帐支票时，未按转帐支票管理规定对支票上各栏目内容进行认真审核，既未发现付款单位与支票专用章印鉴不符，也未查验持票人的身分证明，记下其工作证或身分证号码，让其签名，尤其在未取得开户银行收帐通知前即发出30万元国库券，故邮局对30万元国库券被骗购的损失，主观上存在过错，应承担40%的民事责任。一分部作为出票单位，严重违反转帐支票管理规定，签发印鉴齐全的空白转帐支票，科通公司要求一分部抵押支票并收受一分部提供的空白转帐支票，不但不办理任何手续，而且保管不善，遗失1112409号转帐支票，为犯罪分子持该转帐支票骗购30万元国库券提供了可乘之机，故一分部与科通公司亦有过错，应分别承担30%的民事责任。原审法院判决欠妥，应予变更。

（六）二审定案结论

南京市中级人民法院根据《中华人民共和国民事诉讼法》第一百五十三条第一款第（三）项之规定，作出如下判决：

1. 撤销南京市下关区人民法院（1994）下民初字第83号民事判决。

2. 南京市广播电视服务公司一分部于本判决发生法律效力之日起1个月内赔偿南京邮政局9万元人民币。

3. 南京科通电子技术开发公司于本判决发生法律效力之日起1个月内赔偿南京邮政局9万元人民币。

二审诉讼费7510元由南京邮政局负担3004元，南京市广播电视服务公司一分部与南京科通电子技术开发公司各负担2253元。

本判决为终审判决。

（七）解说

这是一起因支票遗失产生的票据纠纷案。首先应当根据票据的基本原理，从法律上理顺此案当事人间的关系。原告邮政局，作为转帐支票的受款人或执票人，有权凭票向银行领取票面所载金额，由于票面出现瑕疵等原因，导致银行拒付而产生诉讼；被告一分部，作为转帐支票的出票人，有义务开出票面清洁且能保证承兑的支票，由于违反规定开出空白支票且遗失，造成原告的损失而成为本案的被告；第三人科通公司，既不是出票人，也不是执票人，更不是付款人，由于把被告的空白转帐支票作为抵押且直接遗失，本案的处理结果与其有法律上的利害关系，承担遗失责任，由此而作为本案诉讼的第三人。

支票作为普遍通行的结算手段，在避免现金的直接收付，加速资金周转，减少货币流通量方面起着积极的作用。我国虽然至今未颁布票据法，但在司法实践中，国家有关行政主管部门制定的有关支票管理使用的规定，可以直接作为判案的参考依据。商业部(83)商财字第47号文《关于严格支票管理的通知》第二条规定："空白支票原则上不得携带出门，确实必要的，要严格手续制度，经过领导批准，由出纳人员事先填写日期、抬头和用途，并及时督促报销。"这是对出票人在必要时开出空白支票的规定。第三条规定："对于采用转帐支票购货的，必须验查购货人工作证或单位介绍信，与签发支票单位公章相符，才准予开票提货。"南京市人民政府宁政发(1988)3号文《南京市转帐支票管理暂行规定》第十条又作了进一步的详细规定："收票单位在收受转帐支票时，必须认真审核支票上填写的收款单位、签发日期、金额、用途、印鉴。并应查验持票人的工作证或居民身份证。确认无误后，在转帐支票背面记下工作证或居民身份证号码，并由持票人签名。无证件或不符合以上规定的，不得收受转帐支票，并应及时和出票单位联系。否则，因此而发生的经济损失自负，并应追查经办人员责任。"第十一条规定："销售单位对票面人民币一万元以上的转帐支票，必须取得开户银行收帐通知后，方能发货，不得以银行的受理回单作为入帐凭据和发货证明。"上述条款严格规定了收票单位的查验义务和责任。

根据上述有关规定和《民法通则》中有关民事赔偿的过错原则，就能正确地判定民事赔偿责任。企事业单位等遗失的空白转帐支票被人用于骗购销售部门的商品，骗购人无法查找，受害方请求赔偿，应根据当事人过错确定民事责任。出票人违反商业部(83)商财字第47号《关于严格支票管理的通知》第二条和中国人民银行《银行结算办法》第二十一条关于原则上不得携带空白支票外出等有关规定，应当承担民事责任；执票人(收款人)违反《通知》第三条关于必须严格审查持票购货人证明等规定，亦应承担民事责任。纵观本案的实际情况，原告未能正确地履行审核查验义务，严重违反支票管理的操作规则，致使30万元巨款被他人用空白转帐支票骗取，对此损失，原告应负主要责任；被告违反规定开出空白转帐支票作为抵押，为此空白支票被人冒用骗领造成原告的经济损失设下了隐患，应负次要责任；第三人违反规定提出并接受被告的空白支票作为抵押，且保管不善，造成空白支票的遗失，对此第三人应负次要责任。南京市中级人民法院在查清事实的基础上，依法作出改判决定，根据三方当事人过错的大小，按照原告承担40%、被告和第三人各承担30%的赔偿比例标准，判决被告和第三人各赔偿原告9万元人民币，是正确的。

(姚正陆)

118. 张学贞诉中国农业银行冷水江市支行毛易信用社存款案

(一)首部

1. 判决书字号

一审判决书:湖南省冷水江市人民法院(1993)冷民初字第91号。

再审判决书:湖南省娄底地区中级人民法院(1993)娄民再字第19号。

2. 案由:存款纠纷。

3. 诉讼双方

抗诉人:湖南省人民检察院娄底分院。

原告(被申请再审人):张学贞,男,69岁,汉族,冷水江市人,退休干部,住冷水江市毛易乡柳溪村。

诉讼代理人(一审、再审):龚高杰,男,54岁,冷水江市碱厂退休工人,系张学贞之内弟。

诉讼代理人(一审、再审):龚高烈,男,40岁,新化县物资局工人,系张学贞之内弟。

被告(申请再审人):中国农业银行冷水江市支行毛易信用社。

法定代表人:王贵清,主任。

诉讼代理人(一审、再审):姜忠庭,冷水江市律师事务所律师。

4. 审级:再审。

5. 审判机关和审判组织

一审法院:湖南省冷水江市人民法院。

合议庭组成人员:审判长:龚建群;人民陪审员:徐同义、唐斌。

再审法院:湖南省娄底地区中级人民法院。

合议庭组成人员:审判长:罗树华;审判员:孙哮河;代理审判员:金庆鹏。

6. 审结时间

一审审结时间:1993年6月29日。

再审审结时间:1994年5月11日。

(二)一审情况

1. 一审诉辩主张

原告诉称:原告之妻龚福英于1992年4月27日在冷水江市毛易信用社柳兴储蓄所存款6000元,定期1年。她于1993年4月3日病故后,原告去柳兴储蓄所取款时,该储蓄所工作人员说龚福英1992年4月27日只存了600元,其存单上大写金额6000元是笔误所致,小写金额600元才是正确的,只能按600元加息兑付。为此,特请求法院判决柳兴储蓄所按存单上大写金额6000元加息兑付。

被告辩称:张学贞之妻龚福英1992年4月27日的存款确只600元,存单上大、小写金额不符,属信用社工作人员笔误所致,不同意按大写金额6000元加息兑付。

2. 一审事实和证据

一审法院经公开审理查明：张学贞在毛易信用社柳兴储蓄所有存款一笔计币2130元，其妻龚福英在该储蓄所有存款两笔，一笔存单金额为1000元，定期1年，帐号802号，存款日期为1992年2月5日；另一笔存款存单上大写金额6000元，小写金额为600元，定期一年，帐号为854号，存款时间为1992年4月27日，且该存款没有储户填写的存款凭证。1993年4月3日，龚福英因心脏病突发死亡。张学贞委派内弟龚高杰等人到柳兴储蓄所查询龚福英的存款情况。该所工作人员经查阅帐本后说龚福英在该储蓄所有存款三笔，并指出1992年4月27日存的定期存款是600元，不是6000元，存单上大写金额6000元是工作人员笔误所致。因此只能按600元加息兑付。而张学贞方坚持说存款是6000元，要求按6000元加息兑付。双方为此争执未果，张学贞于1993年6月8日诉诸冷水江市人民法院。

上述事实有下列证据证明：

(1)龚福英1992年4月27日所填存款单。

(2)证人证言，当事人供述等。

3. 一审判案理由

一审法院认为：由于毛易信用社柳兴储蓄所工作失误，致使该案缺乏储户自己填写的存款凭证，使对案件事实的认定缺少一个重要的依据，而张学贞手持的存单经查又无涂改痕迹，可以排除张学贞方在存单上作弊的可能性；储蓄所的帐目又始终平衡。因此，对龚福英1992年4月27日存的是6000元还是600元，已无法查清，据此，参照《中国农业银行农银函(1992)40号通知》第三条规定“如储户手持的银行存单上大小写金额不一致，经确认没有涂改，但又无法弄清事实……如果存单上大写金额大于小写金额，则按大写金额兑付；如果小写金额大于大写金额，就应按小写金额兑付……”对该案作出判决。

4. 一审定案结论

依照《中华人民共和国民法通则》第一百零六条第二款之规定，并参照《中国农业银行农银函(1992)40号通知》的有关规定，判决如下：

毛易信用社按本息6470.7元兑付给张学贞。

诉讼费400元，由毛易信用社负担。

(三)再审诉辩主张

被告冷水江市毛易信用社不服一审判决，以事实不清、适用法律错误为由申请冷水江市人民检察院抗诉，1993年8月31日，湖南省人民检察院娄底分院根据冷水江市人民检察院提请抗诉的报告和所调查的证据材料以事实不清、适用法律错误为由向娄底地区中级人民法院提出抗诉，娄底地区中级人民法院决定再审，且由本院提审。

娄底检察分院抗诉称：张学贞所持存单大写金额为6000元，小写金额为600元，据查实际存款是600元，一审判决认定的事实不清，适用法律条款不当。

张学贞仍以一审起诉理由进行答辩，认为一审判决正确，应予维持。

(四)再审事实和证据

经再审查明：原审原告张学贞之妻龚福英于1992年2月25日在冷水江市毛易信用社柳兴储蓄所存款1000元，定期1年，帐号为802号。1992年4月初，张学贞患病住院，先后于1992年4月3日、1992年4月11日向其原工作单位冷水江市金竹山乡人民政府财政所借款500元用于治疗。1992年4月27日，张学贞病愈准备出院，结帐后医院通知张学贞需交住院费810.04元，因无钱交清住院费，龚福英即去柳兴储蓄所将1992年2月25日存的

1000 元定期存款提前支取 400 元，并领取了利息 3.1 元，余下 600 元转存，定期 1 年，帐号为 854 号。但由于该储蓄所代班会计孙翊初粗心大意，没有要龚福英填写存款单，并将交给龚福英的 145 号定期存款凭单写成大写金额 6000 元，小写金额 600 元，出纳员邹幼华也未复核；储蓄所事后结帐时，因为按存单上小写数据与现金平衡，故一直没有发现该凭单上的笔误问题。1993 年 4 月 3 日，龚福英因病去世，张学贞派其内弟龚高杰等人到柳兴储蓄所查询龚福英的存款，该所工作人员核帐后，将龚福英的存款情况告知龚高杰等，并指出龚福英 1992 年 4 月 27 日转存的定期存款存单大写金额 6000 元，小写金额 600 元，实际存款只有 600 元，大写 6000 元是笔误所致，只能以 600 元加息兑付，张学贞方坚持要按 6000 元加息兑付，双方争执不清，张学贞诉诸法院。

上述事实有下列证据证明：

1. 张学贞的住院登记、记录。

2. 张学贞向金竹山乡财政所出具的借据。

3. 龚福英 1992 年 4 月 27 日取款时的签名和在场人张学芝等的证明。

4. 知情人潘利华、苏中英、张安新等的证言。

5. 龚福英取、存款凭证。

6. 冷水江市会计师事务所对毛易信用社柳兴储蓄所龚福英存款纠纷的鉴定书。

（五）再审判案理由

再审法院经过审理认为：一审法院认定案件事实无法查清而参照《中国农业银行农银函(1992)40 号通知》第三条规定进行判决是错误的，此案事实清楚，证据充分确实。

1. 1992 年 4 月初张学贞两次向乡财政所借款住院治病，1992 年 4 月 27 日龚福英是在无钱为张学贞办出院手续的情况下不得已才将 1992 年 2 月 25 日刚存的 1000 元定期存款提前支取。这些说明龚福英当时是根本没有能力存 6000 元现金的。同时，张学贞要借钱治病，将定期存款提前支取去结帐，却又拿出 6000 元现金去存定期，其行为前后矛盾，违反常规。

2. 柳兴储蓄所提供的当日现金平衡帐，10 天结报、月报、季报、年报平衡帐，定期存款帐，均记载龚福英 1992 年 4 月 27 日支 1000 元，转存 600 元，定期 1 年。

3. 1992 年 4 月 27 日，龚福英在提前支取 1000 元定期存款时，在场的储户张学芝、谢新华均证实：龚福英是因为丈夫住院才到储蓄所提前支取定期存款，取了现金 400 元和利息 3.1 元，余下的 600 元转存在该所。当时并未见龚福英拿现金去存定期。

4. 李汉华等知情人证实：张学贞大女婿张德保和二女婿周力坤都曾讲过，龚福英只存了 1000 元，诊病提前支取 400 元，余下的 600 元转存。

5. 冷水江市会计师事务所对毛易信用社柳兴储蓄所 1992 年 4 月份及近期的会计凭证、会计帐簿和会计报表进行了审查验证、鉴定，鉴定结论是：龚福英 1992 年 4 月 27 日在毛易信用社柳兴储蓄所的 145 号定期存款凭单金额为 600 元，而不是 6000 元。

上述证据，足以证明 1992 年 4 月 27 日龚福英在毛易信用社柳兴储蓄所是转存 600 元，而不是 6000 元。

（六）再审定案结论

再审法院依照《中华人民共和国民事诉讼法》第一百八十五条第一款第(一)、(二)、(三)项、第二款、第一百八十六条、第一百七十七条第二款、第一百八十四条之规定，判决如下：

1. 撤销冷水江市人民法院(1993)冷民初字第91号民事判决。

2. 由毛易信用社按600元加利息兑付给张学贞。

诉讼费400元,由张学贞负担。

(七)解说

作为国家审判机关,人民法院审理案件,只有坚持以事实为根据,以法律为准绳,才能做到公正执法。本案原审法院的审判人员没有做认真细致的调查工作,就轻率地认定案件事实无法查清,从而把案件处理在主观想象的事实基础上,导致事实的认定和适用法律错误。

处理本案的关键在于查清1992年4月27日龚福英存的定期存款是6000元还是600元,原审法院没有经过充分调查就认定本案事实无法查清,再审法院通过全面调查取证,走访在场人、知情人、查阅银行帐本,又将所有证据认真核实,综合分析,从而查清了本案事实,认定龚福英1992年4月27日在毛易信用社柳兴储蓄所的定期存款是600元,最后依法撤销原审判决,作出公正裁判,保护了当事人的合法权益。

这是当地首例民事抗诉案件,引起了较大的反响。人民检察院作为国家公诉机关和法律监督机关,依法监督人民法院的审判工作。但多年来由于各种客观因素的影响,人民检察院的监督职能作用没有充分发挥,特别是在民事审判监督方面,显得更加薄弱,这一方面是由于人民检察院的民事审判监督机制的不完善,另一方面也是公民的法律意识不强,法律知识淡薄所致,许多人未意识到要通过人民检察院对人民法院的审判监督来维护自己的合法权益。致使人民法院民事审判活动没有得到全面的监督,一些错案未能得到及时的纠正。这不能说不是严肃执法工作中的一个不足。在人民法院审理民事案件的过程中,应当加强检察机关对审判活动的监督,同时进一步明确监督的方法、程序。对事实不清、证据不足、程序违法确有错误的民事案件,可由检察机关依法向人民法院提起抗诉,使人民法院做到有错必纠,公正执法。

(陶极敦)

119. 赵睿鋆诉上海倍得福时装有限公司返还保险金案

(一)首部

1. 判决书字号

一审判决书:上海市杨浦区人民法院(1994)杨民初字第783号。

二审判决书:上海市中级人民法院(1994)沪中民终字第1291号。

2. 案由:返还保险金纠纷。

3. 诉讼双方

原告(被上诉人):赵睿鋆,男,1990年5月14日生,汉族,住上海市眉州路515弄44号601室。

法定代理人:郑贵芬(赵睿鋆之母),女,1961年4月26日生,在上海倍得福时装有限公司工作,住址同上。

诉讼代理人(一、二审):鲍玉明,上海市商务律师事务所律师。

被告(上诉人):上海倍得福时装有限公司。地址:上海市翔殷路130号。

法定代表人:曹文颐,董事长。

诉讼代理人(一、二审):夏萃芳,上海市第八律师事务所律师。

诉讼代理人(一、二审):陈苗林,该公司职员。

4. 审级:二审。

5. 审判机关与审判组织

一审法院:上海市杨浦区人民法院。

独任审判:审判员:张玉娣。

二审法院:上海市中级人民法院。

合议庭组成人员:审判长:沈松林;代理审判员:毛国芳、沙茹萍。

6. 审结时间

一审审结时间:1994年6月8日。

二审审结时间:1994年9月1日。

(二)一审诉辩主张

1. 原告诉称:原告的父亲赵懿,生前系被告单位驾驶员。1993年10月26日赵懿在为单位运输工作途中因车祸身亡。赵懿生前由被告为其向美国友邦保险有限公司上海分公司投保"分期支付储蓄终身寿险"、"综合个人意外保障计划"各一份,保单上受益人均注明为原告。原告父亲赵懿故世后,被告于1993年12月28日以原告母亲郑贵芬的名义领取了上述保险的保险金,但至今未交与原告和其监护人。原告监护人与被告多次交涉不成,故于1994年3月23日向法院起诉,要求被告返还保险金计人民币152000元及利息。诉讼费由被告承担。

2. 被告上海倍得福时装有限公司辩称:公司为职工投保是从本公司的利益出发,并且不知有受益人享受保险金利益的规定。事故发生后,公司与家属多次协商,并自愿达成事故处理意见与保险金处理协议。协议明确索赔到的保险金扣除公司处理事故与后事的一切有关费用后,余款归赵懿家属。且双方签订的协议未违反法律规定。被告在事故发生后已给过郑贵芬人民币50000元。被告要求按照协议办理。不同意支付利息。

(三)一审事实和证据

上海市杨浦区人民法院经审理查明:赵睿鋆与郑贵芬系母子,赵懿为赵睿鋆的父亲。赵懿生前系被告上海倍得福时装有限公司(以下简称"公司")汽车驾驶员。1993年8月5日,被告在美国友邦保险有限公司上海分公司(以下简称"保险公司")为赵懿投保"分期支付储蓄终身寿险"和"综合个人意外保障计划"各一份。投保书受益人均为赵睿鋆。1993年10月26日,赵懿因车祸死亡。10月31日,赵懿之妻郑贵芬与被告签署了"关于赵懿同志车祸善后工作处理协商意见书",就赵懿的后事料理,赵懿之子赵睿鋆的抚恤金给付,赵懿之妻、妹的工作安排,单位给其家属的费用等达成六点协议,其中第四点言明:"公司给赵懿同志家属费用合计人民币50000元,其中包括丧费、墓地费、一次性补助费、亲属误工费及包括人身保险费的支付。"同年11月11日"公司"支付给郑贵芬人民币50000元。11月22日"公司"与郑贵芬又签订一份协议书,明确赵懿死后,"根据保险条例规定,我公司能够享受索赔权,具体金额由公司与友邦保险公司协商。至于索赔到的金额,扣除本公司处理赵懿同志车祸事故及后事的一切费用后的余额全部给予赵懿同志的妻子及子女"。

1993年12月28日，“公司”持保险受益人的法定代理人郑贵芬签署的赔偿金收据领取了全部保险合计156748.50元，其中分期支付储蓄终身寿险人民币52000元，综合个人意外保障计划人民币100000元，抢救医药费人民币4628.50元，住院时间损失费人民币120元。嗣后，郑贵芬以赵睿鋆法定代理人的身份要求取得该保险赔偿金，经与“公司”交涉未果，遂起诉至法院。

上述事实有下列证据证明：

1.1993年10月31日“公司”与家属代表郑贵芬签署的“关于赵懿同志车祸善后工作处理协商意见书”。

2.“保险公司”人身保险投保书及保单(保单编号:C100018617)。

3.“保险公司”综合个人意外保障计划投保书(号码:0280－A100095122)。

4.“保险公司”分期支付储蓄终身寿险(增值红利)契约。

5.“保险公司”意外/住院赔偿书暨收据(号码:930424)。

6.1993年11月22日“公司”与家属郑贵芬所订立的协议书。

7.“保险公司”理赔部工作人员张宇出具的“证明被保人赵懿在本公司获得如下项目赔偿金”清单。

(四)一审判案理由

上海市杨浦区人民法院经审理后根据以上事实和证据认为:公民的合法权益应受法律保护。双方所争保险金，按有关保险条例规定应归指定的受益人所有。原告赵睿鋆要求返还在被告“公司”处的保险金人民币152000元，依法应予准许。被告要求按协议处理该笔保险金，因无法律依据，难以支持。

(五)一审定案结论

上海市杨浦区人民法院依照《中华人民共和国民法通则》第十八条、第七十五条第二款和第一百一十七条之规定，作出如下判决：

1. 上海倍得福时装有限公司应归还属受益人赵睿鋆的保险赔偿金人民币152000元(本判决生效后1个月内付清)。

2. 本案受理费人民币4702元由被告负担。

(六)二审情况

1. 二审诉辩主张

一审法院判决后，“公司”不服，提出上诉称:上诉人为职工投保是为了上诉人与职工双方利益着想，绝非单纯的“赠与”行为。只是由于工作疏忽才致使职工自行填写了“受益人”。赵懿车祸后，上诉人“公司”与赵懿家属处理善后工作中，给付被上诉人赵睿鋆之母郑贵芬的50000元，包含了保险金35000元，因此保险金的索赔权理应转移给上诉人。“公司”为慎重起见，后又与郑签订协议书，明确获得的保险金需扣除“公司”处理车祸的费用后，才交给被上诉人。郑贵芬也明知该协议内容而签字，因此该协议是有效的。被上诉人欲得保险金，应将已由“公司”预付给被上诉人之母的保险金35000元及索赔保险金过程中花费的7000元从保险金中扣除。上诉人返还余额115000元。

被上诉人辩称:在善后工作处理协商意见书中的50000元根本不包括35000元保险金，且没有一分钱是给赵睿鋆的。在与“公司”签订协议书时并不知道保险金到底有多少，也不知赵懿投保情况，自己只是出于对“公司”的信任才签了字。到“保险公司”去，自己只是在收据上签了名，保险赔偿金的具体数额不清楚，且一分钱也未拿到。按保险契约条文规定，受益人为赵睿鋆，“公司”要求索回已给付的钱款，应另行起诉处理。请求二审法院维持原判。

2. 二审事实和证据

上海市中级人民法院经审理，查明的事实和证据与一审相同。

3. 二审判案理由

二审法院认为：“公司”在“保险公司”为赵懿投保的两份保险，受益人均为赵睿鋆。原审法院根据有关保险条例判决“公司”归还受益人赵睿鋆保险赔偿金人民币计152000元是正确的，应予维持。“公司”要求按协议处理该保险金于法无据，法院不予支持。

4. 二审定案结论

上海市中级人民法院依据《中华人民共和国民事诉讼法》第一百五十三条第一款第（一）项的规定，作出如下判决：

驳回上诉，维持原判。

二审案件受理费人民币4702元，由上海倍得福时装有限公司负担。

（七）解说

本案实质上是一起保险公司给付的人身保险金应归投保人所有还是归受益人所有的纠纷。

1. 一个单位为本单位职工投保人身保险，在保险合同有效期内被保险人死亡，保险公司支付的保险金应为谁所有？我国继承法对此未作明文规定。最高人民法院1988年3月24日以(1987)民他字第52号文作出司法解释指出：“根据我国保险法规有关条文规定的精神，人身保险金能否列入被保险人的遗产，取决于被保险人是否指定了受益人。指定了受益人的，被保险人死亡后，其人身保险金应付给其受益人；未指定受益人的，被保险人死亡后，其人身保险金应作为遗产处理，可以用来清偿债务或者赔偿。”本案中，“公司”为其单位职工投保，保险契约第二条明确“若被保险人死亡，给付保险金予受益人”，故“公司”认为“公司为职工投保……绝非单纯的赠与行为”。这种认识是与保险契约及我国法律、法规相抵触的。

2.“公司”在赵懿去世后，与其妻两次签订过协议，第一次协议中明确“给赵懿家属人民币50000元中包括丧费、墓地费、一次性补助、亲属误工费及包括人身保险费”；第二次协议明确向“友邦保险公司索赔得到的金额应扣除本公司处理赵懿同志车祸及后事的一切费用”等。由于第一份协议中的“人身保险费”是否指向“保险公司”索取的保险赔偿金不清楚，且具体数额也不明确，因而一、二审法院对此未予认定。至于第二份协议，根据案情可知，郑贵芬是保险赔偿金受益人赵睿鋆的监护人，“公司”将处理因工伤死亡职工的后事费用在所得的保险金中扣除，显然损害了受益人赵睿鋆的利益。法院根据我国《民法通则》第十八条第一款之规定精神，确认协议无效所作的处理是正确的。

3.“公司”在诉讼中称，为追索保险金花费一定的费用，应予扣除。这一请求是合理的。但鉴于“公司”前后说法不一，一说为7000元，一说为2000元，且均未能提供证据，故法院未予认定。如“公司”能够有证据证实，已给付的钱款中含有人身保险金及为索取保险金所花费用的确切数目，如协商不成，也可通过诉讼予以解决。

（李景华　郭海云）

120. 三明国际经济技术合作公司诉付素美拖欠劳务输出管理费案

(一)首部

1. 判决书字号

一审判决书:福建省三明市三元区人民法院(1994)民初字第117号。

二审判决书:福建省三明市中级人民法院(1994)民终字第116号。

2. 案由:拖欠劳务输出管理费纠纷。

3. 诉讼双方

原告(上诉人):三明国际经济技术合作公司。

法定代表人:陈与俊,总经理。

诉讼代理人:李春贺,三明市新华律师事务所律师。

诉讼代理人:刘华梅,三明市新华律师事务所律师。

被告(上诉人):付素美,女,1963年10月19日出生,汉族,现待业,住三明市第三医院新楼602室。

诉讼代理人(一审):陈力,福建省第三律师事务所律师。

诉讼代理人(二审):吴晓辉,三明市律师事务所兼职律师。

诉讼代理人(二审):丁传崎,三明市律师事务所兼职律师。

第三人:三明市联泰制衣有限公司。

法定代表人:王新工,董事长。

诉讼代理人:李春贺,三明市新华律师事务所律师。

诉讼代理人:刘华梅,三明市新华律师事务所律师。

4. 审级:二审。

5. 审判机关和审判组织

一审法院:福建省三明市三元区人民法院。

合议庭组成人员:审判长:张亮;审判员:林生龙;代理审判员:张芳。

二审法院:福建省三明市中级人民法院。

合议庭组成人员:审判长:邓文汀;代理审判员:谢明华、朱凤英。

6. 审结时间

一审审结时间:1994年5月24日。

二审审结时间:1994年9月1日。

(二)一审诉辩主张

原告诉称:1991年3月14日,第三人根据原告的委托与被告签订了一份聘用劳务合同,由原告外派被告赴美国塞班联泰国际有限公司工作。根据该合同的规定,劳务人员应按工资收入的15%上缴管理费,但被告自1991年7月7日后,借塞班资方由计件工资改为计时工资之际,以各种理由拒绝缴纳管理费,至今欠缴管理费3041.09美元,被告回国后,经原告多次催讨，被告仍拒绝缴纳。为此，要求给付劳务输出管理费及利息。

被告辩称：自1991年7月7日后，塞班资方将计件工资改为计时工资，改用支票形式给付工人报酬，其中已扣除应缴纳的管理费，要求驳回原告的诉讼请求。

第三人诉称：第三人是受原告的委托与被告签订合同的，其与被告签订的聘用劳务合同是有效的。由于被告不履行义务而导致第三人与原告之间的委托协议不能履行，责任完全在被告，第三人并无过错。

（三）一审事实和证据

三元区人民法院经公开开庭审理查明：1988年7月5日，原告与第三人签订委托协议书，协议规定：由原告委托第三人从本单位选送制衣工人赴美国塞班联泰国际有限公司工作；由第三人与赴塞班劳务人员签订劳务合同书，条款经双方同意后，第三人方可与赴塞班劳务人员签订正式合同；原告按规定向赴塞班劳务人员所收管理费，委托第三人代收。1991年3月14日，被告自愿申请参加由原告组织的赴美国塞班劳务输出，同意依照原告与第三人以及雇主所签订的合同、协议之条款内容执行，并与第三人签订了聘用劳务合同，该合同规定：被告在外的劳务工资收入应上缴第三人劳务输出管理费30％。被告于1991年3月17日开始在塞班上班。塞班雇主每月将工人工资交给领队，由领队扣去管理费后再将剩余工资交给工人。1991年7月7日，由于受美国劳工部的干涉，雇主将工人的工资由计件工资改为计时工资，每月将工资支票直接交给工人，领队因此无法控制工人的工资，工人也因支票已到自己手里而拒缴管理费。针对这一情况，原告和第三人研究后，将管理费比例适当降低，按月工资总额15％收取，但工人仍拒绝缴纳。被告于1993年12月28日回国。自1991年7月7日至回国前，其所得工资总额为20273.98元。由于包括付素美在内的52名劳务人员回国后仍拒绝缴纳管理费，遂引起纠纷。

上述事实有下列证据证明：

1.1988年7月5日，原告与第三人签订的委托协议书。

2.1991年3月14日，被告与第三人签订的聘用劳务合同。

3.1991年8月17日，原告和第三人开会形成的会议纪要。

（四）一审判案理由

法院认为，第三人与被告签订的聘用劳务合同是受有劳务输出经营权的原告之委托而形成的，该合同是有效的。原告向被告收取管理费的数额，并未违背国家法律和政策的规定，合同中双方约定的管理费的数额是被告的真实意思表示。原告根据塞班资方于1991年7月7日起将计件工资改为计时工资的实际情况，对收取管理费的比例变更为15％的调整，符合《中华人民共和国民法通则》第五十五条、第八十五条之规定，应受法律保护。被告欠缴1991年7月7日至1993年12月28日期间管理费的事实清楚，其行为已构成违约，应承担相应的民事责任。被告提出管理费已经缴纳，既提不出证据证明，也无事实根据，理由不能成立，不予采纳。

（五）一审定案结论

三元区人民法院根据《中华人民共和国民法通则》第八十四条第二款、第一百零六条第一款之规定，作出判决如下：

1. 被告付素美应向原告三明国际经济技术合作公司缴纳管理费3041.09美元。

2. 被告付素美应赔偿原告三明国际经济技术合作公司欠缴管理费期间的利息47.52

美元(利息自1994年1月1日起至1994年5月30日止,以中国银行美元存款年利率3.75%计算)。

3. 上述二项合计,被告付素美应向原告三明国际经济技术合作公司缴付3088.61美元。被告付素美应在判决生效后10日内付给原告。逾期未付,应当加倍支付迟延履行期间的债务利息。

案件受理费2000元,由被告付素美承担。

(六)二审情况

1. 二审诉辩主张

被告不服一审判决,以第三人没有资格与其签约,故合同应无效,且原告和第三人未经其同意,单方将管理费的收取比例调为15%,是明显不妥为由,向三明市中级人民法院提出上诉。原告以原审未对被告在塞班期间管理费的利息作出判决为由,也提出上诉。

2. 二审事实和证据

二审法院确认了一审法院所采纳的事实和证据。

3. 二审判案理由

三明市中级人民法院经审理认为:原告委托第三人与赴塞班劳务人员签约和代收管理费,是双方当事人的真实意思表示,依法予以保护。被告向第三人提出申请,自愿参加赴塞班劳务输出,并与第三人签订了聘用劳务合同,该合同并未违背国家法律、政策的规定,因而合法有效。1991年7月7日后,塞班资方将计件工资改为计时工资,从这一实际情况出发,原告和第三人将管理费的收取降为按月工资总额的15%,既保护了国家利益,也保护了劳务人员的利益,符合国家法律、政策的有关规定,因而亦是合法有效的。被告欠缴1991年7月7日起至1993年12月28日止的管理费3041.09美元事实清楚,其欠缴管理费的利息从被告回国开始计取,并未违背政策规定。

4. 二审定案结论

二审认为原审认定事实清楚,所作判决并无不当,依照《中华人民共和国民事诉讼法》第一百五十三条第一款第(一)项之规定,判决:

驳回上诉,维持原判。

(七)解说

1. 聘用劳务合同是否有效问题。被告经考核合格后,向第三人提出申请,表示同意依照原告、第三人及与雇主所签的合同、协议之条款内容执行。同时,被告与第三人签订聘用劳务合同,接受了包括收取管理费在内的条款。显而易见,被告愿意参加赴塞班劳务输出,是在明知合同条款的情况下与第三人签约的,是双方真实意思表示。被告提出第三人没有资格与其签约,故合同应无效的理由不能成立。因为虽然从合同的形式要件来看,由原告直接与被告签合同更为妥当,但原告与第三人签有委托协议书,明确授权由第三人与劳务人员签约,且以往的做法和上海等地的情况亦是如此,所以仅从形式要件上强调须以委托人(原告)的名义而不能以受委托人(第三人)的名义与劳务人员签约,从而认定合同无效,显然过于苛刻。综上所述,受原告委托的第三人与劳务人员签订的聘用劳务合同具备《中华人民共和国民法通则》第五十五条规定的生效要件,应予保护。

2. 管理费的比例如何确定。管理费应收多少是本案双方当事人争议的焦点。一审法院判决被告按工资总额的15%缴纳是可行的。首先,根据《福建省民间劳务输出试行办法》第十条第三款之规定，应聘者在受聘期间应按月或一次性通过聘方向承办公司缴付管理费，其金额视聘方国家的工资水平而定，一般可占本人工资的10％至20％，参照这个民间输出的标准，以及各地公派劳务输出收费高出民间劳务输出的做法，原告与第三人将管理费的收取调整为占工资的15％，不为太高。同时，根据《福建省民间劳务输出试行办法》，管理费既可按月缴也可一次性缴，一审法院判决管理费利息从被告回国后开始计取，并无不妥。其次，由于在合同的履行过程中，劳务人员的工资由计件工资改为计时工资，工资支票掌握在工人自己手中，工人拒绝缴纳管理费，导致合同无法履行。为此，原告与第三人将管理费从30％降至15％，以便顺利收取管理费。虽然管理费比例是原告和第三人在国内单方变更的，事先未与劳务人员协商，但其变更不仅没有损害劳务人员的利益，而且减轻了劳务人员的负担，符合民法的公平原则。如果确认变更无效，恢复原合同的履行，那么对全体劳务人员来说，收费更高，其结果可想而知。

（吴幼珍）

121. 潘仁君诉常德市证券公司股票代理赔偿案

（一）首部

1. 判决书字号

一审判决书：湖南省常德市武陵区人民法院（1994）武民初字第172号。

二审判决书：湖南省常德市中级人民法院（1994）常民终字第261号。

2. 案由：股票代理赔偿纠纷。

3. 诉讼双方

原告（上诉人）：潘仁君，男，37岁，湖南省常德市人，住常德市武陵区红卫居委会三组232号。

诉讼代理人（一审）：肖礼云，常德市武陵区律师事务所律师。

诉讼代理人（一审）：罗建华，常德市经编厂工人。

被告（上诉人）：常德市证券公司。

法定代表人：王勇，总经理。

诉讼代理人（一审）：蓝志龙，常德市经贸律师事务所律师。

诉讼代理人（二审）：庄中华，该公司交易部副经理。

第三人（上诉人）：湖南省证券股份有限公司第二营业部。

法定代表人（一审）：罗惠雄，经理。

法定代表人（二审）：杨合寿，经理。

诉讼代理人（一、二审）：王志华，该部副经理。

法定代表人（二审）：徐国华，该部法律顾问。

4. 审级：二审。

5. 审判机关和审判组织

一审法院：湖南省常德市武陵区人民法院。

合议庭组成人员：审判长：许端阳；审判员：丁培德、宋卫民。

二审法院：湖南省常德市中级人民法院。

合议庭组成人员：审判长：李新珍；审判员：冷鹤龄、李常春。

6. 审结时间

一审审结时间：1994 年 9 月 17 日（经本院院长批准依法延长审限）。

二审审结时间：1994 年 12 月 19 日。

（二）一审诉辩主张

1. 原告诉称：1993 年 12 月 1 日和 7 日，原告委托证券公司先后购买“延中实业”、“浦东大众”、“兴业”股票四次，共 2900 股，计金额 70913 元，并缴纳了手续费、通讯费和税款 627.29元。1993 年 12 月 17 日，原告委托证券公司抛售股票时，才知道以上股票没有了。经交涉，证券公司原副总经理王勇与原告就股票遗失一事达成协议，约定由证券公司在一周内查出事因和给予明确答复，但逾期后证券公司以原告自己窃取了股票为借口，拒绝赔偿原告的损失，还四处散布毁坏原告名誉的言论，在社会上造成极大的影响。要求被告证券公司返还股票本金、赔偿可得利润、误工工资、代理费、借款利息等经济损失 210000 元。赔偿名誉侵权的精神损失 70000 元。

2. 被告辩称：原告所诉股票种类、金额属实。在其股票被盗至破案前，我们确实怀疑过是原告本人所为，客观上对原告名誉造成了影响，我们表示歉意。但原告就侵害名誉权损害赔偿而提出的诉讼请求，没有充分的事实依据。原告股票被盗是本公司聘用的电脑操作员杨长贵的个人行为，公司不应替其承担追还原告股票本金和赔偿损失的责任，原告应直接向实施盗窃的行为人追索，在刑事诉讼中提起附带民事诉讼。

3. 第三人辩称：潘仁君在我部开户、交易和提款的全过程程序合法，手续完备，凭证单据齐全，我部没有任何违规和过错，不应承担民事责任。

（三）一审事实和证据

湖南省常德市武陵区人民法院经审理查明：1993 年 12 月 1 日和 7 日，原告潘仁君先后委托被告常德市证券公司购进沪股“延中实业”、“浦东大众”、“兴业”三家股票共 2900 股，总金额为 70913 元；并缴纳了手续费 354.56 元、通讯费 60 元，税款 212.73 元。同月 17 日上午，原告委托被告抛售所购的全部股票。下午，原告向被告查询股票抛售情况时，方知自己的股票全部没有了。为此原告当即向被告原任副总经理王勇提出质疑，要求被告查清股票的下落。后经被告设法多方查询，原告的股票仍然下落不明，因此原、被告于 12 月 20 日签订了“关于潘仁君委托常德市证券公司买入股票遗失的处理协议”，约定：因原告股票遗失，现情况不明，一周内由被告负责查出事因，有个明确的回复。第一，如股票已被原告或亲友抛出，则由原告作出书面检讨，赔礼道歉；第二，股票遗失如系被告操作失误引起，则由被告按买进价格给予赔偿；第三，如系双方之外的第三者所为，则由被告负责向第三者追索，并按 12 月 17 日的抛售行情补偿损失给原告。21 日上午，被告收到上海市证券交易所的复函后，方知原告的股票已于 12 月 15 日在第三人处被全部抛售。为弄清真相，22 日，原、被告共同从第三人处提取了潘仁君在该营业部开户和交易的有关资料复印件。此后，在原告依协议约定向被告要求进行补偿时，被告均以第三人提供的资料为依据，拒绝给予补偿。同时，被告的有关工作人员在潘要求赔偿时，也讲了一些有损原告名誉的言论。据此，原告于 1994 年 1 月 4 日向湖南省常德市武陵区人民法院提出前述赔偿经济损失的诉讼请求。在诉讼过程中，被告认为原告提出诉讼请求是欺诈公司的行为，又发表了一些有损原告名誉的言论。

1994 年 5 月中旬，常德市公安局武陵区分局破获了杨长贵诈骗犯罪的事实后查明：杨长贵是被告证券公司的聘用人员，1993 年 11 月，杨利用接触电脑的机会，私自打印了公司电脑贮存的“股东编号”，同年 12 月上旬，又乘公司其他人员工作中的疏忽，窃取了原告的购股信息，于 15 日窜至长沙第三人处，利用伪造的“股票帐户”和“居民身分证”，假冒原告之名，将原告所有的 2900 股股票全部抛出。破案后，被告已向原告表示歉意，但原告认为被告的行为已构成名誉侵权，遂于 1994 年 6 月 8 日向法院追加了前述赔偿名誉侵权损失的诉讼请求。

以上事实除有当事人三方陈述外，尚有下列证据佐证：

1. 原告股票帐户卡、购股委托书，被告买进报告书、答辩状可证明原告委托被告购进沪股 2900 股的事实。

2. 原告卖出委托书及原、被告关于股票遗失的处理协议可证明原告股票已“遗失”的事实。

3. 第三人提供的“潘仁君”卖出委托书、取款凭条可证明已将原告股票卖出的事实。

4. 杨长贵陈述和常德市武陵区人民法院已发生法律效力的(1994)武刑初字第 102 号刑事判决书可证明杨长贵利用管理上的漏洞，窃取机密并假冒潘仁君的名义诈骗犯罪的事实和第三人在错误接受委托时，未严格审查有关证件的事实。

5. 赵小华等人的证言和被告代理词可证明被告有关人员发表过某些有损害名誉的言论。

6. 原告的部分其他损失亦有相应的发票、收据等凭证证明。

(四)一审判案理由

湖南省常德市武陵区人民法院根据上述事实和证据认为：

1. 原告与被告之间的委托代理关系十分明确。原告作为股民是被代理人，被告作为代理商是代理人；双方依法均应享受一定的权利和承担一定的义务。被告因管理不严、用人不当和未严格履行为客户保守机密的职责，没有履行代理义务，应对自己的过失行为承担一定的责任。

2. 第三人错误接受委托，应承担过错责任。为了便于股民炒股，我国的深、沪两家证券交易所已和各地交易所联网，允许股民在一帐一卡的原则下凭身分证等有效证件进行异地交易，但是第三人在未核准有关证件的情况下，错误地把杨长贵当成原告，使杨长贵利用有明显伪造痕迹的居民身分证、股民帐户卡等证件开户、交易和提款，违反了股市交易规则，过失侵犯了原告的财产权，应承担赔偿原告经济损失的责任。

3. 被告是经金融和工商管理部门核准成立的企业法人，其所属的个别工作人员散布有损原告名誉的言论，事实清楚。但这些行为都发生在杨长贵诈骗案破获前，是在有重大误解的情况下讲的错误言论，主观上没有损害原告名誉的故意，扩散范围不广，影响较小，情节显著轻微，并且在真相大白后能赔礼道歉，不构成名誉侵权，对原告的此项诉讼请求不予支持。

4. 杨长贵刑事犯罪是一种个人行为，其侵犯的客体是第三人管理的公共财产，与第三人因过失损害原告的合法财产权的行为是两种不同性质的法律关系，同时第三人的工作人员实施的是职务内的经营活动，因此原告的诉讼请求不能适用刑事附带民事诉讼程序。

（五）一审定案结论

常德市武陵区人民法院在查明事实，分清是非责任的基础上，驳回了原告名誉侵权赔偿之诉，并根据《中华人民共和国民法通则》第六十六条第二款、第四十三条、第一百二十一条等规定，作出判决如下：

1. 被告和第三人赔偿原告股票本金 70913 元。

2. 被告和第三人承担原告股票本金丢失后的利息损失 11487.90 元（从 1993 年 12 月 17 日起至 1994 年 9 月 18 日止，按月息 18%计算），并承担其他损失 3000 元。

以上合计人民币 85400.90 元，由被告承担 34160.36 元，第三人承担 51240.54 元。以上款项在本判决生效后 5 日内付清。

诉讼费 4072 元，由被告承担 1628.81 元，第三人承担 2443.19 元。

（六）二审情况

1. 二审诉辩主张

一审法院判决后，原告潘仁君、被告证券公司、第三人二营业部均不服，分别向湖南省常德市中级人民法院提出上诉。

（1）上诉人潘仁君上诉称：原审法院判决的赔偿额太少，不足以补偿自己的实际损失；要求按购买股票的本金及缴纳的手续费、税款、通讯费 627.29 元，自已找他人借款月息 5%的损失，为此案进行电函咨询、复印材料、委托代理人支付费用 7800 元及证券公司造成我的名誉侵权损失进行赔偿。

（2）上诉人证券公司上诉称：原审判决认定事实不清，适用法律不当；本公司与潘仁君的代理关系终止；潘的股票被骗取，二营业部有不可推卸的责任。

（3）上诉人二营业部上诉称：原审判决要求其承担赔偿责任没有法律依据；本案只能适用刑事附带民事诉讼程序处理。

2. 二审事实和证据

常德市中级人民法院经审理查明，1993 年 12 月 1 日、7 日，潘仁君填写好买进委托书，先后委托证券公司买进由上海证券交易所上市的“延中实业”、“浦东大众”、“兴业房产”三家股票计 2900 股。其中，“浦东大众”900 股，价金 23660 元，“延中实业”1000 股，价金21913元，“兴业房产”1000 股，价金 25340 元。合计价金为 70913 元，同时缴纳手续费354.56元，税款 212.73 元，通讯费 60.00 元。同年 12 月 17 日，潘仁君填写好卖出委托书，委托证券公司卖出“浦东大众”900 股，“延中实业”1000 股股票时，证券公司与上海证券交易所联系查询，答复是潘仁君所买进的上述三家股票 2900 股已全部卖出。潘仁君当即找证券公司提出质疑，要求查明股票的真实去向。同年 12 月 20 日，由当时的证券公司副总经理王勇与潘仁君达成了“关于潘仁君委托证券公司买入股票遗失的处理协议”，约定，在一星期之内，证券公司向潘仁君作出答复，如系双方之外的第三者所为，则由证券公司负责向第三者追回，并按 12 月 17 日的行情补偿损失。此后，证券公司经查实，潘仁君所买进股票已从二营业部委托卖出，从而怀疑是潘仁君所为，不同意给潘赔偿。潘索赔无果，遂诉至原审法院，要求证券公司偿还股票本金并赔偿其他损失。原审法院在审理过程中，追加二营业部为第三人参加本案诉讼。1994 年 5 月中旬，在证券公司的协助下，经公安部门侦查，破获了杨长贵利用伪造的潘仁君身分证、股票代码卡从二营业部骗取潘仁君 2900 股股票的案件事实。

另查明，潘仁君为做股票买卖，于 1993 年下半年先后向他人借款 81000 元，其中 61000

元按约定月息5%支付利息。潘仁君在1993年12月17日委托证券公司卖出"浦东大众"、"延中实业"二种股票时,"浦东大众"900股的价金为20520元,"延中实业"1000股的价金为19500元。

以上事实除二审法院采纳了一审法院认定的证据外,还补充了下列证据:

(1)1993年12月17日三种股票的价格行情表。

(2)原告借款61000元购买股票,并支付月息5%的书证5份。

3. 二审判案理由

二审法院认为:

(1)潘仁君委托证券公司买卖股票,证券公司作为股票代理商,对股民的各种股票信息资料有责任、有义务严加保管。由于被告部分工作人员对各自保管的资料未严加保密,使杨长贵窃取了有关潘仁君买股的资料,证券公司应承担一定的民事责任。

(2)二营业部因工作人员失职,未能按有关股票交易规则核对证件,导致杨长贵利用有明显伪造痕迹的证件开户、交易、提款,造成潘仁君所买股票被盗卖,应负主要责任。

(3)潘仁君股票本金的赔偿,除"兴业房产"股票可按1993年12月7日买进价值给付外,另"浦东大众"和"延中实业"二种股票,只能按1993年12月17日委托证券公司卖出时的价值给付,潘为买进股票向他人借款61000元,应按月息5%支付利息。其损失证券公司、二营业部应予赔偿。

(4)潘所提要求赔偿为购进股票支付其他费用627.29元,因此款属于买进股票的正常开支,应由潘仁君自己承担。潘仁君提要求赔偿电函咨询等其他损失及名誉侵权损失赔偿的证据不足,本院不予支持。

4. 二审定案结论

湖南省常德市中级人民法院依照《中华人民共和国民法通则》第六十六条第二款、第四十三条以及《中华人民共和国民事诉讼法》第一百五十三条第一款(三)项之规定,判决如下:

(1)撤销常德市武陵区人民法院(1994)武民初字第172号民事判决第一、第二项。

(2)证券公司、二营业部给潘仁君赔偿股票本金合计65360元,赔偿利息损失37541.76元(利息计算方式:本金61000元×5%×12个月=36600元;本金4360元×1.8%×12个月=941.76元)。

上述给付潘仁君的款项合计102901.76元,由二营业部承担82321.41元,证券公司承担20580.35元。

本案一审诉讼费4072元,由二营业部负担2850.40元,证券公司负担1221.60元;二审诉讼费4072元,由二营业部负担3664.80元,证券公司负担407.20元。此款在本判决送达后7日内付清。

(七)解说

1. 随着金融体制和经济体制改革的不断深入,我国股票的种类、发行和交易有了较大发展,由于股票具有风险性、流动性、决策性和价格不稳定等特点,因此股票市场必须用法律手段规范和调节。在目前证券法规滞后于证券市场发展的情况下,本案一、二审法院大胆探索,灵活地运用现行法律原理,正确处理了建立市场经济体制中出现的新情况、新问题,保护了平等主体的合法权益,制裁了经济违法行为,维护了股票市场秩序。

2. 本案争议的焦点是由谁赔偿和怎样赔偿。原告从"代理关系"入手来主张权利;被告和第三人则以要适用“刑事附带民事诉讼程序”来推卸自己应负的赔偿责任。在审理中，一、二审法院形成以下基本观点：(1)从案件性质上讲，杨长贵犯罪是个人实施的行为，所侵犯的客体是第三人管理的公共财产所有权，与原告没有直接因果联系。而被告和第三人是由于工作人员在本职工作中疏忽大意出的差错，这种过失行为是一种职务内的行为，又产生了原告股票被骗的后果，这种损害后果由谁承担已泾渭分明。(2)从适用程序上讲，《中华人民共和国民事诉讼法》第一百一十九条规定：“必须共同进行诉讼的当事人没有参加诉讼的，人民法院应当通知其参加诉讼。”一审法院通知第三人参加本案的诉讼符合法律规定，但是根据第三人在本案中的地位和作用看，以共同被告的身分参加诉讼更妥当一些。(3)从当事人承担的责任来讲，本案原告没有抛售股金，没有泄密，即没有过错责任。被告因管理上的漏洞引起泄密，导致委托人的股票被人骗卖的后果，应承担一定的违约责任。第三人因当班工作人员失职，错误地接受他人的委托，将原告帐户的股票全部抛出的行为，无合法依据，侵犯了原告的财产权，应承担侵权的责任。

3.《中华人民共和国民法通则》第一百零六条规定：“公民、法人违反合同或者不履行其他义务的，应承担民事责任。公民、法人由于过错侵害国家的、集体的财产，侵害他人财产、人身的，应当承担民事责任。”法院根据被告不履行保密义务、第三人过失侵害原告财产所有权的实际情况和各自的过错大小来划分责任，显然是正确的。

（宋卫民　李佳生　宋雨前）

122. 上虞市电子公司诉上虞市邮电局错刊电话号码案

（一）首部

1. 判决书字号：浙江省上虞市人民法院(1994)虞民初字第95号。

2. 案由：损害赔偿。

3. 诉讼双方

原告：上虞市电子公司。

法定代表人：冯俊奎，董事长。

诉讼代理人：林锵海，上虞市通达律师事务所律师。

诉讼代理人：冯志华，男，该公司职工。

被告：上虞市邮电局。

法定代表人：陈烈炯，局长。

诉讼代理人：金尧坤，上虞市律师事务所律师。

诉讼代理人：裘友根，男，该局职工。

4. 审级：一审。

5. 审判机关和审判组织

审判机关：浙江省上虞市人民法院。

合议庭组成人员：审判长：夏增铨；审判员：李绍荣；代理审判员：孙奇杰。

6. 审结时间：1994年12月17日。

（二）诉辩主张

原告诉称：1994年8月中旬，被告在其最新出版的电话号码簿上，将别人的电话号码错印在原告单位上，以致客户拨打本公司电话时使用错印的号码，将本来打给原告的电话打到别处，严重扰乱了原告正常的经营秩序，侵害了原告的名称权，给原告造成了很大的经济损失。为此，要求被告立即停止侵害，除去新版电话号码簿上错印的电话号码，并赔偿原告经济损失2万元。

被告辩称：电话号码差错属实，但被告已声明更正并公开道歉；编印中差错难免，原告早已在“编印说明”中预先说明；新版电话号码簿上的差错并未侵害原告的名称权，也未扰乱原告的经营秩序，要求法院驳回原告的诉讼请求。

（三）事实和证据

原告是1993年5月开业的一家集体性质的企业，主营通讯设备、电子仪器等产品。开业后即向原告申请安装经营性电话1只，电话号码为2015510。1994年8月上旬，被告印制1994年版电话号码簿1.5万本（至审理该案时已售出5000余本），收录1994年1月31日前的电话号码。由于被告校对疏忽，导致新版电话号码簿发生刊号错误，在原告单位栏中刊印了2072068、2015510两个电话号码，将不属于原告的电话号码2072068错刊在原告电话号码2015510之前。原告发现此错误后，即于1994年8月22日向法院起诉。新版电话号码簿出售后，错号所在单位浙江照明电器总公司确常接到打给原告的电话。

被告接到法院的应诉通知后，于9月10日印制“号簿勘误表”2500份，将原告等错刊用户号码予以更正，同时将该局自办的“电话信息”（印数7300份，随《浙江日报》一起发送）发送至有关用户，并向错刊用户公开道歉。11月1日，被告又印制“号簿勘误表”1万份，准备在该局各营业窗口待电话用户交纳电话费时分发。

在本案开庭审理中，原告对被告承担民事责任的三点意见表示同意。即：第一，被告向原告赔礼道歉；第二，对于已售出的5000余本电话号码簿，采取向前来交纳电话费的每个电话用户分发勘误表的形式消除影响；第三，对于尚存的1万本电话号码簿，采用除去错误号码方式解决。但原告同时坚持要求被告赔偿经济损失，双方在经济损失赔偿问题上达不成协议。

上述事实有下列证据证明：

1. 错刊原告电话号码的电话簿。

2. 有关证人证言。

3. 当事人陈述。

（四）判案理由

1. 原告安装电话机后，被告应正确提供必要的售后服务，被告错刊电话号码，给原告造成一定的影响，是一种特殊的侵权行为，应承担相应的民事责任，予以赔礼道歉，停止侵害，消除影响。原告起诉后，被告分发了勘误表，采取了一定的措施，是承担部分民事责任的行为，但由于已售出的5000本电话号码簿流传范围较广，仍未完全消除影响，仍应继续承担民事责任。原、被告在开庭审理时达成的三点统一意见，作为承担民事责任的方式，符合法律规定，应予准许。

2. 关于被告错刊电话号码是否侵犯原告名称权的问题。根据《中华人民共和国企业法人登记管理条例》中的规定，工商企业的名称一般由字号（商号）、所属行业（或者经营特点）、组织形式等部分组成。工商企业的电话号码不属名称的组成部分,本案的被告没有盗用、冒用原告名称的行为,仅是电话号码错刊,因此,并不构成侵犯原告名称权。

3. 被告的侵害事实与原告所称的侵害后果无因果关系,原告要求被告赔偿,缺乏法律依据。理由如下:(1)原告诉称的经济损失(即侵害事实)仅是一种可能。第一,原告举证的两家商场都设有电子公司的专柜,专门经营该公司的产品,平时双方应互相负责,电子公司应定时了解销售情况,商场应及时向电子公司反馈情况,有关销售事宜应按照双方设立专柜的约定进行,可以通过多种方式联系(双方相距并不远),而且,销售额与其他因素也有关系。因此,原告诉称损失依据不足。第二,原告举证的另一家商场与电子公司没有业务来往。(2)原告诉称的经济损失与被告错刊电话号码无直接因果关系。第一,购销合同成立的决定因素在于产品的价格、质量,电话只是一种通讯工具,而不是购销合同成立的决定因素,即使购销双方已经用电话联系上了,要做成生意也只是一种可能,还要涉及价格、质量等问题。第二,被告错刊电话号码与铁路运输部门无法通知电子公司接货由此造成的经济损失无因果关系。作为铁路运输部门,货到后有通知货主提货的义务,可以通过电话等简单的通知方式,但在电话通知无效的情况下,应严格按照有关规定通知货主,由此引起经济损失,责任在铁路运输部门。

4. 电子公司欲以5000元作为补偿,要求浙江照明电器总公司转接电话,这实质是消除影响的要求,原、被告的三点统一意见足以消除影响,因此,对于此请求不予支持。

5. 原告提出广告费损失25%,这既不是直接损失(既得利益的减少),也不是间接损失(可得利益的减少),对此不予支持。

(五)定案结论

1. 被告应在判决生效后1个月内在其发行的"电话信息"上刊登向原告赔礼道歉的声明,声明内容必须事先经法院核准。

2. 被告应于判决生效之日起1个月内在该局各营业窗口向前来交纳电话费的用户分发"号簿勘误表"。

3. 被告应于判决生效之日起1个月内将尚未出售的1万册电话号码簿上原告栏中错刊印的电话号码"2072068"涂去。未经涂去,不得出售。

4. 驳回原告要求被告赔偿经济损失2万元的诉讼请求。

(六)解说

因邮电部门错刊电话号码而提起损害赔偿诉讼,在我国司法实践中尚无先例。此案处理关键,一是案件性质的确定;二是赔偿范围的界定。法院在审理时仅定性为"损害赔偿",但并未明确当事人据以索赔的请求权是什么,这是案件处理的不足之处。但法院正确划分了赔偿范围,明确了行为与损害之间的因果关系,从而使本案得以公正解决,这是值得肯定的。

(孙奇杰)

123. 苏桂枝等诉常德市武陵区德山乡莲池村及第三村民小组劳力安置费分配案

(一)首部

1. 判决书字号

一审判决书:湖南省常德市武陵区人民法院(1994)武民初字第23号。

二审判决书:湖南省常德市中级人民法院(1994)常民终字第96号。

2. 案由:劳力安置费分配纠纷。

3. 诉讼双方

原告(上诉人):苏桂枝,女,1947年8月5日出生,汉族,住常德市德山乡莲池村三组。

原告(上诉人):牛军,男,1970年3月20日出生,汉族,住址同上,系苏桂枝之子。

原告(上诉人):牛兵,男,1971年8月28日出生,汉族,住址同上,系苏桂枝之子。

原告(上诉人):牛勇,男,1974年7月16日出生,汉族,住址同上,系苏桂枝之子。

原告(上诉人):梅丽华,女,1971年1月26日出生,汉族,住址同上,系牛军之妻。

诉讼代理人(一审):陈银葆,常德市城东法律服务所法律工作者。

诉讼代理人(一审):曾凡兰,常德市城东法律服务所法律工作者。

被告(被上诉人):常德市德山乡莲池村。

法定代表人:潘文浩,村长。

诉讼代理人(一审、二审):陈舒国,常德市德山法律服务所法律工作者。

被告(被上诉人):德山乡莲池村第三村民小组。

诉讼代表人:肖金玉,组长。

诉讼代理人(一审、二审):李艮念,德山乡莲池村三组组长。

4. 审级:二审。

5. 审判机关和审判组织

一审法院:湖南省常德市武陵区人民法院。

合议庭组成人员:审判长:张学坤;审判员:高炎章;代理审判员:贾珍元。

二审法院:湖南省常德市中级人民法院。

合议庭组成人员:审判长:杜世春;审判员:郑宣桂;代理审判员:刘芳。

6. 审结时间

一审审结时间:1994年4月8日。

二审审结时间:1994年7月26日。

(二)一审情况

1. 一审诉辩主张

原告诉称:1984年5月原告一家户口从原常德县芦山乡葵花村迁回德山乡莲池村三组,属当地村民。被告莲池村三组于1992年年底至1993年8月,先后三次分配因德山经济科技开发区征用土地补偿的劳力安置费,被告不让我家五口人参加分配,侵犯了公民的合法权益。为此,诉请法院依法裁判被告给付劳力安置费。

被告莲池村辩称:苏桂枝在户口迁回时,已向村民口头承诺不参加村、组任何分配。

被告莲池三组辩称:这次分配劳力安置费是经村民讨论决定,不同意苏桂枝等五人参加分配的。如果原告收回过去的承诺,向莲池三组村民赔礼道歉,可考虑适当分配。

2. 一审事实和证据

常德市武陵区人民法院经调查和审理查明:原告苏桂枝出生于德山乡莲池村,婚后于1973年将户口迁往婆家原常德县芦山乡葵花村。1984年5月,原告苏桂枝及子四人经本人申请,有关部门批准,将户口迁回莲池村三组;1992年7月梅丽华婚迁入户。原告苏桂枝等户口迁回后,经原常德市德郊人民公社管理委员会批准,在本组荒地上建房180平方米。由于土地已承包到户,故未分到责任田,但承包过村里的商店,如数交纳了承包款。1992年12月中旬,莲池村三组经村委会、乡人民政府批准,分配德山经济科技开发区征用土地补偿的部分劳力安置费,按承包土地每亩222元,人平均164元进行分配。同年12月下旬又按人平均112元分配了一次劳力安置费。1993年8月再次按人平均274元进行了一次分配。苏桂枝等五人因没有分到上述款项,遂诉至法院,要求参加分配劳力安置费。上述事实有下列证据证明:

(1)原、被告的陈述。

(2)一审法院调查的证人证言。

(3)历次分配劳力安置费明细表。

(4)常德市国土局武陵区分局颁发的常武集建字第5732号集体土地建设用地使用证。

(5)莲池村商店承包合同。

3. 一审判案理由

常德市武陵区人民法院根据以上事实和证据认为:劳力安置费是对被征用土地使用权人的补偿。原告没有在村、组分责任田,也没有履行与其他村民同等的义务。根据权利、义务相适应原则,既然原告未履行义务,就不应享受权利。

4. 一审定案结论

根据《中华人民共和国民法通则》第四条、第八十条第二款之规定,武陵区人民法院判决如下:

驳回原告苏桂枝、牛军、牛兵、牛勇、梅丽华的诉讼请求。

案件受理费90元,由原告负担。

(三)二审诉辩主张

一审判决后,原告苏桂枝等不服,以其是莲池村正式村民,虽未承包土地,但承包了商店,交了承包款,尽了村民的义务,有权参加分配为由向常德市中级人民法院提出上诉,二被告同意一审判决,并以原诉理由进行了答辩。

(四)二审事实和证据

常德市中级人民法院肯定了一审法院认定的事实。

(五)二审判案理由

1. 原告于1984年5月通过办理正式合法手续,迁入莲池村三组,并分得宅基地,是该村的村民,依法享受村民的权利。原告未承包责任土地,但承包土地并非履行村民义务的唯一方式。原告苏桂枝承包村里的商店,如数交纳了承包款,即相应地履行了他们的义务。根据权利与义务对等的原则，苏桂枝等五人有权参加分配。

2. 根据《中华人民共和国土地管理法》第六条第二款“农村和城市郊区的土地，除法律规定属于国家所有的以外，属于集体所有”的规定，我国广大农村推行家庭联产承包责任制以后，土地承包到户，土地经营方式虽有所变化，土地归村民公有的性质没有改变，绝非谁承包了土地就归谁所有。德山经济科技开发区征用莲池村三组的土地，使该村、组的土地资源减少，损害的是集体经济组织的整体利益。德山经济科技开发区依照法律法规的规定，对其进行经济补偿，亦是对集体经济组织的补偿，由于征地而导致的各项补偿费应归集体享有，不能认为只是对承包土地者个人的补偿。

3. 依据《中华人民共和国土地管理法》第二十八条第二款“征用耕地的安置补助费，按需要安置的农业人口数计算，需要安置的农业人口数，按被征用的耕地数量除以征地前被征地单位平均每人占有耕地的数量计算……”之规定，苏桂枝一家五口人，已列入被征用单位人平均占有耕地基数之内。德山经济科技开发区对莲池村三组按人头发放的经济补偿亦包括了苏桂枝等五人的基数在内，莲池村、组截留征用单位付给原告的补偿费用的理由不能成立。

4. 原告苏桂枝在将户口迁回时曾向该村委会许诺不参与村、组分配。因村民与村委会之间存在行政隶属关系，两者之间的权利义务关系主要取决于法律的规定，而不像平等民事主体之间的关系那样主要取决于当事人的约定。1984 年原告一家迁回莲池村三组时，责任田已承包到户，当时村、组几乎没有什么分配，苏桂枝是以这一现状为基础来许诺的。而近年来，因国家征用农村土地，分配的次数明显增多，规模明显增大，许诺赖以产生的基础发生剧变，原告在当时对后来的这一变化是无法预料的。如果仍按原告的许诺，不让原告参与分配，显失公平。故依照公平原则和情势变更原则，该许诺也应确定为可撤销的民事行为。

5. 原告五人未承包责任土地，因此不应享受莲池村三组按承包责任土地分配的劳力安置费，但可享受按照人头平均分配的劳力安置费。

(六)二审定案结论

常德市中级人民法院根据《中华人民共和国民事诉讼法》第一百五十三条第一款第(二)项、《中华人民共和国民法通则》第五条的规定，作出如下判决：

1. 撤销湖南省常德市武陵区人民法院(1994)武民初字第 23 号民事判决。

2. 德山乡莲池村、莲池三组给付苏桂枝一家五口按人口平均数分得劳力安置费 2750 元(1992 年 12 月中旬分配人均 164×5＝820 元，1992 年 12 月下旬分配人均 112×5＝560 元，1993 年 8 月分配人均 274×5＝1370 元)。

以上款共计 2750 元应在本判决送达后 10 日内一次性付清。

一、二审诉讼费各 90 元，由德山乡莲池村、莲池三组各承担 45 元。

(七)解说

1. 近些年来，随着我国经济建设的发展，城区的规模不断扩大，征用城郊农村土地引发的青苗补偿、劳力安置费分配纠纷时有发生，产生的纠纷性质十分复杂，适用政策法律亦有一定难度，各地在处理的标准上不尽一致。有些人为了“农转非”，通过一些人际关系，将户口转入郊区农村落户，采取“空挂”方式，不享受村民权利和承担村民义务。这些人虽然列入了村民总人数的基数之内，但一般没有参加分配。有些地方，政府还专门下文，规定一个时间作为是否参加分配的标准。常德市政府就曾下发一个文件，规定 1985 年以前转入郊区落户的为常住人口，可以参加分配，否则不可以参加分配。有的乡、村行政领导还制定一些土政策，如只有本地“土生土养”的才有资格参加分配；农家娶媳妇可参加分配，但招郎女婿不准参加分配等。各地法院处理此类案件的法律依据也不够充分，本案一审与二审处理的结果也截然相反。此类纠纷如果处理不及时或裁判不公，易导致矛盾激化，发生群众性械斗。因此，正确及时妥善处理好此类纠纷，对保护公民合法权益，维护社会稳定，有积极的促进作用。

2. 本案处理的标准，主要是以苏桂枝等五人是否合法村民及是否享受村民权利和承担村民义务来衡量。一审法院以苏桂枝等五人在土地征用前没有承包土地，没有履行与其他村民同等义务，故不能享受同等权利的认识是片面的。二审法院认为上诉人苏桂枝上诉理由部分成立，苏桂枝等五人未承包土地，因此不应享受莲池三组按承包责任土地分配劳力安置费的依据也是不足的。原告能否参与分配，决定于款项的性质。此款既然是征地单位对被征地单位集体利益的补偿，那么原告就应全额参与分配。二审认定原告不应享受按承包责任土地分配的补偿费，但可享受按照人头平均分配的补偿费，是以村、组自定的分配标准来衡量原告应否参与分配。这种处理结果自相矛盾，部分否定了原告的合法权益。

（崔游　李佳生）

124. 罗仪等诉九江市殡葬管理处赔偿案

(一)首部

1. 判决书字号

一审判决书：江西省九江市浔阳区人民法院(1994)浔民初字第79号。

二审判决书：江西省九江市中级人民法院(1994)九民终字第196号。

2. 案由：赔偿纠纷。

3. 诉讼双方

原告(被上诉人)：罗仪，曾用名罗其渥，男，1933年1月9日出生，汉族，无业，住台湾省台北市文山区辛亥路7段69巷16号5P。

诉讼代理人(一审)：黄汉国，九江市涉外律师事务所律师。

原告(被上诉人)：罗其波，男，1938年11月25日出生，汉族，九江市钢厂退休干部，住九江市浔阳东路4号507室。

原告(被上诉人)：罗其铎，男1942年2月1日出生，汉族，九江市第三建筑工程公司工人，住九江市十里大道51号。

被告(上诉人)：九江市殡葬管理处。

法定代表人：徐正荣，处长。

诉讼代理人(一、二审)：王际民、钱钧，九江市海事律师事务所律师。

4. 审级：二审。

5. 审判机关和审判组织。

一审法院：江西省九江市浔阳区人民法院。

合议庭组成人员：审判长：库在国；审判员：柳居明、刘明。

二审法院：江西省九江市中级人民法院。

合议庭组成人员：审判长：石琴；代理审判员：王煊城、李明。

6. 审结时间

一审审结时间：1994年4月8日。

二审审结时间：1994年11月14日。

（二）一审诉辩主张

1. 原告诉称：1992年原告兄弟三人商量将其父母的尸骨合葬。当原告动迁时，发现父亲的尸骨已被他人取走，即与被告交涉，要求他们寻回父亲的尸骨，被告无法找回。由于被告失职致使原告父亲的坟墓被挖，尸骨不见，严重侵害了原告合法权益，给原告造成了巨大的经济损失和精神痛苦。为此，要求被告赔偿经济损失计人民币11698.45元，美元170元，新台币25438元，精神补偿费30000元，并承担本案全部诉讼费。

2. 被告辩称：被告作为公墓管理单位，根据有关规定，对公墓的管理责任在于搞好公墓环境的绿化、美化、净化，保持整洁、幽美、庄严和肃穆。公墓管理单位同墓主的关系是一种公墓墓穴的租用法律关系，而没有保管关系。原告之父的尸骨被他人取走，不是被告的过错造成的，故不同意赔偿原告的经济损失，但可以承担适量的精神安慰费。

（三）一审事实和证据

一审法院经审理查明：三原告之父罗德基于1958年7月1日去世，安葬在九江市马宿岭公墓区二区8号。1992年4月，原告罗仪得知其父母双亡后，来信与原告罗其波、罗其铎商量为父母重新合墓，并于同年11月初从台北回九江。当原告三兄弟到马宿岭动迁其父的坟墓时，发现坟墓被挖开，尸骨已被他人取走，仅存一块石头墓碑。于是三原告与被告交涉，要求帮助找回其父的尸骨。后经九江市人民政府、九江市民政局领导会同庐山区公安分局五里派出所派员调查，初步查明：1992年10月15日前，有一个自称来自湖北省黄梅县濯港的人利用中午下班时间，私自找庐山区鲁班村五组村民蒋保忠，要求帮助取出其“岳父”尸骨回九江县沙河乡安葬。蒋为此得到起墓费30元。被告于1992年11月19日才得知此事。事后，经多方调查未找到取走罗德基尸骨的人。原告自1992年11月19日至11月26日租车四处寻找，仍无结果。罗仪于同年11月27日离开九江返回台北。原告罗仪赴浔探亲和办理亡父母合墓以及寻找其父遗骨，共用去人民币2462.85元；美元170元（折合人民币1360元），新台币16100元（折合人民币3220元），原告罗其波为寻找其父遗骨，误工1个月，误工损失350元。共计人民币7392.85元。

另查明：被告是殡葬管理单位，该单位自1992年4月1日起，对公墓区实行管理制度。原告于1992年6月30日，一次性向被告交纳了管理费30元。

以上事实有下列证据证明：

1. 原、被告陈述。

2. 一审法院调查的证人证言。

3. 现场勘验图片。

4. 起坟人蒋保忠的证词。

5. 九江市殡葬管理处关于罗德基墓被取的调查处理执行报告。

6. 被告开具给原告交纳管理费30元的凭证，殡验收据NO.0015327。

7. 原告寻找其父尸骨所花费的单据等。

(四)一审判案理由

浔阳区人民法院鉴于上述事实认为:原告的父亲罗德基去世后葬于被告管理的公墓区已30余年,且按规定已向被告一次性交纳了公墓管理费,履行了自己的义务。被告系殡葬公墓管理部门,对墓地的建设、管理和维护负有责任。由于被告管理不善,导致原告之父的尸骨遗失,给原告的经济和精神造成了一定的损失,故被告应负经济赔偿和精神安慰的责任。考虑到原告罗仪此次返回九江,探亲和办理亡父母合墓兼而有之,故赔偿其旅差费用以单程计算为宜;人民币系国内法定流通货币,故对三原告要求被告赔偿"美元"、"新台币"的诉讼请求,不予支持。

(五)一审定案结论

根据《中华人民共和国民法通则》第一百一十一条的规定,浔阳区人民法院于1994年4月8日作出判决:

1. 被告九江市殡葬管理处应赔偿原告罗仪、罗其波、罗其铎的经济损失费7392.85元(差旅费7042.85元,误工费350元)。

2. 被告九江市殡葬管理处应补偿原告罗仪、罗其波、罗其铎的精神安慰费6000元(三原告各2000元)。

一审诉讼费2323元由被告承担。

(六)二审情况

1. 二审诉辩主张

一审法院判决后,被告九江市殡葬管理处不服,向九江市中级人民法院提出上诉,其理由主要是:(1)上诉人与被上诉人之间不存在民事法律关系。上诉人虽为有偿服务单位,但一直未收取法定的墓穴租用费、护墓管理费等费用。至于一审判决书中所提到的30元管理费,是根据九江市人民政府办公会议的决定,由九江市民政局公告征收的,其主要用途为公墓区的环境建设,同公墓管理单位规定的有偿性收费性质不同,上诉人对罗德基的坟墓不存在保管责任。(2)罗德基尸骨遗失,是由盗掘坟墓行为所致。国务院侨务办公室、公安部、最高人民检察院、最高人民法院、民政部曾联合通知:盗掘坟墓是一种违法行为,各地公安机关应及时制止和查处,对盗掘华侨祖墓的,应严肃处理。对于罗德基尸骨失踪一案,公安机关曾多次派员进行调查,一审法院在公安机关未侦查终结前就作出判决,显然不妥。(3)上诉人与被上诉人之间并不存在民事法律关系,因此,也就不存在民事权利和民事义务,故一审法院依据《民法通则》第一百一十一条进行判决是错误的。

被上诉人辩称:(1)上诉人称"上诉人与被上诉人之间不存在民事法律关系"与事实不符。1992年3月31日,上诉人的主管部门九江市民政局代其在《九江日报》发布了《关于征收公墓区管理费的通告》,通告规定到期未交纳管理费的,其坟视为无主坟处理。被上诉人在规定的时间内交纳了管理费,上诉人与被上诉人之间就罗德基坟墓的保管与被保管的关系即告成立。(2)被上诉人之父罗德基的尸骨遗失并非盗墓行为所致,而是因上诉人失职导致被他人错取。(3)原审法院适用法律正确,请求二审法院查明事实,依法驳回上诉人的上诉请求,维持原判。

2. 二审事实和证据

二审法院受案后,主审人认真审阅了一审案卷材料,询问了双方当事人,核对了相关的证据,确认一审法院认定的事实清楚,证据确实充分。另查:马宿岭公墓区属经营性公墓。九江市民政局1993年10月23日在向九江市人民政府所作的《关于罗德基遗骨被人取走一事的调查报告》中承认:“鉴于罗德基墓被取走事实,说明了我们公墓区管理制度不健全,职责不明确,私自取坟、做坟等无有效制度制约,这对我们是个深刻的教训。”说明九江市殡葬管理处对葬于该公墓区的遗骨负有管理责任。

二审法院认定并采纳了一审法院调查收集的证据,补充收集了上诉人二审期间提供的九江市民政局九民字(1993)第101号《关于罗德基遗骨被人取走一事的调查报告》等证据,足以证明本案事实的认定。

3. 二审判案理由

二审法院认为:九江市马宿岭公墓属经营性公墓。依据《中华人民共和国公墓管理暂行办法》第三条“经营性公墓是为城镇居民提供骨灰或遗体安葬实行有偿服务的公共墓地,属于第三产业”,第十四条“公墓单位应视墓区范围的大小设置公墓管理机构或聘用专职管理人员,负责墓地的建设、管理和维护”,第十七条“凡在经营性公墓内安葬骨灰或遗体的,丧主应按规定交纳墓穴租用费、建墓工料费、安葬费和护墓管理费”的规定,被上诉人按期交纳了坟墓管理费用,上诉人则对被上诉人之父罗德基之墓负有保管责任。由于上诉人管理制度不健全,导致罗的尸骨被他人错取,应负赔偿责任。原审认定事实清楚,适用法律正确。上诉人的上诉请求二审法院不予支持。

4. 二审定案结论

江西省九江市中级人民法院依据《中华人民共和国民事诉讼法》第一百五十三条第一款第(一)项的规定,作出如下判决:

驳回上诉,维持原判。

上诉案件受理费2323元,由上诉人承担。

(七)解说

本案属罕见的因公墓区遗失尸骨引起的赔偿纠纷案。该案争议的焦点为被告九江市殡葬管理处对三原告之父罗德基的尸骨是否具有保管责任。原告认为,其父葬于被告管辖的公墓区,被告对其父的尸骨即具有保管责任。现其父的尸骨被他人取走,被告对此进行赔偿是无可辩驳的。被告则认为,《中华人民共和国公墓管理暂行办法》第十四条规定:“公墓单位应视墓区范围的大小设置公墓管理机构或聘用专职管理人员,负责墓地的建设、管理和维护。”该条中的“管理”是针对搞好公墓环境的绿化、保持公墓区的庄严和肃穆等而言,并非指对公墓区的一个个坟墓具有保管责任。“管理”和“保管”是两个不同的概念。况且,马宿岭公墓区系开放性的公墓区,墓区周围的村民经常出入其间。限于人力、财力的制约,无法对具体坟墓进行保管。

一、二审法院认为,《公墓管理暂行办法》第十四条中的“管理”既包含对公墓区的环境管理,也包括对区内具体坟墓的管理。被告辩称其虽为有偿服务单位,但一直未收取法定的护墓管理费用,与事实不符。1992年3月31日,被告的主管单位九江市民政局在《九江日报》上发布了《关于征收公墓区管理费的通告》,原告按通告规定交纳了30元管理费,该笔费用可认定为《公墓管理暂行办法》第十七条规定的护墓管理费。被告亦承认其管理制度不健全,职责不明确。如不判令被告承担相应的民事责任,不利于加强被告的责任心,促使其采取有效措施杜绝此类事故的再次发生。据此,一、二审法院认为,原告的父亲罗德基去世后葬于被告管理的马宿岭公墓区,被告对罗的尸骨这一特定标的物具有保管责任,现罗的尸骨遗失,被告应承担民事责任。民事责任主要是一种弥补性的财产责任,是要求侵权行为人给予被害人与损失相当的赔偿。由于被告的过错,给三原告造成差旅费和误工费的损失,被告应予赔偿。罗德基的尸骨遗失,造成三原告对其父无法祭奠和寄托哀思,故判决被告补偿三原告一定数量的精神安慰费是适宜的。

(石　琴)

125. 常鑫瓷质砖有限公司诉罗足三等代理案

(一)首部

1. 判决书字号:江西省九江市中级人民法院(1994)民初字第14号。

2. 案由:代理权纠纷。

3. 诉讼双方

原告:常鑫瓷质砖有限公司。

法定代表人:王家梁,董事长。

诉讼代理人:万德胜,该公司干部。

诉讼代理人:雷春林,江西省九江市律师事务所律师。

被告:罗足三,男,43岁,汉族,常鑫瓷质砖有限公司职工。

被告:陈鸿玉,男,36岁,汉族,苏州市钢铜雕刻有限公司业主。

第三人:苏州市保达贸易商行。

法定代表人:林幼竹,经理。

诉讼代理人:汪裕甫,中国人民保险公司苏州分公司法律事务室副主任。

4. 审级:一审。

5. 审判机关和审判组织

审判机关:江西省九江市中级人民法院。

合议庭组成人员:审判长:石琴;审判员:张美琴;代理审判员:李明。

6. 审结时间:1994年12月1日。

(二)诉辩主张

1. 原告诉称:原告于1993年12月委派被告罗足三到苏州市开展业务活动。被告罗足三从原告处运走价值20余万元瓷质砖存放在苏州市的租用仓库。因春节将至,被告罗足三考虑到回九江过春节期间,会有已订合同的客户要求发货,便越权将货物委托给被告陈鸿玉保管并代为发货。可是被告陈鸿玉又擅自以苏州市钢铜雕刻有限公司名义与第三人苏州市保达贸易商行签订代销瓷质砖的协议,第三人根据该协议运走原告价值13万元的瓷质砖,至今未收到货款。遂请求法院判令被告及第三人共同赔偿原告的经济损失。

2. 被告罗足三辩称:其在苏州市开展业务活动未超越原告的委托范围。造成原告经济损失系被告陈鸿玉与苏州市保达贸易商行承包经理贾金龙乘其离开苏州回九江过春节之机,以苏州市钢铜雕刻有限公司的名义订立购销协议,致使第三人运走价值人民币101836.25元的瓷质砖。原告应追究被告陈鸿玉与第三人苏州市保达贸易商行的赔偿责任。

被告陈鸿玉辩称：被告罗足三委托其保管货物期间，未经原告及被告罗足三同意即以苏州市钢铜雕刻有限公司名义发给第三人苏州市保达贸易商行价值101836.35元本属原告所有的瓷质砖属实。其所收的28500元货款已被我挪用，现无力偿还，但愿协助原告追回其余货款。

3．第三人辩称：第三人苏州市保达贸易商行与原告及被告罗足三无直接利害关系，与陈鸿玉的苏州市钢铜雕刻有限公司于1994年1月18日签订的协议属正常的经济往来。在该协议的履行中，系陈鸿玉送货上门，不是第三人从原告的仓库中提货。因此，第三人不承担赔偿原告经济损失的责任。

（三）事实和证据

江西省九江市中级人民法院经公开开庭审理查明：原告常鑫瓷质砖有限公司为了对外拓展业务，推销瓷质砖，于1993年12月18日委派该公司干部罗足三到苏州市设立办事处，并租用一间仓库。被告罗足三从原告处运走价值20余万元瓷质砖存放在苏州仓库内。期间，被告罗足三通过房东介绍，与刚成立的苏州市钢铜雕刻有限公司（系私营企业）的负责人陈鸿玉相识，双方协商联营经销瓷质砖事宜，经被告请示原告，未获同意。被告罗足三经陈鸿玉介绍，又结识苏州市保达贸易商行承包人贾金龙，双方进行过业务洽谈，因原告要求现金买卖，故生意未做成。1994年1月29日，被告罗足三准备回九江过春节，考虑到春节期间苏州会有已订合同的客户要求发货，便委托陈鸿玉代为保管货物及帮助发货。可是陈鸿玉与贾金龙避开原告及被告罗足三，以苏州市钢铜雕刻有限公司的名义与苏州市保达贸易商行签订了一份代销原告瓷质砖协议，并于1994年2月3日至5日从被告罗足三租用的仓库中运走价值人民币101836.25元的多种规格的瓷质砖。第三人仅付给被告陈鸿玉货款28500元，该款已被被告陈鸿玉用于开办公司。据此，原告遂以代理权纠纷起诉，要求被告及第三人赔偿损失。

另查，第三人苏州市保达贸易商行于1993年4月9日至1994年4月8日由贾金龙承包，商行提供30万元资金给贾，贾每年上交8.5万元利润。第三人系由中国人民保险公司苏州分公司主管，由该公司工会筹集注册资金50万元而成立。

上述事实有下列证据证明：

1．当事人的陈述。

2．原告授权给被告罗足三的委托书。

3．被告陈鸿玉与第三人签订的协议。

4．苏州市工商行政管理局证明材料。

5．第三人提货的收条等。

（四）判案理由

本案事实清楚，证据确凿充分，足以认定。被告罗足三不经原告同意，将仓库钥匙交给他人，系失职行为，原告可按企业内部有关规定进行处理。被告陈鸿玉利用原告代理人罗足三委托其代为保管货物及帮助发货的机会，与第三人签订代销协议，超越了委托代理权限。被告陈鸿玉未经原告授权委托与第三人签订代销属原告所有的瓷质砖协议，依法无效。

（五）定案结论

被告陈鸿玉与第三人所签订的代销瓷质砖协议，是在其超越了代理权的情况下签订的，所以该协议依法无效。且双方均知道协议标的物——瓷质砖系原告所有，为被告罗足三所保管，因此在返还标的物的同时，双方应连带承担赔偿责任。被告罗足三擅自将仓库钥匙交给陈鸿玉，违反了企业内部制度规定，系严重失职行为，不属超越代理权行为，应由企业内部处理。

江西省九江市中级人民法院依据《中华人民共和国民法通则》第六十六条的规定，作出如下判决：

1. 被告陈鸿玉与第三人苏州市保达贸易商行签订的代销瓷质砖协议无效。

2. 第三人苏州市保达贸易商行应返还原告价值101836.25元瓷质砖并承担利息损失9783.9元，被告陈鸿玉负连带清偿责任。于本判决生效之日起10日内执行。

3. 被告罗足三作为原告企业职工，其失职行为可由原告按照企业内部有关规定给予处理。

案件诉讼费7500元，由被告陈鸿玉负担4000元，第三人苏州市保达贸易商行负担3500元。

（六）解说

本案是一起超越代理权行为引发的纠纷。被告陈鸿玉受罗足三的委托代为保管和帮助发货，也就是说陈鸿玉的代理权是保管货物和发货，其他行为必须经过授权方同意才能实施。其与第三人苏州市保达贸易商行签订代销协议，显然是超越了代理权限。且被代理人事后没有追认。依照《中华人民共和国民法通则》第六十六条第一款规定："没有代理权、超越代理权或者代理权终止后的行为，只有经过被代理人的追认，被代理人才承担民事责任。未经追认的行为，由行为人承担民事责任。"所以被告陈鸿玉应承担民事责任。第三人苏州市保达贸易商行曾与被告罗足三洽谈过生意，知道罗足三是受原告委托来苏州开展业务的，且第三人与被告陈鸿玉相识，亦明知陈鸿玉没有代销瓷质砖的代理权。《中华人民共和国民法通则》第六十六条第四款明确规定："第三人知道行为人没有代理权、超越代理权或者代理权已终止还与行为人实施民事行为给他人造成损害的，由第三人和行为人负连带责任。"因此第三人苏州市保达贸易商行与被告陈鸿玉签订的协议无效，双方应负连带责任。至于被告罗足三擅自将仓库钥匙交给他人，请他人代管货物，是一种失职行为，不属转代理，法院不作处理是恰当的。

（曹文彬）

126. 伍贤英等诉荣昌县广顺供销合作社有奖销售案

（一）首部

1. 判决书字号

一审判决书：四川省荣昌县人民法院(1993)荣民初字第65号。

二审判决书：四川省重庆市中级人民法院(1994)重民终字第1342号。

2. 案由：有奖销售纠纷。

3. 诉讼双方

原告（上诉人）：伍贤英，女，1950年12月14日生，汉族，四川省荣昌县人，荣昌县广顺供销合作社职工，住荣昌县永荣矿务局电厂家属区。

诉讼代理人（一审）：王太水，四川省荣昌县律师事务所律师。

诉讼代理人（一、二审）：方箴德，永荣矿务局电厂职工。

原告（上诉人）：曹本慧，女，1945年1月3日生，汉族，四川省荣昌县人，荣昌县广顺供销合用社职工。

诉讼代理人（一、二审）：杨永第，永荣矿务局电厂职工，系曹本慧之丈夫。

诉讼代理人（二审）：罗绍光，四川省荣昌县律师事务所律师。

被告（被上诉人）：四川省荣昌县广顺供销合作社。

法定代表人：唐建春，主任。

诉讼代理人（一、二审）：王国梁，四川省荣昌县律师事务所律师。

诉讼代理人（一、二审）：陈煊明，四川省荣昌县广顺镇法律服务所法律工作者。

4. 审级：二审。

5. 审判机关和审判组织

一审法院：四川省荣昌县人民法院。

合议庭组成人员：审判长：张盛才；审判员：艾兴炳；代理审判员：李玉民。

二审法院：四川省重庆市中级人民法院。

合议庭组成人员：审判长：赵祥伙；代理审判员：李华勤、李开学。

6. 审结时间

一审审结时间：1993年10月23日。

二审审结时间：1994年5月10日（经本院院长批准延长审限3个月）。

（二）一审情况

1. 一审诉辩主张

（1）原告伍贤英、曹本慧诉称：被告于1993年2月推行“鸿运卡”有奖销售活动，二原告均参加了有奖销售。二原告将未销售完的“鸿运卡”拿回家中，协商合伙全部购买抽奖。伍贤英抽得特等奖一个，奖品价值4050元。被告不认为原告抽得特等奖。原告为此起诉法院，要求依法确认其抽得的特等奖合法有效。

（2）被告辩称：被告为维护广大抽奖人的合法权益，对销售人员抽奖制定了若干纪律。二原告在被告研究决定停止销售“鸿运卡”并发出通知之后，仍在家中抽奖，其行为违反了企业纪律，抽得的特等奖应当无效。

2. 一审事实和证据

四川省荣昌县人民法院经公开审理查明：1993年2月4日上午，四川省荣昌县公证处在广顺美华商场门前对被告主办的F0290－F0299组“鸿运卡”各等级有奖号码当众予以公证，被告即日起开始销售奖券。同年2月5日及8日，被告两次组织职工和销售人员开会，制定销售奖券的纪律。其中规定，本单位职工抽奖必须三人以上，且白天当众抽奖才有效，不准拿回家里抽，晚上在家里抽的无效。同年2月21日上午，被告研究决定因故停止销售奖券，并于当天下午5时30分之前要求把未销售完的奖券全部交回给被告。被告将这一决定于当天通知了伍贤英。当天晚饭后，伍贤英及夫方箴德与曹本慧及子杨振东共同协商回家合伙抽奖，奖券费用两家平均分摊，抽得奖品两家均分。当晚，两家共抽331张奖券，用去662元。伍贤英抽得特等奖一个，号码为27991。2月22日上午被告知道后，即给发奖人员打招呼，不准发奖给原告。当天下午,原告伍贤英签名领回56厘米和46厘米“长虹”牌彩电各1台。之后,被告要求原告交回领走的奖品,遭原告拒绝。1993年2月22日,被告以公告形式向社会公布停止销售奖券,并限期于2月27前完清领奖手续。

以上事实有下列证据证实:

(1)1993年2月4日上午,荣昌县公证处对荣昌县广顺供销社开展有奖销售活动中F0290—F0299组“鸿运卡”各等级有奖号码予以公证的公证书。

(2)荣昌县广顺供销社文书、原告曹本慧提供书证证实:1993年2月5日下午3时,在荣昌县广顺供销社召开的全体职工大会上,唐建春主任宣布了八条纪律,其中包括“奖券领回全部卖完,不准退”,“卖不完,由当事人负责”等内容。

(3)职工胡远容、喻文菊、工会主席刘友富等证实:1993年2月8日荣昌县广顺供销社召开职工大会,由工会主席刘友富宣布本单位职工抽奖“不能在自己卖的奖券中抽”,“必须职工三人以上,白天当众抽才有效”的纪律。

(4)1993年2月22日,荣昌县广顺供销社以公告形式向社会公布停止销售“鸿运卡”,并通知限期于2月27日前完清领奖手续的公告。

3. 一审判案理由

四川省荣昌县人民法院根据以上事实和证据认为,被告主办“鸿运卡”有奖销售活动,凡参加销售奖券的职工或其他人员,应视为以被告的名义对购买者设立民事法律关系,其销售奖券的行为应属民事代理行为。被告对售奖券人员及本单位职工给予一定纪律约束,即本单位职工抽奖必须三人以上,白天当众抽,不准拿回家里抽,晚上在家抽的无效。这是完全应当的,它有利于保障销售活动的顺利进行,故该社所有销售人员都应自觉遵守。被告研究决定因故停止销售奖券,进行清理,并通知了原告伍贤英。但当天晚上二原告仍在家中抽奖,其行为从时间、地点上讲不但违反了企业的纪律,而且超越了代理权,故对二原告抽得的特等奖,被告不予追认是正确的。

4. 一审定案结论

四川省荣昌县人民法院根据《中华人民共和国民法通则》第六十一条、第六十九条之规定,判决如下:

(1)原告伍贤英、曹本慧所抽的F0290—F0299组“鸿运卡”中的27991号特等奖无效。

(2)原告伍贤英、曹本慧自判决生效之日起,立即退回领走的56厘米和46厘米“长虹”牌彩电各一台,如无实物归还,则按商品的零售价款返还给被告。

本案诉讼费用400元,曹本慧、伍贤英各承担200元。

(三)二审诉辩主张

上诉人伍贤英、曹本慧诉称:按抽奖纪律规定,上诉人抽得的特等奖应当有效,因未规定本单位职工抽奖必须有三人以上和不准在家抽奖。与上诉人同一单位的职工张某某也在同一天晚上在家里抽奖,被告宣布一个有效,一个无效,显失公平。故上诉要求撤销一审法院判决,确定上诉人抽得的特等奖有效。

被上诉人荣昌县广顺供销社答辩表示服从一审法院的判决。

(四)二审事实和证据

四川省重庆市中级人民法院审理查明的事实是:被上诉人销售“鸿运卡”奖券,经荣昌县公证处公证后,先后召开了职工及销售奖券人员会议,制定了销售奖券的纪律和制度,其中规定，奖券领回全部卖完，不退回。企业奖券卖不完由当事人负责。本单位的人抽得奖品，最好不要到处宣扬，要注意影响，免得群众认为奖品被供销社的人抽去了，影响奖券发行。1993年2月21日上午，被告研究决定停止销售奖券。当晚伍贤英、曹本慧协商合伙抽奖，其奖券费用两家平摊，抽得奖品两人均分。当晚，两人共抽奖券331张，用662元，由伍贤英抽得特等奖一个，号码为27991号，获得56厘米和46厘米"长虹"牌彩电各一台，价值4050元，奖品已发。同一单位职工张某某同一晚上在家抽435张，用870元，获得末等奖一个(即八磅水瓶一个)，奖品已发。之后荣昌县广顺供销社宣布：张某某在家抽435张奖券获得末等奖一个有效；伍贤英、曹本慧在家抽331张奖券获得特等奖一个无效，将已领奖品退回，并扣发伍、曹二人的工资。为此双方发生争议。

以上事实除已有一审认定的部分证据证实外，还有以下证据证实：

1. 职工张某某2月21日晚在家抽得末等奖的书证、物证(奖券、奖品)和证人证言。

2. 被告扣发二原告工资的书证、证人证言、当事人陈述。

(五)二审判案理由

四川省重庆市中级人民法院根据以上事实和证据认为：

荣昌县广顺供销社销售"鸿运卡"奖券活动，经过公证机关公证，具有一定的法律效力，其奖券的号码是真实的、有效的，应将奖券全部销售完。荣昌县广顺供销社中途停止销售奖券，未向公证机关报告而擅自终止销售，损害了消费者的利益，自己却获得较大的盈利。被告在销售奖券的纪律规定中已明确规定，奖券领回后，如职工卖不完不能退回单位，其责任由当事人自负，表明被告单位的职工从被告处领取奖券后，该奖券的归属已转移。伍贤英、曹本慧与张某某系同一个单位职工，均系同一晚上在家抽奖，但被告宣布一个有效，一个无效，显失公平。原审判决伍贤英、曹本慧抽得的特等奖无效属适用法律不当，应予改判。

(六)二审定案结论

四川省重庆市中级人民法院依照《中华人民共和国民法通则》第八十五条、第七十五条第二款和《中华人民共和国民事诉讼法》第一百五十三条第一款第(二)项之规定，判决如下：

1. 变更荣昌县人民法院(1993)荣民初字第65号民事判决书。

2. 伍贤英、曹本慧抽得的27991号特等奖有效。

本案诉讼费一审400元、二审400元，共计800元，由荣昌县广顺供销社负担。

(七)解说

本案一审法院从民事代理法律关系着眼分析，认为伍贤英、曹本慧与荣昌县广顺供销社之间是代理与被代理的关系。当被代理方荣昌县广顺供销社明确表示终止代理(停止销售)后，代理方伍贤英、曹本慧明知并同意，但仍继续代理行为(销售)，故之后的代理行为应属无效代理。同时又根据荣昌县广顺供销社的有关纪律规定，作出伍、曹抽得的特等奖无效的判决。一审判决理由看来似乎充分，但进一步分析，就会发现，伍、曹与荣昌县广顺供销社之间并不是民事代理关系，根据民事代理的基本原则，代理人不能代理被代理人与自己设立民事法律关系，否则无效。也就是说，如果伍、曹二人是在代理被告销售奖券的情况下，伍、曹二人便不能在自己销售的奖券中抽奖，在这种情况下抽奖，不论是白天还是晚上，是单独一个人还是三人以上在场当众抽奖都是无效民事行为。如果伍、曹二人在荣昌县广顺供销社未终止代理时，白天抽奖属有效行为，这显然有悖于民事代理法律关系的原理。因此，一审判决理由不当，适用法律有误。

二审法院在全面查明案件事实的基础上,从以下几方面进行了分析论证:第一,荣昌县广顺供销社销售奖券的活动,经过公证具有法律效力,荣昌县广顺供销社不能擅自终止经过公证的有奖销售活动,否则将侵害消费者的利益,由此可以认定荣昌县广顺供销社停止销售奖券的行为不合法。第二,直接认定与法律规定相一致的销售奖券纪律规定,即奖券领回,如职工卖不完不能退回单位,责任由当事人自负,据此明确奖券的处分权已转归伍、曹二人所有,此时此刻,伍、曹二人完全可以自由地处分这些奖券,无论是对外销售还是自己抽奖抑或是将奖券赠与他人而中奖,都是允许的。第三,根据民法公平原则,伍、曹二人与张某某均系荣昌县广顺供销社的职工,在同等条件下各自抽奖券,结果供销社宣布一方有效,一方无效,显失公平。

由此可见,二审法院依法变更一审判决并予以改判,是有事实和法律依据的。

(张永泉　罗书平)

127. 周元华诉常德市东门百货大楼兑奖案

(一)首部

1. 判决书字号

一审判决书:湖南省常德市武陵区人民法院(1993)武民初字第149号。

二审判决书:湖南省常德市中级人民法院(1994)常民终字第15号。

2. 案由:兑奖纠纷。

3. 诉讼双方

原告(上诉人):周元华,女,38岁,汉族,常德市石油液化气公司干部。

诉讼代理人(一审):李莉,常德市经贸律师事务所律师。

被告(上诉人):常德市东门百货大楼。

法定代表人:李宝童,总经理。

诉讼代理人(一审):陈绍华,该百货大楼副总经理。

诉讼代理人(一审):韩春珍,该百货大楼经审科科长。

诉讼代理人(二审):陈希寿,常德市武陵区工贸律师事务所律师。

4. 审级:二审。

5. 审判机关和审判组织

一审法院:湖南省常德市武陵区人民法院。

合议庭组成人员:审判长:王勇;审判员:李德先;代理审判员:徐泽利。

二审法院:湖南省常德市中级人民法院。

合议庭组成人员:审判长:李新珍;审判员:冷鹤龄;代理审判员:刘智。

6. 审结时间

一审审结时间:1993年11月30日。

二审审结时间:1994年4月26日。.

（二）一审情况

1．一审诉辩主张

原告诉称：原告于1993年7月到常德市东门百货大楼购物，恰值被告东门百货大楼举办第四期"服务表心意，购物中巨奖"有奖销售活动。原告当即购物获奖券数张，其中一张奖券号码为047956。同年8月12日，原告在8月9日出版的《常德日报》上看到了东门百货大楼第四期有奖销售的开奖公告，得知自己所持的047956号奖券已中头奖，奖金额为人民币10000元。由于该公告中并未注明领奖期限，原告于8月21日到被告单位兑奖，被告以超过兑奖期为由，拒绝兑奖。特请求法院判令被告兑现奖金并承担本案诉讼费用。

被告称：被告举办的有奖酬宾销售活动，都是在市公证处的监督下摇出的中奖号码，是真实、合法的。1993年5月31日，被告在门前的公告牌上公布第三期有奖销售的中奖号码时，就已写明"第四期20000元现金巨奖销售活动从6月1日开始，7月31日开奖"。原告也正是根据此公告参加被告举办的第四期有奖销售活动。同年7月31日，被告在常德市公证处派员监督下，在大楼门前当众摇出中奖号码：金奖一名（号码为047956），奖现金10000元；银奖20名，各奖现金500元。并将中奖号码全部公布在大楼门前的公告牌上，且在中奖号码之下注明："中奖者需在8月10日前兑奖，逾期作自动放弃处理。"原告的家就在被告对门，在本大楼举办第二期有奖销售活动中，曾陪其同事到被告处领过幸运奖，对被告举办有奖销售的活动规划是清楚的。原告于8月21日才到被告处兑奖，已超过了领奖期限11天，应作自动放弃处理。被告不予兑奖是原告由于自身的责任造成的。至于我方在《常德日报》上刊登的开奖公告，是起广告宣传作用的。在该报上刊登的公告，每次都没有注明领奖期限，但是被告门前的公告牌上每期都注明了兑奖期限。原告诉称《常德日报》的开奖公告上没有规定兑奖期限，因此可以无期限兑奖的理由是不能成立的。故被告有权不予兑奖。

2．一审事实和证据

常德市武陵区人民法院经审理查明：1993年6月1日至7月31日，被告常德市东门百货大楼举办了第四期有奖酬宾销售活动，凡在东门百货大楼购物20元者可获得奖券一张。在此期间，原告周元华在被告处购物获奖券数张，其中一张为047956号。7月31日，被告在公证员的公证下公开摇奖，摇出金奖号码一个，即047956号，奖金为10000元；银奖号码20个，每个奖金500元。被告东门百货大楼当即将中奖号码及奖金额公布于大楼门前的公告牌上，并在公告牌上注明："中奖者须在8月10日前兑奖，逾期作自动放弃处理。"除此以外，被告东门百货大楼在举办该期有奖销售活动中，未作出任何有关领奖时限的规定。8月4日、9日和11日《常德日报》三次刊登了东门百货大楼的开奖公告，并公布了中奖号码及奖金金额，但未注明领奖期限。原告从《常德日报》上得知自己中奖后，于8月21日到被告单位兑奖，被告则以兑奖期限已过为由拒绝兑奖。

以上事实有下列证据证明：

（1）原告周元华持有的NO.047956酬宾奖券。

（2）常德市公证处的（1993）常证民字第288号公开摇奖公证书。

（3）常德市东门百货大楼第四期万元现金巨奖开奖公告的彩色照片。

（4）《常德日报》刊登的被告开奖公告。

（5）原、被告的陈述。

3．一审判案理由

(1)原告奖券的取得是合法的。

常德市东门百货大楼于1993年6月1日至7日31日举办第四期有奖销售活动期间,原告周元华到被告处购物获得的奖券,就成为原告与被告之间基于合法买卖而形成的合同。按照合同的约定,被告发给原告的047956号奖券中了一等奖,原告就有领取原约定巨额奖金10000元的财产权利,被告负有履行给付原告此款的义务。

(2)被告举办第四期有奖销售活动,未违反当时的政策、法律、法规,且经常德市公证处派员监督公开摇奖,真实、合法,中奖号码具有法律效力。

(3)被告从设奖之初,这笔奖金就从被告的财产所有权中分离出来,被告不再享有此奖金的所有权。既然被告举办的第四期中奖号码摇出,就说明这期的销售利润已经完成,原设定的奖金就是中奖者的,被告不付给原告,就是对原告财产的侵占。

(4)原告周元华没有在被告规定的1993年8月10日前兑奖,超过了兑奖期限,对纠纷的引起亦有部分责任。

4. 一审定案结论

常德市武陵区人民法院依照《中华人民共和国民法通则》第一百零六条、第一百一十七条之规定,作出如下判决:

被告常德市东门百货大楼在本判决生效后3日内付给原告周元华中奖奖金10000元的70%,即人民币7000元整。

本案受理费410元,由原告周元华承担123元,由被告东门百货大楼承担287元。

(三)二审诉辩主张

一审判决后,在上诉期限内,原审原告周元华和原审被告常德市东门百货大楼均不服一审判决,分别向常德市中级人民法院提起上诉。

1. 周元华上诉称:(1)奖券是书面合同凭证。依照合同的约定,此笔奖金的所有权应归其所有。(2)常德市东门百货大楼举办本期有奖销售活动期间,只公告摇奖的日期,上诉人周元华购物获取的奖券上未注明领奖的有效期限。东门百货大楼在摇奖后牌示公告领奖期限,系单方民事行为,对其不具有约束力。故上诉人周元华没有不及时兑奖的责任。因此,请求二审法院撤销原判决,改判此笔奖金全部归其所有。

2. 常德市东门百货大楼上诉称:(1)有奖销售活动领奖全过程是履行合同的过程,因法律上没有明确的名称系无名合同形式。这种无名合同类似赠与合同,且是附条件(期限)的赠与合同。因为奖金本身是属于东门百货大楼的财产,中奖者可以依据赠与人约定的期限内领奖。受赠方逾期未领奖,说明受赠方自动放弃接受赠与。赠与人有权解除赠与的许诺。(2)一审判决认定的理由自相矛盾。一审法院认为:"被告百货大楼举办的有奖销售活动开奖后,中奖奖金是中奖者的,应付给中奖者,但原告周元华没有及时领奖,对纠纷引起亦有一定责任。"既然有责任,就说明一审原告周元华违约。一审法院适用《民法通则》第一百零六条之规定,其中第一款之规定就是指违反合同约定之规定,应承担民事责任,周元华既丧失领奖的权利,为何还判被告承担70%的赔偿责任呢?(3)百货大楼于1993年8月4日、9日、11日在《常德日报》三次刊登开奖公告,其目的是向社会宣传,证明其真实性,增加有奖销售的透明度,这完全符合商业广告性质。但不能以此公告未载领奖期限,就视为领奖期限可以无限期延长。(4)一审判决适用法律不当。《民法通则》第一百一十七条规定"侵占国家的、集体的财产或者他人财产的,应当返还财产,不能返还财产的,应当折价赔偿……",本案系附条件

(期限)兑奖赠与合同,不存在侵占、返还财产的问题,不存在恢复原状或折价赔偿的问题。据此,要求二审法院驳回周元华的诉讼请求。

(四)二审事实和证据

常德市中级人民法院经审理采纳了一审法院认定的事实和证据。

(五)二审判案理由

1. 常德市东门百货大楼开展有奖销售活动,向不特定的人发出购买该店商品获得奖券,经过摇奖后可以中奖的要约,周元华在该店购物后领取奖券即已承诺,此合同有效。因此,百货大楼从摇出047956号中奖时起,此奖金的所有权已归属持有酬宾中奖号码的周元华。百货大楼只能是该笔奖金的保管者,在周元华持券前来领取时应如数交付给周元华。

2. 东门百货大楼开展有奖销售活动的规则未使顾客周知,奖券上未注明开奖及领奖截止日期,表明发券人与持券人之间事先没有领奖期限的约定。常德市公证处证实,摇出的金奖和银奖号码真实有效。但大楼在公告牌上注明的兑奖期限不在公证的内容之中。周元华不存在逾期领奖的问题。至于东门百货大楼在摇奖后牌示公告领奖期限,系单方民事行为,对周元华不具有约束力。

3. 东门百货大楼在《常德日报》连续三次刊登的开奖公告中未注明领奖期限,且第三次在报上刊登开奖公告的时间又在牌示公告领奖截止日期之后,周元华未按牌示公告领奖期限领奖,没有过错责任。周元华的上诉理由成立,予以支持。

4. 东门百货大楼上诉所称其与周元华之间是一种附条件的赠与合同的理由,因双方当事人的行为不符合赠与合同的法定条件而不能成立,对其上诉请求不予支持。

(六)二审定案结论

根据《民事诉讼法》第一百五十三条第一款第(二)项之规定,判决如下:

1. 撤销常德市武陵区人民法院(1993)武民初字第149号民事判决书。

2. 东门百货大楼付给周元华中奖奖金10000元,在本判决送达之后3日内付清。

本案一审诉讼费410元,二审诉讼费410元,合计820元,由东门百货大楼负担。

(七)解说

本案一审法院认为原告逾期领取奖金属于有过错,并据此判决被告支付中奖奖金的70%,此项认定及处理显属失当。二审法院改判被告全额支付中奖奖金,处理结果公允。但本案两审法院均认为,中奖号码摇出后,中奖奖金即属中奖者所有,有奖销售举办人只是该项特定化奖金的保管者,此种分析尚待进一步分析。

本案原告因为购买货物而获得被告交付的奖券。虽然在原告获得该奖券时,该奖券的实际货币价值并未确定,而只是在摇号中奖后才确定其货币价值为10000元人民币。无论奖券的最终价值如何,奖券在性质上类似有价证券。作为一种有价证券,凡其合法之持有人于到期日时,均可主张中奖奖金,此种关系在性质上属于债权债务关系。就中奖奖金而言,它是该债权债务关系的标的,属金钱给付之债。

奖券持有人作为中奖奖金这一债权债务关系的债权人,有权在中奖后和指定的到期日前,主张债务人支付中奖奖金,逾期不领取中奖奖金的,债权人即丧失请求权。但本案中,债务人并未以适当方式将奖金领取时间告知债权人,故债权人可以在得知中奖后的适当时间主张债务人支付奖金。在此意义上,二审法院的认定和判决正确。

(马朝晖　李佳生)

128. 寿宁县平溪信用合作社诉周少平不当得利案

(一)首部

1. 判决书字号

一审判决书:福建省寿宁县人民法院(1994)寿民初字第140号。

二审判决书:福建省宁德地区中级人民法院(1994)宁民终字第301号。

2. 案由:不当得利纠纷。

3. 诉讼双方

原告(反诉被告、被上诉人):寿宁县平溪信用合作社。

法定代表人:陈秋华,主任。

诉讼代理人:范跃宁,寿宁县律师事务所律师。

被告(反诉原告、上诉人):周少平,男,1968年5月出生,汉族,福建省寿宁县人,农民。

委托代理人:阮应柏,福安市第一律师事务所律师。

4. 审级:二审。

5. 审判机关和审判组织

一审法院:福建省寿宁县人民法院。

合议庭组成人员:审判长:张家和;审判员:叶冰玲;代理审判员:沈仕祥。

二审法院:福建省宁德地区中级人民法院。

合议庭组成人员:审判长:吴家林;代理审判员:沈鸣鸣、杨杰。

6. 审结时间

一审审结时间:1994年8月22日。

二审审结时间:1994年12月21日。

(二)一审情况

1. 一审诉辩主张

原告诉称:被告周少平于1994年3月25日下午到我社取款7100元,代班出纳从抽屉中取出叠在一起的三捆钱,后再付1100元,误将其中一捆票面额百元券的1万元当成1000元计4100元(未含利息)付给被告,尚差3000元因库存没钱未付,被告离去。我社到营业所取回1万元之后,被告来我社领回差额款3000元,后经库存结帐发现短款9000元。由于当天下午取款户二人,除被告外,另一户仅给付300元且该款是从我社后边支取的1万元中付出的,因此,立即雇车寻找被告,找到被告后,其取出7100元,发现其中一捆票面额十元券的1000元,很零乱,不整齐,根本不是我社捆扎的钱。被告多领9000元的事实存在。我社多次催讨,被告拒不承认,为此请求判令被告返还现金9000元及负担本案诉讼费。

被告辩称:答辩人去原告处凭折取款没有多领,原告在毫无根据的情况下,告我多领现金9000元,给本人造成名誉上的损害和因应诉而带来经济损失,为此请求:第一,驳回原告的无理诉讼请求;第二,反诉原告公开向本人赔礼道歉,赔偿名誉损害和因应诉造成的经济损失5000元。

2. 一审事实和证据

寿宁县人民法院经公开审理查明：1994 年 3 月 25 日下午 2 时许，被告周少平与其妻到原告平溪信用社取款，被告将 7100 元定期存单递给会计李虾偏，李虾偏核对登帐后将存单转给代理出纳魏功炳，魏从抽屉中先付利息 40.63 元给周少平，后将重叠在一起的三捆钱误认为都是面额十元券、总额 3000 元取出，另外再点出票面额百元券 10 张，五元券 20 张，均直接交给被告，并表明库存没钱，余 3000 元要待专职出纳李意林回来再付，被告接过钱后放在桌上没有复点。过一会儿当柜台外另一储户陆某来取款时，被告将该款抓在手上与其妻离开了信用社之后，被告独自在周道杨药店将其身上原有的 3000 元及刚从信用社支取的现金合在一起重新整理成一叠一叠的钱，其妻则直接回该药店附近自己店铺。而后，被告与其妻仍带着第一次领取的"现金"来到信用社营业厅，因当班出纳李意林未来接班而离去。不久李意林回社，开支票从营业所领取面额百元券的人民币 1 万元付给陆某 300 元。嗣后，被告仍抓着前次取的款与其妻再次进入营业厅，将钱放在桌上，领取差额。李意林经库存结帐发现短款 9000 元，信用社工作人员即四处寻找被告，要求被告将多领的款返还，被告不承认，同时从胸前取出一个黑塑料包，拿出 7100 元放在桌上；其中票面额十元券的三捆（每捆 1000 元），有一捆不整齐，纸条的扎法也不同，不是信用社付的钱，被告不予辩解随即将桌上的钱收起来就走。第二天晚上，被告到乡政府上交承包金 3.8 万元，这些款被告未按相同的票面额进行分类整理。致使出纳整理很长时间，当询问被告该款来源时，被告称自己现金 1 万元，其余是其两个兄弟筹集的，经查被告两兄弟他们称未为被告筹集该款。

上述事实有下列证据证明：

（1）原告平溪信用社提供的 1994 年 3 月 25 日营业现金收付帐目、有关凭证等。

（2）被告两兄弟否认有为被告筹款的证言。

（3）证人平溪乡政府出纳的证言。

（4）证人周道杨的陈述。

（5）当班会计李虾偏、当班出纳李意林、代班出纳魏功炳关于短款经过的陈述。

（6）被告本人陈述。

3. 一审判案理由

寿宁县人民法院审理认为，尽管被告周少平否认多领现金 9000 元，但根据查明的事实和经开庭审理相互印证的证据材料可以认定周少平在取款时多领 9000 元的事实存在，被告多领原告财物系不当得利，被告在不当得利后，明知没有合法根据而仍然采取捏造隐瞒事实等不合常理的手段，欲将财物据为己有，其做法属恶意行为，非法取得现金 9000 元，应当全部予以返还。被告提出反诉，认为原告的起诉给其造成名誉损害以及无故应诉带来的经济负担要求赔偿，缺乏事实和法律依据，理由不能成立。

4. 一审定案结论

寿宁县人民法院根据《中华人民共和国民法通则》第九十二条、第一百二十条，作出如下判决：

（1）被告周少平应在判决生效后 10 日内返还原告平溪信用社被其多领的现金 9000 元。

（2）驳回被告周少平的反诉请求。

诉讼费 370 元，反诉费 290 元，由被告周少平负担。

（三）二审诉辩主张

上诉人（原审被告）上诉称：上诉人到被上诉人处凭折领款，并未多领，原审判决根据信用社编造的假帐，在没有任何证据的情况下，凭主观臆断所作判决错误，上诉人无故被诬告，名誉受到损害，原审判决不予赔偿不当，请求撤销原判，驳回信用社诉请，并向上诉人公开赔礼道歉，赔偿损失7000元人民币。

被上诉人（原审原告）答辩：原审根据相互印证的证据证明的事实，确认上诉人为不当得利的义务人并据此作出的判决是正确的，上诉人所提上诉理由缺乏事实和法律依据，不能成立，请求二审法院驳回其上诉，维持原判。

（四）二审事实和证据

宁德地区中级人民法院经审理查明：1994年3月25日上午10时许，平溪信用社当班出纳李意林因有事外出，将营业厅办公桌抽屉钥匙交给魏功炳替班，魏功炳未对抽屉内现金进行清点即接受代理任务。下午2时许，周少平与其妻带着6张存折（共计7100元）到信用社取款，魏功炳未经会计李虾偏复点，即将抽屉内的三捆钱当作3000元及百元券10张、五元券20张共计4100元直接支付给周少平，并说明库存没钱，尚差3000元要待李意林回来补付。周少平接款后也未复点，与信用社人员闲谈后即离开。不久李意林回来接班，听说库存没钱后，开支票从县农行平溪营业所领取1万元人民币，先支付给另一储户陆某300元，不久周少平与其妻仍带着前次领取的现金又到信用社领款，李意林补付给3000元。经库存结帐，发现短款9000元，即派人四处寻找周少平。周少平从茶场回来，被叫到信用社时，周从身上掏出领取的7100元，表示没有多领，信用社人员发现周少平掏出的钱其中一捆很零乱，不整齐，纸条也不是信用社的扎法，即指出该捆钱不是信用社领的钱，周少平否认。经信用社3月25日《现金付出日记簿》登记，当日储户到信用社领款1000元以上的有8户。

上述事实有下列证据证明：

1. 被上诉人平溪信用社3月25日《现金付出日记簿》。
2. 周少平本人关于领款经过的陈述。
3. 信用社出纳李意林、代班出纳魏功炳、会计李虾偏等人关于短款经过的陈述。

（五）二审判案理由

宁德地区中级人民法院经审理认为：1994年3月25日，储户向信用社领取1000元人民币以上的有8户，原审法院以周少平领款后到周道杨药店整理现金；被追查后在信用社出示的三捆钱其中一捆很零乱、不整齐，纸条也不是信用社扎法；向平溪乡政府交纳的承包金未按相同的票面额整理，且该款来源不明等事实，认定周少平不当得利，理由依据不足。信用社诉讼请求不予支持，原判第一项应予改判。信用社发现短款后，通过正当合法渠道向人民法院起诉，主张返还不当得利，主观上不存在过错，客观上也没有造成侵害周少平名誉权的结果，不构成侵害名誉权，周少平该项上诉请求缺乏事实和法律依据，不予支持。原判第二项正确，应予维持。

（六）二审定案结论

宁德地区中级人民法院根据《中华人民共和国民事诉讼法》第一百五十三条第一款第（二）项，作出如下判决：

1. 维持寿宁县人民法院（1994）寿民初字第140号民事判决第二项。
2. 撤销原判第一项。

3. 驳回被上诉人寿宁县平溪信用社主张上诉人周少平返还不当得利的诉讼请求。

一、二审诉讼费各660元，由上诉人周少平各负担290元，由被上诉人寿宁县平溪信用社各负担370元。

(七)解说

本案分歧的焦点是不当得利是否成立。

一审判决不当得利成立，主要是根据两点理由：一是原告信用社短款9000元事实存在；二是被告周少平领款后一系列举动反常，一审认为这些举动有：(1)周少平领款后不回自家店铺却在与自家店铺仅一间之隔的药店整理钱，这与正常人钱财不外露的做法刚好相反，由于周少平在被追查后出示的三捆钱刚好有一捆松散，其上述举动有故意让人看见，以便证实该捆钱之所以松散的动机；(2)三捆钱刚好有一捆松散；(3)周少平后两次到信用社领款，都将原领的钱醒目地抓在手上；(4)周少平向乡政府交纳的承包金未按票面额分类整理，致使出纳整理很长时间；(5)该承包金来源不明，周少平本人陈述经查不是事实。由此，一审认为虽然没有直接证据，但根据间接证据所形成的证明体系认定被告周少平不当得利事实存在。

二审判决则认为，虽然信用社短款事实存在，但认定周少平不当得利，依据不足。理由是：由于没有直接证据，本案完全依靠间接证据证明案件事实，在这种情况下，间接证据所形成的证明体系，对案件事实作出的结论必须是准确无疑的、唯一的，足以排除其他任何可能。在本案中，由于既没有让人信服的证据证实信用社内部一定不发生监守自盗，又由于短款当日到信用社领款1000元以上的有8户，不能排除其他储户多领的可能。因此，虽然原审被告周少平领款后存在一系列反常举动，有不当得利嫌疑，但仅据此认定其不当得利，依据仍然不足。为此二审依法驳回了原审原告的诉讼请求。

应该说，本案二审判决严格遵循运用间接证据定案的规则，注意保护嫌疑人的合法权益，是正确的。

（陈明祥）

129. 王豫英请求宣告梁和春失踪案

(一)首部

1. 判决书字号：上海市杨浦区人民法院(1994)杨法民初字第1394号。

2. 案由：宣告失踪。

3. 申请人与被申请人

申请人：王豫英，女，1933年6月17日生，汉族，上海第三十一棉纺织厂退休工人，住上海市长阳路1969弄18号106室。

被申请人：梁和春，男，1962年4月13日生，汉族，原住上海市长阳路1969弄18号106室。

4. 审级：一审。

5. 审判机关和审判组织

审判机关：上海市杨浦区人民法院。

合议庭组成人员：审判长：束培民；人民陪审员：徐兰娣、丁双阳。

6．审结时间：1994 年 10 月 17 日。

（二）申请人主张

申请人述称：被申请人梁和春 13 岁时精神失常，经诊断确定为精神分裂症，长期住院接受治疗。1992 年 5 月 18 日在上海市第三精神康复院住院治疗时擅自离院走失。为此院方曾在本市有关报纸上刊登《协查启事》，还向被申请人梁和春居所地公安机关报警，其家属等还在被申请人梁和春可能落脚地寻找，但均无音讯，现被申请人梁和春失踪已满 2 年，故要求人民法院宣告其为失踪人。

（三）事实和证据

上海市杨浦区人民法院于 1994 年 6 月 1 日受理本案后，于同年 6 月 7 日发出公告，公告希望梁和春本人或者知其下落的有关人自公告即日起与法院联系，公告期间为 3 个月。

公告期满后，依法组成了合议庭，经公开开庭审理查明：申请人王豫英系被申请宣告失踪人梁和春的母亲。梁和春于 1962 年 4 月 13 日出生，其父母在 1984 年间离婚，梁和春随母亲共同生活。申请人王豫英是梁和春的法定监护人，被申请人梁和春在 13 岁时患精神分裂症，在闵行区精神病医院长期住院治疗达 9 年之久，后转入上海市第三精神康复院住院治疗，因该院医护人员疏于监护，致被申请人梁和春于 1992 年 5 月 18 日擅自离院出走已满 2 年。申请人王豫英要求人民法院宣告梁和春为失踪人。

审理中，申请人王豫英提供如下证据：

1．上海市公安局宁国路派出所出具梁和春出走无音讯的证明。

2．上海市杨浦区大桥街道松茂里居民委员会出具梁和春出走 2 年未回住所地的证明。

3．上海市第三精神康复院在梁和春出走后曾于 1992 年 5 月 28 日发出的《协查启事》影印件。

4．《新民晚报》曾刊登的寻找梁和春的《寻人启事》。

5．上海市第三精神康复院在梁和春出走后写给申请人王豫英的书信影印件。

（四）判决理由

1．被申请人梁和春失踪事实清楚

被申请人梁和春系精神分裂症患者，在上海市第三精神康复院住院期间擅自出走。事件发生后有该院写给申请人王豫英的书信及该院在报纸上登载的《寻人启事》为佐证，以及公安机关和居委会的出具证据材料，均证明梁和春确实出走无音讯已持续 2 年。

2．被申请人梁和春失踪已达法定年限

被申请人梁和春于 1992 年 5 月 18 日失踪，申请人王豫英于 1994 年 6 月 1 日向人民法院提出要求宣告梁和春为失踪人，符合我国《民事诉讼法》第一百六十六条关于“公民下落不明满二年，利害关系人申请宣告其失踪的，向下落不明人住所地基层人民法院提出”之规定。

（五）定案结论

上海市杨浦区人民法院依照《中华人民共和国民法通则》第二十条第一款、第二十一条之规定判决如下：

1．宣告梁和春为失踪人。

2．指定王豫英为失踪人梁和春财产代管人。

(六)解说

失踪是指公民离开自己的住所地没有任何音讯而处于下落不明状态。公民这种下落不明的状态,达到一定的法定期限,经利害关系人的申请,人民法院在查明事实后,可依法宣告其为失踪人,这种法律制度称为宣告失踪制度。

宣告失踪案件是按照特别程序审理的,诉讼程序比较简便,也不收诉讼费,依照我国《民事诉讼法》第一百六十一条规定,实行一审终审宣告失踪是人民法院在法律上以推定方式确认公民失踪的事实、结束失踪人财产无人管理、所尽义务得不到履行的不稳定的状态。因此,人民法院在判决申请宣告失踪人的同时,对被申请宣告失踪人的财产应指定财产代管人。

值得注意的是,根据《民事诉讼法》第一百六十一条之规定,宣告失踪案件除为重大、疑难者外,由审判员一人独任审理。但本案审理采用了审判员、陪审员共同组成合议庭的组织方式,此与《民事诉讼法》第一百六十一条之规定相左。

(束培民)

130. 万玉宁申请公示催告案

(一)首部

1. 裁定书字号:四川省成都市成华区人民法院(1993)成民催字第002号。

2. 案由:公示催告。

3. 诉讼当事人

申请人:万玉宁,男,47岁,汉族,成都量具刃具股份有限公司干部。

4. 审级:一审。

5. 审判机关和审判组织

审判机关:四川省成都市成华区人民法院。

合议庭组成人员:审判长:王菊英;审判员:陈胜模;代理审判员:梅锦瑶。

6. 审结时间:1994年8月13日。

(二)诉讼主张

申请人万玉宁称:1993年9月29日,申请人在成都市城北体育公园购得四川第一纺织股份有限公司股票持有卡一张(卡号:NO. 00023837,股东编码:TL. 0009738,股东姓名:李卿荣,身分证号:510103120718421,所持股数:1000股)。同年10月24日,此股票持有卡在申请人回家路上被抢,报公安机关侦破未果。故特向法院提起公示催告申请,请求宣告该股票持有卡无效。

(三)事实和证据

成华区人民法院经审理查明:1993年10月24日下午,申请人万玉宁由成都市城北体育馆返家,途经刃具厂农贸市场时,一歹徒从左后方扑上前,用利器割断申请人背在左肩上的布包带,将布包抢走。万玉宁虽奋力追赶,但仍未将其抓获。随即,万玉宁到公安机关报案,但案件一直未能侦破。据万玉宁自己称:被抢布包中装有户名为李卿荣的四川第一纺织股份公司股票持有卡1000股,系自己在同年9月29日在成都市城北体育公园(当时成都自发股票交易市场)所购,同时被抢的还有其他多种股票。成华区法院在审理中还查明,四川第一纺织股份有限公司确有股东姓名为李卿荣、股东编码为 TL.0009738 的 1000 股股票持有卡,但无交易或过户的记载。而据李卿荣称,自己从未购买过四川第一纺织股份有限公司的股票。

上述事实有下列证据证明:

1. 当事人陈述。

2. 公安机关报案记录。

(四)判案理由

成华区人民法院经审理认为:万玉宁虽申请公示催告,要求宣告股票持有卡无效,但此股票持有卡户名不是申请人本人,万玉宁不能证明自己是该股票持有卡的最后持有人,根据《中华人民共和国民事诉讼法》第一百九十三条第一款、第一百零八条第一款以及《最高人民法院关于适用〈中华人民共和国民事诉讼法〉若干问题的意见》第二百二十六条规定,应当裁定驳回申请。

(五)定案结论

根据《中华人民共和国民事诉讼法》第一百零八条第一款的规定,成华区人民法院现作出如下裁定:

驳回万玉宁的公示催告申请。

案件受理费 100 元,其他诉讼费 100 元,由申请人承担。

(六)解说

1. 关于股票持有卡丧失能否公示催告的问题。根据《民事诉讼法》和《公司法》的规定,可以提起公示催告以取得司法救济的应是按照规定可以背书转让的票据和股票,本案申请人要求公示催告的是股票持有卡,股票持有卡是我国股份制试行过程中股东所持公司股份凭证的特有形式,是根据国务院 1993 年 4 月发布的《股票发行与交易管理暂行条例》第五十三条的规定,由证监委指定的机构集中保管股票后向股东出示的持有股票的凭证。与股票相比,股票持有卡除形式不同以外,其余在发行、代表权益、转让方式上均与股票相同,丧失股票持有卡也与丧失股票的法律后果相同。因此,对持有人来讲,持有或丧失股票持有卡和持有或丧失股票完全相同。根据股票持有卡的上述内涵和特征,凡因股票持有卡丧失向法院申请公示催告的,应当视为记名股票予以受理。

2. 关于可背书转让的票据和记名股票被抢劫后能否公示催告的问题。按《民事诉讼法》和《公司法》规定,可以背书转让的票据和记名股票被盗、遗失或者灭失时可以申请公示催告。据此,很多理论文章都把被盗、遗失和灭失作为票据和股票申请公示催告的必要法定事由,认为非此三种事由导致票据和股票丧失的均不能申请公示催告。然而,现行法律只采用列举式确定申请公示催告的法定事由和执法中只限于法律字面的理解是不能完全解决实践中遇到的特殊问题的,从理论上来讲也显得不周密。从立法精神和公示催告的原理来看,应将可适用公示催告的事由定义为:被盗、遗失或灭失等非因持有人自己的意志而丧失对票据和股票的占有。包括绝对丧失(如灭失)和相对丧失(如被盗、遗失等)两种情况。国际上有关立法对票据丧失的法定事由通常也是这种列举式和概括式的结合或者完全采用概括式,如《联合国国际汇票和国际本票公约》提"毁灭、偷窃或其他原因而丧失票据",《英国汇票和本票法》和《台湾票据法》均提"丧失票据",《日本支票法》提"毁灭、被盗或其他原因"。据此分析：票据和股票被抢劫，对合法持有人来说，首先是其意志以外的非自愿的原因；其次也意味着持有人相对丧失了对票据和股票的占有，票款有被他人冒领的可能；再次还因为抢劫人虽然是特定的，但对持有人来说实际上是不明确的，况且票据被抢后还可能被非法转让，因而也符合公示催告关于被催告人不特定的要求。可见，票据、股票被抢产生的法律后果与被盗、遗失完全相同，可以适用公示催告。正是基于以上认识，成华区法院受理了万玉宁的公示催告申请。

3. 关于通过非规范化交易取得的股票丧失后的公示催告问题。由于股份制在我国处于试行阶段，股票交易尚未完全规范，有的不通过证券交易所而是自发地在股票黑市上进行交易。对于通过不规范交易取得的股票丧失后向法院申请公示催告问题，要研究的问题有两个：一是可否申请公示催告，二是谁是合格申请人。我们认为，如果非规范交易的股票属于记名股票，就可以向法院申请公示催告，因为记名股票本身属于可以公示催告的范围，非规范交易只涉及记名股票的转让方式是否符合法律规定和是否有效的问题，而并不改变记名股票本身的性质和功能，它的丧失同样可能产生失权的法律后果和引起股东与企业之间的矛盾，只有用公示催告方式才能有效保护权利人的合法权益，解决丧失股票所引起的社会矛盾。至于合格申请人，我们认为应当是不规范交易以前股票记载的最后合法持有人，因为无论是股票还是票据，都必须按照法定方式和程序进行转让。而按照法律规定，记名股票的转让必须采用背书方式并在法律允许的证券交易所进行，才能过户，产生转让的法律效力。非规范交易实际上就是未按上述法定方式和程序所进行的交易，其转让行为是无效的，股票的合法持有人仍然是交易以前而非交易后的人。应当注意的是，这类申请往往是交易以后的人向法院申请公示催告，根据上述观点，法院在立案审查时应将合格申请人问题告知交易前后的双方，合格申请人同意申请公示催告的，才能立案受理，申请人不愿意或找不到合格申请人的，应以申请人不合格为由裁定驳回申请。本案万玉宁是非法交易后持有人，又找不到股票持有卡上载明的最后合法持有人，故成华区法院以申请人不合格为由裁定驳回了他的申请。

4. 关于不应当受理的公示催告申请受理后如何结束程序的问题。《民事诉讼法》没有对这个问题作出规定。审理中存在着两种意见，一种意见认为，公示催告是一个特殊程序，根据普通程序和特殊程序的关系以及执法原理，特殊程序无规定的应当适用普通程序的有关规定，故受理申请后才发现不符合受理条件的，应当裁定驳回起诉，以结束程序。另一种意见则认为，督促程序、公示催告程序都分别是解决一类问题的独立的程序，而且是非讼程序，与审理选民资格案件等程序不同，它们与普通程序没有一般与特殊的关系。因此，即使法律对于某些程序问题没有规定，也不能适用普通程序的有关规定。鉴于法律规定有不完善的地方和实践中可能出现一些特殊情况，可以根据司法解释和法律规定的精神予以处理。比如对前述提出的问题，《最高人民法院关于适用〈民事诉讼法〉若干问题的意见》第二百二十七条规定了对不符合公示催告受理条件的，应在7日内裁定驳回申请。因此在受理前一般有充足的时间而且应当尽量在这个时间内审查是否符合受理条件。确因特殊原因受理后才发现不应当受理的，也可以根据上述司法解释的精神，同时比照普通程序驳回起诉的原理，裁定驳回申请。

成华区人民法院采纳了第二种意见。

（胡建萍　尹宁宁　刘晴辉）

131. 钟方云申请公示催告案

(一)首部

1. 判决书字号:四川省成都市成华区人民法院(1994)民催字第003号。

2. 案由:公示催告。

3. 诉讼当事人

申请人:钟方云,男,32岁,汉族,四川省盐亭县人,工人。

4. 审级:一审(终审)。

5. 审判机关和审判组织

审判机关:四川省成都市成华区人民法院。

独任审判:审判员:陈胜模。

6. 审结时间:1994年10月6日。

(二)诉讼主张

申请人钟方云于1994年6月17日诉称:申请人合法领有四川第一纺织股份有限公司(以下简称纺织公司)正式签发的股票持有卡一张,股票持有卡编号为:NO.0033874;股东编码:TL.0017247;所持股数:9000股;股东姓名:钟方云;身分证号码:510120620702533。申请人钟方云朋友刘平光持有期间,该股票持有卡被抢劫,至今未能追回。请求依照公示催告程序,宣告该股票持有卡无效。

(三)事实和证据

成都市成华区人民法院于1994年6月17日受理钟方云所提申请后,查明:

申请人钟方云于1994年6月16日晚,将其合法持有的、由纺织公司签发的股票持有卡,交给其友刘平光拟用作银行货款抵押品。刘平光在骑自行车回家(成都供电局新鸿路宿舍)途中,行至新鸿路采菊园火锅店附近时,遭一男子抢劫。其随身携带的提包及放于包内的股票持有卡等物品被劫。刘平光追赶罪犯未成,遂于次日向公安机关报案,经公安机关侦查未果。钟方云于1994年6月17日向受诉法院提出公示催告申请,请求宣告该股票持有卡无效。

上述事实有下列证据证明:

1. 成都市公安局成华区分局新鸿路派出所出具的刘平光被抢劫后报案的书面证明。

2. 成都市公安局成华区分局新鸿路派出所出具的抢劫案侦查未果的书面证明。

3. 申请人钟方云出借上述股票持有卡的说明。

4. 刘平光被抢劫的经过说明。

(四)判案理由

股票持有卡之合法持有人因特殊事由丧失占有时,可以适用《中华人民共和国民事诉讼法》关于公示催告程序的规定。根据《中华人民共和国公司法》第一百五十条规定"记名股票被盗、遗失或灭失,股东可以依照民事诉讼法规定的公示催告程序,请求人民法院宣告该股票失效"。本案申请人钟方云所遗失的是股票持有卡,而不是记名股票,但仍应适用民事诉讼法规定的公示催告程序。国务院颁发的《股票发行与交易管理暂行条例》规定，股票持有卡是由证监会指定的机构集中保管股票后向股东出示的持有股票的凭证，其转让和过户方式与记名股票相同。所以，股票持有卡被盗、遗失或者灭失，可以适用民事诉讼法规定的公示催告程序。

经审查，成华区人民法院根据《民事诉讼法》第一百九十三条，于1994年6月17日即申请人钟方云提起公示催告申请的当天决定予以立案；同日，根据《民事诉讼法》第一百九十四条、第一百九十五条，向签发人——四川第一纺织股份有限公司送达了停止支付通知书，通知其对上述股票持有卡立即停止支付；并于7月17日和7月20日分别在该法院公告栏和《四川法制报》上发布公告，催促利害关系人在60日内向该法院申报权利。公告期间无人申报权利，成华区人民法院于9月1日根据申请人的申请和《民事诉讼法》第一百九十七条作出如下判决即宣告上述股票持有卡无效。作出判决后，该法院于9月2日将所作出的判决分别在法院公告栏和《四川法制报》上作了公告。判决书于10月6日送达申请人钟方云。

（五）定案结论

成华区人民法院根据《中华人民共和国民事诉讼法》第一百九十七条，作出如下判决：

1. 宣告四川第一纺织股份有限公司签发的编号为NO.0033874的股票持有卡（股东编号：TL.0017247；所持股数：9000股；股东姓名：钟方云；身分证号码：510120620702533）无效。

2. 自本判决公告之日起，申请人钟方云有权向发票人——四川第一纺织股份有限公司申请享受该股票持有卡的权利。

（六）解说

1. 关于立案。《民事诉讼法》第一百九十三条规定了可以适用公示催告程序的票据的一般种类，即按照规定可以背书转让的票据（包括汇票、本票、支票）；同时又规定“依照法律规定可以公示催告的其他事项”，亦适用《民事诉讼法》规定的公示催告程序。根据《公司法》之规定，记名股票即是《民事诉讼法》规定的可以适用公示催告程序的另外一类证券。虽然自1994年7月1日起施行的《公司法》未对股票持有卡作出可以适用公示催告的规定，但实际上股票持有卡与记名股票并无实质上的区别。所以，成华区人民法院受理钟方云的申请适用公示催告程序，是适当的。

2. 关于申请公示催告的事由。按照《民事诉讼法》和《公司法》的规定，可以背书转让的票据、记名股票“被盗、遗失或者灭失”时，可以申请公示催告。据此，很多理论文章和教科书都把被盗、遗失和灭失作为申请公示催告的必要的法定事由，认为只有在票据、股票（指记名股票，下同）被盗、遗失或灭失的情况下，才可以申请公示催告。但是，从立法精神来看，设立公示催告程序的目的在于由人民法院通过该特别程序，在申请人的对方当事人不明确情况下，确定申请人即票据或股票权利，及时解决因丧失票据、股票所造成的法律关系的不稳定状态，从而保障票据、股票的正常流通。票据、股票被抢劫或抢夺的，应当与被盗、遗失或灭失一样可以适用公示催告程序。

3. 关于申请人。《民事诉讼法》规定的公示催告程序的申请人是票据持有人。《最高人民法院关于适用〈中华人民共和国民事诉讼法〉若干问题的意见》（以下简称《意见》）规定票据持有人是票据被盗、遗失或灭失前的最后持有人。据此，理论界和司法实践中对申请人是票据丧失前的最后持有人都已形成共识，且人民法院在立案审查时也易核实。但就记名股票而言,依照《公司法》的规定,申请人则应当是对股票实际享有权利的人即股东。《公司法》第一百五十条第一款规定,记名股票被盗、遗失或者灭失,股东可以申请公示催告。这就说明,只有发行记名股票的公司的股东才是其股票丧失后的合格申请人。如本案中以申请人是股东钟方云而不是失票人刘平光。这也就解决了因非法交易而得的股票丧失后的合格申请人问题。因非法交易是无效交易,《暂行条例》规定非法交易的股票不能过户,因而非法交易的受让人不能成为股东,也就不能成为合格的申请人;对其申请,人民法院应依照公司法规定以申请人不合格为由,裁定驳回申请。

4. 关于判决。《意见》规定,适用公示催告程序审理案件,可由审判员一人独任审理;判决宣告票据无效的,应当组成合议庭审理。本案系以判决形式宣告股票持有卡无效,但却采用独任审判形式,而未组成合议庭,这是本案的不足之处。

(王思永)

132. 金华市味精厂申请破产案

(一)首部

1. 裁定书字号:浙江省金华市中级人民法院(1994)金中法经初字第01号。

2. 案由:破产。

3. 诉讼当事人

申请人:金华市味精厂。

法定代表人:单崎,厂长。

清算组组长:贾琪琳,金华市化工轻工公司负责人。

4. 审级:一审。

5. 审判机关和审判组织

审判机关:浙江省金华市中级人民法院。

合议庭组成人员:审判长:丁华;审判员:张华龙;代理审判员:范锡祥。

6. 审结时间:1994年12月30日。

(二)诉讼主张

申请人诉称:金华市味精厂系金华市经委下属的一家历史悠久的中型全民所有制企业,前身系芝英酱油厂。该厂以生产味精、麸酸、酱油、米醋等调味品为主,现已形成年产1000吨麸酸、2000吨味精、4000吨酱油、250吨米醋的设备生产能力。公盛酱油是地方名牌产品,享誉百年。在我市老城区的改造中,味精厂作出了较大的贡献,付出了沉重的代价。原四牌楼厂区被改造为菜市场,横街口厂区被改造为小商品市场,横街口门市部也被拆除,仅有的西市街闹市区的"公盛"百年老店也因文化中心的建设而被拆除。上述拆迁中该厂得到的补偿费仅为500万元,让出土地近万平方米,而为了新建厂区总共花去1300万元。由于资金有限,无法形成生产上的规模效益。自1988年搬迁扩建后,由于多种原因连年亏损,至1994年3月底止累计亏损722万元,资产总额2212万元,负债2517万元,资不抵债305万元。申请人提交了有关审计报告、会计报表、债权债务清册,及其上级主管部门金华市经委同意申请人破产的批复，故向金华市中级人民法院申请破产还债。

（三）事实和证据

金华市中级人民法院经审理查明：

申请人系金华市经委下属的一家历史悠久的中型全民所有制企业。其前身为金华市食品二厂。1990 年 8 月 10 日经金华市工商行政管理局登记变更为金华市味精厂，注册资金为 967.4 万元；经营范围：味精、酱制品的制造、销售；经营方式：生产、销售。该厂以生产味精、麸酸、酱油、米醋等调味品为主。历年来，向市财政上交税利 132.1 万元。1985 年，因城市规划和防止市区工业污染的需要，金华市政府决定金华市味精厂搬迁。原四牌楼厂区被改造为菜市场，横街口厂区被改造为小商品市场，横街口门市部也被拆除，仅有的西市街闹市区的“公盛”百年老店也因文化中心设施的建设而被拆除。该厂在拆迁中让出土地近万平方米，得到的补偿费仅 500 万元，而为了新建厂区总共花去 1300 万元（其中银行贷款 950 万元）。企业根据当时味精畅销的势头，以酱油车间搬迁为名申报了搬迁扩建的投资改造项目，设计形成年产 2000 吨味精、1000 吨麸酸、4000 吨酱油、250 吨米醋的生产能力，经批准投资 1074 万元，于 1986 年开始实施。

在实施过程中，因国家压缩固定资产投资规模和其他种种原因，搬迁扩建成了欲上不能、欲下不得的虎背工程，至 1988 年 3 月，仅形成了年产 1000 吨麸酸生产线。酱油车间未搬迁，味精车间仅有一幢由金华市一建公司以流动资金垫支建造的厂房，而没有设备，水站仅建造一半，供电仅配有单网路，供汽仅能满足麸酸生产。没有仓库，也没有办公室、食堂等必需的生产生活设施，而工程支出已超过项目总投资。1988 年 3 月 28 日，麸酸生产线在基本生产设施不完备的情况下仓促生产，4 月初即发生倒罐事故，平均每月发生 2 至 3 起事故，每罐直接原料损失 3 万元。在长达 2 年的时间里共倒罐 49 罐，使味精厂从搬迁投产后即严重亏损。在企业面临倒闭的情况下，该厂于 1989 年 6 月又借用外资上马肌醇生产新项目。但由于设备技术不过关，在试行阶段，产品价格已大幅度下跌。1992 年初，该项目被迫下马，新增 140 余万元的亏损。

为了扭转味精厂严重亏损的局面，市政府先后派出了四个工作组进驻该厂帮助扭亏。但终因沉重的贷款包袱，有限的生产规模，不完善的生产设施，严重短缺的流动资金，已经失去的销售市场和连续不断的搬迁住房等原因，致使清理整顿无效，遂向法院申请破产。经审计部门审计，清算组清算和债权人会议确认，截至 1994 年 5 月 21 日，申请人帐面资产债权总额为 1703.84 万元，债务总额为 2554.55 万元，其中，仅欠银行贷款本息达 994.86 万元，净负债额为 850.71 万元，比例为 66.70％。

收到金华市味精厂的破产申请后，金华市中级人民法院根据《中华人民共和国全民所有制企业破产法（试行）》的规定，对申请人提交的会计报表、债权债务清册进行了审查，并对申请人的亏损情况作了调查了解，认为符合立案条件，并决定受理此案。

金华市中级人民法院在受理该破产申请案后，依照《企业破产法》之规定，进行以下破产还债程序：

1. 通知债权人申报债权。金华市中级人民法院在立案 10 日内通知已知债权人在 1 个月内申报债权，通知申请人自收到通知之日起停止清偿债务，通知申请人开户银行立即停止办理金华市味精厂清偿债务的结算业务，通知有关法院中止执行以金华市味精厂为债务人的已审结案件的执行程序。同时在《人民法院报》发布公告，告知未收到通知的债权人在 3 个月内申报债权。在申报期内，共有37家债权人申报了债权。对各债权人申报的数额、性质、有关财产担保和申报日期逐一登记造册尔后进行审查核对。

2. 成立破产清算组。经与申请人主管单位及有关部门商量，从市经委、轻工公司、体改办、财税局、审计局、劳动人事局等单位抽调了9名干部，成立了破产清算筹备组，进驻金华市味精厂清理资产。并根据清理资产的进展情况，于1994年7月25日决定正式成立破产清算组，按受该厂的财产、清册、有关资料和印章等，负责破产财产的保管、清册、估价、处理和分配。

3. 召集债权人会议。依照《企业破产法》规定，第一次债权人会议由人民法院召集，并应在债权人申报债权期限届满后15日内召开。决定于1994年9月12日在金华市中级人民法院审判庭召开第一次债权人会议。在这次会上审查了到会的债权人资格，确定了金华市财税局为债权人主席，通报了金华市味精厂生产、经营状况和负债情况，核对了债权数额，确认债权人金华市工商银行、金华市建材物资公司、浙江味精厂、金华市乳品厂的抵押权，经债权人会议认真核查和讨论，占无财产担保债权额97.3%的债权人同意金华市工商银行、金华市建材物资公司的抵押权有效；浙江味精厂的抵押系重复抵押，抵押权无效，金华市乳品厂的抵押系反担保，债权尚未成立，抵押权无效。

4. 依法追讨应收款。宣告金华市味精厂破产后，按照《企业破产法》规定，立即通知破产企业的债务人或财产持有人向清算组清偿债务或交付财产。债务人收到通知后大部分回了话，有的即汇款给清算组，有的对债务数额提出异议，有的称无偿还能力，有的请求分期还款。对债务数额提出异议的进行认真核对。在核定清算后债务人拒不清偿的，由清算组向本院申请裁定。对清算组提交的申请裁定材料由主审人审阅后，合议庭进行评议，尔后下裁定移送执行庭强制执行。经法院和清算组的共同努力，共追回应收款364.1万元，为破产财产的分配提供了保证。

5. 处理历史遗留问题。金华市味精厂破产涉及面广、问题多、矛盾深，尤其是历史遗留问题多。如何妥善处理历史遗留问题，关系该破产案能否顺利审结，并关系到社会安定。对西关村土地征用问题，需由市政府协调解决的，指导清算组及时向市府汇报，召集有关部门共同研究处理，对金华市第三水厂欠味精厂26.8万元劳力安置费与味精厂欠第三水厂27万之增容、安装费问题，依照《企业破产法》规定，在破产清算前作抵消处理。该厂职工金革为厂里加工蒸汽管支架垫付材料费问题，因手续不全，数额缺乏证据，但确有垫付购买材料费之事，根据实际情况予以调解处理。由于妥善地处理了一系列历史遗留问题，该破产案件的审理得以顺利进行。

6. 搞好破产财产拍卖。为了落实职工安置费和保护债权人利益，在宣告金华市味精厂破产后就着手研究破产财产拍卖问题。经研究由清算组将破产财产委托金华市金信产权交易所公开拍卖。为了搞好拍卖，多次与清算组、产权交易所共同研究，制定拍卖具体方案，并参与具体实施，结果由浙江尖峰集团股份有限公司在1994年11月16日的拍卖会上以1400万元成交。

7. 协助职工分流安置。宣告该企业破产容易，但安置好该破产企业的100名离退休职工和331名在职职工不易。每个职工和社会上都极为关注，处理得不好，会影响社会的稳定。为了积极协助市府和有关部门搞好职工分流安置，自决定立案审理后，先后参加毛光烈副市长及有关部门主持召集的协调会议多次，研究职工分流安置，从法律角度提建议，谈看法。在制定职工安置费提取方案时，依照国务院(1994)59 号文件规定"一次性安置费原则上按照破产企业所在市的企业职工上年平均工资收入的三倍发放"，结合本地实际情况考虑，经过与市府职工安置服务组和清算组的共同努力，该企业的 256 名在职职工分流到 21 家企业，75 名职工自谋职业。100 名离退休职工经过双向选择，安置到了浙江先峰集团。

8. 依法分配破产财产。1994 年 12 月 28 日，债权人会议主席主持召开了第二次债权人大会，讨论通过清算组提出的破产财产分配方案。在讨论中，债权人金华市工商银行和金华市建材物资公司对抵押债权未受偿部分未列入一般破产债权参与分配提出异议，分配方案未获通过。本院经审查后认为，依照《企业破产法》第三十二条规定，有财产担保的债权，其数额超过担保物的价款的，未受偿的部分作为破产债权，依照破产程序受偿。对分配方案中对抵押债权未受偿部分未列入一般破产债权参与分配不当，应予纠正。其余按破产清偿程序，采取货币和实物兼分的分配方案合法、合理。本院作出裁定，对不当部分作纠正后予以确认，并按照破产财产分配方案及时将破产财产分配给各债权人。截止 1994 年 12 月 30 日，金华市味精厂破产财产分配完毕。然后，法院按破产清算组的提请，裁定终结金华市味精厂破产还偿程序。并及时通知清算组到工商局办理金华市味精厂注销手续。在金华市味精厂破产清算组完成了全部工作任务后，法院决定撤销该破产清算组。

9. 该案审理中，依照《企业破产法》规定，在清理债权债务时发现的问题已向有关部门发出司法建议，查明并追究有关人员的责任。

(四)判案理由

金华市中级人民法院鉴于以上事实认为：

1. 申请人连年亏损，不能清偿到期债务，向法院申请破产还债。经审查符合《企业破产法》规定的形式要件，应及时立案审理。

2. 经审查申请人提供的审计报告、会计报表、债权债务清册，申请人确实连年亏损，资不抵债，不能清偿到期债务，应宣告其破产。

3. 债权人金华市工商银行、金华市建材物资公司与申请人分别签有抵押贷款协议，手续完备，应确认抵押权有效，依法对担保物享有优先受偿权。

4. 依照《企业破产法》规定，宣告申请人破产后，通知破产企业的债务人或财产持有人向清算组清偿债务或交付财产。对收到法院通知后，既不清偿或交付又未提出异议的，应由请算组申请人民法院裁定后强制执行。

5. 破产财产拍卖后，拍卖价低于评估价，债权人金华市工商银行和金华市建材物资公司对抵押债权未受偿部分应列入一般破产债权参与分配。

6. 对难以变卖且有利用价值的商品(破产财产)，按比例采取货币与实物兼分的方式进行分配。

(五)定案结论

基于 1994 年 12 月 25 日清算组已按分配方案完成破产财产的分配，故金华市中级人民法院于同年 12 月 30 日作出裁定：金华市味精厂因经营管理不善，严重亏损，不能偿还到期债务，于 1994 年 5 月 21 日被本院依法宣告破产还债。金华市味精厂破产清算组依据破产分配方案，已将该企业破产财产按分配比例偿付各债权单位，并于 1994 年 12 月 30 日向本院提请终结破产程序。本院依照《中华人民共和国企业破产法(试行)》第三十八条之规定，裁定如下：

金华市味精厂破产还债程序终结。

本裁定为终审裁定。

(六)解说

本案是全民所有制企业的宣告破产申请案，在宣告破产程序的适用上，具有特殊性。我国关于企业法人破产还债程序的法律包括《中华人民共和国企业破产法(试行)》和《中华人民共和国民事诉讼法》。根据《企业破产法(试行)》之规定，该法仅适用于全民所有制企业，该法没有规定的，适用民事诉讼程序的法律规定。《企业破产法(试行)》先于《民事诉讼法》颁布，《民事诉讼法》中确有部分程序属于《企业破产法(试行)》的未规定者，现在审理全民所有制企业宣告破产申请案，应考虑适用《民事诉讼法》的有关规定。如依照《民事诉讼法》第二百条的规定，人民法院立案后应当以裁定形式宣告进入破产还债程序，此项关于裁定事宜的规定，在《企业破产法(试行)》中没有作出明确规定。

全民所有制企业宣告破产程序中，应当特别注意对企业离退休及在职人员的妥善安置。虽然现有的宣告破产程序中没有对破产企业的人员安置作出明确的具体规定，但审理此类条件中不可能脱离现有国情。《企业破产法(试行)》第二条规定:“国家通过各种途径妥善安排破产企业职工重新就业，并保障他们重新就业前的基本生活需要，具体办法由国务院另行规定。”国务院曾经发布数项与安置破产企业职工有关的文件，但如何切实和全面保障他们的利益，尚缺乏完整和系统规定。就此而言，本案审理不失为一种建设性尝试。

(张华龙)

经济审判案例卷

第一篇　违反经济合同纠纷案例

1. 辽宁省工信公司诉绥化经贸公司等购销合同案

(一)首部

1. 判决书字号

一审判决书:黑龙江省绥化地区中级人民法院(1994)绥经初字第9号。

二审判决书:黑龙江省高级人民法院(1994)黑经终字第159号。

2. 案由:购销合同案。

3. 诉讼双方

原告(被上诉人):辽宁省工信科技实业公司。

法定代表人:郝晓岩,经理。

委托代理人:杜宽鹏,该公司副经理。

委托代理人:常显利,辽宁省律师事务所律师。

被告(被上诉人):黑龙江省绥化地区供销社经济贸易总公司。

法定代表人:孙相贵,总经理。

委托代理人:孟令彪,该公司副科长。

被告(被上诉人):黑龙江省绥化市华康科技经贸咨询服务公司。

法定代表人:邹敬怀,经理。

第三人(上诉人):哈尔滨市达利物资商贸公司。

法定代表人:徐德印,经理。

4. 审级:二审。

5. 审判机关和审判组织

一审法院:黑龙江省绥化地区中级人民法院。

合议庭组成人员:审判长:杨国权;代理审判员:孙立影、张雄伟。

二审法院:黑龙江省高级人民法院。

合议庭组成人员:审判长:王福民;审判员:苏旗、王树江。

6. 审结时间

一审审结时间:1994年5月27日。

二审审结时间:1994年12月8日。

(二)一审情况

1. 一审诉辩主张

原告辽宁省工信科技实业公司(以下简称工信公司)诉称:我公司1993年6月22日与被告黑龙江省绥化地区供销社经济贸易总公司(以下简称绥化经贸公司)签订一份购销俄罗斯产A3钢坯12500吨的合同,约定每吨单价2230元,总货款计27875000元,由我公司预交货款240万元。合同同时约定,任何一方不能履行合同时,按货款总额3%承担违约金。被告绥化市华康科技经济咨询公司(以下简称华康公司)为被告绥化经贸公司作保证人,在合同上签字。合同订立后,我公司按约定预付货款240万元,但被告方一直不能供货。由于被告的违约行为,导致我公司与杭州市阳城综合贸易公司签订的合同不能如期履行。为此请求依法判令被告:第一,返还预付款240万元及银行利息;第二,支付违约金及因违约给我公司造成的经济损失;第三,被告华康公司承担连带责任。

被告绥化经贸公司辩称:原告起诉状中陈述双方签订购销钢坯合同内容属实。我公司未能履行合同是因为供货方哈尔滨达利物资商贸公司(下称达利公司)未履行与我方订立的合同所致。我公司1993年6月22日与原告订立合同之后,为履行此合同,我公司次日即与达利公司签订了相同内容的合同,并将原告交付给我方的240万元预付款付给了达利公司。合同约定,达利公司于45天至60天内将货运至上海港。至同年8月27日,达利公司未能履行合同。经双方协商,将合同履行期延至同年10月10日,同时约定钢坯每吨降价50元,作为违约补偿。其间我公司多次派人催货,但至同年10月15日,达利公司仍未交货,并来函称"我公司徐经理已去俄罗斯办理钢坯发货事宜"。达利公司始终未能履行合同。因此,第一,应由达利公司返还原告240万元货款及利息;第二,达利公司应承担货款总额的3%的违约金825000元;第三,由此给我公司造成各种费用损失16万元,应由达利公司承担。

被告华康公司辩称:我公司为绥化经贸公司提供了达利公司销售钢坯的信息,并为绥化经贸公司与辽宁工信公司签订合同提供中介服务。合同生效后,我公司曾与绥化经贸公司共同催促达利公司履行合同。据达利公司称,合同未能履行是由于俄方原因,该违约责任应由达利公司承担。

第三人达利公司未作书面答辩。

2. 一审事实和证据

绥化地区中级人民法院经审理查明下列事实:

(1)原告与被告的合同内容。1993年6月22日,辽宁工信公司与绥化经贸公司订立购销俄罗斯产A3钢坯12500吨的合同。约定,吨价为2230元,总货款27875000元,交货地为上海港,辽宁工信公司预交货款240万元,货到港口后7日内付清其余货款;违约责任按《经济合同法》、《工矿产品购销合同条例》规定执行,除因俄罗斯国家政策或自然灾害所造成的不可抗拒原因外(需有俄方证明),任何一方不能履行合同时应承担货款总额3%的违约金。华康公司作为合同的担保方在合同上签字。辽宁工信公司履行了预付240万元货款的义务。

上述事实有辽宁工信公司提供的合同原本和预付货款收据复印件为证。绥化经贸公司和华康公司承认上述事实。

(2)被告与第三人的合同内容。同年6月23日,绥化经贸公司与第三人达利公司签订了内容相似的合同,但吨价为2200元,履行期限为自合同订立之日起45天至60天内运到上海港,绥化经贸公司预付240万元货款,由于俄方原因不能履行合同时,达利公司退回预付款，不承担利息和所发生的任何经济损失。绥化经贸公司按约定将240万元预付款付给了达利公司。

上述事实有合同原件、付款凭证为证。

(3)第三人达利公司将240万元预付款汇入满洲里市边境贸易公司帐户，作为联营购买俄罗斯钢坯的资金。同年7月15日，俄方公司致函达利公司称：俄罗斯社会动荡，政策不稳，钢坯出口许可及运输发生严重困难，不能按合同规定时间供货，请速来人商洽善后事宜。达利公司未派人前往。

上述事实有达利公司提供的与满洲里边境贸易公司联营协议和进出口合同复印件、中国银行哈尔滨市支行证实此款去向证明、达利公司提供的俄方函件及证人证言证实。

(4)同年8月27日，达利公司以俄方运输发生问题为由与绥化经贸公司协商签订了补充合同书，将供货时间延至同年10月10日；并于同年9月7日再次约定每吨钢坯降价50元，作为对需方因延期履行合同损失的补偿。辽宁工信公司亦表示同意延期。

以上事实有绥化经贸公司提供的补充合同原件证实，其他当事人无异议。

(5)至10月10日，合同仍未履行。10月15日，达利公司致函绥化经贸公司称：我公司经理徐德印先生已去俄罗斯办理钢坯发货事宜；如果要求退货，我公司现有角钢、中板、卡玛斯汽车等现货可供。绥化经贸公司将此事告知辽宁工信公司。同年10月22日，工信公司要求绥化经贸公司7日内返还预付款本金及利息未果，遂诉至法院。

上述事实有信函原件证实，辽宁工信公司予以确认。

3. 一审判案理由

绥化地区中级人民法院认为：

(1)本案所涉及的合同，不违反法律，是当事人真实意思的表示，为有效合同。被告绥化经贸公司未在合同约定期限内履行合同，原告辽宁工信公司主张执行合同违约条款，未要求继续履行合同，其诉讼行为视为要求解除合同，根据《中华人民共和国经济合同法》第二十六条规定，其诉讼请求应予支持。被告绥化经贸公司在答辩中亦对第三人达利公司提出相同的诉讼请求，亦应支持。

(2)被告绥化经贸公司在合同约定期限内未履行合同，按合同约定，任何一方不履行合同应向对方支付货款总额3%的违约金，该约定符合《工矿产品购销合同条例》第三十五条第一款第一项规定的违约金幅度，且被告不履行合同不具备合同约定的免责条款，原告辽宁工信公司主张被告返还预付货款本息及违约金的诉讼请求，应予支持。华康公司作为被告履行合同的保证人，应依法承担连带责任。

(3)第三人达利公司未在合同约定期限内履行合同，并在供货方通知其不能按期供货的情况下，没有采取积极补救措施。按达利公司提供的与俄方合同约定，该合同执行C1F价格条件，根据国际贸易术语解释通则规定，由卖方装船并支付关税，而达利公司却谎称其到俄方交纳出口关税，属欺诈性质。达利公司述称未能履行合同是因为俄罗斯国家政策变化，但未提供可靠证据，法庭不予采信，其违约行为不具备合同约定的免责条件。被告绥化经贸公司要求第三人达利公司承担返还预付款本息及赔偿经济损失的诉讼请求，符合《中华人民共和国经济合同法》第三十一条规定，应予支持。

4. 一审定案结论

绥化地区中级人民法院根据《中华人民共和国经济合同法》第六条、第二十六条第一款第三项、第三十一条、第三十三条第一款第一项和《工矿产品购销合同条例》第三十条第一款第一项的规定，判决如下：

(1)辽宁工信公司与绥化经贸公司签订的购销钢坯合同终止履行；绥化经贸公司与达利公司签订的购销钢坯合同终止履行。

(2)绥化经贸公司给付辽宁工信公司240万元及利息224640元(利息从1993年6月22日起至1994年6月21日止，按年利率9.36%计算)。

(3)绥化经贸公司偿付辽宁工信公司违约金36250元(按货款总额27875000元的3%计算)。

(4)华康公司对绥化经贸公司的民事责任负连带清偿责任。

(5)达利公司给付绥化经贸公司240万元，并赔偿其直接经济损失1099275.94元。

上述(2)、(3)、(5)项自本判决生效后30日内自动履行，逾期按《中华人民共和国民事诉讼法》第二百三十二条规定加倍支付延期履行期间的利息。

案件受理费27505元，财产保全费17015元，均由达利公司负担。

(三)二审诉辩主张

1. 上诉人达利公司上诉称：我公司与绥化经贸公司签订的合同中第十一条明确约定：由于俄方原因不能履行合同时，供方退回预付款，不承担预付款的利息和所发生的任何经济损失，这是供需双方对可能出现的不履行合同情况如何处理的事先约定。我方收到预付款后并未获不当利益，而是将款全部汇出购买钢坯。我方确因俄方原因未能履行合同，应按合同约定处理。原审判决我方承担经济损失明显不当。

2. 被上诉人绥化经贸公司答辩称：合同所称"俄方原因"的含义是指俄罗斯国家政策变化和自然灾害等不可抗力因素，当时在场人华康公司经理邹敬怀能证实此事。事实上俄方没有发生影响出口钢坯的自然灾害，1993年俄方调整出口钢坯政策为实行限额出口证制，并不是限制钢坯出口。俄方通知函称"社会动荡，政策不稳，钢坯出口许可及发运问题出现严重困难"，这与我们双方认同的"俄方原因"概念相悖。且俄方通知只是企业之间通讯往来，不能证明俄方出口政策调整，不具有法律效力。达利公司违约的根本原因是去俄罗斯的时间晚了，资金短缺，交不上关税。

被上诉人辽宁工信公司、华康公司未作答辩。

(四)二审事实和证据

二审法院根据上诉中争议的主要事实进行了查证。查明：《黑龙江日报》1993年8月14日刊载题为《俄罗斯外贸政策有重大调整》的报道。报道中指出：俄罗斯新出口税政策规定有色金属原材料产品出口必须纳税，出口税增加3%；对有色金属半成品等商品的进出口实行限额和出口许可证制度。

另查明，达利公司为履行与俄方合同，以联营方式筹集资金共计210万美元；并已汇往俄罗斯阿加布里亚特自治州乌拉吉公司。有收款时出具的收据为证。

(五)二审判案理由

二审法院认为：根据国内报纸报道，在履行合同期内，俄罗期国家外贸政策发生重大变化属实，增加出口税，办理出口许可证制度，限制出口额等，都是影响按期履行合同的原因，故上诉人关于由于俄方原因不能履行合同的上诉理由成立。上诉人收到绥化经贸公司240万元预付款，该款确实用于履行合同，且其有足额资金购买钢坯，并非因资金短缺而影响合同履行。被上诉人提出因上诉人资金短缺而不能履行合同，根据不足。上诉人请求按合同约定免责应予支持。

（六）二审定案结论

黑龙江省高级人民法院依据《中华人民共和国民事诉讼法》第一百五十三条第一款第（三）项规定，判决如下：

1. 维持黑龙江省绥化地区中级人民法院（1994）经初字第9号民事判决的第（1）项。

2. 撤销黑龙江省绥化地区中级人民法院（1994）经初字第9号民事判决的第（2）、（3）、（4）、（5）项。

3. 绥化经贸公司给付辽宁工信公司240万元，华康公司负连带给付责任。

4. 达利公司给付绥化经贸公司240万元。

上列3、4项于判决生效后1个月内履行，逾期按《中华人民共和国民事诉讼法》第二百三十二条加倍支付迟延履行的债务利息。

一、二审案件受理费55010元，财产保全费17015元，共计72025元，达利公司承担24009元，辽宁工信公司、绥化经贸公司各承担24008元。

（七）解说

近年来，涉及对俄边境贸易的国内购销合同纠纷大量增加，这些纠纷的发生原因，大都与一方当事人和俄罗斯方订立的合同是否能按期履行有关。由于俄方政局不稳，政策变化以及其他难以预料的原因，对俄贸易合同履约率比较低。本案合同当事人正是考虑这种客观情况，而在合同中约定了如因俄方原因造成违约的免责条款。在当时国内钢材市场比较紧俏的情况下，需方当事人自愿承担特定情况下对对方当事人的免责的风险，应当说是公平的，符合风险分担原则的。根据尊重当事人约定原则，审判中应当充分注意该免责条款设定的免责条件是否成立，以维护当事人的正当合法权益。本案第三人达利公司为履行合同还是作了积极努力，并在不能按期履行时，作出降价让利和用其他物资履行的意思表示，均属善意、积极的意思表示。未能按期履约确系俄方原因所致，一审法院没有充分注意对俄贸易中的特殊情况，判令第三人承担100多万元的损失责任，有失公正。二审法院依据公知事实，依法改判是正确的。

（刘洪霄）

2. 广东省饶平县养鳗发展总公司诉江苏省东台市兴盛水产开发公司等购销合同质量赔偿案

（一）首部

1. 调解书字号：江苏省盐城市中级人民法院（1993）盐法经初字第54号。

2. 案由：购销合同质量赔偿案。

3. 诉讼双方

原告：广东省饶平养鳗发展总公司（下称饶平公司）。

法定代表人：郭耀明，总经理。

委托代理人:余海松,广东省饶平县律师事务所律师。

委托代理人:潘桂海,广东省饶平县律师事务所律师。

被告:江苏省东台市兴盛水产开发公司(下称兴盛公司)。

法定代表人:邱荣寿,副经理(主持工作)。

委托代理人:高峰,江苏省东台市台城法律服务所法律工作者。

第三人:江苏省粮油食品进出口集团股份有限公司(下称粮油公司)。

法定代表人:俞国忠,总经理。

委托代理人:陆海龙,该公司部门经理。

委托代理人:罗玉清,南京市第一律师事务所律师。

4. 审级:一审。

5. 审判机关和审判组织

审判机关:江苏省盐城市中级人民法院。

合议庭组成人员:审判长:黄德海;代理审判员:李玉柱、倪广权。

6. 审结时间:1994 年 12 月 21 日。

(二)诉辩主张

1. 原告诉称:被告及第三人以欧洲鳗冒充中国鳗销售,致我公司购进的 394624 尾鳗苗死亡,给我公司造成巨大经济损失。要求:被告及第三人赔偿我公司已付鳗苗款、医药费、饲料费、工人工资等直接经济损失 3509391.23 元,并承担本案的全部诉讼费用。

2. 被告辩称:我公司与原告签订购销合同是事实,但实际上是一种中介关系,交苗、收款手续均由原告与第三人委派的石国宝直接办理,粮油公司应当对由此产生的法律后果承担全部责任。

3. 第三人辩称:原告将我公司列为被告是错误的,应予变更。欧洲鳗苗在我国可以养殖;原告与被告签订的购销合同是独立的,不能与原告和张家港养鳗场即时清结的购销关系相等同;我公司并不存在销售欧洲鳗苗的故意,其自身亦是受害者;原告在得知所购鳗苗为欧洲鳗苗后未及时采取补救措施,放任损失的扩大,亦应承担相应的责任,请求人民法院公正裁判。并请求追加张家港市养鳗场为本案被告。

(三)事实和证据

江苏省盐城市中级人民法院受理本案后,经公开开庭审理查明:1993 年 1 月 4 日,粮油公司(承租方)与张家港市发电厂(出租方)签订了一份租赁合同。合同约定,承租方为保证国家出口货源的需要,租赁出租方所属的张家港市养鳗场所有的固定资产成立中外合资企业,进行鳗鱼系列产品及其他水产品的养殖、生产、收购、中转、出口,租赁期 10 年,出租方从 1993 年 1 月 1 日起将养鳗场围墙以内的所有固定资产及土地的使用权交承租方使用,合同还对租金的交纳及双方的违约责任等作了明确的约定。签约后,粮油公司即委派该公司业务员石国宝至张家港市养鳗场负责经营(事实上中外合资企业并未成立,承租方亦未到工商部门重新办理变更登记手续)。1993 年 3 月 2 日,饶平公司派业务部长张里元等人至江苏购买鳗苗,经兴盛公司经理沈兆勤介绍与石国宝相识,张里元看货后,就购苗的数量、价格等与石国宝进行了商定,但石国宝拒绝签订书面购销合同。1993 年 3 月 6 日,应张里元再三要求,兴盛公司经理沈兆勤同意以其单位名义与饶平公司签订农副产品购销合同并在合同中载明:兴盛公司(供方)向饶平公司(需方)提供黑籽鳗种(中国苗)40 万尾左右,每公斤 2500 尾至3000尾，每尾单价8.34元(含准运证费用)，总金额按实际交货数量计算；质量要求，健壮鳗种；交(提)货地点，供方联营场池边；运输方式及费用负担，供方负责由池边到机场的运输费和出省手续费，需方负责由供方机场至到达站的一切费用，包装结束后，随机抽样，剔除伤、死苗后计数；结算方式，货款两清，需方预付定金168万元；违约责任，按《中华人民共和国经济合同法》执行。同年3月8日，由石国宝安排人员对池内的鳗苗进行包装、过数。饶平公司计购得鳗苗394624(尾)，总货款应为3291164.16元。次日，石国宝按每尾8.20元收取苗款3235916.80元入帐(不含3月8日收取的2000元包装业务费)，同时收取43408.64元的业务费(按每尾0.11元计算)和11838.72元的准运证费(按每尾0.03元计算)。1994年3月13日，兴盛公司经理沈兆勤至江苏省东台市税务局弶港税务所开具了价值3291164.16元的临时经营发票交饶平公司。沈兆勤从石国宝处提取业务费(现金)42900元。

饶平公司在鳗苗购回一周后，发现苗情异常，生活习性与中国苗不一样，爬墙(中国苗不爬墙)、红头烂尾并伴有少量死亡，经药物治疗未见明显效果，饶平公司经办人张里元遂打电话给沈兆勤要石国宝说明情况，沈讲他们公司从石国宝处购进的苗也出现类似情况。后经多次电话联系，沈兆勤、石国宝均未派人前往处理。1993年6月2日，饶平公司见死苗严重，遂请广东省水产养殖技术站饶平分站对该批鳗苗进行实体检验，结果是该批鳗苗为欧洲鳗苗。1993年7月21日、23日，饶平公司两次发电报给兴盛公司经理沈兆勤称"经你协助，我司今年3月9日在张家港市养鳗场石国宝经理处购进39万尾中国苗一周后发现生活习性与正宗中国苗不同，我司即电询该场并要求来人核实，但该场说石经理外出而一直无其他答复，现发此电报要你司催促该场派人前来我司商讨解决办法。否则，我司将依法诉讼"。兴盛公司、石国宝既不答复，亦未派员前往。1993年8月27日，经广东省饶平县审计师事务所审计，截止1993年7月20日，饶平公司从石国宝处购得鳗苗实际死亡数量为356892尾，造成实际经济损失3173840.56元。经多方交涉无果，饶平公司于1993年10月15日向盐城市中级人民法院提起诉讼并申请财产保全，粮油公司就该案的管辖问题提出书面异议。盐城市中级人民法院裁定驳回粮油公司提出的管辖异议。同月26日，粮油公司不服裁定提起上诉。1994年4月10日，江苏省高级人民法院以(1993)苏经终字第186号民事裁定驳回上诉，维持盐城市中级人民法院(1993)盐法经初字第54号民事裁定。审理期间，因该案刑民交织，经批准延长审限6个月。

以上事实有下列证据证明：

1. 原、被告于1993年3月6日签订的农副产品购销合同。

2. 第三人与张家港市发电厂于1993年1月4日签订的租赁合同。

3. 原告于1993年7月21日、7月23日发给被告的电报。

4. 1993年7月21日广东省水产养殖技术推广总站饶平分站"鳗苗品种鉴定证明书"。

5. 1993年7月29日中国水产科学研究院东海水产研究所鳗鱼品种鉴定报告。

6. 原告提供死苗照片。

7. 张家港市养鳗场的营业执照、企业法人营业执照。

8. 张家港市养鳗场资金表、帐册。

9. 被告为原告开具江苏省东台市税务局弶港税务所的销售发票。

10. 1993年8月27日广东省饶平县审计师事务所关于鳗种成本和损失查证报告及盐城市中级人民法院开庭笔录、谈话笔录中当事人的陈述等。

(四)判案理由

盐城市中级人民法院鉴于上述事实认为:

1. 饶平公司与兴盛公司以及粮油公司之间是一种连环购销关系。兴盛公司与饶平公司于1993年3月6日所签订的农副产品购销合同应依法确认有效。根据《中华人民共和国经济合同法》第九条关于"当事人双方依法就经济合同的主要条款经过协商一致,经济合同就成立"等规定,兴盛公司与饶平公司在签订合同时,双方意思表示真实,合同内容不违反国家法律和法规的规定,主要条款齐全,且双方均明确购销的是中国鳗苗,所以说双方签订的合同为有效合同。加之,兴盛公司是饶平公司合同中的供货人,且收取了所供鳗苗的差价款,并由法定代表人至东台市税务局弶港税务所开具了销售发票。因此,兴盛公司辩称其仅是饶平公司与张家港市养鳗场负责人石国宝购销业务介绍人的理由不能成立。兴盛公司应对粮油公司赔偿饶平公司的经济损失承担连带责任。

2. 粮油公司租赁的张家港市养鳗场是饶平公司与兴盛公司事实上的供货人。在该购销业务中,从洽谈到成交,养鳗场负责人石国宝采用的是"三方在场,一磅双交"的方式交货的,饶平公司应付的苗款直接交石国宝收,饶平公司求购的鳗苗亦由石国宝直接点交。兴盛公司所得的鳗苗差价款亦是由石国宝支付的。因此,粮油公司承租经营的张家港市养鳗场与兴盛公司和饶平公司虽然没有书面合同,但兴盛公司和饶平公司购进的欧洲鳗苗是由石国宝提供的,这一点粮油公司是自始至终承认的。

3. 粮油公司与张家港市发电厂签订的租赁合同属财产租赁关系,粮油公司在答辩期间要求追加张家港市养鳗场为本案被告的理由不充分,不予支持。

4. 饶平公司所造成的损失,粮油公司应予赔偿。粮油公司在承租经营中将从南通市海皇公司等处购进的欧洲鳗苗当作中国苗销售,给相关的买受人造成重大经济损失,粮油公司应对由此而产生的后果承担主要过错责任。但饶平公司经办人在看货时已发现该苗有病,仍盲目购买,且在1993年6月2日广东省水产养殖技术推广总站饶平分站的鉴定结论为欧洲鳗鱼后,对尚存的部分鳗苗未及时采取相应的补救措施,致损失进一步扩大亦有相应的过错责任。粮油公司应在张家港养鳗场负责人石国宝收取的销售成本价的基础上,对经饶平县审计师事务所在审计报告中确认的死亡数字承担赔偿责任,其余损失由饶平公司自负。

(五)定案结论

盐城市中级人民法院根据所认定的事实、证据、判案理由和该案的具体案情,先后三次召集当事人双方进行调解,终于在1994年12月21日达成调解协议:

1. 第三人粮油公司赔偿原告饶平公司经济损失180万元人民币,限在1994年12月22日支付100万元;1995年2月28日前支付40万元;1995年4月30日前支付40万元。

2. 被告兴盛公司对第三人粮油公司赔偿原告饶平公司180万元经济损失承担连带责任。

案件受理费27557元,财产保全费18067元,合计45624元。由粮油公司负担27374.40元;饶平公司负担18249.60元。

调解书送达后,粮油公司当即支付人民币100万元。

(六)解说

本案是发生在鳗鱼苗经营活动中的一起经济纠纷,正是由于这一纠纷的发生,从而引发了江苏境内近年来一宗罕见的欧洲鳗苗走私、诈骗犯罪案件。案发后,盐城市公、检、法迅速组织大批警力侦破此案，依法惩处了一批犯罪分子，为东台市兴盛水产开发公司、东台市第二水产公司、东台市顺大水产发展公司追回了上千万元的经济损失。饶平公司是本案的直接受害者之一。该案处理的关键有如下两个方面：

1. 关于诉讼主体的问题

一是张家港市养鳗场应否追加为本案被告。从粮油公司与张家港市发电厂签订的租赁合同内容看，张家港市养鳗场的实际承租人是粮油公司，根据租赁合同第一条的规定，粮油公司租赁的是张家港市养鳗场的固定资产而不是企业，张家港市养鳗场的营业执照和1994年3月5日升格的企业法人营业执照中的负责人和法定代表人均不是粮油公司委派和聘用的，而是张家港市发电厂的干部。粮油公司在承租期间从未到工商部门重新办理过变更登记手续，石国宝是粮油公司派去的负责人，石国宝在租赁经营期间，财务上是报帐制，经济上不独立。石国宝所负责经营的这一块没有对外独立承担民事责任的能力，因而不能把张家港市养鳗场追加为被告。

二是粮油公司该不该作为本案的被告。从签约过程看，饶平公司与兴盛公司有书面合同，且在合同中约定每尾中国鳗苗价为8.34元，而兴盛公司与粮油公司承租经营的张家港市养鳗场负责人石国宝口头商定的每尾价格为8.20元。从实际履行情况看，石国宝采用的是“三方在场，一磅双交”的方式，结算时，先由饶平公司按每尾8.34元直接付款给石国宝，石国宝按每尾8.20元入帐，并从每尾的差价部分中扣除准运费费用，余款支付给兴盛公司。从当事人向法院陈述的材料看，合同是饶平公司与兴盛公司签订的，付款、提货均是按兴盛公司指定的地点和方式办理的。尽管是在张家港市养鳗场提的货，但兴盛公司的法人代表沈兆勤是当场见数的，且沈兆勤还主动到税务部门开具发票并代交了税款。

可见，无论从哪一方面看，事实上粮油公司、兴盛公司和饶平公司之间均构成了连环购销关系。即：在该案的鳗鱼苗经营活动中，石国宝以每尾8.20元的价格向兴盛公司提供了394624尾鳗苗，兴盛公司又以每尾8.34元的价格全部销给了饶平公司。兴盛公司实际从中得差价款42900元（其余被扣作了准运费）。而石国宝是由粮油公司委派到其承租的养鳗场从事经营养殖鳗苗的负责人，因此，石国宝在该案中所实施的鳗苗经营行为应认定为养鳗场的承租人粮油公司的行为。也即饶平公司的鳗苗是从兴盛公司购得的，而兴盛公司销出的该鳗苗又是粮油公司提供的。所以说，该案的被告是兴盛公司，而粮油公司是该案中依附于被告兴盛公司的无独立请求权的第三人。兴盛公司败诉，粮油公司必须承担赔偿责任，兴盛公司负连带赔偿责任。

2. 关于损失数额的认定

饶平公司在诉讼请求中提出的死苗数量及其赔偿损失数额的主要依据是饶平县审计师事务所的审计报告和在诉讼中提交的死苗照片，而审计报告是饶平公司单方面委托审计后作出的，它的真实性、客观性被告提出怀疑。从照片的画面看，仅能说明死苗的情况相当严重，但无法确认死苗就是被告提供的或就是饶平公司池内的鳗苗。根据《中华人民共和国民事诉讼法》第六十四条的规定，当事人对自己提出的主张，有责任提供证据。当事人及其诉讼代理人因客观原因不能自行收集的证据，或者人民法院认为审理案件需要的证据，人民法院应当调查收集。就本案的具体情况，由于苗体较小，6月至7月份正值夏季，苗死前就有红头烂尾特征，死后原告虽经药化处理，仍无法保存，因此要求原告继续举证确有困难。被告及第三人虽对原告提出的死亡数字表示怀疑，不肯接受，但也没有相反证据能推翻审计结论。法院经查证：第三人粮油公司承租的养鳗场销给饶平公司的鳗苗确是欧洲鳗苗，该鳗苗与中国鳗苗的生活习性不同，如不采用特殊的放养和管理方式极易导致死亡。养鳗场的负责人石国宝（其自称不知是欧洲鳗，当然也无证据证明其当时明知）在与饶平公司面谈以及兴盛公司与饶平公司签约和交货时均讲的是中国鳗苗，饶平公司将欧洲鳗苗购回当作中国鳗苗饲养，导致鳗苗死亡的可能是存在的。另从饶平公司的财务记帐凭证看，未发现其自购买兴盛公司鳗苗后又向其他方面销售过鳗苗或成鳗，也没有从其他方面购进过鳗苗的迹象，饶平公司放养鳗苗的池中也已空空。再从粮油公司承租的养鳗场看，其与销给饶平公司鳗苗同期购进的另一部分鳗苗放养后也大多死亡。因此，法院确认：原告起诉的事实成立，导致原告损失的主要责任在第三人和被告。但原告若能及时采取恰当的措施，鳗苗就不会全部死亡，即原告对导致损失也有一定的责任。所以，本案损失数额的认定可参照饶平审计师事务所审计的结论。第三人以及被告赔偿的数额应与其所该负的责任相对应。这样，经过法院调解，双方当事人自愿达成协议，第三人赔偿原告经济损失 180 万元，兴盛公司对此赔偿承担连带责任。双方都很满意，取得了较好的审判效果。

（黄德海　王凤珠）

3. 无锡县燃化公司诉德阳二重协和机械设备制造厂购销合同货款案

（一）首部

1. 判决书字号

一审判决书：江苏省无锡市中级人民法院（1994）锡经初字第 19 号。

二审判决书：江苏省高级人民法院（1994）苏经终字第 160 号。

2. 案由：购销合同货款案。

3. 诉讼双方

原告（被上诉人）：无锡县燃化公司（以下简称燃化公司）。

法定代表人：华致安，经理。

委托代理人：叶景忆，无锡县律师事务所律师。

委托代理人：许艳，无锡市诚信律师事务所律师。

被告（被上诉人）：德阳二重协和机械设备制造厂（以下简称二重制造厂）。

法定代表人：欧阳荣波，厂长。

委托代理人：何中华，该厂副厂长。

第三人（被上诉人）：黑龙江台胞经贸高新技术开发公司（以下简称台胞公司）。

法定代表人：梁洪生，经理。

委托代理人：梁涛，该公司干部。

委托代理人：郑国强，黑龙江银龙律师事务所律师。

第三人（上诉人）：中国工商银行哈尔滨市大直支行（以下简称大直工行）。

法定代表人：王凤彬，行长。

委托代理人:李伟,该行副行长。

委托代理人:孟晓光,黑龙江远东涉外经济律师事务所律师。

4. 审级:二审。

5. 审判机关和审判组织

一审法院:江苏省无锡市中级人民法院。

合议庭组成人员:审判长:孙坚强;代理审判员:任国骅、袁挺。

二审法院:江苏省高级人民法院。

合议庭组成人员:审判长:张晓岚;代理审判员:张婷婷、袁海卫。

6. 审结时间

一审审结时间:1994 年 5 月 6 日。

二审审结时间:1994 年 11 月 1 日。

(二)一审情况

1. 一审诉辩主张

(1)原告燃化公司诉称:1993 年 6 月 21 日,其在核对了二重制造厂同台胞公司的供货合同和担保书后,同二重制造厂签订了由二重制造厂向其供俄罗斯产钢坯的合同。根据合同约定和二重制造厂的指定,其于 1993 年 6 月 23 日预付给台胞公司货款 937.5 万元,但二重制造厂既未供货亦未退款。请求判令二重制造厂退还货款 937.5 万元,并按约承担违约和赔偿责任及本案诉讼费。

(2)被告二重制造厂辩称:其与燃化公司所订合同属实,所谓违约是台胞公司不供货所致。请求追加台胞公司及其担保人大直工行为本案第三人参加诉讼,由其承担全部法律责任和经济责任。

(3)第三人台胞公司未答辩。

(4)第三人大直工行述称:我行的担保责任已随燃化公司、二重制造厂、台胞公司三方在 1993 年 12 月 3 日所订的终止合同而终止。

2. 一审事实和证据

一审法院经审理查明:1993 年 6 月 18 日,二重制造厂与台胞公司签订购销合同,约定由台胞公司供给二重制造厂俄罗斯产钢坯 25000 吨,每吨 2500 元,总金额 6250 万元,需方预付货款 937.5 万元;供方若完全不能供货,应承担已收需方实际款额和相应利息及 3%的违约金;预付款到供方帐户合同生效,货在合同生效后的 45 个工作日(正负 15 日)到达需方指定港口张家港等。中国工商银行哈尔滨市分行房地产信贷部大直支行代办处(系大直工行的内部职能部门,以下简称代办处)对台胞公司履行合同出具了担保书,明确:款由该行监督专款专用,货源落空,承担已收二重制造厂实际款额和相应利息。1993 年 6 月 21 日,燃化公司与二重制造厂签订购销合同,约定:由二重制造厂向燃化公司供俄罗斯产钢坯 25000 吨,每吨 2600 元,总金额 6500 万元,需方预付货款 937.5 万元后合同生效;货于合同生效后 45 个工作日(正负 15 日)内在无锡交货,若供方完全供不上货,应承担已收需方实际款额和相应利息及 3%的违约金,必须由供方或供方签约的收款单位开户银行进行担保,燃化公司才预付 937.5 万元,执行全合同等。二重制造厂同时向燃化公司出具了其向台胞公司购 25000 吨钢坯合同及代办处担保书。

订立合同后,燃化公司于 1993 年 6 月 23 日按二重制造厂的指定,向台胞公司汇出预付款937.5万元,二重制造厂出具了收条。6月24日台胞公司亦向二重制造厂出具收据。8月22日合同交货期至,燃化公司未收到二重制造厂的船运启航通知,燃化公司、二重制造厂多次与台胞公司交涉,大直工行在1993年10月16日得知代办处出具担保书后,即对经办人进行调查,并催促台胞公司供货或退款。12月3日,台胞公司与二重制造厂、燃化公司签订了终止合 同,载明:经协商决定从1993年12月4日起撤销三方原在1993年6月签订的俄罗斯产钢坯合同,重新执行台胞公司1993年12月4日的退款承诺,一切签文作废。同时台胞公司出具了还款计划承诺书,载明:1993年12月4日退还燃化公司520万元,1994年1月20日,剩余本息全部结清;若到期不执行该计划,则三方所订的终止合同及还款计划作废。12月4日,台胞公司退还燃化公司20万元货款。当日,二重制造厂又与台胞公司达成中止合同协议,该协议明确:双方在1993年12月4日前签订的合同及协议作废,执行台胞公司1993年12月4日的退款计划承诺,台胞公司的退款直接付给燃化公司,中止大直工行的担保。因台胞公司未履行还款承诺,1994年1月1日二重制造厂致电台胞公司、大直工行声明:三方于1993年12月3日订立的终止合同是附条件的协议,即台胞公司必须履行还款承诺后,终止合同才生效。后经燃化公司、二重制造厂催索无果,燃化公司即于1994年2月21日诉至法院。

上述事实有下列证据证实:

(1)二重制造厂与台胞公司1993年6月18日合同及附件、代办处担保书、燃化公司与二重制造厂1993年6月21日合同。

(2)燃化公司、二重制造厂、台胞公司1993年12月3日终止合同及台胞公司还款计划承诺书。

(3)二重制造厂1993年12月4日与台胞公司的中止合同协议及1994年1月1日发给台胞公司及大直工行的电报。

(4)有关预付款、退款凭据及催款书面证据等。

3. 一审判案理由

江苏省无锡市中级人民法院根据以上事实和证据,认为:燃化公司与二重制造厂、二重制造厂与台胞公司签订的购销合同属有效。二重制造厂、台胞公司未履行合同约定的供货义务,应向各自的需方燃化公司、二重制造厂退还已收货款,并承担不能交货的违约责任。台胞公司为主要过错方。大直工行在知道下属代办处对外提供担保后,敦促被担保人台胞公司供货或退款的行为,应视为对其下属代办处担保行为的追认,故代办处为台胞公司提供的担保有效,大直工行应按担保约定承担退还货款和赔偿利息损失的连带责任。因三方当事人1993年12月3日签订的终止合同及还款计划承诺书未能履行,燃化公司请求退款及支付违约金、赔偿损失有理,应予支持。大直工行述称的事实和理由不能成立,不予支持。

4. 一审定案结论

江苏省无锡市中级人民法院根据《中华人民共和国经济合同法》第六条、第十五条、第二十五条第一款、第三十一条,《工矿产品购销合同条例》第三十五条第一款之规定,于1994年5月6日作出判决:

(1)二重制造厂应退还燃化公司货款917.5万元,并同时支付不交货的违约金195万元。

(2)台胞公司应退还二重制造厂货款917.5万元,并同时支付不能交货的违约金187.5

万元，大直工行应对台胞公司的退还货款917.5万元及违约金中的1005613.48元部分（银行利息）负连带清偿责任。

上述（1）、（2）项退款和违约金，应于判决生效后立即执行。

案件受理费66635元，财产保全费47395元，计114030元。其中案件受理费由燃化公司承担1178元，二重制造厂承担441元，台胞公司承担65016元；财产保全费由台胞公司承担47076元，二重制造厂承担319元。

（三）二审诉辩主张

1. 上诉人大直工行上诉称：代办处系其内部职能部门，在合同双方当事人签订终止合同等撤销主合同及担保合同后，上诉人不应再承担法律责任。

2. 被上诉人燃化公司、二重制造厂、台胞公司均未答辩。

（四）二审事实和证据

二审法院确认了一审法院认定的事实和证据。

（五）二审判案理由

二审法院认为：燃化公司与二重制造厂、二重制造厂与台胞公司间的购销合同，其内容和形式均未违反法律规定，合同有效。台胞公司、二重制造厂不能供货，均应承担违约责任，台胞公司系主要过错方，应承担主要责任。代办处为大直工行的内部职能部门，不具担保的行为能力，其与台胞公司、二重制造厂所签担保合同无效，大直工行应承担担保无效的过错责任，原审对此认定有误，应予纠正。1993年12月3日，台胞公司出具的还款计划承诺书，系附条件的承诺，因其未履行还款义务，根据约定，大直工行的担保义务未予解除，上诉人关于合同撤销，担保合同也予解除的上诉理由不能成立。

（六）二审定案结论

江苏省高级人民法院根据《中华人民共和国民事诉讼法》第一百五十三条第一款第（一）、（三）项，《中华人民共和国经济合同法》第二十九条第一款及最高人民法院法发（1994）8号文之规定，于1994年11月1日作出（1994）苏经终字第160号判决：

1. 维持江苏省无锡市中级人民法院（1994）锡经初字第19号民事判决第（1）项，即二重制造厂应退还燃化公司货款937.5万元，同时支付不能交货的违约金195万元。

2. 撤销江苏省无锡市中级人民法院（1994）锡经初字第19号民事判决第（2）项及案件受理费部分。

3. 台胞公司退还二重制造厂货款937.5万元，支付不能交货的违约金187.5万元，大直工行对台胞公司不能清偿部分，承担赔偿责任。

上述各项的退款及违约金，于判决生效后10日内执行完毕。

一审案件受理费66635元，由燃化公司承担6663.5元，二重制造厂承担13327元，台胞公司承担46644.5元。财产保全费47395元，由台胞公司负担47076元，二重制造厂承担319元。二审案件受理费66635元，由大直工行承担。

（七）解说

1. 查清事实、依法追加第三人是本案处理的前提

承办人在收案后，经作大量调查，查明台胞公司、二重制造厂、燃化公司间的购销合同除在价格上有差异外，标的物的数量、质量、交货期限、预付款、违约责任等条款在内容上是一致的，故本案三方属连环购销合同的当事人。二重制造厂在与燃化公司订立合同时出示了其

与台胞公司的购销合同及代办处的担保书，在台胞公司未能供货情况下，三方达成了终止合同等协议，且台胞公司直接退给燃化公司货款20万元，在此基础上追加台胞公司为本案第三人完全符合民诉法的规定。代办处为台胞公司的担保人，但又是大直工行的内部职能部门，不具备担保能力和诉讼行为能力，在此前提下追加大直工行为本案第三人亦是合法的。由于正确依法追加了第三人，为本案最终责任的确定奠定了基础。

2. 正确认定合同性质及效力，准确选择法律规范，是明确责任的关键

二重制造厂未能向燃化公司履行合同约定义务，属违约；台胞公司未能向二重制造厂履行约定义务，亦属违约；而台胞公司违约是造成二重制造厂违约的原因，故台胞公司在合同不能履行中存在主要过错，应负主要责任，二重制造厂也应负一定责任。对此，争议不大。本案争议焦点在于代办处担保效力及终止合同性质的认定，从而确认大直工行在案件中应承担何种责任。根据1994年4月15日最高人民法院法发(1994)8号文即《关于审理经济纠纷案件有关保证的若干问题的规定》第十八条规定“法人的内部职能部门未经法人同意，为他人提供保证的，保证合同无效，保证人不承担保证责任，但应当根据过错大小，由法人承担相应的赔偿责任”。本案一审判决时间为1994年5月6日，故应根据最高人民法院的这一规定就本案中有关保证的事实进行认定。代办处属大直工行内部职能部门，不具备担保能力，故其担保无效，如无其他情况，大直工行应承担相应的赔偿责任。一审法院对此认定确属有误，二审认定是正确的。本案争执点在于终止合同及还款计划承诺是否免除了大直工行的责任。因为还款计划承诺明确，还款计划如到期不能执行，则终止合同及还款计划作废。所以还款计划是附条件的，还款计划不履行则条件不具备，从而导致合同不生效。因台胞公司仅退还20万元，基本未履行还款计划，故终止合同及还款计划未履行和成立，中止合同协议也因此而未成立。大直工行的责任并未解除，仍应承担赔偿责任。一、二审对此认定是正确的。燃化公司诉讼请求中未扣除20万元已还款部分，应承担部分诉讼费；二重制造厂在本案中亦有违约，也应承担部分诉讼费；台胞公司系主要过错方，故应承担诉讼费的主要部分，二审判决是正确的。

(俞宏雷　任国骅)

4. 海南野果保健饮料中外合资实业有限公司诉海南昌荔工贸公司购销合同案

(一)首部

1. 判决书字号

一审判决书：海南省海口市新华区人民法院(1993)新经初字第100号。

二审判决书：海南省海口市中级人民法院(1994)海中法经终字第12号。

2. 案由：购销合同案。

3. 诉讼双方

原告(被上诉人)：海南野果保健饮料中外合资实业有限公司。

法定代表人：陆行，董事长。

委托代理人:宋勇,该公司副总经理。

委托代理人:叶安新,海口市振东律师事务所律师。

被告(上诉人):海南昌荔工贸公司。

法定代表人:陈平,经理。

委托代理人:林书鸣,海口市振东律师事务所律师。

委托代理人:李虹飞,该公司会计主管。

委托代理人:李远平,海南江海国际商务律师事务所律师。

4. 审级:二审。

5. 审判机关和审判组织

一审法院:海南省海口市新华区人民法院。

合议庭组成人员:审判长:蔡道贤;审判员:夏治强、李家炎。

二审法院:海南省海口市中级人民法院。

合议庭组成人员:审判长:叶能强;审判员:李忠义、李必雄。

6. 审结时间

一审审结时间:1993 年 10 月 21 日。

二审审结时间:1994 年 8 月 17 日。

(二)一审情况

1. 一审诉辩主张

原告诉称:1992 年 10 月 3 日,原告与被告协商订立了野果牌壮阳神补酒购销合同一份。合同规定,由原告供给被告野果牌壮阳神补酒 163 箱,共计 200294.4 元,原告在被告汇付总货款的 30%后发货,剩余货款在购下批货时付清;原告在收到第二批货款 30%后再发第二批货;合同最后一批货款从发货之日起 3 个月内结清。合同签订后,原告在 1993 年 10 月 30 日收到被告所付货款 6 万元后,即于同年 10 月 30 日发货 83 箱,价值 101990.4 元,后又于同年 11 月 4 日发货 80 箱,价值 98304 元。至此,原告已尽数将货交齐,剩余部分货款,被告至今未付。故原告诉至法院,请求判令被告给付所欠货款 142752 元,并承担违约责任,赔偿经济损失 18026 元。

被告辩称:被告认为双方所订立的合同,形式上是购销合同,实质上是代销合同。理由是:第一,原告曾派徐文到西安与被告协商开新闻发布会推销产品,但由于原告未提供该产品的卫字批准文号和检验合格证及物价部门定价通知等文件,故发布会没有开成。第二,原告曾聘请被告的李虹飞和张梦为其单位的推销员,目的是通过被告去西安打开销路。第三,从合同付款方式看,属于流动计算方式,由此可证明该合同是一种推销合同。另外,被告并没有违约,因为按合同中规定,被告已于 1992 年 10 月 20 日支付了第一批货款的 30%,计 6 万元,余款应于购第二批货物时方付清。现被告还没购买第二批货物,故无需支付余款。并且合同的有效期限是从 1992 年 10 月 3 日至 1993 年 10 月 3 日,直至原告起诉时,还没到期,所以被告并没违约。同时被告认为原告所供壮阳神补酒质量不合格,没有卫生部门的检验合格报告,没有药酒生产许可证,没有进行商标注册,包装上未标明有效日期等。对此被告曾通过电话向原告反映。原告提供不合格的货物给被告,属违约行为,故被告请求法院返还财产,解冻帐户,并要求原告赔偿损失。

2. 一审事实和证据

海口市新华区人民法院经公开审理查明:1992 年 10 月 3 日,原告与被告签订一份工矿产品购销合同。合同约定由原告向被告提供 163 箱壮阳神补酒,单价 1228.8 元,共计货款 200294.4 元;付款方式为被告先付总货款的 30%后,原告发第一批货,余款待需购第二批货物时付清,供方在收到第二批货款的 30%后,再供第二批货,以此类推;合同最后一批货款须从发货之日起 3 个月内结清;合同有效期从 1992 年 10 月 3 日至 1993 年 10 月 3 日 。合同签订后,被告于 1992 年 10 月 30 日向原告支付了第一批货款的 30%,计人民币 6 万元。尔后,原告分别于 1992 年 10 月 30 日发货 83 箱,价值 101990.4 元,1992 年 11 月 4 日发货 80 箱,价值 98304 元,至此原告已尽数将货交齐。对此,原、被告均表示承认,但被告除了支付 6 万元货款外,余款至今未支付,也未向原告提出需购第二批货物的意思表示,故应视为原告于 1992 年 10 月 4 日交给被告的货物是最后一批货,被告应在发货后 3 个月内将余下货款支付给原告。被告在答辩中提出,原告所提供的壮阳神补酒不符合质量标准,本院经审理查明,被告在收到货物后至原告起诉时,并没有书面向原告提出产品质量问题,并且原告也向本院提交了海口市卫生防疫站出具的食品卫生许可证、卫生检验报告及海口市产品质量监督检验所的检验报告,以上材料均证明原告生产的壮阳神补酒符合卫生标准。

上述事实有下列证据证明:原、被告签订的合同、食品卫生许可证、卫生检验报告单、检验报告、聘用证明书、推销证和当事人的陈述。

3. 一审判案理由

海口市新华区人民法院认为:原、被告于 1992 年 10 月 3 日签订的合同属于购销合同,合同主体合格,内容合法,意思表示真实,是合法有效的合同,应受法律保护。被告提出合同为代销合同理由不成立,因合同中未提到代销费用,代销条件等代销合同必须具备的条款,故本院不予采纳。被告于 1992 年 11 月 4 日收到原告所供的全部货物后对该批货物质量未提出书面异议,亦没有向原告提出订购第二批货物,至今仍拒付尚欠第一批货款的 70%。依据双方签订的购销合同约定,需方须从发货之日起 3 个月内付清最后一批货款,据此约定被告已构成违约,应承担相应的违约责任。原告提供给被告的产品经卫生检验部门的检验,符合卫生标准,并按期交付了全部货物,故原告并没有违约。

4. 一审定案结论

海口市新华区人民法院根据《中华人民共和国经济合同法》第六条、第三十五条、第三十八条第二项第二目、《工矿产品购销合同条例》第十五条第一款、《中华人民共和国民事诉讼法》第一百二十八条,作出如下判决:

(1)被告须于本判决生效后 10 日内将尚欠原告货款 142752 元及违约金 10278.4 元(计算时间:从 1993 年 2 月 4 日至 1993 年 10 月 4 日止,按每日万分之三计算),合计 153030.4 元给原告。

(2)上述款项,被告若逾期付清,则加倍支付迟延履行期间的债务利息。

本案诉讼费 4510 元,由被告负担。

(三)二审诉辩主张

一审判决后被告不服,上诉至海口市中级人民法院。

1. 上诉人诉称:(1)野果牌壮阳神补酒系药酒。野果公司无药品经营许可证,违法生产经营无注册商标的壮阳神补酒。野果公司提供给上诉人的野果牌壮阳神补酒质量不合格,损害了消费者的社会公共利益,故双方合同是无效的。(2)一审法院视上诉人未提出购第二批酒的意思表示及认定上诉人违约无事实根据，属主观臆断。(3)被上诉人提供的食品卫生许可证、卫生检验报告单及质量检验报告不能作为定案的依据，因为检验结论只是符合卫生标准，而不是符合质量标准；抽检的是壮阳神补酒而不是野果牌壮阳神补酒且酒度偏低。(4)上诉人多次要求被上诉人提供检验合格证及有关资料。(5)请求二审法院判决双方所签合同无效，判令被上诉人返还上诉人货款人民币6万元，赔偿上诉人的运输、仓储保管损失人民币17000元；判令被上诉人负担本案诉讼费。

2. 被上诉人辩称：(1)被上诉人完全是在工商行政管理部门批准登记注册的经营范围内生产野果牌壮阳神补酒，上诉人认为野果牌壮阳神补酒系药酒没有依据，被上诉人生产经营无须有药品生产经营许可证。(2)根据《国家工商行政管理局、国家经济委员会、对外经济贸易部、农牧渔业部关于使用未注册商标几点意见的通知》第一条的规定，被上诉人生产的野果牌壮阳神补酒作为一种保健酒无须使用注册商标。(3)上诉人违反协议拒不如期付款，事实上就是违约。(4)上诉人迄今为止未向被上诉人提供任何书面有效的质量评定依据，直至被上诉人起诉前，上诉人亦未向被上诉人提供任何口头或书面的质量异议，依照法律规定，即使货物存在质量问题，但上诉人并未在合同约定及法律规定的质量异议期限内提出，故其主张货物质量不合格不能成立。(5)原审法院认定事实清楚，请求二审法院驳回上诉，维持原判。

(四)二审事实和证据

海口市中级人民法院经审理查明：1992年10月3日，海南野果保健饮料中外合资实业有限公司(以下简称野果公司)与海南昌荔工贸公司(以下简称昌荔公司)签订购销野果牌壮阳神补酒合同，数量163箱，每箱单价人民币1228.8元，货款共计人民币200294.4元。合同还约定，货物符合卫生防疫站的质量要求，在产品保质期内，供方野果公司保证产品质量，需方保管不善造成损失自负；需方昌荔公司须先支付30%的货款，供方才发货，剩余货款需购下批货时付清第一批全部货款，供方收到第二批货款的30%后再发第二批货，以此类推，合同最后一批货款必须从发货之日起3个月内结清。签约后，昌荔公司于1992年10月30日向野果公司支付货款30%计人民币6万元。当日，野果公司向昌荔公司发货83箱，价值人民币101990.4元，于1992年11月4日发货80箱，价值人民币98304元。双方对此均无异议。剩余货款人民币142752元，昌荔公司以野果公司所供货物质量不合格为由拒付。野果公司索要未果，遂诉至法院。

本院曾限期双方当事人对合同中第二条规定的产品保质期期限进行举证，但均无结果，经本院调查亦无从证实。受本院委托，海口市产品质量监督检验所于1994年7月30日对本案双方当事人争议的由野果公司1992年11月3日生产的野果牌壮阳神补酒进行抽样检验，结论是不符合Q/HYBG03—92标准要求，不合格。Q/HYBG03—92标准系野果公司于1992年8月10日发布并实施报海南省企业标准备案的野果公司企业标准。

经查，野果公司系经海南省工商行政管理局批准注册成立的法人，其经核准登记注册的经营范围是经营本企业生产的各种系列饮料、果酒及保健酒。1992年8月13日海口市卫生防疫站颁发给野果公司的市食卫证字第(92)0542号食品卫生许可证中野果公司兼营范围一栏中载明：壮阳神酒、壮阳神口服液(野果)。1992年7月28日，野果公司就野果牌壮阳神补酒填具“海口市食品、食品添加剂、容器包装、包装材料新品种卫生管理审批表”报海口市卫生防疫站审批，海口市卫生防疫站于1992年11月5日作出审查意见：生产场地、卫生设施、产品检验结果符合卫生要求，同意试产试销。

另查，昌荔公司收到野果公司交来的货物后支出运输费用人民币 8457.7 元、仓储保管费用人民币 3800 元。

上述事实有下列证据证明：

1. 双方当事人签订的购销合同。

2. 转款凭证。

3. 提货单。

4. 1994 年 7 月 13 日海口市产品质量监督检验所检验报告。

5. 野果公司企业法人营业执照。

6. 食品卫生许可证。

7. 海口市卫生防疫站 1992 年 11 月 5 日的审批表。

8. 野果公司企业标准。

9. 货运单。

10. 保险单。

11. 仓储保管费发票。

12. 双方当事人陈述笔录。

（五）二审判案理由

海口市中级人民法院认为：双方所签购销合同内容确实、合法，双方意思表示真实，且合同双方主体合格，故原审判决认定双方所争议合同属购销合同且合同有效正确。由于双方对合同规定的质量异议期（产品保质期）约定不明确，作为生产厂家的野果公司对此亦不能举证。经本院委托，海口市产品质量监督检验所对双方所争议的货物进行抽检，结论是该批货物质量不合格，野果公司亦无证据证实该批货物质量不合格系由昌荔公司保管不善所致。昌荔公司的产品质量异议成立。作为生产厂家的野果公司系违约一方，理应对此产生的后果负全部责任，其向昌荔公司主张剩余货款的权利显属无理，应予驳回。原审法院以昌荔公司收货后未对货物的质量提出书面异议且未向野果公司提出订购第二批货物而认定野果公司于 1992 年 11 月 4 日供给昌荔公司的货物系最后一批货，昌荔公司系违约一方是没有事实根据的，属认定上的错误。昌荔公司应将不合格野果牌壮阳神补酒全部退回野果公司，如有短缺，昌荔公司应按合同约定的单价作价予以补偿；野果公司应退还已收货款人民币 6 万元给昌荔公司，同时赔偿昌荔公司的运费损失以及由于货物质量不合格致使积压而给昌荔公司造成的仓储保管损失。由于退货给野果公司造成的损失由野果公司自负。昌荔公司上诉认为野果公司无药品生产经营许可证，其生产销售野果牌壮阳神补酒属违法行为，双方合同无效的理由不充分，证据不足，本院不予采纳。原审判决认定事实错误，适用法律不当，且在实体处理中遗漏诉前保全申请费用的负担以及诉讼费用的给付时间，应予更正。

（六）二审定案结论

海口市中级人民法院根据《中华人民共和国经济合同法》第二十九条第一款、《工矿产品购销合同条例》第十三条第一款、第三十五条第（二）项、《中华人民共和国民事诉讼法》第一百五十三条第一款第（二）项，作出如下判决：

1. 撤销海口市新华区人民法院（1993）新经初字第 100 号民事判决。

2. 驳回野果公司的诉讼请求。

3．野果公司退还昌荔公司已付货款人民币6万元给昌荔公司，并赔偿昌荔公司运费损失人民币8457.7元，仓储保管损失人民币3800元，合计共人民币72257.7元。

4．昌荔公司退回全部所购野果牌壮阳神补酒163箱给野果公司，费用由野果公司负责，如有短缺，昌荔公司应按双方合同约定的每箱单价人民币1228.8元作价予以补偿。

5．上述第2、4项，限于本判决发生法律效力之日起20日内履行完毕。

本案一审案件受理费人民币4510元、诉前保全申请费人民币500元由野果公司负担；本案二审案件受理费人民币4510元，由昌荔公司负担人民币902元，野果公司负担人民币3608元，因昌荔公司已向本院预交同额二审案件受理费，故野果公司亦应于本判决发生法律效力之日起20日内将应负担的二审案件受理费如数直接付给昌荔公司，本院不再作清退。

（七）解说

本案是一起产品质量纠纷。其涉及到产品质量异议期限问题。一审法院在审理本案时仅是注意到合同的效力、昌荔公司拒付货款的事实以及野果公司交货前后产品质量合格，而忽视了当事人之间的约定，忽视了在法律上认可的即使在收货后一定时间内（法定的或约定的），需方仍然能依法提出产品质量异议，而这恰恰是本案的关键。野果牌壮阳神补酒是一种保健饮品，有一定保质期限，究竟多长，生产厂家野果公司负有当然的举证责任，然而野果公司不能。昌荔公司收货后提出产品质量异议，经有关部门检验，产品质量不合格。由此产生的责任由谁来承担，显然，生产厂家野果公司不可推卸。合议庭在合议本案时曾考虑能否参照同类行业、同类产品的保质期来确定野果公司生产的野果牌壮阳神补酒的产品保质期，以示公平。但经请教有关部门，再三斟酌，认为，即使是同类行业生产同一类产品的厂家由于技术水平、工艺流程等的差别，生产出来的产品的保质期或保存期限必然有所差异。参照同类行业、同类产品的保质期来确定反而不公平。既然双方合同中约定了产品质量异议期限条款，法律就应保护。约定不明确（其实从某种角度来看，约定还是明确的，因为一种产品，尤其是食品类，理所当然有明示的保质期或保存期限，这是常识）是谁的责任？分清了责任，那么由此产生的后果由谁来承担便迎刃而解了。

（胡曙光）

5．海南省五金矿产进出口公司诉海南华源科工贸实业公司购销水泥合同货款案

（一）首部

1．判决书字号

一审判决书：海南省海口市中级人民法院（1993）海中法经调初字第42号。

二审判决书：海南省高级人民法院（1994）琼法经终字第51号。

2．案由：购销水泥合同货款案。

3．诉讼双方

原告（被上诉人）：海南省五金矿产进出口公司（以下简称五矿公司）。

法定代表人：符策海，总经理。

委托代理人：张晋平，石家庄陆军学院太原经销处经理。

委托代理人：赵玉林，中咨国际律师事务所律师。

委托代理人：曹铮，海南省对外经济律师事务所律师。

被告（上诉人）：海南华源科工贸实业公司（以下简称华源公司）。

法定代表人：袁德茂，经理。

委托代理人：林接明，海口市对外经济律师事务所律师。

委托代理人：陈筱青，海口市对外经济律师事务所律师。

委托代理人：倪宏，海口市第一律师事务所律师。

4．审级：二审。

5．审判机关和审判组织

一审法院：海南省海口市中级人民法院。

合议庭组成人员：审判长：黄文侦；审判员：王曼莉；代理审判员：郭朝阳。

二审法院：海南省高级人民法院。

合议庭组成人员：审判长：范道仁；代理审判员：王永平、刘嘉。

6．审结时间

一审审结时间：1994 年 4 月 23 日。

二审审结时间：1994 年 9 月 6 日。

（二）一审诉辩主张

1．原告诉称：1993 年 3 月 2 日，原告与被告在海口签订一份工矿产品购销合同，合同约定：原告供应给被告 4819 吨“峰山”、“盘龙山”牌水泥，每吨单价人民币 420 元，总货款人民币 2023980 元，交货地点为三亚港；被告收货后立即支付货款人民币 50 万元，同月内再支付货款人民币 100 万元，同年 4 月 10 日前付清余款。签约后，原告于 3 月 5 日交给被告 4819 吨水泥，被告向原告出具了收据。被告收货后已全部出售，但被告至今尚未偿还货款，为此请求法院判令被告偿还原告货款本金 2023980 元及逾期付款的银行利息。

2．被告辩称：被告没有与原告签订过购销水泥合同，也未收过原告的水泥。与原告签订购销水泥合同的成风清不是被告职工，是成风清伪造被告的工作证、营业执照、公章及法定代表人袁德茂的私章，并冒用被告的名义与原告签订合同的。故本案应定为诈骗案，移交公安机关处理。至于被告将原告的水泥出售给江苏省第一建筑工程公司三亚公司一〇七处，是被告向成风清购买并委托成风清代被告送给该公司一〇七处的。由于原告错告被告，致使被告的 4000 吨水泥被查封，银行帐号被冻结，严重影响被告的正常经营，给被告造成经济损失人民币 253 万元，原告应给予赔偿。

（三）一审事实和证据

海南省海口市中级人民法院经审理查明：1993 年 3 月 2 日，被告的业务员成风清，持被告发给他本人的工作证、被告的营业执照副本原件及盖有被告公章和法定代表人袁德茂私章的法人授权委托证明书，以被告的名义与原告在海口市签订了一份工矿产品购销合同，约定由原告供应被告山东产的“峰山”、“盘龙山”牌水泥 4819 吨。每吨单价人民币 420 元，总货款人民币 2023980 元。交货地点在海南省三亚港，交货时间为同年 3 月 10 日前；被告收货后，立即支付货款人民币 50 万元，当月内再付人民币 100 万元，同年 4 月 10 日前付清余款。

合同签订后，原告于3月5日依约交给被告山东产的“峰山”、“盘龙山”牌水泥4819吨。被告收货后由被告的业务员成风清向原告开具了收据。但被告未依约支付货款。同月底，被告法定代表人袁德茂亲自从原告所供的该批水泥中出售215吨给江苏省第一建筑工程公司三亚公司一〇七处，后又以被告的名义与该公司一〇七处进行了结算。

又查，成风清所持的华源公司业务员的工作证的笔迹经技术鉴定，属袁德茂亲笔填写；成风清所持的华源公司营业执照副本及被告所出具的其营业执照副本均由海南省工商局同时颁发，两份执照的证照专用章经技术鉴定，属海南省工商行政管理局同一印章所盖。成风清向原告出具的被告法人“授权委托证明书”及在与原告签订合同上所盖的华源公司公章和被告法定代表人袁德茂私章与被告向本院出具的被告公章、财务专用章、合同专用章确为两套不同的印章，但该两套印章的印模均未按规定在海口市公安局及海南省工商行政管理局留存备案。

以上事实有如下证据证明：

1. 原告与被告签订的工矿产品购销合同。

2. 成风清以被告名义向原告出具收取货物的收据。

3. 原告提供的成风清工作证复印件、被告营业执照副本复印件、被告法定代表人的法人授权委托证明书、被告财务专用章。

4. 被告提供的营业执照副本原件、公章、合同专用章、财务专用章。

5. 海南省人民检察院技术鉴定书、最高人民检察院技术鉴定书。

6. 海南省工商行政管理局的证明材料。

7. 海口市公安局的证明材料。

8. 江苏省第一建筑工程公司三亚公司一〇七处建材科工作人员的证词及收取被告供应的水泥记帐单复印件。

9. 被告于1993年6月1日给江苏省第一建筑工程公司三亚公司一〇七处开具的销售水泥发票。

10. 江苏省第一建筑工程公司三亚公司一〇七处1993年8月2日给被告付水泥款人民币10万元的凭证。

（四）一审判案理由

海南省海口市中级人民法院认为：成风清持被告业务员的工作证、营业执照副本、法定代表人授权委托书并以被告的名义与原告签订水泥购销合同，应确认属被告与原告的共同行为。且在被告接受原告的水泥后，被告的法定代表人袁德茂亲自以被告的名义参与销售、结算。故该合同合法有效，受法律保护。被告收货后未依约付清货款，应承担违约责任。原告要求被告偿付所欠货款及支付银行利息有理，应予支持。被告在诉讼中提出成风清不是其职员，成本人所持的工作证、被告营业执照副本属成本人伪造，但对被告的举证，经技术鉴定，证明成风清的工作证上的笔迹是被告法定代表人袁德茂所填写，营业执照副本实为海南省工商行政管理局为被告颁发。被告提出成风清与原告签订合同所盖的公章和财务专用章及被告法定代表人袁德茂的私章和被告向本院提供的上述印章的印模属两套不同的印章，但成风清所持的那套印章与被告现在所持的印章，均未按规定在公安机关及工商行政管理机关留印样备查，故究竟那套公章真伪无法认定。但成风清以被告名义与原告订立合同并接收原告的货物后，被告的法定代表人亲自参与销售给江苏省第一建筑公司三亚公司一〇七处，并以被告名义进行结算。因此，应确认成风清与袁德茂的行为是代表被告实施的行为。被告以其销售给江苏省第一建筑公司三亚公司一〇七处的水泥是被告向成风清本人购买为由推卸责任，其理由不成立，本院不予支持。被告还提出因原告申请财产保全不当，造成其4000吨水泥被查封，损失人民币253万元，应由原告赔偿，其请求无理，应予驳回。

（五）一审定案结论

依照《中华人民共和国民法通则》第四十三条、第六十六条第一款、第一百一十一条和《中华人民共和国经济合同法》第三十三条第二项第二目的规定，海南省海口市中级人民法院作出如下判决：

被告在本判决发生法律效力之日起10天内偿付所欠原告水泥款人民币2023980元，赔偿利息损失人民币208380.98元（计息时间从1993年4月11日起暂计至1994年3月10日止，月利率按9.36‰计算）。如逾期未付，则按延付款额双倍支付利息。

诉讼费人民币31404.08元由被告承担。

（六）二审情况

1. 二审诉辩主张

被告华源公司不服一审判决提起上诉。上诉称：原告提供的成风清的工作证及华源公司营业执照副本都是成风清伪造的，成风清用于与原告签订合同的华源公司公章是其私刻的，成风清与原告签订合同是诈骗犯罪，与华源公司无关。华源公司向海南商品展览中心购买215吨水泥，并卖给江苏省第一建筑公司是正常的买卖关系，没有证据证明华源公司参与成风清销售原告提供的水泥。

被上诉人五矿公司辩称：一审法院核实的证据及司法技术鉴定已清楚地证明，被告应对成风清所签订的合同承担民事责任。

2. 二审事实和证据

海南省高级人民法院经审理查明：1993年3月2日，成风清持华源公司发给的工作证、华源公司营业执照副本原件及盖有华源公司公章和其法定代表人袁德茂私章的法人授权委托证明书以华源公司名义与五矿公司在海口签订了一份工矿产品购销合同，约定由五矿公司供应华源公司4819吨山东产“峰山”、“盘龙山”牌水泥；每吨单价420元，共计货款2023980元；同年3月10日前在三亚港交货；华源公司收货后，立即支付货款50万元，4月10日前付清其余货款。签约后，五矿公司依约于同年3月5日交给成风清水泥4819吨，成风清以华源公司名义向五矿公司出具收条。华源公司收货后未依约支付50万元货款；同年3月底，华源公司法定代表人袁德茂与江苏省第一建筑工程公司三亚公司一〇七处联系销售该批水泥。尔后由成风清送215吨“峰山”牌水泥到该处，袁德茂以华源公司名义与该处进行了结帐。华源公司于同年6月1日给该处开具发票，计货款98450元。该处于同年8月2日付水泥款10万元。华源公司向二审法院提供海南商品展览中心同年4月10日开给华源公司的水泥发票及华源公司同年5月24日汇款给海南商品展览中心83650元的电汇凭证，经查，展览中心开给华源公司的发票与华源公司开给江苏一建的发票在单价和货款金额上完全相同。电汇凭证所注明的用途为货款。

又查，成风清所持华源公司的工作证，经技术鉴定，系袁德茂亲笔填写。成风清所持的华源公司营业执照副本与华源公司出具的营业执照副本，经技术鉴定和海南省工商行政管理局证明，均系该局所颁发。成风清向五矿公司出具的华源公司法人授权委托证明书及与五矿公司签订合同上所盖的华源公司公章和其法定代表人袁德茂私章与华源公司向一审法院出具的公章及其法定代表人袁德茂私章确为两套不同的印章。在一审中原审法院及华源公司到海口市公安局及海南省工商行政管理局认真查找均未查到该公司备案的“印章启用申报书”。华源公司向二审法院提供的该公司向海口市公安局备案的“印章启用申报书”未按规定加盖印章刻制单位的圆形印章。

3．二审判案理由

根据以上事实，海南省高级人民法院认为：成风清持华源公司所发工作证、华源公司营业执照副本、法人授权委托书，并以华源公司名义与五矿公司签订水泥购销合同，收货后，其法定代表人亲自以华源公司名义参与销售、结算，原审判决认定订立这一购销合同系华源公司与五矿公司的共同行为并无不当。华源公司未依约付清货款，应承担违约责任。华源公司上诉称成风清所持工作证、营业执照副本是伪造的，因有海南省和最高人民检察院两级检察机关技术鉴定及海南省工商局证明，故其理由不能成立。华源公司关于成风清所持有关证件和所用公章及私章系成私刻以及袁德茂没有参与销售五矿公司提供的水泥的问题，华源公司在二审中所提供的证据不足以证明该公司在签订合同的当时确已将其公章印模交公安机关备案，故两套印章中，哪套印章系合法使用不能确认。其所提供的销售 215 吨水泥的证据之间有明显矛盾，不足以否定原判确认的事实，故本院不予采信。综上所述，原判认定事实清楚，适用法律正确，上诉人的上诉理由不能成立，本院不予支持。

4．二审定案结论

海南省高级人民法院根据《中华人民共和国民事诉讼法》第一百五十三条第一款第（一）项之规定，判决如下：

驳回上诉，维持原判。

二审案件受理费 31404.08 元由上诉人负担。

本判决为终审判决。

（七）解说

本案中购销合同是否有效，被告应否承担民事责任，这两点是双方争议的焦点。由于被告提出其与原告无购销合同关系，也未收过原告的水泥，而与原告签订合同的成风清不是其工作人员，是成风清伪造其工作证、营业执照、公章及法定代表人的私章，并冒用其名义与原告签订合同，属诈骗犯罪，与其无关。现成风清下落不明，无法调查质证。那么对于原告提供的成风清的工作证、被告营业执照副本、公章及法定代表人的私章等书证进行鉴定，判断其真伪是认定合同是否有效的关键。经技术鉴定，成风清所持的华源公司业务员的工作证上的笔迹属被告法定代表人亲笔填写，所持的被告营业执照副本及被告所出具的其营业执照副本均由海南省工商行政管理局同时颁发，两份执照的证照专用章属海南省工商行政管理局同一印章所盖，不存在伪造问题。成风清向原告出具的被告法人授权委托证明书及在与原告签订合同上所盖的华源公司公章和被告法定代表人私章与被告向法院出具的被告公章、财务专用章、合同专用章、法定代表人的私章确为两套不同的印章，但该两套印章的印模均未按规定到公安机关和工商行政管理部门留存备案，且被告又无法提供成风清所持的印章系伪造的证明材料。故对这两套印章无法鉴定真伪。合同签订后，原告依约向被告提供货物，被告接受了货物且被告法定代表人亲自以被告的名义参与销售、结算。

以上表明合同双方主体合格，双方意思表示真实，内容合法，符合购销合同条件，成风清不存在诈骗犯罪问题。故一、二审法院认定合同合法有效，受法律保护，被告承担逾期付款的违约责任，其判决是正确的。

（黄文侦）

6. 上海浦东繁昌物资经营部诉上海沪星科贸总公司购销合同货款案

（一）首部

1. 判决书字号

一审判决书：上海市宝山区人民法院(1993)宝经初字第1438号。

二审判决书：上海市中级人民法院(1994)中经终字第950号。

2. 案由：购销合同货款案。

3. 诉讼双方

原告（被上诉人）：上海浦东繁昌物资经营部。

法定代表人：朱成木，经理。

委托代理人：陆春荣，该经营部业务经理。

委托代理人：李鹏飞，芜湖东方律师事务所律师。

被告（上诉人）：上海沪星科贸总公司。

法定代表人：孔明新，总经理。

一审委托代理人：张士江，该公司干部。

一审委托代理人：牟伟力，该公司干部。

二审委托代理人：王贵宝，该公司干部。

二审委托代理人：牟伟力，该公司干部。

4. 审级：二审。

5. 审判机关和审判组织

一审法院：上海市宝山区人民法院。

合议庭组成人员：审判长：孟来往；审判员：郑建平；代理审判员：陈素琴。

二审法院：上海市中级人民法院。

合议庭组成人员：审判长：沈金利；代理审判员：张根苗、李秋生。

6. 审结时间

一审审结时间：1994年4月30日（经上海市宝山区人民法院院长批准延长审限3个月）。

二审审结时间：1994年9月10日。

（二）一审诉辩主张

1. 原告及其委托代理人诉称：

1993年7月，原告供给被告下属单位上海沪星科贸总公司四公司（以下简称“四公司”）中板53.34吨，每吨3900元，货款为208026元。“四公司”提货后，原告将“四公司”开具的转帐支票解入银行，因存款不足、印鉴不符而遭退票。经催讨，"四公司"多次承诺付款，但均未履约，为此原告请求判令被告支付货款208026元并支付违约金1万元。

2. 被告及其委托代理人辩称：被告及"四公司"未收到原告供应的钢材，彼此间不存在购销关系；转帐支票的开户行在彭浦城市信用社（以下简称"信用社"），而被告及"四公司"从未在该"信用社"开设帐户；由陆伟忠写就的还款协议上加盖了"四公司"的业务专用章，此章是陆文宝私刻的，陆伟忠、陆文宝均不是被告及"四公司"的聘用人员；原告曾收到由上海宝山宏达综合经营部（以下简称"宏达"）签发的转帐支票，说明收货单位是"宏达"而非被告。综上，被告不承担原告所述的合同责任。

（三）一审事实和证据

上海市宝山区人民法院于1993年10月5日、12月1日、1994年4月15日审理了本案，经公开审理查明："四公司"系被告下属非独立法人单位，其负责人张士江口头聘用了陆文宝、陆伟忠、周永明。"四公司"将营业执照副本交于周永明，周又将副本交给陆文宝，由陆文宝凭营业执照副本刻制了"四公司"业务专用章、财务章等。"四公司"委托周永明具体负责在"信用社"开立帐户事宜，并于1993年4月1日向"信用社"出具了委托书，在开户申请单上加盖了"四公司"及主管单位中国人民解放军57334部队生产经营办公室的公章，"信用社"于同年4月2日同意开户，帐号为630—414421628。1993年7月，原告与"四公司"口头约定，由原告供给"四公司"钢材120余吨，每吨3900元，货名：15.14×1350×6000mm中板，合计货款505050元。同月16日，中介人持盖有"四公司"印鉴、帐号630—406738417转帐支票一张至原告处购货，并开具了505050元货款，由中介人吴主成写下收条，言明收到提货单一张，数量为53.34吨，其余钢材未提。原告将转帐支票解入银行，因存款不足、印鉴不符而遭退票。经催讨，陆伟忠于1993年7月23日出具了一份还款协议，言明同月26日下午付款，并加盖了"四公司"业务专用章，但届时仍未履约，嗣后，"四公司"将提货单交给了"宏达"，并于1993年8月1日交给原告一张由"宏达"签发的转帐支票，又因上述支票同样原因遭退票。在原告要求下，"四公司"又交给原告一张空白转帐支票，因了解到"四公司"帐上无款，故未解入银行，以致原告货款208026元至今未能收回，为此原告诉至法院。

另查明，在"信用社"留底的"四公司"财务专用章及负责人张巧娣的印章与原告提交法院的转帐支票上的印鉴相同，支票上的帐号是上海宝山另一家单位的，与"四公司"开设的帐号不符，故"信用社"以印鉴不符理由退票。

以上事实有下列证据证明：

1. 原告提供的由被告于1993年7月16日签发的转帐支票。

2. 中介人吴主成出具的收到原告提货单一张的收条。

3. "四公司"聘用人员陆伟忠写就的并加盖了"四公司"业务专用章的付款协议。

4. "四公司"交给原告由"宏达"签发的转帐支票。

5. "信用社"提供的"四公司"开户申请单及留底印鉴。

6. "信用社"提供的"四公司"于1993年4月1日向"信用社"出具的委托书。

7. 被告提供的"四公司"负责人张士江于1993年10月21日所作的说明。

8. 被告法定代表人孔明新向上海市铁路运输中级人民法院所作的"四公司"负责人张士江聘用陆文宝、陆伟忠为负责人的陈述笔录。

（四）一审判案理由

上海市宝山区人民法院鉴于上述事实认为：

1．根据《中华人民共和国民法通则》第四条之规定，原告与“四公司”间的口头购销合同已实际履行，视为有效，受法律保护。

2．“四公司”聘用人员陆伟忠出具了还款协议，言明“四公司”向原告购买钢材，被告辩称从未收到原告钢材及彼此间不存在购销关系，与事实不符。

3．“信用社”的开户申请单上加盖了“四公司”及主管单位公章，其留底的印鉴与转帐支票上的财务专用章、负责人印章相符，被告称其与“四公司”未在“信用社”开设帐户有悖事实。

4．还款协议上的“四公司”业务专用章系陆文宝持“四公司”营业执照副本刻制，被告辩称此章私刻依据不足。

5．被告以原告收到“宏达”签发的转帐支票说明收货单位是“宏达”而非被告，理由不足，此乃被告与“宏达”间的购销关系，属另一法律关系，不属本案调整范围。

6．根据《工矿产品购销合同条例》第三十六条第四项的规定，“四公司”收货后迟迟未付货款，理应承担逾期付款的违约责任。

7．根据《中华人民共和国民法通则》第四十八条之规定，“四公司”系被告下属非独立法人单位，原告直接要求被告承担合同责任，并无不当。

综上，被告拒绝承担合同责任理由不能成立，原告的诉讼请求应予支持。

（五）一审定案结论

根据《中华人民共和国民法通则》第一百零六条第一款、《工矿产品购销合同条例》第三十六条第四项、《中华人民共和国民事诉讼法》第一百二十八条之规定，上海市宝山区人民法院于1994年4月30日作出判决：

1．被告支付原告货款208026元。

2．被告支付原告逾期付款的违约金1万元。

本案诉讼费5780元、财产保全费1600元，由被告负担。

（六）二审情况

1．二审诉辩主张

上诉人上海沪星科贸总公司及其委托代理人诉称：上诉人没有口头聘用周永明、陆文宝、陆伟忠；印章系陆文宝私刻；上诉人与被上诉人无口头合同，亦未参与钢材交易；本案实际交易双方是被上诉人与“宏达”毛孟毅，应追加毛孟毅为第三人。

被上诉人上海浦东繁昌物资经营部及其委托代理人未提出书面答辩意见。

2．二审事实和证据

上海市中级人民法院经审理确认：原审法院认定的事实属实，证据充分。

3．二审判案理由

上海市中级人民法院认为：

（1）上诉人“四公司”虽未与周永明、陆文宝、陆伟忠办理聘用手续，但上诉人法定代表人以及“四公司”负责人的陈述笔录等有关材料均证实“四公司”聘用了周永明、陆文宝、陆伟忠，实际已形成了聘用关系。

（2）“四公司”将营业执照副本及盖有“四公司”和主管单位公章的“信用社”开户申请单

交聘用人员周永明、陆文宝，陆文宝持营业执照副本刻制了“四公司”业务专用章、财务章等印鉴，应视为“四公司”授权。

(3)“四公司”将盖有“四公司”印鉴(与“信用社”留底印鉴相符)的转帐支票交中介人在被上诉人方购买钢材，后由陆伟忠在付款协议上确认向被上诉人购买中板钢材的数量、付款期限、付款协议并盖有“四公司”业务专用章，应属“四公司”与被上诉人的行为。

(4)“四公司”收货后未付款，又未按付款协议履约，应承担逾期付款的违约责任。

(5)上诉人认为未口头聘用、印章系私刻、未参与钢材交易及请求追加第三人的上诉理由，缺乏依据，不予支持。

4. 二审定案结论

上海市中级人民法院认为，原审法院认定事实清楚，运用法律正确，处理并无不当。依照《中华人民共和国民事诉讼法》第一百五十三条第一款第(一)项之规定，判决如下：

驳回上诉，维持原判。

二审诉讼费5780元，由上诉人负担。

(七)解说

本案争议的焦点是陆文宝等人与“四公司”之间是否构成委托代理关系。根据我国《民法通则》的规定，民事法律行为的委托代理，可以用书面形式，也可以用口头形式，后一种形式简便易行，在我国的经济交往中被大量使用。但这种口头委托代理关系同时也存在着一旦发生纠纷往往难以认定的缺憾。在审判实践中，如何运用委托代理的基本原理，综合分析案件的具体情况，准确地认定委托代理关系的成立与否，并非易事。就此而言，本案的纠纷和审理应该说还是较为典型的。一个单位的营业执照、公章、业务专用章等是该单位对外进行民事法律行为的有效凭证，谁善意取得这类凭证，并持该类凭证对外进行民事活动，则其即使没有书面的委托书，也应视为其得到了该单位的授权，这已被有关司法解释和大量的审判实践所确认。因此，陆文宝等人持“四公司”交与其的营业执照副本，刻制了“四公司”业务专用章、财务章等印鉴，及持盖有“四公司”公章和其主管单位公章的“信用社”开户申请单开设帐户的一系列行为，应视为得到“四公司”委托的；同理，中介人持由“四公司”签发的转帐支票向原告购买钢材，并由陆伟忠以“四公司”的名义签署了还款协议，应视为“四公司”的授权。根据委托代理的基本原理，陆文宝等人上述代理行为所产生的法律后果，理应由“四公司”承担，因“四公司”是被告的分支机构，故直接由被告承担合同责任。据此，一、二审对本案作出的判决无疑是正确的。

(陈素琴)

7. 西宁市昌盛实业开发公司诉兰州西部工业产品物资采购供应站购销废钢合同货款案

(一)首部

1. 判决书字号

一审判决书：甘肃省兰州市中级人民法院(1993)兰法经初字第97号。

二审判决书:甘肃省高级人民法院(1994)甘经终字第30号。

2. 案由:购销废钢合同案。

3. 诉讼双方

原告(被上诉人):西宁市昌盛实业开发公司(以下简称昌盛公司)。

法定代表人:张富昌,总经理。

委托代理人(一审):王少雄,兰州投资商事律师事务所律师。

委托代理人(一审):杨军,兰州投资商事律师事务所律师。

委托代理人(二审):宇文小平,该公司办公室主任。

被告(上诉人):兰州西部工业产品物资采购供应站(以下简称供应站)。

法定代表人:白光耀,经理。

委托代理人(一审):曾明浩,甘肃省经济律师事务所律师。

委托代理人(一审):谢蓉,甘肃省经济律师事务所律师。

4. 审级:二审。

5. 审判机关和审判组织

一审法院:甘肃省兰州市中级人民法院。

合议庭组成人员:审判长:栗青生;审判员:刘继红;代理审判员:李莹。

二审法院:甘肃省高级人民法院。

合议庭组成人员:审判长:陆敦;代理审判员:罗应龙、田心。

6. 审结时间

一审审结时间:1993年12月14日。

二审审结时间:1994年4月27日。

(二)一审情况

1. 一审诉辩主张

(1)原告人及其委托代理人诉称:1993年4月30日我公司与供应站在乌鲁木齐签订了废钢购销合同。约定由供应站供给我公司废钢1317.86吨,总价款1723648元。西部供应站只发货18车皮,重量为1080吨,且货物运至西宁后经轨道衡检量为572.76吨,缺货507.24吨。请求被告退还所欠4车皮货款212000元;缺货507.24吨价款674629.20元;强索货物数量差款46150元;支付违约金139890元。共计1072669.20元。

(2)被告供应站辩称:合同规定新疆外贸仓库交货,以铁路大票为准计量。我站货物是通过国际联运而来,应以国际铁路大票为准计量。合同所规定的货物已在新疆外贸仓库交清,风险责任已转移给原告,发生损失应由原告自负。请求驳回原告起诉。

2. 一审事实和证据

兰州市中级人民法院经审理查明:1993年4月30日,昌盛公司与供应站在乌鲁木齐签订一份购销合同和附件,约定由供应站供给昌盛公司废钢1297吨,每吨1300元,计价1686100元,供废火车轮、轴、钢卷20.86吨,每吨1800元,计价37548元。嗣后,双方又签订补充协议,将原合同中结算方式由按实际过磅数量结算改为不过磅按铁路大票重量结算。昌盛公司承付了部分货款后,供应站通过新疆外贸仓库发给昌盛公司废钢18车皮,乌鲁木齐铁路货票重量为1134吨,计价款1484630元。一审据此判决供应站退还昌盛公司货款139018元并赔偿损失7506.96元。

上述事实有下列证据证明：

(1)供应站与昌盛公司购销合同及补充协议。

(2)供应站与昌盛公司补充合同。

(3)国际铁路联运大票。

(4)供应站收款收条及票据复印件。

(5)供应站通知外贸仓库发货单。

(6)外贸综合仓库装车明细单。注明“过磅”，收货单位为西宁市昌盛实业开发公司。共计出库 1092.18 吨。

(7)乌鲁木齐铁路局货物运输大票。

(8)西宁钢厂检斤单，检斤实际重量为 572.76 吨。

3. 一审判案理由

一审法院认为，昌盛公司与供应站签订的购销废钢合同及补充协议均合法有效。昌盛公司按约付款。供应站亦予供货。供应站所供废钢重量及价格双方应以实际履行中昌盛公司提货后交付运输的铁路货票所载明的重量进行结算，即：每车皮 63 吨，18 车皮为 1134 吨（判决书打印错误，后裁定补正为 1129 吨），价款为 1484630 元（裁定补正为 1478130 元）。西部供应站多收的货款应予退回。供应站提出货物重量应以国际联运铁路货票为准，在新疆外贸仓库将货物已交清，其风险责任应由昌盛公司自负的主张，因双方协议未明确约定是以国际铁路货票为结算依据，故不能成立。昌盛公司提交铁路运输中短缺的货物与供应站无关，应由其向有关部门申请解决。

4. 一审定案结论

兰州市中级人民法院根据《中华人民共和国经济合同法》第二十九条第一款的规定作出如下判决：

供应站给昌盛公司退还货款 139018（裁定补正为 171237.36）元，赔偿损失 7506.96 元。案件受理费 21236 元，昌盛公司负担 10%即 2123.6 元，供应站负担 90%即 19112.4 元。

上述给付，限判决生效后 10 日内付清。

（三）二审诉辩主张

1. 上诉人（原审被告）及其委托代理人诉称：(1)我方与昌盛公司补充协议约定废钢不过磅，按铁路大票结算，废钢共计 1297 吨，需方认可 1297 吨。昌盛公司已在补充协议上认可了国际铁路大票上载明的废钢重量 1297 吨，故双方应按国际铁路大票结算，货物所有权已在新疆外贸仓库转移给昌盛公司。(2)一审没有认定昌盛公司以“铁路设计院”名义提走的 10.9 吨废钢。

2. 被上诉人（原审原告）昌盛公司及其委托代理人辩称：上诉人一直控制废钢的使用，我方持有上诉人的提货单才能在新疆外贸综合仓库提货，并且上诉人利用国际铁路联运大票进行多头销售，造成我方提走的货物缺少 507.24 吨，上诉方应承担我方损失并退还多收货款。

（四）二审事实和证据

甘肃省高级人民法院经审理查明：1990 年 3 月至 4 月初，供应站从哈萨克斯坦入境一批废钢存入新疆外贸综合仓库。出售一部分后，于 1993 年 4 月与昌盛公司签订一份购销合同。约定：供应站供给昌盛公司废钢 1297 吨（每吨 1300 元，价款 1686100 元），废火车轮、轴、钢卷20.86吨(每吨1800元,价款37548元),新疆外贸仓库提货,过磅计算重量;需方昌盛公司先付30万元押金,5月7日预付1000吨货款,所发货物不超过实际付款的90%,待全部货款付清后再继续发货,发完后多退少补。合同签订后,双方又口头约定:1297吨废钢每吨增付30元劳务费。5月3日供应站致函新疆外贸仓库,凭供应站出库通知单数量向昌盛公司发货。5月3日至7日昌盛公司付供应站汇款及现金共103万元。5月13日,双方再次签订补充协议将原合同中关于重量计算及结算方式条款修改为不过磅按铁路大票重量结算,废钢共计1261.5吨,需方认可1261.5吨;剩余货款5月底前付清,逾期按万分之五支付违约金。5月19日至27日昌盛公司又付供应站货款623648元,供应站自5月8日至26日分四次给新疆外贸仓库发通知准予发给昌盛公司废钢1080吨,新疆外贸仓库自5月13日至28日发给昌盛公司废钢1092.18吨(18车皮共1081.28吨,2汽车10.9吨)。18车皮货运至西宁后,西宁钢厂轨道衡检量实际重量为572.76吨。5月26日供应站书面通知昌盛公司于同月27日付清全部货款后再开出库单4车。此后昌盛公司余款未付,供应站再未通知发货,双方在货物重量、余款数额、短缺货物等问题上发生争执,酿成纠纷。

上述事实有下列证据证明:

1. 昌盛公司与供应站购销废钢合同及补充协议,废钢共计1261.5吨。

2. 昌盛公司与供应站1993年5月13日补充合同:解除原合同第4条,改为不过磅,按铁路大票结算,废钢共计1261.5吨,需方认可1261.5吨。

3. 国际铁路联运大票25张,废钢共计1261.5吨。

4. 供应站收款收条及票据,供应站共收昌盛公司款1653648元。

5. 供应站对外贸仓库出库通知单,四次共出库1080吨废钢。

6. 新疆外贸综合仓库装车明细单:7次共过磅装车废钢1092.18吨。

7. 新疆外贸综合仓库证明:昌盛实业开发公司5月份由我仓库发走废钢共计18个车皮,由于装火车时没有过磅,无法确定每个车皮的实际重量。

8. 乌鲁木齐铁路局货运大票:废钢共1129吨。

9. 西宁钢厂检斤单:检斤实际重量废钢共572.76吨。

(五)二审判案理由

二审法院经审理认为,根据《中华人民共和国民法通则》第七十二条第二款"按照合同或者其他合法方式取得财产的,财产所有权从财产交付时起转移"的规定,供应站在收到昌盛公司货款后,应按双方约定向昌盛公司移交全部1261.5吨废钢,亦即双方约定且认可的所有货物。货物所有权应在进入新疆外贸综合仓库时转移。但供应站仍用通知新疆外贸综合仓库发货的方式控制着该批货物,货物所有权在昌盛公司提货时转移。故对货物所有权转移前的风险责任应由供应站承担,以后的风险责任由昌盛公司自己承担。

(六)二审定案结论

二审法院确认:供应站与昌盛公司所签购销废钢合同形式要件完备,内容合法,为有效合同,双方均应按合同及补充协议的约定全面履行。供应站收到昌盛公司货款后,未按约向昌盛公司移交全部1261.5吨废钢,只是通知新疆外贸综合仓库发货1080吨,故其"货物所有权已由外贸仓库转移给昌盛公司"的上诉理由不能成立,其所供废钢的重量应以新疆外贸仓库出库重量为准,昌盛公司退还多付货款的诉讼请求应予支持。对一审漏算的昌盛公司以"铁路设计院"名义提走的10.9吨废钢应予认定。昌盛公司提货后,自运自发,风险责任应自己承担。故其收货后又认为货物短缺要求供应站承担责任的理由不予支持。

甘肃省高级人民法院根据《中华人民共和国民事诉讼法》第一百五十三条第一款第(三)项,作出如下判决:

1. 撤销兰州市中级人民法院(1993)兰法经初字第97号民事判决。

2. 供应站退还昌盛公司货款191244.4元。

一、二审案件受理费、诉讼保全费36599元,由供应站承担32939.1元,昌盛公司承担3659.9元。

(七)解说

本案双方当事人分歧的焦点实际是货物所有权何时转移的问题,亦即货物短缺的损失由谁承担的问题。在合同标的物——废钢存入新疆外贸仓库后,供应站与昌盛公司协议约定将原合同结算方式条款修改为"不过磅,按铁路大票结算,废钢共计1261.5吨,需方认可1261.5吨",此数字实际就是国际铁路大票上的数字。如果此时供应站将全部废钢交付昌盛公司,该批货物的所有权已然转移,昌盛公司也认可了该批货物的重量,双方只有以国际铁路大票上的数字为依据结算,货物风险责任也全部转移给昌盛公司。但供应站为控制昌盛公司付款,并未将货物交付对方,仍通过新疆外贸综合仓库支配该批废钢。故货物所有权在运出仓库时方转移给昌盛公司,货物重量既不能以国际铁路大票为依据认定,也不能以国内铁路大票为依据认定,而只能以出库时的重量为依据。一审以国内铁路大票为依据认定重量,显然忽略了供应站通知外贸仓库和昌盛公司从仓库自提自送这个事实,而将该批废钢所有权的转移时间拖后至西宁车站,这是不妥的。货物自提的,自提货时起所有权转移。昌盛公司提出货物短缺507.24吨,因货物所有权已在运出新疆外贸仓库时转移,此后的风险责任应由其自己承担。综观本案,昌盛公司在运输钢材途中发生短缺造成损失固然值得可惜,但供应站仅因为未及时向对方移交合同标的物,从而承担了169.32吨废钢的损失近20万元,是其日后业务中值得重视的问题。

(林恒春)

8. 中化河北进出口公司诉河北省衡水地区化工出口公司等土霉素碱合同逾期交货案

(一)首部

1. 判决书字号:河北省衡水地区中级人民法院(1994)衡中经初字第50号。

2. 案由:购销土霉素碱合同逾期交货案。

3. 诉讼双方

原告:中化河北进出口公司。

法定代表人:时克尧,经理。

委托代理人:王长顺,该公司出口七部经理。

委托代理人:张平平,该公司出口七部科长。

被告:河北省衡水地区化工出口公司。

法定代表人:刘明勤,经理。

委托代理人:董再英,该公司副经理。

委托代理人:康平,该公司业务员。

第三人:山东淄川制药厂。

法定代表人:纪茂荣,厂长。

委托代理人:毕作林,该厂副科长。

委托代理人:孙希平,该厂党委副书记。

4. 审级:一审。

5. 审判机关和审判组织

审判机关:河北省衡水地区中级人民法院。

合议庭组成人员:审判长:孙新波;审判员:崔文朝;代理审判员:崔清海。

6. 审结时间:1994年7月14日。

(二)诉辩主张

1. 原告诉称:1994年4月23日我方和被告方签订了由被告方供给我方9吨土霉素碱的合同,单价每吨7.7万元,总价款69.3万元;交货期限,1994年6月30日,交货地点,天津市塘沽胡家园河北外贸化工仓库。合同签订后,我方于1994年5月4日预付了货款69.3万元。从5月31日至6月20日,被告三次电告我方合同不能履行,原因是第三人淄川制药厂以涨价为由不向被告交货,故被告也不能向我方交货,我方已和外国公司签约,保证7月底交货,如被告不能交货,将造成国家信誉损失和我公司重大损失。请依法判令被告并第三人按期履行合同,否则赔偿原告一切经济损失。

被告辩称:依现在情况看我方不能按期交货已成事实,但交不了货的原因,是我方和第三人在1994年3月29日签订的购销合同,由第三人供我方9吨土霉素碱,但在5月底,第三人突然电话通知我方每吨涨价2万元,我方无力接受这一价格,即和原告联系,原告答复提价无道理,我方一面答复第三人不能涨价,一面于6月9日派员赴第三人处交涉,说明合同依法签订不得随意变更,强调该合同标的物要出口国外,要重合同守信用,但第三人执意涨价,不肯履行。请人民法院依法催促第三人按合同供货,否则要承担给原告、外商造成的一切损失。

第三人山东淄川制药厂辩称:第一,原告诉我厂为第三人无法律根据,我厂与原告没有签订经济合同。我厂与被告签订合同的时间是1994年3月29日,被告与原告签订合同的时间是同年4月23日。被告是具有出口权的独立法人,我厂与被告的合同中规定,该货物由被告直接出口,因产品质量、交货期等问题引起外商索赔由我厂负责,但被告没有与我厂协商将9吨土霉素碱炒卖给原告内销,从中赚取利润,仍把外商索赔风险转嫁我厂,违反了经济法规,单方面与原告签订9吨土霉素碱合同对我厂没有约束力,我厂无义务为原、被告、外商承担责任。第二,合同规定交货期为1994年6月份,5月初国家对粮油产品进行行政性大幅度调价,造成原材料成本提高,工厂成本由原来的7.3万元/吨升到9.3万元/吨,市场成交价达到10.5万元/吨。如按原价格执行,我厂就赔钱,工人就吃不上饭。我厂于5月19日电话向被告提出变更原合同价格条款的要求,每吨提价2万元,直到6月15日被告只同意提价5000元,根据《工矿产品购销合同条例》第八条规定,应视为默认。

（三）事实和证据

河北省衡水地区中级人民法院于1994年6月21日受理本案后，经公开开庭审理查明：1994年3月原告让被告为其组织土霉素碱货源，出口德国。1994年3月29日被告与第三人签订购销土霉素碱合同。合同规定，由第三人供被告土霉素碱BP88计9吨，单价7.3万元，总价款65.7万元，6月份在天津塘沽胡家园立交桥河北外贸化工仓库交货，运费含货款内，被告应于4月份预付全部货款。供方须保质保量按期交货，由此引起索赔由供方负责。合同签订后，4月19日被告将65.7万元预付货款划至第三人帐户。4月23日原被告签订了由被告供原告9吨土霉素碱的合同，除价格为7.7万元/吨外，其他条款与上述合同基本相同，同时规定，如到期不交货引起外商索赔由供方负责，合同签订后，原告预付了全部货款。

1994年5月30日，第三人向被告提出每吨涨价2万元，被告即通知原告是否同意涨价，原告传真答复早已预付货款，且按此价已对外成交，无法接受提价。被告即电复第三人不同意涨价，同时于6月9日派员赴第三人处商谈，催发货。被告考虑到与第三人今后的业务合作，同意涨价5000元，但第三人仍坚持2万元以上，协商未果。原告方始终关注该合同的履行情况，在看到于6月份交货无望的情况下，为不使与德国公司的合同落空，起诉于人民法院。在案件审理过程中，原告称，如能7月底交货，合同仍可履行，逾期则无必要。

上述事实有如下证据证明：

1. 原、被告之间的购销合同，被告收到预付货款69.3万元的收据。
2. 原告与德国某公司的贸易合同。
3. 被告与第三人签订的购销合同。
4. 被告通知原告关于第三人要求涨价的电传。
5. 被告交给第三人的不同意涨价的电传。
6. 庭审中，被告方提供的证人证言，证实在第三人处催债10天的情况。

（四）判案理由

衡水地区中级人民法院认为：

1. 第三人应向被告履行合同，被告应向原告履行合同。

原、被告之间，被告与第三人之间签订的购销合同，意思表示真实，内容合法。被告从第三人处购货后，加价卖于原告，属于正常的贸易活动，是为我国法律保护的正当经济行为，三方当事人两份合同，属有效合同，应严格按合同履行。原告与第三人之间无直接经济往来，但两方在两次法律关系中涉及的标的物是同一的，该标的物的交付与否直接引起三方法律关系的变更，原、被告之间案件处理结果与第三人有直接的利害关系，故应作为本案的第三人。第三人称已在5月19日电话通知被告要求涨价2万元，被告在法定期限内未有答复，视为默认，该理由不符合《经济合同法》关于修改、变更合同应用文字形式的规定，不能成立。三方在合同中规定的是协商价格，合同标的物不是必须执行国家定价的产品，故第三人单方提出涨价的请求不予支持，虽然判决下达后，第三人已过履行交货义务的期限，但原告要求在7月底前仍可履行合同。按照《经济合同法》第三十一条“对方要求继续合同的，应继续履行”的规定，第三人应向被告于7月底前交付9吨土霉素碱，被告同时向原告履行。

2. 逾期不履行，应支付违约金并赔偿损失。根据权利人的意愿，虽已过合同规定期限，但仍可延长至7月底，超此期限合同履行已无必要。若第三人在7月底不能交货，导致该合同的完全不能履行，根据《经济合同法》第三十一条“当事人一方违反经济合同时，应向对方支付违约金。如果由于违约已给对方造成的损失超过违约金的，还应进行赔偿，补偿违约金不足的部分”的规定，合同的不履行是第三人的责任，应支付违约金，并赔偿损失。

（五）定案结论

河北省衡水地区中级人民法院根据已查明的事实，依照《中华人民共和国民事诉法法》第五十六条第二款，《中华人民共和国经济合同法》第十七条第三项、第三十一条、第三十二条，《工矿产品购销合同条例》第三十四条、第三十五条第一项、第五项之规定判决：

1. 第三人山东淄川制药厂于1994年7月底前交付被告衡水地区化工公司土霉素碱9吨，再由被告交付原告。逾期：(1)三方当事人之合同终止履行。(2)合同终止后，被告退还原告货款69.3万元，支付不能交货违约金34650元，赔偿金65350元。(3)第三人退还被告货款65.7万元，支付不能交货的违约金34650元，赔偿金101350元。(4)原告支付外商索赔数额，由第三人给付原告。

2. 第三人山东淄川制药厂于判决生效后10日内，给付被告衡水地区化工出口公司逾期交货的违约金6445元，再由被告给付原告中化河北进出口公司。

案件受理费11940元，诉讼保全费3465，元由第三人山东淄川制药厂负担。

判决书送达后，第三人于7月底履行了交货义务，三方当事人在违约金上达成并执行和解协议。

（六）解说

价格因素是本案的焦点，也是第三人不履行合同的原因。在我国计划经济体制逐步转换为市场经济为主体的体制的时候，执行国家定价的产品逐渐减少，市场价格的范围日益扩大，本案标的物土霉素碱的价格就是市场价格，是当事人双方协商确定的。但是制作土霉素碱的原料价格却因国家政策的调整而提高，是不是该产品也随之提高价格呢？我们认为，价格因素是一个复杂体，除包含价值以外，还受供求关系等因素影响，从原材料涨价不能推出产品必然涨价的结论。只要该产品执行的是非国家定价，就要确认合同中价格的合理。第三人提出的产品不涨价工厂就要赔钱，工人就要失业没饭吃，购货方却因此赚取很多利润，这不公平。第三人提出的上述问题在法学理论上属于情势变更。情势变更发生后，如果仍全面履行合同将造成当事人之间物质利益的不平衡，造成显失公平的结果。为此，1993年《全国经济审判座谈会纪要》中指出“作为合同基础的客观情况发生了非当事人所能预见的根本性变化，以致按合同履行显失公平的，可以根据当事人的申请，按情势变更的原则变更或解除”。情势变更和商业风险有相似之处，价格是两者的共同显著标志。情势变更对价格是不能预见的，或虽能预见而不能避免；商业风险是能预见而没有去避免。本案中，购方已将预付款付给了生产者，预付款的目的，就是用于购买制造产品所需原材料，预付之时，生产者应用该款买未涨价之原材料，如果已买，产品的成本不存在提高问题，如果未买，属于自身对市场失测，经营不力，不能将自己的责任推到别人身上。很明显，这不是显失公平，而是公平交易。

（朱风照）

9. 北京双合盛五星啤酒厂枝江联合厂诉怀化市人民政府购销合同案

(一)首部

1. 判决书字号

一审判决书:湖北省宜昌地区中级人民法院宜地法(1991)经一字第1号。

再审判决书:湖北省宜昌市中级人民法院(1994)宜市中法经初再字第25号。

2. 案由:啤酒购销合同案。

3. 诉讼双方

原告(被上诉人):北京双合盛五星啤酒厂枝江联合厂(以下称枝江啤酒厂)。

法定代表人:蔡学清,厂长。

委托代理人:叶光荣,该厂清欠办主任。

委托代理人:魏平,枝江县法律顾问处律师。

被告(上诉人):湖南省怀化市人民政府(以下称怀化市政府)。

法定代表人:唐波,市长。

委托代理人:贺晓军,该市政府法制办公室主任。

委托代理人:邹高明,该市政府法制办公室副主任。

4. 审级:一审、再审。

5. 审判机关和审判组织

一审法院:湖北省宜昌地区中级人民法院。

合议庭组成人员:审判长:王歆;审判员:张立政;代理审判员:董春阳。

再审法院:湖北省宜昌市中级人民法院。

合议庭组成人员:审判长:焦光文;代理审判员:王赞雄、张元强。

6. 审结时间

一审审结时间:1991年10月16日。

再审审结时间:1994年7月23日。

(二)一审情况

1. 一审诉辩主张

(1)原告诉称:1988年11月,被告下属部门怀化市综合农场商业公司派员到我厂与我厂签订购销啤酒合同。合同履行后,商业公司欠货款106422.55元。1989年12月,商业公司并入首钢,根据被告与首钢签订的协议约定,商业公司债权债务由被告处理。要求判决被告偿还商业公司所欠货款并承担利息损失。

(2)被告辩称:

1)怀化市综合农场商业公司在1989年6月之前系集体企业,由企业法定代表人唐持平租赁经营。1989年6月,商业公司由集体企业变更为国营企业,唐与主管单位综合农场解除租赁关系。根据租赁合同和解除租赁合同协议约定,租赁期间的债权债务由唐持平处理。

2)商业公司并入首钢，我市政府只负责国营商业公司的债权债务处理，不包括唐持平个人租赁期间的债权债务。

3)原告起诉我方是错误的，要求变更被告主体为唐持平，并提起反诉，原告将国营商业公司购货的余款冲抵唐持平的欠款系侵权行为。

2. 一审事实和证据

原隶属怀化市的企业怀化市综合农场商业公司在1989年6月之前系集体所有制企业，由经理唐持平与主管部门怀化市综合农场签订合同，租赁经营。自1988年7月，商业公司与原告发生购销啤酒业务，1988年11月1日，双方在枝江签订一份购销合同。合同约定：商业公司向原告订购五星牌啤酒6.4万件；先款后货，在原告厂内交货，由原告代办运输，一切费用由商业公司承担等。合同签订后，双方按约定执行，截止到1989年6月，商业公司总共付款742000元，原告发货17车次，货款及代办费共计851375.45元。冲抵后，商业公司下欠原告货款109375.45元。

1989年6月底，商业公司由集体企业变更为国营企业，唐持平经与怀化市综合农场协商，解除租赁关系。之后，商业公司继续与原告发生购销业务持续到年底。在此期间，新商业公司购货余款5251.60元，原告冲抵了唐持平租赁期间的欠款。至此，商业公司下欠104123.85元。从1989年6月至12月利息为5903.82元。1989年12月底，被告怀化市政府与首钢达成协议，将怀化市综合农场及其商业公司有偿转让给首钢，同时约定，商业公司1989年12月31日前的债权债务由被告怀化市政府承担。

3. 一审判案理由

(1)原商业公司与原告签订的购销啤酒合同为有效经济合同，原告枝江啤酒厂依约履行了合同规定的义务。原商业公司延期不付清款项，应当承担延期付款的违约责任。

(2)原商业公司由唐持平租赁经营，只是企业经营方式的改变，并未改变企业的所有制性质，且唐是以企业名义对外进行民事活动的，应由企业对外承担民事责任。根据《中华人民共和国民法通则》第四十三条“企业法人对它的法定代表人和其他工作人员的经营活动，承担民事责任”，第一百零六条第一款“公民、法人违反合同或者不履行其他义务的，应当承担民事责任”的规定，原商业公司应对唐持平租赁期间的外债承担清偿责任。怀化市综合农场与唐持平签订的租赁合同和遗留问题处理协议等约定租赁期间的债权债务由唐持平负责，只是租赁合同当事人内部对责任的划定，对外不具有法律约束力。

(3)1989年6月底，原商业公司从集体企业变更为国营企业，原商业公司的资产、人员均由变更后的公司接受，企业只是产权关系发生变化。根据《中华人民共和国民法通则》第四十四条第二款“企业法人分立、合并，它的权利和义务由变更后的法人享有和承担”，《中华人民共和国经济合同法》第二十六条第三款“当事人一方发生合并、分立时，由变更后的当事人承担或分别承担履行合同的义务和享受应有的权利”的规定，变更后的商业公司应承担原公司的债权债务；1989年12月，被告将商业公司随主管单位有偿转让给首钢，根据转让协议规定和权利义务相一致原则，被告应对商业公司外债承担清偿责任。

被告辩称自己不应承担责任和反诉原告将新商业公司购货余款冲抵唐持平个人租赁欠款属侵权的理由不能成立。

4. 一审定案结论

根据《中华人民共和国民法通则》第一百零八条“债务应当清偿”的规定，判决如下：

1. 原怀化市综合农场商业公司下欠原告货款 104123.85 元及其利息 5903.82 元，由被告怀化市政府在本判决生效后 2 个月内向原告付清。逾期不执行，按货款本金每日万分之三计赔偿损失费。

2. 驳回被告的反诉请求。

案件受理费 3510 元由被告负担。

（三）再审诉辩主张

一审判决后，被告怀化市政府不服，并向湖北省高级人民法院提起上诉。1993 年 11 月 24 日，湖北省高级人民法院以（1993）鄂经监字第 25 号民事裁定，中止原湖北省宜昌地区中级人民法院宜地法（1991）经一字第 1 号民事判决执行；指令宜昌市中级人民法院（此时地、市中级法院合并）再审。原审法院依法另行组成合议庭，审理了本案。

1. 再审申请人怀化市政府提出：

（1）依据我国有关企业租赁条例、法规规定及怀化市综合农场与商业公司签订的租赁合同约定，商业公司所欠枝江啤酒厂货款应由原公司承租人唐持平承担。

（2）商业公司系“挂靠公司”，实为唐持平私营企业，唐应承担商业公司债务。

（3）原宜昌地区中级人民法院依据怀化市政府与首钢签订的尚未生效的协议书，判决怀化市政府承担商业公司欠枝江啤酒厂的债务实属不当。

2. 再审被申请人则认为：经我厂与原商业公司双方对帐表明，商业公司尚欠我厂啤酒款 106422.55 元。依据 1989 年 12 月 26 日怀化市政府与首钢签订的关于首钢兼并怀化市综合农场协议书第三条约定，商业公司对我厂的债务由怀化市政府承担。因此，怀化市政府应清偿货款及其利息。

（四）再审事实和证据

经再审查明：1989 年 7 月 8 日，集体所有制的怀化市综合农场商业公司变更为全民所有制的国营怀化市综合农场商业公司（以下统称商业公司）。商业公司体制变更前的 1987 年 10 月 25 日，怀化市综合农场与商业公司签订一份租赁合同，合同约定，商业公司实行全员承租经营，唐持平系公司法定代表人，负责处理租赁期间的债权债务。1988 年 11 月 1 日，枝江啤酒厂与商业公司签订一份啤酒购销合同。双方发生业务往来至 1989 年 9 月。1990 年 6 月 13 日，双方核对往来帐。经法院审查认定，商业公司尚欠枝江啤酒厂货款 104123.85 元。1989 年 12 月 26 日，怀化市政府与首钢签订“关于首都钢铁公司兼并湖南省怀化市所属国营综合农场的协议书”，此协议书第三条约定，1989 年 12 月 31 日前商业公司的债务由怀化市政府承担；第十三条约定协议书经公证后生效。

再审同时查明：

1. 1990 年 3 月 24 日，怀化市政府与首钢正式办理了商业公司的债权债务关系。

2. 收集了 1990 年 3 月 27 日怀化市政府、政府办公室及市财政局分别加盖公章的“原湖南省怀化市国营综合农场商业公司待摊费用移交表”及商业公司欠怀化市农业银行贷款由怀化市政府承担的证明材料，表明了怀化市政府承担商业公司债务及商业公司并非唐持平的挂靠私营企业。

3. 1993 年 6 月 23 日，怀化市政府又与首钢签订“关于首钢总公司（首钢）兼并湖南省怀化市所属国营综合农场的补充协议书”。此补充协议书在原协议书总原则不变的前提下，对征地面积界限、补偿费用等重新约定。

4.1993 年 7 月 15 日，怀化市公证处以(93)怀市证字第 226 号公证书对前述“协议书”及“补充协议书”予以公证，协议依法生效”。

5.1994 年 2 月 24 日，首钢给怀化市政府支付兼并补偿费 150 万元。

以上证据足以说明怀化市政府对原商业公司的债务是承接并已部分履行的。

(五)再审判案理由

宜昌市中级人民法院经再审认为：

1. 一审依据尚未公证生效的有关首钢兼并怀化市综合农场的协议书约定，判决怀化市政府承担商业公司对枝江啤酒厂债务证据不足；同时，对债务利息只计算企业转让前的利息没有法律依据，处理欠妥；认定“租赁合同约定的商业公司全员承租”经营为唐持平个人承租经营，无事实依据。

2. 原商业公司与枝江啤酒厂依法签订并已履行的购销啤酒合同为有效经济合同。唐持平任该公司法定代表人对商业公司实行全员承租，未改变商业公司的公有制性质，不能认定商业公司系挂靠企业，属唐持平私营企业。唐对外民事活动系以商业公司的名义进行的。根据《中华人民共和国民法通则》第四十三条规定，其对枝江啤酒厂的债务应由商业公司承担。

3. 商业公司由集体所有制变更为全民所有制，根据《中华人民共和国民法通则》第四十四条第二款规定，全民所有制的商业公司依法应承接集体所有制性质的商业公司的债权债务，且唐持平续任全民所有制商业公司的法定代表人，“新老商业公司”与枝江啤酒厂发生的啤酒购销业务具有连续性。被告以“新老商业公司”体制变更而拒绝承担债务是不符合法律规定的。

4. 根据《中华人民共和国经济合同法》第二十六条第三款规定及怀化市政府与首钢签订的并已公证生效的有关首钢兼并怀化市综合农场的“协议书”和“补充协议书”约定，商业公司对枝江啤酒厂的债务由怀化市政府承担。

(六)再审定案结论

宜昌市中级人民法院根据《中华人民共和国民法通则》第一百零八条之规定，判决如下：

1. 撤销原宜昌地区中级人民法院宜地法(1991)经一字第 1 号民事判决。

2. 商业公司所欠枝江啤酒厂货款 104123.85 元及其滞纳金 46855.73 元(以日万分之三计，自 1990 年 6 月 13 日至 1994 年 7 月 23 日)共计 150979.58 元，由怀化市政府向枝江啤酒厂清偿。本判决生效后，限怀化市政府三日内支付，逾期收取日万分之三的滞纳金外，另收取日万分之三的债务利息。滞纳金及债务利息均计算至债务履行之日。

案件受理费 3510 元由怀化市政府负担。

(七)解说

1. 本案系一个再审案件，原审被告系一级人民政府，本案审理引起了各界的关注。案件审理的情况有两家报纸作了报道，社会反响较好。

怀化市政府对上述再审判决未提出上诉，再审判决依法生效，并于 1994 年 12 月中旬圆满执行。

2. 经济合同的公证问题

(1)怀化市政府与首钢签订的“关于首都钢铁公司兼并湖南省怀化市所属国营综合农场的协议书”第十三条约定，此协议书系附条件的合同，须经公证方为生效。原审判决下达时，此协议书未公证生效。原判决依此未生效的协议书第三条约定，判令怀化市政府偿还原商业公司对枝江啤酒厂的货款，证据不足。

(2)原商业公司与其主管单位怀化市综合农场签订的全员承租经营合同的公证问题。国家对国营小型工业企业租赁经营有暂行规定。原集体性质商业公司可比照国营小型工业企业租赁经营有关规定及湖南省人民政府《国营小型商业、饮食服务业企业租赁经营暂行办法》规定执行，实行全员承租经营。但应依照《中华人民共和国经济合同法》签订租赁合同进行企业租赁，并依法进行公证，搞好清产核资、财产担保等工作。本案企业租赁，在签订企业租赁经营合同时，仅在合同书里有了“租赁合同”字样，未依法办理有关手续，不符合法律规定，应实事求是地依法确认企业的经营形式。本案唐持平的对外民事活动系以企业名义出现的，企业应依法承担责任。

基于以上两点及原审判决利息损失处理欠妥，依法再审，体现了“有错必纠”的办案原则。

3. 经济审判活动需要认真地、实事求是地进行调查取证。查清的事实和证据对定案结论是强有力的保证。本案再审查清了大量的证据，充分证实了怀化市政府已经实际部分履行了承担原商业公司债务的义务。本案审结过程中，审判人员与怀化市政府委托代理人反复交换了有关企业租赁的条件、清产核资、财产担保及工商变更登记等方面的问题，使认识趋于接近。所以，再审判决宣判后，怀化市政府未提起上诉，心悦诚服。

（王赞雄）

10. 广西防城港市桂防公司诉中国广西国际经济技术合作公司等购销橡胶合同案

(一)首部

1. 判决书字号：广西壮族自治区防城港市中级人民法院(1994)防中法经初字第85号。

2. 案由：购销橡胶合同案。

3. 诉讼双方

原告：广西防城港市桂防公司。

法定代表人：蒋运建，经理。

委托代理人：孙骏，桂林市经济律师事务所律师。

委托代理人：金超明，桂林市经济律师事务所律师。

被告：中国广西国际经济技术合作公司。

法定代表人：许季方，总经理。

委托代理人：刘晰，广西第二律师事务所律师。

委托代理人：覃飞雁，广西第二律师事务所律师。

被告：中外合资防城港隆桂建材有限公司。

法定代表人：李树进，经理。

4. 审级：一审。

5. 审判机关和审判组织

审判机关：广西壮族自治区防城港市中级人民法院。

合议庭组成人员：审判长：姚佩衡；审判员：陈怀群；代理审判员：黄琼。

6. 审结时间：1994 年 12 月 30 日。

（二）诉辩主张

1. 原告广西防城港市桂防公司诉称：1994 年 5 月初中外合资防城港隆桂建材有限公司（下称隆桂公司）向我公司发出可供橡胶的信息，经核实，隆桂公司是与中国广西国际经济技术合作公司（下称国经公司）联合从泰国进口橡胶。因此，我公司即与国经公司、隆桂公司于 1994 年 5 月 12 日签订购销橡胶合同。由国经公司、隆桂公司作为供方供给我公司 3000 吨橡胶，每吨价格为 8620 元，总货款为 2586 万元。合同约定供方于 1994 年 6 月 10 日前在防城港市堆场仓库交货，由我公司在堆场仓库自提。合同还约定自合同签订后 5 天内由我方将总货款的 30%作为定金汇入国经公司帐户，货到后付 60%货款开始提货，提货后按实际件数 5 天内结清全部款项。如供方不能按时供货，延误时间按月息 5%计付给我方。超过 10 天无货供应，按双倍定金一次性返还给需方作经济赔偿。合同还约定，如发生纠纷，由国经公司承担经济责任。签订合同后，我公司于同年 5 月 18 日付给国经公司定金 775.8 万元。但国经公司逾期未供货，并于同年 6 月 20 日退回定金 700 万元，为此引起纠纷。请求法院判决国经公司、隆桂公司立即退回定金 75.8 万元，双倍返还定金 775.8 万元，支付违约金 129.3 万元，赔偿占用资金利息 99379.98 元及承担 75.8 万元定金自 6 月 20 日后占用的银行利息。

2. 被告国经公司辩称：(1)国经公司下属老挝办事处主任董国喜以公司的名义与广西防城港市桂防公司（下称桂防公司）签订经济合同，盖的是老挝办事处的章，责任应由董国喜个人负责；(2)老挝办事处不是经营部门，无权对外签订经济合同。国经公司没有委托董国喜签订联营合同和橡胶购销合同，也不知道董国喜与桂防公司签订合同一事，后发现董国喜越权代理行为，立即予以否认，该购销及联营合同均为无效；(3)隆桂公司拿了桂防公司的剩余定金 75.8 万元，应由隆桂公司负责偿还。

3. 被告隆桂公司辩称：75.8 万元已作为代理费付给了代理方，这笔款已不能退还。同时也不承担任何责任。

（三）事实和证据

防城港市中级人民法院经公开审理查明：1994 年 5 月初，隆桂公司经理李树进向桂防公司经理蒋运建提供可供橡胶的信息，并出示了泰国有关供应商发给国经公司的供应橡胶函件，同时还出示了隆桂公司与国经公司老挝经理部签订的联营协议以及国经公司法定代表人许季方给老挝办事处主任董国喜的授权委托书。1994 年 5 月 12 日国经公司老挝办事处主任董国喜以国经公司的名义与隆桂公司共同作为供方与桂防公司签订了一份购销橡胶合同，三方盖章时，董国喜在合同上加盖了国经公司老挝办事处的印章。合同约定国经公司和隆桂公司向桂防公司供应泰国产 3 号烟片胶 3000 吨，每吨单价 8620 元，总货款为 2586 万元，1994 年 6 月 10 日前在防城港堆场仓库交货。还约定自签订合同后 5 天内由需方按总货款的 30%作为定金汇入国经公司帐户，货到后需方付 60%货款开始提货，提货后按实际件数 5 天内结清全部款项。供方不能按时交货，延误时间按月息 5%付给需方，超过 10 天作无货处理，供方按双倍定金一次性返还给需方作经济赔偿。合同还约定，如发生纠纷，由国经公司承担经济责任。签订合同后，桂防公司于 1994 年 5 月 17 日将盖好章的合同拿到南宁国经公司交给董国喜，董国喜加盖国经公司老挝办事处公章后，带桂防公司人员会见了国经公司的总经理许季方。同年5月18日桂防公司用特种转帐支票将775.8万元作为定金转入董国喜指定的国经公司老挝经营部在中国银行南宁分行设立的帐户，老挝经营部开具了定金收据给桂防公司。但合同约定的交货期满后，国经公司和隆桂公司无货可供，国经公司于同年6月13日以董国喜背着公司领导与有关公司签订购销橡胶合同给公司造成了不应有的损失为由，通知公司驻老挝办事处撤销了董国喜老挝办事处经理的职务。同日，国经公司又给桂防公司发函，说明老挝办事处不是法人，无权对外签订经济合同，并表示已敦促办事处尽快退回定金。同年6月21日国经公司退还680万元定金给桂防公司，隆桂公司从收到的95.8万元定金中退还20万元定金给桂防公司。国经公司认为合同无效，要解除原购销合同，但桂防公司坚持合同是有效的，要按合同双倍返还定金。

另查明，国经公司驻老挝办事处是国经公司于1991年1月在老挝人民民主共和国设立的对外办事机构，该办事处设立以来，已从事对外招标招商等活动。1994年4月20日国经公司委任董国喜为公司驻老挝办事处主任，同日，国经公司法定代表人许季方授权董国喜为许季方的代表在老挝人民民主共和国开展商务活动，并在当地办理公司注册、银行开户等有关手续。

上述事实有下列证据证明：

1. 三方于1994年5月12日草拟并于1994年5月17日盖章生效的购销橡胶合同。

2. 桂防公司于1994年5月18日用特种转帐支票将775.8万元定金转入国经公司老挝经营部在中国银行南宁分行设立的帐户。

3. 老挝经营部于1994年5月18日开具的定金收据。

4. 国经公司于1994年6月21日退680万元定金给桂防公司的特种转帐支票。

5. 隆桂公司退20万元定金的证据。

6. 隆桂公司与老挝办事处的联营协议。

（四）判案理由

防城港市中级人民法院经审理认为：

1. 国经公司驻老挝办事处是国经公司设在老挝的办事机构，对外代表国经公司。办事处主任董国喜是国经公司法定代表人许季方的授权代表，其以国经公司的名义和驻老挝办事处的合法公章与桂防公司签订购销橡胶合同，未超越国经公司的授权范围，由此产生的合同权利义务应由委托人国经公司承担。

2. 隆桂公司是独立企业法人，国经公司与隆桂公司联营作为供方与桂防公司签订购销橡胶合同，是合同双方真实意思表示，其内容和目的并没有违反国家法律，也没有损害国家利益和社会公共利益，因此，双方签订的购销橡胶合同应确认为有效合同。

3. 桂防公司已按合同约定按时交付了定金，而国经公司及隆桂公司接受定金后未能在合同约定的期限内供货，违反了合同的约定，应当承担违约责任。另根据合同约定，合同供方经济责任由国经公司承担，对此约定，应予准许。隆桂公司已收取的75.8万元及利息应退还给国经公司。国经公司双倍返还定金的数额已超过桂防公司请求赔偿损失之数额，且适用定金罚则后不宜再支付违约金。因此，对桂防公司请求国经公司、隆桂公司支付违约金、利息、赔偿损失的诉讼请求，不予支持。

（五）定案结论

防城港市中级人民法院根据《中华人民共和国经济合同法》第六条、第十条、第十四条第二款的规定，作出如下判决：

1. 国经公司应双倍返还定金给桂防公司。除已退还定金700万元外，还应返还定金851.6万元给桂防公司。

2. 隆桂公司应退还75.8万元及利息53544元给国经公司。

3. 驳回桂防公司要求国经公司、隆桂公司支付违约金、赔偿损失的诉讼请求。

案件受理费139310元、财产保全费25260元、其他诉讼费6000元，合计170570元，由桂防公司负担20365元，国经公司负担125215元，隆桂公司负担25000元。

上述债务限于判决生效后10天内付清，逾期则加倍支付迟延履行期间的债务利息，权利人可在判决确定的履行期间最后一日起6个月内向本院申请执行。

判决后双方没有上诉，一审生效。

（六）解说

本案涉及的关键性问题是合同的效力问题。

我们认为，本案是一起中国企业的驻外派出机构，与国内法人联营后，形成松散型的联营体，然后分别以联营各方作为供方与国内企业签订购销合同而引起的纠纷，有一定的特殊性。争议的主要问题是：第一，国经公司驻老挝办事处的民事主体资格问题；第二，国经公司驻老挝办事处主任董国喜有没有超越代理权；第三，董国喜以国经公司的名义签订合同，但盖的章是老挝办事处的公章，对于这个合同的效力如何认定的问题。还有老挝办事处与隆桂公司联营合同的效力问题。

第一种意见认为：国经公司老挝办事处只是国经公司下属的一个职能部门，对外未经国经公司授权或事后追认不能从事民事活动。董国喜超越代理权，因为根据国经公司法定代表人许季方的授权，董国喜只能在老挝从事商务活动，不能在国内从事商务活动。合同供方是国经公司，董国喜在合同上盖老挝办事处的公章，没盖国经公司的公章，合同无效。持这种观点的理由是：(1)国经公司的法定代表人没有委托董国喜签订联营企业和购销橡胶合同，当公司得知董国喜越权代理的行为后，已予以否认。(2)合同的供方之一是国经公司，那么在合同上应盖国经公司的公章，而董国喜在合同上盖老挝办事处的公章，与合同约定的供方不符。另外老挝办事处是国经公司的一个驻外机构，无权在国内进行经营活动，应认定合同无效。

第二种意见认为：董国喜没有超越代理权；董国喜以老挝办事处名义与隆桂公司订立的联营合同及以国经公司名义与桂防公司签订购销橡胶合同，均属有效合同。理由是：(1)董国喜以国经公司名义和隆桂公司共同作为供方与桂防公司签订购销橡胶合同。在桂防公司盖好章交董国喜时，董国喜盖上老挝办事处的公章后，双方一起去会见了国经公司的法定代表人许季方。因此，国经公司应该知悉董国喜代理其作为供方签订了该购销合同。尽管该购销合同盖的公章是国经公司老挝办事处的公章，桂防公司的款也是汇到国经公司老挝办事处设在中国银行南宁分行的帐号，但董国喜是以国经公司的名义与桂防公司签订购销橡胶合同，国经公司对此已知悉并未予以否认，因此对董国喜的行为视为有权代理。(2)国经公司对董国喜代理权的否认，是购销合同履行期满后所为的事后行为，而在购销合同签订之时，国经公司知悉董国喜以国经公司名义签订合同并未予以否认，因此对于国经公司否认董国喜代理权的答辩，法院应不予认可。因此董国喜代理国经公司的行为为有权代理，国经公司与隆桂公司均是购销合同的供方。(3)隆桂公司与国经公司老挝办事处签订的联营协议，约定由国经公司老挝办事处负责国外进货，隆桂公司负责国内销售，双方的约定没有违反法律强制性规定，该联营协议是与本案购销合同相区别的另一法律关系。根据以上理由，国经公司、隆桂公司作为供方与桂防公司签订购销橡胶合同，双方权利义务关系明确，供方有履行合同能力，该合同属有效合同，应按合同约定追究当事人的违约责任。国经公司老挝办事处属国经公司的一个派出机构，其代理国经公司所为的行为应由国经公司负责。因此，一审的判决是正确的。

（李云鹏）

11. 中国人民建设银行海口市分行诉海南京城实业公司借款合同案

（一）首部

1. 判决书字号：海南省海口市中级人民法院（1994）海中法经初字第89号。

2. 案由：借款合同案。

3. 诉讼双方

原告：中国人民建设银行海口市分行。

法定代表人：赵洪林，行长。

委托代理人：习钦，该行干部。

委托代理人：詹忠波，该行干部。

被告：海南京城实业公司。

法定代表人：薛平，总经理。

委托代理人：张星凯，该公司总经理助理。

委托代理人：符策，海南省第三律师事务所律师。

4. 审级：一审。

5. 审判机关和审判组织

审判机关：海南省海口市中级人民法院。

合议庭组成人员：审判长：叶能强；审判员：李忠义、李必雄。

6. 审结时间：1994年10月5日。

（二）诉辩主张

原告诉称：1993年3月24日，被告海南京城实业公司以同辽宁省五金矿产进出口公司联合向美国出口镁矿为由，与原告签订借款合同，合同约定，被告向原告借款500万人民币，期限自1993年3月26日至1993年9月26日，月息8.64‰，如不按期归还加罚利息20%，被告以海南中商旅业股份有限公司500万元法人股作抵押。借款到期后，被告提出资金困难无法还贷，经原告多次催收仍无结果，至今逾期近一年。至此请求法院判令被告偿还贷款本金人民币500万元，利息486780元，罚息97356元。

被告辩称：我方与原告签订贷款合同及我方以500万元法人股作为贷款抵押的协议书符合法律规定，应为有效合同和有效抵押担保。我方欠款是事实，愿以500万元法人股有效抵押债务并另行给付债务不足部分。

(三)事实和证据

海口市中级人民法院经公开审理查明:1993年3月24日,原告市建设银行与被告京城公司签订借款合同,约定,被告京城公司向原告市建行借款人民币500万元;期限自1993年3月26日至同年9月26日,月息按8.64‰计算,被告不按期归还贷款,逾期部分加收利息20%;在合同有效期间内,如国家调整利率,从调整之日起计算,同时书面通知被告。即日,原告市建行与被告京城公司还签订抵押协议书,约定由被告将自己持有的海南中商旅业股份有限公司法人股500万元作为抵押,在500万元贷款还本金利息前归市建行所有。合同签约后,原告于1993年3月26日将人民币500万元划到被告京城公司帐上,被告于同年6月20日支付给原告第一季度利息为人民币125840元。因被告京城公司逾期未能归还,原告多次催收未果,遂向本院提起诉讼。被告京城公司系海南省工商局注册成立的集体性质企业。

上述事实有下列证据证明:

1. 借款合同、贷款担保书、借款借据。
2. 双方当事人的营业执照。
3. 海南中商旅业股份公司股票以及以法人股作抵押的收据,催收贷款通知书。
4. 双方当事人陈述。

(四)判案理由

海口市中级人民法院认为:

原告市建行与被告京城公司所签订的借款合同及抵押协议书,双方意思表示真实,系合法有效的合同和抵押协议书。被告京城公司在借款期届满后,未能将借款本息全部归还给原告市建行,违反借款合同的有关条款,应承担偿还借款本息的责任。

(五)定案结论

海口市中级人民法院根据《中华人民共和国借款合同条例》第四条、第十六条之规定,作出如下判决:

1. 被告京城公司应如数返还尚欠原告市建设银行的贷款本金人民币500万元,限于本判决书发生法律效力之日起30日内付清给原告市建设银行。

2. 该贷款本金人民币500万元的利息计息从1993年6月20日至判决限定的还款时间内实际付款之日止(月利率按8.64‰),罚息从1993年9月26日至判决限定的还款时间内实际付款之日止(罚息按20%计算)。

案件受理费人民币37930元及诉讼保全费28440.68元,共计68370.68元,由被告京城公司承担。

(六)解说

这是一件企业向银行抵押借款,而未能依期还款发生纠纷的普通案件。所特殊之处是被告京城实业公司向银行抵 押贷款的抵押物是股票。双方争执的焦点是股票所有权的处分,即银行要求被告归还贷款人民币本金500万元及利息,将股票权证归还被告,而被告要求以其拥有的海南中商旅业股份有限公司500万元法人股估价后抵还贷款。双方意见不一,互不相让。

根据《中华人民共和国公司法》第一百四十七条之规定:发起人持有的本公司股份,自公司成立之日起3年内不得转让。海南中商旅业股份有限公司是1992年成立的股份制公司,被告是海南中商旅业股份有限公司的发起人之一，故该股票只能由京城公司持有。法院根据事实与法律，判令被告京城实业公司归还贷款本金及利息，该股票所产生的股息红利仍由京城实业公司享有是合理的。

（陈　学）

12. 金华市信托投资股份有限公司诉金华市婺城区纺织品批发公司清算小组等借款合同案

（一）首部

1. 判决书字号

一审判决书：浙江省金华市婺城区人民法院(1993)婺经初字第107号。

二审判决书：浙江省金华市中级人民法院(1993)金中法经终字第207号。

2. 案由：借款合同案。

3. 诉讼双方

原告(被上诉人)：金华市信托投资股份有限公司。

法定代表人：葛政，总经理。

委托代理人：李辉，该公司信贷员。

委托代理人：何建平，金华市第一律师事务所律师。

被告(被上诉人)：金华市婺城区纺织品批发公司清算小组。

代表人：王明水，清算组负责人。

委托代理人：朱福喜，婺城区工业局干部。

委托代理人：骆忠红，婺城区工业局干部。

被告(被上诉人)：金华市婺城区针纺织品批发部。

法定代表人：李立宏，经理。

被告(上诉人)：金华市婺城区糖烟酒批发公司。

法定代表人：王淑华，经理。

委托代理人：倪玉庆，该公司副经理。

被告(被上诉人)：金华市印刷物资公司。

法定代表人：徐根绍，经理。

委托代理人(一、二审)：禹三春，金华市正大律师事务所律师。

委托代理人(一审)：徐俊，该公司经理助理。

委托代理人(二审)：冯波，金华市正大律师事务所律师。

被告(上诉人)：金华市百货批发公司。

法定代表人：单华，总经理。

委托代理人：陈国华，该公司办公室主任。

委托代理人：唐建国，金华市第一律师事务所律师。

4. 审级：二审。

5. 审判机关和审判组织

一审法院：浙江省金华市婺城区人民法院。

合议庭组成人员：审判长：丁土根；审判员：冯志坚、郭四梅。

二审法院：浙江省金华市中级人民法院。

合议庭组成人员：审判长：张华龙；代理审判员：赵绍庆、范锡祥。

6. 审结时间

一审审结时间：1993 年 9 月 19 日。

二审审结时间：1994 年 2 月 4 日。

（二）一审情况

1. 一审诉辩主张

（1）原告金华市信托投资股份有限公司诉称：原告于 1989 年 11 月 14 日与金华市经济贸易总公司签订了借款合同，由原告发放借款 20 万元，用于流动资金，月利率 11.85‰，归还期限为同月 25 日，由金华市百货批发公司劳动服务部担保。签约后，原告于次日将 20 万元贷款汇入金华市经济贸易总公司帐户，贷款到期后未能归还。金华市经济贸易总公司后变更为婺城区纺织品批发公司，被告金华市婺城区针纺织品批发部、婺城区糖烟酒批发公司系婺城区纺织品批发公司分立出来的企业法人，被告金华市印刷物资公司兼并了婺城区纺织品批发公司；担保人金华市百货批发公司劳动服务部，已由主管部门金华市百货批发公司撤销，故担保责任应由其承担。请求判令各被告承担还款责任。

（2）被告金华市婺城区纺织品批发公司清算小组辩称：原告所诉借款事实，债务清楚，愿承担本案清偿责任，以库存物资抵债。

（3）被告婺城区针纺织品批发部辩称：我批发部从婺城区纺织品批发公司分立出来是事实，但婺城区工业局对原公司债权债务及资产分配不合理，我方不应承担该借款的清偿责任。

（4）被告婺城区糖烟酒批发公司辩称：根据婺城区工业局文件，已对该笔借款进行分派，该笔债务系分配给婺城区针纺织品批发部名下，我公司不应承担清偿责任。

（5）被告金华市印刷物资公司辩称：我公司并未兼并婺城区纺织品批发公司，只是接收了该公司的部分财产，但已承担相应债务，我公司不应承担该债务的清偿责任。

（6）被告金华市百货批发公司辩称：担保人金华市百货批发公司劳动服务部系本公司下属法人企业，作为主管部门本公司不应对下属企业的行为承担法律责任。

2. 一审事实和证据

浙江省金华市婺城区人民法院经审理查明：

1989 年 11 月 14 日，金华县经济技术协作公司委托金华市信托投资股份有限公司向金华市经济贸易总公司发放委托借款 20 万元，用于流动资金，月 利率 11.85‰，规定同月 25 日归还，并由金华市百货批发公司劳动服务部担保。上述条款均签订了委托借款协议书。次日原告发贷款 20 万元。贷款到期后未予归还。金华市百货批发公司劳动服务部于 1993 年 1 月 8 日向工商部门申请注销，其债权债务由主管部门被告金华市百货批发公司享受承担。1991 年 2 月 15 日，原告已代还金华县经济技术协作公司委托借款。金华市经济贸易总公司于 1990 年 7 月 19 日变更为婺城区纺织品批发公司，后考虑到公司的债权债务情况，成立债权债务清算小组，并将下属非法人分支机构被告婺城区针纺织品批发部、婺城区糖烟酒批发公司分立为独立的法人企业。1991年9月24日，婺城区工业局金婺工(1991)79号文件，载明被告金华市印刷物资公司兼并原婺城区纺织品批发公司，但实施中，被告金华市印刷物资公司只接受部分债权债务，而未向工商部门注册有关合并手续。

以上事实有下列证据证实：

(1)借款合同。

(2)贷款发放转帐单。

(3)金华市百货批发公司劳动服务部工商注销登记材料。

(4)金华市经济贸易总公司变更名称工商登记材料。

(5)金华市婺城区针纺织品批发部、婺城区糖烟酒批发公司企业分立工商登记材料。

(6)金华市婺城区工业局(1991)79号文件。

(7)开庭审理笔录，原、被告双方陈述。

3．一审判案理由

一审法院认为：

(1)本案借款合同合法、有效。原告与金华市经济贸易总公司所签借款合同系双方当事人真实意思表示，内容合法，形式完备，对双方当事人具有约束力。

(2)婺城区纺织品批发公司清算小组应承担清偿责任。金华市经济贸易总公司已变更为婺城区纺织品批发公司，现公司已由主管部门决定关闭，并成立清算小组进行清算，在企业清算期间发生诉讼，应由清算小组为主体参加诉讼，并承担相应民事责任，原纺织品批发公司未归还借款事实清楚，故清算小组应承担还款责任。

(3)婺城区针纺织品批发部、婺城区糖烟酒批发公司应承担连带清偿责任。婺城区针纺织品批发部、婺城区糖烟酒批发公司系原婺城区纺织品批发公司分立出来的法人企业，根据《中华人民共和国民法通则》第四十四条第二款“企业法人分立、合并，它的权利和义务由变更后的法人享有和承担”的规定，应对原法人的对外债务承担民事责任。

(4)金华市印刷物资公司不应承担民事责任。金华市印刷物资公司只接受了婺城区纺织品批发公司相应的债权债务，并无兼并该公司的法定程序和事实，故兼并不能成立，依法不应承担清偿责任。

(5)金华市百货批发公司应承担本案担保责任。金华市百货批发公司劳动服务部系借款的担保人，根据《中华人民共和国民法通则》第八十九条的规定，应承担连带责任；鉴于劳动服务部已申请注销，债权债务在注销时已由金华市百货批发公司承受，故本案的担保责任应由其承担。

4．一审定案结论

根据《中华人民共和国民法通则》第四十四条，《中华人民共和国经济合同法》第六条、第十五条之规定，浙江省金华市婺城区人民法院作出判决：

(1)被告婺城区纺织品批发公司清算小组应负责清偿原告金华市信托投资股份有限公司委托借款20万元，利息86083.76元，合计286083.76元，并由被告婺城区糖烟酒批发公司、婺城区针纺织品批发部负连带清偿责任；并于本判决生效后1个月内付清。

(2)被告金华市百货批发公司负本案连带责任。

本案受理费6667元由被告婺城区纺织品批发公司清算小组、婺城区针纺织品批发部、婺城区糖烟酒批发公司各负担2222.33元。

（三）二审诉辩主张

1. 上诉人金华市婺城区糖烟酒批发公司上诉称：原婺城区纺织品批发公司的债权债务，在婺城区委、区工业局主持协调下，已分配到各兼并、分立企业，债务的分担数额具体明确。本案争议的20万元借款及利息，根据文件规定应由婺城区针纺织品批发部负责清偿。上诉人已经根据婺城区工业局文件承担相应的债务，再让上诉人对不应由其承担的巨额债务承担连带责任，缺乏事实依据，也违背公平原则，请求依法改判。

2. 上诉人金华市百货批发公司上诉称：金华市印刷物资公司已接收了原婺城区纺织品批发公司大部分财产，已形成事实上的兼并；担保是建立在一定财产之上，现企业主要财产已由兼并该企业的金华市印刷物资公司接收，故印刷物资公司应对被兼并企业的原债务承担清偿责任。

3. 被上诉人金华市印刷物资公司辩称：公司接收了原婺城区纺织品批发公司财产是实，但已承担了相应的债务，是一种事实上的买卖关系，而不是事实上的兼并，不应对本案承担清偿责任。

（四）二审事实和证据

浙江省金华市中级人民法院经审理查明：

原判决认定委托借款及担保部分事实清楚、证据充分，予以肯定。婺城区糖烟酒批发公司、婺城区针纺织品批发部原系婺城区纺织品批发公司下属非法人分支机构，1991年7月6日、7月11日先后分立为独立的法人。1991年9月，金华市印刷物资公司根据婺城区委办、婺城区工业局文件，兼并婺城区纺织品批发公司，接管了该公司的营业办公楼，享受兼并税收优惠，并承担公司部分债务；婺城区糖烟酒批发公司、婺城区针纺织品批发部承受分立前婺城区纺织品批发公司的部分债权债务；文件还规定成立债权债务清理小组，对未分摊到三公司名下的部分债权债务进行处理。根据文件规定，本案诉讼的20万元贷款本息由婺城区针纺织品批发部清偿。金华市信托投资股份有限公司收到上述文件后即提出书面异议，不同意单方的决定。

（五）二审判案理由

1. 金华市中级人民法院认为：本案借款合同依法成立，确认有效，债权债务受法律保护。金华市信托投资股份有限公司和金华市经济贸易总公司所签订的借款合同内容合法，形式完备，双方自愿，属有效合同，双方均应依约履行。借款人未依照合同规定的期限归还借款，属违约行为，根据《中华人民共和国经济合同法》第三十二条第一款之规定，应承担违约责任。

2. 婺城区糖烟酒批发公司、婺城区针纺织品批发部应承担清偿责任。两单位原系婺城区纺织品批发公司的非法人分支机构，现已分立为独立法人，根据《中华人民共和国民法通则》第四十四条的规定，两单位对分立前法人对外债务承担清偿责任。

3. 金华市印刷物资公司兼并成立，应依法承担清偿责任。金华市印刷物资公司根据婺城区委办、婺城区工业局的文件，在二公司分立出来后，接收了婺城区纺织品批发公司的营业办公楼，享受兼并税收优惠，已形成了兼并的法律事实，根据《中华人民共和国民法通则》第四十四条规定，应对被兼并企业的原债务承担清偿责任。

4. 金华市婺城区纺织品批发公司在主要资产转移到分立的企业和接收兼并的企业后，实际上已丧失法人资格，故其成立的清算小组非依法成立，其职能主要是协调各方面的关系，但鉴于清算小组承受原企业少量资产的事实，故作为诉讼主体应一并承担清偿责任。

5. 金华市百货批发公司应承担担保责任。金华市百货批发公司劳动服务部系主管部门金华市百货批发公司申请开办，在劳动服务部注销时已明确由其开办单位承受债权债务，故本案担保债务应由其承担。

（六）二审定案结论

浙江省金华市中级人民法院根据《中华人民共和国民法通则》第四十四条，《中华人民共和国经济合同法》第六条、第十五条、第三十二条第一款和《中华人民共和国民事诉讼法》第一百五十三条第一款第（三）项之规定，判决：

1. 维持金华市婺城区人民法院（1993）婺经初字第107号民事判决第二项，即：被告金华市百货批发公司负本案连带责任。

2. 撤销金华市婺城区人民法院（1993）婺经初字第107号民事判决第一项和诉讼费用承担部分。

3. 由婺城区糖烟酒批发公司、婺城区针纺织品批发部、金华市印刷物资公司、婺城区纺织品批发公司清算小组共同清偿金华市信托投资股份有限公司贷款20万元，利息116258.16（自1989年11月14日至1994年1月25日止）合计人民币316258.16元，于本判决生效后1个月内付清。

一、二审案件受理费13334元，由婺城区糖烟酒批发公司、婺城区针纺织品批发部、金华市印刷物资公司、婺城区纺织品批发公司清算小组各负担3333.5元。

（七）解说

本案是一起涉及企业关停并转的典型经济纠纷，兼并是否成立是本案争议的焦点。

兼并是指兼并企业以有偿的方式，取得被兼并企业的全部或部分财产权，被兼并企业丧失法人主体资格。工商登记是兼并中的一个程序问题，其意义在于从法律上对兼并事实予以登记，注销被兼并企业的法人资格。但在企业兼并过程中，个别企业在兼并事实发生后，对被兼并企业不及时办理工商登记手续，甚至为了逃避债务，给被兼并企业留一块空牌，而后关闭。此类情况，人民法院不应该仅由于未办理工商登记手续而否定兼并事实的存在，对符合兼并基本特征的，应认定兼并成立。本案中，金华市印刷物资公司兼并婺城区纺织品批发公司经两企业上级党委及政府主管部门协调，双方同意且正式发文确定；兼并双方主体特定，一个是经济效益好的企业，一个是扭亏无望的企业；金华市印刷物资公司以承担债务的方式有偿接收婺城区纺织品批发公司的主要财产，体现了兼并财产权的有偿性，且财产的接收和企业的关闭同时发生；金华市印刷物资公司享受兼并税收优惠，接收财产，承担债务，婺城区纺织品批发公司转让财产，转移债务，体现了权利义务的一致性。因此符合兼并基本特征，兼并事实客观存在，应确认兼并成立。至于未办理工商登记手续，成立清算组，实际上是为了应付不知情的债权人，规避法律，债权人利益得不到平等保护，损害部分债权人的利益。企业兼并后，债权债务随之转移。本案所诉借款虽已由婺城区工业局在分立、兼并过程中进行分配，但未经债权人及担保人同意，对外不具约束力。依照《中华人民共和国民法通则》第四十四条“企业法人分立、合并，它的权利和义务由变更后的法人享有和承担”的规定，分立企业婺城区针纺织品批发部、婺城区糖烟酒批发公司，兼并企业金华市印刷物资公司应共同承担清偿责任。

（范锡祥）

13. 中国银行海南省分行诉海口山釜饮食娱乐有限公司等借款合同担保案

(一)首部

1. 判决书字号

一审判决书:海南省海口市新华区人民法院(1994)新经初字第26号。

二审判决书:海南省海口市中级人民法院(1994)海中法经终字第67号。

2. 案由:借款合同担保案。

3. 诉讼双方

原告(被上诉人):中国银行海南省分行(以下简称海南省中行)。

法定代表人:梁炽宝,行长。

委托代理人:杨苇玲,该行干部。

委托代理人:陈少明,海南江海国际商务律师事务所律师。

被告(被上诉人):海口山釜饮食娱乐有限公司(以下简称山釜公司)。

法定代表人:叶孙福,董事长。

被告(上诉人):海南海信(集团)投资有限公司(以下简称海信公司)。

法定代表人:李厚生,总经理。

委托代理人:张学国,海南省信达商务律师事务所律师。

委托代理人:吴清滚,海南省对外经济律师事务所律师。

4. 审级:二审。

5. 审判机关和审判组织

一审法院:海南省海口市新华区人民法院。

合议庭组成人员:审判长:夏治强;人民陪审员:陈治平、邱崇学。

二审法院:海南省海口市中级人民法院。

合议庭组成人员:审判长:林道科;审判员:李其生;代理审判员:符平山。

6. 审结时间

一审结时间:1994年5月10日。

二审结时间:1994年10月19日。

(二)一审情况

1. 一审诉辩主张

原告诉称:1992年11月9日,原告与第一被告山釜公司签订借款合同一份。约定:原告向第一被告山釜公司贷款人民币300万元,用于装修酒家,贷款期限为6个月(从1992年11月至1993年5月),贷款利率为8.64‰,若逾期不还则对逾期部分按借款利率加收20%至50%的罚金。第二被告海信公司向原告开出书面不可撤销还款担保书。签约后,原告先后将人民币300万元划入了第一被告山釜公司帐户内。但第一被告山釜公司除支付部分利息外,其余利息及本金一直未付。原告在催款无果情况下,诉诸法院。请求判令两被告偿还原告贷款本金 300 万元及拖欠利息，并按 50％的罚金率向原告支付罚金。

第一被告山釜公司下落不明未提供答辩。

第二被告海信公司辩称：第二被告提供的不可撤销担保书是事实，但第一被告山釜公司与原告签订长期还款书没经第二被告同意，故第二被告的担保关系已解除。况且，不可撤销担保书也不是第二被告的真实意思表示，是第一被告山釜公司从第二被告财务处骗取后交给原告的，完全没有依照第二被告原先商定的意见办理。因此，第一被告山釜公司应独立承担清偿原告债务的责任，第二被告不负责任。

鉴于被告山釜公司下落不明未提交答辩状，根据《中华人民共和国民事诉讼法》第八十四条关于“受送达人下落不明，或者用本节规定的其他方式无法送达的，公告送达。自发出公告之日起，经过六十日，即视为送达”以及第一百一十三条第二款关于“被告提出答辩状的，人民法院应当在收到之日起五日内将答辩状副本发送原告。被告不提出答辩状的，不影响人民法院审理”的规定，海口市新华区人民法院公告送达期满后，依法对本案进行了审理。

2. 一审事实和证据

海口市新华区人民法院经调查和审理查明：

1992 年 11 月 9 日，原告与第一被告山釜公司经协商签订一份借款合同。合同中约定，原告向第一被告山釜公司贷款人民币 300 万元用于酒店的装修，贷款期限为半年(到 1993 年 5 月 9 日)，月利率为 8.64‰。第二被告海信公司为此于同年 10 月 22 日出具了不可撤销还款担保书，承诺担保至第一被告山釜公司偿还全部借款本金和费用时自动失效而不受借款方式、担保方的任何变化而有任何改变。同时约定，本项担保在原告同意借款方延期还款时，继续有效。签约后，原告先后分 8 次将人民币 300 万元支付给了第一被告山釜公司。第一被告山釜公司在收取了贷款人民币 300 万元后，除支付至 1993 年 3 月份的贷款利息外，本金及余下利息则一直不付。1993 年 6 月 24 日，原告又与第一被告山釜公司签订了一份展期还款书，允许第一被告山釜公司延期 3 个月还款，但第一被告山釜公司仍未在展期届满前偿还借款。为此，原告于 1993 年 9 月 2 日特向第二被告海信公司发出了担保还贷通知书，第二被告海信公司接到通知书后对此提出异议，遂引起讼争。

以上事实有如下证据证明：

(1)原告与第一被告山釜公司签订的借款合同。

(2)第二被告海信公司出具的不可撤销还款担保书。

(3)贷款展期申请书。

(4)展期还款书。

(5)担保还贷通知书。

(6)庭审笔录。

(7)当事人陈述。

3. 一审判案理由

海口市新华区人民法院认为：

原告与第一被告山釜公司于 1992 年 11 月 9 日签订的借款合同，双方主体合格，内容合法，意思表示真实，故合同有效，依法应受法律保护。第二被告海信公司出具的不可撤销还款担保书亦具有法律效力。第一被告山釜公司在借款期限届满后未能偿还所借款项及部分利息，已属违约，依法应承担责任。第二被告海信公司为第一被告山釜公司的借款出具了不可撤销还款保证书，因此，对于第一被告山釜公司所欠债务负有连带清偿责任。

4．一审定案结论

依据《借款合同条例》第四条、第八条、第十六条，《中华人民共和国民事诉讼法》第一百三十条之规定，海口市新华区人民法院于1994年5月10日作出缺席判决：

(1)第一被告山釜公司须在本判决生效后10日内偿还原告借款人民币300万元及该款银行利息(计算方法：从1992年11月9日起至还清欠款之日止，以月利率8.64‰计算，扣除已付利息)、罚息(计算方法：从1993年8月10日起至还清借款之日止，按月利率20%计算)。

(2)第二被告海信公司对第一被告山釜公司以上债务负连带清偿的责任。

(3)以上款项，被告若逾期付清，则加倍支付迟延履行期间的债务利息给原告。

本案诉讼费25010元由第一被告山釜公司全部承担。

(三)二审诉辩主张

上诉人海信公司诉称：1992年10月中旬的一天，山釜公司总经理李上游拿一份不可撤销的贷款担保书，要求上诉人为其到海南省中行椰树门办事处贷款作担保，上诉人要求山釜公司在海南省中行椰树门办事处设立帐号和把财务章交给上诉人后才同意担保，并在担保书上填写了部分条款盖了章后交给山釜公司，而山釜公司在椰树门办事处没贷到款后，就拿着担保书到海南省中行信贷处借款。海南中行信贷处在上诉人不知道的情况下把款贷给被上诉人，也未给上诉人借款合同，直至1993年6月，上诉人到省中行去查询时，省中行信贷处仍未向上诉人出示合同。当上诉人获知省中行已同意山釜公司展期贷款的申请，而该申请书又是山釜公司私刻上诉人公章和模仿上诉人法定代表人的签名所为，上诉人当即向省中行提出异议，省中行竟置之不理。省中行的这种不负责任的做法，致使山釜公司骗取了贷款。由于省中行在贷款时没把好审查关，使国家财产落入个人手中，这责任应由省中行和山釜公司承担，上诉人不应承担责任。一审法院对该案的处理是错误的，请求二审法院撤销原判、予以改判，判决本案贷款无效，诉讼费由被上诉人负担。

被上诉人海南省中行辩称：担保成立发生在保证人和债权人之间，与主债务人无关。只要担保人在对债权人的担保合同上签名盖章，即视为保证合同成立。依照上诉人给答辩人出具的担保书，答辩人是否对债务展期是不需经担保人同意的。主债务人填写的展期申请书所盖的担保人公章实际上是可有可无的。是否给予展期，答辩人只需考虑债务人的实际情况。这里涉及到一方内部工作手续和双方约定的效力问题，在展期申请书中答辩人固然在形式上要求征得上诉人同意，但担保书中内容则是双方约定，答辩人的单方意思表示怎么能改变双方合同的约定呢?上诉人以答辩人审查担保书不严为由，试图拿答辩人内部工作手续来否定自己的义务，于法无据，请求二审法院依法驳回。

被上诉人山釜公司未作答辩。

(四)二审事实和证据

海口市中级人民法院经审理查明：被上诉人山釜公司为向海南省中行椰树门办事处借款300万元，要求上诉人为其提供担保。上诉人要求被上诉人在椰树门办事处开设帐户并把财务章交给上诉人后才为其借款作担保。被上诉人山釜公司在椰树门办事处开设帐户后，把从海南省中行信贷处拿来的不可撤销的还款担保书给上诉人填写。在该担保书中已印好的主要条款是：(1)本项担保在贵行同意借款方延期还款时，继续有效；(2)本项担保是一种连续担保和赔偿保证,不受借款方或担保方的任何变化而有任何改变。上诉人在被上诉人山釜公司拿来的担保书上填写了部分条款(部分条款仍空白)后交给被上诉人山釜公司。但被上诉人山釜公司未能在椰树门办事处借到款。之后,被上诉人山釜公司又与被上诉人海南省中行商谈借贷问题,并使用了另一套印鉴在被上诉人海南省中行开设帐户。1992年11月9日,被上诉人山釜公司又拿着该担保书到被上诉人海南省中行借款,当天,两被上诉人签订了借款合同一份。该合同约定的主要内容是:(1)被上诉人山釜公司向被上诉人海南省中行借款人民币300万元,用于装修和空调设备;(2)借款期限自签订合同之日起,在6月内全部还清贷款本息,利率按8.64‰计付;(3)由上诉人作为担保人,并提供不可撤销担保书,如借款人不按期偿还贷款本息,则由担保人承担还款付息责任。签约的当天,被上诉人海南省中行即把款额人民币300万元付给借款人山釜公司。被上诉人山釜公司使用了该笔借款后,未能按期还款给被上诉人海南省中行,于是,被上诉人山釜公司又找被上诉人海南省中行协商延期还款问题。之后,被上诉人海南省中行交给被上诉人山釜公司贷款展期申请书一张,该申请书要求借款人写明展期原因和担保单位意见。被上诉人山釜公司拿到该申请书后,要求延期6个月还款,并在担保单位意见一栏内盖上私刻的上诉人的公章,又模仿上诉人法定代表人李厚生的笔迹在担保单位意见栏内写了"同意"二字和"李厚生"的名字。被上诉人山釜公司的延期还款申请于1993年6月24日得到批准展期3个月。1993年9月22日,被上诉人海南省中行向上诉人催还借款时,上诉人得知被上诉人山釜公司私刻上诉人公章和模仿其法定代表人签名申请延期还款之事后,当即向被上诉人海南省中行提出异议。至今,被上诉人山釜公司尚欠被上诉人海南省中行的贷款人民币300万元和该款利息。

(五)二审判案理由

海口市中级人民法院认为:两被上诉人所订立的借款合同内容合法,且是双方当事人的真实意思表示,借款合同应确认有效。在担保过程中,虽然上诉人要求被上诉人山釜公司在椰树门办事处开设帐户,在椰树门办事处办理借款手续才为被上诉人山釜公司出具担保,但在被上诉人山釜公司在椰树门办事处借不到款后,上诉人没有积极地向被上诉人追回担保函,致使被上诉人山釜公司拿着该保函又向被上诉人海南省中行借款,其担保行为应视为上诉人同意,并确认担保有效。但在后来被上诉人山釜公司逾期未还款,并向被上诉人海南省中行申请展期贷款直到得到批准,未经上诉人同意。虽然在不可撤销担保书中作了"本项担保在贵行同意借款方延期还款时继续有效和本项担保是一种连续担保和赔偿保证"的约定,但被上诉人海南省中行在交给被上诉人山釜公司贷款展期申请书中有担保单位意见一栏,明确要求贷款展期应征求担保单位意见。被上诉人山釜公司也接受了被上诉人海南省中行的要求。其行为是海南省中行向借款人和担保人发出的新的要约,是对原合同不可撤销的还款担保书中第三、四条关于保证责任期限的变更。在逾期还款时,两被上诉人未征得上诉人同意,而被上诉人山釜公司还私刻上诉人公章,模仿上诉人法定代表人签名,骗取被上诉人海南省中行对其展期的批准。该行为应确认无效,不受法律保护。因此,在该纠纷中,上诉人不应再负担保责任。原审法院对此事实认定不清,部分处理不当,应予纠正。上诉人上诉理由及证据充分,依法应予支持。

(六)二审定案结论

海南省海口市中级人民法院根据《中华人民共和国民事诉讼法》第一百五十三条第一款第(三)项和国家有关法律规定,作出如下判决:

1. 维持海口市新华区人民法院(94)新经初字第 26 号民事判决书第一、三项民事判决。

2. 撤销海口市新华区人民法院(94)新经初字第 26 号民事判决书第二项民事判决。

3. 上诉人海南海信(集团)投资有限公司不承担担保责任。

本案一审受理费人民币 25010 元由被上诉人山釜公司负担，二审受理费人民币 25010 元由被上诉人海南省中行负担。

(七)解说

本案由于第一被告山釜公司下落不明，双方当事人争议的焦点主要集中在第二被告海信公司的担保责任问题上。对原告海南省中行与被告山釜公司所签借款合同，事实清楚，证据充分，依法应受保护，双方没有争议，而在海信公司的担保是否有效问题上，双方各执一词。海信公司在山釜公司第一次贷款未果后，没有积极追回担保函，致使山釜公司又以此作为担保向海南省中行借款既遂，应视为已经海信公司同意，担保是有效的。但一审法院在对待借款展期担保问题上，只拘泥于不可撤销还款担保书中关于"担保不受借款方式、担保方的任何变化而有所改变"及"本项担保在原告同意借款方延期还款时继续有效"的规定，而忽视了海南省中行交给山釜公司的贷款展期申请书中明确要求贷款展期征求担保单位意见，而山釜公司没有得到海信公司同意，私刻担保方公章，模仿担保方法定代表人签名骗取对贷款展期批准，致使原担保责任期限发生变更的事实，错误认定展期还款继续有效，判决担保人海信公司对山釜公司债务负连带清偿责任。二审法院在查明事实，分清是非的基础上对一审法院在担保问题上的错误处理作了纠正。

(冯达升)

14. 沭阳县高墟信用合作社诉朱立平等借款合同案

(一)首部

1. 判决书字号

一审判决书：江苏省沭阳县人民法院(1993)经初字第 297 号。

二审判决书：江苏省淮阴市中级人民法院(1994)淮法民终字第 52 号。

2. 案由：借款合同案。

3. 诉讼双方

原告(被上诉人)：江苏省沭阳县高墟信用合作社。

法定代表人：李聘，主任。

委托代理人(一、二审)：范帮长，该社信贷员。

被告(上诉人)：朱立平，女，42 岁，汉族，江苏省沭阳县人，农民，住江苏省沭阳县高墟乡马沟村。

被告(上诉人)：范育中，男，33 岁，汉族，江苏省沭阳县人，农民，住江苏省沭阳县高墟乡马沟村。

4. 审级：二审。

5. 审判机关和审判组织

一审法院：江苏省沭阳县人民法院。

独任审判：审判员：蒋保伦。

二审法院：江苏省淮阴市中级人民法院。

合议庭组成人员：审判长：葛华和；代理审判员：徐海波、江东新。

6. 审结时间

一审审结时间：1993 年 7 月 23 日。

二审审结时间：1994 年 2 月 28 日。

（二）一审情况

1. 一审诉辩主张

（1）原告沭阳县高墟信用社诉称：1990 年 12 月 24 日，被告朱立平的丈夫范以军曾向原告申请贷款 7000 元，用于开办村加工厂，贷款到期日为 1994 年 11 月 20 日，到期还本付息。在贷款合同“担保人”栏内，担保人范育中盖了私章。当时，原告付给范以军现金 4000 元，有奖储蓄存单 3000 元。1992 年 2 月，范以军死亡，其妻朱立平仍在原处生活。原告向朱立平多次索款未着，请求法院判令朱立平归还贷款，范育中负连带责任。

（2）被告朱立平辩称：范以军生前贷款 7000 元是事实，但这笔款没有用在家庭生产、生活方面，而是赌博输光，故我没有义务归还这笔贷款。

（3）被告范育中辩称：我的私人名章放在同组村民于家祥处，范以军没有征得我的同意，擅自拿我的私章盖在借款合同“担保人”栏内，不是我的真实意思表示，因而担保是无效的，我不应负连带责任。

2. 一审事实和证据

沭阳县人民法院经审理查明：1990 年 12 月 24 日，朱立平的丈夫范以军因承包村加工厂、鱼塘缺少资金，向沭阳高墟信用社申请贷款 7000 元，贷款到期日为 1991 年 11 月 20 日，在贷款合同“担保人”栏内，盖有被告范育中的私章。高墟信用社根据合同约定，付给范以军现金人民币 4000 元和有奖储蓄存单 3000 元。范以军用这笔贷款购买了部分机器设备及鱼苗，用于开办村加工厂和养殖业。不久，范育中得知贷款合同书上盖了自己的印章，即与范以军发生争吵，不承认担保。1992 年春，范以军因病死亡。原告高墟信用社多次向朱立平索款未果，遂于 1993 年 6 月 30 日向沭阳县人民法院起诉。

3. 一审判案理由

一审法院依据以上事实认为：

（1）朱立平的丈夫范以军与高墟信用社所签订的贷款合同，是双方意思的真实表示，符合法律规定，属有效合同。

（2）朱立平是丈夫范以军的合法继承人，范以军死亡，朱立平继承了范以军的遗产，故朱立平有清偿范以军生前债务的义务。

（3）被告范育中的私章盖在借贷合同“担保人”栏 内，担保合同即告成立，应承担连带责任。范育中认为自己的私章不是本人盖的，是范以军擅自盖上去的，自己不承担担保责任，此理由不能成立，故不予采纳。

4. 一审定案结论

沭阳县人民法院依照《中华人民共和国经济合同法》第四条、第五条、第二十四条和《中华人民共和国继承法》第七十七条、第三十三条的规定，作出如下判决：

(1)被告朱立平归还原告贷款7000元及利息(从1990年12月24日起计算,至还清贷款之日止,利率按银行规定计算)。

(2)被告范育中负连带责任。

案件受理费200元,其他诉讼费70元,由被告朱立平负担。

(三)二审诉辩主张

1. 上诉人朱立平诉称:范以军贷款7000元不是用于家庭生产和生活,而是被其赌博输光,我现在已另结婚,故不应当承担还款责任,请求二审改判。

2. 上诉人范育中诉称:我的私章放在村民于家祥处,范以军没有经我同意,骗取我的印章盖在借款合同书上,此担保不能成立,一审法院认定担保有效,判我负连带责任是错误的,请求二审法院改判我不负连带责任。

3. 被上诉人高墟信用社辩称:范以军贷款用于家庭承包经营,他死亡后,其妻应承担清偿债务义务,归还我社贷款,范育中的私章盖在"担保人"栏内,担保关系就成立,应承担担保连带责任,请求二审法院维持一审法院的判决。

(四)二审事实和证据

二审法院肯定了一审法院认定的事实和证据。另查明:范育中的私章放在同组村民于家祥处,范以军没有征求范育中的意见,擅自从于家祥处拿走范育中的私章,盖在贷款合同"担保人"一栏内。又查明:朱立平虽已再婚,但仍在原住处生活,朱与范的共同财产没有分割,朱继承了范的全部财产。

上述事实有下列证据证实:

1. 贷款申请报批表。报批表载明,申请贷款7000元,用于承包鱼塘养鱼,承包村办加工厂。"担保人"栏内盖有范育中的私章。

2. 信用社借款借据(正本)说明范以军贷款7000元,贷出日期为1990年12月24日,贷款期限为1991年11月20日。"担保人"栏内盖有范育中的私章。

3. 范育中不承认在贷款合同上盖章作担保的陈述。

4. 同组村民于家祥证言,证明范育中私章放在于家祥家,被范以军拿走,没有征得范育中的同意。

5. 高墟信用社信贷员范帮长证言,证明范以军办贷款时,用范育中的私章,但范育中不知道。

6. 同组村民范以高、范育楷、时其春证明范育中不知道范以军用其私章盖在贷款合同上作担保。

7. 朱立平陈述承认贷款并用于家庭生产,朱立平现仍住原处,与丈夫的共有财产没有分割。

(五)二审判案理由

二审法院根据以上事实和证据认为:

1. 朱立平的丈夫范以军生前向高墟信用社借款7000元,用于开办村加工厂、发展养鱼等家庭承包业。

2. 范以军生前未归还这笔借款,范以军死后,朱立平是范以军共有财产的共有人,因此,朱立平应当以家庭共有财产偿还债务。

3. 范以军没有征得范育中的同意,私自拿取范育中的私章在借款合同上盖章,以示担保，由于该担保合同违反了自愿原则，故担保关系无效，范育中不承担担保责任。原审判决范育中承担担保责任不当，应予纠正。

（六）二审定案结论

淮阴市中级人民法院依照《中华人民共和国民法通则》第六十六条第一款和《中华人民共和国民事诉讼法》第一百五十三条第一款第（一）项、第（二）项之规定，判决如下：

1．维持沭阳县人民法院（1993）经初字第297号民事判决第一项，即被告人朱立平归还原告贷款7000元及利息（从1990年12月24日起计算至还清借款之日，利率按银行规定计算）。

2．撤销沭阳县人民法院（1993）经初字第297号民事判决第二项。

一、二审案件受理费540元，朱立平负担400元，高墟信用社负担140元。其他诉讼费400元，由高墟信用社负担200元，朱立平负担100元，范育中负担100元。

（七）解说

1．保证合同是否有效。范以军向信用社贷款时，在贷款合同“担保人”栏内盖有范育中的私章，应视为范以军与范育中签订了担保合同，范育中作保证人，为范以军的贷款作担保。但是，此保证合同是否合法有效呢？经法院查实，范育中的私章是范以军用欺骗手段盖在贷款合同上的，范育中本人不知道，违背了签订合同应当自愿的原则，故担保关系无效，范育中不承担连带责任。一审法院认为，只要盖有范育中的私章，不论是否知道、愿意，担保关系就是有效的，这个观点错误之处就在于，只看到了形式要件，忽视了实质性的要件，因而作出了错误的结论。民事行为应当意思表示真实，一方以欺诈的手段，使对方在违背真实意思的情况下所为的民事行为无效。范育中作保证的行为，不是真实意思表示，当然该担保行为是无效的。

从法律行为的形式要件看，根据中国农业银行《关于〈借款合同条例〉实施办法》第八条的规定，借款要经过贷款方严格审查。主要审查内容中包括借款有无偿还能力（包括担保者和抵押资产要符合规定）、信用程度。贷款方审查人员要写出书面报告，并负责审查事实责任；经行（所）贷款发放审批小组审定，并负决策责任。而签订保证合同，是涉及三方经济利益和信用的重要民事行为。信用社方面未尽自己的职责，未查清担保人的真实意思表示，只凭盖了一个私章就轻率贷款给范以军，在工作程序上有严重缺陷。可以认为，对于签订保证合同的行为来说，仅仅有意思表示的书面形式是不够的，其形式要件中还应包括必要的行为程序。故可见，此保证合同的形式要件也并非没有瑕疵。

综上所述，范以军系无权代理，私盖他人印章的担保合同意思表示不真实，其行为的形式要件上又有瑕疵，故应认为此民事行为是无效的民事行为，也即保证关系不成立，范育中不应承担保证责任。一审法院认定保证成立欠妥，二审予以纠正是正确的。

2．关于朱立平的诉讼地位与还款责任问题。朱立平原系范以军之妻，范以军贷款系用于家庭承包经营。根据江苏省高级人民法院《关于审理离婚案件的一些具体问题的纪要》第十一条第二项的规定：个体工商户、农村承包经营户，在婚姻关系存续期间一方从事经营所欠的债务，视为共同债务，以共同财产承担。《中华人民共和国婚姻法》第三十二条“离婚时，原为夫妻共同生活所负的债务，以共同财产偿还”的规定精神，范以军死亡后，朱立平作为他的配偶，夫妻共同财产共有人之一，依法应作为被告参加诉讼。朱立平虽已再婚，但她与范以军的共同财产并未分割，故应以其原夫妻共同财产清偿该项债务。朱立平诉称范以军贷款不是用于家庭生活，而是被其赌博输光，没有事实依据，一、二审法院依法判决朱立平承担还款责任是正确的。

（李涛　刘天兴）

15. 屏南县燃料公司诉中国工商银行屏南县支行等借款合同、侵权损害赔偿案

（一）首部

1. 判决书字号

一审判决书：福建省屏南县人民法院（1993）屏法经字第48号。

二审判决书：福建省宁德地区中级人民法院（1994）宁中法经终字第21号。

2. 案由：借款合同、侵权损害赔偿案。

3. 诉讼双方

原告（被上诉人）：福建省屏南县燃料公司。

法定代表人：陈郑生，经理。

委托代理人：张平，福建省屏南县律师事务所律师。

被告（上诉人）：中国工商银行屏南县支行。

法定代表人：陈伟，行长。

委托代理人：王贞雄，福州市福兴律师事务所律师。

委托代理人：伍孝信，福建省霞浦县律师事务所律师。

被告：屏南县玩具厂。

法定代表人：高师东，厂长。

4. 审级：二审。

5. 审判机关和审判组织

一审法院：福建省屏南县人民法院。

合议庭组成人员：审判长：陈道班；代理审判员：潘宜斌、张凌。

二审法院：福建省宁德地区中级人民法院。

合议庭组成人员：审判长：刘炳荣；代理审判员：陈曦、栗爱华。

6. 审结时间

一审审结时间：1993年12月21日。

二审审结时间：1994年5月27日。

（二）一审情况

1. 一审诉辩主张

（1）原告诉称：1991年7月2日原告为屏南县玩具厂向屏南工商行借款1.5万元作保证，并在空白借款合同上盖章。之后，屏南县玩具厂与屏南工商银行，共谋贷款14万元，将多贷出的部分贷款返还玩具厂逾期未还工商银行的旧贷款。1992年8月7日和1992年11月16日玩具厂向工商银行又分别贷款2万元和1万元，原告亦提供了担保。以上三笔借款，玩

具厂均逾期未还。1993 年 5 月 17 日中国工商银行屏南县支行未经原告同意，擅自扣划原告帐户 16.3 万元抵偿，侵犯了原告的储户所有权，请求判令中国工商银行屏南县支行返还原告 13.3 万元。

原告起诉屏南县玩具厂称：原告为其承担了 3 万元的保证责任，有权向其追偿 3 万元，故请求屏南县玩具厂偿还 3 万元。

屏南县法院将两个诉合并审理。

(2)被告屏南县工商银行辩称：其与屏南玩具厂签订的借款合同合法有效，其直接扣收原告款项是根据借款合同中担保条款的规定做出的。合同规定"当借款方不履行合同时，由保证方连带承担偿还借款本息的责任。必要时，贷款方可以从保证方的存款帐户内扣收贷款本息"，故其直接扣收原告帐户款项是合法的，原告诉讼请求应予驳回。

(3)屏南县玩具厂未作答辩。

2. 一审事实和证据

屏南县人民法院经审理查明：1993 年 7 月，屏南县玩具厂因生产需筹资金 1.5 万元购原材料，为此向屏南工商银行申请贷款，屏南工商行要求屏南玩具厂提供担保。1993 年 7 月 2 日玩具厂请求原告屏南县燃料公司帮助，屏南县燃料公司同意并在空白借款合同保证人位置及担保意见书上盖上公章和法定代表人印鉴。之后，屏南县工商银行提出玩具厂用新贷款偿还逾期未还的旧贷款，于是，玩具厂和屏南县工商银行在合同贷款数额栏上填写 14 万元，贷款期限 9 个月。次日，玩具厂将放出贷款的 11.26 万元，偿还了拖欠屏南工商银行的旧贷款，事后，屏南工商银行均未将贷款用途核查通知燃料公司，玩具厂也未将贷款数额告知燃料公司。1992 年 8 月 7 日和 1992 年 11 月 16 日玩具厂又分别向屏南工商银行贷款 2 万元和 1 万元。燃料公司均为其提供了担保，玩具厂至今未按期偿还该三笔贷款。1993 年 5 月 17 日，屏南工商行在燃料公司帐户上扣收 16.3 万元，1993 年 7 月 17 日又扣收贷款利息 17665.80 元。

3. 一审判案理由

一审法院基于上述事实认为：

(1)两被告明知贷款的目的是偿还旧贷，而通过订立借款合同将大部分贷款偿还玩具厂的逾期贷款，即以合法形式掩盖非法目的。原告仅同意为玩具厂贷款 1.5 万元提供担保。但两被告在贷款担保意向书上未经原告同意擅自将贷款数额填写为 14 万元，是显属双方意思表示不真实。因此，291008 号流动资金借款合同以及贷款担保意向书均依法认定无效。

(2)被告屏南县工行依据无效合同扣收原告帐户存款，其所实施的行为属侵权行为，且两被告共同串通改变贷款用途将本应由玩具厂承担偿还旧贷的义务转移给原告，显然侵犯了原告的合法权益。因此两被告应负本案纠纷的主要责任。原告将盖有公章、法定代表人印鉴的空白贷款担保意向书交给被告玩具厂后，未对所担保的贷款数额、用途进行认真及时的审查、监督，也应负本案纠纷的相应责任。

4. 一审定案结论

福建省屏南县人民法院依据《中华人民共和国民法通则》第五十八条第一款第(四)项、第(七)项、第三款、第一百零八条和《中华人民共和国经济合同法》第十六条的规定，判决如下：

(1)被告屏南县工行应返还扣收原告屏南县燃料公司存款 11.8 万元及利息 13934.15

元。

(2)被告玩具厂应偿还原告债务 4.5 万元及利息 3731.65 元。

(3)被告玩具厂所欠屏南县工行的旧贷本息由其自行偿还。

(4)上述一、二款项应于本判决书生效之日起 10 日内付清。

本案诉讼费 5100 元,由原告屏南县燃料公司负担 1000 元;被告屏南县工行负担 1700 元;屏南县玩具厂负担 2400 元。

(三)二审诉辩主张

1. 上诉人屏南工商银行称:(1)借款合同是双方在平等自愿依法基础上订立的,应为有效。(2)扣收燃料公司 11.8 万元及利息 13934.15 元,是依据《经济合同法》第十五条,《借款合同条例》第八条,《民法通则》第八十九条和借款合同的规定做出的,是正确的。(3)11.26 万元是藤器厂返还的旧贷款,属另一民事关系,与本案无关。请求二审法院改判,驳回燃料公司诉讼请求。

2. 被上诉人燃料公司辩称:原审法院判决是正确的,要求驳回上诉。

(四)二审事实和证据

宁德地区中级人民法院经审理查明:1991 年 7 月 2 日屏南玩具厂持空白流动资金借款合同及担保意向书向燃料公司要求为其担保,燃料公司同意并在空白合同和担保意向书上盖上燃料公司印章和法定代表人印章。之后屏南工商银行和玩具厂私下约定:屏南工商行贷出流动资金 14 万元给玩具厂,玩具厂用贷出的款项偿还其逾期未还屏南工商银行的贷款 11.26 万元,当日双方签订了借款合同。合同主要条款是:玩具厂向屏南工商行借临时贷款 14 万元用于购买原材料,借款利率为 8.4‰,按季收息,利随本清,借款时间自 1991 年 7 月 2 日至 1992 年 4 月 2 日止。燃料公司是担保人,借款合同担保条款和借款担保意向书内容是燃料公司担保金额为 14 万元,保证方有权检查和督促借款方履行合同,当借款方不履行合同时由保证方连带承担偿还借款本息的责任,必要时,贷款方可以从保证方的存款帐户内扣收贷款本息。次日,玩具厂开出三张金额分别为 49600 元、28000 元和 35000 元转帐支票将屏南工商银行放出的贷款转入被玩具厂合并的屏南县藤器厂户头 11.26 万元,而后转还屏南工商银行。

1992 年 8 月 7 日和 1992 年 11 月 16 日玩具厂又向屏南工商银行分别贷款 2 万元和 1 万元,燃料公司又为其作保证。

以上三笔贷款共 17 万元,玩具厂均未按期返还。1993 年 5 月 17 日屏南工商银行直接从燃料公司帐户上扣收 16.3 万元,1993 年 7 月 17 日又直接扣收利息 17665.80 元。

上述事实有合同和担保贷款意向书,转帐凭证,当事人陈述,证人证言为证,除担保金额和借贷双方串通以新贷款还旧贷款外,当事人三方无异议。关于担保金额问题,燃料公司陈述及其提供的原玩具厂厂长、会计的证言尚达不到充分的程度,不能认定燃料公司只承诺担保金额为 1.5 万元。关于认定玩具厂和工商银行私下协商以新贷款还旧贷款问题,有直接证据玩具厂原厂长和会计的证言、传来证据燃料公司的陈述为证。从工商银行和玩具厂放贷后的行为,也可以推定该事实。

(五)二审判案理由

二审法院认为,屏南工商银行与屏南玩具厂恶意串通,利用新贷款返还旧贷款,违反了法律规定,双方签订的借款合同损害了国家和保证人的利益,故该借款合同中用于偿还旧贷款的 11.26 万元无效。燃料公司不应承担这部分的保证责任。屏南工商银行在没有达到合同规定的必要事实状态下，滥用民事权利，扣收燃料公司帐户款项，侵犯了燃料公司的合法权益，应承担返还财产和赔偿损失的责任。原审法院认定屏南工商银行侵权是正确的，上诉人的上诉理由不能成立。屏南工商银行本应全额返还，但燃料公司自愿承担有效部分的保证责任，仅请求返还无效部分的数额应准予，燃料公司偿还贷款后，有权向玩具厂追偿。

（六）二审定案结论

福建省宁德地区中级人民法院依据《中华人民共和国民事诉讼法》第一百五十三条第一款第（二）项的规定，判决：

1. 维持屏南县人民法院（1993）屏法经字第 48 号民事判决第三项。

2. 撤销屏南县人民法院（1993）屏法经字第 48 号民事判决第四项。

3. 变更屏南县人民法院（1993）屏法经字第 48 号民事判决第一项为：中国工商银行屏南县支行应在本判决生效之日起 10 日内返还屏南县燃料公司 120365.8 元及其损失（损失以日万分之五的利率从 1993 年 5 月 17 日计算至判决生效之日止），如未按本判决指定期间履行，加倍支付迟延履行期间的债务利息）。

4. 变更屏南县人民法院（1993）屏法经字第 48 号民事判决书第二项为：玩具厂应在本判决生效后十日内偿还燃料公司 5.74 万元及其利息（此利息应依照借款合同从 3 万元和 2.74 万元贷出之日起至燃料公司代偿银行之日即 1993 年 5 月 17 日止应承担数额和罚息的总和）。

5. 屏南燃料公司在屏南工商行履行本判决第一款之日应偿还屏南工商银行贷给玩具厂 5.74 万元的利息（此利息数额与第四款利息相同）。

二审诉讼费 5100 元由上诉人负担。

（七）解说

该案主要涉及三个问题：

一是燃料公司保证范围问题。尽管有证据证明燃料公司盖章时借款合同是空白的，燃料公司主张其仅向玩具厂承诺 1.5 万元，但保证合同是保证人同主债权人订立的协议，而不是保证人与主债务人订立，所以燃料公司应对空白借款合同产生的后果负责。

二是银行直接扣划燃料公司存款是否侵权问题。尽管各专业银行制作的标准合同中写明必要时可以扣划存款收其贷款本息，但这一规定违反了《民法通则》第一百零八条“债务应当清偿……有能力偿还拒不偿还的，由人民法院判决强制偿还”的规定，违背了平等互利和诚信原则，因此该条款无效。再者合同中规定要达到必要的状态才能直接扣划，该案中主债务到期未履行，而屏南工商行既没有要求主债务人履行，也没有要求保证人履行，故其直接扣划的行为给对方造成损害，系滥用民事权利。

三是借款合同效力问题。屏南工商银行与玩具厂恶意串通，利用流动资金贷款返还旧贷款，违反法律规定，规避银行的责任，损害国家利益，应属无效。

（刘炳荣）

16. 中国农业银行石家庄西郊办事处诉石家庄市民政局收容遣送站等借款合同案

(一)首部

1. 判决书字号

一审判决书:河北省石家庄市郊区人民法院(1992)郊经初字第376号。

二审判决书:河北省石家庄市中级人民法院(1994)石经终字第11号。

2. 案由:借款合同案。

3. 诉讼双方

原告(上诉人):中国农业银行石家庄西郊办事处(下简称西郊办)。

法定代表人:杨毓晋,主任。

委托代理人:贾彦卿,该办事处干部。

委托代理人:马越平,河北省经济律师事务所律师。

被告(被上诉人):石家庄市民政局收容遣送站(下简称收容站)。

法定代表人:张存柱,副站长。

委托代理人:薛云平,该站党支部书记。

被告(被上诉人):石家庄市商标印刷厂(下简称商标厂)。

法定代表人:肖岗行,厂长。

委托代理人:温昕,该厂政保科长。

4. 审级:二审。

5. 审判机关和审判组织

一审法院:河北省石家庄市郊区人民法院。

合议庭组成人员:审判长:安建军;审判员:孙建华;代理审判员:苏文涛。

二审法院:河北省石家庄市中级人民法院。

合议庭组成人员:审判长:高保增;审判员:鲍北琪;代理审判员:杨来斌。

6. 审结时间

一审审结时间:1993年5月31日。

二审审结时间:1994年3月29日。

(二)一审情况

1. 一审诉辩主张

(1)原告西郊办诉称:1990年2月26日,石家庄市新星日用化学品厂(下简称新星日化厂)从我办借款32万元,由被告商标厂担保。借款到期后,经多次催要,新星日化厂还款3万元,其余29万元至今未还。

(2)被告收容站辩称:新星日化厂是在原有旧贷25万元的基础上将贷款增到了32万元。原告贷给新贷是为了收旧贷。这笔款是我们以前下属单位新星日化厂借的,我们一定还,但现在没有钱。

(3)被告商标厂辩称:原告核保时我厂并没有担保资格,当时只有15万元流动资金,是银行私自填了45万元。我们当时不同意担保,后来我厂几次索要盖有我厂公章的担保书,但他们不给,他们还有以贷还贷情节,担保无效。请求免除我方担保责任。

2.一审事实和证据

石家庄市郊区人民法院经审理查明:1990年2月24日,原新星日化厂、被告商标厂与原告西郊办签订了担保借款协议书,由新星日化厂向原告借款32万元,期限8个月,由被告商标厂担保。在此笔借款之前,新星日化厂尚欠原告借款25万元未还。1990年2月24日,三方的协议签订时,原告去被告商标厂核保时,商标厂表示不再担保了。新星日化厂又找到石家庄市胶印厂做担保未成。之后,新星日化厂和原告仍用盖有原、被告及新星日化厂三方公章的担保借款协议书。商标厂曾表示要收回盖有自己公章的担保协议书销毁,但实际未收回,使此借款形成事实。新星日化厂在借原告款时,尚欠原告旧借款25万元,借款前6天偿还原告旧借款11万元,借32万元的次日又偿还原告旧借款14万元。借款到期后,新星日化厂仅于1990年11月24日偿还原告3万元,1991年3月该厂停业,债权、债务已由其主管部门收容站接收,余款29万元至今未付。

以上事实有下列证据证明:

(1)1989年8月22日,新星日化厂向原告西郊办借款25万元申请书、担保借款协议书、担保借款契约。

(2)1990年2月24日,新星日化厂向原告借款32万元的借款申请书、担保借款协议书、担保借款契约。

(3)银行转帐凭证。

(4)调查笔录。

(5)庭审笔录。

3.一审判案理由

石家庄市郊区人民法院认为:

(1)西郊办与新星日化厂、商标厂协商借款担保时,商标厂已表示不愿担保,新星日化厂在找不到合适担保单位后,仍用原借款担保协议书借款,系欺骗和无效行为。

(2)西郊办和新星日化厂为尽快偿还旧借款,采取以贷还贷,不严格审查和使用借款,损害了商标厂的利益。

(3)新星日化厂已被收容站接收,所欠西郊办借款29万元及利息也应由收容站负责偿还。

4.一审定案结论

石家庄市郊区人民法院依照《中华人民共和国民法通则》第五十八条第一款第(四)项,《借款合同条例》第九条、第十条、第十六条的规定,作出如下判决:

(1)1990年2月24日原告西郊办与新星日化厂、被告商标厂签订的担保借款协议书中的担保部分无效,被告商标厂不承担担保责任。

(2)被告收容站于判决生效后30日内偿付原告西郊办借款29万元,并按中国农业银行的有关规定承担利息及罚息。

诉讼费6950元,由原告承担475元;被告收容站承担6000元,被告商标厂承担475元。

（三）二审诉辩主张

1. 上诉人西郊办诉称：(1)我方到商标厂核保时，该厂根本没有表示过“不再担保”，也无其他证据印证。(2)担保是一种合同行为，证实合同成立的形式要件是其公章，该厂既在担保协议书上加盖了公章，又没有在借款发生前索回担保书或向我们双方发出盖有公章的书面撤回担保的声明，仅凭被上诉人商标厂一句“不再担保了”不能认定其撤回担保。(3)“担保能力”是我们审查的内容，目的是为了我们贷款方的利益，在商标厂未撤回担保的情况下，我们同意贷给新星日化厂款即视为其有担保能力，担保人就应承担相应的担保责任。这是合理合法，无可非议的。一审判决认定的“欺骗”情况根本不成立。(4)《借款合同条例》第十条规定“贷款方有权检查、监督贷款的使用情况”，这就是说检查、监督贷款的使用情况，是我们贷款方的权利，而不是义务，相反商标厂作为担保方有义务保证借款人新星日化厂全面履行合同，正确使用贷款。一审判决商标厂不承担担保责任，没有事实和法律根据。

2. 被上诉人收容站辩称：(1)我站不是借款合同的当事人，不应承担还款义务。(2)新星日化厂是企业法人，应独立承担民事责任。

3. 被上诉人商标厂辩称：(1)我厂在贷款方西郊办与借款方新星日化厂核保，认为我厂流动资金太少、不具备担保32万元的条件的情况下，提出索回盖了我厂公章的担保合同。因当时借款方没有带来，口头说：“过后给我们送。”西郊办非常清楚我厂当时的情况，流动资金只有15万元，年底当年利润也只有1万多元，确实不够资格。(2)借贷的真实目的在卷中和证言中可明确看出，双方为了各自的利益，恶意串通，使用欺诈行为，损害我厂利益。

（四）二审事实和证据

河北省石家庄市中级人民法院经审理查明：1990年2月24日，新星日化厂与上诉人西郊办签订借款协议。协议规定，自1990年2月24日至1990年10月24日，上诉人向新星日化厂提供流动资金贷款32万元，由商标厂担保。借款协议签订后，上诉人于1990年2月26日将32万元贷款转入新星日化厂的帐户。同日，新星日化厂即以32万元贷款中的14万元归还了该厂欠上诉人的旧贷款。借款到期后，新星日化厂仅于1990年11月24日归还上诉人3万元。1991年3月该厂停业，债权、债务由其主管部门被上诉人收容站接收，尚欠上诉人29万元贷款未还。

上述事实有下列证据证明：

1. 担保借款协议书。
2. 借款申请书。
3. 银行转款凭证。
4. 新星日化厂的银行分户帐。
5. 担保借款契约。
6. 转帐支票。
7. 调查笔录。
8. 庭审笔录。

（五）二审判案理由

二审法院认为：

1. 上诉人西郊办与新星日化厂、被上诉人商标厂所签担保借款协议合法有效，商标厂应承担担保责任。

2. 原审判决认定协商借款担保时，商标厂已表示不愿担保，新星日化厂仍用原借款担保协议借款系欺骗和无效行为，证据不足，故免除担保人的担保责任不妥。

3. 新星日化厂在32万元贷款到位的当天，即以其中的14万元归还了上诉人，故此，被上诉人商标厂对该14万元不应再承担担保责任。

4. 新星日化厂已被收容站接收，所欠上诉人借款应由该收容站偿还。

(六)二审定案结论

河北省石家庄市中级人民法院根据《中华人民共和国民事诉讼法》第一百五十三条第一款第(三)项的规定，作出如下判决：

1. 维持石家庄市郊区人民法院(1992)郊经初字第376号民事判决第二项，被上诉人收容站偿付上诉人西郊办借款29万元，并按中国农业银行的有关规定承担利息及罚息，限判决生效后30日内付清。

2. 撤销石家庄市郊区人民法院(1992)郊经初字第376号民事判决第一项。

3. 被上诉人商标厂对其中的18万元借款本息负连带清偿责任。

一、二审诉讼费共计13900元，上诉人负担4000元，被上诉人收容站负担6000元，被上诉人商标厂负担3900元。

(七)解说

处理本案的关键是解决好以下四个问题。

1. 关于担保借款合同的效力。上诉人西郊办、原新星日化厂、被上诉人商标厂均具备合法的主体资格，所作出的意思表示也是真实的，所签担保借款合同的内容并不违反有关法律规定，故该担保借款协议是合法有效的，被上诉人商标厂应承担担保责任。

2. 关于核保时，商标厂已表示不愿担保，其撤回担保是否成立。担保借款合同依法签订后，即具有法律效力，其终止、变更须有书面协议。本案担保合同系借款合同的从合同，随着借款合同的生效而生效，随着借款合同的终止而终止。商标厂撤回担保，无三方书面协议，商标厂在核保时口头表示不愿担保，因三方说法不一，故不能作为定案的依据，商标厂撤回担保不成立。新星日化厂以已经生效的担保借款协议借款，不存在欺骗和无效问题，担保人商标厂应承担担保责任。

3. 关于32万元贷款到位的当天即归还14万元的性质。新星日化厂在32万元贷款到位的当天，以其中的14万元归还其所欠上诉人的旧贷款，不能由此改变担保借款合同的效力。只有在担保借款合同签订之前借、贷双方恶意串通，将贷款风险责任转嫁给担保人而损害担保人的利益的情况下，担保无效，担保人才不负担保责任。因新星日化厂已在32万元贷款到位的同一天，即归还了上诉人14万元，应视为提前归还贷款，故商标厂对新星日化厂已归还的14万元不应再承担担保责任，只应对其余的18万元承担担保责任。

4. 被上诉人收容站承担还款责任问题。原新星日化厂于1991年3月停业，其债权、债务已由其主管部门收容站接收，一审答辩时，收容站表示这笔款是其前下属单位借的，收容站一定还。但在二审时推脱还款责任，没有道理，法院不予支持是恰当的。

(彭培民　高保增)

17. 中国投资银行黑龙江省分行诉牡丹江第二羊毛衫厂等借款、保证合同案

(一)首部

1. 判决书字号:黑龙江省高级人民法院(1994)黑经初字第5号。

2. 案由:借款、保证合同案。

3. 诉讼双方

原告:中国投资银行黑龙江省分行。

法定代表人:迟全学,行长。

委托代理人:陈军,该行信贷部主任。

委托代理人:张英广,该行法律顾问。

被告:牡丹江第二羊毛衫厂。

法定代表人:孙永德,副厂长。

委托代理人:仇翠英,该厂财务科长。

被告:牡丹江经纶厂。

法定代表人:战凯,厂长。

委托代理人:姜安春,该厂工作人员。

4. 审级:一审。

5. 审判机关和审判组织

审判机关:黑龙江省高级人民法院。

合议庭组成人员:审判长:赵来福;代理审判员:单汝黎、李会武。

6. 审结时间:1994年5月8日。

(二)诉辩主张

1. 原告诉称:我行于1991年8月1日与牡丹江第二羊毛衫厂订立借款合同,约定我行提供贷款140万元;借款期限为1991年8月1日至1992年7月30日;利率为年息10.368%。牡丹江经纶厂为该项借款的保证人,并出具了不可撤销保函。第一笔贷款尚未到期,牡丹江第二羊毛衫厂又向我行贷款50万元,合同约定贷款期限为1992年1月14日至1992年6月20日,利率为年息9.72%。被告牡丹江经纶厂仍为其出具不可撤销保函担保。此前,1988年9月5日,牡丹江市纺织材料总厂曾向我行借款50.9万美元,75万元人民币,合同约定借款期限为1988年9月至1992年2月;其中人民币利率按年息10.8%计息;外汇按半年浮动利率计息,逾期部分加收罚息20%,此笔贷款也由牡丹江经纶厂提供保证担保。1993年11月18日,第三笔贷款的借款人牡丹江市纺织材料总厂、牡丹江第二羊毛衫厂与我行共同签订了关于变更借款合同主体的协议,将原牡丹江市纺织材料总厂的借款变更为借款方为牡丹江第二羊毛衫厂,由其向我行承担还本付息的义务。上述三笔借款被告牡丹江第二羊衫厂均用于扩建厂房和增置设备。至1993年12月20日,除偿还一部分借款本息外,尚欠外汇借款本金500442.60美元,利息103500.29美元;人民币借款本金195万元,利息

480129.06元。请求法院判令被告牡丹江第二羊毛衫厂偿还借款本息，被告牡丹江经纶厂承担连带还款责任。

2. 被告牡丹江第二羊毛衫厂在法定期间内未提出书面答辩，但在法庭开庭时的陈述中，承认借款及未归还部分借款的事实。

3. 被告牡丹江经纶厂答辩称：我厂为1988年9月5日50.9万美元和75万元人民币借款提供担保的借款主体是牡丹江市纺织材料总厂，但该笔借款于1993年11月18日原告与牡丹江市纺织材料总厂及牡丹江第二羊毛衫厂签订变更借款合同主体协议时，未征得我厂同意，我厂也未在该变更协议上签字，故对变更后的借款人，我厂不负保证责任。对牡丹江第二羊毛衫厂1991年8月1日和1992年1月14日的两笔贷款，我厂虽然在保函上加盖了公章和法定代表人名章，但是该保证函未经法定代表人签字同意，保函上的签章是由于我厂文书人员不知道保函作用和工作不慎所致。在签订借款合同时，我厂已经知道第二羊毛衫厂严重亏损，不可能为其担保。对个别工作人员未经法定代表人批准的行为，我厂不负上述两笔借款的保证责任。

（三）事实和证据

黑龙江省高级人民法院经开庭审理查明：1988年9月5日，原告中国投资银行黑龙江省分行与牡丹江市纺织材料总厂订立借款合同，约定牡丹江市纺织材料总厂向原告借50.9万美元，人民币75万元，借款期限自1988年9月至1992年2月，牡丹江经纶厂为该项贷款提供了保证。该项贷款是用于牡丹江纺织材料总厂的下属企业牡丹江第二羊毛衫厂扩建厂房和增加设备，后因未按期还款，三方于1993年11月18日订立了关于变更借款合同主体的协议，该协议约定，原合同借款人牡丹江市纺织材料总厂变更为牡丹江第二羊毛衫厂，借款合同中的还本付息义务，由牡丹江第二羊毛衫厂向原告履行。原借款合同保证人牡丹江经纶厂未参与变更协议的签订。

上述事实有借款合同、变更协议等证据证明。对于牡丹江经纶厂未参与变更协议的事实，其他诉讼当事人予以确认。

1991年8月1日和1992年1月14日，牡丹江第二羊毛衫厂又分别订立向原告借款140万元和50万元的人民币借款合同。该两项贷款均由牡丹江经纶厂向原告出具不可撤销保函保证。

对借款期限，借款数额和约定利率，有合同为证，当事人无异议，保证合同有牡丹江经纶厂出具的保函为证。

牡丹江第二羊毛衫厂在合同约定的还款期内，只归还了部分借款，至1993年12月20日，尚欠外汇贷款本息合计603942.99美元；人民币贷款本息合计2430129.06元。对贷款余欠额牡丹江第二羊毛衫厂无异议。因该厂资金周转困难，无力偿还，原告诉至法院。

（四）判案理由

黑龙江省高级人民法院认为：对1988年8月5日的借款合同，被告牡丹江经纶厂虽然提供了保证担保，但由于借款合同双方当事人与实际使用该款的第三人达成了变更借款合同的主体，在合同主体变更时又未征得保证人同意。该变更协议属于设立新的民事法律关系，应视原保证合同已解除，保证人对该笔贷款不应承担保证责任。保证人的答辩理由成立，应予支持。

对1991年8月1日和1992年1月14日两笔借款，保证人牡丹江经纶厂出具了不可撤销保函，意思表示清楚，且有单位公章和法定代表人名章，牡丹江经纶厂以两次保函未经法定代表人签字，是具体工作人员工作不慎，轻信他人为理由，拒绝承担保证责任。根据《中华人民共和国民法通则》第四十三条规定，该理由不能成立。

本案借款事实清楚，被告牡丹江市第二羊毛衫厂对拖欠贷款的事实和欠款数额没有异议，应负清偿义务，保证人应对其中两笔贷款负连带清偿义务。

(五)定案结论

黑龙江省高级人民法院依照《中华人民共和国经济合同法》第四十条第二项、第十五条规定，判决如下：

1. 牡丹江第二羊毛衫厂偿还中国投资银行黑龙江省分行本金500442.60美元，人民币195万元，美元利息103500.79元，人民币利息480129.06元(利息计算到1993年12月20日，其余利息至执行之日止可按双方约定及中国人民银行规定计算)。

2. 牡丹江经纶厂对借款本金190万元承担还本付息的连带责任。

(六)解说

本案争议焦点在于第二被告牡丹江经纶厂对三笔贷款是否应负保证责任。对于第一笔借款，在借款期满后，贷款方未经保证人同意与借款人和第三人达成变更借款合同主体的协议，应视为成立新的借款合同。因而该变更协议对保证人不发生法律效力，故保证人牡丹江经纶厂对债权人同意变更后债务人不应承担保证责任。对第二、三笔贷款，保证人牡丹江经纶厂提出该保函未经法定代表人同意，是其工作人员工作不慎所致。根据一般法律原则，不慎本身就是疏忽大意的过失，民事责任不以故意为要件，有过失就应承担民事责任。对于法人工作人员职务上的过失行为，《民法通则》第四十三条明确规定应由法人承担责任。故法院判其对该二笔贷款承担连带清偿责任是正确的。

(刘洪霄)

18. 中国工商银行郴州市支行诉湖南省郴州制药原料厂等借款合同案

(一)首部

1. 判决书、调解书字号

一审判决书：湖南省郴州市人民法院(1993)郴经初字第137号。

二审调解书：湖南省郴州地区中级人民法院(1993)郴中法经终字第156号。

2. 案由：借款合同、保证保险合同案。

3. 诉讼双方

原告(被上诉人)：中国工商银行郴州市支行。

法定代表人：蒋金生，行长。

委托代理人：黄小群，该行依法收贷办公室主任。

委托代理人：朱芳，干部。

被告(被上诉人)：湖南省郴州制药原料厂。

法定代表人:周作仁,厂长。

第三人(上诉人、原审被告):中国人民保险公司郴州市支公司。

法定代表人:姜建国,经理。

委托代理人:李晓清,该公司业务科长。

4. 审级:二审。

5. 审判机关和审判组织

一审法院:湖南省郴州市人民法院。

独任审判:代理审判员:房翠萍。

二审法院:湖南省郴州地区中级人民法院。

合议庭组成人员:审判长:李宗苏;审判员:聂如斯;代理审判员:许素苹。

6. 审结时间

一审审结时间:1993 年 9 月 22 日。

二审审结时间:1994 年 4 月 1 日。

(二)一审情况

1. 一审诉辩主张

(1)原告郴州市工商银行诉称:被告郴州制药原料厂分别在 1991 年 2 月 4 日和 1991 年 4 月 27 日向我行共贷款 45 万元,双方签订了借款合同,这两笔贷款均由被告郴州市保险公司作为借款的保证方。截止 1993 年 7 月 10 日,被告郴州制药原料厂仍欠我行贷款本金 33 万元,银行利息 2116.80 元,依借款合同规定,我们多次找两被告协商,至今仍未归还,故诉请法院依法判令两被告立即归还借款及银行利息并承担全部诉讼费用。

(2)被告郴州市保险公司辩称:我公司替被告郴州制药原料厂向市工商银行贷款 45 万元办理保证保险属实,但我公司曾于 1991 年 4 月 14 日与原告签订了一份关于开办企业借款保证保险的协议,该协议规定只有借款方出现倒闭或经法院宣告破产的情况时,我方才承担还本的责任,我方至今未收到原告方提供的有关被告郴州制药原料厂倒闭或破产的文件,故我方不能承担偿还贷款本息的保险责任。

(3)被告郴州制药原料厂未作答辩。

2. 一审事实和证据

郴州市人民法院经审理查明:

被告郴州制药原料厂于 1991 年 2 月 4 日和 1991 年 4 月 27 日向原告郴州市工商银行分别贷款 30 万元和 15 万元,双方签订了借款合同,被告郴州市保险公司为借款方的保证人。合同规定:1991 年 1 月 31 日借款 30 万元,期限至 1991 年 4 月 30 日止;1991 年 4 月 27 日借款 15 万元,期限至 1992 年 4 月 26 日止;借款方如不履行合同由保证方承担偿还借款本息的责任。1991 年下半年被告郴州制药原料厂因经营不善停产,解散了工作人员,1991 年和 1992 年两年都未到郴州市工商局办理年检手续。原告曾于 1992 年 7 月将借款人郴州市制药原料厂不能如期偿还借款的情况通知被告郴州市保险公司。1993 年 2 月被告郴州制药原料厂将机器设备全部变卖后归还了原告贷款本金 12 万元,利息 106964.32 元。被告郴州市保险公司认为郴州制药原料厂尚未倒闭破产,不愿承担保证保险责任,原告遂诉至法院。

上列事实有下列证据证明:

(1)被告郴州制药原料厂 1991 年 1 月 31 日向郴州市工商银行贷款 30 万元及 1991 年 4

月27日向郴州市工商银行贷款15万元的借款审批表及借款借据。

(2)郴州市保险公司就该两笔贷款与郴州市工商银行签订的保证保险协议。

(3)受诉法院的调查笔录、开庭笔录。

3. 一审判案理由

郴州市人民法院认为:

(1)原告与被告郴州制药原料厂签订的两份借款合同合法有效。

(2)原告与被告郴州市保险公司就上述借款合同所签订的保证保险合同合法有效。

(3)被告郴州制药原料厂现一无设备二无厂房,工作人员全部解散,且已两年未办理工商登记年检手续,实属倒闭企业,故被告郴州市保险公司对该两笔贷款承担连带清偿责任。

4. 一审定案结论

郴州市人民法院依照《中华人民共和国民事诉讼法》第一百二十八条、《借款合同条例》第八条、第十六条的规定,作出如下判决:

被告湖南省郴州制药原料厂所欠原告中国工商银行郴州市支行贷款本金33万元,银行利息加罚息计12295.58元(截止1992年9月21日),两项合计342295.58元,由被告郴州制药原料厂负责偿还,被告中国人民保险公司郴州市支公司负连带责任,限于本判决发生法律效力后7日内付清。

案件受理费7500元,由被告郴州制药原料厂负担,被告中国人民保险公司郴州市支公司负连带责任。

(三)二审诉辩主张

1. 上诉人郴州市保险公司诉称:上诉人为郴州制药原料厂办理企业借款保证保险是基于上诉人与郴州市工商银行签订的关于开办企业借款保证保险协议,该协议明确约定保证保险责任的承担必须以被保证企业倒闭或破产,无力偿还借款为必要条件。一审法院以郴州制药原料厂现“一无厂房,二无设备,工作人员已全部解散”来推定该厂倒闭,证据不足,缺乏法律依据;即使该厂破产或倒闭,我方也只能承担赔偿本金的责任,不能赔偿利息。

2. 被上诉人郴州市工商银行辩称:被告郴州制药原料厂在1991年两次向我行贷款共45万元,并由被告郴州市保险公司作为借款保证人,借款及担保的事实清楚;根据我们三方签订的借款合同规定“当借款方不履行合同时,由保证方负连带承担偿还借款本息的责任”。故我行起诉保证人是对的。被告郴州制药原料厂因经营不善于1991年6月初停产,我方通知了保证人,而保证人根本不按合同规定督促借款人履行还款义务。借款人在我行的多次催促下于1993年2月将机器设备全部变卖归还我行部分贷款本金利息后,现一无厂房二无机器设备,工作人员全部解散,一审法院判决认定该厂倒闭,由保证人承担连带责任是正确的。

3. 被告郴州制药原料厂未作答辩。

(四)二审事实和证据

二审法院经审理查明:郴州制药原料厂是邵阳市新材料研究所与郴州市锑品冶炼厂(后改为郴州市氮肥厂)共同筹建的企业,1990年经郴州市计划委员会批准开办。生产用房由老厂房改建,前期建厂及购生产设备所需资金由邵阳方自筹,邵阳来人任法定代表人,氮肥厂方派了几名管理人员,生产工人全为招聘人员。试产后,邵阳方以承包的方式,每年上交氮肥厂利润12.5万元,氮肥厂不再参与该厂经营管理。该厂1991年初投入批量生产,为购生产原材料,向原告郴州市工商银行申请流动资金贷款30万元,同时,被告郴州市保险公司根据与原告郴州市工商银行签订的关于开办企业借款保证保险协议，对该贷款办理了保证保险手续，该笔贷款在 1991 年 2 月 4 日发放，借款期限 3 个月；1991 年 4 月 26 日，郴州制药原料厂为购生产原料再次向郴州市工商银行借款 15 万元，借款期限 1 年，郴州市保险公司又为贷款办理了保证保险手续。1991 年 6 月，郴州制药原料厂因拖欠电费造成生产用电无法保证而停产，厂内人员解散，债权全部收回偿还了建厂资金等借款，所欠银行贷款则分文未还。经银行多次催收，在工厂恢复生产无望的情况下，1993 年 2 月，该厂法定代表人牵头将生产设备全部变卖，所得款项 226964.32 元偿还了郴州市工商银行的贷款。还查明：该厂自 1991 年起至诉讼时止，未向工商部门办理年检登记手续。

（五）二审判案理由

郴州地区中级人民法院认为：

1. 该案被告郴州制药原料厂向原告郴州市工商银行借款事实存在，第三人郴州市保险公司为郴州制药原料厂向郴州市工商银行借款办理保证保险事实存在。

2. 被告郴州制药原料厂自 1991 年 6 月停产至今，生产设备全部变卖，无法恢复重建，且已无任何债权，实属名存实亡。

3. 郴州市工商银行及郴州市保险公司对郴州制药原料厂的现状已达成共识，都愿意在符合法律原则的前提下调解该案。

（六）二审定案结论

郴州地区中级人民法院根据《中华人民共和国经济合同法》第十五条、《中华人民共和国民法通则》第六十二条、《借款合同条例》第十六条的规定，参照中国人民保险公司湖南省分公司制定的《企业借款保证保险试行办法》及郴州市保险公司与郴州市工商银行签订的《关于开办企业借款保证保险协议》，通过对案件的审理，在查明事实、分清责任的基础上主持诉讼当事人进行调解，双方当事人自愿达成协议如下：

1. 郴州制药原料厂欠郴州市工商银行贷款本金 223035.68 元（原贷 45 万元，变卖设备款偿还 226964.32 元），鉴于郴州制药原料厂 1991 年 6 月停产，现已名存实亡，郴州市保险公司作为郴州制药原料厂借款的保证保险人，自愿赔偿该厂所欠银行贷款本金，限于本调解书送达后 1 个月内偿还。

2. 郴州市保险公司代被保险人郴州制药原料厂赔偿银行贷款本金后，享有向郴州制药原料厂追偿的权利。

3. 一、二审诉讼费各 7500 元，郴州市保险公司与郴州市工商银行各承担 7500 元。

（七）解说

处理该案必须解决下列问题：

1. 确定案件性质。该案包含两个法律关系：一是借款合同，二是保证保险合同。保证保险合同纠纷是一种新型的案件。保证保险是中国人民保险公司针对企业贷款所开办的一项新型业务，1988 年在我国部分省市试点，湖南省是试点省份之一，其中最早在郴州地区试办。1993 年起，该类纠纷逐渐诉到法院。因纠纷本身地域、年限等方面的局限性（保证保险业务未在全国开展，1994 年停办），缺乏全国统一的规范性意见，更没有这方面的司法解释，因而具体的司法实践中对保证保险的性质认识不一。该案一审中对案件性质、当事人诉讼身份及责任承担等问题亦未能准确认定。我们认为：保证保险属于担保的范畴，但它与一般的担保不同。首先，它属于一种附条件的担保；其次，担保主体特定，即：保证方必须是专业保险公司;再次,它承担的不是担保连带责任。1989 年 10 月中国人民保险公司湖南分公司制定了《企业借款保证保险试行办法》,该办法既不是立法机构权力机关制定的法律法规,也不属于司法解释类的文件,而是开办此业务的单位其主管部门制定的一种要约样式,是对参与保证保险几方当事人权利义务的一种制约与限定。该办法第四条规定"因被保证人倒闭或经法院宣告破产,银行贷款无法收回时,由保险人负责偿还被保证人所欠银行贷款本金,经保险人偿还后的贷款本金债权属保险人"。可见,该办法对保证人承担保证保险责任已经设定了条件,只有该设定条件成立时,保证人才承担责任,反之,则不负保证责任。所以说,保证保险是一种附条件的民事法律行为,与一般意义上的担保是不同的。

2. 所附条件成就与否,是处理该案的事实基础。该案所附条件是"被保证人倒闭或经法院宣告破产"。如何认定破产倒闭呢?倒闭是指企业因经营管理不善,造成严重亏损而停业,而无力再恢复生产的状况,一般须经有关行政主管部门认定;破产是指债务人既不能以其现有财产清偿全部债务,又不能达成和解结束债务关系时,由法院经过一定的法定程序宣告其破产,强制处理其全部财产使所有债权人平均受偿的一种方式。"经人民法院宣告"是破产不可缺少的要件之一。

该案被告郴州制药原料厂未经法院宣告破产,也没有经有关行政主管部门认定为倒闭企业,但其生产所用机器设备全部变卖,厂房拆除,人员解散,已无法恢复生产,且连续两年未经工商年检,处于名存实亡之状态,应视为倒闭企业。《中华人民共和国民法通则》第六十二条规定"民事法律行为可以附条件,附条件的民事法律行为在符合所附条件时生效"。该案保证保险所附条件已经成就,因而,该行为属于有效的民事法律行为。

(许素萍)

19. 湘潭市信托投资公司诉湘潭市雨湖不干胶制品厂等借款及保证合同案

(一)首部

1. 判决书字号

一审判决书:湖南省湘潭市中级人民法院(1994)潭中经初字第 14 号。

二审判决书:湖南省高级人民法院(1994)湘高经终字第 170 号。

2. 案由:借款及保证合同案。

3. 诉讼双方

原告(上诉人):湘潭市信托投资公司。

法定代表人:杨世同,经理。

委托代理人:翟玉华,湖南省工贸律师事务所律师。

委托代理人:余耀荣,湖南省工贸律师事务所律师。

被告(被上诉人):湘潭市雨湖不干胶制品厂。

法定代表人:欧阳雪兰,厂长。

被告:湖南省石油总公司湘潭市公司。

法定代表人：邓先兆，经理。

委托代理人：沈利山，该公司副经理。

委托代理人：段碧芳，湘潭市君子莲律师事务所律师。

被告：湘潭市不干胶铝塑制品厂。

被告：黄乃聘，男，湘潭市不干胶铝塑制品厂原厂长。

被告：湘潭市技工贸开发公司。

法定代表人：胡再丁，经理。

4. 审级：二审。

审判机关和审判组织

一审法院：湘潭市中级人民法院。

合议庭组成人员：审判长：周炳山；审判员：胡伟雄、刘吉南。

二审法院：湖南省高级人民法院。

合议庭组成人员：审判长：曾新田；代理审判员：吴扬宏、徐远大。

6. 审结时间

一审审结时间：1994 年 7 月 27 日。

二审审结时间：1994 年 11 月 18 日。

（二）一审诉辩主张

1. 原告湘潭市信托投资公司诉称：1992 年 11 月 11 日，原告与第一被告签订了贷款 35 万元合同，由第二被告担保。贷款于 1993 年 2 月 10 日到期后，原告多次催促第一被告还本付息，多次要求第二被告履行担保义务。除第一被告归还 10 万元外，尚欠贷款 25 万元，利息 29965.59 元。

2. 第一被告雨湖不干胶制品厂辩称：雨湖不干胶制品厂是一个有名无实的空架子，一直没有生产，不存在与原告签订贷款合同的事实。这完全是浙江来的黄乃聘个人所为，黄冒称厂长、法人代表，获取贷款，其行为是违法的。

3. 第二被告湖南省石油总公司湘潭市公司辩称：原告所诉第一被告的法定代表人与事实不符，雨湖街道办事处从未任命过黄乃聘为雨湖不干胶厂的厂长、法定代表人，所任命的是欧阳雪兰担任雨湖不干胶厂厂长、法定代表人。原告借给第一被告 35 万元贷款购买原材料，事实上是第一被告并没有将这笔资金购买原材料，而是第四被告黄乃聘以第三被告名义将其中的 21 万元付给了第五被告，余下的贷款，由第四被告经手在成立湘潭市不干胶厂和其他方面花掉了。

4. 第三被告湘潭市不干胶铝塑制品厂未作出书面答辩。

5. 第四被告黄乃聘未作答辩。

6. 第五被告湘潭市技工贸开发公司未作书面答辩。

（三）一审事实和证据

湘潭市中级人民法院经公开审理查明：

1992 年 11 月 10 日，在以雨湖不干胶制品厂名义的贷款申请书上的主管单位栏内湘潭市技工贸开发公司同意贷款购货，并盖了章。次日，湖南省信托投资公司湘潭市办事处（现为本案原告湘潭市信托投资公司）与湘潭市雨湖不干胶制品厂签订了一份购买原材料贷款合同，贷款金额 35 万元，贷款期限 3 个月，月息 8.64‰。贷款合同书上原告湘潭市信托投资公司盖了章，法人代表签了字，雨湖不干胶制品厂盖了章，副厂长黄乃聘冒充法人代表盖了私章。担保单位湖南省石油总公司湘潭市公司盖了章，法定代表人盖了章。贷款发放到雨湖不干胶制品厂帐上后，1992 年 11 月 14 日，黄乃聘经手转还给湘潭市技工贸开发公司 21 万元（作为湘潭市不干胶铝塑制品厂购买原材料的还款）；次日，黄乃聘又提取现金 8 万元，补偿给一因事故死亡的职工，余款 6 万元由黄乃聘多次取走。

雨湖不干胶制品厂系湘潭市雨湖区和平新村居委会与黄乃聘（浙江苍南人）合资 3.5 万元开办，由和平新村居委会主管，系街道集体企业。经雨湖街道办事处批准，该厂厂长（法定代表人）由居委会主任欧阳雪兰兼任，黄乃聘为副厂长。1992 年 6 月 4 日由雨湖工商行政管理局批准建厂后，仅有冲床 2 台、胶印机 2 台，并未正式投入批量生产。同年 9 月黄乃聘与湘潭市技工贸开发公司取得联系，准备开办湘潭市不干胶铝塑制品厂，并向湘潭市技工贸开发公司借款 21 万元为筹建该厂而购买设备和原材料。黄即脱离了雨湖不干胶制品厂。同年 10 月，湘潭市技工贸开发公司决定兴办湘潭市不干胶铝塑制品厂，系市属集体企业。同年 10 月 31 日，湘潭市委办批复技工贸开发公司，同意聘请黄乃聘为厂长，同年 11 月 2 日，技工贸公司以湘潭市不干胶铝塑制品厂主管单位名义正式任命黄乃聘为厂长，即法定代表人，蔡建成、胡文杰为副厂长。11 月 3 日，原告湘潭市信托投资公司出具资金信用证明，证明湘潭市不干胶铝塑制品厂注册资金为 60 万元，其中固定资产 40 万元，流动资金 20 万元。同月 4 日，湘潭市不干胶铝塑制品厂章程出台。章程中约定湘潭市技工贸开发公司出资 20 万元，并量化了利润分成比例。同年 11 月 11 日，湘潭市不干胶铝塑制品厂厂长黄乃聘谎报雨湖不干胶制品厂经济现状及效益预测，向原告申请贷款 35 万元。当日，市技工贸开发公司负责人胡再丁与原告湘潭市信托投资公司经理等人一道，到湖南省石油公司湘潭市公司要求提供担保，该公司某副经理同意担保。同年 11 月 25 日，湘潭市审计事务所对市不干胶铝塑制品厂注册资金审计鉴证，为注册资金审核数：自筹资金 40 万元；主管部门投资 20 万元。并注明：注册资金不包括银行贷款、借款和发行的股票、债券。同年 11 月 26 日，经湘潭市工商行政管理局批准成立湘潭市不干胶铝塑制品厂。

1993 年 2 月 10 日该笔贷款到期后，原告湘潭市信托投资公司多次找湘潭市不干胶铝塑制品厂催收贷款及利息。同年 4 月 29 日，湘潭市不干胶铝塑制品厂归还贷款 10 万元，并承付了利息 29471.34 元。同年 7 月 9 日，原告发出催款通知："湘潭市不干胶厂，按你单位与我公司签订的贷款合同，你单位应于 1993 年 2 月 10 日归还 35 万元，你单位于 4 月份归还 10 万元，现有 25 万元仍未归还，于五天内归还……"同年 8 月 4 日，黄乃聘以湘潭市不干胶铝塑制品厂和法人代表名义，向原告单位发出盖有公章的保证书，保证在 8 月 10 日之前还清，同年 11 月 26 日，黄乃聘等人携款潜逃后，该厂停办。同年 12 月 20 日，原告湘潭市信托投资公司函告湖南省石油总公司湘潭市公司："技工贸公司下属企业不干胶制品厂，于 1992 年 11 月 10 日在我公司贷款 35 万元，由贵公司担保，现不干胶厂归还 10 万元，其余 25 万元和利息 20119.54 元，催收均无结果。根据贷款合同第三条规定，担保方应督促甲方按期归还。若未能履行，则由担保方承担代为偿还本息的经济责任。"

上述事实有下列证据并经庭审质证证明：

1. 有原告与第一被告所签潭信贷(92)第 159 号贷款合同和贷款申请书及原告发贷资金凭证；第四被告将贷款 21 万元转入第五被告帐务凭证。

2. 有原告出具的资金信用证明及湘潭市审计事务所对注册资金的审计登记。

3. 有雨湖工商局和湘潭市工商局对雨湖不干胶制品厂及湘潭市不干胶铝塑制品厂批准成立证明。

4. 有原告对湘潭市不干胶铝塑制品厂催贷通知和第三被告湘潭市铝塑制品厂及第四被告黄乃聘出具的还款保证书。

5. 有第五被告湘潭市技工贸开发公司决定开办湘潭市不干胶铝塑制品厂文件及厂长任命书。

6. 有周以康、周麾等人证实去市石油公司要求提供担保的证人证言。

7. 有第三被告还贷凭证。

(四)一审判案理由

湘潭市中级人民法院鉴于上述事实认为:民事法律行为,意思表示应当真实。湘潭市雨湖不干胶制品厂系居委会的集体企业,并无贷款意向,也没有使用此笔贷款。黄乃聘在实际脱离雨湖不干胶制品厂后,为获取贷款筹备市不干胶铝塑制品厂,假以雨湖不干胶制品厂名义,冒称法人代表,谎报该厂经济现状及效益预测,向原告申请贷款,并签订贷款合同,所贷资金主要部分用于筹备市不干胶铝塑制品厂购买设备和原材料,显属欺诈。湘潭市技工贸开发公司不是雨湖不干胶制品厂的主管单位,却在其贷款申请书上的主管单位栏内盖章,也不真实。原告湘潭市信托投资公司明知借贷主体不是雨湖不干胶制品厂,还和被告市技工贸开发公司负责人一道去湖南省石油总公司湘潭市公司要求提供担保。原告放贷后,从未要求雨湖不干胶制品厂还贷。据此,确认该贷款合同为无效合同。主合同无效,保证条款亦无效。该合同的主债务人和从债务人均不应承担还贷责任。本案借款主债务人实为湘潭市不干胶铝塑制品厂和黄乃聘,尚欠余数应由湘潭市不干胶铝塑制品厂和黄乃聘偿还。湘潭市技工贸开发公司系湘潭市不干胶铝塑制品厂的主管单位,对注册资金出资 20 万元不实,应在注册资金范围内承担责任。原告对造成合同无效也负有责任,该笔贷款依法不予计息,且原告出具虚假资信证明,也应承担相应的民事责任。

(五)一审定案结论

根据《中华人民共和国民法通则》第五十八条第一款第(三)项、第六十一条、第八十七条,《中华人民共和国经济合同法》第七条第一款第二项,《中华人民共和国企业法人登记管理条例实施细则》第六十七条,最高人民法院《关于审理借贷案件若干意见》第十条和《关于审理经济合同纠纷案件有关保证的若干问题的规定》第十九条及《关于全国经济审判工作座谈会纪要的通知》第五部分第一条的规定,湘潭市中级人民法院于 1994 年 7 月 27 日作出如下判决:

1. 本案贷款合同属无效贷款合同,利息不予计算。

2. 被告湘潭市雨湖不干胶制品厂和被告湖南省石油总公司湘潭市公司不承担该贷款合同上的被保证人和保证人的责任。

3. 原告湘潭市信托投资公司,从发贷之日起至 1993 年 12 月 25 日,在被告湘潭市不干胶铝塑制品厂收取利息 29471.56 元,作为本金偿还。

4. 被告湘潭市不干胶铝塑制品厂和黄乃聘所欠原告贷款 25 万元,扣除 29471.56 元,尚欠 220528.44 元,应予偿还,鉴于该厂财产空虚和黄乃聘去向不明,无力偿还债务,由被告湘潭市技工贸开发公司负责予以承付给原告湘潭市信托投资公司。

案件受理费 6710 元,由原告负担 2348.50 元,第二被告负担 1342 元,第三、五被告负担

3019.5 元。

（六）二审情况

一审判决后，原告湘潭市信托投资公司不服，以一审认定合同无效，属事实不清，适用法律不当，借款合同应当有效，保证合同也应有效，湘潭石油公司作为担保人负有不可推卸的责任等为由，向湖南省高级人民法院提出上诉。

湖南省高级人民法院审理认为：黄乃聘以雨湖不干胶制品厂的名义与湘潭市信托投资公司签订的借款合同，并非雨湖不干胶制品厂的真实意思表示，而是黄乃聘冒用该厂名义，实际为湘潭市不干胶铝塑制品厂借款，所借款项已被湘潭市不干胶铝塑制品厂和黄乃聘使用。该借款合同具有欺诈性，应确认为无效。雨湖不干胶制品厂不应作为借款方承担还本付息的责任。湘潭市不干胶铝塑制品厂是实际的借款者及使用者，应承担偿还借款的责任。湖南省石油总公司湘潭市公司本意是为雨湖不干胶制品厂担保，是在债权人主动请求下而为之，湖南省石油总公司湘潭市公司提供担保是在受欺诈的情况下所作出的，担保无效，不应承担民事责任。湘潭市技工贸开发公司以雨湖不干胶制品厂主管单位名义在借款申请书上盖章，且与原告一起要求湖南省石油总公司湘潭市公司提供担保，是一种弄虚作假行为，且湘潭市技工贸开发公司作为开办湘潭市不干胶铝塑制品厂的主管单位，应投资的注册资金不实，应在注册资金范围内承担责任。原告明知借款方不是雨湖不干胶制品厂，还主动找湖南省石油总公司湘潭市公司为其提供担保，对纠纷的产生有明显过错，应承担相应的民事责任。原判基本事实清楚，处理基本恰当。原告湘潭市信托投资公司上诉理由不能成立。

湖南省高级人民法院根据《中华人民共和国民事诉讼法》第一百五十三条第一款第（一）项之规定，判决：

驳回上诉，维持原判。

二审案件受理费 1710 元，由湘潭市信托投资公司负担。

（七）解说

1. 本案贷款合同之所以被确认无效，是因为这个合同及其贷款申请书存在多方面的欺诈行为。(1)在合同主体上主债务人并不是贷款对象，而是黄乃聘以雨湖不干胶厂的名义，为湘潭市不干胶铝塑制品厂贷款，形成张冠李戴。此合同主债务人对象不真实。(2)提供担保按理应由主债务人提供，然而，在本案贷款合同上的主债务人法人代表一无所知的情况下，由第五被告单位负责人邀请市里某领导出面，并约集原告单位一道驱车去市石油公司要求提供担保，先找了石油公司周副经理未予同意担保，后又在公司球场找了正在观看篮球比赛的主管工会工作的沈副经理，沈见了市里领导和原告单位经理，仓促表示同意担保，在雨湖不干胶制品厂贷款合同上的担保栏内盖了章。这种担保不能不认为是在虚假情况下所为。(3)雨湖不干胶厂是居民委员会与黄合资 3.5 万元开办的，其财产能力甚微。黄为获得贷款，在贷款申请书上，谎报经济现状及效益预测，填写定额流动资金 30 万元，年度计划 100 万元，销售收入 90 万元，利润总额 35 万元。这是一种虚报行为。(4)湘潭市技工贸开发公司根本不是雨湖不干胶厂的主管单位，却在贷款申请书的主管单位栏内盖章，明显失实。因此，这份合同不符合法律规定，确认无效是正确的。该合同的主债务人于法于理不应当承担民事责任。这个合同上的从债务人，根据最高人民法院法发(1994)8 号《关于审理经济合同纠纷案件有关保证的若干问题的规定》第十九条："主合同债权人一方或者双方当事人采取欺诈、胁迫等手段，或者恶意串通使保证人在违背真实意思情况下提供保证的，保证合同无效，保证人不承担责任。”

2. 该笔贷款的实际借款人和使用人是湘潭市不干胶铝塑制品厂和黄乃聘，于理于法都应承担责任。事实上原告单位也接受了该厂偿还的部分借款，进而该厂还书面保证还清原告借款。而雨湖不干胶制品厂却从未收到过原告催还贷款的通知。由此看出，本案的实际出借人和借款人的民事法律关系十分清楚明朗。所以一、二审法院能认定一致。

3. 作为开办单位的湘潭市技工贸开发公司，出资办厂是其一项义务，不尽义务，只享受利润分成权利，有悖于法律原则。开办单位给企业的资金一经投入，投资者即失去支配的权利，其本金的收回只能通过向企业收取一定利润方式进行。开办单位提前收回本金是不允许的。一旦企业发生严重亏损，资不抵债，或被撤销或歇业，就应追回用以清偿债务。最高人民法院(1994)4号批复中明确规定：“……如果该企业被撤销或者歇业后，其财产不足以清偿债务的，开办企业应当在该企业实际投入的自有资金与注册资金差额范围内承担民事责任。”可见，一、二审法院判决技工贸公司承担还贷的民事责任是符合法律规定的。

4. 本案贷款一方的原告，除了对该贷款合同造成无效有一定过错外，其为市不干胶铝塑制品厂出具虚假的资信证明也是错误的。因为资信证明，是金融机构接受委托单位的委托，对其在一定时间内的资金实力、信誉状况等作出符合实际的直接证明文件，也是工商行政管理机关批准设立企业的重要依据之一，这种证明文件应该具有一定程度的可靠性和证明效力。因此，资金信用证明真实还是虚假，决定了金融机构是否存在一定过错问题。原告由于出具了虚假资信证明，导致损害结果发生。故两审法院判决其承担相应的民事责任，也是基于原告过错而定的。

(周志光)

20. 中国工商银行临桂支行房地产信贷部诉湖南省邵东县高桥信用合作社拆借合同还款案

(一)首部

1. 判决书字号：广西壮族自治区桂林市中级人民法院(1994)桂市经初字第108号。

2. 案由：拆借合同案。

3. 诉讼双方

原告：中国工商银行临桂支行房地产信贷部。

法定代表人：李智强，经理。

委托代理人：石凤祥，广西临桂县律师事务所律师。

被告：湖南省邵东县高桥信用合作社。

法定代表人：赵建初，主任。

委托代理人：唐卫真，湖南省邵东县律师事务所律师。

委托代理人：赵永红，湖南省邵东县律师事务所律师。

4. 审级：一审。

5. 审判机关和审判组织

一审法院：广西壮族自治区桂林市中级人民法院。

合议庭组成人员：审判长：莫荣华；审判员：彭晨辉；代理审判员：韩万有。

6. 审结时间：1994 年 10 月 19 日。

（二）诉辩主张

1. 原告诉称：原告与被告于 1993 年 2 月 17 日签订一份期限为 10 个月的借款合同。合同签订后，原告依合同约定借给被告 60 万元。借款期限到后，被告未能还款。经多次追索未果，特向法院提起诉讼，要求法院根据《借款合同条例》的有关规定，判令被告归还 60 万元借款及利息，本案诉讼费由被告负担。

2. 被告辩称：原告与被告签订的是一拆借合同。原告将 60 万元全部转给刘晓云个人，刘晓云将该款投入到广东炒地皮，原告也从中得回扣 7.8 万元，被告并未取得该款控制、使用、支配、处分的权利，因此，该拆借合同系原告与刘晓云个人恶意串通所为，损害了国家利益，该合同无效。被告不应承担本案经济责任，应由刘晓云个人承担。

（三）事实和证据

桂林市中级人民法院经调查和审理查明：1993 年 2 月，被告法定代表人赵建初来到桂林，经与原告协商，双方于同月 17 日签订一份拆借合同。合同约定，由原告借款 60 万元给被告，利率为月息 8.1‰，借款期限从 1993 年 2 月 17 日起至 12 月 17 日止。被告在合同借款方盖上公章，其法定代表人赵建初与经办人刘晓云盖上私章。合同签订当日，原告根据被告要求将 51 万元汇票和 9 万元现金交给被告经办人刘晓云。刘晓云代表被告得款后于同日拿出其中的 7.8 万元现金作为被告资金占用费交回原告，其余款项则挪作他用。借款到期后，被告未能还款。

（四）判案理由

桂林市中级人民法院鉴于上述事实认为：

1. 根据《中国人民银行同业拆借管理试行办法》第四条“同业拆借应坚持自主自愿、平等互利、恪守信用、短期融通的原则”和中国人民银行关于同业拆借期限最长不得超过 4 个月的规定，原告与被告签订的拆借合同期限长达 10 个月，违反上述规定。

2. 根据《中国人民银行同业拆借管理试行办法》第五条“拆入资金只能用于弥补票据清算、联行汇差头寸的不足和解决临时性周转资金的需要”，被告拆入的资金并不是作为其临时性周转资金，而是用来炒地皮。

3. 根据《中华人民共和国经济合同法》第七条的规定，违反法律和行政法规的合同无效。原告和被告签订的拆借合同违反了国家行政法规，因此，该合同无效，原被告双方均有责任，被告应负主要责任。

4. 根据《中华人民共和国民法通则》第四十三条之规定，“企业法人对它的法定代表人和其他工作人员的经营活动，承担民事责任”。本案被告合同经办人刘晓云的行为系代表被告所为，被告所称本案经济责任应由刘晓云个人承担无法律依据，不予支持。本案的经济责任应由被告承担。

5. 根据《中华人民共和国民法通则》第一百零六条第二款“公民、法人由于过错侵害国家的、集体的财产，侵害他人财产、人身的，应当承担民事责任”。原、被告双方因无效借款合同所造成的国家资金利息损失，由原被告双方以自有资金各自承担。

（五）定案结论

根据《中华人民共和国经济合同法》第十六条第一款之规定，桂林市中级人民法院于1994年10月19日作出如下判决：

1. 被告湖南省邵东县高桥信用合作社应返还原告中国工商银行临桂支行房地产信贷部借款本金52.2万元。

2. 本案原告利息损失（从1993年2月17日至1994年9月30日止，此后到债务清偿之日的债务利息另计）96159元，由被告承担57695元，原告承担38464元。

本案诉讼费13242元，由原告负担5297元，被告负担7945元。

（六）解说

本案所处理的是银行之间同业拆借的借款合同纠纷。同业拆借是银行、非银行金融机构之间相互融通短期资金的行为。这种银行间的资金融通，发挥了经济调节手段的作用，有利于促进社会资金的加速周转与合理分配，提高资金使用的经济效益。但是银行间的资金拆借不能无限制地进行，必须坚持自主自愿、平等互利、恪守信用、短期融通的原则，符合暂时性余缺调剂的特点，遵守中国人民银行同业拆借管理的有关规定。如违反规定，造成损失由银行承担。同样，在其他的借款合同中，银行如有过错亦应承担责任。银行虽是一种经营金融信贷业务的特殊企业，但它与其他企业一样，必须遵守国家法律和有关政策规定。因此，其作为借款合同贷款方，如果故意违反有关金融法规和政策规定，其所签订的借款合同无效，对造成国家资金利息损失，根据责任大小，由银行从其自有的利润留成和其他收益中支付，而不能从国家授予其经营管理的财产中支付。这样处理既体现了法律对国家贷款资金的特殊保护，又贯彻了对违法经营从经济上予以制裁的原则，有利于银行改进经营作风，加强管理，提高法制观念和工作责任心，使金融系统的经营活动走上法制化的轨道。

（韩万有）

21. 赵仍明诉中国人民保险公司义乌市支公司财产保险合同案

（一）首部

1. 判决书、调解书字号

一审判决书：浙江省义乌市人民法院（1993）义经初字第113号。

二审调解书：浙江省金华市中级人民法院（1994）金中法经终字第70号。

2. 案由：财产保险合同案。

3. 诉讼双方

原告（被上诉人）：赵仍明，男，46岁，汉族，个体工商户，住浙江省义乌市徐村乡后房村。

委托代理人：龚忠云，义乌市城阳律师事务所法律工作者。

委托代理人：金式聪，义乌市城阳律师事务所法律工作者。

被告（上诉人）：中国人民保险公司义乌市支公司（以下简称保险公司）。

法定代表人：冯贤忠，经理。

委托代理人：毛新友，男，29岁，汉族，该公司干部，住义乌市检察院宿舍。

委托代理人:杨金蓉,女,金华市经济法研究会会员。

4.审级:二审。

5.审判机关和审判组织

一审法院:浙江省义乌市人民法院。

独任审判:代理审判员:高扬。

二审法院:浙江省金华市中级人民法院。

合议庭组成人员:审判长:范旭东;审判员:宋爱华;代理审判员:赵绍庆。

6.审结时间

一审审结时间:1993年1月28日。

二审审结时间:1994年4月12日。

(二)一审情况

1.一审诉辩主张

(1)原告赵仍明诉称:1992年11月30日原告向被告投家庭财产保险,保费金额为14000元,并交纳财产保险费28元。1993年1月10日因火灾致原告房屋类以外保险财产杉木、家具、已收获的农副产品等被火烧殆尽,计损失17800余元,原告依保险合同向被告提出索赔遭拒绝,请求判令被告赔偿经济损失10000元。

(2)被告中国人民保险公司义乌市支公司辩称:1992年11月原告在本公司投保是实,但其因火灾造成的损失,不是存放在坐落于保险单所载明地址的保险财产,原告将保险财产由原保险单所载明的地址变更搬迁到祠堂内,事先事后均未向我公司申办变更手续,故本公司对原告在祠堂内因火灾而引起的财产损失有权拒赔。

2.一审事实和证据

义乌市人民法院经审理查明:1992年11月30日赵仍明向保险公司投家庭财产保险,保险金额为14000元,其中楼房二间,保险金额为4000元,保险费为8元;房屋以外财产保险金额为10000元,保险费为20元,保险期限自1992年11月30日零时至1993年11月30日24时止。由义乌市徐村乡后房村协保员赵贤良填写家庭财产保险集体投保分户清单,该清单上赵仍明户投保财产的详细地址未填。协保员赵贤良收取了赵仍明交纳的保险费28元并出具保险公司家庭财产保险费收据。赵仍明于1992年2月租用后房村祠堂,用来杀猪卖肉及堆放杉木、家具、三轮残疾人用车等物品。1993年1月10日因祠堂内电线老化漏电引起火灾,致使赵仍明堆放在祠堂内的杉木、家具、农副产品等可保财产和三轮残疾人用车、新鲜猪肉、火腿等不保财产均被烧毁,计损失17800元。事故发生后,保险公司派员到现场对起火原因、施救经过、损失情况进行调查核实。赵仍明向保险公司提出索赔遭到拒绝,遂于1993年11月10日提起诉讼。

上述事实有下列证据证明:

(1)保险公司家庭财产集体投保分户清单、家庭财产保险单(副本)。

(2)保险公司家庭财产保险费收据。

(3)后房村村委会证明赵仍明被烧毁财产清单。

(4)受诉法院的调查笔录、庭审笔录。

3.一审判案理由

义乌市人民法院认为:

(1)原告按约交纳保险费,村协保员出具保险费收据后又以徐村乡后房村为投保单位与被告保险公司签订家庭财产保险单,应视为家庭财产保险合同成立。

(2)该保险合同双方当事人意思表示真实一致,内容合法,应属有效。保险事故发生后,原告提出索赔财产中的可保财产应予赔偿,不保财产不予赔偿。

(3)村协保员办理集体投保有关手续的行为应视为被告保险公司的授权行为,其未在保险单和分户清单上注明投保人各处房屋、财产详细地址和价值,其过失行为应由被告承担。

4. 一审定案结论

一审法院依照《中华人民共和国经济合同法》第六条、第二十五条,《中华人民共和国财产保险合同条例》第十六条及《中华人民共和国民法通则》第六十三条第一、二款的规定判决如下:

被告保险公司赔偿原告赵仍明财产损失款计人民币4400元,于本判决生效后10日内偿付。

案件受理费410元由被告承担。

(三)二审诉辩主张

1. 上诉人保险公司诉称:原判认定事实不清,被上诉人赵仍明投保的财产是二间楼房及该楼房内的财产,其变更保险标的物的地址,未经申办变更手续,故其存放于祠堂内的财产不属本公司承保财产范围,不应由本公司赔偿。协保员是协助村委向村民收缴保险费并代表村委填写投保单,与保险公司签订保险合同的,原判认定协保员的行为应视为本公司的授权行为无任何依据,请求撤销原判决,依法改判本公司不赔偿赵仍明未予投保的财产损失。

2. 被上诉人赵仍明辩称:我投保的财产中有房屋类以外财产10000元,不能只认为是二间楼房内的财产。我是文盲,房屋类以外财产地址未填写是协保员的过失,其是代表保险公司向我收取保险费的,如其不代表保险公司的话其行为具有欺诈性。原判决正确,请求维持原判,驳回上诉人之上诉。

(四)二审事实和证据

二审法院肯定了一审认定的事实和证据。

(五)二审判案理由

二审法院经审理认为:被上诉人赵仍明以参加后房村集体投保的形式向上诉人保险公司投保家庭财产,保险公司收取了保险费,应认定双方保险合同关系成立。赵仍明未向保险公司申明投保的财产中有部分存放于祠堂内,保险公司亦未审核保险标的及坐落地点等情况即按协保员填具的财产分户清单作出承保表示,双方对本案纠纷产生均有过错。

(六)二审定案结论

依照《中华人民共和国经济合同法》第二十五条、《中华人民共和国财产保险合同条例》第七条之规定,经二审法院主持调解,双方当事人自愿达成如下协议:

1. 由保险公司补偿给赵仍明人民币4000元,于1994年4月30日前履行完毕。

2. 其他责任互不追究。

3. 一、二审案件受理费共计820元由赵仍明承担。

(七)解说

1. 协保员之行为的认定,是本案双方当事人争执的焦点之一。本案投保方赵仍明是以参加村集体保险的形式投保的,在投保过程中,村协保员向每个投保户收取保险费,填写财产分户清单，从此角度看，协保员似乎代表村委会办理集体投保手续；然而协保员又向投保户开具保险费收据，保险公司根据协保员填写的分户清单核收了该村集体投保之保险费，签发了保险单，该保险单载明：以所附分户清单为准，并另开保险费收据。据此，协保员的行为只能认定是代表保险公司的代理行为。根据《中华人民共和国民法通则》第六十三条第一、二款之规定，协保员的代理行为所产生的法律后果应由保险公司承担。

2. 赵仍明户存放于祠堂内的财产是否属于保险公司承担范围财产是本案又一争执焦点。《中华人民共和国经济合同法》第二十五条规定："保险合同中，应明确规定保险标的、坐落地点（或运输工具及航程）、保险金额、保险责任、除外责任、赔偿办法、保险费缴付办法以及保险起讫期限等条款。"保险标的物的坐落地点是保险合同的必备条款之一，保险不是保证事故不发生，而是在保险事故发生后由保险方在经济上给投保方以补偿，保险事故发生的可能性只能根据保险标的当时的现状来评判。本案投保人赵仍明户在保险合同签订前就租用祠堂搞经营并存放财物，其投保的财户是楼房二间，价额4000元；房屋类以外财产10000元价额，就其投保本意是房屋类以外财产中包括存放于祠堂内的财物，但其未向协保员申明这一情况，仅认为只要交纳过保险费就万无一失了，故其对本案合同的不完备——保险标的地址不详负有过错责任。协保员作为保险公司的代理人，依法负有在签订保险合同时应将办理保险的有关事项告知投保方之义务，但其图省事，未经查实投保人财产分存几处即填写了分户清单，该清单上未载明房屋类以外的财产坐落何处，保险费收据仅反映房屋类以外财产投保总额为10000元，由此可推定，保险人对赵仍明户房屋类以外的财产愿意承担范围为10000元金额，而对该财产的置放何处、危险程度情况采取放任态度。故保险公司对本案合同的不完善亦负有过错责任。二审法院根据本案实际情况，认定双方当事人均有过错，从而对赵仍明户因火灾烧毁的财产中可保财产部分按过错责任大小晓之以理，最终双方当事人握手言和，达成的调解协议是可行的。

（范旭东）

22. 长春市朝阳区兰花有限公司诉中国太平洋保险公司长春分公司保险合同案

（一）首部

1. 判决书字号

一审判决书：吉林省长春市中级人民法院（1993）长经初字第283号。

二审判决书：吉林省高级人民法院（1994）吉经终字第241号。

2. 案由：保险合同案。

3. 诉讼双方

原告（被上诉人）：长春市朝阳区兰花有限公司。

法定代表人：房立宽，经理。

委托代理人：曹明，长春市律师事务所律师。

委托代理人：闻弘，长春市民政局处长。

被告(上诉人):中国太平洋保险公司长春分公司。

法定代表人:谭克岩,常务副总经理。

委托代理人:孙晓凤,长春市律师事务所律师。

委托代理人:杨大伟,该公司业务部副经理。

4. 审级:二审。

5. 审判机关和审判组织

一审法院:吉林省长春市中级人民法院。

合议庭组成人员:审判长:黄德成;代理审判员:谭忠武、付敏。

二审法院:吉林省高级人民法院。

合议庭组成人员:审判长:王贵生;代理审判员:韩平正、刘连功。

6. 审结时间

一审审结时间:1994 年 8 月 6 日。

二审审结时间:1994 年 11 月 2 日。

(二)一审诉辩主张

原告诉称:原告系养植花卉专业公司,1992 年 12 月 23 日,同被告签订了 37000 株兰花保险合同。合同规定保险总金额为 962000 元,保险费为 9620 元,保险期限自 1992 年 12 月 24 日起至 1993 年 12 月 24 日止。1993 年 2 月 7 日凌晨,原告花窖发生火灾。经双方清点,兰花损失 34600 株,花房损失 186 平方米。原告及时向被告报损后,被告至今不对原告理赔,致原告无法生产。故要求被告支付索赔费用 899600 元,其他损失 3000 元,要求被告偿付延期支付保险金的滞纳金,诉讼费用由被告负担。

被告辩称:原告投保时有意隐瞒事实真相,高额投保,违背了保险合同的诚信原则,属保险条款中的除外责任。火灾事故的发生完全是由于原告没有履行义务造成的重大过失行为,被告拒绝赔偿原告因火灾事故造成的损失。

(三)一审事实和证据

吉林省长春市中级人民法院经审理查明:原告系养植花卉专业公司。自 1992 年前后,引进多种名贵兰花。1992 年 12 月 23 日经同被告协商同意,签订 37000 株兰花保险合同。合同规定,原告在被告处投保兰花 37000 株,每株投保金额为 20 元,加成 30%投保,保险总金额(包括加成投保在内)为 962000 元。保险费率为 1%,保险费为 9620 元。保险期限为一年,自 1992 年 12 月 24 日起,至 1993 年 12 月 24 日止。合同签订后,原告按规定向被告交纳了保费 9620 元,1993 年 2 月 7 日凌晨,原告花窖发生火灾。经长春市公安局朝阳分局防火科调查,无其他不法或故意行为。同年 3 月,原告在被告提供的索赔通知书上提出损失金额为烧毁花房 186 平方米,烧毁草帘子 28 片计 280 元,烧毁大缸 3 口计 108 元,烧毁肥料 1300 元,兰花损 34600 株。

上述事实有下列证据证明:

1. 原、被告间于 1992 年 12 月 23 日签订的花卉保险合同及中国太平洋保险公司 920037 号保险单。

2. 长春市朝阳区消防科 1993 年 2 月 9 日出具的灾害证明书证实:“无其他不法或故意行为”。

3. 原告在被告提供的索赔通知书上填写的损失情况和损失金额,损失金额为 899600

元。

4. 被告单位于德华、侯连宝提供的火灾情况说明中有部分兰花受冻，是否冻死，有待观察(但无对方签字)。

(四)一审判案理由

吉林省长春市中级人民法院经审理认为：

原、被告间于1992年12月23日签订的花卉保险合同有效。原告花窖失火后，被告理应依照法定程序勘查现场，但被告至今不能提供现场勘查的有效证据。被告提供的于1993年2月10日出具的“兰花有限公司2月7日火灾情况勘查说明”及被告于同年2月15日出具的“长春市朝阳区兰花有限公司火灾勘查情况”，没有原告签字，也不是发生事故当时的现场记录，故不应视为现场勘查的笔录。原告向被告提出索赔要求后，被告应在法定期限内以书面形式答复原告，被告至今没有答复原告，也没有提供足够的证据否定原告索赔的主张，应视为对原告索赔主张的默认。被告主张原告发生火灾，是由于原告没有履行应尽的义务，是原告重大过失行为造成的，其主张不能成立。有长春市朝阳区防火科出具的灾害证明书为凭。被告在原告发生火灾事故后，理应及时依法定程序勘查现场，依法处理赔偿及有关事宜，原告提出索赔事宜后，应依法给予答复，而至今没有答复原告。原告其他之诉不予支持。

(五)一审定案结论

吉林省长春市中级人民法院根据《中华人民共和国经济合同法》第二十九条的规定，判决如下：

原、被告间于1992年12月23日签订的花卉保险合同有效；被告赔偿原告损失费629720元；利息按月息10.98‰计算，自1993年2月18日起，至1994年8月18日止。

(六)二审情况

1. 二审诉辩主张

一审判决后，被告保险公司不服，向吉林省高级人民法院提出上诉，称：(1)兰花公司投保时，兰花株数不实，且虚报兰花价格，所以原审事实不清，证据不足；(2)原审判决没有依据；(3)火灾是因兰花公司重大过失行为所致，属合同中的除外责任。

2. 二审事实和证据

吉林省高级人民法院经审理查明：(1)兰花公司系养植花卉的专业公司，自1992年前后，引进多种名贵兰花。1992年12月23日，兰花公司在保险公司处投保兰花37000株，每株投保金额20元，加成投保30%，保险总金额(包括加成投保在内)为962000元；保险费率为1%，保险费计为9620元。(2)被保险人的故意行为，欺骗行为，保险人不负赔偿责任。(3)保险期限为1992年12月24日至1993年12月24日。合同签订后，兰花公司按照合同规定向保险公司交纳了保险费9620元，1993年2月7日凌晨，兰花公司花窖发生火灾，兰花公司及时通报保险公司，保险公司派员于当日对火灾现场进行了初步勘查，并对现场进行了拍照。因当时火损情况无法确认，经双方协商，确定观察期为7至10天。1993年2月17日，保险公司再次派员与兰花公司一同对火损情况进行清点，但未形成有兰花公司签字的现场勘查笔录。1993年2月19日，经长春市公安局朝阳区分局防火科调查，出具了灾害证明书，证实兰花公司对此次火灾“无其他不法或故意行为”。1993年3月间，兰花公司按照保险公司的要求，在其提供的索赔通知书上提出：兰花损失34600株，损失金额为899600元。保险公司一直未对火灾造成的经济损失定损。

二审证据与一审同(略)。

3. 二审判案理由

吉林省高级人民法院经审理认为:(1)兰花公司与保险公司间签订的花卉保险合同有效。(2)兰花公司不存在双方间合同规定的除外责任行为,其要求理赔的前提条件成立。理由为:一是长春市公安局朝阳区分局防火科出具灾害证明书证实兰花公司"无其他不法或故意行为";二是兰花公司投保金额由双方议定,符合保险惯例,不存在兰花公司骗险问题。(3)关于火灾造成兰花损失一节,兰花公司主张,1993 年 2 月 17 日双方清点兰花损失为 34600 株。但因兰花损失的准确株数不易确定,根据本案实际情况,以保险公司赔偿兰花公司主张的兰花损失 899600 元的 70%为宜。(4)原审判决的其他认定并无不当。综上所述,原审判决认定事实清楚,适用法律正确。

4. 二审定案结论

吉林省高级人民法院根据《中华人民共和国民事诉讼法》第一百五十三条第一款第(一)项的规定,判决如下:

驳回上诉,维持原判。

(七)解说

保险合同是保险关系双方当事人约定由投保人向保险人交纳保险费,保险人在保险事故造成所保利益损失时,承担经济补偿责任。保险方应根据保险合同及时向投保方出具保险单或者保险凭证。保险合同有效成立后,保险方对发生保险事故所造成的保险标的损失或者引起的责任,应当按照保险合同规定履行赔偿责任。除另有协议者外,保险方的赔偿责任是对投保方在事故发生当时实际损失负责赔偿,但最高以保险标的的保险金额为限。另有协议,从协议。投保方要求保险方赔偿时,应当提供损失清单和施救等费用清单以及必要的帐册、单据和证明。保险方收到投保方要求赔偿的单证后,根据保险合同的规定,核定应否赔偿;在与投保方达成有关赔偿金额协议后,应在 10 天内偿付。本案中,双方签订的保险合同为有效合同,并且,投保方兰花公司及时交付了保险费,保险方也及时出具了保险单。在保险期限内,兰花公司在发生火灾后,履行了向保险公司提出索赔通知书等义务,又不存在除外责任。保险公司应根据保险合同规定对实际损失赔偿。

(冯彦彬)

23. 九江市乡镇企业供销总公司诉都昌县物资再生利用公司等钢材保管合同案

(一)首部

1. 判决书字号:江西省九江市中级人民法院(1994)九经初字第 52 号。

2. 案由:钢材保管合同案。

3. 诉讼双方

原告(反诉被告):江西省九江市乡镇企业供销总公司。

法定代表人:代海彦,总经理。

委托代理人：王际民，江西省九江市海事律师事务所律师。

被告（反诉原告）：江西省都昌县物资再生利用公司。

法定代表人：高文祥，经理。

委托代理人：曹玉庆，江西省都昌县律师事务所律师。

被告（反诉原告）：都昌县金属材料公司。

法定代表人：卢开松，经理。

委托代理人：邱遵高，江西省都昌县律师事务所律师。

4. 审级：一审。

5. 审判机关和审判组织

审判机关：江西省九江市中级人民法院。

合议庭组成人员：审判长：秦健；代理审判员：李庐、张再生。

6. 审结时间：1994 年 10 月 13 日。

（二）诉辩主张

1. 原告诉称：1993 年 12 月，原告将外购的一批普通螺纹钢售给都昌县造船厂，因购销双方对此批钢材质量认识有分歧致使销售未成。随后，原告征得两被告同意，将此批钢材 53.3185 吨分别存放在两被告处。由于两被告在存放期间未能依约履行保管责任，致使此批钢材灭失，给原告造成了严重的经济损失。要求判令两被告：(1)返还同种类同规格的 53.3185 吨钢材或赔偿经济损失 19 万元；(2)负担本案诉讼费。

2. 被告都昌县物资再生利用公司辩称：原告存放一批钢材在我公司是事实。但我公司无义务返还此批劣质钢材，无责任赔偿其经济损失。理由是：(1)根据《中华人民共和国标准化法》第十四条、第十五条第二款之规定，无生产许可证、无质量保证书、无检验合格证明的产品是禁止出厂销售的，而原告存放在我公司的这批钢材就是这样的“三无”产品，并且原告对这批钢材实施了销售行为；(2)该批“三无”钢材既已出厂，原告购买之后又销售给都昌县造船厂，已充分说明该批钢材已进入了流通领域；(3)我公司接受该批钢材是委托代销的，但由于情况的变化，原告玩弄法律游戏，变代销为保管，原告的目的是为了逃避法律的制裁，不可纵容；(4)江西省都昌县技术监督局实施查处行为是由于原告将该批“三无”钢材销售给都昌县造船厂又转至我公司，是就地查封、没收，并非其他原因；(5)我公司无法返还该批劣质钢材，因这批钢材我公司没有遗失，而是都昌县技术监督局依法予以行政没收；(6)都昌县技术监督局虽然填写的处罚单位是我公司，但钢材的所有权并未转移，仍属原告所有，没收的是原告的钢材，原告是明知的，原告曾多次派员或委托他人进行协调，力求挽回自已的损失，均未果。同时，由于原告企图用协调的办法解决问题，人为地导致我公司贻误了提起行政诉讼期限。都昌县物资再生利用公司反诉称：我公司为原告保管钢材，原告应支付保管费用；都昌县人民法院在强制执行原告的劣质钢材时，我公司代原告垫付了执行费，原告应予偿还。

被告都昌县金属材料公司答辩理由及反诉请求同上。

（三）事实和证据

1993 年 12 月，原告将外购的一批普通螺纹钢（规格不等）销往江西省都昌县造船厂，该厂提出钢材质量不符国家标准，拒绝接受。原告在获得两被告同意的情况下，于 1994 年 1 月中旬分别将 26.509 吨螺纹钢和 26.8095 吨螺纹钢存放在江西省都昌县物资再生利用公司和江西省都昌县金属材料公司，两被告分别于 1994 年 1 月 30 日、31 日向原告出具了书面保管手续。两被告在保管期间，未征得原告同意，擅自销售了一部分保管的钢材。1994年1月，江西省都昌县技术监督局接到群众举报，对该批钢材进行跟踪监督，并将该批钢材随机抽样送江西省产品质量监督检验所检验，该批钢材被判定为劣质品，该局于1994年3月23日以两被告经销劣质钢材为由，依法将都昌县物资再生利用公司库存的25.691吨钢材和都昌县金属材料公司库存的26.8091吨钢材予以没收，并申请江西省都昌县人民法院强制执行。两被告在执行过程中向都昌县人民法院支付了38000元执行费。都昌县人民法院在执行过程中将该批钢材以1130元/吨废次钢材价格交都昌县物资再生利用公司回收。经查，都昌县技术监督局没收两被告库存的钢材实属原告委托两被告保管的钢材，因两被告无法返还原告委托保管的53.3185吨钢材，原告向其索赔未果，遂于1994年4月19日起诉来院。

另查明：两被告保管原告的钢材的实际保管期为35天。参照长江航运公司九江港务管理局对钢材存放收取保管费核定标准，为存放期在一个月之内的按0.20元/吨天收取；存放期超过一个月的，超过一个月的天数按0.30元/吨天收取。1985年10月15日中华人民共和国商业部、对外经济贸易部、国家物资局颁发的《仓储保管合同实施细则》第二十五条第三款规定："其他违约行为，给对方造成经济损失的，一律赔偿实际损失。"

以上事实有下列证据证明：

1. 都昌县物资再生利用公司于1994年1月30日向原告出具的书面保管证明。

2. 都昌县金属材料公司于1994年1月31日向原告出具的书面保管证明。

3. 都昌县技术监督局于1994年5月31日出具的关于跟踪监督证明。

4. 都昌县技术监督局于1994年7月18日出具的关于没收劣质钢材经过的证明。

5. 九江港务管理局于1994年6月6日出具的关于钢材保管费标准的证明。

6. 原告提供的购买钢材的购销合同、调拨单、金属材料质量保证书复印件。

7. 都昌县人民法院于1994年5月10日出具的有关强制执行情况的证明。

8. 都昌县技术监督局有关两被告经销劣质钢材的调查笔录的复印件。

9. 江西省产品质量监督检验所出具的检验报告的复印件。

10. 都昌县技术监督局(都)技监罚字(94)第0104号行政处罚决定书副本、(都)技监罚字(94)第0103号行政处罚决定书副本抄件。

(四)判案理由

九江市中级人民法院在查清事实的基础上认为：

原、被告之间所形成的仓储保管合同关系，有保管手续证明，双方已予认可，合法有效。两被告称名为保管实为代销，查无实据，本院不予认定。两被告在保管期间未尽保管义务，擅自经销原告交其保管的钢材，致使该批钢材全部被都昌县技术监督局没收，给原告造成经济损失，两被告应负主要责任。因这批钢材属劣质钢材，原告在委托两被告保管之前将该批劣质钢材销往都昌县造船厂，也是致使都昌县技术监督局没收该批钢材的重要原因，故原告也有过错，应承担相应责任。原告要求两被告按合格钢材价值赔偿，显属无理。两被告依据仓储保管合同反诉原告偿付保管费，应予支持。至于两被告反诉原告偿付行政处罚决定强制执行费的请求，因原告不是该行政处罚决定的被处罚人，故对两被告要求原告偿付执行费的反诉请求不予支持。

(五)定案结论

依照《中华人民共和国经济合同法》第三十八条第一项和中华人民共和国商业部、对外经济贸易部、国家物资局颁布的《仓储保管合同实施细则》第二十五条第三款之规定，作出判决如下：

1. 被告都昌县物资再生利用公司(反诉原告)赔偿原告(反诉被告)经济损失20968.62元，原告(反诉被告)偿付被告都昌县物资再生利用公司(反诉原告)仓储保管费198.82元。两项相抵后，被告都昌县物资再生利用公司应偿付原告20769.80元。

2. 被告都昌县金属材料公司(反诉原告)赔偿原告(反诉被告)经济损失21206.31元，原告(反诉被告)偿付被告都昌县金属材料公司(反诉原告)保管费201.07元，两项相抵后，被告都昌县金属材料公司应偿付原告21005.24元。

3. 驳回两被告(反诉原告)其他反诉请求。

本案受理费6100元，由两被告各承担2135元，原告负担1830元；反诉案件受理费550元，由原告负担150元，两被告各负担200元。

(六)解说

本案的案情并不复杂，但是在案件讨论中对两被告的责任如何确定有三种意见应引起我们一定的思考。

第一种意见认为，两被告在保管期间未尽保管义务，擅自经销原告交其保管的钢材，致使该批钢材全部被都昌县技术监督局没收，给原告造成经济损失，两被告应承担全部责任。原告在委托两被告保管之前将此批钢材销往都昌县造船厂，并不是致使该批钢材被没收的直接原因，如果都昌县技术监督局是因原告经销劣质钢材而作出没收的处罚决定，那么被处罚人应是原告而不是两被告，但是本案中都昌县技术监督局是对两被告进行没收处罚的。可见，原告在保管之前的销售行为与都昌县技术监督局的没收处罚决定无直接因果关系。

第二种意见则持相反的观点，认为两被告对原告的钢材被没收不负任何责任，理由是该批钢材属劣质钢材，是都昌县技术监督局作出没收处罚的主要对象，且原告在保管之前有经销劣质钢材的行为，只是该行为未被都昌县技术监督局及时查处，如果追究两被告的责任，则纵容支持了原告经销劣质钢材和转嫁损失的行为，有违公正。

第三种意见认为，原、被告之间钢材保管合同关系成立，两被告在保管期间擅自经销所保管的钢材属违约行为，两被告对其违约行为造成的法律后果应承担主要责任。原告在保管之前的经销劣质钢材的行为属非法行为，也是致使都昌县技术监督局没收此批钢材的重要原因，故原告对钢材被没收也应承担一定责任。

第三种意见既依法追究了两被告的违约责任，又考虑到原告在保管之前的经销劣质钢材行为也是致使都昌县技术监督局进行处罚的重要原因，维护了法律的严肃性和公正性。江西省九江市中级人民法院采纳了第三种处理意见，我认为是正确的。

(李　庐)

24. 桂林天和制药厂诉中国对外贸易租赁公司融资租赁合同案

（一）首部

1. 判决书字号

一审判决书：广西壮族自治区桂林市秀峰区人民法院(1994)秀经初字第83号。

二审判决书：广西壮族自治区桂林市中级人民法院(1994)桂市经终字第63号。

2. 案由：融资租赁合同案。

3. 诉讼双方

原告(被上诉人)：桂林天和制药厂。

法定代表人：谭桂发，厂长。

诉讼代理人(一审、二审)：郑法，桂林市中心律师事务所律师。

诉讼代理人(一审、二审)：刘昭波，桂林市南方律师事务所律师。

被告(上诉人)：中国对外贸易租赁公司。

法定代表人：杨振有，总经理。

诉讼代理人(一审、二审)：朱建晨，该公司法律顾问。

诉讼代理人(一审、二审)：王渝生，北京市经济律师事务所律师。

4. 审级：二审。

5. 审判机关和审判组织

一审法院：广西壮族自治区桂林市秀峰区人民法院。

合议庭组成人员：审判长：李日升；代理审判员：李明军、杨彤。

二审法院：广西壮族自治区桂林市中级人民法院。

合议庭组成人员：审判长：李拴记；审判员：史旭乐；代理审判员：韩万有。

6. 审结时间

一审审结时间：1994年9月14日。

二审审结时间：1994年11月15日。

（二）一审诉辩主张

原告诉称：我厂与被告中国对外贸易租赁公司订立一份租赁合同，由我厂向被告租用法国产纱布折叠机设备一套，被告提供的设备不合格，经两次商检确认为设备质量问题是设备品质缺陷，原告提出异议后，被告已提起国际仲裁，请求境外供货商赔偿。经仲裁审理，裁决境外供货商向被告中国对外贸易租赁公司支付设备修理费，由被告自行修复所购设备。但被告未予履行，请求法院判令被告修复设备，使其性能、质量符合双方约定的标准，修理费由被告负担。

被告辩称：原告与被告已在租赁合同中约定，所租设备如果在质保期内发生属于卖方责任的问题时，被告同意将订货合同中规定的索赔权转让给原告，本案讼争的设备质量问题属购销合同中卖方的责任，原告应向卖方索赔，不应起诉被告，建议驳回原告诉讼请求。

（三）一审事实和证据

桂林市秀峰区人民法院经调查和审理查明：1989 年 1 月 20 日，被告中国对外贸易租赁公司作为买方与卖方香港华英隆有限公司签订一份国际订货合同，由中国对外贸易租赁公司向香港华英隆有限公司购买一套法国产 MABO－TEX 纱布层折叠机设备，用以出租给原告桂林天和制药厂使用。该合同约定了仲裁条款。同时，买卖双方和承租方桂林天和制药厂在北京还签订了关于设备的技术纪要，进一步明确了所购设备的性能和技术质量标准。之后，被告中国对外贸易租赁公司与原告桂林天和制药厂于 1989 年 1 月 21 日在北京签订了租赁合同，约定由被告将其从香港购进的纱布层折叠设备一套出租给原告桂林天和制药厂使用，租赁期为 36 个月，租赁期内设备所有权属于被告中国对外贸易租赁公司，设备在质保期内发生属于卖方责任的质量问题时，被告同意将购货合同中规定的索赔权转让给原告。租赁期满后，被告中国对外贸易租赁公司以 10 元名义货价将设备售予原告桂林天和制药厂。1990 年 1 月，设备运至原告处，经调试，技术质量达不到要求，1990 年 6 月 29 日，经广西进出口商品检验局检验，确认“该机器目前存在质量问题，暂不能投入使用”。后经卖方香港华英隆有限公司派员进行维修，该设备仍不能达到合同规定的质量要求。1992 年 2 月 1 日，广西进出口商品检验局再次检测，认定设备的性能质量问题，属于该机原有之品质缺陷，不能正常运转。为此，被告中国对外贸易租赁公司依约向中国国际经济贸易仲裁委员会申请仲裁，要求被诉人香港华英隆有限公司赔偿损失。该仲裁委员会立案审理后，以(94)贸易仲字第 001 号裁决书裁决由卖方香港华英隆有限公司支付 14000 美元修理费，由买方中国对外贸易租赁公司自行修复设备。但被告中国对外贸易租赁公司至今未对该设备进行修复。

上述事实有下列证据加以证明：

1. 中国对外贸易租赁公司与香港华英隆有限公司签订的国际订货合同。

2. 广西进出口商品检验局两次检测确认书。

3. 中国国际经济贸易仲裁委员会(1994)贸易仲字第 001 号裁决书。

4. 中国对外贸易租赁公司与桂林天和制药厂签订的租赁公司。

（四）一审判案理由

桂林市秀峰区人民法院鉴于上述事实和证据认为：

1. 根据《中华人民共和国经济合同法》第四条以及第五条的规定，原告桂林天和制药厂与被告中国对外贸易租赁公司所订立的租赁设备合同，是经过双方协商一致后签订的，内容符合国家法律规定，认定该合同依法成立，为有效合同，对合同双方具有法律约束力。

2. 根据《中华人民共和国经济合同法》第三十九条第二项第二目“未按合同规定质量提供出租财产，负责赔偿由此而造成的损失”的规定，被告中国对外贸易租赁公司出租给原告桂林天和制药厂的设备不符合合同规定的质量标准，且中国国际经济贸易仲裁委员会已裁决香港华英隆有限公司向其支付机器设备修理费，由其自行进行修复所购机器设备，而中国对外贸易租赁公司至今未对其出租的机器设备所存在的质量问题进行修复，应承担违约责任。

3. 被告中国对外贸易租赁公司以已将索赔权转让给原告桂林天和制药厂为理由请求驳回原告的诉讼请求，没有事实根据，也不符合融资租赁合同法律规定，不予支持。

（五）一审定案结论

根据《中华人民共和国民法通则》第八十八条第一款、第一百零六条第一款以及第一百三十四条第一款的规定，桂林市秀峰区人民法院于 1994 年 7 月 5 日作出判决：

被告中国对外贸易租赁公司在本判决生效之日 起 60 日内修复其出租给原告桂林天和制药厂的纱布折叠机设备，使其性能质量符合原告与被告在租赁合同中的约定，修理费用由被告负担。

案件受理费及其他诉讼费共计人民币 5330 元，由被告负担。

（六）二审情况

一审判决后，被告中国对外贸易租赁公司不服，提出上诉称：融资租赁进口设备瑕疵责任应由供货商承担，而本案设备供货商是香港华英隆有限公司。根据中国国际经济仲裁委员会（94）贸易仲字第 001 号裁决书终局裁决由香港华英隆有限公司支付设备修理费 14000 美元给申诉人，该设备由申诉人自行修复，该裁决的申诉人名为上诉人，实为被上诉人，原审判决将供货商的责任转移给出租方，上诉人不能接受。

桂林市中级人民法院经审理认为：

上诉人与被上诉人经平等协商一致后所签订的融资租赁设备合同，当事人双方意思表示真实，也不违反我国法律，为有效合同。上诉人出租给被上诉人的机械设备的质量不符合合同规定的技术质量标准，依法应承担民事违约责任。而且，上诉人也已经行使其在与港商签订的购货合同中的索赔权利，通过仲裁程序取得了相应的产品质量赔偿金，因而上诉人不应该将纠纷归责于被上诉人，拒绝修复其所出租的机械设备。上诉人认为原审判决对仲裁委员会的裁决进行再判决，将供货商的责任转给出租方，与事实不符，法院不予支持。原审判决认定的事实清楚，证据确实，是非分明，适用法律正确，处理恰当。

桂林市中级人民法院依照《中华人民共和国民事诉讼法》第一百五十三条第一款第（一）项的规定，作出如下判决：

1. 驳回上诉，维持桂林市秀峰区人民法院（1994）秀经初字第 83 号民事判决。

2. 上诉人如不修复设备，则支付 14000 美元修复费给被上诉人。

本案二审诉讼费 5330 元人民币，由上诉人负担。

（七）解说

融资租赁是我国改革开放和对外经济贸易事业迅速发展，对外经济交往中出现的一种新的经营方式。融资租赁合同是由购货合同和租赁合同两个不同性质但有关联的合同所构成。它是由出租人购买承租人选定的设备（大多数是向外商购买），并将其出租给承租人，在一定期限内有偿使用，承租人在承租结束后，向出租人支付一定的产权转让费（名义货价），租赁设备即归承租人所有。

在处理这类案件中，关键是要正确认定合同三方当事人的地位和各自的权利义务。出租人在购货合同中处于买方的地位，在租赁合同中处于出租人的地位，他的义务是负责按合同的要求向卖方购回承租人选定的设备租给承租人，并对其所提供的租赁设备质量负责。其权利是向承租人收取相应的租金。承租人与境外的卖方之间并无直接的合同关系。如境外的卖方所供设备不符合质量要求，应由买方即出租人依法向卖方索赔，如出租物质量不符合要求，应由出租人负责。承租人并没有直接向境外卖方索赔的权利。本纠纷案中，出租人所购买并出租给承租人使用的设备存在原机性能品质缺陷的质量问题，承租人向出租人提出修复请求是合理合法的，而出租人在行使权利向境外卖方索赔胜诉后，却不履行义务，将其出租给承租人使用的设备进行修复，并将责任推卸给承租人，这是错误的，出租人依法应承担民事责任。

（莫荣华）

25. 史天义等诉南宁机务段开发服务公司仓储合同货物损失赔偿案

（一）首部

1．判决书字号

一审判决书：南宁铁路运输法院（1994）南铁经初字第4号。

二审判决书：柳州铁路运输中级法院（1994）柳铁中经终字第12号。

2．案由：仓储合同货物损失赔偿案。

3．诉讼双方

原告（被上诉人）：史天义，河南省许昌市橡胶二厂退休工人。

原告（被上诉人）：樊书堂，河南省许昌市外贸粮油公司退休干部。

被告（上诉人）：南宁机务段开发服务公司。

法定代表人：覃飚，经理。

委托代理人（一审、二审）：詹克俭，广西铁道律师事务所律师。

委托代理人（二审）：黄焕光，广西经济律师事务所律师。

4．审级：二审。

5．审判机关和审判组织

一审法院：南宁铁路运输法院。

合议庭组成人员：审判长：滕浩；审判员：马晓谦；代理审判员：邓诗中。

二审法院：柳州铁路运输中级法院。

合议庭组成人员：审判长：詹柳俐；审判员：胡青兮、徐桂诚。

6．审结时间

一审审结时间：1994年6月6日。

二审审结时间：1994年8月29日。

（二）一审诉辩主张

原告诉称：1994年1月17日上午，我们从卖主刘锦华处买了存于被告货场5—4号仓库的八角6180斤，换装（内加塑料袋）成103件，每件八角净重60斤，每斤价格10.8元，总货款66590元。当天下午5时，被告为我们办理了103件八角转储入仓手续，八角存放在5—4号仓库，并将提货凭证交给我们，叫我们自已加锁仓门。第二天上午约9时，我们打开仓门时，发现八角堆码异常。经检查发现被人用假八角换走了我们的好八角62件，造成实际损失41760元。被调包的主要原因是被告没有坚持检票制度，使刘锦华能在无提货凭证的情况下，开汽车进货场换走我们的八角，违反了《经济合同法》第三十八条的规定，请求法院判令被告赔偿我们的经济损失51054元，其中八角货款41760元，三个月的银行利息3000元，差旅费2000元，仓储保管费1840元及诉讼费。

被告辩称：我方与原告之间是房屋租赁法律关系，根本不存在仓储保管的法律关系。1994年1月18日，原告从刘锦华处购买八角后，与我司租用5—4号仓库存放该批八角，租金每天20元，其他一切事宜均由原告自己负责。原告樊书堂自买锁头将该仓门锁上，可见该批货物完全由原告自己保管，在租赁期间八角被调包完全是原告方自己的责任，由此造成的损失，我方一概不予承担。

（三）一审事实和证据

南宁铁路运输法院经公开审理查明：原告史天义、樊书堂合伙到南宁做八角生意。1994年1月17日上午，在南宁机务段开发服务公司货场5—4号仓向卖主刘锦华购买八角6180市斤，每斤价格10.8元，计付货款66590元。经换装（内加塑料袋）103件，每件净重60斤，重新存于5—4号仓内。刘取走原锁告知樊自行买锁锁仓。刘带樊到货场附近小店由刘付钱买铁锁一把，在返回货场途中刘把锁及四把钥匙交给樊，约12时，樊、史锁好仓门后离去。当天下午5时许，买主、卖主和货场三方在货场办公室交款和办理仓储手续。刘将原5—4号仓货主姓名为曾上礼，编号9400009的提货凭证交还货场经办人黎昌华，黎核收刘截止至1月17日的仓储费，并为原告办理了5—4号仓的仓储手续，进仓登记编号为9400025，存根联由被告存查，提货凭证作为货主提货联交给原告。进仓登记存根与提货凭证证明：存货单位河南，货主姓名史天义，货物名称八角，货物数量自理，存放仓库5—4号仓，进仓时间1月18日，备注栏写收费标准20元/天。当晚11时许，一男子（原告诉称为刘锦华）请百色市机械厂司机韦胜旗用东风牌货车装载假八角和装卸工开到被告货场铁门外，被告方货场值班员许宏在该男子无提货凭证，又不核对进仓登记的情况下，即打开货场铁门，让汽车进入货场停在5—4号仓旁。该男子顺利打开门锁，和同来的装卸工进5—4号仓将原告存放于仓库内的62包八角调包后拉走。许当时在场未做任何干预和盘查。1月18日上午9时左右，原告樊书堂来到货场，当打开5—4号仓门时，发现八角堆码异常，经检查发现有假八角62件，原存放的好八角62件被调包换走。原告当即与被告交涉，被告以仓库门锁未损坏为由答复不负责任。原告即向公安机关报告。1月23日，原告史天义将剩余八角41件加补买的8件共49件提走自行处理。1月25日，公安机关对存于5—4号仓的假八角进行扣押查封。经广西区卫生防疫站等部门对被扣八角进行鉴定，认为这62件是假八角，属有毒物质，不能食用，没有价值。

以上事实有下列证据证明：

1. 樊书堂、史天义、许宏、韦胜旗、黎昌华、郑概胜、唐志斌等人的调查笔录。

2. 五里亭派出所的证明。

3. 9400009号和9400025号仓储进仓登记。

4. 提货凭证联的复印件和原件。

5. 扣押物及清单。

6. 鉴定收款收据及鉴定现场记录。

7. 原告购买的加锁于5—4号仓库的锁及钥匙。

（四）一审判案理由

南宁铁路运输法院鉴于上述事实认为：原、被告双方签订的八角进仓保管关系是仓储保管合同关系。进仓登记和提货凭证记载的存货单位、货主姓名、货物名称、货物数量、仓库号码、进仓时间、出仓时间、包装材料、收费等项内容及在货场值班室墙上悬挂的“货场安全制度”、“租用仓库客户须知”均是合同条款，符合《经济合同法》第二十二条、《仓储保管合同实施细则》第二条、第四条、第七条规定的基本内容，它反映了原、被告之间的权利义务关系，体现了仓储合同的本质特征。被告认为原、被告之间是房屋租赁关系，不符合客观事实和法律规定。经查被告营业执照的经营范围也有仓储业务，并无房屋租赁业务，故被告以原、被告之间是房屋租赁关系的辩称不能成立。被告值班人员无视仓储保管合同的规定，不查验提货凭证，不核对进仓登记，不办理任何进出货手续，致使他人能顺利进入仓库，以假换真，换走八角62件，对此造成的经济损失应承担主要责任。原告在与被告签订仓储合同时，没有真实全面了解双方的权利义务，并在履行存储八角买锁自理过程中有疏漏之处，对八角被人调包造成的经济损失，应负次要责任。原告提出的赔偿银行利息和差旅费的诉讼请求，不属于仓储合同赔偿范围，不予支持。原告计算实际损失41760元有误，应为40176元。62件假八角为有毒物质，不能食用，已无价值。原告储存八角计算仓储时间应从1月18日起至23日止，共6天。其余时间和公安机关查封假八角期间不应计算为原告仓储八角时间。

（五）一审定案结论

根据《中华人民共和国经济合同法》第三十八条和第二十九条的规定，南宁铁路运输法院于1994年6月6日作出判决：

1. 被告南宁机务段开发服务公司负责赔偿货物损失的70%，即给付原告史天义、樊书堂赔偿金28123.2元。

2. 原告史天义、樊书堂对货物损失的30%，即12052.8元自负。

3. 原告给付被告仓储费120元。

4. 封存在5—4号仓的62件假八角由被告负责处理。

案件受理费1954元，由被告承担1367.8元，原告承担586.2元。

（六）二审情况

一审判决后，被告南宁机务段开发服务公司不服判决，以一审法院判决定性错误，判决被告承担赔偿责任没有法律依据，此案属于刑事案件，应移交有管辖权的公安机关等为由，提出上诉。

柳州铁路运输中级法院认为：上诉人与被上诉人双方于1994年1月17日下午办理的9400025号仓储手续，保管方（上诉人）持货物进仓登记联（存根），存货方（被上诉人）持货主提货凭证联，两联记载的内容均有存货单位、货主姓名、货物数量、仓库号码、进仓时间、出仓时间、包装材料、收费等项，符合《经济合同法》第二十二条、《仓储保管合同实施细则》第二条、第四条、第七条规定的基本内容。它是一种灵活方便的仓储合同形式，是书面的有效合同。上诉人称双方之间是房屋租赁关系，不符合客观事实和法律规定，经查上诉人营业执照的经营范围有仓储业务而无房屋租赁业务。上诉人又称此案属刑事案件，应移交有管辖权的公安机关。经查，刘锦华在逃，其不是本案一方当事人，亦无证据证实本案一方当事人参与犯罪。上诉理由不能成立。原审判决认定上诉人的值班人员无视仓储保管合同规定，不查验提货凭证，不核对进仓登记，不办理任何进出货场手续，致使他人顺利进仓，以假换真，换走八角62件，对此造成的经济损失承担主要责任，是正确的。

柳州铁路运输中级人民法院根据《中华人民共和国民事诉讼法》第一百五十三条第一款第（一）项规定，判决如下：

驳回上诉，维持原判。

二审案件受理费1954元和其他诉讼费500元由上诉人负担。

(七)解说

仓储合同,也称为仓储保管合同,是指根据双方当事人的约定,一方为他方提供仓储保管服务的合同,在仓储合同关系中,一方为存货方,另一方为保管方(也称为仓库营业人)。就实质而言,仓储合同属于保管合同。租赁合同是一方当事人将某一特定的财产(包括动产和不动产)交与另一方使用,另一方当事人支付租金并于使用完毕后返还原物的合同,租赁合同所转让的是财产使用权。可见,仓储合同与租赁合同有着明显的区别。

此案一、二审都能够紧紧抓住双方当事人争议的焦点,明确双方的合同是仓储合同还是房屋租赁合同,为此收集材料,进行认真的庭审调查,用充足的证据证实双方的法律关系是仓储合同,不是房屋租赁合同,同时还查明原告在履行仓储合同中,没有真实全面了解双方的权利义务,并有疏漏之处,应相应地负一定责任。案件的定性准确,责任分明。另外二审法院能够针对上诉人的上诉理由,一条一条地进行批驳,有理有据地说明了不予支持的理由。

(陈幸福)

26. 鞍钢建设公司海南公司诉海口市房地产投资开发公司垫资装修工程合同担保案

(一)首部

1. 判决书字号

一审判决书:海南省海口市新华区人民法院(1994)新经初字第118号。

二审判决书:海南省海口市中级人民法院(1994)海中法经终字第66号。

2. 案由:垫资装修工程合同担保案。

3. 诉讼双方

原告(上诉人):鞍钢建设公司海南公司。

法定代表人:许永仕,总经理。

委托代理人:徐海峰,中国法律事务中心律师。

被告(被上诉人):海口市房地产投资开发公司。

法定代表人:刘景森,经理。

委托代理人:付增玉,海南天宇律师事务所律师。

4. 审级:二审。

5. 审判机关和审判组织

一审法院:海南省海口市新华区人民法院。

合议庭组成人员:审判长:夏治强;人民陪审员:陈治平、邱崇孝。

二审法院:海南省海口市中级人民法院。

合议庭组成人员:审判长:林道科;审判员:李其生;代理审判员:符平山。

6. 审结时间

一审审结时间:1994年7月23日。

二审审结时间:1994 年 10 月 13 日。

(二)一审诉辩主张

原告及其委托代理人诉称:1990 年 6 月 5 日,原告与海口神马实业开发公司(以下简称神马开发公司)签订了垫资装修神马宾馆工程承包合同一份。合同规定:由原告为神马宾馆装修工程垫资 230 万元,垫资期限为一年,同时,神马开发公司的归还能力由被告全权担保。签约后,原告依约全部履行了义务。神马开发公司在原告拨付最后一笔垫资款时,也抵兑现了原告应得的工程承包利润 13 万元。但在原告为该工程所垫资逾期后,神马开发公司仅退还 160 万元,被告对此也未尽其担保义务。

原告认为:由于债务人神马开发公司下落不明,已经消失,被告作为全权担保人,理应承担偿还责任。依照中华人民共和国最高人民法院具体适用《中华人民共和国民事诉讼法》的若干问题解答"如果被保证人已经终止或消失,则可将保证人作为被告"之规定,诉请法院判令被告为神马开发公司清还所欠原告的垫资本息。

被告辩称:1990 年 6 月 5 日,被告出具保函为神马开发公司担保原告实际垫资金额本息是事实。但在垫资期限满后,原告从未向被告主张其权利,其责任在于原告。况且,在原告应向被告主张权利期间,又与债务人神马开发公司达成还款计划,此行为的实施,应确认其双方已重新达成新的民事法律关系,因此,被告依法不应承担本案的任何责任。

(三)一审事实和证据

海口市新华区人民法院经公开审理查明:1990 年 6 月 5 日,原告与神马开发公司经协商一致,双方达成垫资 230 万元装修神马宾馆(即现在的海都酒店)的工程承包合同。合同规定:由原告在同年 12 月 15 日前将垫资款全部汇入神马开发公司在海口市建行海秀办事处开设的 261103 帐号内,垫资期限为一年,而神马开发公司在原告的垫资款进帐后,应于 1991 年 8 月 5 日和同年 12 月 15 日分别退还 100 万元和 130 万元本息给原告(利息按国家银行规定计)。逾期归还每拖欠一个月,按应归还本息金额的 2%罚款,并按月交付原告。在签约的当日,原告与神马公司约定垫资的数额,被告出具函件为神马开发公司担保,担保范围限于原告实际垫资金额本息。垫资合同于 1990 年 12 月 4 日经海南省公证处办理公证手续。签约后,原告依合同约定的汇款帐号于 1990 年 7 月 8 日、同年 12 月 4 日、同年 12 月 12 日和同年 12 月 15 日先后付给神马开发公司 217 万元(未包括神马开发公司依约抵兑现给原告承包该工程所应得的利润 13 万元在内)。期满后,神马开发公司于 1992 年 4 月 3 日还给原告 80 万元。同年 5 月 25 日,神马开发公司擅自以书面向原告要求,余款同意其司于同年 6 月和 7 月底各还 60 万元,同年 8 月底还清。原告收到该函后,未予答复,也未告知被告。同年 7 月 10 日,神马开发公司通过海口海都酒店还给原告 60 万元。至 1993 年 3 月 8 日,原告称该司曾以函件要求神马开发公司并被告还款,但未提供证据证实。1993 年 3 月 20 日和同年 4 月 15 日,神马开发公司又分别通过海都酒店一共还给原告 20 万元,余款一直未还。另查,神马开发公司于 1992 年变更为海口发华利有限公司后,从 1993 年度起,未办理年检手续,办公住所不详,去向不明。

上述事实有下列证据证明:

1. 原告与神马开发公司于 1990 年 6 月 5 日签订的垫资装修神马宾馆工程合同书。

2. 被告于 1990 年 6 月 5 日出具的保函。

3. 神马开发公司于 1992 年 5 月 25 日发给原告的还款计划函。

4. 法院依职权从海口市工商局搜集的有关神马开发公司的注册、登记证明材料。

5. 神马开发公司向原告出具的收据。

6. 神马开发公司委托海口海都酒店向原告还款的银行进帐单据。

(四)一审判案理由

海口市新华区人民法院经审理认为:

原告于1990年6月5日与神马开发公司签订的垫资装修工程合同业经海南省公证处的公证证明,应确认具有法律的约束力。被告在原告与神马开发公司签约的同时,出具保函为神马开发公司担保,其意思表示真实,并为原告所接受,根据中华人民共和国最高人民法院关于审理经济合同纠纷案件有关保证的若干问题的规定中,有关"保证人以书面形式向债权人表示……并为债权人接受的保证合同成立"的规定,应确认其担保关系成立。原告依约垫资217万元,神马开发公司收款期满后,退还本息80万元,余额避开被告致函向原告提出展期还清的要求,原告接函后,未予答复,继而接受了神马开发公司在提出该要求后的还款行为。根据《最高人民法院关于贯彻执行〈中华人民共和国民法通则〉若干问题的意见(试行)》第六十六条"一方当事人向对方当事人提出民事权利的要求,对方未用语言或者文字明确表示意见,但其行为表明已接受的,可以认定为默示"之规定以及最高人民法院关于"借款合同双方当事人未经保证人同意达成延期还款协议后,保证人不应继续承担担保责任"的批复精神,被告不应再承担保证责任。加上在保证期限内,原告从未向被告主张其权利。因此,根据中华人民共和国最高人民法院关于审理经济合同纠纷案中,有关"保证合同中约定有保证责任期限的,债权人在保证期限内未向保证人主张权利,保证人不再承担担保责任"的规定,被告在本案中诉辩是有法律依据的,且证据充足,应予以支持。原告诉请未能提供证据,也无法可依,不应予以采纳。

(五)一审定案结论

海口市新华区人民法院依照《中华人民共和国民事诉讼法》第一百二十八条、《中华人民共和国民法通则》第五十六条、《中华人民共和国企业法人登记管理条例》第二十二条之规定,作出如下判决:

驳回原告的诉讼请求。

案件受理费20972元,由原告承担。

(六)二审情况

1. 二审诉辩主张

上诉人诉称:由于海口发华利有限公司(即神马开发公司)的所谓要约未规定承诺期限,且在合理的时间内上诉人未予承诺,则该项要约已失去了法律效力。事实上,发华利公司并未按该要约确定的还款时间及数额还款,而是在1992年7月10日还60万元,其后也未按时还款,这说明发华利公司违反了自己的要约,使得该项要约本身失去了法律效力。发华利公司是债务人,上诉人有权在任何时候接受发华利公司的还款,不应受其要约的约束。原审判决认定发华利公司与上诉人达成新的法律关系,上诉人放弃了被上诉人应承担连带清偿责任之权利,是没有事实及法律依据的,请求二审法院撤销原判,判决被上诉人承担担保的连带清偿责任。

被上诉人辩称:被上诉人出具的保函所明确的保证责任期限是一年。在一年内,如主债务人未按期归还借款,则担保人按期归还。事实上,上诉人在本案起诉之前,从未在约定期间内向被上诉人主张权利，而是与主债务人交涉。根据最高人民法院关于“保证合同中约定有保证期限的，保证人在约定的保证责任期限内承担保证责任。债权人在保证责任期限内未向保证人主张权利的，保证人不再承担保证责任”的规定，被上诉人在该纠纷中不应承担保证责任。上诉人与主债务人在延长还款期限时，未征得被上诉人同意，因此，应视为成立了新的法律关系，解除了原来的担保合同。原审判决正确，请求二审维护原判。

2. 二审事实和证据

海口市中级人民法院经审理查明：1990 年 6 月 5 日，上诉人与海口神马实业开发总公司签订垫资装修神马宾馆工程合同一份，该合同约定的主要内容是：上诉人在同年 12 月 15 日前将垫资款人民币 230 万元汇入神马开发公司的帐户，垫资期限为一年。同日，被上诉人为上诉人与海口神马实业开发总公司所签的垫资合同出具担保函一份，其担保的主要内容是：230 万元的垫资款使用期限为一年，如神马开发公司不能按期如数归还本息，则由被上诉人按期归还。之后，即 1990 年 7 月 8 日、12 月 4 日、12 日和 15 日，上诉人分四次付给神马开发公司 217 万元。一年后，神马开发公司还给上诉人 80 万元。1992 年 5 月 25 日，发华利公司（即原神马开发公司）给上诉人写下了一份计划还款函，计划于同年 6 月底还 60 万元，同年 7 月底还 60 万元，余款 8 月底还清。上诉人收到该函后，一直未作答复。同年 7 月 10 日，神马开发公司通过海口海都酒店还给上诉人 60 万元，1993 年 3 月 20 日和同年 4 月 25 日，神马开发公司又通过海都酒店还给上诉人 20 万元，至今为止，神马开发公司已还给上诉人人民币 160 万元，余款一直未还。另查，神马开发公司于 1992 年变更为海口发华利有限公司。

二审同意一审认定的证据。

3. 二审判案理由

海口市中级人民法院经审理认为：上诉人与神马开发公司所订立垫资合同和被上诉人为该合同所作的担保，其内容符合法律规定，且是当事人的真实意思表示，所订合同和担保应确认有效。但在合同担保期限内，上诉人并未向被上诉人主张权利，也未征得担保人即被上诉人的同意即接受了主债务人所提出的延期还款要求。对此，担保人即被上诉人不应承担担保责任。上诉人上诉中所称的未收到海口发华利公司延期还款计划函的理由不符合事实，要求被上诉人承担责任也没有法律依据。因此，上诉应予驳回。原审认定事实清楚，处理正确，应予维持。

4. 二审定案结论

海口市中级人民法院根据《中华人民共和国民事诉讼法》第一百五十三条第一款第（一）项之规定，作出如下判决：

驳回上诉，维持原判。

本案一审受理费 20972 元，二审受理费 20972 元，共计 41944 元，均由上诉人负担。

（七）解说

本垫资装修工程合同担保案中，各主体之间的权利义务是清楚的，所涉及争议的主要是被告（被上诉人）应否承担连带清偿责任问题。在日常的民事活动中，必须强调的是，当主债务人不履行义务时，债权人应及时行使担保之债的债权。针对审判实践过程中，对合同的保证所引起的法律后果问题，最高人民法院以法发（1994）8 号文作了具体规定，即保证合同中约定有保证责任期限的，债权人在保证责任期限内未向保证人主张权利，保证人不再承担保证责任。最高人民法院法(经)复(1988)4号批复也明确指出:“未征得担保人同意,债权人和主债务人变更还款期限,应视为成立了新的法律关系,解除了原来的担保合同。”在本案中,原告(上诉人)在担保期限内,没有行使权利向被告(被上诉人)及时提出主张,并且在行为上接受了神马开发公司避开被告(被上诉人)擅自所提出的延期还款要求。原告(上诉人)与神马开发公司实施了此行为,很明显,是有悖于法律的有关规定的,从而也导致了原告(上诉人)自身的诉讼请求得不到法律的支持。因此,一审法院在查清事实的基础上,依法作出驳回原告的诉讼请求的判决,并得到二审法院的依法维持。不仅是对当事人合法权益和经济秩序的维护,而且对于不习惯和不善于用法律手段来维护自己利益的当事人来说,也是上了一堂极好的法制教育课。

(夏治强)

27. 四川省泸州长江液压件厂诉北京中国新技术发展贸易有限公司委托进口加工中心机床合同案

(一)首部

1. 调解书字号:四川省泸州市中级人民法院(1994)泸法经初字第249号。

2. 案由:委托进口加工中心机床合同案。

3. 诉讼双方

原告:四川省泸州长江液压件厂。

法定代表人:张保德,厂长。

委托代理人:罗应明,该厂法律顾问。

委托代理人:李鸣,该厂工程师。

被告:北京市中国新技术发展贸易有限公司。

法定代表人:萧漫子,总裁。

委托代理人:刘毅,该公司法律顾问。

委托代理人:高志忠,该公司总裁助理。

第三人:河北省石家庄拖拉机厂。

法定代表人:谷会诚,厂长。

委托代理人:周永祥,该厂进出口贸易公司副总经理。

委托代理人:付永强,该厂财务部副部长。

4. 审级:一审。

5. 审判机关和审判组织

审判机关:四川省泸州市中级人民法院。

合议庭组成人员:审判长:杨正律;审判员:白联洲;代理审判员:姜学东。

6. 审结时间:1994年11月15日。

(二)诉辩主张

原告诉称:1993年3月4日,原告与中国 新技术发展贸易有限公司易货贸易部在北京签订了93HOIN502、93HOIN503两份“委托进口协议书”。约定：易货贸易部为原告代理进口保加利亚MC032加工中心两台，IS630加工中心一台，总金额334万元。原告按约向贸易部汇去95%的货款共317.3万元。当设备运抵原告厂内后，经中华人民共和国四川进出口商品检验局检查，三台加工中心均存在严重质量问题。原告与易货贸易部双方于1994年4月和6月两次达成协议，由原告将两台MC032加工中心退给易货贸易部，易货贸易部退还原告货款182.4万元，于1994年9月1日前退清，超期每天罚款0.5‰；IS630加工中心降价40万元，降价款于1994年6月30日前全部付清，迟一天罚款0.5‰。现易货贸易部除退给原告10万元外，其余款项未退，也未按约将IS630加工中心安装调试验收合格后交付原告使用。原告请求人民法院责令被告退还三台加工中心的货款307.3万元，承付加工中心机床调试人员的食宿、电话等费及商检费共50202元，偿付原告直接经济损失97012元，IS630加工中心退还给被告，本案诉讼费用由被告承担。

被告辩称：中国新技术发展贸易有限公司易货贸易部是石家庄拖拉机厂与中国新技术发展贸易有限公司协议联办的专营易货贸易的组织，虽属中国新技术发展贸易有限公司管辖，实际只是挂靠被告，易货贸易部的主要人员系石家庄拖拉机厂组成，主要业务由石家庄拖拉机厂负责，且被告早与石家庄拖拉机厂约定，易货贸易部的债权债务均由石家庄拖拉机厂承担。本案合格被告应是石家庄拖拉机厂，中国新技术发展贸易有限公司不应作为本案被告，请求人民法院依法变更被告。

第三人辩称：中国新技术发展贸易有限公司易货贸易部是石家庄拖拉机厂与被告联营开办的机构，其实际经营者是石家庄拖拉机厂，其债权债务均由石家庄拖拉机厂承担，请求人民法院同意石家庄拖拉机厂以第三人身分参加诉讼，并请求原告同意石家庄拖拉机厂以其所有的其他机床设备折抵应退货款或分期付款方式偿还原告交付的设备款。

（三）事实和证据

四川省泸州市中级人民法院受理本案后，经审查明：1993年3月4日，原告长江液压件厂与中国新技术发展贸易有限公司易货贸易部（以下简称易货贸易部）在北京签订了93HOIN502、503两份“委托进口协议书”。协议书约定：易货贸易部为原告代理进口两台保加利亚MC032加工中心，一台保加利亚IS630加工中心，总金额334万元人民币；出现索赔问题，属外商责任的，由贸易部负责对外索赔；交货方式为加工中心安装调试验收测试合格后，原告正式接收机床。同年3月13日、10月14日、11月13日，原告按约分三次向易货贸易部汇去货款共计317.3万元。易货贸易部于同年4月9日在保加利亚国索菲亚与索菲亚ZMM公司签订售购10台加工中心机床合同，以易货贸易方式从保加利亚购得加工中心机床后，于1993年8月、1994年4月分两次将三台加工中心机床运抵原告厂内。经外观初检，原告认为三台加工中心机床质量不合协议要求，遂与易货贸易部发生争议。经过协商，双方于4月22日达成协议，并形成了退货退款降价的“会谈纪要”，内容为：两台MC032加工中心退给贸易部，182.4万元货款于1994年9月1日前全部退还给原告，超期每天罚款0.5‰；IS630加工中心降价40万元后由易货贸易部继续组织专家安装调试合格；降价的40万元于1994年6月30日前全部付清，迟一天罚款未付金额的0.5‰；以前的一切协议和合同失效。同年6月25日，原告和易货贸易部在泸州签订“协议书”，确认4月22日的协议有效。1994年6月，原告将两台MC032加工中心退给了易货贸易部指定的石家庄拖拉机厂接收。石家庄拖拉机厂进出口贸易部于1994年7月汇给原告10万元。其余款项易货贸易部未退。易货贸易部组织的保加利亚专家组对IS630加工中心机床进行了4个月的安装调试，未能成功，经中华人民共和国四川进出口商品检验局检验，IS630加工中心机床为不合格。保加利亚专家于1994年8月撤离原告处。此后，原告多次要求易货贸易部退还货款，承付其他费用，安装调试IS630加工中心机床未果。遂于1994年10月19日向人民法院起诉。诉讼中，河北省石家庄拖拉机厂向四川省泸州市中级人民法院申请参加诉讼。

四川省泸州市中级人民法院在审理中还查明：四川省泸州长江液压件厂、中国新技术发展贸易有限公司、河北省石家庄拖拉机厂，均具有法人资格，登记领取有企业法人执照，均属国有企业。中国新技术发展贸易有限公司为具有对外贸易经营权的贸易商，石家庄拖拉机厂为不具有对外贸易经营权的生产拖拉机的厂家，双方为发挥各自优势，开拓国外市场，开展易货贸易，协议组建中国新技术发展贸易有限公司易货贸易部。该易货贸易部主要经营易货进出口业务，享有中国新技术发展贸易有限公司其他各业务部同等的待遇，但不具有法人资格，未登记领取工商营业执照，主要从业人员为石家庄拖拉机厂职工或聘请的人员。中国新技术发展贸易有限公司负责计划、指导易货贸易部的工作，每年收取易货贸易部10万元的利润作管理费，石家庄拖拉机厂全权负责易货贸易部的经营。1994年4月18日，石家庄拖拉机厂与中国新技术发展贸易有限公司协议，双方的合作终止，易货贸易部于同年6月撤销，停止一切业务活动，易货贸易部的债权债务由石家庄拖拉机厂承担。

四川省泸州市中级人民法院在审理过程中，裁定准予河北省石家庄拖拉机厂以第三人身分参加本案诉讼，裁定驳回中国新技术发展贸易有限公司变更本案被告的诉讼请求。

以上事实有下列证据证明：

1. 原告与被告签订的“委托进口协议书”，退货退款降价的“会谈纪要”、“协议书”，被告与第三人签订的“合作协议书”，“解除合作协议书”。

2. 中华人民共和国四川进出口商品检验局商检报告单。

3. 汇款单据、各种费用单据、往来书信函。

4. 参加诉讼申请书。

5. 证人证言。

（四）判案理由

四川省泸州市中级人民法院认为：

1. 中国新技术发展贸易有限公司是本案合格被告。

中国新技术发展贸易有限公司易货贸易部不具有法人资格，未办理领取工商营业执照，仅是中国新技术发展贸易有限公司内设的组织，不具有民事权利能力和民事行为能力，不能对自己的行为负责。中国新技术发展贸易有限公司是企业法人，应对其法定代表人、其他工作人员和分支机构、内设机构的经营活动承担民事责任，应对易货贸易部的经营活动负责。根据中华人民共和国最高人民法院《关于适用〈中华人民共和国民事诉讼法〉若干问题的意见》第四十一条“法人非依法设立的分支机构，或者虽依法设立，但没有领取营业执照的分支机构，以设立该分支机构的法人为当事人”的规定，本案被告应是中国新技术发展贸易有限公司。

2. 河北省石家庄拖拉机厂可以作为本案第三人参加诉讼。

中国新技术发展贸易有限公司易货贸易部，是石家庄拖拉机厂与中国新技术发展贸易有限公司合作设立的组织，石家庄拖拉机厂对易货贸易部债权债务应承担责任，本案的处理结果与石家庄拖拉机厂有利害关系，根据《中华人民共和国民事诉讼法》第五十六条第二款"对当事人双方的诉讼标的，第三人虽然没有独立请求权，但案件处理结果同他有法律上的利害关系的，可以申请参加诉讼，或者由人民法院通知他参加诉讼"的规定，石家庄拖拉机厂可以第三人身分参加本案诉讼。

3. 四川省泸州长江液压件厂与中国新技术发展贸易有限公司易货贸易部签订的"委托进口协议书"、退货退款降价的"会谈纪要"、"协议书"，违反了我国有关合同成立有效的法律规定，属无效合同。《中华人民共和国民法通则》第五十五条第(一)项规定，民事法律行为具备的条件是"行为人具有相应的民事行为能力"；第五十八条第一款第(一)项规定，无民事行为能力人实施的民事行为无效；《中华人民共和国经济合同法》第七条规定，违反法律和国家政策、计划的合同是无效的经济合同。中国新技术发展贸易有限公司易货贸易部因不具备法人条件，未登记领取营业执照，不具有民事权利能力和民事行为能力，不具有合同主体资格，实施的民事行为无效，与四川省泸州长江液压件厂签订的几个协议违反了上述法律关于合同主体资格的规定，均属无效合同。

4. 中国新技术发展贸易有限公司应承担无效合同的主要责任，返还四川省泸州长江液压件厂的购货款；四川省泸州长江液压件厂承担无效合同的次要责任，退还加工中心机床给中国新技术发展贸易有限公司。

合同无效，原、被告均有责任。被告明知易货贸易部无民事权利能力和民事行为能力，不能对外签订合同而使其为之，应承担无效合同的主要责任；原告签订合同应查明易货贸易部是否具有民事行为能力而未查明，与之签订无效合同，应承担次要责任。原、被告双方签订无效合同，并无主观恶意，合同本身并未损害国家和社会公共利益，本案无效合同按各自返还财产，各自应负的责任承担因合同无效造成的损失的方式来处理。

(五)定案结论

四川省泸州市中级人民法院依照《中华人民共和国民法通则》第五十五条、第五十八条，《中华人民共和国经济合同法》第七条的规定，认定中国新技术发展贸易有限公司易货贸易部与四川省泸州长江液压件厂签订的"委托进口协议书"、退货退款降价的"会谈纪要"、"协议书"为无效合同。并在查明事实，分清责任的基础上，根据《中华人民共和国民事诉讼法》第八十五条、第八十八条的规定，主持原、被告和第三人进行调解，经自愿平等协商，三方当事人达成了调解协议：

1. IS630 加工中心机床由第三人石家庄拖拉机厂于 1995 年 3 月 31 日前负责安装调试好后交付给原告使用，如该加工中心不能安装调试好或质量达不到技术指标，原告将该加工中心退给第三人，并由第三人退还货款 94.9 万元给原告。

2. 被告应向原告退还两台 MC032 加工中心货款及 IS630 加工中心降价款共 212.4 万元，赔偿经济损失 97012 元，承付其他费用 50202 元，共计 2271214 元，原告放弃 51214 元的请求，其余 222 万元由第三人石家庄拖拉机厂在调解书生效时一次性付清。

3. 本案案件受理费、诉讼保全费及其他诉讼费用共计 5 万元，由原告四川省泸州长江液压件厂承担 5500 元，被告中国新技术发展贸易有限公司承担 5500 元，第三人石家庄拖拉机厂承担 39000 元。

(六)解说

本案是一起具有涉外因素的经济合同纠纷，处理本案的关键是解决好以下几个问题。

1. 确定合格被告。本案合格被告的确立,受以下四个因素制约:第一,本案是具有涉外因素的经济合同纠纷,被告是在国内还是在国外;第二,易货贸易部的法律地位及其与中国新技术发展贸易有限公司的关系;第三,易货贸易部与河北省石家庄拖拉机厂的关系;第四,中国新技术发展贸易有限公司与河北省石家庄拖拉机厂的关系。理顺了以上几个关系,就界定了本案合格被告。本案虽具有涉外因素,但毕竟尚未涉及到保加利亚国索菲亚ZMM公司的责任,且易货贸易部售购保方的加工中心机床,已经买断了索赔权。"委托进口协议书"明确规定,发现索赔问题,属外商责任的,由易货贸易部负责。本案没有涉及外商责任,被告应在国内。易货贸易部由于不具备法人资格,未登记领取营业执照,仅系中国新技术发展贸易有限公司内设的机构,形同企业法人的科室、车间。依照法律的规定,易货贸易部不具有民事责任,不能对自己的行为负责,应由设立它的中国新技术发展贸易有限公司负责,易货贸易部不能成为被告。石家庄拖拉机厂与中国新技术发展贸易有限公司共同组建易货贸易部,共同开展易货贸易业务,双方是联营合作关系。双方都应对易货贸易部的行为负责,易货贸易部的管理者和挂靠单位是中国新技术发展贸易有限公司,经营者是石家庄拖拉机厂,原告四川省泸州长江液压件厂以中国新技术发展贸易有限公司为被告,人民法院对此予以确认是正确的。

2. 确立第三人。经济合同纠纷案件中的第三人,是指对他人争议的诉讼标的有独立的请求权,或者虽没有独立请求权,但案件的处理结果与他有法律上的利害关系,因而参加到当事人正在进行的民事诉讼中来进行诉讼的人。根据《中华人民共和国民事诉讼法》第五十六条和中华人民共和国最高人民法院《关于适用〈中华人民共和国民事诉讼法〉若干问题的意见》第六十五条的规定,第三人有独立请求权和无独立请求权的第三人之分,两种第三人的诉讼地位、权利义务也因有无独立请求权而相异。本案石家庄拖拉机厂与被告中国新技术发展贸易有限公司具有合作联办中国新技术发展贸易有限公司易货贸易部的关系,且双方协议明确易货贸易部的债权债务由石家庄拖拉机厂承担。因此,本案的处理结果同石家庄拖拉机厂有利害关系。石家庄拖拉机厂在诉讼中申请参加诉讼,符合法律规定,人民法院裁定准予石家庄拖拉机厂以无独立请求权的第三人身分参加本案诉讼是正确的。

3. 确认合同效力。审查经济合同效力,是人民法院审理经济合同纠纷案的重要环节。根据《中华人民共和国民法通则》第五十五条、第五十八条,《中华人民共和国经济合同法》第七条,中华人民共和国最高人民法院《关于贯彻执行〈经济合同法〉若干问题的意见》的规定,经济合同是否有效,以合同主体是否合格、当事人意思表示是否真实、合同内容是否合法为准。凡任何一方合同主体不合格、意思表示不真实、内容违法的合同都是无效合同。本案中国新技术发展贸易有限公司易货贸易部,不具有法人资格,未登记领取营业执照,依照法律的规定,不具有民事权利能力和民事行为能力,自然不具有合同主体资格。四川省泸州长江液压件厂具有企业法人资格,依法登记领取有企业法人营业执照,具有民事权利能力和民事行为能力,具备合同主体资格。易货贸易部与长江液压件厂签订的委托进口的合同,虽然合同一方当事人长江液压件厂的主体资格合法,但是由于合同另一方当事人易货贸易部主体资格不合法,所以易货贸易部与长江液压件厂签订的合同属无效合同。

4. 无效经济合同引起的财产争讼的处理。根据《中华人民共和国经济合同法》第十六条规定,对无效经济合同所引起的财产争讼,有返还财产、赔偿损失、追缴财产三种方法处理。具体采用哪种方法,应从导致合同无效的原因、行为的性质、损害的对象、危害的后果等方面进行分析。本案合同无效的原因是合同一方当事人主体不合法，合同内容并不违反法律和国家政策，没有违反国家利益和社会公共利益，实际后果也未损害国家利益和社会公益，依法不应适用追缴财产的方法，应当适用返还财产和赔偿损失的方法进行处理，即四川省泸州长江液压件厂将三加工中心机床退给中国新技术发展贸易有限公司，相应地由该公司将317.3万元货款退还给长江液压件厂。合同无效，主要责任在中国新技术发展贸易有限公司，因该公司明知其所属的易货贸易部不具有合同主体资格，不能对外签订合同而使其为之。四川省泸州长江液压件厂应知易货贸易部不具有合同主体资格，不能与之签订合同而为之，应承担无效合同的次要责任。对返还财产后的损失赔偿，由四川省泸州长江液压件厂和中国新技术发展贸易有限公司各自承担相应的责任。

（白联洲）

28. 中国康力克进出口公司诉朱文君代理合同案

(一)首部

1. 判决书字号

一审判决书：广西壮族自治区防城港市中级人民法院(1994)防中法经初字第10号。

二审判决书：广西壮族自治区高级人民法院(1994)桂经终字第135号。

2. 案由：代理合同案。

3. 诉讼双方

原告(被上诉人)：中国康力克进出口公司。

法定代表人：李风孝，经理。

委托代理人(一审、二审)：刘福庭，该公司第四业务部经理。

委托代理人(一审、二审)：潘雅然，北京长城对外经济律师事务所律师。

被告(上诉人)：朱文君，男，40岁，汉族，住广西钦州地区公安处职工宿舍。

委托代理人(一审)：黎世清，广西钦州地区经济律师事务所律师。

委托代理人(二审)：郭凤武，广西远东商务律师事务所律师。

第三人(一审、二审)：广西钦州大通企业集团公司。

法定代表人：朱文君，经理。

委托代理人(一审)：张越滨，广西钦州地区经济律师事务所律师。

委托代理人(二审)：许智慧，广西远东商务律师事务所律师。

委托代理人(二审)：黄庆坤，广西远东商务律师事务所律师。

4. 审级：二审。

5. 审判机关和审判组织

一审法院：广西壮族自治区防城港市中级人民法院。

合议庭组成人员：审判长：潘晓辉；代理审判员：姚佩衡、陆有清。

二审法院：广西壮族自治区高级人民法院。

合议庭组成人员：审判长：吕孟焕；代理审判员：范金华、李玉玲。

6. 审结时间

一审审结时间:1994 年 4 月 28 日。

二审审结时间:1994 年 8 月 15 日。

(二)一审诉辩主张

原告及其委托代理人诉称:1993 年 4 月 6 日、4 月 9 日,原告分别与广西钦州地区机电设备公司(以下简称钦州机电公司)、中国银行防城支行中银劳动服务公司(以下简称防城中银公司)及广东省化州县百货公司(以下简称化州百货公司)签订了三份钢材购销合同,原告为供方,钦州机电公司、防城中银公司、化州百货公司为需方。在三份合同中均约定,由三需方分别给付预付货款的 10%总计金额为 1597 万元人民币到被告朱文君的帐户,作为被告代理原告钢材报关的费用支出。原告原来计划进口钢材 5 万吨,但由于各种原因,后来只进口了钢材 10065 吨,因此,被告代理原告报关支出的费用也只有 280 万元,余下 1317 万元被告没有退还给原告。经多次催促,被告仍拒不退还,并且在原告毫不知情的情况下,被告将该款转至第三人广西钦州大通企业集团公司(以下简称钦州大通公司)帐下,至今仍不归还。为此,请求判令被告及第三人立即归还余款及利息,本案诉讼费用全部由被告及第三人承担。

被告朱文君及其委托代理人辩称:原告曾与被告商定,由被告帮助原告开拓广西钦州、防城一带的业务。被告为原告牵线搭桥,与钦州机电公司、防城中银公司、化州百货公司签订 5 万吨钢材购销合同。当时约定,按货物价值的 10%付给被告,作为被告的中介劳务费用。这个约定,事实上已经执行,与原告签订合同的三家客户均把中介劳务费直接转到被告个人的帐户上。因此,原告提出所谓"归还"中介劳务费的要求,是违反当时约定的,根本不能成立。请人民法院依法驳回原告的诉讼请求。

第三人及其委托代理人诉称:我公司自去年 8 月份开业以来,没有与原告签订购销钢材合同,公司财务也没有收到过原告的订货款。因此,原告没有事实根据,也没有法律根据向第三人要回货款。请法院驳回原告的诉讼请求。

(三)一审事实和证据

防城港市中级人民法院经公开审理查明:1993 年 3 月 3 日,康力克公司拟在防城成立北部湾进出口总公司,委托朱文君代理有关业务。但由于各种原因,该公司一直未能登记成立。1993 年 4 月 3 日至 4 日,朱文君与钦州机电公司、化州百货公司、防城中银公司等三个单位的人到北京,同康力克公司商谈购销钢材合同事宜。1993 年 4 月 7 日和 4 月 9 日,康力克公司委托朱文君代理与钦州机电公司、化州百货公司签订钢材"成交确认书"并同时委托朱文君代理进口钢材 5 万吨的报关手续。在委托时,康力克公司与朱文君口头商定,报关费为总货款的 10%并实行包干。1993 年 4 月 20 日至 27 日,钦州机电公司、化州百货公司、防城中银公司分别按合同约定,将 10%预付货款(共计为 1597 万元)汇入康力克公司的代理人朱文君的个人帐户(帐号:中国工商银行防城港分行 127-810)用作报关、边贸等费用。朱文君收到这笔款项后,在尚未履行代理钢材报关手续的情况下,没有经过康力克公司同意,就擅自用康力克公司委托其代理钢材报关用的盖有康力克公司公章的空白办公用纸与广西钦州地区钦安贸易公司(以下简称钦安贸易公司)等九个单位签订了"联营协议书"、"关于组建广西钦州大通企业集团公司协议书"和"委托书"。然后,分别于 1993 年 8 月 5 日、8 月 22 日、12 月 14 日将 15084155.6 元转到钦州大通公司的帐户。1993 年 12 月 17 日,康力克公司进口的钢材 10065 吨运抵防城港码头,朱文君从第三人帐户中支付 280 万元办理了该批钢材的报关手续。后来康力克公司原计划进口的其余钢材由于各种原因不再进口。康力克公司即向朱文君催还剩余的代理报关费。然而,朱文君拒不返还。当康力克公司知道朱文君已将款项转入钦州大通公司帐户并向其追索时,钦州大通公司亦拒不退还。因此,康力克公司向防城港市中级人民法院起诉,请求判令朱文君和钦州大通公司退还余款并承担利息和诉讼费用。

上述事实有下列证据证明:

1. 康力克公司与钦州机电公司、化州百货公司、防城中银公司签订的钢材"成交确认书"。在该"成交确认书"上朱文君代理康力克公司签字,该"成交确认书"上订有由需方汇10%的预付货款到朱文君帐户作为代理康力克公司报关、边贸等费用的条款。

2. 钦州机电公司、化州百货公司、防城中银公司通过银行汇款(共计1597万元)到康力克公司代理人朱文君帐户(中国工商银行防城港分行127—810)的汇票和转帐凭证。

3. 朱文君未经康力克公司同意即擅自用康力克公司委托其代理钢材报关用的盖有公章的空白办公用纸与钦安贸易公司等九个单位签订的"联营协议书"、"关于组建广西钦州大通企业集团公司协议书"和"委托书"以及朱文君在庭审过程中承认上述事实的庭审笔录。

4. 朱文君从中国工商银行防城港分行127—810帐户上将康力克公司委托其代理钢材报关的费用15084155.6元转至钦州大通公司帐户的汇票、转帐凭证。

5. 朱文君从钦州大通公司的帐户开支280万元为康力克公司进口的10065吨钢材报关的银行转帐凭证。

(四)一审判案理由

防城港市中级人民法院经审理认为:康力克公司委托朱文君代签钢材购销合同和代理钢材报关,是特定事项的委托代理,委托代理关系成立。朱文君未经康力克公司授权,擅自以康力克公司的名义与钦安贸易公司等九个单位签订联营协议,组建钦州大通公司,并擅自将康力克公司的钢材报关费转至钦州大通公司的帐户上,这是超越代理权实施的行为。康力克公司对朱文君超越代理权实施的行为事前不知道,事后亦不予追认,因此,朱文君超越代理权所实施的行为应确认为无效民事行为。钦州大通公司据此取得康力克公司款项的行为不合法。朱文君称其与康力克公司之间的关系是中介劳务关系,1597万元中除了报关开支的费用外,其余应作为中介劳务费归属他个人所有,其理由不能成立。钦州大通公司称其从来未收到过康力克公司的订货款,因此没有返还义务的理由亦不能成立。朱文君代理进口钢材10065吨,按总价款32811900元的10%计算代理报关费用为3281190元,由康力克公司支付。代理报关的费用存放在朱文君帐户期间及朱文君占用部分款项的利息应由朱文君承担。转入钦州大通公司帐户的款项由其退还并承担利息,朱文君将该款转入钦州大通公司帐户属于故意的过错行为,应承担连带赔偿责任。

(五)一审定案结论

防城港市中级人民法院根据《中华人民共和国民法通则》第六十六条、《中华人民共和国经济合同法》第七条第一款第三项、第二款的规定,作出如下判决:

1. 朱文君应退还本金404654.4元,赔偿利息188885.56元给康力克公司。

2. 钦州大通公司应退还本金12284155.6元,赔偿利息943614.91元给康力克公司。朱文君负连带责任。

本案诉讼费93720元,其他诉讼费10140元,财产保全费66040元,先予执行申请费

9520元，合计179420元，由康力克公司承担100元。朱文君承担67768元，钦州大通公司承担101652元。

(六)二审情况

1. 二审诉辩主张

(1)一审判决后，朱文君不服判决，向广西壮族自治区高级人民法院上诉称：康力克公司的委托代理是多项代理不是专项代理，一审除判令1万多吨钢材的代理报关费归我方外，忽略了我方在其余4万吨钢材业务中的其他合理收益。一审法院不应该对多方持有的10%包干费用计算利息，并与钦州大通公司持有期间的利息重复计算。康力克公司要撤回其在钦州大通公司的投资款之诉讼请求，应移送工商行政机构处理。

(2)康力克公司及其委托代理人辩称：我方与朱文君之间形成的是特定事项的委托代理关系，1597万元是用于代理钢材报关的专项款项，并非多项委托代理。钦州大通公司是朱文君超越代理权限，擅自转移具有特定用途的款项进行非法投资的产物，已对我方构成严重侵权，朱文君及钦州大通公司应对我方所遭受的经济损失承担全部赔偿责任。请二审法院维持原判。

(3)钦州大通公司未作书面答辩。

2. 二审事实和证据

广西壮族自治区高级人民法院确认，一审判决认定的事实清楚，证据充分。

3. 二审判案理由

广西壮族自治区高级人民法院审理后认为：朱文君关于一审只判给其代理报关费，忽略了其在钢材业务中的其他合理收益的上诉理由不能成立。因双方约定的代理报关费属于包干性质，为此而支出的一切费用应在其包干范围内。朱文君称10%报关费的利息与钦州大通公司持有期间的利息重复计算，经核对，一审法院并无重复计算的情况。朱文君提出，康力克公司要撤回在钦州大通公司的投资款，应移送工商局处理，因康力克公司未委托朱文君组建钦州大通公司及将报关款项投入该公司，故不存在撤回投资款的问题。一审判决认定的事实清楚，适用法律正确，实体处理恰当，上诉人上诉的理由均不能成立，依法应予驳回。

4. 二审定案结论

广西壮族自治区高级人民法院根据《中华人民共和国民事诉讼法》第一百五十三条第一款第(一)项的规定，判决如下：

驳回上诉，维持原判。

二审诉讼费103860元全部由上诉人朱文君负担。

(七)解说

要正确处理好本案，必须弄清三个关键性问题。

第一个问题是，康力克公司与朱文君之间的民事法律关系到底是代理关系还是居间关系。一种观点认为他们之间的关系是居间关系，理由是朱文君带三家客户与康力克公司签订了钢材购销合同，他是通过自己的劳动促成了康力克公司与三家客户之间的生意，使康力克公司获得利润。朱文君与康力克公司之间没有具体的书面代理合同，理应是独立于康力克公司和三客户之外的中间人，是居间关系。朱文君只要将三家客户介绍给康力克公司，并促使他们签订合同，那他就应该拿到中介劳务费用。现在三家客户已与康力克公司签订了钢材购销合同，据此，三家客户汇给朱文君的款项，应作为康力克公司付给朱文君的中介劳务费归朱文君所有。我们认为，这种观点是错误的。康力克公司与朱文君之间是委托代理关系而并非居间关系。理由是：委托代理是指公民、法人由于主观或客观原因不便亲自实施民事法律行为而委托他人在一定权限内以被代理人的名义实施的民事法律行为。在本案中，首先，朱文君带三家客户到北京后，康力克公司经过与客户商谈，便委托朱文君代表康力克公司在钢材购销合同上签字并加盖了康力克公司的公章，可见朱文君是代理康力克公司而非独立于康力克公司和三家客户之外；其次，在朱文君代理康力克公司与三家客户签订的钢材购销合同中，特别注明有，合同签订后，三家客户要分别汇总货款的10%到朱文君在防城港开设的帐户上，作为朱文君代理康力克公司钢材报关的报关、边贸等费用，在合同中明确朱文君是代理康力克公司报关的，其代理性质显而易见；最后，康力克公司进口钢材时，是以其自己名义与外商签订合同的，已实际进口的钢材10065吨，朱文君在报关时，亦以康力克公司的名义进行申报。虽然，康力克公司与朱文君之间没有签订书面的委托代理合同，但是，从康力克公司与三家客户签订的钢材购销合同中的条款和康力克公司与朱文君的电报、电传来往以及后来朱文君代理康力克公司的10065吨钢材报关的行为，可以确认康力克公司与朱文君之间存在委托代理关系。

第二个问题是，朱文君将康力克公司的款项投资成立钦州大通公司的行为是否超越代理权。一种观点认为，朱文君拿盖有康力克公司公章的空白办公用纸与钦安贸易公司等九个单位签订“联营协议书”、“关于组建广西钦州大通企业集团公司协议书”，因协议书上盖有康力克公司的公章，朱文君没有超越代理权限，康力克公司对朱文君所签的合同应当承担责任，因此，康力克公司投入钦州大通公司的款项不能随意收回。我们认为这种观点是不正确的，因为，康力克公司把盖有公章的空白办公用纸交给朱文君时，已讲明是专用于钢材报关的。朱文君没有经过康力克公司同意，即用其与钦安贸易公司等签订协议，完全违背了被代理人康力克公司的意思表示，这是超越了原代理权限的一种非法行为，按照我国《民法通则》第六十六条的规定，这种超越代理权的行为应属无效的民事行为。既然朱文君用康力克公司的办公用纸与钦安贸易公司等签订的协议书，不能视为康力克公司所为，那么，合同的主体就不是康力克公司，康力克公司根本不存在投资和收回投资的问题。

第三个问题是，钦州大通公司是否应作为本案的第三人参加诉讼。一种观点认为，钦州大通公司不应列为本案的第三人，理由是钦州大通公司与康力克公司之间不存在连环购销合同关系或者其他合同关系，朱文君将款项汇至钦州大通公司，因款项是普通的种类物，从朱文君的帐户上汇出应视为朱文君的钱而不能视为其他人所有，所以钦州大通公司不存在得到康力克公司的款项和返还的问题，要返还也只能返还给朱文君，钦州大通公司与康力克公司之间不存在法律关系，所以，不应把钦州大通公司列为本案的第三人。我们认为，这种观点是错误的。因为：首先，朱文君帐户（防城港工商行127—810）上的款项，是朱文君代理康力克公司与客户签订钢材购销合同后，根据合同上的条款和康力克公司的授权，才从三家客户手上得到的，这些款项实质上是三家客户汇给康力克公司的，康力克公司将其直接汇入朱文君帐户，是因代理报关关系产生的，该款项作为专款只能专用于进口钢材报关。在报关之前，其所有权仍属于康力克公司，并不属于代理人朱文君所有。其次，从另外一个角度看，朱文君在康力克公司委托其代理报关期间，擅自以康力克公司的名义与钦州钦安贸易公司等单位“联营”成立了大通企业集团公司，并将康力克公司的款项汇到大通企业集团公司的帐户上，如果法院认定朱文君的这一行为超越代理权限，大通企业集团公司依据该非法行为所取得的款项理应退回。最后,朱文君帐户上,除了康力克公司的报关费用之外,没有其他人的款项汇入。这些款项尚未用于流通,而仅在银行内部通过转帐或汇票的形式转移,应视为原所有权人康力克公司拥有。据此,应当认定钦州大通公司从朱文君帐户上得到的款项,是康力克公司的款项而并非朱文君的款项。只要朱文君有义务将其帐户上的款项退还给康力克公司,钦州大通公司就有义务将款项返还给康力克公司。因此,本案的处理结果同钦州大通公司有法律上的利害关系,按照《中华人民共和国民事诉讼法》第五十六条的规定,应当将钦州大通公司列为本案的第三人。

据此,我们认为,本案的一、二审判决是完全正确的。

(陆有清)

29. 海口中介服务有限公司诉海南资信评估咨询公司按金外汇买卖代理合同案

(一)首部

1. 判决书字号:海南省海口市中级人民法院(1994)海中法经初字第83号。

2. 案由:按金外汇买卖代理合同案。

3. 诉讼双方

原告(反诉被告):海口中介服务有限公司(以下简称原告中介公司)。

法定代表人:朱振国,经理。

委托代理人:林接明,海口市对外经济律师事务所律师。

委托代理人:陈信雄,海口市对外经济律师事务所律师。

被告(反诉原告):海南资信评估咨询公司(以下简称被告咨询公司)。

法定代表人:尚斌,总经理。

委托代理人:徐诺金,该公司职员。

4. 审级:一审。

5. 审判机关和审判组织

审判机关:海南省海口市中级人民法院。

合议庭组成人员:审判长:叶能强;审判员:李必雄、李忠义。

6. 审结时间:1994年10月9日。

(二)诉辩主张

1. 原告中介公司诉称:原告于1993年8月20日与被告咨询公司下属的海南资信评估咨询公司金融信息咨询服务部(以下简称咨询服务部)签订外汇交易代理合同,并将人民币64.2万元汇入被告咨询公司帐户进行外汇交易。但因咨询服务部以对冲、在价位上吃点、强行平仓及在较高的汇率上将原告人民币保证金兑换成美元进行交易,致使原告损失人民币29万元。且据了解,咨询服务部未经注册登记,故咨询服务部与原告订立的代理合同应为无效合同。请求判令被告咨询公司赔偿原告损失29万元及银行利息。

2. 被告咨询公司辩称:原告中介公司与被告所发生的代理关系完全系其自愿行为,被告从未施加任何强制手段，故原告中介公司诉称的强行兑换根本不存在。被告作为中介金融公司，公司业务一直严格限定在行情信息、咨询服务、汇市研究、清算代理等中介咨询服务上，从未站在客户的对立面进行过任何外汇买卖，故原告中介公司诉称被告吃点、对冲行为并无实据。咨询服务部系被告下属部门，其代表被告行使部门职能，被告在完全承担该部所产生的义务的同时，亦完全保护该部的一切权利的行使。另，被告系中国人民银行海南省分行批准设立，并经海南省工商行政管理局注册登记的国有非银行金融机构。据此，原告中介公司所诉无理。

3. 被告咨询公司反诉称：原告中介公司无理起诉被告，严重影响被告信誉，给被告造成旅差费等损失 55 万元，请求判令原告中介公司赔偿被告损失 55 万元。

4. 原告中介公司辩称：原告与被告咨询公司在民事诉讼活动中所处的地位系平等的，不存在名誉损害，且被告咨询公司住所地在海口，不存在旅差费用开支，故被告反诉无理。

（三）事实和证据

海口市中级人民法院经审理查明：

1993 年 8 月 20 日，原告中介公司与香港投资广场有限公司签订一份客户契约，双方约定：原告中介公司在香港投资广场有限公司投资顾问行（客户契约中简称 ISL）开立一个或多个户口，以供不时买卖黄金现货、某种外币现货及商品交易；原告中介公司在进行投资交易时必须在 ISL 具备保证金，所需保证金的最低数额根据市场情况由 ISL 按规定不时进行调整。客户契约第三条“指令及代理人”中规定：“ISL 在收到客户指令后，或在为客户户口执行合约后发出之确认书，以及 ISL 发出由其授权职员签署之对帐单，均为决定性之凭证。”客户契约第十条“结单及报告”中又规定：“倘双方有争议或意见分歧，客户接受并同意 ISL 所存之买卖记录为证明其内容真实之决定性凭证，并将获任何法院或仲裁机构采纳，而毋须对该等记录再作证明。”上述客户契约上“客户签署”栏、“见证人签署”栏及“ISL 签署”栏分别依序加盖“海口中介服务有限公司”、“海南资信咨询公司金融信息咨询服务部”、“投资广场有限公司”印章。同一日，原告中介公司与咨询服务部订立一份代理合同，合同规定：原告中介公司委托咨询服务部进行证券、期货、货币投资；代理时间从 1993 年 8 月 20 日起；投资额人民币 9 万元，折合港币 7.5 万元；原告中介公司指定咨询服务部周泰林为经纪人。原告中介公司法定代表人朱振国为此尚与周泰林签订交易授权书一份，授权周泰林作为其代表及代理人全权办理买卖现货黄金、外汇、期货及该等合约、期权、按金买卖等。签约当天，原告中介公司将保证金人民币 9 万元汇入咨询服务部帐户，咨询服务部为原告中介公司设立编号为 20189 的外汇买卖帐户。同年 8 月 31 日至 1994 年 1 月 25 日，原告中介公司又先后七次共付给咨询服务部保证金人民币 552108.89 元。由此，原告中介公司在代理合同订立后，共付给咨询服务部保证金人民币 642108.89 元。原告中介公司依约付出第一笔保证金人民币 9 万元的当天，咨询服务部即代原告中介公司下单进行外汇买卖，至 1994 年 4 月 29 日止，咨询服务部共代原告中介公司进行了 667 手单的外汇买卖。在此期间，原告中介公司于 1993 年 9 月 17 日至 1994 年 1 月 20 日先后五次共取回保证金人民币 6.9 万元。由此，咨询服务部实际收取原告中介公司保证金人民币 573108.89 元。1994 年 4 月 29 日，原告中介公司怀疑被告咨询公司行将停业，遂对其已买进的外汇进行平仓。同年 6 月 17 日，被告咨询公司将保证金余款人民币 292949 元退还给原告中介公司。至此，原告中介公司共亏损保证金人民币 280159.89 元。在诉讼期间，被告咨询公司提交了 ISL 所存买卖记录，证明咨询服务部已按原告中介公司与香港投资广场有限公司订立的客户契约代原告中介公司下单至香港投资广场有限公司进行英镑等外汇交易。

另查明：被告咨询公司业经中国人民银行海南省分行核准，领取经营金融业务许可证。被告咨询公司业经核定的经营范围为：各类企业信用等级评定、资产评估；企业发行债券和其他有价证券等级评定；企业投资、融资及企业融资方式、融资方向的咨询与服务；投资项目、信贷项目的评估；对引进外资、技术及经济合作提供投资、金融、财务会计、经营管理等方面咨询服务；经人民银行批准的其他业务。被告咨询公司从事外汇买卖代理业务，未经国家外汇管理局批准并领取经营外汇业务许可证。咨询服务部系被告咨询公司下属不具备法人资格的分支机构，该部未向工商行政管理机关办理注册登记手续，亦未领取经营金融业务许可证及经营外汇业务许可证。

上述事实有下列证据证明：

1. 原告中介公司与香港投资广场有限公司订立的客户契约。

2. 原告中介公司与咨询服务部订立的代理合同。

3. 原告中介公司法定代表人朱振国与咨询服务部职员周泰林订立的交易授权书。

4. 咨询服务部出具的客户开户存款收据。

5. 原告中介公司付款凭证。

6. 原告中介公司取回保证金凭证。

7. ISL 所存买卖记录。

8. 被告咨询公司企业法人营业执照。

9. 原告中介公司及被告咨询公司陈述。

(四)判案理由

海口市中级人民法院依据上述事实认为：

1. 咨询服务部未经工商行政管理机关核准登记注册并领取营业执照，不能以自己的名义对外从事经营活动，且咨询服务部及被告咨询公司均未经国家外汇管理局批准允许经营外汇业务，故咨询服务部以自己的名义代理原告中介公司从事外汇买卖，不仅违反了国家工商行政管理的有关规定，且违反了《中华人民共和国外汇管理暂行条例》第三条之规定，故应确认咨询服务部与原告中介公司订立的代理合同为无效合同。咨询服务部未经批准擅自以其名义对外从事外汇买卖代理业务，应对合同的无效负主要的过错责任；原告中介公司未按国家外汇管理的有关规定委托国家外汇管理局批准经营外汇业务的金融机构进行外汇买卖，亦应对合同的无效负相应的过错责任。

2. 被告咨询公司提交的 ISL 所存买卖记录虽能证明咨询服务部已按客户契约履行了代原告中介公司下单至香港投资广场有限公司的义务，但因咨询服务部并无代客买卖外汇的经营资格，其实施的代理行为属无效民事行为，且原告中介公司与香港投资广场有限公司非法进行的外汇买卖系其实施的无效代理行为而得以成就，故咨询服务部不能因其已按客户契约履行了下单义务而不对由此产生的法律后果承担责任。据此，原告中介公司委托咨询服务部进行外汇买卖所损失的保证金及保证金利息，应由咨询服务部及原告中介公司按各自的过错承担相应的责任。

3. 咨询服务部系被告咨询公司下属未经办理注册登记手续的分支机构，依法不能对外独立承担民事责任，故被告咨询公司作为咨询服务部的企业法人，应对咨询服务部对外从事经营活动而产生的法律后果承担责任。

4. 被告咨询公司反诉称其因原告中介公司起诉导致经济损失 55 万元，因无证据，故不予认定。

(五)定案结论

根据《中华人民共和国经济合同法》第七条第一款第一项、第二、三款、第十六条第一款之规定，海口市中级人民法院于 1994 年 10 月 9 日作出如下判决：

1. 确认原告中介公司与咨询服务部订立的代理合同为无效合同。

2. 原告中介公司损失的保证金利息，由原告中介公司自行负担。

3. 原告中介公司亏损的保证金 280159.89 元，由原告中介公司自负损失 98055.96 元，由被告咨询公司赔偿原告中介公司损失 182103.93 元。被告咨询公司应于判决发生法律效力之日起 20 天内，将上述应负担的保证金损失如数偿付给原告中介公司。被告咨询公司如逾期付清，应按中国人民银行规定的同期贷款最高利率加倍支付迟延履行期间的债务利息。

4. 驳回被告咨询公司的反诉诉讼请求。

本案本诉案件受理费 6860 元，由原告中介公司负担 2744 元，由被告咨询公司负担 4116 元；反诉案件受理费 10510 元，由被告咨询公司负担。

本案宣判后，原告中介公司及被告咨询公司均未提出上诉。

(六)解说

按金外汇买卖和外汇期货交易一样，都是国家金融体制改革中出现的新业务。所谓按金外汇买卖，是客户和有资格从事按金外汇买卖的专业金融机构或银行之间的交易，它具有很强的投机性和风险性。由于按金外汇买卖的最大特点就是能放大倍数，投资者能利用这种财务杠杆功效，达到以小博大的目的。因此，尽管按金外汇买卖风险很大，且国家为防止外汇流失，明文规定禁止私自经营外汇业务和私自买卖外汇，但按金外汇买卖那诱人的丰厚利润仍吸引了沿海开放城市的许多企业或个人冒险涉足其中。一些企业无视国家外汇管理的有关规定，非法代客从事外汇交易，还有一些企业或个人，出于贪利，不惜投入巨额人民币，盲目进行非法投机交易，结果损失惨重，甚至血本无归。当前出现的这种非法交易活动，不仅严重扰乱了金融管理秩序，造成外汇流失，且引起大量的经济纠纷，诱发着不利于社会稳定的因素，本案便是诸多此类纠纷之一。

根据国家外汇管理的有关规定，从事外汇买卖的金融机构，必须是经中国人民银行批准设立，且持有国家外汇管理局核发的经营外汇业务许可证，方可开展此项业务。然而本案被告咨询公司虽经中国人民银行海南省分行批准并领取经营金融业务许可证，但其未经国家外汇管理局批准允许经营外汇业务，故被告咨询公司下属的咨询服务部擅自代客进行按金外汇买卖，违反了《中华人民共和国外汇管理暂行条例》的有关规定；原告中介公司未按国家外汇管理规定委托国家外汇管理局批准的金融机构进行外汇买卖，其行为属私自买卖外汇，亦构成了扰乱金融秩序。由于原告中介公司与咨询服务部之间委托和受托代理外汇买卖的行为，均违反了《中华人民共和国民法通则》第六条"民事活动必须遵守法律，法律没有规定的，应当遵守国家政策"的规定，故人民法院确认原告中介公司与咨询服务部订立的代理合同为无效合同，并判令原告中介公司及被告咨询公司按各自的过错对无效代理合同产生的法律后果承担相应的责任是正确的。

(叶能强)

30. 山东省济宁市市中区对外贸易公司诉山东省土产进出口公司代理出口合同案

(一)首部

1. 判决书字号

一审判决书:山东省青岛市中级人民法院(1993)青经一初字第70号。

二审判决书:山东省高级人民法院(1994)鲁经终字第257号。

2. 案由:代理出口合同案。

3. 诉讼双方

原告(反诉被告、被上诉人):济宁市市中区对外贸易公司。

法定代表人:张林,经理。

委托代理人:赵洁真,济宁市第二律师事务所律师。

委托代理人:周继录,该公司书记。

被告(反诉原告、上诉人):山东省土产进出口公司。

法定代表人:倪连海,总经理。

委托代理人:薛玉田,青岛市律师事务所律师。

委托代理人:张则麦,青岛市中苑律师事务所律师。

委托代理人:王克如,该公司副总经理。

委托代理人:曲坤山,青岛经济律师事务所律师。

4. 审级:二审。

5. 审判机关和审判组织

一审法院:山东省青岛市中级人民法院。

合议庭组成人员:审判长:葛宝义;代理审判员:王明福、聂彩凤。

二审法院:山东省高级人民法院。

合议庭组成人员:审判长:崔庆荣;代理审判员:赵星、孙丹一。

6. 审结时间

一审审结时间:1993年11月30日。

二审审结时间:1994年12月30日。

(二)一审情况

1. 一审诉辩主张

(1)原告济宁市市中区对外贸易公司诉称:原告与被告于1993年3月12日签订代理出口协议。按协议规定,原告已将价值50万美元的5000吨棉仁粕备齐,因被告未按约定将货物运走,造成该批货物压库、亏吨等,损失人民币3081684.83元,请求法院判令被告给予补偿。

(2)被告山东省土产进出口公司辩称:原、被告签订代理合同后,被告积极履行协议。因原告在协议有效期内又通过天津立达公司与外商签订5000吨棉仁粕出口协议,加之泰国标准商业进出口有限公司未按合同规定派船装货，导致合同未履行，故被告不应承担违约责任。

(3)被告山东省土产进出口公司反诉称：原告与被告于1992年12月10日签订农副产品购销合同。按规定，原告应于1993年1月10日前备齐5000吨棉仁粕，因原告未供货，致使被告另外加价组织货源出口，造成68万元人民币和3万美元的损失。请求法院判令原告给予赔偿。

(4)原告济宁市市中区对外贸易公司针对反诉辩称：1992年12月10日，原、被告签订购销5000吨棉仁粕合同，因被告未按合同规定时间派船到港，导致合同无法履行，后双方达成代理出口协议。请求法院驳回被告的反诉请求。

2. 一审事实和证据

青岛市中级人民法院经审理查明：1992年12月10日，原、被告双方签订SNF92—1210号农副产品购销合同，合同规定，原告供给被告5000吨棉仁粕，于1992年12月底前备齐，最迟不得超过1993年1月10日。单价每吨720元，共计360万元人民币，并对货物的质量等进行了约定。合同签订后，被告先后数次通知原告抓紧落实货源，以便履行合同。原告于1993年2月6日通知被告："由于1993年1月中旬船未到港，造成货物涨价，要求答复。"该合同未能履行。1993年3月12日，原、被告又签订代理出口协议，规定由被告为原告代理出口棉仁粕5000吨，出口单价每吨108.5美元，装船地点为南通，被告应在装船前10天通知原告，如未做到所造成的后果由被告负责。原告应保证按被告通知的装船时间将商品发运指定地点南通，否则，造成的后果由原告负责。该批货物3月底之前装运，若船期拖延，另行通知，并对货物质量、结算方法作了约定。协议签订后，原告于1993年3月23日函告被告，5000吨棉仁粕已备齐，要求通知船期。被告于同年4月5日通知原告，合同SNF92—1210项下5000吨棉仁粕预计4月中旬到船。4月6日又通知原告，有关5000吨棉仁粕4月中旬到船，价格由原来的每吨108.5美元改为每吨108美元，并要求包装一定良好等。原告于当日回传真表示，4月中旬的装船准备工作已做好，并表示如出现质量、数量问题由原告承担，如船期迟到，所产生的仓储费、银行利息等均由被告承担。由于4月中旬船没到港，原告于4月28日电传被告，要求其承担因此而造成的一切损失。因被告回电不同意承担任何损失，所以原告不得不将5000吨棉仁粕另行处理，并于1993年9月14日向青岛市中级人民法院起诉。审理当中，被告以原告违反购销合同为由，提出反诉。

上述事实有下列证据证明：

(1)原、被告双方签订的购销棉仁粕合同。

(2)原、被告双方签订的代理出口合同。

(3)1992年12月至1993年11月原、被告双方往来的电传、电报等书证。

(4)原告处理5000吨棉仁粕的票据。

(5)被告向外商赔付3万美元的付款凭据。

(6)受诉法院的调查笔录、开庭笔录。

3. 一审判案理由

青岛市中级人民法院认为：

(1)原告与被告于1993年3月12日签订的代理出口协议是对1992年12月10日签订的SNF92－1210号购销合同的变更，内容符合法律规定，确认为有效合同。

(2)被告未按代理出口协议规定通知原告装船，属违约行为，因此，应承担由此给原告造成的实际经济损失。

(3)被告反诉主张的证据不足，不予支持。

4. 一审定案结论

青岛市中级人民法院依照《中华人民共和国经济合同法》第二十九条第一款、《中华人民共和国民事诉讼法》第一百二十八条、第二百三十二条及《山东省出口代理制暂行办法》的有关规定，作出如下判决：

被告山东省土产进出口公司赔偿原告济宁市市中区对外贸易公司经济损失1493626.6元，于本判决生效之日起10日内付清，逾期不付，按同期银行贷款利率的二倍计付迟延履行金。

案件受理费25210元，保全费12300元，反诉费14000元，合计51510元，由原告承担10084元，由被告承担41426元。

(三)二审诉辩主张

1. 上诉人山东省土产进出口公司诉称：(1)上诉人签订代理出口协议后，履行了代理义务，因泰国标准商业进出口有限公司违约，未派船到南通港，致使合同不能履行。(2)因上诉人实施的是代理行为，对外方提出索赔，必须经被上诉人同意。上诉人已于1993年11月询问被上诉人是否对外商提出索赔，但未得到答复。根据国家对外经济贸易部《关于外贸代理制的暂行规定》的规定，应视为被上诉人自愿放弃了对外商的索赔。一审法院判决上诉人承担被上诉人的经济损失不当，应予撤销。(3)上诉人坚持反诉意见，请求二审法院判令被上诉人赔偿因其违反购销合同给上诉人造成的经济损失。

2. 被上诉人济宁市市中区对外贸易公司辩称：(1)1992年12月10日双方签订的农副产品购销合同，因上诉人未及时派船致使合同未能履行，责任在上诉人一方。1993年3月12日双方签订的代理出口协议是对农副产品购销合同的变更，上诉人为此提出反诉，有悖于法律规定。(2)上诉人于1993年4月5日、4月6日通知我方，4月中旬装船。被上诉人已做好装船的准备工作。但4月中旬未见到上诉人所派的船舶，因上诉人违约，被上诉人要求其赔偿经济损失是有法律依据的。(3)被上诉人与外商没有任何法律关系，不应由被上诉人对外商提出索赔。请求二审法院维持原判。

(四)二审事实和证据

山东省高级人民法院经审理查明：1992年12月10日，上诉人与被上诉人签订一份购销合同，合同规定：被上诉人供给上诉人5000吨棉仁粕，单价人民币720元/吨，总金额360万元。交货时间，不得迟于1993年1月10日备齐，南通港装船，装船前一切费用由供货方负责，凭装船清洁提单，以实际数量及全套单据办理结算。该合同签订后，上诉人于1992年12月中、下旬数次询问有关棉仁粕是否备齐，被上诉人未予答复。1993年1月中旬，被上诉人实际备有现货3500吨，另有1500吨是期货。上诉人在1993年1月中旬也未派船到南通港接货。该购销合同未能履行。1993年3月12日，上诉人与被上诉人又签订一份代理出口协议，规定：上诉人受被上诉人委托代理出口棉仁粕，数量5000吨，出口单价108.5美元/吨，FOB(装运港船上交货)南通，总金额542500美元；上诉人应在装船前10天通知被上诉人，如未做到，所造成的后果由上诉人负责；被上诉人保证按上诉人通知的装船时间将商品发运到南通，如未做到，造成后果由被上诉人负责；被上诉人按出口商品总值付给上诉人人民币总金额1%的手续费;在出口过程中发生的国内外运费、保险费、报送费、仓储费、港务费等均由被上诉人承担;出口结算可由上诉人将原币划至被上诉人指定的外汇帐户;如国外对出口商品因质量、规格、包装等问题提出索赔所造成的损失,由被上诉人承担;该批棉仁粕3月底之前装船,若船期拖延,另行通知。1993年4月5日,上诉人与外商泰国标准商业进出口有限公司签订了成交确认书,规定:由上诉人供给泰国标准商业进出口有限公司棉仁粕5000吨,FOB(装运港船上交货)南通,每吨108美元,总值54万美元。装运期为1993年4月份、5月份。同日,泰国标准商业进出口有限公司通知上诉人"5000吨棉仁粕的船预计4月中旬到港,船是大连外代的"。随后,上诉人便通知了被上诉人。同年4月6日,上诉人又通知被上诉人"5000吨棉仁粕预计4月中旬到船,价格由原108.5美元/吨改为108美元/吨,FOB(装运港船上交货)南通港"。同日,被上诉人回电称"5000吨棉仁粕93年4月中旬装船的准备工作已做充分,如因船迟到所产生的仓储费等费用由你司承担"。上诉人收电后答复:"我公司努力争取让客户早日派船将5000吨棉仁粕装运,而你司今日电传所述内容是很不友好的,船期不会像你们想象的那样,说什么时间到就什么时间到,希望我们配合好。"后虽经上诉人催促,但外商泰国标准商业进出口有限公司一直未找到船,为此,泰国标准商业进出口有限公司在1993年5月12日给上诉人的电传中称"在租船方面确实存有过错"。因泰国标准商业进出口有限公司未按合同规定派船到南通港装货,致使上诉人与泰国标准商业进出口有限公司签订的成交确认书未能履行。给被上诉人的5000吨棉仁粕造成了积压、亏吨、降价等损失。1993年11月,上诉人通知被上诉人"你方如欲对外提起索赔或诉讼,我司可为你司代理,费用由你司承担"。被上诉人未予答复。

上述事实有下列证据证明:

1. 上诉人与被上诉人签订的购销合同和代理出口协议。
2. 上诉人与泰国标准商业进出口有限公司签订的成交确认书。
3. 上诉人与被上诉人之间往来的电传、电报。
4. 上诉人与泰国标准商业进出口有限公司之间往来的电传、电话记录。
5. 二审法院的庭审笔录。

(五)二审判案理由

二审法院认为:上诉人与被上诉人1993年3月12日签订的是代理出口合同。按我国的现行外贸代理制度规定,有外贸经营权的代理人可以用自己的名义对外成交,其对外所产生的法律后果由被代理人承担。如因外商违约给委托人造成损失,应由委托人在索赔期内,向受托人提供必需的索赔证件及必要的费用,由受托人对外商提出索赔并转付索赔的款项。如因委托人的过错,而未能对外索赔,其损失由委托人承担。如因受托人的过错,而未能对外索赔,其损失由受托人承担。本案的受托人即上诉人接受了被上诉人的委托,并对外签订了成交确认书,代理出口合同及成交确认书均规定交货条件为FOB(装运港船上交货)南通港交货,按此约定,应由买方泰国标准商业进出口有限公司负责租船。由于买方未租到船,致使成交确认书不能履行,过错不在上诉人。上诉人在买方不能履行合同时,提示被上诉人"欲对外提起索赔或诉讼,可为其进行代理",符合国家对外经济贸易部《关于对外贸易代理制的暂行规定》和《山东省出口代理制暂行办法》的有关规定。上诉人履行了代理出口合同规定的义务。被上诉人如需对外索赔,应按我国外贸代理制度规定,通过上诉人向外商提出索赔。被上诉人以上诉人不按合同派船,要求上诉人赔偿经济损失的主张,本院不予支持。一审法院对此判处不当。上诉人与被上诉人签订的代理出口协议是对原购销合同的变更,且双方均未按原购销合同的规定履行义务。上诉人反诉的证据不足,原审法院对上诉人的反诉请求不予支持是正确的,但应在判决主文中予以明确。

(六)二审定案结论

山东省高级人民法院根据中华人民共和国对外经济贸易部《关于对外贸易代理制的暂行规定》第四条、《中华人民共和国民事诉讼法》第一百五十三条第一款第(三)项之规定,作出判决:

1. 撤销青岛市中级人民法院(1993)青经一初字第70号民事判决。

2. 驳回被上诉人济宁市市中区对外贸易公司的本诉请求。

3. 驳回上诉人山东省土产进出口公司的反诉请求。

一审案件本诉受理费25210元、财产保全费12300元,由被上诉人承担,一审反诉费14000元,由上诉人承担;二审案件受理费39210元,由上诉人承担14000元,由被上诉人承担25210元。

(七)解说

中华人民共和国对外经济贸易部1991年8月29日发布的《关于对外贸易代理制的暂行规定》(简称《暂行规定》)中规定,如代理人以被代理人的名义对外签订合同,双方权利义务适用《中华人民共和国民法通则》的有关规定,如代理人以自己名义对外签订合同,双方权利义务适用本暂行规定。本案中的代理人即上诉人是以自己的名义对外签订经济合同,因此,双方的权利义务应适用《暂行规定》,并应把上诉人与被上诉人签订的代理出口协议作为划分双方权利义务的基本依据。双方在代理出口协议中规定有代理人与外商签订FOB交货条款,即装运港船上交货,其中包含卖方负责在指定的装运港将货物装船并越过船舷,履行其交货义务等;买方应自费租船、订舱,并及时将船名、吨位、停泊地及装船日期通知卖方等。上诉人依据代理出口协议与泰国标准商业进出口有限公司签订了成交确认书。泰国标准商业进出口有限公司未按合同规定派船到南通港接货,导致棉仁粕未能出口,并造成了损失。对此,被上诉人应根据《暂行规定》,在索赔期内,委托上诉人按照其与外商签订的合同及时对外商提出索赔。被上诉人以上诉人不按期派船到南通港接货为由提起诉讼不当。二审判决驳回被上诉人的诉讼请求是正确的。

(孙丹一)

31. 宁波开发区华能工贸公司诉中国五金矿产进出口总公司外贸委托代理合同案

(一)首部

1. 判决书字号

一审判决书:浙江省宁波市中级人民法院(1993)甬经初字第68号。

二审判决书:浙江省高级人民法院(1994)浙经终字第137号。

2. 案由:外贸委托代理合同案。

3. 诉讼双方

原告(被上诉人):宁波开发区华能工贸公司。

法定代表:王国金,总经理。

委托代理人:李永飞,宁波市商务律师事务所律师。

被告(上诉人):中国五金矿产进出口总公司。

法定代表人:刘忠良,总经理。

委托代理人:吴昌侠,中国法律事务中心律师。

委托代理人:庹砺,中国法律事务中心律师。

4. 审级:二审。

5. 审判机关和审判组织

一审法院:浙江省宁波市中级人民法院。

合议庭组成人员:审判长:施阿伟;审判员:郁庚昌;代理审判员:刘定忠。

二审法院:浙江省高级人民法院。

合议庭组成人员:审判长:杨水初;代理审判员:钱保钢、俞晓辉。

6. 审结时间

一审审结时间:1994 年 2 月 24 日。

二审审结时间:1994 年 8 月 3 日。

(二)一审诉辩主张

原告诉称:1993 年 2 月 11 日,被告向原告要约供应螺纹钢 2 万吨,每吨价 323 美元,交货期为 2 月至 3 月份。原告于同月 15 日向被告承诺委托代理进口 2 万吨螺纹钢,交货地为宁波港,交货期 1993 年 3 月底前。合同成立后,原告于 1993 年 2 月 24 日汇给被告预付货款人民币 250 万元,但被告收到预付货款后,未按约供货;同年 4 月 6 日被告又称可供 1 万吨螺纹钢,原告按被告要求预付 200 万美元,但被告又未供货,并于同年 7 月 29 日来函称无法供货。原告认为,原、被告之间委托代理进口关系应受法律保护,原告已按约履行义务,被告未按约供应代理进口标的物,给原告造成极大损失,请求法院判令被告赔偿直接损失合计人民币 6318240.64 元(包括原告赔偿给下家损失 280 万元,预付货款 250 万元人民币和 200 万美元的利息损失计人民币 91896.20 元,因调剂 646 万美元的手续费损失 89884.44 元人民币,及 646 万美元因人民币与美元汇率下调所造成的差价损失 3236460 元人民币),并承担本案诉讼费。

被告答辩称:被告根据原告的委托,经与外商联系于 1993 年 2 月 18 日代理原告签订了进口 1 万吨螺纹钢合同,合同副本上的结算、收货、订货单位均为原告,并与原告商定,按合同标的 1%至 5%收取代理费。后因原告要求变更到货港,外商交货延误,直到 5 月 22 日才到货 3991.216 吨,而且被告是在原告电告后才知货已到港,但原告表示货不要了。据此被告才将这批货卖给另一家公司。根据《关于对外贸易代理制的暂行规定》,被告完全履行了义务,尚未行使的只是收取代理费的权利。请求驳回原告的诉讼请求。

(三)一审事实和证据

宁波市中级人民法院经调查和审理查明:1993 年 2 月 4 日,原告总经理得知被告钢材进口总部有进口螺纹钢货源,即表示要货,并出具一份委托书:“中国五矿钢材进口总部综合服务部,本公司委托贵部于 1993 年 3 月份进口螺纹钢 2 万吨,恳请报盘。”2 月 11 日,被告致原告传真称："现有螺纹钢 2 万吨，报价如下：323 美元/吨，数量 2 万吨，交货期 1993 年 2 月至 3 月份，产地伊朗，这一价格，经我公司努力压到每吨 323 美元，若贵公司有兴趣，请尽快确认，并落实资金。"该传真还注明螺纹钢的材质和具体规格。同传真一起发来的还有一份中国国际海外贸易公司与美国矿产金属有限公司（系被告在美国的子公司）签订的螺纹钢合同副本，合同号 3EOW220000/US—A，签约日期 2 月 5 日，其规格、数量、单价、交货日期均与被告发给原告的传真内容一致。原告于 2 月 15 日即通过传真函告被告："同意你方 2 月 13 日的合同，要求 3 月底前货到宁波港，我司尽快资金到位。"2 月 24 日，原告按被告的要求，将 250 万元人民币预付款汇给被告，汇款用途注明货款。同年 2 月至 3 月份，原告为履行合同，从宁波市外汇调剂中心等单位调进美元 650 多万元。但到 3 月底，被告未按约向原告提供代理进口的螺纹钢。同年 4 月 6 日，被告又通过传真函告原告，要求原告"尽快将外汇额度调入我公司，如有可能请开一份人民币保函，我公司即可对外开证；否则开不出信用证，无法按时交货，近来我海外公司资金较紧张，希望贵公司能给予配合"。并附被告（买方）与美国矿产金属有限公司（卖方）订立的螺纹钢合同副本一份，合同号 3EOW220000/US－A，签约日期为 2 月 18 日，钢材材质、产地、价格与 2 月 11 日传真一致，数量为 1 万吨，装运日期为 93 年 3 月，订货、结算、收货单位为原告。原告于同年 5 月 3 日将 200 万美元打入被告帐户，汇款用途注明委托进口螺纹钢。被告收款后于 5 月 8 日将 250 万元人民币预付款退回原告。5 月下旬，原告见被告无交货诚意，遂于 5 月 24、26 日电传要求退回 200 万美元。6 月 8 日，被告将 200 万美元退回原告。同年 7 月 29 日，被告给原告传真，对不能履行合同作了解释。该传真称："有关 3EOW220000/US－A 合同，交货期应为 1993 年 3 月份，因国外迟迟未交货，直到 5 月中旬才到 4000 吨，我公司没有接到口岸外运的通知，因此没有及时通知贵公司。由于当时国内的钢材市场已走下坡路，考虑到贵司的利益，我公司将此货转给另一家公司，还有 6000 吨到目前为止尚未交货。"据查，1993 年 5 月至 6 月份，国内钢材市场价格正趋上涨。

另查明，原告与被告确立委托代理进口钢材关系后，分别于同年 2 月 21 日、2 月 26 日与宁波开发区热电公司、宁波北仑泰利物资贸易公司签订了各供应 1 万吨螺纹钢合同，交货期为 4 月 15 日前。由于被告未按约履行受托人义务，造成原告对宁波两家公司的违约，经数次协商，决定终止履行合同，由原告赔偿给两家公司人民币各 140 万元。另外，还造成原告 250 万元人民币和 200 万美元的利息损失计人民币 191896.2 元，因调剂美元 646 万元的手续费损失 89884.44 元人民币，及 646 万美元因人民币与美元的汇率下调所造成的差价损失计人民币 3236460 元。

（四）一审判案理由

宁波市中级人民法院鉴于上述事实认为：

1. 根据《中华人民共和国经济合同法》第九条关于"当事人双方依法就经济合同的主要条款经过协商一致，经济合同就成立"；第五条关于"订立经济合同，应当遵循平等互利、协商一致的原则。任何一方不得把自己的意志强加给对方"；《中华人民共和国民法通则》第六十三条第一款关于"公民、法人可以通过代理人实施民事法律行为"等法律的规定，原、被告之间所进行的有关委托代理进口螺纹钢业务活动，系双方当事人之间的真实意思表示，其合法权益应受法律保护。原、被告之间的代理进口业务活动符合法律规定，双方应该认真履行约定的义务。原告依约将预付货款汇给被告，通过外汇途径调剂了所要支付的外汇，履行了自已的义务。但被告收到原告两次预付货款后，未按约履行义务。在逾期到货的情况下，又擅自将货物转售给他方，给原告造成巨大损失，理应承担民事责任。被告称到货时通知原告，是原告表示不要货，才将货物转售给他方，经查与事实不符，本院不予支持。

2. 根据《中华人民共和国经济合同法》第二十六条关于“当事人双方经协商同意，并且不因此损害国家利益和社会公共利益”，允许变更或解除经济合同的规定，本案标的物应认定原约定2万吨螺纹钢，但在到期未履行后于1993年4月6日变更为1万吨螺纹钢，原告所称共有3万吨螺纹钢业务，本院不予支持。损失数额按变更后的1万吨比例赔偿。即被告应赔偿给原告下列损失：原告已赔给下家的280万元人民币、250万元人民币和200万美元预付款利息损失191896.2元人民币、代理标的物变更为1万吨螺纹钢总货款323万美元调剂美元手续费损失44942.22元人民币及323万美元因汇率差价损失1618230元人民币，合计4655068.42元人民币。

(五)一审定案结论

根据中华人民共和国对外经济贸易部《关于对外贸易代理制的暂行规定》第十九条关于“因受托人不按委托协议履行其义务导致进出口合同不能履行、不能完全履行、迟延履行或履行不符合约定条件的，受托人应赔偿委托人因此受到的损失，并自行承担一切对外责任”；《中华人民共和国民法通则》第六十六条第二款关于“代理人不履行职责而给被代理人造成损害的，应当承担民事责任”；第一百一十五条关于“合同的变更或者解除，不影响当事人要求赔偿损失的权利”等法律、法规的规定，宁波市中级人民法院于1994年2月24日作出判决如下：

被告中国五金矿产进出口总公司赔偿给原告宁波开发区华能工贸公司损失4655068.42元。

本案诉讼费55001元(包括财产保全费14300元)，由被告负担40523元，原告负担14478元。

(六)二审情况

一审判决后，被告不服，以“我司已履行了委托代理义务，原判认定事实错误，程序违法，判决不公”等为由，向浙江省高级人民法院提起上诉。

浙江省高级人民法院经审理后认为：被上诉人与上诉人之间的委托进口钢材的业务活动，虽未按外贸代理的有关规定订立书面委托代理合同，但根据双方之间的来往电传、函件的内容应确认双方的委托代理关系已经成立，应受法律保护。上诉人在接受被上诉人的委托后，收取了被上诉人的预付款，但未按约履行受托人义务，不能如期向委托人提供钢材，应承担赔偿被上诉人经济损失的民事责任，上诉人提出的“已经履行了代理人义务”等上诉理由与事实不符，依法不予支持。原审判决认定事实清楚，适用法律正确，处理恰当。根据《中华人民共和国民事诉讼法》第一百五十三条第一款第(一)项关于“原判决认定事实清楚，适用法律正确的，判决驳回上诉，维持原判决”的规定，作出如下判决：

驳回上诉，维持原判。

二审案件受理费40701元由上诉人负担。

(七)本案的复查情况

本案终审判决后，最高人民法院以(1994)法经字第265号函要求浙江省高级人民法院对本案进行复查。浙江省高级人民法院接函后，认真复核本案的证据材料，特别是对原告华能公司280万元赔偿款损失进行了慎重核实，并于1995年2月以(1995)浙江经字第3号函形式向最高人民法院报告本案的复查结果："原告华能公司与被告五矿公司的委托代理关系成立后，华能公司已履行了自己的义务，但五矿公司在接受委托并收取华能公司款项后未按约履行受托人义务，应承担赔偿华能公司经济损失的民事责任。关于280万元赔偿款，是按2万吨螺纹钢不能交货计算的，经查未发现当事人之间恶意串通、制造假赔偿的情况，应认定赔偿属实。因此，本案二审判决维持宁波中院一审判决并无不当。"

(八)解说

本案主要是责任承担及损失赔偿数额认定问题。本案双方当事人虽未正式签订书面合同，但双方的传真往来已充分表达了各自的真实意思表示，并已对经济合同的主要条款达成一致意见，可以视为双方的委托代理关系已经成立，应受法律保护。从本案看，华能公司按五矿公司要求预付了委托代理货款，并准备了相应的外汇，已完全履行了委托人的义务。五矿公司接受华能公司的代理委托后，未按约提供货物，而且把已到港的部分货物转售给他方，显属违约，理应承担本案的全部责任。

原告华能公司诉请的损失系因被告五矿公司不履行代理进口义务而给华能公司造成的直接损失。我国现行的法律及有关的司法解释明确保护的只是受损害方的直接损失，对无过错方的间接损失是否应予法律保护尚属理论上探讨的问题。因被告五矿公司的违约造成原告华能公司对其下家的违约而赔偿给下家的款项、原告华能公司为进口螺纹钢所准备的外汇因外汇汇率变动所造成的巨额差价损失，以及调剂美元手续费、预付款利息均应是华能公司的直接损失。社会主义市场经济中，价格受各种因素制约的很多，从本案来看，被告未履行合同正值我国外汇汇率大调整时期，因此原告因汇率波动所受的损失更加明显。随着我国经济的发展及向国际惯例的靠拢，我国的法律对受损害当事人的间接损失予以保护的趋势必会进一步发展。1993年上半年，国内钢材市场价格急剧上升，被告五矿公司如按约为原告华能公司代理进口上万吨钢材，则原告所赚的差价利润(间接损失)是相当明显的。

(俞灵波)

32. 防城港市宝港综合贸易公司等诉贵阳市花溪旅游经济开发总公司等委托代理合同案

(一)首部

1. 判决书字号：广西壮族自治区防城港市中级人民法院(1994)防中法经初字第15号。

2. 案由：委托代理合同案。

3. 诉讼双方

原告：防城港市宝港综合贸易公司(简称宝港公司)。

法定代表人：张光宝，经理。

委托代理人：黄海东，防城港市中南律师事务所律师。

委托代理人：陈承任，该公司副经理。

原告：防城港粤桂经贸发展公司(简称粤桂公司)。

法定代表人:薛克敬,经理。

委托代理人:韦良钢,防城港市律师事务所律师。

委托代理人:张朝堂,该公司职员。

被告:贵阳市花溪旅游经济开发总公司(简称花溪公司)。

法定代表人:吴培贵,总经理。

委托代理人:袁世南,该公司副总经理。

委托代理人:胡少雄,广西商海商务律师事务所律师。

被告:澳门耀民公司(简称耀民公司)。

法定代表人:钟耀添,董事长。

委托代理人:雷时珍,钟耀添之妻。

委托代理人:于志宏,广西商海商务律师事务所律师。

第三人(有独立请求权):广西市场开发服务总公司(简称市场公司)。

法定代表人:黄昌泰,总经理。

委托代理人:叶晖,广西政法管理干部学院教师。

第三人(无独立请求权):防城港市金龙贸易总公司(简称金龙公司)。

法定代表人:阙尧全,总经理。

第三人(无独立请求权):广西钦州地区对外经济贸易公司(简称钦地外贸公司)。

法定代表人:黄家亲,经理。

4. 审级:一审。

5. 审判机关和审判组织。

审判机关:广西壮族自治区防城港市中级人民法院。

合议庭组成人员:审判长:姚佩衡;代理审判员:黄琼、陈家礼。

6. 审结时间:1994 年 9 月 21 日。

(二)诉辩主张

1. 原告宝港公司诉称:宝港公司于 1993 年 8 月 9 日与花溪公司签订了一份“委托代理合同”。合同约定由宝港公司代花溪公司办理 9613 吨保加利亚螺纹钢的进港卸货手续,防城港务局堆场交付验收,每吨费用 320 元,由花溪公司先付 30 万元,其余费用卸完货一个月内付清,花溪公司所欠宝港公司代理费以 1000 吨钢材作抵押,宝港公司垫付的代理费由花溪公司按月息 1.8%计付利息。同年 8 月 10 日,花溪公司再写一份委托书给宝港公司,委托宝港公司从 0 号标驳运该批钢材进港,每吨增加驳运费 13 元,杂费 25000 元。宝港公司通过港务局于 1993 年 9 月 3 日全部卸完货并通知花溪公司结帐,花溪公司未能按时结付。请求法院判令花溪公司支付拖欠代理费 341478 元,利息 87283 元并承担案件诉讼费用。

2. 原告粤桂公司诉称:粤桂公司 1993 年 9 月 3 日与花溪公司签订一份“代理进口入货协议书”,1993 年 9 月 6 日、9 月 27 日双方又签订两份补充协议,约定由粤桂公司代花溪公司补办进口 10000 吨螺纹钢(以提单实数为准)进口合同书、许可证及进口批文、报关完税手续,每吨费用 260 元;协议签订后即由花溪公司先付 30 万元,余款在办妥报关完税手续后 7 天内一次结清,如花溪公司不能如期兑现,粤桂公司有权变卖钢材抵帐。粤桂公司于 1993 年 9 月 17 日变卖钢材 39.613 吨,折款 130722.9 元,扣除花溪公司借用 5 万元后,粤桂公司实收 80722.9 元,尚欠 640290.1 元,请求法院判令花溪公司支付。

3. 花溪公司辩称:花溪公司与宝港公司及粤桂公司签订的"委托代理合同"、"代理进口入货协议书"以及有关补充协议,由于宝港公司和粤桂公司均没有对外贸易经营权,无权进行对外贸易代理,因此,所签订的合同、协议均是无效的。宝港公司和粤桂公司均无权根据无效合同、协议追索代理费,并且,宝港公司没有完全履行合同,收取的15万元已足够开支。粤桂公司没有做实际工作,将代理关系转给下家,只起中介作用,已从变卖钢材中收取了80722.9元,请求法院驳回宝港公司和粤桂公司的诉讼请求。

4. 耀民公司辩称:由于宝港公司和粤桂公司无对外进出口经营权,花溪公司分别委托宝港公司、粤桂公司代理进口货物是违反中国现行法律、法规、政策的。宝港公司与粤桂公司各自与花溪公司所签订的合同、协议均是无效的。且宝港公司和粤桂公司没有按进口代理完成工作,不应获取进口代理费,只能根据其实际工作给予适当劳务报酬。

5. 第三人市场公司述称:宝港公司和粤桂公司申请查封存放在防城港务局兴达公司堆场的钢材,在法院查封前,已由耀民公司卖给市场公司,所有权已属市场公司,宝港公司和粤桂公司申请查封已属市场公司的财产是错误的,请求法院判令宝港公司和粤桂公司分别赔偿市场公司经济损失89000元和19万元。

第三人金龙公司和第三人钦地外贸公司均未提出书面陈述。

(三)事实和证据

防城港市中级人民法院经公开审理查明:耀民公司与花溪公司于1993年4月25日签订一份工矿产品购销合同。合同约定,由耀民公司供给花溪公司保加利亚产螺纹钢1万吨,单价每吨3050元,总货款3050万元;交货时间是1993年5月份;交货方式是CNF广西防城港船上交货;结算方式是合同签订后5天内由花溪公司先付1600万元给耀民公司,余款在货到防城港卸货前交清。但合同签订后,花溪公司并未按合同规定付预付款,耀民公司也未能在合同规定期限内交货,直到7月31日,货才到防城港0号标锚地。耀民公司找到花溪公司,经双方协商,双方同意继续履行。8月5日,耀民公司遂将该批钢材的正本提单、品质商检证书、产地来源证等装船文件交给花溪公司。花溪公司于8月7日经他人介绍找到宝港公司,同月9日双方签订了一份"委托代理合同"。合同约定:花溪公司委托宝港公司负责代理花溪公司办理进口保加利亚螺纹钢9613吨的进港卸货手续,每吨包干费320元,由花溪公司先付30万元,余款待卸完货到均场后一个月内付清;宝港公司的代理费由花溪公司以1000吨钢材作抵押,所垫付的代理费,按月利率1.8%补付利息。合同签订后,花溪公司于8月10日付了15万元给宝港公司。由于该批钢材搭乘前往上海的十万吨货轮,轮船太大,进不了防城港港地,需从0号标驳运。花溪公司于8月10日又写一份委托书给宝港公司,委托宝港公司从0号标驳卸,每吨增加费用13元,另增加杂费25000元。由于货物已滞期,花溪公司于8月11日即催宝港公司出海驳卸。但由于手续未全,未办妥报关手续,未能卸货,造成误工。8月13日,宝港公司与港务局签订一份卸货协议,通过港务局于9月3日卸完货。宝港公司在代理该批货物中,直接支出费用共305557元。由于该批货物到8月24日尚未办妥报关手续,8月25日,花溪公司从宝港公司拿回有关装船文件,于9月3日与粤桂公司签订一份"代理进口入货协议书",并于9月16日、9月27日再签订两份补充协议。协议约定,由花溪公司委托粤桂公司补办花溪公司进口9613吨保加利亚螺纹钢的进口合同书、进口许可证及进口批文、报关完税手续,每吨费用为260元,花溪公司先支付30万元,余款在办妥报关完税手续后7天内一次付清,花溪公司如无钱支付,粤桂公司有权变卖钢材抵款。协议签订后，花溪公司于9月7日转付80万元给粤桂公司。同时向宝港公司取回现金5万元。由于粤桂公司无对外进出口经营权，办不了报关手续，于9月6日与金龙公司签订“代理进出口钢材协议书”，委托金龙公司代办该批钢材的报关完税手续，每吨费用220元。协议签订后，粤桂公司将花溪公司所付70万元转给金龙公司作为报关费用。同样由于金龙公司也无对外进出口经营权，也无法办理报关完税手续；金龙公司又于9月13日与钦地外贸公司签订一份“联营代理钢材协议书”，再由金龙公司委托钦地外贸公司代办该批钢材的报关完税手续，每吨费用180元。金龙公司在与钦地外贸公司签订协议同时将粤桂公司转来的70万元转给钦地外贸公司。钦地外贸公司9月17日办妥报关手续。9月20日，由耀民公司直接付110万元给钦地外贸公司，由钦地外贸公司开出提货单交金龙公司转交花溪公司。由于金龙公司在该批钢材代理活动中未曾取得报酬而扣下其中1000吨钢材的提货单，直到1994年3月31日，耀民公司与金龙公司就代理费问题达成新的协议，由耀民公司支付代理费26万元、商检费21633元给金龙公司后，金龙公司才将所扣1000吨钢材提货单交给耀民公司，并约定双方了结代理该批钢材的一切责任。

另查明，1993年9月18日(即办妥报关手续的第二天)，耀民公司与花溪公司签订了一份退货合同以及代理该批钢材上岸报关手续费用清单。合同及清单约定由花溪公司将原从耀民公司接手的9613吨钢材全部退还给耀民公司，费用清单上所列的代理费用由耀民公司负责清偿，清单以外该付未付的代理费用由花溪公司清偿。双方约定退货是9613吨，但实际在签订退货合同之前，花溪公司已销售886吨，粤桂公司变卖了39.613吨。所以退货时只有近8687吨，且有1000吨的提货单在金龙公司处。9月19日，耀民公司与市场公司签订一份买卖合同，合同约定由耀民公司将其进口的保加利亚螺纹钢9613吨(未经清点以实际数为准)卖给市场公司，防城港兴达码头堆场交货，每吨3200元；合同签订后即付货款50%，其余货款在一个半月内付清。但合同签订后，市场公司未按合同规定付50%货款，也未能按法院要求提供其各个时期的付款凭证及提货情况证明。法院无法查清其签订合同后收货(提单)、付款、提货的具体数字。但查实，在法院查封期间，在同一堆场，该批钢材除法院查封部分以外，尚有未查封的钢材堆放至查封部分解除查封以后尚未出售。

还查明，宝港公司、粤桂公司、金龙公司均无对外进出口经营权；粤桂公司转委托金龙公司代理该批钢材及金龙公司转委托钦地外贸公司代理该批钢材报关手续时，花溪公司和耀民公司均不知道。事后，耀民公司直接支付代理费110万给钦地外贸公司，与金龙公司达成协议，共支付给金龙公司代理费26万元、商检费21633元。

在庭审过程中，耀民公司和花溪公司表示，愿就本案负共同责任。

上述事实有下列证据证明：

1. 花溪公司与耀民公司1993年4月25日签订的“工矿产品购销合同”，1993年9月18日签订的编号为938918号(退货)合同及费用清单，1993年9月22日签订的编号939922号合同。

2. 花溪公司与宝港公司1993年8月9日签订的“委托代理合同”，8月10日花溪公司给宝港公司的委托书，宝港公司支付中介费、杂费、驳运费、误工费的付款凭证，宝港公司收花溪公司15万预付款收据，宝港公司与港务局签订的卸货协议。

3. 花溪公司与粤桂公司1993年9月3日签订的“代理进口入货协议书”，9月16日、9月27日签订的“关于代理9613吨螺纹钢补充协议”，花溪公司付款70万给粤桂公司的银行转帐凭证，花溪公司借宝港公司5万元的借据，粤桂公司变卖钢材收据。

4．粤桂公司和金龙公司1993年9月6日签订的“代理进口钢材协议书”，粤桂公司付款70万元给金龙公司的银行转帐凭证。

5．金龙公司与钦地外贸公司1993年9月13日签订的“联营代理钢材协议书”，金龙公司预付70万元给钦地外贸公司的银行付款凭证，钦地外贸公司1993年9月22日收耀民公司代理费110万元的收条（耀民公司1993年9月20日付出）。

6．耀民公司与市场公司1993年9月19日签订的“买卖合同案”。

7．耀民公司与金龙公司1994年3月31日签订的“关于代理戈特号船所装1000吨钢材费用处理补充协议”两份。

8．法院调查证人证言及当事人陈述、法庭审理笔录。

（四）判案理由

防城港市中级人民法院经审理认为：由于花溪公司、宝港公司、粤桂公司、金龙公司均无对外进出口经营权，无权代理进出口业务，因此，他们之间签订的代理进口钢材的合同、协议违反我国有关法律规定，应确认无效。应由委托方支付受委托方在代理活动中合理的支出和经济损失。宝港公司在代理该批货物过程中，共支出各种费用305557元，花溪公司已付宝港公司15万元，尚欠155557元及利息34720元（计至1994年8月16日，以后另计），应由花溪公司负担；粤桂公司在该批钢材代理活动中只起中介作用，变卖钢材得款130722.9元，扣除花溪公司借款5万元，实收80722.9元，花溪公司和耀民公司没有要求返还，应予准许；耀民公司根据金龙公司与钦地外贸公司所签订的协议确定的代理费数额支付给钦地外贸公司代理费，当事人无异议，应予认可；耀民公司根据金龙公司在代理该批钢材中所起的作用，事后达成协议并支付费用，亦应准许；市场公司称宝港公司和粤桂公司申请查封的钢材的所有权在申请查封前已转移，证据不足，并且该公司不能销售该批钢材的真正原因不是法院查封，而是因为提单被金龙公司扣押不能提货所致，故市场公司请求宝港公司和粤桂公司赔偿损失理由不成立，不予支持。

（五）定案结论

防城港市中级人民法院根据《中华人民共和国经济合同法》第七条第一款、第十六条第一款的规定，作出如下判决：

1．被告贵阳市花溪旅游经济开发总公司支付原告防城港市宝港综合贸易公司代理费155557元，利息34720元（计至1994年8月16日，以后另计）。

2．被告澳门耀民公司对被告贵阳市花溪旅游经济开发总公司的上述债务负连带清偿责任。

3．驳回原告防城粤桂经贸发展公司的诉讼请求。

4．驳回第三人广西市场开发服务总公司的诉讼请求。

案件受理费55730元，其他诉讼费11146元，财产保全费7865元，合计74741元（原告防城港市宝港综合贸易公司已预交12881元，原告防城粤桂经贸发展公司已预交7270元），由原告防城港市宝港综合贸易公司负担7803元，由原告防城粤桂经贸发展公司负担32707元，由被告贵阳市花溪旅游经济开发总公司负担26179元，由第三人广西市场开发服务总公司负担8052元。

上列债务，债务人应在本判决发生法律效力之日起10天内付清，逾期履行应加倍支付迟延履约期间的债务利息，债权人可在本判决规定的履行期间的最后一日起6个月内向本院申请执行。

宣判后债务人没有上诉，一审判决生效。

(六)解说

代理活动，在沿海开放地区是一种相当普遍的现象，很多贸易活动都是通过代理商完成。代理商通过完成代理行为而取得一定报酬，是合理合法的经济现象。因此，我们既要支持、保护合法的代理行为，又要打击非法、违法的代理行为，以保障对外贸易的健康发展。本案的判决，对当今有增无减的贸易代理活动，有很大的影响，我们在审理时，既充分尊重当事人的意思表示，又考虑到我国对外贸易方面有关法律关于进口货物的特殊规定以及代理进口的特殊性。中国对外经济贸易合作部1991年8月29日发布的《关于对外贸易代理制的暂行规定》第二条明确指出："无对外贸易经营权的公司、企业、事业单位及个人(委托人)需要进口或出口商品(包括货物和技术)，须委托有该类商品外贸经营权的公司、企业(受托人)依据国家有关规定办理。"本案中，花溪公司是货物进口人，该公司无钢材外贸经营权，它依法只能委托有钢材进口权的单位代办理进口手续，但该公司连续两次均委托没有钢材进口权的单位代理。宝港公司、粤桂公司、金龙公司也正因为无钢材外贸经营权，才使此批钢材拖延报关，使货主增加了货物成本，如果该批货物直接委托有钢材外贸经营权的单位代理，时间可节约三分之二以上，费用可降低将近一半，此种无权代理，违反了我国有关法律和行政法规，应确认为无效，根据无效合同确定各方责任。

在该案中，市场公司主张宝港公司和粤桂公司申请查封的钢材在查封前已由耀民公司卖给该公司，所有权已转移，因此宝港公司和粤桂公司申请查封错误。对于这一问题，由于该批钢材从耀民公司交给花溪公司后，花溪公司已对部分钢材进行了处分。花溪公司退货给耀民公司的数量是不真实的，耀民公司卖给市场公司的数量也是一个约数，注明以实际数为准，并且市场公司在合同签订后没有按合同规定付款，因此，只能以耀民公司实际交付给市场公司的数量确定已移转所有权的钢材的数量。同时，在同一堆场内，在法院查封期间至解除查封后，除法院查封部分外，还有部分该批钢材未提走。市场公司不能销售该批钢材的真正原因不是法院查封，而是因为提单被金龙公司扣押不能提货所致。因此，市场公司诉因宝港公司和粤桂公司申请查封该批钢材，使其不能销售造成损失，要求法院判令申请人赔偿损失的理由是不成立的，应予驳回。

宣判后，各方当事人均未提出上诉，本案已发生法律效力。

(黄　琼)

33. 重庆铁路文化实业开发公司诉重庆奥妮化妆品有限公司拖欠广告费案

(一)首部

1. 调解书字号：重庆铁路运输法院(1994)重铁经初字第14号。

2. 案由：拖欠广告费案。

3．诉讼双方

原告：重庆铁路文化实业开发公司。

法定代表人：熊德明，经理。

委托代理人：陈朝贵，重庆市第二律师事务所律师。

委托代理人：吴平刚，重庆市第二律师事务所律师。

被告：重庆奥妮化妆品有限公司。

法定代表人：黄家齐，经理。

4．审级：一审。

5．审判机关和审判组织

一审法院：重庆铁路运输法院。

独任审判：审判员：李刚。

6．审结时间：1994年6月8日。

（二）诉辩主张

1．原告诉称：1993年7月12日，原告与被告签订广告合同。合同规定：原告用重庆至上海的73/74次旅客列车的名称及车厢为被告进行广告宣传；被告在合同签订后即付30万元广告费，开行典礼后付20万元，运行6个月（1994年1月）付30万元广告费，一年期满（1994年8月）付20万元。合同履行中，被告不按合同约定于1994年1月支付广告费30万元，经原告多次派人到被告方催促，被告仍不履行合同，并且没有履约的意思表示。原告同时认为：履行合同中，返程列车间断出现过少数招贴广告的部分缺损情况，是由于铁路广告客观上的特殊性造成的，原告并不存在主观上的过错，不应影响整个列车广告合同的履行，被告不应以此为理由拒付广告费。原告要求法院依法判令被告支付拖欠的广告费30万元及资金利息10800元，支付违约金15000元，承担本案的诉讼费及赔偿原告的直接损失费15000元。

2．被告辩称：签约初期双方合作较愉快，但后来原告没有坚持按约履行合同，与“奥妮号”开行仪式相比出入甚大。原告称“履行合同中，间断出现过少数招贴广告的部分缺损情况”，与实际情况严重不符，不是间断、少数、部分，而是自1993年10月以来一直是损坏殆尽。据此，被告表示在终止合同的前提下，通过法律途径解决。

（三）事实和证据

重庆铁路运输法院经调查和审理查明：1993年7月12日，原告与被告签订了“奥妮号”（73/74次）列车广告合同。合同约定：由原告将重庆至上海的（73/74次）旅客列车命名为“奥妮号”列车，并在该旅客列车车厢内进行广告宣传。合同期限：1993年8月至1994年8月，奥妮公司（被告）给付原告广告费100万元。付款方式：合同签订后，即付30万元，列车开行典礼后即付20万元，1994年1月付30万元，1994年8月付20万元。合同签订后，原告按约履行了合同，同列车广告有关的单位，如重庆火车站等以书面形式签订了内部协议，将73/74次旅客列车座签加印了“奥妮号”字样；同重庆铁路分局客运科、车辆科联系，完成了列车广告的具体方案和实施办法；为硬座车添制了有“奥妮”标志的座套，每辆车厢两端安放了电子显示屏，车厢内壁张贴了招贴广告，软、硬卧卧具加印了“奥妮”标记。1993年8月1日，原、被告举行“奥妮号”（重庆至上海73/74次）旅客列车命名及首发仪式。合同履行前期，双方均履行了合同约定义务，“奥妮号”列车每天始发前，原告对车内广告进行检查确认，对污染的座套、卧具进行更换，毁损的张贴广告进行增补，在符合规定时方予放行，被告亦支付了广告费50万元。同年10月，被告几次察看由上海返回重庆的“奥妮号”列车，发现硬座车座套，张招广告有缺损的情况，遂以原告严重违约，损害了广告效应和企业形象为由，拒付1994年1月到期广告费，原告多次派人催收，被告仍坚持己见。

审理查明：返渝“奥妮号”旅客列车确有车厢内壁和洗脸间玻璃张贴广告破损的情况，个别车厢缺损还比较严重，但从整个“奥妮号”列车看，仍属“间断、少数、部分”缺损。

上述事实有下述证据证实：

1. 重庆铁路文化实业开发公司与重庆奥妮化妆品有限公司的广告合同及其附件。

2. 原、被告之间的往来书信。

3. 证人证言。

（四）判案理由

重庆铁路运输法院认为：

1. 根据《中华人民共和国经济合同法》第五条和第九条关于“订立经济合同，必须贯彻平等互利，协商一致的原则”；“当事人双方依法就经济合同的主要条款经过协商一致，经济合同就成立”的规定，原告与被告在自愿互利，协商一致的基础上签订的列车广告合同，符合法律规定，具有法律效力。

2. 根据《经济合同法》第二十六条关于“凡发生下列情况之一者，允许变更或解除经济合同……由于另一方在合同约定的期限内没有履行合同”的规定，该列车广告合同的履行不属于上述规定的情况，不能随意变更或解除。《经济合同法》第二十七条规定：“除由于不可抗力致使经济合同的全部义务不能履行或者由于另一方在合同约定的期限内没有履行合同的情况以外，协议未达成之前，原经济合同仍然有效。”

3. 根据查证的事实，原告适当履行了合同规定的义务，将重庆至上海（73/74次）旅客列车命名为“奥妮号”列车，并在该次列车车厢内壁张贴了有“奥妮”标样的广告，车厢两端开放了电子显示屏，座套、卧具等用品印制了“奥妮”标样，每趟列车始发前，亦对污染的座套、卧具进行了更换，毁损的张贴广告进行了增补，已全面履行了合同确定的义务。至于列车运行中车厢内张贴广告毁坏，座套被污染是因该次列车客流量大，旅客素质不高，人为毁坏所致。且原、被告双方对广告媒体的保护程度和标准亦未作约定，因此，不能认为原告未全面履行合同，被告亦未能提供列车始发时广告就不符合同约定的证据。本案不存在《经济合同法》第二十六条第三款所规定的变更、解除条件，故被告提出终止合同的理由不能成立。被告拒付广告费属违约行为，应按合同约定给付到期广告费30万元。

4. 由于当事人双方对履行合同中的情况发生争议，不是因为当事人一方主观上不履行合同，而是由于列车临时性编组、客流量大、人为损坏等不可预见的特殊性和复杂性造成的，因此合同双方当事人应对合同作部分修改完善，以保证合同的切实履行。

（五）定案结论

根据《中华人民共和国经济合同法》第六条、第二十七条的规定，法院在查明案件事实的基础上，主持调解，根据当事人双方的合作意向，帮助原告找出在合同履行中招贴广告缺损的原因及改进办法等；对被告讲明列车广告的特殊性，说明列车运行中各种情况的复杂性等，使双方沟通了意见，取得了谅解，当事人双方自愿达成如下协议：

1. 原告与被告签订的“奥妮号”（73/74次）列车广告合同作部分修改后继续履行，履行期限延至1994年12月31日止。合同修改部分为:将原合同约定的硬座座椅套广告,所有招贴广告(硬座车行李架下,餐车座椅靠背,软卧窗间软卧包房门,硬卧窗间中铺壁等)更换为硬座车,餐车端头有机玻璃加丝网印刷广告,软卧包房茶几和餐车桌印广告。

2. 被告尚应给付原告的广告费50万元,调解书发生法律效力时给付30万元,余款20万元于1994年12月31日前付清。

3. 调整后的广告于1994年月7日1日在"奥妮号"(73/74次)旅客列车上开始发布。

4. 双方定期或不定期共同派员对合同的履行情况进行检查,如有毁损,重铁文化实业开发公司应及时更换。

5. 未尽事宜双方协商解决。

本案诉讼费用12685元原告自愿承担。

(六)解说

本案是一起因列车广告而引起的纠纷。从本案的事实情况来看,当事人双方对纠纷的产生不存在明显的过错。原告适当地履行了自己的广告义务,被告也非无故拒绝广告费。问题在于双方对用列车做广告的一些特性无清楚认识,在合同中没有作出有针对性的规定,导致纠纷产生。法院正确指出纠纷出现的原因是列车临时性编组、客流量大、人为损坏等,并要求双方当事人针对列车的特性对合同作部分修改完善,促进了纠纷的顺利解决。

(田良荣)

34. 泸州市外贸工艺品公司诉泸县东方编织厂榻榻米草席织机产权纠纷案

(一)首部

1. 调解书字号:四川省泸州市中级人民法院(1992)泸经初字第47号。

2. 案由:榻榻米草席织机产权纠纷案。

3. 诉讼双方

原告:四川省泸州市外贸工艺品公司。

法定代表人:毛贤书,经理。

诉讼代理人:黄勇,该公司科长。

被告:四川省泸县东方编织厂。

法定代表人:张洪顺,厂长。

诉讼代理人:卢家齐,四川省泸县法律顾问处律师。

诉讼代理人:汪仲儒,四川省泸县法律顾问处律师。

第三人:四川省工艺品进出口公司。

法定代表人:廖晓海,副经理。

诉讼代理人:余清,该公司业务员。

诉讼代理人:董绪公,四川省东方律师事务所律师。

4. 审级:一审。

5. 审判机关和审判组织

审判机关:四川省泸州市中级人民法院。

合议庭组成人员:审判长:刘友富;审判员:代秀月、严绍兴。

6. 审结时间:1994年5月20日。

(二)诉辩主张

原告诉称:从1983年3月起,原告的主管上级——四川省工艺品进出口公司就与日本国三仓国际贸易株式会社进行榻榻米草席织机的补偿贸易,先后分5批从日本进口草席织机130台,提花机10台,烘干机2台,染草机1台。机器进口后,四川省工艺品进出口公司委托泸州市外贸工艺品公司以自己的名义将部分机器借给被告使用,原告以自己的名义先后与被告订立了7份"关于借用织席机的协议",确认被告向原告借用织席机49台,提花机10台,草席烘干机1台,共计60台机器。以后被告出尔反尔,置协议第二条中机械所有权属原告所有的规定于不顾,称向原告所借用的60台机器的产权属自己所有,原借用机器的协议无效。原告请求人民法院确认60台进口榻榻米草席织机的产权归原告所有。

被告辩称:争执的60台进口织席机实为日方赠与被告以及被告与日商补偿贸易所取得。原告以欺诈、胁迫手段与被告签订的7份"借用织席机协议"是无效合同。被告请求人民法院依法确认争执的60台榻榻米草席织机的产权归被告所有,驳回原告的诉讼请求。

第三人辩称:争执的60台榻榻米草席编织机,是第三人与日商进行补偿贸易得来,产权应属第三人所有。第三人为扶持被告发展生产,将60台编织机借给被告使用,并委托原告与被告签订了7份"关于借用织席机的协议"。现被告却称该60台机器的产权归被告所有,实属无理。第三人请求人民法院依法确认争执的60台榻榻米草席编织机的产权为第三人所有,驳回原、被告的诉讼请求。

(三)事实和证据

四川省泸州市中级人民法院经公开开庭审理查明:1983年3月至1987年10月,第三人四川省工艺品进出口公司(原中国工艺品进出口总公司四川省分公司)与日本国神户市三仓国际贸易株式会社先后签订6份"榻榻米草席织机补偿贸易协议",明确由日本国三仓国际贸易株式会社向四川省工艺品进出口公司提供织席机;四川省工艺品进出口公司用该织席机生产的榻榻米草席以优惠价售与日本三仓国际贸易株式会社。合同签订后,四川省工艺品进出口公司报四川省对外经济贸易委员会批准,并经海关同意后,先后从日本进口榻榻米草席织机143台,四川省工艺品进出口公司将其中的60台织机交给泸县东方编织厂生产榻榻米草席(60台织机包括榻榻米草席织机49台,提花机10台,草席烘干机1台)。从1984年起,四川省工艺品进出口公司向泸县东方编织厂收购榻榻米草席,然后又将收购的榻榻米草席售与日本三仓国际贸易株式会社,并以每条草席扣除0.18或0.20美元,或直接以一定数量的榻榻米草席的金额价款的方式对日商提供的榻榻米草席织机进行了补偿。1987年底,四川省工艺品进出口公司与日本三仓国际贸易株式会社签订的补偿贸易协议全部履行完毕,并经中华人民共和国成都海关核销结案。1987年7月,四川省工艺品进出口公司委托原告四川省泸州市外贸工艺品公司(原泸州市茶叶进出口支公司,属四川省工艺品进出口公司的下级公司)与被告四川省泸县东方编织厂签订借用织席机协议。原告得第三人委托后,不是以第三人名义,而是以自己的名义同被告泸县东方编织厂签订了7份"关于借用织席机的协议"。该协议明确:泸县东方编织厂向泸州市外贸工艺品公司租借日本榻榻米草席织机

60台，用于生产出口榻榻米草席，织机所有权属外贸公司，编织厂对该草席织机有使用权及保养维修的义务。事后，泸县东方编织厂以自己是对日补偿贸易的中方主体，是对日补偿贸易义务的实际承担者等为由，对60台榻榻米草席织机主张产权。三方由此引起讼争。原告四川省泸州市外贸工艺品公司向四川省泸州市中级人民法院提起诉讼。泸州市中级人民法院立案受理后，四川省工艺品进出口公司对原、被告讼争的织机产权主张权利，并向四川省泸州市中级人民法院申请参加诉讼。泸州市中级人民法院经审查，裁定准予四川省工艺品进出口公司以第三人身分参加诉讼。

以上事实有下列证据证明：

1. 四川省工艺品进出口公司与日本国神户市三仓国际贸易株式会社签订的"榻榻米草席对日出口贸易协议书"，"榻榻米草席织席机补偿贸易协议"。

2. 四川省对外经济贸易厅对榻榻米草席织机补偿贸易协议的批复。

3. 海关进出口货物报告单，核销结案通告单。

4. 泸州市土产茶叶进出口支公司与泸县东方编织厂签订的"关于借用织席机的协议"，"关于收购榻榻米草席的协议"。

5. 四川省工艺品进出口公司给四川省泸州市外贸工艺品公司的文件、函。

（四）判案理由

泸州市中级人民法院认为：

1. 争执的榻榻米草席织机产权属第三人四川省工艺品进出口公司所有。第三人四川省工艺品进出口公司从1983年至1987年与日本国神户市三仓国际贸易株式会社进行补偿贸易时，独自对进口的织席机进行了补偿，履行了补偿贸易义务后，根据有关法律法规及规章的规定，补偿贸易得来的榻榻米草席织机的产权应属第三人四川省工艺品进出口公司所有。原告四川省泸州市外贸工艺品公司没有参加对日补偿贸易活动，没履行补偿贸易义务，不应享有进口织席机产权。被告四川省泸县东方编织厂间接参加补偿贸易活动，但不是对日补偿贸易的中方主体，而是第三人四川省工艺品进出口公司为组织生产补偿产品的生产厂家，被告没有履行补偿贸易的义务，不应享有补偿贸易的权利，不应享有进口织席机的产权。

2. 原告四川省泸州市外贸工艺品公司与被告四川省泸县东方编织厂签订的"关于借用织席机的协议"，不符合有关法律规定，属无效合同。本案原告泸州市外贸工艺品公司既没有参加对日补偿贸易活动，也无证据表明原告拥有织席机产权，原告无权处分别人的财产。原告受第三人之托与被告签订借用协议，应以第三人名义签约，原告却以自己的名义与被告签订借用协议，不符合《中华人民共和国民法通则》关于委托代理的规定，是无效的民事行为，所签协议，属无效协议。

3. 被告所述进口织席机系日商赠与的理由不能成立。日商赠与被告织席机一事，并无直接证据证明属实，间接证据不能做到充分确实，形成证明锁链，仅系被告一方证人所言，不足以认定日商赠与被告织席机成立。

（五）定案结论

四川省泸州市中级人民法院依照《中华人民共和国民法通则》第五十八条、第六十三条以及中华人民共和国国务院1979年9月3日颁发的《开展加工装配和中小型补偿贸易办法》（国发[1979]220号）的有关规定，参照中华人民共和国国务院外贸部1980年制定的《关于外贸系统开展加工装配和中小型补偿贸易中有关问题和财务处理的暂行规定》（[80]贸财制字第65号)和国家进出口委《关于执行〈开展对外加工装配和中小型补偿贸易办法〉的几项规定》([81]进出口加字第12号),认定争执的60台榻榻米草席织机的产权属第三人四川省工艺品进出口公司所有。泸州市中级人民法院在查明事实,明确产权归属的基础上,本着有利生产,有利于一致对外,共同创汇的原则,依照《中华人民共和国民事诉讼法》第八十五条、第八十八条的规定,主持讼争各方进行调解,经平等协商,三方当事人达成了调解协议:

1. 第三人四川省工艺品进出口公司与日本国神户市三仓国际贸易株式会社补偿贸易中取得的60台榻榻米草席织机,第三人同意给予被告四川省泸县东方编织厂24台。

2. 被告四川省泸县东方编织厂自愿向第三人四川省工艺品进出口公司购买榻榻米草席织机6台,每台价格7400元,共计价款44400元,该款用泸县东方编织厂生产的合格草席折抵,在1994年10月21日之前履行完毕。

3. 泸县东方编织厂接受四川省工艺品进出口公司给予的24台以及向四川省工艺品进出口公司购买的6台共计30台织席机,按上述60台织机质量优劣搭配划分,机器划分在调解书生效之日起7日内完毕,属四川省工艺品进出口公司的30台织机由该公司自行处分。

案件诉讼费用13040元,由原告四川省泸州市外贸工艺品公司负担6520元,被告四川省泸县东方编织厂负担6520元。

(六)解说

本案是一起对外补偿贸易完毕后,国内贸易商与生产厂家就进口机械设备产权归属而引发的纠纷。

本案第三人四川省工艺品进出口公司是具有对外贸易经营权的贸易商,被告泸县东方编织厂是不具有对外贸易经营权的生产厂家。在对日本国神户市三仓国际贸易株式会社补偿贸易活动中,与日商谈判签约及履约,向日商提供补偿产品,办理各种报批手续,货物进出口海关手续,均是第三人四川省工艺品进出口公司以自己的名义独自实施的。进口的榻榻米草席织机,由第三人交给被告使用;用进口的织机生产出来的榻榻米草席,由第三人向被告收购。第三人与被告的民事经济法律关系是产品购销关系。第三人作为对日补偿贸易唯一的中方主体,在对日商独自承担了补偿贸易义务后,理应独自享有进口60台织机的产权。人民法院在查明第三人与被告在对日补偿贸易经济活动中的地位作用、权利义务关系及相互间的民事经济法律关系后,明确争执的60台织机产权归属第三人四川省工艺品进出口公司,是正确的。

(刘友富　白联洲)

第二篇　违反技术合同纠纷案例

35. 大连市中山区青泥民政工业公司诉大连制碱厂技术转让合同案

(一)首部

1. 判决书字号

一审判决书:辽宁省大连市中级人民法院(1993)大经初字第148号。

二审判决书:辽宁省高级人民法院(1994)辽经终字第131号。

2. 案由:技术转让合同案。

3. 诉讼双方

原告(被上诉人):大连市中山区青泥民政工业公司。

法定代表人:迟允胜,经理。

委托代理人:王远,大连市中山区青泥街道干部。

被告(上诉人):大连制碱厂。

法定代表人:夏俊杰,厂长。

委托代理人:王竹轩,大连经济技术开发区律师事务所律师。

4. 审级:二审。

5. 审判机关和审判组织

一审法院:辽宁省大连市中级人民法院。

合议庭组成人员:审判长:王永达;代理审判员:郭景才、林万纯。

二审法院:辽宁省高级人民法院。

合议庭组成人员:审判长:张德生;代理审判员:侯国武、刘铁男。

6. 审结时间

一审审结时间:1994年1月26日。

二审审结时间:1994年9月1日。

(二)一审情况

1. 一审诉辩主张

(1)原告诉称:1988年6月29日,原、被告签订了技术转让协议书,由被告有偿转让给原告年产5000吨纯碱的全套技术。1988年8月2日,原、被告又签订一份购销合同,由被告向原告提供制碱设备。原告在签订合同后，向被告支付技术费及设备款，但被告转让的技术经生产检验，所生产出的产品的数量和质量均达不到合同中规定的标准，原告被迫停产，造成了重大经济损失。要求判令被告返还技术转让费12万元，赔偿经济损失190余万元，并承担全部诉讼费用。

(2)被告辩称：双方签订的技术转让协议书中规定的义务被告已全部履行。原告自行停产与被告无关，不承担赔偿其经济损失的责任。原告起诉时已超过诉讼时效。

2. 一审事实和证据

辽宁省大连市中级人民法院经审理查明：1988年6月29日，原告与被告签订了年产5000吨纯碱技术转让协议书。协议规定：被告有偿转让年产5000吨纯碱技术，转让费12万元。原告在协议生效后，将转让费一次汇入被告帐户。被告收到款后，向原告提供年产5000吨纯碱的全套设备工艺、图纸、配方及土建车间平面位置图；被告为原告试车生产，保证原告自投产之日起一个月内使产量达到稳定，使产品质量达到国家标准；被告为原告培训生产技术人员、化验员各一名，使其达到能独立操作的水平。协议书还约定：被告转让给原告的技术无"三废"污染，该技术如达不到协议中所规定的各项技术指标，被告负责解决，如经过努力无效时，被告退还原告的技术转让费12万元，赔偿全部设备投资款；原告如向第三方转让该技术，处20万元罚金。为履行上述协议，1988年8月2日，原、被告又签订了一份购销合同。合同约定：被告向原告提供制碱设备中的制碱反应罐3个，结晶反应罐3个，纯碱锻烧炉1个，总价款23.5万元，原告预付货款的50%，验收提货前付清全部货款。合同签订后，原告向被告交付了全部技术转让费12万元及购设备款，被告向原告交付了硫酸中间盐复分解反应罐的工艺原理及工艺配方，提供了制碱反应罐和结晶反应罐，但未向原告提供合同约定的年产5000吨纯碱的设备工艺、图纸和土建车间平面位置图等全部技术资料。1989年5月1日起，被告派人为原告试车，历时17天，生产出了重碱，因设备故障及锻烧炉未安装完毕，未能生产出纯碱。之后，原告在被告技术人员指导下，检修设备，安装锻烧炉，经试车生产出了纯碱。但因生产不稳定，生产能力不够，生产的纯碱达不到合同约定的数量及质量标准，以及存在"三废"污染等问题，于1990年5月正式停产。原告为履行该协议支出购置主要设备价款306770.01元，附属设备价款100675.21元，购建支出321006.53元，购买原材料价款791014.70元，生产经营费用170395.83元，支付工资160005.98元，福利费用2886.28元，差旅费11819.21元。被告没有按合同规定为原告培训生产技术人员和化验员，也没有依约向原告提供全部技术资料。原告停产后未对生产纯碱的主要设备进行防腐处理，妥善保管，现大部分设备已基本报废。对被告所转让的技术是否存在"三废"污染和能否达到合同规定的生产能力问题，大连中院在审理期间委托化工部制碱工业研究所进行鉴定，鉴定意见为：被告转让给原告的制碱技术存在"三废"污染，现有设备的生产能力年产量最多只能达到2700吨。

3. 一审判案理由

辽宁省大连市中级人民法院鉴于上述事实认为：

(1)1988年6月29日，原、被告双方在平等自愿、协议一致的基础上签订的由被告转让给原告硫酸中间盐复分解反应制碱技术的合同，符合《技术合同法》的规定，属有效合同，双方当事人应当全面履行。

(2)被告未按合同约定向原告提供年产5000吨纯碱的全部技术资料，提供设备的生产能力亦不到年产5000吨纯碱的产量，提供的技术存在“三废”污染；没有为原告培训生产技术人员，也未按合同约定解决试生产过程中出现的问题，保证原告在投产一个月内使产量达到稳定，均违反了合同规定，应承担违约责任，返还技术转让费及赔偿原告的经济损失。

(3)原告提出要求被告赔偿购买原材料、燃料的损失，因无投料、生产及产出记录，无据确认具体数额，不予支持；原告投产期间的生产经营费用是否合理无据认定，亦不予支持；原告在停产后，未对设备进行防腐处理，妥善保管，致使损失扩大，原告应承担责任；原告在被告违约，迫使其停产后即提起诉讼并不超过技术合同法规定的诉讼时效。

4．一审定案结论

根据《中华人民共和国民法通则》第一百一十四条关于“当事人一方因另一方违反合同受到损失的，应当及时采取措施防止损失的扩大；没有及时采取措施致使损失扩大的，无权就扩大的损失要求赔偿”；《中华人民共和国技术合同法》第十七条第一款关于“当事人一方不履行技术合同或者履行合同义务不符合约定条件，即违反合同的，另一方有权要求履行或者采取补救措施，并有权要求赔偿损失”；第二十四条第一款第(一)项“另一方违反合同”当事人一方有权解除合同；第四十条第一款“未按照合同约定转让技术的，除返还部分或者全部使用费外，应当支付违约金或者赔偿损失”的规定，辽宁省大连市中级人民法院1994年1月26日作出判决：

(1)双方签订的技术转让合同和购销合同均属有效合同。

(2)被告大连制碱厂退还原告大连市中山区青泥民政工业公司技术转让费12万元。

(3)被告大连制碱厂赔偿原告大连市中山区青泥民政工业公司全部设备投资款及购建支出费606218.18元和工资、福利、差旅费用174711.47元。

(4)被告大连制碱厂赔偿原告大连市中山区青泥民政工业公司上述款项900929.65元的利息损失(自1990年6月1日起至付清日止，按中国人民银行同期流动资金贷款最高利率计付)。

(5)原告大连市中山区青泥民政工业公司自负经济损失费122233.57元。

(6)驳回原告的其他诉讼请求。

上述款项于判决生效后10日内付清。如逾期给付，加倍支付迟延履行期间的债务利息(按中国人民银行同期流动资金贷款最高利率计付)。案件受理费20110元，由原告负担2110元，被告负担18000元。本案鉴定费11000元，原告负担5500元，被告负担5500元。

(三)二审诉辩主张

上诉人(原审被告)及其委托代理人诉称：上诉人向被上诉人提供了年产5000吨纯碱的设备图纸、工艺、配方及土建车间平面位置图，年产量达不到5000吨是被上诉人因陋就简未按上诉人的要求生产所致；试车2天就产出了重碱末，到17天生产也稳定了，重碱与氯化铵的质量都达到了合同规定的指标，因锻烧炉未安装，未出纯碱，被上诉人表示遇有解决不了的问题再找我们，我们才撤回了试车人员，此后，被上诉人生产出了合格的纯碱，一直也未找过上诉人，原审认定多次找到上诉人没有任何根据；上诉人为被上诉人培训了化验员、技术员各一名，均已达到独立操作水平，被上诉人生产出重碱和纯碱的事实也证明了这一点；上诉人转让的技术“三废”污染未超过国家标准，被上诉人提供的大连环科所《年产5000吨纯碱建设项目环境影响的分析报告》认为“三废”污染不超标，上诉人用该技术几年就是证明。被上诉人停产的真正原因是1989年市场疲软，纯碱市价大跌，继续生产要赔本所致；如果

17 天的试车没成功，被上诉人从那时起就应知权利受到了侵犯，过一年零六个月才起诉，超过了法定诉讼时效，对其请求应予驳回。

被上诉人（原审原告）及其委托代理人辩称：上诉人违反技术转让合同规定，没有向被上诉人提供年产 5000 吨纯碱的全部技术资料，提供设备的年生产能力亦达不到年产 5000 吨纯碱的产量；上诉人转让的技术在生产过程中存在“三废”污染；上诉人没能保证被上诉人自投产之日起一个月内使产量达到稳定，使产品质量达到国家标准，停产期间，被上诉人多次找上诉人，上诉人始终没再到工厂处理此事，上诉人违反了技术转让合同的规定，应承担违约责任。同时，被上诉人的诉讼请求未超过诉讼时效。因为，自 1989 年 5 月试车开始，到 1990 年 5 月正式停产期间，被上诉人始终就设备、产品质量、生产能力等问题找上诉人要求其派人解决，而上诉人却一再推拖，一直没有到工厂，被上诉人被迫于 1990 年 5 月停产，1990 年 10 月起诉至大连市中级人民法院，提起诉讼是在法定的诉讼时效期间的。

（四）二审事实和证据

辽宁省高级人民法院经审理查明：原审法院查明的案件基本事实正确。由于上诉人不能提供技术资料交接的单证、培训记录、被上诉人未按其要求上设备的异议书或其他足以证明上述事实的相关证据，故对上诉人所称按合同要求向被上诉人提供了全部技术资料，进行了人员培训，年产量达不到 5000 吨是被上诉人因陋就简上设备所致不能予以认定。因被上诉人在停产后未对生产设备进行防腐处理，妥善保管，设备已报废，作废铁变卖。双方在合同中规定的本技术无“三废”污染，意思表示不准确，其真实意思为本技术的“三废”污染不超过国家标准。“三废”污染不是被上诉人停产的原因，其停产的主要原因是纯碱的产量上不去，成本下不来，经济效益不好所致。

（五）二审判案理由

辽宁省高级人民法院鉴于上述事实认为：

1. 原审判决认定上诉人转让的制碱技术成熟，双方所签的技术转让合同和购销合同合法有效正确。

2. 上诉人上诉称已履行了合同所规定的上诉人的全部义务，因证据不足，不予采信。

3. 由于双方所签合同第五条规定，要经过上诉人的努力无效时，被上诉人才能得知其权利受到侵害，而合同对努力的期间又未做规定，故被上诉人的起诉未超过《中华人民共和国技术合同法》所规定的一年诉讼时效。

4. 原审判决对双方的责任划分恰当，但部分法律适用不当。根据《中华人民共和国技术合同法》和《中华人民共和国技术合同法实施条例》的规定，当事人可以约定违反合同时而产生的损失赔偿额的计算方法。本案双方所签合同中的第五条已对违约而产生损失的赔偿额的计算方法作了明确约定，且该约定合法，人民法院对此约定应予认可。由于生产设备被上诉人未妥善保管，已全部报废，不能退还给上诉人，因此，上诉人只能将 12 万元技术转让费退还给被上诉人。

（六）二审定案结论

辽宁省高级人民法院根据《中华人民共和国技术合同法》第十七条第一款“当事人一方不履行技术合同或者履行合同义务不符合约定条件，即违反合同的，另一方有权要求履行或者采取补救措施，并有权要求赔偿损失”的规定；第十七条第三款“当事人可以在合同中约定，一方违反合同时，向另一方支付一定数额的违约金；也可以约定因违反合同而产生的损失赔偿额的计算方法”的规定；第二十四条第一款关于“另一方违反合同”当事人一方有权通知其解除合同的规定；根据《中华人民共和国民法通则》第一百一十四条“当事人一方因另一方违反合同受到损失的，应当及时采取措施防止损失的扩大；没有及时采取措施致使损失扩大的，无权就扩大的损失要求赔偿”的规定；根据《中华人民共和国民事诉讼法》第一百五十三条第一款第（三）项关于“原判决认定事实错误，或者原判决认定事实不清，证据不足，裁定撤销原判决，发回原审人民法院重审，或查清事实后改判”之规定，于 1994 年 9 月 1 日作出如下判决：

1. 撤销大连市中级人民法院（1993）大经初字第 148 号民事判决。

2. 双方所签的技术转让合同终止履行。

3. 上诉人退还被上诉人技术转让费 12 万元，于本判决生效后 10 日内给付。

4. 驳回被上诉人的其他诉讼请求。

一、二审案件受理费各 20110 元，上诉人与被上诉人分别各负担 10055 元；本案鉴定费 11000 元，上诉人与被上诉人各负担 5500 元。

（七）解说

本案争执的焦点是哪方存在违约问题。原告方称已履行合同规定义务，被告方违约；而被告方则称已按合同要求全部履行了合同规定的义务，不存在违约问题。这就涉及到举证责任问题。举证责任是民事诉讼当事人对自己所提出的主张中须确认的事实，承担提出证据的责任。此案中，原告方的义务是支付技术转让费，这点双方当事人都认可。被告方的义务则是提供全部技术资料、培训人员、保证产品产量稳定、产品质量达到国家标准等，被告言称已履行完上述全部义务，则就须对其主张承担相应的举证责任。由于被告举不出证明其主张的有关证据，就要败诉，承担违约责任。

本案双方当事人的另一争议焦点是诉讼时效问题。诉讼时效是指经过一定期间和一定事实状态的继续，因而丧失某种民事权利的制度。《中华人民共和国技术合同法》第五十二条规定：“技术合同争议的诉讼时效和申请仲裁的期限为一年，自当事人得知或者应当得知其合法权益受到侵害之日起计算。”本案双方当事人在合同中约定：被告转让的技术如达不到协议书中所规定的技术指标，被告负责解决，如经过努力无效时，被告退还原告的技术转让费。因此，只有被告在经过努力后仍不能使所转让的技术达到协议书所规定的技术指标时，原告才能得知其权利受到侵害。所以，一、二审法院认定原告的诉讼请求没超过诉讼时效是正确的。

（徐建志）

36. 南京金陵制药厂诉江苏省中医药研究所非专利技术转让合同案

（一）首部

1. 调解书字号：江苏省南京市中级人民法院（1993）宁经调初字第 45 号。

2. 案由：非专利技术转让合同案。

3. 诉讼双方

原告:南京金陵制药厂。

法定代表人:江中银,厂长。

委托代理人:朱杏珍,该厂副厂长。

委托代理人:王翔,江苏省商务律师事务所律师。

被告:江苏省中医药研究所(以下简称省中药研究所)。

法定代表人:韩志忠,所长。

委托代理人:忻国豪,该所副所长。

委托代理人:刘泽震,南京市第一律师事务所律师。

4. 审级:一审。

5. 审判机关与审判组织

审判机关:江苏省南京市中级人民法院。

合议庭组成人员:审判长:张辉;代理审判员:孙亮、宋涤非。

6. 审结时间:1994 年 12 月 6 日。

(二)诉辩主张

1. 原告诉称:南京金陵制药厂于 1983 年 12 月 3 日与省中药研究所签订了“797 针剂生产专利转让合同”。合同约定:省中药研究所将 797 针剂成果的生产专利权有偿转让给金陵制药厂,自产品投产后,省中药研究所从产品利润中提取 15%,5 年以后,生产专利权完全归属金陵制药厂。1985 年国家有关部门对该项技术成果鉴定时将产品定名为“脉络宁注射液”。金陵制药厂自 1986 年正式生产脉络宁注射液,至 1990 年,5 年内共支付给省中药研究所 100.2 万元。1992 年 5 月,省中药研究所擅自将脉络宁注射液技术转让给河南省淅川制药厂,违反了合同约定,故向法院起诉,请求判令省中药研究所与河南省淅川制药厂的技术转让合同无效,赔偿原告违约金及经济损失 200 万元。

2. 被告辩称:脉络宁注射液系省中药研究所多年研究的重大科技成果,金陵制药厂有偿取得的生产专利权是普通生产许可权。5 年提成期满后,金陵制药厂享有继续生产的权利,但这种转让并非买断,因此,省中药研究所享有向第三方转让技术的权利,况且,双方 1983 年所签定合同已期满,省中药研究所的转让行为并不违约,请求法院驳回原告的诉讼请求。

(三)事实和证据

南京市中级人民法院经公开开庭审理查明:1983 年 12 月 3 日,金陵制药厂与省中药研究所签订了“797 针剂生产专利转让合同”,双方约定,省中药研究所将其完成小试工作的 797 针剂与金陵制药厂协作完成中试加工任务;待成果鉴定后,省中药研究所拥有该成果的所有权,金陵制药厂则取得“生产专利权”;金陵制药厂在产品投产后 5 年内每年支付中药研究所产品利润的 15%,5 年期满后,生产专利权完全归属金陵制药厂。1985 年 6 月 19 日,江苏省卫生厅组织成果鉴定,将 797 针剂定名为“脉络宁注射液”,随后,金陵制药厂按苏卫药准字(85)1776—1 号批准证书进行生产,并从 1986 年至 1990 年共支付给省中药研究所利润提成 100.2 万元。1992 年 5 月 12 日,省中药研究所与河南淅川制药厂签订了一份脉络宁技术转让合同,取得技术入门费 30 万元。1992 年 12 月 15 日,省中药研究所向国家专利局申请“脉络宁静脉注射液的工艺方法”发明专利,申请号:92107848·X,国家专利局将该专利申请于1993年11月10日公开。

上述事实有下列证据证明：

1. 金陵制药厂与省中药研究所797针剂生产专利转让合同技术合同书及附件。

2. 脉络宁针剂技术鉴定证书与药品批准证书。

3. 金陵制药厂付给省中药研究所100.2万元的证明材料。

4. 省中药研究所与河南淅川制药厂签订的有关技术转让合同书。

5. 脉络宁注射液受国家《中药品种保护条例》保护的有关证据，其中提到受保护品种一律停止仿制（移植）。

6. 1993年3月6日，河南省卫生厅的豫卫药审（1993）5号文批准淅川制药厂进行生产脉络宁注射液；金陵制药厂请求行政干预报告书；河南省卫生厅1993年10月22日豫卫药政（1993）103号文撤销河南淅川制药厂生产脉络宁注射液的批文。

（四）判案理由

南京市中级人民法院依据以上事实和证据认为：

1. 原告与被告签订的合同合法、有效，双方都应当遵守合同的约定。该合同约定：新药投产后，如金陵制药厂因生产条件所限，不能满足社会需求时，经双方协商，可以再次转让第三者生产。还约定：未经双方协商，不得泄露技术内容或修改、中止合同。虽然合同约定的5年内利润提成已到期，但合同中的其他条款仍有效。被告违反约定，将该项技术成果转让给河南淅川制药厂，是违反合同的行为，应当承担违约责任。

2. 根据双方合同约定，被告对脉络宁注射液拥有技术成果所有权，原告拥有生产专用权，即脉络宁注射液的独家生产权。被告未经原告同意，将脉络宁注射液技术转让给河南淅川制药厂，转让合同无效，河南省卫生厅已发文撤销了淅川制药厂生产脉络宁注射液的批文。

3. 原告主张200万元赔偿金数额太高，无法律依据，根据《民法通则》第一百一十二条第一款规定，应参照被告收取河南淅川制药厂入门费30万元标准，判令省中药研究所赔偿原告的损失。

（五）定案结论

南京市中级人民法院依照《中华人民共和国民法通则》第一百一十一条、第一百一十二条第一款的规定，判决如下：

省中药研究所赔偿金陵制药厂违约金30万元，于本判决生效后30日内付清。

本案诉讼费20010元，由省中药研究所承担。

判决送达后，原被告均未上诉。

由于省中药研究所已向国家专利局申请专利，国家专利局已于1993年8月1日公开此向专利申请，如果国家专利局授予技术专利权，那么，专利权人就是省中药研究所。此后还会发生专利技术许可问题，很可能与金陵制药厂发生纠纷。又鉴于省中药研究所与金陵制药厂已合作多年，脉络宁注射液很受病员欢迎，在江苏省专利管理局主持下，省中药研究所与金陵制药厂达成协议：

省中药研究所转让脉络宁注射液专利申请权，金陵制药厂以1820010元一次性买断。根据法院判决的结论，金陵制药厂实际只需支付省中药研究所150万元。

(六)解说

1. 本案的性质属于非专利技术转让合同纠纷,双方争论的焦点是:合同中提到的“生产专利权”是一种什么样的权利。合同中的“生产专利权”与《中华人民共和国专利法》提到的“专利”显见并非一回事。原告金陵制药厂认为:“生产专利权”是独家生产权,即通过5年给予省中药研究所的利润提成,从而将脉络宁注射液的生产权独家占有,省中药研究所不能再行转让。而省中药研究所则认为,脉络宁注射液的成果所有权是属于自己的,金陵制药厂取得的“生产专利权”是指一种普通的生产使用权利,5年内是有偿形式占用,5年后无偿使用,但金陵制药厂并未对此生产权买断,因而省中药研究所是完全可以转让的。

省中药研究所与金陵制药厂签订的合同,我们认为是“独占”性质的“非专利技术转让合同”,其理由是:

(1)分析原被告双方1983年所签订的合同,可以看出,合同约定的“生产专利权”实质上是指生产专用权,即独占生产的权利是金陵制药厂有偿取得的。省中药研究所在没有新的约定和取得法律上授权外,无权再行处分脉络宁注射液的生产专用权。

(2)由于脉络宁注射液已受到国家中成药品种有关行政法规的保护,即使有企业受让了该项技术,亦拿不到生产批文,因此,金陵制药厂在事实上已拥有独家生产的权利。

应该注意到的是,生产专用权和该项产品或方法专利权不是一回事,在案件审理期间,国家对于后者尚未正式授予。一旦授权后,对于此项专利,省中药研究所还是可以予以转让的,但能否投产仍须得到行政批文。

2. 在对案件的处理上,南京中级人民法院在保证案件审理质量的前提下,掌握了较为灵活的原则。

(1)签约在前,立法在后。脉络宁注射液至今未取得专利权授权,因而本案合同仍然是“非专利技术转让合同”。本案在判决中没有直接引用《技术合同法》和《专利法》,而是适用《民法通则》第一百一十一条和一百一十二条第一款的规定,这样处理是正确的。

(2)为了保护名牌产品,促进科学技术的发展,让受国家保护的脉络宁注射液发挥更大的经济效益和社会效益,合议庭在充分考虑了原、被告双方有十余年合作基础这一事实的前提下,始终贯彻了调解的原则。

双方在明确了违约责任后,最终在江苏省专利局主持下达成调解协定,避免以后纠纷的产生,这样的处理结果使双方均不同程度的受益,南京市中级人民法院这种不就案办案,灵活处理民事纠纷的做法是应该肯定的。

(夏雷 刘天兴)

37. 北京王码五笔字型专利技术公司诉湖南计算机厂技术合同案

(一)首部

1. 判决书字号

一审判决书:湖南省长沙市中级人民法院(1993)长中经初字第169号。

二审判决书：湖南省高级人民法院(1994)湘高终字第03号。

2. 案由：技术合同案。

3. 诉讼双方

原告(被上诉人)：北京王码五笔字型专利技术公司。

法定代表人：王永民，总裁。

委托代理人：李刚，该公司副总经理。

委托代理人：成克海，湖南省国际经济贸易律师事务所律师。

被告(上诉人)：湖南计算机厂。

法定代表人：杨德泉，厂长。

委托代理人：张光辉，湖南省第三律师事务所律师。

委托代理人：王利平，湖南省第三律师事务所律师。

4. 审级：二审。

5. 审判机关和审判组织

一审法院：湖南省长沙市中级人民法院。

合议庭组成人员：审判长：李熙键；代理审判员：胡革欣、文雅利。

二审法院：湖南省高级人民法院。

合议庭组成人员：审判长：郑建国；代理审判员：刘东河、周承琪。

6. 审结时间

一审审结时间：1993年12月21日。

二审审结时间：1994年5月5日。

(二)一审情况

1. 一审诉辩主张

(1)原告北京王码五笔字型专利技术公司诉称：被告未经所有权人同意，在其产品中使用我方五笔字型专利技术，并违反技术合作协议，拒不支付技术使用费，要求法院裁决被告停止侵权；支付专利使用费360万元。

(2)被告湖南计算机厂辩称：我厂使用的五笔字型汉字输入技术系第4.0版，而原告专利保护的系第3.0版，故不构成侵权。原告违反技术合作协议，没有尽到合作义务，故无权要求协议中的效益提成。要求法院驳回原告的诉讼请求，并由原告承担违约损失。

2. 一审事实和证据

长沙市中级人民法院经审理查明：

1992年2月26日，我国国家专利局授予"优化五笔字型编码法及其键盘"发明专利，专利号(申请号)85100837·2，发明人王永民，系职务发明，专利权人为河南省计算机中心、北京王码电脑总公司、河南省南阳地区科学技术委员会、河南省中文信息研究会。该专利权要求保护范围是：优化五笔字型汉字编码输入法及优选字根的汉字输入键盘，即将经过选定的键位字根，依其相容关系，按照汉字第一笔画的横、竖、撇、捺、折特征，使字根有规律地搭配成五区、五位，共25个小组，将汉字形成最多四码输入的编码体系及其中文键盘，达到快速盲打的效果。后经四家专利权人及原告北京王码五笔字型专利技术公司(以下简称王码公司)协商，将北京王码电脑总公司所享有的专利权转让给王码公司，并授予王码公司为"五笔字型"专利技术唯一独家全权实施单位。1988年3月和7月，即王码公司专利申请后、获得授权之前，王码公司和被告湖南计算机厂(以下简称计算机厂)协商，签订了两份内容基本相同的“技术合作协议书”，内容如下：王码公司向计算机厂提供的“五笔字型”最新4.5版源程序、资料码本及可在IBM—PC上运行的软件。王码公司和计算机厂共同将“五笔字型”技术实现于计算机厂的产品上，王码公司负责宣传计算机厂的产品，并负责免费为计算机厂培训一名“五笔字型”输入法教师，计算机厂将“五笔字型”作为其终端用户的首选码，产品经王永民检验认定后投放市场，计算机厂每台装有“五笔字型”技术的整机产品，由计算机厂支付提成费100元，作为王码公司经济效益，合作有效期2年。协议签订后，王码公司提供了4.0版源程序、资料码本及软件。计算机厂进行开发，应用到其终端上。审理中，计算机厂未完整地提供1988年8月至1990年7月协议期间的销售计划。现按其所提供的销售计划月平均45台计算，协议2年期间总产量为1080台。

又查明：“优化五笔字型编码法”及其键盘与“五笔字型”4.0版，都系根据王永民提出的“汉字字根组字频度表”和“汉字字根实用频度表”，对汉字进行拆分，优选字根，其特征均在于完全依据汉字的字形信息，采取五种笔划或字根拼形的方式，实现汉字与中文词汇易学易用的计算机高效率输入，其编码体系是完全一样的。王码公司将该发明许可实施时，以生产产量提成或每年15万元至30万元不等的数额作为专利实施许可费。计算机厂从1988年8月1日起，依协议使用该技术至协议终止后，授权前的临时保护期以及该发明授予专利权后至今的5年多时间内，一直使用该项发明成果，且未付给王码公司分文技术使用费和专利使用费。对此，双方多次协商未果，王码公司诉至法院。

上述事实有下列证据证明：

(1)双方签订的“技术合作协议书”。

(2)中国专利局授予王永民“优化五笔字型编码法及其键盘”的第12710号专利证书。

(3)权利要求书。

(4)关于由北京王码五笔字型专利技术公司取代北京王码电脑公司作为85100837·2专利的专利权人之一的函。

(5)关于将“五笔字型”独家全权实施单位变更为北京王码五笔字型专利技术公司的共同协议。

(6)湖南计算机厂提供的《关于与王码电脑总公司几次接洽谈判的情况》。

(7)河南省科学技术委员会关于“五笔字型”有关问题的证明。

(8)中华人民共和国电子工业部计算机与信息化推进司的函。

(9)湖南计算机厂1988年至1993年9月汉字终端产量表。

(10)北京王码五笔字型专利技术公司提供的赔偿费计算依据。

(11)湖南计算机厂《关于1992年长城、长岛中西文终端监控版本的报告》。

(12)国防科学技术工业委员会标准计量局(1988)标计字第36号通知。

(13)国家科委(87)国科发成字0273号文件。

(14)河南省专利管理局关于五笔字型3.0版与4.5版比较结果分析。

(15)陈初荣所作“王永明提供的并非原协议认定的4.5版”证词。

(16)河南省计算中心、河南南阳地区科委、北京王码电脑总公司、河南省中文信息研究会、五笔字型发明人所作的联合声明。

(17)“简繁字根汉字操作系统”鉴定意见。

(18)北京中级法院知识产权审判庭在审理北京王码五笔字型专利技术公司诉东南技术贸易总公司专利侵权纠纷案中的有关证据、笔录。

(19)受诉法院的调查笔录,开庭笔录。

(20)河南省公安厅机委通信处证据。

3. 一审判案理由

湖南省长沙市中级人民法院依据上述事实和证据,认为:

(1)本案"技术合作协议书"合法有效。1988 年 3 月王码公司前身王永民中文电脑研究所与湖南计算机厂签订了"技术合作协议书",同年 7 月双方书面作了变更,其条款具备技术合作的性质,即由王码公司向湖南计算机厂提供五笔字型 4.5 版源程序,双方共同将该技术实现于计算机厂的产品上,计算机厂重点宣传王码产品,生产后经王永民签字后方可投入市场,王码公司从每台五笔字型产品中提成 100 元,并免费为计算机厂培养一名五笔字型输入法教师。合同期二年。纵观协议,双方当事人意思表示真实,内容符合国家法律政策的规定,应确认有效。

(2)双方均有违约行为。签约后,王码公司只提供给计算机厂五笔字型 4.0 版,计算机厂虽提出异议但还是接受了 4.0 版,双方在移植该技术时未能较好配合,导致 1989 年计算机厂销往河南省公安厅的 60 套产品全部不合格而被退回。王码公司未依约为计算机厂免费培训一名五笔字型输入法教师。计算机厂在销售该技术产品时未经王永民签字就投放市场,且使用五笔字型 4.0 版技术后一直未依约支付技术使用费。

(3)协议到期后,计算机厂未经王码公司允许,继续使用王码公司发明技术,计算机厂构成对王码公司的专利侵权。1990 年 8 月,王码公司与计算机厂的技术合作协议到期,计算机厂未经王码公司同意仍继续使用"五笔字型"技术,并将产品进行销售;1992 年 2 月,王码公司"五笔字型"3.0 版获得专利后,计算机厂继续使用发明技术,王码公司曾公开声明,要求全国各用户协商签约使用其专利技术,计算机厂亦主动向王码公司协商多次,因有分歧没有签订专利实施许可合同。因此,根据《中华人民共和国专利法》第十一条之规定,计算机厂自 1992 年 2 月起构成侵权;根据《专利法》第十二条之规定,计算机厂应向王码公司支付专利使用费。

4. 一审定案结论

湖南省长沙市中级人民法院依照《中华人民共和国专利法》第十一条、第十二条、第十三条、第六十条,《中华人民共和国技术合同法》第十六条、第十七条、第十八条,最高人民法院《关于审理专利纠纷案件若干问题的解答》的有关规定,作出如下判决:

(1)计算机厂立即停止使用"五笔字型"汉字输入法。

(2)由计算机厂支付王码公司二年专利使用费 40 万元;支付一年零六个月临时保护期技术使用费 22.5 万元;支付二年技术合作费 11.8 万元。

上述款项,共计 73.3 万元整,限计算机厂在本判决书生效之日起 30 日内一次性给付王码公司。

本案受理费 28010 元,财产保全申请费 2520 元,共计 30530 元,由计算机厂承担(此费已由王码公司预交,由计算机厂一并给付王码公司)。

(三)二审诉辩主张

1. 上诉人计算机厂诉称:(1)该案不是专利侵权纠纷而是合同纠纷,原判决定性不当;

(2)王码公司未依约履行义务应负违约责任。请求撤销原判。

2. 被上诉人王码公司辩称:原判正确,请求维持。

(四)二审事实和证据

湖南省高级人民法院经二审审理确认:

1988年6月王码公司前身王永民中文电脑研究所与湖南计算机厂签订了"技术合作协议书",7月双方作了书面变更:王码公司向计算机厂提供五笔字型4.5版源程序,双方共同将该技术实现于计算机厂的产品上,计算机厂重点宣传王码产品,出产后经王永民签字后方可投入市场,王码公司从五笔字型产品中每台提成100元,并免费为计算机厂培养一名五笔字型教师,合同期二年。签约后,王码公司提供给计算机厂五笔字型4.0版,计算机厂虽提出异议但还是接受了4.0版,双方在移植该技术时未能较好配合,导致1989年计算机厂销往河南省公安厅的60套产品全部不合格而被退回。此后计算机厂又组织力量移植该技术到产品上终获成功。但计算机厂在销售该技术产品时未经王永民签字就投放市场,王码公司也未为计算机厂免费培训一名五笔字型教师。计算机厂使用五笔字型4.0版技术后一直未依约支付技术使用费。合同到期后,计算机厂继续使用五笔字型4.0版技术,王码公司未提出异议。到1993年7月,王码公司要求计算机厂按每台100元的提成费支付从计算机厂取得技术到催收时止的全部使用费,计算机厂一直未能支付提成费。经查,王码公司取得的专利权是王永民发明的五笔字型3.0版,而4.0版未申请专利。计算机厂从1988年8月至1990年8月共生产五笔字型4.0版技术产品530台,从1990年8月至1993年7月共生产4030台。

上述事实除了一审法院已收集在卷的证据外,还有如下证据证实:

1. 北京市中级人民法院关于王码公司诉东南技术贸易总公司专利侵权的有关证据。

2. 受诉法院的调查笔录、阅卷笔录。

(五)二审判案理由

湖南省高级人民法院认为:

1. 计算机厂与王码公司签订的"技术合作协议书"合法有效,应予保护。

2. 王码公司未依约提供五笔字型4.5版技术,而仅提供了4.0版,计算机厂虽然提出了异议,但还是接受了该4.0版技术,应视为默示同意。王码公司的专利技术是五笔字型3.0版,4.0版未申请专利。计算机厂使用五笔字型4.0版技术,是依约由王永民提供技术而取得的。在合同到期后,计算机厂继续使用,王码公司知道此事也未提出异议,且要求计算机厂依照原合同约定,每台提成100元,付足至1993年7月的全部技术提成费,此一行为应视为王码公司默示同意了计算机厂在合同到期后的继续使用。

3. 计算机厂在投产品于市场前未经王永民签字,故其销往河南省公安厅的不合格产品损失应自负;王码公司未能与计算机厂共同负责将五笔字型技术实现于计算机厂的产品上,还未能为计算机厂培训一名教师,计算机厂未按约向王码公司支付技术提成费,双方均有违约,计算机厂应依合同约定的提成标准的80%,支付王码公司的技术提成费,其余由王码公司自行承担。

(六)二审定案结论

湖南省高级人民法院根据《中华人民共和国民事诉讼法》第一百五十三条第一款第(三)项,《中华人民共和国技术合同法》第九条、第十八条,最高人民法院《关于贯彻执行〈中华人民共和国民法通则〉若干问题的意见(试行)》第六十六条之规定,作出如下判决:

1. 撤销湖南省长沙市中级人民法院(1993)长中经字第169号民事判决。

2. 计算机厂停止使用王永民提供的“五笔字型”汉字输入法4.0版技术。

3. 计算机厂支付王码公司自1988年8月1日至1993年7月30日技术提成费45.6万元的80%即36.48万元,其他部分由王码公司自行承担。

一、二审诉讼费及一审保全费共计58540元,计算机厂承担40978元,王码公司承担17562元。

(七)解说

1. 本案纠纷的性质

王码公司前身王永民中文电脑研究所与计算机厂于1988年6月签订了“技术合作协议书”,同年7月双方作了书面变更。根据《中华人民共和国技术合同法》订立技术合同的原则、要求等几个方面来审查,这份技术合同是合法有效的。王码公司和计算机厂对这份合同的有效性也未提出异议,双方争执的焦点是协议到期后计算机厂仍继续使用王码公司技术行为的性质。王码公司认为是专利侵权,计算机厂则认为不构成专利侵权。这一行为的性质到底是什么呢?我们不妨从案件事实来分析:

(1)王码公司和计算机厂在1988年3月和7月签订了“技术合作协议书”,协议有效期二年,即1990年7月30日技术合作协议到期,很明显,合同期内双方的行为受技术合同的约束。(2)协议到期后,计算机厂曾几次找王码公司协商允许其继续使用“五笔字型”4.0版技术,王码公司知道计算机厂一直在使用自己的技术,但未提出异议。到1993年7月,王码公司要求计算机厂依照原技术合作协议约定,每台提成100元,付足至1993年7月的全部技术提成费。根据最高人民法院《关于贯彻执行〈中华人民共和国民法通则〉若干问题的意见(试行)》第六十六条之规定,一方当事人向对方当事人提出民事权利的要求,对方未用语言或者文字明确表示意见,但其行为表明已接受的,可以认定为默示。因此,王码公司这一行为应视为默示同意了计算机厂在合同到期后的继续使用。由此可以认定,这一阶段内双方的行为仍然受原技术合同的约束。(3)计算机厂使用的王码公司“五笔字型”汉字输入技术4.0版未授予发明专利。综上所述,本案纠纷的性质不应是专利侵权,而应该是技术合同纠纷,对此,二审法院的认定是正确的。

2. 正确认定本案的违约责任

王码公司的违约在于未能较好地与计算机厂一起负责将五笔字型技术实现于计算机厂的产品上,还未能为计算机厂培训一名教师;计算机厂违约在于使用了王码公司的技术却一直未付技术提成费,并在产品进入市场前未经王永民签字。从双方违约事实来看,王码公司已按协议履行了主要义务,计算机厂却未履行主要义务。根据《中华人民共和国技术合同法》第十六条规定,技术合同依法成立,即具有法律约束力,当事人必须全面履行合同规定的义务;第十八条规定,当事人都违反技术合同的,各自承担相应的责任。因此,计算机厂应对此技术合同纠纷承担主要违约责任,王码公司对此也应承担部分违约责任。据此,二审法院的判决是正确的。

(冷罗生)

38. 天津南程林实业公司诉天津南开大学科技发展总公司技术开发合同案

(一)首部

1. 判决书字号

一审判决书:天津市中级人民法院(1992)津中法经判字第19号。

二审判决书:天津市高级人民法院(1993)高经终字第5号。

2. 案由:技术开发合同案。

3. 诉讼双方

原告(上诉人):天津市南程林实业公司(原天津市东郊东方农工商公司)。

法定代表人:刘景海,总经理。

诉讼代理人(一审、二审):王春发,该公司副总经理。

诉讼代理人(一审、二审):肖恕微,天津市第二律师事务所律师。

被告(被上诉人):天津南开大学科技发展总公司。

法定代表人(一审):赵景员,总经理。

法定代表人(二审):逄诵丰,总经理。

诉讼代理人:程肇国,该公司副总经理。

诉讼代理人(一审):殷红峰,南开大学律师事务所律师。

委托代理人(二审):纪维经,天津市离退休法律工作者协会法律服务部法律工作者。

4. 审级:二审。

5. 审判机关和审判组织

一审法院:天津市中级人民法院。

合议庭组成人员:审判长:李庆海;审判员:谷淑娟;代理审判员:田浩为。

二审法院:天津市高级人民法院。

合议庭组成人员:审判长:高爱民;审判员:关景华;代理审判员:李杰。

6. 审结时间

一审审结时间:1992年12月26日。

二审审结时间:1994年9月20日。

(二)一审情况

1. 一审诉辩主张

原告诉称:1988年4月6日与被告签订技术交易合同,联合进行金红石型钛白粉技术开发。经过10个多月准备,1989年2月17日开始生产。因被告提供的技术不成熟,致产品不合格无经济效益,给原告造成巨大经济损失。1990年8月4日双方签订了转产纪要,被告也未履行。请求判决被告返还技术交易费20万元及利息,并赔偿经济损失共计为4753497.54元,撤销原合同。

被告辩称:与原告签订的是中试技术开发合同,履行了应尽的义务。产品数量及质量不达标是原告资金不到位、管理人员素质差、生产环境等原因。转产协议具有法律效力，合同应该继续履行。

2. 一审事实和证据

天津市中级人民法院经公开审理查明：双方签订的是“联合进行盐酸法制取金红石型钛白粉中试技术开发合同”，年产规模300吨，质量达到国家标准。原告承担中试风险，被告提供技术。合同期限10年。合同履行中出现技术困难，经双方协商暂时中止履行合同，早日转产度过难关，并为恢复生产做出各自的努力。上述事实有双方所签合同、转产纪要证明。

3. 一审判案理由

“联合进行盐酸法制取金红石型钛白粉中试技术开发合同”是双方经多次协商一致签订的，并通过有关专家技术论证，内容不违法，应视为有效。转产纪要是对合同内容的变更，亦经双方协商一致，合法有效。纪要内容表明合同没有解除，而是暂时中止，双方应遵守约定。中试的技术困难属风险责任，应从合同约定。被告的技术力量不足，也应承担一定责任。

4. 一审定案结论

天津市中级人民法院根据《中华人民共和国技术合同法》第十六条、第二十三条第一款、第二十五条、第三十三条第一款和《中华人民共和国技术合同法实施条例》第二十二条第二款、第三十二条之规定，作出如下判决：

(1)被告天津南开大学科技发展总公司赔偿原告天津市东郊东方农工商公司(即天津市南程林实业公司)经济损失10万元，自判决生效后15日内付清。逾期按每日万分之三计付赔偿金。

(2)驳回原告其他诉讼请求。

案件受理费2万元，原告负担1.6万元，被告负担4000元。

(三)二审诉辩主张

1. 上诉人(原审原告)诉称：年产300吨金红石型涂料钛白粉可行性研究报告是双方订立技术开发合同的根本依据；依照《技术合同法实施条例》的规定，双方所订合同应视为委托开发合同。被上诉人技术力量不足是造成项目失败的根本原因。被上诉人利用上诉人不熟悉法律、不懂技术等弱点，签订了显失公平和重大误解的合同。合同中的技术条款纯属欺骗，依法应视为无效。请求判令被上诉人退还20万元技术补偿费，赔偿一审诉状所列经济损失。

2. 被上诉人(原审被告)及其委托代理人辩称：同意可行性研究报告是订立合同依据的主张。合同性质应为合作开发合同。转产纪要体现了双方的意愿，并明确了产品未达标、达质的原因。论证委员会评价证明被上诉人提供的技术是完全实用、可靠的，不存在欺诈问题。合同全部条款经双方协商一致确定，并非重大误解。依《技术合同法》规定，双方约定风险责任的承担不存在显失公平。可行性研究报告只能作为中试开发的参考，不具有合同的效力，不能据以衡量是否违约。

(四)二审事实和证据

天津市高级人民法院经二审审理确认：

1986年9月10日南开大学向国家专利局申请“生产金红石型钛白粉的方法”发明专利。1990年9月5日国家专利局授予申请人该项申请的发明专利。

1987年10月至1988年1月南开大学化学系钛白粉组在校内化工厂进行的盐酸法制取金红石型钛白粉工业性放大小试，试验中造成设备严重腐蚀，使化工厂损失20万元。

1988年4月6日双方当事人签订了“联合进行盐酸法制取金红石型钛白粉中试技术开发合同”，约定：中试规模为年产300吨，质量达到国家标准；上诉人承担所有投资，负责采购和安装有关设备，中试的组织管理、加工制作，并承担中试风险。支付给被上诉人工业性放大小试补偿费20万元；被上诉人负责提供工业性放大小试的全部资料、中试工艺流程、设备造型和非定型设备的规格要求，以及有关的图纸和技术参数。并对上诉人的操作人员、化学分析及中控人员进行技术培训，协助上诉人指导试车前的设备安装，提供符合天津市排放标准的三废处理方法。合同期限10年。

合同签订后，上诉人依约给付了被上诉人工业性放大小试补偿费20万元。1988年5月4日又由有关专家组成了评审委员会对双方共同委托有关部门起草的项目可行性研究报告进行了论证，指出：该工艺技术只有解决了设备防腐和密闭的核心问题，才能保证生产的正常运转。

1989年2月设备安装完毕后即开始中试生产。由于设备的防腐和密闭存在问题，致使中试生产不能持续进行。虽经上诉人请天津市化工学会防腐蚀分科学会对关键设备水解罐单独进行了防腐设计及改造，终因其他设备的防腐和密闭未能妥善解决，加之一些其他原因，被迫于1990年8月停止中试生产。在此期间仅生产金红石型钛白粉51吨，质量未完全达到国家标准。

1990年10月30日双方当事人达成“天津市钛白粉厂转产纪要”，共同确认：由于技术力量配置不足，工艺技术尚未定型，再加资金、设备、原料及生产管理、环境保护等原因，产品数量达不到原拟的中试生产水平，质量也不稳定，部分质量指标与国内外优质产品相比还有一定差距。上诉人投资已达700多万元，由于缺乏科研投资，单凭上诉人经济力量难以继续进行中试生产。上诉人争取早日转产，被上诉人继续进行深层次的科研。1991年1月5日上诉人鉴于被上诉人拿不出切实可行的解决办法，要求被上诉人退还20万元小试补偿费，并收买钛白粉厂全部厂房及设备，被上诉人予以拒绝。1992年4月上诉人转产生产苦味酸，同年年底上诉人拆除钛白粉生产闲置设备。

上述事实有下列证据证明：

1. 双方签订的“联合进行盐酸法制取金红石型钛白粉中试技术开发合同”。

2. 天津市科委星火计划办公室副主任沈宗琪拟写的《300吨/年金红石型涂料钛白粉可行性研究报告》。

3. 专家评审委员会对可行性研究报告的论证报告。

4. 双方当事人达成的“天津市钛白粉厂转产纪要”。

5. 上诉人向天津市科委、东郊区人民政府、南开大学呈递的《天津市钛白粉厂紧急报告》。

6 中国有色金属总公司受天津市高级人民法院委托组织有关专家对盐酸法制取金红石型钛白粉中试开发过程中出现的技术问题进行的鉴定结论。

7. 天津市化工机械动力技术协会受天津市高级人民法院委托对天津市钛白粉厂进行的设备评估鉴定。

8. 天津市金城会计师事务所受天津市高级人民法院委托对天津市钛白粉厂进行的财务审查鉴定。

（五）二审判案理由

天津市高级人民法院认为：当事人签订的中试技术开发合同合法有效，原审法院对此认定是正确的。合同履行中由于技术力量配置不足，工艺技术尚未定型，以及资金、设备、原料和生产管理、环境保护等原因，致使中试生产不能正确运行。转产纪要是当事人的共同补救措施，却未能有效实施。盐酸为强腐蚀剂是技术常识，被上诉人应当知道，并应预见到可能发生的后果。被上诉人在未解决设备的防腐和密闭的情况下坚持中试，且技术力量配置不足，具有明显的技术过错，而非属《技术合同法》规定的在履行技术开发合同过程中，因出现无法克服的技术困难而导致研究开发失败或者部分失败的技术风险，被上诉人理应对造成的损失承担相应责任。上诉人在技术开发中的生产管理缺欠也是造成损失的重要原因，对此也应承担一定责任。除此以外的损失，当属技术开发风险，依约应由上诉人承担。原判认定设备腐蚀是不可克服的技术困难，属风险责任，系适用法律不当。认定合同继续履行缺乏事实根据，二审期间双方当事人均表示愿意终止原合同，可以依法解除。

（六）二审定案结论

天津市高级人民法院根据《中华人民共和国民事诉讼法》第一百五十三条第一款第（二）项、第（三）项，《中华人民共和国技术合同法》第十八条、第三十三条第一款，《中华人民共和国技术合同法实施条例》第二十二条第二款、第三十三条第一款第三项之规定，判决如下：

1. 维持原判第二项。

2. 撤销原判第一项。

3. 改判被上诉人天津南开大学科技发展总公司赔偿上诉人天津市南程林实业公司经济损失1321931.83元，自判决送达后15日内一次付清。逾期按每日万分之五计付赔偿金。

一审案件受理费34777.5元，上诉人、被上诉人各承担50%；二审案件受理费34777.5元，设备、会计鉴定费9000元，上诉人、被上诉人各承担50%；技术鉴定费11000元，全部由被上诉人承担。

（七）解说

某项新的科技成果由理论、实验室阶段到工业性的普及推广应用，实际上是一个由科学技术转化成生产力的过程。其中工艺流程的设计、定型则是必经的飞跃阶段。在此阶段很可能需要经历一定的失败，才能最终获得成功。这其中也必然要耗费一定的人力、财力、物力，即必需的科研经费。该案的技术开发合同正是双方当事人共同对盐酸法制取金红石型钛白粉进行中试开发的产物。根据我国《技术合同法》的规定，在技术开发过程中遇到的不可克服的技术困难，属于开发风险。双方当事人在合同中事先对风险责任作了约定。本案的关键问题在于中试的失败是否属于开发风险。通过案情事实可以了解到：被告方不是在工业性放大小试成功的基础上与原告共同进行中试开发的，而是在工业性放大小试失败并造成20万元经济损失的情况下，决定中试的。因而中试缺少必要的成功基础。当专家评审委员会对该中试项目的可行性研究报告进行论证时，就已经严肃指出了不解决设备的防腐和密闭这一核心问题，则不能保证生产的正常运转。作为在中试开发中承担技术责任的被告方，本应接受这一忠告，先在工业性放大小试阶段解决这一问题，再继续转入中试。然而被告方却在毫无成功希望的情况下贸然中试，失败也就不可避免了。当然，这其中不排除资金、管理、原材料和生产环境等诸方面的因素。其结果，使力求获取经济和社会效益的原告方蒙受了较严重的经济损失。虽然合同约定了开发风险由原告承担，但对风险的认定，却成为双方争讼的焦点。按照法律的规定，风险是指不可预见和不可克服的技术困难。而造成本案中试开发失败的原因——设备的防腐与密闭，却是可以预见的技术常识。被告在明知缺乏成功希望的前提下，仍利用原告投资搞无效益的开发，由此造成损失，被告应承担相应的技术责任。

（刘福生）

第三篇　企业承包、兼并、破产案例

39. 金航企业(海口)发展有限公司诉大连华讯国际空运有限公司企业承包合同案

(一)首部

1. 判决书字号

一审判决书:浙江省宁波市中级人民法院(1993)甬经初字第62号。

二审判决书:浙江省高级人民法院(1994)浙经终字第58号。

2. 案由:企业承包合同案。

3. 诉讼双方

原告(被上诉人):金航企业(海口)发展有限公司。

法定代表人:黄海,总经理。

委托代理人:李乐,该公司职员。

委托代理人:章靖忠,杭州对外律师事务所律师。

被告(上诉人):大连华讯国际空运有限公司。

法定代表人:温茂进,董事长。

委托代理人:沈耀刚,上海市经济贸易律师事务所律师。

委托代理人:黄鸣,上海市经济贸易律师事务所律师。

4. 审级:二审。

5. 审判机关和审判组织

一审法院:浙江省宁波市中级人民法院。

合议庭组成人员:审判长:诸定子;审判员:孙引吾;代理审判员:傅新德。

二审法院:浙江省高级人民法院。

合议庭组成人员:审判长:杨水初;代理审判员:钱保钢、应向健。

6. 审结时间

一审审结时间:1993年11月31日。

二审审结时间:1994年4月29日。

(二)一审诉辩主张

1. 原告金航企业(海口)发展有限公司诉称:(1)1990年6月9日,原告与被告大连华讯国际空运有限公司签订“分支机构承包合同”一份。合同约定，由原告承包经营大连华讯国际空运有限公司宁波分公司（以下简称宁波分公司）；被告负责办理上级机关的批文、财务汇总、编制各种报表，并负责空运业务的联络和协商。原告负责宁波分公司的投资、经营、人员招聘。（2）1990 年 6 月 9 日，宁波分公司经国家工商行政管理局批准成立，同年 7 月 13 日，国家对外经济贸易部发文规定，凡需进行国际货运代理业务的企业必须申领“国际货物运输代理企业认可证书”。原告重新办理了申报手续。1990 年 12 月 10 日宁波市外商投资管理局发文批复同意在宁波设立宁波分公司。同日，原告与被告又签订协议书一份，约定，由原告全面管理宁波分公司，经营期限为 5 年，并对管理费作了具体规定。（3）1991 年 5 月 9 日，国家对外经济贸易部发文，确认宁波分公司为我国第二批国际货运代理企业。1992 年 6 月 9 日，国家工商行政管理局向宁波分公司正式颁发了具备国际货运代理业务范围的营业执照。（4）1992 年 7 月 13 日，被告致函原告，由总公司接管宁波分公司。9 月 1 日又致函各客户和其所属的其他分公司称“宁波分公司李乐从即日起不能代表宁波分公司法人或负责人对外行使一切有关合同的签署和业务联络”，致使原告的业务大量下降。（5）为了保护原告的合法权益，要求受诉法院依法判令承包合同继续履行及赔偿原告 31 万元的损失。

2. 被告大连华讯国际空运有限公司辩称：（1）原告在开办宁波分公司的过程中，确实投入了大量的人力、物力、财力。但这只不过是一种筹建宁波分公司的行为，原告最多只能取得相当的报酬。（2）1990 年 6 月 9 日签订承包合同时，当时原告还没有成立，原告是在 1991 年 1 月 14 日才领取营业执照的，所以不符合企业承包合同主体要求，因此原告没有诉权。（3）企业承包的客体也是不存在的，因为，签订“分支机构承包合同”之时，宁波分公司还不存在。（4）排除了原告承包合同的话，那就是李乐用欺诈的手段承包企业，根据经贸部 538 号文件的规定，个人是不能经营空运代理业务的。（5）综上所述，此份企业承包合同是无效合同，要求法院解除“分支机构承包合同”。

（三）一审事实和证据

宁波市中级人民法院经审理查明：1990 年 5 月 15 日被告大连华讯国际空运有限公司董事会为扩大国际空运业务，决定在宁波等市设立分支机构。1990 年 5 月 17 日华讯公司副董事长罗继常与原告的代表李乐在大连草签了一份“分支机构承包合同”，合同规定，由金航企业发展有限公司承包经营大连华讯国际空运有限公司宁波分公司，并规定：由被告方办理上级机关的批文、财务汇总等事项。由原告负责宁波分公司的投资、经营、人员招聘。宁波分公司每年向被告缴纳 6 万元管理费，暂定 2 年，当宁波分公司经营效益提高后再议。合同由被告代表罗继常签字后由原告代表李乐带回。直至 1991 年下半年李乐以原告代表的身份在合同上签字后用传真送给了被告，并将签字日期提前写为“1990 年 6 月 9 日”。此日系宁波分公司第一次经国家工商局批准成立的日期。1990 年 7 月 13 日，对外经济贸易部发出（90）外经贸部进出运字第 538 号文件，规定凡需进行国际货运代理业务的企业必须申领“国际货物运输代理企业认可证书”。由此，宁波分公司中止了经营活动。为取得国际货运代理业务的资格，原告通过各种环节，花费了大量的精力和物力，积极进行申报活动。1990 年 12 月 10 日，宁波外商投资管理局同意在宁波设立宁波分公司。同日，被告董事长温茂进与原告代表李乐又签订一份“协议书”。协议规定，由原告负责对宁波分公司的报批、注册、成立，并筹集资金，实行全面管理，经营期限为 5 年。1991 年 5 月 9 日对外经济贸易部以（1991）外经贸进出发第 281 号公布了宁波分公司作为我国第二批国际货远代理企业。1992 年 6 月 9 日，国家工商局向宁波分公司正式颁发了具备国际货运代理业务范围的营业执照，宁波分公司的负责人为李乐。但不久，即同年7月13日，华讯公司代表罗继常写信给宁波分公司负责人李乐，提出了“总公司接管宁波分公司”的董事会意见，又于同年9月1日向各客户和其他分公司宣布“宁波分公司经理李乐从即日起不能代表宁波分公司法人或负责人对外行使一切有关合同的签署和业务联络”，从而使宁波分公司的经营活动陷入困境，双方遂起纠纷。

另查明：金航企业发展有限公司于1991年1月14日领取企业法人营业执照，企业筹建时曾启用金航企业（海口）公司的简称。该企业为私营企业，注册资金100万元。

上述事实有下列证据证明：

1. 1990年5月15日被告董事会决议。

2. 1990年5月17日双方草签的“分支机构承包合同”。

3. 1990年6月1日大连外经贸委批复。

4. 1990年6月9日宁波分公司营业执照。

5. 1990年7月13日对外贸易部538号文件。

6. 1990年12月10日宁波外资局240号批复。

7. 1991年5月9日外贸部281号文件。

8. 1992年6月9日宁波分公司新的营业执照。

9. 1992年7月13日罗继常给李乐的信。

10. 1992年9月1日被告发出的告顾客书。

11. 1993年5月30日被告董事会决议。

12. 1993年4月30日开庭笔录。

（四）一审判案理由

一审法院在查明事实的基础上认为：

1. 金航企业（海口）发展有限公司与大连华讯国际空运有限公司于1990年5月17日草签“分支机构承包合同”后，于1990年12月10日双方经过充分协商又达成了由金航公司全面负责经营宁波分公司的“协议书”。尔后，金航公司依约履行了对宁波分公司的报批、注册、成立、筹集资金等义务，至1992年6月9日宁波分公司经国家工商行政管理局核准，取得经营国际空运代理业务的资格，并由金航公司负责承包经营，故在实际履行中，双方的承包关系，并未违反有关法律的规定，本院予以认可。承包合同依法有效。双方的承包关系于1990年12月10日开始，宁波分公司经营国际空运代理业务活动从1992年6月9日计算。

2. 大连华讯国际空运有限公司明知金航企业发展有限公司对宁波分公司的成立花了不少精力和财力，且已实际承包经营，单方要求提前终止双方的承包关系，既悖情理又无法律依据，显属违约，本院不予支持。被告应承担相应的过错责任。原告要求被告赔偿损失的请求部分合理，应予以保护。

（五）一审定案结论

一审法院依照《中华人民共和国民法通则》第一百零六条第一款、第一百一十一条之规定，判决如下：

1. 金航企业发展有限公司对大连华讯国际空运有限公司宁波分公司的承包经营应继续履行，至1995年12月9日止。

2. 金航公司从1992年6月9日起，至1993年12月底止应缴被告的管理费予以免缴。

本案案件受理费7160元，由被告大连华讯国际空运有限公司负担。

(六)二审情况

1. 二审诉辩主张

上诉人大连华讯国际空运有限公司诉称：(1)金航企业(海口)发展有限公司不能成为本案的诉讼主体即原告。因为，1990年6月9日合同中由李乐代表签约的一方当事人为：金航企业公司，这与金航企业发展有限公司之间不能等同。所以金航企业(海口)发展有限公司不具备诉权，建议裁定驳回起诉。(2)承包合同的主体和客体不存在。在签订"分支机构承包合同"之时，宁波分公司还在筹建之中，这就缺乏承包合同的客体。同时，金航企业(海口)发展有限公司是在1991年1月14日领取法人营业执照的，那又如何成为签约主体？(3)协议的内容不合法。对外经贸部、国家工商行政管理局早在1990年颁布了外经贸法字第22号《关于承包经营中外合资经营企业的规定》指出：合营企业属于国家重点项目，特别是能源和交通项目不得实行承包。而宁波分公司正是专业从事货物运输的特殊行业，故此，宁波分公司不能作为承包的客体。(4)法庭经过质证证实了宁波分公司是由私营企业承包经营的事实，这显然与以外经贸部(90)外经贸进出运字第538号文关于私人企业一律不得经营国际货物代理业务的规定相抵触。故请求撤销原判，依法改判。

被上诉人金航企业(海口)发展有限公司辩称：(1)被上诉人与上诉人签订"分支机构承包合同"之后，对宁波分公司的建设作出了不懈的努力，花费了大量的心血。上诉人在签订合同到宁波分公司成立这么长的时间内从未提出此份承包合同无效，而恰恰在宁波分公司成立一个多月后，就提出解除承包合同的要求，这显然是一种"摘桃子"的行为。在情理上也是行不通的。(2)至于上诉人提出的被上诉人不具备诉权的问题，这根本是无稽之谈。因为在签订承包合同时，我公司尚在筹建之中，金航(海口)公司只不过是现用名的简称。何况，我公司是1991年1月14日领取执照的。那么，为什么上诉人到1992年7月13日才对这个名称问题提出异议？显而易见，上诉人是别有用心的。故而，要求二审法院驳回上诉。

2. 二审事实和证据

浙江省高级人民法院经审理查明：1990年5月17日，上诉人与被上诉人签订"分支机构承包合同"一份，合同约定的权利义务与原审判决认定一致。签约后，被上诉人依约履行宁波分公司的开办申报活动。同年6月9日宁波分公司经国家工商行政管理局核准成立。1990年7月13日，国家对外经济贸易部发文规定，凡需进行国际货运代理业务必须申领"国际货物运输代理企业认可证书"。为取得合法的经营权，被上诉人依照有关规定进行申报。1990年12月10日，宁波市外商投资管理局发文同意在宁波设立宁波分公司。同日，上诉人与被上诉人又签订"协议书"一份，协议内容亦与原审判决认定一致。1991年5月9日，国家对外经济贸易部发文批准宁波分公司为我国第二批国际货运代理企业。1992年6月9日，宁波分公司正式领取了具备国际货运代理业务资格的营业执照。同年7月13日，上诉人致函被上诉人，提出了解除承包关系，由其接管宁波分公司的意见。双方多次协商无果，引起纠纷。

3. 二审判案理由

二审法院认为：上诉人与被上诉人签订的由被上诉人筹建并承包经营宁波分公司的合同及协议，双方意思表示真实，内容不违反国家有关规定，依法应确认有效。在宁波分公司依法取得合法经营资格后，被上诉人有权以宁波分公司的名义，从事国际货运代理活动。上诉人在被上诉人已经履行了承包合同所约定义务的情况下，无正当理由，单方提出解除承包关系，应承担相应的民事责任。宁波分公司所经营的国际货运代理业务，是与交通运输业相关的服务业，对此不能认定被上诉人直接经营国际货物运输业务。上诉人的上诉理由与事实不符，不予支持。

4. 二审定案结论

浙江省高级人民法院依据《中华人民共和国民事诉讼法》第一百五十三条第一款第(一)项之规定，判决如下：

驳回上诉，维持原审判决。

二审案件受理费 7160 元，由上诉人负担。

本判决为终审判决。

(七)解说

企业实行承包经营是我国经济体制改革的一项重要内容，也是搞活企业，实现企业扭亏转盈的一条有效途径。但是，由于我国目前有关企业承包经营的法律尚不健全，大量的复杂的承包纠纷出现后，法院在处理这类纠纷时往往也认识不一。因此，我们在处理这类纠纷时，不仅需要根据现有的法律、法规，同时还必须运用民法的最基本原理作依据，以便公正、合理地处理这类纠纷，取得较好的社会效益。

就本案来说，原、被告双方最为歧见的问题就是这份“分支机构承包合同”是否有效。笔者以为，可以从下面几个方面来分析。

1. 此份承包合同是否具备主、客体的实质要件

企业承包合同应该具有合同的一般特征，但它又不同于传统的合同，还应具有自己的法律特征。(1)主体具有特定性。企业承包经营合同的主体是发包方和承包方，在签订合同时，发包方和承包方应该已经客观存在。(2)客体也具有特殊性。企业承包合同的客体是企业或企业的某个部分。

从 1990 年 12 月 10 日双方当事人签订承包合同之时看，应该说，这个承包合同完全不具备承包合同主客体的实质要件。因为，当时发包方尚未建立宁波分公司，也就是说，双方当事人签订承包合同的客体根本不存在。同时，承包方尚在筹建之中，其真正成立的时间是 1991 年 1 月 14 日。如果事情仅此为止，那么，由于这份承包合同缺乏主客体实质要件，理所当然是无效承包合同。原告的行为至多只是建立宁波分公司的筹建行为，根据具体情况，取得一定的酬劳费即可。然而，这个案子的情况并非如此简单，从草签合同到 1992 年 6 月 9 日正式成立宁波分公司这段时间内发生了一系列事情。1991 年 1 月 14 日，原告领取了企业法人营业执照；1992 年 6 月 9 日宁波分公司也成立了。也就是说，到 1992 年 6 月 9 日那天，这份承包合同完全具备了主客体实质要件。况且，原告于 1992 年 6 月 9 日之前按协议的规定为设立宁波分公司作出了不懈的努力，花费了大量的心血。如果我们在审理此案时，简单地视之为无效承包合同，这与民法上的公平、合理原则是背道而驰的，同时在情理上也是说不过去的。

正因为承包合同与其他合同有所不同，我们才不应该只是简单地套用一般合同处理原则来解决此案。在民法上有一种效力未定的行为，如狭义的无权代理行为，它是不具备民事法律行为的实质构成要件的。在被代理人追认此行为之前，其效力不是当然无效，而是处于不确定的状态。因为我国有关承包的法律不齐全，我们也不妨这样来解释本案的承包合同。如果，被告在 1992 年 6 月 9 日之前提出承包合同无效，那么我们应该认定此承包合同当然

无效。可是从宁波分公司成立之后，由于此份承包合同完全具备了主、客体的实质要求，承包合同的效力就从1992年6月9日真正地确定下来了。至于被告于1992年7月13日作出单方解除承包合同的行为是于法无据的，于理不合的。

另外，被告也曾提出原告在签订合同时所署的名称是金航企业公司，并非现在原告的用名，因此，原告没有诉权。据法院调查，由于当时原告尚在筹建之中，在签合同时，用的金航企业公司是现用名的简称。况且，从草签合同到1992年7月13日这么长的时间内，被告从未提出对原告名称的异议，从法律上讲，这也应该算是采取了一种默认的态度。

2. 承包合同的内容是否合法

(1)被告提出根据(1990)外经贸法字第22号《关于承包经营中外合资经营企业的规定》，宁波分公司作为合营企业不能进行承包。上述法规是这么规定的："不鼓励，不提倡合营企业在正常情况下采取承包经营方式"，"属于国家重点项目，特别是能源和交通项目，不得实行承包经营"。从本案看，被告的确是中外合资企业。但是上述法规并没有规定合营企业一律不准承包经营，而是采取不鼓励、不提倡的态度。另外根据外经贸部(1991)外经贸进出发第281号文件，宁波分公司是我国第二批国际货物运输代理企业，它所从事的业务只是与交通运输业相关的服务业，而不是直接经营交通运输业。因此，被告有权承包宁波分公司。

(2)被告也曾提出按(90)外经贸进出运字第538号文《关于私营企业一律不得经营国际货物运输代理业务的规定》，原告承包经营宁波分公司也是不合法的。笔者认为，被告同样又是犯了一个概念性错误。从本案证据看，原告确实是私营企业，但原告是在依法取得承包经营权后，以宁波分公司为主体对外从事民事活动的。这时从事国际运输代理业务的不是私营企业，而是宁波分公司。

3. 关于损失赔偿问题

从上面两个方面分析看来，此份承包合同依法有效，合同一旦有效成立，合同当事人任何一方都不能无故作出单方解除合同的行为。除非有法定事由出现，才能行使单方解除权。根据《经济合同法》规定，出现第二十六条第一款第二项或第三项规定的事由，当事人一方有权通知另一方解除合同。但是从本案整个过程看，并未出现单方解除合同的法定事由，因此，被告作出单方解除承包关系的行为是一种严重的违约行为，应该根据过错责任原则追究被告的责任。法院判决承包合同继续履行，并且免除原告自1992年6月9日到1993年12月底上缴被告的管理费是合理的。

综上所述，本案的判决在法律上是有根有据的，也是合情合理的。

(钱旱军)

40. 内江市联运服务公司诉吴知后等租赁承包企业经营案

(一)首部

1. 裁判书字号

一审判决书：四川省内江市市中区人民法院(1988)内市区法经字第9号。

二审裁定书：四川省内江市中级人民法院(1990)内中法经上字第41号。
重审一审判决书：四川省内江市市中区人民法院(1990)内市区法经字第91号。
重审二审判决书：四川省内江市中级人民法院(1991)内中法经字第32号。
指令再审裁定书：四川省高级人民法院(1994)川高法告申经字第1号。
再审判决书：四川省内江市中级人民法院(1994)内中法经再终抗字第13号。
2. 案由：租赁承包企业经营案。
3. 诉讼双方
原告(被上诉人)：内江市联运服务公司。
法定代表人：徐均贵，经理。
委托代理人(一审)：罗定国，该公司干部。
委托代理人(一审)：张玉林，内江市工商行政管理局科长。
委托代理人(二审)：张义林，内江市工商行政管理局干部。
委托代理人(二审，重审一、二审)：马祖雄，内江市市中区律师事务所律师。
委托代理人(重审一审)：潘湘源，内江市市中区律师事务所律师。
委托代理人(重审一审)：张庆林，内江市市中区律师事务所律师。
抗诉机关：四川省人民检察院。
被告(上诉人)：吴知后，男，57岁，汉族，四川省荣县人，内江市林产公司干部。
委托代理人(一、二审，重审一、二审)王昭章，内江市经济律师事务所律师。
委托代理人(一审，重审一审)：刘贵君，内江市经济律师事务所律师。
委托代理人(二审)：卢树章，内江市东兴区法律顾问处律师。
委托代理人(重审二审)：潘锡林，内江市经济律师事务所律师。
委托代理人(再审)：缪克成，内江市晚霞咨询服务部法律顾问。
被告(重审上诉人)：内江市东兴区田家镇人民政府。
法定代表人(重审一、二审)：文廷元，副镇长。
法定代表人(再审)：邹梁贵，镇长。
委托代理人(重审一、二审)：刘新明，该镇企业办公室党支部书记。
4. 审级：二审、再审。
5. 审判机关和审判组织
一审法院：四川省内江市市中区人民法院。
合议庭组成人员：审判长：黎香明；审判员：邓琳；代理审判员：邓崇明。
二审法院：四川省内江市中级人民法院。
合议庭组成人员：审判长：廖厚才；审判员：白荣旺；代理审判员：冯申明。
重审一审法院：四川省内江市市中区人民法院。
合议庭组成人员：审判长：陈国章；代理审判员：吴冰、高卫东。
重审二审法院：四川省内江市中级人民法院。
合议庭组成人员：审判长：杨树贵；审判员：许正波；代理审判员：杨永舟。
再审法院：四川省内江市中级人民法院。
合议庭组成人员：审判长：付桂荣；审判员：魏发英；代理审判员：叶波。
6. 审结时间

一审审结时间:1988 年 10 月 18 日。

二审审结时间:1990 年 4 月 20 日。

重审一审审结时间:1990 年 9 月 30 日。

重审二审审结时间:1991 年 12 月 25 日(已依法延长审限)。

再审审结时间:1994 年 9 月 16 日(已依法延长审限)。

(二)原审一审情况

1. 诉辩主张

(1)原告诉称:1987 年 3 月下旬,内江县(后更名为内江市东兴区)田家木制品厂承包人吴知后邀约内江市联运公司汽修厂承包人李邦祥联合经营木材,李、吴各自请示主管部门同意后,于同年 4 月 4 日以内江市联运公司汽修厂的名义,李、吴作为代表与内江县田家镇政府签订租赁承包田家木制品厂合同,合同期二年。后李、吴在草签木制品厂具体联营协议过程中,李对吴在清点交接原木制品厂物资和债权债务问题上有异议,拒绝在协议上签字和拒绝接受原木制品厂的物资与债权债务。在此期间,吴知后欺骗原告方,从原告方借款 8.8 万元不还。要求吴知后偿还原告方的 8.8 万元资金、利息和应得利润,吴知后承担由此造成的一切损失。

(2)被告辩称:被告人与汽修厂是联营合同关系,所欠 8.8 万元是汽修厂按联营合同交付的投资款,不存在欠原告款项的问题。汽修厂应继续履行联营合同,并承担违约责任。

2. 事实和证据

经四川省内江市市中区人民法院公开审理查明:1987 年 3 月,原告内江市联运服务公司(下称市联司)下属非独立核算单位内江市联运服务公司汽车修理厂(以下简称汽修厂)与被告吴知后商议准备联合承包经营内江县田家木制品厂(以下简称木制品厂)。1987 年 4 月 4 日,被告吴知后以汽修厂的名义与内江县田家镇企业办公室签订了一份租赁承包木制品厂的协议。吴知后同时代表甲乙双方在协议上签了字,汽修厂负责人李邦祥也代表乙方签了字。1987 年 4 月中旬,被告吴知后又与汽修厂草拟了一份联合租赁承包经营木制品厂的协议书,双方因对木制品厂的财产移交和原债权债务处理意见有分歧,最后均未在协议上签字。1987 年 4 月至 6 月,在吴知后多次要求下,原告先后三次汇给被告吴知后人民币 11 万元。除原告已收回人民币 2.2 万元外,其余 8.8 万元被吴知后用于归还自己所欠银行贷款和作了其他开支。原告催收欠款无果,于 1987 年 12 月 25 日向内江市市中区人民法院提起诉讼。

以上事实有汽修厂与内江县田家镇企业办公室签订的租赁承包木制品厂的协议及两方当事人陈述证明。

3. 判案理由

内江市市中区人民法院认为:被告吴知后与汽修厂所签订的联合租赁承包经营合同不仅双方意见分歧未签字盖章,且汽修厂不具备法人资格,无权对外签订经济合同。据此,该联营合同违反法律规定,是无效的;被告吴知后主张该合同有效,所欠 8.8 万元系投资款等理由不成立,本院不予支持;原、被告双方在联营合同未生效时,轻率地汇出和接收款项,双方都有过错,应各自承担相应的经济责任。

4. 定案结论

内江市市中区人民法院根据《中华人民共和国经济合同法》第七条、第十六条第一款之规定，于1988年10月18日作出判决：

（1）被告吴知后尚欠原告人民币88000元。

（2）被告所欠款项资金利息共12949.52元（计息到1988年10月18日止），原告承担3884.52元，被告承担9065元。

（3）以上本金和被告应付利息共人民币97065元，被告应在判决生效后10日内付清。

本案诉讼费766元，原告负担230元，被告负担536元。

（三）原审二审情况

1. 诉辩主张

（1）上诉人（原审被告）及其委托代理人诉称：一审法院所作判决认定的事实错误，适用法律不当。因此，请求二审法院改判。

（2）被上诉人（原审原告）及其委托代理人答辩称：一审法院认定事实正确，适用法律准确，请求二审法院维持原判。

2. 事实和证据

四川省内江市中级人民法院对本案二审后认定一审判决遗漏了当事人。

3. 判案理由

四川省内江市中级人民法院认为：应追加东兴区田家镇人民政府为本案当事人参加诉讼，应当撤销原判，发回重审。

4. 定案结论

四川省内江市中级人民法院根据《中华人民共和国民事诉讼法（试行）》第一百五十一条第一款第（三）项的规定，作出裁定：

（1）撤销内江市市中区人民法院（1988）经字第9号民事判决。

（2）发回内江市市中区人民法院重审。

（四）重审一审情况

1. 诉辩主张

（1）原告及其委托代理人诉称：1987年4月2日原告与第一被告吴知后签订的"联合经营木制品厂的协议"和1987年4月4日汽修厂、第一被告与第二被告田家镇人民政府所属企业办公室签订的租赁承包经营合同无效。第一被告吴知后占用了原告的资金，请求法院判令两被告偿还资金本息及赔偿损失。

（2）被告辩称：原告与田家镇人民政府签订的租赁合同有效。原告已经承包了木制品厂，原告所付款项是按承包合同履行付款义务，被告不欠原告的款项，原告应承担违约责任。

（3）被告内江市东兴区田家镇人民政府及其诉讼代理人辩称：被告与原告签订的租赁承包木制品厂的合同有效，原告付款是履行合同义务，被告不应承担责任。原告应付清承包费。

2. 事实和证据

内江市市中区人民法院公开开庭审理查明：

1984年8月21日，吴知后与田家镇人民政府（简称田家政府）签订了一份承包合同。规定：吴知后承包木制品厂，期限三年，从1984年9月1日至1987年9月1日。1987年4月初，木制品厂出现经营亏损。吴知后与原告协商，于1987年4月2日签订了"联合经营协议"，主要内容是第一被告与原告下属分支机构汽修厂联合承包木制品厂。同年4月4日汽修厂、第一被告与第二被告所属企业办公室签订了租赁承包合同书，提前五个月解除了与第一被告的承包合同，第二被告同时将木制品厂租赁承包给汽修厂，期限二年，从1987年4月5日起至1989年4月5日止；承包费5500元（包括每年房租费500元），第一被告承包期间所剩余的原材料、产品、半成品和债权转给汽修厂，债务由汽修厂于6月30日前清偿完毕；并约定合同需公证。在此基础上第一被告与汽修厂草拟了一份“联合租赁承包经营协议书”，但均未签字。此后，木制品厂在原告蟠龙坝综合经营部设立“内江市东兴区田家木制品厂业务接洽处”，由第一被告负责经营木材业务，并从木制品厂运走价值560元的办公家具及230元的层板到接洽处。原告委托第一被告去办理承包租赁合同的公证事项，因财产未交接，公证机关不予公证。原告按第一被告的要求先后三次共计付款8.8万元，此款大部分归还了第一被告承包期间所欠的债务，5月至6月，双方对财产进行了盘点，第一被告会同第二被告拟了一份财产移交表，要求汽修厂接收财产并清偿第一被告承包期间所欠债务，但汽修厂迟迟不在移交表上盖章，经第一被告催促，汽修厂和原告才在移交表上盖章，但拒绝签字接收财产及债权债务。为此，双方对财产作价及债权债务的接收等问题发生了争执。原告也未再与木制品厂发生经济关系。1987年9月27日第二被告在收取了第一被告承包期间的5000元利润后，订立协议解除承包合同。在此期间，第二被告收取了承包费5900元。12月初，汽修厂发现木制品厂的财产被第一被告动用，原告遂向内江市市中区人民法院起诉，在二审中，原告收回木制品厂债款2826.81元。

以上事实有下列证据证明：

(1)吴知后与田家镇人民政府于1984年8月21日签订的，由吴知后承包木制品厂的承包合同。

(2)1987年4月2日，吴知后与联运公司签订了一份由吴知后与汽修厂联合承包木制品厂的“联合经营协议”。

(3)1987年4月4日，汽修厂、吴知后与田家镇政府企业办公室签订的关于木制品厂的租赁承包合同书。

(4)双方当事人的陈述。

(5)田家镇政府已收取木制品厂5900元承包费的财务帐目。

(6)联运公司收回木制品厂2826.81元债款的财务帐目。

3. 判案理由

内江市市中区人民法院认为：第一被告应对其承包期间的债务承担清偿责任，第二被告应承担连带责任。但两被告却将应由自己负责的债务通过承包合同转嫁给汽修厂，应属无效；汽修厂不具备法人资格，无权对外签订合同，因此，该承包合同无效。汽修厂盲目签订承包合同，并参与木制品厂的经营活动，对酿成纠纷有一定的过错；原告是汽修厂的主管单位，应对汽修厂的行为承担民事责任。

4. 定案结论

内江市市中区人民法院根据《中华人民共和国经济合同法》第七条第一款第一项、第十六条第一款、《中华人民共和国民法通则》第一百零八条之规定，作出判决：

(1)第一被告应返还原告76483.19元（已扣除原告收回的款项和财物折价款3616.81元，原告应赔偿第二被告房租费1000元，以及第二被告还应返还原告4900元）。

(2)资金利息27276.04元（从付款之日起至1990年9月30日止，按人民银行三年贷款利率分段计算。已扣除原告占用资金利息和第二被告应负担的利息1747.42元）。第一被告负担70%计19093.23元，原告负担30%。

上述款项共计95576.42元，由第一被告于判决生效后30日内付清，第二被告承担连带责任。逾期不付，按银行规定处滞纳金。

本案诉讼费766元，由原告负担230元，第一被告负担383元，第二被告负担153元。

（五）重审二审情况

1. 诉辩主张

（1）上诉人（原审第一被告）吴知后及其委托代理人诉称：原审判决不顾基本事实，歪曲法律关系，适用法律不当，判决上诉人承担主要经济责任是错误的，请求二审法院改判。

（2）上诉人（原审第二被告）内江市东兴区田家镇人民政府及其委托代理人诉称：一审判决认定事实错误，适用法律不当，请求二审法院改判。

（3）被告上诉人（原审原告）内江市联运服务公司及其委托代理人称：一审判决认定事实和适用法律均正确，请求二审法院维持原判。

2. 事实和证据

四川省内江市中级人民法院经审理查明：

1987年4月4日，内江市联运公司与田家镇人民政府签订了一份由汽修厂租赁承包木制品厂的合同。同时，田家镇人民政府与吴知后就提前五个月，于1987年4月10日解除承包合同关系达成协议。协议规定，吴知后在其承包期间的债权债务，由吴知后本人负责。至此，田家镇人民政府与吴知后脱离关系。在汽修厂租赁承包木制品厂的合同中约定：期限为二年，即1987年4月5日到1989年4月5日；承包费为每年5500元；田家镇人民政府将木制品厂的营业执照、固定资产租赁给汽修厂，并将吴知后在其承包期间的债权债务由汽修厂、吴知后共同盘 点协商作价转售汽修厂。合同从1987年4月5日生效，并报呈公证机关。田家镇人民政府在发包栏内签字，吴知后以原承包人在发包栏内签字。汽修厂厂长李邦祥在承包栏内签字，吴知后也在承包栏内签了字。随后，汽修厂又与吴知后草拟了一份"联合租赁承包经营协议书"，汽修厂厂长李邦祥任厂长，吴知后任副厂长，共同经营木制品厂，但协议书未签字。此后，木制品厂在蟠龙坝综合经营部设立"内江市东兴区田家木制品厂业务接洽处"，并动用吴知后个人债权的办公用品价值560元和三层板20张价值230元。李邦祥与吴知后按合同的规定，分别于1987年4月14日、5月12日对木制品厂的债权（固定资产）进行盘点，于1987年6月29日移交财产，因交接时双方发生矛盾，移交未成。汽修厂为租赁经营通过主管单位市联司贷款8.8万元，吴知后将其中5.4万元用于归还个人债务，剩余3.4万元用于与李邦祥共同租赁经营木制品厂。田家镇人民政府收取承包费5900元。尔后，李邦祥发现木制品厂帐上无款，便向市联司汇报，市联司遂向法院起诉。

以上事实有下列证据证明：

（1）田家镇人民政府与吴知后签订的，于1987年4月10日提前解除吴知后承包木制品厂合同的协议。

（2）内江市联运公司与田家镇人民政府于1987年4月4日签订的，由联运公司所属的汽修厂租赁承包木制品厂的合同。

（3）一审诉据中的第一、第二、第四、第五项证据。

3. 判案理由

内江市中级人民法院二审认为：1984年8月21日田家镇人民政府作为发包方与吴知

后签订的为期三年的木制品厂承包合同，于1987年4月10日提前解除，属双方自愿，但未到工商部门办理法定代表人的变更手续(法定代表人仍是吴知后)。田家镇人民政府在解除与吴知后承包关系之前(1987年4月4日)，又将木制品厂发包给汽修厂并签订了租赁承包合同。根据《经济合同法》第七条第二款之规定，该租赁承包合同为无效合同，吴知后依据无效合同取得5.4万元及资金利息应退还给市联司；剩余3.4万元属汽修厂与吴知后进行共同经营活动所用，对共同经营期间的损失各自承担相应的责任。田家镇人民政府在发包木制品厂给汽修厂过程中有过错，也应承担相应责任。但对吴知后在承包木制品厂期间的债权债务不负连带责任。一审判决欠妥，上诉人的上诉理由部分成立。

4. 定案结论

内江市中级人民法院根据《中华人民共和国民事诉讼法》第一百五十三条第一款第(二)项之规定，作出判决：

(1)撤销内江市市中区人民法院(90)内市区法经字第91号民事判决。

(2)上诉人吴知后个人占用的5.4万元(归还个人债务)应返还，现由吴知后将该款及资金利息(利率按月息6.6‰计算，从1987年6月起到付款之日止)付给市联司。

(3)田家镇人民政府由于无效发包行为收取的承包费5900元及资金利息1747.32元返还市联司。

(4)田家镇人民政府所支付的1000元房租费，由市联司赔偿30%即300元，吴知后赔偿30%即300元，给付田家镇人民政府，其余40%由田家镇人民政府自行承担。

(5)因无效合同而造成的23971.33元的损失，由田家镇人民政府承担40%计9588.532元；吴知后承担30%计7191.399元给付市联司；其余30%计7191.399元，由市联司自负。

以上款项及利息在接到本判决书之次日起30日内付清。

本案诉讼费一审766元，二审766元，由田家镇人民政府承担40%计612.8元；市联司承担30%计419.6元；吴知后承担30%计419.6元。并分别向一审、二审法院交纳。

(六)再审诉辩主张

1993年12月16日，四川省人民检察院就本案向四川省高级人民法院提出抗诉。1994年1月7日，四川省高级人民法院以(1994)川高法告申经字第1号民事裁定，指令内江市中级人民法院对本案进行再审。

1. 四川省人民检察院抗诉称：内江市联运服务公司与吴知后、田家镇人民政府之间的租赁承包企业经营纠纷，是因市联司在租赁经营过程中擅自毁约酿成的，市联司对因纠纷造成的损失应负全部责任。二审判决认定事实错误，适用法律不当，程序违法。

2. 内江市联运公司(原告)答辩称：二审判决认定事实正确，判决适用法律正确，请求维持二审判决。

3. 吴知后(第一被告)答辩内容与抗诉理由一致，要求再审改判。

4. 田家镇人民政府(第二被告)答辩内容与抗诉理由一致，要求再审改判。

(七)再审事实和证据

内江市中级人民法院经再审查明：

1984年8月21日，吴知后与原内江县田家乡(现东兴区田家镇)人民政府签订了承包木制品厂，承包期为三年，至1987年9月1日止的协议。1987年4月初，木制品厂欠有关单位债务及国家税款共计136167.27元，与40925.72元债权和价值95766.50元的原材料、半成品、辅助材料相品迭，亏损 524.95 元，且无流动资金，经营较困难。此时，市联司认为木材生意有利可图，便于 1987 年 4 月 2 日与木制品厂承包人吴知后签订了一份联合经营木制品厂的意向性协议。同月 4 日，市联司以所辖汽修厂的名义与田家政府和吴知后签订了“租赁承包合同书”。合同规定：(1)田家政府企业办公室愿将木制品厂整个企业之生产经营的营业执照，现有厂房一幢、办公室一间、住房二间，房外周围场地和现有设备等租赁承包给市联司汽修厂生产、经营、管理、使用。汽修厂对租赁承包之企业营业执照和固定财产只有使用权，无转让和处理变更权。(2)企业生产、经营资金由汽修厂自行筹集解决，田家政府企业办不负担任何流动资金解决的责任。有关木制品厂前届企业承包人吴知后承包经营剩余的一切原辅材料、产品、半成品，以及低值易耗品等，由田家政府企业办会同原承包人共同盘点协商作价转售汽修厂，汽修厂接收吴上述财产后，如果足够偿付吴欠债务，汽修厂应在 6 月 30 日前将全部债务偿还吴各方欠债，不足部分，由吴现款偿付债权方，田家政府企业办、汽修厂双方不承担任何责任。超出部分金额属前届承包之企业资金，由吴知后会同田家政府企业办按财务制度和合同分配处理。(3)田家政府、汽修厂双方均同意企业租赁承包期内(即 1987 年 4 月 5 日至 1989 年 4 月 5 日止，共两年)每年定额包干租赁承包金 5500 元，包括厂房、办公室、住房租金 500 元在内……(4)为简化手续，前届承包人吴知后可在田家政府企业办代表在场监督下，代表田家政府企业办直接与汽修厂接收财产和设备……吴脱离干系……(5)……(6)汽修厂租赁木制品厂生产经营后，企业增设经营机构和人员安排使用，由汽修厂调整安排。(7)……(8)本合同自 1987 年 4 月 5 日生效，至 1989 年 4 月 5 日止。(9)……。田家政府企业办和汽修厂分别作为发包方和租赁方盖章。吴在发包方栏内以原承包人的名义签名，并与李邦祥(市联司副经理、汽修厂厂长、承包人)作为租赁承包方的代表签名。田家政府和市联司分别作为发包方和租赁承包方的上级主管部门在合同上盖章。

1987 年 4 月 17 日，李邦祥以汽修厂名义向市联司贷款 3 万元汇到木制品厂，该厂将其中 1 万元调运木材，另 2 万元还了原企业贷款。同年 6 月 16 日市联司按吴知后的要求贷款 3 万元给木制品厂，吴将其中 8000 元用于购买化肥，调换了 30 立方米木材，销售款进入了木制品厂帐上用于业务经营，余款 2.2 万元退还市联司。同月 25 日，李邦祥按吴知后的要求，再次向市联司贷款 5 万元给木制品厂，汇往南坪 3 万元作木材款，汇 1.8 万元到市轻工业局供销公司偿还原企业债务，余 2000 元木制品厂作为利润上交给市联司。汇往南坪的 3 万元实购木材 27 立方米，被李邦祥所招聘的业务员张作然携 6000 元外出下落不明。退回 1.6 万元，吴知后将此款偿还了原企业所欠债务。1987 年 4 月 14 日、5 月 20 日市联司、田家政府就木制品厂的财产进行了两次盘点。同年 6 月 29 日吴知后将双方共同整理的表册交市联司审查，市联司及汽修厂、木制品厂先后盖章，吴知后在移交人栏内盖章。7 月 3 日，市联司将已加盖公章的正式表册送往田家政府盖章，田家政府企业办盖章后发现接收人(租赁承包人)栏未签字，要求补签，但李邦祥以作价过高、质量不好为由拒签。当时，身为市联司经理(法定代表人)的罗定国即表态同意接收移交财产。吴知后在接收人栏内盖上自己的私章。

1987 年 9 月 27 日，田家政府与吴知后补签了“提前解除原承包企业合同协议书”。协议规定“因企业租赁给市联司汽修厂，经双方商定提前五个月，即 1987 年 4 月 10 日解除原企业承包合同；吴付 1985 年 1 月 1 日至 1987 年 4 月 9 日 5000 元分配金给田家政府”等。同月，市联司进行招标承包，罗定国、李邦祥均落选，市联司新的法定代表人和其上级主管部门发现罗、李二人将 8.8 万元投资到木制品厂后，即责令二人追款。李到木制品厂发现帐上无款,便向公司汇报。市联司于同年12月26日向内江市市中区人民法院起诉,要求归还8.8万元。尔后,由吴知后继续经营木制品厂。在此之前,田家政府共收取承包费5900元。在本案二审中,市联司共追收木制品厂原债权2826.81元。

再审认定事实的证据与重审二审证据相同。

(八)再审判案理由

内江市中级人民法院再审认为:二审判决事实基本清楚,但适用法律不当。市联司、田家政府、吴知后三方所签租赁承包合同意思表示真实,属有效合同,并已实际履行一段时间。纠纷是市联司擅自毁约造成的,其损失理应由市联司自行承担。田家政府在签约时并无欺诈行为,吴知后在本案中亦无过错,故不应承担责任。四川省人民检察院抗诉的主要理由成立。

(九)再审定案结论

内江市中级人民法院根据《中华人民共和国民事诉讼法》第一百八十条和《中华人民共和国民法通则》第一百零六条第一款规定,作出判决:

1. 撤销内江市市中区人民法院(1988)经字第9号和(1990)内区法经字第91号民事判决,撤销内江市中级人民法院(1991)内中法经字第32号民事判决。

2. 田家政府与市联司所签租赁承包合同有效。

3. 市联司向田家政府所交租赁承包费5900元,由市联司自行承担。

本案一审诉讼费766元、二审诉讼费766元由市联司承担,再审案件活动费300元由吴知后承担。

(十)解说

1. 正确处理本案的关键,是对租赁承包经营合同效力的认定。本案一、二、再审中认定的案件事实和采纳的证据基本上是一致的,但在认定案件事实的性质和处理结果上截然相反,关键是对承包租赁经营合同效力的认定不同。该合同是经市联司、田家政府和吴知后三方达成的合意行为,合同对提前解除吴知后与田家政府之间关于木制品厂的承包合同,另行租赁经营的内容翔实充分,形式合法,当事人三方意思表示真实,权利义务清楚,该租赁经营合同属有效合同,各方应当依约履行义务。1987年11月履约过程中,由于市联司新任法定代表人无意继续经营木制品厂,在未经各方当事人协商的情况下,撤走全部工作人员,是酿成纠纷的根本原因。因此应承担毁约造成损失的全部责任。

2. 1987年6月29日财产移交是否成立。对原承包期间的财产移交,租赁承包合同有明确约定,当事人按约定移交财产是履约行为。在交接过程中虽然接受方经办人认为作价过高而拒绝签字,但其主管部门市联司的法定代表人表示接收,监交单位认可,因此应认定移交成立。

3. 吴知后在该纠纷中应否承担法律责任。租赁承包经营合同明确约定了提前解除吴知后与田家政府之间的承包关系,并对其承包期间债权债务清理、移交作了详细约定,1987年6月29日吴知后、市联司、田家政府对移交财物进行清算、作价,并签字认可。吴对租赁承包合同不再负有义务。之后吴知后受聘于市联司任木制品厂的副厂长,在经营过程中将市联司投入资金5.4万元偿还了原企业债务,系合同约定,且行为系经营管理行为。因此,吴知后对市联司的损失不承担法律责任。

4.《民事诉讼法》规定的抗诉制度,对本案的正确处理起了关键作用。通观全案,案情并不复杂,且有市联司与吴知后签订的意向性联合经营协议,市联司、田家政府、吴知后三方签订的“租赁承包合同书”，木制品厂移交财产清册，木制品厂财务帐目等充分确凿的证据证明案情。然而，本案的诉讼却耗时六年多，经历了五次审判，且经过两次二审后，生效判决还是不正确。在这种情况下，当事人要依靠自己的力量求得公正的判决结果是比较困难的。当四川省人民检察院依法提出抗诉后，本案引起了四川省高级人民法院的高度重视，及时依法裁定，指令内江市中级人民法院再审。内江中院依法再审改判，纠正了错案，挽回了不良的社会影响。由此可见，抗诉制度对于保证审判公正具有重要的意义。

（刘亚林　廖宣敏）

41. 南京第三木器厂诉南京市国际信托投资公司企业兼并案

（一）首部

1. 调解书字号：江苏省南京市秦淮区人民法院（1994）秦经初字第 61 号。

2. 案由：企业兼并合同案。

3. 诉讼双方

原告：南京第三木器厂（下称木器厂）。

法定代表人：陆维，厂长。

委托代理人：李为民，南京金陵律师事务所律师。

被告：江苏省南京市国际信托投资公司（下称国投公司）。

法定代表人：耿乃凡，总经理。

委托代理人：邹永齐，该公司投资部副总经理。

委托代理人：毛凌霄，江苏律师事务所律师。

4. 审级：一审。

5. 审判机关和审判组织

审判机关：江苏省南京市秦淮区人民法院。

合议庭组成人员：审判长：赵志华；代理审判员：孔宪权、夏冰。

6. 审结时间：1994 年 8 月 25 日。

（二）诉辩主张

1. 原告木器厂诉称：1992 年 6 月 29 日，我厂与被告签订了企业兼并协议书，并经南京市公证处公证后生效。我厂为履行该协议，投入大量的人力、物力、财力，但由于被告引进的激光全息模压高科技项目无法进行，单方面终止合同，给我厂造成了经济损失 443670.12 元。故诉至法院要求被告赔偿损失，承担本案的诉讼费用。

2. 被告国投公司辩称：我公司与木器厂的兼并协议未产生法律效力。根据南京市宁体改字（1990）35 号《关于推进企业兼并的暂行办法》（下称《推进兼并办法》），企业兼并必须经过五个程序，即提出申请、民主审议与组织论证、财产清理和资产审计、协调与批准、办理工商登记和财产移交。而我公司与木器厂的兼并只进行了三步，没有履行完全部程序，市体改委和有关部门没有批准，所以兼并协议没有产生法律效力。由于合同未生效，双方只是在商谈，都没有履行合同，我公司没有给木器厂造成任何经济损失。

（三）事实和证据

南京市秦淮区人民法院受理本案后，经公开开庭审理查明：

1992年6月29日，国投公司与木器厂签订了一份企业兼并协议书。在此之前，木器厂召开了职工代表大会，讨论通过了与国投公司的兼并一事，之后，双方正式签订了兼并协议。协议规定，国投公司以“承包债务”的形式兼并木器厂。木器厂被兼并的土地面积为18000平方米，房屋建筑面积为8000平方米，被兼并的职工为346人。木器厂被兼并后暂时保留企业法人资格，法人代表由国投公司指定、委托。兼并后，木器厂的原有资产和债权归国投公司所有，其债务由国投公司承担。兼并双方及木器厂的主管部门南京市第二轻工业局均在协议上签字盖章。该协议又于同日经南京市公证处公证，并报南京市体改委备案。

嗣后，木器厂开始履行合同，调整生产结构，将木器、钢琴生产线搬出厂区，以便让国投公司引进的新项目上马，为此投入了一定的人力、物力、财力。国投公司于同年7月20日至8月4日，委托南京市审计事务所对木器厂1992年4月底的资产状况进行实地审计查证。审计结果，该厂债权大于债务。国投公司按照协议规定，分两次承担了木器厂的外欠债务。

在履行协议的过程中，国投公司原引进的新项目因故未能上马，遂提出终止兼并。因双方就终止兼并协议未能达成一致意见，木器厂于1994年4月6日向南京市秦淮区人民法院起诉。

以上事实有下列证据证明：

1. 原、被告签订的企业兼并协议书。
2. 南京市公证处的公证书。
3. 南京市第二轻工业局给南京市体改委备案的关于企业兼并的请示报告。
4. 被告终止兼并给原告造成经济损失的统计清单。
5. 南京市审计事务所对木器厂的审计查证报告。
6. 被告偿付原告外欠债务的凭证。

（四）判案理由

南京市秦淮区人民法院鉴于上述事实认为：

1. 木器厂与国投公司的企业兼并协议是有效合同。

1989年2月19日，国家体改委、国家计委、财政部、国家国有资产管理局以体改经（1989）38号联合颁布了《关于企业兼并的暂行办法》（下称《兼并办法》），其中第二条规定：“企业兼并应遵循自愿、互利和有偿的原则。”第三条又规定：“集体所有制企业被兼并，由职工代表大会讨论通过，报政府主管部门备案。”在第五条企业兼并的程序中，从指导企业如何兼并的角度规定了企业兼并一般要经过五个程序。随着改革的不断深化，1992年7月23日，国务院颁布了《全民所有制企业转换经营机制条例》（下称《条例》），在企业享有的经营权中，明确规定企业享有兼并权，指出企业按照自愿有偿的原则，可以兼并其他企业，报政府主管部门备案。国投公司是金融机构，木器厂是集体所有制企业，双方的兼并，遵循了自愿、互利、有偿的原则。木器厂被兼并经过职工代表大会讨论通过，其主管部门已同意，并报市体改委备案，符合国家关于企业兼并的法律规定，该兼并协议又经公证机关公证，产生法律效力。

2. 国投公司辩称兼并协议未产生法律效力不能成立。

国投公司辩称的根据就是《推进兼并办法》。该办法是南京市政府几个部门根据国家颁布的《兼并办法》,结合南京市的具体情况制订的。但是该文件与国家颁布的法规相抵触。在关于企业兼并的程序中,将国家法规中的一般性规定变成法定程序,将报政府主管部门备案变成必须经过政府主管部门批准。《条例》颁布后,为了与《条例》规定相一致,南京市政府于1992年10月4日又颁布了《关于进一步推进企业兼并有关政策的几点补充意见》(下称《补充意见》),该意见第二条规定,企业按照自愿有偿的原则,可以自主决定兼并其他企业,报市体改委备案。企业被兼并,须经主管部门审核批准。《补充意见》第十一条规定,《推进兼并办法》中与本意见不一致的,以本意见为准。所以国投公司以一个与国家法规相抵触且已没有效力的地方政府文件中某些条款作为衡量兼并协议是否有效的依据是不能成立的。

3. 国投公司单方面终止合同,是违约行为,应承担违约责任。

企业兼并协议签订后,双方都已履行了协议规定的部分义务。木器厂调整生产结构,将原来的木器、钢琴生产线搬至厂外,腾出地方让新项目上马,打乱了正常的生产秩序,造成停工、停产。国投公司委托审计事务所对木器厂的现有资产进行审计,由于是"承担债务"式兼并,国投公司偿付了原告的两笔外欠债务。被告因引进的新项目未能上马,单方面终止合同,是违约行为,应承担违约责任,赔偿原告的经济损失。

(五)定案结论

南京市秦淮区人民法院在事实清楚的基础上,分清是非。根据《中华人民共和国经济合同法》第二十九条第一款的规定,依照《兼并办法》及《条例》中有关兼并规定,遵照《中华人民共和国民事诉讼法》第八十五条、第八十八条关于调解的原则,召集当事人进行调解,当事人自愿达成如下协议:

1. 国投公司与木器厂的兼并协议,因没有继续履行的必要,双方自愿终止。

2. 国投公司赔偿木器厂经济损失17万元。

3. 本案应交纳诉讼费12835元,双方各负担6417.5元。

(六)解说

企业兼并合同纠纷案是伴随着经济体制改革不断深化而出现的新型案件。由于关于兼并的法律规定相对滞后于形势的发展,给这类案件的处理带来一定的难度,要正确处理本案,必须正确认定三个方面的问题。

1. 该兼并协议是否产生法律效力。该问题是本案的关键,也是诉辩双方争议的焦点。双方所依据的都是政府颁布的行政法规。如何正确看待、认定政府颁布的行政法规及当事人签订的兼并协议的效力,是本案的主要矛盾。处理好这个主要矛盾,其他问题就可以迎刃而解。

所谓兼并,是指一个企业购买其他企业的产权,使其他企业失去法人资格或改变法人实体的一种行为。企业兼并的形式主要有四种:承担债务式;购买式;吸收股份式;控股式。本案双方选择的是承担债务式,即在资产与债务等价的情况下,兼并方以承担被兼并方债务为条件核收其资产。

实行企业兼并不仅是我国深化经济体制改革的一项重要举措,也是发展社会主义市场经济的宏观要求。由于企业兼并是一项改革的新措施,在现行法律中没有关于企业兼并的规定,处理此类纠纷除了遵循《民法通则》、《经济合同法》等总的原则外,必须依照国家颁布的关于企业兼并的一系列法规,其中主要就是国家颁布的《兼并办法》及《条例》。《兼并办法》第三条规定:全民所有制企业被兼并,由各国有资产管理部门负责审核批准。集体所有制企业被兼并,由职工代表大会讨论通过,报政府主管部门备案。从指导企业如何兼并的角度,该办

法还规定企业兼并一般按五个程序进行:

(1)初步确定兼并和被兼并企业;

(2)对被兼并方企业现有资产进行评估,清理债权、债务,确定资产或产权转让底价;

(3)以底价为基础,通过招标、投标确定成交价;

(4)兼并双方的所有者签署协议;

(5)办理产权转让的清算及法律手续。

1992年7月23日,国务院颁布了《条例》,《条例》的核心内容就是给企业进一步放权,使企业真正成为独立享有民事权利和承担民事义务的企业法人。明确规定企业享有兼并权,按照自愿、有偿的原则,可以兼并其他企业,报政府主管部门备案。国投公司兼并木器厂,是按照自愿、有偿、互利的原则进行的,木器厂被兼并,不仅经过职代会讨论通过和主管部门批准,还报政府主管部门备案,兼并协议又经公证处公证,所以国投公司兼并木器厂,主体合格、内容程序合法、当事人意思表示真实,是有效合同,产生法律效力,对当事人具有约束力。

2. 双方是否已实际履行协议。兼并协议生效后,木器厂开始履行合同,调整生产结构,将原来的木器、钢琴生产线搬出厂外,以腾出地方让新项目上马。国投公司在协议生效后,也开始履行义务,委托审计事务所对木器厂的所有资产进行审计,对木器厂的外欠债务,国投公司分两次承担了偿还责任。以上事实足以证明,双方在兼并协议生效后已实际履行。被告辩称对原告的兼并,只处于商谈之中,双方没有实际履行,是没有事实依据的。

3. 国投公司是否有违约行为。国投公司兼并木器厂,是因为国投公司要引进激光全息模压高科技项目需要场地,而木器厂因发展钢琴生产,需要增加资金规模,所以双方经过商讨达成兼并协议。木器厂为了让出场地,将钢琴、木器生产线搬出厂外,造成停工停产,花费了一定的人力、物力、财力。国投公司也履行了相应的义务。但由于技术及专业人才等方面的原因,引进的项目无法进行下去,国投公司单方面终止兼并协议,是一种违约行为,应赔偿由此给木器厂造成的经济损失。

(赵志华　李德龙　刘天兴)

42. 卫生部兰州生物制品研究所金康工贸发展公司诉甘肃省日用化工科学技术中心企业兼并案

(一)首部

1. 判决书字号:甘肃省兰州市中级人民法院(1994)兰法经初字第200号。

2. 案由:企业兼并案。

3. 诉讼双方

原告:卫生部兰州生物制品研究所金康工贸发展公司(下称金康公司)。

法定代表人:洪明华,总经理。

委托代理人:田野,金城经济贸易律师事务所律师。

被告人:甘肃省日用化工科学技术中心(下称日化中心)。

法定代表人:郑林清,主任。

委托代理人：何圻，该中心干部。

委托代理人：黄夏，兰州市西固区律师事务所律师。

4. 审级：一审。

5. 审判机关和审判组织

审判机关：甘肃省兰州市中级人民法院。

合议庭组成人员：审判长：李保国；审判员：唐玉玲；代理审判员：李辉峰。

6. 审结时间：1994 年 9 月 19 日。

（二）诉辩主张

1. 原告诉称：原告系集体企业，被告是国营企业。经原、被告主管单位多次协商，1994 年 5 月 4 日，原告与被告签订了由原告兼并被告的协议书，协议签订后，原告即按协议约定，向被告投入资金 46 万元，并将原告下属装璜印刷厂全部印刷设备以及新购仿瓷生产设备运到被告单位，开始了兼并工作，但被告始终未按协议将其资产的产权变更手续办完，使新的企业无法注册登记，且协议中的资产基价未经评估也未经国有资产管理部门审批，该协议属无效协议。由于协议中实际负债情况不实，加之某些不可抗力的原因，造成原告无力兼并。因此撤回了部分设备，尚有 6 台仿瓷设备和 2 台印刷机，因被告的阻拦未能拉回，资金也未返还，给原告造成了一定的经济损失。据此请求法院确认兼并协议无效，判令被告返还资金 46 万元，返还价值 80 万元的设备，并赔偿损失 186749.39 元。

2. 被告辩称：与原告签订的兼并协议中的资产基价是在 1993 年 6 月进行评估的基础上协商而成的，被告日化中心也是经政府主管部门即省轻纺总会批准后被兼并的，兼并双方的主管部门也在协议书上盖了公章，该协议是有效的，协议签订后原告已实际进行了一系列兼并工作，被告也在积极办理产权登记等手续。原告在决策失误，达不到预想的经济效益时，单方面撕毁协议，给被告的生产经营造成了很大损失，直接责任者是原告。被告的直接经济损失 255211.95 元，间接损失 141280 元，应全部由原告赔偿。在承担赔偿责任后，原告在被告处的 6 台仿瓷设备，2 台印刷机及 46 万元资金方可返还。

（三）事实和证据

兰州市中级人民法院经审理查明：

1994 年 5 月 4 日，原告金康公司与被告日化中心签订了一份企业兼并协议书。主要内容是：金康公司兼并日化中心；方式为承担债务和购买相结合，日化中心债权债务由金康公司承担（日化中心总体资产 2167.47 万元，负债 1480.33 万元，应收款中的死帐部分为 559.4 万元），净资产由金康公司折价购买，并入金康公司集体所有制企业，日化中心主体消失；双方企业主管单位办理产权认定交接手续；金康公司接受日化中心在册职工，待遇同工同酬，平等对待；协议在双方签字生效后由日化中心尽快向主管部门、工商等部门办理登记产权变更、债权债务确认等手续；金康公司付给省轻纺总会 220 万元（包括部分债务和日化中心产权出让协商价），省轻纺总会同意返回给企业 20 万元，待全部产权变更手续完毕之日起一月内，金康公司先付给省轻纺总会 30 万元，余款分期归还，1995 年 6 月底前还清，并由兰州生物所担保；签字生效后若有一方违约，要承担法律责任及赔偿一切损失。兼并协议签订后，双方主管部门均在协议书上盖了公章。省轻纺总会给日化中心以甘轻纺企发（1994）43 号文批复，同意兼并。金康公司也随后将其下属的装璜印刷厂申请注销，将 22 台印刷设备搬运到日化中心（金康公司申请注册为金康彩印厂），并陆续投入到日化中心资金 46 万元（包括2万元材料),金康公司在兼并协议签订前,于1994年4月26日将其公司地址申请变更到东岗东路641号(日化中心地址),同年4月份将其新购进的6台仿瓷设备安装在日化中心车间(金康公司引进的仿瓷项目,原定由销售方包销全部产品,但设备购进后,销售方毁约,使金康公司每年100万元利润落空)。金康公司进入兼并工作后认为,日化中心未办理产权变更等手续,企业双方不能再交叉生产互受影响。随后,在同年7月份开始撤回印刷机20台,尚有2台印刷机及6台仿瓷设备由于日化中心要求继续履行兼并协议而被阻止拉回。金康公司没有拉回,46万元资金也未被返还。为此,酿成纠纷。

上述事实有下列证据证实:

1. 卫生部兰州生物制品研究所金康工贸发展公司兼并甘肃省日用化工科学技术中心的协议书。

2. 甘肃省轻纺总会甘轻纺企发(1994)43号文件。

3. 甘肃省国有资产管理局对日化中心的资产评估结果确认通知书。

4. 甘肃会计师事务所(1993)甘会证字463号资产评估报告。

(四)判案理由

兰州市中级人民法院认为:

1. 金康公司与日化中心签订的企业兼并协议中对日化中心资产价值的确定及企业产权转让的收入归属的约定,违反了我国《国有资产评估管理办法》及国家体改委、国家计委、财政部、国家国有资产管理局1989年2月19日发布的《关于企业兼并暂行办法》的有关规定。被兼并企业的资产包括有形资产和无形资产,一定要经过评估作价,并对全部债务予以核实,协议中对日化中心的资产、债权债务的认定是根据1993年6月的资产评估及日化中心对资产的财务统计分析而确定的,被兼并时对资产等未进行全面的评估作价;被兼并方日化中心是全民所有制企业,其产权转让的净收入除国家另有规定外,由国有资产管理部门组织解缴国库,据此,该协议第二条第三项和第六项的规定,依法确认无效。

2. 金康公司与日化中心在企业兼并中没有严格依照法律、政策规定的程序进行,致使协议中部分条款无效,双方均应承担责任。在兼并协议的签订以及实际履行中,双方当事人的意思表示真实,虽然在手续和程序方面有不完备和不符合规定的问题,但协议的主要条款符合法律、政策规定。因此协议除部分无效外,其余部分仍然有效。

3. 金康公司在引进的仿瓷生产新项目未完全落实的情况下,兼并日化中心,并在日化中心进行设备安装、调试,当仿瓷项目落空后,造成无力兼并的事实,给日化中心的生产经营造成了实际损失,对此金康公司应负主要过错责任。金康公司提出要求日化中心赔偿其损失的理由不能成立。

在审理中,双方当事人均有不再履行兼并协议的意思表示,要求解除兼并协议(兼并期间日化中心也未注销)。

(五)定案结论

根据《中华人民共和国经济合同法》第七条第二款、第二十六条第一款的规定,兰州市中级人民法院作出了如下判决:

1. 金康公司与日化中心签订的企业兼并协议予以解除。

2. 金康公司向日化中心赔偿实际经济损失105500元。

3. 日化中心向金康公司返还JL—45T仿瓷餐具机6台(价值共60万元)及TY615型四

平一回转平台印刷机2台(价值共20万元)和资金46万元。

案件受理费24042元,金康公司负担16829.40元,日化中心负担6212.60元。

宣判后,金康公司与日化中心均未上诉。

(六)解说

国有企业要进入市场,提高经济效益,就必须适应经济机制转轨变型的要求,改变过去一些不适应现行企业发展的生产经营机制,企业兼并则是其中一种比较重要的方式之一。企业在兼并过程中,由于兼并本身涉及的法律关系比较复杂,一旦某一方面的工作做得不妥善,就会影响到整个兼并工作的全局。本案当事人所进行的兼并经济活动就是一例。虽然兼并方(原告)在诉讼中从各个环节上陈述了不能继续兼并的事实上和法律的原因及依据,但兼并纠纷发生的原因还是清晰的,这就是原告方在补充诉状中所承认的"原告引进仿瓷餐具机6台,价值60万元,原定由销售方包销全部产品,但设备购进后,销售方毁约,使原告每年100万元利润落空,亦造成无力兼并之事实"。而并非原告所说的诸如企业产权未转移和自有资金不足等非主要原因。兼并虽然未能成功,但作为集体企业兼并全民所有制企业的一个实例,还是有它积极的一面,这就是打破所有制的界限,兼并经营,提高经济效益。

兼并协议的效力问题是本案涉及的最主要的问题之一。第一,协议中有关违反经济合同法和兼并法律规定的条款应依法确认无效。《全民所有制工业企业转换经营机制条例》第三十四条第二款规定:"企业可以自主决定兼并其他企业。"这就是说企业可以自主决定是否兼并或被兼并,兼并权属于企业自主权范畴,其他单位和个人不得干涉。原告金康公司与被告日化中心经过充分协商,就兼并事宜达成协议,符合经济合同"协商一致"的原则。因此对兼并这一法律行为的规范来说,首先必须符合合同法规定的原则。国家体改委、国家计委、财政部、国家国有资产管理局1989年2月19日发布的《关于企业兼并的暂行办法》规定:"被兼并方企业的资产包括有形资产和无形资产,一定要进行评估作价,并对全部债务予以核实。"《国有资产评估办法》第三条规定:企业兼并、出售的,国有资产占有单位应当进行资产评估。第十二条规定:"国有资产评估按照下列程序进行:(一)申请立项;(二)资产清查;(三)评定、估算;(四)验证确认。"协议签订时所依据的资产评估结果是在1993年6月完成的,而协议签订是在1994年初,从这一点来看,评估是不全面的。另外评估虽经省国有资产管理局认可,但程序上也与上述规定不相符合。当时评估的依据也只是资产的财务统计分析,并未按程序进行清查和估算。评估正确与否直接影响着国有资产是否流失。国家体改委等五部门的《关于企业兼并的暂行办法》规定,"如被兼并方企业是全民所有制,其净收入除国家另有规定外,由国有资产管理部门组织解缴国库",而协议中却规定由金康公司付给省轻纺总会(被兼并方主管部门)220万元(资产评估后的净收入),这一规定与《关于企业兼并的暂行办法》直接相违背。《关于企业兼并的暂行办法》之所以那样规定,目的在于防止国有资产无端流失。《经济合同法》第七条第一款第四项规定,违反国家利益的合同属无效合同,因此协议中的这两条规定应该认定为无效。第二,兼并协议的主要内容符合法律与政策的规定,除部分条款无效外,其余部分仍然有效。原告金康公司对被告日化中心的兼并确有不完善的地方,但协议签订前后兼并工作进行得很顺利,兼并方也进行了设备安装等实质性工作,只因仿瓷项目落空这一意外原因而使兼并工作中断,兼并协议无力履行,符合合同解除的法定事由。第三,兼并作为国家提高国有企业经济效益的改革措施,理应受到法律的保护。经过近年来转换企业经营机制的实践,兼并已经得到了广泛的认可,被视为是一种提高中小企业效益的有效之举。本案中涉及的兼并虽然未成,但判决对兼并行为的分析和认定,可促使双方从中吸取经验教训,更好地参与市场竞争和企业经营机制的转换。

(王文彪)

43. 湖南康林出租汽车有限公司诉彭京沙承包经营合同案

(一)首部

1. 判决书字号:湖南省长沙市东区人民法院(1994)东朝经初字第43号。

2. 案由:承包经营合同案。

3. 诉讼双方

原告:湖南康林出租汽车有限公司。

法定代表人:刘宙,总经理。

委托代理人:周惊伏,该公司办公室主任。

委托代理人:郝炜宏,湖南省经济贸易律师事务所律师。

被告:彭京沙,男,26岁,湖南康林出租汽车有限公司承包司机。

委托代理人:张文亚,湖南省长沙市第八律师事务所律师。

4. 审级:一审。

5. 审判机关和审判组织

审判机关:湖南省长沙市东区人民法院。

合议庭组成人员:审判长:文付云;审判员:彭智穗、李革文。

6. 审结时间:1994年8月13日。

(二)诉辩主张

1. 原告湖南康林出租汽车有限公司(以下简称康林公司)诉称:1995年1月8日,原告与被告彭京沙签订了一份"出租汽车单部车辆承包经营合同书"。承包经营期间,彭京沙多次违反合同规定,侵犯原告合法权益,尤其是1994年3月份以来,彭京沙不履行合同约定的义务,组织密谋闹事,严重损害了原告的声誉。原告以此为由诉至长沙市东区人民法院,要求解除原、被告双方签订的承包经营合同,依合同规定收回被告所租车辆,由被告承担一切违约责任。

2. 被告彭京沙辩称:原告诉状事实部分纯属夸大其辞,不符合事实真相。恳请法院以协商方式维护被告合法权益,继续履行经营康林出租车的合同,赔偿被告在此期间所蒙受的经济损失。

(三)事实和证据

长沙市东区人民法院经审理查明:原告康林公司与被告彭京沙于1994年1月8日签订了"出租汽车单部车辆承包经营合同书",合同规定:甲方(康林公司)向乙方(彭京沙)提供全新国产夏利小轿车一辆,乙方向甲方交纳车辆抵押金4.6万元人民币,同时交纳风险保证金5000元,并提交8万元以上的财产(被告之母宾彩萍的房产证)作为担保;承包期限从1994

年1月7日起至1997年7月7日止，乙方须每月上交甲方承包金4300元人民币并全部履行合同书中乙方应承担的义务；合同期满后，该承包车辆归乙方所有，抵押金、担保金、房产证返还乙方。签约后，被告彭京沙以承包金过高、承包年限过长为由，在承包司机中散布要罢工、“摆车”，并组织、鼓动司机闹事。1994年5月3日，在被告的直接参与下，几十名康林出租车司机摆车于长沙市区主要交通干道芙蓉路，对抗交警依法执行公务，引起众人围观，堵塞交通达3小时以上，严重影响了社会安定，破坏了社会管理秩序，对康林公司声誉造成很坏影响。

上述事实有下列证据证明：

1. 双方签字的“出租汽车单部车辆承包经营合同书”。

2. 长沙市公安交警支队出租科出具的非法聚众堵路证明。

3. 参与摆车事件的司机王××、周××等人自书的检讨书。

4. 康林公司提供的谈话记录。

5. 受诉法院的调查笔录、开庭笔录。

6. 长沙市人民政府关于加强城市交通管理的通知。

7. 长沙市公安局交警支队制发的《机动车驾驶员交通行为规定》。

（四）判案理由

长沙市东区人民法院认为：

1. 原、被告双方签订的“出租汽车单部车辆承包经营合同书”合法有效。该合同是原、被告双方在自愿、公平的基础上签订的，是双方真实意思的表示，无论从形式到内容、还是到主体，都是合法的。

2. 被告行为属违约行为。合同一经成立，即具有法律效力，合同双方当事人都必须承担履行合同的义务，任何一方不履行或不完全履行义务时，另一方当事人则有权要求国家司法机关运用法律的强制力给予支持。本案被告在签约后又以租金过高，承包年限过长为由鼓动闹事，违反了合同约定“不得触犯国家法律、法规；不得给甲方（原告）信誉造成较大损害和不良影响”，因而其行为已构成违约。

3. 原告诉讼请求应予支持。本案原告无责任，其要求被告赔偿损失之请求是正当的，故应予支持。

（五）定案结论

长沙市东区人民法院在查明事实的基础上，依照《中华人民共和国经济合同法》第二十六条第一款第三项、第三十一条之规定，判决如下：

1. 原告湖南康林出租汽车有限公司与被告彭京沙于1994年1月8日所签订的承包经营合同依法解除。

2. 被告彭京沙所交纳的风险保证金人民币5000元与车辆抵押金人民币4.6万元不予退还。

3. 被告彭京沙所承租车辆由原告湖南康林出租汽车有限公司收回。

本案受理费3000元人民币由被告彭京沙负担。

（六）解说

近年来，随着社会的发展，出租车在很大程度上得以普及。囿于中国现阶段的生产经营水平，绝大多数出租车是通过承包方式营运的，这就在发包方与承包方之间形成了一种权利义务关系。作为一种新生事物，出租车承包经营方式在其发育和成长过程中，难免会产生一些这样那样的问题，也给司法审判工作带来新课题。本案为此类案件的解决提供了一个范例。法院依法维护当事人的合法权益，同时由于处理得当，避免了以后再出现此类问题时，承包方以过激方式来解决纠纷，从而维护了社会的稳定，维护了法律的尊严，为经济建设和改革开放起到了保驾护航的作用。本案通过报刊媒体的宣传，教育了当事人和公民懂得守法和违法的不同后果，取得了良好的社会效益。

（唐子茹）

44. 河北省石家庄市无线电一厂申请破产还债案

（一）首部

1. 裁定书字号：河北省石家庄市中级人民法院(1992)石法经裁破字第2－1号。

2. 案由：企业法人破产还债案。

3. 当事人

申请人：河北省石家庄市无线电一厂。

法定代表人：马永春，厂长。

清算组组长：黄红星，河北省石家庄市人民政府法制局局长。

清算组副组长：赵玉治，石家庄市电子局副局长。

清算组副组长：周春发，石家庄市财政局副局长。

4. 审级：一审。

5. 审判机关和审判组织

审判机关：河北省石家庄市中级人民法院。

合议庭组成人员：审判长：宋连印；审判员：王玲莉；代理审判员：张进生。

6. 审结时间：1994年12月16日。

（二）诉讼主张

申请人诉称：该厂系全民所有制中型企业，始建于1968年初，自建厂始至1988年的经营中连年盈利。1989年以来，无适销对路的主导产品，产品积压，技术落后，新产品的开发不能适应市场的变化，流动资金枯竭，告贷无门，生产经营和经济效益日趋恶化，形成恶性循环，导致严重亏损和连年亏损，拖欠职工工资、医疗费近百万元，债权人纷纷诉诸法律要求还款。现全厂总资产（包括债权）2400万元，负债总额已达5172.5万元，资不抵债已成定局。申请人提交了企业亏损情况的说明，债权、债务清册，上级主管部门石家庄市电子工业局同意申请破产的批复，向法院申请破产还债。

（三）事实和证据

河北省石家庄市中级人民法院受理后，依法组成合议庭查明：

申请人在1968年初由国家投资建厂，属全民所有制企业；经营范围为：收音机、收录机、无线话机、微机应用产品和其他电子产品；经营方式：制造、加工；截止到破产申请之日，在册职工1016人。从建厂始至1988年期间，年年盈利，经营状况良好，其生产的白鹤牌收音机在

80年代中期供不应求，成为抢手货，是华北地区较大的一家电子企业。80年代中期后，贷款150万美元，从日本引进对讲机生产线，未形成生产能力即宣告夭折；1989年，贷款28.5万美元购买设备作为中方股本金与港商合资兴建石家庄惠利化工有限公司，未能盈利，同年开始亏损。为了扭转亏损局面，1990年后又化整为零，以各车间、科室各自结合独立经营，自立帐号，自找销路，厂长对厂财物失去控制。由于经营管理不善，盲目引进，经营失策，市场疲软，原材料涨价，外汇比价和人民币利率上调成本加大，缺乏适销对路的主导产品和侵犯其他法人权益纠纷败诉强制还款等原因，造成产品销路不畅，大量积压，流动资金枯竭，告贷无门，债务累累无力偿还，使该厂陷入困境，长期处于停产、半停产状态。在此期间，其上级主管部门虽多次来厂整顿，几易厂长，均未走出困境。自1989年至1992年10月底，连续4年亏损，累计经营亏损达1350万元。经该厂初步清理，全厂有资产和债权2400万元，负债总额高达5172.5万元，资不抵债额为2772.5万元，资产负债率达215.5%。1992年11月，经该厂七届五次职工代表大会通过决议并经其上级主管部门同意，遂向法院申请破产。经石家庄市会计师事务所审计，清算组和债权人会议确认，截止到1992年10月底，申请人帐面资产、债权总额2431万元，债务总额为5434万元，资不抵债额为3003万元，资产负债率达223.5%。

在本案审理中，合议庭着重做了以下几个方面的工作：

1. 收到破产申请后，根据《中华人民共和国企业破产法（试行）》的规定，经审查，向申请人发出立案通知和裁定宣告申请人破产还债，并告知申请人，自收到通知后，对财产和其他民事执行程序必须终止，为他厂提供担保的，5日内转告有关当事人，停止清偿债务，正常生产经营所必须偿付的，在清算组成立前须经法院审查批准；作好职工思想工作，稳定情绪，防止出现上街上访等社会不安定问题，在破产终结前，厂领导、财会、统计、保卫人员必须留守，保护好财产，向法院提供企业的其他经济纠纷案件；清算组成立之前的公章、合同章、合同纸、帐册、文书、资料等收控起来。

2. 在立案10日内通知了221家已知债权人在1个月内申报债权，同时在《人民法院报》发布公告，告知未收到通知的债权人在3个月内申报债权，在法定期限内有150家债权人申报了债权，并指派专人负责登记造册。

3. 向申请人各开户行发出停止办理所有清偿债务的结算、不得扣划破产企业的既存款和汇入款抵顶还贷、扣划无效的通知，冻结了申请人的14个银行帐号。

4. 向申请人的债务人发出限期将所欠债务或财产向清算组清偿和交付的通知225份，收回发出商品232862台件。

5. 指导和协助清算组追讨申请人的外欠款，从北京、河北、广东等地追回欠款56.38万元，解决了职工新年、春节的生活问题。

6. 在石家庄市委、市政府的配合支持下，主持召开了清算组成立大会，决定由市政府法制局、财政局、电子局、国资局、工商局等25名人员组成清算组，指定了清算组正、副组长。并用两天时间组织清算组成员学习《中华人民共和国企业破产法（试行）》、最高人民法院《关于贯彻执行中华人民共和国企业破产法（试行）若干问题的意见》和有关法律规定，清算组明确了职责，为清算组搞好清算工作提供了法律帮助。

7. 主持召开了清算组进厂大会，向厂领导和职工代表宣布了成立清算组的决定，发出了清算组全面接管企业，要服从清算组的领导，配合清算组作好清算工作，维护厂内秩序，保护企业财产，不得非法处理财产的公告，并在厂内各部位进行了张贴。

8. 配合清算组对厂区各部位进行安全检查。针对企业人心涣散，安全防范薄弱环节多等问题，制定了加强保卫工作的具体措施，加强监督检查，及时发现一些隐患，堵塞漏洞，在整个清算过程中未发生大的事故和案件。

9. 指导清算组深入全厂70个部位，对企业帐册、内外实物和现金进行清算并登记造册，摸清财产总数和审查了企业破产前6个月内财产处置凭证，在全面清理的基础上指导石家庄市会计师事务所对资产进行验证评估。

10. 受理案件前后，多次向石家庄市委、市政府和法院审判委员会汇报和通报情况，得到支持和重视。配合市政府、清算组、市人事局、市劳动局、市社会劳动保险局做破产企业职工安置工作和思想工作，化解了职工对企业破产不理解、害怕工作和生活无着落而要求上街上访的不安定因素。指导有关部门采取多种形式使企业1016名职工得到妥善安置，为清算工作打下良好基础。指导清算组对破产财产进行变卖、处理，采取了整体分流、零星销售、公开拍卖、竞争出售、对外招商销售、联合协商出售等形式对破产财产进行了变卖、处置，为分配作好准备。

11. 指导清算组制订破产财产分配方案，要求方案对破产财产的数额及来源帐目要清，分配结果严格按法定清偿顺序，分得公道，要经得起债权人的检查，分配形式要切实可行，对未追回的债权要列表说明原因。该分配方案向法院审判委员会汇报，得到了肯定，经一次债权人会议表决通过，法院裁定准予执行，清偿比例为22.192%，参加会议的债权人当场兑现。

12. 债权人在申报债权届满后，召开债权人会议前分两次对债权人主体资格和所申报的债权额进行了初步审查，并写出初审报告交债权人会议确认。初步确认合法债权人137家，比申报的债权人150家减少了13家，初步确认债权总额54348126.68元，比申报数额59767742.26减少5419615.78元。

13. 召开债权人会议前征询了最大债权人中国工商银行石家庄市和平路办事处的意见，向其通报了资产清算工作情况和债权人会议的议程，指定该处为债权人会议主席，该处在法院主持召开的债权人会议与法院合议庭积极配合，发挥了积极作用，受到了债权人的拥护。

14. 为召开债权人会议，合议庭准备和指导清算组、债权人会议主席准备了如下材料，发给参加会议的债权人：

合议庭准备了如下材料：

(1)债权人会议议程和时间安排；

(2)申报债权清册；

(3)宣告申请人破产裁定书；

(4)债权人会议召开的通知；

(5)指定清算组的决定书；

(6)指定债权人会议主席的决定书及其说明；

(7)债权人会议的职权及其有关事项；

(8)对债权人资格的初审报告；

(9)对债权人申报债权的初审报告。

指导清算组准备了如下材料：

(1)清算工作通报；

(2)破产财产分配方案。

指导债权人会议主席准备了债权人会议主席的讲话。

15. 主持召开了债权人会议。配合债权人会议主席对债权人资格、债权总额进行表决，参加会议的77家债权人1票弃权，76票同意通过，并作出债权人会议一号决议，决议确认136家债权人参加破产财产分配，确认债权总额为54338763.48元；配合债权人会议主席对清算组提交的分配方案进行表决，参加会议的80家债权人以1票反对，79票同意通过，并作出债权人会议二号决议。决议后，债权人会议向法院申报执行，法院裁定予以确认，清算组立即执行。

16. 指导清算组编制破产财产分配兑现金额明细表，清算组按债权人会议确定的清偿比例金额当场兑现给参加会议的债权人，未参加会议的债权人由清算组邮寄兑现。

17. 清算组将破产财产分配完毕，依法裁定终结破产程序。

(四)判案理由

河北省石家庄市中级人民法院鉴于上述事实认为：

1. 申请人因经营管理不善造成严重亏损，不能清偿到期债务，经审查属实，符合《中华人民共和国企业破产法(试行)》规定的条件，应及时依法裁定宣告申请人进入破产还债程序。

2. 经审查，申请人符合破产的法定条件，应向职工代表大会通报情况，取得职工代表大会同意，实行民主管理，及时向法院申请破产。

3. 虽然《中华人民共和国企业破产法(试行)》规定国家通过各种途径妥善安排破产企业职工重新就业，具体如何安置，尚无相关的法律、法规。职工的安置步履艰难，影响破产财产的清算，致使债权人会议推迟召开和影响了破产程序的尽快终结。

4. 本案最大的债权人债权额为2641万元的工商银行石家庄市和平路办事处，在申报债权时主张对申请人的全部资产有优先受偿权。经查，该处与申请人对原来没有担保的债务，在法院受理前6个月内双方签订财产担保协议。后该处放弃优先受偿的权利，经法院认可，按一般债权人对待。

5. 对债权人会议召开时申请人尚有未追回的债权944398.38元，经查，属确实无法收回的破产企业财产。经债权人会议认可，不列为破产财产分配。

(五)定案结论

河北省石家庄市中级人民法院依照《中华人民共和国企业破产法(试行)》第八条的规定于1992年11月23日裁定宣告申请人破产。依照《中华人民共和国企业破产法(试行)》第二十四条关于清算组负责破产财产的保管、清理、估价、处理分配，清算组可以依法进行必要的民事活动，清算组对人民法院负责并且报告工作的规定，经审查，认为清算组对申请人的财产变卖、处置符合法律规定。依照《中华人民共和国企业破产法(试行)》第三十七条、第十五条、第十六条、第三十四条的规定，认为：清算组提出的破产财产分配方案，各项金额清楚正确，方案所列分配顺序合法，债权人会议表决确定的参加破产财产分配人、债权总额和分配方案在人数和其所代表的债权额方面均超过半数，表决程序符合法律规定，通过的分配形式合法有效，予以认可。于1994年12月16日裁定清算组按债权人会议表决通过的分配方案立即执行。

上述裁定书、公告、决定书送达后，各当事人均未提出异议。

（六）解说

受诉法院适用《中华人民共和国企业破产法（试行）》和最高人民法院《关于贯彻执行破产法（试行）若干问题的意见》圆满审结这起案件，取得了较好的社会效果。

1．严格依法办案是审结案件的关键。在我国审理大中型企业破产案的案例还不多，本案的申请人是全民所有制中型企业，审理此类案件在受诉法院所在省尚属首例，亦无经验借鉴。从裁定宣告申请人破产，发布债权人申报债权的公告和通知，决定清算组的成立，通知申请人的债务人交付财产，清算组对财产的清算，会计师事务所对财产的审查、认证、评估，清算组对破产财产分配方案的制定，到指定债权人会议主席，审查债权人资格和核实确认债权数额，债权人会议的召开，审查、表决分配方案并裁定，合议庭始终正确适用《中华人民共和国企业破产法（试行）》、最高人民法院《关于贯彻执行破产法（试行）若干问题的意见》，使这一新型的、较为复杂的、社会各界广泛关注的案件圆满审结，同时也为法院今后审理此类案件积累了一些经验。

2．稳定职工情绪，妥善安置职工是搞好清算的前提。申请人全厂有职工1000多人，因不适应社会主义市场经济，经营管理不善，不能清偿到期债务，长期处于停产、半停产状态，拖欠职工工资、医疗费近百万元，职工对企业破产不理解，仍指望政府“输血”、“救济”来继续维持，离退休职工普遍担心今后没人管，接近离退休人员和工伤、劳保病号心急如焚，全厂职工普遍担心以后生活、工作无着落，多数职工思想不稳定，厂内外流言充斥，思想混乱。清算组进厂初期清算工作并不顺利。合议庭配合政府有关部门和清算组做职工思想工作，在政府有关部门对职工大部分妥善安置的情况下，才使留守的职工安心工作，积极配合清算组搞好清算。

3．积极指导、配合清算组工作，搞好调查研究是搞好清算的保证。清算组人员来自政府各个部门，虽有多年的行政管理经验，但对破产清算工作一无实践二无经验。合议庭成员深入破产企业，作大量的调查研究，配合清算组作到不包办、不代替，工作出现问题及时研究，积极提出建议，使清算组充分行使法律赋予的职权，大胆工作。在破产财产部位多，涉及面广，法律关系较为复杂的情况下，使出现的问题逐一依法解决，尽快地将财产清点造册，摸清了底数，并委托有关部门对财产情况进行了全面认证、评估，合议庭也取得了第一手材料和认定依据。

4．审查核实债权数额是清算组制定分配方案和法院主持召开好债权人会议的基础。债权人最关心的是其债权数额。债权数额的确定，直接关系到清偿数额和清算组分配方案的制定。合议庭在申报债权届满后，在清算组的配合下分两次逐一对申报的债权数额进行了审查，并编制出债权申报清册和写出初审报告，经债权人会议审查，顺利通过并确认。

5．破产财产分配方案只有公正、平等、公平、合法、清楚才能顺利通过。合议庭主持召开的债权人会议，经众多的债权人支持、配合，对清算组提交的分配方案审查后顺利通过。会毕，经新闻界采访，债权人普遍反映：清算组编制的分配方案简单明了，所列数字真实清楚，分配顺序合法；受诉法院审理的这起破产案件合理、合法、公正、正规、认真，让人心服口服，如实向债权人讲清事实并形成文件，大家一看就清楚，作到本地和外地债权人一视同仁，债权额大小一样看待，充分保护了债权人利益，体现了法律的尊严和公开，收到了较好的社会效果。

（宋连印　张建国）

45. 宜昌市西陵区物资公司破产还债案

（一）首部

1. 裁定书字号：湖北省宜昌市西陵区人民法院（1994）西经破字第 149 号。

2. 案由：企业破产案。

3. 破产主体：宜昌市西陵区物资公司。

4. 审级：一审。

5. 审判机关和审判组织

审判机关：湖北省宜昌市西陵区人民法院。

合议庭组成人员：审判长：黄正文；审判员：杜晓江、余晓。

6. 审结时间：1994 年 10 月 26 日。

（二）破产申请

1994 年 6 月 24 日，宜昌市西陵区物资公司作为债务人向法院提出破产申请，请求法院清理其债权债务，并对其职工作出妥善安排。申请人向法院提交了会计报表、债权清册、债务清册、企业职工联名信、西陵区审计委审计报告以及申请人主管部门西陵区计经委同意该企业破产的批复。

（三）破产宣告

宜昌市西陵区人民法院经审查，于 1994 年 7 月 12 日受理了宜昌市西陵区物资公司破产还债案。立案后，在 10 日内通知债务人和已知的债权人，与此同时，1994 年 7 月 18 日，在《人民法院报》发布公告，告知债权人申报债权的期限以及逾期未报的法律后果等。

1994 年 7 月 25 日，法院依照《企业破产法（试行）》第二十三条第（一）项、第三条第一款规定发出裁定，宣告宜昌市西陵区物资公司破产，并发出公告和破产还债通知书。法院宣告破产还债后，在破产企业上级主管部门等有关部门中指定专业人员组成宜昌市西陵区物资公司破产清算组，接管该破产企业。法院还及时通知破产申请人的开户银行，限定其银行帐户只能供清算组使用，并将破产申请人在开户银行的全部存款及利息转至清算组的帐上，注销申请人在开户银行的帐号。

（四）债权人会议

债权申报期限届满后，法院召集了第一次债权人会议，宣布了债权人资格审查结果，指定并宣布宜昌市西陵区财政局为债权人会议主席。清算组向债权人会议通报了债务人资产为 28 万余元，负债 149 万余元，职工 24 人等破产企业的基本情况。

债权人会议主席宜昌市西陵区财政局于 1994 年 10 月 26 日召开了第二次债权人会议，审查了所有债权人的资格及债权额，查明 19 家债权人均有表决权，具有表决权的债权总额为 1511605.96 元。参加第二次债权人会议的 15 家债权人因宜昌市西陵区物资公司全部破产财产不足以支付破产费用，讨论并通过了“提请人民法院裁定终结审理宜昌市西陵区物资公司破产还债一案的决议"，赞成票占列会债权人总数的百分之百，代表债权额1465906.38元，占债权总额的96.98%以上。第二次债权人会议上，债权人一致请求法院宣告破产程序终结。

（五）破产终结

宜昌市西陵区人民法院经查明认为：宜昌市西陵区物资公司破产财产不足以支付破产费用的情况属实，债权人会议通过的决议具有法律依据。决议由参加会议的债权人全票赞成，且所代表的债权额超过法律规定的半数以上，符合法律规定。因此，根据《中华人民共和国企业破产法（试行）》第十六条第一款、第三十四条第二款之规定，裁定如下：

1. 宜昌市西陵区物资公司破产还债一案第二次债权人会议通过的决议合法有效。

2. 宜昌市西陵区物资公司破产程序终结。

（六）解说

宜昌市西陵区人民法院在目前企业破产法规及相关法规尚未健全的情况下，受理破产还债案件，积极探索审判经验。本案的顺利审结，其主要的经验是：

1. 法院精心组织、指导清算组高效工作。在破产案件审理中，清算组负责对破产企业的财产进行保管、清理、估价和处理，提出分配方案，清偿破产债权，进行必要的民事活动，有着举足轻重的作用，清算组工作的好坏，直接关系到破产案件审理质量和效率。宜昌市西陵区人民法院在审理破产案件时，首先抓的是组建一个精干高效的清算组，在西陵区政府的大力支持与配合下，分别从区计经委等部门抽调政治素质高、责任心强、具有一定经济管理经验的专业人员组成清算组。其次抓好对清算组工作的检查、督促。再次是抓好对清算组的指导、协助工作，帮助清算组调整工作进度，保证了每项工作有条不紊地进行。

2. 严格依法办事，树立平等保护观念，公平清偿，保护当事人的合法权益。

当有多个债权人存在，而债务人的全部财产又不能清偿所有债权人的债权要求时，公平清偿，便成了破产还债程序的主要目的，也是破产还债应当坚持的基本原则。

3. 依法及时终结破产程序，以保护债权人利益。

当债权人会议提出，清算报告表明，破产财产已不足以支付破产费用，请求法院依法及时终结破产程序时，法院满足了这一请求，维护了债权人的利益。

（刘晓蓉）

第四篇　股票、票据、期货纠纷案例

46．姚静峰诉马顺根股票纠纷案

（一）首部

1．判决书字号

一审判决书：浙江省金华市婺城区人民法院（1994）婺经初字第460号。

二审判决书：浙江省金华市中级人民法院（1994）金中法经终字第275号。

2．案由：股票纠纷案。

3．诉讼双方

原告（反诉被告、上诉人）：姚静峰，男，1967年6月17日出生，汉族，金华市人，住金华市文昌巷14号303室。

委托代理人：吴豪骏，金华市第一律师事务所律师。

委托代理人：陈雄武，金华市第一律师事务所律师。

委托代理人：严靓琦，金华市联合律师事务所律师。

被告（反诉原告、被上诉人）：马顺根，男，1955年9月20日出生，汉族，金华市人，住金华市溪下街2幢1单元6楼。

委托代理人：张元青，女，39岁，金华市交通局会计，住址同上，系马顺根之妻。

委托代理人：方银鸽，金华市清华律师事务所律师。

4．审级：二审。

5．审判机关和审判组织

一审法院：浙江省金华市婺城区人民法院。

合议庭组成人员：审判长：丁土根；审判员：马越山、翁跃强。

二审法院：浙江省金华市中级人民法院。

合议庭组成人员：审判长：姜建新；审判员：陈智慧；代理审判员：毛建青。

6．审结时间

一审审结时间：1994年10月18日。

二审审结时间：1994年12月23日。

（二）一审诉辩主张

1．原告诉称：（1）1993年10月，原、被告同去福建省福州市购买股票认购证，摇号中签后又同去福州购买股票，两人共同完成购买手续。(2)原告向被告借现金人民币5.5万元，购买豪盛股票2000股，福建水泥股票3000股，福建东百股票2000股，合计7000股暂保存在被告处，口头商定新股挂牌上市后立即抛出，获资除归还被告借款外，其余盈利返还原告。(3)同年11月底至次年元月中旬，被告将原告所有的股票全部抛售，获取资金87822.31元，除归还被告借款外，被告应返还原告现金32822.31元。(4)原告向被告多次索要上述投资收益，均遭被告拒绝。为保护原告的合法收益，请求法院判令被告返还原告股票投资获利32822.31元及利息，由被告承担本案诉讼费用。

2. 被告马顺根在法定答辩期内提出反诉，称：(1)1993年11月，反诉原告赴福州购买股票时，反诉被告姚静峰提出同往做帮手。在福州期间，姚提出向原告借款，原告同意借给姚静峰3000元作为日常生活开支。(2)买股票过程中，反诉被告又提出借钱买股票，原告同意并购买福发股票1500股，闽东股票2000股登记入姚静峰股票专户，计款13457.50元。(3)上述两项借款计16457.50元，双方口头商定按五分利(日息5%)计息。(4)请求法院判令反诉被告姚静峰归还反诉原告购买股票和日常开支欠款16457.50元及支付利息8228.75元，并承担本案诉讼费用。

（三）一审事实和证据

金华市婺城区人民法院经审理查明：1993年10月份，被告马顺根去福建省福州市购买股票认购证时，原告姚静峰愿意陪同前往做帮手。在购证期间，姚向马提出借款2万元购买认购证1万张，马顺根口头答应姚的要求，同意将自己统一购买和管理的认购证1万张转让给姚，回金华后，姚未支付购证款，马亦未将认购证交付给姚。同年11月初，两人再次前往福州购股票，马顺根将3000元人民币给姚作为日常生活开支，当时未言明系出借款，也未立字据。后又根据姚的要求，马将自己一起购买的，由深圳证券交易所上市的福发股票1500股，闽东股票2000股登记入姚静峰股票专户，计款13457.50元。同月8日，双方又在福州协商，马顺根又同意姚的要求，将1万张认购证按比例所得股数，将由上海证券交易所上市的，已购进记名在自己股票专户中的7000股股票转让给姚，由姚支付购认购证款2万元、已付日常开支3000元和已登记入姚帐户内的股票资金13457.50元，合计5.5万元。双方口头约定欠款按五分利计息。为此，两人当天在同一张条子上，由马顺根写下“暂保管豪盛股票2000股，水泥(福建)3000股，东百公司(福建)2000股”，姚静峰写下“借马顺根人民币伍万伍千元正”的字据。同年11月底至次年元月间，新股陆续上市交易，马顺根向姚静峰催讨欠款不成后，陆续将自己拥有的股票(包括上述争议的7000股)抛出，按当时价位，7000股股票约得款87000余元。事后，姚静峰向马顺根索要7000股股票抛售后除去欠款外的收益32822.31元，双方经协商达不成协议，姚静峰遂于1994年7月30日向法院提起诉讼。

上述事实有如下证据证实：

1. 双方亲笔书写的“暂保管股票”和“借款伍万伍千元”凭证。

2. 股票交易查询单。

3. 卢桂文等知情人证人证言在卷。

4. 庭审笔录等。

（四）一审判案理由

金华市婺城区人民法院认为：(1)双方当事人争执的7000股股票所有权应属马顺根所有。该股票由马顺根出资购买；记名在马顺根的帐户上；马顺根购买股票在先，而立借款字据在后；在股票上市前原告一直未主张对股票的所有权，也不支付购股票欠款。(2)股票一旦购得，就承担着股市风险，该争议股票记名在马的帐户上，必然由马承担风险责任，而姚排除了风险责任的承担，违反了权利义务对等原则。(3)原、被告之间的行为系股票转让行为，它违反了《中华人民共和国公司法》第一百四十四条和国家《股票发行与交易管理暂行条例》第二十九条的规定，系无效的民事行为，不受法律保护。(4)原告本诉请求被告归还扣除借款外收益，而反诉请求姚静峰归还因购买深圳证券交易所上市股票而向马所借的欠款，反诉请求与本诉有牵连，可以合并审理。要求归还13457.50元欠款的请求事实清楚，理由正当、合法，予以支持。(5)反诉所涉及利息一节，因双方并无商定还款期限，反诉原告对此未主张权利，且利息太高，与法不符，不予保护。(6)反诉原告给被告用于日常生活开支的3000元人民币，既不是股票转让中的欠款，也不是双方约定的借款，反诉原告作为借款要求被告归还的请求，证据不足，不予支持。

(五)一审定案结论

金华市婺城区人民法院依照《中华人民共和国公司法》第一百四十四条，国务院《股票发行与交易管理暂行条例》第二十九条，《中华人民共和国民法通则》第五十八条第一款第(五)项、第二款、第六十条、第八十四条的规定，作出判决：

1. 反诉被告姚静峰应归还原告马顺根借款13457.5元，于本判决生效后10日内付清。

2. 其他损失，各自承担。

案件受理费2422元(本诉受理费1475元、反诉受理费947元)由姚静峰负担1925元，由马顺根负担497元。

(六)二审情况

1. 二审诉辩主张

上诉人姚静峰诉称：(1)原审判决认定事实错误。第一，上诉人姚静峰向被上诉人马顺根借款人民币5.5万元购买股票事实清楚，借贷关系应依法确认并予以法律保护。用该笔借款所购得的股票也应为上诉人所有。深圳上市股票、上海上市股票、日常生活开支合计5.5万元，是一个不可分割的整体，原判决只认定购深圳上市股票的欠款而否定其余欠款是错误的。第二，上诉人将所购上海证交所上市股票7000股记名在他人名下，只是由他人暂保管，而不是股票的私下转让，1993年11月8日“暂保管”单据所载明确。记名在被上诉人名下是为了担保上诉人及时归还借款。因此，原判认定股票私下转让是错误的。第三，从上述分析，本案有两个法律关系，即借贷法律关系和股票代保管法律关系，原判混淆了这两者的关系，造成认定事实错误。(2)原判因认定事实错误而导致适用法律错误。本案由于存在着两个法律关系，故应由两个不同的法律部门调整，并且将产生两个不同的法律后果。原判简单套用《民法通则》、《公司法》等关于无效民事行为的规定是错误的。(3)因原判认定事实、适用法律错误，必然得出错误判决。故请求二审法院：改判被上诉人给付上诉人股票收益及利息；由被上诉人承担一切诉讼费用。

被上诉人马顺根未作书面答辩。

2. 二审事实和证据

金华市中级人民法院二审查明：原审被告马顺根在提起反诉时，请求法院判令反诉被告姚静峰归还借款16457.50元的同时，请求按“五分利”支付利息8228.75元。该事实有马顺根提交的反诉状及庭审笔录中委托代理人方银鸽发表的代理词在卷证实。二审肯定了一审认定的其余事实和证据。

3. 二审判案理由

金华市中级人民法院认为:

(1)股票所有权为股票持有人(记名人)所有,股票的发行与交易必须严格遵守国家法律、法规的规定。《中华人民共和国公司法》第一百二十九条第二款规定:"公司的股份采取股票形式。股票是公司签发的证明股东所持有的凭证。"第一百四十四条规定:"股东转让其股份,必须在依法设立的证券交易所进行。"国务院《股票发行与交易管理暂行条例》对此也有相同规定。被上诉人马顺根与上诉人姚静峰在国家规定的交易场所之外私下转让股票的行为违反上述法律、法规的规定,系无效的民事法律行为,依法不予保护。

(2)上诉人姚静峰向被上诉人马顺根因购买深圳交易所上市的股票3500股而借款13457.70元事实清楚,借贷关系明确,出借人马顺根主张自己的权利应予支持。

(3)原审判决认定反诉原告未对借款利息主张权利与反诉请求事实不符,系认定事实错误,应予纠正;反诉原告马顺根请求按日息5%利率计息归还欠款利息违反国家《借款合同条例》等法规规定,不予支持,但该请求在合法范围部分的借款利息应予保护。按中国人民银行短期贷款利率月息10.98‰计息,从借款之日起至判决确定日止计1994.80元,由反诉被告姚静峰支付给原告马顺根。另用于日常生活开支的3000元,原判处理正确,予以肯定。

(4)原审判决理由认为争议股票为马顺根所有,当事人之间擅自转让的行为不受法律保护、本诉原告的诉讼请求不予支持的认定正确,二审予以肯定,但原判决只对本案反诉作出处理,而未对本诉请求作出判决不当。根据《中华人民共和国民事诉讼法》第一百五十三条第一款第(三)项关于第二审人民法院对上诉案件,经过审理,可以查清事实后改判的规定,二审可直接对姚静峰的本诉请求判决驳回。

4. 二审定案结论

金华市中级人民法院依据上述事实和判案理由,依照《中华人民共和国民法通则》第五十八条第一款第(五)项、第二款、第六十条、第八十四条和《中华人民共和国公司法》第一百四十四条,国务院《股票发行与交易管理暂行条例》第二十九条,《中华人民共和国民事诉讼法》第一百五十三条第一款第(三)项之规定,作出如下判决:

(1)维持金华市婺城区人民法院(1994)婺经初字第460号民事判决。

(2)驳回原审原告姚静峰的诉讼请求。

(3)由姚静峰支付马顺根欠款13457.50元的利息1994.80元,自本判决生效后10日内付清。

上诉案件受理费2422元,由姚静峰负担。

(七)解说

本案争议焦点是7000股股票的所有权属谁所有的问题。姚静峰及其代理人坚持是姚静峰向马借钱买股票,记名在马顺根帐户只是由马暂保管,所有权应为姚静峰所有。法院认为,争议的股票系簿记券式股票,所有权应为持有人(记名人)所有。根据《中华人民共和国公司法》第一百二十九条第二款规定,股票是公司签发的证明股东所持有股份的凭证。国务院颁发的《股票发行与交易管理暂行条例》(下简称《条例》)第五十四条还规定了未经股票持有人的书面同意,股票保管机构不得将持有人的股票出借或作为担保物。根据这些规定,股票所有权为股票持有人(记名人)所有应当是明确的。当然,股票还可以自由转让,但《条例》第二十九条规定,"股票交易必须在经证券委批准可以进行股票交易的证券交易场所进行"。过户必须经过严格的程序,这是对"自由转让"的限制。显然,本案争议的股票所有权确认为记名人——马顺根所有是正确的。

(陈智慧)

47. 黄平诉惠州证券公司股权损害案

(一)首部

1. 判决书字号

一审判决书:广东省惠州市惠城区人民法院(1994)惠城法经初字第16号。

二审判决书:广东省惠州市中级人民法院(1994)惠中法经终字第58号。

2. 案由:股权损害案。

3. 诉讼双方

原告:黄平,男,32岁,汉族,住惠州市惠城区南门路21号7栋。

委托代理人:赖巧玲,原告妻子。

委托代理人:农夫,惠州市新华律师事务所律师。

被告:惠州证券公司。

法定代表人:罗景棠,总经理。

委托代理人:吕建华,该公司副总经理。

委托代理人:汪玉玲,惠州律师事务所律师。

4. 审级:二审。

5. 审判机关和审判组织

一审法院:广东省惠州市惠城区人民法院。

合议庭组成人员:审判长:陈伟华;代理审判员:张永生、李金发。

二审法院:广东省惠州市中级人民法院。

合议庭组成人员:审判长:王顺利;代理审判员:邬文辉、赖锦荣。

6. 审结时间

一审审结时间:1994年7月21日。

二审审结时间:1994年11月21日。

(二)一审诉辩主张

原告诉称:原告于1993年5月25日总共买入深圳发展A3000股,金额为82454.40元,被告不按国家有关法规和证券交易场所业务规定的规定处理证券买卖委托,于1993年9月13日将原告所持有的深圳发展A3000股全部卖出,原告于1993年12月8日发现股权被侵害,几经交涉,被告在规定时间内拒绝提供有关股票买卖书面确认文件,也不提出任何处理意见,致使原告经济损失加重。依据法律法规,请求判令被告赔偿原告深圳发展A3000股金额82454.40元及赔偿损失50000元。

被告惠州证券公司辩称:原告所持有的深圳发展A3000股,于1993年9月13日被卖出，成交价格为22.65元，成交金额为67406.40元，这笔成交额已如数转入以原告黄平的名义在惠州工行设立的017—00006229—4帐户。原告不承认其自己卖出，也不承认这个帐户是其所有，说明是有人铤而走险，违反国家法律，盗卖股民股票，请求法院将本案移送公安机关处理。

（三）一审事实和证据

惠州市惠城区人民法院经审理查明：原告黄平于1993年5月25日在惠州证券公司开设了股东卡，股东姓名黄平，股东代码00004368，身分证号442522610717301，开户银行惠州市工商行第三市场储蓄所，帐号5950—004—14605—7。原告于同日共买入深圳发展A3000股，金额为82454.40元。原告于1993年12月8日进行股票交易时，从专户交割单中证券余额栏目里发现深圳发展A3000股没有了，于是，立即向营业部交涉。经营业员通过电脑查寻发现深圳发展A3000股于1993年9月13日被人全部卖出。经查，1993年7月2日有人在惠州工商行以黄平的名义开设帐户017—00006229—4，开户时只存入人民币10元，1993年9月13日将原告持有的深圳发展A3000股冒名抛售，成交金额为67406.40元，次日取走刚转入的45000元，一个月后，又取走22000元。按规定，股东卖出股票，必须同时持有股东代码卡、股票存折、身分证、银行开户帐户，而且必须先填好卖出委托单，然后经证券公司的营业员查验“四证”，并经电脑核查无误后，才由营业员开具卖出委托合同，证券公司和股民在合同书中签名盖章。但被告没有按规定办理有关股票交易手续，导致原告所持有的股票被人冒名抛售。原告以被告损害了他的股权为由，要求被告赔偿损失，并于1994年1月28日向本院提起诉讼。在诉讼期间，本院根据原告的申请，依法采取诉讼保全措施，提取了卖出委托合同、卖出报告书、现金存入单等证据材料，其中卖出委托合同只有被告盖的印章，没有委托人的签名或盖章。

（四）一审判案理由

惠州市惠城区人民法院鉴于上述事实认为：在证券交易中，股民与证券商之间是委托代理关系，原告既没有委托被告卖出股票，也没有在卖出委托合同上签名盖章，卖出委托合同应属无效合同，委托代理关系不成立。被告在经营中没有严格按照有关规定和制度办事，未经原告的授权同意，让他人从原告的股票帐户上卖出3000股深圳发展A股票，使原告的股权受到损害，过错在于被告，因此，本案纠纷的责任在于被告，被告应承担民事责任。原告要求被告赔偿股票损失是合理的，依法应予支持，但要求按买入股票的金额给予赔偿，不符合股票交易风险原则，依法不予支持，原告要求被告赔偿经营经济损失证据不足，依法不予采纳。

（五）一审定案结论

根据《中华人民共和国民法通则》第六十四条、第六十五条第一、二款、第一百零六条第二款的规定，惠州市惠城区人民法院于1994年7月21日作出判决如下：

1. 被告惠州证券公司开具的卖出委托合同无效。

2. 被告惠州证券公司赔偿原告黄平3000股深圳发展A股票损失人民币67406.40元。被告应在判决发生法律效力后10日内偿付给原告，逾期不付则按每日万分之五计付罚金给原告。

本案诉讼费6200元，由被告负担。

(六)二审情况

一审判决后,被告惠州证券公司以本案存在经济犯罪事实,依法应由公安机关主管等为理由,上诉至惠州市中级人民法院。

惠州市中级人民法院审理认为:上诉人是从事证券委托买卖的专门职能单位,对股东股票负有保管义务。上诉人未经被上诉人授权,便越权将被上诉人的股票抛售,其做法违反了证券交易有关规定。由于上诉人内部管理不善,致使被上诉人的股票被人冒名抛售,造成被上诉人的经济损失,对此,上诉人主观上是有过错的,其行为已构成侵权,依法应承担民事赔偿责任。上诉人认为本案属经济犯罪,且公安机关已立案侦查,应移送公安机关处理,但这并不影响本案的审理。上诉人上诉理由不足,依法不予采纳。原审事实清楚,审理程序合法,适用法律正确,实体处理并无不当。

惠州市中级人民法院依照《中华人民共和国民事诉讼法》第一百五十三条第一款第(一)项规定,判决如下:

驳回上诉,维持原判。

二审诉讼费 6200 元,由上诉人负担。

本判决为终审判决。

二审判决后,惠州证券公司自觉履行了判决的内容。

(七)解说

本案是一起新型案件,主要涉及以下几个问题:

1. 关于本案的管辖权问题

根据 1987 年 3 月 11 日《最高人民法院、最高人民检察院、公安部关于审理经济纠纷案件中发现经济犯罪必须及时移送的通知》规定,经济纠纷案件中如发现有经济犯罪行为必须及时移送给公安机关,但本案是一起股权损害纠纷案,它是属于股民托管的股票被人伪造有关证件盗卖后,股民与证券商之间发生的纠纷。由于证券公司内部管理不善,未履行好对股民托管的股票的保管义务,致使股民的股票被人冒名抛售,造成股民的经济损失,其行为已构成侵权。股民的起诉,符合《中华人民共和国民事诉讼法》第一百零八条的规定,法院应予受理。

2. 关于证券公司承担民事责任的理由

《中华人民共和国民法通则》第六十五条第二款规定:"书面委托代理的授权委托书应当载明代理人的姓名或者名称、代理事项、权限和期间,并由委托人签名或者盖章。"该法第一百零六条第二款还规定:"公民、法人由于过错侵害国家的、集体的财产,侵害他人财产、人身的,应当承担民事责任。"依据上述规定,本案的被告惠州证券公司在经营中未严格按照股民委托卖出股票的规定办事,未经股民黄平在卖出委托合同上签名确认,致使股民黄平的股票被人冒名抛售。股民的财产损失是由于惠州证券公司上述违法行为所造成,对此,证券公司主观上有过错,其理应承担民事责任。证券公司的工作人员在工作中的失职,并不影响证券公司所承担的民事责任。

3. 关于确定赔偿的数额问题

在审理本案中,存在有以下两种意见:

第一种意见认为:根据《中华人民共和国经济合同法》第七条第一款规定,违反法律和国家政策的合同,应为无效经济合同。本案的被告惠州证券公司没有按国家规定的委托手续卖出股票，这一交易行为应为无效，惠州证券公司应予返还深圳发展 A3000 股给股民黄平。

第二种意见（即本案一、二审判决意见）认为：根据《中华人民共和国民法通则》第一百一十七条第二款关于"损坏国家的、集体的财产或者他人财产的，应当恢复原状或者折价赔偿"的规定，本案若按恢复原状处理，这实际已不可能。因为股票是新生事物，它带有收益的波动性和风险性的特点，它往往受企业经营状况、社会政治、经济、市场等方面的影响而处于变化之中。根据本案的案情，适用《民法通则》第四条关于"民事活动应当遵循自愿、公平、等价有偿、诚实信用的原则"的规定，强调公平原则，较为恰当，因此，本案的被告惠州证券公司应按当时原告持有的深圳发展 A3000 股被冒名抛售成交金额 67406.40 元赔偿。

通过本案的审理，我们得到如下启示：由于目前我国仍未颁布有关证券交易法，我们在审理案件时只能从我国已颁布施行的最重要的民事基本法规，即《中华人民共和国民法通则》中去找适用依据，同时，结合到各个具体案件，还可以参考政府及有关金融管理部门所制定的有关股票原则、交易等方面的规范性文件。

（卢　耀）

48. 王兆垣诉广州市梅州水库管理处等股权纠纷案

（一）首部

1. 判决书字号

一审判决书：广东省龙门县人民法院（1993）龙经初字第 40 号。

二审判决书：广东省惠州市中级人民法院（1994）惠中经终字第 15 号。

2. 案由：股权纠纷案。

3. 诉讼双方

原告（被上诉人）：王兆垣，男，54 岁，住广州市白云区石井镇马务村乌石岗 3 巷 3 号。

委托代理人：李权新，男，43 岁，住广州市白云区石井镇大冈村。

委托代理人：范敏钊，龙门县律师事务所律师。

被告（上诉人）：广州市梅州水库管理处。

法定代表人：王来喜，主任。

委托代理人：林耀坚，广州市水电局办公室主任。

委托代理人：江晓华，惠州市新华律师事务所律师。

被告：叶镜波，男，52 岁，住南海市里水镇富寿东 16 号。

委托代理人：廖雁鸣，广东海印律师事务所律师。

被告：张灼光，男，44 岁，住龙门县平陵墟金都酒楼。

委托代理人：罗干强，男，51 岁，住龙门县平陵医院宿舍。

4. 审级：二审。

5. 审判机关和审判组织

一审法院：广东省龙门县人民法院。

合议庭组成人员：审判长：唐海洋；审判员：韩雪霞、邹伟如。

二审法院：广东省惠州市中级人民法院。

合议庭组成人员：审判长：张远呈；代理审判员：邬文辉、赖锦荣。

6. 审结时间

一审审结时间：1993年12月30日。

二审审结时间：1994年8月18日。

（二）一审情况

1. 一审诉辩主张

（1）原告王兆垣诉称：1）广州市梅州水库管理处、叶镜波、张灼光因筹建水泥厂资金紧缺，面临停建时，被告叶镜波找到了我，经被告广州市梅州水库管理处默认，要求我投入股金。2）经被告的多次恳求，我将自己拥有的资金，投入到广州市水电局水泥厂作股金，至1993年7月19日止，共投入该水泥厂的股金为638万元。被告已承认并出示了“投资证明书”，但被告至今不计算出资比例，确认我的股权。3）因被告侵犯了我的合法权益，现请求法院判令三被告确认我投入水泥厂的股金638万元应占的股份。

（2）被告广州市梅州水库管理处辩称：1）联营企业的章程和联营合同是联营各方应遵守的最高准则。1991年10月6日，我们三方本着友好原则，签订联营合同，领取营业执照，水泥厂依法成立，并明确了各方的出资及权利义务。2）邀请原告的入股证明书，只是水泥厂证明其贷款的去向，它未经董事会讨论，故是无效的。对于原告的借款，董事会尽快讨论归还本息。3）本案被告应是广州市水电局水泥厂，不应将梅州水库管理处、叶镜波、张灼光列为被告。4）原告所出的资金638万元只作统借统还，不作股金。

（3）被告叶镜波辩称：1）原告的款经原董事长同意投入，他是我邀请来投资的。原告的出资达整个水泥厂投资的三分之一，原告应作为水泥厂的股东。2）请求法院确定广州市水电局水泥厂的企业性质，现水泥厂的股东中根本没有出现我和张灼光的名分。要求依法变更水泥厂的工商登记。

（4）被告张灼光辩称：1）原告提出确认其股权的问题，符合被告三方于1991年10月6日订立的“联营合办广州水电局水泥厂合同”的原则，水泥厂是“合作、联营、股份”的所有制企业。原告虽然没有参与该合同的订立，但其资金是在“最需要的时候投入的”，是经副董事长叶镜波邀请和水库管理处负责人的要求下投入的，应为有效的法律行为。原告投入的款应享有股权，成为股东。2）对我的股权、股份应确立。我投入的65万元时间最早，作用很大，应计付利息和“资金升值”。另外，要求确立广州市水电局水泥厂的企业性质，依法变更工商登记。

2. 一审事实和证据

龙门县人民法院经审理查明：1987年11月20日，经龙门县计委批复立项，张灼光和广州市梅州水库管理处合股筹建梅州水库水泥厂。1988年5月8日开始征地56亩，进行了推土，平整场地，围墙砌筑完成了60%，付24万元主机订金后，由于资金不足，水泥厂于1989年11月停建。1991年5月13日，水泥厂领导开会讨论同意张灼光介绍毛邦文、陈智勇加入水泥厂投资，后毛邦文又介绍叶镜波投资。水泥厂于1991年6月27日续建。1991年10月6日，广州市梅州水库管理处，南海里水镇新联橡胶夹布厂叶镜波及龙门县平陵镇个体户张灼光签订了“联营合办广州市水电局水泥厂合同”，成立了水泥厂董事会，董事由叶镜波、毛邦文、王宗带、刘石清、吴小勇、林耀坚、张灼光组成，董事长为王宗带，副董事长为叶镜波、张灼光，水泥厂厂长为刘石清。1991年10月10日，召开了第一次董事会并讨论了“广州市水电局水泥厂章程”。1992年4月12日，在龙门县工商行政管理局办理了注册登记，领取了营业执照。联营合同约定：水泥厂的投资总额为1000万元，由各方认股后出资。梅州水库认5股，占投资额50%，叶镜波认3股，占投资额30%，张灼光认2股，占投资额20%。合营各方认股后，先后投入了资金。张灼光由于资金不足，经广州市梅州水库管理处及叶镜波同意后，让出1股，并由叶镜波认购。这样水泥厂的股权从原来的5∶3∶2变更为5∶4∶1。梅州水库从1992年8月开始投入资金，至1993年6月1日止共投入资金4266558.53元，南海里水镇新联橡胶夹布厂叶镜波于1991年11月开始陆续入资400万元，张灼光入资65万元。按100万元为1股，张灼光的资金是不够的，但经梅州水库及叶镜波同意，张灼光在水泥厂的股份占1股份额。由于投资款的投入推迟以及市场价格变化，原定1000万元还不能将水泥厂建成。在各方努力下筹集资金未果。于是，叶镜波介绍了原告投资水泥厂，并由叶镜波向原告发出“参股邀请书”。原告曾几次到水泥厂实地察看后，在梅州水库管理处领导的再三要求下决定投资。且叶镜波在发出邀请书后曾向当时的董事长王宗带汇报，得到他的同意，同时梅州水库代表及张灼光没提出反对意见。于是原告在1991年12月向水泥厂汇入投资款，而梅州水库的董事刘石清、王来喜也曾亲自到原告家中或约定地点取原告的款项，并写了收据。到1993年6月止，原告在水泥厂的投资共638万元。1993年5月13日，水泥厂建成点火试产。梅州水库依约按优惠的电价供电给水泥厂。梅州水库供给水泥厂的电，以供电部门水电收购电价为标准，每月按梅州水库供给水泥厂的总电度中以4∶6比例计收每度电费，也就是说，总电度的40%按峰水期的电价收费，60%的电度按枯水期的电价收费。水泥厂的人事安排、财政收支、水泥销售均由梅州水库掌握使用，没有征求其他股东的意见。水泥厂的董事会也名存实亡，没有起到应有作用。于是，原告、叶镜波向广州市水电局要求核实各方在水泥厂的投资，确定各股东的股权，重新组阁董事会，但未有结果。原告于1993年9月6日向本院起诉，要求确认其在水泥厂的股权。被告叶镜波、张灼光承认原告入资638万元属实，并同意原告作为股东参与水泥厂的管理，同时，要求确认水泥厂的性质，变更工商登记。被告梅州水库承认原告入资水泥厂638万元属实，但否认其有股权，认为原告的入资款应由水泥厂作借款，统借统还。案经调解，双方各持己见，达不成协议。

上述事实有下列证据证明：

(1)1991年10月6日，三被告签订的“联营合办广州市水电局水泥厂合同”。

(2)1991年10月10日的“广州市水电局水泥厂章程”。

(3)1992年11月20日叶镜波写给原告及李权新的“参股邀请书”。

(4)1993年7月19日广州市水电局水泥厂计财科写给原告的“投资证明”，厂长刘石清签注“属实”，叶镜波签注“投资款属实”。

(5)1993年4月1日广东审计师事务所对水泥厂的联营各方资金投入情况的审计报告。

(6)1993年7月30日原告、叶镜波写给广州市水电局的关于要求核实各股东投资、确定股权、重新组成董事会等的报告。

(7)受诉法院的调查笔录、开庭笔录。

3．一审判案理由

一审法院依据所查清的事实认为：

(1)叶镜波向原告发出"参股邀请书"后,向当时的水泥厂董事长王宗带作了汇报,并征得了他的同意,当时梅州水库管理处的代表及张灼光未提出反对意见。况且,梅州水库管理处的董事、水泥厂的厂长刘石清和梅州水库党委书记、主任王来喜(现任水泥厂董事长)亲自到原告家中或约定地点收取原告的款项,说明叶镜波发出的"参股邀请书"已得到了梅州水库管理处代表的追认。被告张灼光亦同意确认原告为该厂的股东,给予其股权。水泥厂在1993年7月19日发出"投资证明"有水泥厂厂长在该证明上的签名承认属实,也有水泥厂副董事长叶镜波的签名认可和水泥厂计财科加盖的公章,应视为有效。因此,原告与水泥厂虽无签订书面协议,但事实是原告在水泥厂的投资已得到了各方的默认,且水泥厂投产后,原告及其代表李权新一直以股东的身分参加水泥厂管理工作,故原告请求确认其股权的要求是合理的,应予支持。

(2)被告梅州水库管理处提出原告投入水泥厂的638万元是借款,应由水泥厂统借统还。因水泥厂收到款后只写收据,双方没有借款协议,也没有约定还款期限和利率,被告梅州水库管理处又不能提供什么有效证据,故本院不予支持。

(3)被告张灼光出资65万元,因其投入较早,且经水泥厂董事会确认为1股,故张灼光在水泥厂的股份中占1股的份额,本院应予认定。

(4)被告叶镜波和张灼光要求确认水泥厂的企业性质问题,应待股权确定后,向工商行政管理部门申请解决。

(5)被告梅州水库管理处在筹建水泥厂时,提供宿舍、农作物补偿费和水、电费的优惠价格,在其他方面也做了大量工作,应予肯定。

(6)经审计鉴定,水泥厂总投资为1500多万元,以100万元为1股,应确认为15股。梅州水库管理处和张灼光出资不足,亦不再补够,原告多出资的部分予以退还。股东各方应本着公平、诚实、信用的原则共同经营。

4. 一审定案结论

一审法院依照《中华人民共和国民法通则》第四条、第五条和《中华人民共和国民事诉讼法》第一百三十九条规定,作出如下判决:

(1)原告王兆垣在广州市水电局水泥厂股份中占5股份额,股金按100万元计算,被告广州市梅州水库管理处占5股,叶镜波占4股,张灼光占1股。

(2)原告在水泥厂的投资款638万元扣除股金款后,所多出资138万元,限在本判决书发生法律效力后一个月内由水泥厂还清给原告。

(3)原告多出资款138万元,从1993年5月28日起按月利率10.98‰计至还清款日止。

(4)本案审计鉴定费2万元,由原、被告按股份进行分担,原告王兆垣负担6665元,被告广州市梅州水库管理处负担6665元,叶镜波负担5332元,张灼光负担1338元。

(5)本案诉讼费86500元,由被告广州市梅州水库管理处负担43250元,被告叶镜波负担17300元,被告张灼光负担4325元,原告负担21625元。

(三)二审诉辩主张

1. 上诉人广州市梅州水库管理处诉称:(1)王兆垣要求给予其股权,但只有水泥厂董事会才有权利,为此,诉讼对象应是水泥厂;(2)王兆垣要求确认股权理由不能成立,叶镜波写的"参股邀请书"是叶镜波的个人行为,邀请书上写的"经多方及董事会研究"与事实不符;(3)"投资证明"是在未经董事会讨论同意的情况下,应王兆垣的代理人李权新多次请求下由水泥厂计财科开出的，该证明书上写的数额、时间也不符合事实，证明书与邀请书和1993年7月30日王兆垣与叶镜波写给广州市水电局的报告中所称王兆垣投入900万元也相互矛盾，况且，计财科和刘石清也无权证明谁是股东；(4)原判毫无根据地认定董事会名存实亡，确定王兆垣的股权，扩大水泥厂的股份，侵害了原联营方的权益，也缺乏事实和法律依据；(5)对王兆垣以“南海方”投入资金，也只能按合同的规定，由水泥厂统借统还；(6)原判事实不清，适用法律不当，请求二审法院予以撤销，依法改判。

2. 被上诉人王兆垣辩称：(1)当时水泥厂面临停工，叶镜波要求我投资，考虑到叶是多年的朋友，应帮助他，更重要的是在此前叶向我借200万元，如他在水泥厂投资失败，我的借款则无法收回，便要求叶写书面材料，叶称找人参股一事，水泥厂董事会已商量过，叶是副董事长，叶是代表水泥厂写的“参股邀请书”，是水泥厂的真实意思表示；(2)我投入638万元占投入资金的三分之一以上，叶镜波、张灼光和上诉人都是承认的，证明我确实是投资股东；(3)“投资证明”是水泥厂各方股东对我股东身分的承认，证明上写的数额与事实有不符之处，责任不在于我，它最直接的目的是证明我的股东身分；(4)原判事实清楚，证据确凿，适用法律正确，但要我负担诉讼费无依据。

3. 原审被告叶镜波述称：(1)当时水泥厂缺乏资金就要停产，董事长王宗带在无法借到钱的情况下表示只要能将厂建起来，请人参股也可以，为此，我请王兆垣参股，王同意但要我写份书面的给他，我即写了“参股邀请书”，事后向董事长及其他有关人员讲过，他们都同意，刘石清、王来喜还亲自到王家取钱，王也参加厂的建设和管理，反映了王有股东身分；(2)王兆垣投入638万元，有水泥厂收据及会计簿为证，只因上诉人称王是我介绍来的，厂未建好，建好后重新核实各人投资，重组董事会，为防止帐目混乱而暂写成“南海方”；(3)我代表水泥厂邀请王投资，从未听说是向王借钱，统借统还；(4)“投资证明”主要是确认王的股东身分，数额可以重新核算；(5)原审的判决是正确的，但要我负担诉讼费无依据。

4. 原审被告张灼光述称：(1)王兆垣的钱应作投资款，不应作“统借统还”；(2)原审法院将水泥厂定为15股，缺乏法律依据，直接侵害了各当事人的切身利益，股份应以联营合同书和董事会决定为准；(3)请求二审法院纠正原判划分股份的内容，我的意见正确，不应负担诉讼费。

(四)二审事实和证据

惠州市中级人民法院经审理查明：上诉人广州市梅州水库管理处和原审被告张灼光在1987年共同筹建广州市梅州水泥厂(已于1991年10月更名为广州市水电局水泥厂，以下简称水泥厂)。经征地、平地、筑围墙等后因缺少资金而于1989年11月停建。此后，经张灼光介绍毛邦文、陈智勇加入投资，又经毛邦文介绍原审被告叶镜波加入投资。1991年6月水泥厂续建，同年10月6日以梅州水库管理处为甲方，南海里水镇新联橡胶夹布厂(系南海里水镇新联管理区与叶镜波的联办企业)为乙方，张灼光为丙方签订了“联营合办广州市水电局水泥厂合同”，规定合营各方以各自认缴的出资额为限，按出资额在注册资金中的比例分享利润及分担风险；投资总额拟定为人民币1000万元，按比例甲方出资500万元，占投资额的50%，乙方300万元，占30%，丙方200万元，占20%；超过已定投资总额的资金以及投产后需要的各项资金，以水泥厂名义统借统还；一方如需转让全部或部分股权，须经董事会同意，在同等条件下合资他方有优先购买权；水泥厂设立董事会，董事长由甲方委派，副董事长由乙、丙方委派，董事长决定一切重大事宜，对重大问题应由出席董事会议的董事二方四人以上通过方可作出决定；合营期限为水泥厂自然消失为止，并规定了董事会人员的各方委派名额和各方责任等条款。随即成立了董事长王宗带、副董事长叶镜波、张灼光及董事共七人的董事会。同年10月10日召开第一次董事会会议，制订了水泥厂章程，章程亦规定了水泥厂投资总额为人民币1000万元，甲方认缴出资额500万元，乙方认缴300万元，丙方认缴200万元；水泥厂增加投资、转让应由董事会二方四人以上通过；董事会决定水泥厂一切重大事宜等。1992年4月12日水泥厂的法定代表人由原王宗带变更为刘石清。张灼光由于资金不足，在1992年4月15日召开的董事会会议决定退出1股，该股由叶镜波一方认购。同年11月18日梅州水库管理处委派王来喜接任王宗带的水泥厂董事会董事长职务。同年11月20日叶镜波未经董事会决定，即以其个人名义向被上诉人王兆垣和李权新（王的委托代理人）发出"现经多方及董事会研究，我作为该厂副董事长今天正式邀请你们投资入股等"的参股邀请书。此后，从1992年11月30日至1993年5月28日期间，水泥厂开出8张写收到"南海叶镜波"、"南海方股东股本"、"南海汇款资金"等的收据共人民币368万元；广州市水电局开出2张写收到"白云区石井信用社马务分社支票"和"南海里水材料款"的收据共人民币320万元（此款现仍在广州市水电局）。1993年1月17日水泥厂电汇人民币50万元（汇款用途写支付利息）给王兆垣收执。同年5月13日水泥厂建成试产。同年7月19日水泥厂计财科在王兆垣的要求下，未经董事会讨论决定、也未查核便出具一张"水泥厂与王兆垣股东合资办水泥厂，水泥厂收到王兆垣投资金额直接汇入厂的为652.56万元"的投资证明给王兆垣，证明上还列出从1991年12月至1993年5月付款共9次及每次的数额。证明还由刘石清和叶镜波写上"属实"。同年7月30日王兆垣和叶镜波二人向广州市水电局提出书面报告，要求核实各股东在水泥厂的投资、确定各股东的股权，重新组成董事会、重新签订联营合办水泥厂的合同和章程，但未有结果。为此，王兆垣以市水电局和水泥厂开出的10张收据和投资证明为依据，其已投入水泥厂股金638万元为由提起诉讼，请求确认其应占的股份。

上述事实有下列证据证明：

1."联营合办广州市水电局水泥厂合同"。

2."广州市水电局水泥厂章程"。

3.1992年11月20日叶镜波写给王兆垣、李权新的"参股邀请书"。

4.1993年7月19日水泥厂计财科写给王兆垣的"投资证明"。

5. 广州市水电局和水泥厂开具的收款收据。

6. 水泥厂董事会会议记录。

7. 受诉法院的调查笔录、开庭笔录。

（五）二审判案理由

二审法院在查清事实的基础上认为：

1. 梅州水库管理处、南海里水镇新联橡胶夹布厂和张灼光三方于1991年10月订立的联营合办广州市水电局水泥厂合同和水泥厂章程的规定中，对水泥厂的股权分配没有王兆垣的名额；董事会召开的两次会议既无讨论过，更无决定增加水泥厂的投资总额、扩大股份和接收新的股东，故被上诉人王兆垣不是广州市水电局水泥厂的股东。

2. 叶镜波未经董事会决定即邀请王兆垣投资入股，并写给王兆垣"参股邀请书"的行为，应视为叶镜波的个人行为；水泥厂计财科出具的"投资证明"，也是在未经水泥厂董事会讨论决定，对王兆垣是否投入资金及投入数额、付款时间均未审核的情况下出具的，故不能认定是水泥厂接受王兆垣为股东的证明。

3．王兆垣提供的作为其投资水泥厂依据的10张收据，因其中8张水泥厂是写收“南海叶镜波”、“南海方股本”和“南海汇款资金”等计368万元，2张是广州市水电局写收“广州白云区石井信用社马务分社支票”、“南海里水材料款”计320万元（该款仍在广州市水电局），这些收据都不是写收到王兆垣的款，王兆垣以此收据为依据主张水泥厂的股权，既无事实依据，也没有法律依据，故王兆垣的请求，应予驳回。

4．原判认定事实错误，处理不当，应予撤销。

（六）二审定案结论

二审法院依照《中华人民共和国民法通则》第四条、《中华人民共和国民事诉讼法》第一百五十三条第一款第（三）项之规定，作出如下判决：

1．撤销龙门县人民法院（1993）龙经初字第40号民事判决。

2．驳回王兆垣的诉讼请求。

本案一、二审诉讼费各41910元、审计鉴定费20000元由王兆垣负担。

（七）解说

1．关于本案纠纷性质。一审法院在对本案进行实体处理中，不但确认了原告王兆垣在水泥厂中的股权，而且对各当事人在水泥厂中的股份也作了划分，这显然是没有依据的。原告的诉讼请求是要求法院确认其在水泥厂中的股权，其起诉从性质上属确认之诉。因而，尽管二审法院定案时就除王兆垣外的其他股东在水泥厂的投额事实未能查明，本案事实似乎不够清楚，但从本案纠纷的性质看，围绕原告是否投资，其股权是否应予确认的事实是清楚的。至于其他当事人的投资情况，法院完全可以依据“不告不理”的原则处理。讨论本案时，有的意见认为本案事实不清，显然，只要明确了本案纠纷的性质，所谓事实不清的难题也就迎刃而解了。

2．关于本案诉讼主体的问题。原告王兆垣起诉请求法院确认其在水泥厂的股权，水泥厂作为具有独立法人资格的经济组织，本应被列为本案被告参加诉讼的。但原告将水泥厂的三个联营主体列为被告也并无不妥。因为，尽管水泥厂是独立的法人，但作为三被告的联营体，即使水泥厂参加诉讼，根据联营合同及章程，它在诉讼程序上和实体上的处分行为，均要受制于三被告。因此，原告起诉三被告与起诉水泥厂，并无根本上的区别。此外，在水泥厂的联营合同中，叶镜波是以南海里水镇新联橡胶夹布厂的代表名义签字，而该夹布厂系叶镜波与南海里水镇新联管理区的联办企业，这样叶镜波作为被告的诉讼地位似乎不妥，严格讲应以夹布厂作为被告参加诉讼。二审法院发现这个问题后，又查明夹布厂实为叶镜波的私营企业，所谓其与新联管理区的联办关系，实际上是叶镜波为享受有关政策优惠待遇而挂靠新联管理区形成的。因此，根据最高法院的司法解释，仍将叶镜波列为被告参加诉讼并无不当。

3．邀股及确认股权的行为效力问题。这是正确处理本案的关键。既然水泥厂各联营方在联营协议及章程中明确约定，董事会是水泥厂的最高权力机构，并对董事会行使权力的范围、方式均作了明确规定，那么，诸如邀请他人参股和确认股东身分股权等属于董事会职权范围的活动，非董事会决定必然导致无效。正是基于此，二审法院认定叶镜波未经董事会决定邀请王兆垣入股的行为属其个人行为，对水泥厂不发生法律效力；而水泥厂计财科及厂长刘石清和叶镜波出具的“投资证明”，亦因超越职权而导致无效。

（邬文辉）

49. 林羲诉福建省福联股份有限公司赔偿股价损失案

(一)首部

1. 裁定书字号:福建省福州市台江区人民法院(1994)台法经初字第80号。

2. 案由:股票跌价索赔案。

3. 诉讼双方

原告:林羲,男,72岁,汉族,福州市人,医生。

被告:福建省福联股份有限公司(以下简称福联公司)。

法定代表人:胡仪昌,董事长。

委托代理人:卞文生,该公司股证办主任。

委托代理人:蒋方斌,福建对外经济律师事务所律师。

4. 审级:一审。

5. 审判机关和审判组织

审判机关:福建省福州市台江区人民法院。

合议庭组成人员:审判长:黄敬宏;代理审判员:林珠英、林锐。

6. 审结时间:1994年11月15日。

(二)诉辩主张

1. 原告诉称:1991年11月份,本人认购了福联公司股票2000股。1992年8月28日,本人到福建省闽发证券公司(以下简称闽发公司)登记设立了上海证券交易所(以下简称上证所)股票帐户,编号为A106648182。1992年9月19日,福联公司将本人持有的2000股记名股票收回,换发一份股东资格申报表。1993年5月底福联公司股票上市,6月3日,本人持A106648182帐户卡到闽发公司福侨营业部,看到股票行情屏幕中的福联股票价格上升到每股30元后,本人即以每股30元之价委托该部卖出福联股票2000股,但该部告知我户内无股额可卖。几经交涉才知道本户内的2000股额被福联公司挖走,存入了其擅自为本人重复设立的编号为A111471663的上证所股票帐户内,又不通知本人领取新户卡,以致6月3日本人交易不能。此后福联股价天天直线下跌,造成本人严重的经济损失。现要求法院判令被告福联公司赔偿本人股价损失等计人民币50100元。

2. 被告福联公司辩称:本公司没有任何侵权行为,原告之诉属对象错误。设立股票帐户,发放股票帐户卡,属于股东与证券交易所之间的法律关系,与本公司无关。众所周知:福建省电子证券交易系统中心受上证所的委托于1993年5月23日在《福建日报》上刊登了向福联股东发放股票帐户卡的通告。当时成千上万的公司个人股东均按规定领取了股票帐户卡,唯原告宣称有关部门没有通知他。另外原告在我司领走股票帐户卡的时间为1993年10月,当时福联股价均在15元/股以上,而原告称“股价损失”居然为人民币5万元,当属无稽之谈。综上,原告在没有事实依据的情况下对答辩人提起诉讼无理,因此请求法院依法驳回原告的起诉。

(三)事实和证据

福州市台江区人民法院经公开审理查明:1991年间,福联公司向社会公开发行股票,由闽发公司承销。原告林羲向闽发公司认购了福联公司公众股票2000股。1992年8月27日,原告为所认购的福联股票能进入市场交易,在闽发公司登记建立了上证所股票帐户,并填写一份上证所股东登记表(表内没有股数的登记栏目)。同年9月闽发公司发给原告上证所股票帐户卡一本,该户卡编号为A106648182,户卡内没有股额记载。开户日期为9月12日。此时,福联公司尚未申请股票上市交易,亦未代办股票集中托管手续,股票实物券仍由各股东(包括原告)持有。原告所登记建立的上证所A106648182帐户内始终没有福联股票存入。9月19日,福联公司将所有公司股东持有的股票实物券收回,代办交由闽发公司集中保管,同时发给每位股东一份股权凭证即股东资格申报表(该表载明股东姓名,持有股票股数。另注明本表为领取股票帐户证明),并编制股东名册等上市资料提交上证所审查,另外向证券主管部门提出股票上市申请。此后,上证所依照委托买卖股票程序,为每位福联公司股东设立了股票帐户,并将各股东持有股票的股额锁定在各自的股票帐户上。其中原告名下的帐户卡编号为A111471663,户内锁定福联股票2000股。1993年5月21日,中国证券监督管理委员会批准福联公司股票上市。上证所亦通知福联公司股票自1993年5月28日起在本所交易市场上市交易,并委托福建省电子证券交易系统中心(以下简称"中心")向福联公司股东发放股票帐户卡。该中心受托后于5月23日在《福建日报》上刊登通知,通知福联公司股东在5月24日至5月25日到指定的地点领取股票帐户卡。其中福州地区领取股票帐户卡的地点设在福联公司。通知刊登后,原告没有前往指定的地点领取股票帐户卡。此后,中心将没有来领取的帐户卡留在被告福联公司。时至同年10月,原告从被告处领回上证所为其设立的编号为A111471663股票帐户卡后,以被告福联公司挖走股额、擅自立户,又不通知领取户卡,以致6月3日股票交易不能,而后股票价跌为由,起诉至本院,要求被告福联公司赔偿经济损失。又查:原告举证的1993年6月3日委托闽发公司"代理卖出有价证券委托单"上,没有闽发公司业务员填写的委托序号,没有报盘员和业务员签章。

上述事实有下列证据证明:

1.原告提供在闽发公司填写的上证所股东登记表一份。

2.原告提供从闽发公司领取的上证所股东编号A106648182号股票帐户卡一本。

这两份证据证明原告作为一般股民在上证所设立帐户,是与上证所发生立户关系。

3.原告提供福联公司股东资格申报表一份。此份证据证明原告是被告公司的个人股东所持有股数的凭证。

4.原告举证上证所股东编号A111471663号股票帐户卡一本。此证是上证所为原告作为福联公司个人股东所立的帐户,亦与被告无关。

5.原告提供"代理卖出有价证券委托单"一份。此单上的日期是原告自己填写的。委托单内没有闽发公司业务员填写的委托序号及业务员加盖的私章,故对原告提出交易时间是6月3日,不能认定。

6.被告提供1993年5月23日"中心"在《福建日报》上刊登的通知。此份通告证明上证所是委托"中心"向福联公司股东发放帐户卡,故被告不存在"通知"的义务。

7.被告举证:(1)股票托管证明;(2)中国证券监督管理委员会监发审字(1993)号批准福联公司股票上市的文件;(3)上证所(93)2034号关于福联公司人民币股票上市交易的通

知。这几份证据是作为阐述事实部分的依据。

(四)判案理由

福州市台江区人民法院根据上述事实和证据认为:

原告认购福联公司股票后,虽然通过闽发公司设立了上证所股票帐户(编号为A106648182),但没有向证券部门办理股票托管手续,股票实物券仍在自己手中持有,因此A106648182股票帐户内始终没有福联股票存入,故原告提出被告福联公司从该户中挖走2000股股额的诉称,实属无理。我国现行股票采取记名方式,由证监会指定的证券机构集中保管,实行电脑无纸化交易。被告福联公司据此将公司股东持有的股票实物券收回统一交由闽发公司集中保管的行为,并没有侵犯公司股东的合法权益。而上证所在被告福联公司提交有关上市资料后依照股票交易程序为福联公司股东(包括原告)建立股票帐户的行为与被告福联公司无关。原告提出被告福联公司擅自为其立户,实属误解。被告福联公司股票获准上市后,原告没有按"中心"通告的时间前往领取股票帐户卡,责任应当自负。另上证所没有委托被告福联公司发放股票帐户卡,故被告没有通知的义务,也就不存在不通知原告领取"新户卡"的问题。因此,原告提出持原户卡交易不能一节,与被告福联公司无关。

此外,原告如果委托闽发公司卖出股票,必须填写"代理卖出有价证券委托单"一式三联。闽发公司接受委托后,由业务员在委托单上填写委托序号并签章然后交报盘员,报盘员根据委托单上卖出数量及卖出价格报上证所交易市场交易。不管买卖是否成交,三联单中的报盘联、经办联均由闽发公司存档备查,客户联退还委托人。而原告向本院递交的6月3日委托单一式三联都在,单上没有闽发公司业务员填写的委托序号和报盘员、业务员签章。因此不能证明原告所提出的在6月3日这一天当福联股票上升到每股30元后,有委托闽发公司卖出股票的事实。故原告以每股30元为基数计算跌价损失为5万元依据不足。因此认为原告以福联公司为被告,属对象错误,故原告股价是否损失,就不属于本案要认定的问题了。原告所诉涉及原告与证券经营机构、证券交易所之间为股票交易所进行的开户、股票托管、锁定股额、发放股票帐户卡以及委托买进卖出等一系列法律关系,与被告(即股份公司)之间没有直接的利害关系,因此,原告起诉被告不符合法定的起诉条件。

(五)定案结论

福州市台江区人民法院根据《中华人民共和国民事诉讼法》第一百零八条的规定,裁定如下:

驳回原告林羲的起诉。

本案受理费2000元,其他诉讼费用400元,合计2400元,由原告负担。

(六)解说

依据我国现行股票法律规范和实际操作程序,股票发行与交易的过程可分为投资者认购股票、建立股票帐户和股票交易三个阶段。本案讼争实际发生在第二阶段,即股票的开户阶段。原告认购被告福联公司股票后,虽然通过闽发公司在上证所建立了股票帐户,但上证所在福联公司提交有关上市资料后,为福联公司股东统一立户编号,其中原告的2000股额被锁定在新立的A111471663股票帐户中,而不是锁入原告原先所立的A106648182帐户中。上证所再次为原告开户行为是否构成重复立户,属于上证所与原告之间的民事关系,与被告福联公司无关。上证所委托"中心"通知福联公司股东领取股票帐户卡,"中心"在报纸上刊登通告的方式是否合法有效,亦属于上证所与福联公司股东(包括原告)之间发放帐户卡关系，也与福联公司无关。因此原告诉被告福联公司显然属对象错误。另外，股东与股份公司之间的权利义务关系属《公司法》调整。股东依法享有以下权利：出席股东大会并行使表决权；按其股份取得股息；公司终止时依法取得剩余财产等等。而被告作为股份公司并没有侵犯原告作为股东应享有的权利。因此，在本案中，被告不存在任何侵权行为，故驳回原告的起诉是正确的。

（黄敬宏）

50. 童亚彬诉中国人民建设银行浙江省信托投资公司绍兴证券交易营业部股票交易损害赔偿案

（一）首部

1. 调解书字号：浙江省绍兴市越城区人民法院(1994)越经初字第488号。

2. 案由：股票交易损害赔偿案。

3. 诉讼双方

原告：童亚彬，浙江省茶叶公司第二茶厂职工。

被告：中国人民建设银行浙江省信托投资公司绍兴证券交易营业部。

法定代表人：胡放鸣，主任。

4. 审级：一审。

5. 审判机关和审判组织

审判机关：浙江省绍兴市越城区人民法院。

独任审判：审判员：章海林。

6. 审结时间：1994年12月8日。

（二）诉辩主张

1. 原告诉称：1994年3月14日上午11时20分，原告按市价委托被告将"大江"股票2000股卖出，被告口头告知已按每股16.8元成交。但翌日前去交割时被告知没有成交。此后几日股价一直下跌，原告为避免损失扩大，于同年3月18日以每股12.48元抛出，直接经济损失8640元。造成未成交的过错责任在被告，根据法律规定，被告应当承担赔偿责任。请求判令被告赔偿经济损失8640元(按每股应成交价16.8元与实际抛出价12.48元之间的差价乘以2000股计算)。

2. 被告辩称：被告在1994年3月14日上午接受原告委托卖出2000股"大江"股票后，即已及时以当时市价每股16.8元的价格向上海证券交易所申报，由于当时上海证交所股票交易量猛增，交易系统网络运行超负荷，影响了正常的交易申报、查询、撤销，因而未成交，其责任不在被告。依据《上海证券交易所交易市场业务试行规则》第四十五条规定：委托人办理委托时，须承诺对设备、供电、通讯故障或偶发事故等不可抗力因素造成的损失责任不予追究。故请求依法驳回原告的诉讼请求。

（三）事实和证据

1994年3月14日上午11时20分许，原告童亚彬委托其开户的证券商即被告中国人民建设银行浙江省信托投资公司绍兴证券交易营业部以市价卖出“大江”股票 2000 股，被告工作人员接单后，在委托单上签名盖章后将客户留存联交给原告，并口头告知已按市价 16.8 元/股申报。11 时 24 分，被告按此价输入电脑交易系统，但未成交。次日，原告前去交割时，被告工作人员告知原告该股票未成交这一情况，原告感到不满并向被告交涉未果。此时“大江”股票价格已经下跌至每股 14 元左右，双方协商不成，而该股票价格还在继续下跌，原告遂于同年 3 月 18 日以每股 12.48 元之价抛出。

据大江股票行情信息载，1994 年 3 月 14 日最高价为 17.6 元/股，最低价为14.5 元/股，收盘价为 14.8 元/股；1994 年 3 月 15 日，最高价 14.61 元/股，最低价 13.2 元/股，收盘价 13.75 元/股。

另查明：1994 年 3 月 14 日上海证券交易所电脑交易系统由于交易业务量猛增，使得交易申报速度相应出现减慢情况，交易电脑主机接受申报滞后 10 秒左右，但无明显障碍出现。

（四）判案理由

绍兴市越城区人民法院经审理认为：原、被告双方在 1994 年 3 月 14 日所订立的委托卖出股票关系合法有效，应受法律保护。原告委托被告以市价卖出股票，被告接受委托后理应及时操作，促成这笔交易成交。虽然当日证交所交易业务量大，交易系统电脑接受申报出现滞后情况以至用报价编号而未能及时成交，在这种情况下，被告应当再行报价促使成交直至委托期满。但被告报价后，未采取相应措施，以至原告按市价委托的股票当日未能卖出，系被告工作人员没有认真履行职责所致，被告应承担民事责任。《上海证券交易市场业务试行规则》第八十九条规定：“证券商必须忠实地按委托人的要求买卖证券，不得以任何方式损害委托人的利益，否则须负责赔偿。”《民法通则》第六十六条第二款规定：“代理人不履行职责而给被代理人造成损害的，应当承担民事责任。”被告应当赔偿原告由此造成的经济损失。被告提出自己没有责任的理由不能成立。原告提出的诉讼请求，有一定的证据和理由，基本应予支持，但所提出的赔偿数额有所不当，应当以原告委托期间的价格与告知未成交时的股票价格之间的差价为限来赔偿。此外的损失由原告自己承担。

（五）定案结论

绍兴市越城区人民法院依据《中华人民共和国民法通则》第六十六条第二款、《上海证券交易市场业务试行规则》第八十九条之规定，在查明事实、分清是非责任的基础上，根据双方当事人的要求进行了调解，达成调解协议如下：

被告赔偿给原告经济损失 5000 元，当庭履行，本案诉讼费 427 元，由原、被告各负担一半。

（六）解说

随着我国证券业的迅速发展，投资者（客户）与证券经营机构（证券商）之间有关委托代理买卖股票发生纠纷而诉至法院的案件不断增加，正确处理好此类案件，对促进证券市场的正常运作有重要意义。处理此类案件的关键是明确证券商与客户间的法律关系、分清责任及核定损失。本案的处理较好地解决了这三个问题。

1. 客户与证券商间的法律关系。根据我国有关规定，投资者买卖在上海、深圳两个证券交易所上市的股票，必须委托合法的证券商进行。证券商接受投资者开户而使投资者成为自己的客户，就是接受了客户的委托代理，因此客户与证券商是委托代理关系，这种委托代理关系受法律保护。客户进入证券商处操作股票买卖，其行为就是向证券商发出股票买卖的具体委托，这种委托在未撤销开户之前，证券商均应无条件接受。在这委托代理关系中，证券商的权利是收取佣金，义务是快速、准确地履行客户的委托，证券商作为委托代理人应当履行自己的职责，不履行自己的职责或者不认真履行自己的职责而给被代理人(客户)造成损失的，应当承担民事责任。

2. 分清委托买卖未成交的责任。现在通过上海、深圳两个证券交易所进行股票交易，均为无纸化交易，是由证券商在实施代理过程中使用现代化的电脑工具、通讯设施并在其工作人员具体操作下进行的。如果在某个环节上出差错，代理往往不能完成或者出现错误，而产生纠纷。分清责任是正确处理纠纷的关键。一般可归纳为三种责任，即客户自己的责任、意外风险责任、证券商的责任。客户粗心大意、自己操作失误、委托不明等造成未成交属客户自己的责任。股票交易由于停电、通讯中断、设备故障等不可抗力造成的损失证券商可以免责；此外客户委托买卖与证券商申报有一个时间过程，在此时间差内股票行情变化造成未成交，亦属股市交易的固有风险，只要证券商已迅速传递，没有懈怠，证券商无须为客户承担责任。如果证券商未认真履行代理职责，出现差错申报、遗漏申报、延误申报等过错行为，证券商应承担责任。本案发生在 1994 年 3 月 14 日，当时上海证交所股票市场交易猛增，使得交易电脑主机接受申报滞后，导致申报价高于买入价而未能成交，本属意外风险责任，对被告无可指责。如被告在适当的时候再行报价促使成交直到委托期满，对这段时间内行情变化造成原告损失的，被告也可以免责。但问题在于被告报价后未确证是否成交，又未采取相应措施，使得原告市价委托的股票在委托期长达半天的时间内未能卖出，其结果是被告延误申报的过错行为造成的，责任在被告方。

3. 损失赔偿额的核定。股票买卖不成交造成损失的赔偿额核定是个难点。股票交易受股票交易价格优先、数量优先、时间优先的交易规则限制。因此对这类纠纷的赔偿额应按风险责任归属及公平原则来确定。本案原告以委托时行情价 16.8 元/股与实际抛出价 12.48 元/股之间的差价损失来计算赔偿额，这种计算方式是错误的，因为计算赔偿额的前后两个价格确定不当。被告接受原告市价委托卖出股票，当时申报的 16.8 元/股价格是仅供参考的，不是必然能成交的价格，成交价格应以交割单为准。被告首次申报是及时的，无过错，未成交的原因如前所述，被告不承担责任。被告可在适当的时候再行报价促使成交直至委托期满，此期间行情变化引起的损失仍由原告承担。因股票价格瞬息万变，以 16.8 元/股的价格来确定市价委托的应成交价显然不妥。在这种情况下，只能以委托期内平均价来定比较合理。作为赔偿额计算的后一个股价也不能以原告实际抛出价来确定。因为次日，原告去交割时，被告已告知原告该股票未能成交这一情况，此后风险责任已由被告方转移到原告方，是否继续卖出股票，完全由原告来决定。假如原告即刻抛售该股票，其差价损失可作为赔偿额计算。反之，若原告以后再卖该股票，此后的损失不能作为赔偿额，由原告自负(当然升值也归原告所有)。因此，作为核定赔偿额的后一股价应以被告告知原告未成交之时的股票价格来定，如告知之时的价格不能确定，应以当日平均价确定。本案确定以原告委托期间的平均价格与被告知未成交时的股票价格之间的差价损失作为赔偿额是合理合法的。

(章海林)

51. 江苏省证券公司诉常州证券有限公司等股票侵权案

(一)首部

1. 判决书字号

一审判决书:江苏省常州市中级人民法院(1994)经初字第12号。

二审判决书:江苏省高级人民法院(1994)苏经终字第200号。

2. 案由:股票侵权案。

3. 诉讼双方

原告(被上诉人):江苏省证券公司(下称省公司)。

法定代表人:鲍志强,总经理。

委托代理人:耿一心,省公司常州业务部经理。

委托代理人:王建军,常州市对外经济律师事务所律师。

被告(上诉人):常州证券有限公司(下称市公司)。

法定代表人:刘京亭,总经理。

委托代理人:朱木金,常州市第二律师事务所律师。

委托代理人:闻毅,常州市第二律师事务所律师。

被告(被上诉人):叶国春,男,汉族,1964年2月9日出生,常州市开大物资公司经理,住常州市劳动西路35号。

4. 审级:二审。

5. 审判机关和审判组织

一审法院:江苏省常州市中级人民法院。

合议庭组成人员:审判长:张一鸿;代理审判员:杨成、秦玲。

二审法院:江苏省高级人民法院。

合议庭组成人员:审判长:何方;代理审判员:高旭东、马理。

6. 审结时间

一审审结时间:1994年6月18日。

二审审结时间:1994年10月13日。

(二)一审情况

1. 一审诉辩主张

(1)原告诉称:1993年8月10日,被告叶国春透支省公司43万余元资金购进价值80余万元股票,省公司当天通知叶国春平仓,但叶国春在8月11日下午才填单委托抛售。当省公司电脑操作时发现输不进,经与上海证券交易所联系查询,才发现叶国春所持股票已被市公司强行抛出以弥补叶国春6月8日在市公司的80余万元透支款。叶国春在进行股票交易过程中,操作不当,透支省公司的资金,侵犯了省公司的财产权;市公司在明知叶国春手中持有的股票中部分系透支省公司款项所购的情况下,仍擅自抛售叶国春所持股票,亦侵犯了省公司的合法权益。要求判令市公司和叶国春立即偿还被侵权占用的439880.63元透支款,并承担资金被占用期间的银行利息，赔偿由此给省公司造成的一切经济损失。

(2)被告叶国春辩称：8月10日本人透支资金购进股票省公司是知道的，并非侵犯省公司的财产权；本人帐面股票被市公司抛出并非本人意思；本人曾反对市公司抛售本人股票以弥补在市公司的透支款，并事先向市公司说明该部分股票是透支省公司款项购进的。

(3)被告市公司辩称：1993年6月8日，叶国春采用蒙骗手段盗用本公司资金购进股票，为防止叶国春抛售股票、套用资金，本公司令叶国春以交出股东卡和居民身分证为保证，在未平仓前不再从事股票交易；省公司违反交易程序，让无证股民叶国春进行股票交易，且采取信用交易方式，应自行承担损失；市公司采取强行平仓方式收回被叶国春侵吞的财产，属正当防卫，与省公司之间不存在民事法律关系，不能成为被告。

2. 一审事实和证据

江苏省常州市中级人民法院经审理查明：1993年4月初，被告叶国春在省公司常州业务部申请取得上海证券交易所(下称上交所)股民资格，在省公司申领了上交所股民证，并自此开始股票交易。到4月19日止，叶国春帐面尚存价值18万余元股票。4月20日，叶国春离开省公司到市公司立帐做股票交易。6月7日，叶国春透支38万余元购进1万股新锦江、1万股福联股票，当日抛出盈利3.7万余元。6月8日，叶国春填单委托市公司购进2万股新锦江及1万股福联股票，总价值为93.5971万元。当月叶国春帐面实有资金存款余额为111057.73元，加上叶国春当日已汇出6月9日进帐的3万元，实有资金为141057.73元，扣除市公司收取的8400元手续费后，叶国春实际透支额为802913.27元。6月10日，市公司找叶国春谈话，要叶国春拿方案，叶国春表示股市行情不好，请求等待反弹。市公司要求叶国春打点资金进帐，并告知叶国春不要再做股票交易，向叶国春索要股东卡及居民身分证，叶国春遂将股东卡及身分证交给市公司。自6月9日起，全国股市开始直线下降，期间市公司未采取任何措施防止损失扩大。同年8月2日，叶国春回到省公司，填单委托省公司将其名下的2万股新锦江及1万股福联股票抛出，净收入522722.49元，并自此用抛出股票的收入陆续购进、抛出新股票，重新开始交易，意图挽回两种股票的价格损失，但至8月9日止又实际亏损近9万元。8月10日，叶国春透支省公司60余万元资金购进合成化纤股票4万股，哈医药股票2万股，总价值75.88万元，省公司要求叶国春予以平仓，叶国春当日仅抛出哈医药股票2万股，至8月10日收盘时，叶国春帐面透支461230.20元，帐面存有股票余额为：东北华联2万股、合成化纤4万股、天桥百货1800股，总价值80余万元。当日中午及收盘后，市公司连续派员找叶国春了解其当日在省公司做股票的具体情况，要求叶国春将上述股票抛出，将资金用以弥补其6月8日在市公司的透支款，叶国春表示不能这样做，告知该批股票是透支省公司款项购进的。8月11日开盘后，省公司要求叶国春将股票抛出平仓，叶国春表示同意，但一直拖延到当日下午才填单委托抛售股票。省公司操作员发现委托事项电脑输不进，于次日派员到上交所查询后才发现叶国春前述所持股票已被市公司于8月11日上午开盘后以叶国春名义抛出。为此，省公司与市公司交涉未果，省公司于1993年10日诉至法院。

上述事实有下列证据证明：

(1)叶国春填写的上交所股东登记表。

(2)叶国春开立的上交所第A112592941号股东卡。

(3)叶国春在省公司开立的第001988号资金帐户及其存款帐。

(4)叶国春在市公司开立的第01376—54号资金帐户及其存款帐。

(5)叶国春填写的股票买入、卖出委托书。

(6)受诉法院的调查笔录、开庭笔录。

3．一审判案理由

常州市中级人民法院根据以上事实和证据认为：

(1)市公司允许叶国春从事股票信用交易是酿成本案纠纷的根源。根据国务院《股票发行与交易管理暂行条例》第四十三条、第七十一条第八项及《上海证券交易所交易市场业务规则》第五十九条第七项的规定，证券经营机构不得受理信用方式的证券买卖委托，不得为股票交易提供融资，市公司违反上述规定，接受叶国春巨额红字委托给叶国春从事股票交易，事后又不及时采取有效措施予以平仓以挽回损失及防止损失的进一步扩大，以致造成自己的巨额损失，是酿成本案纠纷的根源。

(2)市公司明知叶国春持有的股票中有省公司巨额资金在内而将其抛出，构成对省公司财产的侵害。当市公司发现叶国春透支省公司巨额资金购进的股票已达到自己原来造成损失的数额时，在明知省公司有巨额资金在内的情况下，将叶国春的股票抛出，具有损害他人利益达到弥补因自己的过失造成损失的目的之故意，因此，已构成对省公司财产的侵害，应依法承担侵权的民事责任。

(3)叶国春违反其与市公司达成的口头约定，对因此造成的损失应承担部分责任。叶国春在市公司透支购进股票后，未向市公司表示愿意及时平仓，以交出股东卡及居民身份证为保证不再从事股票交易，但事后又不与市公司通气将股票抛出重新进行股票交易，违反自己与市公司的口头约定，应承担重新在省公司交易期间的亏损责任及8月10日透支交易造成的部分损失责任。

(4)叶国春与市公司在6月8日发生透支交易属另一性质法律关系，由此产生的损失由双方另行处理。

(5)省公司也有一定过错，应承担部分责任。省公司作为证券经营机构，在8月2日叶国春重新返回省公司交易时未向叶国春了解情况，进行核对股东卡等必要工作，具有一定过失，且之后又接受叶国春巨额红字委托造成透支，同样违反了国务院及上海证券交易所的有关规定，故应自行承担一定责任。

4．一审定案结论

一审法院依照《中华人民共和国民法通则》第一百零六条第二款、第一百一十七条第一款、第三款及第一百三十一条的规定，作出如下判决：

(1)被告市公司返还原告省公司人民币323160元，于本判决生效后10日内一次性付清。

(2)被告叶国春赔偿原告省公司人民币116720.63元，于本判决生效后10日内一次性付清。

(3)原告省公司自行承担1993年8月10日起至判决之日止的资金银行利息损失。

案件受理费9108元，由被告叶国春负担3643元，被告市公司负担3643元，原告省公司负担1822元。

(三)二审诉辩主张

1．上诉人市公司诉称：(1)叶国春6月8日在市公司系恶意透支，该行为一经被发现，市公司即采取了要求叶国春平仓，禁止叶国春在股票价款未补足以前再行股票交易，收缴叶国春的股东卡、资金卡、身分证、催促叶国春补足资金尽快平仓等一系列保护性措施，此举在上交所关于“强制平仓”的规定公布之前，是最完善、最全面、最行之有效的能防止损失扩大的措施；(2)省公司违反规定允许叶国春无证交易，且提供信用交易方式，使市公司的防范措施失效，是本案纠纷形成的根源；(3)当市公司发现叶国春违背诺言又到省公司进行无证违规股票交易，使市公司的防患措施失效，损失在即时，市公司采取强制平仓手段收回自己的债权，平的是叶国春名下的股票之仓，没有侵犯省公司的财产所有权，不应承担侵权的民事责任；(4)叶国春以欺诈手段恶意透支市公司资金，之后又与省公司进行非法股票信用交易，对由此引起的后果及损失应承担主要责任；(5)原审判决认定事实、适用法律、处理结果均不正确，请求二审人民法院撤销原判，重新改判，以维护市公司的合法权益。

2. 被上诉人省公司辩称：(1)原审人民法院判决认定事实清楚，适用法律正确；(2)市公司称叶国春以欺诈手段透支市公司资金，否认其与叶国春之间的信用交易，并称其在发现叶国春透支后已采取积极措施处理等，不符合客观事实；(3)市公司侵犯了省公司的财产所有权，理应承担民事责任；(4)市公司的强制平仓行为无法律依据，亦与上交所的规定不符，是一种违法行为；(5)请求驳回市公司的上诉，维持原判。

3. 被上诉人叶国春辩称：(1)市公司诉称叶国春以欺诈手段盗用市公司资金进行股票交易，与事实不符，实际上市公司为了达到目的，一贯放纵股民透支，违反了上交所的有关规定；(2)透支行为发生后，被上诉人从未收到过市公司的罚款通知，也未向市公司承诺过要借调资金补入，市公司亦未禁止被上诉人在股票价补足以前再次进行股票交易；(3)市公司允许股民信用交易，是纠纷形成的根源，应承担因此所产生的损失。

（四）二审事实和证据

江苏省高级人民法院经审理查明：1993 年 3 月 10 日，叶国春在省公司（系上交所会员）常州业务部（省公司分支机构）办理委托买卖股票名册登记，并开立股票帐户和资金帐户，委托省公司在上交所为其进行股票买卖。至同年 4 月 20 日，叶国春离开省公司常州业务部，又到市公司（亦为上交所会员）开立了资金帐户，并进入市公司大户室操作，交易股票。同年 6 月 8 日，叶国春以先口头申报，后填单确认的方式，委托市公司购进新锦江股票 2 万股及福联股票 1 万股，透支市公司资金 832913.27 元。因股市行情不好，当日未平仓。次日，叶国春资金帐户进款 3 万元，冲抵后，透支余额为 802913.27 元。6 月 10 日，叶国春向市公司表示请求等待股票价格反弹，并表示可以想办法打资金进帐。为防止叶国春将手中的股票在其他证券经营机构卖出，套用资金，市公司要求叶国春在未平仓前不要再做股票交易，将股东卡和居民身分证交市公司保管，每天到市公司去。叶国春遂将其股东卡和居民身分证交给了市公司，停止了股票交易，并天天坐在市公司，但未打入资金进帐。8 月 2 日，叶国春未通知市公司即离开市公司转回省公司常州业务部，易地将其名下的 2 万股新锦江及 1 万股福联股票委托卖出，净收入 522722.49 元，并以此资金在省公司常州业务部大户室内重新开始股票交易。期间，省公司未再验核叶国春的股东卡及居民身分证。至 8 月 9 日收盘时，叶国春资金帐户结存本金 74930.73 元，并持有 2 万股东北华联和 1800 股天桥百货股票。8 月 10 日，叶国春又填单委托省公司买进合成化纤股票 4 万股和哈医药股票 2 万股，当日仅将 2 万股哈医药股票卖出，至收盘时，实际透支省公司资金 461230.20 元，其手中持有的股票总价值达 80 余万元。同日，市公司经寻找得知叶国春又在省公司常州业务部做股票交易后，即派员找到叶国春，叶国春即将其在省公司常州业务部进行股票买卖的情况和资金透支情况告知了市公司。市公司要求叶国春将其持有的股票卖出，以归还其6月8日在市公司的透支款，叶国春未允。8月11日开盘后，市公司未通知叶国春，即以叶国春的名义将叶国春持有的4万股合成化纤、2万股东北华联和300股天桥百货股票强行卖出，实际成交金额(不含手续费等)803700.13元。当日下午，当叶国春填单欲卖出其原持有的股票时，发现委托指令无法输入电脑，省公司即于8月12日派员到上交所查询，才发现叶国春名下的股票大部分已被市公司卖出。同日，省公司将叶国春名下尚余的1500股天桥百货股票卖出，收入资金21349.58元。嗣后，省公司因与市公司交涉，要求返还叶国春透支购买股票的资金未果，遂诉至原审人民法院。

上述事实除一审法院已列证据外，尚有下列证据证明：

1. 市公司8月11日以叶国春名义填制的卖出委托书。

2. 上交所的成交过户交割凭单。

3. 二审法院的调查笔录。

(五)二审判案理由

二审法院根据上述事实和证据认为：

1. 股票为无因证券，叶国春委托省公司购买股票成交后，即取得所购股票所有权，而与购买股票的资金来源无关。叶国春透支省公司资金，在叶国春与省公司之间形成的债权债务关系，不影响股票所有权。因此，市公司卖出叶国春的股票不构成对省公司财产权益的侵害。省公司要求判令市公司承担侵权责任的诉讼请求不能成立。

2. 原审法院认定市公司在明知叶国春所持股票中有省公司巨额资金在内的情况下，将叶国春的股票抛出，已构成对省公司财产的侵害，并判令市公司承担侵权的民事责任，无法律依据，应予纠正。

3. 省公司接受叶国春信用方式的交易委托，违反了国务院《股票发行与交易管理暂行条例》第七十一条第一款第十一项及上交所《上海证券交易所交易市场业务规则》第五十九条第七项有关证券经营机构不得为股票交易提供融资的规定，为无效民事行为。由于双方均有过错，根据《中华人民共和国民法通则》第六十一条第一款的规定，省公司、叶国春对此均负有责任。叶国春透支的资金应当返还给省公司。

4. 叶国春透支市公司的资金及市公司强行卖出叶国春股票而在双方之间形成的债权债务关系，与本案不属同一法律关系，应另行处理。

5. 原审法院判决部分事实不清，且适用法律不当，应予纠正。市公司的上诉理由成立，应予支持。

(六)二审定案结论

江苏省高级人民法院根据《中华人民共和国民事诉讼法》第一百五十三条第一款第(三)项，《中华人民共和国民法通则》第六十一条第一款之规定，作出判决：

1. 撤销江苏省常州市中级人民法院(1994)经初字第12号民事判决。

2. 驳回省公司对市公司的诉讼请求。

3. 叶国春返还省公司人民币461230.20元，赔偿省公司资金利息损失21066.70元(自1993年8月10日起，至1994年10月10日止)，合计482296.90元，于本判决生效后10日内付清。

4. 省公司自行承担资金利息损失21066.68元。

一审案件受理费9108元，叶国春负担7286元，省公司负担1822元；二审案件受理费9108元，省公司、叶国春各负担4554元。

本判决为终审判决。

(七)解说

本案纠纷的焦点是：市公司在明知叶国春持有的部分股票系透支省公司资金购买的情况下，仍采取强制平仓行为，是否构成对省公司财产权益的侵害。

1. 关于叶国春名下股票的所有权。从本案来看，省公司接受叶国春委托，并为其提供融资购买股票，该委托一经成交，该部分股票即发生了转让的法律效力，叶国春作为委托人即通过受让方式取得该部分股票，股票权利及股票的所有权当归叶国春享有。

2. 叶国春与省公司之间存在两种不同的法律关系。(1)叶国春在省公司设立资金帐户，委托省公司代其买卖股票，双方之间设立的是一种委托代理关系。叶国春是委托人，省公司为代理人。省公司作为代理商，执行的是叶国春的指令，是受托代理买卖股票，对执行的结果不承担义务，同样也不享有权利。(2)省公司接受叶国春信用方式的委托买进股票，融资给叶国春进行股票交易，这种融资行为的后果，实质是在省公司与叶国春之间设立了借贷资金的民事权利义务关系、省公司享有要求叶国春返还资金的权利，为债权人；叶国春负有还款的义务，为债务人。这种债权债务关系与代理关系是不同的法律关系，融资关系的存在不影响代理行为所产生的法律后果，不影响叶国春对其名下股票享有的所有权。需要说明的是，当前西方一些国家在进行股票信用交易时，为防止发生意外，证券商除要求客户提供一定比例的保证金外，还要求客户必须将以融资购买的股票作为抵押品抵押给证券商，此时，二者之间除委托关系、融资关系之外，还存在抵押担保关系，证券商对客户购买的股票虽不享有所有权，但享有抵押权。由于我国的法律和政策禁止股票信用交易，因此，当证券经营机构为股民信用交易提供融资时，对以融资购买的股票不享有任何的权利。

3. 关于本案的责任。本案省公司的诉讼请求是要求判令叶国春和市公司立即偿还被其侵权占用的资金及其银行利息。由于省公司与叶国春之间因融资产生的债权债务关系和市公司强制平仓行为所产生的债权债务关系不属同一性质的法律关系，当事人的责任不能混淆。省公司与叶国春之间的法律关系，实质是一种资金借贷关系，并且违反了国家法律的禁止性规定，为无效民事法律关系，省公司、叶国春对此均有过错，故都应承担相应的责任。市公司的强制平仓行为，是针对叶国春的股票帐户实施的，由于省公司将资金融通给叶国春购买股票后，该部分资金的所有权已发生转移，省公司只享有要求叶国春归还资金的权利，而对叶国春名下的股票并不享有任何权利，因此，市公司的强制平仓行为，谈不上是对省公司的侵权行为。

(何　方)

52. 周根娣诉海南省证券公司上海业务部股票买卖案

（一）首部

1. 判决书字号：上海市徐汇区人民法院(1994)经初字第90号。

2. 案由：股票买卖案。

3. 诉讼双方

原告：周根娣，女，生于1958年12月，汉族，上海银飞电器厂工人，住上海市瑞金一路17弄46号。

委托代理人：俞立抗，上海市第五律师事务所律师。

委托代理人：宋一欣，上海市第五律师事务所律师。

被告：海南省证券公司上海业务部。

法定代表人：文哲，总经理。

委托代理人：陈江茂，该部业务经理。

委托代理人：吕红兵，上海市万国律师事务所律师。

4. 审级：一审。

5. 审判机关和审判组织

审判机关：上海市徐汇区人民法院。

合议庭组成人员：审判长：唐国平；审判员：朱云莲；代理审判员：单南琴。

6. 审结时间：1994年2月24日。

（二）诉辩主张

1. 原告及其委托代理人诉称：1993年8月12日至16日间，原告股票帐户磁卡内福耀股票9000股，哈医药股票1.5万股，被被告擅自卖出，并将售后得款全数转入他人资金帐户内。经与被告多次协商均未得到解决。原告要求：(1)判令被告给付股票交割金392524.27元。(2)赔偿银行利息损失14130元。(3)承担本案受理费。

2. 被告辩称：原告磁卡内的股票，是叶国英（原告丈夫）电话委托蒋旭卖出，经蒋旭要求，原告股票交割金已划入了蒋旭的资金帐户，应由实际得益者返还，故不同意原告的诉讼请求。

（三）事实和证据

上海市徐汇区人民法院受理本案后，经公开开庭审理查明：1993年6月26日，原告向上海证券交易所办理名册登记，并开设A113121662号码的股票帐户。1993年8月初，原告在武汉证券公司上海营业部分别购入福耀股票9000股、哈医药股票1.5万股。同年8月12日、13日、16日，被告在案外人蒋旭未出具原告委托书及任何委托手续情况下，让蒋旭在其处填写交易委托单后，将原告帐户内的上述股票在上海证券交易所“883”交易席位上全部卖出。在蒋旭未出具原告磁卡及身分证情况下，又将原告股票成交过户交割凭单交由蒋旭签字。并根据蒋旭的要求，将原告股票的全部售后得款392524.27元转入蒋旭设在被告处的资金帐户。同年10月7日,原告至海南港澳国际信托投资有限公司上海证券业务部申报,卖出股票,发觉帐户内股票已被抛售,遂与被告交涉,终无结果。

以上事实有下列证据证明:

1. 原告股票帐户、股票成交记录、蒋旭签字的成交过户交割凭单、蒋旭资金帐户。

2. 海南港澳国际信托投资有限公司上海证券业务部出具的情况说明。

3. 被告工商登记材料。

4. 当事人陈述笔录及庭审笔录。

(四)判案理由

徐汇区人民法院鉴于上述事实认为:

1. 根据《上海证券交易所交易市场业务规则》第四十七条关于"委托人在办理当面委托时,须由本人填写委托书并签章",第四十八条关于"委托人在办理电话委托时,由证券商根据电话录音代为填写委托书,委托人应于成交后办理交割时补行签章",第六十九条关于"委托人买卖成交后,证券商须及时通知委托人,并按规定的交割时间向委托人办理交割手续",第七十条关于"证券商在向委托人办理交割时,须将成交过户交割单交给委托人签收",本案被告在没有得到由原告本人填写的委托书,以及电话录音等委托手续情况下,让蒋旭填写委托单抛售原告名下的股票,成交后违反规定,将交割凭单直接交由蒋旭签收,并将股票交割金转入蒋旭的资金帐户,其行为直接侵害了原告的合法权益。根据上述《规则》第一百八十三条关于"违反第六十九条、第七十条造成投资者不应有损失的,应由其证券商负赔偿责任"的规定,因被告违反了业务规则,按照处罚条例,应由被告负责赔偿原告的经济损失。

2. 根据《中华人民共和国民法通则》第一百零六条第二款关于"公民、法人由于过错侵害国家的、集体的财产,侵害他人财产、人身的,应当承担民事责任",本案被告由于没有严格审核手续,没有按照上海证券交易所交易市场业务规则办理,由于被告过错,致使原告遭受重大经济损失,应由被告承担全部责任。

(五)定案结论

上海市徐汇区人民法院根据所认定的事实证据和上述判案理由,于1994年2月24日依照《中华人民共和国民法通则》第一百零六条第二款、《中华人民共和国民事诉讼法》第一百二十八条之规定,判决如下:

被告应于判决生效之日起10日内返还原告股票交割金392524.27元,赔偿银行利息损失14130元。

案件受理费8609.8元由被告承担。

宣判后,原、被告都没有上诉。

(六)解说

本案是一起无权代理引起的股票买卖纠纷,处理本案的关键是解决好以下四点:

1. 股民合法取得股票后拥有所有权。股票是一种有价证券,股民合法取得后,即享有占有、使用、收益和处分的权利,并受法律保护,任何个人或单位都不得侵犯。原告周根娣向上海证交所办理了名册登记,开设A113121662号股票帐户,依法进行股票交易,其对自己的股票拥有所有权,其他人未经其同意或授权均不得处分。

2. 股民与证券商的关系。股民与证券商在证券交易中是委托代理关系,股民一旦填写委托单交证券商买卖证券,他们之间就产生一种契约,形成了一定的权利义务关系。《上海证券交易所交易市场业务规则》第四十七条规定"委托人在办理当面委托时,须由本人填写委托书并签章",所谓代理,根据《民法通则》第六十三条的规定,是指代理人在代理权限内以被代理人的名义同第三人实施民事法律行为,所产生的民事权利和义务由被代理人承担的一种民事法律关系,代理必须经被代理人委托并由代理人接受后产生。本案被告轻信案外人蒋旭谎称,在蒋未出具原告委托书及查验原告"三证"(身分证、股票帐户、资金帐户)情况下,让蒋在其处填写交易委托单,将原告帐户内的上述股票卖出,并将原告名下股票成交过户交割单交由蒋旭签字,全部资金转入蒋的资金帐户。事实上,被告实施的这些行为,并没有取得代理权。《民法通则》第六十六条第一款规定"没有代理权、超越代理权或者代理权终止后的行为,只有经过被代理人的追认,被代理人才承担民事责任。未经追认的行为,由行为人承担民事责任"。本案中,原告周根娣未填写股票买卖委托单,也未授权他人买卖股票,被告擅自将原告股票卖出是一种无权代理行为,事后也未得到原告追认。被告的行为侵犯了原告股票所有权,是造成本案纠纷的直接原因,故被告应承担无权代理所造成的后果。

3. 被告与蒋旭的关系。根据《上海证券交易所交易市场业务规则》第一百八十三条规定,证券商违反规定,造成投资者不应有的损失的,应由证券商负赔偿责任。原告的股票被抛售,资金被转移,虽与蒋有关,但在股票交易中,股民与证券商是委托代理关系。被告没有取得代理权,没有严格审核有关手续,擅自同意他人卖出原告股票,故责任应由被告承担。由于本案在审理中被告未提出追加蒋旭为本案第三人的请求,法院认为分案处理有利于纠纷解决。因此,判令由被告承担责任。被告承担责任后,有权再向蒋追偿损失。

4. 关于适用法律问题,我国对股票交易尚无一部特别完整的法律。股票交易的各方在交易过程中均应遵守《民法通则》的规定,本着公开、公正、公平、合理的原则从事交易活动,所以在处理这类案件时,主要依据还是《中华人民共和国民法通则》。《中华人民共和国民法通则》第一百零六条规定"公民、法人由于过错侵害国家的、集体的财产,侵害他人财产、人身的,应当承担民事责任"。另外,本案发生在上海,《上海证券交易所交易市场业务规则》也是处理本案的法律依据。

(唐国平　单南琴)

53. 苏州市汇丰联合公司诉中国工商银行苏州分行等票据纠纷案

(一)首部

1. 判决书字号:江苏省苏州市中级人民法院(1993)苏经初字第113号。

2. 案由:票据纠纷案。

3. 诉讼双方

原告:江苏省苏州市汇丰联合公司。

法定代表人:袁隽,总经理。

委托代理人:沈骥,苏州市海侨律师事务所律师。

委托代理人:朱莺,苏州市海侨律师事务所律师。

被告:中国工商银行苏州分行。

法定代表人:顾仁民,行长。

委托代理人:朱小川,该行信托公司副总经理。

委托代理人:丁晓农,苏州天平律师事务所律师。

被告:中国工商银行沈阳市沈河支行。

法定代表人:赵连级,行长。

委托代理人:刘士明,该行会计。

委托代理人:刘家俊,该行法律顾问。

4. 审级:一审。

5. 审判机关和审判组织

审判机关:江苏省苏州市中级人民法院。

合议庭组成人员:审判长:徐逊;代理审判员:钱途、施伟。

6. 审结时间:1994 年 12 月 15 日。

(二)诉辩主张

1. 原告苏州汇丰联合公司(以下简称汇丰公司)诉称:原告在经济活动中,接受中山市汇丰工贸集团有限公司经背书转让的银行承兑汇票,该银行承兑汇票的出票行是中国工商银行沈阳市沈河支行沈河区办事处(以下简称沈河区办事处),票面金额 150 万元,到期日是 1992 年 4 月 15 日。1991 年 9 月 27 日,原告持票到中国工商银行苏州分行(以下简称苏州分行)申请贴现,该行经审核认定该汇票印章、背书转让合法有效,接受了该票,但到 1992 年 5 月,苏州分行以沈河区办事处函告"到期银行承兑汇票暂停解付"为由拒付,请求判令苏州分行承兑支付 150 万元,并支付滞纳金 339750 元。

2. 被告苏州分行辩称:苏州分行只是票据结算中的代理行,并且根据沈河区办事处的函告暂停支付,因而不应成为本案的被告。

3. 被告沈河支行辩称:此承兑汇票之所以"暂停解付",是因为该汇票的背书人中山市汇丰工贸集团有限公司涉嫌一些特大诈骗案,其法人代表朱帮盖已被逮捕,公安部以公部(1992)37 号文件报告国务院,以公安部的名义立案,成立专案组负责侦破。根据专案组的部署,中国工商银行总行通知各工行分行,"对涉及此案的陆续到期的银行承兑汇票一律暂停解付、划付,待问题查清后统一处理"。被告不能不执行上级指示,于是,即通知苏州分行暂停支付。待案件查清,保证不折不扣地按规定办事。

(三)事实和证据

江苏省苏州市中级人民法院经审理查明:1991 年 7 月 30 日,汇丰公司取得广东省中山市汇丰工贸集团有限公司背书转让的银行承兑汇票一份,承兑申请人是辽宁中部经济技术联合开发股份有限公司,收款人是广东省中山市汇丰工贸集团有限公司,汇票金额 150 万元,承兑银行是中国工商银行沈阳分行沈河区办事处,签发日期为 1991 年 7 月 18 日,到期日为 1992 年 4 月 15 日。1991 年 9 月 27 日,汇丰公司持票前往苏州分行信托投资公司,双方签订了借款合同一份,由信托投资公司向汇丰公司提供流动资金贷款 150 万元,还款日期为 1992 年 4 月 15 日,贷款利率为月息 8.64‰,苏州金全阊区商业局作为担保单位在合同上盖章。当日,汇丰公司将汇票交给信托投资公司,信托投资公司将 150 万元划入汇丰公司帐户。不久,信托投资公司在汇票到期日之前将该汇票解入苏州分行。苏州分行信贷部经审核于

1992 年 4 月 15 日将汇票收妥、抵用、转讫，加盖了三角章。4 月 18 日，沈河区办事处小西分理处致函苏州分行信贷部，以中国工商银行总行特急明传电报内容告知“陆续到期银行承兑汇票暂停解付，待问题查清后统一处理”，于是，苏州分行对到期的 150 万元汇票拒绝解付。汇丰公司多次与苏州分行协商未果，汇丰公司遂向人民法院起诉。

另查明：中国工商银行沈阳分行沈河区办事处，现已变更为中国工商银行沈阳市沈河支行。

上述事实有下列证据证明：

1. 广东省中山市汇丰工贸集团有限公司背书转让的银行承兑汇票一张。

2. 苏州汇丰公司与苏州分行信托投资公司签订的借款合同书。

3. 沈阳分行沈河区办事处小西分理处致苏州分行信贷部的函件。

4. 双方当事人对事情经过的陈述。

（四）判案理由

江苏省苏州市中级人民法院基于上述事实认为：

1. 汇丰公司与苏州分行不存在贴现的事实。双方未办理贴现手续。根据银行办理贴现的有关规定，贴现要办理相应的贴现手续。本案中汇丰公司与苏州分行信贷部签订了借款合同，双方存在着借款合同上的权利义务关系；双方未办理贴现手续，不存在票据上的权利义务关系，苏州分行只是票据结算中的代理行，没有票据上的权利和义务，因而，本案中的苏州分行不承担民事责任。

2. 沈河支行应承担付款责任。根据银行结算办法的有关规定，沈河支行作为本案承兑汇票的承兑行，应在汇票到期日将汇票上的 150 万元人民币付给持票人汇丰公司。沈河支行到期未付，对造成本案纠纷负有责任。至于公安部门立案查处中山汇丰工贸集团有限公司的诈骗案，不影响经过背书转让的持票人苏州汇丰公司行使追索权，亦无证据证明汇丰公司恶意取得该银行承兑汇票，故沈河支行应对本案银行汇票予以解付，并赔偿汇丰公司的利息损失。

（五）定案结论

江苏省苏州市中级人民法院依照《商业汇票办法》第十八条、《银行结算办法》第四条第八款第五项之规定，于 1994 年 12 月 15 日作出判决：

1. 沈河支行给付苏州汇丰公司 150 万元，于本判决生效之日履行。

2. 沈河支行给付苏州汇丰公司赔偿金 421632 元，于本判决生效后 10 日内履行。

案件受理费 19208 元，由汇丰公司负担 3842 元，沈河支行负担 15366 元。

判决送达后，各方当事人均未提起上诉，并即履行完毕。

（六）解说

中山市汇丰工贸集团有限公司背书转让的银行汇票，经背书转让给苏州汇丰公司，该汇票的收款人就是苏州汇丰公司，苏州汇丰公司取得了汇票上所记载的 150 万元人民币的所有权。根据银行结算办法的规定，汇票到期，沈河支行应无条件地予以解付。由于公安部门正在侦查汇丰工贸集团有限公司一起诈骗案，通知中国工商银行，要求暂停解付与此诈骗案有关的银行汇票，中国工商银行总行即发出电报，要求各工商行“陆续到期的银行承兑汇票暂停解付，待问题查清后统一处理”。于是，沈河支行拒付。那么，拒付的理由是否正确呢？经法院审理，沈河支行拒付的理由是不正确的。这是因为：苏州汇丰公司通过经济交往取得该汇票的所有权，享有该汇票上记载的权利，并非恶意取得。再者，此汇票已为汇丰公司所有，公安部门查处汇丰工贸集团公司的诈骗案，对已经背书转让的该汇票，无权要求承兑银行拒付，因为，该汇票不再是汇丰工贸集团公司所有。法院在查清事实的基础上，判决沈河支行予以解付是正确的。

（钱途　刘天兴）

54. 沧州市蔬菜水产副食公司西广场批零商店诉中国银行沧州分行东风路办事处支票转帐案

（一）首部

1. 判决书字号

一审判决书：河北省沧州市运河区人民法院(1994)运民初字第1号。

二审判决书：河北省沧州市中级人民法院(1994)沧经终字第109号。

2. 案由：支票转帐案。

3. 诉讼双方

原告(被上诉人)：沧州市蔬菜水产副食公司西广场批零商店(下称批零商店)。

法定代表人：张庆云，经理。

委托代理人：吴博东，沧州市涉外经济律师事务所律师。

委托代理人：任秋华，沧州市涉外经济律师事务所律师。

被告(上诉人)：中国银行沧州分行东风路办事处(下称东风路办事处)。

法定代表人：张向新，主任。

委托代理人：郭瑞生，该办事处会计科长。

委托代理人：张晋，沧州市经济律师事务所律师。

4. 审级：二审。

5. 审判机关和审判组织

一审法院：河北省沧州市运河区人民法院。

独任审判：审判员：白金瑞。

二审法院：河北省沧州市中级人民法院。

合议庭组成人员：审判长：王宏耀；审判员：周书宪；代理审判员：杜金生。

6. 审结时间

一审审结时间：1994年3月16日。

二审审结时间：1994年5月26日。

（二）一审诉辩主张

1. 原告批零商店诉称：1994年4月份，个体户徐树发持运河区腾达铝合金装饰经营部(下称装饰经营部)1万元转帐支票到我处购买水产品，为防止对方欺诈，支票空头，我方让徐树发到装饰经营部的开户行被告处把支票存上，持进帐单提货。4月16日，徐树发持盖有被告“转讫”章的进帐单提走了货物。但被告事后又以装饰经营部的帐户存款不足，支票空头为由拒绝付款。原告认为，被告既然同意承付，在进帐单上加盖了“转讫”章，就应按时将款转至原告开户行帐户上，不能再以其他理由拒绝票据交换，因此提出诉讼，请求依法判令被告履行义务并赔偿损失。

2. 被告东风路办事处辩称：装饰经营部在我办事处帐户上存款不足，由于工作人员失误，看错帐户，误认为帐户上有款而受理了转帐支票，给了原告“转讫”进帐单。但当晚发现支票空头，就电话通知装饰经营部补足存款，因其未能补足存款，根据有关规定，银行不垫款，所以不能转帐。原告应当向发票单位或徐树发追偿货款。

（三）一审事实和证据

沧州市运河区人民法院经审理查明：

1994 年 4 月 16 日，个体户徐树发与原告谈妥，从原告处购买 1 万元水产品，转卖给装饰经营部。装饰经营部开出 1 万元转帐支票交给徐树发，号码 01183465，开户行为东风路办事处，收款人为批零商店，金额 1 万元整，用途是进货。徐树发持这张支票到原告处提货，原告为防止支票空头，造成货物被骗，要求徐当天到被告处交验支票，持银行进帐单提货。被告受理支票后入帐，在进帐单上加盖了“转讫”章，徐树发持进帐单取走了价值 1 万元的水产品。原告一直认为货款已转入自己开户行的帐户上，但于 6 月份两次和自己的开户行(工商行南门里办事处)对帐，均未查出被告东风路办事处转来的 1 万元。于是，原告和徐树发一同到被告处询问，被告告知，装饰经营部帐户存款不足，支票空头，受理支票是因其工作人员失误，现已电话通知装饰经营部补足存款，补足后立即予以转帐。到 7 月 9 日，被告电话通知原告因装饰经营部仍未存款，支票仍空头，不能进帐。故要求收回进帐单，原告没给。原告于 8 月 14 日向法院起诉。当时装饰经营部在被告处帐户存款余额为 111.74 元。

上述事实有下列证据证明：

1. 装饰经营部开出的号码为 01183465 的中国银行转帐支票。

2. 盖有东风路办事处“转讫”章、收款人为批零商店的中国工商银行进帐单。

3. 装饰经营部帐户存款档案。

4. 受诉法院调查笔录、庭审笔录。

（四）一审判案理由

沧州市运河区人民法院认为：

1. 被告东风路办事处违反《银行结算办法》的规定，对给原告造成的损失应负赔偿责任 。《银行结算办法》第十条规定：“银行按照本办法的规定审查票据、结算凭证和有关单证。”第十六条规定：“签发人必须在银行帐户余额内按照规定向收款人签发支票。对签发空头支票或印章与预留印鉴不符的支票，银行除退票外并按票面金额处以百分之五但不低于五十元的罚款。”按上述规定，银行办理支票转帐业务时，要对开户单位帐面情况认真审查，帐面存款不足应在付款期内办理退票手续。本案被告在没有认真审查开户单位帐面存款的情况下，承付空头支票，造成错付，发现错付后，又没有及时与原告联系办理退票手续，而是通知开户单位装饰经营部存款，直至 7 月 9 日在装饰经营部不存款的情况下，才通知原告退票，这种情况应视为被告允许开户单位透支。被告一没有及时退票，二没有对开户单位进行处罚，这种行为，明显违反银行规定，因此被告应承担违反银行规定的责任，履约付款，赔偿损失。

2. 由于被告的过错给原告造成了实际损失。个体户徐树发持装饰经营部 1 万元转票支票去原告处提货，原告对这张支票不信任，为防止对方欺诈，支票空头，才让徐树发到发票人开户行交验支票，持进帐单来提货。可以说原告为避免风险已采取了适当的措施，无任何过失。而被告方工作人员违反银行规定，不认真审查发票人帐面存款余额，而受理了转帐支票，给了徐树发盖有“转讫”章的进帐单，而徐就凭这张进帐单在原告处提走了价值1万元的货物，使原告蒙受了损失，而这损失与被告违反银行规定的过错之间有着必然的因果联系，是由被告造成的。

（五）定案结论

沧州市运河区人民法院依照《中华人民共和国民法通则》第一百零六条第二款，并参照《银行结算办法》第九条第一款、第二十四条及有关民事法律政策的规定，判决如下：

被告在本判决生效后5日内与原告开户行进行票据交换转帐完毕，并赔偿原告货款利息损失1355.04元。

诉讼费615元由被告承担。

（六）二审情况

1．二审诉辩主张

上诉人东风路办事处称：(1)原审法院混淆了付款人与银行的责任，本案起因是装饰经营部开出空头支票造成，而原审不分主次认为是银行错付，事实上，上诉人并没有付出此款，不存在错付。(2)上诉人把装饰经营部本无款的帐户误看成有款，显然是一种重大误解，根据《民法通则》第五十九条，属于可撤销的民事行为，上诉人曾要求撤销误盖“转讫”章的行为，原审法院未置可否。(3)上诉人与存款人是一种存储关系，只有当存款人有款，银行才可以受委托付款，而存款人帐户无款，银行无责任垫付资金。本案付款人帐户无款，却开空头支票，付款人应担负不能承兑到期支票的全部责任，原审法院应追究付款人装饰经营部的责任，原审判决既不符合法律程序，也没有分清付款人与存款银行的责任。

被上诉人批零商店辩称：(1)上诉人犯了概念性的错误，将付款人与发票人混为一谈。根据票据法规定，支票的付款人必须是银行。(2)上诉人把责任归于发票人是推卸责任。原告起诉的依据是被告加盖“转讫”章的进帐单，而不是发票人的支票。审核支票是否空头是银行的责任，上诉人不能以自己审查的疏忽而推卸责任。支票是否空头，正是原告起初担心的问题，所以才让徐树发先到上诉人处办理转帐手续，正是由于上诉人在进帐单上加盖了“转讫”章，答辩人才将货物交付，因此上诉人应负责赔偿。(3)银行不垫款是指银行在发票人帐面存款不足的情况下，不予办理转帐手续，这与银行已承付了支票而不实际划拨是两码事。(4)上诉人“重大误解”之说是对“重大误解”的歪曲，如果把“过错”说成“重大误解”，那么民法上就不存在“过错”一词了。

2．二审事实和证据

沧州市中级人民法院经审理查明：原审法院认定的事实清楚，证据确实充分。

3．二审判案理由

二审法院认为：原审法院将上诉人受理支票并在进帐单上加盖“转讫”章的行为认定错付，将发现支票空头而不及时办理退票而是通知发票人存款视为允许透支不妥。但这并不能推卸上诉人的过错责任，上诉人在受理空头支票后，并发出盖有“转讫”章的进帐单，说明已作转帐处理，这一过错给被上诉人造成了经济损失，应当承担民事责任。上诉人的上诉理由不能成立，应予驳回。

4. 二审定案结论

沧州市中级人民法院根据《中华人民共和国民法通则》第一百零六条第二款，《中华人民共和国民事诉讼法》第一百五十三条第一款第(一)项的规定，判决如下：

驳回上诉，维持原判。

二审案件受理费615元由上诉人承担。

(七)解说

本案是一起支票转帐纠纷。支票是由发票人签发一定的金额，委托银行于见票时，无条件支付给持票人的票据。转帐支票是银行的存款人签发给收款人，委托银行办理转帐结算的支票。对于转帐支票，持票人只能通过银行转帐收款，而不能提取现金。在支票关系中，发票人是签发支票，委托银行付款的人；付款人是支票上所载的承担付款的银行，通常应为发票人的开户银行；持票人则为受款人。支票是无条件的支付命令，是以银行为付款人的。

在本案中，一、二审法院正确分清了支票关系中发票人、付款人、持票人这三个最基本的当事人的关系，确定了被告东风路办事处作为付款人以及应承担的责任。被告东风路办事处将发票人与付款人混为一谈，把付款人银行的责任推到发票人身上，把银行应追究发票人签发空头支票的责任推到法院身上，并以“重大误解”来逃避法律责任是错误的。

(孟祥利)

55. 四川省秀山土家族苗族自治县华联贸易商行诉中国农业银行秀山土家族苗族自治县支行存款案

(一)首部

1. 判决书字号

一审判决书：四川省秀山土家族苗族自治县人民法院(1994)秀经初字第44号。

二审判决书：四川省黔江地区中级人民法院(1994)黔中法经终字第41号。

2. 案由：储蓄存款案。

3. 诉讼双方

原告(上诉人)：四川省秀山土家族苗族自治县华联贸易商行。

法定代表人：黄宗亚，经理。

委托代理人：张英明，该商行职工。

委托代理人：朱冰国，秀山土家族苗族自治县律师事务所律师。

被告(被上诉人)：中国农业银行秀山土家族苗族自治县支行。

法定代表人：张宗绪，行长。

委托代理人：胡德育，该行营业部主任。

委托代理人：敖朝生，秀山土家族苗族自治县法律事务所律师。

4. 审级：二审。

5. 审判机关和审判组织

一审法院：四川省秀山土家族苗族自治县人民法院。

合议庭组成人员:审判长:石胜贵;审判员:袁中文、黄良认。

二审法院:四川省黔江地区中级人民法院。

合议庭组成人员:审判长:邵其扬;审判员:向伯均;代理审判员:彭芳美。

6. 审结时间

一审审结时间:1994 年 4 月 16 日。

二审审结时间:1994 年 12 月 28 日。

(二)一审情况

1. 一审诉辩主张

原告诉称:1987 年 8 月 7 日,原告农副产品土特产中药材购销经理部销售一批中药材,货款由购方从被告所属中和营业所贷款 4 万元转入原告经理部负责人的活期存折上,转帐经办人是该营业所储蓄负责人吴永智。事后,原告持存折去取款,营业所以内部无帐为由拒付。经多次与被告交涉未获结果。为此,原告要求被告支付存款及其利息,并赔偿经济损失 9300 元。

被告在法定答辩期内没有提出答辩意见,其委托代理人在法庭上辩称:原告在中和营业所的 4 万元存款,是基于滕建乐、杨汝立、伍金秀三人购买原告的中药材后,与被告方储蓄员吴永智共谋,以假借贷充当货款欺骗原告,原告持假贷款凭证到中和营业所,由吴永智私自在原告经营部负责人的存折上上帐形成。由于贷款本身是虚假的,由此而产生的存款也是假的,导致被告支付原告存款 4 万元失去依据。故原告的诉讼请求不能成立,原告只能找滕建乐、杨汝立、伍金秀三人收货款。

2. 一审事实和证据

秀山土家族苗族自治县人民法院经审理查明:

1987 年 8 月,杨汝立、滕建乐、伍金秀合伙,向原告所属农副土特产中药材购销经理部购买中药材一批。因要现款,杨、滕、伍三人找到被告所属中和营业所储蓄专管员吴永智,要求贷款。吴永智与杨、滕、伍三人共谋后,由吴永智出具一张假贷款凭证(凭证上无任何印章)交给杨等三人。1987 年 8 月 8 日,杨等三人持此假凭证到原告农副土特产中药材购销经理部提走价值 41748.3 元的中药材。次日,该经理部负责人张英明持杨、滕、伍三人交付的贷款凭证到中和营业所要求存款,吴永智怕假贷款暴露,便在张英明持有的 030238 号活期储蓄存折(帐号 12)上空上帐 4 万元。张英明存款同时,取款 1500 元,吴永智以自己的钱垫付此款,以蒙蔽张英明。1987 年 8 月 15 日,张英明持吴永智所开空头存折去中和营业所取存款时,营业所其他工作人员查无此款,故吴永智作假行为被暴露。被告以其内部无帐为由,拒绝向原告兑付存款,酿成纠纷。

3. 一审判案理由

秀山土家族苗族自治县人民法院鉴于上述事实认为:

吴永智为杨汝立、滕建乐、伍金秀等人出具的 4 万元贷款凭证,无贷款批准手续和印鉴,其贷款事实不成立,故为虚构凭证。原告之农副土特产中药材购销经理部负责人张英明持该虚假凭证存款,实际上并未存入 4 万元。依照《中华人民共和国民法通则》第五十八条“下列民事行为无效……(五)违反法律或者社会公共利益的”,吴永智实施假贷款、假储蓄的行为,是损害国家利益的超越职权的违法行为,因而系无效的民事行为。由此决定其向杨汝立等三人出具的贷款凭证无效,导致原告所持存款凭证亦无效。依照《中华人民共和国民法通则》第七十二条第一款"财产所有权的取得，不得违反法律规定"，原告不能获得虚构的4万元存款。依照《民法通则》第一百一十七条"侵占国家的、集体的财产或者他人财产的，应当返还财产，不能返还财产的，应当折价赔偿"，就是被告实际已经向原告兑付了该项存款，亦得返还；现被告没有向原告兑付，自应拒绝兑付。

4. 一审定案结论

根据《中华人民共和国民法通则》第五十八条第一款第（五）项、第七十二条第一款和第一百一十七条规定，秀山土家族苗族自治县人民法院于1994年4月16日作出判决：

驳回秀山土家族苗族自治县华联贸易商行的诉讼请求。

条件受理费700元，原告负担200元，被告负担500元；其他诉讼费500元，由原告负担。

（三）二审诉辩主张

一审判决后，原告不服，以吴永智贷款转存均以法人名义进行，其行为后果应由法人承担为理由，向四川省黔江地区中级人民法院提起上诉。被告未予答辩。

（四）二审事实和证据

四川省黔江地区中级人民法院审理查明的事实与原审基本相同。所补充的是：杨汝立、滕建乐、伍金秀三人向吴永智要求贷款时，提出以其三家房产作抵押，并声称几日内可归还。吴永智认为该贷款期限短，没有抵押而很安全，相信借款人能如期归还，遂填写一张金额4万元，期限7天，利率9.6‰的贷款凭证交与杨汝立等三人。吴永智假贷空存的行为败露后，在单位领导的责令下，他在1987年底前向杨汝立等人讨回部分贷款交给了上诉人，上诉人至今仍有17548.3元未收回。

（五）二审判案理由

四川省黔江地区中级人民法院认为：吴永智系被上诉人所属中和营业所储蓄专管员，他为杨汝立、滕建乐、伍金秀贷款，为上诉人下属农副土特产中药材购销经理部办理储蓄业务，都是职务行为。杨汝立等人只知道办理手续贷出现金，上诉方的张英明亦只关心所卖货款是否如数转存于自己帐户内，不知道，也不可能知道吴永智搞假贷空存。上诉人作为被上诉人的客户，没有义务审查被上诉人内部工作人员行为的真与伪。至于内部工作人员弄虚作假，是违反内部规章制度的行为，是单位内部管理上的问题，不影响法人对外承担民事责任。因此，被上诉人拒绝兑付上诉人存款是错误的，原判适用《中华人民共和国民法通则》第五十八条第一款第（五）项、第七十二条第一款、第一百一十七条规定，支持其诉讼请求，也是错误的。

（六）二审定案结论

1994年12月28日，黔江地区中级人民法院根据《中华人民共和国民法通则》第四十三条、《中华人民共和国民事诉讼法》第一百五十三条第一款第（二）项的规定，作出如下判决：

1. 撤销秀山土家族苗族自治县人民法院（1994）秀经初字第44号民事判决。

2. 被上诉人向上诉人支付存款金额17548.3元及其利息，利息自1988年1月1日起，按中国人民银行贷款利率规定分段计算至付款之日止。

一、二审案件受理费1400元，其他诉讼费500元，由被上诉人负担。

（七）解说

本案的实质，是代理行为的效力问题。

办理信贷、储蓄，是被上诉人所属营业所的职能。吴永智是其业务人员，他依自己职务进行贷款、储蓄活动，是一种职务代理。只要他是在进行业务活动，根据其职务，顾客就可以判断他是代表被上诉人在工作。职员基于职务代理关系与顾客发生民事权益争议时，顾客不是面向职员，而是面向职员所代表的法人提出请求。本案当事人之间的争议，正是吴永智在实施职务代理行为中所发生的纠纷。

根据银行内部的管理规则，办理贷款业务，须经一定审批程序。吴永智为杨汝立、滕建乐、伍金秀办理贷款业务时，认为期限很短，并轻信借款人的保证，违反规章管理制度，搞空贷空存，损害了上诉人利益。不论他与借款人有无通谋，都是超越其职务代理的权限，从而构成无权代理。

根据法律、法理，在三种情况下，无权代理人所为的代理行为发生法律效力，其行为的法律效果归属于被代理人。这三种情况是：

1. 被代理人追认。《中华人民共和国民法通则》第六十六条规定："没有代理权、超越代理权或者代理权终止后的行为，只有经过被代理人的追认，被代理人才承担民事责任。"

2. 视为被代理人同意。上引法条还规定："本人知道他人以本人名义实施民事行为而不作否认表示的，视为同意。"

3. 被代理人直接承担民事责任。在无权代理中，有一种不容忽视的特殊情况——行为人本无代理权，但却令人足以相信其有代理权，并引起了善意第三人的依赖。在这种情况下，事关交易安全，法律须对善意第三人以特别的保护，要求被代理人直接承担无权代理行为后果。这在学理上称为表见代理。

一般说，无权代理须经被代理人承认或者法律推定其承认，才发生代理效力，目的在于充分尊重被代理人的意志，不使其对自己意志以外的其他人的行为承担责任，以保护被代理人的合法权益。但无权代理往往涉及相对第三人的利益，如果绝对否认无权代理对于被代理人的效力，不但可能给相对第三人造成损害，违背民法公平原则，而且危及交易安全。表见代理制度，在保持社会经济正常运行的前提下充分保护被代理人的正当利益。在我国，表见代理隐现在分散的法律文件之中，如最高人民法院1987年7月21日《关于在审理经济合同纠纷案件中具体适用〈经济合同法〉的若干问题的解答》指出："合同签订人用委托单位的合同专用章或者加盖公章的空白合同书签订合同的，应视为委托单位授予合同签订人代理权。委托单位对合同签订人签订的合同，应当承担责任。"根据这一司法解释，不论被代理人主观上有无授权的意思，凡持盖有被代理人公章的空白介绍信、空白合同文本、合同专用章等，被代理人均应向第三人承担代理行为的法律效果。因为合同专用章、盖公章的空白介绍信、空白合同通常被认为是合理的、可依赖的。最高人民法院1993年5月6日《全国经济审判工作纪要》指出："企业法人授权不明，使相对人误认为企业法人的工作人员得到授权的，由企业法人承担责任。"之所以这样处理，源自表见代理理论。企业法人的工作人员超越职权时，只要客观事实足以使相对人产生误解，相信其得到法人的授权，则由法人承担责任。

表见代理的成立，应具备以下条件：第一，客观上存在使相对人相信无权代理人有代理权的事由；第二，相对人主观上为善意且无过失，即不知无权代理人无代理权，这种"不知"，不是相对人主观过失造成的；第三，无权代理人与相对人之间建立的民事关系，应当符合民事法律行为的有效要件和代理行为的表面特征。

身为银行工作人员的吴永智，在为上诉人办理储蓄业务时，超越其职责要求，弄虚作假，当属无权代理。虽然被上诉人事后没有追认,或视为其承认,但吴永智对外的表现,是在履行他的职务,这就使得顾客足以相信他有代理权,上诉人无法知道他在作假。双方之间发生的储蓄民事关系,本身是合法的,而且吴永智的行为完全符合职务代理的表面特征。故被上诉人应对吴永智的这一行为后果负责,但可以保留追偿权。二审法院依照《中华人民共和国民法通则》第四十三条认定处理正确。

(王绍华)

56. 中国银行上海信用卡公司诉上海市东风实业总公司闸北分公司等信用卡透支欠款案

(一)首部

1. 判决书字号:上海市黄浦区人民法院(1994)经初字895号。

2. 案由:信用卡透支欠款案。

3. 诉讼双方

原告:中国银行上海信用卡公司。

法定代表人:沈荣根,经理。

委托代理人:胡浩中,该公司干部。

被告:上海市东风实业总公司闸北分公司。

法定代表人:叶风鸣,经理。

委托代理人:吕鸣皋,上海市中华律师事务所律师。

委托代理人:叶斌,上海社会科学院实习研究员。

被告:上海市东风实业总公司。

法定代表人:白信才,总经理。

委托代理人:王经昆,该公司副总经理。

委托代理人:郁锡之,上海市申江律师事务所律师。

4. 审级:一审。

5. 审判机关和审判组织

审判机关:上海市黄浦区人民法院。

合议庭组成人员:审判长:顾保冈;代理审判员:李升昕;人民陪审员:张星。

6. 审结时间:1994年9月14日。

(二)诉辩主张

1. 原告及其委托代理人诉称:被告上海市东风实业总公司闸北分公司(以下简称闸北分公司)向原告申领了人民币长城信用卡的公司卡及副卡各一张,并指定其公司两名聘用人员使用。两聘用人员于1994年7月初在广东省珠海市等地出差期间,以信用卡连续取现和直接消费的方法,透支原告银行资金143217.57元。透支发生后,被告闸北分公司仅偿还3000元,余款140217.57元虽经原告屡次催付,但迄今未还。现原告起诉要求被告闸北分公司偿还透支款并按约定的罚息利率给付利息5383.63元。同时原告还以被告上海市东风实业总公司(以下简称实业总公司)存在抽逃被告闸北分公司注册资金的事实为由,要求实业总公司在所抽逃的注册资金额内承担连带清偿责任。此外原告表示,原告在收到被告闸北分公司要求停止使用其申领的二张信用卡申请后,已及时采取了有效的止付措施,所以原告没有过错。

2. 被告及其委托代理人答辩意见:(1)被告闸北分公司辩称:本单位两聘用人员利用信用卡恶意透支原告银行资金的行为,已涉及犯罪,应由两聘用人员承担刑事责任。被告闸北分公司不应对此承担民事责任。同时认为:原告对防止透支额增加未采取有效措施,也有一定过错,应承担相应的民事责任。(2)被告实业总公司辩称:实业总公司在闸北分公司开业后未久,从闸北分公司银行帐户内抽掉了该公司的部分注册资金。对本案,实业总公司只愿在《中国银行人民币长城信用卡章程》(以下称长城卡章程)中所规定的允许透支额内承担民事责任。同时实业总公司亦认为原告应负一定过错责任。

(三)事实和证据

上海市黄浦区人民法院于1994年8月4日受理本案后,经公开开庭审理查明:

被告闸北分公司在1994年5月13日向原告提出书面申请,办领人民币长城信用卡的公司卡及副卡各一张,被告闸北分公司在申请书中明确所申请的两张信用卡,由其公司聘用人员陆×和何××使用。经原告审核,原告向闸北分公司签发了由陆×和何××使用的人民币长城信用卡的公司卡及副卡。同年7月初,陆×、何××携信用卡赴广东省珠海市等地出差。出差期间,陆×、何××以所持信用卡在中国银行所设网点的ATM自动柜员机上取款和在长城信用卡特约商户处直接消费的方法,进行连续透支使用信用卡,截止同年7月23日,两卡累计透支原告银行资金143217.57元。7月15日原告发现被告闸北分公司名下的信用卡发生透支后,即向闸北分公司发出补款通知书;7月19日,被告闸北分公司向原告提出了停止使用两信用卡的申请。原告接到申请后,当即向中国银行总行办理了注销两信用卡的紧急止付手续,中国银行总行即予同意并将两信用卡的号码列入7月25日发行的《长城卡注销名单》刊物上(该刊物每月逢5发行)。7月30日,被告闸北分公司向原告补款3000元。事后,原告又曾多次向闸北分公司发出催款通知书和去闸北分公司催要该款,但闸北分公司一直未偿还。

另查明:被告实业总公司系被告闸北分公司的开办单位,实业总公司向闸北分公司投入注册资金50万元,在该公司开办后不久,实业总公司即抽逃了其中的36万元。

以上事实有以下证据证实:

1. 被告闸北分公司填写的长城信用卡公司卡的申请表。
2. 被告闸北分公司名下信用卡交易清单。
3. 原告向被告闸北分公司发出的补款通知书、清帐通知书。
4. 原告向中国银行总行办理被告闸北分公司名下两信用卡紧急止付手续的文件。
5. 中国银行发行的《长城卡注销名单》。
6. 原告、两被告庭审陈述笔录。
7. 被告实业总公司抽逃被告闸北分公司部分注册资金的票汇凭证。

两被告主张原告对防止透支额增加未采取有效措施一节,未提供相关的证据。

(四)判案理由

上海市黄浦区人民法院鉴于上述事实认为:

1. 被告闸北分公司在申领了原告的信用卡后，理应按照该卡章程规定和双方所订使用信用卡协议约定的权利义务使用该卡，现闸北分公司名下信用卡发生大额透支和在透支发生后又不及时偿还欠款、支付利息的行为，违反了《中国银行人民币长城信用卡章程》第三条的规定，损害了原告的合法权益。依照《中华人民共和国民法通则》第一百零六条第一款的规定，应承担民事责任。

2. 关于被告闸北分公司以两聘用人员利用信用卡进行大额透支行为已涉及犯罪为由，不同意承担民事责任一节，因被告闸北分公司系以自己名义领用信用卡，信用卡关系是发生于原告与被告闸北分公司之间，现闸北分公司名下信用卡发生大额透支，亦即双方之间产生了债权债务关系，依照《中华人民共和国民法通则》第八十四条之规定，原告对被告闸北分公司有权主张债权。

3. 被告实业总公司作为闸北分公司的开办单位，其抽逃闸北分公司的注册资金行为，影响了被告闸北分公司对外承担民事责任的能力，根据最高人民法院批转的《全国经济审判工作座谈会纪要》关于企业法人“核准登记后，开办单位、投资人抽逃资金应依法追回”的规定，被告实业总公司应在抽逃资金额内，承担连带清偿责任。

4. 两被告提出原告在防止信用卡透支额增加的过程中，采取措施不力，也应承担相应的过错责任一节，因两被告均未提供相关的证据，该节经法院审查，缺乏事实依据，法院不予认定。

5. 原告提出被告闸北分公司应按透支款每日1‰支付利息的请求，经查该利率已在信用卡章程和双方所订协议中明示，属双方合意，应予确认。

（五）定案结论

上海市黄浦区人民法院依照《中华人民共和国民法通则》第一百零六条第一款、第一百三十条之规定，于1994年9月14日作出判决：

1. 被告闸北分公司应偿还原告透支款140217.57元。

2. 被告闸北分公司应给付原告利息5383.63元。

3. 被告实业总公司对上列一、二项义务负连带清偿责任。

案件受理费、财产保全费合计5872.97元，由两被告共同负担。

上列判决令两被告在本判决生效后10日内履行完毕。

判决生效后，两被告即予履行，现已履行完毕。

（六）解说

我国目前银行或公司所签发的信用卡属借记卡，即“先存款、后消费”。长城信用卡亦为借记卡，持卡人在使用过程中应该遵循《中国银行人民币长城信用卡章程》的第三条规定，“持卡人应在专户（即信用卡内）保持足够的存款余额以备使用，只在急需时才允许善意透支”。本案被告闸北分公司名下信用卡在短时间发生大额透支，在透支后又不及时补款和支付利息的行为，违反了该卡章程的规定，损害了原告的合法权益，应当承担民事责任；被告实业总公司抽逃被告闸北分公司的注册资金，不仅影响了闸北分公司的正常经营能力，同时也削弱了该公司对外承担民事责任的能力。对此，实业总公司依法应当在所抽逃的注册资金数额内承担连带清偿责任。

信用卡作为一种新型的结算工具，在我国正处在发展时期，持卡人和信用卡特约商户日益增多，在信用卡运作过程中，由发卡银行（公司）与持卡人、信用卡特约商户之间建立了新型的社会关系，具有民事权利义务内容，应当列入民法的调整范围。如何确认和及时调整信用卡法律关系中的违约、侵权、或者犯罪，应当列入法律规范，但是我国目前无一部法律、法规乃至规章予以规范，这与信用卡在我国经济和日常生活中所处的地位极不相符，应当引起有关部门的重视。

（顾保冈）

57. 衡水地直经济实用房开发中心诉中国人民建设银行衡水中心支行房地产信贷部等委托汇兑案

（一）首部

1．裁判书字号

一审裁判书：河北省衡水地区中级人民法院（1994）衡中法经初字第44号裁定书；河北省衡水地区中级人民法院（1994）衡中法经初字第44号判决书。

二审裁定书：河北省高级人民法院（1994）冀经终字第115号裁定书；河北省高级人民法院第161号裁定书。

2．案由：委托汇兑案。

3．诉讼双方

原告（被上诉人）：衡水地直经济实用房开发中心。

法定代表人：宋锡如，经理。

委托代理人：陈冬寒，衡水地区第三律师事务所律师。

委托代理人：曹根芝，衡水地区第三律师事务所律师。

被告：中国人民建设银行衡水中心支行房地产信贷部。

法定代表人：葛凤彩，主任。

委托代理人：于虹，该部干部。

被告（上诉人）：中国人民建设银行河北省黄骅市支行。

法定代表人：张宝安，行长。

委托代理人：郭庆利，该行副行长。

委托代理人：王俊杰，沧州市运河律师事务所律师。

4．审级：二审。

5．审判机关和审判组织

一审法院：河北省衡水地区中级人民法院。

合议庭组成人员：审判长：魏振祥；审判员：高志敏；代理审判员：朱凤照。

二审法院：河北省高级人民法院。

合议庭组成人员：审判长：李存智；审判员：宋瑞良、张建国。

6．审结时间

一审审结时间：1994年8月23日。

二审审结时间：1994年11月7日。

（二）一审诉辩主张

1. 原告衡水地直经济实用房开发中心（以下简称开发中心）诉称：1993 年 5 月 3 日，我方委托中国人民建设银行衡水中心支行房地产信贷部（以下简称信贷部）以信汇方式汇入中国人民建设银行河北省黄骅市支行（以下简称黄骅建行）人民币 300 万元整，信汇凭证的汇款人、收款人同为我单位，全称：衡水地直经济实用房开发中心，属我单位自汇、自收、作特户储存；收款帐号：127；用途：开发用款。黄骅建行收到该 300 万元信汇款后，不经我单位同意，更没履行银行汇兑结算手续，擅自变更法定收款人，将我单位 300 万元特户存款，强行汇到河北省科海经济技术开发公司黄骅分公司帐号，造成我方 300 万元之巨款无权支配、使用，虽经我方多次追要并经上级有关部门指示，黄骅建行口头上承认错误，实际上却搪塞不办。原告请求：(1)判令被告黄骅建行立即退还原告特户存款 300 万元整；(2)判令二被告赔偿原告的一切经济损失（包括利息、违约金、赔偿金、追要款所花费用）；(3)由被告承担本案全部诉讼费用。

2. 被告信贷部辩称：1993 年 5 月 3 日我部确实受理了 300 万元信汇业务，但该笔信汇业务其凭证是原告的会计王玉芬填写的，填写内容完全符合要求。经按制度审查无误后我部受理了该笔业务，我方没任何过错。原告在信汇凭证上明确指定的收款银行系黄骅建行，而现原告承认 300 万元信汇款已汇入黄骅建行，根本不存在错汇问题。我方没责任，原告无权告我方，我方也不应诉。

3. 被告黄骅建行在答辩期内以“原告对两被告均无诉权，本案被告应是科海黄骅分公司”为由提出管辖权异议。受诉一审法院以“两被告之一的衡水建行房地产信贷部在原告所在地且履行地亦在衡水”及“本案处理结果与科海黄骅分公司没利害关系”为由，根据《中华人民共和国民事诉讼法》第二十四条、第三十八条之规定裁定驳回黄骅建行对本案管辖提出的异议。黄骅建行以原理由提起上诉，河北省高级人民法院根据《中华人民共和国民事诉讼法》第二十二条第二款、第三款、第一百五十四条之规定裁定维持了原管辖异议之裁定。

黄骅建行在庭审时辩称：变更信汇凭证收款人和在信汇凭证收款人或住址栏内填上科海黄骅分公司帐号 261000282 是事实，但变更信汇凭证上收款人，将原告 300 万元转入黄骅科海分公司是经原告法定代表人宋锡如同意的。诉争的信汇凭证汇入行的解付方法一种是办查询或退汇；另一种是记到应解汇款帐号，正常来说信汇凭证上帐号或住址栏内的“127”不能改成 261000282，应直接记帐。因我行变更信汇凭证上的收款人是根据原告法定代表人宋锡如与科海黄骅分公司副经理杨树珊商量的结果——将 300 万元人民币转入科海黄骅公司，为此要求追加科海黄骅分公司为第三人参加诉讼。

（三）一审事实和证据

河北省衡水地区中级人民法院经公开审理查明：原告开发中心与河北省科海公司于 1993 年 4 月 17 日签订了黄骅市房地产开发协议（意向协议书）。该协议约定原告以人民币 300 万元作为开发投资，与河北省科海经济技术公司欲筹办科海黄骅分公司，该分公司没办理营业执照等法定手续。原告为汇开发用款于 1993 年 5 月 3 日委托被告信贷部以信汇方式汇入黄骅建行人民币 300 万元，信汇凭证记明：汇款人、收款人：衡水地直经济实用房开发中心；收款人帐号：127；汇款用途：开发用款。收款人帐号或住址栏内的代号“127”为工商银行的应解汇款及临时存款科目代号，与建行该科目“527”的代号明显不符。受托人之一的信贷部作为汇出行在受理诉争的信汇凭证时，未审查出原告错填“应解汇款”及“临时存款科目”

代号127，未予纠正为“527”，也没注明“留行待取”字样。黄骅建行作为受托人亦即受汇行，于1993年5月4日为科海黄骅分公司开立了帐号：261000282；1993年5月11日收到原告自汇自收的300万元信汇款，由接柜员祁梅未经收款人同意，在该信汇凭证上收款人帐号或住址栏内填上科海黄骅分公司帐号261000282，当日以“其他收入”划入该帐户300万元；1993年5月12日用转帐支票以科海黄骅公司的名义转入黄骅市土地局资产开发公司帐户250万元，所余50万元后分别以旅差费10万元、材料费40万元被科海黄骅分公司以现金支票、转帐支票支取。原告多次追要，黄骅建行承认未按银行结算制度办理业务，却未予退还原告300万元开发用款。1994年5月30日，开发中心向衡水地区中级人民法院起诉。

上述事实有下列证据证实：

1. 原告与河北省科海经济技术开发公司于1993年4月17日达成的黄骅市房地产开发协议(意向书复印件)。

2. 原告1993年5月3日委托二被告汇兑的信汇凭证回单第一联复印件，记明：收款人帐号或住址“127”。

3. 1993年5月4日冀NO.046206340号划收款凭证通知联，衡水建行汇出。

4. 1993年5月4日黄骅建行为科海黄骅分公司开立帐号为261000282之帐户复印件。

5. 收受行黄骅建行1993年5月11日收款300万元信汇凭证“收款凭证”第三联(复印件)；收款人帐号或住址“127”后添加上“261000282”。

6. 1993年5月11日黄骅建行收到衡水同年5月4日联行往来划收款凭证冀NO.046206340号收款联。

7. 1993年9月4日黄骅建行微机记录261000282帐号收付300万元信汇款的记载表复印件，载明：5月4日开户，余额为零；5月11日收300万元；5月12日付250万元；7月14日、7月22日支付现金支票分别为5万元，计款10万元；8月6日转付材料款10万元，余材料款30万元。

8. 衡水地区工商银行微机操作员朱彦峰、衡水地区保险公司微机管理员张志华、衡水地区人民银行微机操作员韩春虎、会计科长李永江等的证言。

9. 衡水工商银行新华路办事处总会计师戎殿钧、中国银行衡水分行计划科等关于分期计息的证明。

10. 开庭笔录第16页被告黄骅建行承认由接柜员祁梅填写261000282之帐号。

(四)一审判案理由

衡水地区中级人民法院鉴于上述事实和证据认为：

1. 原告1993年5月3日委托二被告办理300万元汇兑业务时所填制的信汇凭证为有效凭证，据此委托人和受托人就应严格履行各自应尽的义务。

2. 汇出行信贷部作为受托人没按规定严格履行审查所填写事项并予以补充更正之义务，对此纠纷的引起负有一定责任。

3. 收受行黄骅建行作为受托人也没严格履行汇入行的处理手续，自做主张变更信汇凭证上的收款人，将300万元信汇款划入非收款人帐号，侵犯了原告对资金支配、使用的权利。(1)违反了《银行结算办法》第九条“恪守信用，履行付款；谁的钱进谁的帐由谁支配”的结算原则；(2)违反了《银行结算会计核算手续》第七条关于“收受行应将信汇凭证的第四联给收款人作收款收据或以便条形式通知收款人。如果汇单帐号不符，应退回汇出行，不能擅自转给他人”之规定；(3)违反了《银行汇兑条例》第六条关于“未在银行开立帐户的收款人，凭信、电汇取款通知或‘留行待取’的向银行支取款项，必须交验本人的身分证或汇入地有关单位足以证实收款人身分的证明，并在‘收款人盖章’处盖章签字；信汇凭印鉴支取的，收款人所盖印鉴必须与预留印鉴相符，才能办理支取手续”之规定。黄骅建行未按上述有关规定履行将 300 万元兑付给收款人之义务，理应依有效凭证兑付原告 300 万元并承担赔偿原告损失的责任。

4．被告黄骅建行称划 300 万元给非收款人是原告法定代表人宋锡如同意的，查无实据，不予认定。因该事实的证明人杨树珊、靳清遴、李兴来等人无书面确实证据，且上述证人均与本案有利害关系，故证据力不足。宋锡如否认曾同意转划 300 万元给非收款人，因而无法认定是原告法定代表人同意转划的，故应由黄骅建行承担错误兑付的责任。

5．本案解决的是原、被告之间的汇兑纠纷，既非连环购销合同拖欠货款纠纷，亦非借贷转借贷合同拖欠贷款纠纷，不能因责任方的违约而根据 300 万元人民币的流向去随意追加所谓的第三人，本案解决的是汇兑纠纷，且争执标的“300 万元信汇款”即人民币是种类物而非特定物，科海黄骅分公司不具备本案的第三人资格。因此黄骅建行主张追加科海黄骅分公司为第三人的理由和请求，与法不合，不予采纳。

综上各条理由，原告要求被告退还 300 万元信汇款并赔偿损失 350197.5 元，应予支持，本案诉讼费由二被告按责任分担。在诉讼中，原告放弃追要款所花费用，予以照准。

（五）一审定案结论

衡水地区中级人民法院鉴于上述事实和理由，认为：被告黄骅建行没有按照银行结算原则办理业务，错误兑付 300 万元，侵犯了原告的合法权益，原告要求黄骅建行赔偿资金 300 万元及利息 350197.5 元应予支持。原告自愿放弃追要汇款差旅费损失予以照准。被告信贷部所述在办理原告委托此笔业务时没有违反银行结算制度，与事实不符，不予支持。因本案解决的是原、被告之间的汇兑纠纷，案件处理结果与科海黄骅分公司没有法律上的利害关系，因此不能采纳被告人关于追加科海黄骅分公司为第三人参加诉讼之要求。依照《中华人民共和国民法通则》第四十八条、第一百三十四条第一款第（七）项、中国人民银行 1989 年 4 月 1 日《中国人民银行结算会计核算手续》第七章第一条第一款第一项第一目、第二目，中国人民银行《银行结算办法》第一章第九条、第十七条、第三章第二十四条之规定，判决如下：

1．中国人民建设银行河北省黄骅市支行赔偿衡水地直经济实用房开发中心开发用款人民币 300 万元，赔偿金 350197.5 元（从 1993 年 5 月 11 日至 1993 年 9 月 4 日按存款利率计付，从 1993 年 9 月 5 日至 1994 年 8 月 31 日以结算金额每日万分之三计付，1994 年 8 月 31 日至执行之日以每日万分之三另算）。本判决生效后 10 日内付清，逾期按每日万分之六支付迟延履行期间的债务利息。

2．驳回黄骅建行的其他诉讼请求。

案件受理费 26787 元由黄骅建行负担，其他诉讼费 5000 元由中国人民建设银行衡水中心支行房地产信贷部负担。

（六）二审情况

1．二审诉辩主张

上诉人黄骅建行上诉称：(1)被上诉人法定代表人宋锡如同意将 300 万元直接划入科海黄骅分公司帐号。宋锡如反悔、否认曾同意将 300 万元直接划入非收款人帐号，是因他老谋深算，没有给上诉人留下更多的蛛丝马迹和只言片语，但有杨树珊、靳清遴等12人能证实。(2)本案纠纷是基于被上诉人与河北省科海经济技术开发公司联合开发黄骅市房地产的协议书形成的。被上诉人通过上诉人转款给科海黄骅分公司，是他们协商一致的意思表示，且黄骅分公司也收到了300万元开发用款，是上诉人错付300万元开发用款之直接受益人。因而科海黄骅分公司与本案的处理结果有法律上的利害关系，理应列为第三人参加诉讼并由其负责退还该300万元开发用款。上诉人请求：(1)撤销河北省高级人民法院(1994)冀经终字第115号民事裁定书；(2)撤销河北省衡水地区中级人民法院(1994)衡中法经字第44号民事判决书；(3)发回有管辖权的人民法院重新审理。

被上诉人开发中心辩称：原审法院认定的事实清楚、正确，适用法律和判决结果正确、得当，请求二审法院依法维持原判决。

2. 二审事实和证据

河北省高级人民法院经依法公开审理，在事实清楚、责任明确的前提下，召集本案当事人进行协商解决。各方当事人在互谅互让的基础上，自行达成和解协议如下：(1)中国人民建设银行黄骅市支行于1994年12月31日前和1995年3月31日前分两次将320万元(每次160万元)汇给衡水地直经济实用房开发中心。(2)黄骅建行向河北省高级人民法院申明三方已达成和解协议。(3)以上两项履行后，互不追究其他责任。之后上诉人黄骅建行以已与被上诉人开发中心及原审被告信贷部达成和解协议为由，向河北省高级人民法院提出撤回上诉申请。有当事人的和解协议书证实。

3. 二审判案理由

河北省高级人民法院认为：上诉人黄骅建行申请撤回上诉的请求，确实出于自愿，并且当事人在平等、自愿、合法的基础上已达成和解协议，协议内容不违反法律规定，且不损害国家和他人的利益。根据《中华人民共和国民事诉讼法》第一百五十六条"第二审人民法院判决宣告前，上诉人申请撤回上诉的，是否准许，由第二审人民法院裁定"之规定，应予裁定准许。按照《人民法院收费办法》第二十三条第一款之规定，二审案件受理费减半收取。

4. 二审定案结论

河北省高级人民法院根据《中华人民共和国民事诉讼法》第一百五十六条之规定，裁定如下：

准许上诉人中国人民建设银行河北省黄骅市支行撤回上诉。按和解协议履行，若一方反悔，按原判决执行。

二审案件受理费26787元减半收取，由黄骅市建行负担13393.50元。

本裁定为终审裁定。

(七)解说

本案是一起较为典型的汇兑纠纷案，依法正确处理好本案，关键是把握好以下几点：

1. 明确案件的性质

所谓汇兑，是指银行或邮电局根据汇款人的委托，把款项汇交指定的收款人。具体地说，汇兑即是由本地银行或邮电局，收进付款人亦即汇款人的款项，并收取一定的汇费，委托外地的银行或邮电局即收款人所在地的银行或邮电局，将托寄款项付给指定的收款人。据此，汇兑属于委托合同的基本范畴。本案原告开发中心1993年5月3日委托二被告办理300万元信汇业务时，三者即产生了委托人与受托人的法律关系，且因受托人的责任致300万元错误兑付给非指定收款人，为此发生纠纷，因而本案为委托合同汇兑纠纷案。

2．确认过错方的违约责任

依照委托合同的法律特征，委托人的主要义务是接受对方在委托权限范围内所为民事法律行为的后果，并承担全部法律责任；但是对于受托人变更了委托指示所为民事法律行为的后果，只有经过同意或默认的才必须接受并承担法律责任。受托人的主要义务是亲自处理委托事项，严格按委托人指示的范围办事，如果受托人超越委托指示范围行事，除了事先得到委托人的同意或事后默许以外，都应承担违反合同的法律责任，并应向对方赔偿因本身过错造成的财产损失。本案被告黄骅建行，在原告没出具任何合法手续的情况下，自行将信汇凭证的收款人帐号由“127”改为261000282，并划入该帐号300万元，没将原告委托的款项汇交指定的收款人，事前未征得委托人同意，事后亦未得到委托人默许，属于超越委托指示范围行事，理应承担由本身的过错造成的损失责任。

3．准确确立案件当事人

原告是信汇凭证所载明的合法收款人，二被告作为受托人负有义务将信汇凭证上所载款项如数兑付给原告，但被告没履行受托人之义务，造成原告没收到该300万元之开发用款，原告以汇兑纠纷为由向人民法院起诉要求被告信贷部、黄骅建行承担赔偿责任是正当合法的，本汇兑纠纷的主体是委托人与受托人，且因受托人的责任致托寄款项错误兑付给非指定收款人，为此引起纠纷，所以本案当事人只能是委托人与受托人。

（孙峻山　高世秀）

58．济南酿造厂诉山东金源工贸实业总公司、山东金源国际金融信息咨询服务总公司期货协议案

（一）首部

1．判决书字号：山东省济南市中级人民法院（1994）济南中法经初字第75号。

2．案由：期货协议案。

3．诉讼双方

原告：济南酿造厂。

法定代表人：李道贤，厂长。

委托代理人：褚兴利，该厂办公室主任。

委托代理人：王广仁，济南市涉外律师事务所律师。

被告：山东金源工贸实业总公司（以下简称工贸公司）。

法定代表人：沈学华，总经理。

委托代理人：曲仁明，山东省律师事务所律师。

被告：山东金源国际金融信息咨询服务总公司（以下简称信息咨询公司）。

法定代表人：曹友平，总经理。

委托代理人：赵德明，该公司业务副经理。

4．审级：一审。

5. 审判机关和审判组织

审判机关:山东省济南市中级人民法院。

合议庭组成人员:审判长:郎秀敏;代理审判员:王洪忠、蒋济民。

6. 审结时间:1994 年 10 月 9 日。

(二)诉辩主张

1. 原告济南酿造厂诉称:1993 年 12 月 4 日,两被告与我厂签订期货协议并收取我厂期货保证金 31 万元人民币。在由两被告的期货经纪人替我厂进行期货买卖的交易过程中给我厂造成 25225.04 元的亏损。两被告于 1994 年 5 月 9 日退还我厂保证金 57600 元,尚欠我厂保证金 252400 元。现得知两被告均未取得期货交易资格,且我厂是在两被告误导宣传下与其签订的期货协议,为此,要求两被告返还我厂保证金 252400 元并赔偿经济损失。

2. 被告工贸公司、被告信息咨询公司的辩称相同:与原告签订的期货协议无效,但应由原告自己承担期货买卖的亏损责任。

(三)事实和证据

山东省济南市中级人民法院公开审理查明:

被告信息咨询公司原名为山东金源国际金融咨询有限公司,是 1994 年 2 月 20 日经山东省工商行政管理局登记注册的企业法人,其经营范围是金融商贸、信息咨询服务(不含金融中介服务和期货经纪业务)、人才培训等。被告工贸公司的经营范围是百货、日用杂品、国际金融信息服务等。两被告均无经营期货业务资格。

1993 年 12 月 4 日,被告信息咨询公司尚未在国家工商行政管理局登记注册却谎称其有权经营期货业务,并与原告济南酿造厂签订了顾客契约、风险公开声明、垫款协议书、户口处理权声明、调换资金授权书等五份协议书。被告工贸公司明知其无权经营期货业务却在上述协议书上加盖了公章,以示协议有效。协议签订后,原告济南酿造厂于当日和 1994 年 1 月 4 日两次共交给被告信息咨询公司保证金 31 万元,并由被告信息咨询公司的经纪人为原告济南酿造厂进行美盘 SP500 股票指数等金融期货交易。在交易过程中共给原告济南酿造厂造成 252225.04 元的亏损。嗣后,两被告于 1994 年 5 月 9 日退还原告济南酿造厂保证金 57600 元,尚欠原告保证金 252400 元。原告济南酿造厂要求两被告退还尚欠保证金,为此,形成纠纷诉至济南市中级人民法院。

上述事实有下列证据证明:

1. 原告与信息咨询公司签订的,由工贸公司加盖公章的五份期货协议书。

2. 信息咨询公司于 1994 年 2 月 20 日注册登记的企业法人执照(经营范围)。

3. 工贸公司的企业法人执照。

4. 工贸公司加盖公章,信息咨询公司出具的收取 31 万元保证金的收款凭证。

5. 1994 年 5 月 9 日,信息资源公司退还 57600 元保证金的凭证。

(四)判案理由

济南市中级人民法院认为:

1. 被告信息咨询公司在与客户(即济南酿造厂)签订期货交易契约,收取保证金,进行期货交易时,未在国家工商行政管理局依法注册登记,被告工贸公司在无经营期货业务行为能力的情况下却在上述协议书上加盖公章,违反了《中华人民共和国企业法人登记管理条例》第三条、第十三条之规定,均属违法经营行为。两被告与原告济南酿造厂签订的期货协议无效。

2. 被告信息咨询公司的期货经纪人在公司取得工资应视为该公司的内部从业人员，经纪人的业务行为就是该公司的行为，经纪人替客户下单给客户造成亏损的责任应由被告信息咨询公司承担。

3. 两被告共同收取保证金，替原告下单进行期货交易致使原告亏损，其责任应由两被告共同承担。两被告应返还原告保证金并赔偿原告经济损失。

（五）定案结论

济南市中级人民法院根据所认定的事实、证据和上述判案理由，于1994年10月9日依照《中华人民共和国民法通则》第五十八条第一款第（五）项、第二款、第六十一条第一款之规定，判决：

被告山东金源工贸实业总公司，被告山东金源国际金融信息咨询服务总公司于本判决生效之日起10日内返还原告济南酿造厂保证金252400元，并赔偿原告经济损失2285元。

（六）解说

期货协议纠纷案件是一类新型案件，鉴于目前规范期货市场的法律、法规不健全，期货立法严重滞后，处理本案我们是从以下三个方面着手的。

1. 期货经纪合同当事人主体资格是否合法。期货经纪合同主体一般为客户（委托人）和期货经纪公司。客户的主体资格可以是自然人亦可是法人或其他组织，但经纪公司作为合同主体资格必须是严格依照法定条件成立的。《期货经纪公司登记管理暂行办法》第三条规定："期货经纪公司应当具备以下基本条件：（一）有符合规定的公司名称；（二）有规范的公司章程；（三）有固定的场所和合格的通讯设施；（四）注册资金在1000万元人民币以上；（五）有与经营业务相适应的从业人员，其中专职期货经纪人不得少于20人；（六）法定代表人及其他高级管理人员符合《企业法人的法定代表人审批条件和登记管理暂行规定》第九条的规定；（七）有完善的组织和健全的财会制度；（八）法律、法规规定的其他条件。"期货经纪公司的登记主管机关为国家工商行政管理局。经纪公司从事国际期货业务的，应与相应的国际期货交易所会员公司签订有关期货业务的协议意向书，取得经营境外期货业务许可证方能营业。本案两被告未在国家工商行政管理局注册登记亦未取得经营境外期货业务许可证而擅自招揽客户从事境外金融期货经纪业务，系地下期货经纪公司的非法期货交易，根据国务院办公厅转发的国务院证券委《关于坚决制止期货市场盲目发展若干意见的请求》，本案两被告系坚决打击的非法期货交易对象。依照民法有关规定，确认协议无效，责任在两被告，两被告应退还客户保证金并赔偿客户经济损失。

2. 期货协议纠纷中经纪人应否承担责任。目前我国仅在《期货经纪公司登记管理暂行办法》中对经纪人有所规定，规定期货经纪公司必须有与其业务相适应的从业人员，其中专职期货经纪人不得少于20人；经纪公司在开业登记申请时应提交期货经纪人名单及简历；经纪公司不得雇用非经纪人与客户接洽、商谈委托进行期货买卖事宜或代其进行期货买卖。从上述可以看出，目前我国仍视经纪人为经纪公司的内部从业人员，不能将其认定为独立承担民事责任的主体，经纪人尚未独立于经纪公司。故经纪人的所有过错应先由经纪公司对外向客户承担民事责任，然后再由经纪公司根据经纪人的过错向其追究相应责任。因此，在审理本案时，未将经纪人作为一个独立的诉讼主体。

3. 当事人的举证责任问题。我国《民事诉讼法》第六十四条第一款规定："当事人对自己提出的主张,有责任提供证据。"这一规定明确了我国民事诉讼中"谁主张、谁举证"的原则。但在审理期货协议纠纷时,取证难是个突出问题。当客户作为原告时,原告举证处于非常不利的地位,期货行业专业性、技术性强,原告不易收集提供证据,且法院主动取证亦不容易。因为大部分证据均在被告的控制和支配之下,所以在审理以客户为原告的期货协议纠纷时,应实行举证责任倒置原则,原告只需举证其经济损失之存在及数额,而被告则必须举证其不存在过错或原告经济损失与其无关。在本案中,被告信息咨询公司,工贸公司提供不出下单、回单原始证据,无证据证明其下单跑道的确存在,故应认定为两被告所称的期货交易行为并不存在。两被告应退还原告保证金。

(魏东哲　刘培森)

59. 赵小妹诉金中富国际期货交易有限公司期货交易案

(一)首部

1. 判决书字号

一审判决书:江苏省南京市中级人民法院(1993)宁经初字第86号。

二审判决书:江苏省高级人民法院(1994)苏经终字第21号。

2. 案由:期货交易案。

3. 诉讼双方

原告(被上诉人):赵小妹,女,1963年3月25日出生,河海大学国际合作处秘书。

委托代理人:曾小川,河海大学教师。

委托代理人:孙志伦,南京海事律师事务所律师。

被告(上诉人):南京金中富国际期货交易有限公司。

法定代表人:孔宪聪,董事长。

委托代理人:谈臻,南京第一律师事务所律师。

4. 审级:二审。

5. 审判机关和审判组织

一审法院:江苏省南京市中级人民法院。

合议庭组成人员:审判长:郭毅;审判员:李晓迅;代理审判员:朱涤非。

二审法院:江苏省高级人民法院。

合议庭组成人员:审判长:张义;代理审判员:何方、马理。

6. 审结时间

一审审结时间:1993年12月30日。

二审审结时间:1994年4月29日。

(二)一审诉辩主张

1. 原告诉称:原告在被告南京金中富国际期货交易有限公司(以下简称金中富期货公司)开户,并委托该公司经纪人王勇代为办理美盘咖啡期货交易有关手续。1993年1月6日凌晨,金中富期货公司盘房通知原告经纪人王勇,声称原告仓内六口咖啡单帐上保证金不足。王勇未经原告同意便下了四口平仓单和两口新单(卖单)。1月6日下午,原告即要求金中富期货公司将王勇当日凌晨所下的四口平仓单予以改正。该公司同意将其改为新单后,原告补交了保证金15000美元。同年3月12日最后交易日,原告帐上保证金全部亏损,被金中富期货公司砍仓出场。被告金中富期货公司强行平仓的行为违反了美盘交易规则,且1月6日改单的做法不符合期货交易的国际惯例,要求判令被告金中富期货公司赔偿经济损失35000美元。

2. 被告金中富期货公司辩称:在1993年1月6日凌晨的交易中,被告盘房工作人员根据原告赵小妹帐上实存保证金不足100%必需保证金的情况,在收盘前提醒原告的经纪人王勇采取相应措施并无不当。平仓四口是王勇独立操作的行为,不是被告强行平仓。王勇在委托人赵小妹授权范围内操作的风险后果,不应由期货公司承担。1月6日被告将平仓单改为新单,是根据客户要求而采取的一种帐务上暂时不结算的习惯做法,原告在以后的交易中所造成的损失应由其自行承担,要求法院驳回原告赵小妹的诉讼请求。

(三)一审事实和证据

南京市中级人民法院经审理查明:

1. 1992年12月22日,原告赵小妹与被告金中富期货公司签订"顾客契约",由赵小妹在金中富期货公司开户从事美盘咖啡交易,帐号为U813P,并交纳期货交易保证金20000美元。同日,赵小妹与金中富期货公司的经纪人王勇签订"客户授权委托书",由赵小妹授权王勇代办填写,递送交易单据,签收帐单,签收保证金催缴通知书等手续。1993年1月5日,赵小妹U813P帐上结存保证金为24280美元,仓内有咖啡买单六口。1月6日凌晨,金中富期货公司盘房工作人员钱雯以赵小妹帐上保证金不足必需保证金的100%不能过夜为由,电话通知赵小妹的经纪人王勇采取措施。王勇在既未计算帐上保证金数额,也未征得赵小妹同意的情况下,于2时15分下了两口平仓单。之后,钱雯认为赵小妹帐上实存保证金仍不足必需保证金的100%,再次电话通知王勇采取补救措施。王勇又于2时37分下了两口平仓单。2时39分,王勇又下了两口新单(卖单)。赵小妹得知这一情况后,当即表示异议。当天下午,赵小妹与金中富期货公司交涉,认为凌晨王勇下平仓单时,帐上实存保证金虽低于100%,但高于必需保证金的50%,根据美盘交易规则可以维持过夜,由客户在1月6日晚开盘前20分钟内补足差额。金中富期货公司及经纪人采取平仓措施违反了交易规则。为此要求被告将王勇凌晨所下的四口平仓单予以改正。金中富期货公司盘房经理赵志明答复称,经与香港安家富顾问管理有限公司(金中富期货公司的外资方)联系后,同意将赵小妹的四口平仓单改为新单,保留了已平仓的四口买单。赵小妹遂于当日16时14分补交了保证金5820美元,22时42分又交了保证金9180美元,合计15000美元。截止1月6日开盘前,赵小妹帐上为"六口买单、六口卖单"。嗣后,赵小妹的帐上以此十二口单进行动作并承担此十二口单的交易保证金和浮动亏损。原告赵小妹于1993年3月12日美盘最后交易日时,被金中富期货公司强行砍仓出场,其帐上结存保证金全部亏损。

2. 根据金中富期货公司公布的美盘交易规则规定,客户帐上实存保证金低于100%,高于50%时,符合过夜要求,但公司应向客户发出书面保证金催缴通知书,客户可以在第二日开盘前20分钟补足差额,否则公司可以开盘价代为平仓。1月6日凌晨,金中富期货公司盘房通知经纪人王勇U813P帐上保证金不足时,赵小妹仓内有六口买单,以每口2000美元单边计算保证金,100%必需保证金应为12000美元,赵小妹帐上当日实存保证金为7442.50

美元，超过必需保证金的50％，可以过夜。金中富期货公司未按规定发出书面保证金催缴通知书。

3．本院在审理期间，曾两次书面通知被告对1月6日凌晨平仓四口买单进入国际交易市场成交及改单的有关情况进行举证。被告未能提供证明案件事实和符合法律规范的证据。

（四）一审判案理由

江苏省南京市中级人民法院根据以上事实认为：

1．原告赵小妹与被告金中富期货公司进行期货交易活动是一种合同关系。被告代理客户从事期货交易的行为必须符合有关国际期货交易的规则，必须遵守法律和遵循“自愿、公平、等价有偿、诚实信用”的原则。被告违反美盘交易规则，在原告帐上保证金高于50％的情况下，口头通知经纪人王勇采取措施，王勇在未征得赵小妹同意的情况下擅自平仓。对此，金中富期货公司和王勇均有过错。

2．王勇作为金中富期货公司的雇员，接受委托，代理客户进行期货交易，不得超越代理权限，其超越授权范围的行为产生的后果，应由金中富期货公司承担。

3．金中富期货公司明知已成交的交易单据不能予以改正，却同意将赵小妹提出的四口平仓单予以保留，并收取赵小妹补交的15000美元的保证金，让其继续进行交易。实际上金中富公司将平仓单改为新单是一种在本公司帐务上暂不结算的保留。对于金中富期货公司改单的真实性、合法性本院不予认可。对赵小妹承担了不能证明存在的十二口交易单的保证金和浮动亏损，导致最后交易日被砍仓出场，其帐上结存保证金全部亏损的责任应由金中富期货公司承担。

（五）一审定案结论

南京市中级人民法院依照《中华人民共和国民法通则》第一百一十一条的规定，判决如下：

被告金中富期货公司赔偿赵小妹经济损失23142美元，于本判决生效之日起10日内付清。

一审诉讼费人民币5868元，由被告金中富公司负担。

（六）二审情况

1．二审诉辩主张

一审判决后，被告金中富期货公司不服，向江苏省高级人民法院提起上诉。其理由是：原审判决认定经纪人王勇“超越授权范围”，违反交易规则，“擅自平仓”不符合事实；认定王勇“超越授权范围的行为产生的后果应由被告承担”不符合期货行业特点和国际惯例，是片面的，不公正的。原审判决从根本上否定被告改单的真实性、合法性缺乏依据。请求二审查明事实，秉公而断。

2．二审事实和证据

二审法院确认了一审法院查证的事实和证据。

3．二审判案理由

江苏省高级人民法院认为：

（1）上诉人金中富期货公司在被上诉人赵小妹帐上的保证金符合期货交易规则要求的情况下却以实存保证金不足100％必需保证金不能过夜为由，口头通知经纪人王勇采取措施；王勇作为赵小妹期货交易活动的委托代理人，未征得委托人的同意，且未核算赵小妹帐上保证金的数额即擅自下单平仓。上诉人的行为违反了美盘期货交易规则，经纪人王勇超越了委托人的授权范围。

(2)王勇作为上诉人的雇员，因其超越客户授权范围的行为所产生的后果依法应由上诉人承担。

(3)上诉人既同意将被上诉人的四口平仓单保留，并将平仓单改为新单而不能有效举证改单的真实性、合法性，因此对改单行为所产生的法律后果上诉人应承担法律责任。

原审判决认定事实清楚，确定责任正确，判决并无不当。

(4)二审定案结论

江苏省高级人民法院根据《中华人民共和国民事诉讼法》第一百五十三条第一款第(一)项的规定，判决如下：

驳回上诉人金中富期货公司的上诉，维持原判。

第二审案件受理费5868元，由金中富期货公司负担。

(七)解说

本案涉及到如下三方面的法律问题：

1. 期货交易公司在何种情况下承担民事赔偿责任的问题

本案首先涉及到的是金中富期货公司、经纪人王勇和客户赵小妹三者间的法律关系问题，弄清这些法律关系是确定民事赔偿责任的前提。根据金中富期货公司的性质和“顾客契约”的内容可以看出，金中富期货公司与赵小妹在进行期货交易的过程中，其关系属于法律上的代理与被代理的关系。金中富期货公司与经纪人王勇订有聘用合同，王勇属于金中富期货公司的雇员，其所从事的经纪行为应属于职务行为。赵小妹聘请王勇为期货交易的经纪人，并订有“客户授权委托书”，仅授权经纪人代办下列手续：填写交易单据，递送交易单据，签收帐单，签收保证金催缴通知书。这种经纪人的角色，在法律上亦属于代理关系。但王勇与赵小妹的代理关系是基于金中富期货公司与赵小妹的代理关系而产生的。由于我国目前尚不存在像西方国家那样经过注册登记并交纳一定风险保证金的独立经纪人，因其过错导致客户受损而能够独立承担民事赔偿责任，因此，金中富期货公司属下的经纪人，根据授权委托书代理客户进行具体的期货交易操作，既是民事上的一种代理行为，又是一种职务行为。如果经纪人在法律规定的范围内，根据交易规则和授权委托书所为经纪行为，其后果即风险责任应由客户自己承担；相反，经纪人违反交易规则和超越代理权限，以“炒口数”的方式从中牟取私利，致使客户受损，这种经纪人单方面的过错与公司无关，其后果应由经纪人自己承担。如果是由于公司指令，或是公司内部管理混乱，使经纪人违反交易规则致使客户受损，公司对此有明显过错，且从中盈利，应由公司承担赔偿责任。从本案的情况看，经纪人王勇代理客户赵小妹在金中富期货公司开户从事美盘咖啡交易，根据“顾客契约”规定，双方应遵循美盘交易规则，该规则明确规定：“客户帐上实存保证金虽低于100%，但高于50%时，符合过夜要求，但公司应向客户发出书面保证金催缴通知书，客户可在第二日开盘前20分钟补足差额，否则公司可以开盘价代为平仓。”从1月6日凌晨的具体交易中我们可以看出，金中富期货公司明显违反了美盘的交易规则，在客户赵小妹帐上实存保证金高于50%的情况下，盘房工作人员以电话形式给经纪人发出错误的指令，经纪人王勇又在未征得赵小妹同意的情况下擅自平仓，超越了授权范围，对于赵小妹的经济损失，金中富期货公司与经纪人王勇均有过错。由于王勇属金中富的雇员，其所从事的经纪行为属于职务行为，且其过错是在接受公司的指令下产生的，其法律后果理应由金中富公司承担。

2. 期货交易纠纷案件中的举证责任问题

目前法院受理的期货交易案件，很大一部分涉及到境外的期货交易所，因此，买卖单成交的记录难以查实。如金中富公司自己提供的运作程序是：该公司接受了客户的保证金及委托后，把信息传递给香港安家富公司，然后再由安家富公司传给美国或日本一个或二个与安家富一样具有期货代理性质的经纪公司，最终再传入某个具有交易所会员资格的公司进入交易所。入市交易发生在境外，给法院调查取证带来了困难。法院虽然可以根据《民事诉讼法》的举证责任规定要求原告举证，但且不说客观上原告个人难以满足这一要求，即使原告通过各种手段收集，如委托境外的亲属朋友弄到了有关证据材料，法院也很难加以审查判断。而准确了解入市交易记录，乃是判明经纪公司是否私下对冲等其他欺诈行为，乃至诈骗犯罪的必经途径。根据《期货经纪公司登记管理暂行办法》和国际惯例，入市交易记录、会计凭证及其他一整套重要资料凭证必须保存五年以上，客户若有异议，可提供客户查阅。因此，从保护客户利益的角度出发，根据期货交易的特殊性，应将举证责任倒置，由经纪公司负责举证。从本案的实际情况看，在1月6日凌晨的交易中，金中富期货公司违反交易规则和王勇擅自下了四口平仓单，赵小妹提出异议后，金中富期货公司声称与香港方面联系将平仓单不作平仓处理，而作新单(卖单)，避免了浮动亏损变成实际亏损。法院根据举证责任倒置原理，曾两次书面通知金中富期货公司对1月6日买单进入国际交易市场成交及改单的情况进行举证，金中富期货公司未能提供证明案件事实和符合法律规定的证据，即金中富期货公司至今未向法院提供入市交易记录、会计凭证及其他整套重要资料凭证。据此，法院判决金中富期货公司承担败诉的赔偿责任。

3. 期货交易纠纷案件中损失赔偿的计算问题

当前诉讼到法院的期货纠纷案件，按诉讼请求划分主要涉及三类：一是要求返还保证金；二是要求返还保证金并赔偿经济损失；三是返还保证金并支付盈利款。从本案的赔偿性质看，金中富期货公司承担的是一种违反合同的赔偿责任。根据我国《民法通则》第一百一十二条第一款的规定："当事人一方违反合同的赔偿责任，应当相当于另一方因此所受到的损失。"据此规定，结合期货交易的特点，我们可以看出，过错前的损失不能计算在内，按照风险责任原则，应由客户自己承担；浮动盈亏也不能计算在内，因为浮动盈亏只反映在帐面上，并未转化为实际的盈利和亏损；过错后的既得利益也不能计算在内。违反期货交易合同的赔偿责任应界定在违约当时的保证金及银行利息上。从本案看，由于金中富期货公司违反交易规则，又不能有效地证明其改单的真实性和合法性，致使赵小妹在不平等不真实的前提下从事期货交易，从而造成保证金的全部亏损，最终被强行砍仓出场。计算受损的时间应从1月6日凌晨的交易开始起算，当时仓内实存保证金7442.50美元。加上后来补足的15000美元保证金，共计22442.50美元，再加上该款银行同期利息，总计23142美元。受诉法院准确界定该案的赔偿范围的判例，对今后审案中如何正确认定损失赔偿数额有着一定积极的意义。

（郭　毅）

60. 陈娇秀诉宜昌市景邦经济咨询公司外汇期货买卖合同案

(一)首部

1. 判决书字号:湖北省宜昌市西陵区人民法院(1994)西经初字第256号。

2. 案由:外汇期货买卖合同案。

3. 诉讼双方

原告:陈娇秀,女,52岁,汉族,住宜昌市长途汽车站宿舍28号。

委托代理人:郝军,宜昌市涉外经济律师事务所律师。

委托代理人:刘柱桂,宜昌市涉外经济律师事务所律师。

被告:宜昌市景邦经济咨询公司。

法定代表人:李钢强,经理。

委托代理人:黄振华,宜昌市西陵律师事务所律师。

4. 审级:一审。

5. 审判机关和审判组织

审判机关:宜昌市西陵区人民法院。

独任审判:审判员:杜晓红。

6. 审结时间:1994年12月15日。

(二)诉辩主张

1. 原告诉称:自1994年5月以来,被告打着香港景邦实业有限公司和中信集团深圳租赁公司外汇交易部在三峡地区业务代理的招牌,利用广告、传单招揽客户,经营外汇期货经纪业务。1994年8月31日,原告与被告签订了"代客外汇买卖合同",并投入人民币65000元作合同交易按金,由被告指定经纪人曾莉莉在该公司操作交易,最后斩仓仅剩港币5136.64元。后经原告多方调查,发现被告没有经营外汇的许可证及有关手续,才知上当受骗。原告诉至法院,要求被告返还合约交易按金65000元人民币,并要求被告赔偿经济损失5000元人民币。

2. 被告辩称:受香港景邦投资发展公司的委托,被告代其为宜昌地区客户在深圳租赁有限公司办理外汇买卖帐户,并提供咨询、服务,原告所订外汇买卖合同是与香港景邦投资发展有限公司签订的,经纪人曾莉莉也是原告自己选择的,并非被告所指派,原告亏损的原因在于经纪人操作上的失误和市场行情波动所致。被告不具备从事外汇经营的条件,也没有直接经营外汇,不应承担任何责任。

(三)事实和证据

宜昌市西陵区人民法院于1994年11月9日受理本案后,经公开开庭审理查明:被告宜昌市景邦经济咨询公司于1994年4月28日经宜昌市工商行政管理局西陵工商所注册登记,系私营企业。经营范围:为各类企业、个人提供国内外贸易和房地产投资咨询业务、商品信息中介服务。被告开业后,自称是"香港景邦实业有限公司全资所属,是香港景邦和中信集团所属深圳租赁公司外汇交易部在三峡地区业务代理，为景邦机构成员之一”，利用宣传资料招揽客户，从事外汇期货经纪业务交易。1994 年 8 月 31 日，被告以香港景邦投资发展公司之名与原告陈娇秀签订了一份“代客外汇买卖合同”，并以被告之名与原告签订了三份合同的附件，由被告的工作人员曾莉莉作原告的经纪人，利用被告设置的外汇价格信息显示屏及通讯设施，从事外汇期货交易。当日，原告投入按金计人民币 50000 元，做了两手日元、两手马克合约交易后，亏损人民币 45000 元。1994 年 9 月 29 日原告又投入人民币 15000 元斩仓后，又做了两手马克交易，亏损人民币 24246.96 元，经斩仓仅剩下人民币 5753.04 元。原告因严重亏损，对被告进行多方面调查，认为被告不具备从事外汇买卖的资格，遂诉至法院。另查：被告从事外汇买卖交易未经国家外汇管理局许可，亦未向国家工商行政管理局申请登记注册。

以上事实，有“代客外汇买卖合同”、外汇买卖通知单、被告出具的收款收据及有关证据为证。其事实清楚，证据确实、充分，足以认定。

（四）判案理由

1. 被告宜昌市景邦经济咨询公司不具备从事外汇买卖的资格，原告与被告所签订的外汇期货交易合同无效。

被告宜昌市景邦经济咨询公司未经中国证监会和国家外汇管理局批准，也未在国家工商行政管理局登记注册，在公司内设置外汇期货价格信息显示屏及有关设施，擅自从事外汇期货和外汇按金交易，并指派其工作人员以香港景邦投资发展公司和中信集团所属深圳租赁公司外汇交易部在三峡地区业务代理为名对外招揽客户，该行为扰乱了金融管理秩序，被告与原告订立的“代客外汇买卖合同”及合同附件无效，被告应返还原告投入的人民币 65000 元。

2. 原告陈娇秀在未查明被告经营资格和能力的情况下，盲目投资，应自行承担利息损失。

我国《经济合同法》规定：经济合同被确认无效后，当事人依据该合同所取得的财产，应返还给对方。有过错的一方应赔偿对方因此所受的损失；如果双方都有过错，各自承担相应的责任。原告陈娇秀未经调查，即与被告签订合同，盲目投资，其投入资金利息损失，应由其自行承担。

（五）定案结论

宜昌市西陵区人民法院依照《中华人民共和国经济合同法》第七条第一款第一项、第十六条第一款之规定，在查明事实、分清责任的基础上，判决如下：

1. 原告陈娇秀与被告宜昌市景邦经济咨询公司所签订的外汇期货交易合同无效，被告应返还原告人民币 65000 元，于判决书生效后 10 日内履行完毕。

2. 驳回原告陈娇秀要求被告宜昌市景邦经济咨询公司赔偿经济损失 5000 元的诉讼请求。

3. 案件诉讼费 2610 元由原告陈娇秀、被告宜昌市景邦经济咨询公司各负担 1305 元。被告应负担的诉讼费在给付上述款项时一并给付原告陈娇秀。

（六）解说

1. 审查外汇期货的主体是否合法，是审理外汇期货交易合同纠纷案件的基础

中国国家工商行政管理局于 1993 年颁布《期货经纪公司登记管理暂行办法》中规定由

国家工商行政管理局管辖的期货经纪公司，应当直接向国家工商行政管理局申请登记注册；其他期货经纪公司应经所在地省、自治区、直辖市工商行政管理局初审后，报国家工商行政管理局核准登记注册；期货经纪公司分支机构的设立，仍按上述程序办理。中国证券监督管理委员会、国家外汇管理局、国家工商行政管理局、公安部等四部门1994年联合发出的《关于严厉查处非法外汇期货和外汇按金交易活动的通知》中明确规定：各金融机构、期货经纪公司及其他机构从事外汇期货和外汇按金交易，必须经中国证监会和国家外汇管理局批准。未经批准，任何单位一律不得经营外汇期货和外汇按金交易。被告宜昌市景邦经济咨询公司未经国家证监会和国家外汇管理局批准，也未在国家工商行政管理局登记注册，不具备期货交易的主体资格，被告与原告陈娇秀所签订的外汇期货交易合同是无效的。

2. 严格实行过错责任原则，分清责任大小，是处理无效经济合同的有效手段和办法

我国《经济合同法》中规定经济合同被确认无效后，有过错的一方应赔偿对方因此所受的损失；如果双方都有过错，各自承担相应的责任。被告宜昌市景邦经济咨询公司自称是香港景邦和中信集团所属深圳租赁公司外汇交易部在三峡地区业务代理，利用宣传资料招揽客户，引诱原告陈娇秀与其签订“代客外汇买卖合同”。被告采用欺诈行为，引诱他人从事外汇期货交易，被告应承担相应大的过错责任。原告系上当受骗，在未查明被告真实情况下盲目投资，过错小，承担相应小的过错责任。

（刘晓蓉）

第五篇 商标、专利(非专利)、不正当竞争案例

61．天津狗不理包子饮食(集团)公司诉哈尔滨市香坊区天龙阁饭店等商标侵权案

(一)首部

1．判决书字号

一审判决书:黑龙江省哈尔滨市香坊区人民法院(1993)香经初字第37号。

二审判决书:黑龙江省哈尔滨市中级人民法院(1993)哈经终字第295号。

再审判决书:黑龙江省高级人民法院(1994)黑高经再字第93号。

2．案由:侵犯商标专用权案。

3．诉讼双方

原告(二审上诉人、再审申请人):天津狗不理包子饮食(集团)公司。

法定代表人:丁承志,总经理。

委托代理人:王德钰,黑龙江省大众律师事务所律师。

委托代理人:于宏,黑龙江省大众律师事务所律师。

被告(二审被上诉人,再审对方当事人):哈尔滨市香坊区天龙阁饭店。

法定代表人:陶德,经理。

委托代理人:任永达,黑龙江省光华律师事务所律师。

被告(二审被上诉人、再审对方当事人):高渊,男,35岁,天津市公交三厂工人。

4．审级:再审。

5．审判机关和审判组织

一审法院:黑龙江省哈尔滨市香坊区人民法院。

合议庭组成人员:审判长:孙成勇;代理审判员:金美花、关晓梅。

二审法院:黑龙江省哈尔滨市中级人民法院。

合议庭组成人员:审判长:赵日新;审判员:何增凯;代理审判员:焦崇升。

再审法院:黑龙江省高级人民法院。

合议庭组成人员:审判长:徐贵增;审判员:迟东音;代理审判员:卢兆繁。

6．审结时间

一审审结时间:1993 年 8 月 20 日。

二审审结时间:1993 年 12 月 8 日。

再审审结时间:1994 年 12 月 28 日。

(二)一审情况

1．一审诉辩主张

原告诉称:本公司已于 1980 年对狗不理包子进行了商标注册。被告天龙阁饭店自 1991 年 3 月起在该店门上方悬挂“天津狗不理包子”牌匾,在被告天龙阁饭店与被告高渊的协议中约定建立以天津正宗“狗不理”包子为主的餐馆,其行为已侵犯了原告的商标专用权,请求法院判令两被告立即停止侵权行为,并在报纸上公开道歉,赔偿原告经济损失。

被告哈尔滨天龙阁饭店辩称:该饭店与高渊所订的合作协议系意向性协议,实际是雇用高渊为面案师傅。该店所悬挂的牌匾系“正宗天津狗不理包子第四代传人高耀林、第五代传人高渊”,该牌匾系高渊制作,目的是宣传正宗传人的特殊身分,未侵犯原告的商标专用权。

被告高渊辩称:该牌匾系宣传其家源身分,牌匾上“狗不理”是其曾祖父的乳名、艺名,“包子”是其家传技艺,均非商标,故未侵犯原告商标专用权。

2．一审事实和证据

经审理查明:1980 年 7 月,原告天津狗不理包子饮食(集团)公司(以下简称狗不理包子饮食公司)取得国家工商行政管理总局第 138850 号狗不理牌商标注册证。1991 年 1 月 7 日被告高渊与被告哈尔滨市香坊区天龙阁饭店(以下简称天龙阁饭店)法定代表人陶德签订合作协议一份。1991 年 3 月,被告天龙阁饭店开业后即在店门上方悬挂内容为“正宗天津狗不理包子第四代传人高耀林、第五代传人高渊”牌匾一块,牌匾为高渊所作。该饭店并聘请高渊为面案厨师,自 1991 年 3 月起经营包子。

3．一审判案理由

哈尔滨市香坊区人民法院认为:

两被告制作和悬挂该牌匾和签订合作协议的行为是宣传“狗不理”创始人高贵友的第四代与第五代传人高耀林和高渊的个人身分,均不是在包子或者类似商品上使用与原告注册商标相同或者近似的商标、商品名称或商品装璜。故原告认为两被告侵犯其商标专用权证据不足。原告要求两被告停止侵权行为和在报纸上公开道歉及赔偿经济损失的请求,不予支持。

4．一审定案结论

一审法院认定两被告侵犯其商标专用权证据不足,故驳回原告诉讼请求。

案件受理费 3960 元由原告自行承担。

(三)二审情况

一审判决后,原告狗不理包子饮食公司不服,以原审判决认定事实不清,适用法律不当,有违公平原则为由上诉至哈尔滨市中级人民法院。

1．二审事实和证据

哈尔滨市中级人民法院查明:1991 年 1 月 7 日被上诉人高渊与陶德签订合作协议一份,约定双方合作在哈尔滨市建立以天津正宗狗不理包子为主的餐馆,由陶德负责提供经营场所、营业执照及全部流动资金,高渊提供并传授技术,同时负责提供天津正宗狗不理包子名称的宣传。1991 年 3 月天龙阁饭店开业,陶德为经理,聘用高渊为饭店面案厨师,饭店门上方悬挂由高渊制作的“正宗天津狗不理包子第四代传人高耀林、第五代传人高渊”字样的牌匾一块。天龙阁饭店自1991年3月开业后经营包子。另查明，上诉人天津狗不理包子饮食公司于1980年7月取得国家工商行政管理总局第138850号商标注册证，注册商标为“狗不理牌”。

2. 二审判案理由

哈尔滨市中级人民法院认为：被上诉人高渊及天龙阁饭店制作并悬挂的牌匾是对人的身分的宣传，而不是对上诉人注册商标的宣传，且被上诉人并未在包子或类似商品上使用与上诉人商标相同或相似的商标、商品名称或商品装璜。因此，被上诉人侵犯上诉人商标专用权证据不足，对上诉人的上诉请求不予支持。

3. 二审定案结论

根据《中华人民共和国民事诉讼法》第一百五十三条第一款第（一）项“原判决认定事实清楚，适用法律正确的，判决驳回上诉，维持原判决”的规定，判决：

驳回上诉，维持原判决。

案件受理费3960元由上诉人承担。

（四）再审诉辩主张

二审宣判后，狗不理包子饮食公司仍不服，以天龙阁饭店和高渊已经构成商标侵权为理由，向黑龙江省高级人民法院提出再审申请。该院于1994年12月14日裁定，决定对该案进行提审。

（五）再审事实和证据

经黑龙江省高级人民法院审理查明：原判认定的事实基本清楚。另查明：天龙阁饭店门上方仅悬挂中间为大字“天津狗不理包子”，上下为小字“正宗”和“第四代传人高耀林、第五代传人高渊”的牌匾，未悬挂天龙阁饭店牌匾。天龙阁饭店经营期间盈利44800元。狗不理包子饮食公司于1980年7月已经取得国家工商局商标注册证，1993年3月1日，国家工商局又批准该商标续展10年。在本案审理期间，本院委托国家工商局鉴定，认为天龙阁饭店和高渊签订协议及制作、悬挂前述牌匾已经构成了商标侵权行为。

（六）再审判案理由

黑龙江省高级人民法院再审认为：“狗不理牌”商标是狗不理包子饮食公司在国家工商局注册的有效商标，依法享有专用权并受法律保护。高渊虽自称为狗不理包子创始人的后代，但其不享有“狗不理”商标的使用权，亦无权与天龙阁饭店签订有关“狗不理”商标使用方面的协议。天龙阁饭店和高渊制作并悬挂牌匾，是为了经营饭店，不是为了宣传“狗不理”包子的传人，其未经狗不理包子饮食公司的许可，擅自制作并使用“狗不理”商标，属于《中华人民共和国商标法》第三十八条第一项所述的商标侵权行为，构成对狗不理包子饮食公司的商标专用权的侵害。两被告应当停止侵害，并赔偿因此给狗不理包子饮食公司造成的经济损失。原判对天龙阁饭店和高渊的行为性质认定属适用法律不当，应予纠正。

（七）再审定案结论

根据《中华人民共和国商标法》第三十八条“有下列行为之一的，均属侵犯注册商标专用权：(1)未经注册商标所有人的许可，在同一种商品或者类似商品上使用与其注册商标相同或者近似的商标的……”；第三十九条“有本法第三十八条所列侵犯注册商标专用权行为之一的，被侵权人可以向侵权人所在地的县级以上工商行政管理部门要求处理。有关工商行政管理部门有权责令侵权人立即停止侵权行为，赔偿被侵权人的损失，赔偿额为侵权人在侵权期间因侵权所获得的利润或者被侵权人在被侵权期间因被侵权所受到的损失……”；《中华人民共和国民法通则》第一百三十四条第一款第（一）、（七）、（十）项，承担民事责任的方式主要有：停止侵害、赔偿损失、赔礼道歉；《中华人民共和国民事诉讼法》第一百八十四条关于“人民法院按照审判监督程序再审的案件……上级人民法院按照审判监督程序提审的，按照第二审程序审理，所作的判决、裁定是发生法律效力的判决、裁定”；第一百五十三条第一款第（二）项“原判决适用法律错误的，依法改判”的规定，黑龙江省高级人民法院于 1994 年 12 月 28 日判决：

1. 撤销哈尔滨市中级人民法院（1993）哈经终字第 295 号民事判决和哈尔滨市香坊区人民法院（1993）香经初字第 37 号民事判决。

2. 天龙阁饭店和高渊停止对狗不理包子饮食公司注册商标的侵权行为，自本判决生效之日立即摘掉悬挂于天龙阁饭店门前的牌匾并予以销毁。

3. 天龙阁饭店和高渊于本判决生效之日起 30 日内在哈尔滨市级以上报纸上刊登声明，向狗不理包子饮食公司公开赔礼道歉，声明的内容由法院审定，逾期则由狗不理包子饮食公司登报声明，声明的内容由法院审定，其费用由天龙阁饭店和高渊负担。

4. 天龙阁饭店和高渊赔偿狗不理包子饮食公司因商标专用权被侵害造成的经济损失 44800 元，并相互承担连带赔偿责任，于本判决生效 10 日内偿付，逾期按《中华人民共和国民事诉讼法》第二百三十二条执行。

一、二审案件受理费 7380 元由天龙阁饭店和高渊共同负担。

（八）解说

此案事实比较清楚，关键问题是对被告天龙阁饭店与高渊订立协议，并在该饭店门前悬挂“天津狗不理包子”的牌匾经营包子的行为如何认定，即是以“狗不理”包子创始人后代的身分，宣传高家传人，还是属擅自使用狗不理饮食公司的商标构成商标侵权。再审法院经过审理，确认两被告的行为已构成商标侵权。

1. 狗不理包子的由来及演变

19 世纪 40 年代，河北武清县农民高贵友（乳名狗不理）到天津刘家蒸食当学徒，三年出师后，不甘寄人篱下，自己开了一包子铺，店名“德聚号”，当地老百姓习惯称之“狗不理”。1947 年包子铺由第三代传人高焕文、高焕章经营，1949 年工商登记仍为“德聚号”，该店于 1953 年倒闭。1956 年，当地政府为了恢复天津的风味食品，集中了当时德聚号等有名气的几家包子铺的技术人员，重新开办天津包子铺。此时系国营企业，高焕章任副经理，享受国家工资。高焕章之子高耀林未承祖业，在一企业当领导，高耀林之子高渊系天津市公交三厂工人。由此可见，现天津狗不理饮食公司是在当地政府扶持下，在当年已倒闭的高贵友始创的德聚号基础上逐步演变发展起来的。

2. 两被告的行为侵害了原告的商标专用权

商标专用权，是指商标注册人对其注册商标的专用权。商标经法定程序核准批准注册后，商标所有人便成为商标注册人并获取了注册商标的专用权，受法律保护。

商标专用权包括使用权和禁止权。使用权是指注册商标的所有人，在注册商标所核定的商品上，有完全使用该商标的权利，这种权利是商标权独占性的法律表现。禁止权是指商标注册人禁止他人未经其许可而使用注册商标的权利，这种权利是商标权排他性的法律表现，如果没有这种权利，任他人将同商标所有人的注册商标相同或近似的商标，使用于同一种商品或类似商品上，必然会造成商品出处混淆，妨碍注册商标的使用，损害商标所有人及消费者的利益。因此，我国《商标法》禁止他人未经商标所有人许可，在同一种或类似商品上使用相同或类似商标，否则，都要认定为是侵权行为，要受到《商标法》的追究。本案被告高渊虽系“狗不理”包子创始人的后代，但因狗不理饮食公司在此之前已经由有关部门获准注册了“狗不理”商标，取得了该商标的专用权，其未经商标所有人许可，不论以何种理由均不可以也无权使用“狗不理”这一商标，因此他与天龙阁饭店订立的使用“狗不理”商标经营包子的协议的行为，应视为是无效的民事行为。

对两被告制作并悬挂“狗不理包子铺”牌匾，使用该商标经营饭店获利的行为应认定为系商标侵权行为，而不能仅认定为是为了宣传包子传人的身分。

在社会主义市场经济中，企业的某种商标不仅是区分商品生产者或经营者的标志，还代表着某些特定商品的特定质量，不仅凝集着企业的信誉，也起着商品的广告并成为消费者选择商品依据的作用。特别是在当前激烈的市场竞争中，一些老字号享有盛誉的商标，还成为企业特定商品的象征，一些企业通过扩大商标的知名度而在市场竞争中得以取胜，创造出广泛的市场效应，促进企业的不断发展。

两被告正是利用“狗不理”商标在社会上的知名度来开店营利的。作为饮食业饭店出售的包子，属于一种特殊商品，它与在商店柜台上所销售的印有某种商标标记的商品有所不同，它的制作过程属前店后厂，具有即食即卖的特点，因此它不可能在每个包子上都印上“狗不理”商标的印记，那么消费者要区分哪个店是“狗不理”包子的经营者，主要就是根据经营者门前所悬挂的牌匾来辨别。在这种情况下，对两被告饭店前悬挂着“天津狗不理包子铺”的牌匾，店内经营包子，店内外相互配合，所悬挂的牌匾应视为是对店内所谓“狗不理”包子所作出的一种广告宣传，由于广告与营销为一体，足以使消费者造成一种误解。事实上也是这样，顾客进饭店是为了品尝天津狗不理包子，不是仅来看狗不理包子传人的后代。从实质上说，两被告挂牌匾卖包子其目的是为了利用“狗不理”这一具有较高知名度的商标招徕顾客，不正当地享有其商誉，以获取较大的经济效益。根据《中华人民共和国商标法》第三十八条第一项规定，未经注册商标专用权人许可，在同一种商品或类似商品上使用与注册商标相同或近似的商标属于侵权行为。无论两被告在主观上是出于故意还是过失，均已构成对原告商标专用权的侵害。

3. 对两被告商标侵权的处理

我国《商标法》把保护商标专用权作为立法的核心，通过对侵犯商标专用权行为的制裁，制止商标侵权活动，来实现对商标专用权的保护，以维护正常的市场经济秩序。

再审法院在处理此案中，判令侵权者停止对原告商标的侵权行为，公开赔礼道歉、赔偿损失等责任方式，是依据《中华人民共和国商标法》、《民法通则》的规定进行的。由于侵权者未经商标所有人同意，擅自使用他人注册商标标识，在商品来源上造成欺骗性，必然会侵占商标所有人在正常情况下理应属其的部分市场份额和营业利润，使其在声誉和经济上受到损失，因此，判令被告赔偿在商标侵权期间给原告造成的经济损失并承担诉讼费，是对侵权者一种应有的惩罚。同时使用上述几种惩罚的几种责任方式，既使商标所有人的经济损失得到补偿，又使侵权行为得以制止并受到相应制裁。

（吴美强　徐贵增）

62. 少年儿童出版社诉陕西旅游出版社商标侵权案

(一)首部

1. 调解书字号:上海市黄浦区人民法院(1994)经初字第 824 号。

2. 案由:商标侵权案。

3. 诉讼双方

原告:少年儿童出版社。

法定代表人:周舜培,社长。

委托代理人:郑传本,郑传本律师事务所律师。

委托代理人:鲁志成,郑传本律师事务所律师。

被告:陕西旅游出版社。

法定代表人:郭联耀,社长。

委托代理人:宋援刚,该社社长助理。

4. 审级:一审。

5. 审判机关和审判组织

审判机关:上海市黄浦区人民法院。

合议庭组成人员:审判长:罗卫平;代理审判员:杨捷、张惠根。

6. 审结时间:1994 年 8 月 5 日。

(二)诉辩主张

1. 原告及其委托代理人诉称:原告于 1983 年创办刊物《故事大王》,并于 1988 年 7 月向国家工商局登记注册了"故事大王"刊名,依法享有"故事大王"商标专用权。《故事大王》创办后,原告十分注重刊物质量,所刊作品通俗易懂、生动活泼、寓教于乐,深受广大少年儿童喜爱,是目前国内发行量最大的故事月刊。《故事大王》曾被全国新华书店总店评为"全国十大畅销书"之一。创刊十年来,《故事大王》用于广告宣传费用累计已达数百万元。1993 年 4 月被告擅自冠以"故事大王"名称,出版了三辑儿童故事集,分精装、平装、盒装三种,每辑定价 10 元,印数 2 万套,由河北省石家庄市某印刷厂印刷,并向上海及全国各地征订销售,共盈利达 10 万余元。

原告认为:被告出版的所谓《故事大王》中,有被告直接盗印原告刊出的作品和拼凑的其他作品,严重损害了原告的声誉,被告以营利为目的,假冒使用原告注册商标《故事大王》,主观故意明确,侵犯了原告的商标专用权,亦使原告的经济利益蒙受损失,要求法院判令被告停止侵权,公开道歉,并赔偿经济损失 10 万元。

2. 被告及其委托代理人答辩意见:原告登记注册商标的《故事大王》系期刊,而被告编印出版的《故事大王精粹》系故事集书籍,被告非故意侵权,且被告虽出版印数 2 万套,但因成本和发行等原因,盈利不足 10 万元。

（三）事实和证据

上海市黄浦区人民法院经公开审理查明：《故事大王》由原告少年儿童出版社创办于1983年初，当时是一种不定期的儿童故事丛刊。原告于1988年7月向国家工商行政管理局商标局登记注册了《故事大王》刊名，商标注册号为318107号，有效期限自1988年7月10日至1998年7月9日。原告为将《故事大王》办成适合小学中高年级学生阅读的通俗读物和高起点、高质量的刊物，针对这个年龄期儿童喜爱故事的特点，将刊物命名为《故事大王》，特聘请国内著名作家、演员、播音员、儿童教育工作者陈伯吹、孙敬修、张瑞芳、刘兰芳、乔奇、陈醇、姜昆、刘之璋等人担任《故事大王》顾问。由于刊名富有儿童特点，刊物内容丰富生动，《故事大王》期刊第一册的印数即达35万册，以后几册的印数不断上升，创刊第一年就被全国新华书店总店评为1983年“全国十大畅销书”之一。《故事大王》从1985年起改为月刊，由邮局向全国发行，改刊第一年印数即达180万，成为全国发行量最大的儿童刊物。1989年原告和台湾小牛顿出版社签订合同，以版权贸易方式出版台湾版《故事大王》，受到台湾小读者的欢迎，为促进海峡两岸的文化交流作出了贡献。原告还编辑出版了《故事大王选集》、《故事大王丛书》、《故事大王画册》、《故事大王100期精选》等书，累计印数均在100万册以上。10年来，原告为扩大《故事大王》的影响，曾和团中央、全国妇联、文化部、中央电视台、中央人民广播电台等单位联合举办了四届“全国故事大王选拔赛”，产生了巨大的社会反响，全国40余家报刊均先后发表过介绍《故事大王》的文章，原告的《故事大王》已成为全国知名度最高，发行量最大的儿童期刊和读物。

1944年4月，被告陕西旅游出版社未经原告许可，以《故事大王精粹》名称，并突出了“故事大王”四个大字，抄袭拼凑各类书刊（包括原告《故事大王》）上发表过的作品，既未署作者名字，又未支付稿酬，出版了三集八册儿童故事集，印数2万套，向上海及全国各地征订发行。

以上事实有下列证据证明：

1．原告《故事大王》期刊登记证。

2．原告“故事大王”商标注册证。

3．原告《故事大王》书刊样书。

4．原告有关《故事大王》广告。

5．报刊对《故事大王》的宣传报道。

6．原告与台湾小牛顿出版社的版权贸易合同及台湾版《故事大王》样书。

7．被告《故事大王精粹》样书。

8．被告《故事大王精粹》的广告。

9．被告向上海等地新华书店发出的有关“故事大王精粹”征订单。

（四）判案理由

上海市黄浦区人民法院鉴于上述事实认为：

1．根据《中华人民共和国民法通则》第九十六条“法人、个体工商户、个人合伙依法取得的商标专用权受法律保护”和《中华人民共和国商标法》第三条“经商标局批准注册的商标为注册商标，商标注册人享有商标权，受法律保护”的规定，原告享有的“故事大王”商标专用权，应受法律保护。

2．根据《中华人民共和国民法通则》第九十四条“公民、法人享有著作权（版权），依法享有署名、发表、出版、获得报酬等权利”和《中华人民共和国著作权法》第十一条“著作权属于作者……”和第十四条“编辑作品由编辑人享有著作权……”的规定，原告及在《故事大王》上发表作品的作者享有该作品的著作权，应受法律保护。

3. 根据《中华人民共和国商标法》第三十八条第一项“未经注册商标所有人的许可，在同一种商品或者类似商品上使用与其注册商标相同或者近似的商标的”属侵犯注册商标专用权和《中华人民共和国著作权法》第四十八条第一项“未经著作人许可，发表其作品的属侵权行为”的规定，被告未经原告许可，在与原告类似的商品上使用了原告的注册商标，并复制发行了原告的作品，侵犯了原告的商标权和著作权。

4. 根据《中华人民共和国反不正当竞争法》第五条“经营者不得采用下列不正当手段从事市场交易，损害竞争对手：（一）假冒他人的注册商标；（二）……使用与知名商品近似的名称、包装、装潢，造成和他人的知名商品相混淆，使购买者误认为是该知名商品”的规定，被告假冒原告注册商标和使用与原告知名商品近似的名称，造成与原告知名商品相混淆，已构成不正当竞争行为，损害了原告利益。

5. 被告依法应停止侵权，向原告公开道歉并赔偿经济损失。

（五）定案结论

上海市黄浦区人民法院根据《中华人民共和国民法通则》第一百三十四条和《中华人民共和国民事诉讼法》第九条之规定，经开庭审理，在查明事实、分清责任的前提下，于1994年8月5日主持调解，原、被告双方自愿达成如下协议：

1. 被告陕西旅游出版社立即停止侵犯原告少年儿童出版社“故事大王”商标专用权的行为。

2. 被告向原告公开声明道歉（声明的形式和内容已经原告同意，法院认可），于1994年9月5日前履行完毕。

3. 被告赔偿原告经济损失5.6万元，于1994年8月5日给付原告3万元，余款于同年12月30日前付清。

4. 案件受理费3510元（原告已预交）由被告负担，于1994年12月30日前直接给付原告。

5. 原、被告双方无其他争执。

（六）解说

本案是原告起诉被告商标侵权的经济纠纷案件，被告的行为亦构成了对原告著作权的侵犯，同时又是一起不正当竞争纠纷。原告经登记注册，依法享有“故事大王”的商标专用权，并经多年努力，使《故事大王》刊物和《故事大王》丛书名扬天下，深受全国广大少年儿童读者的欢迎和喜爱。原告享有的有关“故事大王”的知识产权，是具有显著经济效益和价值的无形资产。被告以营利为目的，为了增加印数，置有关法律、法规于不顾，采用不正当竞争手段，利用原告“故事大王”的名牌效应，推销商品，侵犯了原告的注册商标权等合法权益，扰乱了社会经济秩序。审理好这类案件，直接关系到经济审判为建立社会主义市场经济服务，规范企业之间的商业竞争，保护知识产权享有人的合法权益不受侵犯的问题，受诉法院及时审理这起经济纠纷，在查明事实，分清责任后依法主持调解，使原告的权益得到保护，使被告受到法制教育，接受教训，规范经营行为，并在调解后自觉履行协议，在停止侵权和赔偿原告损失的同时，自行登报声明，向原告公开道歉并保证今后不再发生类似事件。本案的审理结果经新闻媒介披露后，其他一些对原告《故事大王》侵权的出版商，也主动或经交涉向原告表示歉意和给予经济补偿，从而取得了良好的社会效果。

（罗卫平）

63. 哈尔滨磁化器厂诉江苏省高淳陶瓷灯饰联合公司侵犯专利权、注册商标专用权、法人名称权案

（一）首部

1. 判决书字号：江苏省南京市中级人民法院（1993）经字第115号。

2. 案由：侵犯专利权、注册商标专用权、法人名称权案。

3. 诉讼双方

原告：哈尔滨磁化器厂（下称哈磁厂）。

法定代表人：郭立文，厂长。

委托代理人：史振杰，哈磁集团公司法律部副部长。

被告：江苏省高淳陶瓷灯饰联合公司（下称灯饰公司）。

法定代表人：高志文，总经理。

委托代理人：蒋罗小，该公司经营部经理。

委托代理人：谷昌龙，江苏省高淳县律师事务所律师。

4. 审级：一审。

5. 审判机关和审判组织

审判机关：江苏省南京市中级人民法院。

合议庭组成人员：审判长：钟爱莉；审判员：张辉、马淑琴。

6. 审结时间：1994年12月23日。

（二）诉辩主张

1. 原告诉称："H型强场磁化杯"系郭立文拥有的实用新型专利，哈磁厂享有全国独占实施权。哈磁厂拥有"磁化水生命之水"的合法图形商标。被告灯饰公司未经哈磁厂的许可，非法生产、销售原告拥有的专利、商标和名称权的磁化杯，侵犯了原告的专利权、商标权和名称权。原告要求灯饰公司立即停止侵权行为，赔偿原告的经济损失。

2. 被告辩称：灯饰公司虽有销售哈磁厂磁化杯的行为，但事实上并无盈利，请求法院公正处理。

（三）事实和证据

江苏省南京市中级人民法院于1993年5月24日受理本案后，经公开开庭审理查明：1988年5月8日，郭立文以其设计的"H型强场磁化杯"向中国专利局申请实用新型专利，1989年8月16日，中国专利局授予了实用新型专利权（专利号88205378·7）。嗣后，郭立文将该专利的独占实施权转让给哈磁厂。1993年1月30日，国家工商行政管理局商标局依法核准了哈磁厂申请的"磁化水生命之水"图形商标。1992年10月始，灯饰公司的高淳日用瓷厂组装外壳印有哈磁厂厂名、专利名称、专利号、商标图形的磁化杯，后开始自行销售。1992

年11月至12月间，灯饰公司以抵欠货款的形式售给南京东风玻璃厂上述磁化杯(下称哈磁杯)共计19740只(为此哈磁厂诉至云南省昆明市中级人民法院，法院已受理)。1993年2月至同年3月间，灯饰公司销售哈磁杯至徐州、湖北等地，共计25780只，销售额193350元，实际已获利15580元。1993年4月8日，高淳县人民检察院对灯饰公司假冒哈磁厂商标一事立案审查，并于1993年6月2日对灯饰公司罚款1万元。

以上事实有下列证据证明：

1. H型强场磁化杯全国独占专利实施许可合同、中国专利局第26922号实用新型专利证书、商标注册公告、企业法人执照。

2. 高淳县人民检察院宁高检刑免字(1993)第25号免予起诉决定书。

3. 灯饰公司与江苏省泰州市第一百货公司的购销合同、南京东方玻璃总厂与灯饰公司的以货抵债协议。

4. 受诉法院的谈话笔录、调查笔录和开庭笔录。

(四)判案理由

南京市中级人民法院鉴于上述事实认为：被告灯饰公司未经原告同意，擅自生产、销售印制有原告专利名称、专利号、商标图形、厂名的磁化杯，侵犯了原告的专利、商标、名称权，依法应承担侵权的民事责任。

(五)定案结论

南京市中级人民法院依据《中华人民共和国民法通则》第一百二十条第二款、《中华人民共和国专利法》第六十三条第一款、第六十条第一款、《中华人民共和国商标法》第三十八条第一项、第三十九条第一款之规定，判决如下：

1. 灯饰公司停止生产、销售侵犯哈磁厂专利、商标、名称权的磁化杯。

2. 灯饰公司赔偿哈磁厂经济损失1万元，在判决生效后一个月内付清。

案件诉讼费5510元，由灯饰公司承担。

审判后，原、被告均没有上诉。

(六)解说

本案被告灯饰公司的行为已构成了对他人商标专用权、专利权和法人名称权的侵犯，这一点是显而易见的。本案的关键是处理好以下两个问题：

1. 本案原告哈磁厂以独占专利实施的受让方的身分，是否具有进行专利诉讼的资格。郭立文是“H型强场磁化杯”合法的专利权人。哈磁厂通过与郭立文订立“全国独占专利实施许可合同”，而获得了实施该专利并取得经济利益的权益。尽管就诉权问题，该合同中没有特别授权，但是该独占实施合同的性质显示出，任何第三者假冒“H型强场磁化杯”专利的行为，既是对郭立文专利权的侵犯，也是对哈磁厂财力投入后的可期待利益的损害。另一方面，哈磁厂所享有的专利实施权也是专利权的重要内容。郭立文的专利，是其技术和智力活动的成果，这种成果为新型实用的产品问世提供了技术上的可能性。哈磁厂以订立专利独占实施合同和支付专利使用费的承诺为前提，投入了一定的财力后，才使该专利技术转变成了现实的、可以推销获得利益的专利产品。该专利产品凝结了郭立文的智力投入和哈磁厂的大量的物质和财力上的投入。从该专利使用费仅占销售额的5%的双方约定来看，哈磁厂的投入大于郭立文的投入。从我国诉讼立法制度来看，诉的基本特征之一在于，提出民事请求的一方乃是自己合法权益受到侵犯和与他人发生争议的个人或法人。因此，该案认可哈磁厂的专利诉讼资格是正确的。

2．本案的侵权赔偿范围。灯饰公司为了获得商业利润，采取了非法假冒哈磁杯的手段，擅自生产、销售印制有郭立文专利名称、专利号、商标图形、厂名的磁化杯，分别地侵犯了哈磁厂的专利实施权、商标权和企业名称权。在确定侵权赔偿范围时，必须分析上述三方面侵权的关系。从该产品构成上讲，哈磁杯作为知名商品，它的构造和形状与同类商品相比较大同小异，然而该产品上所注明的专利、商标和企业名称已成为哈磁杯区别于其他同类产品的显著标志。这说明了灯饰公司在假冒哈磁杯的过程中，已经构成对原告专利实施权（这里指独占权）、商标权和名称权的共同侵权，这三种侵权共同发生、密不可分，任何单方面的侵权都很难以实现灯饰公司推销假冒哈磁杯的目的。考虑到专利权人郭立文未向法院就灯饰公司专利侵权提起诉讼，所以，本案不宜分别确定专利侵权、商标侵权和名称侵权的各自赔偿范围，进而分别裁判；而应该以被告推销假冒专利产品的非法获利额或者销售额的一定比例或者原告的实际损失作为侵权赔偿范围。本案就是在上述范围内具体确定了一个综合赔偿数额。所以，南京市中级人民法院裁决被告停止侵权，赔偿原告经济损失1万元是正确的。

（董　鸣）

64. 化学工业部自动化研究所诉王中美等非专利技术侵权损害赔偿案

（一）首部

1．裁判书字号

一审判决书：甘肃省兰州市中级人民法院（1992）兰法经字第38号。

二审裁定书：甘肃省高级人民法院甘法经上字第（1992）77号。

重审判决书：甘肃省兰州市中级人民法院（1993）兰法经初字第72号。

重审二审判决书：甘肃省高级人民法院（1993）甘法经终字第83号。

2．案由：非专利技术侵权损害赔偿案。

3．诉讼双方

原告（二审被上诉人）：化学工业部自动化研究所（以下简称自动化所）。

法定代表人（一审、重审）：周庆人，所长。

法定代表人（二审）：张忠仁，所长。

委托代理人（一审、重审、二审）：张万诚，该所高级工程师。

委托代理人（一审、重审、二审）：周林彬，兰州大学法律系副教授。

被告（二审被上诉人）：王中美，原系自动化所工程师。

委托代理人（一审）：孙长生，兰州金城经济贸易律师事务所律师。

被告（二审上诉人）：西北同位素仪表集团公司（以下简称西同公司）。

法定代表人：孔庆贤，经理。

委托代理人（一审、重审）：马建国，兰州金城经济贸易律师事务所律师。

委托代理人（重审、二审）：朱承峨，该公司办公室主任。

4. 审级：二审。

5. 审判机关和审判组织

一审法院：甘肃省兰州市中级人民法院。

合议庭组成人员：审判长：刘继红；代理审判员：杨勇杰、张晓春。

二审法院：甘肃省高级人民法院。

合议庭组成人员：审判长：马治明；代理审判员：张永祥、刘工。

重审法院：甘肃省兰州市中级人民法院。

合议庭组成人员：审判长：徐翔；审判员：栗青生；代理审判员：付觉非。

二审法院(重审上诉法院)：甘肃省高级人民法院。

合议庭组成人员：审判长：杨丽萍；代理审判员：张永祥、罗应龙。

6. 审结时间

一审审结时间：1992 年 7 月 30 日。

二审审结时间：1993 年 2 月 19 日。

重审审结时间：1993 年 9 月 8 日。

重审二审审结时间：1994 年 1 月 21 日。

(二)一审情况

1. 一审诉辩主张

(1)原告诉称：1991 年 5 月 28 日至 1991 年 8 月 23 日，第一被告王中美利用在自动化所担任 HZ(化自)3531 型防爆工业 PH 计课题组负责人职务之便，与第二被告西同公司，对自动化所拥有的 HZ(化自)3531 型系列防爆工业 PH 计技术成果进行了一系列侵权活动。请求确认西同公司生产、销售的防爆工业 PH 计产品技术是自动化所的职务技术成果，并要求西同公司停止侵害，赔偿给自动化所造成的经济损失 308916.1 元。

(2)第一被告王中美辩称：我调离自动化所时，曾经对 PH 计项目进行审计，结论是图纸资料移交完毕，所以窃取全套技术资料的事实不能成立；自动化所的 PH 计课题研制工作开始于 1986 年 2 月，但未成功。1988 年 4 月决定重新设计，由我负责，仅用两星期时间按照横河 8511 型样机，参考 PH6F 表的形式设计完毕，1991 年通过鉴定，但主要指标未达到横河 PH6F 表的水平，但西同公司的 PHG3530 型表达到并超过横河 PH8F 的水平，基本结构也与该 PH$\sum$表一致，不能说高两个数量级的仪表侵犯低水平的产品成果；川维厂急需的 PH 计需用进口电极，当时自动化所不能按时提供进口电极，我出于对客户负责，将信息提供给西同公司，并未侵犯自动化所的权益。因此答辩请求取得 HZ3531 型压力流通式防爆工业 PH 计荣誉证的权利及各种奖励。

(3)第二被告西同公司辩称：根据《技术合同法》以及国家科委关于技术成果评价和权属问题的说明，非专利技术成果的使用权、转让权与专利权不同，只存在特定的当事人之间，具体地说就是单位与职工之间以及合同当事人之间，另外非专利技术没有对抗第三者的效力，只在单位和职工之间，合同当事人之间具有法律约束力，不影响任何掌握该项技术的第三方使用、转让同一技术。因此对本公司的诉讼没有法律根据。

2. 一审事实和证据

甘肃省兰州市中级人民法院经调查、收集证据查明：

1986 年 2 月，自动化所承担了中国化工装备总公司下达的防爆型 PH 计的研制与生产任务。1987年6月仿照日本横河样机绘制了图纸。1988年自动化所指定王中美为课题组负责人继续进行研制。后该技术成果经有关部门测试和检验后取得了合格证和生产许可证,并取得了化工部科技司颁发的"科学技术成果视同鉴定证书"。在此期间,王中美等人以星期日工程师服务组的名义在1988年1月4日与甘肃省兰州特种仪表研究所签订了试制生产防爆工业PH计合同,同年2月绘出图纸。1991年5月28日,自动化所委托兰州飞控仪器总厂科研一所加工10套PH计机械部件,同年7月2日王中美又代表西同公司与科研一所协商续订了10套PH计机械部件。同年6月15日,王中美代表自动化所与四川维尼纶厂(简称川维厂)签订了PH计订货合同,合同履行期间,王中美在自动化所给川维厂的函中擅自增加内容称:自动化所不能按期交货,请订西同公司的PH计,同时寄去西同公司的合同,致使自动化所的PH计被拒收,西同公司收取货款12500元。王中美还将西同公司制造的PH计给兰化有机厂销售了一台,收取货款12500元。1991年8月23日王中美调离自动化所。1992年3月在甘肃省1992技术市场交易会上,西同公司与自动化所同时展出3530系列防爆型工业PH计。自动化所发现西同公司展品的颜色、型号、结构、性能与本所的完全一致,于1992年4月16日向一审法院提起诉讼。

上述事实,有"科技产品试制合同书"、"HZ3531型防爆工业PH计计量器具生产许可证"、订货合同、川维厂和科研一所的证明材料及当事人陈述、证人证言等予以证实。

3. 一审判案理由

兰州市中级人民法院基于上述事实认为:

3530系列防爆工业PH计是自动化所指派王中美会同有关人员仿照成品研制的,并经化工部科技司的认可,系职务技术成果。故该技术成果的使用权与转让权属于自动化所。王中美身为自动化所PH计课题组负责人,在该项技术研制期间,未经本所同意,成立星期日工程师服务小组,剽窃自动化所的技术,为西同公司绘制图纸,且参与加工、销售与自动化所相同的产品,王中美与西同公司的行为系侵权行为,应承担侵权的民事责任。

4. 一审定案结论

兰州市中级人民法院依据《中华人民共和国民法通则》第一百一十八条、第一百三十四条第一款第(一)项、第(七)项,《中华人民共和国技术合同法》第六条第一款之规定,判决如下:

(1)王中美、西同公司停止制造、销售3530系列防爆工业PH计的行为。

(2)西同公司赔偿自动化所经济损失13900元。

案件受理费7144元,王中美负担3572元,西同公司负担3572元。

(三)二审情况

1. 二审诉辩主张

兰州市中级人民法院作出以上判决后,被告西同公司不服,上诉称:

(1)1988年1月我公司完成了产品设计后,1988年4月15日自动化所调度会决定重新设计新的PH计,1987年PH计设计图纸作废,王中美照抄了我公司1988年元月的设计,用10天时间完成了自动化所PH计第二方案设计,在技术上,究竟是谁剽窃谁?

(2)我公司PH计产品已经中国石油化工总公司审定,列入"中石化"进口科技装备国产化开发项目,设计方案、经费来源等都与"中石化"在合同中作了约定。

(3)我公司给川维厂供货,是因自动化所无进口电极,王中美说自动化所无履行合同的能力，方请求我公司支援的，所以我公司不存在非法经营的问题。

(4)一审依据《技术合同法》认定王中美侵犯本单位权益，再依照民法认定我公司承担连带责任的适用方法不符合逻辑，对于技术侵权与赔偿的认定，应该适用技术合同的法律规定，不应连带我公司承担赔偿责任。

据此上诉请求撤销一审判决，驳回原告的起诉。

2. 二审裁定理由及结论

经甘肃省高级人民法院二审审理，认为一审确认的事实不清，证据不足，适用法律不当，依照《中华人民共和国民事诉讼法》第一百五十三条规定，裁定撤销兰州市中级人民法院(1992)兰法经字第38号民事判决，发回兰州市中级人民法院重审。

(四)重审情况

1. 重审事实和证据

兰州市中级人民法院经过重新调查审理后补充查明：

1991年8月3日，王中美作为西同公司的联系人，与中国石油化工总公司科技装备公司签订了一份"科技协作合同书"，约定装备公司立项，为西同公司提供4万元研制经费，由西同公司承担3530型、3531型、3533型、3535型PH计的研制与开发工作，合同签订后，西同公司获得转让费4万元。其余事实与一审认定相同。

以上事实有"科技协作合同书"予以证实。

2. 重审判案理由

兰州市中级人民法院重审认为：

(1)HZ(化自)3531型系列防爆工业PH计是自动化所指派王中美负责与有关人员利用职务技术研制、开发的技术成果，其名称、型号均为自动化所命名、编排，并经化学工业部科技司、甘肃省质量管理局等批准确认，故HZ(化自)3531型及其系列防爆工业PH计技术成果的所有权归自动化所享有。未经自动化所同意，他人无权使用和转让。

(2)西同公司明知王中美是自动化所PH计试制项目负责人，却与其签订同一产品的研制、开发、加工和销售合同；放任王中美剽窃自动化所的技术，为西同公司加工、销售HZ(化自)3531型防爆工业PH计，并转让3531系列防爆工业PH计技术成果，从中谋利，导致损害结果的发生。王中美和西同公司的行为侵害了自动化所的技术成果权，应当承担侵权的民事责任。

3. 重审定案结论

依照《中华人民共和国民法通则》第一百一十八条、第一百三十四条第一款第(一)项、第(七)项，《中华人民共和国技术合同法》第六条第一款，以及《最高人民法院关于贯彻执行〈中华人民共和国民法通则〉若干问题的意见(试行)》第一百四十八条第一款和国家科学技术委员会《关于科技人员业余兼职若干问题的意见》第四条的规定作出以下判决：

(1)王中美和西同公司停止对HZ(化自)3531型及其系列防爆工业PH计的制造、销售、转让等侵害行为。

(2)王中美和西同公司共同赔偿给自动化所造成的经济损失53900元。

(五)重审二审诉辩主张

重审宣判后，西同公司仍然不服，以原上诉理由向甘肃省高级人民法院提出上诉。

(六)重审二审事实和证据

经甘肃省高级人民法院二审再次查明：

自动化所自1986年开始研制工业防爆PH计产品，后由王中美担任项目负责人。1988年元月王中美化名李伟，与西同公司签订合同，为西同公司绘制、销售PH计产品。科研一所用自动化所的部分图纸为西同公司加工PH计机械部件，西同公司组装后销售二台PH计。这些事实与一审认定相同。

上述事实有一审所列证据及二审调查核实的材料予以证实。

(七)重审二审判案理由

甘肃省高级人民法院二审认为：

1. 一审认定的事实基本清楚，程序合法。

2. 从时间上看，自动化所研制PH计在先。王中美在担任自动化所的PH计项目负责人的同时，未经自动化所同意，以星期日工程师服务组的名义签约为西同公司研制、销售PH计产品。国家科委《关于科技人员业余兼职若干问题的意见》第四条第(五)项规定，"本单位职工或者本人执行本单位的任务，或者主要利用本单位的技术条件所完成的职务技术成果"，科技人员在业余兼职中，未经本单位同意，不得将职务技术成果提供或者转让给兼职单位。第九条规定，调动工作的科技人员，自离开原单位起一年内应聘任职或者业余兼职的，也按上述原则办理。王中美在本单位研制PH计的同时，又业余为西同公司研制、销售PH计，已违反了业余兼职的规定。

3. 西同公司明知王中美是自动化所PH计产品研制负责人，又与王中美签约研制、销售PH计产品，这一行为侵害了自动化所的技术成果权利。所以西同公司的上诉理由不能成立。

4. 另外，西同公司与中国石油化工总公司科技装备公司签订的"科技协作合同书"，装备公司为西同公司提供4万元的研制经费，这一事实虽然存在，但与自动化所的损失没有直接的因果关系。不能因此认为给自动化所造成了4万元的损失。

(八)重审二审定案结论

甘肃省高级人民法院根据《中华人民共和国民事诉讼法》第一百五十三条第一款第(三)项规定，判决如下：

1. 维持(1993)兰法经初字第72号民事判决书第一项。

2. 撤销(1993)兰法经初字第72号民事判决书第二项。

3. 王中美和西同公司共同给自动化所赔偿经济损失13900元。

一、二审案件受理费14288元，由王中美和西同公司各承担7144元。

本判决为终审判决。

判决生效后，第一被告王中美和第二被告西同公司执行了判决。

(九)解说

本案是一起较为典型的非专利技术成果侵权纠纷。自动化所拥有防爆工业PH计的技术成果权，在法庭多次审理中，第二被告西同公司称本单位也进行了PH计的研制，自己也拥有该技术。从这个情况来看，为了认定是否侵权就必须首先从技术的来源与取得方面入手调查，其次还要查清两单位拥有的同一技术之间是否有事实上的联系(除在原技术基础上的改进)，如果有联系，是通过什么主体来完成的，最后辨别出这种联系是否合法。只有这样才能有效地判明自动化所的技术成果是否排斥西同公司的同一成果，从而按照时间的先后断定前者(自动化所)是否排斥后者,如果排斥那么必然有一定的联系,联系的主体(侵权者)是谁,这样侵权的问题就会查得水落石出。本案中,王中美在承担本所PH计研制任务的过程中,就研制的同一技术成果在西同公司业余兼职,利用该所图纸为兼职单位加工零部件,截留本所PH计客户等侵害行为有事实和法律依据比较容易认定,但对于共同侵权人的认定以及法律适用等问题还难以掌握,现作如下分析:

1. 西同公司的法律地位问题。我国《民事诉讼法》第一百零八条规定,起诉必须有"明确的被告",本案中王中美的被告地位是理所当然的。PH计技术成果的侵权问题缘于西同公司也生产与自动化所同一型号的PH计,因此西同公司的法律地位问题对本案的处理至关重要。

从技术侵权行为的特征来看,侵权人要么自己加工制造,要么将自己掌握或从技术成果所有人那里获得的技术资料予以转让,还有的与他人合作共同实施。第一,王中美作为自动化所PH计科研项目的负责人和主要参与人,掌握着该项目的全套技术资料,因此王中美是具有特殊身分的人,他的行为一定程度上代表单位的利益。西同公司作为签订合同的一方,对王中美的特殊身分是了解的。第二,西同公司在合同履行中有意放任并认可了侵权人王中美的行为。西同公司与王中美等签订合同后,王中美身兼两职,其利用职务之便进行侵权活动已表现得十分明显,西同公司接收了王中美利用自动化所PH计图纸加工的配件,又履行了由王中美"联系"来的客户的合同,说明西同公司完全认可了王中美的行为。当然在技术侵权中,第三者与直接侵权人的明示、暗示、合谋等不法行为难以确认,但从行为的结果再加以佐证是完全可以证明的。第三,西同公司对王中美的行为所抱的主观心理状态是共同过错。过错责任是侵权责任的一个要件。王中美在西同公司兼职期间,他个人对PH计的生产与销售所做的工作,均是在西同公司的组织下实施的,所必需的条件均是由西同公司提供的,如果没有西同公司的支持,王中美的侵权行为可能还得不到进一步的发展。在这里西同公司与王中美对生产销售PH计产品对自动化所造成的危害后果是明知的,主观心理状态是共同过错。《最高人民法院关于贯彻执行〈民法通则〉若干问题的意见(修改稿)》第一百七十条第一款规定"教唆、帮助他人实施侵权行为的,为共同侵权人,应当承担连带民事责任",因此西同公司为共同侵权人,是本案的共同被告。

2. 关于非专利技术成果的排他性问题。在本案审理中,被告西同公司多次引用《国家科委负责人就实施技术合同法涉及的技术成果评价和权属问题的说明》中的有关规定,以此证明西同公司拥有的PH计技术是合法的,与自动化所无关。因此必须对非专利技术成果的排他性问题进行正确的分析和认识。在本案中有必要正确理解国家科委负责人《说明》中的有关规定。该《说明》规定:"技术合同法中所称的非专利技术成果的使用权、转让权,指的是特定的当事人之间,依照法律规定或者合同约定所取得的使用、转让非专利技术成果的权利。非专利技术成果使用权、转让权与专利权不同,第一,它只存在特定的当事人之间。具体地说,一是在单位与职工之间;二是在合同当事人之间。第二,它没有对抗第三者的效力。"这一《说明》只是对非专利技术成果使用和转让的主体作了规定,并不是说第三者掌握同一技术可以不受限制。其中的"没有对抗第三者的效力"的规定,只是在合法取得的前提下才能成立的,它并未将侵权等非法取得技术成果的情况也包括在里面。新技术只是一个相对概念,在我国PH计技术的运用并不广泛,就该技术化工部委托自动化所研制当属技术开发范畴,理应受《技术合同法》的保护。西同公司所持的PH计技术未经过有关权威部门的鉴定,而且西同公司的PH计产品说明书也与自动化所的相差无几，该成果是通过非法手段取得的，当然不能适用《说明》的规定来为自己辩解；在审理这类案件中，有必要运用举证责任倒置由第三者对其诉辩主张进行举证，以证明其技术成果取得的合法性。

（王文彪）

65. 四川省涪陵制药厂诉上海医科大学附属华山医院等非专利技术侵权案

（一）首部

1. 判决书字号

一审判决书：四川省涪陵地区中级人民法院（1993）涪地法经字第3号。

二审判决书：四川省高级人民法院（1993）川高法经终字第31号。

2. 案由：非专利技术侵权案。

3. 诉讼双方

原告（被上诉人）：四川省涪陵制药厂。

法定代表人：白礼西，厂长。

委托代理人（一、二审）：罗正宇，四川省涪陵地区律师事务所律师。

被告（上诉人）：上海医科大学附属华山医院。

法定代表人：陈星荣，院长。

委托代理人（一、二审）：张佳文，该院职工。

委托代理人（一审）：董敏华，上海市第五律师事务所律师。

被告（上诉人）：浙江省绍兴中药厂。

法定代表人：李华良，厂长。

委托代理人（一、二审）：秦国光，浙江省绍兴县律师事务所律师。

委托代理人（一、二审）：何航建，浙江省绍兴县律师事务所律师。

4. 审级：二审。

5. 审判机关和审判组织

一审法院：四川省涪陵地区中级人民法院。

合议庭组成人员：审判长：姜卫国；审判员：郭展望、王心平。

二审法院：四川省高级人民法院。

合议庭组成人员：审判长：唐毅；审判员：侯克莉；助理审判员：张蜀俊。

6. 审结时间

一审审结时间：1993年1月15日。

二审审结时间：1994年6月25日（经依法延长审限）。

（二）一审情况

1. 一审诉辩主张

（1）原告诉称：四川省涪陵制药厂（以下简称涪陵制药厂）与上海医科大学附属华山医院

(以下简称华山医院)于1984年6月签订了急支糖浆技术转让合同。但华山医院于1989年10月又将急支糖浆的全部技术资料(包括属于涪陵制药厂享有的生产工艺流程、药源质量标准、临床实验总结等技术成果)单方转让给浙江省绍兴中药厂(以下简称绍兴中药厂)。绍兴中药厂获得该项技术资料后,大批量生产并投放市场销售,严重冲击了涪陵制药厂的销路,致使销售利润锐减。故诉请法院依法判令华山医院和绍兴中药厂停止侵害并赔偿涪陵制药厂经济损失300万元。

(2)被告华山医院辩称:华山医院与涪陵制药厂签订的技术转让合同,约定技术转让费提成期为该中成药生产销售后3年,现提成期届满,华山医院不再享受权利,故不再受该技术转让合同限制。华山医院将属于自己所有的技术成果转让给绍兴中药厂,未侵害涪陵制药厂的合法权益。鉴于国家卫生部药政管理局已发函通知绍兴中药厂停止生产、销售急支糖浆,华山医院表示尊重,愿意终止与绍兴中药厂签订的技术转让合同,但不承担涪陵制药厂经济损失的赔偿责任。

(3)被告绍兴中药厂辩称:绍兴中药厂与华山医院签订的急支糖浆技术转让合同是合法的。因急支糖浆技术成果权属华山医院,因此绍兴中药厂和华山医院未对涪陵制药厂的合法权益造成侵害。国家卫生部药政管理局的函告精神不符合客观事实,故绍兴中药厂不能停止生产急支糖浆。

2. 一审事实和证据

四川省涪陵地区中级人民法院依法公开审理查明:1984年7月7日,涪陵制药厂与华山医院签订了急支糖浆技术转让合同。签约后,华山医院向涪陵制药厂提供了急支糖浆的处方、使用说明书以及配制成中成药的方法;涪陵制药厂亦按约对急支糖浆的工艺流程、设备技术进行了研究和临床实验,形成了急支糖浆质量标准,并支付华山医院技术转让费12.8万元。1989年10月,华山医院又将急支糖浆的处方、使用说明书、工艺技术、质量标准以及临床实验资料等全部转让给绍兴中药厂。绍兴中药厂于同年底生产并销售急支糖浆。1992年2月13日,卫生部药政局下发卫药政发(1992)第42号函,要求绍兴中药厂停止生产、销售急支糖浆,但绍兴中药厂至今仍未停止生产和销售,致使涪陵制药厂1991年至1992年销售利润减少71万元。

以上事实有下列证据证明:

(1)1984年7月7日华山医院与涪陵制药厂的急支糖浆技术转让合同。

(2)1989年11月21日绍兴中药厂与华山医院签订的急支糖浆技术转让协议及关于移植急支糖浆的协议。

(3)华山医院转让给涪陵制药厂的使用说明书、处方、配制方法。

(4)涪陵制药厂制定的急支糖浆试制工艺流程、临床试用质量标准、疗效依据和生产工艺。

(5)1988年6月4日卫生部药政局(1988)卫药政字第166号关于恢复中成药移植问题的通知。

(6)1990年1月16日卫生部卫部字(1990)第2号关于加强中成药移植品种管理的通知。

(7)1992年2月13日卫生部药政局卫药政发(1992)第42号关于绍兴中药厂移植急支糖浆和补肾防喘片处理意见的函。

3. 一审判案理由

四川省涪陵地区中级人民法院根据以上事实和证据认为：急支糖浆作为完整的中成药品应包括药物处方、制作工艺、设备配置、药源质量标准、临床实验总结资料等技术构成，其技术成果权属华山医院和涪陵制药厂共有。因此，华山医院未经涪陵制药厂同意，单方将急支糖浆的全部技术转让给绍兴中药厂，侵害了涪陵制药厂的合法权益，应承担民事责任。绍兴中药厂违反国家药政管理部门有关移植生产中成药品的规定，大量生产急支糖浆，造成涪陵制药厂正常销售利润锐减，特别是在国家卫生部药政管理局函告其停止生产、销售急支糖浆的情况下，仍继续生产、销售急支糖浆，不断增加涪陵制药厂的经济损失，故应承担主要的民事赔偿责任。

4. 一审定案结论

四川省涪陵地区中级人民法院根据《中华人民共和国民法通则》第一百零六条第二款、第一百一十八条和第一百三十四条第一款第(一)项、第(七)项、第(九)项的规定，判决如下：

(1)绍兴中药厂和华山医院立即停止生产、销售急支糖浆，并登报消除影响。

(2)华山医院赔偿涪陵制药厂经济损失225700元；绍兴中药厂赔偿涪陵制药厂经济损失516700元。

本案案件受理费15010元，其他诉讼费2000元，共计17010元，由绍兴中药厂承担9527元，华山医院承担4082元，涪陵制药厂承担3402元。

(三)二审诉辩主张

1. 华山医院上诉称：华山医院与涪陵制药厂所签订协议系技术转让，因此急支糖浆的技术成果转让权属华山医院所有，而非与涪陵制药厂共有，故华山医院与绍兴中药厂签订的技术转让合同不属侵权行为，且卫生部也确认绍兴中药厂为合法生产。另认定涪陵制药厂的损失金额无事实根据，请求撤销原判。

2. 绍兴中药厂上诉称：华山医院与绍兴中药厂签订的急支糖浆技术转让协议并未超出涪陵制药厂与华山医院约定的转让非专利技术的范围，且卫生部也确认绍兴中药厂生产急支糖浆为合法生产，因此绍兴中药厂无侵权行为，另根据《中华人民共和国技术合同法》的有关规定，即使侵权也应由华山医院承担全部责任，请求撤销原审判决。

3. 涪陵制药厂答辩称：涪陵制药厂对急支糖浆的配方、生产工艺等进行了改进，因此急支糖浆技术成果权应属华山医院与涪陵制药厂共有，华山医院单方转让该技术给绍兴中药厂属侵权行为，绍兴中药厂由此而进行的生产、销售当然也属非法行为，故请求增判上诉人侵权至今所造成的损失300余万元。

(四)二审事实和证据

四川省高级人民法院经审理查明：1984年7月，华山医院与涪陵制药厂签订了急支糖浆技术转让协议，约定由华山医院向涪陵制药厂提供急支糖浆的完整处方、有关临床资料、使用说明书，协助涪陵制药厂临床试用和总结；涪陵制药厂负责一切有关的生产工艺、设备、药源、质量标准等并支付年产值2%的技术转让费，提成期3年。签约后，华山医院按约向涪陵制药厂提供了急支糖浆的处方、使用说明书以及配制成中成药的方法；涪陵制药厂则在此基础上调整了处方服用量，增大了浓度，将合剂改为糖浆剂，增加了含糖量，去掉了防腐尼泊金，完善了制作方法，形成了急支糖浆质量标准，并委托有关部门进行了动物实验研究。涪陵制药厂投产后，先后付给华山医院技术转让费12.8万元。1988年11月21日，华山医院与绍兴中药厂签订了急支糖浆技术转让协议，约定由华山医院向绍兴中药厂提供生产急支糖浆所需的批文、处方、工艺、质量标准、临床试验总结、机理研究等资料，绍兴中药厂则按年产值支付1.3%的技术转让费。签约后，华山医院将涪陵制药厂生产急支糖浆的技术资料（包括处方、工艺、质量标准等）全部转让给绍兴中药厂。1990年1月22日，浙江省卫生厅批准绍兴中药厂生产急支糖浆。1991年3月，涪陵制药厂发现绍兴中药厂生产急支糖浆，遂向卫生部申请行政复议，并于同年6月诉诸法院，请求判令华山医院和绍兴中药厂停止侵害，消除影响并赔偿经济损失。1992年2月13日，卫生部药政局以卫药政发（1992）第42号函通知浙江省卫生厅转告绍兴中药厂停止生产、销售急支糖浆。绍兴中药厂及浙江省卫生厅对此通知持异议。1993年4月19日，卫生部下发卫药发（1993）第16号函，认为绍兴中药厂生产急支糖浆其审批符合法定程序，为合法生产。

二审期间，四川省高级人民法院于1993年11月委托重庆中医研究所、重庆桐君阁制药厂鉴定确认：涪陵制药厂生产的急支糖浆比华山医院生产的急支糖浆在产品改型、工艺变更、材料配方调整等方面均有创新。此外，经涪陵地区审计师事务所审计，从1990年开始至一审审结，涪陵制药厂销售利润平均每月减少21388.15元。绍兴中药厂1991年1月至1992年9月每月平均销售利润为65561.19元。

以上事实除已经一审证据证明外，还有下列证据证明：

1.1993年4月19日卫生部卫药发（1993）第16号关于绍兴中药厂生产急支糖浆问题的复函。

2. 重庆中医研究所、重庆桐君阁制药厂根据四川省高级人民法院委托对涪陵制药厂生产的急支糖浆所作的鉴定意见。

3. 涪陵地区审计师事务所对涪陵制药厂的审计报告。

（五）二审判案理由

四川省高级人民法院根据以上事实和证据认为：华山医院与涪陵制药厂签订的合同是名为技术转让实为技术合作开发，因此急支糖浆技术成果使用权和转让权应属双方共有。华山医院单方转让急支糖浆技术成果属侵权行为，其因侵权行为与绍兴中药厂签订的急支糖浆技术转让协议无效。对此，华山医院应承担全部责任，绍兴中药厂则应支付华山医院和涪陵制药厂相应的使用费（比照涪陵制药厂和华山医院所签协议约定的比例计算）。华山医院以急支糖浆的技术成果转让权为华山医院所有，华山医院将该技术成果再次转让并非侵权的上诉理由不能成立，对其上诉请求不予支持；绍兴中药厂关于即使侵权也应由华山医院承担全部责任的上诉理由成立。

（六）二审定案结论

四川省高级人民法院依照《中华人民共和国民事诉讼法》第一百五十三条第一款第（二）项、《中华人民共和国技术合同法》第三十条、第四十二条、《中华人民共和国技术合同法实施细则》第二十八条第一款、第三款、第五十条之规定，判决如下：

1. 变更四川省涪陵地区中级人民法院涪地法经（1991）字第3号民事判决的第一项为：华山医院与绍兴中药厂签订的急支糖浆技术转让协议终止履行，华山医院立即停止侵权，并登报消除影响。

2. 撤销四川省涪陵地区中级人民法院涪地法经（1991）字第3号民事判决的第二项。

3. 由华山医院赔偿涪陵制药厂经济损失1154960.10元。

4. 由绍兴中药厂支付华山医院和涪陵制药厂技术使用费各35403.05元。

本案第一审案件受理费15010元,其他诉讼费2000元,共计17010元;第二审案件受理费15010元,鉴定费2000元,审计费13500元,共计30510元,均由华山医院承担。

(七)解说

本案是一起非专利技术侵权纠纷,处理本案需解决以下几个问题:

1. 确认急支糖浆非专利技术成果的所有权究竟是华山医院一方所有还是华山医院与涪陵制药厂共有,这是解决本案的关键。所有权的归属问题,是确认华山医院和绍兴中药厂是否侵权的基础。从本案实际看,只有在确认华山医院将他人的技术成果或与他人共有的技术成果在未征得技术成果所有人或其他共有人同意的前提下自行转让时才能认定其侵权。因此,本案在审理中必须首先对该问题进行确认。经审理认为,华山医院与涪陵制药厂签订的急支糖浆技术转让协议约定由华山医院向涪陵制药厂提供急支糖浆的完整处方、有关临床资料、使用说明书等,据此可认定华山医院对其提供的急支糖浆处方和部分技术资料拥有所有权。但在实际履行该合同时,涪陵制药厂征得华山医院同意,对急支糖浆的生产技术多方面作了改进和创新。因此,创新后的急支糖浆生产技术系华山医院和涪陵制药厂共同开发、共同研究的结果,其共同开发、共同研究的行为符合《中华人民共和国技术合同法》第三十条技术合作开发的法律特征。依据《中华人民共和国技术合同法实施细则》(以下简称《细则》)第五十条之规定,急支糖浆技术成果所有权属华山医院和涪陵制药厂共有。

2. 华山医院单方转让共有的技术成果,已经构成侵权。如前所述,由于急支糖浆产品技术成果所有权(包括使用权和转让权)属于华山医院和涪陵制药厂双方共同所有,依照《细则》第五十条"一方转让技术必须征得另一方或者其他各方的同意"的规定,华山医院将该急支糖浆技术成果转让给绍兴中药厂未取得涪陵制药厂同意,其单方转让的行为已构成对涪陵制药厂技术转让权的侵犯。因此,华山医院以急支糖浆的技术成果转让权为其所有,将该技术成果再次转让并非侵权的上诉理由不能成立。依照《细则》第二十八条第一款之规定,华山医院应承担停止侵害、赔礼道歉、消除影响、赔偿损失的民事责任。

3. 绍兴中药厂善意取得并使用华山医院与涪陵制药厂共有的技术成果不构成侵权。根据本案事实和证据,绍兴中药厂与华山医院签订合同时无证据证明绍兴中药厂明知该技术成果属于华山医院和涪陵制药厂共有,且该厂生产急支糖浆经过省级卫生行政机关批准,符合审批程序。因此绍兴中药厂使用该项技术成果主观上无过错,系善意取得,依照《中华人民共和国技术合同法》第四十二条关于"受让方按照合同约定实施专利、使用非专利技术引起侵 害他人合法权益的,由转让方承担责任"的规定,依法认定绍兴中药厂的行为不构成侵权。故绍兴中药厂关于即使侵权也应由华山医院承担全部责任的上诉理由成立,应予支持。但依照《细则》第二十八条第三款关于"侵害他人非专利技术使用权和转让权的合同被宣布无效后,取得非专利技术的受让方可以继续使用该项技术,但应当向权利人支付合理的使用费"的规定,绍兴中药厂作为取得并使用该项技术成果的受让方,应向华山医院和涪陵制药厂支付合理的使用费。

4. 华山医院和绍兴中药厂所签合同的效力问题。由于华山医院转让该项技术成果的行为违反了有关法律规定,因此因侵权行为与绍兴中药厂签订的急支糖浆技术转让合同无效,故二审法院判决终止履行是正确的。

(张蜀俊 罗书平)

66. 湖南澧县化工四厂诉湖南省金罗生化制药厂侵害植物β—淀粉酶科技成果首创权案

(一)首部

1. 判决书字号

一审判决书:湖南省澧县人民法院(1994)澧经初字第6号。

二审判决书:湖南省常德市中级人民法院(1994)常经终字第87号。

2. 案由:侵害植物β—淀粉酶科技成果首创权案。

3. 诉讼双方

原告(被上诉人):湖南澧县化工四厂(以下简称化工四厂)。

法定代表人:王正秋,厂长。

委托代理人:潘宏新,澧县澧澹乡法律服务所法律工作者。

被告(上诉人):湖南省金罗生化制药厂(以下简称制药厂)。

法定代表人:肖国祥,厂长。

委托代理人:胡忠志,湖南省金罗肉类联合加工厂司法办主任。

委托代理人:熊勇,澧县律师事务所律师。

4. 审级:二审。

5. 审判机关和审判组织

一审法院:湖南省澧县人民法院。

合议庭组成人员:审判长:刘志平;审判员:罗承喜、宋先荣。

二审法院:湖南省常德市中级人民法院。

合议庭组成人员:审判长:王同胜;审判员:鲁正义;代理审判员:赵昌华。

6. 审结时间

一审审结时间:1994年3月7日。

二审审结时间:1994年9月12日。

(二)一审情况

1. 一审诉辩主张

原告诉称:我厂研制的植物β—淀粉酶,1990年12月被省科委确认为省级科学技术研究成果,正式登记公告,此后获得了一系列荣誉,正值生产该产品取得良好经济效益之时,被告假冒我厂产品荣誉,在《中国啤酒通讯》1993年第3期上刊登了一则该产品广告,并将此广告内容铅印成传单式广告向全国各啤酒厂家散发,致使我厂的信誉和经济蒙受损失,请求法院判令被告立即停止侵害,登报赔礼道歉,并赔偿损失18万元。

被告辩称:我厂参加市场竞争,有权利用广告宣传自己的产品,广告内容虽有失实之处,但与原告产品所获得的荣誉称号有差异,故不构成侵权。

2. 一审事实和证据

湖南省澧县人民法院经审理查明:

1989年5月22日，原告与湖南省科委签订了科研项目合同书，由原告立项研究植物β—淀粉酶。1990年9月6日，原告研制的该产品通过省、市两级科委鉴定；同年9月11日，被湖南省科委确认为省级科技新产品；同年12月，被湖南省科委确认为省级科学技术研究成果，正式登记公告（登记号为湘科成登字第900624号）；1991年被列入湖南省"火炬"计划进行开发；1992年2月，获湖南省常德市科学技术进步奖；1992年12月13日，获湖南省新技术新产品交易会科技创新金奖；1993年3月，获常德全国星火计划成果展销会金奖。正值该产品获诸多荣誉开始畅销之时，制药厂在全国性专业刊物《中国啤酒通讯》1993年第3期上刊登了一则关于其生产的植物β—淀粉酶的新产品广告，该广告称"本产品为湖南省'七五'重点科技攻关项目，1990年研制成功，并经过省级鉴定，1991年获湖南省科技创新金奖，1993年获全国星火计划金奖"，被告又将此内容铅印成传单式广告向全国各啤酒生产厂家散发，以致数家啤酒厂凭此广告向原告质询植物β—淀粉酶究竟系何家研制，是否技术转让等，部分厂家动摇了购买原告植物β—淀粉酶产品的信心，致使原告受到了一定的经济损失。而被告生产的植物β—淀粉酶从未获得广告所称荣誉。

3．一审判案理由

湖南省澧县人民法院鉴于上述事实认为：

（1）被告用不正当竞争手段，假冒原告产品所获荣誉作广告，违反了《中华人民共和国反不正当竞争法》的规定，直接侵害了原告植物β—淀粉酶科技成果荣誉权。

（2）原告的植物β—淀粉酶科技成果权，属于《中华人民共和国民法通则》第一百一十八条规定的"其他科技成果权"，因知识产权是物质权利和精神权利的总和，则植物β—淀粉酶科技成果荣誉权，属于"其他科技成果权"的精神权利，根据《中华人民共和国民法通则》第一百一十八条的规定，"其他科技成果权"受到假冒等侵害的，有权要求停止侵害，消除影响，赔偿损失。

（3）被告的行为给原告造成的损失主要体现在对原告植物β—淀粉酶销售利润的影响上。1993年初原告对该厂11名销售人员下达了每人销售10吨植物β—淀粉酶的任务，则全年全厂共应销售110吨，而全年实际销售74.43吨，因企业利润受多方面因素的影响，故两者差额的40%可考虑为市场、推销人员责任心等因素造成，60%可推定为虚假广告所致，其与每吨产品平均利润（约为2488.58元/吨）的乘积，可认定为原告的损失。

4．一审定案结论

湖南省澧县人民法院依照《中华人民共和国民法通则》第九十七条第二款、第一百一十八条、第一百二十条、第一百三十四条第一款第（一）、（七）、（九）项和《中华人民共和国反不正当竞争法》第九条、第二十四条的规定，作出判决如下：

（1）制药厂在《中国啤酒通讯》上消除假冒化工四厂荣誉所造成的影响，并向化工四厂赔礼道歉。

（2）制药厂赔偿化工四厂损失50000元。

上述两项于判决生效后25日内执行。

诉讼费7000元，由制药厂负担。

（三）二审诉辩主张

上诉人制药厂上诉称：其广告所列荣誉与原告化工四厂所获荣誉不同，故不构成侵权；化工四厂的损失没有任何证据；一审适用法律不当。要求二审法院改判。

被上诉人化工四厂辩称：上诉人故意比照我厂所获荣誉在文字上稍作修改，便据为己获荣誉登广告，目的在于既引人误解，又企图逃避责任，其虚假广告行为已构成侵权，并给我厂造成了损失；一审适用法律正确。

（四）二审事实和证据

二审法院受理后确认了一审法院查证事实。另查明：化工四厂分别于1992年11月16日与贵州啤酒厂签订了12吨，1993年6月8日与贵州冷冻啤酒厂签订了12吨，1993年10月25日与四川梁平啤酒厂签订了10吨，1994年3月20日与遵义啤酒厂签订了12吨，共计46吨购销植物β－淀粉酶的合同，因制药厂虚假广告的影响，以上厂家均对化工四厂的产品产生了怀疑，分别向化工四厂致函或拍电报质询究竟何家生产的植物β－淀粉酶获奖，并要求停止发货，致使化工四厂减少了22吨植物β－淀粉酶的销售。

（五）二审判案理由

常德市中级人民法院认为：

1. 根据《湖南省科学技术成果登记办法》的规定：科技成果登记制度，是在一定范围内确认科技成果首创权和科技成果所有人合法权益的制度。相同成果不重复登记。化工四厂研究的植物β－淀粉酶被湖南省科委确认为省级科学技术研究成果，正式登记公告，即确认了其在省内的首创权，制药厂刊登、散发的虚假广告谎称其生产的植物β－淀粉酶“经过省级鉴定”并获“省科技创新金奖”，足以并已经引人误解为其在省内取得了首创权，引起了他人对化工四厂所获得的植物β－淀粉酶首创权的怀疑，而在湖南省内，就植物β－淀粉酶科技成果而言，化工四厂所取得的首创权和基于首创权而获的荣誉是唯一的，制药厂的行为构成了对化工四厂植物β－淀粉酶科技成果首创权的侵害。

2. 植物β－淀粉酶科技成果首创权，属于“其他科技成果权”的精神权利。

3. 化工四厂减少22吨植物β－淀粉酶销售的事实，有购销合同、销售发票、信函、电报及其他书证证实，可以认定与制药厂广告有直接联系，则22吨植物β－淀粉酶的利润可确定为化工四厂的损失，其损失金额为50000元。

4. 制药厂关于其广告所称荣誉与化工四厂所获荣誉不同，故不构成侵权，以及化工四厂的损失没有任何证据的理由不能成立。

5. 原审法院没有确认制药厂的虚假广告行为侵害了化工四厂植物β－淀粉酶首创权不当，故适用法律不准，上诉人关于原审法院适用法律不当的理由成立。

（六）二审定案结论

湖南省常德市中级人民法院依照《中华人民共和国民法通则》第一百一十八条、第一百三十四条第一款第（七）、（九）、（十）项以及《中华人民共和国民事诉讼法》第一百五十三条第一款第（三）项之规定，作出如下判决：

1. 维持湖南省澧县人民法院（1994）澧经初字第6号民事判决第二项，即制药厂赔偿化工四厂损失50000元。

2. 撤销湖南省澧县人民法院（1994）澧经初字第6号民事判决第一项。

3. 制药厂在《中国啤酒通讯》刊物上，消除侵害化工四厂植物β－淀粉酶科技成果首创权造成的影响，公开赔礼道歉。

上述第一、第三项，于判决生效后25日内执行。

一、二审诉讼费各2010元，均由制药厂负担。

(七)解说

正确审理本案,应弄清如下法律问题:

1. 只有引人误解的广告,才是不正当广告。有的广告表面真实,有的广告表面失实,但表面真实的广告并不一定不构成侵权,表面失实的广告并不一定就是不正当广告。如某化妆品"今年二十,明年十八"的广告并不真实,但人们不会有岁数倒退的误解,只会理解为该化妆品具有养颜作用,故它不属于不正当广告;某一外国面包商称他的面包无化学成分,虽该广告内容真实,但却给消费者一个误解:其他面包商的面包含有化学成分,因此他被判为不正当广告,所以区分广告合法与否的关键是该广告是否引人误解。二审法院正是从剖析制药厂广告玩弄措词技巧,采取语意模糊的手段引人误解入手,认定其为不正当广告,进而确定制药厂广告侵权的性质。因制药厂广告谎称荣誉与化工四厂实际所获荣誉字面上不相同,故一审法院认定制药厂"假冒化工四厂所获荣誉作广告"不妥,仅就此认定制药厂侵权,没有抓住问题的实质。

2. 本案案由定"侵害植物β—淀粉酶科技成果首创权"较之于定"侵害植物β—淀粉酶科技成果荣誉权"更确切。民事案件的案由,应具有法律规定性、准确性、高度概括性三个基本特征。二审法院定"侵害植物β—淀粉酶科技成果首创权",主要有两个理由:(1)"科技成果首创权"具有法定性。各级科委为了加强对非专利科技成果的管理,建立了科技成果公告登记制度,设立了不同范围内的科技成果首创权。《湖南省科学技术成果管理办法》系省科委根据国家科委《关于科学技术研究成果管理的规定》第十一条制定,属行政性规定,在办案时可参照执行,故省内首创权在司法上应予确认并加以保护,划归《民法通则》规定的"其他科技成果权"范畴。(2)"科技成果首创权"从属于"科技成果荣誉权"。确认公民或法人某项科技成果的首创权,就肯定了该成果在一定范围内首创的成绩,也明确了公民或法人作为科技成果首创者的身分,但首创权没有赋予公民或法人在一定范围内使用或转让科技成果方面诸如专利的绝对权、对世权和独占权等一系列物质权利,依《专利法》第九条的规定,首创权也不形成申请专利的优先条件。根据国家科委编纂的中国科学技术蓝皮书第7号《中国知识产权制度》一书第一部分"技术合同制度"一章的解释:知识产权是物质权利和精神权利的总和,物质权利是指使用、转让技术成果,获得经济利益的权利;精神权利即作为技术成果完成者的身分权和有资格接受国家、社会所授予奖励的荣誉权。按照民法学权属理论,荣誉权从属于身分权,故科技成果首创权属于非专利科技成果精神权利,归于科技成果荣誉权的范畴较为合理。至于化工四厂在取得植物β—淀粉酶的首创权之后又获得了一系列荣誉,这些荣誉是基于首创权这一特殊荣誉权而产生的,可认定为首创权的派生,一并归于首创权之列。所以本案定"侵害科技成果首创权"更准确,更能突出案件的特点,符合案由的"准确性"要求。

3. 依法准确确定赔偿损失数额。计算化工四厂因被侵权遭受的经济损失,是本案审理中的一个难点。按照民法学理论:赔偿范围应限于受害人的实际损失,即实行"损一赔一"原则。以营利为目的的侵权案件,赔偿额一般有两种计算方法:(1)被侵害的经营者的实际损失;(2)在侵权期间,侵权者侵权所获得的利润。本案要查清制药厂实际所获得的利润,化工四厂举证困难,法院查证也有相当难度,且制药厂生产植物β—淀粉酶时间不长,以其利润计算损失未体现科技成果开发投资大的特点,不利于保护化工四厂的合法权益,故一、二审法院均是从化工四厂的实际损失入手考虑其损失额度。另外,损害事实属案件事实的重要部分,必须有充分证据才能认定，决不能主观臆断。本案一、二审法院虽然确定损失额均为50000元，但在处理方法上却大不相同，一审法院作为依据的人为因素较大，不甚科学，二审法院的确认方法，体现了“查证属实的证据作为定案根据”和“损害结果必须与侵权行为有因果关系”的法律规定，合法有效地保护了科技成果权人的合法权益。

4. 本案不能适用《中华人民共和国反不正当竞争法》。我国法制的一般原则是新法没有溯及既往的效力，民事法规可以作出有溯及力的规定，但以明文规定为限。《反不正当竞争法》自1993年12月1日起生效，1993年11月30日以前发生的不正当竞争行为不能适用。本案制药厂刊登散发虚假广告的行为在该法生效以前已经完成，数千万份广告存于社会及所造成的影响属于行为的后果，通过法律调整可予消除。一审法院适用该法不当，二审法院改判有理。

（赵昌华　陈辉）

67. 四川航空电器厂诉四川雅安电子电器厂等侵犯商业秘密案

（一）首部

1. 调解书字号：四川省雅安市人民法院（1994）雅法经初字第3号。

2. 案由：侵犯商业秘密案。

3. 诉讼双方

原告：四川航空电器厂。

法定代表人：田学应，厂长。

委托代理人：马云九，该厂工会主席。

委托代理人：张吉福，该厂法律顾问。

被告：四川雅安电子电器厂。

法定代表人：王成，厂长。

委托代理人：杨渝军，四川省雅安市律师事务所律师。

委托代理人：邓树枝，四川省雅安市律师事务所律师。

被告：杨四光，男，28岁，汉族，四川省雅安市人，系四川航空电器厂职工，住该厂宿舍。

4. 审级：一审。

5. 审判机关和审判组织

审判机关：四川省雅安市人民法院。

合议庭组成人员：审判长：刘豪；审判员：张华；代理审判员：廖长平。

6. 审结时间：1994年1月26日。

（二）诉辩主张

1. 原告诉称：被告杨四光原系原告设计所技术员，在原告为第三方福建省某企业研制开发和生产摩托车系列电器产品期间，被告杨四光被指定为该系列电器产品的技术负责人，参与了双方的技术协调和经营联系工作。但在此期间，杨四光将其掌握的有关该系列电器产品的技术泄露给被告雅安电子电器厂，并于1993年9月代表雅安电子电器厂与和原告协作的福建省某企业签订了协议、试制协议和订货合同。之后，雅安电子电器厂利用原告技术为福建省某企业生产了GK－125（Ⅱ）调节器和GK－125（Ⅱ）整流调节器两种电器产品，致使原告丧失了与第三方福建某企业的协作关系，造成巨大的经济损失。为此，为了维护我厂的合法权益，要求二被告立即停止侵犯原告的商业秘密，并赔偿因其侵权行为给原告造成的经济损失。

2．被告四川雅安电子电器厂辩称：被告生产的GK－125（Ⅱ）调节器和GK－125（Ⅱ）整流调节器不属于四川航空电器厂的专有技术成果。四川航空电器厂从未将该产品正式立项，被告与第三方福建省某企业签约生产、销售该产品属被告方的内部事务，不构成侵犯航电厂的商业秘密行为。

3．被告杨四光辩称：被告杨四光受雅安电器厂委托与第三方签约的行为，应视为雅安电子电器厂的行为，被告杨四光本人与四川航空电器厂无任何法律关系，不应列为本案的被告。

（三）事实和证据

四川省雅安市人民法院经审理查明：原告四川航空电器厂自1991年便与福建省某企业形成了商务关系，之后，与该厂签订了摩托车系列电器的研制、开发意向性协议，两次以秘密文件形式将包括GK－125（Ⅱ）调节器、GK－125（Ⅱ）整流调节器在内的系列电器产品正式立项，并列入1993年新产品开发、试制计划。四川航空电器厂设计所技术人员杨四光被明确指定为该系列电器产品开发、研制的技术负责人，全面负责产品的研制、开发和技术解释，数次代表四川航空电器厂赴福建与福建省某企业进行技术协调，实际承担了产品的经营联系工作。在此期间，被告杨四光将四川航空电器厂的全部技术秘密告知了被告雅安电子电器厂，并受雅安电子电器厂的委托赴福建与福建省某企业分别签订了协议、试制协议和订货合同，取代了四川航空电器厂与该企业签订的同类意向协议。此后，雅安电子电器厂实际生产并向福建省某企业提供了价值33万余元的GK－125（Ⅱ）调节器和GK－125（Ⅱ）整流调节器两种电器产品，获利13.7万元。诉讼中，根据四川航空电器厂的申请，雅安市人民法院依法采取了诉前财产保全。

以上事实有下列证据予以证实：

1．四川航空电器厂与福建某企业签订的摩 托车系列电器的研制、开发意向性协议书、立项报告。

2．受四川航空电器厂委派，被告杨四光数次与福建某企业进行技术协调的“出差报告”、“电话记录”证实，杨四光实际承担了产品的经营联系工作。

3．雅安电子电器厂与金匙签订的协议书。

4．雅安电子电器厂与金匙签订的订货合同。

（四）判案理由

四川省雅安市人民法院认为：原告四川航空电器厂研制、开发的摩托车GK－125（Ⅱ）调节器和GK－125（Ⅱ）整流调节器属该厂的商业秘密。该两项技术有三个特点：(1)原告对该技术采取了保密措施；(2)该技术能为原告带来经济利益，并且具有实用性；(3)该技术还不为公众所知悉。因此，原告四川航空电器厂研制、开发的GK－125（Ⅱ）调节器和GK－125（Ⅱ）整流调节器的技术受《中华人民共和国反不正当竞争法》保护。但被告杨四光明知该技术属秘密，却将该技术泄露给被告四川雅安电子电器厂，而四川雅安电子电器厂明知该技术是四川航空电器厂研制、开发的秘密技术，却用该技术与第三方签约并生产产品。两被告的行为已违反了《中华人民共和国反不正当竞争法》，构成了侵权行为，依法应承担相应的民事责任。庭审时，二被告认识到自己的侵权行为，表示立即停止侵权，并赔偿原告经济损失，双方达成协议，依法应予准许。

（五）定案结论

四川省雅安市人民法院根据《中华人民共和国民法通则》第一百一十八条、第一百三十条、第一百三十四条第一款第（一）、（七）项，《中华人民共和国反不正当竞争法》第十条第（三）项、第二十条，《中华人民共和国民事诉讼法》第一百二十八条之规定，经调解，双方达成协议如下：

1. 被告四川雅安电子电器厂和被告杨四光立即停止侵权行为，四川雅安电子电器厂应向企业登记主管机关办理注销登记手续。

2. 四川雅安电子电器厂赔偿原告四川航空电器厂经济损失150000元（包括已获利润137000元和其他经济损失13000元），该赔款被告用已被雅安市人民法院查封的财产折价抵偿。

案件诉讼费15000元，由两被告全部承担（或交纳人民币或用GK－125（Ⅱ）型摩托车一辆抵交部分诉讼费）。

（六）解说

该案是在《中华人民共和国反不正当竞争法》施行后的当月诉讼到人民法院的新型案件。在审理该案件过程中，法院适用了《中华人民共和国反不正当竞争法》和《中华人民共和国民法通则》的有关规定，从保护正当竞争入手，并且做了大量的调查、调解和研究工作，为今后处理类似案件积累了一定经验。该案虽是一新型案件，但四川省雅安市人民法院在审理时适用法律正确，处理恰当。

（李华　李勤　罗书平）

68. 上海天府之国美食世界有限公司诉上海红磨坊俱乐部有限公司不正当竞争损害赔偿案

（一）首部

1. 判决书字号：上海市静安区人民法院（1994）经初字第87号。

2. 案由：不正当竞争损害赔偿案。

3. 诉讼双方

原告：上海天府之国美食世界有限公司。

法定代表人：宋学勤，董事长。

委托代理人：卓龙华，该公司总经理。

委托代理人：曹家驰，上海市投资金融律师事务所律师。

被告：上海红磨坊俱乐部有限公司。

法定代表人:倪源真,董事长。

委托代理人:刘学灵,上海市中新律师事务所律师。

委托代理人:唐毅,上海市中新律师事务所律师。

4. 审级:一审。

5. 审判机关和审判组织

审判机关:上海市静安区人民法院。

合议庭组成人员:审判长:周福民;代理审判员:黄磊、姚峥。

6. 审结时间:1994年5月27日。

(二)诉辩主张

1. 原告及其委托代理人诉称:被告开设火锅厅,招用原告的工作人员,身着原告的制服,使用原告的火锅单,拉出"红磨坊二楼火锅厅,特聘天府之国特级火锅师主厨,欢迎品尝"的横幅。此外,被告火锅厅经理何刚唆使原告男迎接将原告客人介绍到被告处。因此,被告的行为属不正当竞争行为,侵犯了原告的利益。要求被告消除影响、赔礼道歉、赔偿经济损失84360元并承担诉讼费。

2. 被告及其委托代理人答辩意见:招用原告的工作人员是正常的,制服、火锅单上没有原告的名称、标志等,横幅上"天府之国"是指四川而非特指原告。至于介绍客户一事,是火锅厅经理何刚要求原告的男迎接在原告客满、客人要走的情况下把客人介绍到被告处。因此被告的行为没有损害原告的利益,请求驳回原告之诉。

(三)事实和证据

上海市静安区人民法院经公开审理查明:原告于1993年10月开张,专营火锅、川菜,系上海市定点旅游餐厅。《新民晚报》、《上海食品报》、《香港大公报》、《旅游时报》、《新闻报》等报刊分别对原告的开业、经营、特色作了报道。这些报道中对原告的称呼均为"天府之国"。原告使用的桌牌、点歌单、筷套、餐巾、简介、火锅单、菜谱等用品上都使用简称"天府之国"。原告使用一火锅徽志,这徽志系原告设计,出现在原告工作人员的名片、请柬、礼品、信笺、信封、桌牌、点歌单、筷套、餐巾、火锅单等用品上,但该徽志未经注册。被告于1993年11月对外经营,专营西餐。被告共四层,一层西餐厅,二层原为西餐厅后辟为火锅厅,三层KTV包房,四层是办公室。被告有一徽志,是一枚红色风车。1993年12月3日,被告招用了何刚等8名原告工作人员,把二楼西餐厅改辟为火锅厅对外经营。被告在经营场所外显著位置拉出横幅,上书"红磨坊二楼火锅厅特聘天府之国特级火锅师主厨,欢迎品尝",持续约一周。1993年12月20日,即在被告火锅厅筹建时,何刚到上海普陀区商务印刷厂要求印刷火锅单,因故不能及时印成,何刚即购买了100本原告在该厂印刷的、尚未提取的火锅单,该火锅单上印有原告的徽志。该厂曾接受原告的委托,印刷原告的火锅单、名片、信笺等,原告将其设计的徽志送交该厂,由该厂在印刷品上印制。何刚购买的原告的火锅单,被告使用了大约一周,后被告改用了点菜单,该点菜单是普遍使用的,随时可以买到。同时在被告开业的初期,部分工作人员身着原告的服装从事经营。被告火锅厅的经理何刚、陈明渊原系原告餐饮部经理和娱乐部主管,原告开张时就在原告处工作,1993年12月先后到被告处工作,为被告筹建、开张、经营火锅厅。何刚、陈明渊代表被告招用了储萍、李勤、蔡粤海、韩冰、彭永龙、闻勇伟6人,此6人均在原告处工作过。其中彭永龙原是原告的火锅师,四川人。1993年12月和1994年1月,被告火锅厅共计14和15人,其中部分曾在原告处工作过的服务人员身着未退还的原告制服达一月余。

又查,被告于1993年12月的营业额是63292.2元,利润4048.23元;1994年1月营业额140971.05元,利润27394.68元,其中包括西餐部部分。原告营业额:1993年10月是738448.75元,11月是984725.77元,12月是1022452.58元,1994年1月是778480.96元,2月是519326.16元,3月是514281.05元。

以上事实有如下证据证实:

1.上海市静安区人民法院摄制的原告外景录像,原告提供的桌牌、筷套、点歌单、餐巾纸,原告的简介、菜谱、酒水单、名片、信笺、信封、酒单,以及《旅游时报》1993年10月9日的报道,《新闻报》1993年10月5日的报道,《香港大公报》1993年10月18日的报道,《新民晚报》1993年10月9日的报道,《上海食品报》1993年10月6日的报道,可证实原告的简称、徽志及声誉。

2.上海市静安区人民法院摄制的被告外景录像、被告工作人员的名片,可证实被告的营业场所和被告的徽志。

3.原告提供的被告录用的原告工作人员的档案以及被告提供的1994年1月、2月二楼火锅厅的人员档案,被告董事长倪源真的陈述,证人何刚、陈明渊的陈述,以证实原在原告处工作过的8位工作人员后到被告处工作的情况。

4.原告提供的被告拉横幅的录像,以证实被告在其显著位置拉横幅以及横幅的内容。

5.证人吴忠智(商务印刷厂的厂长)、何刚、陈明渊、顾承来、倪源真、朱茂宗、闻勇伟、储萍、彭永龙的陈述,以及原、被告提供的各自的制服、点菜单、火锅单,以证实拉横幅、穿服装、用菜单的事实。

6.原、被告提供的各自的财务报表,以证实原、被告各自的营业状况。

(四)判案理由

上海市静安区人民法院鉴于上述事实认为:被告的行为属不正当竞争行为,损害了原告的合法权益,应予惩处。

1.被告四个方面的行为,即经营中使用原告的火锅单、部分工作人员身着原告的制服、拉横幅、"拉客",是不能割裂开来,孤立地看待和分析的。从整体上看,被告的行为是违背公认的商业道德、有明确指向、故意的不正当竞争行为。

首先,"天府之国"虽是四川的俗称,但在本案中是带有特定指向的。从事公共饮食、服务行业的企业名称牌匾可以适当简化,企业对此仍享有专用权。原告经营场所的标牌、使用的物品、多种新闻媒介对原告的报道都是"天府之国",给外界造成了"天府之国"就是原告的印象。被告火锅厅的主管曾在原告处工作过,对原告的经营情况和外界对原告的称呼是很清楚的,而不仅仅如其辩称的"天府之国"仅指四川。被告在其经营场所的显著位置拉起横幅列出原告的简称,极有可能导致观者误认为原告,但被告放任了这种结果的发生。

其次,被告在经营中使用了具有原告火锅标志的火锅单和部分火锅厅的工作人员穿着原告的制服,作为在原告处工作过的被告火锅厅的主管人员,应当明知这是原告使用的特定的物品。何况被告当时完全可以购买到被告后来取代火锅单的点菜单,不穿原告的制服亦照常可以营业。被告仍然使用了原告的火锅单,并放任其工作人员身着原告的制服进行营业,再加上被告火锅厅的大部分工作人员都曾在原告处工作过,会使顾客将原、被告混为一体并造成将原、被告的服务内容和服务特色相混淆的结果。

再次，被告私下要求原告的男迎接为其拉客，不管有何借口或托词，也不管是在何种情况下所为，是否侵害原告的利益，都是违背公认的商业道德的。

由此可见把被告的四个行为联系成一个整体看，被告的行为指向同一客体即原告，其后果是导致顾客将原、被告相混淆；而且被告的行为是故意的，并造成了损害结果，显然构成不正当竞争行为，违反了《中华人民共和国反不正当竞争法》第五条第一款第(二)、(三)项之规定，是对原告知名商品的侵害。虽然《反不正当竞争法》对知名商品没有注释，但可以认为是在其行业的消费者中具有一定的声誉，且有一定的地域性和范围。本案原告围绕火锅经营，使用了特制的点菜单、制服，经营业绩较好，多家新闻媒介作过宣传，可以认定是知名商品。

2. 被告在其拉出的横幅中，用"红磨坊二楼火锅厅特聘天府之国特级火锅师主厨，欢迎品尝"的字样对其火锅的主厨者进行宣传。这表明厨师的来源，显然是指餐饮业的店家即原告而非四川，而且事实上被告并未与原告有特聘火锅师的行为。这是一种引人误解的虚假宣传，是一种误导欺骗的不正当竞争行为。违反了《中华人民共和国反不正当竞争法》第九条的规定。

3. 被告的行为系不正当竞争行为，损害了原告的利益，应当根据《中华人民共和国反不正当竞争法》第二十条之规定承担赔偿责任。该条款规定：被侵害者的损失难以计算的，赔偿额为侵权人在侵权期间因侵权而获得的利润。因本案被告的营业额中已包括西餐部分的营业额，且西餐部分的营业额和火锅厅的营业额难以区分。故从被告获利的角度来确定赔偿额很困难。可以从原告于1993年10月至1994年3月营业额变化的角度来确定赔偿额。

首先，被告拉横幅、使用原告的火锅单的时间为一周，被告工作人员穿原告的制服营业时间为一月，但只是部分人员穿，所以侵权时间可定为一周。其次，原告的营业额降低，被告的侵权行为是其中一个原因，但不是唯一的原因，所以不能因为原告的营业额降低多少被告就赔偿原告多少。再次，原告于1993年10月开张，营业状况不稳定，不能考虑10月的营业额。最后，侵权行为发生了一周，但影响不是以侵权行为停止而停止的。综合上述四方面的因素，采取了以下的计算方法：1993年11月、12月日平均营业额与1994年1月日平均营业额之间的减少差额，乘侵权的7天，再除以2。除以2是因为考虑到上述四个方面因素中第二、四个因素。这样，得出赔偿额为27268.43元，酌情考虑，被告应赔偿原告3万元。

4. 被告的不正当竞争行为已侵犯了原告的合法权益，应根据《中华人民共和国民法通则》第一百三十四条之规定，承担停止侵害、赔偿损失、消除影响、恢复名誉、赔礼道歉的民事责任。

5. 案件的诉讼费是3040.80元，是按原告请求的赔偿额84360元收取的。根据1989年7月12日最高人民法院印发的《人民法院诉讼收费办法》第二十五条关于"由于当事人不正当的诉讼行为所支出的费用，由该当事人负担"的规定，本案实际支持原告3万元的赔偿额，故原告应承担其请求赔偿额中未被支持部分的诉讼费。

(五)定案结论

根据《中华人民共和国民法通则》第一百三十四条第一款第(一)、(七)、(九)、(十)项，《中华人民共和国反不正当竞争法》第五条第一款第(二)、(三)项、第九条、第二十条之规定，上海市静安区人民法院于1994年5月27日作出以下判决：

1. 被告应在本判决生效之日起20内在上海市一家市级报刊上以十六分之一版面刊登启事，向原告赔礼道歉、消除影响，启事内容须经本院核准，登报费用由被告负担。

2. 被告应于本判决生效之日起10日内赔偿原告3万元。

案件受理费3040.80元，原告承担1830.80元，被告承担1210元(付与原告)。

判决以后，原、被告均未上诉，被告履行了判决。

(六)解说

《反不正当竞争法》素有“经济宪法”之称，是对民法诚实信用原则的延伸。由于市场经济的复杂性，不正当竞争行为也表现出种类繁多，复杂多变的现象。但凡与自愿、平等、公平、诚实信用原则和公认的商业道德相悖的行为，《反不正当竞争法》均予以制止或制裁。

上海市静安区人民法院审理的上海天府之国美食世界有限公司诉上海红磨坊俱乐部有限公司不正当竞争赔偿案就是一起复杂的案件。案件被告为了取得好的经营业绩，在营业中使用原告的火锅单、制服，唆使原告男迎接为其私下“拉客”，拉出“上海红磨坊二楼火锅厅特聘天府之国特级火锅师主厨，欢迎品尝”的横幅，就每一个具体的行为孤立地看都很轻微，行为期也较短，不构成不正当竞争。但把被告四个方面的行为综合起来看，都指向同一对象，即原告，其后果是导致顾客将原、被告双方相混淆，损害竞争对手。而且被告的行为是故意的，造成了损害结果，显已构成不正当竞争行为，因此，考虑行为人的行为，不能割裂开来孤立地看待、分析。只有这样才能在整体上把握事物的本质。

我国的《反不正当竞争法》围绕商品经营列举了11类不正当竞争行为。虽然该法第二条第三款中明确了其调整的法律关系的主体包括营利性服务的法人、个人和其他经济组织，同时也明确了该法所称的商品包括服务，但主要是指以营利为目的的商品生产和交换、提供相应服务的活动。而且对服务行业中的不正当竞争行为的表现，未作具体的列举。而本案发生在餐饮服务业，餐饮服务业的特点和商品经营服务又有不同。如简单地套用法条，被告的行为难以适用《反不正当竞争法》。上海市静安区人民法院从客观经济秩序的大局出发，着眼于保护公平竞争和合法经营的环境与秩序，确认被告的行为违背诚实信用的原则和公认的商业道德，损害了原告的合法权益，违反了《反不正当竞争法》，判令被告承担侵权的民事责任。

本案判决后不仅对餐饮服务业的不正当竞争适用法律提供了司法实践经验，而且在社会上也取得了较好的效果。

(唐沪军)

69. 上海大中华橡胶四厂诉临泉县振兴福利鞋厂等生产、销售假冒名优产品案

(一)首部

1. 判决书字号

一审判决书：上海市徐汇区人民法院(1993)经初字第1016号。

二审判决书：上海市中级人民法院(1994)经终字第828号。

2. 案由：生产、销售假冒名优产品案。

3. 诉讼双方

原告(被上诉人)：上海大中华橡胶四厂。

法定代表人:童友志,厂长。

委托代理人:富敏荣,该厂法律顾问。

被告:临泉县振兴福利鞋厂。

法定代表人:韦斌,厂长。

被告(上诉人):邬秀云,女,48岁,汉族,安徽阜阳人,个体户,住安徽省阜阳市西常庄。

委托代理人(一审、二审):余鸿飞,阜阳皖北经济律师事务所律师。

委托代理人(一审):王德远,阜阳皖北经济律师事务所律师。

4. 审级:二审。

5. 审判机关和审判组织

一审法院:上海市徐汇区人民法院。

独任审判:审判员:李雪林。

二审法院:上海市中级人民法院。

合议庭组成人员:审判长:王凤娣;代理审判员:俞秋玮、岑佳欣。

6. 审结时间

一审审结时间:1994年3月10日。

二审审结时间:1994年12月30日。

(二)一审情况

1. 一审诉辩主张

(1)原告及其委托代理人诉称:1993年10月,发现安徽省阜阳地区有大量伪劣"回力牌"旅游鞋出售,该产品的外观式样、包装设计等均与本厂生产的、曾荣获国家银质奖的"回力牌"旅游鞋相同。经查,系两被告所为。故诉请判令被告停止侵权、赔偿损失5万元人民币并承担全部诉讼费用。

(2)被告临泉县振兴福利鞋厂(以下简称被告临泉鞋厂)未作答辩。

(3)被告邬秀云辩称:其从临泉鞋厂购进"回力牌"旅游鞋1600双,已出售1385双,余货被有关部门没收,故对于原告的请求赔偿数额不能满足。

2. 一审事实和证据

上海市徐汇区人民法院受理本案后,经公开开庭审理查明:原告上海大中华橡胶四厂生产的"回力牌"旅游鞋,曾荣获国家化工部、上海市优质产品奖,1984年获国家银质奖,1989年经国家质量奖审定委员会复查,确认继续授予国家质量奖。1993年3月4日至同年11月2日,被告临泉鞋厂生产的"回力牌"旅游鞋的外观式样与原告生产的"回力牌"旅游鞋相同,并在外包装盒上标有"1984年荣获国家质量奖"和原告厂址(上海市宛平南路401号)的文字,还印制了与原告产品完全相同的外包装纸盒。1993年7月28日至12月4日,被告临泉鞋厂共生产上述"回力牌"旅游鞋8185双。之后,销售给有关客户,共盈利20882.5元。其中被告邬秀云从临泉鞋厂提取"回力牌"旅游鞋1600双,每双单价17.50元,转手销售1385双,每双单价19元,共得利2077.50元,尚有余货215双,于1993年12月23日被当地工商行政管理部门查处。由于两被告的以上违法行为,使原告产品的信誉下降,销售受挫,直接经济损失达5万元。此外还查明,被假冒的"回力牌"旅游鞋外包装盒是由被告临泉鞋厂委托温州市灯塔瓦楞箱厂制作的。现被告临泉鞋厂已被当地工商行政管理部门查处。

以上事实有下列证据证明:

(1)被告临泉鞋厂生产的假冒产品实物:外包装盒、“回力牌”旅游鞋。

(2)被告临泉鞋厂生产假冒产品的记帐凭证。

(3)被告邬秀云提货、销售凭证。

(4)被告临泉鞋厂与温州市灯塔瓦楞箱厂的往来信函及两被告间的往来信函。

3. 一审判案理由

(1)原告上海大中华橡胶四厂生产的“回力牌”旅游鞋曾荣获国家银质奖。被告临泉鞋厂实施了伪造原告生产的“回力牌”旅游鞋和在外包装盒上假冒原告的名优标志及产地的行为,违反了《中华人民共和国反不正当竞争法》第五条关于经营者不得采用“在商品上伪造产地或者冒用认证标志、名优标志等质量标志,对商品质量作引人误解的虚假表示”的规定,属不正当竞争违法行为,应承担民事责任。

(2)被告邬秀云明知被告临泉鞋厂生产、销售假冒名优产品,仍多次到被告临泉鞋厂提货,转手销售,获取非法利益,其行为构成共同损害原告合法权益,亦应承担侵权的民事责任。

(3)本案侵权民事行为发生后,经与被告所在地工商行政管理部门联系,分别查封了两被告尚未销售完的假冒产品,并从两被告处提取了其生产销售旅游鞋的帐册,认定两被告非法牟利数额为20882.55元,其中被告邬秀云盈利2077.50元。两被告的侵权民事行为,致使原告的产品经销受到影响,应当承担损害赔偿责任。两被告除将侵权期间所获利润予以赔偿外,还应酌情赔偿原告的可得利益损失。

4. 一审定案结论

上海市徐汇区人民法院根据认定的案件事实、证据,于1994年3月10日依照《中华人民共和国反不正当竞争法》第五条第一款第(四)项、《中华人民共和国民事诉讼法》第一百三十条的规定,判决:

被告临泉鞋厂赔偿原告经济损失4万元;被告邬秀云赔偿原告经济损失1万元。上述款项应于判决生效10日内给付。案件受理费2010元,由被告临泉鞋厂负担1500元,被告邬秀云负担510元。

宣判后,被告邬秀云提出上诉。

(三)二审诉辩主张

1. 上诉人邬秀云及其委托代理人诉称:(1)上诉人原以为临泉鞋厂是被上诉人上海大中华橡胶四厂的联营厂家,所以主观上并无侵权故意,客观上是临泉鞋厂送货上门,而非上诉人提货,更不存在牟取暴利的故意,故原审认定事实有误。(2)原审认定上诉人销售假冒回力鞋获利2077.50元,却判决其赔偿损失1万元,显然违背了我国《商标法》第三十九条的规定。故请求二审予以改判。

2. 被上诉人大中华橡胶四厂及其委托代理人未作答辩。

(四)二审事实和证据

上海市中级人民法院经审理后确认,原审法院认定事实清楚,证据充分。

(五)二审判案理由

上诉人邬秀云、原审被告临泉鞋厂生产、销售假冒“回力牌”旅游鞋的不正当竞争行为,给被上诉人造成了损害。根据《中华人民共和国反不正当竞争法》第二十条关于“经营者违反本法规定,给被侵害的经营者造成损害的,应当承担损害赔偿责任,被侵害的经营者的损失难以计算的，赔偿额为侵权人在侵权期间因侵权所获得的利润，并应当承担被侵害的经营者因调查该经营者侵害其合法权益的不正当竞争行为所支付的合理费用”的规定，上诉人、原审被告应当承担损害赔偿责任。鉴于原审被告临泉鞋厂侵权销售得利为20882.55元，上诉人邬秀云转手销售盈利为2077.5元，因此赔偿额应以侵权人在侵权期间所获得的利润计算，原审法院以被上诉人诉请赔偿额5万元，判决原审被告承担4万元，上诉人承担1万元，系处理不当，予以纠正。

（五）二审定案结论

上海市中级人民法院根据《中华人民共和国民事诉讼法》第一百五十三条第一款第（三）项、第一百零七条之规定，判决如下：

1. 撤销上海市徐汇区人民法院(1993)经初字第1016号民事判决。
2. 原审被告临泉县振兴福利鞋厂赔偿被上诉人经济损失20882.55元。
3. 上诉人邬秀云赔偿被上诉人经济损失2077.5元。

上列款项应于收到本判决书之日起10日内给付。

本案一、二审受理费共4020元，由原审被告负担2600元，上诉人负担800元，被上诉人负担620元。

（七）解说

本案是一起因不正当竞争行为引起的民事纠纷。一、二审法院经审理确认：被告临泉鞋厂与邬秀云生产、销售假冒名优“回力牌”旅游鞋，违反了《中华人民共和国反不正当竞争法》的规定，给原告上海大中华橡胶四厂造成了经济损失，判决侵权人即被告临泉鞋厂和邬秀云应当承担损害赔偿责任。这对于维护社会经济秩序，鼓励和保护公平竞争，制止不正当竞争，保护经营者和消费者的合法权益，提供了司法实践经验。

原告上海大中华橡胶四厂生产的“回力牌”旅游鞋，荣获国家银质奖。被告临泉鞋厂生产的旅游鞋外观式样、包装、装璜都与原告相同，且还伪造了商品产地，在外包装盒上冠以“国家质量奖”和原告厂址，从而致使他人对该商品的产出、制造等产生不正确的理解，造成消费者对假冒商品与名优商品的认识的混淆，影响名优商品的销售，侵害了原告的合法权益。商品的外观、包装、装璜等，经营者未申请外观设计专利的，无法用《专利法》予以保护，但经营者可以根据《反不正当竞争法》要求人民法院和有关行政职能机关查处。因此，《反不正当竞争法》实际保护着《专利法》、《商标法》等专门法所保护不到的那些应予保护的权利。

由于本案被告的不正当竞争行为，给原告造成了损害，法院判决被告应当承担损害赔偿责任无疑是正确的。但赔偿多少？一审法院以原告诉请的损失额判决由两被告分别承担。二审法院则考虑到两被告的违法行为已由行政执法机关查处，并依据我国的《反不正当竞争法》第二十条之规定，以两被告在侵权期间所获得的利润作为赔偿额，于法有据、合法合理。

此外，本案的案由宜定为“不正当竞争损害赔偿案”。这是因为，案由是案件的内容提要，也是案件性质的集中体现。定案由既要规范化，又要简单明了，做到划分类别规范明确，反映争议确切，判决性质准确。本案原告上海大中华橡胶四厂以被告临泉县振兴福利鞋厂生产、销售假冒名优产品提起诉讼，其性质应是不正当竞争侵权引起的损害赔偿。因此，以不正当竞争损害赔偿为案由，能更确切反映当事人之间的争议的性质，且纠纷划分的类别更为规范明确。

（李雪林　陈全国）

70. 厦门市粉末冶金厂诉厦门市开元区横竹金属制品厂等商业秘密侵权案

(一)首部

1. 判决书字号

一审判决书:福建省厦门市中级人民法院(1990)厦中法经民字第28号。

二审判决书:福建省高级人民法院(1994)闽经终字第03号。

2. 案由:侵犯商业秘密案。

3. 诉讼双方

原告(上诉人):厦门市粉末冶金制品厂。

法定代表人(一审):林世怀,厂长。

法定代表人(二审):刘一计,厂长。

委托代理人:张领,该厂顾问。

委托代理人(一审):李文章,厦门市第一律师事务所律师。

委托代理人(二审):郑枝宗,该厂副厂长。

被告(上诉人):厦门市开元区横竹金属制品厂。

法定代表人:陈黎明,厂长。

委托代理人:徐崇利,厦门市第二律师事务所律师。

委托代理人(二审):侯利标,厦门市第二律师事务所律师。

被告(上诉人):陈孟宗,男,1952年9月出生,汉族,厦门市人,住厦门市粉末冶金制品厂宿舍。

委托代理人(二审):苏海池,福建省第二律师事务所律师。

被告(被上诉人):陈昆西,男,1954年10月出生,汉族,同安县人,住同安县洪塘村。

委托代理人(一审):郑元章,厦门大学法律系教师。

4. 审级:二审。

5. 审判机关和审判组织

一审法院:福建省厦门市中级人民法院。

合议庭组成人员:审判长:张善美;代理审判员:周红岩、江伟。

二审法院:福建省高级人民法院。

合议庭组成人员:审判长:郑伟;代理审判员:杨建民、叶毅华。

6. 审结时间

一审审结时间:1993年12月23日。

二审审结时间:1994年9月19日。

(二)一审情况

1. 一审诉辩主张

(1)原告诉称:“烧结青铜多孔元件的制造技术”系原告从国外受让的专有技术,被告陈昆西系原告派往国外学习该技术的人员之一，被告陈孟宗在原告厂内从事使用该技术的生产车间管理工作，两被告与厦门市开元区横竹生产服务社共同投资开办了厦门市开元区横竹金属制品厂（以下简称横竹厂），将掌握的模具设计及工艺技术用于生产同类产品，大量投入市场，构成侵权。请求判令停止使用“烧结青铜多孔元件的制造技术”；赔偿原告的经济损失人民币 82759.80 元。

（2）横竹厂辩称：“烧结青铜多孔元件的制造技术”是公有技术，且即使为专有技术，厦门市粉末冶金制品厂（以下简称粉末厂）亦只是经受让许可的使用人，无权提起侵权之诉。庭审中补充辩称：粉末厂将模具委托加工及出卖废旧模具等于是公开了其技术秘密。

（3）陈昆西辩称：“烧结青铜多孔元件的制造技术”是公有技术，已在廖际常编著的《粉末冶金多孔元件材料》一书中发表过，横竹厂所使用的设备及技术均同粉末厂有具体的区别等。

（4）陈孟宗则以其不懂技术，故与本案没有利害关系为答辩理由。

2. 一审事实和证据

厦门市中级人民法院经调查和审理查明：1984 年 6 月 15 日，厦门仪器仪表公司与国外某公司订立“烧结青铜多孔元件的制造技术转让合同”，约定国外某公司通过厦门仪器仪表公司向粉末厂转让“制造青铜多孔元件的专有技术”及有关图纸资料。该项技术是国家机械部 1983 年以（83）机技函字 1489 号文件确定的引进项目之一。合同签订后，粉末厂即派出了包括被告陈昆西在内的技术人员，前往国外某公司接受培训。受训内容有转让方和受让方的书面记载确认，其中陈昆西具体学习的是产品模具的设计及有关生产工艺技术。此后，粉末厂又组织培训回国的技术人员对受让的技术进行了消化吸收，其成果获厦门市科技成果三等奖。此时，陈昆西、陈孟宗均在该生产车间从事经营管理工作。1988 年 8 月，陈昆西、陈孟宗与厦门市开元区横竹生产服务社共同开办了横竹厂，注册资金 10 万元人民币，陈昆西、陈孟宗分别出资 41379 元、23901 元，生产与粉末厂种类相同的青铜多孔元件，引起争执。审理中，厦门市中级人民法院向国家原机械电子工业部基础产品司、中国粉末冶金协会北京粉末研究所、北京粉末冶金二厂及主编《粉末冶金多孔元件材料》一书的粉末冶金专家廖际常进行了调查，均认为粉末厂的所受让的“青铜多孔元件制造技术”在全国范围内是独一无二的先进技术，其中螺纹式的青铜多孔元件过滤器在全国同行业中尚属唯一，脱模技术亦有一定专有性。另廖际常称：粉末厂受让的技术中，烧结过程的保温及降温的控制、模具的设计、不同产品一同烧结的技术确系先进技术，特别是不同粒径的产品一同烧结的技术在国内确属唯一。一审期间，经法院委托专家组对粉末厂与横竹厂所使用的技术作了鉴定，鉴定结论认为：（1）松装装模方法、脱模方法、脱模器具相同；（2）烧结过程中的进炉、预热、保温、冷却、出炉的连续运行的原理相同，但具体作业参数不同。

以上事实有厦门仪器仪表公司与国外某公司订立的技术转让合同、国外某公司给粉末厂关于转让专有技术确认函、国家机械部的有关文件、有关单位及廖际常的证词、专家鉴定组的鉴定结论、横竹厂生产经营的有关票据、庭审笔录等为证。

3. 一审判案理由

厦门市中级人民法院根据以上事实和证据认为：

（1）粉末厂所使用的引进技术中存在着专有技术证据充分，“青铜多孔元件烧结技术”的模具设计，装模、脱模技术，以及烧结过程中的温度控制，螺纹式产品的生产、制造技术，不同粒径的产品烧结技术应属粉末厂所引进的专有技术。

(2)粉末厂引进的专有技术，虽仅在生产过程中使用，但却是在同行业生产、经营青铜多孔元件产品的商业独有优势所在，系粉末厂之商业秘密，尽管粉末厂不是该专有技术的所有权人，但作为该秘密的实际使用人，其因该秘密而产生的权益应视为与所有权人相同。陈昆西、陈孟宗未经粉末厂同意，擅自将该秘密用于自己投资的横竹厂，违反了《厦门经济特区技术引进规定》第十四条末项有关保密义务规定，已构成侵权。横竹厂作为具体使用该秘密的实施单位应承担连带之责，被告方答辩缺乏事实根据，不能成立。

(3)粉末厂所提出的赔偿请求缺乏合理性，故对粉末厂的赔偿请求不予支持。

4. 一审定案结论

根据《中华人民共和国民法通则》第五条、第六条、第一百零六条第一款、第二款之规定，厦门市中级人民法院于1993年12月23日作出判决：

(1)被告横竹厂停止使用与原告粉末厂相同的模具设计，装模、脱模、烧结过程的温度控制，不同粒径统一烧结及螺纹式产品的烧结技术。

(2)被告陈昆西、陈孟宗各赔偿原告粉末厂经济损失13200.5元人民币。

被告横竹厂对上述赔偿负连带责任。

诉讼费2992.8元，由陈昆西、陈孟宗、横竹厂各承担997.6元。

(三)二审诉辩主张

上诉人粉末厂诉称：一审判决认定被告侵权4年多，却仅判赔偿2万多元，与实际损失相差甚远，请求二审法院判决赔偿45万元人民币。

上诉人横竹厂、陈孟宗诉称：粉末厂引进是公有技术，且粉末厂对所引进的技术未采取保密措施，如将废旧模具售给废品公司，将模具图纸提供给其他单位加工模具等，要求驳回粉末厂诉讼请求。

被上诉人陈昆西以与横竹厂、陈孟宗相同理由进行答辩。

(四)二审事实和证据

二审法院肯定了一审法院认定的事实和采纳的定案证据，同时另查明：陈昆西曾与粉末厂签订了专业技术人员聘任合同，其中规定了聘任期间不得“利用职权或工作方便以权谋私，侵犯企业技术权益和经济利益……”；横竹厂1990年8月至1994年4月的销售发票，其产品销售额为1145912.53元，且二审期间，横竹厂仍在生产销售侵权产品。1990年6月横竹厂从废品回收公司选购了粉末厂打乱后售出的废旧模具加工修复使用。以上事实有陈昆西与粉末厂签订的聘任合同、横竹厂1990年8月至1994年4月的销售发票以及陈孟宗的陈述与废品公司销售发票等为据。

(五)二审判案理由

福建省高级人民法院根据以上事实和证据认为：

1. 粉末厂通过受让取得的青铜多孔元件烧结专有技术经消化吸收，已使其在全国同行业中取得了优势的竞争地位，且粉末厂掌握该技术的仅限于为数不多的有关人员，应属粉末厂的商业秘密。作为无形财产，商业秘密完全可分别由两个以上的主体各自独立地占有、掌握使用。因此，粉末厂作为商业秘密的合法持有者就是该商业秘密的权利主体。

2. 陈昆西、陈孟宗作为粉末厂掌握和了解该商业秘密的工作人员，擅自将该秘密使用于与他人共同投资举办的横竹厂，生产并销售与粉末厂相同的产品，造成粉末厂经济损失，陈昆西、陈孟宗、横竹厂的行为已构成共同侵权，应根据各自作用大小，承担连带赔偿责任。

3. 陈昆西、陈孟宗、横竹厂提出粉末厂提供模具图纸委托专业厂家制作模具及向废品公司出售废旧模具构成技术公开不能成立。因为粉末厂将模具委托专业厂家加工及将废旧模具与其他废旧钢铁一道售给废品回收公司并不必然构成技术公开，若非知情人是难以知悉模具的使用诀窍及从废品公司选购旧模具加以修复使用。

4. 原审判决横竹厂应停止使用粉末厂的商业秘密及陈昆西、陈孟宗应负赔偿责任是正确的，但原审对赔偿数额的确定偏低，且未确定横竹厂亦应负赔偿责任，应予纠正。

（六）二审定案结论

福建省高级人民法院根据《中华人民共和国民法通则》第五条、第六条、第一百零六条第一款、第二款、第一百三十条、《中华人民共和国反不正当竞争法》第十条、第二十条以及《中华人民共和国民事诉讼法》第一百五十三条第一款第（三）项之规定，判决：

1. 维持厦门市中级人民法院（1990）厦中法经民字第28号民事判决第一项。

2. 撤销厦门市中级人民法院（1990）厦中法经民字第28号民事判决第二项。

3. 陈昆西、陈孟宗、厦门市开元区横竹金属制品厂应于本判决生效之日起30日内赔偿厦门市粉末冶金制品厂经济损失178418.5元人民币，其中陈昆西、陈孟宗各承担40%，横竹厂承担20%，上述赔偿责任为连带责任。

二审案件受理费粉末厂负担4000元，陈昆西负担2000元，陈孟宗负担2000元，横竹厂负担1260元。

（七）解说

1993年12月1日生效的《中华人民共和国反不正当竞争法》是我国第一部从实体法的角度，界定了商业秘密，并将商业秘密纳入其保护范围的法律。该部法律第十条规定："商业秘密是指不为公众所知悉，能为权利人带来经济利益，具有实用性并经权利人采取保密措施的技术信息和经营信息。"根据此规定，可以看出商业秘密具有秘密性、价值性和独特性三个特点。所谓秘密性是指在客观上没有为公众知悉，主观上权利人采取了合理的保密措施，他人通过正当方法无法获取。本案所涉及的"烧结青铜多孔元件技术"并未被公众所知悉，这已经有关权威单位和专家认同，足以认定。粉末厂亦制定有保密规则，掌握和使用该技术的仅限于为数有限的相关人员，且他们均对厂方负有保密义务。被告方提出粉末厂将模具委托专业厂加工和出卖废旧模具一节，不能认为粉末厂主观上泄密，加工模具厂家与粉末厂并非同行业，不可能了解所加工模具的使用诀窍；粉末厂出卖的废旧模具是零散的，这些模具是专为生产青铜多孔元件而设计使用的，非掌握该技术的人，不可能将这些废旧模具筛选后修复重组使用，更重要的是非知情人不可能到废品公司专购粉末厂售出的废旧模具。所谓价值性则是指必须具有经济价值，能够为权利人带来实际或潜在的经济利益和竞争优势。这一点在本案中是没有争议的，事实上粉末厂使用了该技术不仅使其处于同行业的优势地位，经济效益也是显著的，被告方也是见到有利可图，才擅自使用该技术生产同类产品。所谓独特性是指受法律所保护的技术或经营信息，必须达到一定水平的新颖性和非显而易见性，不是一般的常识或某专业领域技术人员都知晓的。本案粉末厂持有该技术的独特性已为前面所述的权威单位和专家们一致肯定，即均认为是国内独有的先进技术。故将本案确定为侵犯商业秘密纠纷是正确的。

本案涉及的另一问题是，粉末厂是否为该项商业秘密的权利主体。这一问题涉及到商业秘密的法律属性。商业秘密的基本法律属性在于它是一种无形财产，是一种特殊的知识产权的客体。知识产权与有形财产的所有权是不同的。一般有形财产所有权享有绝对的排他性，不可能由两个或两个以上的权利主体所各自同时独立地享有，即所谓“一物一权”。他人获许使用该项财产，是由于所有权人的许可而享有某些权能，当该项财产受到第三者侵害时，不能成为对抗第三者的主体。但商业秘密这种无形财产，如某项技术信息或经营信息，与有形财产不同，不适用“一物一权”原理，完全可能分别由两个或两个以上的权利主体所各自同时独立地享有，并掌握和使用。换句话说，商业秘密这种无形财产的权利主体，不能排斥他人通过合法途径获得并使用相同的商业秘密。因此，只要是该商业秘密的合法享有者，就是该商业秘密的权利主体。既然是权利主体，当其权利受到他人侵犯时，自应有权提起诉讼。本案中，粉末厂是通过合法的转让获得该项商业秘密并在其生产经营中予以使用，这已表明其成为该商业秘密的权利主体，当然完全可以原告身分提起诉讼。

本案还有一个问题是商业秘密侵权赔偿额的确定。如何确定侵犯知识产权行为人应承担的赔偿责任，是人民法院处理此类案件的一个突出的难点。本案一审在认定侵权成立的前提下，判决被告赔偿原告人民币 2 万余元，二审则改判赔偿 17 万余元人民币，二者的差额是明显的。《反不正当竞争法》第二十条明确规定：“经营者违反本法规定，给被侵害的经营者造成损害的，应当承担损害赔偿责任，被侵害的经营者的损失难以计算的，赔偿额为侵权人在侵权期间因侵权所获得的利润；并应当承担被侵害的经营者因调查该经营者侵害其合法权益的不正当竞争行为所支付的合理费用。”本案二审是根据被告侵权产品的销售收入中所获利润来赔偿原告的经济损失，但实际上能查到的被告的生产销售数量，由于被告设法隐瞒并不完全，故二审确定的数额未必就是侵权人的实际获利额。

（郑　伟）

第六篇 涉外、涉港经济纠纷案例

71. 日本三明通商株式会社诉福建省漳州市五金矿产进出口公司花岗岩石料买卖合同案

(一)首部

1. 判决书字号

一审判决书:福建省厦门市中级人民法院(1993)厦经初字第 124 号;(1994)厦经初字第 24 号。

二审判决书:福建省高级人民法院(1994)闽经终字第 123 号。

2. 案由:买卖合同案。

3. 诉讼双方

原告(反诉被告、被上诉人):日本国三明通商株式会社。

法定代表人:刘道昌,董事长。

委托代理人:廖开展,福建对外经济律师事务所律师。

委托代理人:朱国良,福建省百特计算机软件有限公司职员。

被告(反诉原告、上诉人):福建省漳州市五金矿产进出口公司。

法定代表人:郑坤源,总经理。

委托代理人:黄建明,福建省漳州市律师事务所律师。

4. 审级:二审。

5. 审判机关和审判组织

一审法院:福建省厦门市中级人民法院。

合议庭组成人员:审判长:陈宗杰;审判员:张东生;代理审判员:柯雅玲。

二审法院:福建省高级人民法院。

合议庭组成人员:审判长:林人哲;审判员:魏光钰;代理审判员:孙亦闽。

6. 审结时间

一审审结时间:1994 年 8 月。

二审审结时间:1994 年 12 月。

(二)一审情况

1. 一审诉辩主张

(1)原告三明通商株式会社诉称:自 1992 年 4 月 13 日起,三明通商株式会社(下称三明会社)陆续与福建省漳州市五金矿产进出口公司(下称漳州公司)签订 92FL—001、012、015、016、020 等"成交确认书",由三明会社向漳州公司购买花岗岩石料。漳州公司在履行上述合同过程中,出现了交付的石料质量不合格、短货、不交货及拒付佣金等违约情况,给原告三明会社造成较大的经济损失。请求判令被告赔偿 79277.51 美元及利息,诉讼费由漳州公司承担。

(2)被告漳州公司辩称:三明会社提的"质量问题"在货场检验时应能发现,装运的货系刘道昌所指定,况原告没有商检证明可以证实,且未在合理的时间内提出。货只短少 4 块而不是 6 块,92FL—012 合同履行第二批货物时,因三明会社拒不付款,违约造成漳州公司直接损失 15850.385 美元,据此提出反诉。请求判令三明会社支付(已扣除短货及佣金)8903.135 美金及利息。本案诉讼费由三明会社承担。

(3)原告三明会社对反诉辩称:在履行 92FL—012 合同第二批货时,是由于漳州公司不交提单造成违约的,要求驳回漳州公司的反诉。

2. 一审事实和证据

厦门市中级人民法院审理查明:1992 年 4 月 13 日漳州公司与三明会社签订一份编号为 92FL—001"成交确认书",由漳州公司提供各种规格的 G623 花岗岩荒料 215 块 179.28 立方米,总货款 56916 美元,交货期为 5 月底。5 月下旬三明会社代表刘道昌到货场看货,由于时间紧迫未能逐块逐面验货。5 月 22 日刘道昌发传真给漳州公司,建议"(1)如有信心,贵司就发货;(2)待仔细验货后,等下一航次发货"。并请漳州公司慎重研究处理。漳州公司考虑到取消航次会造成运费的损失,因此即装上船。货到日本后,三明会社的客户在对石料加工时,发现 80.784 立方米石料存在石胆、甲纹等质量缺陷。三明会社即赔偿了客户 3560568 日元。同时损失进口费用、消费税、利润等,以上总计损失 40558.81 美元。三明会社随即于 1992 年 8 月 15 日列出具体的不合格石材清单向漳州公司提出,漳州公司在 8 月 20 日电传回复中给予认可,并许诺在今后的贸易中逐步给予赔偿。

1992 年 8 月 5 日本案双方当事人签订 92FL—012"成交确认书",约定由漳州公司提供 G666 花岗岩荒料 600 立方米,每立方米 CNF450 美元,总金额为 270000 美元,分三批装船,装运期为 1992 年 10 月底、1993 年元月底、6 月底,付款方式为即期信用证。92FL—012 第一批履行时,漳州公司告知三明会社,由于货车发生翻车事故,不易清点数量,经他们清点发现少 4 块,请三明会社收货时清点数量,若确实短少,下批给予补足。收货后,经清点短少 6 块,计 5.064 立方米,价值 2278.8 美元。三明会社立即告知漳州公司短货的具体编号和数量。在履行第二批时,三明会社于 1992 年 12 月 22 日通知漳州公司,称因故无法及时开信用证,要求改为电汇付款。漳州公司同意后即于 1993 年 1 月 3 日将货装船启运,同时要求三明会社尽速付款以便交单。1 月 12 日货到日本港口后,漳州公司拒绝交单,双方就先交提单或先交款无法协商一致。最后漳州公司将货降价出售,降价损失 7673.985 美元、寄存费 7485.75 美元;6 个月的利息损失 690.65 美元。总计损失 15850.385 美元。

另查,漳州公司与三明会社双方签订的数份合同均为带佣合同。92FL—012、016、020 合同的佣金为 5%、92FL—015 号合同佣金为每立方米 40 美元。其中 92FL—012 为 3191.6 美元,92FL—015为1809美元,92FL—016为364.1美元,92FL—020为150美元,总计为5515.7美元。三明会社多次要求按约支付,漳州公司也曾多次表示要给付,但至今仍未办理给付。

以上认定的事实主要有以下证据佐证:

(1)92FL—001、012、015、016、020成交确认书及92FL—015附加协议。

(2)双方关于92FL—001合同发货及质量问题往来传真件。

(3)三明会社与客户购销合同、赔偿协议、赔偿金划款凭证及发票。

(4)双方关于92FL—012合同第一批货短货的往来传真件。

(5)双方关于92FL—012合同第二批货改用电汇付款的传真件。

(6)漳州公司关于92FL—012合同第二批货降价处理及寄存费的协议、发票。

(7)双方关于佣金给付的往来传真件。

(8)本院经济纠纷调解中心的询问及调解笔录。

(9)1994年2月5日庭审笔录。

3. 一审判案理由

厦门市中级人民法院基于上述事实和证据认为:

三明会社与漳州公司双方所签订的数份买卖花岗岩石料"成交确认书",属双方意思表示一致,符合《中华人民共和国涉外经济合同法》规定及国际惯例,依法成立。三明会社系在日本国注册成立的公司,双方自愿选择适用中华人民共和国法律、国际公约、国际惯例,应予准许。三明会社在发现92FL—001合同项下的货物存在质量问题后即告知漳州公司,漳州公司得悉后明确表示以后逐步给予赔偿,现漳州公司辩称所提供的92FL—001货物不存在质量问题,因缺乏相应理由本院不予采纳。据此,漳州公司应承担三明会社因此造成的经济损失。三明会社在收到92FL—012合同项下第一批货时,按漳州公司先前的通知进行清点数量,并将清点的结果告知漳州公司,漳州公司在得知短少的货是6块而不是4块时未提出异议,因此应按短少的6块石料给予赔偿。本案双方当事人在执行92FL—012合同项下第二批货物时,双方同意改用电汇付款,但没有约定付款的时间。漳州公司将货运至目的地,其虽已承担了主要的商业风险,但其要求三明会社先付款后交单的要求明显无理,已构成违约。其反诉诉讼请求不予采纳。三明会社要求漳州公司赔偿其佣金及利润损失的请求合理,但其未能提供利润损失的证据,因此对利润损失部分要求不予采纳。本案双方当事人签订的92FL—001、012、015、016、020合同均为带佣的合同,漳州公司曾多次表示要予以支付,现三明会社要求漳州公司支付佣金的请求应予准许。

4. 一审定案结论

厦门市中级人民法院依照《中华人民共和国涉外经济合同法》第七条、第八条、第十八条,《联合国国际货物销售合同公约》第三十条,《中华人民共和国民事诉讼法》第一百二十六条、第一百四十七条、第二百四十九条之规定,判决:

(1)漳州公司承担80.784立方米G623花岗岩石料质量不合格给三明会社造成的损失总计40558.81美元。

(2)漳州公司应赔偿三明会社短货5.064立方米G666花岗岩料款2278.8美元。

(3)漳州公司应支付三明会社佣金5514.7美元。

(4)漳州公司的反诉予以驳回,其应赔偿因违约不交货给三明会社造成的佣金损失

10308.4 美元。

(5)三明会社的其他诉讼请求予以驳回。

上列第一、二、三、四项，漳州公司应在本判决生效后 30 日内支付给三明会社，逾期给付，按中国人民银行规定的同期美元贷款利息加倍支付迟延履行期间的利息。

本案本诉诉讼费人民币 12251 元，原告三明会社承担 3062 元，被告漳州公司承担 9189 元。反诉诉讼费人民币 2800 元，由反诉原告漳州公司自行承担。

(三)二审诉辩主张

1. 上诉人漳州公司上诉称：(1)一审判决上诉人承担 92FL—001 号“成交确认书”关于花岗岩荒料质量问题，赔偿 40558.81 美元，没有足够的事实依据；(2)认定 92FL—012 号“成交确认书”第一批货物短少 6 块，无事实和法律依据；(3)认定 92FL—012 号“成交确认书”第二批货应先交单后付款，亦无法律和国际惯例依据；(4)对于反诉赔偿损失 5850.385 美元的合法要求，没有被采纳；(5)解除 92FL—012 合同，第二、三批货对方收取佣金的权利已丧失。

2. 被上诉人三明会社未作书面答辩。

(四)二审的事实和证据

二审查明事实基本与原审查证事实相符。

(五)二审判案理由

二审法院认为：本案涉及的买卖花岗岩石料合同，系有效经济合同；92FL—001 合同的质 量问题，漳州公司已在电传中承认，现对赔偿数额提出异议，但缺乏应有的证据；92FL—012 号合同第一批货，漳州公司在主动提出货物短少问题后，对方电传短少货物的数量和编号时，并未提出异议，应视为认可；92FL—012 号合同第二批货的结算方式，经双方同意由信用证改为电汇，因而失去了银行对履行合同的监督，在没有明确约定的情况下应适用公平原则，即买、卖双方所承担的义务是同等的，原审法院只认定卖方必须履行的义务，从而把造成的损失全部要求卖方单方承担的做法欠妥；由于 92FL—012 合同第二、三批货未曾履行，收取佣金缺乏依据。

(六)二审定案结论

福建省高级人民法院根据《中华人民共和国民事诉讼法》第一百五十三条第一款第(一)、(二)项之规定，判决如下：

1. 维持厦门市中级人民法院(1993)厦经初字第 124 号、(1994)厦经初字第 24 号民事判决第一、二、三、五项；

2. 撤销厦门市中级人民法院(1993)厦经初字第 124 号、(1994)厦经初字第 24 号民事判决第四项；

3. 92FL—012 合同第二批货损失 15850.385 美元，由双方各半承担。

综上，漳州公司应偿付三明会社 40427.12 美元，该款应于本判决生效后 30 日内支付完毕，逾期按《中华人民共和国民事诉讼法》有关规定执行。

本案二审诉讼费人民币 15051 元，由三明会社负担 5075 元，漳州公司负担 9976 元。一审诉讼费按二审执行。由于二审诉讼费已由漳州公司预交，应退的余款(即三明会社承担部分)，本院不再退回，执行中向三明会社冲抵。

本判决为终审判决。

(七)解说

对于本案，二审法院查明的事实基本上与原审查证事实相符，但在认定上不完全相同。

1. 关于92FL—001合同项下货物的质量问题。在漳州公司履行该合同时，三明会社代表人虽然来到货场看货，但由于时间紧迫未能逐块逐面验货，即对该批货物享有验收权的买方——三明会社当时对该货物未进行验收。随后三明会社发传真给漳州公司，并建议:“(1)如有信心，贵司就发货;(2)待仔细验货后，等下一航次发货”，并提请漳州公司慎重研究处理。这说明三明会社要将货物的风险责任推延转移，对此，漳州公司未表示异议，并考虑到取消航次会造成运费的损失，即将货物装上船。船到日本后，作为买方的三明会社按理于货到达目的港后对该批货物就要进行验收，因为货物一旦离岸，货物的所有权及风险责任就要转移，但三明会社于此时对该批货物仍未进行验收，直至其客户在对石料加工时才发现部分石料存在质量缺陷，三明会社也因此损失了进口费用、消费税、利润以及赔偿其客户经济损失的费用。在此情况下，三明会社原本要承担其对该批货物到达目的港后未予验收的责任。然而，在三明会社列出具体的不合格石材清单向漳州公司索赔后，漳州公司给三明会社的电传回复不仅对该批货物存在质量缺陷予以认可，而且还许诺之后给予赔偿。这完全是出于漳州公司的自愿，应当是其真实意思表示。因此，漳州公司在诉讼中提出该批货物不存在质量问题，显然缺乏理由，是不能成立的。

2. 关于92FL—012号合同第一批货短少问题。履行该批货物时，漳州公司即告知三明会社，由于货车发生翻车事故，不易清点货物数量，经其清点发现少4块，请三明会社收货时重新清点数量，若确实短少下批给予补足。这是漳州公司明确、真实的意思表示。而且，在三明会社收货清点发现短少货是6块而非4块，并告知漳州公司短货的具体编号和数量后，漳州公司也未提出异议，应视为漳州公司对三明会社提出的货物短少6块的认可。据此，在诉讼中，漳州公司对该批货物的数量提出异议，是缺乏根据的。

3. 关于未履行92FL—012号合同第二批货的责任承担问题。本案双方当事人在执行92FL—012合同第二批货物时，双方同意不采用信用证的结算方式而改用电汇付款方式，但双方没有约定付款的时间，以致货到目的港后因双方就先交提单还是先交款问题无法协商一致而给漳州公司带来经济损失。根据民法规定，合同条款应当明确、具体，因合同规定不明确、具体而给一方或双方造成损失的，签订合同的双方均负有过错责任。为此，应适用公平原则，即买、卖双方所承担的义务是同等的，据此，本案原审法院对未履行该批货物损失责任的确定是错误的，这是因为其只认定卖方必须履行合同的义务，而没有考虑到合同规定不明确时双方都应负有的法律责任，从而把该批货物未履行造成的损失全部推给卖方，由卖方单方承担，这是显失公平的。

4. 关于佣金数额的确定问题。所谓佣金是指中介人为买卖双方牵线搭桥，提供订约机会或充当订约介绍人，促成交易，从而获得的一定的劳动报酬。这是商品经济发展到一定阶段的产物。开展中介，收取佣金，在我国同样受到法律保护。本案中双方当事人签订的数份合同均为带佣合同，三明会社多次要求漳州公司按约支付，漳洲公司均未给付，属违约行为，应承担相应的法律责任。基于此一、二审法院对漳州公司应向三明会社支付佣金的认定，是正确的。但对于应当支付的佣金数额，不仅当事人有争议，而且一、二审法院也有不同的确定。如上所述，收取佣金的依据在于促成交易，在带佣的商业交易中，交易不成，收取佣金的依据当然也就丧失。本案中，92FL—001合同和92FL—012合同第一批货均已履行，漳州公司理所当然应付给三明会社佣金，但解除 92FL—012 合同后，该合同第二、三批以及 92FL—015 以后的合同均没有履行。这样，三明会社向漳州公司收取 92FL—012 合同第二、三批货以及 92FL—015 以后合同佣金的依据也就随这些合同的未履行而丧失。

综上所述，二审法院对本案事实的认定与判决是正确的。

（高子才）

72. 日本国上海商会株式会社诉香港达汇公司共同投资协议案

（一）首部

1. 判决书、调解书字号

一审判决书：浙江省宁波市中级人民法院（1993）甬经初字第 36 号。

二审调解书：浙江省高级人民法院（1994）浙经终字第 61 号。

2. 案由：共同投资协议案。

3. 诉讼双方

原告（被上诉人）：日本国上海商会株式会社。

法定代表人：岩谷平行，董事长。

委托代理人：柳国强，浙江省经济律师事务所律师。

委托代理人：陈世华，浙江省杭州市华厦律师事务所律师。

被告（上诉人）：香港达汇公司。

诉讼代表人：俞晓谷，董事长。

委托代理人：吴松林，浙江省杭州市对外经济律师事务所律师。

4. 审级：二审。

5. 审判机关和审判组织

一审法院：浙江省宁波市中级人民法院。

合议庭组成人员：审判长：诸定子；审判员：孙引吾、马建中。

二审法院：浙江省高级人民法院。

合议庭组成人员：审判长：周根方；代理审判员：章恒筑、应向健。

6. 审结时间

一审审结时间：1993 年 11 月 10 日。

二审审结时间：1994 年 5 月 19 日。

（二）一审情况

1. 一审诉辩主张

（1）原告日本国上海商会株式会社诉称，1992 年 5 月与被告香港达汇公司签订共同投资协议书一份，按协议约定，双方共同投资 35 万美元在中国境内开设制造企业。其中我方投资 21 万美元占 60%，被告方应投资 14 万美元占 40%。签约后，我方已实际投资了 11.4 万美元，筹备和设立“宁波久和日用制品有限公司”至今已一年，但被告方却分文未投入，已违反双方共同投资协议和公司章程规定，给企业发展和我方造成严重经济损失，请求法院判令解除共同投资协议，并由被告承担违约金及赔偿我方经济损失人民币50万元。

(2)被告香港达汇公司在庭审中辩称，我方虽未直接汇款到双方共同开设的“宁波久和日用制品有限公司”，但已通过原告委托汇付投资款4.2万美元，因此被告并不违约，应依法享受投资者的权利，由分得的利润来归还委托原告代为投资的款项。

2. 一审事实和证据

浙江省宁波市中级人民法院经审理查明：1992年5月，原告日本国上海商会株式会社与被告香港达汇公司经中国公民张某(后被宁波久和日用制品有限公司聘用为副总经理)联系，签订了一份“共同投资协议书”，协议书约定，双方共同投资35万美元在中华人民共和国浙江省余姚市开设制造企业——“宁波久和日用制品有限公司”(以下简称久和公司)。由日本国上海商会株式会社出资21万美元，占60%的股份，香港达汇公司出资14万美元，占40%的股份；双方各派二人担任久和公司董事，日本国上海商会株式会社派人担任董事长；双方按股份享受久和公司的收益；久和公司为有限责任公司，经营期限为20年。日本国上海商会株式会社的法定代表人岩谷平行和香港达汇公司的法定代表人俞晓谷分别代表双方在协议书(传真件)中签字生效。签约后，双方又委托浙江省余姚市沙门镇经济协作办公室的朱某为联络人，张某参与筹备，起草了可行性研究报告和公司章程等。1992年7月，浙江省宁波市人民政府签发了外经贸外甬字(1992)031号“中华人民共和国外资企业批准证书”，同意双方设立久和公司。同年7月17日，经中华人民共和国国家工商行政管理局核准，久和公司取得了外资企业法人营业执照。1992年7月29日，张某代表被告方香港达汇公司致函原告方日本国上海商会株式会社的董事长岩平谷行，称“我方建议如下，到8月底共需资金13万至15万美元，期间可分几次汇入，现按可行性报告和政府的有关规定，企业在批准的90天内，需汇30%的出资额的款到开户银行，以作为企业正式成立的标准，如不在90天内汇出30%的出资额，企业将自动失效，务请了解上面的含义(30%为10500美元)”。原告方接信后，于1992年8月12日、9月11日两次通过日本幸福银行向久和公司的开户银行中国银行余姚市支行汇款11.4万美元。同年9月14日久和公司委托浙江省宁波市会计师事务所进行首期出资验证。因申请报告中没有说明11.4万美元中有香港方面的出资，也无香港达汇公司的出资证明，宁波市会计师事务所不同意作出“双方共同投人”首期出资额的结论，言明必须补办手续方可(但该所在9月21日的工作底稿上已将4.2万美元记人了香港达汇公司的帐上)。为此，9月22日张某示意久和公司的聘用会计董某起草了一份由日本国上海商会株式会社董事长岩谷平行向宁波市会计师事务所说明日本方已汇的11.4万美元中含有香港达汇公司的首期出资额4.2万美元的证明。张某在此份草稿上注笔：“岩谷先生，请按此照抄一遍，签名之后打传真回来，后天久和公司要办验资手续。”当日，岩谷平行出于企盼企业早日经营和验资需要，照抄一遍后签名传真回给了张某(注：将俞晓谷抄错为俞晓春)。嗣后，董某将此份传真和香港达汇公司董事长俞晓谷给宁波市会计师事务所说明该公司委托日本国上海商会株式会社向久和公司首期出资4.2万美元的函证(也系董某起草)交给了宁波市会计师事务所。1992年9月29日，宁波市会计师事务所作出验资结论：“截止1992年9月11日贵公司已收到外资双方缴付的首期出资额11.4万美元，其中日本国上海商会株式会社7.2万美元，香港达汇公司4.2万美元，并记人实收资本帐户。”

另查明：香港达汇公司的二名董事在1993年6月5日前未到过久和公司，也未参与久和公司的经营活动。公司日常工作由副总经理张某负责进行。1993 年 1 月 10 日，在香港达汇公司的授意下，张某等伪造董事会“决议”一份。该“决议”除决定将公司法定住所地从余姚沙门镇迁往宁波市江北工业区之外，还授权不是该公司职员的张某之父作为董事会的委托人，行使董事会的职权。而后即向有关部门办理了变更手续。1993 年 5 月，日本国上海商会株式会社对香港达汇公司擅自变更公司法定地址等“决议”提出质疑。1993 年 6 月 5 日久和公司董事长岩谷平行决定召开董事会解决有关事宜，因香港达汇公司仅一名董事到会等原因，协商无果。尔后，香港达汇公司擅自将久和公司的营业执照，财务有关印鉴，总帐及公司在杭州开户银行的来往凭证带走，给久和公司经营造成了困难。1993 年 6 月 7 日，日本国上海商会株式会社向宁波市中级人民法院提起诉讼。原告日本国上海商会株式会社为此已花去律师代理费、差旅费、住宿费等损失人民币 68995 元。

上述事实有下列证据证明：

(1)1992 年 5 月双方签订的“共同投资协议书”。

(2)宁波市人民政府签发的外经贸外甬字(1992)031 号“中华人民共和国外资企业批准证书”。

(3)日本幸福银行的送金单及中国银行余姚市支行的转帐支票。

(4)1992 年 7 月 29 日张某给岩谷平行的信函传真件及俞晓谷、岩谷平行的信函。

(5)久和公司申请验资报告和宁波市会计事务所的验资结论。

(6)受诉法院调查的证人证言及双方当事人在开庭审理时的陈述。

3. 一审判案理由

(1)原告日本国上海商会株式会社与被告香港达汇公司于 1992 年 5 月签订的“共同投资协议书”，形式上虽属联合投资，但双方企业均在国(境)外，投资资本金为外资，协议的内容仍符合《中华人民共和国外资企业法》及其《实施细则》的规定，共同投资的意思表示真实，故应确认共同投资协议合法有效。

(2)依照《中华人民共和国外资企业法实施细则》第三十一条第一款关于“外国投资者缴付出资的期限应当在设立外资企业申请书和外资企业章程中载明，外国投资者可以分期缴付出资，但最后一期出资应当在营业执照签发之日起三年内缴清。其中第一期出资不得少于外国投资者认缴出资额的 25%，并应当在外资企业营业执照签发之日起九十天内缴清”的规定，原告日本国上海商会株式会社依法依章程，在久和公司核准成立后，按期通过日本国幸福银行汇入久和公司开户银行中国银行余姚市支行 11.4 万美元，证据确实可信，已履行了其作为外国投资者应尽的义务，依法应享受投资者的权利。

(3)被告香港达汇公司提出已投入久和公司的 11.4 万美元的首期出资额中有其委托原告代汇出资 4.2 万美元的主张，既无任何委托依据，也无任何投资的事实。对于原告日本国上海商会株式会社向宁波市会计师事务所出具的出资证明，并非其真实意思的表示。被告香港达汇公司至今分文未向久和公司投入资金，已违反双方协议的约定和我国的法律规定，是一种违约行为，应承担相应的民事责任。鉴于被告香港达汇公司的违约行为和已无实际投资的诚意，原告要求解除共同投资协议的诉讼请求应予以支持并得到相应的损失赔偿。

4. 一审定案结论

依照《中华人民共和国涉外经济合同法》第十六条关于“合同依法成立，即具有法律约束力。当事人应当履行合同约定的义务，任何一方不得擅自变更或者解除合同”的规定，第二十九条第(一)项关于“另一方违反合同,以致严重影响订立合同所期望的经济利益;一方有权通知另一方解除合同”的规定,和《中华人民共和国外资企业法实施细则》第三十一条的规定,浙江省宁波市中级人民法院于1993年11月10日作出如下判决:

(1)原告日本国上海商会株式会社与被告香港达汇公司1992年5月签订的“共同投资协议”终止履行。宁波久和日用制品有限公司应为日本国上海商会株式会社单独投资的外资企业。

(2)被告香港达汇公司应将宁波久和日用制品有限公司的营业执照正、副本、批准证书、验资报告、出资证明、有关印鉴、财务总帐及该公司在杭州开户银行的存取款来往凭证,限在本判决生效后10天内交回久和公司。

(3)由被告香港达汇公司赔偿原告日本国上海商会株式会社人民币68995元,于本判决生效后一个月内履行。

本案案件受理费28385元,由原告日本国上海商会株式会社负担3385元,由被告香港达汇公司负担25000元。

(三)二审诉辩主张

一审判决后,被告香港达汇公司不服,以与其在一审庭审答辩时相同的理由向浙江省高级人民法院提出上诉,请求撤销原判,改判其对久和公司拥有股权。日本国上海商会株式会社上诉答辩称:上诉无理,应予驳回。

(四)二审结果

浙江省高级人民法院在二审审理期间,依照《中华人民共和国民事诉讼法》第一百五十五条关于“第二审人民法院审理上诉案件,可以进行调解。调解达成协议,应当制作调解书,由审判人员、书记员署名,加盖人民法院印章。调解书送达后,原审人民法院的判决即视为撤销”之规定,依法主持调解,于1994年5月19日双方当事人自愿达成调解协议:

1. 香港达汇公司自愿退出久和公司。

2. 香港达汇公司补偿日本国上海商会株式会社人民币5000元,在1994年6月12日给付。

3. 其余请求双方不再主张。

案件一、二审受理费各28385元,均由香港达汇公司负担。达成调解协议同时,双方当事人还达成了自动履行原审判决第二项内容的和解协议。调解书经双方当事人签收生效后,调解书及和解协议确定的给付义务均得以自动履行。

(五)解说

本案双方当事人均非国(境)内企业,有关的证据材料相互矛盾,因此,在法律适用、香港达汇公司是否真实拥有久和公司的股权及实体处理上均存在难点。

1. 法律适用问题

日本国上海商会株式会社是在日本国大阪府注册的公司,香港达汇公司则是在香港注册的合伙组织,而双方签订的“共同投资协议书”也未涉及法律适用问题,原审法院根据司法解释的精神决定以中国法律作为解决本案纠纷的法律依据是正确的。

根据最高人民法院《关于适用〈涉外经济合同法〉若干问题的解答》的意见,“涉外经济合同法也可适用于……外国企业、其他经济组织及个人与港澳地区的企业、其他经济组织或者个人之间在中国境内订立或者履行的上述经济合同”。而本案双方当事人签订的“共同投资协议书”既在中国境内签订，共同投资活动也在中国境内进行，与中国法律有最密切的联系。同时，依据《中华人民共和国民法通则》第一百四十五条第二款关于“涉外合同的当事人没有选择的，适用与合同有最密切联系的国家的法律”的规定，也应该适用中国法律。

2. 关于香港达汇公司是否拥有久和公司股权的问题

股权又称投资人权益，主要指实收资本。根据《外商投资企业会计制度》第四十六条规定，“实收资本是指投资人按照合同、协议或者企业申请书的约定实际缴入的出资额”。可见，享有股权的前提是存在实际出资的事实。本案中香港达汇公司并未有向久和公司实际出资的事实，香港达汇公司提出日本国上海商会株式会社汇入久和公司的11.4万美元中含有香港达汇公司首期出资的主张亦不能认可，因为既无委托也无借用的关系，因此，香港达汇公司不拥有久和公司的股权。谁投资谁得益，香港达汇公司当然也不能获得久和公司的经营利润。

日本国上海商会株式会社董事长岩谷平行向宁波市会计师事务所出具的证明及宁波市会计师事务所所作的验资结论亦不能证明香港达汇公司拥有久和公司的股权。因为：(1)经法院审理查明，岩谷平行的“证明”是在张某的诱使下书写的，证明的内容并非事实，只是为了验资的需要，使久和公司早日经营，“证明”是违背岩谷平行真实意志的。当然，岩谷平行书写不实“证明”，对本案纠纷的产生，日本国上海商会株式会社也负有一定责任。(2)宁波市会计师事务所的验资结论，是在未经核实的情况下作出的。根据当时施行的《注册会计师条例》第十六条规定，“注册会计师应当恪守公正、客观、实事求是的原则，对所出具报告书内容的正确性，合法性负责”。因此，对内容不实的验资报告，人民法院不能认定，更不能作为定案的证据。

本案一审判决及二审调解，体现了依法保护外国投资者合法权益的原则。

《中华人民共和国和日本国关于鼓励和相互保护投资协定》规定“缔约任何一方国民和公司的投资财产和收益，在缔约另一方境内，应始终受到保护和保障”。因此，保护国(境)外投资者的合法权益，既是法律的要求，也是履行我国的国际义务。要保护投资者的合法权益，制止假投资者的投机行为。原审法院根据香港达汇公司严重违约(实际是假投资)及无履约的诚意的事实，判决终止共同投资协议的履行，并确认久和公司为日本国上海商会株式会社的独资的外资企业(判决后，变更手续已经依法办理)，及由香港达汇公司赔偿日本国上海商会株式会社的经济损失是正确的，效果也是好的。

应该指出的是，本案二审调解与一审判决的基本精神是一致的。为尽快摆脱讼累，使问题得以顺利解决，双方自愿达成的调解协议，人民法院应依法予以确认。

(诸定子)

73. 日本国东洋工艺株式会社诉秦皇岛惠里花缝制有限公司返还制衣机器、房租等余款案

(一)首部

1. 判决书字号

一审判决书:河北省秦皇岛市中级人民法院(1993)外经初字第1号。

二审判决书:河北省高级人民法院(1994)经终字第24号。

2. 案由:返还制衣机器、房租等余款案。

3. 诉讼双方

原告(反诉被告、被上诉人):日本国东洋工艺株式会社。

法定代表人:西田晴夫,董事长。

委托代理人:须藤富夫,秦皇岛足利制衣有限公司经理。

委托代理人:吴西举,秦皇岛市第二律师事务所律师。

被告(反诉原告、上诉人):秦皇岛惠里花缝制有限公司。

法定代表人:大谷仓正,董事长。

委托代理人(一审):姜英秀,沈阳飞机制造厂高级工程师。

委托代理人:王燕萍,秦皇岛市海港区律师事务所律师。

4. 审级:二审。

5. 审判机关和审判组织

一审法院:河北省秦皇岛市中级人民法院。

合议庭组成人员:审判长:孙敬东;代理审判员:穆晓丽、刘志军。

二审法院:河北省高级人民法院。

合议庭组成人员:审判长:丁振海;代理审判员:杨建玲、宋悦来。

6. 审结时间

一审审结时间:1993年8月31日。

二审审结时间:1994年9月26日。

(二)一审诉辩主张

1. 原告人诉称:1991年3月,我东洋工艺株式会社董事长西田晴夫和须藤富夫同日本荒木兄弟机器商会董事长荒木健治一起来中国秦皇岛经济技术开发区考察办厂。经荒木介绍,认识了大谷仓正,大谷说在中国投资办厂最短需一年时间。经协商,大谷让西田先把办厂的机器设备以秦皇岛惠里花缝制有限公司的名义运到秦皇岛,等西田在秦开发区注册了自己的公司后,就把这些机器设备从惠里花公司拉过去。西田回到日本后,从荒木兄弟机器商会购买了39台制衣机(价值14485900日元,折合人民币579436元),然后运到惠里花公司。但是,当我会社在秦开发区很快注册了独资企业秦皇岛足利制衣有限公司时,大谷却不让把这39台制衣机交给足利公司,严重影响了足利公司的开工生产。另外,在被告帮助我会社筹建足利公司过程中,大谷提出需要280万日元用于租厂房,我会社即如数汇到惠里花公司帐上,但该款只用去63万日元,余下的217万日元(折合人民币86800元)大谷以种种理由为借口拒不返还。我会社请求中国河北省秦皇岛市中级人民法院依据《中华人民共和国日本国关于鼓励和相互保护投资协定》和《中华人民共和国民法通则》的规定,将我会社所有的39台制衣机器从被告处返还到我会社所办的足利公司名下,并从被告处返还217万日元。

2. 被告答辩和反诉称:大谷来中国开办惠里花公司后,原告通过荒木介绍,于1991年自愿与大谷合作,投资加入,并且双方口头约定合作两年再分立。我方于1991年8月和10月共收到两批合计39台从日本发来的制衣机,这是原告以合作的方式向我惠里花公司提供的投资。原告人依照合作双方的约定,于1991年5月汇入惠里花公司280万日元,折1.8万美元，合93960元人民币，用于租赁厂房、设计、施工等，到同年10月末已超支了19259.99元人民币。我公司要求：在原告的代理人须藤富夫任惠里花公司总经理期间，对于惠里花公司财产的丢失和损坏，原告方应负赔偿责任；从足利公司成立时起，凡是占用大谷投资的财产，一律按日加收3%的物品使用费；原告方要承担南阳物产为其在日本海口垫付的进出口产品的通关手续费2761205日元、280万日元租金使用的超支部分19259.99元人民币、惠里花公司1/3的开办费31135.38元人民币；原告方应返还我方在其经营惠里花期间所得的部分收益、承担在经营惠里花期间因损害惠里花公司利益而给惠里花公司造成的全部经济损失（上述被告的反诉请求共计80万元人民币）。

庭审时，原告对被告出示的280万日元款项实际开支113219.99元人民币表示认可，但对被告的投资者日本南阳物产株式会社将在日本收到280万日元折成1.8万美元、被告将1.8万美元折成93960元人民币所采用的换算比价提出异议。同时原告又提出于1991年10月3日经荒木交给被告人用于安装原告设备及电器等的4285美元，被告应提供实际用于何处。

（三）一审事实和证据

河北省秦皇岛市中级人民法院经公开审理查明：1991年3月，原告方西田晴夫和须藤富夫同日本荒木兄弟机器商会董事长荒木健治一起来中国秦皇岛经济技术开发区进行办厂考察。期间，经荒木介绍，认识了已在秦皇岛开发区办起了一家独资企业秦皇岛惠里花缝制有限公司的日本南阳物产株式会社董事长大谷仓正，双方洽谈了原告欲在秦开发区办厂事宜。同年4月16日，原告应大谷仓正要求将用于租房等费用的280万日元汇入日本南阳物产，南阳物产将该280万日元折成1.8万美元于同年5月31日汇入被告帐内，该1.8万美元被告未在其开户银行中国银行秦皇岛分行经济技术开发区支行结汇成人民币，系自行折算成93960元人民币，被告为原告租厂房等从中实际支出113219.99元人民币，该实际支出情况，被告按与原告的往来记入帐册。同年8月10日，原告从荒木兄弟机器商会购买39台制衣机并已付款（南阳物产投资被告的70台制衣机也是从荒木兄弟机器商会购买，尚未付款），该39台制衣机原告在日本通过南阳物产大谷仓正以被告为收货人运抵秦皇岛。同年10月3日，原告经荒木健治交给被告4285美元现钞，用于安装原告设备和电器等，被告于翌日存入其开户银行中国银行秦皇岛分行经济技术开发区支行，该支行按规定当日将此款折成4157.08美元现汇存入被告帐内，该4157.08美元现汇被告未在该支行结汇成人民币，被告自行将其折算成21693.96元人民币，被告从此款中实际于当月为原告支出668.70元人民币差旅费，其余款项未用于原告。同年11月，运抵秦皇岛的39台制衣机在被告用原告280万日元中部分款项租赁的厂房内（系开发区二号标准厂房第二层，惠里花公司已在第三层）开始运转生产，进口原料及出口成品以被告名义进行。翌年6月1日，第二层经中国有关部门批准成立了原告在中国的独资企业秦皇岛足利制衣有限公司，在足利公司成立时，原告欲将上述39台制衣机注册到足利公司名下，被告认为原告与南阳物产双方系投资合作性质，在未解除合作、清理债权债务、确定承担盈亏比例的情况下，不同意出手续将以惠里花公司名义运进的该39台制衣机转出惠里花公司名下转入足利公司名下，为此，秦皇岛海关对该批机器实施了监管，不允许足利公司使用。原、被告双方交涉未果，原告遂诉至法院，被告在答辩时提起反诉。

又查，原告与南阳物产之间没有关于共同投资合作经营惠里花公司的书面协议，被告所称口头约定合作原告不认可。1991年5月31日美元现汇与人民币的牌价(银行买入价)为1∶5.3223,同年10月4日为1∶5.3586。被告秦皇岛惠里花缝制有限公司于1990年9月29日成立,董事长和总经理均为大谷仓正,外方投资者为南阳物产,在中国工商行政管理部门至今未有更换董事长、总经理和增加外方投资者的登记。从1992年2月1日被告聘用的负责人徐春子离开至同年5月31日,须藤富夫在负责第二层生产的同时曾实际负责过第三层的生产经营,对外自称惠里花公司总经理,并掌握被告的行政章、财务章、合同章和报关章,同年7月24日大谷仓正将上述公章收回。

上述事实有下列证据证明:

1. 原、被告双方诉讼参加人的询问笔录、公开开庭审理笔录。

2. 原惠里花公司副总经理姜仁淑、足利公司翻译随鑫关于原、被告双方关系、经济往来及纠纷起因的调查笔录。

3. 荒木健治关于原、被告双方关系及经济往来的证据材料。

4. 280万日元在日本由原告汇入南阳物产的凭证。

5. 1.8万美元由日本南阳物产汇入被告帐内的凭证及有关单据。

6. 被告所记与原告往来的帐目。

7. 荒木兄弟机器商会给原告开具的39台制衣机原始发货票及付款凭证。

8. 4285美元现钞入被告帐内的凭证及支出情况的明细。

9. 秦皇岛市工商行政管理部门有关惠里花公司和足利公司注册登记的文件。

10. 秦皇岛海关所存以惠里花公司名义运进机器的清单及有关实施监管的调查笔录。

(四)一审判案理由

河北省秦皇岛市中级人民法院综合上述事实,根据《中华人民共和国外资企业法实施细则》第十一条第二款、《中华人民共和国企业法人登记管理条例》第十七条、《中华人民共和国企业法人登记管理条例施行细则》第四十六条的有关规定,认为:被告所称原告与南阳物产系投资合作关系证据不足,不能认定,故被告有关基于投资合作关系而提出的反诉请求难以支持。南阳物产与原告在日本发生的关系因双方主体均为日本法人并与本案主体不一致,且法律关系产生于日本,故本案不予涉及。原告汇入南阳物产的280万日元,应按被告实际收到1.8万美元现汇的当日(1991年5月31日)美元现汇与人民币的牌价折算成95801.40元人民币,差额17418.59元人民币原告应补偿给被告;原告对上述39台机器享有独立的财产所有权;1991年10月4日入被告帐户的4157.08美元现汇,应按当日美元现汇与人民币的牌价折算成22276.13元人民币,扣除被告已为原告支出的668.70元人民币,被告应将尚余的21607.43元人民币返还给原告。

(五)一审定案结论

河北省秦皇岛市中级人民法院根据《中华人民共和国民法通则》第一百一十七条第一款,作出如下判决:

1. 原告东洋工艺株式会社补偿给被告秦皇岛惠里花缝制有限公司租厂房等实际支出113219.99元人民币的不足部分17418.59元人民币。

2. 原告东洋工艺株式会社通过南阳物产株式会社以被告秦皇岛惠里花缝制有限公司为收货人运抵秦皇岛的39台制衣机,被告返还到原告名下或按原告意愿返还到原告在秦皇岛的独资企业秦皇岛足利制衣有限公司名下。

3. 被告秦皇岛惠里花缝制有限公司返还给原告东洋工艺株式会社于1991年10月4日入帐的4157.08美元现汇(合22276.13元人民币)扣除实际支出668.70元人民币后的余款21607.43元人民币。

4. 原、被告其他诉讼请求不予支持。

上述一、三项相互折抵后,被告秦皇岛惠里花缝制有限公司应返还原告东洋工艺株式会社4188.84元人民币,此款连同上述第二项在本判决发生法律效力后30日内履行完毕。

本诉案件受理费11672元人民币、反诉案件受理费13000元人民币,合计24672元人民币,原告东洋工艺株式会社负担3821元人民币,被告秦皇岛惠里花缝制有限公司负担20851元人民币(负担依据是原、被告的诉讼请求得到支持和未得到支持的数额)。

(六)二审情况

1. 二审诉辩主张

(1)上诉人惠里花公司诉称:本案争议的39台制衣机全部由大谷仓正所在的南阳物产从日本发来,其中33台是被上诉人在日本主动交给南阳物产,并以惠里花公司的名义向秦皇岛海关申请注册进口的,这些设备在中国属于惠里花公司的固定资产;大谷仓正与被上诉人的法定代表人西田晴夫都是惠里花公司的董事会成员,并且都参与了对惠里花公司的管理。西田晴夫还于1991年底被推举为董事长,故东洋工艺株式会社与南阳物产株式会社之间存在着合作关系。荒木健治交给上诉人4285美元现钞时,并未说明是被上诉人要其代为转交的,一直认为是荒木的投资。荒木一直参与了惠里花公司的筹建和前期管理工作,后来还成为本公司的副董事长。荒木提供的机器缺少配件,需在国内购置。他交来的钱我们除用于支付他的差旅费并扣除了他拿走而未付款的产品外,其余均用到了购置部件和生产经营中,该笔款与被上诉人无关。该30余台制衣机是南阳物产发给惠里花公司的,而不是东洋工艺。不管东洋工艺与南阳物产在日本发生什么关系,与惠里花公司无关。在中国,惠里花公司对上述制衣机享有当然的所有权。惠里花公司从1991年底起至1992年7月下旬止,其经营管理权实际上是控制在被上诉人的法定代表人西田晴夫手中,他们背着大谷仓正重新注册了一个足利公司,利用惠里花公司的名义出口了数十万套服装,未记入惠里花公司的帐,损害了惠里花公司的利益。请求依法改判。

(2)被上诉人东洋工艺辩称:本案所争议的39台制衣机是被上诉人的财产。东洋工艺与南阳物产之间没有签订过任何书面合作协议,亦未向中国有关部门申报和批准,双方合作不成立。

2. 二审事实和证据

河北省高级人民法院经公开审理查明:1991年4月16日,东洋工艺将280万日元汇付给南阳物产,后转汇到惠里花公司用于租房等费用,该款惠里花公司自行折算为93960元人民币。同年8月10日,东洋工艺从荒木兄弟机器商会购买39台制衣机,该39台制衣机在日本通过南阳物产,以惠里花公司为收货人运抵秦皇岛。同年10月3日,东洋工艺经荒木健治交给惠里花公司4285美元现钞,用于安装东洋工艺的设备及电器等。同年11月,惠里花公司在秦皇岛开发区租赁二号标准厂房第二层,将上述39台制衣机安装在第二层内(惠里花公司已在第三层经营),东洋工艺在中国未注册的情况下,用该39台制衣机开始运转生产。在生产过程中,进口原料和出口成品均是以惠里花公司的名义进行。惠里花公司分别于1992年1月31日、2月1日、3月4日、7月24日将惠里花公司的公章、钥匙、文件交给东洋工艺的代表人须藤富夫和随鑫。同年7月24日，惠里花公司的法定代表人大谷仓正将惠里花公司的公章收回。1992年6月1日，东洋工艺经有关部门批准，成立了独资企业——秦皇岛足利制衣有限公司。惠里花公司在为东洋工艺租赁厂房和安装机器的过程中，共支出各种费用113219.99元人民币，为东洋工艺支出差旅费668.70元人民币。东洋工艺交付惠里花公司的280万日元和4285美元，按交付时的汇率分别应折合人民币95801.40元和22276.13元。惠里花公司于1990年9月29日成立，董事长和总经理均为大谷仓正，外方投资者为南阳物产株式会社，在工商行政管理部门至今未更换董事长、总经理和增加外方投资者。南阳物产与东洋工艺之间没有书面的合作协议，南阳物产称双方有口头协议，东洋工艺对此予以否认。

3. 二审判案理由

河北省高级人民法院认为：本案所争议的39台制衣机，虽然是经南阳物产发给惠里花公司的，收货人系惠里花公司，但该39台制衣机是东洋工艺在日本购买交给南阳物产的，故该39台制衣机的所有权应归东洋工艺。东洋工艺要求将该39台制衣机注册到足利公司名下的主张应予以支持。该39台制衣机安装好后，东洋工艺在中国未注册的情况下，就以惠里花公司名义从事经营活动，期间虽然双方董事会组成人员有过往来信函，惠里花公司的公章曾交由东洋工艺的代表人，但双方没有形成书面合作协议，东洋工艺对合作经营予以否认，惠里花公司无其他证据证明双方在经营过程中的利润分享、亏损分担以及对外债务承担问题，根据中国有关法律规定，仍不足以认定双方的合作关系，故惠里花公司上诉请求不予支持。惠里花公司为东洋工艺支出的租赁厂房及其他费用应由东洋工艺负担。一审认定事实清楚，适用法律正确。

4. 二审定案结论

河北省高级人民法院根据《中华人民共和国民法通则》第一百一十七条、《中华人民共和国民事诉讼法》第一百五十三条第一款第(一)项，作出如下判决：

驳回上诉，维持原判。

二审案件受理费24672元人民币，由上诉人秦皇岛惠里花缝制有限公司负担。

(七)解说

1. 本案的性质。本案原、被告双方之间争执的焦点是共同投资合作纠纷还是侵权纠纷即返还机器、房租等余款纠纷。根据中国有关法律法规规定，投资合作必须有书面的协议，且应经中国工商行政管理部门登记批准；被批准成立后，关于重大的人事及注册资本等事项的变动，必须到工商行政管理部门进行变更登记，这样才能受到法律的保护。本案原告与南阳物产之间没有书面的投资合作协议，对被告提出的口头约定合作问题原告又予以否认，而且惠里花公司和南阳物产方面也无其他证据证明南阳物产与原告在经营过程中如何分享利润、如何分担亏损、如何对外承担债务，惠里花公司的变动情况也未向工商行政管理部门办理变更登记。因此，本案不具备投资合作的条件和特征。从案情来看，1992年5月31日前(足利公司成立前)，原告只是借用被告名义运进机器和进行生产，在经济上是一种往来关系。法院认定为侵权纠纷即返还制衣机器、房租等余款纠纷是恰当的。

2. 原告在1992年5月31日前(足利公司成立前)未经批准、无照经营是违法的。原告以被告的名义运进设备是违反中国法律的行为。按中国法律规定，应先注册足利公司，然后再运进设备等投资。另外，1991年11月至1992年5月31日原告在秦皇岛开发区二号标准厂房第二层的生产经营及进出口行为是无照经营，这是一种违反中国工商登记、税务登记、海关法规的行为，虽与侵权纠纷案无实质关系，但这是一种较为严重的违反中国法律的行为，应由工商、税务、海关等部门按照有关法律、法规作出处理。

（刘志军）

74. 美国凯威公司(Canway. Inc)诉长春市城市建设开发公司合资合同承担考察费案

（一）首部

1. 判决书字号

一审判决书：吉林省长春市中级人民法院(1994)长经初字第26号。

二审判决书：吉林省高级人民法院(1994)吉经终字第242号。

2. 案由：合资协议考察费案。

3. 诉讼双方

原告：凯威公司(Canway. Inc)。

法定代表人：刘继铭(Ji Ming Liu)。

委托代理人：丁永刚，该公司副总经理。

被告：长春市城市建设开发公司。

法定代表人：宋伟东，经理。

委托代理人：李敏，该公司副经理。

委托代理人：李文学，该公司法律顾问。

4. 审级：二审。

5. 审判机关和审判组织

一审法院：吉林省长春市中级人民法院。

合议庭组成人员：审判长：尹作明；代理审判员：谭忠武、范为。

二审法院：吉林省高级人民法院。

合议庭组成人员：审判长：郑永昶；代理审判员：刘连功、林丽艳。

6. 审结时间

一审审结时间：1994年6月14日。

二审审结时间：1994年12月5日。

（二）一审情况

1. 一审诉辩主张

原告诉称：我方与被告开发公司洽谈在长春市建设大型游乐设施期间，开发公司要求我方发函邀请其赴美考察，并要求我方垫付其在美国期间的一切费用，待合资后从利润中提取相应资金支付我方或以其他形式给予补偿。在美国期间，被告方共花费26397美元。被告开发公司终止协议后，拒不补偿我方所垫付的资金。要求被告支付由我方垫付的资金。

被告辩称：我们同凯威公司签订的合资项目合同未经批准，应视为无效合同，谈不上违约。赴美考察费用,我方不能全部承担。

2. 一审事实和证据

吉林省长春市中级人民法院经公开审理查明:1993年3月28日,原、被告双方在美国洛杉矶市签订合资兴建"长春康乐世界"合同一份。合同约定:凯威公司投资150万人民币,开发公司投资350万元人民币,合资期限为15年。合同须报长春市对外经济贸易委员会审批后生效。合同签订后,由于未获批准而终止。合同签订前,经原、被告双方协商达成"关于开发公司赴美考察事宜"的协议。协议约定:(1)被告决定派以高晶光为首的5人小组赴美考察,为方便出国手续,由原告发出邀请函。(2)在美期间费用暂由原告支付,待合资后从利润中提取补给原告。如不能合资,被告将给予原告所垫付的资金或以其他形式弥补给原告方所受到的损失。(3)根据市政府意见,被告决定在1993年5月15日前后动工兴建。(4)由凯威公司协助办理考察手续及签证,考察时间为15天。此前,凯威公司分别于1992年11月15日、1993年1月6日向开发公司发出邀请函(邀请高晶光、宋伟东、李宁、丁永兰、丁永盛去美国考察),以便开发公司办理出国手续。开发公司于1992年11月29日向长春市城建局、长春市人民政府提交出国考察申请书,决定同意以高晶光为领队的5人小组(包括丁永盛)赴美考察,考察期为30天。同年3月17日开发公司派出的5人赴美进行了为期15天的考察。考察后于1993年3月28日在美国洛杉矶签订了合同。同年11月被告通知凯威公司终止合同。事后,双方就出国考察费用一事,曾协商由开发公司以长春市富锦小区一套二室商品房(14至15万元)偿付。为此,开发公司虽向其上级主管局长春市城市建设局作过报告,但开发公司并未兑现。

上述事实有下列证据证明:

(1)双方于1993年3月28日在洛杉矶签订的"中外合资经营企业合同"及双方签字的"长春市康乐世界有限公司章程"。

(2)原告1992年11月15日、1993年1月6日发出的邀请函。

(3)1993年2月5日凯威公司与开发公司签订的"关于中方赴美考察事宜的协议"(凯威公司代表人:丁永盛,开发公司代表人:宋伟东,双方代表人签字)。

(4)开发公司出国人员及时间见吉林省外事办公室出国批件。

(5)开发公司给长春市政府及长春市城建局的出国考察申请书、丁永盛证言、开发公司委托代理人庭审中承认给丁永盛开12个月工资等证明丁永盛、丁永兰为中方赴美考察组成员。

(6)凯威公司向法庭提供的"胜利公园康乐世界项目中方赴美考察团于美消费清单"中考察费用26397美元。开发公司在给长春市城建局的"关于中外合资兴建胜利游乐项目违约处理意见的报告"中同意赔偿该数额损失及以房顶债的事实。

(7)双方均承认合资协议未经批准而未履行。

3. 一审判案理由

吉林省长春市中级人民法院经审理认为:被告赴美考察小组在美国考察期间所需费用由原告垫付属实。原、被告双方于1993年2月5日签订的考察费协议有效。被告称丁永盛、丁永兰为美方人员证据不足,不予认定,其二人应为被告方的特邀人员。被告不按协议自觉履行义务,是引起纠纷的原因,应当承担违约责任。

4. 一审定案结论

吉林省长春市中级人民法院于 1994 年 6 月 14 日，根据《中华人民共和国民法通则》第一百零六条的规定，判决如下：

（1）原、被告间于 1993 年 2 月 5 日签订的“关于中方赴美考察事宜的协议”有效。

（2）被告偿付原告在美国考察期间所花费用 26397 美元；给付利息（按美元存款利息计算），自 1993 年 5 月 1 日起至还款日止。

（三）二审诉辩主张

一审宣判后，开发公司不服，向吉林省高级人民法院提起上诉，上诉称：原审开庭时凯威公司及其代理人没有合法的身分证明，不符合起诉条件，原审不应受理此案；凯威公司于 1993 年 1 月 6 日向开发公司发出的访美邀请函中称在美国的费用由美方承担，而原审认定“开发公司在美期间的费用暂由凯威公司垫付属实”是不公正的；原审认定丁永盛为美方人员证据不足，丁永盛代表美方与开发公司于 1993 年 2 月 5 日签订的“关于中方赴美考察事宜的协议”属中方与中方之间所签，该协议应为无效。

（四）二审事实和证据

吉林省高级人民法院经审理查明：1992 年初，双方当事人拟在长春市胜利公园南大门处合资兴建综合娱乐场所“长春康乐世界”。开发公司要求赴美就凯威公司投资的设施性能等进行考察，费用可先由凯威公司垫付，待合资后补偿。为此，凯威公司于 1992 年 11 月 15 日，1993 年 1 月 6 日两次以“在美国逗留期间的食宿及交通等我们将予承担”，向开发公司发出邀请函。最后，双方就出国考察费用一事，于 1993 年 2 月 5 日达成正式书面协议，该协议约定：为办出国手续方便，由凯威公司发出邀请函，在美国期间一切费用暂由美方凯威公司支付，美方所支付款项，待合资后，从利润中提取弥补美方。如果不能合资，中方将给予美方所垫付的资金，或以其他形式弥补美方所受到的损失等。该协议由凯威公司代理人丁永盛和开发公司法定代表人宋伟东签字，并加盖了开发公司公章。1993 年 3 月 17 日由高晶光、宋伟东、李宁、丁永兰、丁永盛参加的小组赴美实地考察，共花食宿、咨询等费用 26397 美元。此间，双方在美国就兴办“长春康乐世界”事宜签订了协议。考察回国后，该协议未获有关部门批准，协议没有依法成立。嗣后，双方就出国考察所花费用，曾协商由开发公司以长春市富锦小区一套二室商品房偿付，开发公司也曾为此向其主管部门作过报告，但开发公司未兑现。

上列事实有下列证据证明：

1. 1993 年 2 月 5 日双方签订的“关于中方赴美考察事宜的协议”，上有凯威公司代理人丁永盛及开发公司经理宋伟东的签字。

2. 我国驻美国洛杉矶总领事馆认证的美国凯威公司法定代表人刘继铭的身分证明。

3. 1993 年 1 月 18 日凯威公司签发的任命书，委托丁永盛为该公司中国事务总代理。

4. 其他证据与一审同。

（五）二审判案理由

吉林省高级人民法院经审理认为：双方签订的兴建“长春康乐世界”合同属必须经过国家有关部门批准才生效的合同，由于该合同未获批准，故此合资建筑合同未成立；凯威公司虽向开发公司发出访问邀请函称出国费用由其承担，但在此二邀请函后，双方于 1993 年 2 月 5 日所签订的“关于中方赴美考察事宜的协议”属签字即成立的涉外经济合同，该协议有效。开发公司应依此对有关费用予以给付；丁永盛受凯威公司委托代理对外签订合同，即为凯威公司代理人,其在美国的费用不应由开发公司承担。

(六)二审定案结论

吉林省高级人民法院于1994年12月5日,根据《中华人民共和国涉外经济合同法》第二条、第七条、第五条第一款及《中华人民共和国民事诉讼法》第一百五十三条第一款第(二)项、第一百五十八条规定判决如下:

1. 维持长春市中级人民法院(1994)长经初字第26号民事判决主文的第一项,撤销该判决主文第二项。

2. 长春市城市建设开发公司赴美考察技术咨询费、顾问费、律师费共计13380美元,由长春市城市建设开发公司偿付美国凯威公司。美国凯威公司所花食宿、参观等项费用13017美元,由长春市城市建设开发公司承担4/5,即10413.6美元,两项合计长春城市建设开发公司共计付给美国凯威公司23793.6美元,并付给利息,自1993年5月1日起至还款日止(按美元存款利息计)。

(七)解说

本案涉及三个问题:

1. 涉外经济合同应适用《中华人民共和国涉外经济合同法》

本案是一起涉外经济合同案件。我国的经济合同,除国内当事人之间的经济合同外,还包括涉外经济合同,这两类既互相区别又互相联系的经济合同,共同构成完整的经济合同制度。《中华人民共和国涉外经济合同法》第二条规定:"本法的适用范围是中华人民共和国的企业或者其他经济组织同外国的企业和其他经济组织或者个人之间订立的经济合同(以下简称合同,但国际运输合同除外。"这就是说,除国际运输合同外,凡中外当事人之间签订的各种经济合同均适用该法。但在该法没有明确规定时,可适用《中华人民共和国民法通则》。本案中所涉两个合同,均为一方是当事人美国企业,另一方是中华人民共和国企业,所以,这两个合同均适用《中华人民共和国涉外经济合同法》。

2. 中外合资合同未经批准,合同不成立

《中华人民共和国涉外合同法》第七条第二款规定:"中华人民共和国法律、行政法规规定应由国家批准的合同,获得批准时,方为合同成立。"这是对涉外经济合同形式要件的特殊规定,按照《中华人民共和国中外合资经营企业法》及其实施条例的规定,中外合资经营企业合同的审查批准机关是中华人民共和国对外经济贸易部及其委托机构。合资企业的批准与否同合资合同的批准与否是一致的,合资企业未获批准,则当事人之间订立的合资合同亦不成立。本案中开发公司与美国凯威公司签订合资兴建"长春市康乐世界"合同,是依法应当由国家批准的合同而未经中国政府有关部门批准,该合同自然不成立。

3. 缔约损失可依当事人的约定而承担

涉外经济合同因未被批准而不成立,对当事人因缔约而造成的损失应如何处理,一般有两种途径:一是依法由有过错的一方或双方当事人承担缔约过失责任;二是依当事人事先约定而承担。所谓缔约过失责任,是缔约人故意或过失地违反先合同义务时依法承担的民事责任。所谓先合同义务,是随着缔约人双方为成立合同互相接触磋商逐渐产生的注意义务。先合同义务自要约生效开始产生,随着债的关系发展,缔约双方的联系日益密切,使他们产生了合同极有可能订立成功的信念,于是为履行合同做各种不同的准备工作,若因任何一方或双方的过错造成合同不成立、无效或被撤销,往往会给双方造成损害,为此,法律规定了先合同义务，规定了缔约过失责任的救济手段。在合同未被批准而不成立的场合，过错不是批准机关的过错，而是因当事人一方或双方的行为致合同未被批准或应当预见不能被批准而为之的过错。《中华人民共和国涉外经济合同法》和《中华人民共和国民法通则》对缔约过失责任未明文规定，可参照处理无效合同的原则处理。第二种途径是依当事人的约定承担责任，对缔约损失可事先由当事人约定，以此限定民事责任。只要双方以明示的方式作出，双方意思表示一致，不违反法律和社会公德，那么该合同就成立，并且，优先于法定的缔约过失责任适用。本案中双方当事人就缔结合资合同去美国考察的费用一事，事先达成协议，约定合资成立时，由利润中补给原告凯威公司，合资合同不成立时，由开发公司给付或以其他形式弥补原告损失。此为一般涉外经济合同，根据《中华人民共和国涉外经济合同法》第七条第一款的规定，当事人就合同条款以书面形式达成协议并签字，即为合同成立。本合同有凯威公司与开发公司双方达成协议，双方代表签字，所以合同成立。开发公司应按此合同约定承担考察费。

二审将丁永盛除外处理是正确的。

（冯彦彬）

75. 香港华德丰贸易公司诉河南省焦作市清宫酒厂终止合资协议案

（一）首部

1. 判决书字号

一审判决书：河南省焦作市中级人民法院（1994）焦经初字第5号。

二审判决书：河南省高级人民法院（1994）豫经终字第101号。

2. 案由：终止合资合同协议案。

3. 诉讼双方

原告：香港华德丰贸易公司。

法定代表人：赖锦荣，总经理。

委托代理人（一审）：董雨军，河南省第一律师事务所律师。

委托代理人（二审）：苏勉，河南省天平法律服务中心法律咨询员。

被告：河南省焦作市清宫酒厂。

法定代表人：武永功，厂长。

委托代理人：刘本生，该厂办公室主任。

委托代理人：张泽溥，沁阳市律师事务所律师。

4. 审级：二审。

5. 审判机关和审判组织

一审法院：河南省焦作市中级人民法院。

合议庭组成人员：审判长：胡东亮；审判员：薛秀兰；代理审判员：司园春。

二审法院：河南省高级人民法院。

合议庭组成人员：审判长：侯建中；审判员：李明录；代理审判员：王亦新。

6. 审结时间

一审审结时间：1994 年 1 月 3 日。

二审审结时间：1994 年 5 月 18 日。

（二）一审诉辩主张

1. 原告诉称：1991 年 10 月经焦作市外经委批准，原告与被告双方成立合资企业“河南省清宫酿造有限公司”，自公司成立以来，由于种种原因，双方无法继续合作。1993 年 9 月 26 日，经双方洽商达成终止合资合同的协议。按照终止协议第三条规定，我方从帐户中支付给酒厂 1 万美元，其余存款均由我方提出自行支配。然而，清宫酒厂却拒不提供印章（武永功私章），致使银行提款手续无法办理。清宫酒厂不履行协议，严重侵害了我方的合法权利。诉请法院将我方存入焦作市中行的 9 万美元及利息归我方使用，判令清宫酒厂赔偿因拒不履行协议而给我方造成的损失。

2. 被告焦作市清宫酒厂辩称：双方所签订的终止合资协议是在原告赖经理的欺诈下我厂武厂长作出的错误意思表示，根据《中华人民共和国民法通则》第五十八条第一款第（三）项和第九十一条的规定，该协议应属无效。要求法院确认该协议无效，依法驳回原告起诉。

（三）一审事实和证据

河南省焦作市中级人民法院受理本案后，经公开开庭审理查明：1991 年 7 月 29 日华德丰公司与清宫酒厂合资成立了“河南省清宫酿造有限公司”。该公司成立后，双方在经营中，由于多种原因发生纠纷，均认为已无法再继续合作。1993 年 9 月 26 日，经有关部门协调，双方在协商一致的基础上签订了终止履行合资合同的协议书。协议书载明：双方从签订协议之日起，可同向法院申请解冻焦作中行存款帐户，解冻后港方支付给酒厂 1 万美元，其余存款均由港方提出自行支配；双方应抓紧办理移交财务手续，并申请焦作市外经委，终止合资公司合同。协议签订后，1993 年 9 月 28 日，双方向焦作市外经委报告：“由于种种原因，河南省清宫酿造有限公司已无法继续经营，决定停业。原董事会已经瘫痪无法召开，实际上已不存在，今后有关公司停业的一切善后工作将由双方老板按照 1993 年 9 月 26 日签订的协议书办理一切手续。”华德丰公司派人多次来焦作履行协议，但由于清宫酿造有限公司的有关在银行的印章由双方分别管理，清宫酒厂不提供由自己方保管的印章（武永功的私章），致使华德丰公司无法办理银行提款手续。虽经有关部门多次做工作，但清宫酒厂拒不履行协议，不提交自己方保管的印章。

上述事实有下列证据证明：

1. 有焦作市清宫酒厂和香港华德丰贸易公司双方于 1991 年 7 月 19 日签订的合资成立“河南省清宫酿造有限公司”的合同和公司章程。

2. 有清宫酒厂和华德丰公司于 1993 年 9 月 26 日签订的“关于终止河南省清宫酿造有限公司合同协议书”，该协议明确说明：公司自成立以来，由于种种原因，造成公司无法开展工作，经焦作市委、市政府、市人大、市外经委的大力帮助，双方协商同意，终止河南省清宫酿造有限公司合资合同。

3. 有 1993 年 9 月 28 日双方当事人签署向原审批机关焦作市外经委的报告。报告称：由于种种原因，河南省清宫酿造有限公司已经无法继续经营，因而决定停业，原董事会已经瘫痪无法召开，实际上已不存在，今后有关公司停业后一切善后工作将由双方老板按照

1993 年 9 月 26 日双方在郑州商签的协议精神办理一切手续。

4. 经庭审质证查明终止合资合同协议是清宫酒厂方起草、定稿、打印、签字后交港方签字认可的庭审记录。

5. 有双方当事人的诉辩材料和庭审的答辩记录。

6. 有省会计师事务所对该公司帐目的审核材料证明在卷。

7. 有华德丰公司在终止合资合同后要求履行协议的证明，对银行存款的支取清宫酒厂拒不提供自己一方保管印章的证明。

(四)一审判案理由

河南省焦作市中级人民法院审理认为：

华德丰公司与清宫酒厂在其合资的酿造有限公司董事会瘫痪无法行使职责的情况下，经有关部门协助，双方自愿协商，达成终止履行合资合同的协议，意思表示真实，不存在单方欺诈行为。其协议有效，应予履行，清宫酒厂对本案纠纷应负主要责任。

(五)一审定案结论

焦作市中级人民法院根据其所认定的事实证据和判案理由，依照《中华人民共和国民法通则》第五十四条、第五十七条、第一百零六条第一款之规定，于 1994 年 1 月 3 日判决如下：

1. 双方于 1993 年 9 月 26 日签订的终止合资合同的协议有效，应按照协议约定的条款履行。

2. 原清宫酿造有限公司在焦作中行存款 9 万美元及利息归华德丰公司所有。

双方在本判决生效后 10 日内结清。

本案受理费 12810 元，由清宫酒厂负担。

(六)二审情况

1. 二审诉辩主张

上诉人清宫酒厂诉称：(1)终止合资的协议无效。因该协议未经公司董事会同意，未对公司的财产进行盈亏清算，亦未报审批机关和工商部门登记，不符合合资合同、公司章程和法律的有关规定，故该协议无效。(2)华德丰公司将欠浙江省温岭县糖烟酒茶公司和济源市印刷总厂的债务转由我方承担，未经债权人同意，其转移无效。(3)华德丰公司在终止合资协议签订前称欠浙江省温岭县糖烟酒茶公司和济源市印刷总厂的债务只有 6 至 7 万元，事后得知两家的债务共计 302714.92 元，故华德丰公司存在欺诈行为。请求二审法院依法改判。

被上诉人华德丰公司辩称：(1)终止合资协议是有效的，并未违反合资合同、公司章程和法律规定。终止合资合同未召开董事会是由于董事会已经瘫痪，终止合资协议是经合资双方自愿协商达成的，协议对财产、债权和债务进行了分割，没有办理下一步手续是由于清宫酒厂的原因，且报请审批仅及于终止合营的行为或决定，双方就财产的划分及债权债务的分担所达成的协议，并不需要经过审批。同时，清宫酒厂已用 1 万美元归还了债务，也收回了自己作为投资的场地、设备，清宫酒厂在部分履行了终止合资协议后，又称该协议无效是不妥的。(2)我方不存在欺诈行为。在终止合资协议签订前，双方委托会计师事务所对我方管理的帐目进行审核，清宫酒厂对审核的结果是清楚的，对浙江省温岭县糖烟酒茶公司和济源市印刷总厂的债务是明知的，这两家债务的承担是双方协商确定的，且终止合资协议是清宫酒厂起草、定稿、打印、签字后我们才签字认可的，不存在欺诈问题。请求二审法院维持原判。

2. 二审事实和证据

河南省高级人民法院经公开审理查明的事实和证据与原审法院判决认定的事实证据一致。

3. 二审判案理由

河南省高级人民法院审理认为:华德丰公司与清宫酒厂于1993年9月26日所签订的终止履行合资合同的协议,是在合资公司董事会瘫痪的情况下,经有关部门协调,双方协商一致达成的,是双方真实的意思表示,不违反国家法律,为有效协议。清宫酒厂关于华德丰公司在签约时存在欺诈行为的主张证据不足,本院不予认定。协议中有关合资公司债务的约定,是合资各方内部对债务的分担,并未将债务转移给第三方,故不违反法律规定。终止合资协议签订后,华德丰公司履行协议的态度是积极的,而清宫酒厂却未按协议履行自己的义务,以致酿成纠纷。因此,清宫酒厂应对本案纠纷负主要责任。综合上述,清宫酒厂的上诉理由不能成立,本院不予采纳。双方所签订终止合资协议有效,应继续履行。原判认定事实清楚,适用法律正确,应予维持。

4. 二审定案结论

河南省高级人民法院根据所认定的事实证据和判案理由,依照《中华人民共和国民事诉讼法》第一百五十三条第一款第(一)项之规定,于1994年5月18日判决如下:

驳回上诉,维持原判。

二审诉讼费12810元,由清宫酒厂承担。

(七)解说

本案事实清楚,处理正确。关键之争是双方签订的终止合资协议是否合法有效。从已经审理查明的事实来看,有以下三点可以说明:

1. 终止合资合同符合法律规定。《中华人民共和国中外合资经营企业法》第十三条规定,经双方同意,可以提前终止合同。本案诉旨,合资双方当事人对合资合同履行发生问题,合同不能履行下去,在董事会瘫痪的情况下,经合资双方法人代表协商同意终止合同,而且这种协商一致是在平等、自愿的基础上达成的协议,是双方当事人意思的真实表示,既不违反法律规定,也不损害第三人,这种协议理所当然是合法有效的。

2. 确认董事会瘫痪无法召开会议不是港方一面之词。双方于1993年9月28日向焦作市外经委的报告里明确确认的事实:"董事会已经瘫痪无法召开,实际上已不存在。"这个报告并不是港方一面之词。董事长是被告(上诉人)武永功自己,如果董事会能够召开,董事长是会利用董事会的权利的,也不会反复经地方党、政机关参与协调了。

3. 终止合资合同协议的签订不存在欺诈性。此协议书是由被告(上诉方)清宫酒厂起草、定稿、打印、自己签字后,交由港方华德丰公司老板签字后生效的。不论是内容上、文字上原告方并无过错,更谈不上欺诈。至于公司帐目,首先是由被告提出清算审核,并由河南省涉外会计师事务所审核的,亦不存在欺诈。

因此,一、二审法院确认双方所签订的终止合资合同的协议有效,是正确的。

本案审理结果充分表明,人民法院审理案件是秉公执法的,是公平的,不仅依法保护国内当事人的合法利益,而且依法保护外商的合法利益,完全摒弃地方保护主义。当本案审结后,港方当事人赖锦荣总经理激动地说:"原以为内地地方保护主义严重,但通过这场官司,我觉得这两个法院是公正的,我们的合法利益得到保护,今后,我还要往这里投资。"

(张贵堂)

76. 华闽集团适年有限公司诉邵武轮胎厂借款合同案

(一)首部

1. 调解书字号:福建省南平地区中级人民法院(1994)南法初字第3号。

2. 案由:借款合同案。

3. 诉讼双方

原告:华闽集团适年有限公司。

法定代表人:程世通,总经理。

委托代理人:任建闽,该公司驻南平代表处代表。

委托代理人:黄颖,南平地区第二律师事务所律师。

被告:邵武轮胎厂。

法定代表人:许荣章,厂长。

委托代理人:唐勇,该厂副厂长。

委托代理人:杨仁江,邵武市律师事务所律师。

4. 审级:一审。

5. 审判机关和审判组织

审判机关:福建省南平地区中级人民法院。

合议庭组成人员:审判长:高培春;审判员:万卫平;代理审判员:蔡焕娟。

6. 审结时间:1994年5月15日。

(二)诉辩主张

1. 原告诉称:被告邵武轮胎厂于1989年1月4日向我方借款400万元人民币,仅归还100万元,余款300万元及利息至今未还。请求法院依法判令被告及时归还借款本息656.332万元,支付挪用款罚息152.2万元,逾期还款的滞纳金110.2万元。

2. 被告辩称:我厂与原告华闽集团适年有限公司签订借款500万元合同,原告实际支付400万元,其中300万元由邵武市政府统一安排,转给邵武啤酒厂技改使用。我厂仅用100万元,已提前归还。原告与邵武啤酒厂协商,用在南平销售点的啤酒款偿还,啤酒厂已还3000余元,因负债过多,未能还清。请求法院根据我厂和本案实际情况,追加邵武啤酒厂为本案第三人参加诉讼。原告提出利息计算有误,要求我方支付挪用罚息和滞纳金不妥。

(三)事实和证据

南平地区中级人民法院经公开审理查明:1989年1月4日,原、被告双方签订借款合同,合同规定"原告借给被告人民币500万元,年利率15%,借款用途:技术改造,发展生产,借款不得挪作他用,否则按利率罚息50‰。被告保证从1990年起分四年按借款的20%、20%、30%、30%的比例归还本金利息,逾期未还每天按滞纳金额的1%计算归还原告"等条款。合同签订后,原告于同年3月至5月分四次汇给被告400万元。被告于1991年3月26日前分三次归还原告100万元。另外,邵武啤酒厂于1990年6月26日汇给原告啤酒并箱押金款 3436.98 元(此款用于折抵被告借款)。其余借款经原告多次催讨,双方订立还款合同书,并规定还款期限。还款期限满后,被告仍未依约归还原告借款。

上述事实有下列证据证明:

1. 原、被告双方签订的借款合同。

2. 原告 1989 年 3 月至 5 月分四次汇给被告 400 万元的汇款凭证。

3. 被告 1991 年 3 月 26 日前分三次归还原告 100 万元的汇款凭证。

4. 邵武啤酒厂 1990 年 6 月 26 日汇给原告 3436.98 元的汇款凭证。

5. 原告与邵武啤酒厂订立的还款合同书。

(四)判案理由

南平地区中级人民法院基于以上事实和证据认为:

原告为支持被告发展生产,加快企业技术改造,经邵武市政府协调,双方于 1989 年 1 月 4 日签订借款合同,该合同符合法律有关规定,应属有效合同。原告未按约定数额、期限出借资金,亦有一定责任,因此,要求被告支付罚息和滞纳金不予支持。被告未按约使用借款,擅自转借 300 万元给邵武啤酒厂使用,造成资金无法归还,应负本案纠纷的主要责任,承担还款付息义务。被告提出其中 300 万元转借给邵武啤酒厂使用是经原告同意的,查无实据,其要求追加啤酒厂为第三人参加诉讼,不予支持。

(五)定案结论

南平地区中级人民法院根据《借款合同条例》第四条、第九条、《中华人民共和国民事诉讼法》第八十九条的规定,主持调解,双方当事人自愿达成如下协议:

1. 被告邵武轮胎厂欠原告华闽集团适年有限公司人民币 300 万元及前期利息 280 万元,共计 580 万元(含 1994 年 3 月 21 日已还 60 万元),被告定于 1994 年 6 月 30 日归还原告 40 万元;1994 年 12 月 30 日前归还原告 100 万元;1995 年 6 月 30 日前归还原告 150 万元;1995 年 12 月 30 日前归还原告 150 万元;1996 年 6 月 30 日前还清本金和利息。

2. 还款期间 580 万元利息从 1994 年 7 月 1 日起计算,在规定还款期间内,按年息 10‰ 计算,逾期按中国人民银行规定利率计算。

本案诉讼费 42000 元,由原告华闽集团适年有限公司承担 21000 元,被告邵武轮胎厂承担 21000 元。

(六)解说

本案是香港华闽集团适年有限公司为支持邵武市轮胎厂技术改造、发展生产,与邵武市轮胎厂签订借款合同而引发的。该案借款数额大,加上借款利息,诉讼标的额近 600 万元,是闽北受理数额最大的一起涉港经济纠纷案件。从案件本身情况看,该案借款事实清楚,证据充分,适用于调解结案。而且以调解的方式结案,能缩短办案周期,快速调处纠纷,消除双方矛盾。为此,审判人员在审理本案中,着眼于调处,立足于调处,抓住双方症结所在,多做双方工作,达成了双方都能接受的调解方案,即原告放弃要求被告支付罚息和滞纳金,被告放弃要求追加邵武啤酒厂为第三人参加诉讼的请求,由被告分期分批支付原告欠款及利息。原、被告双方对调解方案都感到满意。原告方称赞人民法院是公正的天平,切实保护了投资者的合法权益。顺利调处此案,对于闽北山区吸引外资参与经济建设有着良好的促进作用。

(徐火辉)

第七篇　交通运输纠纷案例

77. 中国外运陕西公司诉哈尔滨铁路局国际铁路联运货物灭失赔偿案

(一)首部

1. 判决书字号:哈尔滨铁路运输中级法院(1994)哈经初字第 33 号。

2. 案由:国际铁路货物联运合同货物灭失赔偿案。

3. 诉讼双方

原告:中国外运陕西公司。

法定代表人:刘明华,总经理。

委托代理人:南海,西安市神剑律师事务所律师。

委托代理人:郜晓礼,陕西省进出口公司干部。

被告:哈尔滨铁路局。

法定代表人:宫树清,局长。

委托代理人:赵连滨,该局干部。

4. 审级:一审。

5. 审判机关和审判组织

一审法院:哈尔滨铁路运输中级法院。

合议庭组成人员:审判长:艾喜霖;审判员:张春芳;代理审判员:韩崴。

6. 审结时间:1994 年 12 月 17 日。

(二)诉辩主张

1. 原告诉称:1993 年 8 月 31 日,俄罗斯西西伯利亚贸易公司在俄罗斯铁路鄂木斯克东站为原告托运毛巾被和床单,原告未收到。要求被告赔偿货款 518700 瑞士法郎,利息 13832 瑞士法郎,负担全部案件受理费。

2. 被告辩称:原告所诉属实,同意赔偿原告的货款及利息,负担全部案件受理费。因俄罗斯西西伯利亚贸易公司向原告托运货物的铁路运费并不是原告向铁路交付,不同意赔偿铁路运费。

(三)事实和证据

哈尔滨铁路运输中级法院经审理查明:

1993年7月，原告受陕西省进出口公司的委托，于西安西站向俄罗斯西西伯利亚贸易公司托运毛巾被1390条，床单19800条。俄罗斯西西伯利亚贸易公司收到货物后，因俄罗斯市场行情发生变化，遂与原告达成将货物全部退给原告的协议。1993年8月31日俄罗斯西西伯利亚贸易公司将货物交由俄罗斯铁路鄂木斯克东站承运，货物运单到站为西安铁路分局西安西站，收货人为原告，运到期限为35日。运期届满后原告未能收到货物。哈尔滨铁路局满洲里站出具证明，证实俄罗斯铁路未向其交接该批货物，只传递了运单。西安铁路分局西安西站出具商务记录，证实货物未运到该站。原告于1994年3月23日向被告提出赔偿请求，被告通知俄罗斯铁路国境站后贝加尔铁路局给予赔偿，后贝加尔铁路局未作答复，被告也未在规定的期限内答复原告。原告遂起诉。本批货物原告与需方以518700瑞士法郎成交，约定付款地为中国。

以上事实有以下证据证实：

1. 陕西省进出口公司委托原告向俄罗斯托运货物的国际联运委托书。

2. 原告托运货物的铁路运单副本。

3. 俄罗斯西西伯利亚贸易公司退回原告货物的铁路运单副本。

4. 哈尔滨铁路局满洲里站关于俄罗斯铁路未向中国铁路交付该批货物的证明。

5. 西安铁路分局西安西站关于货物未到的商务记录。

6. 原告托运货物的装箱单。

7. 陕西省进出口公司出口货物的发票。

（四）判案理由

哈尔滨铁路运输中级法院认为：

1. 原告的货物应视为全部灭失。

本批货物为整车运输，《国际铁路货物联运协定》（以下简称《货协》）第十四条第一项第二目规定，整车货物每200公里的运输时间为一昼夜。从俄罗斯铁路鄂木斯克东站到西安铁路分局西安西站的里程为7000公里。运到期限应为35日，该批货物应在1993年10月8日前运到。至原告提出赔偿请求时，超出了运到期限已近7个月时间，按照《货协》第十七条第六项规定，货物运到期满后30天内，未将货物交付收货人，收货人可认为货物已灭失。原告有权按货物灭失要求被告赔偿。

2. 俄罗斯铁路是货物灭失的责任路。

俄罗斯西西伯利亚贸易公司将原告的货物交付给俄罗斯铁路鄂木斯克东站承运后，参加运送的后贝加尔站未向中国国境站哈尔滨铁路局满洲里站交付货物，只是传递了铁路运单。满洲里站于1994年4月9日证实，俄罗斯铁路鄂木斯克东站所承运原告的货物，俄罗斯铁路未向该站交付，只传递了国际铁路联运运单。西安铁路分局西安西站于1994年3月25日作出商务记录，证实原告的货物未运至该站。被告按《货协》的规定，书面通知后贝加尔铁路局赔偿，该局未作答复，也未提供已向中方满洲里国境站交付货物的证据。根据《货协》第三十三条第一项第一目"由于自己过失造成损害的铁路，即为对此负绝对责任的铁路"的规定，可以认定原告货物是在俄罗斯铁路承运期间灭失的，直接责任者应是俄罗斯后贝加尔铁路局。

3. 被告应赔偿灭失货物的损失。

《货协》第二十九条第二项以及附件规定，赔偿请求应提交受理审核赔偿请求的满洲里国境站的主管机关哈尔滨铁路局审查。以及《货协》第三十三条第一项“对于货物的全部灭失……已付赔款的铁路，有权向参加运送的其他铁路索取这项赔款”。被告作为赔偿请求受理机关应对原告灭失的货物先予赔偿，赔付后向责任路俄罗斯后贝加尔铁路局清算。

4. 赔偿范围。

(1)赔偿全部货款。《货协》第二十五条第一项规定，赔偿按照供货者的帐单所列价格计算。原告提供的货物出口发票所列的总价款为518700瑞士法郎。被告应予全部赔偿。

(2)赔偿利息。《货协》第二十八条第三项规定，铁路应按货物全部灭失受理的赔偿，从提赔之日起经过180天后，才对赔偿请求给予答复或支付应付赔款的，则对应付赔偿款额加算年利4%的利息。本案原告提赔是1994年3月23日，至向法院起诉时被告仍未答复已超过180天，被告应按赔款的年利4%向原告支付利息。

(3)原告诉请的赔偿铁路运费不应支持。根据《货协》规定，赔款中应包括铁路运费。但本案的铁路运费是由俄罗斯西西伯利亚贸易公司在给原告返还货物时向发站交付的，原告未支出这项费用，不存在赔偿问题。

按照《货协》第二十九条第二项的规定，如用某一国货款表示款额，在另一国支付，则这项款额应按付款地、付款当日的牌价，折算成为支付国家的货币。本案俄罗斯西西伯利亚贸易公司与原告是以瑞士法郎成交的。合同约定付款地中国。被告应按偿付日瑞士法郎在中国银行的买入价折合成人民币赔偿原告。

5. 法律适用。

本案系国际铁路货物联运合同纠纷，我国是《货协》的缔结国。按照《货协》第一条的规定，缔结国之间的国际铁路直通货物联运由《货协》规定。《货协》第二条规定，《货协》对铁路和发、收货人都有约束效力。因此，对国际铁路货物联运合同纠纷应适用《货协》的规定，而不适用国内法律。

(五)定案结论

根据《货协》第二十三条第一项、第二十五条第一项、第二十八条第一、三项之规定，在查明事实的基础上，哈尔滨铁路运输中级法院于1994年12月17日作出判决：

1. 被告赔偿原告灭失货款518700瑞士法郎，利息13832瑞士法郎，按偿付日中国银行瑞士法郎的买入价折合成人民币偿付。此款于判决生效后10日内给付。

2. 驳回原告的其他诉讼请求。

案件受理费35500元，由被告负担。

(六)解说

1.《货协》的效力

《货协》是我国和原苏联等12个国家缔结的。现执行的是经过多次修改，于1990年7月1日施行的《货协》。目前，原缔约国主要是原苏联及东欧一些国家的主体已发生了变化，但是这些新独立的国家都未声明不执行《货协》，并且一直按《货协》的规定参加国际联运。尤其是俄罗斯，仍按《货协》的规定处理中俄两国在国际联运中的纠纷。因此，《货协》对于中俄两国仍具约束力。

2. 关于货损的认定

通常情况下，我们所说的货损、货差是指货物在物理形态、化学性质以及数量等方面发生的变化，是可见的，可比较的，其损害可能是人为、客观或货物自然属性造成的。而本案涉及的推定货物全部灭失是一种状态不明的由法律规定的货损。它与一般意义上的货损在法律后果上是一致的,但两者也有不同。

(1)推定全部灭失。《货协》规定,如运到期限届满后30日内到站仍未将货交收货人,30日后收货人可按货物灭失要求到站赔偿。这种推断必须建立在一定的时间基础之上,即逾期持续到一定时间,就为这种灭失成立的条件。而就推定灭失来说,必须是全部货物未到,部分货物未到不适用推定灭失。这种规定有利于权利人及时行使权利,从法律上改变了权利的不确定状态。

(2)认定货物短少。货物短少可能发生在运到期限之内,也可能发生在运到期限届满之后。只要货物未全部灭失,即使短少的原因不明,权利人也只能以货物短少要求承运人赔偿。对于在运行期限届满之后30日内仍未运到,承运人按货物全部灭失已付赔款,但在运到期限届满之后4个月内承运人又将货物运到的,收货人应领取货物,并将已付赔款退还承运人,推定全部灭失无效。但如领取的货物有短少情况,收货人可以货物短少要求承运人赔偿。

本案货物至原告向法院起诉已一年有余仍未运到,原告有权以货物全部灭失向承运人索赔。

(艾喜霖　贺禔)

78. 杭州铁路分局金华电务段诉张养铭铁路通信设备损害赔偿案

(一)首部

1. 判决书字号

一审判决书:杭州铁路运输法院(1994)经初字第83号。

二审裁定书:上海铁路运输中级法院(1994)经终字第87号。

2. 案由:铁路通信设备损害赔偿案。

3. 诉讼双方

原告(被上诉人):杭州铁路分局金华电务段。

法定代表人:林中兴,段长。

委托代理人:张学铭,该段安全调度室工程师。

被告(上诉人):张养铭,男,50岁,汉族,福建省古田县人,个体运输专业户。

4. 审级:二审。

5. 审判机关和审判组织

一审法院:杭州铁路运输法院。

合议庭组成人员:审判长:李东生;代理审判员:张庆惠、赖静宜。

二审法院:上海铁路运输中级法院。

合议庭组成人员:审判长:黄昭铨;审判员:丁德宏;代理审判员:刘焱。

6. 审结时间

一审审结时间:1994年11月17日。

二审审结时间：1995 年 2 月 6 日。

（二）一审诉辩主张

1. 原告杭州铁路分局金华电务段（以下简称电务段）诉称：1993 年 10 月 26 日 21 时许，被告张养铭雇佣的汽车驾驶员驾驶 39—20181 号满载银耳的凌风牌载重汽车，行至铁路金千线排塘至永昌区间附近的公路上时，撞断铁路通信线路 451 号电杆，造成金千线铁路通信线路及排塘至永昌间铁路信号闭塞设备全部中断，行车调度指挥失控，给铁路运输生产带来严重影响。请求法院判令被告：(1)赔偿线路修复费用 13995.66 元；(2)赔偿因损坏通信设备而造成的经济损失 16278 元。

2. 被告张养铭辩护意见：我的汽车可能因超高，在出事地遇一过低的电线横路，只是刮破车上覆盖的篷布，掉下几箱木耳。根据我的汽车完好的程度，撞断电杆是不可能的，更谈不上赔偿经济损失。

（三）一审事实和证据

杭州铁路运输法院经公开审理查明：1993 年 10 月 26 日 9 时许，被告张养铭雇佣的汽车驾驶员驾驶张的福建 39—20181 凌河牌载重汽车，运送银耳途经浙江境内与铁路金千线排塘至永昌间相毗邻的公路上时，由于该车货物装载超高，在行驶中冲撞了原告管理的横跨公路的通信电杆的加空拉线（直径为 0.78cm 的钢绞线），使一侧的通信电杆倒地断裂，并使该电杆与同侧相邻电杆连接的七位通信线被全部拉断。事发后，肇事者只匆忙捡取了因撞线而散落在公路上的银耳，即逃离现场。原告得悉其通信设备被损坏后，及时组织了抢修，共用去工、料等修复费用 13995.66 元。从通信设备被损坏时起至修复时止，有三位通信线中断 20 小时 32 分，另四位通信线中断 2 小时 02 分。同时，排塘至永昌间的通信信号也闭塞 2 小时 02 分，使正在运行的 3982 次货物列车被迫停运，致原告经济损失 16278 元。

上述事实有下列证据证明：

1. 公安机关现场记载的原告通信设备被损坏的勘验笔录。

2. 证人李竹仙在事故发生地附近耳闻被告汽车肇事声响，目睹肇事现场且将被告汽车车牌号码、驾驶室车窗玻璃上的电话号码记载的证言。

3. 本院调查笔录证明被告汽车的车牌号码、家中电话号码与证人所述一致。

4. 有关上级技术部门对行驶中的载重汽车冲撞电杆拉线足以拉倒电杆的鉴定意见。

5. 原告上级主管部门提供的被冲撞的电杆拉线与公路地面的距离大于 4.5 米的设计图纸及电杆、拉线的工程验收合格证明。

6. 原告提供的修复电线路的工料单、阻断通信的时间及上级主管部门对阻断通信赔偿损失的标准。

（四）一审判案理由

杭州铁路运输法院鉴于上述事实认为：

1. 根据《中华人民共和国民法通则》第一百一十七条第二款规定：损坏国家的、集体的财产或者他人财产的应当恢复原状或者折价赔偿，本案中被告汽车在行驶中损坏了原告管理、使用的通信设备，应当予以赔偿。

2. 根据《中华人民共和国民法通则》第一百一十七条第三款规定：受害人因此遭受其他重大损失的，侵害人应当赔偿损失；国务院、中央军委《关于保护通信线路的规定》第十一条第一款具体规定："侵害人不但要承担修复损坏的通信设备的费用，还要承担阻断通信、信号所造成的经济损失。"本案中，由于被告损坏了通讯设备，且阻断了通信信号，造成的经济损失被告应当承担。

3. 根据《最高人民法院关于适用〈中华人民共和国民事诉讼法〉若干问题的意见》第四十五条"个体工商户雇佣的人员在进行雇佣合同规定的生产经营活动中造成他人损害的，其雇主是当事人"的规定，本案被告系个体运输户，其雇佣的驾驶员在雇佣合同规定的生产经营中的侵权民事责任应由被告承担。

(五)一审定案结论

杭州铁路运输法院根据《中华人民共和国民法通则》第一百一十七条第二、第三款、《最高人民法院关于适用〈中华人民共和国民事诉讼法〉若干问题的意见》第四十五条、《中华人民共和国民事诉讼法》第一百三十九条及国务院、中央军委《关于保护通信线路的规定》第十一条第一款之规定作出如下判决：

1. 被告张养铭赔偿原告电务段修复被损坏的通信设备的费用13995.66元。

2. 被告张养铭赔偿原告电务段因阻断通信造成的经济损失16278元。

本案案件受理费1230元，由被告张养铭负担。

(六)二审情况

一审判决后，被告张养铭不服，以"未撞断原告电杆"为由向上海铁路运输中级法院上诉，请求二审法院撤销原判，改判上诉人不负赔偿责任。

上海铁路运输中级法院鉴于上诉人在法律规定期限内未预交上诉费，根据最高人民法院《人民法院诉讼收费办法》第十三条第二款、第二十三条、《中华人民共和国民事诉讼法》第一百五十八条之规定，作出如下裁定：

本案按撤诉处理。

上诉案件受理费减半收取615元，由上诉人负担。

(七)解说

本案是一起铁路通信设备损害赔偿案件，是一种特殊的侵权赔偿纠纷案件，在审理中主要涉及以下几个问题：

1. 本案的管辖权问题

本案侵权行为发生在与铁路相邻的公路上，按《中华人民共和国民事诉讼法》第二十九条规定，应当由侵权行为地的建德市人民法院(排塘至永昌的公路地属建德市)或被告住所地的福建省古田县人民法院管辖。我们认为，根据本案具体情况，由铁路运输法院受理此案较为妥当，理由有二：一是本案是与铁路运输有关的侵权纠纷。本案中铁路通信设备受损，直接影响了铁路运输生产。《最高人民法院关于适用〈中华人民共和国民事诉讼法〉若干问题》第三十条规定"铁路运输有关的侵权纠纷由铁路运输法院管辖"。二是本案的侵权结果发生地在铁路。本案侵权行为实施地虽发生在公路，但侵权行为的发生，致铁路通信设备受损，通信、信号受阻，正在运行的货物列车被迫停运，损害结果发生在铁路运输中，故根据《最高人民法院关于适用〈中华人民共和国民事诉讼法〉若干问题》第二十八条规定，本案应由侵权结果发生地的铁路运输法院管辖。

2. 被告侵权赔偿责任的确定

本案被告的侵权行为之所以构成通信设备的损害赔偿，主要取决于两个问题。一是侵权行为人有过错。架空拉线的高度是否过低，是双方争议的焦点，也是衡量行为人是否有过错的标志。原告使用的451号电杆及拉线是1989年建成的，且经验收合格，拉线与公路地面高度达4.5米，符合铁道部部标通信工程质量标准，且该拉线在使用过程中，原告按《通信技术维护规则》定期检修、巡回检修。受害方不存在过错，而行为人的汽车超高才冲撞了拉线，过错是明显的，被告汽车肇事后经原告对电杆周围的地形勘查，未见异样变化，排除了有自然因素致拉线过低的可能性。二是被告汽车冲撞架空拉线能否拉倒电杆及电位线路，也就是被告的侵权行为与通信设备的损害事实是否因果关系。技术部门的技术鉴定意见说明了汽车冲撞架空拉线足以拉倒电杆，而电杆倒地必然断裂，电位线也随之拉断，通信信号必然中断，列车就会停运，前一种现象必然引起后一种现象，两者间有内在的必然联系，被告的侵权行为与损害事实间存在因果关系。因此，被告应当承担侵权损害的民事责任。

3. 被告应当承担侵权责任的赔偿范围

根据国务院、中央军委《关于保护通信线路的规定》，任何单位和个人损坏通信线路、阻断通信，应责令其承担修复线路的费用并赔偿阻断通信造成的经济损失。本案中修复费用主要是修复架空线路（包括电杆、通信线路）及其附属设备用去的人工、器材及施工运输等费用。阻断通信的经济损失的确定按通信阻断的时间（从使用单位发现电路中断时开始至修复后测试验证可用时止）、电路被阻根数以及上级主管部门规定的单位时间内每条电路被阻断的赔偿标准计算。

（李东生）

79. 王广明诉徐州铁路分局等国家铁路与专用铁路直通货物运输短少案

（一）首部

1. 判决书、调解书字号

一审判决书：徐州铁路运输法院（1994）徐铁法经初字第8号。

二审调解书：济南铁路运输中级法院（1994）济铁中经终字第15号。

2. 案由：国家铁路与专用铁路直通货物运输案。

3. 诉讼双方

原告（被上诉人）：王广明，江苏沛县庄镇竹木器厂业主。

委托代理人（一审）：刘守新，徐州市对外经济律师事务所律师。

委托代理人（二审）：周占魁，徐州市第三律师事务所律师。

被告（被上诉人）：徐州铁路分局。

法定代表人：曹可久，局长。

委托代理人：范维军，该分局货运组织员。

委托代理人：徐忠平，该分局法律顾问。

被告（上诉人）：大屯煤电公司。

法定代表人：孟以猛，经理。

委托代理人：华宏年，该公司政策法律处律师。

委托代理人：黄海阳，该公司政策法律处律师。

4. 审级：二审。

5. 审判机关和审判组织

一审法院：徐州铁路运输法院。

合议庭组成人员：审判长：戴建明；代理审判员：吕兴强、李瑞超。

二审法院：济南铁路运输中级法院。

合议庭组成人员：审判长：高宏；代理审判员：王玉法、毕刘佳。

6. 审结时间

一审审结时间：1994 年 6 月 18 日。

二审审结时间：1994 年 9 月 15 日。

（二）一审情况

1. 一审诉辩主张

(1)原告王广明诉称：1993 年 12 月我委托建瓯县乡镇企业木制品开发公司从南平火车东站以整车托运货物一批，其中杂竹 1000 件、竹片 1100 件，到站为沙塘火车站，交货地点湾集火车站，托运时没有提出货物声明价格清单和办理保价运输，承运时按 50 吨重量承运，该车到达沙塘火车站后承运人将该车作空车编组送到沛屯火车站，致使货物因脱离管理而被盗。1994 年 1 月 11 日该车逾期 7 天到达湾集火车站。经原告会同该站站务员吴明奎查看货物发现装载有异状，遂向湾集火车站提出请其按照《货规》规定复查重量或现状判明发生原因和短少程度，但湾集火车站既不复查，也不编制货运记录。原告初步估计该批货物短少竹片 800 件，价值 14400 元。综上所述，该批货物承运人在承运后未按规定期限运到目的站，应向原告支付货物运杂费的 20%违约金和赔偿货物短少的实际损失。在诉讼过程中，原告变更诉讼请求，要求被告按短少 757 件赔偿损失 9526.50 元，赔偿装卸费 1713.50 元，鉴定费 200 元，看管费 1140 元，逾期违约金 651 元等，总计赔偿损失 13518.25 元。

(2)被告徐铁分局辩称：1993 年 12 月 28 日由南平车站承装沙塘站杂竹、竹稍片一车，车种、车号 C 569335，票号为 037181，于 1994 年 1 月 1 日到达沙塘站，全列编组 60 辆，其中空车 59 辆，该车编于第 59 位，经沙塘站确认，运单内注明在湾集站卸车，沙塘站依照徐州铁路分局和徐沛铁路管理处关于《徐沛铁路直通货物运输办法》中的有关规定与联合办公室办理了分界交接工作，徐沛铁路管理处工作人员到站存查货票上签章认可之后又填制了徐沛铁路管理处到付货票，票号为 018526，该车于 1994 年 1 月 2 日 5 时 45 分随 3907 次列车挂出，至此，该车货物交接完毕。接方对货物的装载状况未提出异议。此外，根据本案的材料证明，该货到达沛屯站后失盗属徐沛铁路管理处辖区造成，徐铁分局不能承担该案的民事责任。

(3)被告大屯煤电公司辩称：原告诉称短少竹片 800 件，价值 14400 元，无任何证据。货到湾集火车站后，车站工作人员发现装载状态异常及时会同驻站公安民警对货物进行检查并编制了记录，原告于 1994 年 1 月 11 日接到领货通知后拒不卸车领货长达 36 天之久，根据运输法律法规规定，已丧失了要求我公司支付违约金的权利。原告拒交货物运费长达 20 天，拒不卸车长达 864 小时，按规定应向我方支付运杂费迟交金，支付货车延期使用费。

2. 一审事实和证据

徐州铁路运输法院经调查和审理查明：1993 年 12 月，原告王广明将购买的杂竹 1100

捆、竹片1000捆委托福建省建瓯乡镇企业木制品开发公司在上海铁路局福州分局所辖的南平车站办理了托运。运单载明:到站徐州铁路分局沙塘站,托运人同时记载"请转湾集站",货物由承运人装车以C 569335车发运,托运人确定重量50吨,保价运输金额5000元,交纳南平车站至沙塘站运杂费3376.65元,收货人为原告。该车于1994年1月1日19时17分到达沙塘站,该站根据货物运单内托运人的转运记载按照徐州铁路分局与大屯煤电公司徐沛铁路管理处(简称管理处)制定的《徐沛铁路直通货物运输办法》中的规定,于当日20时20分与管理处驻沙塘联合办公室货运员办理了换票运输和分界站交接手续,被告管理处货运人员对货物装载状况未提出异议。接收货物后,该处货运员重新填制了到站为湾集站(管理处所辖),品名、收货人与原票栏相同的货票。

1994年1月2日5时47分,沙塘站确定开3907次货物列车,将C569335车编在3907次列车机后第30位。开车前约15分钟,沙塘站值班员通知管理处驻沙塘站货运员冯化成试风准备开车,冯化成在试风时对现车状况没有检查,也没有将C569335车货票交给司机。7时左右,管理处货运员赵荣兰到沙塘站行车室抄点时发现误将C569335车挂至沛屯站,立即用电话向管理处调度汇报。7时15分,该处货运员孙涛再次向调度汇报,要求其处理,但调度未作处理。该车到达沛屯站后,停留在沛屯站北场,1月4日14时左右被当地村民哄抢,货物发生短少。对此,被告大屯煤电公司没有编制货运记录。1月11日上午7时5分上述货物运至湾集站,该站通知原告领取货物。因车内货物装载有异状,原告要求湾集站对货物损失程度进行鉴定并编制货运记录,湾集站以"该车货物堆装托运,无法鉴定"为由,拒绝会同原告对货物进行鉴定和编制货运记录,双方没有办理货物交接手续。当月31日,原告王广明及其委托代理人刘守新律师共同到湾集站办理了领货手续,支付沙塘至湾集站运杂费918.40元,同时再次要求湾集站对货物进行鉴定和编制货运记录或在货票内记明丢失货物件数,仍被湾集站拒绝。故原告没有领货。同年2月7日,原告诉来我院。本院于1994年2月16日会同原、被告及有关单位对停留在湾集站货物线3道尚未卸车的竹片、杂竹进行了勘验,共同认定短少竹片470件,价值6815元。次日,原告向湾集站装卸队支付了货物看管费1140元后领取了货物。庭审中,被告大屯煤电公司向本院提供1994年1月11日湾集站编制的"普通记录"。

以上事实有上海铁路局货物运单、货票,徐沛铁路管理处货票、运杂票、看管费收据,原告购货发票,大屯煤电公司关于竹片被哄抢的情况说明以及证人证言等证据证实。

3. 一审判案理由

徐州铁路运输法院认为:

(1)原、被告间的直通货物运输合法有效。

被告管理处所辖专用铁路开办货物运输营业是经江苏省人民政府批准通过的,其程序符合《中华人民共和国铁路法》第二十四条的规定。根据徐州铁路分局与被告管理处《徐沛铁路直通货物运输办法》中关于"凡属沛县地区到达的物资,各站直发沙塘站,由沙塘站转至新线(指专用铁路)有关站卸车交付收货人",以及"经沙塘站接入新线的重车,应重新填制到付货票一份,连同原运单一并随重车递送新到站,新到站应根据到付货票填发凭运杂费收据向收货人核收运杂费"的规定,沙塘站与管理处办理的换票运输以及原告在到站缴付运费的行为符合运单中托运人记载的转运事项和上述规定,具有法律效力。

(2)被告徐州铁路分局正确履行了运输合同不负违约责任。

被告徐州铁路分局与管理处依据《直通货物运输办法》对该批货物进行了交换、换票，管理处在交接货票上签章认可，对货物装载状况未提出异议。徐州铁路分局已履行了应尽的合同义务，对货物短少不负违约责任。

(3)被告管理处接收货物后未尽职运输、保管，应负违约赔偿责任。

根据《中华人民共和国铁路法》第二十四条关于“专用铁路兼办货物运输营业的，适用本法关于铁路运输企业的规定”。被告管理处接收货物换票运输后未按运输规章的规定将货物及时运送到站，在误将货物错挂至他站后又未及时处理，导致货物丢失。货物丢失后亦未编制货运记录，致使货物在他站停留 9 天才运至到站。当原告提出货物装载有异状要求编制货运记录时，被告管理处拒绝履行职责，其行为已超出了运输法律法规对承运人的一般要求，不应享受承运人赔偿责任限制，被告应按实际损失向原告赔偿，并不受保价金额的限制。

被告管理处提供的湾集站 1994 年 1 月 11 日编制的“普通记录”，因不符合运输规章的规定，亦没有在编制时向原告提供，故本院不予认定。

原告在货物装载有异状被告管理处不编记录的情况下拒绝领取货物是正当的，被告管理处应向原告支付逾期运到违约金并承担货物看管费。原告诉请中经查部分不实，不予支持。

4. 一审定案结论

根据《中华人民共和国铁路法》第十六条第一款、第十七条第一款第二项的规定，徐州铁路运输法院于 1994 年 6 月 18 日作出判决：

(1)被告大屯煤电公司赔偿原告经济损失 8917.09 元(其中短少货物损失 6815 元，运杂费 962.09 元，货物看管费 1140 元)。

(2)大屯煤电公司向原告支付货物逾期到达违约金 61 元。

以上二项共计 8978.09 元，自本判决生效之日起 10 日内由被告大屯煤电公司向原告一次付清。

(3)驳回原告的其他诉讼请求。

案件受理费 609.60 元，原告负担 244.45 元，被告大屯煤电公司负担 365.15 元。

(三)二审诉辩主张

一审判决后，被告大屯煤电公司不服，以认定短少数量无根据，已追回短少竹片 75 捆；原告未在规定的时间领取货物，已失去了要求承运人支付违约金的权利等为由，向济南铁路中级法院提起上诉。

(四)二审事实和证据

二审法院确认了一审法院认定的事实和证据。

(五)二审判案理由

济南铁路运输中级法院认为：上诉人在接收货物后误运到站且不及时处理，造成货物丢失；沛屯站公安派出所追回被抢的部分竹片后又未及时发还被上诉人，被上诉人在上诉人拒编货运记录的情况下向法院起诉，一审法院根据货物装载的标记状态采取回填的方式鉴定得出的损失件数是正确的，但对鉴定费不予认定不妥当。上诉人的上诉理由不能成立，本院不予支持。原审被告徐州铁路分局正确履行了合同义务，不负违约责任。

(六)二审定案结论

1994 年 9 月 15 日济南铁路运输中级法院在查明事实，分清责任的基础上，根据《中华人民共和国民事诉讼法》第八十五条之规定，根据当事人的要求进行了调解，达成调解协议：

1. 上诉人将追回的75捆竹片（包括25捆已变质竹片）交付被上诉人。

2. 上诉人向被上诉人赔偿420捆（包括25捆变质竹片）竹片损失6090元。

3. 上诉人向被上诉人退赔运杂费800元。

4. 湾集站货物看管费1140元，上诉人承担1080元，被上诉人承担60元。

5. 鉴定费200元，由上诉人承担。

以上五项共计8170元，上诉人大屯煤电公司自本调解书生效之日起10日内向被上诉人王广明一次付清。

一审案件受理费609.60元，上诉人负担365.15元，被上诉人负担244.45元。

二审案件受理费609.60元，上诉人负担509.60元，被上诉人负担100元。

（七）解说

1. 正确认定被告大屯煤电公司的责任

本案货物短少的直接原因是村民哄抢造成，抢劫是一种极为恶劣的刑事犯罪，但它并不是确定本案大屯煤电公司承担赔偿责任的依据，但也并不能因此认为货物短少是刑事犯罪造成，故而货主必须等待刑事案结后方可向承运人提赔。承运人对短少的赔偿责任，不是以短少发生的原因为基础的，只要发生了短少的结果，承运人的赔偿责任就应当成立，这是《铁路法》的规定。而按哪种方式承担赔偿责任，也是《铁路法》在国内立法方面的特殊规定。就本案来说，大屯煤电公司的行为是否构成重大过失，是认定本案承运人责任的关键，加之货物是以保价方式运输，且投保不足，二种赔偿方式的结果不同。被告大屯煤电公司在误将货物运至他站时，尚不具有重大过失或故意的心理，它完全可以依照规章将货运至湾集站即可，从距离上看，沛屯至湾集距离很短，组织运输并不困难；从时间上看，1月2日货物误运到沛屯，4日发生哄抢，至11日货物运回湾集站，被告大屯煤电公司的工作人员明知误运且发生短少情况后，仍未积极采取措施，并且货物是在被告的站场内被哄抢的，被告大屯煤电公司对此次货运事故所持的漠视、放任态度不难看出，其行为已超出了运输规章对承运人的起码要求，因此，一、二审法院以重大过失认定其责任是正确的。

2. 货损数量的认定

由于被告大屯煤电公司的重大过失行为，不享受赔偿责任限制，也不以保价金额为限赔偿货主王广明。但因本批货物是以重量敞车运输的，运单中未记载件数，承运人编制货运记录也只能记载标记状态的变化情况，而王广明购买的货物是以捆计价的，按重量无法确损。一审法院鉴定时，将竹片回填到标记载重线上，以回填的重量除去每捆货物的重量，从而得出损失的件数，该鉴定结果是比较符合实际的，也为当时参加鉴定的一审原、被告所承认，被告二审时对此提出异议，但又提不出相反的证据，二审法院不予支持是正确的。

（贺　禔）

80. 哈尔滨第二水泥厂平山分厂诉地方国营阿城市平山建筑材料厂铁路专用线共用赔偿案

(一)首部

1. 判决书字号

一审判决书:哈尔滨铁路运输中级法院(1993)哈经初字第14号。

二审判决书:黑龙江省高级人民法院(1994)黑经终字第127号。

2. 案由:铁路专用线共用赔偿案。

3. 诉讼双方

原告(反诉被告、被上诉人):哈尔滨第二水泥厂平山分厂。

法定代表人:何焕炬,厂长。

委托代理人:侯瑞华,哈尔滨市律师事务所律师。

委托代理人:刘清,该厂干部。

被告(反诉原告、上诉人):地方国营阿城市平山建筑材料厂。

法定代表人:马贵,厂长。

委托代理人:张雨春,阿城市律师事务所律师。

委托代理人:王友,该厂干部。

4. 审级:二审。

5. 审判机关和审判组织

一审法院:哈尔滨铁路运输中级法院。

合议庭组成人员:审判长:赵玉华;审判员:聂德林、艾喜霖。

二审法院:黑龙江省高级人民法院。

合议庭组成人员:审判长:王福民;审判员:苏旗、王树江。

6. 审结时间

一审审结时间:1994年5月11日。

二审审结时间:1994年10月19日。

(二)一审诉辩主张

原告诉称:原告于1974年因人防工程需要而建立花岗岩生产厂,与被告生产同一产品。1974年2月,由哈尔滨市革命委员会主持,在哈尔滨铁路局、铁路分局、平山车站及被告参加的办公会议上决定,由原告与被告的铁路专用线接轨修建专用线。专用线建成后两厂于1976年签订了协议,约定:原告使用被告专用线的走行线,通过被告交换台安装电话,两厂合建变电所这三项费用按两厂产量比例,原告承担三分之一。经核定按0.30元/立方米、年产量6万立方米计算为年1.8万元。合同签订后,原告自1976年至1989年均依此交付给被告费用,1990年因被告拖欠使用原告的公路养路费,原告未向被告交付专用线费用。1991年,原告根据被告专用线大修用款的要求借给了被告40万元,但被告未大修。1992年9月被告又提出修专用线没钱,向原告借款,原告表示要将往来帐算清后如不够可借给被告20

万。当年10月27日，被告以20万元未到位为名将通往原告方的专用线封锁，原告多次要求被告先开通线路，表示承担应承担的费用，被告提出1976年两厂协议是盖的革命委员会的章，无效。要求增加自1978年至1990年间的费用，修专用线大桥70万各负担一半。原告与被告进行协商，被告因原告找了市领导而拒不与原告面谈。至1993年7月15日止，原告被迫停产达260余天，造成经济损失193.4万元。包括11项：(1)动力电无功损耗8.7万元；(2)运输计划违约金4.45万元；(3)向土地管理部门交费13.2万元；(4)职工工资20.7万元；(5)取暖用煤5.5万元；(6)停产工人奖金7.68万元；(7)房屋因无人管理产生损失2.82万元；(8)被告占用40万元利息10万元；(9)无机绳枕木被埋腐烂损失6.48万元；(10)产品积压计112.5万元；(11)被告应给付的公路修复款。要求判令被告开通专用线，赔偿原告经济损失。

原告认为：被告称没钱修线路是借口，原因是两厂生产同一种产品。原告的产品被评为省优，订户多，效益好。且车皮计划、劳动力竞争激烈，意欲挤垮原告。

被告在答辩中称：原告诉称严重失实，被告封锁专用线是因原告未严格履行协议，造成专用线养护维修发生严重困难，致使局部专用线因无钱维修而被迫停止使用；被迫停用的三线铁轨道岔不符合铁路部门的规定，铁路部门通知必须更换，是铁路部门封锁的，专用线大桥大修要求原告支付应承担的费用30万元原告拒绝。

被告提出反诉，请求原告给付被告1006803.78元，诉称：由于原告不严格履行协议中规定的义务，长期拖欠铁路专用线的养路维修款项，给被告造成了严重后果。要求赔偿的款项包括：(1)1978年以来产生的专用线、变电所、大桥大修所花费用的50%，增补以前的费用；(2)因原告行走三线被告需停产等待，原告赔偿停产损失15万元；(3)承担变电所的工程款以及双方共用的粮店取暖款。

原告对被告反诉答辩称：专用线产生的费用按协议规定原告应承担三分之一而不是50%，已给付的不再增补，行走三线损失15万元之说事实不存在，不予赔偿。

(三)一审事实和证据

哈尔滨铁路运输中级法院经调查和审理查明：

1957年，被告(当时名称为阿城县平山建筑材料厂)修建了一条自平山车站到本厂区的6.5公里铁路专用线。厂区内设四条装车线，依次排为专一、专二、专三、专四线，用于向外运送花岗岩石。1975年，原告(当时名称为哈尔滨市平山战备采石厂)成立。经哈尔滨铁路局批准与设计，被告方同意，原告与被告方的专三线接轨分岔建成两条装车线，在向外运输中使用被告方专用线干线。1977年10月16日，双方就专用线、变电所、电话所共用及使用被告方轨道车问题签订了一份协议。规定：被告同意原告使用专用线干线；维修、养路由被告负责；维修费承担与给付办法：按全部专用线距离比例减去被告专一、专四线的费用，双方按年生产产品运出量分摊，按实际发生额每季核算一次，由被告方出单据双方核销，原告按应自干线运出的年计划产量比例在当年第一、二、三季度向被告交预付款，第四季度按全年实际运出量结清，多退少补；维修费的范围包括养路工人工资、材料物资费、大修费、事故损失费。合同对变电所设备产权予以明确，即各自配的设备为各自所有与管理，折旧摊入各自成本，维修养护被告负责，材料双方采购按实际用电量分摊。电费由被告按分电表向原告核收。原告通过被告交换台安装一部电话，按实际发生费用交电话费。轨道车使用不分摊费用。

合同签订后，原告使用被告铁路专用线干线运输花岗岩石至1992年10月止。被告的养路班对专用线进行了维修、养护。原告向被告交付了1988年前的费用。交付的办法没有按照合同规定执行，既未每季核对单据，也未按季度交预付款年终结算，而是被告先行出具收据，原告根据收据标明的款额向被告转款，年均交付1.8万元。并根据被告收据交付了电话、用电的费用。1988年前双方无纠纷。1989年，因被告使用原告的公路未按约定交养路费，原告停止向被告交付专用线费用。1991年10月，被告向原告提出要进行专用线大修没钱，要求原告转款40万，原告给付被告40万，支票存根注明系被告借款，用于大修，但被告未进行大修，亦未向原告返还借款。

1992年8月，被告以修专用线大桥为名向原告索款，并提出此前原告给付的费用过低，要求增补。要求原告给付的款额为140万元。双方协商未果。1992年11月1日，被告在专用线三线道岔处设立了红牌标志，用碎石将道岔和通往原告的装车线覆盖住，同时在平山车站作了“建材厂专三线线路不良，不能继续使用。进行封锁整修，影响区段4—6号道岔，时间到另有通知时止”的封锁记录。原告的产品不能运出，被迫停产。原告生产的花岗岩石在装车线两侧堆积达4.5万立方米。原告于1993年1月将少部分人留守厂内，其余人员撤出。

1993年2月，被告根据铁路局关于专用线应委托铁路专门施工队伍维修的要求，将本厂的专用线养路班予以撤销，与阿城工务段线桥维修队签订了委托维修协议，自此，由线桥维修队对被告专用线进行了维修养护，并对专用线干线大桥进行了大修。同年3月5日，线桥维修队向被告发出要求“立即更换不符合铁道部规定规格的道岔及岔轨，否则出现事故或有关铁路部门停止专用线使用后果自负”的书面通知，被告函复称“工厂资金紧张暂无钱维修，待资金松动时立即维修”。3月30日，平山车站的副站长丁×(其兄在被告单位)对维修队的副队长王×说，“专用线现由你们维修了，他们厂封的线应换成你们了”，王×即在平山车站值班簿写下了“平山建材厂专用线3号道岔为9#40B钢轨，按有关规定需立即更新，现已封锁，同意封锁曲股，开通直股对专4线”的记录。但该记录未向原、被告通知。

为恢复生产，原告多次找被告及阿城市政府协商均无结果。1993年7月20日原告向哈尔滨铁路运输中级法院起诉并提出先予执行申请。法院立案后立即裁定被告于8月2日前清除线路上障碍，恢复原告通车。被告虽一再表示执行裁定却迟迟未动。法院于10月组织阿城工务段、小岭养路工区的技术人员对线路进行了检测，认为3号道岔线路能够使用，但因轨型为40B轨需限速行驶，应尽快更新。在法院组织监督下，10月20日阿城工务段对3号道岔及岔轨道进行了更换大修，10月28日道岔大修完毕。但被告仍未撤除碎石及红牌标志，并将道岔锁住，直至法院对被告法定代表人采取了强制措施，被告方于12月清除障碍，原告恢复生产。自被告1992年11月1日封线至1993年12月恢复生产，除1993年10月进行道岔检测、大修外，原告停产计10个月，产生经济损失计238266.47元。包括：动力电无功损耗，已批准的车皮运输计划违约金，土地使用费，停产职工工资和停产期取暖用煤款。以上损失有收费单据、工资表和锅炉登记及用煤单位证实。

被告自1989年至1993年12月维修养护专用线(包括专用线大桥大修、道岔更换、日常维修)共支出费用1331479.82元。经查，原告平均运出量占两厂总运量的22%。按此比例分摊，原告应承担维修费28.8万元。以上事实有合同、被告出具的收据、支票存根、封锁记录、检测记录、大修、维修费单据工程决算表、双方运量证明以及证人证言等证实。

(四)一审判案理由

哈尔滨铁路运输中级法院鉴于上述事实认为：

1.《经济合同法》第六条、第九条规定:“经济合同依法成立,即具有法律约束力,当事人必须全面履行合同规定的义务,任何一方不得擅自变更或解除合同”,“当事人双方依法就经济合同的主要条款经过协商一致,经济合同就成立”。虽为当时的革命委员会盖章,但原、被告是在平等自愿、互利互惠、协商一致的基础上签订的专用线共同协议,符合当时和现行的法律法规,具有法律效力。两厂领导机构名称变化、厂名更改均不影响合同的效力,双方应当依合同履行义务。该合同未规定终止时间,在双方未解除前均应继续履行。

2. 被告无故长期封锁专用线,应承担违约的民事责任。原、被告签订协议后,原告未按合同规定每季核对单据交付使用费,被告不仅未提出异议,而是以先行出具收据,由原告根据收据向被告转款的形式变更了原合同的给付办法。1989年后被告未按变更后的办法向原告结算,故原告未向被告交付专用线使用费并不违反双方约定;双方共用的3号道岔经检测能够使用,但因道岔型号需更换,要限速行驶。在法院组织监督下,仅用8天时间即更换大修了道岔,大修之后被告又将道岔锁住,故被告关于线路不良的理由是不成立的;阿城工务段线桥维修队的通知是在被告封锁线路4个月之后作出的,且该通知的内容是要求被告更换道岔而非封锁线路,线桥维修队于1993年3月30日在平山车站的记录是在被告封锁线路的5个月后所作的。该记录未通知原、被告,同时被告设置的红牌标志与埋在线路上的碎石均未清除,因此线桥维修队的记录并未实际发生效力。被告在线桥维修队接管维修之前并未对专用线进行大修,也未用1991年10月的借款大修线路,其无故封锁专用线达10个月致使原告停运,应负违约赔偿责任。原告提出的间接损失因证据不足,不予支持。被告反诉提出的要求原告按50%增补以前使用专用线维修费的理由因与合同和实际使用量不符和由于原告行走三线给其造成的停产损失查无实据,不予支持。被告的其他反诉请求因与本案无关,应另行起诉。

3. 原告借给被告的40万元因被告未按协商内容用于专用线大修,应返还给原告。被告称此款系增补以前的费用之说查无实据,不予支持。

(五)一审定案结论

根据《中华人民共和国民法通则》第一百一十一条、第一百一十二条第一款的规定,哈尔滨铁路运输中级法院于1994年5月11日作出判决:

1. 被告赔偿原告经济损失238266.47元。

2. 被告返还给原告40万元。

3. 原告给付被告288913.76元。

以上款项扣除原告应当给付的款额,被告应当给付原告349352.71元,于本判决生效之日起10日内给付。

4. 驳回原告其他诉讼请求。

5. 驳回被告其他反诉请求。

诉讼费34725元,被告承担13043元,原告承担21682元。

(六)二审情况

一审判决后,被告不服,以专用线年久失修,本厂无力支付全部费用,原告不同意出钱,无奈向平山车站报告停止使用该专用线,该车站再没有调度机车,判我厂封线并赔偿损失无理,水泥厂给付40万元并非借款判返还显失公平,我厂维修专用线和大桥的贷款利息,水泥厂应与我厂共同承担为由向黑龙江省高级人民法院提起上诉。

黑龙江省高级人民法院认为:原审判决认定的事实清楚,证据充分,但对部分问题处理不妥。对建材厂提出的要求双方共同承担1992年修大桥及更换专用线的贷款利息不予支持不妥。经查,贷款55万元,利息为111447.56元,水泥厂按运输量平均比例22%承担24518.46元。原审认定建材厂赔偿水泥厂运输计划违约金4.55万元不妥,水泥厂实际交罚款并有收据的只有1.1万元。其他证据不足不应认定。

黑龙江高级人民法院根据《中华人民共和国民事诉讼法》第一百五十三条第一款第(三)项的规定,判决如下:

1. 维持原审判决第二、三、四、五项。

2. 变更原审判决第一项,即建材厂赔偿水泥厂经济损失179748.01元。

上述款项相抵建材厂给付水泥厂290834.25元,在收到此判决后15日内给付。

一、二审案件受理费48435元,双方各承担一半。

(七)解说

1. 本案合同的效力

原、被告于1976年形成的专用线共用协议是在1974年为解决原告战备采石运输方便的需要,由当时的市革委会主持召集有关方面及原、被告参加形成的决定,带有一定的行政命令性质。但从专用线共用协议的内容看,具有互利互惠的特性,并且是在原、被告协商一致的基础上签订的,原、被告从订立合同直至发生纠纷都未就协议本身提出异议,况且专用线共用已为铁道部发布的《铁路专用线共用组织暂行办法》所提倡,其内容也符合经济合同法的规定,因此,该协议具有法律效力,原、被告应按协议履行各自的权利义务。

2. 正确认定双方的违约责任

(1)被告违约在先,原告不负延期付款的违约责任。初看起来,原告未交维修费的借口不过是与专用线共用毫无关联的公路费问题,而且原告在长达四年的时间并未有主动联系被告交纳维修费的行为,从情理上看似乎站不住脚,但从双方变更了支付办法的情况看,一是支付办法变更后双方在长达十几年的时间里一直按变更办法执行,二是1989年以后原告虽借口被告未交公路费而拒交维修费,但被告对此只是口头要求原告交费,原告未同意。从合同的角度看,原告并未接受被告的口头要约,在此情况下被告即未按变更办法要求原告付款,也未提出要求原告按合同最初的支付办法结算,因此原告的行为并未违反合同约定,也不应对迟延付款负违约责任。

(2)被告借口维修、大修而长期封线应承担相应的责任。本案被告所建专用线由于时间较长,岔轨材质与现有运输能力不适应,故根据铁道部的规定,需进行轨型更新,但由于更换轨型是为了加快运输速度,并不是对机车的要求,因此在未更换之前,原线路仍能行驶,只需限速在5公里/小时范围内,不会出现安全问题。从法院组织大修情况看,只用8天时间就对3号道岔及岔轨进行了更换大修,被告如要大修在此期间封线应是合理的。而且从铁道部关于线路维修规则看,线路维修应是以保证列车安全、平稳不间断地运行的前提进行经常保养、临时补修和相应的综合维修为原则的,即使需要大修,也应在合理的范围内进行安排。而被告于1992年11月封线后,大桥大修也只用了不到20天,加上道岔更换大修的8天,总共超不过一个月,但被告封线的时间却长达一年多,并且在道岔大修更换后还继续封线,其行为不当是显而易见的。被告称原告不交维修费致使无钱承担大修维修,但又并未利用原告垫付的大修款。至1993年12月被告封线止,原告依合同规定应向被告交纳的维修费为28.8

万元，何况1992年11月1日被告封线前维修费并未发生多少，而原告垫付的40万元大修款也已远远超出其应付的维修费，因此，被告借口大修维修资金短缺无法维修的理由是不成立的，一、二审法院判其承担赔偿责任是正确的。

（赵玉华 贺禔）

81. 杭州小轮车总厂诉杭州铁路分局南星桥站运输服务所货物运输延伸服务合同赔偿案

（一）首部

1. 判决书字号

一审判决书：杭州铁路运输法院（1993）经初字第54号。

二审判决书：上海铁路运输中级法院（1994）经终字第14号。

2. 案由：货物运输延伸服务合同赔偿案。

3. 诉讼双方

原告（被上诉人）：杭州小轮车总厂。

法定代表人：俞阿标，厂长。

委托代理人：楼和平，该厂销售员。

委托代理人：李燕喜，杭州市第七律师事务所律师。

被告（被上诉人）：杭州铁路分局南星桥站运输服务所。

法定代表人：韩建超，所长。

委托代理人：马一儿，该所安全员。

第三人（被上诉人）：杭州铁路分局南星桥站。

法定代表人：王远金，站长。

委托代理人：杨福全，该站安全值班员。

第三人（上诉人）：广深铁路总公司广州东站。

法定代表人：蔡立坚，站长。

委托代理人：欧阳铭，该站综合服务公司经理。

委托代理人（一审）：覃东明，广州市华侨律师事务所律师。

4. 审级：二审。

5. 审判机关和审判组织

一审法院：杭州铁路运输法院。

合议庭组成人员：审判长：章焕文；代理审判员：王雅俊、赖静宜。

二审法院：上海铁路运输中级法院。

合议庭组成人员：审判长：丁德宏；审判员：张爱莉；代理审判员：刘焱。

6. 审结时间

一审审结时间：1994年2月1日。

二审审结时间：1994年5月9日。

（二）一审诉辩主张

1. 原告杭州小轮车总厂诉称：1991年5月10日，我厂委托被告通过铁路运输运往珠海拱北友谊公司小轮车零件二批计350件（价值37900元），产生运杂费678.54元。同年7月，通过银行结算向收货单位收款，对方以货未收到而拒付，并以电话通知我厂货物在运输过程中灭失。经向有关运输部门查询，均未得到解决，要求法院判令被告赔偿货款及运杂费38578.54元。

2. 被告杭州铁路分局南星桥站运输服务所答辩意见：原告于1991年5月10日委托我所发广州东站小轮车零件二批350件，收货人为珠海拱北友谊公司。我所于同年5月19日从南星桥站托运，并将领货凭证交给原告。原告货物灭失与我所无关。

3. 第三人杭州铁路分局南星桥站（以下简称南星桥站）述称：1991年5月19日，我站承运了托运人南星桥站运输服务所发广州东站小轮车零件二批，计350件，运输号码21514、21515。二批货物于当日进我站仓库，次日装上60P696823车内，编入1275次货物列车发出。事后未收到广州东站有关货物丢失、损坏的货运纪录，说明货物已如数完好运到到达站。

4. 第三人广深铁路总公司广州东站（以下简称广州东站）述称：原告二批货物于1991年5月26日到达我站，根据广州市有关文件规定，将该二批货物于同年5月31日转入二线仓，货物于6月2日被冒领。《铁路运输合同实施细则》规定，承运人同托运人或收货人相互要求赔偿的有效期为180天，这是对诉讼时效的特殊规定。原告从1991年6月30日起知道货物被骗，但直至1993年7月31日才向法院起诉，已超过诉讼时效，我站已不负赔偿责任，请法院驳回其诉讼请求。

（三）一审事实和证据

杭州铁路运输法院经公开审理查明：1991年5月10日，原告委托被告代办托运发往广州车站二批小轮车零件计350件（价值37900元）。原告在铁路运输延伸服务合同（即货物托运单）上将收货人珠海市友谊公司拱北友谊商店（下称友谊商店），错写为珠海拱北友谊公司。投保运输综合险38000元。原告支付被告运杂费、保险费计678.54元。被告于当月19日在第三人南星桥站托运了原告的二批货物，该货于次日被装上发往广州东站的整零60P696823车内，于5月26日抵达广州东站，该站即向收货人发出催领通知，并根据广州市交通管理委员会《关于广州地区铁路各站货物暂存期的通知》的规定，凡货物暂存期超过二天，需将货物转入二线仓库，遂于同月31日将原告货物转入下属单位广州东站综合服务公司（下称服务公司）交付。6月2日，服务公司凭他人持有“珠海市经济特区拱北友谊公司”的证明，将350件小轮车零件作了交付。友谊商店于6月初从原告电话中得知货物已从南星桥站发出，便到广州东站查询，服务公司方知货物已被冒领，但未按规定编制货运纪录，只是要收货人到铁路公安机关报案。7月初，原告通过银行托收，通知友谊商店承付货款，该店因未收到货物而拒付。为此，友谊商店曾于同年8月19日至广州车站铁路公安派出所报了案，原告也于同期致函该所报案。由于公安机关未破此案，原告遂于1993年7月31日诉诸法院。

上述事实有下列证据证明：

1. 原告提供的由其于1991年5月10日填写的货物托运单和被告开具的运杂费货票，证明原被告签订了代办运输合同。

2. 被告提供的第三人南星桥站于1991年5月19日根据运单填制的货票，证明被告与第三人南星桥站订有货物运输合同。

3. 原告提供的350件小轮车零件价值的发票。

4. 第三人广州东站提供的冒领人在冒领货物时出具的证明。

5. 原告提供的异地托收承付拒付书。

6. 原告于1991年8月2日向广深铁路公安处的报案函和被告于1991年8月20日的报案材料及报案时的询问记录。

(四)一审判案理由

杭州铁路运输法院鉴于上述事实认为:

1. 根据铁道部《铁路货物运输规程》规定:收货人在到站领取货物时,在领货凭证未到情况下,应以单位证明文件领取,且收货人的代表人或委托的代理人办理货物领取时,应向车站提出委托书或证明委托的介绍信。本案中第三人广州车站在交付原告货物时,未认真按货物运单记载的收货单位名称核对领货人的单位证明文件的真伪,仅凭领货人的假证明,将货物误交他人,致原告造成货物灭失,应当按《中华人民共和国经济合同法》第三十六条"运输过程中货物灭失……按货物的实际损失……赔偿"的规定,本案第三人广州东站对原告的货物损失应当赔偿。

2. 原告在代办托运时,错写收货人名称,使货物到达到站后,到达站不能及时通知收货人领货,原告也未将领货凭证及时交给收货人,给收货人及时查询、提货带来影响,但此并不是导致到站误交付的必然原因,原告对货物的误交付应负次要责任,自负部分货物的损失。

3. 被告及第三人南星桥站在托运、运输中均无过错,不负赔偿责任。

4. 根据《中华人民共和国民法通则》第一百四十条"诉讼时效因……当事人一方提出要求……而中断"的规定,本案原告在赔偿有效期限内向到站公安机关报案,应当视为是原告在向第三人广州东站主张权利,诉讼时效中断,第三人广州东站述称已过诉讼时效不能成立。

(五)一审定案结论

杭州铁路运输法院根据《中华人民共和国民法通则》第一百四十条、《中华人民共和国经济合同法》第二十九条第一款以及《中华人民共和国铁路法》第十七条第一款第二项之规定,作出如下判决:

1. 第三人广州东站赔偿原告货物损失款30862元。

2. 原告自负其余货物损失款7716.54元。

案件受理费1553.10元,由第三人广州东站负担1242.40元,原告负担310.70元。

(六)二审情况

1. 二审诉辩主张

上诉人广州东站(原审第三人)诉称:被上诉人杭州小轮车总厂向法院起诉已超过诉讼时效。按《铁路货物运输合同实施细则》规定,全部货物灭失未编货运记录,应自运到期限期满之日的第16日起计算,180天内提出索赔。一审法院把破案作为时效的起计点不符合法律规定,要求依法改判。

被上诉人(原审原告)辩称:收货人是在广州东站提示下,在索赔期限内向铁路公安机关报案的,要求维持原判。

2. 二审事实和证据

上海铁路运输中级法院根据一审证据审理查明:被上诉人通过原审被告向南星桥站托

运350件小轮车零件，共计价值38578.54元，到达站为广州东站。原告在填写托运单时，错填收货人名称。货到广州东站后，于1991年6月2日被人冒领。6月15日，该站将货物被冒领告知收货人，并请收货人自行去广州东站派出所报案。被上诉人也于8月中旬致函广州铁路公安机关报案。因广深铁路公安机关一直未能破案，被上诉人遂于1993年7月31日向法院起诉。

3.二审判案理由

上海铁路运输中级法院认为：广州东站在发现货被冒领后，未按《铁路货运事故处理规则》第九条规定编制货运记录并交收货人，而要收货人自行去铁路公安部门报案；收货人和被上诉人按广州东站的提示向铁路公安机关报案后，广深铁路公安机关未将侦查情况通知报案人。因此，原审法院认定诉讼时效中断并无不当，上诉人上诉理由不能成立。

4.二审定案结论

上海铁路运输中级法院依照《中华人民共和国民事诉讼法》第一百五十三条第一款第(一)项之规定，作出以下判决：

驳回上诉，维持原判。

案件受理费1553.10元由上诉人负担。

(七)解说

货物运输延伸服务合同俗称货物代办运输合同，属《经济合同法》第八条所称的其他经济合同范畴。主要有两种形式：一种是发站延伸服务；另一种是到站延伸服务。本案系发站货物延伸服务合同赔偿案，主要涉及三个问题：

1.货物运输延伸服务合同与货物运输合同的关系。货物运输延伸服务是近年来随着改革开放的深入，铁路运输的不断发展，为缓解运能与运量的矛盾而涌现的新生事物。代办运输合同实质是一种委托合同，委托人一般是货主，受托人一般是铁路多种经营企业(如运输服务所)，受托人以委托人的名义与第三人(承运人)订立货运合同的民事行为。铁路货物运输合同直接由货主作为托运人与承运人签订合同，两者的法律关系不同。但这两种合同的签订，货主都是为达到将货物运到目的地，都与铁路运输有关。事实上，货物运输延伸服务合同签订后，延伸服务企业还要与承运人签订货物运输合同。因此，两种合同既有区别又有联系，货物运输延伸服务发生纠纷的案件在法律适用上，也可适用铁路运输有关的法律法规。

2.诉讼时效问题。本案的诉讼时效是否中断，是原告与第三人广州东站争议的焦点。所谓诉讼时效中断是指在诉讼时效时期内，因法定事由的发生致使已经进行的时效期间全部归于无效，法定事由消除后，诉讼时效重新计算。依照最高人民法院《关于贯彻执行〈中华人民共和国民法通则〉若干问题的意见》第一百七十六条“法律、法规对索赔时间提出异议有特殊规定的按特殊规定处理”，而《铁路货物运输合同实施细则》规定承运人同托运人或收货人相互要求赔偿的有效期间为180天，故铁路货物运输合同纠纷案的诉讼时效期限为180天。《货物运输规程》还规定了“货物全部灭失未编货运记录为运到期限(指货物必须在规定的期限内运到)的第31日起算”。本案货物运到期限为11日，起运日为1991年5月19日，故本案诉讼时效期间从1991年7月1日起计算至1992年1月1日止，原告向法院起诉是1993年7月31日，如诉讼时效未中断，原告就丧失了胜诉权。但原告和收货人在诉讼时效期内于1991年8月在第三人广州东站的提示下向到站的公安机关报了案，应当视为在诉讼时效期限内发生了法定事由，是权利人向义务人主张了权利，从客观上改变了权利不行使的事实状态，且广州东站明知货物被冒领要承担赔偿责任而要权利人去报案，说明其希望权利人主张权利。由于公安机关一直未破案，也未将侦查情况通知报案人，法定事由处于持续状态，致已经进行的诉讼时效全部归于无效，诉讼时效中断。

3. 赔偿数额的确定。本案托运人办理了保险运输，未办保价运输，按照《铁路法》规定，有两种赔偿方式：一种是限额赔偿，就是赔偿数额最高不超过国务院铁路主管部门规定的限额，如铁道部规定，按件数、重量承运的货物每吨最高赔偿 2000 元；另一种是按实际损失赔偿，就是按照货物灭失时的价值或损坏货物所降低的价值赔偿。但按实际损失赔偿必须具备货物的损失是由于承运人的故意行为或重大过失造成的条件。本案中，广州东站交付货物时，由于工作人员的疏忽大意误将假证明当作收货单位证明，造成误交付，应认定为重大过失，应负按原告实际损失赔偿的责任。由于原告错填收货单位名称，致使到站不能通知收货人提货，在本案中亦有一定过错，也应自负部分损失。

（李东升）

82. 乌鲁木齐矿务局汽车运输公司诉新疆商业运输总公司运输合同案

（一）首部

1. 判决书字号

一审判决书：新疆维吾尔自治区乌鲁木齐市水磨沟区人民法院（1994）水经初字第 42 号。

二审判决书：新疆维吾尔自治区乌鲁木齐市中级人民法院（1994）乌中经终字第 140 号。

2. 案由：货物运输合同赔偿案。

3. 诉讼双方

原告（反诉被告、被上诉人）：新疆乌鲁木齐矿务局汽车运输公司。

法定代表人：张文星，经理。

委托代理人：李季，乌鲁木齐市第四律师事务所律师。

被告（反诉原告、上诉人）：新疆商业运输总公司。

法定代表人：姚伦淦，总经理。

委托代理人：王恕维，新疆赛德律师事务所律师。

委托代理人：聂忠庆，该公司第六分公司经理。

4. 审级：二审。

5. 审判机关和审判组织

一审法院：新疆维吾尔自治区乌鲁木齐市水磨沟区人民法院。

合议庭组成人员：审判长：黄爱丽；代理审判员：余刚、龙升云。

二审法院：新疆维吾尔自治区乌鲁木齐市中级人民法院。

合议庭组成人员：审判长：邵占宏；审判员：徐力；代理审判员：孟进。

6. 审结时间

一审审结时间:1994 年 3 月 25 日。

二审审结时间:1994 年 8 月 2 日。

(二)一审诉辩主张

原告(反诉被告)诉称:1993 年 7 月 19 日与被告签订了公路货物运输合同后,我方依约向被告预付运费 20000 元,被告在承运我方价值 65798.50 元的甜瓜途中,因未采取任何检查措施,致使 80%的甜瓜腐烂,经我方采取积极措施挽回经济损失 6101.55 元,向保险公司索回赔款 17442.12 元,尚有 42254.83 元经济损失要求被告赔偿。

被告(反诉原告)辩称:我方承运原告的货物腐烂属实。但是,货物腐烂的责任应是原告方在高温下用纸箱包装不能散热造成的,其损失应当自负。因原告拖欠我方运费、过路过桥费不付,我方提起反诉,要求原告立即支付拖欠的运费 18000 元、过路过桥费 1232 元及偿付逾期付款滞纳金 4140 元。

(三)一审事实和证据

乌鲁木齐市水磨沟区人民法院审理查明:1993 年 7 月 19 日,原、被告双方签订了公路货物运输合同。合同规定,由被告承运原告 16 吨甜瓜,起运地新疆鄯善县,到达地深圳,期限九天,运费 38000 元,过路过桥费、变更到达地运费另计,自然损耗率为实际货损量的 25%。签约同日,原告依约向被告预付运费 20000 元。7 月 20 日,被告车辆如期到达指定地装货,由于原告预订的甜瓜售完,原告又重新联系货源于次日中午 11 时许开始用纸箱包装装车至下午 4 时许装毕(此时间平均气温为 29.3℃),除车厢前部放置的两个汽油桶外,装货部分全部用篷布加盖捆扎。货物总值为 70006.5 元(含货款、包装费、运费、过路过桥费),原告向保险公司投保的货物运输险金额是 30000 元。7 月 30 日,货到广州后,原告经保险公司和被告的同意,临时变更到达地为福建厦门,原告向被告支付该段路途运费 2976 元。8 月 1 日,货至厦门后,经厦门保险分公司代查,已有 80%的甜瓜腐烂,虽经原告积极采取措施,也仅换回经济损失 6036.55 元。此次货损造成实际损失 63969.95 元。

另查明,运输途中,被告方驾驶员没有定时揭开篷布检查是否有捂、变质等问题,只是绕车观看是否有捆扎不紧、丢失等情况,加之路途遇雨,雨水冲刷未遮盖的油桶,雨水、油污等腐蚀物质流进货中浸泡,加速了甜瓜的腐烂变质。

货损发生后,原告向保险公司索赔得款 17442.12 元,由于投保不足,保险赔款与实际损失差额部分为 46527.83 元,原告向被告索赔不成便拒付了被告运费 18000 元,过路过桥费 1232 元。

(四)一审判案理由

新疆乌鲁木齐市水磨沟区人民法院认为:

1. 原、被告双方签订的公路货物运输合同符合《中华人民共和国经济合同法》第九条的规定,是当事人真实意思表示,并经协商一致达成,具有法律效力。

2. 根据《货物运输合同实施细则》第十一条的规定,承运人应"安排装货的车辆、车厢要完整清洁,货物要捆扎牢固,苫盖严密。运输途中要定时检查,发现异常情况,及时采取措施,保证运输质量";"装运鲜活、易腐等有特殊要求的货物,应承担专门约定的义务"。承运中,被告不仅将两个外部油污的储油桶与易腐货物混装在一起,还将油桶裸露在外,必然使篷布苫盖不严。雨淋后,雨水、油污等有害物质流进货物中浸泡,是导致甜瓜腐烂的直接原因。再加上被告未定时进行实质性的检查,延误了采取措施的时机,以至于损失无法挽回,被告方对此应负有不适当履行合同的赔偿责任。

3．原告违反常规在高温下包装甜瓜，不利于易腐货物的散热和安全，对货物腐烂亦有一定责任。

4．被告反诉原告拖欠运费、过路过桥费事实成立，应予支持。被告要求原告偿付逾期付款滞纳金的反诉请求，由于事出有因，并非原告执意不付，故被告这部分请求不予支持。

5．根据运输合同第五条的免责条款规定，货物的25％承运方（被告）不承担赔偿责任。那么被告向原告赔偿损失时，应扣除该部分损失。

（五）一审定案结论

新疆乌鲁木齐市水磨沟区人民法院根据《中华人民共和国经济合同法》第二十九条第一款、第三十六条第一项第三目之规定，作出如下判决：

1．被告向原告赔偿经济损失20318.34元。

2．原告向被告给付运费、过路过桥费19232元。

上述互抵后，被告应付给原告1086.34元，应于判决送达后15日内付清。逾期付款加倍支付迟延履行期间的债务利息。

本诉案件受理费951.75元，原告承担129.02元，被告承担822.73元；反诉案件受理费944.88元，原告承担779.28元，被告承担165.60元。

（六）二审情况

1．二审诉辩主张

一审法院判决后，被告新疆商业运输总公司不服，向新疆乌鲁木齐市中级人民法院提出上诉。诉称：我方依照合同如期将货物运抵目的地，且运途中篷布遮盖完好，货物没有受潮、颠覆、起火、丢失、被腐蚀等外界影响，腐烂原因只能是货物自身性质变化，属我方免责范围，故不承担赔偿责任。

被上诉人新疆乌鲁木齐矿务局汽车运输公司答辩称，上诉人对货物加盖篷布不严，途中未做任何查看记录，经雨水浸泡及高温天气，导致甜瓜腐烂，原审判决基本正确。

2．二审事实和证据

二审法院经审查，确认了一审法院判决认定的事实。

3．二审判案理由

新疆乌鲁木齐市中级人民法院认为：从货物装运时起，至货物运抵到达地交付完毕时止，承运方应对货物的变质负责，致瓜腐烂变质严重，且上诉人未能提供免责的证据，因此上诉人承担本案的主要责任。被上诉人未落实瓜源，致高温下装车，瓜车到达广州，未及时验货即变更运输地点，对瓜的腐烂变质，也应承担一定责任。一审法院划分责任明确，处理适当，上诉人上诉无理，应予驳回。

4．二审定案结论

新疆乌鲁木齐市中级人民法院根据《中华人民共和国民事诉讼法》第一百五十三条第一款第（一）项的规定，作出如下判决：

驳回上诉，维持原判。

二审案件受理费1896.63元，由新疆商业运输公司负担。

（七）解说

新疆盛产甜瓜，成熟季节，大量的甜瓜被调往全国各地乃至出口，单凭铁路部门运输是承受不了的，因此汽车便成为长途运输的主要工具，而多年来专门从事瓜果运输的被告已具有一定的常识和经验。虽然瓜果运输对温度、通风、期限保鲜等都有特殊的要求，但只要货物品质好，装载合理，不受污染等是不会出现货损问题的。本案中，被告将外部油污的油桶与易腐货物混装并苫盖不严，不仅使货物遭受雨水的浸泡、油污的腐蚀，还未进行实质性的检查，导致货物腐烂变质。原告在高温下包装易腐货物，也是货物腐烂变质的又一个不利因素，法院因此而划分被告、原告的主次要责任，是恰当的。

本案是货物运输合同赔偿纠纷，它涉及了一个值得探讨的问题，即投保财产运输受损获得保险赔偿后，能否请求承运人再予赔偿的问题。原告货损后已向保险公司获得赔偿，但其实际损失超过赔偿金额，主要是因为原告投保不足，只投保了货款和包装费的价值，运杂费未计入。所以保险公司仅在其投保的金额内予以赔偿。根据最高人民法院法(交)复(1989)3号批复《关于保险货物发生损失引起运输合同赔偿纠纷如何适用法律问题的批复》中规定"对已投保货物运输险的货物，由于承运人的责任造成损失的，应当依照《中华人民共和国经济合同法》第四十一条的规定，由承运人按货物的实际损失赔偿。如果保险公司根据保险合同先予赔偿的，由于投保额不足，保险赔款与实际损失的差额部分，则由承运人赔偿"。该案主要责任者是被告，那么，原告投保不足所形成的保险赔款与实际损失的差额部分，应当由被告赔偿。所以，法院判定由被告向原告赔偿损失是正确的。

(黄爱丽)

83. 广西柳州市医药工业化建物资公司诉柳州铁路分局柳州南站等铁路货物运输损害赔偿案

(一)首部

1. 判决书字号

一审判决书：柳州铁路运输法院(1993)柳铁经初字第23号。

二审判决书：柳州铁路运输中级法院(1994)柳铁中经终字第2号。

2. 案由：铁路货物运输合同损害赔偿案。

3. 诉讼双方

原告(被上诉人)：广西柳州市医药工业化建物资公司。

法定代表人：李国忠，经理。

委托代理人(一审、二审)：李国明，该公司业务员。

委托代理人(一审、二审)：郭星海，柳州市第二律师事务所律师。

被告(被上诉人)：柳州铁路分局柳州南站。

法定代表人：李应福，站长。

委托代理人(一审、二审)：金郁鸿，柳州南站东站货运值班员。

委托代理人(二审)：曾庆云，柳州东站工程师。

被告(上诉人)：银川铁路分局银川火车站客货服务所。

法定代表人：王占利，主任。

委托代理人(二审):屈云霄,兰州铁路法律咨询服务部律师。

4. 审级:二审。

5. 审判机关和审判组织

一审法院:柳州铁路运输法院。

合议庭组成人员:审判长:许忠荣;审判员:王梅兰;代理审判员:蔡维。

二审法院:柳州铁路运输中级法院。

合议庭组成人员:审判长:胡青兮;审判员:安树林;代理审判员:庞金华。

6. 审结时间

一审审结时间:1993年11月4日。

二审审结时间:1994年1月16日。

(二)一审诉辩主张

原告诉称:其在银川购得玻璃53件,总货款为19152元,并由被告服务所与银川火车站签订铁路货物运输合同。合同约定,实行集装箱保价运输,将玻璃托运到柳州东站交付,保价金额为30000元。货到柳州后,经掏箱发现,三个集装箱53件玻璃共破损39件,经济损失16512.88元。请求判令二被告赔偿损失。

被告南站辩称:原告的玻璃在集装箱内,在运输过程中损坏,是由于货物装载不当,加固不牢,不能经受正常的调车作业及列车在运行中所产生各种力的作用。根据《铁路集装箱运输规则》第三十一条第二款的规定,原告的玻璃破损属托运人的责任,与承运人无关,承运人不应承担任何责任。

被告服务所没有作出答辩。

(三)一审事实和证据

柳州铁路运输法院经公开审理查明:1993年5月13日,原告从宁夏回族自治区宁夏玻璃厂购得3mm规格1200×1000×3平板玻璃33件和5mm规格1300×1200×5平板玻璃20件,总货款19152元。原告委托被告服务所将货物拉到银川火车站货场。14日,被告服务所以托运人的名义填写铁路货物运单,将玻璃从银川车站发往柳州东站,分别用号码为033229、031723、012413三个6T集装箱装载运输,货物运输保价金额为30000元。收货人为原告物资公司。被告服务所负责集装箱的检查和货物装箱等工作,原告支付费用697.6元,原告还支付铁路运费2225.69元。6月1日,该批货物运到柳州东站后,经掏箱发现,三个集装箱内的玻璃向箱门处倾斜,箱内玻璃均有不同程度的损坏。其中装有14件的集装箱内玻璃全部破损,装有18件的集装箱内玻璃破损14件,装有21件的集装箱内玻璃破损11件,共破损39件。被告南站值班货运员现场与原告核实后,编写了货运记录。原告法定代表人李国忠在货运记录上签字认可,并将破碎玻璃变卖共得款400元。玻璃破损系装箱时装载不当,每件玻璃之间及玻璃与箱体间隙处,没有填充衬垫物和加固材料,在运输过程中受冲击震动,箱内玻璃倾斜碰撞等原因造成,经济损失共16112.85元。

(四)一审判案理由

柳州铁路运输法院鉴于上述事实认为:原告的玻璃破损是由于装载不当及加固不牢所致,被告服务所是该货物运输的托运人,收取了原告支付的装箱等费用,因而应对货物的装载安全负完全责任。被告南站虽是该货物的承运人,但对该货物的损失无过错,故不应承担责任。

（五）一审定案结论

依照《中华人民共和国铁路法》第十八条第三项和《中华人民共和国民法通则》第一百零六条第二款的规定，柳州铁路运输法院于1993年11月4日作出判决：

被告银川铁路分局银川火车站客货服务所赔偿原告广西柳州市医药工业化建物资公司经济损失16112.85元。

本案诉讼费用1070.5元由被告银川铁路分局银川火车站客货服务所负担。

（六）二审情况

1. 二审诉辩主张

被告银川铁路分局银川火车站客货服务所上诉称：我方不是托运人，也未收取装卸费，真正的托运人是化建公司，装箱是李国明自行办理的，装箱时，李国明在场指挥、监督，施封也是李国明亲自进行的，故李国明应承担本案的全部损失。

2. 二审事实和证据

柳州铁路运输中级法院经审理查明：1993年5月13日，化建公司从宁夏玻璃厂购得价值19152元，共计53件的厚度3mm规格1200×1000×3和厚度5mm规格1300×1200×5平板玻璃后，委托服务所将玻璃拉到银川火车站货场。14日，服务所以托运人的名义填写货物运单，运单记载的到站为柳州东站，以三个6T集装箱运输，货物保价金额为30000元，收货人为化建公司。该批玻璃，由服务所所辖装卸五队负责装箱，由银川火车站货场货运员施封。承运前化建公司共计支付各类费用2923.29元，其中玻璃装卸费116元由化建公司向服务所缴纳，由银川市公铁联运办公室出具发票。6月1日，该批玻璃运抵到站。经掏箱发现，三个集装箱内的玻璃向箱门处倾斜，均有不同程度的破损。其中装有14件的集装箱内玻璃全部破损，装有18件的集装箱内玻璃破损14件，装有21件的集装箱内玻璃破损11件。当场到站货运员与化建公司核实后编制了货运记录。玻璃破损系因装箱时装载不当，每件玻璃之间及玻璃与箱体间隙处，无填充衬垫物和加固材料，在运输过程中受冲击震动，箱内玻璃倾斜碰撞所致。经济损失共16112.85元。

另查明：无充足证据证明服务所不是托运人，也无充分证据证明化建公司人员在场指挥、监督玻璃的装箱工作。还查明银川市公铁联运办公室是银川市联运公司的下属单位，代理服务所收取装卸费并出具收费发票。

3. 二审判案理由

柳州铁路运输中级法院认为：该批玻璃破损是装载不当及加固不牢所致。根据《铁路集装箱运输规则》第十六条规定，集装箱的装箱由托运人负责。服务所是该批玻璃的托运人，且收取了化建公司装卸费，理应对玻璃的装载安全承担完全责任。柳州南站为承运人，对该批玻璃的损失无过错，不应承担责任。服务所提出化建公司业务员李国明在装箱时进行指挥、监督的理由，因证据不充分，不予认定。服务所提出的施封是由李国明进行的理由，经查实，施封是银川火车站货场货运员进行，对其上诉理由不予采纳。

4. 二审定案结论

柳州铁路运输中级人民法院依照《中华人民共和国民事诉讼法》第一百五十三条第一款第（一）项规定，判决如下：

驳回上诉，维持原判。

本案上诉诉讼费1070.5元，由上诉人服务所承担。

（七）解说

根据《铁路集装箱运输规则》第十六条的规定，集装箱的装箱由托运人负责。本案货损的主要原因是装载不当及加固不牢。在铁路货物运输合同中，承运人柳州铁路分局柳州南站对货损的发生无任何过错，因此承运人对货损不承担任何责任。

集装箱货物的装载和加固由托运人负责。原告委托银川火车站客货服务所为其代理托运 。服务所以托运人的名义填写了铁路货物运单，并收取装卸费用，负责货物的装载，服务所负有适当装载的义务。在本案中，服务所装载不当和加固不牢是造成货损的根本原因，因而对货损负有赔偿责任。

本案的重点在于认定货物的托运人和有关当事人的过错。一审法院能够依据法律和查证的事实，确定了服务所为货物的托运人并认定其装载行为具有过错，依法维护了无过错的当事人的合法权益。二审法院针对上诉人的上诉理由，认真核实证据，一一予以查明，这种做法是可取的。

（陈幸福）

第八篇　海商、海事案例

84. 厦门象屿保税区大洋国际贸易有限公司诉瑞士菲尔梅特股份有限公司等倒签提单案

(一)首部

1. 裁定书字号:厦门海事法院(1994)厦海法商初字第074号。

2. 案由:倒签提单案。

3. 诉讼双方

原告:中国厦门象屿保税区大洋国际贸易有限公司。

法定代表人:陈榕生,董事长。

委托代理人:李明,中国厦门天地律师事务所律师。

委托代理人:李万林,中国厦门天地律师事务所律师。

被告:瑞士菲尔梅特股份有限公司(FERMETA. G., SWITZERLAND)。

委托代理人:金玉来,中国上海国际经济贸易律师事务所律师。

被告:土耳其德尼斯西里克联运股份有限公司(TRANSMAR DENIZCILIK A. S., TURKEY)。

委托代理人:李海,中国深圳市融商律师事务所律师。

4. 审级:一审。

5. 审判机关和审判组织

审判机关:厦门海事法院。

合议庭组成人员:审判长:唐福金;审判员:张希舟;代理审判员:田兴玉。

6. 审结时间:1994年11月3日。

(二)诉辩主张

1. 原告诉称:原告于1994年5月23日与西班牙中国贸易中心订立钢材进口合同,同年6月2日开立了以瑞士菲尔梅特股份有限公司为受益人的2851000美元的不可撤销远期信用证,信用证规定货物发运期为1994年6月30前。被告土耳其德尼斯西里克联运股份有限公司“远航”号轮负责承运该批货物,并由其代理人签发了两份清洁已装船提单。货物抵厦门后,原告认为被告有倒签提单的迹象,于1994年9月申请厦门海事法院保全有关证据,后又再次申请诉前扣押“远航”号轮。原告认为船东及其代理人违反国际惯例倒签提单,已对原告构成侵权，且菲尔梅特股份有限公司明知提单与实际装船日期不符，但仍把单据寄给开证行，同样也对原告构成侵权。为此，请求法院判令：(1)撤销“400DC 94275－08”号不可撤销远期信用证或暂缓支付或冻结该信用证项下的款项。(2)要求两被告赔偿货物差价损失人民币500万元；违约损失人民币4117500元。(3)两被告赔偿原告开立信用证保证金人民币180万元的银行利息损失。(4)两被告支付货物到厦门港卸货后所需费用。(5)两被告支付诉前保金及诉讼活动的全部费用。

2. 两被告未答辩。

(三)事实和证据

厦门海事法院经审理查明：原告厦门象屿保税区大洋国际贸易有限公司(下称大洋国贸公司)于1994年5月23日与西班牙中国贸易中心签订进口土耳其钢材10000吨的合同。同年6月2日，大洋国贸公司向中国农业银行厦门市分行(下称厦门农行)申请开立以被告瑞士菲尔梅特股份有限公司(下称菲尔梅特公司)为受益人，由瑞士银行作通知行的第400DC 94275－08号不可撤销远期信用证，信用证总金额为2851000美元。信用证规定从土耳其港口发运到厦门的最迟期限是1994年6月30日。被告船东德尼斯西里克联运股份有限公司(下称德尼斯联运公司)所属的“远航”号轮于1994年6月25日抵达伊斯坦布尔港并开始装货，于6月30日装满第一舱，7月7日装满第四舱，7月7日装满第七舱，全船货物于7月7日平仓完毕。被告德尼斯联运公司及其代理人在线材3000吨(第四舱)于7月3日装满及螺纹钢7000吨(第一、七舱)于7月7日装满的情况下，涂改一张大副收据(线材3000吨)的日期而在另一张大副收据(螺纹钢7000吨)上没有签署收货日期，伪造了实际装船日期，即在两份提单(一份是3000吨线材提单，一份是7000吨螺纹钢提单)上都签署实际已装船日期为1994年6月30日。该两份提单为清洁已装船提单。该轮于7月8日离开伊斯坦布尔港，9月7日抵厦门港。被告菲尔梅特公司在知道上述两份提单与实际装船日期不符的情况下，仍将单据寄给开证行。

该批钢材运抵厦门后，大洋国贸公司发现有迹象证明倒签提单而申请厦门海事法院采取诉前保全，法院依法扣押“远航”号轮的航海日志、大副日记等相关证据，并对该轮船长作了调查笔录。此后，大洋国贸公司又向法院申请扣押“远航”号轮。德尼斯联运公司为此特委托律师到厦联系，处理争讼。经由英国U.K.船东保赔协会委托，中国人民保险公司厦门市分公司(下称厦门保险公司)向法院出具保函，该轮遂获释放。

大洋国贸公司起诉向厦门海事法院提出，因信用证规定的付款日未到，要求采取财产保全，冻结信用证项下款项的支付。经审查，法院作出裁定，冻结该不可撤销远期信用证下款项2851000美元，暂缓支付，由厦门农行协助执行。此后，各方当事人经过协商达成庭外和解，原告申请撤诉，法院经审查准许撤诉，同时一并裁定解除对信用证款项的冻结及发还原告和厦门保险公司向法院提供的担保。

上述事实有下列证据证明：

1. 第400DC 94275－08号不可撤销远期信用证。证明装船日期、付款时间等。
2. 两份清洁已装船提单。证明该提单上签注的已装船日期为涂改后再重新打印的。
3. 向“远航”号轮船长调查所作的笔录。证明该轮船长承认倒签提单事实。
4. 钢材进口合同。证明原告向西班牙中国贸易中心购买该批钢材的内容、价格等。
5. 钢材买卖合同。证明原告与国内买方合同所约定的赔偿损失的违约责任内容。

（四）判案理由

厦门海事法院基于上述事实和证据认为：

1. 有关原告申请冻结信用证问题。被告德尼斯联运公司伪造提单日期、倒签提单确有事实，原告大洋国贸公司申请冻结信用证具有一定的事实依据，而且本案信用证付款日未到期，议付行瑞士银行尚未议付，根据《中华人民共和国民事诉讼法》有关规定，在责令大洋国贸公司提供相应担保后，可以冻结该不可撤销信用证下款项2851000美元，暂缓支付。

2. 有关原告申请撤诉问题。法院认为，原告与两被告在本案诉讼期间就其争议的事项自行和解，是在法律允许的范围内对自己的权利所作的处分。原告基于与两被告自行和解事实的发生而提出的撤诉申请符合法律规定的撤诉条件。

（五）定案结论

厦门海事法院依照《中华人民共和国民事诉讼法》第一百三十一条第一款、第二百三十七条的规定，裁定如下：

1. 准许原告中国厦门象屿保税区大洋国际贸易有限公司撤回对被告瑞士菲尔梅特股份有限公司、土耳其德尼斯西里克联运股份有限公司的起诉。

2. 解除对“400DC 94275－08”号不可撤销远期信用证项下款项2815000美元的冻结。

3. 发还原告中国厦门象屿保税区大洋国际贸易有限公司向本院提供的担保。

4. 发还被告土耳其德尼斯西里克联运股份有限公司由中国人民保险公司厦门市分公司向本院提供的担保。

案件受理费255000元，减半收取127500元，由原告中国厦门象屿保税区大洋国际贸易有限公司负担。

（六）解说

已装船提单应在货物完全装船后签发，而签发的日期必须是真实的。按照正常情况，货物实际装船日期应与信用证规定的装船日期相一致。如果货物实际装船日期迟于信用证规定的装船日期，如仍按实际装船日期签署提单，可能影响结汇。本案的两被告是否合谋伪造提单暂且不论，但从法院查清的事实看，被告德尼斯联运公司为了使签发的提单日期与信用证规定的装运日期相符，以利结汇，而将提单签发日期早于货物装船完毕日期，致使发生倒签提单的侵权行为。在此情况下，原告向法院提起诉讼，并申请诉讼保全，要求冻结该信用证项下的款项。冻结信用证的做法，目前在全国各海事法院中为数不多，对此应采取的态度是：裁定冻结信用证应当慎重，必须有充分证据证明被告进行海运欺诈，骗取信用证项下货物的事实，而且应在开证行、议付行都尚未付款的情况下，采取这种财产保全措施，以免损害开证行的银行信誉。厦门海事法院在此案中较好地处理了对信用证保全的问题，采取措施及时恰当，促成了纠纷的圆满解决。

（吴海燕）

85. 韩国元喜海运株式会社(三星海运公司)诉南太万达龙(天津)国际贸易有限公司等租船合同案

(一)首部

1. 调解书字号:天津海事法院(1993)津海法商字第 159 号。

2. 案由:租船合同案。

3. 诉讼双方

原告:韩国元喜海运株式会社(三星海运公司)(WONHEE SH—IPPING CO, LTD)

法定代表人:徐孝哲,代表理事。

委托代理人:杨奕,天津市航运公司干部。

被告:南太万达龙(天津)国际贸易有限公司。

法定代表人:杨明,董事长。

委托代理人:梁山,大连海运学院教师。

委托代理人:苏崇伟,该公司职员。

被告:天津华升物产有限公司。

法定代表人:郑国栋,总经理。

委托代理人:娄辉,该公司副总经理。

委托代理人:王成文,天津外轮代理公司干部。

4. 审级:一审。

5. 审判机关和审判组织

审判机关:天津海事法院。

合议庭组成人员:审判长:贾廷景;审判员:吴立群;代理审判员:程显章。

6. 审结时间:1994 年 3 月 3 日。

(二)诉辩主张

原告诉称:1993 年 7 月 21 日,原告与南太万达龙(天津)国际贸易有限公司,就所属“星光”轮两航次签订租船合同,合同约定第一航次货物为 1500 吨罐头,装卸港是天津新港、那霍德卡(俄罗斯)。运费包船为 35000 美元,滞期费 2000 美元/天。第二航次货物是钢材 1500 吨,装卸港是那霍德卡、天津新港,运费包船为 37000 美元,滞期费 2000 美元/天。“星光”轮于 1993 年 7 月底按合同规定抵达新港装罐头,同年 8 月 8 日抵俄罗斯那霍德卡港卸货装货。直至 1993 年 9 月 2 日离开那霍德卡,共用 22 天 22 小时 40 分钟,除去合同规定可用时间外,滞期为 16 天 22 小时 40 分钟,滞期费 33 888 美元。

按合同规定,被告应于 1993 年 9 月 7 日前将两航次运费 72000 美元全部付清,但被告仅支付第一航次部分运费 30000 美元。因此,船东依据合同对船上所载货物依法进行留置。但被告天津华升物产有限公司以其托运的货物丢失 12 吨罐头,致使其遭受损失 85332 美元及船方拒卸申请人货物为由,于 1993 年 9 月 16 日申请法院对“星光”轮实施扣押,要求船方提供 10 万美元担保,卸下被告所属货物。后经船方多方交涉与努力,最后达成如下协议:

(1)由被告天津华升物产有限公司出具担保,保证履行对前述争议由有关方商定的和解协议或天津海事法院判决及对该判决的上诉判决;(2)扣押申请之被申请人韩国元喜海运株式会社无需出具申请人所提10万美元的担保;(3)卸货之时放船,随后解决争议。天津海事法院于1993年9月25日对"星光"轮解除扣押。因被告天津华升物产有限公司无端对原告所属"星光"轮实施扣押,使船方为此遭受巨大船期滞留损失,并为此支付扣船执行费5000美元。综上所述,由于被告严重违约,致使原告在运输纠纷中遭受巨大损失,为保护当事人正当权益,维护我国在国际运输市场的信誉,恳请天津海事法院对此作出公正判决。

两被告一直未作答辩。

(三)事实和证据

天津海事法院审理查明:1993年7月21日,原告韩国元喜海运株式会社与被告南太万达龙(天津)国际贸易有限公司签订天津至那霍德卡往返航次租船合同。合同规定被告租用原告所属圣文森特籍"星光"轮,从天津至俄罗斯那霍德卡港装运1500吨牛肉罐头,装3天卸3天。自那霍德卡港至天津装运1500吨钢材,在那霍德卡港装船时间允许3天,滞期费每日2000美元。

与此同时,南太万达龙(天津)国际贸易有限公司与天津华升物产有限公司签订了内容大致相同的合同。原告所属"星光"轮于1993年7月31日在天津港第三港埠公司码头靠泊作业,8月2日驶离天津港。同年8月8日1800时抵那霍德卡锚地,8月13日2024时靠泊,8月14日0910时开始卸货,8月20日1150时开始装货,9月2日1140时装货结束。"星光"轮驶抵天津港后,因那霍德卡港的滞期费发生纠纷,原告拒绝卸货,并欲留置船上货物运回韩国扣押。

1993年9月16日,天津华升物产有限公司以其托运的罐头丢失12吨及韩国元喜海运株式会社拒卸其所属1500吨钢材为由,申请法院扣押韩国元喜海运株式会社所属圣文森特籍"星光"轮。扣船期间经协商双方达成协议,由天津普利达房地产开发有限公司为天津华升物产有限公司提供10.4万美元担保,韩国元喜海运株式会社向天津华升物产有限公司交付货物。1993年9月25日,天津海事法院根据天津华升物产有限公司的申请,裁定解除对圣文森特籍"星光"轮的扣押。

(四)判案理由

天津海事法院审理认为:从本案航海日志、"星光"轮在那霍德卡的装卸记录、气象报告等证据材料看,"星光"轮在那霍德卡港产生滞期费33888美元是成立的,被告南太万达龙(天津)国际贸易有限公司作为承租人应该履行合同之义务,赔付原告因船的滞期产生的损失,然后再向被告天津华升物产有限公司追偿。

被告已将海运费如数付给原告代理天津市航运公司,原告对此加以确认。

原告要求赔偿"星光"轮在天津港因扣押而产生的滞期损失不予支持。根据合同约定,原告应向被告南太万达龙(天津)国际贸易有限公司索赔,无权留置被告天津华升物产有限公司所有货物。因此,被告天津华升物产有限公司以原告拒绝交付货物和货物丢失为由申请扣船是正确的,由此产生的扣船损失原告自负。

(五)定案结论

天津海事法院依据《中华人民共和国民事诉讼法》第八十五条规定,人民法院审理民事案件,根据当事人自愿的原则,在事实清楚的基础上,分清是非,进行调解。在法院主持下,双方当事人自愿达成协议：

1. 天津华升物产有限公司自愿赔偿原告韩国元喜海运株式会社33800美元，作为与本案有关的最终的和全部的赔偿。

2. 上述款项自协议生效后30日内汇至天津市航运公司，逾期不付则按《中国人民银行结算办法》的规定，每延付一日加付万分之三的滞纳金。

3. 原告收到上述款项后，将天津普利达房地产开发有限公司为天津华升物产有限公司出具的担保退回被告。

4. 上述协议签字后生效。

案件诉讼费人民币6910元，由天津华升物产有限公司承担人民币3910元；南太万达龙(天津)国际贸易有限公司承担人民币3000元。

(六)解说

本案争议的焦点问题是船舶滞期费纠纷，并由于承租人拖欠滞期费而引发出出租人留置货物，以及实际收货人因船东丢失货物和拒绝卸货而申请扣船的一系列矛盾。原告在诉讼中请求的滞期费是否存在？对原告所属船的被扣押后产生的滞期损失是否支持？天津海事法院通过开庭审理，公正合理调处了这起纠纷。

根据当事人提供的证据证实，原告所属"星光"轮发生滞期是确实的。但由于合同中尚未明确规定装卸时间的起算，因此，法院在审理中，依据国际上通常使用的"金康(GENCON)合同格式"认定，"星光"轮于8月8日1800时抵锚地，"装卸就绪通知书"应于8月9日上午递交，8月9日1300时开始起算装卸时间。按合同约定装3天，卸3天，混合计算可用6天时间，扣除周日，即从8月16日1300时进入船舶滞期，直到9月2日1140时装货完毕，滞期时间应为16天22小时40分。因此，"星光"轮在那霍德卡港的滞期损失为33888.88美元。根据原告与被告南太万达龙(天津)国际贸易有限公司签订的租船合同约定，被告应该履行赔偿滞期费之义务。但由于两被告之间又以相同内容签订了航次租船合同，因此，被告南太万达龙(天津)国际贸易有限公司有权向被告天津华升物产有限公司追偿"星光"轮的船舶滞期损失。

被告天津华升物产有限公司在天津港发现其托运的罐头丢失12吨，以及船方拒绝卸下其应收到的货物，向船舶到达港天津海事法院申请海事请求保全，扣押原告所属船舶"星光"轮，是符合中华人民共和国最高人民法院"关于海事法院诉讼前扣押船舶的规定"精神的，被告天津华升物产有限公司具有海事请求权，申请扣押船舶的范围符合规定。因此，天津海事法院根据申请人的扣船申请，及时下达裁定书和扣押船舶命令是有法律依据的。原告为追偿船的滞期费，依据合同约定，本应对直接债务人南太万达龙(天津)国际贸易有限公司所有的船载货物行驶留置权，而却不当地留置了非直接债务人天津华升物产有限公司所有的货物，出现留置货物范围的错误。所以对原告请求的因"星光"轮被依法扣押产生的滞期损失和扣船执行费用，天津海事法院不予支持是正确的。

(朱德治)

86. 北京爱思济船务有限公司诉沈阳朝华进出口服务有限公司等运费、船期损失案

(一)首部

1. 判决书字号

一审判决书:青岛海事法院(1992)青海法海商字第6号。

二审判决书:山东省高级人民法院(1993)鲁法经终字第236号。

2. 案由:运费、船期损失案。

3. 诉讼双方

原告(被上诉人):北京爱思济船务有限公司(以下简称船务公司)。

法定代表人:潘华垣,董事长。

委托代理人:夏希普,中国法律事务中心律师。

被告(上诉人):辽宁省装饰材料进出口公司(以下简称装饰公司)。

法定代表人:程晓东,经理。

委托代理人:景春江,辽宁省律师事务所律师。

委托代理人:傅廷忠,大连海事大学副教授。

被告:沈阳朝华进出口服务有限公司(以下简称朝华公司)。

法定代表人:李春华,经理。

4. 审级:二审。

5. 审判机关和审判组织

一审法院:青岛海事法院。

合议庭组成人员:审判长:赵延亭;审判员:李旭东、陈玉盛。

二审法院:山东省高级人民法院。

合议庭组成人员:审判长:冷绍民;审判员:崔庆荣;代理审判员:赵星。

6. 审结时间

一审审结时间:1993年8月16日。

二审审结时间:1994年9月30日。

(二)一审情况

1. 一审诉辩主张

(1)原告船务公司诉称:原告通过活盛(香港)有限公司大连办事处(以下简称大连办事处)与被告朝华公司、装饰公司于1992年2月12日签订了租用原告"汉邦亚斯"轮航次租船合同,原告3月5日在装港装货完毕,依航次租船合同的规定,签发了第一套提单。"汉邦亚斯"轮3月8日0415时抵达卸货港木浦锚地,并做好交货准备。因被告未付运费换取第二套提单,致使原告无法交付货物。原告通过各种途径与有关方联系,要求被告支付运费或提供担保未果。依照航次租船合同、提单合同的规定,原告令船于4月3日驶离卸货港,驶往中国青岛港,对货物行使留置权,并申请法院强制拍卖货物,将所得货款赔付原告运费、滞期费、

延滞费、诉讼费、律师费、港口费 375339.56 美元和 333915.47 元人民币。

（2）被告朝华公司没有向一审法院提交答辩状。在其向一审法院递交的“关于不予应诉的答复”、“关于案件管辖申请意见书”和“关于我方不应诉的意见书”中称：我公司和装饰公司同活盛（香港）有限公司（以下简称活盛公司），签订货运协议，由承运人活盛公司负责将水泥发往收货地韩国木浦港。我方没有同原告签订任何货运协议或租船合同，更没有委托活盛公司代签租船合同，我们与原告不发生直接法律关系。被告只能是活盛公司，将装饰公司和我方列为被告属诉讼主体不合法，我方对该案不应诉。本案系涉外运输合同纠纷，当事人在书面合同中订有仲裁条款，如发生争议应提交香港仲裁机构按英国法律裁决。当事人不得向人民法院起诉，你院无管辖权。

（3）被告装饰公司没有向一审法院提交答辩状。在其向一审法院递交的“法律意见书”和“关于本案审理程序问题的法律意见书”中称：我公司和朝华公司作为托运人与承运人活盛公司签订了货运协议，确立了托运与承运的民事法律关系。我们没有委托活盛公司代为签订任何货运或租船协议。我们与原告没有确立任何民事法律关系。不应将我公司和朝华公司列为本案被告。原告告诉不当。我公司和朝华公司与活盛公司签订的货运协议第十三条约定，发生争议依本协议和“金康”（GENCON）租船合同条款解决。由大连办事处徐祖明假冒我们“中国人”的名义与原告所签航次租船合同中第三十五条约定，发生争议在香港进行仲裁。当事人不得向人民法院起诉，你院立案受理本案管辖不当。本公司对本案实体内容不答辩，不应诉。

2. 一审事实和证据

青岛海事法院经审理查明：1992 年 2 月 12 日，原告船务公司满运瀚与经纪人大连办事处徐祖明通过传真方式签订了一份出租人为原告，承租人为两被告的租用“汉邦亚斯”轮（HANBONN ACE）航次租船合同（以下简称租船合同）。被告方虽曾与徐祖明联系过有关租船事宜，但两被告均未授权徐祖明代签租船合同，也未在上述租船合同文本上签字盖章。该租船合同订明：朝华公司、装饰公司租用原告所属“汉邦亚斯”轮运输水泥 6000 吨，装货港为朝鲜南浦，卸货港为韩国木浦，运费每吨 14.50 美元，运费应在签发运费付讫的提单后三个银行工作日内支付，发生争议在香港进行仲裁。2 月 14 日，徐祖明通知原告：南浦签发运费到付提单，卸港打上香港或大连，在大连转换运费预付提单，卸港打木浦，南浦发货人为上元贸易公司，木浦收货人为世湖通商株式会社。

原告按上述租船合同派遣“汉邦亚斯”轮前往朝鲜南浦港装载了发货人上元贸易公司交付的水泥 5658 吨，3 月 5 日船长签发了以下内容的第一套正本提单三份：托运人：上元贸易公司；收货人：香港世湖株式会社；通知方：装饰公司；装港：南浦；卸港：香港；运费到付。该套提单后经上元贸易公司作空白背书后交朝华公司、装饰公司持有。

1992 年 3 月 8 日 0415 时，“汉邦亚斯”轮驶抵韩国木浦港，同时递交卸货准备就绪通知书，接受的时间是 3 月 9 日 1720 时。由于两被告未能支付运费换取第二套提单，致使原告无法交付货物。3 月 9 日原告传真徐祖明向被告方催付运费。虽经原告与被告及有关方多次联系，催付运费未果，原告将水泥在船上予以留置。4 月 1 日，原告通知装饰公司：如不支付运费、滞期费等，“汉邦亚斯”轮将离开木浦，到合适的港口拍卖水泥。4 月 3 日，“汉邦亚斯”轮离开韩国木浦港，于 4 月 5 日到达中国青岛港锚地停泊。原告继续与被告就运费及滞期费的支付进行协商。4 月 10 日，朝华公司传真告知原告：因船载水泥的韩国买方没有向我司支付运费、货款等费用，我司也无力支付给你司。原告答复朝华公司：如能在4月11日前支付运费等，将命令船舶返回木浦港卸货，不然将在青岛拍卖水泥。在原、被告多次联系协商中，被告承认原告收取运费、滞期费的权利，并曾安排韩国水泥买方直接向原告支付运费未果。4月14日，原告遂向一审法院提起诉讼，同时申请扣押变卖船载水泥。一审法院立案审理后，原、被告曾于5月9日自行达成和解协议，以被告支付给原告20万美元结案，后因故未果。一审法院依法扣押变卖了载于“汉邦亚斯”轮上的水泥。该轮于5月19日1550时靠泊青岛港将水泥卸下。至此，原告受到的经济损失为：运费82041美元、船期损失212787美元。

另查明：1992年2月14日，朝华公司和装饰公司作为甲方与乙方活盛公司签订了货运协议。该协议约定：甲方租用乙方指派的“汉邦亚斯”轮装运水泥6000吨，装港：朝鲜南浦，卸港：韩国木浦等。

1992年2月13日，韩国世湖通商株式会社委托朝华公司和装饰公司代办以下内容的租船运输事宜：租船运输水泥6000吨；装港：朝鲜南浦；卸港：韩国木浦。

1992年2月22日，朝华公司和装饰公司与买方韩国世湖通商株式会社签订了出售水泥6000吨的买卖合同，价格条件为FOB朝鲜，卸港为韩国木浦，付款方式为D/A30日（承兑交单、30日付款）。

3. 一审判案理由

青岛海事法院认为：朝华公司和装饰公司没有在租船合同文本上签字盖章，该租船合同不成立，不具有法律效力。由于事实上原告已按租船合同派遣“汉邦亚斯”轮前往朝鲜南浦港装载了被告所属的水泥运抵韩国木浦港，完成了该航次的水泥运输，原、被告对此均未提出异议。并且原告签发的正本提单现仍持于被告方手中，因此，原、被告之间存在着运输合同法律关系，提单就是该运输合同关系的证明。原告履行了运输义务，有权收取运费，被告方有义务支付运费。在没有书面租船合同为依据时，提单上载明的“运费到付”的约定对原、被告具有约束力。被告应在“汉邦亚斯”轮抵达韩国木浦港时向原告付清水泥运费。虽然被告承认原告收取运费和其他费用的权利，但最终未能履行支付该项费用的义务。原告在没有收到运费和其他费用或适当担保时，采取留置并申请法院扣押、变卖水泥的行为是合法的，应当受到法律保护。朝华公司和装饰公司对因其拒付运费而给原告造成的船期损失应当承担连带赔偿责任。租船合同未成立不是导致被告不能支付运费和船期损失的直接原因。朝华公司和装饰公司所称，原告与其没有法律关系，诉讼主体不当和一审法院对本案无管辖权的理由不充分，不予支持。

4. 一审定案结论

青岛海事法院根据《中华人民共和国民法通则》第一百零六条第一款、第一百一十一条、第八十九条第（四）项和《中华人民共和国民事诉讼法》第一百三十条之规定，于1993年8月16日作出判决：

朝华公司和装饰公司赔付船务公司运费82041美元及利息、船期损失212787美元及利息（计息起止时间：运费自1992年3月9日始，船期损失自1992年5月20日始，至该二项款付清时止。利率按中国人民银行同期存款利率计付）。上述款项应在本判决生效之日起15日内付清。

案件受理费18533.18元，其他诉讼费21691.18元，由被告承担。

（三）二审诉辩主张

一审法院判决后，被告装饰公司不服，向山东省高级人民法院提出上诉称：一审法院对本案无管辖权，且混淆本案的被告主体。徐祖明的行为具有明显的诈骗犯罪特征，此案应移送公安机关，原判是非责任没有分清，判决赔偿数额不公。

被上诉人船务公司辩称：原审法院对该案有适当的管辖权；上诉人与答辩人存在海上货物运输合同关系，请求驳回上诉，维持原判。

原审被告朝华公司未作书面陈述意见。

（四）二审事实和证据

山东省高级人民法院查明：1992 年 2 月 12 日，船务公司与经纪人活盛（香港）有限公司大连办事处徐祖明通过传真方式签订了一份航次租船合同。该合同订明：出租人为船务公司，承租人为装饰公司和朝华公司，承租人租用出租人所属“汉邦亚斯”轮（HANBONN ACE）运输水泥 6000 吨，装货港为朝鲜南浦，卸货港为韩国木浦，运费每吨 14.50 美元，运费应在签发运费付讫的提单后三个银行工作日内支付，发生争议在香港进行仲裁。2 月 14 日，徐祖明通知船务公司“南浦签发运费到付提单，卸港打上香港或大连，在大连转换运费预付提单，卸港打木浦，南浦发货人为上元贸易公司，木浦收货人为世湖通商株式会社”。

船务公司按上述租船合同派遣“汉邦亚斯”轮前往朝鲜南浦港装载了发货人上元贸易公司交付的水泥 5658 吨。3 月 5 日船长签发了以下内容的第一套正本提单三份：托运人：上元贸易公司；收货人：香港世湖株式会社；通知方：装饰公司；装港：南浦；卸港：香港；运费到付。该套提单后经上元贸易公司空白背书交朝华公司、装饰公司持有。

1992 年 3 月 8 日 0415 时，“汉邦亚斯”轮驶抵韩国木浦港，同时递交卸货准备就绪通知书，接受时间是 3 月 9 日 1720 时，由于朝华公司和装饰公司未能支付运费换取第二套提单，致使船务公司未交付货物。船务公司在与朝华公司和装饰公司及有关方多次联系催付运费未果的情况下，将水泥在船上予以留置，并于 4 月 1 日通知装饰公司：如不付运费、滞期费等，“汉邦亚斯”轮将离开木浦，到合适的港口拍卖水泥。4 月 3 日“汉邦亚斯”轮驶离韩国木浦港，于 4 月 5 日到达中国青岛港锚地停泊。之后，船务公司继续与朝华公司和装饰公司就运费及滞期费的支付进行协商，但无结果。4 月 14 日，船务公司向原审法院提起诉讼，同时申请扣押变卖船载水泥。该轮于 5 月 19 日 1550 时靠泊青岛港将水泥卸下。原审法院依法扣押变卖了载于“汉邦亚斯”轮上的水泥。该批水泥变卖总价款为 778669.10 元人民币。

另查明：朝华公司和装饰公司既未授权徐祖明代签租船合同，也未在合同文本上签字盖章。

又查明：1992 年 2 月 13 日，韩国世湖通商株式会社委托朝华公司和装饰公司代办以下内容的租船运输事宜：租船运输水泥 6000 吨，装港：朝鲜南浦，卸港：韩国木浦。

1992 年 2 月 14 日，朝华公司和装饰公司为甲方与乙方活盛（香港）有限公司签订了货运协议。该协议约定，甲方租用乙方指派的“汉邦亚斯”轮装运水泥 6000 吨，装港：朝鲜南浦，卸港：韩国木浦，滞期费每天 3000 美元，速遣费每天 1500 美元。

（五）二审判案理由

二审法院认为：朝华公司和装饰公司没有在租船合同文本上签字盖章，该租船合同不成立，不具有法律效力。但船务公司已实际承运了该批水泥，朝华公司、装饰公司及船务公司对此均未提出异议。同时，该航次所签发的正本提单也证实，上述三家之间存在着运输上的法律关系。依照提单上载明的"运费到付"和其他有关约定，朝华公司和装饰公司应当履行支付运费和其他费用的义务。船务公司在没有收到运费和其他费用或适当担保时，于4月3日将船驶离韩国木浦港，对货物行使留置权并无不当，但未能采取必要及时的措施，致使水泥长时间留置在船上，造成船期损失的扩大，对此应负有责任，原审法院未予认定欠当。朝华公司和装饰公司对运费和对因其拒付运费而给船务公司造成的船期损失应当承担连带赔偿责任。上诉人装饰公司在原审法院答辩期内并未提出管辖权异议，答辩期过后，又提出管辖问题，本院不予采纳。

（六）二审定案结论

山东省高级人民法院根据《中华人民共和国民法通则》第八十九条第（四）项、第一百零六条第一款、第一百一十一条、第一百一十四条和《中华人民共和国民事诉讼法》第一百五十三条第一款第（三）项之规定，于1994年9月30日作出终审判决：

1. 撤销青岛海事法院（1992）青海法海商初字第6号民事判决。

2. 朝华公司和装饰公司支付船务公司运费82041美元及利息和船期损失94098美元及利息（计息起止时间：运费自1992年3月9日始，船期损失自1992年5月20日始，至该二款付清时止，利息按中国人民银行同期存款利率计付）。

上述款项于本判决送达之日起10日内付清。

一审案件受理费18533.18元，其他诉讼费21691.18元，共计40224.36元，朝华公司和装饰公司负担24134.62元，船务公司负担16089.74元；二审案件受理费18533.18元，朝华公司和装饰公司负担11119.91元，船务公司负担7413.27元。

（七）解说

1. 关于管辖权问题

被告朝华公司、装饰公司曾提出管辖权异议，青岛海事法院裁决：根据《中华人民共和国民事诉讼法》第三十八条的规定，管辖权异议应当在提交答辩状期间提出，逾期不提出的，不得再行使该项诉讼权利。同时，最高人民法院《关于经济纠纷案件当事人向受诉法院提出管辖权异议的期限问题的批复》规定，被告逾期提出管辖权异议，法院不予审议。因此，青岛海事法院管理此案并无不当。

2. 关于留置权问题

该航次提单规定，承运人因未付运费、空舱费、滞期费和其他货方应付的款额，无论何人应付的共同海损分摊费用以及收回此项费用的开支而对货物以及任何单证行使留置权，并有权出售或处置货物。承运人在上述情况下行使留置权时，要注意合理性。（1）承运人在合理的限度内留置货物，即留置货物数量其价值应与所欠运费及其他费用相当。（2）承运人留置货物的方式要合理。船务公司在行使留置权时，没有采取必要及时的措施，致使水泥长时间留置在船上，造成了船期损失的扩大，即属于留置方式不当。

（赵　星）

87. 福建省粮食海运公司诉福建省上游造船厂船舶建造合同案

(一)首部

1. 判决书字号

一审判决书:厦门海事法院(1992)厦海法商初字第050号。

二审判决书:福建省高级人民法院(1994)闽经终字第17号。

2. 案由:船舶建造合同案。

3. 诉讼双方

原告(反诉被告、被上诉人):福建省粮食海运公司。

法定代表人:钟亚平,经理。

委托代理人:于辉,该公司经理助理。

委托代理人:陈建敏,福建省对外经济律师事务所律师。

被告(反诉原告、上诉人):福建省上游造船厂。

法定代理人:冯建军,厂长。

委托代理人(一审):张忠民,该厂副厂长。

委托代理人:吴江成,福建省经济贸易律师事务所律师。

委托代理人:郭国汀,福建省经济贸易律师事务所律师。

4. 审级:二审。

5. 审判机关和审判组织

一审法院:厦门海事法院。

合议庭组成人员:审判长:唐福金;审判员:吴海燕;代理审判员:温文华;特邀陪审员:王建忠、王涛。

二审法院:福建省高级人民法院。

合议庭组成人员:审判长:林人哲;审判员:魏明、魏光钰。

6. 审结时间

一审审结时间:1993年12月23日(经福建省高级人民法院批准延长审限)。

二审审结时间:1994年12月31日。

(二)一审情况

1. 一审诉辩主张

福建省粮食海运公司诉称:1989年12月8日,省粮食厅代表粮食海运公司筹建处与被告签订关于建造588KW/800HP沿海推轮、1000吨沿海驳船组合同,合同规定:建造800马力推轮一艘,造价人民币(下同)328万元,1000吨驳船两艘,造价315万元,合同规定了交船期限、付款方式等。船组建造开工后,被告违反合同及造船规范规定,出现严重质量问题,如在未经船检及我司监造组检验合格情况下,擅自将船分段吊上船台;不按合同规定和设计图纸要求,未经我司同意擅自变更设备厂家、型号;顶推船首部分段A、D行板,原设计7mm,而厂方却用6mm；顶推船使用的所有铸锻的件均无船检检验合格证和检验标记等；工艺、技术不符合要求，如1000吨驳船肋板加强筋，原设计与上下纵骨对接焊，而厂方全部下错料，并装配在肋板上，造成全部返工；主机座测量也达不到精度要求，分段肋距超差严重，最大的达50mm。针对建造质量问题，我司监造组先后向厂方提出19份118条质量问题备忘录，并通报福州船检处，该处于1990年9月15日到工厂召开质量问题协调会，会上要求工厂对所发生的质量问题进行纠正。但厂方一直未按我司及船检处的要求对存在的问题作彻底解决，并于9月19日开始拒绝接受备忘录。我司9月29日致函厂方，要求其对存在的质量问题和擅自变更设备型号等问题在10月10日前作出明确答复，并要征得我司和船检处同意，但厂方一直坚持质量问题已解决的主张。鉴于厂方的态度，我司监造组无法正常开展工作，只好将监造组撤回，同时也向厂方提出解决方案和重派监造组驻厂的条件。我司又先后数次赴厂方及其主管部门，希望厂方对质量问题拿出具体的处理意见和措施，但其仍未提出意见，还将建造一半的顶推轮船体推下水，给国家财产造成了进一步损失。由于上游厂停止建造船舶，给原告造成极大的经济损失，为此，请求法院判令：(1)解除原、被告之间订立的船舶建造合同；(2)被告退回原告已支付的建造款321.525万元及其利息损失；(3)判令被告赔偿原告期得利润损失以及因诉讼引起的一切经济损失。

福建省上游造船厂反诉称：(1)粮食海运公司提出的“严重质量问题”与事实不符。推轮尾段和机舱段在胎架时确未检验，经粮食海运公司提意见后，已经船检处检验合格；A、D行板已换上正7mm钢板；我厂购买的用于造船的铸锻件，除尾轴前后支架ZC检验标记漏打印外(有质量证明书)，其余均有ZC检验标记和质量证明书。另外，分段肋距超差已作出处理。(2)变更部分设备的厂家、型号，是因部分设备在交船期到来时仍无法供货，而且有的设备在施工期间就需要使用，在图纸原设计单位同意更改的情况下，我厂变更部分设备，是不会影响船舶质量的，因为都是检验认可的产品。(3)该船舶建造合同为有效合同，粮食海运公司通过备忘录的形式以所谓“质量问题”拒付工程进度款及撤走监造组的做法是造成合同不能履行的根本原因。鉴于该一推一驳已处于变卖阶段，我厂要求判令反诉被告承担单方面撤走监造组，造成无法履行合同的违约责任，赔偿我厂经济损失：我厂已付出的订购设备货款752250元；因反诉被告违约致使我厂无法履约而赔偿第三方赔偿金121715元；上述两项垫付资金从1990年11月起至1993年3月止，按银行贷款利率7.56%计，利息191807.93元，总计必须还款及履行第三方合同的设备货款达1661606.83元(已扣减对方剩余工程款)，以及还必须偿付给第三方的逾期付款的罚金。另应支付诉讼费用。

2. 一审事实和证据

一审法院经审理查明：以粮食海运公司的主管部门福建省粮食厅为甲方和以上游造船厂为乙方于1989年12月8日签订588KW/800HP沿海推轮、1000吨沿海驳船组建造合同，约定：由上游造船厂为粮食海运公司建造588KW/800HP沿海推轮一艘、1000吨沿海驳船两艘；在甲方委托的中国船舶与海洋工程设计院八四室设计的总布置图号基础上进行部分修改，并以船检部门认可的施工图纸、技术文件作为建造依据；乙方应严格按照本工程的施工图纸和技术要求进行建造，保证工程质量符合设计技术文件确定的技术和规范要求；凡属工艺性的图纸修改和一般性的材料代用，乙方技术部门可自行解决，但事先需向甲方提供更改通知书和征得甲方同意；工程开工后，甲方派代表驻厂，在检查中发现有任何结构或材料或工艺与本合同说明书和图纸要求不一致时经监造代表提出，乙方应按说明书和图纸要求加以合理修正；工程总造价为 643 万元(其中推轮为 328 万元，驳船两艘为 315 万元；签订合同时付总造价 30%，船体开工时付 15%，分段上船台时付 20%，下水时付 15%，交船时付 20%)。另外该合同还规定了验收与交船、完工期、仲裁及其他有关约定内容。

造船合同签订后的第二天，粮食海运公司成立，该公司与上游造船厂签订一份补充协议，约定部分钢材备料差价款先由粮食海运公司垫付。粮食海运公司依约于 1989 年 12 月 9 日支付上游造船厂 30%的工程进度款计 192.9 万元，12 月 12 日代垫钢材差价款 32.175 万元。上游造船厂根据合同条款于 1990 年 5 月开工建造顶推船组，粮食海运公司派员驻厂监造。船体开工后，粮食海运公司又分别于 1990 年 6 月 8 日付给上游造船厂推轮开工款 72.825万元，7 月 24 日付驳船船体开工进度款 23.625 万元。8 月 8 日上游造船厂发函粮食海运公司要求支付 1000 吨沿海驳船 1 号上船台进度款(1 号驳船船体件加工结束，已于 7 月 11 日上船台施工)，8 月 16 日粮食海运公司函复该厂称仅在船台安放外板不能作为分段上船台不予付款。8 月 30 日，上游造船厂在未通知监造组及向船检部门报检的情况下，自行将推轮机舱分段吊上船台。该厂船体车间于 9 月 2 日作出"关于顶推船机舱段未经报检下胎架一事"的报告。从 8 月 9 日至 9 月，粮食海运公司监造组对顶推船组建造中的质量问题，先后向上游造船厂提出 19 份 118 条质量问题备忘录，并通报福州船检处。福州船检处于 9 月 13 日通知上游造船厂，对未按图施工部分应予返工，对属于质量问题的缺陷进行修补。9 月 15 日福州船检处、粮食海运公司和上游造船厂召开顶推船组建造质量协调会议，会后，上游造船厂将研究的有关问题整理成会议纪要，并将草稿交给粮食海运公司，该公司认为会议纪要中的很多内容不符当时协商的情况，不予承认。福州船检处在该会议纪要上阐明意见，"技术上同意，船检不准使用的产品不要用，要征得船东同意"。9 月 16 日，上游造船厂向福州船检处报检推轮尾主体分段，9 月 18 日，该处验船师签署意见"局部咬边外应修补，船肘板问题留待设计院答复后确定，修补合格"。9 月 26 日，上游造船厂发函粮食海运公司催要驳船和推轮上船台进度款，粮食海运公司 9 月 29 日答复，认为"上游造船厂违反了中国船检局《船舶建造检验规程》的有关规定，擅自将未经检验的分段吊运到船台，且推轮分段至今未报检验。并且擅自更改推轮尾部分段。另外 1000 吨驳船中部采用在船台装配的工艺形式与原施工设计图不符。鉴于上述情况，催要'分段上船台'的进度款是没有根据的"。并要求上游造船厂"应在 1990 年 10 月 10 日前用书面向我司监造组作出(对质量问题的)明确答复，并征得我司及船检部门的同意。同时保证今后严格履行建造合同。否则，我司将撤回监造组，请有关部门对建造质量和设备订货存在的问题进行仲裁"。10 月 10 日上游造船厂函复粮食海运公司，认为"所提问题均已在 9 月 15 日协调会上统筹解决了，会后，我厂曾将协调会上协议结果写成会议纪要送船检处签注意见后于 9 月底送贵司监造组核对，但至今未见回复，望将会议纪要核稿后反馈我厂，以利下步工作顺利进行"。10 月 15 日，粮食海运公司向上游造船厂发出"关于撤回顶推船组监造组的函"，其以未收到上游造船厂交送的"船检签注意见后"的会议纪要，以及上游造船厂未能答复监造组提交的备忘录，并最后拒收备忘录为由，撤回监造组，同时称"只要福州船检处检验顶推船组合格，能发给有效的检验证书，则按合同予以验收"。此后粮食海运公司和上游造船厂相互函件不断(并报告各自上级主管)，终因双方对质量等有关问题分歧较大，未能达成一致意见。12 月 3 日，福州船检处致函上游造船厂，"工厂在建造顶推船组过程中，因质量等许多问题而双方发生争议，迟迟未能解决，在目前这种情况下，继续建造的船舶质量难以保证，我处也是无法受理检验的"。1990 年 12 月 10 日，上游造船厂鉴于船组停工状况，决定将顶推船三个分段先行合拢推下水，腾出胎架和船台，转造其他船舶。1991 年 1 月 3 日，顶推船下水。

经查，上游造船厂在建造顶推船组的过程中，主要质量等问题如下：(1)未经船检及监造组检验，擅自将推轮分段吊上船台；(2)顶推船首部分段 A、D 行板，原设计 7mm，上游造船厂在用料时，使用 6mm 钢板(后已更换 7mm)；(3)艉轴后支架一支，艉轴前支架两支均无船检钢印及船检证书；(4)顶推船组使用的主要设备变更型号、厂家，该厂未通知船检部门及粮食海运公司；(5)该厂在工艺、技术等方面存在一些问题，至今无法提交有关工艺标准。

又查，上游造船厂截至 1992 年 9 月份止，经华兴会计师事务所二次审计通过的"粮食厅 588KW 顶推船、1000 吨驳船成本计算表"，为履行建造合同在财务上已发生成本 3089434.90 元，其中推轮为 956087.31 元，驳船 2133347.59 元，这些成本发生的结果是：已成型的一推一驳船壳和另一驳已部分下料的钢板。另外已与第三方签订各种设备价值达到 1474099 元的合同，其中：款已付、货已到的金额 752250 元；款未付、货已到的金额为 301995 元；款未付、货未到但必须继续履行合同的金额为 419854 元。赔偿第三方的金额为 121715 元。上游造船厂实际已付出的金额为 873965 元。

1993 年 5 月 15 日，上游造船厂与福建省连江县文湾海运公司签订船舶购销合同，约定将本案的一推一驳两船以现状出售，合计 150 万元，合同签订后，40 天内付清船款并交船。上游造船厂仅将 10 万元汇至本院，余 140 万元未付。本院于 7 月 15 日通知上游造船厂，卖船款项应及时交付法院，在未接到法院通知前，一推一驳不准出厂，并由上游造船厂管理。

3. 一审判案理由

厦门海事法院认为，粮食海运公司与上游造船厂签订的建造 588KW/800HP 沿海推轮、1000 吨沿海驳船组合同为有效合同。因上游造船厂在建造该顶推船组的过程中，将未经粮食海运公司同意和福州船检处检验的顶推船分段自行吊上船台，未将 1000 吨驳船的改动情况及顶推船组使用的主要设备、型号、厂家的变更通知粮食海运公司及船检部门，个别铸锻件无船检证书和船检钢印，且至今未提交该厂的造船工艺标准，上游造船厂违反了国家船检局颁布的《中华人民共和国船舶检验局船舶建造检验规程》和《钢质海船建造检验规程》的有关规定。上游造船厂应对由此产生的船舶建造中的质量等问题承担违反合同的民事责任。由于上游造船厂未按造船合同履行义务，违约在先，造成严重违反造船规程的事实，致使该顶推船组难以建造下去，为此，该厂反诉所称经济损失理由不能成立，法院不予确认。鉴于在本案的审理过程中，上游造船厂已将船舶变卖，因此，该船舶建造合同无继续履行之必要，应予以解除。

4. 一审定案结论

依照《中华人民共和国民法通则》第一百一十一条之规定，判决如下：

(1)解除粮食海运公司和上游造船厂的建造 588KW/800HP 沿海推轮、1000 吨沿海驳船组合同。

(2)上游造船厂应退还粮食海运公司船舶建造款 321.525 万元及其利息(按年息 8.4% 计息，时间从 1990 年 10 月 15 日起计算至 1993 年 12 月 31 日，1994 年 1 月以后的利息按以上规定继续计算直至判决生效之日)，上述款项上游造船厂应在本判决生效之后 15 日内支付。粮食海运公司的其他经济损失应由其自行负担。

(3)驳回上游造船厂的反诉诉讼请求，一推一驳两船船壳及有关设备、已下料的钢材等自本判决生效之日由上游造船厂自行处理。

案件受理费本诉30363元,反诉18318元,由上游造船厂负担。

(三)二审诉辩主张

1. 上诉人诉称:请求撤销原判,继续履行建造船组合同,赔偿无法履约遭受的直接经济损失1090071.28元,以及因诉讼引起的经济损失等,其理由有:(1)以上诉人将船舶变卖为由,解除双方签订的建造船舶有效合同与事实不符。(2)原审法院回避顶推船组仍可建造下去这一重要事实,轻率认定所造之船存在质量问题,以上诉人违约在先,作为顶推船组难以建造下去的理由,与事实不符;被上诉人撤走监造组,不履行监造义务又不委托船检检验,是建造工程停工的主要原因。(3)原审以"建造中的质量问题"、"违约在先"为由,裁定上诉人承担全部责任,实属不公。

2. 被上诉人海运公司辩称:一审认定事实准确,解除合同合理,适用法律正确,判决公正。顶推船组建造过程中出现了许多严重质量问题:(1)588KW推船所有分段未经船检处和船东检验,个别分段甚至未经上诉人检验科检验的情况下就擅自吊上船台,严重违反了船舶建造检验规程有关规定。(2)推船首部分段A、D行板,原设计7mm,上诉人用6mm,后拆换将行板气割后又焊接,没有依据说不存在任何质量问题。(3)推船艉轴后支架一支,艉轴前支架二只无船检钢印,明知质量有问题,不顾监造组劝阻上车床加工。(4)合同规定上诉人更换材料及设备均应事先征得答辩人同意,其变更设备19项,违反合同规定应承担违约责任。(5)工艺技术方面至今无法提交有关工艺标准。上诉人将本案纠纷的一推一驳出售给连江县文湾海运公司,答辩人默认其既成事实,原审法院根据其买卖合同,以及上诉人已收到定金,擅自动用货款之事实,认定船舶已变卖是正确的。

(四)二审事实和证据

福建省高级人民法院审理查明:1989年12月8日,以海运公司主管单位粮食厅为甲方和以上游厂为乙方签订了588KW/800HP沿海推轮、1000吨沿海驳船船组建造合同,合同对船组主要技术参数,建造依据,技术责任,材料及设备,监造及检验,造价与付款办法,以及质量保证和仲裁等都作了约定,除原审已查明涉及本案纠纷的条款内容外,尚有:在监造与检验条款中约定,甲方监造代表在检查中发现有任何结构或材料或工艺与合同说明书和图纸要求不一致提出意见时,乙方应加以合理修正。如有不同意见均应相互协商达到一致,不能取得一致意见时,由船检裁定。1990年9月15日由船检部门主持召开了甲、乙双方有关人员参加的"船组建造质量协调会"(下称协调会),会后,上游厂对协调会写出会议纪要,其内容主要是对船组建造质量存在问题提出处理纠正意见和变更部分设备订货单位,海运公司先以纪要未送监造组不予答复;后该纪要经船舶部门签注"技术上同意"等三条意见后,海运公司以纪要未如实反映会议内容不予承认。双方因建造质量和部分设备变更的争议意见不一致,海运公司未向船检部门申请仲裁,即于同年10月11日撤走监造组,15日函告上游厂。尔后双方几经主管机关出面协调,均无结果。上游厂顶推船尾部分段未经船检部门检验自行上船台,后经船检部门检验合格,在机舱和首部分段自行上船台时,海运公司不予受理检验,船检部门因当事人双方意见分歧,在海运公司不到现场情况下,表示无法受理检验。从此以后船组建造陷入停顿,直至同年12月10日为避免因停工不断扩大损失,上游厂于1991年1月3日将顶推船三个分段先行合拢下水,以腾出胎架和船台转造其他船舶。

又查,建造合同在造价与付款办法中约定,本工程每艘船达到每一工程进度时,甲方应向乙方支付进度款。截至1990年7月底，海运公司共付给上游厂船体开工款289.35万元，另海运公司成立后直接与上游厂签订补充协议，按协议海运公司为上游厂垫付了部分钢材备料差价款32.175万元。船体上船台进度款海运公司未付。

经审查，原审法院认为上游厂在建造顶推船组过程中主要质量问题是：第一，未经监造组和船检部门检验，擅自将推轮分段上船台。从建造工序看，上游厂违反了《船舶建造检验规程》，但尾段上船台后曾经船检部门检验合格，海运公司亦已认可。第二，顶推船首部分段A、D行板，原设计7mm，该厂使用6mm（后已更换7mm)。第三，艉轴后支架一支、艉轴前支架二支均无船检钢印，无船检证书。该第二和第三两项质量问题，上游厂在质量协调会纪要中提出纠正意见，船检部门表示技术上同意。第四，顶推船组使用的主要设备，变更厂家、型号，该厂未通知船检部门及海运公司。经查上游厂原按设计和船检部门审定的设备清单订货，后因生产厂家缺货，上游厂在协调会纪要中提出19项设备和材料变更订货的厂家、型号，海运公司不同意变更，却未说明理由。第五，该厂在工艺、技术等方面存在一些问题，至今无法提交有关工艺标准。庭审查明，海运公司要求上游厂提交有关船组建造的生产精度文件，查合同没有该项约定。

又查，上游厂经海运公司和原审法院同意后，于1993年5月15日以建造现状按150万元出售给连江县文湾海运公司，并已收到大部分价款，其上诉提出卖船合同无效与事实不符。根据审计事务所的审计报告，上游造船厂建造顶推船组已发生成本3088761.05元，按现状出售经济损失1588761.05元。另外，上游造船厂因质量纠纷产生停工损失428856.08元，设备退货赔偿第三方损失121715元和到货设备占压资金利息损失323751.59元，由于对方延付工程款垫付资金利息损失275774.78元，船台费损失546157.44元，码头费损失136127.25元。粮食海运公司支付船组建造工程款及垫付钢材差价款合计3215250元，按省财政厅专项拨款年利率8.1%计算至今利息损失1263114元。以上合计双方经济损失为4702257.19元。

上述事实有下列证据证明：

1. 588KW/800HP沿海推轮、1000吨沿海驳船组建造合同及代垫钢材备料差价款的补充协议。证明造船合同签订的内容。

2. 中国工商银行转帐支票贷款证明。证明粮食海运公司已经支付的部分工程进度款321.525万元及贷款来源。

3. 上游造船厂船体车间报告。证明该厂未经船检及监造组检验合格情况下，擅自将分段吊上船台。

4. 粮食海运公司修造船备忘录。证明该司向上游造船厂提出19份118条质量问题。

5. 顶推船组建造质量协调会议纪要。证明船检部门对该顶推船组提出几点意见。

6. 粮食海运公司函件。证明其撤回监造组，并提出解决方案和重派监造组驻厂的条件。

7. 上游造船厂产品质量报验单。证明该厂对推船尾分段重新测量数据后，船检局认为修补合格。

8. 铸锻件质量证明书。证明顶推船组的铸锻件（尾轴支架）无国家船检合格证明。

9. 设计修改通知单。证明顶推船组部分设备经设计院同意修改。

10. 上游造船厂待工情况表。证明停工误工造成的经济损失。

11. 顶推船组工程估价书。证明因船组占用船台费、码头费的经济损失。

12. 上游造船厂与广州柴油机厂协议。证明设备退货的扣留部分货款损失。

13. 卖船合同及电话记录。证明经双方当事人协商同意将顶推船组船壳出售。

(五)二审判案理由

福建省高级人民法院认为:粮食海运公司与上游造船厂签订的588KW/800HP沿海推轮、1000吨沿海驳船船组建造合同有效,原审中当事人双方协商同意将上游造船厂建造船舶按现状变卖,原审法院据以确认解除船组建造合同,是正确的。

该船组建造虽是全国首创,但上游造船厂在建造过程中生产管理不严,未经船检部门检验即将顶推船分段吊上船台合拢装配,部分设备等变更厂家、型号,没有事先征得粮食海运公司同意,没有严格履行合同约定义务,违约在先,对发生的质量问题应负主要责任。船检部门主持召开建造质量协调会后,上游造船厂对建造质量问题提出纠正方案和对部分设备变更订货厂家、型号提出意见,并写出书面纪要,船检部门在纪要上签注"技术上同意"。据此证明,上游造船厂在建造中存在的质量问题并不是不可以纠正的,也尚未达到使船组建造合同的履行成为不可能、不必要之程度。粮食海运公司对经船检部门在技术上认可的质量协调会纪要不予承认,对以后监造中与上游造船厂继续发生质量问题的争议,未按建造合同约定申请船检部门仲裁,单方撤走监造组,也是违约行为。船检部门因粮食海运公司监造组不在建造现场难以受理检验,结果顶推船组建造工程无法继续依约进行,粮食海运公司也有一定责任。对船组建造合同解除前双方产生的经济损失,上游造船厂和粮食海运公司应当分别承担各自应负的民事责任。

(六)二审定案结论

福建省高级人民法院根据《中华人民共和国民法通则》第一百一十三条和《中华人民共和国民事诉讼法》第一百五十三条第一款第(一)、(三)项的规定,判决如下:

1. 维持厦门海事法院(1992)厦海法商初字第050号民事判决第一项,即解除粮食海运公司与上游造船厂签订的建造588KW/800HP沿海推轮、1000吨沿海驳船船组合同。

2. 撤销厦门海事法院(1992)厦海法商初字第050号民事判决第二项、第三项。

3. 上游造船厂应返还粮食海运公司付给的船组建造进度款289.35万元和代垫钢材备料差价款32.175万元,合计上游造船厂应返还粮食海运公司船组建造款321.525万元。

4. 一推一驳船组出售经济损失1588761.05元、粮食海运公司支付船组建造至今因合同解除利息损失1263114元,上游造船厂因船组建造停工误工、设备退货、占用船台费、码头费以及占压资金的利息损失等1850382.14元,以上因船组工程停建直至合同解除双方共计造成经济损失4702257.19元,由上游造船厂承担2821354.32元,由粮食海运公司承担1880902.87元。

5. 上列第四项判决粮食海运公司承担本案纠纷经济损失1880902.87元,扣抵其支付船组建造款至今的利息损失1263114元后,上游造船厂实际应返还粮食海运公司的船组建造款为2597461.13元,该款应于本判决书生效后30日内返还。逾期给付按《中华人民共和国民事诉讼法》有关规定处理。

6. 上游造船厂订货设备到货已付款752250元和已下料的钢材等,自本判决生效后由上游造船厂自行处理。

7. 双方其他损失各自承担。

本案诉讼费为本诉诉讼费32600元,反诉诉讼费27200元,合计59800元,由上游造船厂承担 35880 元，粮食海运公司承担 23920 元，一审诉讼费按二审判决执行。

（七）解说

该案经过一、二审判决，前后历时三年时间，其主要特点是：案件涉及的争议船舶为顶推船组，属全国首创，设计部门进行精心设计，船方也投入较多精力；专业性强，为船舶建造合同质量纠纷，涉及船体分段装配及焊接检验等方面的专业技术问题很多；影响较大。由于该船属我省首创，发生纠纷后，省里有关部门非常重视，省经委与省船舶工业总公司领导多次参与调解；原、被告双方的原法定代表人均在纠纷发生后变更，增加了案件处理的难度；原、被告双方均为国有企业，上游造船厂属亏损单位，经济效益差；另外顶推船组在法院调查审理的过程中，经双方当事人协商，愿意将其变卖且亦卖出。一审判决后，当事人上诉。二审维持一审部分判决，确认上游造船厂应负主要责任，同时也认可上游造船厂的部分上诉请求，即顶推船组在建造过程中的质量问题是可以纠正的，但粮食海运公司未按建造合同约定申请船检部门仲裁，单方撤走监造组，也有一定的责任。回顾该案的审理过程，有几个问题值得思考。第一，该案的造船厂违反《钢质海船建造检验规程》较严重，发生许多质量问题，这作为有一定技术力量的造船厂是很不应该的。第二，建造此类较先进的船舶，技术要求高，应由有一定建造力量的船厂承担，通过进行投标来确定船厂建造。要从保障船舶建造质量出发，而不能从其他方面考虑过多。第三，建造该顶推船时省政府有关部门均很重视，但发生质量纠纷后至起诉旷时两年多时间，虽提出要出面协调解决，但始终未能兑现，而最终只有通过法律途径得到处理。第四，双方当事人均应严格按照造船合同所规定的各项权利义务履行，由于违约，致船舶不能继续建造下去，造成国家财产的极大损失，影响不好，对此应吸取教训，引以为戒。第五，船舶建造合同纠纷，涉及技术问题较多，我国目前尚无船舶建造合同方面的法律法规或条例，只有原则上适用《民法通则》、《经济合同法》的有关规定，这是本案审理中的一大缺憾。

（吴海燕）

88. 漳州粮油贸易总公司诉福建省石狮市船务公司等水上货物运输合同案

（一）首部

1. 裁判书字号

一审判决书：厦门海事法院（1992）厦海法商初字第 054 号。

二审裁定书：福建省高级人民法院（1994）闽经终字第 110 号。

2. 案由：水上货物运输合同案。

3. 诉讼双方

原告（上诉人）：漳州粮油贸易总公司。

法定代表人：卢来成，总经理。

委托代理人：林建达，该公司副书记。

委托代理人：林素仁，漳州市律师事务所律师。

被告(被上诉人):石狮市船务公司。

法定代表人:郭建奇,总经理。

委托代理人:柳钱助,泉州港务局海监处副主任。

委托代理人:汪杰,福建省轮船总公司干部。

第三人:厦门港务局。

法定代表人:黄和荣,局长。

委托代理人:白峥崎,该局商务处干部。

4. 审级:二审。

5. 审判机关和审判组织

一审法院:厦门海事法院。

合议庭组成人员:审判长:吴海燕;代理审判员:黄建群、周诚友。

二审法院:福建省高级人民法院。

合议庭组成人员:审判长:林人哲;审判员:魏明、魏光钰。

6. 审结时间

一审审结时间:1994 年 7 月 13 日(经福建省高级人民法院批准延长审限)。

二审审结时间:1994 年 11 月 4 日。

(二)一审诉辩主张

1. 原告诉称:1992 年 6 月 25 日,原告在厦门港经厦门港务局介绍将一批小麦交石狮市船务公司所属的"发源"轮承运,小麦重 560 吨,数量 6160 袋,总价值为人民币 520820 元,交货港为广东省揭阳县沙港,但至今该批小麦未运抵沙港,致原告经济损失巨大,请求法院判令被告及第三人承担违约赔偿责任。据有关气象证明,"发源"轮出事地点没有出现灾害性的天气,不可抗力与事实不符,请求法院撤销汕头港监的海事报告。

2. 被告辩称:被告所属"发源"轮经第三人介绍受载原告小麦 560 吨,于 1992 年 6 月 26 日自厦门开往汕头,27 日 0620 时在汕头海域娘礁附近,该轮突遇复杂天气及恶劣海况,涌浪很大,约 0630 时,空中出现旋转云,海面狂涛,船身突然向右严重倾斜,船长急令降速左舵以校正船身右倾状态,但无济于事,几分钟内船即倾覆沉没,9 名船员全部落水,其中 7 名船员由路过的"宁海 1 号"轮救起,另 2 名船员,1 人死亡,1 人失踪。这起海难造成船货全损,直接经济损失达 1320800 元。汕头港监确认该事故属不可抗力,依照有关法律规定,我司不承担赔偿责任。

3. 第三人诉称:我局是港口经营企业,又是港口管理部门,对停泊于所属港口的船舶进行管理,为货主代办联系分运船舶,为承、托双方提供服务。在本航次中,承运人为石狮市船务公司所属的"发源"轮,我局不是运输合同的当事人,与原告没有直接的利害关系。

(三)一审事实和证据

厦门海事法院公开审理查明:

1992 年 6 月 25 日,原告经第三人介绍与被告达成口头运输协议,由被告所属"发源"轮自厦门港承运一批小麦至广东省揭阳县沙港,约定运费每吨 37 元。同日,原告至第三人处办理了"货物托运申报单",第三人同时出具"船舶货物装卸通知单",通知其所属的东渡港装卸公司安排装货。"发源"轮配载原告托运的小麦 6160 包,重 560.56 吨,总价值为人民币 486763元,其中约有 400 包小麦装载在甲板上,占全部装船货物的 6.43%。"发源"轮于 6 月

26日1630时自厦门港启航驶往汕头港。该轮启航前凭"货物托运申报单"、"船舶货物装卸通知单"办理了船舶出口签订手续。

6月27日0620时,"发源"轮经汕头海域娘礁灯浮左正横约0.6海里,当时风力约6级,天气闷热,但涌浪很大。"发源"轮继续航行。约0630时,突然船头上空有片黑云直向该轮压下来,船体剧烈颤抖,海上出现狂涛,船立即向右倾斜,几分钟内即倾覆沉没,9名船员全部落水。沉船概位为北纬23°18′12″,东经116°49′6″。0640时左右,有7名船员被过往船南京货运中心水上服务所"宁海1号"轮救起,死亡1人,失踪1人。事故发生后,"发源"轮船长即将上述海事情况报告汕头港监,港监对事故经过进行了调查取证。汕头港监认为,事故原因系该轮航行中突遇恶劣海况,致船倾刻倾覆,属不可抗力。

"发源"轮系钢质货船,船总长45.6米,型宽8.4米,型深3.7米,经泉州港监、船检核定该轮夏季干舷586毫米,暂定载货量560吨供配货参考。船舶价值72.5万元,由被告从浙江省乐清县购买,并投保船舶险。该轮出事后,保险公司理赔80万元给船方。该轮在该航次中按规定配备合格持证驾、机人员,船舶适航,其有效期从1992年6月14日起至1993年6月13日止。该轮抗风能力7级风以下,航行区域为沿海Ⅲ类及长江下游。

另据广东省汕头气象局气象咨询服务中心提供的气象证明,"1992年6月27日0500时至0800时,汕头市附近海面约50公里处,天气情况复杂,海况恶劣,局部有旋转云出现。……海面海浪高度3.5米左右(大浪),局部有狂涛,平均风力5至6级。……因为几天前天气闷热,又是强对流天气多发期,有可能海面台风前局部地区发生海上龙卷风"。

上述事实有下列证据证明:

1. 南京货运中心水上服务所"宁海1号"轮船长、大副证言。证明"发源"轮出事时的天气情况及海况和抢救船员经过。

2. 出事船船长证言。证明海事事故发生的经过。

3. 汕头港监的海事报告。证明事故原因属不可抗力所致。

4. 汕头市气象局气象咨询服务中心证明。证明"发源"轮发生事故的当时区域海况,可能局部地区发生龙卷风。

(四)一审判案理由

该案"发源"轮承运的货物沉没灭失,是否因不可抗力造成,这是本案的焦点问题。厦门海事法院认真地对案件进行调查审理,主要从审查证据入手,详细研究分析了几种证据及有关证明文书的真实性及效力。

1. 证人证言:本案海事事故现场附近有货船经过,抢救"发源"轮落水船员的南京货运中心水上服务所"宁海1号"轮船长、大副等向法院提交书面证言称:"我船于1992年6月27日0430时开往汕头途中,约0620时左右船接近南沃长尾山时,这时天气十分闷热,突然发现正前方上空乌云密布,乌云灰蒙蒙直伸水面,这现象按我们民间说法即是龙卷风,气候此际特别异常,像是大暴风要来临……约过几分钟后,气候立刻转好,但还有涌浪。船长再次用望远镜观察,发现很远的前方原有艘航行船不见了,约过半小时,又发现前方娘礁附近水面有人漂泊,是船人遇难,我们采取措施救人,共救起石狮船务公司'发源'轮的7名船员,据该船员称尚有2人不知下落,我们再次在海面寻找,但无结果。只好开往汕头。"该证人证言说明了"发源"轮发生海事事故的大概位置,当时的天气情况及抢救落水船员的经过,其所述的情况是抢救船'宁海1号'的船员耳闻目睹和亲自参与抢救的事实,具有较强的可靠性和真实性。

2. 当事人陈述:"发源"轮船长在该船发生事故后,及时向汕头港监作了报告,并对法院的调查及在开庭审理中作了充分的陈述,阐明了海事事故发生的经过。船长称:"当船航行至娘礁灯浮附近约 0.6 海里处,当时天气闷热,海况恶劣,涌浪很大,突然一片乌云直向船压下来,海面狂涛,船身突然向右倾斜,几分钟内即倾覆沉没,9 名船员全部落水,7 人被过往船'宁海 1 号'救起,船长的侄儿死亡、外甥失踪,至今无下落。"船长的陈述说明当时由于天气突变,船员们在无任何准备的情况下(连救生衣都来不及穿)就落水,事故是突发性的。受"宁海 1 号"搭救及船员 1 人死亡 1 人失踪亦是事实。

3. 汕头港监的海事报告:"发源"轮船长向汕头港监作了事故报告后,汕头港监对该起海事事故进行调查作出"发源"轮海上交通事故调查报告,认为:该轮船舶检验证书在适航期内,并按规定配备合格持证驾、机人员,甲板货占全部货物 6.43%。该轮事故原因主要系在航行中突遇恶劣海况,致船舶顷刻倾覆沉没,属不可抗力。

4. 气象证明材料:集中各气象台的资料看,分歧较大的是两份证明,一是汕头气象局,二是汕头气象局气象咨询服务中心提供的。前者认为,1992 年 6 月 26 日至 27 日期间,汕头海面没有出现灾害性气象条件。而后者认为,1992 年 6 月 27 日 0500 时至 0800 时,汕头附近海面约 50 公里处,天气情况复杂,海况恶劣,局部有旋转云出现。又因前几天天气闷热,又是强对流天气多发期,有可能海面台风前局部地区发生海上龙卷风。法院通过分析不同的气象证明认为:(1)龙卷是一种与强对流云相伴出现的、具有垂直轴的小范围强烈涡旋。其特点是:范围小,水龙卷的直径通常为 25M 至 100M。生命短,从开始至消失,一般为几分钟至几十分钟。直线移动,移速平均为 15M/S。风力大,这是龙卷的重要特征。破坏力强,龙卷伸达地面或海面时,有很大的破坏力,给局部地区带来严重的灾害。中心气压极低。龙卷的形成与雷暴风强烈的升降气流有关,它多半发生在夏天和初秋,发生时间多在清晨 6 时前后。(2)根据龙卷特征,对照"发源"轮船长的陈述,"宁海 1 号"证人证言,约有相似之处,如"天气闷热,乌云密布直伸水面,海面狂涛。几分钟内船舶倾覆,船员落水。过了几分钟,气候立即转好,但有涌浪"等。(3)有的气象台未能观测到出事地点的气象情况是正常的,因为用雷达观测,不能完全反映气象海况,雷达观测不到的情况亦是可能的。所以不能绝对以预报的天气内容来否定事实上发生或可能发生的气象海况。从此点看,汕头气象局气象咨询服务中心称当时局部地区可能发生海上龙卷风还是比较客观的。

为此,厦门海事法院认为:"发源"轮开航时适航,在航行途中突遇恶劣海况,船沉货损人亡确有事实。本案海损事故属不可抗力所致,"发源"轮因不可抗力发生海损事故,以致该轮承运的货物遭受损害,被告不负赔偿责任。原告以事故发生当时天气良好为由而否定海损事故系不可抗力造成,对此原告举证不足,故法院对其诉讼请求不予支持。第三人为港口管理部门,不是该航次运输合同的当事人,经查本案与其无法律上的利害关系。

(五)一审定案结论

依照《中华人民共和国民法通则》第一百零七条,《水路货物运输合同实施细则》第二十七条第一项的规定,判决如下:

驳回原告漳州粮油贸易总公司的诉讼请求。

案件受理费 10300 元由原告负担。

(六)二审情况

一审法院判决后,原告漳州粮油贸易总公司不服,提出上诉。上诉人诉称:原审法院对于上诉人所举的证实沉船当时并无灾害性天气的证据不予认定,而确认上诉人的船舶开航前适航,该船舶是因不可抗力造成沉船事故,可以免责。此判决是与事实相违背,明显偏袒被上诉人的不公正表现。请求二审法院查明事实,依法改判,维护当事人的合法权益。

被上诉人辩称:原审法院根据大量的、充分的证据,认定事故确属不可抗力所致,事实认定清楚,适用法律适当。上诉人未能有力地提出导致事故发生的实际原因是什么,也未能证明答辩人存在实际过失,该实际过失并直接导致事故的发生。请求二审法院根据事实和有关法律,维持原审判决,保护答辩人正当合法权益。

因上诉人漳州粮油贸易总公司在上诉期内未预交诉讼费,经法院书面通知其限期预交,仍未在限期内预交也不提出缓交申请,根据《人民法院诉讼收费办法》第十三条第二款及《中华人民共和国民事诉讼法》第一百四十条第一款第(十一)项的规定,裁定本案按自动撤回上诉处理。

(七)解说

该案为海上货物运输中典型的不可抗力——龙卷风造成的海事事故。海上龙卷风是在小范围、短时间内发生的客观存在的自然现象,陆上气象站或海洋观测站观测的都是一定区域内的综合性的数据,目前我国对大自然观测和分析的科学水平尚未达到每时每刻、所有区域无一遗漏的程度,因此,有关气象部门出具的证明在分析上不尽一致是正常的,对于气象预报的正确态度是“应该相信,但要分析”。完全用预报的内容来否定实际发生的情况,是错误的,同样用没有出现龙卷风的预报来推定没有恶劣海况亦是缺乏科学依据的。俗话说“天有不测风云”,在科学发展的今天,这句话还是有它的实际价值的,更何况还有“宁海1号”船和“发源”轮船员的亲身经历、汕头气象局气象咨询服务中心提供的证明,这些证据都对当时所发生的情况作了证实。依照“谁主张,谁举证”的法律原则,漳州粮油贸易总公司未提供足以推翻石狮市船务公司所提交的证人证言、气象证明等的证据,就应承担不能举证的法律后果,即自己的主张得不到证明就败诉的后果。

(吴海燕)

89.“安涛江”轮倒签提单侵权损害赔偿案

(一)首部

1. 判决书字号:厦门海事法院(1992)厦海法商初字第015号。

2. 案由:倒签提单侵权损害赔偿案。

3. 诉讼双方

原告:厦门中贸进出口有限公司。

法定代表人:纪掌辉,总经理。

委托代理人:郑振辉,厦门对外经济律师事务所律师。

委托代理人:万军,厦门对外经济律师事务所律师。

被告：广州远洋运输公司。

法定代表人：洪善祥，经理。

委托代理人：王云，该公司干部。

委托代理人：王珂，该公司干部。

4. 审级：一审。

5. 审判机关和审判组织

审判机关：厦门海事法院。

合议庭组成人员：审判长：唐福金；审判员：张希舟；代理审判员：林瑞云。

6. 审结时间：1994 年 7 月 25 日。

（二）诉辩主张

1. 原告诉称：原告与日本国三井物产株式会社（下称日本三井）于 1991 年 8 月签订了一份聚丙烯销售合同，约定价格条件为 CIF 厦门，装船期为 1991 年 9 月等。被告在承运时，竟不顾国际航运惯例，与日本三井恶意串通，倒签提单。因货物迟到，致使原告与中国包装总公司华扬厦门分公司（下称华扬公司）订立的国内销售合同无法如约履行。对此，原告行使拒收权，并于 1992 年 4 月 8 日向厦门海事法院提起诉讼，请求判令被告赔偿其损失 248000 美元或人民币 1537600 元及其利息，自行处理 310 吨货物。但为避免损失的扩大，原告于 1992 年 4 月 17 日办妥报关等手续，提货至厦门外贸西郭仓库（下称西郭仓库），并积极寻找买主，于 1992 年 8 月 25 日将该批货物全部售出。原告售货虽有所得，但由于价格下跌，不仅未能实现原定进口该批货物所应得利益，反而遭受了重大经济损失。故又变更诉讼请求为：由被告赔偿其货物销售损失人民币（下同）356312.50 元及其利息；因货物滞留码头而支付的超期费、堆存费、移动费、验关费、验关车架滞时费等 91633.75 元及其利息；因延迟报关厦门海关征收的保证金 67628 元及其利息；货物仓租费 8985.63 元等累计 710000 元；诉讼费由被告负担。

2. 被告辩称：被告是在船舶遇恶劣天气，耽误了船期的情况下，接受日本三井的保函后倒签提单的，并非与之恶意串通。根据该批货物的提单条款，被告作为承运人在其责任期间内，原告尚未取得正本提单，也就无货物所有权而言，因此被告与原告不存在契约关系，上述倒签提单未构成对原告的侵权。即使考虑到日本神户至厦门是短航程运输，且厦门外轮代理公司（下称厦门外代）已同意原告凭副本提单加保函提货这一事实，原告诉称的各项损失也与被告无关。原告在确认倒签提单后并未向被告提出索赔，而是依据买卖关系直接与日本三井交涉，且在主张拒收和要求降价间犹豫不决，拖至 1992 年 4 月 17 日始将货物提出，而此时被告的运输责任早已终止，也不可能再就此事采取任何积极措施。因此，原告销售货物的差价损失完全是其拖延提货，从而错过了较好销售时间所致；而该批货物滞留厦门港过长而发生的相关费用，以及缴纳的海关保证金、货物仓租费等也同样是因为原告处置不当造成的；至于原告与厦门华扬公司就该批货物所签订的买卖合同未能履行，则是因为该合同与其进口合同不能互相衔接所致，与被告无关。鉴于船期确有延误，被告愿意按当时的市场行情补偿原告货物差价 46500 元。除此之外，被告对原告的损失概不承担责任。

（三）事实和证据

厦门海事法院经调查和审理查明：1991 年 8 月 7 日，原告厦门中贸进出口有限公司与日本三井签订了一份进口日本产 310 吨 FH—G 聚丙烯的 84635 号销售合同。合同约定，价格条件为成本加运费、保险费价(CIF 厦门),总价表 248000 美元,起运港为日本主要港口,目的港厦门,装船期为 1991 年 9 月。根据合同,日本三井负责订舱,原告则向中国农业银行厦门市分行(下称厦门农行)申请开立了不可撤销、以日本三井为受益人、有效期为 1991 年 10 月 15 日的 132DC91144 号即期信用证。9 月 25 日,日本三井传真原告,要求修改信用证装船期。原告因就该批进口货物已与华扬公司签订了转售合同,故在征得其同意后,通过厦门农行将信用证装船期修改为不迟于 1991 年 10 月 31 日,有效期相应修改为 1991 年 11 月 15 日。1991 年 10 月 10 日,日本三井传真原告,称已安排"安涛江"轮承运,预计该轮于 10 月 27 日或 28 日驶离神户,约 11 月 2 日抵达厦门。

"安涛江"轮系被告广州远洋运输公司所属往返于厦门与神户的定期班轮。因风浪影响了船期,该轮第 89 航次于 1991 年 10 月 31 日 1600 时始从厦门启航,11 月 6 日抵神户,11 月 7 日装货完毕,转入第 90 航次。但被告在日本的代理人 SEINA 船务株式会社签发的证明原告进口货物已装上"安涛江"轮的 CKXM—612 号提单上装船时间却填写为 1991 年 10 月 31 日。倒填 7 天的结果使该提单的装船期与信用证的规定在表面上吻合起来。该提单系凭指示提单,通知人为厦门中贸进出口有限公司。

1991 年 11 月 10 日,"安涛江"轮驶抵厦门港。厦门外代随即通知原告货物已到。根据该轮到港时间并经相询厦门外代,原告初步确认载明其进口货物的提单装船日期是倒签的。便于 11 月 12 日和 26 日两次传真日本三井,指出原告不能接受倒签的提单,要求其根据市场行情将货物每吨降价 50 美元,否则拒收货物。日本三井对原告的要求迟迟不予答复,却于 1991 年 11 月 14 日向日本东海银行提交了信用证项下的全部单据。1991 年 11 月 25 日,单据寄到厦门农行。原告和厦门农行均发现发票和包装单上存在两个不同的合同号,此外还有个别字母有误等。这时日本三井对原告的交涉仍未作出反应。原告以单证不符为由要求厦门农行拒付货款。11 月 30 日,厦门农行将不符点电告日本东海银行。12 月 9 日,日本东海银行将更改后的单据寄到厦门农行。信用证有效期此时已过,厦门农行表示不予接受。1992 年 1 月 15 日和 18 日,日本三井用电传回复原告,否认倒签提单,催促原告付款。与此同时,日本东海银行也对"不符点"提出反驳,认为该"不符点"不影响单据效力,不能构成拒付等,要求厦门农行按照国际惯例行事,立即付款。厦门农行经研究,认为日本东海银行的观点成立,遂于 1992 年 2 月 14 日将货款付出,同时划拨了原告在该行的外汇存款。

厦门农行付款后,日本三井停止了就此事与原告的谈判和接触。因此时货物入境已逾三个月仍未申报,为避免被海关变卖,原告于 1992 年 3 月 9 日办妥报关等手续,4 月 25 日将货物提离集装箱堆场,移至西郭仓库。在此期间,原告去厦门农行补办了付款手续,赎出了正本提单。

1992 年 5 月 18 日,被告对原告的起诉作出答辩,认为原告对其"没有诉权"等。在此情况下,原告决定销售货物。并在 1992 年 5 月 26 日至 8 月 25 日间分 35 批将货物在厦门岛内销售完毕。原告售货数量仍为 310 吨,但因这一时期价格下跌,故仅得货款 1667987.50 元,比其原定与华扬公司的成交额 2024300 元少 356312.50 元。原告实际销售货物的平均价格为 5380.60 元/吨。该价格与同一时期厦门岛内市场价相符。

原告报关提货除缴纳关税和进口环节代征税及海关保证金 486306.50 元外,还支付了港务费、港建费、运费、卫检费、印花税、验关费、验关车架滞时费、堆存费、移动费、超期费等计 97255.12 元。原告将其中的保证金、堆存费、超期费、移动费、验关费、验关车架滞时费计

159261.75 元作为损失向被告主张索赔。该六项费用中，后两项费用 537.75 元与原告自行剔除的港建费、卫检费等同样属于进口货物所必需的成本开支，与货物在码头的堆放时间无关。上述费用中，保证金于 1992 年 4 月 29 日缴纳，堆存费等于 1992 年 5 月 8 日支付。

从货物入仓至全部售出，原告租用西郭仓库 117 天，共付出场地费 6665.63 元；代管费、卸货费计 2320 元。根据原告与华扬公司原来的约定，原告须将该批货物载存于西郭仓库，华扬公司则在货物入仓后 15 天内全部提出，这段时间的仓储费由原告负责。

上述事实有下列证据证明：

1. 被告广州远洋运输公司发的"安涛江"轮 CKXM－612 号提单。

2. 原告厦门中贸与日本三井订立的聚丙烯销售合同。

3. 原告厦门中贸申请开立的 132DC 91144 号即期信用证以及原告与日本三井之间关于装船期和倒签提单问题的来往电传等。

4. 原告厦门中贸与华扬公司的销售合同、来往函件等。

5. 厦门海关、码头等单位的收费凭证以及其工作人员的调查笔录。

6. 本院向有关当事人、证人的调查笔录等。

（四）判案理由

厦门海事法院鉴于上述事实认为：

1. 原告对被告有诉权。被告认为，提单是货物的物权凭证。本案中其接受日本三井的订舱，承运货物至厦门，签发的是"凭指示"提单。这种提单的收货人是不固定的，谁拥有正本提单，谁才享有物权，只有正本提单持有人才与承运人具有法律上的权利义务关系。而且根据提单条款，承运人的责任期间是启运港集装箱堆场到目的港集装箱堆场，只有在此期限内，正本提单持有人才有权对承运人主张权利。本案中，被告的承运责任期间已于 1991 年 11 月 13 日"安涛江"轮抵厦门港卸货完毕时终止。而此时正本提单仍在日本三井手中。因此，在其责任期限内与原告不存在契约关系，倒签提单与原告无关。因此原告对其没有诉权。

法院认为，被告的这一辩称是不能成立的。首先，本案中原、被告并非没有契约关系。根据国际班轮运输的法律关系，提单是承运人和托运人订立运输合同的证据。当该托运人同时是货物 的卖方时，那么他必然依据销售合同将提单背书转让给收货人。这样，提单就成为承运人和收货人（买方）之间的运输合同了。本案正是如此：日本三井既是托运人，又是货物的卖方；原告则既是收货人，又是货物的买方。实际业务中，由于短航程运输船期较快，收货人往往不可能在货物到港之前或到港同时收到提单。但这并不影响收货人基于提单而与承运人之间业已确立的运输合同关系。被告关于原告对其没有诉权的辩称所以不能成立，从逻辑上说是偷换了概念。即撇开日本三井和原告所具有的双重法律地位，把国际海运中与承运人存在运输合同关系的收货人概念换成"提单持有人"。然后利用单据流转滞后造成的货到单未到的时间差，并借助提单的"责任期间"条款，从否认与原告存在契约关系的角度否认其享有的诉权。其次，从诉的法律关系看，原告对被告也有诉权。因为其提起的是侵权之诉，根据我国民法原理，侵权之诉并非要依附于合同。本案中，被告接受日本三井的保函，倒签提单，其法律后果是帮助日本三井掩盖了逾期装船的事实，使其在违约的情况获取了本不应获取的原告的全部货款。因此，被告的行为直接侵害了原告的合法权益，理所当然受到原告的追究。

2. 原告的损失与被告倒签提单有直接因果关系。被告辩称，由于海上货物运输与货物买卖是两种不同的法律关系，原告在发现倒签提单后，只能依据其中一种法律关系要么追究日本三井的违约责任，要么在规定的期限内向被告提出索赔。本案中，原告先是依据与日本三井的买卖关系进行交涉，不成后方向被告提起诉讼。而根据提单条款，此时被告的承运责任期限早已终止，也不可能再就此问题采取任何补救措施，因此，原告诉称的损失完全是其索赔不当，延迟提货造成的，与被告倒签提单无直接的因果关系，故不能承担赔偿责任。此外，被告还对原告与华扬公司的转卖合同提出异议，认为即使其不倒签提单，原告也不可按时交货。

法院认为，被告的这一辩称也是不能成立的。因为被告未能正视倒签提单的严重性质，站在局外人的立场上否认了其侵权行为与本案事实的发生和发展的必然联系。

(1)根据国际惯例，收货人在得知其进口货物的提单被倒签之后，可以有条件地接受货物；也可以拒收货物；也可以在接受货物后根据损害情况提出索赔。权利如何行使，取决于收货人对自身利益的权衡利弊。本案中，原告在确认提单被倒签后，即于1991年11月12日通过协商形式与日本三井交涉，根据市场行情要求日本三井降价销售，否则拒收货物，由于日本三井对此迟迟不予答复，原告可以理解为日本三井可能会收回货物，也可能会降价销售，致使该批货物的归属在客观上处于未确定状态，这段时间原告不予提货是正确的。原告是在接到日本三井1992年1月18日否认倒签提单、催促付款的电传后开始行使拒收权的，同时继续与日本三井交涉。1992年2月14日厦门农行对外付款，日本三井停止了与原告的接触，表明事情已无法协商。此时货物仍滞在码头，不仅费用不断增加，而且由于已超过报关期限，海关已有权提取变卖。原告是在这种情况下才决定报关提货的。因此而支付的与货物存放时间有关的港口费用、保证金等完全是被告倒签提单引起了侵权纠纷造成的。

提货后，鉴于被告在答辩中称此事“与船东无关”，原告又出于与提货同样的动机将货物售出。但由于行情下跌，销售所得未能达到原定售与华扬公司的成交额。因此这一差价损失也是被告倒签提单造成的。至于仓租费，扣除原告原定履行与华扬公司转售合同时而须承担的部分，其余多支付的费用也与倒签提单有直接关系。

(2)倒签提单是承运人与托运人合谋欺骗收货人的行为。根据国际惯例，收货人既可以要求托运人承担责任，也可以要求承运人承担责任。本案中，原告开始试图用协调方式处理纠纷，因日本三井已得货款，致使协商不成。原告遂决定以承运人为被告提起诉讼，要求追究提单签发者的责任。这种选择符合法理，也符合国外的诉讼实践。被告援引提单条款，认为原告无权在承运责任期间终止后就货物运输问题向其索赔，这实质上是把因货损货差引起的运输责任与倒签提单的侵权责任混同起来了。根据法理和国际惯例，倒签提单作为一种欺诈行为，承运人一旦实施，便失去了享受该提单所赋予的责任限制、免责等权利。因为从运输合同的角度讲，可以认定该提单本身就是承运人伪造的单据，故不具法律效力。事实上，被告也并非不知倒签提单的严重性质，否则便不会要求日本三井出具保函。至于原告起诉时，被告已很难再对此采取施救措施的问题，即便如此，也只能视为是被告倒签提单所应预见并承担的风险，否则，就不能解释其为何要索取保函。

(3)该批货物是原告代华扬公司进口的。洽谈中华扬公司与日本三井也有接触。日本三井要求修改信用证装船期，原告是在征得华扬公司的允许后才同意的。但华扬公司也清楚神户到厦门的航程，故他们认为“安涛江”轮抵厦时间太迟，由于当时市场行情下跌迅猛，除非降价和支付违约金，否则他们是不会接受了。据此，不难认定被告倒签提单直接影响了原告履行与华扬公司的转售合同。

3. 原告是否已尽最大努力避免损失的扩大。原告在表示拒收货物后,出于减少损失的动机又将货物提取变卖,既然如此,就存在一个合理时间提货问题,日本三井是在1992年1月15日和18日传真原告否认倒签提单的,表明其不会考虑降价销售问题。特别是在厦门农行对外付款,日本三井停止了与原告的联系后,则进一步表明其完全不可能再来处理这批货物。如果说原告已考虑到避免损失的扩大而决定先予提货,那么其最迟应当在2月底办完报关提货手续。在这之前的码头费用和保证金系被告倒签提单引起了侵权纠纷造成的,而之后的费用则应认为是原告未及时提货所造成的扩大的损失,并且迟延提货对接下来的销售也会产生一定的影响,也就是说,原告诉称的货物销售差价损失中,有一部分也应认定为是其未及时提货造成的。

据此,厦门海事法院认为:本案当事人双方民事权益纠纷系被告在国际海上货物运输中的倒签提单所引起的。原告作为国际货物销售合同的买方和提单的被通知人,已申请开立了不可撤销的即期信用证,在日本三井将被告签发的发装船提单空白背书提交议付行之后,其提单收货人的法律地位便已确立。原告就被告倒签提单所造成的损失享有向被告行使诉讼的权利。原告在得知倒签提单后,曾基于买卖关系向日本三井索赔未果,又以国际海上运输的法律关系对被告提起诉讼,这种做法是原告行使索赔权利的选择,并未违反法律规定和国际惯例。被告关于原告起诉时提单条款约定的承运人运输责任期间已经终止等辩称不能成立。被告不正当履行承运人的义务,在签发载明原告进口的货物提单时,违反国际惯例,倒填装船时间,严重损害了原告的利益,故应承担赔偿责任。原告在确认提单被倒签并表示出若降价可以接收货物时,亦有义务避免损失的扩大,由于原告报关提货的时间有所迟延,对已实际发生的损失亦应承担相应责任。原告诉称的港口和仓租费用损失中,有些系非计时收取的成本支出,与被告倒签提单无关,故不予支持。

(五)定案结论

厦门海事法院依照《中华人民共和国民法通则》第五条、第一百零六条、第一百三十四条第一款第(七)项的规定,并参照国际惯例,判决:

1. 被告广州远洋运输公司赔偿原告厦门中贸进出口有限公司CKXM—612号提单项下的货物销售款损失237541.66元及其利息损失135000.37元。

2. 被告广州远洋运输公司赔偿原告厦门中贸进出口有限公司因扣货而支付的货物堆存费、超期费、移动费损失计60706.67元及其利息损失12823.16元。

3. 被告广州远洋运输公司赔偿原告厦门中贸进出口有限公司因报关而支付的海关保证金(滞报金)45085.33元及其利息损失9630.97元。

4. 被告广州远洋运输公司赔偿原告厦门中贸进出口有限公司因仓储CKXM—612号提单项下的货物而支付的仓租费损失3688.75元。

5. 原告厦门中贸进出口有限公司自行承担其余损失252228.48元。

宣判后,原、被告均未上诉,被告已自觉履行了判决规定的义务。

(六)解说

倒签和预借提单,在国际海运中通常被称作欺诈,其法律性质是违约还是侵权在国际上尚无定论,但我国海事审判实践中已有判例将此种行为定性为侵权,近两年亦有法律研究和审判人员撰文论证,为处理此类案件提供了一定的理论依据。但本案的难点、疑点倒不在于法律定性，而在于被告辩称的两个主要观点能否成立。即：(1)被告签发的是凭指示提单，收货人不确定，而且本航次是短程运输，货物抵港时，提单等尚在议付行和开证行之间审查流转，这种情况下，承运人和提单的被通知人即原告不存在契约关系，故其倒签提单的行为不构成对原告的侵权，而当提单为原告持有时，被告的运输责任期间早已终止，所以被告对原告不应承担责任。(2)即使被告与原告存在契约关系，那么原告在得知倒签提单后，不向承运人索赔而径与日本三井交涉，不成后再起诉承运人，致使被告失去及时处理纠纷，防止损失扩大的时机，因此原告无权向其追偿。

针对当事人双方的观点，在查清事实的基础上，法院在审理中注重研究和把握了两个问题。一是认真分析了提单运输和国际货物买卖两种法律关系的区别与联系。明确了本案原告和日本三井具有双重法律地位，发现了被告把国际班轮运输中与其存在运输关系的收货人换成"持有提单的人"的逻辑错误。认为，在国际班轮运输中，提单是承运人和托运人订立运输合同的证据，当该托运人同时又是货物的卖方时，那么他必然依据销售合同将提单背书转让给买方，这样，提单就成为承运人与买方(收货人)之间的运输合同了。这种关系成立于承运人的运输行为，而并非成立于收货人在货物抵港时必须持有提单。至于承运人责任期间，提单背面订此条款，只适用于解决货损、货差纠纷，而不能扩大到倒签提单侵权损害纠纷上来，因此，法院认定被告的辩称不能成立。二是从提单是物权凭证这一基本原则出发，认定在倒签提单情况下，根据国际惯例，收货人有选择索赔方向并起诉的权利，因此未采纳被告关于原告索赔失误，导致损失扩大等答辩观点。认为被告既然接受了日本三井的保函，便意味着他已预见到倒签提单的责任风险，因此被告不能因为原告曾向日本三井索赔便可以不向原告承担侵权责任。总之，认定国际短航程海运中，收货人具有双重法律地位以及收货人在倒签提单情况下有选择索赔方向的权利等，是本案最为成功的两点。对今后类似的审判实践提供了可资借鉴的经验。

（张希舟）

90. 鄂伦春自治旗阿里河五金建材公司大连经销处诉大连市长海县大长山镇航海公司租船合同赔偿案

(一)首部

1. 判决书字号

一审判决书：大连海事法院(1993)大海法商初字第100号。

二审判决书：辽宁省高级人民法院(1994)辽经终字第365号。

2. 案由：租船合同案。

3. 诉讼双方

原告(反诉被告、被上诉人)：鄂伦春自治旗阿里河五金建材公司大连经销处(下称原告)。

法定代表人：唐金贵，经理。

委托代理人：李金玲，大连第二律师事务所律师。

委托代理人:张建华,大连第二律师事务所律师。

被告(反诉原告、上诉人):大连市长海县大长山镇航海公司(下称被告)。

法定代表人:张焕成,经理。

委托代理人:邹林德,大连辽南法律事务所律师。

委托代理人:刘长茂,大连辽南法律事务所律师。

4. 审级:二审。

5. 审判机关和审判组织

一审法院:大连海事法院。

合议庭组成人员:审判长:宁志魁;审判员:王振义、陈玉胜。

二审法院:辽宁省高级人民法院。

合议庭组成人员:审判长:张德生;代理审判员:张秀年、王桂莲。

6. 审结时间

一审审结时间:1994 年 5 月 18 日。

二审审结时间:1994 年 11 月 28 日。

(二)一审情况

1. 一审诉辩主张

(1)原告诉称:1993 年 2 月 26 日原、被告签订的租船合同约定,由被告提供运输船自同年 3 月 1 日至 12 月 31 日为原告海上运输服务。履行协议期间,被告于同年 5 月擅自将原告运往山东的 417.502 立方米木材(价值人民币 48 万元)运至长海县大长山岛木材公司,至今仍在被告控制之下,侵犯了原告的财产所有权。1993 年 7 月 1 日被告又单方将船撤回转租他人使用。被告违约,应依法向原告支付:1)违约金人民币 54 万元;2)赔偿木材款人民币 35 万元;3)赔偿木材差价损失、600 立方米木材堆存费、装卸费等人民币 45.7 万元;4)本案诉讼费全部由被告承担。

(2)被告辩称:被告船于 1993 年 6 月 2 日受载原告木材没有立即开往山东是原告告知被告山东木材销价不好船应于大连港锚泊等待。期间,被告因船要维修才将船开到大长山岛,此事被告已提前几天通知了原告。船抵岛后,原告与长海县木材公司达成买卖木材协议并将木材卸入长海县木材公司库场。原告诉被告擅自将木材卸入长海县木材公司与事实不符。原告不付给被告 3、5、6 月份租金,使租船合同无法履行,在取得原告同意的情况下,被告 7 月份才将船撤回,原告诉被告自行将船撤回无事实根据。

(3)被告反诉称:按租船协议约定,原告应于使用被告船 5 日内付定金 8.7 万元人民币,但原告只付 7 万元;按租船协议约定,租期内的船舶燃料费、港杂费 20160 元人民币应由原告承担,但原告未实际支付;原告尚欠被告 3、5、6 月份的租金。由于原告违反租船协议,使租船协议没有履行完毕,原告应承担违约责任。具体要求是:1)立即付清 1993 年 3、5、6 三个月租金 26.1 万元人民币;付清定金欠款 1.7 万元;付清港杂费、燃料费 20160 元;2)支付违约金 25440.58 元人民币;3)向被告赔偿未履行的六个月租船期的租金人民币 52.2 万元;4)由原告承担全部诉讼费。

(4)原告对被告的反诉未进行书面答辩。

2. 一审事实和证据

大连海事法院经审理查明:1993 年 2 月 26 日原、被告达成的租船协议约定,被告提供

“辽长拖102”、“辽长驳102”运输船自1993年3月1日至12月31日为原告海上运输服务。租船租金每月8.7万元人民币，原告必须于当月终了前5日内一次付给被告。租船定金8.7万元人民币，自被告船交付使用5日内原告一次付给被告。租期内船的燃料费、港杂费由原告承担。被告船在生产期间，原告须向被告支付劳务费每吨货物人民币1.5元(不包括在租金内)。租船期内，船舶须两次维修保养，每次5天，租金不减。如原告在租船期内无货载运或中途退船，应赔偿被告未执行完租期的租金；被告在出租船期内中途停船或将船转让他人，应按照原告赔偿被告的方式赔偿原告。双方如须终止协议，须提前20天向对方提出，同意后方可终止。协议未定违约金条款。被告船于1993年3月1日抵大连港，同月3日在大连港加燃油10吨，支付油款17500元人民币，4日电话通知原告船已于1日抵大连港，6日船靠泊受载，8日原告支付定金7万元，14日至21日船进厂修理8天。原告以船于3月份只营运半个月未付租金。4月27日原告支付租金8.7万元，5月份租金未付。6月1日船在大连受载木材后，因未收到5月份租金，开至大连港外锚地抛锚。同月16日晨，被告未通知原告将船开往长海县大长山岛。船抵岛后电话通知原告：“木材按每方1160元人民币由长海县木材公司(下称木材公司)全部接收，请进岛办理。”原告进岛后，有被告在场，与木材公司口头达成买卖木材协议：(1)木材卖价1160元立方米；(2)总货款50万元人民币必须立即付清；(3)扣除原告应付给被告租金，余下35万元由原告带回。后因木材公司银行贷款未成，但木材公司仍同意为原告代销后付款。原告坚持即时付款卸货。被告口头表示愿为木材公司筹款，保证原告出岛带走35万元，原告同意将木材卸入木材公司库场，但被告却未如期付款。经原告要求，被告于1993年6月28日向原告交付一张“收到原告落叶松原木856根，合计417.502立方米，计划单价1160元人民币由木材公司接收，因银行暂不贷款，待7月初放贷后再处理”的书面字据。同月27日下午被告船抵大连港继续为原告运货，30日下午于烟台卸毕货物，未通知原告，将船转租给大连经济技术开发区华昌贸易公司使用。按租船协议第九条的规定，被告需赔偿原告7至12月份停船损失52.2万元人民币。

原告卸入木材公司木材，被告经木材公司检验，运走23.754立方米，价值27554.6元，木材公司卖出20.298立方米，短少4.877立方米，余368.923立方米存于木材公司库场。原告诉请被告赔偿600立方米木材的堆存费、运费45.17万元人民币损失，没向法院提供证据。

原告欠被告3、5、6三个月租金26.1万元人民币。原告付给被告定金7万元应抵租金，及扣除被告3月份修船8天和6月份没营运停泊的15天，原告仍欠被告租金123400元人民币，欠被告港杂费3451.6元、燃油费17500元，上述三项按银行同期贷款利率月息14.64‰计算，共发生利息25517.6元人民币。

以上事实有下列证据证明：

(1)双方签订的租船协议。

(2)船舶航行签证簿。

(3)港船装货交接记录。

(4)港口规费收款收据。

(5)港口作业费用收据。

(6)购买燃油发票。

(7)银行转帐支票凭证。

(8)长海县木材公司木材出库检尺记录。

(9)被告出具收到木材数量、价格收据。

(10)现场勘验笔录。

(11)证人证言。

(12)受诉法院的调查笔录、开庭笔录等。

3. 一审判案理由

一审法院依据所查明的事实认为:

(1)原、被告签订的租船合同合法有效。租船协议是在双方协商一致的基础上形成的,权利义务关系明确,双方当事人的法律地位平等,内容合法,租船协议依法成立,双方均应按协议约定履行义务。

(2)原告诉被告侵犯其木材所有权的理由不能成立。被告未经原告允许,擅自将木材运进岛的事实存在。但船入岛后,原告与木材公司口头达成木材买卖协议,在木材公司贷款未成同意为原告代销、被告又愿为木材公司筹款的情况下,原告决定将木材卸入木材公司库场。虽被告未尽担保义务如期将款付给原告,但原告并没决定终止同木材公司的买卖合同将木材运出岛外,自被告未尽担保义务时起,原告与木材公司又恢复了代销合同关系,木材所有权仍归原告所有。被告运走原告木材 23.754 立方米,应向原告支付 27554.6 元人民币购货款,被告运走原告堆存木材公司的木材是经木材公司检验的,不构成侵权,原告要求被告偿付 35 万元的木材款不能支持。

(3)被告擅自将船转租系违约行为,应依据合同约定赔偿原告损失。原告未付 3、5、6 月份租金及燃油费、港杂费的事实存在。但这并不能证明被告单方撤船的理由是正当的。我国 1993 年 7 月 1 日生效的《海商法》第一百四十条规定的承租人未按合同约定支付租金,出租人有权解除合同,是在租船协议没有约定或有不同约定时适用的。本案租船协议已约定撤船必须提前 20 天通知对方,当事人的约定不违法。我国《经济合同法》第六条规定,经济合同依法成立,即具有法律的约束力,当事人必须全面履行合同规定的义务,任何一方不得擅自变更或解除合同。被告没按合同约定提前 20 天书面通知原告撤船就将船转租他人使用,应当承担违约责任,按合同约定向原告支付 52.2 万元的赔偿金。被告反诉要求原告赔偿 52.2 万元的请求不能支持。

(4)原告未按协议约定支付租金等费用,应当承担违约责任。根据航行簿记载,被告船于 1993 年 3 月 1 日抵大连港已电话通知原告待装货,没有证据证明 3 月 4 日前的等待时间是被告的原因造成的。扣除 3 月份修船 8 天,实际营运 22 天,原告拒付 3 月份租金无理由。6 月份被告为等租金停泊 15 天,原告负有责任。扣除 3 月修船及 6 月非营运时间,原告 3、5、6 月份应付给被告租金 124300 元人民币、燃油费 17500 元、港杂费 3451.6 元。原告未付,应按银行同期贷款利率月息 14.64‰支付未付款项利息 25517.8 元。

4. 一审定案结论

一审法院依据《民法通则》第一百零六条第一款、第一百一十二条、《经济合同法》第六条、第二十七条之规定,作出如下判决:

(1)被告支付给原告赔偿金 52.2 万元人民币。

(2)被告支付给原告购买木材款 27554.6 元人民币。

(3)原告其他诉讼请求不予支持。

(4)原告支付给被告租船金124300元人民币。

(5)原告支付给被告港杂费、燃料费合计20951.6元人民币。

(6)原告按银行贷款同期利率月息14.64‰支付给被告上述4、5两项之利息25517.8元人民币。

(7)被告的其他诉讼请求不予支持。

本案诉讼费15320元人民币(已由原告预交),原告承担7161.9元,被告承担8158.1元,反诉费人民币23023元(已由被告预交),被告承担18625.7元,原告承担4397.3元。上述款项原、被告应于本判决生效后30日内付清,逾期按《中华人民共和国民事诉讼法》第二百三十二条规定执行。

(三)二审诉辩主张

1.上诉人长海县大长山镇航海公司诉称:(1)因被上诉人拒付租金的严重违约,依据法律规定,上诉人有权自行解除合同;解除合同后被上诉人应赔偿上诉人52.2万元人民币的损失。原审判上诉人支付不是依法裁判;(2)6月2日船于大连港外锚泊15天是被上诉人准备转港销售让待泊的,原审扣除上诉人的15天租金不符事实;(3)上诉人拉走的23.754立方米木材是买木材公司的,与被上诉人无关,原审判上诉人向被上诉人付买木材款没有事实依据;(4)原审法院对上述事实未作出全面认定,偏信一面之词,故请求二审法院撤销原判,重新作出公正判决。

2.被上诉人鄂伦春自治旗阿里河五金建材公司大连经销处辩称:(1)被上诉人逾期支付租金,上诉人已同意从被上诉人卖给木材公司木材总价款50万元中扣除15万元抵作租金,上诉人仍以被上诉人欠付租金而撤船的理由不成立;(2)上诉人未按租船合同约定,在未通知被上诉人的情况下单方撤船属违约,原审判定上诉人承担违约责任是正确的;(3)上诉人对《经济合同法》关于"一方在合同约定期限内没有履行合同,另一方有权解除合同"有误解,上诉人与被上诉人的租船合同已实际开始履行,非属"在约定期限内没有履行"的情况;(4)原审法院判决正确,故请二审法院维持原判。

(四)二审事实和证据

辽宁省高级人民法院经审理查明:上诉人与被上诉人间的租船协议明确规定租船期内单方撤船须提前20天通知对方,对方不同意继续履行原协议。上诉人未通知被上诉人即单方将船转租,此节事实清楚,证据充分。被上诉人未按约给付上诉人3、5、6月租船费及港杂费、燃料费事实属实,但原审认定给付款额有误,按租船协议,出租船允许租期内两次维修共10天,每次5天维修期租金不减。上诉人3月修船只占有8天,按约定,被上诉人应付5天租金,故被上诉人拖欠租金应认定为138800元。关于被上诉人称上诉人扣留其木材一节,二审查明,被上诉人木材入岛后,被上诉人、上诉人、木材公司已达成口头买卖木材协议,此批木材所有权已转移给木材公司,木材公司接收木材并进行了处分。被上诉人虽未收到木材款,但此争议属购销合同货款纠纷,应另案处理。原审判决木材属原告所有,余下木材由原告处理及确认有关购销木材事实部分应删除。

上述事实有被上诉人、上诉人向原审法院提供的证据及原审法院的调查笔录、开庭笔录及二审庭审调查笔录证实。

(五)二审判案理由

二审法院依据所查明的事实认为:

1. 上诉人与被上诉人之间的租船协议依法成立，合法有效。被上诉人未依约按月交付租金系违约，应判令其给付租金及承担利息。原审计算被上诉人欠付租金额有误，应予纠正。

2. 原判认定被上诉人依约负担港杂费、燃料费 20951.6 元正确，应予以维持。

3. 上诉人单方撤船应承担违约责任，原审判决认定上诉人赔偿被上诉人 52.2 万元并无不当，上诉人以被上诉人未按期交付租金即可撤船等理由不能支持。

4. 被上诉人要求上诉人承担木材款的诉讼请求，系其与上诉人、木材公司间购销合同纠纷，应另案处理。

（六）二审定案结论

辽宁省高级人民法院依据《中华人民共和国民事诉讼法》第一百五十三条第一款第（三）项之规定，作出终审判决如下：

1. 维持大连海事法院大海法商初字 100 号民事判决书 1、2、3、5、7 项。

2. 撤销大连海事法院大海法商初字 100 号民事判决书第 4 项，改判为：被上诉人给付上诉人租船费 138800 元。

3. 撤销大连海事法院大海法商初字 100 号民事判决书第 6 项，改判为：对被上诉人应付给上诉人租船费 138800 元及港杂费、燃料费计 20951.6 元，由被上诉人按中国人民银行关于企业贷款同期利率规定赔偿两项款自 1993 年 7 月 1 日至给付之日止的利息损失。

一审案件诉讼费 15320 元、反诉费 23023 元，双方当事人按原审判决确认额负担。二审案件受理费 15320 元人民币，由上诉人承担 13788 元，被上诉人承担 1532 元。

（七）解说

本案是一起租船合同纠纷，有以下几个问题我们应注意：

1. 原告违约被告是否有权自行解除合同。确认被告是否有权自行解除经济合同，首先，必须检验被告自行解除合同是否符合法律规定的解除合同的条件。如果被告自行解除合同符合法定条件，被告自行解除合同行为合法，就不必承担违约责任。本案双方当事人签订租船合同的时间是 1993 年 2 月 26 日，同年 3 月 1 日履行。同年 11 月 16 日原告因被告单方撤船诉到法院。从签订合同、履行合同直至纠纷发生以后的期间内，我国颁布的《海商法》于 1993 年 7 月 1 日生效，修改的《经济合同法》也于这年 9 月 2 日实施。在新旧法律更替的时期，新法对解除合同的条件较旧法有了改变。如果在合同没有约定的情况下，按我国《海商法》第一百四十条规定的"承租人未按合同约定支付租金，出租人有权解除合同"及修改后的《经济合同法》第二十六条第一款第三项规定的"由于另一方在合同约定的期限内没有履行合同"，在原告未按约付 3、5、6 月份租金的情况下，被告确实有权通知原告解除合同而不承担违约责任。但是原、被告的租船协议是在《海商法》及修改后的《经济合同法》生效前签订的，虽纠纷发生在《海商法》生效期间，因新法对以往没有溯及力，在原告违约不支付租金的情况下，被告是否有权单方解除合同，必须根据修改前的《经济合同法》的规定来确认。依据该《经济合同法》第二十七条第一款第五项的规定，只有当原告违约使经济合同履行成为不必要时，被告才能以书面形式通知原告解除合同。本案原告未付 3、5、6 月份租金的违约事实确实存在。但原告的木材入岛后，曾同意从卖给木材公司的木材总价款中扣除 15 万元抵租金给被告，该行为应视为原、被告对原租船合同约定支付租船费付款条件的变更。变更后的付款条件没有违法行为的内容，依据《经济合同法》第六条的规定，经济合同依法成立，即具有法律约束力，当事人必须全面履行合同规定的义务，任何一方不得擅自变更或解除合同，被告应当认真履行合同，如需解除合同，必须按合同约定提前20天通知原告并征得同意。被告在未提前通知原告的情况下，单方撤船，确属非法解除合同的行为，应当依法承担违约责任。因此，一、二审法院依法判定被告承担单方撤船的违约责任是正确的。

2. 被告将原告木材运至长山岛，木材公司买得木材但未付款，被告的行为构不构成侵权。所谓侵权行为，是指行为人不法侵害他人的财产权利、人身权利的行为。对侵权行为所造成的损害，受害人有请求赔偿的权利。本案被告虽未经原告同意将木材运入岛内，但被告并没有恶意侵占原告财产权的企图，也没有自行处分该批木材的行为。当被告得知木材公司要买这批木材时，即通知原告。经原告与木材公司协商，最终达成口头买卖木材协议。该协议明确了价格、数量、付款条件，符合买卖合同的成立要件。后来虽因木材公司贷款未到位没及时将款付给原告，在被告作保的情况下，原告仍同意将木材卸入木材公司库场。这是原告自行处分自己木材的行为，非系被告侵权。至于被告作保但未兑现，在这种情况下，原告仍有权解除其与木材公司间的买卖合同，但原告未解除，并同意接受被告代木材公司所出具的买木材书面字据，视为原告已同意木材公司对木材售后付款的付款条件。买卖合同依法成立，木材所有权即转移给木材公司，原告未收到货款，应依据买卖合同的法律关系依法向木材公司索取，诉请被告承担侵权责任是不当的。

3. 原、被告应支付的赔偿金如何确定。依照法律规定，经济合同当事人因违约给对方造成经济损失时，应当按照法律规定或合同约定，向对方以货币的形式予以赔偿，对赔偿金数额的确定，我国《民法通则》第一百一十二条规定了两项基本原则。一是应当遵循赔偿实际损失的原则。既当事人一方违反合同的赔偿责任，应当相当于另一方因此所受到的损失，这个损失即包括债权人财产减少损坏的直接损失，也包括债权人失去的实际上可以获得的利益。二是尊重当事人合法约定的原则，即当事人可以在合同中约定，一方违反合同时，在合同中约定对违反合同而产生的损失额的计算方法，这种约定的计算方法只要不违反法律规定，就应受到法律保护。对赔偿金计算方法的合法性，法律没有作出明文规定。但根据民法理论的一般原理，在合同责任中，合法性的限度一般应掌握在债权人由于赔偿损失所得的利益不超出债务人履行债务时所能得到的利益以内。本案原、被告在签订租船协议时，对违约责任赔偿方法的计算已经达成协议，并且这个计算方法原、被告经赔偿所得的利益都不超过债务人履行债务时所能得到的利益。因此，一、二审法院在确认被告违约的情况下，依双方约定的计算方法判定被告支付52.2万元的赔偿金是正确的。

原告未向被告支付3、5、6三个月的租金、港杂费、燃料费系违约行为。原告虽同意在卖木材总价款中扣15万元给被告抵付租金，但木材公司没将15万元付给被告，被告仍有权向原告追索。虽然原、被告在租船合同中未订明当原告不按约付租金等有关费用时的约定违约金及法定违约金的比例数额，但原告仍应依法承担由于违约给被告造成的财产损失的责任，除依法应向被告支付应付租金等费用外，还应赔偿被告的同期银行利率的财产损失。

（徐孝先）

第九篇　经济诉讼程序案例

91. 宋宏江申请邯郸市陶瓷总公司等债券兑付案

(一)首部

1. 支付令字号:河北省邯郸市丛台区人民法院(1994)丛经督字第13号。

2. 案由:债券兑付案。

3. 双方当事人

申请人:宋宏江,男,45岁,邯郸矿务局科技处处长。

被申请人:邯郸市陶瓷总公司。

被申请人:河北省信托投资公司邯郸办事处。

4. 审判程序:督促程序。

5. 审判机关和审判组织

审判机关:河北省邯郸市丛台区人民法院。

独任审判:审判员:胡梅芳。

6. 审结时间:1994年11月5日。

(二)申请人主张

申请人称:本人于1991年9月13日从中国工商银行邯郸支行向阳办事处购得中国工商银行河北省信托投资公司邯郸办事处代理发行的邯郸市陶瓷总公司有息债券5000元。债券共有10张,每张的面额为500元。按债券背书说明:"本债券期限三年,年利率为11.6%,自购得之日起计息,到期后一次还本付息。"1994年9月13日本人所购债券业已到期,本人按期到兑付机关兑付,但被申请人不予兑付。特向人民法院申请支付令,督促被申请人还本付息共计6740元。

(三)事实和证据

邯郸市丛台区人民法院经审理查明:申请人宋宏江于1991年9月13日从中国工商银行邯郸支行向阳路办事处购得邯郸市陶瓷总公司有息债券5000元。债券共有10张,每张面额500元。该笔债券由中国工商银行河北省信托投资公司邯郸办事处代理发行,年利率为11.6%,期限为三年,申请人宋宏江所购债券到期后,到兑付机构兑付,兑付机构以邯郸市陶瓷总公司无钱为由拒不兑付。

上述事实有下列证据证明:

1. 邯郸市陶瓷总公司面额为500元的有息债券10张。

2. 兑付机关中国工商银行邯郸支行向阳路办事处主任拒付证言。

3. 申请人宋宏江支付令申请书及陈述笔录。

(四)判案理由

邯郸市丛台区人民法院基于以上事实认为:

1. 邯郸市陶瓷总公司经有关部门批准,由中国工商银行河北省信托投资公司邯郸办事处代理发行债券是有效的法律行为,宋宏江从代理部门购买债券也无不妥。这样宋宏江已成为邯郸市陶瓷总公司债券的合法持有人。债券到期后,发行人和代理发行机关负有兑付义务。邯郸市陶瓷总公司和中国工商银行河北省信托投资公司邯郸办事处拒绝兑付显系不妥,申请人宋宏江的请求应予保护。

2. 本案事实清楚,债权人和债务人之间法律关系简单明了,除债券兑付纠纷外,没有其他的债务纠纷。同时申请人的申请标的明确,也有明确的债务人,而且债务人的地址确定,法律文书极易送达。符合《中华人民共和国民事诉讼法》第一百八十九条的规定,应当向被申请人发出支付令。

(五)定案结论

邯郸市丛台区人民法院根据《中华人民共和国民事诉讼法》第一百八十九条、一百九十一条的规定,发出如下支付令:

被申请人邯郸市陶瓷总公司、中国工商银行河北省信托投资公司邯郸办事处应当自收到本支付令之日起10日内,给付申请人6740元。

本案诉讼费100元由被申请人邯郸市陶瓷总公司承担。

被申请人如有异议,应当自收到本支付令之日起15日内向本院提出书面异议,逾期不提出,本支付令即发生法律效力。

(六)解说

督促程序是一种特殊的审判程序。这种程序的特点是结案迅速,而且不管申请标的大小,只收100元的申请费,这样可以有效地让诉讼当事人免受诉讼之累。当债权人认为自己的合法利益受到侵犯时,即可以向法院申请支付令。《中华人民共和国民事诉讼法》第一百九十一条第一款规定:"人民法院受理申请后,经审查债权人提供的事实、证据,对债权债务关系明确、合法的,应当在受理之日起十五日内向债务人发出支付令;申请不成立的,裁定予以驳回。"第二款规定:"债务人应当自收到支付令之日起十五日内清偿债务,或者向人民法院提出书面异议。"第三款规定:"债务人在前款规定的期间内既不提出异议又不履行支付令的,债权人可以向人民法院申请执行。"这样,如果债务人在法定的期限内没有提出书面异议,30天后即可进入执行程序,如申请不能成立也可在15天内结束诉讼,一般的审判程序是没有这么快的。

为了保护当事人双方的权益,防止因适用督促程序不当而损害债务人的利益,避免快中出错,我国法律对适用支付令的条件也作了明确的限制。《中华人民共和国民事诉讼法》第一百八十九条第一款规定:"债权人请求债务人给付金钱、有价证券,符合下列条件的,可以向有管辖权的基层人民法院申请支付令:(一)债权人与债务人没有其他债务纠纷的;(二)支付令能够送达债务人的。"最高人民法院《关于适用〈中华人民共和国民事诉讼法〉若干问题的意见》第二百一十五条又作了更加详细的规定:"债权人向人民法院申请支付令,符合下列条件的，人民法院应予受理，并在收到申请后五日内通知债权人：(1)请求给付金钱或汇票、本票、支票以及股票、债券、国库券，可转让的存款单等有价证券的；(2)请求给付的金钱或者有价证券已到期且数额确定，并写明所根据的事实证据的；(3)债权人没有对等给付义务的；(4)支付令能够送达债务人的。”从上述规定中可以看出，督促程序主要适用于债权、债务关系明确的金钱、债券等纠纷。

（杜海波　敖占兴）

92. 宁波保税区华能联合开发有限公司诉中信贸易公司等委托代理合同案

(一)首部

1. 裁定书字号

一审裁定书：浙江省宁波市中级人民法院(1993)甬经初字第20号。

二审裁定书：浙江省高级人民法院(1993)浙经终字第11号。

2. 案由：委托代理合同管辖权案。

3. 诉讼双方

原告(被上诉人)：宁波保税区华能联合开发有限公司。

法定代表人：赵优，总经理。

委托代理人：蒋宝康，宁波华能物资公司干部。

委托代理人：范军武，宁波市对外律师事务所律师。

被告：中信贸易公司。

被告(上诉人)：中信技术公司。

法定代表人：李同舟，总经理。

4. 审级：二审。

5. 审判机关和审判组织。

一审法院：浙江省宁波市中级人民法院。

合议庭组成人员：审判长：许力生；代理审判员：谢从凯、刘定忠。

二审法院：浙江省高级人民法院。

合议庭组成人员：审判长：杨水初；审判员：凌大仪；代理审判员：应向健。

6. 审结时间：

一审审结时间：1993年6月3日。

二审审结时间：1994年1月14日。

(二)一审情况

1. 一审诉辩主张

(1)原告宁波保税区华能联合开发有限公司诉称：原告于1992年6月16日与两被告签订“委托代理进口钢材协议书”一份，委托两被告进口独联体产钢材1万吨(规格、数量、价格见附件)。约定两被告受理委托后负责落实货源，对外签约，执行合同；国外供货商在原告货款汇到被告方帐上之日起45天(6月20日又签约改为30天)内将货送到宁波港;被告方在对外签约后并通知原告汇款,如原告在10日内未将货款汇到被告方帐户,每逾期一天向被告方支付1%的违约金,直至5%为止;任何一方终止履行协议,须向另一方赔偿5%违约金等。签约后,原告依约于1992年7月1日和7月18日,分二次将货款225万元美金及时汇入被告帐户。但被告并未履行合约,却于同年11月1日将225万元美金如数退回原告,单方终止了协议,给原告造成了巨大损失。原告还认为,双方所签协议书,名称虽为"委托代理进口钢材协议书",实质上是购销合同,被告方应鉴于自己的过错,向原告支付购销总标的的5%违约金。诉请法院,判令两被告支付违约金11.25万元美金。

(2)被告中信技术公司辩称:与被告从未签订过钢材购销合同,而只签订过"委托代理进口钢材协议书"。根据双方之间的委托代理协议的关系,我方对外签约,对外联系,对外谈判等等一切履行委托代理协议行为均在北京进行。故委托代理协议的履行地在北京。原告应在北京向我方提起诉讼,而不应在宁波。宁波市中级人民法院对此案无管辖权。根据《民事诉讼法》第三十八条之规定特提出管辖权异议。

2. 一审事实和证据

浙江省宁波市中级人民法院经审理查明:1992年6月16日、19日、20日,原告宁波保税区华能联合开发有限公司与两被告中信贸易公司、中信技术公司连续签订三份"委托代理进口钢材协议书",并以6月20日协议书为准。协议书约定:原告委托两被告代理进口独联体钢材1万吨(规格、数量、价格也作了规定)。原告负责进口许可证,并在接到被告方外贸合同生效通知后15天内将全部合同货款(美金)、代理进口手续费和对外开立信用证银行手续费(人民币)汇到被告中信贸易公司帐上,手续费分别为3%和0.2%。两被告受理委托后,负责落实货源,对外签约(用自己名义或其他公司名义),执行合同,对外开立信用证,审单支付货款。自原告方货款到达被告帐户之日起,被告方负责国外供货商在30天内在启运港发货。货到宁波后,按中国标准检查验收。如有问题,由被告方负责对外索赔。任何一方终止协议,须向另一方赔偿5%违约金。双方对逾期汇款、逾期供货也作了相应规定。此后,由于两被告的进口配额已满,两被告会同原告与宁波市五金矿产进出口公司又签订了一份"委托进口协议书"。该协议委托宁波市五金矿产进出口公司进口钢材1万吨,由该公司负责签署进口合同,办理进口必要的批准文件。但原、被告之间签订的代理进口协议书对宁波市五金矿产进出口公司无任何约束力。在履行进口合同时,如发生任何合同纠纷,均由两被告负责,宁波市五金矿产进出口公司不负任何法律及经济责任。签约后,原告根据被告通知,于1992年7月1日和7月18日分两次将225万元美金汇到了被告中信贸易公司帐上。由于外商未能供货,被告于1992年11月1日将225万元美金退给了原告,单方终止了委托代理进口协议的履行。原告要求被告赔偿由此造成的经济损失,双方协商无果,原告于1993年3月26日向浙江省宁波市中级人民法院起诉。法院受理后,被告中信技术公司于1993年5月12日向宁波市中级人民法院提出了管辖权异议。

上述事实有下列证据证明:

(1)双方签订的三份"委托代理进口钢材协议书"。

(2)双方与宁波市五金矿产进出口公司签订的"委托进口协议书"。

(3)原、被告之间的汇款与退款的凭证。

(4)受诉法院的询问和调查笔录。

3．一审判案理由

一审法院在查明事实的基础上认为：

(1)原、被告之间签订的"委托代理进口钢材协议书"，实质是一份代购合同。协议书约定两被告根据原告的要求，以自己的名义对外签订进口合同，如发生进口货物的数量短缺，规格质量等不符要求，也只有两被告有权向外商索赔。因此，原、被告之间是一种代购的法律关系，而代购合同属于购销合同的范畴。

(2)原、被告又共同委托宁波市五金矿产进出口公司代理进口钢材，故代理合同的履行地和交货地均在宁波。两被告由于进口配额已满，与原告共同委托宁波市五金矿产进出口公司代理进口钢材。三方约定，除由宁波市五金矿产进出口公司签署进口合同，负责办理进口所必要的批准文件外，其余均与其无关。这是一种部分转委托代理的民事行为，且经三方同意是有效的。因此，原、被告之间仍是一种代购法律关系，且交货地仍在宁波港。依照《中华人民共和国民事诉讼法》第二十四条关于"因合同纠纷提起的诉讼，由被告住所地或合同履行地人民法院管辖"的规定，浙江省宁波市中级人民法院确认其对本案有管辖权。

4．一审定案结论

依照《中华人民共和国民事诉讼法》第三十八条关于"人民法院受理案件后，当事人对管辖权有异议的，应当在提交答辩状期间提出。人民法院对当事人提出的异议，应当审查。……异议不成立的，裁定驳回"的规定，宁波市中级人民法院于1993年6月3日作出如下裁定：

驳回被告中信贸易公司、中信技术公司对本案管辖权提出的异议。

(三)二审诉辩主张

一审裁定后，被告中信技术公司不服，以原审将"委托代理进口钢材协议"认定为代购合同是错误的，上诉人履行委托代理协议的行为均在北京进行，本案合同的履行地应在北京为由，于1993年7月14日向浙江省高级人民法院提出上诉。

(四)二审判案理由

浙江省高级人民法院经审理认定一审法院查明的案件情况属实。并查明上诉人、原审被告实际并未履行"委托代理进口钢材协议"中所规定的委托代理事务后认为：

1．本案的合同属外贸委托代理合同。根据1991年8月29日发布的中华人民共和国对外经济贸易部(1991)第1号令《关于对外贸易代理制的暂行规定》第一条"有对外贸易经营权的公司、企业(代理人)可在批准经营范围内，依照国家有关规定为另一家有对外贸易经营权的公司、企业(被代理人)代理进出口业务。……如代理人以自己名义对外签订合同，双方权利义务适用本暂行规定"。按此《暂行规定》，上诉人可以以受托方的名义与外商签订进口合同，在外商不履行合同时，上诉人有权向外商提出索赔。本案所涉的"委托代理进口钢材协议"，符合外贸委托代理的法律特征。双方之间是委托代理的法律关系，原审将委托代理合同认定为代购合同(购销合同)是不当的。

2．委托代理合同中，受托人办理委托事务的地点是合同履行地。合同履行地是指履行合同规定的义务的地点。本案中"委托代理进口钢材协议"规定上诉人即原审被告的主要义务是指对外签订进口合同、对外开立信用证、审单支付货款、办理进口合同所需的各种手续及向外商提起索赔等事务，因此上诉人即原审被告办理上述事务的地点，即为本案合同的履行地。原审将进口合同中约定的标的物交付地作为委托代理合同的履行地是不妥当的。

3．根据本案查明的事实，由于上诉人、原审被告即受托人并未实际履行委托事务，因此本案合同的履行地难以确定，应由被告住所地的人民法院管辖。

（五）二审定案结论

浙江省高级人民法院根据查明的事实和上述判案理由，依照《中华人民共和国民事诉讼法》第二十四条关于“因合同纠纷提出的诉讼，由被告住所地或者合同履行地人民法院管辖”的规定，于1994年1月14日作出如下裁定：

1. 撤销宁波市中级人民法院（1993）甬经初字第20号民事裁定。

2. 本案移送有管辖权的人民法院处理。

（六）解说

外贸代理是我国进行外贸体制改革以来，为打破国内外企业与国际市场的隔层，为促进我国进出口贸易的发展而推行的一种行之有效的重要制度。它是由我国现行的特殊外贸体制决定的。但由于我国外贸代理的法律制度还不健全，除1991年我国外贸部发布的第1号令《关于对外贸易代理制的暂行规定》可参照外，尚无调整外贸代理关系的专门法律，因此审理外贸代理合同纠纷就有一定难度。就本案而言，要正确审理外贸代理合同的管辖权异议纠纷案件，要做好以下几点：

首先，正确认定合同的性质是前提。根据上述《暂行规定》，外贸代理的法律特征是：受托人应委托人的委托，代委托人办理交易合同的订立及履行事项，因交易而产生的盈亏由委托人承担。外贸代理的特点是：受托人根据委托协议以自己的名义与外商签订进出口合同，委托人对外商承担合同义务，享有合同权利。在此，以自己的名义而不是以委托人的名义对外进行民事活动，是外贸代理区别于一般民事代理的主要特征。本案纠纷中，原、被告之间所签订的“委托代理进口钢材协议”是一份典型的外贸代理合同。在这份协议中，原告（委托人）委托被告（受托人）进口1万吨独联体钢材，被告受托后可以自己的名义对外签订进口合同，办理进口所需的必要批件，开立信用证，审单支付货款，检验进口货物，负责对外商的索赔等。而原告则根据进口合同的要求支付225万元美金货款（汇到被告帐上），收取符合要求的1万吨钢材。这里包含了两个法律关系，一是委托代理关系（原、被告之间），二是进口合同关系（被告与外商之间）。而一审把这份“协议书”认定为“代购合同”，归属购销合同显属不妥。因“代购”，究竟是“代理”还是“购销”，是一个概念模糊的中性词，但从本质特性上讲仍属于委托代理。因购销合同属于转移财产的经济合同，合同标的是一定数量的物质财产，而代购代销合同中，委托方负责提供代购的资金、代销的商品，而代理方只提供服务和必要的简单设备或场所。代理方本身并不需要委托方提供的资金或商品，其取得的仅是双方商定的服务费用，代购或代销不成，代理人保管的资金和商品仍将返还给委托方。可见，代购或代销合同中，并不发生财产所有权的转移，因此代购不能等同于购销。

其次，是要正确认定合同履行的标的，这是确定本案管辖权的关键。合同履行地是指履行合同规定义务的地点。原、被告之间签订的是委托代理合同，而被告与外商签订的是进口（购销）合同。前者履行合同规定的标的是一种劳务（行为），后者履行合同规定的标的是交付实物。两者履行的标的不同，不能把外贸进口合同中标的物的交付地作为委托代理合同的履行地。本案中，两被告依委托代理协议的规定，履行对外签订进口合同，包括开证、支付、联系、检验及索赔等委托事务的地点即是本案合同的履行地。鉴于两被告并未实际履行委托事务的事实，二审法院作出由被告住所地人民法院管辖本案的裁定是正确的。

（诸定子）

93. 银森轮船有限公司诉华侨银行厦门分行租船合同运费担保案

(一)首部

1. 裁定书字号

一审裁定书:厦门海事法院(1994)厦海法商初字第 084-1 号。

二审裁定书:福建省高级人民法院(1994)闽经终字第 158 号。

2. 案由:租船运费担保管辖权案。

3. 诉讼双方

原告(被上诉人):银森轮船有限公司。

代表人:杨炎武,公司董事。

二审委托代理人:吴希忠,厦门方正律师事务所律师。

被告(上诉人):华侨银行厦门分行。

法定代表人:黄宗光,总经理。

委托代理人(一审):钟琳柱,该行职员。

委托代理人(一审):曾招文,厦门对外经济律师事务所律师。

4. 审级:二审。

5. 审判机关和审判组织

一审法院:厦门海事法院。

独任审判:代理审判员:黄建群。

二审法院:福建省高级人民法院。

合议庭组成人员:审判长:林人哲;审判员:魏光钰、魏明。

6. 审结时间

一审审结时间:1994 年 11 月 10 日。

二审审结时间:1994 年 12 月 27 日。

(二)一审情况

1. 一审诉辩主张

原告诉称:1993 年 12 月 11 日,原告与厦门生利经贸发展公司(下称生利公司)签订"航次租船运输合约",同时签订"运费支付协议",被告于 1993 年 12 月 15 日向原告出具了一份"关于运费支付担保书",对"运费支付协议"中生利公司承担的义务提供担保。生利公司未履行"运费支付协议"所规定的义务,故要求判令被告承担担保人的连带责任,付还运费。

被告辩称:"运费支付协议"约定:"本运费承担,保证/保函受香港法律管辖,对此后引起的任何争议,香港高等法院拥有排他管辖权。"本案应由香港法院管辖。

2. 一审事实和证据

厦门海事法院审理查明:1993 年 12 月 11 日原告与生利公司签订"航次租船运输合约"和该航次的"运费支付协议"中均提到担保事项。12 月 15 日被告依据上述合约和协议向原告出具了运费担保书。“运费支付协议”约定担保事宜由香港高等法院管辖，但“航次租船运输合约”却约定争议要在香港依英国法律仲裁，且又未明确仲裁机构。

上述事实有下列证据证明：

(1)航次租船运输合约。

(2)运费支付协议。

(3)关于运费支付担保书。

3．一审判案理由

(1)“航次租船运输合约”与“运费支付协议”是相互联系的二份契约，“运费支付协议”是“航次租船运输合约”的补充。

(2)“航次租船运输合约”和“运费支付协议”二份契约中分别约定了仲裁和诉讼的争议解决方式，已导致其约定无效。

(3)本案被告所在地在厦门，该院有权管辖，被告提出管辖权异议不能成立。

4．一审定案结论

厦门海事法院依照《中华人民共和国民事诉讼法》第三十八条之规定，作出如下裁定：

驳回被告华侨银行厦门分行对本案管辖权提出的异议。

(三)二审诉辩主张

上诉人(原审被告)华侨银行厦门分行(下称厦门分行)上诉称：1993 年 12 月 11 日，被上诉人与生利公司签订“航次租船运输合约”的运费条款约定租船人需向船东出具银行保函，争议解决条款约定“合同履行期间发生争议，应本着平等友好的精神，以本合同条款为依据，友好协商解决，或在香港依英国法律进行仲裁”。同日签订的“运费支付协议”又约定，本运费承担，保证/保函受香港法律管辖，对此项下之任何纠纷，香港高等法院拥有排他管辖权。当事人这两种选择均排除了厦门法院和中国法律的管辖权。当事人就担保问题特别约定其“争议解决”方式是合理合法的，应受法律保护。因此，上诉人与被上诉人之间支付运费担保纠纷应依香港法律由香港高等法院管辖。

被上诉人(原审原告)银森轮船有限公司(下称银森公司)辩称：“航次租船运输合约”争议解决条款约定：“合同履行期间发生争议……或在香港依英国法律进行仲裁。”该约定的仲裁机关不明确，应确认无效，由于被告所在地在厦门，厦门海事法院有管辖权。

(四)二审事实和证据

福建省高级人民法院审理查明：1993 年 12 月 11 日生利公司与银森公司签订了一份“航次租船运输合约”，约定：生利公司和银森公司租用一艘 25000 吨至 35000 吨散装货轮由福建省福鼎沙埕港运毛石至阿联酋的迪拜港。该合约的争议解决条款约定“合同履行期间发生争议，应本着平等友好的精神，以本合同条款为依据，友好协商解决，或在香港依英国法律进行仲裁”。合约还规定租船人在抵港前十个工作日就全部运费在厦门向船东开具银行保函。同日双方对运费问题另外签订了一份“运费支付协议”，对运费的支付作了明确、具体的规定，并约定：“本运费承担，保证/保函受香港法律管辖，对此项下之任何纠纷香港高等法院有排他的管辖权。”同年 12 月 15 日，厦门分行向银森公司出具了“关于运费支付之担保书”。该“关于运费支付之担保书”载明：“我行确认并担保在货物抵达卸货港当天按 1993 年 12 月 11 日签订的租船合约和 1993 年 12 月 11 日签订的运费付款协议，凭提单副本或传真件支付全部运费的 40%，余 60%的运费于货轮进港后 15 天付清。”由于生利公司与银森公司因运费问题产生纠纷，银森公司向生利公司索款未果，遂向厦门海事法院起诉，要求厦门分行按"关于运费支付之担保书"的规定，承担担保人的连带责任，偿付运费。

（五）二审判案理由

福建省高级人民法院审理认为：本案的"航次租船运输合约"与"运费支付协议"是二份相对独立的协议。"运费支付协议"对运费问题进行更明确、更具体的约定，双方并一致同意选择有别于"航次租船运输合约"的争议管辖和法律适用，应予准许。原审法院排除"运费支付协议"的约定管辖，再以"航次租船运输合约"约定的仲裁条款不明确，行使管辖权的做法欠妥。

（六）二审定案结论

福建省高级人民法院依照《中华人民共和国民事诉讼法》第一百五十四条之规定，作出如下裁定：

1. 撤销厦门海事法院（1994）厦海法商初字第084－1号民事裁定。

2. 本案依当事人"运费支付协议"的约定管辖。

本裁定为终审裁定。

（七）解说

本案一、二审在事实和证据完全相同的情况下，作出了有管辖权和没有管辖权二份截然不同的裁判。其主要焦点问题是：第一，主合同"航次租船运输合约"订有争议解决条款，是否允许从合同"运费支付协议"另行约定不同的争议解决条款；第二，担保合同与"航次租船运输合约"和"运费支付协议"的相互关系问题以及如何确定本案管辖权。

1."航次租船运输合约"与"运费支付协议"是二份既有联系又相对独立的，主合同和从合同的关系。这样的合同在日常生活中并不少见，但在一般情况下对"争议解决"方式，亦即是否能认定该不同约定无效，这是本案一、二审得出不同裁判的焦点之一。从目前情况看，我国还没有对这种不同约定的做法有禁止性的法律规范。从司法实践看，只要当事人的意思表示是真实的，又不违反国际公约和我国法律的规定，这种当事人对主合同和从合同的"争议解决"方式作不同的选择，应属允许。一审法院认定二份协议约定的"争议解决"方式不同，而确认该约定无效缺乏根据。

2. 一审先以"航次租船运输合约"和"运费支付协议"均提到担保问题；后以"航次租船运输合约"与"运费支付协议"约定"争议解决"方式不同，确认该约定无效；再以被告所在地在厦门，裁定该院有管辖权。我们不妨先分析本案的担保合同与另外二份合同的关系，再确定本案的管辖权问题。

首先，"航次租船运输合约"在运费条款中提到，运费支付应当由银行出具保函，并没有规定保函发生争议应受该合约争议解决条款的约束，因此，"航次租船运输合约"争议解决条款对属于不同法律关系的担保合同不具约束力。

其次，"运费支付协议"明确规定："本运费承担，保证/保函受香港法律管辖，对此项下之任何纠纷香港高等法院有排他管辖权。"当然，作为担保人如果不愿接受该条款可以提出异议。但是，本案担保人未曾提出异议而出具了对"运费支付协议"进行确认并提供担保的担保书，从而承认了"运费支付协议"规定的香港高等法院对保函产生纠纷的管辖权。

再次，本案审理的是原告与担保人的担保合同纠纷。担保合同与租船运费合同是不同的法律关系，由于担保合同接受"运费支付协议"规定由香港高等法院管辖这一条款的约束，因此，本案应由香港高等法院管辖。

（魏光钰）

94. 中国农业银行浔阳办事处诉九江市第二住宅建筑公司建筑工程承包合同案

（一）首部

1. 裁定书字号

一审裁定书：江西省九江市浔阳区人民法院（1994）经初裁字第41－1号；江西省九江市浔阳区人民法院（1994）经初裁字第41－2号。

再审裁定书：江西省九江市中级人民法院（1994）民再字第04号。

2. 案由：建筑工程承包合同案。

3. 诉讼双方

原告：中国农业银行江西省九江市分行浔阳办事处。

法定代表人：杜建国，主任。

被告：江西省九江市第二住宅建筑公司。

法定代表人：汪维福，经理。

抗诉机关：江西省九江市人民检察院。

4. 审级：再审。

5. 审判机关和审判组织

一审法院：江西省九江市浔阳区人民法院。

独任审判：审判员：王晓军。

再审法院：江西省九江市中级人民法院。

合议庭组成人员：审判长：胡钧德；审判员：黄训锁、陈丽霞。

6. 审结时间

一审审结时间：1994年3月9日。

再审审结时间：1994年7月1日。

（二）一审情况

1. 一审诉辩主张

原告诉称：其于1992年12月22日与被告九江市第二住宅建筑公司签订建筑工程承包合同，合同约定，由被告承建原告位于九江市浔阳东路37－49号12层综合商品楼一栋，工程建筑总面积6450.79平方米，总造价288万元，施工方式由原告委托被告包工包料施工，工程竣工日期为1994年5月1日。合同签订后，双方即依合同约定履行，然而至1994年3月6日，在全部合同约定工程中，被告仅完成主体工程框架封顶，尚有大量工程量未完成，可以肯定，被告无法按合同约定时间竣工，遂于1994年3月6日向九江市浔阳区人民法院提起诉讼，要求法院判决终止合同并赔偿合同约定延期竣工损失50万元。案经九江市浔阳区人民法院立案受理后的第二天，即1994年3月8日，原告中国农业银行江西省九江市分行浔阳办事处又向九江市浔阳区人民法院提出先予执行申请，要求立即与被告终止合同，由原告另行组织建筑队伍施工。

2. 一审裁定理由

九江市浔阳区人民法院对原告中国农业银行江西省九江市分行浔阳办事处先予执行申请进行了审查，认为：原、被告所签订的建筑工程承包合同约定工程竣工日期为1994年5月1日，但至原告提出先予执行申请时，被告仅完成工程主体框架封顶，尚有大量工程量未完成，且施工进度依然缓慢。

3. 一审裁定结论

为确保原告工程如期竣工，使工程尽早投入营业使用，为经济建设服务，九江市浔阳区人民法院依照《中华人民共和国民事诉讼法》第九十七条、第九十九条和第一百四十条之规定，作出(1994)浔法经初裁字第41－1号裁定如下：

(1)原告与被告双方所签订建筑工程承包合同终止。

(2)被告应在本裁定生效后3日内从原告建筑工程工地撤出施工队伍，由原告另行组织施工。

4. 一审其他情况

九江市第二住宅建筑公司以工程延期原因系原告无理刁难、干扰、阻碍施工，中途变更图纸又迟迟不向被告交付变更后图纸，不依合同约定支付工程款等因素造成为由，申请复议。九江市浔阳区人民法院审查认为，原、被告双方建筑工程承包合同签订后，原告中国农业银行江西省九江市分行浔阳办事处即依照合同约定立即向被告交付了建筑施工图纸，指派了施工监督员及联络员，依合同约定按照施工进度分批定期向被告支付了工程款，在征得被告同意的情况下，对工程顶层施工图纸略有更改，且及时向被告交付了变更后图纸，原告自始至终依合同约定履行责任及义务，配合被告施工，并无刁难、干扰、阻碍被告施工行为，以上事实清楚，证据确实、充分，被告申请复议理由不能成立。根据《中华人民共和国民事诉讼法》第九十九条之规定，以(1994)浔法经初裁字第41－2号复议书，驳回被告申请，维持(1994)浔法经初裁字第41－1号裁定。

(三)抗诉理由

江西省九江市第二住宅建筑公司对九江市浔阳区人民法院(1994)浔法经初裁字第41－2号复议书仍然不服，仍以不服(1994)浔法经初裁字第41－1号裁定而申请复议的理由，向江西省九江市人民检察院提出申诉。

江西省九江市人民检察院经审查认为：(1)裁定没有事实依据。裁定认定“该工程仅完成主体工程框架封顶，尚有大量工程量未完成且进展缓慢”没有经过专门机关鉴定，证据不足。(2)裁定无法律依据。本案不适用先予执行。根据《中华人民共和国民事诉讼法》第九十七条第(三)项、第九十八条和《最高人民法院关于适用〈中华人民共和国民事诉讼法〉若干问题的意见》第一百零七条“关于民事诉讼法第九十七条第(三)项规定的几种情况”，本案裁定不符合上述规定。(3)本案不符合《中华人民共和国经济合同法》所规定的解除合同的范围。原、被告之间签订的建筑工程承包合同合法有效，且合同正在全面履行中，也没有到合同约定终止的期限。(4)本案九江市浔阳区人民法院无管辖权。根据最高人民法院批复同意的江西省高级人民法院关于中、高级人民法院一审民事案件级别管辖的意见第一条第二项之规定，本案一审应是九江市中级人民法院。据此，江西省九江市人民检察院向江西省九江市中级人民法院提出抗诉。

（四）再审事实和证据

江西省九江市中级人民法院接到江西省九江市人民检察院的抗诉书后，通知九江市浔阳区人民法院将该案全部卷宗移送本院审理，查明：

1992 年 12 月 22 日，原告中国农业银行江西省九江市分行浔阳办事处与被告江西省九江市第二住宅建筑公司签订建筑工程承包合同，双方约定：由被告承建原告九江市浔阳东路 37－49 号 12 层综合商品楼一栋，建筑总面积 6450.79 平方米，工程总造价 288 万元，施工方式包工包料，工期 1 年 7 个月，竣工日期为 1994 年 5 月 1 日。合同签订后，被告九江市第二住宅建筑公司即按合同施工，历时 1 年 5 个月至 1994 年 3 月 6 日（距双方约定工程竣工日仅 55 天），被告仅施工至主体工程框架封顶。此时，原告中国农业银行江西省九江市分行浔阳办事处向九江市浔阳区人民法院提起诉讼，认为被告江西省九江市第二住宅建筑公司承建其工程至起诉时所完成的施工量不足合同约定工程施工总量的二分之一，不能如期竣工，要求终止合同，并赔偿工程延误款 50 万元。1994 年 3 月 8 日，原告又向浔阳区人民法院提出先予执行申请。

九江市浔阳区人民法院审查认为：原、被告所签订的建筑工程承包合同约定工程竣工日为 1994 年 5 月 1 日，但至原告提出先予执行申请时，被告仅完成主体工程框架封顶任务，尚有大量工程量未完成，且施工进度依然缓慢，将无法按合同约定时间竣工。为确保工程如期竣工，使工程尽早投入使用，为经济建设服务，九江市浔阳区人民法院于 1994 年 3 月 9 日依照《中华人民共和国民事诉讼法》第九十七条、第九十九条、第一百四十条之规定，作出（1994）浔法经初裁字第 41－1 号裁定：（1）原告与被告双方所签订建筑工程承包合同终止；（2）被告应在本裁定生效后 3 日内从原告建筑工程工地撤出施工队伍，由原告另行组织施工。

被告九江市第二住宅建筑公司不服裁定，以工程延期原因系原告无理刁难、干扰、阻碍施工，中途变更图纸又迟迟不向被告交付变更后图纸，不依合同约定支付工程款等因素造成为由，申请复议。九江市浔阳区人民法院审查认为，原、被告双方签订建筑工程承包合同之后，原告中国农业银行江西省九江市分行浔阳办事处即依照合同约定立即向被告交付了建筑施工图纸，指派了施工监督员及联络员，依合同约定按照施工进度分批定期向被告支付了工程款，在征得被告同意的情况下，对工程顶层施工图纸略有更改，且及时向被告交付了变更后图纸，原告自始至终依合同约定履行责任及义务，配合被告施工，并无刁难、干扰、阻碍被告施工行为，以上事实清楚，证据确实、充分，被告申请复议理由不能成立。根据《中华人民共和国民事诉讼法》第九十九条之规定，以（1994）浔法经初裁字第 41－2 号复议书，驳回被告申请，维持（1994）浔法经初裁字第 41－1 号裁定。然而，被告九江市第二住宅建筑公司仍然不服，以与申请复议相同的理由向江西省九江市人民检察院提出申诉。九江市人民检察院审查认为，九江市浔阳区人民法院（1994）浔法经初裁字第 41－1 号、第 42－2 号裁定没有事实和法律依据，违反法定程序，且九江市浔阳区人民法院无管辖权，以九江检民抗字（1994）第 01 号抗诉书向九江市中级人民法院提出抗诉。

另经查明：该案系九江市中级人民法院交由九江市浔阳区人民法院审理的。九江市浔阳区人民法院对本案的实体部分正在审理之中。

认定以上事实的证据有：

1. 原、被告双方当事人之间签订的建筑工程承包合同原本复印件。

2. 原告依合同约定定期向被告支付工程款的银行转帐凭证。

3. 被告建设该工程的施工进程记录。

4. 原、被告双方当事人、证人等证实该工程约完成总量二分之一的陈述。

5. 现场勘验笔录。

6. 九江市中级人民法院委托九江市建筑定额管理站对工程施工进度的鉴定结论。

7. 九江市中级人民法院将该案交由九江市浔阳区人民法院审理的案件交办函等。

（五）再审裁定理由

根据以上事实和证据，江西省九江市中级人民法院认为：

1. 依照《中华人民共和国民事诉讼法》之规定，在诉讼阶段，即案件正在审理过程中，人民法院对案件审理还没有作出终审判决、裁定之前，法律没有赋予人民检察院参与民事诉讼的权力，不发生检察监督的问题。《中华人民共和国民事诉讼法》第一百八十五条规定："最高人民检察院对各级人民法院已经发生法律效力的判决、裁定，上级人民检察院对下级人民法院已经发生法律效力的判决、裁定，发现有下列情形之一的，应当按照审判监督程序提出抗诉……"这就是说，人民检察院对人民法院民事案件提出抗诉的具体条件，必须是在案件审理终结，判决和裁定发生法律效力之后，而不是在诉讼阶段即案件正在审理之中，判决、裁定发生法律效力之前，并且应当按照审判监督程序提出。本案九江市浔阳区人民法院尚在审理之中，还不具备检察机关提出抗诉的条件，不发生抗诉问题。故九江市人民检察院对九江市浔阳区人民法院正在审理的案件提出抗诉，没有法律依据，违反法定抗诉程序。

2. 原、被告双方于1992年12月22日签订建筑工程承包合同后，被告九江市第二住宅建筑公司即依合同施工，然而，至1994年3月6日，仅施工至主体工程框架封顶，完成的施工量不足约定工程总量的一半，此时，距合同约定工程竣工期限仅55天，依此建筑施工进度推算，工程非但不能在合同约定的1994年5月1日竣工，且将一定会造成工程的长时间延期。经再审法院委托江西省九江市建筑定额管理站对工程施工进度予以鉴定认为，依九江市第二住宅建筑公司的现有施工力量以及建筑工程施工的基本条件和要求，即便没有客观条件影响，被告九江市第二住宅建筑公司也不可能在55天内完成本案中原、被告双方约定的建筑工程剩余部分的建筑项目。对此，九江市第二住宅建筑公司亦予以承认。根据《中华人民共和国民事诉讼法》第九十八条之规定，先予执行的条件是："（一）当事人之间权利、义务关系明确，不先予执行将严重影响申请人的生活或生产经营的；（二）被申请人有履行能力"和第九十七条第（三）项之规定，"因情况紧急需要先予执行的"，人民法院可以先予执行。本案原、被告之间权利、义务关系明确，中国农业银行江西省九江市分行浔阳办事处是九江市一个重要金融机构，其委托被告承建的12层综合商品楼是原告急需的经营生活场所，如不能如期竣工，将对原告的经营以及其职工生活有着严重影响。因此，本案符合法定先予执行条件。且本案系本院交给九江市浔阳区人民法院审理的案件，九江市浔阳区人民法院对原、被告之间建筑工程承包合同纠纷案有权管辖，其对本案予以受理并根据原告申请予以先予执行是正确的，符合法律规定程序。九江市人民检察院对本案的抗诉理由不能成立，应予驳回。

（六）再审裁定结论

江西省九江市中级人民法院根据《中华人民共和国民事诉讼法》第一百八十五条之规

定，作出(1994)九法民再终字第04号裁定：

九江市人民检察院九检民抗字(1994)第01号抗诉无理，予以驳回。

(七)解说

本案审理中存在两种观点：

第一种观点认为：检察机关有权抗诉。

根据《中华人民共和国民事诉讼法》第一百八十五条之规定："最高人民检察院对各级人民法院已经发生法律效力的判决、裁定，上级人民检察院对下级人民法院已经发生法律效力的判决、裁定，发现有下列情形之一的，应当按照审判监督程序提出抗诉……"本案中，九江市浔阳区人民法院(1994)浔法经初裁字第41－1号、第41－2号裁定已经发生法律效力，只要发生法律效力，不管是哪种判决、裁定，人民检察机关均有权提出抗诉。

第二种观点认为：检察机关无权提出抗诉。

《中华人民共和国民事诉讼法》第一百八十五条已明确规定了检察机关对人民法院审判民事案件提出抗诉的条件，即：

1. 抗诉对象：必须是对人民法院已经发生法律效力的判决、裁定。本案尚处于人民法院审理之中，法院还没有就实体诉讼请求作出判决、裁定，九江市浔阳区人民法院(1994)浔法经初裁字第41－1号、第41－2号先予执行裁定虽然已发生法律效力，但这仅是人民法院依照《中华人民共和国民事诉讼法》有关规定，在本案审理过程中采取的一种程序做法，并不是对全案的实体判决，不属于案件审理终结后，对全案作出的发生法律效力的判决、裁定。对此，从先予执行的定义亦可说明。所谓先予执行，是人民法院在受理民事案件后，作出终审判决前，根据当事人申请，裁定另一方当事人给付申请人一定数额的钱财或者裁定另一方当事人立即实施或停止某一行为的法律行为。先予执行是民事诉讼中的一种制度，是民事诉讼过程中的一种审判程序行为，它的效力具有阶段性，当人民法院作出的调解书或判决书发生法律效力后，其效力即自行消失，将随着整个诉讼过程的结束而终结。因此，九江市浔阳区人民法院(1994)浔法经初裁字第41－1号、第41－2号裁定不属于检察机关抗诉对象。

2. 抗诉程序：抗诉必须按照审判监督程序提出。所谓审判监督程序，是指人民法院对已经发生法律效力的判决、裁定，发现确有错误，依法对案件进行再审的程序。审判监督程序是审判第一程序和第二程序之外，不增加审级的一种补救程序。只有在审判第一程序、第二程序结束之后才产生审判监督程序。《中华人民共和国民事诉讼法》第一百八十五条已明确规定检察机关抗诉必须按照审判监督程序提出，由此可说明，检察机关抗诉必须是在人民法院对案件实行终审之后才能进行，也就是说，人民检察院对人民法院审判的民事案件实行的监督应贯彻"事后监督"原则，不能"事中监督"，更不能"事前监督"。九江市浔阳区人民法院对原、被告建筑工程承包合同纠纷尚在审理之中，即未作出实体判决、裁定，更谈不上终审，在此之时，九江市人民检察院对程序中的先予执行裁定提出抗诉，违反法定程序，故抗诉无理，应予驳回。

笔者同意第二种观点，认为九江市中级人民法院驳回抗诉正确。持第一种观点的，系没有准确掌握什么是发生法律效力判决的含义，没有正确掌握检察机关对人民法院审理民事案件提起抗诉的条件。

（熊继前　田中松）

95. 宁波东风造纸厂诉丽水地区就业管理服务局经济纠纷案

(一)首部

1. 裁定书字号

一审裁定书:浙江省宁波市江北区人民法院(1994)甬北经初字第178号。

二审裁定书:浙江省宁波市中级人民法院(1994)甬经终字第470号。

2. 案由:购销合同地域管辖争议案。

3. 诉讼双方

原告(上诉人):宁波东风造纸厂。

法定代表人:金利法,厂长。

被告:(被上诉人):丽水地区就业管理服务局。

法定代表人:许文浪,局长。

4. 审级:二审。

5. 审判机关和审判组织

一审法院:浙江省宁波市江北区人民法院。

独任审判:代理审判员:金阿毛。

二审法院:浙江省宁波市中级人民法院。

合议庭组成人员:审判长:张生法;代理审判员:童国梁、赵勇。

6. 审结时间

一审审结时间:1994年10月28日。

二审审结时间:1994年12月12日。

(二)一审情况

1. 一审诉辩主张

宁波东风造纸厂诉丽水地区就业管理服务局购销货款纠纷一案中,被告丽水地区就业管理服务局在递交答辩状期间内对本案的管辖权提出异议,以本案的被告所在地和合同约定的交货地点均在丽水市为由,认为本案应由被告所在的丽水市人民法院管辖。

2. 一审事实和证据

一审法院在审理期间查明:原告宁波东风造纸厂与丽水地区华侨商品供应公司于1993年11月26日签订了一份GF—90—0102号购销合同,合同明确约定,交货地点为丽水市中街337号。同时又查明,丽水地区华侨商品供应公司现已被当地工商管理部门注销,其主管单位就是本案被告丽水地区就业管理服务局。

3. 一审判案理由

一审法院认为,本案纠纷所涉的GF—90—0102号购销合同明确约定了交货地点在丽水市,因此本案合同规定的履行地点是没有异议的。现丽水地区华侨商品供应公司已被工商部门注销,其原隶属于本案被告丽水地区就业管理服务局,而被告所在地又恰在丽水市,所以本案被告住所地与合同规定的履行地点是一致的，根据《中华人民共和国民事诉讼法》第二十四条的规定和《最高人民法院关于适用〈中华人民共和国民事诉讼法〉若干问题的意见》第十九条第一款的规定，本案不属本院管辖，应由丽水市人民法院管辖。

4. 一审定案结论

依照《中华人民共和国民事诉讼法》第二十四条、第三十八条之规定，裁定如下：

被告丽水地区就业管理服务局对管辖权提出的异议成立，本案移送丽水市人民法院审理。

（三）二审诉辩主张

原审原告宁波东风造纸厂不服宁波市江北区人民法院（1994）甬北经初字第178号民事裁定，向宁波市中级人民法院提出上诉，上诉称上诉人与被上诉人系购销合同法律关系，尽管合同约定交货地点在丽水市，但在实际履行中被上诉人采用了自提的方式，根据最高人民法院的司法解释，"采用自提方式的，以提货地为合同履行地"，那本案合同履行地在上诉人厂内，那么在合同约定交货地点与合同实际履行地点不一致的情况下，根据《最高人民法院关于适用〈中华人民共和国民事诉讼法〉若干问题的意见》第十九条第二款"购销合同的实际履行地点与合同中约定交货地点不一致的，以实际履行地点为合同履行地"之规定，应由合同实际履行地的人民法院管辖，即原审人民法院有管辖权。

被上诉人未作书面答辩。

（四）二审事实和证据

二审法院在审理中查证，1993年11月26日上诉人宁波东风造纸厂与丽水地区华侨商品供应公司（系被上诉人批准成立的集体企业法人）签订了一份GF－90－0102号购销合同，合同约定交货地点在丽水市。合同签订后，宁波东风造纸厂按约供货，丽水地区华侨商品供应公司却迟迟未付款，宁波东风造纸厂多次催讨均未果，最后经了解，方知丽水地区华侨商品供应公司已歇业，遂向原审法院起诉丽水地区就业管理服务局。

（五）二审判案理由

二审法院经合议庭评议认为：

1. 上诉人与原丽水地区华侨商品供应公司的购销合同明确约定交货地点在丽水市，按照该约定，本案合同履行地在丽水市是无争议的，那么合同履行地人民法院即有管辖权。

2. 被上诉人系丽水地区华侨商品供应公司的开办单位，应对供应公司存续期间的债权债务负清偿责任，现宁波东风造纸厂起诉丽水地区就业管理服务局，被告所在地人民法院有管辖权。

3. 根据《中华人民共和国民事诉讼法》第二十四条和《最高人民法院关于适用〈中华人民共和国民事诉讼法〉若干问题的意见》第十九条第一款的规定，被告所在地人民法院和合同履行地人民法院有管辖权，而本案被告所在地和合同履行地均在丽水市，所以丽水市人民法院对本案有管辖权，原审法院应将案件移送丽水市人民法院处理。

（六）二审定案结论

依照《中华人民共和国民事诉讼法》第二十四条、第一百五十四条之规定，裁定如下：

驳回上诉，维持原裁定。

（七）解说

本案被上诉人系原审被告，被告所在地人民法院享有管辖权在我国《民事诉讼法》中是有明确规定的。原审法院要取得管辖权必须具备两个条件：第一，本案合同履行地在上诉人（原审原告）所在地；第二，原告向原审法院首先起诉，使原审法院取得对本案的最早立案权。因此本案合同履行地的确定是本案判定的关键。上诉人上诉称被上诉人在实际履行中采用了自提的方式，因此“采用自提方式的，以提货地为合同履行地”。企图以“购销合同的实际履行地点与合同中约定交货地点不一致的，以实际履行地点为合同履行地”的规定使原审法院取得管辖权。经二审审理查明，被上诉人自提货物的事实依据不足，上诉无理，不予采信。所以本案合同履行地的确定只能从双方购销合同的约定中去确定，很明显，本案合同履行地在被上诉人所在地。基于被告所在地和合同履行地均在丽水市，丽水市人民法院对本案有管辖权，原审法院裁定将案件移送丽水市人民法院处理是正确的。

但二审裁定书中认为被告所在地和合同履行地均在丽水市，所以丽水市人民法院对本案有管辖权，语言表达似乎不太准确。因为合同履行地法院和被告所在地法院对案件有管辖权应该是选择关系，法院只要具备一个条件即可，而不是二审裁定书所表述的并列关系。

（张志松）

第十篇 其他经济纠纷案例

96. 南京市白下区物资贸易信托回收公司新贸商场诉江宁县禄口劳动服务公司等联合返本销售案

(一)首部

1. 判决书字号：江苏省南京市白下区人民法院(1994)白经初字第44号。

2. 案由：联合返本销售案。

3. 诉讼双方

原告：江苏省南京市白下区物资贸易信托回收公司新贸商场(以下简称新贸商场)。

法定代表人：林德春，经理。

委托代理人：邹毅，南京市东方律师事务所律师。

被告：江苏省江宁县禄口劳动服务公司(以下简称服务公司)。

法定代表人：王言顺，经理。

被告：江苏省江宁县禄口信用社(以下简称信用社)。

法定代表人：郁昌元，该社负责人。

委托代理人：刘金虎，该社主任。

委托代理人：付家流，该社退休干部。

本案第三人共580人，推选下列3人为代表：

第三人代表人：董雅操，女，1942年3月出生，南京金陵船厂医院医生，住南京市下关四年二路301号302室。

第三人代表人：陈风龙，男，1950年1月生，宁光五金交电经营部业务员，住南京市安怀村47幢3单元105室。

第三人代表人：陆美芳，女，1959年3月出生，南京市山西路百货大楼职工，住南京市花露岗20号。

委托代理人：茅冠华，江苏省南京市国际商务律师事务所律师。

4. 审级：一审。

5. 审判机关和审判组织

审判机关：江苏省南京市白下区人民法院。

合议庭组成人员：审判长：吕培庆；代理审判员：文冰、李慧敏。

6. 审结时间:1994 年 12 月 6 日。

(二)诉辩主张

1. 原告新贸商场诉称:1988 年 10 月 17 日与服务公司下属江宁县禄口裘皮厂(以下简称裘皮厂)签订了一份返本销售协议书,协议规定:凡购买皮衣者,自购买之日起五年后到本商场领取返本 50%的货款。该返本货款由裘皮厂到期汇入本商场帐上,由双方当众返还。信用社为裘皮厂返本货款作担保。嗣后,双方于 1989 年 8 月 2 日又签订一份补充协议书,约定裘皮厂应于 1993 年 11 月 15 日前把返本货款 126108.5 元汇入本商场。届时,裘皮厂未按约汇款,而曾在本商场购得裘皮服装的顾客,纷纷前来要求兑现,给本商场信誉造成损害,从而也影响了正常营业,为此诉至法院。因裘皮厂正歇业,现请求法院判令其主管部门服务公司和担保单位信用社继续履行合同,并赔偿经济损失。

2. 被告服务公司辩称:本公司下属裘皮厂是具有法人资格的企业,1990 年因经营不善歇业,现尚有房产,应用其房产抵债。新贸商场是销售返本的合作者,应当利润共享,风险共担,现裘皮厂歇业,新贸商场亦有支付返本货款的义务。本公司只能协助清理裘皮厂的财产还债,而不能承担代偿责任。

3. 被告信用社辩称:本社在裘皮厂有关返本销售的报告上签字盖章属实。但这仅仅是对销售应承担销售返本的经济保证,也未明确担保具体数额。因此,本社不能承担本案还款的连带责任。

4. 第三人代表诉称:1988 年 12 月 2 日至 1989 年 8 月 2 日,我们 580 人先后在新贸商场购得价格不等的裘皮服装,并由裘皮厂和新贸商场发给一张联合署名的信誉卡,卡上写明:五年后一个月内归还顾客所购货款 50%,以发票购买日期为准,过期不补。届时,我们到新贸商场要求兑现,新贸商场以裘皮厂未将返本货款汇入为由拒付此款。所以我们要求法院依法判决其信誉卡上限期五年后一个月内归还过期不补的条款无效。判令新贸商场、服务公司、信用社立即归还 50%的购货款,并偿还逾期付款的利息及经济损失。

(三)事实和证据

江苏省南京市白下区人民法院经审理查明:

1988 年 10 月 16 日,裘皮厂向主管部门服务公司和信用社写了报告,愿与新贸商场举办联合返本销售活动,裘皮厂经主管部门服务公司同意,由禄口信用社签署担保意见后,于 1988 年 10 月 17 日与新贸商场签订了一份联合返本销售协议书,协议约定:裘皮厂在新贸商场举办裘皮服装五年返本 50%销售活动,新贸商场按裘皮厂销售额 50 万元提留 13.5%;如销售额超过 50 万元,其超过部分新贸商场提留 10%;销售额不足 50 万元,裘皮厂必须确保新贸商场 13.5%毛利。裘皮厂五年后将返本 50%货款汇到新贸商场帐户,由双方当众返还顾客。江宁县公证处对此协议予以公证。裘皮厂于 1988 年 11 月 17 日又向信用社写报告,要求其为五年后返还 50%货款作担保,信用社在报告上签署意见,表示五年到期裘皮厂发生经济体制变化或无力返还,信用社承担和负责返还 50%货款责任。

协议签订后,双方按约进行联销活动,每销售一件皮装,发给顾客新贸商场的购货发票和一张新贸商场与裘皮厂共同制作的信誉卡。卡上载明:“凡在展销期间,在本店购买裘皮厂服装的,在五年后一个月内归还顾客所购货款 50%,以发票日期为准,过期不补,遗失不补。”1988 年 12 月 2 日至 1989 年 8 月 2 日,共销售皮装 855 件,货款总额 252217 元。新贸商场按实际销售额 13.5%提留毛利 34049.3 元。1989 年 8 月 2 日,双方又签订了一份补充协议，约定裘皮厂应在1993年11月15日前把返本金额126108.5元汇入新贸商场，然后由双方负责退给顾客。

1990年底，裘皮厂因经营不善，自行歇业，既未成立清算组织进行清算，也未按约将返本货款汇到新贸商场帐户。返本到期后，新贸商场亦未将货款退给消费者。而对要求兑现的消费者，新贸商场要求消费者先行登记，共有612名消费者登记在册。1994年2月25日，新贸商场以服务公司和信用社为被告向本院起诉。

在本案审理中，由董雅操、陈风龙、陆美芳为代表的580人申请参加诉讼，并请求共计返还货款88889.5元。

以上事实有下列证据证明：

1. 原告、被告、第三人的陈述。

2. 新贸商场与裘皮厂签订的返本销售协议书。

3. 新贸商场与裘皮厂关于1988年实行裘皮服装返还情况及决定书。

4. 信用社担保函件。

5. 公证书。

6. 信誉卡、购物发票。

7. 服务公司企业承包责任书。

8. 江宁县禄口镇土地管理所出据的裘皮厂厂房证明。

（四）判案理由

江苏省南京市白下区人民法院根据以上事实和证据认为：

1. 返本信誉卡是新贸商场和裘皮厂共同制作的，因而返本销售是两个单位的共同的行为，对消费者而言这两个单位均是负有连带责任的债务人。根据《中华人民共和国民法通则》第八十七条规定，负有连带责任的每个债务人，都负有清偿全部债务的义务，履行了义务的人有权要求其他负有连带责任的人偿还他应当承担的份额。那么新贸商场与裘皮厂均有对消费者偿还返本货款的义务。而新贸商场提出不承担返本责任的理由不能成立。

2. 新贸商场与裘皮厂签订的返本销售协议中约定，对消费者五年返本50%货款的条款是有效的，应受法律保护。就新贸商场与裘皮厂的协议而言，双方约定返本货款应由裘皮厂承担。因裘皮厂于1990年底歇业，故此款依法应由其主管部门服务公司用裘皮厂的财产清偿，五年期满，服务公司未返还此款，应负纠纷的主要责任。

3. 信用社对裘皮厂五年后返还50%货款提供经济担保是有效的，因此信用社应对服务公司五年后返还50%货款承担保证责任。而信用社提出不承担连带责任的理由不能成立。

4. 信誉卡上规定五年后一个月内归还50%货款，过期不补，违反公平原则。在目前社会主义市场经济发展的时期，进行返本销售活动，必须体现公平合理的原则，五年前新贸商场与裘皮厂举行返本销售时，单方规定五年后一个月内归还顾客50%货款，过期不补，这一条件是不公平的，应属无效。故以董雅操、陈风龙为代表的513人和以陆美芳为代表的67人合计580人请求参加诉讼，并依法主张权利，应予支持。

（五）定案结论

江苏省南京市白下区人民法院依照《中华人民共和国民事诉讼法》第四十条第一款、第五十五条、第五十六条第一款、第一百二十条、第一百二十八条，《中华人民共和国民法通则》第八十四条、第八十七条、第八十九条第（一）项，《中华人民共和国经济合同法》第七条第一款第一项、第二项、第二十九条第一款及有关法律规定，于1994年8月13日作出判决：

1. 服务公司用裘皮厂的财产偿还以董雅操、陈风龙、陆美芳为代表的580人返本总款合计88889元并给付自返本到期之日起至判决生效之日止的银行利息（580人凭各自信誉卡和购物发票及本人证件领取）。

2. 信用社对服务公司上述还款负连带责任。

3. 新贸商场对上述还款承担连带责任。

案件受理费4145元，其他诉讼费800元，合计4945元，由新贸商场负担1648元，服务公司负担3297元。

一审判决宣布后，原告、被告及第三人均未上诉。

（六）解说

本案争议焦点有三：一是新贸商场是否具有原告主体资格；二是谁是真正返本货款的权利主体；三是有关责任主体的认定。

首先，新贸商场是否具备原告主体资格问题。新贸商场与裘皮厂在举行联合返本销售活动中，双方签有协议，约定返本货款由裘皮厂五年后到期汇入新贸商场，由双方共同负责退还给顾客，由于裘皮厂到期未按约履行，新贸商场有权起诉，要求裘皮厂按协议规定履行其返本的义务。因为，经济合同就是当事人之间订立的协议，它一经订立即具有法律效力。法律保障合同的权利义务及时实现，只要合同内容合法有效，那么合同条款即对当事人具有法律约束力。如果当事人一方或双方没有按照合同规定履行自己的义务，就是违反经济合同。在此案中，从新贸商场与裘皮厂协议看，该协议约定了裘皮厂先将返本货款汇入新贸商场，新贸商场为权利主体，裘皮厂为义务主体，裘皮厂届期未履行义务时，新贸商场就有权要求裘皮厂按协议约定履行义务，在裘皮厂拒不履行其义务的情况下，新贸商场作为联营合同的主体一方，有权起诉裘皮厂。所以，新贸商场对顾客而言，不具备原告主体资格，但对裘皮厂联营纠纷而言，具有原告主体资格。消费者作为有独立请求权的第三人参加诉讼后，原来的原、被告均处于"被告"位置。

其次，谁是真正返本货款的权利主体。在本案中，就新贸商场与裘皮厂的联营协议纠纷而言，新贸商场是权利主体，可以要求裘皮厂按双方约定将返本货款汇入指定帐户上，但它不能享有这笔返本货款，此笔货款最终要发还给购买皮装的消费者。因此，当新贸商场一旦收到裘皮厂的返本货款，它的义务就是发还给消费者，在返本纠纷中又成了义务主体。所以本案真正的权利主体应是580名消费者。根据《中华人民共和国民事诉讼法》第五十六条关于"对当事人双方的诉讼标的，第三人认为有独立请求权的，有权提起诉讼"的规定，购买皮装的消费者应当是本案有独立请求权的第三人。《中华人民共和国民事诉讼法》第五十五条规定："诉讼标的是同一种类、当事人一方人数众多在起诉时人数尚未确定的，人民法院可以发出公告，说明案件情况和诉讼请求，通知权利人在一定期间向人民法院登记。"白下区人民法院依法发出公告，通知消费者以有独立请求权的第三人身分参加集团诉讼。公告期内，共有580名消费者参加登记，并选出3名代表人参加诉讼。

最后，有关责任主体的认定。本案中，五年前与新贸商场举行联合销售的裘皮厂，于1990年底因资不抵债歇业，裘皮厂是具备法人资格的企业，依法律规定只能用其管理的财产承担民事责任。裘皮厂歇业，未成立清算组织清算，服务公司有义务用其财产偿还货款。新贸商场作为联营合作者，应承担连带责任；信用社作为裘皮厂的担保人，应承担保证责任。因此，本案中新贸商场、服务公司和信用社都是承担返本货款的责任主体。

该案中有580人以有独立请求权的第三人身分参加诉讼。实际上，购买返本销售皮装的共有855人，尚有275人未参加诉讼。法院所作出的判决，对没有参加诉讼的275人仍具有法律效力。依法律规定，这部分人可以另行起诉，法院受理后，可依据本案的判决结果，直接裁定。

（文 冰）

97. 四川宏达企业总公司诉成都市彭州金信工贸公司等返还财产案

（一）首部

1. 判决书字号

一审判决书：四川省成都市青羊区人民法院（1994）经初字第1号。

二审判决书：四川省成都市中级人民法院（1994）经终字第252号。

2. 案由：返还财产案。

3. 诉讼双方

原告（被上诉人）：四川宏达企业总公司（简称宏达公司）。

法定代表人：李义富，总经理。

委托代理人：张学元，四川省衡平律师事务所律师。

被告（上诉人）：成都市彭州金信工贸公司（简称金信公司）。

法定代表人：肖忠美，总经理。

委托代理人：白建华，四川省明达律师事务所律师。

委托代理人：杨锦波，彭州市信用社法律顾问。

被告：中原实业集团成都西南联合公司（简称中原公司）。

法定代表人：杨志泉，总经理。

委托代理人：王炜，成都市第六律师事务所律师。

4. 审级：二审。

5. 审判机关和审判组织

一审法院：四川省成都市青羊区人民法院。

合议庭组成人员：审判长：周荣富；审判员：胡华元；代理审判员：许力。

二审法院：四川省成都市中级人民法院。

合议庭组成人员：审判长：丛莉；审判员：徐科荣、李伟。

6. 审结时间

一审审结时间：1994年6月16日。

二审审结时间：1994年11月23日。

（二）一审诉辩主张

1. 原告宏达公司及其委托代理人诉称：1992年12月19日，金信公司与中原公司签订联营协议后，我公司应金信公司要求，于1992年12月24日向其出具为中原公司履约的担保书，之后金信公司将联营资金150万元汇入我公司帐户未使用。1993年1月15日，金信公司提出将该款退回并在我公司退款时，向我方收取该款的利润12.5万元。因金信公司与中原公司的联营协议实际未履行无利润产生，并且我公司作为担保人为联营一方担保利润亦不符合法律规定，该联营合同应为无效，请求判令金信公司返还12.5万元及利息；承担本案的诉讼费用。

2. 被告金信公司及其委托代理人辩称：中原公司与我方所签联营合同实为购销合同，是对该双方1992年12月18日签订购销合同的补充，该两份合同是有效的；宏达公司名为中原公司担保，但实质是代被担保方履行购销合同，这一行为性质是购销合同主体变更而非合同担保；宏达公司作为需方在向我公司支付162.5万元取得汽油所有权后的经营风险应自行承担，其要求我公司返还财产的理由不能成立。

3. 被告中原公司及其代理人辩称：联营合同上盖的章是中原公司商贸部，我公司并无商贸部这一下属机构，因此我公司未与金信公司签订联营合同。

（三）一审事实和证据

成都市青羊区人民法院对金信公司在答辩期内提出的本案管辖权异议作出驳回裁定，该公司未上诉后，经公开审理查明：金信公司与中原公司于1992年12月18日签订由中原公司提供70号汽油500吨、金信公司给付总货款147.5万元的购销合同后，次日金信公司又与中原公司商贸部签订联营协议，主要约定：双方联营形式为合同型；中原公司负责70号或90号汽油500吨的购进，并以金信公司名义办理发运和在成都931库的储存手续，金信公司提供资金147.5万元在兰州市凭铁路货票和储油手续向中原公司付款；汽油由中原公司进行销售，并在汽油储存于油库后的5日内向金信公司付清其提供的资金及联营利润12.5万元，该联营利润不受市场变化影响，由中原公司保证给付等条款。1992年12月24日，宏达公司向金信公司出具担保书称，在金信公司向中原公司提供资金150万元后，保证该公司履行联营协议规定付清提供资金及给付联营利润的义务，如该公司未在1993年1月15日前给付愿负连带清偿责任。该担保书除宏达公司加盖公章外，被担保方中原公司亦注明请照此办理并加盖公章。宏达公司为中原公司履行联营协议提供保证后，金信公司将150万元的汇票带至兰州市解汇但未向中原公司提供，而将该款存入宏达公司办事人员陈来清的银行帐户上未使用。以后因金信公司与中原公司双方均未实际履行联营协议，陈来清于1993年1月16日将该款退予金信公司并在退款时向该公司支付联营利润12.5万元，当日金信公司亦向其出具收款收据。事后宏达公司认为金信公司与中原公司联营未成不存在利润产生，多次要求金信公司退还收取的利润款无果，遂向人民法院起诉。成都市青羊区人民法院受理此案后，在开庭审理前已通知中原公司作为本案的共同被告参加诉讼，并调查证实中原公司商贸部未进行企业法人登记或营业登记。

上述事实有下列证据证明：

1. 金信公司向中原公司购70号汽油500吨的购销专用合同书，以及金信公司与中原公司商贸部签订的联营协议书。

2. 宏达公司向金信公司提供在中原公司未履行返还资金并付联营利润时承担连带清偿责任的担保书。

3. 宏达公司、金信公司、中原公司等三方当事人对联营协议签订、担保、解汇存款及退款付联营利润等纠纷事实基本情节的相互印证陈述。

4. 金信公司向宏达公司出具收回联营投资款及其利润的收条等。

(四)一审判案理由

1. 金信公司与中原公司所签联营协议以及宏达公司为中原公司出具的担保书,违反我国有关法律、行政规章的规定,均应确认无效。(1)根据《中华人民共和国经济合同法》第七条第一款第一项关于"违反法律和行政法规的合同"属无效经济合同,最高人民法院1990年11月12日《关于审理联营合同纠纷案件若干问题的解答》(简称《联营解答》)第四条第(一)项中关于"联营合同中的保底条款,通常是指联营一方虽向联营体投资,并参与共同经营,分享联营的盈利,但不承担联营的亏损责任,在联营体亏损时,仍要收回其出资和收取固定利润的条款。保底条款违背了联营活动中应当遵循的共负盈亏、共担风险的原则,损害了其他联营方和联营体的债权人的合法权益,因此,应当确认无效",在金信公司与中原公司商贸部签订的联营协议中,确认金信公司不受市场变化影响限期收回其投资和收取固定联营利润的约定条款,符合最高人民法院《联营解答》对无效的保底条款所作的司法解释。同时根据查证的事实,虽然中原公司对商贸部与金信公司的签约,通过在担保书上签署意见和盖章,认可是中原公司与金信公司之间形成的联营关系,但当时中原公司商贸部未进行企业法人登记或者营业登记,说明该部未依法成立,不具备对外签订经济合同的合法主体资格,其以自己名义与金信公司的签约违反了企业法人登记制度规章的有关规定。因此,该协议既在内容上约定联营保底条款,又在一方主体资格上违反我国工商行政管理规章有关规定,应确认无效,联营双方对此均有过错。(2)根据最高人民法院1994年4月15日《关于审理经济合同纠纷案件有关保证的若干问题的规定》第二十条中关于"主合同无效,保证合同也无效,保证人不承担保证责任"的规定,宏达公司为中原公司履行联营义务向债权人金信公司作出的担保,是以书面形式向金信公司作出保证的意思表示并被该公司接受而成立。由于宏达公司被担保的联营协议为无效,担保书效力又从属于联营协议的效力,因此亦应确认无效,宏达公司对该项无效担保虽不应负保证责任,但对引起本案返还财产的纠纷有一定过错。

2. 金信公司依据无效合同取得宏达公司的财产应予返还。依据《中华人民共和国民法通则》第九十二条关于"没有合法根据,取得不当利益,造成他人损失的,应当将取得的不当利益返还受损失的人"的规定,宏达公司对金信公司作出担保后,金信公司当时对应向中原公司提供的资金并未提供,而是存入担保方宏达公司的银行帐户上未动用,并最终也致中原公司未履行该联营协议。以后宏达公司将该款全部退予金信公司时,在既是联营体双方未实际履行联营协议,又不存在宏达公司按担保书规定应负保证责任的事实发生情况下,该公司向宏达公司收取联营收益无合法依据,应当予以返还。同时根据《经济合同法》第十六条第一款中关于"经济合同被确认无效后,当事人依据该合同所取得的财产,应返还给对方。有过错的一方应赔偿对方因此所受的损失"的规定,金信公司也是依据联营协议与担保书中对收取联营利润的约定向担保方宏达公司收取的。在该联营协议与担保书均被确认无效后,金信公司应当向宏达公司返还其依据无效合同所取得的联营利润,并偿付占用该款期间对方所受到的利息损失。

(五)一审定案结论

金信公司与中原公司签订的联营协议以及宏达公司向金信公司提供的担保书,因违反有关法律规定均属无效,对酿成纠纷该三方当事人均有过错;金信公司关于合同有效与合同主体变更的诉讼主张不成立，其依据无效合同所取得的财产应当返还。

在查明事实的基础上，成都市青羊区人民法院依照《中华人民共和国民法通则》第九十二条和《中华人民共和国经济合同法》第十六条第一款的规定，于1994年6月16日作出如下判决：

由金信公司返还宏达公司财产12.5万元，支付该资金占有期间的利息损失1.8万元，共计14.3万元，于本判决生效之日起10日内偿付。

一审案件受理费4370元，其他诉讼费2430元，共计6800元，由宏达公司负担800元，金信公司与中原公司各负担3000元。

（六）二审情况

1. 二审诉辩主张

（1）上诉人金信公司上诉称：本案涉及的购销合同、联营协议及担保书等三份合同有效，一审认定无效缺乏依据；宏达公司自愿代替中原公司履行供油义务，但在接收货款后又不发运汽油将该款移作他用，应承担违约责任。

（2）被上诉人宏达公司辩称：联营协议是典型的名为联营实为借贷的无效协议，从属于该协议的担保书也自然无效。至于上诉人提到的购销合同有效与否与本案无关系；联营协议未实际履行，上诉人取得的联营利润无任何事实和法律依据，属不当得利，应当返还；上诉人称我公司自愿代替中原公司履行供油义务，收货款后不发运汽油应承担违约责任等，无事实依据证明。

（3）原审被告中原公司辩称：一审事实是准确的，但确定责任时将我公司与上诉人置于同等地位（承担同额诉讼费用）有欠考虑，我公司与上诉人之间所谓的联营协议，从形式到内容都是无效的，为此担保的从合同当然随之无效。

2. 二审事实和证据

四川省成都市中级人民法院经二审公开审理，肯定了一审法院认定的案件事实和采纳的证据，并进一步确认金信公司在兰州市对150万元资金解汇后，是将以该公司经办人王帮富名义存入银行的该款存单及取款印鉴交宏达公司经办人陈来清。

3. 二审判案理由

四川省成都市中级人民法院认为，金信公司与中原公司签订的联营协议，不具备联营的基本特征，实为企业之间拆借资金的借贷合同，违反金融管理法规的规定，应属无效，宏达公司对此的担保亦无效，该三方当事人均有过错。因金信公司与中原公司的拆借资金违法行为未实际实施，对该拆借双方不适用企业之间拆借资金的处罚原则，宏达公司也不应承担保证责任。金信公司已收取宏达公司的联营利润无合法依据应当返还。金信公司关于本案合同有效、宏达公司违约的上诉理由不能成立，依法不予支持。

4. 二审定案结论

1994年11月23日，四川省成都市中级人民法院依照《中华人民共和国民事诉讼法》第一百五十三条第一款第（一）项的规定，作出如下判决：

驳回上诉，维持原判。

本案第一审案件受理费负担不变；第二审案件受理费6800元，由金信公司负担。

（七）解说

本案是一起因名为联营实为借贷合同引起的不当得利返还财产纠纷，依法正确处理本

案,关键应解决好以下两个问题:

1. 关于联营协议的性质与效力。首先在性质上确认金信公司与中原公司之间联营协议是合同型联营还是名为联营实为借贷,应从该协议内容所反映的法律关系特征上,区分双方是在经营中体现相互协作,还是一方将资金交付对方使用并定期收回资金与使用期间的利息或利润。本案中依据该双方的联营协议:中原公司以金信公司提供的资金用于汽油的购进、发运、储存与销售,在使用该资金后限期向金信公司返还并付利润;金信公司除仅提供资金外不参加汽油的销售也不承担销售风险。因此该协议所形成的法律关系,虽协议约定合同型联营,从其特征上剖析,实质是金信公司对中原公司购汽油所需资金提供其有偿使用,具备最高人民法院《联营解答》第四条第(二)项中关于"企业法人、事业法人作为联营一方向联营体投资,但不参加共同经营,也不承担联营的风险,不论盈亏均按期收回本息,或者按期收取固定利润的,是名为联营,实为借贷"的规定的基本特征。在本案联营协议的实际性质上,二审对此的正确确认弥补了一审的不足。其次在肯定该联营协议是实为借贷的前提下,应依据有关银行金融法规进一步确认这种表现于企业之间拆借资金的借贷是否有效。根据国务院1985年2月28日发布《借款合同条例》第二条第一款关于"本条例适用于实行独立经济核算的全民和集体所有制企业、事业单位同银行、信用合作社之间签订的借贷合同"的规定,清楚说明只有具备经营金融业务资格的银行、信用合作社或其他金融机构才能作为借款合同的出借方,亦即银行机构和非银行金融机构才具有从事信贷的合法资格,依据该协议约定实际向中原公司出借资金按期收回本息,显然是违反该项规定的。因此,按照《经济合同法》关于经济合同违反国家法律、行政法规的应确认无效,以及在《联营解答》该条中关于名为联营实为借贷是"违反了有关金融法规,应当确认合同无效"等规定,二审确认该协议无效是准确的。在这里一审对该协议虽也认定无效,其认定依据是仅从该协议约定有金信公司不受市场变化影响按期收回资金及利润是联营的保底条款,以及中原公司商贸部未依法成立不具备合法主体资格这两点上确认无效。我们认为,这不够恰当也不准确:一是在本案的联营协议中,金信公司不受市场变化影响按期收回资金及利润的约定条款联系该协议的其他条款,实际反映金信公司仅出资并不参加共同经营不论盈亏而按期收回出资与利润,并未反映该公司在参与共同经营发生亏损时仍享受该条款规定的权利。二是对中原公司商贸部的主体资格,因中原公司当时在担保书上以该公司名义签署意见加盖公章,已足以说明其对商贸部签约行为的追认,认可是该公司与金信公司之间形成联营。因此在这种情况下,再论中原公司商贸部的主体不合法已无实际意义。

2. 对金信公司收取联营利润应予返还的确认根据。在本案一、二审中,在确认联营协议与担保书均无效的基础上,对金信公司收取宏达公司在退款时所支付的利润12.5万元实体处理上应予返还是清楚的。

(喻明健)

98. 上海天山城市信用合作社诉龚佩娟返还不当得利案

(一)首部

1. 判决书字号:上海市长宁区人民法院(1994)经初字第477号。

2. 案由:返还不当得利案。

3. 诉讼双方

原告:上海天山城市信用合作社。

法定代表人:刁平夫,主任。

委托代理人:赵国雄,上海新华律师事务所律师。

被告:龚佩娟,女,1960年6月17日出生,汉族,上海锯条总厂职工,住上海市芙蓉江路103弄11号102室。

4. 审级:一审。

5. 审判机关和审判组织

审判机关:上海市长宁区人民法院。

独任审判:代理审判员:张义韵。

6. 审结时间:1994年6月27日。

(二)诉辩主张

1. 原告及其委托代理人诉称:原告在接受被告买入"哈天鹅"股票300股的委托后,由于操作失误,代为被告买入"哈天鹅"股票3000股,但只按被告委托的300股"哈天鹅"股票成交价格与被告进行了结算。嗣后,原告及时发现了失误,将情况告知被告。被告在明知其帐户有无委托买进的2700股"哈天鹅"股票时,未与原告清算该股票款,即擅自将3000股"哈天鹅"股票全数卖出。因此,被告应将其中2700股的卖出款20722.20元返还原告,并赔偿原告差价损失1465.82元。

2. 被告辩称:原告未经被告委托,擅自将2700股"哈天鹅"股票打进被告帐户,造成被告帐户资金紧张,无法再购买其他委托的股票,造成了被告经济损失,因原告未赔偿被告损失,故未将该2700股"哈天鹅"的卖出款返还原告。

(三)事实和证据

上海市长宁区人民法院经公开审理查明:1994年5月16日,被告委托原告购买"哈天鹅"股票300股,每股价格8.16元,原告接受委托后,由于操作失误,按被告要求的价格实际申报了3000股"哈天鹅"股票。该笔委托成交后,3000股"哈天鹅"股票便经交割进入被告的股东帐户内,但原告在清算时,发现错误,仅向被告提供了300股的买入价款清单,尚余2700股未予结算。1994年5月23日,被告将未予结算的2700股"哈天鹅"股票在潮州市信托投资公司上海证券业务部以每股7.70元的竞价全部卖出,得款20722.20元占为已有。原告得知后,于1994年5月24日向被告提出交涉,要求被告返还这2700股"哈天鹅"股票的卖出款,被告未予同意。因交涉无果,原告遂于1994年6月7日向上海市长宁区法院提出诉讼。

上述事实有下列证据证明:

1. 被告委托原告购买300股"哈天鹅"股票的委托单。

2. 原告结算3000股"哈天鹅"股票款的清算单。

3. 原告与被告结算300股"哈天鹅"股票款的清算单。

4. 被告卖出2700股"哈天鹅"股票的清算单。

(四)判案理由

1. 原告未经授权为被告购买2700股"哈天鹅"股票系超越代理权限的行为。根据《中华人民共和国民法通则》第六十三条第二款的规定,代理人在代理权限内,以被代理人的名义实施民事法律行为,被代理人对代理人的代理行为承担民事责任。原告作为股票交易的代理商,在接受被告(股民)委托后,理应按被告实际委托的股名、金额、数量代被告进行股票交易的申报,由于原告的过失,在实际申报时,多申报2700股,系属超越了代理权限。又由于股票交易是由电脑自行配对进行,成交后自动交割,尽管原告主动与被告只结算了被告委托的300股价款,被告未委托的2700股未予结算,但是,已成交的2700股股票仍自动全部进入了被告帐户,为被告所持有。

2. 被告对2700股"哈天鹅"股票卖出款的取得无法律依据,应属不当得利。被告虽然实际持有了原告多申报的2700股"哈天鹅"股票,但这些股票成交后,在一次清算时,价款已由原告垫付了,原告未与被告进行二次清算,所以,被告对这些股票不拥有所有权。被告未向原告补交这些股票的价款,即未认购这些股票,却擅自将这些股票卖出,得款据为己有,给原告造成了损失。被告所得的利益系属不当得利。根据《中华人民共和国民法通则》第九十二条规定,没有合法根据,取得不当利益,造成他人损失的,应当将取得的不当利益返还受损失的人。据此,被告应将其不当取得的2700股"哈天鹅"股票的卖出款返还原告。

(五)定案结论

上海市长宁区人民法院根据《中华人民共和国民法通则》第九十二条之规定,于1994年6月27日判决如下:

被告龚佩娟应将不当所得的2700股"哈天鹅"股票的卖出款20722.20元返还原告上海天山城市信用合作社,于判决生效后7日内付清。

本案受理费1124.72元,由原告负担74.23元,被告负担1050.49元。

(六)解说

本案实质是由委托买卖股票引起的纠纷。由于我国证券市场起步晚,但发展迅速,相应的法律未能配套出台,尽管这几年有关方面作出了大量努力,制定了一些相应的规章,但是法律滞后现象依然存在。由于证券交易有其特殊性,因此,在审判实践中,我们既要坚持证券交易的公开、公平、公正和诚实信用原则,保护大众投资者(股民)的权益,又要维护证券交易统一、高效的运作秩序;禁止违规交易,侵害股民利益的行为。

就本案而言,被告对由于原告失误,而由电脑配对成交后自动进入其帐户的,未予委托买进的股票的交易有权不予认可,也就是不接受已在其帐户内的委托以外的那些股票。而股票交易的清算,目前是分为二次清算,即先由证券公司的清算公司与代理商清算(一次清算),再由代理商与股民清算(二次清算)。原告作为代理商在与清算公司清算后,其对由于自己失误多申报而成交的股票未与被告清算,理应对这些股票拥有所有权。但是在一次清算后，这些股票已自动进入被告帐户。原告无权将这些股票自行划入自己的帐户，必须由被告主动提出过户申请，这就为被告持有自己不认可交易所产生的股票提供了条件。由于股票的票面价值与市场价格的不统一性和股票市场价格的不稳定性，被告在未卖出这些股票时，这些股票的真实价值尚不确定，只有在卖出时才得以体现，也由此产生股市风险。正是由于证券交易和股票本身的特殊性以及考虑到前面所述的各种因素，法院判决，被告人龚佩娟应将不当所得2700股“哈天鹅”股票的卖出款返还原告上海天山城市信用合作社。由于原告在接受被告委托后的代理行为中存在过失，对损失的造成也应承担相应责任，对原告要求赔偿差价损失1465.82元的诉讼请求未予以支持。

（张义韵）

99. 东港实业有限公司诉张志勇等委培合同案

（一）首部

1．判决书字号：山东省济南市历城区人民法院（1994）经初字第261号。

2．案由：委培合同案。

3．诉讼双方

原告：东港实业有限公司（以下简称东港公司）。

法定代表人：郭向阳，董事长。

委托代理人：张昌华，该公司办公室副主任。

委托代理人：高景言，山东省律师事务中心律师。

被告：张志勇，男，23岁，汉族，山东省济南市人，无业。

被告：张林，男，52岁，汉族，山东省济南市人，干部，系被告张志勇之父。

委托代理人：李明，济南化纤总公司法律顾问。

4．审级：一审。

5．审判机关和审判组织

审判机关：山东省济南市历城区人民法院。

独任审判：审判员：张洪春。

6．审结时间：1994年11月25日。

（二）诉辩主张

1．原告诉称：1988年1月，原告东港公司与山东大学签订了“东港实业有限公司委托山东大学开办市场营销专业的合同书”，委托山东大学开办市场营销专业，为原告培养较高层次的营销人员，委培费、基建设备费等必需费用由原告承担。1989年9月，被告张志勇等59名学生被录取到山东大学市场营销专业进行委托学习，1994年7月，被告张志勇本科毕业。学习期间，原告为其支付了全部培养费用。1993年6月，原告还与被告张志勇、张林签订委培合同书。按合同规定，被告张志勇毕业后应到原告单位工作，如有违约，必须赔偿原告为其支付的全部委培费，并承担一至三倍的违约金。但被告张志勇拒绝到原告处工作，根据《中华人民共和国经济合同法》的规定，被告应承担赔偿责任。

2. 被告辩称:被告张志勇报考志愿没有填写委培志愿和委培保证书。原告东港公司采取胁迫、欺骗手段和乘人之危逼其签订了合同,此合同不是被告真实意思表示,应视为无效合同。根据《中华人民共和国民法通则》有关规定,对原告的索赔要求不予承担。

(三)事实和证据

历城区人民法院公开审理查明:1988 年 1 月,原告东港公司与山东大学根据国家教育委员会(1986)教学字 002 号文件和山东招生委员会(1986)鲁招委字 3 号文件的规定,签订了"东港实业有限公司委托山东大学开办市场营销专业的合同书"。合同规定:山东大学受原告东港公司委托,开办市场营销专业,为原告培养较高层次的营销人员,实行前三年和后二年两段培养,部分学生完成前三年课程成绩合格发大专文凭;部分优秀学生继续第二段学习,学完后二年学科成绩合格,发大学本科文凭;该专业由山东大学在 1989 年按上级有关规定,在参加全国普通高校统考的考生中择优录取;原告向山东大学支付每个学生 8000 元基建设备费,每年每个学生 1750 元委培费,并可随市场物价情况酌情增加;实习和军训费另拨;学生学习期间要求转系、转专业、报考研究生、出国等必须向原告申请,经原告与山东大学同意才能办理。合同经双方签字生效后,山东大学即着手组织 1989 年招生工作。报考前,山东大学印制的招生简章中明确写明"市场营销专业(委托培养),为中外合资企业——东港实业有限公司(中国·济南)委托代培"。在 1989 年全国普通高校统一招考中,本案被告张志勇等 59 名考生被录取到山东大学市场营销专业,并于同年 8 月 26 日向被录取的学生发出了"山东省 1989 年高等学校委托培养新生入学通知书",通知中也写明了市场营销专业为东港公司代培的字样。被告人张志勇持入学通知在规定期限内到山东大学报到,对自己录取为原告单位的委培生未提异议。开学后,原告东港公司总经理到山东大学与被录取的该专业学生见面并讲了话。学习期间,原告按与校方的委培合同支付了基建设备费和委托培养费。1992 年 9 月,被告人张志勇完成三年专科学业,因成绩优异按有关规定又继续深造两年,完成大学本科学业。此间 1993 年 6 月 30 日,原告根据与学校签订的委培合同,为进一步明确与学生的权利义务关系,又与被告张志勇直接签订了合同书,以保证毕业后到原告单位工作。在该合同中规定:(1)原告承担被告在校学习期间的培养费用,五年向山东大学支付各种费用共计 16750 元;(2)被告在原告单位工作合同期为 8 年,即自 1994 年 7 月 4 日至 2002 年 7 月 4 日,合同期满,经双方同意可以续签劳动合同;(3)被告如不服从分配,另谋职业等,必须赔偿上学期间原告为其支付的全部培养费用,并再交付原告一至三倍违约金。原告和被告张志勇分别在合同上签了字,被告张林作为张志勇的担保人也在合同上签了字。被告张志勇在实习期间,原告还为其支付实习费用 955 元。被告张志勇经过五年培养学习,取得了大学本科学历。1994 年 7 月 1 日山东教委以鲁华(1994)字第 940659 号工作报到证,分配被告张志勇于同年 7 月 31 日前到委培单位东港公司报到工作。而被告张志勇未如期报到。原告又于同年 8 月 2 日发出催其报到函,被告拒绝到原告处工作,为此引起诉讼。

上述事实有下列证据证明:

1. 被告张志勇的入学通知书。

2. 新生入校登记表。

3. 委培合同书。

4. 分配工作报到证。

5. 山东大学招生简章。

（四）判案理由

济南市历城区人民法院认为：

原告东港公司和山东大学根据国家教育委员会(1986)教学字002号文件和山东招生委员会(1986)鲁招委字3号文件规定，签订了委培开办市场营销专业的合同书，符合国家有关文件规定。原告东港公司与被告张志勇签订的委培合同书主要内容也符合国家文件和上述合同的规定和精神。并且原、被告均在合同书上签名，应认定合同有效。被告张志勇是按照全国统一报考入学，从入学通知、学生登记表、学习期间实习、与原告单位领导见面，以至到毕业前一年签订委培合同书，被告张志勇对自己是原告单位的委托培养学生，原告已为其支付委培费用，毕业后应到原告单位工作，否则要赔偿原告经济损失等承担的责任是十分清楚的。被告对此事实予以否认，显系无据。被告称合同违背真实意愿，理由也不能成立。按照原、被告合同书约定，被告张志勇毕业后拒不到原告单位工作，原告要求其赔偿委托培养费用，应予支持。但对违约金条款的约定倍数没有依据，应参照现行有关经济法规规定予以确定。

（五）定案结论

济南市历城区人民法院根据《中华人民共和国民法通则》第八十八条第一款、第一百零六条、第一百零八条，《中华人民共和国经济合同法》第六条、第二十九条、第三十一条之规定，作出如下判决。

1. 被告张志勇、张林偿还原告东港实业有限公司已支付的委培费、实习费等共17705元。

2. 被告张志勇、张林承担原告东港实业有限公司经济损失(相当一倍于委托培养费的违约金)17705元。

3. 以上两项共计35410元，限被告张志勇、张林于本判决生效后30日内付清。

案件受理费1427元由被告张志勇、张林负担。

（六）解说

因委托培养大学生引起的诉讼案是新类型案件，过去十分罕见。法院受理此类案件后，社会和新闻界十分关注，《人民法院报》等多家报纸、电台作了报道，《中国教育报》社记者专程来法院采访，在社会上有一定影响。委托培养是伴随教育体制改革出现的一种人才培养制度。它是由用人单位(委托人)负责投资，教育主管部门批准、编制计划，随国家统一招考，在低于统招分数线一定幅度内择优录取，考生毕业后必须到委培单位工作的制度。

尽管这是一种新类型的纠纷，但这起纠纷的事实是十分清楚的，不难处理。被告张志勇、张林不管出于何种动机和目的，在委托人完成了对其智力投资后，以意思表示不真实和原告胁迫为由不去原告处工作，这是十分明显的违约行为。法院判令被告返还原告委托费、实习费并对原告的经济损失进行赔偿，这对促使考生在报考志愿时慎重选择和维护委托单位的经济利益具有启示作用。

（王继宝）

100. 史延萍诉华富房地产开发有限公司追索劳务报酬案

(一)首部

1. 判决书字号:海南省海口市中级人民法院(1993)海中法经初字第44号。

2. 案由:追索劳务报酬案。

3. 诉讼双方

原告:史延萍,女,27岁,汉族,甘肃省玉门市玉门镇人,现系海南海润物业发展有限公司职员。

委托代理人:宁捷,海南省华合涉台知识产权律师事务所律师。

被告:海南华富房地产开发有限公司(原海南华福房地产开发公司)。

法定代表人:李建华,总经理。

委托代理人:董增志,该公司主任。

委托代理人:韩波,海口市第二律师事务所律师。

4. 审级:一审。

5. 审判机关和审判组织

审判机关:海南省海口市中级人民法院。

合议庭组成人员:审判长:邓明球;审判员:林道科;代理审判员:易晓敏。

6. 审结时间:1994年9月27日。

(二)诉辩主张

1. 原告诉称:1993年第一季度,被告准备将通宝大厦销售,并于3月19日和4月19日两次在《海南日报》上登出售房广告。之后,到被告处询问的人较多,但得知被告的实际报价为每平方米3200元至3500元后,都认为价格偏高。客户提出如报价在每平方米3000元至3100元之间可以考虑。在这种情况下,被告发动职工联系客户,提出通宝大厦的销售搞承包。原告在积极联系客户的同时,还找了朋友郑平一起帮忙。郑平在与被告负责人接洽后,被告出具了一份不记名承诺书,明确提出"通宝大厦每平方米3300元以上价款归持书人"。后因郑平忙于其他项目,将通宝大厦的销售工作和承诺书交给原告。原告在做了大量工作之后,将通宝大厦以每平方米3400元的价格售出。当原告找被告要求兑现时,遭被告拒绝。根据我国法律,原告及其委托代理人认为,原告的要求是合理合法的,被告出具的不记名承诺书是有法律效力的,被告以公司财产系国家财产为由拒绝履行其义务是站不住脚的。故请求法院判令被告按照其出具的承诺书履行义务,向原告支付劳务报酬253万元,并赔偿一切经济损失和承担诉讼费用。

2. 被告辩称:原告原是被告经营部的一名职员,其本职工作就是负责公司房地产业务的经营和销售,负责通宝大厦的销售工作就是原告应做的一项工作和应尽的职责之一。原告做好本职工作,被告已按劳动合同和有关规定给付了劳动报酬——工资,并计划按公司奖励办法,根据贡献大小适当给予奖励。因此,原告无权再提出额外要求。另外,购买通宝大厦的客户并非是原告接洽的，是客户看到4月19日的《海南日报》刊登广告后产生购买意向，经有关人员、有关方面了解情况，现场考察，才到公司与经营部经理反复商谈，订立销售协议的。大厦销售过程包括市场行情分析、广告宣传、客户资信调查、项目谈判等，这些都是由经营部和公司其他人员负责的。因此，通宝大厦的销售工作是公司全体职工共同努力的结果，并非原告一人之功劳。承诺书是被告给郑平出具的，被告从未给原告出具过承诺书，原告从郑平处拿到承诺书是通宝大厦销售合同签订后的行为，因此是非法无效的。请求法院驳回原告起诉，赔偿由原告的诉讼行为给被告造成的一切经济损失。

（三）事实和证据

海口市中级人民法院经公开审理查明：1993年3月19日，被告与海口宏达经济开发公司对通宝大厦的销售订立了“联合经销协议书”一份，为此，被告于当日在《海南日报》上刊登销售广告。之后一个月，通宝大厦未销售出去。1993年4月11日，被告给郑平（无业人员）出具一份不记名承诺书，承诺“通宝大厦每平方米3300元以上价款归持书人”。后郑平也未能把通宝大厦销售出去，因此，郑平又把承诺书交给当时在被告经营部工作的职员史延萍（即原告）。此后，原告史延萍找到海南大禹房地产开发公司经理杨维政，并与杨维政一起到通宝大厦工地看了该项目的情况，接着又一起到被告处找到经营部经理李建平商谈，但杨维政因资金困难而未能购买通宝大厦。1993年4月19日，被告为了销售通宝大厦，再次在《海南日报》上刊登了广告。此后两天，海南琼港工程贸易有限公司的副总经理石强到杨维政家作客（杨系石的姑父），便与杨谈起4月19日《海南日报》上关于通宝大厦的销售广告之事，杨称认识被告方的李建平，当时即带石强到被告处找李建平商谈，并到工地看了项目情况。石强回公司后，把通宝大厦的情况向其总经理胡伟文汇报，胡表示同意购买通宝大厦。1993年4月25日，被告与海南琼港工程贸易有限公司签订了“通宝大厦买卖合同书”，被告以每平方米3400元人民币把通宝大厦卖给了海南琼港工程贸易有限公司。总价款为人民币86054782元。海南琼港工程贸易有限公司付给被告部分价款人民币17532000元。另查，被告于1993年11月23日，经海南省工商局批准，变更名称为海南华富房地产开发有限公司。

上述事实有下列证据证明：

1. 承诺书，写明“通宝大厦每平方米3300元以上价款归持书人”。

2. 海南华福房地产开发公司与海南琼港工程贸易有限公司所签“通宝大厦买卖合同书”。

3. 杨维政（海南大禹房地产开发公司经理）证明石强系通过杨维政与被告联系并签订合同的证言。

4. 证人石强（海南琼港工程贸易有限公司副总经理）证实其与被告签合同经过及第一次与史延萍见面时间的证言。

5. 对原告史延萍的询问笔录。

（四）判案理由

海口市中级人民法院认为：被告海南华富房地产开发有限公司与海南琼港工程贸易有限公司就通宝大厦所达成的买卖关系，系通过海南大禹房地产开发公司经理杨维政的中介作用而成交的。在此之前，虽然原告史延萍为通宝大厦的销售问题找过海南大禹房地产开发公司经理杨维政商谈，介绍杨维政购买通宝大厦，但因海南大禹房地产开发公司资金困难，该司经理杨维政没有购买通宝大厦。后来，通过杨维政的介绍，通宝大厦才被海南琼港工程贸易有限公司从被告处购买下来。通宝大厦所达成的买卖关系，原告史延萍并未起到中介作用。虽原告史延萍持不记名承诺书，但因其在买卖行为中未起到中介作用，也就未达到承诺书所附条件，其向被告要求支付通宝大厦买卖的中介费即劳务报酬，没有事实和法律依据，依法不予支持，应驳回原告史延萍的诉讼请求。

（五）定案结论

海口市中级人民法院根据《中华人民共和国民法通则》第八十四条第一款之规定，作出如下判决：

驳回原告史延萍的诉讼请求。

本案受理费人民币22670元由原告史延萍负担。

本案宣判后，原告及被告均未上诉。

（六）解说

该案发生在海南经济特区房地产热正处于高潮的时期，当时在海南类似“居间”、“经纪人”的情况是非常普遍的。本案立案后，在海南造成了一定的影响，如何处理这类案件，做到既要保护经纪人的权利，又要保护企业的合法权益，其处理结果将会是具有普遍意义的。因我国目前尚没有关于居间合同的法律法规，在处理上主要依据《民法通则》关于债的一般规定和民法基本原则予以处理。该案的特点是：首先，被告为出售楼房，向案外人郑平出据了不记名的承诺书，使承诺书针对了不特定的“持书人”，才最终引起了本案的发生；其次，原告史延萍从郑平手中取得了该承诺书后，确实进行了一定的中介行为，但其中介的另一方未与被告达成协议，因其中介行为未最终完成，导致了最后败诉的结果；第三，本案双方争议的标的较大、影响也比较大，涉诉标的253万元，立案后多家报刊、电视台进行了报道。该案的最终判决，虽以原告史延萍的败诉而终结，但它的意义不止于此，原告史延萍的起诉也使我们思考：如何以法律法规来规范经纪人在商品经济大潮中的行为，使其居间行为合法化，以保护居间双方的合法权益，这应是我们下一步关于立法的思考。

（杨雪冬）

101. 中国建设银行合江县支行诉合江县城镇建设开发公司委托拆迁安置合同案

（一）首部

1. 判决书字号：四川省合江县人民法院(1993)合经初字第47号。

2. 案由：委托拆迁安置合同案。

3. 诉讼双方

原告：中国建设银行合江县支行（下称合江建行）。

法定代表人：朱静，行长。

委托代理人：余祥章，该行职工。

委托代理人：王勇，该行职工。

被告：合江县城镇建设开发公司（下称开发公司）。

法定代表人:蒲崇华,经理。

委托代理人:刘志东,四川省合江县律师事务所律师。

委托代理人:韩德华,四川省合江县自来水公司职工。

4. 审级:一审。

5. 审判机关和审判组织

审判机关:四川省合江县人民法院。

合议庭组成人员:审判长:陈立生;审判员:李忠文;代理审判员:张吟秋。

6. 审结时间:1994 年 3 月 7 日。

(二)诉辩主张

1. 原告诉称:原告委托被告进行民房拆迁安置工作,被告应于合同期限内移交拆迁场地,但被告超期后仍借故推托,请求判令被告履行合同,并承担违约责任。

2. 被告辩称:交付场地迟延是因拆迁受阻,原告未及时提交拆迁文件和迟延拨款等原因所致,不是被告的责任。同时反诉请求判令原告拨付合同规定的款项 28.3 万元;增加新增拆迁户和面积,以及市场突变等因素应增加的费用 19 万元;给付为拆迁场地所建围墙堡坎费 6000 元。

3. 原告对被告之反诉辩称:合同以 38 万元费用包干,并包含了"不可预见费",故市场风险应由被告自己承受,对新增政策性收费可考虑适当补贴;被告未经同意而修建的围墙堡坎费用,原告不应负担。

(三)事实和证据

四川省合江县人民法院经公开审理查明:合江建行经批准修建营业、办公大楼,在修建地点需拆迁部分民房,即委托开发公司代为拆迁并修建安置房。合江建行对需拆迁居民的情况摸底后,与开发公司进行预算,经协商一致,于 1992 年 7 月 22 日正式签订委托拆迁安置协议。协议约定:(1)拆迁 16 个门牌号 14 户住家,面积约有 1232.66 平方米(面积以产权部门核定为准);(2)1992 年 7 月 15 日起至同年 10 月 15 日止,全部拆迁完毕,开发公司清理好场地办理移交;(3)拆迁费用包括拆迁手续费、不可预见费(双方协商时考虑到拆迁户数、面积不准确、被拆迁户一些设施不够清楚,致补偿费计算不准确而设定)、过渡安置费、安置房造价共 38 万元包干,合江建行不再另行付费;(4)付款于协议生效后先付 2 万元,拆迁完毕后付清,安置房按进度拨款。协议还约定不履行协议者承担违约金 1 万元,并订立了拆迁地办公楼修建由开发公司代建的意向性条款。

协议签订后,开发公司即开展工作。合江建行于当年 9 月份才提交拆迁许可证等手续,第一次拨款 1.7 万元,以后陆续拨款共 9.7 万元。开发公司在拆迁工作中核实,16 个门牌号内实际居住 20 个住户,按县房产公司核定的拆迁面积是 1388.21 平方米,比协议多出 6 户、155.55 平方米,即向合江建行提出增加费用的要求,合江建行未作表示。在此期间,拆迁工作因被拆迁户陈明德阻拦而拖延,开发公司申请行政裁决,合江建行委员会受理五个多月后,于 1993 年 3 月 22 日作出拆迁裁决书,生效后,开发公司向法院申请执行。法院于 4 月中旬执行完毕。拆迁基本完成时,开发公司未经合江建行同意,自行在拆迁场地修建临时围墙和堡坎,花费 6000 元,未向合江建行移交场地。合江建行向法院提起诉讼。经法院做工作,主持调解,双方于 7 月份正式交接了场地,合江建行付款 28.3 万元。合江建行接收场地后,自己办理办公楼修建事宜,未交开发公司代建,修建中,使用了临时堡坎的石料价值 1756

元。

开发公司于1992年9月10日发包、动工修建安置房(混合楼)。建设中,行政事业收费项目增加和提高标准;1992年底至1993年上半年的建材市场大波动,主要建材(钢材、木材、水泥等)价格上涨幅度高达80%至110%;供水供电和安装费也大幅度提高;政府指定的安置房修建地点又增加拆迁房、土地补偿等事项,开发公司在原协议预算范围以外,需多支出各项费用约11万元。为此,开发公司又向合江建行提出在原协议基础上增加费用,未得应允,双方发生纠纷。

以上事实有下列证据证明:

1. 双方签订的委托拆迁安置协议,各自编制的预算书,合江建行关于修建、拆迁的一系列批准文件,证明合江建行修建办公楼、拆迁民房和签订的协议符合法律和行政法规的规定。

2. 双方法定代表人和经办人就合同内容、协商通过"不可预见费"的特定含义等所作的陈述,其陈述内容基本一致,证明了合同是经协商一致,双方意思表示真实,以及合同用语的含义。

3. 合江建行拨款单据、拆迁许可证交付资料,证明了合江建行履行合同的情况。

4. 拆迁户口管理资料、产权部门面积核定文件,证明了实际拆迁户数和准确面积。

5. 开发公司与拆迁户订立的拆迁补偿协议,向行政机关申请裁决和法院执行等文书,证明开发公司履行合同的情况。

6. 泸州市建委关于1993年1月1日起调整建材、人工定额的文件;行政事业收费增加的文件;安置房修建审批、土地使用、拆迁民房、发包合同等文书;安置房耗用建材的建材市场价格调查、测算资料和数据,证明开发公司修建安置房在原预算范围外新增费用的事实。

7. 开发公司在拆迁场地修建临时围墙和堡坎的资料及勘验笔录,证明修建的情况和费用数据事实。

(四)判案理由

四川省合江县人民法院审理认为:

1. 合江建行与开发公司的委托拆迁安置协议是双方平等互利、协商一致签订的,符合法律和行政法规,有利城镇建设市场的开发培育,具有法律效力,双方均应全面履行。合江建行提交拆迁许可文件迟延,其拆迁时限应随之顺延。开发公司对拆迁中诸多因素考虑不足,拆迁受阻长达五个多月,障碍消除后也未及时移交场地,迟延履行应承担责任。鉴于诉讼中双方在法院主持下已履行完毕协议规定的义务,协议又未约定迟延履行的违约责任,也未造成直接经济损失,故不予追究。此外,代建办公楼属意向性约定,不是本协议的附条件行为,对双方当事人不具有法律约束力。

2. 拆迁中新增加的拆迁户和面积,由于双方在协议中明确约定,以38万元包干,已预见和考虑了拆迁户数和面积不够准确,被拆迁户一些设施不明,补偿费不便计算等因素,而以"不可预见费"包揽,因此不应增加费用,虽然开发公司多支付了费用,属正常的市场风险,应由开发公司自己承受。

3. 市场突变,新增政策性收费和增加了双方无法预见的项目,使当事人一方增加了较大的费用,应按情事变更原则处理。在履行合同中,修建安置房遇到计划经济向市场经济转轨,市场突变,主要建材价格上涨幅度高达80%至110%,新增行政事业收费、安置房修建地点拆迁和土地补偿等，均是双方协议时，没有预算的项目，也是双方难以预见的，且增加费用占原协议的 29%，全部由开发公司一方承受，显失公平，应当按情事变更原则，由合江建行给予调整和补偿。

4. 开发公司未经合江建行同意，擅自修建临时围墙和堡坎，虽对拆迁场地有保护之意，是为委托方利益着想，但不属于紧急情况，且双方相邻很近，应当事先取得委托方同意后才进行。因此，开发公司无权要求合江建行付款。但是，合江建行在接收场地后，使用了部分石料，应给付价款。

（五）定案结论

合江县人民法院根据所认定的事实、证据和判案理由，于 1994 年 3 月 7 日依照《中华人民共和国民法通则》第四条和《中华人民共和国经济合同法》第六条之规定，判决：

合江建行补偿开发公司拆迁安置费和堡坎材料费共计 9.5 万元，于判决生效后 3 个月内付清。

案件受理费、反诉受理费和勘验费共 2 万元，由合江建行和开发公司各负担 1 万元。

宣判后，原、被告都没有上诉。

（六）解说

本案是一件信托合同纠纷，是在城镇房地产市场、建设市场开发中出现的新类型案件。处理本案的关键是解决好两个问题：

1. 委托拆迁安置合同的性质和适用法律问题。本案当事人之间，是由建设方将建设工程的前期工作，即建设场地的民房拆迁和安置，委托开发公司完成，受托方以自己的名义进行民事行为，完成委托事项并承担法律责任所形成的委托合同关系。

双方设立的合同关系，不是委托代理关系，也不是建筑工程承包关系，而是信托合同关系，分述于下：

（1）不是委托代理关系，不适用《民法通则》关于代理的规定。开发公司接受委托，不是以合江建行的名义进行拆迁安置活动，而是以自己的名义为民事行为，与拆迁户签订补偿协议，拆迁受阻以自己的名义申请裁决和执行，安置房修建以自己的名义发包，等等。开发公司既以自己的名义进行上述活动，也以自己的名义对外承担法律责任，虽然它是受委托从事的活动，但行为的法律后果，不由委托人承担。这与委托代理关系中，代理人以被代理人的名义为民事行为，由被代理人对代理行为承担法律责任的法律特征有明显区别。因而不能适用委托代理的法律规定。

（2）不属建筑工程承包关系。开发公司受合江建行委托，修建安置房，是完成安置房建筑工程中建设方应履行的事项，不是承包修建工程，双方无发包与承包的法律关系，不适用建筑工程承包合同法律的规定。开发公司修建安置房，以自己的名义发包给第二建筑公司修建，从 7 月接受委托起，到 9 月发包，10 月动工修建，中间经过选址、报批、征地、拆迁、签订承包合同等阶段，是比较合理的工作进度，也是建设方（即合江建行）应进行的工作，不能要求受托方（即开发公司）像承包工程那样，从签订协议起就计算工程时间，从而将市场突变的风险推给受托方。

（3）本案合同性质属信托合同关系，是双方在生产领域中，为实现一定经济目的而达成的协议，属于《经济合同法》所指的其他经济合同范围，受该法的调整，同时受民法确立的各项原则调整。由于《经济合同法》对信托合同无明确具体的规定，我国民法又没有明确规定情事变更原则，因而本案只能适用《经济合同法》和《民法通则》的原则性规定，合法、合情、合理、公平地处理。

2. 合同包干费用的约定与当事人的预见问题。双方当事人对委托事项的费用，确定包干负责形式，并包含了"不可预见费"，一般说来，受托方已经同意承受一切风险责任，不应再有增加费用的要求。但是，经营活动中，受环境、条件、市场和行为目的诸多条件制约，签订合同时的预见和应当预见的范围是有限的。约定的"不可预见费"就有其特定的项目和内容，不是穷尽一切不可预见的事项。对当事人签约时已经预见和应当预见的事项，包括市场正常波动的风险，当事人应当承受其法律后果，对开发公司以增加了拆迁户和面积为由要求增加费用的请求，法院不予支持。然而，对当事人签约时难以预见、无法预见的情况出现时，如仍按原协议执行，一方将承受巨大损失，显失公平，则应予适当考虑。开发公司发包、修建安置房，按正常、合理的工作进度进行，遇上计划经济向市场经济转轨，基建热、开发热升温，建材市场主要建材价格暴涨，建设市场各项人工、机械、安装费用大增；政策性费用也新增项目和调高。这些，是签约时无法预见的。安置房的承建方按泸州市建委的文件也要求开发公司调整承包价格，开发公司新增费用高达11万元，已经超出其所应承受的范围，故可参照国际惯例，适用情事变更原则和我国民法确立的"公平、等价有偿"的原则，进行调整。合江县人民法院判决合江建行给予开发公司适当的补偿是正确的。

（陈立生）

102. 浏阳市小河出口花炮厂诉湖南省经济贸易律师事务所赔偿案

（一）首部

1. 判决书字号

一审判决书：湖南省长沙市东区人民法院（1994）东法经初字第96号。

二审判决书：湖南省长沙市中级人民法院（1994）长中经终字第514号。

2. 案由：赔偿案。

3. 诉讼双方

原告：浏阳市小河出口花炮厂。

法定代表人：伍锦喜，厂长。

委托代理人：文继忠，该厂副厂长。

委托代理人：朱同生，浏阳市第一律师事务所律师。

被告：湖南省经济贸易律师事务所。

法定代表人：王志强，主任。

委托代理人：刘政，该所律师。

4. 审级：二审。

5. 审判机关和审判组织

一审法院：湖南省长沙市东区人民法院。

合议庭组成人员:审判长:丁湘宁;审判员:朱星辉;代理审判员:粟建权。

二审法院:湖南省长沙市中级人民法院。

合议庭组成人员:审判长:唐雪平;代理审判员:刘英、蔡旭辉。

6. 审结时间

一审审结时间:1994 年 8 月 11 日。

二审审结时间:1994 年 11 月 9 日。

(二)一审诉辩主张

1. 原告诉称:1993 年 9 月 4 日,委托被告处理原告与河南省安阳市公贸日杂经销处花炮购销合同纠纷案件(以下简称“安阳案”)。1993 年 11 月 11 日,安阳市北关区人民法院对“安阳案”作出一审判决,被告的代理权应该终结。但被告指派的代理人刘政仍在 1993 年 11 月 12 日背着安阳市北关区人民法院和原告,与“安阳案”的被告签订了“双方调顶货物协议书”,造成安阳市北关区人民法院以双方已达成和解协议,并已履行完毕为由不予执行,给原告造成损失 164000 余元,应由被告赔偿。

2. 被告辩称:1993 年 11 月 11 日,“安阳案”开庭审理,定期宣判。次日(12 日)代理律师刘政征得原告同意与“安阳案”被告和解,签订了以货抵款的书面协议,没有超越代理权限。1993 年 12 月 4 日,代理律师刘政收到安阳市北关区人民法院于同年 11 月 29 日邮寄的一审判决书,其代理权没有终结。“安阳案”被告没按“调顶货物协议”履行,原告向法院申请强制执行,法院收取了执行费,理应依法按判决书强制执行。被告在代理该案中没有过错,不应承担赔偿责任。

(三)一审事实和证据

长沙市东区人民法院经审理查明:1993 年 9 月 4 日,原告与河南省安阳市公贸日杂经销处、安阳市通亚实业公司发生花炮购销合同纠纷,随即与被告订立了委托代理合同,被告接受委托后,指派刘政律师担任其一审诉讼代理人,其代理权限为特别授权代理。1993 年 11 月 11 日,刘政作为原告特别授权代理人,出庭参加“安阳案”诉讼。闭庭后的第二天(即 11 月 12 日),代理律师刘政与“安阳案”被告签订了“调顶货物协议书”。同年 12 月,“安阳案”被告将货物发往长沙,因所发货物与“协议”上规定的货物不符,“调顶货物协议书”无效。1994 年 5 月 19 日,原告向安阳市北关区人民法院申请按判决书强制执行,该院执行庭立案,收取了原告的执行费。在执行中,“安阳案”被告拿出“调顶货物协议书”,并告之法院,双方已按协议履行完毕。安阳市北关区人民法院据此对原告表示不再执行此案。鉴于损失难以追回,原告认为责任在被告,遂于 1994 年 6 月 7 日向本院提起诉讼,要求被告予以赔偿。

上述事实有下列证据证明:

1. 原、被告双方的陈述。

2. 双方签订的委托代理合同。

3. 原告在“安阳案”中的授权委托书。

4. 安阳市北关区人民法院出庭通知书。

5. 1993 年 11 月 29 日安阳市北关区人民法院寄给被告的判决书。

6. 1993 年 11 月 12 日被告与“安阳案”中的被告签订的“调顶货物协议书”。

7. 安阳市北关区人民法院出示的证明、发出的公函。

(四)一审判案理由

长沙市东区人民法院认为:

1. 原、被告双方签订的委托代理合同合法有效。

2."安阳案"法院只通知原告方代理律师刘政一人出庭参加诉讼,其授权委托书上写明的"特别授权代理"——即享有原告授予的代为承认、放弃、变更诉讼请求,进行和解,提起反诉或者上诉的特别代理权已得到法院的认可,并在诉讼中得到了体现。

3. 代理律师刘政在开庭的次日(即1993年11月12日)与"安阳案"被告签订"调顶货物协议",是在其代理权限内以原告名义所实施的民事法律行为,没有超越代理权,其代理权也没有终结。

(五)一审定案结论

一审法院依照《中华人民共和国民法通则》第六十三条第二款之规定作出如下判决:

驳回原告浏阳市小河出口花炮厂要求被告湖南省经济贸易律师事务所赔偿损失的诉讼请求。

本案诉讼费人民币6145元由原告承担。

(六)二审情况

1. 二审诉辩主张

(1)上诉人浏阳市小河出口花炮厂上诉称:原审判决认定被上诉人笼统的"特别授权代理"即享有上诉人授予的代为承认、放弃、变更诉讼请求,进行和解,提起反诉或者上诉的特别代理权,没有法律上的根据,不能成立。被上诉人的代理人是在背着人民法院和上诉人的情况下与"安阳案"的被告订立"调顶货物协议书"的,具有不可推卸的过错责任。由于被上诉人的过错行为给上诉人造成的损失应当依法赔偿。

(2)被上诉人湖南省经济贸易律师事务所表示服从原判。

2. 二审事实和证据

长沙市中级人民法院经审理查明:1993年9月4日,上诉人浏阳市小河出口花炮厂与河南省安阳市公贸日杂经销处、安阳市通亚实业公司发生花炮购销合同纠纷,上诉人随即与被上诉人湖南省经济贸易律师事务所订立了委托代理合同。被上诉人接受上诉人委托后,指派刘政律师担任上诉人"安阳案"一审诉讼代理人,其代理权限为特别授权代理。1993年11月6日,安阳市北关区人民法院以刘政为上诉人"安阳案"的特别授权代理人通知其一人代理上诉人出庭参加诉讼,刘政于1993年11月11日按通知准时出庭。闭庭后的次日(即1993年11月12日),代理律师刘政与"安阳案"被告方签订了"调顶货物协议书"。安阳市北关区人民法院未认可"安阳案"当事人双方所签的"调顶货物协议书",故该案未以调解结案,而是判决结案,并于1993年11月29日将判决书邮寄给代理律师刘政。判决书送达后,"安阳案"双方当事人均未在法定期限内提出上诉,故该判决已生效。同年12月"安阳案"被告将货物发往长沙,因所发货与"协议"上规定的货物不符等,上诉人拒绝接受,"调顶货物协议"按协议和法律规定均属无效。1994年5月19日,上诉人向安阳市北关区人民法院申请按生效的判决书强制执行,该院执行庭立案,收取了上诉人的执行费。在执行中,"安阳案"被告拿出"调顶货物协议书",并告之法院,双方已按协议履行完毕。安阳市北关区人民法院据此对上诉人表示不再执行此案。鉴于损失难以追回,上诉人认为责任在被上诉人,遂向长沙市东区人民法院起诉要求被上诉人予以赔偿。原审法院判决,驳回上诉人浏阳市小河出口花炮厂要求被上诉人湖南省经济贸易律师事务所赔偿损失的诉讼请求。

上述事实有下列证据证明：

(1)上诉人、被上诉人双方的陈述。

(2)双方签订的委托代理合同、授权委托书。

(3)安阳市北关区人民法院出庭通知书。

(4)1993年11月12日被上诉人与"安阳案"被告签订的"调顶货物协议书"。

(5)1993年11月29日安阳市北关区人民法院寄给被上诉人的判决书。

(6)安阳市北关区人民法院出示的证明、发出的公函。

(7)原审法院的判决书。

3. 二审判案理由

二审法院认为：上诉人与被上诉人签订的委托代理合同合法有效。"安阳案"中法院只通知代理律师刘政一人出庭参加诉讼，其授权委托书上写明的"特别授权代理"——即享有代为承认、放弃、变更诉讼请求，进行和解，提起反诉或者上诉的特别代理权已得到法院的认可，并在诉讼中得到了体现。代理律师刘政在开庭后次日，判决书下达之前与"安阳案"被告签订"调顶货物协议"是在其代理权限内以浏阳市小河出口花炮厂的名义所实施的民事法律行为，且其行为是在代理权终结前实施的。浏阳市小河出口花炮厂的诉讼请求应不予支持。原审认定事实清楚，适用法律正确。

4. 二审定案结论

长沙市中级人民法院依照《中华人民共和国民事诉讼法》第一百五十三条第一款第(一)项之规定，作出如下判决：

驳回上诉，维持原判。

本案受理费6145元由上诉人承担。

本判决为终审判决。

(七)解说

本案是发生在当事人和其代理人之间的经济损失赔偿案，定性并不复杂。审理本案的关键是被告与"安阳案"被告签订"调顶货物协议"这一行为是否属越权行为。原告与被告双方签订的委托代理合同明确载明被告的代理权限是"特别授权代理(全权代理)"，1993年11月6日安阳市北关区人民法院通知被告于11月11日一人出庭，被告的特别代理权得到法院的认可并在诉讼中得到体现，即被告在"安阳案"中有权承认、变更或放弃诉讼请求，进行和解，提起反诉或上诉。因此被告以被代理人浏阳小河出口花炮厂的名义与"安阳案"被告签订"调顶货物协议"并未越权。1993年11月12日，即"安阳案"闭庭次日，判决下达之前被告与"安阳案"被告签订"调顶货物协议"。同年11月29日，安阳市北关区人民法院向被告寄来"安阳案"一审判决书，说明被告与"安阳案"被告签订"调顶货物协议"时其代理权并未终结。原告经济损失是由"安阳案"被告既未按协议规定履行"调顶货物协议"又不执行"安阳案"一审判决所致，被告在"安阳案"中并无过错。因此，一、二审法院判决驳回浏阳市小河出口花炮厂要求湖南省经济贸易律师事务所赔偿"安阳案"中所受损失的诉讼请求是正确的。

(潘金钟)

103. 四川武陵卷烟厂诉江西抚州丙纶厂烟用丙纤棒产品质量损害赔偿案

(一)首部

1. 判决书字号

一审判决书:四川省黔江地区中级人民法院(1993)经初字第2号。

二审判决书:四川省高级人民法院(1994)高法经终字第108号。

2. 案由:烟用丙纤棒产品质量损害赔偿案。

3. 诉讼双方

原告(被上诉人):四川武陵卷烟厂。

法定代表人:李孝木,厂长。

委托代理人(一、二审):杨再勇,四川省秀山土家族苗族自治县法律顾问处律师。

委托代理人(一审):敖朝生,四川省秀山土家族苗族自治县法律顾问处律师。

被告(上诉人):江西抚州丙纶厂。

法定代表人:汤水源,厂长。

委托代理人(一、二审):陈青平,江西省抚州地区律师事务所律师。

委托代理人(一审):冯海水,该厂职工。

委托代理人(二审):郑为忠,该厂职工。

4. 审级:二审。

5. 审判机关和审判组织

一审法院:四川省黔江地区中级人民法院。

合议庭组成人员:审判长:陈清秀;审判员:邵其扬;代理审判员:冉景红。

二审法院:四川省高级人民法院。

合议庭组成人员:审判长:黄凌;代理审判员:王健、吴洪讯。

6. 审结时间

一审审结时间:1993年11月27日。

二审审结时间:1994年10月12日(依法延长审限)。

(二)一审诉辩主张

1. 原告诉称:原告因使用被告销售的不合格丙纤棒后,生产出来的成品烟不同程度地出现油浸污染而被迫降价销售及积压,造成直接经济损失4073939.68元,间接损失无法估量。诉请人民法院依法判令被告赔偿损失。

2. 被告辩称:被告销售给原告的丙纤棒是经检测合格后出厂供给用户的,根本不存在原告所述质量问题。即使有质量问题,按双方签订的合同规定亦只能作退货处理,被告不负质量赔偿责任。

3. 被告反诉称:原告拖欠被告丙纤棒货款计1076954元,诉请人民法院判令原告给付。

4. 原告对被告的反诉辩称:依双方合同约定,产品使用合格后付款,后因被告的丙纤棒属不合格产品，原告有权拒付其货款，诉请人民法院驳回被告的反诉请求。

（三）一审事实和证据

四川省黔江地区中级人民法院公开审理查明：

1991 年 11 月 14 日，江西抚州丙纶厂委派其业务员徐建云带着样品到四川武陵卷烟厂，双方签订了丙纤棒购销合同，数量为 120×7.8×2000 的丙纤棒 600 件，总价款为 22.8 万元。1992 年 2 月 28 日，江西抚州丙纶厂又委派供销科副科长詹耀宇与四川武陵卷烟厂签订了一份丙纤棒购销合同，数量为 5000 件，总价款为 190 万元。两份合同对产品质量标准均要求按“国标”办理（国标仅对丙纤棒的重量、圆周、硬度等作了规定，没有对其内在质量作规定），验收办法是以“武陵卷烟厂质检科验收合格为准”，结算方式为“产品使用合格后电汇或票汇”。合同还规定，“如质量不符退货处理，一切费用供方自负，一月内供方自行运回”。

合同签订后，自 1991 年 11 月 14 日至 1992 年 7 月 29 日，抚州丙纶厂先后 7 次将 4372 件丙纤棒送达武陵卷烟厂，产品合格证上仅有外观状况指标，没有内在质量指标。武陵卷烟厂按合同约定对丙纤棒的外在标准进行验收后，自 1991 年 11 月 15 日起至 1992 年 9 月 25 日止，开始将抚州丙纶厂提供的丙纤棒用于生产 84s 蜀都、84s 朱雀、84s 白虎三种牌号的卷烟，共使用丙纤棒 4178.2 件。武陵卷烟厂将生产出来的成品烟分批调给四川境内的什邡、绵阳、成都、乐山、大足等烟草公司投放市场销售。1992 年 5 月下旬至 6 月初，武陵卷烟厂陆续接到客户来函来电反映：蜀都、朱雀等牌号的香烟盒有“霉变”现象，自此，前来武陵卷烟厂订货的逐渐减少，产品开始出现滞销。为了减少损失，自 1992 年 6 月 8 日起，武陵卷烟厂相继决定：将 84s 蜀都牌香烟的调拨价由每条 4.35116 元先后降为 3.80 元、3.60 元、3.40 元；将 84s 朱雀牌香烟的调拨价由每条 3.63976 元，先后降为 3.30 元、3.20 元；将 84s 白虎牌香烟的调拨价由每条 4.35116 元，降为 3.60 元。

1992 年 9 月 25 日，武陵卷烟厂质检科在四川省秀山县技术质量监督部门的参与下，对同期使用的湖北咸宁、江苏泰县、河南吉首、江西抚州 4 个厂家生产的丙纤棒按规范的抽样程序进行抽样，放入发酵室加温至 50℃，3 天后，抚州丙纶厂生产的丙纤棒有明显的三醋酸甘油脂外溢，其他 3 个厂家生产的丙纤棒则没有这种现象。同年 10 月 4 日，武陵卷烟厂质检科又对上述 4 个厂家生产的丙纤棒作三醋酸甘油脂含量的定量分析，结果，抚州丙纶厂生产的丙纤棒的三醋酸甘油脂含量高出其他 3 个厂家同类产品三醋酸甘油脂含量的 6 倍以上。在此期间，四川省秀山县技术监督部门将抚州丙纶厂生产的丙纤棒抽样封包后，送四川省烟草质量监督检测站鉴定。同年 10 月 24 日，四川省烟草质量监督检测站的分析检测结果为：“江西抚州丙纶厂的丙纤棒三醋酸甘油脂含量明显过高，属不合格产品。”

据此，四川省秀山县技术监督部门召集武陵卷烟厂和抚州丙纶厂先后 3 次协商处理，未能达成一致意见。武陵卷烟厂遂对尚欠抚州丙纶厂货款 1076594 元拒付，并于 1993 年元月向人民法院提起诉讼。

1993 年 5 月 3 日，四川黔江地区会计师事务所根据受诉法院委托就武陵卷烟厂因丙纤棒质量不合格造成的直接经济损失进行会计鉴定结论为：武陵卷烟厂调出降价、库存等合计直接经济损失 2854744.27 元。

以上事实有下列证据证实：

1. 江西抚州丙纶厂与四川武陵卷烟厂于 1991 年 11 月 14 日和 1992 年 2 月 28 日签订的两份丙纤咀棒购销合同，均规定质量标准按国标（系物理标准）、验收办法以质检科验收合格为准，如质量不符作退货处理，一切费用供方自负，一月内供方自行运回。

2. 四川省秀山县技术质量监督局经过抽样检查判定被告所生产的丙纤咀棒为不合格产品。

3. 四川省烟草质检站1992年10月24日依据秀山县技术监督局抽样的江西抚州丙纶厂的咀棒进行分析检测结果和1993年7月10日依据四川省黔江地区中级人民法院抽样的江西抚州丙纶厂的咀棒进行分析检测结果均表明：江西抚州丙纶厂所生产的丙纤咀棒三醋酸甘油含量明显过高，属不合格产品。

4. 从各地销售部门退回的严重油浸卷烟计69231条现库存原告仓库，油浸烟经四川省烟草质检站测试其污染物质均同被告咀棒的三醋酸甘油脂为同一物。

5. 中国烟草总分司1988年印发的《烟用新型材料滤棒质量暂行规定》的通知中明确规定了丙纤咀棒应无污染异味。

6. 四川省黔江地区会计师事务所根据四川省黔江地区中级人民法院的委托就四川武陵卷烟厂因丙纤棒质量不合格造成的直接经济损失进行的会计鉴定结论。

（四）一审判案理由

四川省黔江地区中级人民法院依据以上事实和证据认为：三醋酸甘油脂在丙纤咀棒中的含量标准，目前尚无明文规定。但是，被告供给原告的丙纤咀棒经质检部门检测，高出同类产品的6倍，导致香烟污染而滞销，故应属不合格产品。根据双方所签合同，原告仅负有按"国标"检验该批丙纤咀棒质量的义务。但由于"国标"没有关于三醋酸甘油脂含量的规定，双方在合同中也未对此约定，对之加以检验已超出原告所负合同义务范围，故不能援引双方在合同中关于"如产品质量有问题，由需方通知作退货处理，供方在一个月内退回"的约定处理。被告根据此项约定，认为原告对其所供货物均已验收而无异议，不论其产品实际有无瑕疵，均视为合格产品的理由是不能成立的。被告仍应对其三醋酸甘油含量过高的不合格产品造成的危害负责。根据《中华人民共和国民法通则》第一百二十二条"因产品质量不合格造成他人财产、人身损害的，产品制造者、销售者应当依法承担民事责任"的规定，被告因提供不合格产品，造成原告财产损害，已构成产品侵权责任。原告提起侵权之诉，并无不当。

根据《中华人民共和国民法通则》第四条"民事活动应当遵循自愿、公平、等价有偿、诚实信用的原则"，原告发现被告所供产品质量不合格并给自己财产造成严重损害，便停止向对方支付货款，将自己之给付暂时保留，是允许的。相反，在一方当事人未履行对等给付的情况下，若强使对方当事人履行给付，则不能维持双方利益公平，违背法律公平、信用原则。故被告对原告提出的反诉，要求原告给付延期付款的违约金及赔偿金，因缺乏法律依据而不予支持。但是，被告在承担民事责任之后，意味着被告履行了对等给付，因此，原告将自己之给付的暂时保留，应同时解除。

（五）一审定案结论

根据《中华人民共和国民法通则》第一百二十二条的规定，四川省黔江地区中级人民法院作出判决：

1. 被告赔偿原告直接经济损失2854744.27元，原告支付被告货款1003090元，两相抵除，被告应给付原告1856654.27元以及资金占用利息损失（自1992年10月8日至付款之日止，月息按10‰计算）。

2. 库存于原告方的190.8件丙纤咀棒，由被告自行运回。

本案案件受理费、诉讼活动费、鉴定费、反诉案件受理费、诉讼活动费共计67510元，均由被告负担。

(六)二审情况

1. 二审诉辩主张

(1)一审判决后，被告江西抚州丙纶厂不服，向四川省高级人民法院提起上诉。其主要理由是：该产品符合国家《烟用新型材料滤棒质量暂行规定》及《江西省滤咀材料厂企业标准》；双方前后的两份合同，第一份合同已履行完毕并无争议，第二份合同因对方违约发生纠纷，本案应以第二份合同为处理依据；黔江地区会计师事务所鉴定结论指出根据被上诉人的消耗定额，上诉人所供丙纤咀棒只能生产2360565条香烟，但却计算了全部降价香烟4150250条，该结论自相矛盾；关于产品质量，两份合同均约定"如质量验收不符退货处理，一切费用供方负担"，故上诉人的终极责任为"退货"；本案应适用《中华人民共和国经济合同法》，原审法院适用《中华人民共和国民法通则》不当。

(2)被上诉人四川武陵卷烟厂答辩称：如江西抚州丙纶厂否认其产品的质量问题，在国家法定烟草质量检测部门已作定论的情况下，现仍可对存放于被上诉人库房的上诉人的丙纤咀棒及由外地退回的油浸卷烟进行科学检验和实验；关于损失问题，由于批量商品中的部分后果问题，不可能逐一选出有问题的部分，也无法划清界限，根据批量货物抽样检验确定其批量货物质量的一般规则，被上诉人只能与销售部门就该批货物存在的质量问题，合情协商，降价处理，以减少损失，当查清责任原因后，自然应由责任厂家负责赔偿损失等。

2. 二审事实和证据

四川省高级人民法院审理查明：

1991年11月14日，上诉人派业务员携带样品到被上诉人厂，与之签订购销合同。合同约定，上诉人向被上诉人提供120×7.8×2000的丙纤咀棒600件，每件380元。被上诉人经过试用，未发现产品异常，双方遂于1992年2月28日又签订同样的合同，产品数量5000件，规格、单价相同。此外，两份合同均约定：如质量不符退货，且费用供方自负。合同履行中，上诉人已供货4372件，被上诉人已付货款865367元。被上诉人1991年11月15日起使用该产品，用于生产84s蜀都、84s朱雀、84s白虎三种牌号卷烟，至1992年9月25日停止使用，共用去4178.2件，尚有库存190.8件(已除去上诉人1992年10月8日抽样取回用于检验的3件)。被上诉人所生产以上香烟分别售往四川境内的什邡、绵阳、成都、乐山、大足等烟草公司。1992年5月，被上诉人陆续收到客户函电，反映其蜀都、朱雀等香烟"霉变"，要求处理。被上诉人为了减少损失，维持产销关系，决定从同年6月8日起，对84s蜀都烟由每条4.35116元分别降为3.80元、3.60元、3.40元；84s朱雀烟由每条3.63976元分别降为3.30元、3.20元；84s白虎烟由每条4.35116元降为3.60元，同时查找原因。1992年9月25日，被上诉人质检科在当地技术质量部门参与下，对同期使用的湖北咸宁、江苏泰县、河南吉首、江西抚州4厂生产的丙纤咀棒按规范抽样，将样品放入发酵室加温到50℃，3日后，上诉人所产丙纤咀棒有明显三醋酸甘油脂外溢，其他3家产品无此现象。同年10月4日，被上诉人质检科又对上述4家所供丙纤咀棒三醋酸甘油脂含量作定量分析，结果上诉人所供丙纤咀棒三醋酸甘油脂含量高出其他3家6倍以上。1992年10月24日，被上诉人将上诉人的丙纤咀棒送四川省烟草质量监督检验站检验，同年26日，该站作出分析测试结果，结论为："江西抚州丙纶厂丙纤咀棒(120mm)经检验，每支咀棒的包纸出现油浸现象，卷制成品后，使小盒内层纸变色，严重影响了卷烟产品质量。此咀棒为不合格产品。"对此，双方进行多次协商，均因被上诉人索赔金额大，未能达成一致。被上诉人遂拒付尚欠上诉人货款1076594元，并于1993年1月向原审法院起诉。诉讼中，原审法院于1993年7月10日会同四川黔江地区技术监督局共同将上诉人之丙纤咀棒样品送四川省烟草质量监督检验站检验，该站于同年9月8日作出分析、测试结果："由外观可见，丙纶丝束咀棒蜀都牌卷烟从烟支的上端(滤咀部分)，内衬纸到小盒包装上部都明显地有油状渗出，咀棒的成型纸上也明显地有油浸现象。我站将上述卷烟送四川大学测试中心(经国家技术监督局计量认证合格的测试单位)作定性、定量分析。定性分析结果是咀棒成型纸和水松纸上含有三醋酸甘油脂。我站又将上述卷烟和我省合格产品丙纶丝束咀棒什梅牌卷烟送去作对照定量分析，分析结果是：蜀都卷烟每支咀棒含三醋酸甘油脂，污染原因是该卷烟中的滤棒中三醋酸甘油脂含量过高，渗出而引起的。"原审法院审理中委托四川省黔江地区会计师事务所对被上诉人因使用上诉人的不合格丙纤咀棒造成的直接经济损失进行鉴定，该事务所在查阅了被上诉人自1991年11月15日至1992年10月18日的会计资料后，作出鉴定结论为：蜀都、朱雀、白虎三种牌号香烟降价损失分别为2401902.94元、139854元、3886.74元，加上库存上述三种牌号卷烟报废损失等，共计2854744.27元。

3. 二审判案理由

四川省高级人民法院认为：上诉人供给被上诉人的丙纤咀棒，经四川省烟草质量检验站检验为不合格产品，被上诉人生产的84s蜀都、84s朱雀、84s白虎三种牌号的香烟受到三醋酸甘油脂污染系使用了上诉人的丙纤咀棒所致。上诉人称其丙纤咀棒是按照国家《烟用新型材料滤棒质量暂行规定》及《江西省滤咀材料厂企业标准》的规定生产，质量完全符合上述规定，而上述两规定仅对丙纤咀棒的质量、圆周、吸阻硬度、长度、圆度、白度及外观作规定，对在丙纤咀棒中起膨松、润滑作用的三醋酸甘油脂含量未作规定。上诉人与被上诉人先后签订了两份购销同样标的物的合同，在上诉人不能证明其两个合同分别所供的600件和5000件丙纤咀棒符合不污染的基本要求外，同时又不能区别被上诉人受到污染的香烟系第一份合同或第二份合同所供丙纤咀棒污染的情况下，上诉人应对自己不合格丙纤咀棒所造成的损失负责；双方在两份合同中虽约定"如质量不符作退货处理"，但这是对丙纤咀棒的物理指标合格与否的约定，并不包含对三醋酸甘油脂含量导致质量问题的约定。被上诉人使用了该丙纤咀棒，并最终因该咀棒内在的瑕疵造成损失，对此，上诉人应承担赔偿责任。其提出以"退货"为终极责任的上诉，理由不能成立。根据被上诉人的消耗定额，上诉人所供丙纤咀棒能生产2360565条香烟，而被上诉人实际降价处理4150250条香烟，超出1789685条香烟，其原因系被上诉人使用上诉人丙纤咀棒造成的油浸香烟所致，因此，该超出部分之损失亦应由上诉人承担。原审判决事实清楚，适用法律正确。

4. 二审定案结论

1994年10月12日，四川省高级人民法院依照《中华人民共和国民事诉讼法》第一百五十三条第一款第(一)项之规定，作出如下判决：

驳回上诉，维持原判。

二审案件受理费25510元、其他诉讼费4000元，共计29510元，由上诉人承担。

(七)解说

本案当事人争执的焦点，涉及到三个方面的问题：原告提起侵权之诉，被告说是合同纠纷；原告指控被告之丙纤咀棒有瑕疵，被告称其为合格产品；被告反诉原告拒付货款违约，原告称其拒付行为正当。这些问题，难以从现有的法律中获得直接而明确的答案，还得结合民法理论作深入的阐释，才能得出正确的结论。现作如下分析：

1. 原告提起侵权之诉，被告称是合同纠纷，此争议导源于违约责任与侵权责任的竞合。

我国法律对如何处理此种竞合问题没有作出规定，司法实践中除一些特殊领域，如产品质量责任、交通、医疗事故责任等按侵权处理外，其他所谓"违约性侵权"或"侵权性违约"一般按违约处理。但这种习惯做法已开始改变。1986 年 3 月，中国技术进出口总公司以瑞士工业资源公司采用欺诈手段与其签订钢材买卖合同为由，提起侵权之诉，要求被告返还货款、赔偿损失，获得我国法院支持。最高人民法院 1989 年 6 月在全国沿海地区涉外、涉港台经济审判工作的意见中指出："一个法律事实和法律行为有时可以同时产生两个法律关系，最常见的是债权关系与物权关系并存，或者被告的行为同时构成破坏合同或民事侵害。原告可以选择两者之中有利于自己的一种诉因提起诉讼，有管辖权的人民法院不应以存在其他诉因为由拒绝受理。但当事人不得就同一法律事实或法律行为分别以不同的诉因提起两个诉讼。"由此可以认为，我国法院已由禁止选择演进到允许当事人自由选择。

允许原告选择对其更有利的方式提起诉讼的请求，在于对权利提供充分保护。这对另一方当事人当然不利，可能导致加重其民事责任的后果，但却有利于促使义务的履行，况且，这种责任也是义务人依法应当承担的。

本案原告指控被告所产丙纤棒出现油浸，致原告受害。该指控如果成立，那么，被告的行为同合同责任的侵权责任的构成要件，出现责任竞合。根据前引最高人民法院之主张，原告完全可以选择二者中有利于自己的一种诉因起诉。现原告提起侵权之诉，当属无疑。

产品责任可分为产品契约责任和产品侵权责任。前者为单纯的违约责任，后者则又可分为单纯的产品侵权责任和竞合的产品侵权责任。所谓单纯的产品侵权责任，是指依合同法不属于瑕疵产品，而依产品质量法属于有缺陷产品，从而造成人身财产损害所构成的责任。所谓竞合的产品侵权责任，指违约的同时，又侵害产品使用者或消费者的人身、财产利益所构成的责任。本案正是竞合的产品侵权责任的范畴，司法实践中也是作为特殊侵权，实行严格责任制加以处理。所以，不论是允许还是禁止当事人选择有利于自己的诉因起诉，按侵权处理皆无不当。但我们认为应当允许当事人自由选择。

2. 双方对丙纤棒有无瑕疵之争，源自缺乏标准。被告所产丙纤棒亦称聚丙烯滤棒。它以聚丙烯丝束为原料，1988 年起在我国卷烟生产中试用，目前已广泛使用。对这种新型滤棒质量，有关方面仅对重量、圆周、吸阻、长度、圆度和外观等作了规定，而未涉及到滤棒三醋酸甘油脂含量的问题。双方当事人在合同中也没有对此约定。但本案可依常理推定。

生活中的一般常理，既无明文规定，也无共同约定，但却是大家都明白的道理。三醋酸甘油脂在滤咀棒中的含量，虽无规定和约定，然而脂液从丝束中渗透出来污染了香烟盒，不仅影响香烟的外观质量，还足以使人怀疑其内在质量，如怀疑香烟是否变质是否有害，等等。在这种情况下，任何消费者都不会乐意花钱买此油浸污染的香烟，这就是常理。因此，被告作为滤棒的制造者，甘油脂含量应控制在不致从丝束渗于外表为限，才是合理的。依常理，这是满足该产品应当具备的基本性能所必须达到的质量要求。被告供给原告之滤棒经检验，其三醋酸甘油脂含量超过同类厂家的 6 倍以上，省级专业技术部门结论为不合格产品，当属无疑。被告不能以没有法定和约定标准提出抗辩。

那么，双方在合同中约定，原告在收到货物时按“国标”检验，如果发现质量问题，一个月内告知被告，作退货处理。而原告均已验收，并未在约定期限内提出质量异议，应否视为滤棒合格？这也是双方当事人争执的一个问题。笔者认为，本案涉及的质量问题，不受双方约定的约束。因为三醋酸甘油脂含量没有法定标准，双方在合同中约定的“国标”不包括此等质量问题。同时，甘油脂含量过高是隐蔽性瑕疵，而且通过香烟的消费者才反馈给原告，采取一定技术手段才能搞清楚的。原告知道自己的权利受到侵害即向被告交涉，交涉无果即提起侵权之诉，没有超过诉讼时效。

3. 被告以原告拒付货款构成违约为由提起反诉，原告以被告产品有瑕疵，停止付款行为正当为由予以答辩。原告的答辩涉及双务合同中的同时履行抗辩权。

在双务合同中，一方当事人在对方当事人未履行或者未提出履行对等给付义务之前，可以拒绝履行自己所负担的合同义务。此种权利，谓之同时履行抗辩权。

同时履行抗辩权一般发生在合同没有明确哪一方先行履行给付或明确约定双方的债务在同一时间履行的场合。如果合同规定双方的债务在履行上有先有后，则后为履行的一方在对方不适当履行时，可援用同时履行抗辩权。

同时履行抗辩权之设立，在于保证合同双方对等给付，正确实现合同的目的，维护公平交易。我国法律虽然对此未作规定，但理论和实践上均承认同时履行抗辩权的存在，在审判实践中仍成为当事人一方在对方未为履行（或者虽为履行但不适当履行）前拒绝履行给付的理由。十分明显，一方当事人未履行对等给付的情况下，若强使对方当事人履行给付，则不能维持双方利益公平的合同信誉，有悖于民法通则所定公平、诚信原则。所以，行使同时履行抗辩权，是适用民法公平、诚信原则所产生的一种法律效果。

同时履行抗辩权的成立须具备以下条件：(1)须是双务合同，并且基于同一双务合同产生的具有对等给付的双务债务。(2)双方的债务均已到清偿期。双务合同双方债务的履行常有非同时履行的情形。如果在履行时间上有先有后，则应为先行履行的一方不得援用同时履行抗辩权，后为履行的一方在对方履行时间届满后或在对方延迟履行时可援用同时履行抗辩权。(3)当事人一方没有履行或没有提出履行，或履行不完全、不适当，而且是出自不能归责于当事人的原因。(4)对方有对等给付的能力。

本案原告以2128000元购买被告滤咀棒5600件，乃互为对价的双务合同；依合同“烟厂按国标验收合格后，将货款汇给丙纶厂”的约定，双方的债务均已到清偿期；被告（先为履行义务）虽已履行，但履行标的物有严重瑕疵，构成不适当履行；被告系大规模生产滤棒的专业厂家，有履行对等给付的可能。由此可见，原告的主张，符合同时履行抗辩权的构成要件。通俗地讲，原告用被告付给的丙纤咀棒生产的香烟，因丙纤咀棒三醋酸甘油脂过量，外溢烟盒外表，而削价甚至于卖不出去，原告声誉受到损害，财产遭受损失。在这种情况下，原告拒绝给付货款，正是行使同时履行抗辩权之正当行为，不构成违约。

当然，同时履行抗辩权并不是提出抗辩权的一方借对方未为对等履行而免除自己负担的合同义务的权利，而是将对方的履行或者提出履行作为自己同时履行的条件。一旦对方履行了对等给付，就得履行自己之给付。据此，在本案中，法院应判决被告承担未履行对等给付之责，即强制其履行对等给付，同时应判决原告履行给付货款的义务。

（王绍华　罗书平）

104. 海南阳光实业贸易发展总公司诉海口市秀英秀港土石方工程公司退还土地转让费案

(一)首部

1. 调解书字号:海南省海口市秀英区人民法院(1994)秀民初字第85号。

2. 案由:退还土地转让费案。

3. 诉讼双方

原告:海南阳光实业贸易发展总公司。

法定代表人:张雄,总经理。

委托代理人:曹铮,海南省对外经济律师事务所律师。

被告:海口市秀英秀港土石方工程公司。

法定代表人:李术平,经理。

委托代理人:吴琼新,该公司职员。

第三人:蜀兴信托投资公司。

法定代表人:王立新,经理。

委托代理人:肖洪有,海口市第二律师事务所律师。

委托代理人:马齐林,海口市第二律师事务所律师。

4. 审级:一审。

5. 审判机关和审判组织

审判机关:海南省海口市秀英区人民法院。

合议庭组成人员:审判长:吴军;审判员:黄少平;代理审判员:谭芳经。

6. 审结时间:1994年12月25日。

(二)诉辩主张

1. 原告诉称:1993年2月30日,原告与被告签订一份土地转让合同书,合同规定:被告将位于海口市秀英区海榆西线10公里北侧自用土地一块(地号6-38-1)商业用地19.51亩,转让给原告。原告即按每亩地价55万元人民币,总计价款10730500元全部付给被告。但被告交付原告的土地实际使用面积仅为14.95亩,价值约为8222500元。原告认为:双方签订的土地转让合同书已违背有关法律规定,是无效的。现诉诸法院:(1)请求法院认定土地转让合同书无效。(2)判令被告返还土地转让费9650745人民币。

2. 被告辩称:被告和原告本着互惠互利原则,经双方多次协商签订了土地转让合同书,该合同明确规定:转让土地面积为19.51亩(含公路和其他公共设施负担道路的占地面积4.56亩)。但原告诉称被告交付土地面积仅为14.95亩,乃其不懂征地代征路的基本征地知识,纯属无理之诉。被告认为双方所签的合同是有效的,应驳回原告的诉讼请求。

3. 第三人诉称:1993年3月22日,原告以从被告所购买的海口市秀英区海榆西线以北(地号6-38-1号)的集体土地建设用地使用证海口市集建(籍)字第J0025号作抵押,双方签订"蜀兴流贷字930026号"借款合同,原告向第三人贷款人民币2000万元,还款期限为

10天。第三人便依约将2000万元贷款如数付给原告。原告从贷款项中透支给被告地价款960余万元人民币，随即把土地使用证正本交给第三人抵押，贷款期限届满后，原告未按期清偿本息。为此被告出具担保，在作为“蜀兴流贷字930026号”贷款合同的担保上对我司作如下承诺：若原告逾期一年仍不能清偿贷款本息，同意第三人取得土地使用权并协助办理有关手续，第三人认为从贷款关系看，其对原告、被告享有到期债务追偿权，或是优先受偿返还的土地转让费，或是取得土地使用权，二者必居其一。

（三）事实和证据

海口市秀英区人民法院经审理查明：1993年2月30日，原告海南阳光实业贸易发展总公司与被告秀英秀港土石方工程公司签订一份土地转让合同书，合同规定：甲方（被告）将位于海口市秀英区海榆西线10公里北侧土地一块（地号6－38－1）商业用地19.51亩（含公路和其他设施负担道路的占地面积4.56亩），转让给乙方（原告）。每亩地价55万元人民币，总计地价款10730500元。合同签订后，原告由于资金短缺，无法支付给被告土地转让费，即向第三人蜀兴信托投资公司贷款。原告以所持有的海口市集建（籍）字第J0025号土地使用证作抵押，于1993年3月22日与第三人签订“蜀兴流贷字930026号”借贷合同，向第三人贷款2000万元人民币，还款期限为10天。第三人随即将2000万元人民币贷款如数拨付给原告。原告从中透支9650745元付给被告作土地转让费，并将该土地使用权证正本交予第三人抵押。后因原告未能按期还清本息，第三人便向被告说明原告以土地使用权证作抵押贷款一事，被告为此出具担保，对第三人作了承诺，若原告逾期一年后仍不能清偿贷款本息，同意第三人取得土地使用权并协助办理有关手续。现原告认为双方签订的土地转让合同书违背有关法律规定，应确认无效并要求被告返还所收取的土地转让费，被告不予答应，双方由此引起争执，原告遂向法院起诉。

以上事实有下列证据证明：

1. 原、被告1993年2月30日签订的土地转让合同书。

2. 原告与第三人1993年3月22日签订的蜀兴流贷字930026号借款合同。

3. 海口市土地管理局1992年8月15日关于村、经济社企业留用土地的批复。

4. 海口市集建（籍）字第J0025号集体土地建设用地使用证。

5. 双方当事人的陈述和双方代理人的代理词。

（四）判案理由

海口市秀英区人民法院根据上述事实和证据认为：

1. 原、被告于1993年2月30日签订的土地转让合同书违背了《海南经济特区土地使用权有偿出让转让规定》第六十四条第二款“以集体所有土地使用权作为与其他单位或个人联营条件，用于农、林、牧、渔业生产的可以转让或转租，用于非农业建设的不得转让或转租”的规定，属无效合同，应当返还土地转让费。

2. 原告于1993年3月22日向第三人贷款2000万元逾期未还，根据《借款合同条例》第十六条的规定，原告应当归还第三人的贷款。

（五）定案结论

在查明事实，分清是非的基础上，且遵循自愿合法的原则，海口市秀英区人民法院根据有关法律规定及《借款合同条例》进行调解，双方当事人及第三人自愿达成如下协议：

1. 原、被告于1993年2月30日签订的土地转让合同书予以解除。

2. 合同解除后，在本调解书送达生效之日起30日内，由被告直接偿还9650745元给第三人抵偿原告的贷款。

3. 本案诉讼费人民币58010元，原、被告各负担一半（即29005元）。

（六）解说

本案的关键问题是原、被告签订的土地转让合同是否有效。海南省人民政府于1990年3月26日公布施行的《海南经济特区土地使用权有偿出让转让规定》第六十四条明文规定，集体所有土地使用权用于非农业建设的不得转让或转租。本案争讼的土地为集体所有的，且为商业服务用地。原、被告违反地方行政法规，私自买卖土地，必然导致合同无效。因此法院认定原、被告签订的土地转让合同无效，并要求被告返还土地转让费是正确的。

（吴　军）

105. 海南省三亚农业生产资料公司诉海口兴琼物资贸易有限公司土地租赁合同案

（一）首部

1. 判决书字号

一审判决书：海南省海口市秀英区人民法院（1994）秀法民初字第74号。

二审判决书：海南省海口市中级人民法院（1994）海口民终字第80号。

2. 案由：土地租赁合同案。

3. 诉讼双方

原告（被上诉人）：海南省三亚农业生产资料公司。

法定代表人：陈帮彦，经理。

委托代理人：潘富雄，该公司副经理。

委托代理人：张能武，该公司法律顾问。

被告（被上诉人）：海口兴琼物资贸易有限公司。

法定代表人：潘心武，经理。

委托代理人：陈颖椿，该公司副经理。

委托代理人：邝才战，该公司副经理。

4. 审级：二审。

5. 审判机关和审判组织

一审法院：海南省海口市秀英区人民法院。

合议庭组成人员：审判长：黄少平；代理审判员：谭芳经、韩青。

二审法院：海南省海口市中级人民法院。

合议庭组成人员：审判长：符强；审判员：杨兹凤、何敦绽。

6. 审结时间

一审审结时间：1994年10月11日。

二审审结时间：1994年11月30日。

（二）一审诉辩主张

1. 原告诉称：1993年3月1日，原告与被告签订一份场地出租协议书。由原告出租仓库空地400平方米给被告作为经营钢材用地，出租期暂定一年。合同期满后，原告同意将租期延至5月底。现原告从整体出发，要将整个仓库（包括该场地）跟别人联营开发，并多次通知被告，要求被告自动搬走。但被告仍赖着不肯将场地交回原告使用，请求法院判令被告：(1)将堆放在场地内的钢材搬走；(2)将搭建在场地上的简易房屋拆除；(3)支付1994年4月至搬迁之日所承担的二分之一电话费；(4)支付1994年6月至搬迁之日所欠的租金；(5)承担本案诉讼费。

2. 被告辩称：被告与原告签订合同是事实，按合同规定，期满后在同等条件下，被告可优先继续租用。且原告还收被告的租金，原告未通知被告终止合同，就与别人联营，严重侵害被告权益。故要求原告承担因被告搬迁所造成的损失。

（三）一审事实和证据

海口市秀英区人民法院公开审理查明：原告与被告于1993年3月1日签订一份场地出租协议书，双方约定：原告将其仓库内场地400平方米出租给被告作为经营钢材用地。出租期暂定一年（从1993年3月1日至1994年2月底）；期满后，在同等条件下，原告应优先照顾被告租用等内容。合同期满后，原告继续收被告的1994年3月至5月租金，应视为双方同意租期延至5月底止。同年6月原告与别的单位联营开发整个仓库场地（包括该场地），要求被告将堆放在原告场地内的钢材搬走，并将其搭建在原告场地上的简易房屋拆除。同时停止向被告催交租金，被告以原告没有与其商量就将该场地与别人联营，剥夺了其在同等条件下优先租用的权利，而拒绝原告的要求。原告便向法院起诉，要求判令被告交回场地。

以上事实有下列证据证明：

1. 1993年3月1日原、被告签订的场地出租协议书。

2. 原告收被告1994年3至5月租金的收据。

3. 原告发给被告的搬迁通知。

4. 原告与海口海东永利实业有限公司签订的土地租赁合同。

5. 知情人对上述事实的证言。

（四）一审判案理由

海口市秀英区人民法院认为：原告与被告签订场地出租协议书系有效合同，双方当事人理应遵循履行。被告提出优先租用的约定，不能适用整个仓库场地的开发，本院不采纳。合同期满后，原、被告之间不存在租赁的法律关系，被告应独自将其财产搬迁。原告提出电话费用问题，证据不足，本院不予支持。合同期满后，被告未搬迁，给原告造成损失应偿付，按原来租金每月人民币1200元计算，从1994年6月起至搬迁日止。

（五）一审定案结论

海口市秀英区人民法院根据《中华人民共和国经济合同法》第三十九条第一项第四目规定，作出如下判决；

1. 被告海口兴琼物资贸易有限公司将其在原告海南省三亚农业生产资料公司场地内的财产，于本判决发生法律效力之日起10天内独自搬迁。

2. 被告海口兴琼物资贸易有限公司从1994年6月起至搬迁之日止，按原来每月人民币1200元的租金计付原告海南省三亚农业生产资料公司。

3. 驳回原告海南省三亚农业生产资料公司要求被告负担电话费的诉讼请求。

本案诉讼费586元由被告海口兴琼物资贸易有限公司负担。

(六)二审情况

1. 二审诉辩主张

一审法院判决后，上诉人海口兴琼物资贸易有限公司不服，以一审法院判决认定事实有误，剥夺其同等条件下的优先承租权为由向海口市中级人民法院提起上诉，要求改判。被上诉人以新合同条件与原合同条件并不同等为理由作出答辩，要求维持原判。

2. 二审事实和证据

经二审法院审理查明：上诉人海口兴琼物资贸易有限公司(简称兴琼公司)与被上诉人海南省三亚农业生产资料公司(简称三亚公司)于1993年3月1日签订场地出租协议一份，协议约定：三亚公司将其仓库场地内的400平方米场地出租给兴琼公司经营钢材。租期一年(1993年3月1日至1994年2月底止)，租金每月1200元，平均每月每平方米3元。租期满后，双方同意可续签，在同等条件下兴琼公司有优先承租权。合同期满后，三亚公司继续收取兴琼公司3月至5月租金，应视为双方同意续租至5月份止。1994年5月16日兴琼公司与三亚公司洽谈续租合同事，但未谈妥。1994年5月27日，三亚公司与海口海东永利实业有限公司签订土地租赁合同，将包括纠纷场地在内的整个仓库场地4.2亩出租给海口海东永利公司开发使用。租期5年(从1994年6月15日至1999年6月15日止)，租金每年30万元，每月租金2.5万元，平均每月每平方米9.018元。同时三亚公司停止向兴琼公司催交租金并要求兴琼公司交回场地，但兴琼公司以三亚公司剥夺其同等条件下的优先承租权为由而拒绝交回场地，要求续租。为此三亚公司诉至法院，要求兴琼公司将场地交回使用。

以上事实，有兴琼公司与三亚公司签订的场地出租协议、三亚公司与海口海东永利实业有限公司签订的合同书、有关收据等书证及双方询问笔录、旁证材料等证实，确实可信。

3. 二审判案理由

二审法院鉴于上述事实认为：上诉人兴琼公司与被上诉人三亚公司签订的场地出租协议系有效合同，双方应遵循履行。合同期满，被上诉人有以更优越的条件出租给他人的权利，上诉人要求享有同等条件下的优先承租权，但因条件不同等而失去其优先承租权。上诉人与被上诉人之间的租赁关系随着合同期满而消除，上诉人应独自将财物搬走，把场地交回上诉人，并应赔偿损失。上诉人上诉理由缺乏法律依据，不予采纳。原审认定事实清楚，证据确实，适用法律正确，应予维持。

4. 二审定案结论

海口市中级人民法院根据《中华人民共和国民事诉讼法》第一百五十三条第一款第(一)项之规定，判决如下：

驳回上诉，维持原判。

二审诉讼费586元由上诉人海口兴琼物资贸易有限公司负担。

(七)解说

本案海口兴琼物资贸易有限公司提出的同等条件是否成立，这是正确处理本案的关键问题。从案件事实可以看出，三亚农业生产资料公司和海口兴琼物资贸易有限公司签订的合同与三亚农业生产资料公司和海东永利实业公司签订的合同有两个不同：(1)面积增大。此案中，海南省三亚农业生产资料公司与海口兴琼物资贸易有限公司签订出租场地面积是

400 平方米,只是整个仓库场地的小部分。而海南省三亚农业生产资料公司与海口海东永利实业有限公司签订土地租赁是整个仓库场地 4.2 亩,约 2800 平方米,是原租面积的 7 倍。(2)租金增高。海南省三亚农业生产资料公司与海口兴琼物资贸易有限公司签订的租金每月 1200 元,平均每月每平方米 3 元。海南省三亚农业生产资料公司与海口海东永利实业有限公司签订的租金每月 2.5 万元,平均每月每平方米 9.018 元。以上两点足以说明三亚公司不是同等条件出租,因而海口兴琼物资贸易有限公司就失去优先承租的权利。

(黄少平)

106. 南京大鹏实业公司诉中国农业银行江苏省分行房屋集资联建纠纷案

(一)首部

1. 判决书字号

一审判决书:江苏省南京市建邺区人民法院(1993)建民初字第 154 号。

二审判决书:江苏省南京市中级人民法院(1993)宁民终字第 250 号。

2. 案由:房屋联建纠纷案。

3. 诉讼双方

原告(被上诉人):南京大鹏实业公司(以下简称大鹏公司)。

法定代表人:孙振亚,总经理。

委托代理人:李昌钰,该公司副总经理。

委托代理人:史继龄,该公司副总经理。

被告(上诉人):中国农业银行江苏省分行(以下简称省农行)。

法定代表人:潘承德,行长。

委托代理人:周笃生,该行行政处处长。

委托代理人:王敏,南京友谊服装总厂法律顾问。

委托代理人:沈独,江苏对外经济律师事务所律师。

4. 审级:二审。

5. 审判机关和审判组织

一审法院:江苏省南京市建邺区人民法院。

合议庭组成人员:审判长:赵法彭;代理审判员:于刚、陈潇。

二审法院:江苏省南京市中级人民法院。

合议庭组成人员:审判长:王睿;代理审判员:潘科明、陈言平。

6. 审结时间

一审审结时间:1993 年 4 月 23 日。

二审审结时间:1993 年 6 月 3 日。

(二)一审情况

1. 一审诉辩主张

(1)原告南京大鹏实业公司诉称：我公司于1992年2月21日和9月27日分别和省农行签订了"房屋集资联建协议"(下称协议)和"集资联建协议的补充条款"(下称补充条款)。协议和补充条款中约定了我方在本市建邺区泰仓巷2号地区建造综合楼和复建房，省农行提供资金620万元，我方待工程竣工后，按每平方米2000元计算划拨建筑面积3100平方米房屋归省农行所有。协议签订后我方全力投入了建房，现因国家政策变更，计划经济逐步向市场经济过渡，造成建材、工时价格全面大幅度上涨，我方不堪重负。为了我公司的的生存和使被拆迁户早日安居乐业，我方多次恳请省农行追加联建资金，并两次紧急致函被告，但被告不予理睬。为此特诉请法院，根据有关法律法规规定判决终止双方所签定协议和补充条款。

(2)被告省农行辩称：我行与原告所签订的协议及补充条款是经过南京市公证处公证的合法有效的协议。协议签订后，我行已先后向原告共计汇给了434万元联建集资款，协议中约定的每平方米按2000元计算之价格标准属住宅设计标准的包干费用。此外原告所言建材等涨价事宜亦言过其实，故要求原告继续履行协议及补充条款。

2. 一审事实和证据

南京市建邺区人民法院经审理查明：大鹏公司经有关部门批准在本市泰仓巷2号地区实施拆迁，翻建综合楼和复建房后，即于1992年2月和9月与省农行分别签订了协议和补充条款，约定由大鹏公司向省农行集资620万元，大鹏公司待房屋竣工后，即划拨建筑面积3100平方米房屋归省农行所有。协议和补充条款签订后，原告方积极安排施工，省农行自1992年6月起先后5次共向大鹏公司汇入434万元集资款。但近一段时间来，建筑材料、工时价格和建房费用确实上涨幅度甚大，原告根据情势变更的客观情况向省农行提出追加联建集资款，并两次致函省农行，但省农行未予理睬。大鹏公司为此诉请本院要求终止与被告所签订协议及其补充条款。审理中，省农行认为所签订协议及补充条款经过了公证，合法有效，要求大鹏公司继续履行，双方各执己见。

上述事实有下列证据证明：

(1)南京市公证处(91)宁证内经字第1272号公证书。

(2)江苏省拆许字(1992)第045号城市房屋拆迁许可证。

(3)双方签订的集资联建协议及补充条款。

(4)南京市公证处(92)宁证内经字第1012号公证书。

(5)中国农业银行江苏省信托投资公司催款通知书。

(6)双方签收的同城五联转帐支票和收据。

(7)在建工程费用一览表。

(8)受诉法院的调查笔录、开庭笔录。

(9)双方来往的函件。

3. 一审判案理由

南京市建邺区人民法院根据上述事实和证据认为：

大鹏公司与省农行所签订之协议及补充条款是一种名为联建实为买卖的协议。原告鉴于当前政策发生变化，建材、工时价格、工程造价大幅度上涨的客观情况，在与被告协商不成的情况下，根据国家城市规划及房地产管理有关规定和政策，在未办理产权转移手续之前诉请与省农行终止所签协议及补充条款，并无不当，但大鹏公司必须承担相应的违约责任。

4. 一审定案结论

一审法院依照《中华人民共和国民法通则》第四条、第一百三十四条第一款第(四)、(八)项之规定，作出如下判决：

(1)终止大鹏公司与省农行1992年2月、1992年9月所签订的集资联建协议和关于集资联建协议的补充条款。

(2)大鹏公司自本判决生效之日起30日内一次性返还省农行人民币434万元。

(3)大鹏公司自本判决生效之日起10日内，一次性给付省农行违约金31万元。

本案受理费41010元，办案费200元，由大鹏公司和省农行各负担20605元。

(三)二审诉辩主张

1. 上诉人省农行诉称：协议和补充条款系房屋联建合同，终止该合同的理由不当，要求继续履行该合同。

2. 被上诉人大鹏公司辩称：该合同系买卖合同，双方已经失去合作基础，原审法院判决是正确的，要求维持原判。

(四)二审事实和证据

南京市中级人民法院审理查明：1991年初，大鹏公司批准在南京市泰仓巷2号地区划拨2000平方米土地新建综合楼。同年12月，大鹏公司向中国农业银行江苏省信托投资公司(以下简称农行投资公司)贷款300万元，用于泰仓巷基建工程。1992年2月，经农行投资公司介绍，省农行与大鹏公司达成集资联建协议，并于同年9月又签订了关于集资联建协议的补充条款，约定省农行投资620万元，应得01幢东侧2个单元1至9层房屋，总建筑面积3100平方米，每平方米2000元。此后，大鹏公司全面负责组织施工及建筑材料采购，省农行自1992年9月30日起，先后5次共给付大鹏公司434万元。按约定，尚余186万元在主体工程基本完工时给付124万元，竣工后交付省农行时全部偿清。

在房屋建设过程中，因国家对建材价格调整，大鹏公司提出三大材价格大幅度放开上涨，造成建房成本急剧上升，远远超过原来的预算，使得联建资金产生极大缺口，超出公司承受能力，要求省农行增加联建资金。省农行未同意大鹏公司要求。

1993年2月，大鹏公司向省农行发出书面函件，要求商谈。同年3月大鹏公司再次向省农行提出将联建金额增至每平方米3100元的要求，并表示如省农行不同意，则终止联建协议，退还全部投资和利息。省农行未予答复。1993年3月13日，大鹏公司向建邺区人民法院提起诉讼。

在审理中，南京市中级人民法院委托中国人民建设银行南京分行对大鹏公司在泰仓巷2号地区共建房造价进行鉴定，鉴定结论为每平方米造价2609.10元。

上述事实有下列证据证明。

1. 一审所提供所有证据。

2. 南京建行的鉴定报告。

3. 双方当事人的陈述。

(五)二审判案理由

二审法院认为：大鹏公司与省农行在自愿的基础上签订的集资联建协议及补充条款系联建合同，其内容与现行法律政策无相悖之处。省农行要求继续履行合同，应予支持。原审法院判决终止合同欠当，应予改判。鉴于当时国家建材价格进行政策性调整，建筑有关费用大幅度增加，客观上发生了非因大鹏公司过错和预料的情事变化，如果按原合同约定的关于住宅设计标准的定价执行，显失公平，应予变更。中国人民建设银行南京分行的鉴定结论中认定的利润，因考虑系双方联建，应予适当调整。

（六）二审定案结论

江苏省南京市中级人民法院根据《中华人民共和国民事诉讼法》第一百五十三条第一款第（二）项的规定，判决如下：

1. 撤销本市建邺区人民法院（1993）建民初字第154号民事判决；

2. 变更大鹏公司和省农行签定的关于集资联建协议的补充条款第一条住宅设计标准定价为每平方米2563.79元。省农行在本判决生效后3日内再给付大鹏公司集资建房款3607749元整。

3. 坐落本市泰仓巷2号地区01幢东侧2个单元1至9层房屋产权归省农行所有。

一审诉讼费41210元，由大鹏公司和省农行各负担20605元。二审案件受理案41210元，鉴定费3万元，共计71210元，由大鹏公司和省农行各负担35605元。

本判决为终审判决。

（七）解说

本案主要问题是确定大鹏公司与省农行所签订的协议及补充条款是房屋联建合同，而不是房屋买卖合同。

房屋联建合同是双方当事人利用各自的优势条件联合建房，开发房地产的一种便捷、有效的方法，因而是房地产开发中的一种比较普遍的形式。房屋买卖合同最本质的特征是所有权发生转移，一方出让产权获得价款，另一方得到产权支付价款。从本案的法律关系看，争议的房屋产权在合同订立时，乃至发生争议时，都不存在，只存在基建规划设计图纸上，因此，大鹏公司所拥有的只是政府部门批准的规划工程许可证及建筑执照，享有的是一种对该土地实施房地产开发的权利。大鹏公司凭借这种权利，吸引省农行的资金，并与省农行联合开发，省农行所支付的价款是联合建房的投资款，并不是所谓的房屋买卖的预付款。合同中约定所得的部分房屋产权，是投资以后按比例应得的报酬。因此，一审法院确认该案的性质为房屋买卖是错误的。二审法院正确认定案件性质，并判令双方继续履行合同是恰当的。

（刘　斌）

行政审判案例卷

第一篇　公安行政管理纠纷案例

1. 陈金方不服武汉市公安局武昌分局治安管理处罚案

(一)首部

1. 判决书字号

一审判决书:湖北省武汉市武昌区人民法院(1994)武区法行初字第 28 号。

二审判决书:湖北省武汉市中级人民法院(1994)武行终字第 51 号。

2. 案由:不服治安管理处罚案。

3. 诉讼双方

原告(上诉人):陈金方,男,41 岁,汉族,武汉市新洲县人,湖北省税务局干部,住湖北省税务学校宿舍。

一审委托代理人:杨力,武汉大学法学院研究生。

被告(被上诉人):武汉市公安局武昌分局。

法定代表人:李明,局长。

一、二审委托代理人:官本玉、姜枫,男,该局干部。

4. 审级:二审。

5. 审判机关和审判组织

一审法院:湖北省武汉市武昌区人民法院。

合议庭组成人员:审判长:王勇睿;人民陪审员:陈方、郭伟志。

二审法院:湖北省武汉市中级人民法院。

合议庭组成人员:审判长:王晓华;审判员:李书祥;代理审判员:肖丹。

6. 审结时间

一审审结时间:1994 年 8 月 31 日。

二审审结时间:1994 年 11 月 24 日。

(二)一审诉辩主张

1. 被诉具体行政行为:1994 年 4 月 21 日晚,原告与邻居周尚春夫妇为拉电保险闸发生纠纷,继而相互殴打,后被人拉开。1994 年 5 月 18 日,被告以原告殴打他人为由,对原告作出第 940548 号治安管理处罚裁决书,决定对陈金方行政拘留 15 天。原告不服,向武汉市公安局申请复议,经复议维持原处罚决定。陈金方遂向武汉市武昌区人民法院提起行政诉讼。

2. 原告诉称：被告武汉市公安局武昌分局的裁决书所认定的事实不清，证据不足，且处罚显失公平，请求人民法院依法判决予以撤销。其主要理由是：原告之妻周秋桂因肾脏移植手术，遵医嘱在家静养。1994年4月21日晚，住原告楼上的居民周尚春及其妻夏莲珠等多人在家打麻将，声音较大，影响了原告之妻周秋桂的休息，故上楼拉了周家的电保险闸。周及妻夏莲珠见灯熄即外出查看，并将原告家的电保险闸拉掉。为此，双方发生争吵和相互殴打。陈金方之妻周秋桂闻声前来劝阻时，被夏用扫帚柄打伤。在这种情况下，被告只听一面之词，就对原告作出行政处罚，这是违法的行政行为。

3. 被告辩称：陈金方与周尚春宿怨较深，此次又借故拉掉周家的电保险闸，主动挑起事端，说明陈殴打他人是有主观恶意，且陈殴打他人事实清楚，证据充分，根据《中华人民共和国治安管理处罚条例》第二十二条，决定对陈金方治安拘留15天的处罚是正确的，请法院判决维持。

（三）一审事实和证据

法院经审理查明：原告陈金方曾因与周尚春在校保卫科一同工作时闹矛盾，后被调到另一科室工作。1994年4月21日晚，陈以周尚春家打麻将影响妻子的休息为由，上楼将周家的电保险闸拉掉，从而引起争吵和互相殴打，后在邻居钱标艳、吴翠兰、郭玉春、姜巧兰、刘黎明、郝庆华、阳前林等众人的极力劝阻下，才平息了事态。

上述事实有如下证据证明：

1. 陈金方、周尚春、夏莲珠、周秋桂等当事人陈述。

2. 钱标艳、吴翠兰、郭玉春、姜巧兰、刘黎明、郝庆华、阳前林等证人的证言。

3. 有陈金方、周尚春、夏莲珠的法医鉴定书在卷为据。

4. 武昌区公安分局处罚裁决书。

5. 武汉市公安局申诉裁决书。

（四）一审判案理由

法院认为：原告陈金方拉掉周尚春家的电保险闸，首先挑起事端，而后在相互殴打中，又将周打成轻微伤，其行为违反了《中华人民共和国治安管理处罚条例》的有关规定，依法应当予以处罚。但当事人夏莲珠在电闸被拉的情况下也不冷静，针锋相对地将原告的电闸拉掉，并用扫帚柄将原告和原告之妻两人打成轻微伤，其行为同样违反了《中华人民共和国治安管理处罚条例》的有关规定，也应当受到治安管理处罚。被告武汉市公安局武昌分局根据当事人各自应当承担的责任，对原告陈金方治安行政拘留15天，对当事人夏莲珠罚款50元的处罚，适用法律法规正确，符合法定程序，依法应当维持。

（五）一审定案结论

根据《中华人民共和国行政诉讼法》第五十四条第（一）项之规定，作出如下判决：

维持武汉市公安局武昌分局1994年5月18日第940548号给予陈金方拘留15天的治安管理处罚裁决。

诉讼费30元由原告陈金方承担。

（六）二审情况

1. 二审诉辩主张

（1）上诉人陈金方诉称：被上诉人对上诉人作出治安处罚时，取证程序违法，且认定事实不清，证据不足。被上诉人对上诉人处以15天治安拘留，裁决当事人夏莲珠仅罚款50元处理，显失公平，原审法院判决维持被上诉人作出的治安裁决，违反了《中华人民共和国行政诉讼法》的有关规定，据此向武汉市中级人民法院提起上诉，请求撤销原审判决，撤销被上诉人对上诉人作出的治安处罚裁决。

(2)被上诉人辩称：上诉人的理由是缺乏道理的，原审法院的处理是正确的，因此请求二审法院依法驳回上诉人的诉讼请求，维护被上诉人依法行政。

2. 二审事实和证据

上诉人陈金方于 1994 年 4 月 21 日晚 11 时许，因居住楼上的周尚春家中吵闹，影响其妻手术后的休息，即上楼拉了周家的电保险闸，为此，周尚春和周妻夏莲珠与上诉人陈金方争吵和相互殴打，后被人劝解平息。被上诉人在处理此事过程中，上诉人及其妻周秋桂、当事人周尚春经法医鉴定均为轻微伤。1994 年 5 月 18 日，被上诉人以上诉人殴打他人，作出第 940548 号治安管理处罚裁决书，陈不服，向武汉市公安局申请复议，同年 5 月 31 日，武汉市公安局以第 064 号申诉裁决书，决定维持原裁决。陈金方遂提起行政诉讼。一审法院在审理过程中，发现被上诉人对具有违反治安管理行为的夏莲珠未作出处理，即提出司法建议。被上诉人接受司法建议，于同年 7 月 30 日，对当事人夏莲珠以殴打他人作出罚款 50 元的治安处罚决定。

二审法院认为：上述事实有当事人陈述、证人证言、法医鉴定书、司法建议书、武昌区公安分局的治安裁决、武汉市公安局申诉裁决等证据为证。

3. 二审判案理由

上诉人陈金方挑起事端，殴打他人事实存在，并造成一人轻微伤害，应受治安管理处罚。夏莲珠在相互殴打过程中使用扫帚柄，造成二人轻微伤害，亦应受治安管理处罚。但被上诉人对二相对人的处罚，显失公平，应当依法予以变更。

4. 二审定案结论

根据《中华人民共和国行政诉讼法》第五十四条第(四)项、第六十一条第(三)项的规定，作出如下判决：

(1)撤销武昌区人民法院(1994)武区法行初字第 28 号行政判决。

(2)变更武汉市公安局武昌分局 1994 年 5 月 18 日 940548 号治安管理处罚裁决。

(3)给予陈金方治安罚款 50 元的处罚。

本案一、二审案件受理费各 30 元，由上诉人、被上诉人各承担一半。

(七)解说

此案一、二审法院认定的案件事实和采纳的证据基本上是一致的，但在处理结案上出现明显的不同：原审法院维持被告作出的治安处罚决定，二审法院却变更了被告的治安处罚决定。究其原因，主要是一、二审法院对行政机关自由裁量行为中的显失公正认识不一致。这既是一个理论问题，也是一个实践问题，需要加强研究，统一认识。所谓显失公正是指行政机关在法律、法规设立的罚种和幅度内所作的明显不公正的行政处罚，它是指超过一定度的不合理的自由裁量行为而不是指超过法律、法规设立的罚种和幅度的违法行政行为。本案原告陈金方因故意挑起事端，殴打他人，造成一人轻微伤害，被告给予原告最重的行政拘留 15 天的处罚，当事人夏莲珠对原告挑起的事端“针尖对麦芒”，在相互殴打过程中使用凶器，造成二人轻微伤害，而被告不作处罚。当原告提起行政诉讼，人民法院提出司法建议之后，被告才对其仅作罚款 50 元的治安处罚，这种行为显然属于畸重畸轻，是明显的对同类违法行为给予一重一轻的处罚，武汉市中级人民法院经过认真审理判决变更被告所作的行政处罚是合法正确的。

本案需要说明两点：其一，一、二审法院都没有把当事人周尚春、夏莲珠列为此案的行政诉讼第三人。根据《中华人民共和国行政诉讼法》第二十七条规定："同提起诉讼的具体行政行为有利害关系的其他公民、法人或其他组织，可以作为第三人申请参加诉讼，或者由人民法院通知参加诉讼。"被告武汉市公安局武昌分局在处理这起治安案件中，周尚春、夏莲珠是主要的当事人，而且夏莲珠违反《中华人民共和国治安管理处罚条例》，已经受到罚款50元的行政处罚，与本案公安机关形成了行政法律关系，并同原告提起诉讼的具体行政行为有直接的利害关系，因此，应当将夏莲珠、周尚春列为本案诉讼的第三人，以维护各方当事人的诉讼权利。其二，审理本案的合议庭是由一名审判员和两名人民陪审员组成的，这是符合《行政诉讼法》第四十六条关于"人民法院审理行政案件，由审判员组成合议庭，或者由审判员、陪审员组成合议庭"之规定的。行政审判实践中，对社会影响较大的案件、涉及较强专业技术性问题的案件和某些重大复杂的案件，由人民陪审员参加审判，可以更好地发挥他们熟悉群众、社会经验丰富、具有专业知识等特殊作用。

（金志华）

2. 武宪珍不服东光县公安局治安管理处罚案

（一）首部

1. 判决书字号

一审判决书：河北省东光县人民法院(1994)东行初字第2号。

二审判决书：河北省沧州市中级人民法院(1994)沧行终字第28号。

2. 案由：不服治安管理处罚案。

3. 诉讼双方

原告（上诉人）：武宪珍，女，55岁，汉族，吉林省抚松县松江河林业局贮木厂职工，现住河北省东光县城内房产家属院。

委托代理人：闫海星，东光县律师事务所律师。

被告（被上诉人）：东光县公安局。

法定代表人：李桂洪，局长。

委托代理人：牟林鹏，该局干部。

4. 审级：二审。

5. 审判机关和审判组织

一审法院：河北省东光县人民法院。

合议庭组成人员：审判长：于平；审判员：鲁振明、赵广宇。

二审法院：河北省沧州市中级人民法院。

合议庭组成人员：审判长：田风才；审判员：沈继民、陈清林。

6. 审结时间

一审审结时间:1994 年 7 月 30 日。

二审审结时间:1994 年 12 月 17 日。

(二)一审情况

1. 一审诉辩主张

(1)被诉具体行政行为:1992 年 10 月 31 日上午,东光县建筑公司的工人去县林产品公司买木材,将拖拉机停在了武宪珍的门口,武因不能出入,与其发生口角,林产品公司经理徐秀贞出来劝架,二人因话不投机撕打起来,在撕打中,徐将武的左前臂和右脸部打伤,后经沧州地区公安处法医门诊鉴定为轻微伤,东光镇派出所依据《中华人民共和国治安管理处罚条例》作出对徐秀贞警告处罚,并令其赔偿武宪珍医疗费 300 元的裁决,武宪珍不服,向东光县公安局申请复议,经复议,维持了原处罚裁决。

(2)原告诉称:因拉木材的拖拉机堵着我门出不去,和他们发生口角,徐秀贞出来不分青红皂白将我指责了一顿,我一争辩,她就上来打我,徐进了我屋拽着我的头发朝我耳部猛打,打得我耳鸣头晕,疼痛难忍,后被人拉开。徐对我早就怀恨在心,伺机报复。我被打伤后,头痛、右耳听力下降,去沧州医院检查为右耳膜穿孔。我一面积极治疗,一面不断向公安局反映情况,但个别办案人员明知我耳膜穿孔系重伤,故意不予认定,包庇徐秀贞不受追诉,直至一年多,才作出处罚决定,我申请复议后,东光县公安局维持了原处罚裁决。行政复议决定书认定事实不符,对违反治安管理人处理偏轻,经济赔偿显失公平,要求法院依法撤销。

(3)被告辩称:徐秀贞和武宪珍在撕打中,互有损伤,武的伤情经沧州地区公安处法医门诊鉴定为轻微伤。此案经东光镇派出所多次调解无效,该所于 1994 年 4 月 26 日作出裁决,给予徐秀贞治安警告处罚,并令其赔偿武医疗费 300 元。武不服裁决,向我局申请复议。我局经审查认定,原裁决事实清楚,处罚适当,赔偿合理,故于 1994 年 5 月 25 日作出维持原裁决的复议决定书,请法院公正判决。

2. 一审事实和证据

法院经审理查明:原告武宪珍系吉林省松江河林业局贮木厂职工,因联系木材经销业务与东光县林产品公司经理徐秀贞相识,原告之夫系该公司副经理,常驻东北。原告与徐素有积怨。1992 年 10 月 31 日,东光县建筑公司的工人开着拖拉机去买木材,把车停在了武的门口,武因出入不便与买木材的人发生口角,徐秀贞出来劝解,因话不投机,两人互相对吵对骂,并撕打起来,徐的脖子、脸部被武打伤,武的左前臂、右脸被徐打伤。后经沧州地区公安处法医门诊鉴定为轻微伤,此案经东光镇派出所多次调解无效,于 1994 年 4 月 26 日作出裁决,给予徐秀贞治安管理警告处罚,并令其赔偿医疗费 300 元,原告申请复议,东光县公安局于 1994 年 5 月 25 日作出维持原裁决的行政复议决定。

以上事实有下列证据证明:

(1)武与徐打架的时间、地点、起因、经过由在场人张立胜、李素珍等十余人证明,证词基本一致。

(2)沧州地区公安处(1993)第 68 号鉴定书称:"根据案情、专家门诊及查体,武宪珍右耳鼓膜穿孔是慢性中耳炎形成,非外伤性。其左前臂桡侧有 6×2.5 厘米皮下出血,右脸稍肿胀,按人体损伤鉴定标准之规定,构不成轻伤,属轻微伤。"鉴定日期:1992 年 11 月 12 日。

(3)东光镇派出所于 1994 年 4 月 26 日作出的第 011 号处罚裁决称:"违反治安管理人徐秀贞,女,41 岁,因殴打他人,造成轻微伤害,根据《中华人民共和国治安管理处罚条例》第二十二条给予警告处罚”。

(4)东光镇派出所作出的第005号裁决称:违反治安管理人徐秀贞因殴打他人造成轻微伤害,负担医疗费300元。

(5)东光县(1994)001号行政复议决定书。

3. 一审判案理由

法院认为:原告与徐秀贞因琐事相互撕打并互相致伤,原告伤势略重,经法医鉴定为轻微伤,东光镇派出所根据《中华人民共和国治安管理处罚条例》第八条、第二十二条的规定作出的治安处罚和赔偿医疗费的裁决,后经东光县公安局复议审查予以维持,并无不妥,应予以维持,至于原告所诉其他理由,没有充分证据,不予支持。

4. 一审定案结论

根据《中华人民共和国行政诉讼法》第五十四条第(一)项之规定,判决如下:

维持东光县公安局作出的(1994)001号行政复议决定书。

案件受理费80元由原告承担,其他诉讼费80元由被告承担。

(三)二审诉辩主张

1. 上诉人武宪珍上诉称:(1)对公安局鉴定为轻微伤有异议,我从小没得过耳病,被打后,耳膜击穿,听力丧失,并引起头、眼、鼻多种疾病,多次去北京、长春等大医院进行检查,诊断为重伤无疑,我要求再次法医鉴定,东光县公安局没有重新鉴定。(2)说徐劝架不属实,上来就说:“有你的吗!”随后就打人。起初搞木材,我帮她不少忙,那时很感谢我,后来她觉得翅膀硬了,就把我一脚踢开;徐从东北进木头,以亏方为名骗供方的钱,阴谋未得逞,以为我向东北通风报信,对我怀恨在心,把我看成眼中钉,肉中刺,总想赶我走。(3)认定徐的脖子脸部有伤是无中生有,如有为什么不去鉴定?

2. 被上诉人东光县公安局辩称:武宪珍伤情鉴定无可非议,徐脖子上的伤有当时在场人证明,不作鉴定是高姿态,徐秀贞出来制止吵骂纯属事实,她是公司经理,不出来制止是失职。我局作的决定,事实清楚,证据确凿,处罚适当,赔偿合理,原判让我局承担80元诉讼费不合理,请中级法院公正裁判。

(四)二审事实和证据

二审法院确认了一审法院关于武宪珍与徐秀贞打架的时间、地点、起因及经过的事实;确认了此案经东光镇派出所、东光县公安局处理经过的事实。针对武宪珍对原沧州地区公安处所作的损伤程序的鉴定结论提出的异议,委托本院法医鉴定中心对武宪珍右耳损伤程度重新鉴定,于1994年12月1日作出复核评定结论:“武宪珍右耳鼓膜外伤性穿孔属轻伤范围。”鉴定人:罗成喜、张洪青、张泰恒。

河北省沧州市中级人民法院法医鉴定中心(1994)沧法技字第189号鉴定书(摘录):

病情摘抄:(1)1992年11月3日门诊病历摘抄:右耳聋3天,3天前被人用力击打右耳,顿感听力下降,头痛来诊,查:右耳道(一),鼓膜紧张部穿孔,无分泌物。诊断:右耳鼓膜穿孔。(2)1992年11月14日,沧州地区医院耳科门诊病历记载:外耳正常,鼓膜前下方有一d=0.2mm的穿孔,见鼓膜粘膜光滑,无分泌物,诊:耳外伤。(3)1992年11月20日公安医院耳科门诊病历记载:右耳鼓膜穿孔干燥,诊断:右耳鼓膜外伤性穿孔。(4)沧州地区公安处(1993)第68号鉴定书:右耳穿孔为中耳炎所致,属轻微伤。损伤检验:一般情况好,右耳廓外观正常,外耳道少量脓性分泌物,鼓膜紧张部中央大穿孔,鼓室粘膜充血。

分析说明:(1)根据病历记载和检验所见,武在打伤之后出现右耳鼓膜紧张部穿孔,鼓室粘膜干燥无分泌物,说明此穿孔为外力作用(外伤)所致,外伤性右耳鼓膜穿孔。(2)根据卷宗及病历记载,武宪珍在被打前右耳无中耳炎病史,自鼓膜穿孔后出现中耳炎,分析认定此中耳炎与鼓膜外伤穿孔后感染有关。(3)根据两院两部《人体轻伤鉴定标准(试行)》第十一条第二款之规定,武宪珍右耳鼓膜外伤性穿孔属轻伤范围。

(五)二审判案理由

1.《中华人民共和国行政诉讼法》第二十五条第二款规定:"经复议的案件,复议机关决定维持原具体行政行为的,作出原具体行政行为的行政机关是被告;复议机关改变原具体行政行为的,复议机关是被告。"本案,东光县公安局维持了东光镇派出所的具体行政行为,被告应是东光镇派出所,不应是东光县公安局,一审所列被告违反了法定程序。

2.根据沧州市中级人民法院法医鉴定中心(1994)沧法技字第189号复核评定结论,武宪珍为轻伤,已不属治安管理处罚条例调整的范围,东光镇派出所所作出的具体行政行为以及东光县公安局的行政复议决定是错误的,应予撤销。

3.上诉人武宪珍应按刑事自诉程序到原审法院刑庭起诉。

(六)二审定案结论

沧州市中级人民法院根据《中华人民共和国行政诉讼法》第二十五条第二款、第六十一条第(三)项之规定,判决如下:

1.撤销东光县人民法院(1994)东行初字第2号行政判决。

2.撤销东光县公安局1994年5月25日(1994)001号行政复议决定。

3.二审诉讼费20元,其他诉讼费30元,鉴定费160元由东光县公安局负担。

(七)解说

对于殴打他人造成伤害的案件,如是轻微伤,属于治安案件;如构成轻伤害,则属于刑事自诉案件。本案的上诉人武宪珍被打后,首先向当地派出所报案,是求得司法救济的唯一措施,因当时她不知道自己的损伤程度,这种损伤程度只有通过法医鉴定才能区别,即便她知道了,如没有人告诉她,她有可能也不知道按刑事自诉程序去法院起诉。当地公安机关根据原沧州地区公安处法医鉴定书,对违反治安管理人徐秀贞作出处罚不无道理。问题在于被侵害人武宪珍对该鉴定有异议,多次提出复查并有较充分的理由对该鉴定持有异议,公安部门本应重新鉴定,但对武的要求却未予理睬,这种做法不妥。如何区分伤情,法医鉴定是主要依据。如果鉴定出了问题,就容易出现冤假错案,因此它是处理本案关键的关键。也许有人问,法院的鉴定与公安的鉴定谁的效力高?二者能否互相否定?这种提法本身是不科学的,法院和公安不属同一系统,不是上下级关系,二者没有可比性。只能说谁的鉴定科学、真实,谁的鉴定效力就高。本案法院的鉴定并不是想否定公安的鉴定,而是根据上诉人的上诉理由,对其鉴定进行复核评定。上诉人被打后,先后去过北京、天津、长春、沧州等地六家医院进行检查,均有诊断结果,本院法医鉴定中心,通过被侵害人自诉,对其伤情重新检查,并结合诸多医院的诊断结果,进行综合分析,作出了武宪珍为外伤性耳膜穿孔的复核评定结论。该结论与其他医院的诊断结果结合起来,形成了一个完整的证据链条,因而它是科学的、真实的,足以作为定案的依据。武宪珍从小没得过耳病,被打后出现头、眼多种疾病,听力丧失,所以才到许多医院检查治疗。值得注意的是,公安处的鉴定是在武被打后13天作出的,该鉴定称武"右脸稍肿胀",这一结论足以说明当时武被打后右脸肿胀程度。而该耳门部位遭用力击打,直接后果就是耳膜穿孔，这与上诉人自诉是一致的。本院法医鉴定中心鉴定武宪珍为轻伤，那么这已不属于公安机关受理范围，因此，武宪珍本应按刑事自诉程序去法院起诉。

（孟祥利）

3. 刘光贵不服古蔺县公安局扣押财物移交他人收购案

（一）首部

1. 判决书字号

一审判决书：四川省古蔺县人民法院(1991)古行初字第12号。

二审判决书：四川省泸州市中级人民法院(1994)泸中行终字第2号。

2. 案由：不服扣押财物移交他人收购案。

3. 诉讼双方

原告(上诉人)：刘光贵，男，47岁，汉族，四川省古蔺县人，个体工商户。

一、二审委托代理人：李宗蔺，四川省古蔺县律师事务所律师。

被告(被上诉人)：四川省古蔺县公安局。

法定代表人：刘仁贤，局长。

一审委托代理人：罗永清、陈汉钊，该局干部。

第三人：四川省古蔺县供销社农副产品产销总公司。

法定代表人：张毅君，经理。

一审委托代理人：许云普，该公司职工。

4. 审级：二审。

5. 审判机关和审判组织

一审法院：四川省古蔺县人民法院。

合议庭组成人员：审判长：许佳；代理审判员：韦勇、王琴。

二审法院：四川省泸州市中级人民法院。

合议庭组成人员：审判长：唐大智；审判员：白联洲；代理审判员：吴小松。

6. 审结时间

一审审结时间：1993年12月4日。

二审审结时间：1994年7月21日(经四川省高级人民法院批准依法延长审限)。

（二）一审诉辩主张

1. 被诉具体行政行为：1993年5月15日，被告古蔺县公安局会同第三人古蔺县供销社农副产品产销总公司(以下简称产销总公司)对原告刘光贵在古蔺县石屏乡的废品收购点进行清理整顿时，被告认定刘光贵收购废旧金属超越经营范围，属违法收购，遂将该收购点的铧铁、锅铁、薄铁和机械铁等废旧金属共8706公斤予以扣押，并交给第三人产销总公司保管。1993年5月28日，古蔺县公安局将处理决定口头通知刘光贵：扣押的6026公斤机械铁移交产销总公司按现行价格收购，其余的铧铁、锅铁、薄铁予以退还。

2. 原告诉称：1993年5月15日，被告古蔺县公安局派出所干警甘××、唐×等人到石屏乡以原告“超越经营范围收购生产性废旧金属”为由，将原告废品收购点的铧铁 1448 公斤、锅铁 757 公斤、薄铁 475 公斤、机械铁 6026 公斤予以扣押，并移交给第三人产销总公司收购。原告不服，多次要求被告和第三人退还所有扣押的废铁，被告才于 1993 年 5 月 28 日口头告知原告：收购铧铁、锅铁、薄铁属合法，予以退还，但收购机械铁超越经营范围，移交第三人按现行价格收购。1993 年 6 月 28 日，第三人产销总公司退还了原告的 2680 公斤铧铁、锅铁、薄铁，但 6026 公斤机械铁却一直占有而不予退还，自称是执行被告的“处理决定”。

原告认为，被告认定原告超越经营范围并将机械铁移交第三人收购，既无事实根据，又属超越职权的行政行为，侵犯了原告的财产权，造成了原告的财产损失。为此，原告向人民法院提出以下诉讼请求：(1)撤销被告的处理决定；(2)由第三人返还原告的机械铁 6026 公斤；(3)由被告赔偿损失 1000 元。

3. 被告辩称：1993 年 4 月，被告按照上级公安机关的部署和国务院、省政府及公安部的有关文件的规定，决定会同县工商、税务、物资、产销总公司等单位对古蔺县废旧金属市场的混乱状况进行一次清理整顿。1993 年 5 月 15 日，根据群众举报，被告派干警甘××、唐×会同产销总公司的许××、王××二人前往石屏乡对刘光贵的废品收购点进行检查，发现刘的治安管理登记证已过期而未换发，而且超越经营范围，违法收购有大量的生产性废旧金属(即机械铁)，遂将该收购点的废旧金属全部予以扣押。1993 年 5 月 26 日，被告经研究，决定将扣押的机械铁依法移交产销总公司收购，其余的废旧金属属合法收购，予以退还，并通知了刘光贵。被告对特种行业进行依法整顿，对违法经营户的处理决定是正确、合法的，请求人民法院依法判决维持。

4. 第三人诉称：原告对第三人的要求是无理的，第三人不能退还其机械铁，理由主要是：(1)被告古蔺县公安局对原告的处理决定，第三人只能执行，不能擅自更改；(2)按照被告的处理决定，第三人已于 1993 年 6 月 28 日退还了原告的铧铁、锅铁、薄铁。对于机械铁，第三人告知原告按每吨 700 元的价格收购，但是原告一直拒绝收款。

(三)一审事实和证据

古蔺县人民法院经公开审理查明：原告刘光贵系个体工商户，1991 年 7 月从被告古蔺县公安局处领到允许其进行废品收购的治安管理登记证后，刘就一直从事废旧金属的收购业务。但古蔺县工商行政管理局于 1992 年 6 月 20 日颁发给刘光贵的古工商个字 2092 号营业执照所载明的经营范围中，没有“废品收购”这一项，刘也从未向工商局申请变更登记。1993 年 4 月，被告古蔺县公安局根据上级公安机关的部署，联合第三人产销总公司及工商、税务等有关单位组成清查组，对废品收购市场进行清理整顿。1993 年 5 月 15 日，被告根据群众举报，派干警甘××、唐×会同第三人派出的许××、王××二人，前往石屏乡对刘光贵的废品收购点进行清理检查，查出该点收购有大量的生产性废旧金属，甘××、唐×遂认定刘光贵属违法收购，将其收购的铧铁 1448 公斤、锅铁 757 公斤、薄铁 475 公斤、机械铁 6026 公斤予以扣押，交第三人保管。1993 年 5 月 26 日，被告经研究，认为刘光贵的治安管理登记证已经过期，又违反了国务院、四川省人民政府关于禁止个人收购生产性废旧金属的规定，属乱收滥购，应将扣押的机械铁移交第三人按现行价格收购，其余的铧铁、锅铁、薄铁不属生产性废旧金属，予以退还。1993 年 5 月 28 日，被告将处理决定口头通知了原告，同年 6 月 28 日，第三人将铧铁、锅铁、薄铁共 2680 公斤退还了原告刘光贵，对机械铁部分，第三人提出按每吨 700 元的价格收购，刘光贵不同意，要求全部退还。

上述事实有下列证据证明：

1．古蔺县公安局公治字(91)第007号治安管理登记证。

2．古蔺县工商行政管理局古工商个字第2092号营业执照。

3.1993年5月15日古蔺县公安局扣押刘光贵废旧金属8706公斤的清单。

4．产销总公司“关于废旧金属市场整顿情况的说明”。

(四)一审判案理由

法院认为：原告刘光贵收购生产性废旧金属（机械铁）的行为确已违反国务院国发(1991)73号文件(《国务院关于加强再生资源回收利用管理工作的通知》)规定的收购范围，而且刘光贵持有的营业执照所明确的经营范围也没有废品收购这一项，但是，对其收购行为是否违法或超越经营范围，依法应由工商行政管理机关进行认定处理，被告古蔺县公安局扣押原告收购的机械铁并移交第三人收购的具体行政行为超越了其行政职权，应予撤销。原告刘光贵的第二、三项诉讼请求，没有充分的理由，法院不予支持。

(五)一审定案结论

古蔺县人民法院根据《中华人民共和国城乡个体工商户管理暂行条例》第六条、第二十二条和《中华人民共和国行政诉讼法》第五十二条、第五十四条第(二)项，作出如下判决：

撤销被告古蔺县公安局作出的将原告刘光贵收购的机械铁6026公斤移交第三人古蔺县农副产品产销总公司按现行价格收购的处理决定。

案件受理费290元，由被告古蔺县公安局承担。

(六)二审情况

1．二审诉辩主张

上诉人(原审原告)诉称：上诉人在一审中提出的第二项诉讼请求，即“由第三人返还原告的机械铁6026公斤”理应得到支持，其理由如下：(1)一审法院既然已经支持了上诉人的第一项诉讼请求，即判决撤销了被上诉人的处理决定，那么，第三人据以得到被上诉人移交的机械铁的“法律依据”已不存在，就理应返还上诉人的机械铁。(2)被上诉人的处理决定虽已被撤销，但第三人仍然占有上诉人的机械铁6026公斤，既不返还，又不支付合理价款，因此，一审法院的判决并未使上诉人的合法权益得到切实保护。综上所述，请求二审法院依法判决第三人如数返还上诉人的机械铁。

被上诉人(原审被告)、第三人均未作答辩。

2．二审事实和证据

二审法院审理确认了一审法院认定的案件事实和采纳的证据。

3．二审判案理由

二审法院认为：上诉人刘光贵收购机械铁的行为是否违法或超越经营范围，应由工商行政管理机关认定处理。被上诉人古蔺县公安局以刘光贵违法收购机械铁，决定将刘光贵的机械铁6026公斤扣押后移交第三人收购处理，其具体行政行为显属超越行政职权，应予撤销；其所扣押移交第三人的6026公斤机械铁应予返还。上诉人刘光贵的上诉理由应予支持。

4．二审定案结论

泸州市中级人民法院根据《中华人民共和国行政诉讼法》第六十一条第(一)项、第六十七第一款，作出如下判决：

(1)维持古蔺县人民法院(1993)古行初字第12号行政判决，即撤销古蔺县公安局作出的将原告刘光贵收购的机械铁6026公斤移交第三人古蔺县农副产品产销总公司按现行价格收购的处理决定。

(2)被上诉人古蔺县公安局和第三人古蔺县农副产品产销总公司在30日内返还上诉人刘光贵的机械铁6026公斤(如不能返还原物,可按当时的市场价格赔偿价金)。

上诉案件受理费290元,由被上诉人古蔺县公安局承担。

(七)解说

1. 这是一起公安机关超越职权违法行政引起的案件。"越权无效"是行政法的一项基本原则,它是指每个行政机关的职权都是由法律、法规授予的,各行政机关必须在法律、法规授予的权限范围内行政,超越法定的权限行政,其行为是违法的,因而是无效的。对这样的具体行政行为,人民法院应当依法判决撤销。根据1987年8月5日国务院发布的《城乡个体工商户管理暂行条例》第六条、第二十二条的规定,对个体工商户的经营活动进行管理和监督,查处违法经营活动(包括超越经营范围),属工商行政管理机关的权限范围,违反治安管理的,才由公安机关依照有关规定进行处罚。同时,国务院国发(1991)73号《国务院关于加强再生资源回收利用管理工作的通知》也明确了公安机关在废旧金属收购行业的管理职权只限于打击、查处偷盗和销赃的违法犯罪活动。因此,刘光贵超越工商登记的经营范围收购机械铁,属违法经营,应由工商行政管理机关进行查处,公安机关进行认定处理,显然超越了其权限范围,法院判决撤销是正确的。

2. 以"加判"的形式变更一审判决是本案的特色之一。一审法院虽然撤销了被告的具体行政行为,但并未对第三人科以返还义务,使第三人仍然占有原告的机械铁,原告的权益并未实际恢复。这是一审中的疏漏。二审法院在肯定了一审法院认定的案件事实和采纳的证据的同时,作了"加判",即被告人和第三人在30日内返还原告的机械铁,弥补了一审的疏漏,这使原告的权益能在实际上得以恢复。

3. 本案的被告古蔺县公安局在作出具体行政行为的时候,没有以书面处理决定的形式,而是以口头通知的形式告知原告,这是一种不规范的具体行政行为,使原告在向法院起诉时,无法提供直接的书面证据证实具体行政行为存在,而法院受理行政案件又必须以特定的具体行政行为存在为前提,为了防止行政机关以此规避行政诉讼,最高人民法院《关于贯彻执行〈中华人民共和国行政诉讼法〉若干问题的意见(试行)》第三十四条规定:"行政机关作出具体行政行为时,不制作、不送达决定书,当事人对具体行政行为不服,向人民法院起诉时,只要能证实具体行政行为的存在并符合其他起诉条件的,人民法院应予受理。"这说明,当事人在没有得到行政机关的书面处理决定而向法院起诉时,证实具体行政行为存在的责任原则上由起诉人承担,而一旦得以证实,法院就应当受理起诉并对被诉具体行政行为的合法性进行审查。本案原告刘光贵起诉时向法院提供了被告古蔺县公安局扣押其废旧金属的清单和第三人产销总公司"关于废旧金属市场整顿情况的说明",这两项间接的证据足以证明被诉具体行政行为确实存在,并与原告有法律上的利害关系,法院依法应予以受理。

4. 由于对原告刘光贵收购废旧金属的行为应由工商行政管理机关进行认定处理,一审法院在依法撤销公安机关的越权行为以后,向古蔺县工商行政管理局发出了司法建议书,建议依法对刘光贵收购废旧金属的行为进行认定处理。古蔺县工商局接到建议书后,依法作出"关于对刘光贵收购废旧金属的行为的处理意见",认定"其行为应属于超越经营范围","但根据现行管理规定,其项目国家并未明令禁止或限制个人经营,因此,我局对刘光贵收购废旧金属的行为不给予处罚，责令其补办变更工商登记”。此处理意见作出后不久，二审法院又作出了由被告和第三人返还原告的机械铁的终审判决。至此，本案得到了圆满解决，在古蔺县个体工商户中反响较大，社会效果很好。

（曾 义）

4. 杨锦成等不服启东市公安局认定尸体无主案

（一）首部

1. 判决书字号

一审判决书：江苏省启东市人民法院(1992)启行初字第14号。

二审判决书：江苏省南通市中级人民法院(1993)南行终字第37号。

2. 案由：不服认定尸体无主案。

3. 诉讼双方

原告（被上诉人）：杨锦成，男，64岁，汉族，江苏省海门市人，农民，住海门市平山乡通济村中心组。

一、二审委托代理人：张荷生，男，海门市厂洪乡卫生院医生，住该单位宿舍；黄富祥，男，海门市第七建筑工程公司干部，住海门市平山乡通济村中心组。

原告（被上诉人）：陈雪莲，女，64岁，汉族，江苏省海门市人，农民，住海门市平山乡通济村中心组，系杨锦成之妻。

一、二审委托代理人：季松林，海门市法律服务所法律工作者；付鑫，男，海门市常乐商业总店职工，住海门市常乐镇。

被告（上诉人）：江苏省启东市公安局。

法定代表人：邢汉东，局长。

一、二审委托代理人：陈健，男，该局交通警察大队副大队长；姚汉生，男，该局法制科科长。

4. 审级：二审。

5. 审判机关和审判组织

一审法院：江苏省启东市人民法院。

合议庭组成人员：审判长：朱汉昌；审判员：陈玺、陈庄；人民陪审员：王墨荣、邵锦兰。

二审法院：江苏省南通市中级人民法院。

合议庭组成人员：审判长：崔巍；审判员：秦户成、王建平。

6. 审结时间

一审审结时间：1993年5月12日。

二审审结时间：1994年9月22日。

（二）一审诉辩主张

1. 被诉具体行政行为：1992年8月27日晚，在南通至启东公路上发生了一起车祸，一名在路上行走的男子被汽车撞死。启东市公安局认定死者为无主尸体，并将该尸体火化。杨锦成、陈雪莲夫妇认为死者是自己的儿子，对启东市公安局的处理不服，遂向启东市人民法院提起行政诉讼。

2. 原告诉称：死者是自己的儿子黄志兴。启东市公安局认定尸体无主，没有事实依据，侵犯了自己的合法权益。请求法院判决撤销被告无主尸体的认定，归还骨灰，并赔偿损失，包括误工费、车旅费、冰尸费、代理费等共计人民币 3 万元。

3. 被告辩称：对车祸中死亡男子认定为无主尸体，证据确凿，事实清楚，并没有违反有关法律规定，请求法院判决维持。

（三）一审事实和证据

法院经审理查明：1992 年 8 月 26 日，原告之子黄志兴（自幼痴呆、哑巴）离家出走，原告当即寻找，并于 1992 年 9 月 2 日到海门市人民广播电台要求播发寻人启事，该电台在当日中午、晚上的节目中播出了寻找黄志兴的启事。1992 年 8 月 27 日晚 11 时许，通启公路中心地段发生了一起车祸，一名青年男子死亡，肇事者为江苏省如东县日杂果品公司汽车贺驶员陶某。被害人右侧颞枕部着地，面容未损伤，其特征是：上身赤膊，下身穿蓝色短裤，身高 1.68 米，平顶头，长脸型，牙齿不整齐，两颗门牙突出，其中左侧一颗折断半只，赤脚，双脚各有一只脚趾重叠。事故发生后，启东市交通警察大队派员及时赶到现场勘查，受害人经抢救无效死亡，被告将尸体送往启东市殡仪馆冰冻保存。9 月 2 日，被告依法在《南通日报》上刊登了认尸启事。在该启事见报前后，先后有多家前往被告处要求认尸，被告工作人员没有让认尸者先详细陈述其失踪人的外貌和身体特征，而是让认尸者直接前往殡仪馆认领，其中海门市三星顾某夫妇（以下简称三星方）与海门市平山乡杨、陈夫妇（即原告方）见尸后，均称死者是自己的亲属，尤其是原告方及其邻居和乡、村干部等五六十人多天多次前往启东认尸，无一称不是。1992 年 9 月 8 日，被告在双方争执不下的情况下，请法医对死者的耻骨进行了鉴定，结论为该男尸的年龄在 24 岁左右。被告同时宣布，因三星方提供失踪人年龄为 37 岁，平山方提供年龄为 29 岁，因而尸体既不属三星方，也不属平山方，属无主尸体，并决定进行火化。原告方对此有异议，强烈要求保存尸体，并要求对死者声带、毛发、血型等作鉴定。被告同意尸体暂缓火化，原告先后向殡仪馆交纳冰尸费 800 元，费用已交至 1992 年 9 月 26 日。后被告认为南通市公安局和启东市公安局法医共同作出的耻骨鉴定，从年龄上已排除了死者是原告之子，故于 1992 年 9 月 23 日指令启东市殡仪馆将该尸体火化，其时原告再三要求将尸体再保存几天，并作进一步鉴定，但未得到被告的采纳。为此，原告于 1992 年 10 月 7 日向启东市人民法院提起诉讼。另在审理中，本院特别调查了未到启东认尸的原告所在地不同层次的干部、群众、学生，他们所陈述的原告之子黄志兴的相貌、身体特征与车祸死者相符。

上述事实有双方当事人的陈述、证人证言及鉴定结论等证据在卷佐证。

（四）一审判案理由

一审法院认为：被告在“8.27”车祸发生后，依法刊登了认尸启事，使受害人家属得以及时前去认领，其积极行为应予以肯定。同时认为，对于面容未遭损伤，特征明显尸体的辨认，主要从其容貌和身体的外部特征与认尸者提供的失踪人容貌和身体特征予以比较识别，由于被告忽视了可能出现多方认尸、争尸的情况，才造成了被动局面。本院还认为，法医对死者的耻骨鉴定是判定死者年龄的一个依据。由耻骨联合面情况推断人的年龄，虽能确定人的一定的年龄范围，但由于每个人的生长发育情况和生理状态各不相同，以及鉴定结论本身就允许有误差，使耻骨联合面推断年龄没有绝对的排他性，更不能作为确认“死者是谁”的证据来使用。被告在多方争尸发生后，既未采取亲子、血型、毛发等鉴定的补证措施，又未作深入细致的社会调查，仅以耻骨鉴定结论，绝对排除死者是原告之子，显然不妥。故本院认为被告认定尸体无主的结论主要依据不足。对于原告方诉请被告行政侵权赔偿，其理由不能成立，故不予支持。

（五）一审定案结论

根据《中华人民共和国行政诉讼法》第五十四条第（二）项第一目、第六十七条之规定，判决如下：

1. 撤销被告启东市公安局对“8.27”车祸中死亡男子无主尸体的认定。

2. 被告启东市公安局在判决生效后10日内对“8.27”车祸中死亡男子重新进行认定。

3. 驳回原告行政侵权赔偿的诉讼请求。

本案诉讼费130元，原告负担50元，被告负担80元。

（六）二审情况

1. 二审诉辩主张

（1）上诉人启东市公安局诉称：曾先后三次委托有关部门对“8.27”交通事故中死亡男子进行耻骨联合面骨骼年龄的人类学鉴定，三次科学技术鉴定结论，均排除了“8.27”交通事故中死者是被上诉人亲属。故请求二审查明事实，撤销一审判决。

（2）被上诉人（原审原告）称：启东市公安局认定尸体无主，证据不足，虽有耻骨鉴定年龄的鉴定结论，但用耻骨鉴定年龄本身就有误差。被上诉人认定该尸体是其亲属，有当地干部、群众、学生的证人证言，证据充足，故请求二审法院驳回上诉人的上诉。

2. 二审事实和证据

二审法院确认了一审法院认定的事实和证据。

二审期间，法院委托南京医学院对无主尸体耻骨与毛发血型进行了鉴定。结论：耻骨与毛发血型同为“A”型。

由于需要重新进行鉴定，二审法院请江苏省高级人民法院批准延长审理期限两个月。

3. 二审判案理由

本院认为：被告在多方争认死者尸体的情况下，未能对认尸者提供的失踪人容貌、身体特征与尸体辨析，也未采取亲子、血型、毛发等鉴定补证措施，仅委托有关部门对车祸中死亡男子的耻骨进行年龄鉴定，措施明显失当。尽管耻骨鉴定年龄是客观公正的，但该鉴定只能确定人的一定的年龄范围，没有绝对的排他性，且无其他证据佐证，现仅凭该鉴定来认定车祸中死亡男子是无主尸体显得证据不足。据此，原审法院撤销启东市公安局作出的车祸中死亡男子为无主尸体的认定的判决是正确的。被上诉人提供的证据与原审法院查证的结果相符，且有南京医学院对耻骨与毛发血型鉴定佐证，可以认定“8.27”车祸中死亡男子是被上诉人之子。现尸主已认定，有关赔偿问题二审法院进行了多次调查，终因上诉人固执己见调解未成，对此应由一审法院另案处理。上诉人的上诉理由本院不能支持。

4. 二审定案结论

根据《中华人民共和国行政诉讼法》第六十一条的规定，判决如下：

（1）维持启东市人民法院（1992）启行初字第14号行政判决书第一项，即撤销被告启东市公安局对“8.27”车祸中死亡男子无主尸体的认定。

(2)撤销启东市人民法院(1992)启行初字第14号行政判决书第二、三项,即被告启东市公安局在本判决生效后10日内对“8.27”车祸中死亡男子重新进行认定和驳回原告行政侵权赔偿的诉讼请求。

(3)“8.27”车祸中死亡男子为被上诉人杨锦成、陈雪莲之子黄志兴。

诉讼费人民币130元、鉴定费500元共计630元,由上诉人承担。

(七)解说

1. 本案性质的认定问题。公安机关将有主尸体确认为无主尸体的行为,其实质是一种侵权行为,这是比较明确的。但它侵犯的究竟是谁的权利?是死者的权利还是死者亲属的权利?所侵犯的是人身权还是财产权?有人认为,因车祸发生的非正常死亡,其近亲属通常可以获得一定的赔偿金,因此公安机关确认尸体无主的行为剥夺的是死者近亲属的财产权。但是这种观点忽略了一个最基本的问题,即这种财产权是依附于死者的身分权而存在的,只有当原告被确认为是死者的亲属后,原告才取得了获得赔偿金的权利。而这种确认原告人和死者之间存有相应的地位、关系和资格的权利应属于身分权中所包含的亲权的范畴。而公安机关确认尸体无主的行为最直接的主观动机和客观效果也正是取消了原告和死亡者之间的这种亲权,因而使基于这一权利而产生的其他权利无法实现。因此,本案的审理重点乃在于以撤销公安机关确认尸体无主的行政行为来保护死者近亲属的这种身分权。

2. 人民法院如何行使审判权的问题。纵观本案的全部事实和证据,足可以认定车祸中的死者就是原告杨锦成、陈雪莲之子。那么,人民法院可否直接判决死者尸体归原告方?有人认为,行政权和司法权之间是有明确分工的,如果人民法院对尸体的归属作出判决,则司法权侵犯了行政权。也有人认为,人民法院可以以判决的形式直接确认尸主,二审法院的最终判决采取了这一形式。因为本案是对被告的确认行为不服而提起的诉讼,被告的确认行为经过审查明显缺乏证据,法院在审查本案中,采取了当事人举证和法院查证相结合的办法,并证明了原告方所举证据的真实性、合法性和有效性,在此基础上人民法院直接对尸体予以确认并无不当;另外,从本案的实际情况来看,被告的抵触情绪比较大,如果按照一审判决由被告重新进行确认,公安机关会久拖不决,那么原告的合法权益就不能得到及时的保护,而且有可能形成讼累;更何况,尸体已经火化,主要证据已经灭失,公安机关重新确认也有难度,鉴于本案从起诉到二审实际结案已逾两年,因而从提高办案效率,充分保护当事人合法权益的角度出发,二审法院对尸体的归属直接进行判决,这样的判决与立法精神是吻合的。

(崔巍　高鸿)

5. 王秀英不服上海市普陀公安分局宜川派出所户籍管理案

(一)首部

1. 判决书字号

一审判决书:上海市普陀区人民法院(1994)普行初字第8号。

二审判决书:上海市中级人民法院(1994)沪中行终字第41号。

2. 案由:不服户籍管理案。

3. 诉讼双方

原告(上诉人):王秀英,女,1915年9月28日生,上海第二棉纺织厂退休工人,住上海市曹杨五村406号401室。

一、二审委托代理人:徐兆虎,男,上海市普陀区科技协会干部,住上海市曹杨五村406号401室;王时伟,上海市沪西律师事务所律师。

被告(被上诉人):上海市公安局普陀分局宜川新村派出所。地址:上海市华阴路30号。

法定代表人:韩素友,所长。

一、二审委托代理人:顾源明,男,该所副所长;沈望云,男,上海市公安局普陀分局干部。

第三人:徐兆衡,男,1953年5月13日生,上海市市建五公司水电安装处工人,住上海市泰山一村17号102室。

4. 审级:二审。

5. 审判机关和审判组织

一审法院:上海市普陀区人民法院。

合议庭组成人员:审判长:许国兴;代理审判员:陆为民、冯鹤。

二审法院:上海市中级人民法院。

合议庭组成人员:审判长:蔡廷家;代理审判员:邱燕、殷勇。

6. 审结时间

一审审结时间:1994年4月20日。

二审审结时间:1994年6月20日。

(二)一审诉辩主张

1. 被诉具体行政行为:1993年6月,原告王秀英要求被告将本人及其子徐兆羊、其孙徐滨杰三人户口从他处迁入泰山一村17号102室,并称其子徐兆衡保管的泰山一村17号102室户口簿已遗失,要求补领一本户口簿,同时提交了要求入户的申请、补发户口簿申请及当地居委会的证明。据此,被告作出了补发一本户口簿(010358号)并将三人户口迁入的具体行政行为。至1993年12月,查明该户原户口簿并未遗失,仍在徐兆衡处保管。鉴于原户口簿遗失这一情况不实,故被告决定将已补发的户口簿按有关户籍管理的规定予以收回,王秀英、徐兆羊、徐滨杰三人的户口申报问题,待进一步调查后再作处理。

2. 原告诉称:王秀英于1986年12月因动迁将户口迁入泰山一村17号102室。1990年12月,被告未经原告同意,擅自核准将王秀英户口迁往他处。1993年6月,原告要求将户口迁回,合理合法。另外,根据1985年11月《拆迁户市区配房协议》,徐兆羊及其子徐滨杰在泰山一村17号102室享有居住份额。同时由于户口簿保管人徐兆衡谎称户口簿遗失,故原告提出补发户口簿并将王秀英、徐兆羊、徐滨杰三人户口迁入的申请。被告1993年6月作出补发户口簿并将三人户口迁入的具体行政行为是正确的。请求判决撤销被告作出的收回补发的户口簿的具体行政行为。

3. 被告辩称:被告以泰山一村17号102室户口簿原件证明原户口簿并未遗失。故补领的户口簿依法应予回收。关于王秀英等三人户口申报问题,被告称尚未对此作出决定,三人的户口也未退回原迁出地,现挂在内部户口资料上,需待进一步调查后依户口管理规定再作处理。

4. 第三人述称:原告王秀英户口已于1990年12月自泰山一村17号102室迁至黄兴路1039弄29号203室其女儿徐兆凤处,1991年3月,徐兆凤户因居住困难由上钢二厂出面将房屋调配至本市国和二村203号104室,王秀英作为配房人员之一,户口亦一同迁入该处,故王秀英对泰山一村17号102室已不再享有居住权。同时由于原告所称户口簿遗失这一事实并不存在,所以被告收回错误补发的户口簿是正确的,请求判决维持该具体行政行为。

(三)一审事实和证据

法院经审理查明:王秀英与徐兆衡系母子关系,徐兆羊与徐兆衡系兄弟关系。1990年12月之前,上海市泰山一村17号102室内只有二个居住人,即王秀英与徐兆衡。1990年12月,原告王秀英户口从泰山一村迁至黄兴路1039弄29号203室其女儿徐兆凤处。1991年3月,徐兆凤因住房困难分配新房,王秀英作为配房人员之一,户口亦一同迁入新居。此时,第三人徐兆衡是泰山一村17号102室的唯一居住人。原告王秀英在其女儿分得新房后,欲将自己的户口及从外地调回上海工作的儿子徐兆羊与孙子徐滨杰的户口再一同迁回泰山一村。但遭第三人徐兆衡拒绝,王秀英便谎称户口簿遗失,撇开徐兆衡向宜川派出所提出入户申请,本案被告宜川派出所在接受原告提出的补发户口簿、迁入三人户口的申请后,未作调查核实,便作出补发户口簿、迁入三人户口的具体行政行为,徐兆衡对此表示不服,于1993年12月向本院提起行政诉讼。在诉讼过程中,被告自动收回了补发的户口簿。徐兆衡随即申请撤诉。本院以准予撤诉结案。王秀英则表示不服,于1994年1月28日向本院提起行政诉讼。

上述事实有以下证据为证:

1. 1993年6月17日,宜川新村派出所补发的泰山一村17号102室户口簿。

2. 上海市东张家宅51号户口资料摘抄。

3. 上海市普陀区人民政府住宅建设办公室住房分配报批单。

4. 上海市普陀区泰山新村住宅建设指挥部房屋使用通知书。

(四)一审判案理由

法院认为:1993年6月被告同时作出了补发户口簿和将王秀英等三人户口迁入泰山一村17号102室两个行为。1993年12月,被告仅对前一个行为作了纠正,即收回补发的户口簿,对后一个行为并未作出明确的处理决定,故本院只对收回补发的户口簿是否合法进行审查。根据《中华人民共和国户口登记条例》及其他户口管理规章的规定,户口申报登记应由户主负责,但原告谎报户口簿已遗失,致使被告作出了错误的行政行为,现被告收回错误补发的户口簿,认定事实清楚,适用法律法规正确,程序合法。

(五)一审定案结论

根据《中华人民共和国行政诉讼法》第五十四条第(一)项之规定,判决如下:

维持上海市公安局普陀分局宜川新村派出所作出的收回于1993年6月补发的上海市泰山一村17号102室010358号户口簿的具体行政行为。

本案诉讼费人民币100元,由原告王秀英负担。

(六)二审情况

1. 二审诉辩主张

上诉人王秀英认为自己原就是本市泰山一村17号102室户口簿的户主,1990年12月宜川派出所未经其本人同意，擅自核准将其户口迁往他处错误，应予纠正；且补发的户口簿上，徐兆羊、徐滨杰户口已迁入，请求撤销原审判决和宜川派出所作出的收回补发的010358号户口簿的具体行政行为。

被上诉人宜川派出所则认为，补发户口簿的具体行政行为是以原户口簿遗失这一事实为前提条件，经查实本市泰山一村17号102室原户口簿未遗失，故将因错误补发的010358号户口簿予以收回是正确的。至于王秀英等三人户口问题，可按户籍政策予以办理，请求依法维持原审法院判决。

第三人徐兆衡请求维持原判。

2. 二审事实和证据

二审法院经过审理，认定的案情事实及有关证据与一审所认定的案情事实及有关证据相同。

3. 二审判案理由

本市泰山一村17号102室原户口簿经查实未遗失，宜川派出所于1993年12月31日作出收回补发010358号户口簿的具体行政行为，符合《中华人民共和国户口登记条例》及其他户口管理规章的规定。原审判决维持具体行政行为并无不当。王秀英以其户口原在本市泰山一村17号102室，以及补发的010358号户口簿内容与原户口簿并不一致均与原户口簿遗失应补发所不符，上诉人的上诉请求不予支持。

4. 二审定案结论

根据《中华人民共和国行政诉讼法》第六十一条第(一)项之规定，判决如下：

驳回上诉，维持原判。

上诉案件受理费人民币100元，由王秀英负担。

(七)解说

所谓具体行政行为，是指国家行政机关及其工作人员根据并为执行宪法、法律、法规、规章和规范性文件，对具体人或具体事物所直接采取的行为。这种行为对当事人或该事物能直接发生一定的法律效果。在本案中，由于原告王秀英及其子徐兆羊、其孙徐滨杰三人的户口并未退回原迁出地，而是挂在普陀公安分局宜川派出所内部户口资料上，需待进一步调查后依户口管理规定作处理，宜川派出所的该行政行为尚未结束，故此本案只牵涉到对被告宜川新村派出所所作的收回补发的户口簿这一具体行政行为是否合法进行审查。

本案的特殊之处在于原告要求被告撤销收回户口簿的行政行为，而维持原补发户口簿的行政行为，但被告作出补发户口簿的行政行为是基于原告称其户口簿已遗失基础上的，被告在补发原告户口簿之际，在查明泰山一村17号102室户口的工作中确有疏漏之处，以致造成对本案第三人徐兆衡的权利侵犯。1993年12月，徐兆衡向本院提出行政诉讼后，被告在了解到原告隐瞒上海市泰山一村17号102室户口簿并未遗失的真情后，依据《中华人民共和国户口登记条例》及其他有关户口管理规章中“一户只能有一本户口簿，户主负责户口申报登记”的规定，宜川派出所于1993年12月31日作出了收回1993年6月补发的上海市泰山一村17号102室010358号户口簿的具体行政行为，该行政行为体现了有错必纠的原则，认定事实清楚，适用法律法规正确，程序合法。一、二审法院由此作出的维持宜川派出所收回补发的户口簿的具体行政行为的判决是正确的。

(顾宇斌)

6. 龚春生不服上海市公安局外国人管理、出入境管理处出入境管理处罚裁决案

(一)首部

1. 判决书字号

一审判决书:上海市黄浦区人民法院(1993)黄行初字第26号。

二审判决书:上海市中级人民法院(1994)沪中行终字第27号。

2. 案由:不服出入境管理处罚案。

3. 诉讼双方

原告(上诉人):龚春生,男,50岁,汉族,江苏省无锡市人,上海中国国际旅游社工作,住上海市宜川五村51号407室。

一、二审委托代理人:黄祥梅,男,60岁,汉族,福建省闽清县人,上海中医学院工作,住上海市天钥二村102号502室;金天立,上海市中华律师事务所律师。

被告(上诉人):上海市公安局外国人管理、出入境管理处。

法定代表人:方雄,处长。

一、二审委托代理人:刘玲一、郝惠民,该处干部。

4. 审级:二审。

5. 审判机关和审判组织

一审法院:上海市黄浦区人民法院。

合议庭组成人员:审判长:陈国生;审判员:周奇;代理审判员:潘家祥。

二审法院:上海市中级人民法院。

合议庭组成人员:审判长:蔡廷家;代理审判员:陈亚娟、殷勇。

6. 审结时间

一审审结时间:1994年3月25日。

二审审结时间:1994年7月11日。

(二)一审诉辩主张

1. 被诉具体行政行为:被告上海市公安局外国人管理、出入境管理处于1993年10月30日对原告龚春生作出第1545号出入境管理处罚裁决,认定原告实施了编造情况、骗取出入境证件的行为,根据《中华人民共和国公民出境入境管理法实施细则》第二十五条之规定,对原告作出行政拘留5天的处罚。

2. 原告诉称:原告在审核办理上海市养殖协会组团出国考察的有关手续时,该团体出境考察人员徐某等16人冒用上海申协旅游用品综合经营公司职工身分重新填写出国人员调查表及个人情况登记卡,并用该公司人事章为他们进行政审,虽有编造情况、弄虚作假的行为,但事先已向有关领导作了汇报,且本人也受组织委派担任考察团领队,故原告是履行公务,个人不应承担法律责任,要求撤销被告对其作出的处罚裁决。

3. 被告辩称:原告在审核办理上海市养殖协会组团出境考察事宜过程中,虽向有关领

导汇报要对徐某等16人填写的调查表及登记卡进行技术处理，但未明确如何技术处理，且原告为徐某等16人重新填写调查表及登记卡的行为，已超出职务范围，不属公务行为。据此，被告对原告作出的处罚裁决是正确的，请求法院予以维持。

（三）一审事实和证据

法院经审理查明：原告系上海中国国际旅游社在编人员，并受聘为上海康辉假期旅游公司业余导游。1993年6月借调至上海市社会团体管理处工作。同年7月底，原告在负责办理上海市养殖协会组织徐某等16人旅游团出国考察一事过程中，根据该协会经办人的要求，原告向有关领导汇报要对徐某等16人填写的调查表进行技术处理，否则无法办理出境证件。嗣后，原告利用手中掌握的上海申协旅游用品综合经营公司（已注销）的人事章，将徐某等16人作为该公司职员，为他们重新填写了调查表及登记卡，编造假履历，并加盖人事章为他们政审。原告本人经组织指派带队陪同出国考察，在申请办理出境证件时，冒用上海康辉假期旅游公司职工身分为其本人填写了调查表及登记卡，并由该公司有关人员盖了人事章进行政审，然后，原告将其本人及徐某等16人申请办理出境证件的有关材料送被告进行审批。被告认定原告实施了编造情况的违法行为，根据《中华人民共和国公民出境入境管理法实施细则》第二十五条"编造情况、提供假证明、或者以行贿等手段，获取出境入境证件，情节较轻的，处以警告或者五日以下拘留……"的规定，对原告作出拘留5天的处罚。

上述事实有如下证据为证：

1. 上海市公安局笔迹鉴定书。

2. 原告填写的调查表及登记卡。

3. 证人证言及原告本人陈述。

4. 上海市公安局外国人管理、出入境管理处对原告作出的出入境管理处罚裁决书。

（四）一审判案理由

法院认为：被告认定原告编造情况的事实，有被告提供的鉴定书、证人证言及原告本人陈述等证据证实，且证据之间相互印证，应予认定。原告在办理上海市养殖协会组团出境考察事宜过程中，明知因私出境人员应向出入境管理部门提交申请人所在工作单位的政审意见的有关规定，却弄虚作假，为自己及他人编造情况，其行为已侵犯了正常的出入境管理秩序，况且，原告为他人重新填写调查表及登记卡的行为，已超出其工作范围，不属公务行为，被告据此对原告处罚应予支持。但行政机关在作出具体行政行为时应当贯彻公平合理的执法原则，综合考虑导致原告实施违法行为的相关因素。原告事前已将有关申请出国人员无法及时提供单位政审意见的情况向有关领导作了汇报，并提出技术处理的设想，对此，有关领导并无异议。原告作为直接责任人员只应承担相应的法律责任，要其个人承担全部法律责任明显有失公正。被告不考虑相关因素，对原告一人作出拘留5天的从重处罚，显然不符合公平合理的原则，依法应予变更。

（五）一审定案结论

根据《中华人民共和国行政诉讼法》第五十四条第（四）项之规定，判决如下：

变更上海市公安局外国人管理、出入境管理处1993年10月30日第1545号出入境管理处罚裁决，改为警告处罚。

案件受理费人民币100元，由原告龚春生负担50元，被告上海市公安局外国人管理、出入境管理处负担50元。

（六）二审情况

1. 二审诉辩主张

（1）上诉人龚春生诉称：上诉人虽有弄虚作假行为，但事先已向有关领导作了汇报，应属公务行为。要求撤销一审判决及原处罚裁决。

（2）上诉人上海市公安局外国人管理、出入境管理处诉称：对龚春生处罚并无畸重、有失公正之处，要求撤销一审判决，并维持对龚春生作出的拘留 5 天处罚的裁决。

2. 二审事实和证据

二审法院确认了一审法院认定的事实和证据。

3. 二审判案理由

法院认为：上海市公安局外国人管理、出入境管理处认定龚春生实施了编造情况的行为事实清楚，证据充分。根据《中华人民共和国公民出境入境管理法实施细则》第二十五条之规定，应予处罚。龚春生明知因私出境人员应向出入境管理部门提交申请人所在工作单位的政审意见的有关规定，却弄虚作假编造情况，并为他人进行政审，该行为与公务行为无关。龚春生以其编造情况系公务行为为由，要求撤销对其处罚的上诉请求，不予支持。龚春生在办理有关事宜之前，曾将有关情况向领导作了汇报，并提出技术处理的设想，对此，有关领导并无异议，故要其个人承担全部法律责任有失公正，原审判决将对龚春生拘留处罚变更为警告，并无不当。上海市公安局外国人管理、出入境管理处要求维持原处罚裁决，亦不予支持。

4. 二审定案结论

根据《中华人民共和国行政诉讼法》第六十一条第（一）项的规定，判决如下：

驳回上诉，维持原判。

上诉案件受理费人民币 100 元，由龚春生及上海市公安局外国人管理、出入境管理处各半承担。

（七）解说

本案关键是原告为徐某等人重新填写调查表及登记卡的行为是否属公务行为，个人是否应承担法律责任，以及被告对原告作出拘留 5 天处罚是否属显失公正。

公务行为是指工作人员在职权范围内并以所属单位的名义所实施的行为。根据上海市民政局、上海市旅游事业管理局《关于贯彻〈市委办公厅、市政府办公厅关于加强对组团出访的管理严禁公费旅游的通知〉的通知》第三条“本市社会团体如需通过因私渠道出国（境）的，应先向市社会团体登记管理机关报告，经审核同意后，由旅行社向市公安局申请办理出国（境）手续。未经市社会团体登记管理机关审核同意的，公安部门不予受理”的规定，本案原告在上海市社会团体管理处工作期间，其职权仅是对上海市养殖协会组团出国考察的申请是否准许进行审核。审核同意后，则由出国人员亲自填写调查表及登记卡，并由各自所在单位负责政审，然后通过旅行社向被告申请办理出境证件。但原告却为出国人员徐某等人重新填调查表及登记卡，编造假履历，并为他们政审。虽然原告事先曾向有关领导汇报要作技术处理，但该行为已超出了原告的职权范围，故不属公务行为，理应由直接责任人员承担法律责任。

所谓显失公正，就是国家行政机关对行政管理相对人所作的行政处罚，从形式上看合乎法律法规的规定，但实质上与法律精神相违背，表现出明显的不公正。显失公正主要表现在以下几个方面。一是行政处罚畸重畸轻；二是同样行为，不同处罚，不同行为，同样处罚；三是行政处罚时考虑了不应考虑的因素或未考虑相关因素。本案原告虽然实施了编造情况、弄虚作假的行为，但事先已向有关领导作了汇报，要对徐某等人填写的调查表及登记卡进行技术处理，否则无法办理出国手续，对此，有关领导亦未作异议。被告对原告作出行政处罚时理应考虑上述相关因素，但被告不仅未予考虑，反而对原告作出拘留5天的最重处罚，显然有失公正，故依法予以变更。

（周　奇）

7. 黄世贤不服交通部广东省汕头港公安局收容审查案

（一）首部

1. 判决书字号：上海市黄浦区人民法院（1994）黄法行字第41号。

2. 案由：不服收容审查案。

3. 诉讼双方

原告：黄世贤，男，45岁，汉族，浙江省宁波市人，原系上海市沪兴五金电器经营部经理，诉讼时任上海建生企业有限公司副经理。

委托代理人：屠佳美（系黄世贤之妻），女，41岁，上海市机电设备公司电器配电分公司工作；刘道荣，上海市东吴律师事务所律师。

被告：交通部广东省汕头港公安局。

4. 审级：一审。

5. 审判机关和审判组织

审判机关：上海市黄浦区人民法院。

合议庭组成人员：审判长：陈国生；审判员：周奇、胡玉麟。

6. 审结时间：1994年7月5日。

（二）诉辩主张

1. 被诉具体行政行为：1991年12月18日交通部广东省汕头港公安局（以下简称汕头港公安局）对李松阳、许汉才、张文科等人特大诈骗案进行侦查。侦查中发现黄世贤于1990年5月曾到广东省汕头市与张文科、许汉才等人通谋，参与实施诈骗录像带3万盒价值人民币48.5万元的犯罪行为。汕头港公安局认为黄世贤是诈骗案共犯，故对其犯罪行为一并侦查。汕头港公安局还认为："1992年6月15日，黄世贤又随身携带已盖齐印章的'汕头港船务物资供应站'的空白证明书多张以及'汕泰物资公司'的工作证、合同章、'上海市沪兴五金电器经营部'的工作证等流窜到汕，被我局发现，并对其收容审查。"1994年9月14日，为进一步查明事实，弄清案情，根据《中华人民共和国刑事诉讼法》第三十八条和中华人民共和国公安部公通字（1992）13号《关于坚决纠正滥用收审手段的通知》第四条的有关规定，依法决定对黄世贤由收容审查变更为监视居住，继续接受侦查。但黄世贤在监视居住期间，竟于同年10月13日畏罪脱逃，逃避侦查。

2. 原告诉称：原告原系上海市沪兴五金电器经营部承包经理，与汕头港船务物资供应站有业务往来。1989年3月，汕头港船务物资供应站业务主任许汉才携带本单位介绍信在上海向原告所在经营部商量"有一批生意要做,但货款不够,请经营部代转款"。原告经营部因考虑双方有业务往来,就同意代转款,并分三次共代转款39.7万元,事后原告曾多次催讨上述款额,但无着。1990年5月22日,汕头港船务物资供应站法定代表人经理李松阳携许汉才、张文科等人在上海推销海力牌空白录像带一月之久,因销路不佳,未有售出,许汉才等就与原告商量,请原告同意将19250盘海力牌空白录像带作为以货抵债。原告经考虑后表示同意,并与汕头港船务物资供应站签订了合同,同时许汉才、张文科又提出"共有3万盘录像带,现给付19250盘,剩余1万盘到汕头市提货,价格可低些"。黄世贤同意并接受了汕头港船务物资供应站抵债录像带19250盘,计总价款数为301450元。由于汕头港物资供应站共欠原告经营部借款39.7万元,扣除301450元,尚欠9万余元。1992年6月15日,公安局以销赃嫌疑将黄收容审查。黄世贤认为,他与李松阳、许汉才、张文科等之间纯属经济往来,有关购销录像带一事亦系经济纠纷,而非"销赃",汕头港公安局在缺乏事实依据及法律依据的前提下对原告实施收容审查限制其人身自由的行政强制措施是错误的,故请求法院撤销汕头港公安局于1992年6月15日对其作出的汕港公收审通字第006号收容审查决定。

3. 被告辩称:黄世贤系刑事案件的共犯,并企图通过行政诉讼来逃避对其犯罪的追究和审查,法院应撤销对该案的立案决定。同时将黄世贤的行政诉状副本及法院的应诉通知书退回法院。

(三)事实和证据

由于被告坚持认为他们对原告实施收容审查是刑事案件侦查的需要,故在收到法院寄出的应诉通知及原告的诉状副本后,不向一审法院提交作出具体行政行为的全部材料、答辩状及法定代表人身分证明书等,并拒绝出庭应诉。因此,法院经两次合法传唤被告无正当理由拒不到庭,依法缺席审理。审理中,原告向法院提供了银行汇票,汕头港船务物资供应站请求上海沪兴五金电器经营部代转款的证明书等有关证件,并坚持认为,被告汕头港公安局在没有事实依据及法律依据的情况下,以销赃嫌疑将原告收审,违反了法律的规定,故请求法院依法裁判撤销汕头港公安局对其作出的收容审查决定。由于被告拒不出庭应诉,致使本案无法当庭质证。

上述事实有如下证据为证:

1. 黄世贤提供的汕头港船务物资供应站1989年3月19日出具的104号、105号证明书。

2. 黄世贤提供的中国人民银行汇票委托书(存根)2张(委托日期1989年3月20日)。

3. 黄世贤提供的中国工商银行转帐支票(存根)1张,签发日期为1989年3月31日。

4. 黄世贤提供的上海市公安局黄浦分局刑侦队经济组卢郁民关于黄世贤与汕头港船务物资供应站经济纠纷的情况说明。

5. 汕头港公安局给予原告的汕港公收审通字第006号收容审查通知书。

6. 1992年6月15日汕头港公安局对黄世贤开具的扣押物品清单(内含有关录像带的合同、协议)。

7. 汕头港公安局给法院的函件。

(四)判案理由

法院认为:根据《中华人民共和国行政诉讼法》第二条规定:"公民、法人或者其他组织认为行政机关和行政机关工作人员的具体行政行为侵犯其合法权益,有权依照本法向人民法院提起诉讼。"第十一条第一款第(二)项规定,"人民法院受理公民、法人和其他组织对下列具体行政行为提起的诉讼……(二)对限制人身自由或者财产的查封、扣押、冻结等行政强制措施不服的"。第十八条规定:"对限制人身自由的行政强制措施不服提起的诉讼,由被告所在地或者原告所在地人民法院管辖。"及中华人民共和国最高人民法院《关于贯彻执行〈中华人民共和国行政诉讼法〉若干问题的意见(试行)》第二条第二款规定:"公民对公安机关作出的强制收容审查的决定不服的,可以向人民法院提起行政诉讼。"据此,原告黄世贤具有起诉权利,上海市黄浦区人民法院立案有法可依,被告汕头港公安局应依法应诉。根据《中华人民共和国行政诉讼法》第三十二条规定:"被告对作出的具体行政行为负有举证责任,应当提供作出该具体行政行为的证据和所依据的规范性文件。"第四十三条规定:"人民法院应当在立案之日起五日内,将起诉状副本发送被告。被告应当在收到起诉状副本之日起十日内向人民法院提交作出具体行政行为的有关材料,并提出答辩状。"被告汕头港公安局有义务在收到法院送达的起诉状副本及应诉通知书后,在法定时间内依法向法院提供对黄世贤作出收容审查行政强制措施的事实依据和所依据的规范性文件,并提出答辩。但汕头港公安局既不依法承担举证责任,也不到庭应诉,致使案件在开庭审理时,无法当庭质证,无法对案件的实体进行审查。鉴于被告汕头港公安局经本院多次合法传唤,仍拒不出庭应诉,且无正当理由,致其对原告黄世贤所作的收容审查决定缺乏法律依据,法院根据《中华人民共和国行政诉讼法》第四十八条关于"经人民法院两次合法传唤,原告无正当理由拒不到庭的,视为申请撤诉;被告无正当理由拒不到庭的,可以缺席判决"的规定,作出了缺席判决。

(五)定案结论

根据《中华人民共和国行政诉讼法》第三十二条和第五十四条第(二)项的规定,判决如下:

撤销汕头港公安局1992年6月15日对黄世贤作出的汕港公收审通字第006号收容审查决定。

案件受理费人民币100元由被告汕头港公安局负担。

(六)解说

1. 被告不向人民法院提交作出具体行政行为的有关材料违反了法律规定。《中华人民共和国行政诉讼法》第四十三条规定:"被告应当在收到起诉状副本之日起十日内向人民法院提交作出具体行政行为的有关材料,并提出答辩状。"这是法律对行政机关的义务设定,既然法律有明确规定,不论哪一级行政机关均必须依法履行自己的义务。法律的这一规定既是对行政机关依法行政的一种约束,也是对原告合法权益不受到侵犯的一种保障。行政机关在行政执法过程中,对事实的认定、证据的收集、法律法规的适用,直至作出行政处罚的决定,整个执法程序不能凭空而论,更不能随心所欲,滥用职权,均应在法律规定的范围内进行,而"有关材料"就是行政机关整个执法程序及原告合法权益是否受到侵害的真实写照。同时,这一规定有利于人民法院对被告所作的具体行政行为及对事实、证据等的原始认定、收集进行全面认真的审查。因此本案被告汕头港公安局不依法向人民法院提交其作出具体行政行为的有关材料,是其承担败诉责任的原因之一。

2. 被告无正当理由,拒不出庭的行为妨害了诉讼活动的正常进行,也违反了法律规定。《中华人民共和国行政诉讼法》第四十八条规定,"经人民法院两次合法传唤,原告无正当理由拒不到庭的,视为申请撤诉;被告无正当理由拒不到庭的,可以缺席判决。"由此可见,被告出庭应诉是法律上规定的一项诉讼义务，被告应自觉履行。如果被告既无正当理由而又拒不到庭应诉，这就妨害了诉讼活动的正常进行，亦是对法院审判监督权的一种藐视，法院不会因被告无正当理由拒不到庭而停止对案件的审理。因此本案被告汕头港公安局无正当理由拒不出庭应诉，同样违反了法律的规定。

3. 收容审查属行政诉讼法规定的受案范围。收容审查是限制人身自由的行政强制措施之一，是一种具体行政行为，因此属行政诉讼范围。《中华人民共和国行政诉讼法》第十一条第(二)项规定："人民法院受理公民、法人和其他组织对下列具体行政行为不服提起的诉讼：……(二)对限制人身自由或者财产的查封、扣押、冻结等行政强制措施不服的"。中华人民共和国最高人民法院《关于贯彻执行〈中华人民共和国行政诉讼法〉若干问题的意见(试行)》第二条第二款规定："公民对公安机关作出的强制收容审查的决定不服的，可以向人民法院提起行政诉讼。"由此可见收容审查是行政诉讼法规定的受案范围之一，只要原告对公安机关作出的收容审查决定不服，就可以向人民法院提起行政诉讼，人民法院也应依法立案受理。

(胡玉麟)

8. 王中群不服上海市劳动教养管理委员会劳动教养决定案

(一)首部

1. 判决书字号

一审判决书：上海市长宁区人民法院(1994)长行初字第6号。

二审判决书：上海市中级人民法院(1994)沪中行终字第47号。

2. 案由：不服劳动教养决定案。

3. 诉讼双方

原告(被上诉人)：王中群，男，35岁，汉族，上海市星月俱乐部经理。

一、二审委托代理人：嵇金喜、陈海平，上海市新华律师事务所律师。

被告(上诉人)：上海市劳动教养管理委员会。

法定代表人：薛明仁，主任。

一、二审委托代理人：张伟民、潘金发，上海市公安局干部。

4. 审级：二审。

5. 审判机关和审判组织

一审法院：上海市长宁区人民法院。

合议庭组成人员：审判长：吕小萍；代理审判员：齐敏音、张旭。

二审法院：上海市中级人民法院。

合议庭组成人员：审判长：蔡廷家；审判员：徐瑞珍；代理审判员：邱燕。

6. 审结时间

一审审结时间：1994年4月27日。

二审审结时间：1994年7月28日。

（二）一审诉辩主张

1. 被诉具体行政行为：被告上海市劳动教养管理委员会对原告作出(93)沪劳委复决字第123号行政复议决定，认定原告扰乱社会秩序，原根据《国务院关于劳动教养问题的决定》及有关规定，对原告作出劳动教养二年决定正确，被告在变更原决定的部分事实后，根据《国务院关于劳动教养问题的决定》、《行政复议条例》第四十二条第一项及有关规定，作出维持上海劳动教养委员会对原告劳动教养二年的复议决定。

2. 原告诉称：其不是森田酒吧KTV包房的负责经营者，仅是KTV包房的一名工作人员，为了便于工作，曾与一些过去的朋友包括拉客女朱某、王某打过招呼，叫他们有生意拉到森田来，没有与拉客女事先预谋；森田酒吧是明码标价的，帐目是帐台结算的，其没有"斩客"的行为；调换发票纯属拉客女所为，故其没有扰乱社会秩序。被告认定事实错误，在作出具体行政行为时没有适用实体法，适用法律不当，被告的行为侵犯了原告的合法权益，要求撤销被告对其劳动教养二年的决定。

3. 被告辩称：原告与拉客女事先预谋，由朱某、王某将被害人刘某等诱至原告负责经营的森田酒吧KTV包房娱乐近两个小时，消费啤酒、XO洋酒各6杯及水果等，被索价人民币1万余元，经交涉后，刘某被迫付出1万新台币及800美元，事后原告又授意拉客女在送刘某回住处途中用空白发票将刘某的发票暗中调换，上述事实有证人证言，被害人的指控为证。原告的行为扰乱了社会秩序，对其作出劳动教养二年决定事实清楚，证据确凿，适用法律正确，要求维持对原告劳动教养二年的决定。

（三）一审事实和证据

上海市长宁区人民法院收集、核实有关证据并不公开审理查明：森田酒吧系日本籍华人陈某开设的外商独资企业，内设KTV包房，王中群系陈某雇用的KTV包房工作人员，专门负责客源等。在原告去该酒吧工作前，曾与一些朋友打过招呼，有客人请他们介绍到森田来。1993年7月21日晚，拉客女朱某、王某在华亭宾馆门口见第七届亚洲排球锦标赛国际裁判台湾人刘某、巴林人纳某出来，将他们拉至原告工作的森田酒吧KTV包房，由拉客女陪同刘某等共娱乐两小时左右，消费啤酒、XO洋酒各6杯及水果等，帐台结价为人民币1万余元。刘某等认为太贵，发生争执。其间，原告正巧路过帐台，目睹争执后便建议打九折，后经过讨价还价，刘某等给付1万元新台币、800美金。在回住处途中，刘某手中的发票被拉客女王某调换。上海市劳动教养管理委员会认为原告系该酒吧KTV包房的承包经营者，与拉客女事先预谋"斩客"，其行为扰乱了社会秩序，遂根据《国务院关于劳动教养问题的决定》对原告作出劳动教养二年的决定，原告不服，向被告申请复议。被告在变更原决定中认定原告"承包经营"森田酒吧KTV包房为"负责经营"，删去唆使拉客女调换发票的"唆使"两字后，根据《行政复议条例》第四十二条第一项及有关规定，作出维持对王中群劳动教养二年的复议决定。被告提供的证据相互之间有矛盾，不能证明原告是森田酒吧KTV包房的负责经营者，原告没有定价的权利；被告认定的索价1万余元人民币是"斩客"，原告与拉客女事先有预谋及授意拉客女调换发票均没有证据。被告在作出具体行政行为时没有引用开庭审理时所适用的法律。

上述事实有如下证据为证：

1. 被害人刘某、纳某的陈述笔录。

2. 拉客女朱某、王某的讯问笔录。

3. 森田酒吧总经理陈某,KTV包房值班经理施某、王某的陈述笔录。

4. 原告王中群的讯问笔录。

5. 被告的复议决定。

(四)一审判案理由

法院认为:被告作出的(93)沪劳委复决字第123号行政复议决定认定原告负责经营森田酒吧KTV包房证据不足,认定原告向刘某、纳某等人索价的证据自相矛盾,与拉客女事先预谋及授意拉客女调换发票没有证据,对"斩客"的处理非被告的职权。因此,被告对原告作出的行政复议决定事实不清,证据不足,依法应予撤销。

(五)一审定案结论

依据《中华人民共和国行政诉讼法》第五十四条第(二)项第一目之规定,上海市长宁区人民法院作出如下判决:

撤销被告上海市劳动教养委员会1994年1月1日作出的沪劳委复决字(93)第123号行政复议决定。

本案受理费人民币100元由被告负担。

(六)二审情况

1. 二审诉辩主张

(1)上诉人上诉称:王中群扰乱社会秩序的事实清楚,证据确凿,对其作出劳动教养二年的决定符合《国务院关于劳动教养问题的决定》第一条第一项,《劳动教养试行办法》第十条第四项、第十三条以及《上海市保护消费者合法权益条例》第八条第九项、第十九条等有关规定,请求撤销一审判决,维持对王中群收容劳动教养二年的复议决定。

(2)被上诉人辩称:上海市劳动教养管理委员会对其作出的劳动教养决定,认定事实不清,证据不足,适用法律不当,现上诉人提供的法律依据对其不适用。要求维持上海市长宁区人民法院的判决。

2. 二审事实和证据

二审法院肯定了一审法院的案件事实、证据和执法程序,对上诉人在上诉时所提供的上海市人民政府《上海市公共场所治安管理办法》,上海市公安局关于发布《上海市酒菜馆、咖啡馆、酒吧治安管理规定》的通知,《上海市保护消费者合法权益条例》等有关规范性文件,在作出具体行政行为时并未作为依据。

3. 二审判案理由

上海市中级人民法院认为:上诉人对于认定被上诉人王中群负责经营森田酒吧KTV包房,并在1993年7月21日晚与拉客女朱某、王某事先预谋,高额收取他人费用系扰乱社会秩序的行为的事实,未能提供相应证据予以证实,在主要证据不足的前提下,根据《国务院关于劳动教养问题的决定》对王中群作出劳动教养二年的决定,适用法律不当,原审法院所作判决正确,上诉人上海市劳动教养管理委员会的上诉请求不予支持。

4. 二审定案结论

根据《中华人民共和国行政诉讼法》第六十一条第(一)项之规定,上海市中级人民法院作出如下判决:

驳回上诉,维持原判。

上诉案件受理费人民币100元由上诉人上海市劳动教养管理委员会负担。

（七）解说

人民法院审理行政案件，以事实为根据，以法律为准绳，任何具体行政行为的发生都要以一定的事实为基础和前提，并且有确凿充分的证据来加以证明，一个合法的具体行政行为必须具备认定事实清楚，证据确凿充分，适用法律正确，执法程序合法，执法主体适格，而本案的具体行政行为至少有以下几方面存在错误：

1. 执法主体和被处罚主体错误。本案的原告不是森田酒吧负责人，也不是KTV包房的负责经营者，不属直接责任人员，如果该酒吧有高额索价牟取暴利的行为，受处罚的应该是该酒吧法人代表或者直接责任人员，而不是原告王中群。因此，被告对原告处劳动教养2年的决定属被处罚对象错误。退一步说，森田酒吧即使有“斩客”的事实，也应由物价部门来处理，而非被告的职权，因此被告的执法主体也不适格。

2. 被告认定事实错误。原告没有向刘某索高价牟暴利的事实，且森田酒吧是明码标价的，帐单是由帐台根据客户的消费项目进行核算的，刘某等消费应付多少钱，实付多少钱，多收刘某多少钱，被告没有实行核算，仅凭主观臆想消费两个小时收费1万多元就认定是“斩客”依据不足。王中群没有与拉客女事先预谋的事实。预谋是指做某一特定的事，事先有所谋划。王中群仅在去森田工作前与一些朋友打招呼，让朋友们有客人拉到森田去，对具体的事与人是不确定的，不是针对7月21日晚上一事的；调换发票纯属朱、王行为，被告将朱、王所为的行为一并算入原告王中群所为更是没有依据。因此被告作出的具体行政行为没有事实依据，是不合法的。

3. 被告提供的证据不合法。能够用来定案的证据必须具备客观性、关联性、合法性。即作为证据必须是客观存在的，能够起到证明案件事实的事实材料，证据的收集、调查必须符合法律规定的程序和特定形式。本案被告提供的证据，互相不能印证，且互相矛盾，不能起到证明案件事实的作用，因此不能作为定案的依据，法院认定被告主要证据不足是正确的。

4. 被告适用法律不当。具体行政行为适用法律是否正确是具体行政行为是否合法的核心，是审理行政诉讼争议的关键，《行政诉讼法》规定人民法院审理行政案件以法律法规为依据，参照规章，这是审查具体行政行为合法性的标准和尺度。合法的行政行为必须在作出时依据有关的法律法规或规章，而本案的被告在对原告作出具体行政行为时没有引用实体法，致使原告无法知道自己违反了哪些法律规定，被告仅在诉讼时提供了有关的规范性文件作为法律依据，且提供的规范性文件有的对原告不适用，有的不是被告职权，将作出具体行政行为时未作为依据的规范性文件作为诉讼中的法律依据显然是不合法的，法院不予采纳也是正确的。

（叶丽虹）

9. 韩媚请求上海市劳动教养管理委员会行政赔偿案

（一）首部

1. 判决书字号：上海市黄浦区人民法院(1994)黄行初字第24号。

2. 案由：请求行政赔偿案。

3. 诉讼双方

原告:韩媚,女,30岁,汉族,山东省高密县人,上海雪人企业发展公司工人。

委托代理人:高尔华,系原告母亲,52岁,蒙族,江苏省镇江市人,上海中兴无线电厂退休工人。

被告:上海市劳动教养管理委员会。

法定代表人:薛明仁,主任。

委托代理人:房定桦,女,上海市公安局干部。

4. 审级:一审。

5. 审判机关和审判组织

审判机关:上海市黄浦区人民法院。

合议庭组成人员:审判长:王卫民;审判员:周奇、潘家祥。

6. 审结时间:1994年12月19日。

(二)诉辩主张

1. 被诉具体行政行为:1992年12月17日,被告上海市劳动教养管理委员会决定对原告收容劳动教养一年,原告不服向徐汇区人民法院起诉,徐汇区人民法院判决撤销市劳动教养管理委员会对原告的劳动教养决定,但原告实际已被羁押350天。原告获释后,于1993年10月至1994年4月多次请求被告赔偿经济损失,均遭拒绝。

2. 原告诉称:被告对其的劳动教养决定已被徐汇区人民法院撤销,被告对其的处罚是违法的,并造成了经济损失,其获释后的长达6个多月的时间内,多次要求被告赔偿经济损失,均遭拒绝,因此根据《中华人民共和国行政诉讼法》的规定,向法院起诉,要求法院判决被告赔偿。由于被错误地处以劳动教养,原告实际被羁押达350天,造成了一定的经济损失,包括被限制人身自由的经济损失费5012.92元,在徐汇区人民法院进行行政诉讼委托律师费用600元,法律咨询费65元,因诉讼复印材料,打电话联系等所花费用200元,家属到劳动教养场所探望所花路费54元,劳动教养期间生活费1200元,被民警不慎碰坏牙齿的补牙费39元,总计人民币7170.92元,这些损失是因被告所作的具体行政行为违法造成的,因此要求被告以支付赔偿金的方式予以赔偿。

3. 被告辩称:上海市劳动教养管理委员会对原告韩媚所作的劳动教养决定,虽然被徐汇区人民法院判决撤销,但原告行为的性质仍是违法的,因此拒绝赔偿。

(三)事实和证据

法院经审理查明:被告上海市劳动教养管理委员会于1992年12月17日决定对犯有卖淫行为的原告韩媚收容劳动教养一年,韩媚不服,于1993年5月12日向徐汇区人民法院提起行政诉讼,徐汇区人民法院以适用法律不当为由,于1993年8月16日依法判决撤销被告上海市劳动教养管理委员会的劳动教养决定。原告获释后,自1993年10月至1994年4月间,多次向被告请求赔偿经济损失,但均遭拒绝。由于被处以劳动教养,原告自1992年9月15日至1993年8月31日实际被羁押11个半月。根据上海市统计局的统计,上海市职工年平均工资1992年为4273元,1993年为5650元,按此标准计算,1992年三个半月为1246.28元,1993年八个半月为3766.64元,原告被限制人身自由的损失费计5012.92元;原告在徐汇区人民法院委托律师进行诉讼,所花费用600元,原告进行法律咨询,复印材料及原告的家属赴劳动教养场所探望等所化的费用,确实是因被告对原告作出劳动教养决定这一具体行政行为所造成的实际损失。

上述事实有双方当事人的陈述、劳动教养决定书、行政判决书、上海市统计局调查笔录和收据等佐证。

(四)判案理由

1. 原告有权向被告上海市劳动教养管理委员会要求行政赔偿。"劳动教养"是由上海市劳动教养管理委员会这一国家行政机关作出的一种限制人身自由的行政强制措施,是一种具体行政行为。根据《中华人民共和国行政诉讼法》第六十七条第一款规定:"公民、法人或者其他组织的合法权益受到行政机关或者行政机关工作人员作出的具体行政行为侵犯造成损害的,有权请求赔偿。"本案被告上海市劳动教养管理委员会对原告所作的劳动教养决定,由于适用法律错误,已被徐汇区人民法院依法撤销,被告所作的具体行政行为是违法的,原告因此丧失人身自由将近一年,并造成了实际经济损失,原告合法的人身自由权和财产权受到被告作出的具体行政行为侵害,有权向被告要求行政赔偿。

2. 被告上海市劳动教养管理委员会应承担全部行政赔偿责任,并应以赔偿损失的方式承担责任。《中华人民共和国行政诉讼法》第六十八条第一款规定:"行政机关或者行政机关工作人员作出的具体行政行为侵犯公民、法人或者其他组织的合法权益造成损害的,由该行政机关或者该行政机关工作人员所在的行政机关负责赔偿。"本案的原告作为一个公民有违法行为,被告作为国家行政机关应正确地适用法律法规作出具体行政行为来进行管理,而本案的被告上海市劳动教养管理委员会作为国家行政机关却错误地适用法律法规对原告作出处以劳动教养的具体行政行为,这样的具体行政行为是违法的具体行政行为,由此对原告造成人身自由权和财产权的损害,被告应承担全部行政赔偿责任。因此,被告辩称拒绝赔偿的理由不能成立。根据《中华人民共和国民法通则》第一百二十一条规定:"国家机关或者国家机关工作人员在执行职务中,侵犯公民、法人的合法权益造成损害的,应当承担民事责任。"该法第一百三十四条第一款第(七)项规定"赔偿损失"是承担民事责任的主要方式之一。因此,被告对原告承担责任的方式应该是赔偿损失。

3. 行政侵权损害赔偿应限制在合理范围内。原告超出合理赔偿范围的请求没有根据。原告的诉讼请求是合法的,但有的请求赔偿项目没有根据。对于被劳动教养期间的生活费、补牙费等,与被告的具体行政行为无直接因果关系,并非因被送劳动教养所必然造成的财产损失,显然超出了合理的赔偿范围,不能予以支持。

(五)定案结论

依照《中华人民共和国行政诉讼法》第六十七条、第六十八条和《中华人民共和国民法通则》第一百二十一条、第一百三十四条第一款第(七)项之规定,判决如下:

被告上海市劳动教养管理委员会赔偿原告韩媚限制人身自由的经济损失费5012.92元,其他损失费700元。

案件受理费由原告承担60元,被告承担237元。

(六)解说

1. 关于本案的程序问题。本案是一起行政赔偿案件,根据《中华人民共和国行政诉讼法》第六十七条第二款规定:"公民、法人或者其他组织单独就损害赔偿提出请求,应当先由行政机关解决。对行政机关的处理不服,可以向人民法院提起诉讼。"本案应先由被告上海市劳动教养管理委员会对原告的赔偿请求进行处理,如原告对被告的处理不服,才可向法院起诉。从本案的实际情况看，原告自1993年10月至1994年4月，在长达6个多月的时间里多次向被告提出赔偿请求，均遭被告口头拒绝。被告虽然对原告的赔偿请求未作书面处理意见，但拒绝履行行政赔偿法定职责的事实已显而易见，应予认定。如果本案以不作为立案受理，然后判令被告限期履行法定职责，被告再作不予赔偿的书面决定，原告对不予赔偿的书面决定不服，再向法院起诉行政赔偿，这样只能拖延诉讼时间，增加当事人的讼累，不能及时有效地使原告的合法权益得到保护。根据《中华人民共和国行政诉讼法》关于人民法院受案范围的第十一条"人民法院受理公民、法人和其他组织对下列具体行政行为不服提起的诉讼……（五）申请行政机关履行保护人身权、财产权的法定职责，行政机关拒绝履行或者不予答复的"，本案原告因对被告拒绝履行行政赔偿法定职责的具体行政行为不服提起诉讼，请求行政赔偿，为了切实保护公民的合法权益，从实际情况出发，人民法院应依法受理原告的行政赔偿诉讼请求。

2. 关于本案的赔偿方式和标准的确定。本案的审理正值《中华人民共和国国家赔偿法》施行前夕，行政赔偿是我国国家赔偿的范围，因此本案在赔偿方式、标准的确定方面，参照了该法。对于赔偿方式，参照《中华人民共和国国家赔偿法》第二十五条第一款的规定："国家赔偿以支付赔偿金为主要方式。"本案适用由被告向原告支付赔偿金的方式进行赔偿。在赔偿标准上也参照《中华人民共和国国家赔偿法》第二十六条规定："侵犯公民人身自由的，每日赔偿金按照国家上年度职工平均工资计算。"对本案原告被限制人身自由的经济损失，按照上海市职工年度平均工资计算。

3. 本案在认定原告遭受损害的范围上，确认了原告因被违法处以劳动教养这一具体行政行为，而致使人身自由权受到侵害，这是根据被限制人身自由与具体行政行为之间有直接因果关系而认定的；由于原告对被处以劳动教养不服提起行政诉讼等所花的其他费用，与被告所作的劳动教养决定也有直接因果关系，确系被告的具体行政行为给原告造成的实际损失，应酌情认定，给予赔偿，这是符合民事责任的承担基本原理的。本案原告韩媚在其诉讼请求中，还提出要求赔偿劳动教养期间的生活费，人民法院认为生活费是每个人无论在何时何地生活都必需的费用，即使在劳动教养期间，也需要生活费，属正常生活支出，与被处以劳动教养造成的损害结果无直接因果关系，人民法院不予认定。人民法院在确定本案的赔偿范围时，遵守合法原则，既确定了原告人身自由权受侵害的经济损失，对其他直接经济损失也予酌情确定。人民法院据此原则对本案进行了判决，宣判后，原、被告双方均未上诉，被告已自行向原告支付了赔偿金。通过本案的审理，使原告的合法权益得到了法律的保障，国家赔偿法的精神进一步深入人心，收到了良好的社会效果。

（王卫民）

第二篇　工商行政管理纠纷案例

10. 长沙市医药工业供销公司不服茶陵县工商行政管理局反不正当竞争行政处罚案

(一)首部

1. 裁定书字号:湖南省株洲市中级人民法院(1994)株行初字第5号。

2. 案由:不服反不正当竞争行政处罚案。

3. 诉讼双方

原告:湖南省长沙市医药工业供销公司。

法定代表人:刘飞雄,经理。

委托代理人:李可健,长沙市涉外经济律师事务所律师;刘德华,该公司办公室主任。

被告:湖南省茶陵县工商行政管理局。

法定代表人:谭忠年,局长。

委托代理人:袁有训,该局副局长;刘旭,该局法规股副股长。

4. 审级:一审。

5. 审判机关和审判组织

审判机关:湖南省株洲市中级人民法院。

合议庭组成人员:审判长:彭秋华;审判员:邓国球;代理审判员:曹阳。

6. 审结时间:1994年11月15日。

(二)诉辩主张

1. 被诉具体行政行为:1994年1月25日,被告茶陵县工商行政管理局以原告长沙市医药工业供销公司无合法证件和采取商业贿赂的不正当竞争行为在茶陵县范围内经销药品的嫌疑为由,扣押了原告发往炎陵县途经茶陵县的药品93件,1月30日和31日又分别冻结了原告在茶陵县腰陂、严塘、虎踞三个医院的药款30082.60元和药品37件。2月3日,被告作出(1994)工商案字第01号处罚决定,认定原告派业务员周纯良在1992年5月至1994年1月在茶陵县腰陂医院、严塘医院、虎踞卫生院等推销西药、中成药、医疗器械等,为扩大业务推销商品,原告业务员周纯良多次以秘密手段给付腰陂医院院长、严塘医院院长和会计现金1400余元,其行为违反了《中华人民共和国反不正当竞争法》,属于不正当竞争行为,并依据该法第二十二条规定,对原告处以罚款1.5万元。原告不服,向湖南省株洲市工商行政管理局申请复议，经复议维持原处理决定。复议期间，被告扣划了原告货款 1.5 万元，其余扣留、冻结的款物予以解冻或发还了原告。

2. 原告诉称：原告业务员周纯良给付茶陵县腰陂医院院长，严塘医院院长及会计现金，是周的个人行为，原告事先既没有委托，事后未予追认，且周的行为并未损害买卖双方利益，亦未排挤竞争对手，不属不正当竞争行为。《中华人民共和国反不正当竞争法》并未授予工商行政管理部门有冻结、扣押、划拨款物的职权，因此，被告冻结、扣押、划拨款物的行为属于违法行为。据此，请求法院：(1)撤销被告的处罚决定；(2)认定被告扣押、冻结、划拨原告款物的强制性措施违法，判决被告赔偿原告经济损失 7.8 万元；(3)判决由被告为原告消除影响、恢复名誉，并赔偿原告商业信誉损失 2.8 万元。

3. 被告辩称：原告业务员周纯良是在代表原告推销业务过程中采用秘密给付现金手段进行贿赂，目的是扩大原告商品的销售量，其行为不是周的个人行为，而是原告的行为。该行为违反了《中华人民共和国反不正当竞争法》第八条"经营者不得采用财物或者其他手段进行贿赂以销售或者购买商品"的规定，构成商业贿赂行为，被告依据《中华人民共和国反不正当竞争法》第二十二条"经营者采用财物或者其他手段进行贿赂以销售或者购买商品，构成犯罪的，依法追究刑事责任；不构成犯罪的，监督检查部门可以根据情节处以一万元以上二十万元以下的罚款，有违法所得的，予以没收"的规定，对原告予以处罚，并无不当。根据中华人民共和国工商行政管理局颁布的《工商行政管理机关行政处罚程序规定(试行)》第十一条规定"工商行政管理机关在查处违法行为过程中，可以根据具体情况，依法采取扣留、封存、暂停支付等行政强制措施"和第五十九条规定"被处罚的相对人拒绝缴纳罚没款的，经县级及县级以上工商行政管理局局长批准，按照有关规定通知银行办理划拨手续，还可以将扣留的物品变价抵缴"。被告在查处案件过程扣押、冻结、划拨原告款物的行为是合法的。由于被告的处罚决定及采取的行政强制措施均适用法律准确，处罚合法，故不存在为原告消除影响、恢复名誉和赔偿经济损失的问题。

(三)事实和证据

法院经审理查明：1991 年以来，原告与茶陵县腰陂医院、严塘医院、虎踞卫生院等医院建立了业务关系，由原告供应上述医院西药、中成药和医疗器械等。在平常的业务活动中，均由原告业务员周纯良代表原告与上述医院签订合同、送货、结算。原告以明示的方法给对方以 10% 的折扣，且已如数入帐。1993 年元月 16 日，原告制定了"1993 年医药科经济任务指标分解和管理办法"，规定业务员月完成毛利 6000 元，可发工资，超过 6000 元后，其超额部分按档次给奖励，其奖励额最高可达超额部分的 5%，最低为 1%；业务应酬按个人毛利的 2% 提取。

1994 年 1 月 25 日，被告接到举报：有两个长沙人运了一车药销给茶陵县严塘卫生院无任何手续，并采取秘密给院长、会计以现金的贿赂手段促销。被告即采取行政强制措施，将原告准备发往炎陵县途经茶陵的 93 件药品予以扣押，1 月 30 日和 31 日，又分别冻结了原告在茶陵县严塘医院的药品 37 件，冻结原告在茶陵县腰陂医院、虎踞卫生院货款 30082.60 元。同时，被告先后调查了腰陂医院院长陈细生、严塘医院院长彭冬云、会计段新明和原告业务员周纯良等人。2 月 3 日，被告作出了(1994)工商案字第 01 号处罚决定，认定原告"业务员周纯良为扩大交易推销商品，采取给付现金的手段，曾多次在长沙或者在茶陵秘密付给腰陂医院院长和严塘医院院长及会计，合计现金 1400 余元……已构成了《中华人民共和国反不正当竞争法》第八条所指向的行为，属于不正当竞争行为。依据本法第二十二条之规定，经我局研究决定：对长沙市医药工业供销公司处以罚款1.5万元”。原告于2月8日收到被告的处罚决定书，2月21日向被告的上级行政主管机关湖南省株洲市工商行政管理局申请复议。2月25日，被告对扣押、冻结原告的款物予以解冻，但同时强制划走1.5万元充抵罚款。4月20日，株洲市工商行政管理局作出复议决定，认定原告已构成了商业贿赂行为，维持被告的处罚决定。原告仍不服，于4月23日向湖南省株洲市中级人民法院提起诉讼。

法院于1994年4月29日依法立案受理本案，并于5月26日公开开庭审理了本案。被告于5月11日提出答辩状，称原告业务员周纯良给付的现金为950元。在开庭审理过程中，又称为560元，而且对周给付的现金是否是在1993年12月1日即《中华人民共和国反不正当竞争法》实施后给付的，举不出确凿、充分的证据。1994年10月14日，被告以(1994)工商复字第01号复议决定撤销了2月3日对原告作出的处罚决定，并主动与原告协商赔偿问题，经协商，被告除退回划拨的原告货款1.5万元外，还赔偿原告各项经济损失3000元。11月3日，原告向法院提交撤回起诉申请。

上述事实有如下证据证实：

1. 被告提供的(1994)茶工商案字第01号案卷材料。

2. 法院调查的证人谭文伟、胡运生、陈田生等证人证言。

3. 周纯良、彭冬云、陈田生等证人到庭作证的证言。

4. 被告扣押、冻结原告款物的通知书及解冻通知书复印件在卷。

5. 原告提出其所受损失的证据。

6. 被告作出的(1994)工商案字第01号处罚决定书，株洲市工商行政管理局作出的株工商复决字(1994)第001号行政复议决定书及被告于1994年10月14日出的(1994)工商复字第01号复议决定书原件。

(四)判案理由

在审理过程中，被告主动改变其作出的具体行政行为，退回了扣划原告的货款，并就经济损失赔偿与原告协同达成了一致协议。原告据此向法院申请撤回起诉。

法院认为：

1. 被告的处罚决定，认定事实不清，主要证据不足。《中华人民共和国反不正当竞争法》是1993年12月1日才实施的，对该法实施以前的不正当竞争行为没有溯及力，而被告举不出确凿、充分的证据，证实原告业务员周纯良所实施的商业贿赂行为是在1993年12月1日以后实施的，且认定的金额到底是多少，也无法确定。

2. 被告采取行政强制措施不当。《反不正当竞争法》没有授予工商行政管理部门在查处不正当竞争案件中有扣押、查封、冻结、划拨款物的职权，而本案中，被告却实施了上述行政强制措施，显然有悖于国家法律。

3.《行政诉讼法》规定，人民法院对行政案件宣告判决或者裁定前原告申请撤诉的，或者被告改变其所作的具体行政行为，原告同意并申请撤诉的，是否准许，由人民法院裁定。本案被告在认识其作出的具体行政行为主要证据不足，认定事实不清的情况下，改变了原具体行政行为，返回了扣划的货款，并就赔偿问题与原告达成了协议，因此原告申请撤诉，法院经审查，认为原告撤诉是自愿的，没有损害国家利益和他人利益。依法应予准许。

（五）定案结论

法院依照《中华人民共和国行政诉讼法》第五十一条的规定，作出裁定：

准予原告长沙市医药工业供销公司撤回起诉。

案件受理费1000元，由被告承担。

（六）解说

1．本案是一件因反不正当竞争处罚而引起的行政争议。商业贿赂行为是不正当竞争的一种表现形式，我国《反不正当竞争法》第八条明令禁止这种行为。商业贿赂是指经营者为了争取交易机会和交易条件，在交易活动中，以秘密给付财物或者其他报偿为手段，贿赂交易对方的行为，其目的是通过对交易行为施加不正当影响促成交易或者挤掉竞争对手，取得优势。商业贿赂严重危害社会主义市场经济秩序，阻碍了市场机能的正常发挥，给国有企业的业务人员和国家机关工作人员中饱私囊、贪污受贿提供了土壤，损害了国家集体利益，败坏了社会风气。《反不正当竞争法》对商业贿赂行为规定了刑事责任和行政责任。依这个法律的规定，经营者采用财物或者其他手段进行贿赂以销售或者购买商品，构成犯罪的，依法追究刑事责任，不构成犯罪的，监督检查部门可以根据情节处以1万元以上20万元以下的罚款，有违法所得的，予以没收。但在商品购销活动中，卖方在成交的价款中减除退还给买方一部分款项，用来作为对买方的补偿或者奖励的扣折行为或称为让利行为，则是我国法律所允许的。这种行为是公开给付，写进合同或者记入帐内的，它实际是一种正当的价格竞争。

2．本案中原告业务员周纯良的行为到底是个人行为还是法人行为，有两种不同意见，一种意见认为是法人行为，而不是个人行为，其理由是，从发生的业务关系来看，原告业务员周纯良与对方单位签订合同、送货、结算等均是以原告单位的名义进行；从周给付的现金来源看，周给付对方单位个人的现金是从原告给付其业务应酬费中开支；从周给付现金的目的来看，其目的是扩大原告的货物销售量，增加单位的收入，当然也是通过增加单位收入增加自己个人的收入。另一种意见认为周的行为是个人行为，其理由是，周在给付现金时，并未说明本人是代表单位，原告也没有口头或书面授权业务员可以采取这种措施促销，事后也没有对周的行为予以追认。第一种意见是正确的。

3．本案涉及到《反不正当竞争法》没有授予工商行政管理部门有扣押、冻结、划拨款物的职权，而国家工商行政管理局颁布的《工商行政管理机关行政处罚程序规定（试行）》第十一条却规定了工商部门有这种职权。其实，两者并无矛盾。因为《工商行政管理机关行政处罚程序规定（试行）》第十一条规定的是"可以根据具体情况，依法采取……"。也就是说在法律、法规授予了扣押、查封、划拨等行政强制措施职权时，就可以行使这些强制措施，例如《投机倒把处罚暂行条例》就授予了工商行政管理机关采取扣押、查封、划拨等行政强制措施的权力，而在法律、法规没有授权的情况下，则不能擅自采取行政强制措施。故此，本案的被告在《反不正当竞争法》没有授予工商行政管理机关在查处案件过程中的扣押、查封、划拨的职权情况下，行使了这些行政强制措施的职权，属于越权行为。

4．本案被告在诉讼中，认识到自己的具体行政行为认定事实不清，证据不足，并主动改变了其具体行政行为，原告对此表示同意，并申请撤诉。因此，人民法院根据《中华人民共和国行政诉讼法》第五十一条的规定，经审查认为原告申请撤诉出于自愿，并非规避法律，又不影响国家、集体和他人的合法权益，据此作出了准予原告撤诉的裁定，是符合法律规定的。

（荣　伟）

11. 海口庆华实业公司不服海口市工商行政管理局确认经济合同无效及财产处理决定案

(一)首部

1. 判决书字号

一审判决书:海南省海口市新华区人民法院(1994)新行初字第15号。

二审判决书:海南省海口市中级人民法院(1994)海中法行终字第5号。

2. 案由:不服确认经济合同无效及财产处理决定案。

3. 诉讼双方

原告(被上诉人):海口庆华实业公司。

法定代表人:黄庆云,经理。

一审委托代理人:陈歧,该公司业务部经理;金敏,海口市第一律师事务所律师。

二审委托代理人:叶育澎,该公司职员;金敏,海口市第一律师事务所律师。

被告(上诉人):海口市工商行政管理局。

法定代表人:云大江,局长。

一审委托代理人:滕树声,该局合同科科长;王明光,该局法制科干部。

二审委托代理人:胡斌莹、符气清,该局干部。

第三人:山东省临沂市永兴实业有限公司。

4. 审级:二审。

5. 审判机关和审判组织

一审法院:海南省海口市新华区人民法院。

合议庭组成人员:审判长:邓爱兰;人民陪审员:邱崇孝、陈治平。

二审法院:海南省海口市中级人民法院。

合议庭组成人员:审判长:吴奇新;代理审判员:吕俭、郭朝阳。

6. 审结时间:

一审审结时间:1994年2月26日。

二审审结时间:1994年12月13日(依法延长审限)。

(二)一审情况

1. 一审诉辩主张

(1)被诉具体行政行为:原告海口庆华实业公司于1992年11月8日与第三人山东省临沂市永兴实业有限公司签订了购销水泥合同,后因双方发生纠纷,第三人于1993年2月6日向被告海口市工商行政管理局所属的经济合同仲裁委员会(以下简称仲裁委员会)申请仲裁。仲裁委员会于同年2月9日作出(1993)市工商仲字第7号裁定书,查封原告存放在海南糖烟酒公司仓库的525号水泥3971吨。之后,仲裁委员会认为该合同为无效经济合同而将该案移交被告处理。被告以原告已被撤销,主体资格不存在为由于1993年4月11日作出了无效经济合同确认书,并作出了处理认定。原告不服,向海南省工商行政管理局申请复议,海南省工商行政管理局逾期不作复议。原告遂向海口市新华区人民法院提起行政诉讼，要求法院依法撤销被告作出的(1993)市工商同字第1号无效经济合同确认书，变更被告对原告财产损失的处理决定，责令被告赔偿经济损失。

(2)原告诉称：海口市工商行政管理局确认原告主体资格不存在系认定事实不清，证据不足；对财产的处理显失公正，违背有关法律的规定。仲裁委员会查封财产违反法定程序，不指定保管造成原告经济损失应予赔偿。

(3)被告辩称：原告海口庆华实业公司在本局核准登记注册后，其法定代表人黄庆云下落不明，该公司没有办理年检等，已严重违反了《中华人民共和国企业法人登记管理条例》第三十条第一款第三项之规定。1990年整顿公司时海口庆华实业公司已被我局依法撤销，原告主体资格已不存在，陈歧以海口庆华实业公司的名义与第三人签订的购销水泥合同属无效合同。

2. 一审事实和证据

海口市新华区人民法院经公开审理查明：原告海口庆华实业公司于1989年1月4日经被告海口市工商行政管理局核准登记，领取了企业法人营业执照。同年10月6日，原告法定代表人黄庆云将公司承包给陈歧、叶育澎经营，并签订承包协议书。在此期间，海口市整顿公司领导小组已将该公司列入整顿撤销范围，但没有办理注销登记手续。原告承包人自承包公司以来也未办理企业法人年检登记。1992年11月8日，原告与第三人山东省临沂市永兴实业有限公司签订了购销水泥合同。按合同规定，第三人应在1992年11月28日至12月3日装完货，由于第三人备货不足，造成原告约定的"九江"轮滞期11天11小时，滞期费为343863.33元。水泥运抵海口后，原告拒付货款，双方发生纠纷。第三人于1993年2月6日向被告所属的经济合同仲裁委员会申请仲裁。仲裁委员会于同年2月9日作出(1993)市工商仲字第7号裁定书，查封了原告存放在海南糖烟酒公司仓库的525号水泥3971吨，查封时，仲裁委员会没有通知原告到现场进行清点，仅简单地进行体积丈量，变卖后清点水泥数量是2464.9吨，变卖的水泥数量与实际存放数量相差715吨。变卖后得货款870407元。之后，仲裁委员会认为该合同为无效合同而将该案移交被告处理。被告于1992年4月11日作出了无效经济合同确认书。原告不服，于同年4月29日向海南省工商行政管理局申请复议，海南省工商行政管理局逾期不作复议。被告在确认书尚未发生法律效力的情况下，即将变卖的水泥款826181.5元付给第三人，余下货款除付给海南烟酒公司仓库租金及案件受理费外，尚剩9425.5元。本案在受理过程中，被告于1993年8月30日才登报注销原告法人资格。

上述事实有下列证据证明：

(1)原告于1992年11月8日与第三人签订的水泥购销合同书。

(2)存放水泥的票据。

(3)1990年6月16日原告被整顿撤销的登记表。

(4)海口市工商行政管理局1992年4月11日作出的无效合同确认书。

(5)1993年8月30日被告注销原告法人资格公告。

(6)查封、变卖水泥的有关凭据。

(7)原告、被告以及第三人三方当事人提供的证据及陈述笔录。

3. 一审判案理由

法院认为:原告在1989年公司整顿期间被海口市公司整顿领导小组列为撤销范围,但被告一直没有依法办理注销手续,直至1993年8月30日才正式登报公告注销,在公司注销前原告的法人资格应视为尚存在,原告与第三人签订的水泥购销合同是正常的经营活动,应受法律保护。被告以原告已被撤销没有法人资格与第三人签订购销合同为由,作出(1993)市工商同字第1号无效经济合同确认书,系认定事实不清,证据不足,适用法律不当,应予撤销;被告在办理财产保全措施时没有依法定程序进行以及保管不善,致使被告变卖水泥时丢失了715吨,造成原告的经济损失,被告应负赔偿责任。赔偿标准按被告当时出售水泥的价格每吨350元计算。被告在上述无效经济合同确认书尚未发生法律效力前将变卖的水泥款进行处理,属严重的违法行为,被告应负追回保全款的责任。原告与第三人因货款发生的争议可另行向人民法院提起诉讼。

4. 一审定案结论

海口市新华区人民法院依照《中华人民共和国行政诉讼法》第五十四条第(二)项、第六十七条之规定,作出如下判决:

(1)撤销被告海口市工商行政管理局1993年4月11日(1993)市工商同字第1号无效经济合同确认书。

(2)被告赔偿原告715吨水泥的经济损失25万元,在本判决生效之日起1个月内付清。

(3)被告应追回本案标的款826181.5元,并随案移送。

本案诉讼费13714元由被告负担。

(三)二审诉辩主张

1. 上诉人(原审被告)诉称:上诉人作出的无效经济合同确认书,认定事实清楚,有充分的法律、法规依据。理由是:

(1)原海口庆华实业公司已被依法撤销,其法人主体资格已不存在,该公司的一切经营活动均属非法经营,与第三人签订的水泥购销合同亦属无效合同。

(2)本案诉讼时效已经消灭,一审法院应当驳回原告的起诉。海口庆华实业公司在1993年4月26日收到我局的无效经济合同确认书,于同年4月29日向海南省工商行政管理局申请复议。海南省工商行政管理局复议期限的截止日应为6月29日。根据《中华人民共和国行政诉讼法》第三十八条第二款的规定,应在复议期满之日起15日内向法院提起诉讼,即6月30日至7月14日。但海口庆华实业公司在7月21日才向人民法院提交起诉状,此起诉应属过期的无效起诉行为。

(3)一审法院认定我局丢失水泥715吨,并以此判决我局赔偿损失25万元。这一判决与事实不符。

(4)依照法律规定,复议和诉讼期间,不停止具体行政行为的执行。我局按无效经济合同确认书作出的划款行为属合法有效行为,并无过错。

2. 被上诉人(原审原告)辩称:原审法院判决认定事实清楚,适用法律、法规正确。请求二审法院驳回上诉,维持原判。

第三人未作答辩。

(四)二审事实和证据

二审法院经公开审理查明:一审法院对上诉人查封水泥时因保管不善造成水泥丢失的数量认定有误,没有除掉入库后被上诉人以水泥支付运输费所需116吨及出卖17吨给他人的数量等。实际损失数量为561.7吨，而不是715吨，除这点外，二审法院肯定了一审法院的认定事实及采纳的证据。

（五）二审判案理由

二审法院认为：被上诉人海口庆华实业公司在1989年整顿公司时被列为撤销对象，但上诉人一直没有依法办理注销手续，直至1993年8月30日才正式注销。在此之前，被上诉人法人资格应视为尚存在。1993年4月11日上诉人以被上诉人已被撤销为由，作出（1993）市工商同字第1号无效经济合同确认书，系认定事实不清，适用法律不当，应予撤销。一审法院判决正确，应予维持。根据1990年9月30日国家工商行政管理局《关于全国换发证照工作有关问题的通知》第三点规定："从1991年7月1日起，全国范围内旧式营业执照一律停止使用。"自该通知发布后，被上诉人没有更换新的营业执照，持旧式营业执照从事经营活动，与第三人签订购销水泥合同的行为，属无效经营的行为，违反了国家行政法规规定，该合同属无效合同。上诉人对被上诉人与第三人关于购销水泥合同纠纷的责任未分清的情况下，即作出要求被上诉人负担第三人的全部经济损失的处理，于法无据，显失公正。上诉人在查封财产时，没有依法定程序进行，查封后也没有妥善保管，造成损失，又未能举证说明，属行政侵权行为，故应承担全部赔偿责任，但一审法院对水泥损失数量认定有误，没有除掉入库后被上诉人以水泥支付运输费所需数量及出卖给他人数量，实际损失数量为561.7吨，不是715吨，应予更正。赔偿标准应按进货价每吨人民币270元计算。上诉人在无效经济合同确认书尚未发生法律效力前将变卖的水泥款进行处理，做法欠妥。但是，鉴于合同已履行，被上诉人应付给第三人的货款，上诉人已执行完毕，可不再追回。此外上诉人提出本案的诉讼时效一节，因复议机关逾期未作复议决定，上诉人未向被上诉人交待诉权，根据最高人民法院《关于贯彻执行〈行政诉讼法〉若干问题的意见（试行）》第三十五条规定，应确认为实际上未超过诉讼时效，故本院不予采纳。

（六）二审定案结论

海南省海口市中级人民法院依照《中华人民共和国行政诉讼法》第六十一条第（三）项、第六十七条第一款和第六十八条第一款的规定，作出如下判决：

1. 维持海口市新华区人民法院（1993）新行初字第15号行政判决的第一项。

2. 撤销海口市新华区人民法院（1993）新行初字第15号行政判决的第二项、第三项。

3. 上诉人海口市工商行政管理局应赔偿被上诉人原海口庆华实业公司561.7吨水泥的经济损失计人民币151659元，在本判决发生法律效力之日起1个月内付清。

4. 被上诉人海口庆华实业公司应支付给第三人山东省临沂市永兴实业有限公司水泥货款余额及延期付款利息共计人民币826181.5元（上诉人已执行完毕）。

5. 上诉人海口市工商行政管理局变卖水泥得款处理后尚剩下的9425.5元应退还给被上诉人海口庆华实业公司。

本案一、二审诉讼费共27428元，由上诉人海口市工商行政管理局和被上诉人海口庆华实业公司各负担一半，即各负担13714元（已交付）。

（七）解说

在确认海口庆华实业公司与第三人签订的购销水泥合同属无效合同方面，二审法院的认定与海口市工商行政管理局是不同的。海口市工商行政管理局认定海口庆华实业公司于1990年4月18日已被依法撤销，其企业法人主体资格已不存在，所进行的经营活动是非法行为，因而与第三人签订的购销水泥合同属无效经济合同。二审法院认为，海口庆华实业公司在1989年公司整顿期间被海口市公司整顿领导小组列为撤销范围，但被告一直没有依法办理注销手续，直到1993年8月30日才正式登报公告注销，在公告注销前原告的法人资格应视为尚存在，原告与第三人签订的购销水泥合同其主体是合格的。

本案中海口庆华实业公司持旧式营业执照从事经营活动，属无照经营行为，违反了《中华人民共和国经济合同法》第七条第一款的规定，因此与第三人签订的购销水泥合同为无效合同，海口市工商行政管理局作出的无效经济合同确认书，系认定事实不清，证据不足，适用法律不当，应予撤销。

（王法坚）

12. 成都市友谊华侨公司不服四川省工商行政管理局罚款决定案

（一）首部

1. 判决书字号

一审判决书：四川省成都市锦江区人民法院(1994)锦行初字第1号。

二审判决书：四川省成都市中级人民法院(1994)成行终字第11号。

2. 案由：不服罚款决定案。

3. 诉讼双方

原告（上诉人）：成都市友谊华侨公司。地址：成都市春熙路北段5号。

法定代表人：郭逢新，经理。

一审委托代理人：刘承业，成都市第一律师事务所律师；蒲先藻，四川省行政律师事务所律师。

二审委托代理人：刘承业，成都市第一律师事务所律师。

被告（被上诉人）：四川省工商行政管理局。

法定代表人：吴明智，局长。

一、二审委托代理人：王宋力、岳林川，该局干部。

4. 审级：二审。

5. 审判机关和审判组织

一审法院：四川省成都市锦江区人民法院。

合议庭组成人员：审判长：李炳元；审判员：陈瑞卿、杨春秀。

二审法院：四川省成都市中级人民法院。

合议庭组成人员：审判长：王孝忠；审判员：陈永红；代理审判员：郑红。

6. 审结时间

一审审结时间：1994年4月11日。

二审审结时间：1994年11月1日。

（二）一审诉辩主张

1. 被诉具体行政行为：成都市友谊华侨公司（以下简称友谊公司）系成都市第一商业局下属的全民所有制企业，享有黄金饰品经营权资格。1992 年 8 月 12 日，四川省工商行政管理局（以下简称四川省工商局）以川工商（1992）检处字 10 号行政处罚，认定友谊公司在 1991 年 12 月至 1992 年 3 月期间先后三次通过无业人员翟××父女，购进 24K 黄金饰品 17836.12 克，每克人民币 85 元，共计人民币1516070.20元的行为，构成了私相买卖，并给予友谊公司罚款人民币 15 万元的行政处罚。该处罚决定被成都市锦江区人民法院于 1993 年 5 月 24 日以（1992）锦法行字第 2 号行政判决以主要证据不足撤销后，四川省工商局重新补充证据，于 1993 年 10 月 9 日重新作出川工商（1993）检处字 07 号处罚决定，认定友谊公司在 1991 年 12 月至 1992 年 3 月期间先后三次通过翟××父女，从自称海南省三亚市二轻工艺厂的人手中，购进 24K 黄金饰品 17836.12 克，每克人民币 85 元，总金额为人民币 1516070.20元。友谊公司与无黄金饰品经营权的不法人员进行黄金饰品买卖活动，已构成私相买卖行为，违反了《中华人民共和国金银管理条例》第七条的规定，依照该条例第三十一条第（五）项的规定，对友谊公司作出罚款人民币 18 万元的行政处罚。友谊公司不服，向国家工商行政管理局申请复议，经复议维持原处罚决定。友谊公司向成都市锦江区人民法院提起诉讼，请求法院撤销被告四川省工商局所作的处罚决定。

2. 原告诉称：原告是全民所有制企业，享有黄金饰品经营权，手续齐备。1991 年 12 月开始与海南省三亚市二轻工艺厂洽谈购买黄金饰品，成交前原告按规定审查了对方提供的企业法人营业执照和经营金银制品许可证，还专门到中国人民银行成都市分行进行了咨询，并取得了中国人民银行复字（1993）119 号关于海南省三亚市二轻工艺厂经营黄金饰品业务范围文本。在对方确实享有合法有效的黄金饰品经营范围的前提下，才从三亚市二轻工艺厂购进黄金饰品，每次成交均由对方送货到成都，经检验符合要求并由对方提供发票后，再由原告将货款汇至广东省深圳市工商银行罗湖口岸支行和中国银行碧波办“三亚市工艺厂”的户名帐号上。1993 年 5 月经成都市锦江区人民法院以主要证据不足，判决撤销了原处罚决定。同年 10 月 9 日，被告再次以同一事实、同一理由决定对原告罚款 18 万元。被告作出这一具体行政行为没有充分的事实和法律依据，严重侵害了原告的合法权益，请求法院撤销被告所作的行政处罚决定。

3. 被告辩称：原告私相买卖黄金饰品的事实清楚，证据确凿，对原告所作的行政处罚决定是合法的具体行政行为，请求法院判决予以维持。其主要理由是：

（1）经海南省三亚市二轻工艺厂直接证实，该厂从未有任何人员与原告有过接触，且未在广东省深圳市设立任何机构及开设银行帐户。

（2）经海南省三亚市税务局鉴别，原告所称的“发货票”及加盖的“财务专用章”为伪造、私刻的。

（3）经海南省三亚市工商行政管理局及三亚市二轻工艺厂证实，原告所提供的交易对方所出示的营业执照副本复印件及经营金银制品许可证复印件是伪造的，在深圳所开设的帐户系不法人员以三亚市二轻工艺厂的名义使用伪造证照开设的。

（4）我局原处罚决定虽因证据不足被撤销，但这只是从法律意义和法律程序方面表明我局认定的事实没有成立，而并不意味着原告的违法行为客观上不存在，更不意味着我局不能依法进行调查取证后从法律意义上证明原告违法事实的存在。法院判决撤销了原处罚决定后，我局接受人民法院的监督，依法重新收集、补发的主要证据，对证明原告的违法事实的成立已有实质性的增加。因此，我局重新作出处罚决定是符合《行政诉讼法》及有关规定的，并不是以同一事实和理由作出与原具体行政行为基本相同的具体行政行为。

（三）一审事实和证据

一审法院经审理查明：友谊公司系全民所有制企业，具有经营黄金饰品资格。1991年12月至1992年3月期间，原告先后三次通过深圳无业人员翟××父女，从假借海南省三亚市二轻工艺厂的名义，使用无效的复印证照和伪造的销售发票的人手中，购进24K黄金饰品17836.12克，单价85元/克，共计金额1516070.20元。1993年10月9日，四川省工商局以川工商(1993)检处字07号处罚决定，认定友谊公司与无黄金饰品经营权的不法人员进行黄金饰品的买卖活动，构成私相买卖行为，并根据《中华人民共和国金银管理条例》第七条、第三十一条第(五)项的规定，对友谊公司罚款18万元。友谊公司不服，向国家工商行政管理局申请复议，国家工商行政管理局于同年12月13日以工商复字(1993)第3号作出维持原处罚决定的复议决定。

上述事实有如下证据为证：

1. 海南省三亚市二轻工艺厂在1993年7月24日出具的没有在深圳市设立任何机构，也没有开设过帐户和从未与友谊公司进行黄金饰品交易以及友谊公司购进黄金饰品发票中的三亚市二轻工艺厂的财务专用章是伪造的证明。

2. 海南省三亚市税务局于1993年7月20日认定友谊公司购进黄金饰品的发票监制章及规格等伪造的证明。

3. 海南省三亚市二轻工艺厂证明，与友谊公司进行黄金饰品交易的该厂的企业法人营业执照和经营金银制品许可证是用纸盖住该厂公章后再复印的，不是原复印件。

4. 有海南省三亚市工商行政管理局于1993年7月20日认定与友谊公司进行黄金饰品交易的企业法人营业执照系未经批准擅自复印，属无效复印执照的证明。

5. 有四川省工商行政管理局对原告进行处罚的决定书及国家工商行政管理局的复议决定书。

6. 有知情人对上述事实的证言佐证。

（四）一审判案理由

法院认为：工商行政管理机关按照国家法律、法规的规定，有权查处违反金银管理条例的案件，被告认定原告与无黄金饰品经营权的不法人员进行黄金饰品的买卖活动，确属私相买卖行为成立，被告对原告作出的处罚决定，事实清楚，证据充分，适用法规正确，程序合法。

（五）一审定案结论

一审法院根据《中华人民共和国行政诉讼法》第五十四条第(一)项之规定，作出如下判决：

驳回原告诉讼请求，维持四川省工商行政管理局川工商(1993)检处字07号处罚决定。

本案诉讼费6643元，由原告成都市友谊华侨公司负担。

（六）二审情况

1. 二审诉辩主张

(1)上诉人上诉理由：第一，被上诉人对上诉人实施的行政处罚所依据的事实不清楚，被上诉人在行政处罚规定中认定与上诉人进行黄金饰品购销往来的不是三亚市二轻工艺厂的业务人员，而是所谓的不法分子，这个不法分子被上诉人未调查清楚。第二，被上诉人就同一事实和同一理由对上诉人实施两次罚款处罚。第一次罚款人民币15万元，第二次加重罚款人民币18万元，属报复行为。第三，卖方向我公司提供的海南省三亚市二轻工艺厂的企业法人营业执照、经营金银制品许可证的复印件是商业交易的惯例，且这些复印件也不是伪造的。第四，海南省三亚市二轻工艺厂在深圳两家银行开有帐户，按工商法规规定，开设帐户须持企业营业执照正本原件及其他有关证明，其帐号是否伪造，不应由我公司承担责任，被上诉人也没有提供深圳市人民银行和工商银行的有关证明。

(2)被上诉人辩称：第一，上诉人友谊公司通过中介人与冒用海南省三亚市二轻工艺厂名义的个人进行黄金饰品交易的行为确实存在，且主观上存在明显的过错，已构成私相买卖黄金饰品。第二，我局依法收集的证据充分，证据间能相互印证。第三，我局适用法规正确，处罚合情合理。

2. 二审事实和证据

二审法院基本认定了一审法院认定的案件事实和采纳的证据。

3. 二审判案理由

上诉人友谊公司是具有黄金饰品经营权的企业，该公司通过翟××父女所购进的黄金饰品，并不是与海南省三亚市二轻工艺厂交易所购进的，该公司没有与海南省三亚市二轻工艺厂形成合法的黄金饰品买卖关系。友谊公司与自称是海南省三亚市二轻工艺厂的个人进行了价值人民币1538089.44元黄金饰品的交易，违反了《中华人民共和国金银管理条例》第七条、第三十一条第(五)项的规定，属私相买卖行为，且情节严重，应受到行政处罚。但是，鉴于友谊公司在三次买卖黄金饰品中，对卖方的企业法人营业执照、经营金银制品许可证的复件和销售发票进行了审查，买卖的货款又是通过银行结算，其卖方的帐户名称与所提供企业法人营业执照上的名称相同，因此，在行政处罚上应酌情予以考虑。被上诉人四川省工商局就上诉人友谊公司三次买卖黄金饰品行为，在1992年8月12日以川工商(1992)检处字10号行政处罚决定对友谊公司罚款人民币15万元。该处罚决定被成都市锦江区人民法院于1993年5月24日以主要证据不足撤销后，在友谊公司交易黄金饰品的品种、款式和数量以及金额没有任何变化的情况下，罚款人民币18万元，其加重处罚显失公正。原审判决认定事实清楚，程序合法，但适用法律有误，应予判决变更。

4. 二审定案结论

二审法院根据《中华人民共和国行政诉讼法》第五十四条第(四)项、第六十一条第(二)项和《中华人民共和国金银管理条例》第七条、第三十一条第(五)项之规定，判决如下：

(1)撤销成都市锦江区人民法院(1994)锦行初字第1号行政判决。

(2)变更四川省工商局1993年10月9日川工商(1993)检处字07号对友谊公司私相买卖黄金饰品的行为罚款人民币18万元的处罚决定，改为对友谊公司私相买卖黄金饰品的行为罚款人民币8万元。此罚款友谊公司在本判决发生法律效力后2日内向四川省工商局交付。

本案诉讼费6643元，由四川省工商局负担3322元，友谊公司负担3321元。一审诉讼费6643元原由友谊公司负担，改为由四川省工商局负担3322元，友谊公司负担3321元。

(七)解说

金银及金银制品属于我国限制流通的商品。根据《中华人民共和国金银管理条例》第七条的规定，在中华人民共和国境内，一切单位和个人不得计价使用金银，禁止私相买卖和借贷抵押金银。根据国家工商行政管理局经济检查司1990年1月12日检字(1990)5号对《关于金银市场管理中有关问题的请示》答复的精神，任何单位和个人购进金银制品，只能向经国家批准的、有合法经营权的单位购入，有合法经营权的企业向无合法经营权的单位和个人购进金银饰品属于私相买卖行为。本案中友谊公司虽具有合法的经营黄金饰品的资格，但它向无合法经营权的个人购进金银饰品，已构成私相买卖，理应受到处罚。根据《中华人民共和国金银管理条例》第三十一条第(五)项的规定，对违反本条例第七条规定的，由中国人民银行或者工商行政管理机关予以强制收购或者贬值收购。情节严重的，由工商行政管理机关处以罚款或者没收。

本案一、二审法院认定的案件事实和采纳的证据基本上是一致的，但最后的处理结果却不尽相同，关键是对友谊公司在私相买卖中的情节以及四川省工商局第二次行政处罚中提高罚款数额的认识不同。二审法院充分考虑到友谊公司在三次购进黄金饰品中，对卖方的企业法人营业执照、经营金银制品许可证的复印件和销售发票均进行了审查，且买卖的货款又是通过银行结算的具体情节，而四川省工商局在友谊公司交易黄金饰品的品种、款式和数量以及金额无任何变化的情况下，随意将原罚款15万元增加到18万元，其加重的行政处罚明显不适当、不合理，侵害了行政管理相对人应有的合法权益。因此，二审法院判决变更四川省工商局的罚款数额是正确的。

本案中四川省工商局仅仅对构成私相买卖的买方友谊公司给以了行政处罚，而没有进一步查清所谓的“不法人员”真实面目并给以其相应的处罚，不能不说是行政执法中的一个缺陷。

（徐　涛）

第三篇　税务行政管理纠纷案例

13. 王太和不服兴化市财政局财税处罚案

(一)首部

1. 判决书字号

一审判决书:江苏省兴化市人民法院(1993)兴法行初字第6号。

二审判决书:江苏省扬州市中级人民法院(1994)扬中行终字第17号。

2. 案由:不服财税处罚案。

3. 诉讼双方

原告(上诉人):王太和,男,1942年7月20日生,汉族,兴化市人,中国广州远洋运输公司船舶政委,住兴化市昭阳镇气象路3巷2号。

一审委托代理人:谢金荣、罗玉宝,江苏省高邮市第二律师事务所律师。

二审委托代理人:谢金荣,江苏省高邮市第二律师事务所律师。

被告(被上诉人):江苏省兴化市财政局。

法定代表人:崔明灿,局长。

一、二审委托代理人:陆健康,该局农财股股长;陈厚生,江苏省兴化市第一律师事务所律师。

4. 审级:二审。

5. 审判机关和审判组织

一审法院:江苏省兴化市人民法院。

合议庭组成人员:审判长:徐琉珊;代理审判员:陈春玲、朱党喜。

二审法院:江苏省扬州市中级人民法院。

合议庭组成人员:审判长:倪逸仙;代理审判员:宋德文、姜驷。

6. 审结时间

一审审结时间:1994年6月6日。

二审审结时间:1994年9月30日。

(二)一审诉辩主张

1. 被诉具体行政行为:纳税人王太和自1988年5月承包开发兴化市中堡镇陆甸村湖面255亩,进行淡水养殖。从1989年起每年均取得水产品收入,按照税法规定,王太和应从

1992 年起依法缴纳农林特产税，兴化市财政局多次派人催缴，王太和拒缴。根据《中华人民共和国税收征收管理法》第二十条、第四十六条以及国务院《关于进一步做好农林特产农业税征收工作的通知》第五条的规定，对王太和处罚如下：

(1)王太和在接到处罚决定后，必须缴纳农林特产税 2295 元。

(2)加收王太和从 1993 年 4 月至 9 月 11 日的滞纳金 716.04 元。

(3)对王太和处以罚款 1147.50 元。

原告王太和不服，向扬州市财政局申请复议。1993 年 9 月 29 日扬州市财政局作出财行复字(1993)1 号行政复议决定：维持兴化市财政局兴财监字(1993)12 号行政处罚决定。

2. 原告诉称：被告兴化市财政局作出的行政处罚决定缺乏事实又无法律依据，请求判决撤销。主要理由：(1)原告不是纳税主体，原告进行的是开发性承包，真正取得收入的是兴化市中堡镇陆甸村，因此，中堡镇陆甸村是纳税义务人；(2)依据原兴化县委、县政府(1986)71 号文件中“新开发的滩池，免交五至十年农业税”的规定，原告享有免税权利；(3)1992 年没有捕捞，没有水产品销售收入，故不具备纳税能力。

3. 被告辩称：被告所作行政处罚决定，证据确凿，适用法律、法规正确，符合法定程序，请求人民法院判决维持行政处罚决定。答辩理由如下：

(1)原告是法定的纳税主体。税法规定：凡从事农林特产品生产，取得农林特产收入的单位和个人，都应当缴纳农业税。原告在其承包开发的 255 亩滩涂中投放鱼种，进行养殖，销售成鱼，获得水产品收入，这是原告本人承认的事实，因此，原告是法定的农林特产农业税的纳税主体，应当依法履行纳税义务。至于原告和陆甸村的组织开发西荒协议书系民事法律关系，与本案无关。

(2)原告不享受免缴 1992 年农林特产农业税的权利。其所提及的兴化县人民政府(1986)71 号文件，不符合《中华人民共和国农业税条例》及国务院(1983)179 号、(1989)28 号文件和江苏省有关征收农林特产农业税的有关文件，且兴化市人民政府于 1989 年又发布了 88 号文件，根据该文件，原告也应该依法缴纳农林特产农业税。

(3)我国《宪法》规定：公民有依法纳税的义务。国家税收有其强制性和无偿性。既然原告取得水产品收入，就应该依法纳税，这是其法定的义务。

(三)一审事实和证据

法院经审理查明：1988 年 5 月原告与兴化市中堡镇陆甸村订立“组织开发陆甸西荒协议书”，该协议经乡政府鉴证后，原告独资开发中堡蜈蚣湖水面。当年底，155 亩的大框鱼池基本竣工，次年开发鱼池 100 亩，合计 255 亩。1989 年投入鱼种 400 公斤进行淡水养殖，当年销售收入 8000 元。1990 年起从大框鱼池中开挖南塘精养，并进行鱼种繁殖，当年销售收入 3.5 万元。1991 年销售收入 2.2 万元。1992 年未捕捞成鱼销售，原告将开发的部分鱼池转租给他人养蚌，收取租金，其仍在转租的鱼池中养鱼。1993 年春节后，成鱼销售收入 16100 元。原告从事水产品养殖以来，未设置帐簿，也未办理纳税申报。

上述事实有以下证据佐证：

1. 组织开发陆甸西荒协议书。

2. 原告自制 1988 年至 1991 年收支概况及 1992 年至 1994 年预算表。

3. 当事人陈述。

4. 知情人的书证和证言。

（四）一审判案理由

法院认为：原告 1988 年起独资承包开发兴化市中堡蜈蚣湖水面 255 亩，次年起开始投放鱼种进行淡水养殖，逐年均有水产品销售收入和鱼塘转让租金收入。根据国务院国发(1983)179 号《关于对农林特产收入征收农业税的若干规定》第一条“凡从事农林特产品生产，取得农林特产收入的单位和个人，都应当按照《中华人民共和国农业税条例》及本规定缴纳农业税”。《中华人民共和国农业税条例》第十五条规定：“纳税人依法开垦荒地或用其他方法扩大面积所得到的农业收入，从有收入的那一年起，免征农业税一至三年。”兴化市财政局根据上述规定从 1992 年度起对原告征收农林特产税的具体行政行为是正确的。原告以原兴化县委、县政府(1986)71 号文件中“新开发的滩池，免交五至十年农业税”的规定为其拒缴农林特产税的理由，因该规范性文件与国家法律、法规相抵触，故原告的上述请求本院不予采纳。

（五）一审定案结论

根据《中华人民共和国行政诉讼法》第五十四条第(一)项的规定，作出如下判决：

维持兴化市财政局兴财监字(1993)第 12 号处罚决定。

本案诉讼费 290 元，由原告王太和承担。

（六）二审情况

1. 二审诉辩主张

上诉人(原审原告)诉称：上诉人不是纳税义务人，应由协议双方协商明确，而不应由财政局决定谁是纳税义务人；1992 年未取得水产品销售收入，没有纳税义务；原兴化县委、县政府制定的(1986)71 号文件规定：组织荒滩荒水开发的，免缴五至十年农业税，上诉人享有免税权利，原审法院无权否定该文件。请求中级人民法院依法改判。

被上诉人(原审被告)辩称：被上诉人采取审定计征的方式对上诉人征收农林特产税，符合法律规定；原兴化县委、县政府(1986)71 号文件与法律、政策相悖，无法律约束力；被上诉人所作的处罚决定正确、合法，请求维持原判。

2. 二审事实和证据

二审法院肯定了一审法院认定的案件基本事实和定案证据。

3. 二审判案理由

国务院 1983 年颁布的《关于对农林特产收入征收农业税的若干规定》第一条规定：“凡从事农林特产品生产，取得农林特产品收入的单位和个人，都应当按照《中华人民共和国农业税条例》及本规定缴纳农业税。”上诉人开发中堡镇蜈蚣湖水面进行淡水养殖，系从事农林特产品生产并取得农林特产收入的人，确定上诉人为纳税义务人，是符合法律规定的。1989 年，国务院《关于进一步做好农林特产农业税征收工作的通知》明确规定：“凡属规定的应税产品收入，必须依法全面征税，除经国务院和财政部批准外，任何单位和个人一律不得擅自决定减免税或者暂缓征税。”原兴化县委、县政府(1986)71 号文件中“新开发的滩池，免交五至十年农业税”的规定与国务院行政法规的规定不符。因此，上诉人在未获批准免税的情况下，不享有免税待遇，要求免交农林特产税与法不合，所诉不予支持。《中华人民共和国税收征收管理法》第二十三条规定：纳税人应当设置帐簿但未设置的或依法可以不设置帐簿的，税务机关有权核定其应纳税额。上诉人从事水产品养殖以来，未设置帐簿，亦未办理纳税申报登记，被上诉人依法采取查定征收的方式核定上诉人的应纳税额，事实清楚，符合法律规定。上诉人以 1992 年无水产品销售收入为由拒绝纳税，与法无据。被上诉人按财政年度从 1992 年起开征农林特产税是正确的，应予支持。综上所述，被上诉人所作处罚决定，基本事实清楚，适用法律正确。原审法院判决予以维持并无不当。

4. 二审定案结论

根据《中华人民共和国行政诉讼法》第六十一条第(一)项规定，作出如下判决：

驳回上诉，维持原判。

二审诉讼费 376.34 元，由上诉人承担。

(七)解说

本案争议的焦点是：上诉人是不是纳税义务人；上诉人是纳税义务人，是否享有免税待遇；1992 年未销售成鱼，是否应当缴税。

1. 确认上诉人为纳税人是符合法律规定的。纳税人即税法规定的直接负有纳税义务的单位和个人。上诉人通过承包协议的形式，取得开发滩涂水面的权利，并利用自有资金进行水产品养殖，从 1989 年起，逐年均有水产品销售收入。上诉人与中堡镇陆甸村签订的是开发陆甸西荒协议，不是承包鱼塘进行水产品养殖的协议。无论是书面协议还是客观事实均说明是上诉人在开发的 255 亩水面上进行水产品养殖，陆甸村没有在西荒进行养殖的事实。国务院 1983 年出台的《关于对农林特产收入征收农业税的若干规定》规定，从事水产品生产，取得农林特产收入的人都应当缴纳农林特产税，这是确认纳税义务人的法律依据。

2. 上诉人不享受免税待遇。农林特产税是农业税中开征较迟的一个税种，征收工作相对于其他税收工作是薄弱的。直到 1983 年国务院以国发(1983)179 号《关于对农林特产收入征收农业税的若干规定》以规范性文件形式开始对如何征收农林特产税在全国范围内作出统一的规定。由于当时我国农村处于农村经济改革过程中，各地的农村经济发展不平衡，对征收农林特产税这项工作，在实际操作中采取了许多变通的做法，179 号文件执行得不够理想。在这样的历史背景下，原兴化县委、县政府出于加快对非耕地资源开发利用的步伐，将资源优势转化为经济优势的目的，1986 年以(1986)71 号文件制定了《关于非耕地资源开发利用具体政策规定》，文件第四条规定“新开发的滩池，免交五至十年农业税”。这一精神扩大了《中华人民共和国农业税条例》规定的纳税人依法开垦荒地或用其他方法扩大耕地面积所得到的农业收入，从有收入的那一年起，免征农业税一至三年的时间范围。1989 年国务院针对农林特产农业税税收流失较多的情况，发出《关于进一步做好农林特产农业税征收工作的通知》，通知要求各地全面征收农林特产税，除经国务院和财政部批准外，任何单位和个人一律不得擅自决定减税、免税或暂缓征税。已开征地区要对过去的减税、免税和暂缓征税进行认真清理，凡不符合规定的，应即恢复征税。江苏省人民政府以苏政发(1989)66 号文件作出与国务院 28 号文件相一致的规定，明确了过去与本规定相抵触的文件，按本规定执行。之后，国务院、财政部、江苏省政府、扬州市政府又多次作出加强农林特产税征收工作的具体规定。根据政策服从法律、低层次规范性文件服从高层次规范性文件的原则，被上诉人依据国务院规范性文件、江苏省人民政府的规章要求上诉人缴纳农林特产税，而未适用原兴化县委、县政府 71 号文件，符合法律适用一般规则。退一步讲，假使上诉人符合免税条件，也应当按照申请免税、批准免税的程序办理有关事项，在没有办理减免税申请并获得批准的情况下，财税机关有权要求纳税人缴纳税款，纳税人不得拒绝。

3. 1992 年没有销售成鱼，仍应完税。1992 年度是否应当纳税涉及计税依据等相关问题。

根据国务院《关于对农林特产税收入征收农业税的若干规定》、江苏省人民政府《江苏省农林特产农业税征收管理办法》的规定，农林特产税的计税依据是：一般按产品常年产量计算收入定税征收。对不能按产品常年产量征收的，按产品的实际销售收入征收。为了合理确定农林特产品的计税收入，江苏省规定苏中地区按养鱼池每亩计税产量为100公斤至200公斤，明确了在江苏省范围内对水产品纳税是以从量计征为主要计税依据的。从量计征是计税依据之一，采取从量计征办法的，应按财政年度向纳税人征税。税额核定后，增收不增税，因灾减收的，可以按照税法规定申请减免照顾。被上诉人对上诉人征税，其计税依据是充分的，从量计征是符合税收政策的，执法程序上采用查定征收的方式是符合税法规定的。上诉人1992年虽未销售成鱼，仍应履行纳税义务。

（倪逸仙）

14. 苏安刚不服三台县税务局税收处罚案

（一）首部

1. 判决书字号

一审判决书：四川省三台县人民法院(1994)三法行初字第1号。

二审判决书：四川省绵阳市中级人民法院(1994)绵法行终字第4号。

2. 案由：不服税收行政处罚案。

3. 诉讼双方

原告（上诉人）：苏安刚，男，24岁，汉族，个体屠商，住四川省三台县鲁班镇三柏1村8社。

一、二审委托代理人：蒋文华，四川省绵阳市游仙区律师事务所律师。

被告（被上诉人）：四川省三台县税务局。

法定代表人：王之勋，局长。

一审委托代理人：袁虹，该局副局长；古志军，该局征管股副股长。

4. 审级：二审。

5. 审判机关和审判组织

一审法院：四川省三台县人民法院。

合议庭组成人员：审判长：李昌兴；审判员：徐安银、邓文武。

二审法院：四川省绵阳市中级人民法院。

合议庭组成人员：审判长：张开贵；审判员：李文清、蒋敏。

6. 审结时间：

一审审结时间：1994年6月17日。

二审审结时间：1994年9月5日。

（二）一审诉辩主张

1. 被诉具体行政行为：1993年9月19日，被告三台县税务局新生税务所以台新税(1993)罚字第029号通知书，对原告苏安刚作出补偷税款3176.50元，课处滞纳金158.83

元,处以罚款400元的处理决定。原告苏安刚以其认定事实不能依法成立,处理显属不当为由,向被告三台县税务局申请行政复议。被告三台县税务局于1994年3月3日发出三税议(1994)第3号复议决定书:除追缴偷税款440元外,并处以偷税罚款2200元。原告苏安刚对此不服,于1994年3月17日向三台县人民法院提起行政诉讼。

2. 原告诉称:原告苏安刚在屠宰生猪经营中,从未隐瞒和少交生猪产品税,被告三台县税务局1994年3月3日三税议(1994)第3号复议决定认定事实不清,证据不足,其生猪产品税头数和税额计算有误,处罚显失公正,要求三台县人民法院撤销或变更被告三台县税务局的具体行政行为,并由被告三台县税务局承担诉讼费用。

3. 被告辩称:原告苏安刚隐瞒少交生猪产品税的事实成立,复议维持了新生税务所确认原告苏安刚1993年8月27日偷漏生猪产品税2头的处理决定;撤销了新生税务所认定原告苏安刚偷税3176.50元和对其处罚的处理决定;重新认定原告苏安刚在1992年1月1日至1993年6月30日期间,不如数申报,少交生猪产品税55头,税额440元,属偷税行为,除追缴偷税款440元外,并处以偷税440元五倍的罚款,共计金额2640元。对原告苏安刚的偷税行为,依照《中华人民共和国税收征收管理法》的规定处罚是正确的,而且原告苏安刚的态度不好,要求三台县人民法院维持被告三台县税务局的复议决定。

(三)一审事实和证据

四川省三台县人民法院公开开庭审理查明:原告苏安刚系个体屠商,从事生猪收购兼屠宰卖肉经营。按有关产品税、营业税征收的法规规定,经营者在收购生猪环节,应按收生猪头数缴纳产品税;在屠宰卖肉环节,应按屠宰头数缴纳营业所得税。1992年1月1日至1993年6月30日期间,原告苏安刚在本县鲁班镇、潼川镇等地零售猪肉时,被税务机关从实征收了猪肉营业所得税659头,但此期间原告只向税务机关申报缴纳生猪产品税604头,其余已由原告零售猪肉的生猪55头,在收购环节未向税务机关申报缴纳产品税,税额计440元。1993年8月27日凌晨,新生税务所和鲁班镇税务所又查获原告苏安刚运往潼川镇零售的2头猪肉未缴产品税。

以上事实有下列证据证实:

1. 1987年9月8日四川省三台县税务局(1987)税政字第116号文件《关于对食品经营实行利润包干的生猪采购和猪肉零售全部实行定额征税的通知》。

2. 1993年6月11日四川省三台县税务局(1993)三税发第54号文件《关于调整猪肉零售营业税定额及生猪税收有关政策的通知》。

3. 复议机关三台县税务局组织专案复查小组"关于复议苏安刚1992年1月1日至1993年6月30日采购生猪和销售猪肉情况的调查统计明细表"。

4. 1993年8月27日三台县新生税务所查获苏安刚运往三台县潼川镇零售的2头猪肉未缴纳生猪产品税时,税务机关令其补缴2头生猪产品税的税票,号码为:2213888、2213889。

5. 原告苏安刚1992年1月1日至1993年6月30日经营生猪缴纳产品税的税票(均系复印件)。

6. 有关证人证言和原告苏安刚的陈述材料。

(四)一审判案理由

四川省三台县人民法院认为:原告苏安刚在1992年1月1日至1993年6月30日经营

生猪收购和宰杀零售猪肉期间，对其收后宰杀零售猪肉的生猪，有55头未向税务机关申报并缴纳生猪产品税，少缴税额440元，属偷税行为。原告苏安刚在税务检查期间还有边查边偷税的违法行为，纳税态度不好。被告三台县税务局依照《中华人民共和国税收征收管理法》第四十条之规定，对原告作出除追缴所偷税款440元外，并处以所偷税款五倍罚款的复议决定，证据确凿，适用法律、法规正确，复议程序合法，处理合情合理。

（五）一审定案结论

四川省三台县人民法院依照《中华人民共和国行政诉讼法》第五十四条第（一）项和《中华人民共和国税收征收管理法》第四十条之规定，判决如下：

维持三台县税务局作出的三税议（1994）第3号复议决定书关于对苏安刚追缴偷税款440元，并处罚款2200元的具体行政行为。

本案诉讼费200元，由原告苏安刚承担。

（六）二审情况

1. 二审诉辩主张

（1）上诉人苏安刚诉称：第一，被上诉人三台县税务局所作的三税议（1994）第3号复议决定认定的事实不清，证据不足，数额有误，处罚显失公正。第二，一审法院三台县人民法院却维持了被上诉人三台县税务局所作的具体行政行为，并判令上诉人承担一审的诉讼费用。所认定的事实和数额仍然有误，判处明显偏重，对有失公正的行政处罚和没有正确适用法律、法规予以纠正。第三，上诉人不能接受一审法院的判决，请求二审法院撤销原判，撤销或变更被上诉人以三税议（1994）第3号复议决定书所作出的具体行政行为。第四，本案一、二审诉讼费用全部由被上诉人承担。

（2）被上诉人三台县税务局辩称：苏安刚偷生猪产品税55头、税款440元的事实存在。根据《中华人民共和国税收征收管理法》的规定，对苏除追缴其偷税款外，并处以偷税数额五倍的罚款，事实清楚，证据确凿，处罚符合国家的法律、法规和政策的规定，请法院依法维持复议决定。

2. 二审事实和证据

四川省绵阳市中级人民法院经审理查明：1993年7月至8月间，三台县税务机关对苏安刚等60多户屠宰商在1992年1月1日至1993年6月30日期间纳税情况进行税务检查，发现上诉人苏安刚在本县鲁班镇、潼川镇等地零售猪肉时，税务机关从实征收猪肉营业所得税659头，但在此期间上诉人苏安刚只向税务机关申报缴纳生猪产品税604头，还有零售猪肉55头，上诉人在收购环节未向税务机关申报缴纳生猪产品税，计税款440元，其行为属偷税性质。1993年8月，正值税务机关对上诉人苏安刚进行税务检查期间，苏又于同年8月27日凌晨在三柏场镇路口，被新生税务所和鲁班镇财政所查获运往三台县潼川镇零售的2头猪肉未缴纳生猪产品税。对此，税务机关令其补缴产品税时拒缴，其行为造成很坏影响。

二审法院肯定了一审法院认定的案件事实和采纳的定案证据材料。上诉人陈述称，对税务机关裁决认定其偷生猪产品税55头，供认不讳。

3. 二审判案理由

四川省绵阳市中级人民法院认为：上诉人苏安刚系多年从事生猪收购和屠宰卖肉的屠商，对国家颁布的在生猪收购环节应缴纳产品税，在猪肉零售环节应缴纳营业税和所得税的有关法律、法规和规范性文件是清楚的，本应积极承担纳税义务，但在1992年1月1日至

1993年6月30日期间，在经营生猪收购和兼营宰杀零售猪肉中，对其收购后宰杀的零售猪肉有55头未向税务机关申报缴纳产品税，少缴产品税440元，其隐瞒偷税的事实存在，应予肯定，且在税务检查中，又边查边犯，被当场查获，税务机关令其补缴税款时又拒缴，属缴税态度不好，应补缴税款和受到处罚。

4．二审定案结论

四川省绵阳市中级人民法院依照《中华人民共和国行政诉讼法》第六十一条第(一)项之规定，判决如下：

驳回上诉，维持原判。

二审诉讼费200元，由上诉人苏安刚承担。

（七）解说

1．本案所涉及的有关法律法规比较明确。根据中华人民共和国产品税、营业税细则规定，“生猪经营应在收购环节缴纳产品税，在销售环节缴纳营业税”。对此，四川省税务局川税(1985)第369号文件进一步明确规定，“国营、集体单位以及个体经营者生猪收购的产品税在收购地缴纳”。由此可以看出，对生猪经营，从其行为来说，是先有收购，后才有销售；从其税收时间先后顺序来说，则是先缴纳收购生猪的产品税，而后到销售时才缴纳出售猪肉的营业税。四川省三台县税务局根据国家和四川省有关税收政策的规定，以三税政(1988)第156号文件，对收购生猪的产品税和销售猪肉的营业税，实行定额征税的办法，将其征收定额调整确定为：收购生猪的产品税每头8元，销售猪肉的营业税每头10元，其经营的所得税每头猪1.5元。

2．一、二审法院对本案的判决是正确的。原告苏安刚系多年从事收购生猪、销售猪肉的个体屠商，对于收购生猪、销售猪肉的税收法律、法规和政策规定是了解和熟悉的，本应自觉地如实申报，按时纳税。在1992年1月1日至1993年6月30日从事收购生猪、销售猪肉中，少缴了收购55头生猪的产品税，属偷税行为；在1993年7月至8月税务检查期间还有偷税行为，1993年8月27日税务机关当场查获其零售的2头猪肉未缴收购生猪的产品税，令其补缴时，苏安刚则拒缴，实为缴税态度不好，税务复议机关根据《中华人民共和国税收征收管理法》第四十条关于纳税人“偷税数额不到一万元或者偷税数额占应纳税额不到百分之十的，由税务机关追缴其偷税款，处以偷税数额五倍以下的罚款”和第四十六条：“从事生产、经营的纳税人、扣缴义务人在规定期限内不缴或者少缴应纳或者应解缴的税款，经税务机关责令限期缴纳，逾期仍未缴纳的，税务机关除依照本法第二十七条的规定，采取强制执行措施追缴其不缴或者少缴的税款外，可以处以不缴或者少缴的税款五倍以下的罚款”的规定，对原告苏安刚处以所偷税款五倍的罚款是合法的，一、二审法院予以维持是正确的。

（安志民）

第四篇　专利行政管理纠纷案例

15．石首市钢木家具厂不服湖北省专利管理局专利纠纷处理决定案

(一)首部

1．判决书字号

一审判决书:湖北省武汉市中级人民法院(1994)武行初字第 4 号。

二审判决书:湖北省高级人民法院(1994)鄂行终字第 20 号。

2．案由:不服专利行政处理决定案。

3．诉讼双方

原告(被上诉人):湖北省石首市钢木家具厂。

法定代表人:张清松,厂长。

一、二审委托代理人:朱必武,湖北省专利事务所专利代理人;袁阳春,该厂副厂长。

被告(上诉人):湖北省专利管理局。

法定代表人:解振邦,局长。

一审委托代理人:卢在峰、汪漩,该局干部。

二审委托代理人:胡昌琳,武汉市第十一律师事务所律师。

第三人(上诉人):湖北省黄石市钢制家具厂。

法定代表人:李国林,厂长。

一、二审委托代理人:严平,黄石市专利事务所专利代理人。

4．审级:二审。

5．审判机关和审判组织

一审法院:湖北省武汉市中级人民法院。

合议庭组成人员:审判长:王晓华;审判员:李书祥;代理审判员:肖丹。

二审法院:湖北省高级人民法院。

合议庭组成人员:审判长:杨桂芳;审判员:黄建设;代理审判员:李国荣。

6．审结时间

一审审结时间:1994 年 6 月 28 日。

二审审结时间:1994 年 11 月 10 日。

（二）一审诉辩主张

1. 被诉具体行政行为：1994 年 1 月 12 日，被告根据第三人的申请，对原告生产、销售“六虎牌”多功能保健椅进行调查，委托中国专利复审委员会对争议产品和专利产品进行鉴定，认定原告的多功能保健椅与第三人的专利（专利证号 89031344·7）产品“逍遥牌”躺靠椅相近似，落入了该外观设计专利权的保护范围，原告应承担侵犯“逍遥牌”躺靠椅专利权的侵权责任。根据《中华人民共和国专利法》第十一条、第五十九条、第六十条的规定，被告湖北省专利管理局作出鄂专处字（1994）01 号专利纠纷处理决定：（1）石首市钢木家具厂停止生产和销售侵权产品多功能保健椅；（2）石首市钢木家具厂赔偿其侵权行为给黄石市钢制家具厂造成的损失人民币 20 万元。原告不服，向武汉市中级人民法院提起行政诉讼。

2. 原告诉称：1994 年 1 月 12 日，被告以多功能保健椅外形与“逍遥牌”躺靠椅外观设计相似为由，认定原告侵犯第三人的专利权，作出原告停止生产和销售多功能保健椅，赔偿第三人损失人民币 20 万元的处理决定与事实不符，适用法律错误，赔偿显失公平。为此，请求法院撤销被告作出的处理决定，其理由是：

（1）认定的事实有误。被告在鄂专处字（1994）01 号专利纠纷处理决定中，认定原告的多功能保健椅与第三人的躺靠椅外观设计专利的座架、摇架、脚踏、脚轮的外观形状都是相同的，而事实上原告的保健椅摇架是开口⊃形，第三人的躺靠椅摇架是闭合的6 形；保健椅的脚轮是⊔状，躺靠椅的脚轮是直线状；保健椅是宽靠背平扶手，躺靠椅是宽靠背弧形扶手。

（2）判定相似的依据错误。1993 年 3 月，中国专利局颁布实施的《审查指南》中关于“判断外观设计是否相同或者相近似主要依据以下各点：按一般购买者水平判断；以肉眼观察，间接对比的方式判断……共计 8 条标准。被告在作处理决定时，不是以一般购买者水平判断作依据，而是以中国专利复审委员会的专家鉴定为依据，由于判定相似的依据错误，导致判断两产品相似的结论错误。

（3）适用法律错误。被告在处理决定中引用了《中华人民共和国专利法》第五十九条，该条第二款规定：“外观设计专利权的保护范围以表示在图片或者照片中的该外观设计专利产品为准”，其中并无相似就落入保护范围的规定。

（4）赔偿金额显失公平。被告以第三人与新洲县阳逻金属结构厂签订的技术转让合同为依据，判定原告的赔偿金额，而合同签定外观设计普通转让费高达 20 万元人民币，这在全国都是少见的，以此要求原告赔偿第三人的损失是不公平的。

3. 被告辩称：1993 年 3 月，被告接到第三人指控原告销售的“六虎牌”多功能保健椅侵犯其“逍遥牌”躺靠椅外观设计专利权，要求查处的申请后，进行了深入细致的调查，获取了大量事实证据。由于此案索赔标的大，案情复杂，考虑到原告与第三人的各自利益，被告委托中国专利复审委员会对争议产品和专利产品进行了鉴定，并结合市场调查情况和专家意见，经过认真研究，认定原告的多功能保健椅与第三人的躺靠椅外观设计专利相近似，落入了该外观设计专利权的保护范围，属侵权产品，依据《中华人民共和国专利法》第十一条、第五十九条、第六十条的规定，对原告作出鄂专处字（1994）01 号处理决定是正确的，请人民法院依法判决予以维持。

（三）一审事实和证据

法院经审理查明：1991 年 10 月，原告开始生产、销售注册商标为“六虎牌”的多功能保健椅。1992 年初，第三人发现原告投放市场销售的多功能保健椅后，认为该产品是仿照其专利产品“逍遥牌”躺靠椅生产的，侵犯了其外观设计专利权，遂于1992年3月19日向湖北省专利管理局申请查处。被告在调查处理这起专利纠纷过程中，依据第三人提供的商业大楼的二份证明和中国专利复审委员会的专家鉴定，认为“逍遥牌”躺靠椅外观设计专利为有效专利，原告的多功能保健椅与专利产品的座架、摇架、脚踏、脚轮的外观形状都是相同的，唯有靠背和扶手局部形状有所不同，从整体视觉上看，两者的主体形状是相同的，原告产品的局部变化，仍没有超出第三人的躺靠椅外观设计专利产品的整体形状。因此，原告产的多功能保健椅与第三人的躺靠椅的外设计专利相近似，侵犯了第三人产品外观设计专利权。据此，被告作出了鄂专处字(1994)01号专利纠纷处理的决定。法院在公开开庭审理中，经过质证认证和复核，发现第三人的“逍遥牌”躺靠椅外观设计专利权，因未依法缴纳年费，应当在1993年6月26日终止，而被告在1994年1月所作出的决定称其专利仍然有效。

上述事实有当事人的陈述、证人证言、专利纠纷调处申请、多功能保健椅民意测验表、第三人专利转让合同、躺靠椅外观设计专利证书、外观设计专利公报、中国专利复审委员会对争议产品的鉴定，以及专利审查指南、专利纠纷处理决定书等证据证实。

(四)一审判案理由

法院认为：被告作出的鄂专处字(1994)01号专利纠纷处理决定事实不清，主要证据不足。一是被告在调处专利纠纷期间，第三人的躺靠椅外观设计专利已于1993年6月26日终止。根据《中华人民共和国技术合同法》第三十八条规定，第三人与新洲县阳逻金属结构厂签订的为期四年的专利实施许可合同亦同时终止。而被告在决定中仍然认定第三人的躺靠椅专利权和专利实施许可合同有效，这是与法律规定相悖的。二是被告进行市场调查和委托专家鉴定所提供的参照物，是第三人对专利产品改变后的产品图片，尽管这种改变是局部的，但已游离于外观设计专利保护的范围，其证明力也随之消失。三是判断外观设计专利侵权，仅以专家鉴定为准，而没有按一般购买者水平判断为依据。

(五)一审定案结论

依照《中华人民共和国行政诉讼法》第五十四条第(二)项第一目的规定，判决如下：

撤销被告湖北省专利管理局作出的鄂专处字(1994)01号专利纠纷处理决定。

案件受理费5610元由被告承担。

(六)二审情况

1. 二审诉辩主张

上诉人(原审被告)湖北省专利管理局，上诉人(原审第三人)黄石市钢制家具厂对原审判决不服，认为在1993年6月26日专利权终止前，该专利是有效的，被上诉人石首市钢木家具厂在专利有效期间生产、销售与专利产品躺靠椅相近似的多功能保健椅属侵权行为，应负赔偿责任。要求二审法院维持该处理决定中的正确部分。

被上诉人(原审原告)持起诉时的理由进行答辩。

2. 二审事实和证据

二审法院肯定了一审法院认定的案件事实和采用的定案证据。

3. 二审判案理由

上诉人湖北省专利管理局作出专利纠纷处理决定，没有查清“逍遥牌”躺靠椅专利已终止的事实，原判撤销其处理决定并无不当。但对被上诉人在躺靠椅专利权有效期内擅自生产、销售与之相似外观设计的多功能保健椅的行为，应由上诉人湖北省专利管理局在查清事实后重新处理。

4. 二审定案结论

根据《中华人民共和国行政诉讼法》第六十一条第(一)项的规定,判决如下:

(1)维持武汉市中级人民法院(1994)武行初字第4号行政判决。

(2)由湖北省专利管理局对黄石市钢制家具厂与石首市钢木家具厂的专利纠纷重新作出处理。

上诉案件受理费5610元,由两上诉人各负担2805元。

(七)解说

被告作为专利的主管部门在调处专利纠纷时,应首先正确确定专利产品的专利权是否有效,而本案第三人的躺靠椅专利权在1993年6月26日以后就处于不确定状态,但被告对这一事实未予调查掌握。既然专利权已失效,专利法保护的对象亦不复存在,故被告决定原告停止生产多功能保健椅是不妥的。

在被告举证中,有二份商业大楼提供的证据都证明原告生产的“六虎牌”多功能保健椅和第三人生产的“逍遥牌”躺靠椅属于相近似的外观设计。法院在核实证据时,发现商业大楼所证明的躺靠椅已不是表示在图片和照片中的专利产品,而是第三人后来的改变产品,产品的改变虽然是局部的,但它已不成其为《专利法》第五十九条第二款规定的外观设计保护范围的基准。判断外观设计是否相同或者相近似的主要依据,首先是根据一般购买者的水平和眼光来衡量和判断,被告对第三人提供的这二份证明没有核实,亦未去了解市场反映,虽然有专家的意见,但主要证据的缺乏,使其证据力单薄,不充分。

被告同时还作出原告赔偿第三人人民币20万元的决定,其主要依据是第三人与新洲县阳逻金属结构厂签订的为期四年的专利实施许可合同,根据《技术合同法》第三十八条第二款的规定“合同在专利权存续期间有效”,现在专利权已终止,那么合同也随之终止。至终止时,合同只履行了一年零三个月。被告基于四年的合同,决定原告赔偿第三人人民币20万元,就失去了事实依据和法律依据。

(金志华)

16. 琼山市大致坡镇牛角雕工艺厂不服海南省专利管理局专利纠纷处理决定案

(一)首部

1. 判决书字号:海南省海口市中级人民法院(1994)海中法行初字第4号。

2. 案由:不服专利纠纷处理决定案。

3. 诉讼双方

原告:琼山市大致坡镇牛角雕工艺厂。

法定代表人:英丁文,副厂长。

委托代理人:符绍昌,海南省第二律师事务所律师。

被告:海南省专利管理局。

法定代表人：李学敏，局长。

委托代理人：邝才优，该局专利管理处副处长；陈海涛，该局专利管理处科员。

第三人：海口市金平旅游工艺厂。

法定代表人：陈益金，厂长。

委托代理人：陈罗平，该厂副厂长；李凌，海口市对外经济律师事务所律师。

4. 审级：一审。

5. 审判机关和审判组织

审判机关：海南省海口市中级人民法院。

合议庭组成人员：审判长：吴奇新；代理审判员：刘立卓、郭朝阳。

6. 审结时间：1994 年 6 月 28 日。

（二）诉辩主张

1. 被诉具体行政行为：1993 年 4 月 24 日，海口市金平旅游工艺厂向海南省专利管理局提出请求，要求确认琼山市大致坡镇牛角雕工艺厂侵犯其所生产的蕉旗鱼、凤凰鸟、金鱼、双雁腾飞、鹊鸟、钓鱼鸟、老鹰、大嘴鸟、虎鲨鱼等 12 项牛角雕外观设计专利权。海南省专利管理局于 1994 年 1 月 25 日以（94）琼专纠处字 01 号处理决定书作出处理决定："琼山市大致坡镇牛角雕工艺厂生产、销售翠鱼鸟、老鹰、鲨鱼、大长尾鹰、虎鲨鱼工艺产品侵犯了海口市金平工艺厂的外观设计专利权，立即停止生产、销售侵权产品，并赔偿经济损失 7500 元。"琼山市大致坡镇牛角雕工艺厂不服海南省专利管理局的处理决定，认为该处理决定否认了本厂在 1992 年 6 月前已生产翠鱼鸟、老鹰、鲨鱼、大长尾鹰、虎鲨鱼雕刻品，于 1994 年 4 月 11 日向海南省海口市中级人民法院提起行政诉讼，要求撤销海南省专利管理局（94）琼专纠处字 01 号专利纠纷处理决定。

2. 原告诉称：海南省专利管理局的处理决定否认了原告在 1992 年 6 月前已生产翠鱼鸟、老鹰、鲨鱼、大长尾鹰、虎鲨鱼雕刻品。1992 年 4 月首届海南国际椰子节展销期间，原告通过海南福利工贸总公司办理手续，在海口市望海楼大厅展销时，海南福利工贸总公司制作放大镜头广告牌，上面有大凤凰、志鸟、长尾鹰、老鹰雕品相片。展销期间省领导参观时，福利工贸总公司摄下的相片可以看到原告展销的部分产品。海南省福利工贸总公司于 1992 年 3 月 5 日开的收条、海口市国宾购物中心仓库 1992 年 5 月 29 日的仓库验收单上记载着老鹰、长尾鹰、鲨鱼、翠鱼鸟、虎鲨鱼产品的数量和价格。1992 年 4 月，原告将长尾鹰、鲨鱼、翠鱼鸟、老鹰交给海口市椰雕工艺厂代销，有协议和交货清单。原告产销翠鱼鸟、老鹰、鲨鱼、大长尾鹰、虎鲨鱼等牛角雕产品于 1991 年底已开始，而第三人于 1992 年 6 月底才提出专利申请，1993 年 3 月底才被授予专利权。因此，被告确认原告侵犯第三人的专利权是与《中华人民共和国专利法》第六十二条第三项规定相悖的，故要求撤销。

3. 被告辩称：琼山市大致坡牛角雕工艺厂提交的证据中，1992 年 4 月参加广交会展销的相片，可辨产品形状的有孔雀、凤凰鸟、金鱼、双飞雁、志鸟五件产品。在海南省福利工贸总公司的收条、海口市椰雕工艺厂的产品清单、海口市国宾购物中心仓库验收单上仅有产品的名称。经被告派人到海口市国宾购物中心进行调查、取证，因进货时间已久，仅在该中心的秀英仓库找到几件残余产品，其中有双飞雁、大头鸟两件产品。根据《中华人民共和国专利法》第五十九条第二款，外观设计专利权的保护范围以表示在图片或照片中的该外观设计专利产品为准。被告将海口市金平旅游工艺厂和琼山市大致坡镇牛角雕工艺厂的 12 件产品进行了对比，除了箭鱼与蕉旗鱼在外观造型上有明显差异外，其他产品的外观造型是相同或相似的。根据《中华人民共和国专利法》第六十二条第三项，在专利申请日前已经制造相同产品、使用相同方法或者已经作好制造、使用的必要准备，并且仅在原有范围内继续制造、使用的不视为侵权。被告要求大致坡牛角雕工艺厂提交在海口市金平旅游工艺厂专利申请日前后的生产规模和产品数量情况，该厂未予提供。在被告前往取证时，也未予以配合，态度强硬。据此，被告根据《中华人民共和国专利法》第六十条第一款规定作出处理决定书。该决定书是依照外观设计专利权保护原则而作出的，有法律根据，也是适量的，请求法院维持。

4. 第三人诉称：第三人于1993年4月24日向海南省专利管理局请求保护外观设计专利权，经海南省专利管理局半年多的调查、取证和同年9月6日、13日两次召开调处会，进行调解，最后因原告琼山市大致坡镇牛角雕工艺厂拿不出有力证据说明第三人外观设计专利产品翠鱼鸟、老鹰、虎鲨鱼、鲨鱼、大长尾鹰是原告生产和投放市场在先而第三人申请在后，被海南省专利管理局确认为侵权产品，这是以事实为根据，以法律为准绳的。因此请求法院维持海南省专利管理局的处理决定。

（三）事实和证据

海口市中级人民法院经公开审理查明：第三人海口市金平旅游工艺厂1992年6月27日向国家专利局提出12种牛角雕工艺品外观设计专利申请，于1993年2月7日至3月26日期间分别获得外观设计专利权。1993年4月24日第三人以原告侵犯其牛角雕工艺品外观设计专利为由，向被告提出保护专利权请求书。被告受理后，于同年9月6日和13日召开了双方当事人参加的调处会，对原告生产销售的12种牛角雕工艺品是否侵犯第三人外观设计专利权，进行了调查和调解。被告依据原告提供的1992年4月参加首届海南国际椰子节和广州71届春季广交会的照片四幅中的一幅（广交会照片）和双方当事人各自提供的工艺品样品，确认原告生产的箭鱼不列入第三人蕉旗鱼外观设计专利保护范围；孔雀、凤凰鸟、金鱼、双飞雁、志鸟、大头鸟六种工艺品的产销是在第三人专利申请日前进行的，不视为侵权产品，可在原规模范围内继续生产销售。同时，被告对原告提供的参加首届海南国际椰子节展销的照片二幅，认为拍照日期是9月不清，未予采纳。并以原告没有充分证据证明其生产销售的翠鱼鸟、老鹰、鲨鱼、大长尾鹰、虎鲨鱼五种工艺品是在第三人专利申请日前进行的，侵犯了第三人外观设计专利权，作出立即停止上述五种工艺品的生产销售，并赔偿第三人经济损失7500元的处理决定。

上述事实有下列证据证明：

1. 中国专利局外观设计受理通知书、授予专利决定书、外观设计专利证书、专利公报。

2. 海南省专利管理局专利纠纷处理决定书。

3. 1992年4月首届海南国际椰子节及71届广州春季广交会原告展销的部分产品的照片七幅。

4. 1992年5月29日海口市国宾购物中心仓库验收单。

5. 调查笔录及当事人陈述笔录。

（四）判案理由

法院认为：原告为证明自己生产销售的牛角雕工艺产品是在第三人外观设计专利申请日前进行的，曾向被告提供特定背景照片四幅，均为带日期功能的自动相机所拍摄。其中三幅照片背景摄入了部分双方当事人争议的外观设计专利工艺品图像。被告对其中参加 第71

届春季广交会的一幅照片背景中工艺品外观形状、参照原告和第三人提供的实物予以确认。而对另两幅参加首届海南国际椰子节的照片，则以照片的日期月份数字是“9”字为由，既未对照片场景、人物情况进行调查核实，查明具体时间，也未对照片背景中两件争议的工艺品形状进行辨别、确认。根据《中华人民共和国专利法》第五十九条第二款、第六十二条第三项规定，被告认定原告五件工艺品为侵权产品，主要证据不足。被告对已确认原告在第三人外观设计专利申请日前产销的六种工艺品的原生产规模、范围也未查清和作出相应的限定。故对其要求维持的理由，不予支持。

（五）定案结论

海南省海口市中级人民法院根据《中华人民共和国行政诉讼法》第五十四条第（二）项之规定，作出如下判决：

1. 撤销海南省专利管理局所作的（94）琼专纠处字 01 号专利纠纷处理决定书。

2. 海南省专利管理局应重新作出行政处理决定。

一审案件受理费 100 元，由被告海南省专利管理局负担。

（六）解说

本案是一起外观设计专利侵权纠纷案。海南省专利局认定原告侵犯第三人享有的外观设计专利权必须具备两个条件：第一，原告生产、销售的牛角雕工艺品与第三人已获得外观设计专利权的牛角雕工艺品在外观设计上相同。第二，原告生产、销售上述工艺品是在第三人提出外观设计专利申请日后进行的。《专利法》规定，“在专利申请日前已制造相同产品、使用相同方法或者已经作好制造、使用的必要准备，并且仅在原有范围内继续制造、使用的”“不视为侵犯专利权”。

本案中，被告认定原告生产、销售的五种牛角雕工艺侵犯第三人专利权，主要是由于原告不能证明自己生产该五种工艺品是在第三人专利申请日前进行的。我国《专利法》规定，“外观设计专利权的保护范围以表示在图片或者照片中的该外观设计专利产品为准”，也就是说法律保护的是一种“形状”。那么本案原告在举证时，只有自己生产产品的名称、数量、销售合同等还远远不够，重要的是将其名下的产品形状也同时表现出来，才能够以事实证明自己在第三人专利申请日前已经生产了相同产品。案中，原告提供了摄于 1992 年 4 月首届海南国际椰子节展销会的照片，其中一张有争议中的两件牛角雕工艺品的图像，外观设计“形状”很明显，但被告认为照片上的月份日期（带时间功能自动相机所拍）是 9，而不是 4，没有调查、核实照片场景和时间就将其断定为第三人专利申请日（1992 年 6 月）后拍摄的，故将这两件工艺品列到侵权产品之中。本案经审理，正是从这张照片上的两件牛角雕工艺品是否与第三人专利产品相同入手，认定被告未经鉴别就作出侵权决定属于事实不清，因而判决撤销被告的处理决定，无疑是正确的。究竟这两件牛角雕工艺品是不是侵权产品，法院不能以外观易辨而代替专利管理机关鉴别认定，因而判决被告重新作出处理决定，也是恰到好处的。此案判决不足之处是对被告重新作出处理决定应有一个时间期限，以利于监督行政机关依法行政，保护原告与第三人的合法权益。

（刘立卓　王法坚）

第五篇　技术监督行政管理纠纷案例

17. 卢金龙不服贵阳市技术监督局技术监督处罚案

(一)首部

1. 判决书字号

一审判决书:贵州省贵阳市云岩区人民法院(1994)云行初字第1号。

二审判决书:贵州省贵阳市中级人民法院(1994)筑法行终字第6号。

2. 案由:不服技术监督行政处罚案。

3. 诉讼双方

原告(被上诉人):卢金龙,男,1966年5月出生,汉族,贵阳市花溪区青岩镇人,现暂住贵阳市下威清路。

被告(上诉人):贵阳市技术监督局。

法定代表人:徐远永,局长。

一、二审委托代理人:张强、王泽中,该局工作人员。

4. 审级:二审。

5. 审判机关和审判组织

一审法院:贵州省贵阳市云岩区人民法院。

合议庭组成人员:审判长:王光国;审判员:宁建军;代理审判员:付晓霞。

二审法院:贵州省贵阳市中级人民法院。

合议庭组成人员:审判长:李安生;审判员:王海清、李陆富。

6. 审结时间

一审审结时间:1994年4月15日。

二审审结时间:1994年11月3日。

(二)一审诉辩主张

1. 被诉具体行政行为:1993年11月20日,贵阳市技术监督局作出(筑)技监罚字(1993)第11—32号行政处罚决定。处罚决定以卢金龙销售的湄窖酒系假冒为由,根据《中华人民共和国产品质量法》第二十七条关于"销售者销售产品,不得掺杂、掺假,不得以假充真,以次充好,不得以不合格产品冒充合格产品",第三十八条关于"生产者、销售者在产品中掺杂、掺假,以假充真,以次充好……责令停止生产、销售,没收违法所得,并处违法所得一倍以上五倍以下的罚款，可以吊销营业执照……”的规定，“没收违法所得714元，并处违法所得三倍的罚款2142元，合计2856元整”。卢金龙不服该处罚决定，向贵阳市云岩区人民法院提起行政诉讼。

2. 原告诉称：(1)被告贵阳市技术监督局在1993年9月2日检查时，未出示有关证件，未着装；(2)抽取样酒未封样、封存，未开具收条；(3)1993年9月6日被告扣押原告的酒未出示搜查证；(4)被告未将检验报告单送达原告，致使原告无法申请复议，处罚缺乏事实根据和违反法律，请求撤销被告对原告作出的行政处罚决定。

3. 被告辩称：(1)对原告作出处罚决定是以原告销售假冒湄窖酒为前提的；(2)在检查中作有检查、调查笔录，载明检查是受他人干扰及在原告一再保证对酒质负责的情况下未封样、封存；(3)对原告作出处罚是依据法定技术检验机构的检验报告。

（三）一审事实和证据

云岩区人民法院经审理查明：1993年9月2日下午，被告贵阳市技术监督局在检查中发现原告卢金龙经营的本市浣沙桥第四农贸批发市场72号经销的新老习酒、鸭溪窖酒及湄窖酒外包装异样，遂从以上各类酒中各抽取2瓶作为样酒检查，未把样酒当场封样，未封存以上各类酒，亦未开具收条给原告。样酒经市产品质量监督检验所检验，发现湄窖酒系假冒。被告于1993年9月6日再次到原告处扣押了其经营的新习酒110瓶，老习酒20瓶，湄窖酒（盒装、瓶装）各2瓶，并口头通知原告交纳检验费。原告1993年10月25日交纳检验费后，被告未将检验报告单送达原告。原告1993年11月20日收到被告作出的（筑）技监罚字(1993)第11—32号行政处罚决定书。原告多次要求把样酒送上级技术监督机关作二次检验，因被告未存湄窖酒，未作二次检验。原告不服处罚决定，遂向云岩区人民法院提起行政诉讼。

（四）一审判案理由

法院认为：被告在执法检查中认为原告销售的新老习酒、鸭溪窖酒、湄窖酒是假冒商品，采取抽样、未留样、未封存措施，未开具收条，原告交纳样酒检验费后，被告未把检验报告单送达原告，违反《技术监督行政案件办理程序的规定》，属主要证据不足，应予撤销。原告提出赔偿依据不足，不予采纳。

（五）一审定案结论

云岩区人民法院依照《技术监督行政案件办理程序的规定》第十九条、第二十五条，《中华人民共和国行政诉讼法》第五十四条第（二）项第一、二、三目和第（三）项的规定，作出如下判决：

1. 撤销（筑）技监罚字(1993)第11—32号处罚决定书。

2. 被告在本判决生效后退还原告的新习酒110瓶，老习酒20瓶，样酒新习酒2瓶，老习酒2瓶，鸭溪窖酒2瓶，湄窖酒盒装瓶装各2瓶。

3. 原告其余诉讼请求不予支持。

诉讼费30元由被告承担。

（六）二审情况

1. 二审诉辩主张

(1)上诉人贵阳市技术监督局诉称：原审判决未根据当时的事实和技术监督局向法院说明被妨碍执法的情况，把未留样封样的责任推到上诉人一方，判决不公；上诉人在查处被上诉人销售假冒酒一案中，作有详细的现场检查笔录及调查笔录，有被上诉人的陈述及签字；检验报告不是执法文书，上诉人无送达义务，被上诉人知道有检验报告而不自行去检验机构索要，上诉人无责任；一审判决未以事实为依据，带有倾向性，要求二审法院依法改判，维持上诉人作出的(筑)技监罚字(1993)第11—32号行政处罚决定。

(2)被上诉人卢金龙辩称：上诉人所作的具体行政行为认定事实主要证据不足，适用法律错误，违反法定办案程序，剥夺了被上诉人申请复检的权利；原判认定事实清楚，适用法律正确，请求二审法院予以维持。

2. 二审事实和证据

(1)1993年9月2日上诉人在检查中发现被上诉人经销点已装车准备销往外县的酒外包装有异样，就让被上诉人从车中分别取新老习酒、鸭溪窖酒、湄窖酒各2瓶为抽查样酒，因被上诉人等人坚持不留样，并保证对酒质负责，加上当时时间已晚，故未对被查商品进行封存。

(2)样酒经市产品质量监督检验所检验，发现湄窖酒系假冒，上诉人于1993年9月6日再次到被上诉人处扣押了其经营的新习酒110瓶，老习酒20瓶，湄窖酒盒装、瓶装各2瓶，并口头通知被上诉人交纳检验费。1993年10月25日被上诉人交纳检验费后只得收据，未得到检验报告。

(3)上诉人于1993年11月20日作出(筑)技监罚字(1993)第11—32号行政处罚决定并送达被上诉人。被上诉人于1993年11月23日自行将湄窖酒送到省产品质量监督中心检验所检验，结论为“具有湄窖酒之风格”。

(4)被上诉人提供的检验结果系自行送检，不予采信。上诉人依照《中华人民共和国产品质量法》对被上诉人销售假冒湄窖酒作出行政处罚是正确的，原审法院撤销上诉人的行政处罚决定不当，应予纠正。

3. 二审定案结论

依照《中华人民共和国行政诉讼法》第六十一条第(三)项规定，判决如下：

(1)撤销贵阳市云岩区人民法院(1994)云行初字第1号行政判决。

(2)维持贵阳市技术监督局作出的(筑)技监罚字(1993)第11—32号行政处罚决定。

(3)贵阳市技术监督局在判决生效后退还卢金龙的新习酒110瓶，老习酒20瓶，并赔偿卢金龙扣押酒期间的损失(从1993年9月6日起至赔偿时止，按酒折价2644元的银行同期活期存款利息计算)。

一、二审案件受理费300元，由上诉人贵阳市技术监督负担90元，被上诉人卢金龙负担210元。

(七)解说

被告贵阳市技术监督局依照《技术监督行政案件办理程序的规定》，在市场检查中，发现原告卢金龙经销点已装车准备销往外县的酒外包装有异样而进行的抽样送检，虽未开具收条、封样，但有现场检查笔录证明所抽样酒种类、瓶数属实，未能进行二次复检，系原告卢金龙坚持不留样，表示对酒质负责所致，不能复检的后果责任应由原告自行承担。原告提供的省产品质量监督中心检验所的检验结论，系自行送检，法院不予采信。因此，被告根据市产品质量监督检验所的鉴定结论认定原告销售假冒酒，依照《中华人民共和国产品质量法》没收其非法所得714元，并处三倍罚款是正确的，一审法院判决撤销被告的处罚决定不当，被告依法所作出的具体行政行为依法应予维持。但被告在执法活动中，扣押原告的其他物品，其行为于法无据，《技术监督行政案件办理程序的规定》虽然规定可对证据采取必要的保全措施进行封存，但不得行使扣押权，更不得在未作出行政处罚前就先予执行。被告所扣押物品应予以发还，此行为给原告造成的经济损失应予赔偿。这样既维持了行政机关依法行政，又纠正了行政机关的违法行为，保护了当事人的合法权益。

（俞　蕾）

18. 杨立新不服磐安县标准计量管理局技术监督处罚案

（一）首部

1. 判决书字号

一审判决书：浙江省磐安县人民法院（1993）磐行初字第 7 号。

二审判决书：浙江省金华市中级人民法院（1994）金中行终字第 15 号。

2. 案由：不服技术监督处罚案。

3. 诉讼双方

原告（上诉人）：杨立新，男，1967 年 5 月 7 日出生，汉族，浙江省东阳市人，个体工商户，住磐安县安文镇环城南路 49 号。

一审委托代理人：陈新敏，磐安县律师事务所律师。

被告（被上诉人）：磐安县标准计量管理局。地址：磐安县安文镇龙山路 1 号。

法定代表人：曹敏，局长。

一审委托代理人：陈雄武，金华市第一律师事务所律师；贾贵恕，男，金华市标准计量管理局科长，住金华市明月路 47 号。

二审委托代理人：陈雄武，金华市第一律师事务所律师；王秀天，磐安县标准计量管理局副所长。

第三人：江山市坛石水泥厂。地址：江山市坛石镇坛石村。

法定代表人：徐正文，厂长。

一审委托代理人：陈道富，男，该厂办公室主任，住江山市坛石镇坛石村；郑建国，江山市律师事务所律师。

4. 审级：二审。

5. 审判机关和审判组织

一审法院：浙江省磐安县人民法院。

合议庭组成人员：审判长：陈光洪；审判员：陈旭明；代理审判员：施炜。

二审法院：浙江省金华市中级人民法院。

合议庭组成人员：审判长：符六文；审判员：郑良君；代理审判员：陈振升。

6. 审结时间

一审审结时间:1994 年 4 月 12 日。

二审审结时间:1994 年 6 月 7 日。

(二)一审诉辩主张

1. 被诉具体行政行为:1993 年 5 月 12 日,杨立新个体经营的磐安县城南建材商店接到该县标准计量管理局(浙磐)质监制字(1993)第 01 号质量监督制止违法行为通知书,称:你所经营的江山市坛石水泥厂生产的 425 号水泥,编号为 124 号,共计 16 吨(尚库存 10 吨),经抽样检测,被判为劣质品(废品),检验报告编号为金建材质检(抽)字(1993)第 07 号,该行为已违反《中华人民共和国标准计量法》有关规定,现责令立即停止销售,听候处理。1993 年 8 月 12 日,磐安县标准计量管理局作出(浙磐)技监罚字(1993)第 001 号技术监督行政处罚决定,认定杨立新所经销的江山市坛石水泥厂生产的 425 号水泥,编号为 124 号,共 16 吨为废品。依据《浙江省查处生产和经销假冒伪劣商品行为条例》第二十七条"没收销货款、没收商品,并处 80000 元以下罚款"的规定,决定给予"没收销货款 2460 元,没收库存废品水泥 10 吨,并处罚款 12926 元整"的行政处罚。

2. 原告诉称:(1)1993 年 4 月 11 日,东阳市横店镇花厅建材商店胡皖南向江山市坛石水泥厂购买 425 号水泥 16 吨(编号为 93—124 号)转卖给原告,随货附有厂方质量检验报告单(NO.415113)。据厂方称,该批水泥于 4 月 1 日包装,4 月 4 日安定性测试合格。(2)1993 年 4 月 16 日,被告与县工商行政管理局、县消费者协会对原告店内水泥进行抽检,经金华市第一建材产品质量监督检验站检验,结果安定性不合格(雷氏法膨胀值 15.8mm);在被告抽检前已售出 6 吨,尚库存 10 吨。原告对该检验结果有异议,但检验报告载明"不准复验"。(3)水泥厂得知后,于 5 月 25 日派技术员毛英强来磐安,原告与毛英强到被告处要求共同取样送省水泥质检站仲裁,但被告以水泥已查封不能取样为由予以拒绝。6 月 16 日,毛与胡皖南及原告在本店内取样送本省衢州市建材产品质量监督检验站检验,结论为安定性合格。(4)原告先后接到被告作出的(浙磐)质监制字(1993)第 01 号质量监督制止违法行为通知书和(浙磐)技监罚字(1993)第 001 号行政处罚决定书,原告于 9 月 9 日向金华市标准计量管理局申请复议,同年 11 月 12 日接到(金市)技监复字(1993)第 01 号技术监督行政复议决定书,维持了被告的原处罚决定。(5)原告对金建材质检(抽)字(1993)第 07 号检验报告的结论有怀疑,而被告不允许原告及生产厂家对该结论向省级检验机构申请复验,是违法的,原告认为处罚决定所凭靠的依据错误,因此,适用的法律、法规也错误。(6)请求法院依照《中华人民共和国行政诉讼法》第五十四条之规定,判决撤销该技术监督行政处罚决定;归还被告没收的 10 吨水泥款。

3. 被告辩称:(1)被告所作具体行政行为符合法定职能要求。1)被告单位系依法设立的技术监督职能部门,依照法律、法规和政府授权履行查处制售假冒伪劣商品违法行为的责任。2)被告在查处原告经销废品水泥的违法行为过程中,确认金华市第一建材质检站已按《中华人民共和国计量法》第二十二条规定通过计量认证,具有法律地位,其检验数据及结论具有法定效力。因此,以此为依据所作出的行政处罚行为符合法定要求。3)原告未经被告同意,擅自在已被保全查封的商品中不按规定取样,明显违反法定程序,原告委托检验的报告,不符合法定要求,因而是无效的。(2)被告的具体行政行为适用法律、法规正确。1)原告经销的水泥被法定质量监督检验机构判定为废品事实成立,原告的行为违反了《浙江省查处生产和经销假冒伪劣商品行为条例》第四条“从事商品生产经销的单位、个人，应当建立健全商品质量管理制度，并对其生产、经销的商品质量负责。禁止生产、经销假冒伪劣商品”的规定和《中华人民共和国标准化法》第十四条、《工业产品质量责任条例》第十四条等多个法律、法规的规定，属多重违法行为。2)该批废品水泥的发生地、发现地均在本省区内，因此，适用《浙江省查处生产和经销假冒伪劣商品行为条例》作出处罚正确。(3)水泥“安定性”指标不予复验有法定依据和科学依据。1)水泥“安定性”是制定水泥质量的极重要指标之一，其合格与否，直接关系到建筑工程和生命财产的安全，国家规定安定性不合格水泥严禁出厂。2)影响“安定性”指标的主要因素是游离氧化钙(F－CaO)，因该化学成分随着时间的推进容易逐渐地消解，故在不同时间得出的检验数据没有复现性。3)鉴于质量监督部门发布的“检验细则及判定原则”是一种法定的技术规范，又因水泥的安定性指标没有复现性，所以，在市场水泥质量抽查中水泥的安定性指标不予复验是具有法定依据和科学依据的。(4)被告具体行政行为事实清楚，证据确凿，适用法律、法规正确，程序合法，请求予以维持。

4. 第三人陈述：(1)被告派人对原告销售水泥进行抽样并送检，厂方均未在场，整个抽检过程中，有可能发生差错。(2)被告不允许对鉴定人的检验结果向上一级检验机构申请复验是违法的。请求法院判决撤销被告的具体行政行为。

(三)一审事实和依据

磐安县人民法院经审理查明：1993 年 4 月 11 日，东阳市横店镇花厅建材商店业主胡皖南向江山市坛石水泥厂购飞翔 425 号虎峰牌水泥 16 吨，编号为 93－124 号，次日，胡将该批水泥以每吨 400 元的价格转卖给原告杨立新，随货附有厂方质量检验合格报告单。同年 4 月 16 日，被告磐安县标准计量管理局根据金华市标准计量管理局和金华市工商行政管理局《关于在全市范围内对部分商品进行突击抽查的通知》和《金华市 1993 年二季度部分商品质量突击抽查检验实施细则》的规定，对原告杨立新经营的磐安县城南建材商店销售的虎峰牌水泥进行了抽样，并送金华市第一建材产品质量监督检验站检验。同年 4 月 27 日，该质检站作出金建材质检(抽)字(1993)第 07 号检验报告，结论为：“该批水泥按 GB175－85、GB1346－89 和金华市标计发(1993)27 号文规定的检验细则进行抽样和检验，其安定性项目不合格，判为 A 类缺陷即废品(附水泥质量检验报告单)。”备注栏载：“安定性项目不合格不予复验。”据此，被告于同年 5 月 12 日作出(浙磐)质监制字(1993)第 01 号质量监督制止违法行为通知，告知业主杨立新，该批水泥经抽检，被判为废品，责令立即停止销售，并对水泥进行了就地查封。此前，原告已按每吨 410 元价格销出 6 吨，剩余 10 吨被查封。第三人江山市水泥厂得知后，派毛英强并会同胡皖南到原告店内，未经被告同意，擅自取样，于 6 月 16 日送衢州市建材产品质量监督检验站检验，该站于 6 月 26 日作出“该水泥安定性合格”的结论，备注栏载：“检验结果只对来样负责。”8 月 12 日，被告作出(浙磐)技监罚字(1993)第 001 号行政处罚决定，对杨立新处以没收销货款 2460 元，没收库存废品水泥 10 吨，并处罚款 12920 元。杨立新不服处罚，于同年 8 月 26 日向法院起诉，法院以起诉人应先申请上一级行政机关复议为由，裁定不予受理。杨遂于 9 月 9 日向金华市标准计量管理局申请复议，该局经复议，作出“维持被申请人(浙磐)技监罚字(1993)第 001 号行政处罚决定书”的(金市)技监复字(1993)第 01 号技术监督行政复议决定。杨立新于同年 11 月 25 日再次向法院起诉。

上述事实认定依据有：

1. 1993 年 4 月 12 日杨立新出具的材料(产品)验收单。

2.1993年4月11日江山市坛石水泥厂出具的水泥质量检验报告单。

3.1993年4月16日由杨立新亲笔签字的磐安县标准计量管理局水泥抽样检验单。

4.1993年6月16日毛英强和胡皖南在原告店内取样化验协议书。

5. 金华市第一建材产品质量监督检验站检验报告及质量检验单。

6. 被告出具的没收实物清单。

7. 衢州市建材产品质量监督检验站检验报告。

8. 庭审笔录等。

(四)一审判案理由

法院认为：

1. 原告杨立新经销的，由江山市坛石水泥厂生产的虎峰牌水泥16吨，查处时剩余10吨，销售出6吨事实清楚。

2. 被告磐安县标准计量管理局对杨立新销售的水泥进行抽样、送检过程符合规定程序，予以确认。抽样过程按《金华市部分商品质量突击抽查检验实施细则》第三条抽样方法第三项规定：对同一编号水泥分20个以上不同点随机抽取样品，充分混匀后取出6公斤，再分割成二等份(每份3公斤)，装入双层塑料薄袋密封包装，分别防潮外包装，一份附抽样单、检查笔录送检验机构检验。抽样过程杨立新在场并由其签字确认，抽样程序执行严格。

3. 金华市第一建材质检站是一家法定产品质量检验机构，该站按《中华人民共和国计量法》第二十条和《中华人民共和国标准化法》第十九条的规定设立，并经国家计量认证(计量认证编号为[92]量认[浙]字[R0207]号)，根据上述法律规定，由法定检验机构所出具的检验数据和结论具有法律效力。

4. 被告对原告和第三人申请复验不予准许是根据水泥产品安定性指标具有不可复现性的客观事实决定的。水泥的安定性指标属于特殊的没有复现性的技术指标，水泥的安定性指标，会随着时间推移而发生变化，即会由不合格变为合格。因此，凡由法定的产品质量检验机构按国家标准规定的程序方法进行的水泥安定性检验，其后一次结论对前一次结论不具否定性。故水泥产品安定性不应予以复验。原告与第三人擅自取样检验的结论无证明效力。

5. 被告磐安县标准计量管理局依据法定检验机构作出的检验报告，确认了杨立新销售废品水泥的事实，适用《浙江省查处生产和经销假冒伪劣商品行为条例》第二十七条第一款“有本条例第六条第(七)、(八)、(十)、(十一)项行为的，责令停止生产、经销，没收非法所得或销货款，没收商品，责令销毁或作必要的技术处理，处非法所得二倍以下或经营额20%以下或80000元以下的罚款(注：本条(七)为生产、销售主要指标不符合标准的商品的)”的规定，对杨立新所作的技术监督行政处罚，事实清楚，适用法律正确，程序合法，应予支持。

(五)一审定案结论

法院依照《浙江省查处生产和经销假冒伪劣商品行为条例》第二十七条第一款，《中华人民共和国行政诉讼法》第五十四条第(一)项之规定，作出如下判决：

维持磐安县标准计量管理局于1993年8月12日作出的(浙磐)技监罚字(1993)第001号技术监督行政处罚决定。

案件受理费775元，其他诉讼费用300元，由原告杨立新负担。

(六)二审情况

1. 二审诉辩主张

(1)上诉人杨立新诉称:上诉人对检验结论有所怀疑,而被上诉人不允许上诉人和生产企业对水泥安定性结论向省级检验机构申请检验,违反法律规定。请求二审法院撤销一审判决和行政机关的处罚决定,判决被上诉人归还没收10吨水泥款和恢复上诉人名誉。

(2)被上诉人未作出答辩,在二审审理中,认为检验报告作出的行政处罚正确,不准复验有科学依据,请求二审判决维持。

2. 二审事实和证据

金华市中级人民法院二审肯定了一审认定的事实和证据。

3. 二审判案理由

(1)上诉人杨立新购进江山市坛石水泥厂生产的425号虎峰牌水泥16吨进行销售,经被上诉人磐安县标准计量管理局抽样送金华市第一建材产品质量监督检验站检验,确定该水泥为"安定性不合格,判为A类缺陷即废品",被上诉人根据检验结论,对上诉人杨立新作出的行政处罚正确。

(2)原审判决认定事实清楚,审判程序合法,适用法律、法规正确,二审予以肯定。

(3)上诉人杨立新提出"行政机关不准复验违反法律规定"的上诉理由不能成立,本院不予支持。

4. 二审定案结论

依照《中华人民共和国行政诉讼法》第六十一条第(一)项的规定,判决如下:

驳回上诉,维持原判。

二审案件受理费775元,由上诉人杨立新负担。

(七)解说

本案行政处罚相对人对"水泥安定性不准复验"始终不服,而一、二审法院又均予以肯定,这就形成了一个突出的矛盾——水泥安定性为什么不准复验。行政机关在处理本案过程中是慎重的,金华市标准计量管理局在复议期间,分别请示了浙江省人民政府法制局、浙江省建材产品监督检验站、浙江省标准计量管理局,上述三机关的答复是一致的,认为水泥是一种其内在性能会随时间的推移而发生变化的特殊产品,安定性变化尤为突出,对此没有复现性的技术指标,即复验数据及结论不能证明原检测数据及结论正误的技术指标,不应予以复验。所谓水泥安定性,就是水泥体积大小的稳定情况,即水泥的膨胀情况。因为水泥是一种在高温下煅烧成的产品,原料中的各种成份发生极其复杂的化学反应,对其最终产品性能有很大影响。如MgO,在烧成过程中若未与其他成分充分作用,在最终产品中的含量就会过高,超过一定限度,水泥在用于混凝土工程时,就有可能发生膨胀开裂,一般称为安定性不好。但是水泥产品制成后,往往某种化学作用会继续进行,这会使MgO进一步转化为其他成分,从而减低MgO的破坏作用。这就是随时间延移由"不合格"变成"合格"。因此,在水泥质量纠纷中,第一级检测机关如果是按标准规定进行检验的,符合法律程序,那么后续任何一方不能否定第一级的检验结果。国家标准规定出厂水泥安定性必须合格。由此可见,本案争议的焦点是对科学技术的认识问题而不在于法律问题。

另外,对法律适用问题,生产、销售伪劣商品行为触犯《中华人民共和国计量法》、《中华人民共和国标准化法》等多个法律、法规,而行政机关及法院只适用《浙江省查处生产和经销假冒伪劣商品行为条例》。根据《中华人民共和国行政诉讼法》第五十二条第一款规定:"人民法院审理行政案件,以法律和行政法规、地方性法规为依据。地方性法规适用于本行政区域内发生的行政案件。"《浙江省查处生产和经销假冒伪劣商品行为条例》于1992年11月15日经浙江省第七届人民代表大会常务委员会第三十一次会议审议通过，系地方性法规。因此，法院以此为依据作出判决并无不当。

（陈智慧）

第六篇　土地行政管理纠纷案例

19. 新安村民委员会不服横县土地管理局征用土地遗留问题处理决定案

(一)首部

1. 判决书字号

一审判决书:广西壮族自治区横县人民法院(1994)行初字第1号。

二审判决书:广西壮族自治区南宁地区中级人民法院(1994)南地行终字第16号。

2. 案由:不服征用土地遗留问题处理决定案。

3. 诉讼双方

原告(上诉人):横县陶圩组长那良村公所新安村民委员会。

法定代表人:覃若全,主任。

一、二审委托代理人:黄文典,南华律师事务所律师;覃若汉,新安村第一队农民。

被告(被上诉人):横县土地管理局。

法定代表人:王启仕,局长。

一、二审委托代理人:闭德政、韦万规,该局干部。

第三人:横县陶圩粮所。

法定代表人:陈咸剧,所长。

一、二审委托代理人:张珍杰,该所副所长;苏大克,横县粮食局干部。

4. 审级:二审。

5. 审判机关和审判组织

一审法院:广西壮族自治区横县人民法院。

合议庭组成人员:审判长:李安琼;审判员:杨柱才;代理审判员:唐红莲。

二审法院:广西壮族自治区南宁地区中级人民法院。

合议庭组成人员:审判长:朱杰通;审判员:潘伟坚;代理审判员:韦瑞生。

6. 审结时间

一审审结时间:1994年1月31日。

二审审结时间:1994年5月27日。

(二)一审情况

1. 一审诉辩主张

(1)被诉具体行政行为:1987年,新安村委会与陶圩粮所因"庙除岭"(地名)部分土地权属发生争议,引起纠纷,由横县土地管理局于1993年11月4日作出《关于陶圩粮所新安粮站征用土地遗留问题的处理决定》:对未获批准征用的6.936亩土地,用地单位必须在1993年12月底前办理好补办征用土地手续。新安村委会对该决定不服,向横县人民法院起诉。

(2)原告新安村委会诉称:陶圩粮所于1981年征用其村在庙除岭的土地,经上级部门批准征用仅18.4亩,现新安粮站实际占用27.957亩,超出批准征用面积9.557亩,而且不按计划项目建设,仍有部分土地未使用,实属多征少用。第三人应把征而不用和多占部分的土退还给其村耕种,并赔偿因此所造成的经济损失。

(3)被告横县土地管理局辩称:陶圩粮所与新安村委会签订协议征用22.5亩土地用来新建粮库,经自治区民政局批准征用18.4亩。之后,陶圩粮所又与新安村委会签订征用4亩旱地的协议,经横县人民政府批准征用2亩。根据国家法律、政策的规定,争议的土地已属国有,现实际面积与原征地面积不一致的原因是当时未实地丈量。原告要求赔偿经济损失无法律依据。

(4)第三人陶圩粮所未表述意见。

2. 一审事实和证据

横县人民法院经审理查明:1981年12月2日,陶圩粮所与新安村委会签订了征用土地协定书,征用"庙除岭"土地22.4亩(其中畲地17.4亩、荒地5亩)作为新建粮库用地。1981年12月16日经自治区民政局以桂民征字(1981)204号文批准征用18.4亩(畲地13.4亩、荒地5亩)。同月20日和24日,陶圩粮所又与新安村委会签订征用"庙除岭"4亩畲地的协议书,经横县人民政府以横政发(1982)83号文批准征用2亩。陶圩粮所仍按协议向新安村委支付了补偿费和开荒费共17010元。因元会村第二队在该地有一块0.45亩的畲地,1982年3月14日,新安粮所另与元会村第二队签订了土地转让协议,支付补偿费200元。之后,陶圩粮所即在已经批准和签订了协议的土地上砌起围墙。现经技术测量,新安粮站使用的土地面积共27.336亩。其中,经批准征用的20.4亩,已报未批准的2亩,另与元会村第二队签订有土地转让协议0.45亩,三项共计22.85亩,多出4.486亩。主要原因是双方签订征地协议时,只凭新安村自设的田丘册面积计算,未到实地丈量,对荒地也仅凭双方目测估算所致。1987年新安村认为陶圩粮所侵犯其土地权益而发生争议。1993年10月13日,横县人民政府委托横县土地管理局处理本案,该局即于1993年11月4日作出横土字(1993)98号处理决定:用地单位必须在1993年12月底前办理好补办征用土地手续。

上述事实有下列证据证实:

(1)横县土地管理局的处理决定书。

(2)原告、被告、第三人提供的证据材料。

(3)庭审笔录。

3. 一审判案理由

法院认为:

(1)横县土地管理局根据《中华人民共和国土地管理法》赋予的职权,适用土地管理法施行前的有关政策和法规,处理土地征用中的遗留问题是正确的。

(2)陶圩粮所根据建设需要,依法签订征地协议和办理报批手续,并已依政策按协议付给新安村土地补偿费和开荒补助费。新安粮站四至界线从征地时起至今固定明确,依法已属国有土地。

(3)横县土地管理局责令新安粮所对未办妥征用土地手续的部分应补办报批手续是正确合法的。

(4)新安村认为陶圩粮所侵犯其土地所有权,请求退回已属国有的土地和要求再次给予土地赔偿,无事实和法律依据,不予支持。

4. 一审定案结论

横县人民法院依照《中华人民共和国行政诉讼法》第五十四条第(一)项规定,作出如下判决:

维持被告横土字(1993)98 号关于陶圩粮所新安粮站征用土地遗留问题的处理决定。

案件受理费 3100 元,其他诉讼费 1000 元由原告负担。

(三)二审诉辩主张

1. 上诉人新安村民委员会诉称:(1)陶圩粮所与其村签订征用 22.4 亩土地协议,经批准征用 18.4 亩,核减 4 亩,陶圩粮所不但没有减征,又与其村签约征用 4 亩,这是违法的;(2)陶圩粮所在建造围墙时,将东西的界线往东推移,除已取得合法手续的 18.4 亩外,超出的部分为非法占用,其土地所有权仍属新安村集体所有;(3)被上诉人横县土地管理局允许第三人陶圩粮所补办征用土地手续是错误的;(4)要求二审法院撤销一审判决,重新作出合理的判决。

2. 被上诉人横县土地管理局辩称:(1)陶圩粮所再与新安村签订征用 4 亩旱地的协议是为新建饲料车间和米面复制品车间;(2)现新安粮站范围内的土地面积为 27.336 亩,已获批准征用的为 20.4 亩;未获审批的为 6.936 亩,其中已有协议的旱地 2.45 亩,多出的荒地、空闲地 4.486 亩,原因是当时未实地丈量;(3)新安粮站四至界址明确无误,并没有任意扩占;(4)被上诉人责令第三人补办征用土地报批手续是正确合法的。

3. 第三人陶圩粮所没有表述意见。

(四)二审事实和证据

南宁地区中级人民法院经审理查明:横县陶圩粮所于 1981 年 12 月 2 日与新安村签订了征用“庙除岭”22.4 亩土地的协议,经报自治区民政局批准征用 18.4 亩,核减 4 亩。之后,陶圩粮所又以建饲料车间及米面复制品车间为由,与新安村再签订征用 4 亩旱地的协议,经报横县人民政府批准征用 2 亩。现经测量,陶圩粮所新安粮站实际使用土地面积为 27.336 亩。新安村委会认为陶圩粮所后征用的 4 亩土地是违法的,在建围墙时又向东推移,多占了东面的土地,要求退回多占的土地并赔偿损失。发生纠纷后,横县人民政府委托横县土地管理局进行处理。该局即以自己的名义作出横土字(1993)98 号《关于陶圩粮所新安粮站征用土地遗留问题的处理决定》:根据国家土地管理局(1989)国土(籍)字第 73 号《关于确定土地权属问题的若干意见》第八条、第三十九条,桂政发(1983)91 号《广西壮族自治区国家建设征用土地试行办法》第十条第(三)项的规定,对未获批准征用的 6.936 亩土地,用地单位必须在 1993 年 12 月底前办理好补办征用土地手续。

上述事实有以下证据证实:

1. 陶圩粮所与新安村签订的征用土地协定书。

2. 广西壮族自治区民政局桂化征字(1981)204 号批复。

3. 横县人民政府(1982)83 号批复。

4. 被征用土地田丘册。

5. 新安粮站平面测绘图。

6. 当事人陈述及庭审笔录。

(五)二审判案理由

南宁地区中级人民法院认为:横县陶圩粮所与新安村签订征用土地协议时,双方仅凭田丘册记载的畲地面积及对荒地以目测估算面积,未进行实地丈量,以致造成征用土地与实际用地面积不一致。现新安村民委员会提出除经自治区民政局批准征用的 18.4 亩为合法征用外,其余多出的土地均属非法占有,要求陶圩粮所退回多占土地的所有权。因此,本案实质上是土地所有权争议。根据《中华人民共和国土地管理法》第十三条的规定,土地所有权和使用权争议,应由人民政府处理,横县土地管理局以自己的名义对土地权属争议作出处理决定,没有法律依据,属超越职权的行为。一审法院仍予判决维持不妥,应予撤销。

(六)二审定案结论

南宁地区中级人民法院依照《中华人民共和国行政诉讼法》第六十一条第(二)项、第五十四条第(二)项第四目,《中华人民共和国土地管理法》第十三条的规定,作出如下判决:

1. 撤销横县人民法院(1994)行初字第 1 号行政判决。

2. 撤销横县土地管理局横土字(1993)98 号处理决定。

二审案件受理费 3100 元由被上诉人负担。

(七)解说

1. 本案纠纷的性质。本案原告新安村委会提出,陶圩粮所征用该村"庙除岭"的土地,除经合法征用的 18.4 亩外,其余土地一部分是应核减而未核减违法占用的,一部分是建围墙时向东扩建占用的,要求退回多占的土地所有权。同时,横县土地管理局作出的处理决定适用了国家土地管理局(1989)国土(籍)字第 73 号文第八条的规定:"……凡 1962 年 9 月《六十条》公布时起至 1982 年 5 月《国家建设征用土地条例》公布时止,全民所有制单位、城市集体所有制单位使用的原农民集体所有的土地,有下列情形之一的,属于国家所有:(1)签订过土地转让等有关协议的;(2)经县级以上人民政府批准使用的;(3)进行过一定补偿或安置劳动力的……"第三十九条规定:"土地所有权或使用权证明文件上的四至界线与实地一致,但实地面积与批准面积不一致的,按实地四至界线核算土地面积,确定土地的所有权或使用权。"以及桂政发(1983)91 号《广西壮族自治区国家建设征用土地试行办法》第十条第(三)项规定:"1972 年至 1982 年 5 月 14 日,凡应办理征用土地手续尚未办妥的,按原协议执行,不予增减补偿费……"横县土地管理局根据上述规定,责令陶圩粮所补办征用土地手续,其前提明显已确认争议的土地属国有。而本案纠纷的解决,必须要确认争议土地的权属。综上,本案争议的实质是土地所有权纠纷。

2. 土地管理局能否以自己的名义对土地权属纠纷作出处理决定。行政机关的职权范围是由法律授予的,因而行政机关必须严格在法律规定的权限范围内进行行政管理活动。《中华人民共和国土地管理法》第十三条明确规定:"土地所有权和使用权争议,由当事人协商解决;协商不成的,由人民政府处理。"根据这一规定,人民政府是处理土地权属争议的唯一合法行政主体。土地管理局是人民政府的一个工作部门,它虽然是行政机关,法律授予其一定的职权范围，但并未授予其处理土地权属纠纷的职权。本案横县土地管理局受县人民政府的委托为具体行政行为，其对受委托事项只能以委托人的名义作出具体行政行为，而不能以自己的名义作出，否则，就是超越职权的行为。因而，土地管理局依法不能以自己的名义对土地权属争议作出处理决定。

3．本案二审处理是正确的。“越权无效”是公认的行政法基本原则之一。行政机关必须在法律授予的权限范围内行使职权，超越权限范围实施的行政行为自行为开始起就不具有法律效力。根据《中华人民共和国行政诉讼法》第五条的规定：“人民法院审理行政案件，对具体行政行为是否合法进行审查。”行政机关是否越权是合法性审查的重要内容。依照《行政诉讼法》第五十四条第（二）项第四目的规定，对行政机关超越职权的具体行政行为，人民法院应当判决撤销。本案一审法院在审查被诉具体行政行为的合法性时，对土地管理局的越权行政行为未予认定，其判决显然有误。二审法院认定土地管理局的行政行为越权，正确适用法律，判决撤销了被诉具体行政行为，纠正了一审判决，因而是正确的。

（朱杰勇）

20．阿合别立斗乡政府不服托里县土地管理局土地侵权处理案

（一）首部

1．判决书字号

一审判决书：新疆维吾尔自治区托里县人民法院（1992）托法行字第2号。

二审判决书：新疆维吾尔自治区塔城地区中级人民法院（1992）塔中法行上字第21号。

再审判决书：新疆维吾尔自治区高级人民法院伊犁哈萨克自治州分院（1993）伊州法行字第1号。

再审判决书：新疆维吾尔自治区高级人民法院（1994）新行再终字第1号。

2．案由：不服土地侵权处理案。

3．诉讼双方

原告（被上诉人）：托里县阿合别立斗乡政府。

法定代表人：赛提巴塔里，乡长。

一、二、再审委托代理人：哈帕尔，托里县文化局干部。

被告（上诉人）：托里县土地管理局。

法定代表人：恰曼释，局长。

一、二、再审委托代理人：任义祥，该局副局长；苟永红，该局土管所所长。

第三人（上诉人）：彭永奎，男，汉族，56岁，托里县阿合别立斗乡新林村村民。

再审委托代理人：刘彩霞，托里县土地管理局干部。

第三人：张文秀，男，汉族，50岁，托里县阿合别立斗乡阿合别立斗村村民。

4．审级：再审。

5．审判机关和审判组织

一审法院:新疆维吾尔自治区托里县人民法院。

合议庭组成人员:审判长:阿布克力木;审判员:朱曼、董俊建。

二审法院:新疆维吾尔自治区塔城地区中级人民法院。

合议庭组成人员:审判长:岳富荣;审判员:艾依甫;代理审判员:库拉西。

再审法院:新疆维吾尔自治区高级人民法院伊犁哈萨克自治州分院。

合议庭组成人员:审判长:热合曼;审判员:热孜亚、吾尔卡汗。

再审法院:新疆维吾尔自治区高级人民法院。

合议庭组成人员:审判长:张乃斐;审判员:阿不来提·买买提;代理审判员:韩银生。

6. 审结时间

一审审结时间:1992 年 9 月 5 日。

二审审结时间:1993 年 1 月 5 日。

分院再审审结时间:1993 年 7 月 29 日。

高院再审审结时间:1994 年 3 月 24 日。

(二)一审情况

1. 一审诉辩主张

(1)被诉具体行政行为:托里县阿合别立斗村委会在 1984 年完成农村联产承包责任制之后,于 1985 年 11 月将与邻村之间的一片无人承包的土地,经村委会讨论决定,公社领导同意,承包给相邻的新林村村民彭永奎耕种,双方签订了土地承包合同,向彭永奎发了土地使用证,土地使用期为 15 年。彭永奎承包 80 亩土地后,投资 19000 余元用于土地的平整改良、打井引水,粮食单产从每亩 50 公斤增长到 300 公斤以上。承包期间,彭永奎年年完成国家公粮任务,按时交纳税金和集体提留。1992 年 4 月 4 日,阿合别立斗乡政府发出通知,将彭永奎承包的土地收回,交由阿合别立斗村村民张文秀耕种。彭永奎不服,请求有关部门处理。托里县土地管理局查实后认为:阿合别立斗乡政府收回彭永奎承包的土地,侵犯了彭永奎的土地使用权和村委会对土地的经营管理权,违反了《中华人民共和国土地管理法》第八条第一款、第十一条、第十二条第三款的规定,属侵权行为。依据《中华人民共和国土地管理法》第五十三条之规定,决定:1)责令阿合别立斗乡政府和张文秀立即停止对彭永奎合法承包阿合别立斗村 80 亩土地使用权的侵犯;2)彭永奎续继使用所承包的阿合别立斗村 80 亩土地,从事农业生产;3)彭永奎历年经村委会同意耕种的 80 亩以外的土地,建议由阿合别立斗村委会重新订立合同或调整使用;4)责令阿合别立斗村委会 10 日内依法对村民张文秀的土地问题立即进行解决;5)责令侵权责任方——阿合别立斗乡人民政府赔偿因侵权所造成的一切经济损失。阿合别立斗乡政府对该决定不服,向托里县人民法院起诉。

(2)原告诉称:彭永奎与阿合别立斗村的土地承包合同不符合《新疆维吾尔自治区农村合作经济组织土地承包合同管理办法》第四条之规定,没有经过村民讨论,负责合同管理的乡辅导站也不知道,彭将 80 亩土地私自扩大到 120 亩,合同无效。乡政府于 1991 年 1 月 24 日召开的党委会和第四届人代会第二次会议讨论决定对土地进行调整是正确的。县土地管理局认定乡政府侵犯了彭永奎的土地使用权,是滥用职权。请求撤销土地管理局的土地侵权处理决定。

(3)被告辩称:

1)阿合别立斗村委会为提高土地利用效率,增加集体收入,将无人承包的撂荒地承包给彭永奎耕种，双方签订了承包合同，向彭永奎发放了土地四至、面积清楚，承包期限为15年的土地使用证，事实清楚。

2)阿合别立斗村委会作为土地发包方与承包人彭永奎签订的承包合同，符合中共中央(83)1号、(84)1号、(85)1号文件精神、自治区(84)33号文件精神及中共托里县委(84)《关于进一步稳定和完善农业生产责任制几个具体问题的暂行规定》，承包合同合法有效，应受法律保护。

3)彭永奎承包期间，严格遵守合同约定，履行义务，改良土壤，提高单产，年年完成粮食上交任务，按时交纳税金和提留，无违约行为。

4)乡政府调整土地，未经发包方同意。其依据《新疆维吾尔自治区农村合作经济组织土地承包合同管理办法》收回彭永奎承包的土地，属适用规章错误，因为该规章于1992年1月27日发布实施，对1985年的土地承包合同不具有法律效力。乡辅导站不是合同鉴证机关，且是近年才设立的临时机构，不能以该机构是否知道确认合同的效力。

5)彭永奎先后扩大土地到120亩，且经村领导同意，并按扩大面积上交了税金和提留，既未采取欺骗手段，亦无违法占地行为。

综上，县土地管理局认定阿合别立斗乡政府侵犯彭永奎的土地使用权事实清楚，证据充分，定性准确，处理适当，请求法院维持托土监字(1992)01号《关于阿合别立斗乡政府侵犯彭永奎土地使用权的处理决定》。

2. 一审事实和证据

法院经审理查明：1985年11月1日，第三人彭永奎向阿合别立斗村提出要求，经村领导同意承包了该村80亩土地，期限15年。该承包合同没有文字记录，未经过村委会讨论通过，也没经乡政府同意盖章，只是在承包土地合同书和土地使用证上写着承包期为1985年起至2000年止，长270米，宽200米，甲级地，每亩提留5元。该村村长那斯甫汗签字，盖了村里的章。阿合别立斗乡政府于1991年1月24日召开人代会二次会议，讨论了群众提出的意见，决定收回所有外村承包的土地进行调整。给彭永奎发了通知要求收回其承包的阿合别立斗村的土地，因彭永奎拒绝交地，乡政府于1992年4月4日和4月9日两次下发通知，责令彭永奎停止耕种该土地。彭永奎不服，找县、地区上诉，地区有关部门、县政府有关领导指令土地管理部门处理。土地管理局认为，彭永奎承包的土地符合中共中央(83)1号文件、(84)1号文件、(85)1号文件和自治区(84)33号文件精神以及托里县委1984年1月14日《关于进一步稳定和改善农业生产责任制若干问题的暂行规定》，阿合别立斗乡通过一张通知单收回彭永奎承包的土地，再交给张文秀承包是错误的。

一审的主要证据是：(1)彭永奎的土地承包合同书，土地使用证；(2)彭永奎历年交纳税收和提留的收据；(3)阿合别立斗村村长那斯甫汗、会计铁留汗的证言；(4)原乡党委书记吐尔德祥的证言；(5)阿合别立斗乡的起诉状；(6)县土地管理局的处理决定。

3. 一审判案理由

一审法院认为：彭永奎承包该土地后，打围墙是事实。但是彭永奎将围墙推了三次，打了三次，擅自扩大面积到120亩。该地原属耕种过的土地，曾进行大量平整。阿合别立斗村在承包该土地时，不经过群众会议，不经村委会讨论，不经上级部门批准，就给彭永奎发放“两证”是不合法的，土地管理局决定维护彭永奎的土地使用权没有依据。

4. 一审定案结论

一审法院根据《中华人民共和国行政诉讼法》第五十四条第(二)项第四、五目的规定，作出如下判决：

(1)撤销托里县土地管理局(1992)01 号决定书。

(2)阿合别立斗乡政府应补偿给彭永奎打围墙款 1128 元。

案件受理费 50 元，其他费用 300 元，两项合计 350 元由被告负担。

(三)二审情况

1. 二审诉辩主张

上诉人县土地管理局诉称：阿合别立斗村在 1984 年全村“人口田”、“劳力田”家庭联产承包责任制全面落实之后，将无人承包的弃耕地承包给彭永奎耕种，村委会作为土地发包方与承包人彭永奎签订的承包合同符合法律和政策规定，应予承包并受法律保护。阿合别立斗乡政府以张文秀承包土地里的井是县农业局打的为由，而将张文秀承包的 200 亩土地非法转让给农业局搞创收，在张文秀无地耕种时，未经发包方和承包方同意，强行收回彭永奎承包的土地，交由张文秀耕种，这种调整是侵犯土地发包方和承包方合法权益的侵权行为。一审法院的判决以 1992 年 1 月 27 日发布实施的行政规章去约束 1985 年签订的农村土地承包合同，适用法律错误，认定土地管理局处理土地侵权行为是超越职权和滥用职权，与法律规定相悖。请求二审法院予以改判。

被上诉人阿合别立斗乡政府辩称：阿合别立斗村将本村土地承包给外村村民耕种是不合法的，乡政府根据群众反映，进行调整，是行使土地管理职权，决定收回彭永奎承包的土地并无不当，一审法院判决正确，二审法院应予维持。

2. 二审事实和证据

二审法院查明：彭永奎承包土地，村委会研究后经乡领导同意，于 1985 年 11 月 1 日将 80 亩甲级地，长 270 米，宽 200 米，以每亩提留 5 元承包给彭永奎，期限自 1985 年起至 2000 年止，由村长签字，盖了村章，发放了两证，经村长同意，会计两次给扩大了土地面积，每年按合同规定交纳了承包费用。

二审除采用一审的证据外，又采用了村民刘淑梅等 7 人证实彭永奎承包的土地原是弃耕盐碱地的证言。

3. 二审判案理由

二审法院认为：彭永奎承包阿合别立斗村集体所有的土地，业经发包方与承包方协商一致，签订了土地承包合同书，发放了土地使用证，且双方自觉履行合同约定的权利和义务，既无违约行为亦未发生纠纷。合同符合《中华人民共和国土地管理法》及有关法律、法规的规定，托里县阿合别立斗乡政府强行调整土地，侵犯了彭永奎的土地使用权，托里县土地管理局依法保护承包人的土地使用权，对乡政府的侵权行为进行处理正确。一审事实认定有误，适用法律错误，应予纠正。

4. 二审定案结论

二审法院根据《中华人民共和国行政诉讼法》第六十一条第(二)项、第五十四条第(一)项之规定，作出如下判决：

(1)撤销托里县人民法院(1992)托法行字第 2 号行政判决。

(2)维持托里县土地管理局(1992)01 号《关于阿合别立斗乡政府侵犯彭永奎土地使用权的处理决定》。

一、二审诉讼费各 50 元由阿合别立斗乡政府承担。

(四)伊犁哈萨克自治州分院再审情况

1. 分院再审诉辩主张

二审判决生效后,阿合别立斗乡政府不服,向新疆维吾尔自治区高级人民法院伊犁哈萨克自治州分院申诉称:阿合别立斗村将土地承包给彭永奎,没有经过群众讨论和乡政府批准,是彭永奎和村长搞私人关系,承包合同不合法。县土地管理局认定乡政府调整土地侵犯彭永奎的土地使用权并进行处理,是越权行为,侵犯了乡政府对集体土地的管理权,二审法院判决错误,应予纠正。

托里县土地管理局和第三人彭永奎因未收到申诉状,均未作答辩。

2. 分院再审事实和证据

1985 年 11 月 1 日,第三人彭永奎经阿合别立斗村村长同意,口头承包了 80 亩地,没有签订 15 年的书面承包合同,没有经过村委会讨论和乡政府的批复,在土地使用证上是村长那斯甫汗签字,盖了村章。

3. 分院再审判案理由

彭永奎通过与村长搞私人关系承包了 80 亩土地,并把 80 亩扩大到 120 亩,是违反土地管理法和危害集体利益的行为。把一个村的土地承包给另一个村的人是不符合法律的。阿合别立斗村承包土地时,没有经过群众会议和村委会讨论,也没有上一级单位的批复,给彭永奎发放两证是错误的。县土地管理局的决定维护彭永奎的土地使用权,没有依据。

4. 分院再审定案结论

根据《中华人民共和国行政诉讼法》第六十三条第二款,第五十四条第(二)项第四、五目之规定,判决如下:

(1)撤销塔城地区中级人民法院(1992)塔中法行上字第 21 号行政判决。

(2)维持托里县人民法院(1992)托法行字第 2 号行政判决。

(五)高级人民法院再审诉辩主张

托里县土地管理局申诉称:阿合别立斗村根据中共中央(83)1 号、(84)1 号、(85)1 号文件和自治区党委(84)33 号文件以及托里县(84)《关于进一步稳定和完善农村生产责任制几个具体问题的暂行规定》,将本村无人承包的机动荒地承包给邻村村民彭永奎耕种,符合当时允许农民跨乡、村进行土地承包的政策规定。阿合别立斗村作为土地发包方与彭永奎签订土地承包合同,发给彭永奎的土地使用证,由村长签字、盖村里公章符合规定要求,具有法律效力。县土地管理局对乡政府的侵权行为依法处理既不超越职权,也无滥用职权,而是依法行使职权。伊犁州分院判决对事实的认定缺乏证据,且适用法律错误,请求高级人民法院依法公断。

第三人彭永奎申诉称:我承包阿合别立斗村 80 亩土地人所共知,是一片盐碱荒滩,是该村承包责任制完成之后办理的承包手续,对该村土地承包无任何影响。我承包后平整开垦,打井引水,精心耕种,受益的是村集体。试问我若不承包,有谁承包呢?仍然是一片荒滩,现在别人会争种吗?我上访地委,地委李书记批示应坚持原合同;县长也批示我续继耕种。可乡里强行调整,给我造成严重的经济损失,分院判决竟说承包土地是拉私人关系,真是是非倒置。

阿合别立斗乡政府辩称:彭永奎承包的土地是 1959 年至 1964 年种过的土地,以后因无水灌溉而弃耕。1985年彭永奎与那斯甫汗商定暂时租用80亩土地,没有合法合同,是相互协议。彭把土地从低产田改良成高产田,不是事实。彭永奎还将80亩土地擅自扩大到120亩。乡政府收回彭永奎以不合法手段取得的土地使用权,是正确合法的。

(六)高级人民法院再审事实和证据

新疆维吾尔自治区高级人民法院受理申请后,经调卷审查,并到乡、村实地调查取证,核实原始证据,查明:1985年11月,阿合别立斗村全面落实农村土地承包责任制之后,彭永奎提出承包该村1959年开垦,1964年因缺水无法耕种而荒芜20多年无人承包的一片盐碱地。经村委会主要成员村长那斯甫汗、书记牙肯、会计铁留汗等人集体研究,为防止邻村社员种树侵占土地,提高土地利用率,增加村里收入,在请示乡党委书记吐尔德拜同意之后,将这块长270米,宽200米的80亩土地承包给彭永奎耕种,双方签订了承包合同,向彭颁发了土地四至清楚的土地使用证,承包期为1985年至2000年,由村长那斯甫汗签字,并加盖村公章。彭永奎承包后对土地平整改良,打井引水,精心耕种,承包当年(1986年)按合同规定上交了提留。1987年至1989年,彭经村长和会计同意,将土地扩大到120亩,并按规定对扩大的土地面积上交提留费用。1991年,该村将土地承包费调整为每亩15元,彭无异议,仍按期交纳。1992年4月4日,阿合别立斗乡下发通知,责令彭永奎停止耕种,将彭承包的土地交给另一村民张文秀耕种。彭永奎不服乡政府的处理,请求有关职能部门解决。县土地管理局经查证认定:彭永奎承包土地,符合中央和自治区有关文件精神。阿合别立斗乡强行收回彭承包的土地,侵犯了彭永奎的土地使用权,也侵犯了阿合别立斗村的土地经营管理权,以托土监字(1992)01号土地处理决定书决定:彭永奎继续使用承包的阿合别立斗村80亩土地;彭历年经村长等人同意耕种的80亩以外的土地,建议由阿合别立斗村委会重新订立合同或调整使用。阿合别立斗乡政府赔偿因侵权造成的经济损失。

(七)高级人民法院再审判案理由

农村土地承包,村级合作经济组织或村民委员会是土地发包方。阿合别立斗村将由本村集体管理的土地发包给彭永奎,符合当时中央政策和有关土地法律规定。双方签订的土地承包合同受法律保护。阿合别立斗乡政府在合同双方正常履行合同期间,在没有特殊情况和合法理由的情况下,用强制手段收回土地,违反了法律规定。土地管理部门依法作出的处理决定,事实清楚,程序合法,适用法律正确,有利于稳定农村承包责任制,保护了土地承包者的合法权益。

(八)高级人民法院再审定案结论

根据《中华人民共和国土地管理法》第八条第一款、第十二条、第五十三条、《中华人民共和国行政诉讼法》第六十三条、第六十一条第(二)项之规定,判决如下:

1.撤销伊犁州分院(1993)伊州法行字第1号行政判决。

2.维持塔城地区中级人民法院(1992)塔中法行上字第21号行政判决,即撤销托里县人民法院(1992)托法行字第2号行政判决,维持托里县土地管理局托土监字(1992)01号《关于阿合别立斗乡政府侵犯彭永奎土地使用权的处理决定》。

(九)解说

本案引起诉讼的具体行政行为是土地管理部门对乡政府侵犯土地使用权的处理,其实体内容则是农村土地承包合同的合法性和应否受到法律保护。

农村土地承包合同,是农村合作经济组织在实行家庭联产承包责任制过程中与其内部成员及其他承包者签订的明确双方在土地生产经营中权利义务关系的协议。农村土地承包责任制，是农业生产的主要经营形式。国家对农村土地承包合同的要求，主要是依靠中央政策进行调整，其主要原则是：由于农业生产周期和对土地投资取得的收益的周期较长，因而承包经营权的存续期间一般在15年以上，必要时还可以再长一些。因此，对于农村土地承包合同的审查，必须紧紧抓住承包合同是否订立和实际履行这条主线。

首先，必须对村委会是否具有发包权进行审查。本案涉及承包的土地，按照政策规定，是1962年农村《六十条》之前的耕地，属农村集体土地所有权。阿合别立斗村是在合法取得农村集体土地所有权和法律授权村委会是土地发包方的情况下，将无人承包的撂荒地发包给承包人耕种，签订的合同符合政策规定的程序和要求，是依法行使权利。

其次，本案在审理中，法院对同一事实却出现不同的判决结果，分歧的焦点是承包合同是否违背了民主评议的原则。一种意见将民主评议原则理解为必须经群众大会讨论，上级机关审批；一种意见认为民主评议原则，是指违背了合作经济组织章程以及共同约定的事项，并不是每一份合同都必须经群众大会讨论。我们认为第二种意见是正确的。由于农村土地承包是在实践中不断完善的，而且关系到农村经济的稳步发展，因此，对土地承包合同的审查，应坚持三个有利的原则：一是符合土地承包政策，有利于土地的开发和利用；二是符合国家利益，有利于发展农村集体经济，增加村队的集体收入；三是符合土地逐步向农村生产能手集中的方向，有利于稳定农村承包责任制。只要符合这些原则，就应当承认它的合法性和有效性，在法律上予以保护。

再次，我国有关土地管理的法律、法规并没有授权乡政府对农村集体所有的土地进行管理和调整，也没有授予其对农村承包合同的鉴证权利。本案阿合别立斗乡政府在村委会和彭永奎(发包人与承包人)正常履行合同期间，用强制手段收回承包的土地进行调整，是行政机关干预土地承包合同的违法行为。土地管理部门作出的具体行政行为，维护了土地承包人的合法权益，有利于土地的开发利用，有利于稳定农村承包责任制，有利于农村集体经济的发展，法院判决维持是正确的。

最后，需要提及的是本案诉讼主体问题。彭永奎在乡政府收回其承包的土地时，按照《行政诉讼法》的规定，可以原告的身分提起诉讼，这样乡政府作为被告，法院直接审查乡政府的具体行政行为是否合法，就更体现了《行政诉讼法》保护公民合法权益的立法目的。

(张乃斐)

21. 乌鲁木齐市第二造纸厂不服乌鲁木齐市政府确定土地权属决定案

(一)首部

1. 判决书字号

一审判决书：新疆维吾尔自治区乌鲁木齐市天山区人民法院(1992)天法行初字第17号。

二审判决书：新疆维吾尔自治区乌鲁木齐市中级人民法院(1993)乌中法行终字第1号。

再审判决书：新疆维吾尔自治区高级人民法院(1994)新行再终字第2号。

2．案由：不服土地权属纠纷处理决定案。

3．诉讼双方

原告(被上诉人)：乌鲁木齐市第二造纸厂。

法定代表人：毛建国，厂长。

一、二、再审委托代理人：白长林、边新俊，新疆维吾尔自治区经济律师事务所律师。

被告(被上诉人)：乌鲁木齐市人民政府。

法定代表人：玉素甫·艾沙，市长。

一、二、再审委托代理人：徐宗秀，该市土地管理局局长；陈华贵，该市土地管理局监督检察科科长。

第三人(上诉人)：乌鲁木齐综合实业开发公司(原乌鲁木齐市工业局供销公司)。

法定代表人：杨双雄，经理。

一、二、再审委托代理人：陈敢，新疆赛德律师事务所律师；贾泽民，该公司副经理。

4．审级：再审。

5．审判机关和审判组织

一审法院：新疆维吾尔自治区乌鲁木齐市天山区人民法院。

合议庭组成人员：审判长：林薇华；审判员：曹延翔；代理审判员：张登民。

二审法院：新疆维吾尔自治区乌鲁木齐市中级人民法院。

合议庭组成人员：审判长：王文秀；审判员：库都斯；代理审判员：李杰。

再审法院：新疆维吾尔自治区高级人民法院。

合议庭组成人员：审判长：张乃斐；审判员：宋裕清；代理审判员：韩银生。

6．审结时间

一审审结时间：1992年11月19日。

二审审结时间：1993年3月10日。

再审审结时间：1994年5月31日。

(二)一审情况

1．一审诉辩主张

(1)被诉具体行政行为：1984年乌鲁木齐市第二造纸厂与人民银行合建家属住宅楼时，为了使用乌鲁木齐综合实业开发公司(原市工业局供销公司)原有的仓库地皮，提出与供销公司交换地块，两单位签订了“关于拆迁和重新建设供销公司仓库的协议书”。据此，市第二造纸厂在幸福路北一巷为供销公司提供地皮盖仓库。同年6月19日市工业局(84)第115号文件批准了该协议，并抄报市计委、市建委、市规划局、市设计院。各有关单位均未提出异议。根据《新疆维吾尔自治区处理土地纠纷暂行办法》第四条“处理土地纠纷，坚持既要尊重历史，又要照顾现实的原则，合法合理地予以解决”的精神，市人民政府认为乌鲁木齐综合实业开发公司(原市工业局供销公司)仓库的库址不宜再变动，并考虑该库用地的实际需要，特作以下处理决定：第一，乌鲁木齐综合实业开发公司在幸福路北一巷仓库用地750平方米，使用权归乌鲁木齐综合实业开发公司。第二，原发(换)房地产证办公室于1989年3月给市第二造纸厂颁发的0005307号国有土地使用证及土地使用红线范围图作废，市土地管理局应按照市第二造纸厂土地使用实际面积，重新核发国有土地使用证件。原告不服市政府的处理决定，向天山区人民法院提出起诉。

(2)原告诉称：被告1992年8月8日作出的乌市政第98号《关于对市工业局供销公司与市第二造纸厂土地使用权属纠纷问题的处理决定》与1991年12月24日乌鲁木齐市中级人民法院终审判决撤销的乌发证办字(1990)第025号《关于市工业局供销公司与第二造纸厂土地使用权属纠纷问题的处理决定》系同一事实和理由作出的相同的决定。该处理决定违背了《中华人民共和国行政诉讼法》第五十五条的规定，要求撤销被告乌市政(1992)98号处理决定。

(3)被告辩称：乌市政(1992)第98号处理决定的依据是《新疆维吾尔自治区处理土地纠纷暂行办法》，乌发证办字(1990)第025号处理决定依据国家土地管理局(1989)国土[籍]字第73号《关于确定土地权属问题的若干意见》。不是以同一事实和理由作出与原具体行政行为基本相同的具体行政行为，没有违反《中华人民共和国行政诉讼法》第五十五条的规定。请求法院维持乌市政(1992)第98号处理决定。

(4)第三人诉称：我方在原告厂区内东侧配电室以北所建库房地皮有市革发(1974)105号《关于成立市工业局供销经理部批复》为据，故其土地使用权应归我方所有。

2. 一审事实和证据

法院经审理查明：被告在1990年9月20日的乌发证办字(1990)第025号处理决定中将幸福路北一巷土地使用权确认给市工业局供销公司，第二造纸厂不服，向法院起诉，法院判决撤销乌发证办字(1990)第025号处理决定，由被告重新处理。据此判决，被告于1992年8月8日作出乌市政(1992)第98号《关于对市工业局供销公司与市第二造纸厂土地使用权属纠纷问题的处理决定》，将在幸福路北一巷仓库用地750平方米使用权归乌鲁木齐综合实业开发公司；1989年3月给市第二造纸厂颁发的国有土地使用证和红线图作废，由土地管理局按实际面积核发土地使用证。

上述事实有如下证据证实：

(1)乌发证办字(1990)第025号处理决定。

(2)乌市政(1992)第98号处理决定。

(3)关于拆迁和新建供销公司仓库的协议书。

(4)市革发(1974)105号《成立市工业局供销经理部的批复》。

(5)市工业局(1984)115号《关于局供销公司移地建库房的意见》。

(6)厂区、库房平面图及有关证言、证据。

3. 一审判案理由

法院认为：被告1992年8月8日作出的乌市政(1992)第98号处理决定与1990年9月20日作出的乌发证办字(1990)第025号处理决定中均认定原告与第三人所签协议有效，属同一事实；被告两次作的处理决定，其依据实质内容相一致，属同一理由；被告重新作出的具体行政行为与原具体行政行为内容基本相同，属同一具体行政行为，违背了《中华人民共和国行政诉讼法》第五十五条规定，不予支持。第三人提供的市革发(1974)105号《关于成立市工业局供销经理部的批复》一节，被告在其所作的处理决定中并未以此为据，故不予审查。

4. 一审定案结论

根据《中华人民共和国行政诉讼法》第五十四条第(二)项之规定，作出如下判决：

撤销被告乌鲁木齐市人民政府乌市政(1992)第98号《关于对市工业局供销公司与市第

二造纸厂土地使用权属纠纷问题的处理决定》。

案件受理费100元,由被告承担。

(三)二审情况

1.二审诉辩主张

(1)乌鲁木齐实业开发公司上诉称:1974年供销经理部批准成立后,市计委以市计字142号文件将供销经理部库房列入当年基建计划,市财政拨款,市规划设计管理处批准,按正式基建程序在市第二造纸厂院内空闲地盖库房一座。1984年第二造纸厂与人民银行合建家属楼,双方协议库房搬迁重建,市工业局(1984)115号文件批准:经局供销公司与第二造纸厂协商后,在第二造纸厂内重新划地皮1000平方米空地该局供销公司新建库房350平方米。我们所建库房至今仍在使用,市政府依法确认土地使用权是正确的。一审法院以违反《行政诉讼法》第五十五条的规定为由撤销市政(1992)98号处理决定,与法律规定相悖。请求二审法院撤销一审判决。

(2)被上诉人乌鲁木齐市人民政府称:乌市政(1992)第98号处理决定与乌发证办(1990)第025号处理决定在事实和适用法律上均有不同,一审法院认定为同一具体行政行为不符合法律规定,判决错误,市政府依法将土地使用权确认给供销公司,于法有据。请求维持市政府的具体行政行为。

(3)被上诉人市第二造纸厂辩称:被告在乌发证办字(1990)第025号处理决定中将750平方米仓库用地确认给供销公司,法院判决重新作出处理决定后,在乌市政(1992)第98号处理决定中,仍确认供销公司对土地的使用权,是同一具体行为。且供销公司是借地建库房,仓库土地使用权应归我厂,请求法院维持一审判决。

2.二审事实和证据

二审查明:1974年经市委批准,成立了市工业局供销经理部(市工业局供销公司前身)并在市第二造纸厂后院建仓库一座。1984年6月,因市第二造纸厂与自治区人民银行合建家属楼,需占仓库用地,故市第二造纸厂与市工业局供销公司达成协议,市第二造纸厂在厂区东侧配电室以北提供地皮一处,新库建成后产权归供销公司,但只供长期使用,不准转让出卖,不需要时,应无偿归第二造纸厂。如由于某些原因造纸厂用地再次向乙方提出搬迁时,一切搬迁和重建费用由甲方负责。协议经市工业局鉴证。1984年7月,供销公司在城市规划部门办理了建筑用地许可证,盖住房、库房计370平方米,加院内场地380平方米,计占地750平方米。1987年和1989年,乌鲁木齐市人民政府两次给市第二造纸厂核发了土地使用证,均包括供销公司新建仓库用地。1990年7月,乌鲁木齐市供电公司市南供电局书面通知市第二造纸厂建立高压配电室,市第二造纸厂经市规划、供电等部门测定将高压配电室建在邻该仓库的低压配电室北侧,遂向供销公司提出用地,双方为仓库用地使用权发生纠纷。乌鲁木齐市人民政府根据国家土地管理局《关于确定土地权属问题的若干意见》以乌发证办字(1990)第025号文认定双方协议有效,确定幸福路北一巷内仓库房屋产权和库区土地使用权归市工业局供销公司。市第二造纸厂不服,诉讼后,法院判决撤销市政府乌发证办字(1990)第025号处理决定,由政府重新处理。判决后,乌鲁木齐市人民政府依据《新疆维吾尔自治区处理土地纠纷暂行办法》,以仓库库址不宜变动及实际需要于1992年8月8日以乌市政(1992)第98号重新作出处理决定,再次将幸福路北一巷仓库用地750平方米使用权确认给乌鲁木齐综合实业开发公司,并宣布1989年3月给市第二造纸厂颁发的0005307号国有土地使用证及土地使用红线范围图作废。

二审法院确认了一审法院采纳的证据和事实。

3. 二审判案理由

二审法院认为:乌鲁木齐综合实业开发公司与乌鲁木齐市第二造纸厂于1984年6月达成的协议是有效的,合法的,应当遵守。乌鲁木齐市人民政府乌市政(1992)第98号处理决定再次将幸福路北一巷仓库用地750平方米土地使用权确认给乌鲁木齐综合实业开发公司,既不符合原双方达成的协议,又未彻底解决双方的土地使用纠纷,也违背了《新疆维吾尔自治区处理土地纠纷暂行办法》第四条、第十条的规定精神,故处理决定不妥,不予支持。乌鲁木齐市天山区人民法院判决撤销乌鲁木齐市人民政府乌市政(1992)第98号处理决定是正确的,应予维持。但判决认定两次处理决定属同一理由有误,适用法律错误,应予纠正。

4. 二审定案结论

根据《中华人民共和国行政诉讼法》第六十一条第(二)项之规定,作出如下判决:

维持乌鲁木齐市天山区人民法院(1992)天法行初字第17号行政判决主文,即撤销乌鲁木齐市人民政府乌市政(1992)第98号《关于对市工业局供销公司与市第二造纸厂土地使用权属纠纷问题的处理决定》。

二审诉讼费100元由乌鲁木齐综合实业开发公司承担。

(四)再审诉辩主张

1. 乌鲁木齐市人民政府、乌鲁木齐综合实业开发公司申诉称:

(1)1974年经市革委会批准,成立了工业局供销经理部,并由市规划设计管理处批准,市计委下达基建计划书,市财政和工业局分别拨款2万元,修建库房,根据乌鲁木齐市《关于城市建设管理十项暂行办法》第三条"传统占用的城市空闲地规划管理部门可分别情况,另行安排使用"的规定,供销经理部已依据行政决定合法取得对仓库地皮的使用权。

(2)1984年第二造纸厂与人民银行合盖家属楼(造纸厂出地皮、银行支付全部资金)需使用仓库地皮。在市工业局主持下,达成协议,市工业局以(1984)115号文件批准在第二造纸厂院内重新划地皮1000平方米给供销公司,市规划局划了红线并批准基建计划。但协议一方面明确了房屋产权归供销公司,一方面又对房产处分权作了限制性规定,与我国现行产权制度不符,市政府根据房屋产权与土地使用权统一原则作出的处理决定是合法的行政行为。

(3)原审判决使供销公司的房屋产权与土地使用权永远处于分离状态,不但不符合我国目前土地法的原则,而且是纠纷永远存在,永远处于不稳定状态,既不利用生产,又影响安定团结。

2. 乌鲁木齐市第二造纸厂答辩称:

(1)供销公司在第二造纸厂院内从未依法取得过土地使用权。1974年由当时的工业局局长吴更予出面与我厂协商,在我厂院内修一临时库房,使用5年后,无偿交给我厂(据吴回忆证明),1974年仅是临地供地建库房,不存在1984年的"地块交换"。

(2)乌市工业局(1984)115号文件的出台,本身就是错误和不合法的,市工业局作为行政管理部门,没有权力划拨土地。我厂没有收到此文件,不能作为定案依据。

(3)1984年双方所签协议完全证实了土地的合法使用权归我厂,此协议与我国现行产权制度不矛盾。

(4)乌市人民政府(1992)第98号处理决定是错误的。1987年12月29日市人民政府给我厂核发了国有土地使用证及红线图,1989年再次确认使用权。根据协议,供销公司库房必须搬迁。

(五)再审事实和证据

1. 对占地事实的认定。(1)1974年,供销公司经市革发(1974)105号文件批准成立,经主管局协商,在第二造纸厂院内修建库房一座。建库时未经市规划管理处批准,市经委下达了基建计划。市财政拨款2万元,主管局拨款2万元。在当时土地政策法规不健全,行政权“一元化”的情况下,参照市革发(1974)104号《城市建设管理十项暂行办法》第三条“传统占用的城市空闲地,规划部门可以分别情况,另行安排使用”。供销公司建库房的事实可认定为经规划部门批准。(2)1984年1月,第二造纸厂为和人民银行合建家属楼需占用供销公司仓库用地,双方达成协议:市工业局以(1984)115号《关于局供销公司移地建库房的意见》明确:经供销公司与第二造纸厂协商后,在第二造纸厂院内重新划地皮1000平方米空地给供销公司新建库房350平方米。经市规划部门批准取得了建筑用地许可证。建库后又发给了公房产权证。因此,1984年第二造纸厂与供销公司移地建库房的行为,是进行“地块交换”。

2. 对“协议”的认定。(1)“协议”与《宪法》“任何组织或个人不得侵占、买卖或者以其他形式非法转让土地”的规定相悖。国有土地划拨给全民或集体单位使用,单位只有使用权,没有所有权。国家是土地所有人,只有所有人才具有对土地的占有、使用、收益、处分权利。如果承认第二造纸厂是一种“借地行为”,这种“借”就是对土地的“处分权利”。因此,是违反法律规定的。(2)“协议”内容与现行土地法律、法规相矛盾。第二造纸厂与供销公司协议内容是,“新房建成后产权归乙方(供销公司),但乙方只准长期使用,不准转让或出卖,如乙方不需要时,应无偿归甲方,如由于某些原因甲方需要用地再次向乙方提出搬迁时,一切搬迁重建费用由甲方负责”。这些条件,与我国现行的土地法律、法规所规定的“房屋建筑在土地上,土地是房屋的载体,二者密不可分,房屋的所有权与土地的使用权必须一致”是相违背的。(3)协议可以作为确定土地权属的一个依据,对符合现行政策规定的,则予以保护;对与现行法律法规不一致的,则不予保护。

3. 第二造纸厂土地使用证取得的事实。1987年《土地管理法》实施后,土地确权时,第二造纸厂依据区党委办公厅基建处的一张证明,领取了土地使用面积26000平方米的土地使用证及红线图。将与银行合盖的家属楼(1984年修建)和供销公司库房均申报为该厂使用的土地,造成发证失误。由于银行主张权利,1989年,市政府撤销了1987年颁发的土地使用证,给银行确认了2143平方米土地使用权,确认第二造纸厂土地使用面积21723平方米。1989年发证申报时,第二造纸厂仍将供销公司仓库用地750平方米包括在该厂土地使用面积内,市政府认为申报不实重新确认使用权,以纠正误发,是正当行使权利。

4. 第二造纸厂修建高压配电室一事,经查只有乌鲁木齐市供电公司市南供电局的一张要求建立高压配电室的通知,没有经市规划、供电部门测定需将高压配电室建在供销公司仓库地皮上的报告或批件,也未见第二造纸厂向规划部门和市政府申请修建高压配电室的报告。此项属于行政调整范围,如第二造纸厂确需修建高压配电室,可向市人民政府提出申请,由政府职权进行调处。

(六)再审判案理由

1. 乌鲁木齐市人民政府乌市政(1992)第98号处理决定与乌发证办字(1990)第025号

处理决定，并非由同一理由作出的相同的具体行政行为，认定其违背《中华人民共和国行政诉讼法》第五十五条的规定，属适用法律错误。二审法院既认定一审法院判决理由有误，又维持原判，自相矛盾。

2. 乌鲁木齐市工业局供销公司修建仓库始于1974年，1984年移地建库房，乌鲁木齐市人民政府依据"处理土地纠纷，既要坚持尊重历史，又要照顾现实，合法合理地予以解决"的原则，根据我国土地权属确认的规定："土地使用权原则上确定给直接使用土地的单位和个人"、"土地是房屋的载体，二者密不可分，房产权与土地所有权应当一致"作出的乌市政(1992)第98号处理决定，把已取得房产所有权的土地依法确定给直接使用土地的供销公司，符合法律法规的规定。

3. 原审判决对1974年供销公司修建库房和1984年移地建库房认定是"借地行为"，没有法律依据；认为1984年双方签订的协议是有效的，合法的，应当遵守，没有法律依据；判决撤销政府处理决定，是以"协议"代替确权的法律文件，其结果形成了房产所有权与土地使用权的长期分离，既与现行土地法律法规相悖，又不利于双方纠纷的彻底解决和社会稳定。

(七)再审定案结论

根据《中华人民共和国土地管理法》第十三条第一款，参照(1989)国土[籍]字第73号《关于确定土地权属问题的若干意见》第十六条，新政(1991)20号令《新疆维吾尔自治区处理土地纠纷暂行办法》第四条、第十条，根据《中华人民共和国行政诉讼法》第六十一条第(二)项之规定，作出如下判决：

1. 撤销乌鲁木齐市天山区人民法院1992年11月19日(1992)天法行初字第17号行政判决和乌鲁木齐中级人民法院1993年3月10日(1993)乌中法行终字第1号行政判决。

2. 维持乌鲁木齐市人民政府1992年8月8日乌市政(1992)第98号《关于对市工业局供销公司与市第二造纸厂土地使用权属纠纷问题的处理决定》。

原一、二审案件受理费人民币200元，由原审被上诉人乌鲁木齐市第二造纸厂承担。

(八)解说

《中华人民共和国土地管理法》颁布之后，我国土地行政管理工作逐步走向法制的轨道，依法管理，依法用地的管理意识，有了不同程度的提高。但是由于长期以来土地管理法律法规不健全，群众依法用地意识淡薄，因土地使用权属发生的纠纷不断发生，诉讼到人民法院的这类行政案件也逐年增多。因此，审理时必须把握"处理土地纠纷，既要尊重历史，又要照顾现实，合情合理地予以解决"的原则，依照有关法律法规，妥善地进行裁判，以达到合理解决纠纷，为社会稳定和经济发展服务的目的。

本案乌鲁木齐市人民政府对所争议土地的使用权确认是有法律依据的。《中华人民共和国土地管理法》第十三条规定："全民所有制单位之间、集体所有制单位之间，全民所有制单位和集体所有制单位之间的土地所有权和使用权争议，由县级以上人民政府处理。"国家建设部(1989)建房字381号文件规定："房屋建筑在土地上，土地是房屋的载体，二者密不可分，房屋的所有权和土地的使用权必须一致。"国家土地管理局(1989)国土[籍]字第73号《关于确定土地权属问题的若干意见》第十六条规定："土地的使用权原则上确定给直接使用土地的单位和个人。"本案工业局供销公司与市第二造纸厂所争议的土地，是供销公司仓库已经实际占用的土地。该仓库始建于1974年，1984年移地建库房，且库房有核发的公房产权证，根据土地使用权与房产所有权必须一致的规定精神，市人民政府将土地使用权确认给具有房产所有权的工业局供销公司，无疑是正确的。

本案争议的一个焦点是：取得国有土地使用权的单位是否具有对土地的处分权利，具体讲就是对“协议”如何认定。这样就出现了两种不同的意见。一种意见认为，只要取得国有土地使用权，就可以永远占有这些土地，甚至可以对土地进行处分，其他单位需要使用该土地时，则以“借”或“互利”进行有条件的交易。第二种意见认为，国有土地所有权，是县级以上人民政府代表国家依法对全民所有土地享有的占有、使用、收益和处理的权利。取得国有土地使用权的单位，只有对土地的使用权，没有所有权，更没有对土地进行处分的权利。自行处分土地的行为是违反宪法和有关法律法规的违法行为。第二种意见是正确的。本案供销公司与市第二造纸厂的协议如果承认其合法，就是承认土地使用单位具有处分土地的权利，显然是错误的。因此，法院审理时，依据占地事实和法律法规的规定合法合理地进行裁判，维持市人民政府的具体行政行为，是正确的。

（张乃斐）

第七篇　房产行政管理纠纷案例

22. 张美英不服银川市房管局公房处理决定案

(一)首部

1. 判决书字号

一审判决书:宁夏回族自治区银川市城区人民法院(1993)城行初字第 3 号。

二审判决书:宁夏回族自治区银川市中级人民法院(1993)银行终字第 5 号。

再审判决书:宁夏回族自治区高级人民法院(1993)宁行再字第 8 号。

2. 案由:不服公房处理决定案。

3. 诉讼双方

原告(被上诉人):张美英,女,银川市中医院主治医师(退休人员),住银川市自强巷 8—3 号。

一审委托代理人:宋炳河、余建生,银川市朔方律师事务所律师。

二审、再审委托代理人:宋炳河,银川市朔方律师事务所律师。

被告(上诉人):银川市房地产管理局。

法定代表人:陈应,局长。

一审委托代理人:雷富宁,该局西城房管所所长。

二审、再审委托代理人:雷富宁,该局西城房管所所长;南跃华,银川市城区律师事务所律师。

4. 审级:再审。

5. 审判机关和审判组织

一审法院:宁夏回族自治区银川市城区人民法院。

合议庭组成人员:审判长:尚京;代理审判员:雷玉保、吕银芳。

二审法院:宁夏回族自治区银川市中级人民法院。

合议庭组成人员:审判长:杨文忠;审判员:霍温康;代理审判员:范佐政。

再审法院:宁夏回族自治区高级人民法院。

合议庭组成人员:审判长:吕秉岐;代理审判员:陈文礼、张岗。

6. 审结时间

一审审结时间:1993 年 6 月 30 日。

二审审结时间:1993 年 10 月 5 日。

再审审结时间:1994 年 2 月 25 日。

(二)一审情况

1. 一审诉辩主张

(1)被诉具体行政行为:原告张美英自 1964 年起租住银川市公房两间,即自强巷 8—3 号两间平房。其丈夫夏仁昌在解放军第五医院工作,因工作需要,该院临时借给一间职工宿舍暂住。1992 年 12 月,原告因有病在解放军第五医院治疗,就暂住在其丈夫借住的一间宿舍里。1993 年 2 月,将其在自强巷 8—3 号两间平房让其亲戚陈占松暂住,代为看管室内物品,以防丢失。1993 年 3 月 25 日,被告下属单位西城房管所根据房管员杨丽华提交的《关于张美英住房情况的调查报告》,在未通知本人到场的情况下,擅自强行将原告的床铺、桌椅、衣物等及生活用品抛在室外,也未清点,并于 3 月 26 日作出了《关于张美英高价转租公房的处理决定》。随后,将张美英两间公房收回分配给了本单位房管员杨丽华居住。为此,1993 年 4 月 12 日,张美英向银川市城区人民法院提起行政诉讼。

(2)原告诉称:我自 1964 年起就住在银川市城区自强巷 8—3 号至今。1992 年冬天,因天冷,我又有心脏病,一人生活不方便,就到解放军第五医院我丈夫夏仁昌借住的宿舍里暂居。其间,我在中午下班都回来午休吃午饭,顺便看看房子。1993 年 2 月 20 日,我的一个远房亲戚叫陈占松的,来银川做生意找到我,我就让他暂住在我家里,帮助照看房子。我和陈占松之间绝没有口头或书面租房协议,也从未收过他的房租。房管部门认定我与丈夫在解放军第五医院另有住房,我的两间住房租出每月 150 元的事实,毫无根据。

我丈夫在解放军第五医院工作。因离家远,单位暂借他一间宿舍居住,第五医院可以证明。我没有把自强巷 8—3 号房出租给陈占松,也没收取租费,有陈占松证明为证。银川市房管局认定我出租房屋,证据不足。

银川市房管局西城房管所是房管局的派出机构,无权作出收回公房、没收房租的决定,1993 年 3 月 26 日作出的《关于张美英高价转租公房的处理决定》是超越职权的行为。在作出决定的前一天,1993 年 3 月 25 日,乘我不在家时,擅自将我的门撬开,将我屋里的家具全部搬出扔在外面,是滥用职权的行为,侵犯了我的合法财产权,使部分物品丢失,被告应当承担侵权赔偿责任。请求法院依法判决撤销银川市房地产管理局西城房管所作出的《关于张美英高价转租公房的处理决定》;西城房管所赔偿因行政侵权给原告造成的经济损失 500 元;诉讼费由被告承担。

(3)被告辩称:原告居住我局直管公房自强巷 8—3 号。1990 年原告搬到其丈夫夏仁昌所在单位分配的房屋居住,原告住房空锁。自 1993 年 2 月,原告擅自将该房转借给外地来银川人员居住,被我局西城房管所发现后,于 1993 年 2 月 26 日作出收回公房的处理决定,上报我局。根据银川市政府 1992 年 7 月 13 日发布的《银川市直管公房管理办法》第七条规定:“承租人擅自转借直管公房和连续闲置三个月以上,且它处另有住房的,市房管部门有权解除租赁契约,并收回房屋。”据此,决定收回原告自强巷 8—3 号住房。原告在未接到我局处理决定前,向法院起诉我局,是违反诉讼程序的。请求法院驳回原告起诉。

2. 一审事实和证据

法院经审理查明:原告张美英自 1964 年起租住银川市公房两间(平房)。其丈夫夏仁昌在解放军第五医院工作,因工作需要,该院临时借给一间职工宿舍暂住。1992 年 10 月,原告之子从原告两间平房搬出后，原告因生活不便，又有病，只是午间在此午休，晚上到第五医院丈夫处居住。1992 年 12 月，原告因有病在解放军第五医院治疗，暂住在其丈夫借住的一间宿舍里。1993 年 2 月，将其在自强巷 8－3 号两间平房让其亲戚陈占松暂住，代为看管室内物品以防丢失。1993 年 3 月 25 日，被告下属单位西城房管所根据房管员杨丽华提交的《关于张美英住房情况的调查报告》，在未通知本人在场的情况下，擅自强行将原告的床铺、桌椅、衣物等及其生活用品抛在室外，也未清点，并于 3 月 26 日作出了《关于张美英高价转租公房的处理决定》。内容是：(1)收回张美英出租房；(2)没收租金 300 元。张美英收到该处理决定后，于 3 月 29 日持此决定到市房管局找到陈应局长，陈应局长在处理决定上签署意见：西城房管所：暂将此房封住，维持现状，听候处理，并电话通知了西城房管所。但西城房管所并未按照陈应批示办理，将张美英两间公房收回分配给了本单位房管员杨丽华居住。1993 年 4 月 12 日，张美英向法院起诉。在本院审理中，被告于 1993 年 4 月 17 日作出了银房发(1993)32 号《关于对张美英擅自转借公房的处理决定》，内容是：收回张美英原租住的直管公房两间，解除租赁契约，维持西城房管所处理决定。这一决定使原告无法安身。家里物品被扔在外面无人照看，部分丢失。造成直接经济损失 700 余元。

经本院查证核实：被告提供的唯一证据——房管员杨丽华提供的报告，在报告上签名证明张美英出租房的自强巷居委会，其证明转租房屋的是富宁街 121 号楼居住的张大夫，而不是自强巷 8－3 号的张美英大夫。明显属于张冠李戴。

上述事实有张美英家住的陈占松，证明张让他居住其家是帮她照看房子，并不是出租转借。解放军第五医院证明未给张美英丈夫夏仁昌分配过住房，夏所居住的宿舍是医院暂借给其临时休息的地方。被告叫人把原告家里东西扔在室外，经三方清点丢失物品价值达 700 余元。

3. 一审判案理由

被告下属的西城房管所是被告的下属派出机构，作出收回公房、没收租金的具体行政行为，是超越职权的行为。市房管局依照西城房管所认定的证据，即房管员杨丽华提供的调查报告，认定张美英转租公房，主要证据不足。原告并未申请复议，在诉讼中被告作出维持西城房管所的处理决定，在程序上也属违法。

4. 一审定案结论

根据《中华人民共和国行政诉讼法》第五十四条第(二)项、第六十七条第一款、第六十八条的规定，参照银川市人民政府《关于直管公房的管理办法》第二条、第七条、第三十条之规定，判决如下：

(1)撤销银川市房地产管理局 1993 年 4 月 17 日作出的银房发(1993)32 号《关于对张美英擅自转借公房的处理决定》，立即归还所收回的自强巷 8－3 号张美英租住的两间直管公房。

(2)被告赔偿其收回公房的行政行为给原告造成的直接经济损失 700 元。

一审案件受理费 130 元由被告负担。

(三)二审情况

1. 二审诉辩主张

上诉人银川市房地产管理局诉称：

(1)一审法院以上诉人作出解除租赁契约，收回公房处理决定缺乏证据，事实不清为由，判决撤销本局的处理决定。该判决与事实不符。事实是：被上诉人于1987年就在其丈夫所分配的第五医院家属院居住至今。双方争议的自强巷8—3号两间公房由其子居住。1992年10月其子搬出，被上诉人借给陈占松居住至今，长达五个月。上述事实，均由富宁街派出所管片民警张仁亮，住房户王润海、张新民、秦小英、杨玉清证明。一审法院不顾上述事实，认定上诉人作出的处理决定缺乏证据，事实不清而判决撤销，是错误的。

（2）判决上诉人适用银川市人民政府《直管公房管理办法》第七条第一款、二款之规定，是“适用法律、法规不当”是没有根据的。银川市《直管公房管理办法》是市政府常务会通过发布的具有约束力的行政规章，该规章第七条规定：“承租人擅自转让、转借直管公房的，或者连续闲置三个月以上的，市房管部门有权解除租房契约，收回房屋。”上诉人根据上述规定，在事实清楚的基础上作出对当事人的行政处罚，是依法行使权力，且对当事人的处罚程度并没有超越法律规定，怎么能说是“适用法律不当”？

（3）判决认定西城房管所作出的处理决定的行政行为属于超越职权的行为，是错误的。银川市《直管公房管理办法》第五条规定“房管所有权与承租人签订房屋租赁契约”，又据《中华人民共和国行政诉讼法》第二十五条规定：“由法律、法规授权的组织所作的具体行政行为，该组织是被告。”西城房管所3月26日作出的处理决定，有法律依据，并非超越职权。

《中华人民共和国行政诉讼法》规定，经过复议的案件，复议机关维持原处理决定的，原作出具体行政行为的机关是被告，一审法院把上诉人作为被告，不符合上述规定。请求二审法院判决撤销一审判决。

被上诉人辩称：

（1）西城房管所是市房管局的派出机构，它的职责是与承租人签订租赁契约，具体管理公房，履行租赁合同上权利、义务，无权作出归回公房、没收租金的处理决定。因此，1993年3月26日作出的《关于张美英高价转租公房处理决定》属于超越职权行为。根据法律规定，行政机关派出机构作出具体行政行为被起诉的，该行政机关是被告。因此，原告诉市房管局是正确的。

（2）上诉人以对被上诉人擅自转租、转借和连续闲置三个月以上为由，作出收回公房的决定的证据也是不能成立的。因为事实上既无转租的事实、证据，也无连续闲置三个月以上的事实，更无转借他人长期居住的事实。被告在开庭后又去重新收集证据的做法，也是违背法律规定的。

（3）上诉人在作出具体行政行为之前，先收回公房，抛出原告财产，不仅程序上违法，也是侵犯相对人的财产权的非法行为。请求二审法院判决维持一审判决。

2. 二审事实和证据

被上诉人张美英租住自强巷8—3号房系上诉人银川市房地产管理局西城房管所直管公房两间平房。1987年被上诉人的儿子结婚，被上诉人搬到其丈夫夏仁昌所在第五医院处居住，自强巷8—3号平房由其子夏波使用前进行了维修。1992年9月，夏波分房另居，被上诉人从第五医院搬回一张大床、一张桌子、铺盖、箱子、灶具、煤等，后又把该房空锁。1993年元月，被上诉人把自强巷8—3号房经老乡介绍借给前来宁做生意的陈占松居住。同年3月26日，西城房管所房管员到辖区8—3号房收房租，发现居住者不是被上诉人，回去后把情况向领导作了汇报，西城房管所于1993年3月26日调查并作出处理决定，把该房居住的陈占松撵走。5月6日，被上诉人上书市房地产管理局要求解决，上诉人还未解决，被上诉人已向城区法院提起诉讼，上诉人于4月17日作出复议决定。

3. 二审判案理由

原审判决认定的部分事实失真，适用法律、法规正确，上诉人理由成立，请求应予支持。被上诉人转借公房的事实存在，要求赔偿700元损失，证据不足。

4. 二审定案结论

依据《中华人民共和国行政诉讼法》第六十一条第（三）项之规定，判决如下：

（1）撤销银川市城区人民法院（1993）城行初字第3号行政判决书。

（2）自强巷8—3号平房两间由银川市房地产管理局西城房管所收回。

（3）上诉人银川市房地产管理局赔偿给被上诉人张美英经济损失200元。

一、二审诉讼费260元，由上诉人和被上诉人各承担130元。

（四）再审诉辩主张

二审判决后，被上诉人张美英不服，向宁夏回族自治区高级人民法院申请再审，其主要理由和请求是：

1. 西城房管所是市房管局的派出机构，无权作出归回公房、没收租金的处理决定。这种行为是无效的行政行为，应判决撤销。

2. 承租户张美英与西城房管所是房屋租赁契约关系。有房屋租赁契约合同为证。双方发生房屋租赁纠纷应由民法或经济合同法调整，行政机关利用职权所作处理决定，是滥用职权的行为。

3. 原告未申请复议而对西城房管所处理决定直接起诉，银川市房管局在诉讼中自己作出复议决定，而且内容自相矛盾，在程序上是违法的。

4. 被上诉人租住两间公房，没有出租也未转借，而是让自己的亲戚住，照看家。二审认定转借公房，无事实根据。

5. 西城房管所乘被上诉人不在家，破门而入，将被上诉人家具等物品擅自扔出门外，由此给被上诉人所造成的直接经济损失，上诉人应当赔偿。

（五）再审事实和证据

再审法院肯定了银川市城区人民法院一审认定的事实和所采纳的证据。

（六）再审判案理由

西城房管所与张美英之间是房屋租赁关系，西城房管所是出租方，张美英是承租方。发生房屋租赁纠纷，应当按照《中华人民共和国经济合同法》有关财产租赁的规定处理。西城房管所是银川市房地产管理局的派出机构，作出“没收房租，收回公房”的处理决定是越权行为。而且乘张美英不在家时，擅自进屋将张家的衣物、家具、行李、锅灶等物品数十件搬出家门，堆在院内，既不清点，又无人照看，使部分物品丢失，是滥用职权，对此应承担行政侵权赔偿责任。张美英让其亲戚住在其家，是让陈帮其照看房子，二审认定转借证据不足。申诉人申诉理由成立，应予支持。银川市房地产管理局作出的银房发（1993）32号《关于对张美英擅自转借公房的处理决定》，主要依据不足。

（七）再审定案结论

根据《中华人民共和国经济合同法》第六条、第三十九条和《中华人民共和国行政诉讼法》第五十四条第（二）项第一目、第四目、第五目、第六十一条第（二）项、第六十七条第一款、第六十八条第一款之规定，判决如下：

1. 撤销银川市中级人民法院(1993)银行终字第5号行政判决书。

2. 维持银川市城区人民法院(1993)城行初字第3号行政判决书。

一、二审案件受理费260元,由原审被告银川市房地产管理局承担。

(八)解说

1. 房屋租赁属财产租赁的范畴,是经济合同的一种形式。出租方与承租方一旦租赁契约形成即受法律保护。发生租赁纠纷,受《经济合同法》调整。西城房管所代表公房所有权人为出租方,张美英租住公房作为承租人。合同双方法律地位是平等的。承租方在未有构成违法事实要件时,出租方不得擅自解除合同。《中华人民共和国经济合同法》第三十九条第一项第三目规定:"擅自将租赁财产转租或进行非法活动,出租方有权解除合同。"张美英并未有"擅自转租"和"进行非法活动"的事实,故西城房管所收回工房,证据不足。《银川市政府直接管理公房条例》第三十二条规定"擅自转借三个月",作为收回公房的条件,但张美英只是把租赁公房让自己亲戚住内看管,并不是"转借",故银川市房地产管理局作出收回公房处理决定,也是主要证据不足。

2. 西城房管所除了出租方的身分外,它是国家行政机关房地产管理局的派出机构,还具有对公房的管理和监督的身分,对外行使对国家公房进行管理活动的职权。双重身分,各司其职。对违反房屋租赁的行为可以受房管局委托进行处理,其法律后果由房管局负责。此案收回公房、没收房租是一种行政处罚,作为派出机构,在没有法律、法规授权的情况下,是无权作出的。即使张美英作为承租方,有违反租赁契约行为,作为出租方的房管所可以通过法院解决或者由市房管局进行依法查处。所以西城房管所对张美英作出的行政处罚是越权行为。

3. 西城房管所作出的"没收房租300元,收回公房"的处理决定,是一种具体行政行为,由于它是行政派出机构,不具备诉讼主体资格,提起诉讼理应由市房管局作为合法被告。在诉讼中,市房地产管理局又作出了新的处理决定,将西城房管所认定张美英"高价转租"改为"擅自转借",在处理上把没收300元房租去掉,只作出"收回公房"的处理决定。这是变更原具体行政行为的新行为。由于张美英是直接起诉的,没有申请复议,所以不能视为复议行为,是市房地产管理局自动变更自己原具体行政行为。法院在审查时,全面审查,最后只对后一个处理决定是否合法进行判决,是正确的。

4. 西城房管所在没有作出处理决定之前,擅自将承租方物品搬出门外,扔在院内,既是民事侵权行为,又是行政侵权行为。由于它的双重身分,作为出租方身分出现,擅自解除合同,搬动承租方财产是民事侵权。但它又是国家行政机构,代表国家行使房屋管理的职权,利用职权,强行搬动租住公房人的财产,是履行公务中的违法行为,对此造成的损失,应当进行赔偿。这种赔偿就性质而言,应当是行政赔偿。

(吕秉岐)

23. 庄奇石要求常州市房产管理局履行房产权变更手续案

(一)首部

1. 判决书字号:江苏省常州市钟楼区人民法院(1994)行初字第5号。

2. 案由:要求履行房产权变更手续案。

3. 诉讼双方

原告:庄奇石,男,57岁,汉族,江苏省常州市人,苏州时钟总厂退休干部。

被告:常州市房产管理局。地址:本市大火弄22号。

法定代表人:姜国元,局长。

委托代理人:金绍达,该局产权监理处处长;戴百鸣,该局产权监理处科长。

4. 审级:一审。

5. 审判机关和审判组织

审判机关:江苏省常州市钟楼区人民法院。

合议庭组成人员:审判长:曹产炳;审判员:王萍;代理审判员:高琪。

6. 审结时间:1994年12月19日。

(二)诉辩主张

1. 被诉具体行政行为:1994年11月3日,被告常州市房产管理局认为庄奇石要求将其舅父董仰舒在本市葵莆巷18号的房屋所有权变更到自己名下的证件不全,故不予进行产权登记。

2. 原告庄奇石诉称:董仰舒在遗嘱中将房屋遗赠给自己;舅母董沈蔚霞在声明书中将房屋赠与自己,两人都表达了一致的意愿,已排除了他人对该产权的争议,产权转移是合法的。被告不予办理房产变更登记手续的行为是不合法的,请求法院依法审理。

3. 被告辩称:原告出示的董沈蔚霞的声明与董仰舒所立的文书不是一致意思表达,我局依据法律法规要求原告补全手续是合法的,请法院依法驳回原告的起诉。

(三)事实和证据

坐落常州市葵蒲巷18号(原8号)平房两间,系原告舅父美籍华人董仰舒的祖遗房屋。在进行房屋所有权登记过程中,庄奇石是董仰舒的代理人。董仰舒于1990年9月5日向被告出具了自己所立下的文书,其内容除证明董仰舒、董舒、董仰之为同一人外,还言明:“近年来感觉年事已老,急欲觅取继承人,除胞姊董倩兰有子庄奇石至戚外,其余皆在国外不有返来,前征得庄奇石同意愿意为本人继承人,他的国内地址为:中国江苏苏州建新巷11号中国钟表研究所庄奇石。继承地点:(甲)常州葵莆巷18号平房两间;(乙)……等。”该文书经美国纽约县府秘书、纽约州最高法院秘书诺曼·古德曼公证,并经中华人民共和国驻纽约总领事馆认证。1991年11月1日董仰舒因病死亡。1992年6月23日,常州市房产管理局向董仰舒颁发了常钟字第005518号房屋所有权证。该证载明,所有权人:董仰舒,所有权性质:私产,房屋坐落常州市葵莆巷18号,砖地构平房2间,建筑面积38平方米。1994年10月下旬，原告接到舅母董沈蔚霞寄来的材料，有其舅父的死亡证明，董沈蔚霞的声明书及中华人民共和国驻纽约总领事馆的公证书。声明书的内容是："我董沈蔚霞丈夫董仰舒已去世，我以唯一继承人的身分愿将先夫及我的那份在江苏省常州市茭蒲巷18号房产全部赠与董仰舒的外甥庄奇石。"11月3日原告持件前往被告处要求办理房屋产权变更登记手续，被告以原告手续不全，要求补办无其他继承人或继承人弃权的文书后再办理变更登记手续。原告于11月6日向本院起诉，要求法院判令被告给予办理变更登记手续。庭审中原告坚持认为董仰舒所立文书是遗嘱，遗嘱是有效的，自己是遗赠受领人，董沈蔚霞的声明书是对遗嘱的补充，两者内容是一致的，已符合产权变更登记手续。被告则认为董仰舒所立文书内容是真实的，但不是遗嘱。文书只是将庄奇石列为继承人之一，而董沈蔚霞的声明书是一份有效的房产赠与书，董沈蔚霞称自己是董仰舒的唯一继承人，是否是唯一继承人，庄奇石应补证，才能办理产权变更登记。

上述事实有下列证据证实：董仰舒的文书，董沈蔚霞的声明书，我国驻纽约总领事馆的公证书，死亡证明，房屋所有权证等。

(四)判案理由

常州市钟楼区人民法院认为：1990年9月5日董仰舒亲自所写的经过公证和认证的文书，其内容涉及董仰舒死亡后将茭蒲巷18号房屋由庄奇石继承的问题，应视为遗嘱。由于董仰舒与董沈蔚霞结婚超过10年，本市茭蒲巷18号房屋虽以董仰舒名义进行了登记，但应视为董仰舒和董沈蔚霞的共同财产。董仰舒在遗嘱中处分自己的财产部分是合法的，处分其妻的财产是不合法的，故董仰舒的遗嘱部份有效。因董仰舒现已死亡，庄奇石依据遗嘱可以取得董仰舒遗赠的财产。董沈蔚霞的声明是真实意思的表示，董沈蔚霞将自己的财产赠与庄奇石是合法的，也是有效的。但其中涉及继承董仰舒的财产部分，由于董仰舒已立遗嘱作了处分，这部分无效。董仰舒的文书和董沈蔚霞的声明，各有有效部分和无效部分，二者结合，互为补充，原告又愿意作为遗赠受领人和受赠人，依据《城市私有房屋管理条例》规定：进行产权登记时，受赠的房屋须提交原房屋所有权证，赠与书和契证；继承的房屋，须提交原房屋所有权证，遗产继承证件和契证。原告向被告提供了原房屋所有权证、继承遗嘱、赠与书，已基本符合法定条件，被告在为原告办理过户契证后，即可办理变更登记，因此原告的要求是合法的，应予支持。被告应依法给予原告办理房产变更登记。

(五)定案结论

常州市钟楼区人民法院根据《中华人民共和国行政诉讼法》第五十四条第(三)项、第七十四条的规定，判决如下：

责成被告常州市房产管理局在判决生效之日起一个月内依法给予原告庄奇石办理房屋产权变更登记手续。

诉讼受理费100元，其他诉讼费用250元，由被告负担。

(六)解说

本案是一起行政机关的不作为案件，处理本案的关键是要解决好以下三个问题：

1. 关于董仰舒的遗嘱。庄奇石认为他作为董仰舒的外甥，不能成为董仰舒的继承人，而只是受遗赠人。从董仰舒的遗嘱中也不难看出，董仰舒确实是想把自己在茭蒲巷18号所拥有的财产遗赠给庄奇石。然而，由于董仰舒和其妻董沈蔚霞结婚已超过10年，夫妻财产属双方共同所有，董仰舒把茭蒲巷18号二间平房全部遗赠给庄奇石是没有道理的，他只有把自己的那一部分遗赠给庄奇石才是合法的。

2. 关于董沈蔚霞的声明书问题。首先应该承认她把自己在茭蒲巷18号的房产赠与庄奇石是合法的。其次是因为董仰舒在1990年9月5日的遗嘱中已把自己的那一部分遗赠给庄奇石，董沈蔚霞就不能再去继承其丈夫的那一部分财产，所以董沈蔚霞处理其丈夫的财产是不合法的。

3. 本案的焦点是董仰舒的那份遗嘱。原告认为董仰舒将茭蒲巷18号遗赠自己是有效的、合法的，而董沈蔚霞的声明书是对董仰舒遗嘱的再一次说明和补充。忽略了董仰舒夫妻都只能处理自己的那一部分财产这一点。被告则认为董仰舒只是将庄奇石列为继承人之一，董沈蔚霞是否是唯一继承人也有疑问。被告的观点是茭蒲巷18号产权证是董仰舒的名字，所有权当然也属于董仰舒，而忽略了董仰舒夫妻结婚已超过10年，董沈蔚霞对茭蒲巷18号也拥有部分房产权，董仰舒的遗嘱实质上是一份遗赠书，他处理自己的那一部分财产给庄奇石是合法的，同时也只有权处理他自己的那一部分。

（曹产炳）

24. 王纪良不服江藻镇政府建房批准文件无效决定案

（一）首部

1. 判决书字号：浙江省诸暨市人民法院（1994）诸法行初字第9号。

2. 案由：不服建房批准文件无效决定案。

3. 诉讼双方

原告：王纪良，男，49岁，诸暨市人，农民，住诸暨市江藻镇梓里村。

委托代理人：杨光明，诸暨市律师事务所律师。

被告：诸暨市江藻镇人民政府。

法定代表人：赵孝国，江藻镇人民政府行政负责人。

委托代理人：钱志荣，诸暨市江藻镇法律服务所法律工作者。

4. 审级：一审。

5. 审判机关和审判组织

审判机关：浙江省诸暨市人民法院。

合议庭组成人员：审判长：夏朝霞；人民陪审员：杨昌明、何铨林。

6. 审结时间：1994年3月22日。

（二）诉辩主张

1. 被诉具体行政行为：1993年12月22日，江藻镇政府作出江政（93）第2号处理意见，以镇政府土管所不明事实，批准原告房屋拆建不当为由，决定镇政府原同意原告拆建房屋的批复无效，应重新办理审批手续。原告认为镇政府随意撤销建房批复不合法，侵犯了自己的合法权益，诉至法院，请求撤销江藻镇人民政府江政（93）第2号处理意见。

2. 原告诉称：原告为改善养猪条件，经村委会同意，书面报告镇政府申请翻建原猪栏屋。镇土管员曾到实地踏勘，并经镇政府批复同意。建造中完全符合批复的要求，对左邻右舍并无影响，没有违反土地管理法的行为，镇政府决定原批复无效没有法律依据，要求原告重新办理审批手续没有道理，不能接受。

3. 被告辩称：原告猪栏屋尚可以使用，无需重建，镇政府批复是在不明事实情况下根据土管所的意见作出的。原告拆建房屋的行为，按照土地管理法和诸暨市人民政府的规定应当正式办理农村私人建房的审批手续，原批复程序不符，应属无效，原告必须重新审批，否则将依法予以查处。

（三）事实和证据

法院经审理查明：原告原有泥墙披屋畜舍一间，占地 25 平方米。1993 年 8 月，原告以该屋破漏为由书面报告申请翻建，经村委会同意送镇土地管理所待批。1993 年 11 月 10 日，被告以文件形式作出江建字(93)第 11 号批复，同意原告原拆原建 25 平方米猪栏屋，并对翻拆房屋的四至范围、层次、高度均作了明确规定。原告建房中均没有超越被告批复中规定的各项标准，但因邻居王铁见认为翻建行为影响其相邻权，双方发生纠纷。1993 年 12 月 22 日，被告单方作出江政(93)第 2 号处理意见：决定原同意原告翻建猪栏屋的批复无效；原告应重新办理审批手续；王铁见赔偿原告经济损失 250 元。该处理意见未适用法律法规，庭审中被告补证系根据《中华人民共和国土地管理法》第四十五条、《浙江省土地管理实施办法》第四十五条、第四十七条的规定作出，但未能提供事实证据材料。经实地勘验查明，原告建房对相邻人王铁见房屋的通风、采光、排水没有影响。

上述事实有原告的申请建房报告，被告的批复文件和处理意见等书证，法院对原告所建房屋的勘验笔录，以及知情者的证人证言佐证。

（四）判案理由

法院认为：原告建房是经申请批准的，在建造过程中无违法占地行为，应属合法建房。被告适用的法律、法规所指的是农村居民未经批准或骗取批准违法占地建房行为，而被告不能提供任何证据加以证明，属主要证据不足，适用法律法规错误。同时，被告未经调查取证即作出处理决定，违反法律程序。处理意见中涉及赔偿部分内容，不属本案审理范围。原告诉讼请求理由正当，予以支持。

（五）定案结论

依照《中华人民共和国行政诉讼法》第五十四条第(二)项第一、二、三目的规定，作出如下判决：

撤销被告 1993 年 12 月 22 日江政(93)第 2 号处理意见中关于同意王纪良户建房批复无效的决定。

案件受理费 80 元，其他诉讼费 20 元，合计人民币 100 元，由被告负担。

（六）解说

被告的处理意见产生的法律后果，是原告已取得的建房权和所建房屋的合法权属丧失。因此，尽管形式是处理意见，其内容和实质相似于吊销证照一类的行政处罚，原告不服，有权提起行政诉讼。根据土地管理法的法律法规授权，被告享有对原告申请建房的审批权。被告批准原告建房，虽然手续不规范，但批复的内容具体明确，具备建房审批的生效条件，一经作出，应具有法律效力，未有法定事由，行政机关不能任意改变。本案原告建房理由正当，在审批和建造过程中均无违法行为，理应受到法律保护。被告仅因发生相邻纠纷，就简单从事，采取取消原告建房的方式来解决纠纷，显然不妥。还需要指出的是，被告作出处理决定既不调查取证,又不适用法律,在诉讼中任意定性,套用法律,更于法不符。法院所作判决,法律依据充分,具有较强的说服力和针对性。

(张清炎)

25. 五洲药厂不服上海市房产管理局吊销房屋所有权证案

(一)首部

1. 判决书字号:上海市黄浦区人民法院(1994)黄行初字第17号。

2. 案由:不服房产管理处罚案。

3. 诉讼双方

原告:五洲药厂。地址:上海市淮海西路176号。

法定代表人:蔡敏勇,厂长。

委托代理人:郑方,该厂职工;叶府荣,上海市明鸿律师事务所律师。

被告:上海市房产管理局。地址:上海市延安东路二号。

法定代表人:桑荣林,局长。

委托代理人:任苑桦、黄文欣,该局干部。

4. 审级:一审。

5. 审判机关和审判组织

审判机关:上海市黄浦区人民法院。

合议庭组成人员:审判长:陈国生;审判员:周奇、潘家祥。

6. 审结时间:1994年11月15日。

(二)诉辩主张

1. 被诉具体行政行为:上海市房产管理局于1994年5月26日对五洲药厂作出沪房(94)权字发第550号处理决定,认定五洲大楼原系代理经租房产,按上海市房产登记发证办公室制定的《上海市房产登记发证工作若干问题说明》(以下简称市房证字(88)发23号文)的有关规定不属登记发证范围。五洲药厂在五洲大楼产权登记时没有如实反映房屋权属及管理情况,领取了房屋所有权证,故根据《上海市城镇房屋产权登记暂行办法》第十六条之规定,以瞒报有关情况为由作出了吊销已发给五洲药厂的房屋所有权证并恢复由房管部门代理经租的决定。

2. 原告诉称:五洲大楼的产权本属原告所有,后虽由房管部门代为经租管理,但其产权并未发生转移。申请产权登记时,原告并没有隐瞒代理经租情况的故意和行为,市房产局认定原告瞒报情况,作出吊销五洲大楼产权证并强制恢复代理经租关系的决定认定事实错误,适用法律不当,侵犯了原告的企业经营自主权,要求法院予以撤销。

3. 被告辩称:根据本市房屋产权登记发证的有关规定,由房管部门代理经租的房屋暂不属登记发证的范围。五洲药厂在房屋产权登记时隐瞒了五洲大楼由房管部门代理经租的情况,而将之作为单位自管房屋进行登记,领取了房屋所有权证。被告据此作出的处理决定认定事实清楚,适用法律正确,要求予以维持。

（三）事实和证据

法院经审理查明：福州路221号五洲大楼产权原系公私合营五洲制皂制药厂股份有限公司所有，1957年前已由该公司委托上海市房地产经租公司经租管理。1957年2月，五洲大楼的产权归五洲药厂，并由五洲药厂继续与上海市房地产经租公司保持代理经租关系。1958年上海市房地产经租公司将经租管理业务下放至产业所在地区后，五洲药厂即与黄浦区房产管理部门延续了五洲大楼的代理经租关系。上海市房产登记发证工作开始后，五洲大楼的代理经租单位黄浦区房产局第二大楼经营管理所（以下简称大楼管理二所）即通知原告进行产权登记。1990年9月，原告将大楼管理二所下发的上海市单位自管房屋产权登记申请书等表格按要求填写完后，即报大楼管理二所进行初审。经黄浦区房产局复审并报市房产局同意后，原告于1990年12月领取了被告颁发的沪房黄字第08437号房屋所有权证。1993年3月，原告与大楼管理二所签订了终止五洲大楼代理经营租赁、收回自管的协议。此后，五洲药厂与五洲大楼的使用单位发生租赁纠纷，向法院提起民事诉讼，要求收回该大楼使用权。在案件审理中，市房产局于1994年5月26日对原告作出了沪房（94）权字发第550号吊销五洲大楼房屋所有权证的处理决定。

上述事实有如下证据为证：

1. 公私合营五洲制皂制药厂股份有限公司的析产通知书。
2. 上海市房地产经租公司关于经租业务下放的通知。
3. 五洲药厂填写的房屋产权登记申请书。
4. 终止五洲大楼代理经租关系的协议书。
5. 五洲大楼房屋所有权证。
6. 上海市房产管理局沪房（94）权字发第550号关于吊销福州路221号五洲药厂房屋所有权证和该房屋仍由房管部门代理经租的决定。

（四）判案理由

法院认为：被告市房产局对原告作出的吊销房屋所有权证的处理决定，仅根据五洲药厂产权登记时填写的申请表格即认定原告故意瞒报房屋权属及管理情况，显属证据不足。原告是应房产管理部门的通知进行产权登记申请的，填写的“单位自管房产申请书”等表格也是房产管理部门发给的，且产权申请登记的办理机构与代理经租单位是同一部门，明知原告申请登记的是代理经租房屋却无任何异议，故产权登记时没有反映代理经租等情况的责任不应由原告承担。同时，被告吊销产权证的主要法律依据是上海市房产登记发证办公室制定的《上海市房产登记发证工作若干问题说明》的有关规定，该规定系规章以下的规范性文件，与城乡建设环境保护部发布的《城镇房屋所有权登记暂行办法》及上海市人民政府批转的《关于本市开展城镇房屋产权登记、核发产权证工作的报告》的有关规定不相一致，属适用法律不当，且被告吊销产权证的决定实际上剥夺了原告对房屋的所有权，显属处理不当。

（五）定案结论

法院根据《中华人民共和国行政诉讼法》第五十三条、第五十四条第（二）项第一目、第二目的规定，并参照《城镇房屋所有权登记暂行办法》第三条第一款、第十二条之规定，作出如下判决：

撤销被告上海市房产管理局作出的沪房（94）权字发第550号处理决定。

案件受理费人民币100元由被告上海市房产管理局负担。

（六）解说

本案主要涉及三个问题：

1. 原告五洲药厂在产权申请登记时没有反映代理经租情况是否属故意瞒报性质。被告市房产局认为五洲大楼系房管部门代为经租管理的房屋，根据规定不属产权登记发证范围，而原告却将五洲大楼作为单位自管房屋进行申请登记，且在申请表“需要说明事项”一栏中又不说明代理经租情况，故原告故意瞒报的事实存在。对此，法院认为，五洲大楼当时由房管部门代理经租及原告没有反映这一情况的事实虽然存在，但被告认定五洲药厂故意瞒报却没有充分证据。原告是根据代理经租的房管部门通知进行产权申请登记的，且“上海市单位自管房屋产权登记申请书”等表格也是代理经租部门主动发给并负责初审的，并非原告故意将五洲大楼作为单位自管房屋进行申请登记。在代理经租前负责初审的房管部门没有明确要求的情况下，原告不可能了解也没有义务写明代理经租的事实，且产权证的最后颁发系经黄浦区房产局复审并经被告同意。现市房产局仅据申请表格认定原告故意瞒报有关情况显然缺乏充分依据。

2. 被告吊销产权决定的适用法律问题。本案被告市房产局吊销产权证的法律依据是《上海市城镇房屋产权登记暂行办法》第十六条及上海市房产登记发证办公室制发的市房证字(88)发 23 号文的有关规定。《上海市城镇房屋产权登记暂行办法》第十六条规定，主要是针对申请人故意瞒报、拒报等行为，发证机关有权吊销房屋所有权证。既然原告瞒报情况不能认定，被告适用此条规定作出处罚的前提条件即不复存在了。而且在房产登记发证管理上具有最高效力的是城乡建设环境保护部 1987 年发布的《城镇房屋所有权登记暂行办法》及上海市人民政府批转的具有规章效力的《关于本市开展城镇房屋产权登记、核发产权证工作的报告》，上述规章明确规定城市、县城、建制镇和工矿区内的所有房屋都属登记发证范围，城镇房屋所有人（自然人和法人）都必须在限期内到房屋所在地登记机关申请登记，领取房屋所有权证。除产权有争议尚未解决的及确实不能如期提交证件的两种情况经申请可准予延期一年登记外，并没有代理经租的房屋暂缓登记的限制性规定。而上海市房产登记发证办公室印发的市房证字(88)发 23 号文却超出上述规定对代理经租房屋作了暂不登记的限制性规定，显然与前述规章不相一致。故被告以此为据作出吊销原告产权证的决定应属适用法律不当。

3. 关于代理经租房屋的权属问题。本案被告在诉讼中提出房管部门接受代理经租的房屋，其产权归属尚未明确，故五洲大楼的产权不应属原告所有。对此，法院认为五洲大楼的产权是明确的。从 1957 年 2 月以后，五洲大楼的产权即属原告所有。从此至 1966 年“文化大革命”前，房管部门长期以来将五洲药厂作为产权人与其结算租金，从未有任何异议。只是由于历史的原因，租金结算暂时停止，但五洲大楼的产权并未发生变化。在产权未经法定转移手续情况下，五洲大楼的产权依法仍应属原告所有。五洲药厂与房管部门之间只是一种代为经租管理的关系，其房屋产权性质并未变化。现被告将代理经租房屋视为产权不明的房屋，明显缺乏法律依据，实际意味着剥夺了企业合法拥有的财产所有权。

（陈国生）

26. 成都市未来号商场不服成都市房屋拆迁管理处拆迁裁决案

(一)首部

1. 判决书字号

一审判决书:四川省成都市中级人民法院(1993)成行初字第3号。

二审判决书:四川省高级人民法院(1994)川法行终字第2号。

2. 案由:不服拆迁裁决案。

3. 诉讼双方

原告(被上诉人):成都市未来号商场。地址:成都市人民中路二段19号。

法定代表人:马根生,经理。

一审委托代理人:徐开春,成都市成华区律师事务所律师。

一、二审委托代理人:温月能,该商场副经理。

二审委托代理人:戴良才,四川省金融商务律师事务所律师。

被告(被上诉人):成都市房屋拆迁管理处。地址:成都市孟家巷4号。

法定代表人:朱世安,主任。

一、二审委托代理人:付捷、李智,该处干部。

第三人(上诉人):成都市金芙蓉商场(原成都市金芙蓉制鞋厂)。

一审法定代表人:吴茂生,鞋厂厂长。

二审法定代表人:姜乾坤,商场经理。

一审委托代理人:罗南、陈建寅,四川省经济律师事务所律师。

二审委托代理人:徐海、张俊华,成都市第一律师事务所律师。

第三人:成都市对外经济贸易委员会。地址:成都市羊市街19号。

法定代表人:吴培贤,主任。

一、二审委托代理人:练世瞻,该委员会干部。

4. 审级:二审。

5. 审判机关和审判组织

一审法院:四川省成都市中级人民法院。

合议庭组成人员:审判长:张时裕;代理审判员:郑红、王孝忠。

二审法院:四川省高级人民法院。

合议庭组成人员:审判长:许胜利;审判员:黄源清、张丽华;代理审判员:刘梦虎、季书勤。

6. 审结时间

一审审结时间:1993年10月28日。

二审审结时间:1994年10月6日。

(二)一审情况

1.一审诉辩主张

(1)被诉具体行政行为:1991 年 3 月,成都市对外经济贸易委员会(以下简称成都市外经委)因扩建工程的需要,在取得拆迁许可证后,对成都市人民中路二段一号的公房进行拆迁。同年 10 月 30 日,成都市外经委与该公房直接承租人成都市芙蓉制鞋厂(现成都市金芙蓉商场)签订了拆迁安置协议书。成都市芙蓉制鞋厂按协议规定于同年 11 月 9 日将自用的公房搬迁完毕,成都市未来号商场以其与成都市芙蓉制鞋厂有联营合同纠纷为借口,拒不搬迁。12 月 5 日,成都市外经委依法申请成都市房屋拆迁管理处(以下简称成都市拆迁处)裁决。12 月 9 日,成都市拆迁处依据国务院颁布的《城市房屋拆迁管理条例》第十四条、第二十九条和《成都市房屋拆迁管理条例》第六条、第十六条的规定,以市房拆裁字第 028 号裁决书(以下简称 028 号拆迁裁决)作出三项决定:第一,成都市外经委同成都市芙蓉制鞋厂 1991 年 10 月 30 日所签订的拆迁安置协议有效,双方应遵照执行。第二,未来号商场必须在收到裁决书 5 日内,搬出人民中路二段一号现使用的房屋,腾空该房交市外经委拆除。如逾期不履行则由成都市拆迁处按法定程序强制执行。第三,成都市未来号商场与成都市芙蓉制鞋厂之间的联营合同经法院或工商行政管理部门认可有效,则待成都市芙蓉制鞋厂返迁新房后,双方继续联营到合同期满(过渡期间联营期停止计算)。成都市未来号商场不服,向成都市青羊区人民法院提起行政诉讼,请求人民法院撤销市拆迁处所作的 028 号拆迁裁决。青羊区人民法院认为该案法律关系复杂,报请成都市中级人民法院审理。诉讼期间,成都市外经委向未来号商场提供了部分用房,成都市拆迁处对成都市未来号商场使用的房屋,经成都市政府批准,进行了强制拆迁。

(2)原告诉称:人民中路二段一号房屋系直管公房,使用该公房有成都市芙蓉制鞋厂和成都市未来号商场两个注册企业。因此,成都市芙蓉制鞋厂不是唯一的被拆迁人,成都市未来号商场使用该公房的一部分,就是该公房的被拆迁人,理应得到拆迁人的补偿安置,而 028 号拆迁裁决非法剥夺成都市未来号商场被拆迁人的资格,使成都市未来号商场在拆迁过程中损失百万元。由此可见,028 号拆迁裁决遗漏了被拆迁人,属于认定事实不清,诉请人民法院依法予以撤销。

(3)被告辩称:028 号拆迁裁决主体合格,认定事实清楚,证据充分,定性准确,适用法律正确,程序合法,请求人民法院判决予以维持。其主要理由是:

第一,根据国务院颁布的《城市房屋拆迁管理条例》第十四条的规定,成都市拆迁处有权对未来号商场与成都市外经委之间拆迁安置补偿纠纷进行行政裁决。

第二,在长期的拆迁工作中,拆迁人只对被拆除房屋的所有人和使用人进行补偿安置。成都市芙蓉制鞋厂持有人民中路二段一号公房的公房使用证,是该公房的合法使用人。因此,成都市外经委对其进行安置补偿合法有效。成都市未来号商场是成都市芙蓉制鞋厂和原成都市府河商行的联营体,对成都市芙蓉制鞋厂进行了安置补偿,就等于对成都市未来号商场进行了安置补偿。要求成都市外经委安置成都市未来号商场,就是要求拆迁人重复支付安置补偿费。因此,成都市未来号商场不应获得拆迁安置补偿。

第三,根据国务院颁布的《城市房屋拆迁管理条例》第五条规定:“被拆迁人必须服从城市建设需要,在规定的搬迁期限内完成搬迁。”成都市未来号商场不按规定搬迁,成都市拆迁处有权作出决定,责令其搬迁。

第四，成都市外经委对成都市芙蓉制鞋厂进行安置补偿，并不影响成都市未来号商场联营企业的正常经营。如联营合同有效，成都市未来号商场可以继续使用安置返迁的房屋。

(4)第三人成都市芙蓉制鞋厂、成都市外经委进行答辩均认为成都市芙蓉制鞋厂是该公房的直接承租人，双方所签订的拆迁安置协议有效。

2. 一审事实和证据

一审法院经审理查明：1987年12月，成都市芙蓉制鞋厂将自用的人民中路二段一号公房（建筑面积1323平方米）的一部分，经房屋管理部门同意后，作为联营条件与成都市府河商行联营组成集体企业，名称为“未来号商场”，合同规定联营期五年，即1987年12月1日至1992年11月30日。此后，成都市芙蓉制鞋厂仍在该处使用部分房屋进行独立经营，而成都市府河商行则单方注销了自己的营业执照。

1991年3月，成都市外经委因扩建工程需要，在取得拆迁许可证后，对人民中路二段一号的公房进行拆迁。同年10月30日，该委与该公房直接承租人成都市芙蓉制鞋厂签订了拆迁安置协议书。双方在协议书中商定，由成都市外经委在原地修建四层建筑物，对成都市芙蓉制鞋厂按1323平方米作返迁安置。同时，双方还就拆迁补偿费和过渡补贴费达成了一致意见。按协议规定，成都市芙蓉制鞋厂于同年11月9日搬迁完完毕。但作为成都市芙蓉制鞋厂的联营企业的成都市未来号商场却以其与成都市芙蓉制鞋厂有联营纠纷为借口，拒不搬迁。12月5日，成都市外经委申请成都市拆迁处裁决。12月9日，成都市拆迁处依据国务院颁布的《城市房屋拆迁管理条例》第十四条、第二十九条和《成都市房屋拆迁管理条例》第六条、第十六条的规定，制作028号拆迁裁决书决定：第一，成都市外经委与成都市芙蓉制鞋厂所签拆迁安置协议有效，双方应遵照执行。第二，成都市未来号商场必须在收到裁决书5日内，搬出人民中路二段一号现使用的房屋，腾空交成都市外经委拆除。如逾期不履行则由成都市拆迁处强制执行或申请人民法院强制执行。第三，成都市未来号商场的联营纠纷，由双方按诉讼程序或仲裁程序解决。

上述事实有如下证据为证：

(1)原告成都市未来号商场提供的联营合同书。

(2)第三人成都市外经委提供的拆迁许可证。

(3)第三人成都市外经委与成都市芙蓉制鞋厂签订的拆迁安置协议书和补充协议书。

(4)被告成都市拆迁处制作的028号拆迁裁决书。

(5)被告成都市拆迁处经成都市政府批准向成都市未来号商场发出的告诫书。

(6)被告成都市拆迁处经成都市政府批准向未来号商场发出的拆迁行政强制执行决定书。

(7)知情人对上述事实的证言佐证。

3. 一审判案理由

一审法院认为：成都市未来号商场是经工商行政管理机关注册登记企业，该企业使用人民中路二段一号的公房系成都市芙蓉制鞋厂联营时提供给联营体使用的场地。因此，人民中路二段一号房屋的被拆迁人应为成都市未来号商场和成都市芙蓉制鞋厂。成都市拆迁处028号拆迁裁决确认成都市外经委与成都市芙蓉制鞋厂所签拆迁安置补偿协议书有效，遗漏了被拆迁人，属认定事实不清；成都市拆迁处对未来号商场实行强制拆迁，其行为合法，应予支持；成都市拆迁处制作的028号拆迁裁决书，裁决成都市未来号商场联营双方继续联营到合同期满，属于超越行政职权。

4. 一审定案结论

一审法院依照《中华人民共和国行政诉讼法》第五十四条第(一)项、第(二)项第一、三、四目，《城市房屋拆迁管理条例》第三条、第二十七条、第十二条、第十四第第二款、第十五条的规定，并参照《成都市城市房屋拆迁管理条例》第六条第二款的规定，作出如下判决：

维持成都市拆迁处 028 号拆迁裁决书第二项，撤销第一、三项。

案件受理费 6080 元，由被告成都市拆迁处承担 4580 元，原告成都市未来号商场承担 1500 元。

(三)二审诉辩主张

1. 上诉人诉称：(1)成都市芙蓉制鞋厂是人民中路二段一号公房的承租人，它与成都市外经委签订的拆迁安置补偿协议书符合国务院颁布的《城市房屋拆迁管理条例》第三条、第二十七条的规定，该协议合法有效。(2)原审判决认定成都市拆迁处 028 号拆迁裁决遗漏了被拆迁人，是对国务院颁布的《城市房屋拆迁管理条例》的曲解。实际上联营主体的另一方府河商行已不存在，成都市芙蓉制鞋厂得到了安置，原判决认为遗漏的被拆迁人已不存在。

2. 被上诉人成都市未来号商场持与一审起诉时相同的理由答辩。

3. 被上诉人成都市拆迁处未进行答辩。

4. 第三人成都市外经委未进行答辩。

(四)二审事实和证据

二审法院肯定了一审法院认定的案件事实和采纳的证据。

(五)二审判案理由

二审法院认为：成都市未来号商场对成都市拆迁处 028 号拆迁裁决不服，向人民法院提起的诉讼，符合行政案件的受案范围和起诉条件。

成都市未来号商场是被拆迁人中的使用人。成都市拆迁处要求成都市外经委为成都市未来号商场提供过渡房，并依据国务院颁布的《城市房屋拆迁管理条例》的规定，要求成都市未来号商场在收到 028 号拆迁裁决书起 5 日内搬出人民中路二段一号其使用的房屋，实际上是将成都市未来号商场作为被拆迁人对待。所以，028 号拆迁裁决并没有遗漏被拆迁人。但是，并不是所有的被拆迁人中的使用人都会获得安置，根据国务院颁布的《城市房屋拆迁管理条例》第二十七条第一款的规定，只有应当安置的被拆除房屋的使用人，才能依法获得安置。成都市未来号商场不是人民中路二段一号公房的直接承租人，而只是联营体的他方。因此，虽然其属于被拆迁人中的使用人，但不属于应当安置的被拆除房屋的使用人。成都市拆迁处 028 号拆迁裁决第一项确认成都市外经委与成都市芙蓉制鞋厂签订的拆迁安置补偿协议有效，认定事实清楚，适用法律正确，程序合法，应当依法维持；成都市拆迁处对被拆迁人成都市未来号商场实行强制拆迁，其行为合法，应予支持；成都市拆迁处制作的 028 号拆迁裁决书第三项裁决联营双方继续联营到合同期满，属于超越行政职权。原审法院依法判决维持 028 号拆迁裁决的第二项，撤销 028 号拆迁裁决第三项，是正确的。综上所述，成都市中级人民法院(1993)成行初字第 3 号判决第一项，认定事实清楚，适用法律正确，程序合法；判决第二项，认定事实清楚，程序合法，部分适用法律正确，部分适用法律不当。

(六)二审定案结论

二审法院根据《中华人民共和国行政诉讼法》第六十一条第(三)项规定，判决如下：

1. 维持成都市中级人民法院(1993)成行初字第3号行政判决的第一项,即维持成都市拆迁处028号拆迁裁决第二项。

2. 撤销成都市中级人民法院(1993)成行初字第3号行政判决第二项,即撤销成都市拆迁处028号拆迁裁决第一、三项。

3. 维持成都市拆迁处028号拆迁裁决第一项。

4. 撤销成都市拆迁处028号拆迁裁决第三项。

一审案件受理费6080元,由成都市未来号商场承担3648元,成都市拆迁处承担2432元。二审案件受理费6080元,其他诉讼费用100元,共计6180元,由成都市未来号商场承担3708元,成都市拆迁处承担2474元。

(七)解说

本案属于拆迁安置裁决争议。处理好本案的关键在于:

1. 准确确定案件的性质。成都市拆迁处依据国务院颁布的《城市房屋拆迁管理条例》第十四条、第十五条的规定制作028号拆迁裁决书,对成都市未来号商场、成都市芙蓉制鞋厂、成都市外经委三方拆迁安置补偿纠纷进行裁决以及对成都市未来号商场进行强制拆迁,是行使行政管理权。未来号商场对028号拆迁裁决不服而起诉,是同成都市拆迁处发生了行政争议。其诉讼请求符合《中华人民共和国行政诉讼法》的受案范围。所以,本案属于行政案件。

2. 确定成都市未来号商场作为间接承租人是否应当获得拆迁安置补偿。由于公房管理中允许直接承租人以公房进行联营,因此出现了以联营他方为特征的间接承租人。在城市建设房屋拆迁工作中,对这种间接承租人是否进行安置补偿,是比较棘手的问题。首先,要确定间接承租人是否属于被拆迁人。由于成都市未来号商场在拆迁范围内具有营业执照,因此属于被拆除房屋的使用人,当然也就成了被拆迁人。况且,成都市拆迁处对其进行强制拆迁,也是将其作为被拆迁人对待的。因为依据国务院颁布的《城市房屋拆迁管理条例》第十五条规定,只有被拆迁人无正当理由拒绝拆迁时,拆迁管理部门才有权依法对其强制拆迁。其次,在城市房屋拆迁工作中,间接承租人的安置补偿是否属于拆迁人的义务。根据国务院颁布的《城市房屋拆迁管理条例》第三十条的规定,城市房屋拆迁工作贯彻按原使用面积或居住面积安置的原则,即“拆一还一”的原则。本案事实表明,被拆除房屋的使用权属于成都市芙蓉制鞋厂。因此,在拆迁安置补偿时,成都市外经委只要按原面积安置补偿了直接承租人成都市芙蓉制鞋厂(现成都市金芙蓉商场)就没有义务安置补偿间接承租人成都市未来号商场。成都市未来号商场因拆迁所造成的经济损失,则应由直接承租人成都市金芙蓉商场依据法律的规定妥善解决。四川省高级人民法院改判原审法院的判决,维持成都市拆迁处028号拆迁裁决第一项正是坚持了“拆一还一”的拆迁原则。判决的结果不仅保护了公房所有权人和直接承租人以及拆迁人的合法权益,而且解决了目前城市建设和城市旧城改造房屋拆迁工作的难题。

(许胜利)

第八篇　城市规划行政管理纠纷案例

27. 楼惠贞请求义乌市城乡建设委员会颁发建设工程规划许可证案

(一)首部

1. 裁判书字号

一审判决书:浙江省义乌市人民法院(1993)义行初字第44号。

二审裁定书:浙江省金华市中级人民法院(1994)金中行终字第12号。

2. 案由:请求颁发建设工程规划许可证案。

3. 诉讼双方

原告(被上诉人):楼惠贞,女,1950年6月4日出生,汉族,浙江省义乌市人,城镇居民,住义乌市稠城镇城中路38－3号。

一审委托代理人:周华川,义乌市对外经济律师事务所律师。

被告(上诉人):义乌市城乡建设委员会。

法定代表人:张敬明,主任。

一审委托代理人:吴海燕,义乌市金融房地产律师事务所兼职律师;陈洪献,男,55岁,该委员会建设科副科长。

二审委托代理人:吴海燕,义乌市金融房地产律师事务所兼职律师;陈凤鸣,义乌市金融房地产律师事务所律师。

4. 审级:二审。

5. 审判机关和审判组织

一审法院:浙江省义乌市人民法院。

合议庭组成人员:审判长:黄潮福;人民陪审员:朱洪琪、金式职。

二审法院:浙江省金华市中级人民法院。

合议庭组成人员:审判长:符六文;审判员:郑良君;代理审判员:陈振升。

6. 审结时间

一审审结时间:1994年3月7日。

二审审结时间:1994年5月19日。

（二）一审情况

1．一审诉辩主张

（1）被诉具体行政行为：浙江省义乌市城镇居民楼惠贞，原住义乌市稠城镇城中路21号，拥有二楼二平房屋四间，计建筑占地面积135.59平方米。1991年因政府扩建道路需要，楼惠贞户住房属拆迁范围。按照拆迁的有关规定，政府给楼惠贞户安排了两处建房用地，其中在城中路临街安排占地81平方米的建筑，并于1993年8月27日取得81平方米的建设用地许可证。但是，义乌市城乡建设委员会作为城市建设规划的主管部门，却无理推诿，迟迟不给楼惠贞户发放建设工程规划许可证。为此，楼惠贞向义乌市人民法院提出起诉，请求法院依法判令义乌市城乡建设委员会核发给楼惠贞户81平方米的房屋建设规划许可证。

（2）原告诉称：原告户原住义乌市稠城镇城中路21号，拥有二楼二平房屋四间，计建筑占地面积135.59平方米。1991年因政府扩建道路需要，本户住房属拆迁范围。原告为顾全大局，同意拆迁住房，于1991年4月与义乌市城中路及仓后路工程办公室签订了拆迁协议，并领取了拆迁补偿费。按照拆迁的有关规定，政府给原告户安排了两处建房用地，其中在城中路临街安排占地81平方米的建筑，已从1993年3月开始，由拆迁工程办公室为本户逐级办好了审批手续，义乌市土地管理局于1993年8月27日发给原告用地面积为81平方米的建设用地许可证。原告所建住房地段定点平面图、建筑施工图已由拆迁工程办公室发给本户，并两次通知原告在定点的地址施工建房。但原告户动工建房后，因相邻某单位想侵吞政府已批准原告户建房的地基，强力阻止原告建房。而被告作为城市建设规划的主管部门，却无理推诿，不肯发给原告户建设工程规划许可证。为此，请求法院依法判令被告单位核发给原告户已被批准建造的城中路临街81平方米的房屋建设规划许可证。

（3）被告辩称：被告有发放建设工程规划许可证的职权；对原告户暂不发证的理由是：原告未正式申请，未提供建设图纸；原告户与相邻的蜜饯厂发生了用地纠纷，在该纠纷未解决情况下，不宜发证；而原告户在未取得建设工程规划许可证情况下，却违法动工建房，故责令其停建。对原告户的发证只能等条件具备后才能进行，请法院驳回其请求。

2．一审事实和证据

法院经审理查明：1991年4月，义乌市稠城镇城中路进行拓宽道路工程建设，需拆迁部分居民住宅和营业用房。原告楼惠贞户有坐落在城中路21号地段的二间楼房、二间平房被列入拆迁范围，共计建筑占地面积为137.59平方米。义乌市城中路及仓后路工程办公室与原告签订了拆迁房屋协议书，除付给原告户房屋拆迁补偿费外，还按1：1.3比例安排原告户拆建用地，其中安排在城中路东侧临街建营业用房一间半，计建筑占地面积59.69平方米，而该工程办公室给原告户填报的“城镇房屋拆迁用地审批呈报表”中却为原告户申报为81平方米（另一处安置在城郊的生活用房占地面积为100.2平方米）。1993年5月26日，工程办公室首先在呈报表上签署同意意见，同年6月8日，该地段所在的居委会及市房管处、镇人民政府均在呈报表上签字同意，被告单位也于同年6月9日在该表上签章“同意按规划实施”。同年8月27日，义乌市人民政府批准原告在城中路建房使用土地面积81平方米，并发给原告建设用地许可证。因城中路东侧安排原告户拆迁补偿安置建房的用地系义乌市蜜饯厂原征用的土地，按该市拆迁安置的有关规定，拆建道路工程办公室除给该厂在该地段安排建造六间一弄临街店面用房外，其余土地被安排给原告等两户的拆迁补偿安置用地，但蜜饯厂却提出要以该市国有土地出让的价格受让原告等两户的被安置的建房用地，而遭原告等两户的拒绝，蜜饯厂为此故意拖延与道路拆建工程办公室签订拆迁协议。在此期间，工程办公室曾给原告等两户先行定点放样，并于1993年7月5日向原告等两户发出书面通知："仍按原定点通知书(图)进行施工。"同年7月18日，义乌市政府召集有关部门协调蜜饯厂拆迁矛盾，协调会纪要载明：限在7月20日前由蜜饯厂做好两拆迁户工作，"如确实无法做通，仍按城中路建设办原安置方案办理"。蜜饯厂未能在规定的时间内做通两户工作。同年7月28日，城中路拆建工程办公室又给原告等两户发出书面通知："根据市人民政府义政办(1993)第79号文件，协调会纪要第四条之精神，仍按本办安置定点通知书(图)执行，希知照。"原告接此通知后，即在工程办公室为其定点放样的位置进行建房施工，现已建至一层平窗高度，房屋占地面积56.68平方米。同年8月7日，被告以原告户"未领建设工程规划许可证新建"为由作出责令原告户停建的通知。原告遂向法院起诉请求被告颁发建设工程规划许可证。

上述事实有如下证据为证：

(1)义乌市城中路拆建工程办公室与楼惠贞签订的房屋拆迁协议书原文。

(2)城中路拆建工程办公室给楼惠贞户的安置结算清单和补偿费用结算清单。

(3)楼惠贞户的"城镇房屋拆迁用地审批呈报表"。

(4)义乌市土地管理局发给楼惠贞户的建设用地许可证。

(5)城中路拆建工程办公室两次发给原告等两户按原定点施工的通知原文。

(6)义乌市政府解决义乌蜜饯厂与原告等两户拆迁用地矛盾的协调会纪要原文。

(7)被告单位发给原告户的责令停建通知书。

(8)法院实地勘验丈量绘制的现场平面图。

(9)证人陈海寿的证言。

(10)法院庭审笔录。

3.一审判案理由

法院认为，原告户建房手续已经按规定由城中路拆建工程办公室办理完整，且已定点放样，并书面通知原告施工，已具备法定发放建设工程规划许可证的条件。根据《浙江省实施〈中华人民共和国城市规划法〉办法》第二十八条第四项的规定，只要建设单位或个人提交的建设工程施工图中有关城市规划的内容，符合城市规划要求，并已依法取得建设用地使用权的，城市规划行政主管部门就要核发建设工程规划许可证，且义乌市政府协调会纪要文件已明确指明原告户建房仍按拆建工程办公室原安置方案办，被告应当贯彻落实，在一定时限内给原告发放建设工程规划许可证。原告起诉有理，应予支持。

4.一审定案结论

一审法院根据《浙江省实施〈中华人民共和国城市规划法〉办法》第二十八条、《中华人民共和国行政诉讼法》第五十四条第(三)项规定，判决如下：

被告义乌市城乡建设委员会在本判决生效后10日内给原告楼惠贞户发放建设工程规划许可证。

案件受理费80元，由被告义乌市城乡建设委员会负担。

(三)二审诉辩主张

1.上诉人义乌市城乡建设委员会诉称：

(1)上诉人不应承担对被上诉人颁发建设工程规划许可证的义务。在原审判决查明的事实中，原审法院没有认定被上诉人提出过请求上诉人颁发建设工程规划许可证的申请，也没有认定被上诉人向上诉人递交过建设项目的有关文件，因无此事实，故无法认定。而《中华人民共和国城市规划法》第三十二条明确规定，建设单位或者个人要求核发建设工程规划许可证件的，必须先行向城市规划行政主管部门提出申请，被上诉人始终未提出过请求颁发建设工程规划许可证件的申请。因此，上诉人与被上诉人不构成行政管理上的法律关系，也不产生相互间的权利义务关系。被上诉人没有提出申请，意味着没有行使自己的权利，上诉人也就没有承担的义务。

(2)被上诉人的建房现状不符合颁发建设工程规划许可证件的法定条件，即定点放样的规定，定点放样须经上诉人所属的规划科批准，然后由城管建设大队及市测绘队监督实施。被上诉人已动工建设的房屋的定点放样，既没有经过规划科的批准，也没有在城管大队和市测绘队监督下实施，而是凭承包工程队的一张书面通知而擅自施工，这样的定点放样不产生法律效力。被上诉人只有取得符合程序定点放样后，才能进入颁发建设工程规划许可证的阶段，而被上诉人户现尚不具备这一法定条件。

(3)城中路拆建工程办公室书面通知被上诉人户施工是不合法的。根据我国《城市规划法》第三十二条规定，建设单位和个人只有取得建设工程规划许可证后，方能进行建房施工。城中路拆建工程办公室在被上诉人没有取得建设工程规划许可证件的情况下，书面通知被上诉人施工是违反上述法条规定的，原审法院不能以非为是，更不能作为判决的主要理由。

综上所述，原审法院由于认定事实有误，导致了错误的判决，请二审法院撤销原审判决，驳回被上诉人的诉讼请求。

2.被上诉人楼惠贞辩称：

(1)上诉人在上诉状中提出其不应承担发放许可证的义务，被上诉人认为，其理由是荒谬的。被上诉人是政府统一安排的拆迁户，不是一般的建房户，其拆迁后的土地补偿，建房地段的面积，都是由上诉单位统一安排，由其下属的城中路拓宽工程办公室统一办理的，上诉人完全有此义务。

(2)上诉人称被上诉人的现状建设不符合颁发许可证的法定条件，这是不符合事实的。被上诉人的房屋被拆除后，城中路工程办公室已为本户定好拆迁地点，办好新建房屋土地使用审批手续，上诉人也在本户“城镇房屋拆迁用地审批呈报表”上盖章签字“同意按规划实施”，所以被上诉人建房，符合颁发建设工程规划许可证的一切条件。

(3)上诉人以“城中路工程办书面通知被上诉人施工是不合法的”来搪塞，这是不负责任的表现。“工程办”虽是临时办事机构(现已撤销)，但属上诉单位管辖，难道它会不懂城市规划法，乱发通知吗?综上所述，作为拆迁户的被上诉人具备请求发证的法定条件，一审判决正确，请二审予以维持，驳回上诉人的诉讼请求。

(四)二审事实和证据

二审法院确认了一审认定的事实和证据，但经二审查实，被上诉人也承认其未向被上诉单位提出过请求颁发建设工程规划许可证的申请。

(五)二审判案理由

二审法院认为：被上诉人楼惠贞系拆迁后重新安排建房户，有关建房用地审批手续，已由负责拆迁单位给予办理，经批准获得建设用地许可证，具备向城建规划行政主管部门申请颁发建设工程规划许可证的条件，但按法律规定，须由申请人提出申请，规划主管部门方可审批颁发。现被上诉人未按法定手续先向上诉人申请颁发，而直接向人民法院提起行政诉讼，不符合《行政诉讼法》第十一条第一款第（四）项规定的“认为符合法定条件申请行政机关颁发许可证和执照，行政机关拒绝颁发或者不予答复的”法定起诉条件，原审法院所作判决不当。上诉人的上诉理由成立，应予支持。

（六）二审定案结论

二审法院依照《中华人民共和国行政诉讼法》第六十一条第（三）项规定，裁定如下：

1．撤销义乌市人民法院（1993）义行初字第44号行政判决。

2．驳回原审原告楼惠贞的起诉。

一、二审案件受理费共160元，由被上诉人楼惠贞负担。

（七）解说

1．本案是一件原告诉请被告颁发建设工程规划许可证的案件，也就是因被告行政机关不作为而引起行政诉讼的案件，为此，对原告的起诉条件就应有特殊的要求。按照《行政诉讼法》第十一条第一款第（四）项规定，公民、法人和其他组织“认为符合法定条件申请行政机关颁发许可证和执照，行政机关拒绝颁发或者不予答复的”提起的诉讼，人民法院应当受理，这里，规定了三个起诉条件：第一，起诉人认为符合颁发许可证和执照的法定条件；第二，已向负责颁发的行政机关提出了申请；第三，该行政机关拒绝颁发或不予答复。对法律规定的这三个起诉条件，既包括实体的，也包括程序的，人民法院在受理时或受理后的审理都要严格审查对照，不符合起诉条件的，就应裁定不受理或驳回起诉。本案原告的起诉就因缺少了法律规定的程序要件，即未向行政机关提出颁发建设工程规划许可证的申请，故法院也无法认定行政机关是否拒绝颁发或不予答复及其理由，为此，不符合法定起诉条件，应予驳回起诉。

2．原告是一个拆迁户，原房屋拆除后，由政府统一安排另外地点重建，与一般建房户有所不同，故其新建房屋面积的确定、地点的安排、土地使用权的审批，由拆建单位统一办理，原告依据拆迁协议（合同）取得新批土地的使用权。但取得土地使用权后，原告户建造房屋所需的建设工程规划许可证仍须由原告户向规划行政主管部门申请颁发，并提供建设图纸。本案审理中，原告将一切审批手续都推给“拆迁办”是不恰当的。从另一方面说，本案为什么由原告自己来提起行政诉讼，而不是“拆迁办”来告，也清楚说明原告明白自身的责任和权利。

3．建设用地许可证和建设工程规划许可证是不同的。原告在本案审理中一再提出，被告在“拆迁办”为其办理的“城镇房屋拆迁用地审批呈报表”上签字盖章“同意按规划实施”，故是同意其按规划建房，一审法院也认为“原告户建房手续已经按规定由城中路拆迁办公室办理完整”。这是一种误解。我国《城市规划法》第三十一条规定：“在城市规划区内进行建设需要申请用地的，必须持国家批准建设项目的有关文件，向城市规划行政主管部门申请定点，由城市规划行政主管部门核定其用地位置和界限，提供规划设计条件，核发建设用地规划许可证。建设单位或个人在取得建设用地规划许可证后，方可向县级以上地方人民政府土地管理部门申请用地，经县级以上人民政府审查批准后，由土地管理部门划拨土地。”这是在规划区内审批建设用地的法定手续，被告单位在原告户“拆迁用地审批呈报表”上签章同意“按规划实施”是同意按规划审批建设用地。《城市规划法》第三十二条规定：“在城市规划区新建、扩建和改建建筑物、构筑物、道路、管线和其他工程设施，必须持有关批准文件向城市规划行政主管部门提出申请，由城市规划行政主管部门根据城市规划设计要求，核发建设工程规划许可证件，建设单位或者个人在取得建设工程规划许可证件和其他有关批准文件后，方可申请办理开工手续。”这是在规划区内进行建设工程(包括建造房屋)申请核发建设工程规划许可证的法定手续,并规定只有取得建设工程规划许可证件后,方可申请办理开工手续。因此,原告户未取得建设工程规划许可证而进行开工建房,是不合法的。同样,原城中路拆建工程办公室两次通知原告户建房,也是违法的。依据本案查明的事实,依照正常的程序规范行事,应先由原告向被告单位提出颁发建设工程规划许可证的申请,如遇被告单位拒绝颁发或者不予答复,原告才能依法向人民法院提起行政诉讼。在此之前,原告不具备法定的起诉条件,故二审法院裁定驳回起诉,是正确的。

(符六文)

28. 武鸣染织厂不服武鸣县城乡建设委员会强制拆除违章围墙案

(一)首部

1. 判决书字号

一审判决书:广西壮族自治区武鸣县人民法院(1993)武行初字第8号。

二审判决书:广西壮族自治区南宁市中级人民法院(1994)南行终字第5号。

2. 案由:不服强制拆除违章围墙案。

3. 诉讼双方

原告(上诉人):广西武鸣染织厂。

法定代表人:李龙,厂长。

一、二审委托代理人:黄彩佳、左武德,该厂干部。

被告(被上诉人):广西武鸣县城乡建设委员会。

法定代表人:伍紫瑞,主任。

一、二审委托代理人:陆廷光,男,武鸣县城乡管理监察大队大队长;李锦山,男,武鸣县城乡管理监察大队副大队长。

4. 审级:二审。

5. 审判机关和审判组织

一审法院:广西壮族自治区武鸣县人民法院。

合议庭组成人员:审判长:磨广政;审判员:张秋明、马志宁。

二审法院:广西壮族自治区南宁市中级人民法院。

合议庭组成人员:审判长:李寿林;审判员:张旭恩;代理审判员:李雨时。

6. 审结时间

一审审结时间:1993年12月3日。

二审审结时间:1994年3月29日(依法延长审限)。

(二)一审情况

1. 一审诉辩主张

(1)被诉具体行政行为:1993年7月24日,被告的下属机构城管监察大队以原告未经规划部门批准，擅自在旧圩亭兴建围墙，违反了《中华人民共和国城市规划法》第三十二条、《南宁市建筑管理若干规定》第十二条和武鸣县《关于城镇管理若干规定》第一条第四款的规定为由，作出《关于强制拆除染织厂违章建筑围墙的决定》，并于当天强制拆除。原告不服，向广西壮族自治区武鸣县人民法院提起行政诉讼。

(2)原告诉称：城管监察大队作出《关于强制拆除染织厂违章建筑围墙的决定》，并自行强制拆除我厂的围墙是违反法律程序和超越职权的具体行政行为，不但侵犯了我厂的财产权，而且损害了我厂名誉。其理由是：所建围墙是在本厂区范围内。被告的下属机构城管监察大队下文通知我厂限期自行拆除后，我厂已向武鸣县人民政府报告，请求补办保留围墙手续，县政府未答复。7 月 24 日上午 9 时许，城管监察大队雇请民工强行拆除，至当日下午，该大队才将《关于强制拆除染织厂的违章建筑围墙的决定》送达我厂，城管监察大队不是独立的行政主体，无权作出拆除决定，法律法规也没有规定该大队具有强制拆除的权力，其行使的职权违反法律规定和法定程序。请求法院判决撤销城管监察大队(1993)10 号《关于强制拆除染织厂违章建筑围墙的决定》；恢复我厂围墙原状，公开赔礼道歉，消除影响，恢复名誉。

(3)被告辩称：武鸣县城乡建设管理监察大队，系我委的下属机构，行使城建监察职能。武鸣染织厂于 1991 年 11 月初，在没有向我委申请，未取得建设工程规划许可证的情况下，在本厂第三号大门左侧(原旧圩亭)砌筑一道高 2.2 米、长 32 米的围墙，属违章建筑。请求法院予以维持。

2. 一审事实和证据

武鸣县人民法院经审理查明：1991 年 11 月初，原告武鸣染织厂在没有向武鸣县建委申请的情况下，擅自在该厂第三号大门左侧(原旧圩亭)砌筑一道高 2.2 米、长 32 米的围墙。被告武鸣县委的下属机构城管监察大队于 1992 年 8 月 21 日以自己的名义发出限武鸣染织厂于 11 月 27 日前自行拆除违法建筑围墙的通知。原告武鸣染织厂于同日向武鸣县人民政府提交一份关于要求保留所建围墙的请示，同时抄送被告，县政府对此请示没有批复，被告也未作出表示，原告没有自行拆除，也没有向法院起诉。1993 年 7 月 16 日，城管大队又向原告发出通知，重申此围墙属违章建筑，限于 7 月 23 日前自行拆除。同月 24 日上午 9 时许，城管监察大队雇请民工强行拆除原告的围墙，当日下午该大队才将《关于强制拆除染织厂违章建筑围墙的决定》送达原告。事后，城管监察大队在公共场所张贴了题为《强制拆除染织厂围墙大快人心，群众拍手称好》的简讯。

上述事实有武鸣染织厂向武鸣县人民政府申请保留围墙的报告，武鸣县城管监察大队两次作出限期染织厂自行拆除违章建筑的通知，以及《关于强制拆除染织厂违章建筑围墙的决定》，并有双方当事人的陈述等证据证明。

3. 一审判案理由

武鸣县人民法院经审理认为：被告武鸣县建委是城市规划的行政主管部门，主管本县城市规划管理工作，对违反城市规划管理的行为依法应由县建委作出处理。城管监察大队作为县建委的下属机构，在执法活动中，却以自己的名义对武鸣染织厂建筑的围墙作出处理决定，并强行拆除武鸣染织厂的围墙，这一具体行政行为违反了法定程序，也超越了其法定的职权范围。原告武鸣染织厂在没有向县建委申请，未取得建设工程规划许可证的情况下擅自建筑围墙是违法的，其所提出由被告恢复围墙原状、赔礼道歉、消除影响、恢复名誉的诉讼请求不予支持。

4. 一审定案结论

武鸣县人民法院根据《中华人民共和国城市规划法》第九条第二款、第三十二条、第四十二条,《中华人民共和国行政诉讼法》第五十四条第(二)项的规定,作出判决:

撤销武鸣县城管监察大队武城监(1993)10号《关于强制拆除染织厂违章建筑围墙的决定》。

案件受理费100元,由被告武鸣县城乡建设委员会负担。

(三)二审诉辩主张

1. 上诉人武鸣染织厂诉称:被拆的围墙建在本厂范围内,没有向被告申请是欠妥的,从维护本厂治安,防止失盗,有利于生产和生活出发,该围墙的兴建是必要的,保留是有合理依据的。城管监察大队违法拆墙所造成的损失,被上诉人应予赔偿。请求二审法院判决被上诉人赔偿经济损失2048.20元,公开道歉、消除影响并负担一切费用。

2. 被上诉人武鸣县城乡建设委员会辩称:上诉人擅建临时围墙,没有任何法律手续,属违章建筑物,理应拆除;城管监察大队张贴城管简讯,目的是为了使城建法规深入人心,并不存在侵害上诉人名誉权的问题。要求二审法院维持一审判决。

(四)二审事实和证据

南宁市中级人民法院经审理查明:武鸣染织厂于1991年11月初,在没有向武鸣县城乡建设委员会申请,未取得建设工程规划许可证的情况下,在本厂大门左侧(原旧圩亭)筑建一道高2.2米、长32米的水泥砖围墙。建墙时城管监察大队曾对上诉人的违章行为进行制止,武鸣染织厂没有停止建墙行为。1991年11月21日城管监察大队以自己的名义又发出通知:限武鸣染织厂于11月27日前自行拆除违章建筑的围墙。武鸣染织厂于同月27日向县人民政府请求要求保留违法建筑的围墙,同时抄送武鸣县城乡建设委员会,县政府及城乡建设委员会均未作出答复。武鸣染织厂也未在有效期限内向法院起诉。1993年7月16日,城管监察大队又向武鸣染织厂发出通知,重申所建围墙属违章建筑,限于7月23日前自行拆除,逾期将会同公安部门强行拆除。同月24日上午9时许,城管监察大队雇请民工强行推倒违章建筑的围墙。事后,城管监察大队在公共场所张贴城管简报,简报中含"强制拆除染织厂围墙大快人心,群众拍手称好"的内容。

上述事实有武鸣县城管监察大队两次发给武鸣染织厂的通知,有武鸣染织厂向武鸣县人民政府申请保留围墙的报告,还有城管监察大队作出的《关于强制拆除染织厂违章建筑围墙的决定》,及双方当事人的陈述等证据证明。

(五)二审判案理由

南宁市中级人民法院经审理认为:被上诉人武鸣县城乡建设委员会是城市规划行政主管部门,法律规定由其对违反城市规划管理的行为进行处理,但在处理上诉人武鸣染织厂违章建筑行为时,却以其下属机构城管监察大队的名义发出通知和拆除决定,并强制执行了这一决定,明显超越了法定职权,依法应予撤销。上诉人武鸣染织厂在没有取得建筑工程规划许可证的情况下擅建围墙,且不听制止,亦属违法,不受法律保护,由此围墙被拆引起的损失应由自己承担;其所提出的恢复原状或赔偿损失、公开道歉、消除影响的请求本院不予支持。原审判决并无不当。

(六)二审定案结论

南宁市中级人民法院根据《中华人民共和国城市规划法》第九条第二款、第三十二条、第

四十二条,《中华人民共和国行政诉讼法》第六十一条第(一)项之规定,作出判决:

驳回上诉,维持原判。

诉讼费100元,由上诉人武鸣染织厂负担。

(七)解说

人民法院审理行政案件时,首先要审查作出具体行政行为的主体是否具备合法资格。就本案而言,就是要审查城管监察大队是否具有行使《城市规划法》规定的职权。城管监察大队是被告武鸣县城乡建设委员会的下属机构,对内执行建委下达的任务;对外以建委的名义行使法律法规规定的职权,由此产生的法律责任由建委来承担。所以本案的被告是建委而不是城管监察大队。

依照《城市规划法》规定,武鸣县城乡建设委员会是城市规划行政主管部门,有权对违反城市规划的行为作出处理,城管监察大队则不然。城管监察大队对武鸣染织厂违章建筑的围墙作出处理,一方面法律法规没有授权,另一方面被告没有委托。其行为超越了行政职权,是越权行政行为。就强制执行权来说,《城市规划法》明确规定,强制权属人民法院行使,武鸣县城乡建设委员会以及其下属城管监察大队都无权行使强制权。

武鸣染织厂地处武鸣县城区规划控制区内,依照《城市规划法》规定,在城市规划区内新建、扩建和改建的建筑物、构筑物,必须持有关批准文件向城市规划行政主管部门提出申请,在取得建设工程规划许可证后,方可申请办理开工手续。武鸣染织厂在建筑围墙前,没有按照《城市规划法》的规定向武鸣县城乡建设委员会申请,即擅自建筑围墙,其做法是违法的。武鸣染织厂施工期间,城管监察大队前往制止,指出其行为的违法性,武鸣染织厂不听制止,继续施工,置法律于不顾。在这种情况下武鸣染织厂应自觉履行法律规定的义务,然而,武鸣染织厂却一意孤行。其所建围墙是违法的,法律不予保护。

综上所述,被告武鸣县城乡建设委员会下属机构城管监察大队对武鸣染织厂的违章行为作出处理,超越了职权;武鸣染织厂未向被告武鸣县城乡建设委员会申请,擅自兴建围墙是违法的,其诉讼请求不予采纳。一、二审法院的判决是正确的。

(张旭恩)

第九篇　交通行政管理纠纷案例

29. 李俊不服无锡市交通运输管理处客运管理处罚案

(一)首部

1. 判决书字号:江苏省无锡市北塘区人民法院(1994)北行初字第6号。

2. 案由:不服客运管理处罚案。

3. 诉讼双方

原告:李俊,男,28岁,汉族,无锡市客运总公司中北出租汽车公司驾驶员,住无锡市郊区南站乡兴竹村后祝巷45号。

委托代理人:钱玲,女,无锡电扇厂职工,住无锡市北闸口栅弄10号;王炳兴,无锡市华夏律师事务所律师。

被告:无锡市交通运输管理处。地址:无锡市锡澄路138号。

法定代表人:吴思鸿,处长。

委托代理人:杨凤林,男,该处干部;翁建国,无锡市律师事务所律师。

4. 审级:一审。

5. 审判机关和审判组织

审判机关:江苏省无锡市北塘区人民法院。

合议庭组成人员:审判长:鲍彩虹;审判员:马寄锦;代理审判员:曹敏。

6. 审结时间:1994年11月15日。

(二)诉辩主张

1. 被诉具体行政行为:李俊系出租汽车司机。1994年9月4日18日时许,乘客施××在无锡火车站搭乘李俊的出租车,行驶一段路后,李俊借口要去接亲戚而强行叫施××下车。施××向无锡市交通运输管理处举报。无锡市交通运输管理处认为李俊的行为系拒载乘客,违反了《无锡市出租汽车客运管理办法》第四十一条第(三)项之规定,于1994年9月7日对李俊作出停业整顿30天的处罚。原告李俊不服,向无锡市北塘区人民法院起诉。

2 原告诉称:1994年9月4日18时30分左右,原告去火车站接亲戚,遇上《江南晚报》的记者施××乘车,原告说明情况,未同意施××乘车。同月7日上午,被告即向原告发出《道路运输违章车辆中止运行通知书》,以有人举报待查为由,扣压原告的行驶证和汽车。当日下午,被告以原告拒载乘客为由,根据《无锡市出租汽车客运管理办法》,对原告作出停业整顿30天的行政处罚。被告的处罚决定缺乏事实依据，属于滥用职权的行为，请求法院判决撤销被告的处罚决定，赔偿停运期间的经济损失16479元。

3. 被告辩称：原告于1994年9月4日在无锡火车站乘载施姓乘客，行驶一段路程后令乘客下车，中断了服务，其行为违反了《无锡市出租汽车客运管理办法》第四十一条第(三)项之规定，系出租汽车司机拒载乘客的行为，应当受到处罚。原告以需接亲戚为由对拒载乘客进行辩解，经查无事实证明，显然是推卸责任。被告对原告所作的处罚，事实清楚，证据充分确凿，适用法律正确，程序合法，请求法院予以维持。

（三）一审事实和证据

无锡市北塘区人民法院经审理查明：1994年9月4日18时30分左右，原告李俊驾驶04－10398号牌照的夏利出租汽车至无锡火车站出租汽车经营点时，乘客施××对原告李俊说要搭乘出租车去无锡市曹张新村。李俊承诺后，施××即上车。当行驶一段路程后，李俊以需接亲戚为由叫施××下车。第二天，施××即向被告举报，说明了时间、地点、出租汽车牌号，以及拒载乘客的经过。同月7日上午，被告向原告发出《道路运输违章车辆中止运行通知书》，以举报待查为由暂扣李俊的行驶证，限令李俊3日内前往无锡市交通运输管理处接受处罚。当日下午，无锡市交通运输管理处向李俊发出锡交字第4039481号《道路运输违章处罚决定书》，以李俊拒载乘客，违反了《无锡市出租汽车客运管理办法》第四十一条第(三)项的规定，给予李俊停业整顿30天的行政处罚。李俊不服，遂于1994年9月10日向无锡市北塘区人民法院提起行政诉讼并附带行政侵权赔偿诉讼。

上述事实有以下证据证明：

1. 乘客施××举报奖励登记表。

2. 李俊谈话笔录。

3. 施××谈话笔录。

4. 证人李××谈话笔录。

5.《道路运输违章车辆中止运行通知书》。

6.《道路运输违章处罚决定书》。

（四）判案理由

法院认为：原告李俊中途借故让乘客下车，中断为乘客服务，此行为属于出租汽车行业管理中拒载乘客的行为，违反了《无锡市出租汽车客运管理办法》第四十一条第(三)项的规定(该项规定：无正当理由中断服务的，客运管理部门可予以扣车，责令停业整顿30天，并可处以1000元至2000元的罚款)。被告对原告作出停业整顿30天的行政处罚，事实清楚，证据确凿，适用规章正确，程序合法。

无锡市是经国务院批准的较大的市，有制定规章的职权。《无锡市出租汽车客运管理办法》是1994年8月24日由无锡市人民政府制定发布的，属地方规章，人民法院在审理行政诉讼案件中可以参照。

原告以需接亲戚而拒载乘客的辩解理由，缺乏事实依据，不予采纳。被告的具体行政行为合法，应予维持。停业整顿期间原告的经济损失由自己负担，被告的行为不侵权，故不应承担赔偿责任。

（五）定案结论

无锡市北塘区人民法院根据《中华人民共和国行政诉讼法》第五十三条第一款、第五十四条第(一)项，参照《无锡市出租汽车客运管理办法》第四十一条第(三)项之规定，判决如下：

1. 维持无锡市交通运输管理处1994年9月7日作出的锡交字第4039481号《通路运输违章处罚决定书》。

2. 驳回李俊要求无锡市运输管理处赔偿经济损失16479元的诉讼请求。

案件受理费690元，由原告负担。

(六)解说

这是一起人民法院参照规章审理的行政案件。

《行政诉讼法》规定，人民法院审理行政案件，依法律和行政法规、地方性法规为依据，同时还规定："人民法院审理行政案件，参照国务院部、委根据法律和国务院的行政法规、决定、命令制定、发布的的规章以及省、自治区、直辖市和省、自治区的人民政府所在地的市和经国务院批准的较大的市的人民政府根据法律和国务院的行政法规制定、发布的规章。"如何参照呢?"参照"是指人民法院审理行政案件时，首先要对规章进行审查，如认为规章不与法律、行政法规相抵触，即应依据规章判案。本案就是依据规章判案的。经审查：无锡市是经国务院批准的较大的市，无锡市人民政府有制定规章的权力。为了加强出租汽车管理，1994年8月24日，无锡市人民政府制定、发布了《无锡市出租汽车客运管理办法》。该办法第二十三条第(四)项规定：载客营运中无正当理由中断服务的，属拒载客行为。该办法第四十一条第(三)项规定："经营者无故拒载乘客，强行拉客或无正当理由中断服务的，客运管理部门可予扣车，责令停业整顿30天，并可处以1000元至2000元的罚款。"经审查，到目前为止，全国人大常委会、国务院并没有制定关于出租汽车管理方面的法律或行政法规，可见，无锡市人民政府制定的《无锡市出租汽车客运管理办法》与法律、行政法规不相抵触，人民法院可以依据该规章判案。

鉴于出租汽车管理上的混乱，拒载乘客、滥收费现象严重，无锡市人民政府的管理办法规定了较为严厉的处罚，这是十分必要的。无锡市交通运输管理处严肃执法，对拒载乘客的李俊处以停业整顿30天的处罚，是正确的。无锡市北塘区人民法院经审查，认定无锡市交通运输管理处所作的处罚合法，判决予以维持，对促进出租汽车行业管理、制裁违章行为，起了积极作用。

(曹敏　刘天兴)

30. 章宜灿不服江西省星子县公路运输管理所行政处罚案

(一)首部

1. 裁定书字号：江西省星子县人民法院(1994)星子初字第07号。

2. 案由：不服交通行政处罚案。

3. 诉讼双方

原告：章宜灿，男，1948年12月5日出生，江西省星子县县城个体工商户。

被告：江西省星子县公路运输管理所。地址：江西省星子县南康镇。

法定代表人：宋林生，所长。

4. 审级：一审。

5. 审判机关和审判组织

审判机关：江西省星子县人民法院。

合议庭组成人员：审判长：欧阳民生；审判员：虞新义、陶勇明。

6. 审结时间：1994 年 12 月 12 日。

（二）诉辩主张

1. 被诉具体行政行为：本案被告江西省星子县公路运输管理所认定原告个体工商户章宜灿违反交通部(86)交公路字 956 号文件的规定，无维修技术合格证，不交规费，遂于 1994 年 10 月 31 日填发送达道路运输违章处罚决定书，根据中华人民共和国交通部的《道路运输违章处罚规定（试行）》第七条第一、九项、第十二条第一项之规定，对原告章宜灿给予罚款 100 元，补交规费 600 元和滞纳金 14398 元的处罚。原告不服处罚决定，于 1994 年 11 月 12 日向江西省星子县人民法院提起行政诉讼。

2. 原告诉称：原告系从事焊接、氧割项目的个体工商业，没有进行过汽车修理，也不懂汽车维修技术，只是偶尔有个别汽车司机为图方便要求为其焊接过少量的车厢模杆，被告与原告相距不到 30 米，原告从事经营的维修项目，被告是清楚的，从未进行过制止。这次处罚原告 1 万多元，是没有事实和法律根据的，要求撤销处罚决定。

3. 被告辩称：原告未办理车辆维修经营许可证，自 1992 年 4 月开业以来，无技术合格证焊接车厢、驾驶室、保险杠、叶子板、踏脚板等，被告本着教育从严，处理从宽的原则，对原告按 15098 元给予处罚是正确的。

（三）事实和证据

法院经审理查明：原告章宜灿于 1992 年 3 月在星子县南康星子公路旁开办小型日用金属制品修理店，主要从事日用金属制品的焊接、氧割工艺的加工、修理，因交通便利，自开业以来有少数个别汽车司机、拖拉机司机要求原告对车辆的简单部件进行焊接，原告章宜灿有时也接受过此种焊接业务。1994 年 10 月 12 日，被告江西省星子县公路运输管理所下属机构江西省星子县公路运输管理所运政稽查队向原告章宜灿填发公路运输管理规费征收催款通知书，要求原告章宜灿在 1994 年 10 月 20 日前缴纳自 1993 年 1 月 1 日至 1994 年的管理费 600 元，原告章宜灿当即以被告无权管理为由拒绝缴纳。1994 年 10 月 31 日，被告江西省星子县公路运输管理所下属机构江西省星子县公路运输管理所运政稽查队向原告章宜灿填发送达赣运字 0027416 号道路运输违章处罚决定书，认定原告章宜灿擅自开业，无证进行汽车修理，不交规费，违反了中华人民共和国交通部《道路运输违章处罚规定（试行）》第七条第一、九项、第十二条第一项之规定，决定对原告章宜灿罚款 100 元，补交规费 600 元，罚滞纳金 14398 元。原告章宜灿不服，于 1994 年 11 月 12 日向江西省星子县人民法院提起行政诉讼。经法院审查，认为起诉符合《中华人民共和国行政诉讼法》第四十一条规定的起诉条件，立案受理。

被告江西省星子县公路运输管理所收到法院应诉通知和原告章宜灿诉状副本后，在法定期限内提出了应诉答辩状。在案件审理中，决定开庭之前，被告江西省星子县公路运输管理所于 1994 年 12 月 9 日作出行政处罚撤销决定书。决定书写道：我所运政稽查队 1994 年 10 月 31 日作出的赣运字第 0027416 号处罚决定书经所长办公会议研究决定，对章宜灿行政处罚决定予以撤销。

原告章宜灿收到撤销决定书后，于 1994 年 12 月 11 日以诉讼目的已达到，合法权益受到了保护为理由，向江西省星子县人民法院申请撤回起诉。

认定上述事实的证据有：

1. 原告章宜灿的起诉状。

2. 原告章宜灿的工商营业执照税务登记证。

3. 原告章宜灿的撤回起诉申请书。

4. 被告的答辩状。

5. 被告的规费征收催款通知书、道路运输违章处罚决定书。

6. 被告的行政处罚撤销决定书。

(四)判案理由

《中华人民共和行政诉讼法》第五条规定："人民法院审理行政案件，对具体行政行为是否合法进行审查。"第五十一条规定："人民法院对行政案件宣告判决或者裁定前，原告申请撤诉的，或者被告改变其所作的具体行政行为，原告同意并申请撤诉的，是否准许，由人民法院裁定。"星子县人民法院对原告章宜灿的撤诉申请和被诉具体行政行为进行审查后认为：

1. 被诉的具体行政行为主要证据不足，被告没有原告店名、服务项目、经营范围等对外进行汽车修理的照片、文字和实物，即没有原告章宜灿进行一类、二类汽车修理的证据，也没有三类汽车专项修理(指专门从事汽车一项或多项修理)的主要证据，仅只有原告实际有时焊接汽车部件的记载。原告没有申请过汽车维修经营许可证，不发生向被告缴纳管理费的问题，被告也就无权对原告罚缴滞纳金。

2. 违反法定程序。行政机关作出处罚决定，应当遵循"先取证、后裁决"的程序，而被告未取得证据即行裁决，仅向法院递交了一份 1994 年 10 月 12 日向原告发出的缴纳规费 600 元的通知。其证据力不足以证明处罚决定的合法性。

3. 超越职权。《道路运输违章处罚规定(试行)》第二十六条明确规定，2000 元以上罚款的处罚由市、地级道路运输管理机关批准。本案罚款加变相罚滞纳金在万元以上，其处罚决定既没有经市、地级有关部门批准，而且是县级道路运输管理机关的下属机构运政稽查队签发的，因此，被告江西省星子县公路运输管理所运政稽查队签发的处罚决定显然超越了职权范围。根据行政法"越权无效"的原则，该处罚决定应属无效决定。

4. 在诉讼过程中，被告认识到其下属机构运政稽查队所作的处罚决定违法，主动撤销，并不再重新处罚，原告同意并申请撤诉，撤诉申请是自愿的，且诉讼目的已达到，应准予撤诉。

(五)定案结论

根据《中华人民共和国行政诉讼法》第五十一条的规定，法院作出裁定：

准予章宜灿撤回起诉。

减半收取诉讼费 700 元，由被告江西省星子县公路运输管理所承担。

(六)解说

本案涉及的问题有以下几个方面：

1. 当前行政审判中撤诉结案的较多。行政诉讼中，原告申请撤诉，人民法院还必须对被诉的具体行政行为的合法性进行审查。如果被诉的具体行政行为合法，可以准予撤诉；如果被诉的具体行政行为不合法，原告申请撤诉的，法院不应准许。本案中，被诉的具体行政行为是违法的，被告主动认错，撤销了原具体行政行为，原告的诉讼目的已达到，自愿申请撤诉，且未影响国家、集体及他人的合法权益，人民法院准予撤诉是正确的。

2. 关于具体行政行为中的事实根据和法律依据问题。事实根据和法律依据是行政机关作出具体行政行为的核心内容，即应该遵守“以事实为根据，以法律为准绳”这一基本原则，具体行政行为中的事实要由法律来认定，通过适用法律来认定某个事实或某些事实是合法的，还是违法的。本案被告江西省星子县公路运输管理所下属机构江西省星子县公路运输管理所运政稽查队签发的道路运输违章处罚决定书，在认定事实和适用法律两方面都存在问题。

首先，在认定事实方面。作出该处罚决定所依据的事实仅是原告有过焊接汽车部件的行为，对原告焊接的具体事实没有证据证实。在经营范围上，原告未用文字、图案、样品等对外宣称进行汽车修理，被告也举不出这方面的证据来证明原告有上述事实存在，就在处罚决定中认定原告经营汽车修理业务，依据《中华人民共和国行政诉讼法》第五十四条的规定，没有证据的处罚决定属无效决定。如有证据，但证据力不足以证明处罚决定是合法的，也属无效决定。本案被告提供的1994年10月12日填发的公路运输管理规费征收催款通知书，其证据力不足以证明处罚决定的合法性。

其次，在法律适用方面，被告引用《道路运输违章处罚规定（试行）》第七条第一项、第九项、第十二条第一项。该规章第七条第一项是指对“未按规定程序申领经营许可证擅自经营的”处罚，第七条第九项是指对“经营许可证或营运证在规定期限内未经年度审验继续使用的”处罚，第十二条第一项是指对“未按费率和期限缴纳管理费的”处罚，同时引用以上条款显然自相矛盾。因为未申领经营许可证的，也就不存在缴纳管理费的问题。

3. 关于法定程序问题。依照法定程序行使职权是保证行政行为正确合法的必要条件。该案被诉具体行政行为，被告在程序上也存在问题。未经调查、取证就处罚，或先处罚、后取证，都是不允许的。该案被告未取证就处罚，违反了法定程序，导致该处罚错误。

（星　子）

第十篇　卫生行政管理纠纷案例

31. 浙江省苍南县灵溪五洲滋补药行不服江苏省无锡市卫生局药品卫生管理处罚案

(一)首部

1. 判决书字号:江苏省无锡市南长区人民法院(1994)南行初字第1号。

2. 案由:不服药品卫生管理处罚案。

3. 诉讼双方

原告:浙江省苍南县灵溪五洲滋补药行(以下简称五洲药行)。

法定代表人:姜传根,经理。

委托代理人:张松岩,北京市大成律师事务所律师;刘斌,浙江省杭州奥博特生物工程有限公司职员。

被告:江苏省无锡市卫生局(以下简称无锡市卫生局)。

法定代表人:许国忠,局长。

委托代理人:谢博生,该局干部;张建南,江苏省无锡市法制局干部。

4. 审级:一审。

5. 审判机关和审判组织

审判机关:江苏省无锡市南长区人民法院。

合议庭组成人员:审判长:陆解兴;代理审判员:陈志伟、孙佳蓓。

6. 审结时间:1994年5月16日。

(二)诉辩主张

1. 被诉具体行政行为:1993年11月4日被告无锡市卫生局作出《关于浙江省苍南县五洲滋补药行等单位在我市违法销售假劣"扬山牌"洋参丸的处罚决定》(以下简称处罚决定):没收浙江省苍南县灵溪五洲滋补药行销往无锡市的"扬山牌"洋参丸39762盒,并处以罚款人民币15万元。原告对该决定不服,向江苏省卫生厅申请复议,江苏省卫生厅决定维持原处罚决定。原告仍不服,向江苏省无锡市南长区人民法院起诉。

2. 原告诉称:我行是制造"扬山牌"洋参丸的香港明华公司在江苏、浙江地区销售的总代理,无锡市卫生局不处罚香港明华公司,而处罚我行,认定被处罚主体事实不清;"扬山牌"洋参丸属进口药品,无锡市药品检验所(以下简称无锡药检所)无权对该药实施检验,其出具的检验报告书没有法律效力；我行销往无锡市的洋参丸，并非我行直接营销，而是通过签订销售合同实施的，且我行的法人注册地不在无锡市，无锡市卫生局对我行没有行政管辖权；无锡市卫生局将我行被扣人民币15万元先上交后处罚，处罚程序不当。因此，我行曾向江苏省卫生厅申请行政复议，江苏省卫生厅维持了原行政处罚决定。为此，请求法院撤销被告的错误决定，保护原告的合法权益。其主要事实根据如下：

（1）香港明华公司福州办事处1992年3月12日出具的关于“扬山牌”洋参丸总经销委托证明书，1992年5月1日出具的关于“扬山牌”洋参丸总经销协议，1992年8月10日出具的函，明确表明我行是香港明华公司在浙江、江苏地区的总代理，“扬山牌”洋参丸的质量问题，由香港明华公司承担一切法律、经济责任。被告在明知原告是香港明华公司的代理人，且香港明华公司明确愿承担一切法律、经济责任的前提下，被告仍对原告进行处罚，系认定被处罚主体错误，属违法行政。

（2）国务院1990年12月2日颁布的《进口药品管理办法》第三条规定：“进口药品必须经口岸药品检验所法定检验。”卫生部授权制造、香港明华公司总代理的“扬山牌”美国洋参丸属进口药品，卫生部批准进口许可证号码为880233。其进口时已由口岸药检所实施了法定检验，检验合格后才同意进口的。在国内流通时，无锡药检所作出的检验结果与口岸药检所检验结果相悖，无锡药检所非进口药品法定检验机关，其检验结果不具有法律效力。因此，无锡市卫生局作出行政处罚的事实依据不足。

（3）《中华人民共和国药品管理法》第四十七条明确规定：“药品监督员有权按照规定对辖区内的药品生产企业、药品经营企业和医疗单位的药品质量进行监督、检查、抽验，必要时可以按照规定抽取样品和索取有关资料，有关单位不得拒绝和隐瞒。”原告的法定注册地在浙江省苍南县，原告是通过与无锡市糖烟酒公司副食品批发部等单位签订合同，从浙江将货发往无锡市的，并非原告在无锡市摆摊销售或设专柜销售的。根据属地管辖规定，被告无权对辖区外的药品经营企业行使管辖权。因此，被告对原告的行政处罚属违法越权行政。

（4）1993年3月1日被告以锡通NO.081434“江苏省罚没款专用凭证”收到无锡市公安局南长分局移交的原告被暂扣款人民币15万元，但被告在1993年11月4日作出的处罚决定中，在对原告作出罚款人民币15万元的同时注明此款已缴纳国库。被告依据什么法律规定将原告暂扣款作为罚没款收缴？被告在处罚决定未生效前将原告暂扣款上缴国库违反了行政执法的法定程序，属违法行政。

3. 被告辩称：原告未取得《药品经营许可证》，以自己的名义在无锡市批发销售进口药品，依法应予处罚；无锡药检所依据职权和国家标准对在无锡市范围内经营的药品质量进行技术监督，其出具的检验报告书具有法律效力；我局依法行使属地管辖权，只对原告在无锡地区的销售行为进行查处是依法行政的体现；没收和上缴罚没款15万元是依照有关规定执行，适用程序并无不当。原告不服处罚，向江苏省卫生厅申请复议，江苏省卫生厅复议认定我局所作处罚事实清楚，证据确凿，适用法律正确，程序合法，依法予以维持。为此，请求法院依法维持被告正确的处罚决定。其理由是：

（1）《中华人民共和国药品管理法》第十条规定：“开办药品经营企业必须由所在地药品生产经营主管部门审查同意，经县级以上卫生行政部门审核批准，并发给《药品经营企业许可证》。无《药品经营企业许可证》的，工商行政管理部门不得发给营业执照。”第五十二条规定：“未取得《药品生产企业许可证》、《药品经营企业许可证》、《制剂许可证》生产药品、经营药品或者配制制剂的，责令该单位停产、停业或者停止配制制剂，没收全部药品和违法所得，可以并处罚款。"《药品管理法实施办法》第三条规定："……严禁未经许可生产、经营药品和配制制剂。"第五十一条规定："对未取得《药品生产企业许可证》、《药品经营企业许可证》、《制剂许可证》而生产、经营药品或者配制制剂的，卫生行政部门除责令其立即停产、停业、停止配制制剂外，没收全部药品和违法所得，并根据情节，处以其所生产、经营药品或者配制制剂正品价格的五倍以下的罚款。"《进口药品管理办法》第二十三条规定："无《药品经营企业许可证》而擅自经营进口药品的……由当地卫生行政部门依照《药品管理法》的有关规定处罚。"

原告未取得浙江省卫生厅核发的《药品经营企业许可证》，不具有经营药品的资格。根据上述法律规定，原告擅自销售进口药品的行为是违法的，被告依法行使行政处罚是正确的。

(2)原告于1991年3月5日、1992年5月25日与香港明华公司签订的是购销合同，合同明确规定违约按《经济合同法》处理，这充分证明双方之间建立的是购销关系，而不是代理关系。事实上原告在无锡市持浙江省苍南县工商行政管理局核发的营业执照，以自己的名义推销"扬山牌"洋参丸，由此引起的法律责任理应由原告承担。因此，被告将原告列为违法主体进行处罚是正确的。

(3)无锡药检所是我市对药品质量实施技术监督检验的法定机构，负责辖区范围内的药品检验和技术仲裁，因此有权对全市范围内的一切药品质量进行技术监督。《药品管理法》第二十八条及《进口药品管理办法》第三条的规定，则是规定对进口药品必须实施资格检验，而并未排除在药品进口以后当地药检所作药品技术质量检验。尤其目前市场上存在假药、劣药的情况下，药品进口后在流转过程中，应适用《药品管理法》的一般规定，纳入普通药品管理。因此，对进口药品除在进口法定检验方面特殊外，其他方面不能允许特殊。无锡药检所依照法律规定的职责和程序，根据进口药品标准WS4－32－92的规定对"扬山牌"洋参丸实施检验，并报送江苏省药检所进行复检，其出具的检验报告书具有法律效力。

(4)《药品管理法》第二十三条规定："药品必须符合国家药品标准或者省、自治区、直辖市药品标准。"第三十三条规定："禁止生产、销售假药。下列情形之一的为假药……药品所含成分的名称与国家药品标准或者省、自治区、直辖市药品标准规定不符合的。"第五十二条规定："生产、销售假药的，没收假药和违法所得，处以罚款，并可以责令该单位停产、停业整顿或者吊销《药品生产企业许可证》、《药品经营企业许可证》、《制剂许可证》。"

原告销售的是经检验为内含成分不符国家标准的假药，被告依法对原告处以罚款15万元是正确的。

(5)卫生部《药品监督管理行政处罚规定(暂行)》第五条规定："地区(市)级卫生行政部门负责查处发生在本辖区内的重大、复杂的违法行为。"根据这一规定，被告未对发生在辖区外的假药生产者进行查处，也未对原告在无锡市以外的违法行为进行查处，而是依法对原告发生在无锡地区的违法行为进行处罚。原告营业执照的注册地是浙江省苍南县，但原告持营业执照到无锡推销药品，经营活动发生在无锡市，应认定易地销售。因此，被告依法有权对原告的违法行为实施处罚。

(6)1993年3月1日，无锡市公安局南长分局(以下简称南长分局)按《药品管理法》的规定，将本案移交被告查处，随案将暂扣原告的人民币15万元一同移交，被告依据有关规定出具了收款凭证，并在凭证上注明是由南长分局转来。1993年11月4日被告作出行政处罚，1993 年 12 月 23 日被告将罚款上缴国库，被告对罚款 15 万元的上缴程序并无不当。

（三）事实和证据

法院经审理查明：1992 年 9 月 14 日，无锡市卫生局等部门在例行市场商品质量检查时，发现无锡市糖烟酒公司副食品批发部无《药品经营企业许可证》，违法销售"扬山牌"洋参丸，且价格低廉，药政部门当即宣布对该批药品实行临时控制，指定无锡药检所进行抽样检验。检验结果多项指标均不符合卫生部进口药品标准 WS4－32－92 的规定。在进一步查处中，无锡市卫生局根据五洲药行来锡推销"扬山牌"洋参丸的业务员刘某的陈述，分别对无锡市销售"扬山牌"洋参丸的 5 家商业单位进行药品监督检查，得知五洲药行向无锡市推销了"扬山牌"洋参丸 62000 盒。经无锡药检所对在无锡市场销售共 10 个批号的"扬山牌"洋参丸进行抽样检验，结论均为药品内含成分不符合 WS4—32—92 标准的规定。无锡市卫生局将其中的 3 个批号的洋参丸抽样送江苏省药品检验所作技术复核，结论是均不符合规定。据此，无锡市卫生局决定对无锡市 5 家商业单位库存的"扬山牌"洋参丸予以查封。

1992 年 10 月 7 日刘某再次来锡推销"扬山牌"洋参丸时，被南长分局收容审查。之后，生产该洋参丸的香港明华公司致电无锡市有关单位，声明五洲药行系其公司在江苏、浙江地区经销的总代理，"扬山牌"洋参丸质量的经济、法律责任由该公司负责，与五洲药行无关。五洲药行交纳人民币 15 万元后，南长分局于 1992 年 12 月 12 日解除对刘某的收容审查，并于 1993 年 3 月 1 日将该案移送无锡市卫生局并案处理。无锡市卫生局在接收此案时，以行政处罚收据向南长分局出具了收到 15 万元人民币的收款证明，并注明此款系南长分局转来。无锡市卫生局在查实五洲药行未取得《药品经营企业许可证》，以自己的名义在无锡市推销假"扬山牌"洋参丸的事实后，根据《中华人民共和国药品管理法》第五十条第一款、第五十二条的规定，于 1993 年 11 月 4 日作出锡卫药(1993)56 号《关于浙江省苍南县五洲滋补药行等单位在我市违法销售假劣"扬山牌"洋参丸的处罚决定》：没收浙江省苍南县灵溪五洲滋补药行销往我市的"扬山牌"洋参丸 39762 盒；对浙江省苍南县灵溪滋补药行处以罚款人民币 15 万元。五洲药行不服处罚，向江苏省卫生厅申请复议。江苏省卫生厅于 1994 年 1 月 12 日作出复议决定，维持无锡市卫生局的处罚决定。五洲药行仍不服，于 1994 年 2 月 20 日向法院提起诉讼。

上述事实有下列证据证实：

1. 当事人的陈述。

2. 被告提供的江苏省药品检验所检验报告书、无锡市药品检验所检验报告书等。

（四）判案理由

法院认为：五洲药行未经浙江省药品经营主管部门审查同意，在未取得《药品经营企业许可证》的情况下，来无锡市推销进口药品"扬山牌"洋参丸，已构成行政违法行为，应予查处。五洲药行虽然与香港明华公司订有总代理的协议，但在无锡市则是以自己的名义推销"扬山牌"洋参丸的，由此引起的法律责任由五洲药行承担，无锡市卫生局将五洲药行列为违法主体进行处罚是正确的。无锡药检所依据职责及法定程序，按卫生部进口药品标准对在无锡市场上所销售的进口药品"扬山牌"洋参丸进行品质制检是合法行为，所出具的检验报告书具有法律效力。五洲药行的法人注册地在浙江省苍南县，但其业务员携营业执照来无锡市推销"扬山牌"洋参丸，无锡市卫生局对五洲药行来无锡推销的"扬山牌"洋参丸，经无锡药检所、江苏省药品检验所依据进口药品标准分别进行检验和技术复核，结论均为不符合规定，无锡卫生局依法认定“扬山牌”洋参丸为假药，并对五洲药行违法销售假药的行为进行查处，依法有据。五洲药行向南长分局交纳人民币15万元，该局于1993年3月1日依法将有关材料和15万元人民币移送无锡市卫生局并案查处，无锡市卫生局因此决定予以处罚，并于1993年12月23日按规定将人民币15万元罚款上交国库，执法程序并无不当。无锡市卫生局对五洲药行无证在无锡推销假“扬山牌”洋参丸的违法行为，依法进行行政处罚是很有必要的，所作的处罚决定事实清楚，证据确凿，适用法律法规准确，程序合法，应予支持。

（五）定案结论

法院根据《中华人民共和国行政诉讼法》第五十四条第（一）项的规定，作出如下判决：

维持无锡市卫生局锡卫药（1993）56号《关于浙江省苍南县灵溪五洲滋补药行等单位在我市违法销售假劣“扬山牌”洋参丸的处罚决定》。

诉讼费人民币9100元（其中鉴定费100元），由五洲药行负担。

（六）解说

从本案情况看，原、被告争议的焦点主要在于对法律规定内涵的理解和对事实定性的差异上。首先是被处罚的主体确定。香港明华公司与五洲药行虽订有代理协议，但五洲药行在实施销售行为时均以自己的名义进行的，且五洲药行未取得浙江省卫生厅核发的《药品经营企业许可证》，在经营活动中以营业执照证明自己有药品经营权而达到了销售“扬山牌”洋参丸的目的。无锡市卫生局认定五洲药行无证销售进口药品违反了《药品管理法》第五十二条规定，不处罚香港明华公司是正确的。第二是进口药品流转过程中谁有权进行质量监督。鉴于药品质量直接关系到消费者身体健康，是人命关天的大事，尤其是假劣药品不断混杂其中，危害广大消费者的生命健康，无锡市卫生局依法行使药品监督管理权，对进口药品实施质量监督是正确的。无锡药检所依据职责和国家标准对抽检药品实施检验，而且经江苏省药检所复检后作出的检验报告是具有法律效力的，无锡市卫生局据此对销售假药进行处罚是依法行使行政处罚权。第三是易地销售的管辖问题。按照卫生部《药品监督管理行政处罚规定（暂行）》第五条“地区（市）级卫生行政部门负责查处发生在本辖区内的重大、复杂的违法行为”的规定，五洲药行在无锡地区销售假药数量多、范围广，应属发生在本辖区的重大违法行为，无锡市卫生局理应行使管辖权。五洲药行未取得《药品经营企业许可证》，也就谈不上注册地的问题，所以无锡市卫生局有权对五洲药行进行行政处罚。第四是罚没款收缴程序的合法性。公安机关在打假中暂扣了五洲药行人民币15万元，之后依法移交无锡市卫生局并案处理，同时将暂扣款也移交给无锡市卫生局。无锡市卫生局按照财政部的规定，以“江苏省罚没款专用凭证”向公安部门出具收据，并注明系转来的，这是正常的部门间交接手续。无锡市卫生局11月4日作出处罚，时隔一个多月，于12月23日将罚没款上缴财政，这也是部门间的内部转移手续，这样做符合有关规定，执法程序并无不当。

综观全案，无锡市卫生局在作了大量调查取证和检验后，事实是清楚的，适用法律法规也是正确的，适用程序并无不当。无锡市卫生局的做法，打击了销售假药的行为，维护了消费者利益，保护了广大人民群众的生命健康。因此，江苏省无锡市南长区人民法院判决维持无锡市卫生局的处罚决定是正确的。

（陆解兴）

第十一篇　水利行政管理纠纷案例

32. 黑河则村民委员会、黑峁墩村民委员会不服横山县政府水政处理决定案

(一)首部

1. 判决书字号

一审判决书：陕西省横山县人民法院(1993)行初字第12号。

二审判决书：陕西省榆林地区中级人民法院(1994)行上字第20号。

2. 案由：不服水政处理决定案。

3. 诉讼双方

原告(上诉人)：横山县白界乡黑河则村民委员会。

法定代表人：阎志明，副主任。

一审委托代理人：阎凤侃，该村村民；王保元，横山县律师事务所律师。

二审委托代理人：阎凤侃，该村村民；师俊粟，榆林市律师事务所律师。

原告(上诉人)：横山县白界乡黑峁墩村民委员会。

法定代表人：曹培山，主任。

一审委托代理人：贺怀宽，该村村民。

一、二审委托代理人：胡守奋，榆林地委党校教师，兼职律师。

二审委托代理人：曹思军，该村村民。

被告(被上诉人)：横山县人民政府。

法定代表人：刘买义，县长。

一、二审委托代理人：刘勇材，横山县律师事务所律师，县政府常年法律顾问。

一审委托代理人：高崇荣，该县无定河治理指挥部负责人。

二审委托代理人：李海鹰，该县水利施工队队长。

4. 审级：二审。

5. 审判机关和审判组织

一审法院：陕西省横山县人民法院。

合议庭组成人员：审判长：米德志；审判员：刘子元、高崇占。

二审法院：陕西省榆林地区中级人民法院。

合议庭组成人员：审判长：周秉胜；代理审判员：杨政林、解农田。

6. 审结时间

一审审结时间：1993 年 11 月 29 日。

二审审结时间：1994 年 4 月 30 日。

（二）一审情况

1. 一审诉辩主张

（1）被诉具体行政行为：原告黑河则村与原告黑峁墩村因争用黑河水发生水事纠纷，横山县人民政府根据《中华人民共和国水法》第十二条、第十三条、第三十条、第三十六条的规定，先后作出三个处理决定：

1993 年 9 月 1 日，以横政行决字（1993）第 11 号作出《关于白界乡黑峁墩村与黑河则村用水纠纷的处理决定》：1）维持 1992 年 8 月 5 日“黑河则村引水工程协议书”，即只许拉沙筑堤，不准开渠引水；2）被申请人黑河则村的引水拉沙筑堤工程从接到本决定之日起立即开工，在其抽水扬程处向西延伸 100 米起拉沙，不得擅自改变；3）被申请人黑河则村必须立即疏通申请人黑峁墩村的用水渠道；4）两村今后用水必须服从地、县水利部门无定河治理的统一规划，统筹兼顾，合理用水的原则，由县水资源办尽快拿出用水方案，报政府审批后实施。

上述决定作出后，黑峁墩村认为未解决问题，提出异议，横山县人民政府又于 1993 年 9 月 4 日作出补充决定：黑河则村拉沙筑提工程要限期完成，以后再不允许从现已基本成渠的沟道过水，如有违反，由此引起的一切后果由当事者负完全责任。

黑河则村民委员会对横山县人民政府的第 11 号决定不服，于同年 9 月 13 日提起诉讼，横山县人民法院于 9 月 15 日决定立案。横山县水利水保局于 11 月 5 日根据县政府 11 号决定，作出横政水发（1993）第 58 号《关于黑河则与黑峁墩两村用黑河水引水灌溉方案的批复》。批复下发后，黑河则村与黑峁墩村均不服，县政府经研究认为此批复不符合法律规定的程序，又于 11 月 15 日根据《中华人民共和国水法》第十二条、第十三条、第三十五条的规定，作出横政行决字（1993）第 13 号《关于实施白界乡黑河引水灌溉工程规划方案的决定》：1）申请人与被申请人必须执行县水利水保局 1993 年 11 月 5 日横政水发（1993）第 58 号《关于黑河则与黑峁墩两村用黑河水引水灌溉方案的批复》；2）该工程由白界乡政府组织实施，所需工料费用 9.9 万元，全部由两村按土地受益面积比例分担，工程将于 1994 年春灌前竣工，竣工后由县水利水保局检查验收，工程竣工前，两村必须执行 11 号处理决定；3）水利水保局要尽快组建白界乡水管站，乡水管站成立后，监督黑峁墩村 390 多亩和黑河则村 1300 亩土地的分配用水以及渠道的管护等。横山县人民政府发出第 13 号决定后，黑河则村与黑峁墩村均不服提起诉讼。横山县人民法院决定将横山县人民政府所作的 11 号决定及 13 号决定合并审理。

（2）原告黑河则村诉称：横山县人民政府作出的三个处理决定，既不符合客观事实，又不符合政策、法律的规定，侵犯了原告的合法权益，请求法院予以撤销。其主要理由包括：1）开渠引水，既节约劳动力又便于交通，还能排除杨沟水害，使农田和公路不受损坏；2）开渠引水工程已投入大量人力、财力，限制引水灌溉西湾滩已治出的土地，不符合政策、法律的规定；3）据推测，黑河水年平均流量为 $0.4m^3/s$，开渠引水灌溉西湾滩的土地，并不影响黑峁墩下游的灌溉，而是合理地利用水资源；4）开渠引水，实行轮灌制，才能充分利用水资源。

原告黑峁墩村诉称：横山县人民政府所作的三个决定，第 11 号和补充决定正确，应予维持，第 13 号决定错误，人民法院应予撤销。其理由主要是：1）规划方案所依据的水文资料不准，每到夏季现有的土地都没有水灌溉，还要倒抽无定河的水，哪来的水再分给西湾滩使用呢？2）规划方案耗资近 10 万元，修建一个根本无用的工程，因无这项工程，黑峁墩的土地照灌不误；即使此项工程建成，也免不了两村争水，将给子孙后代种下水事纠纷的祸根；3）规划方案只在西湾滩安排了黑河则村 1300 多亩的土地用水，对黑峁墩村在西湾滩约近 400 亩土地的用水根本没有考虑；4）规划方案对渠道占地和树木损毁问题未作处理；5）渠道所需工料近 10 万元，全由农民承担，无法承受；6）大湾滩现有 1000 多亩土地都无水用，再向西湾滩分去三分之一的水，叫黑峁墩原有的水地灌哪里的水呢？

（3）被告辩称：县政府对二原告发生的水事纠纷所作的行政处理决定，事实清楚，适用法律、法规正确，程序合法，实体处理合法，科学、可行。请求法院予以难持。主要理由如下：1）13 号决定中所确定的用水方案有科学依据，因县水利部门曾于 1985 年以黑河水为 $0.5m^3/s$ 水流量规划灌溉大湾滩 3000 多亩耕地，1992 年以 $0.4m^3/s$ 水流量规划开东西两条渠，灌溉大湾滩 3000 亩耕地与西湾滩的部分耕地，1993 年仍测定为 $0.4m^3/s$ 水流量，再加上采取充分利用水和调整农作物种植种类等措施，13 号决定中的方案是正确可行的；2）13 号决定中的用水方案具有法律依据，即黑河则村在开工前因有争议曾达成四方协议，13 号决定中的用水方案与四方协议是一致的，如果允许黑河则村又新开沟用水，就是纵容了黑河则村的违法行为，使双方矛盾更加尖锐；3）13 号决定中的用水方案是解决用水问题的最佳选择，即通过对曹家坝上游、下游分水和从无定河引水，以及打多管井等方案相比，决定中的方案是最佳方案。同时表示所需 9.9 万元材料费可由县政府负责解决。

2. 一审事实和证据

横山县人民法院经公开审理查明：黑河则村与黑峁墩村相互毗邻，均居住在黑河两岸，黑河则村在河上游西岸，黑峁墩村在河下游东岸。两村祖辈皆靠黑河水灌溉土地为生。1991 年冬，黑河则村响应上级政府用河造田的精神，用抽灌的方法，将黑河水引入杨沟岔西沙，进行拉沙筑堤，治理其位于无定河畔西湾滩约 1300 余亩土地。由于杨沟岔西沙的地权尚有争议，为了使拉沙筑堤工程进展顺利，县治河指挥部和白界乡政府于 1992 年 8 月 5 日召集二原告就引水工程中的有关问题达成如下协议：（1）黑河则村无定河治理需进行引水拉沙围河筑堤，黑峁墩村予以支持，但只许拉沙筑堤，不能随意开沟引水灌溉，若以后确需开沟引水灌溉必须向政府申报，经县水利部门实地考察，在不影响黑峁墩下游灌溉的前提下方可批准开沟引水；（2）在治河过程中要尽量保护现有成材树木，确需损失者，按损失大小予以适当的补偿。1993年初，黑河则村违背协议，进行倒拉沙开沟，黑峁墩村得知后进行阻止，并多次向有关部门反映，但问题未能得到解决。1993 年 8 月 13 日，黑峁墩村村民一百多人，用炸药炸毁黑河则村所开的沟，并引起双方斗殴。事发后，县政府派出工作组对此纠纷进行了全面调查调解，并于 1993 年 8 月 23 日向双方当事者宣布了维持 1992 年 8 月 5 日“黑河则村引水工程协议书”等 8 条处理意见，黑峁墩村对此意见持怀疑态度，于 1993 年 8 月 25 日，集体上访县政府。1993 年 8 月 27 日，黑河则村擅自将黑峁墩正在灌溉的水渠切断，致其 300 多亩稻田停灌。当日，县政府派人责令黑河则村的引水拉沙工程停工，等候处理。1993 年 9 月 1 日，县政府对此纠纷作出了第 11 号处理决定，黑峁墩村仍有后顾之忧，并集体上访榆林行署。为了缓解矛盾，彻底解决纠纷，县政府又于 1993 年 9 月 4 日作出补充决定。黑河则村不服上述两个决定，于 1993 年 9 月 13 日，向我院提起诉讼，诉讼期间黑河则村拒不执行政府的处理决定，继续开沟引水。我院于1993年9月21日口头裁定停水。但停水月余后又继续引水，我院再次前去制止，未能奏效。1993年10月15日，县水保局根据县政府的指示，对黑河引水工程进行了全面规划，并提出三个引水方案。1993年11月5日，县政府决定采用在曹家坝处筑堤拉水经黑峁墩尖尖咀沙峁向西湾引水的方案。1993年11月15日，县政府根据已确定的用水方案，作出了第13号处理决定，两村均不服此决定，向我院提起诉讼。

上述事实有下列证据证明：

(1)黑河则村与黑峁墩村村民代表的陈述。

(2)黑河则村、黑峁墩村、县治河指挥部、白界乡四方于1992年8月5日签订的"黑河则村引水工程协议书"。

(3)白界乡政府关于黑河则村擅自切断黑峁墩灌溉水渠的证明。

(4)横山县人民政府1993年9月7日作出的横政行定(1993)第11号《关于白界乡黑峁墩村与黑河则村用水纠纷的处理决定》。

(5)横山县人民政府于1993年9月4日所作的《关于白界乡黑峁墩村与黑河则村用水纠纷的补充决定》。

(6)横山县人民政府水利水保局于1993年11月5日作出的横政水发(1993)第58号《关于黑河则与黑峁墩两村用黑河水引水灌溉方案的批复》。

(7)横山县人民政府1993年11月15日作出的横政行决(1993)第13号《关于实施白界乡黑河引水灌溉工程规划方案的决定》。

(8)黑河水量勘验笔录。

(9)黑河则村提高小湾沟渠道长度与高度的的勘验笔录。

(10)黑河则村切断黑峁墩村水渠的现场勘验记录。

(11)黑峁墩村爆炸黑河则村所开沟渠和双方械斗的现场勘验笔录。

3.一审判案理由

横山县人民法院认为：原告黑河则村未履行任何合法审批手续，擅自开沟引水，既违背了双方所达成的协议，又违反了《中华人民共和国水法》第十二条关于"任何单位和个人引水、蓄水、排水，不得损害公共利益和他人的合法权益"的规定和第十三条关于开发利用水资源，应当兼顾上下游、左右岸和地区之间的利益的原则，其行为不但违法，而且损害了黑峁墩村的合法权益，应负全部过错责任。横山县人民政府所作的11号处理决定、补充决定和13号处理决定中的前一、二条是正确的、合理合法的，依法应予支持。但在13号处理决定中，第三条所确定的灌溉亩数与用水规划设计的灌溉亩数相互矛盾，应予撤销。

4.一审定案结论

横山县人民法院根据《中华人民共和国行政诉讼法》第五十四条第(一)项、第(二)项的规定，判决如下：

(1)维持横山县人民政府1993年9月1日(1993)横政行决字第11号行政处理决定。

(2)维持横山县人民政府1993年9月4日的补充决定。

(3)维持横山县人民政府1993年11月15日(1993)横政行决字第13号行政处理决定中的第一、二条，撤销该决定中的第三条。

案件受理费80元，由二原告均担。

(三)二审诉辩主张

上诉人(原审原告)黑河则村民委员会的主要上诉理由:四方当事人于1992年8月5日所签订的协议是由原村支书签订的,不是法人代表村主任签订的,故协议无效;如果说协议有效,原协议也只是说经批准不影响下游方可开渠,并不是说根本不能开渠放水,而现在就是水够用,又不影响下游,为什么不让开渠放水?黑河则村花费巨额投资将渠凿开,为什么不让过水?而又要投入9.9万元重新开渠,群众根本无力出此笔费用,且打坝要淹没其土地,故县政府的方案根本无法实施,决不执行;两村同住黑河两岸,黑峁墩村能利用黑河水,为什么黑河则不能利用黑河水?

黑峁墩村民委员会的主要上诉理由:黑河则村违反协议,企图从凿开的沟过水,实质上是想困下游之水,置黑峁墩村于死地;现有水尚不够用,何谈再分水?如果给黑河则村分水,就是让黑河水灌溉既不是黑河两岸、上下游的土地,又不是历来用黑河水灌溉的土地,而是灌溉无定河岸新造出的土地,让旧有的水地变成旱地;横山水利水保局提供的水流量为0.4m³/s,与事实不符。该流量是在古历八月份测定的,此时正是水流量最大的季节,而农用水是在4、5、6月份,而且上游尚有10个坝灌溉两岸的土地,此时根本没有0.4m³/s水流量,应对黑河水流量重新进行鉴定;县政府13号决定中预计所需9万多巨额费用群众根本无力拿出,况且13号决定方案一旦实施,将侵占我方的土地和破坏生长的树木,我们决不执行。

被上诉人横山县人民政府未作答辩。

(四)二审事实和证据

榆林地区中级人民法院经公开审理查明:黑河则村与黑峁墩村居住在黑河两岸,黑河则村在西岸、上游,黑峁墩村在东岸、下游,两村祖辈皆靠黑河水灌溉两岸旧有的土地500亩左右。1991年前黑峁墩村在无定河岸西湾滩造地385亩,用黑河下游余水灌溉。1992年,黑河则村亦决定在距本村一公里沙梁背面的无定河岸西湾滩,用黑河水引水拉沙造水地。黑峁墩村民委员会得知后,以被拉沙梁地权尚有争议和不准凿渠引水为由,出面阻拦。为此,双方于1992年8月5日,在县治河指挥部和白界乡政府的主持下,通过协商达成了协议:(1)黑河则村无定河治理需进行拉沙围河筑堤,黑峁墩村予以支持,但只许拉沙筑堤,而不能随意开沟引水灌溉,若以后确需开沟引水灌溉,必须向乡政府申报,经水利部门实地考察,在不影响黑峁墩下游灌溉的前提下方可开沟引水;(2)在治河过程中,要尽量保护现有成材树木,确需损失者,按损失大小予以适当补偿。1993年初,黑河则村违背了协议,强行开沟凿渠,引水西渡。黑峁墩村发现后即向乡、县政府反映,并进行阻拦。由于问题未能得到及时解决,黑峁墩村一百多村民于1993年8月13日用炸药炸毁黑河则村所开的沟,为此双方发生械斗。县政府派出工作组在调查调解过程中,黑河则村于8月27日擅自将黑峁墩村正在灌溉的水渠切断,致300多亩稻田停灌。横山县人民政府经多次调解未果后,于1993年9月1日根据《中华人民共和国水法》第十二条、第十三条、第三十五条、第三十六条之规定,就两村的用水纠纷作出横政行决(1993)11号处理决定:(1)维持1992年8月5日"黑河则引水工程协议书",即只许拉沙筑堤,不准开渠引水;(2)被申请人的引水拉沙筑堤工程从接到本决定之日起立即开工,在其抽水扬程处向西延伸100米起拉沙,不得擅自改变;(3)被申请人立即疏通申请人的用水渠道;(4)申请人与被申请人的今后用水必须服从地、县水利部门无定河治理的统一规划,统筹兼顾,合理用水的原则,由县水资源办尽快拿出用水方案,报政府审批后实施。此决定作出后,黑河则村拒不执行,黑峁墩村集体上访行署。横山县人民政府又于9月4日作出补充决定:黑河则村拉沙筑堤工程要限期完成,此后再不允许从现已基本成渠的沟道过水，如有违反，由此引起的一切后果由当事者负完全责任。黑河则村民委员会对上述决定不服，于9月13日提起诉讼，县法院于9月15日立案受理。在诉讼期间黑河则村继续开沟引水，一审法院曾两次裁定其停止施工均遭拒绝。为此，横山县水利水保局于11月5日作出横政水发(1993)第58号《关于黑河则与黑峁墩两村用黑河水引水灌溉方案的批复》。此批复给白界乡下发后，黑河则村与黑峁墩村均不予接受，县政府经研究认为此批复不符合法律规定的执法程序，又于11月15日根据《中华人民共和国水法》第十二条、第十三条、第三十五条的规定，作出横政行决(1993)第13号《关于实施白界乡黑河引水灌溉工程规划方案的决定》:(1)申请人与被申请人必须执行县水利水保局1993年11月5日横政水发(1993)第58号《关于黑河则与黑峁墩两村用黑河水引水灌溉方案的批复》;(2)该工程由白界乡政府组织实施，所需工料9.9万元全部由申请人与被申请人按土地受益面积比例分担，工程务于1994年春灌溉前竣工，竣工后由县水利水保局检查验收，工程未竣工前，申请人与被申请人必须执行1993年9月1日横政行决字(1993)第11号行政处理决定;(3)县水利水保局要尽快组建白界乡水管站，乡水管站成立后，监督申请人390多亩和被申请人1300亩土地的分配用水以及渠道的管护等。决定作出后，黑河则村与黑峁墩村均不服提起诉讼，一审法院即与不服11号决定的诉讼并案审理。

上述事实所采纳的证据经核查与原审法院认定的相同。

(五)二审判案理由

榆林地区中级人民法院认为:

1.上诉人黑河则村委会不守信义，未经各方达成协议和上级政府的批准，在纠纷尚未解决之前违背诺言，单方改变水的现状，强行凿渠引水，灌溉自己在黑河流域之外所造之田，违反了《中华人民共和国水法》第十二条关于“任何单位和个人引水、蓄水、排水，不得损害公共利益和他人的合法权益”和第十三条关于开发利用水资源，应兼顾上下游、左右岸和地区之间的利益的原则，损害了黑峁墩村的合法权益，酿成水事纠纷，应负全部过错责任。故横山县人民政府所作的第11号处理决定和补充决定，事实清楚，举证得力，适用法律正确，应予支持。一审法院作出维持其处理决定的判决也是正确、合法的，应当维持。而黑河则村的上诉理由不能成立，应予驳回;黑峁墩村的上诉理由成立，依法应予支持。

2.横山县政府所作的第13号处理决定不妥，应当撤销，其理由是:(1)该决定是在一审审理期间作出的，其程序违法;(2)该决定所依据的水流量测定数据不是农作物最需水季节的抽样调查，缺乏科学根据，且所提分水方案不符合二上诉人的利益，亦与水法有关规定相悖，依法不能支持。故一审法院在审理第11号决定案未判之前，又将第11号和第13号两个决定并案审理属程序违法，所作维持该决定的判决也是错误的，应予撤销，二原告的上诉理由成立，依法应予支持。

(六)二审定案结论

榆林地区中级人民法院根据《中华人民共和国水法》第十一条、第十二条、第十三条、第三十一条和《中华人民共和国行政诉讼法》第六十一条第(二)项之规定，作出如下判决:

1.维持横山县人民法院1993年11月29日(1993)横行初字第12号行政判决书的第(1)、(2)项，撤销第(3)项。

2.撤销横山县人民政府1993年11月15日(1993)横政行决字第13号行政处理决定。

一、二审案件受理费160元，由横山县人民政府和黑河则村民委员会各承担80元。

（七）解说

该案的关键问题有两个：一是位居黑河上游的黑河则村有无擅自引用黑河水灌溉无定河畔田地的权利；二是二审法院撤销第13号决定是否正确。

1. 关于黑河则村有无擅自引用黑河水灌溉无定河畔田地的权利问题。一、二审法院和行政和机关的认识和处理是一致的、正确的。(1)根据《中华人民共和国水法》第十三条规定："开发利用水资源，应当服从防洪的总体安排，实行兴利与除害相结合的原则，兼顾上下游、左右岸和地区之间的利益，充分发挥水资源的综合效益。"第三十一条规定："调蓄经流和分配水量，应当兼顾上下游和左右岸用水。"黑河则村在西湾滩所造土地既不是黑河的上下游，也不是左右岸，而是无定河的北岸，故在黑河水源不足的情况下，对黑河水进行分配是不符合水法规定的。(2)根据《中华人民共和国水法》第十二条规定："任何单位和个人引水、蓄水、排水不得损害公共利益和他人的合法权益。"如果给黑河则村分水势必就会影响到黑峁墩村的用水，也就侵犯了黑峁墩村的合法权益。(3)根据《水法》第十一条的规定，利用水资源应当进行统一规划。而黑河则村在治理西湾滩土地时，并未规划利用黑河水，相反，在1992年8月5日达成的四方协议是不准开沟引水的，而现在黑河则村要利用黑河水，既违背了协议，又违反了规划。由此可见，黑河则村擅自开沟引水不但是违法的，而且侵犯了他人的合法权益，故政府和一、二审法院的处理和判决是正确的。

2. 关于二审法院撤销第13号决定的问题。撤销第13号决定是正确的：(1)从程序上讲，第13号决定是第11号决定中第四条的具体实施，本应是待第11号决定法院判决生效后方可实施，而横山县人民政府在法院审理过程中即作出了第13号决定，一审合并审理欠妥。(2)第13号决定中所依据的黑河水流量为0.4m³/s，不是准确的。因该水流量测定是在阳历9月1日，此时榆林地区是农用水全部停止，又是多雨季节，是水流量最大的季节，而双方所争用水是在阳历4月至7月份，此间正是水流量为最小的季节。水利部门虽在1985年和1992年作规划时核定黑河水流量为0.5m³/s，也只是规划中的数字，并不是科学的结论，而且两村的土地绝大部分是只宜种水稻田，用水量又大。(3)县政府第13号决定中的用水方案根本无法执行。一是黑河则村与黑峁墩村均坚决反对；二是即使所需村料费由政府解决，两村均不同意，如何去强制执行呢？三是决定中黑河则村所开水渠要经过黑峁墩村的土地，毁掉黑峁墩村的树木，而黑峁墩村坚决不让，又如何去强制执行？四是采用分水的办法，在目前情况下，水源又不足，将会永远经常发生争斗。根据上述理由，二审法院撤销第13号决定的终审判决也是完全正确的、合法的。

另外，一、二审法院对案件的执行采取了及时、果断、有效的措施，取得了成功的经验。案件经二审终审发生法律效力后，两级法院及时提出执行方案，主动汇报横山县委、县政府和榆林地委、行署，取得了领导的共识和支持，组成了一支由地委副书记、行署副专员任组长的，由地区公、检、法、司、信访、水利、农工部等部门和地、县、乡三级干部参加的200多人组成的执行队伍，采取做群众疏导工作和强制执行相结合的方法，不但将黑河则村擅自开凿的分水渠道予以填压执行，保证了黑峁墩村1300多亩水田的灌溉用水。而且由横山县政府出资，利用三个昼夜的时间，给黑河则村在无定河上修建了一个电抽灌站，解决了该村断水后稻田的灌溉问题，从根本上解决了两村争水的矛盾。

（高耀斌　高慧云）

33. 赵如标不服洪泽县水利局水利管理处罚案

(一)首部

1. 裁判书字号

一审判决书:江苏省洪泽县人民法院(1992)泽法行初字第2号。

二审裁定书:江苏省淮阴市中级人民法院(1992)淮法行上字第32号。

再审判决书:江苏省淮阴市中级人民法院(1994)淮法行监字第1号。

2. 案由:不服水利管理处罚案。

3. 诉讼双方

原告(被上诉人):赵如标,男,40岁,汉族,江苏省洪泽县人,个体木工,住洪泽县高良涧镇总渠路造纸厂码头东侧。

一审委托代理人:姜汉伦,江苏省涟水县律师事务所律师。

被告(上诉人):江苏省洪泽县水利局。

法定代表人:楚一峰,局长。

一审委托代理人:刘健民,淮阴市司法局律师;徐向,该局干部。

二审、再审委托代理人:刘健民,淮阴市司法局律师;卜祥富,洪泽县苏北灌溉总渠管理所副所长。

4. 审级:再审。

5. 审判机关和审判组织

一审法院:江苏省洪泽县人民法院。

合议庭组成人员:审判长:高守禄;代理审判员:邱恢伟、陆声超。

二审法院:江苏省淮阴市中级人民法院。

合议庭组成人员:审判长:岳子华;代理审判员:袁开锋、顾红。

再审法院:江苏省淮阴市中级人民法院。

合议庭组成人员:审判长:王黎明;审判员:邓宜成;代理审判员:郭以军。

6. 审结时间

一审审结时间:1992年10月30日。

二审审结时间:1993年4月23日。

再审审结时间:1994年8月24日。

(二)一审诉辩主张

1. 被诉具体行政行为:1989年5月,赵如标拆除原居住的苏北灌溉总渠南堤造纸厂码头东侧离堤脚25米的四间土墙草顶房屋,未经有关部门批准,擅自建起占地125平方米砖墙水泥结构的平顶房三间、厨房一间及楼梯间和围墙。洪泽县水利局认定其未经批准,擅自翻建房屋违反了《江苏省水利工程条例》(以下简称《条例》)第六条第二款第二项、第二十八条第一项之规定,于1992年7月2日对赵如标作了限期拆除房屋的行政处罚决定。

2. 原告诉称:原告原住房屋系1956年时建成,年久失修,已成危房,无法居住,多次申请水利、城建等部门批准翻建或另批宅基地建房，但均未解决，迫于无奈才拆旧建新。翻建房屋离堤脚有25米远，处于洪泽县城镇规划段，即使违法，也应归洪泽县城建部门处罚。房屋坐落的洪新河是一条历史形成的排水排污河，并非顺堤河，不适用《条例》规定的"有顺堤河的，以顺堤河为界，无顺堤河的，堤脚外三十米至五十米"，而应适用《条例》的特别规定："处于以上河道城镇段的堤……堤脚外不得少于五米"。即水利局的管理范围仅限于堤脚外5米，故被告越权处罚的具体行政行为是错误的。

3. 被告辩称：洪新河是50至60年代时开挖的顺堤河，到80年代，被县化肥厂排水排污而变成现在的一条排水排污河，但河流用途的改变不能改变其顺堤河的性质。原告所建房屋虽位于洪泽县志愿镇规划段内，但该段堤防从未采取过加固措施，不能确保防洪安全，不能适用《条例》的特别规定。原告在苏北灌溉总渠的顺堤河洪新河内侧属于水利部门的管理范围内未经批准擅自建房，属违法建房，对原告作出的限期拆除违法房屋的处罚决定认定事实清楚，适用法律正确，程序合法，请求予以维持。

（三）一审事实和证据

法院经审理查明：原告赵如标系洪泽县高涧乡砚台村人，从小随父母居住在苏北灌溉总渠码头东侧距堤脚25米处1956年所建的四间土墙草顶房屋。时至1987年底，赵家房屋因年久失修，破漏不堪，已成危房。1988年初，赵如标曾先后向高涧镇政府、县城建局、县水利局申请翻建房屋，均遭拒绝；赵要求异地盖房，政府又不解决宅基地。1989年5月，赵如标未经批准，拆除危房，翻建成砖墙水泥结构的平顶房三间、厨房一间及楼梯间和院墙，占地125平方米。此房屋位于苏北灌溉总渠的顺堤河洪新河内侧距堤脚25米处，该洪新河是一条排水排污河，其河流走向是由北向南转流向东，并非顺堤河。被告认定原告所建房屋在顺堤河洪新河的内侧，依据《条例》第六条第二款第二项规定的"苏北灌溉总渠南堤有顺堤河的，以顺堤河为界，无顺堤河的，堤脚外不得少于三十米至五十米"；第二十八条第一项规定的"……未经合法批准，非法利用水利工程管理范围的土地，所建生产、生活设施和其他建筑物的"，于1992年7月2日，作出了限期拆除违法建筑的处罚决定。

上述事实有如下证据证实；

1. 洪泽县砚台村船闸位置图。
2. 洪泽县城镇规划图。
3. 洪泽县水利局给予原告的水利行政处罚决定书。
4. 原告赵如标原住房的照片。
5. 原告赵如标翻建房屋现场勘验笔录。
6. 知情人对上述事实的证言。

（四）一审判案理由

法院认为原告赵如标未经有关部门批准，擅自在原宅基地上翻建房屋是错误的。被告洪泽县水利局为贯彻《条例》实施，保障水利工程的安全，积极查处堤防上的违章建筑，其出发点是正确的。但洪新河是一条由北向南转流向东的排水排污河，并非顺堤河，被告认定其为顺堤河，属认定事实错误。《条例》第六条第二款第二项规定"苏北灌溉总渠南堤有顺堤河的，以顺堤河为界，无顺堤河的，堤脚外三十米至五十米"，该款对城镇段堤防又作了规定："处于以上河道城镇段的堤防，在采取必要的工程措施，确保防洪安全的前提下，背水坡的管理范围，堤脚外不得少于五米。"根据洪泽县人民代表大会通过、淮阴市政府批准实施的洪泽县

1984年至2000年的城镇规划,原告翻建房屋在城镇规划区内。且此段苏北灌溉总渠堤均用石头垒砌了护坡,大堤保护较好,故确定水利工程管理范围应适用《条例》的特别规定即5米,而不适用30米。被告依据《条例》中30米的规定对原告实施处罚系认定事实错误,适用法律不当,超越了其法定职权,侵犯了土地、城建等部门的行政职权,属越权行为。

(五)一审定案结论

根据《中华人民共和国行政诉讼法》第五十四条第(二)项第一、二、四目的规定,作出如下判决:

撤销被告洪泽县水利局(1992)水罚字第1号行政处罚决定。

案件受理费80元由被告承担。

(六)二审情况

1. 二审诉辩主张

(1)上诉人洪泽县水利局诉称:被上诉人赵如标未经批准擅自建房是违法的;《条例》第六条规定的"城镇段"是指在《条例》制定时1986年9月9日以前的"老城区段",并不包含以后的"规划区段",所规定的"堤脚外不得少于5米",并不等于只能是5米,还必须根据工程的重要性、完好情况并在确保防洪安全的前提下来具体确定管理范围;灌溉总渠大堤从高良涧船闸至闸台闸的南堤,由于人为破坏因素,有的堤段包括被上诉人的所建房屋处已不是原设计顶宽8米的标准,实为险工险段;1992年11月17日江苏省水利厅苏水政(1992)第337号《对关于〈请求确定苏北灌溉总渠洪泽县城镇段堤防管理范围的报告〉的答复》,对苏北灌溉总渠的堤防管理范围作了划分,被上诉人的宅基地划归水利管理范围,故而,上诉人对被上诉人的处罚决定并未超越职权,系合法的具体行政行为。

(2)被上诉人赵如标辩称:被上诉人的宅基地地段的大堤迎水坡均用石头垒砌了护坡,保护较好,离堤脚25米,位于洪泽城镇规划区段,应适用5米的特别规定,上诉人的处罚决定超越职权无效。

2. 二审事实和证据

二审法院经审理确认了一审法院认定的赵如标未经批准擅自建房的事实。同时确认了江苏省水利局《对关于〈请求确定苏北灌溉总渠洪泽县城镇段堤防管理范围的报告〉的答复》,即赵如标的宅基划归堤防管理范围。

3. 二审判案理由

二审法院认为:赵如标翻建的房屋未经批准,属违法建筑,而一审法院没有查清其房屋的位置,没有区分清城镇段和非城镇段。江苏省水利厅对堤防范围以及对顺堤河的解释系有效解释,应予参照。洪泽县水利局的处罚决定应适用25米的规定,而非5米,没有越权,故一审法院的判决认定事实不清,适用法律不当。

4. 二审定案结论

根据《中华人民共和国行政诉讼法》第六十一条第(三)项的规定,判决如下:

(1)撤销洪泽县人民法院(1992)泽法行初字第2号行政判决。

(2)发回洪泽县人民法院重审。

(七)再审情况

1. 再审理由:

在洪泽县法院重审期间,淮阴市中级人民法院发现江苏省水利厅的《答复》是于1992年

11月17日接受洪泽县水利局的请示在原处罚决定和一审判决之后产生的，违反先取证后裁决的行政处罚程序规则，不能作为证据使用，不能作为定案证据，故经原二审法院院长提交本院审判委员会讨论，决定撤销原发回重审的裁定，由原二审法院按照审判监督程序再审。

2. 再审事实和证据

再审法院确认了一审法院认定的事实和证据。

3. 再审判案理由

再审法院认为：被上诉人赵如标在未经有关部门批准的情况下，擅自在原宅基地上翻建房屋是错误的。上诉人洪泽县水利局认定洪新河是顺堤河，以被上诉人所翻建的房屋在顺堤河内侧，属堤防管理范围而进行处罚，依据不足。在二审期间提供苏水政(92)37号文是在处罚决定和一审判决之后产生的，不符合行政诉讼举证规则，不能作为定案依据。故洪泽县水利局的处罚决定系越权行为。原审判决认定事实清楚，适用法律正确，二审法院发回重审认定事实错误，适用法律不当。

4. 再审定案结论

再审法院依据《中华人民共和国行政诉讼法》第六十一条第(一)项之规定，作出判决：

(1)撤销本院1993年4月23日(1992)淮法行上字第32号行政裁定。

(2)维持洪泽县人民法院(1992)泽法行初字第2号关于撤销洪泽县水利局(1992)水罚字第1号水利行政处罚决定的行政判决。

上诉案件受理费80元，由上诉人洪泽县水利局负担。

(八)解说

1. 本案的关键是被告的具体行政行为是否越权。行政职权是国家为了履行行政管理职权而由法律授予行政机关的职责和权限。超越职权就是行政机关在行使行政管理权时，超越了法律赋予的权力，对不属于其职权范围内的事项进行处理。越权无效是现代公认的行政法准则，也是人民法院审理行政案件时对被诉具体行政行为的合法与否进行审查的主体性要件。本案中，首先，被告洪泽县水利局的行政管理权限根据《条例》第六条的规定应是在采取必要的工程措施，确保防洪安全的前提下，背水坡的堤脚外不得少于5米的范围内。只有违法建筑在此范围内其才取得了法定的管理权。而本案原告所翻建房屋虽未经批准，但其离堤脚25米远，不仅远远超过了《条例》中5米的规定，而且该处渠堤结构较好，符合防洪重点要求。因此，此处不属于水利工程范围。其次，正确区分法的一般规定和特别规定。《条例》第六条第一款规定："苏北灌溉总渠的管理范围：背水坡南堤有顺堤河的，以顺堤河为界(含水面)；无顺堤河的，堤脚外三十米至五十米。"该条第六款规定："处于以上河道城镇段的堤防，在采取必要的工程措施确保防洪安全的前提下，背水坡的管理范围，堤脚外不得少于五米。"前者为一般规定，后者为特别规定。原告赵如标所建房屋位于洪泽县1984年至2000年城区规划范围内且其房屋是于1989年翻建，应适用城镇段5米的规定，即应遵循特别规定优于一般规定的原则来确定法律的适用。故而，被告洪泽县水利局的处罚决定侵犯了土地、城建等部门的管理权限，系越权行为，判决撤销并无不当。

2. 要正确认定行政诉讼的举证规则。《行政诉讼法》第三十二条、第四十三条规定，被告负举证责任，应当在收到起诉状10日内提交答辩状，提交其作出具体行政行为的证据和所依据的规范性依据。这是被告所应履行的诉讼义务，它也确定了我国基本的行政处罚程序规则即先取证后裁决的原则。本案中，被告在二审期间提供了江苏省水利厅的《答复》，力图证明自己的行为合法，但它恰恰证明了其在作出具体行政行为时没有充分依据，属先裁决后取证，违背了行政诉讼举证规则的要求，也违背了基本的行政处罚程序要求，其提供的《答复》不具有法律效力，不能作为定案证据使用，缺乏证据的可采性，因而也不能用其来否定原一审判决。再审法院发现原二审裁定在证据上的错误后，即运用审判监督程序予以纠正，不仅维护了公民的合法权益，而且有效地监督了行政机关依法行政，树立了法院判决的权威，确立了司法审判权的严肃性，真正体现了我国"有错必纠"的司法原则。

（潘昌锋）

第十二篇 文化行政管理纠纷案例

34. 郴州地区广播电视器材供应站不服郴州市文化局行政处罚案

(一)首部

1. 判决书字号

一审判决书:湖南省郴州市人民法院(1992)郴法行初字第29号。

二审判决书:湖南省郴州地区中级人民法院(1993)郴法行终字第26号。

2. 案由:不服文化行政处罚案。

3. 诉讼双方

原告(上诉人):湖南省郴州地区广播电视器材供应站。

法定代表人:陈清旺,站长。

一、二审委托代理人:王亦伟、罗跃进,郴州地区第二律师事务所律师。

被告(被上诉人):湖南省郴州市文化局。

法定代表人:黄子光,局长。

一审委托代理人:刘专可,郴州市城市管理监察大队文化稽查队队长;胡长春,郴州市城市管理监察大队文化稽查队副队长。

4. 审级:二审。

5. 审判机关和审判组织

一审法院:湖南省郴州市人民法院。

合议庭组成人员:审判长:林海波;代理审判员:肖朋、曹建强。

二审法院:湖南省郴州地区中级人民法院。

合议庭组成人员:审判长:李长田;审判员:钟天云、肖光祥。

6. 审结时间

一审审结时间:1993年7月9日。

二审审结时间:1994年12月3日。

(二)一审诉辩主张

1. 被诉具体行政行为:1992年7月9日,郴州市文化局所属的郴州市城市管理监察大队文化稽查队,根据《湖南省文化市场管理条例》第七条和国务院《关于严厉打击非法活动的通知》第三条的规定，以原告销售非法复制卡拉OK录像带为由，遂作出文罚字第061号处罚决定：收缴非法复制录像带46个品种计113本，并处以8814元的罚款。原告郴州地区广播电视器材供应站不服，向湖南省郴州市人民法院提起行政诉讼，请求法院撤销被告所作的处罚决定。

2. 原告诉称：郴州市文化局文化稽查队无权对原告进行该行政处罚。其理由是：违反音像管理分工的规定，超越职权滥施处罚。根据湖南省人民政府《关于整顿文化市场的通知》第五条，湖南省广播电视厅、湖南省文化厅(1989)湘广音像字第14号《关于整顿音像出版和音像市场的实施办法》第七条第一、二款，中共中央办公厅、国务院办公厅中办发(1991)2号《关于压缩整顿音像单位的通知》第四条等都对音像管理分工作了明确规定。规定中指出"文化系统内的音像管理工作由文化部门管理，广播电视系统和其他部门、单位的音像管理工作，由广播电视部门管理"。《湖南省文化市场管理条例》第四十一条也明确规定："违反本条例需给予行政处罚的，由县级以上有关行政主管部门按照各自的职责予以处罚。"在本案中，原告是经省广播电视厅批准并领取经营许可证的单位，属广播电视系统，而被告及所属的郴州市城市管理监察大队文化稽查队非属广播电视系统，其处罚原告的行政行为显然是在法定权限范围以外的，其作出的具体行政行为是错误的，请求撤销文罚字第061号处罚决定。

3. 被告辩称：1992年7月9日，我局文化稽查队在市内检查文化市场时，发现地区广播电视器材供应站门市部的临街柜台内，摆着一些卡拉OK录像带出售，经检查，我们认为该录像带系非法复制品，遂作出没收录像带113本，罚款8814元的行政处罚。该站对此不服，并以郴州市文化局文化稽查队无权对原告实施该行政处罚为由，于1992年8月3日向地区文化局申请复议。经复议后，地区文化局于1992年9月5日作出"文化稽查队的具体行政行为合法，认定事实清楚，处理符合法律规定权限和程序，维持原处理决定"的复议决定。根据《湖南省文化市场管理条例》第五条的规定，"各级人民政府应加强对文化市场管理工作的领导，制定和落实管理文化市场的措施和办法，保护生产、经营者的合法权益，保障人民群众正当的广化娱乐活动"。依据上述的法律规定，经郴州市委、市政府批准，我局于1986年11月成立郴州市监察大队文化市场管理稽查队。中共郴州市委、市政府市办发(89)66号的通知中规定，"郴州市监察大队文化市场管理稽查队，行政关系隶属监察大队，业务受市文化局领导……稽查队担负稽查全市行政区域内文化市场，保护健康有益的文化事业及合法的社会文化经营活动的任务"。我局文化稽查队查处地区广播电视器材供应站出售非法复制录像带，对其进行必要的行政处罚，是行使宪法、地方组织法、文化市场管理条例一系列法律、法规所赋予的神圣职责，决不是超越职权违法行政。地区广播电视器材供应站之所以对自己贩卖非法出版物进行辩解，其目的就是开脱自己对经营非法出版物的责任，请法院维持被告对郴州地区广播电视器材供应站作出的行政处罚决定。

（三）一审事实和证据

郴州市人民法院经审理查明：1992年7月9日，被告所属社会文化管理站和郴州市城管大队文化稽查队在检查文化市场时，发现原告临街门市部有不少卡拉OK录像带出售(每本零售价19.50元)，经初步查验，被告认定原告所销售的这些卡拉OK录像带为非法复制带，便扣缴了柜台内的113本录像带，并于同年7月15日将收缴录像带送往湖南省文化系统音像审定委员会鉴定。经鉴定这些录像带属非法复制带。被告于1992年7月24日以郴州市城管大队文化稽查队名义对原告作出了收缴复制带113本，罚款8814元的处罚决定。

原告接到处罚通知后不服，于 1992 年 8 月 3 日向郴州地区文化局申请复议，同年 8 月 20 日郴州地区文化局下达维持被告处罚决定后，原告向法院提起行政诉讼。

上述事实有证人证言、郴州市城管大队文化稽查队郴州市文化市场管理处罚通知文罚字第 061 号等证据证明。

（四）一审判案理由

法院认为，被告郴州市文化局对本行政区域内违反文化市场管理的行为进行检查处罚，是行使其职权行为，但以非行政机关的名义对外行使职权，显属不当。

（五）一审定案结论

依照《中华人民共和国行政诉讼法》第五十四条第（二）项第三目的规定，判决如下：

撤销被告以郴州市城市管理监察大队文化稽查队名义作出文罚字第 061 号对原告郴州地区广播电视器材供应站的处罚决定，由被告在本判决生效后一个月内重新作出具体行政行为。

本案案件受理费 450 元，其他诉讼费 20 元由被告郴州市文化局承担。

（六）二审情况

1. 二审诉辩主张

（1）上诉人郴州地区广播电视器村供应站诉称：请求依法确认被上诉人行政行为越权。一审法院认定被上诉人郴州市文化局所属文化稽查队对本案进行检查处罚是行使其职权的行为，有悖于法律、法规以及其他规章的规定。广播电影电视部与文化部门管理文化市场的职责权限及其分工有明确规定。湖南省人民政府 1989 年 7 月 18 日发布的《关于整顿文化市场的通知》就有明文规定："新闻出版、文化、广播、电影等部门要有明确分工。新闻出版管理工作，由省新闻出版局总体负责，省文化厅配合，地、市以下由文化部门负责。音像管理工作，文化系统内的由文化部门管理，广播电视系统和其他部门的，由广播电视部门管理……"一审法院视上述职能分工的各项规定而不见，认定被上诉人对本案享有处罚权显然是错误的。一审判决：在本判决生效后一个月内重新作出具体行政行为，郴州市文化局于 1993 年 8 月 19 日又下达了文罚字第 336 号处罚通知，对上诉人重新作出了行政处罚，对上诉人罚款由原来的 8814 元增罚到 11075 元，这无疑是对上诉人请求法院保护自己合法权益一种报复行为。请求二审法院撤销一审判决，并撤销被上诉人作出的处罚决定。

（2）被上诉人郴州市文化局答辩理由除与一审答辩理由相同外，还辩称：郴州市人民政府是一级政府，郴州市文化局作为市政府文化方面的主管部门，代表市政府在本市行政区域内依法管理文化市场，认真履行宪法、地方组织法所赋予的职权，决不是所谓越权行政。地区广播电视器材供应站是企业单位，对其经营非法复制录像带，依法进行查处，既合法又合理，是法律赋予的职责。请二审法院维持原审判决。

2. 二审事实和证据

二审法院查明事实除和一审查明的相同外，还查明：

（1）郴州市文化局于 1993 年 8 月 19 日对上诉人广播电视器材供应站重新作出文罚字第 336 号处罚决定，处罚金额由原来 8814 元增罚到 11075 元。

（2）郴州地区广播电视器材供应站所销售复制录像带并不是该站非法自行复制，而是随同录像机代销品。

3. 二审判案理由

二审法院经审理认为：被上诉人对行政区域内违反文化市场管理的行为检查处罚，在其职权范围内可行使自己职权，但对外行使查处非属文化系统管理范围的职权行为，违反了湖南省人民政府《关于整顿文化市场的通知》第五条，湖南省广播电视厅、湖南省文化厅(1989)湘广音像字第14号《关于整顿音像出版和音像市场的实施办法》第七条第一、二款的规定，属超越职权行为。被上诉人所属文化稽查队的处罚决定，于法于理，均属错误。上诉人之上诉请求应予支持。原审判决适用法律不当。

4. 二审定案结论

根据《中华人民共和国行政诉讼法》第六十一条第(二)项以及《湖南省文化市场管理条例》第六条、第四十一条之规定，作出如下判决：

(1)撤销湖南省郴州市人民法院(1992)郴法行初字第29号行政判决。

(2)撤销郴州市文化市场管理处罚通知书文罚字第061号的处罚决定。

(3)限被上诉人于本判决送达后10天内，将所收缴上诉人的卡拉OK录像带计46个品种113本，退回郴州地区广播电视局处理。

一、二审案件受理费940元，由被上诉人负担。

本案经二审判决生效后，郴州市文化局仍不服，以对郴州地区广播电视器材供应站销售非法复制卡拉OK录像带的行为处理合法，未超越职权等为由，向湖南省高级人民法院提出申诉。

案经湖南省高级人民法院复议后，于1994年12月16日对申诉人郴州市文化局之申诉予以驳回。省院认为二审判决在认定事实及适用法律方面是正确的。根据湖南省人民政府《关于整顿文化市场的通知》第五条，湖南省广播电视厅、湖南省文化厅(1989)湘广音像字第14号《关于整顿音像出版和音像市场的实施办法》第七条第一、二款，中共中央办公厅、国务院办公厅(1991)2号《关于压缩整顿音像单位的通知》第四条等有关规定，对属文化单位内违反文化市场管理的行业，文化管理部门有管理权。该案行为人系郴州地区广播电视器材供应站，属广播电视系统管理范围，其违法销售复制卡拉OK录像带的行为，只能由广播电视部门依照有关规定予以处罚。

(七)解说

本案的争议焦点有两个：一是被告郴州市文化局对郴州地区广播器材供应站所销售非法复制录像带是否有管理权和处罚权。二是郴州市文化局下属文化稽查队是否有权以自己名义对外行使处罚权和制作处罚决定书。依照《湖南省文化市场管理条例》第六条的规定，“文化、新闻出版和广播电视行政主管部门应在本级人民政府领导下，按照各自的职责，密切协作、相互支持，加强对文化市场的管理”。湖南省人民政府《关于整顿文化市场的通知》第五条明确规定，“音像管理工作文化系统内的由文化部门管理，广播电视系统和其他部门的由广播电视部门管理”。依照《湖南省文化市场管理条例》第四十一条之规定“违反本条例需要给予行政处罚的，由县级以上有关行政主管部门按照各自的职责予以处罚”。被告郴州市文化局却认为其可以依法按章行使文化市场管理职权，并认定原告销售非法复制卡拉OK录像带，属文化部门管理范围，有权作出处罚决定。但事实证明和依照法律及有关规定，被告对上述两个争议问题均缺乏法律依据和处罚根据。因此，郴州市文化局在本案中承担败诉责任是理所当然的。

(钟天云)

35. 福建省地方电力福州经营部不服福建省广播电视厅等行政处罚案

(一)首部

1. 判决书字号:福建省福州市中级人民法院(1994)榕行初字第02号。

2. 案由:不服卫星电视收视行政处罚案。

3. 诉讼双方

原告:福建省地方电力福州经营部。

法定代表人:杨德茂,经理。

委托代理人:李玉汉,该经营部干部;李学元,福州市对外经济律师务所律师。

被告:福建省广播电视厅。

法定代表人:林爱国,厅长。

委托代理人:余树扬、田纪芳,该厅干部。

被告:福建省公安厅。

法定代表人:黄松禄,厅长。

委托代理人:庄景忠、吕理真,该厅干部。

被告:福建省国家安全厅。

法定代表人:吴纪宗,副厅长。

委托代理人:李文良,该厅干部。

4. 审级:一审。

5. 审判机关和审判组织

审判机关:福建省福州市中级人民法院。

合议庭组成人员:审判长:陈钟华;审判员:游振辉;代理审判员:翁小明。

6. 审结时间:1994年10月7日。

(二)诉辩主张

1. 被诉具体行政行为:原告福建省地方电力福州经营部的上属机构——福建省地方电力开发公司及其主管部门——福建省水利水电厅农村电气化局,为解决电力系统分布在山区峡谷的中小水电站广大职工长期收看电视难的问题,曾先后于1993年3月24日和1993年6月12日,分别向被告福建省广播电视厅申请批准核发《卫星地面接收设施接收外国卫星传送的电视节目许可证》(以下简称《许可证》)。被告福建省广播电视厅于1993年6月24日以闽广函(1993)25号文《关于同意中小水电站系统单位设置卫星地面接收设施的批复》,答复:"原则同意你局与福州中赛卫星通讯设备有限公司联合为省内基层中小水电站单位设置卫星地面接收设施,接收亚洲一号卫星传送的中央电视台第四套节目和云南、贵州两省电视节目。请将设置卫星地面接收设施的基层单位名单报来,再办理审批手续。"其后,原告的上属机构及其主管部门未办报批手续,没有取得《许可证》。1993年9月21日,被告福建省广播电视厅、公安厅、国家安全厅及下属福州市和鼓楼区的三个部门的执法人员对原告进行了查处:认定原告擅自设置卫星地面接收设施接收亚洲一号卫星传送的香港电视节目的行为违法,扣留了原告的卫星接收机5台,21寸彩色电视机1台。9月22日,三被告认为原告为推销卫星接收器材,未经有关部门批准,擅自设置卫星地面接收设施接收香港电视节目,以招揽生意。根据经国务院批准、广播电影电视部、公安部、国家安全部发布的关于《卫星地面接收设施接收外国卫星传送电视节目管理办法》(以下简称《管理办法》)第十二条和省广播电视厅、公安厅、国家安全厅闽广音(1991)164号、(1993)002号文件的有关规定,以闽广音(1993)283号处理决定,对原告作出了"处以15000元罚款"的行政处罚决定。原告福建省地方电力福州经营部不服,于1994年1月10日向福建省福州市中级人民法院提起诉讼。

2. 原告诉称:被告福建省广播电视厅、公安厅、国家安全厅的具体行政行为所认定的事实和理由与事实不符,适用法律错误,并且在执法中违反法定程序,滥用行政处罚权,其行政处罚决定是错误的。请求人民法院依法判决撤销三被告的处罚决定,并要求三被告通过适当方式恢复原告名誉,消除影响。其主要理由是:

(1)原告并无擅自设置卫星地面接收设施接收香港电视节目的违法事实。原告设置卫星地面接收设施,目的是为了解决中小水电站广大职工收看电视难的问题和监测水电设备之用,保证设备以合格的质量供中小水电站使用。为此,原告的上属机构和主管部门曾分别于1993年3月和6月间向被告省广播电视厅申请批准并核发卫星电视收视《许可证》,省广播电视厅在闽广音字(1993)25号批复中已同意其申请。三被告在进行现场检查时,当时原告接收的是中央电视台第四套节目。但是,三被告在行政处罚决定中却认定原告未经有关部门批准,擅自设置卫星地面接收设施接收香港电视节目,以招揽生意。这完全是主观臆断,无中生有。实际上,原告既未向客户销售和安装卫星地面接收设备,也不存在投入使用和所谓的"招揽生意"。

(2)三被告的行政处罚决定适用法律错误。在被告的行政处罚决定作出后送达原告之前,国务院的《卫星电视广播地面接收设施管理规定》(以下简称《管理规定》)于1993年10月5日发布施行。根据《管理规定》第十条的规定,原告即使是"擅自设置",也有6个月的办理审批手续的时间。被告不应以国家三部的《管理办法》的有关规定对原告进行处罚。

(3)三被告作出具体行政行为严重违反法定程序。三被告在扣押原告的财物时,未出示有关法律文书和执法人员的身份证件。三被告于1993年9月22日作出行政处罚决定,至10月15日才送达原告。

3. 被告辩称:原告擅自设置卫星地面接收设施接收外国卫星电视节目事实清楚,证据确凿,对其处罚适用法律正确,行政执法程序合法。请求人民法院依法判决维持被告的行政处罚决定。其主要理由是:

(1)被告对原告的行政处罚有充分、明确的行政法规和规章为依据。经国务院批准,由广播电影电视部、公安部、国家安全部发布的《管理办法》及其他有关的规范性文件均明确规定,凡设置卫星地面接收设施,利用卫星地面接收设施接收外国卫星传送的电视节目,均需报省级广播电视部门审批,取得《许可证》后方可设置和接收,否则,"可以没收其卫星地面接收设施,并处以五万元以下的罚款"。

(2)原告未取得《许可证》而擅自设置卫星地面接收设施接收外国卫星传送的电视节目的事实清楚,证据确凿。省广播电视厅闽广函(1993)25号文函复省水利水电厅农村电气化局,只是原则同意该局与福州中赛卫星通讯设备有限公司联合在省内基层中小水电站单位设置接收设施接收外视节目，但明确提出“请将设置卫星地面接收设施的基层单位名单报来，再办理审批手续”。但是，原告及其主管部门其后没有办理报批手续，更不用说取得了《许可证》。即使如原告所说，当时其收看的是中央电视台第四套节目，因为中央电视台第四套节目属香港亚洲一号卫星传送，也违反了国家三部发布的《管理办法》和《关于加强亚洲一号卫星接收设施管理工作的通知》的有关规定，应当受到处罚。

(3)被告作出具体行政行为是按照法定程序进行的。执法人员现场检查时，表明身份，出示行政执法证件，对卫星接收和监视器实施扣押，开具了扣押清单，并有原告的一名负责人员签字。被告随后于次日即正式作出行政处罚决定。

（三）事实和证据

法院经审理查明：1993 年 9 月 22 日，三被告以原告未经有关部门批准，擅自设置卫星地面接收设施接收香港电视节目为理由，根据广播电影电视部、公安部、国家安全部发布的《管理办法》第十二条等有关规定，以闽广音(1993)283 号处理决定，对原告作出了“处以15000 元罚款”的行政处罚决定。并在此前一天扣押了原告的卫星接收机 5 台，21 寸彩色电视机 1 台(已退还)。在扣押该财物时，被告开具了一张盖有省广播电视厅音像制品管理处印章的扣押清单给原告。另查明，原告的上属机构省地方电力开发公司及其主管部门省水利水电厅农村电气化局曾分别以闽地电开(93)办字 32 号报告和闽水电(1993)电字 30 号函，向被告省广播电视厅申请核发卫星电视收视《许可证》。省广播电视厅于 1993 年 6 月 24 日以闽广函(1993)25 号《关于同意中小水电站系统单位设置卫星地面接收设施的批复》函复“请将设置卫星地面接收设施的单位名单报来，再办理审批手续”。原告的上属机构及其主管部门至今未办报批手续。原告现未取得《许可证》。

上述事实有福建省广播电视厅、公安厅、国家安全厅闽广音(1993)283 号行政处理决定书，省广播电视厅音像制品管理处扣押清单，省地方电力开发公司闽地电开(93)办字 32 号报告，省水利水电厅农村电气化局闽水电(1993)电字 30 号函，省广播电视厅闽广函(1993)25 号批复等证据材料为证。

（四）判案理由

一审法院经审理认为：原告福建省地方电力福州经营部的上属机构及主管部门，虽曾向被告福建省广播电视厅去函申请办理卫星地面接收站收视《许可证》，但其并未按被告批复中的要求办理报批手续，原告尚未取得《许可证》。原告在未取得《许可证》的情况下，擅自设置卫星地面接收设施接收亚洲一号卫星传送的电视节目，其行为违反了经国务院批准，由广播电影电视部、公安部、国家安全部发布的《管理办法》第六条、第七条和国家三部广发录字(1991)467 号《关于加强亚洲一号卫星接收设施管理工作的通知》的有关规定。在原告的该行为发生时，国务院的《管理规定》尚未发布施行，被告的行政处罚决定于 1993 年 9 月 22 日即已作出。国务院的《管理规定》并未对国家三部所发布的《管理办法》作明令废止，《管理办法》仍然有效。因此，被告的行政处罚决定适用法律正确，其对原告所作的实体处理并无不当。但是，被告的行政处罚决定于 1993 年 9 月 22 日即已作出，至 10 日 15 日才送达原告，其行为违反了《福建省行政执法程序规定》第三十五条的规定，应予以纠正。

（五）定案结论

根据《中华人民共和国行政诉讼法》第五十四条第(二)项的规定，作出如下判决：

维持被告福建省广播电视厅、福建省公安厅、福建省国家安全厅闽广音(1993)283 号行政处罚决定。

诉讼费700元，由原告福建省地方电力福州经营部负担。

(六)解说

本案争议的焦点是适用法律问题，涉及法律适用的主要问题如下：

1. 关于是否违背“高层次效力法律规范优于低层次效力法律规范”原则的问题。这项原则是指处理各类案件时，不同效力的法律规范都作了规定的，应当适用高层次效力的法律规范的，而不应适用低层次效力的法律规范。《行政诉讼法》第五十二条和第五十三条分别规定：人民法院审理行政案件，“以法律和行政法规、地方性法规为依据”；“参照国务院部、委根据法律和国务院的行政法规、决定、命令制定、发布的规章以及省、自治区、直辖市和省、自治区的人民政府所在地的市和经国务院批准的较大的市的人民政府根据法律和国务院的行政法规制定、发布的规章”。这些规定体现了上述原则。本案适用法律问题争议之一，即是行政机关的具体行政行为是否违背这一原则。有的意见认为，经国务院批准，由广播电影电视部、公安部、国家安全部于1990年5月28日发布的《卫星地面接收设施接收外国卫星传送电视节目管理办法》是行政规章；国务院于1993年10月5日发布的《卫星电视广播地面接收设施管理规定》是行政法规，后者的法律效力高于前者。本案处理应当适用国务院的《管理规定》，如果适用三部的《管理办法》，即是属于适用法律错误。我们认为，这种观点是对法律适用的一种误解。因为《管理办法》和《管理规定》，都是行政法规，两者具有同等的效力。国务院关于《行政法规制定程序暂行条例》第十五条规定：“经国务院常务会议审议通过或者经国务院总理审定的行政法规，由国务院发布，或者由国务院批准、国务院主管部门发布。”因此，两者的法律效力等级是一样的，本案适用《管理办法》并不违背高层次效力的法律规范优于低层次效力的法律规范的原则。

2. 关于是否违背“后法优于前法”原则的问题。后法优于前法原则，是指同等效力的法律规范，在适用时，一般来说应当适用后面制定颁布的法律规范，而不应适用前面制定颁布的法律规范。本案适用法律问题争议之二，即是行政机关的具体行政行为是否违背这一原则。有的意见认为，本案行政相对方省地方电力福州经营部的违法行为，虽然发生在国务院的《管理规定》发布生效之前，但是本案在三被告对原告的处罚决定送达生效之前，《管理规定》已经发布生效，因而本案应当适用《管理规定》的有关规定，适用《管理办法》的有关规定对原告进行处罚，则属适用法律错误。我们认为，这种认识有失偏颇。本案中，《管理规定》虽然在被告的处罚决定前已经发布生效，但是，首先，国务院未废止《管理办法》，在废止之前该行政法规仍然有效。其次，《管理办法》与《管理规定》两者所调整的法律关系不同，一是两者的行政管理主体不同：前者有广播电影电视、公安、国家安全等三个行政部门，后者仅有广播电影电视管理部门。二是两者所管理的行政管理领域不同：前者包括卫星地面接收设施和接收外国卫星传送电视节目的管理监督，后者则仅是卫星电视广播地面接收设施的管理监督。三是行政管理相对方所承担的法律责任不同，两者对违反有关的规范所规定的处罚处理内容有明确的区别。因此，本案适用《管理办法》进行处理，也不违背后法优于前法的原则。

3. 关于是否违背“法不溯及既往”原则的问题。不溯及既往原则，是指新的法律不适用于其颁布生效前的事件和行为，而只对颁布生效后的事件和行为具有效力，除非法律有特别的规定作为例外。这一原则包括两个含义：一是一般来说新法律对其颁布生效之前发生的事件和行为不具有效力；二是法律作了溯及既往的特别规定的，则具有溯及力。本案法律适用问题争议之三，即是行政机关的具体行政行为是否违背这一原则，也即是法律规范作了溯及既往特别规定的，应当适用特别规定。有的意见认为，本案三被告于1993年9月22日对原告作出行政处罚决定，至10月15日才送达原告。期间，国务院的《管理规定》于10月5日发布生效。对行政相对方来说，只有行政处罚决定书送达才具有法律意义，只有该份法律文书送达后，对当事人才具有约束效力。本案在被告的行政处罚决定送达生效之前，国务院所作的行政法规——《管理规定》已经发布生效，被告必须适用新的行政法规。《管理规定》第十条规定："本规定发布前未经批准设置卫星地面接收设施的，必须自本规定发布之日起六个月内依照本规定办理审批手续。"既然新的行政法规对既往的行为的处理作了特别规定，就应当按照溯及既往的特别规定进行处理。否则，也是违反不溯既往的原则，同样属于适用法律错误。我们认为，这种意见也值得商榷。如上所述，《管理办法》并没有在新的行政法规发布生效时被废止；《管理办法》与《管理规定》两者所调整的法律关系不同。本案中，省地方电力福州经营部的违法事实，既有擅自设置卫星地面接收设施的行为，又有接收香港卫星电视节目的行为，三个行政机关正是针对其两个违法事实，适用《管理办法》的关规定作出处罚的。而《管理规定》仅是对卫星电视广播地面接收设施的管理监督，未对收看外国卫星电视节目的违法行为如何处理处罚作规定。因此，被告对原告擅自设置卫星地面接收设施和接收卫星电视节目的两个违法行为，适用《管理办法》作出行政处罚，不能认为违反了不溯及既往的原则，即法律规范对既往的行为作了溯及的特别规定的，应依特别规定的原则。

（刘希星）

第十三篇 侵犯经营自主权纠纷案例

36. 达洪泉等诉唐闸镇政府等侵犯经营自主权案

(一)首部

1. 判决书字号

一审判决书:江苏省南通市港闸区人民法院(1994)港行初字第4号。

二审判决书:江苏省南通市中级人民法院(1994)南终字第42号。

2. 案由:侵犯经营自主权案。

3. 诉讼双方

原告(被上诉人):达洪泉、胡淑英、陈霞、方永文、赵乔建、范兰英、刘美娟、朱勇、褚筱兰、冯淑娟、樊宝琴、刘玉平,南通市唐闸被服厂职工。

一、二审委托代理人:黄耀祖,南通市经济技术开发区律师事务所律师;黄夏敏,南通市经济技术开发区律师事务所法律工作者。

被告(上诉人):南通市港闸区唐闸镇人民政府。

法定代表人:崔世全,镇长。

一、二审委托代理人:季祝明,南通市人民西路街道法律服务所法律工作者;缪元庆,南通市江海律师事务所律师。

被告(上诉人):南通市港闸区工商行政管理局。

法定代表人:袁国华,局长。

一、二审委托代理人:葛宝华、陈学贵,该局干部。

4. 审级:二审。

5. 审判机关和审判组织

一审法院:江苏省南通市港闸区人民法院。

合议庭组成人员:审判长:严岗;代理审判员:唐海清、魏莉莉。

二审法院:江苏省南通市中级人民法院。

合议庭组成人员:审判长:崔巍;审判员:胡义为、王建平。

6. 审结时间

一审审结时间:1994年9月6日。

二审审结时间:1994年12月19日。

（二）一审诉辩主张

1. 被诉具体行政行为：南通市港闸区唐闸镇人民政府认定南通市唐闸被服厂经营不善，资不抵债，于1992年9月18日责令该厂停业整顿；于1992年10月14日及1993年3月31日将该企业印章予以收缴；于1993年3月31日查封了该厂全部财产并随之平调，并于1993年5月26日以该厂厂长达洪泉"擅自离厂他去"为由，以港闸唐政发(1993)33号通知免去其厂长职务。南通市港闸区工商行政管理局认定南通市唐闸被服厂申请注销企业登记注册的手续完备，根据《中华人民共和国企业法人登记管理条例》第二十条、第二十一条的规定，于1993年12月7日核准注销了该厂的企业法人营业执照及所属服装辅料经营部的营业执照。

2. 原告诉称：被告南通市港闸区唐闸镇人民政府在南通市唐闸被服厂经营正常的情况下，责令其停业整顿，收缴其印章，查封并平调其财产，免去其厂长职务；被告南通市港闸区工商行政管理局在企业未提出申请的情况下注销其登记注册，这些具体行政行为侵犯了企业的法定经营自主权及民主管理权，请求判决撤销并判令被告南通市港闸区唐闸镇人民政府返还财产。

3. 被告南通市港闸区唐闸镇人民政府辩称：在南通市唐闸被服厂经营不善、资不抵债的情况下，停止该厂经营活动及免去该厂厂长职务，是为避免集体企业遭受更大损失所采取的举措，不存在侵犯该厂法定经营自主权的问题，请求驳回原告所诉。

被告南通市港闸区工商行政管理局辩称：核准注销南通市唐闸被服厂的登记注册，有该企业法定代表人达洪泉签署的申请，有企业主管机关的审批和南通市港闸区唐闸镇工业公司负责清理该厂全部债权债务的文件，核准注销的具体行政行为合法，请求判决维持。

（三）一审事实和证据

法院经审理查明：南通市唐闸被服厂系城镇集体所有制企业。该企业在取得企业法人资格后，经营活动正常，并即将与香港世集实业有限公司洽谈，拟合资兴办南通南亚时装有限公司。南通市港闸区唐闸镇人民政府认定南通市唐闸被服厂经营不善，资不抵债，于1992年9月18日向该厂厂长达洪泉口头宣布责令停业整顿。于1992年10月14日，镇长崔世全等人将一直保管在达洪泉处的"南通市唐闸被服三厂"公章、"江苏省南通市唐闸被服厂合同专用章"予以收缴。又于1993年3月31日组织有关人员撬开该厂办公室收缴了"南通市唐闸被服厂服装辅料经营部"公章、"江苏省南通市唐闸被服厂业务专用章"、"南通市唐闸被服厂发票专用章"、"南通市唐闸被服厂财务专用章"、"南通市唐闸被服厂服装辅料经营部财务专用章"、"达洪泉"财务印鉴章各一枚。先存放在唐闸镇工业公司总财会(兼任唐闸被服厂总帐会计)陆晓云处，后于1993年5月27日上午由镇长崔世全、副镇长徐健取走(除唐闸被服厂财务专用章)。唐闸镇人民政府于1993年3月31日组织有关人员强行查封了唐闸被服厂的全部财产，包括原料布、半成品、产成品、生产工具、橱柜桌椅等，并随之平调给南通市大东贸易公司。同时，把唐闸被服厂位于唐闸河东北路44号的经营场所三间用房调拨给南通市大东贸易公司作为其固定资产，把唐闸新工房路28号的生产用房八间交新华村居民委员会使用。因唐闸被服厂被责令停业后无法开展经营活动，又无工资领取，厂长达洪泉于1992年11月离厂设法谋生，企业职工亦先后离厂，唐闸镇人民政府于1993年5月26日免去达洪泉厂长职务，又于1993年5月27日以南通市唐闸被服厂的名义(交由唐闸镇工业公司经办)向南通市港闸区工商行政管理局申请注销登记注册。在"企业申请注销登记注册书"的申请企业法定代表人签字一栏内，直接加盖了收缴在手的“达洪泉”的财务印鉴章，并将南通市唐闸被服厂的企业法人营业执照及所属服装辅料经营部的营业执照，连同收缴的印章(除唐闸被服厂财务专用章及“达洪泉”财务印鉴章)一并交南通市港闸区工商行政管理局，作申请注销登记注册之用。唐闸镇工业公司在该“企业申请注销登记注册书”上签署了“企业发生的债权债务由唐闸镇工业公司处理”的意见，南通市港闸区工商行政管理局即于1993年12月7日予以核准注销。

上述事实有如下证据佐证：

1. 被告南通市港闸区唐闸镇人民政府提供的免职通知、清点财产清单。

2. 被告南通市港闸区工商行政管理局提供的南通市唐闸被服厂申请开业、变更、注销登记注册的原始资料。

3. 原告方提供的企业资产平衡表、洽谈合资项目呈报、审批的原始资料。

4. 原告达洪泉、褚筱兰、陈霞等人的证言。

5. 被告南通市港闸区唐闸镇人民政府镇长崔世全、副镇长徐正刚的证言。

6. 南通市大东贸易公司登记注册的原始资料。

7. 陆晓云、朱启生、陆平等人的证言。

8. 南通振南成衣有限公司、南通印染厂、南通市美尔丽制衣厂有关部门的证明材料。

(四)一审判案理由

法院认为：城镇集体所有制企业依照法律规定实行民主管理，职工(代表)大会是城镇集体企业的权力机构，由其选举和罢免企业管理人员，决定经营管理的重大问题；任何政府部门及其他单位和个人不得损害集体企业的财产所有权，不得干预集体企业的生产经营和民主管理；集体企业的停业，必须符合国家的有关规定，由企业提出申请；工商行政管理机关对提供的申请资料应认真审查，按虚假证明核准注销企业登记注册的做法是不妥的。被告南通市港闸区唐闸镇人民政府作出责令停业整顿、免去厂长职务的具体行政行为，超越了企业主管机关的职权；所作出的收缴企业印章、查封并平调企业财产，以及被告南通市港闸区工商行政管理局作出的注销企业登记注册的行为属滥用职权行使的具体行政行为，均侵犯了企业的民主管理权，剥夺了企业的经营权。原告方要求判决撤销该违法的具体行政行为并判令被告行政机关返还财产的诉讼请求，依法应予采纳。

(五)一审定案结论

法院根据《中华人民共和国城镇集体所有制企业条例》第十五条、第二十一条第(一)项、第五十五条、第九条、第二十八条第(二)项、第二十条，《中华人民共和国企业法人登记管理条例》第二十一条，以及《中华人民共和国行政诉讼法》第五十四条第(二)项第四、五目的规定，判决如下：

1. 撤销南通市港闸区唐闸镇人民政府1992年9月18日作出的责令南通市唐闸被服厂停业整顿的具体行政行为。

2. 撤销南通市港闸区唐闸镇人民政府1993年3月31日查封、平调南通市唐闸被服厂财产的具体行政行为。

3. 撤销南通市港闸区唐闸镇人民政府1993年5月26日港闸唐政发(1993)3号免去达洪泉南通市唐闸被服厂厂长职务的决定。

4. 撤销南通市港闸区工商行政管理局1993年12月7日注销南通市唐闸被服厂企业

法人营业执照、南通市唐闸被服厂服装辅料经营部营业执照的具体行政行为。

5. 责成被告南通市港闸区工商行政管理局在本判决发生法律效力后的10日内，返还南通市唐闸被服厂“南通市唐闸被服厂企业法人营业执照”、“南通市唐闸被服厂服装辅料经营部营业执照”。

6. 责成被告南通市港闸区工商行政管理局在本判决发生法律效力后10日内，将“南通市唐闸被服厂”公章、“南通市唐闸被服厂服装辅料经营部”公章、“江苏省南通市唐闸被服厂业务专用章”、“江苏省南通市唐闸被服厂合同专用章”、“南通市唐闸被服厂服装辅料经营部财务专用章”各一枚返还给南通市唐闸被服厂。

7. 责成被告南通市港闸区唐闸镇人民政府在本判决发生法律效力后的10日内，发还南通市唐闸被服厂“南通市唐闸被服厂财务专用章”、“达洪泉”财务印鉴章各一枚。

8. 被告南通市港闸区唐闸镇人民政府在本判决发生法律效力后的一个月内，返还南通市唐闸被服厂被查封平调的全部财产(详见附件)，并将唐闸镇新工房路28号及河东北路44号的南通市唐闸被服厂原经营场所腾交南通市唐闸被服厂。

诉讼费用1100元，由被告唐闸镇人民政府负担1070元，由被告港闸区工商行政管理局负担30元。限本判决发生法律效力后10日内交纳。

(六)二审情况

1. 二审诉辩主张

上诉人南通市港闸镇人民政府诉称：一审认定事实有误，1992年9月18日、10月14日及1993年3月31日的行为均为镇党委所为，唐闸新工房路28号也只有四间暂给新华村居委会使用。请求二审撤销原判。

上诉人南通市港闸区工商行政管理局上诉称：根据唐闸被服厂的申请，经审查手续齐全，程序合法，予以注销，在程序上和实体上都是合法的，请二审撤销一审判决，维持区工商行政管理局的注销行为。

被上诉人辩称：一审认定事实清楚，判决正确，请求二审维持一审判决。

2. 二审事实和证据

南通市中级人民法院经审理，肯定了一审法院对事实和证据的认定。

3. 二审判案理由

(1)城镇集体所有制企业的自主经营权受法律保护，任何单位和个人不得干涉企业的正常经营管理，更不得损害集体企业的财产所有权。南通市唐闸被服厂是乡镇集体企业，南通市港闸区唐闸镇人民政府作出的责令南通市唐闸被服厂停业整顿，免去厂长职务的具体行政行为，超越了企业主管机关的职权；作出的收缴企业印章、查封并平调企业财产的具体行政行为，属于滥用职权的行为。

(2)上诉人南通市港闸区工商行政管理局对唐闸镇人民政府提供的申请注销唐闸被服厂企业法人营业执照的材料，未进行认真审查、核实，根据虚伪材料核准注销企业法人执照的行为，属不当具体行政行为。

(3)一审法院认定事实清楚，适用法律正确，判决并无不当，应当维持。

4. 二审定案结论

二审法院根据《中华人民共和国行政诉讼法》第六十一条第(一)项之规定，判决如下：

驳回上诉，维持原判。

诉讼费1100元，由上诉人唐闸镇人民政府承担1070元，上诉人南通市港闸区工商局承担30元。

（七）解说

被免职的原厂长达洪泉是否享有诉权的问题。被告坚持认为，达洪泉被政府免职，已经与唐闸被服厂没有任何关系，因而不能向人民法院提起行政诉讼。我们认为，《行政诉讼法》规定，公民、法人或者其他组织认为具体行政行为侵犯其合法权益，就可以向人民法院提起行政诉讼，这里并没有对原告资格作更为具体严格的规定。根据这一规定，达洪泉认为政府免其厂长职务的行为侵犯企业民主管理权，达洪泉具备行政诉讼原告主体资格。而且，原企业的其他权益受到政府具体行政行为的侵犯，谁最具有维护自己合法权益的资格呢？职工是企业的主人，无疑是全厂职工。然而，原企业被责令解散后，职工自主谋生，只有原法定代表人才能代表全体职工，毅然担负起维护全企业职工合法权益的责任，倘若原法定代表人不具备原告主体资格，企业要维护自己的合法权益将成为一句空话。综上，原厂长达洪泉无论是维护厂长本身的权益，还是维护企业的权益均具有原告诉讼主体资格。

（崔巍　高鸿　刘天兴）

37. 江夏塑料一厂不服武昌县纸坊镇政府行政处理决定案

（一）首部

1. 判决书字号：湖北省武昌县人民法院(1994)昌行初字第10号。

2. 案由：不服行政处理决定案。

3. 诉讼双方

原告：武昌县江夏塑料一厂。

法定代表人：刘俊义，厂长。

委托代理人：魏敬洪，武汉市第十二律师事务所律师。

被告：武昌县纸坊镇人民政府。

法定代表人：程明道，镇长。

委托代理人：刘闰，该镇党委副书记；黄建华，武昌县律师事务所律师。

4. 审级：一审。

5. 审判机关和审判组织

审判机关：湖北省武昌县人民法院。

合议庭组成人员：审判长：段仁义；审判员：苏永悦、郝秋倍。

6. 审结时间：1994年9月19日。

（二）诉辩主张

1. 被诉具体行政行为：被告武昌县纸坊镇政府于1993年1月8日，以纸政(1993)03号文，决定撤销武汉市江夏塑料一厂，其债权债务及财产由武汉市武昌县鹏飞经济技术开发总公司接收。原告对此决定不服，于1994年4月23日向武昌县人民法院提起行政诉讼，要求撤销被告的行政处理决定。

2. 原告诉称:1983年3月,原告自筹资金并报武昌县纸坊镇政府和武昌县工商局批准成立江夏塑料一厂。1986年11月,被告任命刘俊义为江夏塑料一厂厂长,同时决定将武昌县纤维瓦厂并入江夏塑料一厂管理。1993年元月,武昌县纸坊镇政府无视国家的法律,也不经本厂职工代表大会讨论,就单方面作出《关于撤销武汉市江夏塑料一厂的决定》,债权债务由武汉市武昌县鹏飞经济技术开发总公司接收。原告不服,于同年10月向武昌县人民法院提起民事诉讼。之后,又向武昌县工商行政管理局提出确认江夏塑料一厂企业性质的申请。原告认为江夏塑料一厂完全属个人筹资兴建,是自产自销、独立核算、自负盈亏的私营企业,被告无权决定将其撤销、合并,其纸政(1993)03号决定侵犯了原告的合法权益,请求法院依法判决撤销。

3. 被告辩称:刘俊义和高志成原是武昌县拉杆厂的职工。1983年4月,他俩商量决定以武昌县拉杆厂的名义,向被告和武昌县工商行政管理局提出开办武昌县塑料一厂(后变更为江夏塑料一厂)的报告和登记申请,同年6月,经被告所属的工业办公室同意报武昌县工商行政管理局核准发照,并确定该企业经济性质为集体所有制。原告建厂筹集的资金,主要来源于被告所属的镇办集体企业武昌县拉杆厂。为加强对该企业的管理,1986年11月,被告任命刘俊义为江夏塑料一厂厂长。根据《乡镇集体企业暂行条例》第十九条“政府有权决定企业的分立、合并”的规定,被告不仅对江夏塑料一厂有权管理,而且一直都在认真行使行政管理职权。再说经被告决定,原告企业被撤销归并后新的企业又没有起诉,按照《中华人民共和国行政诉讼法》第二十四条第三款规定,原告主体资格不合格,故原告请求无理,请法院判决予以驳回。

(三)事实和证据

法院经审理查明:武昌县江夏塑料一厂是名为集体实为个体的私营企业。1983年3月,原告自筹资金1万余元,购置设备,租借厂房,并以武昌县拉杆厂的名义,向被告和武昌县工商行政管理局申请开业和登记,很快得到批准。1984年3月,原告因生产需要,向纸坊镇青龙村征用土地二亩,付土地费和青苗费4000元,并贷款修建厂房和仓库约400平方米。被告认为江夏塑料一厂属镇办企业,平均每年向原告征收管理费3000元。1986年11月,被告决定将武昌县纤维瓦厂并入江夏塑料一厂,任命刘俊义为江夏塑料一厂厂长。1993年1月,被告免去刘俊义厂长职务,并以纸政(1993)03号文件,决定撤销武汉市江夏塑料一厂,债权债务及财产由武汉市武昌县鹏飞经济技术开发总公司接收。江夏塑料一厂不服,于1993年10月向武昌县人民法院提起民事诉讼(后撤诉),又于同年12月向武昌县工商行政管理局申请确认其企业的性质。1994年4月,武昌县工商行政管理局商请武昌县审计事务所审计查证并予公证,确认江夏塑料一厂没有以被告名义申请贷款或担保,建厂资金来源为自筹,据此作出结论:江夏塑料一厂为“名为集体实为个体”企业,其经济性质为私营企业。

以上事实有以下证据为证:

1. 被告批准原告申请开业的报告和武昌县工商行政管理局颁发的生产经营许可证。
2. 被告给刘俊义的任命书。
3. 武昌县审计事务所的审计报告和公证书。
4. 武昌县工商行政管理局关于武汉市江夏塑料一厂经济性质的审核意见。
5. 被告作出的纸政(1993)03号《关于撤销武汉市江夏塑料一厂的决定》。

（四）判案理由

法院认为：武昌县江夏塑料一厂是由个人筹资兴建的自产自销、独立核算、自负盈亏的私营企业，按照国务院颁布的《私营企业暂行条例》第十六条规定“私营企业分立、合并、转让、迁移以及改变经营范围等，应当向工商行政管理机关办理变更登记或重新登记”，被告武昌县纸坊镇政府无权决定其撤销、合并。政府对私营企业的管理，主要是进行引导和监督。私营企业的撤销或合并，是法律赋予私营企业的经营自主权，任何单位和个人都不得干涉。本案被告未征得原告同意，滥用职权，强行作出撤销江夏塑料一厂的决定，侵犯了原告企业的经营自主权。

（五）定案结论

根据《中华人民共和国行政诉讼法》第五十四条第（二）项的规定，作出如下判决：

撤销武昌县纸坊镇人民政府1993年1月8日纸政（1993）03号《关于撤销武汉市江夏塑料一厂的决定》。

案件受理费5510元由被告武昌县纸坊镇政府负担。

（六）解说

第一，此案原、被告双方对被告撤销江夏塑料一厂的事实陈述基本一致，其主要分歧在于：原告企业经济性质属集体企业还是属私营企业；政府是否有权决定私营企业的撤销或合并。而这是能否正确处理本案的关键所在。如何确认企业的经济性质，实践中，人民法院作为国家的审判机关，对企业经济性质有争议的，可以在调查的基础上，实事求是地依法确认，并向工商行政管理部门建议变更名不符实的登记，法律规定工商行政管理机关也可以依职权确认。其标准主要是按投资比例大小来确定，若集体（或政府）投资在51%以上的，应定为集体性质，若个人投资在51%以上的，应定为私营企业。就本案而言，被告在武昌县江夏塑料一厂的筹建和发展过程中，实施过指导和管理，但没有直接投资，原始资金主要由个人投入，这已经审计部门审计、公证，工商行政管理机关审查并予确认。既然武昌县江夏塑料一厂被确认为私营企业，那么，根据《私营企业暂行条例》第十六条规定的精神，被告武昌县纸坊镇政府即无权决定原告企业的撤销和合并。有鉴于此，人民法院依法判决撤销被告武昌县纸坊镇政府作出的纸政（1993）03号决定是正确的。这里要特别说明的是，即使按被告辩称的原告企业经济性质属集体企业（无论是城镇的集体企业还是乡村的集体企业），根据《城镇集体企业暂行条例》第十五条和《乡村集体企业暂行条例》第十五条的规定，被告也无权决定撤销武昌县江夏塑料一厂。

第二，原告主体资格问题。《中华人民共和国行政诉讼法》第二十四条第三款规定“有权提起诉讼的法人或者其他组织终止，承受其权利的法人或者其他组织可以提起诉讼”，据此，被告认为江夏塑料一厂被撤销，其权利能力和行为能力均已丧失，因此，只有承受其权利的武昌县鹏飞经济技术开发总公司才有权提起诉讼，武昌县江夏塑料一厂没有原告主体资格，不享有诉权。本案的实际情况是，承受权利的武昌县鹏飞经济技术开发总公司是受益者，它没有也不可能提起诉讼，如果被撤销的江夏塑料一厂对被告的撤销不能提起行政诉讼，那么这种侵犯经营自主权的行为就不能得到有效的司法监督，这与《行政诉讼法》的立法宗旨也是相悖的。本案诉讼中，武昌县人民法院确定江夏塑料一厂的原告主体资格，是在依法保护企业经营自主权，其做法是正确的。

第三，关于诉讼时效问题。其一，被告纸坊镇政府《关于撤销武昌县江夏塑料一厂的决定》是1993年1月8日作出的，而原告1994年4月向人民法院提起行政诉讼，前后间隔一年零四个月，原告是否丧失了诉权，对此要作具体分析。最高人民法院《关于贯彻执行〈中华人民共和国行政诉讼法〉若干问题的意见》第三十五条指出："行政机关作出具体行政行为时，未告知当事人的诉权或者起诉期限，致使当事人逾期向人民法院起诉的，其起诉期限从当事人实际知道诉权或者起诉期限时计算，但逾期的期间最长不得超过一年。"从本案来看，被告作出具体行政行为时并未交待诉权，1993年10月原告提起民事诉讼，要求法院确认企业的性质，判令被告停止侵害，法院根据最高法院地法发(1993)8号《通知》精神，认为不属于经济案件的受案范围，经做工作，原告于1993年12月申请撤诉，1994年4月，原告提起行政诉讼，由此看来，原告起诉逾期是有法定理由的，并不能认定其丧失诉权。其二，此案从1994年4月23日受理到月19日审理终结，其主要原因是案情复杂，经请示湖北省高级人民法院批准延长了审理期限。

（金志华　胡炜）

38. 常州市丰余城市信用社诉中国人民银行常州分行侵犯经营自主权案

(一)首部

1. 判决书字号

一审判决书：江苏省常州市天宁区人民法院(1994)天行初字第1号。

二审判决书：江苏省常州市中级人民法院(1994)常行终字第6号。

2. 案由：侵犯经营自主权案。

3. 诉讼双方

原告(被上诉人)：常州市丰余城市信用合作社。

法定代表人：徐剑虹，理事长。

一、二审委托代理人：周敏励，常州市对外经济律师事务所律师；闵逸焕，男，常州市纺织工业局退休干部。

被告(上诉人)：中国人民银行常州分行。

法定代表人：陈成忠，行长。

一、二审委托代理人：金曦，男，该行金融管理科副科长；闻毅，常州市第一律师事务所律师。

4. 审级：二审。

5. 审判机关和审判组织

一审法院：江苏省常州市天宁区人民法院。

合议庭组成人员：审判长：尤杏宝；审判员：李越；代理审判员：徐剑波。

二审法院：江苏省常州市中级人民法院。

合议庭组成人员：审判长：李仕安；审判员：潘桂林；代理审判员：张少平。

6. 审结时间

一审审结时间:1994 年 5 月 16 日。

二审审结时间:1994 年 8 月 9 日。

(二)一审诉辩主张

1. 被诉具体行政行为:1992 年 8 月 18 日,中国人民银行常州分行(以下简称市人行)在常州市丰余城市信用合作社(以下简称丰余社)没有聘任高小瑛、刘建国为丰余社正副主任的情况下,书面批复常州市城市信用合作社联社(以下简称市联社),同意高、刘的任职资格,高任丰余社主任,刘任副主任。1993 年 8 月 18 日,丰余社理事会书面申报市人行,要求市人行根据丰余社股东代表大会决议免去高的丰余社主任职务,对丰余社理事会推选的丰余社主任人选及后补人选完成有关资格审查工作并批复。市人行收到报告后,未予批复。

2. 原告诉称:被告市人行的书面批复实际上是对高小瑛、刘建国职务的任命。根据《城市信用合作社管理规定》和《丰余城市信用合作社章程》的规定,市人行无权直接任命丰余社主任、副主任。原告认为被告已侵犯了丰余社的民主管理权和法律规定的经营自主权,要求撤销被告作出的高小瑛任丰余社主任、刘建国任副主任的常银人(1992)第 13 号文,并要求被告迅速完成对丰余社理事会推选的主任人选及后补人选的业务资格审核工作并书面予以批复。

3. 被告辩称:市人行是城市信用合作社的主管部门,同意高任丰余社主任,是根据中国人民银行总行关于《非银行金融机构法定代表人业务资格审查办法》及中国人民银行总行批准的《常州市城市信用合作社联社章程》有关规定作出的。常州市钓鱼协会不是丰余社的股东,无权召开股东代表大会。丰余社理事会的决议内容不符合国家法律、法规的规定,要求驳回原告的起诉。

(三)一审事实和证据

法院经审理查明:1987 年 4 月,经中国人民银行江苏省分行(以下简称"省人行")同意,成立丰余社筹建组,拟建立一个股份合作制的无上级主管部门的集体金融企业。同年 9 月 22 日,省人行以苏银发(1987)339 号文批复,同意成立丰余社并原则同意丰余社章程。该批复指出,该社应办成自主经营、独立核算、自负盈亏、民主管理的集体性质的经济实体,不得成为任何部门的附属机构;业务上受市人行的领导、管理、协调、监督和稽核。丰余社章程规定,本社实行自主经营、民主管理、独立核算、自负盈亏的原则;社员代表大会是本社的最高权力机构,其任务包括选举和罢免理事会、监事会成员,讨论和表决本社的其他重大事项等;代表大会每年召开一次(必须有三分之二以上代表出席);理事会是社员代表大会闭会期间常设的执行机构,理事会成员由社员代表大会选举产生,由七至九人组成,选举正副理事长各一人,主持理事会工作,提名评选主任、副主任或主任助理各一人,负责日常经营管理工作,对理事会和社员代表大会负责,理事会每届任期三年,可连选连任。同年 10 月 21 日,市人行公告丰余社开业,经常州市工商行政管理局核准登记,丰余社的注册资本金为 122.5 万元,由常州金狮集团、常州编织袋厂等 66 个单位和 100 户个人投资入股。同时,经筹建组提名,市人行同意,由刘英培任丰余社临时负责人、法定代表人。丰余社在开业时,因种种原因未能召开股东代表大会,也未建立起丰余社的民主管理组织。1988 年 6 月,常州市钓鱼协会将原用于丰余社开业时的开办费用人民币 8000 元转为丰余社的股金,取得了丰余社颁发的 000505 号股金证,从而成为丰余社股东。9 月,经丰余社筹建组提名,市人行同意并上报市工商局核准变更,高小瑛为临时负责人、法定代表人。同年,中国人民银行公布《城市信用合作社管理规定》，该规定指出，城市信用合作社是城市集体金融组织，必须实行独立核算、自主经营、自负盈亏、民主管理，办成具有法人地位的独立的经济实体，不得作为银行或其他任何部门的附属机构；城市信用社实行民主管理，由股东代表大会选举理事会和监事会，实行理事会领导下的主任负责制，主任由理事会聘任；城市信用联社是由城市信用社入股组成的合作金融机构，市联社与城市信用社不是领导与被领导关系，在业务上是同业往来关系，在经营上是独立法人之间的平等关系，在资金上是借贷关系，市联社的主要任务是为城市信用社做好服务工作，并兼营城市信用社业务。1991年2月，经中国人民银行总行批准，常州市城市信用社联社成立，联社章程规定，按照《城市信用合作社管理规定》，建立常州市城市信用社联社，联社具有对城市信用合作社的聘任和解聘正、副理事长，正、副监事长，正、副主任和会计主管负责人提出资格审查意见，报中国人民银行常州分行批准等职责。1992年6月，常州市城市信用合作社联社在丰余社没有推荐或聘任高小瑛为主任的情况下，即以常信联(1992)第10号文向市人行推荐高小瑛任丰余社主任、刘建国任副主任。7月29日，中国人民银行江苏省分行转发总行《非银行金融机构法定代表人业务资格审查办法》。该办法规定，任非银行金融机构的法定代表人，须由该机构行政主管部门按干部管理权限进行考核，并报经中国人民银行进行业务资格审查。其中，处级以下地方非银行金融机构，其法定代表人拟任人选经所在地人民银行审核后，由人民银行省、自治区、直辖市分行进行业务资格审查。对法定代表人拟任人选的资格审查，不论是否同意，均由审查单位行文批复。8月18日，市人行以常银人(1992)第13号文批复市联社：同意丰余城市信用社两同志的任职资格，高小瑛同志为常州市丰余社主任(股级)，刘建国同志为该社副主任(副股级)。高未经过省人行业务资格审查。11月，丰余社筹建组征询了部分股东意见，决定由筹建组牵头，于12月7日成立丰余社第一次股东代表大会筹备组。1993年1月17日，丰余社第一次股东代表大会召开，会议选举成立了理事会和监事会，并选举常州市钓鱼协会会长徐剑虹为理事长，朱荣华为监事长，聘任徐志先为丰余社主任。8月18日，丰余社理事会书面向市人行申报，要求市人行根据股东代表大会决议对聘任的主任徐志先及另一位经理事会提名的候选人陈辉进行业务资格审查。市人行未予答复。9月1日，省人行以苏银发(1993)518号文致函市人行，提出关于建立丰余城市信用社民主管理组织的意见。该意见指出，丰余城市信用社主任、理事会理事长等领导职务不得由离退休干部担任，市人行要严格把关，如有违反，应予以制止，丰余社的增资扩股，未按有关程序向原审批机关申报，违反城市信用社管理的有关规定，对不符合股权资格的成员单位该清退的必须清退。同月23日，市人行通知丰余社，对包括常州市钓鱼协会在内的4户不符合股权资格的单位限在10月31日前做好清退工作。事后，丰余社将市钓鱼协会的股金直接转到钓鱼协会的帐上，清退了本金。

(四)一审判案理由

法院认为：丰余社筹建组召集的丰余社第一次股东代表大会及股东代表大会产生的决议，符合中国人民银行颁布的《城市信用合作社管理规定》，该决议是合法的。丰余社章程中规定，股东代表大会是丰余社的最高权力机构，有权表决讨论本社重大事项，理事会是股东代表大会闭会期间的常设执行机构。在现丰余社法定代表人不执行股东代表大会决议的情况下，理事会向本院提起的诉讼，应视为丰余社提起的诉讼。《城市信用合作社管理规定》中规定，城市信用合作社为实行独立核算、自主经营、民主管理、具有法人地位的独立的经济实体，不得作为银行和其他任何部门的附属机构，城市信用合作社实行理事会领导下的主任负责制，主任由理事会聘任。因此，任免丰余社主任应由丰余社理事会决定。市人行作出的常银人(1992)第13号批复，违反了《城市信用合作社管理规定》，超越其法定职权，侵犯了丰余社的自主权。中国人民银行发布的《非银行金融机构法定代表人业务资格审查办法》规定，处级以下地方非银行金融机构，其法定代表人拟任人选经所在人民银行审核后，由人民银行省、自治区、直辖市分行进行业务资格审查，对法定代表人拟任人选的资格审查，不论是否同意，均由审查单位行文批复。丰余社理事会书面申报市人行，要求对陈辉和徐志先予以审查并行文批复，市人行应履行其法定职责，但被告没有批复，违反了《非银行金融机构法定代表人业务资格审查办法》的规定。为此原告提出的诉讼请求，本院予以支持。

(五)一审定案结论

根据《中华人民共和国行政诉讼法》第五十三条、第五十四条第(二)项第四目，参照《城市信用合作社管理规定》第三条、第十一条，《非银行金融机构法定代表人业务资格审查办法》第四条、第五条的规定，判决如下：

1. 撤销被告1992年8月18日作出的高小瑛任丰余社主任、刘建国任副主任的常银人(1992)第13号文。

2. 被告自本判决发生法律效力之日起10日内对丰余社理事会推选的丰余社主任人选进行资格审查，并行文答复原告。

案件受理费80元，其他诉讼费250元，计330元，由被告负担。

(六)二审情况

1. 二审诉辩主张

(1)上诉人市人行诉称：丰余社第一次股东代表大会的召集人不符合有关规定，大会选举离退休老干部担任丰余社理事长违反了中央文件规定等，故这次大会是不合法的；市人行作出高小瑛、刘建国两同志的任职决定是人行对信用社进行“领导、管理、监督”等的具体体现，没有侵犯丰余社的自主权；丰余社理事会要求对法定代表人人选进行业务资格审查的上报程序也不符合有关规定，故市人行不予答复是正确的。请求二审查明事实后予以改判。

(2)被上诉人丰余社辩称：原判认定事实清楚，市人行已侵犯丰余社的民主管理权，对丰余社理事会要求对法定代表人人选进行业务资格审查的报告至今不予答复显属不履行法定职责，请求二审维持原判。

2. 二审事实和证据

二审法院确认了一审法院认定的事实和证据。另据原市人行行长恭国梁证词，市人行常银人(1992)第13号关于高、刘两位同志任职资格的批文实际上是对高小瑛、刘建国两同志的任职决定。

3. 二审判案理由

二审法院经审理认为：丰余社筹建组召集的丰余社第一次股东代表大会符合《城市信用合作社管理规定》和《丰余城市信用合作社章程》的规定，该代表大会应为有效。市人行在丰余社理事会未建立前，于1988年9月6日批准同意高小瑛同志为临时负责人，有利于丰余社的正常经营和稳定，但市人行作出的常银人(1992)第13号批复，则违反《城市信用合作社管理规定》，超越了其法定职权，侵犯了丰余社的自主权。常州市钓鱼协会作为丰余社的股东，在被清退之前，其享有的一切权利应得到保护。丰余社第一次股东代表大会选举产生的有关理事会、监事会成员如不符合有关政策文件规定，则应由有关部门按规定予以清退。丰余社理事会根据股东代表大会决议，书面申报市人行，要求对理事会聘任的丰余社主任徐志先和后补人选陈辉进行业务资格审查，其上报程序符合《非银行金融机构法定代表人业务资格审查办法》，市人行应按此办法进行审核并上报省人行进行业务资格审查。市人行至今不予答复属不履行法定职责。丰余社理事会有权代表丰余社提起行政诉讼。原判认定事实清楚，证据确凿，但原审判决主文第二项不符合《非银行金融机构法定代表人业务资格审查办法》的规定，应予以改判。

4. 二审定案结论

根据《中华人民共和国行政诉讼法》第五十四条、第六十一条第(一)项，参照《城市信用合作社管理规定》第三条、第十一条、第二十七条、第三十条和《非银行金融机构法定代表人业务资格审查办法》第四条、第五条的规定，判决如下：

(1)维持江苏省常州市天宁区人民法院(1994)天行初字第1号行政判决第一项，即撤销被告1992年8月18日作出的高小瑛任丰余社主任、刘建国任副主任的常银人(1992)第13号文。

(2)撤销江苏省常州市天宁区人民法院(1994)天行初字第1号行政判决第二项，即被告在本判决发生法律效力之日起10日内对丰余社理事会推选的丰余社主任人选进行资格审查，并行文答复原告。

(3)上诉人市人行于本判决发生法律效力之日起10日内按规定对丰余社理事会聘任的主任人选和候补人选予以审核后上报省人行进行业务资格审查并答复被上诉人丰余社。

上诉案件受理费人民币80元，由上诉人市人民银行负担。

(七)解说

1. 本案的关键是是否承认丰余社股东代表大会合法。我们认为，根据原告提供的材料，足以说明该次股东代表大会的召开是合法的。理由为：(1)该次股东代表大会的发起程序是合法的。徐剑虹作为丰余社筹建组的主要负责人之一在与部分大股东商量后，以筹建组名义召集股东代表大会在程序上并无不当。根据市人行向公安局申请雕刻印章的报告可以看出，雕刻筹建组印章的目的之一是为了成立丰余社理事会，且这枚印章至今并未作废。(2)股东代表的产生也是正常的。按照筹建组的意见，每400股产生一名股东代表，按此比例，征求了全体股东的意见后，产生了27名正式股东代表，这27名代表应视为代表了全体股东的意思。(3)参加股东代表大会的人数符合丰余社章程规定，即参加大会的股东代表要达到全体股东代表的三分之二。根据当时会议的签到簿可以看出，参加股东代表大会的代表共有19人，人数符合章程要求。(4)开会的程序并不违反有关规定，会议是在融洽的气氛中召开的，有关方面的领导也参加了会议。应该说会议所产生的各项决议代表了股东代表当时的起初意愿。会议采用无记名投票方式产生了理事会、监事会成员，举手表决通过了有关会议决议。选举表决情况是正常的。到判决时止，市人行始终未能提供足以证明股东代表大会不合法的证据。因此，该股东代表大会应视为合法。

2. 钓鱼协会是否认定为丰余社的股东问题。在丰余社开办时，钓鱼协会投入丰余社8000元作开办费并做了大量开办的事务性工作，钓鱼协会应视为丰余社的开办单位。开办第二年，钓鱼协会将上述8000元转为丰余社股金，取得了000505号股金证，成了丰余社的正式股东。应该说在当时城市信用社增资扩股规定不十分明确的情况下，钓鱼协会成为丰余社股东是可以的。按照1988年8月公布的《城市信用合作社管理规定》，各类协会、学会等社团组织，不应该成为信用合作社股东，并对已成为股东的社团组织应进行清理。省人行根据上述规定于1993年9月以(1993)518号文正式通知市人行，要求对钓鱼协会等不符合规定的股东进行清理。但我们认为，在钓鱼协会并未被清理出丰余社股东的情况下，其作为股东所享有的一切权利包括民主管理权利应得到尊重和保障。

3．常州市信用联社是否有权对城市信用合作社主任的聘任和解聘提出资格审查意见。根据《常州市信用合作社联社章程》规定，“联社对城市信用合作社的聘任和解聘主任，提出资格审查意见，报市人行批准”，该章程是经中国人民银行总行批准的。市人行以此为根据，认定丰余社理事会上报主任人选进行业务资格审查的程序不符合规定，故市人行不予答复。我们认为，根据《城市信用合作社管理规定》第五章有关“城市信用合作社联社”的规定，“市联社与城市信用社不是领导与被领导关系，在业务上是同业往来关系，在经营上是独立法人之间的平等关系，在资金上是借贷关系”，“市联社的主要任务是为城市信用社做好服务工作，并兼营城市信用社业务”，据此可以认定，联社章程中有关联社对信用社所享有的人事等行政管理权是没有充分法规依据的，并与《城市信用合作社管理规定》相抵触，该章程不能作为法院认定市人行具体行政行为合法性的依据。丰余社理事会聘任的主任不必报市联社资格审查，应直接报市人行审核，而后报省人行进行业务资格审查，这样做也符合中国人民银行总行颁发的《非银行金融机构法定代表人业务资格审查办法》的规定。

4．关于徐剑虹参加诉讼的身分问题。徐剑虹作为丰余社第一次股东代表大会选举产生的理事长，即使不符合中央关于离退休干部不得经商的有关规定，也应由有关部门按规定予以清理。在未清退之前，徐剑虹的理事长身分应予认可。在丰余社现任主任不愿执行理事会的决议，且理事会目前并不承认现任主任合法性的情况下，经理事会会议决定向法院提起行政诉讼是可以的，法院应予受理。由理事长徐剑虹作为丰余社的代表参加诉讼也是能够成立的，可以作为本案的特殊情况处理，这样做有利于保护原告的诉权，有利于保护企业的经营自主权，故我们在诉讼法无明确规定情况下，在判决书中将徐剑虹的诉讼参加人的身分直接表述为“代表人”。

5．本案审理中，对如何把握《行政诉讼法》第十一条第一款第(三)项“认为行政机关侵犯法律规定的经营自主权”中的“法律”，曾有两种不同意见。一种意见认为“法律”是专指全国人民代表大会及其常务委员会通过的法律，应作狭义解释，故本案可不予受理。另一种意见认为应作广义解释，既包括法律，也包括法规。我们倾向于后种意见。从法理上说，法律一词涵盖了法律、行政法规、地方性法规和民族自治条例。在没有作出立法解释之前，应从立法目的和宗旨上拓宽思路。在司法实践中，如果将此处的“法律”作狭义理解，那么人民法院立案审理侵犯经营自主权行政案件的范围将相当狭小，而把众多的受行政法规调整的集体企业、私营企业诉行政机关侵犯其经营自主权的争议排除在司法保护之外，这与当前深化改革，建立现代企业制度是不相符的。本案中，中国人民银行根据《中华人民共和国银行管理暂行条例》制定颁布的《城市信用合作社管理规定》虽然是行政规章，但目前来说，这是管理城市信用社唯一的法律文件，丰余社认为市人行侵犯了该管理规定所赋予的经营自主权而向法院提起行政诉讼，法院应予受理。

（潘桂林）

39. 王占明等二十六名职工不服芷江侗族自治县商业局任职决定案

(一)首部

1. 判决书字号

一审判决书:湖南省芷江侗族自治县人民法院(1994)芷行初字第 10 号。

二审判决书:湖南省怀化地区中级人民法院(1994)怀中行终字第 21 号。

2. 案由:不服任职决定案。

3. 诉讼双方

原告(被上诉人):芷江侗族自治县糖酒食杂公司 26 名职工。

一、二审诉讼代表人:王占明,男,37 岁,县糖酒食杂公司职工;赵惠洁,女,39 岁,县糖酒食杂公司职工。

被告(上诉人):芷江侗族自治县商业局。

法定代表人:彭昭娣,局长。

一、二审委托代理人:刘楚才、滕树根,怀化市律师事务所律师。

4. 审级:二审。

5. 审判机关和审判组织

一审法院:湖南省芷江侗族自治县人民法院。

合议庭组成人员:审判长:鲍仁成;审判员:吴泽勇、邓水利。

二审法院:湖南省怀化地区中级人民法院。

合议庭组成人员:审判长:申启文;审判员:杨汉林;代理审判员:龚健。

6. 审结时间

一审审结时间:1994 年 7 月 30 日。

二审审结时间:1994 年 12 月 17 日。

(二)一审诉辩主张

1. 被诉具体行政行为:1993 年 11 月 27 日,芷江侗族自治县糖酒食杂公司经理彭宏元因涉嫌经济犯罪,被主管机关芷江侗族自治县商业局免去其经理职务。同时任命曾玉英为经理,由于职工抵制和反对,曾玉英未到任就职。1994 年 4 月 25 日,商业局又任命朱梅初为经理。原告认为:商业局对朱梅初的任命,违反了《中华人民共和国城镇集体所有制企业条例》的有关规定,侵犯了企业经营自主权和职工的民主权利。

2. 原告诉称:糖酒食杂公司是一家具有法人资格的城镇集体所有制企业,在职职工共 41 人。主管机关历经多次变更后,现归口被告主管。1993 年原告所属公司的经理彭宏元涉嫌经济犯罪,被司法机关立案逮捕之后,被告未依照法律的规定,不经过原告企业职工大会选举,先后两次任命企业的外来人员为原告公司的经理。第一次任命曾玉英为公司经理后,遭到了原告全体职工的抵制和反对,在县有关部门的过问下,被告又任命朱梅初为经理。原告多次要求被告撤销对朱梅初的任命,并向有关部门反映,但被告无视宪法和法律的规定而置之不理，还强行将原告企业的公章交给朱梅初经理使用。为了维护宪法和法律的尊严，保护集体企业的合法权益，根据《中华人民共和国行政诉讼法》第十一条第一款第(三)项的规定，请求人民法院依法撤销被告对原告公司经理朱梅初的任命；责令被告不得继续实施侵犯原告企业的经营自主权。

3. 被告辩称：(1)我局先后两次任命过原告公司的经理事实存在，但并非原告所诉任命的是企业外来人员，而是本商业系统及该企业的老职工，更不是违法任命，而是符合法律的规定；(2)为查找公章下落，我局才请求人民检察院做工作移交，并有检察院办案人员亲自参加；(3)原告所属的公司，是一个投资主体多元化的集体企业，并且国家投资达到了一定的比例，同时企业处于那种特殊情况，所以依照《中华人民共和国城镇集体所有制企业条例》第三十二条第三款的规定，对公司经理给予任命是合理的。据此，请求法院维持任命。

(三)一审事实和证据

法院经审理查明：芷江侗族自治县糖酒食杂公司的前身为个体摊贩组成的城镇南杂合作商店，归口城关镇管理，后演变为芷江联谊经销部和芷江永兴经销部，归口该县商业局主管。1987 年 12 月 9 日，两部合并为芷江糖酒食杂公司，工商登记经济性质为集体所有制，仍归商业局主管。在册职工 41 人，经理彭宏元。企业资金共 471883.10 元，其中个人股金 61576.93 元，占 13.05%。集体资金 287636.06 元，占60.96%。1986 年至 1990 年因安排 57 名待业青年就业，国家减免税累计 117667.11 元，占24.93%。上诉人商业局从联合公积金中拨款5000 元，占 1.06%，两项合计 122667.11 元，占 25.99%。1993 年 11 月 27 日，该公司经理因涉嫌经济犯罪而被免职(检察机关已撤销案件)的同时，县商业局直接任命曾玉英为经理，因职工反对未能到任。1994 年 4 月 25 日，商业局免除了曾玉英的经理职务，又直接任命朱梅初为该公司经理。大部分职工反对强烈，要求民主选举产生经理，未被采纳。1994 年 5 月 19 日，该公司 28 名职工自发选举王占明为经理，其中 26 名职工于 1994 年 6 月 8 日以芷江侗族自治县商业局侵犯其企业自主权为由，请求撤销商业局的违法任命。上述事实有下列证据证明：

1. 1985 年来，芷江侗族自治县税务局依据有关税务政策及湖南省人民政府湘发(1986) 41 号文件的规定，对县糖酒食杂公司给予困难免税的批复。

2. 芷江侗族自治县商业局关于朱梅初同志任芷江侗族自治县糖酒食杂公司经理的通知。

3. 芷江侗族自治县商业局(1986)芷商字第 30 号文件关于合并“芷江县商业综合批发部”为“芷江饮食商店”的批文。“同意从 1986 年 5 月份起将两店的人财物统一并入芷江饮食商店”。

4. 芷江税务局关于对糖酒食杂公司申请减免税问题的批复。

5. 朱梅初任职期间的制表行为。

6. 会计报表记载，1993 年来企业自有资金总额 471883.10 元。

7. 有工商调查情况和工商注册登记以及企业法人证书。

8. 税务局收入退还书及付款委托书。

9. 会计凭证。

10. 大会决议记录。

11. 职工名册。

12. 双方当事人的陈述等证词。

13. 芷江侗族自治县人民检察院经立案侦查认为，彭宏元犯贪污罪的证据不足，决定撤销此案。

14. 芷江侗族自治县财贸委员会关于 1993 年 11 月至 1994 年 4 月县商业局对糖酒食杂公司的法人代表先后任命曾玉英、朱梅初为该企业经理的证明。

15. 县经委证明：我委的集体所有制企业的厂长（经理）任命是根据中共芷江县委(1990)芷党发 9 号文件精神和《中华人民共和国集体所有制企业条例》下发以后，按照其中三十二条第一款和六十九条之精神，由于没有省、地实施细则，企业条件不成熟，我委现仍按县委和政府的规定执行。

16. 曾玉英向商业局领导要求免调糖酒食杂公司赴任经理的信函。

（四）一审判案理由

芷江侗族自治县人民法院认为：糖酒食杂公司是集体所有制企业，虽有三个资产主体，国家给予糖酒食杂公司减免退税款应视为国家资产，但是它同国家直接投资有一定差别；同时，国家的减免退税款和商业局从联合公积金拨给该公司款项，在公司整个资金中的比例只有 25.99%，其中，商业局从联合公积金中拨款 5000 元，只占该公司整个资金的 1.06%，所占比例极小。《中华人民共和国城镇集体所有制企业条例》第九条、第二十五条及第十三条规定，城镇集体所有制企业，职工大会是企业的权力机构，企业法定代表人的产生程序是职工大会，糖酒食杂公司的上级主管机构芷江商业局未通过该公司职工大会同意，而直接对该公司经理给予任命，违背法定程序。糖酒食杂公司部分职工，擅自召开大会，选举产生经理，也是不妥的。

（五）一审定案结论

芷江侗族自治县人民法院根据《中华人民共和国行政诉讼法》第五十四条第（二）项第三目的规定，作出判决：

撤销芷江侗族自治县商业局(1994)芷商字第 12 号关于对朱梅初同志的任命通知。

本案诉讼费 70 元，由被告商业局负担，其他诉讼费 200 元，原、被告各负担 100 元。

（六）二审情况

1. 二审诉辩主张

上诉人商业局上诉理由：

(1)原判认定事实有误：糖酒食杂公司是集体所有制企业，国家的减免退税款和商业局从联合公积金拨给该公司的款项就是国有资产，没有差别。根据国家国有资产管理局国资法规发(1993)63 号文件《关于国有资产产权界定和产权纠纷处理暂行办法》第九条集体所有制企业中国有资产所有权界定，第三项“集体企业依据国家规定享受税前还贷形成的资产，其中属于国家税收应收未收的税款部分，界定为国有资产”。这就十分明确，享受减免税形成的资产，界定为国家所有的资产，而不是“视为国家资产”。

(2)上诉人的做法没有违背《城镇集体所有制企业条例》。《条例》第三十二条第一款“厂长（经理）由企业职工代表大会选举或者招聘产生，选举和招聘的具体办法由省、自治区、直辖市人民政府规定”。第八十九条还规定省级政府和国务院行业主管部门，可根据本条例结合本地区、本行业的具体情况制订条例的实施细则。可是我省至今尚未制订实施细则，在此情况下上诉人仍遵循芷江侗族自治县政府、党委原来的规章，城镇集体企业的厂长（经理）由上级任命的做法是对的。况且这一任命当时又得到县领导、业务主管部门同意和工会的支持。加之该公司的客观情况，该公司原经理彭宏元于1993年11月27日因涉嫌经济犯罪被免职，同年12月21日被宣布逮捕，企业无人负责。因此，采取任命经理完全是应该的。

(3)法院立案处理不当。根据《中华人民共和国城镇集体所有制企业条例》第六十一条第二款规定“集体企业上级管理机构违反本条例有关集体企业领导人员产生、罢免条件和程序规定的，其上一级主管部门应当予以纠正……”，而不应由法院立案处理。

被上诉人王占明等26名职工辩称：

(1)根据国家税务局颁发的有关税收政策，我公司共享受老合作化企业困难减免税约17000元，一次性安排待业青年减免税65000元，共117667.11元，都是按月入库，次年国家退库，它并不属于原审被告列举的(1993)年63号文件《关于国有资产产权界定和产权纠纷处理暂行办法》第九条所规定的享受税前还贷形成的资产，国家应收未收的税款，界定为国有资产。事实上是，税务部门对我公司的困难减免和一次性安排60%的待业青年减免税，均不属于什么“税前还贷和应收未收”。这不是那种通过地方财政和县计委行文，上级银行拨款的国家直接投资，因此，上述《暂行办法》不适用本案。所以，原判也不存在着“认定事实有误或适用法律不当”的问题。

(2)城镇集体企业的厂长(经理)由上级任命我们认为这是违法的。《城镇集体所有制企业条例》自1992年1月1日正式生效后，一切与之有抵触、违背的地方性法规自行失去法律效力，应以《条例》为准。

(3)根据《城镇集体商业企业财务管理试行办法》第七条第二款“对侵犯企业合法权益的行为，企业有权拒绝、抵制和向司法部门控告”。原审被告规定企业开支400元以上的进货发票都要主管批准，两次强行任命外来人员担任经理还兼会计，这是侵犯企业的经营自主权的行为，违反了《城镇集体所有制企业管理条例》的有关规定。据此，原审法院判决是正确的，请求二审法院维持原判。

2. 二审事实和证据

二审法院受理该案后依法组成了合议庭，对该案进行了审理，经调查，二审法院确认了一审法院认定的案件事实和采纳的证据。

3. 二审判案理由

怀化地区中级人民法院认为：国家从1986年至1990年按有关文件规定对芷江侗族自治县糖酒食杂公司减免税款，主要是考虑到该公司因招收57名待业青年，经费困难，是对知青就业的照顾，与国家直接投资应有所区别，但毕竟属于国家资产范畴，应认为是对企业的资助；主管部门拨给该公司5000元，数额很少，只占全部资金的1.06%，所占比例极小。该公司的经理应按《中华人民共和国城镇集体所有制企业条例》第九条、第二十五条、第十三条的规定，由职工大会选举产生。而芷江侗族自治县商业局采取直接任命经理的方法，违背了法定程序，侵犯了该公司职工的合法权益。原审法院撤销商业局对朱梅初同志任命的判决事实清楚，程序合法，处理正确，本院予以支持。上诉人芷江商业局提出的上诉理由不能成立，本院不予采纳。

4. 二审定案结论

根据《中华人民共和国行政诉讼法》第六十一条第(一)项之规定，作出如下判决：

驳回上诉，维持原判。

本案诉讼费270元,由芷江侗族自治县商业局负担。

(七)解说

在我国由计划经济向市场经济转轨的过程中,法院处理这类新型案件还处于尝试阶段。企业尤其是集体所有制企业由上级主管机关任免厂长(经理),很少有经营自主权,企业职工很难行使当家作主、实行民主管理的权力,不能很好地调动职工积极性,不利于生产力的发展。目前,在现行法律法规尚不够健全难于操作的情况下,人民法院在处理此类案件时应根据《中华人民共和国城镇集体所有制企业条例》的立法精神和立法原则,坚持"三个有利于"的标准,即有利于生产力的发展,有利于提高人民群众的物质、文化生活水平,有利于增强综合国力,充分发挥审判职能作用,竭尽全力为社会主义市场经济建设保驾护航。结合本案,芷江侗族自治县糖酒食杂公司系集体所有制企业,根据《中华人民共和国城镇集体所有制企业条例》第三十二条第三款的规定,"投资主体多元化的集体企业,其中国家投资达到一定比例的,其厂长(经理)可以由上级管理机构按照国家有关规定任免"。从投资的主体来看,资金的来源有个人、集体和国家。但国家给该企业的免税和商业局从联合公积金中拨款是否属于投资,投资的比例是多少?根据《中华人民共和国法律百科全书》解释,免税是税法规定的对纳税人或纳税对象给予支持、鼓励和照顾的特殊措施。它把税收的固定性和必要的灵活性结合起来,对特定的情况起到调节作用。这是国家通过免税对该企业的支持、鼓励和照顾,与国家投资有所区别。再从主管局从联合公积金中拨款的5000元资金来看,比例只占整个资金的1.06%,该比例达不到所规定的"一定比例"。所谓一定比例,尽管国家未作出规定,但作者认为,商业局拨款数额不得少于该企业资金总额的30%或40%。退一步说,国家对该企业的免税视为国家投资也只占资金总额的25.99%,均未达到一定的比例。当然对该比例的数额,国家应当确定一个基数。因此,本案不适用《城镇集体所有制企业条例》第三十二条第三款的调整。该企业的厂长(经理)应由企业职工代表大会选举或者招聘产生。

《城镇集体所有制企业条例》第九条规定"集体企业依照法律规定实行民主管理,职工(代表)大会是集体企业的权力机构,由其选举和罢免企业管理人员,决定经营管理的重大问题";第三十二条第一款规定"厂长(经理)由职工(代表)大会选举或招聘产生"。这就充分说明不具备多元化投资的企业,厂长(经理)的产生,只能由职工(代表)大会选举或招聘产生。因为,职工(代表)大会是集体企业的权力机构,企业法定代表人的产生程序是职工大会。芷江糖酒食杂公司的上级主管机构芷江县商业局未通过该公司职工(代表)大会同意,而直接对该公司经理给予任命违背了法定程序,糖酒食杂公司部分职工,擅自召开大会选举产生经理,也是不妥的。根据《中华人民共和国行政诉讼法》第五十四条第(二)项的规定,一、二审法院依法判决撤销芷江县商业局(1994)芷商字第12号关于对朱梅初同志的任命通知是正确的。

(李代那)

40. 吉首市福利装璜材料公司不服吉首市政府侵犯企业经营自主权案

(一)首部

1.判决书字号:湖南省湘西土家族苗族自治州中级人民法院(1994)州行初字第4号。

2.案由:不服侵犯企业经营自主权案。

3.诉讼双方

原告:吉首市福利装璜材料公司。

法定代表人:石迁志,公司负责人。

委托代理人:沈字湘、谷成胜,湘西土家族苗族自治州第一律师事务所律师。

被告:吉首市人民政府。

法定代表人:龙友芳,市长。

委托代理人:江顺华,该市副市长;汤志强,吉首市律师事务所律师。

第三人:吉首市民族卷烟材料厂。

法定代表人:赵乾元,厂长。

委托代理人:高纪春,该厂副厂长;张昌政,吉首市个体经济法律服务所工作人员。

4.审级:一审。

5.审判机关和审判组织

审判机关:湖南省湘西土家族苗族自治州中级人民法院。

合议庭组成人员:审判长:易传龙;审判员:杨安寿;代理审判员:季国元。

6.审结时间:1994年8月17日。

(二)诉辩主张

1.被诉具体行政行为:吉政发(1994)22号《关于明确吉首市福利装璜材料股份有限公司隶属关系的通知》:"为有利于市福利装璜材料股份有限公司生产经营,经市人民政府研究决定,吉首市福利装璜材料股份有限公司仍按吉政发(1991)42号文件精神,由吉首市民族卷烟材料厂管理经营,与市政府办脱离挂靠关系。"

2.原告诉称:本公司是根据吉首市人民政府办公室吉政办发(1993)5号文件,在原吉首市五金装璜厂的基础上成立的,并经吉首市工商行政管理局核准登记,领有企业法人营业执照的集体所有制企业。被告吉首市人民政府决定本公司由吉首市民族卷烟材料厂管理经营,侵犯了本公司的经营自主权和财产所有权。请求撤销被告吉首市人民政府的具体行政行为,并责令其赔偿损失。

3.被告辩称:原告吉首市福利装璜材料公司在1991年9月并入吉首市民族卷烟材料厂时,是经过该厂干部职工同意了的,其资产亦被验证属于国有,原企业法人资格被注销,债务由吉首市民族卷烟材料厂偿还,原告只是该厂的一部分。1993年2月,原告采取欺骗手段,骗取集体企业法人营业执照,是一种侵吞、瓜分国有资产的行为。被告(1994)22号文件正确,请求驳回原告之诉讼请求。

4. 第三人诉称：1991 年 9 月，吉首市五金装璜厂、吉首市民族家具厂、吉首市猪鬃厂三个城镇集体所有制企业并入吉首市民族卷烟材料厂后，原告已成为全民所有制企业的一部分，其资产已由我厂统一占有使用，人员统一安排，债务统一偿还。尽管原告骗取了集体企业法人营业执照，但其人事管理、生产经营仍隶属于本厂。原告坚持要从本厂分离，是侵吞、瓜分国有资产的行为，请求维持被告(1994)22 号文件。

（三）事实和证据

湘西土家族苗族自治州中级人民法院经公开审理查明：原告吉首市福利装璜材料公司的前身是 1979 年元月创办的城镇集体所有制企业——吉首镇农具厂。1985 年 5 月，该厂更名为吉首市红旗门福利厂，安置聋哑等残疾人就业。1987 年 12 月，该厂又更名为吉首市五金装璜厂，主要生产铝箔纸和卷烟滤嘴棒。至 1990 年，该厂资产达 110 万美元。1991 年 8 月 3 日，湘西土家族苗族自治州计划委员会以州计字(1991)183 号文件批复吉首市计划委员会的请示，同意新成立全民性质的吉首市民族卷烟材料厂。同年 9 月 12 日，被告吉首市人民政府以吉政发(1991)42 号《关于成立吉首市民族卷烟材料厂的通知》，将吉首市五金装璜厂、吉首市民族家具厂、吉首市猪鬃厂三个城镇集体所有制企业并入新成立的吉首市民族卷烟材料厂，同时宣布这三家企业原法人资格丧失，其全部债权债务由吉首市民族卷烟材料厂承担，并将吉首市五金装璜厂 110 万元的集体资产验证为吉首市民族卷烟材料厂的资产，原吉首市五金装璜厂厂长余强华被任命为吉首市民族卷烟材料厂厂长。同年 11 月 29 日，被告吉首市人民政府为扩大生产规模，对外开发业务，以吉政发(1991)80 号《关于恢复吉首市五金装璜厂的通知》，决定恢复吉首市五金装璜厂，余强华兼任厂长，企业仍归属吉首市民族卷烟材料厂。1993 年 2 月 10 日，吉首市人民政府办公室以吉政办发(1993)5 号《关于成立吉首市福利装璜材料股份有限公司的通知》，决定在原吉首市五金装璜厂的基础上，成立吉首市福利装璜材料股份有限公司，公司自主经营，自负盈亏，隶属市政府办公室。同年 2 月 17 日，经吉首市工商行政管理局审核同意成立"吉首市福利装璜材料公司"，经济性质为集体所有制，并核发了企业法人营业执照。1994 年 2 月 23 日，吉首市福利装璜材料公司得知吉首市人民政府拟将其再次并入吉首市民族卷烟材料厂，即向湘西自治州委、州人民政府，吉首市委、市人民政府提交《关于维护集体企业合法权益的紧急请求和呼吁》，湘西自治州体改委及州人民政府办公室城工科组成联合调查组对该事情进行调查，并于 1994 年 3 月 15 日向湘西自治州人民政府写出了《关于吉首市福利装璜材料公司要求不再并入吉首市民族卷烟材料厂的情况调查报告》，提出了应允许吉首市福利装璜材料公司独立的建议及其理由。1994 年 6 月 20 日，吉首市人民政府以吉政发(1994)22 号《关于明确吉首市福利装璜材料股份有限公司隶属关系的通知》，决定将吉首市福利装璜材料公司仍按吉政发(1991)42 号文件精神，由吉首市民族卷烟材料厂管理经营，与市政府办公室脱离挂靠关系。吉首市福利装璜材料公司对该通知不服，以吉首市人民政府(1994)22 号通知侵犯其经营自主权为由，诉至人民法院。

上述事实有下列证据证明：

1. 吉首市福利装璜材料公司(以下简称公司)于合并前系集体所有制企业，有其当时的营业执照为凭。

2. 公司合并前的资产数额，有会计师事务所的资产评估报告。

3. 将公司合并到吉首市民族卷烟材料厂有吉首市人民政府(1991)42 号文件在卷佐证。

4. 公司被合并后二个月，又从吉首市民族卷烟材料厂分立，有吉首市人民政府(1991)80

号文件佐证。

5.1993年2月,公司在吉首市五金装璜厂基础上成立,有吉首市人民政府任命余强华为公司法人代表的(1993)7号通知以及市政府办公室成立公司的(1993)5号文件佐证。

6.公司成为独立法人有吉首市工商局核发的营业执照佐证。

7.公司不愿再次并入吉首市卷烟材料厂,有其向各有关部门提交的《紧急请求和呼吁》及湘西自治州体改委等部门的调查报告佐证。

8.吉首市人民政府将公司仍明确由吉首市民族卷烟材料厂管理经营有其(1994)22号文件佐证。

(四)判案理由

湖南省湘西土家族苗族自治州中级人民法院经审理后认为:原吉首市五金装璜厂是具有企业法人资格的城镇集体所有制企业。被告吉首市人民政府1991年9月12日以吉政发(1991)42号文件决定将该厂并入国有企业吉首市民族卷烟材料厂,并将集体资产注册验证为国有资产,违反了《中华人民共和国企业法人登记管理条例》第三条关于企业法人资格和国务院《关于城镇集体所有制经济若干政策问题的暂行规定》第九条关于集体所有制企业财产所有权、经营管理权的规定。被告吉首市人民政府在自行纠正行政违法,决定恢复吉首市五金装璜厂后,又于1994年6月20日以吉政发(1994)22号文件决定将在吉首市五金装璜厂基础上成立的,具有集体所有制企业法人资格,依法领有企业法人营业执照的原告吉首市福利装璜材料公司(文件称吉首市福利装璜材料股份有限公司)由吉首市民族卷烟材料厂管理经营,既违反了《中华人民共和国企业法人登记管理条例》第三条之规定,又违反了《中华人民共和国城镇集体所有制企业条例》第五十五条关于政府不得改变集体所有制性质和损害集体企业财产所有权,不得干预集体企业生产经营和民主管理的规定,其行为属超越职权,非法侵犯集体企业经营自主权,依法应予撤销。原告起诉理由成立,应予支持。原告吉首市福利装璜材料公司提出的被运走、加工分切真空镀铝纸设备及停工减少职工工资收入的行政赔偿之诉讼请求,因该行为不属被告吉首市人民政府所为,不予支持。被告吉首市人民政府1991年9月12日吉政发(1991)42号文件下发以来,原告吉首市福利装璜材料公司与第三人吉首市民族卷烟材料厂在人、财、物上存在的混合情况,根据《中华人民共和国城镇集体所有制企业条例》第五十二条之规定,应由被告吉首市人民政府组织有关单位进行清理。

(五)定案结论

湖南省湘西土家族苗族自治州中级人民法院根据《中华人民共和国城镇集体所有制企业条例》第五十五条和《中华人民共和国行政诉讼法》第五十四条第(二)项第四目之规定,作出如下判决:

1.撤销被告吉首市人民政府1994年6月20日吉政发(1994)22号文件《关于明确吉首市福利装璜材料股份有限公司隶属关系的通知》。

2.驳回原告吉首市福利装璜材料公司行政赔偿诉讼请求。

案件受理费15640元,由被告吉首市人民政府承担15590元,原告吉首市福利装璜材料公司承担50元;诉讼保全申请费650元,由原告承担。

(六)解说

本案争议的焦点是被告吉首市人民政府的(1994)22号文件是否构成侵犯原告吉首市福利装璜材料公司的经营自主权。何谓经营自主权,法律、法规未有明确解释。但《全民所有制工业企业转换经营机制条例》第六条对“企业经营权”作了解释：即是指企业对国家授予其经营管理的财产享有占有、使用和依法处分的权利。它包括企业享有生产经营决策权、产品劳务定价权、产品销售权、投资决策权、联营、兼并权、人事管理权、拒绝摊派权等 14 项权利。这虽然是针对全民所有制工业企业应享有权利的规定，但对于城镇集体所有制企业同样适用。就该案被告吉首市人民政府的行为看：第一，1991 年 9 月，被告吉首市人民政府以(1991)42 号文件，将属于劳动群众集体所有制性质的企业吉首市五金装璜厂等三厂合并成立全民所有制性质的企业吉首市民族卷烟材料厂，缺乏法律依据和事实依据。根据《中华人民共和国民法通则》的有关规定，财产所有权的转移，必须具有一定的法律事实。如购买、赠予、继承、依法没收等，法律禁止无偿平调、占有合法财产。1983 年 4 月 14 日国务院发布的《关于城镇集体所有制经济若干问题的暂行规定》第四条规定：“城镇集体所有制经济企业依法领取营业执照后，即具有法人资格。……任何部门或个人不得以任何方式或借口平调、挪用、侵吞或私分集体所有制企业的资金、利润、厂房、设备、原材料、产品、商品等一切。……对于侵犯集体所有制企业合法权益的行为，企业有权抵制，索赔经济损失，或向司法部门提出控告。”1992 年 1 月 1 日生效实施的《中华人民共和国城镇集体所有制企业条例》第二十一条规定：“集体企业对其全部财产享有占有、使用、收益和处分的权利，拒绝任何形式的摊派，自主安排生产、经营、服务等。”第五十五条规定：“国家保护企业的合法权益，任何政府部门及其他单位和个人不得改变集体所有制性质和损害集体企业的财产所有权，不得向集体企业摊派人力、物力、财力，不得干预集体企业的生产经营和民主管理。”事实是，1991 年 9 月，被告吉首市人民政府在未征求吉首市五金装璜厂职工意见，及该厂主管部门吉首市红旗门街道办事处提出异议，不同意该厂合并及改变该厂体制、隶属关系的情况下，依行政职权，擅自宣布该厂的集体企业法人资格丧失，将该集体企业的资产全部无偿地并入吉首市民族卷烟材料厂为国有资产。被告的这一行为，违反了上述法律、法规的规定，侵犯了集体企业合法享有的经营自主权和财产所有权。第二，原告吉首市福利装璜材料公司是在吉首市五金装璜厂的基础上成立的具有独立法人资格的城镇集体所有制企业，依法应享有独立自主生产经营的权利。被告吉首市人民政府(1994)22 号文件将该公司仍明确归属第三人吉首市民族卷烟材料厂管理经营，再次严重地侵犯了原告的经营自主权。因为，1993 年 2 月 10 日，吉首市人民政府办公室以吉政办发(1993)5 号文件，决定在原吉首市五金装璜厂基础上，成立“吉首市福利装璜材料股份有限公司”，并明确规定企业自主经营、自负盈亏，隶属市政府办公室，尔后并办理了该公司的集体企业法人营业执照。同时，被告吉首市人民政府于同年 2 月 6 日以吉政发(1993)7 号文件，任命原五金装璜厂厂长余强华为该公司经理。这说明被告对该公司的成立是明知的、认可的。被告以申请成立该公司是市政府办公室的行为而非吉首市人民政府的行为，且申请成立该公司时，欺骗了工商部门，骗取集体企业法人营业执照，侵吞了吉首市民族卷烟材料厂的国有资产为由，下发(1994)22 号文件，将该公司仍归属吉首市民族卷烟材料厂经营管理不当。即使原告吉首市福利装璜材料公司申请登记注册时，采取欺骗手段，将已经属于国有的资产作为自有资产向工商部门申报注册是错误的，应该注销原告的企业法人资格，那么，也只能由工商部门依法办理，被告不能代行工商部门的职权而宣布原告的企业法人资格丧失。故被告吉首市人民政府(1994)22 号文件，一方面违反了国务院《关于城镇集体所有制经济若干问题的暂行规定》第四十一条及《中华人民共和国城镇集体所有制企业条例》第二十一条、第五十五条的规定，侵犯了原告的经营自主权；另一方面违反了《中华人民共和国企业法人登记管理条例》第三条关于企业法人资格的规定，是依法应予撤销的违法的具体行政行为。

（陈　明）

第十四篇　其他行政管理纠纷案例

41. 巩义市耐火材料公司不服郑州市矿产资源管理办公室矿产管理处罚案

（一）首部

1. 判决书字号

一审判决书：河南省郑州市中级人民法院(1992)郑法行初字第5号。

二审判决书：河南省高级人民法院(1994)豫法行终字第2号。

2. 案由：不服矿产管理处罚案。

3. 诉讼双方

原告(被上诉人)：巩义市耐火材料公司。

法定代表人：张茂恩，经理。

一、二审委托代理人：张建国，该公司副经理。

一审委托代理人：史晓捷，河南省第三律师事务所律师。

被告(上诉人)：郑州市矿产资源管理办公室。

法定代表人：郑金泉，主任。

一审委托代理人：柴拴庆，该办公室法制科科长。

一、二审委托代理人：邵建民，郑州市第二律师事务所律师。

二审委托代理人：王天平，郑州市第二律师事务所律师。

4. 审级：二审。

5. 审判机关和审判组织

一审法院：河南省郑州市中级人民法院。

合议庭组成人员：审判长：蒋伟；审判员：赵长跃、张建华。

二审法院：河南省高级人民法院。

合议庭组成人员：审判长：徐明恒；审判员：张晓和；代理审判员：梁开生。

6. 审结时间

一审审结时间：1992年12月25日。

二审审结时间：1994年1月19日(依法延长审限)。

（二）一审诉辩主张

1. 被诉具体行政行为：1992 年 10 月 6 日，郑州市矿产资源管理办公室作出郑矿监罚字（1992）第 4 号处罚决定，认定巩义市耐火材料公司构成无证经营矿产品，依据《郑州市矿产资源管理条例》第三十八条的规定，给予"停止违法经营，没收违法所得 143425 元，并处违法所得 15％的罚款 21513 元，共计 164938 元"的行政处罚。

2. 原告诉称：我公司 1989 年 5 月 1 日已领取了郑州市矿管委颁发的《矿产品经营许可证》，并于 1991 年经过主管机关的年审，虽然许可证上印有经营期限到 1991 年 5 月 1 日止的字样，但审验后主管部门把到期的许可证上加盖了审验合格章还给我公司。郑州市矿产管理委员会并于 10 月 12 日又下发了（1991）第 21 号文件，批准我公司为继续经营矿产品单位。1992 年 1 月 21 日，巩义市矿产管理局（1992）04 号文件公布我公司为取得合法经营权的企业，并公布了原许可证的号码为合法证件的标志。上述两个文件，批准并承认我公司为合法继续经营单位，但未要求换发新证。后来接到换发许可证的通知，我公司于 1992 年 7 月 29 日即申请办理新的经营许可证，而被告不但不给换发新许可证，反而于 1992 年 10 月 6 日以无证违法经营对公司作出处罚。我公司认为，经营矿产品不是无证，而是有许可证。至于两年期限问题，只是被告自己规定的，《矿产资源法》和《郑州市矿产资源管理条例》均未规定。况且在许可证超过两年的期限后，被告及巩义市矿管局一再下文件，承认我公司为合法继续经营单位。因此，我公司的行为并不违法，被告的处罚决定无法律根据。特别是在我公司申请换发许可证后，被告不但不给换发，又作出处罚，是不符合当前改革开放中行政管理机关为企业服务精神的。请求法院依法撤销被告作出的处罚决定。

3. 被告辩称：《郑州市矿产资源管理条例》规定我办公室有权发许可证，我单位就有权规定许可证的有效期限。原告许可证过期不重新换发，就是无证经营，就违反《郑州市矿产资源管理条例》第三十八条的规定。至于我办下的文件，只是批准原告为继续经营单位，并不是说可以不办许可证。原许可证到期不重新换发就是无证经营，我办公室给予处罚是正确的，请求法院予以维护。

（三）一审事实和证据

法院经审理查明：巩义市耐火材料公司于 1989 年 5 月 1 日领取了郑州市矿产管理委员会颁发的《矿产品经营许可证》，并于 1991 年经过主管机关年审，虽然许可证上印有经营期限到 1991 年 5 月 1 日止的字样，但审验后主管部门把到期的许可证上加盖了审验合格章。郑州市矿产管理委员会并于同年 10 月 12 日又下发了（1991）第 21 号文件，批准巩义市耐火材料公司为继续经营矿产品单位，1992 年 1 月 21 日，巩义市矿管局（1992）04 号文件又公布巩义市耐火材料公司为取得合法经营权的企业，并公布了原许可证的号码为合法证件的标志。但均未要求换发新证。后来接到要求换发许可证的通知后，巩义市耐火材料公司于 1992 年 7 月 29 日即申请办理新的经营许可证。被告未给换发，反而于 1992 年 10 月 6 日作出郑矿监罚字（1992）第 4 号处罚决定，认定巩义市耐火材料公司构成无证经营矿产品，依据《郑州市矿产资源管理条例》第三十八的规定，给予"停止违法经营，没收违法所得 143425 元，并处违法所得 15％的罚款 21513 元，共计 164938 元"的行政处罚。

上述事实有如下证据证明：

1. 郑州市矿产管理委员会为巩义市耐火材料公司颁发的《矿产品经营许可证》和 1991 年年审合格章。

2. 郑州市矿产管理委员会1991年10月12日(1991)第21号文件,批准其继续经营矿产品。

3. 巩义市矿管局(1992)04号文件证明其为取得合法经营权的企业。

4. 郑州市矿产资源管理委员会办公室1992年10月6日(1992)第4号处罚决定。

(四)一审判案理由

一审法院经审理认为:巩义市耐火材料公司经营矿产品,领有许可证,许可证到期后被告及主管部门均又相继下发文件,批准并承认原告为合法继续经营。至于原许可证的有效期限问题,只是被告规定的,《郑州市矿产资源管理条例》并没有《矿产品经营许可证》的有效期及到期不换就视为无证经营予以处罚的规定。因此,被告以无证经营给予处罚于法无据。特别是被告在处罚决定上,责令原告"停止违法经营"所依据的《郑州市矿产资源管理条例》上找不到什么依据。且被告在处罚决定中只引用了《郑州市矿产资源管理条例》第三十八条,该条并没有作出处罚的内容。再者,被告在处罚决定中认定的违法所得,是否扣除了税收及上交的管理费等合法支出,没有具体核实。因此,郑州市矿产资源管理办公室作出的(1992)第4号处罚决定,认定事实不清,证据不足,缺乏法律、法规依据。

(五)一审定案结论

一审法院根据《中华人民共和国行政诉讼法》第五十四条第(二)项第一、二目之规定,判决如下:

撤销郑州市矿产资源管理办公室郑矿监罚字(1992)第4号处罚决定书。

本案诉讼费4780元由被告承担。

(六)二审情况

1. 二审诉辩主张

(1)郑州市矿产管理局(1993年1月19日前为郑州市矿产资源管理办公室)上诉称:我局所作具体行政行为正确、合法,一审判决片面、错误地认定事实,扩大了本案审理范围,适用法律错误,请求二审法院纠正一审法院的错误判决。

(2)巩义市耐火材料公司辩称:郑州市矿产管理局认定我公司无证经营与事实不符,处罚无法律依据,滥用职权,一审判决认定事实、适用法律正确。请求维持一审判决,并判决赔偿损失。

2. 二审事实和证据

河南省高级人民法院经审理查明:被上诉人巩义市耐火材料公司于1985年2月3日领取工商营业执照,工商行政管理机关核准其经营范围为:矾土、粘土、耐火。1989年5月1日,郑州市矿产资源管理委员会为其颁发了《矿产品经营许可证》,有效期为两年。1991年4月,郑州市矿产资源管理委员会《关于对〈矿产品经营许可证〉进行年度审验的通知》(郑矿管字[1991]11号文件)规定:对郑州市行政区域内的矿产品经营单位的《矿产品经营许可证》进行年度审验,审验合格的在许可证正、副本上加盖"九一验"印章;对经营期限到期的矿产品经营许可证应重新登记换证,否则视为无证经营。被上诉人按通知要求将《矿产品经营许可证》正、副本及有关材料报巩义市矿产资源管理局。10月12日,郑州市矿产资源管理委员会在《关于批准第二批继续经营铝(粘)土矿产品经营单位的决定》(郑矿管字[1991]21号文件)中,批准被上诉人为第二批继续经营单位。10月16日,巩义市矿产资源管理局将加盖有"巩矿管一九九一验"印章的原许可证正、副本退还被上诉人。1992年1月21日,巩义市矿产资源管理局《关于公布取得合法采矿权、合法经营权企业的通知》(巩矿管字[1992]04 号文件)中,确认被上诉人为"已取得合法经营权"的企业。在此之后的经营活动中,巩义市矿产资源管理局一直为被上诉人对外运输产品办理矿产品准运单,并收取经营管理费,被上诉人也一直遵章纳税。在此情况下上诉人于 1992 年 10 月 6 日作出了郑矿监字(1992)第 4 号处罚决定书。上述事实清楚,证据确实、充分。各种书证齐全。

3. 二审判案理由

二审法院审理认为:《中华人民共和国矿产资源法》第九条规定,地质矿产主管部门主管矿产资源勘查、开采的监督管理工作。《河南省〈矿产资源法〉实施办法》第七条也规定,地质矿产主管部门主管矿产资源勘查、开发、利用的监督管理工作。被上诉人是经工商行政管理机关核准登记,依法取得了企业法人资格和经营矾土、粘土、耐火材料权的全民企业。依据《中华人民共和国企业法人登记管理条例》的规定,工商行政管理机关负责"监督企业法人按照登记注册事项和章程、合同从事经营活动;制止和查处企业法人的违法经营活动"。据此,上诉人对被上诉人的矿产品经营活动实施监督管理无法律法规依据,属超越职权。另外,在被上诉人所持的《矿产品经营许可证》有效期满后,郑州市矿产资源管理委员会发文确认其为"继续经营铝(粘)土矿产品经营单位",巩义市矿产资源管理局也发文确认其"已取得合法经营权",并继续为其办理矿产品准运单,向其收取经营管理费。以上事实表明,被上诉人的经营活动是在得到地矿主管部门的认可下进行的。上诉人将此经营活动视为违法并予处罚的证据不足。上诉人关于具体行政行为"正确、合法"的上诉理由不能成立。由于上诉人认定被上诉人的违法事实是"无《矿产品经营许可证》经营矿产品",因此,一审法院在审查上诉人所作具体行政行为是否合法时,对《矿产品经营许可证》的有效期限及到期不换证被视为无证经营有无法律依据进行审查是必要的。上诉人认为这是"扩大了本案审查范围"的上诉理由亦不能成立。上诉人所作具体行政行为虽不合法,但并未直接影响被上诉人的经营活动而造成损害,因此,被上诉人请求赔偿的理由不足,不予支持。郑州市中级人民法院一审判决认定的事实清楚,证据充分,撤销上诉人所作的处罚决定正确,应予维持。

4. 二审定案结论

依照《中华人民共和国行政诉讼法》第六十一条第(一)项和第五十四条第(二)项第一、二、四目之规定,作出判决如下:

驳回上诉,维持原判。

本案二审诉讼费 4780 元,由郑州市地质矿产管理局负担。

(七)解说

《中华人民共和国矿产资源法》自 1986 年 10 月 1 日施行以来,广大群众的资源意识、法制观念有了很大提高,矿产资源管理部门依法进行矿产资源开发监督管理工作也取得了很大成就。但在经营运销矿产资源环节上出现一些混乱现象,因此,1992 年 10 月地质矿产部发出加强矿产品运销环节的监督管理的决定,推广实行"矿产品经营许可证制度"。其本意就是加强经营环节的管理,避免在运销环节诱发浪费、破坏矿产资源短期行为发生,支持合法经营的企业发展生产,促进社会主义市场经济的发展。

本案关键问题是,原告耐火材料公司算不算无证经营,经营许可证过期未换新证是否就要按无证经营处罚,认识分歧很大。一种意见认为,经营许可证过期不换新证,就是无证经营,就应当处罚。另一种意见认为,原告领有经营许可证,虽然有效期限已满,但经过矿产资源管理部门年审检验，盖过印章认可的，又下有文件，批准确认其为合法经营单位，且在经营中没有违法行为，即令其应换新证未换，也是进行督促更换新证的问题，不是处罚问题。具体理由是：

1. 原告1989年5月1日即取得了郑州市《矿产品经营许可证》，证号为郑矿管字(1989)第402号，有效期为二年。到期后1991年6月年审后，在经营许可证上加盖了"巩矿管一九九一验"三角印章。同年10月12日郑州市矿产资源管理委员会郑矿管(1991)第21号文件《关于批准第二批继续经营铝(粘)土矿产品经营单位的决定》，批准原告为继续经营单位。1992年1月21日巩义市矿产局矿管字(1992)04号文件《关于公布取得合法采矿权、合法经营权企业的通知》，确认原告为取得合法经营权的企业。

2. 原告的经营活动一直是在矿管部门提供的支持、服务下进行的，矿管部门一直办理开具准运证，按时提取管理费，原告没有违法经营实质行为。

3. 对经营许可证几经审查核对，原告未主动换领新证，矿管部门也未督促换发新证，双方都是有疏漏的，但从整体上来看，原告是有证合法经营。

(张贵堂)

42. 杨春华不服五峰土家族自治县林业局扣留木材决定案

(一)首部

1. 判决书字号

一审判决书：湖北省五峰土家族自治县人民法院(1994)五行初字第02号。

二审判决书：湖北省宜昌市中级人民法院(1994)宜市法行终字第15号。

2. 案由：不服林业行政强制措施案。

3. 诉讼双方

原告(上诉人)：杨春华，男，41岁，土家族，农民，住鹤峰县城郊区七泉乡二果坪村四组。

被告(被上诉人)：五峰土家族自治县林业局。

法定代表人：覃孟林，局长。

一、二审委托代理人：聂祖华，该局公安科干部；艾祖鸿，五峰土家族自治县第一律师事务所律师。

4. 审级：二审。

5. 审判机关和审判组织

一审法院：湖北省五峰土家族自治县人民法院。

合议庭组成人员：审判长：黄正钢；审判员：陈斌、李林枫。

二审法院：湖北省宜昌市中级人民法院。

合议庭组成人员：审判长：胡兆满；审判员：袁宝家、汪本雄。

6. 审结时间

一审审结时间：1994年8月17日。

二审审结时间：1994年11月16日。

(二)一审诉辩主张

1.被诉具体行政行为:原告杨春华于1994年4月从鹤峰县运输一车木材至枝江县,途经五峰土家族自治县渔洋关木材检查站,该站值班木材检查员经过检查认为其所运木材的数量、规格与运输证、计码单不符,遂依据中华人民共和国林业部颁发的《木材运输检查监督办法》第六条第二款的规定,以货证不符、规格不符为由开具了鄂五林罚扣字(1994)第13号违章运输木材扣留单予以扣留,并限原告于1994年4月23日前补充手续,否则没收扣留木材。原告不服,向被告五峰土家族自治县林业局申请复议,被告经过复查后,于1994年4月24日作出复议决定,将适用条款改为《木材运输检查监督办法》的第十一条,对被扣木材予以继续扣留,并将限期补齐手续的时间延长至1994年5月2日。原告仍不服,遂向五峰土家族自治县人民法院提起诉讼。

2.原告诉称:1994年4月2日,原告从鹤峰县运输一车木材途经五峰土家族自治县林业局下属的渔洋关木材检查站,该站值班员经过检查,认为所运木材的数量、规格与运输证、计码单不符,将原告的一车木材全部扣留,并限期于1994年4月22日前补充手续,否则全部没收。原告不服,向被告五峰土家族自治县林业局申请复议,但由于被告对被扣木材进行了调换,从而造成被扣木材货证不符的假象,并强迫原告在复查清点笔录上签名。而事实上原告所运木材在鹤峰依法办理了运输证、植物检疫证、外销税收管理证明等各种合法手续,并在鹤峰经过检尺附有计码单。渔洋关木材检查站在其开具给原告的扣留单上所记载的木材数量与运输证、计码单完全一致,由此可以证明原告的木材是完全货证相符的。为此请求法院撤销被告非法扣留木材的具体行政行为,并赔偿原告的各种损失共计人民币16553.28元。

3.被告辩称:原告杨春华所运木材虽然办理了有关的合法手续,但确实存在货证不符的事实。根据林业部颁发的《木材运输检查监督办法》第十一条的规定予以扣留,限期补充手续的处理决定是完全合法的具体行政行为,请求法院予以维持。其主要理由是:

(1)渔洋关木材检查站是湖北省人民政府设立的全省129个检查站之一,具有依法检查运输木材的职权。

(2)原告所运木材存在货证不符的事实。1994年4月20日,被告组织有关人员对被扣木材进行重新清查(原告杨春华一同参加),清点结果为:2m×9cm×5cm规格的木材是1035件,2.7m×9.5cm×6cm规格的木材是235件,共计1270件,12.51m^3;而原告的运输证、计码单的记载为:2m×9cm×5cm规格的木材是950件,2.7m×9.5cm×6cm规格的木材是250件,共计1200件,12.51m^3。规格不符的木材15件,数量上多出70件,被告制作了清点笔录,原告并在笔录上签名予以认可。

(3)通过对被扣木材进行鉴别,无论是其成色、材质、加工工艺都完全一致,不存在调换的可能,原告认为被告对被扣木材进行了调换完全是毫无根据的,称其被迫在核查清点笔录上签名更是无中生有。

(4)渔洋关木材检查站在开具的扣留单上记载的木材数只是按规定抄录运输证、计码单上的记载,而并非核对清查木材后的记录。

(三)一审事实和证据

法院经审理查明:1994年4月2日原告杨春华从鹤峰县城郊区七泉乡林业分公司运输一车木材(计1200件,12.51m^3)至枝江县。当晚10时许,途经五峰土家族自治县渔洋关木材检查站。该站值班员检查木材外销手续后，在核对木材材种、规格、数量等情况时，发现其装载的木材数量、规格与运输证、计码单不符，原告承认木材系人工砍伐加工成方木，在尺寸上有一定误差，但否认货证不符、规格不符的事实存在。次日，渔洋关木材检查站即根据中华人民共和国林业部《木材运输检查监督办法》第六条第二款的规定，以货证不符、规格不符为由开具了鄂五林罚扣字(1994)第13号违章运输木材扣留单予以扣留，并限期于1994年4月22日前补充手续，否则没收被扣木材。原告不服，向被告五峰土家族自治县林业局申请复议，被告受理后，于1994年4月20日组织人员清查核实被扣木材(杨春华在场)，经清点，发现被扣木材中2m×9cm×5cm规格的木材是1035件，2.7m×9.5cm×6cm规格的木材是235件，合计1270件，12.51m^3；而原告的运输证、计码单上载明：2m×9cm×5cm规格的木材是950件，2.7m×9.5cm×6cm规格的木材是250件，共计1200件，12.51m^3。属规格不符的木材是15件，数量上多出70件。基于此，原告在清点笔录上签名予以认可。被告于1994年4月24日作出复议决定，根据《木材运输检查监督办法》第十一条的规定，继续扣留杨春华所运木材，并将渔洋关木材检查站限期补充手续的时间延长至1994年5月2日。

上述事实有当事人陈述、证人证言、书证、复查时的现场笔录证实。

(四)一审判案理由

法院认为：渔洋关木材检查站是经湖北省人民政府批准设立的全省129个木材检查站之一，具有依法检查运输木材的职权；被告五峰土家族自治县林业局对原告杨春华运输的木材因其货证不符、规格不符予以扣留，责令原告限期补齐手续的行为符合中华人民共和国林业部颁发的《木材运输检查监督办法》的有关规定，程序合法，且事实清楚，证据确凿充分。原告在购买、运输木材的过程中虽然办理了有关的合法手续，但在木材的数量、规格上存在货证不符的事实，理应接受被告的处理，其诉讼请求不予支持。

(五)一审定案结论

五峰土家族自治县人民法院依照《中华人民共和国行政诉讼法》第五十四条第(一)项之规定，作出如下判决：

驳回原告杨春华的诉讼请求。

诉讼费331元由原告负担。

(六)二审情况

1.二审诉辩主张

一审法院判决后，杨春华不服，提起上诉，其上诉的理由除与一审相同的以外，还有：(1)一审法院认定事实不清楚，其所运木材并非都属货证不符，对货证相符部分的木材没有扣留的法律、法规依据，应当返还。而一审法院却维持了五峰土家族自治县林业局对货证相符部分木材的扣留，损害了其合法权益。(2)一审法院在判决中适用法规条款不明确。为此请求二审撤销一审判决，撤销被上诉人扣留木材的决定，返还被扣木材并赔偿经济损失共计人民币16553.28元。

被上诉人五峰土家族自治县林业局答辩的理由除了与一审相同的以外，还有：(1)被上诉人所作的扣留木材行为是合法的具体行政行为。被上诉人在事实清楚、证据确凿的基础上作出的扣留决定是合法的，并且考虑到上诉人的实际情况，对其限期补充手续后放行的时间一再延长，充分体现了行政执法的合理性原则。(2)上诉人违法运输木材的事实客观存在，且证据确凿充分；上诉人的赔偿请求缺乏事实和法律依据，不能成立。为此请求二审法院维持原判。

2.二审事实和证据

二审法院经过审查,除肯定一审法院所查明的事实和认定的证据外,还查明:1994年4月2日渔洋关木材检查站在核查上诉人所运木材时,在场的木材装卸工赵文军、杨非凡证实,上诉人所运木材确实存在货证不符的事实。

3.二审判案理由

(1)上诉人杨春华运输木材虽然办理了有关的合法手续,但有部分木材的规格与运输证、计码单不符,存在货证不符的事实,且证据充分。上诉人称其所运木材的运输证、计码单完全相符的理由查无实据,认为被上诉人对被扣木材进行了调换,故意造成货证不符的假象的理由缺乏证据,且与事实相悖,法院不能认定。

(2)被上诉人依法行使行政职权,对货证不符部分木材的扣留,并无不当,然而上诉人所运木材并非都属货证不符,对其货证相符部分木材的扣留缺乏法律、法规的依据,被上诉人应该予以返还,并且承担由此给上诉人造成的损失。

(3)一审法院对所查明的事实认定不清,适用法规条款不明确,在没有具体的法律、法规依据下维持被上诉人对上诉人货证相符部分的扣留,显属不当。

(4)由于上诉人的经济损失只有在其货证相符部分的木材被返还后才能查清,故其赔偿请求待本判决下达后另案处理。

4.二审定案结论

二审法院根据《中华人民共和国行政诉讼法》第六十一条第(三)项之规定,作出如下判决:

(1)撤销五峰土家族自治县人民法院(1994)五行初字第02号行政判决。

(2)撤销被上诉人五峰土家族自治县林业局对上诉人杨春华货证相符部分木材的扣留,并返还给上诉人;维持其对货证不符部分木材的扣留决定。

案件受理费一审331元,二审260元,上诉人杨春华分别负担一审100元,二审78元;被上诉人分别负担一审231元,二审182元。

(六)解说

人民法院审理行政案件,主要是审查被诉的具体行政行为的合法性,即审查作出具体行政行为的行政主体资格、内容和程序的合法性。而就本案而言,侧重于对案情的审查和认定。本案被诉的具体行政行为是林业局的复议决定,复议决定所依据的事实主要是1994年4月20日对被扣木材的复查清点结果,对此一、二审法院都予以肯定,其主要理由和根据在于:(1)林业局在复议过程中对木材复查清点的行为并不违背《行政诉讼法》中第五章关于证据的规定。(2)经过对被扣木材进行鉴别,调换的可能性不存在。(3)扣留木材时的木材装卸工赵文军、杨非凡的证言与复查清点结果相互印证。(4)在行政诉讼过程中,被告虽负有举证责任,但是原告对自己的主张也应有责任举证,然而杨春华认为被告对木材进行了调换却提供不出任何有力的证据。

虽然二审法院同一审法院查明的事实和采纳的证据基本相同,但对事实的认定却是迥然不同,这其中主要是对被扣木材货证不符这一事实的确认上存在差异造成的。被扣木材是全部货证不符,还是部分货证不符,哪部分是货证相符,哪部分是货证不符,林业局虽然都予以查明,但在处理上却没有区别对待,因为对货证相符部分木材的扣留是没有法律、法规依据的，这与依法行政当然是背道而驰的，属于不当行政，构成行政侵权。

在本案中为什么要对上诉人的赔偿请求另案处理。就一般情况而言，当事人提起行政诉讼附带行政赔偿的，人民法院应该一并审理判决，然而在本案中，对上诉人的赔偿请求却另案处理，其主要原因除了在判案理由中阐述的以外，还在于：(1)杨春华请求赔偿16553.28元的损失，没有向一、二审法院提供相应的事实依据；(2)如果二审法院查明损失后一并判决，势必延长审理期限，而被扣的木材绝大部分都是货证相符的，如不及时返还给上诉人，木材有可能变质，而林业局也得负担更多的人力、财力来保管，这无论对哪一方而言，都会扩大损失；(3)由于二审判决为终审判决，如对赔偿请求一并判决，那么在某种程度上变相地剥夺了上诉人对赔偿请求的诉讼；(4)对赔偿请求另案处理，《行政诉讼法》并没有作禁止性的规定，也不违背相关法律、法规的原则和精神。

（姚世铸　阮思军）

43. 绵阳市农业生产资料公司请求绵阳市游仙区工商物价技术监督局行政赔偿案

（一）首部

1. 判决书字号：四川省绵阳市中级人民法院(1994)绵法行初字第1号。

2. 案由：要求行政侵权赔偿案。

3. 诉讼双方

原告：绵阳市农业生产资料公司。地址：四川省绵阳市剑南路西段20号。

法定代表人：廖家齐，总经理。

委托代理人：蒲伟章，该公司副总经理；陆涛，四川省绵阳市律师事务所律师。

被告：绵阳市游仙区工商物价技术监督局。地址：四川省绵阳市游仙区开元路一段3号。

法定代表人：张代清，局长。

委托代理人：陈恒，该局办公室副主任；贾义平，四川省绵阳市恒平律师事务所律师。

第三人：绵阳市第一农业生产资料公司。地址：四川省绵阳市绵州路中段249号。

法定代表人：聂刊，经理。

委托代理人：吴绍全，该公司行政处副处长。

4. 审级：一审。

5. 审判机关和审判组织

审判机关：四川省绵阳市中级人民法院。

合议庭组成人员：审判长：张开贵；审判员：蒋敏；代理审判员：石军。

6. 审结时间：1994年10月7日。

（二）诉辩主张

1. 被诉具体行政行为：1993年3月26日，被告游仙区工商物价技术监督局将游仙区所属农资公司核准登记为“绵阳市第一农业生产资料公司”。同年11月，原告向被告书面申请在游仙区设立分公司，被告以没有区政府批文予以拒绝。对此，原告不服，向四川省绵阳市中级人民法院起诉。

2.原告诉称:被告游仙区工商物价技术监督局将游仙区农资公司登记注册为"绵阳市第一农业生产资料公司",这一具体行政行为是违法的行政行为,应予撤销或责令其变更。其理由是:(1)被告游仙区物价技术监督局超越职权擅自核准"绵阳市第一农业生产资料公司"这一名称,侵犯了原告绵阳市生产资料公司的名称专用权。(2)《中华人民共和国企业法人登记管理条例施行细则》第二十条第五款和国家工商行政管理局《企业名称登记管理规定》第四条第二款,以及《关于贯彻〈企业名称登记管理规定〉有关问题的通知》第二条都明确规定,"企业名称,由同级登记主管机关核准或核定","实行分级管理"。(3)国家工商行政管理局《关于贯彻〈企业名称登记管理规定〉有关问题的通知》第三条第三款规定,以"超越职权擅自核准的名称,一律无效"。《中华人民共和国行政诉讼法》第五十四条第(二)项第四目规定,对"超越职权"的"具体行政行为","判决撤销"。(4)被告游仙区工商物价技术监督局将游仙区农资公司登记注册为"绵阳市第一农业生产资料公司",造成对原告的邮件投递错误,在客户中产生混淆,使原告的业务受到重大影响,仅1993年度一年销售总额比1992年下降410400元,直接损失200余万元。

为此,请求依法核准原告在游仙区设立分公司,判令被告赔偿损失50万元,公开登报赔礼道歉。

3.被告辩称:被告绵阳市游仙区工商物价技术监督局未对原告实施任何具体行政行为,原告将绵阳市游仙区工商物价技术监督局列为被告,已严重地损害了绵阳市游仙区工商物价技术监督局的名誉,在社会中造成不良影响,阻挠国家行政机关依法执行法律、法规。为使国家行政机关依法行使权力,为使绵阳市游仙区工商物价技术监督局在市场经济中更好地起到保驾护航的作用,请求人民法院按《中华人民共和国民法通则》有关规定,恢复名誉,赔偿损失,赔礼道歉。同时,因绵阳市游仙区工商物价技术监督局不属于原告请求事项的被告范围,误立被告,请求人民法院作出撤诉裁决。其理由是:(1)原告起诉请求的事项不属《中华人民共和国行政诉讼法》第十一条规定人民法院受理的行政诉讼范围。(2)按照《中华人民共和国企业法人登记管理条例施行细则》第四十二条规定,对于企业名称的变更,企业设立分支机构均是工商物价技术监督局机关内部之事,原告请求人民法院裁决显然没有法律依据。(3)被告绵阳市游仙区工商物价技术监督局将游仙区农资公司注册登记为"绵阳市第一农业生产资料公司",不存在侵犯原告名誉权的问题,更谈不上给原告造成经济损失的问题。

(三)事实和证据

四川省绵阳市中级人民法院经审理查明:1993年3月26日,绵阳市游仙区工商物价技术监督局将游仙区农业生产资料公司登记注册为"绵阳市第一农业生产资料公司"。同年11月,原告申请在绵阳市游仙区设立绵阳市农业生产资料公司游仙区分公司,被告游仙区工商物价技术监督局以没有游仙区政府的批文为由,口头决定不予登记。

上述事实有下列证据证实:

1.当事人的陈述。

2.证人证言。

3.第三人提供的经绵阳市游仙区工商物价技术监督局1993年3月26日核准登记注册"绵阳市第一农业生产资料公司"批件的企业法人营业执照。

(四)判案理由

四川省绵阳市中级人民法院认为：工商物价技术监督局是企业法人营业执照登记注册的主管机关，对企业名称应依照《中华人民共和国企业法人登记管理条例施行细则》和《企业名称登记管理规定》，“实行分级登记管理”。被告绵阳市游仙区工商物价技术监督局注册登记的“绵阳市第一农业生产资料公司”，未报经绵阳市工商行政管理局核准，其行为超越了职权。且第三人的名称“绵阳市第一农业生产资料公司”与原告“绵阳市农业生产资料公司”近似，容易引起混淆，违反了《中华人民共和国企业法人登记管理条例施行细则》第七条第一款、国家工商行政管理局《企业名称登记管理规定》第六条第一款之规定，侵犯了原告的名称专用权，给原告造成了一定的经济损失。原告申请在绵阳市游仙区设立分支机构，符合《中华人民共和国企业法人登记管理条例施行细则》第三十六条、第三十八条第一款第（三）项、第四十二条第一款之规定，应予登记注册。

（五）定案结论

经法院组织原、被告双方调解，对侵权赔偿问题双方已达成协议；被告对自己的失误向原告作了赔礼道歉。为此，根据《中华人民共和国行政诉讼法》第五十四条第（二）项第三目、第四目、第六十七条第一款、第三款之规定，判决如下：

1. 撤销被告绵阳市游仙区工商物价技术监督局注册登记的“绵阳市第一农业生产资料公司”名称，由被告向原告赔偿侵权损失费10000元，在本判决发生法律效力后3日内付清。

2. 判令第三人绵阳市第一农业生产资料公司依法对自己的名称重新申请登记注册。

3. 撤销被告对原告绵阳市农业生产资料公司在绵阳市游仙区设立分公司不予登记的决定，由原告向有关主管部门重新申请登记注册。

本案受理案件诉讼费11000元，由被告绵阳市游仙区工商物价技术监督局承担。

（六）解说

《中华人民共和国企业法人登记管理条例施行细则》第二十四条第五款规定，“登记主管机关对名称登记实行分级管理”。1991年7月22日，国家工商行政管理局第7号令颁布的《企业名称登记管理规定》第四条第二款又重申了对企业名称实行分级登记管理的制度。

1991年9月6日，国家工商行政管理局《关于贯彻〈企业名称登记管理规定〉有关问题的通知》第二条明确规定：“冠省（包括自治区、直辖市）市（包括州）县（包括旗、市辖区）行政区划名称的企业名称，由同级登记主管机关核准或核定。”

本案被告绵阳市游仙区工商物价技术监督局，作为企业法人名称登记注册的主管机关，未严格依照《中华人民共和国企业法人登记管理条例施行细则》等有关法律、法规的规定执行，超越职权将绵阳市游仙区农业生产资料公司注册登记为“绵阳市第一农业生产资料公司”，侵犯了绵阳市农业生产资料公司的名称专用权，拒绝了绵阳市农业生产资料公司依法在绵阳市游仙区设立分支机构，已是错误的行政行为。当原告向人民法院提起行政诉讼后，被告不仅没有深刻认识自己未严格依照企业名称登记管理法规办事的失误，反而在答辩词中还称“工商行政管理机关是唯一合法的企业登记机关”，“原告提起行政诉讼，请求变更名称，停止侵害，赔偿损失，赔礼道歉的事项，不属《中华人民共和国行政诉讼法》第十一条规定由人民法院受理的”；是“阻挠国家行政机关依法执行法律、法规”；属“误立被告”，“人民法院不能对行政机关在法律、法规规定范围内的行政行为进行干预”，应“作出撤诉裁决”等错误言词。

因此，四川省绵阳市中级人民法院认定被告超越职权，违反了《中华人民共和国企业法人登记管理条例施行细则》第七条第一款、《企业名称登记管理规定》第六条第一款之规定，侵犯了原告的名称专用权，给原告造成了一定的经济损失，撤销将绵阳市游仙区农资公司注册登记为“绵阳市第一农业生产资料公司”和不予登记分支机构的具体行政行为，赔偿损失，对第三人的名称和原告在游仙区设立分支机构进行重新申请登记的判决是正确的。

（安志民）

44. 唐艳玲不服龙安镇政府离婚登记案

（一）首部

1. 判决书字号：四川省平武县人民法院(1994)平行初字第1号。

2. 案由：不服离婚登记案。

3. 诉讼双方

原告：唐艳玲，女，29岁，汉族，农民，住四川省平武县龙安镇安场村。

委托代理人：梁文光，四川省平武县妇女联合会法律服务所法律工作者。

被告：四川省平武县龙安镇人民政府。

法定代表人：彭明江，镇长。

委托代理人：李晓蓉，该镇民政助理员；严之，平武县法律顾问处律师。

第三人：罗荣，男，30岁，汉族，农民，住平武县龙安镇安场村。

4. 审级：一审。

5. 审判机关和审判组织

审判机关：四川省平武县人民法院。

合议庭组成人员：审判长：向全书；审判员：高兴平；代理审判员：杨伟。

6. 审结时间：1994年1月16日。

（二）诉辩主张

1. 被诉具体行政行为：1993年3月，原告唐艳玲与第三人罗荣因夫妻关系不睦，向被告平武县龙安镇人民政府递交离婚申请。被告龙安镇人民政府于1993年8月25日，准予唐、罗二人登记离婚，并发给(1993)字第5号离婚证。离婚证写明：“唐艳玲、罗荣申请离婚，符合《中华人民共和国婚姻法》关于双方自愿离婚的规定，准予离婚。”

2. 原告诉称：对丈夫罗荣提出离婚未考虑成熟，罗荣便于1993年8月25日强迫原告去龙安镇申请离婚，被告未进行认真审查就填发了离婚证，致使罗荣将夫妻共同所有的财产转移，使原告身带小女无处安身。为此，请求法院撤销被告错误的离婚登记，并判令被告赔偿原告因此而造成的损失。其主要事实根据是：

(1)1993年8月25日在平武县职业中学大门口罗荣要原告去登记离婚时原告不从，罗就打原告。于是原告被迫才与罗去了龙安镇政府机关院内。

(2)去龙安镇政府后原告仍不愿离婚，罗荣便将原告所骑自行车砸烂，并说了不少胁迫性语言，原告才被罗推拉着进了镇政府民政办公室。

(3)登记时，原告曾以头痛取药为由离开镇政府，躲进工商局院内，去县妇联途中又被罗荣追回。且离婚申请登记表的填写、签字均系罗荣一人所为。

(4)离婚登记后的第二天,原告即向被告提出申请,请求确认离婚登记无效,被告未给答复。后数次请求也无结果。

3. 被告辩称:1993 年 8 月 25 日进行的离婚登记是根据原告与第三人于同年 3 月 1 日提出的离婚申请和 8 月 21 日提交的离婚协议办理的,并且原告也是自愿在离婚登记申请书上盖了指印的。所以,办理离婚登记的程序是合法的。原告提出的诉讼请求毫无道理,请求法院不予支持。其理由是:

(1)1993 年 3 月 1 日唐艳玲、罗荣向被告递交有离婚申请书。

(2)1993 年 8 月 21 日唐艳玲、罗荣向被告递交有离婚协议书。

(3)1993 年 8 月 25 日唐艳玲、罗荣亲自到被告所在机关进行了离婚登记。且唐艳玲在离婚登记申请书上盖有指印。

4. 第三人述称:第三人与原告因感情破裂才去被告处申请离婚。离婚的提出到最后的领证双方都是自愿的,不存在强迫问题。故原告请求撤销离婚登记的诉讼请求,法院应予以驳回。其理由是:

(1)1993 年 3 月 1 日原告与第三人同去被告处递交了离婚申请书。

(2)1993 年 8 月 21 日原告又与第三人同去被告处递交了离婚协议书。

(3)1993 年 8 月 25 日原告与第三人同去被告处进行了离婚登记。原告还在离婚登记申请书上盖了指印。

(三)事实和证据

法院经审理查明:原告唐艳玲与第三人罗荣于 1985 年 11 月 20 日在平武县原长桂乡人民政府登记结婚。婚后感情较好,生育一男一女。1993 年 3 月 1 日双方因家庭琐事争吵打架后,向被告龙安镇人民政府申请离婚,因双方对子女、财产问题的处理未达成一致意见,被告未给办理。同年 8 月 21 日,罗荣、唐艳玲向被告递交了对子女、财产问题的处理提出了具体意见,双方签字和盖了指印的离婚协议书。同年 8 月 25 日上午,罗荣在平武县职业中学大门口找到唐艳玲,要唐一起去被告处办理离婚登记。唐不从,罗即对唐进行殴打,唐被迫与罗到了被告处。唐仍不同意离婚,罗便在被告处砸坏唐所骑自行车,并说了一些威胁性的话。经民政助理员李晓蓉和在场群众劝解,唐艳玲与罗荣到了民政办公室。李晓蓉告之双方办理离婚登记时必须交回结婚证,唐即谎称被自己保存很好的结婚证已被烧毁。李当即叫双方去补摄双人照片,以备补办存档的"夫妻关系证明书"之用。照相后,唐去妇联法律服务所询问了有关离婚的法律知识。当日下午,罗荣与李晓蓉在街上找到唐艳玲,三人一起回到被告处。罗往二楼民政办公室走时,唐借故头痛取药离开被告处躲进工商局院内。嗣后,唐艳玲去县妇联途中被罗荣追回。在民政办公室,李晓蓉对双方进行了调解后,将离婚登记申请书交给罗荣填写完毕,叫双方盖了指印,即给双方填发了离婚证。发出的离婚证将"罗荣"误写成"罗蓉",时间填为 1993 年 8 月 26 日。第二天,唐艳玲向县民政局递交了"请求确认离婚登记无效并查处"的申请。8 月 31 日唐又向被告申请确认登记无效,同时退回离婚证,并将该事件向绵阳市民政局和镇政府有关领导作了反映。9 月 15 日镇文卫办召集离婚的双方当事人及离婚登记的承办人,座谈关于唐艳玲申请撤销离婚登记的问题,未得出结果。11 月 11 日唐再次提请被告撤销离婚登记,仍无结果。12 月 24 日唐艳玲向法院提起行政诉讼。

上述事实有下列证据证实:

1.原告唐艳玲、第三人罗荣及被告委托代理人李晓蓉关于该离婚登记过程的陈述。

2.证人赵兴福、赵兴惠、赵顺林、马永莲等关于唐艳玲被逼离婚的证言。

3.原告唐艳玲提供的结婚证、离婚证及绵阳市民政局回信等书证。

4.被告镇政府提供的唐艳玲、罗荣登记离婚的申请书、协议书等原始资料。

(四)判案理由

平武县人民法院认为:婚姻登记机关办理离婚登记时必须查明离婚的双方是否确属自愿,是否对子女、财产、债务等问题已作适当处理,提出的处理意见是否属于双方的真实意思表示。本案被告在办理原告与第三人离婚登记的过程中,明知女方被胁迫,离婚不是真实意思表示,还继续给予办理离婚登记的行为,违背《中华人民共和国婚姻法》第二十四条、《婚姻登记办法》第七条之规定,其离婚登记应予以撤销。原告提请被告撤销离婚登记时,被告不履行法定职责,长达四个月之久不予答复,其行为违背《中华人民共和国行政诉讼法》第十一条第一款第(四)项之规定,造成原告在生产和生活上的误工损失应给予适当赔偿。第三人采用暴力胁迫手段强迫原告登记离婚的行为显属违法,应予以批评教育。据此,原告的诉讼请求依法应予以支持,被告错误的具体行政行为依法应予以撤销。

(五)定案结论

根据《中华人民共和国行政诉讼法》第五十四条第(二)项第三目、第六十七条第一款之规定,作出如下判决:

撤销龙安镇人民政府(1993)字第5号离婚登记。

由龙安镇人民政府赔偿唐艳玲申请撤销离婚登记期间误工损失费600元。

案件受理费50元,其他诉讼费240元,共计290元,由被告负担。

(六)解说

从本案情况看,原告与第三人自1985年结婚以来生育一儿一女,近八年夫妻生活相安无事。1993年3月因生活琐事争吵打架后,双方向被告递交离婚申请和同年8月递交离婚协议并非双方真实意愿。同年8月25日,也就是离婚登记的当天,原告在职业中学大门口被打、在镇机关大院自行车被砸、在去县妇联的途中被追回就足以证明这一点。《中华人民共和国婚姻法》第二十四条规定:“男女双方自愿离婚的……须到婚姻登记机关申请离婚,婚姻登记机关查明双方确实是自愿并对子女和财产问题已有适当处理的,应即发给离婚证。”中华人民共和国民政部颁布的《婚姻登记办法》第七条第一款规定:“男女双方自愿离婚并,对子女抚养和财产处理达成协议的,必须双方亲自到一方户口所在地的婚姻登记机关申请离婚登记……婚姻登记机关查明情况属实,应准予登记,发给《离婚证》,收回《婚姻证》。”被告违背上述法律规定,在明知原告属不自愿被强迫的情况下,仍给予双方办理离婚登记;原告提出撤销离婚登记的请求时,负有审查答复责任的被告又长达四个月不予答复;其具体行政行为当然不应受到法律的保护。综上所述,平武县人民法院为了保护公民的合法权益,纠正行政机关不合法的行政行为,促使行政机关正确行使职权,作出撤销被告的离婚登记,由被告赔偿原告600元误工损失费的判决是正确的。

(鲜春贵)

45. 泰信和（无锡）房地产有限公司不服无锡市人民防空办公室收取人防工程易地建设费案

（一）首部

1. 判决书字号

一审判决书：江苏省无锡市崇安区人民法院（1994）崇行初字第1号。

二审判决书：江苏省无锡市中级人民法院（1994）锡行终字第11号。

2. 案由：不服收取人防工程易地建设费案。

3. 诉讼双方

原告（上诉人）：泰信和（无锡）房地产有限公司。

法定代表人：武星，董事长。

被告（被上诉人）：无锡市人民防空办公室。

法定代表人：张福林，主任。

4. 审级：二审。

5. 审判机关和审判组织

一审法院：江苏省无锡市崇安区人民法院。

合议庭组成人员：审判长：华亚娟；审判员：张浩兴；代理审判员：王晓平。

二审法院：江苏省无锡市中级人民法院。

合议庭组成人员：审判长：殷锦昌；代理审判员：冯大钧、蔡萍。

6. 审结时间

一审审结时间：1994年8月17日。

二审审结时间：1994年10月14日。

（二）一审诉辩主张

1. 被诉具体行政行为：1994年2月26日，被告无锡市人民防空办公室依据《人民防空条例》、《结合民用建筑修建防空地下室实施细则》和《关于调整民用建筑修建防空地下室收费标准》的有关规定，对原告泰信和（无锡）房地产有限公司作出《依法收取人防工程易地建设费的决定》。其理由是，该公司所建造开发的“太湖山庄”六号地块别墅群计14630平方米的建筑，属于民用建筑，应当交纳234080元的人防工程易地建设费。

2. 原告诉称：我公司开发建设的“太湖山庄”别墅群，位于无锡市郊区蠡园乡无锡市外商投资规划区的范围内，而该区域并不属于城市市区，所以也不在有关文件规定的交纳人防工程易地建设费的范围之列；另外，我公司开发建设的“太湖山庄”六个地块作为整体别墅社区，我公司已有考虑在五号待开发的地块中建造防空地下室，因此由于是各地块分期建造，各部分分别收取人防工程易地建设费，很显然是重复收费；再则，根据无锡市的有关规定，对外资企业的收费，须征求市利用外资管理委员会的意见，为此，请求法院判决撤销被告无锡市人民防空办公室对原告所作出的收费决定。

3. 被告辩称：原告泰信和（无锡）房地产有限公司在我市蠡园乡所建造面积为14630平

方米的民用建筑商品房，坐落在我市的城市规划区内，原告在取得规划许可的建设面积为14630平方米的"太湖山庄"六号地块中并未建造有防空地下室，因此我办依照有关法规对原告收取该建筑的人防工程易地建设费每平方米16元，总计234080元。这一具体行政行为适用法规、规章正确，合法有效，且我办在收取该费时也已征求了市利用外资管理委员会的意见，为此，请求法院维持无锡市人民防空办公室的这一具体行政行为。

（三）一审事实和证据

人民法院经审理查明：泰信和（无锡）房地产有限公司是泰国信和集团有限公司注册设立在无锡的外商独资经营企业，其经营范围是从事有关土地成片开发和房地产经营。无锡市人民防空办公室是无锡市人民政府的工作部门，属行政机关性质，一级局建制，是无锡市人民防空委员会下设的办事机构，并根据国务院、中央军委发布的《人民防空条例》第八条第三、四款的规定负责承办人民防空的日常工作。

1992年5月19日，无锡市投资开发总公司取得了位于无锡市城市规划区的蠡园乡蠡湖村共计用地面积为273360平方米的建设用地规划许可证，并将该土地使用权分划成六个地块有偿转让给泰信和（无锡）房地产有限公司进行滚动式开发单幢花园别墅群、公寓及其他配套设施的建设。1993年2月，原告泰信和（无锡）房地产有限公司向无锡市规划管理局申请并取得了建造"太湖山庄"六号地块总建筑面积为14630平方米的建设工程规划许可证，并进行施工建造。

在该工程的建设中，因原告未曾建造防空地下室，故自1993年12月起，被告无锡市人民防空办公室便通过信函上门收取、委托银行托收等方式向原告收取每平方米16元，共计234080元的人防工程易地建设费。期间，被告亦多次去无锡市利用外资管理委员会征求收取该费用的意见，然均未能达成共识。为此，被告无锡市人民防空办公室于1994年2月26日对原告泰信和（无锡）房地产有限公司作出收取该人防工程易地建设费的决定。

上述事实有原、被告提供和法院依法收集的无锡市规划管理局颁发的建设用地规划许可证、建设工程规划许可证、证人证言、笔录等证据为凭。

（四）一审判案理由

被告无锡市人民防空办公室对原告泰信和（无锡）房地产有限公司作出的收取人防工程易地建设费的决定，是在其行政管理职权范围之内，且证据确凿，适用规章正确，虽在征求市利用外资管理委员会意见时未达成共识，但并不影响其在行政管理职权范围内作出相应的具体行政行为。原告泰信和（无锡）房地产有限公司所建造的"太湖山庄"六号地块，位于无锡市城市规划区内，并且单独就该地向规划管理部门申领及取得建设工程规划许可证，与其他待开发的地块无涉，故原告的诉讼理由不能成立。

（五）一审定案结论

依照《中华人民共和国行政诉讼法》第五十四条第（一）项、第五十三条以及参照《人民防空条例》第八条第三款、第四款的规定，判决如下：

维持被告无锡市人民防空办公室1994年2月26日对泰信和（无锡）房地产有限公司作出的《依法收取人防工程易地建设费的决定》。

本案诉讼费6100元，由原告泰信和（无锡）房地产有限公司负担。

（六）二审情况

1. 二审诉辩主张

上诉人和被上诉人在二审时的诉辩主张与一审时提出的诉辩主张相同。

2.二审事实和证据

二审法院肯定了一审法院认定的案件事实和采纳的定案证据。

3.二审判案理由

上诉人泰信和(无锡)房地产有限公司在位于无锡市规划区内的"太湖山庄"六号地块进行民宅施工建设,未按有关规定修建防空地下室,并拒绝交纳人防工程易地建设费,这是不对的。无锡市人民防空办公室在其行政管理的职权范围内对泰信和(无锡)房地产有限公司作出收取人防工程易地建设费的决定是正确的,本院依法予以支持。泰信和(无锡)房地产有限公司所提出的上诉理由,因与事实和法律规定不符,本院不予采信。原审认定事实清楚,适用法律、法规正确,判决并无不当。

4.二审定案结论

依照《中华人民共和国行政诉讼法》第六十一条第(一)项之规定,判决如下:

驳回泰信和(无锡)房地产有限公司的上诉,维持原判。

本案上诉案件受理费6100元,由泰信和(无锡)房地产有限公司负担。

(七)解说

本案是一起涉及外商独资企业的行政案件,因考虑到当前的投资环境问题,人民法院在处理这类案件时应特别慎重,既要保护双方当事人的合法权益,又要维护法律的尊严。本案的一、二审法院正是从这个前提出发,对本案进行了正确的处理。

首先,在受理上,受理该案是有理有据的。根据我国《行政诉讼法》第十一条第一款第(七)项的规定,公民、法人和其他组织只要是认为行政机关违法要求其履行义务时,就可以提起行政诉讼。本案原告认为自己没有义务交纳人防工程易地建设费,即使交纳也要征得有关部门的同意,据此提起的行政诉讼,人民法院予以受理是完全合法的。

其次,从本案被告无锡市人民防空办公室的行政管理职权上看,其职权是由国务院、中央军委颁布的《人民防空条例》第八条第三、四款即"省、自治区、人民防空重点城市及其所辖区、县设立人民防空委员会,并下设办事机构,负责承办人民防空的日常工作"的法律规定而授予的,同时,各省、市又根据当地不同情况相应地制订了一些因不能建造防空地下室的工程,应交纳一定费用,以利统一建造防空设施。因此,本案被告对原告作出的收费决定是在其行政管理职权范围内。

再次,目前因考虑到投资环境等因素,各地对外资企业都相应地制订了一些优惠政策,因此人民法院在审理时也应一并考虑。如本案中无锡市人民政府在1989年制定的第63号文件中就规定凡涉及外商投资企业收费,各征收部门应事先征求市利用外资管理委员会的意见。所以本案被告在对原告收取该费用时,事先征询了市利用外资管理委员会的意见,后作出收费决定,符合法定程序。

(王晓平)

46. 李华清不服化龙桥街道办事处责令停业案

(一)首部

1. 判决书字号

一审判决书:四川省重庆市沙坪坝区人民法院(1993)沙行初字第9号。

二审判决书:四川省重庆市中级人民法院(1994)重法行终字第7号。

2. 案由:不服责令停业决定案。

3. 诉讼双方

原告(上诉人):李华清,男,52岁,汉族,四川省南充市人,个体工商户,住重庆市沙坪坝区化龙桥龙隐路103号。

一、二审委托代理人:李励祥、曾宪忠,重庆市第二律师事务所律师。

被告(被上诉人):重庆市沙坪坝区人民政府化龙桥街道办事处。

法定代表人:何文成,副主任。

4. 审级:二审。

5. 审判机关和审判组织

一审法院:四川省重庆市沙坪坝区人民法院。

合议庭组成人员:审判长:王建军;代理审判员:宋新、柏欣。

二审法院:四川省重庆市中级人民法院。

合议庭组成人员:审判长:黄文明;代理审判员:洪其亚、刘凤华。

6. 审结时间

一审审结时间:1993年12月27日。

二审审结时间:1994年5月4日。

(二)一审诉辩主张

1. 被诉具体行政行为:1993年9月17日,重庆市沙坪坝区人民政府化龙桥街道办事处会同化龙桥公安派出所、化龙桥工商所、化龙桥税务所等单位联合对文化市场进行执法检查中,化龙桥街道办事处要求个体工商户李华清交付经营五台电子游戏机的管理费3250元。李华清当即交付500元,并出具尚欠2750元欠条一张。化龙桥街道办事处以其未办理经营手续和未交清经营管理费为由,当时向李华清作出口头决定:令其停止营业,至交清所欠管理费和补办了五台电子游戏机的经营手续后,方可继续经营。李华清对此不服,在法定的诉讼时效内向沙坪坝区人民法院起诉,请求法院撤销被告化龙桥街道办事处对其作出的停止营业和补交管理费的决定,并判令被告赔偿停业损失按每月1000元计算直至复业止。

2. 原告诉称:我经营电子游戏机是1992年6月就申办了文化经营许可证和治安管理登记证。同年7月开业,于9月向被告交纳过100元管理费,当年10月我就向被告及沙坪坝区人民政府申请免交管理费,同年12月25日,我向被告申办经营五台电子游戏机的许可证,被告一直未给我核发许可证,我只好继续经营。1993年9月17日,被告开来警车,到我经营处宣布口头决定:要我补交管理费3250元,没收长城游戏机一台,停止营业。被告的上述行为是超越职权的违法行为，请求人民法院撤销被告作出的停止营业和补交管理费的口头决定，退还没收的长城游戏机一台和已交款 500 元，判令被告赔偿由此造成停业损失按每月 1000 元计算直至复业止。

3. 被告辩称：李华清在 1992 年 6 月申办的文化经营许可证有效期限为当年 12 月 30 日，到期后，李未申办有效许可证而擅自经营。原有许可证核准经营两台电子游戏机，而李实际经营的是五台电子游戏机。李自 1992 年交过 100 元的管理费后一直未再交规费，长期拖欠不交。李虽申请过免交管理费，但未获准。因此，对李华清违法经营电子游戏机的行为，街道办事处依据重庆市人大颁布的《重庆市文化市场管理暂行条例》之规定，有权管理，有权查处违法行为。李华清也只有交清所欠规费、完善经营手续后方能营业。为此，当场对李作出的口头决定等行为并无不当。请法院支持街道对文化市场的管理，驳回李的诉讼请求。至于收缴长城游戏机，与我们无关。

（三）一审事实和证据

一审法院审理查明：原告李华清是个体工商户，1992 年 6 月，原告向被告申请并办理了经营两台电子游戏机的文化经营许可证，6 月 20 日，重庆市沙坪坝区文化局将沙文(92)个字第 244 号文化经营许可证发给了原告。许可证核定原告经营电子游戏机两台，有效期至同年 12 月 30 日止。发证时，被告已告知原告，每台电子游戏机每月向被告交纳经营管理费 50 元。原告于 6 月购进电子游戏机四台，先后投入经营；7 月购进一台电子游戏机并投入经营至 1993 年 9 月 17 日止。在此期间，原告于 1992 年 9 月向被告交纳了管理费 100 元。同年 10 月，原告向被告及有关部门反映并书面申请免交经营管理费，但未获准许，原告也未再向被告交费。同年 12 月 25 日，原告书面申请办理经营五台电子游戏机的许可证，未能获准。1993 年 8 月 13 日，被告召集辖区内文化市场个体经营户会，宣布调整收费标准的要求及补交欠交费决定，原告仍未补交。同年 9 月 17 日，被告会同化龙桥公安派出所、工商所、税务所联合对文化市场进行检查，被告要求原告交清经营电子游戏机的管理费 3250 元。原告当场交付 500 元，尚欠 2750 元，并出具欠条一张，为此，被告当场向原告宣布口头决定：令其停止营业，至交清所欠费用及补办经营手续后，方可继续经营。原告即日起未再经营电子游戏机。当日，化龙桥公安派出所发现原告经营电子游戏机的场所内还有一台长城牌弹珠游戏机，即将该机收到所内待处。

上述事实有文化经营许可证和治安管理登记证，购买电子游戏机收据，原告请求免交管理费及办理许可证的书面申请，重庆市收费许可证等书证和当事人陈述为据。

（四）一审判案理由

一审法院认为：原告经营电子游戏机应当依法持有有效的文化经营许可证等有关证照，并应按规定交纳税费。原告在原有许可证到期仍未能取得有效许可证的情况下继续经营，又未交清税费，属非法经营。被告对其管理查处，当场口头责令原告停止非法经营的具体行政行为，符合《重庆市文化市场管理暂行条例》第三十九条第(一)项、第四十条第(五)项、第四十一条、第四十八条、第五十一条的规定。因此，1993 年 9 月 17 日被告口头作出的责令原告停止非法经营的决定是正确的。

（五）一审定案结论

根据《中华人民共和国行政诉讼法》第五十四条第(一)项的规定，作出如下判决：

维持被告重庆市沙坪坝区人民政府化龙桥街道办事处 1993 年 9 月 17 日口头作出的责

令原告李华清停止经营的具体行政行为。

案件受理费50元，其他诉讼费20元，共计70元，由原告李华清承担。

（六）二审情况

1．二审诉辩主张

上诉人诉称：(1)原判认定事实不清。李华清经营电子游戏机是1992年6月申办了文化经营许可证和治安管理登记证。有效期满以后，于1992年12月25日又向被告申请办理经营电子游戏机的文化经营许可证。而被告在收到申请的9个月中，既不答复，也不给办理。因此，无证经营的过错不应由原告承担。1992年7月开业，9月向被告交纳过100元管理费。同年10月李华清向被告书面申请免交经营管理费，而被告对残疾人即原告的免交申请，既不答复也不催收，原告未交清管理费并无过错。原判对上述事实不予认定不当。(2)适用法规错误。被告作出的停业决定理由之一是“不交清管理费”，而《重庆市文化市场管理暂行条例》第四十八条关于停业规定无这方面的内容表述。那么，被告作出的停业决定缺乏法律依据。(3)被告的行为属越权处罚。《重庆市文化市场管理暂行条例》第五十四条明文规定，县级以上的文化主管部门才有权对违法行为人作出行政处罚。由此可见，被告的行为是越权行为。为此，沙坪坝区人民法院所作出的一审判决属事实不清，证据不足，适用法律错误，请求二审人民法院撤销原判和化龙桥街道办事处责令其停止经营的具体行政行为，维护上诉人的合法权益。

被上诉人化龙桥街道办事处对上诉人的上诉未作答辩。但在审理中认为，上诉人经营的五台电子游戏机是无证经营，并且长期拖欠管理费，是违法经营电子游戏机的行为。街道办事处是依法对李华清进行查处，一审法院判决维持正确，二审法院理应维持。

2．二审事实和证据

法院经审理查明：1992年6月12日，重庆市沙坪坝区文化局批准了李华清关于经营两台电子游戏机的申请，将《沙坪坝区文化经营许可证》发给了李华清，该许可证有效期限为同年12月30日。6月25日，李华清购进电子游戏机四台，其中两台投入经营。7月18日，扩大经营四台电子游戏机。11月17日，李华清又购进一台电子游戏机并投入经营。在此期间，李华清于同年9月向重庆市沙坪坝区人民政府化龙桥街道办事处交纳了管理费100元。同年10月，李华清向重庆市沙坪坝区人民政府有关部门及化龙桥街道办事处反映并书面请求免交经营管理费，未得到明确答复，李华清也未再交纳管理费。同年12月25日，李华清书面申请办理经营五台电子游戏机的文化许可证，但未能获准。1993年9月17日，重庆市沙坪坝区人民政府化龙桥街道办事处会同化龙桥派出所、化龙桥工商所、化龙桥税务所等单位联合对文化市场进行执法检查中，化龙桥街道办事处要求李华清交付经营五台电子游戏机的管理费3250元，李华清当即交付500元，并出具尚欠2750元的欠单一张。为此，化龙桥街道办事处向李华清当即宣布口头决定：令其停止营业，至交清所欠费用及补办经营手续后，方可继续经营。

上述事实有下列证据证实：

(1)上诉人的陈述与其他证人证实相一致。1992年6月上诉人向被上诉人申请并办理了经营两台电子游戏机的许可证。6月25日起李经营两台电子游戏机，7月18日起李经营四台电子游戏机，11月17日起李经营五台电子游戏机至1993年9月17日止。1992年9月李向化龙桥街道办事处交管理费100元；10月，李向化龙桥街道办事处书面请求免交经营管理费，未得到明确答复；12月25日李书面申请办理经营五台电子游戏机许可证，未能获准；1993年9月17日被告向原告作出停止经营的口头决定。

(2)有上诉人李华清1992年6月向街道办事处申请经营两台电子游戏机的书面申请；6月12日沙坪坝区文化局发给李的沙文(92)个字第244号文化经营许可证；10月，李华清请求免交经营管理费申请；11月6日化龙桥街道办事处文字答复李为"关于你要求免管理费一事，按街道办事处领导研究精神办理"；以及李华清购买五台电子游戏机收据、申请办理经营五台电子游戏机许可证的书面申请、重庆市收费许可证等书证为凭。

(3)证人证言等证据证实。

3. 二审判案理由

法院认为：被上诉人重庆市沙坪坝区人民政府化龙桥街道办事处根据《重庆市文化市场管理暂行条例》第四十一条第(三)项的规定，对李华清在原有许可证到期后未能取得有效许可证且未交纳税费的情况下，继续经营超过原许可经营数的电子游戏机的行为所进行的管理、监督检查，是履行法规赋予的职权。但对其作出的停止营业的口头决定，是超越职权的行为。原审法院本应判决撤销而予以维持不当。李华清的上诉理由成立，应撤销原判和被上诉人的具体行政行为。

4. 二审定案结论

根据《中华人民共和国行政诉讼法》第六十一条第(二)项、第五十四条第(二)项第二目和最高人民法院《关于贯彻执行〈中华人民共和国行政诉讼法〉若干问题的意见(试行)》第七十九条的规定，作出如下判决：

(1)撤销重庆市沙坪坝区人民法院(1993)沙行初字第9号行政判决。

(2)撤销重庆市沙坪坝区人民政府化龙桥街道办事处1993年9月17日作出的责令李华清停止经营的具体行政行为。

一审案件受理费50元，其他诉讼费20元，二审案件受理费50元，其他诉讼费20元，共计140元，由重庆市沙坪坝区人民政府化龙桥街道办事处承担。

(七)解说

本案是一起文化行政管理纠纷案，处理本案的关键是要解决好以下三个问题：

1. 本案街道办事处对文化娱乐经营活动是否享有管理职权。1992年5月28日四川省第七届人民代表大会常务委员会第二十三次会议通过颁布的《四川省文化市场管理暂行条例》规定，业务管理部门为"文化、新闻、广播电视"部门；第七条规定对文化市场实行分级管理，并规定了省级、市级、县级文化行政管理部门的职责；第十条规定了文化行政管理部门应会同公安、工商、卫生、物价、税务等部门共同做好文化市场管理工作。但该条例没有规定乡镇人民政府和街道办事处对文化市场享有管理职权。

1989年10月20日重庆市八届人大常委会第十次会议通过，11月15日四川省第七届人大常委会第十二次会议批准颁布施行的《重庆市文化市场管理暂行条例》第三十九条规定："文化市场管理部门的职权分工：(一)文化管理部门负责文化娱乐及文化系统音像制品等经营活动的管理；(二)广播电视管理部门负责文化系统以外的音像制品和电视摄像等经营活动的管理；(三)新闻出版管理部门负责图书、报刊经营活动的管理；(四)工商、公安等部门除负责文化市场经营登记发照、场所治安管理外，还应配合文化、广播电视、新闻出版管理部门对文化市场经营活动实施监督检查。区县及其以下政府未设置相应职能机构的，其管理由区县人民政府决定。”该条例第四十一条规定：“对文化市场实行分级管理。”该条除对市、区县的文化行政管理部门的职责作了规定外，第三项还规定了“乡镇人民政府、街道办事处负责辖区内所属单位及个体文化娱乐经营活动的管理和监督检查”的职权。

为此，对街道办事处是否享有对文化娱乐经营活动的管理、监督职权产生了两种不同看法。一种意见认为，街道办事处对文化市场不享有管理、监督职权。理由是：省条例已明文规定文化市场的管理职责享有者是省级、市级、县级文化管理部门，并未赋予街道办事处的职权；况且省条例是1992年颁布施行的，而重庆市条例是1989年颁布施行的，依照后法优于前法的原则，街道办事处对文化市场亦无管理职权。本案街道办事处对文化市场实施的管理行为是越权行为。另一种意见认为，街道办事处对文化市场享有管理、监督职权。法院采纳了这一意见，笔者同意这一观点。理由是：首先，重庆市条例乃是经省人大常委会批准颁布实施的地方性法规，省条例对该法规没有宣布失效，仍是有效的地方性法规。其次，重庆市条例更具有操作性，符合重庆地区的情况，有利于加强对文化市场的管理、监督。因此，人民法院依据《行政诉讼法》第五十二条规定，在审理本案中，将重庆市条例作为审理行政案件的依据，认定化龙桥街道办事处对文化市场享有管理、监督职权符合法律规定，并无不当之处。因此，街道办事处对文化市场实施管理、监督的职责不是越权行为。

2. 管理、监督权是否包括行政处罚权。这是本案争议的焦点之一。对此仍有两种意见。一种意见认为，管理、监督职权应当包括行政处罚权，否则，行政机关对相对人的管理、监督就成为抽象的无实际意义的行为，无法达到管理、监督的目的。因此，行政处罚权是管理、监督职权中不可分割的内容，只要法律、法规赋予了行政机关的管理、监督权，该行政机关自然享有行政处罚权。本案街道办事处对文化市场的管理监督职权是法规赋予的，因此，化龙桥街道办事处对李华清无照经营游戏机的违法行为所作出的停止经营决定合法，并非越权。另一种意见认为，管理、监督职权可以不包括行政处罚权。首先，“管理、监督”与“行政处罚”是两个不同的概念，不能相混淆。其次，从我国现实有效的众多法律、法规的规定看，享有管理、监督职权的行政机关不一定享有行政处罚权，管理、监督职权与行政处罚权是可以分离的。从四川省条例和重庆市条例第五十四条规定看，对文化市场的违法行为能作出行政处罚的行政机关是县级以上文化行政主管部门，不是乡镇人民政府和街道办事处。第三，依据重庆市人大1993年12月16日重人法字(1993)6号对适用重庆市条例第四十一条的解释可见，乡镇人民政府和街道办事处对文化市场实施的管理、监督检查行为是法规赋予的职权，但对管理、监督中发现的违法行为，应报告文化市场的行政主管部门作出行政处罚。该解释属有权解释，并且符合法规精神，人民法院审理本案理应参照。因此，本案街道办事处对李华清作出的停止经营的决定，是超越职权的违法行为。二审法院采纳了这一意见，笔者同意这一观点。

3. 李华清的行为具有违法性，是否可以维持行政机关的具体行政行为。对此亦有两种不同观点。一种意见认为，法院对行政案件合法性的审查，应包括审查原告一方的行为是否合法。如果原告一方的行为是违法的，应当受到处罚，法院就应当支持行政机关的管理，维持行政机关的具体行政行为。本案李华清无照经营电子游戏机的行为，是违法行为，依据四川省和重庆市的条例，均应受到处罚。况且对管理、监督权是否应包括行政处罚权没有定论，那么，一审法院判决维持街道办事处作出的决定并无不当，二审理应判决驳回李华清的上诉。另一种意见认为，行政诉讼的本质是司法权对行政权的监督。那么，在诉讼中，人民法院不能代替行政机关来确定相对人的法律地位，不能代替行政机关来行使行政职责。因此，审查原告一方的行为是否合法，是行政机关实施行政管理职权时必须要弄清的问题，不是行政诉讼的任务。况且，相对人有违法行为，而行政机关的制裁行为不一定合法的情形时有出现。就本案而言，李华清无照经营电子游戏机的行为，是违法行为。但是，化龙桥街道办事处对李作出的停止经营决定超越法定权限，违反了法律规定，属判决撤销范围。因此，一审法院从相对人具有违法性和应受行政处罚出发，作出维持判决不当。二审法院判决撤销原判和街道办事处的决定正确。由此可见，审查相对人行为的合法性，代替不了对被诉具体行政行为的审查。笔者认为这一观点正确。

（金代权）

47. 李发英不服邳州市四户镇政府拒绝履行法定职责案

（一）首部

1. 判决书字号

一审判决书：江苏省邳州市人民法院（1993）行初字第8号。

二审判决书：江苏省徐州市中级人民法院（1994）徐行终字第8号。

2. 案由：不服拒绝履行法定职责案。

3. 诉讼双方

原告（上诉人）：李发英，女，45岁，汉族，农民，住山东省苍山县南桥乡程村。

委托代理人：张树智，男，70岁，汉族，农民，住山东省苍山县南桥乡张沟村。

被告（被上诉人）：邳州市四户镇人民政府。

法定代表人：李宪华，镇长。

委托代理人：刘春涛、徐发银，邳州市第二律师事务所律师。

4. 审级：二审。

5. 审判机关和审判组织

一审法院：江苏省邳州市人民法院。

合议庭组成人员：审判长：范友堂；代理审判员：戴咏梅、曹立勋。

二审法院：江苏省徐州市中级人民法院。

合议庭组成人员：审判长：王辉；审判员：何兰生；代理审判员：梁华。

6. 审结时间

一审审结时间：1993年11月8日。

二审审结时间：1994年2月25日。

（二）一审诉辩主张

1. 被诉具体行政行为：1991年6月26日，原告李发英与宋长文（原告儿媳之父）发生婚姻家庭纠纷，宋将其女儿宋守侠从原告家中强行带回家。原告于1992年12月15日到邳州市四户镇政府要求解救宋守侠，镇政府的负责人认为此事属婚姻家庭纠纷，让其找有关部门解决，原告对其答复不满，向邳州市人民法院起诉。

2. 原告诉称：1991 年 6 月 26 日下午，四户镇董塘村农民宋长文突然率恶棍 20 余人，破门闯入我家，又不顾儿媳宋守侠怀孕身躯和反抗，强行把她架上车拉走。我们于 1992 年 12 月 15 日至四户镇政府要求对宋守侠进行解救，李镇长坚决拒绝。为保护妇女权益，我们依法具状起诉，请求裁判。

3. 被告辩称：(1)1992 年 12 月 15 日下午，我单位未见过本案当事人来过镇政府。据后来了解，12 月 15 日下午确有一个与当事人无任何关系，专以包揽诉讼骗取钱财的一农村老头找过李镇长，既无任何材料，也没有任何身份证明，更不具备当事人主体资格，理所当然他的谈话代表不了当事人。(2)根据后来调查了解，两家系换亲引起的婚姻纠纷，不存在绑架妇女的行为，又何有解救之说。(3)原告之子魏秀华与宋守侠已于 1992 年 11 月 19 日依法离婚，事隔一个月，原告又起诉我镇政府不履行法定职责，这是一种严重的诬陷行为，请求法院判令原告李发英公开承认错误，赔礼道歉。

（三）一审事实和证据

法院经审理查明：因原告李发英与宋长文两家之子女相互换亲结婚引起纠纷，1991 年 6 月 26 日宋长文将女儿宋守侠从原告家中强行带回家，原告李发英及其丈夫魏前学、大伯哥张树智于 1992 年 12 月 15 日到四户镇政府要求解救宋守侠，镇政府负责人认为此事属婚姻家庭纠纷，让其找有关部门解决，原告对此答复不满起诉至法院。

上述事实有下列证据佐证：

1. 当事人的陈述。

2. 证人证言。

3.(1992)邳法民事裁定书。

4. 被告提供的有关证据。

（四）一审判案理由

法院认为：原告李发英与宋长文两家系婚姻关系纠纷，不是绑架妇女的行为，原告起诉四户镇政府拒绝履行法定职责的理由不能成立。

（五）一审定案结论

根据《中华人民共和国行政诉讼法》第四十一条之规定，判决如下：

驳回原告李发英的诉讼请求。

诉讼费 80 元由原告李发英承担。

（六）二审情况

1. 二审诉辩主张

原告李发英不服向本院提起上诉。原告上诉主要理由是：(1)宋长文将其女儿宋守侠强行带走是绑架妇女行为，原审法院认定其行为不是绑架妇女是错误的。(2)原审法院适用法律也是不当的。

原审被告答辩称：李与宋两家的纠纷属于婚姻家庭问题，根本不存在绑架妇女行为，其行为不具备构成全国人大决定中所指出的绑架妇女、儿童罪的客观要件，更何况在李发英到镇政府时，其儿子已和宋长文女儿宋守侠解除婚姻关系。原审法院认定事实清楚，适用法律得当。

2. 二审事实和证据

徐州市中级人民法院经二审查明：上诉人李发英与宋长文两家子女换亲后，因经济等家庭问题引起纠纷，并到法院起诉离婚。1991 年 6 月 26 日，宋将其女儿宋守侠强行从李家带回，为此，1992 年 12 月 15 日李到四户镇政府要求解救宋守侠，镇政府告知此事属婚姻纠纷，让其找有关部门解决，李不服起诉到一审法院。

二审法院确认了一审法院认定的事实和证据。

3. 二审判案理由

二审法院认为：李与宋两家相互换亲后因经济等家庭问题引起纠纷，宋家的行为不是绑架妇女的行为，不属四户镇政府的法定职责范围，上诉人李发英的上诉理由不能成立。但一审法院应当依照《中华人民共和国行政诉讼法》第四十一条之规定，裁定驳回上诉人的起诉。

4. 二审定案结论

根据《中华人民共和国行政诉讼法》第五十九条、第六十一条第（一）项之规定，判决如下：

驳回上诉，维持原判。

上诉案件受理费 80 元由上诉人李发英承担。

（七）解说

从本案情况看，一审法院认定的事实是正确的，但驳回原告的诉讼请求不妥。所谓驳回诉讼请求是指在民事诉讼中，原告具有程序意义上的诉权，但由于原告的诉讼请求不成立或证据不足，就不具有实体意义上的诉权，因此人民法院应判决驳回原告的诉讼请求。然而《中华人民共和国行政诉讼法》第五条规定“人民法院审理行政案件，对具体行政行为是否合法进行审查”，这是行政诉讼的特有原则，也是与民事诉讼的主要区别之一。因此，审理行政案件必须审查被诉具体行政行为认定的事实根据是否真实，适用法律是否正确。从此案来看，原告起诉所称宋家绑架妇女的事实不存在，其纠纷也不属于四户镇政府的法定职责范围，四户镇让其到有关部门去解决的行为是正确的。因此，二审人民法院认定应当驳回原告起诉是正确的。但为了避免讼累，二审法院在判决书中将一审法院判决驳回原告诉讼请求不当之处指出后，判决维持原判。

（王辉　袁宗民）

48. 吴锡坤请求太仓市民政局颁发革命烈士证明书及抚恤金案

（一）首部

1. 判决书字号

一审判决书：江苏省太仓市人民法院（1992）太行初字第 1 号。

二审判决书：江苏省苏州市中级人民法院（1993）行终字第 14 号。

2. 案由：要求颁发革命烈士证明书及抚恤金案。

3. 诉讼双方

原告（被上诉人）：吴锡坤，男，1933 年 10 月 27 日生，汉族，常熟市人，住太仓市璜泾镇生产街 38 号。

一审委托代理人：陆英，苏州市第七律师事务所律师。

被告（上诉人）：江苏省太仓市民政局。住所地：太仓市城厢镇县府街 9 号。

法定代表人：顾永楣，局长。

一审委托代理人：任元兴，男，该局行政秘书股股长。

一、二审委托代理人：曹全南，太仓市对外经济律师事务所律师。

4. 审级：二审。

5. 审判机关和审判组织

一审法院：江苏省太仓市人民法院。

合议庭组成人员：审判长：周焕鸿；审判员：潘丁元、金冲波。

二审法院：江苏省苏州市中级人民法院。

合议庭组成人员：审判长：陈长奉；审判员：梁春元；代理审判员：林小丽。

6. 审结时间

一审审结时间：1993 年 8 月 20 日。

二审审结时间：1994 年 8 月 17 日（依法延长审限）。

（二）一审情况

1. 一审诉辩主张

（1）被诉具体行政行为：吴锡坤的二弟吴锡桐于 1963 年应征入伍，时年 19 岁。1965 年 6 月在部队训练中不幸死亡。由于吴锡桐的父母亲先后于 1953 年和 1960 年去世，吴锡桐主要靠长兄吴锡坤抚养长大，部队即将《革命烈士证明书》发给吴锡坤，当地民政部门亦按月发给吴锡坤抚恤金，直到 1982 年。在 1983 年重新换发《革命烈士证明书》时，太仓市民政局认为吴锡坤不应享受烈属待遇，遂即决定不再换发《革命烈士证明书》，停止颁发抚恤金。吴锡坤多次上访未果，遂向太仓市人民法院起诉。

（2）原告诉称：父亲 1953 年去世时没有留下遗产，母亲是家庭妇女，胞弟吴锡桐年仅 10 岁，主要靠原告抚养长大。母亲于 1960 年去世，吴锡桐 1963 年参军。此后，政府承认原告为革命军人家属。吴锡桐牺牲后，政府发给《革命烈士证明书》，并享受抚恤。1983 年换发《革命烈士证明书》时，太仓市民政局没有给原告换发，也不再抚恤。为此，原告 10 余年来一直上访，未给答复。1991 年 12 月 6 日收到太仓市民政局的复函称："1983 年换证时对吴锡坤不予换发《革命烈士证明书》的结论是正确的。"原告认为，烈士吴锡桐在其父逝世后，直接由原告抚养了 7 年以上，按国家政策规定，原告应是烈士吴锡桐的直接抚养人，应发给烈士证书，享受抚恤。太仓市民政局否认原告直接抚养烈士吴锡桐达 7 年以上，不符合事实，不给原告换发烈士证书，不颁发抚恤金是违法的，请求人民法院判令太仓市民政局履行法定职责，给原告颁发烈士证书，发放抚恤金。

（3）被告辩称：我局对吴锡坤不予换发《革命烈士证明书》、不颁发抚恤金是正确的。理由是：

第一，吴锡坤是烈士吴锡桐的胞兄，不是直系亲属，因而不具备颁发《革命烈士证明书》的资格。

第二，烈士吴锡桐在其父死亡时年仅 10 岁，其兄吴锡坤协助母亲抚养吴锡桐，尽了照顾义务，但不是直接抚养人。根据国家关于革命军人家属优待条例的规定，烈士的非直系亲属，必须是直接抚养烈士达 7 年以上，才符合抚养人的法定条件，具备革命军人家属的条件。吴锡坤只是协助母亲抚养弟弟，并非直接抚养，因而不符合享受发给《革命烈士证明书》的资格。

第三，1989 年民政部根据国务院 1988 年发布的《军人抚恤条例》曾作过这样的解释："本条例施行前已经承认和享受抚养人待遇的不再变动。"吴锡坤认为，根据这一解释，1983 年换发证时，应当给他换发《革命烈士证明书》。被告认为，1983 年换证时，民政部并未作这样的解释，此项解释是 1989 年作出的，不能根据这条解释，认为 1983 年换证时作出的结论是错误的，这项解释没有溯及力。请求法院驳回吴锡坤的诉讼请求。

2. 一审事实和证据

太仓市人民法院经审理查明：原告吴锡坤在 1953 年其父死亡时年届 20 岁，以摆小百货摊、做零工、捉鱼虾等承担赡养母亲、抚养弟妹的义务，维持一家生活。其父死亡时遗留草屋二间，别无遗产。其母姚小妹与三个儿子和一个女儿共同生活。由于家庭生活困难，曾将小女儿送人抚养，后由长子吴锡坤领回自己抚养。1959 年姚小妹患癌症，1960 年病故。吴锡坤兄弟吴茂桐自幼随父打铁，父死时年仅 17 岁，后落户外乡居住生活。吴锡桐 1959 年毕业于璜泾中学，在家闲居半年，后外出打零工，月收入约 11 元，日常生活及衣服等由吴锡坤夫妇照料。19 岁时帮长兄摆摊做小生意。1963 年 3 月吴锡桐应征入伍，同年 9 月，地方政府给吴锡坤革命军人家属待遇。1965 年 6 月吴锡桐在部队因公牺牲成为烈士，部队和地方政府承认吴锡坤为烈属，并由原太仓县人民委员会于 1965 年 6 月发给吴锡坤抚恤金 180 元。至此，民政部门已将吴锡坤作为抚养吴锡桐烈士长大的其他亲属而又享受烈属待遇达 17 年之久，直到 1982 年才中断了吴锡坤享受的烈属待遇。1983 年发新证时，对吴锡坤作出不予换发《革命烈士证明书》的结论。为此，吴锡坤先后到乡、市有关单位多次上访未果，于 1992 年 9 月 17 日提起行政诉讼。

上述事实有证言证言、当事人的陈述以及历史书证为据。

3. 一审判案理由

吴锡桐烈士 10 岁时丧父，家中贫困，其母姚小妹时系中年，因无职业，无正常经济收入，虽做过临时工，但不足一年，收入微少，不久又身患绝症，其本人生活亦依靠吴锡坤、吴茂桐两子，更无能力抚育幼子幼女。在此期间，原告吴锡坤在其弟吴茂桐的协助下，支撑了全家的生活，对其弟吴锡桐烈士从 10 岁至 16 岁期间，尽了抚养义务。烈士吴锡桐 17 岁丧母至 20 岁期间，吴锡坤夫妇仍对其尽了照顾之责。对此，被告太仓市民政局所作的"吴锡桐烈士在父死时母健在，大哥负担加重，仅是兄照顾弟的问题，吴锡坤属旁系亲属，旧证留作纪念，不予换证是正确的"结论与事实不符，本院不予支持。事实证明，吴锡坤在其弟吴锡桐未成年时尽了抚养义务，已形成抚养关系，应属抚养烈士长大的其他亲属，且吴锡坤已享受军烈属待遇达 19 年之久，符合民政部民(1982)优 67 号《关于换发、补发〈革命烈士证明书〉工作的通知》第一项所规定的换证条件，故对吴锡坤要求换发《革命烈士证明书》的请求，应当准予，并应享受烈属待遇。对吴锡坤要求补偿经济损失的请求，考虑到吴锡坤为换证之事确花费了不少精力，在经济上也有一定损失，可予酌情补偿。

4. 一审定案结论

依照《中华人民共和国行政诉讼法》第五十三条、第五十四条第(三)项，《革命烈士褒扬条例》第二条，参照民政部《关于贯彻执行革命烈士褒扬条例若干具体问题的解释》以及民政部《关于换发、补发〈革命烈士证明书〉工作的通知》第一项第一目的规定，判决如下：

(1)原告吴锡坤要求换发《革命烈士证明书》应予换发。被告太仓市民政局应履行法定职责,为原告吴锡坤换发《革命烈士证明书》。

(2)原告吴锡坤应享受烈属抚恤待遇,从1982年度中断之日恢复享受。

(3)被告太仓市民政局补偿给原告吴锡坤经济损失400元。

(4)责成被告太仓市民政局在本判决生效之日起30日内履行上述一、二、三项判决。

案件受理费80元,由被告太仓市民政局承担。

(三)二审诉辩主张

太仓市民政局上诉称:一审判决认定事实不清,证据不足,适用法律不当,请求二审法院撤销一审判决,发回原审法院重审或直接改判。

被上诉人吴锡坤辩称:原审判决事实清楚,证据充分,适用法律、法规正确,请求二审法院维持一审判决。

(四)二审事实和证据

二审法院肯定了一审法院认定的案件事实和所采纳的定案证据。

(五)二审判案理由

上诉人太仓市民政局根据1983年换证时所调查的证据材料,认定"吴锡桐烈士父死时母健在,大哥负担加重,仅是兄照顾弟的问题,吴锡坤属旁系亲属,旧证留作纪念,不予换证是正确的"。其结论与事实不符。被上诉人吴锡坤对其弟吴锡桐烈士从10岁起至16岁期间尽了抚养义务,即使17岁以后外出做零工,仍对其尽了照顾之责,事实上已形成抚养关系,属自幼抚养其长大的其他亲属,符合民政部民(1982)优67号《关于换发、补发〈革命烈士证明书〉工作的通知》第一项第一目规定的换证条件。原审法院判决为被上诉人吴锡坤换发《革命烈士证明书》是正确的。上诉人依据有关抚恤优待条例的规定,认为被上诉人有固定收入,且收入高于当地一般群众生活水平,即使有换证资格,亦不应享受抚恤待遇的理由成立,应予支持。故被上诉人只能享受一般政治荣誉,原审判决其应享受烈属抚恤待遇不当,应予撤销。被上诉人为换证之事花费了不少精力,在经济上也有一定损失,原判给予适当补偿是正确的。

(六)二审定案结论

依据《中华人民共和国行政诉讼法》第六十一条第(二)项的规定,改判如下:

1. 维持太仓市人民法院(1992)太行初字第1号行政判决第一项、第三项。

2. 撤销太仓市人民法院(1992)太行初字第1号行政判决第二项。

3. 太仓市民政局对上述第一项在本判决生效之日起30日内履行。

案件受理费一、二审各80元,共160元,太仓市民政局承担100元;吴锡坤承担60元。

(七)解说

吴锡坤在其父死后,与母亲一起抚养吴锡桐,虽然其母对吴锡桐尽着抚养义务,由于其母没有工作,系家庭妇女,主要生活来源还是靠吴锡坤,且长达7年之久,因此,吴锡坤应是吴锡桐的直接抚养人。

参照民政部民(1982)优67号文件第一项第一目的规定:"烈士直系亲属(系指烈士的父母、配偶、子女、共同生活未满16岁的弟妹、抚养烈士长大的其他亲属),凡持有建国前人民军队或人民政权颁发的各种烈属证(包括革命军人、革命工作人员牺牲证明书),以及建国后中央人民政府、人民解放军、内务部和县以上人民政府颁发的烈属证(包括《革命军人牺牲证明书》、《抗美援朝军人牺牲证明书》)的,均凭所持证件换发《革命烈士证明书》。"对此,太仓市民政局以吴锡坤非烈士吴锡桐的直系亲属,非烈士的抚养人为由,在 1982 年即中断吴锡坤享受烈属待遇,1983 年换证时拒绝换发其《革命烈士证明书》的行为,缺乏事实根据和法律依据。对吴锡坤要求换发《革命烈士证明书》的请求行为,应予支持。为此法院判令太仓市民政局在一定期限内,为吴锡坤换发《革命烈士证明书》,了结 10 多年的上访,以安民心、军心是正确的。

要求换发《革命烈士证明书》与要求发给抚恤金,在行政诉讼中是两个不同的诉讼请求。《革命烈士证明书》是一种荣誉权的证明书;抚恤金则是归属于财产权益范畴的。一般情况下,享受到《革命烈士证明书》的荣誉权,即可以享受到抚恤金的财产待遇权。享受到《革命烈士证明书》的荣誉权,是享受抚恤金财产权的前提,二者既有一定的联系,又一定的区别,并非享受了《革命烈士证明书》的荣誉权,就必然享受到抚恤金的财产权。这取决于是否具备享受抚恤财产权待遇的法定条件。该条件有:第一是符合国家规定的优抚对象;第二是符合国家规定的优抚标准。对此,国家民政部、财政部在 1979 年 10 月 30 日,分别以民发(1979)60 号,(1979)财事字 355 号联合印发的《关于改进优抚对象定期定量补助工作的规定》中第一条规定:"补助对象。符合下列条件之一的,应当给予定期定量的补助:(一)孤老烈士家属和孤老病故军人、失踪军人家属;(二)没有亲属抚养或虽有亲属而无力抚养的烈士、病故、失踪军人的未成年子女;(三)丧失劳动能力而其子女又无力供养的烈士、病故军人、失踪军人的父母和配偶;(四)带病回乡不能经常参加生产劳动,生活特别困难的复员,退伍军人;(五)完全丧失劳动能力,生活困难的复员军人。"该规定中第二条规定:"补助标准。补助标准可提高为,农村每人每月 6 至 10 元;小城市和城镇每人每月 10 至 15 元;大、中城市每人每月 15 至 20 元。"参照上述规定,吴锡坤虽然应该享受《革命烈士证明书》的荣誉权,但其有一定的劳力和经济收入,而且其经济收入、生活水准又高于当地一般群众的生活水平,按规定,吴锡坤应享受优抚定期定量补助的财产权。二审法院认为太仓市民政局以此举证,吴锡坤不应享受优抚待遇理由成立,予以支持。据此,二审法院判决撤销一审法院准予吴锡坤享受抚恤待遇的判决,是符合实际情况和法律规定的。同时维持一审法院判决太仓市民政局适当补偿吴锡坤的经济上的损失,也是可以的。但是,二审法院在判决撤销一审法院准予吴锡坤享受优抚待遇的同时,并未对吴锡坤在一、二审诉讼中要求享受优抚待遇的请求作出相应的判决处理,显得不足。而正确的做法,应该根据《最高人民法院关于贯彻执行〈中华人民共和国行政诉讼法〉若干问题的意见(试行)》第一百一十四条的规定,参照《民事诉讼法》的有关条款规定,直接改判为:驳回吴锡坤要求太仓市民政局对其发给抚恤金的诉讼请求。

(梁春元　刘天兴)

49. 重庆金隆经济事务代理有限公司不服国家外汇管理局重庆分局外汇期货管理处罚决定案

(一)首部

1. 判决书字号:四川省重庆市市中区人民法院(1993)行初字第 21 号。

2.案由:不服外汇期货管理处罚决定案。

3.诉讼双方

原告:重庆金隆经济事务代理有限公司。

法定代表人:黄士学,董事长。

委托代理人:刘天兵,该公司办公室主任。

被告:国家外汇管理局重庆分局。

法定代表人:何禄为,局长。

委托代理人:朱江刚、刘兴全,重庆涉外律师事务所律师。

4.审级:一审。

5.审判机关和审判组织

审判机关:四川省重庆市市中区人民法院。

合议庭组成人员:审判长:陈玉蓉;审判员:贺德云;代理审判员:张欣。

6.审结时间:1994年3月11日。

(二)诉辩主张

1.被诉具体行政行为:1993年4月初,原告重庆金隆经济事务代理有限公司未经国家外汇管理机关批准,以举办经纪人短期培训班为名兜揽客户,擅自代理客户进行外汇期货买卖,并向客户收取保证金300余万元人民币,手续费37万余元人民币。原告的行为严重违反了国家外汇管理局(92)汇出函字第219号《关于严格执行〈金融机构代客户办理即期和远期外汇买卖管理规定〉的通知》和《违反外汇管理处罚施行细则》第六条第一项的规定,属扰乱金融的行为。根据该细则第七条第一款的规定,被告国家外汇管理局重庆分局于1993年5月28日对原告作出(1993)重汇管处字第08号处罚决定:(1)责令重庆金隆经济事务代理有限公司停止一切外汇期货买卖业务;(2)对该公司处以20万元人民币罚款。原告对该决定不服,向国家外汇管理局四川分局申请复议。经复议,国家外汇管理局四川分局于1993年7月20日作出(1993)汇管复字第01号复议决定:申请人重庆金隆经济事务代理有限公司擅自代客办理外汇期货交易,充当外汇期货交易的中介人,进行外汇期货买卖的行为属扰乱金融行为。重庆分局对其处罚适当,予以维持。原告仍不服,向重庆市市中区人民法院起诉。

2.原告诉称:(1)客户没有与原告签订任何以国际外汇期货买卖为内容的委托协议(合同),也没有签署委托原告代理从事国际外汇期货买卖的授权委托书。原告与客户签署的代理服务合同,是原告根据营业执照核定的经营范围与客户达成总的代理服务内容的协议,如有偿出让经济信息,代理从事商贸实业投资等,根本不含经营国内外外汇期货买卖业务。(2)客户进行外汇期货买卖与原告无关。客户进行外汇期货买卖,是与香港乾隆公司签署的“外汇期货买卖规则(合约)”;客户通过香港乾隆公司代表电话向香港询价、报价,书面下达买卖指令,香港乾隆公司根据指令下达香港外汇市场成交的,每月将成交结果制作客户帐单传真至派驻重庆代表,重庆代表将帐单送达客户,有证据为凭;香港乾隆公司根据与客户签署的合约,向客户收取手续费,有事实为据。(3)原告与客户和香港乾隆公司的关系是服务关系。首先,原告与进行外汇期货买卖的客户签署的合同,是确保客户投资保证金的进出自由,保证客户收益的实现。其次,原告与香港乾隆公司的约定,是原告向香港乾隆公司提供办公场地、通讯等服务,为此而收取一定服务费。由此可见,原告的行为不是代理行为,是服务行为。根据我国民法通则规定,原告的行为不构成代理关系,没有经营外汇期货买卖和违反外汇管理规定。被告对原告作出的处罚决定属事实不清，适用法规、规章错误，执法不公，请求人民法院撤销被告的处罚决定，保护原告的合法权益。其主要事实根据是：

(1)原告提供的1993年4月1日中华人民共和国国家工商行政管理局核准原告登记注册的工商企合川渝副字第01095—001号营业执照(副本)载明企业类别为：中外合资经营；经营范围：经济信息咨询、中介代理服务。

(2)原告与客户李薇于1993年11月16日签订的重金隆合(9330KS)号代理服务合同。该合同载明原告向李薇提供经济信息、交易场地、通讯等服务。客户李薇应向原告支付服务费(手续费)等内容。

(3)客户李薇与香港乾隆金融有限公司签署的外汇买卖规则。

(4)原告提供的香港乾隆有限公司总裁于1993年8月10日证实原告与其约定，原告为香港乾隆公司从事国际外汇买卖提供办公场地、通讯线路，费用由乾隆公司承担，乾隆公司向原告支付服务费，以及原告代理客户与其签署外汇买卖规则(合约)，未进行外汇买卖等内容。

3.被告辩称：1993年4月1日，原告与香港乾隆公司合资，经国家工商行政管理局核准登记注册，准予开业经营经济信息咨询和中介代理服务。原告未经国家外汇管理局批准，就擅自举办经纪人培训班，招揽客户，并配置终端机、通讯设备，提供外汇期货场地和外汇期货买卖行情，直接向客户收取保证金256万余元港币，折人民币300余万元；通过香港乾隆公司进行外汇期货买卖1005万元，收取手续费31万余元港币，折人民币37万余元。4月14日，被告得知原告擅自代客办理外汇期货交易，充当外汇期货交易中介人的行为后，向原告提出口头警告，原告置之不理。为此，被告又于29日责令原告停止非法外汇交易，提供财务帐表，接受审查，并冻结了原告帐户。5月3日，在有关单位的配合下，查封了原告公司，获取了大量书证物证。在查清事实，核实证据的基础上，以扰乱金融对原告作出(1993)重汇管处字第08号行政处罚决定是正确的。其理由是：

(1)原告是与香港乾隆公司合资经营，有执照和合同为据，原告将进行外汇期货交易的行为推卸到乾隆公司无据。

(2)原告擅自举办经纪人培训班，配置终端机、电讯设备，提供交易场所和买卖外汇单据，有原告的经理何国廉、客户、经纪人证词证实，有查获的物证和现场勘验笔录为凭。

(3)原告直接向客户收取保证金、手续费，不但有证人证实，而且原告财务帐上均有记载。

(4)《中华人民共和国外汇管理暂行条例》第三条规定，非经国家外汇管理局批准，其他任何机构都不得经营外汇业务。国家外汇管理局(1993)汇业函字第90号《关于加强外汇(期货)交易管理的通知》第二条规定："非金融机构和未经国家外汇管理局批准经营外汇业务的金融机构不得擅自代客办理外汇(期货)交易，充当外汇(期货)交易的中介人(经济人或经纪公司)。"国家外汇管理局的《违反外汇管理处罚施行细则》第六条第一项规定：未经国家外汇管理局批准经营外汇业务，或者超越批准经营范围，扩大外汇业务的属于扰乱金融。该细则第七条第一项规定，对犯有第一项违法行为者，分别责令其停止经营外汇业务，停止超越批准经营范围的外汇业务，或者没收非法所得或者处以非法经营额等值以下的罚款或者罚没并处。由此可见，非金融机构和未经国家外汇管理局批准经营外汇业务的金融机构不得擅自代客办理外汇(期货)交易，充当外汇(期货)交易中介人。未经批准，无论采取何种形式开展外汇(期货)交易业务,均属非法经营行为,应按扰乱金融予以处罚。因此,被告对原告作出的处罚决定是正确的,原告的辩解是无理的,请求法院支持外汇管理,维持对原告的处罚决定。

(三)事实和证据

法院经审理查明:重庆金隆经济事务代理有限公司与香港乾隆公司合资,经营经济信息咨询、中介代理服务。1993 年 4 月 1 日经中华人民共和国国家工商行政管理局核准登记注册,准予开业。但该公司未经国家外汇管理局批准经营外汇业务,擅自配置终端机、通讯设备,提供外汇期货场地和外汇期货买卖行情,代客办理外汇期货交易,直接向客户收取投资保证金 300 余万元人民币和收取手续费 37 万余元人民币。为此,国家外汇管理局重庆分局依照《违反外汇管理处罚施行细则》第六条第一项、第七条第一项的规定,于 1993 年 5 月 28 日作出(1993)重汇管处字第 08 号处罚决定:责令重庆金隆经济事务代理有限公司停止一切外汇期货买卖业务并处罚款 20 万元人民币。金隆有限公司对此不服,向国家外汇管理局四川分局申请复议,复议维持了该决定。

上述事实有下列证据证实:

1. 在《重庆晚报》上刊载的举办经纪人培训班广告、外汇期货买卖楂沽单,向客户收取保证金、手续费的财务帐,与客户签订的代理服务合同和现场勘验笔录等书证。

2. 通讯设备、终端机等物证。

3. 证人证言和当事人陈述。

4. 被告提供的国家外汇管理局(1993)汇业函字第 90 号等文件和法规、规章等证据证实。

(四)判案理由

法院认为:被告认定原告未经国家外汇管理局批准,擅自代客办理外汇期货交易,充当外汇期货交易中介人的行为,有外汇期货买卖楂沽单、通讯设备、终端机,收取客户投资保证金、手续费和证人证词等主要证据支持。原告的行为扰乱了金融秩序。被告根据《违反外汇管理处罚施行细则》第六条第一项、第七条第一项之规定作出的(1993)重汇管处字第 08 号处罚决定,证据充分,程序合法,适用法律正确。

(五)定案结论

根据《中华人民共和国行政诉讼法》第五十四条第(一)项的规定,作出判决如下:

维持国家外汇管理局重庆分局(1993)重汇管处字第 08 号处罚决定。

案件受理费 6000 元,由原告承担。

(六)解说

从本案情况看,认定被诉具体行政行为是否合法的关键,是未经国家外汇管理局批准的企业能否从事外汇期货交易业务。

首先,本案原告是与香港乾隆公司合资企业,1993 年 4 月 1 日经国家工商管理局批准经营经济信息咨询和中介代理服务。原告以此为凭,擅自举办经纪人培训班,招揽客户,并配置终端机、通讯设备,提供外汇期货场地和外汇期货买卖行情。至 1993 年 5 月 3 日止,原告直接向客户收取保证金为港币 2564605.05 元(折人民币 3077527.02 元),向客户收取手续费(每一手 8000 港币买卖收取 312 元港币手续费)313560 元(折人民币 376272 元)。根据《中华人民共和国外汇管理暂行条例》第三条规定,非经国家外汇管理局批准,其他任何机构不得经营外汇业务。该条例第四条、第五条规定,中国人民银行负责审批专业银行和其他金融机构的设置或撤并，禁止非金融机构经营金融业务。可见，原告不是经中国人民银行审批成立的其他金融机构，而是经工商批准成立的合资企业即非金融机关；并且未经国家外汇管理局批准经营外汇业务，因此，原告的行为属违法行为。

其次，根据国家外汇管理局(1992)汇业函字第219号文《关于严格执行〈金融机构代客办理即期和远期外汇买卖业务的规定〉的通知》，只有经国家外汇管理局批准办理此项业务的金融机构才能办理。国家外汇管理局(1993)汇业函字第90号文《关于加强外汇(期货)交易管理的通知》第二条规定："非金融机构和未经国家外汇管理局批准经营外汇业务的金融机构不得擅自代客办理外汇(期货)交易，充当外汇(期货)交易的中介人(经纪人或经纪公司)。"原告既不是金融机构，也未持有国家外汇管理局签章颁发的经营外汇业务许可证，因此，原告以提供经济信息中介服务为名，擅自代客办理外汇期货交易，充当外汇期货交易中介人的行为，属扰乱金融的违法行为。被告依据《违反外汇管理处罚施行细则》第六条第一项和第七条第一项的规定对原告作出的处罚决定，事实清楚，证据充分，符合法律规定。重庆市市中区人民法院为支持整顿金融秩序，判决维持该处罚决定是正确的。

(金代权)

50. 新疆天山制药工业有限公司不服巴楚县审计局审计结论决定案

(一)首部

1. 裁判书字号

一审判决书：新疆维吾尔自治区喀什地区中级人民法院(1994)喀中行初字第1号。

二审裁定书：新疆维吾尔自治区高级人民法院(1994)新行终字第3号。

2. 案由：不服审计结论决定案。

3. 诉讼双方

原告(被上诉人)：新疆天山制药工业有限公司。

法定代表人：郑肇基，总经理。

一、二审委托代理人：张军、王恕维，新疆赛得律师事务所律师。

被告(上诉人)：新疆巴楚县审计局。

法定代表人：侯荣财，局长。

一、二审委托代理人：郭明勤，新疆巴楚县律师事务所律师；尚军，新疆喀什地区审计处科长。

4. 审级：二审。

5. 审判机关和审判组织

一审法院：新疆维吾尔自治区喀什地区中级人民法院。

合议庭组成人员：审判长：戴世富；审判员：郭文祥；代理审判员：于志军。

二审法院：新疆维吾尔自治区高级人民法院。

合议庭组成人员：审判长：王述珍；审判员：张乃斐；代理审判员：韩银生。

6. 审结时间

一审审结时间:1994 年 6 月 9 日。

二审审结时间:1994 年 12 月 17 日。

(二)一审诉辩主张

1. 被诉具体行政行为:1993 年 9 月 6 日,被告巴楚县审计局对原告天山制药工业有限公司巴楚分厂进行审计并作出巴审字(1993)第 08 号审计结论和决定,认定巴楚分厂从 1990 年正式投产至 1993 年 6 月底止,共收购甘草 6486 吨,除去从巴楚县医药公司调入 2492.618 吨和麦盖提县医药公司调入 288 吨,其余 3705.382 吨为自行收购部分。该局依据新疆维吾尔自治区财政厅、医药总公司新药计字(1987)020 号《征收甘草资源费实施细则》第三、四条的规定和新疆维吾尔自治区物价局价农字(1990)1 号《关于调整我区甘草、甘草膏(霜)价格和提高征收资源费标准的通知》的规定,决定对巴楚分厂自行收购的 3705.382 吨甘草,以每公斤 0.1 元征收收购环节的甘草资源费 270538.20 元(扣除已交纳的 10 万元);并依据新疆维吾尔自治区人民政府新政发(1987)170 号、《新疆维吾尔自治区甘草资源保护管理暂行规定》第二十条第(三)项的规定,对于巴楚分厂自行收购的甘草按药材总值 5057050.30元,处以 15%的罚款计 758557.55 元。

2. 原告诉称:巴楚分厂是 1992 年 7 月正式成立的隶属新疆天山制药工业有限公司的非法人的分支机构,属中外合资企业。根据《新疆维吾尔自治区甘草资源保护管理暂行规定》第二十条的规定,其处罚权为医药管理部门和工商行政管理部门,巴楚县审计局对巴楚分厂进行罚款处理,超越了职权。此外,巴楚分厂生产的产品是甜味素中间体,分厂属于粗加工环节,根据自治区新药什字(1987)020 号文件《征收甘草资源费实施细则》的规定,生产经营环节的甘草资源费由本公司在产品出疆时统一向自治区医药局交纳,不存在欠交收购环节资源费的问题。因此,请求人民法院撤销被告的具体行政行为并要求赔偿经济损失。

3. 被告辩称:本局所作的审计结论决定,符合国家授予审计部门的审计监督和审计处罚权,对巴楚分厂私自收购甘草的行为所作的处罚是有法律依据的,不属越权。本局查出的事实证据确凿,定性和处理是正确的。请求人民法院维护其具体行政行为。

(三)一审事实和证据

法院经审理查明:原告新疆天山制药工业有限公司属自治区批准成立的中外合资企业。巴楚分厂是该公司的分支机构,不具有法人资格。1990 年至 1993 年 6 月,巴楚分厂从当地医药公司、供销部门和兵团外贸部门等经营单位调入甘草 6425.256 吨。1993 年 9 月 6 日,被告巴楚县审计局对原告新疆天山制药工业有限公司巴楚分厂调入甘草和交纳资源费的情况进行审计。在审计过程中,巴楚分厂提出该厂系新疆天山制药工业有限公司的分厂,系非法人单位,其调入甘草的资源费由公司直接交自治区有关部门,有关审计事宜应与公司交涉,且要经自治区审计部门批准方可进行审计。巴楚县审计局就此问题请示了喀什地区审计处。该审计处答复审计局:巴楚分厂称其系合资企业的分支机构,需提供有关证明合资企业的资料。随后,巴楚审计局对巴楚分厂继续进行审计,对巴楚分厂提供的有关证明其系合资企业的材料不作调查核实,而采用统计分析的方法,认定巴楚分厂从 1990 年正式投产至 1993 年 6 月底止共收购甘草 6486 吨,除去从巴楚县医药公司、麦盖提县医药公司分别调入的 2492.618 吨、288 吨外,其余 3705.382 吨为自行收购部分,应交纳资源费,并应处以罚款。故此,巴楚县审计局决定对巴楚分厂自行收购的 3705.382 吨甘草以每公斤 0.1 元征收收购环节资源费270538.20元(扣除已交纳的10万元),并决定对其收购的甘草按药材总值5057050.30元处以15%的罚款计758557.55元。原告对此结论和决定不服,向喀什地区中级人民法院提起诉讼。

上述事实有如下证据为证:

1. 原告提供的关于证明其系合资企业和巴楚分厂系其分支机构的营业执照等有关材料。

2. 巴楚分厂提供的关于证明其并未自行收购甘草,其生产经营环节的甘草资源费应由本公司在产品出疆时统一向自治区医药局交纳的材料。

3. 被告审计局作出的巴审字(1993)第08号审计结论和决定。

(四)一审判案理由

法院经审理认为:

1. 原告新疆天山制药工业有限公司属自治区批准成立的中外合资企业,对原告的审计应由自治区审计部门或经自治区审计部门委托的单位进行。而被告系自治区下属巴楚县的审计局,未受上级审计部门委托即对原告进行审计,属超越职权违法审计。

2. 依据《中外合资合作经营企业审计办法》第八条的规定,审计机关审计中发现被审计的合资、合作企业有违反财经法规行为的,除通知被审计的合资、合作企业外,还应通知有关部门依法予以处理,而被告对原告直接作出处理决定,亦属超越职权。

3. 被告作出的具体行政行为,应依据《中外合资合作经营企业审计办法》中的有关规定,却依据《新疆维吾尔自治区甘草资源保护管理暂行规定》,属于适用法律、法规的错误。由于被告这一错误,导致其错误认定原告有自行收购甘草的行为应当交纳收购环节的甘草资源费,以至作出错误的结论和处理决定。

综上所述,被告的具体行政行为适用法律、法规错误,认定事实证据不足,且超越职权,应予撤销,原告的诉讼请求应予部分支持。鉴于本案的实际情况,对原告的行政侵权赔偿之诉另案审理。

(五)一审定案结论

依照《中华人民共和国行政诉讼法》第五十四条第(二)项第一、二、四目的规定,判决如下:

撤销被告巴楚县审计局1993年9月6日巴审字(1993)第08号审计决定。

本案诉讼费19163.65元,由被告承担。

(六)二审情况

1. 二审诉辩主张

上诉人巴楚县审计局诉称:巴楚县审计局对巴楚分厂作出的(1993)第08号审计结论和决定所依据的事实是基本清楚的,收集的证据和调查核实的材料是基本属实的,适用的法律、法规是正确的,没有超越职权。喀什地区中级人民法院(1994)喀中行初字第1号行政判决书判决撤销巴楚县审计局1993年9月6日巴审字(1993)第08号审计结论和决定是错误的。为了维护巴楚县人民政府的合法权益,更好地保护巴楚县的甘草资源,请求二审人民法院撤销原审判决,依法作出公平正确的判决。

被上诉人新疆天山制药工业有限公司在答辩中称:原审判决认定事实清楚,适用法律正确,判决撤销上诉人的具体行政行为是正确的,请求二审法院判决维持原审判决。

2. 二审事实和证据

二审法院肯定了一审法院认定的案件事实和所采纳的定案证据。

3. 二审判案理由

二审中,上诉人向法院递交了书面申请撤诉书,称其经进一步查阅有关法律、法规的规定,并经本局研究,认为此案不宜提起上诉,特向贵院提出申请撤诉。高级法院经审查,认为上诉人巴楚县审计局在二审诉讼中自愿申请撤回上诉,其请求符合法律规定,应予准许。

4. 二审定案结论

依照《中华人民共和国行政诉讼法》第五十一条的规定,裁定如下:

准许上诉人巴楚县审计局撤回上诉。

本案一审诉讼费 19163.65 元,二审诉讼费减半收取 9581.82 元,均由上诉人巴楚县审计局承担。

(七)解说

本案一审法院之所以撤销被告巴楚县审计局所作出的审计结论和决定具体行政行为,是因为该审计结论和决定具体行政行为存在明显违法问题。具体表现在如下三个方面:

1. 超越职权。行政机关作出具体行政行为超越职权,包括纵向超越职权和横向超越职权。就本案来说,这两种情况的超越职权都是存在的。依照《中华人民共和国审计条例》第十四条的规定,各级审计机关根据国家财政体制,按被审计单位的财政、财务隶属关系,确定审计范围。上级审计机关以将其审计的范围内的事项,授权下级审计机关进行审计。巴楚分厂系自治区批准成立的中外合资企业即新疆天山制药工业有限公司的分支机构,并非是法人资格的独立单位,其财政、财务关系隶属于自治区人民政府,即使其有被审计的事项,也应由自治区审计机关进行审计。巴楚县审计局在没有上级审计机关授权的情况下,对原告的分支机构巴楚分厂进行审计,这显然是纵向的超越职权。再者,《新疆维吾尔自治区甘草资源保护管理暂行规定》第二十条第(三)项明确规定,对违反该规定的行为由工商行政管理部门处理。因此,巴楚分厂收购甘草即使违反了上述规定,也应由工商行政管理部门处理。被告依据《新疆维吾尔自治区甘草资源保护管理暂行规定》,自行对原告作出罚款的处理决定,这又是横向的超越职权。

2. 认定事实有误。巴楚分厂从 1990 年至 1993 年 6 月底用以进行加工生产的 6425.256 吨甘草,均是从医药、供销、外贸部门调拨的,而并非自行收购。为了证明这一客观事实,巴楚分厂向被告提供了调拨甘草的全部凭据。但被告不予采纳,在审计结论和决定中仍认定巴楚分厂自行收购甘草 3705.382 吨,并据此决定征收原告收购环节的甘草资源费并处以罚款。这是认定事实有误。

3. 适用法律错误。被告对原告单位进行审计和处罚,即使是应该的,也应依据有关审计的法律、法规,具体说应依据《中华人民共和国审计条例》和国家审计署发布的《中外合资合作经营企业审计办法》。但被告没有适用该法规、规章,却适用新疆维吾尔自治区财政厅、医药总公司联合下发的《征收甘草资源费实施细则》、自治区物价局下发的《关于调整我区甘草、甘草膏(霜)价格和提高征收资源费标准的通知》及《新疆维吾尔自治区甘草资源保护管理暂行规定》中的有关规定,这是适用法律、法规错误。

总之,被告对原告作出的审计结论和决定具体行政行为,存在认定事实有误、超越职权和适用法律、法规错误的问题,一审法院依照《中华人民共和国行政诉讼法》第五十四条第

(二)项第一、二、四目的规定,判决予以撤销,是正确的。被告对判决不服提起上诉,在上诉审中申请撤回上诉,是明智的。二审法院依法裁定准予撤诉,是正确的。

(杨善明)